Schlitt/Müller (Hrsg.)
Handbuch Pflichtteilsrecht

Handbuch Pflichtteilsrecht

Herausgegeben
von

Dr. Gerhard Schlitt
Rechtsanwalt, Fachanwalt für Erbrecht und Notar in Petersberg bei Fulda

und

Dr. Gabriele Müller
Rechtsanwältin, Referatsleiterin für Erb- und Familienrecht
am Deutschen Notarinstitut in Würzburg

Bearbeitet von:

Hans Christian Blum, Rechtsanwalt und Fachanwalt für Erbrecht in Stuttgart; *Nicole Emmerling de Oliveira*, Rechtsanwältin und stellv. Referatsleiterin für Internationales und Ausländisches Privatrecht am DNotI in Würzburg; *Marc Heggen*, Notarassessor und Referent am DNotI in Würzburg; *Dr. Martin Alexander Kasper*, Rechtsanwalt und Fachanwalt für Arbeitsrecht in Heilbronn; *Thomas Kristic*, Notar in Augsburg; *Prof. Dr. Knut Werner Lange*, Universität Bayreuth; *Dr. Daniel Lehmann*, Rechtsanwalt in München; *Professor Dr. Jörg-Alexander Lohr*, StB und WP in Düsseldorf; *Dr. Gabriele Müller*, Rechtsanwältin und Referatsleiterin für Erb- und Familienrecht am DNotI in Würzburg; *Stefan Prettl*, Rechtsanwalt in Leipzig; *Dr. Gerhard Schlitt*, Rechtsanwalt, Fachanwalt für Erbrecht und Notar in Petersberg bei Fulda; *Dr. Jens Tersteegen*, Notarassessor und Referent am DNotI in Würzburg; *Dr. Constanze Trilsch*, Rechtsanwältin und Fachanwältin für Erbrecht in Dresden

Verlag C. H. Beck München 2010

Zitiervorschlag: Schlitt/Müller/*Bearbeiter* § … Rn. …

Verlag C. H. Beck im Internet:
beck.de

ISBN 978 3 406 58694 1

© 2010 Verlag C. H. Beck oHG
Wilhelmstraße 9, 80801 München
Druck und Bindung: fgb · freiburger graphische betriebe
Bebelstr. 11, 79108 Freiburg i. Br.

Satz: Druckerei C. H. Beck, Nördlingen
(Adresse wie Verlag)

Gedruckt auf säurefreiem, alterungsbeständigem Papier
(hergestellt aus chlorfrei gebleichtem Zellstoff)

Vorwort

Das Pflichtteilsrecht besteht seit Einführung des BGB als wirtschaftliches Korrektiv zur grundgesetzlich geschützten Testierfreiheit des Erblassers. Als schuldrechtlicher Geldzahlungsanspruch hat der Pflichtteilsanspruch in den letzten Jahrzehnten immer mehr an Bedeutung gewonnen. Während noch bis in die späten siebziger Jahre breite Bevölkerungskreise von der Existenz des Pflichtteilsanspruchs nichts wussten oder es aus moralischen Gründen nicht wagten, innerhalb der Familie Pflichtteilsansprüche geltend zu machen, ist der Pflichtteilsanspruch in der Gegenwart ein fester Vermögensbestandteil geworden, der bei der Beratung über die Vermögensnachfolge nicht vernachlässigt werden darf und auch regelmäßig Gegenstand der forensischen Tätigkeit des Juristen ist. Mit der Entscheidung des Bundesverfassungsgerichts vom 19. 4. 2005 ist auch die These, der Pflichtteilsanspruch sei nicht mehr zeitgemäß, „vom Tisch gefegt" worden, so dass das Pflichtteilsrecht auch in der Zukunft ein fester Bestandteil des Erbrechts bleiben wird. Jeder Jurist, der sich in der Praxis mit dem Gebiet der Vermögensnachfolge beschäftigt, muss zur Vermeidung von Haftungsfällen detaillierte Kenntnisse des Pflichtteilsrechts besitzen.

Unser Ziel war es, ein allumfassendes Meinungsspektrum wiederzugeben, ohne uns im wissenschaftlichen Theorienstreit zu verlieren. Das Handbuch wendet sich dabei bewusst an den Rechtsanwalt und will diesen bei der Ermittlung, Durchsetzung und Abwehr des Pflichtteilsanspruchs unterstützen. Es richtet sich aber auch an den Notar, der bei der Vermögensnachfolgegestaltung die richtigen Weichen stellen muss, wenn es den Beteiligten – wie so oft – um die Minimierung von Pflichtteilsansprüchen geht.

Das Handbuch Pflichtteilsrecht berücksichtigt die am 2. 7. 2009 verabschiedete Reform des Erb- und Verjährungsrechts, die zum 1. 1. 2010 in Kraft getreten ist. Selbstverständlich sind auch das aktuelle Erbschaft- und Schenkungsteuerrecht, das zum 1. 1. 2009 in weiten Teilen neu gefasst wurde, und das am 1. 1. 2010 gleichfalls in Kraft getretene Wachstumsbeschleunigungsgesetz in das Handbuch miteingeflossen. Ebenfalls berücksichtigt wurden die zum 1. 9. 2009 erfolgte Abschaffung des FGG und die Neuordnung durch das FamFG. Die aktuelle Literatur und Rechtsprechung wurde bis zum 1. 1. 2010 eingearbeitet.

Im Hinblick auf die zunehmende internationale Verflechtung von Vermögen besteht ein Schwerpunkt des Handbuchs auch in der Darstellung des Internationalen Privatrechts und des ausländischen Pflichtteilsrechts, wobei zunächst in das Internationale Privatrecht und seine Bezüge zum Pflichtteilsrecht eingeführt und anschließend das ausländische Pflichtteilsrecht im Rahmen einzelner ausgewählter Länderübersichten dargestellt wird. Ein besonderer Dank ist in diesem Zusammenhang an Herrn Notarassessor Dr. Jens *Tersteegen* zu richten, der die Länderübersichten mit viel Einsatz und Erfolg koordiniert und inhaltlich betreut hat.

Es ist uns gelungen, für dieses Handbuch Autoren zu gewinnen, die sich einerseits auf dem Gebiet des Pflichtteilsrechts bereits durch Veröffentlichungen als Spezialisten ausgewiesen haben, andererseits aber auch die besonderen Probleme der Praxis kennen. Wir möchten deshalb allen Mitautorinnen und Mitautoren herzlich danken, die viel kostbare Zeit geopfert haben, um ihren wertvollen Beitrag zur Realisierung dieses Handbuches zu leisten. Auch dem C. H. Beck-Verlag gilt unser besonderer Dank, der mit uns dieses ambitionierte Werk verwirklicht hat. Bei allen Schwierigkeiten, mit denen eine Erstauflage verbunden ist, hoffen wir, dass das Handbuch für jeden Juristen, der auf dem Gebiet des Pflichtteilsrechts tätig ist, ein gerne und mit Erfolg zu Rate gezogenes Arbeitsmittel sein wird.

Kritik und Anregungen zur Verbesserung unseres Handbuches nehmen wir jederzeit gerne entgegen.

Petersberg und Würzburg im Februar 2010
Dr. Gerhard Schlitt
Dr. Gabriele Müller

Inhaltsübersicht

	Seite
Vorwort	V
Inhaltsverzeichnis	IX
Autorenverzeichnis	XXIX
Abkürzungs- und Literaturverzeichnis	XXXI
§ 1 Der Pflichtteilsanspruch und seine Voraussetzungen	1
§ 2 Der Auskunfts- und Wertermittlungsanspruch	33
§ 3 Die Berechnung des Pflichtteilsanspruchs	89
§ 4 Die Bewertung des Nachlasses	169
§ 5 Der Pflichtteilsergänzungsanspruch	261
§ 6 Die Berechnung des Pflichtteilsergänzungsanspruchs	301
§ 7 Pflichtteilsunwürdigkeit, Pflichtteilsentziehung und Pflichtteilsbeschränkung in guter Absicht	331
§ 8 Kürzungsrecht, sonstige Einreden und Ausgleichungsansprüche	369
§ 9 Geltendmachung des Pflichtteils- und Pflichtteilsergänzungsanspruchs	389
§ 10 Das Pflichtteilsrecht in der notariellen Kautelarpraxis	429
§ 11 Strategien zur Minimierung des Pflichtteils	513
§ 12 Das Pflichtteilsrecht im Steuerrecht	565
§ 13 Der Pflichtteilsanspruch in den neuen Bundesländern	605
§ 14 Das Internationale Pflichtteilsrecht	623
§ 15 Länderübersichten	709
Sachverzeichnis	825

Inhaltsverzeichnis

	Seite
§ 1 Der Pflichtteilsanspruch und seine Voraussetzungen	1
I. Verfassungsmäßigkeit des Pflichtteilsrechts	3
II. Reform des Pflichtteilsrechts	4
III. Pflichtteilsberechtigte und ihre Rangfolge	5
IV. Die Ermittlung der Pflichtteilsquote	6
V. Pflichtteilsschuldner und Pflichtteilslast	9
VI. Fälligkeit und Verjährung des Anspruches	10
VII. Wirksame Enterbung des Pflichtteilsberechtigten gemäß § 1938 BGB	11
1. Ausdrückliche oder konkludente Enterbung	11
2. Testierfähigkeit des Erblassers	11
3. Verstoß gegen Verbotsgesetze	14
4. Verletzung von Persönlichkeitsrechten	16
5. Bindung an einen Erbvertrag oder an ein vorangegangenes gemeinschaftliches Testament	19
6. Einschränkungen der Testierfreiheit durch gesellschaftsvertragliche Bindungen	20
VIII. Wegfall des Pflichtteils durch Erb- oder Pflichtteilsverzicht nach § 2346 BGB	20
1. Erbverzicht	20
2. Pflichtteilsverzicht	22
3. Zuwendungsverzicht	22
4. Aufhebung des Verzichts	22
IX. Kein Verlust des Pflichtteils durch Pflichtteilsentziehung oder Pflichtteilsunwürdigkeit	23
X. Wegfall des Pflichtteilsanspruchs durch rechtskräftige Scheidung oder Zustimmung des Erblassers zur Scheidung	23
XI. Die Ausschlagung der Zuwendung als Pflichtteilsvoraussetzung	25
1. Fallage § 2305 BGB	26
2. Fallage § 2306 BGB	27
3. Fallage § 2307 BGB	28
4. Erbeinsetzung nebst Vermächtnis	30
5. Ausschlagungsfristen des Pflichtteilsberechtigten	30
6. Ausschlagungsrecht des überlebenden Ehegatten oder überlebenden Lebenspartners bei Zugewinngemeinschaft	30
§ 2 Der Auskunfts- und Wertermittlungsanspruch	33
I. Auskunftsanspruch	34
1. Inhalt und Umfang des Auskunftsanspruchs	35
a) Tatsächlicher Nachlass	36
b) Fiktiver Nachlass	37
c) Ausschluss des Auskunftsanspruchs	39
d) Einschränkungen des Auskunftsanspruchs	40
e) Fälligkeit	41
2. Auskunftsberechtigte	41
a) Pflichtteilsberechtigter Nichterbe	41
b) Pflichtteilsberechtigter Erbe	43
3. Auskunftsverpflichteter	45

Inhaltsverzeichnis

4. Form der Auskunftserteilung	46
a) Nachlassverzeichnis	46
b) Einzelpositionen	46
c) Zuziehung des Pflichtteilsberechtigten	53
d) Unvollständiges Bestandsverzeichnis	54
e) Eidesstattliche Versicherung	54
f) Kosten	55
g) Weitere Auskunftsansprüche	55
5. Einreden und Einwendungen gegen Auskunftsansprüche	57
a) Erfüllung	57
b) Zurückbehaltungsrecht	57
c) Rechtsmissbrauch	57
d) Verjährung	57
II. Wertermittlungsanspruch	59
1. Inhalt und Umfang des Wertermittlungsanspruchs	59
a) Bezugsobjekt	59
b) Anspruch auf Vorlage von Unterlagen und Belegen	61
c) Wertgutachten	61
2. Wertermittlungsgläubiger	64
a) Pflichtteilsberechtigter Nichterbe	64
b) Pflichtteilsberechtigter Erbe	64
3. Wertermittlungsschuldner	65
4. Einreden und Einwendungen gegen Wertermittlungsansprüche	66
a) Erfüllung	66
b) Veräußerter Nachlassgegenstand	66
c) Missbrauch	66
d) Dürftigkeit des Nachlasses	67
e) Verjährung	67
5. Kosten	67
III. Geltendmachung des Auskunfts- und Wertermittlungsanspruchs	68
1. Außergerichtliche Geltendmachung	68
2. Auskunftsklage	70
a) Prozessstrategie	70
b) Inhalt und Umfang des Auskunftsanspruches	71
c) Beweislast	72
d) Streitwert der Auskunftsklage	72
e) Örtliche Zuständigkeit der Auskunftsklage	72
f) Einstweilige Verfügung	73
g) Gerichtskosten/RA-Gebühren	73
h) Zwangsvollstreckung des Auskunftsanspruchs	75
3. Klage auf Wertermittlung	76
a) Allgemeines	76
b) Beweislast	77
c) Streitwert der Klage auf Wertermittlung	77
d) Gerichtskosten/RA-Gebühren	77
e) Zwangsvollstreckung	77
4. Stufenklage	78
a) Allgemeines	78
b) Sachliche Zuständigkeit	80
c) Beweislast	80
d) Entscheidung	81
e) Rechtsmittel	81
f) Gerichtskosten/RA-Gebühren	81

Inhaltsverzeichnis

g) Prozesskostenhilfe	83
h) Zwangsvollstreckung	85
5. Stufenklage gegen den Beschenkten	85
a) Allgemeines	85
b) Klageantrag	86
c) Verjährung	86

§ 3 Die Berechnung des Pflichtteilsanspruchs 89

- I. Ordentlicher Pflichtteil 90
  1. Einleitung 91
  2. Aktivbestand des Nachlasses 91
     - a) Konfusion/Konsolidation 92
     - b) Bankvermögen 92
     - c) Vermögensverhältnisse in der Ehe 93
     - d) Steuerrückerstattungsansprüche 94
     - e) Lebensversicherung 95
     - f) Gesellschaftsbeteiligungen 97
     - g) Persönlichkeitsrecht 100
     - h) Geistiges Eigentum/Gewerbliche Schutzrechte 101
     - i) Wiederkehrende Leistungen 102
     - j) Ansprüche nach dem Vermögensgesetz 103
     - k) Nicht berücksichtigungsfähige Vermögenswerte 103
     - l) ABC der Aktiva des Nachlassvermögens 104
  3. Der Passivbestand des Nachlasses 109
     - a) Berücksichtigungsfähige Passiva 110
     - b) Nicht berücksichtigungsfähige Passiva 113
     - c) Verbindlichkeiten aus Wirtschafts- und Sacheinheiten 114
     - d) ABC der Passiva des Nachlassvermögens 114
  4. Maßgebender Zeitpunkt 118
     - a) Stichtagsprinzip 118
     - b) Ausnahmen vom Stichtagsprinzips 118
- II. Pflichtteilsrestanspruch nach § 2305 BGB 121
  1. Normzweck des Pflichtteilsrestanspruches 121
  2. Voraussetzungen des § 2305 BGB 122
  3. Rechtsfolgen des § 2305 BGB 123
     - a) Annahme der Erbschaft 123
     - b) Ausschlagung der Erbschaft 124
     - c) Pflichtteilsrestanspruch des Ehegatten 125
- III. Anrechnungspflichtteil 125
  1. Normzweck der Anrechung 125
     - a) Regelungsinhalt des § 2315 BGB 125
     - b) Abgrenzung der Anrechnung von anderen Rechtsinstituten 126
  2. Lebzeitige Zuwendung des Erblassers an den Pflichtteilsberechtigten 127
     - a) Verminderung des Nachlasses des Erblassers 127
     - b) Freiwilligkeit 127
     - c) Lebzeitige Zuwendung 128
     - d) Zuwendung an den Pflichtteilsberechtigten 128
  3. Anordnung der Anrechnung 128
     - a) Inhalt der Anordnung 128
     - b) Zeitpunkt und Form der Anordnung 129
     - c) Zuwendung an Minderjährige 131
     - d) Beweislast 132
  4. Wirkung der Anrechnungspflicht 133
     - a) Bildung des Anrechnungsnachlasses 133

Inhaltsverzeichnis

	b) Ermittlung des fiktiven Gesamtpflichtteils	136
	c) Berechnung des Anrechnungspflichtteils	136
	d) Prozessuale Geltendmachung	137
5.	Anrechnungspflicht für fremden Vorempfang	137
	a) Normzweck	137
	b) Wegfall eines anrechnungspflichtigen Abkömmlings	137
	c) Eintritt eines Abkömmlings an die Stelle des Weggefallenen	138
6.	Anrechnung bei Zugewinngemeinschaft	140
IV. Ausgleichungspflichtteil		141
1.	Normzweck der Ausgleichung	141
2.	Voraussetzungen der Ausgleichung	141
	a) Mehrere Abkömmlinge	141
	b) Ausgleichungspflichtige Zuwendung	142
3.	Wirkung der Ausgleichung	154
4.	Berechnung des Ausgleichungspflichtteils	154
	a) Berechnungsvorgang	154
	b) Bewertung beim Ausgleichungspflichtteil	155
	c) Ausgleichung nach § 2050 BGB	156
	d) Ausgleichung bei Ehegatten	156
	e) Mehrempfang nach § 2056 BGB	157
	f) Ausgleichungsrestpflichtteil (§ 2316 Abs. 2 BGB)	158
	g) Ausgleichung nach § 2316 i. V. m. § 2057a BGB	159
	h) Ausgleichung nach § 2316 Abs. 4 BGB	161
	i) Zusammentreffen ausgleichungspflichtiger mit anrechnungspflichtiger Zuwendung	166

§ 4 Die Bewertung des Nachlasses — 169

I. Grundsätze der Bewertung		171
1.	Ausgangspunkt der Bewertung	171
2.	Ziel der Bewertung	171
3.	Stichtagsprinzip	171
	a) Maßgeblicher Zeitpunkt	171
	b) Wertveränderungen nach dem Stichtag	172
	c) Härtefallkorrektur	172
4.	Der volle, wirkliche Wert	172
	a) Der (Normal-)Verkaufspreis	172
	b) Der wahre, innere Wert	174
5.	Die Ermittlung des vollen, wirklichen Werts	174
	a) Der tatsächlich erzielte Verkaufspreis	174
	b) Die Schätzung des vollen, wirklichen Werts	175
6.	Wertbestimmungen durch den Erblasser	175
7.	Überprüfung der Wertermittlungsmethode im Gerichtsverfahren	176
II. Bewertung der einzelnen Nachlassgegenstände		176
1.	Bewertung von Grundstücken	176
	a) Grundsätze zur Ermittlung von Grundstückswerten	176
	b) Unbebaute Grundstücke	178
	c) Bebaute Grundstücke	179
	d) Grundstücksbezogene Rechte und Belastungen	185
	e) Steuerliche Bewertungsverfahren	188
2.	Bewertung von Unternehmen und Gesellschaftsbeteiligungen	191
	a) Grundsätze zur Ermittlung von Unternehmenswerten	191
	b) Prognose der künftigen Überschüsse	199
	c) Kapitalisierung der künftigen finanziellen Überschüsse	202
	d) Wertermittlungsmethode	207

e) Besonderheiten bei der Unternehmenswertermittlung 221
f) Gesellschaftsanteile 224
g) Gesellschaftsrechtlich begründete Korrekturfälle 225
h) Bewertung von Freiberuflerpraxen 231
3. Bewertung von Landgütern und landwirtschaftlichen Betrieben 244
   a) Grundzüge des Landwirtschaftserbrechts 244
   b) Wertermittlung 247
4. Bewertung von Kunstgegenständen 253
   a) Grundsätze zur Ermittlung von Werten für Kunstgegenstände 253
   b) Wertbildende Faktoren der Kunstbewertung 253
   c) Methoden zur Bewertung von Kunstgegenständen 254
5. Bewertung von Bargeld 255
6. Bewertung von Bankguthaben 255
7. Bewertung von Wertpapieren 256
8. Bewertung von Forderungen 257
9. Bewertung von Fahrzeugen 258
10. Bewertung von Gegenständen des persönlichen Gebrauchs 258
11. Bewertung von Hausrat 258
12. Bewertung von Schmuck 259
13. Bewertung von Rechten 259
   a) Bedingte, ungewisse und unsichere Rechte 259
   b) Sonstige Rechte 260
14. Bewertung von Nachlassverbindlichkeiten 260

§ 5 Der Pflichtteilsergänzungsanspruch 261

I. Rechtsnatur des Pflichtteilsergänzungsanspruchs 263
II. Gläubiger des Pflichtteilsergänzungsanspruchs 265
III. Schuldner des Pflichtteilsergänzungsanspruchs 266
IV. Der Schenkungsbegriff des § 2325 BGB 268
V. Einzelfragen zu bestimmten Zuwendungen des Erblassers 272
  1. Der Abschluss von Eheverträgen 272
  2. Die ehebedingten Zuwendungen 275
  3. Das Bestehen einer Ehegatteninnengesellschaft 277
  4. Einräumung einer Kontoinhaberschaft und konkludente
     Miteigentumsgemeinschaft am Einzelkonto 277
  5. Die Zuwendung von Lebensversicherungen 279
     a) Widerrufliche Begünstigungserklärung 280
     b) Unwiderrufliche Begünstigungserklärung 282
  6. Der Vertrag zugunsten Dritter 283
  7. Der Erlass und die Abtretung von Forderungen 284
     a) Der Erlass von Forderungen 284
     b) Die Abtretung von Forderungen 285
     c) Die Übertragung eines Schuldverhältnisses 285
  8. Die Gründung von Stiftungen/Zustiftungen 285
  9. Die gemischte Schenkung 286
  10. Die Schenkung unter Auflage 289
  11. Lebzeitiger Verzicht auf bestehende Rechte gegenüber dem
      Pflichtteilsberechtigten 291
  12. Die Einräumung eines Widerrufs- oder Rücktrittsvorbehalts bei lebzeitiger
      Vermögensübertragung 291
  13. Die Gewährung von freiem Wohnraum 291
  14. Die Abfindung für Erb- und Pflichtteilsverzichte/vorzeitiger Erbausgleich ... 292
  15. Die Aufnahme eines neuen Gesellschafters 292

Inhaltsverzeichnis

16. Die lebzeitige Übertragung eines Einzelunternehmens oder Abtretung einer Gesellschafterstellung	293
17. Abfindungsausschluss oder -einschränkung bei Personengesellschaften	293
18. Abfindungsausschluss oder -einschränkung bei Kapitalgesellschaften	296
19. Bäuerliche Hofübergabe	296
20. Der Mehrempfang nach § 2056 BGB	298
21. Die Erfüllung und Anerkenntnis einer verjährten Schuld	299
VI. Schenkung von Vermögen im Ausland	299

§ 6 Die Berechnung des Pflichtteilsergänzungsanspruchs ... 301

I. Die Bewertung des Schenkungsgegenstands und Bewertungszeitpunkt	302
1. Verbrauchbare Sachen	303
2. Nicht verbrauchbare Sachen	303
a) Bewertung des Gegenstandes im Zeitpunkt der Schenkung	303
b) Ermittlung des Werts zum Zeitpunkt des Erbfalls	304
c) Vergleich beider Werte (Niederstwertprinzip)	304
II. Die Anwendung der 10-Jahresfrist des § 2325 Abs. 3 BGB	308
III. Die Berechnung des Pflichtteilsergänzungsanspruchs (§ 2325 BGB)	317
IV. Der Pflichtteilsergänzungsanspruch des Erben (§ 2326 BGB)	320
V. Eigenschenkungen des Pflichtteilsberechtigten (§ 2327 BGB)	321
VI. Berechnung des Mehrempfangs nach § 2056 BGB	323
VII. Prozessuale Geltendmachung des Pflichtteilsergänzungsanspruchs	328

§ 7 Pflichtteilsunwürdigkeit, Pflichtteilsentziehung und Pflichtteilsbeschränkung in guter Absicht ... 331

I. Überblick	332
II. Die Pflichtteilsentziehung	333
1. Bedeutung der Pflichtteilsentziehung	333
2. Der betroffene Personenkreis	334
a) Der Entziehende	334
b) Der Pflichtteilsberechtigte	335
c) Der Kreis der betroffenen Personen	335
3. Die Pflichtteilsentziehungsgründe im Überblick	336
a) Der Katalog des § 2333 Abs. 1 BGB	336
b) Schuldhaftes Verhalten der Betroffenen?	336
4. Die materiellen Anforderungen an die Pflichtteilsentziehung	337
a) Entziehung nach § 2333 Abs. 1 Nr. 1 BGB	337
b) Entziehung nach § 2333 Abs. 1 Nr. 2 BGB	337
c) Entziehung nach § 2333 Abs. 1 Nr. 3 BGB	339
d) Entziehung nach § 2333 Abs. 1 Nr. 4 BGB	340
5. Die formellen Anforderungen an die Pflichtteilsentziehung	342
a) Form der Anordnung (§ 2336 Abs. 1 BGB)	342
b) Inhalt der Anordnung (§ 2336 Abs. 2 BGB)	343
6. Die Pflichtteilsentziehung als Gestaltungsrecht	346
7. Die lebzeitige Klärung der Entziehungsmöglichkeit	346
8. Beweislast	347
9. Die Rechtsfolgen der Pflichtteilsentziehung	348
10. Die Verzeihung	348
a) Begriff	348
b) Voraussetzungen	349
c) Rechtsfolgen	350
d) Beweislast	350

Inhaltsverzeichnis

III.	Die Pflichtteilsbeschränkung in guter Absicht	351
1.	Zweck der Pflichtteilsbeschränkung	351
2.	Voraussetzungen der Pflichtteilsbeschränkung	352
	a) Sachliche Voraussetzungen	352
	b) Zeitliche Voraussetzungen	353
	c) Persönliche Voraussetzungen	354
	d) Beweislast	354
3.	Gestaltungsmöglichkeiten des Erblassers	355
	a) Grundsätze	355
	b) Einsetzung der gesetzlichen Erben des Abkömmlings als Nacherben	355
	c) Anordnung eines Nachvermächtnisses	356
	d) Anordnung und Wirkung der Verwaltungstestamentsvollstreckung	357
4.	Verhältnis zu § 2306 BGB	357
5.	Die beschränkende Anordnung	358
IV.	Die Pflichtteilsunwürdigkeit	359
1.	Pflichtteilsunwürdigkeit und Pflichtteilsentziehung	359
2.	Schutzobjekt der Pflichtteilsunwürdigkeit	359
3.	Grundsätze der Pflichtteilsunwürdigkeit	360
	a) Allgemeines	360
	b) Umfang des betroffenen Anspruchs	360
	c) Geschützter Personenkreis	361
	d) Verschulden	361
4.	Die Pflichtteilsunwürdigkeitsgründe	362
	a) Katalogtatbestand	362
	b) §§ 2345 Abs. 2, 2339 Abs. 1 Nr. 1 BGB	362
	c) §§ 2345 Abs. 2, 2339 Abs. 1 Nr. 2 BGB	363
	d) §§ 2345 Abs. 2, 2339 Abs. 1 Nr. 3 BGB	364
	e) §§ 2345 Abs. 2, 2339 Abs. 1 Nr. 4 BGB	365
5.	§ 2339 Abs. 2 BGB	365
6.	Geltendmachung der Pflichtteilsunwürdigkeit	366
	a) Geltendmachung durch Anfechtung	366
	b) Anfechtungsberechtigter und Anfechtungsgegner	366
	c) Anfechtungsfrist	367
	d) Anfechtungserklärung	367
	e) Wirkung der Anfechtung	367
7.	Verzeihung	368
§ 8 Kürzungsrecht, sonstige Einreden und Ausgleichungsansprüche		369
I.	Das Kürzungsrecht des Erben gem. § 2318 BGB	369
1.	Das Kürzungsrecht nach § 2318 Abs. 1 BGB	369
2.	Die eingeschränkte Kürzungsbefugnis nach § 2318 Abs. 2 BGB	371
3.	Die Kürzungsbefugnis des pflichtteilsberechtigten Erben gemäß § 2318 Abs. 3 BGB	373
4.	Das Zusammentreffen der Kürzungsrechte	374
II.	Einreden des Pflichtteilsberechtigten	374
1.	Die Einrede des pflichtteilsberechtigten Miterben gem. § 2319 BGB	374
2.	Die Einrede des pflichtteilsberechtigten Erben gemäß § 2328 BGB	376
3.	Ausgleichungsansprüche bezüglich Dienstleistungen gemäß § 2316 BGB i.V.m. § 2057a BGB	378
	a) Mitarbeit im Haushalt	380
	b) Erhebliche Geldleistungen	381
	c) Pflegeleistungen	381
	d) Beiträge in anderer Weise	382
	e) Die Ermittlung des Ausgleichungsbetrages	382
	f) Die Durchführung der Ausgleichungsberechnung	383

Inhaltsverzeichnis

III. Die Dürftigkeitseinrede des Erben gemäß § 1990 BGB	383
1. Die Dürftigkeit des Nachlasses	383
2. Rechtsfolge der Dürftigkeitseinrede	385
3. Erhebung der Einrede	385
IV. Die Stundung des Pflichtteilsanspruchs	387

§ 9 Geltendmachung des Pflichtteils- und Pflichtteilsergänzungsanspruchs ... 389

I. Anspruchsgegner	389
1. Der Erbe als Anspruchsgegner	389
2. Der Beschenkte als Anspruchsgegner	391
3. Der Testamentsvollstrecker als Anspruchsgegner	391
4. Der Nachlasspfleger als Anspruchsgegner	392
II. Außergerichtliche Geltendmachung des Pflichtteils	395
1. Der Auskunfts- und Wertermittlungsanspruch	395
a) Der Auskunftsanspruch gemäß § 2314 Abs. 1 S. 1 BGB	395
b) Der Wertermittlungsanspruch gemäß § 2314 Abs. 1 S. 2 BGB	401
c) Verjährung	402
2. Die eidesstattliche Versicherung gemäß § 260 Abs. 2 BGB	402
3. Der Vergleich über den Pflichtteilsanspruch	403
III. Die prozessuale Geltendmachung von Pflichtteilsansprüchen	405
1. Die Feststellungsklage gemäß § 256 ZPO	405
2. Die Auskunftsklage gemäß § 2314 BGB	408
3. Die Klage auf Wertermittlung	410
4. Die Leistungsklage auf Zahlung des Pflichtteils	411
5. Die Stufenklage gem. § 254 ZPO	412
6. Die Pflichtteilsergänzungsklage gegen den Erben gemäß § 2325 BGB	415
7. Die Pflichtteilsergänzungsklage gegen den Beschenkten gemäß § 2329 BGB	419
8. Zinsen, Stundung und Pfändbarkeit	421
a) Verzinsung des Pflichtteilsanspruchs	421
b) Die Stundung des Pflichtteilsanspruchs	421
c) Die Pfändbarkeit des Pflichtteilsanspruchs	423
9. Vergleich über den Pflichtteil	425

§ 10 Das Pflichtteilsrecht in der notariellen Kautelarpraxis ... 429

I. Bedeutung des Pflichtteilsrechts für die Kautelarpraxis	430
II. Rechtsgeschäfte unter Lebenden	431
1. Erbverzicht	431
a) Rechtsnatur	431
b) Gegenstand/Vertragsschließende	431
c) Form und sonstige Wirksamkeitsvoraussetzungen	432
d) Wirkungen	436
e) Beschränkungsmöglichkeiten	437
f) Sittenwidrigkeit	438
g) Beseitigungsmöglichkeiten	438
h) Urkundenbehandlung	440
2. Pflichtteilsverzicht	440
a) Gegenstand/Bedeutung in der Praxis	441
b) Form und sonstige Wirksamkeitsvoraussetzungen	441
c) Wirkungen	442
d) Sittenwidrigkeit/Anfechtbarkeit	443
e) Aufhebbarkeit	445
f) Beschränkungsmöglichkeiten	445

g) Praxishäufige Pflichtteilsverzichte 445
h) Urkundenbehandlung 448
3. Lebzeitige Zuwendungen unter Anrechnung auf den Pflichtteil;
   Ausgleichungspflichten 448
   a) Anrechnungspflicht 448
   b) Ausgleichungspflicht 452
   c) Zusammentreffen von Anrechnungs- und Ausgleichungspflicht 457
4. Ehe- und Lebenspartnerschaftsverträge und Güterstandswahl 458
   a) Faktoren für die Bemessung der Pflichtteilsquote 458
   b) Pflichtteilsquote bei Zugewinngemeinschaft 458
   c) Pflichtteilsquote bei Gütergemeinschaft 459
   d) Pflichtteilsquote bei Gütertrennung 459
   e) Erb- und Pflichtteilsquote des eingetragenen Lebenspartners 459
5. Unternehmensnachfolge und Pflichtteilsrecht 460
   a) Pflichtteil als Störfaktor der Unternehmensnachfolge 460
   b) Pflichtteilsverzicht 460
   c) Bewertung von Unternehmen 461
   d) Anteile an Personengesellschaften 461
   e) Anteile an Kapitalgesellschaften 463
   f) Lebzeitige Übertragung von Gesellschaftsbeteiligungen
      (und Schenkung) 464
6. Aufnahme eines notariellen Nachlassverzeichnisses 464
   a) Bedeutung des notariellen Nachlassverzeichnisses im Pflichtteils-
      recht 464
   b) Formen der notariellen Mitwirkung bei der Erstellung von Nachlass-
      verzeichnissen 465
   c) Inhalt des Verzeichnisses 466
   d) Verfahren 467
   e) Fassung der Urkunde 468

III. Verfügungen von Todes wegen 469
1. Zwingendes Pflichtteilsrecht als Gestaltungsgrenze 469
2. Pflichtteilsentziehung 470
   a) Bedeutung in der Praxis 470
   b) Erbrechtsreform 471
3. Pflichtteilsbeschränkung in guter Absicht 473
   a) Praktische Bedeutung des § 2338 BGB 473
   b) Wesen der Pflichtteilsbeschränkung 473
   c) Tatbestandsvoraussetzungen 473
   d) Beschränkungsmöglichkeiten 474
4. Pflichtteilsklauseln 475
   a) Problem 475
   b) Pflichtteilsklauseln bei Wahl der Einheitslösung 476
   c) Pflichtteilsstrafklausel im Fall der Trennungslösung 479
   d) Pflichtteilsstrafklausel bei Herausgabevermächtnislösung 480
   e) Socinische Klausel 481
5. Vor- und Nacherbfolge 481
   a) Wesen und Anwendungsbereich 481
   b) Ausgestaltung der Vor- und Nacherbfolge 482
   c) Rechtsstellung des Vorerben während der Vorerbschaft 485
   d) Verlautbarung der Nacherbfolge 487
6. Vor- und Nachvermächtnis, Herausgabevermächtnis 487
   a) Vor- und Nachvermächtnis 487
   b) Herausgabevermächtnis 490

Inhaltsverzeichnis

7. Behindertentestament	492
a) Problemstellung	492
b) Nicht geeignete Gestaltungen	493
c) Erblösung	494
d) Vermächtnislösung	500
8. Geschiedenentestament	501
a) Problemstellung	501
b) Gestaltungslösungen	502
c) Vor- und Nacherbfolge	502
d) Vermächtnislösung(en)	506
9. Gestaltung der Pflichtteilslasten	507
a) Problemstellung	507
b) Überblick über die gesetzliche Regelung der Pflichtteilslast	508
c) Gestaltungsmöglichkeiten durch den Erblasser	510
d) Grenzen der Gestaltung	511
§ 11 Strategien zur Minimierung des Pflichtteils	**513**
I. Problemstellung	515
II. Gestaltungsmöglichkeiten im Rahmen lebzeitiger Rechtsgeschäfte und Handlungen	516
1. Erb-, Pflichtteilsverzicht	516
a) Pflichtteilsverzicht und Erbverzicht	516
b) Folgen des Pflichtteilsverzichts	516
c) Entgeltlicher Pflichtteilsverzicht und Bemessung der Abfindung	517
d) Wirksamkeitsvoraussetzungen	518
e) Erstreckung der Verzichtswirkung/Ausschaltung des „lästigen Enkels"	518
2. Reduzierung des Pflichtteils mittels lebzeitiger Handlungen und Verfügungen	519
a) Lebzeitiger Verbrauch/Verkauf gegen Leibrente	519
b) Entgeltliche Veräußerung	520
c) Lebzeitige Zuwendungen des Erblassers	524
d) Unentgeltliche Zuwendungen an den Ehegatten	527
e) Zuwendungen an Stiftungen	529
f) Zuwendungen aufgrund von Verträgen zugunsten Dritter auf den Todesfall	531
3. Ehevertragliche Gestaltungen	532
a) Ausgangssituation	532
b) Berechnung des Pflichtteils nach dem Gesetz	533
c) Beeinflussung der Pflichtteilsquoten durch Güterstandswahl	534
d) Ausgleich des Zugewinns nach Güterstandswechsel zur Gütertrennung	535
e) Begründung der Gütergemeinschaft	537
f) Fortgesetzte Gütergemeinschaft	538
g) Modifizierung des § 1371 BGB	539
4. Erweiterung des Kreises der Pflichtteilsberechtigten	539
a) Ausgangsüberlegung	539
b) Eheschließung bzw. Begründung einer eingetragenen Lebenspartnerschaft	540
c) Vaterschaftsanerkennung	541
d) Adoption	542
e) Erbrechtliche Gleichstellungserklärung nach Art. 12 § 10a NEhelG	546
f) Aufhebung vorhandener Erbverzichte	547
5. Gesellschaftsrechtliche Gestaltungen	548
a) Gesellschaftsgründung und Zuwendung von Gesellschaftsanteilen	548
b) Beschränkung von Abfindungsansprüchen beim Tod des Gesellschafters	549

Inhaltsverzeichnis

	6. Gestaltungsmöglichkeiten im Hinblick auf das IPR	550
	a) Übertragung auf ausländische Rechtsperson	550
	b) Herstellung einer Nachlassspaltung	550
	c) Austausch des Erbstatuts durch Wechsel der Staatsangehörigkeit	551
III.	Gestaltungsmöglichkeiten im Rahmen von Verfügungen von Todes wegen	551
	1. Pflichtteilsrecht als Schranke der Testierfreiheit	551
	2. Pflichtteilsentziehung/Pflichtteilsunwürdigkeit	552
	a) Pflichtteilsentziehung	552
	b) Pflichtteilsunwürdigkeit	553
	3. Nachträgliche Pflichtteilsanrechnung	553
	4. Pflichtteilsbeschränkung in guter Absicht	554
	a) Rechtsnatur der Pflichtteilsbeschränkung gem. § 2338 BGB	554
	b) Rechtsfolgenseite	554
	c) Tatbestandsvoraussetzungen	555
	5. Trennungslösungen und Beeinflussung des pflichtteilserheblichen Nachlasses	555
	a) Vor- und Nacherbfolge	555
	b) Aufschiebend bedingte/befristete Vermächtnisse	556
	6. Pflichtteilsklauseln und sonstige bedingte Zuwendungen an Abkömmlinge	557
	a) Pflichtteilsklauseln	557
	b) Problem: Das „böse" Kind	557
	7. Ertragswertanordnung nach § 2312 BGB und Höferecht	559
	a) Ertragswertanordnung bei Landgütern nach § 2312 BGB	559
	b) Höferecht	562

§ 12 Das Pflichtteilsrecht im Steuerrecht 565

I.	Erbschaftsteuer	566
	1. Besteuerung des Pflichtteilsberechtigten	566
	a) Entstehung des Pflichtteilsanspruchs	566
	b) Geltendmachung des Pflichtteilsanspruchs	568
	c) Übertragbarkeit de Pflichtteilsanspruchs	571
	d) Verjährung des Pflichtteilsanspruchs	571
	e) Besteuerung des geltend gemachten Pflichtteils	573
	f) Aufschiebend bedingter Pflichtteilsanspruch	577
	g) Stundung des Pflichtteils	578
	h) Verzichtshandlungen des Pflichtteilsberechtigten	580
	2. Abzug der Pflichtteilslast beim Verpflichteten	584
	3. Besonderheiten	587
	a) Pflichtteil und Vergünstigungen nach §§ 13a, 19a ErbStG	587
	b) Pflichtteilslast und steuerbefreite Vermögensgegenstände	590
	4. Gestaltungsmöglichkeiten	593
	5. Schematische Darstellung der Besteuerung von Pflichtteilsansprüchen	594
II.	Einkommensteuer	595
	1. Allgemeine Grundsätze	595
	2. Pflichtteilsberechtigter	596
	a) Grundsatz	596
	b) Pflichtteilsrente	596
	c) Abgeltung durch Sachleistung an Erfüllungs statt (§ 364 BGB)	598
	d) Pflichtteilsverzicht	600
	3. Pflichtteilsbelastung	601
	a) Grundsatz	601
	b) Finanzierungskosten	602
	c) Zahlungen für den Verzicht auf den Pflichtteil	602
	d) Verrechnung des Pflichtteilsanspruchs	602

Inhaltsverzeichnis

e) Sonderausgaben	602
f) Außergewöhnliche Belastung	602
III. Grunderwerbsteuer	603

§ 13 Der Pflichtteilsanspruch in den neuen Bundesländern 605
    I. Pflichtteilsrecht in der DDR 605
        1. Erbfall zwischen dem 7. 10. 1949 (Gründung DDR) und dem 31. 12. 1956 605
        2. Erbfall zwischen dem 1. 1. 1957 (Adoptions-VO) und dem 1. 4. 1969 606
        3. Erbfall zwischen dem 1. 4. 1969 (FGB) und dem 31. 12. 1975 606
        4. Erbfall zwischen dem 1. 1. 1976 (ZGB) und dem 2. 10. 1990 607
        5. Erbfall zwischen dem 3. 10. 1990 (Deutsche Einheit) und dem 31. 3. 1998 609
        6. Erbfall ab dem 1. 4. 1998 (Erbrechtsgleichstellungsgesetz) 610
    II. Internationales Erbrecht der DDR 611
        1. Erbfall zwischen dem 7. 10. 1949 (bis RAG) und dem 31. 12. 1975 611
        2. Erbfall zwischen dem 31. 12. 1975 (ab RAG) und dem 2. 10. 1990 611
    III. Behandlung innerdeutscher Erbfälle 612
        1. Aus Sicht der DDR 612
        2. Aus westdeutscher Sicht 612
    IV. Problemfälle im deutsch-deutschen Pflichtteilsrecht 613
        1. Das Erbrechtsgleichstellungsgesetz 613
        2. Pflichtteilsergänzungsansprüche 615
        3. Behandlung von Altadoptionen 617
        4. Das geheimgehaltene Kind 619
        5. Restitutionsansprüche 620
        6. Der alte DDR-Güterstand 621
        7. Der Pflichtteilsverzicht vor dem 3. 10. 1990 622

§ 14 Das Internationale Pflichtteilsrecht 623
    I. Einführung 626
        1. Zum Begriff des Internationalen Pflichtteilsrechts 626
        2. Wesensmerkmale des Internationalen Pflichtteilsrechts 626
            a) Unterschiede zwischen den nationalen Sachrechten im Pflichtteilsrecht 626
            b) Internationales Pflichtteilsrecht als nationales Recht 627
            c) Die Internationale Zuständigkeit als nationales Recht 628
        3. Beratungs- und Belehrungspflichten bei Erbfällen mit Auslandsbezug 629
            a) Notarielle Belehrungspflichten 629
            b) Anwaltliche Beratungspflichten 630
    II. Kompendium für die pflichtteilsrechtliche Beratung bei Auslandsberührung ... 632
        1. Die Rolle der Staatsangehörigkeit 632
            a) Grundfragen der Bestimmung des Erbstatuts 633
            b) Gestaltungsmöglichkeiten 634
        2. Rück- und Weiterverweisungen (*Renvoi*) 634
        3. Kollisionsrechtliche Nachlassspaltung 634
            a) Ursachen 635
            b) Folgen 635
            c) Gestaltungsmöglichkeiten 635
        4. Kontrollüberlegung zur faktischen Nachlassspaltung und zum *forum shopping* 642
            a) Ursachen 642
            b) Übliche Anknüpfungsmerkmale zur Bestimmung des Erbstatuts 643
            c) Gestaltungsmöglichkeiten 649

5. Die Wahl der Gestaltungsmittel 650
   a) Die Form letztwilliger Verfügungen 650
   b) Problematische Gestaltungsmittel 650
III. Bestimmung des einschlägigen Erbstatuts und Umfang des Nachlasses aus deutscher Sicht 651
   1. Überblick 651
   2. Vorrangige Staatsverträge 652
      a) Niederlassungsabkommen mit dem Kaiserreich Persien vom 17. 2. 1929 653
      b) Deutsch-Türkischer Konsularvertrag vom 28. 5. 1929 653
      c) Deutsch-Sowjetischer Konsularvertrag vom 25. 4. 1958 654
      d) Haager Übereinkommen über das auf die Form letztwilliger Verfügungen anwendbare Recht vom 5. 10. 1961 655
      e) Haager Übereinkommen über das auf die Erbfolge anzuwendende Recht vom 1. 8. 1989 656
      f) Planungen auf EU-Ebene (sog. „Brüssel-IV-Verordnung) 656
   3. Deutsche Staatsangehörigkeit sowie Behandlung eines nicht-deutschen Staatsangehörigen wie ein deutscher Staatsangehöriger 658
      a) Die deutsche Staatsangehörigkeit 658
      b) Flüchtlinge und anerkannte Asylbewerber 659
      c) Staatenlose mit gewöhnlichem Aufenthalt in Deutschland 659
   4. Die Erbfolge nach einem deutschen oder einem wie ein Deutscher zu behandelnden Erblasser 660
      a) Überblick 660
      b) Vorrangige Staatsverträge 660
      c) Vorrangiges Sachrecht 660
      d) Vorrangiges Güterrecht 665
      e) Besondere Vorschriften des Belegenheitsrechts (Vorrangiges Einzelstatut) 666
   5. Die Erbfolge nach einem ausländischen Erblasser 674
      a) Feststellung des Personalstatuts 675
      b) Mehrstaater, Staatenlose 675
      c) Gesamtnormverweisung, Rück- und Weiterverweisung (sog. Renvoi) 676
      d) Verweisung bei Teilrechtsordnungen (insbesondere interlokales und interpersonales Recht) 679
      e) Innerdeutsches Kollisionsrecht (Altfälle) 681
      f) Rechtswahl nach Art. 25 Abs. 2 EGBGB 681
      g) Rechtswahl nach dem Heimatrecht des Erblassers 684
IV. Wirkungsumfang des Erbstatuts aus deutscher Sicht 685
   1. Grundlagen 685
      a) Umfang des Nachlasses 685
      b) Bestimmung der Nachlassbegünstigten 685
      c) Auslegung, verfügbare Gestaltungsmittel, Erbfähigkeit und Pflichtteilsrecht 686
      d) Pflichtteilsergänzung 686
      e) Annahme und Ausschlagung der Erbschaft 686
      f) Eigentumserwerb der Nachlassbegünstigten 686
      g) Nachlassverbindlichkeiten 687
      h) Unterhaltsansprüche 687
   2. Vorfragen 687
      a) Eintritt des Todes 688
      b) Kindschaft 688
      c) Adoption 688
      d) Ehe 688

XXI

Inhaltsverzeichnis

e) Nichteheliche Lebenspartnerschaft	689
f) Eingetragene gleichgeschlechtliche Lebenspartnerschaft	689
3. Wirksamkeit letztwilliger Verfügungen	690
a) Formgültigkeit	690
b) Statthaftigkeit der Verfügung	690
c) Behandlung von Verboten gemeinschaftlicher Verfügungen von Todes wegen	691
d) Materielle Wirksamkeit und Testierfähigkeit	691
4. Wirksamkeit von Erb- und Pflichtteilsverzichten	692
a) Materielle Wirksamkeit des Verzichts	692
b) Zusammentreffen mehrerer hypothetischer Erbstatute	693
c) Formgültigkeit	693
d) Wirkungen des Erb- und Pflichtteilsverzichts	693
5. Auseinanderfallen von Erbstatut und Sachenrechtsstatut	694
a) Vindikationslegat	694
b) Pflichtteilsrecht und Noterbrechte	694
V. Ergebniskorrekturen nach dem Erbfall	695
1. Ordre Public	695
a) Grundzüge der Prüfung	695
b) Einzelfälle	696
c) Rechtsfolgen	697
2. Anpassung (Angleichung)	698
3. Gesetzesumgehung	699
VI. Grundzüge des deutschen Internationalen Erbverfahrensrechts	700
1. Internationale Zuständigkeit	700
2. Fassung des Erbscheins	701
a) Eigenrechtserbschein	701
b) Fremdrechtserbschein	701
3. Anerkennung ausländischer Gerichtsentscheidungen und Erbnachweise	704
a) Multilaterale Abkommen und EU-Verordnungen	704
b) Bilaterale Abkommen	704
c) Autonomes Recht	706
§ 15 Länderübersichten	**709**
I. Vorbemerkung	713
II. Belgien	713
1. Vorbemerkung	714
2. Internationales Erbrecht	714
a) Erbstatut	714
b) Rück- und Weiterverweisung	715
c) Regelungsumfang des Erbstatuts	716
d) Wirksamkeit einer Verfügung von Todes wegen	716
e) Besonderheiten der Nachlassabwicklung	717
3. Gesetzliche Erbfolge	717
4. Pflichtteilsrecht	719
a) Pflichtteilsberechtigte Personen und Quoten	719
b) Gegenstand der Pflichtteilsberechnung	720
c) Art des Pflichtteils	720
d) Pflichtteilsentziehung	721
e) Zulässigkeit eines Pflichtteilsverzichts	721
III. Bosnien-Herzegovina	722
1. Internationales Erbrecht	722
a) Erbstatut	722
b) Rück- und Weiterverweisung	722

c) Regelungsumfang des Erbstatuts	722
d) Wirksamkeit der Verfügung von Todes wegen	722
2. Gesetzliche Erbfolge	723
3. Pflichtteilsrecht	724
a) Pflichtteilsberechtigte Personen und Quoten	724
b) Gegenstand für Pflichtteilsberechnung	726
c) Art des Pflichtteils	726
d) Pflichtteilsergänzung	726
e) Pflichtteilsanrechnung	726
f) Pflichtteilsentziehung	727
g) Zulässigkeit eines Pflichtteilsverzichts	727
IV. Frankreich	728
1. Vorbemerkung	728
2. Internationales Erbrecht	729
a) Erbstatut	729
b) Rück- und Weiterverweisung	729
c) Regelungsumfang des Erbstatuts	729
d) Wirksamkeit einer Verfügung von Todes wegen	730
e) Besonderheiten der Nachlassabwicklung	730
3. Gesetzliche Erbfolge	730
4. Pflichtteilsrecht	732
a) Pflichtteilsberechtigte Personen und Quoten	732
b) Gegenstand der Pflichtteilsberechnung	734
c) Art des Pflichtteils	734
d) Pflichtteilsanrechnung	734
e) Pflichtteilsentziehung	734
f) Zulässigkeit eines Pflichtteilsverzichts?	735
V. Griechenland	735
1. Internationales Erbrecht	736
a) Erbstatut	736
b) Rück- und Weiterverweisung	736
c) Regelungsumfang des Erbstatuts	736
d) Wirksamkeit einer Verfügung von Todes wegen	736
e) Besonderheit für das Pflichtteilsrecht	737
2. Gesetzliche Erbfolge	737
3. Pflichtteilsrecht	739
a) Pflichtteilsberechtigte Personen und Quoten	739
b) Gegenstand der Pflichtteilsberechnung	740
c) Art des Pflichtteils	740
d) Pflichtteilsanrechnung und -ausgleichung	741
e) Pflichtteilsentziehung	741
f) Zulässigkeit eines Pflichtteilsverzichts?	741
VI. Italien	742
1. Internationales Erbrecht	742
a) Erbstatut	742
b) Rück- und Weiterverweisung	743
c) Regelungsumfang des Erbstatuts	743
d) Wirksamkeit der Verfügung von Todes wegen	744
e) Praktische Probleme der Nachlassabwicklung	745
2. Gesetzliche Erbfolge	745
3. Pflichtteilsrecht	746
a) Pflichtteilsberechtigte Personen und Quoten	746
b) Gegenstand für Pflichtteilsberechnung	748
c) Art des Pflichtteils	748

Inhaltsverzeichnis

d) Pflichtteilsanrechnung	749
e) Pflichtteilsergänzung	749
f) Pflichtteilsentziehung und Pflichtteilsminderung	749
g) Zulässigkeit eines Pflichtteilsverzichts	749
h) Erleichterung der Unternehmensnachfolge	750
VII. Kosovo (Serbische Provinz Kosovo)	750
1. Internationales Erbrecht	750
a) Erbstatut	750
b) Rück- und Weiterverweisung	751
c) Regelungsumfang des Erbstatuts	751
d) Wirksamkeit der Verfügung von Todes wegen	751
2. Gesetzliche Erbfolge	752
3. Pflichtteilsrecht	753
a) Pflichtteilsberechtigte Personen und Quoten	753
b) Gegenstand für Pflichtteilsberechnung	754
c) Art des Pflichtteils	754
d) Pflichtteilsergänzung	755
e) Pflichtteilsanrechnung	755
f) Pflichtteilsentziehung	755
g) Zulässigkeit eines Pflichtteilsverzichts	756
VIII. Kroatien	756
1. Internationales Erbrecht	756
a) Erbstatut	756
b) Rück- und Weiterverweisung	756
c) Regelungsumfang des Erbstatuts	757
d) Wirksamkeit der Verfügung von Todes wegen	757
2. Gesetzliche Erbfolge	758
3. Pflichtteilsrecht	759
a) Pflichtteilsberechtigte Personen und Quoten	759
b) Gegenstand für Pflichtteilsberechnung	760
c) Art des Pflichtteils	760
d) Pflichtteilsergänzung	760
e) Pflichtteilsanrechnung	760
f) Pflichtteilsentziehung	761
g) Zulässigkeit eines Pflichtteilsverzichts	761
IX. Liechtenstein (Fürstentum Liechtenstein)	762
1. Vorbemerkung	762
2. Internationales Erbrecht	764
a) Vorbemerkung	764
b) Erbstatut	764
c) Rück- und Weiterverweisung	764
d) Regelungsumfang des Erbstatuts	765
e) Wirksamkeit der Verfügung von Todes wegen	765
f) Besonderheit für das Pflichtteilsrecht	765
3. Materielles Erbrecht und Pflichtteilsrecht	766
X. Niederlande	766
1. Vorbemerkung	767
2. Internationales Erbrecht	767
a) Erbstatut	767
b) Rück- und Weiterverweisung	768
c) Regelungsumfang des Erbstatuts	769
d) Wirksamkeit der Verfügung von Todes wegen	769
3. Gesetzliche Erbfolge	770

Inhaltsverzeichnis

4. Pflichtteilsrecht	771
a) Pflichtteilsberechtigte Personen und Quoten	771
b) Gegenstand der Pflichtteilsberechnung	772
c) Art des Pflichtteils	773
d) Pflichtteilsanrechnung	773
e) Pflichtteilsergänzung	773
f) Pflichtteilsentziehung	773
g) Zulässigkeit eines Pflichtteilsverzichts?	773
XI. Österreich	774
1. Internationales Erbrecht	774
a) Erbstatut	774
b) Rück- und Weiterverweisung	774
c) Regelungsumfang des Erbstatuts	775
d) Wirksamkeit der Verfügung von Todes wegen	775
e) Praktische Besonderheiten der Nachlassabwicklung	775
2. Gesetzliche Erbfolge	777
3. Pflichtteilsrecht	778
a) Pflichtteilsberechtigte Personen und Quoten	778
b) Gegenstand der Pflichtteilsberechnung	779
c) Art des Pflichtteils	779
d) Pflichtteilsanrechnung	779
e) Pflichtteilsergänzung	780
f) Pflichtteilsentziehung und Pflichtteilsminderung	781
g) Zulässigkeit eines Pflichtteilsverzichts	781
XII. Polen	781
1. Internationales Erbrecht	781
a) Erbstatut	781
b) Rück- und Weiterverweisung	782
c) Regelungsumfang des Erbstatuts	782
d) Wirksamkeit der Verfügung von Todes wegen	782
2. Gesetzliche Erbfolge	783
3. Pflichtteilsrecht	783
a) Pflichtteilsberechtigte Personen und Quoten	783
b) Gegenstand für Pflichtteilsberechnung	784
c) Art des Pflichtteils	785
d) Pflichtteilsergänzung	785
e) Pflichtteilsanrechnung	785
f) Pflichtteilsentziehung	785
g) Zulässigkeit eines Pflichtteilsverzichts	786
XIII. Portugal	786
1. Internationales Erbrecht	786
a) Erbstatut	786
b) Rück- und Weiterverweisung	786
c) Regelungsumfang des Erbstatuts	786
d) Wirksamkeit der Verfügung von Todes wegen	787
2. Gesetzliche Erbfolge	787
3. Pflichtteilsrecht	788
a) Pflichtteilsberechtigte Personen und Quoten	788
b) Gegenstand für Pflichtteilsberechnung	789
c) Art des Pflichtteils	789
d) Pflichtteilsanrechnung	790
e) Pflichtteilsergänzung	790
f) Herabsetzung der Zuwendungen	790

Inhaltsverzeichnis

g) Pflichtteilsentziehung und Pflichtteilsminderung 790
h) Zulässigkeit eines Pflichtteilsverzichts 790
XIV. Schweiz 790
   1. Internationales Erbrecht 791
      a) Erbstatut 791
      b) Rück- und Weiterverweisung 792
      c) Regelungsumfang des Erbstatuts 792
      d) Wirksamkeit der Verfügung von Todes wegen 792
      e) Praktische Besonderheiten der Nachlassabwicklung 793
   2. Gesetzliche Erbfolge 793
   3. Pflichtteilsrecht 794
      a) Pflichtteilsberechtigte Personen und Quoten 794
      b) Gegenstand für Pflichtteilsberechnung 795
      c) Art des Pflichtteils 795
      d) Pflichtteilsanrechnung 796
      e) Pflichtteilsergänzung 796
      f) Pflichtteilsentziehung und Pflichtteilsminderung 796
      g) Zulässigkeit eines Pflichtteilsverzichts 797
XV. Serbien (Republik Serbien) 797
   1. Internationales Erbrecht 797
      a) Erbstatut 797
      b) Rück- und Weiterverweisung 798
      c) Regelungsumfang des Erbstatuts 798
      d) Wirksamkeit der Verfügung von Todes wegen 798
   2. Gesetzliche Erbfolge 799
   3. Pflichtteilsrecht 801
      a) Pflichtteilsberechtigte Personen und Quoten 801
      b) Gegenstand für Pflichtteilsberechnung 802
      c) Art des Pflichtteils 802
      d) Pflichtteilsergänzung 802
      e) Pflichtteilsanrechnung 803
      f) Pflichtteilsentziehung 803
      g) Zulässigkeit eines Pflichtteilsverzichts 804
XVI. Spanien 804
   1. Internationales Erbrecht 804
      a) Erbstatut 804
      b) Rück- und Weiterverweisung 805
      c) Regelungsumfang des Erbstatuts 805
      d) Wirksamkeit der Verfügung von Todes wegen 806
   2. Gesetzliche Erbfolge 806
   3. Pflichtteilsrecht 807
      a) Pflichtteilsberechtigte Personen und Quoten 807
      b) Gegenstand für Pflichtteilsberechnung 808
      c) Art des Pflichtteils 809
      d) Pflichtteilsanrechnung 809
      e) Pflichtteilsergänzung 809
      f) Herabsetzung der Zuwendungen 809
      g) Pflichtteilsentziehung und Pflichtteilsminderung 810
      h) Zulässigkeit eines Noterbverzichts 810
   4. Floralrechtliche Regelungen 810
      a) Aragonien 810
      b) Balearen 811
      c) Baskenland (Biskya) 811
      d) Galizien 812

Inhaltsverzeichnis

e) Katalonien	812
f) Navarra	813
XVII. Tschechische Republik	814
1. Internationales Erbrecht	814
a) Erbstatut	814
b) Rück- und Weiterverweisung	814
c) Regelungsumfang des Erbstatuts	814
d) Wirksamkeit der Verfügung von Todes wegen	814
2. Gesetzliche Erbfolge	815
3. Pflichtteilsrecht	815
a) Pflichtteilsberechtigte Personen und Quoten	816
b) Gegenstand für Pflichtteilsberechnung	816
c) Art des Pflichtteils	816
d) Pflichtteilsergänzung	817
e) Pflichtteilsanrechnung	817
f) Pflichtteilsentziehung	817
g) Zulässigkeit eines Pflichtteilsverzichts	817
4. Neues Zivilgesetzbuch	817
XVIII. Türkei	818
1. Internationales Erbrecht	818
a) Erbstatut	818
b) Rück- und Weiterverweisung	819
c) Regelungsumfang des Erbstatuts	819
d) Wirksamkeit der Verfügung von Todes wegen	819
2. Gesetzliche Erbfolge	820
3. Pflichtteilsrecht	821
a) Pflichtteilsberechtigte Personen und Quoten	821
b) Gegenstand für Pflichtteilsberechnung	821
c) Art des Pflichtteils	822
d) Pflichtteilsanrechnung	822
e) Pflichtteilsergänzung	822
f) Herabsetzung der Zuwendungen	822
g) Pflichtteilsentziehung und Pflichtteilsminderung	822
h) Zulässigkeit eines Noterbverzichts	823
Sachverzeichnis	825

Autorenverzeichnis

Hans Christian Blum, Rechtsanwalt, Fachanwalt für Erbrecht
CMS Hasche Sigle, Stuttgart

Nicole Emmerling de Oliveira, Rechtsanwältin
Deutsches Notarinstitut, Würzburg

Marc Heggen, Notarassessor
Deutsches Notarinstitut, Würzburg

Dr. Martin Alexander Kasper, Rechtsanwalt und Fachanwalt für Arbeitsrecht
Magnus Lang Rechtsanwälte, Heilbronn

Thomas Kristic, Notar
Augsburg

Professor Dr. Knut Werner Lange
Universität Bayreuth

Dr. Daniel Lehmann, Rechtsanwalt
RP Richter & Partner, München

Professor Dr. Jörg-Andreas Lohr, Steuerberater, Wirtschaftsprüfer
*Lohr + Company GmbH Wirtschaftsprüfungsgesellschaft
Düsseldorf*

Dr. Gabriele Müller, Rechtsanwältin
Deutsches Notarinstitut, Würzburg

Stefan Prettl, Rechtsanwalt
Leipzig

Dr. Gerhard Schlitt, Notar, Rechtsanwalt und Fachanwalt für Erbrecht
Dr. Schlitt & Collegen. Petersberg bei Fulda

Dr. Jens Tersteegen, Notarassessor
Deutsches Notarinstitut, Würzburg

Dr. Constanze Trilsch, Rechtsanwältin und Fachanwältin für Erbrecht
*Trilsch Rechtsanwälte
Dresden*

Abkürzungs- und Literaturverzeichnis

Hinweis: Literatur, die nur Bezug zu einzelnen Kapiteln hat, wird dort aufgeführt (insbesondere Zeitschriftenaufsätze).

a. A.	anderer Ansicht
a. a. O.	am angegebenen Ort
abl.	ablehnend
ABl	Amtsblatt
Abs.	Absatz
Abschn.	Abschnitt
AcP	Archiv für die civilistische Praxis
a. E.	am Ende
a. F.	alte Fassung
AG	Aktiengesellschaft, Amtsgericht, Ausführungsgesetz
AGB	Allgemeine Geschäftsbedingungen
AGBG	Gesetz zur Regelung des Rechts der Allgemeinen Geschäftsbedingungen
AKBGB/*Bearbeiter*	Alternativkommentar zum BGB, 1979 ff.
AktG	Aktiengesetz
ALB	Allgemeine Lebensversicherungs-Bedingungen
Allg. M.	allgemeine Meinung
ALR	Allgemeines Landrecht für die preußischen Staaten
Alt.	Alternative
a. M.	anderer Meinung
AnfG	Anfechtungsgesetz
Anh.	Anhang
Anl.	Anlage
Anm.	Anmerkung
AnwBl	Anwaltsblatt (Zeitschrift)
AnwK-BGB/*Bearbeiter*	*Dauner-Lieb/Heidel/Ring* (Hrsg.), Anwaltskommentar BGB, 2005 ff.
AO	Abgabenordnung
Art.	Artikel
Aufl.	Auflage
Az.	Aktenzeichen
BAFA	Bundesamt für Wirtschaft und Ausfuhrkontrolle
BAG	Bundesarbeitsgericht
BAGE	Amtliche Sammlung von Entscheidungen des Bundesarbeitsgerichtes
Bamberger/Roth/*Bearbeiter*	*Bamberger/Roth* (Hrsg.), Kommentar zum BGB, 2. Aufl. 2007 ff.
BAnz	Bundesanzeiger
BauGB	Baugesetzbuch
Baumbach/Lauterbach/*Bearbeiter*	*Baumbach/Lauterbach/Albers/Hartmann,* Kommentar zur Zivilprozessordnung, 68. Aufl. 2010
BayObLG	Bayerisches Oberstes Landesgericht
BayObLGZ	Amtliche Sammlung von Entscheidungen des BayObLG in Zivilsachen
BayVBl	Bayerische Verwaltungsblätter
BB	Der Betriebs-Berater
Bd.	Band
Beck'sches Formularbuch Bürgerliches Recht/*Bearbeiter*	*Hoffmann-Becking/Rawert* (Hrsg.), Beck'sches Formularbuch Bürgerliches, Handels- und Wirtschaftsrecht, 9. Aufl. 2006
Beck'sches Formularbuch Erbrecht/*Bearbeiter*	*Brambring/Mutter* (Hrsg.), Beck'sches Formularbuch Erbrecht, 2. Aufl. 2009
Beck'sches Notarhandbuch/*Bearbeiter*	*Brambring/Jerschke* (Hrsg.), Beck'sches Notarhandbuch, 5. Aufl. 2009

Abkürzungsverzeichnis

Bengel/Reimann	Handbuch der Testamentsvollstreckung, 3. Aufl. 2001
Bergmann/Ferid/Henrich/*Bearbeiter*	Internationales Ehe- und Kindschaftsrecht mit Staatsangehörigkeitsrecht, Loseblatt
bestr.	bestritten
betr.	betrifft
BetrVG	Betriebsverfassungsgesetz
BeurkG	Beurkundungsgesetz
BewG	Bewertungsgesetz
BezG	Bezirksgericht
BFH	Bundesfinanzhof
BFHE	Sammlung der Entscheidungen des Bundesfinanzhofes
BFH/NV	Sammlung der nicht veröffentlichten Entscheidungen des Bundesfinanzhofes
BGB	Bürgerliches Gesetzbuch
BGBl	Bundesgesetzblatt
BGH	Bundesgerichtshof
BGHSt	Amtliche Sammlung von Entscheidungen des Bundesgerichtshofes in Strafsachen
BGHZ	Amtliche Sammlung von Entscheidungen des Bundesgerichtshofes in Zivilsachen
Bl.	Blatt
BMF	Bundesminister(ium) der Finanzen
BMJ	Bundesminister(ium) der Justiz
BMWi	Bundesminister(ium) für Wirtschaft
BNotO	Bundesnotarordnung
Bonefeld/Daragan/Wachter	Der Fachanwalt für Erbrecht, Handbuch, 1. Aufl. 2006
Bonefeld/Kroiß/Tanck	Der Erbprozess, 3. Aufl. 2009
BR	Bundesrat
BR-Drucks	Drucksache des Bundesrates
BRAO	Bundesrechtsanwaltsordnung
BRAGO	Bundesrechtsanwaltsgebührenordnung
Brox	Erbrecht, 23. Aufl. 2009
BSG	Bundessozialgericht
BSHG	Bundessozialhilfegesetz
BStBl	Bundessteuerblatt Teile I, II, III
BT	Bundestag
BT-Drucks.	Drucksache des Deutschen Bundestages
BVerfG	Bundesverfassungsgericht
BVerfGE	Amtliche Sammlung der Entscheidungen des BVerfG
BVerwG	Bundesverwaltungsgericht
BVerwGE	Amtliche Sammlung der Entscheidungen des BVerwG
BWNotZ	Zeitschrift für das Notariat in Baden-Württemberg
bzgl.	bezüglich
bzw.	beziehungsweise
c. i. c.	culpa in contrahendo
Crezelius	Unternehmenserbrecht, 2. Aufl. 2009
Damrau/*Bearbeiter*	*Damrau* (Hrsg.), Praxiskommentar Erbrecht, 1. Aufl. 2004
DB	Der Betrieb
DBA	Doppelbesteuerungsabkommen
DGVZ	Deutsche Gerichtsvollzieherzeitung
d. h.	das heißt
DNotZ	Deutsche Notar-Zeitschrift
DÖV	Die öffentliche Verwaltung
DRiZ	Deutsche Richterzeitung
Drucks	Drucksache
DStR	Deutsches Steuerrecht
DtZ	Deutsch-Deutsche Rechts-Zeitschrift
DVO	Durchführungsverordnung
DWiR/DZWiR	Deutsche Zeitschrift für Wirtschaftsrecht

Abkürzungsverzeichnis

Ebenroth	Erbrecht, 1992
EFG	Entscheidungen der Finanzgerichte
EG	Europäische Gemeinschaft; Einführungsgesetz
EGBGB	Einführungsgesetz zum BGB
1. EheRG	Erstes Gesetz zur Reform des Ehe- und Familienrechts
Einf.	Einführung
Einl.	Einleitung
ErbbauRG	Gesetz über das Erbbaurecht
ErbbRVO	Verordnung über das Erbbaurecht
ErbStR	Erbschaftsteuer-Richtlinie
Erman/*Bearbeiter*	Handkommentar zum Bürgerlichen Gesetzbuch, 12. Aufl. 2008
Esch/Baumann/ Schulze zur Wiesche	Handbuch der Vermögensnachfolge, 7. Aufl. 2009
EStG	Einkommensteuergesetz
EuGH	Europäischer Gerichtshof
EWiR	Entscheidungen zum Wirtschaftsrecht, Loseblattsammlung
FamRZ	Zeitschrift für das gesamte Familienrecht
f./ff.	folgende
Ferid/Firsching/Lichtenberger/*Bearbeiter*	Internationales Erbrecht (Loseblattsammlung)
FG	Finanzgericht
FGG	Gesetz über die Angelegenheiten der freiwilligen Gerichtsbarkeit
Firsching/Graf	Nachlassrecht, 9. Aufl. 2008
Fn.	Fußnote
Frank/Wachter/*Bearbeiter*	Handbuch Immobilienrecht in Europa, 1. Aufl. 2004
Frieser, Anwaltliche Praxis	Die Anwaltliche Praxis in Erbschaftssachen, 1995
Frieser, Anwaltliche Strategien	Anwaltliche Strategien im Erbschaftsstreit, 2. Aufl. 2004
Frieser/Sarres/*Bearbeiter*	*Frieser/Sarres/Stückemann/Tschichoflos* (Hrsg.), Handbuch des Fachanwalts Erbrecht, 2005
FR	Finanz-Rundschau
Fritz/Bünger	Praxishandbuch Erbrecht (Loseblattsammlung)
FS	Festschrift
FuR	Familie und Recht
GBO	Grundbuchordnung
GE	Das Grundeigentum
gem.	gemäß
GenG	Genossenschaftsgesetz
GewO	Gewerbeordnung
GewStG	Gewerbesteuergesetz
GG	Grundgesetz
ggf.	gegebenenfalls
GKG	Gerichtskostengesetz
GmbH	Gesellschaft mit beschränkter Haftung
GmbHG	Gesetz betreffend die Gesellschaften mit beschränkter Haftung
Gottwald	Pflichtteilsrecht, 2000
Graf	Erb- und Nachlassrecht, 2006
GrEStG	Grunderwerbsteuergesetz
GrStG	Grundsteuergesetz
GrdstVG	Gesetz über die Maßnahmen zur Verbesserung der Agrarstruktur und zur Sicherung land- und forstwirtschaftlicher Betriebe (Grundstücksverkehrsgesetz)
Groll/*Bearbeiter*	Praxis-Handbuch Erbrechtsberatung, 2. Aufl. 2005
Gürsching/Stenger	Kommentar zum Bewertungsgesetz und Vermögensteuergesetz (Loseblatt)
Gursky	Erbrecht, 4. Aufl. 2004
GVBl	Gesetz- und Verordnungsblatt
GVG	Gerichtsverfassungsgesetz

Abkürzungsverzeichnis

GVKostG	Gesetz über Kosten der Gerichtsvollzieher
GWB	Gesetz gegen Wettbewerbsbeschränkungen
Haegele/Winkler	Der Testamentsvollstrecker: nach bürgerlichem, Handels- und Steuerrecht, 17. Aufl. 2005
HaftpflG	Haftpflichtgesetz
Halbs./HS	Halbsatz
Hartmann	Kostengesetze, Kommentar, 39. Aufl. 2009
HausratsV	Hausratsverordnung
HausTWG	Gesetz über den Widerruf von Haustürgeschäften und ähnlichen Geschäften
HeimG	Heimgesetz
Heldrich/Eidenmüller	Erbrecht, 4. Aufl. 2001
Hennerkes	Familienunternehmen sichern und optimieren, 1998
HGB	Handelsgesetzbuch
h. L.	herrschende Lehre
h. M.	herrschende Meinung
HöfeO	Höfeordnung
Hrsg.	herausgegeben
HTÜ	Haager Testamentsformübereinkommen
Hübner	Die Unternehmensnachfolge im Erbschafts- und Schenkungsteuerrecht, 1998
i. d. F.	in der Fassung
i. d. R.	in der Regel
IdW	Institut der Wirtschaftsprüfer
INF	Die Information über Steuer und Wirtschaft
insb.	insbesondere
InsO	Insolvenzordnung
IPRG	Gesetz über das internationale Privatrecht des jeweils bearbeiteten Landes
IPRax	Praxis des Internationalen Privat- und Verfahrensrechts
i. S. d.	im Sinne des/der
IStR	Internationales Steuerrecht
i. S. v.	im Sinne von
i. Ü.	im Übrigen
i. V. m.	in Verbindung mit
IWB	Internationale Wirtschafts-Briefe
Jauernig/Bearbeiter	Bürgerliches Gesetzbuch, Kommentar, 11. Aufl. 2004
JFG	Jahrbuch für Entscheidungen in Angelegenheiten der freiwilligen Gerichtsbarkeit und des Grundbuchrechtes
JherJb	Jherings Jahrbücher
JMBl	Justizministerialblatt
JR	Juristische Rundschau
JurBüro	Das juristische Büro
JuS	Juristische Schulung
Justiz	Die Justiz
JW	Juristische Wochenschrift
JZ	Juristen-Zeitung
Kap.	Kapitel
Kapp/Ebeling	Erbschaftsteuer- und Schenkungsteuergesetz (Loseblatt)
Kerscher/Riedel/Lenz	Pflichtteilsrecht in der anwaltlichen Praxis, 3. Aufl. 2002
Kerscher/Tanck/Krug/ Bearbeiter	Das erbrechtliche Mandat, 3. Aufl. 2003
KG	Kammergericht, Kommanditgesellschaft
KGaA	Kommanditgesellschaft auf Aktien
Kipp/Coing	Erbrecht, 14. Bearb. 1990
Klingelhöffer	Pflichtteilrecht, 3. Aufl. 2009
Komm	Kommentar
KostO	Kostenordnung

Abkürzungsverzeichnis

KostRspr	Kosten-Rechtsprechung, Entscheidungssammlung
KreisG	Kreisgericht
Krug/Rudolf/Kroiß/*Bearbeiter*	Erbrecht, 3. Aufl. 2006
KTS	Zeitschrift für Konkurs-, Treuhand- und Schiedsgerichtswesen
KWG	Kreditwesengesetz
Landsittel	Gestaltungsmöglichkeiten von Erbfällen und Schenkungen, 3. Aufl. 2006
Lange/Kuchinke	Lehrbuch des Erbrechts, 5. Aufl. 2001
Langenfeld	Testamentsgestaltung, 3. Aufl. 2002
Leipold	Erbrecht, 16. Aufl. 2006
LM	*Lindenmaier/Möhring*, Nachschlagewerk des BGH in Zivilsachen
LS	Leitsatz
m. abl. Anm.	mit ablehnender Anmerkung
MaBV	Makler- und Bauträgerverordnung
MAH-ErbR/*Bearbeiter*	*Scherer* (Hrsg.), Münchener Anwaltshandbuch Erbrecht, 2. Aufl. 2006
Mayer/Bonefeld/Wälzholz/Weidlich/*Bearbeiter*	Testamentsvollstreckung, 2. Aufl. 2005 (auch zitiert: M/B/W/W/*Bearbeiter*)
Mayer/Süß/Tanck/Bittler/Wälzholz/*Bearbeiter*	Handbuch Pflichtteilsrecht, 2003 (auch zitiert: Mayer/Süß/*Bearbeiter*)
MDR	Monatsschrift für Deutsches Recht
Meincke	Erbschaftsteuer- und Schenkungssteuergesetz, 15. Aufl. 2009
MittRhNotK	Mitteilungen der Rheinischen Notar-Kammer
Mot	Motive zu dem Entwurf eines Bürgerlichen Gesetzbuches für das Deutsche Reich (Bände I–V)
MünchKommBGB/*Bearbeiter*	Münchener Kommentar zum BGB, 4. Aufl. 2001 ff.
MünchKommHGB/*Bearbeiter*	Münchener Kommentar zum HGB, 1. Aufl. 1997 ff., 2. Aufl. 2005 ff.
MünchKommInsO/*Bearbeiter*	Münchener Kommentar zur Insolvenzordnung, 2001 ff.
MünchKommZPO/*Bearbeiter*	Münchener Kommentar zur Zivilprozessordnung, 2. Aufl. 2000 ff.
MünchProzessformularbuch/*Bearbeiter*	*Klinger* (Hrsg.), Münchener Prozessformularbuch Bd. 4 Erbrecht, 2. Aufl. 2009
MünchVertragshdb/*Bearbeiter*	*Langenfeld* (Hrsg.), Münchener Vertragshandbuch Bd. 5 Bürgerliches Recht II, 6. Aufl. 2008
m. w. N.	mit weiteren Nachweisen
MWSt	Mehrwertsteuer
m. zust. Anm.	mit zustimmender Anmerkung
NdsRpfl	Niedersächsische Rechtspflege
n. F.	neue Fassung
Nieder/Kössinger/*Bearbeiter*	Handbuch der Testamentsgestaltung, 3. Aufl. 2008
NJW	Neue Juristische Wochenschrift
NJWE-FER	NJW- Entscheidungsdienst Familien- und Erbrecht
NJW-RR	NJW-Rechtsprechungs-Report Zivilrecht
Nr.	Nummer(n)
NWB	Neue Wirtschafts-Briefe für Steuer- und Wirtschaftsrecht
o. g.	oben genannte
OGHZ	Entscheidungen des Obersten Gerichtshofs für die Britische Zone in Zivilsachen
OHG	Offene Handelsgesellschaft
OLG	Oberlandesgericht
OLGZ	Rechtsprechung der Oberlandesgerichte in Zivilsachen

Abkürzungsverzeichnis

OVG	Oberverwaltungsgericht
OWi	Ordnungswidrigkeit
OWiG	Gesetz über Ordnungswidrigkeiten
p. a.	per annum
Palandt/*Bearbeiter*	BGB, Kommentar, 68. Aufl. 2009
Prot	Protokolle der Kommission für die 2. Lesung des Entwurfs des BGB
PStG	Personenstandsgesetz
pVV	positive Vertragsverletzung
RabelsZ	Zeitschrift für ausländisches und internationales Privatrecht
RdL	Recht der Landwirtschaft
Rn.	Randnummer
RE	Rechtsentscheid
RG	Reichsgericht
Reimann/Bengel/J. Mayer/*Bearbeiter*	Testament und Erbvertrag, 5. Aufl. 2006
RGBl	Reichsgesetzblatt
RGRK/*Bearbeiter*	Das Bürgerliche Gesetzbuch, Kommentar, herausgegeben von Mitgliedern des Bundesgerichtshofs, 12. Aufl. 1974 ff.
RGZ	Entscheidungen des Reichsgerichtes in Zivilsachen
Rohlfing	Erbrecht in der anwaltlichen Praxis, 2. Aufl. 1999
Rpfleger	Der Deutsche Rechtspfleger
RPflG	Rechtspflegergesetz
Rspr	Rechtsprechung
RsprN	Rechtsprechungsnachweis(e)
RWS	Kommunikationsform Recht – Wirtschaft – Steuern
s.	siehe
S.	Satz, Seite
Schauhoff	Handbuch der Gemeinnützigkeit, 2. Aufl. 2005
Schlüter	Erbrecht, 15. Aufl. 2004
SeuffA	Seufferts Archiv für Entscheidungen der obersten Gerichte
s. o.	siehe oben
Soergel/*Bearbeiter*	BGB, Kommentar, 12. Aufl. 1991 ff.
sog	sogenannte(r)
Spiegelberger	Vermögensnachfolge, 1994
Staudinger/*Bearbeiter*	BGB, Kommentar, 13. Aufl. 1993 ff.
StBerG	Steuerberatungsgesetz
StGB	Strafgesetzbuch
StPO	Strafprozessordnung
st. Rspr.	ständige Rechtsprechung
s. u.	siehe unten, siehe unter
Sudhoff/*Bearbeiter*	Unternehmensnachfolge, 5. Aufl. 2005
Sudhoff GmbH & Co. KG/*Bearbeiter*	GmbH & Co. KG, 6. Aufl. 2005
Sudhoff Personengesellschaften/*Bearbeiter*	Personengesellschaften, 8. Aufl. 2005
Süß/*Bearbeiter*	Erbrecht in Europa, 2. Aufl. 2008
Süß/Ring/*Bearbeiter*	Eherecht in Europa, 1. Aufl. 2006
Tanck/Krug/Daragan/*Bearbeiter*	Anwaltformulare Testamente, 3. Aufl. 2005 (auch zitiert: T/K/D/*Bearbeiter*)
TestG	Gesetz über die Errichtung von Testamenten und Erbverträgen
TestÜbk	Haager Testamentsübereinkommen
Thomas/Putzo	ZPO, Kommentar, 29. Aufl. 2008
Troll/Gebel/Jülicher	Erbschaftsteuer- und Schenkungsteuergesetz (Loseblatt)
Tschichoflos	Erbrecht in der anwaltlichen Beratung, 2000
u. a.	unter anderem; und andere
u. Ä.	und Ähnliche(s)

Abkürzungsverzeichnis

UmwG	Umwandlungsgesetz
UntStFG	Unternehmenssteuer-Fortentwicklungsgesetz
Urt.	Urteil
UWG	Gesetz gegen den unlauteren Wettbewerb
UStG	Umsatzsteuergesetz
usw.	und so weiter
u. U.	unter Umständen
UVR	Umsatz- und Verkehrsteuer-Recht
VG	Verwaltungsgericht
VGH	Verwaltungsgerichtshof
vgl.	vergleiche
VO	Verordnung
VOBl	Verordnungsblatt
Vor/Vorbem.	Vorbemerkung
WährG	Währungsgesetz
Warn Rspr	Rechtsprechung des Reichsgerichts, hrsg. von Warneyer
WEG	Gesetz über das Wohnungseigentum und das Dauerwohnrecht v. 15. 3. 1951, BGBl I, 175
Weirich	Erben und Vererben, 5. Aufl. 2004
WertR	Wertermittlungsrichtlinie
WertV	Wertermittlungsverordnung
WiStG	Wirtschaftsstrafgesetz
WM	Zeitschrift für Wirtschaft und Bankrecht, Wertpapiermitteilungen
WRP	Wettbewerb in Recht und Praxis
Würzburger Notarhand-Buch/*Bearbeiter*	*Limmer/Hertel/Frenz/Mayer* (Hrsg.), Würzburger Notarhandbuch, 2. Aufl. 2009
WuM	Wohnungswirtschaft und Mietrecht (Zeitschrift)
z. B.	zum Beispiel
ZErb	Zeitschrift für die Steuer- und Erbrechtspraxis
ZEV	Zeitschrift für Erbrecht und Vermögensnachfolge
ZGB	Zivilgesetzbuch der ehem. DDR
Ziff.	Ziffer
Zimmermann	Die Testamentsvollstreckung, 3. Aufl. 2008
ZIP	Zeitschrift für Wirtschaftsrecht und Insolvenzrecht
Zöller/*Bearbeiter*	ZPO, Kommentar, 27. Aufl. 2009
ZOV	Zeitschrift für offene Vermögensfragen
ZPO	Zivilprozessordnung
ZRP	Zeitschrift für Rechtspolitik
ZSEG	Gesetz über die Entschädigung von Zeugen und Sachverständigen
ZSW	Zeitschrift für das gesamte Sachverständigenwesen
z. T.	zum Teil
ZVG	Zwangsversteigerungsgesetz
z. Z.	zur Zeit
zzgl.	zuzüglich

§ 1 Der Pflichtteilsanspruch und seine Voraussetzungen

Übersicht

	Rdnr.
Checkliste zur Prüfung des Bestehens eines Pflichtteilsanspruchs	1
I. Verfassungsmäßigkeit des Pflichtteilsrechts	2–5
II. Reform des Pflichtteilsrechts	6–10
III. Die Pflichtteilsberechtigten und ihre Rangfolge	11, 12
IV. Die Ermittlung der Pflichtteilsquote	13–27
V. Pflichtteilsschuldner und Pflichtteilslast	28, 29
VI. Fälligkeit und Verjährung des Anspruches	30–34
VII. Wirksame Enterbung des Pflichtteilsberechtigten gemäß § 1938 BGB	35–81
1. Ausdrückliche oder konkludente Enterbung	35–40
2. Testierfähigkeit des Erblassers	41–49
3. Verstoß gegen Verbotsgesetze	50–60
4. Verletzung von Persönlichkeitsrechten	61–74
5. Bindung an einen Erbvertrag oder an ein vorangegangenes gemeinschaftliches Testament	75–77
6. Einschränkungen der Testierfreiheit durch gesellschaftsvertragliche Bindungen	78–81
VIII. Wegfall des Pflichtteils durch Erb- oder Pflichtteilsverzicht nach § 2346 BGB	82–93
1. Erbverzicht	82–87
2. Pflichtteilsverzicht	88–90
3. Zuwendungsverzicht	91, 92
4. Aufhebung des Verzichts	93
IX. Kein Verlust des Pflichtteils durch Pflichtteilsentzug oder Pflichtteilsunwürdigkeit	94
X. Wegfall des Pflichtteilsanspruchs durch rechtskräftige Scheidung oder Zustimmung des Erblassers zur Scheidung	95–102
XI. Die Ausschlagung der Zuwendung als Pflichtteilsvoraussetzung	103–124
1. Falllage § 2305 BGB	107–110
2. Falllage § 2306 BGB	111–115
3. Falllage § 2307 BGB	116
4. Erbeinsetzung nebst Vermächtnis	117, 118
5. Ausschlagungsfristen des Pflichtteilsberechtigten	119, 120
6. Ausschlagungsrecht des überlebenden Ehegatten oder überlebenden Lebenspartners bei Zugewinngemeinschaft	121–124

Schrifttum: *Berger/Fritze/Roth-Sackenheimer/Voderholzer,* Die Versorgung psychischer Erkrankungen in Deutschland, Springer 2004 (Fn. 18); *Boehmer,* Die Grundrechte II, 421 ff., Fn. 7; *Bonefeld/Lange/Tanck,* Die geplante Reform des Pflichtteilsrechts, ZErb 2007, 292; *Brox/Walker,* Erbrecht 23. Aufl. 2009, § 18 IV 2, Rn. 258; *Cording/Foerster,* Psychopathologische Kurztests durch den Notar – ein im Grundsatz verfehlter Vorschlag – Erwiderung zum Beitrag von Stoppe/Lichtenwimmer, Die Feststellung der Geschäfts- und Testierfähigkeit beim alten Menschen durch den Notar – ein interdisziplinärer Vorschlag, DNotZ 2006, 329; *Damrau,* Nochmals: Bedarf der dem Erbverzicht zugrunde liegende Verpflichtungsvertrag notarieller Beurkundung?, NJW 1984, 1163; *de Leve,* Kein Pflichtteilsrecht nach Artikel 235 § 1 Absatz 2 EGBGB, ZEV 2007, 227–228; *Dittmann,* Adoption und Erbrecht, Rpfleger 1978, 277 ff.; *Gaier,* Zur Bedeutung der Grundrechte für das Erbrecht, ZEV 2006, 2; *Gerken,* Pflichtteilsrecht versus Testierfreiheit und Familienerbfolge, Rpfleger 1989, 45; *Groll,* Praxis-Handbuch Erbrechtsberatung, 2. Aufl. 2005; *Hahn,* Die Auswirkungen des Betreuungsrechts auf das Erbrecht, FamRZ 1991, 27; *Hennig,* Die Rückkehr zur socinischen Klausel – Überlegungen zu einer Reform des § 2306 BGB, DNotZ 2003, 399; *Herrler/Schmied,* Reform des Erb- und Verjährungsrechts: Ermöglichung nachträglicher Ausgleichs- und Anrechnungsanordnungen (§§ 2050 ff. und 2315 BGB), ZNotP 2008, 178; *Hülsmann/Baldamus,* Ärztliche Schweigepflicht versus Informationsinteresse der Erben, ZEV 1999, 91; *Hußmann,* „Sozialhilferegress": Überleitung und Übergang von Ansprüchen nach der Reform des Sozialrechts durch „Hartz IV", ZEV 2005, 54; *Keim,* Die Reform des Erb- und Verjährungsrechts und ihre Auswirkungen auf die Gestaltungspraxis, ZEV 2008, 161; *Keller,* Die Form des Erbverzichts, ZEV 2005, 229; *Keuk,* Der Erblasserwille post testamentum, Zur Unzulässigkeit des testamentarischen Potestativbedingung, FamRZ 1972, 9, 10; *Klinger,* Münchner Prozessformularbuch Erbrecht,

2. Aufl. 2009; *Krug,* Erbeinsetzung der Ehefrau eines Heimbediensteten, FGPrax 2001, 120; *Kruse,* Zur Feststellung der Testierfähigkeit durch den Notar – Teil I, NotBZ 2001, 405; *ders.,* Zur Feststellung der Testierfähigkeit durch den Notar – Teil II, NotBZ 2001, 448; *Kuchinke,* Zur Sittenwidrigkeit eines Erbvertrags, in dem ein behinderter Sozialhilfeempfänger auf den Pflichtteil gesetzt wird, FamRZ 1992, 362; *ders.,* Bedarf der dem Erbverzicht zugrunde liegende Verpflichtungsvertrag notarieller Beurkundung? – Zugleich ein Heilung und Umdeutung nichtiger Verpflichtungsverträge, NJW 1983, 2360; *Lange,* Das Gesetz zur Reform des Erb- und Verjährungsrechts, DNotZ 2009, 732; *ders.,* Reform des Pflichtteilsrechts: Änderungsvorschläge zu Anrechnung und Stundung, DNotZ 2007, 84; *ders.,* Die Pflichtteilsentziehung gegenüber Abkömmlingen de lege lata und de lege ferenda, AcP 204, 804; *ders.,* Pflichtteilsrecht und Pflichtteilsentziehung – zugleich Anmerkung zu BVerfG – 1 BvR 1644/00 und 1 BvR 188/03, ZErb 2005, 205 ff.; *ders./Kuchinke,* Erbrecht, 5. Aufl. 2001; *Langenfeld,* Handbuch der Eheverträge und Scheidungsvereinbarungen, 4. Aufl. 2000; *Leipold,* Erbrecht, 17. Aufl. 2009; *Leipold,* Die Wirkung testamentarischer Wiederverheiratungsklausel, FamRZ 1988, 352; *Leisner,* Grundrechte und Privatrecht, 1960, 358 ff.; *Mayer,* in: Dittmann/Reimann/Bengel, Testament und Erbvertrag, 4. Aufl. 2003; *Mikat,* Gleichbehandlungsgrundsatz und Testierfreiheit, FS H. C. Nipperdey zum 70. Geburtstag, Band I, 597 ff.; *Müller, G.,* Zur Wirksamkeit lebzeitiger und letztwilliger Zuwendungen des Betreuten an seinen Betreuer, ZEV 1998, 219; *Nieder,* Das Behindertentestament – Sittenwidrige Umgehung des sozialhilferechtlichen Nachrangprinzips oder Familienlastenausgleich, NJW 1994, 1265; *Niemann,* Testierverbot in Pflegefällen, ZEV 1998, 419; *Odersky,* Reformüberlegungen im Erbrecht, MittBayNot 2008, 2; *Oertmann,* Die Cautela socini unter der Herrschaft der Bürgerlichen Gesetzbuches, ZBIFG 15, 357; *Otte,* Um die Zukunft des Pflichtteilsrechts, ZEV 1994, 193; *ders.,* Die Nichtigkeit letztwilliger Verfügungen wegen Gesetzes- oder Sittenwidrigkeit, JA 1985, 192; *ders.,* Die Bedeutung der „Hohenzollern-Entscheidung" des Bundesverfassungsgerichts für die Testierfreiheit, ZEV 2004, 393; *Pentz,* Pflichtteil bei Grundeigentum im Ausland – Ein Fall des ordre public, ZEV 1998, 449; *ders.,* Pflichtteilsergänzung nur bei Pflichtteilsrecht auch im Schenkungszeitpunkt, MDR 1997, 717; *Petersen,* Die eingeschränkte Testierfreiheit beim Pflegeheimbetrieb durch eine GmbH, DNotZ 2000, 739; *Petri,* Die Pflicht zum Pflichtteil, ZRP 1993, 205; *Schaal,* Auswirkungen des Landesheimgesetzes auf die erbrechtliche Gestaltungspraxis?, BWNotZ 2006, 114; *Scherer,* Münchener Anwaltshandbuch Erbrecht, 3. Aufl. 2009; *Schlitt,* Klassische Testamentsklauseln, 1991; *ders.,* Zur Anrechnung aufschiebend bedingter Vermächtnisse auf den Pflichtteil, NJW 1992, 28; *ders.,* Der mit einem belastenden Erbteil und einem Vermächtnis bedachte Pflichtteilsberechtigte, ZEV 1998, 216; *ders.,* Das Erbrecht in der Ehekrise, ZEV 2005, 96; *ders.,* Das Anfechtungsrecht gemäß § 2079 BGB für den Fall der Wiederverheiratung des Erblassers, ZErb 2006, 371; *ders.,* Das Universalvermächtnis, ZEV 2006, 226; *Schramm,* Die Auswirkungen des neuen Nichtehelichengesetzes im Erbrecht, BWNotZ 1970, 93; *Stoppe/Lichtenwimmer,* Die Feststellung der Geschäfts- und Testierfähigkeit beim alten Menschen durch den Notar – ein interdisziplinärer Vorschlag, DNotZ 2005, 806; *Strecker,* Pflichtteilsansprüche bei Wiederverheiratungsvermächtnissen im Berliner Testament, ZEV 1996, 327; *Schöpflin,* FamRZ 2005, 2025; *Suyter,* Neue Probleme bei der Testamentsgestaltung im Hinblick auf § 14 HeimG, ZEV 2003, 104; *Tersteegen,* Letztwillige Verfügungen zugunsten des Heimträgers nach Inkrafttreten des Wohn- und Teilhabegesetzes – WTG NRW, RNotZ 2009, 222; *Thielmann,* Sittenwidrige Verfügung von Todes wegen, Berliner Juristische Abhandlung, Band 26, 302 ff.; *van de Loo,* Möglichkeiten und Grenzen eines Übergangs des Rechts zur Erbausschlagung durch Abtretung bzw. Überleitung, ZEV 2006, 473; *v. Braunbehrens/Dose,* Störungen der Testierfähigkeit, Erbfolgebesteuerung 2001, 23; *v. Lübtow,* Erbrecht, 2. Bde., 1971, 17, 309; *v. Olshausen,* Die Sicherung gleichmäßiger Vermögensteilhabe bei „Berliner Testament" mit gleich-gemeinsamen Kindern als Schlusserben, DNotZ 1979, 707; *Wendt,* Das Behindertentestament – ein Auslaufmodell?, ZNotP 2008, 2; *Wetterling/Neubauer/Neubauer* 1996, Testierfähigkeit von Dementen, Psychiatrische Praxis 23, 213–218; *Wetterling* 2000, Zerebrovaskuläre Erkrankungen, Klinische Neuropsychiatrie; *Wetterling,* Organisch psychische Störungen – Hirnorganische Psychosyndrome; *Wetterling/Neubauer,* Psychiatrische Gesichtspunkte zur Beurteilung der Testierfähigkeit Dementer, ZEV 1995, 46, (Fn. 20); *Zawar,* Der bedingte und befristete Erwerb von Todes wegen, DNotZ 1986, 515; *Zimmer,* Demenz als Herausforderung für die erbrechtliche Praxis, NJW 2007, 1713; *Zimmermann,* Juristische und psychiatrische Aspekte der Geschäfts- und Testierfähigkeit, BWNotZ 2000, 97.

Checkliste
Bestehen eines Pflichtteilsanspruchs

1. Gehört der Mandant zum pflichtteilsberechtigten Personenkreis des Erblassers; handelt es sich insbesondere um einen Abkömmling, die Eltern oder ein Elternteil oder den überlebenden Ehepartner oder eingetragenen Lebenspartner?
2. In welchem Güterstand lebte der Erblasser mit seinem Ehepartner oder Lebenspartner und wie hoch ist die Pflichtteilsquote des Pflichtteilsberechtigten?
3. Handelt es sich bei dem Abkömmling um einen leiblichen Abkömmling, wurde dieser adoptiert oder handelt es sich um ein nichteheliches Kind, das vor dem 1. 7. 1949 geboren wurde?

I. Verfassungsmäßigkeit des Pflichtteilsrechts

4. Wurde der Pflichtteilsberechtigte durch letztwillige Verfügungen oder Erbvertrag enterbt oder in sonstiger Weise durch Beschränkungen oder Beschwerungen belastet oder mit weniger bedacht, als ihm nach dem Pflichtteilsrecht zusteht?
5. Ist die Enterbung oder die Zurücksetzung des Pflichtteilsberechtigten wirksam erfolgt?
6. War der Erblasser testierfähig, als er die Enterbung oder die Zurücksetzung anordnete?
7. Ist die Enterbung oder Zurücksetzung möglicherweise wegen Verstoßes gegen ein Verbotsgesetzes unwirksam?
8. Ist die Enterbung oder Zurücksetzung möglicherweise wegen Verstoßes gegen das Persönlichkeitsrecht des Pflichtteilsberechtigten unwirksam?
9. War der Erblasser möglicherweise gehindert, die Enterbung oder die Zurücksetzung auszusprechen, weil er an einen vorangegangenes gemeinschaftliches Testament oder einen Erbvertrag gebunden war?
10. Gibt es möglicherweise eine gesellschafterrechtliche Bindung des Erblassers, die eine Enterbung oder Zurücksetzung des Pflichtteilsberechtigten ausschließt?
11. Hat der Pflichtteilsberechtigte möglicherweise einen isolierten Erbverzicht oder einen Pflichtteilsverzicht erklärt?
12. Könnte ein derartiger Verzicht in einem lebzeitigen Übergabevertrag erklärt worden sein?
13. Hatte die Ehe mit dem Erblasser noch Bestand oder war diese bereits durch Scheidung aufgelöst oder hatte der Erblasser schon einen Scheidungsantrag gestellt oder dem Scheidungsantrag des anderen Ehepartners noch zu Lebzeiten zugestimmt?
14. In welcher Falllage der §§ 2305, 2306, 2307 BGB befindet sich der Pflichtteilsberechtigte?
15. Muss der Pflichtteilsberechtigte möglicherweise ausschlagen, um seinen Pflichtteilsanspruch geltend machen zu können?
16. Steht dem Pflichtteilsberechtigten ein Zusatzpflichtteil nach § 2305 BGB zu?
17. Ist der Pflichtteilsberechtigte als Vermächtnisnehmer verpflichtet, nach § 2307 BGB auszuschlagen?
18. Kann er den Restpflichtteil nach § 2307 BGB geltend machen?
19. Gibt es möglicherweise lebzeitige Verfügungen des Erblassers, die für die im Wege einer Pflichtteilsergänzung zu berücksichtigen wären (vergleiche Checkliste zu § 5)?
20. Wer ist Schuldner des Pflichtteilsanspruchs und kann der Pflichtteil aus Mitteln des Nachlasses bedient werden?
21. Bestehen möglicherweise Kürzungsrechte des Erben gegenüber dem Vermächtnisnehmer?
22. Ist der Pflichtteilsanspruch innerhalb der Verjährungsfristen geltend gemacht worden oder ist bereits Verjährung eingetreten? Falls nicht: wann tritt Verjährung ein?
23. Sind der Bestand des Nachlasses und der Umfang der lebzeitigen Verfügungen des Erblassers bekannt?

I. Verfassungsmäßigkeit des Pflichtteilsrechts

Das Pflichtteilsrecht wurde schon im **römischen Recht** als Ausgleich für die Testierfreiheit des Erblassers manifestiert und sollte sozusagen die Versorgung und den Unterhalt der Familie, die durch ihre Mitarbeit zur Mehrung des Vermögens des Erblassers beigetragen hatte, sicherstellen. Wenn auch das römische Recht in den meisten Fällen **ein materielles Noterbrecht** vorsah, das schon früh ein Viertel des gesetzlichen Erbteiles betrug und später von Justinian sogar auf ein Drittel erhöht wurde,[1] entschieden sich die Väter des BGB dagegen zur Übernahme des im **preußischen Recht** unter dem Einfluss des Naturrechts entstandenen Pflichtteils in Form eines **schuldrechtlichen Geldzahlungsanspruchs**.[2] Damit war jedenfalls sichergestellt, dass der Erblasser kraft seiner Testierfreiheit nach Belieben über seinen gesamten Nachlass zu Gunsten familienfremder Personen verfügen und trotzdem den Pflichtteilsberechtigten ihre materielle Lebensgrundlage durch den schuldrechtlichen Geldzahlungsanspruch nicht völlig entziehen konnte. Da der Pflichtteil die **Hälfte des gesetzli-**

---
[1] Lange/*Kuchinke* § 37 I 1; *Kaser* Röm R §§ 170, 171; *Windscheid* Bd. 3 § 591.
[2] PrALR II 2 §§ 392, 433; RGZ 6, 247; *Dernburg* PrPrR 3, § 196; Staudinger/*Boehmer* Einl. § 14, 26; Mot. V 386 ff.; Prot. V 490 ff.

chen Erbteils beträgt, kann der Erblasser jedenfalls wirtschaftlich betrachtet nur über die Hälfte seines Nachlasses im Rahmen seiner Testierfähigkeit verfügen.

3 Der Grundgedanke des Pflichtteilsrechtes war und ist von der Überlegung geleitet, dass der Erblasser regelmäßig nicht alleine das zu vererbende Vermögen erwirtschaftet hat, sondern dass der Nachlass nur unter Mithilfe der nahen Familienangehörigen, wenn auch durch interne Arbeitsteilung, zu der wirtschaftlichen Grundlage der Familie geführt hat. Neben der **Mitarbeit der nahen Familienangehörigen** war aber auch immer der **Unterhaltsgedanke** prägend für die Begründung eines Pflichtteilsanspruches, da die nahen Familienangehörigen auch nach dem Tod des Erblassers versorgt und damit nicht auf Almosen der Allgemeinheit angewiesen sein sollten.[3]

4 In den 90er Jahren ist der Pflichtteilsanspruch als nicht mehr zeitgemäß kritisiert worden, weil sich einerseits die **Rollenverteilung innerhalb der Familie** geändert habe und auch die Ehefrau meist berufstätig sei. Außerdem stelle das **soziale Netz** hinreichend die Versorgung naher Familienangehöriger sicher. Auch in dem **Verschwinden der klassischen Großfamilie**, die die Versorgung der älteren Familienangehörigen in der Vergangenheit bei Krankheit und Alter sichergestellt hatte, sah man eine Begründung darin, den eigentlichen Pflichtteilsgedanken nicht mehr als zeitgemäß zu erachten. Wegen der Steigerung der **Selbstverantwortlichkeit für den eigenen Unterhalt** der nahen Familienangehörigen und wegen des stark ausgeprägten sozialen Netzes, sah man keine Notwendigkeit mehr, diese durch zusätzliche Pflichtteilsansprüche noch absichern zu müssen. Aus diesen Überlegungen heraus gab es dann Tendenzen im Schrifttum und in der Rechtsprechung, die **Verfassungsmäßigkeit des Pflichtteilsrechts** zu überprüfen.[4]

5 Spätestens mit der **Entscheidung des Bundesverfassungsgerichtes vom 19. 4. 2005**[5] dürfte diese Diskussion jedoch beendet sein. Das Bundesverfassungsgericht geht davon aus, dass das Pflichtteilsrecht als Individualgrundrecht und als Rechtsinstitut dem verfassungsrechtlichen Schutz des **Art. 14 GG** und des **Art. 6 GG** unterliegt, allerdings mit der Einschränkung, dass Inhalt und Schranken durch das Gesetz bestimmt werden können. Von diesem Gesetzesvorbehalt hat der Gesetzgeber durch das **Gesetz zur Reform des Erb- und Pflichtteilsrechts** Gebrauch gemacht, das mit Wirkung zum 1. 1. 2010 in Kraft getreten ist[6]

II. Reform des Pflichtteilsrechts

6 Der Gesetzgeber sah sich durch die vorgenannte Entscheidung des Bundesverfassungsgerichts legitimiert, das Pflichtteilsrecht zu reformieren.

Ungeachtet dessen gab es seit den 90erJahren schon in der Literatur anerkennenswerte Verbesserungsvorschläge zum Pflichtteilsrecht.[7] Die Ziele der am 1. 1. 2010 in Kraft getretenen Reform des Erb- und Pflichtteilsrechts waren nachfolgende Änderungen:
- **Erweiterung des Selbstbestimmungsrechts** und der Testierfreiheit des Erblassers,
- **Stärkung der Rechte der Erben** gegenüber den Pflichtteilsberechtigten,
- **Stärkere Honorierung und Ausgleichung von Leistungen** aufgrund von Familiensolidarität,
- Vereinfachungen und Modifizierungen,
- **Anpassung der Verjährungsbestimmungen** an die 3-jährige Regelverjährung.

7 Auch wenn der Gesetzgeber an der Pflichtteilsquote selbst keine wesentlichen Änderungen vorgenommen hat, muss die Reform grundsätzlich als sinnvoll und im Wesentlichen als gelungen angesehen werden.

---

[3] Mot. V 386 ff.; Prot. V 490 ff.

[4] *Schlüter*, FS 50 Jahre BGH (2000), 1047; *Lange/Kuchinke* § 2 IV 2c); BGHZ 109, 306, 309; *Pentz* ZEV 1998, 449; *Pentz* MDR 1997, 717.

[5] BVerfGE 91, 346 = FamRZ 1995, 405; BVerfGE 67, 329; BVerfG ZEV 2006, 301; BVerfG ZErb 2000, 447; BVerfG ZErb 2000, 299; ZErb 2005, 205 ff.

[6] Zu der Reformdiskussion: Soergel/Stein Einl. § 1922, 74 f.; *Gerken* Rpfleger 1989, 45; *Otte* ZEV 1994, 193; *Lange/Kuchinke* § 2 V 2; *Petri* ZRP 1993, 205.

[7] Zur Diskusion: *Zawar* DNotZ 1980, 515; *Lange* AcP 204, 804; *Odersky* MittBayNot 2008, 2; *Gaier* ZEV 2006, 2; *Schöpflin* FamRZ 2005, 2025.

Die wesentlichen Reformen, zu denen auch im Rahmen dieses Buches noch näher ausgeführt wird, liegen darin, dass **§ 2306 Abs. 1 S. 1 BGB** dahingehend geändert worden ist, dass bei einem belasteten Erbteil der Pflichtteilsberechtigte jetzt nicht mehr unter Anwendung der Quoten- und Werttheorie überlegen muss, ob der hinterlassene Erbteil nebst Belastungen kleiner oder gleich dem Pflichtteil oder größer als dieser ist, sondern der Pflichtteilsberechtigte hat nun immer die Möglichkeit, sein Pflichtteil in voller Höhe zu realisieren, wenn er den belasteten Erbteil ausschlägt. Damit ist die **cautela Socini**[8] Gesetzinhalt geworden. Neben § 2306 Abs. 1 BGB sind die §§ 2305 und 2307 BGB im Wesentlichen unverändert geblieben.

Eine wesentliche Veränderung hat sich auch im Rahmen des § 2325 BGB ergeben, wonach für die Geltendmachung von Pflichtteilsergänzungsansprüchen nicht mehr die absolute 10-Jahres Frist im Sinne eines „Alles- oder Nichts-Prinzips" gilt, sondern seit dem Vollzug der Schenkung **pro Jahr mit 10% des Schenkungswertes** „abgeschmolzen" werden. Das Abschmelzungsmodell gilt für alle Schenkungen des Erblassers, wenn dieser nach In-Kraft-Treten des Reformgesetzes verstirbt (Art. 229 § 23 Abs. 4 EGBGB). Selbstverständlich ist aber auch nach der Reform notwendig, dass der **Vollzug der Schenkung** überhaupt eingetreten ist. Problematisch sind hier weiterhin die Fälle, bei denen die Übertragung des Vermögens oder von Vermögensteilen gegen **Nießbrauchsvorbehalt**, gegen Einräumung eines **allumfassendes Wohnungsrechtes** oder von **freien Rücktritts- und Widerrufsrechten** erfolgt ist, weil diese vorbehaltenen Rechte eigentlich gegen den Vollzug der Schenkung sprechen.

Neben einer sinnvollen **Vereinfachung der Verjährungsvorschriften** hat die Reform auch die Möglichkeit der **Stundung des Pflichtteilsanspruches** auf alle Erben erweitert und fordern für die Stundung nicht mehr den Tatbestand der unzumutbaren Härte, sondern lässt schon die unbillige Härte genügen, damit der unstreitige Pflichtteilsanspruch durch Antrag bei einem Nachlassgericht gestundet werden kann. Außerdem ist der **berechtigte Personenkreis** auf **sämtliche Erben** ausgedehnt worden und die **Interessen der Pflichtteilsberechtigten** sollen jetzt nur noch „angemessen" berücksichtigt werden. Bei einem streitigen Pflichtteilsanspruch ist das Prozessgericht für die Stundung zuständig (§§ 2331a Abs. 2, 1382 Abs. 5 BGB). Mit der Reform des Pflichtteilsrechts hat der Gesetzgeber aber auch die **Pflichtteilsentziehungsgründe** überarbeitet und modernisiert, weil das **Instrumentarium der §§ 2333 bis 2335 BGB a. F.** in sich lückenhaft und nicht mehr zeitgemäß war. Zu diesen Fragen wird insbesondere auf § 7 dieses Handbuches verwiesen.[9]

Wie sich diese einzelnen Änderungen auf das Pflichtteilsrecht insgesamt auswirken, wird im Rahmen dieses Handbuches noch in den einzelnen Kapiteln erörtert werden.

Das ursprüngliche Ziel, einen **modifizierten Ausgleichungstatbestand** für Pflegeleistungen innerhalb der Familie zu schaffen, konnte politisch wohl nicht durchgesetzt werden. Auch das Ansinnen, bei lebzeitigen Zuwendungen die Anordnung von Ausgleichungs- und Anrechnungsbestimmungen noch nachträglich durch letztwillige Verfügungen zuzulassen, wurde aufgegeben.

III. Pflichtteilsberechtigte und ihre Rangfolge

Der Pflichtteilsergänzungsanspruch ist ein **Geldzahlungsanspruch**, anders als in den romanischen Rechtsgebieten, in denen nach wie vor die Noterbrechte als Ausgestaltung des Pflichtteilsrechts normiert sind.

Pflichtteilsberechtigt sind primär die **Abkömmlinge** des Erblassers sowie der **überlebende Ehepartner** oder **eingetragene Lebenspartner**. Ist die Ehe des Erblassers allerdings kinderlos geblieben, sind auch die **Eltern des Erblassers** nach § 2303 Abs. 2 BGB pflichtteilsberechtigt, was mitunter in der Praxis vielfach übersehen wird. Auch wenn die Geltendmachung von Pflichtteilen der Eltern nach dem verstorbenen Kind, hier dem Erblasser, in der Praxis rela-

---

[8] *Oertmann* ZBlFG 15, 357, 365; *von Olshausen* DNotZ 1979, 707; *Planck/Greiff* § 2306, 3e, a; *Schlitt* Diss. Gießen 1990, 132 ff.; *Lange/Kuchinke* § 37 V Fn. 88.
[9] Zur Reformdiskussion: *Bonefeld/Lange/Tanck* ZErb 2007, 292, 294; *Herrler/Schmied* ZNotP 2008, 178; *Lange* DNotZ 2007, 84, 88.

tiv selten sein wird, ist die Frage, ob ein Pflichtteil geltend gemacht wird oder nicht, nicht immer in die Entscheidung des Pflichtteilsberechtigen selbst gelegt. Wenn beispielsweise die Eltern pflegebedürftig sind und die Kosten für das Pflegeheim nicht aus eigenen Mitteln aufgebracht werden können, ist der Pflichtteil regelmäßig auch ein wirtschaftlicher Wert, der gemäß § 93 SGB XII zur Sicherstellung der Pflege vom Sozialhilfeträger übergeleitet werden kann.

12 Ist einer der Abkömmlinge vorverstorben, sind gemäß § 2309 BGB dessen Abkömmlinge pflichtteilsberechtigt. Schlägt allerdings der direkte Abkömmling seinen Erbteil aus, wird damit nicht zwangsläufig ein Pflichtteilsrecht **der entfernteren Abkömmlinge** begründet, da die Ausschlagung regelmäßig – erst Recht nach der Reform des Pflichtteilsrechts – gemäß § 2306 Abs. 1 BGB den Pflichtteilsanspruch des direkten Abkömmlings begründet und damit weitere Ansprüche entfernterer Abkömmlingen ausschließt (§ 2309 BGB). Für einen entfernteren Abkömmling besteht nur dann ein Pflichtteilsrecht, wenn er zum einen ein eigenes Pflichtteilsrecht hat und zum anderen der nähere Pflichtteilsberechtigte, also der direkte Abkömmling weder einen Pflichtteil verlangen konnte, noch das ihm hinterlassene angenommen hat.[10]

IV. Die Ermittlung der Pflichtteilsquote

13 Wie bereits vorstehend unter Ziffer II. erwähnt, hat der Gesetzgeber die Pflichtteilsquote selbst der Höhe nach unverändert gelassen, so dass es grundsätzlich bei der Bestimmung des § 2303 BGB verbleibt, der die Pflichtteilshöhe auf die Hälfte des gesetzlichen Erbteils festlegt. Der gesetzliche Erbteil selbst wird in den Vorschriften der §§ 1923, 1924 BGB und § 1931 BGB definiert.

Pflichtteilsberechtigt sind nur die **Abkömmlinge** oder die **Eltern** und der **überlebende Ehegatte** (§ 2303 BGB) oder der **eingetragene Lebenspartner**.

Abkömmlinge im Sinne des Pflichtteilsrechts sind ebenso wie bei der gesetzlichen Erbfolge auch **Adoptivkinder** und **nichteheliche Kinder**. Nichteheliche Kinder waren und sind nach der Mutter schon immer voll erbberechtigt. Seit dem 1. 4. 1998 sind sie auch in der Erbfolge nach ihrem Vater ehelichen Kindern voll gleichgestellt.[11] Voraussetzung eines gesetzlichen Erbrechts und damit auch eines Pflichtteilsrechts nichtehelicher Kinder ist die Verwandtschaft mit dem Vater (väterliche Vorfahren), dass die Vaterschaft förmlich festgestellt wurde (§ 1592 Nr. 3 BGB; § 1600 d BGB; § 182 Abs. 1 FamFG oder durch Anerkenntnis feststeht (§§ 1592 Nr. 2; 1594 ff. BGB; § 180 FamFG). Steht die Vaterschaft im Zeitpunkt des Todes des Vaters noch nicht fest, ist die Vaterschaftsfeststellung mit **Rückwirkung auf den Zeitpunkt der Geburt** möglich. Eine **postmortale Vaterschaftsfeststellung** oder **Vaterschaftsanfechtung** lässt § 181 FamFG weiterhin zu. Ist der Aktivlegitimierte gestorben, treten weder ein Ehegatte noch seine Eltern an seine Stelle. Eine Vaterschaftsfeststellung oder -anfechtung kann **nur der Vater** oder **das Kind** betreiben (§ 181 FamFG). Ist für dieses Verfahren eine Exhumierung oder die Entnahme noch vorhandener Gewebeproben in Krankenhäusern notwendig, können die nächsten Angehörigen als Inhaber der Totenfürsorge gem. § 372 a ZPO analog nicht widersprechen[12] Eine Nebenintervention des möglichen Erzeugers mit dem Ziel der Abweisung der Anfechtungsklage im postmortalen Anfechtungsverfahren ist nicht zulässig.[13]

14 Lediglich nichteheliche Kinder, die **vor dem 1. 7. 1949 geboren** sind, sind nach den Überleitungsvorschriften nicht als Pflichtteilsberechtigte zu berücksichtigen (Art. 227 EGBGB). Der **Europäische Gerichtshof für Menschenrechte** (EGMR) sieht aber nach einer aktuellen Entscheidung vom 28. 5. 2009[14] in dem Ausschluss dieser nichtehelichen Kinder einen Verstoß gegen Art. 14 EMRK (Diskriminierungsverbot) in Verbindung mit Art. 8 EMRK. Die

---

[10] BeckOK BGB/*Mayer* § 2309 Rn. 4.
[11] Palandt/*Edenhofer* § 1924 Rn. 8.
[12] OLG München NJW-RR 2000, 1603; OLG Dresden FPR 2002, 571; EGMR FamRZ 2006, 1354.
[13] BGH NJW 2007, 3065.
[14] EGMR (V. Desektion) ZEV 2009, 510 ff.

IV. Die Ermittlung der Pflichtteilsquote

praktischen Auswirkungen dieser Entscheidung auf die vor dem 1. 7. 1949 geborenen nichtehelichen Kinder sind derzeit noch nicht überschaubar.[15] Die Feststellung der Konventionswidrigkeit führt grundsätzlich nicht zur Nichtigkeit der nationalen Norm. Zur Vermeidung künftiger Konventionsverstöße wäre der nationale Gesetzgeber jedoch gehalten für Erbfälle ab dem 28. 5. 2009 eine Neuregelung herbeizuführen.

In Erbfällen seit dem 3. 10. 1990 gilt gemäß Art. 235, § 1 Abs. 1 EGBGB für vor dem 3. 10. 1990 **in der ehemaligen DDR geborene nichteheliche Kinder** das für sie günstigere frühere DDR-Erbrecht. Dieses behandelte bereits seit 1. 4. 1966 nichteheliche Kinder als Erben erster Ordnung und kannte keine Altersgrenze.[16] Wegen der Besonderheiten des ehemaligen DDR-Rechts wird im übrigen auf § 13 dieses Handbuches verwiesen.

Bei der **Minderjährigen- und Erwachsenenadoption** ist regelmäßig davon auszugehen, dass unabhängig davon, mit welchen Wirkungen diese ausgesprochen worden sind, das angenommene Kind und der Erblasser wechselseitig pflichtteilsberechtigt sind.

Das angenommene **minderjährige Kind** erhält nach Inkrafttreten des Adoptionsgesetzes am 1. 1. 1977 bei der **Volladoption** die rechtliche Stellung eines ehelichen Kindes des Annehmenden, bei einer gemeinschaftlichen Annahme von beiden Ehegatten (§ 1754 BGB). Ein gesetzliches Erbrecht nach den leiblichen Eltern und deren Vorfahren besteht dagegen nicht (§ 1755 BGB).

Bei der **Annahme eines Volljährigen** wird der Angenommene gesetzlicher Erbe erster Ordnung nach dem Annehmenden als dessen Kind (§§ 1767 Abs. 2, 1754 BGB). Da das Verwandtschaftsverhältnis der Angenommenen bei der üblichen Erwachsenenadoption nach seinen leiblichen Eltern und deren Vorfahren nicht erlischt, bleiben diesen gegenüber zusätzlich die gesetzlichen Erbrechte des angenommen Kindes und damit auch seine Pflichtteilsrechte bestehen (§ 1770 Abs. 2 BGB). Umgekehrt werden Verwandtschaftsverhältnisse zu den Verwandten des Annehmenden durch die Annahme eines Volljährigen nicht begründet. Dies gilt auch für den Ehegatten des Annehmenden, weil sich die Wirkung der Annahme nicht auf diesen erstreckt (§ 1770 Abs. 1 BGB), wenn er nicht zugleich auch Annehmender ist.

Bei der Volljährigenadoption können sich bei der **Ermittlung der Pflichtteilsquote** dann Schwierigkeiten ergeben, weil der Annehmende sowohl nach den Adoptiveltern als auch nach den leiblichen Eltern gesetzliche Erbrechte und damit auch Pflichtteilsansprüche beanspruchen kann. Ein als Volljähriger angenommener Erblasser hat wegen der **beschränkten Adoptionswirkung** (§ 1770 Abs. 2 BGB) rechtlich **vier Elternteile**. Die für die Ermittlung der entsprechenden Pflichtteilsquoten erforderliche Feststellung der gesetzlichen Erbfolge zweiter Ordnung (der Eltern) gestaltet sich in derartigen Fällen durchaus als schwierig. Ist ein Elternteil der Adoptiveltern vorverstorben, treten deren Abkömmlinge nicht an ihre Stelle, weil sich die Adoptionswirkung gerade nicht auf ihre Verwandten und nicht auf deren Ehegatten erstreckt.[17] Beim Vorversterben oder Wegfall eines Adoptivelternteils, geht dessen Erbteil auf den anderen überlebenden Adoptivelternteil über, auch dann, wenn es Abkömmlinge der Adoptiveltern gibt. Stirbt dagegen ein leiblicher Elternteil, treten an dessen Stelle gemäß § 1925 Abs. 3 BGB dessen Abkömmlinge.

Fallbeispiel:

S wurde als Volljähriger nach dem 1. 4. 1949 von den Adoptiveltern A und B adoptiert. S stirbt und hinterlässt die Adoptivmutter A sowie seine leibliche Mutter C. Der Adoptivvater A und der leibliche Vater D sind vorverstorben. Aus der Ehe C und D sind vier Kinder hervorgegangen, die im Zeitpunkt des Todes des S noch leben. S hat durch letztwillige Verfügung seine Lebensgefährtin T eingesetzt. Welche Pflichtteilsquoten bestehen für die Eltern im weiteren Sinne?

Lösung:

Die Adoptivmutter A wäre infolge des Vorversterbens des Adoptivvaters B zur Hälfte (¼ Erbteil A + ¼ Erbteil B) gesetzlicher Erbe nach S. Ihre Pflichtteilsquote beträgt ¼. Die noch lebende leibliche Mutter C wäre zu einer gesetzlichen Erbquote von ¼ berufen. An Stelle des vorverstorbenen D treten im

---

[15] Vgl. hierzu auch *Leipold* ZEV 2009, 488.
[16] *de Leve* ZEV 2007, 227.
[17] OLG Zweibrücken FGPrax 1996, 189; *Dittmann* Rpfleger 1978, 77 ff.

Falle der gesetzlichen Erbfolge dessen vier Abkömmlinge mit je $1/16$ ein. Diese sind allerdings als Geschwister nicht pflichtteilsberechtigt und deshalb bei der Ermittlung der Pflichtteilsquote nicht weiter zu berücksichtigen. Die Pflichtteilsquote der Mutter C beträgt deshalb $1/8$ ($1/2$ von $1/4$).

18 Noch schwieriger kann sich die Ermittlung der Pflichtteilsquote bei der so genannten **Verwandtenadoption** ergeben (§ 1756 BGB). Das von seinen **Großeltern angenommene Kind** wird deren gemeinschaftliches Kind und vermittelt damit auch ein Pflichtteilsrecht, weil sie neben dem Verwandtschaftsgrad der Großeltern zugleich auch Eltern des gemeinschaftlichen Kindes sind und damit unter § 2303 BGB fallen. Auch bei der **Annahme eines Neffen** oder **einer Nichte** durch Onkel und Tante, wird das angenommene Kind zweiter Ordnung gesetzlich von seinen Adoptiveltern und deren Abkömmlingen beerbt.[8]

Solange der Erblasser Abkömmlinge hinterlässt, besteht gemäß § 2309 BGB jedoch kein Pflichtteilsrecht der Eltern. Soweit die näheren Abkömmlinge noch leben, schließen sie ein Pflichtteilsrecht der entfernteren Abkömmlinge aus.

19 Bei der **Ermittlung der Pflichtteilsquote** werden die über die §§ 1923 und 1924 BGB ermittelten Erbquoten dann einfach halbiert, so dass die Ermittlung der Pflichtteilsquote mit Ausnahme der vorgenannten Adoptionsfällen – regelmäßig keine großen Schwierigkeiten bereitet. Bei der Ermittlung der Erbfolge ist allerdings auch **§ 2310 BGB** zu beachten, wonach bei der Ermittlung des Erbteils diejenigen mitgezählt werden, die durch letztwillige Verfügung enterbt sind, die Erbschaft ausgeschlagen haben oder für erbunwürdig erklärt worden sind. Wer durch **Erbverzicht** von der gesetzlichen Erbfolge ausgeschlossen ist, wird dagegen nicht mitgezählt und gilt insoweit als vorverstorben. Nicht mitgezählt wird gleichfalls ein Abkömmling, der den Erbfall nicht erlebt hat, oder dessen Verwandtschaft zur leiblichen Familie infolge Annahme als Kind gemäß § 1755 BGB erloschen ist. Daraus resultiert bereits ein wichtiger Praxistipp, dass es grundsätzlich keine Pflichtteilsvermeidungsstrategie darstellt, wenn man den Abkömmling gemäß § 2346 BGB insgesamt auf sein Erbrecht verzichten lässt (vgl. dazu § 11 Rn. 10). Wer lediglich auf seinen **Pflichtteil und Pflichtteilsergänzungsansprüche** verzichtet hat, wird im Umkehrschluss zu § 2310 S. 2 BGB bei der Berechnung der Pflichtteilsquote der anderen Abkömmlinge dagegen mitgezählt.

> **Praxistipp:**
> 20 Es stellt keine Pflichtteilsvermeidungsstrategie dar, wenn ein genereller Erbverzicht erklärt wird! Stattdessen ist nur ein Pflichtteils- und Pflichtteilsergänzungsverzicht zu erklären!

21 Bei der Ermittlung der Pflichtteilsquote sind die Vorschriften der §§ 1924 Abs. 2, 1930, 1935 und 2309 BGB immer mit zu berücksichtigen und zu beachten.

22 Die Pflichtteilsquote der Abkömmlinge und auch der Eltern wird allerdings noch stark beeinflusst von der Frage, wie hoch der **gesetzliche Erbteil des Ehegatten des Erblassers** nach § 1931 BGB ist. Dieser ist wiederum abhängig von dem Güterstand, in dem der Erblasser mit seinem Ehepartner gelebt hat. Aber nicht nur der Ehepartner selbst, sondern auch ein **eingetragener Lebenspartner** ist hier zu berücksichtigen, so dass sich durch dessen Berücksichtigung gleichfalls eine Reduzierung der Pflichtteilsquote der Abkömmlinge oder der Eltern ergeben kann (§ 1 LPartG).

Die Anwendbarkeit der Vorschriften des Pflichtteilsrechts, insbesondere der §§ 2325 Abs. 3, 1371 Abs. 2, 3 BGB, ergibt sich aus §§ 6, 10 LPartG.

23 Bei der **Gütertrennung** ist davon auszugehen, dass der Ehegattenerbteil bis zum vierten Kind jeweils so hoch ist, wie der gesetzliche Erbteil der Kinder (§ 1931 BGB).

Bei einem Kind beträgt die Pflichtteilsquote des Kindes und des Ehepartners je $1/4$. Bei zwei Kindern beträgt die Pflichtteilsquote der Kinder und des Ehepartners je $1/16$. Bei drei Kindern beträgt also die Pflichtteilsquote je $1/8$ ($1/2$ von $1/4$).

Ab dem vierten Kind verbleibt es bei der Pflichtteilsquote für den überlebenden Ehepartners von $1/8$. Die Pflichtteilsquote der Kinder hängt von deren Anzahl ab. Bei 4 Kindern beträgt die Pflichtteilsquote je $3/32$.

24 Bei der **Gütergemeinschaft** selbst ergibt sich keine Besonderheit wegen der Erbquote des überlebenden Ehepartners, der neben Abkömmlingen $1/4$ als gesetzlicher Erbe erbt und damit in Höhe von $1/8$ pflichtteilsberechtigt wäre. Hierbei ist allerdings wirtschaftlich zu berücksichtigen, dass der überlebende Ehepartner ohnehin zur Hälfte an dem bisherigen Gesamtgut beteiligt war.

25 Bei der **Zugewinngemeinschaft** gestaltet sich die Pflichtteilsquote des überlebenden Ehepartners und damit auch die der Abkömmlinge in differenzierter Weise. Hier ist insbesondere § 1371 BGB zu berücksichtigen, der folgende Falllagen vorsieht:

Ist der **überlebende Ehepartner** oder **eingetragene Lebenspartner durch einen Erbteil** oder **auch durch ein Vermächtnis bedacht** und nimmt der überlebende Ehegatte diese Zuwendung an, sieht § 1371 Abs. 1 BGB vor, dass bei der Ermittlung der Pflichtteils von dem erhöhten gesetzlichen Erbteil des Ehepartners auszugehen ist mit der Folge, dass der überlebende Ehepartner eine Pflichtteilsquote von $1/4$ am Nachlass hat (so genannter **großer Pflichtteil**). Damit ist der Pflichtteil der Abkömmlinge wirtschaftlich auf die Hälfte des Nachlasses reduziert. Dies hat die Folge, dass bei zwei Abkömmlingen, wie es den Regelfall in einer durchschnittlichen Familie darstellt, die Pflichtteilsquote der Abkömmlinge je $1/8$ ($1/2$ von $1/4$ gesetzlicher Erbteil) beträgt.

26 Ist allerdings der überlebende Ehepartner enterbt oder schlägt er die ihm hinterlassene Zuwendung aus, verbleibt es bei der Ermittlung der Pflichtteilsquote des Ehepartners und der Kinder bei dem gesetzlichen Erbteil des § 1931 Abs. 1 BGB, wonach von dem gesetzlichen Erbteil des überlebenden Ehegatten von $1/4$ auszugehen ist und sich sein Pflichtteil auf $1/8$ (so genannter **kleiner Pflichtteil**) reduziert. Neben diesem $1/8$ steht dem überlebenden Ehepartner dann aber zusätzlich der güterrechtliche Zugewinnausgleichsanspruch zu, der unter Umständen wirtschaftlich mehr wert sein kann als der so genannte große Pflichtteil. In dieser Falllage ist der Pflichtteil der Abkömmlinge, ausgehend von einem gesetzlichen Erbteil des überlebenden Ehepartners von $1/4$ zu ermitteln. Bei zwei Abkömmlingen ist deshalb davon auszugehen, dass der Pflichtteil hier insgesamt $3/8$ ($1/2$ von $3/4$) beträgt. Bei der Berechnung der Pflichtteile der Kinder ist allerdings zu berücksichtigen, dass sich der Zugewinnausgleichsanspruch gemäß § 1967 BGB als Nachlassverbindlichkeit negativ auf die Höhe der Pflichtteile der Abkömmlinge auswirkt, auch wenn die Quote selbst vordergründig höher erscheint.

In jedem Falle ist **zugunsten** des überlebenden Ehepartners zu ermitteln, welche Entscheidung er sinnvollerweise trifft, um wirtschaftlich den höchsten Anspruch für sich selbst zu realisieren.

Praxistipp:
27 Soll die Beibehaltung des gesetzlichen Güterstandes der Zugewinngemeinschaft oder die Vereinbarung der Zugewinngemeinschaft zu einer Reduzierung der Pflichtteilsquoten der Abkömmlinge führen, muss der überlebende Ehegatte zwingend Erbe oder Vermächtnisnehmer werden, unabhängig in welcher wirtschaftlichen Höhe!

V. Pflichtteilsschuldner und Pflichtteilslast

28 Pflichtteilsschuldner sind die **Miterben** oder der **Alleinerbe**, auch wenn **Testamentsvollstreckung** angeordnet wurde. Mehrere Erben haften als Gesamtschuldner nach § 2058 BGB für die Erfüllung des Pflichtteilsanspruches, der eine Nachlassverbindlichkeit gemäß § 1967 BGB darstellt.

Eine andere Frage ist indes, wer im **Innenverhältnis die Pflichtteilslast** unter mehreren Erben zu tragen hat, oder ob auch ein Vermächtnisnehmer an der Pflichtteilslast zu beteiligen ist, weil das **Vermächtnis nicht als Nachlassverbindlichkeit** bei der Berechung des Pflichtteils in Abzug gebraucht wird (§ 327 InsO). Bei der Erfüllung des Pflichtteilsanspruches hat der Erbe gegenüber dem Vermächtnisnehmer gemäß § 2318 BGB Kürzungsrechte, damit er im Innenverhältnis jedenfalls nicht alleine den Pflichtteilsanspruch bedienen muss.

29 § 2319 BGB bestimmt dann noch **Leistungsverweigerungsrechte**, wenn der Pflichtteilsschuldner selbst Pflichtteilsberechtigter ist. Wegen der Einzelheiten dieser Bestimmungen zur Pflichtteilslast im Innenverhältnis wird auf § 3 dieses Handbuches verwiesen.

Bei einer bestehenden Erbengemeinschaft kann der Pflichtteilsanspruch mittels der **Gesamtschuld-** oder der **Gesamthandsklage** geltend gemacht werden.

Im Innenverhältnis bestimmen die §§ 2318, 2324, 2320, 2322 BGB die Pflichtteilslast zwischen mehreren Miterben und/oder dem Vermächtnisnehmer. Eine wichtige Vorschrift ist insoweit der **§ 2320 BGB**, wonach derjenige, der an Stelle des Pflichtteilsberechtigten Erbe wird, im Innenverhältnis die Pflichtteilslast alleine zu tragen hat (§ 2320 BGB). Diese Vorschrift betrifft die Fälle, in denen ein näherer Abkömmling in der Falllage des § 2306 Abs. 1 BGB seinen belasteten Erbteil ausschlägt, an dessen Stelle dann die Ersatzerben treten. Mit der Ausschlagung nach § 2306 Abs. 1 BGB entsteht der Pflichtteilsanspruch zu Gunsten des näheren Abkömmlings, der dann aber von den Ersatzerben im Innenverhältnis zu erfüllen wäre. Wenn der Pflichtteilsberechtigte Vermächtnisnehmer ist, besteht bei Ausschlagung des Vermächtnisses im Innenverhältnis gleichfalls die Haftung für den Ersatzvermächtnisnehmer nach § 2322 BGB.

VI. Fälligkeit und Verjährung des Anspruches

30 Der Pflichtteilsanspruch ist ein **schuldrechtlicher Geldzahlungsanspruch**. Er ist mit dem Erbfall zur Zahlung fällig.

31 Der erste Schritt zur Geltendmachung ist die Aufforderung an den oder die Erben zur Erteilung der **Auskunft nach § 2314 BGB**. In diesem ersten Aufforderungsschreiben ist es allerdings zur Sicherstellung einer **Verzinsung wegen Verzugs** sinnvoll, hier auch einen unbezifferten Pflichtteilsanspruch bereits fällig zu stellen. Mit der Geltendmachung und der sofortigen Fälligstellung des noch unbezifferten Pflichtteilsanspruchs kann dieser dann mit Wirkung ab Verzugseintritt[18] mit den gesetzlichen oder tatsächlichen Zinsen verzinst werden. Die Geltendmachung und Fälligstellung führt allerdings auch dazu, dass bereits die Verpflichtung zur Zahlung der **Erbschaftssteuer** begründet wird (§ 9 Abs. 1 Nr. 1 b ErbStG). Der Pflichtteil verjährt innerhalb von **drei Jahren** seit der Kenntnis vom Erbfall und der beeinträchtigenden Verfügung. Mit der Reform des Pflichtteilsrechts wurden die **Verjährungsbestimmungen** gleichfalls geändert und den Voraussetzungen der Regelverjährung des § 197 BGB angepasst. Bei einem belastenden Erbteil (§ 2306 BGB) setzt der Fristbeginn zugleich auch die **Kenntnis** der Beschränkungen und Beschwerungen des Erbteiles voraus. Der **Beginn der Verjährung** läuft ab dem Jahresende, in dem diese Kenntnis erlangt worden ist (§ 199 BGB).

32 Die Kenntnis von **Ausgleichungs- und Anrechnungspflichten** ist dagegen bei § 2306 BGB nach dem neuen Recht keinesfalls mehr Voraussetzung für den Beginn der Verjährungsfrist, da mit der Änderung des § 2306 BGB die Anwendungsprobleme aus der Vergangenheit mit der Wert- und Quotentheorie beseitigt worden sind und zur Realisierung des Pflichtteilsanspruchs bei einem belasteten Erbteil immer die Ausschlagung erforderlich ist.

Inwieweit die **Wert- und Quotentheorie** im Rahmen des § 2305 BGB noch Anwendung findet, wird in § 1 Ziffer I. dieses Kapitels noch näher erörtert werden. Soweit die Wert- und Quotentheorie entscheidend ist für die Höhe des Pflichtteilsanspruchs ist wohl auch nach der Reform des Erbrechts davon auszugehen, dass man insoweit auch Kenntnis von den Ausgleichungs- und Anrechnungsbestimmungen haben muss, bevor hier der Verjährungsfrist beginnt.

33 Unabhängig von einer Kenntnis verjährt der Pflichtteilsanspruch in 30 Jahren ab dem Erbfall (§ 199 BGB).

34 Der **Pflichtteilsergänzungsanspruch** gegenüber dem Beschenkten nach verjährt jedoch unabhängig von einer Kenntnis des Schenkungstatbestandes innerhalb von drei Jahren seit dem Erbfall (§ 2329 BGB). Diese **Sonderverjährung** rechtfertigt sich aus dem Umstand, dass der Beschenkte in jedem Falle nach drei Jahren eine gewisse Rechtssicherheit haben soll, dass er das Geschenk insgesamt behalten darf.

---

[18] BeckOK BGB § 2317 Rn. 4.

VII. Wirksame Enterbung des Pflichtteilsberechtigten gemäß § 1938 BGB

1. Ausdrückliche oder konkludente Enterbung

Die Geltendmachung des Pflichtteils setzt – neben der Ausschlagung der hinterlassenen 35
Zuwendung nach §§ 2306, 2307 BGB – zunächst die **wirksame Enterbung oder Zurücksetzung des Pflichtteilsberechtigten** (§ 2305 BGB) voraus.

Dabei ist die vollständige Enterbung nach § 1948 BGB der am einfachsten gelagerte Fall. 36
Die Enterbung eines Pflichtteilsberechtigten kann **ausdrücklich** in einer letztwilligen Verfügung oder aber auch **konkludent** durch Übergehen in der Weise erfolgen, dass der Pflichtteilsberechtigte bewusst in keiner letztwilligen Verfügung bedacht wird. Die Enterbung als solche bedarf auch **keiner Begründung**, vielmehr ist eher von einer Begründung in der letztwilligen Verfügung abzuraten, weil damit nur Ansatzpunkte für eine Anfechtung nach § 2078 und § 2079 BGB ermöglicht werden.

Neben der vollständigen Enterbung kann der Erblasser den Pflichtteilsberechtigten aber 37
auch mit **weniger bedenken als seinem Pflichtteil (§ 2305 BGB)**.

Der Erblasser kann ihm zudem auch einen **mit Beschränkungen und Beschwerungen** be- 38
lasteten Erbteil zuweisen[19] (§ 2306 BGB) oder aber nur ein Vermächtnis oder ein belastetes Vermächtnis zuwenden (§ 2307 BGB). Daneben kann der Erblasser dem Pflichtteilsberechtigten aber auch zu einer durchaus hohen Erbquote zum Erben einsetzen, das Erbe aber **durch lebzeitige Verfügung** so geschmälert haben, dass dem pflichtteilsberechtigten Erben im Zeitpunkt des Erbfalles wirtschaftlich nur noch wenig Werthaltiges hinterlassen wurde (§§ 2325, 2326 BGB).

Die Geltendmachung des Pflichtteilsanspruchs setzt selbstverständlich auch voraus, dass 39
die beeinträchtigende Verfügung des Erblassers, die zu einem Pflichtteilsanspruch führen soll, auch **wirksam angeordnet** ist. Insoweit ist nicht nur die **Testierfähigkeit des Erblassers** und die Wirksamkeit der beeinträchtigenden Verfügung zu überprüfen, sondern auch die Frage, ob der Erblasser möglicherweise durch die **Bindung aus einem vorausgegangenen, gemeinschaftlichen Testament oder Erbvertrag** gehindert war, eine Enterbung durch neue letztwillige Verfügung vorzunehmen. Sowohl bei dem gemeinschaftlichen Testament als auch bei dem Erbvertrag kann die Bindungswirkung des § 2271 Abs. 2 BGB sowie der §§ 2289 Abs. 1 und 2290 BGB zu einer unwirksamen Enterbung führen.

Möglicherweise steht eine Enterbung auch im Widerspruch mit einer **gesellschaftsrechtli-** 40
chen Eintritts- oder Nachfolgeklausel, die immer Vorrang vor einer letztwilligen Verfügung hat.

2. Testierfähigkeit des Erblassers

Ob im Falle der klassischen Enterbung nach **§ 1938 BGB** die Enterbung wirksam erfolgt 41
ist, ist im Vorfeld der Geltendmachung des Pflichtteils zu prüfen. Die Unwirksamkeit einer Enterbung kann sich aus den unterschiedlichsten Gründen ergeben, die nachfolgend im Besonderen bearbeitet werden.

Die wirksame Enterbung oder Zurücksetzung eines Pflichtteilsberechtigten setzt zunächst 42
die **Testierfähigkeit des Erblassers** voraus.

Die nachfolgenden Kriterien sind Voraussetzungen zur Feststellung der Testierfähigkeit:
- Der Erblasser muss wissen, dass er ein Testament errichtet;
- er muss den Inhalt seiner letztwilligen Verfügung kennen;
- er darf bei der Erstellung nicht dem Einfluss Dritter ausgesetzt sein
- und muss seinen letzten Willen frei formulieren können.

Die Frage der Testierfähigkeit wird regelmäßig durch entsprechende **Gutachten im Rah-** 43
men eines Erbscheinsverfahrens von den Nachlassgerichten oder im Rahmen einer Feststellungsklage von den Zivilgerichten entschieden. Unabhängig davon, ob es sich um eine physische oder psychische Erkrankung des Erblassers handelt, muss die festgestellte **Geisteskrankheit oder -behinderung** im Sinne des § 2329 Abs. 4 BGB auf die Einsichts- und Wil-

---

[19] Zum Universalvermächtnis: *Schlitt* ZErb 2006, 226 ff.

lensbildungsfähigkeit des Erblassers Auswirkungen entfaltet haben.[20] In nachfolgenden Fällen[21] ist eine Testierunfähigkeit des Erblassers in Betracht zu ziehen:
- Bei **mittelschweren und schweren Demenzen**.[22]
- Bei **schweren und schwersten Intelligenzminderungen**.[23]
- Bei **Suchterkrankungen**, wie beispielsweise bei einem chronischen Alkoholabusus, sofern sie bereits zu hirnorganischen Veränderungen geführt haben und der Erblasser zum Zeitpunkt der Testamentserrichtung intoxiert war.[24]
- **paranoide Warnvorstellungen**.[25]

Die Wahnvorstellungen müssen sich auf die Motive für die Enterbung oder Beschwerung des Pflichtteilsberechtigen entscheidend ausgewirkt haben. Dabei müssen die Wahnvorstellungen **kausal den Inhalt der konkreten letztwilligen Verfügung beeinflusst haben**.[26] Die Wahnvorstellungen müssen auch nicht immer deutlich und erkennbar zu Tage treten. In der Praxis treten zeitweise krankhafte „Kain und Abel"-Vorstellungen des Erblassers zu Tage, bei denen ein vorverstorbenes Kind krankhaft idealisiert und das überlebende Kind in einer maßlosen „Schwarz-Weiß-Sicht" denunziert wird. Verstärkt oder begleitet werden derartige Wahnvorstellungen oftmals durch jahre- oder jahrzehntelange Strafanzeigen des Erblassers gegen den Pflichtteilsberechtigten, die sich im Nachhinein alle als Ausdruck eines Verfolgungswahns darstellen. Wenn sich diese Wahnvorstellungen in einer Weise verstärken, dass der Erblasser zu Unrecht befürchtet, dass der Pflichtteilsberechtigte ihm nach dem Leben trachtet und in Folge dieser Angst auch noch in regelmäßigen Abständen die Schlösser seiner Wohnung austauscht, haben die Wahnvorstellungen so krankhafte Züge, dass von der Testierunfähigkeit auszugehen ist. Wenn zusätzlich noch Demenzerscheinungen und Verwirrtheitssymptome auftreten, die diese Wahnvorstellungen verstärken, dürfte an der Testierunfähigkeit keine Zweifel mehr bestehen. Die Enterbung des Sohnes „Kain" wäre unwirksam, auch wenn der Erblasser außerhalb dieser Wahnvorstellungen einen testierfähigen Eindruck vermittelt.

Derartige Wahnvorstellungen sind allerdings abzugrenzen von „alterstypischen Meinungsäußerungen" des Erblassers, die noch nicht als krankhafte Wahnideen einzustufen sind.[27] Hier wäre allenfalls an eine Anfechtbarkeit wegen Motivirrtums nach § 2078 Abs. 2 BGB zu denken.

Zur Frage der Testierfähigkeit hat sich allerdings hier auch ein gewisser wissenschaftlicher Wandel vollzogen, der dadurch gekennzeichnet ist, dass heute auch **schwerwiegende Depressionen** zur Testierunfähigkeit des Erblassers führen können. Zu denken ist hierbei an manisch-depressive Erkrankungen, sogenannte affektive Störungen.[28] In Deutschland wird nur etwa die Hälfte der Depressionen von Hausärzten erkannt.[29] Die Symptome einer schweren Depression können vielgestaltig sein. Die Weltgesundheitsorganisation hat hierzu eine Tabelle entwickelt, (International Classification of Diseases; abgekürzt: ICD-10),[30] die bei der Beurteilung einer Depression Anwendung findet.

Nach der ICD-10 sprechen **nachfolgende Symptome für das Vorliegen einer Depression**, die allerdings **mindestens zwei Wochen lang** bestehen müssen:

---

[20] BayObLG FamRZ 2002, 1066, 1067; OLG Zelle ZEV 2007, 127; BayObLG ZEV 2005, 345; *Müller/Renner* S. 29 ff.; *Kruse* NotBZ 2001, 405; 408.
[21] Angelehnt an die Aufstellung *Müller/Renner* S. 29.
[22] BayObLG ZErb 2005, 90 ff.; BayObLG FamRZ 1997, 1511; BayObLG; BayObLG FamRZ 1996; 566; OLG Braunschweig FamRZ 2000, 1189, *Wetterling/Neubauer* ZEV 1995, 46; *Cording/Förster* DNotZ 2006, 329 ff., Zimmer ZEV 2007, 1713 ff.; *v. Braunbehrens/Dose* a. a. O., 21.
[23] OLG Zelle ZEV 2007, 127; *v. Braunbehrens/Dose* a. a. O. 2001, 27.
[24] BayObLG FamRZ 2003, 711 ff.; vgl. OLG Koblenz, OLG Report 2001; *Müller/Renner*, S. 30.
[25] BayObLG 2004; 237 ff. (angebliche Mordpläne und -versuche der Ehefrau und Söhne); BayObLG 1999, 205, 210; OLG Celle NJW-RR 2003, 1093 (wahrheitswidrige Überzeugungen von Sektenmitgliedschaft der Tochter).
[26] BayObLG FamRZ 2002, 1066, 1067; *Wetterling* FF Sonderheft 94, 97; bei schizophrenen Psychosen: *v. Braunbehrens/Dose* a. a. O.; 97 ff.; *Kruse* NotBZ 2001, 448, 452.
[27] BayObLG FamRZ 2002, 497, 498.
[28] *Kruse* NotBZ 2001; *Wetterling* FF Sonderheft 2003, 94; *v. Braunbehrens/Dose*, a. a. O. 27.
[29] *Berger/Fritze/Roth/Sackenheim/Vorderholzer*, Die Versorgung psychischer Erkrankungen in Deutschland, Springer, 2004.
[30] WHO 1993, deutsch: *Dilling al.* 5. Aufl. 2005.

- gedrückte Stimmung,
- Interessenverlust oder Verlust der Freude an normalerweise angenehmen Aktivitäten,
- verminderter Antrieb oder gesteigerte Ermüdbarkeit,
- Klagen über oder Nachweis eines verminderten Denk- oder Konzentrationsvermögens,
- vermindertes Selbstwertgefühl und Selbstvertrauen,
- unbegründete Selbstvorwürfe und unangemessene Schuldgefühle,
- negative und pessimistische Zukunftsperspektiven,
- wiederkehrende Gedanken an den Tod oder an Suizid oder suizidales Verhalten,
- psychomotorische Agitiertheit oder Hemmungen,
- Schlafstörungen und verminderter Appetit.

Symptome des somatischen Syndroms sind:
- Interessenverlust oder Verlust der Freude an normalerweise angenehmen Aktivitäten,
- mangelnde Fähigkeit auf eine freundliche Umgebung oder freudige Ereignisse emotional zu reagieren,
- frühmorgendliches Erwachen (zwei oder mehr Stunden vor der gewohnten Zeit) mit Morgentief,
- deutlicher Appetit- und Gewichtsverlust,
- deutlicher Libidoverlust.

Da derartige Symptome bei älteren Personen relativ häufig sind, bedarf es für die Annahme einer schweren depressiven Episode immer des Symptoms der **Verzweiflung und Agitiertheit** oder des **Vorliegens von Hemmungen** sowie des **Verlustes des Selbstwertgefühls** und von **Gefühlen der Nutzlosigkeit** oder **Schuld**.[31]

Bei der Beurteilung der Testierfähigkeit nach § 2229 BGB müssen Hinweise auf **schwerwiegende kognitive Beeinträchtigungen** vorliegen, denn nach der Rechtsprechung liegt eine Testierfähigkeit nur dann vor, wenn der Erblasser in der Lage war „sich um die Tragweite seiner Anordnungen ein klares Urteil zu bilden".[32] Zu einer klaren Urteilsbildung gehört, dass der Erblasser objektiv urteilsfähig ist in Bezug auf die Auswirkungen seiner testamentarischen Anordnungen und auf die persönlichen und wirtschaftlichen Verhältnisse der Betroffenen, sowie über die Gründe, die für und gegen ihre sittliche Berechtigung sprechen.[33] Eine schwere Depression führt in der Regel zu einer Beeinträchtigung der geistigen Fähigkeiten, insbesondere der Urteilsfähigkeit, da für eine Depression eine **negative Attribuierung** typisch ist und daher die **Entscheidungsfähigkeit** eingeschränkt ist.

Die Testierfähigkeit setzt daher auch voraus, dass das Testament, insbesondere die Enterbung, **ohne eine mögliche Beeinflussung durch Dritte** erfolgt ist und der Erblasser in der Lage war, sich selbst ein klares Urteil frei von Einflüssen etwaiger Dritter zu bilden.[34]

Aus der **Anordnung einer Betreuung mit oder ohne Einwilligungsvorbehalt** kann nicht zwangsläufig auf eine Testierunfähigkeit des Erblassers geschlossen werden. Der Einwilligungsvorbehalt kann sich nicht auf Verfügungen von Todes wegen beziehen, da § 1903 Abs. 2 BGB solche Willenserklärungen ausdrücklich aus dem Einwilligungsvorbehalt ausnimmt. Aus diesem Grund ist deshalb ein unter Betreuung stehender Erblasser grundsätzlich als testierfähig anzusehen, es sei denn, es ergeben sich aus den vorstehend zitierten Kriterien **medizinische Anhaltspunkte für die Testierunfähigkeit**.[35] Ungeachtet dessen darf natürlich nicht unberücksichtigt bleiben, dass die Anordnung einer Betreuung immer eine medizinische Rechtfertigung hatte. Im Rahmen des postmortalen Streits über die Testierunfähigkeit sind deshalb die anlässlich der Betreuung eingeleiteten Gutachten von besonderer Wichtigkeit.

---

[31] *Wetterling T./Neubauer H./Neubauer W.*, Testierfähigkeit von Dementen. Psychiatrische Praxis 23, 1996, 213 ff.; *Wetterling*, Zerebrovaskuläre Erkrankungen, Klinische Neuropsychiatrie, 2000; *Wetterling*, Organisch psychische Störungen – Hirnorganische Psychosyndrome, 2002; *Steinkopff*, Darmstadt; *Wetterling/Neubauer/Neubauer* ZEV 1995, 46.
[32] BayObLG FamRZ 1991, 1990 f.; OLG Köln FamRZ 1991, 1356 ff.
[33] BayObLG a. a. O.; OLG Köln a. a. O.
[34] BayObLG a. a. O.; OLG Köln a. a. O.
[35] BayObLG FamRZ 1994, 593, 594; OLG Frankfurt FamRZ 1996; 635; OLG Oldenburg OLG-Report 1999, 321, 322; OLG Celle ZErb 2003; 321; *Hahn* FamRZ 1991, 27.

Zu Lebzeiten des Erblassers besteht für die Erben oder Enterbten **keine Möglichkeit**, die Testierfähigkeit in Rahmen einer **Feststellungsklage** oder im **selbstständigen Beweisverfahren** klären zu lassen.[36]

Um Zweifel bei der Errichtung des Testaments auszuräumen, wird meist empfohlen, das Testament vor einem Notar errichten zu lassen, womit eine selbstständige Prüfung der Testierfähigkeit verbunden ist. Soweit in einem notariellen Testament der Notar die Testierfähigkeit bestätigt, muss der Feststellung von Notaren eher ein geringer Stellenwert beigemessen werden.[37] Zu der Problematik, wie die Prüfung des Notars zur Testierfähigkeit zu erfolgen hat, gibt es eine Vielzahl von Vorschlägen, die von der Durchführung eines bestimmten **Screening-Verfahrens** bis zur Einholung von ärztlichen Gutachten reichen.[38] Da der Notar nach § 28 BeurkG verpflichtet ist, seine Feststellungen zur Prüfung der Testierfähigkeit in einem Vermerk in der Urkunde aufzunehmen, ist er ein prädestinierter Zeuge bei der postmortalen Überprüfung. Die Neigung des Notars eine Testierfähigkeit zu bestätigen, wenn er die Beurkundung vorgenommen hat, dürfte aber aus haftungs- und berufsrechtlichen Gründen eher groß sein. Nach der Auffassung des OLG Frankfurt besteht hinsichtlich solcher Tatsachen, die für die Frage der Testierfähigkeit von entscheidender Bedeutung sind, **keine Verschwiegenheitspflicht von Notaren und Rechtsanwälten.**[39]

3. Verstoß gegen Verbotsgesetze

50 Bei der Enterbung durch Übergehen des Pflichtteilsberechtigten, insbesondere durch Erbeinsetzung eines Dritten, kann diese Erbeinsetzung wegen Verstoßes gegen ein **Verbotsgesetz** unwirksam sein mit der Folge, dass trotz einer Enterbung durch unwirksame Erbeinsetzung des Dritten dennoch eine Erbberechtigung aus vorangegangenem Testament oder aufgrund gesetzlicher Erbfolge bestehen bleiben kann (§ 134 BGB).

51 Verbotsgesetze im Sinne des § 134 BGB sind Vorschriften, die nach unserer Rechtsordnung grundsätzlich mögliche rechtsgeschäftliche Regelungen wegen ihres **Inhalts** oder **wegen der Umstände ihres Zustandekommens** untersagen. Das Verbot muss sich gerade gegen die Vornahme des Rechtsgeschäfts richten, wobei wichtig ist, dass § 134 BGB den **Erfolg des Rechtsgeschäfts** verhindern und nicht die Gesinnung des Erblassers bestrafen will.[40] Bei der Beurteilung der Verbotswidrigkeit einer letztwilligen Anordnung ist auf den **Zeitpunkt des Erbfalles** abzustellen, weil dieser den Erfolg erst eintreten lässt.[41]

52 Eines der für die Praxis wichtigsten Verbotsgesetze ist in diesem Zusammenhang § 14 HeimG. Im Rahmen der Föderalismusreform ist die Gesetzgebungskompetenz für das Heimwesen ab 1. 9. 2006 in die ausschließliche **Gesetzgebungskompetenz der Länder** übergegangen. Soweit die Länder von dieser Gesetzgebungskompetenz keinen Gebrauch gemacht haben, gilt das **Bundesheimgesetz** fort. Nachfolgende Länder haben aber bisher von ihrer Gesetzgeberbefugnis Gebrauch gemacht:
- **Baden-Württemberg** durch das Landesheimgesetz (LHeimG BW) vom 10. 6. 2008 (GBl BW 2008, 169), das zum 1. 7. 2008 in Kraft getreten ist.[42]
- **Bayern** durch das „Gesetz zur Regelung der Pflege-, Betreuungs- und Wohnungsqualität im Alter und bei Behinderung" (Pflege- und Wohnqualitätsgesetz – BayPfleWoqG; BayGVBl 2008, 346 ff.), das zum 1. 8. 2008 in Kraft getreten ist.
- **Nordrhein-Westfalen** durch das „Gesetz über das Wohnen mit Assistenz und Pflege in Einrichtungen" (Wohn- und Teilhabegesetz – WTG NRW) vom 18. 11. 2008 (GVBl NRW 2008, 738), das zum 10. 12. 2008 in Kraft getreten ist.

---

[36] OLG Frankfurt NJW-RR 1997, 581; vgl. auch OLG Koblenz ZEV 2003, 242 ff.; Müller/Renner, a. a. O., 32.
[37] OLG Frankfurt FamRZ 2000, 603.
[38] Zu dieser Problematik vgl. *Müller/Renner* S. 33; *Stoppe/Lichtenwimmer* DNotZ 2005, 806 ff.
[39] OLG Frankfurt OLG Report 1997, 128; Zur Fortgeltung der ärztlichen Schweigepflicht *Hülsmann/Baldamus* ZEV 1999, 91 ff; *Bartsch* NJW 2001, 861.
[40] OLG Hamburg NJW 1993, 1335; Palandt/*Ellenberger* § 134 Rn. 5.
[41] Analog § 2171 BGB; Lange/*Kuchinke* § 35, II, 3 e.
[42] Vgl. *Schaal* BWNotZ 2008, 114.

VII. Wirksame Enterbung des Pflichtteilsberechtigten gemäß § 1938 BGB

- **Saarland** durch das „Saarländische Gesetz zur Sicherung der Wohn-, Betreuungs-, und Pflegequalität für ältere Menschen sowie pflegebedürftige und behinderte Volljährige" (Landesheimgesetz Saarland – LHeimGS) vom 6. 5. 2009 (Amtsblatt 2009, 906), das zum 19. 6. 2009 in Kraft getreten ist.
- **Schleswig-Holstein** durch das „Gesetz zur Stärkung der Selbstbestimmung und Schutz von Menschen mit Pflegebedarf oder Behinderung" (Selbstbestimmungsstärkungsgesetz-SbStG) vom 18. 6. 2009, das zum 1. 8. 2009 in Kraft getreten ist.

Im Wesentlichen haben aber alle Länder eine inhaltliche Übernahme von § 14 HeimG vorgesehen, so dass die zum HeimG ergangene Rechtsprechung und vorherrschende Auslegung weiterhin gilt. Lediglich das Land Nordrhein-Westfalen sieht keine Möglichkeit der Erteilung einer Ausnahmegenehmigung vor. Stattdessen enthält § 10 Abs. 4 WTG-NRW eine Bereichsausnahme vom Verbot für Spenden, „deren Reichweite und Auslegung aber in der Praxis noch nicht geklärt ist".[43] Jede Erbeinsetzung zugunsten des Trägers eines Alten- und Pflegeheimes oder zugunsten von Bediensteten des Alten- und Pflegeheimes ist grundsätzlich unwirksam, wenn hier keine **Genehmigung der Heimaufsicht** vorliegt oder die **Begünstigten** von der Zuwendung im Vorfeld der Errichtung der letztwilligen Verfügung **Kenntnis** hatten.

Unter § 14 HeimG fallen alle testamentarische Zuwendungen, unabhängig davon, ob es sich um ein Vermächtnis oder eine Erbeinsetzung handelt, wenn der Bedachte von ihm weiß und der Heimbewohner von diesem Wissen gleichfalls Kenntnis hat.[44] Zuwendungen an **Heimmitarbeiter**, auch solche, die aus dem Beschäftigungsverhältnis ausgeschieden sind,[45] an **Kinder des Heimleiters**,[46] an einen **Mitgesellschafter** des als GmbH betrieben Heims oder dessen **Ehefrau**,[47] an die Ehefrau des Heimbediensteten[48] und **Zuwendungen vor Aufnahme in das Heim**[49] werden ebenfalls von § 14 HeimG erfasst. Auch Zuwendungen an **Angehörige der Heimmitarbeiter**[50] fallen unter das Verbot des § 14 HeimG. Ob ein Heim vorliegt, wird in § 1 HeimG definiert.

Von § 14 HeimG erfasst sind auch Kleinstheime oder sogenannte Einrichtungen im Sinne des § 14 HeimG. Wenn jemand in einem Hotel- oder Pensionsbetrieb Gäste aufnimmt und mit diesen einen Zusatzvertrag abschließt, der über die normalen Pensions- oder Hotelleistungen hinaus auch Pflegedienstleistungen vorsieht, besteht die Gefahr, dass dieser Teilbetrieb als Einrichtung im Sinne des § 14 HeimG angesehen wird.

Nicht unter § 14 HeimG fallen diejenigen Zuwendungen des Erblassers an den Eigentümer eines Gebäudes, wenn dieser das Heim an den Träger des Heimes vermietet hat.[51] Auch eine Zuwendung, die einem Dritten gewährt wird, der dann eine begünstigende Auflage zu Gunsten eines Heimes zu erfüllen hat, sollen nicht unter § 14 HeimG fallen.[52] § 14 HeimG ist dagegen auch nicht anwendbar, wenn der Bedachte von der Zuwendung erst nach dem Tod des Heimbewohners Kenntnis erlangt hat.[53] Lebzeitige Kenntnis des Mitarbeiters ist als **Wissensvertreter** dem Heimträger zuzurechnen.[54]

Von § 14 HeimG ebenfalls nicht erfasst sind die **Betreuung in der Familie**,[55] durch eine **private Pflegeperson**[56] oder durch **ambulante Pflegedienste**.[57] Auch in dem Verhältnis zwischen **Betreuer und Betreutem** ist § 14 HeimG nicht anwendbar, auch nicht analog.[58]

---

[43] *Tersteegen* RNotZ 2009, 222.
[44] BayObLG NJW 1992, 55, NJW-RR 2004, 1591.
[45] BayObLG NJW-RR 2004, 1591.
[46] OLG Düsseldorf ZEV 1997, 1541.
[47] BGH NJW 2000, 1875; *Petersen* DNotZ 2000, 739.
[48] OLG Frankfurt NJW 2001, 1504; *Krug* FGPrax 2001, 120.
[49] BGH NJW-RR 1995, 1272; KG NJW-RR 1999, 2.
[50] OLG München NJW 2006, 2642.
[51] BayOLG DNotZ 2003, 873.
[52] BayOLG NJW 2000, 1959.
[53] BayOLG NJW 1992, 56.
[54] BayOLG NJW 1991, 1143; OLG Karlsruhe ZEV 1996, 146.
[55] BayOLG NJW 1999, 1454; *Niemanns* ZEV 1998, 419.
[56] *Suyter* ZEV 2003, 104.
[57] OLG Düsseldorf FGPrax 2001, 122.

57 Macht der Erblasser Zuwendungen unter Verstoß gegen § 14 HeimG ist insoweit von der Unwirksamkeit des Testaments auszugehen.[59] § 14 HeimG ist auch verfassungsgemäß.[60]

58 Die letztwillige Zuwendung kann allerdings auch wegen **Verstoßes gegen ein Strafgesetz** unwirksam sein, insbesondere, wenn die Erbeinsetzung des Dritten als Belohnung für die Erfüllung eines Straftatbestandes vorgenommen wurde.

So kann etwa die durch Verfügung von Todes wegen angeordnete finanzielle Unterstützung einer als verfassungswidrig erklärten Partei oder einer verbotenen Vereinigung §§ 85 ff. StGB, die Wählerbestechung § 108 b StGB, die Unterstützung einer kriminellen oder terroristischen Vereinigung § 129 StGB, die Belohnung einer Straftat § 140 StGB, die Vorteilsgewährung § 333 StGB und die Bestechung § 343 StGB zur Nichtigkeit der konkreten Verfügung führen. Die gleiche Wirkung würde eine **Anstiftung oder Beihilfe** zu einer Straftat oder auch eine **Vorbereitungshandlung gemäß 30 StGB** entfalten § 12 StGB.[61]

59 Aber auch wirtschaftsrechtliche Normen können als Verbotsgesetze zur Unwirksamkeit einer letztwilligen Verfügung führen. Hier sind vor allem **Bewirtschaftungsvorschriften wie Ein- und Ausfuhrverbote** oder devisenrechtliche Vorschriften als Verbotsgesetze denkbar.[62]

60 Bei der Enterbung durch Übergehen stellt sich regelmäßig aber auch die Frage, ob trotz der Unwirksamkeit der Erbeinsetzung des Dritten wegen Verstoßes gegen ein Verbotsgesetz dennoch die **konkludente** oder **ausdrückliche Enterbung** des Pflichtteilsberechtigten **Geltung** behalten soll oder ob die Enterbung nur für den Fall der wirksamen Erbeinsetzung des Dritten ausgesprochen wurde. Diese schwierige Auslegung, ob die Enterbung nach § 1938 BGB in jedem Falle – unabhängig von der Wirksamkeit der letztwilligen Verfügung – ausgesprochen sein soll oder nicht, ist im Einzelfall durch Ermittlung des Erblasserwillens zu entscheiden (§§ 2084, 2085 BGB).

4. Verletzung von Persönlichkeitsrechten

61 Die Enterbung oder die Zurücksetzung kann auch dann unwirksam sein, wenn die den Pflichtteilsberechtigten benachteiligende letztwillige Verfügung so stark in das **Persönlichkeitsrecht des Pflichtteilsberechtigten** eingreift, dass bei Abwägung zwischen der Testierfreiheit des Erblassers und dem allgemeinen Persönlichkeitsrecht des Erben das Persönlichkeitsrecht überwiegt. Derartige Fälle sind im Falle einer Enterbung dann denkbar, wenn die Enterbung mit einer starken Einflussnahme auf das Persönlichkeitsrecht des Pflichtteilsberechtigten begründet wird. Hier sind aber auch Fälle denkbar, in denen die **Erbeinsetzung auflösend** oder **aufschiebend bedingt** ist für den Fall eines bestimmten Verhaltens des Erben, das aber wegen eines zu starken Eingriffs in das Persönlichkeitsrecht nicht von dem Erblasser verlangt werden kann.

Die Frage der Sittenwidrigkeit einer Enterbung des Pflichtteilsberechtigten ist in der Literatur bisher relativ selten behandelt worden. Diese Frage wurde – wenn überhaupt – meist unter dem Stichwort **sittenwidriger Potestativbedingungen** diskutiert.[63]

62 Dennoch könnte die **mittelbare Drittwirkung der Grundrechte** auch entscheidenden Einfluss auf die Frage der Sittenwidrigkeit einer Enterbung ausüben.[64] Von besonderer Relevanz könnte hier **Art. 3 Abs. 3 GG** sein, der ganz konkrete Diskriminierungsverbote aufstellt. Nach Art. 3 Abs. 3 GG darf niemand wegen seines **Geschlechts**, seiner **Abstammung**, seiner **Rasse**, seiner **Sprache**, seiner **Heimat** oder **Herkunft**, seines **Glaubens**, seiner **religiösen und politischen Anschauungen** benachteiligt oder bevorzugt werden. Ob diese Diskriminierungsverbote über § 138 BGB zu einer Einschränkung der Testierfreiheit führen können, wurde kontrovers und insbesondere in den Fällen diskutiert, in denen der Betroffene ausschließlich wegen der Umstände des Art. 3 Abs. 3 GG zurückgesetzt oder enterbt wurde.

---

[58] BayObLG NJW 1998, 2369; *Müller* ZEV 1998, 219.
[59] BGHZ 110, 2, 3, 7.
[60] BVerfG NJW 1998, 2964.
[61] Lange/*Kuchinke* § 35 II, 3 a; *Otte* JA 1985, 192.
[62] *Otte* JA 1985, 192; w. Beispielsfälle Palandt/*Ellenberger* § 134 Rn. 14 ff.
[63] Palandt/*Edenhofer* § 2074 Rn. 5; Vor § 198 Rn. 10.
[64] Zur Problematik: *Gaier* ZEV 2006, 2.

VII. Wirksame Enterbung des Pflichtteilsberechtigten gemäß § 1938 BGB

Boehmer[65] hält Art. 3 Abs. 3 GG auf dem Boden der **Unmittelbarkeitslehre** schlicht für anwendbar. Auch *Leisner*[66] und *von Lübtow*[67] halten alle Verfügungen für sittenwidrig, die aus einem der in Art. 3 Abs. 3 GG verpönten Motive diskriminieren. Sehr weitgehend ist die Auffassung *Thielmanns*[68] nach der eine Verfügung von Todes wegen nicht nur bei einem Verstoß gegen den abschließenden Katalog des Art. 3 Abs. 3 GG nichtig ist, sondern darüber hinaus, wenn jemand wegen anderer Merkmale wie **körperliche Eigenschaften, Krankheit, Alter, Beruf, Klassenzugehörigkeit** oder **wegen einer Beziehung zu anderen Personen** diskriminiert werden soll. Einschränkend verlangt er allerdings, dass die Zurücksetzung entweder so schwerwiegend ist, dass ein durchschnittlich Betroffener das Merkmal zur Überwindung der Zurücksetzung ablegen würde oder wenn die Verfügung von Todes wegen so erniedrigend wirkt, dass die Menschenwürde des Betroffenen verletzt ist.

Mikat[69] will die Sittenwidrigkeit auf rassistische und religiöse Diskriminierungen beschränken; *Kuchinke*[70] und *Otte*[71] wollen die aus § 138 BGB resultierende Nichtigkeit im Hinblick auf die deutsche Geschichte nur auf rassistische Benachteiligungen erstrecken. *Brox*[72] tritt hingegen unter Berufung auf die Testierfreiheit für die Gültigkeit jeder diskriminierenden Verfügung ein.

Die **Rechtsprechung** hat sich zu dieser Frage bisher eher zurückgehalten oder wenig Anlass gehabt, grundlegende Entscheidungen hierüber zu treffen.

Die Bevorzugung männlicher vor weiblichen Abkömmlingen hat der BGH jedenfalls ausdrücklich für zulässig erachtet.[73]

In einer Entscheidung des Oberlandgerichtes Düsseldorf[74] hatte die Erblasserin benachteiligende Verfügungen für den Fall getroffen, dass ihre Tochter der Scientology Church angehört. Das Landgericht Düsseldorf hat diese Anordnung wegen Sittenwidrigkeit und Verstoßes gegen Art. 4 GG (**Glaubens- und Gewissensfreiheit**) für nichtig erachtet.

Auf ähnlicher Linie liegt eine Entscheidung des OLG Hamburg[75] in welcher die Entziehung des Pflichtteils wegen **Homosexualität** für nichtig erklärt wurde, weil darin kein ehrloser und unsittlicher Lebenswandel im Sinne des § 2333 Nr. 5 BGB liege.

Das Nachlassgericht Mannheim hat im Rahmen eines Erbscheinverfahrens festgestellt, dass die Anordnung, dass von der Erbfolge ausgeschlossen ist, wer eine Person **nicht katholischen Bekenntnisses** heiratet, sittenwidrig und nichtig ist.[76]

Schon das **Kammergericht** hatte zur Diskriminierungsfrage über die Wirksamkeit folgender Testamentsbestimmung zu entscheiden: „Sollten meine Abkömmlinge weiblichen Geschlechts Männer heiraten, die einen anderen Glauben als den evangelischen haben oder auch zwecks Umgehung meines Willens zum evangelischen Glauben übertreten, so sind sie auf den Pflichtteil gesetzt. Dasselbe gilt auch, wenn sie einen Nicht-Reichsdeutschen heiraten".[77]

Das Kammergericht hat diese Bestimmung zwar als dem Volksempfinden widersprechende Klausel gewertet, weil durch das In-Aussicht-Stellen von Vermögensvorteilen nicht auf die Entschließungsfreiheit über Dinge eingewirkt werden dürfe, die aus eigenster Überzeugung geschehen sollten. Doch müsste dieses Volksempfinden zurücktreten, wenn es für die Testamentsbestimmung **achtenswerte und ernsthafte Motive des Erblassers** gebe. Hier sei die Bestimmung zwar nationalkämpferischer Art, aber zugleich vom Gedanken um das Wohl der

---

[65] *Boehmer*, Die Grundrechte II, S. 421 ff. und Fn. 7.
[66] *Leisner* S. 358 ff.
[67] *v. Lübtow* I, S. 17, 309.
[68] *Thielmann* S. 302 ff.
[69] *Mikat* a. a. O. S. 597 ff.
[70] Lange/*Kuchinke* § 34 III 2 unter Fn. 45, 46.
[71] *Otte* a. a. O. S. 194.
[72] *Brox* § 18 IV 2, Rn. 258.
[73] BGHZ 1970, 313, 325 ff.
[74] OLG Düsseldorf NJW 1987, 3141; vgl. auch ähnliche Fälle RG SeuffA 69 Nr. 48; BayObLG SeuffA 50 Nr. 97 (Vermächtnis unter der Bedingung des Eintritts in den geistlichen Stand; Einsetzung unter der Bedingung vor dem 24. Lebensjahr den Glauben wechseln).
[75] OLG Hamburg NJW 1988, 977, 978.
[76] Notariat (Nachlassgericht) Mannheim BWNotZ 1989, 16 ff.
[77] KG JFG 17, 306, 308, 309; vgl. hierzu *Keuk* FamRZ 1972, 9, 10.

Töchter getragen, so dass im Ergebnis von der Wirksamkeit der Anordnung auszugehen sei.[78] Auch wenn diese Entscheidung wegen des in ihr zum Ausdruck gebrachten nationalsozialistischen Gedankengutes nicht auf heutige Moralvorstellungen übertragbar ist, so zeigt sich doch, dass die Rechtsprechung immer wieder erhebliche Schwierigkeiten hatte, die Sittenwidrigkeit einer letztwilligen Verfügung wegen ihres diskriminierenden Inhalt zu befürworten.

71 Auch wenn im Einzelnen streitig ist, welche konkreten Diskriminierungsverbote des Art. 3 Abs. 3 GG über § 138 BGB zur Nichtigkeit einer Verfügung von Todes wegen führen können, so besteht unter allen Autoren jedenfalls Einigkeit darüber, dass das zur Sittenwidrigkeit führende Merkmal des Art. 3 Abs. 3 GG oder sonstige gleichwertige Diskriminierungen die **causa** für die differenzierte Behandlung gewesen sein muss. Der Bedachte muss gerade wegen seiner Rasse, Religion und sonstiger Merkmale benachteiligt worden sein. Unter **mehreren Motiven** für eine bestimmte Bedenkung oder Zurücksetzung des Pflichtteilsberechtigten muss die Diskriminierung das entscheidende Motiv gewesen sein.

72 Praktische Probleme ergeben sich jedoch bei der **Beweisführung,** wenn der Erblasser das diskriminierende Motiv nicht in der Verfügung von Todes wegen genannt hat. Deshalb fordern *Otte*[79] und *Lange,*[80] dass der Erblasser den Zusammenhang zwischen Motiv und Verfügung im Testament selbst wenigstens andeutungsweise zum Ausdruck gebracht haben muss (**Andeutungstheorie**).

Diese Forderung wurde schon von *Mikat*[81] zu Recht kritisiert, der hierin eine Privilegierung des Erblassers sieht, der – trotz niederer Gesinnung – im Testament keine Motivangaben macht. Das Motiv für eine Enterbung müsse nicht im Testament selbst wenigstens angedeutet werden, sondern könnte sich auch aus **Umständen außerhalb des Testaments** durch Rückschlüsse auf eine diskriminierende Gesinnung des Erblassers ergeben, etwa wenn der Erblasser sonst schriftlich oder mündlich kundgetan hat, dass er den Pflichtteilsberechtigten wegen bestimmter Merkmale etwa seiner Rasse oder Religion, enterben will oder wenn das Gesamtverhalten oder der persönliche Zuschnitt des Erblassers – etwa weil er grundsätzlich etwas gegen Ehen mit Farbigen hat – **Rückschlüsse auf die diskriminierende Gesinnung** zulassen.

73 Dieses auf Feststellung innerer Tatsachen gerichtete Beweisproblem stellt sich jedoch im Falle einer bedingen Zuwendung oder Enterbung sehr selten. Meist liegt hier die Diskriminierung gerade in dem konkreten Inhalt der Bedingung, die das vom Erblasser missbilligte Verhalten des Pflichtteilsberechtigten sanktionieren soll. Bei einer Enterbung, die ohne Angabe von Gründen nach § 1938 BGB zulässig ist, ist die Problematik eher tiefgreifender.

74 Die Meinungsvielfalt zu diesem Problemkreis zeigt, dass bisher noch keine befriedigende Lösung zu der Frage der Sittenwidrigkeit einer Enterbung oder Zurücksetzung gefunden wurde und das jeweils subjektive Wertungen und Gewichtungen zu einer meist einzelfallbezogenen Entscheidung führen. Auf jeden Fall darf es keinen Unterschied bei der Frage der Sittenwidrigkeit einer Enterbung machen, ob der Erblasser die Gründe für die Enterbung **ausdrücklich im Testament** nennt oder diese **bewusst verschweigt**. Bei der Gesamtbewertung ist auch zu berücksichtigen, dass der Erblasser grundsätzlich keine Gründe angeben muss, warum er einen Pflichtteilsberechtigten von der Erbfolge ausschließt. Wenn aber der Ausgeschlossene im Rahmen der zu seinen Lasten bestehenden Beweislast, **Tatsachen, Meinungsäußerungen oder lebzeitige Reaktionen des Erblassers** darlegen kann, die Rückschlüsse auf eine diskriminierende Gesinnung des Erblassers bei der beeinträchtigenden Verfügung zulassen, sollten ernsthaft alle Diskriminierungsverbote des Art. 3 Abs. 3 GG und auch sonstige Diskriminierungen im Sinne Thielmanns[82] bei der Überprüfung der Wirksamkeit der Enterbung über § 138 BGB miteinbezogen werden. Von der Sittenwidrigkeit einer Enterbung oder Zurücksetzung des Pflichtteilsberechtigten darf jedoch nur dann ausgegangen werden, wenn der Angriff der Erblassers in das Persönlichkeitsrecht des Betroffenen so

---

[78] KG JFG 17, 306, 308, 309; vgl. hierzu *Keuk* FamRZ 1972, 9, 10.
[79] *Otte* a. a. O. S. 194.
[80] *Lange* S. 3.
[81] *Mikat* a. a. O. S. 600 wendet sich allerdings ausschließlich gegen die Bedenken von Lange, weil der Erblasser das Diskriminierungsmotiv im Testament meist nicht angebe und deshalb die Diskriminierung sanktionslos bleibe.
[82] *Thielmann* S. 54 ff.

schwerwiegend ist, dass die Testierfreiheit des Erblassers bei dieser **Güterabwägung** keinen Schutz mehr verdient. Insoweit ist allerdings auch zu berücksichtigen, dass jedem Erblasser wertende, weltanschauliche und auch diskriminierende Gesinnungen zugebilligt werden müssen, wenn sie im Rahmen unserer **christlichen und ethischen Werteordnung** tolerierbar sind. So kann die Zurücksetzung nichtehelicher Abkömmlinge durchaus von dem Ziel getragen sein, sicherzustellen, dass das Familienvermögen nicht in familienfremde Hände gelangt. Wenn aber mit der Zurücksetzung des nichtehelichen Abkömmlings lediglich beabsichtigt ist, eine negative Persönlichkeitswertung zum Ausdruck zu bringen, kann hier die Grenze der Sittenwidrigkeit durchaus erreicht sein. Ähnlich sieht es die Rechtsprechung auch bei der Anordnung einer **Wiederverheiratungsklausel**, die dann für wirksam erachtet wird, wenn sie nur das Vermögen für die Familie schützen will.[83] **Zölibatsklauseln** werden ansonsten von der h. M. als sittenwidrig erachtet.[84]

5. Bindung an einen Erbvertrag oder an ein vorangegangenes gemeinschaftliches Testament

Die Enterbung oder Zurücksetzung eines Pflichtteilsberechtigten kann allerdings auch dann unwirksam sein, wenn der Erblasser diese den Pflichtteilsberechtigten benachteiligende Verfügung nicht mehr treffen durfte, weil er bereits an ein **gemeinschaftliches Testament** mit seinem vorverstorbenen Ehepartner oder an einen Erbvertrag mit einem Pflichtteilsberechtigten oder einer anderen Person gebunden war. In der Praxis ist auch diese Frage mit der Beratung über Grund und Höhe eines Pflichtteils zu überprüfen, bevor überhaupt vermeintliche Pflichtteilsansprüche geltend gemacht werden. Oft liegt der Tod des zuerst verstorbenen Ehegatten Jahre, wenn nicht sogar Jahrzehnte, zurück, so dass derartige bindende gemeinschaftliche Testamente möglicherweise bei dem Erblasser **in Vergessenheit geraten** sind. Dieser Verdacht liegt insbesondere dann nahe, wenn die Eheleute ein privatschriftliches gemeinschaftliches Testament errichtet und von der Bindungswirkung gemäß § 2271 Abs. 2 BGB keine Kenntnis hatten. Aber auch ein längerer Zeitablauf verhindert nicht, dass mit dem Tod des erstverstorbenen Ehegatten nach **§ 2271 Abs. 2 BGB** Bindung eingetreten ist und keine die Schlusserben benachteiligenden Verfügungen mehr getroffen werden dürfen.[85] Der einzige Fall, dass bei einem gemeinschaftlichen Testament oder einem Erbvertrag noch abändernde Verfügungen zulässig sind, ist dann gegeben, wenn sich die Eheleute bereits bei der Errichtung des gemeinschaftlichen Testamentes die **Abänderungsmöglichkeit** vorbehalten haben[86] oder aber im Rahmen eines Erbvertrages **Rücktrittsrechte** wirksam begründet worden sind.

Der Abänderungsvorbehalt in einem gemeinschaftlichen Testament kann nur durch Verfügungen von Todes wegen eingeräumt werden. Die Befugnis kann **bei der Errichtung** oder auch **nachträglich** durch einseitige letztwillige Verfügungen gewährt werden.[87] Wechselbezügliche Verfügungen des Erstverstorbenen können aber auch unter die **Bedingung gestellt** werden, das der Überlebende nicht anderweitig testiert. Eine solche Ermächtigung kann auch konkludent, insbesondere im Wege der Auslegung ermittelt werden, wobei allerdings mehr als Zurückhaltung für derartige Abänderungsermächtigungen geboten ist.[88]

Nachdem sich Reformüberlegungen, die Anordnung von Ausgleichungs- und Anrechnungspflichten (§§ 2315, 2316 BGB) durch den Erblasser auch nachträglich – nach der Zuwendung – durch letztwillige Verfügung zuzulassen, nicht durchgesetzt haben, kann bei bestehender Bindung auch auf die Höhe des Pflichtteils nachträglich kein Einfluss mehr genommen werden, allenfalls durch teilweisen Erb-, Pflichtteils- oder Zuwendungsverzicht oder durch die „Flucht in die Pflichtteilsergänzung". Zu dieser Problematik wird auf die Ausführungen in § 5 dieses Handbuches verwiesen

---

[83] *Otte* ZEV 2004, 393; *Leipold* FamRZ 1988, 352; Palandt/*Edenhofer* § 2269 Rn. 16.
[84] Palandt/*Edenhofer* § 2269 Rn. 16; BGH FamRZ 1965, 600.
[85] Für den Fall der Wiederverheiratung, vgl. *Schlitt* ZErb 2006, 37 ff.
[86] Palandt/*Edenhofer* § 2271 Rn. 20; BGHZ Z 35; OLG Hanau NJW-RR 1995, 777; BGH NJW 1964, 2056; WM 1977, 278; BayObLG FamRZ 1991, 1488; OLG Zweibrücken FamRZ 1992, 608.
[87] Palandt/*Edenhofer* § 2271 Rn. 20.
[88] BayObLG FamRZ 1991, 1488; OLG München DNotZ 37, 704; OLG Zweibrücken FamRZ 1992, 608.

6. Einschränkungen der Testierfreiheit durch gesellschaftsvertragliche Bindungen

78 Es bedarf sicher keiner besonderen Erwähnung, dass **gesellschaftsvertragliche Regelungen** regelmäßig Vorrang vor einer erbrechtlichen Regelung genießen, wenn hier widersprüchliche Anordnungen getroffen worden sind. Wenn eine **gesellschaftsrechtliche Nachfolgeklausel** bestimmt, dass ein bestimmter Pflichtteilsberechtigter nicht nachfolgeberechtigt sein soll oder eine Anwachsung zugunsten der anderen Gesellschafter vorsieht, ist die Frage zu klären, ob eine derartige Nachfolgeklausel zu Lasten des oder der Pflichtteilsberechtigten wirksam angeordnet werden kann. Diese Anordnung dürfte grundsätzlich im Rahmen der Gestaltungsfreiheit zulässig sein, wenn sachliche Gründe unter Berücksichtigung des Ziels der störungsfreien Fortführung der Gesellschaft für den Ausschluss entscheidend waren.[89] In den meisten Fällen erhebt sich hier für den Pflichtteilsberechtigten allerdings nicht die Frage, ob die Nachfolgeklausel als solches wirksam oder unwirksam ist, sondern primär die Frage, ob eine an dem Verkehrswert vorbeigehende Abfindung oder Bewertung des Gesellschaftsanteils (**Buchwertklausel**) in dem Gesellschaftsvertrag wirksam zulasten des Pflichtteilsberechtigten angeordnet werden konnte.

79 Der Gesellschaftsanteil an einer **Kapitalgesellschaft** ist grundsätzlich vererblich, wobei die Vererblichkeit nicht ausgeschlossen werden darf. Zulässig ist dagegen ein **Recht zur Einziehung des Gesellschaftsanteils**, wenn solche Nachfolger als Erben berufen sind, die der Gesellschaftsvertrag nicht als Unternehmensnachfolger vorsieht. Für den Fall der Einziehung ist dann regelmäßig den nicht beteiligten Erben eine Abfindung zu zahlen, deren Höhe sich primär aus der Satzung ergibt.

80 Bei **Personengesellschaften** kommt eine Abfindung dann in Betracht, wenn eine **Anwachsung des Gesellschaftsanteils** des Erblassers an andere Gesellschafter stattfindet oder wenn bei einer qualifizierten Nachfolgeklausel die nicht berücksichtigungsfähigen Nachfolger abgefunden werden müssen.

Nach der Rechtsprechung und h. M. ist eine Beschränkung des Abfindungsanspruches oder ein völliger **Ausschluss des Abfindungsanspruches** für den Fall des Todes eines Gesellschafters nur unter bestimmten Voraussetzungen zulässig, die in § 5 dieses Handbuches näher erörtert werden.

Ist die Abfindung in diesem Sinne wirksam ausgeschlossen, entsteht keine Vermögensposition, die dem Nachlass und damit auch dem Pflichtteil zuzuordnen wäre.

81 Eine andere Frage ist indes, ob der Ausschluss der Abfindung möglicherweise **Pflichtteilsergänzungsansprüche** auslöst. Die Rechtsprechung und die h. M. gehen davon aus, dass dann eine unentgeltliche Zuwendung an die anderen Gesellschafter vorliegt, wenn die Klausel nicht für alle Gesellschafter gilt oder wenn **keine Risikoparität** zwischen den Gesellschaftern vorliegt, beispielsweise wegen des unterschiedlichen Alters oder der Krankheit eines Gesellschafters.[90]

Zu dieser Problematik, wird im Rahmen der Pflichtteilsergänzungsansprüche unter § 5 des Handbuches noch näher Stellung genommen werden.

Der Ausschluss oder die Reduzierung einer Abfindung stellt im keinem Falle eine Enterbung im Sinne des § 1938 BGB dar, sondern führt allenfalls zu einer Reduzierung von Erb-, Pflichtteils- und von Pflichtteilsergänzungsansprüchen.

VIII. Wegfall des Pflichtteils durch Erb- oder Pflichtteilsverzicht nach § 2346 BGB

1. Erbverzicht

82 Der Pflichtteilsberechtigte kann durch **notarielle Urkunde** mit dem Erblasser auf sein gesetzliches Erbrecht verzichten (§§ 2346, 2348 BGB). Der Verzichtsvertrag ist ein **abstraktes erbrechtliches Verfügungsgeschäft** und als solches kein gegenseitiger Vertrag im Sinne der

---

[89] BGH NJW 1968, 504; BGH WM 1957, 24; RGZ 171, 350; RGZ 145, 298; Baumbach/Hopt/*Hopt* HGB § 131 Rn. 62; MünchKommBGB/*Ulmer* § 738 Rn. 61; Staudinger/*Haas* § 2311 Rn. 98.

[90] MAH/*Kasper* § 29 Rn. 186; BGB NJW 1981, 1956; Staudinger/*Olshausen* § 2325 Rn. 32; Lange/Kuchinke § 37 X 2 i.

VIII. Wegfall des Pflichtteils durch Erb- oder Pflichtteilsverzicht nach § 2346 BGB

§§ 320 ff. BGB. Das gilt auch dann, wenn der Erbverzicht mit einer Gegenleistung vereinbart wird. Der Erbverzichtsvertrag ist ein **Rechtsgeschäft unter Lebenden** mit der Folge, dass auch hier ausschließlich **die Vorschriften über Verträge** Anwendung finden. Willensmängel beurteilen sich nach §§ 116 ff. BGB, eine teilweise Unwirksamkeit nach § 139 BGB, die Auslegung nach §§ 133, 157 BGB, soweit nicht besondere Regeln gelten. Der Verzichtsvertrag kann auch durch Angebot und Annahme zustande kommen. Entgegen § 130 Abs. 2 BGB darf ein **Angebot des Erblassers** nach dessen Tod jedoch nicht mehr angenommen werden. Der Pflichtteilsverzichtsvertrag kann auch unter einer **aufschiebenden oder auflösenden Bedingung oder Befristung**[91] erklärt werden.

Da der Verzichtsvertrag ein abstraktes erbrechtliches Verfügungsgeschäft ist, bedarf er nach überwiegender herrschender Meinung auch eines **Verpflichtungsgeschäftes**, das gleichfalls beurkundet werden muss. Das Kausalgeschäft beinhaltet regelmäßig die Verpflichtung zur Abgabe des Erbverzichts und die Verpflichtung des Erblassers, hierfür eine **Abfindung** zu zahlen. Der Erbverzicht kann selbstverständlich aber auch unentgeltlich erklärt werden.

Die herrschende Meinung geht davon aus, dass bei einem **unentgeltlichen Erbverzicht** keine Schenkung vorliegt (§§ 516, 517 BGB), so dass auch eine Gläubigeranfechtung nach dem Anfechtungsgesetz ausscheidet und auch eine Abfindungszahlung nicht der Pflichtteilsergänzung nach § 2325 BGB unterliegt.[92]

Für das Grundgeschäft gelten die Bestimmungen über Leistungsstörungen und allgemein die Vorschriften des Schuldrechts.[93]

Ein wegen Formmängeln nichtiges Kausalgeschäft wird durch die Beurkundung des abstrakten Verzichtsvertrages analog § 311 b Abs. 1 S. 2 BGB geheilt.[94]

Der Verzicht auf das gesetzliche Erbrecht beinhaltet sogleich auch den **Verzicht auf das Pflichtteilsrecht**. Der Erbverzicht erstreckt sich im Zweifel auch auf die **Abkömmlinge des Verzichtenden**, so dass der gesamte Stamm bei der gesetzlichen Erbfolge unberücksichtigt bleibt mit der Folge, dass ihm auch nicht die Hälfte des gesetzlichen Erbteils als Pflichtteil zustehen kann (§ 2303 BGB). Im Rahmen eines Erbverzichts besteht allerdings auch die Möglichkeit, dass sich der Verzichtende **sein Pflichtteilsrecht vorbehält**.[95]

Der Erbverzicht kann sich auf das **gesamte Erbe** im Zeitpunkt des Todes des Erblassers beziehen, kann sich aber auch **gegenständlich beschränkt** auf bestimmte werthaltige Gegenstände reduzieren. Gegenstände des beschränkten Erbverzichts sind oftmals in **Übergabeverträgen** vorgesehen, in denen Grundstücke oder sonstige Vermögenswerte auf einen Abkömmling übertragen werden und die anderen Abkömmlinge, mit oder ohne Abfindungszahlung, auf ihr Erbrecht inklusive des Pflichtteilsrechts bezogen auf den in dem Übergabevertrag übertragende Gegenstand verzichten. Derartige versteckte gegenständlich beschränkte Erbverzichte sind immer zu überprüfen, da sie bei den Verzichtenden oft in Vergessenheit geraten sind.

Der Erbverzicht hat die Wirkung, dass der Verzichtende als vorverstorben gilt, mit der Folge, dass sich die Erb- und Pflichtteilsansprüche der anderen Pflichtteilsberechtigten Abkömmlinge entsprechend erhöhen (§ 2310 S. 2 BGB). Mit dieser Wirkung ist zugleich auch die Konsequenz verbunden, dass ein genereller Erbverzicht **keinesfalls eine Pflichtteilsvermeidungsstrategie** darstellt, weil, wirtschaftlich gesehen, die Erbansprüche und auch die Pflichtteile nicht reduziert werden, sondern lediglich eine personelle Verschiebung stattfindet.

Praxistipp:
Wenn mit einem Verzicht erreicht werden soll, dass sich der Kreis der Pflichtteilsberechtigten quotal reduziert, stellt ein Erbverzicht insoweit keine Pflichtteilsvermeidungsstrategie dar!

---

[91] OLG Frankfurt DNotZ 1952, 488; BayOLG 1957, 292; BGHZ 37, 327; BFH 1976, 43.
[92] *Schramm* BWNotZ 1971, 93.
[93] Palandt/*Edenhofer* Rn. 8, 9.
[94] Staudinger/*Schotten* § 2348 Rn. 17, 18; *Damrau* NJW 1984, 1163; *Keller* ZEV 2005, 229; a. A. *Kuchinke* NJW 1983, 2360.
[95] Palandt/*Edenhofer* § 2306 Rn. 7.

2. Pflichtteilsverzicht

88 Der Pflichtteilsberechtigte kann, isoliert gesehen, nur auf seinen Pflichtteil verzichten, ohne dass sein gesetzliches Erbrecht davon berührt sein soll. Auch der Pflichtteilsverzicht ist hier **gegenständlich beschränkt möglich.** Hier sind wieder die Fälle zu erwähnen, in denen im Rahmen von lebzeitigen Schenkungen Pflichtteilsverzichtsvereinbarungen getroffen werden, damit wegen dieser zu Lebzeiten übertragenen Vermögensgegenstände Pflichtteilsergänzungsansprüche nach § 2325 BGB ausgeschlossen werden können.

89 Der **isolierte Pflichtteilsverzicht** hat zur Folge, dass der Verzichtende im Rahmen der Ermittlungen der Pflichtteilsquoten der anderen Abkömmlinge nicht als vorverstorben gilt, sondern im Umkehrschluss zu § 2310 S. 2 BGB als gesetzlicher Erbe mitgezählt wird, so dass die Pflichtteilsansprüche der anderen Abkömmlinge so berechnet werden, als sei der Verzichtende noch gesetzlicher Erbe. Der isolierte Pflichtteilsverzicht ist damit eine durchaus sinnvolle Pflichtteilsvermeidungsstrategie, die immer zur Vermeidung einer zu hohen Pflichtteilsbelastung des überlebenden Ehegatten zu prüfen ist.

90 Der Pflichtteilsverzicht erstreckt sich im **Zweifel auf die Abkömmlinge des Pflichtteilsberechtigten,** so dass der gesamte Stamm insgesamt nicht mehr berechtigt ist, nach dem Tod des Erblassers Pflichtteilsansprüche geltend zu machen.

3. Zuwendungsverzicht

91 Neben dem Erb- und Pflichtteilsverzicht ist auch ein isolierter Zuwendungsverzicht (§ 2352 BGB) möglich, insbesondere wenn der durch **Erbvertrag** oder **gemeinschaftliches Testament** bindend eingesetzte Bedachte auf diese erbrechtliche Position verzichten soll, um dem Erblasser erneut die volle Testierfreiheit zu verschaffen. Der Zuwendungsverzicht hat allerdings keine direkten **Auswirkungen auf das Pflichtteilsrecht,** weil damit eigentlich nur der Zustand hergestellt wird, der vor dem Erbvertrag oder dem gemeinschaftlichen Testament bestanden hat. Mit dem Zuwendungsverzicht werden die Vermögensgegenstände, die in dem Erbvertrag oder gemeinschaftlichen Testament einer bestimmten Person zugedacht worden sind, wieder in die **volle Testierfreiheit** des Erblassers zurückgeführt. Derjenige, der gemäß § 2352 BGB auf seine Zuwendung im vorgenannten Sinne verzichtet, muss nicht zugleich auch Pflichtteilsberechtigter sein. Die zugunsten des Bedachten bindend angeordnete Zuwendung wäre ohnehin als Nachlassbestandteil bei der Pflichtteilsberechnung der anderen Pflichtteilsberechtigten miteinbezogen worden.

92 Durch den Zuwendungsverzicht können die personellen Möglichkeiten des Erblassers zur Enterbung gemäß § 1938 BGB wieder erweitert und auf die Höhe des Pflichtteils der Abkömmlinge Einfluss genommen werden. Mit der Reform des Pflichtteilsrechts wurde nunmehr auch klar gestellt, dass sich der **Zuwendungsverzicht im Zweifel auch auf die Abkömmlinge** erstrecken soll. Die bisher im Gesetz differenzierten Rechtsfolgen wurden nicht mehr als sachgemäß erachtet (§ 2352 BGB).

4. Aufhebung des Verzichts

93 Wenn Erblasser und Verzichtender noch zu Lebzeiten des Erblassers einen bereits notariell abgeschlossenen Erb- und Pflichtteilsverzicht vertraglich **wieder aufheben,** ist dies rechtlich durchaus zulässig. Die Frage, ob sich ein Verzicht auf die Erbfolge und das Pflichtteilsrecht auswirkt, wird regelmäßig im Zeitpunkt des Erbfalles beurteilt. Ist allerdings im Rahmen des Verzichts **eine Abfindungszahlung** erfolgt und soll diese gemäß § 812 BGB im Rahmen des Aufhebungsvertrages nicht zurückerstattet werden, ist zu prüfen, ob es sich hier um eine Schenkung handelt, die nachträglich der Pflichtteilsergänzung unterliegt. In den meisten Fällen wird man diese Frage bejahen müssen, da ansonsten durch die lebzeitigen Abfindungszahlungen, denen keine Rechtsgrundlage mehr zugrunde liegt, eine Schmälerung der Pflichtteilsansprüche der anderen Abkömmlinge verursacht wird.

IX. Kein Verlust des Pflichtteils durch Pflichtteilsentziehung oder Pflichtteilsunwürdigkeit

Es besteht selbstverständlich auch kein Pflichtteilsanspruch, wenn dem Pflichtteilsberechtigten gemäß § 2333 BGB wirksam der **Pflichtteil in der letztwilligen Verfügung durch den Erblasser entzogen** worden ist oder wenn eine **Pflichtteilsunwürdigkeit im Sinne des § 2345 Abs. 2 BGB** festgestellt wurde. Wegen der Einzelheiten zur Pflichtteilsentziehung und Pflichtteilsunwürdigkeit wird hier ausdrücklich auf § 7 dieses Handbuches verwiesen. Das Recht der Pflichtteilsentziehung hat im Rahmen der Erbrechtsreform ab 1.1.2010 eine umfassende Änderung erfahren. 94

X. Wegfall des Pflichtteilsanspruchs durch rechtskräftige Scheidung oder Zustimmung des Erblassers zur Scheidung

Selbstverständlich kann auch der Ehegatte und der eingetragene Lebenspartner – wenn auch ohne Wirkung für seine Abkömmlinge – auf sein gesetzliches Pflichtteilsrecht gemäß § 2346 BGB verzichten. Sollte er dies nicht getan haben, kann er auch während des **Getrenntlebens** noch den vollen Pflichtteilsanspruch realisieren. Lediglich im Falle einer **rechtskräftigen Scheidung, eines Scheidungsantrages des Erblassers** oder seiner **Zustimmung zu dem Antrag** des anderen Ehepartners entfällt kraft Gesetzes sein gesetzliches Erbrecht (§§ 1931, 1933 BGB) und damit auch sein Pflichtteilsrecht.[96] 95

Berücksichtigt man, dass ein **Getrenntleben** (§§ 1565, 1566 BGB) von einem bis zu drei Jahren Voraussetzung für eine Scheidung ist und auch in der Praxis nicht selten die Fälle auftreten, dass sich das Getrenntleben auf einen Zeitraum von mehr als drei Jahren erstreckt, weil sich die vermögensrechtlichen Auseinandersetzungen mitunter sehr schwierig gestalten, gibt es mit Beginn des Getrenntlebens zwingend Handlungsbedarf, der nachfolgend nur im Rahmen einer Checkliste skizziert wird: 96

Checkliste für Regelungen während des Getrenntlebens 97

1. Entspricht es dem Wunsch des zu beratenden Ehepartners, dass der von ihm getrennt lebende Ehegatte enterbt wird? Wenn ja, muss im Hinblick auf die weiter bestehende gesetzliche Erbfolge eine letztwillige Verfügung errichtet werden.
2. Müssen bestehende eigenhändige oder gemeinschaftliche Testamente widerrufen werden, um den getrennt lebenden Ehepartner zumindest auf den Pflichtteil zu setzen?
3. Sind besondere Formen des Rücktritts von Erbverträgen zu berücksichtigen?
4. Muss bei Lebensversicherungsverträgen oder Verträgen zu Gunsten von Dritten das Bezugsrecht des getrennt lebenden Ehepartners beseitigt oder widerrufen werden?
5. Sind möglicherweise Bank- und Vorsorgevollmachten oder Betreuungs- und Patientenverfügungen zu widerrufen oder abzuändern?
6. Wurde bereits ein Scheidungsantrag von den Mandanten gestellt oder hat er dem Antrag des anderen Ehepartners auf Scheidung zugestimmt?

Der **überlebende Ehepartner** verliert nur dann sein Pflichtteilsrecht, wenn der Scheidungsantrag von Seiten des Erblassers gestellt oder der Erblasser selbst dem Scheidungsantrag des anderen zugestimmt hat (§ 1933 BGB). Der eingetragene Lebenspartner verliert sein Pflichtteilsrecht, wenn der Erblasser den Aufhebungsvertrag gestellt oder ihm zugestimmt hat (§§ 10, 152 LPartG). 98

Auch wenn der Scheidungsantrag des Erblassers selbst **keine prozessualen Probleme** bereiten dürfte, können sich im Hinblick auf die Frage, ob der verstorbene Erblasser die Zu- 99

---

[96] Schlitt ZEV 2005, 96 ff.

stimmung zur Scheidung oder Aufwirkung formwirksam erklärt hat, bereits Rechtsprobleme ergeben. Das BayObLG hat zu dieser Frage entschieden, dass schon eine **Ankündigung in einem Schriftsatz** als Zustimmung im Sinne des § 1933 BGB gewertet werden kann.[97] Auch das OLG Frankfurt geht davon aus, dass eine **formlose Zustimmung zur Scheidung** genügt.[98] Nach einer anderen Auffassung, die wohl die Mindermeinung darstellt, ist die Zustimmung eindeutig in der Form des § 134 Abs. 1 FamFG zu erklären.[99] Hat der andere Ehepartner den **Antrag auf Scheidung** zurückgenommen, ist der Rechtsstreit nach §§ 608, 626 i. V. m. § 269 Abs. 3 ZPO als nicht anhängig anzusehen, sodass die Voraussetzungen § 1933 BGB wieder nachträglich entfallen.[100]

Steht im Sinne des § 1933 BGB fest, dass das gesetzliche Erbrecht des Ehegatten beendet ist, entfällt insoweit auch der **Pflichtteilsanspruch des überlebenden Ehepartners.**

100 Eine andere Frage ist indes, wie sich das Vorliegen der Scheidungsvoraussetzungen im Sinne des § 1933 BGB auf eventuelle noch bestehende letztwillige Verfügungen des Erblassers oder der Ehegattenerbverträge auswirkt.

Hat der Erblasser ein **eigenhändiges Testament** hinterlassen, sieht § 2077 Abs. 1 BGB vor, dass eine letztwillige Verfügung, durch die der Erblasser seinen Ehegatten bedacht hat, unwirksam ist, wenn die Ehe geschieden wurde oder der Erblasser die Scheidung beantragt oder dem Antrag zu gestimmt hat. Für den Fall eines **gemeinschaftlichen Testaments** sehen § 2268 BGB und bei einem **Ehegattenerbvertrag** § 2279 Abs. 1 BGB eine gleich lautende Regelung vor, wonach die letztwilligen Verfügungen insgesamt unwirksam werden. Wenn die Rechtswirkung der §§ 2077 Abs. 1 und 2279 Abs. 1 BGB einmal eingetreten sind, kann ein eigenhändiges, gemeinschaftliches Testament oder ein Ehegattenerbvertrag auch nicht durch erneute Eheschließung wieder aufleben. Das BayOLG hat aber in diesem Fall versucht, eine Aufrechterhaltung des Testaments dadurch zu begründen, dass das Testament von Anfang an dahingehend ausgelegt werden kann, dass es jedenfalls dann Geltung haben soll, wenn im Zeitpunkt des Todes des verstorbenen Ehepartners eine Ehe mit dem im Testament bedachten Ehepartner noch bestand.[101]

101 Bei den Bestimmungen, die zur Unwirksamkeit von letztwilligen Verfügungen führen, handelt es sich um **dispositive Auslegungsregeln.** Diese Normen sehen gerade dann keine Unwirksamkeit der Bedenkung vor, wenn anzunehmen ist, dass der Erblasser seinen Ehegatten auch für den Fall der Scheidung bedacht hätte. Bei der Ermittlung dieses wirklichen oder hypothetischen Fortgeltungswillens des Erblassers ergeben sich in der Praxis erhebliche Probleme. Ist ein wirklicher Willen nicht festzustellen, wird auf den hypothetischen Erblasserwillen abgestellt.[102] Das BayOLG hat zu dieser Problematik festgestellt, dass die Wechselbezüglichkeit einer letztwilligen Verfügung im Allgemeinen für die Annahme spricht, dass die testierenden Ehegatten sie im Falle des Scheiterns ihrer Ehe nicht aufrechterhalten wollen, jedoch könne sich aus der Person des Bedachten etwas anderes ergeben, insbesondere wenn es sich um gemeinschaftliche Kinder handelt. Das BayOLG unterstellt, dass die wechselseitige Erbeinsetzung der Kinder regelmäßig – wenn daneben nicht auch eine unmittelbare Zuwendung an den Ehegatten verfügt ist – auch für den Fall der Scheidung als gewollt anzusehen ist.

102 Gegen einen **Fortgeltungswillen** kann aber die Testamentsgestaltung sprechen, wenn zwar das einzige Kind zum unmittelbaren Alleinerben des zuerst verstorbenen Ehegatten eingesetzt wird, dem überlebenden Ehegatten aber einen **allumfassendes Nießbrauchsrecht** am gesamten Nachlass eingeräumt wird.[103] Bei der Ermittlung des Fortgeltungswillens sind nach Auffassung des OLG Frankfurt auch veränderte Umstände nach Errichtung des gemeinschaftlichen Testaments zu berücksichtigen, wenn sie Rückschlüsse auf den Erblasser-

---

[97] BayObLG FamRZ 1983, 96; NJW-RR 1996, 760.
[98] OLG Frankfurt FamRZ 1990, 210.
[99] OLG Saarbrücken OLGZ 1983, 160; OLG Saarbrücken FamRZ 1992, 104.
[100] BGH FamRZ 1974, 648, 649; OLG Frankfurt a. M. ZEV 1997, 426.
[101] BayObLG ZEV 1995, 331.
[102] BGH FamRZ 1961, 366; Bay ObLG FamRZ 1993 , 362, 1995, 1088; Palandt/*Heinrichs* § 2077 Rn. 6; § 2268, Rn. 2; Soergel/*Lorenz* § 2077 Rn. 16; Soergel/*Wolf* § 2268 Rn. 3; § 2279 Rn. 5.
[103] OLG Frankfurt a. M. Entscheidung vom 17. 10. 2003, Az. 20 W 54/02.

willen im Zeitpunkt der Testamentserrichtung zulassen.[104] Kommt man bei der Überprüfung des Fortgeltungswillen des Erblassers zu dem Ergebnis, dass der Erblasser sein Testament mit entsprechendem Fortgeltungswillen für den Falle der Scheidung errichtet hat, besteht die weitere Frage, ob der Erblasser dieses Testament zwingend in den **Formen der §§ 2271 Abs. 1 S. 1 BGB i. V. m. 2296 BGB widerrufen** muss oder ob insoweit eine Formerleichterung besteht, dass mit der Scheidung oder dem Scheidungsantrag oder der Zustimmung zum Scheidungsantrag des anderen Ehepartners möglicherweise die Wechselbezüglichkeit der gemeinschaftlich getroffenen Verfügungen entfällt und auch ohne Einhaltung von besonderen Formvorschriften ein abgeändertes Testament möglich ist.[105] Obwohl diese Frage in der Vergangenheit stark umstritten war,[106] hat der **BGH mit seiner Entscheidung vom 7. 7. 2004**[107] insoweit Klarheit geschaffen, als dass bei unterstelltem Fortgeltungswillen auch mit der Ehescheidung die Wechselbezüglichkeit einer einmal getroffenen letztwilligen Verfügung nicht endet und ein entsprechendes Widerrufstestament zwingend der Formen des § 2271 Abs. 1 S. 1 BGB i. V. m. § 2296 BGB bedarf.[108] Wegen dieser schwierigen Auslegungsfragen, die auch Auswirkungen auf das Pflichtteilsrecht haben, – ist zu empfehlen – dass die Frage eines Fortgeltungswillen in jedem Falle schon bei Errichtung des gemeinschaftlichen Testaments zwischen den Eheleuten geklärt werden sollte.

Praxistipp:
„Vorstehend angeordnete letztwillige (wechselbezügliche/vertragsgemäße) Verfügungen sollen ausdrücklich dann nicht mehr als angeordnet gelten, wenn der Zuerstverstorbene von uns den Scheidungsantrag gestellt oder einem Scheidungsantrag des anderen ausdrücklich zugestimmt hat und die Voraussetzungen der Scheidung im Übrigen vorlagen. Hat der Überlebende von uns den Scheidungsantrag gestellt und liegt keine Zustimmung des Zuerstverstorbenen von uns zur Scheidung vor, ist die Erbeinsetzung des Überlebenden von uns auflösend bedingt durch Zustellung des Scheidungsantrages."[109]

XI. Die Ausschlagung der Zuwendung als Pflichtteilsvoraussetzung

Mit der Reform des Pflichtteilsrechts ist der Fall des § 2306 Abs. 1 S. 1 BGB nicht mehr zu berücksichtigen, bei dem regelmäßig von einem Wegfall des Pflichtteilsrechts ausgegangen wurde, wenn der Pflichtteilsberechtigte in der Falllage des § 2306 Abs. 1 S. 1 BGB einen unbelasteten Erbteil ausgeschlagen hatte, der unterhalb der Pflichtteilsquote lag. Nach § 2306 Abs. 1 S. 1 BGB a. F. galten die Einsetzung eines **Nacherben**, die Ernennung eines **Testamentsvollstreckers** sowie die Anordnung einer **Teilungsanordnung (Beschränkungen)** und die Belastung mit einem **Vermächtnis** oder einer **Auflage (Beschwerungen)** als nicht angeordnet, wenn der hinterlassene Erbteil quotal oder wertmäßig hinter dem Pflichtteil geblieben war oder gleich hoch war. Mit der Reform des Pflichtteilsrechts hat der mit einem belastenden Erbteil begünstige Pflichtteilsberechtigte nunmehr regelmäßig die Möglichkeit, den belastenden Erbteil auszuschlagen und den Pflichtteil geltend zu machen. Damit ist die **cautela Socini**[110] **zum Gesetzesinhalt** erhoben worden. Die Reform des Pflichtteilsrechts hat zur Konsequenz, dass auch jeder mit Nacherbschaft belastete Erbe, insbesondere wenn seine Erbquote kleiner als seine Pflichtteilsquote ist, die Erbschaft **zwingend ausschlagen** muss

103

---

[104] OLG Frankfurt a. M. a. a. O.
[105] *Muscheler* DNotZ 1994, 743.
[106] *Mayer/Dittman/Bengel/Reimann*, Testament und Erbvertrag, 4. Aufl. 2003, § 2268 Rn. 12; *Hermann/Schmitt*, 11. Auflage, § 2268 Rn. 5; Staudinger/*Kranzleiter* § 2268 Rn. 11; *Leibold* Rn. 458 Fn. 5; Lange/Kuchinke § 24 I. 1, 6, Fn. 26.
[107] BGH ZEV 2004, 423.
[108] Zustimmend BayObLG NJW 1996, 133; FamRZ 1994, 193; OLG Stuttgart FamRZ 1977, 274; OLG Hamm OLGZ 1994, 326.
[109] *Schlitt* ZEV 2005, 96 ff.
[110] *Oertmann* ZBIFG 15, 357 ff.

und keine Korrektur mehr über § 2306 Abs. 1 S. 1 BGB durch Eintritt der Vollerbschaft möglich ist. Der als **Nacherbe** eingesetzte Erbe muss nach der Reform die Nacherbschaft immer ausschlagen, wenn er seinen Pflichtteil realisieren will. Insoweit hat § 2306 Abs. 2 BGB keine Änderung erfahren.

104 Nur der **aufschiebend bedingte Nacherbe** muss[111] – wenn man die bisher hierzu ergangene Rechtsprechung als fortgeltend betrachtet – nicht die aufschiebend bedingte Nacherbschaft ausschlagen, sondern ist, wie bisher, als enterbt anzusehen. Er kann zunächst den vollen Pflichtteil geltend machen. Für den Fall des Eintritts der Nacherbfolge muss er sich dass ihm zustehende Hinterlassene nachträglich anrechnen lassen.[112]

105 Mit der Reform des Pflichtteilsrechts steht fest, dass es einen Wegfall der Beschränkung und Beschwerungen nach § 2306 Abs. 1 BGB nicht mehr gibt, so dass damit auch die bisherige in der Vergangenheit sehr schwierig zu lösende Problematik der **Quoten- und Werttheorie** bei der Erbscheidungsfindung des § 2306 BGB keine Rolle mehr spielt. Dennoch bleibt die Quoten- und Werttheorie im Rahmen des § 2305 BGB anwendbar.

106 Welche Auswirkungen die Reform auf das **Behindertentestament** oder das **Vermögenslosen-Testament** haben wird, wird sich in der Praxis noch zeigen.[113] Jedenfalls dürfte es nach der neuen Rechtslage nicht mehr notwendig sein, dass die für den Behinderten oder Vermögenslosen angedachte Erbquote größer sein muss als die Pflichtteilsquote, weil ein automatischer Wegfall nach § 2306 Abs. 1 S. 1 a. F. BGB. nicht mehr eintritt. Um eine Überleitung oder Pfändung eines bestehenden Pflichtteilsanspruchs zu verhindern, ist es allerdings – nach wie vor – erforderlich, dass eine **Bedenkung in Form eines Erbteils mit Nacherbfolge** oder in Form des **Vor- oder Nachvermächtnisses** mit zusätzlicher Verwaltungsvollstreckung angeordnet wird.

Auch nach der Reform des Pflichtteilsrechts – sind nach wie vor – unterschiedliche Fallgestaltungen denkbar, die nachfolgend erörtert werden:

1. Falllage § 2305 BGB

107 Die Vorschrift des § 2305 BGB ist – nach wie vor – anwendbar, wenn der Erblasser dem Pflichtteilsberechtigten einen unbelasteten Erbteil hinterlassen hat, der **wertmäßig hinter dem Pflichtteil** liegt. In diesem Fall kann der Pflichtteilsberechtigte selbstverständlich den Zusatzpflichtteil nach § 2305 BGB verlangen, ohne dass damit zu seinen Lasten irgendwelche Sanktionen verbunden wären.

Wenn aber der Pflichtteilsberechtigte in der Falllage des § 2305 BGB einen unbelasteten Erbteil ausschlägt, kann der Zusatzpflichtteil, wie in der Vergangenheit, nur noch in der Höhe der **Differenz zwischen dem ausgeschlagenen Erbteil und dem Pflichtteil** geltend gemacht werden. Insofern ist – nach wie vor – eine Falllage denkbar, in der durch Ausschlagung des hinterlassenen, unbelasteten Erbteils kein Pflichtteil mehr besteht.

108 Grundsätzlich ist im Rahmen des § 2305 BGB die hinterlassende Erbquote mit der Pflichtteilsquote zu vergleichen. Wenn der Erbteil als solches mit **Beschränkungen und Beschwerungen der in § 2306 BGB bezeichneten Art** belastet ist, bleiben diese bei dem Quotenvergleich unberücksichtigt, weil die Erbrechtsreform nach § 2306 Abs. 1 S. 1 BGB bei einem belasteten Erbteil die Ausschlagung des Erbteils vorsieht, um den vollen Pflichtteil zu erhalten. Wenn aber ein belasteter Erbteil mit den Beschränkungen und Beschwerungen angenommen wird, der quotal hinter der Pflichtteilsquote zurückbleibt, ist es nur sachgerecht, dass diese Belastungen dann bei dem Quotenvergleich des § 2305 BGB nicht in Abzug gebracht werden (§ 2305 Abs. 2 BGB).

109 Wenn bei der Berechnung des Pflichtteils allerdings **Anrechnungs- und Ausgleichspflichten** zu berücksichtigen sind, wie sie die §§ 2315 und 2316 BGB vorsehen, ist der hinterlas-

---

[111] Im Gegensatz zu dem aufschiebend bedingten Vermächtnisnehmer, vgl. *Schlitt* NJW 1992, 28.
[112] Palandt/*Edenhofer* § 2306 Rn. 7; *Henning* DNotZ 2003, 399; BGHZ 120, 96; MünchKommBGB/ *Lange* § 2306 Rn. 15.
[113] Zur Problematik MAH Erbrecht/*Schlitt* § 13 Rn. 34; Palandt/*Ellenberger* § 138 Rn. 50a; BGHZ 111, 39; BGHZ 113, 368; VG Lüneburg NJW 2000, 1885; *Wendt* ZNotP 2008, 2; Palandt/*Edenhofer* § 1937 Rn. 16 m. w. N.

sene Erbteil nicht nur mit der Pflichtteilsquote, sondern mit dem **Wert des Erbteils** zu vergleichen, der sich unter Berücksichtigung der Anrechnungs- und Ausschlagungspflichten ergeben würde (**Werttheorie**). Der Zusatzpflichtteil besteht dann in der Differenz zwischen dem Wert des angenommen Erbteils[114] und dem Wert des Pflichtteils.[115] In dieser Falllage bleibt die Quoten- und Werttheorie noch nach wie vor anwendbar.

Schlägt der Pflichtteilsberechtigte in der Falllage des § 2305 BGB den ihm hinterlassenen Erbteil aus, kann er insoweit keinen Pflichtteil geltend machen, sondern nur die Differenz zwischen dem Wert des Erbteils und dem Wert des Pflichtteils als Zusatzpflichtteil.[116]

2. Falllage § 2306 BGB

Der Erblasser kann den oder die Erben durch die Anordnung der Nacherbfolge, der Testamentsvollstreckung oder Teilungsanordnungen beschränken oder mit einem Vermächtnis oder einer Auflage beschweren.

Nach der Reform des Pflichtteilsrechts ist nunmehr in § 2306 Abs. 1 BGB vorgesehen, dass unabhängig von der Höhe des hinterlassenen mit **Beschränkungen und Beschwerungen belasteten Erbteils** dieser in jeder Falllage ausgeschlagen werden muss, um den vollen Pflichtteil geltend zu machen. Bei der Annahme eines hinterlassenen belasteten Erbteils bleiben selbstverständlich Beschränkungen und Beschwerungen bestehen, so dass sich allenfalls noch ein Restanspruch nach § 2305 BGB ergeben könnte, wenn der hinterlassene Erbteil, ohne wirtschaftlichen Abzug der Beschränkungen und Beschwerungen, geringer ist als der Pflichtteil.

Auch der **Nacherbe** muss unabhängig von der ihm hinterlassenen Erbquote einen Erbteil ausschlagen, wenn er den vollen Pflichtteilsanspruch erhalten will (§ 2306 Abs. 2 BGB). Ohne vorherige Ausschlagung steht dem Nacherben kein Pflichtteilsanspruch zu.[117] Verlangt der Nacherbe – ohne Ausschlagung – von dem Vorerben den Pflichtteil, ist darin nicht zwangsläufig die Ausschlagung der Nacherbschaft gemäß § 1942 BGB zu sehen. Zahlt der Vorerbe dem Nacherben den Pflichtteil, muss er sich diesen bei Eintritt des Nacherbfalles als rechtsgrundlosen Vorempfang samt dem Nutzen auf seinen Erbteil anrechnen lassen.[118]

Die **Ausschlagungsfrist** beginnt für den Nacherben nicht vor Eintritt der Nacherbfolge. Ungeachtet dessen darf er schon vorher mit dem Erbfall ausschlagen (§ 2142 BGB). Dies ist ihm auch zu empfehlen, weil ansonsten die Verjährung des Pflichtteilsanspruches gemäß § 2332 Abs. 1 BGB droht.

Der **aufschiebend bedingte Nacherbe, der Ersatzerbe oder der Schlusserbe** müssen jedoch die ihnen zugedachte Erbschaft nicht ausschlagen, um den Pflichtteil zu verlangen. Sie sind nicht Erbe im Sinne des § 2306 Abs. 1 S. 1 BGB, müssen sich aber bei einem späteren Erwerb den Pflichtteil auf ihre Zuwendung anrechnen lassen.[119]

Das in § 2306 Abs. 1 S. 1 BGB normierte Wahlrecht des Pflichtteilsberechtigten ist ein höchstpersönliches Recht und kann von dem **Träger der Sozialhilfe** nicht gemäß **§ 93 Abs. 1 S. 1 SGB XII** übergeleitet werden.[120] Dies schließt jedoch nicht aus, dass der Träger der Sozialhilfe den Pflichtteilsanspruch als solchen auf sich überleiten kann.[121] Dies gilt meist für die Fälle, in denen der Pflichtteilsanspruch mit dem Erbfall entsteht. Nur wenn die Geltendmachung des Pflichtteils von der Ausschlagung einer Erbeinsetzung nach § 2306 Abs. 1 BGB abhängt, kann der Träger der Sozialhilfe dieses Gestaltungsrecht nicht überleiten. Diese grundlegende Entscheidung ist das entscheidende „Nadelöhr" dafür, dass das **Behindertentestament** oder das „**Vermögenslosen-Testament**" rechtswirksam errichtet werden

---

[114] Ohne Abzug der Belastungen nach § 2306 Abs. 1 BGB.
[115] Unter Berücksichtigung der Anrechnungs- und Ausgleichungspflichten.
[116] BGH DNotZ 74, 597; NJW 1973, 995; 58, 1964.
[117] LG Berlin JurBüro 1963, 423.
[118] Soergel/*Dieckmann* § 2306 Rn. 26; MünchKommBGB/*Lange* § 2366 Rn. 8.
[119] OLG Hamm NJW-RR 1996, 1414; Palandt/*Edenhofer* § 2306 Rn. 8.
[120] OLG Frankfurt ZEV 2004, 24; OLG Stuttgart NJW 2001, 3484; MünchKommBGB/*Leipold* § 1942 Rn. 14; *van de Loo* ZEV 2006, 473; *Kuchinke* FamRZ 92, 363; *Nieder* NJW 1994, 1265; BGH NJW-RR 2005, 93.
[121] *Hussmann* ZEV 2005, 54.

können, ohne dass der Träger der Sozialhilfe hier Einfluss auf die Entscheidung nehmen könnte, den Pflichtteil geltend zu machen.

115 Unklar bei der Ausübung des **Wahlrechts nach § 2306 Abs. 1 BGB** ist, ob das einmal ausgeübte Wahlrecht auch anfechtbar ist. Auf der Grundlage des alten Rechts hatte der BGH eindeutig die **Anfechtung der Annahme der Erbschaft** für zulässig erklärt.[122] Nach dem alten Recht konnte man dieses Anfechtungsrecht damit rechtfertigen, dass die unterlassene Ausschlagung und somit der Verlust des Pflichtteils die Folgen des **Irrtums über den Bestand und die Werthaltigkeit von Beschränkungen und Beschwerungen** sind. Nach der alten Rechtslage konnte der Pflichtteilsberechtigte die Entscheidung über die Annahme oder Ausschlagung erst treffen, wenn er wusste, wie werthaltig sein Erbteil ist und in welcher Falllage er sich befindet. Nach der Neuregelung des § 2306 Abs. 1 BGB ist völlig eindeutig geregelt, dass der Pflichtteil verloren geht, wenn innerhalb der gesetzlichen Ausschlagungsfristen keine Ausschlagung erklärt wird. Ob der BGH und die Literatur auf Grund dieser Gesetzesänderung weiterhin davon ausgehen, dass hier ein Anfechtungsrecht besteht, wenn sich der Pflichtteilsberechtigte nicht über den Wert der Belastungen des Erbteils im Klaren ist, wird abzuwarten sein. *Keim* hält die Fortsetzung der bisherigen Anwendung der Rechtsprechung des BGH für unproblematisch.[123] Dieser Rechtsauffassung ist auch zu folgen, wenn ein Irrtum über die Werthaltigkeit von angeordneten Belastungen nachgewiesen wird und diese Frage für die Ausübung des Wahlrechts von entscheidender Bedeutung war.

3. Falllage § 2307 BGB

116 Wird der Pflichtteilsberechtigte mit einem unbelasteten oder belasteten Vermächtnis bedacht – kann er – wie bisher – **das Vermächtnis ausschlagen** und in voller Höhe den Pflichtteil geltend machen. **Bei Annahme des Vermächtnisses**, möglicherweise auch mit **Beschränkungen und Beschwerungen**, hat er die Möglichkeit, bis zur Höhe des Pflichtteils den Zusatzpflichtteil geltend zu machen, wobei die Belastungen wertmäßig unberücksichtigt bleiben (§ 2307 BGB).

Eine gesetzlich normierte **Ausschlagungsfrist** – wie bei dem Erben Falllage des § 2306 Abs. 1 BGB – gibt es für den **Vermächtnisnehmer** nicht. Aus Rechtssicherheitsgründen hat der mit einem Vermächtnis beschwerte Erbe jedoch gemäß § 2307 Abs. 2 BGB die Möglichkeit, den pflichtteilsberechtigten Vermächtnisnehmer aufzufordern, sich innerhalb einer angemessenen Frist über die Annahme des Vermächtnisses zu erklären. Wenn er innerhalb der Frist die Annahme des Vermächtnisses nicht erklärt, gilt das Vermächtnis von Seiten des Vermächtnisnehmers als ausgeschlagen, wenn nicht vorher die Annahme erklärt wird. Diese **Ausschlagungsfiktion** des § 2307 Abs. 2 BGB ist deshalb bei der Prüfung von Pflichtteilsansprüchen im jedem Falle zu beachten.

Muster: Aufforderungsschreiben zur Abgabe einer Erklärung über Annahme oder Ausschlagung eines Vermächtnisses

Herrn Felix ......
(Datum)

Betrifft: Fristsetzung nach § 2307 Abs. 2 BGB wegen Annahme oder Ausschlagung des Vermächtnisses

Sehr geehrter Herr Felix,

in vorbezeichneter Angelegenheit teile ich Ihnen laut anliegender Vollmacht mit, dass mich der Alleinerbe des am 1. 2. 1997 verstorbenen Erblassers ...... mit der Wahrnehmung seiner Interessen beauftragt hat.

Dieser ist auf Grund des Testaments vom 1. 1. 2000, eröffnet am ......, mit einem Vermächtnis zu Ihren Gunsten belastet, wonach er verpflichtet ist, Ihnen das Alleineigentum an dem Pkw Mercedes-Benz des Erblassers mit dem amtlichen Kennzeichen ...... zu übertragen.

---

[122] BGH ZErb 2006, 378 m. Anm. *Keim* = ZEV 2006, 498 m. Anm. *Leipold*.
[123] *Keim* ZEV 2008, 161, 163; *Lange* DNotZ 2009, 732 ff.

XI. Die Ausschlagung der Zuwendung als Pflichtteilsvoraussetzung

> Ich fordere Sie nunmehr auf, innerhalb einer Frist von drei Monaten, also bis zum ...... verbindlich zu erklären, ob das vom Erblasser angeordnete Vermächtnis von Ihnen angenommen oder ausgeschlagen wird.
> Sollte innerhalb der Frist keine Erklärung über die Annahme des Vermächtnisses bei mir eingehen, gehe ich davon aus, dass insoweit das Vermächtnis als ausgeschlagen gilt.
>
> Mit freundlichen Grüßen
>
> Rechtsanwalt

§ 2307 Abs. 2 BGB ist jedoch dem Wortlaut nach **nicht für den Vermächtnisnehmer** anwendbar, der mit einem Unter- oder Nachvermächtnis belastet ist. § 2307 Abs. 2 BGB gilt auch **nicht generell gegenüber einem Vermächtnisnehmer**, sondern dieser muss zusätzlich Pflichtteilsberechtigter sein. Jenseits des Wortlautes des § 2307 Abs. 2 BGB besteht allerdings auch für den mit einem Vermächtnis beschwerten Vermächtnisnehmer sowie gegenüber dem auch nicht pflichtteilsberechtigten Vermächtnisnehmer ein Bedürfnis, Rechtssicherheit zu schaffen, um zu überprüfen, inwieweit Kürzungsrechte nach § 2318 BGB vorliegen und ob das Vermächtnis als Nachlassverbindlichkeit zu erfüllen ist oder nicht. Insoweit wäre durchaus an eine **analoge Anwendung des § 2307 Abs. 2 BGB** für alle Fälle zu befürworten, da für jeden mit einem Vermächtnis beschwerten Erben oder Vermächtnisnehmer ein Bedürfnis auf Rechtssicherheit im Hinblick auf die Annahme oder die Ausschlagung des Vermächtnisses besteht.[124]

Die nach § 2307 Abs. 2 BGB zu setzende Frist muss **angemessen** sein. Sind mehrere Erben mit einem Vermächtnis belastet, müssen alle Miterben gemeinsam das Fristsetzungsrecht ausüben.[125]

Eine wirksame Fristsetzung setzt auch voraus, dass der Vermächtnisnehmer von der zu seinen Gunsten getroffenen testamentarischen Verfügungen Kenntnis hat. Ebenfalls erforderlich ist die Kenntnis darüber, ob sein Vermächtnis beschränkt oder beschwert ist und wie sich die Beschränkungen und Beschwerungen des Vermächtnisnehmers auf dessen wirtschaftlichen Wert des Vermächtnisses auswirken.[126]

Wenn eine **Inventarfrist gemäß § 1994 BGB** durch das Nachlassgericht gesetzt worden ist, soll nach einer Literaturmeinung die Frist des § 2307 Abs. 2 BGB nicht vor Ablauf dieser Inventarfrist enden.[127] Die Frist dürfe auch nicht enden, wenn der Pflichtteilsberechtigte der Erben zuvor zur **Auskunft und Wertermittlung gemäß § 2314 BGB** aufgefordert habe.[128] Ob diesen Rechtsauffassungen zu folgen ist, ist mehr als fraglich. Der Vermächtnisnehmer in der Falllage des § 2307 BGB muss nur wissen, wie werthaltig das Vermächtnis selbst ist und ob er mit Beschränkungen und Beschwerungen belastet ist. Unabhängig davon, ob er von dem Gesamtnachlass Kenntnis hat, kann er in jedem Falle bezogen auf das Vermächtnis entscheiden, ob er dieses annimmt oder nicht. Mit dieser Entscheidung ist auch kein wirtschaftlicher Verlust des Pflichtteils verbunden, da er im Falle der Ausschlagung den vollen Pflichtteil nach § 2307 BGB erhält und ihm im Falle der Annahme des Vermächtnisses gegebenenfalls der Pflichtteilsrestanspruch nach § 2307 Abs. 1 BGB zusteht.

Für den unter einer **aufschiebenden Bedingung eingesetzten Vermächtnisnehmer** hat sich auch nach der Reform keine Veränderung ergeben. Dieser muss zwingend das Vermächtnis ausschlagen, wenn er den Pflichtteil in voller Höhe realisieren will.[129] Aus eigentlich nicht nachvollziehbaren Gründen wird hier der aufschiebend bedingte Nachvermächtnisnehmer im Vergleich zum aufschiebend bedingten Nacherben anders behandelt und von vornherein verpflichtet, das Vermächtnis auszuschlagen, wenn er seinen Pflichtteilsanspruch nicht ver-

---

[124] Zu dieser Problematik vgl.: *Schlitt*, MAH Erbrecht/*Schlitt* § 15 Rn. 138 ff.
[125] OLG München FamRZ 1987, 752; Palandt/*Edenhofer* § 2307 Rn. 6.
[126] Palandt-*Edenhofer* § 2307 Rn. 1.
[127] RG Recht 1908 Nr. 350; MünchKommBGB/*Lange* § 2307 Rn. 12; Bamberger/Roth/*J. Mayer* § 2307 Rn. 14.
[128] BeckOK BGB/*Mayer* § 2302 Rn. 2; Soergel/*Dieckmann* § 2307 Rn. 12; Staudinger/*Haas* § 2307 Rn. 26; Damrau/Riedel/*Lenz* § 2307 Rn. 21.
[129] Palandt/*Edenhofer* § 2307 Rn. 2; OLG Oldenburg NJW 1991, 998; Staudinger/*Haas* § 2307 Rn. 6.

lieren will. Eine im **Vordringen befindliche Rechtsauffassung** plädiert deshalb dafür, den aufschiebend bedingten Nachvermächtnisnehmer wie den aufschiebend bedingten Nacherben zu behandeln und ihm zuzugestehen, zunächst ohne Ausschlagung den vollen Pflichtteil geltend zu machen, den er sich dann bei einem späteren Anfall des Vermächtnisses anrechnen lassen muss.[130]

4. Erbeinsetzung nebst Vermächtnis

117 Die in der Vergangenheit sehr schwierigen Problemfälle, in denen der Pflichtteilsberechtigte neben einem möglicherweise belasteten **Erbteil zusätzlich ein Vermächtnis** erhalten hat, sind durch die Reform des Pflichtteilsrechts nunmehr beseitigt worden. Die schwierigen Fragen bei der Anwendung der Wert- und Quotentheorie, die hier zu unterschiedlichen Handlungsempfehlungen geführt haben, müssen nicht mehr gelöst werden.[131]

118 Der mit einem belasteten Erbteil und einem Vermächtnis bedachte Pflichtteilsberechtigte kann das Vermächtnis und den Erbteil **getrennt ausschlagen und/oder annehmen**. Je nachdem, welchen Schritt er zuerst wählt und welche Zuwendung durch die erste Ausschlagung wegfällt, führt zu dem Ergebnis, dass dann ein Pflichtteil nach §§ 2305, 2306 BGB oder nach § 2307 BGB in voller Höhe geltend gemacht werden kann. Verbleibt nach dem Ausschlagungsszenario ein belasteter Erbteil (§ 2306 BGB), muss dieser in jedem Falle noch ausgeschlagen werden, wenn der volle Pflichtteil geltend gemacht werden soll. Schwierig gestaltet sich allenfalls die Falllage, wenn der Pflichtteilsberechtigte das Vermächtnis insgesamt ausschlägt, aber einen belasteten Erbteil annimmt. Insoweit ist zu berücksichtigen, dass selbstverständlich die Beschränkungen und Beschwerungen hingenommen werden müssen und im Ergebnis diese Verhaltensweise nicht zum vollen Pflichtteil des Pflichtteilsberechtigten führt.

5. Ausschlagungsfristen des Pflichtteilsberechtigten

119 Durch die Reform des Pflichtteilsrechts hat sich bei Anwendung des § 2306 BGB eine Veränderung im Hinblick auf den Beginn der Ausschlagungsfrist ergeben, weil die Kenntnis von bestehenden Ausgleichungs- und Anrechnungspflichten sowie die Ermittlung des Wertes des hinterlassenen Erbteils im Sinne der Quoten- und Werttheorie nicht mehr notwendig ist, um die Frist zur Ausschlagung beginnen zu lassen.

120 Grundsätzlich ist die letztwillige Zuwendung innerhalb von sechs Wochen seit Kenntnis vom Erbfall und dem Berufsgrund (§ 1944 BGB) auszuschlagen. Die Frist beginnt nur dann zu laufen, wenn der Pflichtteilsberechtigte zugleich **Kenntnis** von den in der letztwilligen Verfügung angeordneten Beschränkungen und Beschwerungen hat. Im Ergebnis bleibt es deshalb auch nach der Reform des Pflichtteilsrechts dabei, dass vor der Eröffnung der letztwilligen Verfügung und der Kenntnis des Inhalts der letztwilligen Verfügung die Ausschlagungsfristen nicht beginnen (§ 1944 Abs. 2 BGB).

Die Kenntnis von bestehenden **Ausgleichungs- und Anrechnungspflichten** ist allerdings für den Fristbeginn im Rahmen des **§ 2305 BGB** – nach wie vor – von Bedeutung, weil hier die Werttheorie noch Anwendung findet.

6. Ausschlagungsrecht des überlebenden Ehegatten oder überlebenden Lebenspartners bei Zugewinngemeinschaft

121 Während § 1371 BGB früher ausdrücklich normierte, dass der überlebende Ehepartner immer die Möglichkeit haben sollte, den hinterlassenen Erbteil auszuschlagen und stattdessen den kleinen Pflichtteil und den Zugewinnausgleichsanspruch geltend zu machen, besteht durch die Reform des § 2306 Abs. 1 S. 1 BGB dieses erweiterte Ausschlagungsrecht nunmehr für alle Pflichtteilsberechtigten. Aber auch nach der Reform wird der überlebende Ehepartner überlegen müssen, bei welcher Fallgestaltung er wirtschaftlich am meisten aus dem Nachlass erzielt. In den Fällen, in denen der überlebende Ehepartner kaum Anfangs-

---

[130] MünchKommBGB/*Lange* § 2307 Rn. 6; *Schlitt* NJW 1992, 28; *Strecker* ZEV 1996, 327.
[131] *Schlitt* ZEV 1998, 216 ff.

vermögen hatte und das wesentliche Vermögen während der Ehe auf Seiten des Erblassers gebildet wurde, kann durchaus die Ausschlagung sinnvoll sein, wenn der **Zugewinnausgleichsanspruch** als solches höher ist als das ihm durch letztwillige Verfügung Hinterlassene. Daneben stünde ihm dann auch noch der **kleine Pflichtteil** zu (§ 1371 Abs. 3 BGB).

Aber auch aus steuerlichen Gründen kann es durchaus sinnvoll sein, die Variante der Ausschlagung des Hinterlassenen zu wählen, weil der Zugewinnausgleichsanspruch **gemäß § 5 ErbStG steuerfrei** ist, was bei hohem Zugewinn und bei einer absehbaren Überschreitung der persönlichen Steuerfreibeträge oder des Fehlens sonstiger Steuerbefreiungen durchaus eine sinnvolle Lösung darstellen kann. Die Geltendmachung des Zugewinnausgleichsanspruchs führt gleichfalls dazu, dass die Pflichtteilsansprüche der Abkömmlinge rechnerisch reduziert werden, weil die **Zugewinnausgleichsforderung eine Nachlassverbindlichkeit** i. S. des § 1967 BGB darstellt.

Schlägt der überlebende Ehegatte das ihm Hinterlassene nicht aus, wird kein güterrechtlicher Zugewinnausgleich realisiert. Stattdessen steht dem überlebenden Ehegatten der erhöhte Pflichtteil nach §§ 1371 Abs. 1, 1931, 2303 BGB zu, wenn das ihm Hinterlassene wertmäßig hinter dem so genannten **großen Pflichtteil** zurückbleibt.

Wenn die Geltung oder Vereinbarung des Güterstandes der Zugewinngemeinschaft zwischen den Eheleuten zugleich eine Pflichtteilsvermeidungsstrategie zu Lasten der Abkömmlinge darstellen soll, ist es von besonderer Wichtigkeit, dass der überlebende Ehepartner **wenigstens ein Vermächtnis oder einen geringen Erbteil** erhält und diese die Zuwendung annimmt, damit der Überlebende Ehegatte bei der Ermittlung der Pflichtteilsquoten der Abkömmlinge zumindest als Miterbe oder als Vermächtnisnehmer zu berücksichtigen und von dem erhöhten gesetzlichen Erbteil des überlebenden Ehegatten auszugehen ist. Allein die Vereinbarung der Zugewinngemeinschaft und eine Enterbung des überlebenden Ehegatten oder die Ausschlagung des Hinterlassenen durch den überlebenden Ehepartner führen keinesfalls zu einer Reduzierung der Pflichtteilsquoten der Abkömmlinge.

Ob sich im Hinblick auf die Vereinbarungen des Güterstandes weitere Möglichkeiten ergeben, Pflichtteilsansprüche der Abkömmlinge oder Eltern zu reduzieren, wird nachfolgend in § 5 des Handbuches nochmals näher untersucht.

§ 2 Der Auskunfts- und Wertermittlungsanspruch

Übersicht

	Rn.
I. Auskunftsanspruch	1–83
1. Inhalt und Umfang des Auskunftsanspruchs	2–20
a) Tatsächlicher Nachlass	4–10
b) Fiktiver Nachlass	11–14
c) Ausschluss des Auskunftsanspruchs	15–18
d) Einschränkungen des Auskunftsanspruchs	19
e) Fälligkeit	20
2. Auskunftsberechtigte	21–33
a) Pflichtteilsberechtigter Nichterbe	21–30
b) Pflichtteilsberechtigter Erbe	31–33
3. Auskunftsverpflichteter	34–40
4. Form der Auskunftserteilung	41–74
a) Nachlassverzeichnis	42–52
b) Einzelpositionen	53–60
c) Zuziehung des Pflichtteilsberechtigten	61
d) Unvollständiges Bestandsverzeichnis	62–64
e) Eidesstattliche Versicherung	65, 66
f) Kosten	67
g) Weitere Auskunftsansprüche	68–74
5. Einreden und Einwendungen gegen Auskunftsansprüche	75–83
a) Erfüllung	75
b) Zurückbehaltungsrecht	76
c) Rechtsmissbrauch	77
d) Verjährung	78–83
II. Wertermittlungsanspruch	84–111
1. Inhalt und Umfang des Wertermittlungsanspruchs	84–97
a) Bezugsobjekt	85, 86
b) Anspruch auf Vorlage von Unterlagen und Belegen	87
c) Wertgutachten	88–97
2. Wertermittlungsgläubiger	98–100
a) Pflichtteilsberechtigter Nichterbe	98
b) Pflichtteilsberechtigter Erbe	99, 100
3. Wertermittlungsschuldner	101, 102
4. Einreden und Einwendungen gegen Wertermittlungsansprüche	103–110
a) Erfüllung	103
b) Veräußerter Nachlassgegenstand	104
c) Missbrauch	105–107
d) Dürftigkeit des Nachlasses	108
e) Verjährung	109, 110
5. Kosten	111
III. Geltendmachung des Auskunfts- und Wertermittlungsanspruchs	112–171
1. Außergerichtliche Geltendmachung	112–117
2. Auskunftsklage	118–139
a) Prozessstrategie	118–121
b) Inhalt und Umfang des Auskunftsanspruches	122–126
c) Beweislast	127
d) Streitwert der Auskunftsklage	128
e) Örtliche Zuständigkeit der Auskunftsklage	129
f) Einstweilige Verfügung	130
g) Gerichtskosten/RA-Gebühren	131–134
h) Zwangsvollstreckung des Auskunftsanspruchs	135–139
3. Klage auf Wertermittlung	140–147
a) Allgemeines	140, 141
b) Beweislast	142
c) Streitwert der Klage auf Wertermittlung	143
d) Gerichtskosten/RA-Gebühren	144, 145
e) Zwangsvollstreckung	146, 147

	Rn.
4. Stufenklage	148–166
a) Allgemeines	148–152
b) Sachliche Zuständigkeit	153
c) Beweislast	154
d) Entscheidung	155
e) Rechtsmittel	156
f) Gerichtskosten/RA-Gebühren	157–160
g) Prozesskostenhilfe	161–164
h) Zwangsvollstreckung	165, 166
5. Stufenklage gegen den Beschenkten	167–171
a) Allgemeines	167, 168
b) Klageantrag	169
c) Verjährung	170–171

Schrifttum: *Arndt/Lerch/Sandkühler,* Bundesnotarordnung, 5. Aufl. 2003; *Auwera,* Die Rechte des Pflichtteilsberechtigten im Rahmen seines Auskunftsanspruchs nach § 2314 BGB, ZEV 2008, 359; *Bamberger/Roth,* Bamberger/Roth (Hrsg.), Kommentar zum BGB, Aufl. 2003; *Bartsch,* Sind der Auskunft über den tatsächlichen Nachlass nach § 2314 Abs. 1 BGB Belege beizufügen?, ZEV 2004, 176; *Becker,* Auskunftsansprüche des Pflichtteilsberechtigten gegenüber liechtensteinischen Stiftungen, ZEV 2009, 177; *Behr,* Pfändung des Pflichtteilanspruchs, JurBüro 1996, 65; *Bengel/Reimann,* Handbuch der Testamentsvollstreckung, 3. Aufl. 2001; *Bißmaier,* Zur Wertermittlung durch Sachverständige im Pflichtteilsrecht, ZEV 1997, 149; *Cornelius,* Auskunfts- und Wertermittlungsverlangen des enterbten Pflichtteilsberechtigten bei pflichtteilsergänzungsrechtlich relevanten Veräußerungen, ZEV 2005, 286; *Damrau,* Der Anspruch auf Berichtigung und Ergänzung des Bestandsverzeichnisses (§ 2314 BGB), ZEV 2009, 274; *Dieckmann,* Zur Verjährung des Auskunftsanspruchs gemäß BGB § 2314, FamRZ 1985, 589; *Edenfeld,* Auskunftsansprüche der Pflichtteilsberechtigten, ZErb 2005, 346; *Eylmann/Vaasen,* Bundesnotarordnung, 2. Aufl. 2004; *Fiedler,* Klage des Pflichtteilsberechtigten auf Ergänzung eines Wertermittlungsgutachtens, ZEV 2004, 469; *Groll,* Praxis-Handbuch Erbrechtsberatung, 2. Aufl. 2005; *Haas,* Die Durchsetzung des Pflichtteilsanspruchs im Fall einer angeordneten Nachlasspflegschaft, ZEV 2009, 270; *Keim,* Die unergiebige Pfändung des Pflichtteilsanspruchs, ZEV 1998, 127; *Kersten/Bühling,* Formularbuch und Praxis der freiwilligen Gerichtsbarkeit, 21. Aufl. 2001; *Klingelhöffer,* Testamentsvollstreckung und Pflichtteilsrecht, ZEV 2000, 261; *Krug/Rudolf/Kroiß,* Erbrecht, 3. Aufl. 2006; *Kuchinke,* Der Pflichtteilsanspruch als Gegenstand des Gläubigerzugriffs, NJW 1994, 1769; *Lange/Kuchinke,* Lehrbuch des Erbrechts, 5. Aufl. 2001; *Mayer/Süß,* Handbuch Pflichtteilsrecht, 2003; *Melchers,* Das Recht auf Grundbucheinsicht, Rpfleger 1993, 309; *Nieder,* Das notarielle Nachlassverzeichnis im Pflichtteilsrecht, ZErb 2004, 60; *Roth,* Ausgewählte Einzelfragen zum notariellen Nachlassverzeichnis gemäß § 2314 Absatz 1 Satz 3 BGB, ZErb 2007, 402; *Sarres,* Die Auskunfts- und Rechenschaftspflicht nach § 666 BGB im System der erbrechtlichen Auskunftsansprüche, ZEV 2008, 512; *Sarres/Afraz,* Auskunftsansprüche gegenüber Vertragserben sowie gegenüber der Erblasser-Bank bei lebzeitigen Zuwendungen des Erblassers, ZEV 1995, 433; *Schlitt,* Der Umfang des Auskunftsanspruchs des Pflichtteils- und Pflichtteilsergänzungsberechtigten gegenüber den Erben wegen des Bankvermögens des Erblassers, ZEV 2008, 515; *Schneider,* Abrechnung einer Stufenklage, ErbR 2007, 221; *Stein/Jonas,* ZPO, Kommentar, 22. Aufl. 2003; *Schneider/Herget,* Streitwert-Kommentar für den Zivilprozess, 12. Aufl. 2007; *Scherer* (Hrsg.), Münchener Anwaltshandbuch Erbrecht, 2. Aufl. 2006; *Schreinert,* Das notarielle Nachlassverzeichnis, RNotZ 2008, 68; *Schubert,* Die Pfändbarkeit eines Pflichtteilspruches, JR 1994, 419; *Thomas/Putzo,* ZPO, Kommentar, 27. Aufl. 2005; *Zimmer,* Der Notar als Detektiv? – Zu den Anforderungen an das notarielle Nachlassverzeichnis, ZEV 2008, 365; *Zöller,* ZPO, Kommentar, 25. Aufl. 2005.

I. Auskunftsanspruch

**Checkliste
zum Auskunftsanspruch**

I. Pflichtteilsberechtigung

☐ Kreis der abstrakt Pflichtteilsberechtigten
- Ehegatte
- Abkömmlinge
- Eltern
- Eingetragener Lebenspartner

I. Auskunftsanspruch

II. Auskunftsverpflichteter
- ☐ Erbe
- ☐ Erbengemeinschaft
- ☐ Testamentsvollstrecker
- ☐ Nachlass-/Nachlassinsolvenzverwalter

III. Umfang der Auskunft
1. Tatsächlicher Nachlass
   - ☐ Aktiva
   - ☐ Passiva
   - ☐ Verträge zu Gunsten Dritter
2. Fiktiver Nachlass
   - ☐ Schenkungen
   - ☐ Teilentgeltliche Zuwendungen
   - ☐ Zuwendungen unter Ehegatten
3. Auskunftsansprüche gegenüber Dritten
   - ☐ Grundbuchamt
   - ☐ Handelsregister

IV. Auskunftserteilung
- ☐ Privates Verzeichnis
- ☐ Amtliches Verzeichnis
- ☐ Hinzuziehung des Pflichtteilsberechtigten
- ☐ Eidesstattliche Versicherung

V. Einreden und Einwendungen
- ☐ Erfüllung
- ☐ Verjährung

1. Inhalt und Umfang des Auskunftsanspruchs

Will der Pflichtteilsberechtigte den Pflichtteilsanspruch gegenüber den Erben geltend machen, muss er Kenntnis vom Umfang des Nachlasses haben (§ 2311 BGB).[1] Die Kenntniserlangung ist zumeist schwierig, weil der Pflichtteilsberechtigte in der Regel nicht zu den engen Vertrauten des Erblassers gehörte, andernfalls wäre er zum Erben eingesetzt worden. Des Weiteren ist die Kenntniserlangung schwierig, weil der Pflichtteilsberechtigte keine Möglichkeit hat, sich direkt über den Bestand des Nachlasses zu unterrichten. Dem Pflichtteilsberechtigten steht aus diesem Grund ein selbständiger Auskunftsanspruch zu (§ 2314 Abs. 1 S. 1 BGB). Die Berechnung des Pflichtteilsanspruchs als Geldanspruch setzt die Kenntnis der Werte der einzelnen Nachlassgegenstände und Nachlassverbindlichkeiten voraus. Daher wird der Auskunftsanspruch durch den Wertermittlungsanspruch ergänzt (§ 2314 Abs. 1 S. 2 BGB). Beide Ansprüche dienen der Vorbereitung des Anspruches auf Auszahlung des Pflichtteilsbetrages.

Mit dem Auskunftsanspruch soll sich der Pflichtteilsberechtigte davon überzeugen können, welchen Umfang der Nachlass hat, damit er danach die Höhe seines Anspruches berechnen kann. Der Wortlaut des § 2314 BGB ist in persönlicher als auch in gegenständlicher Hinsicht beschränkt. In persönlicher Hinsicht steht der Auskunftsanspruch nur dem Pflichtteilsberechtigten zu. In gegenständlicher Hinsicht bezieht sich § 2314 BGB lediglich auf den tatsächlich vorhandenen Nachlass. Eine wörtliche Auslegung des § 2314 BGB würde jedoch den ohnehin schon schwachen Auskunftsanspruch untauglich machen. Rechtsprechung und Literatur haben daher den persönlichen[2] und gegenständlichen Anwendungsbereich[3] über den Wortlaut der Vorschrift erheblich erweitert. Neben der Auskunft über die einzelnen

---
[1] OLG Karlsruhe ZEV 2000, 280; *Edenfeld* ZErb 2005, 346 mit Formulierungsbeispielen.
[2] Vgl. Rn. 21.
[3] Vgl. Rn. 4.

Vermögenswerte und Verbindlichkeiten, hat der Erbe auch über sonstige Umstände zu informieren, welche für die Pflichtteilsberechnung notwendig sind und deren Kenntnis zur Durchsetzung des Pflichtteilsanspruches erforderlich ist.

4 **a) Tatsächlicher Nachlass.** Die zu erteilende Auskunft erstreckt sich auf alle Berechnungsfaktoren und somit auf alle Aktiv- und Passivposten.[4] Der Anspruch umfasst nicht zugleich die Rechnungslegung.[5] Der Erbe hat somit gegenüber dem Pflichtteilsberechtigten Auskunft über sämtliche Einzelpositionen der zum Zeitpunkt des Todes vorhandenen Vermögenswerte (Aktivseite) sowie sämtliche vorhandenen Verbindlichkeiten zum Todeszeitpunkt (Passivseite) zu erteilen. Der Auskunftsanspruch umfasst die konkrete Bezeichnung des einzelnen Vermögenswertes bzw. Verbindlichkeiten in einer individualisierten Form, so dass dieser ohne weiteres konkretisiert und aufgefunden bzw. festgestellt werden kann. Nicht zulässig ist die Zusammenfassung (Saldierung) von mehreren Vermögensgegenständen zu einer bestimmten Gruppe. Unzulässig ist somit beispielsweise die Auskunftserteilung „Bilder", „Antiquitäten" etc. Zulässig ist eine solche Zusammenfassung nur dann, wenn in dem Nachlassverzeichnis als Anlage eine Aufstellung der Einzelpositionen beigefügt wird. Eine Zusammenfassung von Einzelpositionen ohne nähere Darstellung ist nur mit Zustimmung des Pflichtteilsberechtigten zulässig. In der Praxis wird eine Zusammenfassung von Einzelpositionen zumeist nur bei geringwertigen Vermögenspositionen (beispielsweise Hausrat) vereinbart.

5 Eine Bewertung der Nachlassgegenstände ist für die Erfüllung des Auskunftsanspruches nicht erforderlich sondern für die Erfüllung des Wertermittlungsanspruches. Der Erbe hat auch über einen Nachlassgegenstand Auskunft zu erteilen, welcher nach dessen Auffassung wertlos ist. Der Pflichtteilsberechtigte ist in die Lage zu versetzen, selbständig in einem weiteren Schritt die Werthaltigkeit der einzelnen Nachlassgegenstände zu prüfen. Da der Auskunftsanspruch nicht die Wertermittlung voraussetzt, kann der Erbe gegenüber dem Pflichtteilsberechtigten die fehlende Bewertung nicht als Hinderungsgrund für die Auskunftserteilung über den Bestand des Nachlasses einwenden.

Anzugeben ist alles, was Bestandteil des Vermögens einer Person sein kann.[6] Anzugeben sind auch bedingte Rechte und Verbindlichkeiten sowie unsichere und ungewisse Rechte wie auch zweifelhafte Verbindlichkeiten. Der Erbe hat Auskunft über sämtliche Gegenstände, welche sich im Allein- oder Miteigentum des Erblassers befunden haben, zu erteilen. Sofern der Erblasser nach Auskunft des Erben nur Miteigentum an einem Gegenstand hatte, hat der Erbe Auskunft auch über die Tatsachen der rechtlichen Zuordnung zu erteilen. Darüber hinaus hat der Erbe auch Auskunft über Gegenstände, welche sich im Besitz oder Mitbesitz des Erblassers befunden haben, zu erteilen. Auch bezüglich dieser Gegenstände hat der Erbe die der rechtlichen Wertung zugrunde liegenden Tatsachen mitzuteilen.

6 Der Auskunftsanspruch erstreckt sich auch auf Gegenstände des Voraus des Ehegatten (§ 1932 BGB) bzw. des Voraus des eingetragenen Lebenspartners (§ 10 Abs. 1 LPartG). Nach § 2311 Abs. 1 S. 2 BGB unterfällt der **Voraus des Ehegatten** zwar nicht der Pflichtteilsberechnung.[7] Der Pflichtteilsberechtigte muss jedoch in die Lage versetzt werden, selbst zu überprüfen, ob der angebliche Voraus tatsächlich bei der Berechnung nicht zu berücksichtigen ist.[8] Vor diesem Hintergrund ist auch Auskunft über Gegenstände zu geben, welche sich lediglich im Besitz des verstorbenen Ehegatten befunden haben.[9] Der als Erbe eingesetzte längerlebende Ehegatte kann seine Auskunftspflicht nicht mit dem Hinweis darauf verweigern, dass er bestimmte Gegenstände mit seinen eigenen Mittel erworben habe. Der Erbe muss dem Pflichtteilsberechtigten die einzelnen Gegenstände sowie die seiner rechtlichen Wertung zugrunde liegenden Tatsachen mitteilen.[10] Gegenstand der Auskunftspflicht ist bei verheirateten Erblassern auch, in welchem Güterstand der Erblasser gelebt

---

[4] BGH NJW 1961, 602; Groll/*Edenfeld* C VII Rn. 98.
[5] BGH NJW 1985, 1693, 1694.
[6] Vgl. § 3 Rn. 4.
[7] Vgl. § 3 Rn. 12, 60.
[8] BGH NJW 1962, 245, 246.
[9] BGH LM § 260 Nr. 1; MünchKommBGB/*Lange* § 2314 Rn. 3.
[10] OLG Hamburg NJW-RR 1989, 1285.

I. Auskunftsanspruch

hat,[11] sowie ob der längerlebende Ehegatte ein Vermächtnis angenommen oder ausgeschlagen hat, ferner ob der längerlebende Ehegatte selbst enterbt wurde und damit nur seinen Pflichtteil begehren kann.

Fehlt dem zur Auskunft verpflichteten Erben selbst die Kenntnis, so hat er sich diese zu verschaffen, soweit ihm dies zumutbar ist.[12] Stehen dem Auskunftsverpflichteten Auskunftsansprüche oder Informationsrechte gegenüber Dritten zu, so muss er diese zur Erfüllung des Auskunftsrechts des Pflichtteilsberechtigten geltend machen.[13] Zur Erfüllung des Auskunftsanspruchs kann der Erbe seinen eigenen Auskunftsanspruch gegenüber einem Dritten (beispielsweise der Auskunftsanspruch gem. §§ 675, 666 BGB gegenüber einem Bankinstitut) an den Pflichtteilsberechtigten abtreten, soweit der Pflichtteilsberechtigte hiermit einverstanden ist.[14] Besteht der Verdacht, dass der Erblasser Zuwendungen von seinem Bankkonto oder seinem Depot schenkweise an einen Dritten erbracht hat, ist der Erbe verpflichtet, von seinem Auskunftsrecht gegenüber der Bank Gebrauch zu machen, so dass der Zuwendungsempfänger ermittelt werden kann.[15] Die Bank kann sich gegenüber dem Auskunftsverlangen des Erben nicht auf das Bankgeheimnis berufen.[16] 7

Gehörte der Erblasser selbst einer Erbengemeinschaft an, entsteht ein geschachtelter Nachlass. Der Erbteil des Erblassers an der bereits bestandenen Erbengemeinschaft ist Bestandteil seines eigenen Nachlasses. Die Auskunftspflicht nach § 2314 BGB erstreckt sich daher auch auf den Erbteil des anderen Nachlasses (**Zweit-Nachlass**).[17] Über diesen anderen Nachlass ist jedoch nur der Erbe des Erblassers, nicht dagegen die Miterben des Zweit-Nachlasses auskunftsverpflichtet. Zwischen dem Pflichtteilsberechtigten und den Miterben an dem anderen Nachlass besteht kein unmittelbares Rechtsverhältnis. Der Erbe muss Informationsrechte gegenüber Dritten (z. B. Behörden) im Hinblick auf den Anteil am Zweit-Nachlass notfalls auch ohne die Mitwirkung der übrigen Miterben geltend machen.[18] Ist der Erbe für die Mitwirkung der anderen Miterben des Zweit-Nachlasses zur Informationsbeschaffung angewiesen, muss er diese notfalls auf Mitwirkung verklagen. 8

Gehört zum Nachlass ein **Geschäftsunternehmen**, umfasst der Auskunftsanspruch die Vorlage der Bilanzen, Gewinn- und Verlustrechnungen, Umsatzziffern sowie weitere Unterlagen, welche zur Ermittlung des Verkehrswertes des Unternehmens notwendig sind.[19] Sofern die Mitgesellschafter die Herausgabe verweigern, muss der Erbe die Mitgesellschafter auf Einwilligung zur Vorlegung der Unterlagen verklagen.[20] 9

Der Erbe hat gegenüber dem **Arbeitgeber** des Erblassers einen Auskunftsanspruch über die Höhe des angefallenen Bonusses.[21] Der Anspruch auf einen arbeitsvertraglichen Bonus ist vererblich. Es handelt sich nicht um einen höchst persönlichen Anspruch des Arbeitnehmers. Die vorformulierte Regelung, welche die Zahlung eines Bonusses von dem Bestehen eines ungekündigten Arbeitsverhältnisses zum Abschluss des Geschäftsjahres abhängig macht, stellt grundsätzlich eine unangemessene Benachteiligung im Sinne des § 307 Abs. 1 BGB dar. Dies gilt zumindest dann, wenn die Bonuszahlung einen erheblichen Anteil des Gesamtgehalts ausmacht. Das AGB-Recht schützt die Interessen des Arbeitnehmers auch über den Zeitpunkt seines Todes hinaus.[22] 10

b) Fiktiver Nachlass. Der Auskunftsanspruch erstreckt sich über den im Zeitpunkt des Erbfalls tatsächlich vorhandenen Nachlass auch auf den fiktiven Nachlass.[23] Auf Verlangen ist somit auch Auskunft über den fiktiven Nachlass und somit über sämtliche lebzeitigen 11

---

[11] OLG Düsseldorf NJW 1996, 3156.
[12] BGH FamRZ 1989, 608, 609; Staudinger/*Haas* § 2314 Rn. 17.
[13] *Edenfeld* ZEV 2005, 346, 349.
[14] BGH NJW 1989, 1601.
[15] Staudinger/*Haas* § 2314 Rn. 18.
[16] BGH FamRZ 1990, 41.
[17] RGZ 72, 379.
[18] BGH Beschluss vom 21. 2. 1996, Az.: IV ZB 27/95.
[19] BGH NJW 1975, 1774, 1777; BGH FamRZ 1965, 135; BGH NJW 1961, 602, 604.
[20] MünchKommBGB/*Lange* § 2314 Rn. 4.
[21] LAG Düsseldorf, Urteil vom 16. 4. 2008, Az.: 12 Sa 2180/07.
[22] LAG Düsseldorf, Urteil vom 16. 4. 2008, Az.: 12 Sa 2180/07.
[23] BGH NJW 1984, 487; BGH WM 1971, 477.

Zuwendungen des Erblassers zu erteilen.[24] Hierzu gehören anrechnungspflichtige Zuwendungen (§ 2315 BGB),[25] ausgleichungspflichtige Zuwendungen (§ 2316 BGB)[26] und ergänzungspflichtige Zuwendungen (§ 2325 BGB).[27] Voraussetzung des Auskunftsanspruches ist nicht, dass die konkrete Schenkung oder die Berücksichtigung der konkreten Schenkung bei der Pflichtteilsberechnung feststeht.[28] Es sind jedoch Anhaltspunkte einer unentgeltlichen Zuwendung und somit einer Berücksichtigung bei der Berechnung zur Vermeidung einer unzulässigen Ausforschung zu fordern. Daher sind auch als „entgeltliche Zuwendungen" bezeichnete Austauschverträge offen zu legen, sofern ein Verdacht einer Schenkung bzw. zumindest einer gemischten Schenkung besteht.[29] In diesem Fall sind alle Unterlagen zur Prüfung herauszugeben.[30] Nur durch Vorlage dieser Unterlagen können die vereinbarten Gegenleistungen und die hieraus folgende Teilentgeltlichkeit oder Entgeltlichkeit des Vertrages durch den Pflichtteilsberechtigten überprüft werden.

12   Die Auskunftspflicht umfasst grundsätzlich die in den letzten 10 Jahren vor dem Todesfall vollzogenen Schenkungen (§ 2325 Abs. 3 BGB). Bei Schenkungen zugunsten des überlebenden Ehegatten gilt diese zeitliche Grenze nicht (§ 2325 Abs. 3 S. 3 BGB). Hat sich der Schenker Rechte (beispielsweise den Nießbrauch) vorbehalten, ist der 10-Jahreszeitraum ebenfalls nicht anzuwenden. In Fällen der Schenkungen an den Ehegatten ist die Auskunft bis zur Eheschließung; bei Schenkungen unter Vorbehalt von Rechten bis zum Zeitpunkt des Vollzugs der Schenkung zu erteilen. Für die Frage, ob ein Auskunftsanspruch besteht, ist ebenfalls nicht entscheidend, mit welchem Quotienten die Schenkung innerhalb des 10-Jahreszeitraumes der Pflichtteilsergänzung unterliegt. Die gesetzliche Neuregelung des § 2325 Abs. 3 BGB (sog. Abschmelzungsmodell)[31] führt daher zu keiner geänderten Auskunftsverpflichtung. Im Rahmen des Niederstwertprinzips ist der Wert der Schenkung zum Zeitpunkt des Vollzugs der Schenkung und im Zeitpunkt des Erbfalls zu bewerten. Zur Auskunftsverpflichtung gehört daher auch die Mitteilung des Vollzugszeitpunktes. Daher muss der Auskunftspflichtige auch den Namen des Empfängers der fraglichen Zuwendung sowie das zugrunde liegende Rechtsverhältnis bezeichnen.[32]

13   Nach der Rechtsprechung des BGH sind unbenannte Zuwendungen zwischen Ehegatten grundsätzlich als Schenkungen zu bewerten.[33] Ungeachtet dessen, ob die unbenannten Zuwendungen als Unterhaltssicherung oder Altersversorgung und somit unter Umständen nicht als unentgeltliche Zuwendung im Rahmen der Pflichtteilsergänzung zu berücksichtigen sind, ist der Erbe auch über diese auskunftsverpflichtet.[34] Der Erbe hat auch über **Pflicht- und Anstandsschenkungen**, welche nach § 2330 BGB bei der Pflichtteilsberechnung unberücksichtigt bleiben, Auskunft zu erteilen. Der Pflichtteilsberechtigte muss in die Lage gesetzt werden, selbst zu prüfen, ob die angeblichen Pflicht- und Anstandsschenkungen tatsächlich bei der Berechnung nicht zu berücksichtigen sind.[35]

14   Spenden an eine **Stiftung** sind unentgeltliche Zuwendungen, über die der Erbe bzw. die Stiftung auskunftsverpflichtet ist.[36] Die Errichtung einer Stiftung durch Verfügung von Todes wegen unterliegt unstreitig dem ordentlichen Pflichtteil, weil sich zum Zeitpunkt des Todes das Vermögen noch im Nachlass befindet. Bei der Errichtung einer Stiftung unter Lebenden erfolgt die Vermögenszuwendung auf Grund des Ausstattungsversprechens. Dieses ist eine einseitige Willenserklärung und hat somit keinen Vertragscharakter, so dass es an sich an der für die Pflichtteilsergänzung erforderliche Schenkung im Sinne von § 516 BGB

---

[24] BGH NJW 1982, 176.
[25] Staudinger/*Haas* § 2314 Rn. 9
[26] BGH FamRZ 1965, 135; BGH 33, 373, 374.
[27] Staudinger/*Haas* § 2314 Rn. 9.
[28] MünchKommBGB/*Lange* § 2314 Rn. 3.
[29] OLG Düsseldorf FamRZ 1999, 1546.
[30] OLG Karlsruhe ZEV 2000, 280.
[31] Vgl. § 6 Rn. 53 f.; § 11 Rn. 51 ff.
[32] OLG Karlsruhe ZEV 2000, 280; *Cornelius* ZEV 2005, 286.
[33] BGH NJW 1992, 564; Staudinger/*Olshausen* § 2325 Rn. 24.
[34] Staudinger/*Haas* § 2314 Rn. 11.
[35] BGH FamRZ 1965, 135; BGH NJW 1962, 245, 246.
[36] BGH NJW 2004, 159.

fehlt. Auf Grund des Schutzzwecks der Norm und zur Vermeidung der Aushöhlung des Pflichtteilsrechts ist jedoch eine analoge Anwendung des § 2325 BGB geboten.[37] Der Pflichtteilsberechtigte wie auch der pflichtteilsberechtigte Erbe hat hinsichtlich seines Pflichtteilsergänzungsanspruches (§ 2325 bzw. § 2326 BGB) einen Auskunftsanspruch gegenüber einer **Liechtensteiner Stiftung**.[38] Unabhängig davon, ob die von dem Erblasser in Liechtenstein gegründete Stiftung eine zulässige Ermessensstiftung oder vom Stifter kontrollierte Stiftung ist, gründen beide Rechtsgestaltungen eine eigene Rechtspersönlichkeit nach Liechtensteiner Recht (Art. 552 § 1 Abs. 1 S. 1 PGR).[39] Bezüglich der zivilrechtlichen Anerkennung als eigene Rechtspersönlichkeit in Liechtenstein ist die Sicht der deutschen Finanzverwaltung hierbei nicht maßgebend.[40] Liegt jedoch ein Scheingeschäft vor, so ist das Vermögen weiterhin dem Vermögen des wirtschaftlichen Stifters zuzurechnen und fällt bei dessen Tod in seinen Nachlass. Es steht dann nicht im Wege eines Vertrages zu Gunsten Dritter auf den Todesfall dem im Stiftungsreglement benannten Nachbegünstigten zu.[41] Gem. Art. 29 des Internationalen Privatrechts von Liechtenstein (IPRG) ist die Rechtsnachfolge von Todes wegen nach dem Personalstatut des Erblassers im Zeitpunkt seines Todes zu beurteilen. Gem. Art. 10 IPRG ist das Heimatrecht des Erblassers sein Personalstatut. Sofern der Erblasser, der die Stiftung gegründet hat, die deutsche Staatsangehörigkeit zum Todeszeitpunkt hatte, ist somit das deutsche Erbrecht, mithin das deutsche Pflichtteilsrecht anwendbar.

c) **Ausschluss des Auskunftsanspruches.** Die **Befreiung** des Erben durch den Erblasser, keine Auskunft erteilen zu müssen, ist unwirksam.[42] Die Schutzvorschrift des § 2314 BGB kann nicht einseitig zu Lasten des Geschützten entzogen werden. Im Hinblick auf die Bedeutung der Auskunfts- und Wertermittlungspflicht für die Verwirklichung des Pflichtteilsanspruchs, stehen diese nicht zur Disposition des Erblassers. Soweit der Erblasser dem Pflichtteilsberechtigten gegenüber zur Entziehung des Pflichtteils berechtigt ist (§§ 2333 ff. BGB), kann er dem Pflichtteilsberechtigten als Minus auch die Auskunftsberechtigung entziehen. Die Entziehung erfolgt gem. § 2336 BGB durch letztwillige Verfügung.

Eine **Vereinbarung zwischen dem Erblasser und dem Pflichtteilsberechtigten** ist nach neuerer h. M. wirksam.[43] Der Pflichtteilsberechtigte kann auf sein Pflichtteilsrecht insgesamt verzichten. Daher ist eine Vereinbarung, in der der Pflichtteilsberechtigte auf Auskunftserteilung und Wertermittlung verzichtet, oder eine Bewertung bzw. ein Bewertungsverfahren vereinbart, zulässig. Eine solche Vereinbarung bedarf der Form und den Voraussetzungen des § 2348 BGB und daher der notariellen Beurkundung. Lediglich das Auskunftsbegehren hinsichtlich zu Lebzeiten vollzogener Zuwendungen, welche nach § 2050 Abs. 1 BGB ausgleichungspflichtig sind, kann nicht ausgeschlossen werden. Nach § 2316 Abs. 3 BGB kann der Erblasser eine Zuwendung nach § 2050 Abs. 1 BGB nicht zum Nachteil des Pflichtteilsberechtigten von der Berücksichtigung ausschließen. Soweit der Ausgleichungsanspruch von dem Erblasser nicht ausgeschlossen werden kann, kann auch der diesbezügliche Auskunftsanspruch von dem Erblasser nicht ausgeschlossen werden.

Nach dem Erbfall kann zwischen dem Erben und dem Pflichtteilsberechtigten eine Vereinbarung über den Pflichtteilsanspruch getroffen werden. In der Praxis wird regelmäßig zwischen dem Erben und dem Pflichtteilsberechtigten eine Vereinbarung über die Abgeltung des Pflichtteils- und Pflichtteilsergänzungsanspruches getroffen. Auch im Rahmen des Abschlusses einer solchen Vereinbarung besteht die grundsätzliche Frage, ob der Erbe vollständig und richtig Auskunft erteilt hat, fort. Eine Vereinbarung darüber, dass der Erbe seiner Auskunftsverpflichtung vollständig und richtig nachgekommen ist, wie auch die Vereinbarung, dass auf einen weitergehenden Auskunftsanspruch verzichtet wird, bzw. mit der Erfül-

---

[37] RGZ 54, 399, 400; OLG Karlsruhe ZEV 2004, 470; LG Baden-Baden ZEV 1999, 153; Staudinger/*Olshausen* § 2325 Rn. 39; MünchKommBGB/*Lange* § 2325 Rn. 13.
[38] *Becker*, ZEV 2009, 177.
[39] Ab dem 1. 4. 2009 geltende Liechtensteiner Stiftungsrecht; *Lennert/Blum*, ZEV 2009, 171.
[40] Nach BFH ZEV 2007, 440 ist der Erblasser bei der vom Stifter kontrollierten Stiftung weiterhin wirtschaftlich Berechtigter nach § 39 AO.
[41] OLG Stuttgart ZErb 2010, 1.
[42] MünchKommBGB/*Lange* § 2314 Rn. 2; *Lange/Kuchinke* § 37 XII 4 d Rn. 959.
[43] Staudinger/*Haas* § 2314 Rn. 5; MünchKommBGB/*Lange* § 2314 Rn. 2.

lung der Vereinbarung abgegolten ist, ist wirksam. Auch ist der vollständige Verzicht auf das Auskunftsrecht der Pflichtteilsberechtigten gegenüber dem Erben wirksam, wenn auch nicht in der Praxis üblich. Ein solcher Verzicht kommt in der Praxis meist gegen Abfindung der gesamten Pflichtteilsansprüche vor, wenn ein langjähriges Auskunftsverfahren vermieden werden soll. Die Vereinbarung zwischen dem Erben und dem Pflichtteilsberechtigten bedarf grundsätzlich keiner Form. Sofern die Vereinbarung über die Auskunftspflicht in eine Abgeltungsvereinbarung über den Pflichtteilsanspruch gegen Übertragung von Grundstücken oder GmbH-Geschäftsanteilen erfolgt, ist die Gesamtvereinbarung als einheitliches Rechtsgeschäft notariell zu beurkunden.

18 An einen stillschweigenden oder konkludenten **Verzicht** auf den Auskunftsanspruch sind strenge Anforderungen zu stellen.[44] Der Pflichtteilsberechtigte kann grundsätzlich auch nach einem langen Zeitablauf, erklärten Teilauskünften oder der Vorlage eines Nachlassverzeichnisses weiterhin seinen Auskunftsanspruch begehren. Ein konkludenter Verzicht kann nur ausnahmsweise angenommen werden und bedarf einer objektivierbaren Handlung, die berechtigter Weise auch von einem objektiven Dritten dergestalt aufgefasst wird, dass der Pflichtteilsberechtigte in Zukunft seinen Auskunftsanspruch nicht weiter geltend machen wird. In der Praxis kann ein Verzicht auf den Auskunftsanspruch durch ausdrückliche Anerkennung oder Bestätigung eines vorgelegten Nachlassverzeichnisses gesehen werden. Zur Vermeidung eines Rechtsstreits sollte bei der Bestätigung einer Auskunftserteilung, insbesondere der Vorlage eines Nachlassverzeichnisses eine konkrete Vereinbarung über die Erfüllung des bestehenden Auskunftsanspruches und einen möglichen Verzicht auf die Geltendmachung eines weitergehenden Auskunftsanspruches getroffen werden. Diese Vereinbarung bedarf keiner Form.[45]

19 d) **Einschränkungen des Auskunftsanspruchs.** Der zur Auskunft verpflichtete Erbe ist grundsätzlich nicht zur Rechnungslegung verpflichtet. Soweit der Pflichtteilsberechtigte von einer systematischen Verschleierung von Vermögen ausgeht, ändert dies nicht die Systematik des Auskunftsanspruchs. Dieser wandelt sich nicht in einen Anspruch auf Rechnungslegung mit dem Ergebnis, dass der Erbe die finanziellen Verhältnisse des Erblassers lückenlos über einen bestimmten Zeitraum darlegen muss. Der Erbe muss jedoch den einzelnen Verdachtsmomenten entsprechen und die verdächtigen Vorgänge vorlegen, so dass der Pflichtteilsberechtigte prüfen kann, ob eine Schenkung vorliegt.[46] Solche Anhaltspunkte können vorliegen, wenn

- der Pflichtteilsberechtigte nachweisen kann, dass vor dem Erbfall größeres Vermögen vorhanden war, nicht aber im Zeitpunkt des Erbfalls;[47]
- der Erblasser vor seinem Tod Guthaben oder Vermögensgegenstände an Dritte weggegeben hat, auch wenn die Höhe der Gegenleistung unklar ist;[48]
- größeres Vermögen unstreitig vor dem Erbfall, nicht aber im Zeitpunkt des Erbfalles vorhanden war, zwischen den Pflichtteilsberechtigten und dem Erblasser seit mehreren Jahren erhebliche Feindschaft bestand und der Erblasser pflichtteilsverkürzende lebzeitige Zuwendungen plante;[49]
- der Erblasser eine Lebensversicherung zugunsten eines Dritten abgeschlossen hat;
- die bei einer Fortsetzung der Gesellschaft unter den übrigen Gesellschaftern grundsätzlich vorgesehene Abfindung ausgeschlossen oder beschränkt worden ist;
- der Erblasser dem überlebenden Ehegatten zahlreiche bedeutende Schenkungen gemacht hat und die finanziellen Verhältnisse der Ehepartner aufgrund zahlreicher Transaktionen schwer durchschaubar sind;[50]
- der Erblasser gemeinsam mit dem überlebenden Ehegatten Immobilien erworben hat.[51]

---

[44] Staudinger/*Haas* § 2314 Rn. 6.
[45] Staudinger/*Haas* § 2314 Rn. 5.
[46] BGH NJW 1993, 2737; BGH FamRZ 1965, 135; OLG Düsseldorf FamRZ 1999, 1546; OLG Düsseldorf FamRZ 1995, 1236, 1238; Staudinger/*Haas* § 2314 Rn. 13.
[47] Staudinger/*Haas* § 2314 Rn. 14.
[48] BGH NJW 1973, 1876.
[49] BGH FamRZ 1965, 135.
[50] OLG Frankfurt NJW-RR 1993, 1483.
[51] Staudinger/*Haas* § 2314 Rn. 14.

e) Fälligkeit. Der Auskunftsanspruch ist gem. § 271 BGB sofort fällig. Einer Fristsetzung bedarf es nicht.[52] Der Fälligkeit des Auskunftsanspruchs steht nicht entgegen, dass der Auskunftsverpflichtete keine Wertangabe über einen bestimmten Nachlassgegenstand mitteilen kann. Der Auskunftsanspruch bezieht sich auf die Konkretisierung der einzelnen Nachlassgegenstände. Die Bewertung des konkretisierten Nachlassgegenstandes ist Teil des Wertermittlungsanspruches. Der Auskunfts- und Wertermittlungsanspruch kann gleichzeitig erfüllt werden, wenn der Auskunftsverpflichtete in das Nachlassverzeichnis den Gegenstand mit Bewertung einstellt und die Grundlagen der Bewertung mitteilt. Sofern eine Bewertung nicht vorliegt, hat der Auskunftsverpflichtete lediglich über den Gegenstand selbst Auskunft zu erteilen. 20

2. Auskunftsberechtigte

a) Pflichtteilsberechtigter Nichterbe. Der Auskunftsanspruch nach § 2314 BGB setzt voraus, dass der Auskunftsbegehrende nicht Erbe geworden ist. Der Auskunftsanspruch richtet sich somit nur an den pflichtteilsberechtigten Nicht-Erben.[53] Der Anspruch leitet sich aus dem Pflichtteilsrecht, nicht aber von dem Pflichtteilsanspruch ab. 21

Übersicht: Auskunftsgläubiger nach § 2314 BGB
• Der enterbte Pflichtteilsberechtigte (§ 2303 BGB) • Der Pflichtteilsberechtigte, der nach §§ 2306 Abs. 1, 2305, 1371 Abs. 3 BGB sein Erbe ausgeschlagen, jedoch den Pflichtteilsanspruch behalten hat • Der Pflichtteilsberechtigte, der mit einem Vermächtnis nach § 2307 BGB bedacht ist • Der Gläubiger, dem der Pflichtteilsanspruch gem. §§ 398, 2317 BGB abgetreten worden ist

22

Anspruchsberechtigt sind grundsätzlich die enterbten Abkömmlinge, Eltern, Ehegatten und eingetragenen Lebenspartner (vgl. § 2303 BGB, § 10 Abs. 6 LPartG). Pflichtteilsberechtigter Nichterbe ist auch der Ehegatte im Falle des § 1371 Abs. 3 BGB und somit der Ehegatte, der mit dem Erblasser im Güterstand der Zugewinngemeinschaft verheiratet war, und das ihm Hinterlassene ausgeschlagen hat. Auskunftsberechtigt ist auch der als Erbe eingesetzte Pflichtteilsberechtigte, der mit weniger als der Hälfte des gesetzlichen Erbteils bedacht worden ist. Er kann nach § 2305 BGB den sog. Pflichtteilsrestanspruch geltend machen. Er kann jedoch nicht den unzureichenden Erbteil ausschlagen und stattdessen den vollen Pflichtteil beanspruchen.[54] Schlägt der nicht ausreichend bedachte Pflichtteilsberechtigte die Erbschaft aus, kann er nur den Pflichtteilsrestanspruch verlangen.[55] In diesem Fall findet § 2314 BGB direkte Anwendung. 23

Die Neufassung des § 2306 Abs. 1 BGB differenziert nicht mehr, ob der dem abstrakt pflichtteilsberechtigten Erben zugedachte Erbteil den Pflichtteil übersteigt oder nicht. Durch die Neuregelung wurde § 2306 Abs. 1 BGB wesentlich vereinfacht, da der pflichtteilsberechtigte Erbe unabhängig von der Höhe des ihm zugedachten Erbteils diesen unter Beibehaltung des Pflichtteils ausschlagen kann. Nach der Neuregelung des § 2306 BGB ist daher die Anwendung der Quoten- bzw. Werttheorie nicht mehr von Bedeutung. Lediglich für Altfälle ist der Streit relevant, ob bei Anwendung der Quotentheorie ein Auskunftsanspruch nach § 2314 BGB dem Pflichtteilsberechtigten zusteht. Im Falle der Quotentheorie bedarf es lediglich der Kenntnis der Quote und nicht der Zusammensetzung des Nachlasses.[56] 24

---

[52] MünchKommBGB/*Lange* § 2314 Rn. 11.
[53] BGH NJW 1981, 2051.
[54] MünchKommBGB/*Lange* § 2305 Rn. 4.
[55] BGH NJW 1973, 995.
[56] Staudinger/*Haas*, § 2314 Rn. 20.

25 Schlägt der pflichtteilsberechtigte Erbe die Erbschaft nach § 2306 Abs. 1 BGB aus, so behält er sein Pflichtteilsrecht und ist nach § 2314 BGB anspruchsberechtigt. Umstritten ist, ob der ausschlagende Erbe als „pflichtteilsberechtigte Nichterbe" im Rahmen des Auskunftsbegehrens anzusehen ist, da er ursprünglich Erbe war. Nach Auffassung des OLG Celle[57] ist die Vorschrift des § 2314 Abs. 1 S. 1 BGB einschränkend auszulegen, so dass Auskunftsrechte nur dem von Hause aus enterbten pflichtteilsberechtigten Nichterben einräumt. Dem Erben oder Miterben, der durch Ausschlagung die Stellung eines pflichtteilsergänzungsberechtigten „Nicht-Mehr-Erben" wählt, würde kein Auskunftsrecht zustehen. Diese Auffassung ist abzulehnen. Der pflichtteilsberechtigte Erbe, der die Erbschaft nach § 2306 Abs. 1 BGB ausschlägt, ist pflichtteilsberechtigt. Soweit ihm ein Pflichtteilsrecht zusteht, steht im gleichfalls der Auskunftsanspruch nach § 2314 BGB zu. Für die Anwendung von Altfällen gilt dies, sofern der pflichtteilsberechtigte Erbe die Erbschaft in der Falllage des § 2306 Abs. 1 S. 2 BGB ausgeschlagen hat.[58]

26 Ist der Pflichtteilsberechtigte von dem Erblasser mit einem **Vermächtnis** bedacht worden, kann dieser den Pflichtteil verlangen, wenn er das Vermächtnis ausschlägt (§ 2307 BGB). Schlägt er das Vermächtnis nicht aus, steht ihm der Pflichtteil nur insoweit zu, soweit der Wert des Vermächtnisses reicht (§ 2307 Abs. 1 S. 2 BGB). Der pflichtteilsberechtigte Vermächtnisnehmer muss dem Auskunftsverpflichteten gegenüber die Voraussetzungen des Pflichtteilsrechts aus § 2303 BGB und nicht die Voraussetzungen des Pflichtteilsanspruches darlegen. Der Auskunftsanspruch folgt insoweit aus dem Pflichtteilsrecht und nicht aus dem Pflichtteilsanspruch. Keine Voraussetzung für den Auskunftsanspruch ist daher die Entscheidung des abstrakt Pflichtteilsberechtigten, dass er das Vermächtnis ausschlägt oder dass das Vermächtnis den Wert des Pflichtteils übersteigt.[59] Die Kenntnis über den Nachlass und somit über den Pflichtteilsanspruch ist notwendig, damit der mit einem Vermächtnis belastete Pflichtteilsberechtigter mit einem Vermächtnis belastete Pflichtteilsberechtigte sein Wahlrecht aus § 2307 BGB ausüben kann. Der Auskunftsanspruch des pflichtteilsberechtigten Vermächtnisnehmers ist jedoch dann ausgeschlossen, wenn der Pflichtteilsanspruch verjährt ist.[60] Der Auskunftsanspruch des pflichtteilsberechtigten Vermächtnisnehmers ist auch dann ausgeschlossen, wenn dieser ein Vermächtnis angenommen hat, das ihm anstelle des Pflichtteils zugewandt worden ist.[61]

27 Der Pflichtteilsanspruch ist ohne Einschränkung nach §§ 398 ff. BGB übertragbar (§ 2317 Abs. 2 BGB). Der Auskunftsanspruch gem. § 2314 BGB geht als nicht personengebundener Hilfsanspruch gem. § 401 BGB mit der **Abtretung** des Pflichtteils- oder Pflichtteilsergänzungsanspruchs auf den Abtretungsempfänger über.[62] Wird der Pflichtteilsanspruch vererbt (§ 2317 Abs. 2 BGB) geht der Auskunftsanspruch ebenfalls mit über. Der Pflichtteilsanspruch ist erst pfändbar, wenn er durch Vertrag anerkannt oder rechtshängig geworden ist. § 852 Abs. 1 ZPO soll sicherstellen, dass der Pflichtteilsanspruch wegen des familiären Hintergrundes des Erbrechts nicht gegen den Willen des Berechtigten geltend gemacht wird.[63] Nach neuerer Rspr. des BGH[64] ist es möglich, den Pflichtteilsanspruch auch schon vor Anerkennung oder Rechtshängigkeit als einen „in seiner zwangsweisen Verwertbarkeit aufschiebend bedingten Anspruch" zu pfänden. Bei Eintritt der Verwertungsvoraussetzungen entsteht dann ein vollwertiges Pfandrecht, dessen Rang sich nach dem Zeitpunkt der Pfändung bestimmt. Ein Überweisungsbeschluss gem. § 835 ZPO ist vorher unzulässig.[65] Damit ist der BGH von der bisherigen Rechtsprechung und h. M. abgewichen.[66] Nach der geän-

---

[57] OLG Celle ZEV 2006, 557 (Entscheidung erging zu der Falllage des § 2306 Abs. 1 S. 2 BGB).
[58] *Damrau* ZEV 2006, 557.
[59] BGH NJW 1958, 1964; OLG Düsseldorf FamRZ 1995, 1236; OLG Oldenburg NJW-RR 1993, 782; OLG Köln NJW-RR 1992, 8.
[60] MünchKommBGB/*Lange* § 2314 Rn. 15; a. A. OLG Köln NJW-RR 1992, 8.
[61] MünchKommBGB/*Lange* § 2314 Rn. 15.
[62] *Bamberger/Roth/J. Mayer* Rn. 7; *Klumpp* ZEV 1998, 123, 124.
[63] BGH NJW 1982, 2771.
[64] BGH FamRZ 1997, 1001; BGH NJW 1993, 2876 m. krit. Anm. *Kuchinke* NJW 1994, 1769 und *Schubert* JR 1994, 419; zust. *Gerhardt* EWiR 1993, 1141; OLG Brandenburg FamRZ 1999, 1436.
[65] *Behr* JurBüro 1996, 65; *Kuchinke* NJW 1994, 1769, 1770.
[66] BGH NJW 1993, 2876; *Keim* ZEV 1998, 127, 129.

derten Rechtsprechung dient § 852 Abs. 1 ZPO lediglich dazu, dem pflichtteilsberechtigten Pfändungsschuldner die Entscheidung darüber zu belassen, ob der Anspruch gegen den Erben durchgesetzt werden soll. Es soll dem Pflichtteilsberechtigten aber nicht die Möglichkeit verschafft werden, den Pflichtteilsanspruch wirtschaftlich zu nutzen und ihn gleichzeitig dem Zugriff der Gläubiger zu entziehen. Nach wirksamer Pfändung und Überweisung kann der Gläubiger Erfüllung des Anspruchs von dem Erben verlangen. Ebenso steht ihm das Auskunftsrecht des § 2314 BGB zu.[67] Das Insolvenzverfahren erfasst nach den §§ 35, 36 Abs. 1 InsO das gesamte einer Zwangsvollstreckung unterliegende Vermögen. Da der Pflichtteilsanspruch auf Grund der geänderten Auslegung des § 852 Abs. 1 ZPO schon vor Anerkennung oder Rechtshängigkeit pfändbar ist, kann auch der Pflichtteilsanspruch sowie der Auskunftsanspruch nach § 2314 BGB als Hilfsanspruch in das der Insolvenz unterliegende Vermögen fallen. Durch die Eröffnung des Insolvenzverfahrens verliert der Gemeinschuldner die Verfügungsbefugnis über sein Vermögen (§ 80 InsO). Damit ist ihm aber nicht die Befugnis genommen, die Verwertung herbeizuführen.[68]

Der Pflichtteilsanspruch kann, wenn er auf den **Sozialhilfeträger** übergeleitet[69] worden ist, von diesem geltend gemacht werden, ohne dass es insoweit auf die Entscheidung des Pflichtteilsberechtigten selbst ankommt.[70] Dem Sozialhilfeträger steht jedoch nicht das Recht zur Ausschlagung einer etwa durch Nacherbfolge und Testamentsvollstreckung beschränkten Erbschaft nach § 2306 Abs. 1 BGB zu.[71] 28

Nach der Rspr. des BGH hat der **pflichtteilsberechtigte Nacherbe** gegen den Vorerben keinen Auskunftsanspruch nach § 2314 BGB.[72] Der BGH stellt den Nacherben mit dem Miterben gleich. Wenn die Nacherbfolge eingetreten und der Nacherbe in Folge dessen bereits selbst Vollerbe geworden ist, kann der Nacherbe die für ihn wichtigen Umstände mit Hilfe eigener, ihm vom Gesetz für seine Zwecke zugedachten Ansprüche (§§ 2121, 2122, 2127 BGB) erfahren. Die ihrem Umfang nach erheblich weitergehenden und den Nachlass weit mehr belastenden Auskünfte gem. § 2314 BGB sollen demgegenüber nach dem Sinn und Zweck des Gesetzes den Pflichtteilsberechtigten, der am Nachlass nicht beteiligt ist, und zu diesem sonst keinen Zugang hat, in die Lage versetzen, seinen Pflichtteil zu berechnen. Dem Nacherben kann daher nur der allgemeine Auskunftsanspruch nach Treu und Glauben (§ 242 BGB), wie er auch dem pflichtteilsberechtigten Allein- oder Miterben zustehen kann, zugestanden werden.[73] 29

Sind **mehrere Pflichtteilsberechtigte** vorhanden, sind diese keine Gesamtgläubiger. Jeder Pflichtteilsberechtigter kann für sich unabhängig von den anderen Pflichtteilsberechtigten den Auskunftsanspruch geltend machen.[74] Haben die Pflichtteilsberechtigten gemeinsam gegenüber dem Auskunftsberechtigten die Auskunft nach § 2314 BGB eingeklagt, kann jeder Pflichtteilsberechtigte für sich eine vollstreckbare Ausfertigung des Urteils verlangen.[75] 30

b) **Pflichtteilsberechtigter Erbe.** Zählt ein (Mit-, Allein- oder Nach-)Erbe zu dem nach § 2303 BGB genannten Kreis der Pflichtteilsberechtigten, steht diesem nicht der Auskunftsanspruch nach § 2314 Abs. 1 S. 1 BGB zu. Als pflichtteilsberechtigter Erbe ist er in der Lage, sich alle notwendigen Informationen selbst zu beschaffen. Die frühere Rechtsprechung hat daraus gefolgert, dass dem pflichtteilsberechtigten Erben ein Auskunftsanspruch nicht zustehe.[76] Dieses Ergebnis ist jedoch nicht überzeugend. Im Einzelfall kann auch ein pflichtteilsberechtigter Erbe ein schutzwürdiges Informationsinteresse haben und auch einen Auskunftsanspruch benötigen, damit er seine Rechte sichern kann.[77] Die Vorschrift des 31

---

[67] Staudinger/*Haas* § 2317 Rn. 51.
[68] *Klumpp* ZEV 1998, 123, 126; *Kuchinke* NJW 1994, 1769, 1771.
[69] § 93 SGB XII.
[70] BGH ZEV 2005, 117, bestätigt durch BGH ZEV 2006, 76.
[71] BGH ZEV 2005, 117, bestätigt durch BGH ZEV 2006, 76.
[72] BGH NJW 1981, 2051 geänderte Rechtsprechung gegenüber BGH NJW 1972, 907.
[73] OLG Celle ZEV 2006, 361; Staudinger/*Haas* § 2314 Rn. 27; a. A. MünchKommBGB/*Lange* § 2314 Rn. 18.
[74] MünchKommBGB/*Lange* § 2314 Rn. 16.
[75] Staudinger/*Haas* § 2314 Rn. 21.
[76] BGHZ 18, 67; RGZ 84, 204.
[77] Bamberger/Roth/*J. Mayer* § 2314 Rn. 4.

§ 2038 BGB hilft dem pflichtteilsberechtigten Erben nicht. Die Erstellung eines Bestandsverzeichnisses zur Berechnung des Pflichtteilsanspruches gehört nicht zur ordnungsgemäßen Verwaltung im Sinne des § 2038 BGB. Daher kann ein pflichtteilsberechtigter Miterbe von den übrigen Erben nicht verlangen, dass sie bei der Aufstellung eines solchen Bestandsverzeichnisses mitwirken.[78] Dem pflichtteilsberechtigten Miterben stehen grundsätzlich die gesetzlichen Auskunftsansprüche nach § 2057 BGB und §§ 2027, 2028 BGB zu. Darüber hinaus können Auskunftsansprüche aus auftragsbegründeter oder auftragsloser Geschäftsführung nach §§ 666, 681 BGB bestehen.[79] Der pflichtteilsberechtigte Erbe muss darüber hinaus in den Fällen geschützt werden, in denen der Erblasser zu Lebzeiten Zuwendungen an einen Miterben, an einen nicht als Erben eingesetzten Dritten oder ausgleichungspflichtige Zuwendungen an den pflichtteilsberechtigten Nichterben erbracht hat. Auch dann soll ein Auskunftsanspruch bestehen. Streitig ist jedoch die Rechtsgrundlage dieses Auskunftsanspruches. Ein Teil des Schrifttums befürwortet im Wege einer berichtigenden Auslegung eine direkte oder analoge Anwendung des § 2314 BGB.[80] Der pflichtteilsberechtigte Miterbe befinde sich in einer Beweisnot, die derjenigen des pflichtteilsberechtigten Nichterben vergleichbar sei. Rechtsprechung und Teile der Literatur lehnen eine Anwendung des § 2314 BGB ab und befürworten einen Auskunftsanspruch nach Treu und Glauben (**§ 242 BGB**). Ein solcher wird grundsätzlich bejaht, wenn der Berechtigte entschuldbar über das Bestehen und den Umfang seines Rechts im Unklaren und deshalb auf die Auskunft des Verpflichteten angewiesen ist, der durch sie nicht unbillig belastet wird.[81]

Beide Auffassungen führen zu einem Auskunftsanspruch des pflichtteilsberechtigten Miterben. Die Anspruchsvoraussetzungen, Art und Weise der Erfüllung der Auskunftspflicht und die Kostenverteilung sind jedoch unterschiedlich. Nach § 2314 BGB ist lediglich Voraussetzung für den Auskunftsanspruch, dass der Berechtigte zum Kreis der Pflichtteilsberechtigten im Sinne der §§ 2303, 2309 BGB zählt. Der Auskunftsanspruch nach § 242 BGB setzt zunächst voraus, dass der Berechtigte eine Sonderrechtsbeziehung zwischen den Parteien darlegt und beweist. Das Vorliegen einer Sonderrechtsbeziehung setzt nicht voraus, dass der Auskunftsberechtigte das Vorliegen der Schenkung und damit das Bestehen eines Ergänzungsanspruches nachweist.[82] Ausreichend für die Annahme einer Sonderrechtsbeziehung ist vielmehr, dass gewisse Anhaltspunkte für eine unentgeltliche Verfügung vorliegen und der Auskunftsanspruch somit nicht eine reine Ausforschung darstellt.[83] Darüber hinaus muss der Auskunftsberechtigte entschuldbar über das Bestehen seines Rechts im Unklaren und deshalb auf die Auskunft des Verpflichteten angewiesen sein.[84] Ferner muss der Verpflichtete die Auskunft unschwer erteilen können. Nach § 2314 Abs. 1 S. 3 BGB besteht die Möglichkeit, die amtliche Aufnahme des Verzeichnisses zu verlangen. Eine solche Möglichkeit besteht im Rahmen der Auskunft nach § 242 BGB nicht. Nach § 2314 Abs. 1 S. 2 1. Alt. BGB besteht die Möglichkeit, die Zuziehung des Pflichtteilsberechtigten zu verlangen. Eine solche Möglichkeit besteht bei der Auskunft nach § 242 BGB ebenfalls nicht. Hinsichtlich der Kostentragung fallen in § 2314 Abs. 2 BGB die Kosten des Auskunftsbegehrens dem Nachlass zur Last. Im Rahmen der Auskunftserteilung nach § 242 BGB hat der Auskunftsberechtigte die Kosten selbst zu tragen.[85]

Richtig ist, dass auch der pflichtteilsberechtigte Erbe ein schutzwürdiges Auskunftsinteresse hat und dieses nur durch eine Erweiterung der gesetzlichen Auskunftsansprüche erfüllt werden kann. Der graduelle Unterschied zwischen einer direkten oder analogen Anwendung des § 2314 BGB und einer Auskunftsverpflichtung nach § 242 BGB begründet die Anspruchsgrundlage des erweiterten Auskunftsanspruches nach § 242 BGB und nicht nach

---

[78] BGH NJW 1973, 1876.
[79] *Sarres* ZEV 2008, 512, 515; *Coing* NJW 1970, 729.
[80] *Coing* NJW 1970, 729; *Gudian* JZ 1967, 591.
[81] BGH NJW 1993, 2737; BGH NJW 1990, 180; BGH NJW 1986, 127; BGH NJW 1981, 2051; BGH NJW 1973, 1876; Soergel/*Dieckmann* § 2314 Rn. 6; MünchKommBGB/*Lange* § 2314 Rn. 18.
[82] BGH NJW 1973, 1876; BGH WM 1976, 1089.
[83] BGH NJW 1986, 1755.
[84] OLG Karlsruhe ZEV 2004, 26.
[85] OLG Karlsruhe ZEV 2004, 26; Staudinger/*Haas* § 2314 Rn. 25.

§ 2314 BGB. Dies wird insbesondere im Rahmen der Kostentragungspflicht deutlich. Der pflichtteilsberechtigte Erbe hat grundsätzlich aufgrund seiner Erbenstellung die Möglichkeit, sich selbst zu informieren. Sofern ihm dies nicht gelingt, ist es richtig, ihm einen Auskunftsanspruch zuzubilligen, jedoch auf seine eigenen Kosten.

Ein Auskunftsanspruch besteht für den pflichtteilsberechtigten Erben daher nur im Rahmen der gesetzlichen Anspruchsgrundlagen:

Übersicht: Auskunft des pflichtteilsberechtigten Erben

- Gegenüber dem Erbschaftsbesitzer (§ 2027 BGB)
- Gegenüber dem Hausgenossen des Erblassers (§ 2028 BGB)
- Gegenüber dem Miterben im Hinblick auf erhaltene Zuwendungen (§ 2057 BGB)
- Gegenüber dem Miterben, der die Verwaltung unter Ausschluss der Erbengemeinschaft geführt hat (§§ 666, 681 BGB)
- Nach Treu und Glauben (§ 242 BGB)

Dem pflichtteilsberechtigten Miterben steht insbesondere gegenüber beschenkten Miterben und beschenkten Nichterben ein Auskunftsanspruch im Hinblick auf lebzeitig vom Erblasser erhaltenen Zuwendungen gem. § 242 BGB zu.[86] Ein genereller Auskunftsanspruch zwischen Miterben kann jedoch auch aus § 242 BGB nicht hergeleitet werden.[87] Hat der Erblasser einem Dritten zu Lebzeiten Zuwendungen gemacht, muss der Auskunftsanspruch nach § 242 BGB auch dem pflichtteilsberechtigten Alleinerben[88] sowie dem Vertragserben[89] zustehen.

3. Auskunftsverpflichteter

Der **Erbe** ist Auskunftsverpflichteter des Pflichtteilsberechtigten. Besteht eine Erbengemeinschaft haften die Erben als Gesamtschuldner. Erteilt ein Miterbe die Auskunft mangelhaft, so haben sich dies die anderen Miterben im Sinne des § 260 Abs. 2 BGB zurechnen zu lassen.[90]

Bei angeordneter **Testamentsvollstreckung** ist der Erbe zur Auskunftserteilung verpflichtet. Der Testamentsvollstrecker ist gem. § 2213 Abs. 1 S. 3 BGB nicht selbst zur Auskunft verpflichtet. Er hat den Erben jedoch zu unterstützen.[91] Der Auskunftsanspruch richtet sich auch in der Nachlassinsolvenz gegen den Erben, da der Auskunftsanspruch persönlich durch den Erben zu erfüllen ist; dies gilt auch bei der Nachlassverwaltung.[92]

Umstritten ist, ob bei angeordneter Nachlasspflegschaft der Nachlasspfleger auskunftsverpflichtet und Schuldner des Pflichtteilsanspruchs ist.[93] Nach der Rspr. und dem überwiegenden Teil der Lit. kann der Nachlasspfleger vorhandene Nachlassgläubiger befriedigen, wenn dies zur ordnungsgemäßen Verwaltung und Erhaltung des Nachlasses oder zur Schadensverhütung geboten ist.[94] Der Nachlasspfleger ist daher zur Abwendung unnötiger Prozesskosten einer Auskunftsklage gegen den unbekannten Erben auskunftsverpflichtet. Der Nachlasspfleger ist insoweit passiv prozessführungsbefugt.

Bis zum Eintritt des **Nacherbfalls** ist bei verfügter Vor- und Nacherbschaft nur der Vorerbe Auskunftsschuldner. Erst mit dem Eintritt des Nacherbfalls wird auch der Nacherbe zur

---

[86] BGH NJW 1993, 2737; BGH NJW 1990, 180; *Sarres/Afraz* ZEV 1995, 433.
[87] BGH NJW-RR 1989, 450.
[88] BGH NJW 1973, 1876.
[89] BGH NJW 1986, 1755.
[90] Staudinger/*Haas* § 2314, Rn. 30.
[91] *Bengel/Reimann* Rn. 64.
[92] OLG Celle JZ 1960, 375.
[93] Überblick zum Streitstand: *Haas* ZEV 2009, 270.
[94] OLG Köln ZEV 1997, 210, 212; RG JW 1938, 1453; *Lange/Kuchinke* § 38 IV 5 c; *Groll/Zimmermann*, C III Rn. 97; *Haas* ZEV 2009, 270.

Auskunft verpflichtet. Der zu Lebzeiten des Erblassers Beschenkte, der selbst nicht Erbe ist, hat gleichfalls über die erhaltenen Geschenke Auskunft zu erteilen.[95]

38 Der **beschenkte Dritte** kann in erweiternder Auslegung des § 2314 Abs. 1 S. 1 BGB auch Auskunftsverpflichteter sein. Begründet wird dies damit, dass der Erbe häufig kein eigenes Wissen über Schenkungen des Erblassers gegenüber Dritten hat und der Beschenkte selbst unter den Voraussetzungen des § 2329 BGB für die Pflichtteilsergänzung haftet. Die Auskunftsansprüche des pflichtteilsberechtigten Nichterben gegen den Beschenkten und den Erben können sich inhaltlich überschneiden, stehen aber selbständig nebeneinander. Jedoch ist dieser Anspruch subsidiär gegenüber dem Auskunftsanspruch gegen den Erben.[96]

39 Auch der **Pflichtteilsberechtigte** ist Auskunftsschuldner gegenüber dem Erben. Im Rahmen des ordentlichen Pflichtteils hat sich der Pflichtteilsberechtigte erhaltene Vorempfänge gem. §§ 2315, 2316, 2050ff. BGB anrechnen zu lassen. Auch im Rahmen des Pflichtteilsergänzungsanspruchs hat sich der Pflichtteilsberechtigte nach § 2327 BGB erhaltene Schenkungen anrechnen zu lassen.

> **Praxistipp:**
> **40** Bei der Anrechnung nach § 2327 BGB ist zu beachten, dass keine 10-Jahresfrist Anwendung findet und somit Schenkungen ohne zeitliche Befristung zur Anrechnung kommen. Der Auskunftsanspruch des Erben gegen den Pflichtteilsberechtigten ist daher ohne zeitliche Eingrenzung zu erfüllen.

4. Form der Auskunftserteilung

41 Der Pflichtteilsberechtigte hat Anspruch auf Vorlage eines **Bestandsverzeichnisses**. Dieses hat alle Nachlassvermögenswerte zu erfassen. Das Verzeichnis hat neben den Aktiva auch die Passiva des Nachlasses zu enthalten. Der Auskunftsanspruch des § 2314 BGB untergliedert sich in drei voneinander unabhängigen Ansprüchen, die kumulativ geltend gemacht werden können:

Auskunftsanspruch des § 2314 BGB	
§ 2314 Abs. 1	Anspruch auf Vorlage eines Bestandsverzeichnisses
§ 2314 Abs. 1 S. 2, 3	Hinzuziehung des Pflichtteilsberechtigten bei der amtlichen Aufnahme des Verzeichnisses durch den Notar
§§ 2314 Abs. 1 S. 2, 260	Abgabe der eidesstattlichen Versicherung des Erben

a) Nachlassverzeichnis

Muster Nachlassverzeichnis

42
Bestandsverzeichnis
zum Nachlass von Herrn Paul Meier
verstorben am 9. 10. 2008

I. Aktiva	Bemerkung	Verkehrswerte
1. Grundstücke		
a) „Mühlstr. 48, 12345 Schönhausen Grundbuch von Schönhausen Nr. 5204, BV Nr. 1, Flst. 1086"	Gutachten vom 15. 1. 2009	250.000,– €
b) „Mühlstr. 54/I, 12345 Schönhausen Grundbuch von Schönhausen Nr. 5204, BV Nr. 2, Flst. 1082/2"	Gutachten vom 15. 1. 2009	120.000,– €
Gesamt		**370.000,– €**

---

[95] BGH NJW 1989, 2887; BGHZ 55, 378, 380.
[96] Staudinger/*Haas* § 2314 Rn. 32, 34.

I. Auskunftsanspruch

2. Bewegliche Gegenstände			
a) Gegenstände des persönlichen Gebrauchs		Wertgutachten Fa. Schätzer vom 10. 12. 2008	8.500,– €
b) Kraftfahrzeuge Opel-Omega, 3.200 km, XY-A 110 Erstzulassung 6/02		Kfz-Sachverständigenbüro Frank Maier vom 7. 1. 2009	13.000,– €
c) Schmuck		Wertgutachten von Fa. Schätzer vom 7. 1. 2009	15.000,– €
d) Hausrat		Wertgutachten von Fa. Schätzer vom 7. 1. 2009	2.000,– €
Gesamt			**38.500,– €**
3. Geldvermögen			
a) Kontokorrentkonto, Sparkasse Schönhausen Nr. 96 51 54		Anzeige nach § 33 ErbStG vom 30. 1. 2009	63.596,– €
b) Genossenschaftsanteile, Volksbank Schönhausen		Schreiben vom 19. 12. 2008	1.500,– €
Gesamt			**65.096,– €**
4. Sonstige Forderungen			
a) Kaufvertragsforderung		Kaufvertrag vom 12. 8. 2008 Restkaufpreis, fällig am 1. 11. 2008	10.000,– €
b) Pachtforderung		Pachtrückstände per 9. 10. 2008 mtl. Pachtzins € 2.500,–	15.000,– €
Gesamt			**25.000,– €**
5. Lebensversicherungen			
a) Sparkassen Lebensversicherung vom 5. 6. 1998 Nr. 411 305 1 Bezugsrecht: Pauline Meier		Ausgezahlte Versicherungssumme am 6. 1. 2009	125.000,– €
b) Sparkassen Lebensversicherung vom 30. 8. 2001 Nr. M 590 73/00 Bezugsrecht: Pauline Meier		Ausgezahlte Versicherungssumme am 6. 1. 2009	25.000,– €
Gesamt			**150.000,– €**
Gesamtsumme der Aktiva			**648.596,– €**
II. Passiva			
1. Bankverbindlichkeiten			
a) Sparkasse Schönhausen Nr. 55 063 451		Anzeige nach § 33 ErbStG vom 30. 1. 2009	50.000,– €
b) Volksbank Schönhausen Nr. 55 063 575		Anzeige nach § 33 ErbStG vom 19. 12. 2008	25.000,– €
Gesamt			**75.000,– €**
2. Beerdigungskosten			
a) Trauerfeier + Gaststätte		Fa. Trauer vom 1. 11. 2008	500,– €
b) Beerdigung (Bestattung)		Fa. Trauer vom 1. 11. 2008	4.500,– €
c) Grabkosten		Fa. Trauer vom 1. 11. 2008	1.100,– €
Gesamt			**6.100,– €**
3. Nachlassverbindlichkeiten			
a) Ärztl. Praxis Gesund		Rechnung vom 6. 8. 2008	232,21 €
b) Dr. Roser, Schönhausen		Rechnung vom 6. 9. 2008	601,85 €
c) Landesklinik Schönhausen		Rechnung vom 10. 11. 2008	221,60 €
Gesamt			**1.055,66 €**
Gesamtsumme der Passiva			**82.155,66 €**

III. Vorschenkungen

1. Herr Anton Meier

a) Einfamilienhaus Grundbuch von Schönhausen Blatt 964, Flst. 5020/5"	Notarieller Schenkungsvertrag vom 15. 6. 2003 Gutachten vom 15. 12. 2008	205.000,- €
b) Bargeldschenkung	Schenkung vom 10. 2. 2004	10.000,- €

2. Frau Gudrun Schenk

a) Pkw, VW Golf Baujahr 1955	Schenkungsvertrag vom 25. 6. 2005	5.000,- €
b) Bargeldschenkung	Schenkung vom 10. 2. 2005	10.000,- €
Gesamtsumme der Vorschenkungen		**230.000,- €**

IV. Ermittlung des Nachlasswertes

Gesamtsumme der Aktiva	648.596,- €
Gesamtsumme der Passiva	− 82.155,66 €
Nettonachlass	**566.440,34 €**

43 *aa) Privates Bestandsverzeichnis.* Entsprechend seinem Zweck müssen in dem Bestandsverzeichnis alle Umstände angegeben sein, die zur Anspruchsdurchsetzung des Pflichtteilsberechtigten erforderlich sind. Die Auskunft hat jedoch grundsätzlich in übersichtlicher und zusammenhängender Form zu erfolgen. Nicht ausreichend ist der bloße Verweis auf ein gerichtliches Nachlassverzeichnis zur Feststellung der Gerichtskosten oder die Überlassung eines Vordrucks über das Vermögen des Betreuten.[97]

44 Ob der Auskunftsanspruch auch die **Vorlage von Belegen** (z. B. Konto- oder Depotauszüge, Quittungen, Geschäftsbücher etc.) erfasst, ist umstritten.[98] Eine Pflicht zur Vorlage von Unterlagen enthält der Gesetzeswortlaut des § 2314 BGB nicht.[99] Da sich der Wortlaut des § 2314 BGB in der Praxis in mehrfacher Hinsicht als zu eng erwiesen hat, ist der Anwendungsbereich dieser Vorschrift vielfältig ausgedehnt worden. Aus demselben Grunde ist den Bedürfnissen des Pflichtteilsberechtigten sowohl bei der Bestimmung des Umfangs als auch bei der praktischen Verwirklichung des Vorlegungsanspruchs Rechnung zu tragen. Ist die Vorlage von Unterlagen und Belegen zur Berechnung des Pflichtteilsanspruchs erforderlich, besteht ein Anspruch des Pflichtteilsberechtigten auf Vorlage der Unterlagen.[100] Bei einem Vorlegungsanspruch darf im Prozess der Klageantrag sehr allgemein gehalten sein, weil der Pflichtteilsberechtigte regelmäßig nicht in der Lage ist, die vorzulegenden Belege erschöpfend zu bezeichnen.[101] Bei gemischten Schenkungen besteht ein Anspruch des Pflichtteilsberechtigten auf Vorlage der Urkunden, aus denen die wechselseitig vereinbarten Leistungen zu entnehmen und zu überprüfen sind.

45 Eine besondere Schwierigkeit besteht darin, dass in dem Verzeichnis das Vermögen des Erblassers zum Zeitpunkt des Erbfalles aufzuführen ist, und zwar auch dann, wenn seit dem Erbfall ein größerer Zeitraum verstrichen ist. Auch die Tatsache, dass bestimmte Gegenstände des Nachlasses bereits unter den Erben verteilt oder in sonstiger Weise aus dem Nachlass ausgeschieden sind, hindert nicht die Erstellung des Verzeichnisses. Der Erbe muss ein Nachlassverzeichnis unter Umständen auch dann noch erstellen, wenn der Pflichtteilsanspruch (§ 2303 Abs. 1 BGB) bereits verjährt ist. Das Rechtsschutzbedürfnis für einen Auskunftsanspruch ist insbesondere dann zu bejahen, wenn der Pflichtteilsberechtigte gegen seinen früheren Rechtsanwalt vorgehen möchte, der bei den Ansprüchen gegen den Erben nicht für eine rechtzeitige Unterbrechung bzw. Hemmung der Verjährung gesorgt hat.[102]

---

[97] OLG Frankfurt NJW-RR 1983, 1483.
[98] *Bartsch* ZEV 2004, 176, 178; *Auwera* ZEV 2008, 359, 362; ablehnend: *Nieder* ZErb 2004, 60; *Cornelius* ZEV 2005, 286.
[99] Staudinger/*Bittner* § 260 Rn. 3: Vergleich mit § 259 BGB (Rechnungslegungsanspruch „mit Belegen") und § 260 BGB (Verpflichtung zur Erstellung eines Bestandsverzeichnisses grundsätzlich „ohne Belege").
[100] Staudinger/*Haas* § 2314 Rn. 18 a; Mayer/Süß/*Bittler* § 9 Rn. 24.
[101] OLG Köln ZEV 1999, 110.
[102] OLG Karlsruhe ZEV 2007, 329.

I. Auskunftsanspruch

46 Zwar ist ein bestimmter **Aufbau des privaten Nachlassverzeichnisses** nicht vorgesehen. Das Nachlassverzeichnis muss jedoch die tatsächlichen und fiktiven Nachlassgegenstände einzeln und übersichtlich zusammenfassen. Eine Mehrheit von Teilverzeichnissen ist ausreichend, sofern diese in ihrer Gesamtheit der geschuldeten Auskunft entsprechen.[103] Der Auskunftsverpflichtete kann daher auch ein bestehendes Verzeichnis sich zu Eigen machen und dieses ergänzen.[104] Das Nachlassverzeichnis sollte zur besseren Übersicht in Aktiva und Passiva unterteilt sein.[105] Angaben zum Wert der einzelnen Nachlassgegenstände sind nicht erforderlich.

47 Die **Form der Auskunftserteilung** ist gesetzlich nicht geregelt. Umstritten ist, ob von dem Erben nach § 2314 BGB die geschuldete Auskunft eigenhändig unterschrieben werden muss. Dies wird von der nahezu einhelligen Meinung in Literatur und Rechtsprechung sowohl zum Auskunftsanspruch nach § 2314 BGB wie zu den anderen im Gesetz geregelten Auskunftsansprüchen etwa aus Anlass von Scheidung und Trennung verneint.[106] Die von den Oberlandesgerichten Köln,[107] Hamm[108] und München[109] – überwiegend ohne nähere Begründung – vertretene gegenteilige Auffassung überzeugt nicht. Denn weder die Einstufung als höchstpersönliche Wissenserklärung noch die sich eventuell aus § 260 Abs. 1 BGB ergebende Notwendigkeit, die Auskunft schriftlich zu erteilen, erfordert zwangsläufig eine eigenhändige Unterschrift des Auskunftspflichtigen. Hieraus folgt nicht, dass sich der Auskunftsverpflichtete zur Übermittlung der Auskunft nicht eines Dritten, beispielsweise eines Anwalts, bedienen kann.[110]

> **Praxistipp:**
> Die erteilte Auskunft sollte im Falle eines Vergleiches in den Text der Vereinbarung aufgenommen werden. Hierdurch ist eine nachträgliche Überprüfung der Pflichtteilsberechnung möglich, falls neue Vermögenswerte aufgefunden werden.

48

49 *bb) Amtliches Bestandsverzeichnis.* Der Pflichtteilsberechtigte hat bei bestehendem Auskunftsanspruch einen Anspruch auf Aufnahme eines amtlichen Verzeichnisses. Diesen Anspruch kann der Pflichtteilsberechtigte **wahlweise** neben dem Anspruch auf Vorlegung eines privaten Bestandsverzeichnisses geltend machen.[111] Hat der Erbe entsprechend der Aufforderung des Pflichtteilsberechtigten zunächst ein privates Nachlassverzeichnis vorgelegt, kann der Pflichtteilsberechtigte zusätzlich ein amtliches Nachlassverzeichnis verlangen.[112] Hat der Erbe zunächst ein amtliches Verzeichnis erstellt, entfällt ein Anspruch auf die Vorlage eines privaten Verzeichnisses, da ein solches Verlangen regelmäßig rechtsmissbräuchlich sein wird.[113]

50 Der Pflichtteilsberechtigte kann nach § 2314 Abs. 1 S. 3 BGB die amtliche Aufnahme des Nachlassverzeichnisses durch die zuständige Behörde, einen zuständigen Beamten oder No-

---

[103] BGH FamRZ 1962, 429; OLG Brandenburg FamRZ 1998, 179.
[104] OLG Brandenburg FamRZ 1998, 180, 181.
[105] Beispiel in MAH ErbR/*Kasper* § 36 Rn. 168.
[106] OLG Karlsruhe NJW-RR 2002, 220; OLG Zweibrücken FamRZ 2001, Nürnberg FuR 2000, 294; KG FamRZ 1997, 503; 763; Palandt/*Brudermüller* § 1379 Rn. 10 u. § 1580 Rn. 4; MünchKommBGB/*Koch* § 1379 Rn. 16; Staudinger/*Thiele* § 1379 Rn. 17; MünchKommBGB/*Lange* § 2314 Rn. 10; Lange/Kuchinke § 37 XII 2 b.
[107] OLG Köln FamRZ 2003, 235.
[108] OLG Hamm FamRZ 2001, 763.
[109] OLG München FamRZ 1995, 737; OLG München FamRZ 1996, 307.
[110] OLG Nürnberg NJW-RR 2005, 808; Palandt/*Edenhofer* § 261 Rn. 20.
[111] BGH NJW 1961, 602.
[112] BGH NJW 1961, 602; OLG Naumburg ZEV 2008, 241; OLG Karlsruhe ZEV 2007, 329; OLG Oldenburg FamRZ 2000, 62; OLG Bremen FamRZ 1997, 1473; OLG Düsseldorf FamRZ 1995, 1236; OLG Oldenburg FamRZ 1993, 857; Staudinger/*Haas* § 2314 Rn. 39.
[113] BGH NJW 1961, 602.

tar verlangen (§ 20 Abs. 1 S. 2 BNotO).[114] Der Notar kann infolge des Urkundsgewährungsanspruchs die amtliche Aufnahme nicht verweigern.[115] Dieses Verzeichnis wird sich jedoch in der Praxis meist nicht von dem privatschriftlichen Verzeichnis unterscheiden. Dem amtlichen Verzeichnis wird jedoch ein höherer Beweiswert zugestanden.[116] Der **Notar** ist zwar verpflichtet, den Nachlassbestand **selbst zu ermitteln.**[117] In der Praxis gibt der Notar jedoch oftmals nur den Inhalt des privatschriftlichen Bestandsverzeichnisses wieder. Der Notar hat jedoch die vorhandenen Vermögensgegenstände sorgfältig festzustellen und seine Feststellungen in einer von ihm zu unterzeichnenden berichtenden Urkunde niederzulegen.[118] Er ist für den Inhalt des Nachlassverzeichnisses verantwortlich und daher zur Vornahme von Ermittlungen berechtigt und verpflichtet.[119] Der Notar entscheidet, welche Aktiva und Passiva in das Bestandsverzeichnis aufgenommen werden und welche nicht. Diese Entscheidung ist nicht etwa dem Auskunftspflichtigen vorbehalten. Andernfalls würde der Sinn der Aufnahme eines Vermögensverzeichnisses durch eine Amtsperson, nämlich die Gewährleistung der objektiven Feststellung, unterlaufen.[120] Welche Ermittlungen der Notar vornimmt, entscheidet er unter Berücksichtigung der Einzelfallumstände nach seinem Ermessen.[121] Der Notar darf sich mit Auskünften des Auskunftspflichtigen nur dann begnügen, wenn andere Erkenntnismöglichkeiten nicht zur Verfügung stehen, er sich also insbesondere nicht persönlich von dem Bestand des Nachlasses – etwa durch Augenschein oder durch Sichtung von Unterlagen – überzeugen kann, z. B. wenn es sich um lebzeitige Erblasserschenkungen an den Auskunftsverpflichteten oder an Dritte handelt, wenn die Erblasserwohnung bereits aufgelöst ist oder wenn Nachlassgegenstände bereits unter den Erben verteilt sind.[122] Unter dem Gesichtspunkt der Wahl des sichersten Weges wird in der notariellen Praxis angeraten, bei der Erstellung eines notariellen Nachlassverzeichnisses bei den örtlichen Kreditinstituten und Grundbuchämtern nachzufragen, ob bei dort Vermögensgegenstände des Erblassers bekannt oder vorhanden sind. Angezeigt sei ebenfalls die Begehung der Erblasserwohnung und Inaugenscheinnahme und Anzeichnung der dort befindlichen Gegenstände und die Durchsicht von Unterlagen im Hinblick auf das Vorhandensein von Guthaben und Verbindlichkeiten.[123] Da das Gesetz hinsichtlich des Inhalts der Auskunft keinen Unterschied zwischen einem privatschriftlichen Verzeichnis und einem notariellen Verzeichnis macht, muss sich auch das notarielle Nachlassverzeichnis auf Verlangen des Pflichtteilsberechtigten auf den fiktiven Nachlass beziehen.[124] Bei der Ermittlung kann der Notar Hilfspersonen einschalten, welche beispielsweise Grundbuchauszüge einholen. Der Notar kann jedoch nicht das Verzeichnis vollständig durch eine **Hilfsperson** erstellen lassen, da der Notar für den Inhalt des Verzeichnisses selbst verantwortlich ist. Nach § 19 Abs. 1 S. 1 BNotO haftet der Notar für die Verletzung einer ihm gegenüber einem anderen obliegenden Amtspflicht, allerdings nach § 19 Abs. 1 S. 2 BNotO bei fahrlässiger Pflichtverletzung nur dann, wenn der Verletzte nicht auf andere Weise Ersatz zu erlangen vermag (subsidiäre Haftung).

51 Die Aufnahme eines Nachlassverzeichnisses durch einen Notar setzt im Regelfall voraus, dass der **Verpflichtete persönlich anwesend** ist und für Belehrungen, Nachfragen und Erläuterungen zur Verfügung steht. Eine Vertretung (z. B. durch den Prozessbevollmächtigten) bei der Errichtung des Nachlassverzeichnisses durch den Notar ist grundsätzlich nicht möglich.[125]

---

[114] Zur zuständigen Behörde vgl. Staudinger/*Marotke* § 2002 Rn. 3.
[115] *Schreinert* RNotZ 2008, 68, 74.
[116] BGH NJW 1961, 602; OLG Karlsruhe ZEV 2008, 189.
[117] OLG Rostock ZEV 2009, 396; LG Aurich NJW-RR 2005, 1464; *Nieder* ZErb 2004, 60, 63; MünchKommBGB/*Lange* § 2314 Rn. 41; *Ahrens* ErbR 2009, 248.
[118] Kersten/Bühling/*Peter* § 20 Rn. 37; Arndt/Lerch/Sandkühler/*Sandkühler* § 20 BNotO Rn. 56.
[119] Eylmann/Vaasen/*Limmer* § 20 BNotO Rn. 23.
[120] Arndt/Lerch/Sandkühler/*Sandkühler* § 20 BNotO Rn. 57; Eylmann/Vaasen/*Limmer* § 20 BNotO Rn. 23.
[121] Eylmann/Vaasen/*Limmer* § 20 BNotO Rn. 23.
[122] OLG Düsseldorf RNotZ 2008, 105; OLG Karlsruhe ZEV 2007, 329, 330.
[123] *Schreinert* RNotZ 2008, 68, 71; *Zimmer* ZEV 2008, 365, 366.
[124] BGH NJW 1961, 602; OLG Karlsruhe ZEV 2007, 329; OLG Oldenburg NJW-RR 1993, 782, 783.
[125] OLG Koblenz ZEV 2007, 493; a. A. *Roth* ZErb 2007, 402, 403.

§ 2314 BGB enthält keine Bestimmung, an welchem **Ort die Aufnahme des Verzeichnisses** 52
zu erfolgen hat. Der Notar ist daher berechtigt, die Aufnahme in seinen Amtsräumen durchzuführen. Der Pflichtteilsberechtigte hat keinen Anspruch darauf, dass das Nachlassverzeichnis in der Wohnung des Erben aufgenommen wird.[126] Gleichwohl ist der Notar verpflichtet, soweit erforderlich vor Ort Nachlassgegenstände in Augenschein zu nehmen, so dass diese in dem Verzeichnis richtig wiedergegeben werden können.

b) Einzelpositionen. aa) Bankvermögen. Der Pflichtteilsberechtigte selbst hat keinen di- 53
rekten Auskunftsanspruch gegenüber der Bank. Der Erbe hat gegenüber dem Bankinstitut des Erblassers seinen Auskunftsanspruch nach §§ 675, 666 BGB geltend zu machen.[127] Der Auskunftsanspruch des Pflichtteilsberechtigten ist grundsätzlich auf den Zeitpunkt des Todes beschränkt. Der Pflichtteilsberechtigte hat daher grundsätzlich keinen Anspruch darauf, Auskunft über jede Kontobewegung vor dem Todestag des Erblassers zu erhalten.[128] Einen Anspruch auf Vorlage der vollständigen Bankunterlagen in dem nach § 2325 Abs. 3 BGB relevanten Zeitraum[129] hat der Pflichtteilsberechtigte jedoch nicht. Hat der Erblasser jedoch zu Lebzeiten über sein Bankvermögen verfügt und könnten diese Verfügungen Auswirkungen auf den Pflichtteils- oder Pflichtteilsergänzungsanspruch haben, besteht ein Anspruch des Pflichtteilsberechtigten nach § 242 BGB auf Vorlage der Bankunterlagen.[130] Gegenüber der Klage eines Erben auf Herausgabe eines Sparbuchs, das auf den Namen des Erblassers als Forderungsinhaber ausgestellt ist, hat der Sparbuchbesitzer, der Nichterbe ist, die Beweislast für den Einwand einer lebzeitigen Schenkung durch den Erblasser.[131] Im Falle der Geltendmachung von Bereicherungsansprüchen wegen Abhebungen von einem Sparkonto mittels vom Kontoinhaber erteilter Kontovollmachten, hat der Abhebende abweichend von dem sonst bei § 812 Abs. 1 S. 1 Alt. 1 BGB geltenden Grundsatz das Vorliegen eines behaupteten Rechtsgrundes zu beweisen.[132]
Das Interesse des Pflichtteilsberechtigten an der Auskunft des Bankinstitutes geht dem Interesse des Zuwendungsempfängers an der Wahrung des Bankgeheimnisses vor.

Praxistipp:
Bei Bankvermögen ist die von dem Bankinstitut gegenüber dem zuständigen Erbschaftsteuerfi- 54
nanzamt zu erstellende Anzeige über die Verwahrung oder Verwaltung fremden Vermögens gem.
§ 33 ErbStG, § 1 ErbStDV zu verlangen.

Beispiel: Anzeige nach § 33 Abs. 1 ErbStG, § 1 ErbStDV 55

ANZEIGE			
über die Verwahrung oder Verwaltung fremden Vermögens (§ 33 Abs. 1 ErbStG und § 1 ErbStDV).			
1. Erblasser			
Name und Vorname	Häberle, Karl		
Geburtstag	30. 4. 1934		
Anschrift	Badstraße 34, 70597 Stuttgart		
Todestag	15. 12. 2008	Sterbeort	Stuttgart
Standesamt	Stuttgart	Sterbebuch-Nr.	156/2008

---

[126] Staudinger/*Haas* § 2314 Rn. 40, vgl. auch § 10 Rn. 150 f.
[127] BGH NJW 1989, 1601.
[128] *Schlitt* ZEV 2007, 515; OLG Bremen MDR 2000, 1324 zu Auskunftsanspruch nach § 1379 BGB.
[129] Vgl. § 6 Rn. 30 ff.
[130] *Schlitt* ZEV 2007, 515.
[131] OLG Koblenz ZErb 2003, 381; Abgrenzung zu BGH NJW 1999, 2887.
[132] OLG Bamberg ZEV 2004, 207.

2. Guthaben, auch solche auf Gemeinschaftskonten*

Kontonummer	Nennbetrag ohne Zinsen für das Todesjahr (volle EUR)*	Aufgelaufene Zinsen bis zum Todestag (volle EUR)*	Bemerkungen (z. B. Girokonto/Sparkonto)	Gemeinschaftskonto
1	2	3	4	5
465/2101921/70	11.134,–	3,–	Kontokorrentkonto	nein
465/2101921/70	20.000,–	123,–	Termingeldkonto	nein

3. Es war ein Vertrag zu Gunsten Dritter vorhanden: ☐ ja ☒ nein
   Konto-Nr.   Begünstigter: ./.

4. Wertpapiere, Anteile, Genussscheine und dergleichen, auch solche in Gemeinschaftsdepot*
   ☒ Depot-Nr. 465/2101921/00 gem. separate/n Depotwertberechnung/en (inkl. Angabe w/Einzel-/ Gemeinschaftsdepot)
   ☐ Depot ohne Werte bzw. nicht vorhanden

5. Der Verstorbene hatte ein Schließfach   ☐ ja   ☒ nein

6. Eine steuerliche Unbedenklichkeitsbescheinigung wird hiermit
   beantragt: ☒ ja   ☐ nein
   Ansprechpartner/Ausländischer Berechtigter: Emilie Häberle, Nortons Street, Albourne West-Sussex (England)

7. Bemerkungen (z. B. über Schulden, Mietkautionen, Verpfändungen u. ä.)
   ☐ Sollsalden: Konto-Nr.:   Konto-Art: Saldo: EUR
   ☒ Meldebereich: Wir melden für die Commerzbank AG.
   ☐ Sonstiges:

* anzugeben sind die Konto- und Depotstände zu Beginn des Todestages (Buchungsschnitt des Vortages)

56 Der Vorteil der Anzeige gem. § 33 ErbStG ist, dass sämtliche Bankkonten, nebst dem Vorhandensein eines Schließfaches des Erblassers bei dem betreffenden Bankinstitut aufgeführt werden. Ferner enthält die Anzeige die von dem Bankinstitut errechneten Zinserträge des Bankvermögens auf den Todestag. Durch die Änderung der Erbschaftsteuerdurchführungsverordnung ist die Freigrenze der Meldepflicht von € 1.200,– auf € 2.500,– angehoben worden, so dass die Bankinstitut ab dem 1. 1. 2006 eine Anzeige nach § 33 ErbStG erst ab einem Gesamtguthaben des Erblassers bei der Bank von € 2.500,– vornehmen müssen. Ein inländischer Vermögensverwahrer oder -verwalter ist verpflichtet, in die Anzeigen nach § 33 Abs. 1 ErbStG auch Vermögensgegenstände einzubeziehen, die von einer Zweigniederlassung im Ausland verwahrt oder verwaltet werden.[133]

Praxistipp:
57 Bei Genossenschaftsbanken ist zu ermitteln, ob der Erblasser Genossenschaftsanteile erworben hatte.

58 *bb) Lebensversicherungen.* Schließt ein Versicherungsnehmer einen Lebensversicherungsvertrag ab, hat der Versicherungsnehmer die Möglichkeit, einer bestimmten Person das Bezugsrecht aus dem Versicherungsvertrag einzuräumen. Der Versicherungsnehmer kann somit bestimmen, an welche Person die Versicherung bei Eintritt des Versicherungsfalles die Versicherungssumme ausbezahlen soll. In dem Versicherungsfall entsteht der Anspruch auf die Versicherungssumme unmittelbar in der Person des Bezugsberechtigten, ohne Durchgangserwerb bei dem Versicherungsnehmer. Es liegt ein Vertrag zu Gunsten Dritter vor (§ 328 Abs. 1 BGB). Die Versicherungssumme fällt somit bei einer Versicherung auf den Todesfall (Vertrag zu Gunsten Dritter auf den Todesfall, §§ 328, 331 BGB) grundsätzlich nicht in den

---
[133] BFH BB 2007, 27.

Nachlass.¹³⁴ In den meisten Fällen wird daher eine den Pflichtteilsergänzungsanspruch auslösende Schenkung vorliegen. Der Pflichtteilsberechtigte hat gegenüber dem Erben einen Auskunftsanspruch über das Bestehen von Lebensversicherungsverträgen, der gezahlten Prämien und der ausbezahlten Lebensversicherungssumme. Soweit der Bezugsberechtigte nicht mit dem Erben identisch ist, hat der Erbe sich die Kenntnis bei dem Bezugsberechtigen zu verschaffen.

cc) Schenkungen. Der Auskunftsanspruch des Pflichtteilsberechtigten umfasst nicht nur die beim Erbfall tatsächlich vorhandenen Nachlassgegenstände, sondern auch die ausgleichspflichtigen Zuwendungen des Erblassers.¹³⁵ Der Auskunftsanspruch schließt somit auch anrechnungs- und ausgleichspflichtige Zuwendungen (§§ 2315, 2016 BGB) sowie ergänzungspflichtige Schenkungen (§ 2325 BGB) und unbenannte Zuwendungen zwischen Ehegatten mit ein.¹³⁶ Schenkungen an den Erben sind insoweit erfasst, als diese innerhalb des nach § 2325 Abs. 3 BGB relevanten Zeitraums vorgenommen worden sind. Zu beachten ist, dass dieser Zeitraum bei Schenkungen an Ehegatten nach § 2325 Abs. 3 BGB nicht gilt. Der Zeitraum gilt auch dann nicht, wenn sich der Schenker Rechte an dem verschenkten Gegenstand vorbehalten hat.¹³⁷ Das Auskunftsbegehren muss jedoch ausdrücklich auch lebzeitige Zuwendungen umfassen. Die Vollstreckung aus einem Auskunftsurteil kann nicht auf Auskunft über lebzeitige Schenkungen, welche erst nach Titulierung geltend gemacht werden, ausgeweitet werden.¹³⁸ Der Umfang der Auskunft erstreckt sich dabei auch auf die Person des Zuwendungsempfängers und bei Verträgen zugunsten Dritter auch auf das Zuwendungsverhältnis.¹³⁹

Der Auskunftsanspruch umfasst ebenfalls Anstands- und Pflichtteilsschenkungen des Erblassers.¹⁴⁰ Zwar ist in § 2330 BGB geregelt, dass der Pflichtteilsberechtigte keinen Pflichtteilsergänzungsanspruch bezüglich Anstands- und Pflichtteilsschenkungen hat. In der Praxis versucht jedoch der Erbe regelmäßig, vollzogene Schenkungen unter Hinweis auf § 2330 BGB nicht bekannt zu geben. Richtigerweise hat der Pflichtteilsberechtigte einen Anspruch auf Kenntnis aller Schenkungen und somit auch über Anstandsschenkungen. Erst in einem nächsten Schritt ist rechtlich zu überprüfen, ob diese Schenkungen tatsächlich Anstandsschenkungen sind und daher bei der Pflichtteilsergänzung nicht zu berücksichtigen sind.

c) Zuziehung des Pflichtteilsberechtigten. Nach § 1314 Abs. 1 S. 2 BGB kann der Berechtigte verlangen, dass er sowohl bei der Aufnahme des privaten Bestandsverzeichnisses als auch bei der Erstellung des amtlichen Bestandsverzeichnisses zugezogen wird.¹⁴¹ Dieses Recht umfasst auch die Zuziehung eines Vertreters oder eines Beistandes.¹⁴² Nach OLG Koblenz¹⁴³ ist grundsätzlich die persönliche Anhörung des Auskunftsverpflichteten erforderlich, die Korrespondenz mit dessen Rechtsbeistand genügt im Regelfall nicht. Dies ergibt sich zunächst aus dem Erfordernis, den Auskunftsverpflichteten eindringlich und höchstpersönlich über seine Wahrheitspflicht zu belehren, aber auch aus der Möglichkeit für Rückfragen. Ein Vertreter verfügt grundsätzlich nicht über das bei dem Verpflichteten vorhandene vollständige Wissen. Die besondere gesetzlich geforderte Qualität des Verzeichnisses ergibt sich erst aus dem unmittelbaren Dialog zwischen Auskunftsverpflichteten und Notar und den damit verbundenen Belehrungen, Aufklärungen und Rückfragen.¹⁴⁴ Die Aufnahme des Verzeichnisses durch eine Amtsperson ersetzt das Anwesenheitsrecht des Pflichtteilsberechtigten nicht. Das Anwesenheitsrecht gewährt dem Pflichtteilsberechtigten keine Mitwirkungsrechte oder -pflichten. Eigene Erkenntnisse kann der Pflichtteilsberechtigte dem Erben

---

¹³⁴ Vgl. § 3 Rn. 17.
¹³⁵ BGH NJW 1961, 602.
¹³⁶ Staudinger/*Haas* § 2314 Rn. 11; BGH NJW 1992, 564.
¹³⁷ Staudinger/*Olshausen* § 2325 Rn. 58 d.
¹³⁸ OLG Celle NJW 2005, 3650.
¹³⁹ OLG Karlsruhe ZEV 2000, 280.
¹⁴⁰ BGH NJW 1962, 245.
¹⁴¹ *Nieder* ZErb 2004, 60.
¹⁴² KG NJW 1996, 2312; MünchKommBGB/*Lange* § 2314 Rn. 14; *Auwera* ZEV 2008, 359.
¹⁴³ OLG Koblenz ZEV 2007, 493.
¹⁴⁴ OLG Koblenz ZEV 2007, 493.

entgegenhalten oder dessen Angaben anzweifeln.¹⁴⁵ Ist bereits ein formell ordnungsgemäßes Bestandsverzeichnis vorhanden, kann der Pflichtteilsberechtigte die Wiederholung der Errichtung unter seiner Zuziehung nur dann verlangen, wenn er vor der Erstellung sein Anwesenheitsrecht geltend gemacht hatte. Einwände gegen die Richtigkeit des vorhandenen Bestandsverzeichnisses begründen keinen Anspruch auf Wiederholung der Errichtung unter Zuziehung des Pflichtteilsberechtigten.¹⁴⁶ Einwände gegen die Richtigkeit können lediglich dazu führen, die Abgabe der eidesstattlichen Versicherung von dem Auskunftsverpflichteten zu verlangen.¹⁴⁷ § 2314 BGB enthält keine Bestimmung über den Ort der Aufnahme des Verzeichnisses. Die Zuziehung des Pflichtteilsberechtigten beinhaltet nicht, dass die Aufnahme in der Wohnung des Erblassers oder des Erben vorzunehmen ist.¹⁴⁸

62 d) **Unvollständiges Bestandsverzeichnis.** Hat der Erbe Auskunft durch Vorlage eines Bestandsverzeichnisses erteilt, entsteht in der Praxis oft die Frage, ob der Pflichtteilsberechtigte einen Ergänzungsanspruch wegen Unrichtigkeit oder Unvollständigkeit hat. Grundsätzlich ist der Auskunftsanspruch durch die Erteilung der Auskunft erloschen. Ein Anspruch auf Nachbesserung scheidet daher regelmäßig aus.¹⁴⁹ Meint der Pflichtteilsberechtigte, Grund zur Annahme zu haben, dass das Bestandsverzeichnis nicht mit der erforderlichen Sorgfalt erstellt worden ist, besteht daher nur der Anspruch gegen den Auskunftsverpflichteten nach § 260 Abs. 2 BGB die Richtigkeit und Vollständigkeit an Eides statt zu versichern.¹⁵⁰

63 Bei nachweisbarer oder offensichtlicher Unvollständigkeit des Bestandsverzeichnisses ist der Auskunftsanspruch nicht (vollständig) erfüllt. Dies ist der Fall, wenn das Verzeichnis einen aus einer Mehrheit von Gegenständen bestehenden Vermögensteil nicht berücksichtigt, auch wenn dies auf einem Rechtsirrtum beruht. In diesem Fall fehlt es an einem Verzeichnis, auf das sich die eidesstattliche Versicherung beziehen kann. Beispiel hierfür ist das Fehlen der erfolgten Schenkungen im Verzeichnis.¹⁵¹ Der Ergänzungsanspruch ist gegebenenfalls über § 888 ZPO zu vollstrecken.¹⁵²

64 Werden nach Ablauf der 3-jährigen Verjährungsfrist weitere, bisher noch nicht im Bestandsverzeichnis aufgenommene Nachlassaktiva oder -passiva aufgefunden, ist der Auskunftsanspruch bezogen auf diese Gegenstände nach den neuen Verjährungsregelungen noch nicht verjährt. Nachdem nach der Neuregelung der Verjährung des Pflichtteilsanspruchs §§ 195, 199 BGB anzuwenden ist, bedarf es der Kenntnis der anspruchsbegründender Umstände des Pflichtteilsberechtigten und somit auch der Bestand und Wert des Nachlasses.¹⁵³

65 e) **Eidesstattliche Versicherung.** Nur wenn der Pflichtteilsberechtigte Grund zur Annahme hat, dass das Verzeichnis des Erben nicht mit der erforderlichen Sorgfalt errichtet worden ist, kann er von dem Erben die eidesstattliche Versicherung gem. §§ 2314 Abs. 1 S. 2 BGB, 260 Abs. 2 BGB über die Vollständigkeit und Richtigkeit der Angaben über den Nachlassbestand fordern.¹⁵⁴ Der Grund für diese Annahme kann sich auch aus dem vorprozessualen Verhalten des auskunftspflichtigen Erben ergeben; dies insbesondere dann, wenn dieser mit allen Mitteln versucht hat, die Auskunft zu verhindern oder zu verzögern. Unbestimmte und zweifelhafte Angaben im Verzeichnis sowie wiederholte Korrekturen bereits erteilter Auskünfte begründen ebenfalls den Vorwurf mangelnder Sorgfalt, insbesondere dann, wenn die Auskunft erst nach längerer Weigerung erteilt wurde.¹⁵⁵ Nach der Rechtsprechung¹⁵⁶ kann

---

¹⁴⁵ KG NJW 1996, 2312.
¹⁴⁶ Staudinger/*Haas* § 2314 Rn. 45; a. A. MünchKommBGB/*Lange* § 2314 Rn. 14.
¹⁴⁷ Vgl. Rn. 60.
¹⁴⁸ Staudinger/*Haas* § 2314 Rn. 3.
¹⁴⁹ Staudinger/*Haas* § 2314 Rn. 42; MünchKommBGB/*Lange* § 2314 Rn. 11; Staudinger/*Bittner* § 260 Rn. 36.
¹⁵⁰ *Damrau* ZEV 2009, 274.
¹⁵¹ OLG Nürnberg ZEV 2005, 312; OLG Oldenburg NJW-RR 1992, 777; OLG Hamburg NJW-RR 1989, 1285; MünchKommBGB/*Lange* § 2314 Rn. 11.
¹⁵² OLG Hamburg NJW-RR 2002, 1292.
¹⁵³ *Damrau* ZEV 2009, 274.
¹⁵⁴ LG Oldenburg ZErb 2009, 1.
¹⁵⁵ OLG Zweibrücken FamRZ 1969, 230; Staudinger/*Haas* § 2314 Rn. 4.
¹⁵⁶ BGH JZ 1952, 492; OLG Oldenburg NJW-RR 1992, 777.

nicht ohne Weiteres auf den Vorwurf eines Sorgfaltsmangels geschlossen werden, wenn der Auskunftsverpflichtete in Folge eines Rechtsirrtums die Aufnahme von Vermögenswerten unterlässt. In einem derartigen Fall soll dem Auskunftsberechtigten ausnahmsweise ein Anspruch auf Ergänzung des Verzeichnisses zustehen, da der ursprüngliche Auskunftsanspruch noch nicht erloschen ist. Bestehen keine greifbaren Anhaltspunkte, dass bislang nicht ausgesprochene Schenkungen existieren, kann der Pflichtteilsberechtigte insoweit keine eidesstattliche Versicherung verlangen. In diesem Fall besteht kein Grund zur Annahme, dass der Auskunftsverpflichtete die gebotene Sorgfalt außer Acht gelassen hat.[157] Ein hinreichender Grund, die eidesstattliche Versicherung zu verlangen, kann dann bestehen, wenn sich der Auskunftsverpflichtete weigert, Belege vorzulegen, aus denen unter Umständen weitere Vermögenswerte oder Schenkungen zu entnehmen sind.[158] Der Pflichtteilsberechtigte kann verlangen, dass der Erbe den Bestand des Nachlasses sowohl hinsichtlich der Aktiva als auch der Passiva des Nachlasses mit der eidesstattlichen Versicherung erhärtet.[159] Die eidesstattliche Versicherung kann sich jedoch nicht darauf beziehen, wo sich einzelne Gegenstände befinden bzw. befunden haben bzw. welchen Wert bestimmte Nachlassgegenstände haben.

Ist der Erbe bereit, diese Versicherung freiwillig abzugeben, so ist das Nachlassgericht hierfür zuständig (§§ 361, 413 FamFG), andernfalls das Vollstreckungsgericht (§ 261 BGB). **66**

f) Kosten. Die Kosten für die Erstellung eines privaten oder amtlichen Bestandverzeichnisses sind vom Nachlass zu tragen und als Nachlassverbindlichkeit vom Aktivnachlass abzugsfähig (§ 2314 Abs. 2 BGB). Sie belasten den Pflichtteilsberechtigten somit entsprechend seiner Pflichtteilsquote. Die Kosten der Abnahme der eidesstattlichen Versicherung trägt jedoch der Auskunftsberechtigte entsprechend § 261 Abs. 3 BGB selbst. Die Kosten für die Erfüllung des Auskunftsanspruchs des pflichtteilsberechtigten Miterben fallen jedoch nicht wie bei § 2314 BGB dem Nachlass zur Last, sondern sind von diesem selbst zu tragen.[160] Wird bei einer Stufenklage der Erbe durch Teilurteil verurteilt, dem Kläger über den Bestand des Nachlasses durch Vorlage eines durch einen Notar im Beisein des Pflichtteilsberechtigten aufgenommenen Verzeichnisses Auskunft zu erteilen (§ 2314 Abs 1 BGB), so sind die Kosten der Teilnahme des Verkehrsanwalts des Beklagten bei der notariellen Aufnahme des Nachlassverzeichnisses, insbesondere eine Beweisgebühr und die Reisekosten des Anwalts, nicht als Kosten des Rechtsstreits aufgrund der Kostengrundentscheidung des Schlussurteils festsetzbar.[161] **67**

g) Weitere Auskunftsansprüche. *aa) Auskunftsanspruch gegenüber Grundbuchamt.* Der Pflichtteilsberechtigte hat als Forderungsgläubiger ein berechtigtes Interesse gem. § 12 GBO i. V. m. § 43–46 der Verordnung zur Durchführung der Grundbuchordnung (GBV) auf Auskunft gegenüber dem Grundbuchamt über den Immobilienstand des Nachlasses. Der Pflichtteilsberechtigte hat sowohl ein Einsichtsrecht in das Grundbuch wie auch in den dem jeweiligen Eintrag zugrunde liegende Übergabe- und Schenkungsvertrag.[162] Er ist berechtigt, gem. § 12 Abs. 2 GBO beglaubigte oder unbeglaubigte Abschriften zu verlangen. Nach § 12a GBO können die Grundbuchämter auch Verzeichnisse der Grundbucheigentümer führen. Auch diese Verzeichnisse können von dem Pflichtteilsberechtigten eingesehen werden.[163] Unbeachtlich ist, dass der Pflichtteilsberechtigte auch einen Auskunftsanspruch gegenüber dem Erben hat. **68**

bb) Auskunftsanspruch gegenüber Handelsregister. Der Pflichtteilsberechtigte hat gem. § 9 HGB das Recht, Einsicht in das Handels- und Unternehmensregister zu nehmen. **69**

cc) Einsicht in die Nachlassakte. Die am Nachlassverfahren Beteiligten[164] (§ 13 Abs. 1 FamFG) haben Anspruch auf Einsicht in die Nachlassakte. Dazu zählen im Nachlassverfahren unter anderem die gesetzlichen Erben und somit die Personen, die ohne letztwillige Ver- **70**

---

[157] OLG Koblenz FamRZ 2003, 193.
[158] OLG Bremen, MDR 2000, 1324; a. A. Staudinger/*Haas* § 2314 Rn. 4; *Bartsch* ZEV 2004, 176.
[159] BGH NJW 1961, 602.
[160] Staudinger/*Haas* § 2314 Rn. 25.
[161] OLG München Rpfleger 1997, 453.
[162] LG Stuttgart ZEV 2005, 313 Fortführung von KG ZEV 2004, 338; *Cornelius* ZEV 2005, 286.
[163] Staudinger/*Haas* § 2314 Rn. 57a; *Melchers* Rpfleger 1993, 309.
[164] Krug/Rudolf/Kroiß/*Kroiß*, Erbrecht, § 7 Rn. 24.

fügung als Erben berufen wären. Wurde ein Ehegatte, Kind, Elternteil oder ein eingetragener Lebenspartner durch letztwillige Verfügung von dem Erbe ausgeschlossen, ist er somit als Verfahrensbeteiligter berechtigt, Einsicht in die Nachlassakte zu nehmen.[165] Zur vollständigen Nachlassakte gehört auch das in der Nachlassakte geführte Nachlassverzeichnis.

71 *dd) Auskunftsanspruch gegen Dritte.* Ein Auskunftsrecht gegen Dritte besteht grundsätzlich nicht. Gegenüber dem Beschenkten besteht ausnahmsweise ein Auskunftsanspruch.[166] Im Rahmen eines Gerichtsverfahrens besteht die Möglichkeit gegenüber Dritten gem. § 142 Abs. 1 ZPO die Vorlage von Bezugsurkunden durch das Gericht anordnen zu lassen. Der Dritte ist nach § 142 Abs. 2 ZPO zur Vorlage nicht verpflichtet, soweit ihm dies nicht zuzumuten ist oder er zur Zeugnisverweigerung berechtigt ist.

72 *ee) Auskunftsanspruch nach § 2057 BGB.* Der Auskunftsanspruch nach § 2057 BGB steht jedem Miterben zu, der zu den Ausgleichungsberechtigten im Sinne der §§ 2050 ff. BGB zählt. Im Rahmen des Ausgleichungspflichtteils nach § 2316 BGB[167] ist auch der nicht erbende pflichtteilsberechtigte Abkömmling nach § 2057 BGB gegenüber dem Erben auskunftsberechtigt. Die Auskunftspflicht erstreckt sich auf lebzeitige Zuwendungen des Erblassers, die im Rahmen der §§ 2050 ff BGB auszugleichen sind.[168] Der Auskunftsverpflichtete hat den nicht erbenden pflichtteilsberechtigten Abkömmlingen sämtliche Vorempfänge nach §§ 2050 ff. BGB mitzuteilen. Dem Auskunftsverpflichteten steht nicht zu, vorab zu entscheiden, welche Zuwendungen ausgleichungspflichtig sind. Hierdurch könnte der Ausgleichungsverpflichtete in unzulässiger Weise den Pflichtteilsanspruch verkürzen. Die Auskunftspflicht erstreckt sich auf Zuwendungen, die der betreffende Abkömmling selbst oder sein Vorgänger (§ 2051 BGB) erhalten hat. Die Auskunftspflicht erstreckt sich jedoch nicht auf Vorempfänge, die andere Miterben erhalten habe.[169] Eine besondere Form ist für die Auskunft des Ausgleichungspflichtigen nicht vorgeschrieben. Ein Bestandsverzeichnis ist gem. § 260 Abs. 1 BGB nur vorzulegen, falls der Vorempfang aus einem sogenannten Inbegriff von Gegenständen bestanden hat.[170] Ein Anspruch auf Erstellung und Vorlage von Sachverständigengutachten besteht grundsätzlich nicht, kann sich jedoch aus den Grundsätzen der allgemeinen Auskunftspflicht nach § 242 BGB ergeben.[171] Die Kosten trägt in diesem Fall der an dem Gutachten interessierte Gläubiger nach § 242 BGB.[172]

73 *ff) Inventarerrichtung.* Der Pflichtteilsberechtigte ist Nachlassgläubiger und kann daher unabhängig von seinem Auskunftsrecht nach § 2314 BGB sichernde Maßnahmen nach § 1960 BGB, insbesondere die Bestellung eines Nachlasspflegers nach § 1960 BGB oder die Anordnung einer Nachlassverwaltung nach § 1981 BGB beantragen. Als Nachlassgläubiger kann er somit nach § 1994 BGB eine Inventarfrist setzen und Inventarerrichtung fordern. Das Nachlassgericht hat nach § 1994 Abs. 1 BGB dem Erben zur Errichtung des Inventars eine Frist (Inventarfrist) zu bestimmen. Nach dem Ablauf der Frist haftet der Erbe für die Nachlassverbindlichkeiten unbeschränkt, wenn er nicht vorher das Inventar errichtet hat (§ 1994 Abs. 1 S. 2 BGB). Führt der Erbe absichtlich eine erhebliche Unvollständigkeit der im Inventar enthaltenen Angaben der Nachlassgegenstände herbei oder bewirkt er in der Absicht, die Nachlassgläubiger zu benachteiligen, die Aufnahme einer nicht bestehenden Nachlassverbindlichkeit, so haftet er für die Nachlassverbindlichkeiten unbeschränkt (§ 2005 Abs. 1 S. 1 BGB). Der Pflichtteilsberechtigte kann unabhängig von seinem Recht nach § 2314 BGB von dem Erben die Bekräftigung des Inventars durch eine eidesstattliche Versicherung (§ 2006 BGB) verlangen.

74 *gg) Besichtigungsanspruch nach § 809 BGB.* Der Pflichtteilsberechtigte hat in der Regel auch das Recht, persönlich, durch einen Stellvertreter oder einen Beistand den Nachlass

---

[165] *Bartsch* ZErb 2004, 80.
[166] Vgl. Rn. 33.
[167] Vgl. § 3 Rn. 153.
[168] Vgl. § 3 Rn. 158.
[169] Mayer/Süß/*Bittler* § 9 Rn. 44.
[170] MünchKommBGB/*Heldrich* § 2057 Rn. 7.
[171] MünchKommBGB/*Heldrich* § 2057 Rn. 6.
[172] BGH NJW 1982, 1643.

gem. § 809 BGB zu besichtigen.[173] Der Erbe kann jedoch die Besichtigung dadurch abwenden, in dem er sich bereit erklärt, Auskunft über den fraglichen Nachlassgegenstand zu erteilen, da in diesem Fall das Interesse an einer Besichtigung durch den Pflichtteilsberechtigten entfällt.

5. Einreden und Einwendungen gegen Auskunftsansprüche

a) **Erfüllung.** Der Auskunftsanspruch erlischt mit der Erteilung. Hat der Pflichtteilsberechtigte seine Zuziehung bei der Aufnahme des Verzeichnisses verlangt und wurde nicht hinzugezogen, kann er erneute Aufnahme des Verzeichnisses verlangen.[174] Hat der Auskunftsverpflichtete die Auskunft nicht mit der erforderlichen Sorgfalt erstellt, kann keine Nachbesserung des Verzeichnisses verlangt werden. Es besteht lediglich der Anspruch zur Erklärung der Vollständigkeit und Richtigkeit der erklärten Angaben an Eides statt.[175] Ist das Verzeichnis nachweisbar oder offensichtlich unvollständig erstellt worden, besteht ausnahmsweise ein Anspruch auf Ergänzung des erstellten Verzeichnisses.[176] Der Anspruch aus § 2314 BGB kann auch dann noch geltend gemacht werden, wenn zwischenzeitlich alle oder die meisten Nachlassgegenstände auseinandergesetzt worden sind.[177] Verstirbt der Auskunftsverpflichtete, geht der Auskunftsanspruch auf dessen Erben über. Dieser muss sich das für die Auskunftserteilung notwendige Wissen verschaffen.[178]

b) **Zurückbehaltungsrecht.** Begehrt der Erbe gegenüber dem auskunftsersuchenden Pflichtteilsberechtigten seinerseits Auskunft, beispielsweise wegen anrechnungspflichtiger Zuwendungen (§ 2327 BGB),[179] ist das Bestehen eines Zurückbehaltungsrechts umstritten. Nach richtiger Auffassung besteht ein Zurückbehaltungsrecht, da sich gegenseitige Auskunftsansprüche, welche sich auf dasselbe rechtliche Verhältnis gründen und der Anwendungsbereich des § 273 BGB eröffnet ist, gegenüberstehen.[180]

c) **Rechtsmissbrauch.** Der Einwand des Rechtsmissbrauches (§ 242 BGB) oder der Schikane (§ 226 BGB) besteht nur unter ganz besonderen Umständen. Die Ausübung des Auskunftsanspruches nach § 2314 BGB ist dann rechtsmissbräuchlich, wenn der Pflichtteilsberechtigte ausschließlich oder ganz überwiegend pflichtteilsfremde Zwecke verfolgt oder kein Informationsbedürfnis besteht.[181] Rechtsmissbräuchlich kann das Auskunftsverlangen sein, wenn der Pflichtteilsanspruch unter keinem rechtlichen Gesichtspunkt gegeben ist.[182]

d) **Verjährung.** Der Anspruch des Erben auf den Pflichtteil verjährt nach § 195 BGB innerhalb von drei Jahren. Als Hilfsanspruch unterliegt der Auskunftsanspruch einer eigenständigen Verjährungsfrist.[183] Die Verjährung des Auskunftsanspruchs nach § 2314 BGB ist gesetzlich nicht ausdrücklich geregelt. Der Anspruch des Pflichtteilsberechtigten auf Auskunft verjährte bis zum Inkrafttreten der Erbrechtsreform in 30 Jahren (§ 197 Abs. 1 Nr. 2 BGB a.F.). Diese Verjährungsfrist galt auch für den Auskunftsanspruch analog § 242, da es sich um einen dem Erbrecht zuzurechnenden Anspruch handelt.[184] Nach Ansicht des BGH verjährt der Auskunftsanspruch nicht gleichzeitig mit dem Hauptanspruch. Durch die unterschiedlichen Verjährungsfristen bestand Streit darüber, ob der Auskunftsanspruch wegen seines Hilfscharakters später als der Hauptanspruch verjähren kann. Nach der Rechtsprechung des BGH konnte der Auskunftsanspruch als Hilfsanspruch jedoch nicht später ver-

---

[173] Staudinger/*Haas* § 2314 Rn. 56, 77; *Auwera* ZEV 2008, 359, 360.
[174] Vgl. Rn. 56.
[175] Vgl. Rn. 57.
[176] Vgl. Rn. 58.
[177] OLG Düsseldorf FamRZ 1995, 1236, 1238.
[178] OLG München Rpfleger 1987, 109.
[179] Vgl. § 3 Rn. 140.
[180] OLG Stuttgart FamRZ 1982, 282; OLG Braunschweig BB 1956, 903; Staudinger/*Haas* § 2314 Rn. 51; a. A. Mayer/Süß/*Bittler* § 9 Rn. 49; OLG Stuttgart FamRZ 1984, 273 für Auskunftsansprüchen gemäß § 1379 Abs. 1 BGB.
[181] Staudinger/*Haas* § 2314 Rn. 54.
[182] BGH NJW 1958, 1964.
[183] BGH NJW 1961, 602.
[184] Bamberger/Roth/*Mayer* § 2314 Rn. 27.

jähren als der Hauptanspruch (= Pflichtteilsanspruch) selbst,[185] es sei denn, der Pflichtteilsberechtigte konnte ein objektives Informationsbedürfnis nachweisen.[186] Ein solches Informationsbedürfnis konnte vorliegen, wenn der Pflichtteilsberechtigte die Information benötigt, um einen Pflichtteilsergänzungsanspruch gegen den Beschenkten geltend zu machen (§ 2330 BGB) oder wenn er den Beschenkten auf Auskunft in Anspruch nimmt, um den Ergänzungsanspruch vom Erben zu verlangen (§ 2325 BGB).

79 Durch die Erbrechtsreform ist die 30-jährige Sonderverjährung für erbrechtliche Ansprüche (§ 197 Abs. 1 Nr. 2 BGB a. F.) entfallen. Es gilt nunmehr die Regelverjährung von 3 Jahren gemäß §§ 195 ff. BGB. Die 3-jährige Verjährungsfrist beginnt nach der Neuregelung erst mit dem **Schluss des Jahres,** in dem der Pflichtteilsanspruch entstanden ist und der Pflichtteilsberechtigte von seinem Pflichtteilsanspruch Kenntnis erlangt hat (§§ 95, 199 Abs. 1 BGB). Wegen der typischerweise auftretenden Schwierigkeiten bei der Feststellung des Verjährungsbeginns und dem Bedürfnis nach einer ausreichend langen Verjährungsfrist, wurde eine absolute Höchstfrist von 30 Jahren ab Entstehung des Anspruchs (im Regelfall der Eintritt des Erbfalls) in § 199 Abs. 3a BGB geregelt. Lediglich der nach § 2329 BGB dem Pflichtteilsberechtigten gegen den Beschenkten zustehende Anspruch verjährt in drei Jahren von dem Eintritt des Erbfalls und somit unabhängig einer Kenntnis (§ 2332 Abs. 1 BGB).[187] Daher kann in dem Fall der Unkenntnis des Anspruches nach § 199 Abs. 3a BGB auf Pflichtteilsergänzung nach § 2329 BGB gegenüber dem Beschenkten die Verjährungsfrist des Auskunftsanspruches von maximal 30 Jahren die des (Haupt-)Anspruches von 3 Jahren übersteigen. In diesem Fall kann der Auskunftsanspruch auch nach Verjährung des (Haupt-)-Anspruches nach § 2332 Abs. 1 BGB geltend gemacht werden. Dies gilt insbesondere dann, wenn der auf Pflichtteilsergänzung in Anspruch genommene Beschenkte selbst pflichtteilsberechtigt ist, und er von dem Erben Auskunft gem. § 2314 BGB über pflichtteilserhebliche Schenkungen zur Prüfung der Einwendung nach § 2327 BGB verlangen kann.[188]

80 Die neuen Verjährungsregelungen (Regelungen des BGB ab dem 1. 1. 2010) sind auf die am 1. 1. 2010 bestehenden und nicht verjährten Ansprüche anzuwenden (§ 21 Abs. 1 S. 1 Überleitungsvorschrift zum Gesetz zur Änderung des Erb- und Verjährungsrecht nach Art. 229 des EGBGB). Lediglich für den Fall, dass für diese Ansprüche die Verjährung bei der Anwendung der alten Verjährungsregelungen (Regelungen des BGB vor dem 1. 1. 2010) früher vollendet wird, sind die alten Verjährungsregelungen anzuwenden (§ 21 Abs. 1 S. 2 Überleitungsvorschrift zum Gesetz zur Änderung des Erb- und Verjährungsrecht nach Art. 229 des EGBGB).

Bestimmen sich der Beginn und die Verjährungsfrist nach den neuen Verjährungsregelungen, beginnt die Frist nicht vor dem 1. 1. 2010. Läuft die nach den alten Verjährungsregelungen bestimmte Verjährungsfrist früher ab als die Verjährungsfrist nach den neuen Verjährungsregelungen, ist die Verjährung mit Ablauf der Frist nach den alten Verjährungsregelungen vollendet (§ 21 Abs. 2 Überleitungsvorschrift zum Gesetz zur Änderung des Erb- und Verjährungsrecht nach Art. 229 des EGBGB).

81 Für die Hemmung der Verjährung des Auskunftsanspruches gelten die allgemeinen Regelungen (§§ 203 ff. BGB). Eine Klage auf Auskunftserteilung führt nicht zu einer Hemmung der Verjährung.[189] Eine Hemmung der Verjährung wird lediglich durch die Zahlungsklage des Pflichtteilsanspruches oder durch eine Stufenklage[190] herbeigeführt.[191] Werden zwischen dem Erben und dem Pflichtteilsberechtigten Verhandlungen über den Pflichtteilsanspruch oder den Auskunftsanspruch geführt, ist die Verjährung nach § 203 S. 1 BGB gehemmt. Die

---

[185] BGH NJW 1961, 602.
[186] BGH NJW 1985, 384; bestätigt durch NJW 1990, 180, 181; OLG Köln NJW-RR 1992, 8; OLG Hamm NJW-RR 1986, 166; MünchKommBGB/*Lange* § 2314 Rn. 24; Bamberger/Roth/*Mayer* § 2314 Rn. 27; *Dieckmann* FamRZ 1985, 589.
[187] MünchKommBGB/*Lange* § 2314 Rn. 13.
[188] BGH NJW 1990, 180.
[189] OLG Koblenz FamRZ 2003, 193; OLG Düsseldorf FamRZ 1999, 1097; OLG Zweibrücken FamRZ 1969, 230; RGZ 113, 234; BGH NJW 1975, 1409.
[190] Vgl. Muster Rn. 152.
[191] BGH NJW-RR 1995, 770.

Hemmung der Verjährung bestimmt sich für den Zeitraum vor dem 1. 1. 2010 nach den alten Verjährungsregelungen (§ 21 Abs. 3 Überleitungsvorschrift zum Gesetz zur Änderung des Erb- und Verjährungsrecht nach Art. 229 des EGBGB).

> **Praxistipp:**
> Scheitern die außergerichtlichen Verhandlungen, sollte bei Vertretung des Erben geprüft werden, ob die Fortsetzung der Verhandlung schriftlich verweigert wird, so dass die Hemmung der Verjährung nach Ablauf von drei Monaten endet.

Der Neubeginn der Verjährung tritt nach § 212 BGB durch Anerkennung oder gerichtliche Vollstreckungshandlung ein. Eine Auskunftserteilung kann jedoch ein Anerkenntnis nach § 212 Abs. 1 Nr. 1 BGB begründen,[192] welche zum Neubeginn der Verjährung führt. Der Testamentsvollstrecker kann eine Pflichtteilsforderung ohne den Willen des Erben nicht mit Wirkung gegen diesen rechtsgeschäftlich anerkennen.[193]

II. Wertermittlungsanspruch

1. Inhalt und Umfang des Wertermittlungsanspruchs

Der Wertermittlungsanspruch nach § 2314 Abs. 1 S. 2 BGB ist ein selbstständiger Anspruch.[194] Durch den Wertermittlungsanspruch soll der Pflichtteilsberechtigte in die Lage versetzt werden, Kenntnis über den Wert der – im Rahmen des Auskunftsanspruchs – ermittelten Nachlassgegenstände zu erhalten. Der Wertermittlungsanspruch ist gegenüber dem Auskunftsanspruch nach § 2314 Abs. 1 S. 1 BGB eigenständig und nicht bereits mit der Auskunftserteilung erfüllt.[195] Der Wertermittlungsanspruch muss daher vom Pflichtteilsberechtigten neben dem Auskunftsanspruch gesondert geltend gemacht werden.

a) **Bezugsobjekt.** Der Wertermittlungsanspruch besteht bezüglich der Vermögenswerte des realen Nachlasses als auch der des fiktiven Nachlasses. Der Wertermittlungsanspruch setzt voraus, dass die Gegenstände, deren Wert ermittelt werden soll, unstreitig zum Nachlass gehören. Voraussetzung für den Wertermittlungsanspruch ist ein schutzwürdiges Interesse des Pflichtteilsberechtigten. Dies setzt die Zugehörigkeit des zu bewertenden Gegenstandes zum Nachlass voraus. Ist streitig, ob ein zu bewertender Vermögensgegenstand zum Nachlass gehört, hat der Pflichtteilsberechtigte darzulegen und zu beweisen, dass der Gegenstand dem Nachlass zuzurechnen ist.[196] Problematisch ist das Vorliegen des schutzwürdigen Interesses an der Wertermittlung des Pflichtteilsberechtigten im Falle verschenkter Gegenstände. Ein Auskunftsanspruch des Pflichtteilsberechtigten über den fiktiven Nachlass besteht bereits dann, wenn greifbare Anhaltspunkte für eine ergänzungspflichtige Schenkung vorliegen. Für den Anspruch auf Wertermittlung reicht ein derartiger begründeter Verdacht hingegen nicht aus. Greifbare Anhaltspunkte für eine ergänzungspflichtige **Schenkung** rechtfertigen noch keinen Wertermittlungsanspruch, der die Errichtung eines Sachverständigengutachtens auf Kosten des Nachlasses zur Folge hat.[197] Der Pflichtteilsberechtigte, der seinen Pflichtteilsergänzungsanspruch gem. § 2325 BGB bzw. § 2329 BGB auf die Behauptung stützt, der Erblasser habe einen Gegenstand innerhalb der Frist des § 2325 Abs. 3 BGB verschenkt, muss grundsätzlich darlegen und beweisen, dass der betreffende Gegenstand zum fiktiven Nachlass gehört.

Liegt eine **gemischte Schenkung** vor, ist umstritten, welche Voraussetzungen vorliegen müssen, damit ein Wertermittlungsanspruch besteht. Bei einer gemischten Schenkung ist die

---
[192] BGH WM 1987, 1108.
[193] BGH NJW 1969, 424.
[194] OLG Frankfurt NJW-RR 1994, 8; OLG Schleswig NJW 1972, 586.
[195] Staudinger/*Haas* § 2314 Rn. 58.
[196] BGHZ 7, 134, 136; BGH NJW 1984, 487
[197] BGH NJW 1984, 487.

Wertermittlung der Leistung und Gegenleistung im doppelten Sinn relevant. Aus dem Verhältnis zwischen Leistung und Gegenleistung ist die Frage zu beantworten, ob überhaupt ein Pflichtteilsergänzungsanspruch besteht. Zur Ermittlung dieses Wertverhältnisses ist der Wert der Leistung und Gegenleistung zu ermitteln. Aus dieser Wertermittlung und dem Verhältnis von Leistung und Gegenleistung ergibt sich die Höhe des Ergänzungsanspruches. Wird dem Pflichtteilsberechtigten die Darlegungs- und Beweislast des Vorliegens einer gemischten Schenkung als Voraussetzung einer Wertermittlung auferlegt, könnte der Pflichtteilsberechtigte auch unmittelbar den Ergänzungsanspruch berechnen, da er für den Nachweis des Verhältnisses der Leistung zur Gegenleistung deren Bewertungen kennen muss. Der Wertermittlungsanspruch würde in diesem Fall leerlaufen.[198] Dem BGH ist zuzustimmen, dass grundsätzlich der Nachweis der Nachlasszugehörigkeit zu erbringen ist. Dies muss uneingeschränkt für den Auskunftsanspruch wie auch für den Wertermittlungsanspruch gelten. Lediglich im Fall der gemischten Schenkung bedarf dieser Grundsatz aber einer Modifikation, da bei einer gemischten Schenkung der Nachweis der Teilunentgeltlichkeit nur möglich ist, wenn die Werte von Leistung und Gegenleistung verglichen werden. Zur Lösung werden unterschiedliche Modifizierungen entwickelt: (1) Es wird dem Pflichtteilsberechtigten gestattet, den Wert des fiktiven Nachlasses auf eigene Kosten ermitteln zu lassen. Stellt sich hierdurch heraus, dass eine gemischte Schenkung vorliegt, kann der Pflichtteilsberechtigte nachträglich den Nachlass mit den Kosten der Wertermittlung belasten.[199] Hiergegen ist jedoch einzuwenden, dass das Wertgutachten durch den Verpflichteten einzuholen ist. Die praktische Umsetzung der Ansicht würde darüber hinaus zu einer drastischen Erhöhung der Gesamtkosten führen. Der Pflichtteilsberechtigte müsste nach dieser Ansicht zunächst ein Wertermittlungsgutachten zum Nachweis einer gemischten Schenkung vorlegen. Spätestens bei der Frage der Berechnung des Ergänzungsanspruches wird der Erbe das von dem Pflichtteilsberechtigten eingeholte Sachverständigengutachten als Parteigutachten angreifen. Unumgänglich würde ein weiteres Gutachten entweder bereits zur Frage des Vorliegens einer gemischten Schenkung, spätestens jedoch zur Berechnung des Ergänzungsanspruches notwendig werden. (2) Nach anderer Auffassung hat der Pflichtteilsberechtigte bei greifbaren Anhaltspunkten für eine gemischte Schenkung einen Wertermittlungsanspruch auf Kosten des Nachlasses gegen den Schuldner. Sollte sich aufgrund des erstellten Gutachtens herausstellen, dass eine gemischte Schenkung nicht vorliegt, soll der Erbe gegen den Pflichtteilsberechtigten hinsichtlich der Wertermittlungskosten Rückgriff nehmen.[200] Gegen diese Auffassung spricht, dass nicht jedes Begehren des Pflichtteilsberechtigten nach Wertermittlung auf Kosten des Nachlasses zu erfüllen ist. Dem Grundsatz des schutzwürdigen Interesses des Pflichtteilsberechtigten auf Wertermittlung entspricht es nicht, wenn dieses Regulativ erst nach der Wertermittlung im Rahmen der Kostentragungspflicht wirkt. (3) Der Pflichtteilsberechtigte muss ein schutzwürdiges Interesse an der Wertermittlung vorweisen. Andererseits kann ihm nicht auferlegt werden, sämtliche Tatsachen darzulegen und zu beweisen, welche erst durch die Wertermittlung ermittelt werden sollen. Nach richtiger Auffassung besteht ein Wertermittlungsanspruch des Pflichtteilsberechtigten bei einer gemischten Schenkung, wenn der Pflichtteilsberechtigte die gemischte Schenkung zumindest überschlägig nachweist oder aber der Zuwendungsteil der gemischten Schenkung feststeht.[201] Konnte der Pflichtteilsberechtigte diesen überschlägigen Nachweis lediglich durch ein von ihm in Auftrag gegebenes Sachverständigengutachten erbringen, sind die entstandenen Kosten zu Lasten des Nachlasses zu tragen.[202]

Zur Berechnung des Pflichtteilsergänzungsanspruches ist entsprechend dem Niederstwertprinzip der Wert der Schenkung zum Zeitpunkt des Vollzuges und des Todes zu ermitteln.

---

[198] So aber: BGH NJW 1986, 1755; BGH NJW 1984, 487; Soergel/*Dieckmann* § 2314 Rn. 42; *Dieckmann* FamRZ 1984, 880; *Baumgärtel* JR 1984, 202.
[199] Vgl. Staudinger/*Haas* § 2314 Rn. 69 m. w. N.
[200] *Baumgärtel* JR 1984, 199.
[201] MünchKommBGB/*Lange* § 2314 Rn. 8; *Dieckmann* FamRZ 1984, 880; Bamberger/Roth/*Mayer* § 2314 Rn. 19; wohl auch Staudinger/*Haas* § 2314 Rn. 71 der auch greifbare Anhaltspunkte für eine ergänzungspflichtige Schenkung und einer Verpflichtung des Erben nach § 242 voraussetzt.
[202] MünchKommBGB/*Lange* § 2314 Rn. 8.

b) **Anspruch auf Vorlage von Unterlagen und Belegen.** Der Auskunftsanspruch soll den Pflichtteilsberechtigten in die Lage versetzen, Kenntnis über die Zusammensetzung des Nachlasses und somit über die einzelnen Vermögensgegenstände des Nachlasses zu erhalten. Der **Wertermittlungsanspruch** soll den Pflichtteilsberechtigten in die Lage versetzen, seinen Pflichtteilsanspruch berechnen zu können.[203] Der Wertermittlungsanspruch umfasst damit die Vorlage sämtlicher Unterlagen, die für die konkrete Wertberechnung des tatsächlich vorhandenen oder fiktiven Nachlasses erforderlich sind.[204] Ist der Wert eines Nachlassgegenstandes ungewiss, besteht ein Anspruch des Pflichtteilsberechtigten auf Vorlage solcher Unterlagen, die zur Bewertung des Gegenstandes und zur Berechnung des Pflichtteilsanspruches notwendig sind.[205] Teilweise kann sich der Anspruch auf Auskunft mit dem der Wertermittlung überscheiden, wenn durch die Auskunftserteilung der Pflichtteilsberechtigte bereits den Wert den mitgeteilten Nachlassgegenstand berechnen kann. Welche Unterlagen im Einzelnen vorzulegen sind, hängt entscheidend von dem zu bewertenden Gegenstand und der vorzunehmenden Bewertungsmethode ab. Zur Bewertung von **Unternehmen** und **Gesellschaftsbeteiligungen** sind alle Geschäftsunterlagen vorzulegen, damit der Wert des Unternehmens oder der Unternehmensbeteiligung nach betriebswirtschaftlichen Erkenntnissen ermittelt werden kann, insbesondere Bilanzen und Gewinn- und Verlustrechnungen sowie die zugrundeliegenden Geschäftsbücher und Belege.[206] In der Regel sind die Unterlagen des Bewertungszeitraumes (grundsätzlich der letzten 3–5 Jahre) vollständig vorzulegen. Dies gilt insbesondere für Bilanzen, Gewinn- und Verlustrechnungen sowie die zugrunde liegenden Geschäftsbücher und Belege.[207] Von der Vorlagepflicht nicht erfasst werden bereits vorhandene Sachverständigengutachten über den Wert des Nachlassgegenstandes, die der Erblasser oder Erbe im eigenen Interesse eingeholt hat.[208] Ist der zu bewertende Gegenstand zeitnah vor oder nach dem Erbfall veräußert worden, sind für die Verkehrswertermittlung die **Unterlagen der Veräußerung**, aus denen sich der Veräußerungspreis entnehmen lässt, vorzulegen.[209]

c) **Wertgutachten.** Ergeben die dem Pflichtteilsberechtigten übergebenen Informationen kein hinreichendes Bild über den Wert des Nachlassgegenstandes, hat der Pflichtteilsberechtigte einen Anspruch, den Wert durch ein Wertgutachten ermitteln zu lassen.[210] Das Gutachten ist durch einen **unparteiischen Sachverständigen** zu erstellen. Die sachlichen Anforderungen an das Gutachten richten sich unter Berücksichtigung der zu bewertenden Nachlassgegenstände nach § 2311 BGB. Der Berechtigte hat keinen Anspruch auf ein bestimmtes, seinen Vorstellungen entsprechendes Gutachten, sondern nur auf eine Begutachtung, die den an die Tätigkeit von Sachverständigen zu stellenden Anforderungen genügt.

Besteht ein Wertermittlungsanspruch, so ist der Erbe verpflichtet, die Wertermittlung durchzuführen. Der Wertermittlungsverpflichtete hat somit nicht lediglich die Wertermittlung durch den Pflichtteilsberechtigten zu dulden, sondern diese selbst durchzuführen. Dies bedeutet, dass die Erteilung des Gutachterauftrages sowie die Auswahl des Sachverständigen dem Wertermittlungsverpflichteten und daher dem Erben zusteht.[211] In der Praxis versucht regelmäßig der Pflichtteilsberechtigte, Einfluss auf die Wertermittlung zu nehmen, da diese eine sehr große Auswirkung auf die Höhe des Pflichtteilsanspruches hat. Daher ist der Pflichtteilsberechtigte oft bestrebt, selbst den Sachverständigen auszuwählen. Ein derartiges

---

[203] BGH JZ 1952, 492.
[204] BGH FamRZ 1965, 135; OLG Köln ZEV 2006, 77; OLG Düsseldorf FamRZ 1997, 58; OLG Oldenburg NJW 1974; Staudinger/*Haas* § 2314 Rn. 59.
[205] BGH NJW 1975, 258; BGH NJW 1961, 602.
[206] BGH NJW 1975, 1774, 1776; OLG Köln ZEV 1999, 110; OLG Düsseldorf NJW-RR 1997, 454.
[207] BGH NJW 1975, 1774; BGH NJW 1975, 258; BGH FamRZ 1965, 135; BGH JZ 1952, 492; OLG Köln ZEV 1999, 110; OLG Düsseldorf FamRZ 1999, 1070; OLG Düsseldorf NJW-RR 1997, 454; OLG Zweibrücken FamRZ 1987, 1197; OLG Frankfurt NJW-RR 1987, 1472.
[208] BGH FamRZ 1965, 135; MünchKommBGB/*Lange* Rn. 9.
[209] Staudinger/*Haas* § 2314 Rn. 60.
[210] BGH NJW 1989, 2887; BGH NJW 1984, 487; BGH NJW 1975, 258; OLG Köln ZEV 2006, 77; OLG Brandenburg ZErb 2004, 132; OLG Düsseldorf ZEV 1996, 431; MünchKommBGB/*Lange* § 2314 Rn. 7; Staudinger/*Haas* § 2314 Rn. 61.
[211] OLG Karlsruhe NJW RR 1990, 341.

Recht des Pflichtteilsberechtigten besteht jedoch nicht. Der Erbe ist zur Wertermittlung verpflichtet und hat somit auch das Recht, diese in eigener Verantwortung durchzuführen. Der Pflichtteilsberechtigte darf somit ein Gutachten nicht selbst in Auftrag geben, selbst wenn der Erbe mit dieser Verpflichtung in Verzug ist.[212]

> **Praxistipp:**
> 90 Der Erbe ist zur Wertermittlung verpflichtet und berechtigt. Dem Erben steht somit das Recht zu, in eigener Verantwortung die Wertermittlung durchzuführen; nicht dem Pflichtteilsberechtigten.

91 Das von dem Erben in Auftrag gegebene Wertgutachten ist für die Parteien nicht bindend.[213] Das Wertgutachten dient vorrangig dazu, dem Pflichtteilsberechtigten eine Einschätzung über den Wert des Nachlasses zu verschaffen und das Risiko eines Rechtsstreits über den Pflichtteil abschätzen zu können.[214] Zur Vermeidung eines Rechtsstreits über das von den Erben eingeholte Verkehrswertgutachten, sollte in der Praxis vor der Beauftragung des Sachverständigen eine Einigung mit dem Pflichtteilsberechtigten über mögliche streitrelevante Gesichtspunkte der Bewertung herbeigeführt werden. Eine solche außergerichtliche Einigung kann jedoch einen späteren Rechtsstreit nicht vollständig verhindern. Sinnvoll ist jedoch eine Einigung über folgende Gesichtspunkte herbeizuführen: Auswahl des Sachverständigen (insbesondere bei der Bewertung von Immobilien besteht meist die Streitfrage darüber, ob ein unabhängiger Sachverständiger oder der Gutachterausschuss der Gemeinde beauftragt wird), der oder die zu bewertenden Zeitpunkte (in der Praxis wird oftmals bei der Beauftragung vergessen, dass die Bewertung zum Zeitpunkt des Todes bzw. zum Zeitpunkt des Vollzugs der Schenkung erfolgen muss und der Sachverständige den Zeitpunkt der Begutachtung des Objekts zugrunde legt), Zugehörigkeit von Bestandteilen des zu bewertenden Gegenstandes, Bewertungsmethode etc.

> **Praxistipp:**
> 92 Durch eine außergerichtliche Einigung über einzelne Bewertungsgesichtspunkte kann das Streitrisiko über die zu erfolgende Bewertung reduziert werden.

93 *aa) Persönliche Voraussetzungen des Sachverständigen.* Das Wertgutachten ist durch einen unparteiischen Sachverständigen zu erstellen. Für die Frage der Unparteilichkeit sind die Grundsätze zur Befangenheit eines Sachverständigen heranzuziehen. Befangenheit des Sachverständigen liegt vor, wenn ein Grund gegeben ist, der bei vernünftiger Würdigung ein Misstrauen der Partei von ihrem Standpunkt aus rechtfertigen kann.[215] Hierzu zählen insbesondere enge familiäre, persönliche oder geschäftliche Beziehungen zwischen dem Wertmittlungspflichtigen und dem Anspruchsberechtigten. Der Erbe sollte vermeiden, bereits durch die ausgewählte Person des Sachverständigen einen Streitpunkt zu setzen, da andernfalls die Anerkennung des Wertgutachtens zu einer hohen Wahrscheinlichkeit streitig gestellt wird. In einem gerichtlichen Verfahren ist das eingeholte Wertgutachten ein Parteigutachten, so dass die Einholung eines weiteren Gutachtens durch einen amtlich bestellten und vereidigten Sachverständigen entsprechend § 404 Abs. 2 ZPO nicht zu vermeiden ist. Die Kosten für die Erstellung des von dem Erben beauftragten Wertgutachtens können als notwendige Kosten im Rahmen des § 91 ZPO erstattungsfähig sein.

94 Ein Grundsatz nach dem der zu beauftragende Sachverständige öffentlich vereidigt sein muss, besteht nicht.[216] Die Unparteilichkeit ist nicht an die öffentliche Vereidigung ge-

---

[212] OLG Karlsruhe NJW RR 1990, 393; a. A. *Coing* NJW 1983, 1298, 1300.
[213] OLG Köln ZEV 2006, 77; OLG Karlsruhe ZEV 2004, 468.
[214] OLG Köln ZEV 2006, 77; OLG Brandenburg ZErb 2004, 132; OLG Karlsruhe ZEV 2004, 468.
[215] OLG Düsseldorf ZEV 1996, 431.
[216] *Bißmaier* ZEV 1997, 149.

knüpft. Die in einer öffentlichen Vereidigung liegende Allgemeinvereidigung ist ohne Einfluss auf die Unabhängigkeit des Sachverständigen.[217] Die öffentliche Vereidigung verleiht dem Gutachten jedoch einen höheren Wert.[218] Der Pflichtteilsberechtigte hat keinen Anspruch auf Auswahl eines öffentlich vereidigten Sachverständigen, soweit der Sachverständige den für die Begutachtung erforderlichen Sachverstand aufweist. Zur Vermeidung der Angreifbarkeit des Verkehrswertgutachtens sollte jedoch ein öffentlich vereidigter Sachverständiger ausgewählt werden. Lediglich wenn für die konkrete Begutachtung kein öffentlich vereidigter Sachverständiger vorhanden ist, oder ein Ausnahmefall vorliegt, sollte auf die öffentliche Vereidigung verzichtet werden. Die Bewertung von **Kunstwerken** (beispielsweise Bilder bekannter Maler) durch renommierte Auktionshäuser[219] genügen dem Bewertungsanspruch des Pflichtteilsberechtigten nach § 2314 BGB.[220] Bei der Bewertung ist zu berücksichtigen, dass der Objektivierbarkeit der Bewertung von Kunstgegenständen Grenzen gesetzt sind. Aufgrund dieser eingeschränkten Objektivierbarkeit sind an die Bewertung von Kunstgegenständen andere Anforderungen zu stellen als an die Bewertung sonstiger Nachlassgegenstände. Der Verkehrswert einer Sache bestimmt sich danach, welchen Betrag ein potentieller Käufer zahlen würde. Dies richtet sich bei einem Kunstgegenstand – anders als etwa bei einem Gebrauchsgegenstand, bei denen objektive Gesichtspunkte wie Alter, Lage, Zustand, Material im Vordergrund stehen – nur ganz am Rande nach objektiven Kriterien. Das verwendete Material, etwa die Qualität der Leinwand und Farbe, das Alter und der Zustand eines Kunstgegenstandes sind für die Frage, welchen Preis ein Käufer für den Kunstgegenstand zu zahlen bereit ist, nur von untergeordneter Bedeutung. Der Wert des Materials ist unbedeutender je bekannter der Künstler ist, von dem das Werk stammt, bzw. je mehr man sich ein Bekanntwerden dieses Künstlers verspricht. Der Name des Künstlers ist jedoch für sich genommen nicht allein bestimmend. Bei der Bewertung sind Einflüsse zu berücksichtigen, die kaum zu objektivieren sind: Besondere Vorlieben des Einzelnen, der Fachkreise oder auch der Öffentlichkeit, Modeerscheinungen, Hoffnungen auf Wertsteigerungen von Werken eines bestimmten Künstlers.

bb) Sachliche Anforderungen an das Wertgutachten. Die sachlichen Anforderungen an das Wertgutachten ergeben sich für den jeweiligen Nachlassgegenstand aus § 2311 BGB.[221] Der maßgebliche Bewertungszeitpunkt ist der Erbfall (§ 2311 Abs. 1 BGB). Kommen verschiedene Bewertungsmethoden zur Ermittlung des Verkehrswertes in Betracht, sind die unterschiedlichen Bewertungsmethoden in dem Gutachten darzustellen und anzuwenden. Sinn und Zweck des Wertgutachtens ist es, dem Pflichtteilsberechtigten zu ermöglichen, das Prozessrisiko eines Rechtsstreits einschätzen zu können bzw. selbständig seinen Pflichtteilsanspruch zu berechnen und geltend zu machen. Hierzu ist auch die Kenntnis der unterschiedlichen Bewertungsmethoden und der jeweiligen Ergebnisse notwendig.[222] Der Pflichtteilsberechtigte hat keinen Anspruch auf ein bestimmtes, seinen Vorstellungen entsprechendes Wertgutachten.[223]

Für ergänzungspflichtige Zuwendungen richtet sich der maßgebende Bewertungszeitpunkt nach § 2325 Abs. 2 BGB: Eine verbrauchbare Sache (z. B. Geld, Wertpapiere etc.) kommt mit dem Verkehrswert in Ansatz, den sie zur Zeit der Schenkung hatte (§ 2325 Abs. 2 S. 1 BGB). Im Übrigen gilt das so genannte Niederstwertprinzip.[224] Hatte der Wert der Schenkung zum Zeitpunkt der Schenkung einen geringeren Wert als zum Zeitpunkt des Erbfalls, kommt nur der Wert zum Zeitpunkt der Schenkung in Ansatz (§ 2325 Abs. 2 S. 2 BGB). Insbesondere bei Immobilienschenkungen bedarf es somit der Vergleichsbewertung zum Zeitpunkt der Schenkung (Vollzug der Schenkung und somit Eintragung im Grundbuch)[225] und zum Zeitpunkt

---

[217] OLG Düsseldorf ZEV 1996, 431.
[218] *Bißmaier* ZEV 1997, 149.
[219] In dem Fall OLG Köln ZEV 266, 77 waren dies die Auktionshäuser „Sothebys" und „Christies".
[220] OLG Köln ZEV 266, 77; OLG Oldenburg NJW 1999, 1974.
[221] OLG Köln ZEV 2006, 77; OLG Düsseldorf FamRZ 1995, 1299.
[222] OLG Brandenburg ZErb 2004, 132; OLG Köln ZEV 1999, 110; OLG Oldenburg NJW 1999, 1974.
[223] OLG Köln ZEV 2006, 77; Staudinger/*Haas* § 2314 Rn. 64.
[224] Vgl. § 6 Rn. 12.
[225] BGH NJW 1994, 1791; BGH NJW 1988, 821; BGH NJW 1975, 1831.

des Erbfalles. Der Pflichtteilsberechtigte kann ein Gutachten allein bezogen auf den Stichtag des Erbfalles verlangen. Der Pflichtteilsberechtigte ist lediglich für die Werthöhe im Zeitpunkt des Erbfalles beweispflichtig.[226] Der eventuell niedrigere Vergleichswert zum Zeitpunkt der Schenkung kommt dem Erben zugute. Daher trägt der Erbe in einem Prozess die Beweislast dafür, dass der Wert des Nachlassgegenstandes im Zeitpunkt der Schenkung niedriger als im Zeitpunkt des Erbfalles gewesen ist.[227]

97 Hat sich der Schenker bei der ergänzungspflichtigen Schenkung ein Recht (z. B. Nießbrauch, Wohnrecht, Rente etc.) vorbehalten, ist diese **Gegenleistung** ebenfalls zu bewerten und bei der Verkehrswertermittlung des Schenkungsgegenstandes wie folgt zu berücksichtigen. Nach der Rspr. des BGH ist ein vorbehaltenes Nutzungsrecht mit seinem kapitalisierten Wert nur bei Vorliegen besonderer Voraussetzungen vom Schenkungswert absetzbar. Auf der Grundlage des Niederstwertprinzips führt der BGH eine zweistufige Berechnung durch,[228] welche in der Literatur stark kritisiert wird. In einem ersten Schritt ermittelt der BGH den maßgeblichen Wert nach dem Niederstwertprinzip: a) Feststellung des Schenkungswertes zum Zeitpunkt des Vollzugs der Schenkung. Dieser Wert ist nach den Grundsätzen über die Berücksichtigung des Kaufkraftschwundes (Inflationsbereinigung) auf den Tag des Erbfalls zu kapitalisieren. Nach der Rspr. des BGH findet der Wert des vorbehaltenen Nutzungsrechts hierbei keine Berücksichtigung. b) Feststellung des Schenkungswertes zum Zeitpunkt des Erbfalls. Auch hier findet nach der Rspr. des BGH der Wert des vorbehaltenen Nutzungsrechts keine Berücksichtigung. Nach dem Niederstwertprinzip ist der geringere Wert maßgebend. Erst in einem zweiten Schritt entscheidet der BGH über die Berücksichtigung der Belastung: a) Ist der Zeitpunkt des Vollzugs der Schenkung maßgebend, so ist der so ermittelte Wert aufzuteilen in den kapitalisierten Wert des dem Erblasser vorbehaltenen Nutzungsrechts einerseits und den Restwert der Schenkung andererseits. Nur der verbleibende (unentgeltliche) Restwert ist unter Berücksichtigung des Kaufkraftschwundes auf den Todestag des Erblassers umzurechnen und unterliegt insoweit der Pflichtteilsergänzung. b) Ist der Zeitpunkt des Erbfalls maßgebend, so unterliegt der Schenkungswert zum Zeitpunkt des Erbfalls ohne Berücksichtigung des zu diesem Zeitpunkt erloschenen Nutzungsrechts der Pflichtteilsergänzung.

2. Wertermittlungsgläubiger

98 **a) Pflichtteilsberechtigter Nichterbe.** Anspruchsberechtigt nach § 2314 Abs. 1 S. 2 BGB ist wie beim Auskunftsanspruch[229] grundsätzlich nur der pflichtteilsberechtigte Nichterbe, wenn er ein schutzwürdiges Interesse an der Wertermittlung hat.

99 **b) Pflichtteilsberechtiger Erbe.** Nicht anspruchsberechtigt nach § 2314 Abs. 1 S. 2 BGB ist der pflichtteilsberechtigte (Mit-, Allein- oder Nach)Erbe.[230] Befindet sich jedoch der pflichtteilsberechtigte Erbe in einem Beweisnotstand, kann er unter den Voraussetzungen des § 242 BGB verlangen, dass ihm die zur Berechnung des Pflichtteilsanspruches erforderlichen Unterlagen vorgelegt werden.[231] Genügt die Vorlage der erforderlichen Unterlagen nicht für eine Wertberechnung, hat der pflichtteilsberechtigte Erbe auch einen Anspruch auf Wertermittlung nach § 242 BGB.[232] Im Gegensatz zu dem Wertermittlungsanspruch nach § 2314 Abs. 1 S. 2 BGB ist der zur Wertermittlung verpflichtete Anspruchsgegner nicht verpflichtet, auf eigene Kosten oder auf Kosten des Nachlasses die Wertermittlung durchzuführen. Der wertermittlungsverpflichtete Anspruchsgegner kann verlangen, dass die Vergütungsansprüche des Sachverständigen unmittelbar in der Person des pflichtteilsberechtigten Miterben begründet werden.[233]

---

[226] Staudinger/*Haas* § 2314 Rn. 65.
[227] BGH BB 1963, 209; OLG Düsseldorf FamRZ 1995, 1236.
[228] BGH NJW 1992, 2887; BGH NJW 1992, 2888.
[229] Vgl. Rn. 1.
[230] BGH NJW 1990, 180.
[231] BGH NJW 1986, 127.
[232] Staudinger/*Haas* § 2314 Rn. 72.
[233] BGH NJW 1990, 180.

II. Wertermittlungsanspruch

Die Voraussetzungen und der Inhalt des Wertermittlungsanspruches nach § 242 BGB sind von denjenigen nach § 2314 Abs. 1 S. 2 BGB unterschiedlich. Nach dem Wertermittlungsanspruch gem. § 2314 Abs. 1 S. 2 BGB muss in Bezug auf den fiktiven Nachlass die ergänzungspflichtige Schenkung feststehen. Nach dem Wertermittlungsanspruch gem. § 242 BGB ist ausreichend, wenn greifbare Anhaltspunkte für eine ergänzungspflichtige Schenkung vorliegen.[234] Der Wertermittlungsanspruch nach § 242 BGB setzt darüber hinaus voraus, dass der Verpflichtete durch den Anspruch nicht unzumutbar belastet wird. Unstreitig hat bei dem Wertermittlungsanspruch nach § 242 BGB der pflichtteilsberechtigte Erbe die Kosten zu tragen.[235]

3. Wertermittlungsschuldner

Wertermittlungsschuldner und somit verpflichtet, die für die Wertberechnung erforderlichen Unterlagen vorzulegen, wie auch die Wertermittlung durch einen Sachverständigen **auf Kosten des Nachlasses**[236] zu veranlassen, ist grundsätzlich der Erbe. Darüber hinaus kann auch der Beschenkte verpflichtet sein, Einsicht in die für die Wertberechnung des fiktiven Nachlasses relevanten Unterlagen zu gewähren. Problematisch ist jedoch, wer die Koten der Wertermittlung zu tragen hat. Entgegen dem Auskunftsanspruch des § 2314 Abs. 1 S. 1 BGB lehnt der BGH einen Anspruch auf Wertermittlung gegenüber dem Beschenkten durch einen Sachverständigen **auf Kosten des (fiktiven) Nachlasses** analog § 2314 Abs. 1 S. 2 BGB ab.[237] Der BGH begründet dieses Ergebnis mit folgender Argumentation. Der Beschenkte kann neben dem Erben verpflichtet sein, dem pflichtteilsberechtigten Nichterben auf Verlangen Auskunft über den fiktiven Nachlass zu erteilen. Diese Rspr. des BGH ist auf eine entsprechende Anwendung des § 2314 Abs. 1 S. 1 BGB gestützt worden.[238] Die Gründe, die zu dieser Rspr. geführt haben, tragen aber nicht auch einen entsprechenden Analogieschluss in Bezug auf den Wertermittlungsanspruch gegen den Beschenkten gemäß § 2314 Abs. 1 S. 2 BGB. Nach § 2329 Abs. 1 BGB hat der Beschenkte das Geschenk nach den Grundsätzen der ungerechtfertigten Bereicherung für den Fehlbetrag aus § 2325 BGB herauszugeben.[239] Dieser Fehlbetrag ist die Differenz zwischen der Pflichtteilsergänzung, die der Pflichtteilsberechtigte gemäß § 2325 BGB zu beanspruchen hat, und der verminderten Leistungsverpflichtung des Erben (oder in den Fällen des § 2329 Abs. 3 BGB der später Beschenkten) im Sinne von § 2329 BGB verpflichtet ist. Nur zum Ausgleich dieses exakten Fehlbetrages muss der Beschenkte dem Pflichtteilsberechtigten sein Geschenk zur Verfügung stellen. Durch die freiwillige Zahlung eben dieses Fehlbetrages kann er den Zugriff in das ihm Zugewendete vollständig abwehren (§ 2329 Abs. 2 BGB). Nach der Rspr. des BGH soll ausgeschlossen werden, dass der Beschenkte darüber hinaus auch noch mit einer kostenträchtigen (§ 2314 Abs. 2 BGB) Wertermittlungspflicht belastet wird. Die Entscheidung des BGH[240] wurde stark kritisiert.[241] Die Entscheidung des BGH führt sowohl zu Härten für den Pflichtteilsberechtigten sowie für den Erben. Der Erbe muss für die Wertermittlung des fiktiven Nachlasses einen Teil des Nachlassvermögens zur Verfügung stellen. Ist bei dem Erben kein tatsächlicher Nachlass vorhanden, führt dies zu einer Verkürzung des Pflichtteils des Pflichtteilsberechtigten, wenn dieser die Wertermittlungskosten selbst zu tragen hat.

Auch bei angeordneter **Testamentsvollstreckung**, kann der Pflichtteilsanspruch nach § 2214 Abs. 1 S. 2 BGB nur gegen den Erben geltend gemacht werden. Zur Erfüllung der Auskunftsverpflichtung steht dem Erben gegenüber dem Testamentsvollstrecker nach § 2215 BGB ein Auskunftsanspruch zu. Streitig ist, wie der Wertermittlungsanspruch zu erfüllen ist. In der Literatur wird vertreten, § 2214 Abs. 1 S. 2 BGB im Wege der teleologischen Reduktion nur auf den eigentlichen Zahlungsanspruch und nicht auf den Wertermitt-

---

[234] BGH NJW 1993, 2737; Staudinger/*Haas* § 2314 Rn. 73.
[235] BGH NJW 1993, 2737; BGH NJW 1985, 1346.
[236] Vgl. unten Rn. 140.
[237] BGH NJW 1989, 2887; Staudinger/*Haas* § 2314 Rn. 74.
[238] BGH NJW 1984, 487; BGH WM 1971, 477.
[239] Vgl. § 5 Rn. Rn. 11; § 6 Rn. 84 ff.
[240] BGH NJW 1989, 2887.
[241] Staudinger/*Haas* § 2314 Rn. 74.

lungsanspruch anzuwenden, mit der Folge, dass der Wertermittlungsanspruch des Pflichtteilsberechtigten unmittelbar gegen den Testamentsvollstrecker geltend gemacht werden kann.[242] Richtigerweise steht dem Erben entsprechend dem Auskunftsanspruch ein Anspruch auf Wertermittlung gegenüber dem Testamentsvollstrecker zu (in erweiternder Auslegung des § 2215 BGB).

4. Einreden und Einwendungen gegen Wertermittlungsansprüche

103 a) **Erfüllung.** Der Wertermittlungsanspruch verpflichtet den Erben, den Pflichtteilsberechtigten in die Lage zu versetzen, seinen Pflichtteilsanspruch berechnen zu können. Grundsätzlich hat der Erbe hierzu dem Pflichtteilsberechtigten diejenigen Informationen zukommen zu lassen, die diesen in die Lage versetzen, den Wert eines Nachlassgegenstandes zu ermitteln. Durch die Herausgabe dieser Informationen ist der Wertermittlungsanspruch des Pflichtteilsberechtigten durch Erfüllung erloschen. Ist aufgrund der herausgegebenen Informationen der Wert des Nachlassgegenstandes nicht ohne weiteres abzuleiten, ist der Erbe verpflichtet, die Wertermittlung durch Einholung eines Wertgutachtens durchzuführen. Der Wertermittlungsanspruch ist in diesem Fall mit der Übermittlung des Wertgutachtens erfüllt und erloschen.

104 b) **Veräußerter Nachlassgegenstand.** Für den Wertermittlungsanspruch ist unbeachtlich, ob der betreffende Nachlassgegenstand noch im Nachlass vorhanden ist. Ist ein Vermögenswert durch lebzeitige **Schenkung** des Erblassers verschenkt worden, besteht ein Wertermittlungsanspruch gegenüber dem Beschenkten.[243] Ist ein Nachlassgegenstand durch den Erben nach Eintritt des Erbfalls, jedoch vor Wertermittlung, veräußert worden, bedarf es grundsätzlich nicht der Einholung eines Wertgutachtens. Zwar bestimmt § 2311 Abs. 1 S. 1 BGB, dass der Wert, soweit erforderlich ist, durch Schätzung zu ermitteln ist. Die Rspr. orientiert sich jedoch dann an dem tatsächlich erzielten **Verkaufserlös** abzüglich der verkaufsbedingten Unkosten, wenn der Verkauf alsbald nach dem Erbfall erzielt wurde und die Marktverhältnisse im Wesentlichen zwischen dem Bewertungsstichtag und dem Tag der Veräußerung unverändert geblieben ist.[244] Je länger der zeitliche Abstand zwischen dem Todestag und dem Tag der Veräußerung liegt, ist das Veräußerungsergebnis zu korrigieren.[245] Jedoch kommt selbst einem nach 5 Jahren nach dem Erbfall erzielten Verkaufserlös noch Aussagekraft zu.[246]

105 c) **Missbrauch.** Der Erbe kann sowohl die Auskunft als auch die Vorlage von Informationen sowie die Übermittlung eines vollständigen Wertgutachtens verweigern, wenn die Gefahr besteht, dass der Pflichtteilsberechtigte die Information nicht zur Pflichtteilsberechnung, sondern zu anderen Zwecken ge- oder missbraucht.

106 Gehört zum Nachlass ein **Unternehmen** oder eine Unternehmensbeteiligung, hat der Erbe die Geschäftsunterlagen vorzulegen, die den Gläubiger in die Lage versetzen, die Wertermittlung selbst vorzunehmen oder vornehmen zu lassen.[247] Zu den vorzulegenden Geschäftsunterlagen gehört alles, was erforderlich ist, um den Wert des Unternehmens oder der Unternehmensbeteiligung nach betriebswirtschaftlichen Erkenntnissen zu ermitteln, insbesondere Bilanzen und Gewinn- und Verlustrechnungen sowie die zugrundeliegenden Geschäftsbücher und Belege.[248] Das Interesse des zu bewertenden Unternehmens an der Wahrung des Geschäftsgeheimnisses kann zu einer Beschränkung oder gar zum Ausschluss des Vorlegungsanspruchs nach Treu und Glauben nur führen, wenn konkrete Gründe dafür be-

---

[242] Staudinger/*Haas* § 2314 Rn. 74; *Klingelhöffer* ZEV 2000, 261, 262.
[243] Vgl. oben Rn. 101.
[244] BGH NJW 1982, 2497, 2498 (Unternehmensverkauf nach 1 Jahr); BGH NJW-RR 1991, 900; BGH NJW-RR 1993, 834 (Grundstücksverkauf nach 6 Monaten); OLG Düsseldorf ZEV 1994, 361, 362 (7 Monate).
[245] BGH NJW-RR 1993, 834.
[246] BGH NJW-RR 1993, 131; aber OLG Düsseldorf FamRZ 1995, 1236, 2237: Kein zeitnaher Verkauf nach 3 Jahren.
[247] BGH NJW 1975, 258; BGH NJW 1975, 1774; OLG Düsseldorf NJW-RR 1997, 454.
[248] BGH NJW 1975, 1774, 1776.

stehen, dass der Gläubiger die Einsicht in die Geschäftsunterlagen missbrauchen wird.[249] Konkrete Gründe können darin bestehen, dass der Auskunftsberechtigte Inhaber oder Angestellter eines Geschäfts, das mit dem Unternehmen der Beklagten in Wettbewerb steht, oder ein solches Geschäft zu eröffnen beabsichtigt. Die bloße Äußerung, er werde das Unternehmen, wenn er es nicht erbe, zugrunde richten, genügt nicht.[250]

Ein Weigerungsrecht des Erben kann auch dann bestehen, wenn zwischen Pflichtteilsberechtigtem und dem Erben eine Wettbewerbssituation besteht.[251] In einem derartigen Fall ist die Auskunftspflicht nach § 242 BGB dahingehend einzuschränken, dass nicht dem Pflichtteilsberechtigten, sondern nur einem neutralen, der Verschwiegenheit verpflichteten Prüfer die Einsicht in die Geschäftsbücher gestattet ist.[252]

d) **Dürftigkeit des Nachlasses.** Reicht der tatsächliche Nachlass nicht zur Deckung der Kosten der Wertermittlung aus, kann der Erbe die Dürftigkeitseinrede erheben (§ 1990 Abs. 1 S. 1 BGB), sofern er sein Recht auf Beschränkbarkeit der Haftung noch nicht verloren hat.[253] Ist der Berechtigte in diesem Fall jedoch bereit, die Kosten der Wertermittlung selbst zu tragen, bleibt der Erbe grundsätzlich zur Wertermittlung verpflichtet. Der Erbe kann hiergegen nicht einwenden, dass der Hauptanspruch in Form des Pflichtteilsanspruches mangels Nachlassvermögen nicht vorhanden wäre.

e) **Verjährung.** Die Verjährung des Wertermittlungsanspruches ist wie die des Auskunftsanspruches nach § 2314 BGB gesetzlich nicht ausdrücklich geregelt.[254] Durch die Erbrechtsreform ist die 30-jährige Sonderverjährung für erbrechtliche Ansprüche (§ 197 Abs. 1 Nr. 2 BGB a. F.) entfallen. Es gilt nunmehr die Regelverjährung von 3 Jahren gemäß §§ 195 ff. BGB. Die 3-jährige Verjährungsfrist beginnt nach der Neuregelung erst mit dem Schluss des Jahres, in dem der Pflichtteilsanspruch entstanden ist und der Pflichtteilsberechtigte von seinem Pflichtteilsanspruch Kenntnis erlangt hat (§§ 95, 199 Abs. 1 BGB).[255]

Für die **Hemmung der Verjährung** des Wertermittlungsanspruches gelten die allgemeinen Regelungen (§§ 203 ff. BGB). Eine Klage auf Wertermittlung führt nicht zu einer Hemmung der Verjährung.[256] Eine Hemmung der Verjährung wird lediglich durch die Zahlungsklage des Pflichtteilsanspruches oder einer Stufenklage herbeigeführt.

5. Kosten

Die Kosten der Wertermittlung eines Vermögenswertes, welches zum tatsächlichen Nachlass gehört, hat der Erbe zu leisten. Diese Kosten kann der Erbe als Nachlassverbindlichkeiten in das Bestandsverzeichnis zur Berechnung der Höhe des Pflichtteilsanspruches einstellen. Die Kosten der Wertermittlung mindern somit zumindest mittelbar (in Höhe der Pflichtteilsquote) den Pflichtteilsanspruch. Hat der Pflichtteilsberechtigte eigenmächtig ein Gutachten in Auftrag gegeben, so fallen diese Kosten nicht dem Nachlass zur Last, selbst wenn der Erbe mit dieser Verpflichtung in Verzug ist.[257] Ist zwischen dem Pflichtteilsberechtigten und dem Erben streitig, ob der Erblasser innerhalb der Frist des § 2325 Abs. 3 BGB einen Gegenstand verschenkt hat, muss der Pflichtteilsberechtigte grundsätzlich darlegen und beweisen, dass der betreffende Gegenstand zum fiktiven Nachlass gehört.[258] Erst wenn die Zugehörigkeit zum fiktiven Nachlass feststeht, besteht ein Wertermittlungsanspruch auf Kosten des Nachlasses.[259] Liegt eine gemischte Schenkung vor und besteht ein Wertermittlungsanspruch, fallen die Kosten der Wertermittlung ebenfalls dem Nachlass zur Last. Kon-

---

[249] BGH NJW 1975, 1774, 1776; OLG Düsseldorf NJW-RR 1997, 454, 456.
[250] BGH NJW 1975, 1774, 1776.
[251] Staudinger/*Haas* § 2314 Rn. 76.
[252] BGH NJW 1975, 258; BGH NJW 1975, 1774.
[253] BGH NJW 1989, 2887.
[254] Vgl. oben Rn. 78.
[255] Zu den Übergangsregelungen nach der Erbrechtsreform Rn. 75.
[256] OLG Koblenz FamRZ 2003, 193; OLG Düsseldorf FamRZ 1999, 1097; OLG Zweibrücken FamRZ 1969, 230; RGZ 113, 234; BGH NJW 1975, 1409.
[257] OLG Karlsruhe NJW RR 1990, 393; MünchKommBGB/*Lange* § 2314 Rn. 11.
[258] BGH NJW 1984, 487.
[259] OLG Schleswig ZEV 2007, 277.

te der Pflichtteilsberechtigte die zum Nachweis einer gemischten Schenkung notwendigen Voraussetzungen lediglich durch ein von ihm in Auftrag gegebenes Sachverständigengutachten erbringen, sind die ihm entstandenen Kosten zu Lasten des Nachlasses zu tragen.[260]

III. Geltendmachung des Auskunfts- und Wertermittlungsanspruchs

1. Außergerichtliche Geltendmachung

112 Die außergerichtliche Geltendmachung der Auskunftsansprüche des Pflichtteilsberechtigten dient der Vorbereitung des Gerichtsverfahrens, sofern der Auskunftsverpflichtete die begehrten Ansprüche nicht erfüllen sollte. Das Auskunftsbegehren ist so umfassend wie möglich auszugestalten. Der Auskunftsverpflichtete schuldet nur die geltend gemachte Auskunft. Sofern der Pflichtteilsberechtigte einzelne Auskünfte nicht geltend macht, ist der Erbe insoweit nicht auskunftsverpflichtet. Der Pflichtteilsberechtigte sollte neben seinem Auskunftsanspruch bezüglich des tatsächlich vorhandenen Nachlasses auch seinen Auskunftsanspruch zum fiktiven Nachlass geltend machen. Sofern der Pflichtteilsberechtigte einer von mehreren Abkömmlingen des Erblassers ist, sollte er gleichermaßen Auskunft über ausgleichungspflichtige Zuwendungen im Sinne des § 2050 BGB geltend machen.

113 In der Praxis zeigt sich, dass Erben mit der Erfüllung der Auskunftsansprüche überfordert sind. Vor diesem Hintergrund sollten im Auskunftsverlangen konkrete Hinweise auf bestimmte Vermögenswerte (beispielsweise Lebensversicherungen, Verträge zugunsten Dritter etc.) gegeben werden. Ferner erweist es sich als vorteilhaft, zusammen mit dem Auskunftsbegehren ein Beispiel eines Bestandsverzeichnisses zu übersenden. Sofern der Pflichtteilsberechtigte nicht nur ein privates, sondern ein amtliches Bestandsverzeichnis einfordern möchte, ist dies zu beantragen, da anderenfalls der Auskunftsverpflichtete ein privates Nachlassverzeichnis erstellen kann. Der Pflichtteilsberechtigte kann jedoch auch nach Erhalt eines privaten Nachlassverzeichnisses noch ein amtliches Verzeichnis fordern. Sofern der Pflichtteilsberechtigte bei der Erstellung des Nachlassverzeichnisses hinzugezogen werden möchte, ist auch dies geltend zu machen.[261]

114 Hat der Pflichtteilsberechtigte selbst keine Zuwendungen seitens des Erblassers erhalten, sollte dies mitgeteilt werden. Anderenfalls ist davon auszugehen, dass der Erbe seinerseits Auskunftsansprüche gegen den Pflichtteilsberechtigten erhebt (§§ 2057, 2315, 2327 BGB).

115 Nach § 2317 Abs. 1 BGB entsteht der Pflichtteilsanspruch grundsätzlich mit Eintritt des Erbfalles und kann vom Pflichtteilsberechtigten sofort verlangt werden (§ 271 Abs. 1 BGB). Damit der Pflichtteilsschuldner in Verzug kommt, bedarf es jedoch seitens des Pflichtteilsberechtigten einer Mahnung nach Fälligkeit des Anspruches. Voraussetzung für die Mahnung ist, dass die Aufforderung zur Leistung des Pflichtteilsanspruches bestimmt und eindeutig ist. Nicht notwendig ist, dass die Mahnung eine Fristsetzung enthält, oder eine bestimmte Folge angedroht wird.[262] Ebenfalls nicht notwendig ist die konkrete Bezifferung des Pflichtteilsanspruches.[263] Eine konkrete Bezifferung des Pflichtteilsanspruches ist in der Regel in diesem frühen Stadium auch nicht möglich. Das außergerichtliche Auskunftsbegehren sollte eine Aufforderung zur Leistung des Pflichtteilsanspruches aufweisen. Mit Zugang der Mahnung tritt Verzug hinsichtlich der Zahlungspflicht ein. Aufgrund der hohen Verzugszinsen (5% über dem Basiszinssatz, § 247 Abs. 1 BGB) erweisen sich die Verzugszinsen oft als probates Mittel zur Beschleunigung des Pflichtteilsstreits.

> **Praxistipp:**
> 116 In dem außergerichtlichen Auskunftsbegehren sollte eine Aufforderung zur Zahlung des Pflichtteilsanspruches enthalten sein.

---

[260] MünchKommBGB/*Lange* § 2314 Rn. 8.
[261] Vgl. oben Rn. 61.
[262] Palandt/*Heinrichs* § 284 Rn. 17.
[263] BGH NJW 1981, 1729.

III. Geltendmachung des Auskunfts- und Wertermittlungsanspruchs

Muster: Außergerichtliches Auskunftsschreiben

Adresse

Nachlass Karl-Heinz Müller

Sehr geehrte Frau Müller,

mit beiliegender Vollmachtskopie zeigen wir Ihnen die Vertretung von Herrn Michael Müller, Musterstr. 22, 70597 Stuttgart in der Nachlassangelegenheit nach Herrn Karl-Heinz Müller an.

I. Auskunfts- und Wertermittlungsanspruch

Herr Karl-Heinz Müller ist am 22. 1. 2009 in Stuttgart verstorben. Unser Mandant ist der Sohn des Erblassers aus erster Ehe. In dem privatschriftlichen Testament vom 11. 10. 2007 setzte Herr Karl-Heinz Müller Sie als Alleinerbin ein. Hierdurch ist unser Mandant von der gesetzlichen Erbfolge ausgeschlossen worden und ist pflichtteilsberechtigt. Der Pflichtteilsanspruch besteht in Höhe der Hälfte des gesetzlichen Erbanspruchs. Dem Eröffnungsprotokoll vom 14. 2. 2009 ist zu entnehmen, dass der Erblasser im gesetzlichen Güterstand der Zugewinngemeinschaft lebte, so dass Sie und unser Mandant bei gesetzlicher Erbfolge jeweils zu ½ zu Erben berufen wären. In diesem Fall beträgt die Pflichtteilsquote unseres Mandanten ¼.

Damit es unserem Mandanten möglich ist, die ihm zustehenden Pflichtteilsansprüche geltend zu machen und zuverlässig und richtig zu berechnen, besteht Ihnen gegenüber ein Auskunftsanspruch gem. § 2314 BGB über den Bestand und Wert des Nachlasses.

1. Auskunft

Die Auskunft über den Bestand des Nachlasses ist durch Vorlage eines Nachlassverzeichnisses zum Todestag und somit zum 22. 1. 2009 zu erteilen. Das Verzeichnis muss unter genauer Aufschlüsselung sämtlicher Aktiva und Passiva des Nachlasses lückenlos dessen Bestand und Umfang zum Zeitpunkt des Todes aufzeigen. Diesem Schreiben fügen wir Ihnen ein Nachlassverzeichnis als Beispiel bei.

a) In das Nachlassverzeichnis sind sämtliche Aktiva und somit die zum Todeszeitpunkt vorhandenen Vermögenswerte (z. B. Immobilien, Bankvermögen, Wertpapiere, Bargeld, Forderungen, Beteiligungen etc.) als auch erst anlässlich des Todes noch zufließende Vermögenswerte (z. B. Lebens- oder sonstige Kapitalversicherungen, Sterbegelder etc.), wie auch nach dem Todestag noch zufließende Vermögenswerte (z. B. Rückerstattungen, Gutschriften, nicht verbrauchte Mietkautionen etc.) aufzunehmen.

b) In das Nachlassverzeichnis sind auch alle Passiva und somit sämtliche Nachlassverbindlichkeiten (z. B. Beerdigungskosten, Verbindlichkeiten des Erblassers etc.) einzustellen.

c) Darüber hinaus sind in dem Nachlassverzeichnis sämtliche vom Erblasser zu Lebzeiten getätigten Schenkungen (unentgeltliche Zuwendungen) einzustellen:

   aa) Grundsätzlich sind alle Schenkungen einschließlich gemischter Schenkungen innerhalb der letzten 10 Jahre vor dem Erbfall einzustellen. Hierbei ist es gleich, welche Person beschenkt worden ist. Der Auskunftsanspruch Ihnen gegenüber erstreckt sich auch auf Schenkungen, die andere Personen oder Organisationen erhalten haben. In diesem Fall sind Sie verpflichtet, die notwendigen Informationen einzuholen.

   bb) Ich möchte darauf hinweisen, dass für Zuwendungen zwischen Ehegatten die vorgenannte 10-Jahresfrist nicht gilt (§ 2325 Abs. 3 letzter Halbs. BGB).

   cc) Die vorgenannte 10-Jahresfrist gilt gleichermaßen nicht für Schenkungen, wenn sich der Erblasser Rechte an dem verschenkten Vermögenswert zurückbehalten hat. Solche zurückbehaltenen Rechte können beispielsweise ein Nießbrauch oder Wohnrecht wie auch Widerruf- oder Rücktrittsrechte sein.

   dd) Neben den vorgenannten Schenkungen sind außerdem alle erfolgten ausgleichungspflichtigen Zuwendungen und zwar ohne zeitliche Begrenzung einzustellen. Hierzu gehören nach § 2050 BGB:
   – so genannte Ausstattungen, d. h. Zuwendungen, die einem Kind mit Rücksicht auf seine Verheiratung oder auf die Erlangung einer selbständigen Lebensstellung zur Begründung oder zur Erhaltung der Wirtschaft oder der Lebensstellung von einem Elternteil zugewandt worden sind;

– sonstige Zuschüsse, die zu dem Zweck gegeben wurden, als Einkünfte verwendet zu werden, oder Aufwendungen für die Vorbildung zu einem Beruf, sofern und soweit sie das dem Vermögensverhältnissen eines Elternteils entsprechende Maß überstiegen haben sollten;
– alle sonstigen Zuwendungen eines Elternteils, bei denen ein Elternteil die Ausgleichung ausdrücklich angeordnet hat.

ee) Lebens- oder sonstige Kapitalversicherungen, bei denen als Bezugsberechtigter nicht ausdrücklich „der Erbe/die Erben" oder „der Nachlass" benannt sind, sind ebenfalls in das Nachlassverzeichnis aufzunehmen.

Für unseren Mandanten stellen wir fest, dass dieser selbst keinerlei lebzeitigen Zuwendungen oder Ausstattungen erhalten hat.

2. Wertermittlung

Sofern der Wert nicht bekannt und der Wert somit zu ermitteln ist, schlagen wir vor, den Vermögensgegenstand ohne Bewertung in das Nachlassverzeichnis einzustellen und gemeinsam eine einvernehmliche Entscheidung über den Wert oder über die Bewertung herbeizuführen. Dies betrifft insbesondere Immobilien, und zwar gleichermaßen, ob diese sich noch im Nachlass befinden oder bereits lebzeitig im Wege einer unentgeltlichen Zuwendung übertragen worden sind. Wurden Immobilien verschenkt, sind die betreffenden Immobilien zum Zeitpunkt der Schenkung (Eintragung im Grundbuch) und zum Zeitpunkt des Erbfalls bewerten zu lassen. Eine Bewertung zum heutigen Zeitpunkt ist nicht notwendig.

3. Erfüllung der Ansprüche

Sollten Sie zur Auskunft und Wertermittlung grundsätzlich bereit sein, sehen wir einer Übersendung eines vollständigen Nachlassverzeichnisses und Belegen bis zum 3. 4. 2009 entgegen. Sollten Sie zur Auskunftserteilung und Wertermittlung nicht bereit sein, müssen wir unserem Mandanten leider empfehlen, seine Ansprüche gerichtlich weiter zu verfolgen.

II. Zahlung des Pflichtteils- und Pflichtteilsergänzungsanspruchs

Die Höhe der Pflichtteilsansprüche unseres Mandanten können erst nach erteilter Auskunft und Wertermittlung berechnet werden. Zahlungsfällig ist der Pflichtteils- und Pflichtteilsergänzungsanspruch bereits mit dem Eintritt des Erbfalls (§ 2317 Abs. 1 BGB). Die genannten Ansprüche sind hiermit namens und in Vollmacht unseres Mandanten nochmals ausdrücklich geltend gemacht und ebenfalls bis 3. 4. 2009 zur Zahlung angemahnt.

Mit Verstreichen des 3. 4. 2009 tritt infolge dessen Verzug ein. Ab Verzugseintritt sind die vorgenannten Zahlungsansprüche dann nicht nur fällig, sondern auch verzinslich und zwar mit 5% über dem Basiszinssatz, gegenwärtig somit insgesamt 8,19%.

Rechtsanwalt

2. Auskunftsklage

118 a) **Prozessstrategie.** Der Pflichtteilsberechtigte kann grundsätzlich eine von der Zahlungsklage getrennte Auskunftsklage zur Ermittlung der Zusammensetzung des Nachlasses erheben.[264] Eine **Hemmung der Verjährung** des Pflichtteilsanspruches tritt jedoch nicht durch die Erhebung einer Auskunftsklage ein. Grundsätzlich tritt eine Hemmung der Verjährung nur durch Erhebung einer Leistungsklage ein. Die Erhebung der Stufenklage hemmt die Verjährung gleichermaßen.[265] Vorteil der Auskunftsklage gegenüber der Stufenklage ist das geringere **Prozesskostenrisiko** des Pflichtteilsberechtigten. Der Wert des Auskunftsanspruches wird in der Regel mit einem Bruchteil des Leistungsanspruches bewertet, wobei überwiegend ein Bruchteil zwischen $1/10$–$1/4$ zugrunde gelegt wird. Die eigenständige Auskunftsklage ist der Stufenklage dann vorzuziehen, wenn die Pflichtteilsberechtigung, die Zugehörigkeit verschiedener Vermögenswerte streitig ist und eine Verjährung nicht droht.

119 Im Rahmen der Auskunftsklage hat der Pflichtteilsberechtigte lediglich sein Pflichtteilsrecht darzulegen und zu beweisen. Das Bestehen des Pflichtteilsanspruches hat der Auskunftsberechtigte im Rahmen der Auskunftsklage nicht nachzuweisen.[266]

---

[264] OLG Düsseldorf FamRZ 1995, 1236.
[265] BGH NJW-RR 1995, 770.
[266] Staudinger/*Haas* § 2314 Rn. 81.

III. Geltendmachung des Auskunfts- und Wertermittlungsanspruchs

Praxistipp:
Obwohl bei der Auskunftsklage keine Verpflichtung zur Darlegung des Pflichtteilsanspruches besteht, kann dies im Einzelfall aus taktischen Gründen sinnvoll sein. Auch im Rahmen der Auskunftsklage ist der Richter verpflichtet, eine Güteverhandlung durchzuführen. Teilweise ergeben sich hierbei Möglichkeiten, den gesamten Rechtsstreit und somit auch die Abgeltung des Pflichtteilsanspruches durch Vergleich zu regeln, ohne das erhöhte Prozesskostenrisiko einer Stufenklage tragen zu müssen.

Ein **sofortiges Anerkenntnis** nach § 93 ZPO des Auskunftsanspruches liegt vor, wenn bei Anordnung des schriftlichen Vorverfahrens zwar zunächst die Verteidigungsabsicht angezeigt wird, jedoch sodann innerhalb der Frist des § 276 Abs. 1 S. 2 ZPO das Anerkenntnis abgegeben wird.[267] Es würde den Anspruch des Beklagten auf ein faires Verfahren verletzen, wenn ihm nicht die eigentliche Klageerwiderungsfrist des § 276 Abs. 1 S. 2 ZPO auch zu der Prüfung eingeräumt wird, ob und in welchem Umfang im Hinblick auf die Kostenwohltat des § 93 ZPO ein Anerkenntnis in Betracht kommt.

b) Inhalt und Umfang des Auskunftsanspruchs. Bei der Geltendmachung des Auskunftsanspruches ist der Auskunftsanspruch bezüglich des tatsächlich vorhandenen Nachlasses zum Zeitpunkt des Todes des Erblassers geltend zu machen. Diese Auskunft betrifft sämtliche Aktiva und Passiva des tatsächlich vorhandenen Nachlasses. Sofern der Pflichtteilsberechtigte nicht nur ein privatschriftliches Bestandsverzeichnis sondern ein amtlich errichtetes Bestandsverzeichnis einklagen möchte, ist dies in den Klageantrag aufzunehmen. Der Pflichtteilsberechtigte muss somit in seinem Klageantrag die verschiedenen Varianten des § 2314 BGB[268] berücksichtigen. Sofern der Pflichtteilsberechtigte seine Hinzuziehung bei der Erstellung des Bestandsverzeichnisses wünscht, muss der Pflichtteilsberechtigte auch dies geltend machen.

Der einzuklagende Auskunftsanspruch sollte sich auch auf den fiktiven Nachlass erstrecken. Der Auskunftsanspruch diesbezüglich muss ausdrücklich geltend gemacht werden. Wird eine Auskunft über den fiktiven Nachlass nicht eingefordert, schuldet der Auskunftsverpflichtete diese Auskunft nicht. Ist der auskunftsbegehrende Pflichtteilsberechtigte einer von weiteren Abkömmlingen des Erblassers, sollte er in diesem Fall auch Auskunft nach ausgleichungspflichtigen Zuwendungen im Sinne des §§ 2057, 2316 BGB fordern. Auch dieser Auskunftsanspruch muss ausdrücklich geltend gemacht werden. Nach § 2057 BGB sind die Abkömmlinge verpflichtet, über diejenigen Zuwendungen, die sie seitens des Erblassers erhalten haben, und die nach §§ 2050 ff. BGB ausgleichungspflichtig sein könnten, den übrigen Abkömmlingen Auskunft zu erteilen. Zur Auskunft verpflichtet, aber auch berechtigt, sind grundsätzlich nur Abkömmlinge. Dies gilt sowohl im Falle der gesetzlichen Erbfolge, als auch für den Fall, dass nach § 2052 BGB eine den gesetzlichen Erbfolgequoten entsprechende Erbeinsetzung erfolgte. Dem pflichtteilsberechtigten Abkömmling, der nicht Erbe geworden ist, steht ein Auskunftsanspruch nach § 2057 BGB zu.[269] Inhaltlich erfasst der Anspruch nach § 2057 BGB auch die Angabe des Wertes des empfangenen Gegenstandes. Gleichermaßen ist Auskunft über den Zeitpunkt der Zuwendung zu erteilen. Die ausgleichungspflichtigen Zuwendungen sind im Rahmen des § 2316 BGB zu berücksichtigen.

Praxistipp:
Der Erblasser kann eine Zuwendung nach § 2050 Abs. 1 BGB nicht zum Nachteil eines Pflichtteilsberechtigten von der Berücksichtigung ausschließen (§ 2050 Abs. 3 BGB).

Der Auskunftsverpflichtete hat Auskunft über **Schenkungen** in den letzten 10 Jahren vor dem Erbfall zu erteilen. Für Schenkungen des Erblassers an den Ehegatten bzw. Schenkungen unter Vorbehalt von Rechten gilt die 10-Jahres-Frist des § 2325 Abs. 3 BGB nicht.

---
[267] OLG Hamburg in MDR 2002, 421; OLG Schleswig NJW-RR 1998, 285; LG Flensburg ZErb 2006, 317.
[268] Vgl. oben Rn. 41.
[269] Staudinger/*Haas* § 2316 Rn. 41.

126 Hat der Erblasser Zuwendungen in Form einer **gemischten Schenkung** vollzogen, erstreckt sich die Auskunft auf alle Vertragsbedingungen, die für die Beurteilung der Höhe des Pflichtteilsanspruches maßgeblich sind.[270] Hat der Erblasser Schenkungen an Dritte vollzogen, umfasst der Auskunftsanspruch auch die Benennung der beschenkten Personen. Der Auskunftsverpflichtete hat auch Auskunft über **Pflicht- und Anstandsschenkungen** des Erblassers zu erteilen. Erst in einem zweiten Schritt und somit nach der Auskunftserteilung kann der Pflichtteilsberechtigte prüfen, ob diese Schenkungen im Sinne des § 2330 BGB waren und somit bei der Pflichtteilsberechnung nicht berücksichtigungsfähig sind.

127 c) **Beweislast.** Der Pflichtteilsberechtigte hat für einen Auskunftsanspruch darzulegen und zu beweisen, dass er gemäß § 2303 BGB zu den pflichtteilsberechtigten Personen zählt.[271] Das Bestehen eines Pflichtteilsanspruchs selbst muss der Auskunftsberechtigte im Rahmen der Auskunftsklage nicht nachweisen.[272] Beruft sich der Erbe darauf, dass er zur Auskunft nicht verpflichtet sei, so hat er zu beweisen, dass er dem Pflichtteilsberechtigten bereits Auskunft erteilt hat.

Beruft sich der Erbe auf das Vorliegen von **ausgleichungspflichtigen** oder **anrechnungspflichtigen** Zuwendungen, so trägt er hierfür die Beweislast.[273] Begehrt der Pflichtteilsberechtigte eine Erhöhung des Pflichtteilsanspruches nach § 2057a i.V.m. § 2316 BGB, hat er die ausgleichsfähigen Leistungen darzulegen und zu beweisen. Der Pflichtteilsberechtigte hat auch alle für die Wertermittlung notwendigen Tatsachen darzulegen, obwohl aufgrund des § 287 ZPO eine verminderte Substantiierungspflicht vorliegt (Beweismaßreduzierung).[274]

128 d) **Streitwert der Auskunftsklage.** Nach § 3 ZPO kann das Gericht den Streitwert der Auskunftsklage nach seinem Ermessen bestimmen. Überwiegend wird im Rahmen der Auskunftsklage für den Streitwert eine Quote von $1/10$–$1/4$ des zu erwartenden Zahlungsanspruches zugrunde gelegt.[275] Bei der Ermittlung des Streitwertes ist auf das Klägerinteresse an der Auskunftsklage im Zeitpunkt der Klageeinreichung abzustellen. Zu berücksichtigen ist die Stärke des Auskunftsinteresses und die bereits vorhandenen Kenntnisse des Pflichtteilsberechtigten. Je weniger Kenntnisse der Kläger hat, umso stärker ist sein Auskunftsinteresse und desto höher ist der Streitwert einzustufen. Sofern der Pflichtteilsberechtigte bereits umfassende Kenntnisse des Nachlasses hat, jedoch zur Kontrolle des vorhandenen Wissens eine Auskunftsklage erhebt, ist der Streitwert aufgrund des geringeren Auskunftsinteresses niedriger festzusetzen. Maßgeblicher Zeitpunkt ist die Einreichung der Klage. Für den Antrag auf eidesstattliche Versicherung ist maßgeblich, welche zusätzliche Auskunft der Kläger hierdurch zu erhalten meint.[276]

129 e) **Örtliche Zuständigkeit der Auskunftsklage.** Für die Auskunftsklage ist gem. § 12 ZPO das Gericht örtlich zuständig, bei dem der Auskunftsverpflichtete, hier der Erbe, seinen allgemeinen Gerichtsstand und somit seinen Wohnsitz hat (§ 13 ZPO). Für die Erfüllung der Auskunftsverpflichtung haften die Erben gemäß §§ 431, 421 BGB als Gesamtschuldner.[277] Dies bedeutet, dass jeder Erbe einzeln, bei dem für ihn örtlich zuständigen Gericht auf Auskunft verklagt werden kann. Diese Möglichkeit wird auch nicht durch die zusätzlichen Gerichtsstände der Erbschaft ausgeschlossen, da diese fakultativ sind.[278]

Die Auskunftsklage kann jedoch auch vor dem Gericht erhoben werden, bei dem der Erblasser zur Zeit seines Todes den allgemeinen Gerichtsstand und somit seinen Wohnsitz hatte (§ 27 Abs. 1 ZPO). War der Erblasser deutscher Staatsangehöriger und hatte er zur Zeit seines Todes im Inland keinen allgemeinen Gerichtsstand, so kann die Auskunftsklage vor dem

---

[270] BGHZ 55, 378; BGH NJW 1962, 245.
[271] Staudinger/*Haas* § 2314 Rn. 81; Mayer/Süß/*Tanck* § 14 Rn. 105.
[272] Staudinger/*Haas* § 2314 Rn. 81.
[273] MünchKommBGB/*Heldrich* § 2050 Rn. 39.
[274] OLG Oldenburg FamRZ 1999, 1466; *Petersen* ZEV 2000, 1466.
[275] BGH ZEV 2007, 534; BGH FamRZ 1993, 1189; OLG Düsseldorf FamRZ 1988, 1188; Schneider/*Herget* Streitwertkommentar Rn. 5141; Staudinger/*Haas* § 2314 Rn. 81 a; a. A. OLG Koblenz AGS 1997, 133 (Quote von $1/8$–$1/4$).
[276] Zöller/*Herget* ZPO § 3 Rn. 16 „Offenbarungsversicherung".
[277] MünchKommBGB/*Lange* § 2314 Rn. 19.
[278] *Stein/Jonas* ZPO § 27 Rn. 2.

III. Geltendmachung des Auskunfts- und Wertermittlungsanspruchs

Gericht erhoben werden, in dessen Bezirk der Erblasser seinen letzten inländischen Wohnsitz hatte (§ 27 Abs. 2 S. 1 ZPO). Hatte der Erblasser zu keinem Zeitpunkt einen inländischen Wohnsitz, ist die Auskunftsklage gem. § 27 Abs. 2 S. 2 i.V.m. § 15 Abs. 1 S. 2 Halbs. 2 ZPO bei dem Amtsgericht Schöneberg bzw. bei dem Landgericht Berlin zu erheben.

f) Einstweilige Verfügung. In Pflichtteilsstreitigkeiten kommen lebzeitigen Schenkungen 130 eine große Bedeutung zu. Nicht selten versucht der Erblasser zur Reduzierung des Pflichtteilsanspruchs vor seinem Tode Vermögen zu übertragen. Grundsätzlich sind hierbei Schenkungen der letzten zehn Jahre (§ 2325 Abs. 3 BGB) zu berücksichtigen. Nicht selten umfassen Pflichtteilsstreitigkeiten einen Zeitraum von mehreren Jahren. Zum Nachweis von Banküberweisungen ist meist die Vorlage der entsprechenden Bankbelege notwendig. Die Aufbewahrungsfrist beträgt 10 Jahre (§ 257 Abs. 4 HGB). Allgemeine Meinung ist, dass ein Auskunftsanspruch nicht durch eine einstweilige Verfügung durchgesetzt werden kann.[279] Dies kann jedoch dann nicht gelten, wenn aufgrund des Ablaufes der Aufbewahrungsfrist die Vernichtung der zum Nachweis notwendigen Unterlagen droht. Ein unmittelbarer Anspruch des Pflichtteilsberechtigten beispielsweise gegenüber dem Bankinstitut auf Unterlassung der Vernichtung der entsprechenden Bankunterlagen besteht jedoch nicht. Die Rechtsprechung hat anerkannt, dass der Auskunftspflichtige verpflichtet sein kann, seinen eigenen Auskunftsanspruch gegenüber einem Bankinstitut an den Pflichtteilsberechtigten abzutreten, wenn er sich das Wissen der Bank nicht verschafft, obwohl ihm dies zumutbar ist.[280] Den Erben trifft daher eine Verpflichtung, diese Herausgabe gegenüber dem Bankinstitut geltend zu machen. Sofern der Auskunftsanspruch streitig ist, kann der Pflichtteilsberechtigte jedoch nicht die Herausgabe an sich im Wege des einstweiligen Rechtsschutzes fordern, da dies eine Vorwegnahme der Hauptsache darstellen würde. Der Pflichtteilsberechtigte kann jedoch die Sequestration zur Sicherstellung der Unterlagen bei einem durch das Gericht zu bestellenden Sequester geltend machen (§ 938 ZPO). Der Verfügungsgrund liegt in der objektiven Besorgnis, dass durch die mögliche Vernichtung der Bankunterlagen der Auskunftsanspruch vereitelt oder wesentlich erschwert werden könnte.

g) Gerichtskosten/RA-Gebühren. Die Gerichtskosten der Auskunftsklage bestimmen sich 131 nach den Vorschriften für eine erstinstanzliche Klage und somit nach Nr. 1210 Anlage 1 zum GKG. Die RA-Gebühren bestimmen sich nach Nr. 2300, 3100, 3104 Anlage 1 zum RVG.

Beispiel Anwaltsgebühren Auskunftsklage: 132

Der enterbte Sohn klagt gegen den Erben auf Auskunft für einen noch zu beziffernden Pflichtteilsanspruch. Der Sohn erwirkt ein Auskunftsurteil *a) nach ordnungsgemäßer Durchführung des Klageverfahrens* und *b) im Wege der Säumnis* gegen den Erben. Daraufhin erteilt der Erbe Auskunft über den Nachlass. Der Nachlasswert beträgt insgesamt € 10.000,–. Der Wert des Verfahrens wird festgesetzt auf ⅕ des Nachlasswertes, mithin € 2.000,–.

a) RA-Gebühren Durchführung des Klageverfahrens
1. 1,3 Verfahrensgebühr Nr. 3100 VV RVG (Wert € 2.000,-)	€ 172,90
2. 1,2 Terminsgebühr Nr. 3104 VV RVG (Wert € 2.000,-)	€ 159,60
3. Postentgeltpauschale Nr. 7002 VV RVG	€ 20,00
Zwischensumme	€ 352,50
4. 19% Umsatzsteuer Nr. 7008 VV RVG	€ 66,98
Gesamt	€ 419,48

b) RA Gebühren Erlass eines Versäumnisurteils
1. 1,3 Verfahrensgebühr Nr. 3100 VV RVG (Wert € 2.000,-)	€ 172,90
2. 0,5 Terminsgebühr Nr. 3105 VV RVG (Wert € 2.000,-)	€ 66,50
3. Postentgeltpauschale Nr. 7002 VV RVG	€ 20,00
Zwischensumme	€ 259,40
4. 19% Umsatzsteuer Nr. 7008 VV RVG	€ 49,28
Gesamt	€ 308,68

---
[279] Staudinger/*Haas* § 2314 Rn. 80; Bamberger/Roth/*Mayer* § 2314 Rn. 28.
[280] BGH NJW 1989, 1601; OLG Bremen OLGR Bremen 2001, 201; *Schlitt* ZEV 2007, 515, 518.

133 Bei der **Vollstreckung eines Auskunftsanspruchs** entstehen gemäß Nr. 2111 Anlage 1 zum GKG Gerichtskosten in Höhe von € 15,–. Rechtsanwaltsgebühren entstehen üblicherweise in Höhe von einer 1,3 Geschäftsgebühr nach Nr. 2300 Anlage 1 RVG die zur Hälfte auf die 0,3 Verfahrensgebühr gemäß Nr. 3309 Anlage 1 RVG angerechnet wird und eine 0,3 Terminsgebühr nach Nr. 3310 Anlage 1 RVG.

Muster: Auskunftsklage

134 An das
Amtsgericht/Landgericht

Klage

des Herbert Häberle, wohnhaft ......

– Kläger –

Prozessbevollmächtigte: RA ......
gegen
Erwin Häberle, wohnhaft ....

– Beklagter –

Prozessbevollmächtigte: RA ......

wegen Auskunft
vorläufiger Streitwert: ......

Namens und in Vollmacht des Klägers werden wir in dem Termin zur mündlichen Verhandlungen beantragen:

I. Der Beklagte wird im Wege der Klage verurteilt, zu erteilen
  1. Auskunft über den Bestand des Nachlasses des am 15.12.2008 in Stuttgart verstorbenen Herr Karl Häberle, zuletzt wohnhaft gewesen in Badstr. 34, 70597 Stuttgart, und zwar durch Vorlage eines Bestandverzeichnisses, welches in Aktiva und Passiva unterteilt ist;
  2. Auskunft über alle ergänzungspflichtigen Zuwendungen (§ 2325 BGB), die der Erblasser zu Lebzeiten getätigt hat;
  3. Auskunft über alle unter Abkömmlingen ausgleichungspflichtigen Zuwendungen (§§ 2050 ff. BGB), die der Erblasser zu Lebzeiten getätigt hat;
  4. Auskunft über den Güterstand, in dem der Erblasser verheiratet gewesen ist.
II. Für den Fall der Anordnung des schriftlichen Vorverfahrens beantragen wir den Erlass eines Versäumnisurteils gem. § 331 Abs. 3 ZPO, sobald hierfür die gesetzlichen Voraussetzungen gegeben sind.

Begründung *(verkürzt)*:

Der Erblasser, Herr Karl Häberle, zuletzt wohnhaft Badstr. 34, 70597 Stuttgart, ist am 15.12.2008 in Stuttgart verstorben. Herr Karl Häberle war in seiner einzigen Ehe mit der am 3.5.2001 verstorbenen Erna Häberle verheiratet. Aus dieser Ehe gingen die beiden Söhne Herbert und Erwin Häberle hervor. Weitere Kinder aus dieser Ehe gibt es nicht. Außereheliche Kinder des Herrn Karl Häberle sind keine bekannt.

Mit handschriftlichem Testament vom 31.12.2007 setzte der Erblasser Karl Häberle seinen Sohn Erwin Häberle als Alleinerben ein.

Dem Kläger Herbert Häberle stünde im Falle der gesetzlichen Erbfolge ein Erbteil von ½ zu. Da der Pflichtteil grundsätzlich die Hälfte des gesetzlichen Erbteils beträgt, ist der Kläger Herbert Häberle mit ¼ am Nachlass pflichtteilsberechtigt.

Aus den vorgenannten Gründen ergibt sich eine Auskunftspflicht des Klägers gegenüber dem Beklagten aus § 2314 Abs. 1 S. 1 BGB.

Der Klageantrag zu 2) gründet sich auf § 2325 i.V.m. § 2314 BGB.

Der Anspruch auf Auskunft über alle ausgleichungspflichtigen Zuwendungen ergibt sich aus § 2050 i.V.m. § 2314 BGB.

Rechtsanwalt

III. Geltendmachung des Auskunfts- und Wertermittlungsanspruchs

h) Zwangsvollstreckung des Auskunftsanspruchs. Die Auskunftserteilung ist eine unvertretbare Handlung. Eine solche liegt vor, wenn diese nicht durch einen Dritten vorgenommen werden kann. Auskunftsverpflichtet ist der Erbe, auch wenn dieser sich nicht vorhandene Kenntnis beschaffen muss und kann daher nicht von einem Dritten erteilt werden. 135

Der Titel auf Auskunftserteilung wird nach § 888 ZPO vollstreckt. Nach § 888 Abs. 1 S. 1 ZPO ist das Prozessgericht der 1. Instanz für das Verfahren zuständig. An der Bestimmtheit eines Vollstreckungstitels bezüglich einer Auskunftspflicht über den Bestand eines Erbes fehlt es, wenn in der Verpflichtung zur Vorlage eines auf den Erbfall bezogenen Bestandsverzeichnisses der Zeitpunkt des Todes des Erblassers nicht aufgenommen wurde.[281] Die Vollstreckung selbst erfolgt durch die Festsetzung von Zwangsgeld oder Zwangshaft. Die Auswahl des Zwangsmittels obliegt hierbei dem Gericht. Das Zwangsmittel kann wiederholt und in beliebiger Reihenfolge angeordnet werden. 136

Das Gericht hat den zur Auskunft Verpflichteten nach § 891 ZPO vor seinem Beschluss zu hören. Der Beschluss selbst enthält die von dem Auskunftsverpflichteten vorzunehmenden Handlungen sowie das vom Gericht bestimmte Zwangsmittel. Als Vollstreckungstitel ist der Beschluss dem Auskunftsverpflichteten bzw. seinem Prozessbevollmächtigten zuzustellen (§ 794 Abs. 1 Nr. 3 ZPO). Bei der Vollstreckung eines Auskunftstitels gegen den Erben braucht dem Antrag auf Festsetzung eines Zwangsmittels nach § 888 ZPO grundsätzlich eine Fristsetzung nicht vorauszugehen. Der Schuldner hat vielmehr vom Eintritt der Vollstreckbarkeit an von sich aus die ihm auferlegte Verpflichtung zu erfüllen.[282] Geht die Verurteilung des Erben zur Auskunftspflicht dahin, dass der pflichtteilsberechtigte Gläubiger bei der Aufnahme des von dem Erben zu erteilenden Nachlassverzeichnisses hinzugezogen wird, so muss der Erbe dem Pflichtteilsberechtigten hierfür mehrere Terminvorschläge unterbreiten. Der Verpflichtung des Erben zur Auskunftserteilung wird nicht durch nur einen Terminvorschlag genüge getan.[283] Hat der Schuldner zur Erfüllung eines Auskunftstitels beim Amtsgericht Antrag auf Aufnahme des Bestandsverzeichnisses über den Nachlass gemäß §§ 2314 Abs. 1 S. 3, 260 Abs. 1 BGB gestellt, kommt die Verhängung eines Zwangsmittels nach § 888 ZPO gegen den Schuldner zu dem Zweck, ihn zu veranlassen, auf eine beschleunigte Abwicklung des anhängigen FGG-Verfahrens hinzuwirken, grundsätzlich nicht in Betracht, solange der Gläubiger seine eigenen Möglichkeiten, auf dieses Verfahren einzuwirken, nicht ausgeschöpft hat. Das Festhalten des Schuldners an dem gewählten Verfahren kann wegen überlanger Dauer rechtsmissbräuchlich sein.[284] 137

Als Rechtsbehelf gegen den Beschluss steht dem Schuldner die sofortige Beschwerde nach § 793 ZPO zu. Die sofortige Beschwerde ist binnen einer Notfrist von zwei Wochen einzulegen. Die Beschwerde hat keine aufschiebende Wirkung. Der Vollzug der angefochtenen Entscheidung kann jedoch ausgesetzt werden (§ 570 Abs. 1, Abs. 2 ZPO). Eine Rechtsbeschwerde findet nur statt, wenn das Beschwerdegericht sie zugelassen hat (§ 574 Abs. 1 Nr. 2 ZPO). Der Einwand rechtzeitiger Erfüllung kann im Rahmen der Beschwerde,[285] oder durch Vollstreckungsgegenklage nach § 767 ZPO geltend gemacht werden.[286] Erfüllt der Auskunftsverpflichtete die geschuldete Auskunftserteilung, nachdem der Beschluss des Prozessgerichts rechtskräftig vorliegt, kann der Schuldner nur den Einwand der Erfüllung durch Vollstreckungsgegenklage erheben. Der Antrag auf Aufhebung des Zwangsgeldfestsetzungsbeschlusses ist wegen nachträglicher Erfüllung der Auskunftspflicht aufgrund der Möglichkeit der Zwangsvollstreckungsgegenklage und somit mangels Rechtsschutzinteresse unzulässig.[287] Betreibt der Pflichtteilsberechtigte die Zwangsvollstreckung unberechtigterweise weiter, steht dem Auskunftsverpflichteten ein Schadensersatzanspruch nach § 717 Abs 2 ZPO zu. 138

---

[281] OLG Köln JurBüro 2009, 215.
[282] OLG Brandenburg ZErb 2004, 104.
[283] OLG Brandenburg ZErb 2004, 104.
[284] OLG Schleswig OLGR Schleswig 2004, 360.
[285] Zöller/*Stöber* ZPO § 888 Rn. 11.
[286] Zöller/*Stöber* ZPO § 888 Rn. 11.
[287] OLG Zweibrücken FamRZ 1989, 384.

Muster: Zwangsvollstreckung bei nicht erteilter Auskunft

139 An das
Amtsgericht/Landgericht

**Antrag nach § 888 ZPO
in der Zwangsvollstreckungssache**

des Herbert Häberle, wohnhaft ......
– Gläubiger –

Prozessbevollmächtigte: RA ......
gegen
Erwin Häberle, wohnhaft ......
– Schuldner –

Prozessbevollmächtigte: RA ......

wegen Festsetzung von Zwangsmitteln nach § 888 ZPO

Namens und in Vollmacht des Gläubigers beantrage ich gegen den Schuldner zu beschließen:

Gegen den Schuldner wird wegen Nichtvornahme der Erstellung eines Nachlassverzeichnisses über den Bestand des Nachlasses des am 15. 12. 2008 in Stuttgart verstorbenen Herr Karl Häberle, zuletzt wohnhaft gewesen in Badstraße 34, 70597 Stuttgart aus dem rechtskräftigen Urteil des Landgerichts Stuttgarts vom 10. 2. 2009, Az: 10 O 31/2009 ein Zwangsgeld festgesetzt und für den Fall, dass dieses nicht beigetrieben werden kann, die Anordnung von Zwangshaft.

Begründung *(verkürzt)*:

Das Landgericht Stuttgart hat den Schuldner am 10. 2. 2009 zur Auskunftserteilung über den Nachlass des am 15. 12. 2008 in Stuttgart verstorbenen Herrn Karl Häberle, zuletzt wohnhaft gewesen in Badstraße 34, 70597 Stuttgart durch Vorlage eines Nachlassverzeichnisses verurteilt.

Das Urteil ist rechtskräftig. Eine vollstreckbare Ausfertigung des Urteils vom 10. 2. 2009 ist beigefügt. Ausweislich der Zustellungsurkunde des Gerichtsvollziehers, Herrn Erwin Streng, wurde das Urteil dem Schuldner am 15. 3. 2009 zugestellt.

Rechtsanwalt

140 **3. Klage auf Wertermittlung**

a) *Allgemeines.* Dem Pflichtteilsberechtigten steht neben dem Auskunftsanspruch ein Wertermittlungsanspruch zu. Der Wertermittlungsanspruch soll den Pflichtteilsberechtigten in die Lage versetzen, seinen Pflichtteilsanspruch berechnen zu können. Der Wertermittlungsanspruch umfasst damit die Vorlage sämtlicher Unterlagen, die für die konkrete Wertberechnung des tatsächlich vorhandenen oder fiktiven Nachlasses erforderlich sind. Ist es dem Pflichtteilsberechtigten nicht möglich, anhand der Unterlagen den Wert des Nachlassgegenstandes zu ermitteln, steht ihm ein Anspruch auf Erstellung eines Wertgutachtens als unparteiischem Sachverständigen zu.[288] Der Erbe ist nicht nur zur Wertermittlung verpflichtet, sondern auch berechtigt, selbst den Sachverständigen auszuwählen und zu beauftragen. Dem Pflichtteilsberechtigten steht es nicht zu, selbst ein Sachverständigengutachten in Auftrag zu geben.

141 Grundsätzlich ist nur der pflichtteilsberechtigte Nichterbe anspruchsberechtigt. Befindet sich jedoch der pflichtteilsberechtigte Erbe in einem Beweisnotstand, kann er unter den Voraussetzungen des § 242 BGB verlangen, dass ihm die zur Berechnung des Pflichtteilsanspruches erforderlichen Unterlagen vorgelegt werden. Genügt die Vorlage der erforderlichen Unterlagen nicht für eine Wertberechnung, hat der pflichtteilsberechtigte Erbe auch einen Anspruch auf Wertermittlung nach § 242 BGB.[289]

---

[288] BGH NJW 1989, 2887; BGH NJW 1975, 258.
[289] Vgl. oben Rn. 99.

b) Beweislast. Der Pflichtteilsberechtigte hat die Pflichtteilsberechtigung darzulegen und zu beweisen. Beim Wertermittlungsanspruch muss der Pflichtteilsberechtigte darlegen und beweisen, dass der zu bewertende Gegenstand zum Nachlass gehört, oder dies unstreitig ist.[290] Auch ein Pflichtteilsberechtigter, der seinen Pflichtteilsergänzungsanspruch gemäß BGB § 2325 oder § 2329 BGB auf die Behauptung stützt, der Erblasser habe einen Gegenstand innerhalb der Frist des BGB § 2325 Abs 3 BGB verschenkt, muss grundsätzlich darlegen und beweisen, dass der betreffende Gegenstand zum fiktiven Nachlass gehört. Dementsprechend kann auch ein Anspruch auf Ermittlung des Wertes des fiktiven Nachlasses oder eines seiner Bestandteile nicht bejaht werden, wenn nicht die Voraussetzungen des § 2325 BGB erfüllt sind.[291] Bei einer **gemischten Schenkung** muss der Pflichtteilsberechtigte darlegen und beweisen, dass zumindest nach überschlägiger Betrachtung eine gemischte Schenkung vorliegt oder aber den Zuwendungsteil der gemischten Schenkung beweisen.[292] Der Erbe trägt die Beweislast für die Unparteilichkeit und Sachkunde des Gutachters.[293]

c) Streitwert der Klage auf Wertermittlung. Der Wertermittlungsanspruch ist auf die Ermittlung des Wertes des jeweiligen Nachlassgegenstandes gerichtet. Der Wertermittlungsanspruch ist daher von dem Auskunftsanspruch zu unterscheiden. Der Streitwert des Wertermittlungsantrages ist entsprechend der Auskunftsklage mit einer Quote von $1/10 - 1/4$ des zu erwartenden Zahlungsanspruches anzusetzen. Als Mindestwert sind die Kosten der Wertermittlung selbst anzusetzen.

d) Gerichtskosten/RA-Gebühren. Die Gerichtskosten der Klage auf Wertermittlung bestimmen sich nach den Vorschriften für eine erstinstanzliche Klage und somit nach Nr. 1210 Anlage 1 zum GKG. Die RA-Gebühren bestimmen sich nach Nr. 2300, 3100, 3104 Anlage 1 zum RVG.

Bei der **Vollstreckung des Wertermittlungsanspruchs** entstehen gemäß Nr. 2111 Anlage 1 zum GKG Gerichtskosten in Höhe von € 15,–. Rechtsanwaltsgebühren entstehen in Höhe einer 1,3 Geschäftsgebühr nach Nr. 2300 Anlage 1 RVG die zur Hälfte auf die 0,3 Verfahrensgebühr gemäß Nr. 3309 Anlage 1 RVG angerechnet wird und eine 0,3 Terminsgebühr nach Nr. 3310 Anlage 1 RVG.

e) Zwangsvollstreckung. Die Vollstreckung des Wertermittlungsanspruches erfolgt als unvertretbare Handlung, ebenso wie der Auskunftsanspruch nach § 888 ZPO.[294]

Muster: Klage auf Wertermittlung

An das
Amtsgericht/Landgericht

Klage

des Herbert Häberle, wohnhaft ......

– Kläger –

Prozessbevollmächtigte: RA ......
gegen
Erwin Häberle, wohnhaft ......

– Beklagter –

Prozessbevollmächtigte: RA ......

wegen Auskunft
vorläufiger Streitwert: ......

---

[290] BGH NJW 1986, 1755; BGH NJW 1984, 487.
[291] BGH NJW 1984, 487; OLG Schleswig ZEV 2007, 277.
[292] MünchKommBGB/*Lange* § 2314 Rn. 8; *Dieckmann* FamRZ 1984, 880; Bamberger/Roth/*Mayer* § 2314 Rn. 19; wohl auch Staudinger/*Haas* § 2314 Rn. 71 der auch greifbare Anhaltspunkte für eine ergänzungspflichtige Schenkung und einer Verpflichtung des Erben nach § 242 BGB voraussetzt.
[293] *Fiedler* ZEV 2004, 469.
[294] BGH NJW 1975, 1774; OLG Hamburg FamRZ 1988, 1213.

Namens und in Vollmacht des Klägers werden wir in dem Termin zur mündlichen Verhandlungen beantragen:

I. Der Beklagte wird im Wege der Klage verurteilt,
den Wert des im Grundbuch von Stuttgart, Heft 3324, eingetragenen Grundstücks, Flurstück Nr. 1169/4, Badstr. 34, Stuttgart, zum Zeitpunkt des 15. 8. 1995 und zum Zeitpunkt des 15. 12. 2003 durch Vorlage eines Sachverständigengutachtens zu ermitteln.

II. Für den Fall der Anordnung des schriftlichen Vorverfahrens beantragen wir den Erlass eines Versäumnisurteils gem. § 331 Abs. 3 ZPO, sobald hierfür die gesetzlichen Voraussetzungen gegeben sind.

Begründung *(verkürzt)*:

Der Erblasser, Herr Karl Häberle, zuletzt wohnhaft Badstr. 34, 70597 Stuttgart, ist am 15. 12. 2008 in Stuttgart verstorben. Herr Karl Häberle war in seiner einzigen Ehe mit der am 3. 5. 2001 verstorbenen Erna Häberle verheiratet. Aus dieser Ehe gingen die beiden Söhne Herbert und Erwin Häberle hervor. Weitere Kinder aus dieser Ehe gibt es nicht. Außereheliche Kinder des Herrn Karl Häberle sind keine bekannt.

Mit handschriftlichem Testament vom 31. 12. 2007 setzte der Erblasser Karl Häberle seinen Sohn Erwin Häberle als Alleinerben ein.

Dem Kläger Herbert Häberle stünde im Falle der gesetzlichen Erbfolge ein Erbteil von ½ zu. Da der Pflichtteil grundsätzlich die Hälfte des gesetzlichen Erbteils beträgt, ist der Kläger Herbert Häberle mit ¼ am Nachlass pflichtteilsberechtigt.

Der Kläger hat gegenüber dem Beklagten Auskunft über den Bestand des Nachlasses begehrt. Der Beklagte hat dem Kläger ein Bestandsverzeichnis vorgelegt. Ausweislich dieses Bestandsverzeichnisses ist im Nachlass das bebaute Grundstück Pfleidererstr. 34, 70184 Stuttgart, Fl. St. Nr. 2887/01 enthalten.

Beweis: Bestandsverzeichnis vom 15. 3. 2009 in Kopie

Nach § 2314 Abs. 1 S. 2 BGB hat der Pflichtteilsberechtigte gegen den Erben auf Kosten des Nachlasses Anspruch auf Einholung eines unparteiischen Sachverständigengutachtens zur Ermittlung des Verkehrswertes der Nachlassgegenstände zum Todestag. Dieser Wertermittlungsanspruch wird hiermit in Bezug auf das oben genannte Grundstück geltend gemacht. Einer außergerichtlichen Aufforderung auf Bewertung dieses Nachlassgegenstands kam der Kläger nicht nach.

Rechtsanwalt

4. Stufenklage

148 a) **Allgemeines.** Die Stufenklage gem. § 254 ZPO ermöglicht es, einen Anspruch auf Vorlage eines Vermögensverzeichnisses oder Erteilung einer Auskunft (1. Stufe) mit dem Anspruch auf Abgabe einer eidesstattlichen Versicherung (2. Stufe) und dem noch unbestimmten Leistungsantrag (3. Stufe) in einer Klage zu verbinden. Der Vorteil liegt für den Kläger – neben der Prozessökonomie – darin, dass er auf diese Weise die Rechtshängigkeit seines noch unbestimmten Leistungsantrages erreichen[295] und die **Hemmung der Verjährung** herbeiführen kann.[296] Die Hemmung der Verjährung gilt allerdings nur in der Höhe, in der der Zahlungsanspruch nach Erteilung der Auskunft später beziffert wird.[297] Bei einer Stufenklage kann die Hemmung enden, wenn der Anspruch nach Erfüllung der seiner Vorbereitung dienenden Hilfsansprüche nicht beziffert wird. die Hemmung dauert aber fort, solange aus einem Urteil über einen Hilfsanspruch vollstreckt wird, weil die klagende Partei gerade auf diese Weise ihren Zahlungsanspruch weiterverfolgt.[298] Die Möglichkeit einer Stufenklage mit unbeziffertem Leistungsantrag macht eine Feststellungsklage unzulässig; ihr fehlt das Rechtsschutz-

---
[295] BGH NJW-RR 1995, 513.
[296] BGH NJW-RR 1995, 770; *Thomas/Putzo* ZPO § 254 Rn. 4.
[297] BGH NJW 1992, 2563.
[298] BGH ZEV 2006, 263.

III. Geltendmachung des Auskunfts- und Wertermittlungsanspruchs

interesse.[299] Der Auskunftsanspruch und der Anspruch auf eidesstattliche Versicherung sind Hilfsansprüche zur Bestimmung des Zahlungsanspruches. Eine Stufenklage ist daher unzulässig, wenn die Auskunft nicht dazu dient, den Leistungsanspruch bestimmbar zu machen, sondern dem Kläger sonstige Informationen über seine Rechtsverfolgung verschaffen soll.[300]

In der **ersten Stufe** umfasst der Klageantrag einen unbedingten Anspruch auf Auskunftserteilung über den Nachlassbestand. Der Klageantrag ist so konkret zu fassen, dass sich der Auskunftsanspruch auf die Aktiva und Passiva des vorhandenen Nachlasses und den fiktiven Nachlass bezieht. Wird mit einer Stufenklage in der letzten Stufe lediglich ein Pflichtteilsanspruch und nicht zugleich ein rechtlich selbständiger Pflichtteilsergänzungsanspruch verfolgt, umfasst die im Wege der Zwangsvollstreckung nach § 888 ZPO durchzusetzende Verurteilung zur Auskunft über den Bestand des Nachlasses nicht ohne weiteres die Verpflichtung des Beklagten, auch über Schenkungen des Erblassers in den letzten zehn Jahren vor dem Erbfall Auskunft zu erteilen.[301]

Im Termin wird zunächst nur der Auskunftsantrag gestellt. Erst wenn über ihn entschieden oder er sonst erledigt ist, kann der Antrag auf der nächsten Stufe gestellt werden. Wird mit dem Auskunftsantrag die Vorlage von Urkunden oder Belegen verlangt, müssen diese im Klagantrag möglichst genau bezeichnet sein, andernfalls ist die Klage unzulässig.[302] Der Antrag der ersten Stufe kann nicht mehr gestellt werden, wenn der Beklagte vor oder während des Prozesses eine formell ordnungsgemäße Auskunft erteilt hat. Der Streit, ob die Auskunft vollständig und richtig erteilt worden ist, ist mit dem Antrag auf Abgabe der eidesstattlichen Versicherung zu führen.[303] Eine Ergänzung der Auskunft kann nur unter besonderen Umständen verlangt werden.[304] Ergibt die ordnungsgemäße Auskunft, dass kein Anspruch besteht, kann der Kläger eine übereinstimmende Erledigungserklärung der gesamten Stufenklage erklären, auch wenn keine Erledigung des Leistungsanspruches eingetreten ist;[305] es kann jedoch auch die Klage zurückgenommen werden.[306] Streitig ist, ob dem Beklagten entgegen § 269 Abs. 3 ZPO die Kosten auferlegt werden können.[307] Dem Kläger kann jedoch zumindest nach der Rechtsprechung des BGH ein materiell-rechtlicher Schadenersatzanspruch hinsichtlich der entstandenen Kosten aus § 286 BGB zustehen, den er noch im selben Rechtsstreit im Wege der Feststellungsklage geltend machen kann.[308] Nach OLG Koblenz ist bei der Kostenentscheidung nach § 91a ZPO das Bestehen eines materiell-rechtlichen Kostenerstattungsanspruch im Rahmen der Billigkeit zu berücksichtigen, wenn sein Bestehen sich ohne besondere Schwierigkeiten feststellen lässt.[309] Von der Rspr. nicht einheitlich beurteilt wird die Frage, ob der Kläger, wenn der Beklagte die in der ersten Stufe geforderte Auskunft erst nach Erhebung der Stufenklage erteilt hat, den Rechtsstreit hinsichtlich des in der ersten Stufe gestellten Auskunftsanspruches nach § 91a ZPO für erledigt erklären kann bzw. muss. Teilweise wird vertreten, dass in einem solchen Fall für ein Feststellungsurteil das erforderliche Feststellungsinteresse fehlt.[310] Zur Begründung wird angeführt, dass es sich bei dem Auskunftsanspruch um einen Hilfsanspruch für den späteren Zahlungsanspruch handelt, auf welchen der Kläger ohne Rücknahme oder Verzicht übergehen kann. Nach BGH besteht ein Interesse des Klägers auf Feststellung der Erledigung des Rechtsstreits in der ersten Stufe.[311]

Der Antrag der **zweiten Stufe**, erforderlichenfalls die Richtigkeit und Vollständigkeit der Angaben des verklagten Erben an Eides Statt zu versichern, kann nach h. M. bereits in der

---

[299] BGH NJW 1996, 2097.
[300] BGH NJW 2000, 1645.
[301] OLG Celle ZErb 2005, 331.
[302] BGH NJW 1983, 1056.
[303] BGH BB 1958, 4; BGH BB 1961, 730.
[304] BayObLG NJW-RR 2002, 1381; Palandt/*Edenhofer* § 2314 Rn. 10; vgl. oben Rn 11.
[305] BGH NJW 1994, 2895; OLG Brandenburg MDR 2003, 893.
[306] Zöller/*Greger* ZPO § 254 Rn. 15.
[307] OLG München MDR 1990, 636; OLG Frankfurt FamRZ 1987, 1293; a. A. BGH NJW 1994, 2895; OLG Hamm NJW-RR 1991, 1407.
[308] BGH NJW 1994, 2895; BGH NJW 1981, 990.
[309] OLG Koblenz NJW-RR 1997, 7.
[310] OLG Düsseldorf, NJW RR 1996, 839; OLG Koblenz NJW 1963, 913.
[311] BGH NJW 1991, 1893; OLG München FamRZ 1993, 454; OLG Frankfurt MDR 1989, 1108.

Klageschrift, also vor Erledigung des Auskunftsantrags gestellt werden, auch wenn er erst nach Erteilung der Auskunft Bedeutung erlangt. Zur Abgabe der eidesstattlichen Versicherung ist der Beklagte jedoch nur verpflichtet, wenn ein begründeter Verdacht besteht, dass die Auskunft nicht mit der erforderlichen Sorgfalt erteilt wurde (§§ 259 Abs. 2, 260 Abs. 2 BGB).[312] Der Antrag sollte daher erst nach Abgabe der Auskunft bzw. nach Vorlage des Verzeichnisses gestellt werden.

152 In der **dritten Stufe** ist der vorerst unbezifferte Zahlungsanspruch konkret zu beziffern. Ist der Pflichtteilsberechtigte in der Lage, den Pflichtteilsanspruch zu beziffern, ohne dass es einer weiteren Auskunft, Wertermittlung etc. bedarf, kann er unmittelbar auf den Leistungsantrag übergehen. Nach Ansicht des BGH handelt es sich hierbei nicht um eine Klageänderung. Für eine Rücknahme oder Erledigungserklärung des noch nicht zur Verhandlung gestellten Wertermittlungsantrags ist dann kein Raum, da der Kläger sein ursprüngliches Begehren in qualifizierter Gestalt weiter verfolgt.[313]

Wird mit der Klage oder Widerklage ein Antrag auf Vorlage eines notariell aufgestellten Nachlassverzeichnisses mit einem Antrag auf Leistungen aus dem Nachlass verbunden, handelt es sich nicht nur um eine objektive Klagehäufung nach § 260 ZPO, sondern – unabhängig von den Prozesserklärungen des Antragenden – um zueinander in einem Stufenverhältnis stehende Anträge, weshalb zunächst allein eine Entscheidung über den Auskunftsanspruch zulässig ist.[314] Gleiches gilt, wenn der Klageantrag und ein Antrag der Widerklage objektiv in einem Stufenverhältnis stehen.[315]

153 b) **Sachliche Zuständigkeit.** Darüber hinaus kann durch die Erhebung der Stufenklage die sachliche Zuständigkeit des Landgerichts durch die Wertaddition der Einzelanträge begründet werden, welche für die Auskunftsklage selbst unter Umständen nicht gegeben wäre. Für den Zuständigkeitsstreitwert (nicht für den Gebührenstreitwert, § 44 GKG) wird nach § 5 ZPO der Wert aller Stufen zusammengerechnet.[316] Dabei wird das Gericht den Streitwert des unbestimmten Leistungsanspruches nach den objektiv zu würdigenden Angaben des Klägers festsetzen.[317]

154 c) **Beweislast.** Im Rahmen der Geltendmachung des Zahlungsanspruches, sei es durch Leistungs- oder Stufenklage, trägt der Pflichtteilsberechtigte grundsätzlich die Beweislast für alle Anspruchsvoraussetzungen, von denen die Höhe und der Grund des Pflichtteilsanspruches abhängen.[318] Der Pflichtteilsberechtigte als Kläger ist daher darüber beweispflichtig, dass er zum Kreis der pflichtteilsberechtigten Personen gehört. Der Pflichtteilsberechtigte trägt die Beweislast der behaupteten Pflichtteilsquote, gleichfalls trägt der Pflichtteilsberechtigte die Beweislast über die Höhe seines Pflichtteilsanspruches. Bezüglich der Höhe des Pflichtteilsanspruches hat der Pflichtteilsberechtigte den Wert des Nettonachlasses darzulegen und zu beweisen. Hierfür dient ihm das im Rahmen des Auskunftsverfahrens eingeholte Nachlassverzeichnis sowie die eventuell erstellten Sachverständigengutachten. Begehrt der Pflichtteilsberechtigte einen über den aus dem vom Erben vorgelegten Nachlassverzeichnis hinausgehenden Pflichtteilsanspruch, ist der Pflichtteilsberechtigte hierfür beweispflichtig. Diesen Beweis wird er in der Regel durch Sachverständigenbeweis führen müssen.

Hat der Erbe oder der Pflichtteilsberechtigte vorgerichtlich ein Gutachten in Auftrag gegeben, ist dies im Prozess als Privatgutachten zu behandeln. Haben beide Parteien zu Fragen eines bestimmten Nachlassgegenstandes ein Privatgutachten eines kompetenten Sachverständigen vorgelegt, die einander in wesentlichen Punkten widersprechen, darf der Tatrichter, der über keine eigene Sachkunde verfügt, grundsätzlich nicht ohne Erhebung eines gerichtlichen Sachverständigengutachtens dem einen privaten Gutachten zu Lasten des anderen

---

[312] Palandt/*Heinrichs* §§ 259 bis 261 Rn. 30.
[313] BGH NJW 2001, 833.
[314] OLG Naumburg ZEV 2008, 241.
[315] OLG Naumburg ZEV 2008, 241.
[316] Schneider/*Herget* Streitwertkommentar Rn. 5105; Zöller/*Herget* ZPO § 3 Rn. 16 „Stufenklage"; *Schneider* ErbR 2008, 221; a. A. Stein/Jonas/*Roth* ZPO § 5 Rn. 14; *Lappe* NJW 2004, 2412.
[317] *Schneider* MDR 1988, 358.
[318] BGHZ 7, 134.

III. Geltendmachung des Auskunfts- und Wertermittlungsanspruchs

den Vorzug geben.[319] Als tatsächliches Beweismittel kann ein privates Sachverständigengutachten nur mit Zustimmung beider Parteien herangezogen werden.[320] Der Tatrichter darf ein Privatgutachten zwar durchaus würdigen, er hat jedoch darauf zu achten, dass das Privatgutachten kein Beweismittel im Sinne der §§ 355 ff. ZPO ist, sondern nur ein qualifizierter substantiierter Parteivortrag. Die Einholung eines gerichtlichen Sachverständigengutachtens kann nur dann entbehrlich sein, wenn der Tatrichter alleine aufgrund des substantiierten Parteivortrages ohne Rechtsfehler zu einer zuverlässigen Beantwortung der Beweisfrage kommt.[321] Wird ein Parteigutachten durch das Gericht in seiner Entscheidung verwertet, kommt eine Erstattung für das Parteigutachten nach § 91 ZPO in Betracht, die im Kostenfestsetzungsantrag berücksichtigt werden kann.[322] Der Pflichtteilsberechtigte ist auch hinsichtlich der vom Erblasser lebzeitig vorgenommenen Schenkungen beweispflichtig.[323]

d) Entscheidung. Über jede Stufe wird gesondert und nacheinander verhandelt und durch Teilurteil ohne Kostenentscheidung entschieden. Über die letzte Stufe (Zahlungsantrag) wird durch Schlussurteil entschieden. Nur wenn die Klage unzulässig ist, der Anspruch dem Grunde nach nicht besteht oder die freiwillig erteilte Auskunft keinen Leistungsanspruch ergibt, wird die Klage bereits in der ersten Stufe insgesamt abgewiesen. Erteilt der Beklagte, ohne dass es zu einer Verurteilung in der ersten Stufe kommt, freiwillig eine formell ordnungsgemäße Auskunft, sollte der Kläger den Auskunftsantrag in der Hauptsache für erledigt erklären und in die nächste Stufe übergehen, und zwar auch dann, wenn die Auskunft seines Erachtens unvollständig ist. Das gilt nicht, wenn Ergänzung der Auskunft verlangt wird. Wird der Beklagte durch Teilurteil zur Erteilung der Auskunft verurteilt, ist die Vollstreckung nach § 888 ZPO zu betreiben. Entsprechendes gilt für den Antrag auf Leistung der eidesstattlichen Versicherung. Nach Abschluss einer Stufe geht das Verfahren in der nächsten Stufe erst weiter, wenn der Kläger dies beantragt. Diesen Antrag sollte der Kläger, auch im Hinblick auf die Hemmung der Verjährung (§ 204 Abs. 2 BGB), rechtzeitig stellen. Das Gericht ist an sein Auskunftsurteil auf der nächsten Stufe nicht gebunden.[324] Im Schlussurteil wird über die Kosten des gesamten Rechtsstreits entschieden.

e) Rechtsmittel. Ein Teilurteil, welches das Gericht über die erste oder die zweite Stufe erlässt, ist mit den gewöhnlichen Rechtsmitteln anfechtbar. Vor Erledigung des Rechtsmittels zu einer Stufe kann nicht über die nächste Stufe entschieden werden.[325] Das Rechtsmittelgericht weist den Rechtsstreit anschließend zur Verhandlung und Entscheidung über die späteren Stufen an die Vorinstanz zurück.[326] Eine Berufung des Beklagten gegen das Auskunftsurteil kann an der niedrigen Festsetzung des Rechtsmittelstreitwerts scheitern. Wird nicht nur der Auskunftsantrag, sondern die Stufenklage insgesamt abgewiesen, bemisst sich die Beschwer des Klägers nicht nur nach einem Bruchteil, sondern nach dem vollen Wert des Hauptanspruchs.[327] Hat das Berufungsgericht über ein Urteil in der Auskunftsstufe zu entscheiden, kann es nicht nur über die Auskunftsstufe sondern gleichzeitig auch über die weiteren Stufen durch einheitliches Endurteil die gesamte Stufenklage abweisen, wenn dem Leistungsanspruch eine Grundlage fehlt.[328]

f) Gerichtskosten/RA-Gebühren. Gerichts- und Rechtsanwaltsgebühren entstehen in derselben Instanz nur einmal, auch wenn über die verschiedenen Stufen getrennt verhandelt und entschieden wird.

Maßgebend für den Gebührenstreitwert der Gerichtskosten ist der höchste der verbundenen Ansprüche (§ 44 GKG). In der Regel ist dies der Zahlungsanspruch. Auch der Gebüh-

---

[319] BGH NJW 1993, 2382.
[320] BGH NJW 1993, 2382.
[321] BGH VersR 1987, 1007; BGH VersR 1981, 576.
[322] Mayer/Süß/*Tanck*, § 14 Rn. 182.
[323] BGH NJW 1984, 487.
[324] BGH NJW 1985, 1349, 1350.
[325] *Thomas/Putzo* § 254 Rn. 6.
[326] BGH NJW 1982, 236.
[327] BGH NJW 2002, 71.
[328] BGH NJW 1985, 2405; Zöller/*Greger* ZPO § 254 Rn. 14.

renstreitwert bestimmt sich nach den Erwartungen zur Zeit der Klageerhebung (§ 40 GKG).[329] Anderenfalls wäre der Wert gleich „Null" oder nur mit der untersten Wertstufe anzunehmen, wenn sich nach Auskunft herausstellt, dass ein Leistungsanspruch nicht besteht. Dieser Wert ist zunächst zu schätzen. Wird der Leistungsantrag später nicht beziffert, bleibt es bei der Schätzung. Wird der Leistungsantrag beziffert, bleibt er allerdings aufgrund der erteilten Auskunft hinter der ursprünglichen Erwartung zurück, ändert dies grundsätzlich nichts mehr an der ursprünglichen Wertfestsetzung. Das Gericht ist jedoch befugt, den Streitwert von Amts wegen abzuändern (§ 63 Abs. 3 S. 1 GKG). Wird später ein höherer Betrag geltend gemacht, ist der höhere Betrag anzusetzen. Die Gerichtsgebühren fallen nach dem höheren Wert an. Für das gesamte Verfahren wird eine 3,0 Verfahrensgebühr erhoben (Nr. 1210 GKG-KostVerz.).

158 Für die Verfahrensgebühr des Rechtsanwalts gilt ebenfalls der höchste Wert der einzelnen Stufen (§ 23 Abs. 1 S. 1 RVG i. V. m. § 44 GKG). Der Leistungsantrag, der mit Einreichung der Stufenklage anhängig und Gegenstand der anwaltlichen Tätigkeit ist, löst die Verfahrensgebühr aus (Vorbemerkung 3 Abs. 2 VV RVG). Wird zunächst über den Auskunftsantrag verhandelt und sodann über den Leistungsantrag, entsteht die Terminsgebühr ebenfalls aus dem höheren Wert. Dies gilt auch dann, wenn die Klage insgesamt abgewiesen wird, da in diesem Fall auch über den Leistungsantrag mit entschieden wird.[330]

159 **Beispiel 1 Anwaltsgebühren Stufenklage:**
Der enterbte Sohn klagt gegen den Erben auf Auskunft und Zahlung eines nach Auskunftserteilung noch zu beziffernden Pflichtteilsanspruchs. Der Sohn erwirkt zunächst ein Auskunftsurteil gegen den Erben. Nach erteilter Auskunft beziffert er den Zahlungsantrag. Der Erbe wird zur Zahlung von € 10.000,– verurteilt. Der Wert des Verfahrens wird festgesetzt aus € 10.000,–.

1. 1,3 Verfahrensgebühr Nr. 3100 VV RVG (Wert € 10.000,–)	€ 631,80
2. 1,2 Terminsgebühr Nr. 3104 VV RVG (Wert € 10.000,–)	€ 534,60
3. Postentgeltpauschale Nr. 7002 VV RVG	€ 20,00
Zwischensumme	€ 1.186,40
4. 19% Umsatzsteuer Nr. 7008 VV RVG	€ 225,41
Gesamt	€ 1.411,81

Beispiel 2 Anwaltsgebühren Stufenklage[331]
Der enterbte Sohn klagt gegen den Erben auf Auskunft und Zahlung eines nach Auskunftserteilung noch zu beziffernden Pflichtteilsanspruchs. Das Gericht bestimmt Termin zur mündlichen Verhandlung nur über den Auskunftsanspruch. Nach dem Termin werden die Auskünfte erteilt und der sich ergebende Pflichtteilsanspruch gezahlt, so dass der Rechtsstreit in der Hauptsache für erledigt erklärt wird. Die Werte werden wie folgt festgesetzt: Auskunft € 2.000,–, Zahlung € 10.000,–.
In diesem Fall entsteht die Verfahrensgebühr aus dem höheren Wert. Die Terminsgebühr entsteht dagegen nur aus dem Wert des Auskunftsanspruches, da über den Leistungsanspruch nicht verhandelt worden ist und im Verfahren über eine Kostenentscheidung nach § 91a ZPO keine Terminsgebühr nach Anm. Abs. 1 zu Nr. 3104 VV RVG ausgelöst wird.[332]

1. 1,3 Verfahrensgebühr Nr. 3100 VV RVG (Wert € 10.000,–)	€ 631,80
2. 1,2 Terminsgebühr Nr. 3104 VV RVG (Wert € 2.000,–)	€ 159,60
3. Postentgeltpauschale (Nr. 7002 VV RVG)	€ 20,00
Zwischensumme	€ 811,40
4. 19% Umsatzsteuer Nr. 7008 VV RVG	€ 154,17
Gesamt	€ 965,57

Beispiel 3 Anwaltsgebühren Stufenklage[333]
Im ersten Termin wird nur über den Auskunftsanspruch verhandelt. Die Auskünfte werden sodann erteilt. Der Kläger beziffert hiernach seinen Leistungsanspruch, über den dann im nächsten Termin ein Versäumnisurteil ergeht.

---

[329] Zöller/Greger ZPO § 254 Rn. 18.
[330] KG MDR 2008, 45; a.A. OLG Celle ZErb 2009, 163 (Terminsgebühr nur nach dem Wert der Auskunftsstufe).
[331] Beispiel nach *Schneider* ErbR 2008, 221, 222.
[332] BGH NJW 2008, 668.
[333] Beispiel nach *Schneider* ErbR 2008, 221, 222.

III. Geltendmachung des Auskunfts- und Wertermittlungsanspruchs

Aus dem Wert des Auskunftsanspruchs ist die volle 1,2 Terminsgebühr entstanden, aus dem Wert des Leistungsanspruches dagegen nur die 0,5 Terminsgebühr der Nr. 3105 VV RVG. Insgesamt darf der Anwalt nicht mehr abrechnen als eine Gebühr nach dem höchsten Gebührensatz (1,2) aus dem Gesamtwert, der sich wiederum nach § 44 GKG berechnet, also aus dem höchsten Wert.

1. 1,3 Verfahrensgebühr Nr. 3100 VV RVG (Wert € 10.000,–)	€ 631,80
2. 1,2 Terminsgebühr Nr. 3104 VV RVG (Wert € 2.000,–)	€ 159,60
3. 0,5 Terminsgebühr Nr. 3105 VV RVG (Wert € 10.000,–)	€ 243,00
4. Postentgeltpauschale Nr. 7002 VV RVG	€ 20,00
Zwischensumme	€ 1.054,40
4. 19% Umsatzsteuer Nr. 7008 VV RVG	€ 200,34
Gesamt	**€ 1.254,74**

Wird bei einer Stufenklage der Erbe durch Teilurteil verurteilt, dem Kläger über den Bestand des Nachlasses durch Vorlage eines durch einen Notar im Beisein des Pflichtteilsberechtigten aufgenommenen Verzeichnisses Auskunft zu erteilen, so sind die Kosten der Teilnahme des Rechtsanwalts des Beklagten bei der notariellen Aufnahme des Nachlassverzeichnisses, insbesondere eine Beweisgebühr und die Reisekosten des Anwalts, nicht als Kosten des Rechtsstreits aufgrund der Kostengrundentscheidung des Schlussurteils festsetzbar.[334] Die aufgrund eines solchen Urteils durchgeführte Aufnahme eines notariellen Nachlassverzeichnisses kann keinesfalls eine Beweisaufnahme im Rahmen der Auskunftsstufe sein, die allein zum Zweck hat, den Erben zur Erstellung eines Nachlassverzeichnisses zu verpflichten. Ebenso wenig stellt sich die Aufnahme des notariellen Nachlassverzeichnisses als Beweisaufnahmehandlung für die späteren Verfahrensabschnitte der Stufenklage dar.[335] 160

g) Prozesskostenhilfe. Beantragt der Kläger Prozesskostenhilfe für eine Stufenklage, muss die Bewilligung, sofern die weiteren Voraussetzungen vorliegen, sofort für sämtliche Stufen erfolgen.[336] Die Prozesskostenhilfe ist jedoch auf den Antrag beschränkt, der sich aus der Auskunft ergibt. Soweit der Kläger mehr fordert, als die Auskunft ergibt, erstreckt sich die Prozesskostenhilfe nicht auf die Mehrforderung.[337] Das Gericht kann sich in der ersten Prozesskostenhilfebewilligung vorbehalten, nach Bezifferung des Klageantrags erneut über die Prozesskostenhilfe zu entscheiden. Auch wenn ein solcher Vorbehalt fehlt, kann das Gericht nach der Bezifferung durch Beschluss klarstellen, wie weit der neue Antrag von der Prozesskostenhilfebewilligung gedeckt ist. Dem Kläger ist die Möglichkeit einzuräumen, Klarstellung zu schaffen, indem er für den bezifferten Antrag erneut Prozesskostenhilfe beantragt.[338] 161

Beantragt hingegen der Beklagte Prozesskostenhilfe zur Verteidigung gegen eine Stufenklage, gelten für die Prüfung der Erfolgsaussichten in der Rechtsverteidigung die Grundsätze für die Erfolgsprüfung der Stufenklage nur bedingt. Bestreitet der Beklagte den Anspruchsgrund, ist für Verteidigung gegen die Stufenklage insgesamt Prozesskostenhilfe zu gewähren, wenn das Vorbringen ansonsten die Erfordernisse hinreichender Erfolgsaussicht erfüllt.[339] Erkennt der Beklagte die Auskunftspflicht an, bedarf er in diesem Verfahrensstadium noch keiner staatlichen Mittel zur Wahrung seiner Rechte. Es ist ihm zuzumuten, mit seiner Rechtsverteidigung zuzuwarten, bis feststeht, ob ein Zahlungsantrag nach der Auskunftserteilung überhaupt gestellt wird bzw. ob der gestellte Zahlungsantrag nicht nach seinem eigenen Vorbringen zu erfüllen ist.[340] 162

Begehrt ein Kläger mit seiner Stufenklage zunächst die Ermittlung des Wertes eines Hausgrundstücks und dann die Zahlung eines sich daraus ergebenden Pflichtteilsergänzungsbetrages, hat die Rechtsverteidigung des Beklagten gegen den Pflichtteilsergänzungsanspruch, die mit einer vom Erblasser vorgenommenen gemischten Schenkung begründet wird, keine hinreichende Erfolgsaussicht, da eine gemischte Schenkung mit ihrem unentgeltlichen Teil 163

---

[334] OLG München Rpfleger 1997, 453.
[335] OLG München Rpfleger 1997, 453.
[336] OLG Düsseldorf FamRZ 2000, 101; OLG Brandenburg FamRZ 1998, 1177; OLG Köln NJW-RR 1995, 707; OLG Karlsruhe FamRZ 1984, 501; a. A. OLG Hamburg FamRZ 1996, 1021.
[337] OLG Düsseldorf FamRZ 2000, 101.
[338] OLG Düsseldorf FamRZ 2000, 101.
[339] OLG Brandenburg FamRZ 1998, 1177.
[340] OLG Brandenburg FamRZ 1998, 1177.

der Pflichtteilsergänzung unterliegt. Der Pflichtteilsergänzungsanspruch wird auch nicht dadurch berührt, dass der Beklagte das streitgegenständliche Grundstück auf einen Dritten übertragen hat. Der Beklagte kann allenfalls die Unzulänglichkeitseinrede des § 1990 BGB erheben.[341]

Muster: Stufenklage

164 An das
Amtsgericht/Landgericht

Stufenklage

des Herbert Häberle, wohnhaft ......

– Kläger –

Prozessbevollmächtigte: RA ......
gegen
Erwin Häberle, wohnhaft ......

– Beklagter –

Prozessbevollmächtigte: RA ......

wegen Auskunft und Zahlung
vorläufiger Streitwert: ......

Namens und in Vollmacht des Klägers werden wir in dem Termin zur mündlichen Verhandlungen beantragen:

I. Der Beklagte wird im Wege der Stufenklage verurteilt,
 1. in der ersten Stufe zu erteilen
  a) Auskunft über den Bestand des Nachlasses des am 15. 12. 2008 in Stuttgart verstorbenen Herr Karl Häberle, zuletzt wohnhaft gewesen in Badstr. 34, 70597 Stuttgart, und zwar durch Vorlage eines Bestandverzeichnisses, welches in Aktiva und Passiva unterteilt ist;
  b) Auskunft über alle ergänzungspflichtigen Zuwendungen (§ 2325 BGB), die der Erblasser zu Lebzeiten getätigt hat;
  c) Auskunft über alle unter Abkömmlingen ausgleichungspflichtigen Zuwendungen (§§ 2050 ff. BGB), die der Erblasser zu Lebzeiten getätigt hat;
  d) Auskunft über den Güterstand, in dem der Erblasser verheiratet gewesen ist;
  e) den Wert des im Grundbuch von Stuttgart, Heft 3324, eingetragenen Grundstücks, Flurstück Nr. 1169/4, Badstr. 34, Stuttgart, zum Zeitpunkt des 15. 8. 1995 und zum Zeitpunkt des 15. 12. 2003 durch Vorlage eines Sachverständigengutachtens zu ermitteln.
 2. Gegebenenfalls in der zweiten Stufe zu Protokoll an Eides statt zu versichern, dass er nach bestem Wissen die Angaben vollständig und richtig angegeben hat.
 3. In der dritten Stufe an den Kläger ¼ des sich aus der Ziff. 1 zu erteilenden Auskunft errechneten Betrages nebst 5% Zinsen über dem Basiszinssatz seit 10. 2. 2009 zu bezahlen.
II. Für den Fall der Anordnung des schriftlichen Vorverfahrens beantragen wir den Erlass eines Versäumnisurteils gem. § 331 Abs. 3 ZPO, sobald hierfür die gesetzlichen Voraussetzungen gegeben sind.

Begründung *(verkürzt)*:

Der Erblasser, Herr Karl Häberle, zuletzt wohnhaft Badstr. 34, 70597 Stuttgart, ist am 15. 12. 2008 in Stuttgart verstorben. Herr Karl Häberle war in seiner einzigen Ehe mit der am 3. 5. 2001 verstorbenen Erna Häberle verheiratet. Aus dieser Ehe gingen die beiden Söhne Herbert und Erwin Häberle hervor. Weitere Kinder aus dieser Ehe gibt es nicht. Außereheliche Kinder des Herrn Karl Häberle sind keine bekannt.

Mit handschriftlichem Testament vom 31. 12. 2007 setzte der Erblasser Karl Häberle seinen Sohn Erwin Häberle als Alleinerben ein.

---

[341] OLG Brandenburg FamRZ 1998, 1177.

Dem Kläger Herbert Häberle stünde im Falle der gesetzlichen Erbfolge ein Erbteil von ½ zu. Da der Pflichtteil grundsätzlich die Hälfte des gesetzlichen Erbteils beträgt, ist der Kläger Herbert Häberle mit ¼ am Nachlass pflichtteilsberechtigt.

Aus den vorgenannten Gründen ergibt sich eine Auskunftspflicht des Klägers gegenüber dem Beklagten aus § 2314 Abs. 1 S. 1 BGB. Der Klageantrag zu 1) lit. b gründet sich auf § 2325 i. V. m. § 2314 BGB. Der Anspruch auf Auskunft über alle ausgleichungspflichtigen Zuwendungen ergibt sich aus §§ 2050 i. V. m. § 2314 BGB.

Sollte der Beklagte die Auskunft nicht mit der erforderlichen Sorgfalt erteilen, wird der Kläger den Klageantrag zu 2) stellen.

Der Zahlungsanspruch gründet sich auf § 2303 Abs. 1 BGB.

Rechtsanwalt

h) Zwangsvollstreckung. Wird mit einer Stufenklage in der letzten Stufe lediglich ein Pflichtteilsanspruch und nicht zugleich ein rechtlich selbständiger Pflichtteilsergänzungsanspruch verfolgt, umfasst die im Wege der Zwangsvollstreckung nach § 888 ZPO durchzusetzende Verurteilung zur Auskunft über den Bestand des Nachlasses nicht ohne weiteres die Verpflichtung des Beklagten, auch über Schenkungen des Erblassers in den letzten zehn Jahren vor dem Erbfall Auskunft zu erteilen.[342]

Beispiel Anwaltsgebühren Zwangsvollstreckung

Der zur Zahlung von € 10.000,- verurteilte Erbe leistet die Zahlung an den Pflichtteilsberechtigten nicht. Der pflichtteilsberechtigte enterbte Sohn erwirkt einen Pfändungs- und Überweisungsbeschluss der Einkünfte des Erben bis zur Pfändungsfreigrenze. Der Wert des Pfändungsverfahrens wird festgesetzt auf EUR 10.000,-.

1. 0,3 Verfahrensgebühr gem. Nr. 3309 VV RVG (Wert € 10.000,-)	€ 145,80
2. Postentgeltpauschale (Nr. 7002 VV RVG)	€ 20,00
Zwischensumme	€ 165,80
3. 19% Umsatzsteuer Nr. 7008 VV RVG	€ 31,50
Gesamt	€ 197,30

5. Stufenklage gegen den Beschenkten

a) Allgemeines. Hat der Pflichtteilsberechtigte einen Anspruch nach § 2325 BGB auf Ergänzung des Pflichtteils, ist der Erbe jedoch nicht zur Ergänzung des Pflichtteils verpflichtet, kann der Pflichtteilsberechtigte nach § 2329 BGB den Pflichtteilsergänzungsanspruch gegen den Beschenkten geltend machen. Der vom Erblasser Beschenkte, der selbst nicht Erbe ist, ist in erweiternder Auslegung des § 2314 Abs. 1 S. 1 BGB zur Auskunft verpflichtet.[343] Die Beweislast für die fehlende Verpflichtung des Erben trägt der Pflichtteilsberechtigte.[344]

Fälle des § 2329 BGB

Anwendungsbereich des § 2329 BGB:
• Kein Nachlass vorhanden
• Überschuldeter Nachlass
• Erbe haftet nur beschränkt
• Erbe haftet nur als Teilschuldner
• Einrede aus § 2328 BGB besteht zu Gunsten des Erben
• Pflichtteilsberechtigter ist Alleinerbe, § 2329 Abs. 1 S. 2 BGB
Kein Anwendungsbereich des § 2329 BGB:
• Zahlungsunfähigkeit des Erben
• Verjährung des Anspruchs nach § 2325 BGB

---

[342] OLG Celle ZErb 2005, 331.
[343] BGH FamRZ 1989, 856; BGH WM 1985, 1346; BGH NJW 1981, 2051; BGH NJW 1973, 1876; Staudinger/*Haas* § 2314 Rn. 32.
[344] RGZ 80, 135, 136.

169 **b) Klageantrag.** Der Klageantrag nach § 2329 BGB richtet sich grundsätzlich auf Duldung der Zwangsvollstreckung in den Schenkungsgegenstand. Der Klageantrag ist bei Geldgeschenken oder einer Surrogats- oder Wertersatzpflicht aus § 812 Abs. 2 BGB auf Zahlung gerichtet.

170 **c) Verjährung.** Die Verjährung des Anspruchs nach § 2329 BGB wird auch durch eine auf § 2325 BGB gestützte Klage gegen den Beschenkten nach § 204 Abs. 1 Nr. 1 BGB gehemmt.[345] Stellt sich in einem Prozess die Notwendigkeit der Klageumstellung des ursprünglich gestellten Zahlungsanspruchs nach § 2325 BGB auf den Duldungsanspruch nach § 2329 BGB heraus, so hat das Gericht nach § 139 ZPO darauf hinzuweisen.[346] Die Umstellung ist eine zulässige Klageänderung.[347]

Muster: Stufenklage § 2329 BGB

171 An das
Amtsgericht/Landgericht

Stufenklage

des Herbert Häberle, wohnhaft ......

– Kläger –

Prozessbevollmächtigte: RA ......
gegen
Amela Paletti, wohnhaft ......

– Beklagter –

Prozessbevollmächtigte: RA ......

wegen Auskunft und Zahlung
vorläufiger Streitwert: ......

Namens und in Vollmacht des Klägers werden wir in dem Termin zur mündlichen Verhandlungen beantragen:

I. Die Beklagte wird im Wege der Stufenklage verurteilt,
  1. in der ersten Stufe Auskunft über alle lebzeitigen Zuwendungen des am 15. 12. 2008 in Stuttgart verstorbenen Herr Karl Häberle zuletzt wohnhaft gewesen in Badstr. 34, 70597 Stuttgart an den Beklagten zu erteilen.
  2. Für den Fall, dass die Auskunft nicht mit der erforderlichen Sorgfalt erteilt worden ist, in der zweiten Stufe zu Protokoll des Gerichts an Eides Statt zu versichern, dass die Beklagte die Auskunft nach bestem Wissen vollständig und richtig erteilt hat.
  3. In der dritten Stufe die Zwangsvollstreckung in Höhe des sich aus der Ziff. 1. erteilenden Auskunft errechneten Pflichtteilsergänzungsanspruchs nebst 5% Zinsen über dem jeweiligen Basiszinssatz seit dem 5. 3. 2009 in das Grundstück der Gemarkung Stuttgart, Grundbuch von Stuttgart, Blatt 4764, Flst. 355 Flur 33 zu dulden. Die Beklagte ist berechtigt, die Zwangsvollstreckung durch Zahlung eines Betrags in Höhe des Pflichtteilsergänzungsanspruchs nebst 5% Zinsen über dem jeweiligen Basiszinssatz seit 5. 3. 2009 abzuwenden;
  hilfsweise in der dritten Stufe an den Kläger den sich nach erteilter Auskunft gem. Ziff. 1. errechneten Pflichtteilsergänzungsanspruch nebst 5% Zinsen über dem jeweiligen Basiszinssatz seit dem 5. 3. 2009 zu zahlen.

II. Für den Fall der Anordnung des schriftlichen Vorverfahrens beantragen wir den Erlass eines Versäumnisurteils gem. § 331 Abs. 3 ZPO, sobald hierfür die gesetzlichen Voraussetzungen gegeben sind.

Begründung *(verkürzt)*:

Der Kläger begehrt mit der Klage seinen Pflichtteilsergänzungsanspruch gegenüber dem von dem Erblasser zu Lebzeiten beschenkten Beklagten. Der Erblasser, Herr Karl Häberle, zuletzt wohnhaft Badstr. 34, 70597 Stuttgart, ist am 15. 12. 2008 in Stuttgart verstorben.

---

[345] BGH NJW 1989, 2887.
[346] BGH MDR 1961, 491.
[347] BGH NJW 1974, 1327; BGH FamRZ 1961, 472.

III. Geltendmachung des Auskunfts- und Wertermittlungsanspruchs

Herr Karl Häberle war in seiner einzigen Ehe mit der am 3. 5. 2001 verstorbenen Erna Häberle verheiratet. Aus dieser Ehe gingen die beiden Söhne Herbert und Erwin Häberle hervor. Weitere Kinder aus dieser Ehe gibt es nicht. Außereheliche Kinder des Herrn Karl Häberle sind keine bekannt.

Mit handschriftlichem Testament vom 31. 12. 2007 setzte der Erblasser Karl Häberle seinen Sohn Erwin Häberle als Alleinerben ein.

Dem Kläger Herbert Häberle stünde im Falle der gesetzlichen Erbfolge ein Erbteil von ½ zu. Da der Pflichtteil grundsätzlich die Hälfte des gesetzlichen Erbteils beträgt, ist der Kläger Herbert Häberle mit ¼ am Nachlass pflichtteilsberechtigt.

Der Nachlass besteht lediglich aus dem Mobiliar des Pflegeheimzimmers des Erblassers mit einem Wert von ca. € 800,–. Sonstige Vermögensgegenstände hinterließ der Erblasser keine.

Beweis: Nachlassverzeichnis vom 15. 3. 2009 in Kopie

Im Jahre 2005 schenkte der Erblasser die in seinem Alleineigentum stehende Immobilie Bopserwaldstr. 92, 70184 Stuttgart, Grundstück der Gemarkung Stuttgart, Grundbuch von Stuttgart, Blatt 4764, Flst. 355 mit notariellem Schenkungsvertrag vom 7. 6. 2005 an die Beklagte und damalige Lebensgefährtin des Erblassers. Während der Beziehung des Erblassers mit der Beklagten von 1999 bis zum 8. 6. 2005 wandte er dieser weitere werthaltige Vermögensgegenstände zu. Nähere Einzelheiten sind nicht bekannt.

Der Auskunftsanspruch des Klägers gegen die Beklagte folgt aus § 2314 BGB analog.

Sollte die Beklagte die Auskunft nicht mit der erforderlichen Sorgfalt erteilen, wird der Kläger den Klageantrag zu 2) stellen.

Der Zahlungsanspruch gründet sich auf § 2329 BGB.

Rechtsanwalt

§ 3 Die Berechnung des Pflichtteilsanspruchs

Übersicht

	Rn.
I. Ordentlicher Pflichtteil	1–74
1. Einleitung	2, 3
2. Aktivbestand des Nachlasses	4–48
a) Konfusion/Konsolidation	5, 6
b) Bankvermögen	7–11
c) Vermögensverhältnisse in der Ehe	12–14
d) Steuerrückerstattungsansprüche	15, 16
e) Lebensversicherung	17–22
f) Gesellschaftsbeteiligungen	23–33
g) Persönlichkeitsrecht	34, 35
h) Geistiges Eigentum/Gewerbliche Schutzrechte	36–42
i) Wiederkehrende Leistungen	43
j) Ansprüche nach dem Vermögensgesetz	44
k) Nicht berücksichtigungsfähige Vermögenswerte	45–47
l) ABC der Aktiva des Nachlassvermögens	48
3. Der Passivbestand des Nachlasses	49–66
a) Berücksichtigungsfähige Passiva	50–61
b) Nicht berücksichtigungsfähige Passiva	62, 63
c) Verbindlichkeiten aus Wirtschafts- und Sacheinheiten	64, 65
d) ABC der Passiva des Nachlassvermögens	66
4. Maßgebender Zeitpunkt	67–74
a) Stichtagsprinzip	67, 68
b) Ausnahmen vom Stichtagsprinzips	69–74
II. Zusatzpflichtteil nach § 2305 BGB	75–91
1. Normzweck des Pflichtteilsrestanspruches	76
2. Voraussetzungen des § 2305 BGB	77–81
3. Rechtsfolgen des § 2305 BGB	82–91
a) Annahme der Erbschaft	82–85
b) Ausschlagung der Erbschaft	86–90
c) Pflichtteilsrestanspruch des Ehegatten	91
III. Anrechnungspflichtteil	92–152
1. Normzweck der Anrechnung	92–100
a) Regelungsinhalt des § 2315 BGB	92, 93
b) Abgrenzung der Anrechnung von anderen Rechtsinstituten	94–100
2. Lebzeitige Zuwendung des Erblassers an den Pflichtteilsberechtigten	101
a) Verminderung des Nachlasses des Erblassers	101
b) Freiwilligkeit	102
c) Lebzeitige Zuwendung	105
d) Zuwendung an den Pflichtteilsberechtigten	106
3. Anordnung der Anrechnung	107–124
a) Inhalt der Anordnung	107–109
b) Zeitpunkt und Form der Anordnung	110–120
c) Zuwendung an Minderjährige	121–123
d) Beweislast	124
4. Wirkung der Anrechnungspflicht	125–141
a) Bildung des Anrechnungsnachlasses	128–135
b) Ermittlung des fiktiven Gesamtpflichtteils	136, 137
c) Berechnung des Anrechnungspflichtteils	138, 139
d) Prozessuale Geltendmachung	140, 141
5. Anrechnungspflicht für fremden Vorempfang	142–151
a) Normzweck	142
b) Wegfall eines anrechnungspflichtigen Abkömmlings	143
c) Eintritt eines Abkömmlings an die Stelle des Weggefallenen	144–151
6. Anrechnung bei Zugewinngemeinschaft	152
IV. Ausgleichungspflichtteil	153–240
1. Normzweck der Ausgleichung	153–155

	Rn.
2. Voraussetzungen der Ausgleichung	156–199
a) Mehrere Abkömmlinge	156, 157
b) Ausgleichungspflichtige Zuwendung	158–199
3. Wirkungen der Ausgleichung	200, 201
4. Berechnung des Ausgleichungspflichtteils	202–240
a) Berechnungsvorgang	202, 203
b) Bewertung beim Ausgleichungspflichtteil	204
c) Ausgleichung nach § 2050 BGB	207, 208
d) Ausgleichung bei Ehegatten	209, 210
e) Mehrempfang nach § 2056 BGB	211–214
f) Ausgleichungsrestpflichtteil (§ 2316 Abs. 2 BGB)	215, 216
g) Ausgleichung nach § 2316 i. V. m. § 2057a BGB	217–222
h) Ausgleichung nach § 2316 Abs. 4 BGB	223–235
i) Zusammentreffen ausgleichungspflichtiger mit anrechnungspflichtiger Zuwendung	236–240

Schrifttum: Baumbach/*Hopt*, Handelsgesetzbuch, 33. Auflage 2008; *Bonefeld*, Praxistipps zum Zugewinnausgleich und Pflichtteil, ZErb 2002, 189; *Bratke*, Gesellschaftsvertragliche Abfindungsklauseln und Pflichtteilsansprüche, ZEV 2000, 16; *Groll*, Praxis-Handbuch Erbrechtsberatung, 2. Aufl. 2005; *Heuer*, Die Bewertung von Kunstgegenständen, NJW 2008, 689; *Hülsmann*, Abfindungsklauseln: Kontrollkriterien der Rechtsprechung, NJW 2002, 1673; *Jakob*, Die Ausstattung ein familienrechtliches Instrument moderner Vermögensgestaltung, AcP 2007, 198 (207. Band); *Keim*, Grenzen der Anrechenbarkeit lebzeitiger Zuwendungen auf den Pflichtteil, MittBayNot 2008, 8; Kersten/*Bühling*, Formularbuch und Praxis der freiwilligen Gerichtsbarkeit, 21. Aufl. 2001; *Knodel*, Die Ausstattung, eine zeitgemäße Gestaltungsmöglichkeit?, ZErb 2006, 225; *Kolmann*, Stock Options im Erbfall – Ausgewählte zivil- und steuerrechtliche Fragen, ZEV 2002, 216; *Kues*, Die Pflegevergütung naher Angehöriger, ZEV 2000, 434; *Mayer/Süß*, Handbuch Pflichtteilsrecht, 2003; *Mayer*, Anrechnung und Ausgleichung im Erb- und Pflichtteilsrecht – eine Einführung anhand von Beispielsfällen, ZErb 2007, 130; *Petersen*, Die Beweislast bei der Ausgleichspflicht unter Miterben nach § 2057a BGB, ZEV 2000, 432; *Sailer*, Die Ausstattung als Rechtsgrund von Überlassungsverträgen, NotBZ 2002, 81; *Schindler*, Zuwendungsarten bei der Ausgleichung unter Miterben nach § 2050 BGB, ZEV 2006, 389; *Schnorrenberg*, Auslegung der Bestimmung in Anrechnung auf erbrechtliche Ansprüche, ZErb 2002, 232; *Tanck*, Die Flucht in den Pflichtteilsergänzungsanspruch!, ZErb 2000, 3; *Tanck*, Keine Pflichtteilsreduzierung bei Kombination von Anrechnung und Ausgleichung?, ZErb 2003, 41; *Thomas/Putzo*, ZPO, Kommentar, 27. Aufl. 2005; *Thubauville*, Die Anrechnung lebzeitiger Leistungen auf Erb- und Pflichtteilsrechte, MittRhNotK 1992, 289.

I. Ordentlicher Pflichtteil

1

**Checkliste
Pflichtteilsanspruch**

I. Ordentlicher Pflichtteilsanspruch
☐ Pflichtteilsberechtigung
  • Abkömmlinge
  • Eltern
  • Ehegatte
  • Eingetragener Lebenspartner
☐ Pflichtteilsquote
☐ Tatsächlicher Nettonachlass zum Zeitpunkt des Erbfalls

II. Pflichtteilsergänzungsanspruch
☐ Pflichtteilsergänzungsberechtigung
  • Abkömmlinge
  • Eltern
  • Ehegatte
  • Eingetragener Lebenspartner
☐ Pflichtteilsergänzungsquote (=Pflichtteilsquote)
☐ Fiktiver Nachlass

I. Ordentlicher Pflichtteil

1. Einleitung

Dem nach §§ 2303, 2309 BGB Pflichtteilsberechtigten steht ein Gesamtpflichtteilsanspruch, bestehend aus dem ordentlichen Pflichtteilsanspruch und dem Pflichtteilsergänzungsanspruch[1] zu. Der Pflichtteil besteht nach § 2303 Abs. 1 Satz 2 BGB in der Hälfte des Wertes des gesetzlichen Erbteils. Der ordentliche Pflichtteilsanspruch bezieht sich auf den tatsächlichen Nachlass und somit auf den zum Zeitpunkt des Erbfalls vorhandenen Aktiv- und Passivnachlass. Lebzeitige Schenkungen des Erblassers werden unter den Voraussetzungen der §§ 2325 ff. BGB im Rahmen des sog. Pflichtteilsergänzungsanspruches berücksichtigt.

Die Höhe des ordentlichen Pflichtteilsanspruches wird durch drei Faktoren bestimmt: (1) Zunächst ist die Pflichtteilsquote zu bestimmen. (2) Anschließend ist der Nachlassbestand festzustellen. Es sind somit alle Aktiva und Passiva des Erblasservermögens zu ermitteln. Dem Pflichtteilsberechtigten steht diesbezüglich ein Anspruch auf Auskunft (§ 2314 Abs. 1 S. 1 BGB) und ein Anspruch auf Erstellung eines Nachlassverzeichnisses (§ 2314 Abs. 1 S. 2, 1. Halbs. BGB) zu. (3) Schließlich ist der ermittelte Nachlass hinsichtlich des Aktiv- und Passivnachlasses zu bewerten. Dem Pflichtteilsberechtigten steht diesbezüglich ein Wertermittlungsanspruch (§ 2314 Abs. 1 S. 2, 2. Halbs. BGB) zu. Zur Berechnung des ordentlichen Pflichtteilsanspruches sind von den ermittelten Aktiva die Passiva abzuziehen; dies ergibt den Nettonachlasswert. Dieser pflichtteilsrelevante Nettonachlass ist mit der Pflichtteilsquote zur Berechnung des ordentlichen Pflichtteilsanspruches zu multiplizieren.

Checkliste
Berechnung des ordentlichen Pflichtteilsanspruches

I. Ermittlung der Pflichtteilsquote
  ☐ Prüfung der Pflichtteilsberechtigung
   • Abkömmlinge
   • Eltern
   • Ehegatte
   • Eingetragener Lebenspartner
  ☐ Ermittlung der gesetzlichen Erbquote
  ☐ Hälfte des gesetzlichen Erbteils
II. Ermittlung des Bestandes des Nachlasses
  ☐ Anspruch auf Auskunft
  ☐ Tatsächlich vorhandener Nachlass (Aktiva und Passiva)
  ☐ Ermittlungszeitpunkt
  ☐ Errichtung eines Bestandsverzeichnisses
  ☐ Gegebenenfalls Abgabe einer eidesstattlichen Erklärung
III. Ermittlung des Wertes des Nachlasses
  ☐ Anspruch auf Wertermittlung
  ☐ Tatsächlich vorhandener Nachlass (Aktiva und Passiva)
  ☐ Ermittlungszeitpunkt
  ☐ Abzug Passiva von Aktiva ergibt Nettonachlassvermögen
IV. Berechnung des Pflichtteilsanspruchs
  ☐ Pflichtteilsanspruch = Pflichtteilsquote x Nettonachlass

2. Aktivbestand des Nachlasses

Zu dem Aktivbestand des Nachlasses gehören nicht nur zum Zeitpunkt des Erbfalls begründete Rechtspositionen, sondern auch alle vermögensrechtlichen Positionen oder künfti-

---

[1] Vgl. § 5 Rn. 2 ff.

gen Rechtsbeziehungen, die der Erblasser noch zu seinen Lebzeiten eingeleitet hat, die aber erst mit seinem Tod oder nach seinem Tod endgültig Rechtswirkungen entfalten.[2]

5   a) **Konfusion/Konsolidation.** Dem Aktivnachlass sind Rechtsverhältnisse und Forderungen hinzuzuzählen, die infolge des Erbfalls durch Konfusion (Vereinigung von Rechten und Verbindlichkeiten in einer Hand) oder durch Konsolidation (Zusammentreffen von Recht und dinglicher Belastung) erloschen sind.[3] Diese gesetzlich nicht geregelte Rechtsfolge ergibt sich aus den §§ 1978, 1991 Abs. 2, 2143, 2175 und 2377 BGB.[4] Die Höhe des Pflichtteilsanspruches darf nicht davon abhängen, ob der Erbe Schuldner bzw. Gläubiger des Erblassers war. Umgekehrt dürfen Forderungen, welche der Erblasser gegen den Pflichtteilsberechtigten hatte, nicht untergehen, sondern sind als Forderungen im Aktivnachlass zu berücksichtigen.

6   Beispiele Konfusion:[5]
Beispiel: Forderung Erblasser gegen Erbe
Der verwitwete Erblasser E hatte gegenüber seiner Lebensgefährtin und Alleinerbin L eine Forderung von € 20.000,–, der übrige Nachlass beträgt € 100.000,–. Sohn S und die Töchter T1 und T2 sind enterbt worden.

Lösung:
Durch den Erbfall tritt Konfusion ein. L erbt also wertmäßig nur € 100.000,–. Für die Pflichtteilsberechnung gilt die Forderung des E gegenüber der L jedoch als nicht erloschen, so dass sich der Pflichtteil der drei Kinder aus € 100.000,– + € 20.000,– = € 120.000,– errechnet und somit jeweils € 20.000,– beträgt.

Beispiel: Forderung Erblasser gegen Pflichtteilsberechtigten
Der verwitwete Erblasser E wird von der Lebensgefährtin L alleine beerbt. E hatte gegen den Sohn S eine Forderung von € 10.000,–, der übrige Nachlass beträgt € 140.000,–. Sohn S und die Töchter T1 und T2 sind enterbt worden.

Lösung:
Bestand die Forderung des Erblassers E gegen einen der Pflichtteilsberechtigten, so ist für die Berechnung des Pflichtteils die Forderung als Aktiva in dem Nachlass zu berücksichtigen und von einem Nachlasswert von € 150.000,– auszugehen. Die Pflichtteilsansprüche der Kinder betragen jeweils € 25.000,–. Die Erbin L kann jedoch mit der Forderung € 10.000,– gegen den Pflichtteilsanspruch des S aufrechnen, zahlt an S nur € 15.000,–.

Beispiel: Forderung Pflichtteilsberechtigter gegen Erben
Der verwitwete Erblasser E wird von der Lebensgefährtin L alleine beerbt. Der Sohn S hatte gegenüber dem E eine Forderung von € 15.000,–, der Nachlass beträgt € 105.000,–. Sohn S und die Töchter T1 und T2 sind enterbt worden.

Lösung:
Hat S gegen den Erblasser E eine Forderung von € 15.000,– so beträgt der Nachlass nur € 90.000,–, da die Forderung als Passivum den Nachlass reduziert. Die Pflichtteilsansprüche der Kinder betragen jeweils € 15.000,–. Zusätzlich hat der S jedoch einen Anspruch von € 15.000,– gegenüber der Erbin L.

7   b) **Bankvermögen.** Bei gemeinschaftlichen Bankkonten regelt das so genannte Und- bzw. Oder-Konto das Außenverhältnis der Kontoinhaber zum Bankinstitut.[6] Die Inhaber eines **Und-Bankkontos** können nur gemeinschaftlich über das Konto verfügen. Bei einem **Oder-Bankkonto** sind alle Inhaber berechtigt ohne den bzw. die anderen Inhaber über das Konto zu verfügen. Ein Oder-Konto kann durch den Widerruf eines der Inhaber zu einem Und-Konto umgewandelt werden. Eine Umwandlung eines Und-Kontos in ein Oder-Konto bedarf der Zustimmung aller Kontoinhaber.[7] Die Verbindungswörter *„Und"* bzw. *„Oder"* in

---

[2] BGHZ 32, 367, 369.
[3] BGH NJW 1987, 1260, 1262; BGH NJW 1975, 1123, 1124.
[4] BGH NJW 1987, 1260, 1262; BGH NJW 1982, 575, 576; BGH NJW 1975, 1123, 1224.
[5] Staudinger/*Haas* § 2311 Rn. 16–18.
[6] MünchKommBGB/*Schmidt* § 741 Rn. 54.
[7] BGH NJW 1991, 420.

der Kontobezeichnung stellen das Verfügungsrecht dar. Das Oder-Konto ist in der Praxis die Regel; das Und-Konto die Ausnahme.

Maßgebend für die Pflichtteilsberechnung ist das Beteiligungsverhältnis des verstorbenen Kontoinhabers. Die rechtliche Einordnung des **Und-Bankkontos** ist umstritten.[8] Und-Konten unterstehen der Verwaltung und Verfügung nach §§ 744 Abs. 1, 747 S. 2 BGB. Die Befugnis jedes Kontoinhabers, nach § 432 BGB Leistung an alle zu verlangen, besteht nach dem Parteiwillen bei einem Und-Konto grundsätzlich nicht.[9] Die Inhaber eines Und-Kontos bilden eine Gemeinschaft nach Bruchteilen im Sinne der §§ 741 ff. BGB.[10] Die Kontoinhaber sind nicht Gesamtgläubiger, sondern Mitgläubiger der Forderung.[11] Als bloße Mitgläubiger können sie selbständig nur über ihren Anteil an der gemeinschaftlichen Einlageforderung, nicht aber über das Kontoguthaben verfügen (§ 747 BGB). Anders als bei einem Oder-Konto kann die Bank dementsprechend mit befreiender Wirkung grundsätzlich nur an alle Kontoinhaber gemeinschaftlich, nicht aber an einen von ihnen leisten.[12]

Bei **Oder-Bankkonten** von Eheleuten bzw. eingetragenen Lebenspartnern ist nach § 430 BGB (widerleglich) zu vermuten, dass das Guthaben beiden zur Hälfte zusteht.[13] Derjenige, der eine andere als die dort vermutete hälftige Beteiligung der Kontoinhaber oder einen Ausschluss der Ausgleichspflicht behauptet, hat dies darzulegen und zu beweisen.[14]

Beim **Oder-Depot** gilt die Vermutung des § 430 BGB nicht.[15] Beim Oder-Depot ist zwischen der Eigentumslage an den verwahrten Wertpapieren und den Rechten aus dem Depotverwahrungsvertrag zu unterscheiden.[16] § 430 BGB, der das Innenverhältnis von Gesamtgläubigern regelt, ist nur für die Rechte aus dem Verwahrungsvertrag von Bedeutung. Gesamtgläubigerschaft bei Inhaberpapieren, zumal wenn es sich um Beteiligungspapiere handelt, gibt es nicht. Bei diesen folgt das Recht aus dem Papier dem Recht am Papier. Maßgebend ist somit die dingliche Berechtigung, also die Eigentumslage. Über diese gibt die Errichtung eines Depots als Oder-Depot in der Regel keinen Aufschluss.[17] Das gilt schon deshalb, weil der Depotinhaber nicht Eigentümer der verwahrten Wertpapiere sein muss. Für die Eigentumslage depotverwahrter Wertpapiere stellt § 1006 BGB eine Vermutung auf. Im Hinblick auf § 741 BGB ist in der Regel Miteigentum nach Bruchteilen anzunehmen,[18] wobei nach der Auslegungsregel des § 742 BGB den Teilhabern im Zweifel gleiche Anteile zustehen. Diese Auslegungsregel ist aber nur schwach ausgeprägt. Sie kommt nicht zum Zuge, wenn sich aus dem Parteiwillen etwas anderes ergibt oder wenn sie der Sachlage nicht gerecht wird.[19]

Der Ehegatte der ein **Einzelkonto** führt, ist alleiniger Gläubiger einer Guthabensforderung gegenüber der Bank, also Berechtigter im Außenverhältnis. Ihm steht darüber hinaus im Regelfall das Guthaben auch im Innenverhältnis der Ehegatten alleine zu. Die Ehegatten können aber – auch stillschweigend – eine Bruchteilsberechtigung des Ehegatten, der nicht Kontoinhaber ist, an der Kontoforderung vereinbaren. Unter welchen Voraussetzungen eine solche konkludente Vereinbarung anzunehmen ist, hängt von den Umständen des Einzelfalls ab. Leisten etwa beide Ehegatten Einzahlungen auf ein Sparkonto und besteht Einvernehmen, dass die Ersparnisse beiden zugute kommen sollen, so steht ihnen die Forderung gegen die Bank im Innenverhältnis im Zweifel zu gleichen Anteilen gemäß den §§ 741 ff. BGB zu.[20]

c) **Vermögensverhältnisse in der Ehe.** Hat der Erblasser in dem Güterstand der Zugewinngemeinschaft oder der Gütertrennung gelebt, bestand grundsätzlich getrenntes Eigen-

---

[8] MünchKommBGB/*Schmidt* § 741 Rn. 54.
[9] MünchKommBGB/*Schmidt* § 741 Rn. 54; Ott-Eulberg/Schebesta/Bartsch/*Ott-Eulberg* S. 45.
[10] BGH NJW 1991, 420; OLG Saarbrücken BKR 2003, 263.
[11] BGH, NJW 1991, 420.
[12] BGH NJW 1991, 420.
[13] BGH NJW 2000, 2347; BGH NJW 1997, 1434.
[14] BGH NJW-RR 1993, 2; BGH NJW 1990, 705.
[15] BGH NJW 1997, 1434.
[16] Groll/*Rösler* C VI Rn. 27.
[17] BGH NJW 1997, 1434.
[18] BGH NJW-RR 1993, 2; BGH NJW 1990, 705.
[19] OLG Karlsruhe ZErb 2007, 457.
[20] BGH NJW 2002, 3702; BGH NJW 2000, 2347.

tum der Ehegatten, soweit es nicht ausdrücklich gemeinschaftlich erworben wurde. Auch **Hausrat** steht grundsätzlich im Alleineigentum des jeweiligen Ehegatten, es sei denn, der jeweilige Gegenstand ist gemeinschaftlich erworben. Bei Hausrat ist zu überprüfen, ob ein Surrogationserwerb nach § 1370 BGB zu vorliegt. Nach § 1370 BGB werden Haushaltsgegenstände, die anstelle von nicht mehr vorhandenen und wertlos gewordenen Gegenständen angeschafft worden sind, Eigentum des Ehegatten, dem die nicht mehr vorhandenen oder wertlos gewordenen Gegenstände gehört haben. Für das Pflichtteilsrecht gilt die Vermutung des § 1568b Abs. 2 BGB[21] (früher § 8 Abs. 2 HausRVO) nicht. Nach § 1568b Abs. 2 BGB ist davon auszugehen, dass Hausrat, welcher während der Ehe für den gemeinsamen Haushalt angeschafft worden ist, gemeinsames Eigentum ist. Gehört der Hausrat zum **Voraus** des überlebenden Ehegatten (§ 1932 BGB), bleibt dieser bei der Berechnung des Pflichtteils eines Abkömmlings und der Eltern des Erblassers gem. § 2311 Abs. 1 S. 2 BGB außer Ansatz. Sofern die Voraussetzungen des Voraus vorliegen, sind die dem Voraus unterliegenden Vermögensgegenstände sowohl im Aktiv- als auch im Passivbestand zu berücksichtigen.[22] Bei einem **PKW** sind die im KFZ-Brief eingetragenen Haltereigenschaften lediglich ein Indiz der Eigentümerstellung, wenn auch ein sehr starkes.[23] Die **Zugewinnausgleichsforderung** des länger lebenden Ehegatten ist kein Bestandteil des Aktivnachlasses. Die Zugewinnausgleichsforderung des länger lebenden Ehegatten nach § 1371 Abs. 2 und 3 BGB bei der sog. güterrechtlichen Lösung geht dem Pflichtteilsanspruch vor und ist in diesem Fall zu passivieren.[24]

13 Lebte der Erblasser in dem Güterstand der **Gütergemeinschaft**, fällt zwar das Sonder- und Vorbehaltsgut (§§ 1417f. BGB) des Erblassers voll in den Nachlass, jedoch nur die Hälfte des Gesamtguts (§ 1416 BGB). Wird die Gütergemeinschaft nach §§ 1483ff. BGB mit den gemeinschaftlichen Abkömmlingen fortgesetzt, ist das Gesamtgut nicht als Aktivnachlass anzusetzen.[25]

14 Bei Anschaffungen in der **nichtehelichen Lebensgemeinschaft** wird grundsätzlich derjenige Eigentümer, der die Sachen anschafft, sofern kein anderer Wille zum Ausdruck kommt. Es lässt sich keine Regel aufstellen, dass hinsichtlich der für den gemeinsamen Haushalt angeschafften Gegenstände ungeachtet deren Finanzierung durch einen Partner im Zweifel eine Bruchteilsgemeinschaft besteht.[26] Ebenso wenig besteht eine generelle Vermutung des Erwerbes von Alleineigentum, des die Anschaffung finanzierenden Partners.[27] Ein Eigentumserwerb unter dem Gesichtspunkt eines Geschäfts für den, den es angeht", erfordert auf Seiten des Erwerbers den Willen zum entsprechenden Erwerb.[28] Die Partner einer nicht ehelichen Lebensgemeinschaft haben jedoch Mitbesitz an allen Gegenständen, die zu dem gemeinsamen Gebrauch zur Verfügung stehen. Dieser Mitbesitz begründet nach § 1006 BGB die Vermutung von Miteigentum.[29] Bei Gegenständen des persönlichen Gebrauchs wird vermutet, dass Alleineigentum vorliegt. Bei Haushalts- und gemeinsam genutzten Gegenständen gilt die Vermutung gem. § 1568b Abs. 2 BGB (früher § 8 Abs. 2 HausRVO) nicht analog, da es gegenüber der Ehe an der rechtlich verbindlichen Verpflichtung zur Lebensgemeinschaft fehlt.[30]

15 d) **Steuerrückerstattungsansprüche.** Zum Aktivnachlass gehören die Steuerrückerstattungsansprüche des Erblassers für die Veranlagungszeiträume vor dem Todesjahr wie auch für den Veranlagungszeitraum des Todesjahres. Der Erbe hat auch für das Veranlagungsjahr, in welchem der Erbfall eingetreten ist („Rumpfsteuerjahr") eine Einkommensteuererklärung

---

[21] Neu eingefügt durch das Gesetz zur Reform des Zugewinnausgleichs- und Vormundschaftsrechts (BR-Drucks. 457/09), welches am 1. 9. 2009 in Kraft getreten ist.
[22] Staudinger/*Haas* § 2311 Rn. 41; vgl. unten Rn. 60.
[23] Mayer/Süß/*Mayer* § 5 Rn. 16.
[24] Vgl. Rn. 55.
[25] Groll/*Rössler* C VI Rn. 29.
[26] OLG Düsseldorf NJW 1992, 1706.
[27] OLG Düsseldorf NJW 1992, 1706.
[28] OLG Düsseldorf NJW 1992, 1706.
[29] Palandt/*Brudermüller* Einleitung vor § 1297 Rn. 22.
[30] Mayer/Süß/*Mayer* § 5 Rn. 18; Palandt/*Brudermüller* Einleitung vor § 1297 Rn. 22.

abzugeben. Wurden die Ehegatten **gemeinsam veranlagt** (§ 26 EStG) ist es für die Berücksichtigung im Bestandsverzeichnis maßgebend, wer die entsprechenden Einkünfte erzielt hat.[31] Hatte nur der Erblasser Einkünfte, fällt der gesamte Betrag des Steuerrückerstattungsanspruches in den Nachlass. Hatten beide Ehegatten steuerpflichtiges Einkommen erzielt, ist das Verhältnis der steuerpflichtigen Einkünfte der Eheleute maßgeblich.[32] Nach Auffassung von J. Mayer sind die Steuerbeträge so aufzuteilen, wie sie bei getrennter Veranlagung angesetzt worden wären, da nur so die unterschiedlichen subjektiven Umstände (Werbungskosten, Altersfreibeträge) und die Progressionswirkung des Einkommensteuertarifes hinreichend berücksichtigt würden.[33]

Steuerliche Verlustvorträge des Erblassers sind als Aktiva zu berücksichtigen, soweit der Erbe hieraus einen echten Steuervorteil hat.[34] Nach der Änderung der Rechtsprechung zur Vererblichkeit des Verlustabzuges nach § 10d EStG durch den Großen Senat des BFH vom 17. 12. 2007 kann der Erbe einen vom Erblasser nicht ausgenutzten Verlustabzug nach § 10d EStG nicht mehr bei seiner eigenen Veranlagung zur Einkommensteuer geltend machen.[35] Nach der BMF-Mitteilung vom 24. 7. 2008 wurde ein Übergangszeitraum aus Vertrauensschutzgründen festgelegt. Die Geltendmachung des vom Erblasser nicht ausgenutzten Verlustabzuges gem. § 10d EStG konnte bei der Einkommensermittlung des Erben bis zum 12. 3. 2008 angewendet werden.

e) **Lebensversicherung.** Bei dem Abschluss einer Lebensversicherung hat der Versicherungsnehmer die Möglichkeit, einer bestimmten Person das Bezugsrecht aus dem Versicherungsvertrag einzuräumen. Der Versicherungsnehmer kann somit bestimmen, an welche Person der Versicherer bei Eintritt des Versicherungsfalles die Versicherungssumme auszahlen soll.[36] Bei Verfügungen unter Lebenden zugunsten Dritter auf den Todesfall ist zwischen dem Deckungsverhältnis und dem Valutaverhältnis zu unterscheiden. Beide Rechtsverhältnisse unterliegen sowohl hinsichtlich der durch sie begründeten Rechtsbeziehungen als auch mit Blick auf die Anfechtung von Willenserklärungen den schuldrechtlichen Vorschriften. Erbrechtliche Bestimmungen finden insoweit keine Anwendung.[37]

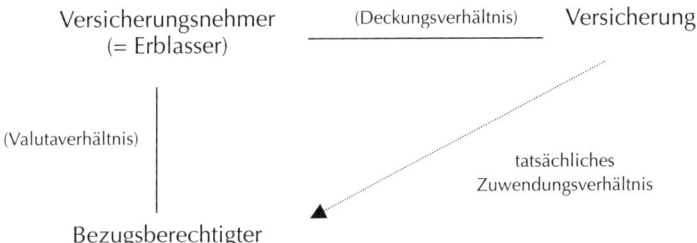

Die Einigung über die bereits vollzogene Schenkung kann nach dem Tode des Versicherungsnehmers dadurch zu Stande kommen, dass die Versicherungsgesellschaft das in der Drittbegünstigung liegende Schenkungsangebot an den Begünstigten weiterleitet und dieser das Angebot annimmt (§§ 130 Abs. 2, 153, 151 BGB). Die mangelnde Form nach § 518 Abs. 1 BGB wird durch den Vollzug nach § 518 Abs. 2 BGB geheilt. § 2301 Abs. 2 BGB ist nicht anwendbar, da diese Norm den Vollzug der Schenkung zu Lebzeiten voraussetzt. Nach

---

[31] Groll/*Rössler* C VI Rn. 32.
[32] Staudinger/*Haas* § 2311 Rn. 14; Groll/*Rössler* C VI Rn. 32; a. A. Mayer/Süß/*Mayer* § 5 Rn. 15.
[33] Mayer/Süß/*Mayer* § 5 Rn. 15.
[34] Mayer/Süß/*Mayer* § 5 Rn. 15.
[35] BFH ZEV 2008, 199.
[36] *Blum* FF 2005, 245.
[37] BGH ZEV 2004, 118; BGH NJW 1987, 3131; BGH WM 1976, 1130; BGH NJW 1975, 1360; BGH NJW 1975, 382, 383; OLG Hamm NJW-RR 2002, 1605.

h. M.[38] und Rspr.[39] ist dies nicht der Fall, da ein wirksames Kausalgeschäft nicht dadurch zum Rechtsgeschäft von Todes wegen werden kann, weil seine Erfüllung erst nach dem Tod erfolgt. Eine Umgehung des § 2301 BGB liegt nicht vor, da die §§ 328, 331 BGB ein solches Rechtsgeschäft gestatten. Die Erklärung des Versicherungsnehmers gegenüber dem Lebensversicherungsunternehmen, ein Dritter sei für die Todesfallleistung bezugsberechtigt, beinhaltet regelmäßig den konkludenten Auftrag, dem Dritten nach Eintritt des Versicherungsfalles das Zuwendungsangebot des Versicherungsnehmers zu überbringen.[40] Ob der Dritte die Versicherungsleistung im Verhältnis zu den Erben des Versicherungsnehmers behalten darf, beantwortet grundsätzlich allein das Valutaverhältnis.[41]

18 Bestimmt der Versicherungsnehmer, dass Bezugsberechtigter nicht er selbst, sondern ein Dritter ist, liegt ein Vertrag zu Gunsten Dritter im Sinne des § 328 Abs. 1 BGB vor. In dem Versicherungsfall entsteht der Anspruch auf die Versicherungssumme unmittelbar in der Person des Bezugsberechtigten, ohne Durchgangserwerb bei dem Versicherungsnehmer. Die Versicherungssumme fällt somit bei einer Versicherung auf den Todesfall (Vertrag zu Gunsten Dritter auf den Todesfall, §§ 328, 331 BGB) nicht in den Nachlass.[42] Ist dagegen der Versicherungsnehmer/Erblasser Bezugsberechtigter, fällt die Versicherungssumme in den Nachlass.[43]

19 Ob der von einer Bezugsberechtigung Begünstigte die Versicherungsleistung im Verhältnis zu den dem Versicherungsnehmer nachfolgenden Erben behalten darf, beantwortet grundsätzlich allein das Valutaverhältnis. § 2301 BGB ist insoweit nicht anzuwenden.[44] Als Valutaverhältnis kommt hier allein eine Schenkung in Betracht. Die Erklärung des Versicherungsnehmers gegenüber der Lebensversicherung, es werde eine Bezugsberechtigung für die Todesfallleistung einer Lebensversicherung eingeräumt, ist – bezogen auf das Valutaverhältnis – zugleich als konkludenter Auftrag an die Lebensversicherung zu verstehen, dem Bezugsberechtigten nach Eintritt des Versicherungsfalls das Schenkungsangebot des Versicherungsnehmers zu überbringen. Ein insoweit mit Botendiensten beauftragter Versicherer erfüllt diesen Auftrag in der Regel durch Auszahlung der Versicherungssumme an den Begünstigten, weil darin konkludent das Schenkungsangebot des verstorbenen Versicherungsnehmers zum Ausdruck kommt. Dieses Angebot kann der Begünstigte durch Annahme des Geldes konkludent annehmen.[45] Fordert die Lebensversicherungsgesellschaft Belege zur Prüfung des vom Begünstigten erhobenen Anspruchs (Versicherungspolice, Sterbeurkunde) an, liegt hierin noch keine Übermittlung des Angebots auf Abschluss des Schenkungsvertrages.[46]

Praxistipp:

20 In der Praxis ist zu überprüfen, ob das von dem Erblasser abgegebene Schenkungsangebot vor Übermittlung durch die Lebensversicherungsgesellschaft von den Erben widerrufen werden kann (Wettlauf der Begünstigten).

21 Zu beachten ist, dass nach § 167 Abs. 2 Satz 2 VVG bei Bezeichnung der „Erben" als Bezugsberechtigte in dem Versicherungsvertrag, diese den Anspruch auf Auszahlung der Versicherungssumme auch nach Ausschlagung der Erbschaft behalten. Hat der Versicherungsnehmer/Erblasser jedoch seine Ansprüche aus der Lebensversicherung als Sicherheit an einen Kreditgeber abgetreten, so hat er seine ursprünglich getroffene Wahl der Bezugsberechtigung für die Zeit der Kreditsicherung widerrufen („Rangrücktritt" des Drittbegünstig-

---

[38] Palandt/*Edenhofer* § 2301 Rn. 17.
[39] BGH NJW 1984, 480, 481; BGH NJW 1975, 382; RGZ 128, 189; RGZ 106, 1.
[40] BGH ZEV 2008, 392.
[41] BGH ZEV 2008, 392 (Fortführung von BGH ZEV 2004, 118 und BGH NJW 1975, 1360).
[42] BGH NJW 1995, 3113.
[43] BGH NJW 1996, 2230; BGH NJW 1960, 912.
[44] BGH ZEV 2004, 118.
[45] BGH NJW 1975, 382.
[46] BGH ZEV 2008, 392.

I. Ordentlicher Pflichtteil

ten).⁴⁷ In diesem Fall gehört der Anspruch des Versicherungsnehmers in Höhe der gesicherten Forderung zu seinem Nachlass.

Hat der Versicherungsnehmer einen Dritten als Bezugsberechtigten benannt, stellt sich die 22 Frage, ob die Lebensversicherungssumme oder die von dem Erblasser gezahlten Versicherungsprämien bei der Berechnung des Pflichtteilsergänzungsanspruchs zu berücksichtigen sind.⁴⁸

f) Gesellschaftsbeteiligungen. War der Erblasser an einer Gesellschaft beteiligt, ist zu prüfen, welcher Vermögensgegenstand zum Zeitpunkt des Erbfalls Bestandteil des Aktivnachlasses war. 23

aa) Kapitalgesellschaft. Die Gesellschaftsbeteiligung an einer Kapitalgesellschaft ist vererblich (vgl. § 15 Abs. 1 GmbHG). Die Vererblichkeit kann nicht durch die Satzung der Gesellschaft ausgeschlossen werden. Die Vererblichkeit kann jedoch indirekt ausgeschlossen werden. Die Satzung kann die Möglichkeiten der Einziehung, Kaduzierung oder der Zwangsabtretung der Gesellschaftsbeteiligung vorsehen, wenn die Gesellschaftsbeteiligung aufgrund der Erbfolge an andere, als diejenige Person fällt, die in der Satzung als nachfolgeberechtigt vorgesehen ist.⁴⁹ Auch in diesen Fällen gehört der Gesellschaftsanteil zum Nachlass. 24

bb) Personen- und Partnerschaftsgesellschaften. Entgegen der Kapitalgesellschaft ist es bei Personen- und Partnerschaftsgesellschaften möglich, die Vererblichkeit der Gesellschaftsbeteiligung in dem Gesellschaftsvertrag zu bestimmen. Hierbei kommen folgende Möglichkeiten in Betracht: 25

(1) Die sog. **Fortsetzungsklausel** ist nach der Reform des Handelsgesetzes⁵⁰ nur noch bei der Gesellschaft bürgerlichen Rechts notwendig, da ohne eine Fortsetzungsklausel durch den Tod eines Gesellschafters die Gesellschaft bürgerlichen Rechts erlischt und sich in eine Liquidationsgesellschaft umwandelt. Verstirbt ein Kommanditist, so wird die Gesellschaft mit den Erben (§ 177 HGB), bei Tod eines Partners einer Partnerschaftsgesellschaft mit den übrigen, bei Ausscheiden des Verstorbenen fortgesetzt (§ 9 Abs. 2 PartGG).

(2) Die sog. **einfache Nachfolgeklausel** bestimmt in dem Gesellschaftsvertrag, dass der Alleinerbe oder alle Erben Gesellschafter werden. Die **qualifizierte Nachfolgeklausel** regelt, dass nur bestimmte Erben oder Vermächtnisnehmer in die Gesellschaftsbeteiligung nachfolgen können.

(3) Durch die **Eintrittsklausel** erhält der nachfolgeberechtigte Erbe oder Dritte eine Option und somit eine Wahlmöglichkeit, ob er in die Gesellschaftsbeteiligung nachfolgen möchte.

cc) Fortsetzung mit den verbleibenden Gesellschaftern. Wird die Gesellschaft nur zwischen den verbleibenden Gesellschaftern fortgesetzt, so scheidet der Verstorbene bzw. seine Erben aus der Gesellschaft aus. Dies ist die gesetzliche Regelung nach § 131 Abs. 3 Nr. 1 HGB für die OHG und den persönlich haftenden Gesellschafter der Kommanditgesellschaft sowie für den Partner der Partnerschaftsgesellschaft (§ 9 PartGG). Der Gesellschaftsanteil des Verstorbenen wächst den anderen Gesellschaftern an (§ 738 Abs. 1 S. 1 BGB). Der dann entstehende gesellschaftsrechtliche Abfindungsanspruch (§ 738 Abs. 1 S. 2 BGB, §§ 105 Abs. 3 BGB, § 161 HGB, § 1 Abs. 4 PartGG) zählt zum Nachlass. Sein Wert bestimmt sich grundsätzlich nach dem vollen und wirklichen Wert der Erblasserbeteiligung, also unter Berücksichtigung von schwebenden Geschäften und stillen Reserven, soweit keine gesellschaftsvertraglichen Abfindungsbeschränkungen bestehen. Abfindungsbeschränkungen unterliegen einer sehr kritischen Prüfung.⁵¹ Scheidet ein Gesellschafter freiwillig oder zwangsweise aus der Gesellschaft aus, steht ihm ein Abfindungsanspruch zu. Enthält der Gesellschaftsvertrag keine Regelung zur Höhe des Abfindungsanspruches, so ist nach h.M. eine Abfindung in Höhe des vollen wirtschaftlichen Wertes der Beteiligung, also in Höhe des an- 26

---

[47] BGH NJW 1996, 2230.
[48] Vgl. unten Rn. 48.
[49] Staudinger/*Marotzke* § 1922 Rn. 58.
[50] In Kraft getreten am 1. 7. 1998.
[51] BGH NJW-RR 2006, 1270; *Hülsmann* NJW 2002, 1673.

teiligen Verkehrswertes des Unternehmens geschuldet (vgl. § 738 Abs. 1 S. 2 BGB). Grundsätzlich ist der Abfindungsanspruch sofort fällig.

27 Zum Schutz des Fortbestehens der Gesellschaft enthalten die meisten Gesellschaftsverträge von Personen- wie auch von Kapitalgesellschaften Klauseln zur Berechnung des Abfindungsguthabens und zu den Auszahlungsmodalitäten. Zur Vermeidung eines Liquiditätsabflusses wird versucht, das Abfindungsguthaben niedrig zu gestalten und die Auszahlung über mehrere Raten und Jahre zu verteilen. Solche gesellschaftsvertraglichen Abfindungsbeschränkungen sind nach § 138 BGB von Anfang an nichtig, wenn sie vollkommen außer Verhältnis zu den im Interesse der Gesellschaft notwendigen Beschränkungen stehen.[52] Gleiches gilt, wenn eine Abfindungsregelung den ausscheidenden Gesellschafter derart benachteiligt, dass gegen den allgemeinen gesellschaftsrechtlichen Grundsatz des § 723 Abs. 3 BGB verstoßen wird. Hiernach ist eine gesellschaftsrechtliche Regelung nichtig, welche das Kündigungsrecht eines Gesellschafters ausschließt oder den gesetzlichen Vorschriften zuwider beschränkt. Ein finanziell völlig unangemessener Ausgleich für den Verlust der Beteiligung steht dem Ausschluss der Kündigung gleich.[53] In der Rechtsprechung wurde der Grundsatz entwickelt, dass abfindungsbeschränkende Klauseln in Gesellschaftsverträgen nicht nur anfänglich nichtig sein können, sondern eine Unangemessenheit auch nachträglich eintreten kann.

Dies ist der Fall, wenn sich der vertragliche Abfindungsanspruch und der reale Unternehmenswert im Verlauf der Jahre vom Zeitpunkt der Regelung bis zum Zeitpunkt des Ausscheidens bzw. der Kündigung eines Gesellschafters in außergewöhnlich hohem Maße auseinander entwickelt, ohne dass dies bei Abschluss des Gesellschaftsvertrages vorhersehbar war. Nach der neuen Rechtsprechung bleibt die gesellschaftsrechtliche Abfindungsregelung wirksam. Im Rahmen der gerichtlichen Kontrolle wird überprüft, ob die Regelung unter Berücksichtigung der Grundsätze von Treu und Glauben aufrecht erhalten werden kann oder ob sie ggf. im Hinblick auf die geänderten Verhältnisse im Wege ergänzender Vertragsauslegung (§ 157 BGB) zu ergänzen ist.[54]

28 Die vom BGH angeführten Zulässigkeitsschranken für gesellschaftsrechtliche Abfindungsklauseln lassen sich jedoch nicht ohne weiteres auf das Ausscheiden des Gesellschafters von Todes wegen übertragen. Eine Einwirkung auf die Entschließungsfreiheit des Gesellschafters scheidet in diesem Fall aus. Daher ist nach der Rspr. und nach h. M. eine Beschränkung des Abfindungsanspruches und ein völliger Ausschluss des Abfindungsanspruchs für den Fall des Todes eines Gesellschafters möglich.[55] Ist der Abfindungsanspruch ausgeschlossen, entsteht keine dem Nachlass zugehörige Vermögensposition, so dass der Gesellschaftsanteil am Nachlass und somit am ordentlichen Pflichtteil vorbeigesteuert wird. In diesen Fällen kommt jedoch ein Pflichtteilsergänzungsanspruch in Betracht. Eine unentgeltliche Zuwendung liegt dann vor, wenn die Klausel nicht für alle Gesellschafter gilt.[56] Gilt die Ausschlussklausel jedoch für alle Gesellschafter, liegt nach BGH[57] und der h. M.[58] keine Schenkung vor. Der Chance, den eigenen Gesellschaftsanteil zu mehren, steht das Risiko des Verlusts des Anteils gegenüber. Eine unentgeltliche Zuwendung liegt nur dann vor, wenn eine Risikodisparität (unterschiedliches Alter, Krankheit etc.) vorliegt.[59] Nach anderer Ansicht soll grundsätzlich eine Schenkung vorliegen.[60]

29 *dd) Gesellschaftsrechtliche Nachfolge.* Überträgt der Gesellschafter aufschiebend bedingt auf seinen Tod seine Gesellschaftsbeteiligung und stimmen die übrigen Gesellschafter der Übertragung zu, so erfolgt die Nachfolge in die Gesellschafterstellung am Nachlass vorbei (**Rechtsgeschäftliche Nachfolge**). Der Gesellschaftsanteil kann daher nicht Gegenstand eines

---

[52] BGH NJW 1992, 622.
[53] BGH NJW 2005, 2618; BGH NJW 1994, 2536.
[54] BGH NJW 1993, 3193.
[55] BGH NJW 1986, 504; BGH WM 1957, 24; RGZ 171, 350; RGZ 145, 289; Baumbach/Hopt/*Hopt*, HGB, § 131 Rn. 62; MünchKommBGB/*Ulmer* § 738 Rn. 61; Staudinger/*Haas* § 2311 Rn. 98.
[56] Scherer/*Kasper* § 29 Rn. 186.
[57] BGH NJW 1981, 1956.
[58] Staudinger/*Olshausen* § 2325 Rn. 32.
[59] BGH NJW 1981, 1956.
[60] Soergel/*Dieckmann* § 2325 Rn. 27; Bamberger/Roth/*Mayer* § 2325 Rn. 15; *Bratke* ZEV 2000, 16.

ordentlichen Pflichtteilsanspruches sondern nur Gegenstand eines Pflichtteilsergänzungsanspruches sein.

Bei Personengesellschaften kann im Gesellschaftsvertrag im Wege der sog. **einfachen erbrechtlichen Nachfolgeklausel** die Vererbung des Gesellschaftsanteils an alle Erben zugelassen werden. Durch die sog. **qualifizierte Nachfolgeklausel** im Gesellschaftsvertrag wird die Vererbung des Gesellschaftsanteils an eine bestimmte Person, beispielsweise den Abkömmling, zugelassen. In beiden Fällen ist die sog. **Sonderrechtsnachfolge** des BGH zu berücksichtigen.[61] Sind mehrere Erben vorhanden, geht der Gesellschaftsanteil nicht auf diese Erben in Erbengemeinschaft über. Diese erbrechtliche Folgerung wäre nicht mit den gesellschaftsrechtlichen Haftungsgrundsätzen vereinbar. Die Sonderrechtsnachfolge statuiert somit eine Singularsukzession am Gesellschaftsanteil. Der Gesellschaftsanteil des Erblassers spaltet sich in Höhe der Erbquoten auf und geht im Wege der Singularsukzession mit dinglicher Wirkung auf die Erben über. Trotz dieser Sonderrechtsnachfolge gehört der Gesellschaftsanteil des Erblassers – unabhängig, ob einfache oder qualifizierte Nachfolgeklausel – nach ständiger Rechtsprechung des BGH zum Nachlass.[62] Die durch den Erblasser ausgeschlossenen Erben haben gegenüber den eintretenden Erben, nicht gegenüber der Gesellschaft, Ausgleichsansprüche. Bei der qualifizierten Nachfolgeklausel geht nach Auffassung des BGH der gesamte Gesellschaftsanteil auf den qualifizierten Nachfolger über und nicht nur der auf ihn entfallende Anteil entsprechend seiner Erbquote.[63]

ee) Eintrittsrecht des Erben oder eines Dritten. Im Rahmen der **rechtsgeschäftlichen Eintrittsklausel** besteht eine Regelung im Gesellschaftsvertrag darüber, dass der Eintrittsberechtigte zu Lebzeiten oder nach dem Tod des Gesellschafters (jedoch ohne erbrechtlichen Bezug) in die Gesellschaft eintreten kann. Somit liegt eine Erklärung zu Lebzeiten vor. Die Zuwendung erfolgt hier zumeist im Wege der Vorausabtretung des Erblassers nach dem Todesfall oder der gesellschaftsvertraglichen Verpflichtung der übrigen Gesellschafter zur Übertragung eines entsprechenden Kapitalanteils an den Berechtigten (sog. Treuhandlösung). Aufgrund des lebzeitigen Rechtsgeschäfts befindet sich der Gesellschaftsanteil zum Zeitpunkt des Todes nicht mehr im Nachlass.

Im Rahmen einer **erbrechtlichen Eintrittsklausel** im Gesellschaftsvertrag wendet der Erblasser den Gesellschaftsanteil einer Person durch letztwillige Verfügung zu, wobei der Gesellschaftsvertrag den Eintritt dieser Person zulässt. In diesem Fall befindet sich der Gesellschaftsanteil zum Zeitpunkt des Todes im Nachlass.

ff) Auflösung der Gesellschaft. Wird die Gesellschaft durch den Tod des Gesellschafters aufgelöst (§ 727 Abs. 1 BGB), so wird für die Pflichtteilsberechnung nur der Anteil des Verstorbenen an der Liquidationsgesellschaft berücksichtigt. Nur dieser ist Gegenstand der Bewertung des Pflichtteilsanspruches.[64]

Gesellschaftsanteile im Nachlass[65]		
Schicksal der Gesellschaftsbeteiligung	Vermögenswert	Nachlasszugehörigkeit
1. Nachfolge in Gesellschaft		
a) Rechtsgeschäftliche Nachfolge	Gesellschaftsbeteiligung	kein Aktivnachlass evt. Pflichtteilsergänzungsanspruch
b) Einfache oder qualifizierte erbrechtliche Nachfolgeklausel im Gesellschaftsvertrag	Gesellschaftsbeteiligung	Aktivnachlass, trotz Sondererbfolge

---

[61] BGHZ 22, 186, 191.
[62] BGH NJW 1986, 504; BGH NJW 1977, 1339; BGH WM 1968, 1083; BGH WM 1957, 705; LM BGB § 730 Nr. 8.
[63] BGH NJW 1977, 1339, anders noch BGH WM 1957, 24.
[64] Staudinger/*Haas* § 2311 Rn. 90.
[65] Mayer/Süß/*Mayer* § 5 Rn. 121.

2. Fortsetzung der Gesellschaft unter Ausschluss der Erben		
a) mit Abfindungsanspruch	Abfindungsanspruch	Aktivnachlass
b) Ausschluss des Abfindungsanspruches	kein Nachlassvermögen vorhanden	kein Aktivnachlass evt. Pflichtteilsergänzungsanspruch
3. Eintritt in Gesellschaft		
a) Rechtsgeschäftliche Eintrittsklausel	Gesellschaftsbeteiligung	kein Aktivnachlass evt. Pflichtteilsergänzungsanspruch
b) Erbrechtliche Eintrittsklausel	Gesellschaftsbeteiligung	Aktivnachlass
4. Auflösung der Gesellschaft	Anteil an der Liquidationsgesellschaft	Aktivnachlass

34   g) **Persönlichkeitsrecht.** Hinsichtlich der Abwehr und dem Ausgleich von Verletzungen des Persönlichkeitsrechts des Erblassers bestand erhebliche Rechtsunsicherheit. Ansprüche auf Geldentschädigung wegen Verletzung des Persönlichkeitsrechts des Erblassers sollten die Erben nach der Rechtsprechung nicht haben.[66] Andererseits sollten die (an sich bestehenden) Schutzansprüche auf Unterlassung und Widerruf nicht zum Nachlass gehören, weil sie den Angehörigen und nicht den Erben zustehen. Der BGH hat in seinen Marlene Dietrich-Entscheidungen[67] jedoch festgestellt: Das allgemeine Persönlichkeitsrecht und seine besonderen Erscheinungsformen wie das **Recht am eigenen Bild** und das **Namensrecht** dienen dem Schutz nicht nur ideeller, sondern auch kommerzieller Interessen der Persönlichkeit. Werden diese vermögenswerten Bestandteile des Persönlichkeitsrechts durch eine unbefugte Verwendung des Bildnisses, des Namens oder anderer kennzeichnender Persönlichkeitsmerkmale schuldhaft verletzt, steht dem Träger des Persönlichkeitsrechts unabhängig von der Schwere des Eingriffs ein Schadensersatzanspruch zu.[68] Die vermögenswerten Bestandteile des Persönlichkeitsrechts bestehen nach dem Tode des Trägers des Persönlichkeitsrechts jedenfalls fort, solange die ideellen Interessen noch geschützt sind. Die entsprechenden Befugnisse gehen auf den Erben des Trägers des Persönlichkeitsrechts über und können von diesem entsprechend dem ausdrücklichen oder mutmaßlichen Willen des Verstorbenen ausgeübt werden.[69]

Damit steht den Erben jedenfalls für die in § 22 S. 2 KunstUrhG genannte Frist von zehn Jahren die kommerzielle Nutzung des über den Tod hinaus geschützten Rechts am eigenen Bild zu. Sie können neben den Angehörigen (§ 22 S. 3 KunstUrhG) Abwehransprüche und im Falle einer unbefugten Verwendung anders als die Angehörigen Bereicherungs- und gegebenenfalls Schadensersatzansprüche geltend machen.[70]

35   Der Anspruch auf einen **arbeitsvertraglich vereinbarten Bonus** ist vererblich. Es handelt sich nicht um einen höchstpersönlichen Anspruch des Arbeitnehmers.[71] Eine Vertragsklausel, die auf den Ausschluss der Vererblichkeit von Vergütungsansprüchen hinausläuft, ist mit den wesentlichen Grundgedanken der gesetzlichen Vererblichkeit von Zahlungsansprüchen nicht zu vereinbaren. Als höchstpersönlich und daher unvererblich könnten Ansprüche nur behandelt werden, wenn sich aus ihrer Zweckbestimmung erkennen ließe, dass die Leistung nur dem unmittelbar Berechtigten zufließen soll, weil sie allein dazu bestimmt ist, seine höchstpersönlichen Bedürfnisse zu erfüllen. Das ist bei der Vergütung nicht der Fall. Der Geldanspruch ist in diesem Sinne nicht an die Person des Arbeitnehmers gebunden.[72] Ergibt

---

[66] BGH NJW 1974, 1371.
[67] BGH ZEV 2000, 323; BGH ZEV 2000, 326.
[68] BGH ZEV 2000, 323.
[69] BGH ZEV 2000, 323; *Klingelhöffer* ZEV 2000, 326, 327.
[70] BGH ZEV 2000, 326.
[71] LAG Düsseldorf BeckRS 2008, 58156.
[72] LAG Düsseldorf BeckRS 2008, 58156.

eine zwischen den Arbeitsvertragsparteien getroffene **Aufhebungsvereinbarung,** dass eine nach Beendigung des Arbeitsverhältnisses ratierlich zu zahlende Abfindung nicht nur eine Gegenleistung für die Einwilligung des Arbeitnehmers in die Beendigung des Arbeitsverhältnisses sein soll, sondern vorrangig dem Zweck dient, die Existenz des Arbeitnehmers für die Zeit nach dem Ende des Arbeitsverhältnisses bis zum Rentenbezug zu sichern, soll der Anspruch auf Zahlung der ratierlichen Abfindung nach dem Tod des Arbeitnehmers nicht durch Erbfolge gemäß § 1922 Abs. 1 BGB auf die Erben übergehen.[73] Diesem Ergebnis stehe nicht entgegen, dass die Parteien die zu zahlenden Leistungen als „Abfindung" bezeichnet haben. Für die Frage, ob eine Leistung auf die Erben übergeht, ist nicht deren Bezeichnung, sondern deren sich aus dem Parteiwillen ergebender Zweck entscheidend.[74]

h) **Geistiges Eigentum/Gewerbliche Schutzrechte.** Geistiges Eigentum umfasst Rechte an immateriellen Gütern z. B. Ideen, Erfindungen, Konzepte, geistige Werke, Informationen. Diese Güter sind nicht generell rechtlich geschützt, sondern nur wenn die Rechtsordnung einer Person entsprechende Rechte zuweist, z. B. durch Patent-, Gebrauchsmuster-, Geschmacksmuster- oder Urheberrechte. Inhaber eines solchen Rechts ist z. B. der Anmelder eines Patents oder der Schöpfer eines urheberrechtlichen Werks. 36

Zu dem Aktivvermögen des Erblassers gehören Verwertungsrechte aus **Urheberrecht** (§ 28 UrhG). Das Urheberrecht geht als Ganzes auf den Erben bzw. die Erbengemeinschaft über. Die Vererbung umfasst die Urheberverwertungsrechte und die Urheberpersönlichkeitsrechte.[75] Eine Abspaltung von Nutzungsrechten i. S. d. §§ 31 ff. UrhG und eine Aufteilung der Ausübung urheberpersönlichkeitsrechtlicher Befugnisse auf verschiedene Erben ist zwar möglich, z. B. aufgrund einer vom Erblasser ausgesprochenen Teilungsanordnung. Hat der Urheber zum Beispiel Nutzungsrechte eingeräumt, so geht das Urheberrecht auf den/die Erben nur mit dieser Belastung über.[76] Auch schuldrechtliche Vereinbarungen, die der Urheber im Zusammenhang mit seinem Urheberrecht gegenüber Dritten eingegangen ist, gehen auf die Erben über.[77] 37

Durch den **Verlagsvertrag** über ein Werk der Literatur oder der Tonkunst wird der Verfasser verpflichtet, dem Verleger das Werk zur Vervielfältigung und Verbreitung für eigene Rechnung zu überlassen (§ 1 VerlG). Stirbt der Verfasser nach Vollendung des Werkes, so wird der Verlagsvertrag hierdurch nicht berührt. Die Erben haben dann die Verpflichtung, das vollendete Manuskript an den Verleger herauszugeben.[78] Der Honoraranspruch ist im Nachlassverzeichnis zu aktivieren. Der Tod des Verfassers vor der Vollendung des Werkes macht die vertragliche Leistung unmöglich, weil diese höchstpersönlicher Art ist und durch einen Dritten nicht erbracht werden kann. Der Tod des Verfassers vor Vollendung des Werkes beendet somit das Verlagsvertragsverhältnis. Der Verleger kann vom Erben nicht verlangen, dass er das Werk vollendet oder durch einen Dritten vollenden lässt. Der Erbe verliert jeden Anspruch auf eine Gegenleistung des Verlegers. Dem Verfasser bereits gewährte Honorarvorschüsse sind zurückzugewähren (§§ 275, 323 BGB) und als Passiva in das Nachlassverzeichnis einzustellen. Stirbt der Verfasser vor der Vollendung des Werkes jedoch nachdem er ein Teil des Werkes dem Verleger abgeliefert hat, ist der Verleger berechtigt, in Ansehung des gelieferten Teiles den Vertrag durch eine dem Erben des Verfassers gegenüber abzugebende Erklärung aufrechtzuerhalten (§ 34 Abs. 1 VerlG). Voraussetzung hierbei ist, dass angenommen werden kann, dass der Verfasser den abgelieferten Teil als veröffentlichungsreif betrachtet hat oder dass die Erben dies tun.[79] Auch kann sich aus den Umständen eine stillschweigende Abdingung des Rechts des Verlegers auf Teilherausgabe ergeben. In anderen Fällen kann eine Vertragsauslegung dazu führen, dass der Verleger ausnahmsweise verpflichtet ist, den fertig gestellten Teil herauszubringen, wenn die Erben dies verlan- 38

---

[73] LAG Düsseldorf BeckRS 2008, 58156.
[74] LAG Düsseldorf BeckRS 2008, 58156.
[75] Wandtke/Bullinger/*Block,* Urheberrecht, 2. Aufl. 2006 § 30 Rn. 2; *Gergen* ZErb 2009, 42; *Klingelhöffer* ZEV 1999, 421.
[76] Wandtke/Bullinger/*Block,* Urheberrecht, 2. Aufl. 2006 § 28 Rn. 9.
[77] Wandtke/Bullinger/*Block,* Urheberrecht, 2. Aufl. 2006 § 28 Rn. 9.
[78] *Schricker,* VerlagsR, 3. Aufl. 2001, § 34 Rn. 11.
[79] *Schricker,* VerlagsR, 3. Aufl. 2001, § 34 Rn. 3.

gen.⁸⁰ Erklärt sich der Verleger fristgemäß für die Aufrechterhaltung des Vertrages, so hat er den Verlagsvertrag hinsichtlich des abgelieferten Teils des Werkes zu erfüllen. Er hat in diesem Fall den abgelieferten Teil des Werkes zu vervielfältigen und zu verbreiten und ein entsprechendes Honorar an die Erben zu zahlen, das im Nachlassverzeichnis zu aktivieren ist.

39 Als **Patent** werden technische Erfindungen geschützt, die neu sind, auf einer erfinderischen Tätigkeit beruhen und gewerblich anwendbar sind (§ 1 Abs. 1 PatG). Das Patent ist ein privates Vermögensrecht. Dies gilt auch für das Recht auf das Patent im Sinne eines technischen Urheberrechts des Erfinders und das Recht aus dem Patent. Die im Zusammenhang mit der Erfindung bestehenden Rechte nehmen an der Eigentumsgarantie des Art. 14 GG teil, die zugleich die Gewährleistung des Erbrechts einschließt. Das Recht auf das Patent, der Anspruch auf Erteilung des Patents und das Recht aus dem Patent gehen auf die Erben über (§ 15 PatG). Die Schutzdauer eines Patents beträgt im Höchstfall 20 Jahre (§ 16 Abs. 1 Satz 1 PatG).

Technische Erfindungen können grundsätzlich auch als **Gebrauchsmuster** geschützt werden. Eine solche Erfindung ist schutzfähig, wenn sie neu ist, auf einem erfinderischen Schritt beruht und gewerblich anwendbar ist (§ 1 Abs. 1 GebrMG). Im Gegensatz zum Patent werden bei einem Gebrauchsmuster jedoch nicht die Voraussetzungen der Schutzfähigkeit vor Erteilung geprüft. Das Recht auf das Gebrauchsmuster, der Anspruch auf seine Eintragung und das durch die Eintragung begründete Recht gehen ebenfalls auf die Erben über (§ 22 Abs. 1 S. 1 GebrMG) und sind im Nachlassverzeichnis zu aktivieren. Die Schutzdauer eines eingetragenen Gebrauchsmusters beträgt im Höchstfall 10 Jahre (§ 23 Abs. 2 Satz 1 GebrMG).

40 Das Recht an einem **Geschmacksmuster** kann vererbt werden (§ 29 Abs. 1 GeschmMG).

41 Das **Markenrecht** ist vererblich (vgl. § 27 Abs. 1 MarkenG).⁸¹ Mit dem Tode des Markeninhabers erwirbt der Erbe das Markenrecht, welches im Nachlassverzeichnis zu aktivieren ist. Auch die Markenanwartschaft nach § 31 MarkenG ist vererblich. Ob es sich um gesetzliche oder gewillkürte Erbfolge handelt, ist für den Rechtsübergang des Markenrechts unerheblich. Bei mehreren Erben ist die Miterbengemeinschaft Markeninhaberin. Die Erbengemeinschaft ist als Gesamthandsgemeinschaft markenrechtsfähig.⁸² Zu beachten ist, dass das **Warenzeichengesetz** durch das Gesetz über den Schutz von Marken und sonstigen Kennzeichen (Markengesetz – MarkenG) abgelöst worden ist.

42 Mit der Einführung von Domainnamen (**Web-Domain**) statt Nummern (IP-Adressen) im Jahr 1983 wurden das Internet und seine Dienste (z. B. das Worldwide Web (kurz WWW) einfacher nutzbar. Die Top-Level-Domain ist entweder eine „country code top level domain" (ccTLD) für einen der etwa 200 Staaten der Erde (beispielsweise ch, de, at, es, it, fr, tv) oder eine so genannte generische Top-Level-Domain (gTLD) wie beispielsweise com, org, net, info. Für die Verwaltung einer Top-Level-Domain ist jeweils eine einzige Firma („Registry") tätig, welche von der IANA beziehungsweise ICANN autorisiert wurde. Die deutsche ccTLD de wird beispielsweise von der Genossenschaft DENIC verwaltet. Einzelne Web-Domains können einen erheblichen Vermögenswert darstellen (Bsp: für 2,6 Mio. US-Dollar wurde die Domain *pizza.com* veräußert).⁸³

43 i) **Wiederkehrende Leistungen.** Die **Unterhaltsansprüche aus §§ 1601 ff. BGB** haben ihren Rechtsgrund im Verwandtschaftsverhältnis. Wegen der daraus folgenden höchstpersönlichen Natur erlischt der Unterhaltsanspruch grundsätzlich mit dem Tod der Partei. Daraus folgt eine Unvererblichkeit des Unterhaltsanspruchs. Nach § 1615 BGB erlischt der Unterhaltsanspruch mit dem Tode des Berechtigten oder des Verpflichteten. Diese Regelung gilt auch für den **Verwandtenunterhalt** (§ 1360a Abs. 3 BGB) und für den **Trennungsunterhalt** (§ 1361 Abs. 4 S. 4 BGB). Lediglich rückständige Unterhaltsleistungen sind im Nachlass zu aktivieren.

Der **nacheheliche Unterhaltsanspruch** erlischt mit dem **Tod des Berechtigten** (§ 1586 Abs. 1 BGB). Der nacheheliche Unterhalt soll dem Unterhaltsberechtigten die Aufrechterhal-

---

⁸⁰ *Schricker*, VerlagsR, 3. Aufl. 2001, § 34 Rn. 9.
⁸¹ *Fezer*, Markenrecht, 3. Aufl. 2001, Rn. 18.
⁸² *Fezer*, Markenrecht, 3. Aufl. 2001, Rn. 18.
⁸³ Quelle: Süddeutsche.de vom 8. 4. 2008.

tung eines den Lebensverhältnissen in der geschiedenen Ehe entsprechenden Lebensstandards ermöglichen (§ 1578 Abs. 1 S. 1 BGB). Mit dem Tod des Unterhaltsberechtigten entfällt dieser Zweck, weil der Unterhaltsanspruch höchstpersönlicher Natur ist. Mit dem **Tod des Verpflichteten** geht die Unterhaltspflicht auf den Erben als Nachlassverbindlichkeit über (§ 1586b Abs. 1 S. 1 BGB). Der Erbe haftet jedoch nicht über einen Betrag hinaus, der dem Pflichtteil entspricht, welcher dem Berechtigten zustände, wenn die Ehe nicht geschieden worden wäre (§ 1586b Abs. 2 BGB). Der Grund für diese unterschiedliche Regelung liegt darin, dass der geschiedene Ehegatte – anders als der verheiratete – am Nachlass des verstorbenen Ehegatten nicht beteiligt wird, keinen Pflichtteilsanspruch erlangt und auch keine familienrechtlichen, anderweitigen Unterhaltsansprüche hat, während die erbrechtlichen Ansprüche des verheirateten Ehegatten – wirtschaftlich betrachtet – ein Äquivalent für den verlorenen Unterhalt darstellen. Für den geschiedenen Ehegatten ist damit der Übergang der Unterhaltspflicht auf den Nachlass des verstorbenen Pflichtigen ein Ausgleich für den Verlust erbrechtlicher Ansprüche. Gegenüber diesen (nur fiktiven) Pflichtteilsergänzungsansprüchen des Unterhaltsberechtigten können sich Erben, die selbst pflichtteilsberechtigt sind, nicht auf § 2328 BGB berufen.[84]

j) Ansprüche nach dem Vermögensgesetz. Ansprüche auf Rückübertragung, Rückgabe oder Entschädigung wegen der Enteignung eines in der ehemaligen DDR belegenen Grundstücks und dessen Überführung in Volkseigentum sind erbrechtlich auch dann dem Nachlass zuzurechnen, wenn der Erbfall vor dem Inkrafttreten des Gesetzes zur Regelung offener Vermögensfragen am 29. 9. 1990 eingetreten ist.[85] Für die Berechnung des Pflichtteils ist bei Rückerstattung des Grundstücks dessen Wert in Geld im Zeitpunkt der Wiedererlangung des Eigentums zu schätzen. Dieser Betrag ist unter Berücksichtigung des Kaufkraftschwundes auf den Geldwert im Zeitpunkt des Erbfalls umzurechnen. Erhält der Erbe statt dessen für die Grundstücke Entschädigungsleistungen in Geld, kann der Pflichtteil von dem ausgezahlten Betrag berechnet werden, wenn der Kaufkraftschwund seit dem Erbfall schon bei der Bemessung der Entschädigung berücksichtigt worden sein sollte. Andernfalls muss auch die Entschädigungsleistung auf den Betrag umgerechnet werden, der sich bei einer Auszahlung der Entschädigung schon im Zeitpunkt des Erbfalls in Anbetracht des Kaufkraftschwundes ergeben hätte. Nur davon ist der Pflichtteil zu berechnen.[86] Das im Zeitpunkt des Erbfalls geltende Erbrecht der DDR ist auf den erst durch das Vermögensgesetz ausgelösten Pflichtteilsanspruch nicht anzuwenden. Insoweit handelt es sich nicht um einen vor dem Wirksamwerden des Beitritts abgeschlossenen Vorgang. Vielmehr gilt das Recht der Bundesrepublik Deutschland.[87]

k) Nicht berücksichtigungsfähige Vermögenswerte. Nicht in dem Aktivnachlass zu erfassen sind alle Vermögenspositionen, die mit dem Tode des Erblassers erlöschen: Nießbrauch (§ 1061 S. 1 BGB), persönliche Dienstbarkeit (§ 1090 Abs. 2 BGB), Wohnrecht (§ 1093 BGB). War der Erblasser selbst Vorerbe und tritt der Nacherbfall mit dem Tode des Erblassers ein, fällt das Vermögen der Vorerbschaft nicht in den Nachlass des Erblassers. Zum Eigenvermögen des Vorerben zählen jedoch die Nutzungen aus der Vorerbschaft (§ 2111 Abs. 1 S. 1 BGB). Dies gilt auch für Ersatzansprüche (§ 2124 Abs. 2 S. 1 BGB) und Verwendungsansprüche (§ 2134 BGB).

Nicht im Aktivnachlass zu berücksichtigen sind alle Vermögenspositionen, die außerhalb der Erbfolge auf Dritte Kraft Gesetzes (z. B. Eintrittsrecht in den Mietvertrag nach § 569a BGB) oder rechtsgeschäftlich (z. B. aufschiebend mit dem Erbfall übertragene Forderung, Vertrag zugunsten Dritter auf den Todesfall) übertragen werden. Nicht zu berücksichtigen sind ferner Vermögenspositionen, auf die sich ein gegenständlich beschränkter Pflichtteilsverzicht zwischen dem Erblasser und dem Pflichtteilsberechtigten bezieht (§ 2346 Abs. 2 BGB).

Ist eine **Forderung aufschiebend bedingt,** in ihrem rechtlichen Bestand zweifelhaft (ungewiss) oder wegen der Vermögensverhältnisse des Schuldners zweifelhaft (unsicher), zählt die

---

[84] BGH ZEV 2007, 584; BGH ZEV 2001, 113.
[85] OLG Köln OLGR Köln 2002, 6.
[86] BGH NJW 1993, 2176.
[87] BGH NJW 1993, 2176.

Forderung gem. § 2313 Abs. 2 Satz 1 BGB nicht zum Aktivbestand des Nachlasses. Rechte sind ungewiss, wenn ihr rechtlicher Bestand oder die Person des Berechtigten zweifelhaft ist.[88] Rechte sind unsicher, wenn ihre wirtschaftliche oder tatsächliche Verwertbarkeit zweifelhaft ist.[89] Vermögenswerte, die der Erblasser treuhänderisch für jemand anderes gehalten hat, sind wirtschaftlich nicht seinem Vermögen zuzurechnen und daher nicht im Aktivnachlass anzusetzen (Beispiel Kaution). Ein zum Nachlass gehöriges **Nacherbenrecht** ist grundsätzlich ein unsicheres Recht, weil nicht abzusehen ist, wie viel der Erbe bei Eintritt des Nacherbfalles bekommen wird.[90] Unsicher ist auch eine Darlehensforderung nach erfolgloser Pfändung.[91] **Aktienoptionen** für Mitarbeiter (stock options) sind nicht marktgängig und haben zurzeit des Erbfalls keinen endgültig verbleibenden Vermögenswert. Der Mitarbeiter hat lediglich die Chance zu einem späteren Zeitpunkt einen Vermögenswert zu erlangen. Nach § 2313 Abs. 1 S. 1 BGB bleiben sie bei der Feststellung des Nachlasswerts zunächst außer Ansatz. Wird die Option ausgeübt, führt der Bedingungseintritt zu einer Veränderung im Vermögensbestand, so dass eine Ausgleichung nach § 2313 Abs. 1 S. 2 BGB zu erfolgen hat.[92]

48 l) ABC der Aktiva des Nachlassvermögens

ABC der Aktiva des Nachlassvermögens	
Aktien	Es ist der mittlere Tageskurs des Todestages zu berücksichtigen. Tatsächlich zu zahlende Spekulationssteuer (§ 23 EStG) ist in Abzug zu bringen. Es erfolgt keine zeitanteilige Berücksichtigung der Dividende.
Aktienoptionen	Aktienoptionen für Mitarbeiter (stock options) bleiben nach § 2313 Abs. 1 S. 1 BGB bei der Feststellung des Nachlasswerts zunächst außer Ansatz. Wird die Option ausgeübt, führt der Bedingungseintritt zu einer Veränderung im Vermögensbestand, so dass eine Ausgleichung nach § 2313 Abs. 1 S. 2 BGB zu erfolgen hat.
Anwartschaftsrecht	Ein Anwartschaftsrecht ist mit dem Verkehrswert zu bewerten.[93]
Aufschiebend bedingte oder ungewisse/ unsichere Rechte	Sind nach § 2313 Abs. 1 S. 1 und Abs. 2 S. 1 BGB nicht zu berücksichtigen. Rechte sind dann ungewiss, wenn ihr rechtlicher Bestand zweifelhaft ist. Sie sind unsicher, wenn es fraglich ist, ob sie verwirklicht werden können. Ungewisse/unsichere Rechte sind u. a.: – anfechtbare oder schwebend unwirksame Rechte;[94] – das zum Nachlass gehörende Nacherbenrecht;[95] – uneinbringliche Forderungen des Nachlasses, bspw. Zahlungsunfähigkeit.[96] Aber: Ausgleichung nach § 2313 Abs. 1 S. 3 BGB nach Erstarken zum sicheren Recht. Die Verjährungsfrist des Ausgleichungsrechts beginnt nicht vor Eintritt der Bedingung.[97]

---

[88] BGHZ 3, 394, 397.
[89] Staudinger/*Haas* § 2313 Rn. 8.
[90] MünchKommBGB/*Lange* § 2311 Rn. 7.
[91] MünchKommBGB/*Lange* § 2311 Rn. 7.
[92] *Kolmann* ZEV 2002, 216, 217.
[93] Mayer/Süß/*Mayer* § 5 Rn. 155; a. A. Soergel/*Dieckmann* § 2313 Rn. 5.
[94] Staudinger/*Haas* § 2313 Rn. 9.
[95] MünchKommBGB/*Lange* § 2313 Rn. 6.
[96] MünchKommBGB/*Lange* § 2313 Rn. 6.
[97] Staudinger/*Haas* § 2313 Rn. 15.

I. Ordentlicher Pflichtteil

ABC der Aktiva des Nachlassvermögens	
Auflösend bedingte Rechte	Sind nach § 2313 Abs. 1 S. 2 BGB voll zu berücksichtigen. Aber: Ausgleichung nach § 2313 Abs. 1 Satz 3 BGB, wenn Bedingung eintritt und Recht „doch nicht besteht". Die Verjährungsfrist des Ausgleichungsrechts beginnt nicht vor Eintritt der Bedingung.
Bankvermögen	Bei **Oder-Bankkonten** von Eheleuten bzw. eingetragenen Lebenspartnern ist nach § 430 BGB (widerleglich) zu vermuten, dass das Guthaben beiden zur Hälfte zusteht. Bei einem **Oder-Depot** ist § 430 BGB nur für die Rechte aus dem Depotverwahrungsvertrag, nicht aber für die Eigentumslage an den verwahrten Wertpapieren von Bedeutung. Nach § 1006 BGB und §§ 741, 742 BGB ist im Zweifel von gleichen Anteilen auszugehen. Eine Vermutungswirkung besteht somit für Oder-Wertpapier-Depots nicht. Hier trägt der andere Ehegatte die Darlegungs- und Beweislast, für ein behauptetes hälftiges Miteigentum an dem Depot. Dieser Beweis ist geführt, wenn der Nachweis erbracht wird, dass die Eheleute in der Regel ihre Entscheidung über Geldanlagen gemeinsam (gemeinsame Wertpapierkäufe und -verkäufe) getroffen haben. Bei **Und-Bankkonten** ist nach §§ 741, 742 BGB im Zweifel von gleichen Anteilen auszugehen. Bankvermögen ist mit dem Nenn- bzw. Kurswert zu berücksichtigen; die entsprechenden Angaben sind aus der Anzeige nach § 33 ErbStG zu übernehmen.[98]
Bargeld	Bargeld ist mit dem Nennwert zu berücksichtigen. Ausländische Zahlungsmittel sind mit dem mittleren Kurswert im Zeitpunkt des Erbfalles anzusetzen, mit dem Wert, zu dem die Banken des Landes, in dem der Erblasser verstorben ist, die ausländische Währung ankaufen würden.[99]
Bausparvertrag	Schließt ein Ehepaar einen Bausparvertrag, so sind beide Eheleute im Zweifel Gesamtgläubiger (§ 428 BGB) der angesparten Bausparsumme.[100]
Bonus-Vergütung	Der Anspruch auf einen arbeitsvertraglich vereinbarten Bonus ist vererblich. Es handelt sich nicht um einen höchstpersönlichen Anspruch des Arbeitnehmers.[101]
Bundesschatzbriefe	Bundesschatzbriefe[102] sind nicht börsennotiert und mit festen jährlichen Nominalzinssätzen ausgestattet. Es werden zwei verschiedene Typen des Bundesschatzbriefes angeboten. Der **Typ A** schüttet jährlich Zinsen aus. Die Laufzeit beträgt 6 Jahre. Bei Bundesschatzbriefen des **Typ B** werden zum Laufzeitende die Zinsen zusammen mit dem Anlagebetrag ausbezahlt. Dadurch ist der Gesamtbetrag der Zinsen am Ende der Laufzeit steuerpflichtig. Die Laufzeit beträgt 7 Jahre. Bei beiden Typen wird der Nennwert des Wertpapiers zum Ende der Laufzeit zurückbezahlt. Zur Pflichtteilsberechnung ist der Nennwert nebst anteiligen Zinsen zum Todestag zu Grunde zu legen.

---

[98] Vgl. oben Rn. 7.
[99] Groll/*Rösler* C VI Rn. 101.
[100] BGH ZEV 2009, 401; OLG München NJW-RR 1992, 498.
[101] LAG Düsseldorf Az: 12 Sa 2180/07.
[102] www.deutsche-finanzagentur.de (offizielle Website der Finanzagentur GmbH der Bundesrepublik Deutschland).

ABC der Aktiva des Nachlassvermögens	
Bundeswertpapiere	Unter diesem Oberbegriff werden alle von der öffentlichen Hand emittierten Wertpapiere zusammengefasst. Hierbei handelt es sich um nicht börsenfähige Wertpapiere, die von der Bundesrepublik Deutschland zur Finanzierung der Haushaltsausgaben ausgegeben werden.[103]
Einkünfte	Laufende Forderungen auf Gehalt, Rente, Miete, Pacht zählen nicht zum Nachlassvermögen. Rückständige Forderungen sind Bestandteil des Nachlassvermögens.[104]
Forderungen	Sind grundsätzlich mit ihrem Nennwert anzusetzen, also mit dem Betrag, den Schuldner bei Fälligkeit zu entrichten hat. Gegebenenfalls ist der Zins hinzuzurechnen. Bei künftigen Forderungen, auch wenn diese zunächst sicher erscheinen, ist ein allgemeines Kreditrisiko und somit ein Abschlag von 0,3% des Kapitalwerts teilweise vorzunehmen.[105]
Gebrauchsmuster	Das Recht auf das Gebrauchsmuster, der Anspruch auf seine Eintragung und das durch die Eintragung begründete Recht gehen auf die Erben über (§ 22 Abs. 1 S. 1 GebrMG) und sind im Nachlassverzeichnis zu aktivieren.[106]
Gedenk-, Goldmünzen	Gedenk- und Goldmünzen haben in der Praxis oftmals einen Sammlerwert, der von Auktionshäusern zuverlässig ermittelt werden kann.
Genussscheine	Genussscheine sind Urkunden, die ein sog. Genussrecht verbriefen. Das Genussrecht ist mit dem Verkehrswert zu berücksichtigen.
Hausrat	Hausrat ist mit dem Veräußerungswert anzusetzen. Dieser liegt zumeist ganz erheblich unter den Anschaffungskosten. Geeignet sind seriöse Entrümpelungs-Unternehmen und Versteigerer, welche die Hausratsgegenstände katalogisieren und versteigern. Der Versteigerungserlös kann als Verkehrswert angenommen werden.
Jagdrecht	Jagdrechte sind gem. § 3 Abs. 1 S. 3 BJagdG nicht übertragbar. Das Jagdrecht steht dem Eigentümer auf seinem Grund und Boden zu. Es ist untrennbar mit dem Eigentum am Grund und Boden verbunden. Jagdrechte können jedoch bei der Grundbesitzbewertung erhöhend wirken.[107]
Kaution (Mietkaution)	Eine Kaution (beispielsweise Mietkaution § 551 BGB) steht nicht in dem Eigentum des Erblassers und ist nicht Bestandteil des Nachlasses.[108]
Konfusion/Konsolidation	Forderungen des Erblassers gegen den Erben erlöschen grundsätzlich durch Konfusion. Für die Pflichtteilsberechnung gelten sie jedoch als nicht erloschen und sind daher als Aktiva zu berücksichtigen.[109]
Kraftfahrzeuge	Sind mit dem am Markt erzielbaren Wert anzusetzen. Für Pkws kann die so genannte Schwacke-Liste verwendet wer-

---

[103] Überblick und Zusammenfassung der Bundeswertpapiere unter: www.deutsche-finanzagentur.de.
[104] Groll/*Rösler* C VI Rn. 35.
[105] Mayer/Süß/*Mayer* § 5 Rn. 35.
[106] Vgl. oben Rn. 39.
[107] Mayer/Süß/*Mayer* § 5 Rn. 137.
[108] BGH NJW-RR 1993, 131.
[109] Staudinger/*Haas* § 2311 Rn. 15.

I. Ordentlicher Pflichtteil

ABC der Aktiva des Nachlassvermögens	
	den, die monatlich aktualisiert wird. In der Praxis eignen sich auch DEKRA-Gutachten.
Kunstgegenstände	Bewertungen von Kunstgegenständen durch renommierte Auktionshäuser genügen den Anforderungen des § 2314 Abs. 1 S. 2 BGB.[110] Soweit Kunstgegenstände oder Antiquitäten vorhanden sind, sollten diese durch einen Sachverständigen geschätzt werden. Hierbei ist darauf zu achten, dass sich vielfach Sachverständige lediglich auf bestimmte Künstler, bestimmte Zeiträume oder Epochen spezialisiert haben. Lediglich einem solchen Sachverständigen ist es zuzutrauen, herauszufinden, ob beispielsweise das Gemälde aus einer frühen Epoche stammt, in welcher nicht so wertvolle Gemälde errichtet worden sind, wie in der späten Schaffenszeit.
Kleidung	Kleidung sowie Gegenstände des persönlichen Bedarfs haben zumeist keinen Wert mehr, es sei denn es handelt es sich um hochwertige, exklusive Bekleidungsstücke etc.
Lastenausgleich	Ansprüche auf Lastenausgleich für Vertreibungs- und Zonenschäden, sofern der Schaden noch vor dem Erbfall eintritt und der Ausgleichsanspruch in der Person des Erben entsteht, sind Bestandteil des Nachlasses.[111]
Leasing	Geleaste Gegenstände (beispielsweise Pkw) stehen nicht im Eigentum des Erblassers und sind nicht Bestandteil des Nachlasses.
Lebensversicherungen	Der Anspruch aus der Lebensversicherung gehört nicht zu dem Aktivbestand des Nachlasses, wenn der Bezugsberechtigte im Versicherungsvertrag benannt ist. Der Begünstigte erwirbt einen eigenen, nicht zum Nachlass gehörenden Anspruch auf die Versicherungsleistung. Der Anspruch fällt auch dann nicht in den Nachlass, wenn im Versicherungsvertrag der oder die Erben als Bezugsberechtigte angeben sind.[112] Sind keine Bezugsberechtigten angegeben, gehört die Versicherungsforderung zum Nachlass.[113] Besonderheiten bestehen bei einer kreditsichernden Lebensversicherung. Nach Auffassung des BGH liegt in der Sicherungsabtretung der Lebensversicherung ein teilweiser Widerruf der vormaligen Bezugsberechtigung, mit der Wirkung einer Rangrücktrittsvereinbarung zu Gunsten des Darlehensgebers.[114] Soweit der Vorrang zu Gunsten des Kreditgebers besteht, ist die Lebensversicherung in entsprechender Höhe auf der Aktivseite des Nachlassbestandes zu berücksichtigen, da die Versicherung insoweit der Deckung einer Verbindlichkeit dient und damit wirtschaftlich nicht dem Bezugsberechtigten, sondern dem Vermögen des Erblassers zuzuordnen ist.
Namensrecht	Werden diese vermögenswerten Bestandteile des Persönlichkeitsrechts durch eine unbefugte Verwendung des Bildnisses, des Namens oder anderer kennzeichnender Persönlichkeitsmerkmale schuldhaft verletzt, steht dem Träger des Persönlichkeitsrechts unabhängig von der Schwere des Eingriffs ein

---

[110] OLG Köln ZEV 2006, 77; *Heuer* NJW 2008, 689.
[111] BGH FamRZ 1977, 128; Staudinger/*Haas* § 2311 Rn. 14.
[112] BayObLG ZEV 1995, 193; vgl. oben Rn. 17.
[113] BGHZ 32, 44, 46; *Schmalz/Brüggemann* ZEV 1996, 84.
[114] BGH NJW-RR 1990, 161; BGH ZEV 1996, 263, 264.

ABC der Aktiva des Nachlassvermögens	
	Schadensersatzanspruch zu. Die vermögenswerten Bestandteile des Persönlichkeitsrechts bestehen nach dem Tode des Trägers des Persönlichkeitsrechts jedenfalls fort, solange die ideellen Interessen noch geschützt sind.[115]
Patentrechte	Das Recht auf das Patent, der Anspruch auf Erteilung des Patents und das Recht aus dem Patent gehen auf die Erben über (§ 15 PatG).[116]
Recht am eigenen Bild	Vgl. Namensrecht.
Schmuck	Schmuck ist durch Sachverständige zu bewerten. Kostengünstige Bewertungen können von Juwelieren durchgeführt werden.
Sparbrief	Normal verzinsliche Sparbriefe sind mit ihrem Nennwert im Erbfall anzusetzen und die bis zum Erbfall zeitanteiligen Zinsen hinzuzusetzen.[117]
Steuererstattungsansprüche	Steuerrückerstattungen gehören sowohl für die Vorjahre wie auch für das laufende Veranlagungsjahr bis zum Erbfall, für das eine Einkommensteuererklärung abzugeben ist, zum Aktivnachlass. Hatten beide Ehegatten Einkünfte, ist eine Aufteilung nach dem Verhältnis der steuerpflichtigen Einkünfte vorzunehmen.[118]
Unterhaltsanspruch	Wegen der daraus folgenden höchstpersönlichen Natur erlischt der Unterhaltsanspruch grundsätzlich mit dem Tod der Partei. Lediglich rückständige Unterhaltsleistungen sind im Nachlass zu aktivieren. Mit dem Tod des Unterhaltsberechtigten entfällt dieser Zweck, weil der Unterhaltsanspruch höchstpersönlicher Natur ist. Mit dem **Tod des Verpflichteten** geht die Unterhaltspflicht auf den Erben als Nachlassverbindlichkeit über (§ 1586b Abs. 1 S. 1 BGB).[119]
Urheberrechte	Die Vererbung umfasst die Urheberverwertungsrechte und die Urheberpersönlichkeitsrechte.[120]
Vermögensgesetz	Für die Berechnung des Pflichtteils ist bei Rückerstattung des Grundstücks dessen Wert in Geld im Zeitpunkt der Wiedererlangung des Eigentums zu schätzen. Dieser Betrag ist unter Berücksichtigung des Kaufkraftschwundes auf den Geldwert im Zeitpunkt des Erbfalls umzurechnen. Erhält der Erbe statt dessen für die Grundstücke Entschädigungsleistungen in Geld, kann der Pflichtteil von dem ausgezahlten Betrag berechnet werden, wenn der Kaufkraftschwund seit dem Erbfall schon bei der Bemessung der Entschädigung berücksichtigt worden sein sollte. Andernfalls muss auch die Entschädigungsleistung auf den Betrag umgerechnet werden, der sich bei einer Auszahlung der Entschädigung schon im Zeitpunkt des Erbfalls in Anbetracht des Kaufkraftschwundes ergeben hätte. Nur davon ist der Pflichtteil zu berechnen.[121]

---

[115] Vgl. oben Rn. 34.
[116] Vgl. oben Rn. 39.
[117] Ott-Eulberg/Schebesta/*Ott-Eulberg* S. 71; a. A. Mayer/Süß/*Mayer* § 5 Rn. 20.
[118] Vgl. oben Rn. 15.
[119] Vgl. oben Rn. 43.
[120] Vgl. oben Rn. 37.
[121] BGH NJW 1993, 2176; vgl. oben Rn. 44.

I. Ordentlicher Pflichtteil

ABC der Aktiva des Nachlassvermögens	
Verlustvorträge	Steuerliche Verlustvorträge des Erblassers sind als Aktiva zu berücksichtigen, soweit der Erbe hieraus einen echten Steuervorteil hat.[122]
Versteigerungsverfahren	Bestandteil des Nachlasses ist auch der Zuschlag eines Grundstücks im Versteigerungsverfahren, wenn der Erblasser zu Lebzeiten Zuschlagsberechtigter war. Eine „unfertige" Rechtsbeziehung entsteht auch aus dem Meistgebot. Diese Rechtsbeziehung gegenüber dem zuständigen Amtsgericht stellt ein vermögenswertes Recht dar. Der Meistbietende hat nach § 81 Abs 1 ZVG, demzufolge der Zuschlag dem Meistbietenden zu erteilen ist, einen (öffentlich-rechtlichen) Anspruch auf den Zuschlag und damit auf die Zuweisung des ersteigerten Grundstücks. Diese Rechtsposition gleicht trotz ihres öffentlich-rechtlichen Charakters insoweit einem privatrechtlichen Anwartschaftsrecht, als es für den Meistbietenden eine gesicherte Rechtsposition begründet, die einseitig und gegen seinen Willen nur unter den engen Voraussetzungen der § 74 a ZVG, § 765 a ZPO wieder entzogen werden kann. Dies lässt im Hinblick auf die Frage, ob das Meistgebot als Aktivposten im Nachlass berücksichtigt werden kann, eine Gleichbehandlung des Anspruchs aus § 81 Abs 1 ZVG mit einem privatrechtlichen Anwartschaftsrecht, das unbestritten zum Aktivvermögen des Erblassers zählt, zu.[123]
Voraus	Gem. § 2311 Abs. 1 S. 2 BGB bleibt bei der Berechnung des Pflichtteils eines Kindes bzw. der Eltern des Erblassers der dem überlebenden Ehegatten gebührende Voraus außer Ansatz. Bei der Berechnung des Pflichtteils dieser Personen sind daher im Aktiv- und Passivbestand die zum gesetzlichen Voraus zählenden Nachlassgegenstände zu berücksichtigen.
Wertpapiere	Es ist der mittlere Tageskurs des Todestages zu berücksichtigen. Tatsächlich zu zahlende Spekulationssteuer (§ 23 EStG) sind in Abzug zu bringen. Es erfolgt keine zeitanteilige Berücksichtigung der Dividende.
Wiederkehrende Leistungen	Sind mit ihrem summierten und abgezinsten Kapitalwert zu berücksichtigen.[124]
Zugewinnausgleichsforderung	Die Zugewinnausgleichsforderung des länger lebenden Ehegatten ist kein Bestandteil des Aktivnachlasses. Die Zugewinnausgleichsforderung des länger lebenden Ehegatten nach § 1371 Abs. 2 und 3 BGB bei der sog. güterrechtlichen Lösung geht dem Pflichtteilsanspruch vor und ist in diesem Fall zu passivieren.[125]

3. Der Passivbestand des Nachlasses

Der Pflichtteil errechnet sich aus dem schuldenfreien Nachlass (Nettonachlass). Die Nachlassverbindlichkeiten sind daher vom Aktivbestand zum Zeitpunkt des Erbfalls abzuziehen. Zum Passivbestand des Nachlasses zählen nur die Nachlassverbindlichkeiten und Lasten, die beim Eintritt der gesetzlichen Erbfolge gegeben wären. Somit sind keine Verbindlichkeiten zu berücksichtigen, die aus der testamentarischen Erbfolge herrühren (Bsp:

49

---
[122] Vgl. oben Rn. 16.
[123] OLG Düsseldorf FamRZ 1996, 1440.
[124] BGH FamRZ 1989, 1051, 1053; Staudinger/*Haas* § 2311 Rn. 113.
[125] Vgl. oben Rn. 12.

Kosten der Testamentseröffnung).[126] Diese Rechtsfolge begründet sich aus dem Schutz des Pflichtteilsrechts. Der Pflichtteil besteht in Höhe der Hälfte des gesetzlichen Erbrechts. Somit ist der Wert zu ermitteln ist, der nach der hypothetischen gesetzlichen Erbfolge dem Pflichtteilsberechtigten zugeflossen wäre. Nur solche Nachlassverbindlichkeiten, die auch bei der gesetzlichen Erbfolge entstanden wären und in diesem Fall von dem Pflichtteilsberechtigten zu tragen gewesen wären, sind im Passivnachlass zu berücksichtigen.[127]

Zu den Passiva sind die im Zeitpunkt des Erbfalls entstandenen Nachlassverbindlichkeiten zu zählen.[128] Berücksichtigungsfähig sind auch Verbindlichkeiten, die zu diesem Zeitpunkt bereits angelegt waren. Der Pflichtteilsberechtigte trägt grundsätzlich die Beweislast für das Nichtbestehen einer von ihm bestrittenen, vom Erben substantiiert dargelegten Nachlassverbindlichkeit.[129]

50 a) **Berücksichtigungsfähige Passiva. aa) *Erblasserschulden*.** Vom Wert des Aktivvermögens sind zunächst die vom Erblasser herrührenden Schulden gem. § 1967 Abs. 2 BGB (**Erblasserschulden**) abzuziehen. Voraussetzung ist, dass diese Schulden vererbbar und nicht verjährt sind. Sofern der Erbe die Begleichung der Verbindlichkeiten verweigern kann/darf, jedoch hiervon keinen Gebrauch macht, kann dies nicht zu Lasten des Pflichtteilsberechtigten gehen.[130]

51 Hat der Erblasser aufgrund geschlossener Verträge entstandene **Leistungsverpflichtungen** noch nicht erbracht, sind diese zu passivieren. Bei der Feststellung des Wertes des Nachlasses bleiben Verbindlichkeiten, die von einer **aufschiebenden Bedingung** abhängig sind, außer Ansatz (§ 2313 Abs. 1 S. 1 BGB). Verbindlichkeiten, die von einer **auflösenden Bedingung** abhängig sind, kommen als unbedingte in Ansatz (§ 2313 Abs. 1 S. 2 BGB). Tritt die Bedingung ein, so hat die der veränderten Rechtslage entsprechende Ausgleichung zu erfolgen (§ 2313 Abs. 1 S. 3 BGB). Bei auflösend bedingten Verpflichtungen erhöht der Bedingungseintritt den Pflichtteil. Bei aufschiebend bedingten Verbindlichkeiten hingegen vermindert sich durch den Bedingungseintritt der Pflichtteil. Der Pflichtteilsberechtigte hat dasjenige zurückzuzahlen, was er zu viel erhalten hat. Dabei bestimmt sich die Verpflichtung des Pflichtteilsberechtigten zur Rückzahlung des zu viel Empfangenen nicht nach §§ 812 ff. BGB, sondern nach den allgemeinen Grundsätzen über bedingte Verpflichtungen (§ 159 BGB).[131] Sicherheitsleistung für eine eventuelle Nach- bzw. Rückzahlung kann der Pflichtteilsberechtigte bzw. Erbe nicht verlangen. Es gelten die allgemeinen Grundsätze über die arrestweise Sicherung bedingter Ansprüche (§ 916 Abs. 2 ZPO). Die eventuelle spätere Ausgleichung braucht im Urteil über den Pflichtteilsanspruch nicht besonders vorbehalten zu werden.[132] Hat der Erblasser sich durch ein formgültiges Schenkungsversprechen verpflichtet, ist auch der Schenkungsgegenstand zu passivieren.

52 Haftet der Erblasser für eine Verbindlichkeit **gesamtschuldnerisch** mit anderen Personen, ist für die Berücksichtigung der Nachlassverbindlichkeit auf das Innenverhältnis abzustellen.[133] Die Verbindlichkeit ist nur in der Höhe zu passivieren, in der der Erblasser im Innenverhältnis haftet.

53 **Darlehensrückzahlungsforderungen** sind mit dem Schuldsaldo einschließlich angefallener Zinsen des Todestages zu passivieren.[134] Weder eine Vorfälligkeitsentschädigung noch Zinsen bis zum nächsten Kündigungstermin sind zu berücksichtigen.[135] Zahlt der Erbe das Darlehen vorzeitig zurück, ist dies ein Entschluss des Erben und ist nicht durch den Erblasser veranlasst.

---

[126] Staudinger/*Haas* § 2311 Rn. 26.
[127] Mayer/Süß/Tanck/Bittler/Wälzholz/*Mayer* § 5 Rn. 27.
[128] OLG Frankfurt ZEV 2003, 364.
[129] OLG Frankfurt ZEV 2003, 364; MünchKommBGB/*Lange* § 2311 Rn. 10.
[130] Staudinger/*Haas* § 2311 Rn. 31; Lange/*Kuchinke* § 37 VII 7a (911); a.A. Soergel/*Dieckmann* § 2311 Rn. 26.
[131] MünchKommBGB/*Lange* § 2313 Rn. 5; a.A. Soergel/*Dieckmann* § 2313 Rn. 3.
[132] MünchKommBGB/*Lange* § 2313 Rn. 5.
[133] BGH NJW 1979, 546, 547; Staudinger/*Haas* § 2311 Rn. 38.
[134] Groll/*Rösler* C VI Rn. 51.
[135] A.A. Ott-Eulberg/Schebesta/Bartsch/*Ott-Eulberg*, Erbrecht und Banken, S. 78.

I. Ordentlicher Pflichtteil

Sind **Kreditsicherheiten** von dem Erblasser gestellt worden, ist zu unterscheiden, ob diese Verbindlichkeiten des Erblassers sichern, oder ob die Sicherungsrechte Verbindlichkeiten Dritter sichern.[136] Soweit die Kreditsicherheiten (Bsp: **Grundschuld, Hypothek**) Verbindlichkeiten des Erblassers sichern, sind die gesicherten Verbindlichkeiten unzweifelhaft zu passivieren. Kreditsicherheiten (Bsp: **Grundschuld, Hypothek, Bürgschaft**), welche fremde Verbindlichkeiten sichern, sind zweifelhafte Verbindlichkeiten im Sinne des § 2313 Abs. 2 BGB und daher nicht als Passiva zu berücksichtigen. Nach § 2313 Abs. 2 S. 1 BGB sind ungewisse oder unsichere Rechte sowie zweifelhafte Verbindlichkeiten nicht zu berücksichtigen. Der Erbe ist nach § 2313 Abs. 2 S. 2 BGB dem Pflichtteilsberechtigten gegenüber verpflichtet, für die Feststellung eines ungewissen und für die Verfolgung eines unsicheren Rechts zu sorgen, soweit es einer ordnungsgemäßen Verwaltung entspricht. Verbindlichkeiten sind zweifelhaft, wenn unsicher ist, ob sie rechtlich bestehen oder tatsächlich verwirklicht werden können.[137] Kreditsicherheiten sind zweifelhafte Verbindlichkeiten, solange ungeklärt ist, ob und in welcher Höhe der Erbe in Anspruch genommen wird.[138] Der Erbe rückt in die Bürgschaftsverpflichtung ein und haftet für die Verbindlichkeit.[139] Insbesondere bei unbefristeten Bürgschaften sollte der Erbe (bei Erbengemeinschaft zwingend alle Erben) den Bürgschaftsvertrag kündigen und so die Haftung auf die bis zum Wirksamwerden der Kündigung beschränken.[140] Droht die Inanspruchnahme bzw. ist diese wahrscheinlich, ist die gesicherte Forderung zu passivieren.[141] In diesem Fall ist jedoch der Freistellungsanspruch, sofern die Sicherheit für eine fremde Schuld bestellt wurde, zu aktivieren. Dies ist lediglich dann nicht vorzunehmen, wenn der Freistellungsanspruch nicht werthaltig ist.[142] Die Auffassung, die stets die Kreditsicherheit passiviert, gelangt zu dem gleichen Ergebnis, da diese Auffassung den Freistellungs- bzw. Rückgriffsanspruch aktiviert.[143]

Rückständige Steuerschulden des Erblassers sind zu passivieren, auch wenn sie noch nicht veranlagt oder fällig sind, da sie bei dem Erblasser bereits entstanden sind.[144] Die Kosten der Steuerberatung, soweit sie aufgrund der rückständigen Steuerschulden des Erblassers entstanden oder entstehen, sind ebenfalls zu passivieren. Wurde der Erblasser zusammen mit seinem Ehegatten veranlagt, hat jeder Ehegatte im Innenverhältnis die Steuerschuld im Verhältnis zum jeweiligen Einkommen zu tragen.[145] Die Berücksichtigung der Steuerschulden hat im Übrigen nach den gleichen Kriterien zu erfolgen, wie der Ansatz von Steuerrückerstattungen.[146] Veräußert der Erbe aus dem Privatvermögen Aktien oder Immobilien und entsteht hieraus eine zu zahlende Spekulationssteuer, ist diese nicht zu passivieren. Veräußert der Erbe Betriebsvermögen und entsteht hierdurch ein Veräußerungsgewinn, ist die entstehende Ertragsteuer ebenfalls nicht zu passivieren.[147] Eine latente Ertragsteuer kann jedoch im Rahmen der Verkehrswertbewertung zu berücksichtigen sein.[148] Veräußerungsgewinne des Erblassers sind jedoch ebenso zu passivieren wie Steuerverbindlichkeiten aus Nachversteuerungstatbeständen von Schenkungsvorgängen (§ 13 a ErbStG). **Hinterziehungszinsen** sind abzugsfähig (vgl. § 10 Abs. 5 Nr. 1 ErbStG), soweit sie auf den Zeitraum vom Beginn des Zinslaufs bis zum Todestag des Erblassers entfallen. Bei dem Teil der Zinsschuld, die auf die Folgezeit (nach dem Todestag) bis zur Zahlung der hinterzogenen Steuer gemäß § 235 Abs. 3 S. 1 AO entfällt, handelt es ich um eine Eigenschuld des Erben, die nicht berücksichtigt werden kann.[149]

---

[136] Mayer/Süß/Tanck/Bittler/Wälzholz/*Mayer* § 5 Rn. 33.
[137] BGH WM 1977, 1410, 1411; BGH NJW 1957, 1410; OLG Köln ZEV 2004, 155.
[138] MünchKommBGB/*Lange* 2313 Rn. 7.
[139] BGH MDR 1976, 1013.
[140] Ott-Eulberg/Schebesta/Bartsch/*Ott-Eulberg*, Erbrecht und Banken, S. 113.
[141] Staudinger/*Haas* § 2311 Rn. 36.
[142] Staudinger/*Haas* § 2311 Rn. 36.
[143] OLG Düsseldorf NJW-RR 1996, 727.
[144] BGH NJW-RR 1993, 131, 132; Staudinger/*Haas* § 2311 Rn. 32.
[145] BGH NJW 1979, 546, 547; Staudinger/*Haas* § 2311 Rn. 32.
[146] Vgl. oben Rn. 15.
[147] BGH NJW 1987, 1260, 1262; BGH NJW 1972, 1269.
[148] BGH NJW-RR 1993, 131; BGH NJW 1987, 1260; OLG München NJW-RR 2003, 1518.
[149] FG München EFG 2006, 1922.

56 Zu berücksichtigen sind **Unterhaltsverbindlichkeiten** des Erblassers, welche durch seinen Tod nicht erloschen sind. Schuldete der Erblasser seinem geschiedenen Ehegatten Unterhalt, geht die Unterhaltsverpflichtung mit dem Erbfall gem. § 1586 b Abs. 1 S. 1 BGB auf die Erben über (vgl. § 16 LPartG für eingetragene Lebenspartner). Dieser Unterhaltsanspruch ist auf den Betrag begrenzt, der dem fiktiven Pflichtteilsanspruch des geschiedenen Ehegatten entspricht (§ 1586 b Abs. 1 S. 2 BGB). Nach herrschender Meinung handelt es sich bei dieser Unterhaltsverpflichtung um eine für die Berechnung des Pflichtteils erhebliche Verbindlichkeit.[150] Zum Passivbestand zählen ferner Ansprüche der Mutter nach §§ 1615 l, 1615 m BGB) auch dann, wenn der Vater verstorben ist, bevor der Anspruch entstanden ist (§ 1615 n BGB).[151]

57 Ansprüche aus einem aufschiebend auf den Tod befristeten **Herausgabevermächtnis** sowie Ansprüche aus einem mit dem Erbfall fälligen **Nachvermächtnis** (§ 2191 BGB) mit denen der Erblasser auf Grund eines früheren erbrechtlichen Erwerbs belastet war, sind in dem Passivbestand des Nachlasses wertmindernd zu berücksichtigen.

58 *bb) Erbfallschulden.* Zum Passivbestand zählen ferner die „den Erben als solchen treffenden Verbindlichkeiten" i. S. v. § 1967 Abs. 2 BGB (Erbfallschulden). Die Erbfallschulden gehen entweder dem Rechtsgrund oder der Notwendigkeit der Erfüllung auf den Erbfall zurück, oder ihre Erfüllung erfolgt auch im Interesse des Pflichtteilsberechtigten bzw. hätte den Pflichtteilsberechtigten getroffen, wenn er gesetzlicher Erbe geworden wäre.[152] Zu den Erbfallschulden gehören die **Kosten der standesgemäßen Beerdigung** des Erblassers (§ 1968 BGB).[153] Nicht zu passivieren sind die Kosten der laufenden **Grabpflege**.[154] Kosten der **Nachlassverwaltung**, der **Nachlasssicherung** einschließlich der **Nachlasspflegschaft** sind ebenso wie die Kosten der Feststellung des Nachlassbestandes und des Wertes und der **Auskunftserteilung** zu passivieren.[155] **Gerichtskosten** und **Rechtsanwaltskosten** von nicht mutwillig im Interesse des Nachlasses geführten Prozessen sind ebenfalls zu passivieren.[156] Die Kosten der Nachlassverwertung einzelner Nachlassgegenstände sind nicht zu passivieren. Dies Kosten eines im Erbscheinsverfahren ausgetragenen **Erbprätendentenstreits** sind in Abzug zu bringen, wenn sie der Pflichtteilsberechtigte veranlasst hat.[157]

59 Wird der überlebende Ehegatte nicht Erbe und steht ihm auch kein Vermächtnis zu (§ 1371 Abs. 2 BGB) oder schlägt der überlebende Ehegatte die Erbschaft aus (§ 1371 Abs. 3 BGB) ist der **Zugewinnausgleichsanspruch** bei der sog. güterrechtlichen Lösung zu passivieren.[158] Der Zugewinnausgleichsanspruch ist somit vom Aktivbestand des Nachlasses abzusetzen, wie eine bereits unter Lebenden entstandene Ausgleichsforderung.

60 *cc) Der gesetzliche Voraus.* Der **Voraus** ist ein gesetzliches Vorausvermächtnis an den überlebenden Ehegatten und wäre daher nicht zu passivieren. Kraft ausdrücklicher gesetzlicher Regelung gem. § 2311 Abs. 1 S. 2 BGB geht der Voraus jedoch den Pflichtteilsrechten der Eltern und Abkömmlingen des Erblassers vor. Bei der Berechnung des Pflichtteils eines Abkömmlings und der Eltern des Erblassers sind die zum Voraus zählenden Nachlassgegenstände im Passivbestand zu berücksichtigen. Hierdurch soll der überlebende Ehegatte geschützt werden. Voraussetzung ist jedoch, dass dem überlebenden Ehegatten der Voraus tatsächlich zusteht. Nach h. M. müssen hierzu die Voraussetzungen des Voraus gem. § 1932 BGB vorliegen.[159] Voraussetzung ist somit, dass der überlebende Ehegatte neben den Verwandten der ersten oder zweiten Ordnung gesetzlicher Erbe wird. Ist der überlebende Ehe-

---

[150] MünchKommBGB/*Lange* § 2311 Rn. 11; Staudinger/*Haas* § 2311 Rn. 33; Mayer/Süß/Tanck/Bittler/Wälzholz/*Mayer* § 5 Rn. 35.
[151] MünchKommBGB/*Lange* § 2311 Rn. 11.
[152] MünchKommBGB/*Lange* § 2311 Rn. 13.
[153] MünchKommBGB/*Lange* § 2311 Rn. 13.
[154] BGH WM 1975, 860, 862; a. A. *Damrau* ZEV 2004, 456.
[155] Staudinger/*Haas* § 2311 Rn. 40.
[156] Staudinger/*Haas* § 2311 Rn. 40.
[157] BGH MDR 1980, 831.
[158] MünchKommBGB/*Lange* § 2311 Rn. 13; Staudinger/*Haas* § 2311 Rn. 40.
[159] BGH NJW 1979, 546; OLG Naumburg FamRZ 2001, 1406; Staudinger/*Haas* § 2311 Rn. 42; a. A. OLG Kassel Recht 1925, 153 Nr. 463; *Goller* BWNotZ 1980, 12.

I. Ordentlicher Pflichtteil

gatte testamentarischer Alleinerbe hat er einen Anspruch auf den Voraus nur dann, wenn er durch eine Ausschlagung gesetzlicher Erbe wird.

> **Praxistipp:**
> Sofern der Voraus durch eine taktische Ausschlagung erzielt werden soll, ist eine mögliche Ersatzerbenbestimmung im Testament bzw. eine Anwachsung zu prüfen.

61

Der Voraus gebührt dem Ehegatten unstreitig nicht, wenn der Ehegatte für erbunwürdig erklärt worden ist oder auf sein Erbrecht verzichtet hat. Hat der Ehegatte den gesamten Erbteil ausgeschlagen, gebührt ihm ebenfalls nicht der Voraus. Für die Passivierung des Voraus im Rahmen der Pflichtteilsberechnung ist nicht notwendig, dass der Ehegatte tatsächlich den Voraus erhalten hat. Schlägt der Ehegatte den Voraus aus, ist dennoch für die Berechnung des Pflichtteils von Abkömmlingen und Eltern der Voraus im Passivbestand zu berücksichtigen.[160] Ist der überlebende Ehegatte neben Abkömmlingen gesetzlicher Erbe, so gebührt ihm der Voraus nur soweit er sie zur Führung eines angemessenen Haushalts benötigt (§ 1932 Abs. 1 S. 2 BGB).

b) **Nicht berücksichtigungsfähige Passiva.** Von den Aktiva können nicht jede Erbfall-, Nachlass- und Nachlassverwaltungsverbindlichkeiten abgezogen werden. Erbfallschulden sind nicht abzugsfähig, wenn sie den Pflichtteilsverbindlichkeiten gem. § 327 InsO im Rang nachgehen. Nicht abzugsfähig ist der **Pflichtteilsanspruch** selbst.[161] War der Erblasser jedoch selbst Schuldner eines noch fälligen, nicht verjährten Pflichtteilsanspruchs, ist dieser zu passivieren. Der Erblasser kann durch letztwillige Verfügung den Pflichtteil nicht beeinträchtigen. Testamentarisch angeordnete **Vermächtnisse**[162] und **Auflagen**[163] sind nicht abzugsfähig. Ebenso sind die gesetzlichen Vermächtnisse wie der **Dreißigste** (§ 1969 BGB), Ansprüche der Stiefkinder nach § 1371 Abs. 4 BGB,[164] und der erst mit dem Erbfall entstehende Unterhaltsanspruch der werdenden Mutter (§ 1963 BGB) nicht berücksichtigungsfähig. Unter Lebenden nicht vollzogene **Schenkungen von Todes wegen** sind **nicht** zu passivieren, da auf diese alle Vorschriften über Verfügungen von Todes wegen gem. § 2301 Abs. 1 BGB anzuwenden sind und diese Schenkungen daher als Vermächtnisse zu bewerten sind.[165]

62

Erbfallschulden sind auch dann von dem Aktivnachlass nicht abziehbar, wenn ihr Rechtsgrund und ihre Notwendigkeit nicht auf den Erbfall zurückzuführen ist oder sie nicht (zumindest auch) im Interesse des Pflichtteilsberechtigten entstanden sind. Die **Kosten der Nachlassauseinandersetzung**, die **Kosten der Verwaltung des Nachlasses** sowie die Kosten der **Nachlassinsolvenz** sind nicht abzugsfähig. Die **Erbschaftsteuer** sowie die hierauf entfallenden Steuerberatungskosten können nicht vom Aktivnachlass abgezogen werden, da diese nach dem deutschen Steuerrecht keine Nachlasssteuer sondern Erbanfallsteuer ist.[166] Daher können auch Nachversteuerungstatbestände der Erbschaftsteuer (§ 13a ErbStG) nicht berücksichtigt werden.[167]

63

Kosten, die nur wegen des Vorhandenseins einer letztwilligen Verfügung entstehen, können nicht zu Lasten des Pflichtteilsberechtigten in Abzug gebracht werden. Die Kosten der **Testamentseröffnung** wären bei der gesetzlichen Erbfolge nicht entstanden und können nicht passiviert werden.[168] Die Kosten der **Erbscheinserteilung** sind nicht zu passivieren, da der Erbschein der Legitimation und nicht der Verwaltung des Nachlasses dient.[169] Die dem Erben in einem im Erbscheinsverfahren ausgetragenen Erbprätendentenstreit mit dem

---

[160] Staudinger/*Haas* § 2311 Rn. 43.
[161] MünchKommBGB/*Lange* § 2313 Rn. 14.
[162] LG Bonn ZEV 1999, 154; MünchKommBGB/*Lange* § 2313 Rn. 14.
[163] BGH NJW 1988, 136, 137.
[164] MünchKommBGB/*Lange* § 2313 Rn. 14; Staudinger/*Haas* § 2311 Rn. 44.
[165] *Nieder* Rn. 49.
[166] Mayer/Süß/Tanck/Bittler/Wälzholz/*Mayer* § 5 Rn. 45.
[167] Groll/*Rösler* C VI Rn. 64.
[168] MünchKommBGB/*Lange* § 2313 Rn. 14; Staudinger/*Haas* § 2311 Rn. 44.
[169] Staudinger/*Haas* § 2311 Rn. 46.

Pflichtteilsberechtigten entstandenen Kosten sind bei der Berechnung des Pflichtteils in Abzug zu bringen, wenn der Pflichtteilsberechtigte selbst zu Unrecht das Erbrecht des wirklichen Erben bestritten hat und damit den wirklichen Erben in eine Auseinandersetzung verwickelt hat, bei der die Zuziehung eines Rechtsanwalts zur Wahrnehmung seiner Rechte geboten war.[170] Kosten der **Testamentsvollstreckung** bleiben bei der Berechnung des Pflichtteils grundsätzlich außer Betracht.[171] Eine Passivierung kommt allenfalls in Betracht, soweit die Testamentsvollstreckung auch für den Pflichtteilsberechtigten von Vorteil ist, weil damit Kosten der Nachlasssicherung oder -feststellung erspart wurden.[172] Diente die Testamentsvollstreckung auch der Verwaltung des Nachlasses, sind die Kosten entsprechend aufzuteilen.[173]

64 c) **Verbindlichkeiten aus Wirtschafts- und Sacheinheiten.** Nachlassvermögenswerte sind nicht lediglich Einzelgegenstände, sondern können auch Wirtschafts- oder Sacheinheiten (Bsp: Familienunternehmen mit Konzernstruktur, Gesellschaft mit Immobilienvermögen, Mehrfamilienhaus etc.). Problematisch ist, ob Verbindlichkeiten aus solchen Wirtschafts- und Sacheinheiten im Passivbestand oder bei der Bewertung der Wirtschafts- und Sacheinheit, welche im Aktivbestand einzustellen ist, zu berücksichtigen sind. Entscheidend ist die Zielrichtung der Verbindlichkeit. Richtet sich die Verbindlichkeit gegen die wirtschaftliche Einheit, ist sie bei der Bewertung der Einheit zu berücksichtigen. Der „geminderte" Wert der Einheit ist im Aktivbestand einzustellen. Richtet sich die Verbindlichkeit gegen den Nachlass, ist diese zu passivieren. Folglich sind Geschäftsschulden einer GmbH nur bei deren Bewertung, Geschäftsschulden eines Einzelunternehmers mangels Abgrenzbarkeit auf die Unternehmen als Passiva des Nachlasses zu berücksichtigen.[174]

65 Keine Nachlassverbindlichkeiten sind **negative Kapitalkonten** des Erblassers. Diese führen mangels Nachschussverpflichtung gegenüber der Gesellschaft, weder zu einer Außenhaftung des Erblassers gegenüber Gläubigern der Gesellschaft noch zu einer gesonderten Verbindlichkeit. Negative Kapitalkonten sind jedoch bei der Bewertung der Gesellschaftsbeteiligung zu berücksichtigen.[175]

66 d) **ABC der Passiva des Nachlassvermögens**

ABC der Passiva des Nachlassbestandes	
Auflagen	Auflagen sind keine abzugsfähigen Schulden.[176]
Auflösend bedingte Verbindlichkeiten	Auflösend bedingte Verbindlichkeiten sind nach § 2313 Abs. 1 S. BGB voll zu berücksichtigen. Aber: Ausgleichung nach § 2313 Abs. 1 S. 3 BGB, wenn Bedingung eintritt und Verbindlichkeit „doch nicht besteht". Die Verjährungsfrist des Ausgleichungsrechts beginnt nicht vor Eintritt der Bedingung.[177]
Aufschiebend bedingte oder ungewisse/unsichere Verbindlichkeiten	Aufschiebend bedingte oder ungewisse/unsichere Verbindlichkeiten sind keine abzugsfähigen Schulden. Zweifelhafte Verbindlichkeiten sind u. a.: – Bürgschaften, Hypotheken und Grundschulden für fremde Schulden, wenn und solange ungeklärt ist, ob und in welcher Höhe der Erbe in Anspruch genommen wird

---

[170] BGH MDR 1980, 831.
[171] BGH NJW 1985, 2828 mit krit. Anm. *Kuchinke* JZ 1986, 90, 91; *Groll/Rösler* C VI Rn. 56.
[172] BGH NJW 1985, 2828; MünchKommBGB/*Lange* § 2313 Rn. 14.
[173] Staudinger/*Haas* § 2311 Rn. 40.
[174] Staudinger/*Haas* § 2313 Rn. 27.
[175] BGH NJW-RR 1986, 226; Staudinger/*Haas* § 2311 Rn. 46; *Mayer* § 5 Rn. 144; *Groll* VI Rn. 55.
[176] Vgl. oben Rn. 62.
[177] Staudinger/*Haas* § 2313 Rn. 15.

ABC der Passiva des Nachlassbestandes	
	– Prozesskosten, die sich auf zweifelhafte Rechte und Verbindlichkeiten, beziehen – vom Erben bestrittene Nachlassverbindlichkeiten, selbst dann, wenn der Gläubiger sie einklagt oder bereits ein vorläufiges Urteil erlangt hat, gegen das der Erbe aber Berufung eingelegt hat.[178] Aber: Ausgleichung nach § 2313 Abs. 1 S. 3 BGB nach Erstarken zur sicheren Verbindlichkeit. Die Verjährungsfrist des Ausgleichungsrechts beginnt nicht vor Eintritt der Bedingung. Nicht zu den zweifelhaften Verbindlichkeiten gehören latente Steuerschulden für den Fall der Betriebsveräußerung.
Auseinandersetzungskosten unter Erben	Auseinandersetzungskosten unter Erben sind keine abzugsfähigen Passiva.[179]
Auskunftserteilung	Kosten der Auskunftserteilung sind zu passivieren.[180]
Beerdigungskosten	Die Kosten, die durch eine standesgemäße Beerdigung iSd § 1968 BGB entstehen, sind zu passivieren.[181]
Bürgschaft	Bürgschaftsverbindlichkeiten sind bei der Berechnung so lange außer Betracht zu lassen, solange offen ist, ob und in welcher Höhe der Bürge überhaupt in Anspruch genommen wird.[182]
Darlehen	Die Darlehensrückzahlungsforderung ist mit dem Schuldsaldo einschließlich angefallener Zinsen zum Todestag zu passivieren. Eine Vorfälligkeitsentschädigung ist nicht zu berücksichtigen. Zahlt der Erbe das Darlehen vorzeitig zurück, ist dies ein Entschluss des Erben und ist nicht durch den Erblasser veranlasst.
Erbprätendentenstreit	Die dem Erben in einem im Erbscheinsverfahren ausgetragenen Erbprätendentenstreit mit dem Pflichtteilsberechtigten entstandenen Kosten sind bei der Berechnung des Pflichtteils in Abzug zu bringen, wenn der Pflichtteilsberechtigte selbst zu Unrecht das Erbrecht des wirklichen Erben bestritten hat und damit den wirklichen Erben in eine Auseinandersetzung verwickelt hat, bei der die Zuziehung eines Rechtsanwalts zur Wahrnehmung seiner Rechte geboten war.[183]
Erbschaftsteuer	Die Erbschaftsteuer ist nicht abzugsfähig, da diese nur den Erben, nicht den Nachlass als solchen betreffen.[184]

---

[178] Vgl. oben Rn. 51.
[179] Staudinger/*Haas* § 2311 Rn. 46.
[180] MünchKommBGB/*Lange* 2311 Rn. 10; Staudinger/*Haas* § 2311 Rn. 40.
[181] MünchKommBGB/*Lange* 2311 Rn. 10; Staudinger/*Haas* § 2311 Rn. 40.
[182] Vgl. oben Rn. 54.
[183] BGH MDR 1980, 831.
[184] Vgl. oben Rn. 63.

ABC der Passiva des Nachlassbestandes	
Erbschein	Kosten des Erbscheins sind keine abzugsfähigen Schulden, da dieser nur zur Legitimation der Erben notwendig ist.[185]
Ermittlung der Nachlassgläubiger	Kosten der Ermittlung der Nachlassgläubiger sind zu passivieren.[186]
Grabpflegekosten	Grabpflegekosten sind nicht zu berücksichtigen, nur Beerdigungskosten.[187]
Hinterziehungszinsen	Hinterziehungszinsen sind abzugsfähig (vgl. § 10 Abs. 5 Nr. 1 ErbStG), soweit sie auf den Zeitraum vom Beginn des Zinslaufs bis zum Todestag des Erblassers entfallen. Bei dem Teil der Zinsschuld, die auf die Folgezeit (nach dem Todestag) bis zur Zahlung der hinterzogenen Steuer gemäß § 235 Abs. 3 S. 1 AO entfällt, handelt es ich um eine Eigenschuld des Erben, die nicht berücksichtigt werden kann.[188]
Inventarerrichtung	Kosten der Inventarerrichtung sind zu passivieren.[189]
Konfusion/ Konsolidation	Forderungen gegen den Nachlass oder dingliche Rechte, welche durch Konfusion oder Konsolidation erloschen sind, gelten für die Pflichtteilsberechnung als nicht erloschen und sind daher zu berücksichtigen.[190]
Kreditsicherheiten	Grundschulden, Hypotheken, Pfandrechte, Bürgschaften sind zweifelhafte Verbindlichkeiten im Sinne des § 2313 Abs. 2 BGB und daher nicht zu passivieren. Anders ist dies, wenn eine Inanspruchnahme wahrscheinlich erscheint. In diesem Fall ist dann aber – soweit die Sicherheit für eine fremde Schuld bestellt wurde – der Freistellungsanspruch zu aktivieren, es sei denn, letzterer ist nicht werthaltig.[191]
Nachlassverwaltung/Nachlasssicherung, Nachlasspflegschaft	Kosten der Nachlassverwaltung, Nachlasssicherung und Nachlasspflegschaft sind zu passivieren.[192]
Nachlassinsolvenz	Kosten des Nachlassinsolvenzverfahrens sind nicht zu berücksichtigen.[193]
Nachvermächtnis	Das mit dem Erbfall fällige Nachvermächtnis (§ 2191 BGB) ist zu passivieren.[194]
Niederschlagswassergebühren	Niederschlagswassergebühren, die nach dem Tod des Erblassers entstehen, sind keine reinen Nach-

---

[185] Staudinger/*Haas* § 2311 Rn. 46; MünchKommBGB/*Lange* § 2311 Rn. 14.
[186] MünchKommBGB/*Lange* § 2311 Rn. 10; Staudinger/*Haas* § 2311 Rn. 40.
[187] BGH WM 1975, 860, 862; RGZ 160, 225, 226; a. A. *Damrau* ZEV 2004, 456.
[188] Vgl. oben Rn. 55.
[189] MünchKommBGB/*Lange* § 2311 Rn. 10; Staudinger/*Haas* § 2311 Rn. 40.
[190] BGH NJW 1987, 1260; Beispiel bei: Staudinger/*Haas* § 2311 Rn. 40.
[191] Vgl. oben Rn. 54.
[192] MünchKommBGB/*Lange* § 2311 Rn. 10; Staudinger/*Haas* § 2311 Rn. 40.
[193] Staudinger/*Haas* § 2311 Rn. 46.
[194] Vgl. oben Rn. 57.

I. Ordentlicher Pflichtteil

ABC der Passiva des Nachlassbestandes	
	lassverbindlichkeiten, sondern Eigenschulden des Erben. Daher greifen diesen gegenüber im Fall der Vollstreckung die Dürftigkeits- und Unzulänglichkeitseinrede nach § 1990 BGB nicht.[195]
Pflichtteilsanspruch	Der Pflichtteilsanspruch und Pflichtteilsergänzungsanspruch selbst kann nicht passiviert werden.[196]
Schenkungen von Todes wegen	Schenkungen von Todes wegen sind nicht abzugsfähig, da als Vermächtnisse zu bewerten sind.[197]
Steuerschulden	Rückständige Steuerschulden sind einzustellen, auch wenn diese noch nicht veranlagt oder fällig sind. Auch die Kosten der Steuerberatung, soweit sie sich auf die rückständigen Steuerschulden des Erblassers beziehen sind zu passivieren.[198]
Testamentseröffnung	Kosten der Testamentseröffnung sind nicht zu passivieren, da diese bei der „reinen" gesetzlichen Erbfolge nicht entstanden wären.[199]
Testamentsvollstreckung	Nur soweit es für den Pflichtteilsberechtigten von Vorteil war, weil damit Kosten der Nachlasssicherung oder -feststellung erspart wurden; diente die Testamentsvollstreckung auch der Verwaltung des Nachlasses, sind die Kosten entsprechend aufzuteilen.[200]
Unterhalt	Die Unterhaltsverpflichtung des Erblassers gegenüber seinem geschiedenen Ehegatten geht gemäß § 1586b BGB auf die Erben über. Zum Passivbestand zählen ferner Ansprüche der Mutter nach §§ 1615l, 1615m BGB) auch dann, wenn der Vater verstorben ist, bevor der Anspruch entstanden ist (§ 1615n BGB).[201]
Vermächtnisse	Sind keine abzugsfähigen Passiva, da andernfalls der Pflichtteilsanspruch dadurch reduziert werden könnte. Lediglich Nachvermächtnisse oder Vermächtnisse mit denen der Erblasser auf Grund eines früheren erbrechtlichen Erwerbs belastet war, sind in dem Passivbestand des Nachlasses wertmindernd zu berücksichtigen.[202]
Voraus	Bei der Berechnung des Pflichtteils eines Abkömmlings bzw. der Eltern des Erblassers ist gemäß § 2311 Abs. 1 Satz 2 BGB der dem überlebenden Ehegatten gebührende Voraus in dem Passivbestand zu berücksichtigen.[203]

---

[195] OVG Lüneburg Urteil vom 6. 3. 2008, Az: 9 ME 149/08.
[196] Staudinger/*Haas* § 2311 Rn. 46.
[197] Vgl. oben Rn. 62.
[198] Vgl. oben Rn. 55.
[199] MünchKommBGB/*Lange* § 2311 Rn. 11; Staudinger/*Haas* § 2311 Rn. 26.
[200] Vgl. oben Rn. 63.
[201] Vgl. oben Rn. 56.
[202] Vgl. oben Rn. 61.
[203] Vgl. oben Rn. 60.

ABC der Passiva des Nachlassbestandes	
Wertermittlung	Die Kosten der Nachlassbewertung einzelner Gegenstände sind bei der Bewertung des betreffenden Nachlassgegenstandes zu berücksichtigen.[204]
Zugewinnausgleichsanspruch	Zugewinnausgleichsanspruch des überlebenden Ehegatten ist in den Fällen des § 1371 Abs. 2 und 3 BGB zu berücksichtigen.[205]

4. Maßgebender Zeitpunkt

67 a) **Stichtagsprinzip.** Der Berechnung des Pflichtteils werden die Aktiva und Passiva des Nachlassvermögens zum Zeitpunkt des Erbfalls zu Grunde gelegt (§ 2311 Abs. 1 S. 1 BGB). Das Stichtagsprinzip führt zu einer Rechtssicherheit und zu einer eindeutigen Risikoverteilung. Der Erbe trägt die Gefahr des Untergangs der Aktiva nach dem Erbfall.[206] Die nachträgliche Reduzierung des Nachlassvermögens beispielsweise durch Untergang, Verschlechterung oder Wertverlust des Vermögensgegenstandes beeinflusst die Höhe des Pflichtteilsanspruches nicht. Dies kann zu Härtefällen, insbesondere bei starken Aktieneinbrüchen nach dem Erbfall führen. Andererseits kommen Wertsteigerungen nach dem Tod des Erblassers dem Pflichtteilsberechtigten nicht zugute.[207] Dies ist die Kehrseite des starren Stichtagsprinzips. Der Pflichtteilsberechtigte trägt auch das Risiko der Geldentwertung. Der mit dem Erbfall (§ 2317 Abs. 1 BGB) entstehende Pflichtteilsanspruch ist ein Geldsummen- und nicht ein Geldwertanspruch.[208] Dieses Risiko kann sich bei langwierigen Ermittlungen von Bestand und Wert des Nachlasses realisieren.

68 Das Stichtagsprinzip gilt auch, wenn der Erblasser nach dem **Verschollenheitsgesetz** (VerschG) für tot erklärt worden ist.[209] Ist der Erblasser verschollen, kann er von dem Amtsgericht seines letzten bekannten Wohnsitzes unter den Voraussetzungen der §§ 3 bis 7 VerschG im Aufgebotsverfahren für tot erklärt werden. Kann insbesondere bei Ehegatten (Bsp: Gemeinsamer Autounfall) nicht bewiesen werden, dass der eine den anderen überlebt hat, so wird nach § 11 VerschG vermutet, dass sie gleichzeitig gestorben sind. Die vom Amtsgericht durch Beschluss ausgesprochene Todeserklärung begründet die Vermutung, dass der Verschollene in dem im Beschluss festgestellten Zeitpunkt gestorben ist (§ 9 VerschG). Nach § 9 Abs. 2 VerschG wird als Zeitpunkt des Todes der Zeitpunkt festgestellt, der nach dem Ergebnis der Ermittlungen der wahrscheinlichste ist. Lässt sich ein solcher Zeitpunkt nicht angeben, so wird nach § 9 Abs. 3 VerschG als Zeitpunkt des Todes ein fiktiver Zeitpunkt festgestellt (vgl. § 9 Abs. 3 lit. a–d VerschG). Das Stichtagsprinzip gilt auch für diese festgestellten fiktiven Zeitpunkte.

69 b) **Ausnahmen vom Stichtagsprinzip.** *aa) Ausnahmen kraft Gesetzes.* Eine Ausnahme vom Stichtagsprinzip erfolgt in den Fällen der **Pflichtteilsanrechnung** (§§ 2315, 2316 BGB). Bei der Anrechnung werden zu Lebzeiten erfolgte Zuwendungen des Erblassers an den Pflichtteilsberechtigten auf dessen ordentlichen Pflichtteil, der erst im Todeszeitpunkt entsteht, angerechnet. Bereits vor dem Stichtag erfolgte Zuwendungen wirken sich somit auf den zum Stichtag zu ermittelnden Pflichtteil aus. Der **Pflichtteilsergänzungsanspruch** (§§ 2325 ff. BGB) begründet sich ausschließlich durch lebzeitige Zuwendungen des Erblassers vor dem Stichtag.

70 Eine wesentliche Ausnahme vom Stichtagsprinzip enthält auch § 2313 BGB. Bei der Feststellung des Wertes des Nachlasses bleiben nach § 2313 Abs. 1 S. 1 BGB Rechte und Verbindlichkeiten, die von einer **aufschiebenden Bedingung** abhängig sind, außer Ansatz. Un-

---

[204] MünchKommBGB/*Lange* § 2311 Rn. 10; Staudinger/*Haas* § 2311 Rn. 40.
[205] Vgl. oben Rn. 59.
[206] BGH NJW 1952, 1173, 1174; MünchKommBGB/*Lange* § 2311 Rn. 15.
[207] MünchKommBGB/*Lange* § 2311 Rn. 15; Staudinger/*Haas* § 2311 Rn. 3.
[208] BGH NJW 1952, 1173, 1174; MünchKommBGB/*Lange* § 2311 Rn. 15.
[209] Staudinger/*Haas* § 2311 Rn. 3; Mayer/Süß/Tanck/Bittler/Wälzholz/*Mayer* § 5 Rn. 5.

I. Ordentlicher Pflichtteil

gewisse oder unsichere Rechte sowie zweifelhafte Verbindlichkeiten werden nach § 2313 Abs. 2 S. 1 BGB bei der Feststellung des Nachlasses ebenfalls nicht berücksichtigt. Rechte und Verbindlichkeiten, die von einer **auflösenden Bedingung** abhängig sind, kommen nach § 2313 Abs. 1 S. 2 BGB als unbedingte in **Ansatz**. § 2313 Abs. 2 S. 1 i.V.m. § 2332 Abs. 1 S. 3 BGB sind analog anwendbar, wenn der Erbe aufgrund des Vermögensgesetzes ein vor dem Erbfall in der ehemaligen DDR enteignetes Grundstück des Erblassers entweder zurückerhält oder für das Grundstück eine Entschädigung bekommt.[210] Tritt die Bedingung ein bzw. entfällt die „Ungewissheit", „Unsicherheit" oder „Zweifelhaftigkeit", so hat nach § 2313 Abs. 1 S. 3 BGB die der veränderten Rechtslage entsprechende **Ausgleichung** zu erfolgen. Der Pflichtteilsberechtigte ist so zu stellen, als ob im Zeitpunkt des Erbfalls das bedingte, ungewisse oder unsichere Recht oder die Verbindlichkeit dieser Art schon bei Eintritt des Erbfalls sicher bestanden hätte.[211] Werterhöhungen oder -minderungen nach dem Erbfall bleiben im Rahmen des Ausgleichsanspruch außer Betracht.[212] Ist zu Gunsten des Pflichtteilsberechtigten im Rahmen der Ausgleichung nach § 2313 Abs. 1 S. 3 BGB ein Vermögenswert für die Neuberechnung des Pflichtteils zu berücksichtigen, ist dieser Vermögenswert inflationsbereinigt zum Zeitpunkt des Erbfalls zu Grunde zu legen.[213] Der Pflichtteil ist daher neu zu berechnen:

Checkliste 71
Neuberechnung des Pflichtteils nach § 2313 Abs. 1 S. 3 BGB

I. Pflichtteilsberechnung
- ☐ Rechte und Verbindlichkeiten, die von einer aufschiebenden Bedingung abhängig sind, werden im Bestandsverzeichnis nicht berücksichtigt
- ☐ Rechte und Verbindlichkeiten, die von einer auflösenden Bedingung abhängig sind, werden im Bestandsverzeichnis berücksichtigt
- ☐ Ungewisse oder unsichere Rechte sowie zweifelhafte Verbindlichkeiten werden im Bestandsverzeichnis nicht berücksichtigt
- ☐ Berechnung des Pflichtteils

II. Ausgleichungsberechnung
- ☐ Neuberechnung des Pflichtteils gem. § 2313 Abs. 1 S. 3 BGB bei:
  - Bedingungseintritt
  - Wegfall der „Ungewissheit", „Unsicherheit" oder „Zweifelhaftigkeit"
- ☐ Bewertung der Vermögensposition[214]
  - Wert im Zeitpunkt des Erbfalls maßgebend
  - Werterhöhungen und -minderung nach Erbfall bleiben außer Ansatz
  - Inflationsbereinigung auf den Zeitpunkt des Erbfalls
- ☐ Neuberechnung des Pflichtteils
- ☐ Differenz zwischen dem ursprünglichen und neu ermittelten Pflichtteilsanspruch ergibt den Ausgleichsbetrag

Erhöht sich der Pflichtteil durch die Neuberechnung, besteht ein Anspruch des Pflicht- 72
teilsberechtigten auf eine Nachzahlung. Der Anspruch des Pflichtteilsberechtigten verjährt jedoch nicht vor Eintritt der Bedingung oder Sicherheit bzw. Gewissheit.[215] **Reduziert sich der Pflichtteil** durch die Neuberechnung besteht ein Anspruch des Erben gegen den Pflicht-

---

[210] BGH NJW 1993, 2176.
[211] BGH NJW 1993, 2176, 2177; OLG Köln NJW 1998, 240.
[212] Staudinger/*Haas* § 2313 Rn. 17; a. A. MünchKommBGB/*Lange* § 2313 Rn. 3.
[213] BGH NJW 1993, 2176.
[214] Rechte und Verbindlichkeiten, die von einer auflösenden Bedingung abhängig sind, sind als Aktiva zu berücksichtigen und sind daher bereits bei Erstellung des Bestandsverzeichnisses zu bewerten.
[215] Staudinger/*Haas* § 2313 Rn. 15; Mayer/Süß/Tanck/Bittler/Wälzholz/*Mayer* § 5 Rn. 159.

teilsberechtigten auf Rückzahlung des zu viel erhaltenen Pflichtteils. Dabei bestimmt sich die Verpflichtung des Pflichtteilsberechtigten zur Rückzahlung des zu viel Empfangenen nicht nach §§ 812 ff. BGB, sondern nach den allgemeinen Grundsätzen über bedingte Verpflichtungen (§ 159 BGB).[216] Im Hinblick auf eine mögliche oder wahrscheinliche Ausgleichung kann weder der Erbe noch der Pflichtteilsberechtigte Sicherheitsleistung verlangen.[217] Es gelten die allgemeinen Grundsätze über die arrestweise Sicherung bedingter Ansprüche (§ 916 Abs. 2 ZPO). Die eventuelle spätere Ausgleichung braucht im Urteil über den Pflichtteilsanspruch nicht besonders vorbehalten zu werden.[218]

73   *bb) Ausnahmen durch zurückwirkende Rechtsveränderungen.* Das starre Stichtagsprinzip kann durch nach dem Erbfall eintretende jedoch auf den Stichtag zurückwirkende Rechtsveränderungen durchbrochen werden. Streitig ist, in welchen Fällen die betreffenden Vermögenswerte nachträglich korrigiert werden müssen. Wird die zu Lebzeiten stattgefundene Eigentumsübertragung an den Erblasser nach dem Erbfall gegenüber den Erben wirksam angefochten, ist die Rechtsfolge umstritten. Unstreitig ist eine im Bewertungszeitpunkt erkennbare mögliche Rechtsänderung durch einen Wertabschlag oder über § 2313 BGB zu berücksichtigen.[219] Ungewiss ist ein Recht im Sinne des § 2313 Abs. 2 BGB, wenn das Rechtsgeschäft anfechtbar ist.[220] War die Rechtsveränderung, beispielsweise die Anfechtung im Bewertungszeitpunkt nicht erkennbar und wurde nicht bei der Berechnung des Pflichtteilsanspruchs berücksichtigt, soll auch eine wirksame Anfechtung nach einer Auffassung unberücksichtigt bleiben,[221] nach anderer Auffassung soll diese berücksichtigt werden.[222] Richtigerweise ist die Rechtsveränderung zu berücksichtigen, soweit diese von dem Pflichtteilsberechtigten oder dem Erben geltend gemacht wird, der Pflichtteilsanspruch noch nicht verjährt ist und zwischen dem Pflichtteilsberechtigten und dem Erben keine Vereinbarung über die Erfüllung des Pflichtteils mit Abgeltungsklausel geschlossen worden ist. Wurde der Pflichtteilsanspruch aufgrund des vorgelegten Nachlassverzeichnisses berechnet, ohne die mögliche Anfechtung zu berücksichtigen, kann der Ausgleichsanspruch nach § 2313 Abs. 1 S. 3 BGB innerhalb der Verjährungsfrist des Pflichtteilsanspruches geltend gemacht werden. Wurde der Pflichtteilsanspruch bereits erfüllt, ist zu prüfen, ob die Parteien eine Abgeltungsklausel vereinbart haben, die eine nachträgliche Änderung der Berechnungsgrundlage ausschließt.

Streitig ist auch der Fall, dass der Erblasser vor seinem Tod selbst Erbe oder Vermächtnisnehmer geworden ist und bei seinem Tod das Ausschlagungsrecht noch nicht erloschen ist, sondern auf seinen Erben übergegangen ist. Eine solche Ausschlagung muss der Pflichtteilsberechtigte gegen sich gelten lassen.[223] Erlangt der Erbeserbe durch die Ausschlagung seinerseits einen Pflichtteilsanspruch, so ist dessen Wert in das Nachlassverzeichnis des Erblassers als Aktiva einzustellen.[224]

74   *cc) Ausnahmen nach § 242 BGB.* Das starre Stichtagsprinzip kann zu extremen Härtefällen führen. Reduziert sich beispielsweise das Bankvermögen aufgrund Börsenschwankungen drastisch, kann dies dazu führen, dass die Pflichtteilsansprüche nicht mehr aus dem verringerten Nachlassvermögen gezahlt werden können. Teile der Literatur wollen dem Erben in ganz außergewöhnlich gelagerten Fällen eine Einrede nach § 242 BGB gegenüber dem Pflichtteilsanspruch zugestehen.[225] Eine Einrede nach § 242 BGB ist abzulehnen. Die Tatsache, dass der Erbe eine Wertminderung nicht zu vertreten hat, wie der Gedanke eines

---

[216] Staudinger/*Haas* § 2313 Rn. 16; MünchKommBGB/*Lange* § 2313 Rn. 5; a. A. Soergel/*Dieckmann* § 2313 Rn. 3.
[217] MünchKommBGB/*Lange* § 2313 Rn. 8.
[218] MünchKommBGB/*Lange* § 2313 Rn. 5.
[219] Staudinger/*Haas* § 2311 Rn. 7; Mayer/Süß/Tanck/Bittler/Wälzholz/*Mayer* § 5 Rn. 6.
[220] Staudinger/*Haas* § 2313 Rn. 9.
[221] Staudinger/*Haas* § 2311 Rn. 7.
[222] Mayer/Süß/Tanck/Bittler/Wälzholz/*Mayer* § 5 Rn. 6.
[223] Staudinger/*Haas* § 2311 Rn. 8; Mayer/Süß/Tanck/Bittler/Wälzholz/*Mayer* § 5 Rn. 9.
[224] Staudinger/*Haas* § 2311 Rn. 8; Mayer/Süß/Tanck/Bittler/Wälzholz/*Mayer* § 5 Rn. 9.
[225] Mayer/Süß/Tanck/Bittler/Wälzholz/*Mayer* § 5 Rn. 6; Gottwald § 2311 Rn. 3.

rechtmäßigen Alternativverhaltens[226] kann dem verfassungsrechtlich geschützten Pflichtteilsanspruch nicht entgegen gesetzt werden. Sofern tatsächlich ein außergewöhnlicher Fall vorliegen sollte, ist zu prüfen, ob dieser mit den bestehenden Regelungen des Pflichtteilsrechts gelöst werden kann. Durch die Reform des Pflichtteilsrechts ist insbesondere die Stundung des Pflichtteilsanspruchs gem. § 2331a BGB vereinfacht und erweitert worden. Unbilligen Härten ist daher nicht durch Kürzung des Pflichtteilsanspruches - sondern wenn überhaupt - durch Stundung zu begegnen.

II. Pflichtteilsrestanspruch nach § 2305 BGB

Checkliste
Pflichtteilsrestanspruch

I. Voraussetzungen
- ☐ Berechtigter ist abstrakt pflichtteilsberechtigt (Kind, Eltern, Ehegatte, eingetragener Lebenspartner)
- ☐ Berechtigter ist Miterbe
- ☐ Berechtigter ist weder von der gesetzlichen Erbfolge noch von der Pflichtteilsberechtigung ausgeschlossen
- ☐ Erbteil geringer als die Hälfte des gesetzlichen Erbteils
- ☐ Keine Verjährung des Pflichtteilsanspruchs

II. Rechtsfolge
- ☐ Pflichtteilsrestanspruch in Höhe der Differenz zwischen zugewendeten Erbteil und dem Pflichtteilsanspruch
- ☐ Annahme der Erbschaft:
  - Erbteil frei von Beschränkungen oder Beschwerungen: Berechtigter erhält Erbteil und Differenz zum vollen Pflichtteil als Pflichtteilsrestanspruch
  - Erbteil belastet mit Beschränkungen oder Beschwerungen: Berechtigter erhält den geminderten Erbteil und Differenz vom „nicht geminderten Erbteil" zum vollen Pflichtteil als Pflichtteilsrestanspruch
- ☐ Ausschlagung der Erbschaft
  - Erbteil frei von Beschränkungen oder Beschwerungen: Verlust des ordentlichen Pflichtteils, bei Erhalt des Pflichtteilsrestanspruches
  - Erbteil belastet mit Beschränkungen oder Beschwerungen: Voller ordentlicher Pflichtteilsanspruch (kein Fall des § 2305 BGB)

1. Normzweck des Pflichtteilsrestanspruches

Die §§ 2305–2308 BGB regeln die Fälle, in denen der Pflichtteilsberechtigte vom Erblasser zwar bedacht worden ist, der Pflichtteilsberechtigte dennoch weniger oder möglicherweise weniger als den Pflichtteil erhalten würde. Die Vorschriften sollen dem Pflichtteilsberechtigten dessen Pflichtteil als Mindestbeteiligung am Nachlass sichern.

Ist dem Pflichtteilsberechtigten ein unbeschränkter und unbeschwerter Erbteil hinterlassen, der hinter der Hälfte des gesetzlichen Erbteils, und somit dem ordentlichen Pflichtteil zurückbleibt, so steht ihm nach § 2305 BGB in Höhe des Differenzbetrags ein sog. Pflichtteilsrestanspruch zu, der teilweise auch als Zusatzpflichtteil bezeichnet wird.[227] Durch § 2305 BGB wird der Wertunterschied zwischen dem zugewendeten Erbteil und dem vollen Pflichtteil ausgeglichen, so dass der Pflichtteilsberechtigte den vollen ordentlichen Pflichtteil erhält. Nach § 2306 BGB hat der Erbe ein Wahlrecht, ob er die testamentarischen Beschränkungen und Beschwerungen hinnimmt, oder die Erbschaft ausschlägt und seinen

---
[226] Mayer/Süß/Tanck/Bittler/Wälzholz/*Mayer* § 5 Rn. 6.
[227] MünchKommBGB/*Lange* § 2305 Rn. 1; Staudinger/*Haas* § 2305 Rn. 2.

Pflichtteil begehrt. Nach § 2307 BGB steht dem Pflichtteilsberechtigten die Wahl zwischen Annahme und Ausschlagung des ihm testamentarisch zugedachten Vermächtnisses zu. Nimmt der Bedachte das Vermächtnis an, muss er sich dessen Wert auf den Pflichtteil anrechnen lassen.

2. Voraussetzungen des § 2305 BGB

77 Der Pflichtteilsrestanspruch nach § 2305 S. 1 BGB setzt voraus, dass der Betreffende sowohl **Miterbe** als auch **Pflichtteilsberechtigter** ist. Der Betreffende muss somit zum abstrakt pflichtteilsberechtigten Personenkreis gehören und weder von der gesetzlichen Erbfolge noch von der Pflichtteilsberechtigung ausgeschlossen sein.[228] Der Pflichtteilsrestanspruch ist ein Teil des ordentlichen Pflichtteilsanspruches i. S. d. § 2303 BGB. Es müssen somit die allgemeinen Voraussetzungen für die Entstehung des ordentlichen Pflichtteils vorliegen.

78 Der Pflichtteilsrestanspruch setzt weiter voraus, dass dem Pflichtteilsberechtigten ein Erbteil zugedacht worden ist, der **geringer als die Hälfte seines gesetzlichen Erbteils** ist. Grundsätzlich ist nach der sog. Quotentheorie die Erbquote, mit der der Pflichtteilsberechtigte bedacht wurde, mit der halben gesetzlichen Erbquote zu vergleichen.[229] Von der **Quotentheorie** ist nach h. M. abzuweichen, wenn Anrechnungs- und Ausgleichungspflichten zu berücksichtigen sind (§§ 2315, 2316 BGB). In diesen Fällen ist nach der sog. Werttheorie ein Wertvergleich zwischen dem Wert des hinterlassenen Erbteils mit dem Wert des unter Berücksichtigung der §§ 2315, 2316 BGB zu errechnenden Pflichtteils vorzunehmen.[230]

79 **Beispiel:**

Der verwitwete Vater V hinterlässt einen Nachlass im Wert von € 60.000,–. Seinen Sohn S hat er zu seinem Erben zu $^1/_6$ eingesetzt. S hat eine Schenkung in Höhe von € 10.000,– mit Anrechnungsbestimmung erhalten.

Lösung:

a) Berechnung des Erbteils des S
Der Sohn erhält einen Erbteil von € 10.000,– ($^1/_6$ des Nettonachlasses). Grundsätzlich ist der Erbteil von $^1/_6$ geringer als die Hälfte des gesetzlichen Erbteils, dieser würde $^1/_2$ betragen. Der Sohn hat jedoch lebzeitig eine Zuwendung mit Anrechnungsbestimmung nach § 2315 Abs. 1 S. 1 BGB erhalten. Nach h. M. ist daher der Vergleich nicht nach der Quoten- sondern nach der Werttheorie durchzuführen.

b) Berechnung des Pflichtteilsanspruchs des S
   aa) Bildung des Anrechnungsnachlasses

Tatsächlicher Nachlass	€ 60.000,–
zzgl. anrechnungspflichtiger Zuwendung	€ 10.000,–
ergibt den Anrechnungsnachlass	€ 70.000,–

   bb) Ermittlung des fiktiven Gesamtpflichtteils

Anrechnungsnachlass	€ 70.000,–
Pflichtteilsquote	$^1/_2$
ergibt fiktiven Gesamtpflichtteil	€ 35.000,–

   cc) Berechnung des Anrechnungspflichtteils

Fiktiver Gesamtpflichtteil	€ 35.000,–
abzgl. lebzeitiger Zuwendung	€ 10.000,–
ergibt Pflichtteilsanspruch des S	€ 25.000,–

c) Anwendung des § 2305 BGB
Der Erbteil (hier: € 10.000,–) ist geringer als die Hälfte des gesetzlichen Erbteils (hier: € 25.000,–). Die Voraussetzungen des § 2305 S. 1 BGB liegen vor. S kann den Pflichtteilsrestanspruch begehren. Dieser besteht in Höhe der Differenz zwischen zugewendeten Erbteil (hier: € 10.000,–) und dem durch Anrechnung gekürzten Pflichtteilsanspruch (hier: € 25.000,–). Der Pflichtteilsrestanspruch besteht daher in Höhe von € 15.000,–. S erhält somit einen Erbteil von € 10.000,–, und einen Pflichtteilsrestanspruch

---

[228] Staudinger/*Haas* § 2305 Rn. 6.
[229] OLG Celle ZEV 1996, 307, 308; OLG Köln ZEV 1997, 298; MünchKommBGB/*Lange* § 2305 Rn. 3; Staudinger/*Haas* § 2305 Rn. 8.
[230] BGH NJW 1993, 1197; OLG Celle ZEV 1996, 307, 308; Staudinger/*Haas* § 2305 Rn. 9 vertritt die Auffassung, dass Quoten- und Werttheorie stets zu dem gleichen Ergebnis führen.

II. Pflichtteilsrestanspruch nach § 2305 BGB

von € 15.000,–, mithin insgesamt € 25.000,– und somit den Betrag des durch Anrechnung gekürzten Pflichtteilsanspruchs.

Ist der pflichtteilsberechtigte Erbe mit einem Vermächtnis bedacht, kommt § 2307 BGB zur Anwendung.[231] Nimmt der pflichtteilsberechtigte Erbe das Vermächtnis an, ist dieses mit dem Verkehrswert auf den bestehenden ordentlichen Pflichtteilsanspruch gem. § 2307 Abs. 1 S. 2 BGB anzurechnen, so dass lediglich die Differenz zwischen dem Wert des Vermächtnisses und dem ordentlichen Pflichtteil als Pflichtteilsanspruch geltend gemacht werden kann. Deckt das angenommene Vermächtnis den Pflichtteil, schließt dies einen Pflichtteilsrestanspruch nach § 2305 S. 1 BGB aus. Bei der Bewertung des Vermächtnisses im Rahmen des § 2307 BGB bleiben nach dem ausdrücklichen Wortlaut des § 2307 Abs. 1 S. 2 BGB Beschränkungen und Beschwerungen der in § 2306 BGB bezeichneten Art außer Betracht und können daher nicht von dem Wert des Vermächtnisses abgezogen werden. Nimmt der überlebende Ehegatte einer Zugewinngemeinschaftsehe das ihm hinterlassene Vermächtnis an, richtet sich der Pflichtteilsrestanspruch nach dem großen Pflichtteil.[232]

Beispiel:
Ein verwitweter Erblasser hinterlässt seinem einzigen Kind einen Erbteil von 1/8. In dem Testament wird zu Gunsten des Kindes ein Vermächtnis in Höhe von € 1.000,– angeordnet. Der Nachlass beträgt € 10.000,–. Das Kind nimmt das Erbe und das Vermächtnis an.

Lösung:
Das Kind erhält einen Erbteil von € 1.250,–. Der Erbteil von 1/8 ist geringer als die Hälfte des gesetzlichen Erbteils, diese würde 1/2 betragen. Das Kind ist abstrakt Pflichtteilsberechtigter (§ 2303 BGB) und gleichzeitig Miterbe. Die Voraussetzungen des § 2305 S. 1 BGB liegen vor. Das Kind kann den Pflichtteilsrestanspruch begehren. Dieser besteht in Höhe der Differenz zwischen zugewendeten Erbteil (hier: € 1.250,-) und dem Pflichtteilsanspruch (hier: € 5.000,-) jedoch nach § 2307 Abs. 1 S. 2 BGB in Höhe des Vermächtnisses von € 1.000,– gekürzt und somit nur noch € 4.000,–. Der Pflichtteilsrestanspruch besteht daher in Höhe von € 2.750,–. Das Kind erhält somit einen Erbteil von € 1.250,–, ein Vermächtnis von € 1.000,– und einen Pflichtteilsrestanspruch von € 2.750,–, mithin insgesamt € 5.000,– und somit den Betrag des vollen ordentlichen Pflichtteilsanspruchs.

3. Rechtsfolgen des § 2305 BGB

a) **Annahme der Erbschaft.** Ist der hinterlassene **Erbteil frei von Beschränkungen oder Beschwerungen** kann der pflichtteilsberechtigte Erbe den Erbteil annehmen und nach § 2305 S. 1 BGB den Pflichtteilsrestanspruch als „Aufstockung" zu dem vollen ordentlichen Pflichtteilsanspruch begehren.

Beispiel:
Ein verwitweter Erblasser hinterlässt seinem einzigen Kind einen Erbteil von 1/8. Der Nachlass beträgt € 10.000,–. Das Kind nimmt das Erbe an.

Lösung:
Das Kind erhält einen Erbteil von € 1.250,–. Der Erbteil von 1/8 ist geringer als die Hälfte des gesetzlichen Erbteils, diese würde 1/2 betragen. Das Kind ist abstrakt Pflichtteilsberechtigter (§ 2303 BGB) und gleichzeitig Miterbe. Die Voraussetzungen des § 2305 S. 1 BGB liegen vor. Das Kind kann den Pflichtteilsrestanspruch begehren. Dieser besteht in Höhe der Differenz zwischen zugewendeten Erbteil (hier: € 1.250,-) und dem Pflichtteilsanspruch (hier: € 5.000,-) und somit in Höhe von € 3.750,–. Das Kind erhält somit einen Erbteil von € 1.250,– und einen Pflichtteilsrestanspruch von € 3.750,–, mithin insgesamt € 5.000,– und somit den Betrag des vollen ordentlichen Pflichtteilsanspruchs.

Ist der hinterlassene **Erbteil mit Beschränkungen oder Beschwerungen belastet** und schlägt der Erbe nicht nach § 2306 Abs. 1 BGB aus, dann galten für ihn die Beschränkungen und Beschwerungen nicht (§ 2306 Abs. 1 S. 1 BGB a.F.). Durch die Neuregelung des § 2306 Abs. 1 BGB hat der Erbe ein generelles Wahlrecht erhalten. Ist er mit Beschränkungen und Beschwerungen belastet, kann er entweder den Erbteil mit allen Beschränkungen oder Beschwerungen annehmen oder den Erbteil ausschlagen und dennoch den Pflichtteil verlan-

---
[231] Staudinger/*Haas* § 2307 Rn. 18.
[232] Staudinger/*Haas* § 2307 Rn. 18.

gen. Nimmt er den Erbteil an, dann gelten für ihn die Beschränkungen und Beschwerungen auch dann, wenn der Erbteil kleiner oder gleich groß wie der Pflichtteil ist. Diese Vereinfachung in § 2306 Abs. 1 BGB wirkt sich auch auf § 2305 BGB aus. Ohne eine gesetzliche Regelung wäre unklar, ob der Pflichtteilsrestanspruch die Wertminderung des Erbteils ausgleichen soll (damit würde das gleiche Ergebnis wie im alten Recht erzielt: Erbteil und Pflichtteilsrestanspruch zusammen sind nicht durch Beschränkungen und Beschwerungen gemindert), oder ob die Beschränkungen und Beschwerungen bei der Berechnung des Pflichtteilsrestanspruchs unberücksichtigt bleiben (der Erbteil ist entsprechend § 2306 BGB gemindert und der Pflichtteilsrestanspruch bemisst sich ohne Beschränkungen und Beschwerungen). In § 2305 S. 2 BGB ist durch das Erbrechtsreformgesetz ausdrücklich geregelt worden, dass Beschränkungen und Beschwerungen der in § 2306 BGB bezeichneten Art bei der Berechnung des Wertes des Pflichtteilsrestanspruchs außer Betracht bleiben. Der Anspruchsberechtigte erhält somit netto weniger als nach altem Recht, da der angenommene Erbteil weiter mit den Beschränkungen und Beschwerungen belastet bleibt und dies nicht durch einen erhöhten Zusatzpflichtteil ausgeglichen wird. Diese Folge entspricht sowohl der Vereinfachung in § 2306 BGB (Möglichkeit der Annahme des Erbteils inklusive Beschränkungen und Beschwerungen) als auch der Regelung über Vermächtnisse in § 2307 BGB. Auch dort werden bei der Berechnung des Wertes des Vermächtnisses die Beschränkungen und Beschwerungen nicht wertmindernd angesetzt. Der Erbe wird damit nicht schlechter gestellt: Ist sein hinterlassener Erbteil kleiner als der Pflichtteil und zusätzlich mit Beschränkungen und Beschwerungen belastet, so bleibt dem Erben nach der Neuregelung des § 2306 BGB immer die Wahl, diesen Erbteil auszuschlagen und den vollständigen Pflichtteil zu verlangen.

85 **Beispiel:**[233]
Ein verwitweter Erblasser hinterlässt seinem einzigen Kind einen Erbteil von ¼. In dem Testament wird zu Lasten des Kindes ein Vermächtnis in Höhe von € 1.000,– angeordnet. Der Nachlass beträgt € 10.000,–. Das Kind nimmt das Erbe an.

Lösung nach altem Recht:
Nach § 2306 Abs. 1 S. 1 BGB a. F. galt das Vermächtnis für den Erben als nicht angeordnet. Der Erbe erhielt den Erbteil ohne Beschwerung. Der Erbteil würde hiernach € 2.500,–, der Zusatzpflichtteil ebenfalls € 2.500,– betragen. Der Erbe würde insgesamt € 5.000,– erhalten.

Lösung nach neuem Recht:
Nach der Neuregelung des § 2306 Abs. 1 BGB sind Beschränkungen und Beschwerungen bei Annahme der Erbschaft hinzunehmen. Der Erbteil des Kindes ist somit in Höhe des angeordneten Vermächtnisses gemindert und beträgt € 1.500,– (Erbteil ¼ von € 10.000,– = € 2.500,– abzüglich des Vermächtnisses € 1.000,–). In § 2305 S. 2 BGB ist ausdrücklich geregelt, dass Beschränkungen und Beschwerungen bei der Berechnung des Wertes des Pflichtteilsrestanspruchs außer Betracht bleiben. Der Pflichtteilsrestanspruch besteht in Höhe der Differenz zwischen zugewendeten (nicht geminderten) Erbteil (hier: € 2.500,–) und dem Pflichtteilsanspruch (hier: € 5.000,–) und somit in Höhe von € 2.500,–. Nach neuem Recht erhält das Kind somit insgesamt € 4.000,–.

Der Pflichtteilsrestanspruch ist eine Nachlassverbindlichkeit, für die die Erben gesamtschuldnerisch (§ 2058 BGB), jedoch nur beschränkt haften (§ 2063 Abs. 2 BGB).

86 **b) Ausschlagung der Erbschaft.** Ist der hinterlassene Erbteil frei von Beschränkungen oder Beschwerungen und schlägt der pflichtteilsberechtigte Erbe den Erbteil aus, führt dies zum Verlust des ordentlichen Pflichtteils, da der Sonderfall des § 2306 Abs. 1 BGB nicht vorliegt. Der pflichtteilsberechtigte Erbe behält in diesem Fall jedoch den Pflichtteilsrestanspruch, wie auch den Pflichtteilsergänzungsanspruch nach § 2325 BGB.[234]

87 **Beispiel:**
Ein verwitweter Erblasser hinterlässt seinem einzigen Kind einen Erbteil von ⅛. Der Nachlass beträgt € 10.000,–. Das Kind schlägt das Erbe aus.

---

[233] Beispiel aus dem Gesetzesentwurf vom 24. 4. 2008 (Drucksache 16/8954).
[234] BGH NJW 1973, 995; Staudinger/*Haas* § 2305 Rn. 11.

Lösung:
Der hinterlassene Erbteil ist frei von Beschränkungen oder Beschwerungen. Die Voraussetzungen nach § 2306 Abs. 1 BGB liegen nicht vor. Durch die Ausschlagung verliert das Kind seinen ordentlichen Pflichtteilsanspruch. Der Pflichtteilsberechtigte behält jedoch seinen Pflichtteilsrestanspruch. Der Pflichtteilsrestanspruch besteht in Höhe der Differenz zwischen zugewendeten Erbteil – jedoch ausgeschlagenen Erbteil – (hier: € 1.250,–) und dem – durch Ausschlagung verlorenen – Pflichtteilsanspruch (hier: € 5.000–) und somit in Höhe von € 3.750,–. Das Kind erhält somit keinen Erbteil und nur den Pflichtteilsrestanspruch von € 3.750,–.

Ist der hinterlassene Erbteil mit Beschränkungen oder Beschwerungen belastet, kann der pflichtteilsberechtigte Erbe den Erbteil nach § 2306 Abs. 1 BGB ausschlagen und den Pflichtteil verlangen. In diesem Fall erhält der Pflichtteilsberechtigte ohne Anwendung des § 2305 BGB den vollen ordentlichen Pflichtteil.

Beispiel:
Ein verwitweter Erblasser hinterlässt seinem einzigen Kind einen Erbteil von $^1/_8$. In dem Testament wird zu Lasten des Kindes ein Vermächtnis in Höhe von € 1.000,– angeordnet. Der Nachlass beträgt € 10.000,–. Das Kind schlägt das Erbe aus.

Lösung:
Der hinterlassene Erbteil ist mit einem Vermächtnis beschwert. Die Voraussetzungen nach § 2306 Abs. 1 BGB liegen vor, so dass das Kind den Erbteil ausschlagen und den Pflichtteil begehren kann. Der Pflichtteil besteht in Höhe von $^1/_2$ und somit in Höhe von € 5.000,–. Das Vermächtnis muss das Kind nicht erfüllen, da es die Erbschaft ausgeschlagen hat. Ein Fall des § 2305 BGB liegt nicht vor.

Hat sich der pflichtteilsberechtigte Erbe über die Folgen der Ausschlagung geirrt, ist die Ausschlagungserklärung nach h. M. nicht nach § 119 BGB anfechtbar, da es sich um einen unbeachtlichen **Rechtsirrtum** handelt.[235] Der pflichtteilsberechtigte Erbe kann jedoch **unter dem Vorbehalt ausschlagen**, dass er den vollen Pflichtteil erhält.[236] Die Bedingungsfeindlichkeit der Ausschlagung (§ 1947 BGB) steht der Wirksamkeit einer derartigen Erklärung nicht entgegen, weil bei der Abgabe der Erklärung bereits feststeht, ob für den Ausschlagenden ein Pflichtteilsanspruch besteht oder nicht.[237]

c) **Pflichtteilsrestanspruch des Ehegatten.** Lebte der Erblasser in dem Güterstand der Zugewinngemeinschaft, kann der überlebende Ehegatte bei Annahme der Erbschaft einen Pflichtteilsrestanspruch begehren, wenn der ihm zugedachte Erbteil geringer ist, als der gem. § 1371 Abs. 1 BGB erhöhte Pflichtteil (großer Pflichtteil).[238] Die Geltendmachung des konkreten Zugewinnausgleichsanspruchs ist daneben ausgeschlossen. Der überlebende Ehegatte der Zugewinngemeinschaftsehe kann auch nach Ausschlagung der Erbschaft den sog. kleinen Pflichtteil begehren.[239] Gleiches gilt für den gleichgeschlechtlichen Lebenspartner, der in dem Güterstand der Zugewinngemeinschaft lebte (§ 6 S. 2 LPartG).

III. Anrechnungspflichtteil

1. Normzweck der Anrechung

a) **Regelungsinhalt des § 2315 BGB.** Der Pflichtteilsanspruch ist maßgeblich von dem in § 2311 Abs. 1 BGB niedergelegten Stichtagsprinzip bestimmt. Grundsätzlich ist nur der im Zeitpunkt des Erbfalles vorhandene Nachlass bei der Pflichtteilsberechnung zu berücksichtigen. In den meisten Fällen überträgt der Erblasser zu seinen Lebzeiten bereits Vermögenswerte auf verschiedene Personen. Das Pflichtteilsrecht sichert den Pflichtteilsberechtigten (Ehegatte, Abkömmlinge, Eltern sowie eingetragene Lebenspartner) eine Mindestbeteiligung an dem nach dem Stichtagsprinzip vorhandenen Nettonachlass. Die Anrechnung (§ 2315

---
[235] MünchKommBGB/*Lange* § 2305 Rn. 4; eingehend Staudinger/*Haas* § 2305 Rn. 12.
[236] Vgl. OLG Brandenburg ZErb 2004, 132; MünchKommBGB/*Lange* § 2305 Rn. 4; Staudinger/*Haas* § 2305 Rn. 12.
[237] A. A. OLGZ Hamm OLGZ 1982, 41, 46.
[238] MünchKommBGB/*Lange* § 2305 Rn. 7; Staudinger/*Haas* § 2305 Rn. 14.
[239] MünchKommBGB/*Lange* § 2305 Rn. 6.

BGB) wie auch die Ausgleichung (§ 2316 BGB) versuchen eine Doppelbegünstigung der Pflichtteilsberechtigten zu verhindern, wenn der Erblasser bereits zu Lebzeiten Vermögenswerte auf diese Personen übertragen hat. Nach § 2315 Abs. 1 S. 1 BGB muss der Pflichtteilsberechtigte sich auf den Pflichtteil anrechnen lassen, was ihm von dem Erblasser durch Rechtsgeschäft unter Lebenden mit der Bestimmung zugewendet worden ist, dass es auf den Pflichtteil angerechnet werden soll.

93 Der Normzweck sollte durch die **Erbrechtsreform** unverändert bleiben.[240] Durch die Reform sollte zur Erweiterung der Anrechnung die Möglichkeit der nachträglichen Anrechnungsanordnung eingeführt werden. Jedoch hätte der Erblasser auch nach dieser reformierten Anrechnungsmöglichkeit die Anrechnung der lebzeitigen Verfügung bestimmen müssen. Eine Umkehrung des Regel-Ausnahme-Prinzips, wie im Bereich der Pflichtteilsergänzung (§ 2327 BGB), wäre nicht erfolgt. Dennoch wäre durch die Einführung der nachträglichen Anrechnungsbestimmung die Testierfreiheit gestärkt und Möglichkeiten der Sicherung der Nachfolgeplanung erheblich verbessert worden. Eine Umsetzung dieser Vorschläge ist letztlich an dem Argument der Schutzwürdigkeit der Beschenkten gescheitert.[241]

94 **b) Abgrenzung der Anrechnung von anderen Rechtsinstituten.** *aa) Abgrenzung §§ 2305 bis 2308 BGB.* Die §§ 2305 bis 2308 BGB regeln Konstellationen, in denen ein Pflichtteilsberechtigter vom Erblasser zwar bedacht, also nicht enterbt ist, jedoch weniger als den rechnerischen ordentlichen Pflichtteil erhält. Die Vorschriften wollen dem Pflichtteilsberechtigten den vollständigen ordentlichen Pflichtteil als Mindestbeteiligung am Nachlass garantieren. Die §§ 2305–2308 BGB betreffen Zuwendungen des Erblassers, die dieser von Todes wegen und nicht wie bei § 2315 BGB zu Lebzeiten getroffen hat.

95 *bb) Abgrenzung zur Ausgleichung.* Die Anrechnung nach § 2315 BGB verfolgt wie die Ausgleichung nach § 2316 BGB den Zweck, eine Doppelbeteiligung des Pflichtteilsberechtigten am Vermögen des Erblassers zu verhindern. Entgegen der Anrechnung führt die Ausgleichung jedoch nicht zu einer Reduzierung der gesamten Pflichtteilslast. Die Ausgleichung hat nur eine Veränderung der Verteilung der Pflichtteilssumme und unter den pflichtteilsberechtigten Abkömmlingen zur Folge. Die Ausgleichung kommt daher nur zwischen Abkömmlingen in Betracht, und somit nur wenn mehrere Abkömmlinge vorhanden sind. Die Anrechnung hingegen kommt für alle Pflichtteilsberechtigten sogar bei einem einzigen vorhandenen Pflichtteilsberechtigten zur Anwendung.

> **Praxistipp:**
> 96 Nur die Anrechnung, nicht die Ausgleichung führt zu einer Reduzierung der Gesamtpflichtteilslast und führt somit zu einer größeren Gestaltungsfreiheit des Erblassers.

97 Treffen Anrechnung und Ausgleichung zusammen, so ist nicht § 2315 BGB, sondern § 2316 Abs. 4 BGB maßgeblich.[242]

98 *cc) Abgrenzung zur Pflichtteilsergänzung.* Die Anrechnung verringert den ordentlichen Pflichtteilsanspruch um den Wert, den der Pflichtteilsberechtigte zu Lebzeiten durch den Erblasser erhalten hat, wenn der Erblasser die Anrechnung angeordnet hat. Begehrt der Pflichtteilsberechtigte seinen Pflichtteilsergänzungsanspruch nach § 2325 BGB, so resultiert dieser aus lebzeitigen Schenkungen des Erblassers gegenüber anderen Personen. Hat der Erblasser dem Pflichtteilsberechtigten selbst lebzeitig einen Vermögenswert geschenkt, muss sich der Pflichtteilsberechtigte diesen Wert ohne das Erfordernis einer Anordnung des Erblassers nach § 2327 BGB anrechnen lassen. Hat der Erblasser die Anrechnung des Geschenks auch auf den ordentlichen Pflichtteil angeordnet, so ist nach § 2327 Abs. 1 S. 2

---

[240] Vgl. Erbrechtsreform-Entwurf vom 24. 4. 2008 (BT-Drucks. 16/8954).
[241] Vgl. Begründung der Beschlussempfehlung des Rechtsausschusses vom 23. 6. 2009, Seite 20 (BT-Drucks. 16/13543).
[242] Vgl. oben Rn. 223.

BGB das anzurechnende Geschenk auf den Gesamtbetrag des Pflichtteils und der Ergänzung anzurechnen.[243]

dd) *Abgrenzung zum Pflichtteilsverzicht.* Durch einen Pflichtteilsverzicht nach § 2346 BGB wird jeglicher Pflichtteilsanspruch des verzichtenden Pflichtteilsberechtigten ausgeschlossen. Der Pflichtteilsverzicht ist die einschneidendste und weitgehendste Reduzierungsmöglichkeit des Pflichtteilsanspruches. Durch die Anrechnung wird der bestehende ordentliche Pflichtteilsanspruch lediglich um den Wert des lebzeitig Erhaltenen reduziert. Vereinbart der Erblasser mit dem Pflichtteilsberechtigten einen bestimmten Wert für die lebzeitig erhaltene Zuwendung, die über das in § 2315 Abs. 2 S. 2 BGB bestimmte Maß hinausgeht, liegt für den überschießenden Wert faktisch ein beschränkter Pflichtteilsverzicht vor, der jedoch der Form des § 2348 BGB bedarf. 99

ee) *Abgrenzung zur Anrechnung auf den Zugewinn.* § 1380 BGB gibt dem Erblasser, der im Güterstand der Zugewinngemeinschaft lebt, neben § 2315 BGB die Möglichkeit, Vorempfänge unter Lebenden bei der Nachlassauseinandersetzung zu berücksichtigen. Nach § 1380 BGB kann der Erblasser im Rahmen der güterrechtlichen Lösung bestimmen, dass die lebzeitige Zuwendung auf den Zugewinnausgleichsanspruch anzurechnen ist. Nach § 1380 Abs. 1 S. 2 BGB spricht eine Vermutung dafür, dass im Zweifel jede Zuwendung auf den Zugewinnausgleich angerechnet werden soll, wenn der Wert der Zuwendung den von Gelegenheitsgeschenken übersteigt. 100

2. Lebzeitige Zuwendung des Erblassers an den Pflichtteilsberechtigten

a) **Verminderung des Nachlasses des Erblassers.** Eine Zuwendung nach § 2315 Abs. 1 BGB setzt voraus, dass durch die Leistung des Erblassers dessen Vermögen bzw. der mutmaßliche Nachlass gemindert wird.[244] Dies folgt aus dem Normzweck der Anrechnung, dass der Zurechnungswert, der ohne die erfolgte Zuwendung zum Nachlass gehören würde, ausgeglichen werden soll.[245] Unerheblich ist, ob die Verminderung des Nachlasses dinglicher oder obligatorischer Natur ist.[246] Nicht nur vollzogene Schenkungen sondern auch **Schenkungsversprechen** sind zu berücksichtigen, wenn hierdurch ein Forderungsrecht gegen den Nachlass begründet wird. Übernimmt der Erblasser die Zahlung von Schulden, kann gleichfalls eine anrechnungspflichtige Zuwendung vorliegen.[247] Gegenleistungen des Erwerbers sind bei der Prüfung der **Verminderung** des Nachlasses zu berücksichtigen. Der einseitige Verzicht des Erblassers auf seinen Anspruch auf Rückübertragung eines Grundstücks ist keine Zuwendung.[248] **Mittelbare Zuwendungen**, welche dem Berechtigten dadurch zufließen, dass der Erblasser einen Dritten veranlasst, dem Pflichtteilsberechtigten eine Leistung zu erbringen, sind keine Zuwendungen, weil sie nicht **Nachlass mindernd** sind. Nur Zuwendungen des Erblassers sind anrechnungsfähig. Auch bei **Zuwendungen von Ehegatten** ist zu überprüfen, welcher Ehegatte die Zuwendung erbracht hat. Liegen keine konkreten Anhaltspunkte vor, und sollte die Zuwendung aus dem gemeinsamen Ehevermögen erbracht werden, ist davon auszugehen, dass die Zuwendung jedem Ehegatten getrennt zur Hälfte zugeordnet werden kann. Haben die Ehegatten ein Berliner Testament errichtet und die gemeinsamen Abkömmlinge zu Schlusserben eingesetzt, sind die Zuwendungen des Erstversterbenden an die Abkömmlinge keine Zuwendungen aus dem Nachlass des Letztversterbenden. Es hat eine getrennte und keine einheitliche Beachtung zu erfolgen.[249] 101

b) **Freiwilligkeit.** Eine Zuwendung kann nur dann angerechnet werden, wenn der Erblasser zur Vornahme der Leistung nicht verpflichtet war und die Zuwendung somit freiwillig erfolgte. Der Begriff der Freiwilligkeit (bzw. freigiebige Zuwendung) ist dabei weiter 102

---

[243] *Blum* FF 2004, 111.
[244] OLG Düsseldorf ZEV 1994, 173; MünchKommBGB/*Lange* § 2315 Rn. 5; Staudinger/*Haas* § 2315 Rn. 10.
[245] Staudinger/*Haas* § 2315 Rn. 10.
[246] MünchKommBGB/*Lange* § 2315 Rn. 5; Staudinger/*Haas* § 2315 Rn. 10.
[247] Bamberger/Roth/*Mayer* § 2315 Rn. 3.
[248] BGH WM 1983, 823.
[249] MünchKommBGB/*Lange* § 2315 Rn. 5; Staudinger/*Haas* § 2315 Rn. 10.

als derjenige der Schenkung. Der Gesetzgeber hat bewusst in § 2315 Abs. 1 BGB nicht den Begriff der Schenkung sondern den Begriff der Zuwendung verwendet. In der Praxis sind die nach § 2315 BGB anrechnungspflichtigen Zuwendungen Schenkungen im Sinne des § 516 BGB.

103 Eine anrechenbare Zuwendung ist auch dann gegeben, wenn lediglich eine **moralische Verpflichtung** besteht.[250] Auch die **gemischte Schenkung** oder eine Zuwendung, bei der die Gegenleistung absichtlich gering bemessen ist, kann eine anrechenbare Zuwendung sein.[251] Bei gemischten Schenkungen und Schenkungen unter Auflagen ist jedoch nur der Wertunterschied zwischen Leistung und Gegenleistung zu berücksichtigen.[252]

104 Ist der Erblasser zu einer Leistung verpflichtet, kann diese Zuwendung auch durch eine Anrechnungsbestimmung nicht den Pflichtteil verringern, da anderenfalls entgegen des Normzweckes der Pflichtteil über das zulässige Maß hinaus beeinträchtigt werden würde. Sind **Pflegeleistungen** unterhaltsrechtlich geschuldet, führt dies zu keiner Anrechnungspflicht.[253] **Ausstattungen** (§ 1624 BGB) können anrechnungspflichtig sein, wenn sie das den Umständen entsprechende Maß nicht übersteigen.[254]

105 c) Lebzeitige Zuwendung. Nur lebzeitige Zuwendungen können zur Anrechnung nach § 2315 Abs. 1 BGB führen.[255] Die Wirkungen von **Zuwendungen von Todes wegen** auf den Pflichtteilsanspruch werden von den §§ 2305–2308 BGB erfasst. **Schenkungen von Todes wegen** (§ 2301 BGB) gelten als Verfügungen von Todes wegen und fallen daher nicht in den Anwendungsbereich der Anrechnung.[256] Die Zuwendung kann auch auf einem **Vertrag zu Gunsten Dritter** (§§ 328 ff. BGB) beruhen, wenn im Valutaverhältnis des Erblassers zum pflichtteilsberechtigten Empfänger eine freigiebige Zuwendung gegeben ist.

106 d) Zuwendung an den Pflichtteilsberechtigten. Die Zuwendung muss an einen Pflichtteilsberechtigten erfolgen. Entgegen der Ausgleichung (§ 2316 BGB) können anrechnungspflichtige Empfänger alle Pflichtteilsberechtigten sein, also auch Ehegatten, eingetragene Lebenspartner und Eltern des Erblassers (§ 2303 BGB; § 2309 BGB; § 10 Abs. 6 LPartG). § 2315 Abs. 3 BGB enthält für den Fall, dass der Pflichtteilsberechtigte ein Abkömmling des Erblassers ist, eine Sonderbestimmung. Aus dem Umkehrschluss ist zu entnehmen, dass der Kreis der Pflichtteilsberechtigten gegenüber dem des § 2316 BGB weiter gefasst ist. Darüber hinaus muss die Zuwendung unmittelbar an den Pflichtteilsberechtigten erfolgen. Keine anrechnungsfähige Zuwendung liegt vor, wenn die Zuwendung an einen Dritten, beispielsweise den Ehegatten mit dem Willen bewirkt wird, eine Zuwendung an den Pflichtteilsberechtigten zu erbringen. Lediglich § 2315 Abs. 3 BGB enthält eine Ausnahme einer Anrechnung für fremden Vorausempfang. Ist der Zuwendungsempfänger minderjährig, muss die Leistung an den empfangszuständigen gesetzlichen Vertreter erfolgen und sichergestellt werden, dass dem minderjährigen Pflichtteilsberechtigten die Zuwendung auch erhalten bleibt.[257] Ob die Zuwendung im Erbfall im Vermögen des Pflichtteilsberechtigten noch vorhanden ist, ist für die Anrechnung ohne Bedeutung.[258]

3. Anordnung der Anrechung

107 a) Inhalt der Anordnung. Der Pflichtteilsberechtigte hat sich Zuwendungen des Erblassers nach § 2315 BGB auf den Pflichtteil anrechnen zu lassen, wenn der Erblasser die Zuwendung mit der Bestimmung gemacht hat, dass das Zugewendete auf den Pflichtteil angerechnet werden soll. Grundsätzlich ist die Zuwendung mit ihrem vollen Wert auf den Pflichtteil anzurechnen.

---

[250] Staudinger/*Haas* § 2315 Rn. 12.
[251] OLG Düsseldorf ZEV 1994, 173.
[252] Bamberger/Roth/*Mayer* § 2315 Rn. 3.
[253] Bamberger/Roth/*Mayer* § 2315 Rn. 3.
[254] MünchKommBGB/*Lange* § 2315 Rn. 5; Staudinger/*Haas* § 2315 Rn. 10.
[255] MünchKommBGB/*Lange* § 2315 Rn. 5; Staudinger/*Haas* § 2315 Rn. 13.
[256] Staudinger/*Haas* § 2315 Rn. 13.
[257] Staudinger/*Haas* § 2315 Rn. 15.
[258] Staudinger/*Haas* § 2315 Rn. 15.

aa) Bezug zum Pflichtteil. Die Anrechnungsanordnung muss sich auf den Pflichtteil beziehen. Die Anordnung muss darauf gerichtet sein, die Zuwendung auf den Pflichtteil anzurechnen. Entscheidend ist dabei, ob der Erblasser den erkennbaren Willen hatte, den Wert der Zuwendung dem Zuwendungsempfänger von dessen Pflichtteilsanspruch zu kürzen.[259] Die Bezeichnung der Zuwendung als „vorweggenommene Erbfolge" lässt weder einen Willen zur Anrechnung noch zur Ausgleichung erkennen; sie besagt lediglich etwas über das Motiv der Zuwendung.[260] Die notarielle Erklärung des Zuwendenden „in Anrechnung auf die erbrechtlichen Ansprüche des Erwerbers nach dem Tod des Übergebers" soll konkludent dahin ausgelegt werden, dass damit alle erbrechtlichen Ansprüche gemeint sind, die der Erwerber nach dem Tod haben kann und somit auch der Pflichtteilsanspruch.[261] Eine solche Erklärung genügt den Anforderungen der Anrechnungsbestimmung nach § 2315 BGB jedoch nicht. In der Anordnung „Anrechnung auf den Erbteil" oder „Anrechnung auf die erbrechtlichen Ansprüche" kann nicht ohne weiteres auf eine gewollte Kürzung des Pflichtteils geschlossen werden.[262] Eine solche Bestimmung kann unter Umständen als Ausgleichungspflicht (§ 2050 BGB) ausgelegt werden. Diese kann mittelbaren Einfluss auf den Pflichtteil haben (§ 2316 BGB). Die Anordnung der Ausgleichung der Zuwendung (§ 2050 BGB) kann nicht auch als Anordnung der Anrechnung nach § 2315 BGB ausgelegt werden.[263]

bb) Bedingte Anordnung. Die Anordnung der Anrechnung auf den Pflichtteil kann unter einer **Bedingung** erfolgen.[264] Der Erblasser kann daher anordnen, dass die gewährte Zuwendung bei Eintritt eines nach der Zuwendung liegenden Ereignisses auf den Pflichtteil angerechnet wird, oder eine bereits erklärte Anrechnung aufgehoben werden soll. Voraussetzung ist jedoch, dass keine Bindungswirkung zwischen dem Erblasser und dem Zuwendungsempfänger eingetreten ist. Ordnet der Erblasser die Anrechnung auf den Pflichtteil an, enterbt den Beschenkten jedoch nicht, geht die Anordnung ins Leere. Lediglich für den Fall, dass der Erblasser für diesen Fall die Anrechnung auf den Erbteil angeordnet hat, ist die Zuwendung auf den Erbteil anzurechnen. Andernfalls erfolgt keine Anrechnung auf den Erbteil.

b) Zeitpunkt und Form der Anordnung. Lebzeitige Zuwendungen hatte sich der Pflichtteilsberechtigte nur dann auf den Pflichtteil anrechnen zu lassen, wenn der Erblasser vor oder spätestens bei der Zuwendung eine Anrechnungsanordnung getroffen hat.

aa) Anordnung im Zeitpunkt der Zuwendung

Formulierungsvorschlag: Anrechnungsbestimmung im Schenkungsvertrag
Die Schenkung ist auf den Pflichtteil des Erwerbers anzurechnen.

Nach § 2315 Abs. 1 S. 1 BGB hat die Anordnung der Anrechnung gleichzeitig mit der Zuwendung an den Pflichtteilsberechtigten zu erfolgen. Bei einem **gestreckten Erwerbstatbestand** ist für den Zuwendungszeitpunkt auf das Ende des Leistungsvollzuges abzustellen.[265] Die Anordnung der Anrechnung ist eine **einseitige empfangsbedürftige Willenserklärung**.[266] Keine Wirksamkeitsvoraussetzung ist, dass die Anrechnungsanordnung von dem Zuwendungsempfänger angenommen wird.[267] Die Anordnung der Anrechnung muss dem

---
[259] MünchKommBGB/*Lange* § 2315 Rn. 8; Staudinger/*Haas* § 2315 Rn. 19.
[260] Staudinger/*Haas* § 2315 Rn. 19; Bamberger/Roth/*Mayer*, § 2315 Rn. 7.
[261] OLG Düsseldorf ZErb 2002, 231; *Schnorrenberg* ZErb 2002, 232.
[262] OLG Schleswig ZEV 2008, 386 mit Anmerkung *Keim* ZEV 2008, 388; OLG Koblenz ZErb 2003, 159; Staudinger/*Haas* § 2315 Rn. 23.
[263] MünchKommBGB/*Lange* § 2315 Rn. 8.
[264] Staudinger/*Haas* § 2315 Rn. 20; *Thubauville* MittRhNotK 1992, 289, 297.
[265] Soergel/*Dieckmann* § 2315 Rn. 8; Staudinger/*Haas* § 2315 Rn. 17.
[266] OLG Schleswig ZEV 2008, 386; OLG Düsseldorf ZEV 1994, 173; OLG Karlsruhe NJW-RR 1990, 393; MünchKommBGB/*Lange* § 2315 Rn. 6.
[267] Staudinger/*Haas* § 2315 Rn. 28.

Zuwendungsempfänger nicht nur zugehen, sondern auch zu seinem Bewusstsein gebracht werden, weil die Zuwendung durch die Anrechnungsbestimmung eine besondere rechtliche Beschaffenheit erhält.[268] Zutreffend ist, dass dem Zuwendungsempfänger die Anrechnungsanordnung bewusst sein muss. Andernfalls kann er nicht entscheiden, ob er die Anrechnung akzeptiert und die Zuwendung annimmt, oder die Zuwendung insgesamt zurückweist, wenn er mit der Anrechnung nicht einverstanden ist. Ein solches Bewusstsein wird unzweifelhaft dann anzunehmen sein, wenn bei einer notariellen Zuwendung der Notar auf die Folgen der Anrechnung hingewiesen hat. Eine darüber hinausgehende Voraussetzung des Bewusstseins kann nicht gefordert werden.[269] Ist der Zuwendungsempfänger mit der Anrechnung nicht einverstanden, darf er die Zuwendung nicht annehmen. Es ist nicht möglich, die Anrechnungsanordnung einzeln zurückzuweisen und die Zuwendung im Übrigen anzunehmen. Hat sich der Zuwendungsempfänger vertreten lassen und erfährt der Zuwendungsempfänger von der Anrechnungsanordnung erst, nachdem sein Vertreter die Zuwendung angenommen hat, so kann der Zuwendungsempfänger die Zuwendung zurückweisen, weil der Vertreter insoweit als Übermittlungsbote des Erblassers gilt.[270]

113 Der Erblasser kann sich im Zeitpunkt der Zuwendung vorbehalten, die Anrechnung der Zuwendung auf den Pflichtteil zu einem späteren Zeitpunkt anzuordnen.[271] Notwendig ist ein solcher Vorbehalt, da eine einseitige nachträgliche Anrechnungsanordnung nicht möglich ist. Keine Voraussetzung für die Anrechnung ist, dass der Erblasser im Zeitpunkt der Anrechnungsanordnung bereits die Absicht hatte, den Pflichtteilsberechtigten zu enterben.[272]

> **Praxistipp:**
>
> **114** Die Anrechnungsanordnung im Zeitpunkt der Schenkung ist eine präventive Maßnahme zur möglichen Kürzung des Pflichtteilsanspruches des Beschenkten und zeigt dem Beschenkten die Folgen einer Enterbung auf. Die Anrechnungsanordnung hat daher auch eine psychologische Wirkung, insbesondere in den Fällen des Berliner Testaments, bei dem die Kinder nach dem Todes des Erstversterbenden Elternteils den Pflichtteil nicht geltend machen sollen.

115 Eine Form der Anrechnungsanordnung ist gesetzlich nicht vorgeschrieben. Dies gilt auch dann, wenn die Zuwendung selbst formbedürftig ist.[273] Die Anrechnungsanordnung muss nicht ausdrücklich erklärt werden, sondern kann auch stillschweigend ergehen.[274] Die Zuwendung größerer Vermögenswerte genügt jedoch nicht, von einer stillschweigenden Anrechnungsanordnung auszugehen.[275]

116 *bb) Nachträgliche Anordnung.* Eine nachträgliche Anordnung der Anrechnung ist nicht möglich.[276] Die Bestimmung einer nachträglichen Anordnung der Anrechnung ist auch nicht durch letztwillige Verfügung möglich.[277] Diese Möglichkeit war zunächst Inhalt der Erbrechtsreform, ist jedoch nicht umgesetzt worden.[278] Eine nachträglich Anrechnungsanordnung im Testament ist nur unter den Voraussetzungen der Pflichtteilsentziehung (§§ 2333 ff. BGB) möglich. Zulässig ist eine nachträgliche Anordnung der Anrechnung in Form eines Erb- und Pflichtteilsverzichtsvertrages zwischen dem Erblasser und dem Pflichtteilsberech-

---

[268] OLG Koblenz ZErb 2003, 159, 160; OLG Düsseldorf ZEV 1994, 173.
[269] Vgl. MünchKommBGB/*Lange* § 2315 Rn. 7; Bamberger/Roth/*Mayer* § 2315 Rn. 6.
[270] Lange/*Kuchinke* § 37 VII 9 a (914).
[271] Staudinger/*Haas* § 2315 Rn. 20.
[272] OLG Koblenz ZErb 2006, 130.
[273] Staudinger/*Haas* § 2315 Rn. 22; a. A.: MünchKommBGB/*Lange* § 2315 Rn. 6; *Thubauville* MittRhNotK 1992, 289, 297.
[274] OLG Düsseldorf ZErb 2002, 233; OLG Hamm MDR 1966, 330.
[275] OLG Koblenz ZErb 2006, 130.
[276] OLG München ZEV 2008, 344.
[277] OLG München ZEV 2008, 344; Staudinger/*Haas* § 2315 Rn. 17.
[278] Vgl. oben Rn. 93.

III. Anrechnungspflichtteil

tigten (§§ 2346 ff. BGB). Bei einer **Lebensversicherung** kann die Anordnung der Anrechnung bis zur Auszahlung an den Bezugsberechtigten erfolgen.[279]

Erklärt sich der Zuwendungsempfänger nachträglich mit einer Anrechnung auf seinen Pflichtteil bereit, so ist dies ebenfalls ein Pflichtteilsverzichtsvertrag, welcher der notariellen Beurkundung nach § 2348 BGB bedarf. Nicht zulässig ist eine formfreie nachträgliche Zustimmung des Pflichtteilsberechtigten.[280] 117

Eine nachträgliche Anrechnungsanordnung in der letztwilligen Verfügung des Zuwendenden, wie es die Erbrechtsreform vorgesehen hatte, wäre auch verfassungsrechtlich wirksam gewesen. Nach § 2315 Abs. 1 S. 2 BGB hat sich der Pflichtteilsberechtigte auf den Pflichtteil anrechnen zu lassen, was ihm von dem Erblasser durch Rechtsgeschäft unter Lebenden zugewendet worden ist.[281] Die Mindestbeteiligung am Nachlass wäre durch die Möglichkeit der nachträglichen Anrechnungsbestimmung nicht in Zweifel gezogen. Eine unzumutbare Beeinträchtigung des Pflichtteilsberechtigten würde nicht vorliegen, da ihm sein Teilhaberecht am Gesamtvermögen des Erblassers nicht entzogen würde, weil er seinen Anteil lediglich früher erhalten hätte. Der Zugang der nachträglichen Anrechnungsanordnung nach dem Tode des Erblassers (vgl. § 130 Abs. 2 BGB) wäre unbeachtlich, da eine Annahme der Willenserklärung durch den Pflichtteilsberechtigten nicht erforderlich und eine Zurückweisung nicht möglich ist. Eine solche Möglichkeit besteht bei der Anrechnung von lebzeitigen Zuwendungen auf den Pflichtteilsergänzungsanspruch nach § 2327 BGB ebenfalls nicht. 118

cc) Anordnung für zukünftige Zuwendungen. Der Erblasser kann sich eine Anrechnungsanordnung im Voraus für künftige Zuwendungen vorbehalten.[282] Dies gilt für künftige Rechtsgeschäfte unter Lebenden gem. § 2315 Abs. 1 S. 1 BGB. 119

dd) Änderung der Anrechnungsanordnung. Die bei der Zuwendung getroffene Anrechnungsbestimmung (§ 2315 Abs. 1 S. 1 BGB) kann der Erblasser durch einseitiges Rechtsgeschäft nachträglich wieder aufheben, da hierdurch nicht in das Pflichtteilsrecht des Empfängers eingegriffen wird.[283] Der Widerruf der getroffenen Anrechnungsbestimmung kann formlos erfolgen.[284] Zu Lebzeiten des Erblassers kann zwischen dem Erben und dem Pflichtteilsberechtigten die Anrechnungsanordnung unter den Voraussetzungen des § 311b Abs. 5 BGB aufgehoben werden. Nach dem Tod des Erblassers ist dies zwischen dem Erben und dem Pflichtteilsberechtigten durch einen Erlassvertrag möglich.[285] 120

c) **Zuwendung an Minderjährige.** Ist eine Willenserklärung gegenüber einem beschränkt Geschäftsfähigen abzugeben, wird sie erst wirksam, wenn sie dem gesetzlichen Vertreter zugeht (§ 131 Abs. 2 BGB). Der BGH hat für eine Zuwendung mit **Ausgleichsverpflichtung** nach § 2050 BGB entschieden, dass in dieser Anordnung **kein rechtlicher Nachteil** liegt. Die Anordnung zur Ausgleichung begründe nicht wie bei einer Schenkung unter einer Auflage eine schuldrechtliche Verpflichtung des Beschenkten, sondern mache nur deutlich, dass die Schenkung bei der Erbfolge mit berücksichtigt werden soll.[286] Die Fernwirkung der Ausgleichung nach § 2316 BGB ist jedoch nicht mit dem direkten Abzug vom Pflichtteilsanspruch nach § 2315 BGB zu vergleichen. Die Entscheidung des BGH ist daher auf die Anrechnung nicht übertragbar. Die Zuwendung mit Anrechnungsanordnung führt zu einer Verkürzung des Pflichtteilsanspruchs. Die **Annahme der Zuwendung mit Anrechnungsanordnung ist daher nicht lediglich rechtlich vorteilhaft.**[287] Die Wirkung der Anrechnung ist vergleichbar mit 121

---

[279] MünchKommBGB/*Lange* § 2315 Rn. 6; Staudinger/*Haas* § 2315 Rn. 17; Mayer/Süß/Tanck/Bittler/Wälzholz/*Mayer* § 11 Rn. 42; a. A. Kerscher/Riedel/*Lenz* § 15 Rn. 22.
[280] Staudinger/*Haas* § 2315 Rn. 18.
[281] BVerfG ZEV 2005, 301.
[282] RG Recht 1921 Nr. 151; Staudinger/*Haas* § 2315 Rn. 17; *Thubauville* MittRhNotK 1992, 289, 296.
[283] Staudinger/*Haas* § 2315 Rn. 33; *Keim* MittBayNot 2008, 8, 11.
[284] MünchKommBGB/*Lange* § 2315 Rn. 9; Staudinger/*Haas* § 2315 Rn. 33; *Mayer* ZEV 1996, 441, 446; *Thubauville* MittRhNotK 1992, 289, 298; a. A. *Keim* MittBayNot 2008, 8, 11 der in der nachträglichen Aufhebung ein bedingtes Vermächtnis sieht.
[285] Staudinger/*Haas* § 2315 Rn. 33; *Mayer* ZEV 1996, 441.
[286] BGHZ 15, 168.
[287] Staudinger/*Haas* § 2315 Rn. 31/32; *Lange/Kuchinke* § 37 VII 9 a (914); *Lange* NJW 1955, 1339, 1343.

der eines Pflichtteilsverzichts. Einen Pflichtteilsverzicht kann der gesetzliche Vertreter im Namen des Minderjährigen jedoch nur mit der Genehmigung des Vormundschaftsgerichtes (§ 1822 Nr. 2 BGB). Nach §§ 1629 Abs. 2, 1795 Abs. 2, 181 BGB sind die Eltern in dem Fall der Zuwendung mit Anrechnungsanordnung auf den Pflichtteil von der Vertretung des minderjährigen Kindes kraft Gesetzes ausgeschlossen. § 181 BGB findet auch auf einseitige empfangsbedürftige Rechtsgeschäfte Anwendung, obwohl der Vertreter das einseitige Rechtsgeschäft nicht „mit" sich selbst, sondern nur sich selbst „gegenüber" vornimmt.[288] Die Eltern können daher bei einer Zuwendung an deren minderjähriges Kind nicht die Anordnung der Anrechnung bestimmen und als Vertreter des Kindes diese Erklärung in Empfang nehmen.[289] In diesem Fall muss nach § 1909 Abs. 1 BGB ein **Ergänzungspfleger** bestellt werden. Nach h. M. bedarf der Ergänzungspfleger analog § 2347 Abs. 2 BGB der **vormundschaftlichen Genehmigung,** da die Anrechnungsanordnung ähnliche Wirkung eines Pflichtteilsverzichtes habe bzw. bei einer Grundstücksschenkung die Anrechnungsbestimmung zu einem teilentgeltlichen Erwerb führen würde (§ 1821 Abs. 1 Nr. 5 BGB).[290] Streitig ist, ob das Vormundschaftsgericht[291] oder das Familiengericht[292] zuständig ist.

122 Die Notwendigkeit des Ergänzungspflegers bzw. der vormundschaftlichen Genehmigung kann jedoch durch Gestaltung verhindert werden. Die Risiken für den Minderjährigen ergeben sich aus dem für die Anrechnung maßgeblichen Bewertungsstichtag. Nach § 2315 Abs. 2 S. 2 BGB bestimmt sich der Anrechnungswert nach der Zeit, zu welcher die Zuwendung erfolgt ist. Denkbar ist somit, dass der zur Zeit der Zuwendung vorhandene Wert beispielsweise durch Wertverlust zum Zeitpunkt des Erbfalles nicht mehr vorhanden ist. In der Literatur wird zur Herbeiführung der Genehmigungsfähigkeit die Begrenzung des Anrechnungswertes auf denjenigen zum Zeitpunkt des Erbfalls vorgeschlagen (vgl. nachstehender Formulierungsvorschlag).

Formulierungsvorschlag:[293]

123 Die Zuwendung ist auf den Pflichtteil des Erwerbers gem. § 2315 BGB anzurechnen, höchstens jedoch mit dem Wert der Zuwendung im Zeitpunkt des Veräußerungsvorgangs.

Das OLG München hat festgehalten, dass das Risiko des Wertverlustes durch die vorgenannte Formulierung ausgeschlossen werden kann.[294]

124 **d) Beweislast.** Der Erbe, der eine Anrechnung der Zuwendung auf den Pflichtteil geltend macht, hat darzulegen und zu beweisen, dass die Zuwendung mit einer gleichzeitigen oder früher erklärten Anrechnungsbestimmung erfolgt ist. Ein **Anscheinsbeweis** für eine konkludent erklärte Anrechnungsbestimmung greift auch im Fall der Zuwendung größerer Geldbeträge nicht ein; dies gilt jedenfalls dann, wenn bereits die Vollziehung der Zuwendung streitig ist.[295] Die Beweislast für die Änderung bzw. Aufhebung einer getroffenen Anrechnungsanordnung trifft den Pflichtteilsberechtigten.[296]

---

[288] BGH NJW-RR 1991, 1441; Staudinger/*Haas* § 2315 Rn. 31/32; MünchKommBGB/*Schramm* § 181 Rn. 13.
[289] MünchKommBGB/*Lange* § 2315 Rn. 9; Staudinger/*Haas* § 2315 Rn. 26, 32; *Mayer* ZErb 2007, 130, 135; a. A. OLG Dresden MittBayNot 1996, 288; *Pentz* MDR 1988, 1266, 1267.
[290] MünchKommBGB/*Lange* § 2315 Rn. 9; Staudinger/*Haas* § 2315 Rn. 31; a. A. *Keim* MittBayNot 2008, 8, 12; *Pentz* MDR 1988, 1266, 1267.
[291] BayObLG ZEV 2004, 340.
[292] OLG Köln Rpfleger 2003, 570.
[293] *Fembacher/Franzmann* MittBayNot 2002, 78, 85.
[294] OLG München ZEV 2007, 493, 495.
[295] OLG Schleswig ZEV 2008, 386; OLG Koblenz ZErb 2006, 130; OLG Düsseldorf FamRZ 1994, 1491; OLG Karlsruhe NJW-RR 1990, 393; Soergel/*Dieckmann* § 2315 Rn. 6.
[296] Staudinger/*Haas* § 2315 Rn. 33.

4. Wirkung der Anrechnungspflicht

> **Checkliste**
> **Berechnung des Anrechnungspflichtteils nach § 2315 BGB**
>
> Die Schritte 1–3 sind für jeden Pflichtteilsberechtigten gesondert durchzuführen.
>
> **I. Bildung des Anrechnungsnachlasses**
> Zuwendung wird dem realen Nachlass hinzugerechnet
>
> **II. Ermittlung des fiktiven Gesamtpflichtteils**
> Der rechnerische Pflichtteil des Anrechnungspflichtigen wird aus dem Anrechnungsnachlass berechnet
>
> **III. Berechnung des Anrechnungspflichtteils**
> Von dem rechnerischen Pflichtteil wird der Wert der Zuwendung, der zuvor dem Nachlass hinzugerechnet wurde, abgezogen.

Die Anrechnungspflicht des § 2315 Abs. 2 S. 1 BGB begründet keine Pflicht, die erhaltene lebzeitige Zuwendung gegenständlich oder wertmäßig in den Nachlass zurückzugewähren.[297] Die Systematik der Anrechnung unterstellt vielmehr, dass der Realnachlass im Zeitpunkt des Erbfalls bei Unterbleiben der lebzeitigen Zuwendung um den zugewandten Betrag erhöht wäre.[298] Daher bestimmt § 2315 Abs. 1 S. 1 BGB, dass der Wert der Zuwendung dem tatsächlich vorhandenen Nachlass hinzugerechnet und somit ein fiktiver Nachlass gebildet wird. Aus diesem fiktiven Nachlass ist der rechnerische Pflichtteil des Anrechnungspflichtigen zu berechnen, von dem dann der Vorempfang abzuziehen ist.[299]

Beispiel:
Der verwitwete Vater V hinterlässt einen Nachlass im Wert von € 400.000,–. Erbe ist die Lebensgefährtin L. Sein Sohn S hat eine Schenkung in Höhe von € 20.000,– mit Anrechnungsbestimmung erhalten.

Lösung:
1. Bildung des Anrechnungsnachlasses
   Tatsächlicher Nachlass   € 400.000,–
   zzgl. anrechnungspflichtiger Zuwendung   € 20.000,–
   ergibt den Anrechnungsnachlass   € 420.000,–
2. Ermittlung des fiktiven Gesamtpflichtteils
   Anrechnungsnachlass   € 420.000,–
   Pflichtteilsquote   ½
   ergibt fiktiven Gesamtpflichtteil   € 210.000,–
3. Berechnung des Anrechnungspflichtteils
   Fiktiver Gesamtpflichtteil   € 210.000,–
   abzgl. anrechnungspflichtiger Zuwendung   € – 20.000,–
   ergibt Pflichtteilsanspruch des S   € 190.000,–

a) Bildung des Anrechnungsnachlasses. *aa) Vorhandensein mehrerer Pflichtteilsberechtigter.* Jeder Pflichtteilsberechtigte muss sich nur dasjenige anrechnen lassen, was ihm unter einer Anrechnungsbestimmung zugewandt worden ist (vgl. Wortlaut des § 2315 Abs. 1 S. 1 BGB „Bestimmung des Pflichtteils"). Sind mehrere Pflichtteilsberechtigte vorhanden, ist für jeden Pflichtteilsberechtigten die Anrechnung getrennt zu prüfen. Bei der Ausgleichung nach § 2316 BGB werden sämtliche Zuwendungen bei der Bildung des fiktiven Nachlasses be-

---
[297] Staudinger/*Haas* § 2315 Rn. 34.
[298] MünchKommBGB/*Lange* § 2315 Rn. 11.
[299] MünchKommBGB/*Lange* § 2315 Rn. 11; Staudinger/*Haas* § 2315 Rn. 34.

rücksichtigt, da die Vorschrift die Abkömmlinge untereinander gleich stellen möchte. Die Anrechnung berührt die Rechte der weiteren Pflichtteilsberechtigten nicht. Der Pflichtteilsanspruch ist somit für jeden Anrechnungspflichtigen individuell aus der Summe des Realnachlasses und der ihm gemachten Zuwendung zu errechnen.[300] Dies führt dazu, dass der fiktive Nachlass für jeden Anrechnungspflichtigen in unterschiedlicher Höhe festgestellt wird.

129 **Beispiel:**
Der verwitwete Vater V hinterlässt einen Nachlass im Wert von € 300.000,–. Erbe ist die Lebensgefährtin L. Die 3 Kinder sind enterbt worden. Tochter T 1 hat eine Schenkung in Höhe von € 60.000,– und Tochter T 2 eine Schenkung in Höhe von 30.000,– jeweils mit Anrechnungsbestimmung erhalten. Sohn S hat keine Schenkung erhalten.

Lösung:

a) Berechnung des Pflichtteilsanspruchs der T 1

Tatsächlicher Nachlass	€ 300.000,–
zzgl. anrechnungspflichtiger Zuwendung	€ 60.000,–
ergibt fiktiven Nachlass	€ 360.000,–
Pflichtteilsquote $\frac{1}{6}$	€ 60.000,–
abzgl. anrechnungspflichtiger Zuwendung	€ – 60.000,–
ergibt Pflichtteilsanspruch der T1	€ 0,–

b) Berechnung des Pflichtteilsanspruchs der T 2

Tatsächlicher Nachlass	€ 300.000,–
zzgl. anrechnungspflichtiger Zuwendung	€ 30.000,–
ergibt fiktiven Nachlass	€ 330.000,–
Pflichtteilsquote $\frac{1}{6}$	€ 55.000,–
abzgl. anrechnungspflichtiger Zuwendung	€ – 30.000,–
ergibt Pflichtteilsanspruch der T2	€ 25.000,–

c) Berechnung des Pflichtteilsanspruchs des S

Tatsächlicher Nachlass	€ 300.000,–
keine Zuwendung	€ 0,–
ergibt Nachlass	€ 300.000,–
Pflichtteilsquote $\frac{1}{6}$	€ 50.000,–
abzgl. anrechnungspflichtiger Zuwendung	€ 0,–
ergibt Pflichtteilsanspruch des S	€ 50.000,–

130 Werden in dem vorstehenden Beispiel die Gesamtbeträge der jeweiligen Kinder miteinander verglichen,

Tochter 1: € 60.000,– (Pflichtteil € 0,– + Zuwendung € 60.000,–)
Tochter 2: € 55.000,– (Pflichtteil € 25.000,– + Zuwendung € 30.000,–)
Sohn: € 50.000,– (Pflichtteil € 50.000,– + Zuwendung € 0,–)

ist festzustellen, dass die Kinder unterschiedlich hohe Gesamtbeträge erhalten haben. Dies folgt daraus, dass nicht wie bei der Ausgleichung die Abkömmlinge untereinander gleich gestellt werden sollen, sondern für jeden Pflichtteilsberechtigten der Pflichtteils individuell zu berechnen ist.[301] Unterschiedliche Ergebnisse werden somit hingenommen.

131 *bb) Wertbestimmung der Zuwendung.* Der Zweck der Wertbestimmung der Zuwendung ist, der Zuwendung einen Geldbetrag zuzuordnen, so dass eine Anrechnung auf den Pflichtteil möglich ist. Entsprechend der Wertermittlung der Nachlassgegenstände gem. § 2311 BGB ist auch bei der lebzeitigen Zuwendung der volle wirkliche Wert und somit in der Regel der **Verkehrswert** zu ermitteln.[302] Das Gesetz sieht keine bestimmte Bewertungsmethode vor. Wie bei der Bewertung der Nachlassgegenstände im Rahmen des § 2311 BGB ist daher zunächst der gängige Marktpreis zu ermitteln. Ist dies nicht möglich und liegt auch kein tat-

---

[300] MünchKommBGB/*Lange* § 2315 Rn. 12; Staudinger/*Haas* Rn. 35; *Tanck* ZErb 2000, 3, 4.
[301] *Gottwald* § 2315 Rn. 11.
[302] Staudinger/*Haas* § 2315 Rn. 40.

III. Anrechnungspflichtteil

sächlicher Verkaufspreis vor, ist der Wert des Nachlassgegenstandes zu schätzen.[303] Maßgebend ist jedoch der erlangte wirtschaftliche Vorteil. Die im Zusammenhang mit dem Erwerb des Zuwendungsgegenstandes von dem Pflichtteilsberechtigten erbrachten Gegenleistungen, wie auch Vorbehaltsrechte des Erblassers und übernommene Verbindlichkeiten sind von dem Verkehrswert des Zuwendungsgegenstandes in Abzug zu bringen.[304]

Nach § 2315 Abs. 2 S. 2 BGB ist für die Bewertung der Zeitpunkt der Zuwendung maßgebend. Bei Übertragungen von **Immobilien** ist der Tag der Grundbucheintragung maßgebend.[305] Handelt es sich um einen **gestreckten Erwerbstatbestand,** ist die Zuwendung in dem Zeitpunkt erfolgt, in dem sich der Rechtserwerb dinglich vollzogen hat.[306] Nach h. M. enthält § 2315 Abs. 2 S. 2 BGB eine ähnliche Risikoverteilung wie das Stichtagsprinzip gem. § 2311 Abs. 1 S. 1 BGB. Der Anrechnungspflichtige trägt das Risiko einer nach Vollzug eintretenden Wertminderung, der Erbe trägt das Risiko einer nach Vollzug eintretenden Wertsteigerung.[307]

132

Die Anrechnung erfordert zum einen die Wertbestimmung der Zuwendung im Zeitpunkt der Vornahme und zum anderen die Bewertung des Nachlasses im Zeitpunkt des Erbfalls. In beiden Fällen werden den Vermögenswerten Geldbeträge zugeordnet. Damit beide Bewertungen ins Verhältnis gesetzt werden können, ist die unterschiedliche Kaufkraft neutralisiert werden.[308] Aufgrund des Kaufkraftschwundes des Geldes wird von der Rechtsprechung und Literatur der ermittelte Geldbetrag zum Zeitpunkt der Zuwendung auf die Kaufkraft umgerechnet, die sie zur Zeit des Erbfalls hatte.[309] Nach der Rechtsprechung ist der ermittelte Geldwert, den der Anrechnungspflichtige erhalten hat, mit der für das Jahre des Erbfalls geltenden Preisindexzahl für die Lebenshaltung zu multiplizieren und durch die Preisindexzahl für das Jahr, in dem die Zuwendung erfolgte, zu dividieren. Das Ergebnis ergibt den Betrag, mit dem die Zuwendung in Ansatz zu bringen ist.[310]

133

$$\text{Indexierter Wert} = \frac{\text{Wert der Zuwendung zur Zeit der Vornahme} \times \text{Index zur Zeit des Erbfalls}}{\text{Index zur Zeit der Zuwendung}}$$

Beispiel:
Der verwitwete Vater V, der am 6. 4. 2008 verstorben ist, hinterlässt einen Nachlass im Wert von € 400.000,–. Erbe ist die Lebensgefährtin L. Die Tochter T hat eine Schenkung mit Anrechnungsbestimmung in Höhe von € 60.000,– am 23. 5. 2000 erhalten.

134

Lösung:

1. Indexierung der Schenkung
   Verbraucherpreisindex Mai 2000 (2005 = 100) 92,2
   Verbraucherpreisindex April 2008 (2005 = 100) 106,1

   $$€\ 69.045{,}55 = \frac{€\ 60.000{,}-\ \times\ 106{,}1}{92{,}2}$$

2. Berechnung des Pflichtteilsanspruchs der T

Tatsächlicher Nachlass	€ 400.000,–
zzgl. anrechnungspflichtiger indexierter Zuwendung	€ 69.045,55
ergibt den fiktiven Nachlass	€ 469.045,55
Pflichtteilsquote ⅙	€ 78.174,26
abzgl. anrechnungspflichtiger indexierter Zuwendung	€ – 69.045,55
ergibt Pflichtteilsanspruch der T	€ 9.128,71

---

[303] MünchKommBGB/*Lange* § 2315 Rn. 15.
[304] Staudinger/*Haas* § 2315 Rn. 40.
[305] Staudinger/*Haas* § 2315 Rn. 45.
[306] BGH WM 1975, 860, 861; *Thubauville* MittRhNotK 1992, 289, 303.
[307] Staudinger/*Haas* § 2315 Rn. 47.
[308] Staudinger/*Haas* § 2315 Rn. 50.
[309] BGH NJW 1992, 2888; MünchKommBGB/*Lange* § 2315 Rn. 15; Staudinger/*Haas* § 2315 Rn. 51.
[310] BGH NJW 1975, 1831; Verbraucherpreisindex für Deutschland (früher: Preisindex für die Lebenshaltung aller privater Haushalte) ist unter www.destatis.de abrufbar.

135 *cc) Wertbestimmung durch den Erblasser.* Ordnet der Erblasser eine Anrechnung nach § 2315 Abs. 1 BGB an, kann er den maßgeblichen Bewertungsstichtag, die Bewertungsmethode als auch den anzurechnenden Wert der Zuwendung bestimmen.[311] Ist die vom Erblasser angeordnete Wertfestsetzung niedriger als der wahre Wert der Zuwendung, so ist dieser angeordnete Wert maßgebend.[312] Soweit der Erblasser eine nur teilweise Anrechnung anordnen kann, ist es auch zulässig, einen niedrigeren Wert für die Anrechnung zu bestimmen. Übersteigt die vom Erblasser angeordnete Wertfestsetzung den wahren Wert der Zuwendung, müssen nach h. M. die Formerfordernisse des Erbverzichts (§ 2348 BGB) gewahrt und somit notariell beurkundet werden.[313] Hat der Erblasser eine Wertbestimmung angeordnet, ist teilweise fraglich, ob dieser Wert zum Kaufkraftausgleich zu indexieren ist. Sofern der Erblasser einen bestimmten Wert festgesetzt hat, hat eine Indexierung zu unterbleiben. Hat der Erblasser lediglich die Wertermittlungsmethode vorgegeben, ist mangels anderer Hinweise im Wege der Auslegung davon auszugehen, dass eine Indexierung noch vorzunehmen ist.

136 **b) Ermittlung des fiktiven Gesamtpflichtteils.** Durch Hinzurechnung der lebzeitigen Zuwendung zu dem tatsächlich vorhandenen Nachlasses wird der fiktive Nachlass gebildet. Dieser fiktive Nachlass ist mit der Pflichtteilsquote des Anrechnungspflichtigen zu multiplizieren. Dies ergibt den fiktiven Gesamtpflichtteil.

137 Bei der Ermittlung des fiktiven Gesamtpflichtteils sind Zuwendungen von Todes wegen (§§ 2305, 2307 BGB) zu berücksichtigen. Nach h. M. ist im Fall des Pflichtteilsrestanspruchs nach § 2305 BGB nicht nach der Quoten- sondern nach der Werttheorie zu prüfen, ob die Voraussetzungen des § 2305 BGB vorliegen.[314]

138 **c) Berechnung des Anrechnungspflichtteils.** Von dem ermittelten fiktiven Gesamtpflichtteil, ist die anrechnungspflichtige Zuwendung in der gleichen Höhe, wie diese dem tatsächlichen Nachlass hinzugesetzt worden ist, abzuziehen.[315] Der sich hieraus ergebende Betrag ist der dem Pflichtteilsberechtigten zustehende durch Anrechnung gekürzte Pflichtteilsanspruch (sog. Anrechnungspflichtteil).

Übersteigt der Wert der abzuziehenden Zuwendung den Wert des Pflichtteils, der dem Anrechnungspflichtigen zustünde und verbleibt nach der Subtraktion kein positiver Betrag, so braucht der Empfänger nichts in den Nachlass zurück zu zahlen. In diesem Fall kann der Pflichtteilsberechtigte keinen Pflichtteilsanspruch mehr beanspruchen. War die anrechnungspflichtige Zuwendung eine Schenkung, so kann der Empfänger allerdings unter den Voraussetzungen der §§ 2325, 2329 BGB einem Pflichtteilsergänzungsanspruch ausgesetzt sein.

139 Beispiel:
Der verwitwete Vater V hinterlässt einen Nachlass im Wert von € 300.000,–. Erbe ist die Lebensgefährtin L. Die 2 Kinder sind enterbt worden. Tochter T hat eine Schenkung in Höhe von € 90.000,– und Sohn S eine Schenkung in Höhe von € 120.000,– jeweils mit Anrechnungsbestimmung erhalten.

Lösung:
a) Berechnung des Pflichtteilsanspruchs der T

Tatsächlicher Nachlass	€ 300.000,–
zzgl. anrechnungspflichtiger Zuwendung	€ 90.000,–
ergibt fiktiven Nachlass	€ 390.000,–
Pflichtteilsquote 1/4	€ 97.500,–
abzgl. anrechnungspflichtiger Zuwendung	€ - 90.000,–
ergibt Pflichtteilsanspruch der T	€ 7.500,–

---

[311] Staudinger/*Haas* § 2315 Rn. 54; a. A. OLG Nürnberg ZEV 2006, 361 mit Anmerkung *Keim* ZEV 2006, 363.
[312] OLG Düsseldorf ZErb 2002, 231; Staudinger/*Haas* § 2315 Rn. 42.
[313] Staudinger/*Haas* § 2315 Rn. 43; MünchKommBGB/*Lange* § 2315 Rn. 14; a. A. *Ebenroth/Bacher/Lorz* JZ 1991, 277.
[314] Berechnungsbeispiel vgl. oben Rn. 78.
[315] Staudinger/*Haas* § 2315 Rn. 57.

III. Anrechnungspflichtteil

b) Berechnung des Pflichtteilsanspruchs des S

Tatsächlicher Nachlass	€ 300.000,–
zzgl. anrechnungspflichtiger Zuwendung	€ 120.000,–
ergibt fiktiven Nachlass	€ 420.000,–
Pflichtteilsquote ¼	€ 105.000,–
abzgl. anrechnungspflichtiger Zuwendung	€ – 120.000,–
ergibt Pflichtteilsanspruch des S	€ –15.000,–

Der S muss keinen Betrag an den Nachlass zurück zahlen. Ein Pflichtteilsanspruch des S besteht jedoch gleichfalls nicht.

d) Prozessuale Geltendmachung. Die Anrechnung nach § 2315 BGB ist im Gerichtsverfahren eine von Amts wegen zu berücksichtigende Einwendung.[316] Der Pflichtteilsberechtigte ist dem Erben zur Auskunft über lebzeitig erhaltene Zuwendungen verpflichtet. Wird der Erbe von dem Pflichtteilsberechtigten auf Auskunftserteilung in Anspruch genommen, sollte der Erbe seinerseits von dem Pflichtteilsberechtigten über lebzeitige Zuwendungen Auskunft fordern.[317]

Praxistipp:
Wird der Erbe von dem Pflichtteilsberechtigten auf Auskunftserteilung über den Nachlass in Anspruch genommen, sollte der Erbe seinerseits den Auskunftsanspruch über lebzeitige Zuwendungen zu Gunsten des Pflichtteilsberechtigten diesem gegenüber geltend machen.

5. Anrechnungspflicht für fremden Vorempfang

a) Normzweck. Grundsätzlich muss sich bei der Anrechnung nach § 2315 BGB nur der pflichtteilsberechtigte Zuwendungsempfänger die selbst erhaltene Zuwendung auf seinen eigenen Pflichtteil anrechnen lassen. Dies ist ein maßgeblicher Unterschied zur Regelung der Ausgleichung. Fällt der pflichtteilsberechtigte Zuwendungsempfänger weg und rückt für diesen ein Abkömmling des Erblassers als Pflichtteilsberechtigter nach, soll nach dem Normzweck des § 2315 Abs. 3 BGB die durch die Anrechnung erfolgte Reduzierung des Pflichtteils nicht wegfallen, sondern auch gegenüber dem eintretenden Pflichtteilsberechtigten Geltung haben. Dieser Normzweck wird über die Verweisung des § 2315 Abs. 1 BGB auf § 2051 Abs. 3 BGB erreicht. In § 2051 Abs. 3 BGB ist normiert, dass bei Wegfall eines Abkömmlings, der als Erbe wegen der ihm gemachten Zuwendungen zur Ausgleichung verpflichtet sein würde, der an seine Stelle tretende Abkömmling zur Ausgleichung verpflichtet ist. Fällt somit ein Abkömmling, der vom Erblasser eine anrechnungspflichtige Zuwendung erhalten hat, weg, so muss sich der an seine Stelle tretende Abkömmling des Erblassers die für ihn fremde Zuwendung anrechen lassen.[318]

Voraussetzung für eine Anrechnungspflicht für fremden Vorempfang ist, dass ein anrechnungspflichtiger Abkömmling wegfällt und dass ein Abkömmling des Erblassers an die Stelle des Weggefallenen eintritt.

b) Wegfall eines anrechnungspflichtigen Abkömmlings. Die Anrechnungspflicht für fremden Vorempfang setzt voraus, dass ein Abkömmling, der eine auf den Pflichtteil anzurechnende Zuwendung erhalten hat, vor oder nach dem Erbfall wegfällt. Der Abkömmling kann auch dadurch wegfallen, dass er seine Erbberechtigung verliert. Das Pflichtteilsrecht (§ 2303 BGB) setzt voraus, dass ohne die testamentarische Enterbung ein gesetzliches Pflichtteilsrecht bestanden hätte.[319] Die Erbberechtigung verliert der Abkömmling, wenn er vor oder gleichzeitig mit dem Erblasser verstirbt (§ 1923 Abs. 1 BGB), das Erbe ausgeschlagen hat, jedoch seine Pflichtteilsberechtigung behalten hat (§ 2306 BGB), für erbunwürdig erklärt

---

[316] Staudinger/*Haas* § 2315 Rn. 59.
[317] Vgl. § 2 Rn. 76.
[318] Staudinger/*Haas* § 2315 Rn. 60.
[319] Staudinger/*Haas* § 2303 Rn. 37.

worden ist (§ 2344 BGB) oder auf sein gesetzliches Pflichtteilsrecht durch Vertrag mit dem Erblasser ohne Vorbehalt des Pflichtteilsrechts verzichtet hat (§ 2346 Abs. 1 BGB). Der Abkömmling kann auch dadurch wegfallen, dass er seine Pflichtteilsberechtigung verliert.[320] Dies ist der Fall, wenn der Abkömmling einen Pflichtteilsverzicht abgegeben hat (§ 2346 Abs. 2 BGB), für pflichtteilsunwürdig erklärt worden ist (§ 2345 Abs. 2 BGB) oder der Pflichtteil durch letztwillige Verfügung entzogen worden ist (§ 2333 BGB).

144 **c) Eintritt eines Abkömmlings an die Stelle des Weggefallenen.** An die Stelle des weggefallenen Abkömmlings des Erblassers muss ein anderer Abkömmling des Erblassers treten. Dieser kann, muss jedoch kein Abkömmling des Weggefallenen sein. Als eintretende Abkömmlinge kommen daher auch Seitenverwandte des Weggefallenen in Betracht, soweit diese gleichzeitig Abkömmlinge des Erblassers sind. Voraussetzung ist, dass der an die Stelle des Weggefallenen erst durch den Wegfall einen Pflichtteilsanspruch erhält, oder sich sein bereits bestehender Pflichtteilsanspruch erhöht.

Nach dem Wortlaut des § 2315 Abs. 3 BGB findet keine Anrechnung statt, wenn die Eltern des Erblassers oder sein Ehegatte an die Stelle eines anrechnungspflichtigen Abkömmlings treten. Eine Korrektur dieses Ergebnisses bewirkt § 2309 BGB hinsichtlich des Pflichtteils der Eltern. Nach § 2309 BGB sind die Eltern insoweit nicht pflichtteilsberechtigt, als ein Abkömmling, der sie im Falle der gesetzlichen Erbfolge ausschließen würde, den Pflichtteil verlangen kann oder das ihm Hinterlassene annimmt. Kann der einzige Abkömmling des Erblassers den Anrechnungspflichtteil nicht verlangen, weil er beispielsweise seine Pflichtteilsberechtigung verloren hat, so steht den Eltern ein Pflichtteilsanspruch nur insoweit zu, als der Abkömmling nicht bereits das ihm Hinterlassene angenommen hat. Die auf den Pflichtteil anzurechnende Zuwendung unter Lebenden ist als „das ihm Hinterlassene" zu behandeln.[321] Eine Anrechnung der Zuwendung auf den Pflichtteil der Eltern erfolgt somit nicht.

145 Beispiel:
Der verwitwete Vater V hinterlässt einen Nachlass im Wert von € 300.000,–. Erbe ist die Lebensgefährtin L. Sein einziger Sohn S ist vorverstorben. S hat seinerseits eine Tochter T. S hat eine Schenkung von V in Höhe von € 60.000,– mit Anrechnungsbestimmung erhalten.

Lösung:

Sohn S ist ein Abkömmling, der eine auf den Pflichtteil anzurechnende Zuwendung erhalten hat und vor dem Erbfall weggefallen ist. An die Stelle des weggefallenen Abkömmlings S ist dessen Tochter T als anderer Abkömmling des Erblassers eingetreten. Die Voraussetzungen des § 2315 Abs. 3 BGB liegen vor:

a) Bildung des Anrechnungsnachlasses
Tatsächlicher Nachlass	€ 300.000,–
zzgl. anrechnungspflichtige „fremde" Zuwendung an S	€ 60.000,–
ergibt den Anrechnungsnachlass	€ 360.000,–

b) Ermittlung des fiktiven Gesamtpflichtteils
Anrechnungsnachlass	€ 360.000,–
Pflichtteilsquote	½
ergibt fiktiven Gesamtpflichtteil	€ 180.000,–

c) Berechnung des Anrechnungspflichtteils
Fiktiver Gesamtpflichtteil	€ 180.000,–
abzgl. anrechnungspflichtige „fremde" Zuwendung an S	€ – 60.000,–
ergibt Pflichtteilsanspruch der T	€ 120.000,–

146 Bei der Ermittlung der Pflichtteilsquote ist § 2310 BGB zu berücksichtigen. Nach § 2310 BGB werden bei der Feststellung des für die Berechnung des Pflichtteils maßgebenden Erbteils nur diejenigen mitgezählt, welche durch letztwillige Verfügung von der Erbfolge ausgeschlossen sind oder die Erbschaft ausgeschlagen haben oder für erbunwürdig erklärt sind.

---
[320] Staudinger/*Haas* § 2303 Rn. 43.
[321] MünchKommBGB/*Lange* § 2315 Rn. 18; Bamberger/Roth/*Mayer* § 2315 Rn. 19; Soergel/*Dieckmann* § 2315 Rn. 19; Staudinger/*Haas* § 2315 Rn. 69.

III. Anrechnungspflichtteil

Wer durch **Erbverzicht** von der gesetzlichen Erbfolge ausgeschlossen ist, **wird nicht mitgezählt**.

Beispiel: 147
Der verwitwete Vater V hinterlässt einen Nachlass im Wert von € 300.000,–. V hinterlässt einen Sohn S und eine Tochter T. Der Sohn S hat seinerseits ein Abkömmling A. V hat S zum Erben eingesetzt; Ersatzerbe ist der Tierschutzverein. S schlägt die Erbschaft aus. S hat eine Schenkung von V in Höhe von € 60.000,– mit Anrechnungsbestimmung erhalten.

Lösung:
1. Berechnung des Pflichtteilsanspruchs der T
Die Pflichtteilsquote der Tochter T beträgt ¼. Die Ausschlagung des Erbes durch S erhöht die Pflichtteilsquote der T nicht (vgl. § 2310 S. 1; anders wäre dies bei einem Erbverzicht durch S). Der Pflichtteilsanspruch der T beträgt daher € 75.000,–.
2. Berechnung des Pflichtteilsanspruchs des A
Sohn S ist ein Abkömmling, der eine auf den Pflichtteil anzurechnende Zuwendung erhalten hat und durch die Ausschlagung weggefallen ist. An die Stelle des weggefallenen Abkömmlings S ist dessen Abkömmling A als anderer Abkömmling des Erblassers eingetreten. Die Voraussetzungen des § 2315 Abs. 3 BGB liegen vor:

a) Bildung des Anrechnungsnachlasses
Tatsächlicher Nachlass	€ 300.000,–
zzgl. anrechnungspflichtige „fremde" Zuwendung an S	€ 60.000,–
ergibt den Anrechnungsnachlass	€ 360.000,–

b) Ermittlung des fiktiven Gesamtpflichtteils
Anrechnungsnachlass	€ 360.000,–
Pflichtteilsquote	¼
ergibt fiktiven Gesamtpflichtteil	€ 90.000,–

c) Berechnung des Anrechnungspflichtteils
Fiktiver Gesamtpflichtteil	€ 90.000,–
abzgl. anrechnungspflichtige „fremde" Zuwendung an S	€ – 60.000,–
ergibt Pflichtteilsanspruch der T	€– 30.000,–

Fällt ein gesetzlicher Erbe vor oder nach dem Erbfall weg und erhöht sich infolgedessen der Erbteil eines anderen gesetzlichen Erben, so gilt nach § 1935 BGB der Teil, um welchen sich der Erbteil erhöht, in Ansehung der Vermächtnisse und Auflagen, mit denen dieser Erbe oder der wegfallende Erbe beschwert ist, sowie in Ansehung der Ausgleichungspflicht, als besonderer Erbteil. Erhöht sich somit die Pflichtteilsquote eines Abkömmlings, weil ein weiterer Abkömmling des Erblassers weggefallen ist, sind der ursprüngliche Pflichtteil und derjenige, der durch den Wegfall als Erhöhung erworben wird, als **besondere Pflichtteile** anzusehen.[322] Dem durch den Wegfall erworbene Pflichtteil haftet jedoch die Anrechnungsbestimmung an, so dass dieser nicht voll, sondern nur unter Abzug des Anrechnungsbetrages besteht. 148

Beispiel: 149
Der verwitwete Vater V hinterlässt einen Nachlass im Wert von € 300.000,–. Erbe ist die Lebensgefährtin L. V hinterlässt einen Sohn S und eine Tochter T. Der kinderlose Sohn S ist vorverstorben. S hat eine Schenkung von V in Höhe von € 60.000,– mit Anrechnungsbestimmung erhalten.

Lösung:
Sohn S ist ein Abkömmling, der eine auf den Pflichtteil anzurechnende Zuwendung erhalten hat und vor dem Erbfall weggefallen ist. An die Stelle des weggefallenen Abkömmlings S ist dessen Tochter T als anderer Abkömmling des Erblassers eingetreten. Die Voraussetzungen des § 2315 Abs. 3 BGB liegen vor:

1. Berechnung des „eigenen" Pflichtteilsanspruches der T
Tatsächlicher Nachlass	€ 300.000,–
Pflichtteilsquote	¼
ergibt den „eigenen" Pflichtteilsanspruch der T	€ 75.000,–

---
[322] Staudinger/*Haas* § 2315 Rn. 66.

2. Berechnung des „übergegangenen" Pflichtteilsanspruches der T
a) Bildung des Anrechnungsnachlasses
Tatsächlicher Nachlass € 300.000,-
zzgl. anrechnungspflichtige „fremde" Zuwendung an S € 60.000,-
ergibt den Anrechnungsnachlass € 360.000,-
b) Ermittlung des fiktiven Gesamtpflichtteils
Anrechnungsnachlass € 360.000,-
Pflichtteilsquote ¼
ergibt fiktiven Gesamtpflichtteil € 90.000,-
c) Berechnung des Anrechnungspflichtteils
Fiktiver Gesamtpflichtteil € 90.000,-
abzgl. anrechnungspflichtige „fremde" Zuwendung an S € – 60.000,-
ergibt „übergegangener" Pflichtteilsanspruch der T € 30.000,-

Der Gesamtpflichtteilsanspruch der T beträgt € 105.000,- (€ 75.000,- + € 30.000,-).

150 Die Anrechnung erfolgt nicht auf den Gesamtpflichtteilsanspruch, sondern nur auf den übergegangenen Pflichtteilsanspruch. Die Anrechnung der lebzeitigen Zuwendung kann daher nicht über den Teil des erworbenen Pflichtteilsanspruches hinausgehen.

151 Beispiel:
Wie Beispiel zuvor, jedoch beträgt die anrechnungspflichtige Zuwendung € 120.000,–.

Lösung:
1. Berechnung des „eigenen" Pflichtteilsanspruches der T
Tatsächlicher Nachlass € 300.000,-
Pflichtteilsquote ¼
ergibt den „eigenen" Pflichtteilsanspruch der T € 75.000,-
2. Berechnung des „übergegangenen" Pflichtteilsanspruches der T
a) Bildung des Anrechnungsnachlasses
Tatsächlicher Nachlass € 300.000,-
zzgl. anrechnungspflichtige „fremde" Zuwendung an S € 120.000,-
ergibt den Anrechnungsnachlass € 420.000,-
b) Ermittlung des fiktiven Gesamtpflichtteils
Anrechnungsnachlass € 420.000,-
Pflichtteilsquote ¼
ergibt fiktiven Gesamtpflichtteil € 105.000,-
c) Berechnung des Anrechnungspflichtteils
Fiktiver Gesamtpflichtteil € 105.000,-
abzgl. anrechnungspflichtige „fremde" Zuwendung an S € – 120.000,-
ergibt „übergegangener" Pflichtteilsanspruch der T € – 15.000,-

Der „übergangene" Pflichtteilsanspruch ist durch die anrechnungspflichtige Zuwendung aufgebraucht und beträgt € 0,-. Der Gesamtpflichtteilsanspruch der T beträgt € 75.000,-.

6. Anrechnung bei Zugewinngemeinschaft

152 Hat der überlebende Ehegatte einer Zugewinngemeinschaftsehe lebzeitig von dem anderen Ehegatten eine Zuwendung erhalten und schlägt der überlebende Ehegatte die Erbschaft aus und begehrt seinen konkreten Zugewinnausgleich sowie den kleinen Pflichtteil, ist zu prüfen, ob die Zuwendung auf den Pflichtteil nach § 2315 BGB oder nach § 1380 BGB auf den Zugewinnausgleichsanspruch anzurechnen ist.[323] Voraussetzung für eine Möglichkeit der Anrechnung nach § 2315 BGB ist eine Anrechnungsanordnung. Grundsätzlich spricht § 1380 Abs. 1 S. 2 BGB eine gesetzliche Vermutung dafür aus, dass im Zweifel eine Zuwendung auf den Zugewinnausgleich angerechnet werden soll, wenn der Wert der Zuwendung den von Gelegenheitsgeschenken übersteigt, die nach den Lebensverhältnissen der Ehegatten üblich sind.

---

[323] Staudinger/*Haas* § 2315 Rn. 71; *Bonefeld* ZErb 2002, 189.

Nicht zulässig ist eine doppelte Anrechnung auf den Pflichtteil und den Zugewinnausgleich.[324] Der Erblasser kann jedoch eine Reihenfolge der Anrechnung bestimmen. Hat er eine solche nicht getroffen, hat nach h. M. die Anrechnung zunächst auf den Pflichtteil zu erfolgen; lediglich ein nicht verbrauchter Rest, ist auf den Zugewinnausgleich anzurechnen.[325] Begründet wird dies damit, dass zunächst mit der Forderung aufgerechnet werden sollte, die für den Ehegatten die weniger sichere ist. Dies ist der Pflichtteil als das rangschlechtere Recht in der Insolvenz (§ 1991 Abs. 4; § 327 Abs. 1 S. 1 InsO). Darüber hinaus unterliegt der Pflichtteilsanspruch im Gegensatz zur Ausgleichsforderung (§ 5 Abs. 2 Var. 2. ErbStG) der Erbschaftsteuer (§§ 1 Abs. 1 Nr. 1, 3 Abs. 1 Nr. 1 ErbStG), so dass eine Verkürzung der Pflichtteilsforderung steueroptimiert ist. Eine andere Meinung will die Anrechnung zunächst auf den Zugewinnausgleich vornehmen.[326] Eine weitere Meinung will im Zweifel auf den Pflichtteil anrechnen, dies jedoch einzelfallabhängig und in der Art und Weise, dass der Zuwendungsempfänger nach der Berechnung des Zugewinnausgleichsanspruchs nicht besser stehen soll, als er ohne die Zuwendung stehen würde.[327]

IV. Ausgleichungspflichtteil

1. Normzweck der Ausgleichung

153 Normzweck der Ausgleichung im Pflichtteilsrecht (§ 2316 BGB) ist die **Umverteilung** bzw. **Verschiebung der Pflichtteilslast unter mehreren Abkömmlingen**. Die Ausgleichung erhöht oder vermindert nicht die Pflichtteilslast des Erben. Hierin liegt der wesentliche Unterschied zum Anrechnungspflichtteil (§ 2315 BGB). Der Normzweck wird über die Anwendung der Vorschriften über die Ausgleichung im Fall der gesetzlichen Erbfolge (§ 2316 i.V.m. §§ 2050 ff. BGB) erreicht.

154 Die Wichtigkeit der Ausgleichung im Pflichtteilsrecht wird regelmäßig unterschätzt. Nicht erst seit der Reform des Erbschaftsteuerrechts hat die Nachfolgeplanung an Bedeutung zugenommen. Lebzeitige Schenkungen der Eltern an Kinder zur Reduzierung der Erbschaftsteuerlast und zur planvollen Nachlassgestaltung gehören zu dem Standardrepertoire der Vermögensnachfolge. Diese Gestaltungen können grundsätzlich einen Ausgleichungspflichtteil auslösen. Dies wird in der Beratungspraxis regelmäßig übersehen.

> **Praxistipp:**
> Der Ausgleichungspflichtteil birgt ein hohes Haftungspotential für die Berater, da der Ausgleichungspflichtteil in der Praxis regelmäßig übersehen wird. In allen Pflichtteilsstreitigkeiten mit Vorschenkungen und mehreren Abkömmlingen muss überprüft werden, ob § 2316 BGB einschlägig ist.

155

2. Voraussetzungen der Ausgleichung

156 **a) Mehrere Abkömmlinge.** Die Norm des § 2316 Abs. 1 BGB setzt voraus, dass beim Tod des Erblassers mehrere Abkömmlinge vorhanden sind. Dies ist ein maßgeblicher Unterschied zum Anrechnungspflichtteil nach § 2315 BGB. Unerheblich ist, ob der Abkömmling ehelich oder nichtehelich ist. Neben dem Pflichtteilsberechtigten, der den Ausgleichungspflichtteil geltend macht, muss mindestens ein weiterer Abkömmling vorhanden sein.[328] Zu prüfen ist, ob der weitere Abkömmling in dem (hypothetischen) Fall der gesetzlichen Erbfolge zum Erben berufen wäre. Ein weiterer Abkömmling ist dann „vorhanden", wenn entsprechend der Regelung des § 2310 BGB der weitere Abkömmling bei der Berechnung des

---

[324] Staudinger/*Haas* § 2315 Rn. 75.
[325] MünchKommBGB/*Lange* § 2315 Rn. 21; Staudinger/*Haas* § 2315 Rn. 76.
[326] Kerscher/Riedel/*Lenz* § 8 Rn. 59.
[327] Mayer/Süß/Tanck/Bittler/Wälzholz//*Tanck* § 7 Rn. 83.
[328] MünchKommBGB/*Lange* § 2316 Rn. 2; Staudinger/*Haas* § 2316 Rn. 2.

gesetzlichen Erbteils mitzuzählen wäre. Mitzuzählen ist daher auch ein Abkömmling, der sein Pflichtteilsrecht durch **Ausschlagung, Pflichtteilsentziehung, Erbunwürdigkeit** verloren hat. Hat der weitere Abkömmling gegenüber dem Erblasser einen **Pflichtteilsverzicht** erklärt, so ist der Verzichtende nicht von der gesetzlichen Erbfolge ausgeschlossen und wird daher bei der Berechnung des Ausgleichungspflichtteils mitgezählt, obwohl ihm selbst ein Pflichtteilsanspruch nicht zusteht.[329] Nicht zu berücksichtigen sind Abkömmlinge, die zu Lebzeiten des Erblassers vertraglich auf das Erbrecht gem. § 2346 BGB verzichtet haben (§ 2316 Abs. 2 Satz 2 BGB). Dies gilt auch für die Abkömmlinge des Verzichtenden, soweit sich die Wirkung des Verzichts auf sie erstreckt (§ 2349 BGB).

157

Checkliste: Mehrere Abkömmlinge

Ein weiterer Abkömmling i. S. d. § 2316 BGB ist dann „vorhanden", wenn dieser bei der Berechnung des gesetzlichen Erbteils mitzuzählen wäre:
- Abkömmlinge, die durch letztwillige Verfügung von der Erbfolge ausgeschlossen sind
- Abkömmlinge, die ihr Pflichtteilsrecht durch Ausschlagung, Pflichtteilsentziehung oder Erbunwürdigkeitserklärung verloren haben
- Abkömmlinge, die zu Lebzeiten des Erblassers auf ihr Pflichtteilsrecht verzichtet haben
- Abkömmlinge, deren Pflichtteil durch die auszugleichende Zuwendung aufgezehrt wird

158 b) **Ausgleichungspflichtige Zuwendung.** Der Ausgleichungspflichtteil nach § 2316 Abs. 1 BGB setzt voraus, dass im (hypothetischen) Fall der gesetzlichen Erbfolge die Zuwendung gemäß § 2050 BGB ausgleichungspflichtig sein würde oder dass der Pflichtteilsberechtigte gemäß § 2057a BGB eine besondere Leistung zu Gunsten des Erblassers erbracht hat. Der Ausgleichungspflichtteil unterscheidet sich hierbei maßgeblich von der Ausgleichung im Fall der gesetzlichen Erbfolge. Im Rahmen der gesetzlichen Erbfolge kann der Erblasser zu Lebzeiten anordnen, ob die Zuwendung ausgleichungspflichtig ist oder nicht. Nach § 2316 Abs. 3 BGB müssen Zuwendungen der in § 2050 Abs. 1 BGB bezeichneten Art (Ausstattungen, § 1624 BGB) berücksichtigt werden. Der Erblasser kann zum Nachteil eines Pflichtteilsberechtigten Ausstattungen nicht von der Berücksichtigung der Ausgleichung ausschließen.[330] Diese zwingende Ausgleichungspflicht besteht auch bei Übermaßzuschüssen und Übermaßausbildungskosten.[331] Diese zwingende Ausgleichungspflicht über den Wortlaut des § 2316 Abs. 3 BGB besteht auch auf die in § 2050 Abs. 2 bezeichneten Zuwendungen (Zuschüsse zum Unterhalt und Berufsausbildungskosten).[332] Hat der Erblasser bei der Zuwendung die Ausgleichung der Zuwendung gemäß § 2050 Abs. 3 BGB angeordnet, ist dies auch im Rahmen des Ausgleichungspflichtteils grundsätzlich zu berücksichtigen. Lediglich wenn der Erblasser die Ausgleichung nur für die gesetzliche Erbfolge, nicht aber für die Berechnung der Pflichtteilshöhe erklärt hat, ist dies bei dem Ausgleichungspflichtteil nicht zu berücksichtigen.[333]

159 aa) *Grundvoraussetzungen der Ausgleichungspflicht.* § 2050 BGB regelt **vier Fälle der Ausgleichungspflicht,** nämlich nach Abs. 1 die Ausstattung, nach Abs. 2 den Zuschuss zur Lebensführung und die Aufwendung zur Berufsausbildung sowie in Abs. 3 den der sonstigen Zuwendungen. Grundsätzlich gelten zwar für alle vier Fälle unterschiedliche Voraussetzungen für eine Ausgleichung, jedoch müssen alle Zuwendungen im Sinne des § 2050 BGB **nachfolgende Voraussetzungen** erfüllen.

160 *(1) Zuwendung des Erblassers.* Zwingende Voraussetzung für eine Ausgleichungspflicht im Rahmen des § 2050 BGB ist, dass es sich um eine **Zuwendung des Erblassers** handelt.

---
[329] MünchKommBGB/*Lange* § 2316 Rn. 4.
[330] MünchKommBGB/*Lange* § 2316 Rn. 6; *Kerscher/Tanck* ZEV 1997, 354, 356.
[331] MünchKommBGB/*Lange* § 2316 Rn. 5.
[332] MünchKommBGB/*Lange* § 2316 Rn. 6.
[333] Staudinger/*Haas* § 2316 Rn. 12.

IV. Ausgleichungspflichtteil

Bei einem gemeinschaftlichen Testament ist auch der zuerst Verstorbene als Erblasser anzusehen.[334] Darüber hinaus muss der Erblasser diese Zuwendung zu seinen Lebzeiten vorgenommen haben. Es muss sich also um eine Zuwendung unter Lebenden und nicht von Todes wegen handeln.[335] Für eine Zuwendung unter Lebenden soll es nach herrschender Meinung genügen, wenn der Erblasser hinsichtlich einer zum Zeitpunkt des Erbfalles noch nicht zurückbezahlten Darlehensschuld anordnet, dass nur noch eine Ausgleichung stattzufinden habe.[336] Keine lebzeitige Zuwendung des Erblassers liegt im Falle einer Hofübergabe nach § 17 HöfeO vor.[337]

(2) Auf Kosten des Erblassers. Eine Zuwendung im Sinne des § 2050 BGB setzt kein Rechtsgeschäft zwischen dem Erblasser und dem Abkömmling voraus. Es genügt vielmehr jeder Vermögensvorteil, den der Abkömmling **auf Kosten des Nachlasses** vom Erblasser erhält.[338] Durch die Übertragung des Vermögensgegenstandes vom Erblasser auf den Abkömmling muss der Nachlass bzw. das Auseinandersetzungsguthaben verringert worden sein. Damit ist eine Zuwendung in diesem Sinne als wirtschaftliche Maßnahme zu definieren, durch die dem Abkömmling ein Vermögensvorteil vom Erblasser auf Kosten des Nachlasses zufließt.[339] Es muss also eine lebzeitige Übertragung von Vermögen vom Erblasser auf den Abkömmling stattgefunden haben. Daran fehlt es insbesondere dann, wenn der Erblasser dem Abkömmling lediglich ein Eintrittsrecht in eine Handelsgesellschaft im Gesellschaftsvertrag einräumt,[340] solange der Erblasser für die Verschaffung des Eintrittsrechts kein Vermögensopfer erbracht hat.[341] Im Falle einer qualifizierten Nachfolgeklausel findet § 2050 BGB mangels Zuwendung unter Lebenden keine direkte Anwendung. Allerdings wird in der Literatur eine entsprechende Anwendung der §§ 2050 ff. BGB zugunsten der ausgeschlossenen Erben befürwortet.[342]

161

Eine ausgleichungspflichtige Zuwendung kann sowohl dinglicher als auch obligatorischer Natur sein. Die Zuwendung im Sinne des § 2050 BGB kann bereits in einem abgegeben Leistungsversprechen liegen.[343] Das bindende Leistungsversprechen ist dann als Nachlassverbindlichkeit zu behandeln.

162

Daher fallen sowohl rechtsgeschäftliche Zuwendungen als auch rein tatsächlich-wirtschaftliche Maßnahmen des Erblassers zugunsten des Abkömmlings unter § 2050 BGB.[344] Unter den **Begriff der Zuwendung** im Sinne des § 2050 BGB fallen daher zum Beispiel:
- einmalige oder laufende Geldzahlungen, die auch die Form einer Rente annehmen können;[345]
- Tilgung von Schulden des Abkömmlings oder dessen Ehegatten um den Abkömmling zu entlasten;[346]
- Verzicht auf und Erlass von Verbindlichkeiten;[347]
- Übertragung von beweglichen und unbeweglichen Sachen;[348]
- die Einräumung von Nutzungsrechten etwa in der Form der Gewährung freien Wohnens;[349]

163

---

[334] MünchKommBGB/*Heldrich* § 2050 Rn. 6; Soergel/*Wolf* § 2050 Rn. 11; Bamberger/Roth/*Lohmann* § 2050 Rn. 6.
[335] Staudinger/*Werner* § 2050 Rn. 20.
[336] Soergel/*Wolf* § 2050 Rn. 10; *Schindler* ZEV 2006, 389, 390; a. A. MünchKommBGB/*Heldrich* § 2050 Rn. 7.
[337] OLG Schleswig AgrarR 1972, 362; Staudinger/*Werner* § 2050 Rn. 20.
[338] RG JW 1938, 2971; MünchKommBGB/*Heldrich* § 2050 Rn. 8; Bamberger/Roth/*Lohmann* § 2050 Rn. 6.
[339] RG JW 38, 2971; Palandt/*Edenhofer* § 2050 Rn. 5.
[340] MünchKommBGB/*Heldrich* § 2050 Rn. 9; Staudinger/*Werner* § 2050 Rn. 19.
[341] RG JW 1927, 1201; Soergel/*Wolf* § 2050 Rn. 10.
[342] Soergel/*Wolf* § 2050 Rn. 10.
[343] Staudinger/*Werner* § 2050 Rn. 18; vgl. auch BGH NJW 1965, 2056.
[344] MünchKommBGB/*Heldrich* § 2050 Rn. 8.
[345] RGZ 67, 204, 207.
[346] RG JW 1912, 913.
[347] RG JW 1912, 913.
[348] *Schindler* ZEV 2006, 389, 390; *Schlitt* ZEV 2006, 394.
[349] LG Mannheim NJW 1970, 2111; a. A. OLG Köln OLGR 1992, 336.

- Übernahme einer Bürgschaft, wenn der Nachlass tatsächlich geschmälert ist;
- Bezugsberechtigung in Versicherungsverträgen;[350]
- Wohnungseinrichtung zur Hochzeit.[351]

164 Keine Zuwendung im Sinne des § 2050 BGB stellen sämtliche Leistungen des Erblassers dar, die im Rahmen einer gesetzlichen Unterhaltspflicht geschuldet waren.[352] Ebenso wenig sind Arbeitsleistungen der Eltern ausgleichungspflichtige Zuwendungen soweit diese deren Vermögen etwa durch Unterlassen anderweitigen Erwerbs nicht mindern.[353]

165 *(3) Endgültiger Vermögenstransfer.* Eine Ausgleichungspflicht scheidet auch immer dann bereits von vorne herein aus, wenn eine Rückgabepflicht des Abkömmlings gegenüber dem Erblasser bestand. Es handelt sich dann lediglich um eine Nachlassforderung.[354] Dasselbe gilt in den Fällen, in denen der Abkömmling das, was er als Ausstattung erhalten hatte, zum Zeitpunkt des Erbfalles bereits an den Erblasser zurück übertragen hatte.[355] Die Unentgeltlichkeit der Zuwendung ist nicht notwendig. § 2050 BGB beschränkt die Ausgleichungspflicht bewusst nicht auf unentgeltliche Leistungen.[356] Daher ist auch keine Einigung über die Unentgeltlichkeit erforderlich.[357] Eine Zuwendung im Sinne des § 2050 BGB ist aber denknotwendig dann ausgeschlossen, wenn der Erblasser eine gleichwertige Gegenleistung erhalten hat.[358] Im Falle einer gemischten Schenkung besteht deshalb nur bezüglich des unentgeltlichen Teils der Zuwendung eine Ausgleichungspflicht.[359]

166 *bb) Ausstattungen gemäß § 2050 Abs. 1 BGB.* Gemäß § 2050 Abs. 1 BGB haben Abkömmlinge, die als gesetzliche Erben zur Erbfolge gelangen, dasjenige, was sie von dem Erblasser zu dessen Lebzeiten als **Ausstattung** erhalten haben, im Rahmen der Erbauseinandersetzung auszugleichen. Unter einer Ausstattung ist nach § 1624 Abs. 1 BGB dasjenige zu verstehen, was einem Kind mit **Rücksicht auf seine Verheiratung** oder auf die **Erlangung einer selbständigen Lebensstellung** zur Begründung oder zur Erhaltung der Wirtschaft oder der Lebensstellung von dem Vater oder der Mutter zugewendet wird. Eine Ausstattung stellt eine sogenannte „geborene" Zuwendung dar.[360] Ausstattungen werden auch als Starthilfe in die Selbständigkeit verstanden. Sie werden daher nicht als Schenkung, also donandi causa, sondern mit causa sui generis, geleistet.[361]

167 *(1) Parteien der Ausstattung.* Vom Begriff der Ausstattung können nur Zuwendungen eines Elternteils an ein Kind erfasst sein. Maßgeblich ist also eine bestehende **Eltern-Kind-Beziehung.**[362] Zuwendungen von sonstigen Verwandten, insbesondere den Großeltern, können nicht unter dem Begriff der **Ausstattung im Sinne des § 1624 Abs. 1 BGB** subsumiert werden.[363] Nicht ausreichend ist daher eine Zuwendung an Stiefkinder, Enkel oder sonstige Angehörige.[364] Ein Versprechen, das die Eltern gegenüber dem Verlobten des Kindes abgeben, kann jedoch für eine Zuwendung an das Kind ausreichend sein, wenn dieses Versprechen als Vertrag zugunsten des Kindes (§ 328 BGB) aufgefasst werden kann.[365] Nicht ausreichend ist jedoch, wenn das Kind nur faktisch von der Zuwendung an einen Dritten, insbesondere den Ehegatten profitiert.[366] Unter Hinweis auf die Vorschrift des § 2053 BGB

---

[350] OLG Düsseldorf NJW-RR 2004, 1082.
[351] OLG Köln FamRZ 1986, 703.
[352] MünchKommBGB/*Heldrich* § 2050 BGB Rn. 8.
[353] BGH NJW 1987, 2816, 2817.
[354] Soergel/*Wolf* § 2050 Rn. 9; Staudinger/*Werner* § 2050 Rn. 19; *Schindler* ZEV 2006, 389, 390.
[355] BGH DRiZ 1966, 397.
[356] MünchKommBGB/*Heldrich* § 2050 Rn. 11.
[357] *Nieder*/*Kössinger* S. 163 Rn. 215.
[358] *Schindler* ZEV 2006, 389, 390.
[359] Soergel/*Wolf* § 2050 Rn. 9.
[360] *Kerscher*/*Tanck* ZEV 1997, 354.
[361] BGH NJW 1965, 2056; *Sailer* NotBZ 2002, 81.
[362] MünchKommBGB/*v. Sachsen Gessaphe* § 1624 Rn. 3.
[363] OLG Zweibrücken Urteil vom 18. 12. 1997, Az.: 5 UF 166/95.
[364] MünchKommBGB/*v. Sachsen Gessaphe* § 1624 Rn. 3.
[365] RGZ 67, 204, 206; *Schindler* ZEV 2006, 389, 390.
[366] *Sailer* NotBZ 2002, 81.

IV. Ausgleichungspflichtteil

sollen nach teilweiser vertretener Auffassung auch Zuwendungen an Enkel oder Urenkel als Ausstattung angesehen werden können.[367] Dieser Ansicht kann jedoch nicht gefolgt werden. Sie verkennt, dass § 2053 BGB nur auf § 2050 Abs. 3 BGB und damit nicht auf die Ausgleichungspflicht im Falle einer Ausstattung verweist.

(2) Ausstattungsanlass. Zwingende Voraussetzung einer jeden Ausstattung im Sinne des § 1624 Abs. 1 BGB ist, dass die **Verheiratung oder Existenzgründung des Kindes objektiv Anlass** für die Zuwendung ist. Aufgrund der privilegierenden Wirkung des § 1624 Abs. 1 BGB ist dieses Merkmal weit zu fassen.[368] 168

Es ist unerheblich, ob die Ehe schon geschlossen oder die Existenzgründung schon erfolgt ist, solange diese Begebenheit bereits in Aussicht bzw. in greifbare Nähe gerückt ist.[369] Nicht ausreichend ist es, wenn der Eintritt dieses Ereignisses noch so ungewiss ist, dass dies von den Eltern noch nicht übersehen werden kann. Daraus folgt, dass Zuwendungen der Eltern an minderjährige Kinder in der Regel keine Ausstattung darstellen.[370] Wird hingegen eine Zuwendung tatsächlich *zur* Hochzeit oder *zur* Begründung einer eigenen Existenz gemacht, dann besteht eine Vermutung für das Vorliegen einer Ausstattung. Diese Vermutung kann jedoch durch andere Umstände widerlegt werden.[371]

Ein für das Vorliegen einer Ausstattung nach § 1624 Abs. 1 BGB ausreichender objektiver Anlass kann auch die Existenzsicherung des Kindes sein, d. h. lediglich die Erhaltung der Wirtschaft und Lebensstellung.[372] Darunter können z. B. auch Zuwendungen zur Vergrößerung eines bereits bestehenden Erwerbsgeschäftes des Kindes fallen.[373] Ebenso ausreichend können Zuwendungen zur Verbesserung der Lebensstellung oder der Wirtschaft des Kindes sein, um eine auskömmlichere Lebensführung zu ermöglichen.[374]

Darüber hinaus ist es unerheblich, ob die Zuwendung bereits zu Beginn des Ereignisses erfolgte, das als Ausstattungsanlass fungiert gemacht wird. Die Zuwendung kann auch erst später erfolgen, solange sie mit „Rücksicht" auf diese Begebenheit geleistet wird.[375] Daraus folgt, dass Ausstattungen auch noch nach der Heirat oder nach der Begründung einer eigenen Lebensstellung des Kindes gemacht werden können.

Nach allgemeiner Ansicht sind Ausstattungen nach § 1624 Abs. 1 BGB nicht auf das aus Sicht des Kindes objektiv erforderliche Maß begrenzt.[376]

(3) Ausstattungszweck. Neben dem objektiven Vorliegen eines Ausstattungsanlasses ist ein vom Zuwendenden verfolgter **Ausstattungszweck** erforderlich. Die Zuwendung muss gerade zur Begründung oder zur Erhaltung einer eigenständigen Lebensstellung des Kindes erfolgen. Die Eltern müssen also zum Zweck der Ausstattung, also mit Ausstattungsabsicht handeln. Durch das Erfordernis eines Ausstattungszweckes kann die Ausstattung von der Schenkung (Zweck ist Vermehrung des Vermögens des Beschenkten) und der Erfüllung einer Unterhaltspflicht (Zweck ist die Erfüllung einer gesetzlichen Schuld) abgegrenzt werden.[377] Aus Sicht elterlicher Verantwortung kann somit Unterhalt, eine Schenkung oder eine Ausstattung geleistet werden.[378] 169

Die Festlegung einer konkreten Verwendung des Zugewandten von Seiten der Eltern ist nicht notwendig.[379] Keine Ausstattung liegt vor, wenn die Zuwendung lediglich zur Hilfe in einer konkreten Notlage geleistet wurde.[380] Die Voraussetzungen einer Ausstattung sind

---

367 MünchKommBGB/*Heldrich* § 2050 Rn. 15; *Schindler* ZEV 2006, 389, 390.
368 *Schindler* ZEV 2006, 389, 391.
369 *Kerscher/Tanck* ZEV 1997, 354.
370 BFH BB 1975, 166; *Schindler* ZEV 2006, 389, 391.
371 *Jakob* AcP 2007, 198, 221; Staudinger/*Coester* § 1624 Rn. 11.
372 *Schindler* ZEV 2006, 389, 391.
373 RG JW 1910, 237.
374 RG HRR 1929 Nr. 608.
375 BGHZ 44, 91, 93.
376 BGHZ 44, 91, 93.
377 *Jakob* AcP 2007, 198, 218.
378 *Kerscher/Tanck* ZEV 1997, 354, 355.
379 OLG Düsseldorf NJW-RR 2004, 1082; Staudinger/*Coester* § 1624 Rn. 12.
380 Staudinger/*Coester* § 1624 Rn. 13; *Schindler* ZEV 2006, 389, 391 stimmt dem nur unter der Voraussetzung zu, dass die Zuwendung völlig ohne Rücksicht auf jedweden Ausstattungszweck geleistet wurde.

auch dann nicht erfüllt, wenn die Eltern lediglich in der Absicht handeln, das begünstigte Kind mit anderen Kindern gleichzustellen.[381] Der Ausstattungszweck einer Zuwendung kann auch wegen des Alters des Kindes fraglich sein. In einem Fall hat das OLG Frankfurt das Vorliegen eines solchen Ausstattungszweckes bereits deshalb verneint, weil das Kind bereits selbst ein volljähriges eigenes Kind hatte.[382] Auf der anderen Seite soll bei der Zuwendung eines höheren Geldbetrages und der Nichtaufklärbarkeit des Zuwendungszwecks eine Vermutung für das Vorliegen eines Ausstattungszwecks gegeben sein.[383]

Verfolgen die Eltern oder der Elternteil mit der Zuwendung an das Kind neben dem Ausstattungszweck noch andere Nebenzwecke, so ist dies so lange unschädlich, wie sie dem Ausstattungszweck untergeordnet sind und letztlich nicht dominieren.[384] Es ist daher für das Vorliegen einer Ausstattung unschädlich, wenn mit der Zuwendung auch eine vorweggenommene Erbfolge[385] oder die Gleichstellung mit anderen Kindern bezweckt wird.[386] Eine Ausstattung scheidet aber immer dann aus, wenn die Begünstigung der Kinder lediglich Mittel oder Folge einer anders motivierten Transaktion ist. In einem solchen Fall handelt es sich nicht um eine Ausstattung, sondern um eine Schenkung.[387]

Aufgrund der Tatsache, dass es sich bei dem Ausstattungszweck um ein subjektives Tatbestandsmerkmal handelt, ist zu empfehlen, eine zu Ausstattungszwecken gemachte Zuwendung stets als solche zu bezeichnen. Auf diese Weise können Unklarheiten, Unsicherheiten und Auslegungsschwierigkeiten von vorne herein vermieden werden.[388]

170 *(4) Angemessenheit der Ausstattung (Übermaßausstattung).* Gemäß § 1624 Abs. 1 BGB gilt die Ausstattung nur insoweit als Schenkung, als sie das den Umständen, insbesondere den Vermögensverhältnissen des Vaters oder der Mutter entsprechende Maß übersteigt. Daraus folgt, dass nur eine angemessene Ausstattung dem Schenkungsrecht entzogen ist. Das **Übermaß** dagegen gilt als Schenkung mit sämtlichen rechtlichen Konsequenzen (insbesondere § 518 BGB). Es liegen daher in der Regel zwei verschiedene Rechtsgeschäfte mit unterschiedlichen Wirkungen vor, die möglicherweise über § 139 BGB verbunden sind.[389] Allerdings ändert dies nichts daran, dass auch das Übermaß Ausstattung im Sinne des § 1624 Abs. 1 BGB bleibt.[390]

Für die Beurteilung der Angemessenheit einer Ausstattung sind nicht die Verhältnisse des Empfängers maßgeblich, sondern die des Übertragenden. Dafür spricht auch der Wortlaut des § 1624 Abs. 1 BGB. Es ist also die Vermögenssituation des Übertragenden vor und nach der Zuwendung zu begutachten unter der Prämisse „was bleibt dem Übertragenden noch".[391] Entscheidend für die Beurteilung der Angemessenheit ist stets eine am Einzelfall orientierte Ermessensentscheidung des Gerichts,[392] weshalb auch keine abstrakte Obergrenze in Euro oder Prozent festgelegt werden kann. Zur Orientierung der **Angemessenheit der Zuwendung** können nur folgende Grundsätze angegeben werden:

- Wenn die Eltern wegen einer Zuwendung an ihr Kind gewichtige Einschnitte in ihren Lebensstandard oder ihre Versorgungslage hinnehmen müssen, dann spricht dies eher für eine Schenkung denn für eine Ausstattung.[393]
- Ohne Belang ist hingegen, ob Leistung und Gegenleistung ausgewogen sind. Der Ausstattung ist eine wie auch immer geartete Besserstellung des Empfängers immanent.[394]

---

[381] BGHZ 44, 91, 93.
[382] OLG Frankfurt FamRZ 2008, 544 ff.
[383] AG Stuttgart NJW-RR 1999, 1449; *Jakob* AcP 2007, 198, 218; a. A. Mayer/Süß/Tanck/Bittler/Wälzholz/ *Tanck* S. 206 Rn. 19.
[384] *Jakob* AcP 2007, 198, 219; MünchKommBGB/*v. Sachsen Gessaphe* § 1624 Rn. 5.
[385] OLG Stuttgart MittBayNot 2005, 230 f.
[386] BGHZ 44, 91, 93.
[387] BayObLG Rechtspfleger 2003, 649, 650.
[388] *Knodel* ZErb 2006, 225.
[389] *Nieder*/*Kössinger* S. 164 Rn. 217.
[390] MünchKommBGB/*v. Sachsen Gessaphe* § 1624 Rn. 6; *Kerscher/Tanck* ZEV 1997, 354, 355; *Jakob* AcP 2007, 198, 221; vgl. Rn. 147.
[391] OLG Stuttgart BWNotZ 1997, 147; *Böhmer* MitBayNot 2005, 233.
[392] *Jakob* AcP 2007, 198, 222; *Kerscher/Tanck* ZEV 1997, 354, 355.
[393] Staudinger/*Coester* § 1624 Rn. 13.

- Ist die Existenz des Übertragenden auch nach Abzug der Zuwendung gesichert, kann diese Zuwendung durchaus großzügig sein.[395]
- Für die Beurteilung der Angemessenheit kommt es nicht darauf an, ob die Zuwendung aus dem Vermögensstamm oder den laufenden Einkünften der Eltern entnommen wurde.[396]
- Auch die Aufnahme eines ohne Probleme bedienbaren Kredites ist den Eltern zumutbar und spricht damit nicht per se gegen die Angemessenheit der Ausstattung.[397]
- Ebenso kann von Bedeutung sein, ob die Eltern ihren Unterhaltsverpflichtungen in der Vergangenheit nachgekommen sind.[398]
- Wird die Existenz des Übertragenden aber durch die Zuwendung bedroht, dann ist zu prüfen, ob die ihm gewährte Gegenleistung seine künftigen Bedürfnisse (z.B. Alterssicherung, Pflege) deckt.[399]
- Ohne Belang ist ein hypothetischer Erbteil.[400]

Der maßgebliche Zeitpunkt für die Beurteilung der Angemessenheit ist der Moment der Zuwendung bzw. der Zeitpunkt der Abgabe eines Ausstattungsversprechens.[401]

(5) Nutzungsvorbehalt und Rückforderungsrecht. In der Literatur ist strittig, ob **Nutzungsvorbehalte** – wie Nießbrauch oder Wohnrecht – und eventuelle **Rückforderungsrechte** das Vorliegen einer Ausstattung im Sinne des § 1624 Abs. 1 BGB hindern. Mit dem Argument, dass Ausstattungen dem Kind zur freien Verfügung stehen müssten und unter Berufung auf den vermeintlichen Gesetzeszweck wird teilweise in solchen Fällen das Vorliegen einer Ausstattung abgelehnt. Die Gegenauffassung sieht solche Nutzungsvorbehalte nicht als stets ausstattungsfeindlich an.[402] Zu folgen ist der zuletzt genannten Ansicht, denn wenn bereits die Zuwendung eines dinglichen Nutzungsrechts eine Ausstattung darstellen kann, dann muss dies erst Recht für die Eigentumsübertragung unter bloßer Belastung mit einem auf einen Teil des zu übereignenden Grundstücks beschränkten Nutzungsrechts zugunsten des Zuwendenden gelten. Eine Besserstellung des Empfängers ist augenscheinlich.

(6) Ausschluss der Ausstattungseigenschaft. Nach der Regelung des § 2316 Abs. 3 BGB kann der Erblasser die zu seinen Lebzeiten einem Abkömmling gewährten Ausstattungen nicht zum Nachteil eines anderen pflichtteilsberechtigten Abkömmlings von der Berücksichtigung im Rahmen des Pflichtteilsrechts ausschließen. Der Erblasser kann jedoch für die Berechnung des Pflichtteils des Ausstattungsempfängers selbst die Ausgleichspflicht ausschließen. § 2316 Abs. 3 verbietet nur den Ausschluss der Ausgleichung zum Nachteil eines Pflichtteilsberechtigten.[403]

Praxistipp:
Die zwingende Ausgleichspflicht von Ausstattungen (§ 2316 Abs. 3 i.V.m. § 2050 Abs. 1 BGB) kann nur durch einen Erb- oder Pflichtteilsverzichtsvertrag des Erblassers mit den übrigen Pflichtteilsberechtigten beseitigt werden.

(7) Verhältnis Ausstattungen zu § 2325 BGB. Zwar untersteht der übermäßige Teil einer Ausstattung dem Schenkungsrecht. Dennoch ist nach h.M. auch das Übermaß im Rahmen des § 2050 Abs. 1 BGB ausgleichspflichtig.[404] Das Übermaß der Ausstattung unterliegt

---

[394] *Jakob* AcP 2007, 198, 222; *Böhmer* MitBayNot 2005, 233; a.A. OLG Stuttgart MittBayNot 2005, 229.
[395] MünchKommBGB/*v. Sachsen Gessaphe* § 1624 Rn. 6.
[396] *Kerscher/Tanck* ZEV 1997, 354, 355.
[397] *Sailer* NotBZ 2002, 81.
[398] Staudinger/*Coester* § 1624 Rn. 13.
[399] *Jakob* AcP 2007, 198, 222.
[400] OLG Stuttgart BWNotZ 1997, 147, 148.
[401] RGZ 141, 358; Staudinger/*Coester* § 1624 Rn. 13; *Sailer* NotBZ 2002, 81.
[402] *Sailer* NotBZ 2002, 81; *Schindler* ZEV 2006, 389, 391.
[403] MünchKommBGB/*Lange* § 2316 Rn. 7; Staudinger/*Haas* § 2316 Rn. 8.
[404] Z.B. Staudinger/*Werner* § 2050 Rn. 22; *Nieder/Kössinger* S. 165 Rn. 217; *Jakob* AcP 2007, 198, 207; *Kerscher/Tanck* ZEV 1997, 354, 355.

aber neben den §§ 2050 ff. BGB und § 2316 BGB auch den sonstigen Rechtsfolgen der Schenkungsvorschriften. Daher kann das Übermaß zusätzlich zu einer Ausgleichungspflicht zu einem Pflichtteilsergänzungsanspruch der Pflichtteilsberechtigten nach §§ 2325 ff. BGB führen.[405] Aufgrund der Vertragsfreiheit ist es jedoch möglich, eine Schenkung, die die objektiven Voraussetzungen des § 1624 BGB erfüllt, als Schenkung zu deklarieren und auch umgekehrt eine solche Schenkung als Ausstattung.[406] Ist eine Zuwendung bereits nach § 2316 BGB dem Nachlass hinzugerechnet worden, kann diese nicht zusätzlich nach § 2325 BGB berücksichtigt werden.[407] Andernfalls würde die Zuwendung unzulässigerweise doppelt berücksichtigt werden. Lediglich im Fall des § 2056 S. 1 BGB ist § 2315 BGB insoweit anwendbar, als der überschießende Wert der Zuwendung bei der Berechnung der Ausgleichung der übrigen Abkömmlinge außer Betracht bleibt.[408]

175 cc) Zuwendungen nach § 2050 Abs. 2 BGB. Über den Wortlaut des § 2316 Abs. 3 BGB sind auch Zuwendungen nach § 2050 Abs. 2 BGB im Rahmen des Ausgleichungspflichtteils zu berücksichtigen.[409] Gemäß § 2050 Abs. 2 BGB sind **Zuschüsse**, die zu dem Zwecke gegeben worden sind, als Einkünfte verwendet zu werden, sowie Aufwendungen für die Vorbildung zu einem Beruf insoweit zur Ausgleichung zu bringen, als sie das den Vermögensverhältnissen des Erblassers entsprechende Maß überstiegen haben. Daraus folgt, dass derartige Zuwendungen überhaupt nur dann ausgleichungspflichtig sind, wenn sie im Übermaß erfolgen. In all den Fällen in denen eine Zuwendung zugleich die Voraussetzungen des § 2050 Abs. 1 und Abs. 2 BGB erfüllt, richtet sich die Ausgleichung stets und ausschließlich nach § 2050 Abs. 2 BGB.[410]

176 (1) Einkunftszuschüsse. Gemäß § 2050 Abs. 2, 1. Alternative BGB können solche Zuschüsse ausgleichungspflichtig sein, die zu dem Zwecke gegeben worden sind, als **Einkünfte** verwendet zu werden. Aus der Pluralform „Einkünfte" ist zu folgern, dass nur solche Zuwendungen die Voraussetzungen erfüllen können, die wiederkehrend auf eine gewisse Dauer und mit einer gewissen Regelmäßigkeit geleistet worden sind, also zur Bestreitung des fortlaufenden Bedarfs.[411] Eine Verpflichtung des Erblassers zur Leistung dieser Zuschüsse ist nicht notwendig.[412] Dagegen können einmalige Zuschüsse zu einem bestimmten Zweck (z. B. Ferienreise) nicht nach § 2050 Abs. 2 BGB sondern höchstens nach § 2050 Abs. 3 BGB ausgleichungspflichtig sein.[413]

Dem Wortlaut des § 2050 Abs. 2, 1. Alternative BGB nach ist die Ausgleichungspflicht wohl auf reine Geldleistungen beschränkt.[414] Diese Zuschüsse müssen gerade zum Zwecke der Deckung des fortlaufenden Bedarfs zugewendet worden sein. Ob diese Zweckbestimmung vorliegt, richtet sich nach dem Erblasserwillen im Zeitpunkt der Zuwendung.[415] Ein entsprechender Zweck fehlt insbesondere dann, wenn die Zuwendung der Bildung oder Vergrößerung von Ersparnissen dienen sollte.[416]

177 (2) Aufwendungen zur Vorbildung zu einem Beruf. Gemäß § 2050 Abs. 2, 2. Alternative BGB können auch **Aufwendungen für die Vorbildung zu einem Beruf** ausgleichungspflichtig sein. Aufwendungen der Berufsausbildung sind jedoch nicht diejenigen der allgemeinen Schulbildung.[417] Darunter fallen vielmehr die Kosten einer weiterführenden Ausbildung wie insbesondere Studien-, Promotions-, Fachschul- und Berufsschulkosten.[418] Nicht unter

---

[405] Kerscher/Tanck ZEV 1997, 354, 355; Knodel ZErb 2006, 225, 226; Nieder/Kössinger S. 164 Rn. 217.
[406] Nieder/Kössinger S. 164 Rn. 217; Schindler ZEV 2006, 389, 391.
[407] Staudinger/Haas § 2316 Rn. 58.
[408] Vgl. unten Rn. 211.
[409] Vgl. oben Rn. 158.
[410] Staudinger/Werner § 2050 Rn. 25; Nieder/Kössinger S. 166 Rn. 220.
[411] Staudinger/Werner § 2050 Rn. 25; Schindler ZEV 2006, 389, 392.
[412] Bamberger/Roth/Lohmann § 2050 Rn. 8.
[413] MünchKommBGB/Heldrich § 2050 Rn. 24; Staudinger/Werner § 2050 Rn. 25.
[414] Schindler ZEV 2006, 389, 392.
[415] MünchKommBGB/Heldrich § 2050 Rn. 24.
[416] Staudinger/Werner § 2050 Rn. 26; Schindler ZEV 2006, 389, 392.
[417] Staudinger/Werner § 2050 Rn. 28.
[418] Bamberger/Roth/Lohmann § 2050 Rn. 9.

§ 2050 Abs. 2, 2. Alternative BGB fallen sämtliche Aufwendungen zur Berufsausübung, wie insbesondere die Kosten für die Einrichtung einer Arztpraxis oder einer Anwaltskanzlei.[419] Für das Vorliegen von Aufwendungen zur Vorbildung für einen Beruf ist es unerheblich, ob die Zuwendungen in Erfüllung einer gesetzlichen Unterhaltspflicht geleistet worden sind.[420]

(3) Übermaß. Sämtliche Zuwendungen im Sinne des § 2050 Abs. 2 BGB sind nur insoweit ausgleichungspflichtig, wie sie übermäßig sind. Ob ein solches **Übermaß** an Zuwendungen vorliegt, beurteilt sich anhand der maßgeblichen Umstände des Einzelfalles nach richterlichem Ermessen.[421] Dabei kommt es nicht darauf an, ob die Zuwendung standesgemäß war, sondern maßgeblich sind die Vermögensverhältnisse des Erblassers zum Zeitpunkt der Zuwendung.[422] Kann sich der Erblasser also nach objektiver verantwortungsvoller Einschätzung die entsprechende Zuwendung, gerade auch im Hinblick auf seine übrigen Kinder leisten, liegt kein Übermaß vor.[423] Umgekehrt bedeutet dies, dass ein Übermaß dann vorliegt, wenn der Erblasser durch entsprechend hohe Zuwendungen an die Grenzen seiner Leistungsfähigkeit insbesondere auch im Hinblick auf die übrigen Abkömmlinge, denen eine entsprechende Zuwendung dann nicht mehr gewährleistet werden kann, stößt. 178

Ob der Erblasser die Zuwendung seinem Vermögensstamm entnommen hat, ist für die Beurteilung des Vorliegens von Übermaß zwar nicht ausschlaggebend, kann aber im Einzelfall von Belang sein.[424] Unerheblich ist hingegen, ob die Zuwendung zur Erreichung des angestrebten Zwecks erforderlich war oder im Endeffekt auch zur Erreichung desselben verwandt worden ist.[425]

Hinsichtlich der Frage, ob für das Vorliegen von Übermaß im Falle der Gewährung von Zuschüssen zur **Deckung des fortlaufenden Bedarfs** die Höhe der gesetzlichen Unterhaltspflicht von Bedeutung ist, herrscht Streit. Eine Auffassung nimmt an, dass Übermaß niemals vorliegen kann, wenn die Zuwendung innerhalb der Grenzen des § 1610 Abs. 1 BGB geleistet worden ist. Nach dieser Ansicht liegt Übermaß erst dann vor, wenn der Selbstbehalt nach § 1603 Abs. 1 BGB oder je nach Fallgestaltung Abs. 2 BGB unterschritten ist. Die Gegenansicht hält es für unerheblich, ob es sich um gesetzlich geschuldete oder freiwillige Zuschüsse gehandelt hat, da aus Gleichbehandlungsgesichtspunkten sämtliche Zuwendungen einheitlich beurteilt werden müssten.[426] 179

Hinsichtlich der **Ausbildungsaufwendungen** besteht Einigkeit, dass diese niemals ausgleichungspflichtig sein können, solange sie von § 1610 Abs. 2 BGB gedeckt sind und der Erblasser die Ausgleichung nicht testamentarisch angeordnet hat.[427] Danach ist geschuldeter Ausbildungsunterhalt niemals übermäßig. Darüber hinaus liegt nicht schon allein deshalb Übermaß vor, weil der eine Abkömmling absolut mehr bekommen hat, als ein anderer Abkömmling, zumal verschiedene Begabungen der Geschwister verschiedene Ausbildungen und damit auch verschieden hohe Aufwendungen rechtfertigen können.[428] Darüber hinaus wird im Rahmen des § 2050 Abs. 2, 2. Alternative BGB vertreten, dass für die Beurteilung von übermäßigen Zuwendungen nicht allein das Vermögen des Erblassers, sondern dasjenige der Eltern im Ganzen ausschlaggebend sein soll.[429] 180

dd) Zuwendungen nach § 2050 Abs. 3 BGB. Entgegen den Zuwendungen nach § 2050 Abs. 1 und Abs. 2 BGB sind die Zuwendungen des Erblassers nach § 2050 Abs. 3 BGB nur dann im Rahmen der gesetzlichen Erbfolge ausgleichungspflichtig, wenn der Erblasser dies ausdrücklich angeordnet hat. Streitig ist, wie der **Begriff der Zuwendung** im Sinne des § 2050 Abs. 3 im Rahmen der Pflichtteilsausgleichung zu verstehen ist. Teilweise wird ver- 181

---

[419] Bamberger/Roth/*Lohmann* § 2050 Rn. 9.
[420] Staudinger/*Werner* § 2050 Rn. 28.
[421] Staudinger/*Werner* § 2050 Rn. 26; *Schindler* ZEV 2006, 389, 392.
[422] OLG Hamburg HansRGZ 38 B, 387, 389; *Schindler* ZEV 2006, 389, 392.
[423] Mayer/Süß/Tanck/Bittler/Wälzholz/*Tanck* S. 208 Rn. 22.
[424] MünchKommBGB/*Heldrich* § 2050 Rn. 26.
[425] Staudinger/*Werner* § 2050 Rn. 26.
[426] *Schindler* ZEV 2006, 389, 392.
[427] MünchKommBGB/*Heldrich* § 2050 Rn. 25; *Schindler* ZEV 2006, 389, 392.
[428] *Dieckmann*, FamRZ 1988, 712, 714; Bamberger/Roth/*Lohmann* § 2050 Rn. 9.
[429] *Dieckmann*, FamRZ 1988, 712, 714.

treten, dass hierunter grundsätzlich jede freiwillige Zuwendung und somit jede Schenkung oder gemischte Schenkung, nicht aber die Zuwendung, die aufgrund einer gesetzlichen Pflicht (beispielsweise einer Unterhaltspflicht) erfolgt, zu verstehen ist.[430] Richtigerweise besteht zwischen der Zuwendung nach § 2316 BGB und § 2315 BGB für die Ausgleichungspflicht kein Unterschied. Unter dem Begriff der Zuwendung ist im Anrechnungs- wie auch im Ausgleichspflichtteil jede freiwillige Leistung zu verstehen und somit auch eine solche, durch die einer gesetzliche Pflicht, wie etwa einer Unterhaltspflicht genügt wird.[431] Sind Zuwendungen des Erblassers an Abkömmlinge nicht ausgleichungspflichtig, können diese, sofern es sich um Schenkungen handelt, Pflichtteilsergänzungsansprüche der übrigen Abkömmlinge entstehen lassen.[432]

182 Die Anordnung der Ausgleichungspflicht nach § 2050 Abs. 3 BGB ist eine einseitige, empfangsbedürftige Willenserklärung, welche dem Empfänger spätestens mit der Zuwendung zugehen muss.[433] Wie bei der Pflichtteilsanrechnung nach § 2315 BGB muss die Anordnung bei oder vor der Zuwendung dem Empfänger zugehen. Eine nachträgliche Anordnung des Erblassers ist unzulässig. Der Erblasser kann sich jedoch im Zeitpunkt der Zuwendung die spätere Anordnung der Ausgleichungsverpflichtung vorbehalten.[434] Eine nachträgliche Anordnung der Ausgleichungsverpflichtung ist nur dann möglich, wenn der Pflichtteil nicht gemindert würde oder die Voraussetzungen für einen Erb- oder Pflichtteilsverzichtsvertrag eingehalten worden sind.[435]

183 Die Ausgleichungsanordnung nach § 2050 Abs. 3 BGB bedarf keiner Form und kann auch konkludent angeordnet werden.[436]

184 Hat der Erblasser die Ausgleichungspflicht nach § 2050 Abs. 3 BGB angeordnet, kann er diese nachträglich einseitig nicht wieder aufheben.[437] Nach anderer Ansicht kann die angeordnete Ausgleichungspflicht durch eine letztwillige Verfügung aufgehoben werden.[438] Diese Ansicht ist abzulehnen, da ein von dieser Ansicht angenommenes Vermächtnis zugunsten des Zuwendungsempfängers und zu Lasten des ausgleichungsberechtigten Miterben lediglich die Folgen, nicht aber die Tatsache der Ausgleichung ändern. Durch die angeordnete Ausgleichungspflicht ist die Ausgleichung ein Teil der Pflichtteilsberechnung geworden und daher der Verfügung des Erblassers entzogen. Eine angeordnete Ausgleichungsverpflichtung kann lediglich durch einen Erb- oder Pflichtteilsverzichtsvertrag mit den übrigen Abkömmlingen aufgehoben werden.[439]

185 Liegt eine Ausgleichungsanordnung im Sinne des § 2050 Abs. 3 BGB vor, ist zu prüfen, ob diese Anordnung vom Erblasser lediglich für den Fall des Eintritts der gesetzlichen Erbfolge angeordnet ist, oder auch für den Ausgleichungspflichtteil. Dem Erblasser ist es unbenommen, die Ausgleichungsanordnung nur für den Fall der gesetzlichen Erbfolge zu treffen.[440]

186 *ee) Zuwendungen nach § 2057a BGB.* Nach § 2057a BGB kann ein Abkömmling eine Ausgleichung von besonderen Leistungen verlangen, die er gegenüber dem Erblasser erbracht hat. Im Gegensatz zu den nach §§ 2050 ff. BGB ausgleichungspflichtigen Vorempfängen wurde der Nachlass durch Leistungen im Sinne des § 2057a BGB nicht zu Lasten der anderen Erben verringert, sondern erhöht. Diese Erhöhung ist gem. § 2057a BGB angemessen auszugleichen.

187 *(1) Leistungen eines Abkömmlings.* Eine Ausgleichung unter den Abkömmlingen setzt zunächst voraus, dass einer oder mehrere von ihnen durch **Leistungen in besonderem Maße** dazu beigetragen haben, das **Vermögen des Erblassers zu erhalten oder zu mehren**. Solche

---

[430] Mayer/Süß/Tanck/Bittler/Wälzholz/*Tanck* § 7 Rn. 43.
[431] RGZ 73, 372, 377; Staudinger/*Haas* § 2316 Rn. 10.
[432] MünchKommBGB/*Lange* § 2316 Rn. 8.
[433] MünchKommBGB/*Lange* § 2316 Rn. 8.
[434] Staudinger/*Haas* § 2316 Rn. 11; *Mayer* ZEV 1996, 441, 443.
[435] MünchKommBGB/*Lange* § 2316 Rn. 8.
[436] Staudinger/*Werner* § 2050 Rn. 32.
[437] MünchKommBGB/*Lange* § 2316 Rn. 8; Staudinger/*Haas* § 2316 Rn. 13.
[438] Lange/*Kuchinke* § 37 Fn. 341.
[439] MünchKommBGB/*Lange* § 2316 Rn. 8; Staudinger/*Haas* § 2316 Rn. 13.
[440] MünchKommBGB/*Lange* § 2316 Rn. 8; Staudinger/*Haas* § 2316 Rn. 12.

IV. Ausgleichungspflichtteil

Leistungen können durch Mitarbeit im Haushalt, Beruf oder Geschäft des Erblassers über eine längere Zeit, durch erhebliche Geldleistungen oder in sonstiger Weise erbracht werden. Die Leistung muss sich aber positiv auf den Nachlass ausgewirkt haben.[441] Im Fall eines „Berliner Testaments" nach § 2269 BGB ist auch der zuerst Versterbende als Erblasser im Sinne des § 2057a BGB anzusehen.[442]

Auch solche Leistungen können ausgleichungspflichtig sein, die der Abkömmling in einem Zeitpunkt leistete, in dem er noch nicht damit rechnete, Erbe zu werden. § 2057a BGB stellt lediglich auf die Tätigkeit des späteren Erben und nicht auf seine Motivation ab. Nach hM ist daher § 2053 BGB analog anzuwenden, mit der Folge, dass § 2057a BGB nicht nur für solche Leistungen gilt, die der Abkömmling als bereits vorrangiger Erbe geleistet hat.[443] Berücksichtigt werden können nur Sonderleistungen des Abkömmlings, weshalb nach den jeweiligen Verhältnissen übliche Leistungen außen vor bleiben.[444]

Die **Mitarbeit im Haushalt** umfasst entsprechend dem Begriff aus § 1619 BGB sämtliche geistigen und körperlichen Tätigkeiten, die sich auf den Wohn- und Aufenthaltsort des Erblassers beziehen und ihm die Lebensführung in häuslicher Hinsicht ermöglichen.[445] Dazu gehören alle Aufgaben, die eine ordnungsgemäße Haushaltsführung mit sich bringt und zwar sowohl tatsächliche Handhabungen wie insbesondere Wohnungsreinigung, Erledigung der anfallenden Wäsche, Nahrungszubereitung oder Reparaturen als auch der Abschluss von Rechtsgeschäften.[446]

Der **Beruf des Erblassers**, in dem der Abkömmling mitarbeitet, kann sowohl selbstständiger als auch unselbstständiger Art sein.[447] Eine ausgleichungspflichtige Mitarbeit dürfte wohl hauptsächlich in freien Berufen wie bei Ärzten, Rechtsanwälten oder Steuerberatern anzutreffen sein. Dabei muss die Mitarbeit nicht zwingend im engen beruflichen Bereich erfolgen, es genügt vielmehr jedwede Unterstützung, die in Zusammenhang mit dem Beruf steht (z. B. Korrespondenzführung oder Fahrt zur Arbeitsstätte).[448]

Geschäft im Sinne des § 2057a BGB ist jeder Geschäftsbetrieb, unabhängig davon, ob der Erblasser Alleininhaber oder nur Mitgesellschafter ist, da die Mitarbeit des Abkömmlings auch dazu dienen kann, den Geschäftsanteil zu sichern oder wertmäßig zu erhöhen.[449]

Die Mitarbeit kann vom Abkömmling persönlich, durch seine Familie oder auch durch andere – auch bezahlte – **Hilfskräfte** erfolgen, wenn der Abkömmling dies veranlasst oder für den Erblasser erbracht hat.[450] Die Mitarbeit muss nach dem Gesetzeswortlaut über einen längeren, nicht notwendig zusammenhängenden Zeitraums erfolgen, wobei eine abstrakte Mindestgrenze nicht aufgestellt werden kann.[451] Zur Abgrenzung gegenüber einer nicht erfassten gelegentlichen Aushilfe ist darauf abzustellen, ob die Tätigkeit planmäßig auf längere Zeit ausgerichtet ist.[452] Sicher genügt eine mehrjährige Dauer.[453]

Außerdem muss die Mitarbeit in besonderem Maße dazu beigetragen haben, das Vermögen des Erblassers zu erhalten oder zu mehren. Eine wie auch immer geartete werterhaltende oder werterhöhende Maßnahme genügt daher nicht; ein besonderes Maß ist erforderlich. Dies wird insbesondere dann zu bejahen sein, wenn der Erblasser ohne die Mitarbeit des Abkömmlings eine Arbeitskraft hätte einstellen und bezahlen müssen.[454]

Eine Geldleistung ist nur dann ausgleichungspflichtig, wenn sie erheblich war. Ob eine **Geldleistung erheblich** ist, muss anhand der individuellen Verhältnisse des Erblassers be-

---

[441] Staudinger/*Werner* § 2057a Rn. 8; Palandt/*Edenhofer* § 2057a Rn. 1.
[442] Staudinger/*Werner* § 2057a Rn. 20; *Bosch* FamRZ 1970, 269, 277.
[443] Vgl. Nachweise bei Staudinger/*Werner* § 2057a Rn. 21.
[444] OLG Oldenburg FamRZ 1999, 1466, 1467; MünchKommBGB/*Heldrich* § 2057a Rn. 16.
[445] Staudinger/*Werner* § 2057a Rn. 10; MünchKommBGB/*Heldrich* § 2057a Rn. 17.
[446] MünchKommBGB/*Heldrich* § 2057a Rn. 17; Soergel/*Wolf* § 2057a Rn. 4.
[447] MünchKommBGB/*Heldrich* § 2057a Rn. 17.
[448] Staudinger/*Werner* § 2057a Rn. 11; Soergel/*Wolf* § 2057a Rn. 4.
[449] Staudinger/*Werner* § 2057a Rn. 12; MünchKommBGB/*Heldrich* § 2057a Rn. 17.
[450] BGH NJW 1993, 1197, 1198.
[451] MünchKommBGB/*Heldrich* § 2057a Rn. 18.
[452] Staudinger/*Werner* § 2057a Rn. 13.
[453] MünchKommBGB/*Heldrich* § 2057a Rn. 18; Soergel/*Wolf* § 2057a Rn. 4.
[454] Staudinger/*Werner* § 2057a Rn. 14; a. A. MünchKommBGB/*Heldrich* § 2057a Rn. 16.

stimmt werden.⁴⁵⁵ Ein objektiver, allgemeingültiger Maßstab kann es aufgrund der Unterschiedlichkeit der Vermögensverhältnisse nicht geben.⁴⁵⁶ Niemals ausreichend sind Zahlungen des Abkömmlings im Rahmen der gesetzlichen Unterhaltspflicht nach § 1601 BGB. Freiwillige Unterhaltsleistungen können aber genügen.⁴⁵⁷

Unter Leistungen sonstiger Art fallen sämtliche vom Abkömmling zugunsten des Erblasservermögens erbrachten erheblichen Leistungen, wie insbesondere Sachleistungen, Gebrauchsüberlassungen, Sicherheitsleistungen oder Tilgung von Verbindlichkeiten.⁴⁵⁸

190 Auch **Pflegedienste** des Abkömmlings gegenüber dem Erblasser können zu einer Ausgleichungspflicht führen. Wie die Mitarbeit müssen auch diese über einen längeren Zeitraum erfolgen und eine Leistung in besonderem Maße darstellen. Eine Mindestzeit kann auch hier nicht festgelegt werden. Bereits eine einmonatige Pflege soll in den Fällen ausreichend sein, in denen andernfalls eine oder mehrere Pflegekräfte hätten beschäftigt werden müssen.⁴⁵⁹ Auch hier gilt, dass der Abkömmling die Pflege nicht allein übernehmen muss, sondern sich seiner Familienmitglieder und anderer Hilfspersonen bedienen darf.⁴⁶⁰

191 § 2057a Abs. 1 Satz 2 BGB a.F. setzte den **Verzicht auf berufliches Einkommen** zugunsten der Pflege des Erblassers voraus. Dieses Tatbestandsmerkmal gilt nur noch für Erbfälle bis zum 31.12.2009. Infolge der Streichung dieses Erfordernisses durch die **Erbrechtsreform** dürften nun auch nicht berufstätige Abkömmlinge ausgleichungsberechtigt sein, wenn sie die sonstigen Tatbestandmerkmale des § 2057a Abs. 1 Satz 2 BGB erfüllen.

192 Die Pflegeleistungen müssen gegenüber dem Erblasser erbracht werden. Werden sie hingegen zugunsten eines Familienangehörigen des Erblassers geleistet, können diese lediglich als Leistungen sonstiger Art und nicht als Pflegeleistungen gewertet werden.⁴⁶¹

193 *(2) Einschränkung des Ausgleichungsanspruches.* Gemäß § 2057a Abs. 2 BGB kann eine Ausgleichung nicht verlangt werden, wenn für die Leistung ein **angemessenes Entgelt** gewährt oder vereinbart worden ist oder soweit dem Abkömmling wegen seiner Leistung ein Anspruch aus anderem Rechtsgrund zusteht. Der Ausgleichungspflicht steht es nicht entgegen, wenn die Leistung nach den §§ 1619, 1620 BGB erbracht worden sind. Eine Ausgleichung findet also nur statt, wenn die Leistungen ganz oder teilweise unentgeltlich erfolgt sind⁴⁶². Daran fehlt es insbesondere dann, wenn die Leistungen im Rahmen eines Dienst- oder Arbeitsvertrages erbracht worden sind.⁴⁶³

Andere Rechtsgründe im Sinne dieser Vorschrift sind insbesondere Ansprüche aus Geschäftsführung ohne Auftrag oder aus ungerechtfertigter Bereicherung. Solche Ansprüche, wie auch noch nicht erfüllte Ansprüche auf vertraglich vereinbartes Entgelt, sind Nachlassverbindlichkeiten. Der Anspruch aus § 2057a BGB ist subsidiär und fungiert daher als Auffangtatbestand.⁴⁶⁴ Die Subsidiarität wird aber dann überwunden, wenn der Abkömmling seinen anderen Anspruch nicht beweisen kann⁴⁶⁵ oder dieser bereits verjährt ist.⁴⁶⁶ Ist der Anspruch des Abkömmlings dagegen wegen Verwirkung oder Verzichts erlo-

---

⁴⁵⁵ MünchKommBGB/*Heldrich* § 2057a Rn. 22.
⁴⁵⁶ Wie hier MünchKommBGB/*Heldrich* § 2057a Rn. 22; *Lange/Kuchinke* § 15 III 5c Fn. 59; a.A. Soergel/*Wolf* § 2057a Rn. 5; Palandt/*Edenhofer* § 2957a Rn. 6, die es aber versäumen, einen solchen objektiven Maßstab aufzustellen.
⁴⁵⁷ Staudinger/*Werner* § 2057a Rn. 15; Soergel/*Wolf* § 2057a Rn. 6.
⁴⁵⁸ Staudinger/*Werner* § 2057a Rn. 16.
⁴⁵⁹ Staudinger/*Werner* § 2057a Rn. 17; MünchKommBGB/*Heldrich* § 2057a Rn. 23.
⁴⁶⁰ BGH NJW 1993, 1197, 1198.
⁴⁶¹ Staudinger/*Werner* § 2057a Rn. 18.
⁴⁶² OLG Oldenburg FamRZ 1999, 1466, 1467.
⁴⁶³ Soergel/*Wolf* § 2057a Rn. 13.
⁴⁶⁴ Staudinger/*Werner* § 2057a Rn. 23; MünchKommBGB/*Heldrich* § 2057a Rn. 28.
⁴⁶⁵ MünchKommBGB/*Heldrich* § 2057a Rn. 31; Soergel/*Wolf* § 2057a Rn. 14; *Petersen* ZEV 2000, 432, 433.
⁴⁶⁶ Bamberger/Roth/*Lohmann* § 2057a Rn. 9; *Damrau* FamRZ 1969, 571, 580; MünchKommBGB/ *Heldrich* § 2057a Rn. 31 und Soergel/*Wolf* § 2057a Rn. 15 wollen im Falle der Verjährung einen Anspruch aus § 2057a BGB nur insoweit anerkennen, wie die Erben bei rechtzeitiger Geltendmachung des Anspruches belastet worden wären. Staudinger/*Werner* § 2057a Rn. 23 lehnt eine Kürzung des Anspruchs aus § 2057a BGB mit dem Argument ab, die Durchsetzung eines Anspruchs gegen einen Vorfahren zwecks Vermeidung der Verjährung sei nicht zumutbar.

schen, scheidet auch § 2057a BGB aus Gründen des Verbots des venire contra factum propium aus.[467]

Eine **teilweise unentgeltliche Leistung** kann nur hinsichtlich des unentgeltlichen Teils zu einem Ausgleichungsanspruch führen. Maßstab für diese Beurteilung ist das üblicherweise angemessene Entgelt.[468] Die übliche Vergütung nach § 612 Abs. 2 BGB ist immer angemessen, nicht hingegen ein geringfügiges Taschengeld.[469] Allerdings ist hier zu berücksichtigen, dass der unentgeltliche Teil in besonderem Maße zur Erhaltung oder Vermehrung des Vermögens des Erblassers beigetragen haben muss, was insbesondere bei geringfügigen Unterschreitungen der Angemessenheit schwerlich der Fall sein kann.[470]

Der ausgleichsberechtigte Abkömmling trägt **die Darlegungs- und Beweislast** für die in § 2057a Abs. 1 BGB genannten Voraussetzungen, die ausgleichspflichtigen Abkömmlinge dagegen die Beweislast für die Gewährung oder Vereinbarung eines angemessenen Entgelts.[471]

(3) Höhe des Ausgleichungsbetrages. Nach § 2057a Abs. 3 BGB ist die Ausgleichung so zu bemessen, wie es mit Rücksicht auf die Dauer und den Umfang der Leistungen und auf den Wert des Nachlasses der Billigkeit entspricht. Eine Aufrechnung aller Einzelposten, die zu unüberwindlichen praktischen Schwierigkeiten führen kann, ist nicht erforderlich. Die Höhe des Ausgleichungsanspruchs kann daher geschätzt werden.[472] Im Bereich der Pflegeleistungen kann auf vorhandene Vergütungstabellen, Vergütungsvereinbarungen zwischen Trägern der Pflegeversicherung und den ambulanten Pflegediensten nach SGB XI zurückgegriffen werden.[473] 194

Erster Anhaltspunkt für diese Festsetzung ist die vom Abkömmling erbrachte Leistung nach **Dauer und Umfang**. Dabei sind auch die erforderlichen Aufwendungen und persönlichen Einbußen des Abkömmlings und der Wert der Leistungen für den Nachlass zu berücksichtigen, der bei Luxusaufwendungen in der Regel gering sein dürfte.[474] 195

Zweiter Anhaltspunkt ist der **Wert des Nachlasses**. Je geringer der Nachlass, umso niedriger ist der Anspruch anzusetzen und umgekehrt.[475] Auch wenn allein die Leistungen des Abkömmlings für die Erhaltung des Nachlasses ursächlich waren, darf der Billigkeitsanspruch nicht dazu führen, dass der gesamte Nachlass aufgezehrt wird.[476]

ff) Zuwendungen an Dritte/Fremder Vorausempfang. Grundsätzlich sind nur lebzeitige Zuwendungen des Erblassers an Abkömmlinge auszugleichen. Zuwendungen an Dritte haben Abkömmlinge nicht auszugleichen. Unstreitig verweist § 2316 BGB auf die gesetzlichen Vorschriften der Ausgleichung und somit auch auf § 2051 BGB.[477] Fällt ein Abkömmling, der als Erbe zur Ausgleichung verpflichtet sein würde, vor oder nach dem Erbfall weg, so ist wegen der ihm gemachten Zuwendung der **an seine Stelle tretende Abkömmling** zur Ausgleichung verpflichtet (§ 2051 Abs. 1 BGB). Durch diese gesetzliche Regelung sollen die Ausgleichungsfolgen nicht durch Ausschlagung oder Verzicht des Zuwendungsempfängers unterlaufen werden können.[478] Die Ausgleichungspflicht entfällt durch diese Regelung nicht zum Nachteil der Übrigen. 196

Ist für einen weggefallenen Abkömmling ein **Ersatzerbe** eingesetzt, so soll dieser nach § 2051 Abs. 2 BGB im Zweifel nicht mehr und nicht weniger erhalten, als der ursprünglich Berufene unter Berücksichtigung der Ausgleichungslast erhalten hätte. Treten mehrere Ab- 197

---

[467] Staudinger/*Werner* § 2057a Rn. 23; a. A. bezüglich der Verwirkung Soergel/*Wolf* § 2057a Rn. 15.
[468] Staudinger/*Werner* § 2057a Rn. 24.
[469] MünchKommBGB/*Heldrich* § 2057a Rn. 29.
[470] MünchKommBGB/*Heldrich* § 2057a Rn. 29.
[471] *Petersen* ZEV 2000, 432.
[472] BGH NJW 1988, 710.
[473] *Kues* ZEV 2000, 434
[474] MünchKommBGB/*Heldrich* § 2057a Rn. 34.
[475] Staudinger/*Werner* § 2057a Rn. 29.
[476] H. M.: Staudinger/*Werner* § 2057a Rn. 29; MünchKommBGB/*Heldrich* § 2057a Rn. 35; Palandt/*Edenhofer* § 2057a Rn. 9; *Damrau* FamRZ 1969, 579, 580; a. A. Soergel/*Wolf* § 2057a Rn. 17; offen gelassen von BGH NJW 1993, 1197, 1198.
[477] Staudinger/*Haas* § 2316 Rn. 14.
[478] Mot. V. S. 704 f.

kömmlinge in die Position des weggefallenen Erben, werden sie nach dem Verhältnis ihrer Erbteile mit der Ausgleichung belastet. Erhöht sich auf diese Weise der Erbteil eines Abkömmlings, weil dieser bereits vorher Erbe war, so wird der hinzugekommene Erbteil ausgleichsrechtlich nach Anwachsungsregeln als besonderer Erbteil angesehen (§§ 1935, 2095 BGB).

198 Streitig ist, ob Leistungen, die ein vorverstorbener Abkömmling an den Erblasser im Sinne des § 2057a BGB erbracht hat, zugunsten des an seine Stelle getretenen Abkömmlings auszugleichen sind. Nach dem Wortlaut des § 2051 Abs. 1 BGB sind nur „Zuwendungen" zu berücksichtigen. Aufgrund systematischer Auslegung ist § 2051 Abs. 1 BGB auch auf Leistungen im Sinne des § 2057a BGB anzuwenden.[479]

199

Ausgleichungspflichtige Zuwendungen nach § 2316 BGB	
§ 2050 Abs. 1 BGB	Vom Erblasser herrührenden **Ausstattungen**
	Zuwendungen, die mit Rücksicht auf die Verheiratung oder zur Begründung oder Erhaltung einer selbständigen Lebensstellung eines Abkömmlings, vom Erblasser zugewendet wurde.
§ 2050 Abs. 2 BGB	**Zuschüsse** zum Unterhalt und Berufsausbildungskosten
	Zuschüsse, die zu dem Zweck gegeben worden sind, als Einkünfte oder zur Berufsausbildung verwendet zu werden, sofern sie das übliche Maß – entsprechend der Vermögensverhältnisse des Erblassers – überstiegen haben.
§ 2050 Abs. 3 BGB	**Zuwendungen** mit Ausgleichsverpflichtung
	Ausdrückliche Anordnung der Ausgleichspflicht der Zuwendung durch den Erblasser.
§ 2057 a BGB	**Besondere Leistungen eines Abkömmlings**
	Mitarbeit im Haushalt, Mitarbeit im Beruf oder Geschäft des Erblassers durch einen Abkömmling sowie Pflegeleistungen des Abkömmlings.

3. Wirkung der Ausgleichung

200 Gegenstand der Regelung des § 2316 BGB ist im Gegensatz zu § 2315 BGB nicht, welchen Wert sich ein Pflichtteilsberechtigter auf seinen Pflichtteil anrechnen lassen muss, sondern wie sich die Ausgleichungspflicht unter Abkömmlingen bei gesetzlicher Erbfolge auf die Berechnung des Pflichtteils auswirkt. Die Ausgleichung führt zumeist zu einer Umverteilung bzw. zu einer **Verschiebung der Pflichtteile**.

201 Eine Ausgleichung nach § 2316 BGB hat dann zu erfolgen, wenn mehrere Abkömmlinge vorhanden sind, die im hypothetischen Fall, wenn es zu einer gesetzlichen Erbfolge gekommen wäre, die jeweiligen Vorempfänge hätten zur Ausgleichung bringen müssen. Die Ausgleichung erfolgt daher hypothetisch, da aufgrund der Enterbung eine echte Ausgleichung im Rahmen der Erbauseinandersetzung nicht stattfindet. Die Vorschrift gilt nicht nur für den Fall, dass ein enterbter Pflichtteilsberechtigter seinen Pflichtteilsanspruch geltend macht, sondern auch zu Lasten des Pflichtteilsberechtigten, wenn der als Alleinerbe eingesetzte Abkömmling beispielsweise Leistungen nach § 2057a BGB erbracht hat.[480]

4. Berechnung des Ausgleichungspflichtteils

202 a) **Berechnungsvorgang.** Der Ausgleichungspflichtteil berechnet sich nach § 2316 Abs. 1 BGB *„nach demjenigen, was auf den gesetzlichen Erbteil unter Berücksichtigung der Aus-*

---

[479] Staudinger/*Haas* § 2316 Rn. 15; *Damrau* FamRZ 1969, 579, 580; a. A. *Knur* FamRZ 1970, 269, 277.
[480] BGH NJW 1993, 1197.

IV. Ausgleichungspflichtteil

gleichungspflichten bei der Teilung entfallen würde". Aufgrund dieser Verweisung auf die Regeln der gesetzlichen Ausgleichungspflicht (§§ 2050 ff. BGB) sind bei dem tatsächlich vorhandenen Nachlass die ausgleichungspflichtigen Zuwendungen zu berücksichtigen. Im Gegensatz zum Anrechnungspflichtteil sind die Zuwendungen jedoch nicht separat für jeden einzelnen Abkömmling dem Nachlass hinzuzusetzen. Im Rahmen des Ausgleichungspflichtteils ist die ausgleichungspflichtige Zuwendung dem tatsächlich vorhandenen Nachlass hinzuzurechnen. Dies ergibt den vorläufigen (**fiktiven**) **Ausgleichungsnachlass**. Der fiktive Ausgleichungsnachlass ist durch die Zahl der Abkömmlinge zu dividieren. Anders ausgedrückt, der **hypothetische Ausgleichserbteil** errechnet sich aus der fiktiven Erbquote (die sich durch die Anzahl der Abkömmlinge ergibt) und dem fiktiven Ausgleichungsnachlass.[481] Diejenigen Abkömmlinge, welche einen ausgleichungspflichtigen Vorempfang erhalten haben, müssen sich diesen auf den **Ausgleichserbteil** anrechnen zu lassen. Hierdurch errechnet sich der Ausgleichserbteil jedes Abkömmlings. Die Hälfte des Ausgleichserbteils ergibt den **Ausgleichungspflichtteil** nach § 2316 Abs. 1 Satz 1 BGB.[482]

Berechnung der anrechnungspflichtigen Zuwendung nach § 2316 BGB		203
1. Schritt	Zunächst werden alle ausgleichungspflichtigen Zuwendungen dem Nachlass hinzugerechnet („vorläufiger Ausgleichungsnachlass").	
2. Schritt	Aus der fiktiven Erbquote und dem fiktiven Ausgleichungsnachlass errechnet sich der („Ausgleichserbteil").	
3. Schritt	Von dem Ausgleichserbteil ist die Zuwendung abzuziehen. Dies ergibt den „Ausgleichungserbteil".	
4. Schritt	Durch Halbierung des Ausgleichserbteils errechnet sich der „Ausgleichungspflichtteil".	

b) Bewertung beim Ausgleichungspflichtteil. Die Nachlassvermögenswerte, zu denen die ausgleichungspflichtigen Zuwendungen hinzu zu rechnen sind, werden im **Zeitpunkt des Erbfalles** mit dem Verkehrswert bewertet. Für die pflichtteilsrechtliche Ausgleichung verbleibt es somit bei der Bewertung bei der Regelung des § 2311 Abs. 1 BGB.[483] Ein abweichender Bewertungszeitpunkt, insbesondere der Zeitpunkt der Erbauseinandersetzung, welcher sich aus den Vorschriften der Ausgleichung nach §§ 2050 ff. BGB ergeben würde, ist nicht maßgebend.

Die ausgleichungspflichtige Zuwendung ist mit dem Wert, den sie im **Zeitpunkt der Zuwendung** hatte (§ 2055 Abs. 2 BGB) dem Nachlass hinzuzurechnen. Eine Veränderung der Kaufkraft ist durch Indexierung auf den Erbfall auszugleichen.[484] Liegt ein Leistungsversprechen vor, ist der Zeitpunkt der Leistung, nicht der Zeitpunkt der Verpflichtung maßgebend.[485]

Wie auch im Rahmen des § 2315 BGB kann der Erblasser zu Lasten eines Pflichtteilsberechtigten weder den maßgeblichen Zeitpunkt noch die Bewertung der Zuwendung einseitig bestimmen. Führt die **gewillkürte Festsetzung** zu einer für den Zuwendungsempfänger günstigeren Bewertung, steht einer solchen Anordnung die zwingende Anwendung der Ausgleichung im Pflichtteilsrecht nach § 2316 Abs. 3 BGB entgegen. Anderenfalls könnte durch eine gewillkürte Festsetzung der Ausgleichungspflichtteil unterlaufen werden.[486] Führt eine gewillkürte Festsetzung zu einem Nachteil, kann diese nur in Form eines Erb- oder Pflichtteilsverzichtsvertrages mit den Abkömmlingen getroffen werden.

---
[481] MünchKommBGB/*Lange* § 2316 Rn. 9.
[482] Staudinger/*Haas* § 2316 Rn. 18.
[483] BGH NJW 1986, 931; Staudinger/*Haas* § 2316 Rn. 23.
[484] BGH NJW 1986, 931; MünchKommBGB/*Lange* § 2316 Rn. 9; *Krug* ZEV 2000, 41, 43.
[485] BGH NJW 1975, 2292.
[486] Staudinger/*Haas* § 2316 Rn. 26.

207 c) **Ausgleichung nach § 2050 BGB.** Bei den Zuwendungen nach § 2050 BGB werden dem Nachlass sämtliche Ausgleichungsbeträge hinzugerechnet, als ob sie sich im Nachlass befunden hätten. Aus der dadurch ermittelten fiktiven Nachlasssumme berechnen sich die Erbteile der einzelnen Abkömmlinge nach den Regeln der gesetzlichen Erbfolge, jedoch unter Ausblendung eines möglichen Ehegattens. Die Ausgleichung findet nur unter Abkömmlingen statt. Daher ist ein vorhandener Ehegatte nicht zu berücksichtigen.[487] Von dem so errechneten fiktiven Ausgleichserbteil jedes einzelnen Abkömmlings werden die ihm gemachten ausgleichungspflichtigen Zuwendungen abgezogen (Ausgleichungserbteil). Die Hälfte dieses Betrags ist dann der Pflichtteil des einzelnen Abkömmlings (Ausgleichungspflichtteil).

208 Beispiel:
Der verwitwete Erblasser E hinterlässt den Sohn S, Tochter T1 und T2. Zur Alleinerbin hat er seine Lebensgefährtin L eingesetzt. S hat einen ausgleichspflichtigen Vorempfang in Höhe von € 50.000,– und T1 einen in Höhe von € 20.000,– erhalten. Der Erblasser hinterlässt einen Nachlass von € 350.000,–. In welcher Höhe bestehen Pflichtteilsansprüche der Kinder?

Lösung:
a) Ermittlung vorläufiger Ausgleichsnachlass

Nachlass	€ 350.000,–
zzgl. Vorempfang S	€ 50.000,–
zzgl. Vorempfang T1	€ 20.000,–
ergibt vorläufigen Ausgleichsnachlass	€ 420.000,–

b) Berechnung der Pflichtteilsansprüche

Pflichtteilsanspruch von S

Ausgleichserbteil (Erbteil $1/3$)	€ 140.000,–
abzüglich Vorempfang	€ – 50.000,–
ergibt Ausgleichungserbteil	€ 90.000,–
Ausgleichungspflichtteil ($1/2$)	€ 45.000,–

Pflichtteilsanspruch von T1

Ausgleichserbteil (Erbteil $1/3$)	€ 140.000,–
abzüglich Vorempfang	€ – 20.000,–
ergibt Ausgleichungserbteil	€ 120.000,–
Ausgleichungspflichtteil ($1/2$)	€ 60.000,–

Pflichtteilsanspruch von T2

Ausgleichserbteil (Erbteil $1/3$)	€ 140.000,–
abzüglich Vorempfang	€ 0,–
ergibt Ausgleichungserbteil	€ 140.000,–
Ausgleichungspflichtteil ($1/2$)	€ 70.000,–

209 d) **Ausgleichung bei Ehegatten.** Die Ausgleichung erfolgt nur unter den Abkömmlingen. Die ausgleichspflichtigen Zuwendungen werden zwar dem tatsächlichen Nachlass hinzuaddiert. Sie können aber nur bei der Pflichtteilsberechnung der Abkömmlinge berücksichtigt werden, nicht bei der Pflichtteilsberechnung des Ehegatten.[488] Diesen Widerspruch löst das Gesetz nicht auf, da keine Gesetzesvorschrift für das Zusammentreffen der Abkömmlinge mit dem Ehegatten vorhanden ist. Da der Ehegatte weder ausgleichungspflichtig noch ausgleichungsberechtigt ist, ist für die Berechnung der Ausgleichungspflichtteile der Abkömmlinge zunächst der gesetzliche Ehegattenerbteil (bei der Zugewinngemeinschaft nach §§ 1931 Abs. 1, 1371 Abs. 1 BGB die Hälfte; bei der Gütertrennung mit mehr als 2 Abkömmlinge zu $3/4$) vom Gesamtnachlass abzuziehen (§ 2316 Abs. 1 S. 1 i.V.m. § 2055 Abs. 1 S. 2).[489] Die Ausgleichung erfolgt danach ohne Berücksichtigung des Ehegatten nur noch unter den Abkömmlingen.

---

[487] Vgl. oben Rn. 209.
[488] Staudinger/*Haas* § 2316 Rn. 51.
[489] MünchKommBGB/*Lange* § 2316 Rn. 14.

IV. Ausgleichungspflichtteil

Beispiel: 210

Der Erblasser E hat seine Ehefrau, mit der er im Güterstand der Zugewinngemeinschaft gelebt hatte, als Alleinerbin eingesetzt. Er hinterlässt drei Abkömmlinge Sohn S, Tochter T1 und Tochter T2. S hat einen ausgleichspflichtigen Vorempfang in Höhe von € 50.000,– und T1 einen in Höhe von € 45.000,– erhalten. Der Erblasser hinterlässt einen Nachlass von € 350.000,–.
In welcher Höhe bestehen Pflichtteilsansprüche der Kinder?

Lösung:

a) Ehegattenerbteil

Nachlass	€ 350.000,–
Gesetzlicher Erbteil der Ehefrau ½	€ – 175.000,–
Ausgleichungspflichtiger Nachlass	€ 175.000,–

b) Ermittlung vorläufiger Ausgleichsnachlass

Ausgleichungspflichtiger Nachlass	€ 175.000,–
zzgl. Vorempfang S	€ 50.000,–
zzgl. Vorempfang T1	€ 45.000,–
ergibt vorläufigen Ausgleichsnachlass	€ 270.000,–

c) Berechnung der Pflichtteilsansprüche

Pflichtteilsanspruch von S

Ausgleichserbteil (Erbteil ⅓)	€ 90.000,–
abzüglich Vorempfang	€ – 50.000,–
ergibt Ausgleichungserbteil	€ 40.000,–
Ausgleichungspflichtteil (½)	€ 20.000,–

Pflichtteilsanspruch von T1

Ausgleichserbteil (Erbteil ⅓)	€ 90.000,–
abzüglich Vorempfang	€ – 20.000,–
ergibt Ausgleichungserbteil	€ 45.000,–
Ausgleichungspflichtteil (½)	€ 22.500,–

Pflichtteilsanspruch von T2

Ausgleichserbteil (Erbteil ⅓)	€ 90.000,–
abzüglich Vorempfang	€ 0,–
ergibt Ausgleichungserbteil	€ 90.000,–
Ausgleichungspflichtteil (½)	€ 45.000,–

e) **Mehrempfang nach § 2056 BGB.** Es ist möglich, dass ein Abkömmling zu Lebzeiten so 211 hohe Vorempfänge erhalten hat, dass sich im Rahmen der Ausgleichungsberechnung ein negativer Ausgleichungserbteil und damit ein **negativer Ausgleichungspflichtteil** ergeben würden. Dies führt jedoch nicht dazu, dass der Pflichtteilsberechtigte den lebzeitigen Mehrempfang zurückzahlen müsste.[490] Dies bestimmt § 2056 Satz 1 BGB. Nach § 2316 i.V.m. § 2056 Satz 2 BGB wird der Ausgleichungspflichtteil jedoch in der Weise berechnet, dass die übrigen Ausgleichungspflichtteile ohne den Vorempfang desjenigen berechnet werden, der einen negativen Ausgleichungserbteil hat. Dies führt auf der einen Seite dazu, dass sich der Ausgleichungsnachlass verringert, auf der anderen Seite erhöht sich dadurch jedoch der Teilungsquotient, der verbleibenden Erben.

Die Berechnung erfolgt in der Weise, dass der Miterbe sowohl mit seiner ausgleichspflich- 212 tigen Zuwendung als auch mit seinem Erbteil überhaupt unberücksichtigt bleibt.[491] Hierdurch wird der fiktive Ausgleichungsnachlass geringer; der Teilungsquotient erhöht sich.

Beispiel: 213

Der verwitwete Erblasser E hat seine Lebensgefährtin L als Alleinerbin eingesetzt. Er hinterlässt drei Abkömmlinge Sohn S, Tochter T1 und T2. S hat einen ausgleichspflichtigen Vorempfang in Höhe von € 200.000,– und T1 einen in Höhe von € 20.000,– erhalten. Der Erblasser hinterlässt einen Nachlass von € 350.000,–.
In welcher Höhe bestehen Pflichtteilsansprüche der Kinder?

---

[490] MünchKommBGB/*Lange* § 2316 Rn. 9.
[491] BGH NJW 1965, 1526; OLG Köln ZEV 2004, 155; MünchKommBGB/*Heldrich* § 2056 Rn. 7.

Lösung:

a) Ermittlung vorläufiger Ausgleichsnachlass

Nachlass	€ 350.000,-
zzgl. Vorempfang S	€ 200.000,-
zzgl. Vorempfang T1	€ 20.000,-
ergibt vorläufigen Ausgleichsnachlass	€ 570.000,-

b) Berechnung Pflichtteilsansprüche

Pflichtteil von S

Ausgleichserbteil (Erbteil $1/3$)	€ 190.000,-
abzüglich Vorempfang	€ – 200.000,-
ergibt Ausgleichungserbteil	€ – 10.000,-

Nach §§ 2316, 2056 BGB erhält der S keinen Pflichtteil, muss jedoch auch nichts herausgeben und scheidet für die Berechnung der Pflichtteilsansprüche von T1 und T2 aus.

c) Berechnung Pflichtteilsansprüche T1 und T2

aa) *Vorläufiger Ausgleichsnachlass*

Ausgleichungspflichtiger Nachlass	€ 350.000,-
Vorempfang S bleibt unberücksichtigt	€ 0,-
zzgl. Vorempfang T1	€ 20.000,-
ergibt vorläufigen Ausgleichsnachlass	€ 370.000,-

bb) *Pflichtteil von T1*

Ausgleichserbteil (fiktiver Erbteil $1/2$)	€ 185.000,-
abzüglich Vorempfang	€ – 20.000,-
ergibt Ausgleichungserbteil	€ 165.000,-
Ausgleichungspflichtteil ($1/2$)	€ 82.500,-

cc) *Pflichtteil von T2*

Ausgleichserbteil (fiktiver Erbteil $1/2$)	€ 185.000,-
abzüglich Vorempfang	€ 0,-
ergibt Ausgleichungserbteil	€ 185.000,-
Ausgleichungspflichtteil ($1/2$)	€ 92.500,-

Die Addition der Pflichtteilsansprüche (T1 € 82.500,-; T2 € 92.500,- = € 175.000,-) ergibt die Hälfte des Nachlass (€ 350.000,-/2 = € 175.000,-) und somit den Anteil des Nachlasses, der für die Begleichung der Pflichtteilsansprüche zur Verfügung steht.[492]

214

Praxistipp:

Die Anwendung des § 2056 kann unter Umständen mehrmals nacheinander notwendig werden, wenn mehrere Miterben wegen zu hohen Vorempfanges bei der Auseinandersetzung auszuscheiden haben.[493] Es ist daher immer mit der Berechnung des Ausgleichserbteils des Abkömmlings zu beginnen, der den höchsten Vorempfang erhalten hat.

---

215 **f) Ausgleichungsrestpflichtteil (§ 2316 Abs. 2 BGB).** Ist der pflichtteilsberechtigte Abkömmling Miterbe geworden, sichert § 2316 Abs. 2 BGB, dass diesem die Vorteile eines ausgleichungsberechtigten Pflichtteilsberechtigten zu Gute kommen.[494] Nach § 2316 Abs. 2 BGB kann ein **pflichtteilsberechtigter Erbe** von den Miterben einen Mehrbetrag als (Ausgleichungsrest-)Pflichtteil verlangen, wenn der Pflichtteil nach § 2316 Abs. 1 BGB mehr als der Wert des hinterlassenen Erbteils beträgt. § 2316 Abs. 2 BGB trägt dem Fall Rechnung, dass ein Miterbe auf Grund der Ausgleichung einen höheren Pflichtteilsanspruch hätte, als der ihm tatsächlich auf Grund der testamentarischen Erbfolge zugewandte Erbteil. Die Vorschrift stellt sicher, dass der pflichtteilsberechtigte Miterbe nicht weniger erhält, als der enterbte Abkömmling. Keine Anwendung findet § 2316 Abs. 2 BGB, wenn der Pflichtteilsberechtigte

---

[492] Staudinger/*Haas* § 2316 Rn. 36.
[493] MünchKommBGB/*Heldrich* § 2056 Rn. 9.
[494] Staudinger/*Haas* § 2316 Rn. 37.

IV. Ausgleichungspflichtteil

Alleinerbe ist.[495] In diesem Fall kommt jedoch ein Pflichtteilsergänzungsanspruch nach § 2329 BGB in Betracht. Ordnet der Erblasser eine Anrechnung nach § 2315 BGB und gleichzeitig eine Ausgleichung nach § 2316 BGB an, so harmonieren diese beiden Vorschriften nur dann problemlos miteinander, wenn nur Abkömmlinge vorhanden sind und kein Ehegatte.[496]

Beispiel:
Der Erblasser E hat seine Ehefrau (Gütertrennung) zu 7/8 und den Sohn S zu 1/8 als Erben eingesetzt. Seine Töchter T1 und T2 hat er enterbt. Die Töchter haben jeweils eine ausgleichungspflichtige Zuwendung von € 37.500,– erhalten. Der Nachlass beträgt € 160.000,–.
In welcher Höhe bestehen Pflichtteilsansprüche der Kinder?

Lösung:
a) Ehegattenerbteil
Nachlass	€ 160.000,–
Gesetzlicher Erbteil der Ehefrau 1/4	€ – 40.000,–
Ausgleichungspflichtiger Nachlass	€ 120.000,–

b) Ermittlung vorläufiger Ausgleichsnachlass
Ausgleichungspflichtiger Nachlass	€ 120.000,–
zzgl. Vorempfang T1	€ 37.500,–
zzgl. Vorempfang T2	€ 37.500,–
ergibt vorläufigen Ausgleichsnachlass	€ 195.000,–

c) Berechnung Pflichtteilsansprüche
Pflichtteil von S
Ausgleichserbteil (Erbteil 1/3)	€ 65.000,–
abzüglich Vorempfang	€ 0,–
ergibt Ausgleichungserbteil	€ 65.000,–
Ausgleichungspflichtteil (1/2)	€ 32.500,–

Pflichtteil von T1
Ausgleichserbteil (Erbteil 1/3)	€ 65.000,–
abzüglich Vorempfang	€ – 37.500,–
ergibt Ausgleichungserbteil	€ 27.500,–
Ausgleichungspflichtteil (1/2)	€ 13.750,–

Pflichtteil von T2
Ausgleichserbteil (Erbteil 1/3)	€ 65.000,–
abzüglich Vorempfang	€ – 37.500,–
ergibt Ausgleichungserbteil	€ 27.500,–
Ausgleichungspflichtteil (1/2)	€ 13.750,–

d) Berechnung Erbanspruch S
Tatsächlicher Nachlass	€ 160.000,–
Erbquote 1/8	€ 20.000,–

Der Wert des Erbteils (€ 20.000,–) bleibt somit hinter dem Wert des Ausgleichungspflichtteils (€ 32.500,–) zurück. § 2316 Abs. 2 BGB bestimmt, dass der Erbe diese Differenz (€ 12.500,–) von dem Miterben verlangen kann.

S kann daher von F die Differenz verlangen von	€ 32.500,–
zu	€ 20.000,–
und somit einen Ausgleichungsrestpflichtteil von	€ 12.500,–

g) **Ausgleichung nach § 2316 i.V.m. § 2057a BGB.** Bei der Ausgleichung nach § 2316 i.V.m. § 2057a BGB ist nicht wie bei der Ausgleichung nach § 2050 BGB der Vorempfang von Seiten des Erblassers an die Abkömmlinge auszugleichen. Vielmehr haben die Abkömmlinge Leistungen an den Erblasser (z.B. Mitarbeit im Haushalt, Beruf, Geschäft, Pflegedienste etc.) erbracht.

Bei der Berechnung des Ausgleichungspflichtteils ist aufgrund der „geänderten Zuwendungsrichtung" die ausgleichungspflichtige Zuwendung nach § 2057a BGB von dem tat-

---
[495] Staudinger/*Haas* § 2316 Rn. 40.
[496] Vgl. oben Rn. 232.

sächlichen Nachlass abzuziehen und nicht wie bei § 2050 BGB hinzuzurechnen. Aus der fiktiven Erbquote und dem fiktiven Ausgleichungsnachlass errechnet sich der anschließend der „Ausgleichserbteil" wie bei der Ausgleichung nach § 2050 BGB. Zur Berechnung des Ausgleichungserbteils des zuwendenden Abkömmlings ist die Zuwendung nach § 2057a BGB jedoch nicht wie bei § 2050 BGB abzuziehen sondern hinzuzusetzen. Durch Halbierung des Ausgleichungserbteils wird anschließend der Ausgleichungspflichtteil errechnet.[497]

219 Durch Leistungen nach § 2057a BGB kann weder der Erb- noch der Pflichtteil der Abkömmlinge, die keine Leistung nach § 2057a BGB erbracht haben, entzogen werden. Dies ergibt sich daraus, dass der Ausgleichungsanspruch aus § 2057a BGB die Höhe des realen Nachlasses nicht aufzehren kann.[498] Ist der Nachlass nicht werthaltig oder weist er einen „Nullwert" auf, findet keine Ausgleichung statt; insbesondere auch keine Nachschusspflicht der an sich ausgleichungsverpflichteten Abkömmlinge.[499]

220

Berechnung der anrechnungspflichtigen Zuwendung nach § 2316 i. V. m. § 2057a BGB

1. Schritt	Die ausgleichungspflichtigen Zuwendungen nach § 2057a BGB werden dem Nachlass nicht hinzugerechnet sondern von diesem abgezogen („vorläufiger Ausgleichungsnachlass").
2. Schritt	Aus der fiktiven Erbquote und dem fiktiven Ausgleichungsnachlass errechnet sich der „Ausgleichserbteil".
3. Schritt	Von dem Ausgleichserbteil ist die Zuwendung nach § 2057a BGB nicht abzuziehen sondern hinzuzusetzen. Dies ergibt den Ausgleichungserbteil.
4. Schritt	Durch Halbierung des Ausgleichungserbteils errechnet sich der Ausgleichungspflichtteil.

221 Beispiel:
Der verwitwete Erblasser E hat seine Freundin F zu seiner Alleinerbin eingesetzt. E hat den Sohn S und die Tochter T enterbt. Der S hat eine Leistung nach § 2057a BGB im Wert von € 20.000,– erbracht. Der Nachlass beträgt € 350.000,–.
In welcher Höhe bestehen Pflichtteilsansprüche der Kinder?

Lösung:
a) Ermittlung vorläufiger Ausgleichsnachlass

Ausgleichungspflichtiger Nachlass	€ 350.000,–
abzgl. Leistung S	€ – 20.000,–
ergibt vorläufigen Ausgleichsnachlass	€ 330.000,–

b) Berechnung Pflichtteilsansprüche
Pflichtteil von S

Ausgleichserbteil (Erbteil ½)	€ 165.000,–
zuzüglich Leistung S	€ 20.000,–
ergibt Ausgleichungserbteil	€ 185.000,–
Ausgleichungspflichtteil (½)	€ 92.500,–

Pflichtteil von T

Ausgleichserbteil (Erbteil ½)	€ 165.000,–
kein Vorempfang	€ 0,–
ergibt Ausgleichungserbteil	€ 165.000,–
Ausgleichungspflichtteil (½)	€ 82.500,–

---

[497] Staudinger/*Haas* § 2316 Rn. 44.
[498] MünchKommBGB/*Lange* § 2316 Rn. 11; Staudinger/*Haas* § 2316 Rn. 46.
[499] MünchKommBGB/*Lange* § 2316 Rn. 11; Staudinger/*Haas* § 2316 Rn. 46.

IV. Ausgleichungspflichtteil

Beispiel:

Der verwitwete Erblasser E hat seine Freundin F zu seiner Alleinerbin eingesetzt. Der Sohn S hat eine Leistung nach § 2057a BGB im Wert von € 20.000,– erbracht, die Tochter T hat einen Vorempfang von € 10.000,– erhalten. Der Nachlass beträgt € 350.000,–.
In welcher Höhe bestehen Pflichtteilsansprüche der Kinder?

Lösung:

a) **Ermittlung vorläufiger Ausgleichsnachlass**

Ausgleichungspflichtiger Nachlass	€ 350.000,–
abzgl. Leistung S	€ – 20.000,–
zzgl. Vorempfang T	€ 10.000,–
ergibt vorläufigen Ausgleichsnachlass	€ 340.000,–

b) **Berechnung Pflichtteilsansprüche**

Pflichtteil von S

Ausgleichserbteil (Erbteil ½)	€ 170.000,–
zuzüglich Leistung S	€ 20.000,–
ergibt Ausgleichungserbteil	€ 190.000,–
Ausgleichungspflichtteil (½)	€ 95.000,–

Pflichtteil von T

Ausgleichserbteil (Erbteil ½)	€ 170.000,–
abzüglich Vorempfang	€ – 10.000,–
ergibt Ausgleichungserbteil	€ 160.000,–
Ausgleichungspflichtteil (½)	€ 80.000,–

h) **Ausgleichung nach § 2316 Abs. 4 BGB.** Hat der Erblasser einem Abkömmling eine Zuwendung zu Lebzeiten erbracht, die sowohl nach § 2316 Abs. 1 BGB auszugleichen und nach § 2315 Abs. 1 BGB anrechnungspflichtig ist, hat nach § 2316 Abs. 4 BGB die Anrechnung auf den Pflichtteil nur mit der **Hälfte des Zuwendungswertes** zu erfolgen. Diese zunächst nicht verständliche Anrechnung der Hälfte des Zuwendungswertes ergibt sich jedoch aus der Wirkung der Ausgleichung im Pflichtteilsrecht im Vergleich zur Auswirkung der Ausgleichung bei gesetzlicher Erbfolge.[500] Die **drei nachfolgenden Berechnungen** stellen die Wechselwirkungen im Einzelnen dar: Werden die Abkömmlinge zu Erben eingesetzt (kein Fall der Pflichtteilsberechnung) erhält der Abkömmling, der die ausgleichungspflichtige Zuwendung erhalten hat, einen Erbteil, der um diesen ausgleichungspflichtigen Erbteil verringert ist. In dem nachfolgenden Beispiel erhält der Sohn S, da er lebzeitig eine ausgleichungspflichtige Zuwendung von € 10.000,– erhalten hat, lediglich einen Ausgleichungserbteil von € 110.000,–. Die beiden weiteren Abkömmlinge erhalten einen Erbteil von je € 120.000,–. Wird bei dem Sohn der Vorempfang auf seinen Ausgleichungserbteil hinzuaddiert, hat der Sohn wirtschaftlich den gleichen Wert erhalten wie die anderen Abkömmlinge (€ 120.000,–). Hieraus wird deutlich, dass durch die Ausgleichung bei der gesetzlichen Erbfolge unter Abkömmlingen das Ziel die **gleichmäßige Verteilung des tatsächlichen Nachlasses** unter Einschluss des bereits zu Lebzeiten Empfangenen ist.

Beispiel: (Gesetzliche Erbfolge mit Ausgleichungspflicht)

Der Erblasser E hat seine Kinder S, T1 und T2 zu seinen Erben eingesetzt. Sein Sohn S hat einen ausgleichspflichtigen Vorempfang von € 10.000,– erhalten. T1 und T2 haben keinen Vorempfang erhalten. Der Nachlass beträgt € 350.000,–.
In welcher Höhe bestehen Erbansprüche der Kinder?

Lösung:

a) **Ermittlung vorläufiger Ausgleichsnachlass**

Tatsächlicher Nachlass	€ 350.000,–
zzgl. Vorempfang S	€ 10.000,–
ergibt vorläufigen Ausgleichsnachlass	€ 360.000,–

---

[500] Eingehende Darstellung bei MünchKommBGB/*Lange* § 2316 Rn. 20.

b) **Berechnung Pflichtteilsansprüche**

Pflichtteil von S

Ausgleichserbteil (Erbteil 1/3)	€ 120.000,–
abzüglich Vorempfang	€ – 10.000,–
ergibt Ausgleichungserbteil	€ 110.000,–

Pflichtteil von T1

Ausgleichserbteil (Erbteil 1/3)	€ 120.000,–
abzüglich Vorempfang	€ 0,–
ergibt Ausgleichungserbteil	€ 120.000,–

Pflichtteil von T2

Ausgleichserbteil (Erbteil 1/3)	€ 120.000,–
abzüglich Vorempfang	€ 0,–
ergibt Ausgleichungserbteil	€ 120.000,–

225 Werden die Abkömmlinge nicht Erben, sondern sind nur pflichtteilsberechtigt, führt die Ausgleichungsverpflichtung nach § 2316 BGB **nicht zu einer Gleichstellung der pflichtteilsberechtigten Abkömmlinge.** Durch die Halbierung des Ausgleichserbteils verbleibt dem ausgleichungspflichtigen Abkömmling nur noch die Hälfte seines Vorempfangs. Das vorstehende Beispiel ist nachstehend insoweit abgeändert, dass die drei Abkömmlinge nur noch pflichtteilsberechtigt sind. Der Sohn S verliert durch die Halbierung des Ausgleichserbteils die Hälfte seiner ursprünglichen Zuwendung (€ 10.000,–) und büßt somit € 5.000,– ein und erhält als Ausgleichungspflichtteil nur noch € 55.000,–. Die beiden weiteren Abkömmlinge erhalten jedoch jeweils einen Ausgleichungspflichtteil von € 60.000,–. Hierdurch wird deutlich, dass im Rahmen der Ausgleichung im Pflichtteilsrecht keine vollständige Ausgleichung unter den Abkömmlingen erfolgt. Insgesamt erhält der Sohn S in dem nachstehenden Beispiel € 65.000,– (Ausgleichungspflichtteil € 55.000,– + Vorempfang € 10.000,–), während die beiden anderen Abkömmlinge nur einen Ausgleichungspflichtteil von jeweils € 60.000,– erhalten.

226 Beispiel: (wie vorheriges Beispiel, Abkömmlinge jedoch nunmehr nur Pflichtteilsberechtigte)
Der Erblasser E hat seine Lebensgefährtin L als Alleinerbin eingesetzt. Sein Sohn S hat einen ausgleichspflichtigen Vorempfang von € 10.000,– erhalten. T1 und T2 haben keinen Vorempfang erhalten. Der Nachlass beträgt € 350.000,–.
In welcher Höhe bestehen Pflichtteilsansprüche der Kinder?

Lösung:

a) **Ermittlung vorläufiger Ausgleichsnachlass**

Tatsächlicher Nachlass	€ 350.000,–
zzgl. Vorempfang S	€ 10.000,–
ergibt vorläufigen Ausgleichsnachlass	€ 360.000,–

b) **Berechnung Pflichtteilsansprüche**

Pflichtteil von S

Ausgleichserbteil (Erbteil 1/3)	€ 120.000,–
abzüglich Vorempfang	€ – 10.000,–
ergibt Ausgleichungserbteil	€ 110.000,–
Ausgleichungspflichtteil (1/2)	€ 55.000,–

Pflichtteil von T1

Ausgleichserbteil (Erbteil 1/3)	€ 120.000,–
abzüglich Vorempfang	€ 0,–
ergibt Ausgleichungserbteil	€ 120.000,–
Ausgleichungspflichtteil (1/2)	€ 60.000,–

Pflichtteil von T2

Ausgleichserbteil (Erbteil 1/3)	€ 120.000,–
abzüglich Vorempfang	€ 0,–
ergibt Ausgleichungserbteil	€ 120.000,–
Ausgleichungspflichtteil (1/2)	€ 60.000,–

IV. Ausgleichungspflichtteil

Durch das vorstehende Beispiel wird deutlich, dass der Erblasser bei einer zusätzlichen 227
Anordnung der Anrechnungspflicht dem Abkömmling lediglich den **verbliebenen hälftigen
Wert der Zuwendung** (im vorherigen Beispiel € 5.000,–) wieder nehmen kann. Hieraus erklärt sich auch die gesetzliche Regelung des § 2316 Abs. 4 BGB, wonach die Anrechnung
nach § 2315 BGB nur mit der Hälfte des Wertes der Zuwendung erfolgt. Andernfalls würde
eine zusätzliche Anrechnungsanordnung dem Abkömmling mehr nehmen, als er erhalten
hat.

Bei der Berechnung der Kombination von Ausgleichungs- und Anrechnungspflicht ist zu- 228
nächst das Ausgleichungsverfahren nach § 2316 BGB durchzuführen. Erst anschließend ist
die zugleich für anrechnungspflichtig erklärte Zuwendung in Höhe der Hälfte des Zuwendungswertes nach § 2316 Abs. 4 BGB vom errechneten Ausgleichungspflichtteil abzuziehen.[501] Die Kombination von Ausgleichungs- und Anrechnungspflicht im Pflichtteilsrecht
führt wie bei der Ausgleichung bei gesetzlicher Erbfolge (Eingangsbeispiel), zu einer völligen
Gleichstellung der pflichtteilsberechtigten Abkömmlinge.[502] In dem nachstehenden Fall, erhält der Sohn wirtschaftlich € 60.000,– (Pflichtteil € 50.000,– + Vorempfang € 10.000,–),
ebenso wie jeweils die weiteren Abkömmlinge.

Beispiel: (wie vorheriges Beispiel, jedoch gleichzeitige Anrechnungspflicht) 229
Der Erblasser E hat seine Lebensgefährtin L als Alleinerbin eingesetzt. Sein Sohn S hat einen ausgleichspflichtigen und anrechnungspflichtigen Vorempfang von € 10.000,– erhalten. T1 und T2 haben
keinen Vorempfang erhalten. Der Nachlass beträgt € 350.000,–.
In welcher Höhe bestehen Pflichtteilsansprüche der Kinder?

Lösung:
a) Ermittlung vorläufiger Ausgleichsnachlass

Tatsächlicher Nachlass	€ 350.000,–
zzgl. Vorempfang S	€ 10.000,–
ergibt vorläufigen Ausgleichsnachlass	€ 360.000,–

b) Berechnung Pflichtteilsansprüche

Pflichtteil von S

Ausgleichserbteil (Erbteil 1/3)	€ 120.000,–
abzüglich Vorempfang	€ – 10.000,–
ergibt Ausgleichungserbteil	€ 110.000,–
Ausgleichungspflichtteil (1/2)	€ 55.000,–
abzüglich hälftigen Vorempfangs nach § 2316 Abs. 4 BGB	€ – 5.000,–
Ausgleichungspflichtteil	€ 50.000,–

Pflichtteil von T1

Ausgleichserbteil (Erbteil 1/3)	€ 120.000,–
abzüglich Vorempfang	€ 0,–
ergibt Ausgleichungserbteil	€ 120.000,–
Ausgleichungspflichtteil (1/2)	€ 60.000,–

Pflichtteil von T2

Ausgleichserbteil (Erbteil 1/3)	€ 120.000,–
abzüglich Vorempfang	€ 0,–
ergibt Ausgleichungserbteil	€ 120.000,–
Ausgleichungspflichtteil (1/3)	€ 60.000,–

Die Kombination von Ausgleichungs- und Anrechnungspflicht im Pflichtteilsrecht führt 230
zwar zu einer völligen Gleichstellung der pflichtteilsberechtigten Abkömmlinge. Das nachstehende Beispiel zeigt auf, dass eine **reine Anrechnungspflicht der Zuwendung nach § 2315
BGB** zu einer Schlechterstellung der weiteren Abkömmlinge führen würde. Zwar würde der
anrechnungspflichtige Abkömmling bei der Kombination von Ausgleichungs- und Anrechnungspflicht im Vergleich zur reinen Anrechnungspflicht gleichviel erhalten. Die weiteren

---

[501] Staudinger/*Haas* § 2316 Rn. 49.
[502] MünchKommBGB/*Lange* § 2316 Rn. 20.

Abkömmlinge würden jedoch mangels Ausgleichungspflicht weniger erhalten. Der Gesamtpflichtteil ist im ersteren Fall höher (im nachstehenden Beispiel € 165.000,–) als im Fall der reinen Anrechnungspflicht (im nachstehenden Beispiel € 155.000,–).

231 **Beispiel:**
Der Erblasser E hat seine Lebensgefährtin L als Alleinerbin eingesetzt. Sein Sohn S hat einen ausgleichs- und anrechnungspflichtigen Vorempfang von € 30.000,– erhalten. T1 und T2 haben keinen Vorempfang erhalten. Der Nachlass beträgt € 360.000,–.
In welcher Höhe bestehen Pflichtteilsansprüche der Kinder?

Lösung:
a) **Ermittlung vorläufiger Ausgleichsnachlass**

Tatsächlicher Nachlass	€ 360.000,–
zzgl. Vorempfang S	€ 30.000,–
ergibt vorläufigen Ausgleichsnachlass	€ 390.000,–

b) **Berechnung der Pflichtteilsansprüche**
Pflichtteil von S

Ausgleichserbteil (Erbteil $^1/_3$)	€ 130.000,–
abzüglich Vorempfang	€ – 30.000,–
ergibt Ausgleichungserbteil	€ 100.000,–
Ausgleichungspflichtteil ($^1/_2$)	€ 50.000,–
abzüglich hälftigen Vorempfang nach § 2316 Abs. 4 BGB	€ – 15.000,–
verbleibt ein Pflichtteil von	€ 35.000,–

Pflichtteil von T1

Ausgleichserbteil (Erbteil $^1/_3$)	€ 130.000,–
abzüglich Vorempfang	€ 0,–
ergibt Ausgleichungserbteil	€ 130.000,–
Ausgleichungspflichtteil ($^1/_2$)	€ 65.000,–

Pflichtteil von T2

Ausgleichserbteil (Erbteil $^1/_3$)	€ 130.000,–
abzüglich Vorempfang	€ 0,–
ergibt Ausgleichungserbteil	€ 130.000,–
Ausgleichungspflichtteil ($^1/_2$)	€ 65.000,–

Kontrollrechnung: Nur Anrechnung nach § 2315 BGB
Wie Fall zuvor, S hat aber nur einen anrechnungspflichtigen Vorempfang erhalten.
Berechnung
a) Berechnung Pflichtteil von S

Nachlass	€ 360.000,–
zzgl. Anrechnung der Zuwendung	€ 30.000,–
ergibt Anrechnungsnachlass	€ 390.000,–
hieraus Pflichtteil $^1/_6$	€ 65.000,–
abzüglich Vorempfang	€ – 30.000,–
verbleibt ein Pflichtteil von	€ 35.000,–

b) Berechnung Pflichtteil von T1

Nachlass	€ 360.000,–
hieraus Pflichtteil von $^1/_6$	€ 60.000,–

c) Berechnung Pflichtteil von T2

Nachlass	€ 360.000,–
hieraus Pflichtteil von $^1/_6$	€ 60.000,–

232 Die Kombination von Ausgleichungs- und Anrechnungspflicht nach **§ 2316 Abs. 4 BGB** gilt auch dann, wenn der **Ehegatte pflichtteilsberechtigt** ist.[503] Das vorstehende Beispiel zeigt auf, dass auch im Rahmen der Kontrollrechnung bei einer Anrechnung nur nach § 2315

---

[503] MünchKommBGB/*Lange* § 2316 Rn. 21; Staudinger/*Haas* § 2316 Rn. 51.

IV. Ausgleichungspflichtteil

BGB der Pflichtteilsanspruch des Sohnes S in gleicher Höhe besteht. Ein nichtbefriedigendes Ergebnis ergibt sich, wenn neben den Abkömmlingen noch ein Ehegatte vorhanden ist. Die Anrechnung bei gleichzeitiger Ausgleichspflicht bei Vorhandensein eines überlebenden Ehepartners führt zu **erhöhten Pflichtteilsansprüchen** und somit zu einem erhöhten Abfluss von Liquidität. Diese ungewollte Rechtsfolge tritt bei allen Güterstandskonstellationen ein.

Beispiel: (Gesetzliche Erbfolge mit Ausgleichspflicht)

Der Erblasser E war im gesetzlichen Güterstand verheiratet. Alleinerbin wird seine Ehefrau. Sein Sohn S hat einen ausgleichs- und anrechnungspflichtigen Vorempfang von € 100.000,– erhalten. Tochter T hat keinen Vorempfang erhalten. Der Nachlass beträgt € 700.000,–.
In welcher Höhe bestehen Pflichtteilsansprüche der Kinder?

Lösung:

a) Ehegattenerbteil

Nachlass	€ 700.000,–
Erbteil der Ehefrau ½	€ 350.000,–
Ausgleichungspflichtiger Nachlass	€ 350.000,–

b) Ermittlung vorläufiger Ausgleichsnachlass

Tatsächlicher Nachlass	€ 350.000,–
zzgl. ausgleichs- und anrechnungspflichtigen Vorempfang S	€ 100.000,–
ergibt vorläufigen Ausgleichsnachlass	€ 450.000,–

c) Berechnung der Pflichtteilsansprüche

Pflichtteil von S

Ausgleichserbteil (Erbteil ½)	€ 225.000,–
abzüglich ausgleichungspflichtiger Vorempfang	€ – 100.000,–
ergibt Ausgleichungserbteil	€ 125.000,–
Ausgleichungspflichtteil (½)	€ 62.500,–
abzüglich hälftigen Vorempfang nach § 2316 Abs. 4 BGB	€ – 50.000,–
verbleibt ein Pflichtteil von	€ 12.500,–

Pflichtteil von T

Ausgleichserbteil (Erbteil ½)	€ 225.000,–
abzüglich Vorempfang	€ 0,–
ergibt Ausgleichungserbteil	€ 225.000,–
Ausgleichungspflichtteil (½)	€ 112.500,–

Kontrollrechnung: Nur Anrechnung nach § 2315 BGB

Wie Fall zuvor, S hat aber nur einen anrechnungspflichtigen Vorempfang erhalten.

Berechnung

a) Berechnung Pflichtteil von S

Nachlass	€ 700.000,–
zzgl. anrechnungspflichtige Zuwendung	€ 100.000,–
ergibt Anrechnungsnachlass	€ 800.000,–
hieraus Pflichtteil ⅛	€ 100.000,–
abzüglich anrechnungspflichtige Zuwendung	€ – 100.000,–
verbleibt ein Pflichtteil von	€ 0,–

b) Berechnung Pflichtteil von T

Nachlass	€ 700.000,–
hieraus Pflichtteil von ⅛	€ 87.500,–

In dem vorstehenden Beispiel beträgt die Gesamtpflichtteilsquote bei Kombination der Ausgleichungs- und Anrechnungsverpflichtung € 125.000,–; bei der Alternative der reinen Anrechnungsverpflichtung € 87.500,–. Eine Anordnung der Anrechnungs- und gleichzeitiger Ausgleichungspflicht ist daher zu vermeiden, da das gewünschte Ergebnis verfehlt wird.

Formulierungsvorschlag:

235 Sofern eine Schenkung unter Anrechnungs- und Ausgleichungspflicht erfolgen soll, sollte folgende Formulierung gewählt werden:
„Der Übernehmer hat sich den Wert der Zuwendung auf seinen Pflichtteil nach § 2315 BGB anrechnen zulassen und nach dem §§ 2050ff. BGB zur Ausgleichung zu bringen. Sollte zum Zeitpunkt des Erbfalls des Übertragenden dessen Ehepartner noch leben, hat im Falle einer Pflichtteilsberechnung des Übernehmers nur eine Anrechnung nach § 2315 BGB, nicht aber eine Ausgleichung nach dem §§ 2316, 2050 ff. BGB zu erfolgen, wenn die Anwendung des § 2316 Abs. 4 BGB ansonsten zu einem höheren Pflichtteil führen würde."[504]

236 **i) Zusammentreffen ausgleichungspflichtiger mit anrechnungspflichtiger Zuwendung.** Treffen Zuwendungen, die nur ausgleichungspflichtig sind, mit solchen, die nur anrechnungspflichtig sind zusammen, wird dies nicht von § 2316 Abs. 4 BGB erfasst. § 2316 Abs. 4 BGB erfasst nur Zuwendungen, welche gleichzeitig ausgleichungs- und anrechnungspflichtig sind. Bei dem Zusammentreffen ausgleichungspflichtiger mit anrechnungspflichtiger Zuwendung sind die einzelnen Zuwendungen selbstständig auf der Grundlage des § 2315 BGB und § 2316 BGB durchzuführen.[505]

237 Sind die **Zuwendungen an die gleiche Person** erfolgt, wird bei der Berechnung das Ausgleichungsverfahren in das Anrechnungsverfahren eingeschoben.[506] Die Berechnung ist mit dem ausgleichungs- bzw. anrechnungspflichtigen Abkömmling zu beginnen. Der Ausgleichungsnachlass ist durch Addition der ausgleichungs- bzw. anrechnungspflichtigen Zuwendungen zu dem tatsächlichen Nachlass zu ermitteln. Von diesem Ausgleichungsnachlass ist der Ausgleichungspflichtteil nach § 2316 BGB zu ermitteln. Von diesem Ausgleichungspflichtteil ist die anrechnungspflichtige Zuwendung abzuziehen und der Pflichtteilsanspruch zu ermitteln. Anschließend ist der Ausgleichungspflichtteil des/der weiteren Abkömmlinge nach § 2316 BGB zu ermitteln.[507]

238 Beispiel: (Zuwendungen an gleiche Person)
Der Erblasser E hat seine Lebensgefährtin L als Alleinerbin eingesetzt. Sein Sohn S hat einen ausgleichspflichtigen Vorempfang von € 20.000,- und einen anrechnungspflichtigen Vorempfang von € 10.000,- erhalten. T2 hat keinen Vorempfang erhalten. Der Nachlass beträgt € 350.000,-.
In welcher Höhe bestehen Pflichtteilsansprüche der Kinder?

Lösung:

a) Berechnung der Pflichtteilsansprüche von S
  aa) Ermittlung vorläufiger Ausgleichsnachlass

Tatsächlicher Nachlass	€ 350.000,-
zzgl. ausgleichungspflichtiger Vorempfang S	€ 20.000,-
zzgl. anrechnungspflichtiger Vorempfang S	€ 10.000,-
ergibt vorläufigen Ausgleichsnachlass	€ 380.000,-

  bb) Pflichtteil von S

Ausgleichserbteil (fiktiver Erbteil ½)	€ 190.000,-
abzüglich ausgleichungspflichtiger Vorempfang	€ – 20.000,-
ergibt Ausgleichungserbteil	€ 170.000,-
Ausgleichungspflichtteil (½)	€ 85.000,-
abzüglich anrechnungspflichtiger Vorempfang	€ – 10.000,-
Pflichtteil	€ 75.000,-

b) Berechnung der Pflichtteilsansprüche von T
  aa) Ermittlung vorläufiger Ausgleichsnachlass

Tatsächlicher Nachlass	€ 350.000,-
zzgl. ausgleichungspflichtiger Vorempfang S	€ 20.000,-
ergibt vorläufigen Ausgleichsnachlass	€ 370.000,-

---

[504] *Tanck* ZErb 2003, 41, 43.
[505] MünchKommBGB/*Lange* § 2316 Rn. 22.
[506] MünchKommBGB/*Lange* § 2316 Rn. 22.
[507] Staudinger/*Haas* § 2316 Rn. 55.

IV. Ausgleichungspflichtteil

bb) Pflichtteil von T

Ausgleichserbteil (fiktiver Erbteil ½)	€ 185.000,–
abzüglich ausgleichungspflichtiger Vorempfang	€ 0,–
ergibt Ausgleichserbteil	€ 185.000,–
Ausgleichungspflichtteil (½)	€ 92.500,–

Sind die **Zuwendungen an verschiedene Personen** erfolgt, ist bei der Berechnung zunächst der Pflichtteil des anrechnungspflichtigen Abkömmlings zu bestimmen.[508] Der Ausgleichungsnachlass ist durch Addition der anrechnungspflichtigen Zuwendungen zu dem tatsächlichen Nachlass zu ermitteln. Von diesem Ausgleichungsnachlass ist der Ausgleichungspflichtteil nach § 2316 BGB zu ermitteln. Von diesem Ausgleichungspflichtteil ist die anrechnungspflichtige Zuwendung abzuziehen und der Pflichtteilsanspruch zu ermitteln. Anschließend ist der Ausgleichungspflichtteil des/der weiteren Abkömmlinge nach § 2316 BGB zu ermitteln.

Beispiel: (Zuwendungen an unterschiedliche Personen)

Der Erblasser E hat seine Lebensgefährtin L als Alleinerbin eingesetzt. Sein Sohn S hat einen anrechnungspflichtigen Vorempfang von € 10.000,– und die Tochter T einen ausgleichspflichtigen Vorempfang von € 20.000,– erhalten. Der Nachlass beträgt € 350.000,–.
In welcher Höhe bestehen Pflichtteilsansprüche der Kinder?

Lösung:

a) Berechnung des Pflichtteilsanspruches von S
 aa) Ermittlung vorläufiger Ausgleichsnachlass

Tatsächlicher Nachlass	€ 350.000,–
zzgl. anrechnungspflichtiger Vorempfang S	€ 10.000,–
ergibt vorläufigen Ausgleichsnachlass	€ 360.000,–

 bb) Pflichtteil von S

Ausgleichserbteil (fiktiver Erbteil ½)	€ 180.000,–
abzüglich ausgleichungspflichtiger Vorempfang	€ 0,–
ergibt Ausgleichserbteil	€ 180.000,–
Ausgleichungspflichtteil (½)	€ 90.000,–
abzüglich anrechnungspflichtiger Vorempfang	€ – 10.000,–
Ausgleichungspflichtteil	€ 80.000,–

b) Berechnung des Pflichtteilsanspruches von T
 aa) Ermittlung vorläufiger Ausgleichsnachlass

Tatsächlicher Nachlass	€ 350.000,–
zzgl. ausgleichungspflichtiger Vorempfang T	€ 20.000,–
ergibt vorläufigen Ausgleichsnachlass	€ 370.000,–

 bb) Pflichtteil von T

Ausgleichserbteil (fiktiver Erbteil ½)	€ 185.000,–
abzüglich ausgleichungspflichtiger Vorempfang	€ – 20.000,–
ergibt Ausgleichserbteil	€ 165.000,–
Ausgleichungspflichtteil (½)	€ 82.500,–

---

[508] Staudinger/*Haas* § 2316 Rn. 56.

§ 4 Die Bewertung des Nachlasses

Übersicht

	Rn.
I. Grundsätze der Bewertung	1–17
1. Ausgangspunkt der Bewertung	1
2. Ziel der Bewertung	2
3. Stichtagsprinzip	3–5
a) Maßgeblicher Zeitpunkt	3
b) Wertveränderungen nach dem Stichtag	4
c) Härtefallkorrektur	5
4. Der volle, wirkliche Wert	6–9
a) Der (Normal-)Verkaufspreis	6–8
b) Der wahre, innere Wert	9
5. Die Ermittlung des vollen, wirklichen Werts	10–15
a) Der tatsächlich erzielte Verkaufspreis	10, 11
b) Die Schätzung des vollen, wirklichen Werts	12–15
6. Wertbestimmungen durch den Erblasser	16
7. Überprüfung der Wertermittlungsmethode im Gerichtsverfahren	17
II. Bewertung der einzelnen Nachlassgegenstände	18–248
1. Bewertung von Grundstücken	19–71
a) Grundsätze zur Ermittlung von Grundstückswerten	19–21
b) Unbebaute Grundstücke	22–26
c) Bebaute Grundstücke	27–53
d) Grundstücksbezogene Rechte und Belastungen	54–65
e) Steuerliche Bewertungsverfahren	66–71
2. Bewertung von Unternehmen und Gesellschaftsbeteiligungen	72–201
a) Grundsätze zur Ermittlung von Unternehmenswerten	72–87
b) Prognose der künftigen Überschüsse	88–95
c) Kapitalisierung der künftigen finanziellen Überschüsse	96–104
d) Wertermittlungsmethode	105–136
e) Besonderheiten bei der Unternehmenswertermittlung	137–146
f) Gesellschaftsanteile	147, 148
g) Gesellschaftsrechtlich begründete Korrekturfälle	149–165
h) Bewertung von Freiberuflerpraxen	166–202
3. Bewertung von Landgütern und landwirtschaftlichen Betrieben	203–226
a) Grundzüge des Landwirtschaftserbrechts	203–212
b) Wertermittlung	213–226
4. Bewertung von Kunstgegenständen	227–231
a) Grundsätze zur Ermittlung von Werten für Kunstgegenstände	227
b) Wertbildende Faktoren der Kunstbewertung	228
c) Methoden zur Bewertung von Kunstgegenständen	229–231
5. Bewertung von Bargeld	232
6. Bewertung von Bankguthaben	233
7. Bewertung von Wertpapieren	234
8. Bewertung von Forderungen	235–238
9. Bewertung von Fahrzeugen	239
10. Bewertung von Gegenständen des persönlichen Gebrauchs	240
11. Bewertung von Hausrat	241
12. Bewertung von Schmuck	242
13. Bewertung von Rechten	243–247
a) Bedingte, ungewisse und unsichere Rechte	244–246
b) Sonstige Rechte	247
14. Bewertung von Nachlassverbindlichkeiten	248

Schrifttum: *Ballwieser*, Unternehmensbewertung, 2. Aufl. 2007; *ders.*, Betriebswirtschaftliche (kapitalmarkttheoretische) Anforderungen an die Unternehmensbewertung, WPg 2008, S. 102; *Balz/Bordemann*, Vereinfachtes Ertragswertverfahren: Maßvolle Differenzierung anstelle einheitlicher Werte notwendig!, Status Recht 2009, 77; *Brähler*, Der Wertmaßstab der Unternehmensbewertung nach § 738 BGB, WPg 2008, 209; *Bratke*, Gesellschaftsvertragliche Abfindungsklauseln und Pflichtteilsansprüche, ZEV 2000, 16; *Broekelschen/ Maiterth*, Funktionsweise und Verfassungskonformität der neuen Grundstücksbewertung, DStR 2009, 833;

Casper/Altgen, Gesellschaftsvertragliche Abfindungsklauseln – Auswirkungen der Erbschaftsteuerreform, DStR 2008, 2319; *Creutzmann*, Unternehmensbewertung im Steuerrecht – Neuregelungen des Bewertungsgesetzes ab 1. 1. 2009, DB 2008, 2784; *Drukarczyk/Ernst* (Hrsg.), Branchenorientierte Unternehmensbewertung, 2. Aufl. 2007; *Eisele*, Erbschaftsteuerliches Bewertungsrecht, NWB 2008, 695; *ders.*, Der Verkehrswertnachweis nach dem Entwurf eines ErbSt-Reformgesetzes, NWB 2008, 3447; *Englert*, Die Bewertung von Wirtschaftsprüfer- und Steuerberaterpraxen, 1996; *Friedl/Schwetzler*, Inflation, Wachstum und Unternehmensbewertung, WPg 2009, 152; *Frielingsdorf*, Praxiswert – Der Wert zur richtigen Bestimmung in Arzt- und Zahnarztpraxen, 1989; *Frielingsdorf/Frielingsdorf*, So bewerten Sie Arztpraxen mit der IBT-Methode marktnah, Praxis Freiberufler-Beratung 2008, 69; *Funk*, Anforderungen der Rechnungslegung an die Unternehmensbewertung, WPg 2008, 114; *Großfeld*, Recht der Unternehmensbewertung, 5. Aufl. 2009; *Hachmeister/Wiese*, Der Zinsfuß in der Unternehmensbewertung: Aktuelle Probleme und Rechtsprechung, WPg 2009, 54; *Heuer*, Die Bewertung von Kunstgegenständen, NJW 2008, 684; *Hüttemann*, Rechtliche Vorgaben für ein Bewertungskonzept, WPg 2008, 812; *Jonas*, Besonderheiten der Unternehmensbewertung bei kleinen und mittleren Unternehmen, WPg 2008, 117; *ders.*, Unternehmensbewertung: Methodenkonsistenz bei unvollkommenen Märkten und unvollkommenen Rechtssystemen, WPg 2008, 835; *Kaefer*, Unternehmensbewertung in kleineren und mittleren Unternehmen 2007; *Klingelhöffer*, Pflichtteilsrecht, 3. Aufl. 2009; *Knief*, Der kalkulatorische Unternehmerlohn für Steuerberater, DStR 2008, 1895; *ders.*, Zur Bewertung von Steuerberaterpraxen ab 1. 1. 2009, DStR 2009, 604; *ders.*, Die Bewertung medizinischer Praxen nach dem 31. 12. 2008, DB 2009, 866; *Köhne*, Landwirtschaftliche Taxationslehre, 4. Aufl. 2007; *Krause/Grootens*, Der Entwurf zur neuen Grundbesitzbewertung nach dem ErbStG, BBEV 80, 130, 170 u. 205; *Kuhner*, Unternehmensbewertung: Tatsachenfrage oder Rechtsfrage?, WPg 2008, 825; *Lenzen/Ettmann*, Ertragswert- und Umsatzmethode zur Bewertung von Rechtsanwaltskanzleien, BRAK-Mitt. 2005, 13; *Löffler*, Was kann die Wirtschaftswissenschaft für die Unternehmensbewertung (nicht) leisten?, WPg 2008, 808; *Lorz*, Latente Steuern und Pflichtteilsrecht, ZErb 2003, 302; *Mayer*, Wertermittlung des Pflichtteilsanspruchs: Vom gemeinen, inneren und anderen Werten, ZEV 1994, 331; *ders.*, Der Abfindungsausschluss im Gesellschaftsrecht: pflichtteilsfester Vermögenstransfer am Nachlass vorbei?, ZEV 2003, 355; *Meitner*, Die Berücksichtigung von Inflation in der Unternehmensbewertung – Terminal-Value-Überlegungen (nicht nur) zu IdW ES 1 i. d. F. 2007, WPg 2008, 248; *Merk*, Bewertung von Arztpraxen, Zahnarztpraxen und Medizinischen Versorgungszentren, in: Drukarczyk/Ernst (Hrsg.), Branchenorientierte Unternehmensbewertung, 2. Aufl. 2007; *Michels/Ketteler-Eising*, Die steuerliche Behandlung des Kaufpreises für Kassenarztpraxen, DStR 2006, 961; *dies.*, Die Vertragsarztzulassung als praxiswertbildender Faktor, DStR 2008, 314; *dies.*, Steuerliche Behandlung der Vertragsarztzulassung, DStR 2009, 814; *Nehm*, Bewertung von Rechtsanwaltskanzleien, in: Drukarczyk/Ernst (Hrsg.), Branchenorientierte Unternehmensbewertung, 2. Aufl. 2007; *Olbrich/Olbrich*, Unternehmensbewertung im Zugewinnausgleich, DB 2008, 1483; *Otto*, Steuerliche Aspekte bei Veränderungen in Anwaltskanzleien, BRAK-Mitt. 2005, S. 117; *Pabsch*, Deutsche Gesellschaft für Agrarrecht: Leitfaden für die Ermittlung des Ertragswertes landwirtschaftlicher Betriebe, AgrarR 1994, 5; *Paulsen*, Unternehmensbewertung und Rechtsprechung, WPg 2008, 109; *Piltz*, Bewertung landwirtschaftlicher Betriebe bei Erbfall, Schenkung und Scheidung, 1999; *Popp*, Bewertung von Steuerberatungs- und Wirtschaftsprüfungsgesellschaften, in: Drukarczyk/Ernst (Hrsg.), Branchenorientierte Unternehmensbewertung, 2. Aufl. 2007; *ders.*, Ausgewählte Aspekte der objektivierten Bewertung von Personengesellschaften, WPg 2008, 935; *Reimann*, Gesellschaftsvertragliche Abfindung und erbrechtlicher Ausgleich, ZEV 1994, 7; *Richter/Timmreck* Unternehmensbewertung, 2004; *Riedel*, Gesellschaftsrechtliche Nachfolgeregelungen – Auswirkungen auf Pflichtteil und Erbschaftsteuer, ZErb 2003, 212; *ders.*, Die Bewertung von Gesellschaftsanteilen im Pflichtteilsrecht, 2006; *Ross-Brachmann*, Ermittlung von Verkehrswerten von Grundstücken und des Wertes baulicher Anlagen, 29. Aufl. 2005 hrsg. v. Holzner und Renner; *Ruby*, Das Landwirtschaftserbrecht: Ein Überblick, ZEV 2006, 351; *ders.*, Landwirtschaftsrecht: Das Landgut im BGB, ZEV 2007, 263; *Scherer/Lehmann*, Die Bewertung von Kunstgegenständen, ZErb 2003, 69; *Schlichting*, Bewertung von Aktien aus Anlass von Pflichtteilsansprüchen, ZEV 2006, 197; *Schmid-Domin*, Bewertung von Arztpraxen und Kaufpreisfindung, 3. Aufl. 2009; *Seppelfricke*, Handbuch Aktien- und Unternehmensbewertung, 3. Aufl. 2007; *Streitferdt*, Unternehmensbewertung mit den DCF-Verfahren nach der Unternehmenssteuerreform 2008, Finanz Betrieb 2008, 268; *Stöckel*, Erbschaftsteuerreform: Verpasste Chance einer verfassungsmäßen Grundstücksbewertung, Stbg 2008, 486; *Sureth/Nordhoff*, Kritische Anmerkungen zur Ermittlung des tatsächlichen Werts einer Familienpersonengesellschaft nach neuer Rechtslage, DB 2008, 305; *Szymborski*, Die Bewertung des Grundvermögens nach der Erbschaftsteuerreform 2008, Stbg 2008, 239; *Tremel*, Verkehrswertermittlung von Grundstücken, ZEV 2007, 365; *dies.*, Die zukünftige Grundstücksbewertung nach dem „ErbStG" und der „GrBewV", DStR 2009, 753; *Wegener*, Auswirkungen der Steuerreform auf den objektivierten Unternehmenswert von Kapitalgesellschaften, DStR 2008, 935; *Wehmeier*, Unternehmensbewertung: Das „angelehnte" Ertragswertverfahren, Stbg 2007, 436; *ders.*, Praxisübertragung in wirtschaftsprüfenden und steuerberatenden Berufen, 5.Aufl. 2009; *Winkler*, Unternehmensnachfolge und Pflichtteilsrecht – Wege zur Minimierung des Störfaktors Pflichtteilsansprüche, ZEV 2005, 89; *Wollny*, Der objektivierte Unternehmenswert, 2008; WP Handbuch 2008 Band II, 13. Aufl. 2008; *Wüstemann*, Basiszinssatz und Risikozuschlag in der Unternehmensbewertung: aktuelle Rechtsprechungsentwicklungen, BB 2007, 2223.

I. Grundsätze der Bewertung

1. Ausgangspunkt der Bewertung

Die §§ 2311 bis 2313 BGB regeln die Bewertung des Nachlasses zur Ermittlung des Anspruchs des Pflichtteilsberechtigten. Zunächst müssen sämtliche Aktiv- und Passivposten des Vermögens des Erblassers dem Grunde nach festgestellt werden. Nach der Feststellung des Nachlassbestands dem Grunde nach sind die einzelnen Aktiv- und Passivposten der Höhe nach zu bewerten. Aus der Differenz der bewerteten Aktiva und der Passiva ergibt sich dann der Wert des Nachlassbestands.

Sofern dieser Wert positiv ist, bildet er die Grundlage für die Ermittlung des Pflichtteils, der gem. § 2303 Abs. 1 Satz 2 BGB die Hälfte des gesetzlichen Erbteils beträgt. Ist der Wert negativ, entsteht kein Pflichtteilsanspruch.[1]

2. Ziel der Bewertung

Ziel der Nachlassbewertung ist es, den in den Nachlassbestand einzustellenden Aktiv- und Passivposten einen Wert zuzuordnen, der in Geldeinheiten ausgedrückt wird. Obwohl der Wertbegriff an zahlreichen Stellen des BGB eine zentrale Rolle spielt (z. B. §§ 251 Abs. 2, 290, 346, 662, 818 Abs. 2, 1587a BGB), findet sich im BGB keine allgemein verbindliche Wertdefinition.[2] Auch in der Betriebswirtschaftlehre gibt es keinen allgemeingültigen Wertbegriff, vielmehr orientiert sich die Bewertung an dem zu bewertenden Gegenstand und dem Bewertungsanlass.

Der **Wert** ist somit eine relative Größe, da er nicht dem jeweiligen Gegenstand anhaftet, sondern durch die Verwendungsart, die Umweltbeziehung, die Inhaberschaft etc. geprägt ist.[3]

Somit ist der Wert im Hinblick auf das Bewertungsziel zu ermitteln. Das Bewertungsziel bei der Berechnung des Pflichtteilsanspruchs ist, den Pflichtteilsberechtigten so zu stellen, als wenn er normaler Erbe geworden und sein Nachlassanteil in Geld umgesetzt worden wäre.[4] Es soll somit der **volle, wirkliche Wert** der einzelnen Nachlassgegenstände und damit des gesamten Nachlasses ermittelt werden.[5] Damit scheiden von vornherein Bewertungsmethoden aus, die sich nicht an diesem Bewertungsziel orientieren, wie z.B. die nach den Grundsätzen ordnungsgemäßer Buchführung ermittelten Buchwerte und die steuerlichen Einheitswerte.[6]

3. Stichtagsprinzip

a) **Maßgeblicher Zeitpunkt.** Der maßgebliche Zeitpunkt für die Bewertung des Nachlasses ist gem. § 2311 Abs. 1 Satz 1 BGB der Wert zur Zeit des Erbfalls, d.h. zum Zeitpunkt des Todes des Erblassers.[7]

Ausnahmen hiervon gibt es in den Fällen der Anrechnung und Ausgleichung gem. §§ 2315 f. BGB und bei der Pflichtteilsergänzung gem. §§ 2325 ff. BGB.[8]

Keine Ausnahme vom **Stichtagsprinzip** stellt § 2313 BGB dar.[9] Danach sind für die Pflichtteilsberechnung bei dem Ansatz bedingter, ungewisser oder unsicherer Rechte zwar auch nach dem Erbfall liegende Änderungen bedeutsam. Sinn und Zweck dieser Regelung ist es, die Teilhabe des Pflichtteilsberechtigten an einem geänderten Nachlassbestand zu sichern, nicht aber eine Wertveränderung nach dem Bewertungsstichtag zu erfassen.

---

[1] OLG Stuttgart NJW-RR 1989, 1283.
[2] Staudinger/*Haas* § 2311 BGB Rn. 47.
[3] MünchKommBGB/*Lange* § 2311 BGB Rn. 19.
[4] BVerfG ZEV 2005, 301.
[5] BGH LM § 2311 Nr. 5; OLG München BB 1988, 429.
[6] Staudinger/*Haas* § 2311 BGB Rn. 50.
[7] OLG Köln NJW 1998, 240; Staudinger/*Haas* § 2311 BGB Rn. 60.
[8] MünchKommBGB/*Lange* § 2311 BGB Rn. 17.
[9] Staudinger/*Haas* § 2311 BGB Rn. 61 a.

4 **b) Wertveränderungen nach dem Stichtag.** Änderungen des Wertes, die nach dem Stichtag eintreten, dürfen im Grundsatz nicht berücksichtigt werden.[10] Dies gilt auch dann, wenn sich Streitigkeiten in Bezug auf den Pflichtteilsanspruch über Jahre hinziehen und es deshalb erst Jahre nach dem Erbfall zu einer Aufteilung oder Liquidation des Nachlasses kommt.[11] Aufgrund dessen trägt der Pflichtteilsberechtigte das Risiko der Geldentwertung.[12]

Das **Stichtagsprinzip** bezieht sich auf die für die Bewertung maßgeblichen Faktoren, die aus der Sicht des Stichtages zu ermitteln sind.[13] Sofern am Bewertungsstichtag außergewöhnliche äußere Bedingungen vorherrschen, mit deren Änderung in Kürze zu rechnen ist und die sich noch nicht hinreichend in dem am Markt gebildeten Normalverkaufspreis niedergeschlagen haben, sind auch Zukunftserwartungen, die zum Stichtag bereits absehbar und wirtschaftlich fassbar sind, bei der Bewertung zu berücksichtigen.[14] Sollten starke Schwankungen des Verkehrswertes bzw. des Marktpreises für den betreffenden Nachlassgegenstand wesenstypisch sein, ist eine Einbeziehung von Zukunftserwartungen in aller Regel ausgeschlossen, weil es insofern dann an äußeren, den Wert des Vermögensgegenstandes zum Stichtag prägenden Umständen mangelt.[15]

5 **c) Härtefallkorrektur.** Die eindeutige, und damit auch eigentlich keine Spielräume zulassende, gesetzliche Regelung über die Stichtagsbewertung kann im Einzelfall zu unbilligen Härten führen. Wenn z.B. wertvolle Gegenstände des Nachlasses gestohlen oder sonst abhanden gekommen sind, können die Pflichtteilsansprüche den gesamten Nachlass ausmachen. Dies kann dazu führen, dass dem Pflichtteilsverpflichteten die Einrede aus § 242 BGB zusteht.[16]

Es ist jedoch stets zu beachten, dass die klare Regelung des § 2311 Abs. 1 Satz 1 BGB nur in ganz außergewöhnlichen Einzelfällen aus Billigkeitsgesichtspunkten durchbrochen werden darf,[17] denn dem Stichtagsprinzip liegt eine vom Gesetzgeber gewollte Risikoverteilung zugrunde.

4. Der volle, wirkliche Wert

6 **a) Der (Normal-) Verkaufspreis.** Eine bestimmte Bewertungsmethode zur Berechnung des Pflichtteilsanspruchs ist gesetzlich – von der Regelung für Landgüter in § 2312 BGB abgesehen – nicht vorgeschrieben.[18] Da die Bewertung des Nachlasses im Rahmen der §§ 2311 ff. BGB grundsätzlich der fairen Verteilung des Nachlasses unter den verschiedenen Erbbeteiligten dient, können bei der Wertbestimmung keine individuellen Wertvorstellungen der Erbbeteiligten berücksichtigt werden.

Nach allgemeiner Ansicht gilt es daher grundsätzlich den vollen, wirklichen Wert beziehungsweise den, in der Regel gleichzusetzenden,[19] (Normal-) Verkaufspreis zu ermitteln.[20]

Dies ist der Wert, welchen der Gegenstand in der Hand eines idealen Erben hat. Persönliche Umstände des Erben, insbesondere irgendwelche rein persönlichen Interessen, bleiben regelmäßig bei der Bewertung außen vor.[21]

7 Ausgangspunkt jeder Bewertung ist ein gedachter potentieller Käufer, der an dem Erwerb des Nachlassgegenstandes in seiner konkreten Beschaffenheit mit der vorgesehenen Verwertungsmöglichkeit interessiert ist und die Bereitschaft hat, einen angemessenen, dem inneren Wert des Nachlassgegenstandes entsprechenden Preis zu zahlen. Das Abstellen auf den im gewöhnlichen Geschäftsverkehr erzielbaren Preis dient einer Objektivierung der Bemes-

---

[10] Staudinger/*Haas* § 2311 BGB Rn. 60; MünchKommBGB/*Lange* § 2311 BGB Rn. 5.
[11] BGH NJW 2001, 2713.
[12] MünchKommBGB/*Lange* § 2311 BGB Rn. 15.
[13] BVerfGE 78, 132.
[14] MünchKommBGB/*Lange* § 2311 BGB Rn. 21.
[15] Soergel/*Dieckmann* § 2311 BGB Rn. 18; *Mayer* ZEV 1994.
[16] Berliner Kommentar/*Gottwald* § 2311BGB Rn. 3.
[17] Staudinger/*Haas* § 2311 BGB Rn. 12; MünchKommBGB/*Lange* § 2311 BGB Rn. 2.
[18] MünchKommBGB/*Lange* § 2311 BGB Rn. 5.
[19] MünchKommBGB/*Lange* § 2311 BGB Rn.19.
[20] Soergel/*Dieckmann* § 2311 BGB Rn. 6; BGH NJW-RR 1991, 900.
[21] MünchKommBGB/*Lange* § 2311 BGB Rn. 19; Soergel/*Dieckmann* § 2311 BGB Rn. 16.

I. Grundsätze der Bewertung

sungsgröße, d.h. für die Ermittlung des gemeinen Wertes sind daher ausschließlich objektive Gesichtspunkte maßgeblich.[22]

Abzugrenzen ist der (Normal-) Verkaufspreis von individuellen Wertvorstellungen der einzelnen Erbbeteiligten, die im Grundsatz unbeachtlich sind.[23] Das individuelle Affektionsinteresse kann aber bei der Bewertung Berücksichtigung finden, wenn es sich – wie beispielsweise bei einer Briefmarkensammlung – für einen größeren Personenkreis objektivieren lässt.[24] Subjektive Wertfaktoren sind somit ausnahmsweise dann beachtlich, wenn sie objektiv nachprüfbar sind, wie z.B. Liebhaberpreise, die auf Briefmarkenbörsen von einem überschaubaren Personenkreis bezahlt werden.[25]

Ist das Bewertungsziel der (Normal-) Verkaufspreis, sind nicht nur die tatsächlich entstandenen, sondern grundsätzlich auch die fiktiven **Erlösschmälerungen**, die notwendig mit einem Verkauf verbunden sind, bei der Bewertung mindernd zu berücksichtigen.[26] Maßgebend allein ist der fiktive Nettoerlös.[27]

In vielen Fällen werden sich Pflichtteilsansprüche tatsächlich nur durch den Verkauf von Nachlassgegenständen befriedigen lassen. Dies ist insbesondere dann der Fall, wenn nicht ausreichend Bargeld bei dem Erben vorhanden ist. Hieraus können einkommensteuerpflichtige Vorgänge entstehen, insbesondere wenn zum Nachlass Betriebsvermögen bzw. Privatvermögen gehört, welches bei einer Veräußerung unter die §§ 17, 23 und 20 Abs. 2 EStG (z.B. Anteile an Kapitalgesellschaften, Wertpapiere und Grundstücke) fällt. Die daraus resultierenden Steuern haben nach den einschlägigen Vorschriften des Einkommensteuergesetzes die Erben zu tragen. Daraus ergibt sich die Frage, wie sich diese so genannten latenten **(Ertrag-) Steuern** im Rahmen der Bewertung der Nachlassgegenstände auswirken.

Der BGH hat in ständiger Rechtsprechung bereits 1972 festgestellt, dass latente Ertragsteuern nicht als Nachlassverbindlichkeit abgesetzt werden dürfen, da ihre tatsächliche Entstehung auf einer Maßnahme des Erben beruht und insoweit nicht Bestandteil des Nachlasses sein kann.[28] Auch kommt ein Ansatz als aufschiebend bedingte oder zweifelhafte Verbindlichkeit i.S.d. § 2313 BGB nicht in Betracht.[29] Eine Ausnahme hiervon ergibt sich, wenn es absehbar ist, dass der Vermögensgegenstand, im hier vom BGH entschiedenen Fall ein Unternehmen, in näherer Zukunft aufgelöst oder veräußert wird,[30] z.B. wenn der Erblasser die Auflösung oder Veräußerung angeordnet hatte oder das Unternehmen im Zuge der Erbauseinandersetzung unter den Miterben gem. §§ 2042, 753 BGB verkauft wird oder der Erbe das Unternehmen wegen mangelnder Rentabilität oder mangelnder persönlicher Eignung im engen Zusammenhang mit dem Erbfall veräußert. Die Höhe der latenten Steuerlast ist in diesem Fall gem. § 2311 Abs. 2 BGB im Wege einer sachgerechten Schätzung zu ermitteln. Hierbei kann auf die tatsächlich anfallenden oder die tatsächlich festgesetzten Steuern zurückgegriffen werden.

b) Der wahre, innere Wert. Liegen keine normalen Verkaufsbedingungen vor, stellt die Rechtsprechung nicht auf den (Normal-) Verkaufspreis, sondern auf den so genannten wahren, inneren Wert ab.[31] Der wahre innere Wert ist eine Denkfigur, mit deren Hilfe der BGH bei außergewöhnlichen Preisverhältnissen unter Ausnahmebedingungen (Stopp-Preise; Auswirkung des Chruschtschow-Ultimatums auf die Berliner Grundstückspreise) unangemessenen Ergebnissen im Interesse der Pflichtteilsberechtigten entgegenzuwirken versucht hat.[32]

---

[22] Gürsching/*Knittel* § 9 BewG Rn. 29.
[23] BGH NJW-RR 1991, 131.
[24] Staudinger/*Haas* § 2311 BGB Rn. 53.
[25] BGH FamRZ 1980, 37.
[26] Staudinger/*Haas* § 2311 BGB Rn. 72 a; BGH FamRZ 2005, 65 (Zugewinnausgleich).
[27] Staudinger/*Haas* § 2311 BGB Rn. 72 a.
[28] BGH NJW 1972, 1269; NJW 1973, 509; NJW 1982, 2497; NJW 1987, 1260; NJW-RR 1992, 770; NJW-RR 1993, 131.
[29] *Riedel*, Die Bewertung von Gesellschaftsanteilen im Pflichtteilsrecht, S. 134, Rn. 608, a.A. *Lorz* ZErb 2003, 302.
[30] BGH NJW 1982, 2497; BGH NJW 1987, 1260.
[31] BGH NJW-RR 1992, 899; MünchKommBGB/*Lange* § 2311 BGB Rn. 19.
[32] BGH FamRZ 1992, 918, NJW 1991, 900; NJW 1954, 1037.

Die Anwendung dieser Denkfigur könnte auch für entsprechende Vermögensgegenstände, deren Bewertung durch die Finanzmarktkrise in 2008 betroffen ist, zur Anwendung kommen. Der Rechtsprechung liegt der Gedanke zu Grunde, dass sich ein Marktpreis nur dort bilden kann, wo ein funktionstüchtiger Markt existiert. Ist dies nicht der Fall, korrigiert sie mit Hilfe des wahren, inneren Wertes den aktuellen Verkaufswert aus Billigkeitsgründen zu Gunsten (nicht zu Lasten) des Pflichtteilsberechtigten.[33]

Um jedoch unbillige Härten für den Erben zu vermeiden, hat dieser ein Leistungsverweigerungsrecht in Höhe des Differenzbetrages zwischen dem Verkehrswert und dem wahren, inneren Wert, soweit er den Pflichtteilsanspruch nicht aus seinem Barvermögen befriedigen und ihm nicht zugemutet werden kann, zur Befriedigung des Pflichtteilsanspruchs sich die nötigen Mittel durch Veräußerung anderer preisgebundener Gegenstände zu beschaffen.[34]

5. Die Ermittlung des vollen, wirklichen Werts

10 **a) Der tatsächlich erzielte Verkaufspreis.** Entsprechend dem Grundgedanken des Pflichtteilsrechts den Pflichtteilsberechtigten so zu stellen, als sei das Erbe bei Tod des Erblassers in Geld umgesetzt worden, ist das Bewertungsziel der volle, wirkliche Wert. Der volle, wirkliche Wert ist jedoch nicht immer identisch mit einem Verkaufspreis, den ein Erbe bei der Veräußerung des ererbten Gegenstands erzielt, denn die individuellen Verhältnisse und die spekulativen Absichten der Parteien können den Verkaufspreis stark beeinflussen. Der Pflichtteilsberechtigte soll nach dem gesetzlichen Leitbild weder das Risiko eines ungünstigen Verkaufs tragen noch an der Chance einer außergewöhnlichen Wertsteigerung, die von einem besonderen Verkaufsgeschick des Erben abhängt, partizipieren.[35]

Bei der Bewertung von Nachlassgegenständen, die bald nach dem Erbfall veräußert werden, orientiert sich die Rechtsprechung allerdings an dem tatsächlich erzielten Kaufpreis, außer es liegen außergewöhnlicher Verhältnisse vor.[36] Der tatsächlich erzielte Kaufpreis hat insoweit Vorrang gegenüber einer Schätzung des vollen, wirklichen Werts nach anerkannten Methoden.[37]

Voraussetzung hierfür ist nach Auffassung des BGH, dass seit dem Erbfall keine wesentliche Veränderung der Marktverhältnisse eingetreten ist[38] und eine wesentliche Veränderung in der Substanz des Bewertungsobjektes nicht vorhanden ist[39] sowie außergewöhnliche Verhältnisse nicht vorliegen.[40]

11 Preisschwankungen zwischen dem Zeitpunkt des Erbfalls und der tatsächlichen Veräußerung sind zu berücksichtigen.[41] Außerdem müssen vom Verkaufserlös die Veräußerungskosten und die ggfs. durch die Veräußerung ausgelösten Ertragsteuern abgezogen werden.[42]

Wie lange der Zeitraum zwischen Erbfall und Veräußerung sein darf, in der eine Veräußerung für die Berechnung des Pflichtteilsanspruch berücksichtigt wird, ist noch nicht abschließend entschieden. Bei Grundstücks- und Betriebsveräußerungen geht der BGH von einer zeitlichen Nähe noch bei Veräußerungsvorgängen bis zu maximal fünf Jahren nach dem Stichtag aus.[43] Anders dagegen das OLG Düsseldorf:[44] Bei einer drei Jahre zurückliegenden Grundstücksveräußerung kann nicht mehr von einem zeitnahen Verkauf gesprochen werden.

---

[33] BGH WM 1991, 1553.
[34] BGH NJW 1954, 1037; Staudinger/*Haas* § 2311 BGB Rn. 54.
[35] Staudinger/*Haas* § 2311 BGB Rn. 65.
[36] BGH, NJW-RR 1991, 900; Staudinger/*Haas* § 2311 BGB Rn. 66.
[37] Staudinger/*Haas* BGB Rn. 66.
[38] BGH NJW-RR 1993, 131.
[39] BGH NJW-RR 1993, 131.
[40] BGH WM 1991, 1553.
[41] BGH NJW-RR 1993, 834.
[42] Staudinger/*Haas* § 2311 BGB Rn. 66.
[43] BGH NJW-RR 1993, 131; OLG Frankfurt ZEV 2003, 364.
[44] BGH FamRZ 1995, 1236.

Eine Verallgemeinerung der fünfjährigen Frist dürfte aber für die meisten Fälle ungeeignet sein und zumeist an den vom BGH selbst aufgestellten Voraussetzungen (keine Veränderung der Marktverhältnisse seit dem Erbfall) scheitern.[45]

Letztlich ist die Frage des zeitlichen Zusammenhangs zwischen Erbfall und Verkauf in Abhängigkeit von den jeweiligen Marktverhältnissen für den betreffenden Nachlassgegenstand zu beantworten.[46]

b) Die Schätzung des vollen, wirklichen Werts. Der volle, wirkliche Wert ist gem. § 2311 Abs. 2 BGB durch Schätzung zu ermitteln, so weit ein gängiger Marktpreis fehlt oder der volle, wirkliche Wert eines Nachlassgegenstandes nicht aus einem Verkaufserlös, der in engem zeitlichen Zusammenhang mit dem Erbfall steht, abgeleitet werden kann.[47]

Da keine bestimmte Bewertungsmethode vorgeschrieben ist, ist es Sache des Tatrichters im Rahmen einer sachgerechten Entscheidung über das anzuwendende Bewertungsverfahren zu befinden.[48]

Zur Schätzung des **vollen, wirklichen Werts** können je nach Bewertungsgegenstand grundsätzlich das Vergleichswert-, das Ertragswert- oder das Sachwert-/Substanzwertverfahren bzw. unterschiedliche Kombinationen dieser einzelnen Verfahren, herangezogen werden.[49]

aa) Vergleichswertverfahren. Stehen von einem Nachlassgegenstand ausreichend vergleichbare Gegenstände zur Verfügung, kann der Wert des betreffenden Nachlassgegenstandes aus dem Durchschnitt der verschiedenen Vergleichspreise der gleichwertigen Objekte ermittelt werden.[50] In einem solchen Fall stellt die Vergleichswertmethode die einfachste und zuverlässigste Methode der Wertermittlung dar.[51]

bb) Ertragswertverfahren. Dieses Verfahren kommt zur Anwendung, wenn der Nachlassgegenstand seinem Wesen nach einen Ertrag abwerfen kann. Der Wert des Nachlassgegenstandes wird dabei aus der Sicht eines potenziellen Käufers danach ermittelt, welchen Nutzen eine Investition dem Käufer im Vergleich zu einer Alternativanlage, z.B. die Anlage in Bundeswertpapiere, erbringen würde. Der Wert des Nachlassgegenstandes bestimmt sich nach dem erzielbaren Zukunftserfolg unter Berücksichtigung voller Substanzerhaltung.[52]

cc) Sachwert- oder Substanzwertverfahren. Das Substanzwertverfahren geht vom so genannten Reproduktionswert aus. Dies ist der Wert, der aufgewendet werden muss, um einen vergleichbaren Nachlassgegenstand herzustellen oder wiederzubeschaffen.[53]

6. Wertbestimmungen durch den Erblasser

Wertbestimmungen des Erblassers sind gem. § 2311 Abs. 2 Satz 2 BGB im Grundsatz nicht bindend. Der **Erblasser** kann § 2311 Abs. 2 Satz 2 BGB auch nicht dadurch umgehen, das er bestimmte Bewertungsverfahren oder Schätzer vorschreibt, da hierdurch eine unzulässige indirekte Einflussnahme auf die Wertbestimmung ausgeübt werden könnte.[54] Eine Ausnahme stellt § 2312 BGB dar. § 2312 BGB betrifft zum Nachlass gehörende Landgüter.

Etwas anderes gilt nur dann, wenn in der **Wertbestimmung** eine zulässige teilweise Entziehung des Pflichtteilsrechts im Sinne des §§ 2333 ff. BGB liegt,[55] oder es sich um eine Teilungsanordnung i.S.d. § 2048 BGB handelt, soweit hierdurch nicht der Pflichtteil eines Be-

---

[45] Riedel, Die Bewertung von Gesellschaftsanteilen im Pflichtteilsrecht, S. 15 Rn. 67.
[46] Mayer ZEV 1994, 331 hielte eine absolute Zeitgrenze aus Gründen der Rechtssicherheit für wünschenswert, ab der auf keinen Fall mehr ein späterer Verkaufserlös berücksichtigt werden kann.
[47] BGH NJW-RR 1993, 131; OLG Düsseldorf FamRZ 1997, 58.
[48] BGH, NJW-RR 1993, 131.
[49] MünchKommBGB/Lange § 2311 BGB Rn. 21; Staudinger/Haas § 2311 BGB Rn. 69.
[50] MünchKommBGB/Lange § 2311 BGB Rn. 21; BGH NJW 2004, 2671.
[51] BGH NJW 2004, 2671.
[52] Staudinger/Haas § 2311 BGB Rn. 71.
[53] MünchKommBGB/Lange § 2311 BGB Rn. 21.
[54] MünchKommBGB/Lange § 2311 BGB Rn. 18.
[55] MünchKommBGB/Lange § 2311 BGB Rn. 18; wobei die Voraussetzungen des § 2336 Abs. 2 BGB erfüllt sein müssen.

teiligten verkürzt wird.⁵⁶ Den Fällen einer nachteiligen Bewertung steht es gleich, wenn der Erblasser – abweichend von den gesetzlichen Regeln in §§ 2315, 2316 BGB – zum Nachteil des Pflichtteilsberechtigten Anrechnungs- und Ausgleichungspflichten bestimmt.⁵⁷

Eine für den Pflichtteilsberechtigten günstige Wertfestsetzung verstößt nicht gegen § 2311 Abs. 2 Satz 2. BGB. Hierin liegt unter Umständen eine vermächtnisweise, möglicherweise eine erbmäßige Bedenkung. Sie hat ihre Grenze in dem Pflichtteilsrecht der anderen Beteiligten und kann unter Umständen zur Pflichtteilsergänzung zugunsten anderer Beteiligter nach § 2325 BGB führen.⁵⁸

7. Überprüfung der Wertermittlungsmethode im Gerichtsverfahren

17 Können sich Erbe und Pflichtteilsberechtigter nicht über den vollen, wirklichen Wert des Nachlasses einigen, entscheidet das vom Pflichtteilsberechtigten zur Durchsetzung seiner Ansprüche angerufene Gericht. Da es keine gesetzlichen Vorschriften – von der Regelung für Landgüter in § 2312 BGB abgesehen – gibt, welche Wertermittlungsmethode im Einzelfall konkret anzuwenden ist, muss das **Gericht** den vollen, tatsächlichen Wert entweder selbst ermitteln oder aber es muss dessen Ermittlung einem **Sachverständigen** überlassen.

Sofern ein Sachverständiger durch das Gericht eingeschaltet wird, ist es Aufgabe des **Tatrichters** die Auswahl der geeigneten Methode zur Bewertung auf ihre rechtliche Vertretbarkeit⁵⁹ und ihre richtige Anwendung im konkreten Fall hin zu überprüfen.⁶⁰ Nach Auffassung des OLG München⁶¹ hat der Tatrichter zu prüfen, ob sich der Gutachter mit der Anwendbarkeit einer Methode auseinander gesetzt hat, wenn sich aus juristischer oder auch aus betriebswirtschaftlicher Sicht Unsicherheiten oder Meinungsunterschiede hinsichtlich deren Anwendbarkeit ergeben. Der Gutachter darf sich nicht mehr oder weniger willkürlich auf eine Bewertungsmethode zurückziehen.⁶² Der Tatrichter muss klären, ob sich der Sachverständige vollständig und widerspruchsfrei geäußert hat⁶³ und er muss auf die Aufklärung von Widersprüchen hinwirken.⁶⁴

Den **Parteien** muss die Möglichkeit gegeben werden, zu der Auswahl und der Anwendung der Auswahl der jeweilgen Bewertungsmethode Stellung nehmen und gegebenenfalls Einwendungen vorbringen zu können. In einer Revision kann die tatrichterliche Würdigung nur auf rechtsfehlerhafte Erwägungen sowie auf einen Verstoß gegen Erfahrungs- und Denkgesetze überprüft werden.⁶⁵

II. Bewertung der einzelnen Nachlassgegenstände

18 Nachfolgend wird die Bewertung einzelner zum Nachlassbestand gehörender Gegenstände dargestellt.

1. Bewertung von Grundstücken

19 **a) Grundsätze zur Ermittlung von Grundstückswerten.** Für Grundbesitz, der zum Nachlass gehört, ist grundsätzlich der volle, innere Wert i. S. d. Verkehrswerts zu ermitteln.⁶⁶ Damit ist der Wert gemeint, den der Gegenstand in der Hand eines jeden Erben, also für jedermann hat.⁶⁷ Dies ist grundsätzlich der (Normal-) Verkaufspreis.⁶⁸ Vorschriften, wie der

---

⁵⁶ Staudinger/*Haas* § 2311 BGB Rn. 56 e.
⁵⁷ Staudinger/*Haas* § 2311 BGB Rn. 56 e.
⁵⁸ Staudinger/*Haas* § 2311 BGB Rn. 57.
⁵⁹ BGH NJW 1991, 1547.
⁶⁰ Staudinger/*Haas* § 2311 BGB Rn. 73.
⁶¹ OLG München BB 1988, 429.
⁶² *Riedel*, Die Bewertung von Gesellschaftsanteilen im Pflichtteilsrecht, S. 17 Rn. 73.
⁶³ BGH NJW 97, 1039.
⁶⁴ MünchKommZPO/*Prütting* § 286 ZPO Rn. 8.
⁶⁵ BGH NJW 1991, 1547.
⁶⁶ Palandt/*Edenhofer* § 2311 BGB Rn. 7.
⁶⁷ BGH NJW-RR 1991, 900 f.

II. Bewertung der einzelnen Nachlassgegenstände

(Normal-) Verkaufspreis bzw. der Verkehrswert zu bestimmen ist, enthält das BGB nicht. Sofern der **Verkehrswert** nicht anhand eines tatsächlich erzielten Kaufpreises festgestellt werden kann, ist der Verkehrswert nach der Wertermittlungsverordnung (WertV),[69] die unmittelbar nur für das Verfahren nach §§ 192 ff. BauGB gilt und nach der der Verkehrswert des Grundstücks nach § 194 BauGB bestimmt wird, zu ermitteln.[70]

Gem. § 194 BauGB wird der Verkehrswert eines Grundstücks wie folgt definiert:

"Der Verkehrswert (Marktwert) wird durch den Preis bestimmt, der in dem Zeitpunkt, auf den sich die Ermittlung bezieht, im gewöhnlichen Geschäftsverkehr nach den rechtlichen Gegebenheiten und tatsächlichen Eigenschaften, der sonstigen Beschaffenheit und der Lage des Grundstücks oder des sonstigen Gegenstands der Wertermittlung ohne Rücksicht auf ungewöhnliche oder persönliche Verhältnisse zu erzielen wäre."

Nach § 3 Abs. 1 WertV sind zur Ermittlung des Verkehrswerts eines Grundstücks die allgemeinen Wertverhältnisse auf dem Grundstücksmarkt zum Bewertungsstichtag zugrunde zu legen. Dies gilt auch für den Zustand des Grundstücks. Gem. § 3 Abs. 3 WertV bestimmen sich die allgemeinen **Wertverhältnisse auf dem Grundstücksmarkt**[71] nach der Gesamtheit der am Wertermittlungsstichtag für die Preisbildung von Grundstücken im gewöhnlichen Geschäftsverkehr für Angebot und Nachfrage maßgebenden Umstände, wie die allgemeine Wirtschaftssituation, der Kapitalmarkt und die Entwicklungen am Ort. Dabei bleiben ungewöhnliche oder persönliche Verhältnisse gem. § 6 WertV außer Betracht. Der Zustand des Grundstücks bestimmt sich nach § 3 Abs. 2 WertV nach der Gesamtheit der verkehrswertbeeinflussenden rechtlichen Gegebenheiten und tatsächlichen Eigenschaften, der sonstigen Beschaffenheit und der Lage des Grundstücks. Hierzu gehören insbesondere der Entwicklungszustand des Grundstücks, die Art und das Maß der baulichen Nutzung, die wertbeeinflussenden Rechte und Belastungen, der beitrags- und abgabenrechtliche Zustand, die Wartezeit bis zu einer baulichen oder sonstigen Nutzung, die Beschaffenheit und Eigenschaft des Grundstücks und die Lagemerkmale. Grundstücksbezogene Rechte und Belastungen können die zulässige wirtschaftliche Nutzung von Grundstücken beeinflussen und sind bei der Wertermittlung zu berücksichtigen. Die latente Steuerlast, die auf dem Grundstück ruht, ist zu berücksichtigen, wenn der Verkehrswert nur durch einen Verkauf zu realisieren ist.[72]

Nach § 7 Abs. 1 WertV sind zur Ermittlung des Verkehrswerts das **Vergleichswertverfahren**, das **Ertragswertverfahren**, das **Sachwertverfahren** oder mehrere dieser Verfahren heranzuziehen. Der Verkehrswert ist aus dem Ergebnis des herangezogenen Verfahrens unter Berücksichtigung der Lage auf dem Grundstücksmarkt zu bemessen. Die Auswahl des Verfahrens erfolgt nach der Art des Gegenstands der Wertermittlung unter Berücksichtigung der im gewöhnlichen Geschäftsverkehr bestehenden Gepflogenheiten und der sonstigen Umstände des Einzelfalls (§ 7 Abs. 2 WertV). Maßgeblicher Stichtag für die Bewertung ist der Todestag des Erblassers.[73] Wertsteigerungen nach dem Tod des Erblassers kommen dem Pflichtteilsberechtigten nicht zugute; andererseits drohen ihm auch keine Nachteile, wenn das bzw. die Grundstücke an Wert nach dem Todestag des Erblassers verlieren. Bei einem Verkauf innerhalb gewisser Fristen nach dem Erbfall ist anstatt des ermittelten Werts der tatsächliche Verkaufspreis, der bei ansonsten unveränderten Wertverhältnissen und unter Berücksichtigung normaler Verkaufsumstände am besten Aufschluss über den Verkehrswert eines Grundstücks gibt, anzusetzen.[74] Fraglich ist, wie lange ein Verkauf des Grundstücks

---

[68] OLG Düsseldorf ZEV 1994, 361.
[69] VO vom 6. 12. 1988, BGBl. I S. 2209, geändert durch Gesetz vom 18. 8. 1997 (BGBl. I S. 2081) ergänzt durch die Wertermittlungsrichtlinie – WertR 2006 vom 10. 6. 2006, BAnz 2006 Nr. 108a berichtigt am 1. 7. 2006, BAnz 2006 Nr. 121.
[70] *Ross-Brachmann*, Ermittlung des Verkehrswertes von Grundstücken und des Wertes baulicher Anlagen, S. 25; *Tremel* ZEV 2007, 365 mit einer Checkliste zur Beurteilung der Qualität von Sachverständigengutachten.
[71] Vgl. für Nordrhein-Westfalen: www.boris.nrw.de
[72] BGHZ 98, 382 = LM § 2312 Nr. 6/7 = NJW 1987, 1260; *Riedel*, Die Bewertung von Gesellschaftsanteilen im Pflichtteilsrecht, S. 76, Rn. 314.
[73] MünchKommBGB/*Lange* § 2311 BGB Rn. 2.
[74] *Klingelhöffer*, Pflichtteilsrecht, S. 99 Rn. 324 ff.

nach dem Erbfall noch auf den Anspruch des Pflichtteilsberechtigten zurück wirkt. Die Rechtsprechung hat hier unterschiedliche Fristen genannt: 5 Jahre,[75] 6 Monate[76] und 7 Monate.[77] Es wird jeweils auf den Einzelfall abzustellen und zu prüfen sein, inwieweit der tatsächlich erzielte Erlös repräsentativ auch für die Wertverhältnisse am Bewertungsstichtag ist.[78] Bei einer Veräußerung innerhalb eines Jahres wird man aber noch von einer Rückwirkung ausgehen können.[79] Allerdings ist zu berücksichtigen, dass der Verkaufswert zurzeit des Erbfalls nicht in jedem Fall dem für die Wertberechnung entscheidenden ʻvollen, inneren Wertʼ entspricht. So müssen vorübergehende, auf ungewöhnlichen Ereignissen beruhende Preisveränderungen außer Betracht bleiben, wenn ihre Auswirkungen bereits zum Zeitpunkt des Erbfalls als nur vorübergehende erkennbar sind (z. B. Berliner Grundstücksmarkt nach dem Chrustschow-Ultimatum v. November 1958).[80] Entsprechendes gilt auch bei Stopp-Preisen.[81] Hier entspricht es allgemeiner Verkehrsanschauung, dass der volle, innere Wert des Grundstücks höher ist als der fixierte Höchstpreis. Die Wertminderung ergibt sich durch die voraussichtliche Dauer der Höchstpreisbestimmung. Fallen voller, innerer Wert und Verkaufswert auseinander, kann der Erbe gem. § 242 BGB die Zahlung des Differenzbetrags verweigern, wenn er den Pflichtteilsanspruch nicht aus seinem Barvermögen befriedigen und wenn es ihm auch nicht zugemutet werden kann, zur Befriedigung des Pflichtteilsanspruchs sich die notwendigen Mittel durch die Veräußerung anderer, preisgebundener Gegenstände zu beschaffen.[82]

22 **b) Unbebaute Grundstücke.** Unbebaute Grundstücke sind Grundstücke, auf denen sich keine benutzbaren Gebäude befinden.[83] Es wird unterschieden in: Land- und forstwirtschaftliche Flächen (§ 4 Abs. 1 WertV), Bauerwartungsland (§ 4 Abs. 2 WertV), Rohbauland (§ 4 Abs. 3 WertV) und baureifes Land (§ 4 Abs. 4 WertV).

23 *aa) Bauerwartungsland.* Bauerwartungsland sind gem. § 4 Abs. 2 WertV Flächen, die in ihrer Eigenschaft, ihrer sonstigen Beschaffenheit und ihrer Lage eine bauliche Nutzung in absehbarer Zeit tatsächlich erwarten lassen. Diese Erwartung kann sich insbesondere auf eine entsprechende Darstellung dieser Flächen im Flächennutzungsplan, auf ein entsprechendes Verhalten der Gemeinde oder auf die allgemeine städtebauliche Entwicklung des Gemeindegebiets gründen.

24 *bb) Rohbauland.* Rohbauland sind gem. § 4 Abs. 3 WertV Flächen, die nach den §§ 30, 33 und 34 des Baugesetzbuchs für eine bauliche Nutzung bestimmt sind, deren Erschließung aber noch nicht gesichert ist oder die nach Lage, Form oder Größe für eine bauliche Nutzung unzureichend gestaltet sind.

25 *cc) Baureifes Land.* Baureifes Land sind gem. § 4 Abs. 4 WertV Flächen, die nach öffentlich-rechtlichen Vorschriften baulich nutzbar sind.

26 *dd) Ermittlung des Bodenwerts.* Der Bodenwert ist grundsätzlich nach dem Vergleichswertverfahren zu ermitteln.[84] Hierfür sind Auskünfte aus der Kaufpreissammlung des Gutachterausschusses für Grundstückswerte (§ 195 BauGB) einzuholen und die vom Gutachterausschuss ermittelten Bodenrichtwerte (§ 196 BauGB) heranzuziehen. Des Weiteren müssen auch die zur Berücksichtigung von Abweichungen i. S. d. § 14 WertV anzubringenden

---

[75] BGH NJW-RR 1993, 131.
[76] BGH NJW-RR 1991, 900.
[77] OLG Düsseldorf ZEV 1994, 361.
[78] OLG Brandenburg BeckRS 2008, 03395.
[79] MünchKommBGB/*Lange* § 2311 BGB Rn. 22.
[80] MünchKommBGB/*Lange* § 2311 BGB Rn. 22.
[81] BGHZ 13, 45 = LM Nr. 2 mit Anm. *Ascher* = NJW 1954, 1037; BGH LM Nr. 4; BGH LM Nr. 5 = WM 1963, 290; BGH LM § 2325 Nr. 9 = NJW 1973, 995.
[82] BGHZ 13, 45 = LM Nr. 2 mit Anm. *Ascher* = NJW 1954, 1037; *Kohler* NJW 1951, 548; a. A. *Klinghöffer*, Pflichtteilsrecht, S. 99 Rn. 324 ff., der die für das Jahr 1944 ergangene Rechtsprechung nicht mehr auf die heutige Zeit übertragbar hält.
[83] *Ross-Brachmann*, Ermittlung des Verkehrswertes von Grundstücken und des Wertes baulicher Anlagen, S. 55.
[84] WertR 2006 Tz. 2.3.1.

Zu- und Abschläge durch die Lage auf dem Grundstücksmarkt berücksichtigt werden. Sind derartige Werte für das Gebiet in dem das Grundstück liegt nicht verfügbar, muss auf Vergleichswerte anderer Gemeinden zurückgegriffen werden. Wertbeeinflussende Merkmale, wie z. B. Lage, Form und Größe, beitrags- und abgabenrechtlicher Zustand, Rechte und Belastungen, Beschaffenheit des Baugrunds, Immissionen, Aufwuchs und Einfriedungen sind ebenfalls zu berücksichtigen. Eine Ermittlung des Bodenwerts für Bauerwartungs- bzw. Rohbauland auf der Grundlage ansonsten vergleichbarer baureifer Grundstücke kann unter Abzug der kalkulierten Kosten der Baureifmachung und unter Berücksichtigung der Wartezeit ergänzend in Betracht kommen, wenn das Ergebnis nicht überproportional vom Ausgangswert abweicht. Sofern vergleichbare Grundstücke hinsichtlich des Maßes ihrer zulässigen baulichen Nutzbarkeit abweichen, ist entsprechend der Marktlage der dadurch bedingte Wertunterschied möglichst mit Hilfe von Umrechnungskoeffizienten auf der Grundlage der zulässigen oder der realistischen Geschossflächenzahl festzustellen.[85] Eine gesonderte Wertermittlung vorhandener Bodenschätze (z. B. Kies, Sand und Ton) ist vorzunehmen, wenn der Verkehrswert des Grundstücks dadurch beeinflusst wird, z. B. wenn mit dem Abbau in absehbarer Zeit begonnen wird.

Der **Bodenwert** steht in unmittelbarem Zusammenhang mit dem wirtschaftlichen Nutzen, den das Grundstück vermittelt. Bei bebaubaren Grundstücken ergibt sich der Nutzen aus der baulichen Nutzbarkeit, z. B. aus der nach örtlichem Baurecht zulässigen Geschossflächenzahl (GFZ), der Geschossigkeit oder der Bauweise sowie aus dem zu errichteten Gebäude erzielbaren Ertrag.[86] Der Bodenwert ermittelt sich durch Multiplikation der Grundstücksfläche mit dem Wert je Einheit, also m^2 Grundstücksfläche × EURO/m^2.

c) Bebaute Grundstücke. Bebaute Grundstücke lassen sich wie folgt unterscheiden:[87]

- Wohngrundstücke;
- Geschäftsgrundstücke;
- gemischt genutzte Grundstücke;
- Grundstücke für öffentliche Einrichtungen;
- Verkehrsgrundstücke;
- Grundstücke nach Art der Bebauung;
- sonstige Grundstücke.

aa) Wahl der Wertermittlungsmethode. Nach § 7 Abs. 2 WertV ist das **Wertermittlungsverfahren** nach der Art des Bewertungsgegenstands unter Berücksichtigung der im gewöhnlichen Geschäftsverkehr bestehenden Gepflogenheiten zu wählen. Bei **bebauten Grundstücken** ist für die Wahl des Wertermittlungsverfahrens die künftige Nutzung des Grundstücks, die üblicherweise realisiert wird, maßgebend. Folgende Wertermittlungsverfahren kommen in Betracht:

- Vergleichswertverfahren;
- Ertragswertverfahren;
- Sachwertverfahren;
- in Sonderfällen das Liquidationswertverfahren.

bb) Vergleichswertverfahren. Das Vergleichswertverfahren wird regelmäßig bei der Verkehrswertermittlung bebauter Grundstücke nur bei Grundstücken angewandt, die mit weitgehend gleichartigen Gebäuden, wie insbesondere Reihenhäuser, Einfamilienhäuser, Eigentumswohnungen oder Garagen, bebaut sind und bei denen sich der Grundstücksmarkt an Vergleichspreisen orientiert. Voraussetzung für die Anwendbarkeit des **Vergleichswertverfahrens** ist das Vorhandensein einer genügenden Anzahl geeigneter Vergleichsobjekte. Es sind Kaufpreise solcher Grundstücke heranzuziehen, die hinsichtlich der ihren Wert beein-

---

[85] Die Umrechnungskoeffizienten finden sich in Anlage 11 der WertR 2006.
[86] *Ross-Brachmann*, Ermittlung des Verkehrswertes von Grundstücken und des Wertes baulicher Anlagen, S. 67.
[87] *Ross-Brachmann*, Ermittlung des Verkehrswertes von Grundstücken und des Wertes baulicher Anlagen, S. 37 ff.

flussenden Merkmale mit dem Grundstück hinreichend übereinstimmen. Für die Bewertung kann in diesen Fällen auf die Daten der örtlichen Gutachterausschüsse für Grundstückswerte zurückgegriffen werden. Der Vergleichswert bebauter Grundstücke umfasst den Bodenwert sowie den Wert baulicher und sonstiger Anlagen. Es handelt sich nicht um einen zusammengesetzten Wert, sondern um einen einheitlichen Grundstückswert, der das Grundstück mit allen Bestandteilen als wirtschaftliche Einheit erfasst. Der Vergleichswert ist in aller Regel als Verkehrswert anzusehen. Zu- und Abschläge können wegen Baumängel, Bauschäden, über- oder unterdurchschnittlichem Unterhaltungszustand und wegen besonderer Einrichtungen und Ausstattungen in Betracht kommen, wenn das Grundstück diesbezüglich von den Gegebenheiten des Vergleichsobjekts abweicht.

Schema zur Ermittlung des **Vergleichswerts**:[88]
- Suche nach Kaufpreisen hinreichend übereinstimmender Grundstücke;
- Ausschluss oder Berücksichtigung ungewöhnlicher oder persönlicher Umstände;
- Berücksichtigung von Unterschieden der zum Vergleich herangezogenen Grundstücke und von Wertentwicklungen zwischen Kaufdatum der Vergleichsobjekte und Bewertungsstichtag;
- Überprüfung durch Heranziehung anderer Verfahrensergebnisse;
- Ergibt den Verkehrswert.

30 cc) *Ertragswertverfahren.* Das Ertragswertverfahren kommt insbesondere für die Grundstücke in Betracht, bei denen der nachhaltige erzielbare Ertrag für die Werteinschätzung am Markt im Vordergrund steht. Dies ist insbesondere der Fall bei Miet- und Geschäftsgrundstücken sowie bei gemischt genutzten Grundstücken. Sie unterscheiden sich wie folgt:
- Mietwohngrundstücke sind Grundstücke, die zu mehr als 80%, berechnet nach der Jahresrohmiete, Wohnzwecken dienen;
- Geschäftsgrundstücke sind Grundstücke, die zu mehr als 80%, berechnet nach der Jahresrohmiete, eigenen oder fremden gewerblichen, freiberuflichen oder öffentlichen Zwecken dienen;
- gemischt genutzte Grundstücke sind Grundstücke, die teils zu Wohn- und teils zu Geschäftszwecken genutzt werden und die keine Mietwohngrundstücke, Geschäftsgrundstücke, Einfamilienhäuser oder Zweifamilienhäuser sind.

Beim **Ertragswertverfahren**, das ebenfalls ein Vergleichsverfahren ist, findet die Lage auf dem Grundstücksmarkt insbesondere dadurch Berücksichtigung, dass die Ertragsverhältnisse (§ 16 WertV), der Liegenschaftszins (§ 11 WertV), die Bewirtschaftungskosten (§ 18 WertV) und die sonstigen wertbeeinflussenden Faktoren (§ 19 WertV) angemessen berücksichtigt werden. Der Ertragswert umfasst den Bodenwert sowie den Wert der baulichen und sonstigen Anlagen unter Berücksichtigung von Zu- und Abschlägen (§ 19 WertV).

Er wird ermittelt als:
- umfassendes Ertragswertverfahren unter Aufspaltung in einen Boden- und Gebäudewertanteil;
- vereinfachtes Ertragswertverfahren ohne Aufspaltung in einen Boden- und Gebäudewertanteil.

Der **Bodenwert** ist im Vergleichswertverfahren zu ermitteln.

31 Beim **umfassenden Ertragswertverfahren** ist der Ertragswert der baulichen Anlagen der um den Verzinsungsbetrag des Bodenwerts verminderte und unter Berücksichtigung der Restnutzungsdauer der baulichen Anlagen kapitalisierte, nachhaltig erzielbare Reinertrag des Grundstücks (§ 16 WertV). Der Reinertrag des Grundstücks ergibt sich, indem der Rohertrag des Grundstücks (§ 17 WertV) um die Bewirtschaftungskosten vermindert wird (§ 18 WertV).

---

[88] *Ross-Brachmann,* Ermittlung des Verkehrswertes von Grundstücken und des Wertes baulicher Anlagen, S. 459.

II. Bewertung der einzelnen Nachlassgegenstände

Beim **vereinfachten Verfahren** ermittelt sich der Ertragswert als Barwert der zukünftigen **32** Reinerträge zuzüglich des über die Restnutzungsdauer der baulichen Anlagen diskontierten Bodenwerts. Bei einer Restnutzungsdauer der baulichen Anlagen von mindestens 50 Jahren kann der diskontierte Bodenwert unberücksichtigt bleiben.

(1) Rohertrag. Der **Rohertrag** umfasst alle bei einer ordnungsmäßigen Bewirtschaftung **33** und einer zulässigen Nutzung nachhaltig erzielbaren Einnahmen aus dem Grundstück. Umlagen, die zur Deckung der Betriebskosten gezahlt werden, sind nicht in die Einnahmen einzubeziehen. Den nachhaltig erzielbaren Mieten sind die tatsächlich erzielten Mieten gegenüber zu stellen. Vorübergehend leerstehende oder eigengenutzte Räume oder solche Räume, die aus persönlichen Gründen billiger vermietet werden, sind mit der ortsüblich nachhaltig erzielbaren Miete anzusetzen. Sofern die tatsächlich erzielte Miete wesentlich von der nachhaltig erzielbaren Miete abweicht, ist bei der Bewertung trotzdem die nachhaltig erzielbare Miete anzusetzen. Sofern hinsichtlich der tatsächlich erzielten Miete langfristige Bindungen bestehen, ist dies bei der Wertermittlung zu berücksichtigen. Die aufgrund allgemeiner wirtschaftlicher Verhältnisse zu erwartenden Änderungen werden durch den Ansatz eines angemessenen und nutzungstypischen Liegenschaftszinssatzes gem. § 11 WertV berücksichtigt. Die Einnahmen für sonstige vermietete Flächen, wie z. B. Reklameflächen, sind gesondert zu bewerten.

(2) Bewirtschaftungskosten. Zu den **Bewirtschaftungskosten** gehören die **Betriebskosten**, **34** die **Verwaltungskosten**, die **Instandhaltungskosten** und das **Mietausfallwagnis**. Auf den Ansatz einer **Abschreibung** kann beim Ertragswertverfahren verzichtet werden, da die Abschreibung über den Vervielfältiger berücksichtigt wird. Die Bewirtschaftungskosten sind grundsätzlich auf Basis der üblichen und angemessenen Kosten zu berücksichtigen. Weichen die tatsächlichen Kosten erheblich hiervon ab, ist dies bei der Bewertung zu berücksichtigen.

(a) Betriebskosten. Betriebskosten sind Kosten, die sich durch das Eigentum am Grund- **35** stück oder durch seinen bestimmungsmäßigen Gebrauch ergeben. Sie sind nur insoweit anzusetzen, als sie nicht üblicherweise auf die Mieter umgelegt werden.

(b) Verwaltungskosten. Verwaltungskosten sind die Kosten der zur Verwaltung des **36** Grundstücks erforderlichen Arbeitskräfte und Einrichtungen, die Kosten der Aufsicht sowie die Kosten für die Prüfung des Jahresabschlusses und für die Geschäftsführung des Eigentümers.

(c) Instandhaltungskosten. Instandhaltungskosten sind Kosten, die infolge von Abnut- **37** zung, Alterung und Witterung zur Erhaltung des bestimmungsmäßigen Gebrauchs der baulichen Anlagen aufgewandt werden müssen. Sie umfassen die Kosten, die für die laufende Unterhaltung erforderlich sind. Nicht erfasst werden Maßnahmen der Instandsetzung, d. h. Maßnahmen, die der Wiederherstellung des Gebäudes dienen. Instandhaltungskosten fallen nicht laufend in gleicher Höhe an, sondern entwickeln sich zyklisch. Aufgrund dessen sind sie der Höhe nach mit ihrem langfristigen Mittel zu berücksichtigen. Sie umfassen auch Schönheitsreparaturen, sofern sie ausnahmsweise vom Eigentümer zu tragen sind.

(d) Mietausfallwagnis. Das Mietausfallwagnis ist das Risiko einer Ertragsminderung, **38** die durch Mietminderung, uneinbringliche Zahlungsrückstände oder Leerstand entsteht. Es umfasst auch die auf den Leerstand entfallenden Bewirtschaftungskostenanteile sowie die Kosten einer Rechtsverfolgung auf Zahlung, Aufhebung eines Mietverhältnisses oder Räumung.

(3) Liegenschaftszins. Der Liegenschaftszins ist der Zinssatz mit dem sich das im Ver- **39** kehrswert des Grundstücks gebundene Kapital verzinst. Der angemessene und nutzungstypische Zinssatz ist nach der Art des Grundstücks und der Lage auf dem Grundstücksmarkt zu bestimmen. Hierbei kann auf den vom örtlichen Gutachterausschuss für Grundstückswerte veröffentlichten Liegenschaftszins bzw. auf Zinssätze aus vergleichbaren Gebieten zurückgegriffen werden (§ 11 WertV). Besondere Ertragsverhältnisse auf Grund wohnungs- oder mietrechtlicher Bindungen müssen neben dem Liegenschaftszins gesondert berücksichtigt werden.

40 *(4) Bodenwert und Bodenwertverzinsungsbetrag.* Der Reinertrag wird um eine angemessene Verzinsung des Bodenwerts (Bodenwertertragsanteil) vermindert. Für die Bestimmung des Bodenwerts sind folgende Grundsätze zu beachten:
- Ist die vorhandene Grundstücksfläche größer als es einer den baulichen Anlagen entsprechenden Nutzung entspricht, ist diese Mehrfläche beim Ansatz des maßgeblichen Bodenwerts nicht zu berücksichtigen;
- der maßgebliche Bodenwert bestimmt sich grundsätzlich nach abgaben- und beitragsfreiem Zustand;
- sofern der Grund und Boden verbilligt abgegeben werden soll, ist der Bodenwertverzinsungsbetrag gleichwohl auf der Grundlage üblicher Bodenwerte zu ermitteln.

41 *(5) Gesamtnutzungsdauer und Restnutzungsdauer.* Bei der Verkehrswertermittlung kommt es stets auf die wirtschaftliche **Gesamt- und Restnutzungsdauer** der baulichen Anlagen an; die technische Lebensdauer stellt die oberste Grenze der wirtschaftlichen Nutzungsdauer dar. Als Restnutzungsdauer ist die Anzahl der Jahre anzusetzen, in denen die baulichen Anlagen bei ordnungsgemäßer Bewirtschaftung voraussichtlich noch wirtschaftlich genutzt werden können. Hierbei ist auf die wirtschaftlich sinnvollste Nutzung des Grundstücks abzustellen.

42 *(6) Vervielfältiger.* Der Vervielfältiger ist ein Rentenbarwert einer jährlich nachschüssigen Rente, der sich nach der Restnutzungsdauer des Gebäudes und dem angemessenen, nutzungstypischen Liegenschaftszins ermittelt. Er kann der Anlage 5 der WertR 2006 bzw. der Anlage zu § 16 Abs. 3 WertV entnommen werden.

43 *(7) Zu- und Abschläge.* Soweit nach den vorstehend erläuterten Berechnungsschritten Erträge oder Aufwendungen noch nicht berücksichtigt worden sind, wie beispielsweise ein Instandhaltungsstau aufgrund Baumängel, Bauschäden oder Einnahmen aus besonderen Nutzungen, ist dies durch Zu- oder Abschläge zu berücksichtigen. **Baumängel** entstehen während der Bauzeit, während **Bauschäden** nach der Fertigstellung durch äußere Einwirkung verursacht werden.

44 *(8) Berechnung des Ertragswerts.* Der **Ertragswert** wird wie folgt ermittelt:[89]
- Feststellung der nachhaltig erzielbaren und der tatsächlich erzielten Mieterträge des Grundstücks;
- Berechnung oder Überprüfung der Wohn- und Nutzflächen;
- Ermittlung des Rohertrags aus den nachhaltig erzielbaren Mieterträgen unter Berücksichtigung der vermietbaren Flächen und der sonstigen Einnahmen;
- Berechnung der nicht umlagefähigen Bewirtschaftungskosten;
- Berechnung des Reinertrags (Rohertrag ./. Bewirtschaftungskosten);
- Wahl des Liegenschaftszinssatzes;
- Ermittlung des Reinertragsanteils der baulichen Anlagen durch Abzug der Verzinsung des Bodenwerts vom gesamten Reinertrag des Grundstücks;
- Bestimmung der Gebäude-Restnutzungsdauer;
- Kapitalisierung des Reinertragsanteils der baulichen Anlagen unter Berücksichtigung ihrer Nutzungsdauer und des entsprechenden Vervielfältigers = Ertragswert der baulichen Anlagen;
- Addition des Bodenwerts zum Ertragswert der baulichen Anlagen = vorläufiger Grundstücksertragswert;
- Berücksichtigung sonstiger wertbeeinflussender Umstände;
- ergibt nach Berücksichtigung einer evtl. Abrundung den Grundstücksertragswert.

Berechnungsbeispiel:
Ertragswertermittlung eines Bürogebäudes mit einer Restnutzungsdauer von 55 Jahren. Der Bodenwert wurde mit € 200.000,– und der Liegenschaftszins mit 6,5% festgestellt.

---

[89] *Ross-Brachmann*, Ermittlung des Verkehrswertes von Grundstücken und des Wertes baulicher Anlagen, S. 415.

II. Bewertung der einzelnen Nachlassgegenstände

Jahresrohertrag		€ 80.000,–
abzüglich Bewirtschaftungskosten		
Verwaltungskosten 4% von € 80.000,–	€ 3.200,–	
Betriebskosten (in voller Höhe umlagefähig)	€ 0,–	
Instandhaltungskosten	€ 5.000,–	
Mietausfallwagnis 3% von € 80.000,–	€ 2.400,–	€ 10.600,–
Jahresreinertrag		€ 69.400,–
abzüglich Bodenwertertragsanteil 6,5% von € 200.000,–		€ 13.000,–
Ertragsanteil der baulichen Anlagen		€ 56.400,–
Vervielfältiger nach WertR (Anlage 5): 14,9		€ 840.360,–
Zuzüglich Bodenwert		€ 200.000,–
Vorläufiger Ertragswert		€ 1.040.360,–
Sonstige wertbeeinflussende Faktoren (z. B. Reparaturstau)	./.	€ 32.000,–
Summe		€ 1.008.360,–
Rundung	./.	€ 360,–
Grundstücksertragswert		€ 1.008.000,–

dd) Sachwertverfahren. Der Sachwert umfasst den Bodenwert sowie den Wert der baulichen und der sonstigen Anlagen. **45**

Der **Bodenwert** ist in der Regel im Vergleichswertverfahren zu ermitteln.

Zu den **baulichen Anlagen** gehören die Gebäude, die baulichen Außenanlagen und besondere Betriebseinrichtungen. **Sonstige Anlagen** sind insbesondere Gartenanlagen, Anpflanzungen und Parks. Der Wert der einzelnen baulichen Anlagen ist gesondert zu ermitteln.

(1) Wert des Gebäudes. Der **Herstellungswert** des Gebäudes kann wie folgt ermittelt werden: **46**
- nach den Normalherstellungskosten;
- nach den gewöhnlichen Herstellungskosten für einzelne Bauleistungen;
- nach den tatsächlich entstandenen Herstellungskosten.

Vorrangig ist die Ermittlung nach den **Normalherstellungskosten**. Zur Ermittlung des Gebäudewerts werden die Normalherstellungskosten je Flächen- oder Raumeinheit mit der Bruttogrundfläche (BGF) der DIN 277 (1987) oder dem Bruttorauminhalt (BRI) des zu bewertenden Gebäudes vervielfacht. Bei der Heranziehung der Normalherstellungskosten sind regionale Einflüsse und Ortsgrößen zu berücksichtigen. In der Folge ist dann der aus den Normalherstellungskosten entstandene historische Gebäudewert mit Hilfe eines für die jeweilige Gebäudeart ermittelten Preisindex zu multiplizieren.[90] Der so ermittelte Wert entspricht dem Wert eines auf den Wertermittlungsstichtag neu errichteten Gebäudes. Sofern es sich um ein älteres Gebäude handelt, ist eine **Alterswertminderung** erforderlich, die sich am Verhältnis zwischen Gesamt- und Restnutzungsdauer des Gebäudes orientiert. Sofern Baumängel oder Bauschäden vorliegen, sind diese wertmindernd, beispielsweise durch Verminderung des angesetzten Herstellungswerts, durch eine entsprechend verringerte Restnutzungsdauer, durch einen Abschlag nach Erfahrungswerten oder durch den Abzug der Schadensbeseitigungskosten unter Berücksichtigung des Alterswertminderungssatzes zu erfassen. Des Weiteren sind sonstige wertbeeinflussende Umstände, wie beispielsweise wirtschaftliche Wertminderung, überdurchschnittlicher Erhaltungszustand etc., zu berücksichtigen. Ein Abschlag wegen wirtschaftlicher Wertminderung kommt neben dem Ansatz der normalen Alterswertminderung dann in Betracht, wenn das Bewertungsobjekt seine volle wirtschaftliche Verwendungsmöglichkeit auch bei möglicher anderweitiger Verwendung, beispielsweise wegen unorganischem Aufbau des Gebäudes oder wirtschaftlicher Überalterung, verloren hat. Sofern ein offensichtliches Missverhältnis zwischen der tatsächlichen und der rechtlich-zulässigen bzw. lagetypischen Nutzung besteht, kann hierin eine Minderung oder Erhöhung des Gesamtwerts des Grundstücks begründet sein (§ 5 Abs. 1 WertV).

---

[90] www.destatis.de.

47 *(2) Wert der baulichen Außenanlagen.* Der Wertansatz der **baulichen Außenanlagen** (z. B. Wege- und Platzbefestigungen, Ver- und Entsorgungseinrichtungen auf dem Grundstück, Einfriedungen) erfolgt in der Regel auf Basis von Erfahrungswerten.

48 *(3) Wert der besonderen Betriebseinrichtungen.* Der Wert der **besonderen Betriebseinrichtungen** (z. B. Tresor-, Tank- und Förderanlagen) wird regelmäßig bereits bei den Normalherstellungskosten erfasst. Ist dies nicht der Fall, sind zur Wertermittlung Erfahrungssätze heranzuziehen.

49 *(4) Wert der sonstigen Anlagen.* Der Wert der **sonstigen Anlagen** ist nur dann gesondert zu ermitteln, soweit er nicht im Bodenwert enthalten ist. Hierbei kann wiederum auf Erfahrungssätze zurückgegriffen werden.

50 *(5) Berechnung des Sachwerts.* Der Sachwert wird wie folgt ermittelt:[91]
- Ermittlung des Bodenwerts;
- Ermittlung der Raum- oder Flächeneinheit und Multiplikation mit den entsprechenden Normalherstellungskosten;
- zuzüglich besonders zu veranschlagende Bauteile und besondere Betriebseinrichtungen;
- zuzüglich Baunebenkosten für Planung, Baudurchführung, behördliche Prüfungen und Genehmigungen sowie für die Finanzierung während der Bauzeit;
- ergibt den Neuwert der baulichen Anlagen bezogen auf das Wert-Baujahr;
- multipliziert mit dem Baupreisindex, der die Wertverhältnisse am Wertermittlungsstichtag widerspiegelt;
- ergibt den Neuwert der baulichen Anlagen am Wertermittlungsstichtag;
- abzüglich Wertminderung wegen Alters, Abnutzung, Baumängeln oder Bauschäden;
- zuzüglich/abzüglich sonstige wertbeeinflussende Umstände;
- zuzüglich dem Zeitwert der Außenanlagen;
- ergibt den Sachwert der baulichen Anlagen am Wertermittlungsstichtag;
- zuzüglich dem Bodenwert;
- ergibt den Grundstückssachwert am Wertermittlungsstichtag.

Berechnungsbeispiel:

Zu bewerten ist in einer knapp 100.000 Einwohner zählenden Stadt in Nordrhein-Westfalen ein frei stehendes Mehrfamilienhaus mit Keller-, Erd- und Obergeschoss sowie einem voll ausgebauten Dachgeschoss aus dem Baujahr 1980 mit einer Bruttogeschossfläche von 850 m². Die Wohneinheiten organisieren sich als „Vierspänner" mit einer durchschnittlichen Wohnungsgröße von 50 m². Der Ausstattungsstandard ist „mittel": Baumängel oder Bauschäden bestehen nicht. Wertermittlungsstichtag ist der 31. 12. 2007. Das Grundstück ist 600 m² groß und der Bodenrichtwert lt. Gutachterausschuss € 300,–/m².

Ermittlung des Sachwerts des Grundstücks:

Gebäudetyp gemäß NHK 2000 nach Anlage 7 der WertR 2006	3.11	
Gesamtnutzungsdauer	80 Jahre	
Restnutzungsdauer am Wertermittlungsstichtag	53 Jahre	
Brutto-Grundflächenpreis gem. NHK 2000	€ 660,–/m² BGF	
€ 660,–/m² × 850 m² BGF		€ 561.000,–
zzgl. Baunebenkosten 14%		€ 78.540,–
Wert bei Index 2000 = 100		€ 639.540,–
Ausgangswert am Stichtag (Index[92] = 112,9)		€ 722.041,–
Korrekturfaktor für Nordrhein-Westfalen	0,90	
Korrekturfaktor für Ort bis 100.000 Einwohner	1	
Korrekturfaktor für Grundrissart ‚Vierspänner'	0,95	
Korrekturfaktor für Wohnungsgröße 50 m²	1	

---

[91] *Ross-Brachmann,* Ermittlung des Verkehrswertes von Grundstücken und des Wertes baulicher Anlagen, S. 409.
[92] www.destatis.de.

II. Bewertung der einzelnen Nachlassgegenstände 51–54 § 4

Normalherstellungskosten inkl. Umsatzsteuer	
€ 722.041 × 0,90 × 1 × 0,95 × 1 =	€ 617.345,–
abzüglich Alterswertminderung nach Ross 23%	€ 141.989,–
Zwischensumme	€ 475.356,–
besonders zu veranschlagende Bauteile nach Zeitwert	€ 100.000,–
Außenanlagen nach Zeitwert	€ 50.000,–
Sachwert der baulichen Anlagen am Wertermittlungsstichtag	€ 625.356,–
Bodenwert 600 m² × € 300,–/m²	€ 180.000,–
Summe	€ 805.356,–
Rundung ./.	€ 356,–
Grundstückssachwert am Wertermittlungsstichtag 31. 12. 2007	**€ 805.000,–**

Der Grundstückssachwert ist nicht mit dem Verkehrswert gleichzusetzen. Sofern zur Verkehrswertermittlung das Sachwertverfahren herangezogen wird, ist der Gebäudesachwert an die Lage auf dem Grundstücksmarkt anzupassen. Dies geschieht mit Hilfe sogenannter **Marktanpassungsfaktoren**. Problematisch ist hierbei, dass derartige Marktanpassungsfaktoren nur bei wenigen Gutachterausschüssen vorgehalten werden, sodass das Fehlen von empirisch abgesicherten Werten für die erforderliche Marktanpassung eine erhebliche Schwäche des Sachwertverfahrens darstellt.[93] 51

ee) Liquidationswertverfahren. Das **Liquidationswertverfahren** findet regelmäßig bei Fällen Anwendung, in denen vergleichsweise gut gelegene oder planungsrechtlich hoch ausnutzbare Grundstücke mit Gebäuden bebaut sind, die entweder die planungsrechtlich mögliche Ausnutzung deutlich unterschreiten oder die hinsichtlich ihrer Nutzung nicht der guten Standort- oder Lagequalität entsprechen. Ein solches Missverhältnis von hohem Bodenwert und – bezogen auf den Standort – eher minderwertiger Bebauung führt dazu, dass kein Gebäudewert anzusetzen ist. Wenn insofern bei der Verminderung des Reinertrags um den Verzinsungsbetrag des Bodenwerts kein Wertanteil für die baulichen Anlagen verbleibt, ist als Ertragswert des Grundstücks der Bodenwert vermindert um die gewöhnlichen Abbruchkosten unter Anrechnung hierbei erzielbarer Verwertungserlöse anzusetzen (§ 20 Abs. 1 WertV). 52

ff) Verkehrswert – Marktwert. Der **Verkehrswert** ist aus dem Ergebnis des angewandten Wertermittlungsverfahrens zum Bewertungsstichtag abzuleiten. Soweit hierdurch die Lage auf dem Grundstücksmarkt nicht hinreichend Berücksichtigung findet, ist die Angebots- und Nachfragesituation zu ergründen und das Ergebnis durch entsprechende Zu- oder Abschläge zu berücksichtigen, wobei hohe Marktanpassungskorrekturen gegen das jeweils angewandte Verfahren sprechen. 53
Die **Mittelbildung** des Sach- und Ertragswerts stellt keine geeignete Methode zur Ableitung des Verkehrswerts dar.

d) Grundstücksbezogene Rechte und Belastungen. Grundstücksbezogene Rechte und Belastungen können die zulässige wirtschaftliche Nutzung bzw. die Ertragsfähigkeit des zu bewertenden Grundstücks beeinflussen. Folgende Rechte und Belastungen kommen in Betracht: 54
- Erbbaurecht (ErbbauVO);
- Überbau (§§ 912 bis 916 BGB);
- Grunddienstbarkeit (§§ 1018 bis 1029 BGB);
- Nießbrauch (§§ 1030 bis 1089 BGB);
- Beschränkte persönliche Dienstbarkeit (§§ 1090 bis 1093 BGB);
- Reallast (§§ 1105 bis 1112 BGB);
- Dauerwohn- und Dauernutzungsrechte (§§ 31 ff. WEG);
- Öffentlich-rechtliche Verpflichtungen wie Baulasten oder Nutzungsbeschränkungen.

---

[93] *Ross-Brachmann*, Ermittlung des Verkehrswertes von Grundstücken und des Wertes baulicher Anlagen, S. 410.

Entscheidend für die Beeinträchtigung oder die Begünstigung sind nicht nur die rechtlich möglichen Beeinträchtigung, sondern auch die tatsächlich vorhandene oder absehbare Inanspruchnahme und ihre Auswirkung auf das Grundstück. Ausgangspunkt für die Wertermittlung des belasteten Grundstücks ist dessen Wert ohne das Recht oder die Belastung. Die Wertveränderung, die das begünstigte bzw. belastete Grundstück erfährt, ergibt sich aus dem wirtschaftlichen Vor- bzw. Nachteil durch das Recht bzw. die Belastung. Wird die Grundstücksqualität durch das Recht oder eine Belastung geändert, ist für die Ermittlung des Grundstückswerts die durch das Recht oder die Belastung geänderte Qualität entscheidend. Sofern das Recht oder die Belastung befristet ist, ist der jeweilige Vor- oder Nachteil über die Restlaufzeit zu kapitalisieren.

55 *aa) Erbbaurecht und Erbbaugrundstück.* Das Erbbaurecht und das Erbbaugrundstück (das mit einem Erbbaurecht belastete Grundstück) sind gesondert zu bewerten. Die jeweiligen Verkehrswerte sind unter Berücksichtigung der vertraglichen Vereinbarungen und sonstiger den Wert beeinflussender Umstände zu ermitteln. Folgende Punkte sind zu berücksichtigen:
- die Höhe des erzielbaren Erbbauzinses;
- seine Anpassungsmöglichkeiten;
- die Restlaufzeit des Erbbaurechts;
- eine bei Zeitablauf des Erbbaurechts zu zahlende Entschädigung.

Der Wert des Erbbaurechts und des Erbbaugrundstücks soll in erster Linie mit Hilfe des Vergleichswertverfahrens ermittelt werden. Nur wenn nicht genügend geeignete Vergleichspreise zur Verfügung stehen, soll auf finanzmathematische Bewertungsverfahren zurückgegriffen werden.

56 *(1) Wert des Erbbaurechts. (a) Vergleichswertverfahren.* Als Vergleichspreise sind Verkäufe von vergleichbaren, bebauten Erbbaurechten zu Grunde zulegen. Voraussetzung für die Anwendung des Vergleichswertverfahrens ist das Vorhandensein entsprechender Vergleichspreise oder das Vorhandensein von Vergleichsfaktoren für das Erbbaurecht bezogen auf den Wert des unbelasteten Grundstücks.

57 *(b) Finanzmathematische Methode.* Der finanzmathematischen Methode liegt die Überlegung zu Grunde, dass sich der Wert des Erbbaurechts aus einem Bodenwertanteil und aus einem Gebäudewertanteil unter Berücksichtigung der jeweiligen Marktverhältnisse zusammensetzt.

Der **Bodenwertanteil** entspricht dem wirtschaftlichen Vorteil des Erbbauberechtigten, der darin besteht, dass er entsprechend den Regelungen im Erbbaurechtsvertrag über die Restlaufzeit nicht den vollen Bodenverzinsungsbetrag zahlen muss. Dieser Vorteil ergibt sich aus der Differenz zwischen dem erzielbaren Erbbauzins und der angemessenen Bodenwertverzinsung, kapitalisiert mit Hilfe des Rentenbarwertfaktors auf die Restlaufzeit.

Der **Gebäudewertanteil** des Erbbaurechts ist der Wert des von dem Erbbauberechtigten errichteten Gebäudes, denn nach § 27 ErbbauVO hat der Grundstückseigentümer bei Zeitablauf des Erbbaurechts dem Erbbauberechtigten vorbehaltlich anderweitiger Vereinbarungen eine Entschädigung zu zahlen, die sich nach dem Verkehrswert des Gebäudes bemisst. Eine Minderung des errechneten Werts kann sich ergeben, wenn der Verkehrswert des Gebäudes nicht oder nur teilweise zu entschädigen ist und die Restnutzungsdauer des Gebäudes die Restlaufzeit des Erbbaurechts übersteigt.

58 *(2) Wert des Erbbaugrundstücks. (a) Vergleichswertverfahren.* Das in der Praxis vorrangig zu verwendende Vergleichswertverfahren ist nur anwendbar, wenn entsprechende Vergleichspreise oder Vergleichsfaktoren vorliegen.

59 *(b) Finanzmathematische Methode.* Auch hier wird von der Annahme ausgegangen, dass sich der Wert des Erbbaugrundstücks aus einem Bodenwertanteil und ggfs. aus einem Gebäudewertanteil zusammensetzt.

Ausgangsgröße für die Ermittlung des Bodenwertanteils ist der **Bodenwert** ohne Belastung mit dem Erbbaurecht. Die Wertminderung des Erbbaugrundstücks ergibt sich, wenn der erzielbare Erbbauzins unter der angemessenen Verzinsung des Bodenwerts des unbelasteten Grundstücks liegt, wobei die Differenz mit dem jeweiligen Rentenbarwertfaktor für die Restlaufzeit des Erbbaurechts zu kapitalisieren ist. Die jeweilig am Grundstücksmarkt vorgefundene Lage wird ggfs. durch einen Marktanpassungsfaktor berücksichtigt.

Ein **Gebäudewertanteil** ist zu berücksichtigen, wenn die Restnutzungsdauer des Gebäudes die Restlaufzeit des Erbbaurechts erheblich übersteigt und das Gebäude nicht oder nur teilweise entschädigt wird. Der Wertvorteil ergibt sich durch Abzinsung der Wertdifferenz auf den Bewertungsstichtag.

Berechnungsbeispiel:
Ermittlung des Bodenwertanteils eines Erbbaurechts: Die Grundstücksgröße beträgt 800 m² und der Bodenwert € 300,–/m². Die Restlaufzeit des Erbbaurechts ist 50 Jahre. Der angemessene Liegenschaftszins beträgt 5% und der tatsächlich gezahlte Erbbauzins € 10.000,– p. a.

Bodenwertanteil des Erbbaurechts	
Bodenwert des Bewertungsgrundstücks 800 m² × € 300/m²	€ 212.000,–
Tatsächlich gezahlter Erbbauzins	€ 10.000,–
Jährlicher Wertvorteil	€ 2.000,–
Barwert des Wertvorteils über die Restlaufzeit des Erbbaurechts	
5% und einer Restnutzungsdauer von 50 Jahren	18,26
Barwert des Wertvorteils	€ 36.520,–
Bodenwert des Erbbaurechts (gerundet)	€ 36.500,–
Wert des belasteten Grundstücks (€ 240.000,– ./. € 36.500,–)	€ 203.500,–

bb) Wohnungsrecht, Nießbrauch. Das **Wohnungsrecht** und das **Nießbrauchrecht** werden als höchstpersönliche Rechte zugunsten einer bestimmten Person bestellt. Sie erlöschen in der Regel beim Tode des Berechtigten, soweit sie in Folge einer zeitlichen Befristung nicht vorher enden. Der Nießbraucher darf im Gegensatz zum Wohnrechtsinhaber in der Regel alle Nutzungen aus dem Grundstück ziehen. Der Nießbrauchberechtigte ist nach § 1041 BGB nur im Rahmen gewöhnlicher Unterhaltungsmaßnahmen zur Erhaltung der Sache und zur Tragung bestimmter Lasten gem. § 1047 BGB (z. B. Hypothekenzinsen) verpflichtet. Sowohl beim Nießbraucher als auch beim Wohnungsberechtigten sind die jeweiligen schuldrechtlichen Bestimmungen zu beachten, da die gesetzlichen Bestimmungen der §§ 1030 ff. BGB in weiten Bereichen dispositiv sind.

(1) Wert des Wohnungsrechts bzw. des Nießbrauchs. Der wirtschaftliche Vorteil des Berechtigten besteht v. a. in ersparten, üblicherweise zu zahlenden Mieten oder Pachten und in der Ersparnis weiterer Aufwendungen (z. B. Betriebskosten) abzüglich der Übernahme von sonstigen, üblicherweise vom Berechtigten nicht zu tragenden Kosten. Darüber hinaus ist die Unkündbarkeit und die Sicherheit vor Mieterhöhungen wertmäßig zu berücksichtigen. Der Wert des Rechts ergibt sich durch Kapitalisierung des Vorteils mit dem von der Restlebenserwartung des Berechtigten abhängigen Leibrentenbarwertfaktor.[94] Die Restlebenserwartung ergibt sich aus den aktuell geltenden Sterbetafeln für die Bundesrepublik Deutschland. Die persönlichen Lebensumstände des Berechtigten bleiben bis auf das Alter und das Geschlecht unberücksichtigt. Für die Abzinsung ist generell der entsprechende, für Ertragswertobjekte übliche Zinssatz zu Grunde zu legen.

(2) Wert des mit dem Wohnungsrecht bzw. dem Nießbrauch belasteten Grundstücks. Der Wert des belasteten Grundstücks ergibt sich, indem von dem Wert des unbelasteten Grundstücks der Wert des Wohnungsrechts bzw. des Nießbrauchs abgezogen wird.

Berechnungsbeispiel:
Der Verkehrswert des bebauten Grundstücks beträgt € 500.000,–. Die nachhaltig erzielbare Nettokaltmiete des Grundstücks ist € 20.000,– p. a. Das Grundstück ist vollständig mit Eigenmitteln finanziert. Der angemessene Liegenschaftszins beträgt 5,5%. Der Nießbrauchberechtigte ist eine männliche Person im Alter von 65 Jahren und trägt die Bewirtschaftungskosten gem. § 18 WertV i. H. v. € 7.500,– p. a. Lt. abgekürzter Sterbetafel 2006/2008[95] hat er eine statistische Restlebenserwartung von 17,11 Jahren.

---

[94] www.destatis.de (Versicherungsbarwerte für 2006/2008); BMF v. 1. 10. 2009 (IV C 2 – S 3104/09/10001).
[95] www.destatis.de.

Verkehrswert des unbelasteten bebauten Grundstücks		€ 500.000,-
Berechnung des Werts des Nießbrauchs		
Jährlicher Vorteil aus der Übernahme der Bewirtschaftungskosten	€ 7.500,-	
Jährlicher Nachteil aus der entgangenen nachhaltig erzielbaren Nettokaltmiete	./. € 20.000,-	
Summe	./. € 12.500,-	
Leibrentenkapitalisierungsfaktor (bei 5,5% und 17,11 Jahren)	11,2	
Ergibt 12.500,- € × 11,2	./. € 140.000,-	
Wert des Nießbrauchs (gerundet)		./. € 140.000,-
Wert des mit dem Nießbrauch belasteten Grundstücks		€ 360.000,-

63 *cc) Grunddienstbarkeiten und beschränkte persönliche Dienstbarkeiten.* Die **Grunddienstbarkeit** wird zugunsten des jeweiligen Eigentümers eines anderen Grundstücks begründet. Sie schränkt die Befugnisse des Eigentümers des belasteten Grundstücks insoweit ein, als er etwas zu dulden oder zu unterlassen hat. Gem. § 1018 BGB sind bei Grunddienstbarkeiten Benutzungsrechte (z.B. Wegerechte, Leitungsrechte), Ansprüche auf Unterlassungen von Nutzungen oder Handlungen (z.B. Bebauungsbeschränkungen) und der Ausschluss der Ausübung eines Rechts zu unterscheiden. Der Grunddienstbarkeit entsprechende Belastungen können auch gem. § 1090 BGB als **beschränkte persönliche Dienstbarkeit** zugunsten eines beliebigen Berechtigten begründet werden, wie dies in der Regel bei Leitungsrechten der Fall ist.

64 *(1) Wegerecht.* Ein Wegerecht ist überwiegend ohne zeitliche Begrenzung ausgelegt. Für die Einräumung eines Wegerechts wird entweder eine in der Regel wertgesicherte Wegerechtsrente oder eine Einmalzahlung vereinbart. Der Wertvorteil für das begünstigte Grundstück ergibt sich durch die Erhöhung der Nutzbarkeit des Grundstücks und ist im Allgemeinen nicht identisch mit dem Wertnachteil des belasteten Grundstücks. Der Wert des Wegerechts wird aus dem Verkehrswert des Grundstücks unter Berücksichtigung des Wegerechts unter Abzug der Wegerechtsrente ermittelt. Der Wertnachteil des mit dem Wegerecht belasteten Grundstücks ergibt sich in dem vom unbelasteten Grundstückswert der Wert des Wegerechts abgezogen wird. Hierbei sind Beeinträchtigungen für das Gesamtgrundstück, die im Einwirkungsbereich des Wegerechts liegen, wie z.B. eine verringerte bauliche oder sonstige Ausnutzbarkeit, eine Geruchs- oder Lärmimmission etc., ebenfalls zu berücksichtigen. Die zu erzielende Wegerechtsrente ist werterhöhend zu erfassen.

65 *(2) Leitungsrecht.* Leitungsrechte sind im Allgemeinen mit Bau- und Nutzungsrechtsbeschränkungen verbunden. Wesentliche Parameter für die Bewertung des mit einem Leitungsrecht belasteten Grundstücks sind beispielsweise Leitungsart, Größe der belasteten Fläche, Grad der Beeinträchtigung des belasteten Grundstücks. In der Regel wird die Höhe der Wertminderung an der Art der Leitung und am Umfang des jeweiligen Schutzstreifens bemessen. Für Leitungen, die in den neuen Bundesländern am 3. 10. 1990 bereits vorhanden waren, wird auf die Bestimmungen des Grundbuchbereinigungsgesetzes hingewiesen.

66 *e) Steuerliche Bewertungsverfahren.* Mit der Entscheidung vom 7. 11. 2006[96] hat das Bundesverfassungsgericht dem Gesetzgeber aufgegeben bis zum 31. 12. 2008 die erbschaft- und schenkungsteuerliche Bewertung des angefallenen Vermögens grundsätzlich am gemeinen Wert gem. § 9 BewG auszurichten. Es hat jedoch gleichzeitig den Weg zu **typisierenden Verfahren** geebnet, indem es die Ermittlung von Annährungswerten an den jeweiligen gemeinen Wert für ausreichend erachtet. Dies resultiert aus dem Umstand, dass Besteuerungsverfahren effizient gestaltet werden müssen, um den jeweiligen Verwaltungsaufwand und damit die Belastung des Steuerbürgers aber auch der Steuerverwaltung vertretbar zu verringern. Infolge dessen hat sich der Gesetzgeber auch bei der Bewertung von Grundbesitz für erbschaft- und schenkungsteuerliche Zwecke für ein typisiertes Verfahren entschieden, dessen Unterschiede im Folgenden kurz im Vergleich zu der Verkehrswertermittlung gem. § 194 BauGB dargestellt werden soll. Mit Inkrafttreten des neuen ErbStG zum 1. 1. 2009 ist das

---

[96] BVerfG BStBl. II 2007, 192.

II. Bewertung der einzelnen Nachlassgegenstände

Grundvermögen für Zwecke der Erbschaft- und Schenkungsteuer nach den neuen §§ 176 ff. BewG zu bewerten. Im Gegensatz zu § 7 Abs. 1 Satz 1 WertV, nach dem mehrere Verfahren zur Ermittlung des Verkehrswert herangezogen werden können, legt § 182 Abs. 2 bis 4 BewG die Anwendung der einzelnen Verfahren für jeweils bestimmte Objektarten zwingend fest.[97] Es ergibt sich folgende **Festlegung der Bewertungsverfahren:**[98]

Grundstücksart	Bewertungsverfahren	Rechtsgrundlage
Wohnungseigentum, Teileigentum, Einfamilienhäuser, Zweifamilienhäuser	Vergleichswertverfahren	§ 182 Abs. 2 BewG
Mietwohngrundstücke, Geschäftsgrundstücke und gemischt genutzte Grundstücke, für die sich auf dem örtlichen Grundstücksmarkt eine übliche Miete ermitteln lässt	Ertragswertverfahren	§ 182 Abs. 3 BewG
Wohnungseigentum, Teileigentum, Einfamilienhäuser, Zweifamilienhäuser, soweit ein Vergleichswert nicht vorliegt Mietwohngrundstücke, Geschäftsgrundstücke und gemischt genutzte Grundstücke, für die sich auf dem örtlichen Grundstücksmarkt keine übliche Miete ermitteln lässt Sonstige bebaute Grundstücke	Sachwertverfahren	§ 182 Abs. 4 BewG

Tatsächliche Eigenschaften und die sonstige Beschaffenheit von Grundstücken, z. B.
- Erschließungs- und Beitragssituation;
- Vermietbarkeit bzw. Nachhaltigkeit der erzielbaren Mieten;
- Verhältnis der nachhaltig erzielbaren Miete zur ortsüblichen Vergleichsmiete;
- Baumängel und Bauschäden, Reparatur und Modernisierungsstau;
- Belastungen privatrechtlicher oder öffentlich-rechtlicher Art;
- Immissionen;
- Ausrichtung des Grundstücks;
- Gebäudealter;
- Ausstattungsstandard und
- Grundriss

beeinflussen den Verkehrswert. In die Ermittlung des gemeinen Werts gem. §§ 179 ff. BewG finden sie überwiegend keinen Eingang.[99]
Die Ermittlung des Verkehrswerts erfolgt auf Basis der zum Bewertungsstichtag maßgeblichen Verhältnisse. Diese können sich im Zeitablauf ändern.
Der **Bodenwert** wird nach § 179 BewG wie folgt ermittelt:[100]

Fläche des Grundstücks × Bodenrichtwert = Bodenwert.

Gem. § 196 Abs. 1 Satz 1 BauGB ist ein Bodenrichtwert ein durchschnittlicher Lagewert für den Boden unter Berücksichtigung des Entwicklungszustands. Das bedeutet, dass der

---
[97] *Broekelschen/Maiterth* DStR 2009, 833.
[98] *Eisele* NWB 2008, 695.
[99] *Eisele* NWB 2008, 3449.
[100] *Krause/Grootens* BBEV 2008, 80.

Bodenrichtwert aus einer Vielzahl von relativen Bodenwerten von Grundstücken mit teilweise voneinander abweichenden Merkmalen abgeleitet wird. Insoweit kann der Verkehrswert des unbebauten Grundstücks bei Vorhandensein bestimmter Merkmale (z. B. Erschließung, beitrags- und abgabenrechtlicher Zustand, Lage und Ausstattung etc.) erheblich vom Bodenrichtwert abweichen.

68 Bei bebauten Grundstücken kommen das Vergleichswertverfahren, das Ertragswertverfahren und das Sachwertverfahren je nach definierter Grundstücksart zur Anwendung.
Der gemeine Wert gem. **Vergleichswertverfahren** wird entweder nach dem Vergleichspreisverfahren oder nach dem Vergleichsfaktorverfahren ermittelt. Zur Anwendung des **Vergleichspreisverfahrens** sind gem. § 1 Abs. 1 Satz 1 GrBewV Kaufpreise von Grundstücken heranzuziehen, die hinsichtlich der ihren Wert beeinflussenden Merkmale mit dem zu bewertenden Grundstück hinreichend übereinstimmen. Anstelle von Preisen für Vergleichsgrundstücke können nach § 183 Abs. 2 BewG **Vergleichsfaktoren** herangezogen werden, die von den Gutachterausschüssen für geeignete Bezugseinheiten, insbesondere Flächeneinheiten des Gebäudes ermittelt und mitgeteilt werden.[101]

69 Beim **Ertragswertverfahren** ergeben Bodenwert und Gebäudeertragswert gem. § 184 Abs. 3 Satz 1 BewG den Ertragswert des Grundstücks. Eine Mindestwertregelung enthält § 184 Abs. 3 Satz 2 BewG: Danach ist mindestens der Bodenwert anzusetzen. Bei Ermittlung des Gebäudeeinertrags gem. § 186 BewG ergeben sich folgende Abweichungen zur oben dargestellten Verkehrswertermittlung gem. §§ 15 ff. WertV:

- Der Rohertrag ist nicht nach der nachhaltig erzielbaren Jahresmiete sondern nach der vereinbarten Jahresmiete bzw. nach der üblichen Miete, soweit die vereinbarte mehr als 20 % von der üblichen Miete abweicht, zu ermitteln.[102]
- Die Bewirtschaftungskosten sind zwar grundsätzlich nach Erfahrungssätzen anzusetzen. Soweit diese Erfahrungssätze allerdings nicht von den Gutachterausschüssen mitgeteilt werden, was die Regel sein dürfte,[103] ist von den pauschalierten Bewirtschaftungskosten nach Anlage 23 zum Bewertungsgesetz auszugehen.
- Der Liegenschaftszins wird vorrangig nach den von den Gutachterausschüssen ermittelten Werten angesetzt. Soweit keine geeigneten Liegenschaftszinssätze von den Gutachterausschüssen mitgeteilt werden, gelten gem. § 188 Abs. 2 BewG folgende Zinssätze:
  - 5 % für Mietwohngrundstücke;
  - 5,5 % für gemischt genutzte Grundstücke mit einem gewerblichen Anteil von bis zu 50 %, berechnet nach der Wohn- und Nutzfläche;
  - 6 % für gemischt genutzte Grundstücke mit einem gewerblichen Anteil von mehr als 50 %, berechnet nach der Wohn- und Nutzfläche;
  - 6,5 % für Geschäftsgrundstücke.
- Die wirtschaftliche Gesamtnutzungsdauer wird gem. § 185 Abs. 3 BewG und der Anlage 22 zum Bewertungsgesetz vorgegeben. Der jeweilige Ausstattungsstandard wird nicht berücksichtigt. Gem. § 185 Abs. 3 Satz 5 BewG ist mindestens eine Restnutzungsdauer von 30 % der wirtschaftlichen Gesamtnutzungsdauer anzusetzen.

70 Nach § 189 Abs. 3 BewG ergibt der Bodenwert und der Gebäudesachwert, korrigiert um eine Anpassung an den gemeinen Wert gem. Wertzahl nach § 191 BewG, den Sachwert des Grundstücks. Das **Sachwertverfahren** stellt anstatt auf die Normalherstellungskosten 2000 gem. Anlage 7 der WertR 2006 auf die **Regelherstellungskosten 2007 (RHK 2007)** ab. Bei den RHK 2007 werden Baujahrs- und Gebäudetypen zusammengefasst, die Baunebenkosten eingerechnet und auf eine Regionalisierung der Regelherstellungskosten verzichtet. Die jeweiligen Kosten wurden auf den 1. 1. 2007 anhand des vom Statistischen Bundesamt ermittelten Baukostenindexes angepasst. Die **Alterswertminderung** bestimmt sich nach dem Alter des Gebäudes zum Wertermittlungsstichtag und der typisierten wirtschaftlichen Gesamtnutzungsdauer. Mindestens ist der Gebäudewert gem. § 190 Abs. 2 Satz 3 BewG mit

---

[101] *Eisele* NWB 2008, 695.
[102] *Eisele* NWB 2008, 3451 f.; zur Kritik hieran vgl. *Stöckel* Stbg 2008, 486.
[103] *Szymborski* Stbg 2008, 239.

II. Bewertung der einzelnen Nachlassgegenstände

40% des Gebäuderegelherstellungswerts anzusetzen.[104] Baumängel, Bauschäden, unterlassene Instandhaltungsmaßnahmen sowie ein Reparaturstau bleiben außer Betracht.[105] Die **Marktanpassungsfaktoren** werden gem. § 191 BewG entweder auf Basis der mitgeteilten Anpassungsfaktoren der Gutachterausschüsse, sofern diese geeignete Marktanpassungsfaktoren ermittelt haben, oder anhand von Wertzahlen gem. Anlage 25 zum Bewertungsgesetz vorgenommen. Insbesondere für Geschäftsgrundstücke, gemischt genutzte Grundstücke, sonstige bebaute Grundstücke und Teileigentum bestehen nur pauschale Wertzahlen. Dies führt dazu, dass es insbesondere bei höherwertigen Geschäftsgrundstücken eine große Streubreite der Bewertungsergebnisse um den tatsächlichen Wert geben wird.[106]

Somit können sich erhebliche Unterschiede zwischen der Verkehrswertermittlung gem. 71 § 194 BauGB und der Ermittlung des gemeinen Werts gem. § 9 BewG i.V.m. §§ 176 ff. BewG ergeben, die einer Anwendung der steuerlichen Vorschriften für die Ermittlung des Anspruchs des Pflichtteilsberechtigten weiterhin im Wege stehen können.

2. Bewertung von Unternehmen und Gesellschaftsbeteiligungen

a) **Grundsätze zur Ermittlung von Unternehmenswerten.** Für Unternehmen, die zum 72 Nachlass gehören, ist grundsätzlich der volle, innere Wert i.S.d. Verkehrswerts zu ermitteln.[107] Vorschriften, wie der volle, innere Wert zu ermitteln ist, enthält das BGB nicht. Insoweit ist sofern keine aktuellen Verkaufspreise vorhanden sind[108] auf die von der Rechtsprechung und der Betriebswirtschaft entwickelten Bewertungsverfahren zurückzugreifen. Betriebswirtschaftlich und in der Rechtsprechung ist anerkannt, dass der Wert von Unternehmen grundsätzlich als Zukunftserfolgswert ermittelt wird.[109]

Der **Zukunftserfolgswert** ergibt sich grundsätzlich aus den finanziellen Überschüssen, die bei Fortführung des Unternehmens und der Veräußerung von etwaigem, nicht betriebsnotwendigen Vermögen erzielt werden. Der **Liquidationswert** ist die Untergrenze des Zukunftserfolgswerts.[110] Er wird ausnahmsweise dann angesetzt, wenn der Barwert der finanziellen Überschüsse, die sich bei der Liquidation des gesamten Unternehmens ergeben, den Fortführungswert übersteigt. Dem **Substanzwert** kommt bei Ermittlung des Unternehmenswerts keine eigenständige Bedeutung zu.[111]

Sofern für Unternehmensanteile **Börsenkurse** vorhanden sind, sind diese zur Plausibilisierung 73 des mit Hilfe des Zukunftserfolgswertverfahrens ermittelten Unternehmenswerts heranzuziehen, wobei der Börsenkurs regelmäßig die Wertuntergrenze bildet.[112] Eine Unterschreitung des Börsenkurses kommt nur dann in Betracht, wenn er ausnahmsweise nicht den Verkehrswert des Unternehmens widerspiegelt.[113] Hierbei ist zu berücksichtigen, dass Unternehmensbewertungen auf detaillierten Daten einschließlich der Planungsrechnungen zum Bewertungsobjekt beruhen, die dem Kapitalmarkt in diesem Detaillierungsgrad nicht zur Verfügung stehen. Insofern können sich Abweichungen zwischen dem Börsenkurs und dem Zukunftserfolgswert eines Unternehmens ergeben. Zudem werden Börsenkurse kurzfristig durch vielfältige Einflussfaktoren, wie z.B. Änderungen des Zinsniveaus, politische Ereignisse, Währungskurse etc. beeinflusst, die nichts mit dem eigentlichen Unternehmenswert zu tun haben. Allerdings sollten sachlich nicht begründbare wesentliche Abweichungen zwischen dem Börsenkurs und dem ermittelten Zukunftserfolgswert zum Anlass genommen werden, die der Berechnung des Zukunftserfolgswerts zugrundeliegenden Ausgangsdaten

---

[104] Kritisch hierzu *Tremel* DStR 2008, 753.
[105] *Eisele* NWB 2008, 3454.
[106] *Eisele* NWB 2008, 3455.
[107] Palandt/*Edenhofer* § 2314 BGB Rn. 8.
[108] OLG Frankfurt a.M. vom 9.12.2008 – WpÜG 2/08.
[109] OLG Stuttgart AG 2004, 43.
[110] Hanseatisches OLG AG 2001, 479; *Jonas* WPg 2008, 837; zu den Ausnahmen siehe BGH NJW 1973, 509; NJW 1982, 2497.
[111] IdW S 1 Rn. 6.
[112] BVerfG ZIP 1999, 1436; BGH DB 2001, 969; LG Frankfurt a.M. BB 2008, 2935.
[113] OLG Stuttgart AG 2004, 43.

und Prämissen kritisch zu hinterfragen. Bei Heranziehung des Börsenkurses zur Plausibilisierung des Zukunftserfolgswerts ist stets auf einen geeigneten Durchschnittskurs (z. B. der Durchschnitt der letzten drei Monate) abzustellen.[114]

Das LG Frankfurt[115] ist in einer neuen Entscheidung zur Ermittlung der Verschmelzungsrelation zu der Auffassung gelangt, dass bei einem funktionierenden Aktienmarkt der Unternehmensbewertung nach der Ertragswertmethode nicht der Vorzug vor den Börsenkursen zu geben sei, da bei funktionierenden Marktkräften und Aktien ohne Marktenge der Börsenwert der Preis sei, den der Markt bereit ist für den durch die Aktie verkörperten Unternehmensanteil zu zahlen.

74 *aa) Maßgeblichkeit des Bewertungszwecks.* Richtige Unternehmenswerte sind zweckgerichtete Werte.[116] Einen „wahren" Unternehmenswert gibt es nicht, da eine exakte mathematische Ermittlung eines Unternehmenswertes nicht möglich ist.[117] Jede Bewertung kann nur eine mit Unsicherheiten behaftete Schätzung und keine punktgenaue Messung sein. Da es für jedes Unternehmen eine Bandbreite von Werten gibt, kann auch die Relation der Werte von mehreren Unternehmen nicht mathematisch exakt auf einen allein richtigen Wert festgelegt werden.[118] D. h. Unternehmenswerte können nur zu einer tauglichen Schätzgrundlage i. S. d. § 287 Abs. 2 ZPO führen.[119] Im Rahmen dieser Schätzung ist der Zweck der Unternehmenswertermittlung zu berücksichtigen. In Abhängigkeit vom zu ermittelten Unternehmenswert (objektivierter Unternehmenswert, subjektivierter Entscheidungswert, Einigungswert) ergeben sich in der Regel unterschiedliche Annahmen über die Prognose und die Diskontierung der zukünftigen Überschüsse, zu den persönlichen Verhältnissen der Anteilseigner, der Art und den Umfang der einzubeziehenden Synergien sowie der anlassbezogenen Typisierung.

Aus der Erbersatzfunktion des Pflichtteils ergibt sich der Bewertungszweck.

Der **Pflichtteil** soll den Pflichtteilsberechtigten in Geld so stellen, wie wenn er mit seinem halben gesetzlichen Erbteil am Nachlass beteiligt und dieser im Erbfall in Geld umgesetzt worden wäre.[120] § 2311 Abs. 2 Satz 2 BGB überlässt es nicht dem Erblasser, Wertbestimmungen hinsichtlich des Unternehmenswerts zu treffen. Somit ist der Pflichtteilsberechnung der Verkehrswert zugrunde zu legen, also der Wert, der im gewöhnlichen Geschäftsverkehr nach der Beschaffenheit des Unternehmens bei einer Veräußerung zum Bewertungsstichtag zu erzielen wäre. Dabei sind alle Umstände, die den Preis beeinflussen, in die Wertermittlung einzubeziehen. Ungewöhnliche und persönliche Verhältnisse sind nicht zu berücksichtigen.

Dies bedeutet, dass für die Wertermittlung die Wertverhältnisse im Erbfall, der dann konkret vorhandene Unternehmensbestand sowie die realitätsgerechte Ertragsfähigkeit des Unternehmens maßgeblich sind.[121]

75 Somit ist die konkrete Verwendungsentscheidung der Erben unmaßgeblich.[122] D. h. bei ertragsschwachen Unternehmen kommt nach der herrschenden Meinung auch dann der Liquidationswert als Untergrenze zum Tragen, wenn der Erbe sich aus persönlichen Gründen zur Unternehmensfortführung entscheidet und der Zukunftserfolgswert des Unternehmens unterhalb des Liquidationswerts liegt.[123] Es ist daher im Rahmen der Nachlassbewertung auf die wirtschaftlich sinnvollste Handlungsalternative unter den gegebenen Voraussetzungen des Unternehmens zum Zeitpunkt des Erbfalls abzustellen.[124]

---

[114] OLG Düsseldorf vom 31. 1. 2003 – 19-W-9/00 AktE; LG Frankfurt a. M. vom 13. 3. 2009 3-5-O-57/06; *Funk* WPg 2008, 114.
[115] LG Frankfurt a. M. vom 13. 3. 2009 – 3-5-O-57/06 mit einer detaillierten, kenntnisreichen und sehr lesenswerten Kritik an der Ertragswertmethode.
[116] *Ballwieser,* Unternehmensbewertung, S. 1; *Kuhner* WPg 2008, 825.
[117] OLG Stuttgart AG 2004, 45.
[118] LG Frankfurt a. M. vom 13. 3. 2009 – 3-5-O-57/06.
[119] BGH NZG 2001, 603; *Hüttemann* WPg 2008, 812.
[120] BVerfGE 78, 132 = NJW 1988, 2723; BGH NJW-RR 1991, 900.
[121] BVerfGE 78, 132 = NJW 1998, 2723.
[122] *Mayer* BeckOK BGB § 2311 Rn. 14; a. A. *Haas* ZNotP 2001, 370.
[123] *Kasper* Münchener Anwaltshandbuch Erbrecht, Rn. 25; a. A. BGH NJW 1973, 509.
[124] A. A. Staudinger/*Haas* § 2311 BGB Rn. 56 a bis 56 d.

Betriebswirtschaftlich wird dieser Wert als sog „objektivierter Unternehmenswert" bezeichnet.[125] Der objektivierte Unternehmenswert stellt einen intersubjektiv nachprüfbaren Zukunftserfolgswert dar. Dieser ergibt sich bei Fortführung des Unternehmens auf Basis des bestehenden Unternehmenskonzepts und mit allen realistischen Zukunftserwartungen im Rahmen der Marktchancen, -risiken und finanziellen Möglichkeiten des Unternehmens sowie sonstiger Einflussfaktoren.[126] Sofern das Unternehmen z. B. maßgeblich von den Managementqualitäten des Erblassers abhing, ist dies als sonstiger Einflussfaktor wertmindernd zu berücksichtigen.[127] Hier liegt ein wesentlicher Unterschied zu den Fällen einer Unternehmensbewertung im Rahmen eines Zugewinnausgleichs. Bei einem **Zugewinnausgleich** ist für die Bewertung die bisherige Unternehmerpersönlichkeit zu berücksichtigen, während bei der Bewertung des Anspruchs des Pflichtteilsberechtigten der Wegfall des Unternehmers durch Tod in die Bewertung des Unternehmens einbezogen werden muss. Dies wird insbesondere bei personenbezogenen Unternehmen, wie z. B. Freiberuflerkanzleien, erhebliche Auswirkungen auf den Unternehmenswert haben.[128]

bb) Stichtag. Als Stichtag für die Berechnung des Unternehmenswerts ist der Bestand und die Wertverhältnisse des Nachlasses zur Zeit des Erbfalls zu Grunde zu legen (§ 2311 Abs. 1 BGB). Nachträgliche Bestands- und Wertveränderungen bleiben grundsätzlich außer Betracht.[129] Mit dem Bewertungsstichtag sind gleichzeitig der für die Bewertung relevante Kenntnisstand und die relevanten Verhältnisse für die Bestimmung des Kapitalisierungszinssatzes definiert.

cc) Bewertung der wirtschaftlichen Unternehmenseinheit. Ein Unternehmen, das eine zweckgerichtete Kombination von materiellen und immateriellen Werten darstellt, durch deren Zusammenwirken finanzielle Überschüsse erwirtschaftet werden sollen, ist stets als Einheit zu bewerten. Der Unternehmenswert lässt sich grundsätzlich nicht aus der Summe der einzelnen Werte der Vermögensgegenstände und Schulden ermitteln.[130]

Bei der Abgrenzung der Bewertungseinheit ‚Unternehmen' ist die Gesamtheit aller zusammenwirkenden Bereiche eines Unternehmens zu erfassen. Sämtliche Unternehmensbereiche, wie z. B. die Beschaffung- und der Absatz, die Organisation, die Forschung und Entwicklung, die Finanzierung und das Management tragen gemeinsam zu den zukünftigen Ergebnissen bei.

dd) Bewertung des betriebsnotwendigen Vermögens. Betriebsnotwendiges Vermögen bezeichnet solche Gegenstände eines Unternehmens, die dem Unternehmen in dem Sinne dienen, dass sie objektiv erkennbar zum unmittelbaren Einsatz im Betrieb selbst bestimmt sind.[131]

Nicht betriebsnotwendiges Vermögen ist im Gegensatz dazu für das Erreichen des Unternehmenszwecks nicht erforderlich.

Bei der Unternehmensbewertung wird zwischen dem betriebsnotwendigen und dem nicht betriebsnotwendigen Vermögen unterschieden. Während die finanziellen Überschüsse des betriebsnotwendigen Vermögens im Rahmen der Unternehmensbewertung ermittelt werden, wird das nicht betriebsnotwendige Vermögen regelmäßig mit dem Liquidationswert angesetzt.

(1) Zahlungsstromorientierung. Zur Ermittlung des Unternehmenswerts sind die Nettoeinnahmen der Unternehmenseigner, die ihnen via Entnahme bzw. Ausschüttung zufließen, anzusetzen.

---

[125] *Wollny*, Der objektivierte Unternehmenswert, S. 65; a. A. WP Handbuch 2008 Band II, S. 182 Rn. 510: Maßgebend ist der faire Einigungswert, der sich ergibt, indem der objektivierte Unternehmenswert zum fairen Einigungswert übergeleitet wird; *Brähler* WPg 2008, 209, nach seiner Auffassung ergibt sich der Unternehmenswert aus dem subjektiven Entscheidungswert des meistbietenden potentiellen Erwerbers.
[126] IdW S 1 Rn. 29.
[127] *Mayer* BeckOK BGB § 2311 Rn. 13.
[128] *Riedel*, Die Bewertung von Gesellschaftsanteilen im Pflichtteilsrecht, S. 70, Rn. 291.
[129] MünchKommBGB/*Lange* § 2311 BGB Rn. 2.
[130] *Klingelhöffer*, Pflichtteilsrecht, S. 108 Rn. 366; WP Handbuch 2008 Band II, S. 16 Rn. 47.
[131] Schmidt/*Heinrichs* EStG § 4 Rn. 104.

Die Nettoeinnahmen hängen in erster Linie von der Fähigkeit des Unternehmens ab, finanzielle Überschüsse zu erwirtschaften. D. h. im Rahmen einer Unternehmensbewertung ist, unter Berücksichtigung zukünftiger Investitionen und der Tilgungsannahmen für das Fremdkapital, eine Prognose der Höhe und des zeitlichen Anfalls der dem Unternehmen entziehbaren finanziellen Überschüsse vorzunehmen. Dies setzt regelmäßig aufeinander abgestimmte Plan-Bilanzen, Plan-Gewinn und Verlustrechnungen sowie Finanzplanungen voraus.

Berechnungsbeispiel:
Kapitalgesellschaft A produziert Schrauben. Hierfür benötigt es die Maschine M, die 1.000 T€ kostet. Diese ist alle 3 Jahre zu erneuern. Das Unternehmen ist zu 50% fremdfinanziert. Die Fremdkapitalzinsen betragen 6%, die Guthabenzinsen 5%. Ende des Jahres 3 ist das Fremdkapital zurückzuzahlen.

	Jahr 0	Jahr 1	Jahr 2	Jahr 3	Jahr 4
Planbilanz (jeweils per 1.1.)					
AKTIVA					
Maschine	T€ 1.000	T€ 667	T€ 333	T€ 0	T€ 667
Bankguthaben	T€ 0	T€ 1.070	T€ 2.087	T€ 3.052	T€ 2.470
Summe AKTIVA	T€ 1.000	T€ 1.737	T€ 2.420	T€ 3.052	T€ 3.137
PASSIVA					
Eigenkapital	T€ 500	T€ 1.237	T€ 1.920	T€ 2.552	T€ 3.137
Fremdkapital	T€ 500	T€ 500	T€ 500	T€ 500	T€ 0
Summe PASSIVA	T€ 1.000	T€ 1.737	T€ 2.420	T€ 3.052	T€ 3.137
Plan-GuV 1.1.–31.12.					
Umsatzerlöse	T€ 1.500	T€ .500	T€ 1.500	T€ 1.500	T€ 1.500
Materialaufwand	T€ 200	T€ 200	T€ 200	T€ 200	T€ 200
Personalaufwand	T€ 200	T€ 200	T€ 200	T€ 200	T€ 200
Abschreibung	T€ 333	T€ 333	T€ 333	T€ 333	T€ 333
Ergebnis der gewöhnlichen Geschäftstätigkeit	T€ 767	T€ 767	T€ 767	T€ 767	T€ 67
Zinsertrag	T€ 0	T€ 54	T€ 104	T€ 53	T€ 123
Zinsaufwand	T€ 30	T€ 30	T€ 30	T€ 30	T€ 0
Zinsergebnis	T€ 30	T€ 84	T€ 134	T€ 183	T€ 123
Ergebnis	T€ 737	T€ 83	T€ 632	T€ 584	T€ 643
Finanzplanung					
Ergebnis	T€ 737	T€ 683	T€ 632	T€ 584	T€ 643
Abschreibungen	T€ 333	T€ 333	T€ 333	T€ 33	T€ 333
Investitionen	T€ 0	T€ 0	T€ 0	./. T€ 1.000	T€ 0
Finanzierung	T€ 0	T€ 0	T€ 0	./. T€ 500	T€ 0
Cash Flow Stand 31.12.	T€ 1.070	T€ 1.017	T€ 966	./. T€ 83	T€ 977

Im Beispiel ergeben sich finanziell entziehbare Überschüsse in Höhe der Summe des jährlich erzielten Cash Flows, d. h. gesamt von T€ 3.947,–.

80 *(2) Ertragsteuerliche Einflüsse.* Der Wert eines Unternehmens wird durch die Nettozuflüsse des Unternehmenseigners bestimmt, die er zu seiner freien Verfügung hat. Hierbei sind grundsätzlich die Unternehmenssteuern (Körperschaft-, Gewerbesteuer und Solidaritätszuschlag) zu berücksichtigen und die Steuern der Unternehmenseigner (Einkommensteuer nach dem Halbeinkünfteverfahren (bis 31.12.2008) bzw. Abgeltungssteuer/Teileinkünfteverfahren (ab 1.1.2009) und der Solidaritätszuschlag, ggf. zuzüglich Kirchensteuer), die aufgrund des Eigentums am Unternehmen entstehen. Verlustvorträge sind zu berücksichtigen, sofern deren Berücksichtigung gem. § 8c KStG möglich ist.[132] Nach Auffassung der Finanzverwaltung stellt der Erbfall bei Kapitalgesellschaftsanteilen grundsätzlich keinen

---
[132] OLG Düsseldorf AG 2001, 189.

II. Bewertung der einzelnen Nachlassgegenstände 80 § 4

schädlichen Anteilserwerb i. S. d. § 8 c KStG dar, so dass die bestehenden Verlustvorträge in das Bewertungsmodell einzubeziehen sind.[133]

Einzelunternehmen und Personenhandelsgesellschaften sind für Zwecke der Einkommensteuer keine eigenständigen Steuersubjekte; die Einkommensbesteuerung erfolgt auf der Ebene der Unternehmenseigner. Allerdings ist zu berücksichtigen, dass mit der Unternehmenssteuerreform durch die Begünstigung des nicht entnommenen Gewinns gem. § 34 a EStG eine weitgehende Gleichstellung mit Kapitalgesellschaften stattgefunden hat. Hierzu dienen die Einführung der Thesaurierungsbesteuerung mit 28,25 % und die Besteuerung der späteren Entnahme mit der Abgeltungssteuer. Zusätzlich ist zu beachten, dass auf die persönliche Einkommensteuer der Unternehmenseigner bei Einzelunternehmen und Personenhandelsgesellschaften die auf Unternehmensebene anfallende Gewerbesteuer pauschal mit dem 3,8 fachen des festgesetzten Gewerbesteuermessbetrags anrechenbar ist.

Berechnungsbeispiel:
Fortsetzung des o. a. Beispiels. Die Unternehmenssteuern betragen 30 % und setzen sich aus der Körperschaft-, der Gewerbesteuer und dem Solidaritätszuschlag zusammen.
Beim Unternehmenseigner unterliegt die Ausschüttung der Abgeltungssteuer von 25 % und dem Solidaritätszuschlag von 5,5 %, d. h. zusammen 26,38 %.

	Jahr 0	Jahr 1	Jahr 2	Jahr 3	Jahr 4
Planbilanz (jeweils per 1. 1.)					
AKTIVA					
Maschine	T€ 1.000	T€ 667	T€ 333	T€ 0	T€ 667
Bankguthaben	T€ 0	T€ 849	T€ 1.668	T€ 2.459	T€ 1.722
Summe AKTIVA	T€ 1.000	T€ 1.516	T€ 2.002	T€ 2.459	T€ 2.389
PASSIVA					
Eigenkapital	T€ 500	T€ 1.016	T€ 1.502	T€ 1.959	T€ 2.390
Fremdkapital	T€ 500	T€ 500	T€ 500	T€ 500	T€ 0
Summe PASSIVA	T€ 1.000	T€ 1.516	T€ 2.002	T€ 2.459	T€ 2.390
Plan-GuV 1. 1.–31. 12.					
Umsatzerlöse	T€ 1.500	T€ 1.500	T€ 1.500	T€ 1.500	T€ 1.500
Materialaufwand	T€ 200	T€ 200	T€ 200	T€ 200	T€ 200
Personalaufwand	T€ 200	T€ 200	T€ 200	T€ 200	T€ 200
Abschreibung	T€ 333	T€ 333	T€ 333	T€ 333	T€ 333
Ergebnis der gewöhnlichen Geschäftstätigkeit	T€ 767	T€ 767	T€ 767	T€ 767	T€ 767
Zinsertrag	T€ 0	T€ 42	T€ 83	T€ 123	T€ 86
Zinsaufwand	T€ 30	T€ 30	T€ 30	T€ 30	T€ 0
Zinsergebnis	T€ 30	T€ 72	T€ 113	T€ 153	T€ 86
Ergebnis vor Steuern	T€ 737	T€ 694	T€ 653	T€ 614	T€ 681
Steuern	T€ 221	T€ 208	T€ 196	T€ 184	T€ 204
Jahresüberschuss	T€ 516	T€ 486	T€ 457	T€ 430	T€ 476
Finanzplanung					
Jahresüberschuss	T€ 516	T€ 486	T€ 457	T€ 430	T€ 476
Abschreibungen	T€ 333	T€ 333	T€ 333	T€ 333	T€ 333
Investitionen	T€ 0	T€ 0	T€ 0	./. T€ 1.000	T€ 0
Finanzierung	T€ 0	T€ 0	T€ 0	./. T€ 500	T€ 0
Übertrag negativer Cash Flow	T€ 0	T€ 0	T€ 0	T€ 0	./. T€ 751
Cash Flow Stand 31. 12.	T€ 849	T€ 819	T€ 791	./. T€ 237	T€ 810
Abgeltungssteuer	T€ 224	T€ 216	T€ 209	T€ 0	T€ 151
Nettozufluss	T€ 625	T€ 603	T€ 582	T€ 0	T€ 422

---

[133] BMF vom 4. 7. 2008 DStR 2008, 1436 Rn. 4.

Unter Berücksichtigung von Ertragsteuern auf Unternehmensseite und Unternehmerseite reduziert sich der finanziell entziehbare Überschuss von T€ 3.947,– auf T€ 2.232,–. Bei einem Zinssatz von 8% und einem dementsprechenden Kapitalisierungsfaktor von 12,5 würde sich der Unternehmenswert von T€ 49.338,– um T€ 21.438,– auf T€ 27.900,– reduzieren. Allerdings ist zu berücksichtigen, dass der Zinssatz der Alternativanlage auch um Ertragsteuern zu bereinigen ist. Unter Einbeziehung der Abgeltungsteuer von 26,38% ergibt sich ein Nettozinssatz von 5,9% und damit ein Kapitalisierungsfaktor von 16,9%. D. h. der Unternehmenswert reduziert sich nach Steuern von T€ 49.338,– um T€ 11.617,– auf T€ 37.721,–.

81 *(3) Zum Stichtag bereits eingeleitete Maßnahmen.* Grundsätzlich basiert die Bewertung eines Unternehmens auf der am Bewertungsstichtag (Todestag des Erblassers) vorhandenen Ertragskraft. Die Ertragskraft beruht auf den zum Bewertungsstichtag bereits vorhandenen Erfolgsfaktoren. Diese beinhalten auch zum Bewertungsstichtag bereits eingeleitete oder hinreichende konkretisierte Maßnahmen.[134]

Nur mögliche aber noch nicht hinreichend konkretisierte Maßnahmen sind für die Ermittlung objektivierter Unternehmenswerte unbeachtlich.

82 *(4) Ausschüttungsannahme.* Nur diejenigen finanziellen Überschüsse, die in den Verfügungsbereich der Unternehmenseigner gelangen, fließen in die Bestimmung des Unternehmenswerts ein. Aufgrund dessen sind Annahmen zur Ausschüttungs- bzw. Thesaurierungsquote zu treffen. Grundsätzlich ist hierbei von der Ausschüttung des nach Berücksichtigung des zum Erbfall dokumentierten Unternehmenskonzepts unter Einbezug rechtlicher Restriktionen verfügbaren Betrags auszugehen. Die früher übliche Annahme der vollständigen Ausschüttung wurde aufgrund des Systemwechsels vom Anrechnungsverfahren über das Halbeinkünfteverfahren zur Abgeltungssteuer aufgegeben, da die Vollausschüttung nunmehr für den Unternehmenseigner nachteilig ist.[135]

Zur Berücksichtigung der Ausschüttungsquote werden regelmäßig zwei Phasen unterschieden.[136] Die erste Phase umfasst die nähere Zukunft. Hier wird eine Aufteilung der finanziellen Überschüsse in Ausschüttungen und Thesaurierungen auf Basis des zum Erbfall vorliegenden Unternehmenskonzepts unter Berücksichtigung der bisherigen Ausschüttungspolitik, der Eigenkapitalausstattung und der steuerlichen Rahmenbedingungen möglich sein. Unterliegen die thesaurierungsbedingten Wertzuwächse später der Abgeltungssteuer oder dem Teileinkünfteverfahren, ist dies bei der Bewertung ebenfalls zu berücksichtigen. Im Rahmen der zweiten Phase, die die fernere Zukunft umfasst, wird grundsätzlich davon ausgegangen, dass das Ausschüttungsverhalten des zu bewertenden Unternehmens mit dem Anschaffungsverhalten der Alternativanlage vergleichbar ist, wobei natürlich Besonderheiten der rechtlichen Rahmenbedingungen, der Branche und der Kapitalstruktur zu beachten sind. Bei den thesaurierten Beträgen ist in der zweiten Phase somit die kapitalwertneutrale Verwendung zu unterstellen.

Ausgangsgröße zur Bemessung der Ausschüttungsquote bilden die Marktausschüttungsquoten, die je nach Marktindex 40–60% betragen werden. Alternativ kann auch auf die Peer-Gruppe des Unternehmens abgestellt werden. Diese Daten sind dann mit dem individuellen Unternehmenskonzept und der Wachstumsstrategie abzustimmen.[137]

83 *(5) Managementfaktoren.* Grundsätzlich wird beim objektivierten Unternehmenswert die zum Bewertungsstichtag vorhandene Ertragskraft bewertet. Dies beinhaltet auch ein Verbleiben des bisherigen Managements im Unternehmen.

Der Werteinfluss eines über- oder unterdurchschnittlichen Managements kann nicht intersubjektiv nachvollziehbar quantifiziert werden und bleibt deshalb für die Bewertung unberücksichtigt.

---

[134] OLG Stuttgart DB 2000, 709.
[135] Vgl. IdW S 1 vom 28. 6. 2000 zu IDW S 1 vom 2. 4. 2008 Rn. 35 ff.
[136] BayObLG AG 2002, 388.
[137] WP Handbuch 2008 Band II, S. 33 Rn. 98.

Bei auf den Erblasser bezogenen Unternehmen werden allerdings auch personenbezogene nicht übertragbare Faktoren zu berücksichtigen sein.[138] Dies ist insbesondere dann der Fall, wenn das zu bewertende Unternehmen speziell auf die unternehmerischen Fähigkeiten des Erblassers zugeschnitten war.[139]

Sofern fraglich ist, ob nach dem Erbfall ein gleichwertiges, gutes Management gefunden werden kann, ist dies wertmindernd beim Zukunftserfolgswert zu berücksichtigen. Sofern in Einzelfällen eine Unternehmensfortführung ohne den Erblasser nicht möglich ist, entspricht der Unternehmenswert dem Liquidationswert.

(6) Ertragsteuern der Unternehmenseigner. Persönliche Ertragsteuern reduzieren den Nettozufluss der finanziell entziehbaren Überschüsse der Unternehmenseigner. Aufgrund dessen ist allgemein anerkannt, dass die persönlichen Ertragsteuern im Rahmen der Unternehmensbewertung sowohl bei den künftigen Nettozuflüssen als auch beim Kapitalisierungszinssatz zu berücksichtigen sind.[140]

Durch Typisierungen wird vermieden, dass der Unternehmenswert von der individuellen Situation des jeweiligen Unternehmenseigners abhängt.

Sofern die Bewertung aus Sicht eines unbeschränkt steuerpflichtigen Inländers erfolgt, ist ein typisierter Steuersatz von 35% zu verwenden.[141] Aufgrund der Anrechenbarkeit der Gewerbesteuer ist bei der Bewertung von Einzelunternehmen und Personenhandelsgesellschaften die anrechenbare Gewerbesteuer bei der typisierten Ertragsteuer von 35% zu kürzen.[142]

Bei der Bewertung von Kapitalgesellschaften findet bis 31. 12. 2008 das Halbeinkünfteverfahren Anwendung, d. h. der typisierte Steuersatz reduziert sich auf 17,5%. Ab dem 1. 1. 2009 ist der Abgeltungssteuersatz von 25% zuzüglich des Solidaritätszuschlags von 5,5%, d. h. zusammen 26,38% zu berücksichtigen.[143] Die Kirchensteuer bleibt außer Betracht.

Fraglich ist, inwieweit die **latente Ertragsteuerbelastung** der stillen Reserven im Erbfall zu berücksichtigen ist. Nach Auffassung des IdW sind bei der Bewertung von Unternehmen, sofern die Effektivbesteuerung von Dividenden und Veräußerungsgewinnen differiert, zusätzliche Annahmen über die Zeiträume des Haltens des Unternehmens zu treffen.[144] Die unterschiedliche Effektivbesteuerung greift zukünftig bei Anteilen gem. § 17 EStG. Hier unterliegen die Dividenden der Abgeltungssteuer, während ein etwaiges Veräußerungsergebnis nach dem sog. Teileinkünfteverfahren besteuert wird.

D. h. das IdW hat die bislang vorherrschende Fiktion einer unbegrenzten Haltedauer verlassen und berücksichtigt nunmehr bei der Unternehmenswertermittlung die auf das Veräußerungsergebnis des Unternehmens anfallenden Steuern.[145] Je näher der Veräußerungszeitpunkt am Bewertungsstichtag liegt, desto höher ist die Bedeutung der latenten Steuern auf das Veräußerungsergebnis im jeweiligen Bewertungsmodell. Aber auch wenn man eine unbegrenzte Lebensdauer des Unternehmens unterstellt, muss berücksichtigt werden, dass stille Reserven irgendwann steuererhöhend aufgelöst werden, so dass die latenten Steuern immer eine Rolle spielen.[146]

Der BGH hat in ständiger Rechtsprechung bereits 1972 festgestellt, dass latente Ertragsteuern nicht als Nachlassverbindlichkeit abgesetzt werden dürfen, da ihre tatsächliche Entstehung auf einer Maßnahme des Erben beruht und insoweit nicht Bestandteil des Nachlasses sein kann.[147] Auch kommt ein Ansatz als aufschiebend bedingte oder zweifelhafte

---

[138] WP Handbuch 2008 Band II, S. 34 Rn. 101.
[139] *Klingelhöffer,* Pflichtteilsrecht, S. 109 Rn. 372.
[140] IdW S 1 Rn. 43.
[141] WP Handbuch 2008 Band II, S. 35 Rn. 107.
[142] Zu den steuerlichen Besonderheiten bei der Bewertung von Personengesellschaften vgl. *Popp* WPg 2008, 935.
[143] *Wegener* DStR 2008, 935.
[144] IdW S 1 Rn. 44.
[145] *Wollny,* Der objektivierte Unternehmenswert, S. 234.
[146] *Riedel,* Die Bewertung von Gesellschaftsanteilen im Pflichtteilsrecht, S. 156, Rn. 614.
[147] BGH NJW 1972, 1269; NJW 1973, 509; NJW 1982, 2497; NJW 1987, 1260; NJW-RR 1992, 770; NJW-RR 1993, 131.

Verbindlichkeit i. S. d. § 2313 BGB nicht in Betracht.[148] Eine Ausnahme hiervon ergibt sich nur, wenn es absehbar ist, dass das Unternehmen in näherer Zukunft aufgelöst oder veräußert wird.[149] Die Höhe der latenten Steuerlast ist in diesem Fall gem. § 2311 Abs. 2 BGB im Wege einer sachgerechten Schätzung zu ermitteln. Hierbei kann auf die tatsächlich anfallenden oder die tatsächlich festgesetzten Steuern zurückgegriffen werden. *Lorz*[150] ist dagegen der Auffassung, dass latente Steuerlasten generell zu berücksichtigen sind, unabhängig davon, ob eine Veräußerung beabsichtigt ist oder bevorsteht und unabhängig davon, welche Bewertungsmethode zur Anwendung kommt, denn letztlich haben sich die stillen Reserven, die über den Veräußerungspreis abgegolten werden, vor dem Bewertungsstichtag gebildet, so dass die Wurzeln der späteren Steuerbelastung vor dem Bewertungsstichtag liegen. Die latenten Steuern sind nicht als künftige Verbindlichkeiten zu berücksichtigen, sondern sie bilden einen Faktor bei der Bewertung des Unternehmens.

Die vorstehenden Ausführungen verdeutlichen, dass zur Frage der Berücksichtigung latenter Steuern Rechtsprechung und Literatur noch keine einheitliche Linie gefunden haben.

Im Ergebnis kann festgehalten werden, dass in dem nach IdW S 1 ermittelten objektivierten Unternehmenswert immer latente Steuern auf die im Erbfall vorhandenen stillen Reserven beinhaltet sind, wobei bei nicht betriebsnotwendigen Vermögen aufgrund des Ansatzes des Liquidationswerts i. d. R. eine Diskontierung der latenten Steuern aufgrund der sofortigen Veräußerungsfiktion (sofern nicht aufgrund rechtlicher Restriktionen oder tatsächlicher Beschränkungen eine sofortige Veräußerung ausscheidet) unterbleibt. Sofern hinsichtlich des betriebsnotwendigen Vermögens keine konkrete Veräußerungsabsicht besteht, wird i. d. R. von der unbegrenzten Fortführung des Unternehmens auszugehen sein. Darüber hinaus gilt: Je länger der Veräußerungszeitpunkt in der Zukunft liegt, desto höher werden die anzuwendenden Abzinsungsfaktoren und damit werden die latente Steuern umso geringer.

Die Rechtsprechung des BGH will den Ansatz latenter Steuern derartig nur zulassen, wenn absehbar ist, dass das Unternehmen in absehbarer Zeit aufgelöst oder veräußert wird. Nach Auffassung des BGH können die latente Steuer nicht zum Nachteil des Pflichtteilsberechtigten in Abzug gebracht werden, wenn eine Veräußerung oder Liquidation nicht stattfindet.[151]

Für die Praxis bedeutet dies: Der objektivierte Unternehmenswert nach IDW S 1 enthält die latenten Steuern der stillen Reserven, die nach Auffassung des BGH nur dann wertmindernd zu berücksichtigen sind, wenn hierfür ein konkreter Anlass vorliegt.

86 *ee) Bewertung des nicht betriebsnotwendigen Vermögens.* Nicht betriebsnotwendiges Vermögen ist für das Erreichen des Unternehmenszwecks nicht erforderlich.[152] D. h. nicht betriebsnotwendiges Vermögen kann frei veräußert werden, ohne dass die eigentliche Tätigkeit des Unternehmens dadurch beeinflusst wird.

Beispiele für nicht betriebsnotwendiges Vermögen sind: Kunstsammlungen von Versicherungen oder Banken, Wertpapierbestände und Überliquidität, die für den Geschäftsbetrieb nicht erforderlich sind, Wohnimmobilien bei Nicht-Wohnungsgesellschaften etc. Entscheidend für die Abgrenzung ist, inwiefern das jeweilige Vermögen für das operative Geschäft des Unternehmens funktional erforderlich ist.[153]

Grundsätzlich wird das nicht betriebsnotwendige Vermögen unter Berücksichtigung seiner bestmöglichen Verwertung gesondert bewertet, d. h. es wird i. d. R. mit dem Nettoliquidationswert angesetzt. Dies ist der Einzelveräußerungspreis der jeweiligen Vermögensgegenstände abzüglich der damit zusammenhängenden Schulden und der Veräußerungskosten sowie der durch die Veräußerung und die Ausschüttung des Nettoveräußerungserlöses entstehenden Steuern.[154]

---

[148] *Riedel*, Die Bewertung von Gesellschaftsanteilen im Pflichtteilsrecht, S. 134, Rn. 608.
[149] BGH NJW 1982, 2497; BGH NJW 1987, 1260; a. A. Lorz ZErb 2003, 302.
[150] *Lorz* ZErb 2003, 302.
[151] BGH NJW 1973, 509.
[152] WP-Handbuch 2008 Band II, 44 Rn. 132.
[153] *Wollny*, Der objektivierte Unternehmenswert, S. 186.
[154] OLG Stuttgart DB 2000, 709.

Sofern der fiktive Verkauf, z. B. aufgrund rechtlicher Restriktionen, nicht sofort durchführbar ist, ist eine Diskontierung des Liquidationsergebnisses erforderlich.

Sollte ausnahmsweise eine Vollausschüttung des Liquidationserlöses nicht unterstellt werden können, ist für die Berechnung der (latenten) Steuern die beabsichtigte Verwendung des Erlöses maßgeblich.[155]

ff) Unbeachtlichkeit des (bilanziellen) Vorsichtsprinzips. Zukünftige finanzielle Überschüsse sind ungewiss. Aufgrund dieser Ungewissheit stellt sich die Frage nach einer ausgewogenen Berücksichtigung von Chancen und Risiken.

Bei Erstellung von Jahresabschluss und Konzernabschluss ist nach § 252 Abs. 1 Nr. 4 HGB das **Vorsichtsprinzip** zu beachten. Die ungewisse Zukunft darf nicht in der Weise in den Unternehmenswert einfließen, dass der Pflichtteilsberechtigte einseitig benachteiligt wird. Insoweit findet das handelsrechtliche Vorsichtsprinzip in der Unternehmensbewertung keine Anwendung.[156]

Das Risiko wird vielmehr bei der Bestimmung des Risikozuschlags im Rahmen der Ermittlung des Kalkulationszinssatzes berücksichtigt.[157]

b) Prognose der künftigen finanziellen Überschüsse. Grundlage und Kernproblem jeder Unternehmensbewertung ist die Prognose der zukünftigen finanziellen Überschüsse des betriebsnotwendigen Vermögens. Hierfür ist eine umfangreiche **Informationsbeschaffung** erforderlich, die auf einer Vergangenheitsanalyse, einer Analyse der aktuellen Situation sowie der zukünftigen Chancen und Risiken des Unternehmens aufbaut. Zusätzlich sind Plausibilitätsüberlegungen anzustellen, inwieweit insbesondere die Unternehmensplanung frei von Widersprüchen ist und die erwartete allgemeine wirtschaftliche Entwicklung und die Branchenentwicklung angemessen in der Planung berücksichtigt werden.

aa) Informationsbeschaffung. Die Qualität der Analyse eines Unternehmens einschließlich seines Geschäftsmodells und seiner Werttreiber wird durch die Qualität und den Umfang der verfügbaren Informationen bestimmt. Für eine Prognose der finanziellen Überschüsse eines Unternehmens sind zum Einen unternehmensbezogene Informationen und zum Anderen markt- bzw. branchenbezogene Informationen erforderlich.

Maßgeblich sind grundsätzlich zukunftsbezogene Daten, die sich unternehmensbezogen aus der Unternehmensplanung sowie den daraus entwickelten Plan-Bilanzen, Plan-Gewinn- und Verlustrechnungen bzw. Plan-Kapitalflussrechnungen bzw. marktseitig aus Prognosen über die branchenspezifischen Entwicklungen und volkswirtschaftlichen Einschätzungen über die gesamtwirtschaftliche Entwicklung ergeben.

Vergangenheits- und stichtagsbezogene Werte haben nur insoweit einen Einfluss, als sie den Ausgangspunkt für die Prognose darstellen und der Plausibilisierung der Prognose der künftigen Daten dienen können.

bb) Vergangenheitsanalyse. Der objektivierte Unternehmenswert resultiert aus der Diskontierung des zukünftigen finanziellen Überschusses des betriebsnotwendigen Vermögens zuzüglich des Werts des nicht betriebsnotwendigen Vermögens. Diesen zu schätzen stellt das Kernproblem der Unternehmensbewertung dar. Üblicherweise bildet die fundierte Vergangenheitsanalyse die Grundlage für die Prognose der zukünftigen finanziellen Überschüsse.[158]

Die **Vergangenheitsanalyse** des Unternehmens umfasst (mindestens) folgende Teilbereiche:[159]

- Analyse der Rechtsgrundlagen des Unternehmens;
- Analyse von Märkten und Produkten des zu bewertenden Unternehmens;
- Analyse der finanziellen Ergebnisse und deren Einflussfaktoren;
- Analyse der Besonderheiten des Unternehmens;
- Analyse der Stärken und Schwächen des Unternehmens (SWOT-Analyse).

---

[155] *Wollny,* Der objektivierte Unternehmenswert, S. 187; IdW S 1 Rn. 61.
[156] WP-Handbuch 2008 Band II, S. 45 Rn. 138.
[157] *Wollny,* Der objektivierte Unternehmenswert, S. 144.
[158] OLG Stuttgart AG 2004, 43.
[159] *Ballwieser,* Unternehmensbewertung, S. 16.

Hierfür werden die Jahresabschlüsse, die Lageberichte, die Kapitalflussrechnungen und die internen Ergebnisrechnungen der letzten drei bis fünf Jahre vor dem Erbfall herangezogen. Nur so kann verhindert werden, dass vergangene Entwicklungen unkritisch in die Zukunft fortgeschrieben werden.[160]

Im nächsten Schritt sind Sondereinflüsse, die sich zukünftig nicht wiederholen, zu identifizieren und zu neutralisieren. In der Folge sind dann unternehmensbezogene Informationen wie z. B. die vorhandene Ertragskraft sowie die Vermögens- und Finanzverhältnisse unter Berücksichtigung der in der Vergangenheit gegebenen Markt- und Umweltzustände zu analysieren.[161]

Die Analyse der bisherigen Markt- und Umweltzustände lässt sich wie folgt gliedern:[162]
- Analyse gesellschaftlicher, gesamtwirtschaftlicher und technischer Entwicklungen;
- Analyse der Branche;
- Analyse der Marktstellung des Unternehmens.

Berechnungsbeispiel:

GuV	2007	Bereinigung	2007 nach Bereinigung	2008	Bereinigung	2008 nach Bereinigung
Umsatzerlöse	T€ 8.000	T€ 2.000[(1)]	T€ 6.000	T€ 6.600	T€ 0	T€ 6.600
Materialaufwand	T€ 4.500	T€ 1.500[(2)]	T€ 3.000	T€ 3.300	T€ 0	T€ 3.300
Personalaufwand	T€ 2.000	T€ 500[(3)]	T€ 1.500	T€ 1.600	T€ 50[(9)]	T€ 1.550
Abschreibungen	T€ 200	T€ 50[(4)]	T€ 150	T€ 170	T€ 20[(10)]	T€ 150
Sonstige Aufwendungen	T€ 200	T€ 50[(5)]	T€ 150	T€ 150	T€ 0	T€ 150
Zinserträge	T€ 50	T€ 20[(6)]	T€ 30	T€ 40	T€ 10[(11)]	T€ 30
Zinsaufwendungen	T€ 80	T€ 30[(7)]	T€ 50	T€ 60	T€ 10[(12)]	T€ 50
Ertragsteuern	T€ 428	T€ 74[(8)]	T€ 354	T€ 408	T€ 21[(13)]	T€ 429
Summe	T€ 642	T€ 184	T€ 826	T€ 952	T€ 49	T€ 1.001

[(1)] Die Bereinigung der Umsatzerlöse erfolgt, weil Ende 2008 ein unrentables Unternehmenssegment aufgegeben wurde.
[(2)] Aufgrund der Aufgabe des Unternehmenssegments reduziert sich analog der Materialaufwand um T€ 1.500,–.
[(3)] Hier reduziert sich aufgrund der Aufgabe des Unternehmenssegments der Personalaufwand um T€ 450. T€ 50,– werden bereinigt, da der Erblasser als Gesellschafter-Geschäftsführer ein um diesen Betrag überhöhtes Gehalt bezogen hat.
[(4)] Die Abschreibungen reduzieren sich um die Abschreibungen i. H. v. T€ 30,–, die dem aufgegebenen Segment zuzuordnen waren. Weitere T€ 20,– werden aufgrund des nicht betriebsnotwendigen Vermögens bereinigt.
[(5)] Analoges gilt für die sonstigen Aufwendungen.
[(6)] Die Zinserträge reduzieren sich i. H. v. T€ 10,– um die Anlagen, die dem aufgegebenen Segment zuzuordnen waren und um weitere T€ 10,–, die auf das nicht betriebsnotwendige Vermögen entfallen.
[(7)] Gleiches gilt für die Zinsaufwendungen. T€ 20,– entfallen auf das aufgegebene Segment und T€ 10,– auf das nicht betriebsnotwendige Vermögen.
[(8)] Der Steuereffekt der Bereinigung setzt sich wie folgt zusammen:
- Ergebnis vor Steuern 2007: T€ 1.070,–, Steuersatz 40% ergibt Steuern i. H. v. T€ 428,–.
- Ergebnis vor Steuern 2007 (bereinigt): T€ 1.180,–, Steuersatz 30% (aufgrund der Körperschaftsteuersenkung von 25% auf 15% ab 2008) ergibt Steuern i. H. v. T€ 354,–.
[(9)] Bereinigung des überhöhten Gehalts des Erblassers i. H. v. T€ 50,–.
[(10)] Bereinigung der Abschreibung um die Abschreibung auf das nicht betriebsnotwendige Vermögen.
[(11)] Bereinigung der Zinserträge um die Zinserträge, die im Zusammenhang mit dem nicht betriebsnotwendigen Vermögen anfallen.
[(12)] Bereinigung der Zinsaufwendungen um die Zinsaufwendungen, die im Zusammenhang mit dem nicht betriebsnotwendigen Vermögen anfallen.
[(13)] Steuereffekt der Bereinigung.

---

[160] WP-Handbuch 2008 Band II, S. 56.
[161] IdW S 1 Rn. 74, ausführlich zu den einzelnen Analysen: *Seppelfricke*, Handbuch Aktien- und Unternehmensbewertung S. 187 bis 304.
[162] WP Handbuch 2008 Band II, S. 51 Rn. 152.

cc) Planung und Prognose. Die zukünftigen finanziellen Überschüsse sind auf der Basis einer Vergangenheitsanalyse zu prognostizieren. Hierfür notwendig ist eine auf Basis der Vergangenheitsanalyse durchzuführende Prognose zukunftsbezogener Markt- und Umweltentwicklungen inklusive der erwarteten leistungs- und finanzwirtschaftlichen Entwicklungen des Unternehmens.

In aller Regel wird die **Prognose** wie folgt vorgenommen:[163]
- Festlegung der Prognosemethode (Top-Down oder/und Bottom-Up);
- Zerlegung des Prognosezeitraums (2 Phasen-Modell);
- Prognose der operativen Entwicklung;
- Prognose der Investitions-, Finanzierungs- und Ausschüttungspolitik;
- Konsistente Abbildung der Prognose in Plan-Bilanzen, Plan-Gewinn- und Verlustrechnungen und Plan-Kapitalflussrechnungen;
- Analyse alternativer Szenarien.

Im Rahmen der Ermittlung des objektivierten Unternehmenswerts erfolgt die Planung und Prognose auf Basis des zum Erbfall bestehenden Unternehmenskonzepts. D. h. allerdings nicht, dass die Unternehmensplanung für einen objektivierten Unternehmenswert eine einfache Trendfortschreibung bedeutet.[164] Auch im Bereich der Ermittlung objektivierter Unternehmenswerte sind die Ertragskraft des Unternehmens ändernde Einflussfaktoren zu berücksichtigen.

In der Regel wird insbesondere bei größeren Unternehmen der Top-Down-Ansatz, der sich an die Rechnungslegung des Unternehmens anlehnt, mit dem Bottom-Up-Ansatz kombiniert, der von den wichtigsten operativen Werttreibern des Unternehmens ausgeht. Durch die Kombination beider Methoden lässt sich der höchste Grad an Prognosesicherheit erreichen.

Der Prognose zugrunde zu legende Zeitraum wird regelmäßig in zwei Teilphasen unterteilt.[165]

Für die nähere erste Phase (Detaillierungsphase), die regelmäßig einen Zeitraum von drei bis fünf Jahren umfasst, stehen meistens detaillierte Planungsrechnungen – zumindest bei größeren Unternehmen – zur Verfügung.[166]

Die Planungsjahre der ferneren zweiten Phase (ewige Rente) basieren regelmäßig auf den langfristigen Trendfortschreibungen der aus der ersten Phase gewonnenen Erkenntnisse. Hierbei ist kritisch zu hinterfragen, ob sich das Unternehmen in der zweiten Phase in einem Gleichgewichts- oder Beharrungszustand befindet oder ob sich durch verändernde Rahmenbedingungen des Marktes, des Wettbewerbs und sich abzeichnende technologische Entwicklungen, Anpassungen in der zweiten Phase erforderlich sind.

Zusätzlich ist zu berücksichtigen, dass die finanziellen Überschüsse auch durch Preisänderungen beeinflusst werden. Prognoserechnungen sind Nominalwertrechnungen, d.h. Preissteigerungen aufgrund von **Inflation** werden berücksichtigt. Allerdings können nicht nur Preissteigerungen infolge der Inflation, sondern auch Struktur- und Mengenveränderungen Ursachen für Veränderungen der nominalen Überschüsse sein. Des Weiteren wird zu berücksichtigen sein, inwieweit das Unternehmen aufgrund seiner Marktstellung in der Lage sein wird, Preiserhöhungen aufgrund von Lohnsteigerungen oder auf dem Beschaffungsmarkt absatzseitig an seine Kunden weiterzugeben und darüber hinaus Mengen- und Strukturveränderungen zu erwarten sind.

In der ersten Phase der Unternehmensbewertung werden die Ergebnisse der vorstehend erläuterten Überlegungen detailliert in die Planung einfließen während in der zweiten Phase eine eingehende Analyse der langfristig zu erwartenden Wachstumstrends und der damit verbundenen Investitionserfordernisse notwendig ist.

Bei Erstellung der Prognose werden regelmäßig die Prognosen des operativen Bereichs und des Finanzbereichs getrennt voneinander vorgenommen.

---

[163] *Seppelfricke*, Handbuch Aktien- und Unternehmensbewertung, S. 305.
[164] *Wollny*, Der objektivierte Unternehmenswert, S. 141.
[165] BayObLG AG 2002, 388; *Großfeld*, Recht der Unternehmensbewertung, S. 103 Rn. 357.
[166] Das Bayerische Oberste Landesgericht hielt ausnahmsweise, soweit keine weitergehende Planung vorhanden sei, für die erste Phase auch einen Zeitraum von 1 Jahr für ausreichend; vgl. BayObLG BB 2001, 2183.

Im operativen Bereich steht die Prognose der **Werttreiber** des Unternehmens im Vordergrund. Dies erfolgt durch die Prognose des Umsatzes und der operativen Märkte. Hierfür ist eine fundierte Analyse der Märkte und des Wettbewerbs, dem sich das Unternehmen ausgesetzt sieht, erforderlich.

Sobald eine **Prognose** des operativen Bereichs erfolgt ist, lassen sich hierauf aufbauend die anderen benötigten Positionen bestimmen, wobei es hierfür Annahmen über das Investitions-, Finanzierungs- und Ausschüttungsverhalten bedarf. Schematisch lässt sich der Ablauf der Prognose wie folgt darstellen:[167]

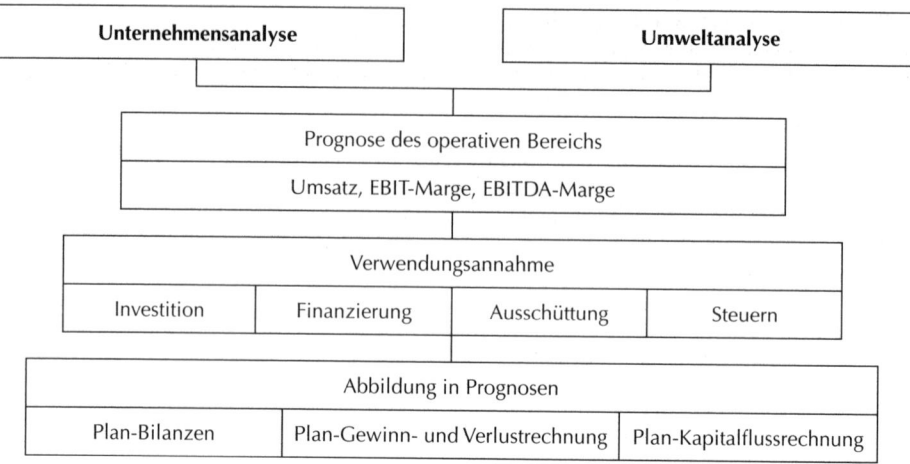

Die Prognose der einzelnen Bereiche ist in konsistente Planrechnungen, die aus Plan-Bilanzen, Plan-Gewinn- und Verlustrechnungen und Plan-Kapitalflussrechnungen bestehen, zu überführen.

95 Da die Prognose der künftigen Unternehmensentwicklung immer unsicher und mit Risiken verbunden ist, ist es in aller Regel zweckmäßig, mehrwertige Planungen, Szenarien und Ergebnisbandbreiten zu erstellen.

Gerade mit Hilfe von Szenario-Analysen kann gut erkannt werden, wie die wesentlichen Werttreiber des Unternehmens auf veränderte Marktbedingungen reagieren.

Berechnungsbeispiel:
Automobilhersteller A generiert ca. 50% seines Absatzes in den USA. Die Produktion findet ausschließlich in Deutschland statt, so dass die Kosten in EURO anfallen.

Annahme:	Folge:
Wechselkurs unverändert	Umsatz unverändert, EBIT Marge 5%,
Aufwertung des USD um 10%	Umsatz steigt um 5%, EBIT Marge 10%,
Abwertung des USD um 10%	Umsatz sinkt um 5%, EBIT Marge 0%.

Regelmäßig werden Unternehmensplanungen mit drei **Szenarien** erstellt, nämlich ein Best-, ein Middle- und ein Worst-Case-Szenario.

96 c) **Kapitalisierung der künftigen finanziellen Überschüsse.** Der Unternehmenswert, verstanden als Zukunftserfolgswert, wird durch die Diskontierung der künftigen finanziellen Überschüsse auf den Bewertungsstichtag ermittelt. Der zur Kapitalisierung der auf die Unternehmenseigner entfallenden Zahlungsüberschüsse zu verwendende **Kapitalisierungszinssatz** wird aus einer adäquaten Alternativanlage, nämlich der Kapitalmarktrendite für Unternehmensbeteiligungen in Form eines Aktienportfolios, ermittelt.[168]

---
[167] *Seppelfricke*, Handbuch Aktien- und Unternehmensbewertung, S. 311.
[168] WP Handbuch 2008 Band II, S. 60 Rn. 174.

In der Mehrzahl der Bewertungsfälle wird man von einer unbegrenzten Lebensdauer des Unternehmens ausgehen können; es sei denn, es gibt Anlass zu der Annahme, dass das Unternehmen nur noch begrenzt weitergeführt wird. Diese Annahme wäre auch bei der Bestimmung des Diskontierungsfaktors zu berücksichtigen.

Die künftigen finanziellen Überschüsse eines Unternehmens können nicht mit Sicherheit prognostiziert werden. Die Prognosegenauigkeit wird dabei umso stärker abnehmen, je weiter in die Zukunft geblickt wird. Hierdurch sind sowohl Chancen als auch Risiken verbunden. Allerdings gehen Theorie und Praxis übereinstimmend davon aus, dass zukünftige Risiken stärker als zukünftige Chancen zu gewichten sind (Risikoaversion).[169]

Das **Risiko**, dem sich Unternehmen ausgesetzt sehen, wird in der betriebswirtschaftlichen Entscheidungstheorie in die ‚Unsicherheit' und die ‚Ungewissheit' unterteilt. Unsicherheit liegt vor, wenn Aussagen zur Eintrittswahrscheinlichkeit vorhanden sind. Ungewissheit liegt vor, wenn zwar zukünftige Entwicklungen prognostiziert werden können, hierfür aber keine Eintrittswahrscheinlichkeiten angegeben werden können.

Das Risiko kann grundsätzlich auf zwei Wegen[170] berücksichtigt werden:
- Als Abschlag vom Erwartungswert der finanziellen Überschüsse (Sicherheitsäquivalenzmethode/Erfolgsabschlagsmethode oder Risikoabschlagsmethode);[171]
- Als Zuschlag zum Kapitalisierungszinssatz (Zinszuschlagsmethode oder Risikozuschlagsmethode).

Üblicherweise wird die Zinszuschlagsmethode verwendet, die den Vorteil hat, dass sie sich auf empirisch beobachtbares Verhalten stützen kann.

Die konkrete Höhe des Risikozuschlags kann in der Praxis nur mit Hilfe von Typisierungen und vereinfachenden Annahmen festgelegt werden, wobei eine bloße Übernahme am Markt beobachteter Risikoprämien ausscheidet, da hierdurch die Besonderheiten des zu bewertenden Unternehmens nicht ausreichend beachtet werden.

Es ist somit ein unternehmensspezifischer Risikozuschlag zu ermitteln, der sowohl das operative Risiko als auch das Kapitalstrukturrisiko (Finanzierungsrisiko) des zu bewertenden Unternehmens abdeckt.[172] In der Bewertungspraxis bleibt der Risikozuschlag im Zeitablauf konstant.[173]

In der betriebswirtschaftlichen Bewertungspraxis hat sich für die Ermittlung des Risikozuschlags das **Capital Asset Pricing Modell (CAPM) bzw. das Tax Capital Asset Pricing Modell (Tax-CAPM)** durchgesetzt.[174]

Das CAPM ist eine Theorie zur Erklärung der Renditeforderungen der Unternehmenseigner. Der **Risikozuschlag** ermittelt sich aus dem Produkt aus der Marktrisikoprämie (Risikoübernahme auf dem Kapitalmarkt) und dem Beta-Faktor (Maß für das bewertungsrelevante unternehmensindividuelle Risiko).[175]

Die geforderten Renditen steigen mit dem übernommenen Risiko. Hierbei wird zwischen dem sog. systematischen und dem sog. unsystematischen Risiko unterschieden.

Das **systematische** Risiko umfasst alle Einflussfaktoren aus dem politischen und gesamtwirtschaftlichen Umfeld, denen sich das zu bewertende Unternehmen nicht entziehen kann.

Beispiele hierfür sind:[176]
- Wechselkursschwankungen;
- Konjunkturschwankungen;
- Änderungen der Rohstoffpreise;
- Steuerreformen;

---

[169] IdW S 1 Rn. 88.
[170] *Ballwieser* WPg 2008, 102.
[171] Vgl. hierzu im Einzelnen: *Ballwieser*, Unternehmensbewertung, S. 67 bis 77.
[172] IdW S 1 Rn. 91.
[173] WP Handbuch 2008 Band II, S. 64 Rn. 187.
[174] *Wollny*, Der objektivierte Unternehmenswert, S. 311; zur Kritik hieran vgl. *Ballwieser* WPg 2008, 102.
[175] WP Handbuch 2008 Band II, S. 66 Rn. 192.
[176] *Breitenbacher/Ernst*, Der Einfluss von Basel II auf die Unternehmensbewertung, S. 93 in: Richter/Timmreck, Unternehmensbewertung 2004.

- Änderungen der Sozialversicherungsbestandteile der Lohnkosten;
- Handelsabkommen;
- Umweltschutzauflagen;
- Kriege;
- Missernten;
- Naturkatastrophen.

Das **unsystematische** Risiko ist unternehmensspezifisch. Beispiele hierfür sind:
- Marktpositionierung;
- Alleinstellungsmerkmal der Produkte;
- Markteintrittsbarrieren;
- Wettbewerber;
- Gefahr von Substitutionsprodukten;
- Abhängigkeit von Lieferanten und Kunden;
- Managementqualität.

Da das unsystematische Risiko nur das jeweilige Unternehmen trifft, ließe sich das Risiko durch Diversifikation verringern. Das CAPM erfasst nur das systematische Risiko,[177] da das unsystematische Risiko durch rationales Anlegerverhalten verhindert werden kann.

Der Risikozuschlag ergibt sich aus folgender Formel:

$$Z = \beta \, (r_M - i).$$

$r_M - i$ = die Marktrisikoprämie im Sinne des Erwartungswerts der Rendite aus dem Marktportfolio abzüglich des sicheren Zinses.

β (Beta) = der unternehmensbezogene Risikofaktor, definiert als Bruch aus Kovarianz der Rendite der Wertpapiere des betrachteten Unternehmens mit der Rendite des Marktportfolios und Varianz der Rendite des Marktportfolios.

Daraus folgt die Berechnung des Kapitalisierungszinssatzes:

$$r_{j,\,vESt} = i + \beta_j \, (r_M - i)$$

$r_{j,\,vESt}$ = erwartete Rendite des Unternehmens j, vor ESt
r_M = erwartete Rendite des Marktportfolios
i = der risikolose Basiszinssatz
β_j = Beta des Unternehmens j

100 Das **Marktportfolio** setzt sich aus allen riskanten Wertpapieren einer Volkswirtschaft bzw. streng genommen der ganzen Welt zusammen und kann durch einen Index (z. B. MSCI-World, Stoxx oder DAX) angenähert werden. Grundsätzlich umfasst das Marktportfolio alle theoretisch denkbaren riskanten Anlagemöglichkeiten, also nicht nur Aktien sondern auch Immobilien, Rohstoffe etc. Dieses Marktportfolio wird aber auf ein Aktienportfolio bzw. einen Aktienindex verdichtet, da der Ausgangspunkt für die Bestimmung der Rendite der Alternativanlage die beobachtete Rendite einer Anlage in Unternehmensanteile (in Form eines Aktienportfolios) ist.[178] Hierbei sollte auf einen ausreichend langen Zeitraum zurückgegriffen werden.[179] Wenn man von der Marktrendite den Basiszinssatz abzieht, erhält man den Betrag, den der Markt über den Basiszinssatz hinaus verlangt (Marktrisikoprämie).

101 Das **Beta** gibt an, inwieweit sich Änderungen der Rendite des Marktportfolios auf die betrachteten Aktien durchschlagen. Ist der Beta-Wert z. B. 2,0, führt eine Veränderung der Rendite des Marktportfolios um 5 % zu einer Änderung der Rendite der betreffenden Aktie um 10 %.

---

[177] *Wollny*, Der objektivierte Unternehmenswert, S. 303.
[178] IdW S 1 Rn. 114.
[179] *Ballwieser* WPg 2008, 102, der die Abhängigkeit der gefundenen Werte vom Beobachtungszeitraum darstellt.

Kritikpunkte am CAPM sind:[180]
- Gleichgewichtsmodell, d. h. die Kapitalbarwerte weisen einen Nettokapitalwert von 0 auf;
- Transaktionskosten, Steuern und Gebühren werden außer Acht gelassen;
- in der Bewertungspraxis wird regelmäßig die Grundform des CAPM als Einperiodenmodell verwendet.

Trotz dieser Kritikpunkte ist das CAPM das betriebswirtschaftlich allgemein angewandte Verfahren zur Ermittlung von Risikozuschlägen.[181]

Da der Zukunftserfolg um Ertragsteuern auf Unternehmens- und Unternehmerseite vermindert wird, wurde das CAPM zum Tax-CAPM weiterentwickelt.

Nach dem **Tax-CAPM** werden die erwartenden Renditen nach Ertragsteuern aus der Summe aus risikolosen Basiszinssatz nach Ertragsteuern und einer Risikoprämie nach Ertragsteuern, die mittels des unternehmensindividuellen Betafaktor zu einer unternehmensindividuellen Risikoprämie transformiert wird, und einem Wachstumsabschlag in der Phase der ewigen Rente erklärt.[182]

Zu berücksichtigen ist, dass ab dem 1. 1. 2009 die **Abgeltungssteuer** auch Veräußerungsgewinne der Alternativanlage umfasst.

Es ergibt sich nach dem Tax-CAPM-Verfahren bei einer Kapitalgesellschaft folgende Berechnung des Kapitalisierungszinssatzes:[183]

$$r_{j,A} = i(1-S_A) + \beta_j [r_{M,vESt} - i(1-S_A) - d_M S_A - K_M S_A]$$

$r_{j,A}$	= Zielrendite der Eigenkapitalgeber des Unternehmens j, nach Abgeltungssteuer
$r_{M,vESt}$	= Marktrendite, vor ESt
i	= risikoloser Basiszins
S_A	= Abgeltungssteuersatz
d_M	= empirische Markt-Dividendenrendite
β_j	= Beta Faktor bezogen auf das zu bewertende Unternehmen
K_M	= Kursrendite des Marktportfolios

In der Praxis gibt es zur Bestimmung der **Kapitalkosten** mit Hilfe des Tax CAPM folgende wesentlichen Problembereiche:[184]
- Welche festverzinslichen Wertpapiere sind für die Berechnung des Basiszinssatzes heranzuziehen?
- Welcher Aktienindex ist für die Bestimmung der Marktrendite heranzuziehen?
- Ist die vergangenheitsbezogene Marktrendite oder sind zukunftsgerichtete Modelle zu verwenden?
- Wie sind die Durchschnitte der Marktrisikoprämie zu ermitteln (arithmetisch, geometrisch oder arithmetisch-geometrisch)?
- Für welchen Zeitraum sollen Durchschnitts-Beta-Werte durch Regression zwischen Marktrendite und Aktienrendite ermittelt werden?
- Können die Ergebnisse so abgeleiteter Kapitalkosten für die Bewertung nicht börsennotierter Unternehmen verwendet werden?

Die **Marktrisikoprämie** nach Steuern beträgt nach Auffassung des IdW ab 1. 1. 2009 4,5%[185] (bis 6. 7. 2007: 5,5%, bis 31. 12. 2008: 5,0%), während die Rechtsprechung, die allerdings die Risikoprämien bislang noch nicht nach dem CAPM bzw. Tax CAPM-Verfahren ermittelt, Risikoprämien von über 2% nur in Ausnahmefällen als gerechtfertigt an-

---

[180] *Ballwieser*, Unternehmensbewertung, S. 94; *Löffler* WPg 2008, 808.
[181] *Wollny*, Der objektivierte Unternehmenswert, S. 311.
[182] IdW S 1 Rn. 120.
[183] *Wollny*, Der objektivierte Unternehmenswert, S. 317.
[184] *Wollny*, Der objektivierte Unternehmenswert, S. 318.
[185] Aktuelle Entwicklungen der Unternehmensbewertung, Diskussionsgrundlage der Arbeitsgruppe Unternehmensbewertung, IdW Arbeitstagung Baden-Baden 2008, S. 56.

sieht.[186] Nur in ca. 30% der Entscheidungen kommen Risikozuschläge von über 2% zur Anwendung.[187] Nach Auffassung der Rechtsprechung ist es zumindest für Europa noch nicht nachgewiesen, dass das CAPM und die damit verbundenen höheren Risikozuschläge der bisherigen Zu-/Abschlagsmethode überlegen und weniger willkürlich ist.[188]

Berechnungsbeispiel (Zeitraum 1. 1. 1991 bis 31. 7. 2008):

	Vor Abgeltungssteuer	Nach Abgeltungssteuer
DAX-Portfoliorendite	9,11%	6,71%
Risikoloser Zinssatz gem. Zinsstrukturkurve	4,00%	2,94%
Marktrisikoprämie	5,11%	3,77%

104   Das **Beta** wird bei börsennotierten Bewertungsobjekten aus der Regression der Aktienrendite des zu bewertenden Unternehmens und dem Alternativ-Portfolio ermittelt, wobei das Alternativ-Portfolio einen Beta-Faktor von 1 hat.

Im praktischen Fall einer Unternehmensbewertung ist zu unterscheiden, ob ein börsennotiertes Unternehmen oder ein nicht börsennotiertes Unternehmen zu bewerten ist.

Im Fall von **börsennotierten Unternehmen** kann man i.d.R. auf verfügbare historische oder prognostizierte Firmenbetas zurückgreifen.

Bei **nicht börsennotierten Unternehmen** wird man entweder auf einen Peer-Group-Vergleich oder auf entsprechende Branchen-Betas zurückgreifen.[189]

Bei der Bestimmung des Betas sollte auf einen ausreichend langen Zeitraum (z. B. 250 Tage-Betas, wie sie von Finanzdienstleistern angeboten werden) zurückgegriffen werden.

Damit durch das Beta ausschließlich das operative Risiko und nicht auch das Finanzierungsrisiko abgedeckt wird, wird für den Vergleich (z. B. Peer-Group oder Branche) ein **unlevered-Beta** angesetzt.

Um dieses Peer-Group- bzw. Branchen-Beta nun mit dem zu bewertenden Unternehmen zu vergleichen, muss in der Folge das Finanzierungsrisiko des zu bewertenden Unternehmens im Beta erfasst werden („Relevern"). Hierfür benötigt man den Marktwert des verzinslichen Fremdkapitals des zu bewertenden Unternehmens und setzt diesen Marktwert des Fremdkapitals ins Verhältnis zum Eigenkapital unter Berücksichtigung des Unternehmenssteuersatzes. Bei nicht börsennotierten Unternehmen greift man in aller Regel anstatt auf den Marktwert des Fremdkapitals auf dessen Bilanzansatz zurück.

Sofern das zu bewertende Unternehmen eine von der Peer-Group deutlich abweichende Finanzierungsstruktur aufweist, sind Anpassungen des Betas auf Basis folgender Formel vorzunehmen:

$$\beta_{verschuldet} = \beta_{unverschuldet} [1 + (1-s) * FK/EK]$$

$\beta_{verschuldet}$	=	Beta-Faktor des verschuldeten Unternehmens
$\beta_{unverschuldet}$	=	Beta-Faktor des unverschuldeten Unternehmens
s	=	Unternehmenssteuersatz
FK	=	Marktwert des Fremdkapitals
EK	=	Marktwert des Eigenkapitals

---

[186] BayObLG AG 2006, 41; OLG Stuttgart AG 2007, 128; OLG München ZIP 2007, 375; OLG München AG 2008, 30.
[187] *Metz,* Der Kapitalisierungszinssatz bei Unternehmensbewertungen, S. 162.
[188] BayObLG AG 2006, 41; OLG München AG 2008, 30; eine Übersicht über die Rechtsprechung findet sich bei *Wollny,* Der objektivierte Unternehmenswert, S. 335 bis 338; *Wüstemann* BB 2007, 2223 und *Paulsen* WPg 2008, 109.
[189] A. A. für Familienpersonengesellschaften: *Sureth/Nordhoff* DB 2008, 305, 308.

Berechnungsbeispiel zur Ermittlung des Betas für die A-AG, deren Finanzierungsstruktur nicht von der Peer-Group abweicht:

	Volatilität	Korrelation	Beta-Wert
DAX	16,80%	1,00	1,00
A-AG	25,00%	0,85	1,265

Im Beispiel ermittelt sich der Beta-Wert aus dem Produkt der Volatilität der A-Aktie und der Korrelation der A-Aktie mit dem DAX dividiert durch die Volatilität des DAX.

$$\beta_{A\text{-}AG} = 0{,}25 \times 0{,}85 / 0{,}1680$$

Bei einer Risikoprämie des Marktportfolios nach Steuern von 3,77% ergibt sich für die A-AG ein Risikozuschlag von 1,265 × 3,77% = 4,77%.

d) Wertermittlungsmethode. Objektivierte Unternehmenswerte werden entweder auf der Basis von Ertragswertverfahren oder Discounted-Cash-Flow-Verfahren ermittelt. Ertragswert- und Discounted-Cash-Flow-Verfahren (DCF-Verfahren) beruhen grundsätzlich auf den gleichen konzeptionellen Grundlagen (Kapitalwertkalkül) und sollten bei gleichen Bewertungsannahmen zu gleichen Werten führen.[190]

Unterschiede zwischen Ertragswertverfahren und DCF-Verfahren sind regelmäßig auf unterschiedliche Annahmen und Vereinfachungen bei der Zielkapitalstruktur, dem Risikozuschlag und sonstiger Plandaten zurückzuführen.

aa) Das Ertragswertverfahren. Beim Ertragswertverfahren wird der Unternehmenswert durch Diskontierung der dem Unternehmenseigner zufließenden finanziellen Überschüsse (= **Zukunftserfolge**) ermittelt. Sofern eine unendliche Unternehmensdauer unterstellt wird, bestimmt sich der Unternehmenswert nach dem Ertragswertverfahren vereinfachend wie folgt:[191]

$$\text{Unternehmenswert} = \sum_{t=1}^{\infty} \frac{E_t}{(1+r)^t} + N_0$$

E_t = erwarteter Unternehmensertrag der Periode t
r = Kalkulationszinsfuß
N_0 = Barwert des Liquidationserlöses des nicht betriebsnotwendigen Vermögen

(1) Ermittlung der Ertragsüberschüsse aus dem betriebsnotwendigen Vermögen.

(a) Bereinigung der Vergangenheitserfolgsrechnung. Die Analyse der **Vergangenheit** dient der Plausibilisierung der Prognose der künftigen finanziellen Überschüsse.

Hierfür ist es erforderlich, die Vergangenheitsdaten um Aufwendungen und Erträge zu bereinigen, die für die Prognose der künftigen finanziellen Überschüsse des betriebsnotwendigen Vermögens nicht erforderlich sind.

Dies sind v. a.:[192]
- Eliminierung der Ergebnisse des nicht betriebsnotwendigen Vermögens;
- Bereinigung um personenbezogene und andere spezifische Erfolgsfaktoren (insbesondere Einmaleffekte);
- Bereinigung zur Ermittlung eines periodengerechten und damit vergleichbaren Erfolgsausweises;
- Bereinigung zum Ausgleich ausgeübter Bilanzierungswahlrechte;
- Erfassung der Folgeänderungen aus den o. a. Bereinigungen und Eliminierungen.

---

[190] *Seppelfricke*, Handbuch Aktien- und Unternehmensbewertung, S. 36.
[191] *Seppelfricke*, Handbuch Aktien- und Unternehmensbewertung, S. 29.
[192] IdW S 1 Rn. 103.

108 *(b) Planung der Aufwendungen und Erträge.* Aufbauend auf der unter dem Kapitel ‚Planung und Prognose' dargestellten Vorgehensweise ist nunmehr eine Planung der zukünftig zu erwartenden Aufwendungen und Erträge vorzunehmen.

Hierbei werden die wesentlichen **Werttreiber** des Unternehmens einzeln analysiert sowie Analysen der Entwicklungstendenzen vorgenommen. Daraus werden dann in der Folge Planungsrechnungen und Prognosen für das gesamte Unternehmen entwickelt. Zunächst wird das operative Ergebnis des Unternehmens geplant. Maßgebend hierfür ist in erster Linie die Erwartung hinsichtlich der zukünftigen Umsatzerlöse. Hierbei werden insbesondere die Erwartungen der branchenbezogenen konjunkturellen Entwicklung in der Zukunft, Anhaltspunkte für eine hiervon abweichende Unternehmensentwicklung und gesamtwirtschaftliche Konjunkturzyklen eine Rolle spielen.

Aufbauend auf der Umsatzplanung hat dann die Planung des Materialeinsatzes und des Personalaufwands zu erfolgen, wobei Entwicklungen auf den Beschaffungsmärkten, Lohnkostensteigerungen aber auch Produktivitätsfortschritte zu berücksichtigen sein werden. Produktivitätsfortschritte werden i. d. R. durch den Einsatz verbesserter Produktionsverfahren und neuer Maschinen erreicht, so dass die Investitionstätigkeit ebenfalls zu berücksichtigen ist.

109 *(c) Finanzplanung und Zinsprognose.* Die **Finanzplanung** ergänzt die operative Planung, da neben dem operativen Ergebnis auch das Ergebnis des Finanzbereichs in den Unternehmenswert einfließt.

Hierbei sind Annahmen zu treffen über

- das Investitionsverhalten;
- das Finanzierungsverhalten;
- die Ausschüttungspolitik und
- die Steuerbelastung.

Zunächst fließt der Cash Flow des operativen Bereichs in die Betrachtung ein. Jeder zusätzliche Finanzbedarf oder -überschuss wirkt sich unmittelbar auf die Aufnahme oder Rückführung von Fremdmitteln auf der Passivseite der Bilanz aus bzw. führt zu einer Veränderung der liquiden Mittel auf der Aktivseite der Bilanz. Beides führt zu entsprechenden Zinsaufwendungen bzw. Zinserträgen, die sich in der Ergebnisrechnung niederschlagen.

Hierbei ist zu berücksichtigen, dass sich regelmäßig auf der Aktivseite niedrigere Zinssätze als auf der Passivseite ergeben.

Aus Praktikabilitätsgründen hält es das Institut der Wirtschaftsprüfer (IdW)[193] aber für vertretbar, das Zinsergebnis als Nettoposition darzustellen und mit einem durchschnittlichen langfristigen Zinssatz zu multiplizieren.

110 *(2) Ermittlung der Überschüsse aus dem nicht betriebsnotwendigen Vermögen.* Das nicht betriebsnotwendige Vermögen muss einschließlich der damit verbundenen Schulden sowie der Veräußerungskosten unter Berücksichtigung der bestmöglichen Verwendung und der hieraus ausgelösten Steuerbelastungen gesondert bewertet werden.

Aufgrund dessen erfolgt regelmäßig eine Bewertung zum Liquidationswert.

111 *(3) Ermittlung des Kapitalisierungszinssatzes.* Der **Kapitalisierungszinssatz** ermittelt sich wie folgt:

      Basiszinssatz
+   Risikoprämie
./. Wachstumsabschlag (bei der ewigen Rente)
=   Kapitalisierungszinssatz

beziehungsweise unter Berücksichtigung der Ertragsteuern für die erste Detaillierungsperiode:

---

[193] IdW S 1 Rn. 111.

II. Bewertung der einzelnen Nachlassgegenstände

$$r^N = r_b(1 - S_A) + \beta \times r_A$$

r^N	=	Nettorendite der Gesellschaft
r_b	=	risikoloser Basiszinssatz
S_A	=	Abgeltungssteuersatz
r_A	=	Marktrisikoprämie nach Steuern

und in der zweiten Periode (ewige Rente):

$$r^N = r_b(1 - S_A) + \beta \times r_A - w$$

w   =   Wachstumsabschlag

Der **Kapitalisierungszinssatz** repräsentiert die Rendite aus einer zur Investition in das zu bewertende Unternehmen adäquaten Alternativanlage. Hierbei muss die Alternativanlage dem zu kapitalisierenden Zahlungsstrom hinsichtlich Fristigkeit, Risiko und Besteuerung äquivalent sein. Für die Bestimmung der Rendite der Alternativanlage kommen insbesondere Kapitalmarktrenditen von Unternehmensbeteiligungen, die am Aktienmarkt feststellbar sind, in Betracht. Dort erzielte Renditen lassen sich regelmäßig in einen Basiszinssatz und eine Risikoprämie trennen.

Der **Basiszinssatz** entspricht dem landesüblichen Zinssatz für eine (quasi) risikofreie Kapitalanlage.[194] Grundsätzlich wird hier auf die erzielbare Rendite öffentlicher Anleihen abgestellt, wobei darauf zu achten ist, dass der Basiszinssatz laufzeitadäquat ist. Er kann vergangenheitsorientiert anhand langfristiger historischer Durchschnittsbetrachtungen oder anhand der aktuell am Kapitalmarkt zu beobachtenden Zinsstruktur, d. h. marktorientiert ermittelt werden. Die Betriebswirtschaftslehre ermittelt den Basiszinssatz marktorientiert.

Da in aller Regel bei einer Unternehmensbewertung von der unbegrenzten Lebensdauer des Unternehmens ausgegangen wird, müsste als Basiszinssatz die am Bewertungsstichtag (Erbfall) erzielbare Rendite öffentlicher Anleihen ohne begrenzte Laufzeit angesetzt werden. Allerdings ist eine solche Rendite nicht feststellbar, weil derartige Wertpapiere seitens der öffentlichen Hand nicht begeben werden.

Das IdW empfiehlt, den Basiszinssatz ausgehend von aktuellen **Zinsstrukturkurven** und zeitlich darüber hinausgehenden Prognosen abzuleiten.[195] Abzustellen ist auf den Bewertungsstichtag und nicht auf die Renditen künftiger Perioden.[196] Benötigt werden laufzeitspezifische Zinssätze für die einzelnen Zahlungen laut der Unternehmensplanung. Diese lassen sich aus den Renditen von laufzeitadäquaten Nullkuponanleihen oder forward rates bestimmen. Die **Zinsstruktur** zeigt den Zusammenhang zwischen Zinssätzen und Laufzeiten von Nullkuponanleihen ohne Kreditausfallrisiko, d. h. sie gibt somit für die anfallenden Zukunftserträge laufzeitadäquate Stichtagszinssätze[197] an. Die Zinsstruktur lässt sich grundsätzlich in einen Einheitszinssatz überführen. Die Bundesbank und die EZB ermitteln die Zinsstrukturkurve anhand der international üblichen Nelson-Siegel-Svensson-Methode.[198]

Folgende Basiszinssätze ergaben sich in der Vergangenheit:

Bewertungsstichtag	Basiszins (EZB und Bundesbank)
31. 3./1. 4. 2007	4,25%
30. 6./1. 7. 2007	4,75%
30. 9./1. 10. 2007	4,75%
31. 12./1. 1. 2008	4,75%

---

[194] OLG Düsseldorf AG 2001, 189.
[195] So auch OLG Stuttgart AG 2004, 43; zur Kritik hieran vgl. *Ballwieser* WPg 2008, 102.
[196] LG Dortmund vom 19. 3. 2007 – 18 AktE 5/03.
[197] *Wüstemann* BB 2007, 2223.
[198] Die Zeitreihe zur Zinsstrukturkurve findet sich unter: www.bundesbank.de; *Hachmeister/Wiese* WPg 2009, 54 weisen zutreffend darauf hin, dass die Nelson-Siegel-Svensson-Methode nur bis zu 30 Jahre zuverlässige Daten liefert. Für spätere Jahre des Planungskorridors sind Annahmen zu treffen.

Bewertungsstichtag	Basiszins (EZB und Bundesbank)
30. 6./1. 7. 2008	4,75%
30. 9./1. 10. 2008	4,75%
31. 12./1. 1. 2009	4,25%
31. 3./1. 4. 2009	4,0%
30. 6./1. 7. 2009	4,25%
30. 9./1. 10. 2009	4,25%
31. 10./1. 11. 2009	4,25%
4. 1. 2010	3,98%

Bei konstanten oder stetig wachsenden Zahlungsreihen kann aus der Zinsstrukturkurve aber auch ein einheitlicher Basiszinssatz abgeleitet werden. Der Basiszinssatz soll dann auf 0,25 Prozentpunkte ab- bzw. aufgerundet werden. I. d. R. wird hierbei ein Drei-Monats-Durchschnittszinssatz verwandt.

Berechnungsbeispiel zur Ermittlung eines einheitlichen Basiszinssatzes:[199]

Jahr	2008	2009	2010	...	2050	2051	...
Finanzieller Überschuss (FÜ)	101,0	102,0	103,0	...	153,4	154,9	...
Spot rate (rd) in %	4,1179	4,0919	4,1077	...	4,7167	4,7160	...
Barwertfaktor	0,96045	0,92593	0,88624	...	0,13782	0,13165	...
Barwert per 31. 12. 2007	97,01	94,15	91,31	...	21,14	20,40	...
Summe Barwerte (BW)	2.802						

Der einheitliche Zinssatz beträgt:

$$BW = FÜ \times (1 + w) / (r_d - w) = 100 \times (1 + 1\%) / (r_d - 1\%) = r = 4,6041\%.$$

113 Die aktuelle Rechtsprechung beanstandet die Ermittlung des Basiszinssatzes anhand der Zinsstrukturkurve grundsätzlich nicht.[200] Allerdings greifen die Gerichte weiterhin auf vergangenheitsorientierte Datenreihen zur Bestimmung des Basiszinssatzes zurück.[201] So ist das OLG Stuttgart[202] in einer neueren Entscheidung der Auffassung, dass der Basiszinssatz ein aus der Sicht des Stichtags von kurzfristigen Einflüssen bereinigter, künftig auf Dauer zu erzielender Nominalzinssatz ist. Hierbei ist für die durchzuführende Zinsprognose auf die „Datenbasis der Zinsentwicklung der Vergangenheit" zurückzugreifen. Im Einzelnen sollte hierbei bei notwendigen Korrekturen „der ab Mitte der 90er Jahre zu verzeichnenden Niedrigzinsphase kein zu großes Gewicht' zukommen und zwar „weil davor die Umlaufrenditen deutlich über 6,0% lagen". Es gelte einerseits „vereinfachend zunächst auf öffentliche Anleihen mit langen Restlaufzeiten" zurückzugreifen; für die „erforderliche Wiederanlage" könne „ergänzend zur Orientierung die aktuelle Zinsstrukturkurve" herangezogen werden. Das OLG München[203] vertritt demgegenüber die Auffassung, dass die Ermittlung des Basiszinssatzes unter Hinzuziehung der Nelson-Siegel-Svensson-Funktion geeignet ist.

---

[199] IDW Akademie: Seminar Unternehmensbewertung, Düsseldorf, den 30. 10. 2008.
[200] LG Frankfurt a. M. AG 2007, 42; *Paulsen* WPg 2008, 109.
[201] *Hachmeister/Wiese* WPg 2009, 54 mit einem ausführlichen Überblick über die jüngere Rechtsprechung.
[202] OLG Stuttgart BB 2007, 2223.
[203] OLG München AG 2008, 30.

II. Bewertung der einzelnen Nachlassgegenstände

Der **Risikozuschlag** ergibt sich aus den am Kapitalmarkt empirisch ermittelten Aktienrenditen mithilfe des CAPM bzw. des Tax-CAPM-Modells.[204] Die Rechtsprechung steht dem CAPM derzeit teilweise noch kritisch gegenüber. So spricht sich das OLG München in seinem Beschluss vom 14. 7. 2009[205] für eine pauschale Festlegung des Risikozuschlags aufgrund von Erfahrungswerten aus. Das Gericht hält weder die Anwendung des CAPM noch des Tax-CAPM für methodisch überlegen. Das OLG München legte den Risikozuschlag in dem entschiedenen Fall mit 6% fest.

In der Entscheidung des OLG Düsseldorf vom 23. 1. 2008[206] wird eine Marktrisikoprämie von 4% verwendet. Hier wurde das CAPM zur Überprüfung des Risikozuschlags herangezogen.

Anwendung findet das CAPM in folgenden Beschlüssen
- OLG Düsseldorf vom 7. 5. 2008:[207] Marktrisikoprämie: 5,0%,
- OLG Stuttgart vom 26. 10. 2006:[208] Marktrisikoprämie: 4,5%,
- OLG Celle vom 19. 4. 2007:[209] Marktrisikoprämie: 5,0%.

Nach dem Tax-CAPM-Modell werden bei Kapitalgesellschaften die erwarteten Renditen nach Abgeltungssteuer als Summe aus Basiszinssatz nach Abgeltungssteuer und einer Risikoprämie nach Abgeltungssteuer, die mittels des unternehmensindividuellen Beta-Faktors zu einer unternehmensindividuellen Risikoprämie transformiert wird, ermittelt.

Die Unternehmenswertermittlung erfolgt auf Basis nominaler Größen.[210] So werden weder die finanziellen Überschüsse noch der landesübliche, risikolose Zinssatz um die erwartete Inflation bereinigt. Grundsätzlich erfolgt die Unternehmenswertermittlung in zwei Phasen.

In der ersten Phase erfolgt eine detaillierte Planung anhand der Prognose des operativen und des Finanzergebnisses.

In der zweiten späteren Phase macht eine detaillierte Planung keinen Sinn. Vielmehr wird in der zweiten Phase in aller Regel von einer konstanten Unternehmensentwicklung ausgegangen. Der Wert der zweiten Phase, der – sobald der Unternehmenswert in die ewige Rente übergeht – auch als **Terminal Value**[211] bezeichnet wird, stellt einen erheblichen Anteil am Unternehmenswert dar.[212]

Bei Ermittlung des Terminal Value ist zu berücksichtigen, dass Überrenditen der ersten Detaillierungsphase nur in einem überschaubaren Zeitraum denkbar sind, da sich Unternehmen mit Überrenditen einem durch die Überrenditen ausgelösten Wettbewerbs- und Konkurrenzdruck ausgesetzt sehen. Es ist zusätzlich zu berücksichtigen, dass in der Phase der ewigen Rente nominale Einnahmensteigerungen infolge Inflation nicht mehr erfasst werden. Dies würde aufgrund des Nominalwertprinzips der Unternehmensbewertung aber zu falschen Ergebnissen führen. Allerdings ist auch zu beachten, dass Unternehmen nicht in allen Fällen die Inflationsrate vollständig auf die Preise überwälzen können. Alle drei Effekte sind in die Berechnung einzubeziehen. Diese Effekte drücken sich durch den sog. **Wachstumsabschlag** aus. Die Rechtsprechung berücksichtigt i.d.R. einen Wachstumsabschlag von maximal einem Prozent.[213]

Der Ansatz des Wachstumsabschlags ist v.a. geboten, weil in der ewigen Rente ein nominales Wachstum infolge der Geldentwertung oder aufgrund von Mengen- und Strukturveränderungen nicht mehr berücksichtigt werden. Das verringerte Wachstum wird brutto (d.h. ohne Steuerentlastung) berechnet. D.h. der Wachstumsabschlag wird von dem zuvor um die Abgeltungssteuer geminderten Kapitalisierungszinssatzes abgezogen.[214]

---

[204] Zur Kritik der Rechtsprechung hieran vgl. *Paulsen* WPg 2008, 109.
[205] OLG München vom 14. 7. 2009 – 31 Wx 121/06.
[206] OLG Düsseldorf vom 23. 1. 2008 – I-26-W-6/06 AktE.
[207] OLG Düsseldorf vom 7. 5. 2008 – I-26-W-16/06 AktE.
[208] OLG Stuttgart AG 2007, 133.
[209] OLG Celle AG 2007, 866.
[210] *Friedl/Schwetzler* WPg 2009, 152.
[211] Vgl. hierzu *Meitner* WPg 2008, 248.
[212] *Wollny*, Der objektivierte Unternehmenswert, S. 352.
[213] OLG Düsseldorf AG 2001, 189; OLG Stuttgart AG 2007, 209; OLG München AG 2008, 28.
[214] IdW S 1 Rn. 98.

Die Rechtsprechung hat die Tendenz, den Risikozuschlag und den Wachstumszuschlag zu saldieren.[215]

117 **Beispiel: Ertragswertverfahren**

Die Kapitalgesellschaft A erzielt folgende finanzielle Überschüsse vor Steuern (Steuerbelastungsquote = 30%): Jahr 1 T€ 1.000,–, Jahr 2 T€ 1.200,–, Jahr 3 T€ 1.400,– und ab dem Jahr 4 T€ 1.600,–. Die Nachsteuerergebnisse werden in voller Höhe ausgeschüttet.

Die Berechnung des Unternehmenswerts ergibt sich wie folgt:

Berechnung der Nettozuflüsse an den Unternehmenseigner:

	Planjahre			Ewige Rente
	1	2	3	
Ergebnis vor Steuern	T€ 1.000,–	T€ 1.200,–	T€ 1.400,–	T€ 1.600,–
Ertragssteuerbelastung (KSt, GewSt, SolZ)	T€ 300,–	T€ 360,–	T€ 420,–	T€ 480,–
Ausschüttung	T€ 700,–	T€ 840,–	T€ 80,–	T€ 1.120,–
Abgeltungssteuer (26,38%)	T€ 85,–	T€ 222,–	T€ 259,–	T€ 295,–
Nettozuflüsse an den Unternehmenseigner	T€ 515,–	T€ 618,–	T€ 21,–	T€ 825,–
Gesamtsteuerquote	48,5%	48,5%	48,5%	48,5%

Berechnung des Kapitalisierungszinssatzes:

	Phase 1: Jahr 1–3	Phase 2: Ewige Rente
Basiszinssatz	4,–%	4,–%
Risikozuschlag	5,11%	5,11%
Zwischensumme	9,11%	9,11%
Abgeltungssteuer (26,38%)	2,40%	2,40%
Zwischensumme nach Abgeltungssteuer	6,71%	6,71%
Wachstumsabschlag		1,–%
Kapitalisierungszinssatz	6,71%	5,71%

Berechnung des Unternehmenswerts:

	Planjahre			Ewige Rente[216]
	1	2	3	
Nettozufluss an den Unternehmenseigner	T€ 515,–	T€ 618,–	T€ 721,–	T€ 825,–
Kapitalisierungszinssatz	6,71%	6,71%	6,71%	5,71%
Barwertfaktor	0,9371	0,8782	0,8229	17,5131
Barwert	T€ 482,61	T€ 542,72	T€ 593,36	T€ 14.448,34
Unternehmenswert	T€ 0,–	T€ 0,–	T€ 0,–	T€ 16.067,04

118 *bb) Die DCF-Verfahren.* DCF-Verfahren bestimmen den Unternehmenswert durch Diskontierung zukünftiger Cash Flows.[217] Bei der Bestimmung des Diskontierungssatzes wird auf das Capital Asset Pricing Modell (CAPM) zurückgegriffen.[218]

---

[215] OLG Düsseldorf AG 2001, 189; OLG Stuttgart AG 2004, 43; BayObLG AG 2006, 41; zur Kritik hieran vgl. *Wollny*, Der objektivierte Unternehmenswert, S. 355.
[216] Barwert bei ewiger Rente = E/r, mit E = erwarteter Unternehmensertrag und r = Kalkulationszinsfluss.
[217] WP Handbuch 2008 Band II, S. 123 Rn. 337.
[218] Zur Unternehmenssteuerreform vgl. *Streitferdt*, Unternehmensbewertung, Finanz Betrieb 2008, 268.

II. Bewertung der einzelnen Nachlassgegenstände

DCF-Verfahren werden grundsätzlich in **Equity**- und in **Entity**-Verfahren unterteilt.

Die Entity-Verfahren verfolgen einen Bruttoansatz und ermitteln zunächst einen Gesamtunternehmenswert, von dem dann der Marktwert des Fremdkapitals abgezogen wird, um zum Marktwert des Eigenkapitals (= Unternehmenswert) zu gelangen.

Die Equity-Verfahren berechnen den Marktwert des Eigenkapitals (= Unternehmenswert) durch Abzinsung des um die Fremdkapitalkosten verminderten Cash Flows.

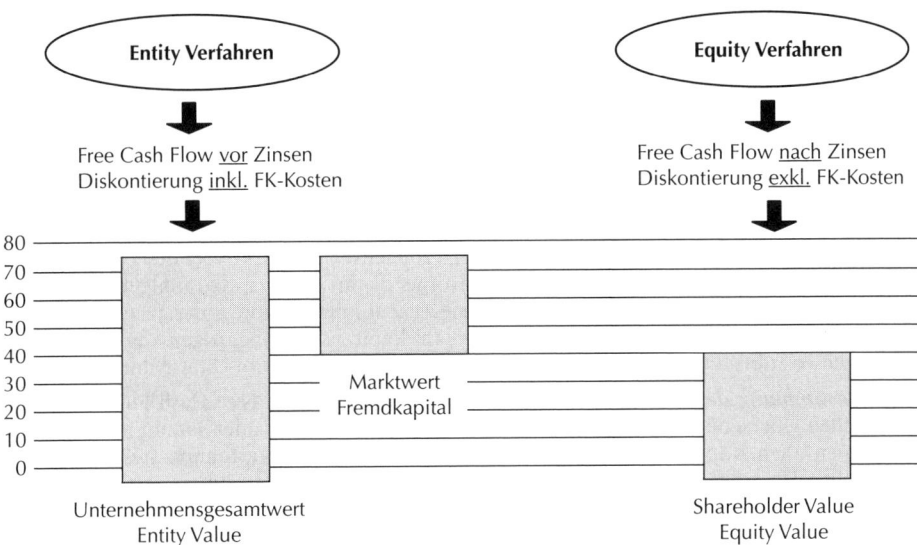

Abbildung: Entity- und Equity-Ansätze[219]

Ungeachtet der unterschiedlichen Rechentechnik führen die einzelnen DCF-Verfahren bei gleichen Annahmen grundsätzlich zu übereinstimmenden Ergebnissen.[220]

Folgende Varianten von DCF-Verfahren existieren:[221]

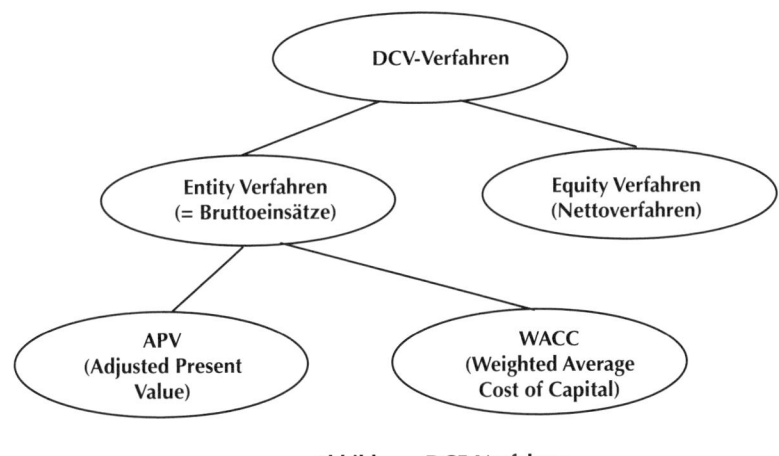

Abbildung: DCF-Verfahren

---

[219] *Seppelfricke*, Aktien- und Unternehmensbewertung, S. 22.
[220] IdW S 1 Rn. 124.
[221] *Ballwieser*, Unternehmensbewertung, S. 116.

119 *(1) Das Konzept der gewogenen Kapitalkosten (WACC-Ansatz = Weighted-Average-Cost-of-Capital-Ansatz).* Das Entity-Verfahren auf der Grundlage des Konzepts der gewogenen Kapitalkosten (**WACC-Ansatz**) stellt die am weitesten verbreitete Variante der Bruttoverfahren dar.[222]

Der Gesamtkapitalwert des Unternehmens ergibt sich durch die Diskontierung des Free Cash Flows (vor Zinsen) zuzüglich des Werts des nicht betriebsnotwendigen Vermögens.[223] Hierbei wird der Free Cash Flow in zwei Phasen unterteilt. In der ersten Phase wird der Free Cash Flow detailliert prognostiziert, während in der zweiten Phase mit einem Residualwert gerechnet wird.[224]

Bei der Ermittlung des Free Cash Flows ist zu berücksichtigen, dass die geplanten Investitionsausgaben Cash Flow mindernd sind und insoweit in Abzug zu bringen sind.[225]

Die Cash Flows, die im Zusammenhang mit der Unternehmensfinanzierung stehen, bleiben – abgesehen von Steuereinflüssen – in der Berechnung des Gesamtkapitalwerts unberücksichtigt. D.h. das WACC-Verfahren geht bei der Ermittlung des Gesamtkapitalwerts von dem operativen Cash Flow als Free Cash Flow aus.[226] In einem zweiten Schritt ist nunmehr der Gesamtkapitalwert des Unternehmens auf das Eigenkapital und das Fremdkapital aufzuteilen. Die Aufteilung erfolgt, in dem zunächst der Marktwert des Fremdkapitals auf Basis des Free Cash Flows der Zahlungsströme, die an die Fremdkapitalgeber zu leisten sind und die mit einem das Risikopotential dieser Zahlungsströme widerspiegelnden Zinssatz bewertet werden, vom Marktwert des Gesamtkapitalwerts abgezogen werden. Das Ergebnis dieser Subtraktion ergibt den Marktwert des Eigenkapitals (= Unternehmenswert).

120 *(a) Bestimmung des künftigen Free Cash Flows.* Die **künftigen Free Cash Flows** sind jene finanziellen Überschüsse, die unter Berücksichtigung gesetzlicher oder satzungsmäßiger Restriktionen allen Kapitalgebern (Fremd- und Eigenkapital) zur Verfügung stehen. D.h. die finanziellen Überschüsse beinhalten Unternehmenssteuern und Ergebnisse aus Investitionstätigkeit, aber keine Fremdmittelzinsen.

Bei indirekter Ermittlung ergibt sich der **Free Cash Flow** wie folgt:[227]

	Jahresergebnis
+	Fremdkapitalzinsen
./.	Unternehmenssteuer-Ersparnis in Folge der (begrenzten) Abzugsfähigkeit der Fremdkapitalzinsen (Tax-Shield)
./.	Persönliche typisierte Ertragsteuer der Unternehmenseigner unter Annahme einer vollständigen Eigenfinanzierung bzw. Abgeltungssteuer bei Kapitalgesellschaften
+	Abschreibungen
+ / ./.	zahlungswirksame Aufwendungen und Erträge
./.	Investitionszahlungen
+	Einzahlungen aus Desinvestitionen
+ / ./.	Verminderung / Erhöhung des Nettoumlaufvermögens
=	Free Cash Flow

Die Hinzurechnung der Fremdkapitalzinsen hat sowohl Zinsen aus expliziten Vereinbarungen wie z.B. aus Darlehensverträgen als auch Zinsen aus impliziten Vereinbarungen (im Wesentlichen aus Pensionsverpflichtungen) zu umfassen und die Entlastung um die Steuererstattungen auf die Fremdkapitalzinsen unter Berücksichtigung der steuerlichen Regelungen zur sog. Zinsschranke (§ 4h EStG, § 8a KStG) zu berücksichtigen.

121 *(b) Ermittlung des Residualwerts.* Der **Residualwert**, d.h. der Marktwert des Eigenkapitals (= Unternehmenswert) wird durch Subtraktion des Gesamtkapitalwerts des Unternehmens abzüglich des Marktwerts des Fremdkapitals ermittelt.

---

[222] *Seppelfricke*, Aktien- und Unternehmensbewertung, S. 24.
[223] WP Handbuch 2008 Band II, S. 126 Rn. 344.
[224] IdW S 1 Rn. 26.
[225] *Wollny*, Der objektivierte Unternehmenswert, S. 70.
[226] *Wollny*, Der objektivierte Unternehmenswert, S. 71.
[227] IdW S 1 Rn. 127.

II. Bewertung der einzelnen Nachlassgegenstände

Hierbei wird grundsätzlich von der Fortführung des Unternehmens ausgegangen, sofern dieser Annahme keine tatsächlichen Gründe entgegen stehen. Auch hier bildet der Liquidationswert die Wertuntergrenze des Unternehmens.

(c) Wert des nicht betriebsnotwendigen Vermögens. Hier gibt es keine konzeptionellen Bewertungsunterschiede im Vergleich zum Ertragswertverfahren. Insoweit wird auf die obigen Ausführungen verwiesen.

(d) Ermittlung der Kapitalkosten. Die gewogenen **Kapitalkosten** werden von zwei Faktoren bestimmt: zum Einen von der Höhe der Eigenkapital- und der Fremdkapitalkosten und zum Anderen vom Verschuldungsgrad aufgrund der fehlenden Finanzierungsneutralität des Kapitals, weil die Fremdmittelzinsen grundsätzlich von der steuerlichen Bemessungsgrundlage abzugsfähig sind. In der Regel wird für die fernere Zukunft von einem konstanten Verschuldungsgrad ausgegangen.[228] Anpassungen sind dann vorzunehmen, wenn sich in der Zukunft der Verschuldungsgrad wesentlich ändert oder wesentliche Änderungen der Eigenkapital- bzw. der Fremdkapitalkosten zu erwarten sind.

Die Kapitalkosten ermitteln sich wie folgt:

Fremdkapitalgeber: Die Kapitalkosten ergeben sich als gewogener durchschnittlicher Kostensatz der einzelnen Fremdkapitalforderungen unter Berücksichtigung der hierdurch entstehenden Unternehmenssteuerentlastung. Die impliziten Zinsen (im Wesentlichen für Pensionsrückstellungen) sind anhand von Marktzinsen für fristadäquate Kredite zu bestimmen.

Eigenkapitalgeber: Die Eigenkapitalkosten werden nach dem CAPM bzw. dem Tax CAPM-Verfahren ermittelt.

Somit ergibt sich der Gesamtunternehmenswert wie folgt:[229]

$$\text{Unternehmenswert} = \sum_{t=1}^{\infty} \frac{OFCF_t}{(1+C_{WACC})^t} + N_0$$

$$C_{WACC} = r_{EK} \times \frac{EK}{GK} + r_{FK}(1-S)\frac{FK}{GK}$$

FK	=	Marktwert des verzinslichen Fremdkapitals
EK	=	Marktwert des Eigenkapitals
GK	=	Marktwert des Gesamtkapitals
S	=	Ertragsteuersatz auf Unternehmensebene
r_{FK}	=	Fremdkapitalkosten
r_{EK}	=	Eigenkapitalkosten
OFCF	=	operativer Free Cash Flow
N_0	=	nicht betriebsnotwendiges Vermögen

(2) Das Konzept des angepassten Barwerts (APV-Ansatz). Beim **APV-Verfahren** (Adjusted-Present-Value-Verfahren) wird das Unternehmen in den eigen- und den fremdfinanzierten Teil zerlegt und die jeweiligen Zahlungsströme werden isoliert bewertet.[230] Zunächst wird unterstellt, dass das operative Geschäft rein eigenfinanziert betrieben wird, d.h. die tatsächliche Kapitalstruktur bleibt zunächst unberücksichtigt. Insoweit wird zunächst der Marktwert des nicht verschuldeten Unternehmens ermittelt, der sich aus der Summe des Barwerts des **Operating Free Cash Flows** und dem Marktwert des nicht betriebsnotwendigen Vermögens ergibt.[231] Hierauf wird dann der Wert der Verschuldung addiert. Der Wert

---
[228] *Seppelfricke*, Aktien- und Unternehmensbewertung, S. 25.
[229] *Seppelfricke*, Aktien- und Unternehmensbewertung, S. 25.
[230] *Ballwieser*, Unternehmensbewertung, S. 118.
[231] *Seppelfricke*, Aktien- und Unternehmensbewertung, S. 27.

der Verschuldung resultiert aus **Steuervorteilen**, die in einen Unternehmenssteuereffekt und in einen Einkommensteuereffekt (= Abgeltungssteuer bei Kapitalgesellschaftsbeteiligungen) zerlegt werden können.[232] Die Addition der so ermittelten Werte ergibt den Gesamtkapitalwert des Unternehmens. Von diesem Gesamtkapitalwert wird nunmehr der Marktwert des Fremdkapitals abgezogen. Das Ergebnis ist der Marktwert des Eigenkapitals bzw. der Unternehmenswert.

Die Diskontierung der Free Cash Flows erfolgt mit den Eigenkapitalkosten eines unverschuldeten Unternehmens. Der Wertbetrag der Verschuldung infolge der (grundsätzlichen) Abzugsfähigkeit der Fremdkapitalzinsen bei der Bemessungsgrundlage der Unternehmens- bzw. Unternehmersteuern erfolgt mit einem fristadäquaten Fremdkapitalzinssatz.[233]

Der Unternehmenswert ergibt sich wie folgt:

    Barwert der Operating Cash Flows (Diskontierung mit den Eigenkapitalkosten)
+ Marktwert des nicht betriebsnotwendigen Vermögens
= Marktwert des unverschuldeten Vermögens
+ Marktwerterhöhung aufgrund der Steuerentlastung des Fremdkapitals
= Marktwert des unverschuldeten Unternehmens (= Gesamtkapitalwert)
./. Marktwert des verzinslichen Fremdkapitals
= Marktwert des Eigenkapitals (= Unternehmenswert)

Das APV-Verfahren eignet sich besonders gut in den Fällen, in denen sich die Kapitalstruktur im Zeitablauf ändert, da hier mit einem unveränderten Diskontierungsfaktor gearbeitet werden kann.

Berechnungsbeispiel: Ertragswert-, WACC- und APV- Verfahren

125 Folgende Parameter sind gegeben: Die Eigenkapitalquote des Unternehmens beträgt 63,5%. Das Fremdkapital des Unternehmens beläuft sich auf 500. Die Zinsen betragen 5%, d.h. 25. Das EBIT der Jahre 2009 ff. beträgt 150 und das EBT somit 125. Die durchschnittlichen Abschreibungen p.a. betragen 80 und entsprechen den durchschnittlichen Investitionen p.a. Die Gewerbesteuer beträgt 15%, die Hinzurechnung der Gewerbesteuer auf die Fremdkapitalzinsen 3,75%. Die Körperschaftsteuer beträgt 15%. Der Solidaritätszuschlag und die persönliche Einkommensteuer der Anteilseigner werden aus Vereinfachungsgründen nicht berücksichtigt. Der Basiszinssatz beträgt 4,50% und die Marktrisikoprämie 5,50%. Das Beta des unverschuldeten Unternehmens beträgt 0,80 und das Beta des verschuldeten Unternehmens basierend auf dem Verschuldungsgrad des Unternehmens im Vergleich zur Peer-Group 1,216. Im Ergebnis ergibt sich somit ein Risikozuschlag von 5,50% × 1,216 = 6,69%. D.h., der Eigenkapitalkostensatz beträgt 11,19% (4,50% + 6,69%). Beim unverschuldeten Unternehmen reduziert sich der Risikozuschlag auf 8,90% (4,50% + 5,50% × 0,80).

Ertragswertverfahren:

Ertragswert zum 1. 1. 2009	2009 ff.
EBT	125,-
./. GewSt 15%	18,75
./. GewSt auf Zinsen 3,75%	0,94
./. KSt 15%	18,75
Jahresüberschuss	86,56
Kapitalisierungszinssatz	11,19%
Barwertfaktor	8,94
Ertragswert (gerundet)	774,-

---

[232] *Ballwieser*, Unternehmensbewertung, S. 118.
[233] IdW S 1 Rn. 137.

II. Bewertung der einzelnen Nachlassgegenstände

WACC-Verfahren:

WACC-Ansatz zum 1. 1. 2009	2009 ff.
EBIT	150,-
./. KSt 15%	22,50
./. GewSt 15%	22,50
Zwischensumme	105,-
+ Abschreibungen	80,-
./. Investitionen	80,-
Free Cash Flow	105,-
Fremdkapitalkosten vor Steuern	4,50%
Fremdkapitalkosten nach Steuern	3,12%
Tax Shield	30,75%
Eigenkapitalkosten nach Steuern	11,19%
Eigenkapitalquote	63,5%
WACC (63,50% × 11,19% + 36,50% × 3,12%)	8,24%
Free Cash Flow	105,-
Kapitalisierungszinssatz	12,14%
Gesamtvermögenswert (gerundet)	1.274,-
./. Fremdkapital	500,-
Eigenkapitalwert	774,-

APV-Verfahren:

APV-Ansatz zum 1. 1. 2009	2009 ff.
EBIT	150,-
./. KSt 15%	22,50
./. GewSt 15%	22,50
Zwischensumme	105,-
+ Abschreibungen	80,-
./. Investitionen	80,-
Free Cash Flow	105,-
EK-Kosten unverschuldet	8,90%
Free Cash Flow	105,-
Kapitalisierungszinssatz	11,24
Gesamtvermögenswert	1.180,-
./. Fremdkapital	500,-
+ Tax Shield	94,-
APV	774,-

(3) Das Konzept der direkten Ermittlung des Eigenkapitals (Equity-Verfahren). Hier werden die dem Unternehmen zufließenden Überschüsse mit den Eigenkapitalkosten eines verschuldeten Unternehmens diskontiert. D.h. der Unternehmenswert wird einstufig durch Abzinsung des Zahlungsstroms berechnet, der nach Abzug aller Investitions-, Steuer-, Zins- und Tilgungszahlungen den Unternehmenseignern zur Verfügung steht. Diesen Zahlungsstrom bezeichnet man als Flow to Equity. Der **Flow to Equity** umfasst über den Operating

Free Cash Flow hinaus auch die künftigen Fremdkapitalzinsen und die prognostizierten Veränderungen des Fremdkapitalbestands.

Da die Flows to Equity nur den Unternehmenseignern zu Gute kommen, erfolgt die Abzinsung nur mit den Eigenkapitalkosten, die das operative Risiko und das Finanzierungsrisiko widerspiegeln. Die Ermittlung erfolgt auf Basis des CAPM- bzw. Tax CAPM-Verfahren. Der Wert des Eigenkapitals ergibt sich wie folgt:

	Barwert des Flows to Equity
+	Marktwert des nicht betriebsnotwendigen Vermögens
=	Marktwert des Eigenkapitals (= Unternehmenswert)

127   *(4) Berücksichtigung der persönlichen Ertragsteuern der Unternehmenseigner.* Bei der Unternehmensbewertung bestimmt sich der Wert des Unternehmens für die Unternehmenseigner nach den ihnen zufließenden Nettoeinnahmen. Die für das Ertragswertverfahren geltenden Grundsätze zur Berücksichtigung der Unternehmenssteuern und der Unternehmersteuern gelten für die DCF-Verfahren analog.

128   *cc) Der Liquidationswert.* Der **Liquidationswert** ist der Barwert der Nettoerlöse, die sich aus der Veräußerung der Vermögensgegenstände abzüglich der Schulden und der Liquidationskosten unter Berücksichtigung hieraus entstehender Ertragsteuern (sowohl auf Unternehmensebene als auch auf Unternehmerebene) ergeben.

Die Bestimmung des Liquidationswerts hat unter Beachtung des bestmöglichen Verwertungs- und Liquidationskonzepts zu erfolgen.[234] Dies gilt auch in zeitlicher Hinsicht.

Der Liquidationswert stellt im Rahmen der Ermittlung des objektivierten Unternehmenswerts die Wertuntergrenze des Unternehmenswerts dar.[235] Ein niedrigerer Fortführungswert ist bei der Ermittlung des objektivierten Unternehmenswerts nur dann anzusetzen, wenn ein rechtlicher oder tatsächlicher Zwang zur Fortführung des Unternehmens, z. B. infolge testamentarischer Auflagen, öffentlich-rechtlicher Bindungen oder öffentlichen Drucks, besteht.[236]

129   *dd) Der Substanzwert.* Dem **Substanzwert** kommt für die Ermittlung des Unternehmenswerts keine eigenständige Bedeutung zu.[237] Er stellt den Gebrauchswert der betrieblichen Substanz dar und ergibt sich grundsätzlich als Rekonstruktions- oder Wiederbeschaffungswert aller im Unternehmen vorhandenen materiellen und immateriellen Vermögensgegenstände sowie Schulden, und zwar als Summe der jeweiligen Einzelwerte.[238]

Im Gegensatz zum Liquidationswert, der einen Verkaufs- bzw. Zerschlagungswert darstellt, geht die Wertermittlung des Substanzwerts grundsätzlich von der Fortführung des Unternehmens aus. I. d. R. wird der Substanzwert ein Teilrekonstruktionszeitwert sein, da vor allem die originären immateriellen Vermögensgegenstände eines Unternehmens nur schwer vollständig identifizierbar und bewertbar sind.[239] Der Substanzwert stellt letztendlich den Betrag zukünftig ersparter Ausgaben dar. Diese ersparten Ausgaben gehen in den Zukunftserfolgswert ein.[240]

130   *ee) Nicht heranzuziehende Verfahren.* **Mischverfahren,** die sich aus dem Ertragswert und dem Substanzwert zusammensetzen, sind grundsätzlich nicht dazu geeignet, einen Unternehmenswert zu ermitteln.[241]

Das **Stuttgarter Verfahren** ist ein Bewertungsverfahren der Finanzverwaltung zur Wertermittlung nicht notierter Anteile an Kapitalgesellschaften. Es wurde bis 31. 12. 2008 zur Ermittlung der Bemessungsgrundlage für die Erbschaft- und Schenkungsteuer herangezogen.

---

[234] WP-Handbuch 2008 Band II, S. 141 Rn. 385.
[235] IdW S 1 Rn. 140.
[236] WP-Handbuch 2008 Band II, S. 140 Rn. 384.
[237] IdW S 1 Rn. 6.
[238] WP-Handbuch 2008 Band II, S. 156 Rn. 437.
[239] WP-Handbuch 2008 Band II, S. 156 Rn. 437.
[240] *Wollny,* Der objektivierte Unternehmenswert, S. 190.
[241] WP-Handbuch 2008 Band II, S. 157 Rn. 440.

II. Bewertung der einzelnen Nachlassgegenstände

Die erforderlichen Zahlen des landwirtschaftlichen Betriebs lassen sich seinem Rechnungswesen entnehmen, sofern ein solches vorhanden ist. Für die Ermittlung des Reinertrags müssen diese Vergangenheitswerte allerdings modifiziert werden. Folgende **Modifikationen** werden regelmäßig erforderlich sein:[471]

- Bereinigung der Vergangenheitsergebnisse um aperiodische Elemente (z.B. größere Veräußerungsgewinne und öffentliche Investitionsbeihilfen, Auswirkungen von Sonder- und Ansparabschreibungen, Gewinnverzerrungen durch Flächenänderungen, sofern das Feldinventar nicht bewertet worden ist).
- Bereinigung der Vergangenheitsergebnisse um außerordentliche Ereignisse (z.B. Dürre, Überschwemmung und Tierseuchen). Da mit einem Auftreten derartiger Ereignisse in landwirtschaftlichen Betrieben immer gerechnet werden muss, ist eine Durchschnittsbildung auf Basis langer Zeitintervalle erforderlich.
- Der Erfolgsbeitrag von aus dem Ertragswert ausgesonderten Positionen (z.B. Bauland) muss eliminiert werden.
- Der jährliche Nutzungswert des Wohnhauses der Landwirtsfamilie einschließlich der damit verbundenen Aufwendungen muss erfasst werden.
- Die Ertragswertermittlung muss auf Basis der erfolgsorientierten Substanzerhaltung durchgeführt werden. Insoweit müssen die buchmäßigen Abschreibungen überprüft werden.
- Der Lohnersatz für den Landwirt und eventuell mitarbeitende Familienmitglieder muss zu fremdüblichen Kosten angesetzt werden.

Nach Aufbereitung der Vergangenheitsdaten muss nun eine Prognose erstellt werden, inwieweit die Vergangenheitsdaten auch in der Zukunft Bestand haben werden, um den nachhaltig zu erzielenden Reinertrag zu ermitteln. Sofern am Bewertungsstichtag absehbar ist, dass in dem Betrieb in den nächsten Jahren wichtige Entwicklungsprozesse vollzogen werden, kann es angebracht sein, die erwarteten Reinerträge für einige Jahre vorzuschätzen und erst danach von einer Konstanz der Reinerträge auszugehen. Hierbei müssen die Ergebnisse der einzelnen Jahre auf den Bewertungsstichtag abgezinst werden, wobei sich der Zinssatz aufgrund des anzuwendenden Kapitalisierungsfaktors ergibt.

Berechnungsbeispiel:

Der Reinertrag eines Hofes wird wie folgt prognostiziert: Jahr 1: € 50.000,–, Jahr 2: € 60.000,–, Jahr 3: € 65.000,–, Jahr 4: € 75.000,– und ab dem Jahr 5: € 80.000,–. Der Hof liegt in NRW, d.h. der Kapitalisierungsfaktor beträgt 25. Damit ergibt sich der Abzinsungsfaktor auf Basis des Zinssatzes von 4%.

Jahr	Reinertrag in €	Abzinsungsfaktor	Betrag zum Bewertungsstichtag in €
1	50.000,–	0,9615	48.077,–
2	60.000,–	0,9246	55.473,–
3	65.000,–	0,8890	57.785,–
4	75.000,–	0,8548	64.110,–
ab 5	80.000,– × 25	0,8219	1.643.854,–
Kapitalwert			1.869.299,–
Durchschnittsbildung durch Multiplikation mit dem Wiedergewinnungsfaktor von 0,04, entspricht einem durchschnittlich erzielbaren Reinertrag von			74.772,–

Folgende besondere Aspekte sind bei der Ertragswertermittlung zu berücksichtigen:[472]
- öffentliche Zuwendungen sind grundsätzlich bei der Ertragswertberechnung zu berücksichtigen. Zu berücksichtigen sind: Allgemein betriebsbezogene Zuwendungen, produktbezogene Zuwendungen, handlungsgebundene Zuwendungen und aufwandsmindernde

---

[471] Köhne, Landwirtschaftliche Taxationslehre, S. 797 f.
[472] Köhne, Landwirtschaftliche Taxationslehre, S. 809 ff.

Zuwendungen. Nicht zu berücksichtigen sind: Nicht an die Weiterbewirtschaftung gebundene Zuwendungen und nicht in die Unternehmensrechnung einfließende Zuwendungen und Zuschüsse zur Zinsverbilligung.
- Betriebliche Steuern wie z. B. die Grundsteuer und ggfs. auch die Gewerbesteuer sind abzusetzen.
- Bei Pachtflächen ist zwischen langfristigen Pachtverträgen und kurz- bzw. mittelfristigen Pachtverträgen zu unterscheiden. Bei kurz- und mittelfristigen Pachtverträgen ist zu unterscheiden in Pachtverträge, die verlängerbar sind und in Pachtverträge, die auslaufen. Bei den verlängerbaren Pachtverträgen sind Annahmen über die Anschlusspachten anzustellen, während bei den auslaufenden Pachtverträgen der Reinertrag nur für die Restlaufzeit ermittelt werden darf und die Beendigungskosten (z. B. Kapazitätsüberhänge im Maschinenbestand) diskontiert anzusetzen sind.

223 cc) **Verkehrswert.** Der **Verkehrswert** entspricht dem Veräußerungserlös, der bei einer Veräußerung des landwirtschaftlichen Betriebs in normalen Marktzeiten voraussichtlich erzielt werden kann. Zur Bestimmung des Verkehrswerts haben sich am Markt drei Verfahren herausgebildet: das Vergleichswertverfahren, die Zusammensetzungstaxe und die Zerlegungstaxe. Ertragswertverfahren sind nach h. M. für die Ermittlung des Verkehrswerts eines landwirtschaftlichen Betriebs nicht geeignet, da die erzielbaren Reinerträge nur eines von mehreren wertbildenden Merkmalen sind.[473]

224 (1) *Vergleichswert.* Zur Ermittlung des **Vergleichswerts** werden der zu bewertende Betrieb und die ausgewählten Vergleichsbetriebe in Form einer Matrix mit den jeweils wichtigsten wertbestimmenden Faktoren gegenübergestellt. Wesentlich sind die ha-bezogenen Verkaufspreise der Vergleichsbetriebe. Diese werden dann durch Vergleich mit dem zu bewertenden Betrieb mittels Zu- und/oder Abschlägen modifiziert. Durch Multiplikation mit der Eigentumsfläche führt dies dann zum Verkehrswert des zu bewertenden Betriebs. Folgende preisbestimmende Merkmale sind mit Zu- und/oder Abschlägen zu berücksichtigen:
- Regionale Lage des Betriebs;
- Standortverhältnisse;
- Größe der Eigentumsflächen;
- Innere Verkehrslage des Betriebs;
- Art der Flächennutzung;
- Betriebsorganisation;
- Quantität und Qualität des Besatzkapitals;
- Lieferrechte;
- Nutzungsbeschränkungen.

225 (2) *Zusammensetzungstaxe.* Sofern ein Vergleichswert auf Grund der vorliegenden Datenlage nicht ermittelt werden kann, weil keine vergleichbaren landwirtschaftlichen Betriebe vorliegen, werden die Einzelkomponenten des Betriebs bewertet. Folgende Bewertungen der Einzelkomponenten kommen in Betracht:[474]
- Bewertung der landwirtschaftlichen Nutzflächen mit ihren Bodenpreisen;
- Einschätzung der Marktpreise für Lieferrechte;
- Bewertung von Zahlungsansprüchen anhand Fälligkeiten und des Ausfallrisikos;
- Bewertung des Wohngebäudes einschließlich des zugehörigen Grund und Bodens im Wege des Vergleichswertverfahrens oder des Sachwertverfahrens unter Berücksichtigung von Marktanpassungsfaktoren;
- Bewertung der notwendigen Wirtschaftsgebäude im Sachwertverfahren und der nicht notwendigen Wirtschaftsgebäude im Ertragswertverfahren, soweit sie anderweitig ertragbringend einzusetzen sind;
- Wirtschaftlich nutzbare Maschinen und Geräte werden zum Substanzwert bewertet; überflüssige Maschinen zum Einzelveräußerungspreis;

---

[473] *Köhne*, Landwirtschaftliche Taxationslehre, S. 822.
[474] *Köhne*, Landwirtschaftliche Taxationslehre, S. 832 f.

- Nutztiere sind mit einem Ersatzwert zu bewerten;
- Feldinventar ist vorzugsweise nach der Aufwandstaxe zu bewerten;
- Zukaufsvorräte sind mit den Zukaufspreisen und Verkaufsvorräte mit den Verkaufspreisen zu bewerten;
- Anteile und Beteiligungen sind mit Marktpreisen bzw. hilfsweise mit Ertragswerten zu bewerten.

Ggfs. müssen die Ergebnisse der Zusammensetzungstaxe mittels Anpassungsfaktoren an die Marktverhältnisse angepasst werden.

(3) Zerlegungstaxe. Die Zerlegungstaxe geht von einer Auflösung des Betriebs aus, d.h. die Gegenstände werden mit ihren voraussichtlich erzielbaren Einzelveräußerungspreisen bewertet. Die so ermittelten Werte stellen die Untergrenze des Verkehrswerts bzw. den Liquidationswert dar.

4. Bewertung von Kunstgegenständen

a) Grundsätze zur Ermittlung von Werten für Kunstgegenstände. Für Kunstgegenstände, die zum Nachlass gehören, ist grundsätzlich der wahre Wert i. S. d. Verkehrswerts zu ermitteln. Dies ist i. d. R. der Normalverkaufspreis. Problematisch hierbei ist, dass es am Kunstmarkt insbesondere im hohen Preissegment erhebliche Schwankungen der erzielten Preise je nach Marktlage und Marktgängigkeit der Kunstgegenstände gibt. Wesentlichen Einfluss auf die bei Auktionen erzielten Preise haben die jeweilige wirtschaftliche Lage und die Markttrends.

b) Wertbildende Faktoren der Kunstbewertung. Folgende wesentlichen wertbildenden Faktoren sind für die Kunstbewertung wichtig:
- Echtheit;
- Erhaltungszustand;
- Signatur;
- Provenienz;
- Marktfrische;
- Qualität;
- Marktgängigkeit;
- Marktgerechtes Angebot;
- Mode.

Die **Echtheit** eines Bildes ist von entscheidender Bedeutung für den Wert des Bildes, wobei für die Feststellung der Echtheit neben chemischen Analysen, die zu einem negativen Ausschluss führen können, stets auch kunsthistorische Sachverständige zu bemühen sind. Der **Erhaltungszustand** ist ebenfalls eine wesentliche wertbestimmende Größe. Hier stehen technische Hilfsmittel zur Verfügung, die nicht mit dem bloßen Auge erkennbare Beschädigungen aber auch Übermalungen und Restaurierungen sichtbar werden lassen.

Die **Signatur**, sofern sie echt ist, bestätigt die Authentizität des Werkes und ist insofern werterhöhend.

Auch die **Provenienz** kann den Wert der Kunstgegenstände erhöhen, sofern sie vorher im Besitz berühmter Persönlichkeiten gestanden haben. Die Provenienz kann den Wert eines Kunstwerks um bis zu 30% erhöhen.[475]

Ebenso gehört die **Marktfrische** eines Kunstwerks zu den wertbildenden Faktoren. Sofern Kunstgegenstände schon bereits mehrfach erfolglos bei Auktionen angeboten wurden, wird dies den interessierten Käufern bekannt sein. Da der Kunstmarkt in erheblichem Maße von der Sammelleidenschaft der Käufer lebt, ist bei Kunstgegenständen, die mehrfach keinen Käufer gefunden haben, keine Exklusivität mehr zu erreichen, die die Sammelleidenschaft befriedigen könnte.

Auch die **Qualität**, die **Marktgängigkeit** und **Modeerscheinungen** haben erhebliche Einflüsse auf die Bewertung der Kunstgegenstände. So erzielte z.B. der englische Künstler Da-

---

[475] Heuer NJW 2008, 689.

mien Hirst bei seiner Auktion im September 2008 im Auktionshaus Sotheby's für 223 seiner neuen Werke über EUR 140 Mio.[476]

c) Methoden zur Bewertung von Kunstgegenständen

229   aa) *Einschaltung von Auktionshäusern.* Das OLG Köln[477] hat in seiner Entscheidung vom 5. 10. 2005 die Bewertung durch die Auktionshäuser **Sotheby's und Christie's** für ausreichend erachtet. Zwar entsprächen die Bewertungen der beiden Auktionshäuser nicht herkömmlichen Sachverständigengutachten, da sie die Bewertungsmethode nicht erläutern und die der Bewertung zugrundeliegenden Faktoren nicht offenlegen. Aber vor dem Hintergrund des Renommees beider Auktionshäuser sei dieser Umstand nicht negativ zu bewerten.

Kritisch hierzu ist anzumerken: Die Funktion beider Auktionshäuser ist nicht die eines neutralen Gutachters; die Bewertung dient stattdessen dazu, Geschäfte für die Auktionshäuser zu generieren. Darüber hinaus geben die Bewertungen der Auktionshäuser Preisspannen an, zu denen der jeweilige Kunstgegenstand bewertet wird. Hier wird sich die Frage stellen: Wird der höhere Wert, der niedrigere Wert oder ein Mittelwert angesetzt.

Nach Auffassung von *Heuer*[478] sind derartige Bewertungen nicht für die Ermittlung des wahren Werts zu berücksichtigen.

230   bb) *BFH-Methode.* Der BFH[479] hat in einer Entscheidung vom 6. 6. 2001 Leitlinien entwickelt, wie der gemeine Wert von Kunstgegenständen zu ermitteln ist.

Hierbei geht der BFH wie folgt vor:

- 1. Schritt   Ermittlung zeitnaher Verkäufe vergleichbarer Werke (z. B. über www.artnet.com)
- 2. Schritt   Von den öffentlichen Hammerpreisen sind die Provision des Einlieferers, vom Gesamtpreis die Käuferprovision abzuziehen
      Gesamtzuschlagspreis
      ./. Käuferprovision (Buyers Premium)
      = Hammerpreis
      ./. Kommission des Einlieferers (Sellers Commission)
      = Händlereinkaufspreis (Vergleichspreis)
- 3. Schritt   Der Vergleichspreis ist in EURO umzurechnen
- 4. Schritt   Vergleich und Auswertung aller weichen und harten Faktoren
- 5. Schritt   Preise der ermittelten Vergleichsobjekte sind zu gewichten (zeitnah – zeitfern; Ausschläge in beiden Richtungen sind zu eliminieren)
- 6. Schritt   Prüfung weiterer Abschläge (Grundsatz der ‚vorsichtigen' Bewertung).

231   cc) *Bewertungsmethode nach Heuer.*[480] Nach *Heuer* ist die Bewertung von Kunstgegenständen in Anlehnung an das BFH-Urteil vom 6. 6. 2001[481] in sechs Stufen durchzuführen. Sie setzen sich wie folgt zusammen:

- 1. Stufe   Ermittlung zeitnaher Verkäufe vergleichbarer Werke
- 2. Stufe   Herstellung der Vergleichbarkeit von Parallelobjekten
- 3. Stufe   Herstellung der einheitlichen Währung
- 4. Stufe   Bewertung im engeren Sinne
- 5. Stufe   Gewichtung der Parallelobjekte
- 6. Stufe   Außerordentliche Faktoren: Paketabschläge, Paketzuschläge, Gesamtverzeichnis national wertvollen Kulturguts.

---

[476] www.diepresse.com.
[477] OLG Köln NJW 2006, 625.
[478] *Heuer* NJW 2008, 689.
[479] BFH DStRE 2002, 460.
[480] *Heuer* NJW 2008, 689.
[481] BFH DStRE 2002, 460.

Zunächst sind **zeitnahe Verkäufe** vergleichbarer Werke zu ermitteln. Dies wird i.d.R. über die von Auktionshäusern veröffentlichten Ergebnislisten oder über das Internet (www.artnet.com) erfolgen. In einem zweiten Schritt ist zu prüfen, ob die veröffentlichten Zahlen tatsächlich vergleichbare Zahlen benennen, da zwischen Nettoverkaufspreis, Hammerpreis und Gesamtzuschlagspreis unterschieden werden muss. Vom Gesamtzuschlagspreis sind die **Auktionsmargen** (Sellers Commission und Buyers Premium) und beim Hammerpreis die Sellers Commission abzuziehen, da ein Verkäufer nur den Händlereinkaufspreis erzielen kann. Nur dieser kann der Wertermittlung zu Grunde gelegt werden.

Da der Weltkunstumsatz im Wesentlichen im Dollar- und im Pfundraum stattfindet, sind die Vergleichspreise, sofern sie anhand von Auktionen gewonnen wurden, regelmäßig zum Tageskurs des Zuschlags in Euro umzurechnen. Anschließend hat eine Bewertung der tatsächlichen Vergleichbarkeit der Vergleichsobjekte zu erfolgen und es sind die Preise der Vergleichsobjekte zu gewichten. Hierbei sind anhand von zeitnahen und zeitfernen Verkäufen Tendenzen zu ermitteln und Marktausschläge zu bereinigen.

Schließlich ist zu überprüfen, ob Abschläge anzusetzen sind, die dem Grundsatz der ‚vorsichtigen' Bewertung entsprechen. Zu denken ist hier an Paketabschläge, die nach Auffassung von *Scherer/Lehmann*[482] regelmäßig bei speziellen, ausgefallenen und umfangreichen Sammlungen zu beachten sind, oder die Berücksichtigung von Exportverboten bei Aufnahme des jeweiligen Kunstgegenstands in das Gesamtverzeichnis national wertvollen Kulturguts. Ggfs. sind auch Zuschläge zu berücksichtigen. Dies wird insbesondere dann der Fall sein, wenn berühmte Vorbesitzer bekannt sind oder das Werk zu einer bekannten Sammlung gehört.

5. Bewertung von Bargeld

Die Bewertung von Bargeld erfolgt regelmäßig zum Nennbetrag. Ausnahmen bestehen lediglich bei **Gedenkmünzen** in Silber und Gold, die von der Bundesbank oder ausländischen Notenbanken herausgegeben werden und gesetzliche Zahlungsmittel sind. Hier wird i.d.R. der Materialwert oder der Sammlerwert den Nennbetrag überschreiten, so dass der höhere Wert von beiden anzusetzen ist.[483]

Ausländische Bargeldbestände (Sorten) sind zum Geldkurs umzurechnen, wobei (kleinere) Münzbestände i.d.R. mangels Verkaufbarkeit nicht angesetzt werden.

6. Bewertung von Bankguthaben

Der Ansatz von Bankguthaben erfolgt mit dem Betrag, den sie zum Todestag des Erblassers haben. Dieser ergibt sich regelmäßig durch eine entsprechende **Saldenbestätigung** des Kreditinstitutes. Ggfs. (z.B. bei Sparguthaben und Bausparkonten) sind die Zinsen bis zum Todestag noch hinzuzurechnen. Konten in ausländischer Währung sind umzurechnen, wobei hier die jeweiligen zum Todestag bestehenden Wechselkurse[484] zur Umrechnung verwendet werden müssen.

Sofern Kündigungsbeschränkungen oder Zinsbindungen über den Todestag hinaus bestehen, müsste eine Vorfälligkeitsentschädigung berücksichtigt werden, die der Erbe zahlen muss, um sofort über das Guthaben verfügen zu können. Dies geschieht allerdings in der Praxis nicht.[485]

Bei **Gemeinschaftskonten** ist der jeweilige Kontostand den Ehegatten zur Hälfte zuzurechnen, so dass auch nur der hälftige Kontostand in die Pflichtteilsberechnung eingeht. Sofern das jeweilige Konto nur mit Mitteln des Erblassers gefüllt wurde, sind ggfs. Pflichtteilsergänzungsansprüche zu berücksichtigen.[486]

---

[482] *Scherer/Lehmann* ZErb 2003, 69.
[483] *Klingelhöffer*, Pflichtteilsrecht, S. 117 Rn. 403.
[484] www.ecb.int.
[485] *Klingelhöffer*, Pflichtteilsrecht, S. 117 Rn. 403.
[486] *Klingelhöffer*, Pflichtteilsrecht, S. 117 Rn. 403.

7. Bewertung von Wertpapieren

234 Bei börsennotierten Wertpapieren (wie z.B. Aktien, Obligationen, Optionsscheine, Wandelanleihen oder verbriefte Zertifikate) ist grundsätzlich für die Wertermittlung des vollen, wahren Werts gem. § 2311 BGB der mittlere Börsenkurs am Todestag anzusetzen. Börsenkurse stellen das Ergebnis eines tatsächlich am Markt stattfindenden Preisbildungsprozesses dar und beruhen auf einer Beurteilung des Unternehmens/Wertpapiers durch die Anleger aufgrund der für diese bekannten oder zumindest allgemein zugänglichen Daten und Informationen. Im Allgemeinen kann davon ausgegangen werden, dass bei funktionierenden Marktkräften der Börsenwert dem wahren Wert entspricht, denn der Markt ist nicht bereit einen Preis zu zahlen, der dem darin verkörperten Wert nicht entspricht.[487]

Problematisch kann der Ansatz des Börsenwerts immer dann sein, wenn die Börse im Zeitpunkt des Erbfalls erheblichen Schwankungen durch externe Faktoren (Banken- und Immobilienkrise) ausgesetzt ist, es sich um sog. marktenge Papiere aufgrund geringen Börsenhandels oder geringen Free Floats handelt oder Verfügungsbeschränkungen über Konsortialverträge vorhanden sind, z.B. bei einer Börseneinführung mit Veräußerungssperrfristen für das Management und die Alteigentümer oder bei Beteiligungen des Managements des Unternehmens im Rahmen von LBO/MBO Transaktionen mit Private Equity Firmen.

So schwankte z.B. der Kurs der Hypo Real Estate AG im Zeitraum Oktober 2007 bis Dezember 2008 von € 36,13 (Höchstkurs) zu € 2,61 (Tiefstkurs). Mittlerweile hat die Bundesregierung den Drittaktionären ein Übernahmeangebot für € 1,95 pro Aktie unterbreitet.

Weder ein **schwarzer Börsentag** noch ein Tag mit einer **außergewöhnlichen Hausse**, wie z.B. bei der VW-Aktie, die am 28.10.2008 auf € 1.005,- stieg und VW so rechnerisch für einen Tag das teuerste Unternehmen der Welt wurde, sagen etwas über den wahren inneren Wert einer Aktie aus.[488] Z.B. bei Grundstücken hat deshalb die Rechtsprechung zur Wertermittlung auch auf noch zeitnahe spätere Verkäufe abgestellt. Allerdings ist es problematisch, diese Rechtsprechung zur Wertermittlung von Grundstücken auf Wertpapiere zu übertragen,[489] indem z.B. die Wertentwicklung der Aktien innerhalb der nächsten Monate nach dem Erbfall beobachtet wird. Während für Grundstücke i.d.R. kein aktueller Marktwert aufgrund von Verkäufen vorhanden ist und insofern die Notwendigkeit besteht, auf Schätzwerte, entweder in Form von Gutachten oder auf Vergleichspreise von anderen Grundstücken aufgrund von Verkäufen zurückzugreifen, wird bei börsennotierten Wertpapieren i.d.R. zumindest täglich ein Kurs an der Börse festgestellt. Inwieweit dieser Kurs tatsächlich den wahren, inneren Wert des Wertpapiers darstellt, ist immer dann schwierig zu beurteilen, wenn erhebliche Wertschwankungen des Wertpapiers zum Todestag des Erblassers zu beobachten sind. Je nach Interessenlage wird sich dann entweder der Pflichtteilsberechtigte oder der Erbe darauf berufen, dass der mittlere Aktienkurs zum Todestag des Erblassers nicht dem wahren, inneren Wert der Aktie entspricht. Aufgrund häufiger Fehleinschätzungen wird man in diesen Fällen auch nicht Analystenmeinungen zum wahren, inneren Wert der Aktie zugrundelegen können. Somit werden in aller Regel trotz der oben aufgezählten Argumente gegen ihre Verwertbarkeit die mittleren Börsenkurse am Todestag bei Wertpapieren maßgebend sein. Lediglich bei erheblichen Schwankungen der Börsenkurse, wird man für die Wertbestimmung einen längeren Zeitraums, z.B. den Durchschnittskurs der letzten 3 Monate vor dem Todestag, berücksichtigen können. Erhebliche Schwankungen sollten nur dann angenommen werden, wenn das Wertpapier innerhalb des Drei-Monatszeitraums um seinen Mittelwert herum um mehr als 25% schwankt.

Bei größeren Aktienpaketen oder bei Sperrminoritäten wird einer Unternehmensbewertung gegenüber dem Ansatz des Börsenkurses der Vorzug zu geben sein.[490] Der jeweilige Börsenkurs dient in diesem Fall nur der Plausibilisierung des Ergebnisses der Unterneh-

---

[487] LG Frankfurt a.M. vom 13.3.2009 – 3-5-O-57/06.
[488] *Klingelhöffer*, Pflichtteilsrecht, S. 117 Rn. 406.
[489] Vgl. Rn. 21.
[490] WP-Handbuch 2008, Band II, S. 14 Rn. 42; LG Frankfurt a.M. vom 13.3.2009 – 3-5-O-57/06 für den Fall eines funktionierenden Aktienmarkts und bei Bewertung nicht marktenger Aktien.

mensbewertung. Nach Auffassung von *Schlichting*[491] stellt der Börsenkurs der Aktien am Todestag die Untergrenze der Bewertung dar, auch selbst wenn es für die Aktie nur einen engen Markt gibt. Nur in besonderen Fällen kann es nach seiner Auffassung eines Sachverständigengutachtens bedürfen, z. B. wenn der Kurswert bei einem engen Markt durch die Anzahl der zum Verkauf angebotenen Aktien beeinflusst werden kann (Paketzuschlag oder -abschlag) oder wenn kein normaler Börsenhandel für bestimmte Aktien stattfindet.

Sofern festverzinsliche Wertpapiere bewertet werden, ist zusätzlich zu berücksichtigen, dass neben ihrem Börsenkurs auch die zum Todestag aufgelaufenen **Stückzinsen** zu erfassen sind.[492]

Mit Einführung der Abgeltungssteuer ab 1. 1. 2009 ist für nach dem 31. 12. 2008 angeschaffte Wertpapiere die sog. Abgeltungssteuer unabhängig von Haltefristen bei einem Verkauf der Wertpapiere fällig. Infolgedessen ist sie, ggfs. abgezinst, sofern keine kurzfristige Verwertung der Wertpapiere beabsichtigt ist, wertmindernd zu berücksichtigen.

8. Bewertung von Forderungen

Forderungen sind grundsätzlich mit ihrem **Nennwert**, ggfs. erhöht um aufgelaufene Zinsen, anzusetzen. 235

Gem. § 2313 Abs. 1 Satz 1 BGB bleiben Forderungen, die von einer **aufschiebenden Bedingung** abhängig sind, außer Ansatz. Forderungen, die von einer **auflösenden Bedingung** abhängig sind, kommen gem. § 2313 Abs. 1 Satz 2 BGB als unbedingte in Ansatz. Tritt die Bedingung ein, so hat gem. § 2313 Abs. 1 Satz 3 BGB eine der veränderten Rechtslage entsprechende Ausgleichung zu erfolgen.

Ist die Forderung **dem Grunde oder der Höhe nach unsicher**, bleibt die Forderung gem. § 2313 Abs. 2 BGB zunächst außer Ansatz. Allerdings ist der Erbe gem. § 2312 Abs. 2 Satz 2 BGB dem Pflichtteilsberechtigten gegenüber verpflichtet, für die Feststellung eines ungewissen Rechts und für die Verfolgung eines unsicheren Rechts zu sorgen, soweit dies einer ordnungsgemäßen Verwaltung entspricht.

Sofern zum Nachlass **Honorarforderungen** z. B. aus freiberuflicher Praxis gehören, bei der der Gewinn zu Lebzeiten des Erblassers gem. § 4 Abs. 3 EStG in Form einer Einnahmen-Ausgaben-Rechnung ermittelt wird, ist zu berücksichtigen, dass diese latent mit Einkommensteuer belastet sind, so dass diese Einkommensteuer vermögensmindernd zu berücksichtigen ist. Aufgrund des Erbfalls kommt es regelmäßig zur Aufgabe der freiberuflichen Praxis. Infolgedessen ist zum Zeitpunkt des Todes des Erblassers von der Einnahmen-Ausgaben-Rechnung gem. § 4 Abs. 3 EStG zum Bestandsvergleich gem. § 4 Abs. 1 EStG überzugehen, so dass die Steuerbelastung bereits im Todesjahr des Erblassers und nicht erst beim – ggfs. späteren – Zufluss der Honorarforderung zu berücksichtigen ist. 236

Forderungen des Erblassers sind auch dann zu berücksichtigen, wenn sie im Zeitpunkt des Erbfalls infolge **Konfusion** mit dem Erben entfallen. Für die Berechnung des Pflichtteils wird die Konfusion nicht berücksichtigt.[493] 237

Wiederkehrende Forderungen, wie Ansprüche auf Leibrenten oder Wohnrechte, die nicht mit dem Tode des Erblassers erlöschen, sind zu kapitalisieren, sofern sie bereits zu Lebzeiten des Erblassers bestanden haben und auf die Erben übergehen. Aufgrund dessen fallen Versorgungsansprüche von Hinterbliebenen (BfA-Rente, Rente aus Versorgungswerken, Beamtenpensionen, Ansprüche aus der betrieblichen Altersversorgung) nicht hierunter. Diese Ansprüche gehen nicht via Erbrecht über, sondern entstehen bereits zu Lebzeiten beim Versorgungsberechtigten.[494] Die Anwartschaft des überlebenden Ehegatten erstarkt bei Versterben des Erblassers insoweit zum Vollrecht.

Steuererstattungsansprüche sind ebenfalls als Aktivposten einzustellen. 238

Fraglich ist, was mit **Einkommensteuererstattungsansprüchen** geschieht, die das Todesjahr des Erblassers betreffen. Grundsätzlich erlischt die persönliche Steuerpflicht des Erblassers

---

[491] *Schlichting* ZEV 2006, 197.
[492] MünchKommBGB/*Lange* § 2311 BGB Rn. 23.
[493] BGH NJW 1987, 1260.
[494] *Klingelhöffer*, Pflichtteilsrecht, S. 120 Rn. 414.

mit seinem Tod.[495] Allerdings entsteht gem. § 36 Abs. 1 EStG die Einkommensteuer erst mit Ablauf des Veranlagungszeitraums, d.h. dem 31. 12. eines jeden Jahres. Sofern der Todestag des Erblassers nicht der 31. 12. ist, entsteht der Steuererstattungsanspruch regelmäßig erst nach dem Todestag. Nach Auffassung des BFH[496] sind diese Ansprüche bereits zum Todestag zu berücksichtigen. Es handelt sich insoweit um einen aufschiebend bedingten Anspruch, der gem. § 2313 Abs. 1 Satz 3 BGB anzusetzen ist.

Nach dem Beschluss des Großen Senats des BFH vom 17. 12. 2007[497] wurde die bisherige Rechtsprechung zur Übertragbarkeit von **Verlustvorträgen** des Erblassers auf den Erben aufgegeben. Insoweit stellt der vom Erblasser erzielte steuerliche Verlust für den Erben keinen wirtschaftlichen Vorteil mehr dar. Er ist somit nicht mehr als Aktivwert zu berücksichtigen.[498]

9. Bewertung von Fahrzeugen

239   Fahrzeuge sind mit ihrem Verkehrswert anzusetzen, d.h. mit dem Wert, der bei einem Verkauf am Markt erzielt werden kann. Anhaltspunkte geben hier die sog. Schwacke-Listen,[499] die monatlich aktualisiert werden oder Verkaufspreise aus dem Internet (z.B.: mobile.de).

Zu berücksichtigen ist dabei, dass die Schwacke-Liste sowohl den Händlereinkaufs- als auch den Händlerverkaufspreis ausweist, so dass i.d.R. für die Pflichtteilsbewertung der Mittelwert anzusetzen sein wird.[500]

Sofern der Erblasser das Fahrzeug in einem umsatzsteuerpflichtigen Betriebsvermögen gehalten hat, ist aus dem Mittelwert entweder die Umsatzsteuer heraus zurechnen oder die Umsatzsteuer ist als Nachlassverbindlichkeit anzusetzen, da – sofern der Erbe das Unternehmen nicht weiterführt – insoweit eine umsatzsteuerpflichtige Entnahme gegeben ist.

Bei Oldtimern wird i.d.R. eine aufwändigere Bewertung erforderlich sein, da deren Wert stark vom jeweiligen Erhaltungszustand und der Mode abhängt. Hier kann es im Zeitablauf zu erheblichen Wertschwankungen kommen, so dass auf jeden Fall die Einholung eines Sachverständigengutachtens anzuraten ist.[501]

10. Bewertung von Gegenständen des persönlichen Gebrauchs

240   Gegenstände des täglichen Gebrauchs, insbesondere Kleidung, haben i.d.R. keinen oder nur geringen Wert, selbst wenn ihre Anschaffung kostspielig war. Ausnahmen ergeben sich ggfs. bei besonderen Designereinzelstücken oder Pelzmänteln.

Nach der Auffassung von *Klingelhöffer*[502] sollten Erben und Pflichtteilsberechtigte von vornherein klarstellen, dass diese Gegenstände nicht in die Bewertung einfließen.

11. Bewertung von Hausrat

241   Zum Hausrat gehören alle beweglichen Sachen, die der Wohn- und Hauswirtschaft des Erblassers dienen. Nicht zum Hausrat gehören Gegenstände, die im Wesentlichen für rein persönliche oder berufliche Zwecke bestimmt waren.[503]

Beim Hausrat ist vorweg zu prüfen, ob dieser überhaupt zu den Aktiva gehört oder nicht gem. § 2311 Abs. 1 Satz 2 BGB als Voraus (§ 1932 Abs. 1 BGB) außer Ansatz zu bleiben hat.

Der Wert des Hausrats bestimmt sich nach dem Verkehrswert. Das ist der Wert, der bei einem Verkauf auf dem Markt zu erzielen wäre. Gerade bei Möbeln, auch dann wenn es

---

[495] Schmidt/*Heinecke* § 1 EStG Rn. 14.
[496] BFH BStBl. II 2008, 626.
[497] BFH GrS DStR 2008, 545.
[498] Zur alten Rechtslage s. *Klingelhöffer*, Pflichtteilsrecht, S. 120 Rn. 417.
[499] www.schwacke.de.
[500] *Klingelhöffer*, Pflichtteilsrecht, S. 122 Rn. 422.
[501] Ausführliche Auflistungen von Sachverständigen finden sich z.B. unter www.classicdata.de.
[502] *Klingelhöffer*, Pflichtteilsrecht, S. 122 Rn. 424.
[503] BGH NJW 1984, 1758.

sich um teure Designerstücke handelt, wird nur ein geringer Erlös bei einem Verkauf erzielbar sein. Einen funktionierenden Gebrauchsmarkt gibt es nur für Fernseher, Computer, Peripheriegeräte und Hi-Fi-Anlagen. Aber auch hier ist nur ein Bruchteil der gezahlten Anschaffungskosten zu erzielen.

Lediglich bei alten, gut erhaltenen Teppichen lassen sich akzeptable Werte auf dem Gebrauchsmarkt erzielen.

Insgesamt empfiehlt es sich bei umfangreichem Hausrat einen Sachverständigen hinzuzuziehen.

12. Bewertung von Schmuck

Bei Schmuckgegenständen liegt der Verkehrswert zunächst deutlich unter den Anschaffungskosten, da Juweliere i.d.R. nur bereit sind, den Materialwert des jeweiligen Schmuckstücks zu bezahlen.

Höhere Preise werden für bekannte Marken (z.B. Rolex-Uhren) bei Auktionen oder bei Versteigerungen im Internet (z.B. bei EBAY) erzielt.

Klingelhöffer hält es für fraglich, ob der Erbe zur Wertermittlung auf diesen Weg verwiesen werden kann.[504] Aufgrund der zunehmenden Bedeutung des Internets zur Wertfindung privater Gegenstände wird man diese Frage wohl heutzutage bejahen müssen.

13. Bewertung von Rechten

Alle Vermögensgegenstände, zu denen auch Rechte gehören, sind als Aktiva zu erfassen.

a) **Bedingte, ungewisse und unsichere Rechte.** In § 2313 BGB enthält das Gesetz Sonderregelungen für den Ansatz bedingter, ungewisser und unsicherer Rechte. **Auflösend bedingte Rechte und Verbindlichkeiten** sind als unbedingte Rechte und Verbindlichkeiten anzusetzen, **aufschiebend bedingte Rechte und Verbindlichkeiten** bleiben außer Ansatz. **Ungewisse oder unsichere Rechte und Verbindlichkeiten** werden wie aufschiebend bedingte Rechte und Verbindlichkeiten behandelt. Rechte sind **ungewiss**, wenn ihr rechtlicher Bestand oder die Person des Berechtigten zweifelhaft ist.[505] Sie sind **unsicher**, wenn ihre wirtschaftliche oder tatsächliche Verwertbarkeit unklar ist.[506] Entsprechendes gilt für Verbindlichkeiten. Sobald die jeweilige Bedingung eintritt, hat entsprechend der veränderten Rechtslage eine Ausgleichung zwischen Erbe und Pflichtteilsberechtigtem zu erfolgen. Bei aufschiebend bedingten Rechten und auflösend bedingten Verbindlichkeiten erhöht sich beim Bedingungseintritt der Pflichtteil, während er sich beim Bedingungseintritt auflösend bedingter Rechte bzw. aufschiebend bedingter Verbindlichkeiten verringert. Eine Absicherung des jeweiligen Anspruchs, der sich sowohl gegen den Erben als auch den Pflichtteilsberechtigten richten kann, sieht das Gesetz nicht vor.[507] Der Erbe ist dem Pflichtteilsberechtigten gegenüber verpflichtet, für die Feststellung eines ungewissen und für die Verfolgung eines unsicheren Rechts zu sorgen, soweit dies einer ordnungsgemäßen Verwaltung entspricht.

§ 2313 BGB durchbricht das sonst bei der Bewertung des Nachlasses geltende **Stichtagsprinzip** (§ 2311 Abs. 1 Satz 1 BGB) hinsichtlich der Feststellung des Nachlassbestands aber nicht hinsichtlich der Bewertung.[508] D.h. die Bewertung ist zum Zeitpunkt des Todes des Erblassers durchzuführen, Werterhöhungen oder Wertminderungen nach dem Erbfall bleiben außer Ansatz.[509] *Lange*[510] und *Pentz*[511] sind der Auffassung, dass § 2313 BGB auch hinsichtlich der Bewertung aufschiebend bedingter, ungewisser oder unsicherer Rechte eine Ausnahme vom Stichtagsprinzip enthält. Nach ihrer Auffassung ist die Bewertung zum Zeitpunkt des Eintritts des Ereignisses durchzuführen. Sie begründen ihre Auffassung damit,

---

[504] *Klingelhöffer*, Pflichtteilsrecht, S. 124 Rn. 431.
[505] MünchKommBGB/*Lange* § 2313 BGB Rn. 6.
[506] MünchKommBGB/*Lange* § 2313 BGB Rn. 6.
[507] *Klingelhöffer*, Pflichtteilsrecht, S. 125 Rn. 434.
[508] Palandt/*Edenhofer* § 2313 BGB Rn. 1.
[509] BGH BGHZ 123, 77 = LM Nr. 6 = NJW 1993, 2176.
[510] MünchKommBGB/*Lange* § 2313 BGB Rn. 3.
[511] *Pentz* MDR 1999, 144.

dass wenn zwischen Erbfall und Eintritt des Ereignisses sich der Wert eines Nachlassgegenstandes erheblich verringert, die Ansicht des BGH dazu führen könnte, dass der Erbe zur Befriedigung der Pflichtteilsforderung unter Umständen den gesamten Wert des erlangten Gegenstandes wieder preisgeben muss.

246 Die **Ausgleichung** ist nachträglich vorzunehmen, sobald die Bedingung, die Unsicherheit oder die Ungewissheit weggefallen ist, d. h. der Pflichtteilsberechtigte ist so zu stellen, als ob beim Erbfall das bedingte, ungewisse oder unsichere Recht oder die Verbindlichkeit bereits sicher bestanden hätte. Bestand seitens des Erblassers eine einheitliche Geschäftsverbindung, bei der die beiderseitigen Forderungen und Verbindlichkeiten verrechnet wurden und sind diese teilweise unsicher oder zweifelhaft, muss das Rechtsverhältnis als Ganzes behandelt werden. Die beiderseitigen Folgen müssen unberücksichtigt bleiben, als sich die sicheren Forderungen und Verbindlichkeiten mit unsicheren oder zweifelhaften Forderungen und Verbindlichkeiten decken. Bei Bedingungseintritt (rechtskräftige Feststellung oder Zahlung) hat dann die entsprechende Ausgleichung zu erfolgen.

Einzelfälle bedingter, ungewisser und unsicherer Rechte sind: Nacherbenrecht, Darlehensforderungen nach erfolgloser Pfändung, Milchquote, Pfandhaftungen für fremde Schulden und Bürgschaften, Aktienoptionen für Mitarbeiter.[512]

Befristete oder betagte Ansprüche und Verpflichtungen fallen nicht unter § 2313 BGB, sie sind nach § 2311 BGB zu schätzen.[513]

247 b) **Sonstige Rechte.** Sonstige Rechte sind ebenfalls zu berücksichtigen. Hierunter fallen Lastenausgleichsansprüche,[514] gewerbliche Schutzrechte,[515] Persönlichkeitsrechte,[516] Beteiligungen an einem fremden Nachlass und Anwartschaftsrechte.[517] Auch hier erfolgt die Bewertung zum Todestag des Erblassers mit dem Verkehrswert. Bei laufenden Zahlungsansprüchen wie z. B. bei Lizenzzahlungen oder bei der Bewertung musikalischer Rechte und Verlagshonoraren ist der jeweilige Ertragswert durch Schätzung der voraussichtlichen Zahlungsströme und Festlegung eines risikoadjustierten Zinssatzes zu ermitteln.

14. Bewertung von Nachlassverbindlichkeiten

248 Der Pflichtteil besteht in der Hälfte des Werts des gesetzlichen Erbteils (§ 2303 Abs. 1 Satz 2 BGB). Infolgedessen kommt der Frage, welche Passiva der Erbe von den Aktiva abziehen kann, erhebliche wirtschaftliche Bedeutung zu. Grundsätzlich gehören zu den Passiva lediglich die Nachlassverbindlichkeiten und Lasten, die vorliegen würden, wenn man allein die gesetzliche Erbfolge zugrunde legt.[518] Somit gehören jene Verbindlichkeiten nicht zu Nachlassverbindlichkeiten, die aus einer Verfügung des Erblassers von Todes wegen herrühren, z. B. die Kosten der Testamentseröffnung. Zu berücksichtigen sind aber die Kosten der Errichtung der Verfügung, da es sich insoweit um Erblasserschulden handelt. Zu berücksichtigen sind sowohl die Nachlassverbindlichkeiten (mit Ausnahme der persönlichkeitsbezogenen Pflichten, die nicht vererblich sind) als auch die Erblasser- und die Erbfallschulden.[519] Bei der Frage, ob Verbindlichkeiten berücksichtigt werden, steht die Frage, ob die jeweilige Verbindlichkeit dem Grunde nach anzusetzen ist, im Vordergrund. Bewertungsprobleme bestehen i. d. R. nicht, da auf der Passivseite keine komplexen Bewertungseinheiten, wie z. B. Unternehmen oder Landgüter bestehen. Insoweit sei auf die Ausführungen von *Blum* unter § 3 verwiesen.

---

[512] MünchKommBGB/*Lange* § 2313 BGB Rn. 7.
[513] MünchKommBGB/*Lange* § 2313 BGB Rn. 4.
[514] BGH WM 1977, 176.
[515] *Klingelhöffer*, Pflichtteilsrecht, S. 125 Rn. 437.
[516] MünchKommBGB/*Lange* § 2311 BGB Rn. 4.
[517] *Klingelhöffer*, Pflichtteilsrecht, S. 127 Rn. 442.
[518] MünchKommBGB/*Lange* § 2311 BGB Rn. 10.
[519] Staudinger/*Haas* § 2311 BGB Rn. 26.

§ 5 Der Pflichtteilsergänzungsanspruch

Übersicht

	Rn.
Checkliste zum Pflichtteilsergänzungsanspruch	1
I. Rechtsnatur des Pflichtteilsergänzungsanspruchs	2–7
II. Gläubiger des Pflichtteilsergänzungsanspruchs	8–10
III. Schuldner des Pflichtteilsergänzungsanspruchs	11–20
IV. Der Schenkungsbegriff des § 2325 BGB	21–37
V. Einzelfragen zu bestimmten Zuwendungen des Erblassers	38–171
1. Der Abschluss von Eheverträgen	38–48
2. Die ehebedingten Zuwendungen	49–57
3. Das Bestehen einer Ehegatteninnengesellschaft	58/59
4. Einräumung einer Kontoinhaberschaft und konkludente Miteigentumsgemeinschaft am Einzelkonto	60–68
5. Die Zuwendung von Lebensversicherungen	69–86
a) Widerrufliche Begünstigungserklärung	73–79
b) Unwiderrufliche Begünstigungserklärung	80–86
6. Der Vertrag zugunsten Dritter	87–91
7. Der Erlass und die Abtretung von Forderungen	92–95
a) Der Erlass von Forderungen	92
b) Die Abtretung von Forderungen	93/94
c) Die Übertragung eines Schuldverhältnisses	95
8. Die Gründung von Stiftungen/Zustiftungen	96–101
9. Die gemischte Schenkung	102–113
10. Die Schenkung unter Auflage	114–121
11. Lebzeitiger Verzicht auf bestehende Rechte gegenüber dem Pflichtteilsberechtigten	122
12. Die Einräumung eines Widerrufs- oder Rücktrittsvorbehalts bei lebzeitiger Vermögensübertragung	123
13. Die Gewährung von freiem Wohnraum	124–127
14. Die Abfindung für Erb- und Pflichtteilsverzichte/vorzeitiger Erbausgleich	128–130
15. Die Aufnahme eines neuen Gesellschafters	131–136
16. Die lebzeitige Übertragung eines Einzelunternehmens oder Abtretung einer Gesellschafterstellung	137/138
17. Abfindungsausschluss oder -einschränkung bei Personengesellschaften	139–153
18. Abfindungsausschluss oder -einschränkung bei Kapitalgesellschaften	154–157
19. Bäuerliche Hofübergabe	158–166
20. Der Mehrempfang nach § 2056 BGB	167/168
21. Die Erfüllung oder das Anerkenntnis einer verjährten Schuld	169–171
VI. Schenkung von Vermögen im Ausland	172–181

Schrifttum: *Ahrens,* Erbrecht, 2008, S. 247, 252; *Bestelmeyer,* Das Pflichtteilsrecht im Schenkungszeitpunkt als Voraussetzung für den Pflichtteilsergänzungsanspruch, FamRZ 1998, 1152; *Bonefeld,* Das Einzelkonto im Erbrecht, ZErb 2003, 369; *ders./Kroiß/Lange,* Die Erbrechtsreform, 2009; *Bothe,* Äpfel und Birnen. Berechnungsbeispiele zu § 2057b des Entwurfs, ZErb 2008, 309; *Brambring,* Abschied von der „ehebedingten Zuwendung" außerhalb des Scheidungsfalls und neue Lösungswege, ZEV 1996, 248 ff.; *Bratke,* Gesellschaftsvertragliche Abfindungsklauseln und Pflichtteilsansprüche ZEV 2000, 16; *Cornelius,* Der Pflichtteilsanspruch, 2004; *Damrau,* Erbrechtlicher Ausgleich von Zuwendungen und Pflegeleistungen, ErbR 2009, 170; *ders.,* Erbersatzanspruch und Erbausgleich, FamRZ 1969, 589; *Dingerdissen,* Pflichtteilsergänzung bei Grundstücksschenkungen unter Berücksichtigung der neueren Rechtsprechung des BGH, JZ 1993, 402; *Draschka,* Zum Beginn der zehn Jahresfrist des § 2325 III Halbs. 1 BGB bei Grundstücksschenkungen unter Nießbrauchsvorbehalt, NJW 1993, 437; *Ebenroth,* Erbrecht 1992; *Elfring,* Das System der drittbezogenen Ansprüche bei der Lebensversicherung, NJW 2004, 485; *ders.,* Drittwirkung des Lebensversicherung, 2003; *ders.,* Die Lebensversicherungen im Erbrecht, ZEV 2004, 305; *Eulberg/Ott-Eulberg/Halaczinsky,* Die Lebensversicherung im Erb- und Erbschaftsteuerrecht, 2005; *Fuhrmann,* Modelle lebzeitiger Unternehmensübertragung, 1990; *Fritz/Bünger/Bock/Gottwald,* Praxishandbuch Erbrecht, 1. Aufl. 1991; *Gebel,* Mittelbare Schenkung einer Versicherungssumme durch unentgeltliche Einräumung eines Bezugsrechts aus einer Kapitallebensversicherung, ZEV 2005, 236 ff.; *Gerken,* Zur Familien- und Lebenssituation alter Menschen – Wandel in den Grundlagen des Erbrechts, ZRP 1991, 426 ff.; *Groll,* Praxis-Handbuch Erbrechtsberatung, 2. Aufl. 2005, Rn. 252; *Gruber,* Pflichtteilsrecht und Nachlassspaltung, ZEV 2001, 463; *Grziwotz,* Vetorecht für Kinder und Partner bei Trennung, Scheidung und Aufhebung?, FamRZ 2002, 1674; *Haegele,* Zum Pflichtteilergänzungsanspruch, BWNotZ 1972, 69; *Harder,* Zum Gegenstand der Schenkung im Sinne von BGB § 2325 in Bezug auf einer vom Erblasser abgeschlossenen Lebensversicherungsvertrag, FamRZ 1976, 616 ff.; *Hasse,* Die Lebensversicherung und erbrechtliche Ausgleichsansprüche, 2005; *Hayler,* Die Drittwirkung ehebedingter Zuwendungen im Rahmen des §§ 2287, 2288 II 2, 2325, 2329 – Problemlösung durch Rückgriff auf Wertungen des Güterrechts?, FuR 2000, 4; *ders.,* Bestandskraft ehebedingter Zuwendungen im Bereich der Pflichtteilsergänzung (§§ 2325, 2329 BGB) – Vertragsgestaltung durch doppelten Güterstandswechsel?, DNotZ 2000, 681; *Hilbig,* Der Umfang des § 2325 BGB bei Lebensversicherungen, ZEV 2008, 262; *Jäger,* Zur rechtlichen Deutung ehebezogener (sogenannter unbenannter) Zuwendungen und zu ihrer Rückabwicklung nach Scheitern des Ehe, DNotZ 1991, 431; *Johannsen,* Die Rechtsprechung des Bundesgerichtshofes auf dem Gebiet des Erbrechtes 6. Teil, WM 1970, 239; *Karpen,* Die Bedeutung der Vorschriften des Sozialhilferechts für die notarielle Vertragsgestaltung, MittRhNotK 1988, 131; *Kasper,* Ausgleichung und Anrechnung im Pflichtteilsrecht, 1999; *Keller,* Die Pflichtteilsberechtigung im Zeitpunkt der Schenkung als Voraussetzung eines Pflichtteilsergänzungsanspruchs, ZEV 2000, 268; *Kerscher/Riedel/Lenz,* Pflichtteilsrecht in der anwaltlichen Praxis, 3. Aufl. 2002; *Kessler,* Die Rechtsprechung des Bundesgerichtshofes zum Erbrecht seit 1964, DRiZ 395; *ders.,* DRiZ 66, 399; *Kipp/Coing,* Erbrecht, 14. Aufl. 1990; *Klinghöffer,* Lebensversicherung und Pflichtteilsrecht, ZEV 1995, 180, 181; *ders.,* Pflichtteilsrecht, 2. Aufl. 2003; *ders.,* Kollisionsrechtliche Probleme des Pflichtteils, ZEV 1996, 259; *ders.,* Die erbrechtliche Unterhaltssicherung des ersten und zweiten Ehegatten – Ein ungeklärtes Problem des § 1586 b BGB, ZEV 2001, 179; *Klinger,* NJW-Spezial 2008, 551; *ders.,* Münchner Prozessformularbuch Erbrecht, 1. Aufl. 2004; *Kollhosser,* Aktuelle Fragen der vorweggenommenen Erbfolge, AcP 194, 231 ff., (1994); *ders.,* Ehebezogene Zuwendungen und Schenkungen unter Ehegatten, NJW 1994, 2313 ff.; *Kornexl,* Nachlassplanung bei Problemkindern, 1. Aufl. 2006; *Lange,* Zur Pflichtteilsfestigkeit von Zuwendungen an Stiftungen, FS Spiegelberger 2009, 1321; *ders./Kuchinke,* Lehrbuch des Erbrechts, 5. Aufl. 2001; *Langenfeld,* Die Bestandskraft ehebedingter Zuwendungen im Verhältnis zu Vertragserben und Pflichtteilsberechtigten, ZEV 1994, 129; *ders.,* BGH-Rechtsprechung aktuell – Der BGH – Schutzpatron der pflichtteilsberechtigten Abkömmlinge, NJW 1994, 2133 ff.; *Lehleiter,* Familienstiftungen als Instrument zur Sicherung der Unternehmenskontinuität bei Familienunternehmen 1996; *Leitzen,* Lebensversicherungen im Erbrecht und Erbschaftssteuerrecht, RNotZ 2009, 129; *Lehmann,* Die Erbschaftsbesteuerung von Versicherungsverträgen, ZEV 2004, 398; *Littig/Mayer,* Sozialhilferegress gegenüber Erben und Beschenkten 2000; *Mayer,* Ausgewählte erbrechtliche Fragen des Vertrages zugunsten Dritter, DNotZ 2000, 905; *Mayer, J.,* Pflichtteil und Ertragswertprivileg, MittBayNot 5/2004,334; *ders.,* Anrechnung und Ausgleichung im Erb- und Pflichtteilsrecht- eine Einführung anhand von Beispielsfällen, ZErb 2007, 130 ff.; *Mayer, N.,* Fragen der Pflichtteilsergänzung bei vorweggenommener Erbfolge – Gestaltungsmöglichkeiten nach der neuesten Rechtsprechung, ZEV 1994, 325; *Mayer,* Aktuelle Rechtsprechung des BGH und der Obergerichte im Erbrecht, ZErb 2001, 197, 202; *Mayer/Süß/Tanck/Bittler/Wälzholz,* Handbuch Pflichtteilsrecht 2003; *Meyding,* Schenkung unter Nießbrauchsvorbehalt und Pflichtteilsergänzungsanspruch, ZEV 1994, 202; *Mohr,* Ausgleichung und Anrechnung bei Schenkungen, ZEV 1999, 257; *Morhard,* Unbenannte Zuwendungen zwischen Ehegatten – Rechtsfolge und Grenzen des Vertragsschlusses, NJW 1987, 1734; *Muscheler,* Zur Frage der Nachlasszugehörigkeit des Anspruchs aus § 2287 BGB, FamRZ 1994, 1361, 1366; *Nieder,* Handbuch der Testamentsgestaltung, 3. Aufl. 2008; *Pentz,* Haftung des Beschenkten nach § 2329 BGB, MDR 1998, 132; *Ott-Eulberg/Schebesta/Bartsch,* Praxishandbuch Erbrecht und Banken, 2. Aufl. 2008; *Papenmeier,* Berechnung der Ausgleichung beim Zusammentreffen von § 2057 b BGB-E und der §§ 2050, 2057 a BGB, ZErb 2008, 414; *Pentz,* Das Pflichtteilsrecht im Schenkungszeitpunkt als Voraussetzung für den Pflichtteilsergänzungsanspruch, FamRZ 1999, 488; *ders.,* Pflichtteilsergänzung nur bei Pflichtteilsrecht auch im Schenkungszeitpunkt, MDR 1997, 717; *Progl,* Die Reichweite des Pflichtteilsergänzungsanspruchs gemäß § 2325 BGB bei Lebensversicherungszuwendungen, ZErb 2004, 187, 190; *Prölss/Martin/Kollhosser,* Versicherungsvertragsgesetz, 27. Aufl. 2004; *Rawert/Katschinski,* Stiftungserrichtung und Pflichtteilsergänzung, ZEV 1996, 161 ff.; *Reiff,* Nießbrauch und Pflichtteilsergänzung, ZEV 1998, 241; *ders.,* Pflichtteilsergänzung von dem Erblasser weitergenutzten Geschenken, NJW 1995, 1136; *Richter,* Das Verhältnis von Zuwendungen an Stiftungen und Pflichtteilsergänzungsansprüchen, ZErb 2005, 134; *Riedel/Lenz,* Die Geltendmachung von Pflichtteilsergänzungsansprüchen gegen den vom Erblasser Beschenkten, ZErb 2002, 4; *Rödder,* Sind Lebensversicherungen erbschaft- und schenkungssteuerlich vorteilhaft?, DStR 1993, 781; *Rohlfing,* Erbrecht, 2. Aufl. 1999; *Röthel* (Hrsg.), Reformfragen des Pflichtteilsrechts, 2007; *Ruby,* Das Landgut im Erbrecht BGB ZEV 2007, 260; *ders.,* Das Landwirtschaftserbrecht: Das Landgut im BGB, ZEV 2007, 263 ff.; *Schanbacher,* Nichtberücksichtigung ausgleichungspflichtiger Zuwendungen bei der Pflichtteilsergänzung – Rückkehr zu RGZ 77, 282, ZEV 1997, 399; *Scherer,* Münchener Anwaltshandbuch, 2. Aufl. 2007; *Schlitt,* Klassische Testamentsklauseln 1991; *Schindler,* Lebensversicherung und Pflichtteilsergänzung, ZErb 2008, 331; *Schmidt-Kessel,* Wohin entwickelt sich die Pflichtteilsergänzung? – Anmerkung zu BGH vom 25. 6. 1997, ZNotP 1998, 2; *Siebert,* Grenze und Schutzbereich des Pflichtteilsergänzungsanspruchs, NJW 2006, 2948; *Sudhoff,* Unternehmensnachfolge, 5. Aufl. 2005; *Stahl/Strahl/Fuhrmann,* Beratungsbrennpunkt Erbschaftsteuerreform – Vorweggenommene Erbfolge – Testamentsgestaltung, 1. Aufl. 2008; *Sticherling,* Lebensversicherungssumme als Zuwendungsgegenstand im Pflichtteilsrecht?, ZErb 2008, 245; *ders.,* Lebensversicherungssumme als Zuwendungsgegenstand im Pflichtteilsrecht? ZErb 2008, 31; *Speckmann,* Terminologisches zur Rechtsprechung über die Frage der Sittenwidrigkeit letztwilliger Zuwendungen bei ehebrecherischen Beziehungen, JZ 1969, 733 ff.; *Spellenberg,* Verbotene Schenkungen gebundener Erblasser in der Rechtsprechung, NJW 1986, 2531; *Stehlin,* Auswirkungen unbenannter Zuwendungen zwischen Ehegatten im Erbrecht, ZErb 1999, 52; *Tanck,* Auswirkung des Grundsatzes der Doppelberechtigung beim Pflichtteilsergänzungsanspruch auf die Pflichtteilsquoten anderer Beteiligter, ZErb 2005, 3; *Thubauville,* Die Anrechnung lebzeitiger Leistungen auf Erb- und Pflichtteilsrecht; MittRhNotK 1992, 289; *Tiedtke,* Die Voraussetzungen des Pflichtteilsergänzungsanspruchs, DNotZ 1998, 85; *van de Loo,* Bessere Berücksichtigung von Pflegeleistungen beim Erbausgleich, FPR 2008, 551; *Waas,* Zur Dogmatik der sogenannten „ehebezogenen Zuwendungen", FamRZ 2000, 453 ff.; *Wegmann,* Eheverträgliche Gestaltung zur Pflichtteilsreduzierung, ZEV 1996, 206; *Weißler,* DNotZ 1905, 497; *Winkler,* Unternehmensnachfolge und Pflichtteilsrecht – Wege zur Minimierung des Störfaktors „Pflichtteilsansprüche", ZEV 2005, 89.

Checkliste zum Pflichtteilsergänzungsanspruch

1. Welchen Güterstand hat der Erblasser mit seinem Ehepartner vereinbart und könnten hier Vermögensübertragungen stattgefunden haben, die pflichtteilsergänzungsrelevant sind?
2. Hat der Erblasser zu Lebzeiten innerhalb der letzen 10 Jahre Vermögensverfügungen getroffen, die eine Schenkung im Sinne des § 2325 BGB darstellen?
3. Hat der Erblasser seit Bestehen der Ehe Schenkungen an den Ehegatten vorgenommen?
4. Bestand zwischen den Eheleuten Gütertrennung und konnte eine Ehegatteninnengesellschaft hierbei bestehen?
5. Gibt es zwischen den Eheleuten ehebedingte Zuwendungen, die der Pflichtteilsergänzung unterliegen könnten?
6. Hat der Erblasser Kontovermögen auf Dritte übertragen oder hielt er mit dem Ehepartner oder Dritten eine Miteigentumsgemeinschaft an einem Konto inne?
7. Welche Arten von eventueller Schenkung an Dritte liegen vor?
8. Gibt es Lebensversicherungen, die im Zeitpunkt des Erbfalles am Nachlass vorbei an dritte Personen ausgezahlt wurden?
9. Sind Lebensversicherungsverträge zu Lebzeiten des Erblassers auf Dritte übertragen worden?
10. Hatte der Erblasser Prämien auf Lebensversicherungsverträge gezahlt, bei denen er weder Versicherungsnehmer noch versicherte Person war?
11. Hatte der Erblasser möglicherweise Forderungen, die er Dritten gegenüber hatte, erlassen oder an diese abgetreten?
12. Hat der Erblasser zu Lebzeiten eine Stiftung gegründet und sein Vermögen auf diese Stiftung übertragen oder Zustiftungen an andere Stiftungen getätigt?
13. Liegen Vermögensübertragungen zu Lebzeiten des Erblassers vor, bei denen Nießbrauchs- oder Wohnungsrechte vorbehalten worden sind oder sonstige Nebenleistungen, Auflagen oder Rücktrittsvorbehalte vereinbart wurden?
14. Hat der Erblasser einem Pflichtteilsberechtigten oder Dritten unentgeltlich Wohnraum zur Verfügung gestellt?
15. War der Erblasser Inhaber von Unternehmensbeteiligungen oder von Gesellschafterrechten an Kapital- oder Personengesellschaften und wurden hier Abfindungsklauseln vereinbart, die zu einer Begünstigung des Unternehmensnachfolgers oder der verbliebenen Gesellschafter führen?
16. Hat der Erblasser einen landwirtschaftlichen Betrieb hinterlassen und hier eine Anordnung nach § 2312 BGB getroffen?
17. Wer von den Eheleuten hat tatsächlich die vorbezeichneten Schenkungen getätigt (enger Erblasserbegriff)?
18. Wurden einem der Pflichtteilsberechtigten bereits Vermögensteile übertragen, die weit über den eigentlichen Pflichtteilsanspruch hinaus gehen?
19. Hat der Erblasser Pflichtteilsansprüche auf den Tod des Erstverstorbenen erfüllt, die möglicherweise schon verjährt waren?
20. Wie hoch ist der Wert der Schenkung zu veranschlagen, handelt es sich um eine verbrauchbare oder nicht verbrauchbare Sache und findet das Niederstwertprinzip Anwendung?

I. Rechtsnatur des Pflichtteilsergänzungsanspruchs

Wenn es der Gesetzgeber nur bei dem ordentlichen Pflichtteil der §§ 2303 ff. BGB belassen hätte, könnte der Erblasser die Pflichtteilsansprüche in der Weise umgehen, dass er zu Lebzeiten sein gesamtes Vermögen auf dritte Personen überträgt, damit bei der Berechnung des ordentlichen Pflichtteils **kein werthaltiger Nachlass** mehr vorhanden ist. Um diese Vorgehensweise zu verhindern, sieht das Gesetz einen sogenannten **Pflichtteilsergänzungsanspruch** vor, der einen Ausgleich für die zu Lebzeiten des Erblassers getätigten Schenkungen schaffen und die Umgehung des ordentlichen Pflichtteils verhindern soll. Der Pflichtteilsergänzungsanspruch kann sowohl dem enterbten Pflichtteilsberechtigten als auch dem Erben oder Vermächtnisnehmer zustehen, wenn dessen Pflichtteilsanspruch unter Berücksichtigung des Pflichtteilsergänzungsanspruchs höher wäre als sein erbrechtlicher Erwerb (§ 2326 BGB).

3 Ebenso wie der ordentliche Pflichtteil ist auch der Pflichtteilsergänzungsanspruch ein **Geldzahlungsanspruch**. Die einzige **Ausnahme** von dem Grundsatz, dass der Pflichtteil als Geldanspruch zu bezahlen ist, ist der Anspruch aus § 2329 BGB, wenn der Pflichtteilsergänzungsanspruch gegen den Beschenkten selbst geltend gemacht wird. Hier ist der Anspruch primär auf **Herausgabe des Geschenkes** gerichtet.

4 Rechtsdogmatisch wird der Pflichtteilsergänzungsanspruch **wie der ordentliche Pflichtteil** behandelt. Dies gilt insbesondere für den Zeitpunkt des Entstehens, seiner Geltendmachung, Verpfändbarkeit und Übertragbarkeit, auch im Hinblick auf die Auskunftspflichten, die Wertermittlung und die Berechnung des Pflichtteilsergänzungsanspruchs. Soweit also in den Vorschriften der §§ 2325–2329 BGB keine Sondervorschriften enthalten sind, gelten für den Pflichtteilsergänzungsanspruch die gesetzlichen Regelungen des ordentlichen Pflichtteils. **Abgrenzungsprobleme** können sich allenfalls bei der Abgrenzung von anrechnungs- und ausgleichspflichtigen Zuwendungen und pflichtteilsergänzungspflichtigen Zuwendungen (§§ 2315, 2316, 2325 BGB) ergeben, zu denen noch im Rahmen dieses Kapitels näher ausgeführt werden wird.

Die einzige Besonderheit bei der Berechnung des Pflichtteilsergänzungsanspruchs besteht darin, dass die an Dritte gemachten, **berücksichtigungsfähigen Schenkungen fiktiv als Aktiva** dem ordentlichem Nachlass hinzugerechnet werden und dann aus diesem fiktiven Nachlasswert entsprechend der Pflichtteilsquote der Pflichtteil errechnet wird.

5 Die Höhe des Pflichtteilsergänzungsanspruchs ist dann der Betrag, um den sich der Pflichtteil erhöht hätte, wenn der verschenkte Gegenstand sich noch im Nachlass befunden hätte (**fiktiver Nachlass oder auch so genannter Ergänzungsnachlass**). Auf den so errechneten Ergänzungspflichtteil ist **der ordentliche Pflichtteil** oder der hinterlassene Erbteil oder das Vermächtnis anzurechnen, um den einheitlichen Pflichtteilsergänzungsanspruch zu ermitteln.[1]

Der **Gesamtpflichtteil** (der Pflichtteilsanspruch im weiteren Sinne) besteht daher aus dem **ordentlichen Pflichtteilsanspruch** und dem **Pflichtteilsergänzungsanspruch**.

6 Neben den Bestimmungen des Pflichtteilsergänzungsanspruchs kann sich ein weiterer Schutz vor lebzeitigen Zuwendungen des Erblassers aus **§§ 138, 826 BGB** ergeben. Ist der Erblasser an eine letztwillige Zuwendung in einem gemeinschaftlichen Testament oder einem Erbvertrag gebunden, kann außerdem **bei fehlendem lebzeitigen Eigeninteresse** eine Korrektur der lebzeitigen Schenkung über **§§ 2287, 2288 BGB** erreicht werden. Die Anwendbarkeit der Bestimmungen der §§ 2287, 2288 BGB schließt grundsätzlich nicht aus, dass auch zusätzlich Pflichtteilsergänzungsansprüche gemäß § 2325 BGB geltend gemacht werden können. Bei § 2325 BGB gilt jedoch immer die Einschränkung, dass es sich um **Schenkungen** gehandelt haben muss, die innerhalb der **Frist des § 2325 Abs. 3 BGB** erfolgt sind, während für Ansprüche gemäß §§ 2287, 2288 BGB eine zeitliche Begrenzung nicht besteht. Außerdem handelt es sich bei den Ansprüchen nach §§ 2287, 2288 BGB, um persönliche Ansprüche des Vertragserben und -vermächtnisnehmers und fallen deshalb nicht in den Nachlass.[2]

Ist der Pflichtteilsberechtigte selbst beschenkt und einem Anspruch aus den §§ 2287, 2288 BGB ausgesetzt, ist er insoweit nicht beeinträchtigt, soweit die Schenkung des Erblassers seinen eigenen Pflichtteil abdeckt.[3]

---

[1] *Siebert* NJW 2006, 2948.
[2] BGH FamRZ 1994, 1361, 1366; MünchKommBGB/*Lange* § 2325 Rn. 10; BGHZ 78, 1; 108, 73; *Muscheler* FamRZ 1995, 1361.
[3] BGHZ 88, 269 ff.; *Muscheler* FamRZ 1994, 1361, MünchKommBGB/*Lange* § 2325 Rn. 10.

Wer einen **Pflichtteilsverzicht** erklärt hat, verzichtet damit zugleich auch auf den Pflichtteilsergänzungsanspruch.⁴ Auch die **Pflichtteilsentziehung** erstreckt sich grundsätzlich auf den Ergänzungsanspruch.

Bei der Errechnung der Unterhaltsgrenze für die geschiedenen Ehegatten gemäß § 1586 b BGB werden die Pflichtteilsergänzungsansprüche ebenfalls mitberücksichtigt.⁵ Nur die güterstandsabhängige Erhöhung der Pflichtteilsquote über § 1371 Abs. 1 BGB bleibt unberücksichtigt.

II. Gläubiger des Pflichtteilsergänzungsanspruchs

Der Gläubiger des Pflichtteilsergänzungsanspruchs ist grundsätzlich **der enterbte Pflichtteilsberechtigte**. Gläubiger des Pflichtteilsergänzungsanspruchs kann aber auch der **pflichtteilsberechtigte Miterbe oder Vermächtnisnehmer** sein (§ 2326 BGB).

Der Personenkreis der Pflichtteilsberechtigten und der Ergänzungsberechtigten muss aber aus nachfolgenden Gründen nicht identisch sein. Nach Ansicht des BGH ist nämlich nur derjenige Pflichtteilsberechtigte **ergänzungsberechtigt, der zum Zeitpunkt der Schenkung bereits gelebt hat** (sog. Doppelberechtigung).⁶ Der BGH begründet seine Rechtsauffassung damit, dass derjenige, der zum Zeitpunkt der Schenkung als Pflichtteilsberechtigter noch nicht vorhanden war, **kein Bestandsschutz** erwarten kann, ebenso wenig wie bei Schenkungen, die bereits länger als 10 Jahre zurückliegen. Die Rechtsprechung des BGH ist äußerst umstritten, da sich aus dem Wortlaut des § 2325 BGB keine Anhaltspunkte für eine derartige **richterliche Rechtsfortbildung** ableiten lassen.⁷ Die **überwiegende Rechtsauffassung** in der Literatur lehnt die BGH-Entscheidung ab und meint, dass der Pflichtteilsergänzungsanspruch auch dann bestehen müsse, wenn der Pflichtteilsberechtigte im Zeitpunkt des Vollzugs der Schenkung noch nicht pflichtteilsberechtigt war.⁸ *Lange* weist zur Frage der Zulässigkeit einer Rechtsfortbildung darauf hin, dass diese Frage bei den Vorarbeiten zum BGB ausführlich diskutiert worden ist und eine eindeutige Entscheidung getroffen wurde, dass ein Pflichtteilsanspruch auch dann bestehen muss, wenn der Pflichtteilsberechtigte zum Zeitpunkt der Schenkung noch nicht gelebt hat.⁹ Die Anwendung der BGH-Rechtsprechung wirft nach *Lange* zahlreiche ungeklärte **Folgeprobleme** auf. So stellt sich die Frage, ob bei Abkömmlingen die **Ergänzungsquote** nach den Verhältnissen **zum Zeitpunkt der Schenkung**¹⁰ oder nach den Verhältnissen **zum Zeitpunkt des Erbfalls**¹¹ zu bestimmen ist. Fraglich sei auch, ob später geborene Abkömmlinge beim Zusammentreffen mit ergänzungsberechtigten Abkömmlingen aus anderen Stämmen wegen § 1924 Abs. 2 BGB zu berücksichtigen sind. Ungeklärt sei auch die Frage, ob Abkömmlinge, die zum Zeitpunkt der Schenkung zwar vorhanden waren, aber beim Erbfall bereits verstorben sind, ihren später geborenen Abkömmlingen die Ergänzungsberechtigung wahren, wenn sonst keine ergänzungsberechtigten Abkömmlinge aus einem anderen Stamm lebten.¹² Bei der Anwendung der Rechtsprechung des BGH müsste zugleich auch noch die Frage geklärt werden, ob Abkömmlinge, die zum Zeitpunkt der Schenkung gelebt, aber über § 2309 BGB zunächst im

---

⁴ Lange/*Kuchinke* § 37 X 1c Fn. 435; MünchKommBGB/*Lange* § 2325 Rn. 4.
⁵ BGH NJW 2001, 828; Klinghöffer ZEV 2001, 179; *J. Mayer* ZErb 2001, 197, 202, a.A. AG Bottrop FamRZ 1989, 1009.
⁶ BGHZ 59, 210; BGH ZEV 1997, 373; vgl. hierzu: BGH NJW 1973, 40; BGH NJW 1997, 2676; *Tanck* ZErb 2005, 3.
⁷ Palandt/*Edenhofer* § 2325 Rn. 5; Juris PK/*Birkenmeier* § 2325 Rn. 13; AnwK-BGB/*Bock* BGB 2004, § 2325 Rn. 7; RGRK Johannsen § 2325 Rn. 5.
⁸ MünchKommBGB/*Lange* § 2325 Rn. 7; *Tiedtke* DNotZ 1998, 85; Bamberger/Roth/*J. Mayer* § 2325 Rn. 3; *Otte* ZEV 1997, 375; *Schmitt/Kessel* ZNotP 1998, 2; Staudinger/*Olshausen* § 2325 Rn. 66, *von Lübtow* in: FS/ Bosch 1976, 573; *Bosch* FamRZ 1973, 90; *Reinicke* NJW 73, 597; Erman/*Schlüter* vor § 2325 Rn. 6.
⁹ MünchKommBGB/*Lange* § 2325 Rn. 7; Mot. V S. 458 ff.; Prot. V S. 586 ff.
¹⁰ Sowohl *Pentz* MDR 1997 717, 719.
¹¹ *Bestelmeyer* FamRZ 1998, 1152 und FamRZ 1999, 489.
¹² Dagegen: *Bestelmeyer* FamRZ 1998, 1152; a.A. Soergel/*Dieckmann* § 2325 Rn. 3 Fn. 21.

Zeitpunkt der Schenkung als Ergänzungsberechtigte ausgeschlossen waren, später noch ergänzungsberechtigt werden können oder nicht.[13] *Dieckmann* will insoweit auf die abstrakte Pflichtteilsberechtigung abstellen, während andere Autoren bei der Frage, ob man pflichtteilsberechtigt ist, auf die konkrete Pflichtteilsberechtigung im Zeitpunkt des Erbfalles abstellen.

10 Ungeachtet der vielseitig geäußerten Kritik, die auch in § 5 dieses Handbuches nochmals anhand eines Beispielfalls verdeutlicht wird, ist die Entscheidung des BGH allenfalls für die Fälle nachvollziehbar, in denen die **zweite Ehefrau wegen Schenkungen an erstehelige Kinder**, Pflichtteilsergänzungsansprüche wegen Schenkungen vor der Eheschließung geltend macht. Einige Meinungen in der Literatur wollen diese Rechtsprechungsgrundsätze wegen ähnlicher Interessenlage auch auf die Fälle anwenden, in denen **Abkömmlinge erst nach der Schenkung adoptiert worden sind**.[14] Unstreitig ist auch davon auszugehen, dass **Schenkungen in einem Zeitpunkt, als die Eltern noch nicht verheiratet waren**, nicht der Pflichtteilsergänzung unterliegen.[15] Das OLG Köln hat entschieden, dass **Schenkungen des Erblassers vor einer Vaterschaftsanerkennung** als Schenkungen im Sinne des § 2325 BGB zur Pflichtteilsergänzung berechtigen, weil die Vaterschaftsanerkennung auf den Zeitpunkt der Geburt zurückwirkt.[16]

Die Rechtsprechung des BGH ist aber ansonsten für die insgesamt als **schutzwürdig angesehenen Abkömmlinge** insgesamt abzulehnen. Von *Brecht* wird deshalb die Anwendung der Rechtsprechungsgrundsätze des BGH auf Abkömmlinge allgemein abgelehnt und zu Recht vertreten, dass eine abstrakte Pflichtteilsberechtigung der Abkömmlinge ausreichend sein müsse.[17] Dennoch bleiben die Fälle, in denen während der Ehe Schenkungen zu einem Zeitpunkt erfolgt sind, in denen nachgeborenen Abkömmlinge noch nicht vorhanden waren, nach wie vor umstritten.

Der Pflichtteilsergänzungsanspruch ist grundsätzlich auch **vererblich**, wenn der Pflichtteilsberechtigte nach dem Erblasser verstorben ist (§ 2317 Abs. 2 BGB). Dieser Pflichtteilsergänzungsanspruch geht kraft Gesetzes oder durch Verfügung von Todes wegen auf die Erben des Pflichtteilsberechtigten über.

III. Schuldner des Pflichtteilsergänzungsanspruchs

11 Schuldner des Pflichtteilsergänzungsanspruchs sind grundsätzlich die **Erben**, die gesamtschuldnerisch gemäß § 2058 BGB für den Pflichtteilsergänzungsanspruch haften. Nur dann, wenn die Voraussetzungen des § 2329 BGB vorliegen und der Erbe selbst „**nicht verpflichtet**" ist, kann **gegen den Beschenkten** vorgegangen werden (§ 2329 BGB). Welche Voraussetzungen dazu führen, dass der Durchgriff gegen den Beschenkten möglich ist, ist in der Rechtsprechung und im Schrifttum erheblich umstritten.[18]

12 Ein im Gesetz normierter, eindeutiger Fall liegt nur vor, wenn der **pflichtteilsberechtigte Alleinerbe** selbst unter Berücksichtigung von § 2326 BGB einen Ergänzungsanspruch geltend macht. In diesem Falle kann der Alleinerbe sofort den Anspruch gegen den Beschenkten richten. Richtet sich der **Anspruch gegen den oder die Erben** und gibt es einen Beschenkten sind noch viele Fragen offen.

13 Nach Ansicht des BGH ist der Erbe dann „nicht verpflichtet", wenn er **nur beschränkt** (§§ 1975, 1990, 2060 BGB) für den Nachlass **haftet** und der Nachlass zur Pflichtteilsergänzung nicht ausreicht.[19] Gleiches gilt auch, wenn dem Erben die Einrede nach § 2328 BGB

---

[13] Zu dieser Problematik vgl. LG Dortmund ZEV 1999, 30; mit kritischer Anmerkung *Otte*, FamRZ 1999 1467; Keller ZEV 373; Soergel/*Dieckmann* § 2325 Rn. 3 Fn. 20.
[14] Bamberger/Roth/*J. Mayer* § 2325 Rn. 3; Soergel/*Dieckmann* 2325, Rn. 3; AnwK-BGB/*Bock* 2004, § 2225, Rn. 7; *Rohlfing* § 5, Rn. 198.
[15] *Ebenroth* Rn. 979.
[16] OLG Köln ZEV 2005, 398.
[17] *Keller* ZEV 2000, 286; *Bestelmeyer* FamRZ 1998, 1152; *Bestelmeyer* FamRZ 1999, 489.
[18] *Riedel/Lenz* ZErb 2002, 4; Palandt/*Edenhofer* § 2329 Rn. 8; Lange/*Kuchinke* § 37 X 79.
[19] BGH NJW 1961, 870.

III. Schuldner des Pflichtteilsergänzungsanspruchs

wegen seines eigenen Ergänzungspflichtteils zusteht. Ob der Erbe die **Einrede des § 2328 BGB** oder die **Einrede der beschränkten Erbenhaftung nach §§ 1990, 1991 Abs. 4 BGB** formell erheben muss oder ob allein das **Bestehen der Einrede** für die Abwehr der Ansprüche genügt, ist in der Rechtsprechung ebenfalls umstritten.[20] Der BGH ist in einem Fall, in dem der pflichtteilsberechtigte Miterbe direkt gegen den Beschenkten vorgegangen ist, davon ausgegangen, dass sich der ansonsten in Anspruch zu nehmende Miterbe auf die vorgenannten Einreden berufen hätte.[21] Der BGH wandte in diesem Falle also § 2329 Abs. 1 S. 2 BGB an. Ob dies auch für den **Pflichtteilsberechtigten, der nicht zugleich Miterbe ist,** gilt, ist bisher nicht höchstrichterlich entschieden. Die überwiegende Auffassung geht offensichtlich davon aus, dass es nicht auf eine tatsächliche Geltendmachung ankommen kann.[22]

Nach der Rechtsprechung des Reichsgerichts[23] und des BGH[24] ist der Erbe auch dann nicht im Sinne des § 2329 Abs. 1 BGB „verpflichtet", wenn der Nachlass von vornherein **wertlos oder überschuldet ist** und zur Befriedigung von Pflichtteilsergänzungsansprüchen nicht ausreicht. Der BGH wendet hier zumindest beim pflichtteilsberechtigten Miterben zu Recht § 2329 Abs. 1 S. 2 BGB analog an mit der Begründung, dass hier eine mit dem Alleinerben vergleichbare Lage vorliege.[25] Eine weitere Frage erhebt sich, ob der Pflichtteilsberechtigte sich auch dann an den Beschenkten wenden kann, wenn der an sich verpflichtete, unbeschränkt haftende Erbe **zahlungsunfähig** ist. Die h. M.[26] bejaht hier einen Durchgriff auf den Beschenkten.[27] Die Mindermeinung verneint den Rechtsspruch mit der Begründung, dass das Insolvenzrisiko hier nicht auf den Pflichtteilsergänzungsberechtigten übertragen werden darf.[28]

Ist **der Beschenkte zugleich Erbe oder Miterbe,** kann es sein, dass er als Erbe oder Miterbe zwar nicht verpflichtet ist, jedoch als Beschenkter in Anspruch genommen werden kann.[29] Eine Klage auf Geldleistung unterbricht in diesem Falle auch die Verjährung des Anspruches aus § 2329 BGB.[30] Der Verjährungsbeginn richtet sich auch in diesem Fall nach § 2332 Abs. 2 BGB.[31]

Die h. M. geht von der Anwendung des § 822 BGB gegenüber dem neuen Beschenkten aus, wenn die Bereicherung des zunächst Beschenkten deshalb weggefallen ist, weil dieser das Geschenk wiederum einem Dritten zugewandt hat.[32]

Hat der Erblasser **mehrere Personen beschenkt,** gilt der Grundsatz, dass immer nur derjenige vorrangig haftet, der das jüngste Geschenk erhalten hat. Ein früherer Beschenkter haftet nur, wenn ein späterer „nicht verpflichtet" ist. Wegen des Zeitpunkts der Schenkung ist auch hier auf den **Vollzug der Schenkung** abzustellen.[33] Reicht die Zuwendung an den zuletzt Beschenkten nicht aus, um den Pflichtteilsergänzungsanspruch zu erfüllen, ist das nächst jüngere Geschenk in die Haftung zu nehmen. In diesem Fall ist allerdings besonders darauf zu achten, dass für **jedes einzelne Geschenk die Frist des § 2325 Abs. 3 BGB** eingehalten sein muss. So kann beispielsweise der früher beschenkte Ehegatte, weil bei ihm die Frist nicht läuft, „verpflichtet" sein, während bei einem an sich später Beschenkten die Frist des § 2325 Abs. 3 BGB bereits abgelaufen ist und ihm gegenüber kein Ergänzungsanspruch mehr besteht.

---

[20] MünchKommBGB/*Lange* § 2329 Rn. 4; Soergel/*Dieckmann* § 2329 Rn. 7 a; *Kipp/Coing* 13 VI; *Pentz* MDR 1998, 132; Lange/*Kuchinke* § 37 X 7 a; RGRK/*Johannsen* § 2329 Rn. 1.
[21] BGHZ 80, 205.
[22] Palandt/*Edenhofer* § 2329 Rn. 2 m. w. N.
[23] RG RGZ 80, 126.
[24] BGH FamRZ 1968, 150; BGH LM § 2325 Nr. 2.
[25] BGH NJW 1981, 1446.
[26] Staudinger/*Olshausen* § 2329 Rn. 10; Palandt/*Edenhofer* § 2329 Rn. 2; Soergel/*Dieckmann* § 2329 Rn. 8; RGRK/*Johannsen* § 2339 Rn. 2; MünchKommBGB/*Lange* § 2329 Rn. 4; *Kipp/Coing* § 13 VI 2.
[27] Palandt/*Edenhofer* § 2329 Rn. 2.
[28] Lange/*Kuchinke* BGH NJW 1970, 1638 § 37 X 7.
[29] RG JW 1912, 913; BGH FamRZ 1968, 150; BGHZ 107, 200.
[30] BGHZ 107, 200.
[31] MünchKommBGB/*Lange* § 2332, Rn. 13; a. A. OLG Saarbrücken NJW 1977, 1825.
[32] Lange/*Kuchinke* § 37 X 7 c.
[33] BGH NJW 1983, 1485.

Damit hier gegenüber jedem Beschenkten verjährungshemmende Maßnahmen ergriffen werden, empfiehlt es sich, eine Streitverkündung oder aber eine Hilfsfeststellungsklage vorzunehmen.[34]

17 Der Beschenkte haftet in jedem Falle nur aus **bereicherungsrechtlichen Grundsätzen**. Danach ist der Beschenkte verpflichtet, den geschenkten Gegenstand zum Zwecke der Befriedigung wegen des fehlenden Betrages herauszugeben. Der Beschenkte haftet nicht mehr, wenn er entreichert ist. Ab **Eintritt der Rechtshängigkeit** trifft den Beschenkten aber die verschärfte Haftung der §§ 818 Abs. 4, 819 BGB. Die Bereicherung kann aber auch dadurch weggefallen sein, dass der Beschenkte den Gegenstand ebenfalls wieder verschenkt hat. Dann stellt sich die Frage, ob dann der neue Beschenkte nach **§ 822 BGB** haftet.

18 Der Beschenkte kann in allen Fällen die Herausgabe durch **Zahlung des fehlenden Betrages** abwenden. Der Anspruch aus § 2329 BGB ist immer subsidiär gegenüber dem Anspruch aus § 2325 BGB.

19 Auch wenn Testamentsvollstreckung angeordnet ist, ist Schuldner des Pflichtteilsanspruchs nur der Erbe oder der Beschenkte.[35] Lediglich, wenn wegen des Pflichtteilsergänzungsanspruchs in den Nachlass vollstreckt werden soll, ist zusätzlich ein **Duldungstitel gegen den Testamentsvollstrecker** zu erwirken, wenn ihm die Verwaltung über den Haftungsgegenstand zugewiesen wurde. Insoweit ist es ratsam, in einer einheitlichen Klage die Erben auf Zahlung und den Testamentsvollstrecker auf Duldung zu verklagen.

20 Unabhängig von den unterschiedlichen Fristen, die nach § 2325 Abs. 3 BGB zu prüfen sind, muss auch die **Verjährungsfrist** hier in besonderer Weise überprüft werden. Während der Pflichtteilsanspruch und Pflichtteilsergänzungsanspruch nach Ablauf von drei Jahren seit dem Jahresende verjährt, in dem der Pflichtteilsberechtigte von dem Eintritt des Erbfalls und der von ihn beeinträchtigenden Verfügung Kenntnis erlangt hat (§ 195 BGB), tritt bei der **Inanspruchnahme gegen den Beschenkten** gemäß § 2329 BGB in jedem Falle **innerhalb von drei Jahren** seit dem Erbfall, unabhängig von einer zusätzlichen Kenntnis, die Verjährung ein (§ 2332 Abs. 1 BGB). Um in diesem Fall auch verjährungsunterbrechende Maßnahmen durchführen zu können, ist hier nicht nur die Klage gegen den Erben, sondern auch **hilfsweise eine Feststellungsklage** gegen den jeweiligen Beschenkten notwendig, um verjährungsunterbrechende Maßnahmen vorzunehmen. Zur Unterbrechung der Verjährung wäre daneben auch eine **Streitverkündung** denkbar.[36]

Trotz der grundsätzlichen Änderung der Verjährungsbestimmungen sehen die §§ 1302, 1390 Abs. 3 Satz 1 bzw. § 2287 Abs. 2 BGB für den Beginn der Verjährungsfrist – nach wie vor – **Sonderregelungen** vor.

Nach den **Überleitungsvorschriften** (Art. 229 § 23 EGBGB) finden die neuen Verjährungsvorschriften auf die an dem Tag des In-Kraft-Tretens bestehenden und noch nicht verjährten Ansprüche Anwendung.[37]

IV. Der Schenkungsbegriff des § 2325 BGB

21 Grundsätzlich deckt sich der Schenkungsbegriff des § 2325 BGB mit dem des **§ 516 Abs. 1 BGB**. Danach muss eine **objektive Bereicherung des Dritten** und die **subjektive Einigung über die objektive Unentgeltlichkeit** der Zuwendung vorliegen. Entscheidend ist hierbei nicht das Maß des Vermögensabflusses, sondern das Maß der vom Zuwendungsempfänger bewirkten Bereicherung.[38]

22 Wenn allerdings der **Vorerbe** zu Lebzeiten einen Nachlassgegenstand im Wege der vorweggenommenen Erbfolge auf den **Nacherben** verschenkt, liegt keine Schenkung in diesem

---

[34] Vgl. § 6 Rn. 87.
[35] Vgl. § 9 Rn. 1.
[36] BGHZ 17, 336.
[37] Vgl. hierzu: weiterführend *Bonefeld/Kroiß/Lange* § 1.
[38] Palandt/*Putzo* § 516 Rn. 6; RG RGZ 128, 187; BGH NJW 1961, 604; BGHZ 59,132; BGH NJW 1981, 1956; *Spellenberg* NJW 1986, 2531; Lange/*Kuchinke* § 37 X 2 a); Palandt/*Edenhofer* § 2325 Rn. 1 m. w. N.

IV. Der Schenkungsbegriff des § 2325 BGB

Sinne vor, weil es sich bei dem von der Nacherbfolge erfassten Vermögensgegenstand um kein Eigenvermögen des Vorerben im eigentlichen Sinne handelt.[39]

Keine Schenkungen liegen auch in den gemäß § 517 BGB normierten Fällen vor, insbesondere wenn der Pflichtteilsberechtigte einen ihn belasteten Erbteil annimmt und keinen Pflichtteilsanspruch geltend macht[40] oder wenn der an sich Berechtigte **ein Vermächtnis oder eine Erbschaft ausschlägt**. Die **Nichtausübung eines Vorkaufsrechts** stellt ebenfalls einen Fall dar, der unter § 517 BGB einzuordnen wäre.

Auch wenn grundsätzlich bei Anwendung des § 2325 BGB der Schenkungsbegriff des § 516 BGB zugrunde gelegt wird, sieht der BGH in Einzelfällen auch **gewisse Durchbrechungen** dieser Dogmatik vor, um dem Sinn und Zweck der Pflichtteilsergänzungsbestimmungen Genüge zu tun. Ein Beispiel hierfür sind die **ehebedingten Zuwendungen**, für die der BGH schon die objektive Bereicherung des anderen Ehegatten genügen lässt.[41] Bei der Beurteilung der Frage, ob eine Schenkung vorliegt, kommt es auch nicht auf eine Benachteiligungsabsicht des Erblassers an, weil diese allenfalls bei den Bestimmungen der §§ 2287, 2288 BGB eine Rolle spielen könnte.

Ob eine Schenkung vorliegt oder nicht, wird bezogen auf den **Zeitpunkt der Zuwendung** ermittelt.[42] Wenn ein Vermögensgegenstand ursprünglich als Schenkung übertragen wurde und nachträglich eine Vereinbarung über **ein Entgelt** getroffen oder die Schenkung durch nachträgliche Vereinbarung rückabgewickelt wurde, unterliegt diese Schenkung nicht mehr der Pflichtteilsergänzung.[43] **Schenkungen, die bereits über §§ 2315, 2316 BGB** bei der Berechnung des Pflichtteils Berücksichtigung gefunden haben, können nicht noch einmal zusätzlich als Schenkung im Sinne des § 2325 BGB berücksichtigt werden.[44]

Die Schenkung muss selbstverständlich auch **wirksam** sein, damit sie im Rahmen des § 2325 BGB Berücksichtigung finden kann. Unwirksamkeitsgründe können sich hier aus dem Allgemeinen Teil des BGB und den allgemeinen Bestimmungen des Besonderen Schuldrechts ergeben.

Schenkungen auf den Todesfall müssen im Sinne des § 2301 Abs. 2 BGB vollzogen sein, andernfalls können sie möglicherweise, wenn sie formunwirksam angeordnet werden, als Vermächtnis angesehen werden, die allerdings die Pflichtteilsansprüche ohnehin nicht mindern. Dies ergibt sich aus § 327 Abs. 2 InsO, sowie aus dem Zusammenspiel der Kürzungsbestimmungen zum Pflichtteilsrecht. Könnte man Vermächtnisse als Nachlassverbindlichkeit im Sinne des § 1967 BGB bei der Berechung des Pflichtteilsergänzungsanspruches in Abzug bringen, wäre es ein Einfaches, durch Anordnung eines Universalvermächtnisses die Pflichtteilsansprüche vollständig auszuhöhlen.[45]

Wurde zu Lebzeiten lediglich ein **formwirksames Schenkungsversprechen** begründet, die Schenkung aber im Zeitpunkt des Erbfalles noch nicht erfüllt, stellt die Nichterfüllung der Schenkung eine Nachlassverbindlichkeit dar, die grundsätzlich den ordentlichen Nachlass mindert. Andererseits unterfällt aber die nach dem Erbfall vollzogene Schenkung analog den Bestimmungen der §§ 2325 ff. BGB und ist bei der Pflichtteilsergänzung zu berücksichtigen.[46]

Liegt eine Schenkung der Eltern an Abkömmlinge vor, stellt sich die Frage, wem diese bei der **Anrechnung nach § 2315 BGB** als Schenker zuzuordnen ist. Wenn Vater und Mutter unterschiedliche Schenkungen an Abkömmlinge gemacht haben, gilt der sogenannte „**enge Erblasserbegriff**". Haben sich die Eheleute in einem gemeinschaftlichen Testament (§ 2269 BGB) gegenseitig zu Erben eingesetzt, so ist Erblasser im Sinne des § 2315 BGB immer nur der Ehegatte,[47] der diese Schenkung auch tatsächlich getätigt hat. Schenkungen, die der

---

[39] BGH NJW 2002, 672.
[40] BGH NJW 2002, 672.
[41] Vgl. nachfolgend 5 Rn. 49.
[42] Staudinger/*Olshausen* § 2325 Rn. 6; MünchKommBGB/*Lange* § 2325 Rn. 13; BGH NJW 1981, 2458.
[43] Palandt/*Edenhofer* § 2325 Rn. 7; BGH ZEV 2007, 326; BGH DNotZ 2008, 227.
[44] Wegen Sonderfall § 2056 BGB vgl. nachstehend § 6 Rn. 78; RG JW 37, 1980, 599; BGH NJW 1965, 152.
[45] Zum Universalvermächtnis: *Schlitt* ZErb 2006, 226.
[46] BGHZ 85, 274, 283; ZEV 2006, 96; RGRK-*Johannsen* § 2325 Rn. 18; MünchKommBGB/*Lange* § 2325, Rn. 11.
[47] BGHZ 88, 102 für den Fall des § 2327 BGB.

Zuerstverstorbene getätigt hat, werden ausschließlich diesem als Schenker zugeordnet und bleiben auf den Tod des überlebenden Ehegatten unberücksichtigt.[48] Nur bei der **Gütergemeinschaft** gilt die Sonderregelung des § 2331 BGB, wonach eine widerlegbare Vermutung besteht, dass die Schenkung jedem Elternteil zur Hälfte zugeordnet wird.

29 Grundsätzlich sind auch bei der **Ausgleichung gemäß § 2316 BGB**, nur die von dem betreffenden Erblasser stammenden Zuwendungen zu berücksichtigen. Eine **Ausnahme** macht die h. M. nur beim „**Berliner Testament**" und lässt dort eine Ausweitung des Erblasserbegriffes bei Anwendung des § 2052 BGB für den Schlusserben zu. Hat der **Erstverstorbene Zuwendungen** gemacht, sind diese bei der Ausgleichung unter den Schlusserben neben den Zuwendungen des überlebenden Ehepartners auszugleichen, soweit diese beim Tod des Zuerstverstorbenen noch nicht berücksichtigt worden sind (**erweiterter Erblasserbegriff**).[49]

30 Auch wenn diese Grundsätze hauptsächlich im Rahmen des § 2315 BGB und § 2316 BGB bei der Berechnung der ordentlichen Pflichtteilsansprüche zu berücksichtigen sind, ist die Frage, wer von den Elternteilen ergänzungspflichtige Zuwendungen gemacht hat, auch bei der Anwendung des § 2325 BGB von Bedeutung. Unter Anwendung des **engen Erblasserbegriffes** unterliegen nur solche Schenkungen der Pflichtteilsergänzung, die der jeweilige Erblasser selbst vorgenommen hat. Der BGH hat diesen „engen Erblasserbegriff" zwar ausdrücklich nur im Rahmen des § 2327 Abs. 1 BGB angewandt; folgerichtig dürfte aber diese Einschätzung auch für § 2325 BGB gelten.[50] Der „erweiterte Erblasserbegriff" spielt damit bei § 2325 BGB keine Rolle.

31 Wenn eine lebzeitige Zuwendung bereits bei der Berechnung des ordentlichen Pflichtteils gemäß §§ 2315, 2316 BGB Berücksichtigung gefunden hat, ist diese Zuwendung nicht nochmals zusätzlich als Pflichtteilsergänzung gemäß § 2325 BGB zu berücksichtigen (Verbot der Doppelberücksichtigung).[51]

Ob ein **Mehrempfang**, der gemäß § 2316 BGB keine Berücksichtigung gefunden hat, zusätzlich als Pflichtteilergänzung zu qualifizieren ist, wird unter Rn. 167 ff. nochmals im Einzelnen dargelegt.

32 Der Pflichtteilsergänzungsanspruch ist dann ausgeschlossen, wenn es sich um eine **Anstandsschenkung** im Sinne von § 2330 BGB handelt. Dies sind Zuwendungen wie übliche Gelegenheitsgaben zu bestimmten Anlässen, deren Vorliegen nach objektiven Kriterien (persönliche Beziehung, Lebensstellung) zu beurteilen sind.[52] Hierunter versteht man **kleinere Zuwendungen aus besonderem Anlass**, wie Geburtstags- und Weihnachtsgeschenke. Für die Einordnung, ob es sich hier um eine Anstandsschenkung handelt, ist die Frage zu beantworten, ob die **Unterlassung des Geschenks** zu einer **Einbuße an Achtung** in dem Personenkreis des Erblassers und des Beschenkten führen würde.[53] Von einer Anstandsschenkung spricht man dann aber nicht mehr, wenn der Erblasser mehr als die Hälfte seines Vermögens verschenkt hat.[54]

33 Darüber hinaus fallen unter § 2330 BGB auch sogenannte **Pflichtschenkungen**, die der Erblasser aus einer **sittlichen Pflicht** heraus erbracht hat.[55] Bei der letzteren Fallgruppe kann es sich auch um **Geschenke größeren Umfangs** handeln.[56] Als sittliche Pflicht wird anerkannt, die **Sicherung des Lebensunterhalts** für den Partner einer nichtehelichen Lebensgemeinschaft,[57] die **Unterhaltszahlung für nahe Verwandte**,[58] die **Zuwendung eines Grundstücks** für unbezahlte, **langjährige Dienste** im Haushalt oder für die **unentgeltliche Pflege und Versorgung**.[59] Die belohnende Zuwendung für Pflegeleistungen entspricht nur dann ei-

---

[48] *Mayer* ZErb 2007, 130 ff.; *Thubauville* MittRhNotK 1992, 289, 294; *Mohr* ZEV 1999, 257, 258.
[49] MünchKommBGB/*Heldrich* § 2052 Rn. 2; Palandt/*Edenhofer* § 2052 Rn. 1; *Mayer* ZErb 2007, 130.
[50] BGHZ 88, 102 ff.
[51] Vgl. § 6 Rn. 78
[52] BGH NJW 1981, 111.
[53] Bamberger/Roth/*Mayer* § 1375 Rn. 19.
[54] BGH NJW 1984, 2939, 2340.
[55] BGH NJW 1981, 111.
[56] *Bott* FamRZ 1982, 165.
[57] BGH NJW 1983, 674; BGH WM 1983, 19, 21.
[58] MünchKommBGB/*Kollhosser* § 530 Rn. 5; BGH NJW 1984, 2939.
[59] BGH WM 1977, 1410; 1978, 905.

IV. Der Schenkungsbegriff des § 2325 BGB

ner sittlichen Pflicht, wenn besondere Umstände wie **schwere persönliche Opfer** hiermit verbunden sind.[60]

Die Rechtsprechung hat darüber hinaus auch die **Überlassung eines Hausgrundstückes an die Tochter für dreißigjährige Pflege** der Mutter,[61] die **Zuwendung eines Hausanwesens** an die jahrelang im Haushalt und im Geschäft mitarbeitende Tochter,[62] die **Schenkung der Hälfte des Grundeigentums zur Alterssicherung der Ehefrau** zum Nachteil der Tochter aus der 1. Ehe,[63] die **Bestellung eines Nießbrauchs an dem Geschäftsgrundstück** für die langjährige Haushaltsgehilfin,[64] den **Abschluss einer Lebensversicherung** zur Gunsten der unversorgten Ehefrau durch Gewerbebetreibung im hohen Alter,[65] die **Zuwendung eines Miteigentumshälfteanteils am Familienwohnheim** auf die am Gewerbebetrieb langjährig unentgeltlich mitarbeitende, unversorgte Ehefrau zum Nachteil der Kinder aus erste Ehe,[66] die **unentgeltliche Überlassung von 21 Morgen unbebauten Grundstücken** an einen Abkömmling, der den Erblasser in einer Notlage unterstützte[67] als Fälle eingeordnet, die die Annahme einer Pflichtschenkung nach § 2330 BGB rechtfertigen.[68]

Eine Zuwendung ist dann sittlich geboten, wenn ein **Unterlassen der Zuwendung** des Erblassers als **Verstoß gegen eine für ihn bestehende sittliche Pflicht** angesehen werden würde. Gleichzeitig ist bei der Abwägung zu berücksichtigen, dass die sittliche Pflicht so stark ausgeprägt sein muss, dass es gerechtfertigt ist, das gesetzliche Pflichtteilsrecht am Nachlass insoweit einzuschränken.[69] Im Ergebnis ist in den bisher hierzu ergangenen Gerichtsentscheidungen immer eine Art moralische Wertung vorgenommen worden, die immer einzelfallabhängig war und es schwer macht, hier Grundsätze herauszuarbeiten.

Umstritten ist gleichfalls die Frage, **auf welchen Zeitpunkt** bei dieser Beurteilung abzustellen ist. Hier wird man mit der h. M. auf den **Zeitpunkt des Erbfalls** abzustellen haben, anders als bei der Frage, ob eine Schenkung im Sinne des § 2325 BGB vorliegt. Erst im Zeitpunkt des Erbfalls kann entschieden werden, ob die sittliche Verpflichtung auch im Hinblick auf die Zuwendung gerechtfertigt erscheint und ob die sittliche Pflicht des Erblassers bis zum Erbfall bestanden hatte.[70]

Bei der sittlichen Pflicht ist auch zu prüfen, ob die Zuwendung als **Entlohnung für vergangene Dienste** oder **in der Erwartung auf künftige Dienste** getätigt wird.[71] In beiden Fällen kann sich eine sittliche Pflicht für eine Zuwendung ergeben. Bei einer Vorausleistung auf künftige, vom Erblasser erwartete Dienstleistungen kann die Frage der sittlichen Pflicht erst im Zeitpunkt des Erbfalles entschieden werden. Allein dieser Umstand spricht für die Einschätzung, dass die Frage, ob eine sittliche Pflicht für die Zuwendung bestanden hatte oder nicht, immer auf den Erbfall bezogen, zu entscheiden ist.

Die sittliche Verpflichtung des Erblassers ist ein subjektives Element auf Seiten des Erblassers und eine Art **Geschäftsgrundlage der Schenkung**, ohne das diese in dem eigentlichen Schenkungsvertrag besonders erwähnt werden muss, was sich in der Praxis allerdings durchaus zu Beweiszwecken empfiehlt. Wenn die Zuwendung des Erblassers ausdrücklich unter Vereinbarung **einer bestimmten Gegenleistung**, insbesondere der Übernahme von Pflege- und Dienstleistungen erfolgt, wäre ohnehin ernsthaft zu hinterfragen, ob hier überhaupt eine Schenkung vorliegt, weil hier ausdrücklich eine Gegenleistung, also eine Rechtsver-

---

[60] BGH NJW 1986, 1926; OLG Naumburg FamRZ 2001, 1406, 1407.
[61] BGH LM § 2330 Nr. 2.
[62] BHG LM § 2330 Nr. 4.
[63] BGH WM 1977, 1410.
[64] BGH NJW-RR 1996, 705, 706.
[65] OLG Braunschweig FamRZ 1963, 376.
[66] OLG Karlsruhe OLGZ 1990, 457.
[67] LG Braunschweig RdL 1951, 74.
[68] Weitere Fälle MünchKommBGB/*Lange* § 2330 Rn. 3; Staudinger/*Olshausen* § 2330 Rn. 9; *Gottwald* § 2330 Rn. 6.
[69] Palandt/*Edenhofer* § 2330 Rn. 3.
[70] Bamberger/Roth/*Mayer* § 2330 Rn. 3.
[71] Soergel/*Dieckmann* § 2330 Rn. 4; OLG Düsseldorf DNotZ 1996, 652, 653; MünchKommBGB/*Kollhosser* § 516 Rn. 16.

pflichtung vereinbart wurde.[72] Bei der Anwendung des § 2330 BGB darf dagegen keine ausdrückliche Gegenleistung vereinbart sein, sondern dem Erblasser **muss nur bewusst sein, dass eine sittliche Verpflichtung für die Schenkung** besteht.[73]

V. Einzelfragen zu bestimmten Zuwendungen des Erblassers

1. Der Abschluss von Eheverträgen

38 Der Abschluss eines Ehevertrages stellt nach überwiegender Auffassung grundsätzlich keine Schenkung dar.[74]
Bei der Vereinbarung der **Gütertrennung** ist von vornherein nicht erkennbar, worin hier überhaupt ein Schenkungstatbestand liegen könnte, es sei denn, unabhängig von der Vereinbarung des Güterstandes oder aus Anlasses der Vereinbarung der Gütertrennung sind Vermögenszuwendungen erfolgt, die als unentgeltliche Zuwendungen anzusehen sind.

39 Das Bestehen oder die Vereinbarung der **Zugewinngemeinschaft** stellt ebenso wenig einen Schenkungstatbestand dar, der im Rahmen der Pflichtteilsergänzung zu berücksichtigen wäre. Sowohl bei der Vereinbarung der Gütertrennung als auch der Zugewinngemeinschaft sind keine Vermögenszuwendungen von einem Ehepartner auf den anderen vorgesehen.

40 Lediglich für den Fall, dass bei der **Auseinandersetzung einer bestehenden Zugewinngemeinschaft** der Zugewinnausgleichsanspruch höher bewertet oder vereinbart wird, als er nach den gesetzlichen Bestimmungen zu bewerten wäre oder wenn **an Erfüllung statt Vermögensgegenstände** übertragen werden, die wesentlich über dem Wert des gesetzlichen Zugewinnausgleichsanspruchs liegen, ist hier möglicherweise von einem pflichtteilsergänzungsrelevanten Vorgang auszugehen.[75] Die vertragliche Aufhebung der Zugewinngemeinschaft und die Vereinbarung der Gütertrennung muss im wesentlichen von einer familienrechtlichen Vermögenszuordnung und nicht von **sachfremden Erwägungen** geleitet sein. Insoweit sind hier die gleichen Gründsätze anzuwenden, die der BGH bei der Vereinbarung der Gütergemeinschaft aufgestellt hat, die nachfolgend besonders erörtert werden. Wenn die Vereinbarung der Gütertrennung – nach Beendigung der Zugewinngemeinschaft und deren Auseinandersetzung – von ehefremden Zwecken geleitet ist, liegt auch hier der **Verdacht einer ehebedingten Zuwendung** nahe. Dies gilt insbesondere, wenn der Zugewinnausgleichsanspruch oder die an Erfüllung statt übertragenen Vermögensgegenstände nicht dem tatsächlichen Zugewinnausgleichsanspruch entsprechen. Solange und soweit der Zugewinnausgleichsanspruch der Höhe nach den Bestimmungen der §§ 1374 ff. BGB entspricht, handelt es sich hier um einen gesetzlichen Anspruch des nicht begüterten Ehegatten, der in keiner Weise als ehebedingte Zuwendung zu berücksichtigen wäre, auch wenn Nebenziel dieser Auseinandersetzungsmaßnahme die Minimierung von Pflichtteilsansprüchen oder die Verteilung des Pflichtteilsrisikos unter den Eheleuten gewesen sein sollte. Selbst wenn die **Absicht der Pflichtteilsreduzierung** überwiegt, liegt hier keine ehebedingte Zuwendung vor, auch wenn die Auseinandersetzung einer bestehenden Zugewinngemeinschaft dazu führt, dass pflichtteilsergänzungsneutral das Vermögen zwischen den Eheleuten verteilt und bei der Berechnung des ordentlichen Pflichtteils nach dem erstversterbenen Ehegatten der Nachlasswert des § 2311 BGB reduziert wird. Bei nachfolgender Vereinbarung der Gütertrennung darf allerdings die Negativfolge nicht außer acht gelassen werden, dass der Ehegatte gemäß § 1931 BGB eine geringere Erbquote hat und damit eine Erhöhung der **Pflichtteilsquote der Abkömmlinge** oder der Eltern eintritt. In der Praxis ist deshalb sorgsam zu überlegen, ob dieser Schritt der Vereinbarung der Gütertrennung vorgenommen wird oder es nicht besser bei der Zugewinngemeinschaft verbleibt.

---

[72] BGH WM 1978, 905.
[73] MünchKommBGB/*Lange* § 2330 Rn. 2; Staudinger/*Olshausen* § 2330 Rn. 3; Soergel/*Dieckmann* § 2330 Rn. 2.
[74] OLG Saarbrücken OLGZ 65, 304.
[75] *Klingelhöffer* Rn. 342; *Wegmann* ZEV 1996, 206; *Hayler* FuR 2000, 4, 7.

V. Einzelfragen zu bestimmten Zuwendungen des Erblassers

Unter dem Stichwort „**Güterstandsschaukel**" hat der BFH in seinem Urteil vom 12. 6. 2005[76] grundsätzlich anerkannt, dass es aus schenkungsteuerrechtlicher Sicht zulässig ist, den Güterstand der Zugewinngemeinschaft zu beenden, in Erfüllung der Zugewinnausgleichsforderung an den anderen Ehegatten Vermögenswerte zu übertragen und im unmittelbaren Anschluss daran die Zugewinngemeinschaft wieder neu zu begründen. Wenn die Zuwendung nicht erheblich über dem rechnerischen Zugewinnausgleichsanspruch der §§ 1372 ff. BGB liegt, wird auch hierin keine ergänzungspflichtige Zuwendung gesehen.[77] Spätestens mit dieser **Gestaltungsvariante** machen allerdings die Ehepartner deutlich, dass es ihnen primär nicht um güterrechtliche Zwecke geht, sondern um eine doppelte Benachteiligung der Pflichtteilsberechtigten. Einerseits soll durch die Auseinandersetzung und vertragliche Aufhebung der Zugewinngemeinschaft das Vermögen unter den Eheleuten aufgeteilt und möglicherweise nur die Hälfte dem Pflichtteil der Abkömmlinge unterzogen werden, andererseits soll durch die zeitlich danach erfolgte Wiedervereinbarung der Zugewinngemeinschaft auch die Pflichtteilsquote der Abkömmlinge wieder nachhaltig reduziert werden. Auch wenn diese Gestaltung steuerrechtlich von Vorteil sein sollte und keine Gründe ersichtlich sind, warum die durch den BFH eröffneten Möglichkeiten nicht genutzt werden, erhebt sich die Frage, ob den Pflichtteilsberechtigten bei einer derartigen Gestaltung nicht den Einwand der **Sittenwidrigkeit** oder der **Einwand der unzulässigen Rechtsausübung** zugute kommt.

41

Wenn sich im Zeitpunkt des Todes des Erblassers herausstellt, dass neben der Ausnutzung der Steuervorteile auch Pflichtteilsansprüche reduziert werden sollten, könnte die ursprüngliche Aufhebung der Zugewinngemeinschaft als Scheingeschäft nach § 117 BGB eingeordnet oder aber zumindest die Erfüllung des Zugewinnausgleichsanspruchs als ehebedingte Zuwendung angenommen werden. Mit der Wiedervereinbarung der Zugewinngemeinschaft haben die Eheleute an sich zum Ausdruck gebracht, dass es des aus güterrechtlichen Gründen der vorangegangenen Aufhebung der Zugewinngemeinschaft nicht bedurfte. Bei der Frage der rechtlichen Einordnung dieser Problematik dürfte allerdings auch von entscheidender Frage sein, welcher Zeitablauf zwischen der Aufhebung der Zugewinngemeinschaft, der Vereinbarung der Gütertrennung und der Neubegründung der Zugewinngemeinschaft liegt und ob diese Gestaltungen von einem **einheitlichen Plan** getragen worden sind.

42

> **Praxistipp:**
> Wenn aus steuerrechtlichen Gründen die „Güterstandsschaukel" gewählt wird, sollten in den Verträgen auch die Motivlage der Ehepartner und ihrer sachlichen Erwägungen mit aufgenommen werden, um die Annahme ehebedingter Zuwendungen auszuschließen.

43

Ein pflichtteilergänzungsrelevanter Vorgang könnte sich auch bei der Vereinbarung der **Gütergemeinschaft** ergeben, die dazu führt, dass das beiderseitige oder das einseitige Vermögen eines Ehepartners Gesamtgut der Eheleute wird. Auch bei der Vereinbarung einer Gütergemeinschaft geht der BGH grundsätzlich davon aus, dass es sich hier **primär um einen familienrechtlichen Vertrag** handelt, der ausschließlich eine güterrechtliche Causa hat und nur auf eine Ordnung der beiderseitigen Vermögensverhältnisse **zwecks Verwirklichung der Ehe** gerichtet ist.[78] Soweit der BGH seine Auffassung damit begründet, dass der andere Ehepartner durch die Vereinbarung der Gütergemeinschaft objektiv bereichert werde und es an **der subjektiven Einigung über die Unentgeltlichkeit fehle**, dürfte diese Begründung im Hinblick auf die Rechtsprechung des BGH zur ehebedingten Zuwendung nicht mehr als Abgrenzungskriterium herangezogen werden. Auch bei der ehebedingten Zuwendung geht der BGH davon aus, dass hier die objektive Bereicherung als solches ausreicht.[79] Ungeachtet dessen sind keine Anzeichen dafür erkennbar, dass der BGH seine Rechtsprechung zur Gütergemeinschaft ändern wird, weil er hier das Familienrecht als primären Zweck des Ehevertrages ansieht.

44

---

[76] BFH ZErb 2005, 12.
[77] *Klinghöffer* Rn. 342; *Wegmann* ZEV 1996, 206; *Brambring* ZEV 1996, 248, 252 ff.
[78] BGHZ 116, 178.
[79] BGHZ 116, 167; BGH FamRZ 1992, 300; BGH ZErb 2004, 429.

45 Mit den Ausnahmen in „extrem gelagerten Sonderfällen" sieht der BGH in der **Vereinbarung einer Gütergemeinschaft** keinen besonderen Fall der ehebezogenen Zuwendung. Nach Auffassung des BGH kann nur in Ausnahmefällen in der ehevertraglichen Vereinbarung der Gütergemeinschaft eine ergänzungspflichtige Schenkung des Begüterten an den bereicherten Ehegatten gesehen werden, wenn nach einheitlichem Plan zunächst die Gütergemeinschaft begründet und wiederum ein Jahr später Gütertrennung vereinbart worden ist.[80] Wenn ausnahmsweise festgestellt werden könne, dass diese familienrechtliche Kausalität nur vorgeschoben wurde, **um Pflichtteile von Abkömmlingen oder der Eltern** zu reduzieren, könne die Vereinbarung der Gütergemeinschaft unter dem **Gesichtspunkt des Rechtsmissbrauchs** als Schenkung eingeordnet werden. Anhaltspunkte dafür könnten vorliegen, wenn die Gütergemeinschaft erst **kurz vor dem Tod vereinbart** wurde, oder wenn im Rahmen einer „**Güterstandsschaukel**" zunächst ein Güterstand vereinbart und später wieder in einen anderen Güterstand zurückgekehrt wurde. Ein Indiz für eine Schenkung oder eine ehebezogene Zuwendung könnte auch vorliegen, wenn ein **wertvoller Grundbesitz aus dem Vorbehaltsgut eines Ehegatten** in das des anderen oder ins Gesamtgut **verschoben** wird.[81] Problematisch dürfte hier allerdings die Beweislast sein. Derjenige, der aus der Vereinbarung eines Güterstandes eine pflichtteilsergänzungspflichtige Schenkung oder ehebedingte Zuwendung ableiten will, muss auch die Voraussetzungen für den Pflichtteilsergänzungsanspruch beweisen. Bei einem engen zeitlichen Zusammenhang der Güterstandsschaukel dürfte allerdings ein Beweis des ersten Anscheins dafür sprechen, dass hier ausschließlich güterstandsfremde Zwecke entscheidend waren.

46 Diese Rechtsprechung des BGH führt dazu, dass es grundsätzlich pflichtteilsergänzungsneutral sein kann, wenn zum Nachteil der pflichtteilsberechtigten Abkömmlinge oder Eltern durch Vereinbarung der Gütergemeinschaft Vermögenswerte an den Ehegatten zum Gesamtgut der Gütergemeinschaft übertragen werden. Die Vereinbarung der Gütergemeinschaft stellt damit **eine Pflichtteilsvermeidungsstrategie** dar, von der in der **Kautelarjurisprudenz** durchaus Gebrauch gemacht wird. Bei der Vereinbarung der Gütergemeinschaft sollte man jedoch bei einer durchzuführenden **Gesamtabwägung** neben dem positiven Effekt der Pflichtteilsreduzierung die sonstigen Nachteile der Gütergemeinschaft, insbesondere die Problematik der Schuldenhaftung nicht unberücksichtigt lassen.

47 Eine andere Frage stellt sich dagegen, wenn eine bestehende Gütergemeinschaft auseinandergesetzt wird und einer der Ehepartner wertmäßig mehr aus dem Gesamtgut erhält als ihm rechnerisch überhaupt zustünde. Wenn der **Wert der Zuwendungen den eigentlichen Auseinandersetzungsanspruch übersteigt,** liegt durchaus eine Schenkung oder ehebezogene Zuwendung nahe. Im Ergebnis ist deshalb eher der Rechtsfassung zu folgen, die sich grundsätzlich für die Behandlung als ehebezogene Zuwendung ausspricht.[82] Insbesondere in den Fällen, in denen ein auffälliges Missverhältnis zwischen dem Vermögen der Ehepartner oder Lebenspartner vorliegt, sollte nach den Grundsätzen der ehebedingten Zuwendungen von einem pflichtteilsergänzungsanspruchsrelevanten Vorgang ausgegangen werden. Die herrschende Meinung sieht allerdings in der Vereinbarung der Gütergemeinschaft durchaus einen Weg, Pflichtteilsergänzungsansprüche zu reduzieren.[83]

48 In jedem Falle ist auch nach der Reform des Pflichtteilsrechts zu beachten, dass **die 10-Jahresfrist des § 2325 Abs. 3 BGB bei Zuwendungen unter Eheleuten** nicht vor Beendigung der Ehe zu laufen beginnt. Wenn ausnahmsweise in dem Wechsel des Güterstandes oder seiner Beendigung Schenkungstatbestände gesehen werden und diese mehr als 10 Jahre zurückliegen, sind sie deshalb trotzdem bei dem Pflichtteilsergänzung mit einzubeziehen, es sei denn der Pflichtteilsberechtigte hätte zum Zeitpunkt der Vereinbarung oder Aufhabung eines bestehenden Güterstandes noch nicht gelebt. Zur Problematik der 10-Jahresfrist wird ergänzend auf die Ausführungen in § 6 Rn. 30 ff. verwiesen.

---

[80] BGHZ 116, 178, 182; Lange/*Kuchinke* § 37 X. 2 d; MünchKommBGB/*Lange* § 2325 Rn. 13; Staudinger/*Olshausen* § 2325 Rn. 22; a. A. RGRK/*Däubler* § 2325 Rn. 23; Soergel/*Dieckmann* § 2325 Rn. 34.
[81] BGH a. a. O.
[82] Soergel/*Dieckmann* § 2325 Rn. 34.
[83] BGHZ 116, 167; BGH FamRZ 1992, 300; BGH ZErb 2004, 429.

2. Die ehebedingten Zuwendungen

Unter **ehebedingten Zuwendungen** werden solche Zuwendungen verstanden, die Ehegatten **zur Verwirklichung oder Ausgestaltung der ehelichen Lebensgemeinschaft** vornehmen und denen die **Erwartung** oder **Vorstellung** zugrunde liegt, **die eheliche Lebensgemeinschaft werde Bestand** haben. Sie sind nach der Rechtsprechung des BGH im Verhältnis der Ehegatten zueinander **keine Schenkungen**.[84] da es bei diesen Zuwendungen regelmäßig an der für die Schenkung erforderlichen Schenkungsabsicht fehle. Sie werden als „**Rechtsgeschäfte familienrechtlicher Art**" angesehen.[85]   49

Wenn man diese Grundsätze auch auf § 2325 BGB anwenden würde, dürfte eine ehebedingte Zuwendung bei der Pflichtteilsergänzung keine Berücksichtigung finden. Dann aber würde § 2325 BGB in dem bedeutsamen Bereich der ehebezogenen Zuwendung völlig ins Leere gehen und den Pflichtteilsberechtigten nachhaltig beeinträchtigen. Im Rahmen des § 2325 BGB begnügt sich daher der **BGH für** das Eingreifen des § 2325 BGB mit der Prüfung der **objektiven Unentgeltlichkeit**[86] und lässt diese grundsätzlich genügen. Der BGH geht davon aus, dass die Ehe im Allgemeinen keinen Anspruch auf derartige Vermögenszuwendungen gewährt, so dass **in der Regel von der Unentgeltlichkeit** der Zuwendungen auszugehen ist. Nur wenn die Zuwendung nach konkreten Verhältnissen als **angemessene Alterssicherung des Empfängers**,[87] der **nachträglichen Vergütung langjähriger Dienste**,[88] unterhaltsrechtlich geschuldet ist[89] oder sonst eine **adäquate Gegenleistung** vorliegt, könnte ausnahmsweise eine entgeltliche ehebezogene Zuwendung vorliegen.   50

Ähnliche Grundsätze wurden von der Rechtsprechung auch für die **nichteheliche Lebensgemeinschaft** entwickelt.[90] Nach Ansicht des OLG Oldenburg liegt eine entgeltliche Zuwendung vor, wenn der Erblasser seiner Ehefrau Immobilien und Sachwerte als **Belohnung für eine 30-jährige Mitarbeit** in seiner Arztpraxis zugewandt hat.[91] Im Ergebnis ist also davon auszugehen, dass eine ehebedingte Zuwendung im Rahmen der Pflichtteilsergänzung voll mitberücksichtigt werden muss, wenn keine besonderen Umstände für die Entgeltlichkeit sprechen.[92]   51

Bei der Prüfung der Frage, ob die ehebedingte Zuwendung unentgeltlich oder entgeltlich gewährt worden ist, werden ähnliche Kriterien angewandt, wie bei der Pflichtschenkung gemäß § 2330 BGB.

Die Grundsatzentscheidung des BGH[93] ist teilweise erheblich kritisiert worden,[94] hat aber auch vielfach Zustimmung erfahren.[95] Einzelfragen sind in der Praxis mehr als umstritten. Sowohl *Jäger*[96] als auch *Langenfeld*[97] haben versucht, durch unterschiedliche Fallgruppen eine Konkretisierung der Rechtsprechung vorzunehmen. Zur Beantwortung der Frage, wann eine Zuwendung unter Ehegatten entgeltlich oder unentgeltlich gewährt ist, werden unterschiedliche Lösungsansätze gesucht. Eine Auffassung geht davon aus, dass die Frage **der Entgeltlichkeit oder Unentgeltlichkeit nach den Vorstellungen der Ehegatten** selbst ent-   52

---

[84] *Waas* FamRZ 2000, 453 ff.
[85] BGHZ 84, 361, 364; MünchKommBGB/*Lange* § 2325 Rn. 12 b; MünchKommBGB/*Kollhosser* § 516 Rn. 56 ff.
[86] BGHZ 116, 167, 170 ff.; BGH ZErb 2004, 429; BGH FamRZ 1992, 300; OLG Köln FamRZ 1992, 480.
[87] BGH NJW 1972, 580.
[88] OLG Oldenburg FamRZ 2000, 638.
[89] MünchKommBGB/*Wesche* § 1316 a Rn. 3 ff.
[90] OLG Düsseldorf NJW-RR 1997, 1497, 1500.
[91] OLG Oldenburg FamRZ 2000, 638.
[92] Zur Problematik insgesamt: *Kollhosser* NJW 1994, 2313; *Langenfeld* ZEV 1994, 129; NJW 1994, 2133; *Brambring* ZEV 1996, 254.
[93] BGHZ 116, 167, 117 ff.
[94] *Klingelhöffer* Rn. 348 f.; *Stehlin* ZErb 1999, 52; *Hayler* FuR 2000, 4, 6 ff.; *Hayler* DNotZ 2000, 681; Lange/*Kuchinke* § 37 X 2 a A (1); Staudinger/*Olshausen* § 2325 Rn. 26.
[95] *Draschka* DNotZ 1993, 100, 106; *Kollhosser* NJW 1994, 2313; *Ebenroth* Rn. 1361; Soergel/*Dieckmann* § 2325 Rn. 17; *Jäger* DNotZ 1991, 431.
[96] *Jäger* DNotZ 1991, 431, 448.
[97] *Langenfeld* Rn. 169.

schieden werden soll, ähnlich wie bei dem subjektiven Element einer Schenkung.[98] Die einzige Einschränkung wird hier über den Rechtsmissbrauchsgedanken anerkannt.

53 Eine andere Auffassung geht davon aus, dass dann von einer Entgeltlichkeit auszugehen ist, wenn **ähnlich gelagerte Fälle** wie im Fall des § 2330 BGB bei **der Pflicht- und Anstandsschenkung** vorliegen.[99]

Eine dritte Auffassung verneint die Entgeltlichkeit dann, wenn der Wert der Zuwendung über einen **fiktiven Zugewinnausgleichsanspruch** des Erwerbers hinausgeht.[100]

Weitere Lösungsversuche werden in einer **Interessenabwägung** unter Berücksichtigung der Belange des überlebenden Ehegatten gesucht.[101]

Im Zusammenhang mit diesen Diskussionen wird auch die Auffassung vertreten, dass es eine **„legitime Vermögensteilhabe"** des Ehegatten am Vermögen des anderen geben müsse.[102]

Beispiel für die ehebedingte Zuwendung:

54 Die Ehegatten A und B erwerben ein Familienwohnheim je zur Hälfte. Die Eheleute haben zwei Kinder, C und D. Die Ehefrau ist Hausfrau und der Ehemann übernimmt alle Zins- und Tilgungsleistungen als Alleinverdiener.

Die Eheleute A und B errichten ein Berliner Testament. Die Kinder C und D machen nach dem Erstverstorbenen den Pflichtteil geltend.

Lösung:

Bei der Berechnung der Pflichtteile der Kinder ist der halbe Miteigentumsanteil des Erblassers in jedem Falle bei der Berechnung des ordentlichen Pflichtteils zu berücksichtigen. Unabhängig davon könnte es sich bei der Übertragung des ½ Miteigentumsanteils auf den Ehepartner oder der Übernahme der Zins- und Tilgungsleistungen um eine ehebedingte Zuwendung mit der Folge handeln, dass auch der halbe Miteigentumsanteil des Alleinerben über die Pflichtteilsergänzung nach § 2325 BGB Berücksichtigung findet.

55 Die entscheidende Frage ist hier, ob es sich um eine entgeltliche Zuwendung handelt, die nicht berücksichtigungsfähig wäre oder um eine Unentgeltliche. Von **bestimmten Gerechtigkeitserwägungen** getragen, versucht hier *Langenfeld* über güterrechtliche Ansätze eine Lösung zu finden.[103] Er argumentiert in der Weise, dass für den Fall, dass der Ehemann noch Alleineigentümer des Hausgrundstückes wäre, die Ehefrau in jedem Fall einen Zugewinnausgleichsanspruch in Höhe der Hälfte dieses Grundbesitzes hätte. Diese Argumentation hat allerdings der BGH bewusst verworfen,[104] so dass die güterrechtliche Argumentation jedenfalls nicht durchgreifend ist, insbesondere wenn berücksichtigt wird, dass der Ehepartner ohnehin über § 1371 Abs. 1 BGB i.V.m. § 1931 BGB einen erhöhten Ehegattenerbteil bei der Zugewinngemeinschaft hat, der den güterrechtlichen Zugewinnausgleich pauschaliert.

56 Im Ergebnis werden **die Kriterien des BGH einzelfallbezogen** angewandt werden müssen, ob die Übertragung des ½ Miteigentumsanteils eine angemessene Alterssicherung des Ehepartners, eine nachträgliche Vergütung für langjährige Dienste ist, unterhaltsrechtlich geschuldet wird oder sonst eine adäquate Gegenleistung vorliegt. Im Ergebnis ist deshalb der Rechtsauffassung zu folgen, die die Kriterien für eine **Pflichtschenkung im Sinne des § 2330 BGB** anwendet. Auch wenn diese Kriterien von Billigkeitserwägungen getragen sind, gibt es hierzu hinreichend Rechtsprechung, die eine Konkretisierung oder Beurteilung ermöglicht.

57 Wenn es in dem vorstehenden Fall keine besondere Rechtfertigung für die Einräumung des Miteigentumsanteils gab, ist folgerichtig auch der halbe Miteigentumsanteil des überlebenden Ehepartners als ehebedingte Zuwendung bei der Pflichtteilsergänzung zu berücksichtigen. Die Kritik an dieser Lösung, dass dann die Schlusserben möglicherweise zweimal

---

[98] Lange/*Kuchinke* § 37 X 2 a B; Staudinger/*Olshausen* § 2325 Rn. 27.
[99] Soergel/*Dieckmann* § 2325 Rn. 17; vgl. hierzu auch die Ausführungen in diesem Kapitel zu § 2330 BGB.
[100] *Morhard* NJW 1987, 1734; *Hayler* FuR 2000, 4, 6 ff.; *Hayler* DNotZ 2006, 81.
[101] MünchKommBGB/*Lange* § 2325 Rn. 12 b; *ders.* NJW 1994, 2841; *Kerscher/Riedel/Lenz* § 9 Rn. 43 ff.
[102] *Langenfeld* ZEV 1994, 129; NJW 1994, 2841; *Kerscher/Riedel/Lenz* § 9 Rn. 54.
[103] *Langenfeld* ZEV 1994, 129, 193; *Langenfeld* NJW 1994, 2135.
[104] BGHZ 116, 167, 172 ff.

an diesem halben Miteigentumsanteil partizipieren, ist keine Kritik an der ehebedingten Zuwendung, sondern allenfalls eine Kritik des Berliner Testaments, das aber eine andere Beurteilung nicht zulässt. Selbst wenn eine Lösung dahingehend versucht werden würde, dass nicht der halbe Miteigentumsanteil an dem Grundstück, sondern die Übernahme der Zins- und Tilgungsleistungen Gegenstand der ehebedingten Zuwendung war, rechtfertigt sich hieraus erst Recht die Annahme, dass die Zins- und Tilgungsleistungen pflichtteilsergänzungsrelevant sind, weil hierdurch eindeutig fremdes Vermögen vermehrt wurde. Hätte der Erblasser diese Zins- und Tilgungsleistungen für die eigene Vermögensbildung verwandt, hätten die Pflichtteilsberechtigten hier gleichfalls einen Anspruch auf Teilhabe über den ordentlichen Pflichtteil.

3. Das Bestehen einer Ehegatteninnengesellschaft

Das Bestehen einer Ehegatteninnengesellschaft ist ein **pflichtteilsergänzungsneutraler** **Vorgang**. Ein Anspruch aus der Ehegatteninnengesellschaft kann allenfalls durch den überlebenden Ehegatten als Nachlassverbindlichkeit gegenüber den Erben mit der Folge geltend gemacht werden, dass dadurch der ordentliche Nachlass und die Erb- oder Pflichtteilsansprüche der Abkömmlinge reduziert werden können. Eine **Ehegatteninnengesellschaft** liegt vor, wenn **beiderseitige Leistungen erbracht** werden, die einen über den typischen Rahmen der ehelichen Gemeinschaft gebundenen **weitergehenden Zweck** verfolgen und durch Arbeitseinsatz oder Vermögensleistungen auf diese Weise Vermögen bei einem Ehepartner aufgebaut werden konnte. Als klassisches Beispiel wird hier immer wieder die **freiberufliche Praxis** des Ehemanns genannt, bei der die Ehefrau unentgeltlich 30 Jahre lang mitgearbeitet hat. Das Bestehen einer Ehegatteninnengesellschaft wird regelmäßig nur dann diskutiert, wenn die Eheleute im **Güterstand der Gütertrennung** lebten, weil bei der Zugewinngemeinschaft ohnehin Zugewinnausgleichsansprüche des anderen Ehepartners existieren. Indizien für die Annahme einer Ehegatteninnengesellschaft ist die **gemeinsame Planung über Umfang, Dauer und Wiederanlage von Vermögen**. Ein Indiz gegen die Annahme einer Ehegatteninnengesellschaft liegt vor, wenn die Mitarbeit nur zur Verwirklichung der ehelichen Lebensgemeinschaft diente.

Wenn aber eine Ehegatteninnengesellschaft **zu Lebzeiten der Eheleute** in Kenntnis der Tatsache, dass beide eine Ehegatteninnengesellschaft gegründet hatten, **auseinandergesetzt** wird und im Rahmen dieser Auseinandersetzung dem anderen Ehepartner Auseinandersetzungsansprüche zugebilligt werden, die wertmäßig höher anzusetzen sind, als die Beiträge dieses Ehepartners, ist ähnlich wie bei einer vertraglichen Aufhebung einer Zugewinngemeinschaft, durchaus die Frage ernsthaft zu prüfen, ob hier in dem **Übermaß** nicht eine ehebedingten Zuwendung vorliegt, die über § 2325 BGB miteinzubeziehen wäre.[105]

4. Einräumung einer Kontoinhaberschaft und konkludente Miteigentumsgemeinschaft am Einzelkonto

Die Einräumung der ausdrücklichen Mitinhaberschaft an einem Konto des Erblassers kann **eine Schenkung oder ehebedingte Zuwendung an den anderen Eheparter** darstellen, insbesondere dann, wenn die Einzahlungen auf dieses Konto ausschließlich durch den Erblasser erbracht wurden oder das vermutete Miteigentumsverhältnis nicht den tatsächlichen Einzahlungen des Mitkontoinhabers entspricht.[106]

Jede Schenkung oder ehebedingte Zuwendung von Vermögenswerten, also auch eine im Außenverhältnis erfolgte **Übertragung eines Kontoguthabens** oder die **Einräumung der Mitinhaberschaft** an dem Guthaben, ist grundsätzlich als Zuwendung bei der Pflichtteilsergänzung zu berücksichtigen, wenn eine Einigung über die Unentgeltlichkeit vorliegt (subjektives Element der Schenkung) oder aber die Voraussetzungen einer ehebedingten Zuwendung vorlagen. Insoweit wird gleichfalls auf die nachfolgenden Ausführungen zu § 5 V 7 verwiesen.

---

[105] Vgl. vorstehend zur Problematik § 5 Rn. 38 und 49.
[106] Mayer/Süß/Tanck/Bittler/Wälzholz/*J. Mayer* S. 254; *Stehlin* ZErb 1999, 52.

62 Bei einem **Einzelkonto, das auf den Erblasser selbst angelegt war,** ist grundsätzlich davon auszugehen, dass dieses Konto vollständig dem Nachlass zugeordnet wird. Dies gilt insbesondere bei der Berechnung des ordentlichen Pflichtteils.[107] Auf den Erben gehen dann das **Girovertragsverhältnis** und die **Einlageforderung** über.[108]

63 Die Ehegatten können aber – auch stillschweigend – eine **Bruchteilsberechtigung des Ehegatten,** der nicht Kontoinhaber ist, an dem Kontoguthaben vereinbart haben. Diese Frage ist spätestens seit der Entscheidung des BGH vom 11. 9. 2002[109] im Rahmen der Pflichtteilsberechnung zu überprüfen. Leisten etwa beide Ehegatten **Einzahlungen auf ein Sparkonto** und besteht Einvernehmen, dass die Ersparnisse beiden zugute kommen sollen, ist davon auszugehen, dass die Forderung gegen die Bank gemäß §§ 741 ff. BGB im Innenverhältnis im **Zweifel beiden Ehepartnern zu gleichen Teilen** zusteht.[110] Grundsätzlich ist also bei einem Einzelkonto zu überprüfen, ob im Innenverhältnis zwischen den Ehepartnern oder eingetragen Lebenspartnern eine andere Vereinbarung gelten soll, als die alleinige Kontoinhaberschaft im Außenverhältnis vermuten lässt. Der BGH hätte in diesen Fällen auch eine **Ehegatteninnengesellschaft** annehmen können. Da aber bei der Teilhaberschaft an einem Einzelkonto **nicht zwingend eine gemeinsame Zweckverfolgung** bestehen muss, wäre wohl der Rückgriff auf die **Miteigentumsgemeinschaft** naheliegender.[111]

Die vermutete Teilhaberschaft zu gleichen Anteilen gilt dann nicht, wenn sich aus dem Parteiwillen oder aus besonderen Umständen ein anderer Verteilungsschlüssel ergibt.[112]

64 Anhaltspunkte für eine einvernehmlich vereinbarte Miteigentumsgemeinschaft können insbesondere **Absprachen über die Verwendung des Guthabens** sein. Der klassische Fall einer Miteigentumsgemeinschaft wird dann angenommen, wenn die Ehegatten auf ein Konto **gemeinsam Geld einzahlen** und anschließend von diesem Konto **gemeinsame Anschaffungen** getätigt werden.

Die bloße **Erteilung einer Kontovollmacht** selbst wird für sich alleine genommen noch nicht das Bestehen einer Bruchteilsgemeinschaft an dem Gesamtguthaben rechtfertigen. Es müssten dann wenigstens Einzahlungen des nicht kontoführenden Ehegatten auf das Einzelkonto des anderen hinzukommen.[113] Die Bildung einer Bruchteilsgemeinschaft an einem Konto ist nicht nur Ehegatten vorbehalten, sondern auch **nichtehelichen Lebensgemeinschaften** und eingetragenen **Lebenspartnerschaften.**

65 Diese Bruchteilsgemeinschaft wird auch nicht automatisch durch den Tod aufgelöst. Es bedarf einer ausdrücklichen oder zumindest konkludenten Forderung gegenüber dem oder den Erben, nunmehr diese Bruchteilsgemeinschaft am Einzelkonto aufzuheben. Bei einem Konto erfolgt die **Teilung in Natur (§ 752 BGB) oder durch den Verkauf gemeinschaftlicher Forderungen (§§ 753, 754 BGB).** Weigern sich die Erben, diesen Aufhebungsanspruch aus § 749 BGB zu akzeptieren, muss die **Auseinandersetzung dieser Miteigentumsgemeinschaft** betrieben werden. Eine entsprechende **Auseinandersetzungsklage** ist auf Zustimmung zur Teilung gerichtet. Das Urteil ersetzt insoweit dann die Einwilligungserklärung der Erben (§ 894 ZPO). Wenn der Ehegatte selbst nicht Erbe geworden ist, steht ihm zumindest ein **Anspruch auf Auskunft** über den Bestand des Endvermögens nach §§ 314, 1379 BGB oder aus § 242 BGB zu.

66 Wenn der überlebende Ehepartner enterbt ist und er seinen Pflichtteilsanspruch geltend macht, ist der Auseinandersetzungsanspruch auf das Einzelkonto eine hiervon unabhängige Forderung, die gegenüber dem oder dem Erben als Nachlassverbindlichkeit nach § 1967 BGB geltend zu machen ist. Ist der Ehepartner Miterbe kann er diesen Anspruch aus dem Einzelkonto gleichfalls bei einer Erbauseinandersetzung als Nachlassverbindlichkeit nach § 1967 BGB geltend machen. Sieht er sich Pflichtteilsansprüchen von Abkömmlingen oder Eltern ausgesetzt, so reduziert die Forderung auf das Auseinandersetzungsguthaben gleich-

---

[107] *Bonefeld* ZErb 2003, 369.
[108] *Ott-Eulberg/Schebesta/Bartsch* S. 34.
[109] BGH FamRZ 2002, 1696.
[110] BGH FamRZ 66, 442; FamRZ 2000, 948.
[111] BGH FamRZ 2002, 1696.
[112] BGH NJW 1997, 1434.
[113] *Griwotz* FamRZ 2002, 1669.

falls den Nachlass bei der Berechnung des ordentlichen Pflichtteils der andere Pflichtteilsberechtigten.

Der Auseinandersetzungsanspruch ist zugleich auch Nachlassbestandteil des überlebenden Ehegatten.

Im Rahmen der **Pflichtteilsergänzung** ist diese Problematik aber auch dann zu prüfen, wenn trotz Kontoinhaberschaft des Erblassers an dem Guthaben eine Miteigentumsgemeinschaft der Eheleute besteht und der andere Ehepartner keine eigenen Einzahlungen oder nur in geringer Höhe vorgenommen hat, die einem hälftigen Auseinandersetzungsanspruch rechtfertigen könnten. Ob die andere Hälfte dann ganz oder teilweise der Pflichtteilsergänzung unterzogen werden kann, hängt davon ab, wie hoch die eigenen Beiträge der überlebenden Ehegatten auf dieses Einzelkonto waren. Die überwiegende Meinung geht nur dann von einer Schenkung im Sinne des § 2325 BGB aus, wenn der Miteigentumsanteil am Guthaben **nicht dem Wert der Einzahlungen** des überlebenden Ehegatten entspricht.

Beispiel zur Miteigentumsgemeinschaft am Einzelkonto des Erblassers:
Auf dem Einzelkonto des Erblassers E befindet sich ein Guthaben in Höhe von € 50.000,–. Der Ehegatte hat aufgrund eigener Einzahlungen € 20.000,– dazu beigesteuert.

Lösung:
Infolge der Beteiligungsvermutung fallen € 25.000,– in den Nachlass des Erblassers. Die weiteren € 5.000,– am Einzelkonto, die er durch die Einräumung der Mitinhaberschaft seiner Ehefrau zugewendet hat, sind jedoch im Rahmen des § 2325 BGB dem fiktiven Nachlass im Rahmen der Pflichtteilsergänzung zuzuordnen.
Hat der Ehegatte keinerlei Zahlungen auf das Einzelkonto geleistet und handelt es sich nach dem Einvernehmen der Eheleute dennoch um eine Bruchteilsgemeinschaft, fallen auch hier € 25.000,– in den Realnachlass des Erblassers, weitere € 25.000,– würden dann über § 2325 BGB in den fiktiven Nachlass der Pflichtteilsergänzung fließen.

5. Die Zuwendung von Lebensversicherungen

Neben Immobilien stellen **Lebensversicherungen**[114] wohl die wichtigste Form der privaten Altersvorsorge außerhalb der gesetzlichen Sozialversicherungssysteme dar. Das VVG hat bewusst auf eine legale Definition der Lebensversicherung verzichtet. Ungeachtet dessen unterfallen unter den Begriff der „Lebensversicherung" sowohl **die kapitalbildende Lebensversicherung, die Risikolebensversicherung, die fondsgebundene Lebensversicherung und die Rentenversicherung.** Daneben besteht die sogenannte **„Riester-Rente",** bei der es sich um eine Rentenversicherung mit bloßem Erlebensfallschutz handelt. Neben diesen Grundformen sind selbstverständlich auch **Mischformen** möglich, so dass sich der Inhalt bei jeder Lebensversicherung primär aus dem Versicherungsvertrag ergibt. Die klassische kapitalbildende Lebensversicherung besteht aus einer Kombination aus Erlebensfall- und Todesfallleistungen (gemischte Lebensversicherung). Zu der Lebensversicherung gehören aber auch **die Kfz-Insassen- und die Unfallversicherung** sowie die **Luftunfallversicherung.**[115]

Bei Lebensversicherungen kommt es zunächst auf die Frage an, wer **Vertragspartner**, wer **Bezugsberechtigter**[116] und ob das Bezugsrecht **widerruflich** oder **unwiderruflich** ausgestaltet ist.

Die Lebensversicherung selbst **fällt in den Nachlass** und kann deshalb nicht Gegenstand eines Pflichtteilsergänzungsanspruchs sein, wenn **keine wirksame Benennung eines Drittbegünstigten** vorliegt. Wenn das Todesfallrisiko versichert ist, fällt die Versicherungssumme unstreitig in den Nachlass und ist auch bei der Pflichtteilsberechnung zu berücksichtigen. In diesem Fall wird unstreitig der Nachlass durch die **Versicherungssumme** bereichert und nicht nur durch die von dem Erblasser gezahlten Prämien.[117]

---

[114] §§ 150 ff. VVG.
[115] *Lehmann* ZEV 2004, 398, 403, *Leitzen* RNotZ 2009, 129.
[116] BGHZ 7, 134; NJW 2004, 214.
[117] *Fritz/Bünger/Bock/Gottwald* § 2325 Rn. 30; *Elfring* ZEV 2004, 305, 309; *Leitzen* RNotZ 2009, 129.

71 Wenn allerdings eine **wirksame Drittbegünstigung** vorliegt und die Versicherungssumme an den Begünstigen auszahlt wird, greift grundsätzlich die Auslegungsregel des § 159 Abs. 2, Abs. 3 VVG, wonach der Begünstigte den Anspruch auf die **Versicherungssumme nicht aufgrund Erbrechts**, sondern als Bezugsberechtigter infolge des Versicherungsvertrages und damit nach **§ 331 BGB außerhalb des Nachlasses erwirbt**.[118] Dies gilt insbesondere dann, wenn der Erblasser Versicherungsnehmer und versicherte Person und Bezugsberechtigter der Lebensversicherung der Drittbegünstigte ist.

Lebensversicherungsverträge, bei denen der „Begünstigte" zugleich auch Vertragspartner des Versicherungsunternehmens und **der Erblasser lediglich versicherte Person ist,** unterfallen von vornherein nicht der Prüfung, ob hier Pflichtteilsergänzungsansprüche gegeben sind. Schenkungsgegenstand können hier allenfalls **Prämienzahlungen durch den Erblasser** sein, wenn diese unentgeltlich geleistet wurden. Möglicherweise kann hier aber auch ein **Treuhandverhältnis** mit der Folge angenommen werden, dass die Versicherung wirtschaftlich dem Prämienzahler zugerechnet wird.[119] Diese Frage ist bei vorplanenden Gestaltungen von entscheidender Bedeutung, um hier eventuelle Pflichtteilsergänzungsansprüche auszuschließen oder zu reduzieren.

72 Wird die Lebensversicherungssumme mit dem Todesfall an einen Drittbegünstigten ausgezahlt, gehört in jüngster Zeit zu den umstrittensten Fragen, ob im Rahmen des § 2325 BGB die von dem Erblasser **insgesamt gezahlten Prämien**, nur die **Prämien innerhalb des 10-Jahres Zeitraums** des § 2325 Abs. 3 BGB oder **die ausgezahlte Versicherungssumme** selbst der Pflichtteilsergänzung unterliegen. In der Diskussion zu dieser Frage wird – ob zu Recht oder nicht – zunächst unterschieden zwischen der **widerruflichen Begünstigungserklärung** und der **unwiderruflichen Begünstigungserklärung**.

73 a) **Widerrufliche Begünstigungserklärung.** Um überhaupt eine pflichtteilsergänzungsrelevante Schenkung an den Drittbegünstigten anzunehmen, bedarf es im **Valutaverhältnis** zunächst eines Schenkungsvertrages. Bei einer widerruflichen Bezugsberechtigung geht die herrschende Meinung davon aus, dass nur **die von dem Erblasser entrichteten Prämien** Gegenstand einer Pflichtteilsergänzung sein können, weil die Bereicherung nur auf diesem Vermögensopfer beruht.[120] Einige Vertreter innerhalb der h. M. wollen den Schenkungsgegenstand noch zusätzlich auf die **Prämienzahlungen innerhalb des 10-Jahreszeitraums** beschränken, wenn es sich nicht um den Ehegatten handelt,[121] während eine andere Auffassung diese zeitliche Begrenzung ablehnt.[122]

74 Die bisherige h. M. begründet Ihre Rechtsauffassung damit, dass die **Versicherungssumme** als solches keine Schenkung des Erblassers darstelle, weil sie **sich nie im Vermögen des Erblassers** befunden habe. Der Versicherungsanspruch falle dem Begünstigten vielmehr unmittelbar aus dem Vermögen des Versicherungsunternehmens an.[123]

Die noch h. M. stützt sich dabei im wesentlichen auf die bisherige Rechtsprechung des BGH.[124]

Sieht man mit der wohl noch h. M. alle gezahlten Prämien als für den § 2325 BGB maßgeblichen Schenkungsgegenstand an, muss für jede einzelne Prämie der **Kaufkraftverlust** berücksichtigt und errechnet werden.[125] Danach wäre dann die Gesamtsumme aller Prämien als Schenkungsgegenstande zu ermitteln.

---

[118] Palandt/*Heinrichs* § 330 Rn. 2; *Prölss/Martin/Kollhosser* § 167 Rn. 1; BGHZ 13, 226, 232.
[119] Eulberg/Ott/*Eulberg/Halaczinsky* Rn. 167.
[120] BGHZ 7, 134, 143.
[121] *Lange/Kuchinke* § 33 V 2 e; MünchKommBGB/*Gottwald* § 330 Rn. 21, MünchKommBGB/*Musielak* § 2301 Rn. 43; Soergel/*Hadding* § 330 Rn. 17; Staudinger/*Olshausen* § 2325 Rn. 38, Fritz/Bünger/*Gottwald* § 2325 Rn. 31.
[122] Staudinger/*Jagmann* § 330 Rn. 53; MünchKommBGB/*Lange* § 2325 Rn. 22; Soergel/*Dieckmann* § 2325 Rn. 22.
[123] RGZ 128, 187, 190; *Birkenheier* Juris PK-BGB/*Birkenheier*, 4. Auflage 2008, § 2325 Rn. 70; *Leitzen* RNotZ 09, 129.
[124] BGHZ 7, 134, 143; BGH FamRZ 1976, 615; siehe auch bereits RGZ 128, 187, 190; MünchKommBGB/*Musielak* § 2301 Rn. 43; Staudinger/*Olshausen* § 2325 Rn. 38; Erman/*Schmitt* § 2301 Rn. 14; Soergel/*Dieckmann* § 2325 Rn. 22.
[125] BGHZ 65, 75, Palandt/*Edenhofer* § 2325 Rn. 18.

V. Einzelfragen zu bestimmten Zuwendungen des Erblassers

Folgt man der Rechtsauffassung, dass nur die Prämien der letzten 10 Jahre (§ 2325 Abs. 3 BGB) als Schenkung zu berücksichtigen ist, müssten dann auch – nach Berücksichtigung des Kaufkraftverlustes – die einzelnen Jahresprämien der letzten 10 Jahre ermittelt werden. Unabhängig von der Zahlungsweise des Erblassers wird es aus Vereinfachungsgründen zulässig sein, die einzelnen Prämien in Jahresprämien zusammenzufassen. Die grundsätzliche Frage, ob die jeweils gezahlte Einzel- oder Jahresprämie, für sich gesehen, als isolierte Schenkung anzusehen ist, oder ob die Anzahl der einzelnen Jahresprämien addiert und als Gesamtschenkung zu berücksichtigen sind, wird man im letztgenannten Sinne beantworten müssen. Konsequenterweise wird man die isolierte Betrachtung jeder einzelnen **Jahresprämie** vornehmen müssen, diese isoliert an den **Kaufkraftverlust** anpassen und auch – isoliert gesehen –, das durch die Reform des Erbrechts eingeführte **Abschmelzungsmodell** berücksichtigen müssen, wonach pro Jahr der Schenkung 10 % des Gesamtschenkungswertes bei der Pflichtteilsergänzung unberücksichtigt bleiben. Welche Berechnung sich bei der Anwendung dieser Rechtsauffassung in der Praxis durchsetzen wird, wird wohl abzuwarten sein.

Nach der im Vordringen befindlichen Gegenauffassung ist der **Versicherungsanspruch** vermögensrechtlich auch vor dem Eintritt des Versicherungsfalles ausschließlich dem Erblasser als Versicherungsnehmer zuzuordnen. Die für den Schenkungsbegriff erforderliche Vermögensminderung beim Erblasser bestehe in dem **Verlust seines Versicherungsanspruchs**.[126] Diese im Vordringen befindliche Rechtsauffassung wird unterstützt durch das Urteil des BGH zur anfechtungsrechtlichen Behandlung der widerruflichen Begünstigungserklärung in der Insolvenz. Bei der Insolvenz- und Gläubigeranfechtung geht der BGH davon aus, dass die anfechtbare Leistung des Schuldners nicht in der Summe der gezahlten Prämien, sondern in der **ausbezahlten Versicherungssumme** liegt.[127] Diese Wertung wurde nun konsequenterweise auch auf die Pflichtteilsergänzungsansprüche übertragen, was allerdings zu unterschiedlichen Entscheidungen der Oberlandesgerichte geführt hat.[128]

Die Vertreter der noch h. M. sind der Auffassung, dieses Urteil sei nicht auf Pflichtteilsergänzungsansprüche übertragbar, während das OLG Düsseldorf davon ausgeht, dass es sich hier um gleichgelagerte Fälle handelt und der BGH mit diesem Urteil eine **Abkehr von seiner bisherigen Rechtsprechung** zur Lebensversicherung vorgenommen hat.[129] Trotz der unterschiedlichen Auffassungen der Oberlandesgerichte hat sich das OLG Köln[130] unter Berufung auf § 132 GVG nicht veranlasst gesehen, die Entscheidung dem großen Senat für Zivilsachen beim BGH vorzulegen.[131]

Im Ergebnis ist aber der Rechtsauffassung zu folgen, dass die **Versicherungssumme** Schenkungsgegenstand ist, weil jede Begründung zur Nichtberücksichtigung der Versicherungssumme als Schenkungsgegenstand vordergründig immer etwas ergebnisorientiert ist und allzu erbenfreundlich erscheint. Wenn **Zweck der Pflichtteilsergänzung** die Sicherung einer Mindestteilhabe am Nachlass ist und ohne wirksame Bezugsberechtigung unstreitig die Versicherungssumme auch Nachlassbestandteil wäre, sollte vom Sinn und Zweck der Pflichtteilsergänzungsbestimmungen die **Versicherungssumme** auch als Korrektiv im Rahmen des § 2325 BGB Berücksichtigung finden. Insoweit hat der BGH auch bei ehebedingten Zuwendungen aus dem Sinn und Zweck der Pflichtteilsergänzungsbestimmungen primär auf die objektive Bereicherung des Begünstigten abgestellt, ohne den Schenkungsbegriff rechtsdogmatisch zu sehr einzuengen. Das Argument, dass die Versicherungssumme nicht

---

[126] *Leitzen* RNotZ 2009, 129; *Hasse* 138 ff.; *Elfring* ZEV 2004, 305, 310; *Progl* ZErb 2004, 187, 190; Palandt/*Edenhofer* § 2125 Rn. 12.
[127] BGHZ 156, 350 = NJW 2004, 214; *Elfring* NJW 2004, 485.
[128] OLG Stuttgart ZErb 2008, 57 (Prämien); OLG Köln ZErb 2008, 215 (Prämien); LG Köln ZErb 2008, 31; OLG Düsseldorf ZEV 2008, 292 (Versicherungssumme); LG Paderborn juris-PK-FamRZ 9, 2008 Ann. 3 (Versicherungssumme).
[129] OLG Düsseldorf 2008, 292.
[130] OLG Köln ZErb 2008, 245.
[131] Zum Meinungsstreit: *Progl* ZErb 2008, 288 ff.; *Schindler* ZErb 2008, 331 ff.; *Liebig* ZEV 2008, 262 ff.; *Lugen* ZEV 2008, 146 ff; *Rohlfing* FamRZ 2008, 212; *Sticherling* ZErb 2008, 31 ff.; *Sticherling* ZErb 2008, 245 ff.; *Leitzen* RNotZ 2009, 129 ff.; *Hilbig*, ZEV 2008, 262.

aus dem Vermögen des Erblassers gezahlt werde und deshalb nicht Schenkungsgegenstand sein könne, muss hier als vordergründig zurückgewiesen werden, weil der Erblasser sowohl zu Lebzeiten als auch mit seinem Tode einen Anspruch auf die Versicherungsleistung gegenüber dem Versicherungsunternehmen hat, der durchaus einen Vermögenswert darstellt. Mit der widerruflichen Bestimmung eines Drittbegünstigen begibt er sich spätestens **mit dem Erbfall dieses Vermögenswerts** und die Zuwendung stellt auch ein Vermögensopfer im Sinne des Schenkungsrechts dar.

79 Hat der Erblasser seine Ansprüche aus dem Lebensversicherungsvertrag bereits **zu Lebzeiten abgetreten,** wäre dieser Zeitpunkt für den Vollzug der Schenkung anzusetzen.

Hat der Erblasser innerhalb der 10-Jahresfrist den **Lebensversicherungsvertrag insgesamt auf den Begünstigten übertragen,** so dass dieser Vertragspartner des Versicherungsunternehmens wird und der Erblasser allenfalls als versicherte Person verbleibt, wird man zu Recht annehmen müssen, dass dann der **Rückkaufswert zum Zeitpunkt** der Übertragung bei der Pflichtteilsergänzung herangezogen werden muss.[132]

Eine andere Auffassung will auch hier nur die Prämien heranziehen, die im Rahmen des 10-Jahreszeitraums geleistet worden sind.[133]

80 b) **Unwiderrufliche Begünstigungserklärung.** Bei der unwiderruflichen Begünstigungserklärung geht die herrschende Meinung davon aus, dass mit **Abgabe der Erklärung der Unwiderruflichkeit der Bezugsberechtigung** der Erblasser keinen Einfluss mehr auf die Auszahlung der Versicherungssumme hat und deshalb im Zeitpunkt der Abgabe bereits **die Schenkung im Sinne des § 2325 Abs. 3 BGB als vollzogen** anzusehen ist. Gestützt wird diese Rechtsauffassung auf § 159 Abs. 3 VVG, so dass mit der Abgabe der individuellen Begünstigungserklärung auch die Frist des § 2325 Abs. 3 BGB in Gang gesetzt werde.[134] Eine andere Frage ist auch hier, was Schenkungsgegenstand sein soll. Als Gegenstand der Schenkung könnten auch hier die **bis zur Abgabe der Unwiderruflichkeitserklärung eingezahlten Prämien** oder **der Zeitwert der Versicherung (Rückkaufswert)** im Zeitpunkt der Abgabe der Unwiderruflichkeitserklärung in Betracht kommen. Stellt man als Schenkungszeitpunkt auf den Zeitpunkt der Einräumung der unwiderruflichen Bezugsberechtigung ab, müsste folgerichtig aber auch auf den Rückkaufswert im Zeitpunkt der Abgabe dieser Erklärung abgestellt werden und nicht auf die Prämien, die innerhalb der letzten 10 Jahre bis zu diesem Zeitpunkt gezahlt wurden.[135] Stellt man auf diesen Zeitpunkt ab und berücksichtigt darin auch den **Rückkaufswert,** müssen im Rahmen der Schenkung aber auch alle **Folgeprämien** bei der Ermittlung der Schenkung miteinbezogen werden, die der Erblasser auf diesen Versicherungsvertrag noch geleistet hat.

81 Eine Mindermeinung geht davon aus, dass es die Einräumung der unwiderruflichen Bezugsberechtigung innerhalb der Ausschlussfrist des § 2325 Abs. 3 BGB rechtfertigt, unabhängig vom Zeitwert oder den bisher gezahlten Prämien, den **vollen Wert des Versicherungsanspruchs** im Zeitpunkt des Erbfalls bei der Pflichtteilsergänzung anzusetzen.[136] Dieser Rechtsauffassung ist auch zu folgen, weil im Sinne des Pflichtteilsergänzungsrechtes nicht schon die Einräumung der unwiderruflichen Bezugsberechtigung als Schenkung anzusehen ist, sondern erst der **Versicherungsfall,** mit der dann die volle Versicherungssumme an den Bezugsberechtigten ausgezahlt wird. Die Einräumung der unwiderruflichen Bezugsberechtigung stellt für sich genommen noch keine Schenkung oder Vermögensvermehrung im Sinne des Pflichtteilsergänzungsrechts dar, weil auch diese Rechtsposition noch vertraglich beseitigt oder aufgehoben werden kann. Erst wenn der Versicherungsfall eingetreten ist, entscheidet sich, ob die Versicherungssumme an den Begünstigten ausgezahlt wird oder nicht. Folgerichtig ist auch die Versicherungssumme bei der Pflichtteilsergänzung zu berücksichtigen und nicht der Zeitwert im Zeitpunkt der Einräumung des unwiderruflichen Bezugsrechts.

---

[132] Vgl. Fn. 121.
[133] Vgl. Fn. 121.
[134] *Ahrens* Erbrecht 2008, 247, 251; *Elfring* ZEV 2004, 305, 310; *Kornexl* Rn. 811.
[135] *Elfring* S. 109 ff.; *Kornexl* Rn. 817.
[136] *Harder* FamRZ 1976, 616.

V. Einzelfragen zu bestimmten Zuwendungen des Erblassers

Nur in dem Fall, in dem der gesamten Versicherungsvertrag vor dem Erbfall auf den Begünstigten übertragen wird, wäre der aktuelle Zeitwert im Zeitpunkt der Übertragung bei der Pflichtteilsergänzung zugrundezulegen.

Auch die Finanzbehörden machen zwischen der unwiderruflichen Bezugsberechtigung und der widerruflichen Bezugsberechtigung grundsätzlich keinen Unterschied. Zuwendungsgegenstand ist in beiden Fällen die ausgezahlte **Versicherungssumme**, nicht dagegen die Prämienzahlungen bis zur Bezugsrechtseinräumung.[137]

Auch bei der **Risikolebensversicherung** wird man annehmen müssen, dass nicht die Summe der entrichteten Prämien, sondern die Versicherungssumme im Zeitpunkt des Versicherungsfalls als ergänzungspflichtige Schenkung angesehen wird.

Bei einer **Rentenversicherung** wird als schenkungsrelevant künftig die Versicherungssumme der auszuzahlenden Renten für die Pflichtteilsergänzung und nicht die Prämien während der letzten zehn Jahre heranzuziehen sein.

Bei **kreditsichernden Lebensversicherungen** gehört beim Tod des Versicherungsnehmers der Anspruch auf die volle Versicherungssumme nach Auffassung des BGH dem Bezugsberechtigten und wird nur in Höhe der gesicherten Schuld dem Nachlass zugeordnet. Soweit der Sicherungszweck es rechtfertigt, **wird die kreditsichernde Lebensversicherung dem Nachlass zugeordnet.** Nur der überschießende Betrag wird als Erwerb zugunsten des Bezugsberechtigten außerhalb des Nachlasses betrachtet.[138]

Berechnungsbeispiel bei einer „kreditsichernden Lebensversicherung":

Der Erblasser E hat seine Ehefrau F zur Alleinerbin eingesetzt. Der Erblasser E hat aus erster Ehe ein einziges Kind S. Zum Nachlass gehört eine Eigentumswohnung im Wert von € 240.000,-, die jedoch mit Verbindlichkeiten in Höhe von € 200.000,- belastet ist. Zur Absicherung der Verbindlichkeiten hat der Erblasser E seine Rechte aus der Lebensversicherung mit einer Lebensversicherungsgesellschaft in Höhe von € 180.000,- abgetreten. In dem Lebensversicherungsvertrag ist die Ehefrau F als Bezugsberechtigte benannt. In der Abtretungserklärung gegenüber der finanzierenden Bank wird jedoch die Bezugsberechtigung „für die Dauer der Abtretung" widerrufen, soweit sie den Rechten der finanzierenden Bank entgegensteht. Wie hoch ist der Pflichtteil des S?

Lösung:

Nach der Rechtsprechung des BGH[139] wird der Pflichtteil wie folgt berechnet:

Eigentumswohnung	€ 240.000,-
./. Verbindlichkeiten abzügl. Lebensversicherung (200.000,- € – 180.000,- €)	€ 20.000,-
Nettonachlass	€ 220.000,-
¼ Pflichtteil des Kindes S hieraus	€ 55.000,-

Würde die Lebensversicherung hier nicht bei den Verbindlichkeiten in Abzug gebracht werden, hätte der Pflichtteilsberechtigte S hier lediglich folgenden Pflichtteilsanspruch:

Eigentumswohnung	€ 240.000,-
./. Verbindlichkeiten	€ 200.000,-
Nettonachlass	€ 40.000,-
¼ Pflichtteil des Kindes S hieraus	€ 10.000,-

6. Der Vertrag zugunsten Dritter

Analog zu den Ausführungen bei den Lebensversicherungen ist auch bei den Verträgen zugunsten Dritter davon auszugehen, dass hier nicht nur die gezahlten Spareinlagen oder Prämien als Schenkung zu berücksichtigen sind, sondern der Betrag, der dann schließlich zur Auszahlung an den Dritten gelangt.[140] Eine wesentliche Auslegungshilfe bei Verträgen zugunsten Dritter stellt § 331 BGB dar. Von § 331 BGB erfasst sind **Bausparverträge mit Begünstigung**

---

[137] *Gebel* ZEV 2005, 236, 238; BFH BStBl. III 1952, 240; *Rödder* DStR 1993, 781, 783.
[138] Mayer/Süß/Tanck/Bittler/Wälzholz/*J. Mayer* § 8 Rn. 30; *Klingelhöffer* ZEV 1995, 180, 181; BGH DNotZ 1997, 420.
[139] BGH DNotZ 1997, 420.
[140] Mayer/Süß/Tanck/Bittler/Wälzholz/*J. Mayer* § 8 Rn. 30; zur Problematik: *Mayer* DNotZ 2000, 905.

auf den Todesfall,[141] **Witwenversorgungen** im Rahmen der betrieblichen Altersversorgung oder der **Unfallversicherung**,[142] möglicherweise aber auch **gesellschaftsrechtliche Eintritts- oder Nachfolgeklauseln**.[143] Unter § 331 BGB fallen insbesondere alle Vereinbarungen mit der Bank, nach dem **Tod des Kontoinhabers einen Betrag an einen Dritten** zu zahlen[144] oder den Depotinhalt auszuhändigen.[145] Unter § 331 BGB fällt aber auch die Anlegung eines **Sparkontos auf den Namen eines Dritten unter Vorbehalt des lebenslangen Verfügungsrechts**.[146]

88 Wenn in diesen Fällen des **Versprechens auf den Todesfall** der Begünstigte vor dem Versprechensempfänger verstorben ist, steht das Guthaben dem Versprechensempfänger zu;[147] das Guthaben fällt nur dann in den Nachlass, wenn keine Ersatzbegünstigten benannt worden sind. Die Problematik der Verträge zugunsten Dritter stellt sich in der Praxis überwiegend bei **Bank- und Sparkonten** oder bei **Bausparverträgen**. Legen Eltern oder Verwandte ein **Sparbuch** für das Kind oder andere Begünstigte an und behalten sie dieses Sparbuch in Besitz, ist davon auszugehen, dass die Besitzer regelmäßig auch Inhaber des Sparguthabens bleiben wollen und den Betrag erst mit dem Tod der Einzahlenden dem Dritten zugewandt werden soll.[148] Wenn im **Valutaverhältnis** im Zeitpunkt des Todes eine **Schenkung** vorliegt, unterliegt das Sparguthaben auch in voller Höhe der Ergänzung nach § 2325 BGB. Wenn mit dem Sparbuch **steuerliche Freibeträge** ausgenutzt werden sollen, spricht dies eher für eine **Kontoinhaberschaft des Begünstigten**.[149]

89 Die in einem **Depot** verwahrten **Wertpapieren** können nicht im Wege eines Vertrags zugunsten Dritter Eigentum eines anderen werden. Bei Depots wäre allenfalls denkbar, dass dem Dritten ein **Anspruch auf Übereignung des Inhalts zugewendet** werden soll, so dass dann eher eine Vermächtnisanordnung naheliegt.[150]

90 Bei einem **Sparkassenbrief** ist in der Regel von Anfang an der in der Urkunde Benannte auch der forderungsberechtigte Inhaber.[151] Gegenstand der Pflichtteilsergänzung können dann allenfalls die Einlagen des Erblassers auf dieses Sparbuch oder das Sparkonto innerhalb der letzten 10 Jahre bis zur Einräumung der Kontoinhaberschaft darstellen.

Bei der Auslegung des Inhalts eines Sparvertrages ist immer entscheidend, ob **Zweck der Einzahlung die Zuwendung auf den Todesfall** ist und der **Einzahlende bis zu seinem Tod verfügungsberechtigt** bleiben wollte.[152] In diesen Fällen unterliegt dann der ausgezahlte Sparbetrag der Pflichtteilsergänzung.

91 Wenn schon zu **Lebzeiten des Erblassers** bestehende Sparverträge auf den Begünstigten übertragen werden, ist der Zeitwert des eingezahlten Guthabens im Zeitpunkt der Zuwendung als pflichtteilsergänzungsrelevanter Wert anzusetzen, der dann aber – wie bei allen pflichtteilsrelevanten Zuwendungen – unter Berücksichtigung des Kaufkraftverlustes angepasst werden muss.

7. Der Erlass und die Abtretung von Forderungen

92 **a) Der Erlass von Forderungen.** Der **Erlass von Forderungen** innerhalb der letzten 10 Jahre – gleich welcher Art – führt zur Bereicherung des Begünstigten im schenkungsrechtlichen Sinne und ist bei der Pflichtteilsergänzung als Schenkung zu berücksichtigen, wenn das **Kausalgeschäft eine Schenkung** darstellt.

---

[141] BGH NJW 1965, 1913.
[142] BGH Warn 70 Nr. 52.
[143] RGZ 80, 177.
[144] BGHZ 66, 8; NJW 2004, 767.
[145] BGHZ 41, 96.
[146] BGHZ 46, 198.
[147] BGH NJW 1993, 2172.
[148] BGHZ 46, 201; OLG Düsseldorf NJW-RR 1992, 625; OLG Köln NJW-RR 1996, 236; BGHZ 66, 8; NJW 1984, 480.
[149] OLG Saarbrücken NJW-RR 2008, 954.
[150] RGZ 98, 283; BGHZ 41, 96.
[151] OLG Hamm NJW-RR 1992, 46; OLG Zelle 1994, 1069; OLG Köln NJW-RR 1995, 1224.
[152] BGHZ NJW 2005, 980.

V. Einzelfragen zu bestimmten Zuwendungen des Erblassers 93–97 § 5

Der **Erlassvertrag** ist ein **abstrakter verfügender Vertrag,** dem auch ein Kausalgeschäft zu Grunde liegt. Erforderlich ist ein **Vertrag zwischen dem Gläubiger, dem Erblasser und dem Schuldner,** dem Begünstigten. Der Erlass ist formfrei möglich, auch dann, wenn der Erlass schenkweise erfolgt. In diesem Falle wird angenommen, dass **der Erlass dann schon den Vollzug der Schenkung** darstellt, so dass § 518 Abs. 2 BGB gilt.[153]

b) **Die Abtretung von Forderungen.** Auch die Abtretung einer Forderung setzt einen Vertrag zwischen dem übertragenden/abtretenden Gläubiger (Zendent), dem Erblasser und dem neuen Gläubiger (Zessionar) voraus. Die Abtretung ist grundsätzlich ein **abstraktes Rechtsgeschäft** und setzt ein schuldrechtliches Grundgeschäft voraus. Wenn das schuldrechtliche Grundgeschäft eine Schenkung oder unbenannte Zuwendung darstellt, ist auch die Abtretung einer Forderung an den Begünstigten im Rahmen der Pflichtteilsergänzung zu berücksichtigen.[154]

Die schenkweise Abtretung von Forderungen setzt allerdings die Abtretbarkeit der Forderungen voraus (§§ 390, 400 BGB). Wenn ein **Bankguthaben** auf einem Bankkonto abgetreten wird, erstreckt sich die Abtretung im Zweifel auch auf Beträge, die auf ein **Festgeldkonto** mit einer neuen Kontonummer umgebucht werden.[155] Bei der Pflichtteilsergänzung ist jedenfalls der **Wert der Forderung im Zeitpunkt der Abtretung** zugrunde zu legen. Die Abtretung muss innerhalb der letzten 10 Jahre vor dem Erbfall erfolgt sein und ist auch wegen des **Kaufkraftverlustes** entsprechend anzupassen.

Bei **verbrieften Forderungen** ist zu unterscheiden, ob es sich um Inhaber- oder um Namenspapiere handelt. Ist eine Forderung durch eine **Briefhypothek oder eine Briefschuld** abgesichert, ist eine besondere Form für die Abtretung einzuhalten, insbesondere die **Schriftform und die Übergabe des Briefs** (§§ 1154 Abs. 1, 1152 BGB). Zur **Abtretung eines Sparbuchguthabens** ist die Übergabe des Sparbuchs nicht erforderlich, sie kann aber als stillschweigende Abtretung aufzufassen sein.[156]

c) **Die Übertragung eines Schuldverhältnisses.** Anstatt der Abtretung einzelner Forderungen kann selbstverständlich auch ein Schuldverhältnis insgesamt übertragen werden (**Vertragsübernahme**). Die Übertragung eines ganzen Schuldverhältnisses ist grundsätzlich zulässig.[157] Die Vertragsübernahme bedarf dabei grundsätzlich der Form des übernommenen Vertrages.[158] Auch ein **Vertragsbeitritt** ist zulässig, wobei die Art der Mitberechtigung und Mitverpflichtung von dem jeweiligen Schuldverhältnis abhängt.

Wenn die Übernahme eines Vertragsverhältnisses eine objektive Bereicherung des Dritten darstellt und die Grundsätze des Schenkungsrechts nach § 2325 BGB anwendbar sind, kann auch die Übernahme eines Vertragsverhältnisses zur Pflichtteilsergänzungsansprüchen führen. Hier kann beispielsweise die Übernahme des Lebensversicherungsvertrags aufgeführt werden.

8. Die Gründung von Stiftungen/Zustiftungen

Die Errichtung einer **Stiftung von Todes wegen** und die damit verbundene Vermögensübertragung auf die Stiftung (Stiftungsgeschäft) unterliegen dem ordentlichen Pflichtteilsrecht, weil das Stiftungsvermögen zunächst Nachlassbestandteil ist.

Soll die Stiftung Erbe des Nachlasses werden, wird sie rückwirkend mit der Genehmigung des Stiftungsgeschäfts Erbe. Soll dagegen die zu gründende Stiftung von Todes wegen Miterbe oder Vermächtnisnehmer werden, ergibt sich hieraus gleichfalls keine geänderte Rechtslage, weil auch insoweit das Stiftungsvermögen zunächst dem ordentlichen Nachlass zugeordnet wird (§§ 83, 84 BGB).

Wenn eine Stiftung unter Lebenden gegründet wird (§ 81 BGB), fehlt es grundsätzlich an einem Schenkungsvorgang im Sinne des § 516 BGB, weil das Stiftungsversprechen eine ein-

---

[153] RGZ 53, 296; OLG Hamburg NJW 1961, 76; OLG Stuttgart NJW 1987, 782.
[154] Zu den einzelnen abtretbaren Forderungen vgl. Palandt/*Grüneberg* § 398 Rn. 8 ff.
[155] BGH NJW 1999, 3776.
[156] BGH NJW 1963, 1631; BGH DB 1972, 1226.
[157] BGH NJW 1985, 2528.
[158] BGH NJW 1979, 369.

seitige Erklärung darstellt. Ungeachtet dessen wird jedoch von der h. M. befürwortet, hier eine **analoge Anwendung des § 2325 BGB** vorzunehmen.[159]

98 Unentgeltliche Zuwendungen an bestehende Stiftungen werden deshalb sowohl als **Zustiftung** als auch in Form von **freien oder gebundenen Spenden** in voller Höhe der Pflichtteilsergänzung unterzogen, wenn sie innerhalb der 10-Jahresfrist des § 2325 BGB erfolgt sind.[160]

Dies gilt auch grundsätzlich für **Familienstiftungen**,[161] obwohl diese bei einer wirtschaftlichen Betrachtungsweise überwiegend oder sogar ausschließlich **im Interesse des Pflichtteilsberechtigten** errichtet worden ist. Die h. M. ist der Auffassung, dass in diesen Fällen aber eine **analoge Anwendung des § 2325 BGB** geboten sei.[162] Im Ergebnis wird man hier auf eine formelle Betrachtungsweise abstellen und auch die Familien- und Unternehmensstiftung als selbstständige Rechtspersönlichkeit einordnen müssen.

99 Ob jedoch auch die Ausschüttungen an die Familienmitglieder als Eigenschenkung im Sinne des § 2327 BGB zu berücksichtigen sind, ist gleichfalls umstritten. Die wohl noch h. M. geht davon aus, dass die **Ausschüttungen an die Familienmitglieder** dann nicht mehr zu berücksichtigen sind, wenn bereits die Zuwendungen des Vermögens an die Stiftung in voller Höhe dem Pflichtteilsergänzungsanspruch unterliegen. Außerdem liege eine doppelte Analogie vor, wenn man einerseits §§ 2325 und 2327 BGB analog anwende.[163]

100 *Lange* tritt mit überzeugenden Argumenten dieser Rechtsauffassung entgegen und ist der Auffassung, § 2327 BGB sei jedenfalls dann anwendbar, wenn es sich bei den Ausschüttungen um mittelbare Zuwendungen des Erblassers über eine Familienstiftung handle, insbesondere, wenn die Stiftung dem Pflichtteilsergänzungsberechtigten satzungsgemäß „Vermögensvorteile zuwendet (klagbarer Anspruch)" obwohl sie nicht unmittelbar vom Erblasser kommen.[164]

101 Überlegungen im Rahmen des Reformvorhabens, Zustiftungen an gemeinnützige oder mildtätige Stiftungen nicht der Pflichtteilsergänzung zu unterstellen, haben sich nicht durchgesetzt, so dass es bei der alten Rechtslage verbleibt, die von einer pflichtteilsergänzungsrelevanten Schenkung ausgeht. Versuche, Zuwendungen an **gemeinnützige Stiftungen** analog § 2330 BGB als Anstands- und Pflichtschenkungen einzustufen, müssen mit dieser bewussten Entscheidung des Gesetzgebers von vornherein als untauglich eingestuft werden.[165] Wenn überhaupt könnte man hier daran denken, derartige Zuwendungen als **Pflichtschenkungen** anzusehen. Die Anwendung des § 2330 BGB setzt allerdings voraus, dass die Zuwendung an die gemeinnützige Stiftung **sittlich geboten** ist. Voraussetzung hierfür wäre, dass ein Unterlassen der Zustiftung sittlich verwerflich wäre. Aus diesem Grunde kann man wohl nur vereinzelt Zuwendungen an Stiftungen als sittlich geboten ansehen.[166]

9. Die gemischte Schenkung

102 Eine gemischte Schenkung liegt vor, wenn bei einem einheitlichen Vertrag der **Wert der Leistung nur zum Teil dem Wert der Gegenleistung** entspricht und die Parteien sich darüber einig sind, dass der überschießende Betrag unentgeltlich erfolgen soll (**subjektive Äquivalenz**). Trotz des subjektiven Prüfungsmerkmals haben es allerdings die Parteien nicht selbstständig in der Hand, die Entgeltlichkeit oder Unentgeltlichkeit frei zu bestimmen. Eine freie Bewertungsbefugnis der Parteien kommt nämlich dann nicht mehr in Betracht, wenn die ge-

---

[159] H. M. RGZ 54, 399, 400; OLG Hamburg OLGE 38, 235, 238; *Rawert/Katschinski* ZEV 1996, 161, 162; *Cornelius* ZErb 2006, 230, 232; *Damrau-Riedel/Lenz* § 2325 Rn. 2; *Erman/Schlüter* § 235 Rn. 1; *Lange/Kuchinke* § 37 X 2 e; *Röthel* ZEV 2006, 8, 9, *Lange*, FS Spiegelberger 2009, S. 1321.
[160] BGH NJW 2004, 1382 (Frauenkirche).
[161] *Lange* a. a. O.
[162] *Stahl/Strahl/Fuhrmann* S. 135 ff.; *Lehleiter* S. 160 ff.; *Weißler* DNotZ 1905, 497.
[163] *Cornelius* ZErb 2006, 230, 234; *Cornelius* Rn. 565.
[164] *Lange*, FS-Spiegelberger 2009, S. 1321, 1328; vgl. auch Staudinger/*Olshausen* § 2327 Rn. 12; *Rawert/Katschinski* ZEV 96, 161, 164; a. A. *Cornelius* ZErb 2006, 230, 233.
[165] OLG Koblenz FamRZ 2006, 1789, 1790; Soergel/*Dieckmann* § 2330 Rn. 1.
[166] *Lange*, FS-Spiegelberger 2009, S. 1321; *Röthel* S. 73, 75; *Richter* ZErb 2005, 134, 137.

troffene Bewertung jeder sachlichen Grundlage entbehrt oder rein willkürlich ist.[167] Um den Pflichtteilsberechtigten nicht vor unlösbare Probleme zu stellen, wird seine Stellung durch eine **Beweislastregelung** verbessert. Stehen nämlich **Leistung und Gegenleistung in einem auffälligen und groben Missverhältnis**, spricht nach Auffassung des BGH eine tatsächliche Vermutung dafür, dass sich die Parteien über die Unentgeltlichkeit der Wertdifferenz einig waren und dass dann eine gemischte Schenkung vorliegt.[168] Nach seiner neueren Rechtsprechung soll eine Anwendung der Beweislastregelung bereits dann möglich sein, wenn das Mehr der Leistung über „**ein geringes Maß deutlich hinausgeht**".[169]

Die Frage von **gemischten Schenkungen** und **Schenkungen unter Auflagen** (vgl. nachfolgend Ziffer 10.) stellt sich in der Praxis häufig bei so genannten „**Übergabeverträgen**" im Rahmen der „**vorweggenommenen Erbfolge**" oder auch im Rahmen der **Unternehmensnachfolge**, bei denen regelmäßig für die Versorgung des Unternehmers Gegenleistungen und Auflagen vereinbart werden.

Bei der Bewertung der gemischten Schenkung ist gemäß § 2325 Abs. 2 BGB von einer wirtschaftlichen Betrachtungsweise auszugehen, bei der der Wert des übergebenen Gegenstandes unter Abzug der Gegenleistung zu ermitteln ist.[170]

Ist der verschenkte Vermögensgegenstand bereits mit **Verbindlichkeiten** belastet, sind diese vom Wert der Schenkung abzuziehen.

Werden bei einer Grundstücksschenkung die auf dem Grundstück ruhenden, noch bestehenden Verbindlichkeiten im **Wege der befreienden Schuldübernahme** nach §§ 414 ff. BGB übernommen, handelt es sich eindeutig um eine Gegenleistung, die den Schenkungswert mindert. Auch wenn für diese Verbindlichkeiten **Grundpfandrechte im Grundbuch** eingetragen sind, sind diese bereits durch den Abzug der aktuellen Darlehensvaluta mitberücksichtigt. Anders verhält es sich nur, wenn sich **der Schenker** verpflichtet, auch nach Übertragung des Grundstücks **weiterhin die Zins- und Tilgungsleistungen** zu übernehmen und insoweit den Beschenkten von solchen Zahlungen freizustellen. In diesem Fall können dann die Grundpfandrechte, die nur wegen der dinglichen Haftung mitübernommen werden, nicht wertmindernd in Abzug gebracht werden. Wenn nicht valutierende Grundschulden übernommen werden und die entsprechenden Eigentümerrechte und Rückgewähransprüche an den Erwerber abgetreten sind, mindert dies nicht den Schenkungswert.

Werden erst im Zusammenhang mit der Schenkung Gegenleistungen vereinbart, ist eine differenzierende Betrachtungsweise erforderlich, die im Folgenden näher beschrieben wird. Ob eine gemischte Schenkung vorliegt, hat zunächst noch nichts mit der Frage zu tun, wie unter Anwendung des Niederstwertprinzips des § 2325 Abs. 2 BGB die gemischte Schenkung insgesamt (Bruttowert abzüglich Gegenleistung und/oder nur Bruttowert) zu bewerten ist. Als Gegenleistungen können insbesondere vereinbart werden die **Übernahme von bestehenden Belastungen**, die **Einräumung eines Nießbrauchs- oder Wohnungsrechts**, die **Übernahme von Versorgungs- und Dienstleistungen** und die **Zahlung einer zeitlich befristeten oder lebenslangen Rente**. Ungeachtet dessen muss selbstverständlich auch bei der Frage, ob eine gemischte Schenkung vorliegt, zunächst eine Vorstellung über den eigentlichen Wert des Vermögensgegenstandes und auch eine Vorstellung über den Wert der vereinbarten Gegenleistung entwickelt werden. Während Einigkeit darin besteht, dass **verbrauchbare Sachen** auf den Zeitpunkt der Zuwendung und **nicht verbrauchbare Sachen** auf den Zeitpunkt der Zuwendung und des Erbfalls zu bewerten sind, ist jedoch fraglich, ob, wie und zu welchem Zeitpunkt die vereinbarten Gegenleistungen hiervon in Anzug zu bringen sind.

Selbst wenn die Bewertung des Schenkungsgegenstands als solches noch objektiv möglich sein sollte, liegt ein großes Praxisproblem in der Bewertung der vereinbarten Gegenleistung.

Behält sich der Erblasser den **Nießbrauch** vor, wird zunächst der Jahreswert des Nießbrauchsrechts ermittelt. Dieser Jahreswert wird dann nach Auffassung des BGH und der

---

[167] BGHZ 132, 136; BGH FamRZ 1989, 732.
[168] BGHZ 59, 132, 136; BGH FamRZ 1989, 732.
[169] BGHZ 87, 980; NJW 1995, 1349.
[170] BGHZ 125, 395, 398.

herrschenden Literatur auf der Grundlage der aktuellen **Sterbetabelle mit dem Lebenserwartungsfaktor des Nießbrauchsberechtigten** multipliziert (Ex-Ante-Betrachtung).[171] Nach dem neuen Bewertungsgesetz, das am 1. 1. 2009 in Kraft getreten ist, ist eine **neue Sterbetabelle** zu berücksichtigen, die einen höheren Kapitalwert des Nießbrauches zur Folge hat.

107 Die Kapitalisierung des Nutzungsrechts nach der Sterbetafel wird nur dann als unbillig angesehen, wenn **Besonderheiten des Sachverhalts** eine kürzere Lebenserwartung wahrscheinlich machen.[172]

108 Der BGH hat bei dem Tod des Erblassers **sechs Monate nach der Übergabe** in Abweichung von der Ex-Ante-Betrachtung ausnahmsweise nur diesen Zeitraum als Gegenleistung angesetzt.[173] Das OLG Köln hat für einen **todkranken Erblasser,** der die Übertragung bei Vornahme der Schenkung nur einige Wochen überlebte, überhaupt keinen Wert für das Gegenleistung angesetzt.[174] Wenn Anhaltspunkte für eine **konkrete kürzere Lebenserwartung** bestehen, hat das OLG Köln nicht auf das durchschnittliche Lebensalter eines Mannes, sondern auf dessen konkrete Lebenserwartung abgestellt.[175] Auch das OLG Oldenburg hat ein **Wohnungsrecht, welches nur 14 Monate eingeräumt war,** nicht wertmindernd in Abzug gebracht.[176]

109 Mit der Reform des Schenkungs- und Erbschaftsteuerrechts wurde auch § 25 ErbStG aufgehoben mit der Folge, dass der **Kapitalwert des Nießbrauchsrechts** auch unter nahen Angehörigen nun bei der Schenkung- und Erbschaftsteuer in voller Höhe in Abzug gebracht werden kann. Hiermit ergibt sich zumindest aus erbschaftsteuerlicher Sicht eine **Gestaltungsvariante zur Vermeidung hoher Schenkungssteuern.** Die Vereinbarung eines Nießbrauchsrechts führt allerdings dazu, dass der **Lauf der Frist des § 2325 Abs. 3 BGB** nicht vor dem Tod des Erblassers beginnt,[177] ein Nachteil, der den vorstehend beschriebenen Steuervorteil nicht zwingend ausgleicht.

110 Die vorstehenden Bewertungsgrundsätze gelten auch für **die Bewertung von Wohnungsrechten** oder **sonstigen Nutzungsrechten.** Wird im Rahmen eines Übergabevertrages bei Übertragung eines Grundstücks den Eheleuten ein Wohnungsrecht an identischen Räumen als Gesamtberechtigte gemäß § 428 BGB eingeräumt, ist eine einheitliche Bewertung dieses Wohnungsrechts, wie vorstehend beschrieben, notwendig, wobei wegen der Lebenserwartung auf den jüngsten Ehepartner abzustellen ist. Anders verhält es sich nur, wenn **aufschiebend bedingt durch den Tod des Zuerstversterbenden** dem überlebenden Ehepartner ein selbständiges Nießbrauchs- oder Wohnungsrecht eingeräumt wird. Hier wird mit dem Eintritt der Bedingung ein selbständiger Schenkungstatbestand erfüllt und dieses Nießbrauchsrecht auch im Rahmen der Pflichtteilsergänzung besonders berücksichtigt. Gleiches gilt, wenn unabhängig von den sonstigen Vereinbarungen im Rahmen eines Übergabevertrages Zuwendungen an Dritte in Form von Nutzungsrechten erfolgen, beispielsweise ein Wohnungsrecht „für die Dauer des ledigen Standes". Für diesen Fall sind diese Nutzungsrechte im Verhältnis zum Erblasser gleichfalls als pflichtteilsergänzungsrelevante Schenkung anzusehen. Im Verhältnis zu dem Beschenkten selbst sind alle vereinbarten Gegenleistungen vom Schenkungswert in Abzug zu bringen. Dies gilt gleichfalls für **Ausgleichszahlungen an weichende Erben.**[178]

111 Werden im Rahmen eines Übergabevertrages **Rücktrittsvorbehalte oder Widerrufsrechte** vereinbart, rechtfertigt sich insoweit ein Bewertungsabschlag, der meist mit 10% angesetzt wird.[179] Wenn aber von diesen Rücktritts- oder Widerrufsvorbehalten tatsächlich Gebrauch

---

[171] BGH NJW-RR 1990, 1158, 1159; BGH NJW-RR 1996, 705, 707; OLG Oldenburg NJW-RR 1997, 263, 264; OLG Koblenz FamRZ 2002, 772, 773; LG Bonn ZEV 1999, 154, 155; BGB-RGRK/*Johannsen* § 2325 Rn. 22; *Dingerdissen* JZ 1993, 402; Soergel/*Dieckmann* § 2335 Rn. 39.
[172] BGHZ 65, 75.
[173] BGHZ 65, 75, 77.
[174] OLG Köln OLGR 1997, 79; zur Bewertung eines Zuwendungsnießbrauchs vgl. auch OLG Koblenz ZEV 2002, 460.
[175] OLG Köln 1993, 43.
[176] OLG Oldenburg FamRZ 1999, 1315.
[177] BGHZ 125, 395, 398; OLG Schleswig SchlHA 1997, 11; *Draschka* NJW 1993, 437; *Mayer* ZEV 1994, 325; *Meyding* ZEV 1994, 202; *Reiff* NJW 1995, 1136.
[178] BGH NJW 1982, 2497, 2498.
[179] OLG Koblenz FamRZ 2002, 772, 774; OLG Düsseldorf OLGR 1999, 349.

gemacht wird, erhebt sich die weitere Frage, wie dieser Umstand im Zusammenspiel mit dem ordentlichen Pflichtteil und der Pflichtteilsergänzung zu berücksichtigen ist. Mit dem Rücktritt oder Widerruf fällt das Geschenk wieder in den **ordentlichen Nachlass,** wenn der Vermögensgegenstand bis zum Erbfall in der Vermögensinhaberschaft des Erblassers verbleibt. Eine Berücksichtigung im Rahmen der Pflichtteilsergänzung ist dann nur insoweit sachgerecht, als der Beschenkte sich den **Wert der Nutzung** vom Zeitpunkt der Schenkung bis zum Zeitpunkt der Ausübung des Rücktritts- oder Widerrufsrechts zusätzlich als objektive Bereicherung zurechnen lassen muss.

Zu den Grundfragen der Bewertung einer gemischten Schenkung wird insbesondere ergänzend auf § 6 dieses Handbuches verwiesen. Hier sei vorweg erwähnt, dass bei **verbrauchbaren Sachen** der Wert im Zeitpunkt der Zuwendung, **korrigiert durch den Kaufkraftverlust,** anzusetzen ist. Bei **nicht verbrauchbaren Sachen** ist der Wert im Zeitpunkt der Schenkung und auch **im Zeitpunkt des Erbfalles** zu ermitteln. Zusätzlich ist der Wert im Zeitpunkt der Schenkung **anhand des Verbraucherpreisindexes** anzupassen.[180]

Gemäß § 2325 Abs. 2 BGB ist bei nicht verbrauchbaren Sachen der Wert anzusetzen, der von beiden den niedrigsten Wert darstellt (**Niederstwertprinzip**). Nur wenn der Wert zum Zeitpunkt der Schenkung niedriger ist, als im Zeitpunkt des Erbfalls, sind auch die mit der Schenkung vereinbarten Gegenleistungen in Abzug zu bringen.

10. Die Schenkung unter Auflage

Anders als bei der gemischten Schenkung handelt es sich bei der mit einer Schenkung verbundenen **Auflage um keine Gegenleistung,** sondern um eine rechtlich selbständige Leistungspflicht. Eine typische Auflage ist in der Praxis häufig die Vereinbarung einer **Pflegeverpflichtung.**[181] Tatsächlich ist allerdings bei der Pflichtteilsergänzung zwischen einer echten Gegenleistung und einer Auflage **kein wirtschaftlicher Unterschied** zu machen. Nach der Ermittlung des Werts der Schenkung ist der Wert der Auflage hiervon in der gleichen Weise in Abzug zu bringen, als wenn es sich um eine Gegenleistung (gemischte Schenkung) handelt.[182]

Bei der **Bewertung der Auflage** besteht noch Streit darüber, ob die Auflage wie bei der Bewertung eines Nießbrauchs auf den **Zeitpunkt des Vollzugs** der Schenkung abstrakt für die Zukunft zu berechnen ist oder ob hier nur die **tatsächlich erbrachten** Leistungen in Abzug zu bringen sind. Die herrschende Meinung neigt allerdings auch hier, wie beim Nießbrauchsvorbehalt, zu einer abstrakten Bewertung, die sich bei der Bewertung an der abstrakten Lebenserwartung des Berechtigten orientiert. Die Bewertung ist somit auch bei der Auflage grundsätzlich aus einer **Ex-Ante-Betrachtung** vorzunehmen.

Dabei ergeben sich aber gerade bei der Bewertung von Pflegeleistungen erhebliche Probleme. Während bei der Ausgleichung nach § 2057a BGB feststeht, welche Pflegeleistungen tatsächlich erbracht worden sind, die auszugleichen sind, kann sich bei der **Bewertung der Pflegeleistungen** bei einer Schenkung eine Bewertungsproblematik ergeben, wenn der Übergeber des Vermögens im Zeitpunkt der Vereinbarung der Pflegeleistungen noch kein Pflegefall ist. Liegt bereits Pflegebedürftigkeit vor, gibt es bei der Bewertung der Pflegeleistungen durchaus zumindest konkrete Anhaltspunkte für eine abstrakte Bewertung.

Eine durchgängige Rechtsprechung gibt es in diesem Bereich bisher nicht. Das OLG Düsseldorf hat in seinem Urteil vom 22.1.1996 im Rahmen des Ausgleichungstatbestandes eine monatliche Pflegeleistung in Höhe von DM 800,– anerkannt,[183] wobei es im Zeitpunkt der Entscheidung bei einer häuslichen Pflege von einem Pflegegeld nach dem **Pflegeversicherungsgesetz** zwischen DM 400,– bis DM 1.300,– monatlich ausgegangen ist. Die Bandbreite

---

[180] Palandt/*Edenhofer* § 2325 Rn. 19; Staudinger/*Olshausen* § 2335 Rn. 107; *Reiff* ZEV 1998, 241, 248; Soergel/*Dieckmann* § 2325 Rn. 52; BGHZ 61, 385, 392; BGHZ 85, 274, 282; BGH NJW 1992, 2888.
[181] A. A. *Gerken* ZRP 1991, 426, 430, der hierin eine synallagmatische Hauptleistung sieht.
[182] BGH ZEV 1996, 186.
[183] OLG Düsseldorf DNotZ 1996, 652.

der monatlich zu bewertenden Leistungen reicht in der Rechtsprechung von DM 300,- bis zu einem Spitzenwert von DM 3.000,-.[184]

117 Die Bemessung der Pflegeleistungen hängt im Wesentlichen zunächst davon ab, welche **konkreten Leistungen in dem Übergabevertrag** vereinbart worden sind. Insoweit wird die Auffassung vertreten, dass diese persönlichen Leistungen im Vergleich zu den Leistungen der ambulanten Pflege einen besonderen Wert haben, so dass das persönliche Engagement und die persönliche Beziehung eine Höherbewertung rechtfertigt.[185] Neben dem konkreten Vertragsinhalt ist selbstverständlich auch auf den **konkreten Gesundheitszustand** abzustellen.

118 Anhaltspunkte für eine Bewertung geben hier aber auch die Bewertungsansätze, die im Rahmen eines **sozialhilferechtlichen Regresses** festgesetzt werden.[186] Konkretisierungen dieser Wertersatzrenten für Pflegeleistungen sind teilweise in landesrechtlichen Ausführungsgesetzen erfolgt. Die unterschiedliche Bandbreite ist jedoch beachtlich.

119 In der Literatur wurde der Vorschlag gemacht, den Wert der Pflegeverpflichtungen an die entsprechenden Leistungen des **Pflegeversicherungsgesetzes** anzulehnen, wenn keine anderen Anhaltspunkte vorhanden sind (§ 289 SGB XI).

Mit der Reform des Pflichtteilrechts und der angedachten Einführung eines neuen Ausgleichungstatbestandes sollte dieser bisherige Streit zunächst beigelegt werden. Bei der Ausgleichung von Pflegeleistungen sollte neben der Erweiterung des ausgleichsberechtigten Personenkreis, insbesondere auf Ehepartner oder eingetragene Lebenspartner bei der Bewertung eine Anlehnung an § 36 Abs. 3 SGB XI erfolgen und die Pflegesätze angesetzt werden, die der Medizinische Dienst bei der Beurteilung des Pflegezustands zugrunde legt. Zu der Neueinführung des § 2057 b BGB ist es allerdings nicht gekommen; es wurden keine Neuregelungen getroffen darin, wie Pflegeleistungen letztendlich zu bewerten sind.

120 Ungeachtet dessen wird man, um eine Objektivierung der Bewertungsansätze zu erreichen, in der Praxis durchaus in Anlehnung an § 36 Abs 3 SGB XI **die Pflegesätze als adäquate Ausgleichsleistungen** berücksichtigen müssen, die der Medizinische Dienst hier ansetzen würde. Auch wenn diese Bewertungsansätze grundsätzlich bei den Ausgleichungsbestimmungen diskutiert werden, sollten diese dann auch bei der Ermittlung des Werts einer Auflage im Rahmen des § 2325 BGB Anwendung finden.

121 Wenn im Zeitpunkt der Schenkung noch keine Pflegebedürftigkeit vorliegt, wird man nur abstrakt, möglicherweise beginnend ab den 70. Lebensjahr, unter Berücksichtigung des Pflegesatzes der Pflegestufe I und nach der Lebenserwartung eine der Bewertung der Pflegeverspflichtung in der Ex-Ante-Betrachtung vornehmen können. Dabei bleibt es aber immer bei einer Pauschalierung und mehrfach hypothetischen Berechnung, die bei erheblichen Unbilligkeiten zum Zeitpunkt der Berechnung des Pflichtteilsergänzungsanspruches durchaus einer Korrektur zugänglich sein muss, um unnötige Härten zu vermeiden.[187]

Auch eine aktuelle Entscheidung des BGH vom 6. 2. 2009 zur Frage der Sittenwidrigkeit einer Vereinbarung, wonach Versorgungsleistungen nur solange geschuldet sein sollen, wie sie von dem Verpflichteten in dem übernommenen Haus erbracht werden können, machen die Bewertung von Versorgungsleistungen nicht einfacher.[188] Der BGH hat entschieden, dass eine derartige Vereinbarung nicht grundsätzlich gegen **§ 138 BGB** verstößt und durchaus wirksam sein kann. Die Auswirkung dieser Entscheidung, auf die Vereinbarung von Versorgungsleistungen in der Vertragspraxis, wird deshalb noch abzuwarten sein. Wenn von Anfang an eine Versorgungsleistung allerdings unter der ausschließenden Bedingung steht, dass diese Leistungen nur persönlich in dem Hausanwesen erbracht werden müssen, besteht auch bei der Bewertung letztendlich wiederum die Frage, ob hier eine Ex-Ante-Betrachtung überhaupt noch begründbar ist. Im Ergebnis wird man deshalb eher gerade bei der Vereinbarung von Versorgungsleistungen in eine Ex-Post-Betrachtung übergehen müssen und auch

---

[184] OLG Koblenz FamRZ 2002, 772, 774; OLG Oldenburg FamRZ 98, 516, 517; OLG Köln OLGR 1993, 43; OLG Oldenburg NJW-RR 1997, 263.
[185] *Kerscher/Riedel/Lenz* § 9 Rn. 35.
[186] Vgl. Übersicht bei *Karpen* MittRhNotK 1988, 131; *Littig/Mayer*, S. 112.
[187] Zu den Reformvorschlägen mit Berechnungsbeispielen: *van de Loo* FPR 2008, 551; *Bothe* ZErb 2008, 309; *Damrau* ErbR 2009, 6; *Popenmeier* ZErb 2008, 414.
[188] BGH NJW 2009, 1346.

V. Einzelfragen zu bestimmten Zuwendungen des Erblassers

bei der Bewertung derartiger Versorgungsleistungen die tatsächlich erbrachten Leistungen anhand der Pflegesätze nach § 36 Abs. 3 SGB XI vornehmen müssen. Damit wäre auch eine wünschenswerte Gleichschaltung mit § 2316 BGB erreicht.

11. Lebzeitiger Verzicht auf bestehende Rechte gegenüber dem Pflichtteilsberechtigten

Verzichtet der Schenker, der sich ursprünglich **Gegenleistungen oder Auflagen** vorbehalten hatte, vor seinem Tode innerhalb der 10-Jahresfrist des § 2325 BGB auf diese Rechte, liegt hier ein neuer **Schenkungstatbestand** vor, der gleichfalls zu bewerten und bei der Pflichtteilsergänzung zu berücksichtigen ist. Handelt es sich hier um Leistungen, die ursprünglich über die Lebensdauer des Schenkers vereinbart worden sind, ist auch hier wieder anhand der **aktuellen Sterbetabelle,** in einer abstrakten Betrachtungsweise zu ermitteln, wie hoch der **Schenkungswert zum Zeitpunkt des Verzichts** zu veranschlagen ist.

12. Die Einräumung eines Widerrufs- oder Rücktrittsvorbehalts bei lebzeitiger Vermögensübertragung

Häufig wird bei Übergabeverträgen für bestimmte Fälle ein Rücktrittsrecht oder ein Widerrufsvorbehalt vereinbart. Alleine diese Vereinbarung kann dazu führen, dass hier ein **Bewertungsabschlag** von 10% des Verkehrswerts des übergebenen Gegenstandes gerechtfertigt ist[189] und diese Vereinbarungen unter Umständen – neben anderen Gesichtspunkten (vgl. vorstehend Ziffer 7. und 8.) – die Annahme einer gemischten Schenkung zusätzlich unterstützen können. Bei der Pflichtteilsergänzung wäre bei dem Schenkungswert ein eindeutiger Bewertungsabschlag vorzunehmen, dessen Höhe vom Umfang und der Wahrscheinlichkeit des Eintritts der Rücktritts- und Widerrufsvoraussetzungen abhängt.

13. Die Gewährung von freiem Wohnraum

Ob die Gewährung freien Wohnraums in dem Hausanwesen des Erblassers als ausgleichungs- oder anrechnungspflichtige Zuwendung oder gar als **Schenkung im Sinne des § 2325 BGB** zu betrachten ist, ist höchst umstritten.

Das LG Mannheim geht davon aus, dass die Gewährung freien Wohnraums eine **ausgleichungspflichtige Zuwendung** darstellen kann.[190] Im Gegensatz hierzu geht das OLG Köln davon aus, dass keine Ausgleichspflicht für das unentgeltliche Wohnen besteht.[191]

Die die Ausgleichspflicht ablehnende Meinung geht davon aus, dass der Erblasser hier **kein eigenes Vermögensopfer** erbringt und insoweit keine Verminderung des Vermögens durch die Gewährung eines freien Wohnungsrechts erfolgt.[192]

Ob die Gewährung freien Wohnraums, wie die Einräumung eines Wohnungs- oder Nießbrauchsrechts, als Schenkung im Sinne des § 2325 BGB zu werten ist, hängt im wesentlichen von dem Grundverhältnis zwischen dem Erblasser und dem Begünstigten ab. In jedem Falle stellt die **Gewährung freien Wohnraums** dem Pflichtteilsberechtigten gegenüber **ein Vermögensopfer des Erblassers** dar, weil er insoweit auf Mieteinnahmen verzichtet, die er hätte erzielen können. Im Übrigen stellt es auch eine **Vermögensvermehrung auf Seiten des „Wohnungsberechtigten"** dar, weil dieser insoweit **Mietaufwendungen erspart**, die andere Pflichtteilsberechtigte aufbringen müssten. Wenn es sich dabei nicht um **Unterhaltsleistungen** handelt, die der Erblasser möglicherweise ohnehin schuldet, spricht nichts dagegen, hier eine Schenkung anzunehmen, weil hier die Einigung über die **Unentgeltlichkeit** sowohl zwischen dem Erblasser als auch zwischen dem Berechtigten außer Frage stehen dürfte.[193]

Ungeachtet dessen geht die wohl herrschende Meinung davon aus, dass das unentgeltliche Wohnen nicht pflichtteilsergänzungsrelevant sein soll, da es deshalb an einem Vermögensopfer des Erblassers fehle, weil der Erblasser im Rahmen seiner **freien Verfügungsbefugnis** dar-

---
[189] OLG Koblenz ZErb 2002, 104.
[190] LG Mannheim NJW 1970, 2111; vgl. auch RG Warn 1920 Nr. 98; *Schlitt* ZEV 2006, 394.
[191] OLG Köln OLGR 1992, 336.
[192] Palandt/*Edenhofer* § 2050 Rn. 7; Soergel/*Wolf* § 2050 Rn. 10; MünchKommBGB/*Heldrich* § 2050 Rn. 10.
[193] *Schlitt* ZEV 2006, 3944.

über entscheiden könne, ob er den Vorteil der Fremdvermietung für sich nutzt oder aber eine Wohnung einem seiner Abkömmlinge oder sonstigen nahen Familienangehörige zuweist und zur Nutzung überlässt oder ob er die Wohnung leer stehen lässt.[194] Wenn sich die Überlassung der Wohnung nich unterhaltsrechtlich oder durch die Erbringung von Dienstleistungen rechtfertigt, stellt der Verzicht auf eine Miete durchaus ein Vermögensopfer des Erblassers dar, da er die Entscheidung zur Überlassung der Wohnung als Vermögensdisposition getroffen und demnach zugunsten des Nutzers auf Einnahmen verzichtet.

14. Die Abfindung für Erb- und Pflichtteilsverzichte/vorzeitiger Erbausgleich

128   Ob die **Abfindung** für einen Erb- und Pflichtteilsverzicht als unentgeltliche Zuwendung anzusehen ist und der Pflichtteilsergänzung unterliegt, ist umstritten.[195] Bei einem reinen Pflichtteilsverzicht wird die Abfindung oft als Ausstattung behandelt werden (§ 1624 BGB), die allenfalls als **Übermaßausstattung** der Pflichtteilsergänzung unterliegt, ansonsten aber nur über § 2316 BGB beim ordentlichen Pflichtteil erfasst wird.[196]

129   Wenn die **Abfindung** im Rahmen der gesetzlichen Erberwartung bleibt, ist eher von der **Entgeltlichkeit des Erb- und Pflichtteilsverzichts** auszugehen, als in dem Fall, in dem durch einen **Zuwendungsverzicht** eine erbrechtliche Bindung des Erblassers durchbrochen werden soll.[197]

130   Hat ein nichteheliches Kind aufgrund eines vor dem 1. 4. 1998 rechtsgültig zustande gekommenen vorzeitigen Erbausgleichs[198] mehr erhalten als ihm nach den Bestimmungen zum **vorzeitigen Erbausgleich** zu gestanden hat, ist der darüber hinausgehende Betrag **keine Schenkung** und begründet auch keinen Ergänzungsanspruch.[199]

15. Die Aufnahme eines neuen Gesellschafters

131   Die **Aufnahme** eines persönlich haftenden Gesellschafters in das **Einzelhandelsgeschäft** oder in eine bestehende **Gesellschaft bürgerlichen Rechts**, eine **OHG** oder **KG** oder **Partnerschaft**, stellt nach der Rechtsprechung des BGH und der herrschenden Meinung grundsätzlich **keine ergänzungspflichtige Schenkung** dar, auch wenn die Aufnahme unter besonders günstigen Bedingungen für den Eintretenden erfolgt.[200]

132   Nach einer neueren Entscheidung hat der BGH diesen Grundsatz jedoch eingeschränkt und eine Gesamtbetrachtung der gesellschaftsrechtlichen Regelungen und aller maßgeblichen Umstände vorgenommen.[201] Dabei hat er als **Indizien für eine gemischte Schenkung** angenommen, wenn den verbleibenden Gesellschaftern nach dem Tod des anderen ein **Übernahmerecht unter Ausschluss aller Abfindungsansprüche** eingeräumt wurde, wenn die **Einlageverpflichtung** binnen kurzer Zeit **aus dem zugeflossenen Gewinn** erfüllt werden konnte und bei den Gesellschaftern von **unterschiedlichen Lebenserwartungen** auszugehen ist.[202]

133   Wird die **Einlageverpflichtung** des aufzunehmenden Gesellschafters nicht von diesem selbst, sondern unmittelbar oder mittelbar **von den anderen Gesellschaftern** übernommen, ist die **Übernahme der Einlageverpflichtung** für den eintretenden Gesellschafter als Schenkung i. S. des § 2325 BGB anzusehen. So wird die **Aufnahme als Kommanditist** ohne eigene Kapitalbeteiligung und adäquate Gegenleistung von der h. M. als Schenkung angesehen.[203]

---

[194] Fn. 191, 192.
[195] Für die Entgeltlichkeit: Lange/*Kuchinke* § 37 X. 2. ff.; *Coing* NJW 1967, 1776; *Kipp/Coing* § 82 VI.; für die Achtung des subjektiven Willens der Entgeltlichkeit: Erman/*Schlüter* § 2346 Rn. 3; für grundsätzliche Unentgeltlichkeit: *Speckmann* NJW 1970, 117 ff.; *Kollhosser* AcP 194, 231, 258 ff.; Staudinger/*Olshausen* § 2325 Rn. 7; MünchKommBGB/*Lange* § 2325 Rn. 14; differenzierend: *Haegele* BWNotZ 1972, 69.
[196] Lange/*Kuchinke* § 7 V. 3.
[197] Soergel/*Dieckmann* § 2325 Rn. 18.
[198] Art. 227 Abs 1 Nr. 2 EGBGB.
[199] *Damrau* FamRZ 69, 589.
[200] BGH NJW 1981, 1956; BGH WM 1971, 1338; WM 1977, 862, 864; MünchKommBGB/*Lange* § 2325 Rn. 16; Lange/*Kuchinke* § 37 X. i. β; Staudinger/*Olshausen* § 2325 Rn. 29.
[201] BGH NJW 1981, 1956.
[202] BGH NJW 1981, 1956.
[203] BGHZ 112, 40, 45 ff.; MünchKommBGB/*Kollhosser* § 516 Rn. 72.

V. Einzelfragen zu bestimmten Zuwendungen des Erblassers

Die gleichen Grundsätze gelten auch bei einer Beteiligung an einer Innengesellschaft oder einer **stillen Beteiligung**.[204]

Bei einer **lediglich vermögensverwaltenden Familiengesellschaft** bürgerlichen Rechts mit geringem Haftungsrisiko ist von einer ergänzungspflichtigen Zuwendung auszugehen, wenn eine **Haftung für Altschulden** ausgeschlossen wurde.[205] **134**

Wenn der Erblasser sein **Einzelunternehmen zu Buchwerten** in eine neu gegründete GmbH & Co. KG einbringt, an der die Kinder zur Abgeltung ihrer Pflichtteilsansprüche wertmäßig über ihre Einlage hinaus am KG-Vermögen beteiligt werden, soll nach Auffassung des BFH dagegen ein **entgeltliches Rechtsgeschäft** vorliegen.[206] **135**

Die vorstehenden Rechtsprechungsbeispiele zeigen, dass bei der Frage, ob neue Gesellschafter mindestens durch eine gemischte Schenkung begünstigt werden, immer einzelfallabhängig und die Frage von entscheidender Bedeutung ist, ob der wesentliche Teil der Einlage von dem neuen Gesellschafter eingebracht wird oder nicht. **136**

16. Die lebzeitige Übertragung eines Einzelunternehmens oder Abtretung einer Gesellschafterstellung

Wenn der Erblasser zu Lebzeiten sein **Einzelunternehmen** mit allen Aktiva und Passiva im Wege der vorweggenommen Erbfolge oder einer Schenkung auf einen Nachfolger überträgt, handelt es sich hier um einen der Pflichtteilergänzung unterliegenden Vorgang. Die gilt gleichfalls für den Fall, dass der Erblasser zu Lebzeiten seine **Gesellschafterstellung an einer Kapital- oder Personengesellschaft** unentgeltlich auf einen Unternehmensnachfolger überträgt. Die Übertragung des Einzelunternehmens oder die Abtretung von Gesellschaftsanteilen wird in der Praxis häufig mit Gegenleistungen verbunden, sodass hier zusätzlich die Grundsätze anwendbar sind, die für **eine gemischte Schenkung** oder eine Schenkung unter Auflage entwickelt worden sind. Insoweit wird auf die Darlegung unter Ziffer 9 und 10 dieses Kapitels verwiesen. Wesentlich für die Berücksichtigung der lebzeitigen Übertragung des Unternehmens und der Gesellschafterrechte ist, wie bei allen pflichtteilsergänzungsrelevanten Vorgängen, der Schenkungscharakter der Zuwendung. **137**

Bei der Übertragung eines Einzelunternehmens oder einer Gesellschafterstellung handelt es sich um eine **nicht verbrauchbare Sache,** auf die das Niederstwertprinzip Anwendung findet. Die Hauptproblematik in der Praxis besteht meist in der Bewertung des Unternehmens und der Gesellschaftsrechte, sowie der vereinbarten Gegenleistungen. In diesem Zusammenhang wird ergänzend auf die Ausführungen in § 2 und § 4 dieses Handbuches verwiesen. **138**

17. Abfindungsausschluss oder -einschränkung bei Personengesellschaften

Die Frage einer Abfindung bei Personengesellschaften stellt sich zunächst bei der **Anwachsungsvariante,** wenn die Gesellschaft unter den verbleibenden Gesellschaftern fortgesetzt wird und den Erben grundsätzlich eine Abfindung nach § 738 Abs. 1 BGB, § 105 Abs. 3, § 161 HGB, § 1 Abs. 4 PartG zusteht. Wird die Gesellschaft nur zwischen den verbleibenden Gesellschaftern fortgesetzt, scheidet der Verstorbene aus der Gesellschaft aus.[207] Die Gesellschaftsanteile des Verstorbenen wachsen den anderen Gesellschaftern an, der **Abfindungsanspruch** nach § 738 Abs. 1 BGB, § 105 Abs. 3 BGB, § 161 HGB, § 1 Abs. 4 PartG steht dem Erbe zu und fällt dem ordentlichen Nachlass zu. Soweit keine gesellschaftsvertraglichen Besonderheiten bestehen, bestimmt sich der Wert des Abfindungsanspruchs nach dem vollen und wirklichen der Wert der Erblasserbeteiligung unter Berücksichtigung von laufenden Geschäften und den stillen Reserven (**Verkehrswert des Unternehmens und des Gesellschaftsanteils**). Da der Abfindungsanspruch erst nach dem Tod des Erblassers besteht, ergibt sich folgerichtig daraus kein Pflichtteilsergänzungsanspruch. **139**

---

[204] Tanck BB-Special 5/ 2004, 19, 23.
[205] Groll/Rößler C VI. Rn. 252; Mayer/Süß/Tanck/Bittler/Wälzholz/J. Mayer § 8 Rn. 59.
[206] BFH, Az.: III R 38/00 vom 16. 12. 2004.
[207] § 131 Abs. 3 Nr. 1 HGB für die OHG und KG sowie § 9 PartG für den Partner der Partnerschaftsgesellschaft.

140 Selbstverständlich ist in der Praxis die Tendenz relativ groß, die Abfindungszahlungen an die oder den Erben im Sinne des Fortbestandes der Personengesellschaft zu reduzieren oder ganz auszuschließen. Abfindungsbeschränkungen können jedoch nach § 138 BGB von Anfang an oder auch später unwirksam sein, wenn sie vollkommen außer Verhältnis zu dem Interesse der notwendigen Beschränkungen stehen.[208] Die Sittenwidrigkeit nach § 138 BGB wird dann angenommen, wenn die Abfindungsbeschränkungen so gravierend sind, dass sie einem **Ausschluss des Kündigungsrechtes** nach § 723 Abs. 3 BGB gleichkommen.[209] Auch wenn die Abfindungsbeschränkungen oder die Abfindungsausschlüsse **im Zeitpunkt des Gesellschaftsvertrages** noch wirksam und sachgerecht sind, kann sich die Gesellschaft in einer Weise entwickeln, dass Abfindungsbeschränkungen im Zeitpunkt des Erbfalles bei einer nachträglichen Unwirksamkeitskontrolle gegen § 138 BGB verstoßen. Ähnlich wie bei Eheverträgen geht die Rechtsprechung davon aus, dass die Abfindungsbeschränkungen nicht nur einer Wirksamkeitskontrolle bei Errichtung des Gesellschaftervertrages, sondern auch einer Ausübungskontrolle bei dem Entstehen des Abfindungsanspruches unterliegen können. Bei unbilligen Ergebnissen neigt die Rechtsprechung dazu im Rahmen einer **ergänzender Vertragsauslegung** eine Korrektur einer benachteiligten Abfindungsbeschränkung vorzunehmen.[210]

141 Diese vorstehenden Grundsätze wurden überwiegend im Falle des Ausschlusses eines Gesellschafters oder einer Kündigung der Gesellschaft von der Rechtsprechung entwickelt. Wenn jedoch ein Gesellschafter der Personengesellschaft stirbt, werden bei der **Wirksamkeitskontrolle** geringere Maßstäbe angesetzt. Dies rechtfertigt die Rechtsprechung damit, dass die Frage, wann der Abfindungsanspruch fällig wird, im Todesfalle nicht von der Entscheidungsfreiheit eines Gesellschafters beeinflusst wird.[211]

142 Wird ein **Abfindungsausschluss für alle Gesellschafter** vereinbart (sogenannter „allseitiger Abfindungsausschluss") geht die **herrschende Meinung** davon aus, dass der damit für die verbleibenden Gesellschafter durch Anwachsung entstehende Vermögenszuwachs ein **entgeltlicher** ist,[212] wenn zwischen den Gesellschaftern wegen ihres Alters, der Gesundheit und der sonstigen Lebensbedingungen eine **Risikoparität** bestehe.

Bei einem **Abfindungsausschluss, der nicht für alle Gesellschafter gilt**, wird nach ganz überwiegender Auffassung eine Schenkung angenommen.[213]

143 Nach einer **Mindermeinung** soll aber bei einem **Abfindungsausschluss oder auch einer -beschränkung** – unabhängig von vorstehenden Voraussetzungen – regelmäßig von einer Schenkung und damit von einem Pflichtteilsergänzungsanspruch ausgegangen werden.[214]

Dieser Rechtsauffassung ist der Vorzug zu geben, weil es eigentlich keine sachliche Rechtfertigung dafür gibt, die Frage der Wirksamkeit einer Abfindungsbeschränkung oder eines Abfindungsausschlusses bei einer Kündigung oder eines Ausschlusses eines Gesellschafters anders zu beurteilen als im Falle des Todes. Aus dem Sinn und Zweck der Pflichtteilsergänzungsbestimmungen ist nicht nachvollziehbar, warum bei der Anwachsungsvariante an die anderen Mitgesellschafter kein Vermögenszufluss festzustellen sein soll, der der Pflichtteilsergänzung unterliegt. Wenn der Gesellschaftsanteil durch Anwachsung den anderen Gesellschaftern zuwächst und damit dem Pflichtteilsberechtigten dieser Wert durch Abfindungsbeschränkungen dem Nachlasses entzogen wird, sind zutreffenderweise die Grundsätze der Pflichtteilsergänzung anzuwenden.

144 Eine Abfindungsproblematik ergibt sich aber nicht nur bei der Anwachsung, sondern auch bei der sogenannten **„qualifizierten Nachfolgeklausel"**, bei der wegen der **eintretenden**

---

[208] BGH NJW 1992, 622.
[209] BGH NJW 2005, 2618; BGH NJW 1995, 2536.
[210] BGH NJW 1993, 3193.
[211] BGH NJW 1993, 3193.
[212] BGHZ 22, 186, 194; WM 1971, 1338; Lange/Kuchinke § 37 X. 2. i α; Staudinger/Olshausen § 2325 Rn. 32; Palandt/Edenhofer § 2325 Rn. 13; a. A.: Soergel/Dieckmann § 2325 Rn. 27; MünchKommBGB/Lange § 2325 Rn. 16; Kollhosser § 516 Rn. 74; Nieder, Handbuch der Testamentsgestaltung, Rn. 113.
[213] Staudinger/Olshausen § 2325 Rn. 31; Nieder Rn. 112; Palandt/Edenhofer § 2325 Rn. 13; Lange/Kuchinke § 37, 477.
[214] Soergel/Dieckmann § 2325 Rn. 27; Bamberger/Roth/Mayer § 2325 Rn. 15; Bratke ZEV 2000, 16.

V. Einzelfragen zu bestimmten Zuwendungen des Erblassers

Sondererbfolge nur der oder die nachfolgeberechtigten Erben in die Gesellschafterstellung eintreten und die anderen einen **erbrechtlichen Ausgleichsanspruch** wegen dieser Sonderstellung erhalten.

Sind mehrere nachfolgeberechtigt, spaltet sich der Gesellschaftsanteil zu gleichen Teilen auf und geht im Wege der Singularsukzession mit sofortiger Wirkung auf die Erben über. Ist nur ein Miterbe nachfolgeberechtigt, tritt dieser allein in die Gesellschafterstellung ein.

Ungeachtet dessen gehört der Gesellschaftsanteil des Erblassers laut der Rechtsprechung des BGH insgesamt zum Nachlass.[215] Dies hat zur Folge, dass bei der „**qualifizierten Nachfolgeklausel**" der Gesellschaftsanteil des Erblassers insgesamt auf die oder den qualifizierten Nachfolger übergeht, während die nicht berücksichtigten Erben **erbrechtliche Ausgleichsansprüche gegenüber dem oder den Sonderrechtsnachfolgern der Gesellschaftsanteile haben**.

Bei der Berechung von Pflichtteilsansprüchen fällt der Gesellschaftsanteil wertmäßig in den Nachlass, mit der Maßgabe, dass der **Verkehrswert des Gesellschaftsanteils** bei der Berechnung des ordentlichen Pflichtteils Berücksichtigung finden muss.

Versuche der Mitgesellschafter, bei der Bewertung des Gesellschaftsanteils Bewertungsbestimmungen oder -beschränkungen bei der Berechung des erbrechtlichen Abfindungsanspruches in den Gesellschaftsvertrag aufzunehmen, dürften ins Leere gehen, weil der erbrechtliche Ausgleich zwischen den Miterben nicht in die Dispositionsverfugnis der Gesellschafter gestellt ist. Grundsätzlich ist anzunehmen, dass **Abfindungsklauseln** im Rahmen des Pflichtteilsrechts in der Regel keinen Einfluss auf die Wertermittlung von Unternehmensbeteiligungen haben dürfen, da sonst durch entsprechende gesellschaftsvertragliche Abfindungsklauseln der gesetzlich geschützte Pflichtteilsanspruch vereitelt werden könnte.[216]

Die Frage ist aber umstritten und höchstrichterlich noch nicht geklärt.[217] Für die Annahme, dass Versuche, die erbrechtliche Abfindung bei der qualifizierten Nachfolgeklausel zu beschränken oder auszuschließen, gegenüber den Pflichtteilsberechtigten unwirksam sind, ist **§ 2311 Abs. 2 S. 2 BGB** anzuführen. Nach dieser Vorschrift gilt der Grundsatz, dass Wertbestimmungen des Erblassers zum Nachteil des Pflichtteilsberechtigten nicht zu berücksichtigen sind, weil ansonsten der Pflichtteilsanspruch der Höhe nach ausgehöhlt werden würde.

Zusammenfassend ist hier aber davon auszugehen, dass diese Problematik grundsätzlich keine Relevanz für die Pflichtteilsergänzungsansprüche hat, weil es sich hier um Bewertungen handelt, die nur dann im Fall des Todes eines Mitgesellschafters nur bei der Erbauseinandersetzung oder der Berechnung des ordentlichen Pflichtteils Berücksichtigung finden könne. Pflichtteilsergänzungsansprüche werden durch eine qualifizierte Nachfolgeklausel nicht ausgelöst.

Bei einer **Eintrittsklausel** scheidet der Verstorbene mit dem Erbfall aus der Gesellschaft aus, die dann zunächst nur mit den übrigen Gesellschaftern fortgesetzt wird. Dem ausgeschiedenen Gesellschafter steht – falls die Abfindung nicht wirksam ausgeschlossen wurde –, ein Abfindungsanspruch zu, **der in den Nachlass fällt**. Wurde die Abfindung wirksam ausgeschlossen, entfällt ein ordentlicher Pflichtteil hinsichtlich der Gesellschaftsbeteiligung des Erblassers.

Eine andere Frage ist aber, wie vorstehend bereits erörtert, ob der **Abfindungsausschluss** als solcher einen **Schenkungstatbestand** zu Gunsten der anderen Gesellschafter oder zu Gunsten des Eintrittsberechtigten darstellt. Dies kann nur angenommen werden, wenn der Abfindungsausschluss nicht bei allen Gesellschaftern gilt oder eine Risikoparität besteht.[218]

Wird der **Abfindungsanspruch nicht ausgeschlossen oder beschränkt, sondern dem Eintrittsberechtigten** durch Rechtsgeschäft unter Lebenden oder auf den Todesfall mit dem wahren Wert zugewandt, damit er selbst keine Einlageverpflichtung leisten muss, so kommt nach den gleichen Grundsätzen ein Pflichtteilsergänzungsanspruch in Betracht.

---

[215] BGH NJW 1986, 504; BGH NJW 1997, 1339; BGH WM 1968, 1083; BGH WM 1957, 705; BGH LM BGB § 730 Nr. 8.
[216] *Winkler* ZEV 2005, 89, 93.
[217] Übersicht zum Streitstand bei Sudhoff/*Scherer* § 17 Rn. 75; Staudinger/*Haas* § 2311 Rn. 99 ff.
[218] Vgl. vorstehende Erörterung bei der Personengesellschaft.

18. Abfindungsausschluss oder -einschränkung bei Kapitalgesellschaften

154 Bei Kapitalgesellschaften gibt es grundsätzlich **keine Sondererbfolge**, sondern der **Kapitalanteil einer GmbH** oder die **Aktionärsbeteiligung** werden der normalen Erbfolge unterstellt. Die **Vererblichkeit** einer Beteiligung an einer Kapitalgesellschaft kann nicht durch gesellschaftsvertragliche Vereinbarungen **ausgeschlossen** werden.

155 Sieht die Satzung einer GmbH allerdings eine qualifizierte Nachfolge vor und begründet für den Fall, dass diese Nachfolge nicht eintritt, ein **Einziehungsrecht oder Übernahmerecht**, sind die weichenden Erben nach den Satzungsregelungen grundsätzlich abzufinden.

156 Ungeachtet dieser Problematik ist aber zunächst davon auszugehen, dass der Gesellschaftsanteil vererbt wird und der Wert des Gesellschaftsanteils auch zunächst dem Nachlass zuzuordnen ist. Da der **Gesellschaftsanteil** einer Kapitalgesellschaft **dem ordentlichen Nachlass** zugeführt wird, ist der Wert des Gesellschaftsanteils bei der Berechnung eines ordentlichen Pflichtteils in voller Höhe zu berücksichtigen, unabhängig von der Frage, ob von dem Einziehungs- oder Übernahmerecht Gebrauch gemacht wird oder nicht. Für diesen Fall müssten sich die von diesem negativen Einziehungs- oder Übernahmerecht betroffenen Miterben gegen die zu geringe Ansetzung der Abfindung wehren und sich auf **§ 138 BGB** mit der Folge berufen, dass der eingezogene Gesellschaftsanteil mit dem Verkehrswert zu bewerten ist. Insoweit stellt sich aber die Frage, ob es sich hier überhaupt um ein Problem des ordentlichen Pflichtteils oder der Pflichtteilsergänzung handelt. Dabei darf der Grundsatz nicht in Vergessenheit geraten, dass die Anteile an der Kapitalgesellschaft grundsätzlich vererblich sind und auch mit ihrem tatsächlichen Wert zunächst in den Nachlass geflossen sind. Die Frage der Ausübung des Einziehungs- oder Übernahmerechts durch die Mitgesellschafter stellt einen Vorgang nach dem Erbfall dar und ist aufgrund der Satzung mit den Miterben auf gesellschaftsrechtlicher Basis zu lösen. **Pflichtteilsergänzungsrelevante Vorgänge** sind nicht zu berücksichtigen. Führt die Abfindungsregelung in der Satzung der Kapitalgesellschaft zu einer Verkürzung der Eransprüche der weichenden Miterben, ist es primär deren Aufgabe, die Abfindungsregelung überprüfen zu lassen.

157 Die Auswirkungen einer sittenwidrigen Abfindungsklausel könnten sich für den Pflichtteilsergänzungsberechtigten allenfalls über die Anwendung des § 2326 BGB ergeben, soweit er sich den Wert des Hinterlassenen auf den Pflichtteilsergänzungsanspruch anrechen lassen müsste. Bei der lebzeitigen Abtretung von Geschäftsanteilen, die unter § 2325 BGB fallen, dürften nachteilige Wertbestimmungen in der Satzung gemäß § 2311 Abs. 2 Satz 2 BGB bei den Pflichtteilsberechtigten ohne Bedeutung sein. Nur wenn keine Risikoparität besteht und die Bedingungen für das Einziehungsrecht gegen geringe oder ohne Abfindung nicht gleichwertig für alle Mitgesellschafter gelten, kann in dieser Klausel ein pflichtteilsergänzungsrelevante Schenkung gesehen werden.[219]

19. Bäuerliche Hofübergabe

158 § 2312 BGB sieht zunächst eine **Privilegierung** des selbst pflichtteilsberechtigten **Übernehmers eines Landgutes** vor, der möglicherweise Ausgleichsansprüche oder Pflichtteilsansprüche der weichenden Erben bedienen muss. Wenn ein Landgut in den Nachlass fällt, ist bei der Pflichtteilsberechnung § 2312 BGB anzuwenden, wenn dessen Voraussetzungen vorliegen. Danach ist erforderlich, dass der Erblasser die Landgutbewertung gemäß § 2312 BGB **ausdrücklich angeordnet** hat oder sich diese aus **§ 2049 BGB** ergibt. Der Erblasser kann sowohl den pflichtteilsberechtigten **Alleinerben** als auch einen pflichtteilsberechtigten **Miterben** durch die Ertragswertberechung privilegieren (§ 2312 Abs. 2 BGB).

159 Ausnahmsweise kann eine Landgutbewertung auch **konkludent** erfolgt sein oder sich, aus einer **ergänzenden Testamentsauslegung** ergeben. Für diese Annahme sind jedoch sehr hohe Anforderungen an die Auslegung der letztwilligen Verfügung zu stellen.[220]

160 Unter Landgut versteht man eine **Besitzung**, die **zum Zeitpunkt des Erbfalls** eine selbstständige, zum Betrieb der Landwirtschaft geeignete und bestimmte Wirtschaftseinheit dar-

---

[219] Vgl. § 5 Rn. 139.
[220] BGHZ 98, 375; BGH NJW 1975, 1831 ff.; OLG München FamRZ 2007, 507.

V. Einzelfragen zu bestimmten Zuwendungen des Erblassers 161–163 § 5

stellt und mit den **nötigen Wohn- und Wirtschaftsgebäuden** versehen ist.[221] Zur Landwirtschaft gehört nicht nur die **Viehzucht** und der **Ackerbau**, sondern auch die **Forstwirtschaft, Gärtnerei** sowie der gewerbsmäßig **Gartenbau**. Die Besitzung muss auch eine **ausreichende Größe** haben, um für die Inhaber eine **selbstständige Nahrungsquelle** darstellen zu können. Nicht erforderlich ist, dass das Landgut ausschließlich als selbstständige Erwerbsquelle des Hofübernehmers dient, sondern ausreichend ist auch, wenn es sich bei dem Landgut um eine **nebenberufliche Landwirtschaft** handelt, wenn sie aber allerdings **zu einem erheblichen Teil zum Lebensunterhalt** des Inhabers beiträgt.[222] Die reine **Liebhaberei im steuerrechtlichen Sinne** oder ein **reiner Zuschussbetrieb** ist kein Landgut.[223] Ob ein Landgut vorliegt, wird auch **nicht in die alleinige Dispositionsbefugnis des Erblassers** gelegt, sondern im Streitfall muss hier ein Gutachten eingeholt werden, das diese Frage objektiv beantwortet.[224] Wegen der sich aus der Anordnung ergebenen Bewertung des Landgutes, insbesondere wie der Ertragswert zu ermitteln ist, wird auf die auf die Ausführung in § 2 und in § 4 dieses Handbuches verwiesen.

§ 2312 BGB findet grundsätzlich keine Anwendung, wenn die Erbfolge in den Hof den **Sonderregelungen eines Anerbengesetzes** oder einer **landesrechtlichen Höfeordnung** unterliegt.[225] **161**

Eine wesentliche Einschränkung der Anwendbarkeit des § 2312 BGB kann sich aber auch aufgrund einer **verfassungsrechtlich gebotenen teleologischen Reduktion** des § 2312 BGB ergeben. Normzweck des § 2312 BGB ist die Privilegierung des landwirtschaftlichen Hofübernehmers mit dem Ziel, einen leistungsfähigen landwirtschaftlichen Betrieb in der Hand einer vom Gesetz begünstigten Person im öffentlichen Interesse zu erhalten.[226] Dabei erhebt sich die Frage, ob die Privilegierung der Landwirtschaft mit Art. 3 Abs. 1 GG vereinbar ist, weil die Ertragswertberechnung durchaus zu einer wesentlichen Reduzierung der Pflichtteilsansprüche der Pflichtteilsberechtigten führt, die nach der Entscheidung des BVerfG vom 19.4.2005[227] gleichfalls verfassungsrechtlich geschützt sind. Das **Bundesverfassungsgericht** geht davon aus, dass der Normzweck dann nicht erreicht wird, wenn **trotz Landgutbewertung ein Fortbestand des landwirtschaftlichen Betriebes nicht gewährleistet ist**.[228] Eine Landgutbewertung zu Lasten der Pflichtteilsberechtigten dürfte auch dann nicht gerechtfertigt sein, wenn der Fortbestand des landwirtschaftlichen Betriebes auch unter Berücksichtigung des Verkehrswertes des Hofes – trotz der Berechung und Zahlung der Pflichtteilsansprüche – nicht gefährdet ist. Diese Einschränkung kann dann gegeben sein, wenn neben dem landwirtschaftlichen Betrieb **genügend Privatvermögen wie Geld-, Spar-, Anlage- und Wertpapiervermögen** vorhanden ist, das zur Erfüllung der Pflichtteilsansprüche auf der Basis der Verkehrswerte zu Verfügung steht. Auch wenn durch **Teilveräußerung von landwirtschaftlichen Grundbesitz** – auch unter Berücksichtigung eventueller stiller Reserven – keine Gefährdung des Landgutes eintritt und die Pflichtteilsansprüche auch unter Berücksichtigung des Verkehrswertes insgesamt bedient werden könnten,[229] dürfte § 2312 BGB nicht anwendbar sein.[230] **162**

Dem Wortlaut nach ist § 2312 BGB zumindest für die **Berechnung des ordentlichen Pflichtteilsanspruchs** anzuwenden. Die h.M. geht aber allerdings auch davon aus, dass § 2312 BGB auch dann Anwendung findet, wenn das Landgut durch **lebzeitige Übergabe** bereits auf den Hofübernehmer übergeben worden ist und sich **Pflichtteilsergänzungsan- 163**

---

[221] BGHZ 98, 375; BGH NJW 1995, 1352; *Ruby* ZEV 2007, 263.
[222] BGHZ 98, 375.
[223] OLG Stuttgart NJW-RR 1968, 822.
[224] BGH ZEV 2008, 40.
[225] Vgl. hierzu auch § 11 Rn. 195.
[226] BGHZ 98, 382.
[227] BVerfGE 91, 346.
[228] BVerfGE 67, 348 (zu § 1376 Abs. 4 BGB); BGHZ 98, 375.
[229] Palandt/*Edenhofer* § 2312 Rn. 2; BGHZ 98, 375; *Mayer* MittBayNot 5/2004; OLG München ZEV 2004, 29.
[230] Zur Berücksichtigung einer latenten Steuerlast BGH NJW 1972, 1269; BGH Urt. vom 7.6.1986, Az.: IV b ZR 42/85.

sprüche aus dieser Hofübergabe nach § 2325 BGB ergeben.[231] Entscheidend ist allerdings, dass zum Zeitpunkt des Erbfalls noch ein Landgut bestehen muss.[232]

164 Wenn der Hofübernehmer allerdings erst die Voraussetzungen für die Einordnung als Landgut geschaffen hat und der Hof als solches im Zeitpunkt **der Übergabe auch nicht als Landgut** einzuordnen gewesen wäre, ist auf den Zeitpunkt des Erbfalles abzustellen. Die Privilegierung des § 2312 BGB kann dann auch zur Anwendung kommen, wenn der Erbe den Pflichtteilsergänzungsanspruch zahlen muss, die Hofübergabe aber auf den Enkel erfolgte, der weder zu diesem Zeitpunkt Pflichtteilsberechtigter noch Erbe war.[233] Ob dieser Rechtsprechung zu folgen ist, ist wegen des Wortlauts des § 2312 BGB mehr als fraglich. § 2312 BGB setzt zumindest voraus, dass der Hofübernehmer auch Pflichtteilsberechtigter ist.

165 § 2312 BGB findet dann keine Anwendung, wenn der Hof insgesamt auf **mehrere Miterben oder Pflichtteilsberechtigte übergeht**. Andererseits findet § 2312 BGB auch dann Anwendung, wenn zum Nachlass nicht der Hof insgesamt, sondern ein **Gesamtgutanteil an dem Hof** gehört.[234]

166 Sind bei der Hofübergabe auch **Gegenleistungen und Auflagen vereinbart worden**, hat das BayObLG entschieden, dass bei der Überprüfung des Bestehens eines Pflichtteilsergänzungsanspruchs zu untersuchen ist, ob bei einem Vergleich des Werts des übergebenen Anwesens mit dem Wert der vereinbarten Gegenleistungen das **Merkmal der Unentgeltlichkeit überwiegt**. Der Pflichtteilsergänzungsanspruch wird unter Berücksichtigung der Gegenleistungen und Auflagen aber meist schon deshalb niedrig ausfallen, weil bei der Berechnung des Ertragswerts des § 2312 BGB zugrunde gelegt wird, wenn dessen Voraussetzungen vorliegen. Im Ergebnis sind die Grundsätze anzuwenden, wie sie bei den gemischten Schenkungen und den Schenkungen unter Auflagen entwickelt worden sind.[235]

20. Der Mehrempfang nach § 2056 BGB

167 Wenn ein Abkömmling im Namen der ihn verpflichteten Ausgleichung nach §§ 2316 BGB, 2050 BGB mehr erhalten hat, als sein Erbteil ausmacht, ist er nach § 2056 BGB nicht verpflichtet, den Mehrempfang herauszugeben. Soweit aber nach §§ 2050, 2056, 2316 BGB eine Zuwendung keine Berücksichtigung gefunden hat und insoweit auch nicht verbraucht ist, kann unter Umständen in Höhe des Mehrempfangs zusätzlich eine Schenkung vorliegen, die auch eine Pflicht zur Pflichtteilsergänzung berücksichtigt. Der Pflichtteilsergänzungsanspruch nach § 2325 BGB kommt allerdings nur dann in Betracht, wenn es sich um eine **Übermaßausstattung nach § 2050 Abs. 1 BGB**, um **übermäßige Zuschüsse gemäß § 2050 Abs. 2 BGB** oder um eine **Schenkung** handelt, die **der Erblasser gemäß § 2050 Abs. 3 BGB zusätzlich für ausgleichungspflichtig erklärt hat**.[236] Auch wenn diese Frage in der Vergangenheit mehr als umstritten war, zeichnet sich nun eine überwiegende Rechtsauffassung ab, die davon ausgeht, dass der Mehrempfang nach § 2056 BGB als **pflichtteilsergänzungsrelevante Schenkung** Berücksichtigung finden muss.[237] Diese Rechtauffassung geht davon aus, dass die Bestimmungen der §§ 2316, 2056 BGB keine lex specialis zur Pflichtteilsergänzungsansprüchen darstellen. Eine weitere Begründung besteht darin, das zur Vermeidung von Nachteilen für den Pflichtteilsberechtigten und unter Berücksichtigung des Rechtsgedankens des Pflichtteilsrechts eine Pflichtteilsergänzung möglich sein muss, da ansonsten bei einem Null-Nachlass der eigentliche Pflichtteilsberechtigte überhaupt keinen Pflichtteil erhalten würde. In jenem Falle müsste sichergestellt werden, dass der Pflichtteilsberechtigte so gestellt wird, als befände sich der Vermögensgegenstand mit Doppelnatur noch im Nachlass.

---

[231] BGH Rpfleger 64, 312; BGH NJW 1995, 1352.
[232] BGH a.a.O.
[233] OLG Thüringen ZEV 2007, 7531 mit Anmerkung *Ruby*; *Ruby* ZEV 2007, 260.
[234] *Haegele* BWNotZ 73, 34.
[235] Vgl. vorstehend § 5 Rn. 102.
[236] BGH NJW 1965, 1526; *Kessler* DRiZ 1964, 395; *Johannsen* WM 1970, 239.
[237] BGH a.a.O.; BGH NJW 1988, 821; MünchKommBGB/*Lange* § 2316 Rn. 25; *Kasper* 42 ff.; a.A. RGZ 77, 282, 284; *Schanbacher* ZEV 1997, 349; Staudinger/*Olshausen* § 2315 Rn. 41.

Nach einer Mindermeinung scheidet die zusätzliche Berücksichtigung des Mehrempfangs 168 grundsätzlich aus, weil ansonsten von der doppelten Berücksichtigung der gleichen Zuwendung auszugehen sei.[238] Diese doppelte Berücksichtigung habe der Gesetzgeber von Anfang ausschließen wollen. Wegen weiterer Einzelheiten und der Berechnungsproblematik wird ergänzend auf § 6 dieses Handbuchs verwiesen.

21. Die Erfüllung und Anerkenntnis einer verjährten Schuld

Ob die Erfüllung von **verjährten Pflichtteilsansprüchen** nach dem Tod des Zuerstverstorbenen auf den Tod des Überlebenden eine pflichtteilsergänzungsrelevante Zuwendung darstellt, ist bisher wenig diskutiert worden. Die **Erfüllung einer verjährten Forderung** stellt grundsätzlich keine Schenkung dar,[239] wenn tatsächlich die Erfüllung nachgewiesen wurde und der Einwand des Rechtsmissbrauchs nicht erhoben werden kann. 169

Die Problematik kann sich insbesondere dann ergeben, wenn bei einem **Berliner Testament** auf den Tod des Zuerstverstorbenen einer der Abkömmlinge den Pflichtteil geltend gemacht hatten, während die anderen Abkömmlinge hierauf zunächst verzichteten. Wenn auf den Tod des Überlebenden dann erneut Pflichtteilsansprüche geltend gemacht werden, ist die Neigung relativ groß, dass im Rahmen der Berechnung dieser Pflichtteilsansprüche Nachlassverbindlichkeiten in Abzug gebracht werden, weil nach verjährter Zeit angeblich **Pflichtteilsansprüche nach dem Tod des erstverstorbenen Ehegatten** auch für die anderen Abkömmlinge erfüllt worden seien. Wenn hier die Absicht besteht, lediglich Nachlassverbindlichkeiten zu konstruieren, die tatsächlich nicht erfüllt worden sind, besteht der **Einwand der unzulässigen Rechtsausübung**. 170

Dieser Einwand kann auch erhoben werden, wenn der Verzicht auf die Erhebung der Verjährungseinrede nicht gegenüber allen Pflichtteilsberechtigten, sondern von subjektiven Sympathien abhängig gemacht und nur gegenüber Einzelnen erklärt worden ist. 171

VI. Schenkung von Vermögen im Ausland

Da viele Erblasser auch Vermögen im Ausland besitzen, ist die entscheidende Frage, ob dieses **Auslandsvermögen bei der Berechnung von Pflichtteilsansprüchen** und insbesondere **bei Pflichtteilsergänzungsansprüchen** Berücksichtigung findet oder nicht. Die Grundproblematik besteht dann darin, dass die nationalen Gesetzgeber ihr Pflichtteilsrecht **unterschiedlich gestalten** oder teilweise überhaupt keine Pflichtteils- oder Pflichtteilsergänzungsrechte vorsehen. Wegen der Einzelheiten des „Pflichtteilskollisionsrechts" wird auf § 14 dieses Handbuches verwiesen. 172

Grundsätzlich besteht das **Prinzip der Nachlasseinheit**, wonach das **weltweite Vermögen eines Deutschen** unabhängig davon, ob es sich um bewegliches oder unbewegliches Vermögen handelt, einem **einheitlichen Erbstatut** unterliegt. Dabei knüpft das deutsche Internationale Privatrecht gemäß Art. 25 Abs. 1 EGBGB an die **Staatsangehörigkeit des Erblassers** an. Befindet sich jedoch Vermögen des Erblassers im Ausland, kann es zu einer **kollisionsrechtlichen Nachlassspaltung** kommen. Gegenüber dem Gesamtstatut des Art. 25 EGBGB, das grundsätzlich die Erbfolge in den gesamten weltweiten Nachlass eines Erblassers einheitlich seinem Heimatrecht unterstellt, sind hiervon abweichende **einzelne Statute ausländischer Staaten** vorrangig.[240] 173

Zu einer kollisionsrechtlichen Nachlassspaltung kann es aufgrund einer gespaltenen Anknüpfung in Staatsverträgen, einer Rechtswahl nach Art. 25 Abs. 2 EGBGB, oder einer gespaltenen Rück- oder Weiterweisung im Rahmen des „renvoi" kommen. Dabei spricht nach heute allgemeiner Ansicht viel dafür, dass Pflichtteilsansprüche **für jeden Spaltnachlass isoliert geprüft** werden müssen und ein Ausgleich grundsätzlich nicht stattfindet.[241] 174

---

[238] MünchKommBGB/*Lange* § 2326 Rn. 15.
[239] RGZ 105, 248; Palandt/*Edenhofer* § 2325 Rn. 7; Palandt/*Heinrichs* § 514 Rn. 4.
[240] Art. 3 a Abs. 2 EGBGB.
[241] BGHZ 34, 63 MünchKommEGBGB/*Birk* Art. 25 Rn. 138; Staudinger/*Dörner* Art. 25 EGBGB Rn. 779.

175 Wegen dieser Rechtslage kann es durchaus zu dem Fall kommen, dass ein Pflichtteilsberechtigter wegen des in Deutschland befindlichen Nachlasses vom Erblasser wirksam enterbt ist, wegen des Spaltnachlasses im Ausland aber durch letztwillige Verfügung ausdrücklich als Erbe oder Vermächtnisnehmer vorgesehen ist. Diese Problematik versucht dann die sogenannte **Lehre vom Gesamtpflichtteil** in der Weise zu lösen, dass für den Fall der Geltendmachung des Pflichtteils wegen des in Deutschland befindlichen Vermögens sich der Pflichtteilsberechtigte die Zuwendung, die er auf Grund einer Erbberechtigung und einer Vermächtniszuwendung im Ausland erhält, anrechnen lassen muss.[242]

Sieht **das ausländische Recht** wegen des im Ausland befindlichen Gegenstandes (beispielsweise bei Immobilien in England oder in Florida) keinen Pflichtteilsanspruch vor, kann der deutsche Pflichtteilsberechtigte wegen dieses im Ausland befindlichen Vermögens auch keine Pflichtteilsansprüche geltend machen.

> **Praxistipp:**
> 176 Sieht das ausländische Recht bei Spaltnachlässen für bestimmte Gegenstände des Erblassers keinen Pflichtteils- oder Pflichtteilsergänzungsanspruch vor, stellt es eine Pflichtteilsvermeidungsstrategie dar, in diesem Rechtsstaat bewegliche oder unbewegliche Vermögensgegenstände zu erwerben!

177 Noch schwieriger und bisher kaum gelöst ist die Frage, welche Rechtslage sich ergibt, wenn **Auslandsvermögen zu Lebzeiten des Erblassers** auf dritte Personen übertragen worden ist (**Pflichtteilergänzung**). Auch wenn es hierzu noch keine Rechtsprechung gibt, versucht die h.M. die Problematik anhand einer **hypothetischen Prüfung** zu lösen und stellt sich die Frage, **in welchen Spaltnachlass der verschenkte Gegenstand** gefallen wäre, wenn er nicht zu Lebzeiten verschenkt worden wäre. Wenn es sich hier um eine Immobilie in England oder Florida handelt, bestünde für diese Immobilien ein ausländischer Spaltnachlass. Diese Einordnung hat weiterhin zur Folge, dass wegen des **Pflichtteilsergänzungsanspruches** dann auch **dieses ausländische Recht** Anwendung findet. Sieht das ausländische Recht keinen Pflichtteil vor, kann auch der deutsche Pflichtteilsberechtigte keine Pflichtteilsergänzungsansprüche wegen dieses Vermögensgegenstandes geltend machen.

178 Ob es sich hier um eine sachgerechte Lösung handelt, dürfte mehr als fraglich sein. *Lehmann* betrachtet diese Einordnung als zu schematisch[243] und schlägt einen differenzierteren Lösungsweg vor. Handelt es sich um ein **vorrangiges Einzelstatut nach Art. 3 a Abs. 2 EGBGB**, sei zu prüfen, ob das fremde Recht auch einen Vorrang für das Bestehen des Pflichtteilergänzungsanspruches vorsieht. Beim englischen Recht, das eine Pflichtteilsergänzung insgesamt nicht kennt, wäre das beispielsweise nicht der Fall.

179 Wenn Ausländer nach **Art. 25 Abs. 2 EGBGB** deutsches Recht gewählt haben, hat diese Rechtswahl zur Folge, dass dann auch Pflichtteilsergänzungsansprüche wegen des im Ausland zu Lebzeiten des Erblassers verschenkten Vermögens, der Pflichtteilsergänzung nach deutschem Recht unterliegen.

180 Eine Nachlassspaltung kann allerdings auch auf einer gespaltenen **Rück- oder Weiterverweisung** beruhen. In diesem Fall überlässt es *Lehmann* dem verweisenden fremden Recht, ob dieses die Rück- oder Weiterverweisung auch für die Frage der Pflichtteilsergänzung vorsieht.

181 In jedem Falle ist bei Auslandvermögen Vorsicht geboten und auch im Rahmen der Gestaltung von Testamenten das Pflichtteilsrecht betreffend des im Ausland befindlichen Vermögens zu berücksichtigen. Im Umkehrschluss kann die Schaffung von Auslandsvermögen, insbesondere in Form von Immobilien, eine nicht zu unterschätzende **Pflichtteilsvermeidungsstrategie** darstellen, wenn es bei der vorstehend beschriebenen Rechtslage verbleibt.

Zu den Auswirkungen des aktuell vorliegenden Entwurfs der Europäischen Kommission einer **europäischen Erbrechts-Verordnung**[244] auf das Pflichtteilsrecht wird auf die Ausführungen in § 14 dieses Handbuches verwiesen.

---

[242] Staudinger/*Dörner* Art. 25 EGBGB Rn. 779; *Gruber* ZEV 2001, 463; a. A. *Klingelhöffer* ZEV 1996, 259.
[243] Vgl. hierzu § 14 Rn. 45, 212.
[244] Homepage des Deutschen Notarinstituts: www.dnoti.de.

§ 6 Die Berechnung des Pflichtteilsergänzungsanspruchs

Übersicht

	Rn.
Checkliste zur Berechnung des Pflichtteilsergänzungsanspruchs	1
I. Die Bewertung des Schenkungsgegenstandes und der Bewertungszeitpunkt	2–29
1. Verbrauchbare Sachen	3–6
2. Nicht verbrauchbare Sachen	7–29
a) Bewertung des Gegenstandes im Zeitpunkt der Schenkung	7–10
b) Ermittlung des Wertes zum Zeitpunkt des Erbfalls	11
c) Vergleich beider Werte (Niederstwertprinzip)	12–29
II. Die Anwendung der 10-Jahresfrist des § 2325 Abs. 3 BGB	30–59
III. Die Berechnung des Pflichtteilsergänzungsanspruchs (§ 2325 BGB)	60–66
IV. Der Pflichtteilsergänzungsanspruch des Erben (§ 2326 BGB)	67–71
V. Eigenschenkungen des Pflichtteilsberechtigten (§ 2327 BGB)	72–77
VI. Berechnung des Mehrempfangs nach § 2056 BGB	78–83
VII. Prozessuale Geltendmachung des Pflichtteilsergänzungsanspruchs	84–88

Schrifttum: *Behmer,* Zur Berücksichtigung von Nutzungsvorbehalten bei der Pflichtteilsergänzung, FamRZ 1994, 1375; *ders.,* Neues zur Zehnjahresfrist beim Pflichtteilsergänzungsanspruch?, FamRZ 1999, 1254; *Busch/Trompeter,* Vermögensübergabe gegen Versorgungsleistungen – Das Stuttgarter Modell für Übertragungen selbstgenutzter Immobilien, FR 2005, 633; *Cornelius,* Der Pflichtteilsergänzungsanspruch 2004; *Dänzer-Vanotti,* Unternehmensübertragung durch die aufschiebend auf den Tod bedingte Schenkung, JZ 1981, 432; *Dieckmann,* Anmerkung zur Entscheidung des OLG Zweibrücken vom 22. 2. 1988 – 4 U 121/87, FamRZ 1995, 189; *Diehn,* Übertragung mit Rückforderungsrecht im Fall der Weiterveräußerung, DNotZ 2009, 67; *Dingerdissen,* Pflichtteilsergänzung bei Grundstücksschenkung unter der Berücksichtigung der neueren Rechtsprechung des BGH; JZ 1993, 402; *Draschka,* Zum Fristbeginn nach BGB § 2325 Abs. 3 im Falle der Grundstücksübertragung unter Nießbrauchsvorbehalt, Rpfleger 1995, 71; *Elfring,* Die Lebensversicherung im Erbrecht, ZEV 2004, 305; *Ellenbeck,* Die Vereinbarung von Rückforderungsrechten in Grundstücksübertragungsverträgen, MittRhNotK 1997, 41; *Finger,* Nochmals – Unternehmensübertragung durch aufschiebend auf den Tod bedingte Schenkung, JZ 1981, 828; *Frank,* Anmerkung zur Entscheidung des BGH vom 17. 9. 1986 – IVa ZR 13/85, JR 1987, 243; *Fritz/Bünger/Gottwald/Bock,* Praxishandbuch Erbrecht, 1991; *Gehse,* Grundstücksübergabe und Pflichtteilsergänzungsansprüche bei vorbehaltenen Rechten des Übergebers, RNotZ 2009, 361; *Graba,* Zur Mietersparnis im Unterhaltsrecht, FamRZ 1995, 385; *Groll/Rössler,* Praxis-Handbuch Erbrechtsberatung, 2. Auflage 2005; *Gutdeutsch/Zieroth,* Verbrauchergeldparität und Unterhalt, FamRZ 1996, 475; *Heinrich,* Die Gestaltung von Übertragungsverträgen im Schatten des Pflichtteilsergänzungsrechts, MittRhNotK 1995, 157; *Herrler,* Kein Anlauf der 10-Jahres-Frist bei Zustimmungspflicht des Übergebers zu einer etwaigen Verfügung über den übertragenen Grundbesitz, ZEV 2008, 526; *Hipler,* Aktuelle Entwicklungen zum Stuttgarter Modell, ZErb 2004, 110; *Kasper,* Anrechnung und Ausgleichung im Pflichtteilsrecht, 1999; *Kerscher/Riedel/Lenz,* Pflichtteilsrecht in der anwaltlichen Praxis, 3. Auflage 2002; *Klingelhöffer,* Pflichtteilsrecht, 2. Auflage 2003; *Klinger,* Münchener Prozessformularbuch Erbrecht, 2004; *Kollhosser,* Aktuelle Fragen der vorweggenommenen Erbfolge, AcP 194, 231; *Kornexl,* Die Schenkung an den Ehegatten in der Pflichtteilsergänzung: Teleologische Reduktion des § 2325 BGB bei Rückabwicklung, Rückschenkung und Weiterschenkung, ZEV 2003, 196; *Lange/Kuchinke,* Lehrbuch des Erbrechts, 5. Auflage 2001; *Leipold,* Die Folgen einer Grundstücksschenkung mit Nießbrauchsvorbehalt für das Pflichtteilsrecht; JZ 1994, 1121; *Mayer, N.,* Probleme der Pflichtteilsergänzung bei Überlassungen im Rahmen einer vorweggenommenen Erbfolge, FamRZ 1994, 739; *ders.,* Fragen der Pflichtteilsergänzung bei vorweggenommener Erbfolge – Gestaltungsmöglichkeiten nach der neuesten Rechtsprechung, ZEV 1994, 325; *Mayer, U.,* Der Abfindungsausschluss im Gesellschaftsrecht: pflichtteilsfester Vermögenstransfer am Nachlass vorbei?, ZEV 2003, 355; *Meyding,* Schenkung unter Nießbrauchsvorbehalt und Pflichtteilsergänzungsanspruch, ZEV 1994, 202; *Nieder,* Fristbeginn gem. § 2325 Abs. 3 BGB erst mit „wirtschaftlicher Ausgliederung" des Geschenks, DNotZ 1987, 319; *Olshausen,* Analoge Anwendung des § 2325 III Hs. 2 BGB auf vor der Eheschließung vorgenommene Schenkung an den späteren Ehegatten, FamRZ 1995, 717; *Paulus,* Anmerkung zur Entscheidung des BGH vom 17. 9. 1986 – IVa ZR 13/85, JZ 1987, 153; *Pentz,* Pflichtteilsergänzung nach § 2325 Abs. 3 Hs. 2 BGB bei Schenkungen an den späteren Ehegatten?, NJW 1997, 2033; *ders.,* Pflichtteilsergänzung bei „gemischten" Schenkungen, FamRZ 1997, 724; *Progl,* Die Reichweite des Pflichtteilsergänzungsanspruchs gemäß § 2325 BGB bei Lebensversicherungszuwendungen, ZErb 2004, 187; *ders.,* Die Reichweite des Pflichtteilsergänzungsanspruchs gemäß § 2325 BGB bei Lebensversicherungszuwendungen und die Rechtsfiguren der mittelbaren Schenkung und der ehebedingten Zuwendung, ZErb 2008, 288; *Reiff,* Pflichtteilsergänzung bei vom Erblasser weitergenutzten Geschenken, NJW 1995, 1136; *ders.,* Nießbrauch und Pflichtteilsergänzung, ZEV 1998, 241;

Rösler, in: Groll (Hrsg.), Praxis-Handbuch Erbrechtsberatung, 2. Auflage 2005; *Rohlfing,* Erbrecht, 2. Auflage 1999; *Schanbacher,* Nichtberücksichtigung ausgleichspflichtiger Zuwendungen bei der Pflichtteilsergänzung – Rückkehr zu RGZ 77, 282, ZEV 1997, 399; *Scherer,* Münchner Anwaltshandbuch, 2. Auflage 2007; *Schindler,* Fristlauf bei pflichtteilsergänzungsrechtlichen Schenkungen, ZEV 2005, 290; *Schlitt,* Klassische Testamentsklauseln, 1991; *Schippers,* Aktuelle Fragen des Grundstücksnießbrauchs in der notariellen Praxis, MittRhNotK, 1996, 197; *Scholz,* Die Wirkung des § 2056 BGB im Pflichtteilsrecht, Jherings Jahrbücher Bd. 84 (1934), 291; *Siegmann,* Pflichtteilsergänzungsanspruch bei Schenkungen des Erblassers unter Vorbehalt, DNotZ 1994, 787; *Speckmann,* Der Beginn der Zehnjahresfrist für die Berücksichtigung von Schenkungen beim Pflichtteilsergänzungsanspruch, NJW 1978, 358; *Strohal,* Das deutsche Erbrecht auf der Grundlage des Bürgerlichen Gesetzbuches, Nachdruck der 3. Auflage 1903, 2001; *Sudhoff/Scherer,* Unternehmensnachfolge, 5. Auflage 2005; *Tanck,* Die Flucht in den Pflichtteilsergänzungsanspruch!, ZErb 2000, 3; *ders.,* Auswirkung des Grundsatzes der Doppelberechtigung beim Pflichtteilsergänzungsanspruch auf die Pflichtteilsquoten anderer Beteiligter, ZErb 2005, 3; *von Dickhuth-Harrach,* Ärgernis Pflichtteil? Möglichkeiten der Pflichtteilsreduzierung im Überblick, in: Rheinische Notarkammer (Hrsg.), Notar und Rechtsgestaltung, Jubiläums-Festschrift des Rheinischen Notariats, 1998, 185; *Wegmann,* Kein Genuß ohne Reue?, MittBayNot 1994, 307; *Wegmann,* Gesellschaftsvertragliche Gestaltungen zur Pflichtteilsreduzierung, ZEV 1998, 135; *Werkmüller,* Zuwendungen auf den Todesfall: Die Bank im Spannungsfeld kollidierender Interessen nach dem Tod ihres Kunden, ZEV 2001, 97; *Winkler,* Unternehmensnachfolge und Pflichtteilsrecht – Wege zur Minimierung des Störfaktors „Pflichtteilsansprüche", ZEV 2005, 89; *Worm,* Pflichtteilserschwerungen und Pflichtteilsstrafklauseln, RNotZ 2003, 535.

1 Checkliste zur Berechnung des Pflichtteilsergänzungsanspruchs

1. Welche Schenkung ist bei der Berechnung des Pflichtteilsergänzungsanspruchs zu berücksichtigen? (vgl. Checkliste zu § 5)
2. Handelt es sich um eine verbrauchbare oder um eine nicht verbrauchbare Sache?
3. Wie hoch ist der Wert der verbrauchbaren Sache zum Zeitpunkt der Zuwendung zu veranschlagen und welcher Wert ergibt sich unter Berücksichtigung des Kaufkraftverlustes?
4. Welcher Wert ist bei einer nicht verbrauchbaren Sache im Zeitpunkt der Zuwendung und welcher Wert ist zum Zeitpunkt des Erbfalls zu berücksichtigen?
5. Sind anlässlich der Übertragung nicht verbrauchbarer Sachen Gegenleistungen oder Auflagen vereinbart worden, die unter Berücksichtigung des Niederstwertprinzips im Zeitpunkt der Zuwendung abzugsfähig sind?
6. Mit welchem Wert sind diese Gegenleistungen unter Berücksichtigung des Lebensalters der Begünstigten anzusetzen?
7. Ist die Schenkung während der bestehenden Ehe erfolgt?
8. Erfolgte die Schenkung noch vor der Geburt oder Adoption des Pflichtteilsberechtigten?
9. Reicht der ordentliche Nachlass aus, um den Pflichtteilsergänzungsanspruch gegenüber dem Alleinerben oder den Miterben geltend zu machen?
10. Ist der Schenkungsgegenstand noch im Besitz des Beschenkten oder hat dieser den Schenkungsgegenstand bereits weiter veräußert?
11. Muss die Schenkung möglicherweise gegenüber dem Beschenkten oder den Beschenkten geltend gemacht werden, weil der Nachlass nicht ausreicht, um den Pflichtteilsergänzungsanspruch zu erfüllen?
12. Sind neben der Schenkung auch Ausgleichungs- und Anrechnungspflichten im Sinne der §§ 2315, 2316 BGB bei der Berechung zu berücksichtigen?
13. Liegen Eigenschenkungen des Pflichtteilsberechtigten im Sinne des § 2327 BGB vor?

I. Die Bewertung des Schenkungsgegenstands und Bewertungszeitpunkt

2 Für die Bewertung des verschenkten Gegenstandes gelten die gleichen Grundsätze, wie sie bei der Bewertung im Rahmen des ordentlichen Pflichtteils bereits ausgearbeitet wurden. Grundsätzlich ist **der Verkehrswert des verschenkten Gegenstandes** anzusetzen (§ 2311 BGB). Insoweit kann vollinhaltlich auf § 4 dieses Handbuchs verwiesen werden.

Im Rahmen der Pflichtteilsergänzung differenziert der Gesetzgeber allerdings wegen des **Bewertungszeitpunktes** zwischen **verbrauchbaren und nicht verbrauchbaren Sachen.**

I. Die Bewertung des Schenkungsgegenstands und Bewertungszeitpunkt 3–7 § 6

1. Verbrauchbare Sachen

Bei verbrauchbaren Sachen wird der Wert im Zeitpunkt der Schenkung ermittelt[1] (§ 2325 Abs. 2 S. 1 BGB). Unter verbrauchbaren Sachen werden grundsätzlich diejenigen Gegenstände verstanden, deren Existenz von einer Zeitdauer abhängt. Verbrauchbare Sachen sind **Tiere, Lebensmittel, Heizmaterialien, Geld und Wertpapiere**, soweit sie Geldsurrogate sind.[2] Die Begründung für die Einordnung von **Geld als verbrauchbare Sache** liegt darin, dass der bestimmungsgemäße Gebrauch in der Veräußerung des Geldes liegt. Auch der **Erlass einer Geldschuld** (§ 397 BGB) wird wie die Hingabe von Geld erachtet und deshalb als verbrauchbare Sache eingeordnet.[3]

Der Wert der Schenkung ist auf den Zeitpunkt der Zuwendung, insbesondere des Vollzugs der Schenkung, zu bewerten. Da der Wert zum Zeitpunkt der Zuwendung zu ermitteln ist, ist dieser noch wegen des **Kaufkraftverlustes** zu bereinigen.[4] Eine Entscheidung zu dieser Problematik hat der BGH bisher zwar nur bei der Anwendung des Niederstwertprinzips des § 2325 Abs. 3 S. 2 BGB bei nicht verbrauchbaren Sachen getroffen.[5] Es sind jedenfalls keine Gründe ersichtlich, warum diese Grundsätze nicht auch bei verbrauchbaren Sachen Anwendung finden. Folgerichtig ist bei der Berechnung die Geltentwertung mit nachfolgender **Formel** zu berücksichtigen:[6]

$$\frac{\text{Wert zum Zuwendungszeitpunkt} \times \text{Verbraucherpreisindex im Zeitpunkt des Erbfalls}}{\text{Verbraucherpreisindex im Zeitpunkt der Zuwendung}}$$

$$= \text{korrigierter Zuwendungswert}$$

Liegt die Zuwendung innerhalb des 10-Jahreszeitraumes des § 2325 Abs. 3 BGB, wird der Wert der Zuwendung dem ordentlichen Nachlass hinzugerechnet, der sich unter Berücksichtigung des eingeführten **Abschmelzungsmodells** ergibt. Pro Jahr seit der Zuwendung sind **10% des Schenkungswerts** in Abzug zu bringen. Liegt die Schenkung 10 Jahre oder länger zurück, bleibt die Schenkung der verbrauchbaren Sache unberücksichtigt.

Handelt es sich um eine Schenkung an den **Ehepartner**, läuft auch nach der Pflichtteilsreform gemäß § 2325 Abs. 3 BGB die 10-Jahresfrist nicht vor Ende der Ehe. Die 10-Jahresfrist gemäß § 10 Abs. 6 Satz 2 LPartG gilt gleichfalls nicht für den **eingetragenen Lebenspartner**. An den Lebenspartner getätigte Schenkungen sind deshalb in voller Höhe, ohne Abschmelzungsvariante, fiktiv dem Nachlass hinzuzurechnen und hieraus der Pflichtteilsergänzungsanspruch zu ermitteln.

2. Nicht verbrauchbare Sachen

a) Bewertung des Gegenstandes im Zeitpunkt der Schenkung. Auch bei nicht verbrauchbaren Sachen wird gemäß § 2325 Abs. 2 BGB zunächst der Wert im Zeitpunkt der Schenkung ermittelt und unter Ermittlung der **Geldentwertung** anhand des Verbraucherpreisindexes nochmals durch Anwendung nachfolgender **Formel** angepasst:[7]

$$\frac{\text{Wert zum Zuwendungszeitpunkt} \times \text{Verbraucherpreisindex im Zeitpunkt des Erbfalls}[8]}{\text{Verbraucherpreisindex im Zeitpunkt der Zuwendung}}$$

$$= \text{korrigierter Zuwendungswert}$$

---

[1] BGH NJW 1964, 1323.
[2] Staudinger/*Dilcher* 1995 § 92 Rn. 2.
[3] BGHZ 98, 266; RGZ 80, 135, 137 (nicht verbrauchbare Sache); Lange/*Kuchinke* § 37 Fn. 508.
[4] Fritz/Bünger/Gottwald/Bock § 2325 Rn. 71; Kerscher/*Riedel*/Lenz § 9 Rn. 75; MünchKommBGB/*Lange* § 2325 Rn. 23; Staudinger/*Olshausen* § 2325 Rn. 107; Soergel/*Dieckmann* § 2325 Rn. 52; Palandt/*Edenhofer* § 2325 Rn. 19; Groll/*Rösler* C 5. Rn. 21; a. A. RGRK/*Johannsen* § 2325 Rn. 20, 21; *Kasper* S. 58 (zu §§ 2315, 2316 BGB für verbrauchbare Sachen).
[5] BGHZ 85, 274, 282.
[6] BGH NJW 1983, 1485.
[7] BGHZ 61, 385, 392; BGHZ 65, 75, 78; BGHZ 85, 274, 282; BGH NJW 1992, 2888; *Kasper* S. 270.
[8] Fundstelle: www.destatis.de.

8 Obwohl sich der BGH in seinen bisherigen Entscheidungen nicht auf die Anwendung bestimmter Indexreihen festgelegt hat, ist in Analogie zu der Berechnung des Zugewinnausgleichsanspruchs der **Index für alle privaten Haushalte** in Deutschland anzusetzen.[9]

9 **Bestehende Belastungen oder Verbindlichkeiten** werden von dem Schenkungswert in Abzug gebracht. Übernimmt der Beschenkte im Zusammenhang mit der Zuwendung bestehende Verbindlichkeiten **im Wege der befreienden Schuldübernahme**, handelt es in Höhe der Schuld um eine Gegenleistung, die von vornherein in Abzug gebracht werden muss. Dies gilt auch dann, wenn zur Absicherung der Verbindlichkeiten **Grundpfandrechte im Grundbuch** eingetragen worden sind.[10] Wenn der Erblasser trotz befreiender Schuldübernahme nach § 414 BGB weiterhin **Zins- und Tilgungsleistungen** zahlt, liegt hierin eine neue ergänzungspflichtige Schenkung. Erfolgt keine Schuldübernahme, sondern **verpflichtet sich der Schenker weiterhin zur Erfüllung der Zins- und Tilgungsleistungen** und zur Freistellung des Beschenkten, steht den lediglich zur dinglichen Haftung übernommene Grundpfandrechten der Freistellungsanspruch des Beschenkten gegenüber, so dass die Verbindlichkeiten in Höhe der tatsächlichen Valuta nicht abzogen werden können. Gleiches gilt, wenn **Grundpfandrechte** auf dem Grundstück lasten, die aber nicht zur Absicherung von Verbindlichkeiten des Schenkers, sondern **zur Absicherung von Verbindlichkeiten Dritter** dienen.[11] Wenn nicht valutierende Grundschulden übernommen werden, rechfertigen diese erst Recht keinen Abzug vom Schenkungswert.

Gegenleistungen, die erst im Rahmen des Schenkungsvertrages **neu vereinbart oder begründet** worden sind, bleiben zunächst **unberücksichtigt**.

10 Wenn **Sachgesamtheiten**, etwa ein Einzelunternehmen, übertragen werden, wird gleichfalls zwischen verbrauchbaren und nicht verbrauchbaren Sachen unterschieden und jeder einzelne Gegenstand unter Berücksichtigung unterschiedlicher Bewertungszeitpunkte isoliert bewertet.

11 **b) Ermittlung des Werts zum Zeitpunkt des Erbfalls.** Auch hier gelten die Bewertungsgrundsätze, wie sie in § 4 des Handbuches beschrieben worden sind. Auch hier wird der Wert des Schenkungsgegenstandes unter Berücksichtigung der möglicherweise noch bestehenden, **ursprünglich übernommenen Restschuld** ermittelt.

Sonstige, im Zusammenhang mit der Schenkung **neu vereinbarte Gegenleistungen oder Auflagen** bleiben in dieser Prüfungsphase zunächst unberücksichtigt. Ob diese, bezogen auf den Zeitpunkt der Schenkung oder bezogen auf den Zeitpunkt des Erbfalls, von dem Schenkungswert in Abzug gebracht werden, entscheidet sich erst in der nachfolgenden Prüfungsstufe (lit. c)), die die Anwendung des sogenannten „Niederstwertprinzips" zum Gegenstand hat.

12 **c) Vergleich beider Werte (Niederstwertprinzip).** Bei dem Vergleich der beiden Werte (nach lit. a) und b)) ist dann der **niedrigste Wert** anzusetzen (§ 2325 Abs. 2 BGB). Auch wenn Gegenleistungen und Auflagen, vereinbart worden sind, werden zunächst ausschließlich die **Bruttowerte** verglichen.

Nur für den Fall, dass bei dem Vergleich beider Werte der **Wert im Zeitpunkt der Schenkung niedriger** ist, als der im Zeitpunkt des Erbfalls, werden laut BGH alle anlässlich der Schenkung vereinbarten **Gegenleistungen und Auflagen kapitalisiert** und von dem Schenkungswert in Abzug gebracht.

Ist allerdings bei dem Wertevergleich der **Wert der Schenkung im Zeitpunkt des Erbfalls als niedrigster Wert** anzusetzen, dürfen nach Auflassung der h. M. die Gegenleistungen oder Auflagen nicht abgezogen werden.[12]

13 Die vorstehend beschriebene Berechnungsmethode hat der BGH im Zusammenhang mit einem vereinbarten Nießbrauchsrecht entwickelt.[13] Die Rechtssprechung ist aber gleichfalls auch auf sonstige Gegenleistungen und auch Auflagen anwendbar.

---

[9] *Gutdeutsch/Zierdl* FamRZ 1996, 475; *Bamberger/Roth/J. Mayer* § 1376 Rn. 40.
[10] OLG Koblenz FamRZ 2002, 772, 773.
[11] Vgl. hierzu Soergel/*Dieckmann* § 2325 Rn. 39 a; Groll/*Rösler* C V Rn. 230.
[12] BGH FamRZ 1991, 552; BGH ZEV 2003, 416; BGH MittBayNot 1996, 307 für den Fall des Wohnungsrechts; BGHZ 118, 49, 51; BGH NJW-RR 1990, 1158.
[13] BGH NJW 1992, 2287; FamRZ 1991, 552; ZEV 2003, 416.

I. Die Bewertung des Schenkungsgegenstands und Bewertungszeitpunkt

Die Entscheidung des BGH, dass der kapitalisierte Wert eines Nießbrauchsrechts unter Anwendung des Niederstwertprinzips nur dann in Abzug gebracht wird, wenn der Wert im Zeitpunkt der Schenkung der niedrigere ist, wurde vielfach kritisiert und als nicht sachgemäß erachtet.

Eine Mindermeinung will den Wert des Nießbrauchs/Wohnungsrechts **bei keinem der Bewertungszeitpunkte von dem Wert des Zuwendungsobjektes** abziehen.[14] Begründet wird diese Auffassung damit, dass es nicht der Gerechtigkeit entspricht, dass die Frage der Abzugsfähigkeit davon abhängt, wie hoch der Wert der Zuwendung im Zeitpunkt des Erbfalls oder der Zuwendung war. Diese Auffassung wird aber zu Recht kritisiert, weil auch im Falle einer **Veräußerung des Grundstücks mit belastetem Nießbrauch** der nach § 2329 BGB Beschenkte nur in Höhe des Grundstückswerts unter Abzug des Nießbrauchsrechts bereichert wäre.

Eine andere Auffassung will, unabhängig von einer primär durchzuführenden Bruttowertberechnung der Grundstücke, den **Wert des Nutzungsrechts immer, bezogen auf den Zeitpunkt der Zuwendung,** in Abzug bringen und gelangt hier zwangsläufig immer zu dem Ergebnis, dass der niedrigere Wert im Zeitpunkt der Zuwendung anzusetzen ist. Ob diese Lösung sachgerecht ist, ist ebenfalls fraglich, weil hier der Vermögenszufluss, der durch einen plötzlichen **Tod des Erblassers** oder durch **eine geringe Nutzungsdauer** durch den Erblasser eintritt, nicht gebührend berücksichtigt werden kann.[15]

Eine weitere Meinung will den **Nutzungswert für beide Bewertungszeitpunkte abziehen** und danach offensichtlich erst die Vergleichswertberechnung des § 2325 Abs. 2 BGB durchführen. Hiergegen wird allerdings eingewandt, dass ein Abzug des Nutzungsrechts im Zeitpunkt des Erbfalls nicht zulässig ist, weil zu diesem Zeitpunkt das Nutzungsrecht erloschen ist und ein Abzug nicht gerechtfertigt erscheint.[16]

Wenn der Erblasser auf ein für ihn bestelltes **Nießbrauchsrecht** oder ein anderes zu seinen Gunsten vorbehaltenes Recht innerhalb der 10-Jahresfrist **verzichtet**, liegt in dem **Verzicht ein weiterer, neuer Schenkungstatbestand**, wenn hier keine Gegenleistung vereinbart und das Recht nicht abgezinst wurde. Der Wert des Rechts ist im Zeitpunkt des Verzichts neu zu kapitalisieren und nicht, wie teilweise behauptet wird, der tatsächliche Wert zum Zeitpunkt des Todes zu ermitteln.[17] Da die Sterbetabelle mit der **Neufassung des Bewertungsgesetzes** modifiziert wurde, ist hier **besondere Vorsicht** geboten, wenn auf ein Nießbrauchsrecht oder auf ein sonstiges Recht verzichtet wird, weil der Schenkungswert künftig wesentlich höher anzusetzen ist als in der Vergangenheit.[18] Bei dem **schenkweisen Erlass einer Rentenforderung** ist auf den kapitalisierten Wert im Zeitpunkt des Erbfalls abzustellen.[19]

Durch die Anwendung des Niederstwertprinzips gehen **Wertminderungen seit dem Zeitpunkt der Schenkung** eindeutig zu Lasten des Pflichtteilsberechtigten. **Wertsteigerungen nach der Schenkung** kommen dem Pflichtteilsberechtigten dagegen nicht zugute.[20] Wenn bei dem **Eintritt von Wertverlusten** seit der Schenkungen noch argumentiert werden kann, dass der Pflichtteilsberechtigte an diesen Wertverlusten auch beteiligt wäre, wenn sich der Gegenstand im Zeitpunkt des Erbfalles noch im Nachlass befunden hätte, kann dieses Argument wegen der **seit der Schenkung eingetretenen Wertsteigerungen** nicht ins Feld geführt werden. Der Gesetzgeber hat sich aber bewusst für diese Unbilligkeit entschieden, so dass – ohne Gesetzesänderung – die Fälle weiterhin mit der Anwendung des Niederstwertprinzips gelöst werden müssen.

---

[14] OLG Hamburg FamRZ 1992, 228; OLG Oldenburg NJW-RR 1999, 734; *Leipold* JZ 1994, 1121, 1122; MünchKommBGB/*Lange* § 2325 Rn. 17a; Staudinger/*Johann/Frank* 2002 Vorbem. 80 zu §§ 1030 ff. BGB.
[15] Staudinger/*Olhausen* § 2325 Rn. 102; *Dingerdissen* JZ 1993, 402, 404; *Fritz/Bünger/Gottwald* § 2325 Rn. 70; *Kerscher/Riedel/Lenz* § 9 Rn. 83.
[16] *N. Mayer* FamRZ 1994, 739, 734; *N. Mayer* ZEV 1994, 325, 326; *Pentz* FamRZ 1997, 724, 728; zur Kritik: *Rohlfing* § 5 Rn. 188.
[17] MünchKommBGB/*Lange* § 2325 Rn. 23 ff.
[18] Sterbetabelle als Anlage zu § 14 BewG 2008: www.bundesfinanzministerium.de.
[19] BGHZ 98, 226.
[20] MünchKommBGB/*Lange* § 2325 Rn. 21; Staudinger/*Olshausen* § 2325 Rn. 96.

19 Auch bei **noch nicht erfülltem Schenkungsversprechen** oder einer **aufschiebend bedingten oder befristeten Schenkung** wendet der BGH das Niederstwertprinzip an[21] und ermittelt den Wert im Zeitpunkt des Todes und der Zuwendung. Die überwiegende Auffassung in der Literatur geht davon aus, dass grundsätzlich der Wert zum Zeitpunkt der Erfüllung anzusetzen sei. Nur für den Fall, dass eine Erfüllung im Zeitpunkt des Erbfalles noch nicht eingetreten sei, müsse dann eben der Wert im Zeitpunkt des Erbfalles ermittelt werden.[22]

20 Wenn **vereinbarte Gegenleistungen und Auflagen** in Abzug gebracht werden müssen, weil der Wert im Zeitpunkt der Zuwendung der niedrigere war, erhebt sich die Frage, wie diese Gegenleistungen und Auflagen bewertet werden. Die Frage, wie **Nutzungsrechte und wiederkehrende Leistungen** im Zusammenhang mit der Anwendung des Niederstwertprinzips zu kapitalisieren sind, ist umstritten. Die h. M. geht davon aus, dass bei diesen Rechten die Lebenserwartung des Schenkers im Zeitpunkt des Vollzugs zu ermitteln und **im Rahmen einer „Ex-Ante-Betrachtung"** unter der Berücksichtigung der **aktuellen Sterbetabelle** nach dem Bewertungsgesetz zu berechnen ist.[23] Nur in Ausnahmefällen ist eine Korrektur im Hinblick auf die tatsächliche Nutzung möglich, etwa wenn **der Schenker sechs Monate nach der Übergabe verstorben ist,**[24] wenn der todkranke Schenker einen Monat später verstirbt[25] oder wenn der Schenker **so alt ist, dass die statistische Lebenserwartung fast erreicht ist.**[26]

21 In einem Fall hat das OLG Köln eine Kapitalisierung „nach dem tatsächlich erreichten Alter des schwerkranken Erblassers" für richtig erachtet. Bei einer konkreten Erkrankung, die nur noch eine bestimmte Lebenserwartung zulässt, müsste das Nutzungsrecht **nach der konkreten Lebenserwartung** und nicht nach der durchschnittlichen Lebenserwartung nach der Sterbetabelle ermittelt werden[27]. Das OLG Oldenburg geht dann soweit, dass bei einem **Tod 14 Tage nach der Schenkung** überhaupt kein Wohnungsrecht in Abzug zu bringen ist.[28]
Grundsätzlich kann bei der Durchführung der Berechnung auf die einschlägigen **Leibrententabellen** oder aber auf die **Vervielfältiger nach Anlage 9 zum BewG** zurückgegriffen werden. Die Anlage 9 zum BewG erhält bereits eine **Abzinsung mit 5,5% jährlich** für die lebenslange Nutzung.

22 Wenn im Rahmen der Schenkung Pflegeleistungen als Auflage vereinbart worden sind, ergeben sich selbstverständlich bei der „Ex-Ante-Betrachtung" Schwierigkeiten. Wenn auf den niedrigsten im Wert zum Zeitpunkt der Zuwendungen abzustellen ist, kann auch unter Zugrundelegung einer statistischen Lebenserwartung noch nicht festgestellt werden, ob überhaupt eine Pflege notwendig und in welcher Intensität diese notwendig ist. Wenn im Zeitpunkt der Zuwendung bereits ein Pflegeaufwand konkretisiert ist, wenn beispielsweise der medizinische Dienst die Pflegestufen des Pflichtversicherungsgesetzes nach § 14 Abs. 4 SGB XI festgelegt hat, könnte man einen Jahreswert unter Berücksichtigung eines Verschlechterungszuschlages annehmen und so gleichfalls die „Ex-Ante-Betrachtung" nach der Sterbetabelle vornehmen. Wenn aber im Zeitpunkt der Schenkung überhaupt nicht absehbar ist, ob überhaupt eine Pflege notwendig wird, ergeben sich durchaus Schwierigkeiten bei der Bewertung der Pflegeverpflichtung als Auflage. Hier kann man bei einer abstrakten „Ex-Ante-Betrachtung" allenfalls die 1. Pflegestufe des Pflichtversicherungsgesetzes und einen Pflegebeginn ab dem 70. Lebensjahr zugrunde legen. Besser wäre es, in einer ex-post-Betrachtung die tatsächlich erbrachten Pflegeleistungen zu ermitteln. Wegen weiterer Einzelheiten wird auf § 5 Rn. 114 verwiesen.

---

[21] BGH NJW 1983, 1485.
[22] Staudinger/*Olshausen* § 2325 Rn. 94; Fritz/Bünger/*Gottwald* § 2325 Rn. 66.
[23] BGH NJW-RR 1990, 1158, 1159; BGH NJW-RR 1996, 705, 707; OLG Oldenburg NJW-RR 1997, 263, 264; OLG Koblenz FamRZ 2002, 772, 773; LG Bonn ZEV 1999, 154, 155; RGRK/*Johannsen* § 2325 Rn. 22; *Dingerdissen* JZ 1993, 402, 404; *Behmer* FamRZ 1994, 1375, 1376.
[24] BGHZ 65, 75, 77.
[25] OLG Köln MittRhNotK 1997, 79.
[26] OLG Köln MittRhNotK 1997, 79; OLG Köln FamRZ 1997, 1113, 1114.
[27] OLG Köln OLGR 1993, 43.
[28] OLG Oldenburg NJW-RR 1999, 734.

I. Die Bewertung des Schenkungsgegenstands und Bewertungszeitpunkt 23–28 § 6

Ob die **Vereinbarung einer Pflegeverpflichtung** in der Gestaltungspraxis überhaupt sinnvoll ist, weil damit dem Übernehmer des Grundstückes der Sozialhilferegress wegen der Überleitung ersparter Aufwendungen droht, ist dagegen eine andere Frage. 23

Wenn zugunsten des Übernehmers die 10-Jahresfrist des § 528 BGB bereits abgelaufen ist und der Sozialhilfeträger die Schenkung des Grundstückes nicht mehr wegen Verarmung widerrufen kann, besteht jedoch unabhängig von der 10-Jahresfrist wegen der vereinbarten Gegenleistungen immer die Problematik der sozialhilferechtlichen Überleitung des Rechte aus diesen Einzelverpflichtungen, wie etwa bei einer Pflegeverpflichtung oder einem Wohnrecht. 24

Ob es wegen § 138 BGB zulässig ist, im Zusammenhang mit der Vereinbarung einer Pflegeverpflichtung zugleich zu vereinbaren, dass diese Verpflichtung ruht oder unter der auflösenden Bedingung steht, wenn eine häusliche Pflege, möglicherweise auch unter Einbindung von externem Pflegepersonal, nicht mehr möglich ist, muss im Hinblick auf eine aktuelle **Entscheidung des BGH vom 6. 2. 2009, Az. V ZR 130/08,**[29] zum Wohnungsrecht neu diskutiert werden. Der BGH hat es jedenfalls für zulässig erachtet, betreffend eines **Wohnungsrechts ein Ruhen zu vereinbaren,** wenn das Wohnungsrecht durch den notwendigen Bezug eines Pflegeheims nicht mehr wahrgenommen werden kann. Diese vom BGH ermittelten Grundsätze müssten dann möglicherweise analog auf alle Fälle angewandt werden, in denen als Gegenleistung für die Übertragung des Hausgrundstückes Versorgungsleistungen vereinbart wurden, die aber nur so lange geschuldet werden sollen, wie sie von den Verpflichteten in dem übernommenen Haus zumutbar erbracht werden können. Ungeachtet dessen steht derartigen Vereinbarungen aber immer das „Damoklesschwert" einer Änderung der Rechtsprechung und einer einzelfallbezogenen Sittenwidrigkeit gegenüber. 25

Soweit **Widerrufs- und Rücktrittsvorbehalte** im Zusammenhang mit Übergabeverträgen vereinbart worden sind, ist hier ein **Bewertungsabschlag** zu berücksichtigen.[30] Eine andere Frage ist jedoch, wie die Rechtslage zu beurteilen ist, wenn von dem Widerrufs- oder Rücktrittsvorbehalt Gebrauch gemacht wird und **noch zu Lebzeiten des Schenkers das Geschenk zurückübertragen** wird. Für diesen Fall muss dann insoweit eine Korrektur bei der Pflichtteilsergänzung vorgenommen werden, dass nicht **eine doppelte Berücksichtigung des Grundstücks** erfolgt, einerseits bei der Pflichtteilsergänzung und andererseits im Rahmen des ordentlichen Pflichtteils. In diesen Fällen ist grundsätzlich davon auszugehen, dass der Schenkungsgegenstand sich wieder im ordentlichen Nachlass befindet und dass pflichtteilsergänzungsrelevant allenfalls **der Wert der Nutzung des Beschenkten von dem Zeitraum der Schenkung bis zur Rückübertragung des Vermögenswertes** Berücksichtigung findet. 26

Soweit im Zusammenhang mit Übergabeverträgen allerdings auch **nichtbeteiligte Personen,** insbesondere der Ehegatte oder Dritte (Wohnungsrecht für die Dauer des ledigen Standes eines Abkömmlings) vereinbart werden, sind diese im Verhältnis zu dem Beschenkten gleichfalls als Gegenleistung in Abzug zu bringen, können aber **im Verhältnis zwischen Erblasser und dem Berechtigten** dieser Nutzungsrechte **eine zusätzliche Schenkung** im Rahmen der Pflichtteilsergänzung darstellen. Ähnlich verhält es sich, wenn einem Ehegatten, **aufschiebend bedingt durch den Tod des andern Ehegatten, Nutzungsrechte** eingeräumt werden. Für diesen Fall kann das mit dem Tod des vorverstorbenen Ehepartners erst entstehenden Nutzungsrecht selbständig kapitalisiert und als Gegenleistung in Abzug gebracht werden. Wenn **Rechte nach § 428 BGB** für die Eheleute als Gesamtberechtigte eingeräumt werden, muss die gemeinschaftliche Benutzung wertmindernd berücksichtigt werden. Hierbei ist bei der Berechnung des Werts auf die Lebenserwartung des jüngsten Berechtigten abzustellen und ein Gesamtwert zu ermitteln, keinesfalls sind die Einzelrechte zweimal als Gegenleistung in Abzug zu bringen. 27

Ausgleichszahlungen an weichende Erben sind als Gegenleistung von dem Schenkungswert **im Verhältnis zum Erblasser** in Abzug zu bringen, wenn die Ausgleichszahlungen von dem Übernehmer als Ausgleich für die Übernahme des Vermögens gezahlt worden sind. Aber auch 28

---

[29] BGH NJW 2009, 1346.
[30] OLG Koblenz FamRZ 2002, 772, 774; OLG Düsseldorf 1999, 349; a. M. *von Dickhuth/Harrach*, FS Rheinisches Notariat, S. 238.

hier kann die „Tücke im Detail" liegen. Als Gegenleistungen sind diese Ausgleichszahlungen aus meiner Sicht nur dann abzugsfähig, wenn die Ausgleichszahlungen entweder als Verträge zugunsten Dritter mit eigenem **Forderungsrecht nach § 328 BGB** oder als **unmittelbarer Zahlungsanspruch** in dem Übergabevertrag ausgestaltet worden sind. Wenn Ausgleichszahlungen ohne die vorgenannten vertraglichen Rechtsgrundlagen erfolgt sind, dürfen sie dagegen aus Rechtssicherheitsgründen nicht von der Schenkung in Abzug gebracht werden, wenn sie nicht gezahlt worden sind. Problematisch dürften aber auch die Fälle sein, in denen sich der Übernehmer des Vermögens zwar verpflichtet, Ausgleichszahlungen an die weichenden Erben zu leisten, in denen aber der Vermögensübergeber wiederum im Innenverhältnis diese Ausgleichszahlungen übernimmt. Diese Fälle sind als **Übernahme einer fremden Schuld** dann pflichtteilsergänzungsrelevant, wenn diesen Zahlungen an die weichenden Erben einvernehmlich eine unentgeltliche Zuwendung zugrundeliegt.

Wenn Abfindungszahlungen an die weichenden Erben über den eigentlichen Pflichtteilsanspruch hinausgehen, ist jedoch die Frage zu prüfen, ob hierin zusätzlich eine pflichtteilsergänzungsrelevante Schenkung zu sehen ist.

29 Ist eine nicht verbrauchbare **Sache zwischen Schenkung und Erbfall** untergegangen, geht die h. M. davon aus, dass sie dann keinen Wert mehr haben könne, der über § 2325 Abs. 2 S. 2 BGB berücksichtigt werden könnte.[31] Dieser Auffassung ist allerdings nicht zu folgen, weil der Schenkungsgegenstand oder die Nutzungsmöglichkeit nach Vollzug der Schenkung im Vermögen des Beschenkten oder eines Dritten zu einer objektiven Bereicherung geführt hat und deshalb die Berücksichtigung im Rahmen der Pflichtteilsergänzung – ebenso wie bei der verbrauchbaren Sachen – aus **Gerechtigkeitserwägungen** sinnvoll erscheint. Dies gilt insbesondere dann, wenn es für den verschenkten Gegenstand kein Surrogat, wie Versicherungsleistungen oder einen Erlös im Zusammenhang mit einer Weiterveräußerung gegeben hat.

II. Die Anwendung der 10-Jahresfrist des § 2325 Abs. 3 BGB

30 Ergänzungspflichtig sind nur solche **Schenkungen, die innerhalb von 10 Jahren vor dem Erbfall** durch den Erblasser an Dritte erfolgt sind. Die Frist beginnt im Zeitpunkt der Leistungserbringung, wobei hier zwischen der **Leistungshandlung** und dem **Leistungserfolg** unterschieden werden kann.[32]

31 Nach überwiegender Meinung ist für den Fristbeginn allerdings auf den **Leistungserfolg** abzustellen,[33] auf diejenige Rechtshandlung, die zur endgültigen Rechtsübertragung führt. Bei konsequenter Anwendung der herrschenden Meinung reicht der **Erwerb eines Anwartschaftsrechts** grundsätzlich nicht aus, um den Fristbeginn in Gang zu setzen.[34]

32 Ob der Leistungserfolg eingetreten ist oder nicht, wird nach den allgemeinen Regeln des Schuld- und Sachenrechts beurteilt und hängt im wesentlichen von dem Gegenstand der Schenkung ab.

Bei der **Übertragung eines Grundstücks** ist deshalb auf die Umschreibung des Eigentums im Grundbuch abzustellen (§ 873 Abs. 1 BGB).[35]

33 Die **Einräumung eines Nießbrauchsrechts an einem Grundstück** ist mit Eintragung im Grundbuch vollzogen. Bei **beweglichen Sachen** ist für die Nießbrauchsbestellung die Einigung und Übergabe nach § 1032 BGB erforderlich.[36] Auch bei der **Einräumung eines dinglichen Wohnungsrechts** oder eines sonstigen Grundstücksrechts kommt es auf den Zeitpunkt der Eintragung im Grundbuch an (§ 873 Abs. 1 BGB).

---

[31] Staudinger/*Olshausen* § 2325 Rn. 90; BGB/RGRK/*Johannsen* § 2325 Rn. 22; OLG Brandenburg FamRZ 1998, 1177.
[32] *Nieder* DNotZ 1987, 319.
[33] Lange/*Kuchinke* § 37 X 4; MünchKommBGB/*Lange* § 2325 Rn. 37; Staudinger/*Ohlshausen* § 2325 Rn. 54; Soergel/*Dieckmann* § 2325 Rn. 53; Mayer/Süß/Tanck/Bittler/Wälzholz/J. *Mayer* § 8 Rn. 120; *Frank* JR 1987, 243; *Nieder* DNotZ 1987, 319; *N. Mayer* FamRZ 1994, 739.
[34] Vgl. hierzu: BeckOK-BGB/*Mayer* § 2325 Rn. 28; *Behmer* FamRZ 1999, 1254.
[35] BGHZ 102, 289, 292.
[36] *Reiff* ZEV 1998, 241.

II. Die Anwendung der 10-Jahresfrist des § 2325 Abs. 3 BGB

Bei **beweglichen Gegenständen** ist die Vollendung des Eigentumsübergangs nach §§ 929 ff. BGB erforderlich.[37]

Folgerichtig ist für die **Aufhebung eines Rechts**, das im Grundbuch eingetragen ist, die Löschung des Rechts im Grundbuch als Zeitpunkt des Leistungserfolgs anzusehen (§ 875 Abs. 1 S. 1 BGB).[38]

Wenn im Wege der Schenkung **eine Forderung erlassen** wird, ist der Abschluss des Erlassvertrages nach § 397 Abs. 2 BGB als Zeitpunkt des Leistungserfolges anzusehen.[39] Auch der **Erlass einer erbrechtlichen Forderung**, wie beispielsweise eines Vermächtnisanspruches gemäß § 2147 BGB nach dem Erbfall dürfte mit Abschluss des Erlassvertrages in vorgenanntem Sinne vollzogen sein.[40]

Die **Einräumung der Verfügungsmacht** auf einem **Oder-Konto** gilt erst mit dem Tod des Erblassers als vollzogen.[41]

Bei **Schenkungen auf den Todesfall** ist der Rechtserwerb auch erst mit dem Tode als vollzogen anzusehen.[42] Gleiches gilt für **Verfügungen zugunsten eines Dritten** auf den Todesfall.[43] Auch bei einem **nicht erfüllten formgerechten Schenkungsversprechen (§ 518 BGB)** kann die 10-Jahresfrist nicht vor dem Tod des Erblassers laufen.[44]

Bei der **Übertragung eines Gesellschaftsanteils** ist grundsätzlich auf den Zeitpunkt der Abtretung des Gesellschaftsanteils abzustellen.[45] Sieht der Gesellschaftsvertrag für die Abtretung der Gesellschafterrechte die **Zustimmung der übrigen Gesellschafter oder der Gesellschaft** vor, stellt sich die Frage, ob diese Zustimmung für den Vollzug der Schenkung und für den Gang der Frist des § 2325 Abs. 3 BGB erforderlich ist. *Klingelhöffer* ist der Auffassung, dass es auf diese Zustimmung nicht ankomme.[46] Die wohl herrschende Meinung geht zu Recht davon aus, dass hier die Zustimmung der anderen Mitgesellschafter oder der Gesellschafter für den Vollzug der Schenkung gleichfalls notwendig ist.[47]

Bei der **schenkweisen Aufnahme eines Gesellschafters** beginnt die Frist mit dem Eintritt des Gesellschafters in die Gesellschaft zu laufen.[48] Nach einer anderen Auffassung ist der Zeitpunkt maßgeblich, in dem der neue Gesellschafter seine Gesellschafterrechte auch tatsächlich wahrnehmen kann.[49] Wenn die Gesellschafter einer Personengesellschaft die **Fortsetzung unter den verbleibenden Gesellschaftern** vereinbart haben und die Abfindung nach § 738 Abs. 1 S. 2 BGB pflichtteilsergänzungsrelevant ausgeschlossen wird (z. B. durch Buchwertklausel), beginnt die Frist erst mit dem Ausscheiden des entsprechenden Gesellschafters durch seinen Tod zu laufen,[50] keinesfalls schon mit der Vereinbarung der entsprechenden pflichtteilsbeschränkenden Abfindungsklausel.

Vom gleichen Zeitpunkt ist auszugehen bei sogenannten **rechtsgeschäftlichen Nachfolgeklauseln**[51] und so genannten **rechtsgeschäftlichen Eintrittsklauseln**.[52]

Bei der **schenkweisen Übertragung von Lebensversicherungen** wird – wie vorstehend unter § 5 bereits eingehend erörtert – zwischen der **Einräumung eines widerruflichen Bezugs-**

---

[37] BGHZ 102, 289, 292.
[38] *Schindler* ZEV 2005, 290.
[39] Staudinger/*Ohlshausen* § 2325 Rn. 57; *Paulus* JZ 1987, 153.
[40] BGHZ 98, 226, 234.
[41] *Lange* 2325 Rn. 36; Staudinger/*Olshausen* § 2325 Rn. 57; Soergel/*Dieckmann* 2325 Rn. 55.
[42] *Lange* § 2325 Rn. 37; *Werkmüller* ZEV 2001, 1997, 100; *Worm* RNotZ 2003, 535; *v. Dickhut/Harrach*, FS Rheinisches Notariat, S. 238.
[43] *Lange* § 2325 Rn. 22.
[44] Staudinger/*Olshausen* § 2325 Rn. 55; Soergel/*Dieckmann* § 2325 Rn. 54; *Nieder* DNotZ 1987, 319, 321.
[45] *Worm* RNotZ 2003, 535, 544; Sudhoff/*Scherer* § 17 Rn. 69; *Kerscher/Riedel/Lenz* § 16 Rn. 6.
[46] *Klingelhöffer* Rn. 354.
[47] *Schindler* ZEV 2005, 290.
[48] Staudinger/*Ohlshausen* § 2325 Rn. 56; Soergel/*Dieckmann* § 2325 Rn. 55; *Wegmann* ZEV 1998, 135; *U. Mayer* ZEV 2003, 355.
[49] Sudhoff/*Scherer* § 17 Rn. 69; *Kerscher/Riedel/Lenz* § 16 Rn. 7.
[50] MünchKommBGB/*Lange* 2325 Rn. 21; *Lange/Kuchinke* 942; *Wegmann* ZEV 1998, 135; Soergel/*Dieckmann* 2325 Rn. 32, 55; *Kohl* MDR 1995, 865, 873; BGH NJW 1993, 2737.
[51] *Nieder* S. 265; Sudhoff/*Scherer* § 17 Rn. 69; a. A.: *Dänzer-Vanotti* JZ 1981, 432, 434.
[52] MünchKommBGB/*Lange* § 2325 Rn. 21; *Nieder* Rn. 1262; Sudhoff/*Scherer* § 17 Rn. 65; Soergel/*Dieckmann* § 2325 Rn. 32, 55.

rechts und der eines **unwiderruflichen Bezugsrechts** unterschieden. Wendet der Erblasser durch ein widerrufliches Bezugsrecht die Versicherungssumme dem Beschenkten zu, beginnt die Frist erst mit dem Tod des Versicherungsnehmers, hier des Erblassers, zu laufen.[53] Anders soll es sein, wenn der Erblasser einem Dritten ein unwiderrufliches Bezugsrecht einräumt. Hier geht die herrschende Meinung davon aus, dass die Frist des § 2325 Abs. 3 S. 1 BGB bereits mit dem Vertragsschluss, also mit der Einräumung des unwiderruflichen Bezugsrechts, zugunsten des Bezugsberechtigten zu laufen beginnt.[54] Hier sind jedoch Bedenken anzumelden, da auch ein unwiderrufliches Bezugsrecht noch vertraglich aufgehoben oder durch Kündigung des Lebensversicherungsvertrages beendet werden kann und deshalb der Leistungserfolg auch bei einem unwiderruflichen Bezugsrecht erst im Zeitpunkt des Todes endgültig feststeht.

Bei der **Begründung einer Leibrente** soll die Frist erst mit der tatsächlichen Bezahlung beginnen. Hier ist aber sicher besser darauf abzustellen, ab wann die Leibrente fällig ist.[55]

38 Auf den ersten Blick erscheint die Feststellung des Zeitpunkts des Leistungserfolgs aus vorstehenden Gründen durchaus unproblematisch. Der BGH hat jedoch **weitere Voraussetzungen** für den Beginn des § 2325 Abs. 3 BGB aufgestellt, die von der überwiegenden Meinung als **Rechtsfortbildung** angesehen werden.[56] Nach der Auffassung des BGH bedarf es zusätzlich auch einer „**wirtschaftlichen Ausgliederung**" des Geschenks aus dem Vermögen des Erblassers. Der BGH verlangt einen **Genussverzicht des Erblassers** in der Weise, dass er aufgrund der vertraglichen Vereinbarungen tatsächlich auch auf die Nutzung des verschenkten Gegenstandes verzichtet. Der BGH stellt damit ausschließlich auf den wirtschaftlichen Leistungserfolg ab und lässt keinesfalls den rechtlichen Leistungserfolg für sich gesehen genügen. Der BGH fordert für den Fristbeginn, dass der Erblasser einen Zustand geschaffen hat, dessen Folgen er selbst noch 10 Jahre zu tragen hat und der ihn zu einem Genussverzicht zwingen.[57]

39 Diese **wirtschaftliche Betrachtungsweise des BGH** wurde in der Literatur vielfach kritisiert und als konturlos und nicht praktikabel angesehen. § 2325 Abs. 3 BGB solle Rechtssicherheit schaffen, die der BGH aber mit seiner Rechtsprechung zum wirtschaftlichen Leistungserfolg verhindere.[58] *Reiff*[59] geht sogar soweit, dass er die Entscheidung des BGH als unzulässige Rechtsfortbildung ansieht. Es gibt aber auch Vertreter in der Literatur, die die wirtschaftliche Betrachtungsweise des BGH im Sinne des Pflichtteilsberechtigten befürwortet haben.[60]

40 Selbst wenn die Rechtsprechung des BGH zu dem Fristbeginn des § 2325 Abs. 3 BGB begrüßt wird, weil sie im Interesse des Pflichtteilsberechtigten sinnvoll erscheint, ergeben sich dennoch in der Praxis erhebliche Probleme, wann eine **wesentliche Weiternutzung** durch den Erblasser den Fristbeginn verhindert und wann von einem Fristbeginn auszugehen ist. Regelmäßig dürfte ein **wesentlicher oder allumfassender Nutzungsvorbehalt** im Sinne des BGH den Fristbeginn verhindern. Wann aber ein wesentlicher oder allumfassender Nutzungsvorbehalt vorliegt, ist in der Praxis mehr als bestritten. Insoweit dürfte es auch nicht weiterhelfen, wenn die **Übertragung unter Nutzungsvorbehalt zeitlich nacheinander** erfolgt. Lediglich, wenn zwischen der isolierten Schenkung und dem späteren Nutzungsvorbehalt eine zeitlich starke Zäsur liegt und für diese Gestaltung der Verdacht von vornherein auszuschalten ist, dass beide Zuwendungen nicht von einem einheitlichen Plan gefasst worden

---

[53] *Progl* ZErb 2004, 187, 189; *Elfring* ZEV 2004, 305.
[54] *Progl* ZErb 2004, 187, 189; *Elfring* ZEV 2004, 305.
[55] *Frank* JR 1987, 243.
[56] BGHZ 98, 226, 232; 125, 395 ff.
[57] LG Marburg NJW-RR 1987, 1290; *Kornexl* ZEV 2003, 196; *Speckmann* NJW 1978, 358; *Finger* JZ 1981, 828.
[58] MünchKommBGB/*Lange* § 2325 Rn. 37; *Frank* JR 1987, 243; *Nieder* DNotZ 1987, 319; Lange/Kuchinke § 37 X 4; Staudinger/*Olshausen* § 2325 Rn. 58.
[59] *Reiff* ZEV 1998, 241, 246.
[60] *Siegmann* DNotZ 1994, 787, 789; *Heinrich* MittRhNotK 1995, 157; *Olshausen* FamRZ 1995, 717; *Schippers* MittRhNotK 1996, 197; *Leipold* JZ 1994, 1121; Erman/*Schlüter* 2325 Rn. 4; vgl. auch *Gehse* RNotZ 2009, 361.

sind, kann der erst später eingeräumte Nutzungsvorbehalt den ursprünglich mit der Schenkung eingeleiteten Fristbeginn möglicherweise nicht mehr beseitigen.[61]

Verzichtet der Schenker später auf seinen Nutzungsvorbehalt, der ursprünglich den Fristbeginn hemmte, dürfte mit dem vollständigen Verzicht auf den Nutzungsvorbehalt dann die 10-Jahresfrist des § 2325 Abs. 3 BGB zu laufen beginnen. Bei einem Verzicht ist allerdings zu fordern, dass tatsächlich die rechtlichen Voraussetzungen einer Löschung des Rechts gegeben sind. Wenn der Schenker tatsächlich **von seinem Wohnrecht keinen Gebrauch** mehr macht, weil eine ständige Wohnsitzverlagerung vorliegt, dürfte dies noch nicht genügen, weil nicht auszuschließen ist, dass er sein Wohnungsrecht dann später, bei veränderten Lebensumständen, wieder in Anspruch nimmt.[62] Wenn der Vermögensgegenstand **weiterverschenkt oder -verkauft** wird und damit der Nutzungsvorbehalt erlischt, dürfte die Frist des § 2325 Abs. 3 BGB mit **Vollzug der Weiterveräußerung** beginnen.

In der Praxis stellt sich, ungeachtet dessen, immer wieder die Frage, bei welchem konkret vereinbarten Nutzungsrecht der Erblasser die wesentliche Nutzungsmöglichkeit aufgibt oder ob er – nach wie vor – als wirtschaftlicher Nutzungsberechtigter anzusehen ist.

Das umfassendste Nutzungsrecht ist das **vorbehaltene Nießbrauchsrecht.** Der BGH geht davon aus, dass bei einem vollumfänglichen Nießbrauchsvorbehalt die Frist des § 2325 Abs. 3 BGB nicht zu laufen beginnt. Dieser Rechtsauffassung hat sich auch die überwiegende Meinung angeschlossen.[63] Das vollumfassende Nießbrauchsrecht verhindert den Fristbeginn, unabhängig davon, ob es sich um ein Grundstück oder um Gesellschaftsanteile handelt.[64] Lediglich *Reiff* ist der Auffassung, dass bei einem Nießbrauchsrecht die Frist schon mit dem Eigentumsübergang beginnt und nur der in den letzten 10 Jahren erfolgte Verlust des Nutzungsrechts ergänzungspflichtig ist.[65] Wiederum andere kritisieren, dass der BGH – isoliert gesehen – auf die Nutzungsbefugnis abstellt und nicht auf die Verfügungsbefugnis, die auch bei einem vorbehaltenen Nießbrauchsrecht eindeutig für den Schenker verlorengeht.[66] Im Ergebnis muss sich die Praxis allerdings durchaus an der BGH-Rechtsprechung orientieren, wonach ein allumfassendes Nießbrauchsrecht letztendlich die Frist des § 2325 Abs. 3 BGB nicht in Gang setzt.

Eine andere Frage ist, wie diese Problematik bei einem **Quoten- oder Bruchteilsnießbrauch** zu beantworten wäre. Hier wird teilweise vertreten, dass ein **Quoten- oder Bruchteilsnießbrauch von weniger als 50%** dem Fristbeginn nicht entgegensteht.[67] *Cornelius* schlägt in diesem Zusammenhang vor, die Wesentlichkeitsgrenze schon bei **25% Restnutzungsquote** anzusiedeln.[68] Andere Autoren gehen davon aus, dass bereits eine Nutzungsberechtigung von noch **10 oder 20% des Schenkers** schädlich sein kann.[69]

All diese Lösungsversuche zeigen, dass es hier keine Patentlösungen gibt. Letztendlich wird es davon abhängen, wie stark der Einfluss des Erblassers aufgrund des Vorbehalts oder aufgrund des Quoten- oder Bruchteilsnießbrauchs auf das gesamte Nutzungsobjekt verblieben ist. Hierbei wird auch eine Gesamtbetrachtung von entscheidender Bedeutung sein, insbesondere, ob noch weitere Rechte vorbehalten worden sind und wie stark der Einfluss des Nießbrauchsberechtigten aufgrund des vorbehaltenen Nießbrauchs ist. Letztendlich kann die 50%-Grenze aber eine Hilfskonstruktion darstellen, die letztendlich noch einzelfallbezogen zu überprüfen ist.

---

[61] A. A. *Schindler* ZEV 2005, 292.
[62] Vgl. hierzu: *N. Mayer* ZEV 1994, 325, 328; *Kasper*, Münchener Prozessformularbuch Erbrecht, 839; *Kerscher/Riedel/Lenz* § 9 Rn. 103.
[63] BGHZ 125, 395, 398; OLG Schleswig SchlHA 1997, 111; *Leipold* JZ 1994, 1121, 1122; *Heinrich* MittRhNotK 1995, 157, 160; *Siegmann* DNotZ 1994, 787; *Draschka* Rpfleger 1995, 71, 72; *Schippers* MittRhNotK 1996, 197, 210; Erman/*Schlüter* 2325 Rn. 4.
[64] *Winkler* ZEV 2005, 89.
[65] *Reiff* NJW 1995, 1136; *Reiff* ZEV 1998, 241.
[66] *N. Mayer* ZEV 1994, 325; *N. Mayer* FamRZ 94, 739, 745; *Kollhosser* AcP 194 [1994], 231; MünchKommBGB/*Lange* § 2325 Rn. 38.
[67] *N. Mayer* ZEV 1994, 325, 327; *Wegmann* MittBayNot 1994, 397.
[68] *Cornelius* Rn. 736.
[69] *Heinrich* MittRhNotK 1995, 157; *Schippers* MittRhNotK 1996, 197; *Worm* RNotZ 2003, 535.

Ob es sich hier um einen einzelnen Nießbrauch für den Schenker oder aber gemäß § 428 BGB um eine **Gesamtberechtigung für die Ehegatten** handelt, dürfte im Zusammenhang mit der Beurteilung nicht von entscheidender Bedeutung sein. Eine Gesamtberechtigung nach § 428 BGB spricht eher noch zusätzlich für die Annahme, dass die Frist des § 2325 Abs. 3 BGB nicht beginnt.[70]

43 Die **Vereinbarung einer dauernden Last** ist nach der herrschenden Meinung für den Fristlauf des § 2325 Abs. 3 BGB unschädlich.[71] Begründet wird diese Auffassung damit, dass der Veräußerer hier nur einen Anspruch auf eine Geldleistung habe und keinen Einfluss mehr auf das überlassene Objekt selbst ausüben könne. Allerdings soll die **Kombination der dauernden Last mit einem Mietvertrag** wiederum fristschädlich sein.[72] Aber auch diese Frage kann nicht mit dieser Gewissheit beantwortet werden. Wenn die dauernde Last dazu führt, dass **alle Nettoeinnahmen aus dem Objekt** über die dauernde Last, anstatt durch ein Nießbrauchsrecht, wirtschaftlich an den Schenker zurückgeführt werden, dürfte hier in der Vertragsgestaltung Vorsicht geboten sein. Wenn die dauernde Last nicht die gesamten Nettoerlöse umfasst, sondern wesentliche Vermögensvorteile in der Person des Beschenkten verbleiben, ist die Frage anders zu beurteilen. Wenn sich aber der Übergeber wirtschaftlich gesehen die wesentliche Nutzung vorbehält, unabhängig, ob durch Nießbrauchsrecht, durch einmalige Abfindung oder in Form von wiederkehrenden Leistungen, ist es naheliegend, hier die Rechtsprechung des BGH zu dem allumfassenden Nießbrauchsrecht analog anzuwenden.[73]

44 Die herrschende Meinung geht allerdings auch davon aus, dass die **Vereinbarung einer Leibrente** selbst dann die Frist des § 2325 Abs. 3 BGB mit der Eintragung im Grundbuch laufen lässt, wenn der Erblasser ein Miethaus gegen Zahlung einer Leibrente in Höhe der gesamten monatlichen Mieteinnahmen übergibt und die Leibrente durch Reallast dinglich abgesichert ist. Diese herrschende Meinung wird zu Recht von *Kuchinke* kritisiert, der hierin den gleichen wirtschaftlichen Erfolg sieht, wie bei einem Nießbrauch.[74]

45 Die **Übertragung gegen anschließende Leihe** des geschenkten Gegenstands oder die **Überlassung des Grundstücks gegen Vereinbarung eines Mietvertrages** stellt keine Leistung i. S. des § 2325 Abs. 3 BGB dar und setzt den Fristbeginn nicht in Gang,[75] wenn die vereinbarte Miete nicht der ortsüblichen Miete entspricht.[76] Wegen dieser Problematik wird aber auch ohne Einschränkung vertreten, dass es an einer, den Beginn der Frist des § 2325 Abs. 3 BGB auslösenden Leistung fehlt, wenn die Übertragung gegen Vereinbarung eines Mietvertrages erfolgt.[77] *Wegmann* begründet diese Rechtsauffassung damit, dass auch kein Unterschied gemacht werden dürfe zwischen einem **mietvertraglichen Nutzungsanspruch** und einem **dinglich vorbehaltenen Nutzungsrecht**.[78] *Hipler*[79] geht davon aus, dass keine Leistung i. S. des § 2325 Abs. 3 BGB beim sogenannten *Stuttgarter Modell* vorliege, in dem sich der Übergeber durch einen unkündbaren Mietvertrag, verbunden mit einer nur knapp unter der Miete liegenden Versorgungsleistung die weitere, unentgeltliche Nutzung sichert. Nach seiner Auffassung kann auch dann nichts anderes gelten, wenn die vereinbarte Miete deutlich über der Versorgungsleistung liegt, da sich hier der Übergeber wirtschaftlich nicht von dem übertragenen Vermögen trennt.[80] *Cornelius* differenziert zwischen Leih- und Mietvertrag. Bei einem Leihvertrag komme ein Genussverzicht nicht in Betracht; bei Abschluss eines Mietvertrages hänge der Genussverzicht davon ab, ob die ortsübliche Miete gezahlt wird oder nicht.

---

[70] *J. Mayer* § 11 Rn. 126; *Heinrich* MittRhNotK 1995, 157.
[71] *N. Mayer* ZEV 1994, 325, 327; *Wegmann* MittBayNot 1994, 307; *Heinrich* MittRhNotK 1995, 157; *Schippers* MittRhNotK 1996, 169; *Worm* RNotZ 2003, 535.
[72] *Wegmann* MittBayNot 1994, 307.
[73] Lange/*Kuchinke* § 37 X 4a; Staudinger/*Olshausen* § 2325 Rn. 58; Mayer/Süß/Tanck/Bittler/Wälzholz/ *J. Mayer* § 11 Rn. 122.
[74] Lange/*Kuchinke* § 37 X 4.
[75] *N. Mayer* ZEV 1994, 325, 328; *Wegmann* MittBayNot 1994, 307, 308; *Cornelius* Rn. 740.
[76] *N. Mayer* ZEV 1994, 325, 328; *Wegmann* MittBayNot 1994, 307, 308; *Cornelius* Rn. 740.
[77] JurisPK-BGB *Birkenheier* § 2325 Rn. 139; *Schindler* ZEV 2005, 290, 293; *Wegmann* MittBayNot 1994, 307, 308; *N. Mayer* ZEV 1994, 325; *Heinrich* MittRhNotK 1995, 157; *Busch/Trompeter* FR 2005, 633, 637.
[78] *Wegmann* MittBayNot 1994, 307, 308.
[79] *Hipler* ZErb 2004, 110, 114.
[80] *Cornelius* Rn. 739.

II. Die Anwendung der 10-Jahresfrist des § 2325 Abs. 3 BGB

46 Ob die **Vereinbarung einer Reallast** zur Absicherung von vereinbarten Dienstleistungen im Rahmen eines Übergabevertrages die Frist des § 2325 Abs. 3 BGB in Gang setzt, ist bisher noch nicht entschieden. Im Ergebnis wird es auf den Umfang der vereinbarten Dienstleistungen ankommen. Dasselbe gilt bei sogenannten **landesrechtlichen Altenteilsrechten**. Wenn die vereinbarten Dienstleistungen und Nutzungsrechte dem Umfang nach einem Nießbrauchsrecht gleichkommen, dürfte die Frist des § 2325 Abs. 3 BGB nicht laufen.

47 Häufigster Nutzungsvorbehalt in Übergabeverträgen ist die **Vereinbarung eines Wohnungsrechts**. Grundsätzlich steht der Wohnrechtsvorbehalt dem Nießbrauchsvorbehalt gleich. Die herrschende Meinung geht davon aus, dass ein **umfassendes Wohnungsrecht**, das dem Eigentümer nur eine unwesentliche Nutzungsmöglichkeit belässt, den Fristbeginn verhindert.[81] Ob die Rechtsprechung zum Vorbehaltsnießbrauch bei Grundstücksübertragungen auch auf das Wohnungsrecht zu übertragen ist, ist bisher allerdings höchstrichterlich noch nicht entschieden.

48 Die bisherige Rechtsprechung differenziert hier dahingehend, dass bei einem **Wohnungsrecht an allen Räumen** des übergebenen Grundstücks kein Genussverzicht vorliege und die Rechtsprechung des BGH zum Vorbehaltsnießbrauch analog Anwendung finden muss.[82] Anders kann es nur dann sein, wenn das Wohnungsrecht nicht das ganze Gebäude erfasst, sondern sich auf **wenige Räume oder auf Räume einer Etage** eines im übrigen fremdgenutzten Wohnhauses bezieht.[83] Das **OLG Düsseldorf** ist von einem Genussverzicht des Erblassers ausgegangen, wenn er sich lediglich an der im **Erdgeschoß** gelegenen Wohnung ein Wohnungsrecht hat einräumen lassen. Gleiches gilt, wenn das **Wohnungsrecht Bestandteil eines Altenteilsrechts ist**.[84] Wenn das Wohnungsrecht die Räume im Erdgeschoß und teilweise die Räume im Obergeschoss eines Hausanwesens erfasst, wurde der Fristablauf nach Ansicht des **OLG Düsseldorf** dagegen verneint,[85] wenn sich der Schenker auch ansonsten den wesentlichen Einfluss auf die weitere Verwendung des Hausgrundstückes vorbehalten hatte. Das **LG Münster** hat bei einem vorbehaltenen Altenteilsrecht (bestehend aus einem Wohnungsrecht sowie einer Wart- und Pflegeverpflichtung) das Vorliegen einer Leistung i.S. des § 2325 Abs. 3 BGB bejaht.[86] Das **OLG Bremen** hat entschieden, dass dann die Frist des § 2325 Abs. 3 BGB in Gang gesetzt wird, wenn sich der Erblasser nur an einzelnen Räumen ein ausschließliches Wohnrecht, an weiteren Räumlichkeiten des Hauses sowie an den gemeinschaftlichen Einrichtungen des Gebäudes lediglich ein Mitbenutzungsrecht einräumen lässt und an den übrigen Räumen keinerlei Wohnungs- und Nutzungsrechte behält.[87]

49 Das **OLG Oldenburg** ging in einer Entscheidung davon aus, dass die Einräumung eines beschränkt dinglichen Wohnungsrechts zugunsten des Schenkers jedenfalls dann nicht den Beginn der 10-Jahresfrist des § 2325 Abs. 3 BGB hindere, wenn sich das Wohnungsrecht auf eine von mehreren Wohnungen in dem Gebäude beziehe und dieses nicht auf Dritte übertragen werden dürfe.[88]

Das **OLG Karlsruhe** hat entschieden, dass von dem Fristbeginn des § 2325 Abs. 3 BGB dann auszugehen sei, wenn sich der Schenker mit dem Eigentumsübergang lediglich ein Wohnrecht an einer in dem Haus befindlichen Wohnungen hat einräumen lassen.[89]

Eine grundlegende Entscheidung ist auch durch das **OLG München** im Jahr 2008 erfolgt, in dem es um den Fall ging, dass sich der Übergeber ein lebenslängliches Wohnrecht am gesamten Haus eingeräumt hat, mit Ausnahme einer eher unbedeutenden Souterrainwohnung.

---

[81] N. Mayer ZEV 1994, 325, 328; a.A.: Meyding ZEV 1994, 202; Siegmann DNotZ 1994, 787; Wegmann MittBayNot 1994, 307; Reiff NJW 1995, 1136; Schippers MittRhNotK 1996, 197; Kerscher/Riedel/Lenz § 9 Rn. 111.
[82] Palandt/Edenhofer § 2325 Rn. 23.
[83] OLG Düsseldorf FamRZ 1997, 1114.
[84] LG Münster MittBayNot 1997, 113.
[85] OLG Düsseldorf FamRZ 1999, 1546.
[86] LG Münster MittBayNot 1997, 113.
[87] OLG Bremen DNotZ 2005, 702.
[88] OLG Oldenburg MittBayNot 2006, 517.
[89] OLG Karlsruhe ZEV 2008, 244.

Daneben hat er sich die Mitbenutzung aller zum gemeinschaftlichen Gebrauch bestimmten Anlagen und Einrichtungen sowie das Recht vorbehalten, weitere Personen in die Wohnung mitaufzunehmen. Außerdem wurden Rückübertragungsrechte vereinbart, die durch eine Auflassungsvormerkung zusätzlich gesichert wurden. Hier ist das OLG München davon ausgegangen, dass der Nutzungsvorbehalt so umfassend sei, dass die 10-Jahresfrist des § 2325 Abs. 3 BGB nicht begonnen habe.[90]

50   Die vorstehenden Rechtsprechungshinweise zeigen, wie schwierig in der Praxis die Frage des Fristbeginns des § 2325 Abs. 3 BGB zu beantworten ist. Eine bedeutende Literaturmeinung geht davon aus, dass auch ein vorbehaltenes Wohnungsrecht, das nur **10–30% des Grundstücks** betrifft, den Fristbeginn jedenfalls nicht hinausschiebt.[91] Ob auch die **Wertgrenze von 50%** – wie beim Nießbrauchsrecht – als Indiz für einen wesentlichen Nutzungsvorbehalt angesehen werden kann, ist mehr als umstritten. Ebenso wie beim Nießbrauchsrecht, muss aber zu Recht angenommen werden, dass bei einem Wohnrecht, das sich lediglich auf weniger als 50% der Wohnfläche erstreckt, durchaus den Fristablauf in Gang setzt.[92]

51   Ähnlich wie ein Nießbrauchsrecht wird auch die **Vereinbarung eines freien Rücktritts- oder Widerrufsvorbehalts** angesehen werden müssen.[93] Begründet wird diese Rechtsauffassung damit, dass ein freies Widerrufsrecht noch weitergehender sei, als die Vereinbarung eines allumfassenden Nießbrauchsrechts. Während letzteres nur die allumfassende Nutzung dem Schenker belasse, führe die Ausübung des Rücktritts- oder Widerrufsvorbehalts letztendlich zu der Wiedergewinnung der Nutzung und auch zur Wiederlangung der Verfügungsbefugnis. Nach einer anderen Auffassung ist das freie Rückforderungsrecht nicht fristhemmend.[94] Die ganz herrschende Meinung geht jedoch davon aus, dass ein **enumeratives Rückerwerbsrecht** kein Fristhindernis darstellt, wenn der Schenker den Rückerwerbsfall nicht willkürlich herbeiführen kann.[95] *J. Mayer* stellt hingegen darauf ab, wie groß die Einflussnahme des Erblassers bei dem enumerativen Rückerwerbsrecht geblieben ist.[96]

52   Ob unabhängig von der vertraglichen Vereinbarung eines Nutzungsvorbehalts auch die **Fortsetzung der tatsächlichen Nutzung** den Fristlauf hindert, wird von der herrschenden Meinung bejaht. Die herrschende Meinung geht davon aus, dass die Fortsetzung der bisherigen Nutzung kein Vermögensopfer darstellt und deshalb den Fristlauf nicht in Gang setzt.[97]

53   Auch nach der **Reform des Pflichtteilsrechts** haben sich im Hinblick auf die Berechnung und den Beginn dieser Frist keine wesentlichen Änderungen ergeben. Der wesentliche Vorteil der Reform liegt jedoch darin, dass nunmehr die innerhalb der letzten 10 Jahre getätigten Schenkungen **nicht mit ihrem vollen Wert** bei der Pflichtteilergänzung Berücksichtigung finden, sondern dass im Sinne eines **Abschmelzungsmodells pro Jahr seit der Schenkung 10% des Schenkungswerts** unberücksichtigt bleiben. Beim Ablauf von 10 Jahren bleibt damit eine Schenkung völlig unberücksichtigt. Nach Ablauf von 5 oder 7 Jahren wird die Schenkung nur mit 50% oder 30% des Werts der Pflichtteilergänzung unterworfen. Diese Änderung stellt neben § 2306 Abs. 1 S. 1 BGB die **wichtigste Änderung des bisherigen Pflichtteilsrechts dar.** In der Vergangenheit wurde es vielfach als unbillig angesehen, dass auch kurz vor Ablauf der 10-Jahresfrist die Schenkung noch in voller Höhe bei der Pflichtteilsergänzung Berücksichtigung fand und hier das „Alles- oder Nichts-Prinzip" zu unbilligen Härten geführt hatte.

---

[90] OLG München MittBayNot 2009, 158.
[91] *N. Mayer* ZEV 1994, 325; *Kerscher/Riedel/Lenz* § 9 Rn. 104; *Cornelius* Rn. 736; *Herrler* ZEV 2008, 526; *Diehn* DNotZ 2009, 67.
[92] *Wegmann* MittBayNot 1994, 307; *Schippers* MittRhNotK 1996, 197.
[93] *N. Mayer* ZEV 1994, 325, 329; *N. Mayer* FamRZ 1994, 739, 745; *Kerscher/Riedel/Lenz* § 9 Rn. 108; Erman/*Schlüter* § 2325 Rn. 4; *Draschka* Rpfleger 1995, 71, 72; *Winkler* ZEV 2005, 89; *Cornelius* Rn. 745.
[94] *Heinrich* MittRheinNotK 1995, 157; *Ellenbeck* MittRhNotK 1997, 41; Staudinger/*Ohlshausen* § 2325 Rn. 59; *Groll/Rösler* CVI Rn. 235; *von Dickhuth/Harrach*, FS Rheinisches Notariat 1998, 185, 218.
[95] *N. Mayer* FamRZ 1994, 739, 745; *N. Mayer* ZEV 1994, 325, 329; *Groll/Rösler* CVI Rn. 235; *Kerscher/Riedel/Lenz* § 9 Rn. 109.
[96] Mayer/Süß/Tanck/Bittler/Wälzholz/*J. Mayer* § 8 Rn. 134.
[97] *N. Mayer* ZEV 1994, 325, 328; OLG Düsseldorf NJW 1996, 3156.

II. Die Anwendung der 10-Jahresfrist des § 2325 Abs. 3 BGB

54 Auch nach der Einführung dieses Abschmelzungsmodells ist davon auszugehen, dass der **Fristbeginn immer im Zeitpunkt des Vollzugs der Schenkung** (bzw. der Leistung) beginnt, also nicht – wie bei dem neuen Verjährungsbeginn – mit Ablauf des Jahres, in dem die Schenkung vollzogen worden ist. Pro abgelaufenem **vollen Jahr** der Zuwendung sind **10%** **der Schenkung in Abzug** zu bringen. Wenn der Erblasser vor vollständigem Ablauf eines Jahres verstirbt, wird dieses Jahr im Rahmen des Abschmelzungsmodells nicht mehr mitgezählt.

55 Die **10-Jahresfrist** gilt nach der Reform des § 2325 Abs. 3 Satz 2 BGB, wie vorstehend bereits erwähnt, auch dann nicht, wenn es sich um **Schenkungen des Erblassers an den überlebenden Ehegatten oder eingetragenen Lebenspartner** handelt. Diese Bestimmung wird vielfach in der Praxis übersehen, so dass hier auch Pflichtteilsergänzungsansprüche nicht geltend gemacht werden, nur weil von einem Fristablauf ausgegangen wird. Die Ratio dieser, im Hinblick auf Art. 6 Abs. 1, Abs. 3 GG verfassungsrechtlich nicht unbedenklichen Sonderregelung sei neben der erhöhten Gefahr einer **Verkürzungsabsicht von Pflichtteilsansprüchen unter Eheleuten** auch der Umstand, dass der Erblasser bei Schenkungen an Ehegatten angeblich **kein spürbares Vermögensopfer** erbringt.

56 Mit der Erbrechtsreform wird die **unterschiedliche Behandlung von Eheleuten und von eingetragenen Lebenspartnern gegenüber Abkömmlingen** bei der Frist des § 2325 Abs. 3 BGB noch gravierender. Während bei Abkömmlingen und den Eltern das Abschmelzungsmodell dazu führt, dass **in den seltensten Fällen der volle Schenkungswert** bei der Pflichtteilsergänzung Berücksichtigung findet, sind bei Eheleuten und eingetragenen Lebenspartnern grundsätzlich **alle Schenkungen** während der Ehe der Pflichtteilsergänzung zu unterziehen, unabhängig davon, wie lange diese zurückliegen.

Dieser Grundsatz hat bisher nur geringfügige, **einzelfallbezogene Einschränkungen** in der Rechtsprechung und in der Literatur erfahren.

57 § 2325 Abs. 3 BGB setzt voraus, dass die **Ehe zum Zeitpunkt der Schenkung** bereits bestand. Eine entsprechende Anwendung der Vorschrift auf **vor der Eheschließung vorgenommene Schenkungen** unter künftigen Ehegatten wird von der herrschenden Meinung abgelehnt.[98] Ebenso steht auch **Adoptivkindern** kein Ergänzungsanspruch zu, wenn sie erst nach der Schenkung adoptiert wurden. Ein **eheliches Kind** ist nur dann ergänzungsberechtigt, wenn die Eltern zum Zeitpunkt der Schenkung bereits verheiratet waren.

58 Der BGH hat im übrigen auch entschieden, dass Pflichtteilsergänzungsansprüche nur für diejenigen **Abkömmlinge** entstehen können, **die im Zeitpunkt der Schenkung** auch bereits gelebt haben (so genannte „Doppelberechtigung").[99] Diese als bedenklich zu erachtende Entscheidung des BGH wurde in der Literatur vielfach kritisiert.[100] Diese Einschränkung wird aber gleichfalls zu untragbaren Ergebnissen und zur **unterschiedlichen Behandlung der Abkömmlinge** führen, die verfassungsrechtlich bedenklich ist. Wenn der BGH mit dieser Einschränkung, von Gerechtigkeitserwägungen geleitet, erreichen wollte, dass nicht nach 30 oder 40 Jahren Ehezeit Schenkungen bei der Pflichtteilsergänzung berücksichtigt werden sollen, hätte er ernsthaft über die Verfassungsmäßigkeit der Bestimmung des § 2325 Abs. 3 BGB nachdenken sollen, ohne nun eine Rechtsunsicherheit zu verursachen, die für jeden Abkömmling – je nachdem, wann er geboren worden ist – grundsätzlich **eine unterschiedliche Behandlung** bei dem Pflichtteilsergänzungsanspruch zur Folge hat.

Berechnungsbeispiel eines Pflichtteilsergänzungsanspruchs bei unterschiedlichen Zuwendungszeitpunkten und Familienständen:

59 Der vermögende Erblasser A lebte mit B 10 Jahre in nichtehelicher Lebensgemeinschaft zusammen. In dieser Zeit hat der Erblasser A seiner damaligen Lebensgefährtin ein Hausgrundstück in Höhe von € 1.000.000,– übertragen. 1970 haben A und B dann geheiratet und sind 5 Jahre kinderlos geblieben. In dieser Zeit hat der Erblasser A seiner Ehefrau eine unbenannte Zuwendung in Höhe von € 200.000,– gemacht. 1976 wurde der Sohn S geboren. 1980 hat dann der Erblasser an seine Ehefrau B

---

[98] OLG Düsseldorf NJW 1996, 3156; *Dieckmann* FamRZ 1995, 189; *Olshausen* FamRZ 1995, 717; *Pentz* NJW 1997, 2033; a. A. OLG Saarbrücken FamRZ 1994, 1494; a. A. OLG Zweibrücken FamRZ 1994, 1492.
[99] BGHZ 59, 210; BGH ZEV 1997, 373.
[100] *Tanck* ZErb 2005, 3; *Rohlfing* § 5 Rn. 198.

ein Geldvermögen in Höhe von € 500.000,– im Wege der Schenkung übertragen. 1982 wurde die Tochter T geboren. 1985 hat der Erblasser ein weiteres Mietshaus auf seine Ehefrau B im Wert von € 500.000,– übertragen. 2008 starb der Erblasser A. Er hatte seine Ehefrau durch privatschriftliches Testament zur Alleinerbin eingesetzt. S und T machen Pflichtteils- und Pflichtteilsergänzungsansprüche geltend. Der Nettonachlass beträgt € 500.000,–. Wie berechnen sich die Pflichtteile von S und T?

Lösung:
Die vor der Eheschließung getätigte Schenkung des Erblassers an seine Lebensgefährtin B in Höhe von € 1.000.000,– (Hausgrundstück) bleibt unberücksichtigt, da sie nicht während der Ehe erfolgt ist und grundsätzlich die 10-Jahresfrist des § 2325 Abs. 3 S. 1 BGB gilt. Die während der Ehe an die Ehefrau B gemachte, unbenannte Zuwendung in Höhe von € 200.000,– bleibt unberücksichtigt, weil zu dieser Zeit weder S noch T geboren waren. Die Übertragung des Geldvermögens in Höhe von € 500.000,– nach der Geburt des Sohnes S im Jahr 1980 wird zugunsten des Sohnes S als Schenkung berücksichtigt. Die Tochter T war zu dieser Zeit noch nicht geboren, so dass diese Schenkung bei ihrem Pflichtteil nicht berücksichtigt wird. Lediglich die Übertragung des Mietshauses nach der Geburt beider Kinder S und T im Wert von € 500.000,– ist bei beiden Kindern zu berücksichtigen.
Bei der Berechnung ist die Problematik des Kaufkaufkraftverlustes aus Vereinfachungsgründen als berücksichtigt anzusehen. Im Übrigen ist auch bei der Schenkung des Grundbesitzes davon auszugehen, dass hier jeweils der niedrigste Wert im Sinne des § 2325 Abs. 2 BGB angesetzt worden ist:

I. Pflichtteilanspruch des S

1. Berechnung des ordentlichen Pflichtteils des S:

Nettonachlass	€ 500.000,–
ordentlicher Pflichtteil S: ⅛ von € 500.000,–	€ 62.500,–

2. Berechnung des Pflichtteilsergänzungsanspruchs des S:

Nettonachlass	€ 500.000,–
zzgl. Schenkung aus dem Jahr 1980	€ 500.000,–
zzgl. Schenkung aus dem Jahr 1985	€ 500.000,–
fiktiver Nachlass	€ 1.500.000,–
fiktiver Pflichtteilsergänzungsanspruch des S: ⅛	€ 187.500,–
./. ordentlicher Pflichtteil	€ 62.500,–
Pflichtteilsergänzungsanspruch	**€ 125.000,–**

3. Gesamtansprüche des S:

1. ordentlicher Pflichtteil	€ 62.500,–
2. Pflichtteilsergänzungsanspruch	€ 25.000,–
3. Gesamtansprüche	€ 187.500,–

II. Pflichtteilanspruch der T

1. Berechnung der Pflichtteilsansprüche der T:

Nettonachlass	€ 500.000,–
ordentlicher Pflichtteil T: ⅛ von € 500.000,–	€ 62.500,–

2. Berechnung des Pflichtteilsergänzungsanspruch der T:

Nettonachlass	€ 500.000,–
zzgl. Schenkung aus dem Jahr 1985	€ 500.000,–
fiktiver Nachlass	€ 1.000.000,–
fiktiver Pflichtteilsergänzungsanspruch der T: ⅛	€ 125.000,–
./. ordentlicher Pflichtteil	€ 62.500,–
Pflichtteilsergänzungsanspruch	**€ 62.500,–**

3. Gesamtansprüche der T:

1. ordentlicher Pflichtteil	€ 62.500,–
2. Pflichtteilsergänzungsanspruch	€ 62.500,–
3. Gesamtansprüche	€ 125.000,–

Aus vorstehendem Beispiel ist zu ersehen, dass lediglich der Sohn S „**die Gnade der frühen Geburt**" hatte und insoweit den höchsten Pflichtteilsergänzungsanspruch realisieren kann. Die später geborene Tochter T hat im Verhältnis zu ihrem Bruder S einen um € 62.500,– geringeren Pflichtteilsergänzungsanspruch. Eine sachliche Rechtfertigung dieser unterschiedlichen Ergebnisse, auch im Hinblick auf Sinn und Zweck der Pflichtteilsergänzungsansprüche, ist nicht erkennbar.

III. Die Berechnung des Pflichtteilsergänzungsanspruchs (§ 2325 BGB)

Nach § 2325 BGB kann der Pflichtteilsberechtigte als Ergänzung des Pflichtteils den Betrag verlangen, um den sich der Pflichtteil erhöht, wenn der Wert des verschenkten Gegenstandes dem Nachlass hinzugerechnet wird. Die Hinzurechnung erfolgt nach der Reform des Pflichtteilsrechts in der Weise, dass der noch **berücksichtigungsfähige Wert der Schenkung dem Gesamtnachlass hinzugerechnet** wird. Von dem ermittelten Gesamtwert der Schenkung werden pro Jahr seit dem Vollzug der Schenkung **10% des ursprünglichen Schenkungswertes in** Abzug gebracht. Wenn seit der Übertragung des Vermögens mehr als 5 Jahre vergangen sind, wäre der Schenkungswert nur mit 50% dem Nachlass hinzuzurechnen. Der unter Abwendung der Abschmelzung bewertete Schenkungsgegenstand wird – auch nach Anpassung an den Kaufkraftverlust – dem ordentlichen Nachlass hinzugerechnet, so dass sich zunächst ein **fiktiver Berechnungsnachlass** ergibt. Die Berechnung selbst erfolgt dann, wie bei dem ordentlichen Pflichtteilsanspruch, in der Weise, dass sich unter Berücksichtigung der **Pflichtteilsquote aus dem fiktiven Nettonachlass** und unter grundsätzlicher Berücksichtigung von Ausgleichs- und Anrechnungspflichten gemäß §§ 2315, 2316 BGB der fiktive Ergänzungspflichtteil ergibt. Von diesem ist dann der **ordentliche Pflichtteil abzuziehen,** um die Höhe des tatsächlichen Pflichtteilergänzungsanspruchs zu ermitteln. Das mit der Erbrechtsreform eingeführte Abschmelzungsmodell erfasst sämtliche Schenkungen des Erblassers, sofern dieser nach dem In-Kraft-Treten des Reformgesetzes verstirbt (Art. 229 § 21 Abs. 4 EGBGB).

Berechnungsbeispiel bei einer Geldschenkung (verbrauchbare Sache):

Der Erblasser E stirbt im Jahr 2009 und hinterlässt seine Ehefrau F und seine Kinder S und T. Der Erblasser lebte bis zu seinem Tod mit F im Güterstand der Zugewinngemeinschaft. E hat seine Ehefrau F zu seiner Alleinerbin eingesetzt. Im Jahr 2005 hatte E seinem Freund D € 20.000,– geschenkt. S und T machen ihren Pflichtteil geltend. Der tatsächliche Nettonachlass hat einen Wert von € 40.000,–. S macht seinen Pflichtteil geltend. Bei der nachfolgenden Berechnung ist davon auszugehen, dass bei dem Schenkungsbetrag des Freundes D bereits der Kaufkraftverlust[101] ermittelt worden ist. Wie hoch ist der Pflichtteil des S?

Lösung:
1. Berechnung des ordentlichen Pflichtteils (§ 2303 BGB):

Nettonachlass	€ 40.000,–
Pflichtteil des S, 1/8 von € 40.000,–	€ 5.000,–

2. Berechnung des Pflichtteilsergänzungsanspruchs (§ 2325 BGB):

Nettonachlass	€ 40.000,–
zzgl. ergänzungspflichtige Zuwendungen (60% von € 20.000,–)	€ 12.000,–
fiktiver Ergänzungsnachlass	€ 52.000,–
1/8 fiktiver Pflichtteilergänzungsanspruch	€ 6.500,–
./. ordentlicher Pflichtteil (vorstehend Ziffer 1.)	€ 5.000,–
Pflichtteilergänzungspflichtteil des S	€ 1.500,–

3. Gesamtanspruch des S:

1. ordentlicher Pflichtteil	€ 5.000,–
2. Pflichtteilsergänzungsanspruch	€ 1.500,–
3. Gesamtanspruch	€ 6.500,–

Schwieriger gestaltet sich die Berechnung des Pflichtteilsergänzungsanspruchs, wenn bei **nicht verbrauchbaren Sachen** unter Anwendung des Niederstwertprinzips zusätzlich in dem Schenkungsvertrag Gegenleistungen und Auflagen vereinbart worden sind. Wegen der unterschiedlichen Lösungsansätze wird hier auf die vorstehende Darstellung bei Ziffer 1 dieses Kapitels verwiesen. Das folgende Berechnungsbeispiel orientiert sich im Wesentlichen an dem **Berechnungsvorschlag des BGH:**[102]

---

[101] Vgl. wegen der Einzelheiten zur Berechnung des Kaufkraftverlusts nachfolgendes Beispiel zur „Schenkung unter Nießbrauchsvorbehalt", Rn. 64.
[102] BGH FamRZ 1991, 552; BGH ZEV 2003, 416; BGH MittBayNot 1996, 307 für den Fall des Wohnungsrechts; BGHZ 118, 49, 51; BGH NJW-RR 1990, 1158.

Berechnungsbeispiel zur Grundstücksschenkung unter Nießbrauchvorbehalt (nicht verbrauchbare Sache):

64 Der verwitwete 80-jährige Erblasser E stirbt im August 2009 und hinterlässt seine Tochter T und seinen Sohn S sowie die Lebensgefährtin L. Der tatsächliche Nettonachlass beträgt € 200.000,–. Der 80-jährige Erblasser E hat im Januar 1991 Tochter T eine Immobilie im Wert von € 500.000,– übertragen und sich den lebenslangen Nießbrauch an dieser Immobilie vorbehalten. Der angenommene Jahreswert der Nutzung beträgt € 20.000,–. Der Wert der Immobilie beträgt im Zeitpunkt des Erbfalls € 800.000,–. Alleinerbin ist die Lebensgefährtin L. Der Sohn S ist enterbt.

Lösung:

1. Berechnung des ordentlichen Pflichtteils:

ordentlicher Nachlass	€ 200.000,–
Pflichtteil des S, ¼ von € 200.000,–	€ 50.000,–

2. Berechnung des Pflichtteilsergänzungsanspruchs:

a) **Grundstückswert zum Zeitpunkt der Zuwendung:**
Zunächst ist zu ermitteln, mit welchem Wert die Schenkung der Immobilie im Jahr 1991 bei der Pflichtteilsergänzung zu berücksichtigen ist:
Inflationsbereinigter Wert der Immobilie zum Zeitpunkt des Vollzugs der Schenkung (1991)

$$WV = \frac{€ 500.000,- \times 107,3^{103}}{74,2^{104}} = € 723.045,82$$

Der inflationsbereinigte Grundstückswert zum Zeitpunkt der Schenkung beträgt also **€ 723.045,82**.

b) **Grundstückswert zum Zeitpunkt des Erbfalls:**
Der Wert des Grundstücks zum Zeitpunkt des Erbfalls beträgt € 800.000,–

c) **Anwendung des Niederstwertprinzip:**
Bei dem Vergleich beider Werte ergibt sich, dass der inflationsbereinigte Grundstückswert im Zeitpunkt der Schenkung geringer war, als im Zeitpunkt des Erbfalles. Damit ist nach der Rechtsprechung des BGH[105] der kapitalisierte Nießbrauchswert als Gegenleistung von dem Wert im Zeitpunkt der Schenkung abzusetzen.

d) **Ermittlung des Werts der Zuwendung** unter Berücksichtigung des Nießbrauchs:
Nach der Rechtsprechung des BGH ist für die Berechnung des Zuwendungswerts der Grundstückswert nur in dem Umfang in Ansatz zu bringen, „in dem der Wert des weggeschenkten Gegenstands den Wert der kapitalisierten verbliebenen Nutzung übersteigt".[106] Folglich muss zunächst der kapitalisierte Nutzungswert des Nießbrauchs ermittelt werden.[107] Der BGH hat zwar nicht präzisiert, wie dies zu geschehen hat. Die h. M. stellt dafür aber auf die abstrakte Berechnung nach § 14 Abs. 1 BewG ab. Demnach errechnet sich der abstrakte Nießbrauchswert durch Multiplikation der Lebenserwartung des Berechtigten, hier des Erblassers, mit dem Jahreswert der Nutzung. Danach ergibt sich folgende Berechnung:

Maßgeblicher Vervielfältiger nach 12,269.[108]

Abstrakter Wert der vorbehaltenen Nutzung:

$$\text{Jahreswert } € 20.000,- \times 12,269^{109} = € 245.380,-$$

Unter Berücksichtigung dieses Wertes des vorbehaltenen Nachlasses ergibt sich nachfolgender Zuwendungswert:

€ 723.045,82 – € 245.380,– = **€ 477.665,82**

---

[103] Verbraucherpreisindex im August 2009 (Basis 2005 = 100): www.destatis.de.
[104] Verbrauchspreisindex im Januar 1991 (Basis 2005 = 100): www.destatis.de.
[105] BGH FamRZ 1991, 552; BGH ZEV 2003, 416; BGH MittBayNot 1996, 307 für den Fall des Wohnungsrechts; BGHZ 118, 49, 51; BGH NJW-RR 1990, 1158.
[106] BGH, Urt. vom 18. 4. 1992; BGHZ 118, 49 = NJW 1992, 2287.
[107] Vgl. *Kerscher/Tanck* § 7 Rn. 14, 63 ff.
[108] Nach Anlage zu § 14 BewG vom 20. 1. 2009, Zinssatz: 5,5 % – www.bundesfinanzministerium.de.
[109] Ausgehend von einem Lebensalter von 61 Jahren zum Zeitpunkt der Zuwendung.

III. Die Berechnung des Pflichtteilsergänzungsanspruchs (§ 2325 BGB)   65, 66   § 6

e) Berechnung des Pflichtteilsergänzungsanspruchs:

Nettonachlass im Zeitpunkt des Erbfalls	€ 200.000,00
zzgl. Schenkung gemäß § 2325 BGB	€ 477.655,82
fiktiver Ergänzungsnachlass	€ 677.665,82
Erbteil des Sohns S (½)	€ 338.832,91
Fiktiver Pflichtteilsergänzungsanspruch (½ Erbteil)	€ 169.416,45
./. ordentlicher Pflichtteil	€ 50.000,00
Ergänzungspflichtteil des S (¼)	**€ 119.416,45**

f) Gesamtansprüche:

1. ordentlicher Pflichtteil	€ 50.000,00
2. Pflichtteilsergänzungsanspruch	€ 119.416,45
Gesamtanspruch	**€ 169.416,45**

Bei der Berechung des Pflichtteilsergänzungsanspruchs sind – ebenso wie bei der Berechnung des ordentlichen Pflichtteils – gleichfalls **Ausgleichungs- und Anrechnungspflichten gemäß §§ 2315, 2316 BGB** zu berücksichtigen. Die Berechnung des Pflichtteilsergänzungsanspruchs erfolgt in der Weise, dass lediglich der Schenkungswert dem ordentlichem Nachlass hinzugerechnet wird und die Berechnung der Anrechnung und Ausgleichung wie beim ordentlichen Pflichtteil durchzuführen ist.   65

Berechnungsbeispiel mit Anrechnung und Ausgleichung (§§ 2315, 2316, BGB):

Der Erblasser E stirbt 2009 und hat seine Lebensgefährtin L zur Alleinerbin eingesetzt. Sein Sohn S hat wenige Tage vor seinem Tode einen ausgleichungspflichtigen Vorempfang von € 20.000,– und die Tochter T1 einen ausgleichungspflichtigen und gleichzeitig anrechnungspflichtigen Vorempfang von € 15.000,– erhalten. Die weitere Tochter T2 hat keine lebzeitigen Zuwendungen erhalten. Der Erblasser E hat im Jahre 2006 seinem Freund F € 50.000,– geschenkt. Der Nettonachlass beträgt € 350.000,–. Aus Vereinfachungsgründen wurde auch hier der auf die inflationsbedingte Anpassung der Ausgleichungs- und Anrechnungsbeträge verzichtet.   66

1. Berechnung der ordentlichen Pflichtteile von S, T1 und T2:

a) Nettonachlass

Nettonachlass	€ 350.000,00
Vorempfang des S (§ 2316 BGB)	€ 20.000,00
Vorempfang der T1 (§§ 2315, 2316 BGB)	€ 15.000,00
Rechnerischer Ausgleichungsnachlass	€ 385.000,00

b) ordentlicher Pflichtteil des S:

rechnerischer Erbteil (⅓ von € 385.000,–)	€ 128.333,33
./. Ausgleichungsbetrag	€ 20.000,00
tatsächlicher Erbteil	€ 108.333,33
ordentlicher Pflichtteil (½ Erbteil)	€ 54.166,66

c) ordentlicher Pflichtteil der T1:

rechnerischer Erbteil (⅓ von € 385.000,–)	€ 128.333,33
./. Ausgleichungsbetrag	€ 15.000,00
tatsächlicher Erbteil	€ 113.333,33
ordentlicher Pflichtteil (½ Erbteil)	€ 56.666,66
./. ½ Anrechnungsbetrag (§ 2316 Abs. 4 BGB)	€ 7.500,00
ordentlicher Pflichtteil	€ 49.166,66

d) ordentlicher Pflichtteil der T2:

rechnerischer Erbteil (⅓ von € 385.000,–)	€ 128.333,33
ordentlicher Pflichtteil (½ Erbteil)	€ 64.166,66

2. Berechnung der Pflichtteilsergänzungsansprüche:

a) Ermittlung des fiktiven Nachlasses:

tatsächlicher Nachlass	€ 350.000,00
zzgl. Vorempfang des S (§ 2316 BGB)	€ 20.000,00
zzgl. Vorempfang der T1 (§ 2316 BGB)	€ 15.000,00
zzgl. pflichtteilsergänzungsrelevante Schenkung des F (§ 2325 BGB) (€ 50.000,– ./. 30%)	€ 35.000,00
fiktiver Nachlass	€ 420.000,00

Schlitt

b) Berechnung der Pflichtteilsergänzungsansprüche des S:

fiktiver Ergänzungsnachlass	€ 420.000,00
Erbanteil des S aus dem fiktivem Nachlass (1/3)	€ 140.000,00
./. Vorempfang	€ 20.000,00
fiktiver Erbteil	€ 120.000,00
fiktiver Pflichtteilsergänzungsanspruch (½ Erbteil)	€ 60.000,00
./. ordentlicher Pflichtteil	€ 54.166,66
Pflichtteilsergänzungsanspruch	€ 5.833,34

c) Pflichtteilsergänzungsanspruch der T1:

fiktiver Ergänzungsnachlass	€ 420.000,00
Erbanteil der T1 aus dem fiktivem Nachlass (1/3)	€ 140.000,00
./. Vorempfang	€ 15.000,00
fiktiver Erbteil	€ 125.000,00
fiktiver Pflichtteilsergänzungsanspruch (½ Erbteil)	€ 62.500,00
./. hälftiger Vorempfang (§ 2316 Abs. 4 BGB)	€ 7.500,00
fiktiver Pflichtteilsergänzungsanspruch	€ 55.000,00
./. ordentlicher Pflichtteil	€ 49.166,66
Pflichtteilsergänzungsanspruch	€ 5.833,34

d) Pflichtteilsergänzungsanspruch der T2:

fiktiver Ergänzungsnachlass	€ 420.000,00
Erbanteil der T2 aus dem fiktivem Nachlass (1/3)	€ 140.000,00
./. Vorempfang	€ 0,00
fiktiver Erbteil	€ 140.000,00
fiktiver Pflichtteilsergänzungsanspruch (½ Erbteil)	€ 70.000,00
./. ordentlicher Pflichtteil	€ 64.166,66
Pflichtteilsergänzungsanspruch	€ 5.833,34

3. Gesamtansprüche:

S (ordentlicher Pflichtteil € 54.166,66 +Pflichtteilsergänzungsanspruch € 5.833,34):	€ 60.000,00
T1 (ordentlicher Pflichtteil € 49.166,66 + Pflichtteilsergänzungsanspruch € 5.833,34):	€ 55.000,00
T2 (ordentlicher Pflichtteil € 64.166,66 +Pflichtteilsergänzungsanspruch € 5.833,34):	€ 70.000,00

IV. Der Pflichtteilsergänzungsanspruch des Erben (§ 2326 BGB)

67   Auch wenn der **Pflichtteilsberechtigte Erbe** geworden ist, kann er unter den in § 2326 BGB normierten Voraussetzungen den Pflichtteilsergänzungsanspruch verlangen. § 2326 BGB hat hier nur klarstellende Funktion. Ist der Pflichtteilsberechtigte mit einer Erbquote eingesetzt, die wertmäßig geringer ist als der Pflichtteil, hat er die Möglichkeit nach § 2305 BGB einen Zusatzpflichtteil zu verlangen. Dies gilt auch für den Vermächtnisnehmer, der über § 2307 BGB gleichfalls den Zusatzpflichtteil verlangen kann.

68   Wenn aber der Nachlass durch lebzeitige Schenkungen im Sinne des § 2325 BGB so geschmälert ist, dass der Pflichtteilergänzungsanspruch wertmäßig höher ist als der hinterlassene Erbteil oder das hinterlassene Vermächtnis, sichert § 2326 BGB den Pflichtteilsberechtigten Erben oder Vermächtnisnehmer eine Mindestteilhabe durch den Pflichtteilsergänzungsanspruch zu. Der durch lebzeitige Schenkungen benachteiligte Erbe oder Vermächtnisnehmer kann eine Vergleichsberechnung in der Weise durchführen, dass er zunächst seinen Pflichtteilsergänzungsanspruch so berechnet als sei er vollständig enterbt. Auf den sich dann ergebenden Pflichtteilsergänzungsanspruch muss er den ihm hinterlassene Erbanspruch oder das Vermächtnis anrechnen.

Bei der Ermittlung des Werts des Erbteils muss der Erbteil allerdings so bewertet werden, wie er sich aus der **Falllage des § 2306 BGB** für den Erben ergeben hat.[110] Bei der Ermittlung des Entlastungsbetrags, der auf den Pflichtteilsergänzungsanspruch als Erbteil anzurechnen wäre, bleiben deshalb die **Beschränkungen und Beschwerungen** i.S. von § 2306 BGB außer

---

[110] MünchKommBGB/*Lange* § 2326 Rn. 4.

Betracht. Dem Berechtigten ist aber ein Anfechtungsrecht einzuräumen, wenn er von den Beschränkungen und Beschwerungen bei Annahme der Erbschaft keine Kenntnis hatte.[111]

Auch für den **Vermächtnisnehmer** gilt, dass er bei Annahme des Vermächtnisses und der Geltendmachung des Pflichtteilsergänzungsanspruches die auf den Vermächtnis ruhenden Belastungen bei der Anrechnung des Vermächtnisses auf den Pflichtteilsergänzungsanspruchs nicht in Abzug bringen darf.

Berechnungsbeispiel für einen Pflichtteilsergänzungsanspruch eines Erben (§ 2326 BGB):

Der Erblasser E hinterlässt seine Ehefrau F und den gemeinsamen Sohn S. Der Erblasser E hat seine Ehefrau durch privatschriftliches Testament als Alleinerbin eingesetzt. Der Nettonachlass beträgt € 100.000,–. Der Erblasser hat 5 Jahre vor seinem Tod seinem Sohn S im Wege der vorweggenommenen Erbfolge das Hausgrundstück der Gemarkung Petersberg mit einem Wert von € 1.000.000,– übertragen. Seit der Übertragung hat das Haus keine wesentliche Wertsteigerung erfahren, so dass auch im Zeitpunkt des Erbfalls der Wert mit € 1.000.000,– anzusetzen ist. Wie berechnet sich der Pflichtteil der F?

Lösung:

Die Ehefrau F ist gemäß § 2326 BGB berechtigt, trotz ihrer Stellung als Alleinerbin einen Pflichtteilergänzungsanspruch gegenüber S geltend zu machen. Da sie Alleinerbin ist, und deshalb kein weiterer Erbe im Sinne des § 2325 BGB vorhanden ist, der den Ergänzungsanspruch erhalten könnte, ist sie berechtigt diesen Pflichtteilsanspruch unmittelbar und direkt gegenüber dem Beschenkten S geltend zu machen (§ 2329 Abs. 1 S. 2 BGB). Der Pflichtteilsergänzungsanspruch der F errechnet sich wie folgt:

Nettonachlass	€ 100.000,–
zzgl. 50% der Schenkung an S unter Berücksichtigung des Abschmelzungsmodells	€ 500.000,–
fiktiver Nachlass	€ 600.000,–
fiktiver Erbteil der F ½	€ 300.000,–
fiktiver Pflichtteil der F (großer Pflichtteil nach § 1371 Abs. 1 BGB) (½ Erbteil)	€ 150.000,–
./. erhaltene Erbschaft	€ 100.000,–
Pflichtteilsergänzungsanspruch (§ 2326 BGB)	€ 50.000,–

V. Eigenschenkungen des Pflichtteilsberechtigten (§ 2327 BGB)

Der Pflichtteilsberechtigte muss sich eine Zuwendung des Erblassers nur dann auf den Pflichtteil gemäß § 2315 BGB **anrechnen** lassen, wenn der Erblasser die Zuwendung ausdrücklich oder konkludent **vor oder bei der Zuwendung** mit der Bestimmung gemacht hatte, dass das Zugewandte auf den Pflichtteil angerechnet wird.[112] Wenn eine ausgleichungspflichtige Zuwendung nicht ohnehin über § 2050 Abs. 1 und Abs. 2 BGB i.V.m. § 2316 BGB **ausgleichungspflichtig** ist, muss der Erblasser gemäß § 2050 Abs. 3 BGB die Ausgleichungspflicht gleichfalls vor oder bei der Zuwendung anordnen.

Unabhängig davon, ob der Erblasser vor oder bei der Schenkung an den Pflichtteilsberechtigten einen derartigen Anrechnungs- oder Ausgleichungsbestimmung getroffen hat, muss sich dieser in jedem Falle gemäß **§ 2327 BGB sogenannte Eigengeschenke** auf seinen Pflichtteilsergänzungsanspruch anrechnen lassen.[113] Das Eigengeschenk ist – ebenso wie bei einer Fremdschenkung – bei der Errechnung des Ergänzungsnachlasses als Eigengeschenk dem Nachlass hinzuzurechnen und dann von dem Ergänzungsanspruch in voller Höhe abzuziehen.[114] Bei der **Bewertung der Eigenschenkung** sind gleichfalls der Kaufkraftverlust und die sonstigen Bewertungsgrundsätze zu berücksichtigen, die vorstehend bereits angeführt worden sind.

Die Anrechnung von Eigenschenkungen erfolgt auch **unabhängig von der Frist des § 2325 Abs. 3 BGB**, also auch dann, wenn diese länger als 10 Jahre zurückliegen.[115]

Eine **Anrechnung** kann allerdings nur **bis zur Höhe des Ergänzungspflichtteils** erfolgen und **nicht auch auf den ordentlichen Pflichtteil**. Ist das Eigengeschenk größer als der dem

---

[111] Palandt/*Edenhofer* § 2326 Rn. 3.
[112] OLG Koblenz, Urt. vom 21.11.2005, Az. 12 U 1151/04.
[113] Palandt/*Edenhofer* § 2326 Rn. 3.
[114] BGH NJW 1983, 2875.
[115] BGH LM § 2327 Nr. 1.

Pflichtteilsberechtigten zustehende Pflichtteilergänzungsanspruch, so ist dieser nicht verpflichtet, den Wert des Mehrempfangs in den Nachlass zu zahlen oder das Eigengeschenk gar mit dem ordentlichen Pflichtteil zu verrechnen.

Soweit eine Eigenschenkung allerdings nach §§ 2287, 2288 BGB herauszugeben ist, kann sie dann nicht mehr nach § 2327 BGB zulasten des beschenkten Pflichtteilsberechtigten berücksichtigt werden.[116] Auch wenn ein Anspruch nach § 528 BGB erfolgreich geltend gemacht wurde, scheidet die Anrechnung nach § 2327 BGB aus.[117]

75 Hatte der Erblasser die Anordnung von Ausgleichungs- oder Anrechnungsbestimmung versäumt, besteht für ihn unter Berücksichtigung der Vorschrift des § 2327 BGB nur die Möglichkeit, sein **gesamtes Vermögen noch zu Lebzeiten auf die anderen Abkömmlinge** zu übertragen. Diese Übertragung hat zur Folge, dass die zu Lebzeiten – ohne Anrechnungs- und Ausgleichungsbestimmung gemäß § 2327 BGB – beschenkten Abkömmlinge **Pflichtteilsergänzungsansprüche** gegenüber anderen Beschenkten geltend machen müssen, weil ein ordentlicher Pflichtteil mangels ordentlichem Nachlass nicht mehr realisiert werden kann. Die weitere Folge ist, dass sich dieser Pflichtteilsberechtigte gemäß § 2327 BGB dann aber seine Eigengeschenke bei der Pflichtteilsergänzung anrechnen lassen muss, auch wenn der Erblasser bei der Zuwendung die Anrechnungs- und Ausgleichungsbestimmung versäumt hatte.

76 Auch nach der Reform des Pflichtteilsrechts ist der Erblasser auf diese juristische Konstruktion der „**Flucht in die Pflichtteilsergänzung**" angewiesen,[118] weil der Erblasser nicht – wie ursprünglich angedacht – die Möglichkeit erhalten hat, durch letztwillige Verfügung **noch nachträglich anzuordnen**, dass die lebzeitige Zuwendung auszugleichen (§§ 2316, 2050 Abs. 3 BGB) oder auf den Pflichtteil anzurechnen ist (§ 2315 BGB).

Ungeachtet der Tatsache, dass der Gesetzgeber hier nicht gehandelt hat, kann sich der Erblasser aber bei der Zuwendung **die Möglichkeit vorbehalten**, nachträgliche Anrechnungs- und Ausgleichungsbestimmungen durch letztwillige Verfügungen zutreffen. Ohne diesen Vorbehalt oder bei der Zuwendung käme die nachträgliche Anordnung einer Pflichtteilsentziehung gleich, die dann nur über einen teilweisen Pflichtteilsverzicht in notarieller Form möglich wäre.[119]

Berechnungsbeispiele für die „Flucht in die Pflichtteilsergänzung":

77 1. Der Erblasser E hinterlässt einen Nachlass von € 6.000.000,– sowie 3 Kinder, S, T1 und T2. Der Sohn S hat zu Lebzeiten ohne Ausgleichungsbestimmung nach § 2050 Abs. 3 BGB oder Anrechnungsbestimmung nach § 2315 BGB das Wohnhaus im Wege der vorweggenommenen Erbfolge erhalten (Wert: € 3.000.000,–). S wurde durch letztwillige Verfügungen enterbt.
2. Falllage wie vorstehend Ziffer 1. Der Erblasser hat aber vor seinem Tod sein gesamtes Vermögen von € 6.000.000,– auf T1 und T2 übertragen.

Lösung zu 1. (Berechnung des Pflichtteil des S):

a) Berechnung des ordentlichen Pflichtteils des S:

Nettonachlass	€ 6.000.000,–
rechnerischer Erbteil S (1/3)	€ 2.000.000,–
Pflichtteil des S (½ Erbteil)	€ 1.000.000,–

b) Berechnung des Pflichtteilsergänzungsanspruchs des S:

Bei der Fallvariante 1 muss die Schenkung an den Sohn S in Höhe von 1 Million Euro unberücksichtigt bleiben, weil der Erblasser keine Ausgleichungs- und/oder Anrechnungsbestimmungen getroffen hatte. Und bleibt daher bei der Berechnung des ordentlichen Pflichtteils zugunsten des S, der wirtschaftliche gesehen neben der lebzeitigen Schenkung des Wohnhauses im Wert vom € 3.000.000,– als Belohnung nochmals einen Pflichtteil in Höhe von € 1.000.000,– also insgesamt € 4.000.000,– an dem Vermögen des Erblassers erhalten hat.

---

[116] Soergel/*Dieckmann* § 2327 Rn. 22; Staudinger/*Olshausen* § 2327 Rn. 5.
[117] Soergel/*Dieckmann* § 2327 Rn. 22; Staudinger/*Olshausen* § 2327 Rn. 5.
[118] *Tanck* ZErb 2000, 3.
[119] Palandt/*Edenhofer* § 2315 Rn. 6.

VI. Berechnung des Mehrempfangs nach § 2056 BGB

Lösung zu 2. (Berechnung des Pflichtteils des S):
Nettonachlass € 0,-

a) Berechnung des ordentlichen Pflichtteils des S:
Ein ordentlicher Pflichtteil ist nicht zu berechnen, weil der Erblasser das Vermögen zu Lebzeiten auf S, T1 und T2 übertragen hatte.

b) Berechnung des Pflichtteilsergänzungsanspruchs des S:

Schenkung an T1 und T2 (§ 2325 BGB)	€ 6.000.000,-
zzgl. Schenkung an S (§ 2327 BGB)	€ 3.000.000,-
fiktiver Nachlass	€ 9.000.000,-
rechnerischer Erbteil des S (1/3)	€ 3.000.000,-
fiktiver Pflichtteilergänzungsanspruch des S (1/2 Erbteil)	€ 1.500.000,-
./. Eigenschenkung (§ 2327 BGB)	€ 3.000.000,-
also faktisch kein Pflichtteilergänzungsanspruch des S	€ –1.500.000,-

VI. Berechnung des Mehrempfangs nach § 2056 BGB

Die h. M. geht davon aus, dass eine ausgleichungspflichtige Zuwendung, die über §§ 2050, 2052 i. V. m. § 2316 BGB bereits berücksichtigt worden ist, nicht nochmals zusätzlich als Schenkung im Rahmen der Pflichtteilsergänzung berücksichtigt werden darf (**Verbot einer Doppelberücksichtigung**).[120] Wenn ein Abkömmling sowohl eine ausgleichungspflichtige Zuwendung im Sinne der §§ 2050, 2052, 2316 BGB und **zusätzlich** eine Schenkung im Sinne des § 2325 BGB erhalten hat, ist zunächst der **ordentliche Pflichtteil** (ohne Schenkung nach § 2325 BGB) zu errechnen. Wegen der Berechnung des ordentlichen Pflichtteils unter Berücksichtigung von Ausgleichungspflichten wird insoweit auf § 3 des Handbuches verwiesen. Ist der tatsächliche Nachlass zumindest so werthaltig, dass für die Ausgleichung unter allen Miterben genügend Nachlass vorhanden ist, damit der ausgleichungspflichtige Abkömmling zumindest mit seinem hinterlassenem Erbteil als abgefunden anzusehen ist und durch die lebzeitige Zuwendung nicht mehr erhält als ihm zustünde, sind die Fälle der Ausgleichung problemlos zu lösen.

Hat der Abkömmling zusätzlich eine ergänzungspflichtige Zuwendung erhalten, ist im zweiten Schritt dann unter Berücksichtigung aller Miterben unter Hinzurechnung der zusätzlichen Schenkung der **Pflichtteilsergänzungsanspruch** – wie vorstehend – zu berechnen.

Durch die **getrennte Berechnung** von ordentlichem Pflichtteil und Pflichtteilsergänzungsanspruch wird der Zielsetzung des Gesetzgebers Rechnung getragen, dass die Ausgleichung unter den Miterben, unter Zugrundelegung des tatsächlichen Nachlasses erfolgt, während die Pflichtteilsergänzungsansprüche einen **fiktiven Nachlass als Berechungsgrundlage** haben.

Ist der Pflichtteilsergänzungsanspruch höher als der ordentliche Pflichtteil, was in den meisten Fällen so sein dürfte, ist der ordentliche Pflichtteil auf dem fiktiven Pflichtteilergänzungsanspruch anzurechnen, so dass sich erst danach der eigentliche Pflichtteilsergänzungsanspruch ergibt.

Ein besonderes Problem stellt sich jedoch dann, wenn der tatsächliche Nachlass nicht ausreicht, um eine vollständige Ausgleichung durchzuführen und der betroffene Abkömmling nach Durchführung der Ausgleichung mehr erhalten hat, als ihm bei einer Erbauseinandersetzung überhaupt zustünde. Eine weitere Problematik ergibt sich dann, wenn überhaupt **kein Nachlass mehr vorhanden** ist und ausgleichungspflichtige Zuwendungen und Schenkungen im Sinne § 2325 BGB zu Lebzeiten des Erblassers vorgenommen wurden. Für diesen Fall haben sich nun **unterschiedliche Berechnungsansätze** entwickelt, die durch nachfolgendes Fallbeispiele nochmals verdeutlicht werden sollen.

Berechnungsbeispiel zu § 2056 BGB bei einem Null-Nachlass und einer ausgleichungspflichtigen- und ergänzungspflichtigen Zuwendung (nebeneinander):

Der verwitwete Erblasser E hinterlässt seine Kinder S und T. Der Nachlass ist wertlos. Der Erblasser E hat an seinem Sohn S eine ausgleichungspflichtige Zuwendung in Höhe von € 24.000,- und innerhalb

---
[120] Palandt/*Edenhofer* § 2325 Rn. 24.

der Frist des § 2325 Abs. 3 BGB zusätzlich eine Schenkung in Höhe von € 15.000,- getätigt. Wie berechnen sich die Pflichtteilsansprüche der T?

An sich liegt hier zunächst die Falllage des § 2326 BGB vor, weil S und T gesetzliche Erben ihres Vaters geworden sind, der Nachlass aber mit Null zu bewerten ist. Aber auch für den Fall, dass der Erblasser seine Kinder durch letztwillige Verfügung zu gleichen Teilen als Erben eingesetzt hätte oder seine Lebensgefährtin L zur Alleinerbin eingesetzt hätte, ergibt sich im Hinblick auf die Wertlosigkeit des Nachlasses bei der Ermittlung der Pflichtteile von S und T nachfolgende Berechnungsproblematik:

1. **Lösungsansatz des RG (RGZ 77, 282):**

Nettonachlass	€ 0,-
zzgl. ausgleichungspflichtige Zuwendung (§§ 2316, 2050 Abs. 3 BGB)	€ 24.000,-
zzgl. Schenkung (§ 2325 BGB)	€ 15.000,-
fiktiver Ergänzungsnachlass	€ 39.000,-
fiktiver Erbteil des S (½)	€ 19.500,-
abzgl. ausgleichungspflichtige Zuwendung	€ 24.000,-
Mehrempfang nach § 2056 BGB	**€ - 4.500,-**

Nachdem S mehr empfangen hat als ihm nach den gesetzlichen Auseinandersetzungsbestimmungen zustünde, ist eine Neuberechnung nach § 2056 S. 2 BGB durchzuführen.

§ 2056 BGB sieht in diesen Fällen vor, dass derjenige Abkömmling, der mehr erhalten hat, als ihm bei der Erbauseinandersetzung zustünde, bei einer durchzuführenden Neuberechnung der Erbauseinandersetzungsansprüche als Person nicht mehr berücksichtigt wird und auch seine ausgleichungspflichtige Zuwendung hier bei der Berechnung außen vor bleibt.

Das RG hat nun wegen der Falllage des § 2056 BGB den Pflichtteilergänzungsanspruch – isoliert betrachtet – nur noch unter Berücksichtigung der Schenkung von € 15.000,- errechnet. Das RG hat allerdings bei der Berechnung des Pflichtteilergänzungsanspruchs, wiederum den S miteinbezogen und nachfolgende Neuberechnung durchgeführt:

Nettonachlass	€ 0,-
zzgl. Schenkung (§ 2325 BGB)	€ 15.000,-
fiktiver Ergänzungsnachlass	€ 15.000,-
Erbteil (T neben S) (½)	€ 7.500,-
Ergänzungspflichtteil der T (½ Erbteil)	€ 3.750,-

2. **Lösungsansatz des BGH (BGH NJW 1988, 821):**

Auch der BGH nimmt nun gemäß § 2056 BGB eine Neuberechnung unter Wegfall des S vor, berücksichtigt allerdings bei der Berechnung des Pflichtteilergänzungsanspruchs die Zielsetzung des § 2056 Abs. 2 BGB, wonach S **und** seine ausgleichungspflichtige Zuwendung in Höhe von € 24.000,- keine Berücksichtigung mehr finden.

Nettonachlass	€ 0,-
zzgl. Schenkung	€ 15.000,-
Erbteil der T (ohne S) ¹/₁ (§ 2056 S. 2 BGB)	€ 15.000,-
Pflichtteilergänzungsanspruch der T (½ Erbteil)	€ 7.500,-

3. **Auswertung der Lösungen:**

Der Unterschied zwischen den beiden Berechnungsarten besteht darin, dass der BGH davon ausgeht, dass bei der Berechnung des Ergänzungspflichtteils des § 2325 BGB und einem Null-Nachlass der wegen § 2056 S. 2 BGB ausgefallene S nicht mehr berücksichtigt wird, so dass die Erb- und Pflichtteilsquote der T bei der Berechnung des Pflichtteilergänzungsanspruchs ohne S ermittelt wird. Das RG geht dagegen davon aus, dass die T aus der Schenkung, nur einen Pflichtteil unter **Berücksichtigung aller Miterben** in Höhe von ¼ zusteht und der Wegfall des S gemäß § 2056 S. 2 BGB bei der Berechnung des Pflichtteilergänzungsanspruchs unberücksichtigt bleibt. Die Konsequenz aus diesen unterschiedlichen Berechnungsmethoden besteht nun darin, dass bei der Ermittlung des Pflichtteilergänzungsanspruchs erhebliche Wertdifferenzen entstehen.

Der BGH hat in der vorstehend zitierten Entscheidung[121] seine Berechnungsmethode damit begründet, dass es ein Grundgedanke des Pflichtteilsergänzungsrechtes sei, den Pflichtteilsberechtigten so zu stellen, als ob sich der verschenkte Wert noch im Nachlass befinden würde. Diese Begründung ist auch insoweit überzeugend, als es für den Fall, dass sich die Zuwendung von € 15.000,- im ordentlichem Nachlass befände, ebenfalls eine Neuberechnung nach § 2056 BGB durchzuführen wäre, mit der Konsequenz, dass dann die T wegen des Wegfalls von S die Hälfte des Schenkungswerts als Pflichtteilergänzungsanspruch verlangen könnte.

---

[121] BGH NJW 1965, 1526; BGHZ 102, 289.

VI. Berechnung des Mehrempfangs nach § 2056 BGB

In dem vorgenannten Beispiel ist die Folge des Wegfalls des S, dass die Tochter T in jedem Falle als Pflichtteil die Hälfte des Schenkungswertes erhalten würde, weil sich der Wegfall nach § 2056 S. 2 BGB bei der Erbauseinandersetzung und damit auch bei der Pflichtteilsberechnung (§ 2326 BGB) hier zugunsten der T auswirkt. Die **Besonderheit** der von dem BGH und dem RG entschiedenen Fälle lag jedoch darin, dass der **Nachlass wertlos** war. In den meisten Fällen wird der Erblasser aber nicht mittellos versterben, sondern trotz lebzeitiger Schenkungen und ausgleichungspflichtiger Zuwendungen noch einen Nachlass für die Miterben hinterlassen, der zumindest teilweise eine Ausgleichung- und Pflichtteilergänzung zulässt.

Berechnungsbeispiel für die Anwendung des § 2056 BGB bei werthaltigem Nachlass und einer ausgleichspflichtigen und ergänzungspflichtigen Zuwendung (nebeneinander):

Die Eheleute E und F hinterlassen drei Kinder S, T1 und T2. Der Erblasser E hat unter Anordnung nach § 2050 Abs. 3 BGB an S eine ausgleichungspflichtige Zuwendung im Wert von € 1.000.000,– getätigt. Außerdem hat er S € 600.000,– geschenkt. Der Nettonachlass beträgt € 400.000,–. E hat seine Ehefrau F zur Alleinerbin eingesetzt. Wie berechnen sich die Pflichtteile von S, T1 und T2?

1. Berechnung des ordentlichen Pflichtteils mit S:

Nettonachlass	€ 400.000,–
./. Ehegattenerbteil ½ (§§ 1371 Abs. 1 BGB, 1931 BGB)	€ 200.000,–
Ausgleichungsnachlass	€ 200.000,–
zzgl. Ausgleichung an C (§§ 2050 Abs. 3, 2316 BGB)	€ 1.000.000,–
Ausgleichungsnachlass	€ 1.200.000,–
Erbquote S: ⅓ aus Ausgleichsnachlass	€ 400.000,–
./. Ausgleichung (§ 2316 BGB)	€ 1.000.000,–
Mehrempfang nach § 2056 BGB	€ – 600.000,–

Mit der Feststellung dieses Mehrempfangs nach § 2056 BGB muss eine Neuberechnung in der Weise durchgeführt werden, dass **ohne Berücksichtigung des S und seiner ausgleichungspflichtigen Zuwendung** die ordentlichen Pflichtteile von T1 und T2 neu zu berechnen sind.

2. Neuberechnung des ordentlichen Pflichtteils von T1 und T2 (ohne S):

Nettonachlass	€ 400.000,–
./. Ehegattenerbteil ½ (§§ 1371 Abs. 1 BGB, 1931 BGB)	€ 200.000,–
Ausgleichungsnachlass	€ 200.000,–
Erbteil von T1 und T2, je ½ (§ 2056 BGB)	€ 100.000,–
./. Pflichtteil, (½) Erbteil, also je	€ 50.000,–

Der ordentliche Pflichtteil von T1 und T2 unter Anwendung des § 2056 BGB beträgt je € 50.000,–.

3. Pflichtteilsergänzungsanspruch von T1 und T2 wegen Schenkung von 600.000,– €:

Nettonachlass	€ 400.000,–
zzgl. Schenkung an C (§ 2325 BGB)	€ 600.000,–
fiktiver Ergänzungsnachlass	€ 1.000.000,–
./. Ehegattenerbteil (½) (§§ 1371, 2325 BGB)	€ 500.000,–
fiktiver Berechnungsnachlass	€ 500.000,–
Erbteil T1 und T2 je Erbteil ½ (§ 2056 S. 2 BGB)	€ 250.000,–
fiktiver Pflichtteilsergänzungsanspruch, (½ Erbteil)	€ 125.000,–
./. ordentlicher Pflichtteil	€ 50.000,–
	€ 75.000,–

4. Gesamtansprüche von S, T1 und T2:

1. S erhält weder Pflichtteils- noch Pflichtteilsergänzungsansprüche.
2. T1 erhält ordentlichen Pflichtteil von € 50.000,– und Pflichtteilsergänzung von € 75.000,–, also insgesamt € 125.000,–
3. T2 erhält ordentlichen Pflichtteil von € 50.000,– und Pflichtteilsergänzung von € 75.000,–, also insgesamt € 125.000,–.

5. Berechnungsansatz des RG:

Nach dem Berechnungsansatz des RG hätte dieses bei Ermittlung der Erbteile des S im Rahmen der Pflichtteilsergänzung den Sohn S mitberücksichtigt mit der Folge, dass der Pflichtteilsergänzungsanspruch für T1 und T2 jeweils nur € 83.333,– ./. € 50.000,–, also je € 33.333,– betragen hätte.
Bei allen vorstehenden Fallkonstellationen lag bei einem Abkömmling eine ausgleichungspflichtige Zuwendung **neben** einer Schenkung nach § 2325 BGB vor. Es sind aber auch Fallkonstellationen

denkbar, bei denen der Vorempfang sowohl eine ausgleichungspflichtige Zuwendung im Sinne der §§ 2050, 2316 BGB als auch eine ergänzungspflichtige Schenkung im Sinne des § 2325 BGB darstellt. Dazu gehören die Fälle sogenannter **Übermaßausstattungen** gemäß §§ 1624 Abs. 1, 2050 Abs. 1 BGB, **übermäßige Zuschüsse** gemäß § 2050 Abs. 2 BGB oder **Schenkungen bei dem Erblasser** gemäß § 2050 Abs. 3 BGB zusätzlich **die Ausgleichung angeordnet** hat. Wenn die lebzeitige Zuwendung gewissermaßen eine „Doppelnatur" hat, gestaltet sich die Berechung unter Anwendung des § 2056 BGB noch schwieriger.

Das Grundproblem besteht in der Frage, ob die Berücksichtigung der Zuwendung als ausgleichungspflichtiger Tatbestand die gleichzeitige oder teilweise Berücksichtigung im Rahmen des § 2325 BGB ausschließt. Die herrschende Meinung geht wohl davon aus, dass die Bestimmungen der §§ 2316, 2056 BGB keine **lex specialis** zu den Pflichtteilergänzungsvorschriften darstellen.[122]

Berechnungsbeispiel für die Anwendung des § 2056 BGB bei einer Zuwendung, die sowohl der Ausgleichung nach § 2316 BGB als auch der Ergänzung nach § 2325 BGB unterliegt:

83 Die Eheleute E und F hinterlassen drei Kinder S, T1 und T2. Der Erblasser F hat unter Anordnung nach § 2050 Abs. 3 BGB an S eine ausgleichungspflichtige Zuwendung in Höhe von € 1.000,000,- getätigt. Der Nettonachlass beträgt € 400.000,-. A hat seine Ehefrau B zur Alleinerbin eingesetzt. Wie berechnen sich die Pflichtteile von C; D und E?

1. Berechnung des ordentlichen Pflichtteils von C,D, und E:

Nettonachlass	€ 400.000,-
./. Ehegattenerbteil ½ (§§ 1371 Abs. 1, 1931 BGB)	€ 200.000,-
Ausgleichungsnachlass	€ 200.000,-
zzgl. Ausgleichung an C (§§ 2050 Abs. 3, 2316 BGB)	€ 1.000.000,-
Ausgleichungsnachlass	€ 1.200.000,-
Erbteil S: ⅓ aus Ausgleichsnachlass	€ 400.000,-
./. Ausgleichung	€ 1.000.000,-
	€ - 600.000,-

Wegen des Wegfalls des S nach § 2056 BGB ist zunächst der ordentliche Pflichtteil wie folgt neu zu berechnen:

2. Neuberechnung des ordentlichen Pflichtteils von T1 und T2:

Nettonachlass	€ 400.000,-
./. Ehegattenerbteil ½ (§§ 1371 Abs 1 BGB, 1931 BGB)	€ 200.000,-
Ausgleichungsnachlass	€ 200.000,-
Erbteil von T1 und T1 je ½ (§ 2056 BGB ohne S)	€ 100.000,-
Pflichtteil (½ Erbteil, also je € 50.000,-)	€ 50.000,-

3. Berechnung des Pflichtteilergänzungsanspruchs von T1 und T2:

In dieser Fallkonstellation ergibt sich die Frage, ob der Mehrempfang in Höhe von € 600.000,- nun zusätzlich der Ergänzung unterliegt und wie diese Ergänzung zu berechnen wäre. **Die Mindermeinung** lehnt die zusätzliche Berücksichtigung des Mehrempfangs von € 600.000,-, im Rahmen der Pflichtteilsergänzung ab, weil ansonsten von der **doppelten Berücksichtigung der gleichen Zuwendung** auszugehen sei.[123]

Wenn man der Auffassung vertritt, dass der Mehrempfang in Höhe von EUR 600.000,00, – nicht mehr der Pflichtteilergänzung unterliegt, könnte der Erblasser aber alle ordentlichen Pflichtteilsansprüche von Abkömmlingen in der Weise unterlaufen, dass er sehr werthaltige Zuwendungen zu Lebzeiten tätigt und hier nach §§ 2050 Abs. 3, 2316 BGB die Ausgleichung anordnet. Die von der Zuwendung nicht berücksichtigten Abkömmlinge gingen dann leer aus, wenn der Nettonachlass faktisch wertlos ist.

Die herrschende Meinung geht deshalb davon aus, dass zur Vermeidung von Nachteilen für den Pflichtteilsberechtigten und unter Berücksichtigung des Rechtsgedankens des Pflichtteilsrechts in diesen Fällen die Pflichtteilsergänzung möglich sein muss, da ansonsten bei einem Null-Nachlass der eigentlich Pflichtteilsberechtigte überhaupt keinen Pflichtteil erhalten würde. In jedem Fall müsste sichergestellt werden, dass der Pflichtteilsberechtigte so gestellt wird, als befände sich der verschenkte

---

[122] BGH NJW 1965, 1526; BGH NJW 1988, 821; MünchKommBGB/*Lange* § 2316 Rn. 15; Soergel/*Dieckmann* § 2316 Rn. 29; *Kasper* S. 42 ff.; a. A. Staudinger/*Böhmer* Einl. 20 Rn. 16 zu § 1922; *Schanbacher* ZEV 1997, 349; Staudinger/*Olshausen* § 2325 Rn. 41.

[123] MünchKommBGB/*Lange* § 2316 Rn. 15.

VI. Berechnung des Mehrempfangs nach § 2056 BGB

Gegenstand noch im Nachlass.[124] Dieser h. M. ist bei Zuwendungen unter „Doppelnatur" zu folgen, da ansonsten das Pflichtteilergänzungsrecht ins Leere ginge.

Unterstützt wird diese Auffassung im Übrigen dadurch, dass **§ 2056 BGB** grundsätzlich eine Bestimmung im Rahmen der **Ausgleichung unter Miterben** darstellt, die lediglich über § 2316 BGB in das Pflichtteilsrecht transferiert wird. Ob dabei auch an die Falllage des § 2056 BGB gedacht worden ist, müsste anhand der Motive und Protokolle nochmals näher untersucht werden. Im Rahmen des § 2316 BGB ist der Gesetzgeber sicher davon ausgegangen, dass grundsätzlich immer soviel werthaltiger Nachlass vorhanden ist, dass auch eine Ausgleichung unter den Miterben bei der Berechnung des Pflichtteils möglich wäre. Selbst wenn man diese Rechtsauffassung nicht teilt, muss dem Schutzweck des Pflichtteilergänzungsberechtigten der Vorrang eingeräumt werden, weil ansonsten das Pflichtteilergänzungsrecht ins Leere liefe.

Eine andere Frage ist allerdings, wie nun bei dieser Fallkonstellation die Berechnung durchzuführen wäre. Wenn man **die Berechnungsmethode des BGH** konsequent auf diese Fallkonstellation anwendet, würde sich nachfolgende **Berechnung des Pflichtteilergänzungsanspruchs** von T1 und T2 ergeben:

4. Berechnung des Pflichtteilergänzungsanspruchs von T1 und T2:

Nettonachlass	€ 400.000,–
Mehrempfang an C (§ 2325 BGB) (€ 1.000.000,– ./. € 400.000,– Ausgleichung (§ 2316 BGB)	€ 600.000,–
Fiktiver Ergänzungsnachlass	€ 1.000.000,–
abzgl. Ehegattenerbteil	€ 500.000,–
verbleibt Pflichtteilergänzungsnachlass für T1 und T2	€ 500.000,–
fiktiver Erbteil (½ ohne S)	€ 250.000,–
Pflichtteil von T1 und T2 (½ Erbteil)	€ 125.000,–
Fiktiver Pflichtteilergänzungsanspruch von T1 und T2	€ 125.000,–
abzgl. ordentlicher Pflichtteil von	€ 50.000,–
Pflichtteilergänzungsanspruch	€ 75.000,–

Mit dieser Berechnungsmethode wäre einerseits sichergestellt, dass der gesamte Wert der Zuwendung von € 1.000.000,– im Rahmen der Ausgleichung gemäß § 2316 BGB mit € 400.000,– und im Rahmen der Pflichtteilergänzung gemäß § 2325 BGB nur der Mehrempfang von € 600.000,– zu berücksichtigen wäre.

Mit dieser getrennten Berechnung wäre auch der Dogmatik Genüge getan, dass keine doppelte Berücksichtigung der gleichen Zuwendung erfolgt.

Diese Berechnungsmethode hat bereits *Scholz*[125] vorgeschlagen. Wer diese Berechungsmethode wähle, für den bestehe eigentlich kein Spannungsverhältnis zwischen § 2056 BGB einerseits und § 2325 BGB andererseits. Es erfolge eine strikte Trennung zwischen Ausgleichungs- und Pflichtteilergänzung. Gleichfalls komme es nicht zu einer Herausgabe des über § 2056 BGB geschützten Mehrempfanges. Stellt man bei der Berechnung des ordentlichen Pflichtteils in der Falllage des § 2056 BGB fest, dass ein Mehrempfang besteht, darf nach zutreffender Ansicht des BGH bei der Berechnung des Pflichtteilergänzungsanspruches wegen des Mehrempfanges die ausgleichungspflichtige Zuwendung und der durch sie begünstigte Abkömmling nicht mehr berücksichtigt werden mit der Maßgabe, dass davon nur noch der Mehrempfang von € 600.000,– unter Berücksichtigung der Pflichtteilsquote von zwei Kindern, hier (T1 und T2), also in Höhe von je ⅛, zugrunde zu legen ist. Bei dieser Berechnung ergibt sich wegen der Schenkung ein Ergänzungspflichtteil von je € 75.000,–, wie er vorstehend berechnet worden ist. Diese Berechnung hätte auch den Vorteil, bei wertlosem Nachlass eine sachgerechte Lösung zugunsten der Ergänzungsberechtigten zu verwirklichen, die der Situation entspricht, als ob sich der Mehrempfang noch im Nachlass befinden würde.

Im Ergebnis sind diese Berechnungen aber mehr als umstritten; es hat sich hier noch keine h. M. herauskristallisiert oder gar eine Rechtsprechung entwickelt. Andererseits dürften die Fälle, in denen eine Zuwendung sowohl ausgleichspflichtig als auch der Pflichtteilergänzung unterliegt, in der Praxis nicht allzu häufig vorkommen.

---

[124] MünchKommBGB/*Lange* § 2316 Rn. 15; *Staudinger/Ferid/Cieslar* § 2316 Rn. 58; RGRK/*Johannsen* § 2325 Rn. 16; *Planck/Greiff* § 2316 Anm. 4; *Strohal* § 56, Fn. 41; *Scholz* JhJ 84, 291, 305.

[125] *Scholz* JhJ 84, 291, 205.

VII. Prozessuale Geltendmachung des Pflichtteilsergänzungsanspruchs[126]

84 Der Pflichtteilsergänzungsanspruch ist – wie der ordentliche Pflichtteil – durch Stufenklage oder Leistungsklage gegen den oder die Erben geltend zu machen. Insoweit bestehen keine prozessualen Besonderheiten. Nur wenn sich der Anspruch gegen den oder die Beschenkten richtet, weil der Erbe im Sinne von § 2329 BGB „nicht verpflichtet" ist, weist die Klage gewisse Besonderheiten auf, die durch nachfolgendes Muster konkretisiert werden.

Muster: Klage auf Pflichtteilsergänzung gegen den Beschenkten (§ 2329 BGB)

85 An das Landgericht
des ......

Klage

Prozessbevollmächtigte: ......

– Kläger –

gegen
Frau T

– Beklagte –

Prozessbevollmächtigte: ......
wegen: Herausgabe zum Zwecke der Zwangsvollstreckung gemäß § 2329 BGB
vorläufiger Streitwert: € ......
Namens und in Vollmacht des Klägers erhebe ich Klage und beantrage:
1. Die Beklagte wird verurteilt, die Zwangsvollstreckung in Höhe eines Betrages von € ...... zuzüglich Zinsen i. H. v. 5% Zinsen über dem jeweiligen Basiszinssatz seit Rechtshängigkeit der Klage in das Grundstück der Gemarkung ......, eingetragen im Grundbuch von ...... Blatt ......, BV lfd. Nr. ......, zu dulden.
2. Die Beklagte kann die Zwangsvollstreckung durch Zahlung des unter Klageantrag zu Ziffer 1. genannten Betrages in Höhe von € ...... zuzüglich der in Ziffer 1. genannten Zinsen abwenden.
3. Die Kosten des Rechtsstreits trägt die Beklagte.

Für den Fall der Anordnung des schriftlichen Vorverfahrens beantrage ich schon jetzt den Erlass eines Versäumnisurteils gemäß § 331 Abs. 3 ZPO und den Erlass eines Anerkenntnisurteils gemäß § 307 Abs. 2 ZPO, sobald hierfür die gesetzlichen Voraussetzungen gegeben sind.

Begründung

Der Kläger ist der einzige Sohn des am ...... verstorbenen Erblassers .... Der Erblasser hat durch letztwillige Verfügung vom ......, eröffnet durch das Nachlassgericht ...... am ...... zu Aktenzeichen: ......, seine Tochter T zur Alleinerbin eingesetzt und den Kläger von der Erbfolge ausgeschlossen.

Beweis: öffentliches Testament vom ...... und Eröffnungsprotokoll vom ...... als Anlage 1 und 2 beigefügt

Der Kläger ist im Sinne von § 2303 BGB pflichtteilsberechtigt und hat seine Pflichtteilsansprüche gegenüber der Alleinerbin T geltend gemacht. Diese hat behauptet, sie habe lediglich ein Sparbuch in Höhe von € 5.000,– im Wege der Erbfolge erhalten. Dieser Betrag sei allerdings vollständig durch die Beerdigungskosten verbraucht, so dass sich im Nachlass kein wesentliches Vermögen mehr befinde.

Beweis: Schreiben der Alleinerbin T vom ......, als Anlage 3 beigefügt

Der Kläger hat im Rahmen seines Auskunftsanspruchs gemäß § 2314 BGB erfahren, dass der Erblasser im Jahr 2000 sein Einfamilienhaus im Wert von € 400.000,– an seine Lebensgefährtin im Wege der Schenkung übertragen hat. Die Eigentumsumschreibung erfolgte am ...... im Grundbuch.

---

[126] Vgl. auch *Klinger/Kasper* Münchener Prozessformularbuch Erbrecht S. 810 ff.

Beweis: Übergabevertrag vom ...... und Grundbuchabschrift vom ...... als Anlage 4 und 5 beigefügt

Bei der Übertragung des Grundstücks auf die Lebensgefährtin handelt es sich um eine Schenkung im Sinne des § 2325 BGB, bezüglich der der Kläger pflichtteilsergänzungsberechtigt ist. In dem Übergabevertrag wurde die Übereignung des Grundstücks ausdrücklich im Wege der Schenkung vereinbart.

Beweis: wie vor

Ausgehend von der Pflichtteilsquote des Klägers in Höhe von ⅛ steht dem Kläger aus dem Schenkungswert mindestens ein Betrag in Höhe von € 50.000,– zu. Da die Alleinerbin wegen der Dürftigkeit des Nachlasses gemäß § 2329 BGB „nicht verpflichtet" ist, diesen Pflichtteilsanspruch zu zahlen, hat der Kläger die Beklagte als Beschenkte aufgefordert, den Pflichtteilsanspruch in Höhe von € 50.000,– zu erfüllen.

Beweis: Schreiben der Klägerseite vom ...... als Anlage 6 beigefügt

Die Beklagte hat die Erfüllung des Pflichtteilsanspruchs ohne Angabe von Gründen abgelehnt mit der Folge, dass nunmehr Klage geboten ist.

Beweis: Schreiben der Beklagten vom ...... als Anlage 7 beigefügt

Der Kläger kann somit von der Beklagten wegen des ihm zustehenden Pflichtteilsergänzungsanspruchs die Herausgabe des geschenkten Hausgrundstücks zum Zwecke der Zwangsversteigerung gemäß § 2329 BGB verlangen.

Den Gerichtskostenvorschuss in Höhe von € ...... zahle ich ein durch anliegenden Verrechnungscheck.

Rechtsanwalt

Sollte der Beschenkte den Schenkungsgegenstand weiterveräußert haben, ist es aus prozessualen Gründen ratsam, hier eine **Hilfsfeststellungsklage** auch gegenüber den weiteren Beschenkten im Rahmen dieses Prozesses zu stellen, um hier eine **Verjährungshemmung** zu bewirken. Hätte in dem vorstehenden Beispielsfall die Lebensgefährtin L das Grundstück an ihren neuen Freund weiterverschenkt, wäre der Klageantrag durch nachfolgenden Hilfsantrag zu ergänzen.

Hilfsantrag

Für den Fall, dass die Beklagte zu ...... als Beschenkte nicht zur Herausgabe des Grundstücks verpflichtet ist, wird festgestellt, dass der weitere Beklagte zu ...... zur Herausgabe des Grundstücks, eingetragen im Grundbuch von ...... zum Zwecke der Duldung der Zwangsvollstreckung bis zur Höhe des Betrages von € 50.000,– nebst Zinsen ...... verpflichtet ist.

Neben der Hilfsfeststellungsklage könnte aber auch der Kläger eine **Streitverkündung** an die weiteren Beschenkten vornehmen, um eine Hemmung der Verjährung zu erreichen.

§ 7 Pflichtteilsunwürdigkeit, Pflichtteilsentziehung und Pflichtteilsbeschränkung in guter Absicht

Übersicht

	Rn.
I. Überblick	1, 2
II. Die Pflichtteilsentziehung	3–93
1. Bedeutung der Pflichtteilsentziehung	3–8
2. Der betroffene Personenkreis	10–17
a) Der Entziehende	10
b) Der Pflichtteilsberechtigte	11–13
c) Der Kreis der betroffenen Personen	14–17
3. Die Pflichtteilsentziehungsgründe im Überblick	18–25
a) Der Katalog des § 2333 Abs. 1 BGB	18–23
b) Schuldhaftes Verhalten der Betroffenen?	24, 25
4. Die materiellen Anforderungen an die Pflichtteilsentziehung	26–53
a) Entziehung nach § 2333 Abs. 1 Nr. 1 BGB	26–28
b) Entziehung nach § 2333 Abs. 1 Nr. 2 BGB	29–35
c) Entziehung nach § 2333 Abs. 1 Nr. 3 BGB	36–41
d) Entziehung nach § 2333 Abs. 1 Nr. 4 BGB	42–53
5. Die formellen Anforderungen an die Pflichtteilsentziehung	54–70
a) Form der Anordnung (§ 2336 Abs. 1 BGB)	54–57
b) Inhalt der Anordnung (§ 2336 Abs. 2 BGB)	58–70
6. Die Pflichtteilsentziehung als Gestaltungsrecht	71, 72
7. Die lebzeitige Klärung der Entziehungsmöglichkeit	73–77
8. Beweislast	78–80
9. Die Rechtsfolgen der Pflichtteilsentziehung	81–83
10. Die Verzeihung	84
a) Begriff	84, 85
b) Voraussetzungen	86–90
c) Rechtsfolgen	91, 92
d) Beweislast	93
III. Die Pflichtteilsbeschränkung in guter Absicht	94–137
1. Zweck der Pflichtteilsbeschränkung	94–98
2. Voraussetzungen der Pflichtteilsbeschränkung	99–113
a) Sachliche Voraussetzungen	99–103
b) Zeitliche Voraussetzungen	104–107
c) Persönliche Voraussetzungen	108–110
d) Beweislast	111–113
3. Gestaltungsmöglichkeiten des Erblassers	114–131
a) Grundsätze	114–116
b) Einsetzung der gesetzlichen Erben des Abkömmlings als Nacherben	117–122
c) Anordnung eines Nachvermächtnisses	123–125
d) Anordnung und Wirkung der Verwaltungstestamentsvollstreckung	126–131
4. Verhältnis zu § 2306 BGB	132–135
5. Die beschränkende Anordnung	136, 137
IV. Die Pflichtteilsunwürdigkeit	138–188
1. Pflichtteilsunwürdigkeit und Pflichtteilsentziehung	138, 139
2. Schutzobjekt der Pflichtteilsunwürdigkeit	140, 141
3. Grundsätze der Pflichtteilsunwürdigkeit	142–150
a) Allgemeines	142–145
b) Umfang des betroffenen Anspruchs	146
c) Geschützter Personenkreis	147
d) Verschulden	148–150
4. Die Pflichtteilsunwürdigkeitsgründe	151–170
a) Katalogtatbestand	151
b) §§ 2345 Abs. 2, 2339 Abs. 1 Nr. 1 BGB	152–156
c) §§ 2345 Abs. 2, 2339 Abs. 1 Nr. 2 BGB	157–162
d) §§ 2345 Abs. 2, 2339 Abs. 1 Nr. 3 BGB	163–167
e) §§ 2345 Abs. 2, 2339 Abs. 1 Nr. 4 BGB	168–170

	Rn.
5. § 2339 Abs. 2 BGB	171–173
6. Geltendmachung der Pflichtteilsunwürdigkeit	174–186
a) Geltendmachung durch Anfechtung	174, 175
b) Anfechtungsberechtigter und Anfechtungsgegner	176–179
c) Anfechtungsfrist	180, 181
d) Anfechtungserklärung	182, 183
e) Wirkung der Anfechtung	184–186
7. Verzeihung	187, 188

Schrifttum: *Baumann*, Die Pflichtteilsbeschränkung in guter Absicht, ZEV 1996, 121; *Bonefeld/Lange/Tanck*, Die geplante Reform des Pflichtteilsrechts, ZErb 2007, 292; *Bowitz*, Zur Verfassungsmäßigkeit der Bestimmungen über die Pflichtteilsentziehung, JZ 1980, 304; *Dauner-Lieb*, Pflichtteilsrecht und Pflichtteilsentziehung auf dem Prüfstand – Bemerkungen anlässlich des Beschlusses des BVerfG vom 30. 8. 2000, FF 2001, 78; *von Dickhuth-Harrach*, Ärgernis Pflichtteil? Möglichkeiten der Pflichtteilsreduzierung im Überblick, Notar und Rechtsgestaltung – Festschrift des Rheinischen Notariats 1998, 185; *Gaier*, Die Bedeutung der Grundrechte für das Erbrecht, ZEV 2006, 2; *Gotthardt*, Zur Entziehung des Pflichtteils eines Abkömmlings wegen Führens eines ehrlosen und unsittlichen Lebenswandels (§ 2333 Nr. 5 BGB), FamRZ 1987, 757; *Haas*, Ist das Pflichtteilsrecht verfassungswidrig?, ZEV 2000, 249; *Heine*, Zur Enterbung aus guter Absicht (§ 2338 BGB), DNotZ 1917, 467; *Herzog*, Die Pflichtteilsentziehung – ein vernachlässigtes Institut, 2003; *dies.*, Reform der Pflichtteilsentziehung? – ein Vorschlag, FF 2003, 19; *dies.*, Die Pflichtteilsentziehung im Lichte der neueren Rechtsprechung von Bundesgerichtshof und Bundesverfassungsgericht, FF 2006, 86; *Kanzleiter*, Fortgesetzter Ehebruch als „ehrloser oder unsittlicher Lebenswandel" und damit Grund zur Entziehung des Kindespflichtteils, DNotZ 1984, 22; *Keim*, Testamentsgestaltung bei „missratenen" Kindern, NJW 2008, 2072; *ders.*, Die Reform des Erb- und Verjährungsrechts und ihre Auswirkungen auf die Gestaltungspraxis, ZEV 2008, 161; *Kessel*, Eingriffe in die Vorerbschaft, MittRhNotK 1991, 137; *Kleensang*, Familienerbrecht versus Testierfreiheit – Das Pflichtteilsrecht auf dem Prüfstand des BVerfG, ZEV 2005, 277; *ders.*, Zur historischen Auslegung der Pflichtteilsentziehungsvorschriften des BGB, DNotZ 2005, 509; *Klinger/Roth*, Verzeihung eines Pflichtteilsentziehungsgrundes, NJW-Spezial 2007, 503; *Kluge*, Pflichtteilsentziehung gegenüber Abkömmlingen, ZRP 1976, 285; *Kretzschmar*, Verfügungen des nach § 2338 BGB beschränkten Abkömmlings über seinen Anteil am Nachlasse, DNotZ 1917, 408; *Kroiß*, Die Reform des Pflichtteilsentziehungsrechts – Der Wegfall des Entziehungsgrundes „ehrlosen und unsittlichen Lebenswandels", FPR 2008, 543; *Kuhla*, Testierfreiheit und Pflichtteil, FS Bezzenberger, 2000, S. 497; *Kummer*, Klage des Pflichtteilsberechtigten auf Feststellung der Unwirksamkeit des Pflichtteilsentzugs, ZEV 2004, 274; *Lange*, Die Pflichtteilsentziehung im Spiegel der neueren Rechtsprechung, ZErb 2008, 59; *ders.*, Pflichtteilsrecht und Pflichtteilsentziehung, ZErb 2005, 205; *ders.*, Die Pflichtteilsentziehung gegenüber Abkömmlingen de lege lata und de lege ferenda, AcP 204 (2004), 804; *Leisner*, Pflichtteilsentziehungsgründe nach §§ 2333 ff. BGB verfassungsgemäß?, NJW 2001, 126; *Martiny*, Empfiehlt es sich, die rechtliche Ordnung finanzieller Solidarität zwischen Verwandten in den Bereichen des Unterhaltsrechts, des Pflichtteilsrechts, des Sozialhilferechts und des Sozialversicherungsrechts neu zu gestalten?, Verhdlg. 64. DJT 2002, Bd. 1 S. A 11; *Mayer-Maly*, Rechtsirrtum und Rechtsunkenntnis als Probleme des Privatrechts, AcP 170 (1970), S. 133; *Meyer, T.*, Erbrechtsreform als Reaktion auf die gesellschaftlichen Veränderungen, FPR 2008, 537; *Muscheler*, Grundlagen der Erbunwürdigkeit, ZEV 2009, 58; *ders.*, Die geplanten Änderungen im Erbrecht, insbesondere zum Pflichtteilsrecht und Nachlassverfahrensrecht, ZEV 2008, 105; *Niese*, Die moderne Strafrechtsdogmatik und das Zivilrecht, JZ 1956, 457; *Nipperdey*, Rechtswidrigkeit, Sozialadäquanz, Schuld im Zivilrecht, NJW 1957, 1777; *Pakuscher*, Zur Problematik der Pflichtteilsentziehung, JR 1960, 51; *Speckmann*, Erbunwürdigkeit bei Testamentsfälschung im Sinne des Erblasserwillens- Kommentar zu BGH NJW 1970, 197, JuS 1971, 235; *Schaal/Grigas*, Der Regierungsentwurf zur Änderung des Erb- und Verjährungsrechtes, BWNotZ 2008, 2; *Schöpflin*, Verfassungsmäßigkeit des Pflichtteilsrechts und Pflichtteilsentziehung, FamRZ 2005, 2025.

I. Überblick

1   Die im Pflichtteilsrecht zum Ausdruck kommende Beschränkung der Testierfreiheit rechtfertigt sich durch die **engen familiären Beziehungen** zwischen dem Erblasser und dem Berechtigten. Schwere (schuldhafte) Verfehlungen des Pflichtteilsberechtigten gegenüber dem Erblasser oder seiner Familie stellen die gesetzlich garantierte Mindestteilhabe am Erblasservermögen jedoch in Frage. Das Gesetz sieht zwei Möglichkeiten vor, dem Pflichtteilsberechtigten den Pflichtteil gegen seinen Willen vorzuenthalten:
• die Pflichtteilsentziehung und
• die Pflichtteilsunwürdigkeit.

Beiden Instrumenten kommt ein Sanktions- und Zwangscharakter zu. Daneben kann der Pflichtteil im wohlverstandenen Interesse des Berechtigten beschränkt werden (§ 2338 BGB).

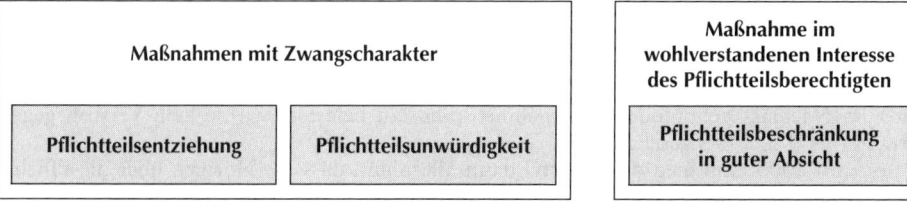

Die **Pflichtteilsunwürdigkeit**, verstanden als das Gegenstück zur Erbunwürdigkeit, stellt 2
dabei eine Ergänzung zu den etwas milderen Vorschriften über die Pflichtteilsentziehung
dar. Der Pflichtteilsbeschränkung in guter Absicht kommt schließlich, anders als der Pflichtteilsentziehung (§§ 2333 ff. BGB) oder der Pflichtteilsunwürdigkeit (§ 2345 Abs. 2 BGB), als
einer Art Zwangsfürsorge keinerlei Straf- oder Sanktionierungscharakter zu.

II. Die Pflichtteilsentziehung

1. Bedeutung der Pflichtteilsentziehung

Die Pflichtteilsentziehungsgründe des § 2333 Abs. 1 BGB ermöglichen es dem Erblasser, 3
in genau und abschließend festgelegten Sachverhalten, einem Pflichtteilsberechtigten ausnahmsweise dessen verfassungsmäßig garantierte **Mindestteilhabe am Nachlass zu entziehen**. Die Pflichtteilsentziehung (vgl. dazu auch § 10 Rn. 174 ff.) geht über die reine Enterbung hinaus, die den Pflichtteil unberührt lässt (§ 1938 BGB).

Die Pflichtteilsentziehung stellt in der Praxis die wichtigste Form des Verlustes des Pflicht- 4
teils dar, auch wenn die **Anforderungen** in materieller wie formeller Hinsicht sehr **hoch** sind
und es daher nur selten zu einer erfolgreichen Entziehung kommt.[1] Zumeist wird sie mit
dem Gedanken der Verwirkung oder der Strafe sowie mit einem Erziehungszweck gerechtfertigt.[2] Daneben soll durch die §§ 2333, 2336 BGB eine Art Grenze aufgestellt worden
sein, bei deren Überschreiten es dem Erblasser nicht länger zugemutet werden könne, dass
ein fester Teil seines Nachlasses einem Abkömmling zukommt.[3]

Dem Pflichtteilsrecht liegt darüber hinaus ein **generalisierter Solidargedanke** zugrunde, 5
wonach sich typischerweise die einzelnen Familienmitglieder einander verbunden fühlen,
füreinander sorgen und einander beistehen. Zwischen den Verwandten besteht ein Rechtsverhältnis mit gegenseitigen familienrechtlichen Pflichten. Die Pflichtteilsentziehungsgründe
greifen daher Pflichtverstöße auf, bei deren Vorliegen die Vermutung einer engen persönlichen Verbundenheit zwischen Erblasser und dem Familienmitglied entfällt. Mit diesem Be-
fund lässt sich in Einklang bringen, dass der Gesetzgeber sich auf wenige schwerwiegende
Sachverhalte beschränkt hat. Auch das Verschuldensprinzip spricht für die Richtigkeit der
entwickelten Systematik.[4]

In der Vergangenheit wurde immer wieder die Frage nach der **Verfassungsgemäßheit** der 6
Pflichtteilsentziehungsgründe gestellt.[5] Als problematisch wurde insbesondere die Ungleichbehandlung der vorsätzlichen Misshandlung nach altem Recht eingestuft. Misshandelte der

---

[1] *Lange* ZErb 2008, 59, 63.
[2] So etwa bei AnwK-BGB/*Herzog* Vor §§ 2333–2338 Rn. 2; Mayer/Süß/Tanck/Bittler/Wälzholz/*J. Mayer*, HB § 10 Rn. 10. Vgl. ferner BGHZ 76, 109, 118, der den „Erziehungsgedanken" betont, was aber fehlgeht, da der Pflichtteilsberechtigte von der Entziehung erst nach dem Erbfall erfährt und daher nicht „zur Umkehr" bewogen werden kann. Gegen einen Strafcharakter der Entziehungsgründe schon *Fabricius* FamRZ 1965, 462. Sehr kritisch auch *Kleensang* DNotZ 2005, 509, 522.
[3] Bamberger/Roth/*J. Mayer* § 2333 Rn. 1; *Damrau/Riedel/Lenz* Vorbem. zu § 2333 Rn. 5.
[4] *Lange* AcP 204 (2004), 804, 815; ähnlich *Gaier* ZEV 2006, 2, 6.
[5] Vgl. etwa *Bowitz* JZ 1980, 304; *Dauner-Lieb* FF 2001, 78; *Kuhla*, FS Bezzenberger (2000), S. 497, 505; *Leisner* NJW 2001, 126.

Abkömmling den Erblasser oder dessen Ehegatten, sah das Gesetz darin einen Pflichtteilsentziehungsgrund (§ 2333 Nr. 2 BGB a. F.), während die vorsätzliche Misshandlung durch seine Eltern den Erblasser nicht zu einer Entziehung des Pflichtteils berechtigte (§ 2334 BGB a. F.).[6] Das BVerfG hatte jedoch eine Verfassungsbeschwerde gegen die §§ 2333 ff. BGB zunächst nicht zur Entscheidung angenommen.[7] In der Tatsache, dass einem Pflichtteilsberechtigten wegen seiner Behinderung nicht der Pflichtteilsanspruch entzogen werden kann, um ein zum Nachlass gehörendes Unternehmen nicht zu belasten, wurde kein Verstoß gegen Art. 14 Abs. 1 S. 1 GG gesehen.[8]

7   Im April 2005 entschied das **BVerfG** dann allerdings, dass die Normen über die Pflichtteilsentziehungsgründe des § 2333 Nr. 1 und 2 BGB a. F. mit dem Grundgesetz vereinbar sind.[9] Für bestimmte Ausnahmefälle hat danach der Gesetzgeber von Verfassungs wegen Regelungen vorzusehen, die dem Erblasser eine Entziehung der Beschränkung der Nachlassteilhabe des Kindes ermöglichen.[10] Er darf dabei im Rahmen seines Gestaltungsspielraums generalisierende und typisierende Regelungen verwenden und etwa die Pflichtteilsentziehung an Tatbestandsmerkmale knüpfen, deren Vorhandensein in einem späteren Gerichtsverfahren relativ leicht nachgewiesen werden können. Auch der Erbe kann sich vom Eintritt des Erbfalls an auf die Erbrechtsgarantie des Art. 14 Abs. 1 S. 1 GG berufen. Der Gesetzgeber ist daher gehalten, auch ihm die rechtliche Möglichkeit zu geben, den gegen ihn gerichteten Pflichtteilsanspruch eines Kindes des Erblassers mit dem Hinweis auf die Pflichtteilsentziehungsgründe abzuwehren.

8   In der Praxis kommt es nur selten zu einer Pflichtteilsentziehung. Dies ist neben der Enge des Katalogs der Entziehungsgründe vor allem auch darauf zurückzuführen, dass er zusätzlich von der Rechtsprechung sehr zurückhaltend ausgelegt worden ist. Schließlich kommen **sehr hohe formale Hürden** hinzu, die von den Gerichten für die Wirksamkeit einer Entziehung aufgestellt werden. Es lässt sich in der Judikatur der Zivilgerichte eine Tendenz ausmachen, wonach der Pflichtteilsberechtigte möglichst in den Genuss seines Rechts kommen soll. Die Bedingungen für eine erfolgreiche Entziehung des Pflichtteils durch den Erblasser sind daher materiell wie formell erhöht. Gleichzeitig fallen die Anforderungen an die tatbestandlichen Voraussetzungen der Verzeihung gemäß § 2337 BGB recht moderat aus.[11]

9
Checkliste: Pflichtteilsentziehung

1. Wird die Entziehung vom Erblasser erklärt?
2. Liegt einer der Entziehungsgründe nach § 2333 Abs. 1 BGB vor?
3. Sind die Formvorgaben des § 2336 BGB gewahrt?
4. Liegt eine Verzeihung nach § 2337 BGB vor?

2. Der betroffene Personenkreis

10   a) **Der Entziehende.** Das Recht zur Pflichtteilsentziehung steht nach § 2336 Abs. 1 BGB allein dem Erblasser zu.[12] Dieser muss sie durch letztwillige Verfügung (§ 1937 BGB) aussprechen.

---

[6] Vgl. *Haas* ZEV 2000, 249, 258 (Verstoß gegen den Gleichheitssatz).
[7] BVerfG NJW 2001, 141 mit kritischer Anm. *Leisner* S. 126 = ZEV 2000, 399 mit kritischer Anm. *J. Mayer* S. 447.
[8] OLG München ZEV 2003, 367.
[9] BVerfGE 112, 332 = ZErb 2005, 169 mit Anm. *Lange* S. 205; *Gaier* ZEV 2006, 2, 6 f.
[10] Weiterführend zum Verhältnis zur Testierfreiheit *Herzog* S. 191 ff.; *Kleensang* DNotZ 2005, 509, 510 bis 515.
[11] AnwK-BGB/*Herzog* Vor §§ 2333–2338 Rn. 2; *Lange* ZErb 2008, 59, 62 f.
[12] Soergel/*Dieckmann* § 2336 Rn. 1.

II. Die Pflichtteilsentziehung

b) Der Pflichtteilsberechtigte. Zum pflichtteilsberechtigten Personenkreis gehören nach § 2303 BGB Abkömmlinge, Eltern und der Ehegatte des Erblassers. Stiefkinder haben nur dann ein Pflichtteilsrecht, wenn sie adoptiert wurden.[13] Abkömmlinge sind alle Personen, die mit dem Erblasser in gerader Linie verwandt sind (§ 1589 S. 1 BGB). Jeder Gruppe von Pflichtteilsberechtigten kann nach § 2333 Abs. 2 BGB der Pflichtteil entzogen werden.

Das **LPartG** spricht auch dem Lebenspartner ein Pflichtteilsrecht zu, § 10 Abs. 6 LPartG. Hat der Erblasser seinen überlebenden Lebenspartner durch Verfügung von Todes wegen von der Erbfolge ausgeschlossen, kann dieser von den Erben den Pflichtteil verlangen. Die Vorschriften des BGB gelten entsprechend und damit auch diejenigen zur Pflichtteilsentziehung (§ 10 Abs. 2 S. 2 LPartG).

Vor der Reform enthielt das Gesetz noch für Abkömmlinge (§ 2333 BGB a. F.), Eltern (§ 2334 BGB a. F.) und Ehegatten (§ 2335 BGB a. F.) unterschiedliche Entziehungsvorschriften, die auch hinsichtlich ihrer Entziehungsgründe nicht identisch waren. Mit der Abschaffung der Sondervorschriften des §§ 2334 u. 2335 BGB ist die **bisherige Differenzierung** der Entziehungsgründe weggefallen. Aufgrund des Verweises in § 2333 Abs. 2 BGB auf die Gründe des Abs. 1 gelten die Entziehungsgründe künftig unabhängig davon, wem der Pflichtteil entzogen werden soll.

c) Der Kreis der betroffenen Personen. Zum Entzug des Pflichtteils berechtigen Taten, die sich gegen:
- den Erblasser,
- dessen Ehegatten,
- einen Abkömmling oder
- eine dem Erblasser ähnlich nahe stehende Person richten (§ 2333 Abs. 1 Nr. 1 u. 2 BGB).

Der **Reformgesetzgeber** hat damit den Kreis derjenigen Personen erweitert, die mittelbar vor Angriffen des Pflichtteilsberechtigten geschützt sind, um den gewandelten gesellschaftlichen Gegebenheiten (**Patchwork-Familien** etc.) angemessen Rechnung zu tragen.[14] Damit wird ein Missstand aufgegriffen, der vielfach beklagt wurde. Wer etwa dem Ehegatten des Erblassers nach dem Leben trachtete, konnte seinen Pflichtteil einbüßen. Der Mordversuch an der nichtehelichen Lebensgefährtin des Erblassers war hingegen bislang pflichtteilsrechtlich irrelevant. Diese Differenzierung wurde der Lebenswirklichkeit schon lange nicht mehr gerecht.

Abkömmlinge des Erblassers sind alle Personen, die mit dem Erblasser in absteigender gerader Linie (§ 1589 S. 1 BGB) verwandt sind (Kinder, Enkel, Urenkel usw.). Die Verwandtschaft zur Mutter richtet sich nach § 1591 BGB und wird durch die Frau vermittelt, die das Kind geboren hat. Das Pflichtteilsrecht zum Vater setzt voraus, dass der Mann dem Kind rechtlich als dessen Vater nach § 1592 BGB zuzuordnen ist. Daher zählen nicht nur seine ehelichen, sondern auch seine nichtehelichen Kinder zum Kreis der Abkömmlinge, sofern die Vaterschaft anerkannt oder rechtskräftig festgestellt ist (§§ 1592 Nr. 2 u. 3, 1594, 1600 d BGB).

Fraglich ist, wer zum Kreis der **ähnlich nahe stehenden Personen** zu zählen ist. Für den Lebenspartner einer eingetragenen Lebenspartnerschaft gilt das Entziehungsrecht ohnehin (§ 10 Abs. 6 S. 2 LPartG), weshalb diese Gruppe nicht gemeint sein kann. Als Kriterium für die Ermittlung der erforderlichen persönlichen Nähe wird vom Gesetzgeber die auf Dauer angelegte Lebensgemeinschaft exemplarisch genannt.[15] Zum Kreis der nahestehenden Personen dürften daher insbesondere neben den adoptierten Kindern die Stiefkinder und die Pflegekinder gehören. Offen ist, ob etwa das Kind des Freundes bzw. der Freundin zum Kreis der ähnlich nahe stehenden Personen hinzuzählen ist. Nach den Vorstellungen des Gesetzgebers soll dies der Fall sein, wenn es im Haushalt dauerhaft lebt. Allerdings kann nicht allein auf das Kriterium der Lebensgemeinschaft im gemeinsamen Haushalt abgestellt wer-

---
[13] *Klingelhöffer* Rn. 26.
[14] *Muscheler* ZEV 2008, 105, 106.
[15] RegE, S. 23 (zu Nr. 28). Nach *Schaal/Grigas* BWNotZ 2008, 2, 18 verbiete sich hingegen jede abstrakte Betrachtung.

den, da Kinder häufig zum Zeitpunkt des Erbfalls nicht (mehr) im Haushalt des Erblassers leben und auch erwachsene Stief- und Pflegekinder erfasst werden sollen.

3. Die Pflichtteilsentziehungsgründe im Überblick

18 a) **Der Katalog des § 2333 Abs. 1 BGB.** Bei Nr. 1 bis 5 handelt es sich nach allgemeiner Ansicht um eine nicht analogiefähige,[16] kasuistische Aufzählung der Entziehungsgründe (**numerus clausus der Entziehungsgründe**). Sie ist auch keiner Gesamtanalogie zugänglich.[17] Daher kann namentlich wegen einer Entfremdung oder einer Zerrüttung die Pflichtteilsentziehung nicht gerechtfertigt sein.

19 Die Entziehungsgründe waren schon vor Inkrafttreten des BGB umstritten[18] und können nicht gerade als geglückt angesehen werden.[19] So konnte mit dem groben Raster von § 2333 Nr. 5 BGB a. F. zwar dem Zuhälter, nicht aber dem Raubmörder der Pflichtteil entzogen werden,[20] und „seelische Grausamkeit", die vernichtender sein kann als eine an § 223 StGB orientierte körperliche Misshandlung (§ 2333 Nr. 2 BGB a. F.), stellte keinen Entziehungsgrund dar.[21] Die Entziehungsgründe galten daher vielfach als **antiquiert** und nicht mehr nachvollziehbar. Allerdings hat es das BVerfG nicht beanstandet, dass die Pflichtteilsentziehungsregeln mit Blick auf die Vielgestaltigkeit der Lebensverhältnisse an generalisierende und typisierende Tatbestandsmerkmale anknüpfen, deren Vorhandensein leicht nachzuweisen ist.

20 Der **Reformgesetzgeber** hat den Katalog der Entziehungsgründe überarbeitet und etwas modernisiert. Der ehrlose und unsittliche Lebenswandel etwa berechtigt nicht länger zu einer Entziehung des Pflichtteils. Zugleich ist mit § 2333 Abs. 1 Nr. 4 BGB ein neuer Entziehungsgrund geschaffen worden.

21 Sämtliche Entziehungsgründe können grundsätzlich auch **im Ausland verwirklicht** werden. Es handelt sich dabei nicht um eine Frage des Internationalen Privatrechts, sondern darum, dass einzelne Tatbestandsmerkmale einer inländischen Sachnorm im Ausland erfüllt werden.

22 Die Pflichtteilsentziehung ist stets nur in einem konkreten Verhältnis zwischen Erblasser und Pflichtteilsberechtigtem denkbar. Eine mehr oder weniger abstrakte Entziehung wegen besonders verwerflichen Taten ist nicht gestattet. Selbst bei dem Entziehungsgrund des § 2333 Abs. 1 Nr. 4 BGB bedarf es der Prüfung, ob die Aufrechterhaltung des Pflichtteilsanspruchs für den Erblasser zumutbar ist. Stets kommt es daher auf die konkrete Situation in der betroffenen Familie an.

23 Bei der **Auslegung** der Pflichtteilsentziehungsgründe geht es stets um die Herstellung einer praktischen Konkordanz zwischen der Testierfreiheit des Erblassers auf der einen und dem Recht des Pflichtteilsberechtigten an einer legitimen Nachlassteilhabe auf der anderen Seite.[22]

24 b) **Schuldhaftes Verhalten der Betroffenen?** Nach ständiger Rechtsprechung und überwiegender Ansicht der Literatur war Voraussetzung für die Entziehung des Pflichtteils in jedem Falle des § 2333 BGB a. F. ein schuldhaftes Verhalten des Berechtigten. Das BVerfG hat in seiner Entscheidung vom 19. 4. 2005 zwar am **Verschuldenserfordernis** für die Entziehungsgründe der § 2333 Nr. 1 u. 2 BGB a. F. ausdrücklich festgehalten. Es hat aber die Auslegung der Zivilgerichte, die sich bis dahin an den strafrechtlichen Vorgaben des Verschuldenserfordernisses orientiert hatten,[23] für nicht verfassungsgemäß erklärt.[24] Seiner Meinung

---

[16] Mot. V, S. 429; BGH LM Nr. 3 = NJW 1977, 339, 340; BGH LM Nr. 2 = NJW 1974, 1084, 1085; RGZ 168, 39, 41.
[17] AnwK-BGB/*Herzog* Vor §§ 2333–2338 Rn. 1; *Schöpflin* FamRZ 2005, 2025, 2030.
[18] Mot. V, S. 429 bis 437; Prot. V, S. 553 bis 565.
[19] Vgl. *Bonefeld/Lange/Tanck* ZErb 2007, 292, 297; *Klingelhöffer* Rn. 34; *Kluge* ZRP 1976, 285.
[20] So schon die Kritik in Prot. V, S. 563.
[21] Vgl. BGH LM Nr. 3 = NJW 1977, 339.
[22] Bamberger/Roth/*J. Mayer* § 2333 Rn. 2.
[23] OLG Düsseldorf NJW 1968, 944; OLG Hamburg 1988, 977; KG OLGRspr. 21, 344, 345; Bamberger/Roth/*J. Mayer* § 2333 Rn. 4; Soergel/*Dieckmann* Vor § 2333 Rn. 6; Staudinger/*Olshausen* Vor §§ 2333 ff. Rn. 4.

II. Die Pflichtteilsentziehung

nach reicht die Feststellung aus, dass der Pflichtteilsberechtigte einen Entziehungsgrund mit „**natürlichem Vorsatz**" verwirklicht habe. Wenn nämlich das Verschulden strikt im strafrechtlichen Sinne verstanden werde, könne dies „im Einzelfall dem verfassungsrechtlichen Erfordernis eines angemessenen Ausgleichs der gegenüber stehenden Grundrechtspositionen widersprechen". Auch bei Angriffen von Personen, die nicht schuldhaft im strafrechtlichen Sinne handeln können, wie etwa Kinder oder psychisch Kranke, kann es daher zu einem Verlust des Pflichtteilsrechts kommen.

Unklar ist nach dem Wortlaut des § 2333 Abs. 1 BGB, wie der **Reformgesetzgeber** diese 25 Judikatur aufgegriffen hat. Offensichtlich ist namentlich mit der Formulierung des Entziehungsgrunds des Abs. 1 Nr. 4 auf die Entscheidung des BVerfG Rücksicht genommen worden. Allerdings erweckt die ausdrückliche Erwähnung nur bei diesem einen Entziehungsgrund den Eindruck, als sei für die anderen Gründe nach wie vor die Schuldfähigkeit erforderlich, was mit der Entscheidung m. E. nicht in Einklang zu bringen wäre. Richtigerweise ist vielmehr davon auszugehen, dass es auch bei den nicht vom BVerfG entschiedenen Entziehungsgründen nicht bei der Schuldfähigkeit im strafrechtlichen Sinne als Voraussetzung verbleiben kann.[25]

4. Die materiellen Anforderungen an die Pflichtteilsentziehung

a) Entziehung nach § 2333 Abs. 1 Nr. 1 BGB. Das „**nach dem Leben trachten**" erfordert 26 eine ernsthafte Betätigung des Willens, den Tod herbeizuführen. „Ein eine gewisse Beharrlichkeit zeigendes vorbedachtes Handeln" setzt Nr. 1 nicht voraus.[26] Die bloße Androhung von Gewalt gegen Leib und Leben stellt noch kein Nach-dem-Leben-trachten dar. Auch durch Unterlassen kann nach dem Leben getrachtet werden, sofern nur eine Rechtspflicht zum Handeln besteht.[27] Es kommt nicht darauf an, ob sich der Erblasser bedroht fühlt. Das Mitwirken als Mittäter, Anstifter oder Gehilfe genügt. Da es nicht darauf ankommt, dass die Schwelle zum strafbaren Versuch überschritten ist, reicht eine straflose Vorbereitungshandlung[28] ebenso aus wie ein untauglicher Versuch, wenn nur eine ernsthafte Tötungsabsicht vorhanden ist.[29]

Ein **Rücktritt** vom Versuch i. S. v. § 24 StGB stellt den einmal entstandenen Pflichtteilsentziehungsgrund nicht mehr in Frage.[30] Die Anwendbarkeit des Entziehungsgrundes wird auch nicht etwa dadurch ausgeschlossen, dass der Täter sich mit seiner Tat zugleich selbst das Leben nehmen wollte. 27

Zum **geschützten Personenkreis** zählten bisher neben dem Erblasser und dessen Ehegatten 28 die Abkömmlinge, einschließlich der Adoptivkinder und der Lebenspartner einer eingetragenen Lebenspartnerschaft (§ 10 Abs. 6 S. 2 LPartG). **Seit der Reform** eröffnen nunmehr auch Taten, die sich gegen eine dem Erblasser ähnlich nahe stehende Person richten den Anwendungsbereich der Pflichtteilsentziehung (vgl. § 2333 Abs. 1 Nr. 1 BGB).[31]

b) **Entziehung nach § 2333 Abs. 1 Nr. 2 BGB**. Bislang war dieser Entziehungsgrund gewissermaßen auf zwei Kataloggründe aufgeteilt. Früher konnte der Pflichtteil bei einer vorsätzlichen körperlichen Misshandlung (Nr. 2) oder in den Fällen entzogen werden, in denen sich der Abkömmling eines Verbrechens oder eines schweren vorsätzlichen Vergehens gegen den Erblasser oder dessen Ehegatten schuldig gemacht hatte (Nr. 3). Nunmehr werden in § 2333 Abs. 1 Nr. 2 BGB diese bisherigen Nr. 2 u. 3 zusammengefasst und zugleich modifi- 29

---

[24] BVerfGE 112, 332 = ZErb 2005, 169 mit Anm. *Lange* S. 205. So zuvor bereits *Herzog* S. 13 u. 349; *dies.* FF 2003, 19, 22; *Lange/Kuchinke* § 37 XIII 2 a) Fn. 665.
[25] Ebenso *Muscheler* ZEV 2008, 105, 106; Staudinger/*Olshausen* Vor §§ 2333 ff. Rn. 4 a.E. Wohl auch *Kleensang* DNotZ 2005, 509, 522 u. ZEV 2005, 277, 282.
[26] RGZ 100, 114, 115; vgl. auch RGZ 112, 32. Kritisch *Herzog* S. 400: Tatbestandsmerkmal sei zu unbestimmt.
[27] Erman/*Schlüter* § 2333 Rn. 3; Staudinger/*Olshausen* § 2333 Rn. 3.
[28] RG WarnR 1928 Nr. 46; *Ebenroth* Rn. 989; *Lange/Kuchinke* § 37 XIII 2 a Fn. 657.
[29] *Damrau/Riedel/Lenz* § 2333 Rn. 5; Staudinger/*Olshausen* § 2333 Rn. 3.
[30] Vgl. RG WarnR 1928 Nr. 46; Staudinger/*Olshausen* § 2333 Rn. 3.
[31] Siehe oben Rn. 17.

ziert. Jetzt wird verlangt, dass der Pflichtteilsberechtigte sich eines **Verbrechens** (§ 12 Abs. 1 StGB) oder schweren vorsätzlichen **Vergehens** (§ 12 Abs. 2 StGB) schuldig gemacht hat. Beide Begriffe sind im Sinne des Strafrechts zu verstehen. Damit konnte die vorsätzliche körperliche Misshandlung mangels eigenständigem Anwendungsbereich entfallen.

30 Da der Gesetzgeber ein **schweres Vergehen** fordert, ist davon auszugehen, dass die bisherige Rechtsprechung zu § 2333 Nr. 2 BGB a. F. fortgeführt werden wird. Danach musste die Verfehlung in concreto eine schwere Pietätsverletzung darstellen.[32] Hierzu müsse sie sich auf Grund der Umstände des Einzelfalles als nicht mehr hinzunehmende Verletzung der dem Erblasser geschuldeten Achtung darstellen und die Pflichtteilsentziehung als angemessene Reaktion rechtfertigen. Überwiegend wurde in diesem Kontext die Auffassung vertreten, dass es sich um eine Wertungsfrage handele, die weitgehend der Würdigung durch den Tatrichter überlassen bleiben müsse.[33] Ob ein Vergehen schwer wiegt, ist daher nicht allein nach seinem abstrakten Strafrahmen, sondern stets nach den Umständen des Einzelfalles zu beurteilen. Da keinerlei Beschränkungen hinsichtlich des betroffenen Rechts bzw. Rechtsguts bestehen, können neben Körperverletzungsdelikten auch Vermögensdelikte zur Entziehung des Pflichtteils ausreichen, solange es sich nur um Verbrechen oder schwere Vergehen handelt.

31 Das Verbrechen oder schwere Vergehen muss sich richten gegen:
• den Erblasser oder
• einen nahen Angehörigen i. S. v. § 2333 Abs. 1 Nr. 1, 2 BGB bzw.
• den Lebenspartner (§ 10 Abs. 6 S. 2 LPartG).

Mit der Aufhebung des alten § 2333 Nr. 2 BGB und die Erweiterung auf Eltern und Ehegatten in Abs. 2 ist indirekt das sog. Erziehungsprivileg der Eltern abgeschafft worden.

32 Bislang stellten **seelische Misshandlungen** nur dann einen Grund für die Entziehung des Pflichtteils dar, wenn durch sie auf die körperliche Gesundheit des Erblassers eingewirkt wurde.[34] Diese Interpretation entsprach dem alten Gesetzeswortlaut, der nur körperliche Misshandlungen erwähnte. Die damit einhergehende Beschränkung der Pflichtteilsentziehung wurde zu Recht kritisiert, da seelische Misshandlungen ähnlich schwer wiegen können wie Körperverletzungen.[35] Seelische Misshandlungen werden nunmehr dann erfasst, wenn sie Folge eines Verbrechens oder eines schweren vorsätzlichen Vergehens sind. Schwere Persönlichkeitsrechtsverletzungen und solche seelischen Misshandlungen, durch die die Würde des Menschen verletzt wird, rechtfertigen den Entzug des Pflichtteilsrechts aber nur, wenn ihnen ein Verbrechen oder ein schweres vorsätzliches Vergehen zugrunde liegt.

33 Eine **strafrechtliche Verurteilung** ist hier, anders als beim Entziehungsgrund der Nr. 4, für die Pflichtteilsentziehung nicht erforderlich.[36] Das Recht zur Entziehung bleibt daher auch dann bestehen, wenn eine Strafverfolgung unterblieben ist, weil der Verletzte nicht den erforderlichen Strafantrag gestellt hat.[37] Stellt der Erblasser keinen Strafantrag, kann darin nicht per se eine Verzeihung (§ 2337 BGB) gesehen werden; nur in Ausnahmefällen mag dies anders sein. Wer den Gang in die öffentliche Strafverfolgung scheut, hat dem Pflichtteilsberechtigten deswegen nicht automatisch im Bereich seiner privaten Vermögensvererbung vergeben.[38]

34 **Notwehr** schließt ein „sich Schuldigmachen" aus. Behauptet der Abkömmling substanziiert das Vorliegen einer Notwehrlage, ist der Erbe dafür beweispflichtig, dass die Voraussetzungen des Notwehrrechts nicht vorgelegen haben (§ 2336 Abs. 3 BGB).[39] Ein schuld-

---

[32] BGHZ 109, 306 = NJW 1990, 911 = JZ 1990, 697 mit kritischer Anm. *Leipold*; vgl. auch OLG Köln ZEV 2003, 465, 466; OLG Düsseldorf NJW-RR 1996, 520 = ZEV 1995, 410; Bamberger/Roth/*J. Mayer* § 2333 Rn. 6; Staudinger/*Olshausen* § 2333 Rn. 6; a. A. Erman/*Schlüter* § 2333 Rn. 4.
[33] BGHZ 109, 306 = NJW 1990, 911 = JZ 1990, 697 mit kritischer Anm. *Leipold*; OLG Düsseldorf NJW-RR 1996, 520 = ZEV 1995, 410.
[34] BGH FamRZ 1977, 47 mit Anm. *Bosch*; Ebenroth Rn. 989; Mayer/Süß/Tanck/Bittler/Wälzholz/*J. Mayer*, HB § 10 Rn. 15; Palandt/*Edenhofer* § 2333 Rn. 4.
[35] *Herzog* S. 337; MünchKommBGB/*Lange* § 2333 Rn. 1; ders. AcP 204 (2004), 804, 821.
[36] Siehe dazu unten Rn. 44.
[37] AnwK-BGB/*Herzog* § 2333 Rn. 8.
[38] Mayer/Süß/Tanck/Bittler/Wälzholz/*J. Mayer*, HB § 10 Rn. 18.
[39] RG Recht 1913 Nr. 2745 = WarnR 1913 Nr. 402; OLG Stuttgart BWNotZ 1976, 92.

II. Die Pflichtteilsentziehung

loses Überschreiten der Notwehr genügt nicht für eine Entziehung des Pflichtteils.[40] In Fällen der Putativnotwehr und bei Notwehrexzessen kommt dem Nachweis, dass der Täter schuldhaft gehandelt hat, entscheidende Bedeutung zu.

> **Praxistipp:**
> Auch im Falle der Pflichtteilsentziehung nach § 2333 Abs. 1 Nr. 2 BGB ist eine sehr sorgfältige Ermittlung des Sachverhaltes, einschließlich aller be- und entlastenden Umstände unverzichtbar.

c) Entziehung nach § 2333 Abs. 1 Nr. 3 BGB. Die Auslegung des Unterhaltsbegriffs erfolgt heute in enger Anlehnung an die **unterhaltsrechtlichen Vorschriften** der §§ 1601 ff. BGB. Der Entziehungsgrund kennt vier Voraussetzungen:[41]
- erstens die Bedürftigkeit des Erblassers nach §§ 1602 Abs. 1, 1606 BGB;
- zweitens die Leistungsfähigkeit des Pflichtteilsberechtigten;
- drittens die Kenntnis des Pflichtteilsberechtigten von der Bedürftigkeit des Erblassers und
- viertens die böswillige Verweigerung des Unterhalts aus verwerflichen Gründen.

Sämtliche Voraussetzungen müssen kumulativ vorliegen, damit der Entziehungsgrund eingreifen kann. Die **bloße Nichtgewährung** von Unterhalt trotz Kenntnis der Bedürftigkeit genügt daher nicht. Verweist etwa ein Enkel seine Großeltern auf Sozialhilfe und gewährt er ihnen keinen Unterhalt, stellt dies ebenfalls keinen Entziehungsgrund dar, da wegen § 94 Abs. 1 S. 3 SGB XII keine Unterhaltsverpflichtung bestand.[42]

Zu beachten ist, dass hier keine Erweiterung des geschützten Personenkreises vorgenommen worden ist, weshalb ausschließlich auf die Unterhaltspflichtverletzung gegenüber dem Erblasser abgestellt werden kann.

Der Entziehungsgrund der Nr. 3 ist **praktisch ohne Bedeutung**. Derjenige, der auf Unterhalt angewiesen ist, hat regelmäßig keinen großen Nachlass, den er verteilen könnte und wird damit keinen Anlass zur Pflichtteilsentziehung sehen. Der in den Schutzbereich dieses Entziehungsgrundes fallende Unterhalt ist auch **nach der Reform** als Geldleistung geschuldet. Abkömmlinge, die dem Erblasser nicht die notwendige tatsächliche Pflege und Sorge zuteil werden lassen, verletzen daher ihre Unterhaltspflicht i. S. dieser Vorschrift nicht, solange sie dem bedürftigen Erblasser die erforderlichen finanziellen Mittel zur Verfügung stellen (§ 1612 BGB).[43] Die Tatsache, dass sie dabei u. U. keinen persönlichen Kontakt zulassen und auch eine persönliche Betreuung ablehnen, berechtigt nicht zur Pflichtteilsentziehung nach Nr. 3, was den Anwendungsbereich zusätzlich limitiert.[44]

„Böswillig" ist die Verletzung der gesetzlichen Unterhaltspflicht nicht schon dann, wenn der leistungsfähige Abkömmling seine Verpflichtung kennt und sie dennoch nicht erfüllt. Der Abkömmling muss darüber hinaus verwerflich gehandelt haben.[45] Der **Reformgesetzgeber** hat an diesem Kriterium – trotz kritischer Stimmen – festgehalten und nicht, etwa in Anlehnung an § 1611 BGB das Wort „gröblich" verwandt.[46] Damit bleibt es bei der allgemeinen Verwerflichkeitsprüfung, nach der es nicht möglich ist, allgemein verbindlich festzulegen, wie lange die Unterhaltspflichtverletzung angedauert bzw. welches Ausmaß sie angenommen haben muss, um einen böswilligen Charakter anzunehmen. Neben dem materiellen ist im konkreten Einzelfall der moralische Schaden für den Erblasser zu berücksichtigen.

Wenn es darum geht, den **Eltern** den Pflichtteil wegen böswilliger Unterhaltspflichtverletzung zu entziehen, ist zusätzlich zu beachten, dass Eltern gegenüber ihren unverheirateten Kindern grundsätzlich die Art der Unterhaltsgewährung frei bestimmen dürfen (§ 1612

---

[40] Erman/*Schlüter* § 2333 Rn. 4; Staudinger/*Olshausen* § 2333 Rn. 8.
[41] MünchKommBGB/*Lange*, § 2333 Rn. 4.
[42] AnwK-BGB/*Herzog* § 2333 Rn. 13.
[43] Damrau/Riedel/*Lenz* § 2333 Rn. 19; Soergel/*Dieckmann* 2333 Rn. 10.
[44] Kritisch daher Soergel/*Dieckmann* § 2333 Rn. 10.
[45] Erman/*Schlüter* § 2333 Rn. 6; Soergel/*Dieckmann* § 2333 Rn. 10; Staudinger/*Olshausen* § 2333 Rn. 16.
[46] AnwK-BGB/*Herzog* § 2333 Rn. 14; *dies.* FF 2006, 86, 93.

Abs. 2 BGB). Daher liegt regelmäßig kein Verstoß gegen § 2333 Abs. 1 Nr. 3, Abs. 2 BGB vor, wenn ausreichende Mittel für eine Heimunterbringung des Kindes zur Verfügung gestellt werden. Dass die Eltern evtl. gleichzeitig ihr Sorgerecht gröblich verletzen und ein Verhalten zeigen, das in Grenzfällen sogar die Ersetzung ihrer Einwilligung in die Adoption rechtfertigen würde (§ 1748 BGB), ändert nichts, – eine heutigen Wertvorstellungen nicht mehr entsprechende Regelung.[47] § 170 StGB i. V. m. § 2333 Abs. 1 Nr. 3 BGB löst jedenfalls dieses Problem nur in seltenen Ausnahmefällen.[48] Eine Unterhaltspflichtverletzung kann auch darin liegen, dass einem Abkömmling keine angemessene Ausbildung ermöglicht wird (§ 1610 Abs. 2 BGB).[49] Die Entziehung kann nur den schuldigen Elternteil treffen. Eine persönliche Straffreiheit (z. B. §§ 247 Abs. 2, 289 Abs. 4 StGB) spielt dabei keine Rolle.

41 Geht es schließlich um die Pflichtteilsentziehung des **Ehegatten/Lebenspartners**[50] wegen dessen böswilliger Verletzung einer ihn treffenden gesetzlichen Unterhaltspflicht gegenüber dem Erblasser ist zu beachten, dass das Unterhaltsrecht zwischen Ehegatten eine komplizierte Regelung erfahren hat (vgl. §§ 1360, 1360 a, 1356, 1361 BGB). Es ist vor diesem Hintergrund nicht immer einfach, eine böswillige und erhebliche Pflichtverletzung und den entsprechenden Vorsatz festzustellen und zugleich zu ermitteln, dass der Unterhaltspflichtige zur Erfüllung seiner Verpflichtungen im Stande war.

42 d) *Entziehung nach § 2333 Abs. 1 Nr. 4 BGB. aa) Gesetzesreform.* Dieser neue Entziehungsgrund stellt die deutlichste Veränderung des Entziehungsrechtes durch die Erbrechtsreform dar. Das Gesetz kannte bislang mit § 2333 Nr. 5 BGB a. F. die Möglichkeit der Entziehung bei einem „ehrlosen und unsittlichen Lebenswandel". Dieser Entziehungsgrund, der auf den Schutz der Familienehre abstellte, wurde schon seit langem als nicht mehr zeitgemäß und rechtspolitisch fragwürdig eingestuft.[51] Dabei ging es nicht um eine Verfehlung gegenüber dem Erblasser oder dessen nächsten Angehörigen, sondern um die Verletzung der Familienehre.[52] Ausgeschlossen werden sollte, wer den guten Namen der Familie untergräbt oder sich durch seinen unsittlichen Lebenswandel von dem Familienband gelöst hatte. Nicht nur wegen des Wandels, sondern auch wegen der **Pluralität der Wertvorstellungen** und damit einhergehend der Auflösung der staatlichen und gesellschaftlichen Kontrolle von Familienmoral war der Anwendungsbereich von § 2333 Nr. 5 BGB a. F. problematisch geworden.[53]

43 Statt dieses Entziehungsgrundes berechtigt nunmehr das schwere sozialwidrige Fehlverhalten des Pflichtteilsberechtigten auf andere Weise zur Entziehung des Pflichtteils. Aus Gründen der Rechtsklarheit und der Rechtssicherheit knüpft § 2333 Abs. 1 Nr. 4 BGB dabei an **zwei**, nach seiner Auffassung einfach nachzuprüfende **Merkmale** an:
- die vorsätzlich begangene Straftat und
- die Unzumutbarkeit.

44 *bb) Straftat.* Das Abstellen auf das Strafrecht soll in einer pluralistischen Wertegesellschaft einen Unwertkonsens erreichen, da mit der Strafbarkeit eines bestimmten Verhaltens zugleich ein ethisch-moralisches Verdikt ausgesprochen wird. Mit der Straftat wird auf die **Verantwortungssphäre des Pflichtteilsberechtigten** abgestellt. Das Merkmal soll die Rechtssicherheit für alle Beteiligten erhöhen. Zugleich wird mit der Strafbarkeit auf ein bestimmtes ethisch-moralisches Unwerturteil abgestellt. Nach den Vorstellungen des Gesetzgebers rechtfertigt allerdings nicht jede Straftat eine Entziehung des Pflichtteils. Es muss sich vielmehr um eine vorsätzliche Tat von erheblichem Gewicht handeln, die gerade deshalb ein besonders schweres sozialwidriges Fehlverhalten darstellt. Man hat dabei bewusst nicht an den

---

[47] AnwK-BGB/*Herzog* § 2333 Rn. 2.
[48] *Damrau/Riedel/Lenz* § 2333 Rn. 4.
[49] Staudinger/*Olshausen* § 2333 Rn. 3.
[50] Durch § 10 Abs. 6 S. 2 LPartG ist der eingetragene Lebenspartner dem Ehegatten gleichgestellt.
[51] AnwK-BGB/*Herzog* § 2333 Rn. 15; Palandt/*Edenhofer* § 2333 Rn. 7; MünchKommBGB/*Lange* § 2333 Rn. 15; *ders.* AcP 204 (2004), 804, 824 bis 826.
[52] RG JW 1914, 1081; RG WarnR 1942 Nr. 53; BGHZ 76, 109 = NJW 1980, 936; *Gotthardt* FamRZ 1987, 757, 762; *Kanzleiter* DNotZ 1984, 22, 29; *Klingelhöffer* Rn. 41.
[53] MünchKommBGB/*Lange* § 2333 Rn. 15; Bamberger/Roth/*J. Mayer* § 2333 Rn. 12; Palandt/*Edenhofer* § 2333 Rn. 7.

II. Die Pflichtteilsentziehung

Begriff des Verbrechens anknüpfen wollen, um damit auch schwere Vergehen aus dem Sexualstrafrecht erfassen zu können.[54]

Das Merkmal der strafrechtlichen Verurteilung kann im Einzelfall dazu führen, dass der Erblasser genötigt wird, gegen seine nächsten Angehörigen vorzugehen. Vor allem bei **Antragsdelikten** oder Fällen häuslicher Gewalt muss er selbst aktiv werden, um das Strafverfahren überhaupt in Gang zu bringen.

Das Merkmal der **rechtskräftigen Verurteilung** ist wegen seiner Objektivierbarkeit und leichten Nachprüfbarkeit aufgenommen worden.[55] Zugleich tritt damit eine gewisse Bindung der Zivilgerichte an die strafrechtliche Entscheidung ein. Auch wenn das Verfahren erst nach dem Erbfall rechtskräftig abgeschlossen ist, kann die Entziehung dennoch wirksam angeordnet werden, was sich aus dem Wort „wird" in § 2333 Abs. 1 Nr. 4 und aus § 2336 Abs. 2 BGB ergibt.[56] Dies ist wichtig, da ansonsten der Erblasser erst nach der rechtskräftigen Verurteilung hätte testieren können, da erst ab diesem Zeitpunkt der Entziehungsgrund besteht und der Pflichtteilsberechtigte durch aussichtslose Rechtsmittel die Rechtskraft hinauszögert. Dennoch ist mit diesem Merkmal ein großes Maß an Flexibilität vergeben worden.

Die Freiheitsstrafe muss „**ohne Bewährung**" ausgesprochen worden sein. In Fällen, in denen eine schwerwiegende Straftat zwar vorliegt, die eine Strafe von über einem Jahr erwarten lässt, die allerdings verjährt ist, ist nach dem Wortlaut des § 2333 Abs. 1 Nr. 4 BGB eine Pflichtteilsentziehung nicht mehr möglich.[57] Die relativ hohe Strafbarkeit soll verdeutlichen, dass die Handlung ein gewisses Gewicht haben muss, um die Pflichtteilsentziehung zu rechtfertigen. Ob es sich um eine Jugendstrafe handelt, ist unerheblich.

Anders als bei dem Entziehungsgrund des Abs. 1 Nr. 1 ist der **Kreis der Opfer** der Straftat nicht beschränkt, weshalb auch nicht personenbezogene Delikte wie etwa Hehlerei, Volksverhetzung oder schwere Umweltdelikte in Betracht kommen können. Auf einen wie auch immer gearteten ehrlosen Charakter der Tat oder der Umstände ihrer Begehung kommt es nicht an. Es genügt daher ein einmaliger, aber schwerwiegender Verstoß gegen Strafnormen. Da es nicht länger eine Rolle spielt, ob der Pflichtteilsberechtigte von seinem Verhalten bzw. Lebenswandel abrückt, reicht zum einen eine Jahrzehnte zurückliegende Tat (wenn keine Verzeihung vorliegt), und zum anderen ist keine Prognoseentscheidung mehr erforderlich. Dies bedeutet aber auch, dass die Abkehr vom bisherigen strafbaren Verhalten dem Berechtigten seinen Pflichtteil nicht wiedergibt.

cc) Unzumutbarkeit. Die Teilhabe des Pflichtteilsberechtigten am Nachlass muss für den Erblasser aufgrund der Verurteilung wegen einer Straftat **unzumutbar** sein. Dieses Kriterium soll sicherstellen, dass die Entziehung des Pflichtteilsrechts nicht völlig von dem Schutz der Familie abgekoppelt wird, worin der Gesetzgeber eine verfassungsrechtliche Vorgabe sah.[58] Die Voraussetzung der Unzumutbarkeit gewährleistet daher, dass es nicht zu einem Automatismus in der Pflichtteilsentziehung kommen kann, wenn der Berechtigte zu einer Freiheitsstrafe von mindestens einem Jahr ohne Bewährung rechtskräftig verurteilt worden ist.

Der Begriff der Unzumutbarkeit ist sehr unbestimmt. Damit es nicht zu der bereits prognostizierten Einzelfallrechtsprechung mit der damit einher gehenden Rechtsunsicherheit kommt,[59] soll nach den Vorstellungen des Gesetzgebers darauf abgestellt werden, dass die Straftat den persönlichen, in der Familie **gelebten Wertvorstellungen** des Erblassers in hohem Maße widerspricht. Dies liegt, wie der Gesetzgeber selbst klarstellt, vor allem bei schweren Straftaten, die mit erheblicher Freiheitsstrafe geahndet werden, nahe. Damit besteht also eine Art Wechselwirkung zwischen der Schwere der Tat und der Unzumutbarkeit.

Einen Widerspruch zu den gelebten Wertvorstellungen will man hingegen verneinen, wenn auch der **Erblasser selbst strafrechtlich** in Erscheinung getreten ist.[60] Etwas anderes

---

[54] RegE, S. 23 f. (zu Nr. 28); *Bonefeld/Lange/Tanck* ZErb 2007, 292, 297.
[55] *Kroiß* FPR 2008, 543, 544 f.; *Meyer* FPR 2008, 537, 539.
[56] *Muscheler* ZEV 2008, 105, 106.
[57] *Kroiß* FPR 2008, 543, 545.
[58] *Meyer* FPR 2008, 537, 539.
[59] So BRAK-Stellungnahme Nr. 35/2007, S. 21; zurückhaltender *Schaal/Grigas* BWNotZ 2008, 2, 20.
[60] *Meyer* FPR 2008, 537, 539.

soll gelten, wenn der Erblasser Jahrzehnte vor der Tat des Berechtigten eine ähnliche Straftat begangen hat, sich später aber davon eindeutig distanziert hat. Auch soll der Erblasser den Pflichtteil nicht entziehen können, wenn er an der konkreten Straftat des Pflichtteilsberechtigten beteiligt war.[61] Daraus wird man schließen können, dass sich der Erblasser bei der Unzumutbarkeit nicht allein von allgemeinen gesellschaftlichen Moralvorstellungen leiten lassen darf, sondern sich vorrangig auf die konkret in seiner Familie gelebten Werte beziehen muss.

52   dd) *Verschulden.* Ein zentraler Kritikpunkt des BVerfG war, wie gesagt, der Umgang mit dem Verschuldenserfordernis. Das BVerfG hatte die Auslegung der Zivilgerichte, die sich bis dahin an den strafrechtlichen Vorgaben des Verschuldenserfordernisses orientiert hatten,[62] für nicht verfassungsgemäß erklärt.[63] Seiner Meinung nach reicht die Feststellung aus, dass der Pflichtteilsberechtigte einen Entziehungsgrund mit „**natürlichem Vorsatz**" verwirklicht habe. Wenn nämlich das Verschulden strikt im strafrechtlichen Sinne verstanden werde, könne dies „im Einzelfall dem verfassungsrechtlichen Erfordernis eines angemessenen Ausgleichs der gegenüber stehenden Grundrechtspositionen widersprechen". Auch bei Angriffen von Personen, die nicht schuldhaft im strafrechtlichen Sinne handeln können, wie etwa Kinder oder psychisch Kranke, kann es daher zu einem Verlust des Pflichtteilsrechts kommen.

53   Diesen Vorgaben will der Gesetzgeber insbesondere damit Rechnung tragen, dass nunmehr der Pflichtteil auch dann entzogen werden kann, wenn eine rechtskräftige Verurteilung des Berechtigten zu einer Freiheitsstrafe von mindestens einem Jahr ohne Bewährung nur deshalb nicht möglich war, weil er **schuldunfähig** war und daher seine Unterbringung in einem psychiatrischen Krankenhaus oder in einer Entziehungsanstalt angeordnet wurde. Der Zivilrichter muss in diesen Fällen eine hypothetische Strafe für den Pflichtteilsberechtigten bilden.

5. Die formellen Anforderungen an die Pflichtteilsentziehung

54   a) **Form der Anordnung (§ 2336 Abs. 1 BGB).** Der Erblasser muss die Pflichtteilsentziehung durch **letztwillige Verfügung** anordnen, § 2336 Abs. 1 BGB. Die Pflichtteilsentziehung ist in jeder Testamentsform (§ 1937 BGB), also auch derjenigen der Nottestamente nach §§ 2249 ff. BGB, sowie in einem Erbvertrag (§ 2299 Abs. 1 BGB) möglich. Sie kann allerdings in einem gemeinschaftlichen Testament oder einem Erbvertrag nicht mit Bindungswirkung ausgesprochen werden (§ 2299, § 2278 Abs. 2 BGB). Die Pflichtteilsentziehung muss im Augenblick des Erbfalls rechtswirksam sein.

55   Die letztwillige Verfügung muss die **Tatsache der Anordnung** der Pflichtteilsentziehung und deren **Grund** (vgl. § 2336 Abs. 2 BGB) zum Inhalt haben. Daher muss sich, ggf. durch Auslegung, aus der Verfügung ergeben, dass der Verfügende einer bestimmten Person ihren Pflichtteil entziehen wollte. Die Ausschließung von der gesetzlichen Erbfolge („Enterbung") enthält nicht ohne weiteres eine schlüssige Entziehung des Pflichtteils. Werden in einer letztwilligen Verfügung im Zusammenhang mit einer „Enterbung" Gründe angeführt, die eine Pflichtteilsentziehung rechtfertigen, ist durch Auslegung zu ermitteln, ob der Erblasser nur den Ausschluss von der gesetzlichen Erbfolge begründen oder ob er darüber hinaus auch den Pflichtteil entziehen wollte.[64] Dabei ist die Andeutungstheorie zu beachten. Verbleibende Zweifel gehen zu Lasten des Erblassers.

---

[61] RegE, S. 24 (zu Nr. 28).
[62] OLG Düsseldorf NJW 1968, 944; OLG Hamburg 1988, 977; KG OLGRspr. 21, 344, 345; Soergel/*Dieckmann* Vor § 2333 Rn. 6; Staudinger/*Olshausen* Vor §§ 2333 ff. Rn. 4.
[63] BVerfGE 112, 332 = ZErb 2005, 169 mit Anm. *Lange* S. 205. So zuvor bereits *Herzog* S. 13 u. 349; *dies.* FF 2003, 19, 22; *Lange/Kuchinke* § 37 XIII 2 a) Fn. 665.
[64] BayObLG ZEV 2000, 280, 281; OLG Hamm OLGZ 73, 83, 85 f. = FamRZ 1972, 660, 661 f.; OLG Düsseldorf NJW-RR 1996, 520 = ZEV 1995, 410 mit Anm. *Reimann*; OLG Köln ZEV 1996, 430 = FamRZ 1997, 454.

II. Die Pflichtteilsentziehung

Praxistipp:
Immer wieder wird betont, der Erblasser müsse sich nicht des Wortlauts des Gesetzes bedienen. Gerade weil aber das laienhafte Verständnis vorherrscht, eine Enterbung bedeute, dass man gar nichts, also auch keinen Pflichtteil bekomme, ist dringend anzuraten, das Wort „Pflichtteilsentziehung" zu verwenden. Wenigstens sollte klar werden, dass der Pflichtteilsberechtigte mehr als nur seinen gesetzlichen Erbteil verlieren soll, um für die nötige Rechtssicherheit zu sorgen.

Eine abstrakte Pflichtteilsentziehung, etwa gegenüber „meinen Kindern", gibt es nicht. Daher muss die Verfügung zudem die Person genau bezeichnen, deren Pflichtteil entzogen wird. Eine namentliche Erwähnung ist dabei nicht erforderlich, solange die **hinreichende Individualisierbarkeit** sichergestellt ist. Dies gilt in besonderer Weise, wenn durch die letztwillige Verfügung mehrere Pflichtteilsberechtigte betroffen sind.

b) Inhalt der Anordnung (§ 2336 Abs. 2 BGB). *aa) Maßgeblicher Zeitpunkt.* Der Grund der Entziehung (§ 2333 Abs. 1 BGB) muss **zur Zeit der Errichtung** der letztwilligen Verfügung existieren. Da nach § 2336 Abs. 2 BGB allein auf den Zeitpunkt der Errichtung abgestellt wird, scheiden Verfehlungen nach Errichtung des Testaments als Entziehungsgründe aus.[65] Dies ist selbst dann der Fall, wenn die Verfehlung der Vergangenheit angehörte, aber vom Erblasser nicht verziehen wurde (§ 2337 BGB). Wird die Entziehung mit Verfehlungen eines Abkömmlings gegenüber dem Ehegatten des Erblassers begründet (§ 2333 Abs. 1 Nr. 1 u. 2 BGB), muss die Ehe nicht bis zur Testamentserrichtung bestanden haben.

Die Entziehung kann nicht **bedingungsweise** für künftige Verfehlungen ausgesprochen werden, wohl aber darf der Erblasser eine an sich gerechtfertigte Entziehung von einer Bedingung abhängig machen.[66] Nach dem Grundsatz der freien Beweiswürdigung können nach der Testamentserrichtung eingetretene Tatsachen für die Feststellung des zur Zeit der Errichtung bestehenden Grundes herangezogen werden.[67] Dabei darf jedoch nicht ein vom Erblasser genannter, aber nicht beweisbarer Entziehungsgrund gegen einen nicht genannten, aber beweisbaren ausgetauscht werden.

bb) Angabe der Verfügung. Die Entziehung des Pflichtteils kann nur auf Gründe gestützt werden, die **in der letztwilligen Verfügung** enthalten sind. Auf diese Weise soll die spätere Beweisbarkeit der tatsächlichen Motivation des Erblassers für die Entscheidung zur Pflichtteilsentziehung gesichert werden. „In" der letztwilligen Verfügung wird der Entziehungsgrund genannt, wenn er sich in dem verfügenden Text vor der Unterschrift befindet. Ein Verweis auf andere Schriftstücke, die ihrerseits der Testamentsform nicht entsprechen, ist nicht ausreichend. Dies gilt selbst dann, wenn diese Schriftstücke im Zeitpunkt der Testamentserrichtung bereits existierten.[68] Nach Ansicht des BGH[69] reicht es daher nicht aus, wenn der Erblasser wegen des Entziehungsgrundes lediglich auf andere, der Testamentsform nicht entsprechende Erklärungen verweist. Unwirksam ist folglich die Pflichtteilsentziehung auch dann, wenn der Grund der Entziehung erst hinter der Unterschrift angegeben wird und von dieser nicht gedeckt ist.[70] Der bloße Hinweis auf den Inhalt von Akten der Kriminalpolizei ohne deren Kennzeichnung durch Aktenzeichen genügt der Konkretisierungspflicht nach Auffassung des OLG Düsseldorf ebenfalls nicht.[71]

cc) Angabe des Kernsachverhalts. Die Angabe muss hinreichend konkret erfolgen, sodass später gerichtlich geklärt werden kann, auf welchen Entziehungsgrund der Erblasser seinen Entschluss stützte. Zugleich soll so ein „Nachschieben von Gründen" durch die Erben in

---
[65] OLG Hamm OLGR 2007, 312.
[66] Erman/*Schlüter* § 2336 Rn. 3.
[67] RG DR 1939, 382; vgl. auch RGZ 168, 39, 43.
[68] BGHZ 94, 36, 41 = NJW 1985, 1554, 1555; OLG Düsseldorf FamRZ 1999, 1469; AnwK-BGB/*Herzog* § 2336 Rn. 4.
[69] BGHZ 94, 36, 41 = NJW 1985, 1554, 1555.
[70] So schon RG Recht 1914 Nr. 1292.
[71] OLG Düsseldorf FamRZ 1999, 1469.

einem Pflichtteilsentziehungsprozess vermieden werden.[72] Da die gebotenen Angaben „in" der letztwilligen Verfügung zu machen sind, wird eine bloße Wiederholung des Gesetzeswortlauts nicht als ausreichend angesehen.[73] Die Norm schreibt nicht vor, auf welche Weise und in welchem Umfang der Entziehungsgrund in der Verfügung angegeben werden muss. Es ist nach allgemeiner Meinung nicht notwendig, dass der Sachverhalt in allen Einzelheiten angeführt wird.[74] Vielmehr genügt die Angabe eines „**Sachverhaltskerns**",[75] d. h. jede substantiierte Bezeichnung, die es erlaubt, durch Auslegung festzustellen, weshalb in concreto der Pflichtteil entzogen worden ist und auf welchen Lebenssachverhalt sich der Erblasser bezieht.[76] Die Angaben sind der Auslegung zugänglich.

62 In der gerichtlichen Praxis sind diese Grundsätze allerdings **zunehmend strenger** angewandt worden. So soll der Grund der Entziehung dann nicht ausreichend in der Verfügung angegeben worden sein, wenn der Erblasser sich mit seinen Worten nicht auf bestimmte Vorgänge (unverwechselbar) festgelegt und den Kreis der in Betracht kommenden Vorfälle nicht auch nur einigermaßen und praktisch brauchbar eingegrenzt hat.[77] Die Erklärung des Erblassers, er werde „die Gründe der Entziehung noch heute niederlegen", soll für die Pflichtteilsentziehung ebenfalls nicht ausreichen – und zwar ohne Rücksicht darauf, ob diese Ankündigung verwirklicht wurde oder nicht.[78]

63 Das **OLG Frankfurt/Main** hatte 2005 entschieden, dass zur Festlegung des Sachverhaltskerns eine Konkretisierung des Vorwurfs und eine entsprechende Beschreibung der Tat erforderlich seien.[79] Recht weitgehend forderte das Gericht bei einem Sachverhalt, in dem es zu einer Vielzahl körperlicher Tätlichkeiten durch die Beklagte gegenüber der Erblasserin gekommen sein soll, eine „Präzisierung der Vorfälle". Körperliche Übergriffe seien, wenn sie weder räumlich noch dem Zeitpunkt oder den Umständen nach beschrieben und daher identifizierbar gemacht worden sind, nicht leicht zu „greifen" und daher nicht unverwechselbar auszumachen. Auch die Bezugnahme auf ein ärztliches Attest, welches bei einem Rechtsanwalt hinterlegt worden war, reiche nicht aus, da der Entziehungsgrund nicht formwirksam in einem Testament festgehalten worden sei.

64 In seinem Urteil aus dem Jahr 2007 hatte das **OLG Hamm** deutlich gemacht, dass der Pflichtteilsentziehungsgrund zwar nicht in allen Einzelheiten angegeben werden müsse.[80] Notwendig sei jedoch, dass der Erblasser „fassbar und unverwechselbar" seine Gründe für die Pflichtteilsentziehung festlege. Er müsse die Vorgänge nach Ort, Zeit und Art der Taten so darlegen, dass der Kreis der in Betracht kommenden Vorfälle praktisch brauchbar eingegrenzt werde. Es bestehe ansonsten die Gefahr, dass die Entziehung letztlich auf Vorwürfe gestützt werden könnte, die für den Erblasser nicht bestimmend gewesen seien, sondern erst nachträglich von dem Erben erhoben würden. So habe in der letztwilligen Verfügung deutlich gemacht werden müssen, auf welche konkreten Konkursverfahren der verschiedenen Firmen der Erblasser die Pflichtverletzung gestützt habe.

65 Diese beiden Entscheidungen stehen in einer Kontinuität zur früheren Judikatur und verdeutlichen, dass von der Rechtsprechung **sehr hohe formale Anforderungen** an die Angaben der Entziehungsgründe gestellt werden, die den Wortlaut des § 2336 BGB stark ausdehnen.

---

[72] BGHZ 94, 36, 40 = NJW 1985, 1554, 1555; MünchKommBGB/*Lange* § 2336 Rn. 6; Bamberger/Roth/*J. Mayer* § 2333 Rn. 6.
[73] OLG Köln ZEV 1998, 144, 145; OLG Nürnberg NJW 1976, 2020; OLG Saarbrücken JZ 1952, 47.
[74] BGH LM Nr. 1 = NJW 1964, 549; BGHZ 94, 36, 40 = NJW 1985, 1554, 1555; RGZ 168, 39, 43; OLG Nürnberg NJW 1976, 2020; KG OLGrspr. 8, 292; LG Köln DNotZ 1965, 108; Soergel/*Dieckmann* § 2333 Rn. 6.
[75] BGH LM Nr. 1 = NJW 1964, 549; BGHZ 94, 36, 40 = NJW 1985, 1554 mit Anm. *Kuchinke* JZ 1985, 748; OLG Nürnberg NJW 1976, 2020; OLG Karlsruhe FamRZ 1967, 691, 693; OLG Köln ZEV 1996, 430 = FamRZ 1997, 454; OLG Köln ZEV 1998, 144; Erman/*Schlüter* § 2333 Rn. 3; Palandt/*Edenhofer* § 2336 Rn. 3.
[76] Diese Rechtsprechung ist verfassungsrechtlich nicht zu beanstanden, BVerfG ZEV 2005, 388.
[77] BGHZ 94, 36 = NJW 1985, 1554 mit Anm. *Kuchinke* JZ 1985, 748.
[78] LG Köln DNotZ 1965, 108.
[79] OLG Frankfurt/Main OLGR 2005, 300 = ZFE 2005, 295; ähnlich bereits OLG Düsseldorf FamRZ 1999, 1469.
[80] OLG Hamm NJW-RR 2007, 1235; ähnlich zuvor OLG Köln ZEV 1998, 144, 145 f.

II. Die Pflichtteilsentziehung

Ohne eine entsprechende Beratung sind sie von Laien regelmäßig nicht zu erfüllen. Schon früher wurde die Ansicht, die Angabe eines Faustschlages ins Gesicht sei für § 2336 BGB nicht ausreichend, wenn nicht „der gesamte Geschehensablauf, der der Körperverletzung zugrunde lag, genau geschildert wird",[81] als unhaltbar verworfen. Konnte man diese Judikatur seinerzeit noch als Einzelmeinung abtun, so ist mittlerweile leider festzustellen, dass die darin zum Ausdruck kommende Tendenz zunehmend unter Gerichten Schule macht. Die Pflichtteilsentziehung scheitert daher vielfach nicht nur wegen des knappen Katalogs der Entziehungsgründe, sondern vor allem auch wegen der zu strengen formalen Vorgaben.[82]

66 Diese Rechtsprechung steht in einem deutlichen Widerspruch zur **ganz h. L.**, die jede substantiierte Bezeichnung des Grundes ausreichen lässt, solange aus ihr im Einzelfall durch Auslegung zu ermitteln ist, aus welchem Grund der Erblasser die Pflichtteilsentziehung anordnet.[83] Die Praxis vermengt Formfragen mit Beweisbarkeitserwägungen in unzulässiger Weise miteinander.

> **Praxistipp:**
> Soll die Pflichtteilsentziehung nicht schon an formalen Aspekten scheitern, muss die äußerst strenge Judikatur ernst genommen werden. Auf die Abfassung der entsprechenden Passagen in der letztwilligen Verfügung ist daher größte Sorgfalt zu verwenden.[84]

67

68 *dd) Zusätzliche Voraussetzungen für eine Entziehung nach § 2333 Abs. 1 Nr. 4 BGB.* Für eine Entziehung nach § 2333 Abs. 1 Nr. 4 BGB muss zur Zeit der Errichtung die Tat begangen sein und der Grund für die Unzumutbarkeit vorliegen; beides muss in der Verfügung angegeben werden, § 2336 Abs. 2 S. 2 BGB. Mit der **Begründungspflicht für die Unzumutbarkeit** wird der Erblasser vor nicht unerhebliche Schwierigkeiten gestellt.[85] Bislang war es nicht erforderlich, derartige subjektive Merkmale in der Verfügung von Todes wegen darzulegen. Das Gebot, das Merkmal der Unzumutbarkeit mittels konkretisierender Umstände darzulegen, stellt somit eine Verschärfung des Begründungszwangs dar. Der Gesetzgeber meint, die Anforderungen hätten sich nach dem konkreten Einzelfall zu richten und will zudem auf die Schwere der Tat abstellen. Aus der besonderen Schwere ergebe sich eine Vermutung der Unzumutbarkeit der Nachlassteilhabe.[86] Der Erblasser könne sich dann mit dem Hinweis auf die Begehung der Tat begnügen.

> **Praxistipp:**
> Auch wenn man zum Schutz vor Anfechtungen die Motivlage der Errichtung möglichst nicht in das Testament aufnimmt, sollten vor dem Hintergrund der gesetzlichen Vorgaben sicherheitshalber in der Verfügung von Todes wegen ausführlich die Umstände vorgetragen werden, aus denen sich für den Erblasser die Unzumutbarkeit ergibt. Dazu gehören Angaben zu den in der Familie gelebten Wertvorstellungen.

69

70 Das nur für den Entziehungsgrund des § 2333 Abs. 1 Nr. 4 BGB verlangte Erfordernis **der Rechtskraft der Verurteilung** soll als einfach nachzuprüfendes Kriterium die Entziehung des

---

[81] OLG Düsseldorf NJW-RR 1996, 520, 521 = ZEV 1995, 410, 412 mit kritischer Anm. *Reimann*. Abl. auch Bamberger/Roth/*J. Mayer*, § 2336 Rn. 8; *Damrau/Riedel/Lenz* § 2336 Rn. 11.
[82] So bereits *Lange* AcP 204 (2004), 804, 818 ff.; *Martiny*, Verhdlg. 64. DJT 2002, Bd. 1 S. A 61 ff.; S. A 11, A 103. So sprechen etwa Soergel/*Dieckmann* Vor §§ 2333 ff. Rn. 2; Staudinger/*Olshausen* Vor §§ 2333 ff. Rn. 5 davon, dass es zu einer praktischen Wirkungslosigkeit bzw. gesellschaftlicher Bedeutungsarmut des Entziehungsrechts kraft Richterrechts gekommen sei. Ähnlich Mayer/Süß/Tanck/Bittler/Wälzholz/*J. Mayer*, HB § 12 Rn. 30: „sehr hohe formelle Anforderungen".
[83] Vgl. nur Soergel/*Dieckmann* § 2336 Rn. 3; AnwK-BGB/*Herzog* § 2336 Rn. 6; Staudinger/*Olshausen* § 2336 Rn. 6.
[84] Formulierungshinweis bei Scherer/*Kasper*, MAH Erbrecht, § 29 Rn. 67.
[85] So auch Stellungnahme Dt. Notarverein zum RefE vom 21. 8. 2007, S. 14; Bonefeld/Lange/Tanck ZErb 2007, 292, 297 f.; *Keim* ZEV 2008, 161, 168.
[86] RegE, S. 24 (zu Nr. 28).

Pflichtteils erleichtern und nicht erschweren. § 2336 Abs. 2 S. 2 BGB ist eine reine Formvorschrift, die allein die spätere Beweisbarkeit der tatsächlichen Motivation des Erblassers für seine Entscheidung dokumentieren helfen soll.[87] Entscheidend ist daher die begangene Straftat und nicht etwa die (spätere) Rechtskraft der Verurteilung.

6. Die Pflichtteilsentziehung als Gestaltungsrecht

71 Das Pflichtteilsentziehungsrecht ist ein **Gestaltungsrecht,** auf das der Erblasser nicht verzichten (§ 2302 BGB) kann. Er kann es allerdings durch Verzeihung verlieren (§ 2337 BGB). Die Entziehung des Pflichtteils erfolgt durch letztwillige Verfügung (§ 2336 Abs. 1 BGB). Der Grund der Entziehung muss im Zeitpunkt der Errichtung der Verfügung bestehen und dort angegeben werden (§ 2336 Abs. 2 BGB). „Enterbt" der Erblasser einen Abkömmling unter Hinweis auf einen der in § 2333 BGB genannten Gründe, ist durch Auslegung zu ermitteln, ob nur der Ausschluss von der gesetzlichen Erbfolge oder auch die Pflichtteilsentziehung gewollt ist. Da die Pflichtteilsentziehung durch letztwillige Verfügung erfolgt, kann sie durch den Erblasser nach den §§ 2253 ff. BGB widerrufen werden, ohne eine Verzeihung auszusprechen.

> **Praxistipp:**
> 72 Bei der Formulierung eines entsprechenden Widerrufs der Pflichtteilsentziehung ist besondere Sorgfalt an den Tag zu legen. Vor allem ist klarzustellen, dass keine Verzeihung gemeint ist.

7. Die lebzeitige Klärung der Entziehungsmöglichkeit

73 Die Frage, ob Grund zur Entziehung des Pflichtteils besteht, kann sowohl vom zukünftigen Erblasser als auch vom zukünftigen Pflichtteilsberechtigten zum **Gegenstand einer Feststellungsklage** gemacht werden.[88] Das Interesse des Erblassers an einer Klärung der Grenzen seiner alsbald wahrzunehmenden Testierfreiheit verträgt im Allgemeinen geringeren Aufschub als das Interesse eines ungeduldigen Angehörigen an der Feststellung einer Rechtsposition, die für ihn erst nach dem Erbfall fühlbare Folgen hat. Aus diesem Grund ist die Feststellungsklage des Pflichtteilsberechtigten gegen den zukünftigen Erblasser zulässig.

74 War bislang offen, ob zwischen der Zulässigkeit einer **positiven Feststellungsklage des Erblassers** und einer **negativen des Pflichtteilsberechtigten** zu differenzieren ist,[89] so hat der BGH nunmehr ein Feststellungsinteresse des Pflichtteilsberechtigten jedenfalls für den Fall bejaht, dass der Erblasser das Entziehungsrecht bereits in einer (notariellen) letztwilligen Verfügung ausgeübt hat.[90] Ferner hat er ausgeführt, dass das rechtliche Interesse an einer alsbaldigen Feststellung in aller Regel nicht fehle, da das Fortbestehen eines Pflichtteilsrechts für den Berechtigten nicht nur für die Zeit nach dem Erbfall von Bedeutung ist. So könne er schon vor dem Erbfall einen Vertrag mit einem anderen gesetzlichen Erben über seinen Pflichtteil abschließen (§ 311 b Abs. 5 BGB) oder mit dem Erblasser gegen entsprechende Gegenleistung einen Verzicht vereinbaren (§ 2346 Abs. 2 BGB). Die Beweislast ändert sich nach den allgemeinen Regeln durch die umgekehrte Parteistellung nicht. Ob man darüber hinaus ein negatives Feststellungsinteresse des Pflichtteilsberechtigten bejahen soll,[91] wenn der Erblasser glaubhaft äußert, er werde den Pflichtteil entziehen, ist zweifelhaft.[92]

---

[87] MünchKommBGB/*Lange* § 2336 Rn. 6.
[88] Klage des zukünftigen Erblassers: RGZ 92, 1; BGH NJW 1974, 1084; bestätigt durch BGHZ 109, 306, 309. Klage des zukünftigen Pflichtteilsberechtigten: BGHZ 109, 306, 309 f.; NJW-RR 1993, 391; OLG Saarbrücken NJW 1986, 1182.
[89] BGHZ 109, 306, 309 f. = JZ 1990, 697 mit Anm. *Leipold*.
[90] BGH NJW 2004, 1874 = ZEV 2004, 243 mit Anm. *Kummer* S. 274.
[91] So *Kummer* ZEV 2004, 274, 275; *Lange/Kuchinke* § 37 III 1 b.
[92] Zurückhaltend AnwK-BGB/*Herzog* § 2333 Rn. 27; Bamberger/Roth/*J. Mayer* § 2336 Rn. 12; Soergel/*Dieckmann* Vor § 2333 Rn. 4; Staudinger/*Olshausen* Vor §§ 2333 ff. Rn. 19.

II. Die Pflichtteilsentziehung

> **Praxistipp:**
> Diese Judikatur des BGH kann für die Beratungspraxis die notwendige Rechtssicherheit bringen, auch wenn sie inhaltlich nicht vollumfänglich überzeugt.

75

Das Interesse des Pflichtteilsberechtigten für eine Klage auf Feststellen des Nichtbestehens eines Pflichtteilsentziehungsrechts **entfällt mit dem Tod** des Erblassers.[93] Von diesem Zeitpunkt an geht es um das Bestehen oder das Nichtbestehen eines Pflichtteilsanspruches, für den das Pflichtteilsentziehungsrecht des Erblassers eine bloße Vorfrage darstellt, die nicht (mehr) zum Gegenstand einer gesonderten Feststellungsklage gemacht werden kann.[94] Diese Frage ist letztlich vorgreiflich, etwa für einen Auskunftsanspruch nach § 2314 BGB. In entsprechender Weise entfällt das Feststellungsinteresse für eine Klage des Erblassers gegen den Pflichtteilsberechtigten mit dem Tod des Erblassers, so dass diese Klage vom Erben nicht mehr weiterverfolgt werden kann.[95] Der bisherige Antrag muss umgestellt oder für erledigt erklärt werden.

76

> **Praxistipp:**
> Soweit der Erblasser die Entziehung des Pflichtteils auf Geschehnisse stützt, die nach seinem Tod möglicherweise ohne sein Zutun nicht zu beweisen sind, ist im Hinblick auf § 2336 Abs. 3 BGB die Durchführung eines selbstständigen Beweisverfahrens (§ 485 ZPO) anzuraten.[96]

77

8. Beweislast

Die Beweislastverteilung nach § 2336 Abs. 3 BGB stellt einen weiteren Grund dafür da, dass es kaum zu Pflichtteilsentziehung kommt. Danach trifft die **Beweislast für das Vorliegen eines Entziehungsgrundes** denjenigen, der sich darauf beruft. Dies wird regelmäßig der Pflichtteilsschuldner sein, also der Erbe oder Beschenkte (§ 2329 BGB). Im Falle des § 2318 BGB kommt ggf. auch der Vermächtnisnehmer oder Auflagenbegünstigte in Betracht.[97] Der Nachweis des Vorliegens eines Entziehungsgrundes, möglicherweise viele Jahre nach dessen Begehung, fällt naturgemäß schwer, zumal oft der Pflichtteilsschuldner selbst die näheren Einzelheiten gar nicht kennt. Die Vorschrift wird als Sonderregelung aufgefasst, durch die die allgemeinen Beweisregeln verdrängt werden. Allerdings sollte sie ursprünglich nur die allgemeinen Beweisregeln kodifizieren.[98] Beim Rücktritt vom Erbvertrag (§§ 2294, 2336 BGB) sollen jedoch die allgemeinen Beweisregeln gelten.[99]

78

Nach § 2336 Abs. 3 BGB muss der Pflichtteilsschuldner nicht nur den Tatbestand des Entziehungsgrundes beweisen, er muss zudem den Nachweis erbringen, dass der Pflichtteilsberechtigte **weder gerechtfertigt noch schuldlos** gehandelt hat.[100] Behauptet der Pflichtteilsberechtigte in den Fällen der §§ 2333 Abs. 1 Nr. 2 BGB eine Notwehrlage, muss der Erbe beweisen, dass die Voraussetzungen des Notwehrrechts nicht vorgelegen haben.[101] Behauptet allerdings der Pflichtteilsberechtigte, der Erblasser habe ihm verziehen (§ 2337 BGB), so trifft die Beweislast insoweit ihn selbst und nicht den Erben.[102] Zumindest bei der

79

---

[93] OLG Frankfurt/Main OLGR 2005, 300 = ZFE 2005, 295.
[94] BGH NJW-RR 1993, 391; Staudinger/*Olshausen* Vor §§ 2333 ff. Rn. 41.
[95] BGH NJW-RR 1990, 130.
[96] Pakuscher JR 1960, 51, 52; Staudinger/*Olshausen* Vor §§ 2333 ff. Rn. 27.
[97] OLG Hamm OLGR 2007, 312; OLG Düsseldorf FamRZ 1999, 1469, 1470; *Klingelhöffer* Rn. 36.
[98] Mot. V, 449.
[99] BGH NJW 1952, 700.
[100] BGH NJW-RR 1986, 371, 372; MünchKommBGB/*Lange* § 2336 Rn. 8.
[101] BGH FamRZ 1985, 919, 920; RG Recht 1913 Nr. 2745 = WarnR 1913 Nr. 402; OLG Stuttgart BWNotZ 1976, 92; vgl. auch BGH LM Nr. 2 = NJW 1974, 696; BGH LM § 2294 Nr. 1.
[102] RGZ 77, 162, 163; Palandt/*Edenhofer* § 2336 Rn. 5.

Frage der Schuldfähigkeit zeichnet sich in der Judikatur eine vorsichtige Änderung ab. Danach soll der Pflichtteilsberechtigte analog § 827 BGB beweisbelastet sein.[103]

Praxistipp:
80 Es empfiehlt sich für die Beratungspraxis daher, bei der Entrichtung der Entziehungsverfügung auf die bestehenden Beweisprobleme deutlich hinzuweisen. Das OLG Köln hat im Rahmen eines Schadenersatzprozesses gegen den beurkundenden Notar ausgeführt, diesen träfen Belehrungspflichten dahingegen, dass im Streitfalle der Berechtigte den Pflichtteilsentzug zu beweisen habe.[104]

9. Die Rechtsfolgen der Pflichtteilsentziehung

81 Durch eine wirksame Entziehung **entfallen sämtliche Ansprüche,** die das Pflichtteilsrecht dem betroffenen Abkömmling in den §§ 2303 ff. BGB gewährt. Die Pflichtteilsentziehung umfasst daher insbesondere auch den Pflichtteilsrestanspruch (§§ 2305, 2307 BGB) und den Anspruch auf Pflichtteilsergänzung (§§ 2325 ff. BGB). Es steht dem Erblasser frei, beim Vorliegen der Voraussetzungen des § 2333 den Pflichtteil nur teilweise zu entziehen. Bei Vorliegen eines Entziehungsgrundes kann er zudem eine Anordnung nach § 2338 treffen. Die Verfehlungen i. S. v. § 2333 BGB berechtigen den Erblasser auch zur Aufhebung einer in einem gemeinschaftlichen Testament getroffenen bindend gewordenen Verfügung (§ 2271 Abs. 2 BGB) und zum Rücktritt vom Erbvertrag (§ 2294 BGB). Die wirksame Pflichtteilsentziehung führt somit zu einer Erweiterung der Testierfreiheit des Erblassers.

82 Diese durch die Pflichtteilsentziehung gewonnene **Erweiterung der Testierfreiheit** kommt ausschließlich dem Erblasser bzw. dessen Erben zugute. Sie führt nicht zu einer Erhöhung der Quote anderer Pflichtteilsberechtigter (§ 2310 BGB).[105] Nach § 2310 S. 1 BGB ist der Pflichtteilsberechtigte, dem der Pflichtteil entzogen wurde, bei der Pflichtteilsberechnung der übrigen Pflichtteilsberechtigten mitzuzählen. Hinterlässt der enterbte Pflichtteilsberechtigte, dem der Pflichtteil wirksam entzogen worden ist, Abkömmlinge, treten diese gem. § 2309 BGB an seine Stelle. Die Pflichtteilsentziehung kann – etwa durch Verzeihung (§ 2337 BGB) oder durch Widerruf der Entziehungsverfügung nach den §§ 2253 ff. BGB – nachträglich unwirksam werden. Regelmäßig bleibt davon eine mit der Pflichtteilsentziehung verbundene Entziehung des Erbteils unberührt.[106]

83 Die Entziehung des Ehegattenpflichtteils (§ 2333 Abs. 2 BGB) lässt den **Zugewinnausgleich** nach § 1371 Abs. 2 BGB unberührt. Bei grober Unbilligkeit kann allerdings die Erfüllung der Ausgleichsforderung verweigert werden (§ 1381 Abs. 1 BGB).[107] Zu beachten ist dabei immer, dass § 1381 primär ökonomisches und nicht „irgendein" Fehlverhalten sanktionieren will. In einer fortgesetzten Gütergemeinschaft kann jeder Ehegatte auch einseitig deren Fortsetzung mit dem anderen Ehegatten ausschließen, wenn die Voraussetzungen zur Pflichtteilsentziehung vorliegen (§ 1509 BGB).

10. Die Verzeihung

84 **a) Begriff.** Auf der einen Seite ist die Pflichtteilsentziehung an **keine Frist gebunden,** weshalb sie auch dann erfolgreich sein kann, wenn die gerügte Tat Jahrzehnte zurückliegt. Auf der anderen Seite stellt sie nichts Endgültiges dar, wie § 2337 S. 1 BGB verdeutlicht, wonach das Recht zur Entziehung des Pflichtteils (nur) durch Verzeihung erlischt. Damit steht die Pflichtteilsentziehung allein im Belieben des Erblassers.

---

[103] So LG Ravensburg (für eine Entziehung nach § 2336 Nr. 2 BGB a. F.) ZErb 2008, 120; AnwK-BGB/*Herzog* § 2336 Rn. 10; ähnlich auch OLG Celle ZFE 2004, 221, wo den Erben (nur) die Beweislast für die Verwirklichung des Tatbestands einer Strafnorm zugewiesen wurde.
[104] OLG Köln ZEV 2003, 464.
[105] Staudinger/*Olshausen* Vor §§ 2333 ff. Rn. 28.
[106] Erman/*Schlüter* § 2336 Rn. 1.
[107] AnwK-BGB/*Herzog* § 2335 Rn. 5; Bamberger/Roth/*J. Mayer* § 2335 Rn. 4.

II. Die Pflichtteilsentziehung

Verzeihung ist der nach außen kundgemachte Entschluss des Erblassers, aus den erfahrenen Kränkungen nichts mehr herleiten und über sie hinweggehen zu wollen.[108] Diese Definition ist etwas missverständlich, da es allein auf die innere Einstellung des Erblassers als rein tatsächlichem seelischem Vorgang ankommt.[109] Die Verzeihung darf nicht mit der Versöhnung verwechselt werden, die zwar zumeist, aber nicht notwendig mit der Verzeihung einhergeht.[110] Die Wiederherstellung einer dem Eltern-Kind-Verhältnis entsprechenden innigen und liebevollen Beziehung beispielsweise ist nicht erforderlich.[111] Andererseits genügt es nicht, dass der Erblasser des Familienfriedens wegen oder, um das Zusammenleben erträglicher zu gestalten, gelegentliche persönliche Kontakte duldet oder sogar sucht.[112]

85

b) **Voraussetzungen.** Für eine Verzeihung ist entscheidend, ob der Erblasser das Verletzende der Kränkung noch „**als existent betrachtet**" oder nicht.[113] Eine Verzeihung soll nicht notwendigerweise daran scheitern, dass der Erblasser eine bestimmte Art der Entschuldigung verlangt, sofern diese nicht auf die Beseitigung der Kränkung, sondern auf andere Zwecke gerichtet ist (etwa Demütigung oder Disziplinierung des Pflichtteilsberechtigten).

86

Es ist auch nicht erforderlich, dass der Erblasser sich der mit der Verzeihung eintretenden Unwirksamkeit der Pflichtteilsentziehung bewusst ist. Es reicht aus, dass er den moralischen Gehalt seines Verhaltens erfasst; **Kenntnis** der mit der Verzeihung eintretenden konkreten Rechtsfolgen ist nicht zu verlangen.[114] Die Verzeihung setzt nach allgemeiner Meinung ein Wissen um die Verfehlungen voraus. Der Erblasser muss ihr Ausmaß wenigstens annähernd gekannt haben, oder aber zum Ausdruck gebracht haben, daraus unabhängig von einer solchen Kenntnis nichts mehr herleiten zu wollen.[115]

87

Die Verzeihung ist (wie in den Fällen der §§ 532, 2343 BGB) **keine rechtsgeschäftliche Erklärung**, die gegenüber demjenigen, dem verziehen wird, abgegeben werden müsste.[116] Daher kann auch der nicht voll geschäftsfähige Erblasser verzeihen, sofern er die Bedeutung der Verzeihung erkennt.[117] §§ 119 ff. BGB sind auf die Verzeihung nicht anzuwenden.[118] Allerdings wird eine wirksame Verzeihung dann zu verneinen sein, wenn diejenigen Umstände, von denen der Erblasser die Verzeihung abhängig gemacht hat, in Wirklichkeit nicht vorliegen (z. B. Verzeihung aufgrund eines bestimmten Wohlverhaltens, das der Pflichtteilsberechtigte erfolgreich vorgetäuscht hat). Der Pflichtteilsberechtigte muss keine Kenntnis von der Verzeihung haben.[119] Ist die Verzeihung wirksam zustande gekommen, ist sie als Realakt unwiderruflich. Wird einem Abkömmling in einem gemeinschaftlichen Testament[120] der Pflichtteil entzogen, so bewirkt die Verzeihung durch nur einen Ehegatten lediglich, dass die Pflichtteilsentziehung bezüglich des Nachlasses des Verzeihenden, nicht auch des anderen Ehegatten unwirksam wird. Wegen § 2270 Abs. 3 BGB ist eine Verzeihung durch den Überlebenden auch noch nach dem Tod des Ehepartners möglich.

88

Da die Verzeihung an **keine Form** gebunden ist, kann sie ausdrücklich erklärt werden oder durch schlüssige Handlungen erfolgen und sich aus dem Verhalten des Verletzten oder aus seinen Äußerungen Dritten gegenüber ergeben.[121] Fehlt eine ausdrückliche Erklärung, wird die Verzeihung oftmals erst den Abschluss eines länger dauernden Entwicklungspro-

89

---

[108] BGH NJW 1974, 1084; BGHZ 91, 273, 280; vgl. auch OLG Köln ZEV 1996, 430, 431.
[109] Ebenso AnwK-BGB/*Herzog* § 2337 Rn. 3.
[110] Staudinger/*Olshausen* § 2337 Rn. 21.
[111] BGH FamRZ 1961, 437; OLG Stuttgart BWNotZ 1976, 92, 93; vgl. aber auch Mot. V, S. 443.
[112] Vgl. Soergel/*Dieckmann* § 2337 Rn. 5; Staudinger/*Olshausen* § 2337 Rn. 20 ff.
[113] BGHZ 91, 273, 280 = NJW 1984, 2089, 2090; siehe auch *Lange* ZErb 2008, 59, 62; Soergel/*Dieckmann* § 2337 Rn. 5.
[114] Damrau/Riedel/*Lenz* § 2337 Rn. 8.
[115] Soergel/*Dieckmann* § 2337 Rn. 10; Damrau/Riedel/*Lenz* § 2337 Rn. 3.
[116] BGH NJW 1974, 1084, 1085; Staudinger/*Olshausen* § 2337 Rn. 7. Teilw. weitergehend *Herzog* S. 370, 372.
[117] Bamberger/Roth/*J. Mayer* § 2337 Rn. 2; Staudinger/*Olshausen* § 2337 Rn. 5.
[118] Staudinger/*Olshausen* § 2337 Rn. 13; Damrau/Riedel/*Lenz* § 2337 Rn. 8.
[119] Bonefeld/Daragan/Wachter/*Enzensberger*, S. 1124.
[120] Vgl. BayObLGZ 21, 328.
[121] OLG Stuttgart BWNotZ 1976, 92, 93; BayObLGZ 21, 328, 330; OLG Köln ZEV 1998, 144, 146; Erman/*Schlüter* § 2337 Rn. 1.

zesses bilden, bei dem der Erblasser zunehmende Versöhnungsbereitschaft erkennen lässt.[122] In einem solchen Fall ist stets sehr genau zu prüfen, ob die erforderliche Versöhnungsbereitschaft tatsächlich vorhanden ist. So stellt etwa eine bloße Gleichgültigkeit noch keine Verzeihung dar. Der Verzeihungswille bedarf nicht des Zugangs an den Pflichtteilsberechtigten.[123]

> **Praxistipp:**
>
> 90 Die Verzeihung kann in einem tatsächlichen Vorgang erfolgen, an den durch die Gerichte zunehmend nur sehr geringe Anforderungen gestellt werden. In einem Fall hatte beispielsweise der Erblasser einen Kredit in Höhe von rund 40.000,– € zugunsten des Pflichtteilsberechtigten aufgenommen, der sich in einer desolaten wirtschaftlichen Lage befand. Dem Berechtigten hatte er zuvor den Pflichtteil entzogen. Die vorangegangenen Verfehlungen des Pflichtteilsberechtigten habe der Erblasser, so das OLG, nicht länger als kränkend empfunden, da er sich ansonsten später wohl kaum so stark für den Pflichtteilsberechtigten eingesetzt hätte. Die gewährte materielle Unterstützung durch den Erblasser verdeutliche, dass eine Verzeihung vorgelegen habe.[124] Diese Judikatur führt zu unerwünschten Nebenfolgen. Wird die Hürde für eine schlüssige Verzeihung derart abgesenkt, zwingt man den Erblasser, der sich verletzt fühlt, zu einer dauerhaften Abwendung vom Berechtigten, mindestens aber zu Schroffheiten. Es ist daher unverzichtbar, nur ein solches Verhalten als Verzeihung zu werten, das auch eine gewisse Versöhnungsbereitschaft zeigt.[125]

91 **c) Rechtsfolgen.** Hat der Erblasser dem Pflichtteilsberechtigten eine Tat verziehen, **erlischt** sein Recht der Pflichtteilsentziehung und kann später **nicht wieder aufleben**. Die Verzeihung schließt aus, dass der Erblasser eine künftige Pflichtteilsentziehung auf den verziehenen Entziehungsgrund stützt (§ 2337 S. 1 BGB). Eine bereits angeordnete Pflichtteilsentziehung wird unwirksam (§ 2337 S. 2 BGB). Haben die Ehegatten in einem gemeinschaftlichen Testament einem gemeinsamen Kind den Pflichtteil entzogen, wirkt eine nachträgliche Verzeihung des überlebenden Ehegatten auch hinsichtlich derjenigen Vermögensgegenstände, die im Eigentum des vorverstorbenen Ehegatten standen und die dieser dem nachverstorbenen Ehegatten hinterlassen hat.[126]

92 Die Verzeihung bezieht sich nur auf die Pflichtteilsentziehung. Soweit mit der Entziehung zugleich eine **Enterbung** (§ 1938 BGB) verbunden war, wird diese in ihrer Wirksamkeit nicht berührt. Ein mit der Entziehung verbundener testamentarischer Erbrechtsausschluss kann somit durch Verzeihung allein nicht beseitigt werden, wohl aber durch ein formgültiges Testament. Gleichwohl kann eine Verzeihung durch den Erblasser i.V.m. § 2085 BGB zur Folge haben, dass auch die Entziehung eines gesetzlichen oder testamentarisch zugewandten Erbteils hinfällig wird.[127] § 2085 BGB ist in diesem Sinne auch dann anwendbar, wenn gesetzliche Gründe für eine Pflichtteilsentziehung von Anfang an nicht vorgelegen haben. Eine Anfechtung der trotz Verzeihung fortbestehenden Enterbung nach § 2078 Abs. 2 BGB kommt im Allgemeinen auch dann nicht in Betracht, wenn der Erblasser zu der Verfügung durch die irrige Annahme bestimmt worden ist, er werde dem Pflichtteilsberechtigten die Verfehlungen nie verzeihen.[128]

93 **d) Beweislast.** Die Beweislast für die Verzeihung trifft denjenigen, der sich auf die Verzeihung beruft, also regelmäßig den Pflichtteilsberechtigten.[129]

---

[122] So schon Prot. V, S. 579.
[123] OLG Stuttgart BWNotZ 1976, 92, 93.
[124] OLG Hamm NJW-RR 2007, 1235.
[125] *Klinger/Roth* NJW-Spezial 2007, 503; *Lange* ZErb 2008, 59, 62 f.
[126] OLG Hamm MDR 1997, 844 mit zust. Anm. *Finzel*; Soergel/*Dieckmann* § 2337 Rn. 14.
[127] OLG Hamm OLGZ 73, 83 = FamRZ 1972, 660.
[128] Soergel/*Dieckmann* § 2337 Rn. 15.
[129] Bamberger/Roth/*J. Mayer* § 2337 Rn. 5.

III. Die Pflichtteilsbeschränkung in guter Absicht

1. Zweck der Pflichtteilsbeschränkung

Die Pflichtteilsbeschränkung in guter Absicht nach § 2338 BGB gestattet es dem Erblasser, einen pflichtteilsberechtigten Abkömmling mit weit reichenden Anordnungen zu belasten. Diese Gestaltungsmöglichkeit stellt eine **bewusste Abweichung von der Regelung des § 2306 BGB** dar, worin der erbrechtlichen Gestaltung im Regelfall bestimmte Grenzen zum Schutz des Pflichtteilsberechtigten gesetzt werden. Mit § 2338 BGB sollen im Wesentlichen zwei Ziele verfolgt werden: 94

Erstens wird das Familienvermögen vor der **Gefahr eines Verlustes** durch Verschwendungssucht oder Überschuldung bewahrt. Zutreffend wird darin ein „Umverteilungseffekt innerhalb der Familie des Pflichtteilsberechtigten" gesehen.[130] Die Vorschrift trägt dazu bei, *„das Familienvermögen den Familienangehörigen mindestens insoweit zu erhalten, dass es nicht sofort mit dem Erwerb infolge der Verschwendungssucht oder der Überschuldung des Erwerbers der Gefahr des Verlustes ausgesetzt ist".*[131] Mit dieser Regelung wird somit das Interesse, das Familienvermögen zusammenzuhalten, als schützenswert anerkannt. 95

Zweitens stellt § 2338 BGB einen Akt der Zwangsfürsorge dar (**altruistische Zwecksetzung**).[132] Die Anordnungen der Nacherbfolge, des Nachvermächtnisses und/oder der Testamentsvollstreckung dienen dem wohlverstandenen Interesse des Pflichtteilsberechtigten, da dessen Erwerb ohne diese Maßnahme gefährdet wäre.[133] Im Fall des § 2338 BGB will der Erblasser dem Pflichtteilsberechtigten *„materiell von dem, was ihm gebührt, nichts nehmen, ihn vielmehr voll befriedigen, ihm aber das Hinterlassene in einer Weise zukommen lassen, mit welcher der Berechtigte sich einverstanden erklären müsste, wenn er sein eigenes Interesse wohl verstände".*[134] Das Vermögen wird vor dem Zugriff der Gläubiger des Pflichtteilsberechtigten geschützt; zugleich wird der Berechtigte daran gehindert, das Erworbene zu verschwenden. 96

Wie Mot. V, S. 438 hervorheben, sind die Pflichtteilsentziehung und die Pflichtteilsbeschränkung *„dem Zwecke nach voneinander gänzlich verschieden"*. Anders als die Pflichtteilsentziehung (§§ 2333 ff. BGB)[135] oder die Pflichtteilsunwürdigkeit (§ 2345 Abs. 2 BGB)[136] besitzt die Pflichtteilsbeschränkung „in guter Absicht" keinerlei Straf- oder Sanktionierungscharakter. Dieses Normverständnis hat nicht zuletzt zur Folge, dass eine Verzeihung im Sinne von § 2337 BGB die einmal getroffene Anordnung einer Pflichtteilsbeschränkung nicht aus der Welt schaffen kann.[137] Die praktische Relevanz der Vorschrift ist sehr gering, was die Frage nach ihrer Existenzberechtigung in der gegenwärtigen Form aufwirft. Neben dem engen Tatbestand und der für den sich auf die Anordnung Berufenden ungünstigen Beweislastverteilung mag die weitgehende Unkenntnis über die Vorschrift für ihr Schattendasein verantwortlich sein. 97

Eine wirksame Beschränkung nach § 2338 BGB kommt selbst dann zum Tragen, wenn der Erbe von seinem Wahlrecht nach § 2306 Abs. 1 BGB Gebrauch macht und das Erbe ausschlägt. Will er sodann seinen Pflichtteil verlangen, unterliegt der ihm zustehende Pflichtteil den Beschränkungen des § 2328 BGB; er kann also die Beschränkung **nicht mittels „taktischer Ausschlagung"** umgehen. Die Norm wird ergänzt durch die Pfändungsbeschränkung des § 863 ZPO. Ob sich die Beschränkungen auch auf einen eventuellen Pflichtteilsrestan- 98

---

[130] Mot. V S. 440; v. *Dickhuth-Harrach*, FS Rheinisches Notariat (1998), S. 185, 201; MünchKommBGB/ *Lange* § 2338 Rn. 1.
[131] Prot. V, S. 569; Mayer/Süß/Tanck/Bittler/Wälzholz/*J. Mayer*, HB § 10 Rn. 50. Kritisch zur Existenzberechtigung Staudinger/*Olshausen* § 2338 Rn. 5.
[132] *Keim* NJW 2008, 2072, 2074 (erhebliche Bevormundung des Abkömmlings).
[133] Bonefeld/Daragan/Wachter/*Enzensberger*, S. 1124; Nieder/Kössinger/*R. Kössinger* § 8 Rn. 128.
[134] Mot. V, S. 438.
[135] S. dazu oben Rn. 3 ff.
[136] S. dazu unten Rn. 138 ff.
[137] Lange/Kuchinke § 37 Rn. 689; Mayer/Süß/Tanck/Bittler/Wälzholz/*J. Mayer*, HB § 10 Rn. 50. S. ferner oben Rn. 75 ff.

spruch (§ 2305 BGB) erstrecken, muss im Einzelfall durch Auslegung der Anordnung ermittelt werden.[138]

2. Voraussetzungen der Pflichtteilsbeschränkung

Voraussetzungen der Pflichtteilsbeschränkung

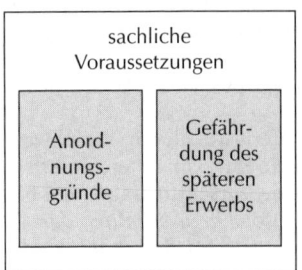
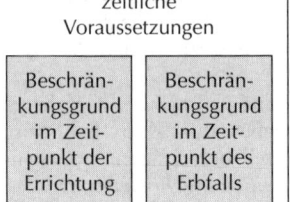

99 **a) Sachliche Voraussetzungen.** *aa) Anordnungsgründe. (1) Grundsätze.* Die in § 2338 Abs. 1 S. 1 BGB genannten gesetzlichen Anordnungsgründe sind **abschließend.** Als Ausnahmeregelung mit begrenztem Zweck ist die Vorschrift zudem nicht analogiefähig.[139] Übermäßiger Alkoholkonsum, Medikamentenmissbrauch, Rauschgiftsucht, Geisteskrankheit oder etwa Geistesschwäche[140] können – ähnlich wie die Mitgliedschaft in einer das Vermögen ihrer Mitglieder beanspruchenden Sekte – zwar im Einzelfall ebenfalls den Erhalt des Familienvermögens gefährden, rechtfertigen aber dennoch keinerlei Beschränkung nach § 2338 BGB.[141] Liegen nicht nur die Voraussetzungen der Pflichtteilsbeschränkung, sondern zugleich auch diejenigen der Pflichtteilsentziehung (vgl. § 2333 BGB) vor, sind allerdings Beschränkungen auch über die Grenze des § 2338 BGB hinaus zulässig.

100 Die Pflichtteilsbeschränkung in guter Absicht ist allein an das Vorliegen der gesetzlich normierten **objektiven Voraussetzungen** geknüpft. Die gute oder altruistische Absicht des Erblassers ist daher kein (zusätzliches) Tatbestandsmerkmal.

101 *(2) Verschwendung.* Von einer **Verschwendung** im Sinne des Gesetzes ist bei einer Lebensweise des Pflichtteilsberechtigten auszugehen, bei der seine gesamten Einnahmen unmittelbar zweck- und nutzlos vergeudet werden.[142] Der Begriff setzt nicht voraus, dass der Abkömmling durch die Verschwendung sich oder seine Familie der Gefahr einer Notlage aussetzt. Vielmehr stellt § 2338 BGB darauf ab, dass der spätere Erwerb des Abkömmlings „erheblich gefährdet" wird.[143] Die Verschwendungssucht muss also einen triftigen Grund zu der Annahme geben, der Abkömmling werde das ihm aus irgendwelchen Erwerbsquellen zufließende Vermögen gleichfalls ganz oder zum großen Teil vergeuden. Die Verschwendung muss objektiv vorliegen. Auf die subjektiven Vorstellungen des Erblassers von der Lebensweise des Berechtigten kommt es nicht an.

102 *(3) Überschuldung.* Eine **Überschuldung** liegt vor, wenn die Passiva die Aktiva übersteigen (vgl. §§ 11, 19, 320, 322 InsO). Die Überschuldung muss objektiv vorhanden sein; ihre Ursache ist dabei bedeutungslos. Die Eröffnung des Insolvenzverfahrens allein berech-

---

[138] Staudinger/*Olshausen* § 2338 Rn. 26; vgl. auch Soergel/*Dieckmann* § 2338 Rn. 9.
[139] KG OLGE 21, 345; MünchKommBGB/*Lange* § 2338 Rn. 2. Für eine rechtspolitische Erweiterung hingegen *Baumann* ZEV 1996, 121, 127.
[140] KG OLGRspr. 21, 344, 345; Soergel/*Dieckmann* § 2338 Rn. 4.
[141] Kritisch *Baumann* ZEV 1996, 121, 127, der eine entsprechende Erweiterung des § 2338 BGB für rechtspolitisch wünschenswert hält. Vgl. auch AnwK-BGB/*Herzog* § 2338 Rn. 6, die für eine stärker wirtschaftlich ausgerichtete Auslegung plädiert.
[142] Bamberger/Roth/*J. Mayer* § 2338 Rn 2; *Baumann* ZEV 1996, 121, 122; Scherer/*Kasper*, MAH Erbrecht, § 29 Rn. 71.
[143] S. dazu oben Rn. 103.

tigt den Erblasser noch nicht zu einer Pflichtteilsbeschränkung, weil bei natürlichen Personen lediglich die Zahlungsunfähigkeit und nicht etwa die Überschuldung einen Insolvenzgrund darstellt (§ 17 InsO).[144] Die Überschuldung muss in der Person des Abkömmlings gegeben sein; eine Überschuldung seines Ehegatten oder Lebenspartners reicht nicht aus.

bb) Gefährdung des späteren Erwerbs. Durch die festgestellte Verschwendung oder Überschuldung muss der spätere Erwerb beim Berechtigten erheblich gefährdet sein. **Gefährdungsobjekt** ist allein der Erb- oder Pflichtteil des Abkömmlings als Bestandteil des Familienvermögens, da nur dieser durch eine entsprechende Anordnung geschützt sein kann.[145] Eine erhebliche Gefährdung liegt vor, wenn objektive Gesichtspunkte erwarten lassen, dass der Erwerb alsbald wieder verloren geht, weil entweder der Abkömmling ihn vergeuden wird oder seine Gläubiger diesen pfänden oder verwerten werden. Ausreichend ist dabei das Vorliegen einer **Vielzahl von Gefährdungsmomenten**, die in ihrer Kumulation den Erwerb als erheblich gefährdet erscheinen lassen. Eine hohe Überschuldung braucht allerdings nicht zwangsläufig den späteren Erwerb des Abkömmlings zu gefährden, wie das Beispiel des Existenzgründungsdarlehens verdeutlicht. Hier kann die zunächst erhebliche Verschuldung durch ein späteres erfolgreiches Berufsleben wieder ausgeglichen werden. 103

b) Zeitliche Voraussetzungen. Bei § 2338 BGB sind zwei zeitliche Voraussetzungen zu beachten: Nach § 2338 Abs. 2 S. 1 i. V. m. § 2336 Abs. 2 BGB muss der Beschränkungsgrund *erstens* im Zeitpunkt der Errichtung der letztwilligen Verfügung bestehen. Die Beschränkung kann daher nicht auf eine künftig drohende Überschuldung gestützt werden, weshalb etwa bei einem Behindertentestament die Pflichtteilsbeschränkung scheitert.[146] 104

Nach § 2338 Abs. 2 S. 2 BGB sind Anordnungen des Erblassers *zweitens* unwirksam, *„wenn zur Zeit des Erbfalls der Abkömmling sich dauernd von dem verschwenderischen Leben abgewendet hat oder die den Grund der Anordnung bildende Überschuldung nicht mehr besteht"*. Der Beschränkungsgrund muss daher bei Eintritt des Erbfalls immer noch oder erneut bestehen. 105

Der **Grund für die Veränderung** im Leben des Abkömmlings spielt keine Rolle. „Dauernd" ist die Abwendung, wenn die Besserung solange angedauert hat und so nachhaltig war, dass ein künftiger Rückfall nicht mehr zu erwarten ist.[147] Lediglich temporäre Verbesserungen zwischen Errichtung der Verfügung und dem Erbfall sind ebenso ohne Belang wie eine vom Erblasser geäußerte „Verzeihung".[148] Die Abwendung muss im Zeitpunkt des Erbfalls gegeben sein.[149] Einem Rückfall nach dem Tod des Erblassers kommt indizielle Wirkung für eine fehlende nachhaltige Besserung zu; er schließt diese aber nicht denknotwendig aus. 106

Fällt der Grund für die Pflichtteilsbeschränkung erst nach dem Erbfall **weg**, ändert das an der Wirksamkeit der Anordnung des Erblassers gemäß § 2338 BGB zunächst nichts. Durch ergänzende Auslegung der letztwilligen Verfügung kann sich allerdings ergeben, dass bei einem Wegfall der Voraussetzungen des § 2338 BGB auch die angeordneten Beschränkungen entfallen sollen. In diesem Kontext wird nicht selten eine Differenzierung erforderlich sein: Die Anordnung der Nacherbfolge oder des Nachvermächtnisses kann zur Erhaltung des Nachlasses in der Familie durchaus weiter seine Berechtigung besitzen, während die Anord- 107

---

[144] MünchKommBGB/*Lange* § 2338 Rn. 5; Mayer/Süß/Tanck/Bittler/Wälzholz/*J. Mayer*, HB § 10 Rn. 54; Bamberger/Roth/*J. Mayer* § 2338 Rn. 2; Staudinger/*Olshausen* § 2338 Rn. 10.
[145] Mayer/Süß/Tanck/Bittler/Wälzholz/*J. Mayer*, HB § 10 Rn. 55; wohl auch *Damrau/Riedel/Lenz* § 2338 Rn. 6. A. A. Staudinger/*Olshausen* § 2338 Rn. 9, wonach es auch auf die Gefährdung des sonstigen Vermögens des Pflichtteilsberechtigten ankommen soll; *Baumann*, ZEV 1996, 121, 122 f. wegen des Normzwecks des Familienerhalts.
[146] Nieder/Kössinger/*R. Kössinger* § 8 Rn. 131. Ersatzlösungen bei Reimann/Bengel/Mayer/*Bengel* Syst. Teil A Rn. 530 ff.
[147] Soergel/*Dieckmann* § 2338 Rn. 5; Scherer/*Kasper*, MAH Erbrecht, § 29 Rn. 72; Staudinger/*Olshausen* § 2338 Rn. 22.
[148] Da die Anordnungen des Erblassers „in guter Absicht" erfolgen, kommt eine Verzeihung entsprechend § 2337 BGB nicht in Frage.
[149] *Kanzleiter* DNotZ 1984, 22; Lange/Kuchinke § 37 XIV 2 b; Bamberger/Roth/*J. Mayer* § 2338 Rn. 4.

nung der Testamentsvollstreckung wegen der damit verbundenen bloßen Beschränkung häufiger entfallen dürfte.[150]

108 c) **Persönliche Voraussetzungen.** *aa) Person des Anordnenden.* Die nach § 2338 BGB möglichen Anordnungen kann jeder Erblasser treffen. Dies gilt selbst dann, wenn er durch gemeinschaftliches Testament oder durch Erbvertrag gebunden ist, §§ 2289 Abs. 2, 2271 BGB.

109 *bb) Person des Pflichtteilsberechtigten.* Die Pflichtteilsbeschränkung in guter Absicht ist nach dem klaren Wortlaut des § 2338 BGB **nur gegenüber Abkömmlingen**, gleich welchen Grades, möglich, nicht hingegen gegenüber dem Ehegatten, dem Lebenspartner oder den pflichtteilsberechtigten Eltern.[151] Der **Reformgesetzgeber** hat keine Anpassung an die Entziehungsgründe des § 2333 BGB vorgenommen. Abkömmlinge sind alle Personen, die mit dem Erblasser in absteigender gerader Linie (§ 1589 S. 1 BGB) verwandt sind (Kinder, Enkel, Urenkel usw.). Die Verwandtschaft zur Mutter richtet sich nach § 1591 BGB und wird durch die Frau vermittelt, die das Kind geboren hat. Das Pflichtteilsrecht zum Vater setzt voraus, dass der Mann dem Kind rechtlich als dessen Vater nach § 1592 BGB zuzuordnen ist. Daher zählen nicht nur seine ehelichen, sondern auch seine nichtehelichen Kinder zum Kreis der Abkömmlinge, sofern die Vaterschaft anerkannt oder rechtskräftig festgestellt ist (§§ 1592 Nr. 2 u. 3, 1594, 1600d BGB).

110 Wird gegenüber einer **anderen Person** als einem Abkömmling eine Anordnung nach § 2338 BGB getroffen, kann es sich nicht um eine wirksame Pflichtteilsbeschränkung in guter Absicht handeln. Es ist daher auf die allgemeinen Vorschriften der § 2306, 2307 BGB zurückzugreifen. Eltern, Ehegatten oder Lebenspartner müssen sich allerdings dann Beschränkungen jeder Art gefallen lassen, wenn der Erblasser ihnen gegenüber zur Entziehung des Pflichtteils berechtigt war. Da er in dieser Konstellation sogar zu einer vollständigen Entziehung berechtigt ist, ist die Anordnung der Maßnahmen nach § 2338 BGB als milderes Mittel zulässig.[152]

111 d) **Beweislast.** Die Gründe für eine Pflichtteilsbeschränkung müssen sowohl im Zeitpunkt der Errichtung der Verfügung als auch im Erbfall vorliegen, weshalb nicht geringe **Beweisschwierigkeiten** entstehen können. Der Nachweis des Vorliegens eines Beschränkungsgrundes obliegt demjenigen, der die Pflichtteilsbeschränkung geltend macht, in der Regel also dem Testamentsvollstrecker, Nacherben oder Nachvermächtnisnehmer (§ 2338 Abs. 2 S. 1 i. V. m. § 2336 Abs. 3 BGB).[153]

> **Praxistipp:**
> 112 In diesem Zusammenhang kann sich die Durchführung eines selbstständigen Beweisverfahrens (§§ 485 ff. ZPO) empfehlen. Aus Gründen der Beweiserleichterung ist es zudem ratsam, in der letztwilligen Verfügung nähere Angaben zum Beschränkungsgrund zu machen.

113 Ist bewiesen, dass die Voraussetzungen für die Zulässigkeit der Beschränkung in guter Absicht im Zeitpunkt der Errichtung vorlagen, wechselt die Beweislast. Behauptet nunmehr der Abkömmling oder einer seiner Gläubiger, dass die im Zeitpunkt der Errichtung der letztwilligen Verfügung gegebene Überschuldung oder Verschwendungssucht zur Zeit des Erbfalls nicht länger bestanden hat (§ 2338 Abs. 2 S. 2 BGB), ist diese Person hierfür beweispflichtig.

---

[150] Vgl. RG DFG 1942, 86; OLG Bremen FamRZ 1984, 213; *Lange/Kuchinke* § 37 XIV 2 b; Bamberger/Roth/*J. Mayer* § 2338 Rn. 4. Für die Fortdauer der Testamentsvollstreckung aber Soergel/*Dieckmann* § 2338 Rn. 7.
[151] MünchKommBGB/*Lange* § 2338 Rn. 3. Zu den Gründen dieser Regelung vgl. Mot. V, S. 442.
[152] AnwK-BGB/*Herzog* § 2338 Rn. 3.
[153] MünchKommBGB/*Lange* § 2338 Rn. 19. Kritisch zur gesetzlichen Regelung *Baumann* ZEV 1996, 121, 127.

3. Gestaltungsmöglichkeiten des Erblassers

a) Grundsätze. Dem Erblasser stehen allein die in § 2338 Abs. 1 BGB abschließend aufgezählten Möglichkeiten der Beschränkung zu (**numerus clausus der Gestaltungsmöglichkeiten**). Er kann diese nicht verschärfen und beispielsweise den Pflichtteil kürzen. Weitergehende Maßnahmen stehen ihm nur zur Verfügung, wenn zugleich die (strengeren) Voraussetzungen der Pflichtteilsentziehung nach § 2333 BGB gegeben sind. Dem Erblasser ist es aber weder verwehrt, die in § 2338 Abs. 1 BGB genannten Anordnungen in ihrer Wirkung abzumildern, noch diese gleichzeitig oder gar nebeneinander anzuordnen. 114

Zu beachten ist, dass eine wirksame Beschränkung nicht dazu führt, dass der beschränkte Abkömmling seinen **Pflichtteil verliert**. Ein Pflichtteilsrecht von dessen Abkömmlingen kann daher wegen § 2309 BGB nicht entstehen. 115

Anordnungen, die nach § 2338 BGB nicht zulässig sind, sind lediglich nach der Wertung dieser Vorschrift unwirksam. Das heißt aber nicht, dass sie schlechthin unwirksam wären. Auch in diesem Fall gelten die **allgemeinen Grundsätze** über die Zulässigkeit von Beschränkungen und Beschwerungen. Insbesondere sind die §§ 2306, 2307 BGB zu beachten, die dem Pflichtteilsberechtigten den vollen unbelasteten Pflichtteil garantieren bzw. ein Wahlrecht einräumen.[154] 116

b) Einsetzung der gesetzlichen Erben des Abkömmlings als Nacherben. *aa) Beschränkung zugunsten der gesetzlichen Erben des Abkömmlings.* Der Erblasser kann die gesetzlichen Erben des Abkömmlings entsprechend den ihnen nach der gesetzlichen Erbfolge zustehenden Anteilen als Nacherben oder Nachvermächtnisnehmern einsetzen. Eine solche Vorgehensweise ist zulässig, wenn *erstens* der Tod des Abkömmlings den entscheidenden Zeitpunkt für den Eintritt der Nacherbfolge bzw. den Anfall des Nachvermächtnisses bildet. Jeder andere Zeitpunkt oder ein sonstiges Ereignis in der Person des Abkömmlings würde das vom Gesetz vorgesehene Maß der Beschränkung übersteigen. Dem Abkömmling stünden dann die Möglichkeiten der §§ 2306 Abs. 1, 2307 Abs. 1 S. 2 BGB zu. 117

Die gesetzlichen Erben des Abkömmlings müssen *zweitens* nach dem Verhältnis der gesetzlichen Erbteile zu Nacherben oder Nachvermächtnisnehmern bestimmt werden. Mit dieser Regelung wollte der Gesetzgeber dem Normzweck entsprechend sicherstellen, dass „*dasjenige, was dem Abkömmling im Hinblick auf dessen Pflichtteil genommen wird, wenigstens seinen gesetzlichen Erben zugewendet wird*".[155] Die engen Gestaltungsgrenzen, die sich aus der insoweit unabänderlichen Festlegung der gesetzlichen Erbfolge in den Nachlass des Abkömmlings ergeben, wurden vom Gesetzgeber bewusst in Kauf genommen.[156] 118

Als Nacherben müssen *drittens* alle gesetzlichen Erben des Abkömmlings zu den sie nach der gesetzlichen Erbfolge treffenden Anteilen eingesetzt werden. Eine **Ausnahme** besteht nur dann, wenn der Erblasser einem gesetzlichen Erben des zu beschränkenden Abkömmlings den Pflichtteil entziehen könnte, wäre er ihm gegenüber pflichtteilsberechtigt.[157] Zum Kreis der gesetzlichen Erben im Sinne des § 2338 BGB gehören auch die Ehegatten des betroffenen Pflichtteilsberechtigten und seine adoptierten und nichtehelichen Kinder. Der Fiskus zählt entsprechend dem Normzweck hingegen nicht dazu (vgl. §§ 2104 S. 2, 2149 S. 2 BGB).[158] 119

Dem Erblasser steht trotz der strengen Vorgaben die Möglichkeit zur Verfügung, die Berufung als Nacherben (Nachvermächtnisnehmern) auf die gesetzlichen Erben der ersten Ordnung oder der ersten und zweiten Ordnung usw. **zu beschränken**.[159] Sind beim Tod des Abkömmlings keine Erben der ersten Ordnung oder der ersten und zweiten Ordnung usw. vorhanden, tritt der Nacherbfall (Nachvermächtnisfall) nicht ein und das dem Abkömmling Hinterlassene fällt als Teil seines Vermögens an denjenigen, der ihn nach allgemeinen Grundsätzen beerbt. 120

---

[154] Soergel/*Dieckmann* § 2338 Rn. 11; AnwK-BGB/*Herzog* § 2338 Rn. 8; MünchKommBGB/*Lange* § 2338 Rn. 7.
[155] Prot. V, S. 440.
[156] Prot. V, S. 441.
[157] MünchKommBGB/*Lange* § 2338 Rn. 8; Staudinger/*Olshausen* § 2338 Rn. 23.
[158] Staudinger/*Olshausen* § 2338 Rn. 24; *Damrau/Riedel/Lenz* § 2338 Rn. 8.
[159] So schon Prot. V, S. 573; Soergel/*Dieckmann* § 2338 Rn. 12; Staudinger/*Olshausen* § 2338 Rn. 23.

> **Praxistipp:**
>
> 121 Da der Erbeinsetzung anderer Personen als der gesetzlichen Erben nicht die Wirkung des § 2338 BGB zukommt und der Kreis der gesetzlichen Erben des Abkömmlings erst bei dessen Tod endgültig feststeht, ist es nicht ratsam, die Erben namentlich zu bezeichnen. Der Erblasser sollte sich vielmehr an den Gesetzeswortlaut halten und „die gesetzlichen Erben" des Abkömmlings zu Nacherben oder Nachvermächtnisnehmern bestimmen.[160] Jeglicher individualisierender Zusatz sollte unterbleiben. Eine solche Gestaltung bewirkt ferner, dass den Gläubigern des Pflichtteilsberechtigten die Vollstreckung nach § 2115 BGB verwehrt ist. Darüber hinaus sind so die Nutzungen der Erbschaft nach § 863 ZPO nur beschränkt der Pfändung durch die Gläubiger des Pflichtteilsberechtigten unterworfen.[161]

122 *bb) Anordnung einer Nacherbfolge (§§ 2100 ff. BGB).* Diese Beschränkungsmöglichkeit kommt **nur in Betracht**, wenn der pflichtteilsberechtigte Abkömmling Vorerbe wird und nicht auf ein Vermächtnis oder den reinen Pflichtteil verwiesen wird. Dabei spielt die Höhe der Erbeinsetzung keine Rolle. Erhält er mehr als die Hälfte seines gesetzlichen Erbteils, unterliegt sein gesamter Erbteil den Beschränkungen des § 2338 BGB. Erhält er hingegen weniger, steht ihm zwar ein Pflichtteilsrestanspruch (§ 2305 BGB) zu. Im Zweifel sind aber diesbezüglich seine gesetzlichen Erben die Nacherben bzw. Nachvermächtnisnehmer. Das Verfügungsrecht des Vorerben ist nach Maßgabe der §§ 2112 ff. BGB beschränkt; die Anordnung einer befreiten Vorerbschaft nach § 2136 BGB ist möglich. Eigengläubigern des Abkömmlings ist der Vollstreckungszugriff nach § 2115 BGB (§ 773 ZPO, § 83 Abs. 2 InsO) verwehrt. Um den Zweck der Pflichtteilsbeschränkung zu erreichen, sind nach § 863 Abs. 1 S. 1 ZPO darüber hinaus die Nutzungen der Erbschaft der Pfändung durch die persönlichen Gläubiger des Abkömmlings insoweit entzogen, als dies zur Sicherung des standesgemäßen Unterhalts des Abkömmlings und der Erfüllung seiner Unterhaltspflichten erforderlich ist.

123 *c) Anordnung eines Nachvermächtnisses.* Setzt der Erblasser den Abkömmling als Vermächtnisnehmer ein, kann er dessen gesetzlichen Erben als Nachvermächtnisnehmer bestimmen. Nimmt der Abkömmling das Vermächtnis (§ 2191 BGB) an, ist **§ 2307 Abs. 1 BGB** maßgebend. Dabei spielt es keine Rolle, ob die Voraussetzungen des § 2338 BGB vorliegen oder nicht. Schlägt der Abkömmling aus, kann er seinen Pflichtteil verlangen, unterliegt dabei aber den nach § 2338 BGB angeordneten Beschränkungen, soweit nicht ein anderer Wille des Erblassers anzunehmen ist. Die Anordnung eines Nachvermächtnisses kommt vor allem dann in Betracht, wenn der Abkömmling lediglich auf den gesetzlichen Pflichtteilsanspruch verwiesen wird.

124 Mit der Anordnung eines Nachvermächtnisses kann der Zweck der Pflichtteilsbeschränkung in guter Absicht **nur unvollkommen erreicht** werden:[162] § 2191 Abs. 2 BGB verweist nicht auf die §§ 2113 bis 2115 BGB, so dass keine Verfügungsbeschränkung eintritt und Eigengläubiger in den Gegenstand des Vermächtnisses und in dessen Nutzungen[163] vollstrecken können, weil auch § 863 ZPO den Fall des Nachvermächtnisses nicht erwähnt. Die Vermächtnisanordnung hilft nur gegen abweichende Verfügungen von Todes wegen.

> **Praxistipp:**
>
> 125 Es empfiehlt sich bei Vorliegen der Voraussetzungen des § 2338 BGB regelmäßig die begleitende Anordnung einer Verwaltungstestamentsvollstreckung, um die Ziele der Pflichtteilsbeschränkung in guter Absicht zu erreichen.[164] Das Gleiche gilt auch bei angeordneter Nacherbschaft, soweit der Abkömmling durch Ausschlagung auf den mit einem Nachvermächtnis belasteten Pflichtteil ausweichen kann.

---

[160] AnwK-BGB/*Herzog* § 2338 Rn. 10. Näheres bei Staudinger/*Olshausen* § 2338 Rn. 21 bis 25.
[161] Bonefeld/Daragan/Wachter/*Enzensberger*, S. 1125; Scherer/*Kasper*, MAH Erbrecht, § 29 Rn. 73.
[162] Vgl. dazu schon *Kretzschmar* DNotZ 1917, 408, 415 ff.; *Heine* DNotZ 1917, 467, 468; außerdem Mayer/Süß/Tanck/Bittler/Wälzholz/*J. Mayer*, HB § 10 Rn. 66; Staudinger/*Olshausen* § 2338 Rn. 26, 38 ff.
[163] MünchKommBGB/*Lange* § 2338 Rn. 14; Staudinger/*Olshausen* § 2338 Rn. 45.
[164] Bonefeld/Daragan/Wachter/*Enzensberger*, S. 1125; Scherer/*Kasper*, MAH Erbrecht, § 29 Rn. 74.

d) Anordnung und Wirkung der Verwaltungstestamentsvollstreckung. Der Erblasser kann für die Lebenszeit des Abkömmlings eine Verwaltungstestamentsvollstreckung (§ 2209 S. 1 Var. 1 BGB) anordnen mit der Maßgabe, dass dann dem Abkömmling der Anspruch auf den jährlichen Reinertrag des Pflichtteils verbleibt. Der Erblasser **entzieht ihm so die Verfügungsbefugnis** (§§ 2205, 2211 BGB) und schließt dessen Gläubiger vom Zugriff auf das verwaltete Vermögen aus (§ 2214 BGB). Der dem Abkömmling nach § 2338 Abs. 1 S. 2 BGB zustehende Anspruch auf den jährlichen Reinertrag ist nur eingeschränkt durch dessen Gläubiger pfändbar (§ 863 Abs. 1 S. 2 ZPO). Die Testamentsvollstreckung ist nicht auf die Dauer von dreißig Jahren beschränkt (§ 2210 S. 2 BGB). 126

Die Verwaltungstestamentsvollstreckung kann mit den Anordnungen nach § 2338 Abs. 1 S. 1 BGB **verbunden** werden. Die Maßnahmen sind dann in ihrem Bestand grundsätzlich voneinander unabhängig.[165] Die Erweiterung der Testamentsvollstreckung auf die Nacherben oder Nachvermächtnisnehmer wird als zulässig angesehen.[166] 127

Bei Anordnung der Verwaltungstestamentsvollstreckung verbleibt dem pflichtteilsberechtigten Abkömmling der jährliche **Reinertrag** nach § 2338 Abs. 1 S. 2 BGB. Soweit er den pfändungsfreien Teil nach § 863 Abs. 1 S. 2 ZPO übersteigt, unterliegt er allerdings grundsätzlich dem Zugriff der Eigengläubiger. Neben den Unterhaltspflichten ist vor allem der standesgemäße Unterhalt pfändungsfrei. Standesgemäß bedeutet dabei angemessen (§ 1610 BGB). 128

Auf der Suche nach Abwehrmöglichkeiten ist es dem Erblasser von § 2338 BGB nicht gestattet, auch die **Verwaltung des jährlichen Reinertrags** dem Testamentsvollstrecker zuzuweisen. Der als Allein- oder Miterbe eingesetzte Abkömmling kann deshalb ausschlagen und den Pflichtteil verlangen (§ 2306 Abs. 1 BGB). Schlägt er nicht aus, hat allerdings die Anordnung des Erblassers Bestand (§ 2214 BGB).[167] Dass auf diese Weise den Eigengläubigern auch der Zugriff auf den Reinertrag verwehrt wird, ist unbedenklich, weil das BGB die Befugnis des Erblassers, den Erben durch Einsetzung eines Testamentsvollstreckers in der Verfügung zu beschränken – von § 2338 BGB abgesehen – an keinerlei Grenzen gebunden hat.[168] 129

Vereinzelt wird empfohlen, der Erblasser möge die **Verfügungsbefugnis** zum Nachteil der persönlichen Gläubiger des Erben in der Weise **beschränken,** dass der Reinertrag zwar grundsätzlich dem Erben zusteht, bei einer Abtretung oder Pfändung jedoch an den Testamentsvollstrecker fallen solle, damit dieser ihn zur Naturalverpflegung des Abkömmlings verwende. Mit einer solchen Anordnung wird die gesetzliche Regelung umgangen, dass Eigengläubiger sich an Gegenstände, die der Verwaltung des Testamentsvollstreckers nicht (mehr) unterliegen, halten können (§ 2214 BGB).[169] Es liegt ein Fall der unzulässigen Gläubigerbenachteiligung vor (§ 138 BGB). 130

> **Praxistipp:**
> Die Anordnung der Testamentsvollstreckung ist für eine sinnvolle Pflichtteilsbeschränkung in guter Absicht unverzichtbar. 131

4. Verhältnis zu § 2306 BGB

§ 2338 BGB stellt eine **Ausnahmevorschrift** zu § 2306 BGB dar. Da der Erblasser einen Abkömmling, den er als Erben einsetzt, durch die Anordnung einer Nacherbfolge auch dann beschränken kann, wenn die Voraussetzungen des § 2338 BGB nicht vorliegen, muss unterschieden werden. 132

---

[165] KG OLGRspr. 6, 332, 333.
[166] *Baumann* ZEV 1996, 121, 125; Bamberger/Roth/*J. Mayer* § 2338 Rn. 10.
[167] RG SeuffA 74 Nr. 101, S. 178 f.; OLG Bremen FamRZ 1984, 213; Bamberger/Roth/*J. Mayer* § 2338 Rn. 14.
[168] RG SeuffA 74 Nr. 101 (S. 178, 180); OLG Bremen FamRZ 1984, 213, 214. Differenzierend Mayer/Süß/Tanck/Bittler/Wälzholz/*J. Mayer*, HB § 10 Rn 69.
[169] Im Ergebnis ebenso Soergel/*Dieckmann* § 2338 Rn. 18; AnwK-BGB/*Herzog* § 2338 Rn. 13; Bamberger/Roth/*J. Mayer* § 2338 Rn. 12. A. A. RG SeuffA 74 Nr. 101, S. 178 ff.; Erman/*Schlüter* § 2338 Rn. 4.

Ist der Erbteil mit Beschränkungen und Beschwerungen belastet, steht dem Erben nach § 2306 Abs. 1 BGB ein generelles **Wahlrecht** zu. Danach kann er:
- entweder den Erbteil mit allen Belastungen oder Beschwerungen annehmen oder
- seinen Erbteil ausschlagen und dennoch den Pflichtteil verlangen.

133 Die bisher bekannte **Differenzierung** in § 2306 Abs. 1 BGB a. F. danach, ob der hinterlassene Erbteil größer als der Pflichtteil ist oder nicht, ist mit der **Erbrechtsreform** entfallen. Schlägt danach der Abkömmling die Erbschaft nicht aus, bleibt er schon nach allgemeinen Grundsätzen an die Beschränkungen gebunden;[170] § 2338 BGB ist insoweit bedeutungslos.[171] Gleiches gilt bei Zuwendung eines belasteten Vermächtnisses (§ 2307 BGB). Schlägt er hingegen die Erbschaft aus, kann er nach § 2306 Abs. 1 BGB den Pflichtteil verlangen, auch wenn ihm neben den nach § 2338 BGB zulässigen Beschränkungen noch weitere Beschränkungen oder Beschwerungen aufgebürdet sind.[172]

134 War der hinterlassene Erbteil ausschließlich Beschränkungen nach Maßgabe des § 2338 BGB unterworfen, hatte der Abkömmling im Fall einer **Ausschlagung** bislang überhaupt keinen Pflichtteilsanspruch:[173] Begründet wurde dies damit, dass auch der als Erbe Berufene grundsätzlich nicht ausschlagen und stattdessen den Pflichtteil beanspruchen konnte. Es sei daher nicht einzusehen, weshalb im Falle des § 2338 BGB der Abkömmling zwischen einer beschränkten Erbenstellung und einem gleichermaßen beschränkten Pflichtteilsanspruch sollte wählen können. Auch wenn nunmehr der **Reformgesetzgeber** in § 2306 Abs. 1 BGB ein Wahlrecht zwischen belastetem Erbteil und Pflichtteil geschaffen hat, so gilt dies doch nach Wortlaut, Sinn und Zweck sowie Stellung im Gesetz nur für den Fall des § 2306 BGB und nicht auch für denjenigen des § 2338 BGB.

135 Da § 2306 Abs. 1 S. 1 BGB a. F. nunmehr entfallen ist, werden auch in den Fällen, in denen der hinterlassene Erbteil ebenso groß oder kleiner als der Pflichtteil ist die angeordneten Beschränkungen nicht mehr hinfällig werden. In jedem Fall bleiben die nach § 2338 BGB zulässigen Beschränkungen bestehen; als nicht angeordnet gelten nur die Beschränkungen, die das nach § 2338 BGB zulässige Maß überschreiten.[174]

5. Die beschränkende Anordnung

136 Die den Pflichtteil beschränkende Anordnung muss **in einer letztwilligen Verfügung** getroffen werden, wobei sie deren einziger Inhalt sein kann. Die Beschränkung des Pflichtteils ist in jeder Testamentsform sowie in einem Erbvertrag (§ 2299 Abs. 1 BGB) möglich (§ 2338 Abs. 2 i. V. m. § 2336 Abs. 1 BGB). Sie kann allerdings in einem gemeinschaftlichen Testament oder einem Erbvertrag nicht mit Bindungswirkung ausgesprochen werden (§ 2270 Abs. 3, § 2278 Abs. 2 BGB).[175] Im Falle eines wechselbezüglichen gemeinschaftlichen Testaments oder eines Erbvertrags ist der Erblasser nicht gehindert, durch eine spätere letztwillige Verfügung die nach § 2338 BGB zulässigen Anordnungen zu treffen (§§ 2271 Abs. 3, 2289 Abs. 2 BGB). Eine entsprechende Regelung bei fortgesetzter Gütergemeinschaft enthält § 1513 Abs. 2 BGB.

137 Der **Grund der Beschränkung** ist in der Verfügung anzugeben (§ 2338 Abs. 2 S. 1 i. V. m. § 2336 Abs. 2 BGB).[176] Aus ihr soll erkennbar hervorgehen, ob der Erblasser eine Überschuldung, eine Verschwendung oder beide Konstellationen im Sinn hat. Gelegentlich wird formuliert, die Anforderungen an die erforderliche Angabe des „Sachverhaltskerns" seien nicht so hoch wie bei der „strafenden" Pflichtteilsentziehung.[177] Dennoch sollte möglichst

---

[170] Vgl. zum alten Recht: RGZ 85, 347, 350; RG SeuffA 62 Nr. 188, S. 330; KG RJA 15, 194, 197; Staudinger/*Olshausen* § 2338 Rn. 33.
[171] Zum alten Recht: KG RJA 15, 194, 197; Staudinger/*Olshausen* § 2338 Rn. 33.
[172] Zum alten Recht: Vgl. RG SeuffA 62 Nr. 188, S. 330; KGJ 40, 60, 63; KG RJA 15, 194, 197; Staudinger/ *Olshausen* § 2338 Rn. 33.
[173] Str.; so auch KGJ 40, 60, 63 oben. – A. A. *Baumann* ZEV 1996, 121, 123, Fn. 39; Soergel/*Dieckmann* § 2338 Rn. 9; *Kessel* MittRhNotK 1991, 137, 146; Staudinger/*Olshausen* § 2338 Rn. 33.
[174] Zum alten Recht: Bamberger/Roth/*J. Mayer* § 2338 Rn. 13; Staudinger/*Olshausen* § 2338 Rn. 26.
[175] Vgl. Soergel/*Dieckmann* § 2338 Rn. 19; Staudinger/*Olshausen* § 2338 Rn. 15.
[176] Vgl. OLG Hamburg SeuffA 73 Nr. 107, S. 171.
[177] *Baumann* ZEV 1996, 121, 123; kritisch jedoch Mayer/Süß/Tanck/Bittler/Wälzholz/*J. Mayer*, HB § 10 Rn. 61.

IV. Die Pflichtteilsunwürdigkeit

1. Pflichtteilsunwürdigkeit und Pflichtteilsentziehung

Das Pflichtteilsrecht steht als zwingendes Recht mit grundrechtlichem Schutz nicht zur Disposition des Erblassers. Der Pflichtteilsberechtigte kann aber ausnahmsweise schwere Verfehlungen begehen, die zu seiner Unwürdigkeit führen. Die Pflichtteilsunwürdigkeit bildet das **Gegenstück zur Erbunwürdigkeit** und stellt eine Ergänzung zu den etwas milderen Vorschriften über die Pflichtteilsentziehung dar. Es entspricht einer uralten Vorstellung, dass sich der Pflichtteilsberechtigte wie der Erbe als würdig erweisen muss, was wohl mit der Unentgeltlichkeit des Erwerbs zusammenhängt.[178] Zwischen den beiden Rechtsinstituten der Pflichtteilsunwürdigkeit und der Pflichtteilsentziehung bestehen hinsichtlich ihres Inhaltes, der jeweiligen Zielrichtung und ihrer gesetzlichen Ausgestaltung teilweise Überschneidungen, teilweise aber auch Unterschiede: So stellt die Pflichtteilsunwürdigkeit ausschließlich die Reaktion auf eine inakzeptable Handlung des Pflichtteilsberechtigten gegen die Testierfähigkeit des Erblassers dar.[179] Während die Pflichtteilsentziehung ein aktives Verhalten des Erblassers voraussetzt, entscheiden über die Geltendmachung der Pflichtteilsunwürdigkeit die zur Anfechtung berechtigten Personen. 138

Auch in ihrer **Durchsetzung** unterscheiden sich Pflichtteilsentziehung und Pflichtteilsunwürdigkeit. Die Pflichtteilsentziehung muss durch den Erblasser in einer letztwilligen Verfügung vorgenommen werden; sie erfolgt mithin vor dem Erbfall und verhindert von vornherein das Entstehen des Pflichtteilsanspruchs. Die Unwürdigkeit ist hingegen erst nach dem Tod des Erblassers im Wege der Anfechtung geltend zu machen (§ 2340 Abs. 2 BGB). Wegen des geringeren öffentlichen Interesses ist bei ihr keine Klage erforderlich. 139

2. Schutzobjekt der Pflichtteilsunwürdigkeit

Der **Normzweck der Regeln** zur Pflichtteilsunwürdigkeit ist nach wie vor umstritten. Teilweise wird die Auffassung vertreten, sie sollten Vorsorge dagegen treffen, dass ein künftiger Erbe oder Inhaber erbrechtlicher Ansprüche es unternimmt, den Erbfall vorsätzlich herbeizuführen oder den Erblasser daran zu hindern, in einer bestimmten Weise durch Verfügung von Todes wegen die Erbfolge zu gestalten.[180] Dieses Verständnis kann aber weder erklären, weshalb es nur in den in § 2339 Abs. 1 Nr. 1 bis 4 BGB genannten Gründen eine Entziehung geben darf, noch verdeutlichen, weshalb es auch dann zu einer Unwürdigkeit kommt, wenn die Tat keinerlei Zweckbezug zur Gestaltung der Erbrechtslage aufweist.[181] Offensichtlich ist jedenfalls, dass es weder auf die Schwere des Fehlverhaltens ankommt noch auf die Art der Tat.[182] Auch ein Strafcharakter der Norm ist immer wieder zu Recht abgelehnt worden.[183] Die Möglichkeit der Verzeihung durch den Erblasser, § 2343 BGB, verdeutlicht zudem, dass es nicht auf das allgemeine Gerechtigkeitsempfinden oder auf die Durchsetzung des sittlichen Rechtsbewusstseins der Allgemeinheit ankommt. Im Ergebnis wird man daher davon ausgehen müssen, dass das Gesetz bei den in § 2339 BGB genannten Verfehlungen typisierend davon ausgeht, dass der Erblasser hypothetisch eine Enterbung des Täters will.[184] Die Unwürdigkeit ergänzt daher die §§ 1938, 2333 u. 2078 ff. BGB. 140

---

[178] *Muscheler* ZEV 2009, 58.
[179] Staudinger/*Olshausen* § 2345 Rn. 2. Zu Recht kritisch zum Normzweck: MünchKommBGB/*Helms* § 2339 Rn. 2.
[180] BGH NJW 1970, 197.
[181] So zu Recht *Muscheler* ZEV 2009, 58, 60.
[182] Prot. V S. 636; MünchKommBGB/*Helms* § 2339 Rn. 2.
[183] *Fabricius* FamRZ 1965, 462.
[184] *Ebenroth* Rn. 369; *Lange/Kuchinke* § 6 I 2.

141 Die Pflichtteilsunwürdigkeit **vervollständigt die Erbunwürdigkeit.** Dem Erbunwürdigen soll kein Anspruch auf ein Vermächtnis oder den Pflichtteil zustehen. Erfasst werden die Konstellationen, in denen ein nur obligatorisch berechtigter Vermächtnisnehmer bzw. der Pflichtteilsberechtigte eine Verfehlung begangen hat, die bei einem Erben zur Unwürdigkeit führen würde.[185] Selbstständige Bedeutung erlangt die Pflichtteilsentziehung daher nur, wenn der Unwürdige zwar enterbt, ihm aber sein Pflichtteil nicht entzogen wurde. Beispielsweise kann der Erblasser zu Lebzeiten von den Verfehlungen keine Kenntnis gehabt haben oder durch den Unwürdigen am Vollzug gehindert worden sein.

3. Grundsätze der Pflichtteilsunwürdigkeit

142 a) **Allgemeines.** Die Pflichtteilsunwürdigkeit nach § 2345 Abs. 2 BGB tritt aus **denselben Gründen** ein, wie die Erbunwürdigkeit (§ 2339 Abs. 1 BGB).[186] Sie ist ausgeschlossen, wenn der Erblasser dem Unwürdigen nach §§ 2343, 2345 Abs. 1 u. 2 BGB verziehen hat. Gleiches gilt, wenn die Voraussetzungen des § 2339 Abs. 2 BGB vor Eintritt des Erbfalls vorliegen. Die Pflichtteilsunwürdigkeit nach §§ 2345 Abs. 2, 2339 BGB tritt nur bei ganz bestimmten Verfehlungen gegen den konkreten Erblasser ein. Eine allgemeine Erbunwürdigkeit gibt es nicht. Die Erbunwürdigkeit ist vielmehr stets relativ, d. h. sie besteht nur im Verhältnis zu einem bestimmten Erblasser. So wird etwa ein Mörder durch seine Tat nicht absolut erbunwürdig.

143 Der **Katalog** des § 2339 Abs. 1 BGB ist **abschließend** und keiner Analogie zugänglich. Auch eine extensive Auslegung hat in der Regel zu unterbleiben.[187] Jeder Unwürdigkeitsgrund sanktioniert eine bestimmte Verfehlung des Berechtigten gegenüber dem Erblasser. Eine strafrechtliche Verurteilung ist nicht Voraussetzung für eine Unwürdigkeit. Die Verfehlung muss aber bei Abs. 1 Nr. 1 u. Nr. 4 strafbar sein. Liegt keine strafrechtliche Verurteilung des Berechtigten vor, hat der Zivilrichter den objektiven und subjektiven Tatbestand, die Rechtswidrigkeit und die Schuld festzustellen. Ebenso muss ermittelt werden, ob strafausschließende oder strafaufhebende Umstände vorliegen.[188] Eine Bindung des Zivilgerichts an die Entscheidung im Strafverfahren besteht nicht. Sie ist mit der den Zivilprozess prägenden Maxime der freien Beweiswürdigung nicht vereinbar.[189] Allerdings hat der Zivilrichter sich mit den Feststellungen des Strafrichters auseinanderzusetzen.[190] Eine Grenze besteht aber dort, wo die Existenz und der Inhalt des Strafurteils Tatbestandsvoraussetzungen bilden.

144 Die Tatsache, dass der Erblasser auch ohne die Begehung einer der in Abs. 1 Nr. 1, 2 und 4 genannten Taten ebenso verfügt hätte, lässt die Pflichtteilsunwürdigkeit genauso wenig entfallen wie ein möglicherweise **berechtigtes Motiv** des Täters. Aufgrund der Enge der Unwürdigkeitstatbestände ist es gerechtfertigt, dass sich die Vorschrift allein auf die typisierende Vermutung stützt und keinen Nachweis eines hypothetischen Kausalzusammenhangs verlangt. Geschützt wird so die abstrakte Möglichkeit der Beeinträchtigung der Testierfreiheit. Widerlegt wird diese Vermutung allein durch den Nachweis der Verzeihung durch den Erblasser (§ 2343 BGB).

145 In sämtlichen Fällen des Abs. 1 spielt keine Rolle, ob der Pflichtteilsberechtigte als Täter (Allein- oder Mittäter bzw. mittelbarer Täter) oder als Teilnehmer (Anstifter oder Gehilfe) gehandelt hat.

146 b) **Umfang des betroffenen Anspruchs.** Zum Pflichtteilsanspruch i. S. v. § 2345 Abs. 2 BGB gehören auch der Pflichtteilsrestanspruch (§§ 2305, 2307 BGB) sowie der Pflichtteilsergänzungsanspruch gegen den Erben (§ 2325 BGB) und gegen den Beschenkten (§ 2329 BGB). Hat sich ein Auflagenbegünstigter einer der in § 2339 BGB genannten Verfehlungen schuldig gemacht, kommt die Anwendung des § 2345 BGB nicht in Betracht. Es ist nur die Anfechtung von Todes wegen nach § 2078 BGB denkbar.

---

[185] Bamberger/Roth/*Müller-Christmann* § 2345 Rn. 1.
[186] Die Vorschrift ist verfassungsgemäß, vgl. BVerfGE 112, 332 = ZErb 2005, 169 mit Anm. *Lange* S. 205.
[187] Kritisch dagegen allerdings MünchKommBGB/*Helms* § 2339 Rn. 7 mit beachtlichen Argumenten.
[188] Soergel/*Damrau* § 2339 Rn. 1.
[189] AnwK-BGB/*Kroiß* § 2339 Rn. 4; Bamberger/Roth/*Müller-Christmann* § 2339 Rn. 6.
[190] BGH NJW-RR 2005, 1024.

IV. Die Pflichtteilsunwürdigkeit

c) Geschützter Personenkreis. Der geschützte Personenkreis ist **nicht erweiterbar**, weshalb 147 etwa Verfehlungen des Pflichtteilsberechtigten gegenüber dem Erben nicht zu einer Pflichtteilsunwürdigkeit führen können.[191] Diese strikte Betrachtungsweise führt zu kaum nachvollziehbaren Ergebnissen. So bleibt etwa der Mörder seiner Ehefrau gesetzlicher Erbe der gemeinsamen Kinder.[192] Da der **Reformgesetzgeber** diesen Missstand aber nicht beseitigt hat, muss weiter mit den damit verbundenen Ungereimtheiten gelebt werden. Auch die vorsätzliche Tötung des Vorerben durch den Nacherben wird nicht erfasst, da der Vorerbe nicht Erblasser im Verhältnis Vorerbe zu Nacherbe ist.[193] In diesem Fall ist aber § 162 Abs. 2 BGB unmittelbar anzuwenden mit der Folge, dass der Nacherbe sich nicht auf den Eintritt des Nacherbfalls berufen darf, da die Nacherbschaft aufschiebend bedingt ist.[194] Einer Anfechtungsklage nach § 2342 BGB bedarf es hier nicht. Der Nachlass fällt an den denjenigen, der ohne den Nacherben berufen wäre, also in der Regel an den Ersatznacherben. Fehlt dieser, war der Vorerbe Vollerbe mit der Folge, dass die Erbschaft Teil seines Vermögens geworden und damit an seinen Erben gefallen ist.

d) Verschulden. Die Vorschrift erfordert in allen Konstellationen des Abs. 1 die **vorsätzliche,** 148 **rechtswidrige und schuldhafte Begehung** der Taten, wobei sich der Vorsatz nicht auf den Eingriff in die Testierfreiheit beziehen muss. Anders als im Straf- wird im Zivilrecht darüber gestritten, ob vorsätzlich nur handelt, wem die Rechtswidrigkeit bewusst ist, wie die wohl herrschende sog. Vorsatztheorie meint.[195] Die sog. Schuldtheorie vertritt demgegenüber die Auffassung, dass fehlendes Unrechtsbewusstsein den Vorsatz unberührt und nur bei Unvermeidbarkeit der Schuld entfallen lässt.[196] Die unterschiedlichen Positionen sind bedeutsam, da die Norm nur bei Vorliegen eines Unrechtsbewusstseins beim Pflichtteilsunwürdigen angewandt werden kann. Wegen der strafähnlichen Wirkung der Pflichtteilsentziehung kann auf einen Vorsatzbegriff, der das Unrechtsbewusstsein einschließt, nicht verzichtet werden.[197] Neben dem so verstandenen Vorsatz sind auch die anderen Schuldmerkmale erforderlich, selbst wenn die Schuld in Abs. 1 Nr. 1 bis 3 nicht ausdrücklich genannt wird, zumal § 2345 BGB davon spricht, dass sich der Täter „schuldig gemacht" hat. Der Täter muss zur Tatzeit zurechnungsfähig gewesen sein.

Das BVerfG hat in seiner Entscheidung vom 19. 4. 2005 zur Pflichtteilsentziehung am 149 Verschuldenserfordernis für den Entziehungsgrund des § 2333 Nr. 1 u. 2 BGB a. F. ausdrücklich festgehalten. Es hat aber die Auslegung der Zivilgerichte, die sich bis dahin an den strafrechtlichen Vorgaben des Verschuldenserfordernisses orientiert hatten,[198] für **nicht verfassungsgemäß** erklärt.[199] Seiner Meinung nach reicht die Feststellung aus, dass der Pflichtteilsberechtigte einen Entziehungsgrund mit „natürlichem Vorsatz" verwirklicht habe. Wenn nämlich das Verschulden strikt im strafrechtlichen Sinne verstanden werde, könne dies „im Einzelfall dem verfassungsrechtlichen Erfordernis eines angemessenen Ausgleichs der gegenüber stehenden Grundrechtspositionen widersprechen". Auch bei Angriffen von Personen, die nicht schuldhaft im strafrechtlichen Sinne handeln können, wie etwa **Kinder oder psychisch Kranke**, kann es daher zu einem Verlust des Pflichtteilsrechts kommen. M.E. muss diese Wertung auch für die Pflichtteilsunwürdigkeit gelten, um Wertungswidersprüche zu vermeiden, obwohl das BVerfG dazu nicht Stellung genommen hat.[200]

---

[191] BGH FamRZ 1962, 256 f.
[192] Soergel/*Damrau* § 2339 Rn. 4.
[193] BGH NJW 1968, 2051.
[194] Bamberger/Roth/*Müller-Christmann* § 2339 Rn. 8. A. A. Erman/*Schlüter* 2339 Rn. 3 (Analogie zu § 162 Abs. 2 BGB).
[195] BGH NJW 2002, 3255; *Mayer-Maly* AcP 170 (1970), 133, 153.
[196] *Niese* JZ 1956, 457, 465; *Nipperdey* NJW 1957, 1777, 1780.
[197] Ebenso Soergel/*Damrau* § 2339 Rn. 3.
[198] OLG Düsseldorf NJW 1968, 944; OLG Hamburg 1988, 977; KG OLGRspr. 21, 344, 345; Soergel/*Dieckmann* Vor § 2333 Rn. 6; Staudinger/*Olshausen* Vor §§ 2333 ff. Rn. 4.
[199] BVerfGE 112, 332 = ZErb 2005, 169 mit Anm. *Lange* S. 205. So zuvor bereits *Herzog* S. 13 und 349; dies. FF 2003, 19, 22; *Lange/Kuchinke* § 37 XIII 2 a) Fn. 665.
[200] A. A. MünchKommBGB/*Helms* § 2339 Rn. 11.

> **Praxistipp:**
> Beruft sich der Pflichtteilsunwürdige auf seine Unzurechnungsfähigkeit, trifft ihn entsprechend § 827 BGB die Beweislast. Der Grundsatz in dubio pro reo gilt im Zivilprozess nicht.[201]

4. Die Pflichtteilsunwürdigkeitsgründe

151 a) **Katalogtatbestand.** Auch wenn der Begriff der Unwürdigkeit offen ist und damit auch einen entsprechenden, generalklauselartigen Tatbestand suggeriert, so hat der Gesetzgeber die Unwürdigkeitsgründe doch im Gegenteil durch einen **knappen Katalog abschließend** benannt (Enumerationsprinzip). Pflichtteilsunwürdigkeit ist daher stets relativ, d. h. in Bezug zu einem bestimmten Erblasser zu sehen. Es gibt keinerlei absolute Pflichtteilsunwürdigkeit, also Verfehlungen, die einen Menschen schlechthin unwürdig werden ließen, einen Pflichtteil zu erhalten. Der Mörder seiner Frau kann daher durchaus den Pflichtteil nach dem Tod des gemeinsamen Kindes geltend machen. Ferner ist zu beachten, dass es auf den Handlungsunwert, die kriminelle Energie etc. des Täters nicht ankommt. Tötet er den Erblasser, ist er unwürdig, selbst wenn er bei der Tat an die erbrechtlichen Konsequenzen seiner Handlung nicht dachte. Die Unwürdigkeit wird nur für einen bestimmten Pflichtteilsberechtigten festgestellt. Dessen Abkömmlinge sind nicht automatisch „infiziert".[202] Das Gesetz unterscheidet im Rahmen des Katalogs nicht zwischen lange zurückliegenden oder erst vor kurzem begangenen Taten. Letztlich kommt es nur darauf an, dass ein Katalogtatbestand erfüllt ist. Ist dies der Fall, ist der Täter vollständig pflichtteilsunwürdig (alles oder nichts); eine Differenzierung soll bewusst nicht vorgenommen werden.

152 b) **§§ 2345 Abs. 2, 2339 Abs. 1 Nr. 1 BGB.** Der Unwürdigkeitsgrund kennt **drei Varianten**: Pflichtteilsunwürdig ist, wer den Erblasser vorsätzlich und widerrechtlich getötet (Var. 1) oder zu töten versucht hat (Var. 2). Gleiches gilt für den Fall, dass er den Erblasser in einen Zustand versetzt hat, in dem dieser bis zu seinem Tode unfähig war, eine Verfügung von Todes wegen zu errichten oder aufzuheben (Var. 3).

153 Stets muss die **Widerrechtlichkeit** der Tat gegeben sein. Handelt der Pflichtteilsberechtigte in Notwehr oder liegt ein rechtfertigender Notstand vor, führt seine Tat nicht zur Unwürdigkeit. Schließlich muss er **schuldhaft** gehandelt haben. Die Ausführung der Tat im Vollrausch löst daher keine Pflichtteilsunwürdigkeit aus.[203] Ob dies mit Blick auf den geänderten § 2333 Abs. 1 Nr. 4 BGB aufrecht erhalten werden kann, bleibt abzuwarten.[204]

154 *aa) Vorsätzliche und widerrechtliche Tötung des Erblassers.* Von §§ 2345 Abs. 2, 2339 Abs. 1 Nr. 1 Var. 1 BGB werden die Straftatbestände des Mordes und des Totschlags erfasst (§§ 211, 212 StGB). Dies gilt wegen des Normzwecks **nicht** für das Töten auf Verlangen (§ 216 StGB).[205] Jedenfalls wird bei diesem Delikt zugleich ein Fall des § 2343 BGB anzunehmen sein.[206] Das Gesetz verlangt, dass die Tötung absichtlich und widerrechtlich begangen worden sein muss, weshalb die fahrlässige Tötung (§ 222 StGB) und die vorsätzlich begangenen Straftaten mit Todesfolge (etwa §§ 178, 221 Abs. 3, 227 oder 251 StGB) eine Pflichtteilsunwürdigkeit nach Var. 1 nicht begründen. Denkbar ist in einer solchen Konstellation aber das Vorliegen der Var. 3. Eine Absicht, die Testierunfähigkeit des Erblassers herbeiführen zu wollen, wird für Var. 1 nicht gefordert.

155 *bb) Versuchte Tötung des Erblassers.* §§ 2345 Abs. 2, 2339 Abs. 1 Nr. 1 Var. 2 BGB erfasst den Versuch der Tötung (§§ 22, 23 StGB). Der Normzweck erfordert die Strafbarkeit des Versuchs. Die Erbunwürdigkeit entfällt beim strafbefreienden Rücktritt (§ 24 StGB).[207]

---

[201] BGHZ 102, 227 = NJW 1988, 822; OLG Düsseldorf FamRZ 2000, 991.
[202] *Muscheler* ZEV 2009, 58, 59.
[203] AnwK-BGB/*Kroiß* § 2339 Rn. 4.
[204] Vgl. aber auch Rn. 23 f.
[205] MünchKommBGB/*Helms* § 2339 Rn. 15; *Damrau/Mittenzwei* § 2339 Rn. 8.
[206] Palandt/*Edenhofer* § 2339 Rn. 3; Erman/*Schlüter* § 2339 Rn. 3.
[207] Palandt/*Edenhofer* § 2339 Rn. 3.

IV. Die Pflichtteilsunwürdigkeit

cc) Herbeiführung der Testierunfähigkeit. Die Var. 3 erfüllt, wer das Opfer dauerhaft in einen Zustand versetzt, in dem ein Testieren aus tatsächlichen oder aus rechtlichen Gründen nicht länger möglich ist. Der Begriff des Zustandes verlangt eine **gewisse Dauerhaftigkeit**. In Betracht kommen daher durch Misshandlung hervorgerufene Geisteskrankheit, schweres Siechtum oder die Verstümmelung.[208] Der Tätervorsatz muss sich weder auf die Testierunfähigkeit selbst beziehen noch darauf, dass diese bis zum Tod des Erblassers fortbesteht.[209] Verlangt wird (nur), dass er einen bestimmten Zustand für einen gewissen Zeitraum herbeiführen will. Daher kann auch die Verwirklichung des § 227 StGB zur Erbunwürdigkeit führen.[210] Umstritten ist, ob der Tatbestand der §§ 2345 Abs. 2, 2339 Abs. 1 Nr. 1 Var. 3 BGB erst dann erfüllt ist, wenn das Opfer sein 16. Lebensjahr vollendet hat (vgl. § 2229 Abs. 1 BGB), da sich die Tat zuvor nicht auf dessen Testierfähigkeit ausgewirkt haben kann.[211]

c) §§ 2345 Abs. 2, 2339 Abs. 1 Nr. 2 BGB. Der Pflichtteilsberechtigte kann den Erblasser durch die Anwendung physischer Gewalt, durch Drohungen oder mittels Täuschungen daran hindern, eine **konkret beabsichtigte Verfügung von Todes wegen** zu errichten oder aufzuheben. Beispielsweise kann er den Erblasser über die Wirksamkeit einer bereits errichteten letztwilligen Verfügung täuschen oder ihn arglistig zur Errichtung eines formunwirksamen Testaments bestimmen. Ferner kann das Ausnutzen einer Willensschwäche oder einer Zwangslage des Erblassers als Mittel in Betracht kommen. Liegt ein Verhindern durch Unterlassen vor, muss zugleich eine Rechtspflicht zum Handeln gegeben sein. Diese kann beispielsweise in dem Auftrag liegen, ein Testament zu vernichten. Wer wahrheitswidrig dem Erblasser erklärt, er hätte die Testamentsurkunde vernichtet, hindert diesen daran, seine Verfügung formgerecht aufzuheben.[212] Eine nur versuchte oder lediglich vorübergehende Verhinderung reicht wegen des Wortlauts (verhindert hat) nicht aus.

Die Errichtung oder Aufhebung der letztwilligen Verfügung muss vom Erblasser **konkret beabsichtigt** gewesen sein. Dabei wird jede Art der Willensbildung des Erblassers geschützt, nicht nur die wirksame mit der Folge, dass es nicht darauf ankommt, ob die beabsichtigte letztwillige Verfügung rechtmäßig gewesen wäre. Der Unterschied zwischen Abs. 1 Nr. 2 und Nr. 3 besteht darin, dass bei Nr. 3 eine wirksame Verfügung von Todes wegen vorliegen muss, die unlauter beeinflusst wurde. Bei Nr. 2 hingegen wurde die konkret beabsichtigte Verfügung überhaupt nicht oder nicht wirksam errichtet.[213]

Der Unwürdigkeitsgrund ist schon dann gegeben, wenn der Erblasser an der Anordnung oder der Aufhebung einer einzelnen Bestimmung innerhalb der letztwilligen Verfügung gehindert wird und nicht nur dann, wenn die Verfügung insgesamt unterbleibt. Es reicht zudem aus, wenn der Erblasser an der von ihm beabsichtigten Art der Errichtung oder Aufhebung einer Verfügung gehindert wird, selbst wenn ihm noch andere Wege verbleiben, letztwillig zu verfügen.

Das Gesetz erwähnt das **Aufheben einer Verfügung**, um klarzustellen, dass auch die Verhinderung des Widerrufs durch Zerstören der Urkunde (§ 2255 BGB) oder durch Zurücknahme aus der amtlichen Verwahrung (§ 2256 BGB) von der Vorschrift erfasst wird. Über den Wortlaut hinaus werden auch Erbverzichtsverträge geschützt, weil sie auf die Erbfolge unmittelbar einwirken.[214]

Zwischen der Handlung des Täters und dem Unterbleiben der beabsichtigten Verfügung bzw. dem Aufheben einer Verfügung muss ein **Kausalzusammenhang** bestehen. Die betroffene Verfügung muss vom Erblasser also beabsichtigt gewesen sein. Es spielt für den Kausalzusammenhang keine Rolle, dass dem Erblasser weitere Möglichkeiten der Testierung offen gestanden hätten oder dass die konkret beabsichtigte Verfügung letztlich aus anderen Grün-

---
[208] AnwK-BGB/*Kroiß* § 2339 Rn. 6; Mayer/Süß/Tanck/Bittler/Wälzholz/*J. Mayer*, HB § 10 Rn. 4.
[209] Soergel/*Damrau* § 2339 Rn. 4.
[210] A. A. Erman/*Schlüter* § 2339 Rn. 3.
[211] Vgl. dazu MünchKommBGB/*Helms* § 2339 Rn. 17.
[212] BGH NJW-RR 1990, 515, 516.
[213] *Ebenroth* Rn. 372.
[214] Soergel/*Damrau* § 2339 Rn. 5. A. A. MünchKommBGB/*Helms* § 2339 Rn. 20; Bamberger/Roth/*Müller-Christmann* § 2339 Rn. 11.

den unterblieben wäre. Ebenso entfällt die Kausalität nicht, weil die beabsichtigte letztwillige Verfügung unwirksam gewesen wäre. Die Tat muss schließlich rechtswidrig sein.[215]

Praxistipp:

162 Da es bei § 2339 Abs. 1 Nr. 2 BGB auf die Wirksamkeit der letztwilligen Verfügung nicht ankommt, spielt es keine Rolle, ob das betroffene Testament wegen der Bindung an ein gemeinschaftliches Testament (§ 2271 BGB) oder einen Erbvertrag (§ 2289 Abs. 1 BGB) unwirksam gewesen wäre.

163 **d) §§ 2345 Abs. 2, 2339 Abs. 1 Nr. 3 BGB.** Die Begriffe der **arglistigen Täuschung und der Drohung** entsprechen denjenigen in § 123 BGB. Täuschung liegt vor, wenn der Täuschende durch sein Verhalten beim Erklärungsgegner vorsätzlich einen Irrtum erregen bzw. aufrecht erhalten möchte.[216] Arglist meint dabei mindestens bedingten Vorsatz. Drohung meint das Inaussichtstellen eines künftigen Übels, auf dessen Verwirklichung der Drohende Einfluss zu haben vorgibt, um so auf die Willensentscheidung des Bedrohten einzuwirken und ihn damit zu einem Rechtsgeschäft zu bestimmen.[217] Eine arglistige Täuschung kann auch durch Unterlassen hervorgerufen werden, wenn eine Rechtspflicht zum Handeln besteht. Die unlautere Einflussnahme auf das Zustandekommen einer Adoption, die ein gesetzliches Erbrecht begründet, fällt nicht unter Nr. 3. Wenn der Erblasser auf Grund der Täuschung an einer beabsichtigten Verfügung gehindert wurde, kann aber ein Fall der Nr. 2 in Betracht kommen.[218]

164 Das Mittel der **Gewalt** ist in 2339 Abs. 1 Nr. 3 BGB nicht erwähnt. Teilweise wird mittels eines Erst-Recht-Schlusses gefolgert, für Gewalt müsse die Vorschrift trotz Analogieverbotes ebenfalls gelten.[219] Diese Auffassung übersieht, dass bei Anwendung von Gewalt die letztwillige Verfügung ohnehin nichtig ist. Die Unsicherheit darüber, wie der Erblasser ohne die widerrechtliche Beeinflussung vielleicht verfügt hätte, besteht hier gerade nicht, da die Verfügung in jedem Fall unwirksam ist.[220]

165 Anders als bei Abs. 1 Nr. 2 muss hier eine **wirksame Verfügung** von Todes wegen vorliegen, die durch Arglist oder Drohung beeinflusst wurde. Zwischen der Täuschung und der Drohung und der Errichtung bzw. der Aufhebung der letztwilligen Verfügung durch den Erblasser muss ein Kausalzusammenhang bestehen. Der Versuch der Tat wird von Nr. 3 nicht erfasst.

166 Nach den allgemeinen Grundsätzen kann die Täuschung auch durch **Unterlassen** begangen werden, wenn eine Rechtspflicht zur Aufklärung besteht. Umstritten ist, wieweit eine Offenbarungspflicht hinsichtlich solcher Umstände reicht, bei deren Kenntnis der Erblasser nicht wie geschehen von Todes wegen verfügt haben würde. Beispielsweise stellt sich die Frage, ob das Verschweigen der ehelichen Untreue eine Erbunwürdigkeit herbeiführen kann. Dies setzt voraus, dass eine entsprechende **Offenbarungspflicht** besteht, da die Täuschung durch ein Unterlassen erfolgt. Früher wurde diese aus dem besonderen Treueverhältnis zwischen Eheleuten abgeleitet.[221] Heute wird zumeist argumentiert, eine allgemeine und unbeschränkte Offenbarungspflicht unter Eheleuten bestehe nicht, insbesondere nicht bei länger zurückliegenden Seitensprüngen, zumal sich die Moralvorstellungen gewandelt hätten.[222] Der BGH sieht in dem Verschweigen der ehelichen Untreue dann eine arglistige Täuschung, wenn dieses Thema bei der Abfassung eines Testament eine Rolle spielen könnte. Sobald etwa der Ehegatte wisse, dass sein Partner ihn im guten Glauben an seine Treue zum Erben

---

[215] Staudinger/*Olshausen* § 2339 Rn. 34 f.
[216] MünchKommBGB/*Kramer* § 123 Rn. 8.
[217] MünchKommBGB/*Kramer* § 123 Rn. 40.
[218] OLG Köln NJW 1957, 158, 160.
[219] *Lange/Kuchinke* § 6 II 1 c Fn. 31.
[220] MünchKommBGB/*Helms* § 2339 Rn. 23; Bamberger/Roth/*Müller-Christmann* § 2339 Rn. 12.
[221] RG JW 1912, 871; LG Nürnberg MDR 1958, 692.
[222] AnwK-BGB/*Kroiß* § 2339 Rn. 9.

einsetzen werde, dürfe er nicht länger schweigen.[223] Diese Entscheidung wird heute wegen der gewandelten gesellschaftlichen Vorstellungen kritisch gesehen.[224] Entsprechendes muss bei Untreue innerhalb einer gleichgeschlechtlichen Lebenspartnerschaft gelten.

> **Praxistipp:**
> Teilweise können Handlungen, die einen Erbunwürdigkeitsgrund darstellen, auch die Anfechtung einer letztwilligen Verfügung ermöglichen. Die Anfechtung einer auf einem Irrtum beruhenden Verfügung führt zu deren Nichtigkeit (§ 2078 BGB). Die Pflichtteilsunwürdigkeit hingegen führt zur Unwirksamkeit sämtlicher zugunsten des Täuschenden getroffenen Verfügungen, selbst wenn sie nicht durch die Täuschung verursacht worden sind.

e) §§ 2345 Abs. 2, 2339 Abs. 1 Nr. 4 BGB. Die von dieser Katalogvorschrift erfassten strafbaren Handlungen der **fälschlichen Anfertigung und der Verfälschung** des Testaments ergeben sich aus §§ 267, 271 bis 274 StGB. Das Herstellen einer unechten Urkunde führt zur Pflichtteilsunwürdigkeit, obwohl streng genommen nicht in „Ansehung der Verfügung von Todes wegen des Erblassers" gehandelt wird.[225] Ferner reicht es aus, dass der Pflichtteilsberechtigte von einer unechten Urkunde zur Täuschung im Rechtsverkehr Gebrauch gemacht hat.[226] Es ist möglich, dass die Handlungen erst nach Eintritt des Erbfalles begangen werden. Zu den öffentlichen Urkunden i. S. d. § 271 StGB zählt auch der Erbschein.

Umstritten ist, ob der bloße **Versuch der Tat** ausreicht. Teilweise wird dies mit Blick auf die Entstehungsgeschichte des § 267 Abs. 2 StGB verneint.[227] Die Gegenansicht bejaht die Pflichtteilsunwürdigkeit dann, wenn der Versuch eines Urkundsdeliktes geeignet ist, den Erblasserwillen tatsächlich zu verdunkeln.[228] Für die Einbeziehung des Versuchs spricht die Tatsache, dass diese Fälle im Strafrecht zunehmend als vollendete Delikte behandelt werden und daher kaum mehr Versuchshandlungen denkbar sind, die den Erblasserwillen beeinträchtigen können. Dies ist darauf zurückzuführen, dass das Merkmal der Beweiseignung regelmäßig auch bei nichtigen Rechtsgeschäften gegeben ist.

Auf die **Beweggründe des Täters** kommt es nicht an. Dies ist darauf zurückzuführen, dass §§ 2345 Abs. 2, 2339 Abs. 1 Nr. 4 BGB auf die Verfälschung der Urkunde abstellt und nicht auf die des Erblasserwillens. Der Wunsch, den wahren Willen des Erblassers zu verwirklichen, ist daher ebenso unerheblich wie mögliche andere achtenswerte Motive.[229] Ebenso belanglos ist es, ob die Fälschung erfolgreich war oder sogleich entdeckt wurde.

5. § 2339 Abs. 2 BGB

Die Unwürdigkeitsgründe des Abs. 1 Nr. 3 und 4 beruhen auf dem Gedanken, dass durch das Täterverhalten die Gefahr begründet worden ist, der Erblasserwille werde verdunkelt. In Abs. 2 ist eine **Ausnahmevorschrift** für diese beiden Unwürdigkeitsgründe formuliert. Die Pflichtteilsunwürdigkeit soll entfallen, wenn diese Gefahr nicht länger besteht, weil es „*an einem Kausalzusammenhang zwischen der Handlung des Täters und der Erbfolge mangelt*".[230] Danach tritt keine Unwürdigkeit ein, wenn noch vor dem Tod des Erblassers die Verfügung, zu deren Errichtung der Erblasser nach Abs. 1 Nr. 3 bestimmt wurde oder in deren Ansehung ein Urkundsdelikt begangen wurde (Abs. 1 Nr. 4) unwirksam geworden ist. Gleiches gilt, wenn die Verfügung, zu deren Aufhebung der Erblasser bestimmt worden ist, unwirksam geworden sein würde.

---

[223] BGHZ 49, 155, 159 = NJW 1968, 642.
[224] MünchKommBGB/*Helms* § 2339 Rn. 25; Bamberger/Roth/*Müller-Christmann* § 2339 Rn. 13.
[225] OLG Stuttgart Rpfleger 1956, 160; *Ebenroth* Rn. 374.
[226] OLG Düsseldorf OLGR 2001, 95.
[227] Soergel/*Damrau* § 2339 Rn. 8; Bamberger/Roth/*Müller-Christmann* § 2339 Rn. 16.
[228] Palandt/*Edenhofer* § 2339 Rn. 9; Mayer/Süß/Tanck/Bittler/Wälzholz/*J. Mayer*, HB § 10 Rn. 4; Staudinger/*Olshausen* § 2339 Rn. 49.
[229] BGH ZEV 2008, 193 u. 479; NJW 1970, 197; OLG Stuttgart ZEV 1999, 187 mit Anm. *Kuchinke* S. 137. A. A. *Speckmann* JuS 1971, 235 (mutmaßliche Einwilligung des Erblassers).
[230] Prot. V S. 642.

172 Die Regelung ist **rechtspolitisch verfehlt.**[231] Das Abstellen auf die Kausalität allein recht nicht aus, da es selbst in den Fällen in denen das durch Manipulation zustande gekommene Testament nachträglich unwirksam wird, unklar bleibt, wie der Erblasser ohne die Einflussnahme testiert hätte.[232] Die Vorschrift führt letztlich zu zufälligen Ergebnissen. So kann die nachträgliche Unwirksamkeit auf der Aufhebung der letztwilligen Verfügung durch den Erblasser beruhen. Auch wird durch § 2339 Abs. 2 BGB ignoriert, dass es bereits zu einem Angriff auf den Erblasser gekommen ist.

173 § 2339 Abs. 2 BGB setzt voraus, dass die Unwirksamkeit **nachträglich,** also zwischen unlauterer Einwirkung und dem Erbfall, eintritt. Gelegentlich wird die anfänglich bestehende Unwirksamkeit dem gleichgestellt. Im Fall des Abs. 1 Nr. 3 ist dies nicht möglich, da eine wirksame Verfügung tatbestandlich vorausgesetzt wird. Im Falle eines Urkundsdeliktes i. V. m. Abs. 1 Nr. 4 bedeutet dies nur, dass die im Falle der Herstellung einer unechten Urkunde (§ 267 Abs. 1 Var. 1 StGB) von vornherein nichtige Verfügung später ohnehin aus anderen Gründen ihre Wirksamkeit verlieren würde. Auch hier mangelt es an der Kausalität zwischen Handlung des Täters und Verdunkelung des Erblasserwillens. Die Erbunwürdigkeit entfällt bei Abs. 1 Nr. 4 zudem nicht, wenn die gefälschte Verfügung auch aus anderen Gründen nichtig wäre, da die Norm nur die abstrakte Verdunkelung des Erblasserwillens voraussetzt.[233]

6. Geltendmachung der Pflichtteilsunwürdigkeit

174 a) **Geltendmachung durch Anfechtung.** Die Pflichtteilsunwürdigkeit tritt nicht von Gesetzes wegen (**ipso iure**) ein, sondern muss durch Anfechtung geltend gemacht werden. Dazu ist keine Klage zu erheben, da die §§ 2342, 2343 BGB in § 2345 BGB nicht erwähnt sind. Dem Anfechtungsberechtigten steht ein Leistungsverweigerungsrecht zu (§ 2083 BGB).

175

Checkliste: Geltendmachung der Pflichtteilsunwürdigkeit

1. Wird die Anfechtung von einem Berechtigten erklärt?
2. Ist der richtige Anfechtungsgegner benannt?
3. Ist die Anfechtungsfrist gewahrt?
4. Liegt eine Anfechtungserklärung vor?

176 b) **Anfechtungsberechtiger und Anfechtungsgegner.** *aa) Anfechtungsberechtigter.* Da der Pflichtteilsunwürdige nicht schützenswert ist, muss der Kreis der Anfechtungsberechtigten **nicht eingeschränkt** werden. Auch der an späterer Stelle Berufene hat ein besseres Recht auf den Pflichtteil als der Unwürdige. Anfechtungsberechtigt ist jeder, dem die Wirkung der Anfechtung zugute kommt (§§ 2341, 2345 BGB).[234] Anders als bei der Anfechtung der letztwilligen Verfügung nach § 2080 Abs. 1 BGB steht das Anfechtungsrecht auch den mittelbar Betroffenen zu. So kann etwa derjenige anfechten, der erst beim Wegfall eines weiteren Berechtigten Pflichtteilsansprüche bekäme, da die Passivität des unmittelbar Berufenen die Anfechtung nicht hindert. Richtet sich der Pflichtteilsergänzungsanspruch des Unwürdigen gegen den Beschenkten (§ 2329 BGB), ist auch dieser anfechtungsberechtigt. Es kann selbst dann angefochten werden, wenn der Erblasser von einer gleichzeitig möglichen Pflichtteilsentziehung abgesehen hatte,[235] solange es an einer Verzeihung durch ihn gefehlt hat. Das Anfechtungsrecht geht mit dem Tod auf die Erben des Anfechtungsberechtigten über, da es **kein höchstpersönliches Recht** ist.

---

[231] Ebenso: *Muscheler* ZEV 2009, 58, 61.
[232] MünchKommBGB/*Helms* § 2339 Rn. 29.
[233] MünchKommBGB/*Helms* § 2339 Rn. 32; Staudinger/*Olshausen* § 2339 Rn. 56.
[234] Staudinger/*Olshausen* § 2345 Rn. 12; Erman/*Schlüter* § 2345 Rn. 2.
[235] Soergel/*Damrau* § 2345 Rn. 2; MünchKommBGB/*Helms* § 2339 Rn. 3.

IV. Die Pflichtteilsunwürdigkeit

Nicht anfechtungsberechtigt ist derjenige, der durch die Anfechtung lediglich andere Vermögensvorteile erzielen kann. Die Rechtsposition der Eltern verbessert sich nicht, wenn sie für ihr Kind erfolgreich anfechten. Ein Vermächtnisnehmer gelangt durch die Anfechtung zwar nicht näher an die Erbschaft heran. Er kann aber dennoch anfechten, wenn zu erwarten ist, dass der Erbe die Erfüllung des Vermächtnisses gemäß § 2318 BGB zum Teil verweigert, weil der Vermächtnisnehmer anteilig die Pflichtteilslast zu tragen hätte. Nicht anfechtungsberechtigt ist der Gläubiger.

bb) Anfechtungsgegner. Anfechtungsgegner ist der Gläubiger des Anspruchs, also der (unwürdige) Pflichtteilsberechtigte.

Praxistipp:
Durch Ausschlagung kann der Pflichtteilsunwürdige einen Prozess und die damit verbundenen Kosten verhindern.

c) **Anfechtungsfrist.** Die Anfechtungsfrist beträgt **ein Jahr** und **beginnt** mit dem Zeitpunkt, da der Berechtigte zuverlässig Kenntnis vom Vorhandensein des Anfechtungsgrundes erlangt, §§ 2345 Abs. 1, 2082 BGB.[236] § 2345 Abs. 1 BGB verweist nicht auf § 2340 BGB. Im Falle des § 2339 Abs. 1 Nr. 1 BGB ist zudem die Kenntnis der schuldbegründenden Merkmale erforderlich, da bei einem schuldlosen Verhalten eine Erbunwürdigkeit nicht in Betracht kommt.[237] Steht eine Unwürdigkeit nach § 2339 Abs. 1 Nr. 4 BGB im Raum, so hat der Anfechtende die erforderliche Kenntnis, wenn ihm die Tatsache der Fälschung und die Person des Fälschers aus dem Gutachten eines gerichtlich vereidigten Sachverständigen bekannt sind.[238] Auf die Beweisbarkeit kommt es hier, anders als bei der Erbunwürdigkeit, nicht an.[239]

Praxistipp:
Stets ist daran zu denken, dass nach Ablauf der Anfechtungsfrist die Pflichtteilsunwürdigkeit immer noch im Wege der Einrede geltend gemacht werden kann, §§ 2345 Abs. 1, 2083 BGB.[240]

d) **Anfechtungserklärung.** Da der Pflichtteilsberechtigte nur einen schuldrechtlichen Anspruch gegen und keinen dinglichen Anteil am Nachlass erhält, sind die verfahrensrechtlichen Voraussetzungen für die Geltendmachung der Unwürdigkeit relativ gering. So ist es nicht erforderlich, eine Anfechtungsklage zu erheben.[241] Auf § 2342 BGB wird in § 2345 Abs. 1 BGB gerade nicht verwiesen. Vielmehr reicht eine **formlose Erklärung** gegenüber dem Unwürdigen als Gläubiger des Anspruchs aus (§ 143 Abs. 1 u. 4 BGB).

Die Anfechtungserklärung kann formlos erfolgen. Aus Beweisgründen ist allerdings eine schriftliche Erklärung ebenso zu empfehlen, wie die Dokumentation des Zugangs.

e) **Wirkung der Anfechtung.** Die Wirkung der Anfechtung tritt nach § 142 Abs. 1 BGB ex tunc ein, da § 2342 Abs. 2 BGB keine Anwendung findet. Der Unwürdige ist so zu behandeln, als ob er im Erbfall nie pflichtteilsberechtigt gewesen wäre. Bereits an den Pflichtteilsunwürdigen erbrachte Leistungen können nach §§ 812 Abs. 1, 813 BGB zurückgefordert werden. § 142 Abs. 2 BGB ist zu beachten, weshalb die Voraussetzungen des § 819 BGB stets gegeben sind. Ist bei einem Vermächtnis ein Ersatzvermächtnisnehmer (§ 2190 BGB) bestimmt, findet eine Anwachsung des Anspruchs statt (§§ 2158 f. BGB). Fehlt es an beidem, erlischt der Anspruch.[242]

---

[236] AnwK-BGB/*Kroiß* § 2345 Rn. 5.
[237] OLG Düsseldorf FamRZ 2000, 991.
[238] BGH NJW 1989, 3214 = LM Nr. 2 zu § 2340.
[239] *Damrau/Mittenzwei* § 2345 Rn. 7.
[240] Scherer/*Machulla-Notthoff*, MAH Erbrecht, § 30 Rn. 39; Bamberger/Roth/*Müller-Christmann* § 2345 Rn. 2.
[241] *Damrau/Mittenzwei* § 2345 Rn. 1; Soergel/*Damrau* § 2345 Rn. 1.
[242] Bamberger/Roth/*Müller-Christmann* § 2345 Rn. 4.

185 Eine erfolgreiche Anfechtung wirkt nicht gegen die Abkömmlinge des Pflichtteilsunwürdigen oder gegen andere entferntere Pflichtteilsberechtigte. Mit der wirksamen Anfechtung des Pflichtteilsanspruchs können aber umgekehrt entferntere pflichtteilsberechtigte Abkömmlinge den Pflichtteil verlangen, da nunmehr die **Sperre des § 2309 BGB beseitigt** ist. § 2309 BGB setzt voraus, dass der entferntere Berechtigte bei Eintritt der gesetzlichen Erbfolge als Erbe berufen wäre.[243] Weiter verlangt die Vorschrift, dass der entfernter Berechtigte nach den allgemeinen Bestimmungen der §§ 2303 ff. BGB den Pflichtteil verlangen kann.[244] § 2309 BGB ist hingegen nicht anzuwenden, wenn der Erbe die Unwürdigkeit erst nach Ablauf der Frist einredeweise geltend macht, da dadurch der Anspruch nicht erlischt.[245] Es liegt keine Unbilligkeit für die entferneren Pflichtteilsberechtigten vor, da diese ihrerseits hätten rechtzeitig anfechten können.

Praxistipp:
186 Die Anfechtungsmöglichkeit des entfernteren Pflichtteilsberechtigten i. S. v. § 2309 BGB und ihre Auswirkungen auf den Pflichtteilsanspruch dürfen nicht übersehen werden. Zu beachten ist ferner, dass die Sperre des § 2309 BGB nicht beseitigt wird, wenn die Unwürdigkeit erst nach Ablauf der Anfechtungsfrist im Wege der Einrede geltend gemacht wird.[246]

7. Verzeihung

187 Pflichtteilsunwürdigkeit muss nichts Dauerhaftes, Endgültiges sein. Die Anfechtung wegen Pflichtteilsunwürdigkeit ist daher ausgeschlossen, wenn der Erblasser dem Pflichtteilsunwürdigen verziehen hat, §§ 2345 Abs. 1, 2343 BGB. Damit ist die **Vermutung widerlegt,** der Erblasserwille sei trotz einer der in § 2339 BGB genannten Verfehlungen auf Pflichtteilsentziehung gerichtet. Auf diese Weise behält der Erblasser bis zuletzt die Herrschaft über das Vorliegen oder Nichtvorliegen der Unwürdigkeit. Der Begriff der Verzeihung entspricht demjenigen in § 2337 BGB.[247] Die Verzeihung setzt nach allgemeiner Meinung[248] Kenntnis des Unwürdigkeitsgrundes i. S. einer Kenntnis des Tatbestandes und des Unrechtsgehaltes voraus. Der Erblasser muss das Ausmaß der Verfehlungen wenigstens annähernd gekannt haben, oder aber zum Ausdruck gebracht haben, daraus unabhängig von einer genauen Kenntnis nichts mehr herleiten zu wollen. Allerdings kann er nichts ihm Unbekanntes verzeihen, weshalb es auch keine Verzeihung im Voraus geben kann. Nicht erforderlich ist die Kenntnis davon, dass der Unwürdige pflichtteilsberechtigt ist oder von der Existenz des Instruments der Pflichtteilsunwürdigkeit. Ein Verzicht wirkt nur unter den Beteiligten. Die Beweislast für die Verzeihung als Einrede gegenüber der Anfechtungsklage trifft den Pflichtteilsunwürdigen.

188 Neben der Verzeihung ist auch ein Verzicht auf das Anfechtungsrecht möglich, der allerdings nur zwischen den an der Vereinbarung Beteiligten wirkt.

---

[243] Vgl. OLG Köln FamRZ 2000, 194: Entferntere Abkömmlinge (Enkel des Erblassers) können den Ergänzungspflichtteil nur in den Fällen verlangen, in denen sie gemäß § 2309 BGB pflichtteilsberechtigt sind. Dies ist grundsätzlich nicht gegeben, wenn der seine Verwandtschaft zum Erblasser vermittelnde Elternteil im Zeitpunkt des Erbfalls noch lebt.
[244] MünchKommBGB/*Lange* § 2309 Rn. 5
[245] Mayer/Süß/Tanck/Bittler/Wälzholz/*J. Mayer,* HB § 10 Rn. 9; *Damrau/Mittenzwei* § 2345 Rn. 8; Staudinger/*Olshausen* § 2345 Rn. 18.
[246] MünchKommBGB/*Helms* § 2345 Rn. 8; Bamberger/Roth/*Müller-Christmann* § 2345 Rn. 4.
[247] S. o. Rn. 75 ff.
[248] Bamberger/Roth/*Müller-Christmann* § 2343 Rn. 1; Erman/*Schlüter* § 2343 Rn. 1.

§ 8 Kürzungsrecht, sonstige Einreden und Ausgleichungsansprüche

Übersicht

	Rn.
I. Das Kürzungsrecht des Erben gem. § 2318 BGB	1–19
1. Das Kürzungsrecht nach § 2318 Abs. 1 BGB	1–9
2. Die eingeschränkte Kürzungsbefugnis nach § 2318 Abs. 2 BGB	10–14
3. Die Kürzungsbefugnis des pflichtteilsberechtigten Erben gemäß § 2318 Abs. 3 BGB	15–18
4. Das Zusammentreffen der Kürzungsrechte	19
II. Einreden des Pflichtteilsberechtigten	20–51
1. Die Einrede des pflichtteilsberechtigten Miterben gemäß § 2319 BGB	20–26
2. Die Einrede des pflichtteilsberechtigten Erben gemäß § 2328 BGB	27–35
3. Ausgleichungsansprüche bzw. Dienstleistung gemäß § 2316 BGB i. V. m. § 2057 a BGB	36–51
a) Mitarbeit im Haushalt	41–44
b) Erhebliche Geldleistungen	45
c) Pflegeleistungen	46
d) Beiträge in anderer Weise	47
e) Die Ermittlung des Ausgleichungsbetrages	48/49
f) Die Durchführung der Ausgleichungsberechnung	50/51
III. Die Dürftigkeitseinrede des Erben gemäß § 1990 BGB	52–65
1. Die Dürftigkeit des Nachlasses	52–56
2. Rechtsfolge der Dürftigkeitseinrede	57–60
3. Erhebung der Einrede	61–65
IV. Die Stundung des Pflichtteilsanspruchs	66–71

Schrifttum: *Bonefeld/Lange/Tanck,* Die geplante Reform des Pflichtteilsrechts, ZErb 2007, 292; *Damrau,* Erbersatzanspruch und Erbausgleich, FamRZ 1969, 579; *Ebenroth/Fuhrmann,* Konkurrenzen zwischen Vermächtnis- und Pflichtteilsansprüchen bei erbvertraglicher Unternehmensnachfolge, BB 1989, 2049; *Firsching,* Gesetz über die rechtliche Stellung der nichtehelichen Kinder vom 19. 8. 1969, Rpfleger 1970, 41; *Harder,* Gibt es gesetzliche Vermächtnisse?, NJW 1988, 2716; *Keim,* Die Reform des Erb- und Verjährungsrechts und ihre Auswirkungen auf die Gestaltungspraxis, ZEV 2008, 161; *Klingelhöffer,* Die Stundung des Pflichtteilsanspruchs, ZEV 1998, 121; *Kuchinke,* Anmerkung zu BGH, 10. 7. 1985 – IV a ZR 151/83, JZ 1986, 90; *Kues,* Die Pflegevergütung naher Angehöriger, ZEV 2000, 434; *Petersen,* Die Beweislast bei der Ausgleichspflicht unter Miterben nach § 2057 a BGB, ZEV 2000, 432; *Planck,* Kommentar zum BGB, 5. Band Erbrecht, 4. Aufl. 1930; *RGRK,* Kommentar zum BGB, Band V 1., 12. Aufl. 1974; Band V 2., 12. Aufl. 1975; *Olshausen,* Die Verteidigung des Erbenpflichtteils gegen Pflichtteils- und Vermächtnisansprüche, FamRZ 1986, 524. *Schaal/Grigas,* Der Regierungsentwurf zur Änderung des Erb- und Verjährungsrechts, BWNotZ 2008, 2; *Schindler,* Pflichtteilsberechtigter Erbe und pflichtteilsberechtigter Beschenkter, 2004; *Schlitt,* Aufteilung der Pflichtteilslast zwischen Erbe und Vermächtnisnehmer, ZEV 1998, 91; *Schramm,* BWNotZ 1966, 18; *Tanck,* Umfasst der Verzicht auf einen Pflichtteilsanspruch auch die Einrede nach § 2328 BGB?, ZEV 2001, 184.

I. Das Kürzungsrecht des Erben gem. § 2318 BGB

1. Das Kürzungsrecht nach § 2318 Abs. 1 BGB

Der Erbe hat gemäß §§ 1967 Abs. 2, 2303 Abs. 1 S. 1 BGB den Pflichtteil zu tragen. Die 1 „Pflichtteilslast" bezeichnet dabei den Umfang, in dem der Erbe als Pflichtteilsschuldner für den Pflichtteilsanspruch einzustehen hat. Gemäß § 2318 Abs. 1 BGB haben sich Vermächtnisnehmer und Auflagenbegünstigte an der Pflichtteilslast zu beteiligen. Im Verhältnis zu ihnen trägt der Erbe die Pflichtteilslast anteilig. Allerdings kann der Erblasser gemäß § 2324 BGB eine hiervon abweichende, anderweitige Regelung treffen. Zudem sind die Ausnahmetatbestände der §§ 2321, 2322 BGB zu beachten.

Das dem Erben gem. § 2318 Abs. 1 BGB zustehende Kürzungsrecht stellt dabei die antei- 2 lige Beteiligung von Vermächtnisnehmer und Auflagenbegünstigten an der, den Erben treffenden Pflichtteilslast sicher. So können gemäß § 2318 Abs. 1 BGB Allein- bzw. Miterben grundsätzlich gegenüber dem Vermächtnisnehmer und Auflagenbegünstigten das Vermächtnis im Verhältnis des Vermächtnisses oder der Auflage zum Wert des ungekürzten Nachlasses oder Erbanteils kürzen. Der Vermächtnisnehmer hat also im Verhältnis seiner Einsetzung zum Wert des ungekürzten Nachlasses die Pflichtteilslast zu tragen. Dies führt zu einer Verteilung der Pflichtteilslast zwischen Erbe und Vermächtnisnehmer im entsprechenden Verhältnis. Der Kürzungsbetrag errechnet sich dabei nach folgender Formel:

Kürzungsrecht = Pflichtteilslast × Vermächtniswert/Wert des Erbteils des beschwerten Erben

Fallbeispiel:

3 Die Lebensgefährtin L des geschiedenen Erblassers E ist von diesem zu seiner Alleinerbin eingesetzt worden. Dessen einziger Abkömmling, Tochter T ist somit enterbt und pflichtteilsberechtigt. Der Nachlasswert beträgt € 200.000,–. Zudem hat E seinem Freund F ein Vermächtnis in Höhe von € 40.000,– ausgesetzt. T nimmt L auf Zahlung eines Pflichtteils in Höhe von € 100.000,– in Anspruch. Hiervon muss L letztlich jedoch nur € 80.000,– zahlen, da F gemäß § 2318 BGB die Pflichtteilslast im Verhältnis des Wertes des Vermächtnisses zum Wert des ungekürzten Nachlasses von T zu tragen hat. Der Wert des Vermächtnisses beträgt € 40.000,–, der Wert des ungekürzten Nachlasses € 200.000,–, sodass F als Vermächtnisnehmer die Pflichtteilslast zum Verhältnis 1 zu 5 zu tragen hat. Die Pflichtteilslast beträgt € 100.000,–, sodass hiervon $\frac{1}{5}$, d. h. € 20.000,– auf Freund F als Vermächtnisnehmer gemäß § 2318 Abs. 1 BGB fällt. In dieser Höhe kann L die Pflichtteilslast kürzen, sodass sie lediglich € 80.000,– zu tragen hat.

4 Neben dem Alleinerben steht auch der Erbengemeinschaft das Kürzungsrecht zu.[1] Das Bestehen des Kürzungsrechts setzt nach überwiegender Ansicht voraus, dass der Pflichtteil gegen den Erben auch tatsächlich geltend gemacht worden ist und noch nicht verjährt ist.[2] Entscheidend ist eine wirtschaftlich belastende Inanspruchnahme des Erben durch den Pflichtteilsberechtigten.[3] Die Beweislast für das Bestehen des Kürzungsrechts trägt der Erbe.[4] Ist eine unteilbare Leistung Gegenstand des Vermächtnisses (z. B. Bestellung eines Nießbrauchs am Nachlass oder aber auch ein unteilbarer Gegenstand wie z. B. ein Kunstwerk) so wird das Kürzungsrecht dadurch verwirklicht, dass der Erbe vom Vermächtnisnehmer einen Ausgleichsbetrag fordern kann, der dem Kürzungsbetrag entspricht.[5] Weigert sich der Vermächtnisnehmer, einen solchen Ausgleichsbetrag gegen die Erfüllung des Vermächtnisses zu bezahlen, so kann der Erbe die Erfüllung des Vermächtnisses verweigern und braucht statt der unteilbaren Leistung nur den entsprechend gekürzten Schätzwert zu entrichten.[6] Das Recht, die Verbindlichkeit aus dem Vermächtnis oder der Auflage anteilig zu kürzen, besteht gegenüber jedem Vermächtnisnehmer bzw. Auflagenbegünstigten, es sei denn, der Erblasser hat den Vorrang eines Vermächtnisses gemäß § 2129 BGB angeordnet. Hat der Pflichtteilsberechtigte dem Erben die Erfüllung des Pflichtteilsanspruchs schenkungsweise erlassen, besteht dessen ungeachtet das Kürzungsrecht.[7]

5 Nach § 2188 BGB kann das Kürzungsrecht neben dem Erben auch dem Vermächtnisnehmer selbst zustehen, wenn dieser mit einem Untervermächtnis belastet ist. Bei mehreren Vermächtnisnehmern oder Auflagenbegünstigten besteht das Kürzungsrecht des Erben zur verhältnismäßigen Kürzung gegenüber jedem Vermächtnisnehmer bzw. Auflagenbegünstigten, soweit nicht § 2318 Abs. 2 BGB Anwendung findet oder aber der Erblasser einem Vermächtnis bzw. einer Auflage den Vorrang gemäß § 2189 BGB eingeräumt hat. Die Berechnung der verhältnismäßigen Kürzung erfolgt dabei gegenüber jedem Vermächtnisnehmer bzw. Auflagenbegünstigten nach vorstehender Formel.[8]

6 Das Kürzungsrecht soll dem Erben nicht zustehen, wenn er im Sinne des § 2306 BGB mit einem Vermächtnis oder einer Auflage beschwert ist und er die ihm zustehende Ausschlagungsmöglichkeit nicht genutzt hat, da er in diesem Fall die Belastung selbst zu vertreten hat.[9]

---

[1] BGH NJW 1985, 2828.
[2] LG München II NJW-RR 1989, 8; MünchKommBGB/*Lange* § 2318 Rn. 5.
[3] OLG Frankfurt/M. FamRZ 1991, 238, 240.
[4] MünchKommBGB/*Lange* § 2318 Rn. 5.
[5] BGHZ NJW 1956, 507.
[6] BGHZ NJW 1956, 507.
[7] LG München II NJW-RR 1989, 8.
[8] MünchKommBGB/*Lange* § 2318 Rn. 6; Lange/*Kuchinke* § 37 Rn. 394.
[9] *Klingelhöffer*, Pflichtteilsrecht Rn. 95.

Haben der oder die Erben das Vermächtnis zunächst in voller Höhe erfüllt und werden sie dann auf den Pflichtteil in Anspruch genommen, so steht ihnen gegen den Vermächtnisnehmer ein Rückforderungsanspruch in Höhe des Kürzungsbetrages gemäß § 813 Abs. 1 S. 1 BGB i. V. m. § 2318 Abs. 1 BGB zu.[10] Gleiches gilt, wenn zunächst der Pflichtteil mangels Kenntnis des Kürzungsrechts seitens des Erben in voller Höhe erfüllt wurde.[11] Strittig ist, ob dieser, dem Erbe zustehende Anspruch gemäß §§ 398, 399, 813, 2318 BGB abgetreten werden kann. Dies soll nach der h. M.[12] zulässig sein. Hingegen vertritt das OLG Frankfurt[13] die Auffassung, dass es sich bei dem Kürzungsrecht um einen höchstpersönlichen „Billigkeitsanspruch" handelt, sodass eine Abtretung ausscheidet.

Praxistipp:
Die Höhe des Kürzungsrechts ist abhängig von der Höhe des Pflichtteilsanspruchs, wofür der Erbe beweispflichtig ist. Ein zwischen dem Erben und dem Pflichtteilsberechtigten erstrittenes Urteil entfaltet jedoch keine Rechtskraft im Verhältnis des Erben zum Vermächtnisnehmer bzw. Auflagenberechtigten. Es empfiehlt sich daher, diesen Nachlassbeteiligten den Streit zu verkünden.

Das Kürzungsrecht des § 2318 Abs. 1 BGB umfasst auch gesetzliche Vermächtnisse wie z. B. den Dreißigsten gemäß § 1969 BGB.[14] Nicht gekürzt werden kann der Voraus des Ehegatten gemäß § 1932 BGB, da dieser nach § 2311 Abs. 1 S. 2 BGB bereits bei Berechnung des Pflichtteils voll abzuziehen ist.[15] Ebenfalls nicht gekürzt werden darf der nach § 1963 BGB der Mutter eines ungeborenen Erben zustehende Unterhaltsanspruch sowie der Ausbildungsanspruch des Stiefkindes gemäß § 1371 Abs. 4[16] BGB.

Das Kürzungsrecht des Erben nach § 2318 Abs. 1 BGB kann gemäß § 2324 BGB mittels einer abweichenden Anordnung des Erblassers gegenüber dem Vermächtnisnehmer oder Auflagenbegünstigten erweitert oder beschränkt werden. So kann der Erblasser z. B. anordnen, dass der Vermächtnisnehmer das Vermächtnis ungekürzt erhalten soll. Eine solche Anordnung hat durch letztwillige Verfügung zu erfolgen, kann sich jedoch in Ausnahmefällen auch stillschweigend aus dem Testament ergeben.[17] Das Kürzungsrecht des Erben kann durch den Ausnahmetatbestand des § 2322 BGB eingeschränkt sein. § 2322 BGB geht als lex specialis § 2318 BGB vor.[18] § 2322 BGB bestimmt, dass derjenige, dem die Ausschlagung zustatten kommt, also der Ersatzmann, der erst infolge der Ausschlagung Miterbe wird, das Vermächtnis nur in dem Maße kürzen kann, dass die ihn treffende Pflichtteilslast gedeckt ist. Der durch die Ausschlagung begünstigte Ersatzmann ist hier also nur gegen eine Überschwerung geschützt. Des Weiteren ist der Ausnahmetatbestand des § 2321 BGB zu beachten.

2. Die eingeschränkte Kürzungsbefugnis nach § 2318 Abs. 2 BGB

Das Kürzungsrecht des Erben gemäß § 2318 Abs. 1 BGB ist eingeschränkt, wenn der Vermächtnisnehmer selbst pflichtteilsberechtigt ist. Diese Einschränkung des Kürzungsrechts wird als so genannte „Kürzungsgrenze" bezeichnet. Sie besteht lediglich gegenüber dem Vermächtnisnehmer, nicht jedoch gegenüber dem Auflagenbegünstigten.[19] Aufgrund der Kürzungsgrenze darf das Vermächtnis bis zur Höhe des dem Vermächtnisnehmer selbst zukommenden Pflichtteils nicht gekürzt werden. Lediglich der über den Pflichtteil hinaus-

---
[10] *Olshausen* FamRZ 1986, 524, 526 Rn. 18.
[11] KG Berlin FamRZ 1977, 267, 269.
[12] KG Berlin FamRZ 1977, 267, 269.
[13] OLG Frankfurt FamRZ 1991, 238, 240.
[14] Staudinger/*Haas* § 2318 Rn. 8; a. A. *Harder* NJW 1988, 2716, 2727.
[15] MünchKommBGB/*Lange* 2318 Rn. 4.
[16] MünchKommBGB/*Lange* 2318 Rn. 4.
[17] BGH FamRZ 1983, 692, 694.
[18] BGH NJW 1983, 2378, 2379 f.
[19] MünchKommBGB/*Lange* § 218 Rn. 7.

gehende Mehrbetrag ist kürzungsfähig, dieser jedoch in voller Höhe.[20] Wie sich aus § 2324 BGB ergibt, kann von der Bestimmung des § 2318 Abs. 2 BGB nicht abgewichen werden; diese ist zwingend.[21] Die Kürzungsgrenze errechnet sich bei dem überlebenden Ehegatten einer Zugewinngemeinschaftsehe der mit einem Vermächtnis bedacht worden ist und dieses angenommen hat, aus dem nach §§ 1371 Abs. 1, 1931 BGB erhöhten Ehegattenpflichtteil.[22] Bei der Berechnung des Wertes des Vermächtnisses bleiben dessen Beschwerungen außer Acht (arg. § 2307 Abs. 1 S. 2 BGB).[23]

Fallbeispiel:[24]

11   Nachlasswert = € 30.000,00
Der Erblasser E hinterlässt 2 Söhne (S 1 und S 2). Alleinerbe ist dessen Freund F. Zugunsten von S 1 ist ein Vermächtnis über € 7.500,00 ausgesetzt. Der Pflichtteilsanspruch von S 2 beträgt € 7.500,–. Diesem Betrag entspricht auch das Vermächtnis zugunsten des S 1.
Nach § 2318 Abs. 1 BGB müssten F als Alleinerbe und S 1 die Pflichtteilslast des S 2 im Verhältnis von € 22.500,– zu € 7.500,–, also im Verhältnis 3 zu 1 tragen. Auf F würden ¾ von € 7.500,– (= € 6.625,–) entfallen, auf S 1 ¼ von € 7.500,– (= € 875,–). Nach § 2318 Abs. 2 BGB muss jedoch dem pflichtteilsberechtigten Vermächtnisnehmer S 1 wenigstens ein Betrag in Höhe seines Pflichtteils, und somit in Höhe von € 7.500,– verbleiben. F hat daher auch im Innenverhältnis zu S 1 die Pflichtteilslast allein zu tragen.

12   Der dem Erben durch die Kürzungsgrenze verbleibende Teil der Pflichtteilslast, d. h. der Betrag, der dem Erben als Differenz zwischen dem dem pflichtteilsberechtigten Vermächtnisnehmer zumindest gemäß § 2318 Abs. 2 BGB verbleibenden Pflichtteil und dem sich gemäß § 2318 Abs. 1 BGB eigentlich ergebenden Kürzungsbetrag verbleiben würde, ist nicht allein vom Erben zu tragen, sondern kann von diesem verhältnismäßig auf die anderen nicht pflichtteilsberechtigten Vermächtnisnehmer oder Auflagenbegünstigten verteilt werden.[25] Allerdings ist umstritten, wie die Berechnung zu erfolgen hat. Die überwiegende Meinung nimmt an, dass die Berechnung nach dem ursprünglichen Beteiligungsverhältnis am „bereinigten Nachlass", der dem Erben und dem Vermächtnisnehmer vor Anwendung des ersten Kürzungsrechts zur Verfügung steht, zu bestimmen ist.[26]

Berechnungsbeispiel:[27]

13   Der Nachlasswert beträgt € 400.000,–
Erbe ist der Fremde F, pflichtteilsberechtigt sind die Kinder S und T. T erhält ein Vermächtnis von € 120.000,–.
Die Kürzungsbefugnis des F bzgl. des Vermächtnisses der T berechnet sich wie folgt (€ 100.000,– × € 120.000,–)/€ 400.000,– = € 30.000,–. In die Vergleichsberechnung ist der gesamte Vermächtnisbetrag aufzunehmen; nicht nur der den Pflichtteil übersteigende Betrag, da § 2318 Abs. 2 BGB lediglich sicherstellen soll, dass dem pflichtteilsberechtigten Vermächtnisnehmer zumindest ein eigener Pflichtteil verbleibt und er diesen nicht zur Tilgung von Pflichtteilslasten angreifen muss. Hingegen ist es nicht dessen Zweck, die in § 2318 Abs. 1 BGB grundsätzlich vorgegebene Berechnungsart, d. h. die Ansetzung des Vermächtnisses mit vollem Wert, zu ändern.[28] Aufgrund der Kürzungsgrenze des § 2318 Abs. 2 BGB verbleibt der T jedoch ein Betrag in Höhe von € 100.000,–, sodass sie von der Pflichtteilslast des S lediglich € 20.000,– zu tragen hat. Der sich aufgrund der Kürzungsgrenze ergebende Ausfall von € 10.000,– hat der Erbe F zu tragen.

Abwandlung:[29]

14   Neben das, der pflichtteilsberechtigten Tochter T ausgesetzte Vermächtnis in Höhe von € 120.000,– tritt ein weiteres Vermächtnis in Höhe von € 80.000,00. Dieses Vermächtnis kann wie folgt gekürzt

---

[20] MünchKommBGB/*Lange* Rn. 7; *Ebenroth/Fuhrmann* BB 1989, 2049, 2055; Staudinger/*Haas* Rn. 18.
[21] Bamberger/Roth/*J. Mayer* Rn. 6.
[22] *Schramm* BWNotZ 1966, 18, 25; Staudinger/*Haas* Rn. 20; MünchKommBGB/*Lange* Rn. 10.
[23] *Lange/Kuchinke* § 23 Rn. 398; a. A. Palandt/*Edenhofer* § 2318 Rn. 3.
[24] Nach MünchKommBGB/*Lange* Rn. 8.
[25] H. M., MünchKommBGB/*Lange* Rn. 6; Staudinger/*Haas* Rn. 19, RGRK/*Johannsen* Rn. 7; Soergel/*Dieckmann* Rn. 8; *Lange/Kuchinke* § 37 Rn. 397; *Ebenroth/Fuhrmann* BB 1989, 2049, 2058; a. A. *Kipp/Coing* § 12 II 2 c.
[26] Bamberger/Roth/*J. Mayer* § 2318 Rn. 8.
[27] Nach Soergel/*Dieckmann* § 2318 Rn. 9.
[28] MünchKommBGB/*Lange* § 2318 Rn. 8; Staudinger/*Haas* § 2318 Rn. 18; Soergel/*Dieckmann* § 2318 Rn. 9; Bamberger/Roth/*J. Mayer* § 2318 Rn. 8.1.
[29] Nach Bamberger/Roth/*J. Mayer* § 2318 Rn. 8.2.

I. Das Kürzungsrecht des Erben gem. § 2318 BGB

werden (€ 100.000,- × € 80.000,-)/€ 400.000,- = € 20.000,-. Geht man hier wieder von vorstehender Prämisse aus und berechnet die Verteilung des Ausfallbetrages in Höhe von € 10.000,- zwischen D und F und der Beteiligung am bereinigten Nachlass vor der Anwendung der Kürzungsformel so ergibt sich Folgendes: Die Beteiligung des D am bereinigten Nachlass (= € 200.000,-) beträgt vor Anwendung der Kürzungsformel € 80.000,-0, die des F € 120.000,-. F und D sind somit im Verhältnis 2 zu 3 an diesem Nachlass beteiligt; dieses Verhältnis umgerechnet auf den Ausfallbetrag von € 10.000,- ergibt eine Beteiligung des D an diesem und somit am Pflichtteil des S in Höhe von € 4.000,- und eine Beteiligung des F in Höhe von € 6.000,-.[30]

3. Die Kürzungsbefugnis des pflichtteilsberechtigten Erben gemäß § 2318 Abs. 3 BGB

Im Gegensatz zu § 2318 Abs. 2 BGB erweitert Abs. 3 das Kürzungsrecht des pflichtteilsberechtigten Erben gegenüber dem Vermächtnisnehmer und dem Auflagenbegünstigten, schützt ihn jedoch nicht grundsätzlich vor einer Minderung seines Pflichtteils durch Vermächtnisse oder Auflagen. So kann sich der pflichtteilsberechtigte Erbe gegen eine Reduzierung des Pflichtteils durch Vermächtnisse und Auflagen nur dann mit § 2318 Abs. 3 BGB verteidigen, wenn zu der Belastung seines Erbteils durch solche Vermächtnisse und Auflagen die Geltendmachung von Pflichtteilsansprüchen seitens Dritter hinzutritt.[31] Dieser Regelung liegt folgende Überlegung zugrunde, die auch nach der Neufassung des § 2306 Abs. 1 BGB weiter Gültigkeit hat. § 2306 Abs. 1 BGB n. F. gibt dem pflichtteilsberechtigten Erben ein Wahlrecht. Ist er mit Beschränkungen und Beschwerungen belastet, kann er entweder den Erbteil mit allen Beschränkungen oder Beschwerungen annehmen oder den Erbteil ausschlagen und dennoch den Pflichtteil verlangen. Nimmt er den Erbteil an, trägt er auch die Vermächtnis- bzw. Auflagenlast voll, und zwar auch auf Kosten seines eigenen Pflichtteils. Soweit der pflichtteilsberechtigte Erbe diese Rechtsfolge nicht tragen will, kann und muss er nach § 2306 Abs. 1 BGB n. F. die Erbschaft ausschlagen und den Pflichtteil verlangen, da in diesem Fall auch die Vermächtnis- bzw. Auflagenlast entfällt. Treten jedoch zum pflichtteilsberechtigten Erben und den Vermächtnis- bzw. Auflagenbegünstigten weitere Pflichtteilsberechtigte hinzu und machen diese den Pflichtteil geltend, so kann der pflichtteilsberechtigte Erbe nunmehr zum Schutz seines eigenen Pflichtteils die Vermächtnisse und Auflagen der Gestalt kürzen, dass diese Pflichtteilslast seinen eigenen Pflichtteil nicht noch zusätzlich beeinträchtigt.[32] Somit schützt also § 2318 Abs. 3 BGB den pflichtteilsberechtigten Erben lediglich vor einer Verminderung des auf ihn entfallenden Pflichtteils, die sich aus der Geltendmachung von Pflichtteilsansprüchen Dritter ergibt, soweit diese Geltendmachung den eigenen Pflichtteil reduzieren würde. Hingegen gewährt § 2318 Abs. 3 BGB keinen Schutz vor einer Reduzierung des Pflichtteils des Erben durch Vermächtnisse und Auflagen. Hiergegen kann sich der pflichtteilsberechtigte Erbe nur durch Ausschlagung gemäß § 2306 Abs. 1 BGB n. F. schützen.

Fallbeispiel:[33]
Nachlasswert € 30.000,-
Alleinerbe ist der Sohn S 1, Sohn S 2 ist enterbt. Die ausgesetzten Vermächtnisse betragen € 24.000,-. S 1 hätte sich durch Ausschlagung gemäß § 2306 Abs. 1 BGB n. F. von den Vermächtnissen befreien können. Dies hat er nicht getan. Er muss daher die Vermächtnisse in voller Höhe befriedigen, sodass ihm vom Nachlass noch € 6.000,- verbleiben. Sein Pflichtteil würde € 7.500,- betragen, sodass ihm aufgrund der Vermächtniserfüllung weniger als sein Pflichtteil verbleibt. Hiergegen hätte er sich jedoch nur durch Ausschlagung schützen können. Macht nun jedoch auch S 2 seinen Pflichtteil in Höhe von € 7.500,- gegenüber S 1 als pflichtteilsberechtigtem Erben geltend, so kann er dieses Vermächtnis gemäß § 2318 Abs. 1 BGB um € 7.500,- kürzen.

Das Kürzungsrecht besteht auch dann, wenn der Pflichtteilsberechtigte dem Erben die Erfüllung des Pflichtteilsanspruchs schenkungsweise erlassen hat.[34] Wie bei § 2318 Abs. 1

---

[30] Zur abweichenden Berechnung nach Anwendung der Kürzungsformel Bamberger/Roth/*J. Mayer* § 2318 Rn. 8.2.
[31] Bamberger/Roth/*J. Mayer* § 2318 Rn. 10.
[32] BGH NJW 1985, 2828; *Olshausen* FamRZ 1986, 524 f.; MünchKommBGB/*Lange* 2318 Rn. 11.
[33] Nach MünchKommBGB/*Lange* § 2318 Rn. 13.
[34] Vgl. Rn. 4.

BGB kann der Erbe auch hier im Fall, dass er ein Vermächtnis oder eine Auflage in Unkenntnis des Kürzungsrechts schon erfüllt hat, die erbrachte Leistung gemäß § 813 Abs. 1 S. 1 BGB zurückfordern.[35] Entgegen der Ansicht des OLG Frankfurt[36] handelt es sich beim Konditionsanspruch des Abs. 3 nicht um ein unabtretbaren „personenbezogenen Billigkeitsanspruch mit Ausnahmecharakter".[37]

18 Das Kürzungsrecht des § 2318 Abs. 3 BGB unterliegt entgegen dem Wortlaut des § 2324 BGB nicht der Disposition des Erblassers.[38] Dies gilt auch nach der Neufassung des § 2306 Abs. 1 BGB, denn gerade nach dieser Neufassung hat der pflichtteilsberechtigte Erbe in jedem Fall die Möglichkeit, die Erbschaft auszuschlagen, ohne den Pflichtteil zu verlieren. Das Kürzungsrecht des § 2318 Abs. 3 BGB steht auch der Erbengemeinschaft zu. Hieran ändert § 2319 BGB auch deshalb nichts,[39] weil die Einrede des § 2319 BGB dem pflichtteilsberechtigten Erben nur nach der Teilung des Nachlasses, jedoch nicht vor dessen Teilung zusteht.[40] Hier kann sich der pflichtteilsberechtigte Erbe nur mit dem Kürzungsrecht nach § 2318 Abs. 3 BGB verteidigen. Nach der Teilung des Nachlasses soll § 2319 BGB § 2318 Abs. 3 BGB vorgehen.[41]

4. Das Zusammentreffen der Kürzungsrechte

19 Trifft ein pflichtteilsberechtigter Erbe mit einem pflichtteilsberechtigten Vermächtnisnehmer zusammen, also § 2318 Abs. 3 mit § 2318 Abs. 2 BGB, stellt sich die Frage, ob der Kürzungsgrenze des Abs. 2 oder aber dem Kürzungsrecht des Abs. 3 – vorausgesetzt ein weiterer Dritter macht den ihm zustehenden Pflichtteilsanspruch gegen den Erben geltend – der Vorrang gebührt. Nach überwiegender Auffassung soll das Kürzungsrecht des Erben vorgehen.[42] Dem Streit kommt letztlich geringe praktische Bedeutung zu, da sowohl der Erbe gemäß § 2306 Abs. 1 BGB n. F. als auch der Vermächtnisnehmer gemäß § 2307 Abs. 1 S. 1 BGB die Erbschaft bzw. das Vermächtnis ausschlagen können, um den ungekürzten Pflichtteil zu erlangen.

II. Einreden des Pflichtteilsberechtigten

1. Die Einrede des pflichtteilsberechtigten Miterben gem. § 2319 BGB

20 § 2319 BGB gewährt dem pflichtteilsberechtigten Miterben ein Leistungsverweigerungsrecht, das sich gegen den Pflichtteilsanspruch selbst richtet. Nach der Teilung des Nachlasses soll der Miterbe davor geschützt sein, fremde Pflichtteilsansprüche mittels des Werts seines eigenen Pflichtteils befriedigen zu müssen. Die Vorschrift findet sowohl auf die Außenhaftung, also die Haftung gegenüber dem Pflichtteilsberechtigten[43] Anwendung, erlangt jedoch auch Geltung beim Ausgleich der Miterben im Innenverhältnis.[44] § 2319 BGB findet nur im Hinblick auf den ordentlichen Pflichtteil Anwendung. Soweit der Pflichtteilsergänzungsanspruch des Miterben betroffen ist, kommt die Einrede des § 2328 BGB ergänzend zu § 2319 BGB zum Tragen. § 2319 BGB schützt den pflichtteilsberechtigten Miterben gegen Pflichtteilsansprüche anderer. Demnach ist Voraussetzung für die Anwendung des § 2319 BGB, dass eine Mehrheit von Erben vorhanden ist. Weiter muss der Nachlass bereits

---

[35] Vgl. Rn. 6.
[36] FamRZ 1991, 238, 240.
[37] MünchKommBGB/*Lange* § 2318 Rn. 13; Staudinger/*Haas* § 2318 Rn. 3.
[38] MünchKommBGB/*Lange* § 2318 Rn. 12; Soergel/*Dieckmann* § 2318 Rn. 15; Staudinger/*Haas* § 2318 Rn. 28, § 2324 Rn. 6; Ebenroth/*Fuhrmann* BB 1989, 2049, 2055; a. A. Planck/*Greiff* § 2318 Anm. 5; RGRK/*Johannsen* § 2318 Rn. 8 f.
[39] Bamberger/Roth/*J. Mayer* § 2318 Rn. 11.
[40] MünchKommBGB/*Lange* § 2318 Rn. 15.
[41] Bamberger/Roth/*J. Mayer* § 2318 Rn. 12; Staudinger/*Haas* § 2318 Rn. 24; *Kuchinke* JZ 1986, 90, 91.
[42] Palandt/*Edenhofer* § 2318 Rn. 3; Staudinger/*Haas* § 2318 Rn. 27; RGRK/*Johannsen* § 2318 Rn. 8; MünchKommBGB/*Lange* § 2318 Rn. 14; *Schlitt* ZEV 1998, 91, 92.
[43] MünchKommBGB/*Lange* § 2319 Rn. 1.
[44] MünchKommBGB/*Lange* § 2319 Rn. 1.

geteilt sein. Soweit der Nachlass noch nicht geteilt ist, haftet der Miterbe für den Pflichtteilsanspruch als Gesamtschuldner (§ 2058 BGB), kann jedoch gemäß § 2059 Abs. 1 S. 1 BGB die Haftung auf den noch ungeteilten Nachlass beschränken und somit einen Zugriff auf das Eigenvermögen abwehren.[45]

Werden vor oder bei der Auseinandersetzung Pflichtteilsansprüche anderer aus dem ungeteilten Nachlass befriedigt (§ 2046 BGB), so ist der Pflichtteil des Miterben gefährdet, wenn der Miterbe im Innenverhältnis zum Tragen der Pflichtteilslast nach den allgemeinen Grundsätzen, und somit anteilsmäßig, verpflichtet wäre.[46] § 2319 BGB entfaltet daher bei der Nachlassteilung zugunsten des pflichtteilsberechtigten Miterben eine „Vorwirkung" im Innenverhältnis der Miterben zueinander.[47] Bereits bei der Nachlassteilung kann daher der pflichtteilsberechtigte Miterbe nur soweit mit fremden Pflichtteilen belastet werden, als ihm sein eigener Pflichtteil verbleibt.[48]

Ist die Teilung des Nachlasses erfolgt, steht dem pflichtteilsberechtigten Miterben gemäß § 2319 Abs. 1 BGB ein Leistungsverweigerungsrecht bis zur Grenze des eigenen Pflichtteils zu, das sich gegen den Pflichtteilsanspruch selbst richtet.[49] Dieses Leistungsverweigerungsrecht wirkt bis zur Höhe des geschützten Pflichtteils des pflichtteilsberechtigten Erben schuldbefreiend.[50] Das Leistungsverweigerungsrecht greift allerdings nur gegenüber Pflichtteilsgläubigern, nicht jedoch gegenüber Vermächtnisnehmern und Auflagenbegünstigten. Ist der Erbteil des pflichtteilsberechtigten Miterben mit Vermächtnissen und Auflagen beschwert, so sind diese auch für die Bemessung der Höhe des Leistungsverweigerungsrechts mindernd zu berücksichtigen.

Fallbeispiel:
Der Erblasser hinterlässt Ehefrau und Sohn. Gewillkürte Erben sind der Sohn des Erblassers mit einer Quote von $^2/_5$ sowie die Fremden A, B, C mit jeweils einer Quote von $^3/_{10}$. Die Ehefrau ist enterbt. Der Nachlasswert beträgt € 80.000,–. Die Ehefrau nimmt nun Sohn S auf ihren Pflichtteil in Höhe von $^1/_8$, somit in Höhe von € 10.000,– in Anspruch. S kann nun die Erfüllung des Pflichtteilsanspruchs der E gemäß § 2319 S. 1 BGB insoweit verweigern, als ihm sein eigener Pflichtteil verbleibt. Sein Pflichtteil beträgt $^3/_8$ und somit € 30.000,–. Dieser Betrag muss ihm vom Nachlasswert verbleiben. S ist zu $^2/_5$ als Erbe eingesetzt, sodass sein Erbteil € 32.000,– beträgt, folglich ist S lediglich verpflichtet in Höhe der Differenz zwischen eigenem Pflichtteilsanspruch und Wert des Erbteils, hier also in Höhe von € 2.000,– den Pflichtteilsanspruch der E zu begleichen.

Im Falle der Geltendmachung des Leistungsverweigerungsrechts gemäß § 2319 S. 1 BGB haften die übrigen Miterben für den entstandenen Ausfall als Gesamtschuldner gemäß §§ 421, 2058, 426 BGB. In den Ausnahmefällen der §§ 2060, 2061 BGB haften sie als Teilschuldner.[51] Für den Ausfall haben sowohl nicht pflichtteilsberechtigte, als auch pflichtteilsberechtigte Miterben einzustehen; letztere, sofern sie aus der Erbschaft mehr als ihren Pflichtteil erhalten, da sie sich gegen die aus § 2319 S. 2 BGB folgende Rückgriffshaftung mit der Einrede nach § 2319 S. 1 BGB wiederum verteidigen können. Insoweit wirkt also § 2319 S. 1 BGB auch im Innenverhältnis zwischen den Miterben und schützt daher den pflichtteilsberechtigten Miterben auch gegen evtl. Regressansprüche der übrigen Miterben aus § 426 BGB.[52] Hierdurch kann es zu einer Verschiebung der Pflichtteilslast unter den Erben kommen.[53]

Der gemäß § 2319 S. 1 BGB geschützte ordentliche Pflichtteil des Ehegatten ist, soweit die Ehegatten in Zugewinngemeinschaft gelebt haben, der nach § 1371 Abs. 1 BGB erhöhte

---

[45] MünchKommBGB/*Lange* § 2319 Rn. 2; Bamberger/Roth/*J. Mayer* § 2319 Rn. 2.
[46] MünchKommBGB/*Lange* § 2319 Rn. 2.
[47] Bamberger/Roth/*J. Mayer* § 2319 Rn. 3; hierzu auch Staudinger/*Haas* § 2318 Rn. 5.
[48] Palandt/*Edenhofer* § 2319 Rn. 2; Staudinger/*Haas* § 2319 Rn. 5; MünchKommBGB/*Lange* § 2319 Rn. 2; *Olshausen* FamRZ 1986, 524, 525 f.; *Kipp/Coing* § 12 I. 4.
[49] MünchKommBGB/*Lange* § 2319 Rn. 3; *Tanck* ZErb 2001, 184 f.
[50] MünchKommBGB/*Lange* § 2319 Rn. 3; Bamberger/Roth/*J. Mayer* § 2319 Rn. 7; *Olshausen* FamRZ 1986, 524, 527 f.; Staudinger/*Haas* Rn. 7 ff.; Soergel/*Dieckmann* § 2319 Rn. 3.
[51] MünchKommBGB/*Lange* § 2319 Rn. 3.
[52] Bamberger/Roth/*J. Mayer* § 2319 Rn. 8; BGH NJW 1985, 2828.
[53] Vgl. hierzu ausführlich Bamberger/Roth/*J. Mayer* § 2319 Rn. 8. m. Beispielen.

Pflichtteil. Dieser so genannte große Pflichtteil berechnet sich nach dem um ¼ erhöhten gesetzlichen Erbteil gemäß § 1371 Abs. 1 BGB. Dies führt zu einer entsprechenden Verminderung des Pflichtteils der anderen Miterben.[54] Ist der Ehegatte hingegen nicht Erbe geworden, und hat auch kein Vermächtnis angenommen, so bemisst sich sein Pflichtteil bei der güterrechtlichen Lösung nach dem nicht erhöhten Ehegattenerbteil. Dies ist der so genannte kleine Pflichtteil. Hat der Ehegatte jedoch ein Vermächtnis erhalten und dieses angenommen, bemisst sich der Pflichtteil wiederum nach dem erhöhten Ehegattenerbteil (§ 1371 Abs. 2 HS. 2 BGB).[55] Entsprechendes gilt für den überlebenden Lebenspartner einer eingetragenen Lebenspartnerschaft in Form der Ausgleichsgemeinschaft gemäß § 6 Abs. 2 LPartG.

26   Hat der Miterbe das Recht auf Beschränkung der Erbenhaftung allgemein oder gegenüber bestimmten Gläubigern verloren, steht ihm dessen ungeachtet das Leistungsverweigerungsrecht des § 2319 S. 1 BGB zu, da dieses nicht nur zu einer Beschränkung der Haftung führt, sondern sich gegen den Anspruch selbst richtet.[56] § 2319 BGB ist sowohl im Innen- als auch im Außenverhältnis grundsätzlich zwingend.[57] Der pflichtteilsberechtigte Miterbe trägt die Darlegungs- und Beweislast für die Voraussetzungen des Vorliegens der Einrede.[58]

2. Die Einrede des pflichtteilsberechtigten Erben gemäß § 2328 BGB

27   Der Pflichtteilsberechtigte kann seinen Anspruch auf Ergänzung des Pflichtteils gemäß § 2325 BGB sowohl gegen den Erben (§ 2325 BGB) als auch gegen den Beschenkten (§ 2329 BGB) geltend machen. Letzteres jedoch nur dann, soweit der Erbe zur Ergänzung des Pflichtteils nicht verpflichtet ist, sodass sich der Ergänzungsanspruch des Pflichtteilsberechtigten also primär gegen den Erben richtet. Gegen diesen Ergänzungsanspruch kann sich der abstrakt pflichtteilsberechtigte Erbe auf das Leistungsverweigerungsrecht gemäß § 2328 BGB berufen. Nach Erhebung der Einrede hat der selbst abstrakt pflichtteilsberechtigte Erbe den Ergänzungsberechtigten nur insoweit zu erfüllen, als ihm vom Nachlass und ggf. selbst erhaltenen Geschenken sein ordentlicher Pflichtteil und der Betrag eines etwaigen Pflichtteilsergänzungsanspruchs wegen der Schenkung des Erblassers an einen Dritten verbleibt. Damit wird im Falle der Geltendmachung des Ergänzungsanspruchs sowohl der ordentliche, als auch der ergänzte Pflichtteil des abstrakt pflichtteilsberechtigten Erben geschützt.

Fallbeispiel:

28   Erblasser E hinterlässt einen Nachlass in Höhe von € 40.000,–. Zu seinem Erben hat er Tochter T berufen, Sohn S ist enterbt. Den Dritten D hat er zu Lebzeiten mit € 80.000,– beschenkt. S nimmt nun T auf Ergänzung des Pflichtteils in Höhe von € 20.000,– in Anspruch.
T kann diesen Anspruch gemäß § 2328 BGB abwehren. Ihr ordentlicher Pflichtteil beträgt neben dem des S € 10.000,–, der ihm abstrakt zustehende Ergänzungsanspruch ebenfalls € 20.000,–. Damit kann sie dem Ergänzungsanspruch einen Gesamtpflichtteil in Höhe von € 30.000,– entgegensetzen. Würde S jedoch lediglich seinen ordentlichen Pflichtteil in Höhe von € 10.000,– geltend machen, so könnte T diesem Anspruch § 2328 BGB nichts entgegensetzen, da dieser lediglich den Ergänzungsanspruch abwehrt. Insoweit würde § 2319 BGB greifen.

29   Das Leistungsverweigerungsrecht gemäß § 2328 BGB steht sowohl dem Allein- als auch dem Miterben zu.
Durch Geltendmachung des Leistungsverweigerungsrechts gemäß § 2328 BGB kann der pflichtteilsberechtigte Erbe sowohl seinen ordentlichen als auch seinen ergänzten Pflichtteil, somit den ihm zustehenden Gesamtpflichtteil verteidigen.[59] Bei der Ermittlung dieses Gesamtpflichtteils ist der Kürzungsbetrag nach § 2326 S. 2 BGB nicht zu berücksichtigen, da

---

[54] MünchKommBGB/*Lange* § 2319 Rn. 4.
[55] Soergel/*Dieckmann* § 2319 Rn. 5; Bamberger/Roth/*J. Mayer* § 2319 Rn. 5.
[56] MünchKommBGB/*Lange* § 2319 Rn. 5; Soergel/*Dieckmann* § 2319 Rn. 1; Staudinger/*Haas* § 2319 Rn. 12; Bamberger/Roth/*J. Mayer* § 2319 Rn. 2; *Lange/Kuchinke* § 37 IX. 4.a.
[57] Palandt/*Edenhofer* § 2319 Rn. 2; *Tanck* ZErb 2001, 194 f.
[58] MünchKommBGB/*Lange* § 2319 Rn. 3.
[59] MünchKommBGB/*Lange* § 2328 Rn. 5.

II. Einreden des Pflichtteilsberechtigten

die Enterbung fingiert wird.[60] Im Übrigen ist der Gesamtpflichtteilsbetrag, da es auf die abstrakte Pflichtteilsberechtigung des Erben ankommt, so zu ermitteln, wie wenn der Erbe nicht Erbe geworden wäre. Anrechnungs- und Ausgleichungspflichten sind daher ebenso zu berücksichtigen, wie Eigengeschenke nach § 2327 BGB.

Hinsichtlich der Ermittlung des Wertes des Gesamtpflichtteils des pflichtteilsberechtigten 30 Erben ist grundsätzlich auf das Stichtagsprinzip gemäß § 2311 Abs. 1 BGB, also auf den Wert des Nachlasses zum Zeitpunkt des Erbfalls abzustellen. Strittig ist, wie bei einer nach dem Erbfall eingetretenen Wertminderung des Nachlasses zu verfahren ist. Seiner Grundkonzeption nach geht § 2328 BGB davon aus, dass der pflichtteilsberechtigte Erbe den Ergänzungsanspruch des Pflichtteilsberechtigten nur mit dem Teil des Nachlasses einschließlich selbst erhaltener Schenkungen befriedigen muss, der verbleibt, nachdem er seinen eigenen ordentlichen Pflichtteil einschließlich eigenem Ergänzungsanspruch gedeckt hat.[61] Problematisch sind damit Fälle, in denen der Nachlass zunächst im Zeitpunkt des Erbfalls (Stichtagsprinzip) zur Erfüllung des Ergänzungsanspruchs des Pflichtteilsberechtigten genügt, später jedoch aufgrund eines eingetretenen Wertverfalls der Nachlass zur Befriedigung dieser Ansprüche nicht mehr ausreicht, ohne seinen eigenen ordentlichen oder ergänzten Pflichtteil zu gefährden. Der BGH gewährt in diesen Fällen dem abstrakt pflichtteilsberechtigten Erben faktisch eine Dürftigkeitseinrede in entsprechender Anwendung des § 1990 BGB und räumt ihm ein Vorwegbefriedigungsrecht zur Verteidigung seines Gesamtpflichtteils ein.[62]

Wertsteigerungen nach dem Erbfall sind hingegen für Bestand und Umfang des Leistungsverweigerungsrechts unbeachtlich. Sie können lediglich dazu führen, dass der pflichtteilsberechtigte Erbe die Ergänzungsansprüche nach einer entsprechenden Wertsteigerung nunmehr in voller Höhe befriedigen muss, auch wenn er hierzu nach den Wertverhältnissen zum Zeitpunkt des Erbfalls nicht verpflichtet war.[63] Beruht die Wertsteigerung des pflichtteilsrelevanten realen Nachlasses jedoch auf Umständen, die gemäß § 2313 BGB zu einer Erhöhung des ordentlichen Pflichtteils des pflichtteilsberechtigten Erben führen, erhöht dies auch entsprechend dessen Leistungsverweigerungsrecht.[64] Steht dem abstrakt pflichtteilsberechtigten Miterben selbst ein Ergänzungsanspruch gegen den anderen Miterben nach §§ 2325, 2326 BGB zu oder dem Alleinerben ein Ergänzungsanspruch gegen den Beschenkten nach § 2329 BGB, so soll im Wege einer teleologischen Reduktion sich das Leistungsverweigerungsrecht des § 2328 BGB ausnahmsweise auf die Verteidigung des ordentlichen Pflichtteils beschränken, da hinsichtlich des ergänzten Pflichtteils die vorgenannten Rechte bestehen.[65]

Beim pflichtteilsberechtigten Ehegatten ist stets der Güterstand im Auge zu behalten. So ist 32 § 2328 BGB zugunsten des Ehegatten nur dann anwendbar, wenn dieser die so genannte erbrechtliche Lösung gemäß § 1371 Abs. 1 BGB wählt. In diesem Fall ist stets der große Pflichtteil bei der Festlegung der abstrakten Pflichtteilsberechtigung in Ansatz zu bringen.[66] Wählt der Ehegatte hingegen die so genannte güterrechtliche Lösung gemäß § 1371 Abs. 2 und Abs. 3 BGB, erhält er lediglich den kleinen Pflichtteil und erlangt zudem keine Erbenstellung, sodass § 2328 BGB nicht zur Anwendung kommt. Gleiches gilt bei der Ausgleichsgemeinschaft gleichgeschlechtlicher Lebenspartner gemäß §§ 6 Abs. 1 S. 4, 10 Abs. 2 LPartG.

Entfällt wegen des Leistungsverweigerungsrechts gemäß § 2328 BGB die Haftung des Alleinerben im Umfang des Gesamtpflichtteils und genügt der verbleibende Nachlass nicht zur Erfüllung des Ergänzungsanspruchs des Pflichtteilsberechtigten, so verbleibt diesem lediglich die Inanspruchnahme des Beschenkten gemäß § 2329 BGB. Dabei ist umstritten, ob die

---

[60] Bamberger/Roth/*J. Mayer* § 2328 Rn. 2; *Kerscher/Riedel/Lenz*, Pflichtteilsrecht § 9 Rn. 164 mit Rechenbeispiel.
[61] MünchKommBGB/*Lange* § 2328 Rn. 4.
[62] BGHZ 85, 274, 284 ff. = NJW 1983, 1485, 1487; *Schindler*, Pflichtteilsberechtigter Erbe, Rn. 659 ff.; a. A. MünchKommBGB/*Lange* Rn. 5; Staudinger/*Olshausen* § 2328 Rn. 12.
[63] *Schindler*, Pflichtteilsberechtigter Erbe, Rn. 645 f.
[64] Bamberger/Roth/*J. Mayer* § 2328 Rn. 5.
[65] *Schindler*, Pflichtteilsberechtigter Erbe, Rn. 627 ff. mit Beispielen; Bamberger/Roth/*J. Mayer* § 2328 Rn. 2.
[66] Staudinger/*Olshausen* § 2328 Rn. 16.

Inanspruchnahme des Beschenkten voraussetzt, dass der pflichtteilsberechtigte Erbe die Einrede des § 2328 BGB erhoben hat.[67]

34 Damit das Leistungsverweigerungsrecht gemäß § 2328 BGB geltend gemacht werden kann, muss der Pflichtteilsergänzungsanspruch verlangt werden; das Verlangen des ordentlichen Pflichtteils reicht hingegen nicht aus.[68] Hat der pflichtteilsberechtigte Erbe den Ergänzungsanspruch des Pflichtteilsberechtigten befriedigt, ohne sich auf die Einrede des § 2328 BGB zu berufen und verbleibt ihm danach weniger vom Nachlass als sein Gesamtpflichtteil, so kann er gegen den Beschenkten nach den Grundsätzen der Geschäftsführung ohne Auftrag vorgehen, soweit dieser dadurch von seiner Haftung nach § 2329 BGB befreit wurde.[69]

35 Drohen dem Erben Beeinträchtigungen durch Vermächtnisse oder Auflagen in Verbindung mit dem Pflichtteilsergänzungsanspruch eines anderen, ist er nach § 2318 Abs. 1 und 2 BGB geschützt. Ist er pflichtteilsberechtigt, kann er auch die Ergänzung gemäß § 2318 Abs. 3 BGB verteidigen, wobei allerdings zu beachten ist, dass § 2318 Abs. 3 BGB den eigenen Pflichtteil gegen die bloße Inanspruchnahme aus Vermächtnissen und Auflagen und damit den eigenen Ergänzungspflichtteil nicht schützt.[70]

3. Ausgleichungsansprüche bezüglich Dienstleistungen gemäß § 2316 BGB i. V. m. § 2057 a BGB

36 § 2316 Abs. 1 BGB überträgt die Regeln über die gesetzliche Ausgleichungspflicht, die bei der Auseinandersetzung einer Miterbengemeinschaft eingreifen, auf das Pflichtteilsrecht. Demnach bestimmt sich der Pflichtteilsanspruch eines Abkömmlings unter Zugrundelegung des Erbteils, wie er sich im hypothetischen Fall der gesetzlichen Erbfolge unter Berücksichtigung der gemäß § 2057a BGB zur Ausgleichung zu bringenden Leistung des Abkömmlings ergeben würde. Der Berechnung des Pflichtteils wird also der durch die Ausgleichungspflicht modifizierte Erbteil zugrunde gelegt. Die gesetzliche Ausgleichungspflicht wird damit durch § 2316 Abs. 1 BGB auf das Pflichtteilsrecht übertragen. Die Ausgleichung von Leistungen gemäß § 2316 Abs. 1 BGB in Verbindung mit § 2057a BGB kann sich dabei sowohl zu Gunsten als auch zu Lasten des enterbten Pflichtteilsberechtigten auswirken, letzteres erst dann, wenn z.B. andere Pflichtteilsberechtigte wegen Leistungen gemäß § 2057a BGB Ausgleichung beanspruchen können.[71]

37 Zur Durchführung der Ausgleichung verweist § 2316 Abs. 1 S. 1 BGB auf die Regelungen der Ausgleichung im Falle der gesetzlichen Erbfolge gemäß §§ 2050 ff., 2057a BGB. Daraus folgt, dass an der Ausgleichung bzw. der Berechnung des Pflichtteils gemäß § 2316 Abs. 1 S. 1 BGB nur Abkömmlinge des Erblassers teilnehmen (vgl. § 2050 Abs. 1 BGB), denn lediglich unter ihnen findet im (hypothetischen) Falle der gesetzlichen Erbfolge eine Ausgleichung statt. Nicht von einer Ausgleichung gemäß § 2316 Abs. 1 S. 1 BGB erfasst werden daher etwaige Leistungen des Ehegatten an den Erblasser. Vielmehr ist bei der Berechnung der Ausgleichung der Betrag der gesetzlichen Erbquote des Ehegatten zuvor vom der Berechnung zugrunde zu legende Nachlasswert abzusetzen. Dies liegt darin begründet, dass etwaige Leistungen des Ehegatten im Falle des gesetzlichen Güterstandes bereits durch die Erhöhung des Erbteils bzw. den Zugewinnausgleich nach den §§ 1371, 1931 Abs. 3 BGB, bei Gütertrennung durch die Gleichstellung des Ehegatten neben einem oder zwei Abkömmlingen gemäß § 1931 Abs. 4 BGB pauschal abgegolten sind.[72] Im Übrigen werden bei der Ausgleichung nach § 2316 Abs. 1 S. 2 BGB diejenigen Abkömmlinge die einen Erbverzicht

---

[67] Bamberger/Roth/*J. Mayer* § 2329 Rn. 8.
[68] MünchKommBGB/*Lange* § 2328 Rn. 3.
[69] Staudinger/*Olshausen* § 2328 Rn. 15; Soergel/*Dieckmann* § 2328 Rn. 11; a.A. *Schindler*, Pflichtteilsberechtigter Erbe, Rn. 673 f.; wohl nach Bamberger/Roth/*J. Mayer* § 2328 Rn. 6, der zumindest dann dem Erben einen Bereicherungsanspruch gemäß § 813 BGB gegen den Ergänzungsberechtigten gewähren will, wenn die Voraussetzung für die Einrede bereits bei der Leistung gegeben waren.
[70] Soergel/*Dieckmann* § 2328 Rn. 10; Staudinger/*Olshausen* § 2328 Rn. 7; MünchKommBGB/*Lange* § 2328 Rn. 7.
[71] BGH FamRZ 1993, 535.
[72] MünchKomm/*Heldrich* § 2057 Rn. 10.

II. Einreden des Pflichtteilsberechtigten

abgegeben nicht mitberücksichtigt (vgl. § 2310 S. 2 BGB). Allerdings gilt dies nach Auffassung des BGH dann nicht, wenn sich der erklärte Verzicht lediglich auf das Pflichtteilsrecht bezieht.[73]

Für die Ausgleichung von Leistungen der in § 2057a BGB bezeichneten Art im Pflichtteilsrecht, gilt zunächst nichts anderes wie bei der Ausgleichungspflicht unter gesetzlichen Erben. Demnach sind Gegenstand der Ausgleichung gemäß § 2057a BGB Leistungen eines Abkömmlings, die in besonderer Weise zur Erhaltung oder Vermehrung des Erblasservermögens beigetragen haben. Solche Leistungen können gemäß § 2057a Abs. 1 BGB die Mitarbeit im Haushalt, Beruf oder Geschäft des Erblassers während einer längeren Zeit, Geldleistungen an den Erblasser sowie Leistungen anderer Art und Pflegeleistungen sein. Eine Ausgleichung dieser seitens eines Abkömmlings erbrachten Leistungen bei der Pflichtteilsberechnung kommt dann in Betracht, wenn diese Leistungen den aktiven Vermögensstand des Erblassers positiv beeinflusst haben und etwaige Leistungen anderer Abkömmlinge deutlich überstiegen haben.[74] Hingegen bleiben alle Leistungen außer Betracht, die nach den jeweiligen Verhältnissen als übliche Leistungen zu qualifizieren sind.[75] Die durch die Sonderleistungen des Abkömmlings abgedeckte Vermögenserhaltung bzw. -vermehrung muss dabei verglichen mit anderen Ursachen im Wesentlichen auf den erbrachten Leistungen beruhen.[76] Wurden von mehreren Abkömmlingen Leistungen im Sinne von § 2057a BGB erbracht, sind lediglich solche ausgleichungsfähig, welche die anderen Leistungen an Wert für das Erblasservermögen durch Dauer oder Intensität sichtbar übertreffen.[77] Weiter setzt der Ausgleichsanspruch eines Abkömmlings gemäß § 2057 Abs. 2 S. 1 BGB voraus, dass die Leistungen des Abkömmlings an den Erblasser unentgeltlich erbracht wurden bzw. hierfür auch keine Gegenleistung vereinbart wurde (vgl. § 2057a Abs. 2 S. 1 1. Alt. und 2. Alt. BGB). Auch kommt ein Ausgleichungsanspruch auch dann nicht in Betracht, wenn dem Abkömmling ein Anspruch aufgrund eines anderen Rechtsgrundes zusteht (§ 2057a Abs. 2 S. 1 3. Alt. BGB). Solche Ansprüche können sich aus Geschäftsführung ohne Auftrag (§§ 677 ff. BGB) oder aus Bereicherungsrecht (§§ 812, 818 BGB) ergeben.

Soweit ein Entgelt für die Leistung gewährt wurde bzw. vereinbart worden ist, muss dieses dem Wert der erbrachten Leistung angemessen sein. Das Entgelt ist angemessen, wenn es sich dabei um die für die Leistung zu erwartende übliche Vergütung gemäß § 612 Abs. 2 BGB handelt. Die Gewährung eines geringen Taschengeldes ist nicht angemessen.[78] Liegt das Entgelt aufgrund der verwandtschaftlichen Beziehungen unter dem Wert der Leistung, kommt eine Ausgleichung der teilweisen unentgeltlichen Leistungen jedenfalls dann in Betracht, wenn das Entgelt deutlich unter dem Wert der Leistung liegt.[79] Liegt das Entgelt hingegen nur unwesentlich unter der üblichen Vergütung nach § 612 Abs. 2 BGB scheidet ein Ausgleich der verbleibenden unentgeltlichen Leistungen aus. Der unentgeltliche Teil der Ausgleichung bleibt dann unberücksichtigt, da er nicht in besonderem Maße zur Vermögenserhaltung bzw. -vermehrung beigetragen hat.[80]

Ansprüche gegen den Nachlass schließen eine Ausgleichung allerdings nur dann aus, soweit der Abkömmling einen vertraglichen oder gesetzlichen Anspruch, der originär gegen den Erblasser bestand, nach dessen Tod als Nachlassverbindlichkeit (§ 1967 BGB) gegen den Nachlass faktisch durchsetzen kann.[81] Scheitert eine solche Durchsetzung z. B. daran, dass der Abkömmling das Bestehen einer entsprechenden vertraglichen Vereinbarung mit dem Erblasser nicht nachweisen kann, kann er auf § 2057a BGB zurückgreifen, denn die Beweislast für das Bestehen eines Anspruchs „aus anderem Rechtsgrund" trägt nicht er

---

[73] BGH NJW 1982, 2497.
[74] Staudinger/*Werner* § 2057a Rn. 19; Bamberger/Roth/*Lohmann* § 2057a Rn. 3.
[75] MünchKommBGB/*Heldrich* § 2057a Rn. 16; OLG Oldenburg FamRZ 1999, 1466, 146.
[76] MünchKommBGB/*Heldrich* § 2057a Rn. 16.
[77] MünchKommBGB/*Heldrich* § 2057a Rn. 16.
[78] Soergel/*Wolf* § 2057a Rn. 13.
[79] MünchKommBGB/*Heldrich* § 2057a Rn. 29.
[80] Lange/Kuchinke § 15 III. 5. b; Palandt/*Edenhofer* § 2057a Rn. 9; Staudinger/*Werner* § 2057a Rn. 23; *Damrau* FamRZ 1969, 579, 581.
[81] MünchKommBGB/*Heldrich* § 2057a Rn. 31.

sondern die ausgleichungspflichtigen Miterben.[82] Gleiches soll gelten, wenn der Anspruch bereits verjährt ist.[83] Die Verjährungseinrede bezüglich der seitens des Abkömmlings gegenüber dem Erblasser erbrachten Leistung führt also bei der Ausgleichung nicht weiter. Hat hingegen der Abkömmling auf den Anspruch verzichtet oder war dieser verwirkt, scheidet eine Ausgleichung wegen des Verbots des widersprüchlichen Verhaltens aus.[84] Hat der Abkömmling hingegen seine Leistung in Erfüllung seiner gesetzlichen Dienstleistungspflicht (§ 1619 BGB) oder durch Aufwendungen oder Überlassung von Vermögen zur Bestreitung der Haushaltskosten im Sinne von § 1620 BGB erbracht, steht dies der Ausgleichung gemäß § 2057a BGB nicht entgegen (vgl. § 2057a Abs. 2 S. 2 BGB). Folgende Leistungen sind auszugleichen:

41 a) **Mitarbeit im Haushalt.** Gem. § 2057a Abs. 1 BGB kommt eine Ausgleichung in Betracht, wenn der Abkömmling im Haushalt, Beruf oder Geschäft des Erblassers längere Zeit mitgearbeitet hat. Hierdurch muss er zur Erhaltung und Vermehrung des Vermögens des Erblassers beigetragen haben. Mitarbeit ist jedes geistige oder körperliche Tätigwerden des Abkömmlings; insoweit gelten die für § 1619 BGB maßgeblichen Grundsätze.[85] Der Begriff „Haushalt" umfasst dabei alle Bereiche des Erblassers, die seinen Wohn- und Aufenthaltsort darstellen. Hierzu sind alle Tätigkeiten zu rechnen, die sich auf die Wohnung oder die Lebensführung des Erblassers beziehen, so die typischen Tätigkeiten einer ordnungsgemäßen Haushaltsführung, wie z.B. die Zubereitung von Mahlzeiten, das Reinigen der Wohnung, Ausführungen von im häuslichen Bereich anfallenden Reparaturen, als auch der Abschluss von Rechtsgeschäften, wie z.B. das Besorgen von Einkäufen.[86] Der Begriff „Mitarbeit im Beruf" umfasst nicht nur die unmittelbare Tätigkeit im gewerblichen Betrieb, sondern jede selbstständige oder unselbstständige berufliche Tätigkeit, die in einem weiteren Zusammenhang mit der Berufsausübung steht. Hierunter fallen z.B. auch Fahrten zur Arbeitsstätte sowie das Führen der täglichen Korrespondenz.[87] „Geschäft" erfasst vorrangig, jedoch nicht ausschließlich landwirtschaftliche und kleinere gewerbliche Betriebe. „Geschäft" kann jedoch auch eine Gesellschaft sein, an welcher der Erblasser beteiligt ist bzw. jedwede sonstige Mitinhaberschaft an einem Unternehmen. Mitarbeit im Sinne des § 2057a Abs. 1 BGB kann in diesen Fällen dann vorliegen, wenn der Abkömmling dazu beigetragen hat, den Anteil des Erblassers zu sichern oder seinen Wert zu vergrößern.[88]

42 Die Mitarbeit muss gem. § 2057a Abs. 1 BGB in besonderen Maße dazu beigetragen haben das Vermögen des Erblassers zu erhalten oder zu vermehren. Sie muss daher von einer gewissen zeitlichen Dauer sein, wobei sich allerdings eine feste Zeitgrenze nicht bestimmen lässt.[89] Das Zeitmoment grenzt allerdings die Mitarbeit von der zeitweisen Aushilfe ab.[90] Allerdings ist kein zusammenhängender Zeitraum erforderlich. Ob der Zeitraum der Mitarbeit letztlich ausreicht um in besonderem Maß das Vermögen des Erblassers zu erhalten oder zu vermehren bestimmt sich vor allem auch nach Art und Wert der Leistung. Bei der Leistung wertvollerer Dienste genügt in der Regel schon ein kürzerer Zeitraum.[91] In besonderem Maße hat die Mitarbeit dazu beigetragen das Vermögen des Erblassers zu erhalten, wenn der Erblasser ohne die Mitarbeit des Abkömmlings eine andere Arbeitskraft hätte einstellen müssen, die er hätte bezahlen müssen.[92]

---

[82] *Petersen* ZEV 2000, 433; Soergel/*Wolf* § 2057a Rn. 14.
[83] Staudinger/*Werner* § 2057a Rn. 23; Soergel/*Wolf* § 2057a Rn. 15; *Damrau* FamRZ 1969, 579; a.A. *Firsching* Rpfleger 1970, 41, 53.
[84] Staudinger/*Werner* § 2057a Rn. 23; MünchKommBGB/*Heldrich* § 2057a Rn. 31; Soergel/*Wolf* § 57a Rn. 15.
[85] MünchKommBGB/*Heldrich* § 2057a BGB Rn. 17.
[86] Bamberger/Roth/*Lohmann* § 2057a Rn. 5; MünchKommBGB/*Heldrich* § 2057a Rn. 17.
[87] Staudinger/*Werner* § 2057a Rn. 11.
[88] MünchKommBGB/*Heldrich* § 2057a Rn. 17.
[89] Palandt/*Edenhofer* § 2057a Rn. 5.
[90] MünchKommBGB/*Heldrich* § 2057a Rn. 18.
[91] Soergel/*Wolf* § 2057a Rn. 4; MünchKommBGB/*Heldrich* § 2057a Rn. 18.
[92] Staudinger/*Werner* § 2057a Rn. 14; Soergel/*Wolf* § 2057a Rn. 9; Bamberger/Roth/*Lohmann* § 2057a Rn. 5.

II. Einreden des Pflichtteilsberechtigten

Die Mitarbeit im Haushalt, Geschäft oder Beruf des Erblassers muss nicht vom Abkömmling persönlich geleistet worden sein. Es genügt, wenn andere Familienangehörige oder auch dritte Personen auf Veranlassung des Abkömmlings bzw. in dessen Auftrag tätig werden. Erfolgt das Tätigwerden eines Familienangehörigen des Abkömmlings jedoch aus eigener Initiative besteht kein Ausgleichungsanspruch.[93] Leistet der Hoferbe Mitarbeit auf dem Hof steht ihm ein Ausgleichungsanspruch nach § 2057a BGB zu.[94] Weiter muss die Mitarbeit gem. § 2057a Abs. 2 S. 1 BGB unentgeltlich erfolgen. Erfolgt sie teilweise unentgeltlich, teilweise entgeltlich, kommt lediglich ein Ausgleich für den unentgeltlichen Teil in Betracht.[95]

Die Beweislast dafür, dass die Mitarbeit des Abkömmlings in besonderem Maße dazu beigetragen hat, das Vermögen des Erblassers zu erhalten oder zu vermehren trägt grundsätzlich der Abkömmling, der sich darauf beruft.[96] Den Beweis kann der Abkömmling führen, wenn er darlegen kann, dass ohne seine Hilfe eine Arbeitskraft eingestellt oder bezahlt hätte werden müssen.[97] Ist unstreitig bzw. steht fest, dass der Abkömmling erhebliche Leistungen erbracht hat, liegt hier in einem Beweisanzeichen das in der Regel den Schluss auf eine Erhaltung oder Vermehrung des Vermögens des Erblassers zulässt. Eine Vermutung, wonach jegliche Mitarbeit des Abkömmlings das Vermögen des Erblassers in besonderem Maße erhält bzw. vermehrt gibt es jedoch nicht.[98]

b) Erhebliche Geldleistungen. Auch erhebliche Geldleistungen des Abkömmlings an den Erblasser können zu einer Ausgleichungspflicht führen. Ob sich die „Erheblichkeit" der Geldleistung nach den im Einzelfall zu ermittelnden Verhältnisses des Erblassers oder nach einem objektiven Maßstab bestimmt, ist strittig. § 2057a Abs. 1 BGB stellt auf die Erhaltung oder Vermehrung des Erblasservermögens ab, sodass bereits der Gesetzestext dafür spricht, die individuellen Verhältnisse des Erblassers, also die Beeinflussung dessen Vermögensstandes durch die Zuwendung heranzuziehen.[99] Die die Ausgleichungspflicht begründende Geldleistung muss daher in einem gewissen Maß den Vermögensstand des Erblassers beeinflusst haben.[100] Geldleistungen, die lediglich der Erfüllung gesetzlicher Unterhaltspflichten gemäß §§ 1601 BGB dienen sind daher nicht ausgleichungsfähig und begründen daher keinen Ausgleichungsanspruch. Erfolgen Unterhaltszahlungen jedoch nicht in Erfüllung der gesetzlichen Unterhaltspflicht sondern freiwillig, kann hieraus eine Ausgleichungspflicht entstehen, wenn dies zur Schonung des Erblasservermögens beiträgt.[101] Die Geldleistung kann an den Erblasser oder an einen Dritten, z.B. den Gläubiger erbracht werden. Ebenso ist der Zweck unerheblich, zu dem die Geldleistung erfolgt.[102]

c) Pflegeleistungen. Häufiger Streitpunkt in der Praxis sind seitens eines Abkömmlings gegenüber dem Erblasser erbrachte Pflegeleistungen. Diese sind gemäß 2057a Abs. 1 BGB ausgleichungsfähig und -pflichtig. Voraussetzung ist, dass die Pflegeleistungen über eine längere „Zeit" erbracht wurden. Einen festen Maßstab für diesen Zeitraum gibt es nicht. Vielmehr ist auch hier nach den Umständen des Einzelfalles zu entscheiden, insbesondere danach, wie aufwendig und zeitintensiv die Pflege war.[103] So kann bereits eine einmonatige Dauer der Pflegeleistung bei besonders intensiver Pflege genügen, so z.B. dann, wenn der Erblasser andernfalls einen oder gar mehrere voll ausgelastete Pflegepersonen hätte beschäftigen und bezahlen müssen.[104] Bereits nach dem Wortlaut des § 2057a Abs. 1 BGB müssen

---

[93] MünchKommBGB/*Heldrich* § 2057a Rn. 20.
[94] Staudinger/*Werner* § 2057a Rn. 26; Soergel/*Wolf* § 2057a Rn. 20; MünchKomm/*Heldrich* § 2057a Rn. 2.1.
[95] Vgl. Rn. 38.
[96] OLG Oldenburg FamRZ 1999, 1466.
[97] Mayer/Süß/*Tanck* § 7 Rn. 32 m.w.N.
[98] Bamberger/Roth/*Lohmann* § 2057a Rn. 5; MünchKommBGB/*Heldrich* § 2057a Rn. 16.
[99] MünchKommBGB/*Heldrich* § 2057a Rn. 22; Lange/Kuchinke § 15 III. 5.c m. Fn. 59; a.A. Palandt/*Edenhofer* § 2057a Rn. 6; Soergel/*Wolf* § 2057a Rn. 5.
[100] Bamberger/Roth/*Lohmann* § 2057a Rn. 6.
[101] Staudinger/*Werner* § 2057a Rn. 15.
[102] Soergel/*Wolf* § 2057a Rn. 5.
[103] Bamberger/Roth/*Lohmann* § 2057a Rn. 8.
[104] Staudinger/*Werner* § 2057a Rn. 17.

die Pflegeleistungen gegenüber dem Erblasser persönlich erbracht worden sein. Allerdings muss die Pflegeleistung nicht vom Abkömmling persönlich erbracht worden sein. Er kann hiermit, ebenso wie bei den anderen Sonderleistungen, auch bezahlte Pflegekräfte beauftragen. Wird jedoch die Pflegeleistung ausschließlich durch bezahlte Pflegekräfte erbracht, liegt hierin eine Geldleistung im Sinne von § 2057a Abs. 1 S. 1 BGB. Die Pflegeleistung muss nicht mehr, wie bisher „unter Verzicht auf berufliches Einkommen" erbracht werden. Dieses Tatbestandsmerkmal wurde gestrichen, um eine Benachteiligung derjenigen Abkömmlinge, die neben einer beruflichen Tätigkeit noch die Pflege eines Eltern- bzw. Großelternteils übernehmen zu vermeiden.

47   d) **Beiträge in anderer Weise.** Neben den im Gesetz genannten Leistungen kommen auch beliebige Leistungen anderer Art in Betracht, soweit diese in besonderem Maße zur Erhaltung und Vermehrung des Erblasservermögens beigetragen haben. Erforderlich ist also, dass diese sonstigen Leistungen einen gewissen Erheblichkeitsgrad erreichen.[105] Leistungen anderer Art können z. B. Sachleistungen,[106] Investitionen im Betrieb,[107] Übernahme einer Bürgschaft,[108] die Bestellung einer Grundschuld,[109] oder die Übernahme sonstiger Tätigkeiten für den Erblasser sein. Auch die Bezahlung von Verbindlichkeiten des Erblassers bzw. die Gewährung von Darlehen kann eine Leistung in anderer Weise im Sinne des § 2057a Abs. 1 S. 1 BGB sein.[110] Hierunter fallen auch Pflegeleistungen zugunsten des Ehegatten oder eines anderen Familienangehörigen des Erblassers, die der Erblasser sonst hätte bezahlen müssen.[111]

48   e) **Die Ermittlung des Ausgleichungsbetrages.** Die Ermittlung des Ausgleichungsbetrages erfordert nicht, dass der Abkömmling den Wert jeder einzelnen Leistung benennt und die sich hieraus sodann ergebende Gesamtleistung bzw. deren Wert zur Aufrechnung stellt. Vielmehr hat die Ermittlung des Ausgleichungsbetrages gemäß § 2057a Abs. 3 BGB nach Billigkeitsgesichtspunkten unter Berücksichtigung von Art, Umfang und Dauer der Leistung sowie dem um die Nachlassverbindlichkeiten bereinigten Nettonachlasswert zu erfolgen.[112] Bezüglich Dauer und Umfang der auszugleichenden Leistung ist insbesondere der Zeitraum der Pflegetätigkeit, der tägliche Aufwand für eine Mitarbeit, die Höhe des dem Erblasser überlassenen Geldbetrages usw. zu berücksichtigen.[113] Bezüglich des Wertes des zu berücksichtigenden Nettonachlasses gilt, dass der Ausgleichungsbetrag desto höher festgelegt werden kann, je wertvoller der Nachlass ist. Allerdings ist zu beachten, dass der Ausgleichungsbetrag nie den gesamten vorhandenen Nachlass umfassen kann, da dieser letztlich Bemessungsgrundlage für die Ausgleichung ist und die Leistungen in Relation zum Nachlass zu bewerten sind.[114] Soweit erfordert bereits die Billigkeitsbewertung, dass der Ausgleichungsbetrag im Verhältnis zum (verbleibenden) Nettonachlass in einem angemessenen Verhältnis steht.[115] Zur Bewertung des Ausgleichungsbetrages kann allerdings insbesondere bei Pflegeleistungen als Orientierungshilfe auf die Pflegegeldbeträge der Pflegestufe I bis III (vgl. § 37 SGB XI) zugegriffen werden.[116] Liegt der Ausgleichung die Mitarbeit des Abkömmlings in der elterlichen Landwirtschaft zugrunde können die „Richtsätze für mithelfende Familienangehörige in der Landwirtschaft und Weinbau", herausgegeben vom Landwirtschaftsministerium Baden-Württemberg herangezogen werden.[117]

---

[105] MünchKommBGB/*Heldrich* § 2057a Rn. 27.
[106] Staudinger/*Werner* § 2057a Rn. 16.
[107] Palandt/*Edenhofer* § 2057a Rn. 6.
[108] *Damrau* FamRZ 1969, 579, 580 Fn. 10.
[109] Staudinger/*Werner* § 2057a Rn. 16.
[110] Staudinger/*Werner* § 2057a Rn. 16.
[111] Staudinger/*Werner* § 2057a Rn. 18; Münch/KommBGB/*Heldrich* § 2057a Rn. 26.
[112] BGH NJW 1988, 710, 712.
[113] MünchKommBGB/*Heldrich* § 2057a Rn. 34.
[114] MünchKommBGB/*Heldrich* § 2057a Rn. 35; Palandt/*Edenhofer* § 2057a Rn. 9; Staudinger/*Werner* § 2057 Rn. 29.
[115] LG Ravensburg BWNotZ 1989, 147.
[116] Ausführlich *Kuesz* ZEV 2000, 434.
[117] LG Ravensburg BWNotZ 1989, 147.

Wie ausgeführt hat der Ausgleichungsberechtigte die einzelnen Leistungen nicht substantiiert darzulegen.[118] Der Ausgleichungsberechtigte wird daher in der Regel einen unbezifferten Klageantrag, gerichtet auf die Feststellung, dass ein in das Ermessen des Gerichts gestellter Betrag gemäß § 2057a BGB auszugleichen ist, stellen. Der Ausgleichungsanspruch ist lediglich eine Vorfrage im Rahmen der Auseinandersetzung, sodass die Feststellungsklage in Betracht kommt.[119] Bei der Auseinandersetzung einer Erbengemeinschaft ist eine Klage auf Feststellung eines einzelnen Streitpunktes zulässig, wenn die Feststellung einer sinnvollen Klärung der Grundlagen der Erbauseinandersetzung dient.[120] Kann keine gütliche Einigung erzielt werden, hat das Prozessgericht die Höhe des Ausgleichungsbetrages gemäß § 287 Abs. 2 ZPO festzulegen. Der Streitwert richtet sich beim bezifferten Antrag nach der Höhe des Betrages, ansonsten gelten die Grundsätze für Ermessensanträge.[121]

f) **Die Durchführung der Ausgleichungsberechnung.** Die Ausgleichung erfolgt mit der Teilung des Nachlasses (§ 2057a Abs. 4 BGB).[122] Dabei sind die Ausgleichungsbeträge von dem Wert des Nachlasses abzuziehen, der auf die an der Ausgleichung Beteiligten entfällt. Der so verbleibende Betrag wird im Verhältnis der Anteile der Abkömmlinge geteilt. Hieraus ergibt sich der gesetzliche Erbteil derjenigen Abkömmlinge die zur Ausgleichung verpflichtet sind. Der Erbteil des ausgleichungsberechtigten Abkömmlings ist dabei um den Ausgleichungsbetrag zu erhöhen (§ 2057a Abs. 4 S. 1 BGB). Der Pflichtteil gemäß § 2316 Abs. 1 BGB ergibt sich folglich als Hälfte dieses so errechneten Ausgleichungserbteils. Hat der Nachlass einen Nullwert, findet die Ausgleichung nicht statt. Zudem ist darauf zu achten, dass der der Ausgleichung zugrunde liegenden Nachlasswert gegebenenfalls vorab um den auf die Ehefrau entfallenen Erbteil bereinigt wird.

Berechnungsbeispiel:

Der Erblasser, der im Güterstand der Zugewinngemeinschaft lebte hinterlässt seinen Sohn S, die Tochter T und die Ehefrau E. Die Tochter T hat den Erblasser während einer langen Krankheit gepflegt, ohne Hilfe und ohne eine Vergütung erhalten zu haben. Dadurch wurde das Vermögen des Erblassers erhalten. Der Nachlasswert beträgt € 600.000,–. Der Wert der Pflegeleistung soll nach § 2057a Abs. 3 BGB mit € 50.000,– angenommen werden.
Zunächst erhält die Ehefrau E unabhängig von Ausgleichungsansprüchen einen Betrag in Höhe von € 300.000,–, da sie an der Ausgleichung nicht beteiligt ist. Dann ist gemäß § 2057a Abs. 4 S. 2 BGB der Ausgleichungsbetrag vom verbleibenden Nachlasswert abzuziehen, sodass dieser € 250.000,– beträgt. Dieser wird auf Sohn S und Tochter T verteilt, sodass auf jeden je € 125.000,– entfallen. Dies entspricht dem gesetzlichen Erbteil. Sodann wird die Erbteilsquote der Tochter T, die diese Pflegeleistung erbracht hat, gemäß § 2057a Abs. 4 S. 1 BGB um den Wert der Pflegeleistungen, d.h. um € 50.000,– erhöht. Daher beläuft sich der Erbteil der Tochter T auf € 175.000,–. Ihr Pflichtteilsanspruch beträgt hiervon die Hälfte, d.h. € 87.500,–. Der Pflichtteilsanspruch des ausgleichungsverpflichtenden S beträgt hingegen die Hälfte seiner Erbteilsquote mithin € 62.500,– (€ 125.000,– ./. 2).

III. Die Dürftigkeitseinrede des Erben gemäß § 1990 BGB

1. Die Dürftigkeit des Nachlasses

Der Erbe haftet grundsätzlich als Gesamtrechtsnachfolger für die Nachlassverbindlichkeiten gemäß § 1967 Abs. 1 BGB unbeschränkt. Der Erbe sollte daher darauf bedacht sein, nach Möglichkeit seine Haftung auf den Nachlass zu beschränken. Neben der Nachlassverwaltung (§ 1975 BGB) und dem Nachlassinsolvenzverfahren (§§ 315 bis 331 InsO) kann der Erbe sein Eigenvermögen durch Erhebung der Dürftigkeitseinrede nach § 1990 BGB schützen. Voraussetzung hierfür ist ein so genannter dürftiger Nachlass, also ein Nachlass, dessen Masse nicht genügt, die Kosten der Nachlassverwaltung oder des Nachlassinsolvenzverfahrens zu decken und daher diese Maßnahmen wirtschaftlich nicht sinnvoll sind.

---

[118] Lange/*Kuchinke* § 15 III. 5. d.
[119] Vgl. BGH NJW 1992, 364; Bamberger/Roth/*Lohmann* 2057a Rn. 13.
[120] BGH NJW-RR 1999, 220.
[121] Vgl. hierzu Thomas/*Putzo* § 287 Rn. 63; MünchKommBGB/*Heldrich* § 2057a Rn. 37.
[122] BGH NJW 1993, 1197.

Gleiches gilt, wenn aus diesem Grund die Nachlassverwaltung gemäß § 1988 Abs. 2 BGB aufgehoben oder das Insolvenzverfahren gemäß § 207 Abs. 1 InsO eingestellt worden ist. Auf eine Überschuldung kommt es hingegen für die Anwendung des § 1990 BGB nicht an. Es genügt, wenn die Nachlassaktiva so geringfügig sind, dass die Kosten der genannten zwei Verfahren nicht gedeckt sind.[123]

53 Freilich kann auch Überschuldung des Nachlasses vorliegen. Beruht die Überschuldung allein auf Vermächtnissen und Auflagen des Erblassers, kann der Erbe die so genannte Überschwerungseinrede gemäß § 1992 BGB erheben und so Vermächtnisnehmer und Auflagenbegünstigte gemäß §§ 1990, 1991 BGB auf den vorhandenen Restnachlass verweisen oder aber die Herausgabe der Nachlassgegenstände durch Zahlung des Wertes gemäß § 1992 S. 2 BGB abwenden. Soweit der Erbe zugleich Pflichtteilsberechtigter ist, kann er sich zudem gemäß § 2306 BGB von den Vermächtnissen und Auflagen befreien.

54 Die Dürftigkeitseinrede wirkt im Ergebnis wie eine Beschränkung der Haftung auf den Nachlass. Die Erhebung der Dürftigkeitseinrede scheidet jedoch aus, wenn der Erbe schon allgemein unbeschränkt gemäß § 2013 Abs. 1 BGB haftet. Besteht hingegen lediglich eine unbeschränkbare Haftung gegenüber einzelnen Gläubigern gemäß § 2013 Abs. 2 BGB, steht dies der Erhebung der Dürftigkeitseinrede gegenüber weiteren Gläubigern nicht entgegen.[124]

55 Im Falle der Erhebung der Dürftigkeitseinrede hat der Erbe den Nachweis der Dürftigkeit zu führen. Er kann hierzu einen Beschluss des Insolvenz- bzw. Nachlassgerichts vorlegen, der die Eröffnung der Nachlassverwaltung bzw. das Nachlassinsolvenzverfahren mangels kostendeckender Masse nicht eröffnet oder einstellt. Dieser Beschluss ist für das Prozessgericht bindend. Das Prozessgericht hat bzgl. eines solchen Beschlusses keine inhaltliche Überprüfungsbefugnis.[125] Weiterer Sachvortrag ist daher für den Erben im Falle der Vorlage eines solchen Beschlusses nicht erforderlich. Darüber hinaus kann der Erbe auch auf sonstige Weise darlegen, dass es an einer kostendeckenden Masse fehlt. So kann der Erbe den Nachweis auch durch ein bereits errichtetes Inventar nach § 2009 BGB führen, da in diesem Fall vermutet wird, dass nur die im Inventar aufgeführten Nachlassgegenstände im Zeitpunkt des Erbfalls vorhanden waren. Neben der Inventarerrichtung kommt auch eine entsprechende Auskunftserteilung sowie die Abgabe einer eidesstattlichen Versicherung gemäß § 260 BGB in Betracht. Im Falle der Inventarerrichtung muss der Nachlassgläubiger die Vermutung, dass im Zeitpunkt des Erbfalls weitere Nachlassgegenstände nicht vorhanden waren, widerlegen.[126] Allerdings erstreckt sich im Falle der Nichtvorlage entsprechende Gerichtsbeschlüsse die Darlegungs- und Beweislast des Erben auf sämtliche Aktiva und Passiva des Nachlasses.[127]

56 Maßgebender Zeitpunkt für die Dürftigkeit des Nachlasses ist der Zeitpunkt der Entscheidung über die Einrede und somit der Zeitpunkt der letzten mündlichen Verhandlung in der Tatsacheninstanz.[128] Daraus folgt, dass der Nachlass nichts bereits im Erbfall dürftig gewesen sein muss, vielmehr kann er auch später erst dürftig geworden sein. Zudem können sich gegenüber verschiedenen Gläubigern verschiedene Zeitpunkte für das Bestehen der Dürftigkeit ergeben, insbesondere dann, wenn die Dürftigkeit dadurch eingetreten ist, dass der Erbe den Nachlass zur Befriedigung der ihm bekannten Nachlassgläubiger zunächst verwandt hat.[129] Soweit der Erbe selbst die Dürftigkeit des Nachlasses zu vertreten hat, z. B. im Falle unsachgemäßer Verwaltung bzw. einer verspäteten Stellung des Insolvenzantrags, werden Ersatzansprüche gegen den Erben nach §§ 1978, 1979 gemäß §§ 1991 Abs. 1, 1978 Abs. 2 BGB zur Masse hinzugerechnet und können so ggf., soweit sie nicht uneinbringlich sind, die Dürftigkeit des Nachlasses ausschließen.[130] Die Dürftigkeitseinrede nach § 1990

---

[123] MünchKommBGB/*Siegmann* § 1990 Rn. 2.
[124] Staudinger/*Marotzke* § 1990 Rn. 9 und § 2013 Rn. 9; MünchKommBGB/*Siegmann* § 1990 Rn. 5.
[125] BGH NJW-RR 1989, 1226.
[126] Bamberger/Roth/*Lohmann*, § 1990 Rn. 4.
[127] OLG Düsseldorf Rpfleger 2000, 115.
[128] BGH NJW 1983, 1485; 1486; MünchKommBGB/*Siegmann* § 1990 Rn. 4; Palandt/*Edenhofer* § 1990 Rn. 3.
[129] MünchKommBGB/*Siegmann* § 1990 Rn. 4.
[130] BGH NJW 1992, 2694, 2695; BGH NJW-RR 1989, 1226, 1228; MünchKommBGB/*Siegmann* § 1990 Rn. 4.

III. Die Dürftigkeitseinrede des Erben

BGB kann gegenüber allen Nachlassforderungen geltend gemacht werden, so auch gegenüber Pflichtteils- und Pflichtteilsergänzungsansprüchen[131] sowie gegenüber einem Wertermittlungsanspruch nach § 2314 BGB.[132] Im Mahnverfahren muss der Erbe den Vorbehalt mit dem Einspruch geltend machen, wenn er die Möglichkeit der Haftungsbeschränkung in der Zwangsvollstreckung nicht verlieren will.

Neben dem Erben können sich auch Nachlasspfleger und Testamentsvollstrecker auf die Einreden nach §§ 1990 f. BGB berufen. Der Nachlassverwalter ist beim dürftigen Nachlass verpflichtet, die Aufhebung der Nachlassverwaltung zu beantragen.[133]

2. Rechtsfolge der Dürftigkeitseinrede

Beruft sich der Erbe auf die Dürftigkeit bzw. Unzulänglichkeit des Nachlass, so hat er gemäß § 1990 Abs. 1 S. 2 BGB den Nachlass zum Zwecke der Befriedigung des Gläubigers im Wege der Zwangsvollstreckung herauszugeben. Der Erbe hat somit die Zwangsvollstreckung in den Nachlass zu dulden, sodass der Nachlassgläubiger nicht nur Zahlung verlangen kann, sondern seinen Zahlungsantrag im Wege der Klageänderung gemäß § 263 ZPO entsprechend umstellen muss.

> **Formulierungsbeispiel:**
> Der Beklagte wird verurteilt, wegen der Klageforderung die Zwangsvollstreckung in den Nachlass des am ...... verstorbenen ...... zu dulden.

Ist es nicht sicher, ob die Dürftigkeit des Nachlasses nachgewiesen ist, empfiehlt es sich den Antrag auf Duldung der Zwangsvollstreckung als Hilfsantrag zu stellen.

Einzelne Nachlassgegenstände hat der Erbe auf Verlangen des Gläubigers zu bezeichnen. Die gemäß § 1990 Abs. 1 S. 2 BGB bestehende Pflicht zur Herausgabe umfasst auch die nach § 811 ZPO an sich unpfändbaren Nachlassgegenstände.[134] Des Weiteren unterliegt der Erbe der Verwalterhaftung gemäß §§ 1991, 1978 Abs. 1, 1979 BGB und ist insoweit dem Nachlassgläubiger verantwortlich.

> **Praxistipp:**
> Wegen der Herausgabeverpflichtung des § 1991 Abs. 1 S. 2 BGB empfiehlt sich in der Praxis die möglichst frühzeitige Trennung des Eigenvermögens des Erben vom Nachlass.

Zur Vorbereitung seines Herausgabeanspruchs kann der Gläubiger nach den Grundsätzen der Geschäftsführung ohne Auftrag bzw. nach Auftragsrecht für die Zeit nach der Erbschaftsannahme einen Auskunftsanspruch geltend machen.[135]

3. Erhebung der Einrede

Der Erbe muss sich im Rechtsstreit die Beschränkung der Haftung auf den Nachlass vorbehalten (§ 780 Abs. 1 ZPO), um sein Eigenvermögen gegen Zugriffe durch die Gläubiger zu schützen. Dies gilt auch dann, wenn der Prozess nicht durch Urteil, sondern durch Abschluss eines Vergleichs beendet wird.[136] Für die Aufnahme des Haftungsvorbehalts in dem Urteilstenor nach § 780 Abs. 1 ZPO kommt es nicht darauf an, ob beim Schluss der mündlichen Verhandlung tatsächlich die Voraussetzungen des § 1990 BGB oder einer anderen

---

[131] BGH LM Nr. 2 zu § 2325 BGB.
[132] BGH FamRZ 1989, 856.
[133] Bamberger/Roth/*Lohmann* § 1990 Rn. 1.
[134] MünchKommBGB/*Siegmann* § 1990 Rn. 13 m. w. N.; a. A. Staudinger/*Marotzke* § 1990 Rn. 32 (wonach nur pfändbare Gegenstände von der Herausgabeverpflichtung umfasst sein sollen).
[135] *Kerscher/Krug* § 21 Rn. 262.
[136] BGH NJW 1991, 2839, 2840; Bamberger/Roth/*Lohmann* § 1990 Rn. 6.

haftungsbeschränkenden Norm vorliegen oder nicht. Einer näheren Darlegung des Erben bedarf es hierzu nicht.[137] Stets kann sich der Erbe daher seine beschränkte Haftung vorsorglich vorbehalten, vorausgesetzt, es steht noch nicht fest, dass der Erbe unbeschränkt haftet.[138]

Formulierungsvorschlag:

62 Für den Fall der ganzen oder teilweisen Stattgabe der Klage wird ein Haftungsbeschränkungsvorbehalt nach § 780 ZPO in den Tenor des Urteils des Inhalts aufgenommen, dass dem Beklagten als Erbe die Beschränkung seiner Haftung für Hauptanspruch, Nebenforderung und Kosten auf den Nachlass des ...... (Erblasser) vorbehalten wird.

63 Wurde der Haftungsvorbehalt vom Erben beantragt, jedoch vergessen in das Urteil aufzunehmen, kann dies noch gemäß § 321 Abs. 2 ZPO innerhalb einer 2-wöchigen Frist nach Zustellung des Urteils beantragt werden. Ist der Vorbehalt trotz erhobener Einrede nicht in den Tenor aufgenommen worden, ist hiergegen die Berufung zulässig.[139] Im Berufungsverfahren kann der Erbe allerdings hinsichtlich des Antrags auf Aufnahme eines Vorbehalts gemäß § 780 ZPO präkludiert sein.[140] Die erstmalige Berücksichtigung des Vorbehalts der beschränkten Erbenhaftung nach § 780 ZPO soll in der Berufungsinstanz nur noch unter den Voraussetzungen des § 531 Abs. 2 ZPO zulässig sein. Eine Hinweispflicht des Gerichts bzgl. des Vorbehalts der beschränkten Erbenhaftung gemäß § 139 Abs. 2 ZPO soll nicht bestehen.[141] Erhebt der beklagte Erbe die Dürftigkeitseinrede und entscheidet der Tatrichter hierüber nicht und behält dieser ihm auch nicht die Beschränkung seiner Haftung vor, so kann das Revisionsgericht den Vorbehalt auch ohne Revisionsrüge nachholen.[142] Im Übrigen kann in der Revisionsinstanz die Einrede grundsätzlich nicht erhoben werden.[143] Ausnahmsweise kann der als Erbe des Schuldners Verurteilte im Revisionsrechtszug die Beschränkung seiner Haftung geltend machen, wenn in der Tatsacheninstanz für die Einrede noch kein Anlass vorlag oder sie noch nicht möglich war.[144] Der Erbe muss zu diesem Zweck in der Revisionsinstanz die rechtliche Nachprüfung des angefochtenen Urteils verlangen und darf sich nicht lediglich auf den Antrag auf Vorbehalt der beschränkten Erbenhaftung begrenzen.[145]

64 Aus dem Vorbehaltsurteil kann der Gläubiger in den Nachlass vollstrecken. Eine Vollstreckung des Gläubigers in das Eigenvermögen des Erben aus dem Vorbehaltsurteil ist hingegen nicht möglich. Erfolgte eine solche, so kann der Erbe dieser Vollstreckung mit der Vollstreckungsgegenklage gemäß §§ 767, 785, 781 ZPO entgegentreten. Voraussetzung ist jedoch, dass der Erbe eine wirksame Haftungsbeschränkungsmaßnahme nach Erlangung des Vorbehaltsurteils getroffen hat, z. B. die Anordnung der Nachlassverwaltung herbeigeführt hat. Erhebt der Erbe Vollstreckungsgegenklage, so hat er die Voraussetzungen der §§ 1990, 1991 BGB zu beweisen, z. B. die fragliche Zugehörigkeit des Gegenstandes zum Nachlass.[146] Der Nachlassgläubiger kann sich darauf berufen, dass der Gegenstand der Vollstreckung nicht zum Eigentum des Erben, sondern zum Nachlass gehöre.

65 Die Einrede des § 1990 BGB kann sowohl gegenüber künftigen, als auch gerade begonnenen, als auch bereits gegenüber bereits erfolgten Vollstreckungsmaßnahme geltend gemacht werden, so z. B. gegenüber einer bereits erfolgten Pfändung des Gläubigers in einen

---

[137] BGH NJW 1993, 1851.
[138] BGH NJW 1991, 2839 ff.; BGH NJW 1983, 2378 ff.
[139] OLG Schleswig MDR 2005, 350.
[140] OLG Düsseldorf FamRZ 2004, 1222; OLG Hamm MDR 2006, 695 = NJOZ 2006, 920.
[141] OLG Düsseldorf FamRZ 2004, 1222.
[142] BGH NJW 1983, 2378.
[143] BGH NJW 1962, 1250.
[144] BGH NJW 1962, 1250.
[145] BGH NJW 1970, 1742.
[146] Bamberger/Roth/*Lohmann* § 1990 Rn. 8.

III. Die Dürftigkeitseinrede des Erben

Gegenstand des Eigenvermögens. Ist eine Vollstreckungsmaßnahme bereits erfolgt, so kann der Erbe analog §§ 784 Abs. 1, 785, 767 ZPO Aufhebung der Vollstreckungsmaßnahme verlangen, soweit sein Eigenvermögen von ihr betroffen ist.[147] Die Vollstreckungsmaßnahme ist sodann gemäß §§ 775 Nr. 1, 776 ZPO aufzuheben.

IV. Die Stundung des Pflichtteilsanspruchs

Der Pflichtteilsanspruch ist als Geldanspruch sofort fällig. Sowohl der ordentliche Pflichtteilsanspruch als auch der Pflichtteilsergänzungsanspruch können jedoch gemäß § 2331a BGB gestundet werden. Im Gegensatz hierzu scheidet eine Stundung des sich nach § 2329 BGB gegen den Beschenkten richtenden Pflichtteilsergänzungsanspruch aus. Voraussetzung für die Stundung ist stets, dass sich der Pflichtteilsanspruch gemäß § 2331a Abs. 1 BGB gegen den Erben richtet. Der Erbe muss bezüglich jedes seitens eines Pflichtteilsberechtigten geltend gemachten Pflichtteilsanspruchs ein gesondertes Stundungsbegehren stellen. 66

Eine Stundung des Pflichtteilsanspruchs kommt dann in Betracht, wenn sowohl der persönliche als auch der sachliche Anwendungsbereich des § 2331a Abs. 1 BGB eröffnet ist. Das Stundungsverlangen kann nunmehr jeder Erbe stellen, so z. B. auch der zum Erbe eingesetzte Lebensgefährte und Enkel, bzw. zum Erbe eingesetzte Geschwister. Miterben steht die Möglichkeit des Stundungsantrages ebenfalls offen.[148] 67

Sachlich kommt eine Stundung des Pflichtteils zu Gunsten des Erben dann in Betracht, wenn die sofortige Erfüllung des gesamten Anspruchs den Erben wegen der Art der Nachlassgegenstände ungewöhnlich hart treffen würde, insbesondere wenn sie ihn zur Aufgabe seiner Familienwohnung oder zur Veräußerung eines Wirtschaftsguts zwingen würde, das für den Erben und seine Familie die wirtschaftliche Lebensgrundlage bildet. Zudem ist eine Abwägung der Interessen des Erben mit den Interessen des Pflichtteilsberechtigten vorzunehmen. Die Interessen des Pflichtteilsberechtigten sind dabei „angemessen" zu berücksichtigen. Eine unbillige Härte im Sinne des § 2331a Abs. 1 BGB liegt jedenfalls dann vor, wenn der Erbe zur Erfüllung der Pflichtteilsansprüche eine Familienwohnung oder ein Wirtschaftsgut veräußern müsste, das für ihn und seine Familie die wirtschaftliche Lebensgrundlage bildet. Aufgrund des erweiterten persönlichen Anwendungsbereiches des § 2331a BGB kommt ein Stundungsantrag in der Praxis z. B. nun auch für die zum Alleinerben eingesetzte Witwe oder Lebensgefährtin in Betracht, die ein wertvolles Grundstück geerbt hat, jedoch aufgrund ihres geringen Geldvermögens bzw. einer geringen Rente nicht in der Lage ist, den sofort fälligen Pflichtteilsanspruch zu begleichen.[149] Ob darüber hinaus tatsächlich durch die Wahl des Kriteriums „unbillige Härte" die Eingriffsschwelle des § 2331a BGB herabgesetzt wird scheint fraglich.[150] Zum Teil wird vertreten, eine „unbillige Härte" läge dann vor, wenn die Erfüllung des Pflichtteilsanspruchs vom Anstandsgefühl aller billig und gerecht Denkenden abweicht.[151] Jedenfalls erfasst § 2331a BGB nach wie vor nicht die Fälle, in denen der Erbe lediglich gezwungen wird, Vermögen zu Unzeiten zu veräußern, beispielsweise bei fallenden Aktien oder Immobilienpreisen. Auch die Erforderlichkeit einer Kreditaufnahme stellt keine unbillige Härte im Sinne des § 2331a Abs. 1 BGB dar, selbst dann nicht, wenn der Erbe zukünftig nicht mehr in der Lage ist, das Darlehen zu tilgen.[152] Eine Stundung kommt insbesondere auch dann nicht in Betracht, wenn der Erbe den Pflichtteilsanspruch aus seinem Privatvermögen befriedigen könnte, selbst dann, wenn er bis zur Teilung des Nachlasses nicht mit seinem Privatvermögen haftet.[153] 68

Bisher musste die Stundung zudem dem Pflichtteilsberechtigten „zumutbar" gewesen sein (vgl. § 2331a Abs. 1 BGB a. F.). Nunmehr sind die Interessen des Pflichtteilsberechtigten 69

---

[147] MünchKommBGB/*Siegmann* § 1990 Rn. 6; RGRK/*Johannsen* § 1990 Rn. 17.
[148] Lange/*Kuchinke* § 37 VII 5.b.
[149] *Schaal/Grigas* BWNotZ 2008, 2, 16.
[150] *Bonefeld/Lange/Tanck* ZErb 2007, 296.
[151] *Schaal/Grigas* BWNotZ 2008, 2, 16.
[152] Vgl. OLGR Hamburg 1998, 294.
[153] *Klingelhöffer* ZEV 1998, 121.

„angemessen" zu berücksichtigen. Hierin kann gegebenenfalls ein gradueller Unterschied gesehen werden mit der Folge, dass künftig den Interessen des Pflichtteilsberechtigten bei der Abwägung der Interessen beider Parteien weniger Gewicht beizumessen ist.[154] Jedenfalls sind bei der Abwägung die Einkommens- und Vermögensverhältnisse des Pflichtteilsberechtigten sowie seine Unterhaltspflichten zu berücksichtigen. Dabei sind alle Umstände des Einzelfalles maßgeblich. Von Bedeutung ist aber allerdings nicht, ob der Pflichtteilsberechtigte zu Lebzeiten Kontakt mit dem Erblasser hatte oder nicht. Jedoch kann die Abwägung ergeben, dass zumindest eine teilweise Stundung des Pflichtteilsanspruches bzw. eine Ratenzahlung desselben in Betracht kommen kann.[155] Eine Stundung kommt nicht in Betracht, wenn der Erbe nicht in der Lage ist, für den Pflichtteilsanspruch ausreichende Sicherheit zu leisten.[156]

70 Der erweiterte persönliche Anwendungsbereich, wonach die Möglichkeit der Stundung nun für jeden Erben besteht, erweitert in der Praxis die Wirkung des Stundungsantrages als taktisches Mittel. Mittels des Stundungsantrages kann jedenfalls ein Hinauszögern der Zahlung des Pflichtteilsanspruchs erreicht werden. Bedeutung kommt aber insbesondere der Tatsache zu, dass nunmehr jeder Miterbe, d.h. auch der Nichtpflichtteilsberechtigte, einen Stundungsantrag stellen kann und somit praktisch die Zwangsvollstreckung des Pflichtteilsanspruchs verhindern kann, da sich diese nur gegen den ungeteilten Nachlass richten kann. Gerade im Hinblick hierauf empfiehlt es sich den erweiterten persönlichen Anwendungsbereich zu nutzen um gegebenenfalls eine formfreie vertragliche Stundungsabrede mit dem Erben zu vereinbaren.[157] Jedenfalls lässt sich durch Antragsstellung beim Prozessgericht verbunden mit dem Vortrag, der Pflichtteilsanspruch sei der Höhe nach strittig in der Regel ein Hinauszögern der Zahlung des Pflichtteilsanspruchs erreichen, da das Prozessgericht zunächst versuchen wird, eine gütliche Einigung herbeizuführen.

71 Zuständig für die Entscheidung über den Stundungsantrag ist, soweit der Pflichtteilsanspruch dem Grunde und der Höhe nach unbestritten ist, das Nachlassgericht. Ist der Pflichtteilsanspruch dem Grunde und der Höhe nach bestritten ist ausschließlich das Prozessgericht zuständig (vgl. § 2331a Abs. 2 BGB in Verbindung mit § 1382 Abs. 5 BGB). Stellt der Erbe nach einem Prozessverfahren, in dem Grund und Höhe des Pflichtteilsanspruchs festgestellt wurden, einen Stundungsantrag, nachdem seitens des Prozessgerichts sein Stundungsbegehren abgelehnt wurde, kann das Nachlassgericht danach nur noch über eine Stundung entscheiden, wenn sich nachträglich eine wesentliche Änderung der Sachlage ergeben hat (§ 1382 Abs. 6 BGB). Einen Stundungsantrag beim Nachlassgericht kann der Erbe in diesem Fall nicht mehr stellen, wenn Gründe für die Stundung bereits im Prozess hätten vorgetragen werden können.[158] Die Einzelheiten des Verfahrens vor dem Nachlassgericht regelt § 264 FamFG in Verbindung mit § 362 FamFG. Die Entscheidung ergeht durch Verfügung, die erst mit der Rechtskraft wirksam wird (§§ 362, 264 Abs. 1 S. 1 FamFG). Wird dem Stundungsantrag stattgegeben ist ein Zahlungszeitpunkt und ein Zahlungsmodus festzusetzen. Des Weiteren ist gemäß §§ 2331a, 1382 Abs. 4 BGB eine Verzinsung festzulegen. Auf Antrag des Pflichtteilsberechtigten kann das Nachlassgericht zugleich die Verpflichtung des Erben zur Zahlung des Pflichtteilsanspruchs aussprechen, sodass ein Vollstreckungstitel entsteht (§ 264 Abs. 1 S. 2, 86 FamFG). Rechtsmittel ist die Beschwerde (§ 58 Abs. 1 FamFG) innerhalb der Frist des § 63 Abs. 1 FamFG.

---

[154] *Bonefeld/Lange/Tanck* ZErb 2007, 292, 296
[155] Staudinger/*Olshausen* § 2331a Rn. 19.
[156] *Schaal/Grigas* BWNotZ 2008, 2, 16.
[157] Zu Formulierungsmustern siehe *Keim* ZEV 2008, 161, 167.
[158] Soergel/*Dieckmann* § 2331a Rn. 1.

§ 9 Geltendmachung des Pflichtteils- und Pflichtteilsergänzungsanspruchs

Übersicht

	Rn.
I. Anspruchsgegner	1–18
1. Der Erbe als Anspruchsgegner	1–5
2. Der Beschenkte als Anspruchsgegner	6/7
3. Der Testamentsvollstrecker als Anspruchsgegner	8–11
4. Der Nachlasspfleger als Anspruchsgegner	12–19
II. Außergerichtliche Geltendmachung des Pflichtteils	20–48
1. Der Auskunfts- und Wertermittlungsanspruch	20–41
a) Der Auskunftsanspruch gemäß § 2314 Abs. 1 S. 1 BGB	20–37
b) Der Wertermittlungsanspruch gemäß § 2314 Abs. 1 S. 2 BGB	38–40
c) Verjährung	41
2. Die eidesstattliche Versicherung gemäß § 260 Abs. 2 BGB	42–44
3. Der Vergleich über den Pflichtteilsanspruch	45–48
III. Die prozessuale Geltendmachung von Pflichtteilsansprüchen	49–119
1. Die Feststellungsklage gemäß § 256 ZPO	49–55
2. Die Auskunftsklage gem. § 2314 BGB	56–62
3. Die Klage auf Wertermittlung	63–69
4. Die Leistungsklage auf Zahlung des Pflichtteils	70–73
5. Die Stufenklage gem. § 254 ZPO	74–83
6. Die Pflichtteilsergänzungsklage gegen den Erben gem. § 2325 BGB	84–92
7. Die Pflichtteilsergänzungsklage gegen den Beschenkten gem. § 2329 BGB	93–97
8. Zinsen, Stundung und Pfändbarkeit	98–115
a) Verzinsung des Pflichtteilsanspruchs	98/99
b) Die Stundung des Pflichtteilsanspruchs	100–108
c) Die Pfändbarkeit des Pflichtteilsanspruchs	109–115
9. Vergleich über den Pflichtteil	116–119

Schrifttum: *Bartsch*, Sind der Auskunft über den tatsächlichen Nachlass nach § 2314 Abs. 1 BGB Belege beizufügen?, ZEV 2004, 176; *Bißmauer*, Zur Wertermittlung durch Sachverständige im Pflichtteilsrecht, ZEV 1997, 149; *Coing*, „Zur Auslegung des § 2314 BGB", NJW 1983, 1298; *Cornelius*, Auskunfts- und Wertermittlungsverlangen des enterbten Pflichtteilsberechtigten bei pflichtteilsergänzungsrechtlich relevanten Veräußerungen, ZEV 2005, 286; *Dieckmann*, Zum Auskunfts- und Wertermittlungsanspruch des Pflichtteilsberechtigten, NJW 1988, 1809; *Greve*, Zur Pfändung eines Pflichtteils nach § 852 ZPO, ZIP 1996, 699; *Haas*, Die Durchsetzung des Pflichtteilsanspruch im Falle einer angeordneten Nachlasspflegschaft, ZEV 2009, 270; *Keim*, Die unergiebige Pfändung des Pflichtteilsanspruchs, ZEV 1998, 127; *ders.*, Die Reform des Erb- und Verjährungsrechts und ihre Auswirkungen auf die Gestaltungspraxis, ZEV 2008, 161; *Klingelhöffer*, Pflichtteilsrecht, 2. Auflage 2003; *ders.*, Zuwendungen unter Ehegatten und Erbrecht, NJW 1993, 1097; *ders.*, Testamentsvollstreckung und Pflichtteilsrecht – Anm. zu § 2213 Abs. 1 Satz 3 BGB, ZEV 2000, 261; *Kuchinke*, Der Pflichtteilsanspruch als Gegenstand des Gläubigerzugriffs, NJW 1994, 1769; *Mayer/Kroiß*, RVG, 3. Aufl. 2008; *Ott-Eulberg*, Die Nachlasspflegschaft als taktisches Mittel zur Durchsetzung von Pflichtteils- und Pflichtteilsergänzungsansprüchen, ZErb 2000, 222; *Planck*, Kommentar zum BGB, 5. Band Erbrecht, 4. Aufl. 1930; *Reimann*, Durchsicht der geplanten Veränderungen des Erb- und Verjährungsrechts, FamRZ 2007, 1597; *ders.*, Anmerkungen zu BGH 25. 6. 1997 – IV ZR 233/96, MittBayNot 1997, 299; RGRK, Kommentar zum BGB, Band V 1., 12. Aufl. 1974; Band V 2., 12. Aufl. 1975; *Rißmann*, Kein Geld verschenken: Verzug und seine Folgen im Pflichtteilsrecht, ZErb 2002, 181; *Sarres*, Auskunftsansprüche des Pflichtteilsberechtigten, ZEV 1998, 4; *ders.*, Das neue Schuld- und erbrechtliche Auskunftsansprüche, ZEV 2002, 96; *Schaall/Grigas*, Der Regierungsentwurf zur Änderung des Erb- und Verjährungsrechtes, BWNotZ 2008, 2; *Stöber*, Forderungspfändung, 14. Aufl. 2005; *Tiedtke*, Die Voraussetzungen des Pflichtteilsergänzungsanspruchs, DNotZ 1998, 95; *von Lübtow*, Erbrecht, 1971; *Weithase*, Zurückweisung einer geringfügigen Erbschaft, Rpfleger 1988, 434.

I. Anspruchsgegner

1. Der Erbe als Anspruchsgegner

Der Pflichtteilsanspruch entsteht mit dem Erbfall (§ 2317 BGB). Seine Entstehung setzt 1 gemäß § 2303 BGB voraus, dass der Pflichtteilsberechtigte „durch Verfügung von Todes wegen von der Erbfolge ausgeschlossen ist". Der Entstehung des Pflichtteilsanspruchs geht somit stets der Ausschluss des Pflichtteilberechtigten durch letztwillige Verfügung des Erblassers von der Erbfolge voraus. Die hierdurch zum Ausdruck kommende Testierfreiheit des Erblassers ist jedoch andererseits begrenzt durch die Mindestbeteiligung der Pflichtteilsberechtigten am Nachlass.[1] Folgerichtig richtet sich der Pflichtteilsanspruch primär gegen denjenigen, der von der dem Erblasser durch Testierfreiheit gewährten Möglichkeit, sein Vermögen auf Dritte zu übertragen, profitiert. Somit richtet sich der Pflichtteilsanspruch gemäß § 2303 BGB primär gegen den Erben. Dabei ist der Pflichtteilsanspruch als reiner, sofort fälliger Geldanspruch ausgestaltet. Flankiert wird der Pflichtteilsanspruch vor allem durch den Pflichtteilsergänzungsanspruch gemäß §§ 2325 ff. BGB. Auch dieser richtet sich primär gegen den Erben und lediglich sekundär gegen den seitens des Erblassers Beschenkten. Der Pflichtteilsergänzungsanspruch schützt den Pflichtteilsberechtigten vor einer Beeinträchtigung seines Pflichtteilsrechts durch lebzeitige Schenkungen des Erblassers an Dritte, somit vor einer hiermit einhergehenden Verminderung des dem Pflichtteilsanspruch zugrunde liegenden Nachlasswertes zu Lebzeiten des Erblassers. Allerdings ist dieser Schutz durch die Reform des Erb- und Verjährungsrechts in zeitlicher Hinsicht nunmehr stärker eingeschränkt als bisher. So eröffnet die pro-rata-Frist des § 2325 Abs. 3 BGB dem Erblasser nun die Aussicht, zumindest ein Teil seiner Vermögenswerte durch frühzeitige Übertragung vor Pflichtteilsergänzungsansprüchen zu sichern. Insoweit ist die Position des Pflichtteilsberechtigten in Bezug auf Schenkungen des Erblassers innerhalb der 10 Jahresfrist des § 2325 Abs. 3 BGB nunmehr schwächer ausgestaltet als bisher.

2   Eine weitere Möglichkeit, Ansprüche gegen den Erben geltend zu machen, gewähren die §§ 2305 BGB und 2306 BGB dem zum (Mit-)Erben eingesetzten Pflichtteilsberechtigten. Ist der Pflichtteilsberechtigte seitens des Erblassers auf einen Erbteil eingesetzt, der hinter der Hälfte seines gesetzlichen Erbteiles zurückbleibt, so kann er den so genannten Pflichtteilsrestanspruch gemäß § 2305 BGB gegen den Erben geltend machen. Wurde dem zum Erben eingesetzten Pflichtteilsberechtigten hingegen ein mit Beschränkungen und Beschwerungen (Nacherbschaft, Testamentsvollstreckung, Vermächtnis, Auflagen) versehenes Erbe hinterlassen, kann er wählen, ob er das Erbe samt den angeordneten Beschränkungen und Beschwerungen annimmt oder aber die Erbschaft ausschlägt und den (Mit-)Erben auf den Pflichtteil in Anspruch nimmt. Dieses Wahlrecht steht ihm nunmehr aufgrund der Neufassung des § 2306 Abs. 1 BGB unabhängig von der Höhe des ihm zugewandten Erbteils zu. Ist dabei der ihm hinterlassene Erbteil kleiner als der ihm zustehende Pflichtteil, steht ihm zusätzlich noch ein Pflichtteilsrestanspruch nach § 2305 BGB gegen den Erben zu.

3   Die Durchsetzung des Pflichtteilsanspruchs setzt Kenntnisse des Pflichtteilsberechtigten über den Bestand und den Wert des Nachlasses zum Zeitpunkt des Erbfalls voraus (§§ 2303 Abs. 1 Satz 2 BGB, 2311 BGB). Der erste Schritt zur Geltendmachung des Pflichtteilsanspruchs, nachdem zunächst geprüft wurde, ob Pflichtteilsansprüche gegebenenfalls durch Verzicht erloschen oder verjährt sind, ist somit die Geltendmachung des sich auf den Bestand des Nachlasses beziehenden Auskunftsanspruches gemäß § 2314 BGB gegen den Erben. Ergänzt wird dieser Anspruch durch den sich ebenfalls gegen den Erben richtenden Wertermittlungsanspruch gemäß § 2314 Abs. 1 S. 2 BGB.

4   Schuldner dieser Ansprüche ist, wie ausgeführt, grundsätzlich der Erbe. Dieser hat die so genannte Pflichtteilslast zu tragen. Allerdings steht es dem Pflichtteilsberechtigten frei, diese Ansprüche sowohl gegen einen einzelnen Erben als auch gegen alle Miterben geltend zu machen. Insoweit haften die Miterben im Außenverhältnis als Gesamtschuldner gemäß § 2058 BGB. Allerdings ist bezüglich der Haftung der Miterben danach zu differenzieren, ob der Pflichtteilsanspruch vor oder nach der Erbauseinandersetzung geltend gemacht wird. Hat eine Erbauseinandersetzung noch nicht stattgefunden, das heißt ist der Nachlass noch nicht geteilt, so kann ein Miterbe Nachlassgläubigern die Einrede des ungeteilten Nachlasses gemäß § 2059 Abs. 1 S. 1 BGB entgegen halten und somit auch die Erfüllung des Pflichtteilsanspruches verweigern. Dieses Verweigerungsrecht muss als Einrede im Urteil nach § 780 Abs. 1 ZPO vorbehalten werden; erst in der Zwangsvollstreckung in das Eigenvermögen

---

[1] Vgl. hierzu auch BVerfG NJW 2005, 1561.

kann dann der Erbe seine Rechte nach den §§ 781, 785, 767 ZPO geltend machen.[2] Der Pflichtteilsberechtigte kann jedoch gegen die Erbengemeinschaft die Gesamthandsklage nach § 2059 Abs. 2 BGB erheben und somit Befriedigung aus dem ungeteilten Nachlass erlangen.[3] Ist die Auseinandersetzung des Nachlasses erfolgt, kann der Erbe die Einrede des § 2059 BGB nicht mehr erheben (vgl. § 2059 Abs. 1 S. 1 BGB). Eine Teilung im Sinne des § 2059 Abs. 1 S. 1 BGB liegt jedoch nicht bereits dann vor, wenn Miterben einzelne Nachlassgegenstände, wie z.B. einen PKW, nach dem Erbfall in ihr Eigenvermögen überführen. Eine solche auf einzelne Nachlassgegenstände bezogene Teilauseinandersetzung ist in der Regel nicht ohne weiteres als Teilung im Sinne des § 2059 Abs. 1 S. 1 BGB anzusehen. Vielmehr liegt eine, die Einrede des § 2059 Abs. 1 S. 1 BGB ausschließende Teilung erst dann vor, wenn erhebliche Teile der Nachlassgegenstände in das Einzelvermögen des Miterben überführt worden sind, sodass dem Nachlass keine für die Berichtigung der Nachlassverbindlichkeiten mehr ausreichenden Gegenstände verbleiben.[4]

Die Einrede des § 2059 BGB entfällt nach der Teilung des Nachlasses. Durch die Teilung 5 sind Nachlassvermögen und Eigenvermögen miteinander verschmolzen. Der Pflichtteilsberechtigte hat grundsätzlich die Möglichkeit, nun auch auf das Eigenvermögen zuzugreifen. Für den Erben kommen dann lediglich noch die allgemeinen Mittel der Haftungsbeschränkung (vgl. § 2060 BGB) in Betracht. Wird ein Pflichtteilsberechtigter Miterbe jedoch auf Zahlung des Pflichtteiles in Anspruch genommen, so kann er auch nach der Teilung des Nachlasses im Außenverhältnis zu dem anderen Pflichtteilsberechtigten die Befriedigung dessen Pflichtteilsanspruchs soweit gemäß § 2319 S. 1 BGB verweigern, dass ihm sein eigener Pflichtteil verbleibt. Für den Ausfall haften gemäß § 2319 S. 2 BGB die übrigen Erben gesamtschuldnerisch.[5]

2. Der Beschenkte als Anspruchsgegner

Wie ausgeführt richtet sich der Pflichtteilsergänzungsanspruch primär nicht gegen den 6 Beschenkten als Empfänger des Geschenks, sondern gegen den Erben als Schuldner der Nachlassverbindlichkeiten und somit auch Schuldner des Pflichtteilsergänzungsanspruches. Scheitert allerdings die Inanspruchnahme des Erben auf Pflichtteilsergänzung an den Voraussetzungen des § 2328 BGB, ist der Weg für die Inanspruchnahme des Beschenkten gemäß § 2329 BGB frei. Dies setzt voraus, dass der Erbe zur Ergänzung des Pflichtteils „nicht verpflichtet ist". Bei dem Anspruch handelt es sich im Gegensatz zum Ergänzungsanspruch um einen bereicherungsrechtlichen Herausgabeanspruch. Der Beschenkte haftet somit lediglich nach bereicherungsrechtlichen Grundsätzen und damit gemäß § 818 Abs. 3 BGB nicht mehr, wenn er entreichert ist.

Auf die tatsächliche Geltendmachung des Pflichtteilsergänzungsanspruches zunächst gegen den Erben, kommt es nicht immer an. So kann, jedenfalls bei wertlosem oder zur Befriedigung von Pflichtteilsergänzungsansprüchen nicht ausreichendem Nachlass, der pflichtteilsberechtigte Miterbe in analoger Anwendung von § 2329 Abs. 1 S. 2 BGB direkt gegen den Beschenkten vorgehen. Dabei unterstellt die Rechtsprechung, dass ansonsten der verpflichtete Miterbe sich auf die Einrede des § 2328 BGB berufen hätte.[6] Dessen ungeachtet empfiehlt es sich in der Klageschrift substantiiert vorzutragen, welche rechtlichen Gründe einer Durchsetzung des Pflichtteilsergänzungsanspruches gegen den Erben entgegenstehen.

3. Der Testamentsvollstrecker als Anspruchsgegner

Der Pflichtteilsberechtigte hat seinen Pflichtteilsanspruch gegen den Nachlass auch dann, 8 wenn Testamentsvollstreckung angeordnet wurde, gemäß § 2213 Abs. 1 S. BGB stets gegenüber dem Erben geltend zu machen. Ist jedoch Testamentsvollstreckung über den Nachlass angeordnet, so ist prozessual darauf zu achten, dass gemäß § 748 Abs. 1, Abs. 3 ZPO ein

---

[2] Mayer/Süß/Tanck/Bittler/Wälzholz/*J. Mayer* § 2 Rn. 144.
[3] Mayer/Süß/Tanck/Bittler/Wälzholz/*J. Mayer* § 2 Rn. 144.
[4] MünchKommBGB/*Heldrich* § 2059 BGB Rn. 4.
[5] Mayer/Süß/Tanck/Bittler/Wälzholz/*J. Mayer* § 2 Rn. 145.
[6] BGHZ NJW 1981, 1446.

Duldungstitel gegen den Testamentsvollstrecker erwirkt werden muss. Dies deshalb, weil das von den Pflichtteilsberechtigten gegen den Erben erstrittene Leistungsurteil keine Rechtskraft gegenüber dem Testamentsvollstrecker entfaltet.[7] Ein Duldungstitel gegen den Testamentsvollstrecker ist auch vor Annahme des Amtes notwendig, wenn sich seine Stellung bereits aus der letztwilligen Verfügung ergibt.[8] Ein Duldungstitel ist auch dann erforderlich, wenn der Erbe den Pflichtteilsanspruch anerkannt hat.[9] Ist allerdings der Pflichtteilsanspruch seitens des Erben unstreitig gestellt worden, hat ihn der Testamentsvollstrecker als Nachlassverbindlichkeit im Rahmen seines Amtes zu erfüllen.[10] Sind mehrere Personen zu Testamentsvollstreckern bestellt worden, so muss gegen jeden von ihnen ein Duldungstitel erwirkt werden.[11] Nicht notwendig ist hingegen, dass der Leistungstitel gegen den Erben und der Duldungstitel gegen den Testamentsvollstrecker in einem Rechtsstreit erwirkt werden.[12]

9 Grundsätzlich ist der Testamentsvollstrecker im Falle der Inanspruchnahme auf den Pflichtteil nicht berechtigt, mit Wirkung für den Erben den Anspruch anzuerkennen.[13] Gibt er jedoch im Prozess ein solches Anerkenntnis ab, wirkt dies aber gegen den Erben.[14] Gegebenenfalls macht sich dann der Testamentsvollstrecker jedoch schadensersatzpflichtig gegenüber dem Erben, soweit der Pflichtteil nicht in der anerkannten Höhe bestand.[15] Zwar wirkt das vom Testamentsvollstrecker abgegebene Anerkenntnis gegen den Erben, andersherum ist dies jedoch nicht der Fall. So ist der Testamentsvollstrecker nicht an einen vom Erben anerkannten Pflichtteilsanspruch gebunden.[16]

10 Die Höhe des Pflichtteilsanspruches ist von Bestand und Wert des Nachlasses abhängig. Der Pflichtteilsberechtigte benötigt daher zunächst entsprechende Kenntnisse, um den Pflichtteilsanspruch geltend machen zu können. Hier steht ihm der Auskunfts- und Wertermittlungsanspruch des § 2314 Abs. 1 zur Seite. Bezüglich der Geltendmachung des Auskunftsanspruches gegen den Erben ergeben sich auch im Falle der Testamentsvollstreckung in der Regel keine Schwierigkeiten. So wird der Erbe den Auskunftsanspruch erfüllen können, da der Testamentsvollstrecker seinerseits gegenüber dem Erben gemäß § 2215 BGB verpflichtet ist, unverzüglich nach Annahme des Amtes ein Nachlassverzeichnis, das sich auf sämtliche Aktiva und Passiva des Nachlasses bezieht, vorzulegen. Zur Erfüllung einer Auskunftspflicht nach § 2314 BGB hat somit der Erbe gegebenenfalls den Testamentsvollstrecker auch gerichtlich auf Vorlage des Nachlassverzeichnisses in Anspruch zu nehmen.

11 Schwieriger gestaltet sich jedoch die Durchsetzung des Wertermittlungsanspruches gemäß § 2314 Abs. 1 S. 2 BGB. Erwirkt der Pflichtteilsberechtigte einen entsprechenden Duldungstitel gegen den Testamentsvollstrecker, so genügt dieser nicht, um die Kostentragungspflicht des Nachlasses gemäß § 2314 Abs. 2 BGB auszulösen.[17] *Klingelhöffer* will daher dem Pflichtteilsberechtigten einen direkten Auskunfts- und Wertermittlungsanspruch gegen den Testamentsvollstrecker gewähren. Er begründet dies mit einer teleologischen Reduktion des § 2213 Abs. 1 BGB auf den reinen Zahlungsanspruch.[18]

4. Der Nachlasspfleger als Anspruchsgegner

12 Schuldner des Pflichtteilsanspruchs ist grundsätzlich der Erbe (§ 2303 Abs. 1 S. 1 BGB). Ihm gegenüber ist der Pflichtteilsanspruch sowie der Pflichtteilsergänzungsanspruch geltend zu machen (§§ 2303, 2317 BGB). In der Praxis ist jedoch der Erbe oft von vornherein nicht

---

[7] BGH NJW 1969, 424; RGZ 109, 166.
[8] Mayer/Süß/Tanck/Bittler/Wälzholz/*J. Mayer* § 14 Rn. 76.
[9] OLG Celle MDR 1977, 46.
[10] Mayer/Süß/Tanck/Bittler/Wälzholz/*J. Mayer* § 14 Rn. 74.
[11] Zöller/*Stöber* § 748 Rn. 7.
[12] Zöller/*Stöber* § 748 Rn. 6.
[13] BGH NJW 1969, 424.
[14] *Bonefeld/Kroiß/Tanck* VII Rn. 158.
[15] *Bonefeld/Kroiß/Tanck* VII Rn. 158; Mayer/Süß/Tanck/Bittler/Wälzholz/*J. Mayer* § 14 Rn. 74.
[16] OLG Celle MDR 1967, 46.
[17] *Klingelhöffer* ZEV 2000, 261.
[18] *Klingelhöffer* ZEV 2000, 261.

I. Anspruchsgegner

eindeutig zu bestimmen. So kann z.B. der Erbe unbekannt sein, die Erbschaft nicht angenommen sein oder aber ungewiss sein, ob der Erbe die Erbschaft überhaupt annimmt. In Betracht kommen auch Fälle, bei denen der Erblasser mehrere letztwillige Verfügungen hinterlassen hat und jeweils unterschiedliche Erben bestimmt hat. Maßnahmen zu Erbenermittlungen können sich in diesen Fällen über längere Zeit hinziehen, mit der Folge, dass sich für einen Pflichtteilsberechtigten die Frage stellt, ob und wie er gegebenenfalls seinen Pflichtteilsanspruch durchsetzen kann.

Eine Erbenfeststellungsklage scheidet in diesen Fällen zur Durchsetzung des Pflichtteilsanspruchs schon wegen des Kostenrisikos aus. Vielmehr empfiehlt es sich, einen Antrag auf Anordnung einer Nachlasspflegschaft gemäß § 1960 Abs. 2 BGB bzw. auf Anordnung einer Klagepflegschaft gemäß § 1961 BGB zu stellen. So können Ansprüche, die sich gegen den Nachlass richten, gegen den Nachlasspfleger als Vertreter des Erben geltend gemacht werden. Der Nachlasspfleger ist insoweit passiv prozessführungsbefugt.[19] Zu diesen Ansprüchen zählen ausweislich des § 2303 Abs. 1 BGB auch der Pflichtteils- bzw. Pflichtteilsergänzungsanspruch.[20]

Die Anordnung der Nachlasspflegschaft gemäß § 1960 Abs. 2 BGB kommt in Betracht, wenn der Erbe bekannt ist, die Erbschaft aber noch nicht angenommen hat, der Erbe dem Nachlassgericht unbekannt ist oder wenn ungewiss ist, ob der Erbe die Erbschaft angenommen hat. Voraussetzung ist stets, dass ein Sicherungsbedürfnis besteht, das fraglich sein kann, wenn ein vorläufiger Erbe, ein Ehegatte, ein Abkömmling oder Vermögensverwalter vorhanden ist, der den Nachlass in Besitz genommen hat und ihn zuverlässig verwaltet.[21] Fehlt es an einem Sicherungsbedürfnis, so kann das Nachlassgericht im Rahmen der ihm zustehenden Ermessensentscheidung den Antrag auf Anordnung der Nachlasspflegschaft ablehnen.

> **Praxistipp:**
> Im Gegensatz zur Anordnung der Nachlasspflegschaft, die stets im Ermessen des Nachlassgerichts steht, ist die Klagepflegschaft gemäß § 1961 BGB bei Vorliegen von deren Voraussetzungen anzuordnen. Es empfiehlt sich daher hilfsweise mit dem Antrag auf Anordnung der Nachlasspflegschaft einen Antrag auf Anordnung der Klagepflegschaft zu verbinden.[22]

Die Klagepflegschaft ist gemäß § 1961 durch das Nachlassgericht anzuordnen, wenn die Erben unbekannt sind und ein sicherungsbedürftiger Nachlass vorhanden ist. Voraussetzung für die Anordnung der Klagepflegschaft als sogenannte Prozesspflegschaft ist jedoch stets, dass ein Nachlassgläubiger die Geltendmachung einer Forderung gegen den Nachlass beabsichtigt. Bei der Beantragung der Klagepflegschaft ist eine Glaubhaftmachung des potentiellen Anspruchs nicht erforderlich.[23] Der Antragsteller hat lediglich vorzutragen, einen Pflichtteils- bzw. Pflichtteilsergänzungsanspruch gegen den Nachlass gerichtlich geltend machen zu wollen und Anhaltspunkte zu nennen, die den Anspruch zumindest als denkbar und nicht offensichtlich unbegründet erscheinen lassen.[24] Ungeachtet der klageweisen Durchsetzung der Nachlassverbindlichkeit verbleibt dem Pflichtteilsberechtigten stets vor Klageerhebung auch die Möglichkeit, den Pflichtteils- bzw. Pflichtteilsergänzungsanspruch gegenüber dem Nachlasspfleger zunächst außergerichtlich geltend zu machen.[25] In Verbindung mit der außergerichtlichen Geltendmachung des Pflichtteils- bzw. Pflichtteilsergänzungsanspruchs gegen den Nachlasspfleger kommt auch die Geltendmachung eines Auskunftsanspruches

---

[19] *Haas* ZEV 2009, 270.
[20] BGH NJW 1969, 424; *Haas* ZEV 2009, 270, 271.
[21] *Bonefeld/Kroiß/Tanck* VI. Rn. 143.
[22] *Ott-Eulberg* ZErb 2000, 222.
[23] Palandt/*Edenhofer* § 1961 Rn. 1.
[24] KG NJWE-FER 2000, 15.
[25] *Haas* ZEV 2009, 271.

gemäß § 2012 Abs. 1 S. 2 BGB gegen den Nachlasspfleger in Betracht. Der Nachlasspfleger hat über den Bestand des Nachlasses gemäß § 2012 Abs. 1 S. 2 BGB Auskunft zu erteilen und ein entsprechendes Nachlassverzeichnis gemäß § 1802 BGB beim Nachlassgericht einzureichen.

17 Die Bestellung eines Nachlasspflegers gemäß § 1961 BGB kommt, neben den vorgenannten Fällen, in denen der Erbe nicht ermittelt werden kann, auch dann in Betracht, wenn ein Miterbe während eines laufenden Prozesses verstirbt und sein Rechtsnachfolger noch nicht feststeht[26] oder aber ein Miterbe die Zwangsversteigerung des Grundbesitzes zwecks Auseinandersetzung der Erbengemeinschaft beantragt und die weiteren Miterben unbekannt sind.[27] Im Übrigen umfasst die gerichtliche Geltendmachung eines Anspruches im Sinne von § 1961 BGB auch die Einleitung des Zwangsvollstreckungsverfahrens,[28] Maßnahmen des einstweiligen Rechtsschutzes[29] sowie die Teilungsversteigerung nach §§ 180 ff. ZVG.[30]

18 Für die Stellung eines Antrages auf Klagepflegschaft ist gemäß §§ 343, 364 FamFG das Nachlassgericht sachlich und örtlich zuständig, in dessen Bezirk der Erblasser seinen letzten Wohnsitz hatte. Einen Kostenvorschuss hat der Pflichtteilsberechtigte bei Antragstellung nicht zu bezahlen, da ausschließlich der Erbe Kostenschuldner ist.[31] Ausnahmsweise kann eine solche Verpflichtung allerdings dann bestehen, wenn ein die Vergütung und Auslagen des Nachlasspflegers deckender Betrag nicht vorhanden ist.[32] Die Nachlasspflegschaft endet stets durch Aufhebung mittels Beschluss; die Zweckerreichung ist hierfür nicht ausreichend.

Muster: Antrag auf Nachlass- und Klagepflegschaft[33]

19 An das Amtsgericht
– Nachlassgericht –
AZ:

In der Nachlasssache
des am ...... geborenen und am ...... verstorbenen ......
zuletzt wohnhaft gewesen .... zeigen wir die Vertretung des Antragstellers an.
Namens und in Vollmacht des Antragstellers beantragen wir wie folgt:
1. Für die unbekannten Erben des am ...... in ...... verstorbenen Erblassers, zuletzt wohnhaft ...... geboren am ...... Herr/Frau ...... wird Nachlasspflegschaft angeordnet.
2. Zum Zwecke der gerichtlichen Geltendmachung eines Anspruchs gegen den Nachlass des am ...... in ...... verstorbenen Erblassers, geboren am ......, beantragen wir die Bestellung eines Nachlasspflegers gemäß § 1961 BGB.

Begründung

Der am ...... in ...... verstorbene ledige Erblasser hat als einzigen Abkömmling den Antragsteller hinterlassen.
Beweis: ......
Der Erblasser hat mehrere Verfügungen von Todeswegen hinterlassen, die vor dem Nachlassgericht ...... am ...... eröffnet wurden.
Beweis: Eröffnungsprotokoll des Nachlassgerichts ...... AZ: ......
In seiner letztwilligen Verfügung vom ...... hat der Erblasser Herrn/Frau ...... zum Erben bestimmt. Des Weiteren hat er erhebliche Teile seines Vermögens weiteren Bedachten zugewandt. Zwischen diesen besteht daher Streit, wer Erbe des verstorbenen Erblassers geworden ist. Der Erbe des verstorbenen Erblasers ist daher im Sinne der §§ 1960, 1961 BGB unbekannt.

---

[26] Mayer/Süß/Tanck/Bittler/Wälzholz/*Tanck* § 14 Rn. 70.
[27] Palandt/*Edenhofer*, § 1961 Rn. 2.
[28] LG Oldenburg Rpfleger 1982, 105.
[29] RGZ 60, 179.
[30] Mayer/Süß/Tanck/Bittler/Wälzholz/*Tanck* § 14 Rn. 72.
[31] LG Oldenburg Rpfleger 1989, 460.
[32] *Weithase* Rpfleger 1988, 434 und 1993, 143.
[33] Nach *Ott-Eulberg* ZErb 2000, 222.

Wie sich aus der letztwilligen Verfügung des Erblassers ergibt, ist der Antragsteller jedenfalls als einziger Abkömmling des Erblassers aufgrund der Erbeinsetzung Dritter enterbt. Der Antragsteller hat daher seinen Pflichtteilsanspruch gegenüber den potentiellen Erben geltend gemacht. Keiner dieser hat jedoch bislang den Pflichtteilsanspruch des Antragstellers anerkannt.

Beweis: Schreiben vom ......

Vielmehr wurde der Bestand eines Pflichtteilsanspruches von diesem bestritten.

Der Antragsteller beabsichtigt daher, seinen Pflichtteilsanspruch gegen den Nachlass geltend zu machen. In Hinblick auf eine drohende Verjährung des Pflichtteilsanspruches ist Klage geboten. Es ist nicht abzusehen, zu welchem Zeitpunkt geklärt sein wird, wer der Erbe des verstorbenen Erblassers ist, so dass die Bestellung eines Pflegers erforderlich wird. Wir beantragen daher gemäß § 1961 BGB die Bestellung eines Nachlasspflegers zum Zwecke der gerichtlichen Geltendmachung des Pflichtteilsanspruches unseres Mandanten.

Unterschrift
Rechtsanwalt

II. Außergerichtliche Geltendmachung des Pflichtteils

1. Der Auskunfts- und Wertermittlungsanspruch

a) **Der Auskunftsanspruch gemäß § 2314 Abs. 1 S. 1 BGB.** aa) *Grundsätzliches.* Der Auskunftsanspruch des § 2314 BGB dient der Verwirklichung des Pflichtteilsanspruchs. Der Pflichtteilsberechtigte hat in der Regel, da er am Nachlass nicht beteiligt ist, keine Kenntnis vom Umfang und Wert des Nachlasses. Er hat auch selbst keine Möglichkeit, sich direkt über den Bestand und Wert des Nachlasses zu unterrichten. Der Pflichtteilsberechtigte kann sich daher mittels des Auskunftsanspruchs über den Bestand des Nachlasses unterrichten. Der Auskunftsanspruch ist auf Vermittlung von Informationen gerichtet, die der Verpflichtete selbst besitzt oder sich aber auch erst zu beschaffen hat.[34] Der auf Auskunft in Anspruch genommene Erbe, der selbst keine Kenntnis vom Bestand des Nachlasses hat, hat sich diese Kenntnis also zu verschaffen.[35] Somit kann dem in Anspruch genommenen Erben aufgrund der Inanspruchnahme ein Auskunftsanspruch gemäß §§ 675, 666 BGB zustehen, so z. B. gegenüber einer Bank.

Der Auskunftsanspruch gemäß § 2314 BGB gliedert sich in drei unterschiedlich stark ausgestaltete Ansprüche, die kumulativ geltend gemacht werden können. Zunächst wird der Pflichtteilsberechtigte gemäß § 2314 Abs. 1 S. 1 BGB den Verpflichteten auf Vorlage eines Bestandsverzeichnisses in Anspruch nehmen. Das Bestandsverzeichnis hat über die Aktiva und die Passiva des Nachlasses Auskunft zu erteilen. Allerdings genügt der Verpflichtete dem Auskunftsanspruch auch dann, wenn er mehrere Teilauskünfte und -verzeichnisse erstellt bzw. erteilt. Diese müssen jedoch in Summe alle Nachlassgegenstände umfassen, also vollständig sein. Des Weiteren ist es möglich ein bereits vorgelegtes Verzeichnis in einzelnen Punkten zu ergänzen.[36] Wertangaben hat das Verzeichnis hingegen nicht zu enthalten. Der Wertermittlungsanspruch gemäß § 2314 Abs. 1 S. 2 BGB ist von dem Auskunftsanspruch gemäß § 2314 Abs. 1 S. 1 BGB zu unterscheiden.[37]

Praxistipp:
Verzögert allerdings der Erbe die Vorlage des Bestandsverzeichnisses mit dem Hinweis darauf, die Wertermittlung sei noch nicht abgeschlossen, so kann der Auskunftsberechtigte ein Verzeichnis ohne Wertangaben jederzeit fordern.[38]

---

[34] BGH NJW 1984, 487.
[35] BGH FamRZ 1989, 608, 609.
[36] BGH NJW 1962, 1499.
[37] Siehe hierzu unten Rn. 38.
[38] OLG Frankfurt a. M. NJW-RR 1993, 1483.

23 Der Erbe hat darüber hinaus Angaben zum so genannten fiktiven Nachlass, also dem Nachlass, der sich unter Berücksichtigung anrechnungs- und ausgleichspflichtiger Zuwendungen gemäß §§ 2315, 2316 BGB bzw. unter Berücksichtigung ergänzungspflichtiger Schenkungen gemäß § 2325 BGB ergibt, zu machen, soweit dies der Pflichtteilsberechtigte ausdrücklich verlangt. Gleiches gilt für unbenannte Zuwendungen an einen Ehegatten.

24 Der Pflichtteilsberechtigte kann weiter verlangen, gemäß § 2314 Abs. 1 S. 2 BGB bei der Aufnahme des privaten Bestandsverzeichnisses hinzugezogen zu werden. Neben der Vorlage des privaten Bestandsverzeichnisses kann der Pflichtteilsberechtigte die eines amtlichen Verzeichnisses fordern. Er kann zudem verlangen, dass er bei der amtlichen Aufnahme des Verzeichnisses durch den Notar selbst hinzugezogen wird (§ 2314 Abs. 1 S. 2 und 3 BGB). Rechtsmißbräuchlich ist es allerdings, nach der Vorlage eines amtlichen Verzeichnisses nochmals die eines privatschriftlichen Verzeichnisses zu fordern.[39] Besteht Grund zur Annahme, dass das Verzeichnis seitens des Verpflichteten unsorgfältig oder nicht vollständig erstellt worden ist, so kann der Pflichtteilsberechtigte von dem Verpflichteten die eidesstattliche Versicherung gemäß § 2314 Abs. 1 S. 2 BGB, § 260 BGB über die Vollständigkeit der Angaben über den Bestand des Nachlasses fordern. Hiervon zu unterscheiden ist der Fall, dass die Auskunftspflicht an sich insgesamt nicht ordnungsgemäß erfüllt worden ist. Soweit dies der Fall ist, besteht der Erfüllungsanspruch fort.[40] Soweit der Erbe bereit ist, die Versicherung freiwillig abzugeben, ist das Nachlassgericht zuständig, andernfalls das Vollstreckungsgericht (§ 261 BGB).

Praxistipp:

25 Von der Möglichkeit, die Abgabe der eidesstattlichen Versicherung zu verlangen, sollte zurückhaltend Gebrauch gemacht werden. Ist die eidesstattliche Versicherung erst einmal erteilt, ist der Erbe zur Ergänzung der bisher erteilten Auskunft nicht mehr verpflichtet. Damit ist ein weiteres außergerichtliches Auskunftsverlangen als auch die gerichtliche Geltendmachung des Auskunftsanspruchs abgeschnitten. Besser ist es daher ggf. die Ergänzung des Verzeichnisses zu fordern und insoweit einen Auskunftsanspruch nochmals zu konkretisieren.

Besteht der Pflichtteilsanspruch nicht mehr, so kann der Auskunftsanspruch nicht mehr geltend gemacht werden.[41] Dies gilt auch bei wirksamer Pflichtteilsentziehung.[42] Wegen eines langen und engen räumlichen Zusammenlebens des Pflichtteilsberechtigten mit dem Erblasser kommt allerdings keine Verwirkung des Anspruchs in Betracht.[43]

26 *bb) Inhalt und Erteilung der Auskunft.* Der Auskunftsanspruch ist weit auszulegen. Der Auskunftsverpflichtete hat über sämtliche beim Erbfall vorhandene Nachlassgegenstände und Nachlasswerte, also die vorhandenen Nachlassaktiva als auch über die Passiva des Nachlasses Auskunft zu erteilen.[44] Ebenso ist über den fiktiven Nachlass Auskunft zu erteilen. Dies umfasst insbesondere die Auskunftserteilung über ergänzungserhebliche Schenkungen im Sinne des § 2325 BGB.[45] Dabei erstreckt sich die Auskunftspflicht auch auf die Person des Empfängers der pflichtteilserheblichen Schenkung[46] und bei Verträgen zugunsten Dritter auch auf das Zuwendungsverhältnis selbst.[47] Auskunft zu erteilen ist auch über Pflicht- und Anstandsschenkungen im Sinne von § 2330 BGB[48] sowie über ehebezogene Zuwendungen, die einem Pflichtteilsergänzungsanspruch unterliegen können,[49] über ein

---

[39] *Lange/Kuchinke*, § 37 XII 2. b) α).
[40] OLG Brandenburg FamRZ 1998, 179, 180.
[41] BGH NJW 1958, 1964, 1966.
[42] OLG Hamm NJW 1983, 1067.
[43] OLG Frankfurt, OLGR 2005, 867, 869.
[44] BGH NJW 1961, 602, 603.
[45] BGH NJW 1989, 2887, 2888.
[46] *Bamberger/Roth/J. Mayer* § 2314 Rn. 9.
[47] OLG Karlsruhe FamRZ 2000, 917, 918.
[48] *Dieckmann* NJW 1988, 1809, 1812.
[49] *Klingelhöffer* NJW 1993, 1097, 1102; *Staudinger/Haas* § 2314 Rn. 11.

Ausstattungsversprechen eines Stifters,[50] über Gegenstände, die unter Umständen zum Voraus des Ehegatten[51] oder gleichgeschlechtlicher Lebenspartner gehören[52] sowie über angeblich wertlose Zuwendungen.[53]

Die Auskunft über ergänzungspflichtige Schenkungen im Sinne des § 2325 BGB ist nicht stets auf den 10-Jahreszeitraum des § 2325 Abs. 3 BGB beschränkt. So ist Auskunft über Schenkungen an den Ehegatten, soweit die Ehe im Todeszeitpunkt besteht, zeitlich unbegrenzt zu erteilen, da gemäß § 2325 Abs. 3 S. 3 BGB die 10-Jahresfrist nicht vor Auflösung der Ehe beginnt. Gleiches gilt für Schenkungen unter Nießbrauchsvorbehalt, da auch hier die Ausschlussfrist des § 2325 Abs. 3 BGB nicht zu laufen beginnt[54] sowie für ausgleichspflichtige Zuwendungen im Sinne von § 2316 BGB.[55]

War der Erblasser verheiratet, so ist der Güterstand entscheidend für die Höhe des Pflichtteilsanspruchs, sodass der Auskunftsanspruch auch die Auskunft über den Güterstand, in dem der Erblasser gelebt hat, umfasst.[56] Lebte der verstorbene Erblasser mit dem überlebenden Ehegatten in Zugewinngemeinschaft, so hängt die Höhe der Pflichtteilsquote auch davon ab, ob der überlebende Ehegatte die Erbschaft oder ein Vermächtnis ausgeschlagen hat (§ 1371 Abs. 3 BGB). Auch dies ist daher Gegenstand der Auskunftsverpflichtung.[57]

Verfügt der Auskunftsverpflichtete nicht über hinreichende Kenntnisse, um die Auskunft zu erteilen, so hat er sich die notwendigen Kenntnisse zu verschaffen, soweit ihm dies zumutbar ist.[58]

Praxistipp:

Hat der Erbe schon früh bestritten, Kenntnis vom Bestand des Nachlasses oder von Teilen dessen zu haben, so bietet es sich an, das Auskunftsbegehren um den Hinweis an den Erben zu ergänzen, dass dieser verpflichtet ist, sich Unterlagen zu beschaffen.

Der Erbe muss daher von seinem Auskunftsrecht gegenüber Kreditinstituten des Erblassers gemäß §§ 675, 666 BGB Gebrauch machen. So kann der Erbe z. B. die Bank auf Auskunft darüber in Anspruch nehmen, ob der Erblasser Geldschenkungen vorgenommen hat. Der Erbe kann diesen Anspruch an den Pflichtteilsberechtigten abtreten.[59] Eine Verpflichtung zur Abtretung des Auskunftsanspruchs besteht aber dann nicht, wenn vollständige Auskunft erteilt und diese nur überprüft werden soll.[60] Die Bank kann einem solchen Anspruch nicht entgegensetzen, das Bankgeheimnis stehe der Erfüllung entgegen bzw. sie habe den Anspruch im Rahmen der Geschäftsverbindung mit dem Erblasser bereits erfüllt.[61] Allerdings umfasst der Auskunftsanspruch nicht jedwede Auskunft über Kontenbewegungen. Insoweit besteht grundsätzlich keine allgemeine Pflicht zur Rechenschaftslegung.[62] Der Auskunftsschuldner soll jedoch dann verpflichtet sein, auskunftsweise Belege und Unterlagen vorzulegen, wenn es besonders auf diese ankommt, damit er den Wert seines Anspruchs selbst abschätzen kann; so bei gemischten Schenkungen oder schwer einzuschätzenden Vermögensobjekten, wie Unternehmen und Gesellschaftsbeteiligungen.[63] Eine Vorlagepflicht

---

[50] LG Baden-Baden ZEV 1999, 152.
[51] Staudinger/*Haas* § 2314 Rn. 8.
[52] Bamberger/Roth/*J. Mayer* § 2314 Rn. 9.
[53] Bamberger/Roth/*J. Mayer* § 2314 Rn. 9; *Damrau/Riedel/Lenz* Rn. 11.
[54] OLG Köln NJW-RR 2005, 1319, 1320 = ZEV 2005, 398; *Cornelius* ZEV 2005, 286, 287.
[55] Bamberger/Roth/*J. Mayer* § 2314 Rn. 10.
[56] OLG Düsseldorf NJW 1996, 3156; MünchKommBGB/*Lange* § 2314 Rn. 6; *Klingelhöffer* NJW 1993, 1097, 1102.
[57] Bamberger/Roth/*J. Mayer* § 2314 Rn. 9.
[58] BGH NJW 1989, 1601; OLG Brandenburg FamRZ 1998, 180, 181.
[59] BGH NJW 1989, 1601, 1602.
[60] OLG Bremen OLGR 2001, 201.
[61] BGH NJW 1989, 1601, 1602.
[62] Staudinger/*Haas* § 2314 Rn. 12; *Bartsch* ZEV 2004, 176, 178 f.
[63] Bamberger/Roth/*J. Mayer* § 2314 Rn. 13.

besteht jedenfalls dann, wenn ein Unternehmen oder eine Beteiligung hieran zum Nachlass gehört, insbesondere bzgl. Betriebsgrundstücke.[64] Soweit ein Unternehmen oder Unternehmensbeteiligungen zum Nachlass gehören, wird zweckmäßigerweise die Vorlage der Geschäftsunterlagen der vergangenen 3 bis 5 Jahre verlangt werden.[65] Das Auskunftsverlangen erstreckt sich auf die Vorlage der Bilanzen, Gewinn- und Verlustrechnungen nebst aller dazugehörigen Geschäftsbücher und Belege für die Geschäftsjahre X bis Y. Auch hinsichtlich Kunstgegenstände oder Urheberrechte soll ein entsprechendes Einsichtsrecht bestehen.[66]

32 Die Auskunftserteilung erfolgt mittels eines Bestandsverzeichnisses gemäß § 260 BGB.[67] Auf ein vorhandenes Nachlassinventar kann Bezug genommen werden.[68] Einer bestimmten Form bedarf es nicht und es braucht auch keine Angaben über den Wert der aufgeführten Nachlassgegenstände zu enthalten. Solche Angaben können nicht verlangt werden. Ob das Bestandsverzeichnis unterschrieben sein muss, ist umstritten.[69] In der Praxis hat das Bestandsverzeichnis häufig ein Prozessbevollmächtigter des Erben erstellt, was zulässig ist.[70]

Muster eines Bestandsverzeichnisses:

33 Der am 10. 8. 2008 in Ludwigsburg verstorbene Friedrich Mayer, geb. am 1. 10. 1933 in Stuttgart, zuletzt wohnhaft gewesen, Finkenstraße 7, 78112 Stuttgart hat mich mit Testament vom 7. 11. 2006 zu seinem alleinigen Erben bestellt.

Ich erstellt hiermit nach § 260 Abs. 1 BGB Folgendes

Bestandsverzeichnis, aufgestellt auf den 10. 8. 2008, also auf den Todeszeitpunkt.

A. Aktiva

1. Immobilien
Wohnhaus in ......, Flst.-Nr. ...... 10 a 70 qm, eingetragen im Grundbuch von ......, Amtsgerichtsbezirk ......, Heft-Nr. ......, lfd-Nr. ......

Verkehrswert	€ 190.000,00
2. Bargeld	€ 5.670,63
3. Bank- und Sparguthaben	
KSK Ludwigsburg, Konto-Nr. 000111	€ 5.294,00
Sparkonto-Nr. 00042001	€ 2.909,91
4. Bewegliche Gegenstände	
a) Briefmarkensammlung	€ 200,00
b) Modellautosammlung bestehend aus 45 Modellen	€ 6.000,00
c) 15 Gramm Baren Gold	€ 1.000,00
d) Schmuck Zusammenstellung gemäß Anlage 1 gesamt	€ 15.000,00
Summe Aktiva	€ 226.074,54

B. Passiva

1. Grundschulden und Hypotheken
Grundschuld zugunsten der ...... Bank über € ......, eingetragen zulasten des Grundstücks Flst.-Nr. ......, Grundbuch von ...... Blatt ......,

Valutastand am Stichtag	€ 32.000,00
2. Bankverbindlichkeiten	
Bankkredit zu Konto-Nr. 164 bei der Ludwigsburger Bank AG am Stichtag	€ 20.000,00

---

[64] OLG Düsseldorf NJW-RR 1997, 454, 455; *Coing* NJW 1983, 1298.
[65] *Lange/Kuchinke* § 37 XII. 3. g).
[66] Palandt/*Edenhofer* § 2314 Rn. 10; *Bartsch* ZEV 2004, 176, 178.
[67] Vgl. Rn. 22.
[68] OLG Braunschweig FamRZ 1998, 180, 181.
[69] Dagegen OLG Nürnberg NJW-RR 2005, 808; OLG Hamburg OLGE 11, 264; *Lange/Kuchinke* § 37 XII. 2. b); dafür OLG München FamRZ 1995, 737.
[70] OLG Nürnberg NJW-RR 2005, 808.

II. Außergerichtliche Geltendmachung des Pflichtteils 34, 35 § 9

3. Nachlasskosten
   a) Kostenrechnung des Notariats Ludwigsburg, Nachlassgericht   €   250,00
   b) Bestattungskosten gemäß Anlage 2   €   6.730,00
   b) Steuerverbindlichkeiten Einkommens- und Kirchensteuer gemäß
      Bescheid des Finanzamtes Ludwigsburg vom 17. 9. 2008   €   3.400,00

Nach meinen Feststellungen entspricht der von mir im Zeitraum von ...... bis ...... ermittelte Bestand des Nachlasses dem Bestand im Zeitpunkt des Erbfalls.

                                                                             Unterschrift

cc) *Auskunftsberechtigter.* Der Auskunftsanspruch kann von jedem geltend gemacht werden, der als pflichtteilsberechtigter Nichterbe im Sinne des § 2303 BGB durch letztwillige Verfügung von Todes wegen von der Erbfolge ausgeschlossen worden ist. Voraussetzung ist ein entsprechendes familienrechtliches Verhältnis im Sinne des § 2303 BGB zum Erblasser. Demnach kann der Auskunftsanspruch von enterbten Abkömmlingen, Eltern und dem Ehegatten des Erblassers geltend gemacht werden, sofern sie durch Verfügung von Todes wegen von der Erbfolge ausgeschlossen wurden. Der Ehegatte kann allerdings auch dann den Auskunftsanspruch geltend machen, wenn er gemäß § 1371 Abs. 3 BGB das ihm Zugewandte ausgeschlagen hat und neben dem „kleinen Pflichtteil" den Zugewinnausgleichsanspruch geltend macht. Weiter zählen zu den Anspruchsberechtigten der gemäß § 2305 BGB unzureichend eingesetzte pflichtteilsberechtigte Erbe, der den Zusatzpflichtteil verlangt sowie der nach § 2306 Abs. 1 BGB belastete pflichtteilsberechtigte Erbe, der das ihm Zugewendete ausgeschlagen hat. Ein Auskunftsanspruch steht auch dem gemäß § 2307 BGB mit einem Vermächtnis bedachten Pflichtteilsberechtigten zu. Dieser kann den Ausgleichsanspruch unabhängig davon geltend machen, ob er das Vermächtnis annimmt oder ausschlägt,[71] da der Auskunftsanspruch aus dem Pflichtteilsrecht und nicht aus dem Pflichtteilsanspruch folgt, weshalb der Vermächtnisnehmer nur darlegen muss, dass er in einem familienrechtlichen Verhältnis im Sinne von § 2303 BGB zum Erblasser steht. Sein Auskunftsanspruch hängt ebenso wenig davon ab, ob das Vermächtnis den Wert des Pflichtteils übersteigt oder nicht.[72] Der Auskunftsanspruch des pflichtteilsberechtigten Vermächtnisnehmers scheidet jedoch aus, wenn feststeht, dass dieser den Pflichtteilsanspruch nicht mehr geltend machen kann.[73] Dies soll immer dann der Fall sein, wenn der Pflichtteilsanspruch verjährt ist.[74] Hat der Pflichtteilsberechtigte das ihm zugewandte Vermächtnis angenommen, so ist der Auskunftsanspruch ebenfalls ausgeschlossen.[75] Auskunftsberechtigt sind weiterhin der Abtretungsempfänger des Pflichtteilsanspruchs gemäß §§ 2317, 398 BGB sowie dessen Erbe gemäß § 2317 Abs. 2 BGB. 34

Sind mehrere Auskunftsberechtigte vorhanden, kann jeder für sich den Auskunftsanspruch gemäß § 2314 BGB geltend machen. Verlangt ein minderjähriges Kind vom überlebenden Elternteil Auskunft, so ist dem Kind nach § 1909 BGB ein Pfleger zu bestellen. 35

Dem pflichtteilsberechtigten Miterben steht hingegen grundsätzlich kein Auskunftsanspruch zu, da er sich gemäß §§ 2327, 2028, 2057 BGB bzw. § 260 BGB über den Bestand des Nachlasses vergewissern kann.[76] Ihm kann jedoch ausnahmsweise ein allgemeiner Auskunfts- und Wertermittlungsanspruch nach Treu und Glauben gemäß § 242 BGB zustehen, soweit er im Hinblick auf einen etwaigen Pflichtteilsergänzungsanspruch aus §§ 2325, 2326 BGB gegen Miterben entschuldbar im Unklaren ist, ob diese eine Schenkung vom Erblasser erhalten haben.[77]

---

[71] BGH NJW 1955, 1354.
[72] BGH OLG Düsseldorf FamRZ 1995, 1236, 1237; OLG Oldenburg NJW-RR 1993, 782, 783; OLG Köln NJW-RR 1992, 8; MünchKommBGB/*Lange* § 2314 Rn. 15.
[73] Staudinger/*Haas* § 2314 Rn. 19, MünchKommBGB/*Lange* § 2314 Rn. 15.
[74] OLG Köln NJW-RR 1992, 8.
[75] MünchKommBGB/*Lange* § 2314 Rn. 15; RGZ 129, 239, 241 f.; RGRK/*Johannsen* § 2314 Rn. 3.
[76] BGH NJW 1954, 1354.
[77] BGH NJW 1973, 1876, 1877, BGH NJW 1993, 2737; Bamberger/Roth/*J. Mayer* § 2314 Rn. 5; *Lange/Kuchinke* § 37 XII 6; Soergel/*Dieckmann* § 2314 Rn. 6, 26; a. A. für eine analoge bzw. direkte Anwendung des § 2314 BGB in diesen Fällen OLG Celle NJW 1966, 1663; *Coing* NJW 1970, 729, 733 ff. v. *Lübtow* I S. 584 f.

Dem pflichtteilsberechtigten Nacherben steht gegen den vom Vorerben Beschenkten kein Auskunftsanspruch zu.[78] Ggf. kommt hier ein Auskunftsanspruch gemäß §§ 2121, 2122, 2117 BGB in Betracht. Hingegen kann der pflichtteilsberechtigte Nacherbe in analoger Anwendung des § 2314 BGB zur Vorbereitung der Geltendmachung des Pflichtteilsergänzungsanspruchs auch den Beschenkten auf Auskunft über das Geschenk in Anspruch nehmen.[79]

Muster eines Auskunftsschreibens:

36

An: ......
Nachlasssache: ......

Auskunftsanspruch

Sehr geehrter Herr ......,
ich vertrete Ihre Tochter, Frau ...... in der Nachlasssache Ihrer verstorbenen Ehefrau. Eine Kopie der Originalvollmacht habe ich in der Anlage zur Kenntnisnahme beigefügt.
Nach Mitteilung meiner Mandantin ist Ihre Ehefrau am ...... verstorben und hat ein Testament hinterlassen. Meine Mandantin ist in diesem Testament nicht bedacht und somit enterbt und pflichtteilsberechtigt.
Zur Durchsetzung ihres Pflichtteilsrechts steht ihr gemäß § 2314 BGB ein Auskunftsanspruch über den Umfang des Nachlasses zu. Dieser richtet sich gegen Sie als Erbe. Sie sind verpflichtet, meiner Mandantin vollständig über den Bestand des Nachlasses Auskunft zu erteilen.
Bitte erteilen Sie diese Auskunft mittels eines Bestandsverzeichnisses. In dieses Verzeichnis nehmen Sie bitte sämtliche Aktiva und Passiva des Nachlasses auf. Zu den Aktiva zählen insbesondere Immobilien, Kontokorrent- und Sparkonten, Bargeldbestände, Bankdepots, Wertpapiere, Kunstgegenstände und Schmuck sowie etwaige Gesellschaftsbeteiligungen.
Zu den Passiva zählen unter anderem die Schulden des Erblassers und die durch den Erbfall entstandenen Kosten.
Darüber hinaus sind Sie weiterhin verpflichtet, Auskunft über lebzeitige Zuwendungen des Erblassers zugunsten Ihrer Person bzw. zugunsten Dritter zu erteilen. Hierzu zählen Schenkungen sowie Zuwendungen, die Ihnen zur Begründung bzw. Erlangen Ihrer derzeitigen Lebensstellung gemacht wurden, bzw. für die der Erblasser bestimmt hat, dass sie auszugleichen sind.
Erteilen Sie bitte auch Auskunft über bestehende Lebensversicherungen und sonstige Verträge zugunsten Dritter. Ebenfalls bekannt zu geben ist der Güterstand, in dem Sie mit der Erblasserin gelebt haben.
Sie sind verpflichtet, soweit Ihnen die erforderlichen Informationen nicht selbst bekannt sind, sich diese zu beschaffen. Zu diesem Zweck steht Ihnen auch ein Auskunftsanspruch gegen die jeweilige Bank, mit der die Erblasserin in Geschäftsverbindung stand, zu.
Bitte erteilen Sie die gewünschte Auskunft zu meinen Händen bis zum ...... durch Vorlage des Bestandsverzeichnisses. Soweit Belege zu den einzelnen Positionen des Bestandsverzeichnisses vorhanden sind, fügen Sie diese bitte bei.
Abschließend weise ich darauf hin, dass das Bestandsverzeichnis mit der erforderlichen Sorgfalt vollständig zu erstellen ist. Dies haben Sie ggf. eidesstattlich zu versichern.

......, den ......

Rechtsanwalt

37   **dd) Der Auskunftsverpflichtete.** Der Auskunftsanspruch richtet sich nach § 2314 BGB gegen den Erben. Besteht eine Erbengemeinschaft, so sind die Miterben als Gesamtschuldner gemäß §§ 431, 421 BGB auskunftsverpflichtet.[80] Auch der Erbeserbe kann auf Auskunft in

---

[78] MünchKommBGB/*Lange* § 2314 Rn. 10.
[79] BGH NJW 1984, 487.
[80] MünchKommBGB/*Lange* § 2314 Rn. 19; RGRK/*Johannsen* § 2314 Rn. 13; *Sarres* ZEV 1998, 4.

II. Außergerichtliche Geltendmachung des Pflichtteils

Anspruch genommen werden.[81] Der Auskunftsanspruch nach § 2314 BGB umfasst auch ergänzungserhebliche Schenkungen gemäß § 2325 BGB und kann somit auch gegen den Beschenkten geltend gemacht werden.[82] Hingegen soll dem pflichtteilsberechtigten Mit- oder Alleinerben ein auf § 2314 BGB gestützter Auskunftsanspruch gegen den Beschenkten nicht zustehen. Die Rechtsprechung billigt hier dem pflichtteilsberechtigten Mit- bzw. Alleinerben ein Auskunfts- und Wertermittlungsanspruch nach Maßgabe des § 242 BGB zu.[83] Allerdings soll der Beschenkte nicht mit den Wertermittlungskosten belastet werden dürfen.

Im Gegenzug kann dem selbst pflichtteilsberechtigten Beschenkten ein Anspruch gegen den pflichtteilsberechtigten Nichterben zustehen, wenn Ersterer vom Letzteren Auskunft über anrechenbare Eigengeschenke gemäß § 2327 BGB verlangt.[84]

Der Auskunftsanspruch kann mangels entsprechendem Pflichtteilsanspruch nicht gegen den Testamentsvollstrecker geltend gemacht werden (vgl. § 2213 Abs. 1 S. 3 BGB). Hingegen ist der Nachlassverwalter neben dem Erben gemäß § 2012 Abs. 1 S. 2 BGB zur Auskunft verpflichtet. Der Auskunftsanspruch kann auch während eines etwaigen Nachlasskonkurses bzw. der Nachlassinsolvenz gegen den Erben geltend gemacht werden.[85]

b) Der Wertermittlungsanspruch gemäß § 2314 Abs. 1 S. 2 BGB. Der Wertermittlungsanspruch gemäß § 2314 Abs. 1 S. 2 BGB steht selbstständig neben dem Auskunftsanspruch des § 2314 Abs. 1 S. 1 BGB.[86] Die Geltendmachung des Anspruchs setzt voraus, dass der der Wertermittlung zu unterwerfende Gegenstand zum Nachlass gehört. Hierfür ist der Pflichtteilsberechtigte darlegungs- und beweisbelastet.[87] Reicht die erteilte Auskunft zur Wertfeststellung nicht aus, so kann der Pflichtteilsberechtigte die Hinzuziehung eines Sachverständigen zur Wertermittlung gemäß § 2314 Abs. 1 S. 2 BGB verlangen. Dies ist praktisch der Regelfall.

Der Wertermittlungsanspruch umfasst die Verpflichtung, dem Berechtigten sämtliche Unterlagen und Auskünfte zu erteilen, die dieser benötigt, um sich ein Bild über den Wert des Nachlasses zu machen. Vorzulegen sind alle Unterlagen, die für die konkrete Wertberechnung erforderlich sind, soweit diese nicht schon im Rahmen des Auskunftsverlangens offenbart wurden. Ist ein Unternehmen zu bewerten, hat der Verpflichtete alle Geschäftsunterlagen der letzten fünf Jahre vorzulegen. Dies gilt selbst dann, wenn der Erbe ein von ihm eingeholtes Wertermittlungsgutachten vorlegt.[88]

Reichen die vorgelegten Unterlagen und erteilten Auskünfte dem Pflichtteilsberechtigten nicht aus, um sich ein Bild über den Wert des Nachlasses zu machen, kann dieser die Vorlage eines Bewertungsgutachtens fordern.[89] Beansprucht werden kann die Wertermittlung durch einen unparteiischen Sachverständigen. Dieser muss nicht öffentlich bestellt oder vereidigt sein.[90] Der Verpflichtete kann das Gutachten selbst in Auftrag geben; der Pflichtteilsberechtigte ist hiergegen hierzu nicht ermächtigt.[91]

Im Hinblick auf eine ergänzungspflichtige Schenkung besteht nicht ohne Weiteres ein Wertermittlungsanspruch gemäß § 2314 Abs. 1 S. 2 BGB. Der BGH lehnt einen solchen ab, solange nicht bewiesen ist, dass der Gegenstand, dessen Wert ermittelt werden soll, zum fiktiven Nachlass gehört. Der Pflichtteilsberechtigte hat also zu beweisen, dass eine ergänzungspflichtige Schenkung vorliegt.[92] Probleme bereitet dies in Fällen der gemischten Schen-

---

[81] BGH NJW 1989, 2887.
[82] BGH NJW 1989, 2887, 2888; BGHZ 89, 24, 27 = NJW 1984, 487, 488; BGH NJW 1985, 384; Soergel/*Dieckmann* § 2314 Rn. 27; MünchKommBGB/*Lange* § 2314 Rn. 20.
[83] BGH NJW 1990, 180.
[84] BGH NJW 1990, 180.
[85] MünchKommBGB/*Lange* § 2314 Rn. 19.
[86] OLG Frankfurt/M. NJW-RR 1994, 9; OLG Schleswig NJW 1972, 586 f.
[87] BGH NJW 1952, 1173; BGH NJW 1984, 487.
[88] OLG Köln ZEV 1999, 110, 112; OLG Düsseldorf NJW-RR 1997, 454.
[89] BGH NJW 1975, 258.
[90] OLG Düsseldorf NJW-RR 1997, 454; *Bißmaier* ZEV 1997, 149 f.
[91] OLG München NJW 1974, 2094; Bamberger/Roth/*J. Mayer* § 2314 Rn. 22; OLG Düsseldorf NJW-RR 1997, 454.
[92] BGH NJW 1984, 487 mit Anm. *Dieckmann* FamRZ 1984, 880; BGH NJW 1993, 2737; BGH NJW 2002, 2469, 2470 = ZEV 2002, 282; OLG Schleswig ZEV 2007, 277, 278 = NJW-RR 2008, 16.

kung, da hier ohne Kenntnis des Wertes der Zuwendung und der Gegenleistung das Vorliegen einer teilweisen Schenkung schwer feststellbar ist. In diesem Fall soll es daher ausreichend sein, dass der Pflichtteilsberechtigte in Form einer groben Überschlagsrechnung beweist, dass eine gemischte Schenkung vorliegt. Gelingt ihm dies, so soll er auf Kosten des Nachlasses verlangen können, dass der genaue Wert dieser gemischten Schenkung nunmehr ermittelt wird.[93]

41 c) **Verjährung.** Der erbrechtliche Auskunftsanspruch unterliegt nunmehr der regelmäßigen Verjährungsfrist von 3 Jahren. Dies gilt auch dann, wenn es sich aus § 242 BGB ergibt.[94] Da der Auskunftsanspruch der Durchsetzung des Pflichtteils- bzw. Pflichtteilsergänzungsanspruchs dient, kann er allerdings dann nicht mehr verfolgt werden, wenn diese Ansprüche gemäß § 2332 BGB verjährt sind.[95] Gleiches gilt für den Wertermittlungsanspruch.

2. Die eidesstattliche Versicherung gemäß § 260 Abs. 2 BGB

42 Liegen die Voraussetzungen des § 260 Abs. 2 BGB vor, so kann der Pflichtteilsberechtigte von dem Erben die Abgabe der eidesstattlichen Versicherung gemäß § 2314 Abs. 1 S. 2 BGB i.V.m. § 260 BGB über die Vollständigkeit der Angaben über den Bestand des Nachlasses fordern. Dies ist dann der Fall, wenn der Pflichtteilsberechtigte Grund zur Annahme hat, dass das Nachlassverzeichnis nicht mit der notwendigen Sorgfalt errichtet wurde.[96] Damit ist auf Folgendes zu achten: Ist nach Auffassung des Pflichtteilsberechtigten das vorgelegte Verzeichnis unvollständig oder unrichtig, so kann dieser wegen § 260 Abs. 2 BGB nicht dessen Ergänzung verlangen, sondern nur die Abgabe der Versicherung an Eides statt.[97] Eine Ergänzung des Verzeichnisses kann hingegen nur dann verlangt werden, wenn das vorgelegte Verzeichnis mit der erforderlichen Sorgfalt errichtet wurde, dieses jedoch unrichtig ist; so z.B., wenn der Nachlassgegenstand überhaupt nicht im Verzeichnis berücksichtigt worden ist, weil der auskunftsverpflichtete Erbe glaubt, dieser gehöre nicht zum Nachlass.[98] Ein Ergänzungsanspruch besteht auch dann, wenn der Erbe erkennbar keine Angaben über Schenkungen bzw. fiktive Nachlasswerte gemacht hat.[99] Der Erfüllungsanspruch besteht fort, wenn die Auskunft an sich gar nicht ordnungsgemäß erfüllt wurde.[100] Eine Verpflichtung zur Abgabe der eidesstattlichen Versicherung besteht folglich nicht, wenn keinerlei Anhaltspunkte für eine mangelnde Sorgfalt des Erben bei der Auskunftserteilung vorhanden sind bzw. es an Anhaltspunkten für weitere Schenkungen fehlt.[101] Grund zu der Annahme, dass ein Nachlassverzeichnis nicht mit der erforderlichen Sorgfalt erstellt worden ist, kann dann vorliegen, wenn sich aus dem prozessualen Verhalten des verpflichteten Erben das Bestreben ergibt, die Auskunftserteilung mit allen juristischen Mitteln zu verhindern oder zu verzögern und dies auch aus dem vorprozessualen Verhalten bereits erkennbar wurde.[102] Anlass, an der Erstellung des Nachlassverzeichnisses mit der notwendigen Sorgfalt zu zweifeln, kann zudem dann vorliegen, wenn die erteilten Auskünfte wiederholt korrigiert werden,[103] wenn die erteilte Auskunft nicht alle Bereiche umfasst, für die Auskunft gefordert

---

[93] Bamberger/Roth/*J. Mayer* § 2314 Rn. 19; MünchKommBGB/*Lange* § 2314 Rn. 8; *Klingelhöffer*, Pflichtteilsrecht Rn. 165; a.A. Staudinger/*Haas* § 2314 Rn. 71, der dem Pflichtteilsberechtigten allerdings einen Wertermittlungsanspruch aus § 242 BGB zugesteht.
[94] MünchKommBGB/*Lange* § 2314 Rn. 24; Bamberger/Roth/*J. Mayer* § 2314 Rn. 27; Staudinger/*Haas* § 2314 Rn. 52; *Sarres* ZEV 2002, 96, 97.
[95] BGH NJW 1990, 180, 181; BGH NJW 1985, 384, 385.
[96] Vgl. dazu OLG Jena NJW-RR 2006, 951; OLG Koblenz FamRZ 2003, 193, 195 = ZEV 2002, 501; OLG Oldenburg NJW-RR 1992, 77, 78; OLG Zweibrücken FamRZ 1969, 230, 231.
[97] *Lange/Kuchinke* § 37 XII 4. b.
[98] *Lange/Kuchinke* § 37 Fn. 64; RGRK/*Johannsen* § 2314 Rn. 10; OLG Hamburg NJW-RR 1989, 1285.
[99] OLG Oldenburg NJW-RR 1992, 777.
[100] OLG Brandenburg FamRZ 1998, 179, 180.
[101] OLG Koblenz ZEV 2002, 501, 502 = FamRZ 2003, 191.
[102] MünchKommBGB/*Lange* § 2314 Rn. 12; OLG Frankfurt NJW-RR 1993, 1483.
[103] Staudinger/*Haas* § 2314 Rn. 46; Bamberger/Roth/*J. Mayer* § 2314 Rn. 16.

wurde, wobei auch z. B. die ständige unberechtigte Weigerung, die gewünschte Auskunft zu erteilen, oder eine zunächst unvollständige Erteilung der Auskunft, die erst später berichtigt wurde, berücksichtigt werden können.[104]

Ist der Erbe bereit, die eidesstattliche Versicherung freiwillig abzugeben, so ist das Nachlassgericht hierfür zuständig. Die Abgabe der eidesstattlichen Versicherung erfolgt dabei im FGG-Verfahren (§§ 410 Nr. 1, 413 FamFG) vor dem Rechtspfleger (§ 3 Nr. 1 b RpflG). Soweit der Erbe zur freiwilligen Abgabe nicht bereit ist, ist das Vollstreckungsgericht zuständig.

Ebenso wie die Auskunftserteilung kann die Versicherung an Eides statt in mehreren Teilakten über jeweils ein anderes Auskunftsobjekt abgegeben werden, wenn die Summe der Teilauskünfte die Auskünfte im geschuldeten Gesamtumfang darstellt und dies auch Inhalt der Eidesleistung ist.[105] Eine einmal abgegebene eidesstattliche Versicherung muss nicht wiederholt werden.[106] Verweigert der Erbe die Abgabe der eidesstattlichen Versicherung, zieht dies nicht die Folge der unbeschränkten Erbenhaftung gemäß § 2006 Abs. 3 BGB nach sich.[107] Gemäß § 261 Abs. 3 BGB hat die Kosten für die Abnahme der eidesstattlichen Versicherung der Pflichtteilsberechtigte zu tragen. Hierzu gehören jedoch nicht die Prozesskosten, die durch den Streit über die Abgabe der eidesstattlichen Versicherung entstehen.[108]

3. Der Vergleich über den Pflichtteilsanspruch

Der Pflichtteilsanspruch ist ein Geldanspruch. Ein Vergleich über den Pflichtteil ist daher grundsätzlich jederzeit formlos möglich. In Bezug auf dessen Inhalt empfiehlt sich zunächst eine Einigung über den verbindlichen Bestand des Nachlasses, d. h. dessen Aktiva und Passiva mit entsprechenden Wertfeststellungen zu treffen. Darüber hinaus versteht sich von selbst, dass Zahlungsmodalitäten, Verzugsfolgen und Verzinsung entsprechend geregelt werden. Soweit bedingte, ungewisse oder unsicherer Rechte im Sinne des § 2313 BGB bzw. deren spätere Ausgleichung gemäß § 2313 Abs. 1 S. 3 BGB in Betracht kommen sollte, sollten ebenfalls Regelungen bzgl. des Ausgleichs solcher nachträglich festzustellender Aktiva aufgenommen werden. Allerdings empfiehlt es sich aus Praktikabilitätsgründen eine Nachabfindung an das Erreichen eines Schwellenwertes zu koppeln, sodass der sich aufgrund der geänderten Wertverhältnisse des Nachlasses ergebenden Pflichtteilsbetrag nur dann eine Ausgleichung begründet, wenn dieser Schwellenwert überschritten wird.

Des Weiteren wird der Wert des Pflichtteils bzw. die Höhe des Pflichtteilsbetrages durch gemäß § 2315 BGB anzurechnende Zuwendung bzw. durch gemäß §§ 2316, 2050 ff. BGB auszugleichende Zuwendungen sowie durch gemäß §§ 2325 ff. BGB ausgleichspflichtige Schenkungen modifiziert. Gleiches gilt für die Berücksichtigung von Eigengeschenken, die sich der Pflichtteilsberechtigte gemäß § 2327 Abs. 1 BGB anrechnen lassen muss. Es empfiehlt sich daher in den Vergleich eine Zusicherung der jeweiligen Partei aufzunehmen, dass dieser über die im Bestandsverzeichnis aufgeführten lebzeitigen Zuwendungen hinaus keine weiteren Zuwendungen des Erblassers bekannt sind bzw. dass solche weiteren Zuwendungen nicht erfolgt sind.

Neben dem Abschluss eines privatschriftlichen Vergleichs besteht die Möglichkeit, einen Anwaltsvergleich gemäß §§ 796 a ff. ZPO zu schließen. Der Vorteil eines solchen Vergleichsabschlusses besteht darin, dass ein solcher Vergleich sowohl durch das Prozessgericht gemäß § 796 b ZPO als auch durch den Notar gemäß § 796 c ZPO für vollstreckbar erklärt werden kann, sodass der Vergleich nach einem entsprechenden Beschluss einen Vollstreckungstitel gemäß § 794 Abs. 1 Nr. 4 b ZPO darstellt. Voraussetzung für die Vollstreckbarkeitserklärung des Anwaltsvergleichs ist, dass sich der bzw. die Erben gemäß § 796 a Abs. 1 ZPO der Zwangsvollstreckung unterwerfen.

---

[104] Bamberger/Roth/*J. Mayer* § 2314 Rn. 16; OLG Düsseldorf OLGR 1998, 304.
[105] BGH NJW 1962, 245, 246 = LM Nr. 1 zu § 2314 BGB; Bamberger/Roth/*J. Mayer* § 2314 Rn. 16.
[106] MünchKommBGB/*Lange* § 2314 BGB Rn. 12.
[107] Bamberger/Roth/*J. Mayer* § 2314 BGB Rn. 16; Palandt/*Edenhofer* § 2314 BGB Rn. 12; Staudinger/*Haas* § 2314 BGB Rn. 47.
[108] Staudinger/*Haas* § 2314 BGB Rn. 78.

Die sachliche Zuständigkeit liegt nach § 796a Abs. 1 ZPO beim Amtsgericht. Zuständig ist hier das Amtsgericht, in dessen Bezirk eine Partei zum Zeitpunkt des Vergleichsabschlusses ihren allgemeinen Gerichtsstand gemäß §§ 13 ff. ZPO hat. Die Zuständigkeit ist gemäß § 802 ZPO ausschließlich. Die Vollstreckbarkeit wird vom Gericht nur „auf Antrag einer Partei" erklärt, also nicht von Amts wegen. Der Antrag bedarf keiner Form. Die Niederlegung des Vergleichs beim Amtsgericht ist nicht stets als solcher Antrag auszulegen.[109]

Muster: Außergerichtlicher Vergleich über einen Pflichtteilsanspruch:

48

Vergleich

Zwischen

Herrn ...... als Erbe über den Nachlass der Frau ......, verstorben am ......

– nachfolgend „Erbe" genannt –

vertr. d. Herrn Rechtsanwalt ......

und

Herrn ......

– nachfolgend „Pflichtteilsberechtigter" genannt –

vertr. d. Herrn Rechtsanwalt ......

Der Erbe und der Pflichtteilsberechtigte schließen nachfolgende Vergleichsvereinbarung zur Regelung der Pflichtteilsansprüche des Pflichtteilsberechtigten am Nachlass der Frau ......

§ 1 Vorbemerkung

Die am ...... verstorbene Erblasserin hat durch letztwillige Verfügung vom ...... ihren Sohn A zu ihrem Alleinerben berufen. Ihr Ehemann war vorverstorben. Der Pflichtteilsberechtigte ist der weitere Sohn der Erblasserin. Diesen hat sie durch die vorgenannte letztwillige Verfügung enterbt. Mit nachfolgender Vereinbarung regeln die Parteien daher die Pflichtteilsansprüche des Pflichtteilsberechtigten am Nachlass der Erblasserin.

§ 2 Vergleichsgegenstand

Der Erbe anerkennt, dass die Pflichtteilsquote des Pflichtteilsberechtigten ¼ beträgt und somit der Wert des Pflichtteilsanspruchs unter Zugrundelegung eines Nettonachlasses von € ...... € ...... beträgt.

Dieser Feststellung der Höhe des Pflichtteilsanspruchs liegt der Nachlassbestand, wie er sich aus dem amtlichen Bestandsverzeichnis (Anlage 1 zu dieser Vereinbarung) ergibt, und welches einen wesentlichen Bestandteil dieser Vereinbarung darstellt, zugrunde. Die Parteien erkennen insoweit die Wertfeststellungen des Bestandsverzeichnisses als für sie verbindlich an.

Gegenständlich umfasst diese Vereinbarung sämtliche Pflichtteils- und Pflichtteilsergänzungsansprüche sowie Pflichtteilsausgleichsansprüche gemäß §§ 2316 ff., 2050 BGB, die sich aus dem beigefügten Bestandsverzeichnis (Anlage 1) ergeben.

§ 3 Zahlungsverpflichtung, Verzugsfolgen

Der Erbe verpflichtet sich an den Pflichtteilsberechtigteten einen Betrag in Höhe von € ...... zu zahlen. Der Betrag ist spätestens bis zum ...... auf dem Konto des Pflichtteilsberechtigten bei dem Kreditinstitut ......, Konto-Nr. ...... (BLZ ......) eingehend zur Zahlung fällig. Bei nicht fristgerechter Zahlung ist der rückständige Betrag mit ...... % p.a. zu verzinsen.

§ 4 Nachabfindung

Diese Vereinbarung berührt etwaige Ansprüche der Parteien gemäß § 2313 Abs. 1 S. 3 BGB nicht. Werden dem Erben nachträglich Aktiva des Nachlasses bekannt, welche im Bestandsverzeichnis

---

[109] *Baumbach/Lauterbach/Albers/Hartmann* § 796a Rn. 11.

nicht enthalten sind, so wird dieser dem Pflichtteilsberechtigten hierüber unverzüglich schriftlich unterrichten. Ergeben sich unter Berücksichtigung dieser Aktiva Veränderungen des Nettonachlassbestandes im Vergleich zu dem in der Anlage 1 beigefügten Bestandsverzeichnis, so ist der Pflichtteil des Pflichtteilsberechtigten neu zu berechnen. Überschreitet der sich hieraus ergebende Unterschiedsbetrag einem Betrag von € ......, so ist dieser Unterschiedsbetrag innerhalb von 3 Wochen nach schriftlicher Geltendmachung durch den Pflichtteilsberechtigten zugunsten dessen vorgenannten Konten auszugleichen. Erfolgt kein fristgerechter Ausgleich des Unterschiedsbetrages, so ist dieser Betrag mit ...... % p.a. zu verzinsen. Insoweit verzichtet der Erbe auf die Einrede der Verjährung.

§ 5 Zusicherungen
Der Erbe sichert zu, dass
- das vorgelegte und diesem Vergleich als Anlage 1 beigefügte Bestandsverzeichnis vollständig ist,
- dem Erben keine weiteren Umstände bekannt sind, die für die Höhe des Pflichtteils bzw. dessen Bewertung bedeutend sind,
- ihm keine weiteren, außer den im Bestandsverzeichnis angegebenen Schenkungen im Sinne von § 2325 BGB bekannt sind,
- ihm keine ausgleichspflichtigen Zuwendungen im Sinne von §§ 2316, 2050 ff. BGB bekannt sind,
- er keine anrechenbare Geschenke im Sinne von § 2327 BGB von der Erblasserin erhalten hat,
- er keine anrechnungspflichtigen Zuwendungen im Sinne von § 2315 BGB erhalten hat.

§ 6 Unterwerfung unter die Zwangsvollstreckung
Wegen der Zahlungsverpflichtungen aus dieser Vereinbarung unterwirft sich der Erbe der sofortigen Zwangsvollstreckung.

§ 7 Abgeltung
Mit Erfüllung dieser Vereinbarung sind, vorbehaltlich etwaiger Änderungen gemäß § 4 dieser Vereinbarung, sämtliche wechselseitigen Ansprüche zwischen den Parteien, soweit sie den Nachlass der am ...... verstorbenen ...... betreffen, abgegolten und erledigt.

§ 8 Kosten
Jede Partei trägt die im Zusammenhang mit dieser Vereinbarung und ihrer Vertretung entstandenen Kosten, insbesondere die Kosten der anwaltlichen Vertretung, selbst.

§ 9 Schlussbestimmungen
Sollte eine Bestimmung dieser Vereinbarung unwirksam sein, wird die Wirksamkeit der übrigen Bestimmungen davon nicht berührt. Die Parteien verpflichten sich, anstelle der unwirksamen Bestimmung eine dieser Bestimmungen möglichst nahe kommende wirksame Regelung zu treffen. Mündliche Abreden und Nebenabreden sind nicht getroffen. Änderungen oder Ergänzungen des Vertrages bedürfen zu ihrer Gültigkeit der Schriftform. Dies gilt auch für die Abweichung von dieser Schriftformklausel selbst.

......, den ......   Rechtsanwalt

III. Die prozessuale Geltendmachung von Pflichtteilsansprüchen

1. Die Feststellungsklage gemäß § 256 ZPO

Bereits zu Lebzeiten des zukünftigen Erblassers kann das Recht, den Pflichtteil zu entziehen, Gegenstand einer Feststellungsklage sein.[110] Dies folgt daraus, dass sich die Feststellungsklage gemäß § 256 ZPO auf Feststellung des Bestehens oder Nichtbestehens eines Rechtsverhältnisses richtet und somit auch die Feststellung einzelner Berechtigungen, die Ausfluss des weiter-

---

[110] BGH NJW 1974, 1084 ff.; RGZ 92, 1, 4 ff.

gehenden umfassenden Rechtsverhältnisses sind – vorliegend das Recht, eine Rechtsänderung vorzunehmen, nämlich den Pflichtteil zu entziehen – Gegenstand einer Feststellungsklage sein können. Hingegen kann die Feststellungsklage nicht auf die Feststellung der Wirksamkeit oder Unwirksamkeit einer Willenserklärung oder einer sonstigen Rechtshandlung gerichtet werden, z. B. der Wirksamkeit der Pflichtteilsentziehung.[111] Allerdings ist bei der Auslegung eines mangelhaften Klageantrages ein weiter Maßstab anzulegen. Eine Klage, deren Klageantrag auf die Feststellung der Unwirksamkeit der Pflichtteilsentziehung gerichtet ist, verfolgt nach Auffassung des BGH nur dem Wortlaut nach ein solchermaßen eingeschränktes Rechtsschutzziel. Sie soll daher dahingehend auszulegen sein, dass der Kläger mit einem solchen Klageantrag die positive Feststellung seines Pflichtteilsrechts begehrt.[112] Der Feststellungsklage ist somit die rechtsverbindliche Klärung, ob eine wirksame Pflichtteilsentziehung oder ein wirksamer Pflichtteilsverzicht vorliegt, zugänglich. Allerdings ist bei der Auslegung des Klageantrages der gesamte Sachvortrag des Klägers zu berücksichtigen.

50   Stets bedarf es eines Feststellungsinteresses gemäß § 256 Abs. 1 ZPO. Das Feststellungsinteresse ist dann gegeben, wenn das behauptete Recht des Klägers durch eine gegenwärtige Unsicherheit gefährdet ist und das erstrebte Urteil geeignet ist, diese Gefahr zu beseitigen.[113] Ein Feststellungsinteresse ist demnach dann gegeben, wenn der Beklagte das Recht des Klägers ernsthaft bestreitet. Daher kann der Erblasser stets noch zu Lebzeiten durch eine positive Feststellungsklage klären lassen, ob ihm ein Pflichtteilsentziehungsrecht zusteht.[114] Verstirbt der Erblasser während eines solchen Verfahrens, kann das Feststellungsinteresse entfallen, da sich das rechtliche Interesse des den Rechtsstreit aufnehmenden Erben darauf beschränkt, klären zu lassen, dass der Erblasser wirksam von seinem Entziehungsrecht Gebrauch gemacht hat. Dies setzt voraus, dass der Erblasser das Pflichtteilsentziehungsrecht tatsächlich ausgeübt hat, also eine pflichtteilsentziehende letztwillige Verfügung des Erblassers vorliegt. Ist dies der Fall, so besteht auch ein Feststellungsinteresse des den Rechtsstreit aufnehmenden Erben.[115] Steht hingegen bei Aufnahme des Prozesses durch den Erben nicht fest, ob der Erblasser überhaupt eine enterbende Verfügung von Todes wegen errichtet hat, fehlt es an einem Feststellungsinteresse des Erben.[116] In diesem Fall verbleibt dem pflichtteilsberechtigten Erben lediglich die Möglichkeit, den Rechtsstreit mit einem geänderten Antrag über das Bestehen oder Nichtbestehen eines Pflichtteilsanspruchs fortzuführen.[117]

51   Fraglich ist, ob auch der pflichtteilsberechtigte Abkömmling selbst schon zu Lebzeiten des Erblassers mittels einer Feststellungsklage klären lassen kann, dass diesem ein Pflichtteilsentziehungsrecht nicht zusteht. Hiergegen werden Bedenken erhoben. So sollen Klagen auf Feststellung des Vorliegens oder Nichtvorliegens einer Pflichtteilsberechtigung zu Lebzeiten des Erblassers grundsätzlich nicht zulässig sein.[118] Auch der BGH hat das Interesse des Erblassers an der Klärung der Grenzen seiner alsbald wahrzunehmenden Testierfreiheit höher bewertet, als das Interesse von ungeduldigen Angehörigen an der Feststellung einer Rechtsstellung, die für sie erst nach dem Erbfall rechtliche Folgen haben kann.[119] Andererseits ist das Pflichtteilsrecht ein schon vor dem Erbfall bestehendes und daher feststellungsfähiges Rechtsverhältnis.[120] Ein behauptetes Recht zur Entziehung nach §§ 2323 ff. BGB ist daher als gegenwärtiges Rechtsverhältnis im Sinne von § 256 ZPO anzusehen,[121] sodass auch der künftige Pflichtteilsberechtigte gegen den künftigen Erblasser im Wege der negativen Feststellungsklage jedenfalls dann klären lassen kann, ob dem Erblasser ein Pflichtteilsentziehungsrecht zusteht, wenn der Erblasser vor dem Erbfall das Entziehungsrecht bereits unter

---

[111] BGH NJW 1962, 913; BGH NJW 1990, 911.
[112] BGH NJW 1990, 911, 912.
[113] BGH NJW 1986, 2507.
[114] BGH NJW 1974, 1084.
[115] BGH FamRZ 1990, 146.
[116] BGH FamRZ 1990, 146.
[117] BGH FamRZ 1990, 146, 147 a. E.
[118] MünchKommBGB/*Leipold* § 1922 Rn. 122.
[119] BGH NJW 1990, 911, 912.
[120] BGH NJW 1958, 1964, 1965; BGH NJW 1974, 1084; BGH NJW 1996, 1062, 1063.
[121] MünchKommBGB/*Leipold* § 1922 Rn. 122.

III. Die prozessuale Geltendmachung von Pflichtteilsansprüchen

Bezug auf bestimmte Vorfälle ausgeübt hat.[122] Allerdings kann auch hier das Feststellungsinteresse nach dem Tode des künftigen Erblassers entfallen.[123]

Auch nach dem Tode des Erblassers besteht ein Feststellungsinteresse bzgl. des Bestehens des Pflichtteilsrechts.[124] Der Klageantrag ist nach dem Tode des Erblassers nicht mehr darauf zu richten, festzustellen, ob dem Erblasser ein Entziehungsrecht zustand oder nicht. Vielmehr ist nach dem Tode des Erblassers der Klageantrag auf die Feststellung des Pflichtteilsrechts zu richten. Das Bestehen bzw. Nichtbestehen eines Entziehungsrechts seitens des Erblassers ist lediglich noch Vorfrage für das umfassende Rechtsverhältnis, nämlich das Pflichtteilsrecht an sich.[125] Somit kann das Entziehungsrecht als unselbstständiges Element des Pflichtteilsrechts selbst nicht mehr Gegenstand einer gesonderten Feststellung sein.

Für die Erhebung der Klage ist das Landgericht nach §§ 23 Nr. 1, 71 Abs. 1 GVG sachlich zuständig. Für die örtliche Zuständigkeit gelten die allgemeinen Zuständigkeitsregeln der §§ 12, 13 ZPO. Darüber hinaus gilt der besondere Wahlgerichtsstand der Erbschaft gemäß § 27 ZPO. Danach ist das Gericht zuständig, an dem der Erblasser zur Zeit seines Todes seinen allgemeinen Gerichtsstand gehabt hat (§§ 12 bis 16 ZPO). Im Falle mehrerer Gerichtsstände hat der Kläger gemäß § 35 ZPO ein Wahlrecht. Der Wahlgerichtsstand der Erbschaft gilt gemäß § 27 Abs. 1 ZPO nicht ausschließlich. Der Erbe kann vom Pflichtteilsberechtigten auch an dessen Wohnsitz gemäß §§ 12, 13 ZPO verklagt werden. Der Wahlgerichtsstand der Erbschaft kommt insbesondere im Falle einer Miterbengemeinschaft in Betracht um zu vermeiden, dass mehrere Erben mit unterschiedlichen Wohnsitzen an unterschiedlichen Orten verklagt werden müssen.

Die Höhe des Streitwertes richtet sich nach § 3 ZPO. Maßgeblich ist das Interesse an der Feststellung. Der Streitwert einer Feststellungsklage beträgt zwischen 50% und 80% des Streitwerts einer Leistungsklage; bei einer positiven Feststellungsklage kommt eher ein Abschlag von 20% gegenüber dem Wert einer entsprechenden Leistungsklage in Betracht.[126] Dies gilt auch dann, wenn der Kläger damit rechnen kann, dass sein Gegner auf ein Feststellungsurteil hin freiwillig zahlen werde.

Muster einer Feststellungsklage auf Bestehen eines Pflichtteils:

An das
Landgericht ......

K l a g e

des ......

– Kläger –

Prozessbevollmächtigte: Rechtsanwalt ......

gegen

Frau ......

– Beklagte –

Prozessbevollmächtigter: Rechtsanwalt ......
wegen Feststellung des Pflichtteilsrechts
vorläufiger Streitwert: € ......
Namens und in Vollmacht des Klägers erhebe ich

Klage

und werde beantragen zu erkennen:
1. Es wird festgestellt, dass dem Kläger ein Pflichtteilsrecht nach seinem Vater gegen die Beklagte zusteht.
2. Die Kosten des Rechtsstreits trägt die Beklagte.

---

[122] BGH NJW 2004, 1874.
[123] BGH NJW-RR 1993, 391 = FamRZ 1993, 689.
[124] BGH NJW-RR 1993, 391.
[125] BGH NJW-RR 1993, 391.
[126] Zöller/*Herget* ZPO, § 3 Rn. 16, Stichwort Feststellungsklage.

> **Begründung:**
> Der Kläger ist der Sohn des am 14. 3. 2008 in Karlsruhe verstorbenen Erblassers Fritz Müller. Die Beklagte ist dessen Tochter. Die Mutter der Parteien ist vorverstorben. Der Erblasser hat mit der Beklagten am 20. 6. 2006 einen Erbvertrag geschlossen und sie zu seiner Alleinerbin bestimmt. Im Erbvertrag erklärte der Erblasser ferner die Pflichtteilsentziehung zulasten des Klägers, und verwies darauf, dass ihn der Kläger mehrfach im Streit am 11. 9. 2005 immer wieder mit der flachen Hand gegen die Brust gestoßen habe.
> Der Kläger bestreitet die Vorwürfe. Im Übrigen wäre ein solches Verhalten des Klägers, so es denn vorgelegen haben sollte, nicht geeignet, eine Pflichtteilsentziehung gemäß § 2333 Abs. 1 Nr. 2 BGB zu begründen. Allein der Stoß mit der flachen Hand gegen die Brust des Erblassers stellt kein Verbrechen oder ein schweres vorsätzliches Vergehen im Sinne der vorgenannten Vorschrift dar. Der Kläger hat daher gegenüber der Beklagten seinen Pflichtteil mit Schreiben vom 1. 5. 2008 geltend gemacht.
> *Beweis:* Schreiben des Klägers vom 1. 5. 2008, **Anlage K 1**
> Die Beklagte hat sich daraufhin mit Schreiben vom 15. 5. 2008 auf die wirksame Pflichtteilsentziehung des Pflichtteils des Klägers durch den Erblasser im vorgenannten Erbvertrag berufen und die Zahlung des geltend gemachten Pflichtteilsbetrages verweigert.
> *Beweis:* Schreiben der Beklagten vom 15. 5. 2008, **Anlage K 2**
> Dem Kläger steht somit ein Feststellungsinteresse zur Seite. Der Kläger kann hier zunächst seine Pflichtteilsberechtigung feststellen lassen.
>
> Rechtsanwalt

2. Die Auskunftsklage gemäß § 2314 BGB

56 Die gerichtliche Geltendmachung des Pflichtteilsanspruchs des Pflichtteilsberechtigten beginnt in der Regel mit der Erhebung einer Auskunftsklage gemäß § 2314 Abs. 1 S. 1 BGB bzw. einer Rechnungslegungsklage auf Wertermittlung gemäß § 2314 Abs. 1 S. 2 BGB. Die gerichtliche Geltendmachung des Auskunfts- bzw. Wertermittlungsanspruchs des Pflichtteilsberechtigten kann entweder isoliert oder aber als Stufenklage gemäß § 254 ZPO erfolgen.[127] Der Geltendmachung des Auskunfts- bzw. Wertermittlungsanspruchs des Pflichtteilsberechtigten kommt jedenfalls in beiden Formen erhebliche praktische Bedeutung zu.

57 Die Erhebung einer isolierten Auskunftsklage kommt dann in Betracht, wenn der Pflichtteilsberechtigte überhaupt keine Kenntnis über den Bestand des Nachlasses hat und er folglich auch nicht beurteilen kann, ob überhaupt ein aktiver Nachlassbestand vorhanden ist, aufgrund dessen sich ein Zahlungsanspruch gegen den Erben ergeben würde. In einem solchen Fall ist die isolierte Auskunftsklage der Stufenklage wegen deren geringeren Kostenrisikos vorzuziehen. Ergibt die erteilte Auskunft, dass wegen eines fehlenden Aktivnachlassbestandes ein Pflichtteilsanspruch nicht besteht und ist der Erbe zunächst der außergerichtlichen Aufforderung zur Erteilung der Auskunft nicht nachgekommen, so hat der Erbe die Kosten zu tragen. Hat hingegen der Kläger versäumt, den Auskunftsanspruch zunächst außergerichtlich geltend zu machen und erfolgt nach einer klageweisen Geltendmachung desselben seitens des Beklagten ein sofortiges Anerkenntnis des Auskunftsanspruchs, so treffen den Erben gemäß § 93 ZPO die Kosten. Die gerichtliche Geltendmachung des Auskunftsanspruchs gebietet daher stets die außergerichtliche Inanspruchnahme des Erben auf Auskunftserteilung.

58 Bei der Auskunftsklage bereitet häufig die Formulierung des Klageantrags im Hinblick auf dessen Bestimmtheit gemäß § 253 Abs. 2 Nr. 2 ZPO Schwierigkeiten. Diese sollte bereits im Hinblick auf eine spätere Vollstreckung möglichst konkret gehalten werden. Ggf. ist eine Auslegung des Klageantrags unter Heranziehung der Klagebegründung gemäß § 133 BGB erforderlich.[128] In der Regel wird sich der Klageantrag auf Erteilung der Auskunft über sämtliche zum Nachlass gehörenden Aktiva und Passiva sowie Schenkungen des Erblassers an Dritte in ergänzungserheblicher Zeit gemäß § 2325 BGB nebst ausgleichspflichtigen Zu-

---
[127] Siehe hierzu im Folgenden unter Rn. 67 ff.
[128] BGH NJW-RR 1998, 1005.

III. Die prozessuale Geltendmachung von Pflichtteilsansprüchen

wendungen gemäß §§ 2316, 2050 ff. BGB richten. Zu den Aktiva, über die Auskunft zu erteilen ist, zählen in der Regel Betriebsvermögen, Grundvermögen, sonstiges Vermögen wie Wertpapiere, Genussscheine, Bankguthaben, Forderungen, Ansprüche aus Lebens-, Kapital- und Rentenversicherungen, Angaben über Edelmetalle, Edelsteine, Perlen, Schmuck, Kunstgegenstände sowie über sonstige Haushaltsgegenstände und Fahrzeuge. Die auskunftspflichtigen Passiva umfassen Verbindlichkeiten, insbesondere Darlehens- und Steuerschulden, Hypotheken, Grundschulden, Bürgschaften, Beerdigungskosten und Gerichtskosten für die Eröffnung des Testaments. Es empfiehlt sich dabei im Einzelnen die Unterlagen zu bezeichnen, auf die sich der Auskunftsanspruch bezieht, so z.B. Konto- und Depotsauszüge, Bilanzen, Gewinn- und Verlustrechnungen, Grundbuchauszüge, Gesellschaftssatzungen, Eheverträge usw. Ist der Pflichtteilsberechtigte nicht in der Lage, diese Urkunden genau zu bezeichnen, so kann er zunächst allgemein auf Auskunft klagen und im Vollstreckungsverfahren sodann die Urkunden genauer bezeichnen.

Formulierungsmuster Klageantrag:

Namens und in Vollmacht des Klägers erheben wir

Klage

und werden beantragen den Beklagten zu verurteilen:
1. a) Auskunft über den Bestand und Wert des Nachlasses des am ...... in ...... verstorbenen Erblassers zum Stichtag ...... zu erteilen und zwar durch Vorlage eines durch einen Notar aufgenommenen Verzeichnisses, das im Einzelnen umfasst:
   - Alle im Erbfall vorhandenen Sachen und Forderungen (Aktiva des Nachlasses).
   - Aller ergänzungspflichtigen Schenkungen, die der Erblasser zu seinen Lebzeiten getätigt hat.
   - Alle unter Abkömmlingen ausgleichspflichtigen Zuwendungen gemäß §§ 2050 ff. BGB, die der Erblasser zu Lebzeiten an seine Abkömmlinge getätigt hat.
   - Den Güterstand, in dem der Erblasser verheiratet gewesen ist.
   b) Den Wert des einzelkaufmännischen Unternehmens durch Sachverständigengutachten zu ermitteln.

Ggf. kommt auch die Anordnung der Urkundenvorlegung durch das Gericht unter Fristsetzung gemäß § 142 ZPO in Betracht.

Der Auskunftsanspruch und somit das Rechtsschutzbedürfnis für die Auskunftsklage kann entfallen, wenn der Hauptanspruch, den dieser vorbereitet, nicht mehr besteht, so z.B., weil der Pflichtteilsanspruch des Klägers verjährt ist.[129] Die zu erfüllende Auskunftspflicht kann sich gemäß § 259 Abs. 1 BGB auch auf die Vorlage von Belegen erstrecken, so in allen Fällen, in denen eine Herausgabepflicht des Beauftragten gemäß § 667 BGB an den Auftraggeber nach Auftragsrecht besteht. In diesen Fällen sind Urkunden, Unterlagen und Belege, die die Beauftragte im Zusammenhang mit der Erledigung des Auftrags erlangt hat, herauszugeben.[130] Gehört ein Unternehmen zum Nachlass, so umfasst die Pflicht zur Vorlage von Belegen die Herausgabe von Bilanzen und ähnlicher Unterlagen, ohne deren Kenntnis dem Pflichtteilsberechtigten die Beurteilung des Unternehmenswertes nicht möglich wäre.[131]

Nach Aufhebung der erbrechtlichen Sonderverjährung gemäß § 197 Abs. 1 Nr. 2 BGB a.F. verjährt der erbrechtliche Auskunftsanspruch nunmehr auch innerhalb der regelmäßigen Verjährungsfrist von 3 Jahren nach § 195 BGB.[132] Ist der Hauptanspruch, also der Pflichtteilsanspruch, verjährt, so besteht auch der Auskunftsanspruch nicht mehr.[133] Allerdings kann die Verjährung des Auskunftsanspruchs gemäß § 204 BGB gehemmt sein. In Bezug auf die Geltendmachung des Pflichtteilsanspruchs ist hier insbesondere § 207 Abs. 1

---
[129] Vgl. BGH FamRZ 1983, 473 = NJW 1983, 1429.
[130] BGH NJW 1988, 2607.
[131] BGH NJW 1961, 602, 604 = BGHZ 31, 373, 378.
[132] Vgl. zu den Übergangsvorschriften bei der Verjährung Art. 229 EGBGB.
[133] BGH NJW 1990, 180; BGH NJW 1988, 2389.

Ziff. 2 BGB zu beachten. Nach § 207 BGB n. F. erfolgt die Hemmung der Verjährung nun bis zur Vollendung des 21. Lebensjahres des Kindes. Die Verjährung tritt gemäß § 210 Abs. 1 BGB in diesem Fall nicht vor Ablauf von 6 Monaten nach Eintritt der Volljährigkeit des minderjährigen Pflichtteilsberechtigten ein.

62 Wie bisher ist darauf zu achten, dass allein die Erhebung der Auskunfts- bzw. der Rechnungslegungsklage auf Wertermittlung die Verjährung des Pflichtteilsanspruchs, die sich nunmehr nach §§ 195, 199 Abs. 1 BGB bestimmt, nicht unterbricht. Die Verjährungsunterbrechung erfordert die Erhebung einer Leistungsklage auf Zahlung des Pflichtteils bzw. die Erhebung einer Stufenklage die neben dem Auskunftsbegehren auch bereits einen unbezifferten Leistungsantrag enthält.[134] Der Streitwert des Auskunftsanspruchs richtet sich nach dem Auskunftsinteresse des Pflichtteilsberechtigten. Dieses ist mit einer Quote des Wertes des Leistungsanspruchs zu bestimmen, die in der Regel zwischen $^1/_{10}$ und ¼ bemessen wird und umso höher anzusetzen ist, je geringer die Kenntnis des Pflichtteilsberechtigten und sein Wissen über die zur Begründung des Leistungsanspruchs maßgeblichen Tatsachen sind.[135] Für die Berufung eines zur Auskunftserteilung verurteilten Beklagten ist für den Wert der Beschwer nicht das Interesse des Klägers maßgeblich, sondern das Abwehrinteresse des Beklagten, die Auskunft nicht erteilen zu müssen.[136] Das Abwehrinteresse bewertet sich – in der Regel – nach dem geldwerten Aufwand an Zeit und Kosten, der zur Erteilung der geschuldeten Auskunft erforderlich ist.[137] Dasselbe gilt für die Verurteilung zur Rechnungslegung.[138] Des Weiteren kann das Interesse der verurteilten Partei an der Geheimhaltung der zu offenbarenden Verhältnisse für die Bemessung des Rechtsmittelinteresses erheblich sein.[139] Ein Interesse des Beklagten, die Durchsetzung des Leistungsanspruchs, die die Leistungsklage vorbereitet, zu verhindern oder zu erschweren, bleibt hingegen außer Betracht.[140]

3. Die Klage auf Wertermittlung

63 Der Pflichtteilsberechtigte kann nach § 2314 Abs. 1 S. 2 BGB verlangen, dass der Wert der Nachlassgegenstände ermittelt wird. Dieser Wertermittlungsanspruch ist vom Auskunftsanspruch gemäß § 2314 Abs. 1 S. 1 BGB zu unterscheiden. Der Wertermittlungsanspruch kann daher sowohl allein im Wege der Leistungsklage, als auch gemäß § 254 ZPO als Stufenklage in Verbindung mit Auskunfts- bzw. Leistungsansprüchen geltend gemacht werden.[141] In der Praxis wird der Wertermittlungsanspruch in der Regel mit dem Auskunftsanspruch verbunden. Allerdings kommt eine getrennte Geltendmachung dann in Betracht, wenn es um die Wertfeststellung einzelner Nachlassgegenstände geht bzw. es auf die Berücksichtigung deren Wertes für die Berechnung des Wertes des Pflichtteils ankommt.

64 Auskunftsverpflichteter des Wertermittlungsanspruchs ist der Erbe. Allerdings kann sich der Wertermittlungsanspruch auch gegen den Beschenkten richten. Sowohl der pflichtteilsberechtigte Nichterbe, als auch der pflichtteilsberechtigte Erbe können einen entsprechenden Anspruch auf Wertermittlung aus § 242 BGB haben. Allerdings kann die Wertermittlung nicht auf Kosten des Beschenkten verlangt werden, die Kosten hat vielmehr der Pflichtteilsberechtigte zu tragen.[142] Einem solchen Auskunftsanspruch gegen den Beschenkten steht nicht schon entgegen, dass der Pflichtteilsberechtigte alle pflichtteilsrelevanten Schenkungen kennt, da er selbst dann mangels Kenntnis des Wertes der einzelnen Zuwendungen den Wert des ihm zustehenden Pflichtteilsergänzungsanspruchs nicht bemessen kann.[143]

65 Der Wertermittlungsanspruch verpflichtet den Erben, den Wert der Nachlassgegenstände einschließlich derjenigen, die dem realen Nachlass hinzuzurechnen sind, zu ermitteln. Der

---

[134] Vgl. im Folgenden unter Rn. 67.
[135] BGH ZEV 2006, 265.
[136] BGH NJW 1995, 664; FamRZ 1999, 649; MDR 1999, 1082; *Mayer/Krois*, Rn. 120.
[137] BGH NJW-RR 2001, 210.
[138] *Mayer/Kroiß*, RVG Anhang I Rn. 120.
[139] *Mayer/Kroiß*, RVG Anhang I Rn. 120.
[140] BGH FamRZ 2003, 597.
[141] Vgl. hierzu im Folgenden unter Rn. 67.
[142] BGH NJW 1989, 2887; BGH NJW 1990, 180.
[143] BGH NJW 1990, 180.

III. Die prozessuale Geltendmachung von Pflichtteilsansprüchen

Erbe hat eine solche Ermittlung mittels der Erstellung eines Gutachtens eines unparteiischen Sachverständigen zu veranlassen bzw. zu dulden.[144] Allerdings kann der Anspruchsverpflichtete den Sachverständigen selbst auswählen und den Gutachterauftrag vergeben. Der Sachverständige muss weder öffentlich bestellt, noch vereidigt sein.[145] Der Wertermittlungsanspruch umfasst auch die Verpflichtung, alle Unterlagen vorzulegen, die für die konkrete Wertberechnung erforderlich sind, soweit diese nicht schon im Rahmen des Auskunftsverlangens offenbart wurden. Zur Bewertung eines Unternehmens hat der Verpflichtete alle Geschäftsunterlagen der letzten fünf Jahre vorzulegen, auch dann, wenn er diesbezüglich ein von ihm eingeholtes Wertermittlungsgutachten vorlegt.[146]

Für die Geltendmachung des Wertermittlungsanspruchs hat der Pflichtteilsberechtigte im Bestreitensfalle darzulegen und zu beweisen, dass der zu bewertende Gegenstand zum Nachlass gehört.[147] Erstreckt sich der Wertermittlungsanspruch auch auf ergänzungspflichtige Schenkungen gemäß § 2325 BGB, so umfasst die Darlegungs- und Beweislast des Pflichtteilsberechtigten auch die Ergänzungserheblichkeit der Schenkung.[148] Bei Grundstücksschenkungen umfasst der Wertermittlungsanspruch wegen des Niederstwertprinzips sowohl die Wertermittlung auf den Zeitpunkt der Schenkung als auch auf den Todeszeitpunkt des Erblassers.

Ebenso wenig wie die isolierte Auskunftsklage hemmt die klageweise Geltendmachung des Wertermittlungsanspruchs die Verjährungsfrist des Pflichtteils- bzw. des Pflichtteilsergänzungsanspruchs nicht. Hierfür ist die Erhebung einer Stufenklage mit einem unbezifferten Leistungsantrag bzw. einer Leistungsklage auf Zahlung des Pflichtteils erforderlich.[149] Zur Vermeidung der Kostenfolge eines Anerkenntnisses gemäß § 93 ZPO sollte zunächst die außergerichtliche Aufforderung zur Wertermittlung an den Erben der klageweisen Geltendmachung des Anspruchs vorangehen.

Muster: Klageantrag auf Wertermittlung

Namens und in Vollmacht des Klägers erheben wir

Klage

und werden beantragen:
1. Den Wert des im Grundbuch von ……, Blatt …… eingetragenen Grundstücks sowie
2. den Wert des eingetragenen kaufmännischen Unternehmens ……, eingetragen im Handelsregister des Amtsgerichts …… unter ……
   durch Vorlage des Sachverständigengutachtens zu ermitteln.
3. Die Kosten des Rechtsstreits trägt die Beklagte.

Ebenso wie bei der Auskunftsklage ist der Streitwert der Wertermittlungsklage gemäß § 3 ZPO zu schätzen. In Ansatz zu bringen ist hier ein Bruchteil des vorbereitenden Zahlungsanspruchs in Höhe von 1/4 bis 1/10. Die Höhe des Interesses hängt davon ab, in welchem Maße der Kläger den Zahlungsanspruch ohne die Wertermittlung durchsetzen kann. Je geringer die Kenntnisse des Klägers und sein Wissen über die zur Begründung des Leistungsanspruchs maßgeblichen Tatsachen sind, desto höher ist dessen Interesse zu bewerten.[150]

4. Die Leistungsklage auf Zahlung des Pflichtteils

Ist dem Pflichtteilsberechtigten der Umfang des Nachlasses dem Grunde nach bekannt, so z. B., wenn der Erbe Auskunft über diesen erteilt hat, jedoch zwischen den Parteien der Wert einzelner Nachlassgegenstände noch im Streit steht, kann der Berechtigte entweder gemäß § 2314 Abs. 1 S. 2 BGB den ihm zustehenden Wertermittlungsanspruch klageweise geltend

---

[144] BGH NJW 1984, 488.
[145] OLG Düsseldorf ZEV 1996, 431.
[146] OLG Köln ZEV 1999, 110, 112.
[147] BGH NJW 1952, 1173.
[148] BGH NJW 1984, 487; BGH NJW 1993, 2737.
[149] Vgl. Rn. 70 und 74.
[150] Vgl. auch Rn. 183.

machen[151] oder soweit die Werte im Wesentlichen bekannt sind, sofort Zahlungsklage auf Zahlung des Pflichtteils erheben. Der Vorteil der Leistungsklage liegt darin, dass deren Erhebung im Gegensatz zur Geltendmachung des Wertermittlungsanspruchs die Verjährung des Pflichtteilsanspruchs gemäß § 2332 BGB hemmt. Die Leistungsklage kann sich sowohl auf den Pflichtteilsanspruch gemäß § 2303 BGB als auch auf den Pflichtteilsergänzungsanspruch als selbstständigen außerordentlichen Pflichtteilsanspruch gemäß § 2325 BGB beziehen.[152] Die Leistungsklage richtet sich grundsätzlich gegen den Erben bzw. im Falle der Erbengemeinschaft gegen jeden einzelnen Miterben. Zwischen den Miterben besteht keine notwendige Streitgenossenschaft, sodass im Prozess die weiteren Miterben ggf. als Zeugen zur Verfügung stehen können. Ist die Miterbenstellung in Streit, so z. B. im Falle einer auslegungsbedürftigen letztwilligen Verfügung, kann der Pflichtteilsberechtigte die Klage zunächst auf Feststellung der Miterbenstellung richten und hilfsweise eine Leistungsklage auf den Pflichtteilsanspruch erheben.[153]

71 Die Leistungsklage ist gemäß § 27 Abs. 1 ZPO bei dem Gericht zu erheben, an dem der Erblasser zum Zeitpunkt des Todes seinen allgemeinen Gerichtsstand hatte. Hierbei handelt es sich in der Regel um den letzten Wohnsitz (§ 13 ZPO). Im Falle, dass der Erblasser nicht mehr im Inland wohnt, ist gemäß § 27 Abs. 2 ZPO das Gericht für die Klageerhebung zuständig, in dessen Bezirk der Erblasser seinen letzten inländischen Wohnsitz hatte.

Muster: Klageantrag Leistungsklage

72 Namens und in Vollmacht des Klägers erheben wir

Klage

und werden beantragen:
1. Der Beklagte wird verurteilt, an den Kläger einen Betrag in Höhe von € ...... zzgl. 5%-Punkte Zinsen über dem Basiszinssatz seit Rechtshängigkeit zu zahlen.
2. Die Kosten des Rechtsstreits trägt der Beklagte.

73 Bei dem Pflichtteilsanspruch handelt es sich um einen reinen Geldanspruch, sodass eine Zahlungsklage zu erheben ist. Dies schließt jedoch nicht aus, dass der Pflichtteilsanspruch, soweit Einvernehmen zwischen den Parteien besteht, auch durch die Hingabe von Nachlassgegenständen erfüllt werden kann. Als Geldanspruch ist der Pflichtteilsanspruch vom Eintritt der Rechtshängigkeit (§ 291 BGB) oder des Verzugs (§ 288 BGB) zu verzinsen. Als Geldanspruch kann der Pflichtteilsanspruch auch im Mahnverfahren gemäß § 688 ZPO geltend gemacht werden.

5. Die Stufenklage gem. § 254 ZPO

74 Prozessual wird der Pflichtteilsberechtigte zur Durchsetzung seines Pflichtteilsanspruchs in der Regel nicht allein die Leistungsklage wählen, sondern auf die Stufenklage gemäß § 254 ZPO zurückgreifen. Die Stufenklage kommt immer dann in Betracht, wenn der Pflichtteilsberechtigte keine oder nur eine unzureichende Kenntnis über den Bestand des Nachlasses hat und zur Ermittlung des Nachlassbestandes der Auskunftserteilung durch den Erben bzw. den Miterben bedarf. In einem solchen Fall ist die Stufenklage immer dann die erste Wahl, wenn wegen drohenden Ablaufs der Verjährungsfrist nicht mehr genügend Zeit verbleibt, den Erben zunächst außergerichtlich bzw. gerichtlich lediglich auf Auskunft in Anspruch zu nehmen. Die Stufenklage bietet hier im Gegensatz zur isolierten prozessualen Geltendmachung des Auskunftsanspruchs den Vorteil, dass mit Erhebung der Stufenklage auch der Klageantrag der dritten Stufe, d.h. der unbezifferte Leistungsantrag sofort rechtshängig wird und die Stufenklage somit im Gegensatz zur Auskunftsklage die Verjährung des

---
[151] Vgl. Rn. 56.
[152] Vgl. hierzu im Folgenden Rn. 77.
[153] BGH NJW 1981, 1732.

III. Die prozessuale Geltendmachung von Pflichtteilsansprüchen

Pflichtteilsanspruchs hemmt.[154] Der Nachteil der Stufenklage liegt allerdings darin, dass sie prozessual schwerfälliger ist. So setzt der Übergang von einer Stufe in die nächste voraus, dass die Stufe rechtskräftig abgeschlossen ist. Zudem kann sie mit dem höheren Kostenrisiko verbunden sein. Problematisch sind hier Fälle, in denen der Pflichtteilsberechtigte selbst nicht weiß, ob überhaupt ein aktiver Nachlassbestand besteht. Hier ist vor Erhebung der Stufenklage der Auskunftsanspruch stets außergerichtlich geltend zu machen. Kommt der Erbe der Aufforderung zur Auskunftserteilung dann nicht nach, so trifft ihn die Kostentragungspflicht. Wurde hingegen vor Klageerhebung der Auskunftsanspruch nicht außergerichtlich geltend gemacht und erkennt der Erbe den Auskunftsanspruch sofort an, treffen den Pflichtteilsberechtigten gemäß § 91 a ZPO analog die Kosten.[155] Besteht in diesen Fällen also keine Verjährungsproblematik, empfiehlt es sich, der Auskunftsklage den Vorrang zu geben. Allerdings ist auch zu bedenken, dass die isolierte Erhebung der Auskunftsklage verbunden mit einer etwaigen späteren gesonderten Leistungsklage wegen der jeweils gesonderten Gegenstandswerte zu höheren Prozesskosten führt.

Die Stufenklage gliedert sich in drei prozessual selbstständige Stufen. Die erste Stufe umfasst den Auskunftsantrag betreffend den Nachlassbestand (§§ 2314, 260 BGB), die zweite Stufe den Anspruch auf Abgabe der eidesstattlichen Versicherung (§ 260 Abs. 2 BGB), die dritte Stufe richtet sich auf die Zahlung des Pflichtteilsbetrages aus dem Nachlass. Der Zahlungsanspruch wird zunächst als unbezifferter Leistungsantrag (vgl. § 253 Abs. 2 Nr. 2 ZPO) in der sich später ergebenden Höhe rechtshängig.[156] Allerdings ist der Leistungsanspruch nach Erteilung der Auskunft bzw. ggf. einer Wertermittlung unter Abgabe der eidesstattlichen Versicherung seitens des Klägers zu beziffern. Andernfalls ist die Klage als unzulässig abzuweisen.[157] Da die Stufenklage einen Sonderfall der objektiven Klagehäufung (§ 260 ZPO) darstellt, bei dem ein unbezifferter Leistungsanspruch mit Hilfsansprüchen (Auskunft, Wertermittlung) verbunden wird, führt die Erfüllung der Hilfsansprüche auch zur Beendigung der Verjährungshemmung gemäß § 204 Abs. 1 Nr. 1 BGB. Allerdings tritt die Beendigung der Verjährungshemmung nicht sofort mit Erfüllung der Hilfsansprüche ein; vielmehr ist dem Kläger insoweit eine angemessene Frist zur Überprüfung und Auswertung der erlangten Ergebnisse zuzugestehen.[158] Mit Bezifferung des Leistungsantrags bleibt die Verjährungshemmung im Umfang der konkret bezifferten Höhe des Pflichtteilsanspruchs erhalten.

Prozessual ist jede Stufe der Stufenklage selbstständig zu behandeln. Die mündliche Verhandlung hat sich daher zunächst auf den Auskunftsanspruch zu erstrecken. Hierüber ist nach entsprechender Antragstellung durch Teilurteil zu entscheiden. Gleiches gilt für den Anspruch auf Abgabe der eidesstattlichen Versicherung sowie den Zahlungsanspruch, wobei über letzteren durch Schlussurteil zu entscheiden ist. Die in jeder Stufe erlassenen Teilurteile sind berufungsfähig, soweit die Berufungsvoraussetzungen gegeben sind. Die Entscheidungsbefugnis der Berufungsinstanz ist dabei auf die einzelnen Teilurteile beschränkt.[159] Bis zur Rechtskraft des Teilurteils ist der Rechtsstreit unterbrochen. Es bedarf daher eines gesonderten Antrags zur Fortsetzung des Verfahrens.[160]

Es empfiehlt sich, den Auskunftsantrag möglichst präzise zu formulieren, um ggf. auch später vollstrecken zu können. In der Regel wird der Pflichtteilsberechtigte daher Auskunftserteilung durch Vorlage eines Bestandsverzeichnisses, ggf. auch eines notariellen, fordern. Der Inhalt eines solchen, seitens des Verpflichteten vorzulegenden Bestandsverzeichnisses umfasst nach der Rechtsprechung des BGH die Auskunftserteilung über die Aktiva und Passiva des Nachlasses sowie über alle ergänzungserheblichen Schenkungen gemäß § 2325 BGB, die in den so genannten fiktiven Nachlass fallen könnten. Zudem ist Auskunft zu erteilen über ausgleichspflichtige Zuwendungen gemäß §§ 2316, 2050 ff. BGB. Die Aus-

---

[154] BGH NJW-RR 1995, 513.
[155] BGH NJW 1994, 2895.
[156] BGH NJW-RR 1995, 513.
[157] OLG Köln, NJW 1973, 1848.
[158] BGH NJW 1992, 2563.
[159] BGH NJW 1995, 2229.
[160] OLG Karlsruhe FamRZ 1997, 1224.

kunft hat sich auf Verlangen auch auf Pflicht- und Anstandsschenkungen (§ 2330 BGB) zu erstrecken.

Muster eines Auskunftsantrags:

78 Namens und in Vollmacht des Klägers erheben wir

Klage

und werden beantragen, den Beklagten im Wege der Stufenklage zu verurteilen:
1. Auskunft über den Bestand des Nachlasses des am ...... verstorbenen ...... (nachfolgend: Erblasser) zu erteilen, und zwar durch Vorlage eines notariellen Verzeichnisses, das sich im Einzelnen erstreckt auf:
   - alle beim Erbfall vorhandenen Sachen und Forderungen (Aktiva);
   - alle beim Erbfall vorhandenen Nachlassverbindlichkeiten (Passiva);
   - alle ergänzungspflichtigen Schenkungen, die der Erblasser zu seinen Lebzeiten getätigt hat;
   - alle unter Abkömmlingen ausgleichspflichtigen Zuwendungen gemäß §§ 2050 ff. BGB, die der Erblasser zu Lebzeiten an seine Abkömmlinge getätigt hat;
   - den Güterstand, in dem der Erblasser verheiratet gewesen ist.

79 Prozessual erforderlich ist eine solche Antragsfassung an sich nicht. So kann aus prozessökonomischen Gründen auf eine genaue Umschreibung einzelner Erfüllungshandlungen bzgl. der Auskunftsverpflichtung verzichtet werden. Grundsätzlich genügt es auch, lediglich auf Auskunft zu klagen und im anschließenden Vollstreckungsverfahren die geforderte Leistung, also das Auskunftsbegehren gemäß vorstehenden Ausführungen zu präzisieren. Die Vollstreckung der Auskunftsverpflichtung erfolgt, da es sich bei dieser um eine unvertretbare Handlung handelt, gemäß § 888 ZPO. Die Vollstreckung der Auskunftserteilung erfolgt also durch Fristsetzung zur Erbringung der Auskunft unter Androhung von Zwangsgeld oder Zwangshaft. Zuständig für das Vollstreckungsverfahren ist gemäß § 888 Abs. 1 S. 1 ZPO das Prozessgericht I. Instanz.

80 Zeichnet sich ab, dass mit einer weiteren Auskunftserteilung nicht zu rechnen ist und hat der Kläger Grund zur Annahme, dass die Auskunftserteilung nicht mit der erforderlichen Sorgfalt erfolgte, kann er gemäß §§ 259 Abs. 2, 260 Abs. 2 BGB die Abgabe der eidesstattlichen Versicherung verlangen. Es empfiehlt sich, den entsprechenden Antrag stets als bedingten Hilfsantrag zu stellen, um so ggf. nach ordnungsgemäßer Erfüllung des Auskunftsanspruchs sofort den Leistungsantrag beziffern zu können. Würde hingegen der Antrag auf Abgabe der eidesstattlichen Versicherung unbedingt gestellt, wäre dieser im Falle der ordnungsgemäßen Erfüllung des Auskunftsverlangens als unbegründet abzuweisen, da in diesem Fall aufgrund dessen prozessualer Selbstständigkeit gem. § 128 Abs. 1 ZPO über den Antrag gesondert mündlich zu verhandeln und zu entscheiden ist.[161] Es obliegt dem Kläger, Anhaltspunkte darzulegen und ggf. unter Beweis zu stellen, aus denen sich ergibt, dass das vorgelegte Nachlassverzeichnis bzw. die erteilte Auskunft der erforderlichen Sorgfalt ermangelt. Wurde der Antrag auf Abgabe einer eidesstattlichen Versicherung lediglich als Hilfsantrag gestellt, so stellt die Begründung dieses Antrags in der zweiten Stufe eine nachträgliche objektive Klagehäufung dar, die als sachdienlich anzusehen ist.

Formulierungsvorschlag: Antrag auf Abgabe der eidesstattlichen Versicherung, bedingter Hilfsantrag

81 ...... und beantragen:
2. Für den Fall, dass das Verzeichnis nicht mit der erforderlichen Sorgfalt errichtet worden sein sollte, zu Protokoll an Eides statt zu versichern, dass er den Bestand des Nachlasses vollständig und richtig angegeben hat, als er dazu in der Lage ist.

---

[161] BGH FamRZ 1996, 1070.

Formulierungsvorschlag: unbedingter Antrag auf Abgabe der eidesstattlichen Versicherung
Wir stellen nunmehr nach erfolgter Auskunftserteilung den Klageantrag Ziff. 2. und beantragen zu erkennen:
Den Beklagten zu verurteilen zu Protokoll des Gerichts an Eides statt zu versichern, dass er den Nachlassbestand gemäß dem am ...... vorgelegten Bestandsverzeichnis nach bestem Wissen so vollständig und richtig angegeben hat, wie er dazu in der Lage war.

82

Bei der Stufenklage ist der Zuständigkeits- und der Gebührenstreitwert zu unterscheiden. Der Gegenstandswert der Auskunftsklage ist, da im Regelfall der Kläger den Zahlungsanspruch zum Zeitpunkt der Klageerhebung nicht beziffern kann, gemäß § 3 ZPO zu schätzen. Er bemisst sich nach dem Interesse des Klägers, wobei eine objektive Bewertung anhand des Sachvortrages des Klägers vorzunehmen ist. Der Gegenstandswert der Auskunftsklage beträgt in der Regel $1/10$ bis ¼ des Zahlungsanspruchs, wobei dieser desto höher anzusetzen ist, je geringer die Kenntnis des Pflichtteilsberechtigten und sein Wissen über die zur Begründung des Leistungsanspruchs maßgeblichen Tatsachen sind.[162] Ist unklar, ob überhaupt ein Nachlass vorhanden ist, ist der Wert des Streitgegenstandes nach dem Betrag festzusetzen, den der Kläger zur Grundlage seines Kostenvorschusses gemacht hat.[163] Gemäß § 5 ZPO sind für den Zuständigkeitsstreitwert die Werte aller Stufen zu addieren. Dabei ergibt sich für den Antrag auf Abgabe der eidesstattlichen Versicherung der Streitwert nach dem zu erwartenden Zusatzwert, der sich aus der Abgabe derselben ergibt.

83

6. Die Pflichtteilsergänzungsklage gegen den Erben gemäß § 2325 BGB

Der Pflichtteilsergänzungsanspruch schützt als selbstständiger, außerordentlicher Pflichtteilsanspruch[164] den Pflichtteilsberechtigten vor einer Verminderung seines ordentlichen Pflichtteils durch Schenkungen des Erblassers an Dritte. Zwar verhindert er solche Schenkungen nicht, jedoch führt der Pflichtteilsergänzungsanspruch grundsätzlich dazu, dass der Wert der lebzeitigen Schenkungen dem Wert des Nachlasses zum Zeitpunkt des Erbfalls hinzugerechnet wird, so dass der Gesamtpflichtteil des Berechtigten (ordentlicher Pflichtteil + Pflichtteilsergänzung) unter Zugrundelegung dieses fiktiven Nachlasswertes errechnet wird. Der Pflichtteilsergänzungsanspruch richtet sich grundsätzlich gegen den Erben; eine Inanspruchnahme des Beschenkten kommt nur dann in Betracht, wenn eine Inanspruchnahme des Erben ausscheidet. Dabei kommt es nie darauf an, ob der in Anspruch genommene Erbe selbst vom Erblasser lebzeitige schenkungsweise Zuwendungen erhalten hat. Der Erbe „haftet" also stets auch dann für lebzeitige Schenkungen des Erblassers, wenn dieser Dritte hiermit bedacht hat.

84

Der Pflichtteilsergänzungsanspruch ist, wie der ordentliche Pflichtteilsanspruch auch, auf Zahlung eines Geldbetrages gerichtet. Als selbstständiger Pflichtteilsanspruch steht er auch dem Berechtigten zu, der nicht durch Verfügung von Todes wegen von der Erbfolge ausgeschlossen worden ist.[165] Dies ergibt sich bereits aus § 2326 S. 1 BGB. Bzgl. Entstehung und Übertragbarkeit folgt der Pflichtteilsergänzungsanspruch dem ordentlichen Pflichtteilsanspruch (vgl. § 2317 BGB).

85

Der Pflichtteilsergänzungsanspruch richtet sich gemäß § 2325 Abs. 1 BGB gegen den oder die Erben. Diese tragen gemäß § 2303 BGB die Pflichtteilslast. Der Pflichtteilsberechtigte kann sowohl gegen einzelne Erben, als auch gegen alle Miterben zusammen vorgehen. Insoweit haftet die Erbengemeinschaft als Gesamtschuldner gemäß §§ 2058 ff. BGB. Ggf. kommt eine Inanspruchnahme des Beschenkten gemäß § 2329 BGB in Betracht.[166] Der Pflichtteilsberechtigte ist Gläubiger des Pflichtteilsergänzungsanspruchs. Zur Geltendma-

86

---
[162] BGH ZEV 2006, 265.
[163] OLG Bremen OLGR 1998, 192.
[164] BGH NJW 1988, 1667, 1668.
[165] BGH NJW 1973, 995.
[166] Vgl. Rn. 86.

chung des Pflichtteilsergänzungsanspruchs genügt jedoch, da dieser ein selbstständiger Pflichtteilsanspruch ist, der neben dem ordentlichen Pflichtteilsanspruch steht, dass der Berechtigte zum Kreis derjenigen Personen gehört, die in Bezug auf den Erbfall pflichtteilsberechtigt wären. Hingegen setzt die Geltendmachung des Pflichtteilsergänzungsanspruchs nicht voraus, dass der Berechtigte auch tatsächlich im konkreten Erbfall enterbt und somit pflichtteilsberechtigt ist. So steht auch dem abstrakt pflichtteilsberechtigten, gesetzlichen oder gewillkürten Alleinerben bzw. Miterben ein Ergänzungsanspruch zu, wenn der Wert des ihm Hinterlassenen geringer ist als der Wert der Hälfte des gesetzlichen Erbteils unter Hinzurechnung des Wertes des verschenkten Gegenstandes (vgl. § 2326 BGB). Somit kann auch der abstrakt Pflichtteilsberechtigte, der die Erbschaft angenommen hat, einen Ergänzungspflichtteil geltend machen.[167] Aufgrund der Selbstständigkeit des Pflichtteilsergänzungsanspruchs berührt andererseits aber auch die Ausschlagung der Erbschaft durch den Berechtigten nicht dessen bestehenden Ergänzungsanspruch.[168] Gemäß § 2327 Abs. 1 S. 1 BGB kann auch der Vermächtnisnehmer Berechtigter des Pflichtteilsergänzungsanspruchs sein und diesen geltend machen. Gleiches gilt für einen Vermächtnisnehmer ohne Pflichtteilserstanspruch, sofern nur der Wert des Vermächtnisses geringer ist als der Wert von ordentlichem Pflichtteil und Ergänzungspflichtteil zusammen.[169]

87 Die jeweilige Selbstständigkeit von ordentlichem Pflichtteil und Pflichtteilsergänzungsanspruch kann jedoch auch dazu führen, dass die Pflichtteilsberechtigung einerseits und die Ergänzungsberechtigung andererseits auseinander fällt. So setzt der Pflichtteilsergänzungsanspruch voraus, dass der Gläubiger des Ergänzungsanspruchs bei Vornahme der Schenkung bereits pflichtteilsberechtigt war (so genannte Theorie der Doppelberechtigung).[170] Das Pflichtteilsrecht muss also zum Zeitpunkt der Schenkung bereits bestanden haben, was voraussetzt, dass zu diesem Zeitpunkt bereits ein das Pflichtteilsrecht begründendes Rechtsverhältnis bestand. Hingegen ist nicht erforderlich, dass der Pflichtteilsanspruch selbst zu diesem Zeitpunkt bereits bestand.[171] Damit steht jedenfalls einem nach der Schenkung geborenen nicht ehelichen Abkömmling kein Pflichtteilsergänzungsanspruch zu. Im Übrigen ist strittig, ob bereits die Zeugung vor der Schenkung ausreichend für einen Pflichtteilsergänzungsanspruch ist oder ob es darauf ankommt, dass der Berechtigte vor der Schenkung geboren wurde.[172] Demnach steht auch einem Adoptivkind kein Ergänzungsanspruch zu, wenn es erst nach der Schenkung adoptiert wurde.[173] Für Ehegatten gilt, dass ihnen nur bzgl. Schenkungen an Dritte, die nach Begründung der Ehe seitens des Erblassers erfolgten, ein Ergänzungsanspruch zustehen kann. Entsprechendes gilt für den Lebenspartner einer eingetragenen Lebenspartnerschaft. Diese Auffassung des BGH ist überwiegend auf Ablehnung gestoßen.[174]

88 Der Pflichtteilsergänzungsanspruch gemäß § 2325 BGB gewährt dem Berechtigten einen Zahlungsanspruch, sodass grundsätzlich ein Zahlungsantrag zu stellen ist. Ist der Erbe zugleich Beschenkter und beruft sich im Prozess auf die Einrede der Unzulänglichkeit des Nachlasses, kann der Zahlungsantrag auf Duldung und Zahlungsvollstreckung in den verschenkten Gegenstand nach § 2329 BGB umgestellt werden. Das Gericht hat einen entsprechenden Hinweis gemäß § 139 ZPO zu erteilen.[175] Die Umstellung des Antrags ist keine unzulässige Klageänderung.[176]

89 Grundsätzlich trägt der Pflichtteilsberechtigte die Beweislast dafür, dass der Beschenkte durch die Schenkung objektiv bereichert worden ist, und dass sich die Parteien subjektiv

---

[167] BGH NJW 1973, 995 ff.
[168] MünchKommBGB/*Lange* § 2325 Rn. 5 m. w. N.
[169] MünchKommBGB/*Lange* § 2325 Rn. 5; Soergel/*Dieckmann* § 2325 Rn. 1.
[170] BGH NJW 1973, 40; BGH NJW 1997, 2676 = ZEV 1997, 373 m. abl. Anm. *Otte*.
[171] MünchKommBGB/*Lange* § 2325 Fn. 22 unter Hinweis auf LG Dortmund ZEV 1999, 30 = FamRZ 1999, 1467.
[172] Für ersteres MünchKommBGB/*Lange* § 2325 Rn. 6 unter Hinweis auf § 1923 Abs. 2 BGB, für zweiteres Palandt/*Edenhofer* § 2325 Rn. 4.
[173] Palandt/*Edenhofer* § 2325 Rn. 4.
[174] Lange/*Kuchinke* § 37 X. 5; *Reimann* MittBayNot 1997, 299; Soergel/*Dieckmann* § 2325 Rn. 3; Staudinger/*Olshausen* § 2325 Rn. 66; Bamberger/Roth/*J. Mayer* § 2325 Rn. 3; *Tiedtke* DNotZ 1998, 85.
[175] BGH LM § 2325 Nr. 2.
[176] BGH NJW 1974, 1327.

III. Die prozessuale Geltendmachung von Pflichtteilsansprüchen

über die Unentgeltlichkeit der Zuwendung einig sind.[177] Häufig findet sich in der Praxis der Pflichtteilsberechtigte jedoch in Beweisnot, da er, als außenstehender Dritter, die einer Schenkung zugrundeliegenden Vorgänge nicht kennt. Dies gilt insbesondere im Falle der gemischten Schenkung, also dann, wenn der Erblasser für die Hingabe des Vermögensgegenstandes zumindest zum Teil eine Gegenleistung erhalten hat. Hier lässt sich vielfach der Wert der Gegenleistung nicht genau bestimmen. Diesen Beweisschwierigkeiten trägt die Rechtsprechung dadurch Rechnung, dass es zunächst Sache des über die erforderlichen Kenntnisse verfügenden Anspruchsgegners ist, die für die Begründungen der Gegenleistung maßgeblichen Tatsachen im Wege des substantiierten Bestreitens der Unentgeltlichkeit vorzutragen.[178] Des Weiteren gewährt die Rechtsprechung dem Pflichtteilsberechtigten eine Beweislasterleichterung (keine Beweislastumkehr) im Sinne einer für ihn streitenden tatsächlichen Vermutung. So wird im Falle eines „objektiven groben Missverhältnisses" zwischen Leistung und Gegenleistung vermutet, dass die Parteien dies erkannt haben und sich über die Unentgeltlichkeit der Wertdifferenz zwischen Zuwendung und Gegenleistung (= Bereicherung) einig waren.[179] Bezüglich des Vorliegens eines solchen „objektiven groben Missverhältnisses" ist nicht der Zeitpunkt des Vertragsschlusses maßgebend. Beträgt der Überschuss zwischen Leistung und Gegenleistung etwa 20 bis 35%, soll ein solches „objektives grobes Missverhältnis" mit der Folge des Eingreifens der Beweislasterleichterung vorliegen.[180] Die Beweislasterleichterung greift allerdings dann nicht, wenn ein vorbehaltener Nießbrauch 80% des Zuwendungswertes ausmacht und der neue Eigentümer die laufenden Bewirtschaftungs- und Reparaturkosten zu tragen hat[181] oder der Wert des Nießbrauchs und der zusätzlich gezahlte Aufpreis 81% des Zuwendungswerts erreicht.[182]

Bezüglich der Ausschlussfrist des § 2325 Abs. 3 trägt der Erbe für den Fristbeginn die Darlegungs- und Beweislast.[183] Maßgeblich für den Fristbeginn gemäß § 2325 Abs. 3 BGB ist die wirtschaftliche Ausgliederung aus dem Vermögen des Erblassers. In Bezug auf die **Reform des Erb- und Verjährungsrechts** ist nun die pro-rata-Regelung des § 2325 Abs. 3 S. 1 BGB zu beachten. Diese sieht vor, dass eine Schenkung für die Berechnung der Pflichtteilsergänzung desto weniger Berücksichtigung findet, je länger sie zurückliegt. Damit erfolgt eine volle Berücksichtigung der Schenkung für die Berechnung der Pflichtteilsergänzung nur im letzten Jahr vor dem Erbfall. Im vorletzten Jahr vor dem Erbfall sind lediglich noch $9/10$ in Ansatz zu bringen; für jedes weitere Jahr vor dem Erbfall ist eine Kürzung um ein weiteres Zehntel vorzunehmen.[184] Nach wie vor gilt jedoch der Grundsatz, dass die Frist des § 2325 Abs. 3 BGB nur dann zu laufen beginnt, wenn der Erblasser nicht nur seine Rechtsstellung als Eigentümer aufgibt, sondern darauf verzichtet den Gegenstand im Wesentlichen weiter zu nutzen. Der in der Praxis zugunsten des Schenkers häufig vereinbarte Nießbrauchsvorbehalt begründet daher keine wirtschaftliche Ausgliederung des Gegenstandes aus dem Vermögen des Erblassers und steht somit auch dem Fristbeginn entgegen. Beim Vorbehalt eines Wohnungsrechtsanteiles der übergebenen Immobilie bleiben Zweifel, ob insoweit eine Leistung gemäß § 2325 Abs. 3 BGB vorliegt.[185]

Die Bewertung eines verschenkten Gegenstandes erfolgt nach § 2325 Abs. 2 BGB. Bei verbrauchbaren Sachen ist Bewertungsstichtag gemäß § 2325 Abs. 2 Satz 1 BGB der Zeitpunkt der Schenkung. Bei anderen Gegenständen, also nicht verbrauchbaren Sachen, insbesondere Grundstücken, ist von den in Betracht kommenden Stichtagen – Erbfall oder Schenkung – derjenige maßgeblich, an dem das Geschenk den niedrigeren Wert hatte (§ 2325 Abs. 2 Satz 2 BGB; sogenanntes Niederstwertprinzip). Zur Feststellung der Wert-

---

[177] BGH NJW 1984, 487; OLG Oldenburg FamRZ 2000, 638, 639.
[178] BGH NJW-RR 1996, 705, 706; vgl. auch BGH NJW 1983, 687; BGH NJW 1987, 2008; Bamberger/Roth/*J. Mayer* § 2325 Rn. 40.
[179] BGH NJW 1992, 558; BGH NJW 1981, 1956.
[180] *Felix* DStR 1970, 7.
[181] BGH NJW-RR 1996, 754 zu § 528.
[182] OLG Koblenz FamRZ 2006, 1413, 1414; zu allem Bamberger/Roth/*J. Mayer* § 2325 Rn. 40.
[183] Staudinger/*Olshausen* § 2325 Rn. 76.
[184] *Reimann* FamRZ 2007, 1597, 1598.
[185] OLG Bremen NJW 2005, 1726.

verhältnisse an diesen zwei Stichtagen ist eine Vergleichsberechnung in der Gestalt vorzunehmen, dass der inflationsbereinigte Wert der nicht zu verbrauchbaren Sache zum Zeitpunkt des Erbfalls mit deren Wert zum Zeitpunkt der Schenkung verglichen wird. Die Wertfeststellung zum Zeitpunkt der Schenkung hat dabei unter Berücksichtigung des Kaufkraftschwundes zu erfolgen, d. h. der sich zum Zeitpunkt der Schenkung ergebende Wert ist inflationsbereinigt auf den Tag des Erbfalls umzurechnen.[186] Diese sich so ergebenden Werte (Wert der Schenkung beim Erbfall/inflationsbereinigter Wert bei Schenkungsvollzug) sind sodann gegenüber zu stellen, wobei der niedrigere Wert maßgebend ist.

Muster: Klage auf Ergänzung des Pflichtteils

92   Landgericht
    ......
                                    Klage
    des ......
                                                                    – Kläger –
    Prozessbevollmächtigter: Rechtsanwalt ......
                                    gegen
    Frau ......
                                                                    – Beklagte –
    Prozessbevollmächtigter: Rechtsanwalt ......
    wegen: Pflichtteilsergänzung
    Streitwert: € ......
    Namens und in Vollmacht des Klägers erhebe ich
                                    Klage
    und werde beantragen zu erkennen:
    1. Die Beklagte wird verurteilt, an den Kläger einen Betrag von € 50.000,00 zuzüglich 5% Punkte Zinsen jährlich über dem jeweiligen Basiszinssatz seit Rechtshängigkeit der Klage zu bezahlen.
    2. Die Kosten des Rechtsstreits trägt die Beklagte.
    Für den Fall der Anordnung des schriftlichen Vorverfahrens beantragen wir schon jetzt den Erlass eines Versäumnisurteils gemäß § 331 Abs. 3 ZPO. Für den Fall des Anerkenntnisses beantragen wir den Erlass eines Anerkenntnisurteils gemäß § 307 Abs. 2 ZPO. Mit der Übertragung auf den Einzelrichter sind wir einverstanden.

    Begründung:
    Der Kläger ist der leibliche Sohn des am 14. 12. 2008 ...... verstorbenen Erblassers aus erster Ehe. Die Beklagte ist die Ehefrau des Erblassers, mit der dieser in zweiter Ehe verheiratet war. Durch notarielles Testament vom 14. 12. 2007 hat der Erblasser die Beklagte zu dessen Alleinerbin eingesetzt, sodass der Kläger von der gesetzlichen Erbfolge ausgeschlossen und somit enterbt ist.
    Beweis: Notarielles Testament des Erblassers vom ......
    Im selben Beurkundungstermin übertrug der Erblasser durch notariell beurkundeten Schenkungsvertrag seiner Ehefrau das im Grundbuch von ...... von ...... Bl. ...... eingetragene Grundstück.
    Beweis: Beigefügte Kopie des Schenkungsvertrages des Notars .... vom .... (Urkunds-Rolle-Nr.. ....)
    Von dieser Schenkung hat der Kläger erst erfahren, nachdem er sich mit der Beklagten über die Zahlung eines Betrages in Höhe von € 100.000,– geeinigt hatte. Dieser Einigung wurde ein Nachlasswert in Höhe von € 800.000,– zugrunde gelegt.
    Beweis: Protokoll der öffentlichen Sitzung des Landgerichts ...... AZ: ......
    Die schenkungsweise Übertragung des Eigentums an dem vorgenannten Grundstück erfolgt innerhalb ergänzungserheblicher Zeit, d. h. innerhalb der 10-Jahres-Frist des § 2325 Abs. 3 Satz 1 BGB.
    Beweis: Beigefügte Kopie der Urkunde des Notars ...... vom ...... (Urkunds-Rolle-Nr. ......)

---

[186] Bamberger/Roth/*J. Mayer* § 2325 Rn. 20; zur Berechnungsformel Bamberger/Roth/*J. Mayer* § 2315 Rn. 14; Palandt/*Edenhofer* § 2325 Rn. 18.

III. Die prozessuale Geltendmachung von Pflichtteilsansprüchen

Zwar hat die Beklagte insoweit außergerichtlich eingewandt, die 10-Jahres-Frist sei vorliegend nicht erheblich, da die Schenkung bereits im Dezember 2007 erfolgt sei, sodass diese nicht mehr mit ihrem vollen Wert zu berücksichtigen sei, sondern lediglich noch mit $9/10$ ihres Wertes. Insoweit übersieht die Beklagte jedoch, dass die gleitende Ausschlussfrist des § 2325 Abs. 3 S. 1 BGB in Bezug auf Schenkungen an den Ehegatten gemäß § 2325 Abs. 3 S. 1 BGB nicht mit dem Vollzug der Schenkung im Jahre 2007, sondern erst mit Auflösung der Ehe und somit mit dem Tode des Erblassers begann. Damit muss die volle Schenkung bei der Pflichtteilsergänzung berücksichtigt werden.
Innerhalb ergänzungserheblicher Zeit erfolgte auch die Eigentumsumschreibung im Grundbuch.
Beweis: Beigefügte Kopie des Grundbuchauszugs betreffend das oben genannte Grundstück.
Dem Kläger steht somit wegen der unentgeltlichen Übertragung des Grundstücks an die Ehefrau des Erblassers aus zweiter Ehe ein Pflichtteilsergänzungsanspruch zu. Dem vormals der Einigung im Pflichtteilsstreit zugrunde gelegten Nachlasswert ist daher der Wert des Grundstücks hinzuzuaddieren. Aus dem sich so ergebenden fiktiven Nachlasswert ist der Ergänzungspflichtteil des Klägers zu errechnen. Der Wert des Grundstücks betrug zum Zeitpunkt der Schenkung als auch zum Zeitpunkt des Erbfalls mindestens € 400.000,–.
Beweis: Sachverständigengutachten
Damit beträgt der, der Berechnung des Pflichtteilsergänzungsanspruchs des Klägers zugrunde zu legende Nachlasswert € 1.200.000,00 (€ 800.000,– + € 400.000,–). Der Pflichtteilsanspruch des Klägers in Höhe von $1/8$ stellt sich somit auf € 150.000,–, sodass sich mithin ein Ergänzungspflichtteil für den Kläger in Höhe von € 50.000,– ergibt. Diese wird mit dem Klageantrag Ziff. 1 geltend gemacht.

7. Die Pflichtteilsergänzungsklage gegen den Beschenkten gemäß § 2329 BGB

In der Praxis besteht häufig die irrige Auffassung, dass sich der Pflichtteilsergänzungsanspruch direkt gegen den Beschenkten richtet und dieser somit Schuldner des Anspruchs ist. Tatsächlich kommt eine Inanspruchnahme des Beschenkten wegen der schenkungsweisen Zuwendung seitens des Erblassers an ihn nur dann in Betracht, wenn die Inanspruchnahme des Erben wegen der Schenkung gemäß §§ 2325 ff. BGB scheitert. Nach § 2329 BGB richtet sich der Anspruch nur dann gegen den Beschenkten, wenn der Erbe nicht verpflichtet ist. Die Beweislast hierfür trägt der Pflichtteilsberechtigte.[187] Der Erbe ist dann nicht verpflichtet, wenn dessen Haftung gemäß §§ 1975, 1990 BGB beschränkt ist und der Nachlass für die Pflichtteilsergänzung nicht ausreicht, oder wenn der Anspruch gegen den Erben in voller Höhe wegen des eigenen Pflichtteilsrechts des Erben nicht erfüllt werden kann.[188] Der Erbe ist des Weiteren nicht verpflichtet, wenn ihm wegen eines eigenen Ergänzungspflichtteils gemäß § 2328 BGB eine entsprechende Einrede zusteht. In beiden vorgenannten Fällen trifft die subsidiäre Haftung den Beschenkten. In Bezug auf die Einrede des § 2328 BGB soll es jedoch darauf ankommen, ob der Erbe diese Einrede tatsächlich erhoben hat.[189] Nach der Rechtsprechung des BGH[190] und des Reichgerichts[191] scheidet eine Inanspruchnahme des Erben auch dann aus, wenn der Nachlass von vornherein wertlos bzw. überschuldet ist und zur Befriedigung von Pflichtteilsergänzungsansprüchen nicht ausreicht. Der Beschenkte kann gemäß § 2329 Abs. 1 S. 2 BGB auch dann direkt in Anspruch genommen werden, wenn der Pflichtteilsberechtigte Alleinerbe ist.[192] Es empfiehlt sich daher in der Klageschrift stets substantiiert vorzutragen, welche rechtlichen Gründe einer Durchsetzung des Ergänzungsanspruchs gegen den Erben entgegenstehen.

Die Haftung des Beschenkten richtet sich gemäß § 2329 Abs. 2 BGB nach bereicherungsrechtlichen Grundsätzen. Sie umfasst damit das Zugewendete, gegebenenfalls dessen Nutzungen, Surrogate (§ 818 Abs. 1 BGB) oder dessen Wert (§ 818 Abs. 2 BGB). Der Anspruch

---

[187] RGZ 80, 135.
[188] BGH NJW 1961, 870.
[189] *Klingelhöffer*, Pflichtteilsrecht Rn. 104.
[190] FamRZ 1968, 150.
[191] RGZ 80, 126.
[192] BGH NJW 1983, 1485.

gegen den Beschenkten ist auf die Herausgabe des Geschenks zum Zwecke der Befriedigung wegen des fehlenden Betrages gerichtet. Der Beschenkte hat bei Sachschenkungen die Zwangsvollstreckung in den geschenkten Gegenstand wegen des Ergänzungsanspruchs zu dulden. Der Klageantrag richtet sich somit auf die Duldung der Zwangsvollstreckung in den geschenkten Gegenstand in Höhe der Ergänzungsforderung.[193] Lediglich bei Geldschenkungen richtet sich der Antrag auf Zahlung. Gleiches gilt bei einem bereicherungsrechtlichen Wertersatzanspruch nach § 818 Abs. 2 BGB.

95 Der Beschenkte kann die Vollstreckung stets durch die Zahlung des Fehlbetrages abwenden (§ 2329 Abs. 2 BGB). Der Fehlbetrag ist dabei nach den Wertansätzen des § 2325 Abs. 2 BGB zu ermitteln. Ist der Beschenkte selbst pflichtteilsberechtigt, steht ihm ebenfalls die Einrede des § 2328 BGB zu.[194]

96 Sind mehrere Personen vom Erblasser beschenkt worden so haftet gemäß § 2329 Abs. 3 BGB zunächst derjenige, der das jüngste Geschenk erhalten hat. Ein früherer Beschenkter haftet nur dann, wenn ein späterer nicht verpflichtet ist. Der BGH stellt für die Bestimmung, welche Zuwendung zeitlich später erfolgte, auf den Vollzug der Schenkung ab. Reicht die Zuwendung an den zuletzt Beschenkten nicht aus, kann derjenige in Anspruch genommen werden, der das nächst jüngere Geschenk erhalten hat.[195] Von Bedeutung ist in diesem Zusammenhang auch die Frist des § 2325 Abs. 3 BGB. Nach Ablauf der Frist soll ein Beschenkter nicht mehr in Anspruch genommen werden können. In Hinblick auf die nunmehrige pro-rata-Regelung des § 2325 Abs. 3 S. 1 BGB wird daher zu gelten haben, dass sich der Umfang der Inanspruchnahme des Beschenkten, also dessen Haftungsverbindlichkeit, entsprechend anteilig verringert. Die Beachtung der Frist des § 2325 Abs. 3 S. 1 BGB kann im Ergebnis zur Folge haben, dass entgegen des Wortlautes des § 2329 Abs. 3 BGB der früher beschenkte Ehegatte haftet, weil bei ihm die Frist nicht läuft, wo hingegen eine Inanspruchnahme des später Beschenkten wegen Fristablaufs bzw. nunmehr aufgrund der Neuregelung des § 2325 Abs. 3 S. 1 BGB zumindest in voller Höhe nicht mehr in Betracht kommt.

Muster eines Klageantrags auf Ergänzung des Pflichtteils gegen den Beschenkten gemäß § 2329 BGB

97 Landgericht
......

Klage

des ......:

– Kläger –

Prozessbevollmächtigte: Rechtsanwälte ......

gegen

Herrn ......

– Beklagter –

wegen Duldung der Zwangsvollstreckung und Zahlung
Streitwert: € ......
Namens und in Vollmacht des Klägers erheben wir Klage und werden beantragen zu erkennen:

1. Der Beklagte wird verurteilt wegen einer Forderung in Höhe von € 70.000,– zuzüglich 5%-Punkte Zinsen über dem Basiszinssatz seit Rechtsgängigkeit, die Zwangsvollstreckung in das Grundstück in ......, eingetragen im Grundbuch von ......, Band ......, Bl. ...... Bestandsverzeichnis, ..., Flurstück Nr. ......, in einer Größe von ...... qm zu dulden.
2. Der Beklagte kann die Zwangsvollstreckung nach Ziff. 1 durch Zahlung eines Betrages in Höhe von € ...... zuzüglich 5%-Punkte Zinsen über dem Basiszinssatz seit Rechtsgängigkeit der Klage abwenden.
3. Der Beklagte trägt die Kosten des Rechtsstreits.

Rechtsanwalt/Rechtsanwältin

---

[193] BGH NJW 1983, 1485.
[194] BGH FamRZ 1983, 377; BGH NJW 1983, 1485.
[195] BGH NJW 1983, 1485.

8. Zinsen, Stundung und Pfändbarkeit

a) Verzinsung des Pflichtteilsanspruchs. Der Pflichtteilsanspruch unterliegt als mit Eintritt 98 des Erbfalls sofort fällige Geldforderung (vgl. § 2317 Abs. 1 BGB) den allgemeinen Vorschriften des Schuldrechts. Er ist daher mit Eintritt des Verzugs oder ab Rechtshängigkeit zu verzinsen (§§ 280 Abs. 2, 286, 288, 291 BGB). Für die Inverzugsetzung ab Rechtshängigkeit genügt die Erhebung einer Stufenklage gem. § 254 ZPO mit einem unbezifferten Leistungsantrag. Zwar wird hier zunächst der Auskunfts- bzw. Wertermittlungsanspruch geltend gemacht, letztlich steht jedoch die Stufenklage der Leistungsklage gleich, da auch auf Leistung geklagt wird.[196] Zu beachten ist allerdings in diesem Zusammenhang, dass die zunächst gesondert erhobene Auskunftsklage an sich den Erben nicht in Verzug setzt, da sie kein Leistungsbegehren zum Inhalt hat. Der Erbe kann in einem solchen Fall, wie auch sonst, nach den allgemeinen Vorschriften mittels einer Mahnung nach Fälligkeit (vgl. § 2317 Abs. 1 BGB, § 271 Abs. 1 BGB) in Verzug gesetzt werden. Somit kann bereits vor Rechtshängigkeit des Leistungsantrags Verzug hinsichtlich des Pflichtteilsanspruchs herbeigeführt werden, wobei darauf zu achten ist, dass die Beweisbarkeit der verzugsbegründenden Mahnungen gesichert wird.[197] Mit Zugang der Mahnung tritt Verzug ein.[198]

Die Mahnung begründet den Verzug des Erben bereits dann, wenn der Pflichtteilsanspruch 99 der Höhe nach nicht beziffert werden kann, der Pflichtteilsberechtigte den Pflichtteil jedoch nur durch eine unbezifferte, einem zulässigen Antrag in einer Stufenklage entsprechende Mahnung anmahnt.[199] Solange allerdings der für die Berechnung des Pflichtteils maßgebende Bestand und Wert des Nachlasses ohne Säumnis des Erben nicht festgestellt ist, scheidet Verzugseintritt mangels Verzugs begründendem Verschulden (§ 286 Abs. 4 BGB) aus.[200] Eine etwaige Verzögerung durch einen Sachverständigen, die dem Pflichtteilsschuldner nicht angelastet werden kann, ist daher entsprechend zu berücksichtigen.[201] Beansprucht der Pflichtteilsberechtigte primär Miterbe geworden zu sein und wird in diesem Fall der der Höhe nach unstreitige Pflichtteilsanspruch, der sich aus eigenen Wertangaben des Erben ergibt, hilfsweise geltend gemacht, soll hinsichtlich des unstreitigen Höhe Verzug eintreten.[202] Fraglich ist in einem solchen Fall allerdings, ob die hilfsweise Geltendmachung des Pflichtteilsanspruchs als endgültiges und unbedingtes Zahlungsverlangen angesehen werden kann.[203] Damit gerät der Pflichtteilsschuldner im Falle von Bewertungsschwierigkeiten auf jeden Fall in Höhe des unstreitigen Teils in Verzug.[204] Die Beweislast dafür, dass bezüglich des Verzugs kein Verschulden vorliegt, trägt grundsätzlich der Pflichtteilsschuldner.[205] Der Pflichtteil ist als Geldforderung während des Verzugs jährlich mit 5% Punkten über dem Basiszinssatz (§ 288 Abs. 1 BGB) zu verzinsen. Entsprechendes gilt für Prozesszinsen (§ 291 BGB).

b) Die Stundung des Pflichtteilsanspruchs. In der heutigen Praxis ist die Bedeutung der 100 Stundung des Pflichtteilsanspruchs gering.[206] Dies liegt nicht zuletzt daran, dass zum einen bisher der Kreis der stundungsberechtigten Personen auf selbst pflichtteilsberechtigte Erben beschränkt war (vgl. § 2331 a BGB a. F.) und zum anderen die gesetzlichen Anforderungen an einen Stundungsantrag erheblich waren. Damit kam dem Stundungsantrag in der Praxis vor allem eine taktische Bedeutung zu, da mittels eines Stundungsantrags vor allem ein Hinauszögern der Zahlung des Pflichtteilsanspruches erreicht werden konnte. Nunmehr sind der

---

[196] BGH NJW 1981, 1729, 1731; MünchKommBGB/*Lange* § 2317 Rn. 4; Bamberger/Roth/*J. Mayer* § 2317 Rn. 4.
[197] Bamberger/Roth/*J. Mayer* § 2317 Rn. 4; Mayer/Süß/Tanck/Bittler/Wälzholz/*Tanck* § 14 Rn. 258.
[198] *Rissmann* ZErb 2002, 181 m.w.N.
[199] MünchKommBGB/*Lange* § 2317 Rn. 5; BGH NJW 1981, 1729; *Rissmann* ZErb 2002, 181; Soergel/*Dieckmann* § 2317 Rn. 6.
[200] BGH NJW 1981, 1729, 1731; BGH NJW 1981, 1732; *Lange/Kuchinke* § 37 Fn. 382.
[201] Mayer/Süß/Tanck/Bittler/Wälzholz/*Tanck* § 14 Rn. 261.
[202] BGH NJW 1981, 1732; Staudinger/*Haas* 2317 Rn. 12; zweifelnd MünchKommBGB/*Lange* § 2317 Rn. 5.
[203] So MünchKommBGB/*Lange* § 2317 Rn. 5.
[204] Staudinger/*Haas* § 2317 Rn. 12.
[205] BGH NJW 1983, 61.
[206] Vgl. z. B. *Lange* DNotZ 2007, 84, 91.

persönliche und der sachliche Anwendungsbereich des Stundungsverlangens erweitert worden. § 2331a BGB gewährt nun jedem Erben die Möglichkeit, ein Stundungsverlangen zu stellen. Damit werden insbesondere auch der zum Erben eingesetzte Lebensgefährte und Enkel bzw. zum Erbe eingesetzte Geschwister des Erblassers in die Lage versetzt, einen Stundungsverlangen zu stellen. Auch steht jedem Miterben, nicht mehr wie bisher nur dem Pflichtteilsberechtigten, die Stundungsmöglichkeit offen. Sachlich ist der Stundungsantrag nunmehr gemäß § 2331a Abs. 1 BGB begründet, wenn die sofortige Erfüllung des gesamten Pflichtteilsanspruchs für den Erben wegen der Art der Nachlassgegenstände eine unbillige Härte wäre, insbesondere wenn sie ihn zur Aufgabe des Familienheims oder zur Veräußerung eines Wirtschaftsgutes zwingen würde, das für den Erben und seine Familie die wirtschaftliche Lebensgrundlage bildet. Dabei sind bei der Abwägung die Interessen des Pflichtteilsberechtigten angemessen zu berücksichtigen. Der graduelle Unterschied zu den bisherigen sachlichen Voraussetzungen eines Stundungsverlangens besteht darin, dass nunmehr eine „unbillige Härte" für eine Stundung ausreicht, wohingegen bisher „die sofortige Erfüllung des gesamten Anspruchs den Erben wegen der Art der Nachlassgegenstände ungewöhnlich hart treffen" musste. Damit stellt sich freilich die Frage, wann eine Härte als „unbillig" aber noch nicht als „ungewöhnlich" anzusehen ist. Zudem sind nunmehr die Interessen des Pflichtteilberechtigten bei der Entscheidung über den Stundungsantrag angemessen zu berücksichtigen. Die Interessen von Erben und Pflichtteilsberechtigtem sind damit abzuwägen. Nach der Begründung des **Gesetzes zur Änderung des Erb- und Verjährungsrechts** soll jedenfalls eine Stundung dem Pflichtteilsberechtigten regelmäßig dann nicht zumutbar sein, wenn der Erbe zur Sicherheitsleistung nicht in der Lage ist, da nach Auffassung des Gesetzgebers die Interessen des Pflichtteilsberechtigten bei der Gewährung der Stundung in der Regel nur dann angemessen berücksichtigt sein werden, wenn eine Sicherung seines verfassungsrechtlich geschützten Anspruchs erfolgt.[207]

101 Die Stundungsmöglichkeit des § 2331a BGB umfasst sowohl den ordentlichen Pflichtteilsanspruch gemäß §§ 2303ff. BGB als auch den Pflichtteilsergänzungsanspruch gemäß §§ 2325ff. BGB. Nach der Erweiterung des persönlichen Anwendungsbereichs des § 2331a Abs. 1 BGB auf jeden Erben besteht nunmehr auch die Möglichkeit, den Stundungsantrag gegen einen Pflichtteilsergänzungsanspruch nach § 2329 BGB zu richten, soweit der Beschenkte zugleich Erbe ist. Andernfalls kann der Beschenkte keinen Stundungsantrag stellen, so dass der Stundungsantrag dem Pflichtergänzungsanspruch nach § 2329 BGB in diesem Fall nicht entgegengehalten werden kann.

Aufgrund der erleichterten gesetzlichen Anforderungen an eine Stundung ist zu erwarten, dass künftig entsprechende Stundungsvereinbarungen nach Eintritt des Erbfalls an Bedeutung gewinnen.

102 **Formulierungsvorschlag Stundungsvereinbarung:**[208]
Frau ...... ist durch gemeinschaftliches Testament Alleinerbin ihres am ...... verstorbenen Ehegatten ...... geworden. Herr ...... ist als der gemeinschaftliche Sohn pflichtteilsberechtigt. Ihm steht ein Pflichtteilsanspruch in Höhe von € ...... zu. Die Parteien treffen hiermit folgende Stundungsvereinbarung hinsichtlich dieses Pflichtteilsanspruchs:

Herr ...... stundet hiermit seinen ihm gegenüber Frau ...... zustehenden Pflichtteilsanspruch bis zum ...... Der Anspruch ist bis zu seiner Fälligkeit mit ......% jährlich zu verzinsen. Die Zinsen sind jeweils nachträglich am Ende des Kalenderjahres zu entrichten. Zur Sicherung dieses Zahlungsanspruchs bewilligt Frau ...... und beantragen beide Parteien die Eintragung einer Sicherungshypothek in Höhe von € ...... zuzüglich ......% Jahreszinsen ab heute zur Eintragung in das Grundbuch zu Lasten folgenden Grundbesitzes: ......

In Ansehung der Hypothek unterwirft sich der jeweilige Eigentümer der sofortigen Zwangsvollstreckung gemäß § 800 ZPO und in Ansehung der Forderung unterwirft sich Frau ......, die Pflichtteilsschuldnerin, der sofortigen Zwangsvollstreckung in ihr gesamtes Vermögen.

---

[207] *Schaal/Grigas* BWNotZ 2008 2, 16.
[208] Nach *Keim* ZEV 2008, 161, 167.

III. Die prozessuale Geltendmachung von Pflichtteilsansprüchen

103 Stellt ein Miterbe einen Stundungsantrag, wirkt sich dieser mittelbar zugunsten der übrigen Miterben aus. Aufgrund der beschränkten Erbenhaftung scheidet eine Zwangsvollstreckung wegen eines Pflichtteilsanspruchs aus, da sich die Zwangsvollstreckung nur gegen den ungeteilten Nachlass richten kann.[209] Dem Pflichtteilsberechtigten bleibt jedoch die Möglichkeit, den Erbteil des nicht stundungsberechtigten Erben zu pfänden und so die Auflösung der Erbengemeinschaft zu erzwingen.[210]

104 Der Stundungsantrag schiebt die Fälligkeit des Pflichtteilsanspruches hinaus. Damit ist fraglich, ob die Verjährung durch das Vorliegen der Stundungsvoraussetzungen gemäß § 205 BGB gehemmt ist. Grundsätzlich hierfür erforderlich ist eine Vereinbarung zwischen Schuldner und Gläubiger, sodass lediglich bei einer vertraglich vereinbarten Stundung eine Hemmung der Verjährung in Betracht kommt. Allerdings muss wohl auch bei Vorliegen der gesetzlichen Voraussetzung eines Stundungsantrags davon ausgegangen werden, dass § 205 BGB im Falle des § 2331a BGB analog anwendbar ist.[211]

105 Ist der Pflichtteilsanspruch unstreitig, ist gemäß §§ 2331a Abs. 2 S. 1, 1382 Abs. 2–6 BGB das Nachlassgericht zur Entscheidung hierüber berufen. Wird der Pflichtteilsanspruch hingegen der Höhe nach bestritten, so ist gemäß §§ 2331 Abs. 2, 1382 Abs. 5 BGB das Prozessgericht zur Entscheidung über den Stundungsantrag berufen. Bezüglich des Verfahrens gelten die Regelungen über die Stundung des Zugewinnausgleichs entsprechend.

> **Praxistipp:**
> Im Falle eines Stundungsantrages lässt sich durch Bestreiten der Höhe des Pflichtteils die Zuständigkeit des Prozessgerichts begründen. Hierdurch lässt sich Zeit gewinnen, da das Prozessgericht in der Regel zunächst versuchen wird, eine gütliche Einigung zwischen den Parteien herbeizuführen. **106**

107 Zu beachten ist, dass der Erbe bezüglich jedes seitens eines Pflichtteilsberechtigten geltend gemachten Pflichtteilsanspruchs ein gesondertes Stundungsbegehren stellen muss. Stellt der Erbe nach einem Prozessverfahren, in dem Grund und Höhe des Pflichtteilsanspruchs festgestellt wurden, einen Stundungsantrag, nachdem seitens des Prozessgerichts sein Stundungsbegehren abgelehnt wurde, kann das Nachlassgericht danach nur noch über eine Stundung entscheiden, wenn sich nachträglich eine wesentliche Änderung der Sachlage ergeben hat (§ 1382 Abs. 6 BGB[212]). Einen Stundungsantrag beim Nachlassgericht kann der Erbe in diesem Fall nicht mehr stellen, wenn die Gründe für die Stundung bereits im Prozess hätten vorgebracht werden können.[213]

> **Formulierungsvorschlag Stundungsantrag nach § 2331a Abs. 1 BGB** **108**
> Namens und im Auftrag des Antragstellers beantrage ich die Stundung des von dem Antragsteller mit Schreiben vom ……. gegenüber dem Antragsgegner anerkanntem Pflichtteilsanspruchs in Höhe von € ……… .

109 **c) Die Pfändbarkeit des Pflichtteilsanspruchs.** Der Pflichtteilsanspruch ist gemäß § 852 ZPO dann pfändbar, wenn er durch Vertrag anerkannt oder rechtshängig (§ 261 ZPO) geworden ist. Dabei umfasst der Pflichtteilsanspruch im Sinne des § 852 ZPO sowohl den ordentlichen Pflichtteilsanspruch, als auch den Pflichtteilsergänzungsanspruch nach § 2325 BGB sowie dem Pflichtteilsanspruch gegen den Beschenkten nach § 2329 BGB.[214] Ein ver-

---

[209] Soergel/*Dieckmann* § 2331a Rn. 9.
[210] Staudinger/*Olshausen* § 2331a Rn. 11.
[211] Mayer/Süß/Tanck/Bittler/Wälzholz/*Tanck* § 14 Rn. 270 f.; Palandt/*Heinrichs* § 205 Rn. 3.
[212] Mayer/Süß/Tanck/Bittler/Wälzholz/*Tanck* § 14 Rn. 273.
[213] Soergel/*Dieckmann* § 2331a Rn. 14.
[214] Zöller/*Stöber* § 852 Rn. 2.

tragliches Anerkenntnis im Sinne des § 852 Abs. 1 ZPO ist jede Einigung, in der der Wille des Pflichtteilsberechtigten gegenüber dem Erben zum Ausdruck kommt, den Pflichtteil geltend zu machen.[215] Schriftform ist hierfür nicht erforderlich, ebenso wenig bedarf es der Feststellung der Höhe des Anspruches.[216] Rechtshängigkeit tritt mit Zustellung der Klage des Pflichtteilsberechtigten an den Pflichtteilsschuldner ein (§§ 261 Abs. 1, 2, 253 Abs. 1 ZPO). Im Mahnverfahren tritt Rechtshängigkeit nach §§ 626 Abs. 3, 700 Abs. 2 ZPO ein.

§ 852 ZPO stellt damit sicher, dass der Pflichtteilsanspruch erst gepfändet und zur Einziehung überwiesen werden kann, nachdem der Wille des Pflichtteilsberechtigten gegenüber dem Erben zum Ausdruck gekommen ist, den Pflichtteil auch tatsächlich geltend zu machen. Damit schützt § 852 ZPO den Pflichtteilsanspruch mit dessen persönlichen und familiären Bezug und überlässt es allein der Entscheidungsfreiheit des Pflichtteilsberechtigten, ob er den Anspruch geltend machen will. Unterlässt daher der Pflichtteilsberechtigte es auf Dauer den Pflichtteilsanspruch zu verwirklichen, so z.B. wenn er ihn gemäß § 397 BGB schenkungsweise erlässt, muss dies der Gläubiger hinnehmen, sodass eine Pfändung ausscheidet.[217] Der vertraglichen Anerkennung steht es gleich, wenn ein Pflichtteilsberechtigter den Pflichtteilsanspruch gemäß §§ 2317 Abs. 2, 398 BGB abtritt. In diesem Fall bestehen in Hinblick auf den familiären Bezug des Pflichtteilsanspruches keine schutzwürdigen Interessen des Pflichtteilsberechtigten mehr, denn durch die Abtretung überlässt dieser die Geltendmachung des Pflichtteils dem begünstigten Dritten.[218]

110 Nach der Rechtsprechung kann der Pflichtteilsanspruch bereits vor Anerkennung oder Rechtshängigkeit, jedoch frühestens mit dessen Entstehung, also mit Eintritt des Erbfalles (§ 2317 Abs. 1 BGB) als aufschiebend bedingter Anspruch gepfändet werden.[219] Eine Verwertung des Pflichtteilsanspruches ist gemäß § 852 ZPO jedoch erst dann möglich, wenn der Pflichtteilsberechtigte entschieden hat, dass er seinen Anspruch geltend machen will. Die frühzeitige Pfändung des Pflichtteilsanspruches ist dessen ungeachtet jedoch auch dann zu empfehlen, wenn über die Absichten des Pflichtteilsberechtigten den Pflichtteil geltend zu machen noch nichts bekannt ist. Der Vorteil einer solchen Pfändung liegt darin, dass sich der Rang des Pfandrechts im Falle einer Verwertung des Pflichtteilsanspruches nach dem Zeitpunkt der Pfändung bestimmt.[220]

> **Praxistipp:**
> 111 Durch eine frühzeitige Pfändung des noch nicht geltend gemachten Pflichtteilsanspruches lässt sich die taktische Abtretung des Anspruches zu Lasten eines Gläubigers des Pflichtteilsberechtigten verhindern.

112 Macht der Pflichtteilsberechtigte den Anspruch nicht geltend, so geht die Pfändung letztlich ins Leere. Allerdings soll es nach überwiegender Meinung zulässig sein, bereits vor dem Bedingungseintritt die Überweisung zur Einziehung vorzunehmen, sodass auch ein einheitlicher Pfändungs- und Überweisungsbeschluss möglich ist. Die Verwertungsvoraussetzungen sollen sodann erst im Rahmen einer Zahlungsklage des Pfändungsgläubigers gegen den Pflichtteilschuldner zu prüfen sein.[221]

Sachlich zuständig für die Pfändung ist, wenn die Forderung vertraglich anerkannt bzw. rechtshängig gemacht wurde gemäß § 828 ZPO, das Vollstreckungsgericht. Örtlich zuständig ist gemäß § 828 Abs. 2 ZPO im Regelfall das Gericht, bei dem der Schuldner gemäß

---

[215] Baumbach/Lauterbach/*Albers/Hartmann* § 852 Rn. 3.
[216] Bamberger/Roth/*J. Mayer* § 2317 Rn. 9.
[217] OLG Düsseldorf FamRZ 2000, 367, 368; MünchKommBGB/*Lange* § 2317 Rn. 15; Bamberger/Roth/ *J. Mayer* § 2317 Rn. 9.
[218] Mayer/Süß/Tanck/Bittler/*Walzholz/Tanck* § 14 Rn. 278.
[219] BGH NJW 1993, 2876 und BGH NJW 1997, 2384.
[220] BGH NJW 1993, 7876.
[221] Zöller/*Stöber* § 852 ZPO Rn. 2; *Stöber*, Forderungspfändung Rn. 273b; *Greve* ZIP 1996, 699, 701; *Keim* ZEV 1998, 127, 128; a. A. Staudinger/*Haas* Rn. 55; *Kuchinke* NJW 1994, 1769, 1770; Bamberger/ Roth/*J. Mayer* § 2317 Rn. 10 m. w. N.

III. Die prozessuale Geltendmachung von Pflichtteilsansprüchen

§§ 12 ff. ZPO seinen allgemeinen Gerichtstand hat, in der Regel somit das Gericht des Wohnsitzes. Im Übrigen richtet sich die Pfändung des Pflichtteilsanspruchs nach den Vorschriften wie die Pfändung einer Geldforderung gemäß §§ 829 ff. ZPO. Dabei ist es Sache des Gläubigers, das Anerkenntnis bzw. die Rechtshängigkeit des Pflichtteilsanspruchs darzulegen. Ist für den Nachlass Testamentsvollstreckung angeordnet, ist Drittschuldner trotzdem der Erbe und nicht der Testamentsvollstrecker (§ 2213 BGB).[222]

Drittschuldner sind alle Miterben.[223] Ein Nachlasspfleger kann bestellt werden, wenn die Erben unbekannt sind. Der Pfändungs- und Überweisungsbeschluss ist dann diesem zuzustellen.[224] Im Falle der Testamentsvollstreckung empfiehlt es sich, den Pfändungs- und Überweisungsbeschluss vorsorglich einem Testamentsvollstrecker zuzustellen. Der Testamentsvollstrecker hat den Pflichtteilsanspruch als Nachlassverbindlichkeit aus dem Nachlass zu befriedigen, wenn der Erbe ihn nicht bestreitet. Eine Zustellung an den Testamentsvollstrecker liegt also im Interesse des Pfandgläubigers.[225]

Formulierungsbeispiel Pfändungsantrag

...... gepfändet wird der angebliche Pflichtteilsanspruch des Schuldners nach dem am ...... gestorbenen Erblasser ......, zuletzt wohnhaft ......

gegen

1. Den Erben ......

– Drittschuldner zu 1 –

2. Den Erben (Testamentsvollstrecker) ......

– Drittschuldner zu 2 –

einschließlich aller Nebenrechte, insbesondere Auskunftsansprüche.
Die Erben haben den Pflichtteilsanspruch durch Vereinbarung vom ...... anerkannt.
Der gepfändete Anspruch wird dem Gläubiger zur Einziehung überwiesen.
Dem (den) Drittschuldner (n) wird verboten an den Schuldner zu leisten, soweit gepfändet ist.
Dem Schuldner wird verboten, über seinen Pflichtteil zu verfügen, insbesondere ihn einzuziehen.
Es wird daraufhin gewiesen, dass der Pflichtteilsanspruch entgegen dem Wortlaut von § 852 ZPO unabhängig davon gepfändet werden kann, ob dieser bereits vertraglich anerkannt oder rechtshängig geworden ist (BGH NJW 1993, 2876 und BGH NJW 1997, 2384).

9. Vergleich über den Pflichtteil

Die Durchsetzung des Pflichtteilsanspruches gestaltet sich in der Praxis angefangen mit der Ermittlung des Umfanges des Nachlassbestandes über dessen Bewertung bis zur Durchsetzung oft schwierig. Der anwaltliche Berater wird daher stets die Möglichkeit einer vergleichsweisen Einigung der Parteien ins Auge fassen. Eine solche Einigung ist, da es sich beim Pflichtteilsanspruch um einen Zahlungsanspruch handelt, grundsätzlich formlos möglich. Zu denken ist aber auch an einen Anwaltsvergleich gemäß §§ 726 a ff. ZPO. Dessen Vorteil liegt darin, dass dieser durch das Prozessgericht gemäß § 796b ZPO bei Vorliegen der Voraussetzung gemäß § 796a ZPO bzw. durch den Notar gemäß § 796c ZPO für vollstreckbar erklärt werden kann und hierdurch somit ein Titel gemäß § 794 Abs. 1 Nr. 4 b ZPO erwirkt werden kann.

Bezüglich des Inhalts des Vergleichs sollte zunächst darauf geachtet werden, dass diesem der Nachlassbestand zugrunde gelegt wird, wie er sich zum Zeitpunkt des Vergleichsabschlusses darstellt. Am besten wird auf ein bereits vorhandenes Bestandsverzeichnis Bezug genommen und dieses zum wesentlichen Bestandteil der Urkunde gemacht. In der Regel,

---

[222] Mayer/Süß/Tanck/Bittler/Wälzholz/*Tanck* § 14 Rn. 284.
[223] RGZ 75, 179; Baumbach/Lauterbach/*Albers*/*Hartmann* § 829 Rn. 39.
[224] AG Düsseldorf NJW-RR 1997, 922.
[225] BGH NJW 1969, 424; *Klinger*/*Gutbel* U VI. 4 Anm. 3.

insbesondere nach längeren außergerichtlichen Verhandlungen, wird das Bestandsverzeichnis auch Wertfeststellungen enthalten, sodass der sich hieraus ergebende Nettonachlasswert zugleich verbindliche Grundlage für die unter Berücksichtigung der Pflichtteilsquote vorzunehmende Festlegung der Höhe des zur Abgeltung des Pflichtteiles zu zahlenden Betrages ist. Soweit nicht ausgeschlossen werden kann, dass nachträglich weitere, dem Nachlass zuzurechnende Aktiva bekannt werden könnten, ist eine Regelung betreffend den Ausgleich der Aktiva mittels einer Nachabfindung gemäß § 2313 Abs. 1 BGB in den Vergleich aufzunehmen. Allerdings empfiehlt es sich hier aus Praktikabilitätsgründen, nur dann eine Nachabfindung vorzusehen, wenn der sich aufgrund geänderter Wertverhältnisse des Nachlasses ergebende Pflichtteilsbetrag einen gewissen, von den Parteien festzulegenden Wert überschreitet. Veränderungen des Pflichtteilsbetrages können sich auch wegen zu berücksichtigender ausgleichspflichtiger Zuwendungen gemäß §§ 2316, 2050 ff. BGB, auf den Pflichtteil anzurechnender Zuwendung gemäß § 2315 BGB sowie aus ausgleichspflichtigen Schenkungen gemäß §§ 2325 ff. BGB ergeben. Dies gilt auch für gegebenenfalls gemäß § 2327 Abs. 1 BGB zu berücksichtigende Eigengeschenke des Pflichtteilsberechtigten. Eine vergleichsweise Regelung sollte daher stets eine Zusicherung des Pflichtteilsschuldners enthalten, dass ihm über die der vergleichsweisen Regelung zugrunde gelegten bzw. im Bestandsverzeichnis aufgeführten lebzeitigen Zuwendungen des Erblassers hinaus keine weiteren Zuwendungen bekannt sind bzw. dass solche Zuwendungen nicht erfolgt sind. Gleiches gilt in Bezug auf den Pflichtteilsberechtigten hinsichtlich Eigengeschenken gemäß § 2327 Abs. 1 BGB. Weiter zu regeln sind Zahlungsmodalitäten, Verzugsfolgen und Verzinsung.

Muster: Vergleich über einen Pflichtteilsanspruch

118

Außergerichtlicher Vergleich

Herrn ......, als Erbe des am ...... verstorbenen ......

– nachfolgend „Erbe" genannt –

vertreten durch Herrn Rechtsanwalt ......

und

Frau ......

– nachfolgend „Pflichtteilsberechtigte" genannt –

vertreten durch Herrn Rechtsanwalt ......

Die Parteien schließen nachfolgenden Vergleich zur Regelung der Pflichtteilsansprüche des Pflichtteilsberechtigten am Nachlass des am ...... in ...... verstorbenen Herrn ......:

§ 1 Vorbemerkung

Der vorgenannte Erblasser hat durch letztliche Verfügung vom ...... seinen Sohn zu seinem Alleinerben berufen. Die Ehefrau ist vorverstorben. Seine Tochter (im Folgenden: Pflichtteilsberechtigte) hat er enterbt, sodass diese nunmehr pflichtteilsberechtigt ist. Im Hinblick hierauf vereinbaren die Parteien zur Regelung der Pflichtteilsansprüche der Pflichtteilsberechtigten am Nachlass des Erblassers folgendes:

§ 2 Vergleichsgegenstand

Der Erbe anerkennt eine Pflichtteilsquote der Pflichtteilsberechtigten am Nachlass des verstorbenen Erblassers in Höhe von einem Viertel. Des Weiteren anerkennen die Parteien den Bestand des Nachlasses, wie er sich aus dem Bestandsverzeichnis vom ...... ergibt, welches zum wesentlichen Bestandteil dieser Vereinbarung gemacht wird, einschließlich dessen Wertfeststellung als verbindlich an. Zudem legen die Parteien einvernehmlich der Berechnung der vorgenannten Pflichtteilsquote den gesetzlichen Güterstand der Zugewinngemeinschaft zugrunde. Diese vergleichsweise Regelung umfasst alle Pflichtteils- und Pflichtteilsergänzungsansprüche sowie Pflichtteilsausgleichsansprüche gemäß §§ 2316, 2050 ff. BGB, soweit sie sich aus dem Nachlassbestand gemäß beigefügtem Bestandsverzeichnis ergeben.

III. Die prozessuale Geltendmachung von Pflichtteilsansprüchen

§ 3 Zahlungsverpflichtung, Verzugsfolgen
Der Erbe zahlt an die Pflichtteilsberechtigte zur Abgeltung sämtlicher Pflichtteilsansprüche gemäß vorstehendem § 2 bis spätestens zum ...... einen Betrag in Höhe von € ...... Die Zahlung hat kostenfrei auf das Konto der Pflichtteilsberechtigten beim Kreditinstitut ......, Konto-Nummer. ...... BLZ ...... zu erfolgen. Erfolgt die Zahlung nicht fristgerecht, ist der rückständige Betrag mit ...... % p. a. zu verzinsen.

§ 4 Nachabfindung
Ansprüche der Parteien gemäß § 2313 Abs. 1 BGB werden von dieser Vereinbarung nicht berührt. Der Erbe verpflichtet sich die Pflichtteilsberechtigte über nachträglich bekannt werdende Aktiva des Nachlasses umgehend schriftlich zu unterrichten. Soweit sich aus der Berücksichtigung dieser Aktiva Änderungen des Nettonachlasswertes im Verhältnis zu dem Bestandsverzeichnis gemäß vorstehendem § 2 ergeben, ist der Pflichtteil neu zu berechnen und ein sich ergebender Unterschiedsbetrag, soweit er einen Betrag von € ...... überschreitet, innerhalb von drei Wochen nach der schriftlichen Geltendmachung auszugleichen. Insoweit verzichtet der Erbe auf die Einrede der Verjährung. Erfolgt kein fristgerechter Ausgleich ist der Betrag mit ......% p. a. zu verzinsen.

§ 5 Zusicherungen
Der Erbe sichert zu, dass
- das diesem Vergleich als Anlage beigefügte Bestandsverzeichnis vollständig ist,
- keine weiteren Umstände bekannt sind, die für die Höhe des Pflichtteils bzw. dessen Bewertung bedeutend sind,
- ihm keine weiteren, außer den im Bestandsverzeichnis angegebenen Schenkungen im Sinne von §§ 2325 ff. BGB bekannt sind,
- ihm keine ausgleichspflichtigen Zuwendungen im Sinne von §§ 2316, 2050 ff. BGB bekannt sind,
- er keine lebzeitigen gemäß § 2317 BGB anzurechnenden Eigenschenkungen erhalten hat.

Gegebenenfalls bietet es sich an, die Zahlung des Pflichtteilsbetrages dadurch zu sichern, dass sich der Pflichtteilsschuldner wegen der Zahlungsverpflichtungen aus dem Vergleich in demselben der sofortigen Zwangsvollstreckung unterwirft. In Verbindung hiermit kommt auch eine grundbuchrechtliche Absicherung in Betracht.[226] In diesen Fällen bedarf es dann allerdings einer notariellen Beurkundung des Vergleichsabschlusses.

---
[226] Mayer/Süß/Tanck/Bittler/Wälzholz/*Tanck* § 14 Rn. 72.

§ 10 Das Pflichtteilsrecht in der notariellen Kautelarpraxis

Übersicht

	Rn.
I. Bedeutung des Pflichtteilsrechts für die Kautelarpraxis	1–4
II. Rechtsgeschäfte unter Lebenden	5–170
1. Erbverzicht	5–48
a) Rechtsnatur	5
b) Gegenstand/Vertragsschließende	6–8
c) Form und sonstige Wirksamkeitsvoraussetzungen	9–26
d) Wirkungen	27–33
e) Beschränkungsmöglichkeiten	34, 35
f) Sittenwidrigkeit	36
g) Beseitigungsmöglichkeiten	37–47
h) Urkundenbehandlung	48
2. Pflichtteilsverzicht	49–79
a) Gegenstand/Bedeutung in der Praxis	49
b) Form und sonstige Wirksamkeitsvoraussetzungen	50–53
c) Wirkungen	54–57
d) Sittenwidrigkeit/Anfechtbarkeit	58–64
e) Aufhebbarkeit	65, 66
f) Beschränkungsmöglichkeiten	67
g) Praxishäufige Pflichtteilsverzichte	68–78
h) Urkundenbehandlung	79
3. Lebzeitige Zuwendungen unter Anrechnung auf den Pflichtteil; Ausgleichungspflichten	80–120
a) Anrechnungspflicht	80–95
b) Ausgleichungspflicht	96–116
c) Zusammentreffen von Anrechnungs- und Ausgleichungspflicht	117–120
4. Ehe- und Lebenspartnerschaftsverträge und Güterstandswahl	121–128
a) Faktoren für die Bemessung der Pflichtteilsquote	121
b) Pflichtteilsquote bei Zugewinngemeinschaft	122–125
c) Pflichtteilsquote bei Gütergemeinschaft	126
d) Pflichtteilsquote bei Gütertrennung	127
e) Erb- und Pflichtteilsquote des eingetragenen Lebenspartners	128
5. Unternehmensnachfolge und Pflichtteilsrecht	129–149
a) Pflichtteil als Störfaktor der Unternehmensnachfolge	129, 130
b) Pflichtteilsverzicht	131, 132
c) Bewertung von Unternehmen	133–135
d) Anteile an Personengesellschaften	136–145
e) Anteile an Kapitalgesellschaften	146
f) Lebzeitige Übertragung von Gesellschaftsbeteiligungen (und Schenkung)	147–149
6. Aufnahme eines notariellen Nachlassverzeichnisses	150–170
a) Bedeutung des notariellen Nachlassverzeichnisses im Pflichtteilsrecht	150–154
b) Formen der notariellen Mitwirkung bei der Erstellung von Nachlassverzeichnissen	155, 156
c) Inhalt des Verzeichnisses	157–161
d) Verfahren	162–165
e) Fassung der Urkunde	166–170
III. Verfügungen von Todes wegen	171–344
1. Zwingendes Pflichtteilsrecht als Gestaltungsgrenze	171–173
2. Pflichtteilsentziehung	174–184
a) Bedeutung in der Praxis	174–178
b) Erbrechtsreform	179–184
3. Pflichtteilsbeschränkung in guter Absicht	185–194
a) Praktische Bedeutung des § 2338 BGB	185
b) Wesen der Pflichtteilsbeschränkung	186
c) Tatbestandsvoraussetzungen	187
d) Beschränkungsmöglichkeiten	188–194

	Rn.
4. Pflichtteilsklauseln	195–216
a) Problem	195–197
b) Pflichtteilsklauseln bei Wahl der Einheitslösung	198–209
c) Pflichtteilsstrafklausel im Fall der Trennungslösung	210, 211
d) Pflichtteilsstrafklausel bei Herausgabevermächtnislösung	212–214
e) Socinische Klausel	215, 216
5. Vor- und Nacherbfolge	217
a) Wesen und Anwendungsbereich	217–221
b) Ausgestaltung der Vor- und Nacherbfolge	222–235
c) Rechtsstellung des Vorerben während der Vorerbschaft	236–242
d) Verlautbarung der Nacherbfolge	243–245
6. Vor- und Nachvermächtnis, Herausgabevermächtnis	246–265
a) Vor- und Nachvermächtnis	246–256
b) Herausgabevermächtnis	257–265
7. Behindertentestament	266–298
a) Problemstellung	266, 267
b) Nicht geeignete Gestaltungen	268–274
c) Erblösung	275–292
d) Vermächtnislösung	293–298
8. Geschiedenentestament	299–323
a) Problemstellung	299
b) Gestaltungslösungen	300
c) Vor- und Nacherbfolge	301–317
d) Vermächtnislösung(en)	318–323
9. Gestaltung der Pflichtteilslasten	324–344
a) Problemstellung	324
b) Überblick über die gesetzliche Regelung der Pflichtteilslast	325–335
c) Gestaltungsmöglichkeiten durch den Erblasser	336–341
d) Grenzen der Gestaltung	342–344

I. Bedeutung des Pflichtteilsrechts für die Kautelarpraxis

1   Das Pflichtteilsrecht ist für die notarielle Beratungs- und Gestaltungspraxis von erheblicher Bedeutung. Dies gilt nicht nur für die vorsorgenden Überlegungen bei der Vermögens- und Nachlassplanung, sondern v. a. für die Gestaltung von Testamenten und Erbverträgen. Der Notar hat bei der Beurkundung von Verfügungen von Todes wegen gem. § 17 BeurkG über mögliche Pflichtteilsansprüche von Personen, die in der Verfügung von Todes wegen ganz oder teilweise übergangen werden und zum Kreis der abstrakt Pflichtteilsberechtigten gehören, zu belehren. Denn die beim Erbfall entstehende Forderung des konkret Pflichtteilsberechtigten stellt eine latente Gefahr für den vom Erblasser angestrebten Verteilungsplan dar.

2   In den letzten Jahren ist das Pflichtteilsbewusstsein in der Bevölkerung (aber auch bei den Anwälten) größer geworden, was sich auch an der Zunahme von Nachlassverzeichnissen auf Verlangen der Pflichtteilsberechtigten ersehen lässt. Dabei ist die pflichtteilsrechtliche Beratung risikoreich. Dies liegt zum einen an z.T. sehr komplizierten Gesetzesvorschriften. Zum anderen fehlt es häufig an höchstrichterlicher Rspr. zur Thematik.

3   Eine **Reform des Pflichtteilsrechts** wurde u. a. aus notarieller Perspektive für notwendig erachtet.[1] Das BVerfG hat mit seinem Beschluss vom 19. 4. 2005[2] hierfür die Rahmenbedingungen vorgegeben, indem es einerseits entschied, dass es von Verfassungs wegen geboten ist, nahen Familienangehörigen (insbesondere Abkömmlingen) auch gegen den Willen des Erblassers eine bedarfsunabhängige Mindestbeteiligung am Nachlass einzuräumen. Andererseits hat das BVerfG klar gestellt, dass die Art der Nachlassteilhabe verfassungsrechtlich nach wie vor nicht zwingend vorgegeben sei, so dass für die inhaltliche Ausgestaltung des Pflichtteilsrechts ein weiter Gestaltungsspielraum des einfachen Gesetzgebers bestehe.

---

[1] Vgl. Rechtspolitisches Forum der BNotK im Jahr 2000 in Berlin; Tagungsbericht von *Keim* DNotZ 2001, 434 ff.

[2] ZEV 2005, 301 = ZErb 2005, 169 m. Anm. *Lange*, 205 = FamRZ 2005, 1441 m. Anm. *J. Mayer*.

Die am 2. 7. 2009 verabschiedete **Reform des Erb- und Verjährungsrechts,**[3] die zum 1. 1. 4
2010 in Kraft getreten ist, hat einige der ursprünglich auch aus notariellen Kreisen erhobenen Forderungen aufgegriffen. Danach werden u. a. die Pflichtteilsentziehungsgründe modernisiert, die Stundungsgründe erweitert und der haftungsträchtige § 2306 Abs. 1 S. 1 BGB abgeschafft. Zudem soll es künftig eine gleitende Ausschlussfrist für den Pflichtteilsergänzungsanspruch geben (§ 2325 Abs. 3 S. 1 BGB), der Zuwendungsverzicht (§ 2352 BGB) auf die Abkömmlinge erstreckt werden und Pflegeleistungen sollen beim Erbausgleich besser honoriert werden (§ 2057 a BGB n. F.). Die – ursprünglich im Regierungsentwurf vorgesehene – Möglichkeit einer **nachträglichen Pflichtteilsanrechnung** bzw. nachträglichen Anordnung oder Änderung der Erbausgleichung wurde allerdings letztlich doch gestrichen.[4] Abgesehen davon bleibt das Pflichtteilsrecht weiterhin eine rechtlich schwierige Materie, die noch genügend Haftungsfälle bereithält. Da die vorsorgliche Beratung und Gestaltung vor Eintritt des Erbfalls weitgehend in der Hand des Notars liegt, ist es gerechtfertigt, das Pflichtteilsrecht in der notariellen Kautelarpraxis als Thema in einem eigenen Kapitel zu behandeln.

II. Rechtsgeschäfte unter Lebenden

1. Erbverzicht

Schrifttum: *Coing*, Zur Lehre vom teilweisen Erbverzicht, JZ 1960, 209; *Damrau*, Der Erbverzicht als Mittel zweckmäßiger Vorsorge für den Todesfall, 1966; *Faßbender*, Der Erbverzicht, MittRhNotK 1962, 602; *Keim*, Der stillschweigende Erbverzicht: sachgerechte Auslegung oder unzulässige Unterstellung?, ZEV 2001, 1; *Keller*, Die Form des Erbverzichts, ZEV 2005, 229; *Kramm*, Entstehung und Beseitigung der Rechtswirkungen eines Erbverzichts, 2004; *Kuchinke*, Bedarf der dem Erbverzichtsvertrag zugrunde liegende Verpflichtungsvertrag notarieller Beurkundung?, NJW 1983, 2358; *ders.*, Zur Aufhebung des Erbverzichts mit Drittwirkung, ZEV 2000, 169; *Münch*, Infiziert der Ehevertrag erbrechtliche Verzichte oder Verfügungen?, ZEV 2008, 571; *Muscheler*, Aufhebung des Erbverzichts nach dem Tod des Verzichtenden, ZEV 1999, 49; *Pentz*, Anfechtung eines Erbverzichts, MDR 1999, 785; *Reul*, Erbverzicht, Pflichtteilsverzicht, Zuwendungsverzicht, MittRhNotK 1997, 373; *Schotten*, Das Kausalgeschäft zum Erbverzicht, DNotZ 1998, 163; *Wendt*, Unverzichtbares bei erbrechtlichen Verzichten, ZNotP 2006, 2.

a) **Rechtsnatur.** Der Erbverzicht ist ein Vertrag, den der Erblasser mit einem künftigen ge- 5
setzlichen Erben oder Pflichtteilsberechtigten abschließt. Der Vertrag bewirkt den Ausschluss des Erbrechts bzw. die Verhinderung der Entstehung des Pflichtteilsanspruchs und hat damit Verfügungswirkung. Der Erbverzicht ist keine Verfügung von Todes wegen, sondern ein **abstraktes Rechtsgeschäft unter Lebenden auf den Todesfall.** Anders als ein Erbvertrag hat der Erbverzichtsvertrag einen rein negativen Inhalt.

b) **Gegenstand/Vertragsschließende.** Gem. § 2346 Abs. 1 S. 1 BGB können Verwandte 6
sowie der Ehegatte des Erblassers durch Vertrag mit dem Erblasser auf ihr **gesetzliches Erbrecht** verzichten (sog. Erbverzicht im engeren Sinne). Gleiches gilt gem. § 10 Abs. 7 LPartG für den eingetragenen Lebenspartner. Nach allgemeiner Auffassung muss der Verzichtende dabei nicht der nächstberufene gesetzliche Erbe sein bzw. bereits die Eigenschaft eines Verwandten, Ehegatten oder Lebenspartners haben. Vielmehr ist der Verzicht auch auf ein ungewisses oder **künftig erst entstehendes** gesetzliches Erbrecht zulässig.

Verzichten kann also beispielsweise:
- der künftige Ehegatte (bzw. Verlobte), wie sich bereits aus der Erwähnung des Verlobten in § 2347 Abs. 1 BGB herleiten lässt;
- der eingetragene Lebenspartner noch vor Begründung der eingetragenen Lebenspartnerschaft;
- das nichteheliche Kind bzw. der nichteheliche Vater, noch bevor die Vaterschaft anerkannt oder gerichtlich festgestellt ist;
- der Angenommene bzw. Annehmende noch vor Durchführung der Adoption.

---

[3] Gesetz zur Änderung des Erb- und Verjährungsrechts vom 24. 9. 2009, BGBl. I, 3142; vgl. dazu auch BT-Drucks. 16/8954 (Regierungsentwurf); BT-Drucks. 16/13 543 (Beschlussempfehlung und Bericht des Rechtsausschusses).
[4] Vgl. BT-Drucks. 16/13 543, S. 5, 7.

7   Inhalt des Verzichtsvertrages ist immer das gesetzliche Erbrecht (und ggf. Pflichtteilsrecht) nach dem vertragsschließenden Erblasser. Es kann also nicht auf das Erb- und Pflichtteilsrecht nach Dritten oder allgemein nach allen Erbfällen mit Bezug auf den Vertragspartner verzichtet werden.[5]

Beispiel:
Das nichteheliche Kind K schließt mit seinem Vater V einen **Erbverzichtsvertrag**. Verstirbt V, wird K nicht gesetzlicher Erbe und hat auch kein Pflichtteilsrecht nach seinem Vater. Der mit dem Vater abgeschlossene Erbverzicht lässt aber das Erb- und Pflichtteilsrecht des K nach den väterlichen Verwandten unberührt. Versterben nach V nun dessen Vater oder Mutter, steht K ein gesetzliches Erb- und Pflichtteilsrecht am Nachlass des jeweiligen Großelternteils zu (sofern nicht mit jenem ebenfalls ein Erbverzichtsvertrag abgeschlossen worden ist). – Anders wäre die Rechtslage dagegen, wenn der Vater bis zum 1. 4. 1998 (vgl. Art. 227 Abs. 1 Nr. 2 EGBGB) mit K einen **vorzeitigen Erbausgleich** nach § 1934d BGB a. F. vereinbart hätte. Denn der vorzeitige Erbausgleich beseitigte nicht nur gegenüber dem Vater, sondern auch gegenüber den väterlichen Verwandten das gesetzliche Erb- und Pflichtteilsrecht (§ 1934e BGB a. F.).

8   Der **Anwendungsbereich** des Erbverzichts ist relativ gering. Denn er erfasst nur den Verzicht auf das gesetzliche Erbrecht. Der Erblasser kann aber ohnehin durch gewillkürte Erbregelung die gesetzliche Erbfolge abbedingen. Außerdem erfasst der Erbverzicht vom Gegenstand her auch nicht ohne weiteres Zuwendungen aus bestehenden Verfügungen von Todes wegen. Insoweit kommt nur ein Zuwendungsverzichtsvertrag i. S. von § 2352 BGB in Betracht. Zielt der Verzicht in erster Linie auf die Ausschaltung des Pflichtteilsrechts, sollte wegen der Erhöhung der Pflichtteilsquoten der übrigen Pflichtteilsberechtigten gem. § 2310 S. 2 BGB (vgl. dazu noch unten Rn. 27) geprüft werden, inwieweit ein reiner Pflichtteilsverzichtsvertrag i. V. mit einer enterbenden Verfügung des Erblassers genügt.

9   c) **Form und sonstige Wirksamkeitsvoraussetzungen.** *aa) Notarielle Beurkundung.* Der Erbverzichtsvertrag bedarf gem. § 2348 BGB (zwingend) der **notariellen Beurkundung**. Ein privatschriftlicher oder öffentlich beglaubigter Erbverzichtsvertrag ist daher gem. § 125 BGB formnichtig. Nach § 127a BGB kann die notarielle Beurkundung aber durch die Beurkundung im Rahmen eines **Prozessvergleichs** ersetzt werden, wobei der Erblasser wegen § 2347 Abs. 2 S. 1 BGB persönlich mitwirken muss.[6]

10 Das Formerfordernis gilt nach h. A. nicht nur für den abstrakten Erbverzicht, sondern auch für das diesem (regelmäßig) zugrunde liegende **Verpflichtungsgeschäft** (causa).[7] Dies wird mit der Beweis- und Warnfunktion des § 2348 BGB begründet, die nicht eingehalten werden könne, wenn aus einem formfrei vereinbarten Verpflichtungsgeschäft auf Erfüllung geklagt werden könne. Ist das Verpflichtungsgeschäft aber – was häufig geschieht – nicht notariell beurkundet worden, ist es unwirksam. Nach h. A. kann der (gegenseitige) Verpflichtungsvertrag durch den formgerecht erklärten (abstrakten) Erbverzicht entsprechend den §§ 311b Abs. 1 S. 2, 518 Abs. 2 BGB geheilt werden und zwar in vollem Umfang (d. h. auch hinsichtlich einer etwaigen Entgeltabrede).[8] Im Übrigen gilt auch für Erbverzicht und Verpflichtungsgeschäft das Abstraktionsprinzip: ist Letzteres unwirksam, führt dies grundsätzlich nicht auch zur Unwirksamkeit des Erbverzichts.[9]

11 Wird der Erbverzicht aufgrund einer Abfindung erklärt (meist in Form einer Zuwendung unter Lebenden), spricht man von einem **entgeltlichen Erbverzicht.** Erbverzicht und Abfindungsvereinbarung stellen im Grunde selbständige Geschäfte dar. Sie können keinen einheitlichen Vertrag i. S. d. §§ 321ff. BGB bilden, weil der Erbverzicht als abstraktes Rechtsgeschäft nicht in einem Synallagma zu der Abfindungsvereinbarung stehen kann.[10] Damit besteht beispielsweise auch die Gefahr für den Verzichtenden, dass der von ihm erklärte Verzicht wirksam bleibt, obwohl er die Abfindung nicht erhalten hat. Dem kann dadurch

---

[5] Vgl. BayObLG FamRZ 2005, 1781 = MittBayNot 2006, 56.
[6] BayObLGZ 1965, 86, 89 = NJW 1965, 1276.
[7] KG OLGZ 74, 263 ff.; *Damrau* NJW 1984, 1163 ff.; *Keller* ZEV 2005, 229 ff.; *Schotten* DNotZ 1998, 163 ff.; Staudinger/*Schotten* § 2348 Rn. 10 m. w. N.; a. A. *Kuchinke* NJW 1983, 2358 ff.
[8] Vgl. LG Bonn ZEV 1999, 356, 357; Staudinger/*Schotten* § 2348 Rn. 17 m. w. N.
[9] Vgl. dazu nur BayObLG NJW-RR 2006, 372.
[10] MünchKommBGB/*Strobel* § 2346 Rn. 21.

begegnet werden, dass die zugrunde liegenden **Kausalgeschäfte** zum Gegenstand eines Vertrages i. S. d. §§ 321 ff. BGB gemacht werden, wonach sich der Erblasser zur Leistung einer Abfindung, der Vertragspartner zum Abschluss des Verzichtsvertrages verpflichtet. Alternativ können die beiden Rechtsgeschäfte durch eine **Bedingung** miteinander verknüpft werden, beispielsweise indem der Erbverzicht durch die Leistung der Abfindung aufschiebend bedingt (bzw. durch die Nichtleistung bis zu einem bestimmten Zeitpunkt auflösend bedingt) ausgestaltet wird.[11] Schließlich können Erbverzicht und Abfindungsvereinbarung auch als **einheitliches Rechtsgeschäft** ausgestaltet werden, so dass in zumindest entsprechender Anwendung des § 139 BGB bei Unwirksamkeit des einen Teils (etwa der Abfindungsvereinbarung) auch der andere davon erfasst wird.[12] Die Abfindung für einen Erbverzicht stellt im Hinblick auf § 2310 S. 2 BGB keine pflichtteilsergänzungserhebliche Zuwendung dar, solange sie sich im Rahmen der Erberwartung des Verzichtenden hält.[13] Für die Abfindung für einen Pflichtteilsverzicht liegt noch keine Entscheidung vor, so dass die Rechtslage sehr umstritten ist.

bb) Vertrag/Auslegung. Beim Erbverzicht (oder Pflichtteilsverzicht) handelt es sich **nicht** um eine einseitige (empfangsbedürftige) Willenserklärung, auch wenn dies oft (fälschlicherweise) so dargestellt wird. Das wirksame Zustandekommen eines Erbverzichts (oder Pflichtteilsverzichts) erfordert vielmehr den Abschluss eines **Vertrages** zwischen dem Erblasser und dem Verzichtenden (§ 2346 Abs. 1 S. 1 BGB). Dabei ist es gleichgültig, von welcher Partei das Angebot und von welcher die Annahme erklärt wird.

> **Praxistipp:**
> Bei der Formulierung eines Erbverzichts ist wegen der Vertragsform darauf zu achten, dass das von der einen Seite auf Abschluss eines Erbverzichtsvertrages gerichtete Angebot auch von der anderen Seite ausdrücklich angenommen wird, beispielsweise mit der Formel: „Der Erblasser nimmt den vorstehenden Verzicht an". Andernfalls muss das Vorliegen eines Vertrages im Wege der Auslegung der Urkunde ermittelt werden, was im Sinne der Herstellung einer wirksamen, nicht auslegungsbedürftigen Urkunde vermieden werden sollte.

Mit dem Formerfordernis schwer zu vereinbaren ist der Standpunkt der h. Rspr., wonach ein Erbverzicht nicht ausdrücklich erklärt werden muss, sondern den Vereinbarungen der Beteiligten ggf. auch ein **stillschweigender Erbverzicht** entnommen werden kann.[14] Diese Ansicht wird in der Literatur daher auch verbreitet kritisiert.[15] Beachtet man aber die Grundsätze der Andeutungstheorie und der ergänzenden Auslegung, bestehen aus Gründen des Formgebots keine Bedenken gegen diese Rspr.[16] Es müssen daher zumindest deutliche Anhaltspunkte für die Erklärung eines Erbverzichts bestehen; die in einem Grundstücksübertragungsvertrag enthaltene Erklärung, dass die Übertragung zur Abfindung von Erbansprüchen erfolgen soll, genügt in der Regel nicht zur Annahme eines Erbverzichts.[17] Diese restriktive Handhabung entspricht i. Ü. dem allgemeinen Grundsatz, dass Verzichtsvereinbarungen zurückhaltend auszulegen sind und im Zweifel immer vom geringeren Umfang auszugehen ist.

cc) Vertretungsmöglichkeiten auf Seiten des Erblassers. Nach § 2347 Abs. 2 S. 1 Hs. 1 BGB kann der **Erblasser** den Erbverzichtsvertrag nur **persönlich** schließen. Von Seiten des Erblassers ist der Erbverzichtsvertrag damit grundsätzlich keiner Vertretung zugänglich. Dies gilt nicht nur für die vollmachtlose Vertretung des Erblassers, sondern auch für die

---

[11] Vgl. MünchKommBGB/*Strobel* § 2346 Rn. 25 m. w. N.
[12] OLG Bamberg OLGR 1998, 169, 170.
[13] BGH ZEV 2009, 77 ff. m. Anm. *Schindler* = NJW 2009, 1143 ff. m. Anm. *Zimmer*.
[14] BGHZ 22, 364 ff. = NJW 1957, 422; BGH NJW 1977, 1728 f.; ähnlich OLG Düsseldorf MittBayNot 1999, 574, 575 f.
[15] Vgl. Staudinger/*Schotten* § 2346 Rn. 13 f. m. w. N.
[16] Vgl. *Keim* ZEV 2001, 1, 3 f.; Bamberger/Roth/*J. Mayer* § 2346 Rn. 8 m. w. N.
[17] OLG Hamm NJW-RR 1996, 906.

Vertretung aufgrund einer zuvor erteilten Vollmacht.[18] Der Grundsatz der Höchstpersönlichkeit der Erklärung im Hinblick auf den Erblasser entspricht der gesetzlichen Regelung bei Errichtung eines Testaments (§ 2064 BGB) und Abschluss eines Erbvertrages (§ 2274 BGB). Wie bei diesen Erklärungen geht es um die Beeinflussung der (gesetzlichen) Erbfolge nach dem Erblasser, so dass die Gleichstellung der Erklärungen im Hinblick auf die Vertretungsmöglichkeiten gerechtfertigt ist, auch wenn der Erbverzichtsvertrag keine Verfügung von Todes wegen darstellt.

16 Eine Ausnahme vom Vertretungsverbot besteht allerdings für den **geschäftsunfähigen Erblasser**, der beim Abschluss des Erbverzichtsvertrages durch seinen **gesetzlichen Vertreter** vertreten werden kann (vgl. § 2347 Abs. 2 S. 2 BGB). Gesetzlicher Vertreter ist im Falle der Volljährigkeit nur der Betreuer i. S. d. §§ 1896 ff. BGB. Das Handeln aufgrund einer Vollmacht ist nach dem Gesetzeswortlaut nicht zulässig. Dies gilt selbst für eine General- oder Vorsorgevollmacht, deren Zweck es ist, die Bestellung eines gesetzlichen Vertreters zu vermeiden. Das Subsidiaritätsprinzip (vgl. § 1896 Abs. 2 S. 2 BGB) greift allerdings nicht ein, wenn – wie bei § 2347 Abs. 2 S. 2 BGB – nach dem Wortlaut des Gesetzes das Handeln eines gesetzlichen Vertreters erforderlich ist. Da die Rechtswirksamkeit des Handelns des Betreuers mit der Geschäftsfähigkeit bzw. -unfähigkeit des Betroffenen steht und fällt, empfiehlt es sich in Zweifelsfällen, **beide** handeln zu lassen. Der vom Betreuer geschlossene Verzichtsvertrag bedarf außerdem zur Erlangung der Rechtswirksamkeit noch der **Genehmigung des Betreuungsgerichts**.

Praxistipp:

17 Bei der Vorschrift des § 2347 Abs. 2 S. 1 Hs. 1 BGB handelt es sich um **zwingendes** Recht, das selbstverständlich auch vom Notar zu berücksichtigen ist. Eine Nichtbeachtung des Vertretungsverbots führt nicht nur zur Unwirksamkeit des Erbverzichtsvertrags, sondern stellt auch eine Amtspflichtverletzung des Notars dar.[19]

18 Das Vertretungsverbot in Bezug auf den Erblasser gilt auch für die Beurkundung eines Erbverzichts im Rahmen eines **Prozessvergleichs** (§ 127a BGB). Daher muss der Erblasser auch im Anwaltsprozess dabei persönlich mitwirken.[20] Andernfalls wäre der Verzichtsvertrag unwirksam.

19 dd) *Vertretungsmöglichkeiten auf Seiten des Verzichtenden*. Anders als der Erblasser kann sich der Verzichtende bei Abschluss des Erbverzichtsvertrages ebenso vertreten lassen wie bei sonstigen Rechtsgeschäften unter Lebenden. Dies ergibt sich incidenter aus § 2347 Abs. 2 BGB, der allein für den Erblasser ein Vertretungsverbot normiert, während eine entsprechende Regelung für den Verzichtenden fehlt. Im Ergebnis ist dies überraschend, ist doch beim erbrechtlichen Verzichtsvertrag eigentlich der Verzichtende die „Hauptperson". Der Verzichtende kann damit sowohl durch seinen **gesetzlichen Vertreter** als auch durch einen **Bevollmächtigten** vertreten werden. Handelt für den Verzichtenden ein Vertreter ohne Vertretungsmacht (§ 177 BGB), ist es – soweit ersichtlich – unbestritten, dass die Genehmigung keiner besonderen Form bedarf. Es empfiehlt sich gleichwohl aus Beweisgründen, bei der Genehmigungserklärung die Schriftform zu wahren und sie ggf. auch notariell beglaubigen zu lassen.

20 Nach § 2347 Abs. 1 S. 1 BGB bedarf der durch den gesetzlichen Vertreter für den Minderjährigen oder Betreuten als Verzichtenden abgeschlossene Erbverzicht zur Erlangung der Wirksamkeit der **Genehmigung des Vormundschaftsgerichts** (ab dem 1. 9. 2009: Zuständigkeit des Familien- bzw. Betreuungsgerichts). Dies gilt unabhängig davon, ob der Verzichtende geschäftsunfähig oder beschränkt geschäftsfähig ist.[21] Prüfungsmaßstab für die Erteilung der Genehmigung ist – wie im Rahmen der §§ 1821, 1822 BGB – das **Wohl des**

---

[18] OLG Düsseldorf NJW-RR 2002, 584.
[19] BGH NJW 1996, 1062 = DNotZ 1997, 44.
[20] BayObLGZ 1965, 86, 89 = NJW 1965, 1276.
[21] Staudinger/*Schotten* § 2347 Rn. 15.

II. Rechtsgeschäfte unter Lebenden 21–24 § 10

Verzichtenden, auf dessen Interessen abzustellen ist.[22] Bezogen auf das Recht, auf das verzichtet wird (gesetzlicher Erbteil, Pflichtteil), muss daher in der Regel eine vollwertige oder zumindest annähernd **vollwertige Abfindung** gewährt werden.[23] Wegen des aleatorischen Charakters (schließlich weiß keiner, wann der Erbfall eintreten wird und wie sich der Nachlass bis dahin weiterentwickelt) besteht aber letztlich ein großer Beurteilungsspielraum des Gerichts.[24]

ee) Gleichzeitige Anwesenheit? Gleichzeitige Anwesenheit der Vertragsteile schreibt 21 § 2347 BGB – anders als etwa § 2276 Abs. 1 BGB für den Abschluss eines Erbvertrages oder § 1410 BGB für den Abschluss eines Ehevertrages – für einen Erbverzichtsvertrag nicht vor. Daher kann der Erbverzichtsvertrag gem. § 128 BGB auch in der Weise geschlossen werden, dass zunächst die eine Partei das **Angebot** und dann die andere Partei die **Annahme** beurkunden lässt.[25] In einem solchen Fall muss erkennbar sein, wer den Antrag stellt und wer ihn annimmt.[26] Gleichgültig ist aber, von welcher Partei der Antrag gestellt und von welcher die Annahme erklärt wird (auch der Verzichtende kann daher das Angebot abgeben). Die Erklärungen der Vertragsparteien müssen jedoch so aufeinander abgestimmt sein, dass sich zumindest im Wege der Auslegung ergibt, dass beide Erklärungen notwendige Bestandteile eines **einheitlichen Vertrages** sind.

Ein formbedürftiges Angebot wird grundsätzlich erst dann wirksam, wenn es dem Empfänger in **Ausfertigung** zugeht. Auch die Annahme des Angebotes muss dem Anbietenden grundsätzlich wieder zugehen. Im Falle der notariellen Beurkundung der Annahme kommt der Vertrag aber gem. § 152 S. 1 BGB bereits mit der Beurkundung der Annahme zustande. 22

> **Praxistipp:**
> Soll ein **wechselseitiger Erb- oder Pflichtteilsverzichtsvertrag** (z.B. zwischen getrennt lebenden 23 Ehegatten) beurkundet werden, weigern sich die Urkundsbeteiligten jedoch, zwecks Beurkundung beim Notar zusammenzutreffen, können diese zeitlich nacheinander den Notar oder verschiedene Notare (an verschiedenen Orten) aufsuchen. Zunächst erklärt der erste Vertragsteil notariell beurkundet das Angebot auf Abschluss eines Erb- oder Pflichtteilsverzichtsvertrages nach ihm als Erblasser und nach dem anderen als Verzichtender. Der andere Vertragsteil muss dann nur noch in notariell beurkundeter Form beide Angebote annehmen, nachdem ihm diese in Ausfertigung zugegangen sind (Angebot-/Annahmekonstruktion). – Eine Beurkundung des Erbverzichtsvertrages mittels (vollmachtlosem) Vertreter mit Genehmigung des anderen Teils scheidet auf Seiten des Erblassers wegen des Vertretungsverbots gem. § 2347 Abs. 2 S. 1 BGB (vgl. dazu oben Rn. 15) aus.

ff) Zustimmungserfordernisse. Der Verzichtende bedarf zum wirksamen Abschluss eines 24 Erbverzichtsvertrages keiner **Zustimmung seines Ehegatten**. Für die Zugewinngemeinschaft ergibt sich dies daraus, dass der Erbverzicht keine Verfügung über das Vermögen des Verzichtenden darstellt, so dass § 1365 BGB nicht zur Anwendung kommen kann, selbst wenn das zu erwartende Erbe das einzige Vermögen des Verzichtenden darstellen würde.[27] Auch wenn sich derjenige, der den Erbverzicht abgibt, in Insolvenz befindet, kann er grundsätzlich ohne **Mitwirkung des Insolvenzverwalters** auf künftige Erb- oder Pflichtteilsansprüche verzichten. Denn das Verwaltungs- und Verfügungsrecht des Verwalters gem. § 80 Abs. 1 InsO bezieht sich nur auf gegenwärtiges, nicht auf mögliches künftiges Vermögen.[28] Der Pflichtteilsverzicht berechtigt auch nicht zur Insolvenzanfechtung.[29] Entscheidend ist, dass durch den Pflichtteilsverzichtsvertrag keinerlei Vermögen des Schuldners weggegeben wird.

---

[22] Vgl. BGH NJW-RR 1995, 248 = ZEV 1995, 27 m. Anm. *Langenfeld*.
[23] Staudinger/*Schotten* § 2347 Rn. 20.
[24] *J. Mayer* FamRZ 1994, 1007, 1012; AnwK-BGB/*Beck/Ullrich* § 2347 Rn. 10.
[25] RG JW 1909, 139; OLG München JW 1938, 1244; Staudinger/*Schotten* § 2348 Rn. 12 m. w. N.
[26] Staudinger/*Schotten* § 2348 Rn. 12.
[27] MünchKommBGB/*Strobel* § 2346 Rn. 8.
[28] *Ivo* ZErb 2003, 250, 253.
[29] *Ivo* ZErb 2003, 250, 253.

Der Pflichtteilsverzicht verhindert lediglich einen künftigen erbrechtlichen Erwerb. Im Verbraucherinsolvenzverfahren kann darüber hinaus der Abschluss eines Erb- oder Pflichtteilsverzichtsvertrages nicht als Obliegenheitsverstoß nach § 295 Abs. 1 Nr. 2 InsO gewertet werden, da selbst die Ausschlagung der Erbschaft ohne Obliegenheitsverstoß möglich ist.[30]

25 *gg) Zeitliche Grenzen.* Ein abstrakter Erbverzichtsvertrag kann nach Auffassung des BGH[31] nur **zu Lebzeiten des Erblassers** wirksam geschlossen werden. Dies wird mit der Sicherheit des Rechtsverkehrs begründet, die aus Sicht des BGH erfordert, dass die mit dem Tod des Erblassers eintretende Erbfolgeregelung auf einer festen Grundlage steht und nicht nach beliebiger Zeit wieder geändert werden kann.[32] Schließt man sich der Ansicht des BGH an, dann kommen nach Eintritt des Erbfalls nur noch Ausschlagung oder Erbschaftsverkauf/Erbteilsübertragung in Betracht, wenn die Erbfolge umgestaltet werden soll.

26 *hh) Bedingung/Befristung.* Der Erbverzichtsvertrag kann nicht unter einem Rücktritts- oder Widerrufsvorbehalt geschlossen werden.[33] Zulässig ist jedoch die Vereinbarung einer auflösenden oder aufschiebenden **Bedingung** oder **Befristung** (vgl. § 2350 BGB).

27 **d) Wirkungen.** *aa) Ausschlusswirkung hinsichtlich des Verzichtenden und Erhöhung der Pflichtteilsquoten.* Der Erbverzichtsvertrag hat gem. § 2346 Abs. 1 S. 2 BGB zur Folge, dass der Verzichtende von der gesetzlichen Erbfolge ausgeschlossen ist, wie wenn er **zur Zeit des Erbfalls nicht mehr lebte**. Der Erbverzicht als abstraktes **Verfügungsgeschäft** ändert folglich mit Vertragsabschluss unmittelbar die gesetzliche Erbfolge. Gleichzeitig führt er gem. § 2310 S. 2 BGB zur Erhöhung der Pflichtteilsquoten der anderen Pflichtteilsberechtigten. In der kautelarjuristischen Praxis wird daher regelmäßig von der Vereinbarung eines Erbverzichts abgeraten und stattdessen der Abschluss eines bloßen Pflichtteilsverzichtsvertrages (ggf. i.V. mit einer enterbenden Verfügung des Erblassers) empfohlen.

Beispiel:
Die verwitwete Erblasserin hinterlässt vier Abkömmlinge K1, K2, K3 und K4 (Pflichtteilsquote je $1/8$). Schließt sie mit K4 einen Erbverzichtsvertrag, erhöht sich die Pflichtteilsquote von K1, K2 und K3 auf $1/6$ (die Pflichtteilslast von $1/2$ des Nachlasses bleibt also bestehen). Wird dagegen ein Pflichtteilsverzichtsvertrag geschlossen, verbleibt es bei der Pflichtteilsquote von K1, K2 und K3 von je $1/8$ und die Pflichtteilslast reduziert sich auf $3/8$.

28 *bb) Erstreckung der Wirkungen auf die Abkömmlinge des Verzichtenden.* Die Ausschlusswirkung des Erbverzichts ist im Grundsatz auf den Verzichtenden beschränkt, weil die an seiner Stelle eintretenden gesetzlichen Erben kraft eigenen Rechts und nicht aufgrund eines vom Verzichtenden abgeleiteten Rechts erbberechtigt sind.[34] Von diesem Grundsatz macht **§ 2349 BGB** eine wichtige Ausnahme: Der Verzicht eines Abkömmlings oder eines Seitenverwandten des Erblassers auf das gesetzliche Erbrecht hat den Wegfall der Abkömmlinge des Verzichtenden zur Folge, ohne dass der Verzicht zugleich in deren Namen erklärt werden müsste.

Beispiel:
Der Erblasser E schließt mit seinem Sohn S einen Erbverzichtsvertrag. Verstirbt S vor dem Erblasser, sind die Abkömmlinge des Sohnes S von der gesetzlichen Erbfolge nach dem Großvater E ausgeschlossen.

29 Die Ausschlusswirkung gilt allerdings gem. § 2349 Hs. 2 BGB nur, soweit **nicht ein anderes bestimmt** wird. § 2349 BGB greift damit nicht ein, wenn im Verzichtsvertrag eine abweichende Regelung getroffen wurde. Nach h.M. kann die Erstreckung der Verzichtswirkung auch nur hinsichtlich einzelner Abkömmlinge eingeschränkt werden.[35] In der Praxis emp-

---

[30] *Ivo* ZErb 2003, 250, 253; *Döbereiner*, Die Restschuldbefreiung nach der InsO, 1997, S. 167; so für den Verzicht auf einen bereits entstandenen Pflichtteilsanspruch auch BGH NJW 2009, 1750 = ZEV 2009, 250.
[31] BGHZ 37, 319, 329 = NJW 1962, 1910, 1913; BGHZ 134, 63 = NJW 1997, 521 = ZEV 1997, 111.
[32] BGHZ 134, 60, 63 = NJW 1997, 521 = ZEV 1997, 111.
[33] Nieder/Kössinger/*Nieder* § 19 Rn. 14.
[34] MünchKommBGB/*Strobel* § 2349 Rn. 1 m.w.N.
[35] Vgl. Bamberger/Roth/*J. Mayer* § 2349 Rn. 3 m.w.N.

fiehlt es sich daher regelmäßig, klar zu stellen, welche Reichweite der Erbverzicht haben soll.

Formulierungsvorschlag: (Erb- und Pflichtteilsverzicht mit Erstreckungswirkung)
Der Erschienene zu 2 verzichtet gegenüber dem Erblasser mit Wirkung für sich und seine Abkömmlinge auf das gesetzliche Erb- und Pflichtteilsrecht.

30

Alternative: (Erbverzicht ohne Erstreckungswirkung)
Der Erschienene zu 2 verzichtet gegenüber dem Erblasser auf sein gesetzliches Erb- und Pflichtteilsrecht. Der Verzicht erstreckt sich ausdrücklich nicht auf die Abkömmlinge des Verzichtenden.

31

Praxistipp:
Bisweilen wird übersehen, dass § 2349 BGB die Verzichtswirkung nur dann auf die Abkömmlinge erstreckt, wenn ein **Abkömmling** oder **Seitenverwandter** des Erblassers verzichtet. Die Vorschrift gilt also beispielsweise nicht für den Ehegatten (sonst könnten Abkömmlinge – auch gemeinsame – auf einfache Art „ausgeschaltet" werden). Soll sich der Verzicht außerhalb der in § 2349 BGB genannten Fälle auch auf die Abkömmlinge des Verzichtenden erstrecken (beispielsweise im Falle des Ehegatten), bedarf es separater Verzichtsverträge mit den Abkömmlingen.

32

cc) Erbverzicht zugunsten eines anderen (relativer Erbverzicht). Der Erbverzicht kann zugunsten eines anderen erfolgen. § 2350 BGB enthält hierzu zwei Auslegungsregeln.[36] Nach § 2350 Abs. 1 BGB ist ein Verzicht zugunsten eines anderen im Zweifel dadurch aufschiebend bedingt, dass der andere gesetzlicher oder gewillkürter Erbe wird. Verzichtet ein Abkömmling des Erblassers, so ist nach § 2350 Abs. 2 BGB auch ohne eine solche ausdrückliche Bedingung im Zweifel anzunehmen, dass dieser Verzicht nur zugunsten der anderen Abkömmlinge und des Ehegatten des Erblassers gelten soll. Der Kautelarjurist sollte sich allerdings auf beide Zweifelsregeln nicht verlassen, sondern im Vertrag die gewollte Rechtswirkung und seine etwaige Bedingtheit klarstellen.[37]

33

Formulierungsvorschlag: (Relativer Erbverzicht)
Der Verzicht erfolgt unter der Bedingung, dass der Bruder des Verzichtenden Alleinerbe des Erblassers wird.

e) Beschränkungsmöglichkeiten. Der Erbverzicht, der in der Praxis selten anzutreffen ist (vgl. oben Rn. 27), lässt nur wenige Modifikationen zu. Zulässig sind nur folgende Beschränkungen:

34

- Beschränkung auf das Pflichtteilsrecht (vgl. § 2346 Abs. 2 BGB; Pflichtteilsverzicht);
- Verzicht auf das gesetzliche Erbrecht unter Vorbehalt des Pflichtteils;
- Beschränkung der Reichweite des Erbverzichts auf den Verzichtenden, d.h. Ausschluss der Erstreckung der Wirkungen auf die Abkömmlinge i.S. von § 2349 BGB (nicht umgekehrt! ein Erb- oder Pflichtteilsverzichtsvertrag kann also nicht derart geschlossen werden, dass er nur zu Lasten der Abkömmlinge wirkt);
- Verzicht auf einen ideellen Bruchteil des gesetzlichen Erbrechts (Alleinerbschaft oder Erbteil).

---

[36] Zur Vorrangigkeit der individuellen Auslegung vgl. BGH NJW 2008, 298 ff. m. Anm. *Zimmer* = ZEV 2008, 36.
[37] Nieder/Kössinger/*Nieder* § 19 Rn. 15.

> **Praxistipp:**
> 35 **Unzulässig** ist ein Erbverzicht hinsichtlich **einzelner Gegenstände** des Nachlasses (z. B. Grundbesitz, Unternehmen, usw.). Dies folgt aus dem im deutschen Erbrecht geltenden Grundsatz der Universalsukzession, der keine unmittelbare erbrechtliche Rechtsnachfolge in einzelne Gegenstände zulässt. Die einzige Ausnahme hiervon gilt im Höferecht, wo der Verzicht zulässigerweise auf das gesetzliche Hoferbrecht oder umgekehrt auf das hoffreie Vermögen beschränkt werden kann. Dies lässt sich damit erklären, dass es sich bei einem Hof i. S. d. HöfeO um einen speziellen Nachlassbestandteil handelt, der einer Sondererbfolge nach der HöfeO unterliegt.

36 **f) Sittenwidrigkeit.** Als Rechtsgeschäft unter Lebenden sind auf den Erbverzicht grundsätzlich die Vorschriften des allgemeinen Teils des BGB über Rechtsgeschäfte anzuwenden, soweit sich nicht aus der erbrechtlichen Natur des Erbverzichts und den besonderen Vorschriften der §§ 2346 ff. BGB Abweichungen ergeben. Ein Erbverzicht kann daher auch gem. § 138 BGB nichtig sein, wenn er gegen die guten Sitten verstößt. Dies kann z. B. wegen **sittenwidriger Übervorteilung des Verzichtenden** der Fall sein.[38] Problematisch sind auch die Fälle, in denen der Verzichtende überschuldet ist bzw. nachrangige Sozialleistungen (*Hartz* IV, Sozialhilfe) erhält. Im letzteren Fall liegt ggf. Sittenwidrigkeit vor, wenn der Verzicht gerade darauf abzielte, spätere Ansprüche des Pflichtteilsberechtigten auszuschalten und dabei bewusst in Kauf genommen wurde, dass der Berechtigte dadurch zulasten der Sozialhilfe unterstützungsbedürftig wird bzw. bleibt.[39] Dann stellt sich die Vereinbarung quasi als Vertrag zu Lasten Dritter dar. Zur aktuellen Diskussion im Hinblick auf eine etwaige Inhaltskontrolle vgl. noch unten Rn. 59 ff.

37 **g) Beseitigungsmöglichkeiten. aa)** *Aufhebungsvertrag.* Der erbrechtliche Verzichtsvertrag lässt sich nicht einseitig, insbesondere nicht durch letztwillige Verfügung, beseitigen.[40] Erforderlich ist hierfür vielmehr gem. § 2351 BGB der Abschluss eines **Aufhebungsvertrages** in notariell beurkundeter Form. Der Aufhebungsvertrag beseitigt den Erbverzichtsvertrag, als sei er nie erfolgt. Der Verzichtende erlangt dadurch die Rechtsstellung wieder, die er ohne den Erb- oder Pflichtteilsverzicht hatte.[41]

38 Über die **Vertragsbeteiligten** eines Aufhebungsvertrages i. S. v. § 2351 BGB enthält das Gesetz keine ausdrückliche Aussage. Nach h. A. kann ein Aufhebungsvertrag nur zwischen dem Erblasser und dem Verzichtenden selbst geschlossen werden.[42] Ferner besteht Übereinstimmung, dass die Vertragsbeteiligten hierzu keiner Zustimmung Dritter bedürfen, und zwar weder der Abkömmlinge, auf die sich die Wirkung des Verzichts gem. § 2349 BGB erstreckt hat, noch des Ehegatten oder des Insolvenzverwalters einer Vertragspartei, noch derjenigen, deren Rechte durch Aufhebung des Erbverzichts beschränkt werden.[43] Zustimmen muss demnach auch nicht ein evtl. hierdurch Begünstigter, selbst dann nicht, wenn er zwischenzeitlich vom Erblasser im Wege einer vertragsmäßigen Verfügung zum Erben eingesetzt worden ist.[44]

39 Daraus, dass der Aufhebungsvertrag nur zwischen dem Erblasser und dem Verzichtenden abgeschlossen werden kann, folgert der BGH,[45] dass **nach Eintritt des Erbfalls oder des Todes des Verzichtenden** eine Aufhebung (unter Beteiligung der Erben der betreffenden Person) nicht mehr möglich ist. Damit kann auch ein Erbverzicht, der sich gem. § 2349 BGB

---

[38] Vgl. OLG München ZEV 2006, 313 f. = MittBayNot 2006, 428 (*Wildmoser*-Fall).
[39] Vgl. VGH Mannheim NJW 1993, 2935, 2954, wo allerdings auf einen bereits entstandenen Pflichtteilsanspruch verzichtet wurde.
[40] Allerdings kann derjenige, der einen Erbverzichtsvertrag geschlossen hat, durch Verfügung von Todes wegen bedacht werden (soweit dem keine erbrechtliche Bindung entgegen steht).
[41] BGHZ 77, 264, 269 = NJW 1980, 2307; LG Aachen FamRZ 1996, 61, 62.
[42] Vgl. BGHZ 77, 264 ff. = NJW 1980, 2307; BGH NJW 1998, 3117 ff. = DNotZ 1998, 836.
[43] BGHZ 77, 264, 269 f. = NJW 1980, 2307; *Soergel/Damrau* § 2351 Rn. 5.
[44] BGHZ 77, 264 ff. = NJW 1980, 2307; LG Aachen FamRZ 1996, 61, 62; vgl. für den Aufhebungsvertrag zum Pflichtteilsverzicht auch *Kanzleiter* DNotZ 2009, 86 ff; a. A. dagegen *Schindler* DNotZ 2004, 824 ff., der den Aufhebungsvertrag als Verfügung von Todes wegen qualifiziert.
[45] BGH NJW 1998, 3117 ff. = DNotZ 1998, 836.

auf die Abkömmlinge des Verzichtenden erstreckt hat, nach dem Tod des Verzichtenden (z. B. unter Beteiligung der Enkel oder Urenkel) nicht mehr aufgehoben werden – obwohl der Erbverzicht letztlich nur zu deren Lasten wirkt. Diese Rechtsposition des BGH ist sehr formalistisch und wird daher zu Recht in der Literatur überwiegend abgelehnt.[46]

bb) Wegfall der Geschäftsgrundlage. Das Rechtsinstitut, das durch das SchuldRModG in § 313 BGB ausdrücklich gesetzlich geregelt wurde, ist nicht nur auf schuldrechtliche Verträge anwendbar, sondern kann ggf. auch auf Verträge des Erb- und Familienrechts Anwendung finden. Eine Anwendung kommt u. U. sogar auf den abstrakten Erbverzicht in Betracht. Denn nach der wohl h. A. ist eine nachträgliche Anpassung **auch bei Verfügungsverträgen im Bereich des Erbrechts** nicht generell ausgeschlossen, sofern nicht gewichtige Gründe, insbesondere die Rechtssicherheit entgegenstehen.[47] In der Regel wird eine Anpassung allerdings im Hinblick auf das Kausalgeschäft erfolgen, zumal dann, wenn es sich um einen sog. entgeltlichen Erbverzicht handelte, dem eine Abfindungsvereinbarung zugrunde lag.

Angesichts des Risikocharakters des Rechtsgeschäfts rechtfertigen nur **krasse Ausnahmefälle** eine Anpassung an geänderte Umstände. Ein solcher Fall ist beispielsweise gegeben, wenn der mit dem Vertrag erstrebte Zweck nicht erreicht wird, z. B. wenn eine niedrige Abfindung vereinbart wird, um dem Hofübernehmer die Fortführung des Betriebes zu ermöglichen, dieser den Hof aber alsbald veräußert.[48] Dann hat ggf. eine Anpassung des dem Erbverzicht zugrunde liegenden Abfindungsvertrages zu erfolgen. Dagegen sind Ereignisse, die in der Zeit zwischen dem Abschluss des Erbverzichtsvertrages und dem Tode des Erblassers eintreten und die zu einer Veränderung der Größe der Erbquote des Verzichtenden geführt hätten (wie z. B. Geburt oder Tod eines Kindes des Erblassers, Adoption, Eheschließung des Erblassers, Abschluss und Aufhebung eines Erbverzichtsvertrages mit einem weiteren gesetzlichen Erben usw.) nach h. A. ohne Einfluss auf die Reichweite und Wirksamkeit des Erbverzichts.[49] Eine Anpassung über die Grundsätze des Wegfalls der Geschäftsgrundlage scheidet ferner aus bei falschen Vorstellungen über den Wert des Nachlasses sowie Veränderungen des Vermögens des Erblassers zwischen Erbverzicht gegen Abfindung und Erbfall (Lottogewinn!).[50] Dies lässt sich damit begründen, dass diese Änderungen von vornherein bei Abschluss des Erbverzichtsvertrages im Bereich des Möglichen lagen, also **vom Risikocharakter des Rechtsgeschäftes umfasst** werden.

Praxistipp:
Im Hinblick auf die Reichweite und den Risikocharakter des erbrechtlichen Verzichtsvertrages sollte daher der Abschluss des Rechtsgeschäftes von Seiten des Verzichtenden wie von Seiten des Erblassers wohlüberlegt sein!

Zu berücksichtigen sind ferner die zeitlichen Grenzen: der BGH[51] geht davon aus, dass bei Wegfall der Geschäftsgrundlage eine Anpassung oder gar Rückabwicklung des Erbverzichts **nach Eintritt des Erbfalls nicht mehr möglich** ist. Der BGH begründet dies mit der notwendigen Rechtssicherheit, die erfordere, dass die Erbfolge mit dem Tod des Erblassers auf einer festen Grundlage stehe und nicht noch nach beliebiger Zeit umgestoßen werden könne. Der BGH lässt aber eine Anpassung des dem Erbverzicht ggf. zugrunde liegenden Abfindungsvertrages zu, so dass dem durch Rechtsgeschäft mit dem Erblasser übervorteilten Vertragspartner zum Ausgleich seiner Vermögensnachteile Ansprüche gegen den Nachlass zuzubilligen sein können.[52]

---

[46] *Muscheler* ZEV 1999, 49 ff.; *J. Mayer* MittBayNot 1999, 41 ff.; *Steiner* MDR 1998, 1481 ff.; Staudinger/*Schotten* § 2346 Rn. 97 d m. w. N.
[47] Vgl. *Wendt* ZNotP 2006, 2, 6 m. w. N.
[48] BGH ZEV 1997, 69 ff. = DNotZ 1997, 806; *Kuchinke* JZ 1998, 143, 144.
[49] Vgl. Staudinger/*Schotten* § 2346 Rn. 20 ff. m. w. N.; a. A. Soergel/*Damrau* § 2346 Rn. 20 f.
[50] Vgl. Soergel/*Damrau* § 2346 Rn. 20; Bamberger/Roth/*J. Mayer* § 2346 Rn. 33.
[51] NJW 1999, 789 f. = FamRZ 1999, 375 = ZEV 1999, 62 m. Anm. *Skibbe* ZEV 1999, 106.
[52] NJW 1999, 789, 790 = FamRZ 1999, 375 = ZEV 1999, 62 m. Anm. *Skibbe* ZEV 1999, 106.

44   cc) *Anfechtung.* Die Anfechtung eines Erbverzichts richtet sich nicht nach den §§ 2281 ff. i. V. m. § 2078 BGB, sondern nach den allgemeinen Vorschriften (§§ 119 ff. BGB). Eine Anfechtung wegen Motivirrtums scheidet damit aus.

45   Die Anfechtbarkeit kann sich neben dem abstrakten Erbverzicht auch auf das zugrunde liegende Verpflichtungsgeschäft beziehen. Als **beachtliche** Irrtümer kommen in Betracht:[53]
- Täuschung über den Umfang des gegenwärtigen Vermögens als Grundlage für die Verhandlung über die Höhe der Abfindung (§ 123 BGB);
- Täuschung über die Unentgeltlichkeit des Erb- und Pflichtteilsverzichts;[54]
- Irrtum über den Bestand des Vermögens als Berechnungsgrundlage der Abfindung (§ 119 Abs. 2 BGB).

46   Als **unbeachtliche** Irrtümer sind dagegen einzustufen:
- einseitiger Irrtum des Verzichtenden über das gegenwärtige Vermögen des Erblassers, soweit bloße falsche Wertvorstellungen vorhanden sind;[55]
- Irrtum über die künftige Entwicklung des Vermögens des Erblassers bis zum Erbfall,[56] da diese Fehlvorstellung dem Risikocharakter des erbrechtlichen Verzichts immanent ist.

47   Nach h. A.[57] ist eine Anfechtung des Erbverzichts **nur zu Lebzeiten des Erblassers** zulässig. Hierfür werden (bezugnehmend auf die o. a. höchstrichterliche Rspr. zum Wegfall der Geschäftsgrundlage) v. a. Gründe der Rechtssicherheit angeführt und der Umstand, dass ansonsten eine Verfälschung der vom Erblasser gewollten Erbfolge drohe. In der Literatur werden allerdings z. T. auch gewichtige Argumente gegen den Standpunkt der h. A. vorgebracht.[58] Dazu gehört z. B., dass die Anfechtung eines Erbverzichts wegen eines **Willensmangels** nicht ohne weiteres mit der vertraglichen Aufhebung des Erbvertrages oder der Berufung auf das Fehlen der Geschäftsgrundlage gleichgestellt werden kann. Der **BGH** hat bislang die Anfechtungsproblematik nicht entschieden. Insoweit ist nicht ausgeschlossen, dass sich der BGH den vorgebrachten Bedenken der Literatur anschließen und die Anfechtung wegen eines Willensmangels auch nach Eintritt des Erbfalls zulassen wird. Andererseits zeigt die bisherige Rspr. des BGH zum Zustandekommen des Erbverzichts, zum Aufhebungsvertrag und zum Wegfall der Geschäftsgrundlage, dass die Erbrechtslage nach Eintritt des Erbfalls grundsätzlich nicht mehr umgestaltet werden soll. Von daher ist eher damit zu rechnen, dass sich der BGH der bisherigen std. obergerichtlichen Rspr. anschließen wird und den Erbfall als maßgebliche Zäsur auch für die Anfechtung des Erbverzichts erachtet.

48   h) **Urkundenbehandlung.** Hinsichtlich Erbverzichtsverträgen findet nicht wie bei Verfügungen von Todes wegen eine besondere amtliche Verwahrung statt. Der Notar hat aber gem. § 34a Abs. 1 BeurkG das Geburtsstandesamt des Erblassers oder – bei Geburt außerhalb des Geltungsbereichs des Grundgesetzes – das Amtsgericht Schöneberg in Berlin schriftlich zu benachrichtigen. Nach Eintritt des Erbfalls hat der Notar ferner gem. § 34a Abs. 2 S. 2 BeurkG den Erbverzicht dem Nachlassgericht in beglaubigter Abschrift mitzuteilen.

2. Pflichtteilsverzicht

Schrifttum: *Bengel,* Die gerichtliche Kontrolle von Pflichtteilsverzichten, ZEV 2006, 192; *Frenz,* Einzelprobleme bei der Gestaltung von Pflichtteilsverzichten, FS 50 Jahre Deutsches Anwaltsinstitut, 2003, S. 387; *Hartmann,* Der Pflichtteilsverzicht des Erwerbers im Übertragungsvertrag, DNotZ 2007, 812; *Hofstetter,* Erfasst der Pflichtteilsverzicht auch Pflichtteilsvermächtnisse?, ZEV 1995, 41; *Ivo,* Der Verzicht auf erb- und familienrechtliche Positionen im Insolvenzrecht, ZErb 2003, 250; *Kanzleiter,* Die Beeinträchtigung des durch Erbvertrag bindend eingesetzten Erben durch die einvernehmliche Aufhebung eines Pflichtteilsverzichts, DNotZ 2009, 86; *Kapfer,* Gerichtliche Inhaltskontrolle von Erb- und Pflichtteilsverzichtsverträgen? – zugleich Anmerkung zum Urteil des OLG München vom 25. 1. 2006, 15 U 4751/04, MittBayNot 2006, 385; *Keim,* Gren-

---

[53] Vgl. *Soergel/Damrau* § 2346 Rn. 20.
[54] OLG Koblenz NJW-RR 1993, 708 = DNotZ 1993, 828.
[55] Bamberger/Roth/*J. Mayer* § 2346 Rn. 32 m. w. N.
[56] BGH NJW 1997, 653 ff. = DNotZ 1997, 806; *Soergel/Damrau* § 2346 Rn. 20.
[57] BayObLG ZEV 2006, 209 ff. m. abl. Anm. *Leipold* = DNotZ 2006, 528; OLG Koblenz NJW-RR 1993, 708 = DNotZ 1993, 828; OLG Schleswig ZEV 1998, 28, 30 m. abl. Anm. *Mankowski*; OLG Celle NJW-RR 2003, 1450 = ZEV 2004, 156, 157 m. abl. Anm. *Damrau*; OLG Düsseldorf FamRZ 1998, 704, 705; Staudinger/*Schotten* § 2346 Rn. 106 m. w. N.
[58] Vgl. nur *Leipold* ZEV 2006, 212 ff.

zen der Anrechenbarkeit lebzeitiger Zuwendungen auf den Pflichtteil, MittBayNot 2008, 8; *Kuchinke*, Unterhalt und Erb- oder Pflichtteilsverzicht, FPR 2006, 125; *Mayer, J.*, Der beschränkte Pflichtteilsverzicht, ZEV 2000, 263; *ders.*, Unliebsame Folgen des Pflichtteilsverzichts, ZEV 2007, 556; *Münch*, Infiziert der Ehevertrag erbrechtliche Verzichte oder Verfügungen?, ZEV 2008, 571; *Muscheler*, in: FS Spiegelberger (2009), Inhaltskontrolle bei Erbverzichts- und Pflichtteilsverzichtsverträgen, S. 1079 ff.; *Schindler*, Pflichtteilsverzicht und Pflichtteilsverzichtsaufhebungsvertrag – oder: die enttäuschten Schlusserben, DNotZ 2004, 824; *Wachter*, Inhaltskontrolle von Pflichtteilsverzichtsverträgen?, ZErb 2004, 238; *Weirich*, Der gegenständlich beschränkte Pflichtteilsverzicht, DNotZ 1986, 5; *Wendt*, Unverzichtbares bei erbrechtlichen Verzichten, ZNotP 2006, 2.

a) **Gegenstand/Bedeutung in der Praxis.** Ein Erbverzicht kann gem. § 2346 Abs. 2 BGB 49 auf das Pflichtteilsrecht beschränkt werden (sog. **Pflichtteilsverzicht**). Gegenstand des Pflichtteilsverzichts ist nicht der mit dem Erbfall entstehende Pflichtteilsanspruch, sondern die abstrakte Rechtsposition dessen, der zum Kreis der möglichen Pflichtteilsberechtigten gehört (§ 2303 BGB). Im Hinblick darauf, dass das gesetzliche Erbrecht durch eine letztwillige Verfügung des Erblassers ausgeschlossen werden kann und der Erbverzicht gem. § 2310 S. 2 BGB zu einer (regelmäßig unerwünschten) Erhöhung der Pflichtteilsquoten der übrigen Pflichtteilsberechtigten führt, kommt dem Pflichtteilsverzicht im Rahmen einer vorsorgenden Nachlassregelung eine **sehr viel größere Bedeutung** zu als dem Erbverzicht. Dabei ist daran zu denken, dass der bloße Pflichtteilsverzichtsvertrag die gesetzliche Erbfolge bestehen lässt, so dass in der Regel die Ergänzung durch eine Enterbung erforderlich ist.

b) **Form und sonstige Wirksamkeitsvoraussetzungen.** Zum Erfordernis der notariellen 50 Beurkundung des Pflichtteilsverzichts und zu den (z. T. eingeschränkten) Vertretungsmöglichkeiten auf Seiten des Erblassers bzw. des Verzichtenden vgl. zunächst die obigen Ausführungen zum Erbverzicht,[59] die für den Pflichtteilsverzichtsvertrag als Unterform des Erbverzichtsvertrages **entsprechend gelten**. Im Nachfolgenden werden daher nur die zusätzlich beim reinen Pflichtteilsverzichtsvertrag zu beachtenden Besonderheiten berücksichtigt.

Wie oben[60] bereits ausgeführt, kann ein abstrakter Erbverzichtsvertrag nach h. A.[61] nur 51 **zu Lebzeiten des Erblassers** wirksam geschlossen werden. Nach Auffassung des BGH[62] gilt dies auch für einen **Pflichtteilsverzichtsvertrag**, so dass beispielsweise das Angebot des Erblassers auf Abschluss eines Pflichtteilsverzichtsvertrages nur **zu dessen Lebzeiten wirksam angenommen** werden kann. Der BGH begründet dies damit, dass nach dem Erbfall kein Pflichtteilsrecht mehr bestehe, sondern nur noch der Pflichtteilsanspruch, der demgegenüber als „aliud" anzusehen sei. Diese Ansicht überzeugt allerdings nicht, da sich Pflichtteilsrecht und Pflichtteilsanspruch nicht grundlegend unterscheiden, sondern das Pflichtteilsrecht quasi die Quelle darstellt, aus der später ggf. ein Pflichtteilsanspruch resultiert. Außerdem wird durch den Pflichtteilsverzicht (anders als durch den Erbverzicht) nicht die Erbfolge geändert. Pflichtteilsansprüche stellen vielmehr lediglich schuldrechtliche Ansprüche dar, so dass kein Grund besteht, zu verlangen, dass beim Erbfall Klarheit über das Bestehen derartiger Ansprüche herrscht. Schließt man sich allerdings der Ansicht des BGH an, kommt **nach** Eintritt des Erbfalls in Bezug auf den Pflichtteilsanspruch nur der Abschluss eines (formlos wirksamen) Erlassvertrages gem. § 397 BGB in Frage.

Nach allg. Ansicht kann ein Pflichtteilsverzicht (wie ein Erbverzicht) zulässigerweise auch 52 unter einer **aufschiebenden oder auflösenden Bedingung** vereinbart werden.[63] Problematisch ist dies allerdings hinsichtlich solcher aufschiebender Bedingungen, die auch nach dem Ableben des Erblassers eintreten können; denn in seinem bereits genannten Urteil vom 13. 11. 1996 hat der BGH[64] angenommen, dass das vom Erblasser erklärte Angebot auf Abschluss eines Pflichtteilsverzichtsvertrages nach seinem Tode nicht mehr wirksam angenommen werden kann. Zur Begründung verweist der BGH darauf, dass es sich bei einem Pflichtteils-

---

[59] Rn. 5 ff.
[60] Rn. 25.
[61] Vgl. BGHZ 37, 319, 329 = NJW 1962, 1910, 1913; BGHZ 134, 60, 63 = NJW 1997, 521 = ZEV 1997, 111.
[62] BGH ZEV 1997, 111 ff. = NJW 1997, 521 = DNotZ 1997, 422 m. Anm. *Albrecht*; a. A. *J. Mayer* MittBayNot 1997, 85 ff.; AnwK-BGB/*Beck/Ullrich* § 2346 Rn. 6.
[63] Vgl. BGHZ 37, 327 ff. = NJW 1962, 1910; Palandt/*Edenhofer* § 2346 Rn. 5; Staudinger/*Schotten* § 2346 Rn. 153 ff.
[64] ZEV 1997, 111 ff. = NJW 1997, 521 = DNotZ 1997, 422 m. Anm. *Albrecht*.

verzichtsvertrag um ein Rechtsgeschäft handle, das nach seinem Gegenstand und seiner Eigenart nur mit dem Erblasser zu dessen Lebzeiten abgeschlossen und wirksam werden könne. Die h. A. in der Lit. hält trotz der vorstehenden BGH-Entscheidung daran fest, dass im Falle der Bedingtheit des Pflichtteilsverzichts die Bedingung **auch nach dem Ableben des Erblassers** eintreten kann.[65] Teilweise wird allerdings empfohlen, aus Sicherheitsgründen von der Vereinbarung einer aufschiebenden Bedingung oder Befristung abzusehen, sofern die Bedingung erst nach dem Erbfall eintreten kann.[66] Für unproblematisch wird dagegen die Vereinbarung einer **auflösenden** Bedingung angesehen, da das auflösend bedingte Rechtsgeschäft zunächst alle Wirkungen des voll wirksamen Geschäfts entfalte.[67] Lässt sich die Vereinbarung einer aufschiebenden Bedingung nicht vermeiden, dann sollte neben dem reinen Pflichtteilsverzicht hilfsweise ein Erlassvertrag des mit dem Erbfall entstehenden Pflichtteilsanspruchs vorgesehen werden.[68]

53 Nach h. M. gelten die Zweifelsregelungen des § 2350 BGB nicht für den bloßen Pflichtteilsverzicht, da dieser anders als der Erbverzicht (vgl. § 2310 S. 2 BGB) keinen Einfluss auf die Erb- und Pflichtteilsrechte anderer hat und deshalb nicht i. S. d. Abs. 1 zugunsten eines anderen abgegeben werden kann.[69] Allerdings kann durch Vereinbarung einer ausdrücklichen Bedingung erreicht werden, dass der Verzicht nur zugunsten bestimmter Erben gilt (d.h. nur bestimmte Erben von der Pflichtteilslast befreit sein sollen).[70]

54 c) **Wirkungen.** *aa) Beseitigung künftiger Pflichtteilsansprüche.* Der bloße Pflichtteilsverzichtsvertrag nach § 2346 Abs. 2 BGB hat keine Auswirkungen auf die gesetzliche Erbfolge, sondern führt lediglich dazu, dass mit dem Erbfall **keine Pflichtteils- und Pflichtteilsergänzungsansprüche** des Verzichtenden entstehen.

55 *bb) Erstreckung auf die Abkömmlinge.* Verzichtet ein Abkömmling oder Seitenverwandter des Erblassers auf sein Pflichtteilsrecht, erstreckt sich auch dieser bloße Pflichtteilsverzicht gem. § 2349 BGB ohne weiteres auf die Abkömmlinge des Verzichtenden. Dieser Umstand eignet sich dazu, im Zusammenwirken zwischen Erblasser und näheren Abkömmlingen ein Pflichtteilsrecht der entfernteren Abkömmlinge auszuschalten (sog. „Ausschaltung des lästigen Enkels").[71]

56 *cc) Auswirkungen auf den nachehelichen Unterhalt.* Nach wie vor nicht höchstrichterlich geklärt und von daher umstritten[72] ist, ob der Pflichtteilsverzicht auch den **nachehelichen**[73] **Unterhaltsanspruch** nach § 1586 b BGB ausschließt. Nach § 1586 b BGB haften Erben eines Unterhaltsverpflichteten für den nachehelichen Unterhaltsanspruch des geschiedenen Ehegatten des Erblassers. Dabei ist die Haftung der Erben auf die Höhe des **fiktiven Pflichtteilsanspruchs** beschränkt, den der Berechtigte gehabt hätte, wenn die Ehe nicht durch Tod, sondern durch Scheidung aufgelöst worden wäre. Während die Literatur früher eher davon ausging, dass der Pflichtteilsverzicht den Unterhaltsanspruch entfallen lässt, wird heute zunehmend vertreten, dass es bei § 1586 b BGB um einen rein unterhaltsrechtlichen Anspruch gehe, für den nur hinsichtlich der Bemessung des Haftungsrahmens des Unterhaltsanspruchs auf die Höhe eines fiktiven Pflichtteils – der tatsächlich nicht bestehen müsse – verwiesen werde.[74] Die letztere Rechtsansicht erscheint überzeugender. Da höchstrichterliche Rspr. hierzu bislang aber nicht vorliegt, ist die Rechtslage nach wir vor unsicher. Daher empfiehlt sich eine ausdrückliche Klarstellung, ob der Pflichtteilsverzicht den nachehelichen Unterhaltsanspruch gem. § 1586 b BGB entfallen lässt oder ob dieser hiervon unberührt bleiben soll.[75]

---

[65] Staudinger/*Schotten* § 2346 Rn. 55, 91; *J. Mayer* MittBayNot 1997, 85, 87.
[66] *J. Mayer* MittBayNot 1997, 85, 87.
[67] Reimann/Bengel/*J. Mayer/Bengel* A Rn. 181.
[68] *J. Mayer* MittBayNot 1997, 85, 87; Reimann/Bengel/*J. Mayer/Bengel* A Rn. 181.
[69] Bamberger/Roth/*J. Mayer* § 2350 Rn. 2 m. w. N.
[70] Vgl. zu Gestaltungsmöglichkeiten *Frenz*, FS DAI, 2003, S. 387, 389 ff.
[71] Vgl. dazu noch unten § 11 Rn. 16.
[72] Vgl. dazu *Keim* FPR 2006, 145, 146 m. w. N.
[73] Vgl. auch § 1933 S. 3 BGB.
[74] Vgl. *Münch* ZEV 2008, 571, 574 f.; Bamberger/Roth/*J. Mayer* § 2346 Rn. 21.
[75] *J. Mayer* ZEV 2007, 556, 557 m. w. N.

Formulierungsvorschlag: (Pflichtteilsverzicht mit Klarstellung hinsichtlich des nachehelichen Unterhalts)

Wir vereinbaren, dass mit dem Tode eines von uns etwaige Unterhaltsansprüche des Überlebenden gegen die Erben des Verstorbenen nach § 1586b und § 1933 S. 3 BGB durch den vorstehend erklärten Pflichtteilsverzicht nicht beeinträchtigt oder ausgeschlossen werden sollen. Der Überlebende soll vielmehr insoweit so gestellt sein, als ob der Pflichtteilsverzicht nicht erklärt worden wäre. 57

d) **Sittenwidrigkeit/Anfechtbarkeit.** *aa) Sittenwidrigkeit wegen Übervorteilung.* Vgl. bereits oben Rn. 36. 58

bb) Inhaltskontrolle. Aktuell wird kontrovers diskutiert, ob und inwiefern die richterliche **Inhaltskontrolle**, die nach höchstrichterlicher Rspr.[76] bei Eheverträgen stattfinden hat, auch auf Erb- und Pflichtteilsverzichtsverträge (die häufig mit Eheverträgen verbunden sind) zu erstrecken ist.[77] Dabei geht es nicht nur um die Anwendung des § 139 BGB bei Teilnichtigkeit des Ehevertrages oder um eine Überprüfung des erbrechtlichen Verzichts im Rahmen der Gesamtwürdigung des Vertrages, sondern um die Frage der Anwendbarkeit der Grundsätze der Inhaltskontrolle auf den (ggf. sogar isolierten) Erb- oder Pflichtteilsverzicht (der auch nicht notwendigerweise mit dem Ehegatten abgeschlossen worden sein muss). 59

Zuerst thematisiert (und grundsätzlich bejaht) wurde dies von *Wachter*,[78] der einen gerichtlichen Schutz des Pflichtteilsberechtigten in Betracht zieht, sofern der Pflichtteilsanspruch (auch) der Sicherung des laufenden Unterhalts und der Altersversorgung des Pflichtteilsberechtigten (und nicht nur der Teilhabe am Familienvermögen) dient. Gegen diese Argumentation spricht, dass dem Pflichtteil aus heutiger Sicht keine Unterhalts- und Versorgungsfunktion (mehr) zukommt, da er unabhängig von der Bedürftigkeit gewährt wird und sich auch in der Höhe nicht am Bedarf des Pflichtteilsberechtigten orientiert.[79] Ferner kann vorgebracht werden, dass der Pflichtteilsverzicht **nicht den Kernbereich des Scheidungsfolgenrechts** tangiert, da das Gesetz für den Fall der Scheidung gerade den Verlust von gesetzlichem Ehegattenerbrecht und Ehegattenpflichtteil vorsieht.[80] Die vom BGH für Eheverträge (und Scheidungsvereinbarungen) entwickelte Kernbereichslehre passt daher nicht, da das Ehegattenerb- und -pflichtteilsrecht nicht zum Kernbereich der Scheidungsfolgen gehört.[81] Außerdem bleibt zu berücksichtigen, dass der Pflichtteilsverzicht seinem Wesen nach – ähnlich einem Zugewinnausgleichsverzicht – einen Verzicht auf **Vermögensteilhabe** darstellt. Ein solcher Verzicht ist aber selbst im Rahmen der vom BGH entwickelten Kernbereichslehre in weitem Umfang zulässig (Gütertrennung) und nicht mit einem Verzicht auf laufende Unterhalts- und Versorgungsansprüche zu vergleichen, dem viel engere Wirksamkeitsgrenzen gezogen sind.[82] Schließlich bleibt noch auf den **Wagnischarakter** des Erb- und Pflichtteilsverzichts hinzuweisen, der ebenfalls der Annahme einer umfassenden Inhaltskontrolle entgegensteht. 60

Ein Erb- oder Pflichtteilsverzicht wird daher zwar im Zuge der Kontrolle der ehevertraglichen Regelungen zu berücksichtigen sein und kann evtl. im Rahmen der durchgeführten Gesamtschau aller getroffenen Vereinbarungen in die Gesamtabwägung der ehevertraglichen Vereinbarungen einbezogen werden und u. U. den Ausschlag für eine Unwirksamkeit des Ehevertrages geben.[83] Der Erb- oder Pflichtteilsverzicht selbst unterliegt aber 61

---

[76] Grundlegend hierzu BVerfG NJW 2001, 957 = DNotZ 2001, 222; NJW 2001, 2248 = FamRZ 2001, 985; BGHZ 158, 81 ff. = NJW 2004, 930 = DNotZ 2004, 550.
[77] Vgl. dazu *Wachter* ZErb 2004, 238, 306; *Bengel* ZEV 2006, 192; *Kapfer* MittBayNot 2006, 385; *Kuchinke* FPR 2006, 125; *Wendt* ZNotP 2006, 2; *Münch* ZEV 2008, 571; *Muscheler*, FS Spiegelberger (2009), S. 1079.
[78] ZErb 2004, 238 ff.; 2004, 306 ff.
[79] *Muscheler*, FS Spiegelberger (2009), S. 1079, 1086 f.
[80] *Bengel*, ZEV 2006, 192, 196; *Muscheler*, FS Spiegelberger (2009), S. 1079, 1085.
[81] *Kapfer* MittBayNot 2006, 385, 387.
[82] Vgl. auch *Muscheler*, FS Spiegelberger (2009), S. 1079, 1087.
[83] *Kapfer* MittBayNot 2006, 385, 389.

einer eigenen richterlichen Kontrolle und zwar i. S. einer bloßen Wirksamkeitskontrolle nach § 138 Abs. 1 BGB.[84] Selbst dann, wenn die beiden Rechtsgeschäfte in einer Urkunde enthalten sind, ist daher eine getrennte Prüfung der Wirksamkeit vorzunehmen. Stellen allerdings die in eine Urkunde aufgenommenen Geschäfte ein einheitliches Rechtsgeschäft i. S. von § 139 BGB dar, kann sich im Falle der Teilnichtigkeit (etwa weil der Ehevertrag der Wirksamkeitskontrolle nicht stand hält) die Frage stellen, ob auch der damit verbundene Erb- oder Pflichtteilsverzicht nach dem Parteiwillen unwirksam sein soll. Für den Fall, dass der Verzicht generell und unabhängig von der Ehekrise gelten sollte, wird in der Literatur angenommen, dass die Teilnichtigkeit nicht auch die Nichtigkeit des Pflichtteilsverzichts zur Folge hat.[85] Um Zweifel hinsichtlich des Parteiwillens auszuschließen, dürfte es allgemein sinnvoll sein, eine Regelung für den Fall der Teilunwirksamkeit des als einheitlich gewollten Rechtsgeschäfts zu treffen.[86]

62 cc) *Gläubigerbenachteiligung.* Ein Pflichtteilsverzicht ist nach allg. Auffassung weder nach dem AnfG noch nach der InsO **anfechtbar,** da nicht auf gegenwärtiges, sondern lediglich auf künftiges Vermögen verzichtet wird.[87] Dass im Pflichtteilsverzicht (wie im Erbverzicht) keine Gläubigerbenachteiligung zu sehen ist, ergibt sich außerdem aus § 83 InsO, der es dem freien Belieben des Gemeinschuldners überlässt, ob er eine Erbschaft oder ein Vermächtnis annehmen oder ausschlagen will.[88] Dies bedeutet, dass der Pflichtteilsverzicht einer verschuldeten Person nicht ohne weiteres wegen Gläubigerbenachteiligung sittenwidrig gem. § 138 BGB sein kann. Dies gilt m. E. erst recht im Hinblick darauf, dass es der Gläubiger jederzeit in der Hand hat, auch durch Nichtgeltendmachung seines Pflichtteilsanspruchs den Pflichtteil dem Zugriff seiner Gläubiger zu entziehen.[89] Mit Beschluss v. 25. 6. 2009 hat der BGH[90] nunmehr auch die bislang umstrittene Frage geklärt, dass der Verzicht auf die Geltendmachung eines (bereits entstandenen) Pflichtteilsanspruchs in der Wohlverhaltensphase keine Obliegenheitsverletzung des Schuldners darstellt.

63 dd) *Pflichtteilsverzicht und Sozialhilfe.* In den Fällen der **Sozialhilfebedürftigkeit** des Verzichtenden können möglicherweise engere Grenzen gelten. Im Allgemeinen wird nämlich davon ausgegangen, dass der Pflichtteilsverzicht eines Sozialhilfeempfängers im Einzelfall wegen Verstoßes gegen die guten Sitten nichtig sein kann. Dies gilt v. a. dann, wenn der Pflichtteilsverzicht gerade darauf abzielt, spätere Ansprüche des Pflichtteilsberechtigten auszuschalten und dabei bewusst in Kauf genommen wird, dass der Berechtigte dadurch zu Lasten der Sozialhilfe unterstützungsbedürftig wird bzw. bleibt.[91] Dann treffen die Beteiligten eine Vereinbarung zum objektiven Nachteil des Trägers der Sozialhilfe (unzulässiger Vertrag zu Lasten eines Dritten). In diesem Zusammenhang bleibt darauf hinzuweisen, dass der Sozialhilfeträger – anders als andere Gläubiger – nach Eintritt des Erbfalls den Pflichtteilsanspruch überleiten und geltend machen kann, ohne dass es insoweit auf eine Entscheidung des Pflichtteilsberechtigten selbst ankäme.[92]

64 Selbst wenn die Annahme der Sittenwidrigkeit des Pflichtteilsverzichts ausscheidet, kommt u. U. im Einzelfall eine Leistungskürzung im Rahmen der bezogenen Sozialhilfeleistungen in Frage (vgl. für die Sozialhilfe § 26 Abs. 1 Satz 1 Nr. 1 SGB XII, für den Bezug von ALG II § 31 Abs. 2 SGB II). Da insoweit weder Lit. noch einschlägige Rspr. vorliegt, ist die Rechtslage unsicher (v. a. weil die Kürzungsvorschriften auch nur bei direktem Vorsatz hinsichtlich der Herbeiführung der Bedürftigkeit eingreifen).

---

[84] So zu Recht *Muscheler,* FS Spiegelberger (2009), S. 1079, 1085.
[85] *Muscheler,* FS Spiegelberger (2009), S. 1079, 1092; ähnlich *Münch* ZEV 2008, 571, 577, der von einer völlig getrennten Zielrichtung von Ehevertrag und Pflichtteilsverzicht ausgeht.
[86] *Bengel* ZEV 2006, 192, 197.
[87] Vgl. *Ivo* ZErb 2003, 250, 253.
[88] Vgl. auch Staudinger/*Schotten* § 2346 Rn. 105 m. w. N.
[89] BGH NJW 1997, 2384, 2385; vgl. zur Pfändung des Pflichtteilsanspruchs auch BGH ZEV 2009, 247; *Perau* ZEV 2009, 243.
[90] ZEV 2009, 469.
[91] Vgl. dazu VGH Mannheim NJW 1993, 2953, 2954, wo allerdings auf einen bereits entstandenen Pflichtteilsanspruch verzichtet wurde.
[92] Vgl. BGH NJW-RR 2005, 369 = ZEV 2005, 117 m. Anm. *Muscheler* = DNotZ 2005, 296 m. Anm. *Spall.*

II. Rechtsgeschäfte unter Lebenden 65–68 § 10

e) Aufhebbarkeit. Wie der Erbverzichtsvertrag (vgl. oben Rn. 37) kann auch der Pflicht- 65
teilsverzichtsvertrag jederzeit durch (notariell beurkundeten) Vertrag zwischen dem Erblasser und dem Verzichtenden wieder aufgehoben werden. Dies gilt nach h. A.[93] selbst dann, wenn der Erblasser zwischenzeitlich eine andere Person erbrechtlich bindend zum Erben eingesetzt hat. Denn beim Aufhebungsvertrag handelt es sich – wie beim Pflichtteilsverzicht auch – um ein **lebzeitiges Rechtsgeschäft auf den Todesfall** und nicht um eine Verfügung von Todes wegen, so dass § 2289 Abs. 1 S. 2 BGB auf den Aufhebungsvertrag keine Anwendung findet.[94] Aus Sicht des BGH[95] liegt außerdem in der unentgeltlichen Aufhebung des Erb- oder Pflichtteilsverzichts keine Schenkung iS von § 2287 BGB.

Praxistipp:
Annähernd lösen lässt sich das Problem der jederzeitigen Aufhebbarkeit des Verzichtsvertrages im 66
Falle des Pflichtteilsverzichts wohl nur dadurch, dass der „Pflichtteilsverzicht" auch gegenüber dem durch den Verzicht Begünstigten erklärt wird[96] (vgl. § 311 b Abs. 5 BGB). Im Falle der Aufhebung des Pflichtteilsverzichts mit dem Erblasser bliebe dann die schuldrechtliche Verpflichtung gegenüber dem Dritten, den Pflichtteil nicht geltend zu machen, bestehen. Eine Gestaltung dahingehend, dass die Wirksamkeit des Aufhebungsvertrages selbst an die Mitwirkung bzw. Zustimmung des begünstigten Dritten gebunden wird, ist wohl nicht zulässig, da der Kreis der Personen, die am Aufhebungsvertrag mitwirken müssen, nach dem Gesetz (abschließend) festgelegt und nicht beliebig erweiterbar ist.

f) Beschränkungsmöglichkeiten. Als zulässige Beschränkungen des Pflichtteilsverzichts 67
kommen v. a. in Betracht:[97]
- Verzicht auf einen ideellen Bruchteil des Pflichtteils;
- Verzicht auf den Pflichtteilsrestanspruch nach den §§ 2305, 2307 BGB;
- Verzicht auf den ordentlichen Pflichtteil gem. § 2303 BGB unter Vorbehalt eines Pflichtteilsergänzungsanspruchs nach § 2325 BGB;
- Verzicht nur auf Pflichtteilsergänzungsansprüche nach den §§ 2325 ff. BGB;
- Gestattung des Pflichtteilsberechtigten gegenüber dem Erblasser, Beschränkungen und Beschwerungen anzuordnen, die sonst am (**zwingenden**) **Pflichtteilsrecht** scheitern würden[98] (Beispiel: Stundung des Pflichtteilsanspruchs bis zum Tod des letztversterbenden Elternteils).

Da es sich beim Pflichtteilsanspruch lediglich um einen Geldanspruch handelt, ist ein beschränkter Verzicht in jeder Weise möglich, die mit dem Charakter einer Geldforderung zu vereinbaren ist. Zulässig ist nach h. A. daher auch ein sog. **gegenständlich beschränkter Pflichtteilsverzicht**,[99] mit der Folge, dass der betreffende Gegenstand bei der Berechnung des Pflichtteils nicht zu berücksichtigen ist.[100] Nachfolgend sollen die praxishäufigsten Pflichtteilsverzichte mit Formulierungsbeispiel vorgestellt werden.

g) Praxishäufige Pflichtteilsverzichte. *aa) Uneingeschränkter Pflichtteilsverzicht nach ei-* 68
nem Elternteil. Den Standardfall stellt der uneingeschränkte **Pflichtteilsverzicht nach einem Elternteil** dar, z.B. infolge lebzeitiger Abfindung des Abkömmlings im Rahmen der Regelung einer Betriebs- oder Unternehmensnachfolge. Der Erblasser erwirbt hierdurch für seinen Nachlass volle Testierfreiheit, während der Abkömmling von der lebzeitigen Abfindung profitieren kann. Die Abkömmlinge, die auf den Pflichtteil verzichten wollen, sollten berücksichtigen, dass es sich bei einem Pflichtteilsverzicht um ein Wagnisgeschäft handelt und

---

[93] Bamberger/Roth/*J. Mayer* § 2351 Rn. 1 m. w. N.; a. A. *Schindler* DNotZ 2004, 824, 830.
[94] H. A.; vgl. *Kanzleiter* DNotZ 2009, 86 f.; a. A. *Schindler* DNotZ 2004, 824 ff.
[95] BGHZ 77, 264, 270 = NJW 1980, 2307; zust. *Kanzleiter* DNotZ 2009, 86 ff.
[96] Vgl. OLG Karlsruhe ZEV 2000, 108 ff. mit anschl. Stellungnahme des BGH.
[97] Vgl. dazu ausführlich *J. Mayer* ZEV 2000, 263 ff.
[98] Staudinger/*Schotten* § 2346 Rn. 52 m. w. N.
[99] Vgl. nur *Weirich* DNotZ 1986, 5, 10 ff.; Nieder/Kössinger/*Nieder* § 19 Rn. 12; MünchKommBGB/*Strobel* § 2346 Rn. 20; Staudinger/*Schotten* § 2346 Rn. 50 m. w. N.
[100] Formulierungsbeispiel unter Rn. 78.

der Verzicht daher grundsätzlich auch dann gilt, wenn sich das Vermögen des Erblassers nach Vertragsabschluss erheblich vermehrt haben sollte (z. B. aufgrund einer Erbschaft oder eines Lottogewinns).

> **Formulierungsvorschlag: (Umfassender Pflichtteilsverzicht)**
>
> 69 Frau ...... verzichtet hiermit mit Wirkung auch für ihre Abkömmlinge auf ihr gesetzliches Pflichtteilsrecht nach ihrem Vater ...... Der Verzicht erstreckt sich auch auf Pflichtteilsergänzungsansprüche und wird erklärt, unabhängig davon, wem der Wegfall der Pflichtteilslast zu Gute kommt und unabhängig davon, auf welchen Betrag sich ein etwaiger Pflichtteilsanspruch belaufen würde.
>
> Herr ...... nimmt den vorstehend erklärten Pflichtteilsverzicht seiner Tochter an.
>
> Die Beteiligten wurden vom Notar darauf hingewiesen, dass der vorstehend erklärte Pflichtteilsverzicht das gesetzliche Erbrecht der Verzichtenden nach dem Tod des Erblassers unberührt lässt.

70 *bb) Pflichtteilsverzicht gegenüber dem Erstversterbenden der Eltern.* Wollen Ehegatten eine gemeinschaftliche Verfügung von Todes wegen (namentlich in Gestalt eines sog. Berliner Testaments) errichten, wonach die Kinder erst nach dem Tod des Letztversterbenden Erben werden sollen, ist an den Abschluss eines – uneingeschränkten – Pflichtteilsverzichtsvertrages mit dem Erstversterbenden zu denken. Dabei würde jeder Abkömmling jedem Elternteil gegenüber für den Fall, dass jener der Erstversterbende ist, auf sein Pflichtteilsrecht verzichten. Nur so kann der überlebende Elternteil vor Pflichtteilsansprüchen der Abkömmlinge nach dem ersten Erbfall sicher geschützt werden.

> **Formulierungsvorschlag: (Pflichtteilsverzicht gegenüber dem Erstversterbenden)**
>
> 71 Frau ... verzichtet hiermit auch mit Wirkung für ihre Abkömmlinge auf ihr gesetzliches Pflichtteilsrecht nach dem Erstversterbenden ihrer Eltern ...... und ......
>
> Der Pflichtteilsverzicht entfällt, wenn der überlebende Elternteil nicht Alleinerbe nach dem erstversterbenden Elternteil wird.
>
> Die Eheleute ...... und ...... nehmen den vorstehend erklärten Pflichtteilsverzicht ihrer Tochter an.
>
> Die Beteiligten wurden vom Notar darauf hingewiesen, dass der vorstehend erklärte Pflichtteilsverzicht das gesetzliche Erbrecht des Verzichtenden nach dem Tod des Erstversterbenden und sein Erb- und Pflichtteilsrecht nach dem längerlebenden Elternteil unberührt lässt.

72 *cc) Pflichtteilsstundung.* Ist keine Beeinflussung der Höhe des Pflichtteils gewünscht und soll nach dem Willen des Erblassers nur erreicht werden, dass der Pflichtteilsanspruch erst zu einem späteren Zeitpunkt geltend gemacht werden kann, kommt eine **Stundungsvereinbarung** in Frage. Hierbei kann die Stundung für einen bestimmten Zeitraum bzw. für die Lebensdauer des Erben oder beispielsweise bis zu dessen Wiederverheiratung vereinbart werden.[101] Rechtsfolge einer solchen Vereinbarung ist zum einen, dass der Erbe für die Dauer der Stundungsvereinbarung zur **Verweigerung der Leistung berechtigt** ist und zum anderen, dass die **Verjährung** in der entsprechenden Zeit hinausgeschoben oder zumindest gehemmt ist. Rechtsdogmatisch gesehen handelt es sich bei einer derartigen Vereinbarung mit dem Erblasser um einen (beschränkten) Pflichtteilsverzicht im Sinne von § 2346 BGB, so dass derartige Verträge der **notariellen Beurkundung** bedürfen.[102]

---

[101] Vgl. *Klingelhöffer* ZEV 1998, 121, 122.
[102] Vgl. Gutachten DNotI-Report 1996, 191; *Klingelhöffer* ZEV 1998, 121, 122; MünchKommBGB/*Lange* § 2331 a Rn. 1.

II. Rechtsgeschäfte unter Lebenden

Formulierungsvorschlag: (Einvernehmliche Pflichtteilsstundung)

Ich, ..., erkläre mich damit einverstanden, dass mein etwaiger Pflichtteilsanspruch am Nachlass des Erstversterbenden meiner Eltern bis zum Tod des Letztversterbenden zinslos gestundet[103] wird. Eine Wertsicherung und Sicherstellung der Zahlungsverpflichtung soll nicht erfolgen.
Die Eltern nehmen den beschränkten Pflichtteilsverzicht hiermit an.

dd) Einverständnis mit Belastungen des § 2306 BGB. Im Rahmen des § 2306 Abs. 1 S. 1 BGB a. F. bestand das Problem, dass Beschränkungen und Beschwerungen, die mit der Erbenstellung des Pflichtteilsberechtigten verbunden waren, kraft Gesetzes **unwirksam** sein konnten, wenn der dem Pflichtteilsberechtigten hinterlassene Erbteil seinen Pflichtteil nicht überstieg. Dies galt z. B. für die Beschränkung des Erben durch Anordnung von Testamentsvollstreckung oder Nacherbfolge oder die Beschwerung mit Vermächtnissen oder Auflagen. Sollte dies verhindert werden, konnte im Wege eines beschränkten Pflichtteilsverzichts die Hinnahme bestimmter Beschränkungen und Beschwerungen im Sinne des § 2306 BGB vereinbart werden, um dadurch zu bewirken, dass die Vorschrift **keine Anwendung** findet.[104]

Durch die **Erbrechtsreform**, die der Bundestag noch vor der Sommerpause auf Basis des Regierungsentwurfs[105] mit den vom Rechtsausschuss vorgeschlagenen Änderungen[106] verabschiedet hat und die am 1. 1. 2010 in Kraft getreten ist, soll die bisherige Unterscheidung in § 2306 Abs. 1 BGB durch Streichung des § 2306 Abs. 1 S. 1 BGB beseitigt werden. Dem Pflichtteilsberechtigten steht dann unabhängig von der Größe des zugewandten Erbteils die Wahlmöglichkeit zu, den belasteten Erbteil anzunehmen oder ihn auszuschlagen und den Pflichtteil geltend zu machen. Soll diese Wahlmöglichkeit beseitigt werden, ist hierfür – angesichts des hierin liegenden teilweisen Verzichts auf das gesetzliche Pflichtteilsrecht – ein teilweiser/eingeschränkter Pflichtteilsverzichtsvertrag erforderlich.

Formulierungsvorschlag: (Verzicht auf das Wahlrecht nach § 2306 BGB)

Ich, ..., als Vertragserbe, erkläre mich mit den vorstehend angeordneten Beschränkungen und Beschwerungen (Testamentsvollstreckung, Auflagen, Vermächtnisse) einverstanden und verzichte hiermit für mich und meine Abkömmlinge auf mein Wahlrecht gem. § 2306 BGB. Der Notar hat mich darüber belehrt, dass ich aufgrund des vorstehenden Verzichts nach Eintritt des Erbfalls nicht mehr die Möglichkeit habe, durch Ausschlagung meinen unbelasteten Pflichtteil geltend zu machen.
Wir, die Eltern von ...... nehmen diesen beschränkten Pflichtteilsverzicht hiermit an.

ee) Gegenständlich beschränkter Pflichtteilsverzicht. Die praxishäufigste Variante eines teilweisen Pflichtteilsverzichtsvertrages ist wohl der sog. gegenständlich beschränkte Pflichtteilsverzicht. Inhalt eines gegenständlich beschränkten Pflichtteilsverzichts ist, dass bestimmte Gegenstände bei der Berechnung des Pflichtteilsanspruchs als nicht zum Nachlass gehörend angesehen werden sollen und damit für die Berechnung für den Pflichtteilsanspruch ausscheiden.[107] Dies gilt v. a. im Hinblick auf Pflichtteilsergänzungsansprüche, die durch eine lebzeitige Zuwendung ausgelöst werden können. Daher wird der gegenständlich beschränkte Pflichtteilsverzicht (der Geschwister bzw. des Ehegatten) häufig im Zusammenhang mit Grundstücksübergaben oder Übertragungen von Gesellschaftsbeteiligungen im Wege der vorweggenommenen Erbfolge an einen Abkömmling beurkundet.

---
[103] Nach Ansicht des FG Münster, Urt. v. 8. 12. 2008 – 3 K 2849/06 Erb, BeckRS 2008, 26027004 stellt die zinslose Stundung eines Pflichtteilsanspruchs eine freigebige Zuwendung i. S. d. § 7 Abs. 1 Nr. 1 ErbStG dar. *Litzenburger* rät in seiner Urteilsanmerkung FD-ErbR 2009, 282952 von Stundungsvereinbarungen ab.
[104] Vgl. *Soergel/Damrau* § 2346 Rn. 10; *J. Mayer* ZEV 2000, 263, 264.
[105] BT-Drucks. 16/8954.
[106] BT-Drucks. 16/13543.
[107] Palandt/*Edenhofer* § 2346 Rn. 15.

> **Formulierungsvorschlag: (Gegenständlich beschränkter Pflichtteilsverzicht)**
>
> 78   Ich, ..., verzichte hiermit für mich und meine Abkömmlinge auf mein gesetzliches Pflichtteilsrecht am Nachlass des Übergebers in der Weise, dass der o. a. Vertragsgegenstand bei der Berechnung des Pflichtteils als nicht zum Nachlass des Übergebers gehörend angesehen und aus der Berechnungsgrundlage für den Pflichtteilsanspruch, Ausgleichspflichtteil und Pflichtteilsergänzungsanspruch ausgeschieden wird. Der Übergeber nimmt diesen gegenständlich beschränkten Pflichtteilsverzicht an.
>
> Der Urkundsnotar hat die Urkundsbeteiligten darüber belehrt, dass der gegenständlich beschränkte Pflichtteilsverzicht die gesetzliche Erbfolge und den Pflichtteil am Restvermögen des Übergebers unberührt lässt.

79 **h) Urkundenbehandlung.** Eine Benachrichtigungspflicht ans Geburtsstandesamt bzw. das AG Berlin-Schöneberg wie beim Erbverzicht (vgl. oben Rn. 48) besteht beim bloßen Pflichtteilsverzicht nicht, da durch ihn die **Erbfolge nicht rechtlich** (sondern allenfalls wirtschaftlich) **geändert** wird. Teilt der Notar dennoch eine derartige Urkunde dem Standesbeamten mit, verletzt er damit seine Verschwiegenheitspflicht gem. § 18 Abs. 1 BNotO, weil die Offenbarung der mitgeteilten Tatsachen nicht durch § 34a Abs. 1 BeurkG gedeckt war.[108]

3. Lebzeitige Zuwendungen unter Anrechnung auf den Pflichtteil; Ausgleichungspflichten

Schrifttum: *Herrler/Schmied*, Reform des Erb- und Verjährungsrechts: Ermöglichung nachträglicher Ausgleichungs- und Anrechnungsanordnungen (§§ 2050 ff. und 2315 BGB), ZNotP 2008, 178; *Keim*, Grenzen der Anrechenbarkeit lebzeitiger Zuwendungen auf den Pflichtteil, MittBayNot 2008, 8; *Kerscher*, Zuwendungen an Kinder zur Existenzgründung – Die Ausstattung als ausgleichungspflichtiger Vorempfang, ZEV 1997, 354; *Köbl*, Die Neuordnung des erbrechtlichen „Pflegeausgleichs" (§ 2057a BGB – § 2057b BGB), FS Frank (2008), S. 159; *Krug*, Die Berücksichtigung lebzeitiger Leistungen einzelner Miterben in der Erbteilung, ZFE 2008, 324; *Lange*, Reform des Pflichtteilsrechts: Änderungsvorschläge zu Anrechnung und Stundung, DNotZ 2007, 84; *Mayer, J.*, Nachträgliche Änderung von erbrechtlichen Anrechnungs- und Ausgleichsbestimmungen, ZEV 1996, 441; *ders.*, Anrechnung und Ausgleichung im Erb- und Pflichtteilsrecht – eine Einführung anhand von Beispielsfällen, ZErb 2007, 130; *Mohr*, Ausgleichung und Anrechnung bei Schenkungen, ZEV 1999, 257; *Progl*, Der Regierungsentwurf zur Erbrechtsreform vom 30. 1. 2008 – Testierfreiheitserweiterung bei Anrechnung, Ausgleichung und gemeinsamem Testament, ZErb 2008, 78; *Schindler*, Zuwendungsarten bei der Ausgleichung unter Miterben nach § 2050 BGB, ZEV 2006, 389; *Tanck*, Keine Pflichtteilsreduzierung bei Kombination von Anrechnung (§ 2315 BGB) und Ausgleichung (§ 2316 BGB)?, ZErb 2003, 41; *Thubauville*, Die Anrechnung lebzeitiger Leistungen auf Erb- und Pflichtteilsrecht, MittRhNotK 1992, 289; *Windel*, Wie ist die häusliche Pflege aus dem Nachlass zu honorieren?, ZEV 2008, 305; *Wolfsteiner*, Die Anrechnung auf Erbteil und Pflichtteil, MittBayNot 1982, 16.

80 **a) Anrechnungspflicht. aa) *Freigiebige lebzeitige Zuwendung.*** Nach **§ 2315 Abs. 1 BGB** hat sich ein Pflichtteilsberechtigter (Abkömmling, Elternteil, Ehegatte, eingetragener Lebenspartner) auf seinen Pflichtteil dasjenige anrechnen zu lassen, was ihm vom Erblasser zu Lebzeiten mit Anrechnungsbestimmung zugewendet worden ist (vgl. dazu bereits § 3 Rn. 92ff.). Die Pflichtteilsanrechnung bietet neben der Anordnung der Ausgleichung eine Möglichkeit, lebzeitige Zuwendungen als Mittel der Nachlassplanung einzusetzen. Während die Ausgleichung nach den §§ 2050 ff. BGB der Gleichstellung der Abkömmlinge dient, erweitert die Pflichtteilsanrechnung die Dispositionsfreiheit des Erblassers, indem sie eine Verringerung der Pflichtteilslast des Erben herbeiführt.[109]

81 Unter ‚Zuwendung' i. S. d. § 2315 Abs. 1 BGB ist dabei jede **freigiebige Zuwendung** des Erblassers zu verstehen, sofern sie zu seinen Lebzeiten erfolgt ist. Darunter fallen neben Schenkungen und Schenkungsversprechen auch sonstige unentgeltliche Zuwendungen wie Ausstattungen, ehebedingte Zuwendungen,[110] usw. Nicht anrechnungsfähig sind dagegen

---

[108] BeckOK-*Litzenburger* § 34a BeurkG Rn. 4 (Stand: 1. 9. 2009).
[109] Vgl. *Herrler/Schmied* ZNotP 2008, 178.
[110] Bei Zugewinngemeinschaft kann der Erblasser bestimmen, ob die Zuwendung gem. § 2315 BGB auf den Pflichtteil oder gem. § 1380 BGB auf die Zugewinnausgleichsforderung oder teilweise auf die eine und die andere Forderung angerechnet werden soll; nur eine doppelte Anrechnung scheidet aus; vgl. Bamberger/Roth/*J. Mayer* § 2315 Rn. 20; Nieder/Kössinger/*Nieder* § 2 Rn. 326.

II. Rechtsgeschäfte unter Lebenden 82–85 § 10

Leistungen, hinsichtlich derer eine **rechtliche Verpflichtung** des Erblassers bestand. So kann z. b. eine Pflichtteilszahlung des überlebenden Ehegatten hinsichtlich des Nachlasses des Erstversterbenden nicht auf den Pflichtteil der Abkömmlinge an seinem Nachlass angerechnet werden, da es sich hierbei nicht um eine freiwillige Leistung des überlebenden Ehegatten handelt.[111] Gleiches gilt für **unterhaltsrechtlich geschuldete Leistungen,** wie z. b. unterhaltsrechtlich gebotene Pflegekosten für ein geistig behindertes Kind.[112]

Die Zuwendung muss außerdem aus dem **Vermögen des Erblassers** stammen. Auch bei **Ehegatten** kann daher die Zuwendung des einen an einen gemeinsamen Abkömmling nur auf den Pflichtteilsanspruch nach ihm, nicht auch auf den Pflichtteilsanspruch nach dem anderen Elternteil angerechnet werden.[113] Dies stellt insbesondere beim Berliner Testament ein Problem dar, wenn der nicht zuwendende Elternteil zuerst verstirbt. Eine Anrechnung kann in diesem Fall nur durch Vereinbarung eines beschränkten Pflichtteilsverzichtsvertrages (vgl. oben Rn. 67) zwischen dem nicht zuwendenden Elternteil und dem Abkömmling erreicht werden.[114] 82

Die Zuwendung, die auf den Pflichtteil angerechnet werden soll, muss an den **Pflichtteilsberechtigten** selbst erfolgen. Eine Anrechnung fremder Vorempfänge (beispielsweise durch den Ehegatten oder die Abkömmlinge) gibt es grundsätzlich nicht. Die einzige Ausnahme hierzu enthält § 2315 Abs. 3 BGB (i. V. mit § 2051 Abs. 1 BGB), wonach eine gegenüber einem später als Pflichtteilsberechtigter wegfallenden Abkömmling erfolgte Anrechnung auch gegenüber den an seine Stelle tretenden Abkömmlingen des Erblassers (die nicht notwendigerweise solche des Weggefallenen sein müssen)[115] gilt. 83

bb) Anrechnungsbestimmung. Die Anrechnungsbestimmung ist eine einseitige **empfangsbedürftige Willenserklärung,** die grds. keiner besonderen Form bedarf, wenn das der Zuwendung zugrunde liegende Kausalgeschäft – z. B. nach § 311 b Abs. 1 BGB – nicht selbst formbedürftig ist.[116] Die Pflichtteilsanrechnungsbestimmung muss gem. § 2315 Abs. 1 BGB vom **Erblasser** getroffen worden sein, nicht aber notwendigerweise höchstpersönlich. Nach den allgemein für Rechtsgeschäfte geltenden Regeln ist daher auch eine Stellvertretung durch einen gesetzlichen oder gewillkürten Vertreter zulässig. Die Anrechnung muss auf den **Pflichtteil** erfolgen. Eine „Anrechnung auf den Erbteil" ist idR nicht als Pflichtteilsanrechnungsbestimmung auszulegen.[117] 84

Als empfangsbedürftige Willenserklärung muss die Anrechnungsbestimmung dem Zuwendungsempfänger gegenüber abgegeben werden und diesem **zugehen,** um wirksam zu werden. Dies ist im Falle der Schenkung von gesetzlichen Vertretern an **Minderjährige** problematisch. Die (wohl noch) h. A. geht in diesem Zusammenhang davon aus, dass die unentgeltliche Zuwendung unter Pflichtteilsanrechnung praktisch einem Pflichtteilsverzicht des Minderjährigen gleichkomme und damit nicht lediglich rechtlich vorteilhaft sei (so dass die Bestellung eines Ergänzungspflegers erforderlich ist) und zudem entsprechend § 2347 Abs. 2 BGB (bzw. § 1822 Nr. 2 BGB) zur Wirksamkeit des Rechtsgeschäftes die familiengerichtliche Genehmigung eingeholt werden müsse.[118] Der Standpunkt der h. A. ist alles andere als zwingend, da in der Tat gute Gründe gegen die Annahme einer Pflegerbestellung und – erst recht – die Annahme einer Genehmigungspflicht sprechen.[119] Solange die Streitfrage nicht 85

---

[111] Staudinger/*Haas* § 2315 Rn. 12.
[112] Vgl. AG Mettmann DAVorm 1984, 712, 713; *Thubauville* MittRhNotK 1992, 289, 292.
[113] Vgl. BGHZ 88, 102, 105 = NJW 1983, 2875 = DNotZ 1984, 497; *Thubauville* MittRhNotK 1992, 289, 294.
[114] Vgl. *Mohr* ZEV 1999, 257 ff.; *Thubauville* MittRhNotK 1992, 289, 296.
[115] Bamberger/Roth/*J. Mayer* § 2315 Rn. 17.
[116] Vgl. Bamberger/Roth/*J. Mayer* § 2315 Rn. 6 m. w. N.
[117] Vgl. OLG Schleswig ZEV 2008, 386 ff. m. Anm. *Keim.*
[118] Vgl. *Lange* NJW 1955, 1339, 1343; Staudinger/*Haas* § 2315 Rn. 26, 32; Lange/*Kuchinke* § 37 VII 9 a Fn. 320; *Langenfeld/Günther,* Grundstückszuwendungen zur lebzeitigen Vermögensnachfolge, 5. Aufl. 2005, Rn. 448; MünchKommBGB/*Lange* § 2315 Rn. 9; *Keim* MittBayNot 2008, 8, 12; Bamberger/Roth/*J. Mayer* § 2315 Rn. 8 m. w. N.; a. A. allerdings OLG Dresden MittBayNot 1996, 288 unter Berufung auf *Stutz* MittRhNotK 1993, 205, 212; *Everts* Rpfleger 2005, 180; *Weigl* MittBayNot 1980, 275 ff.; vgl. zur Genehmigungsfähigkeit auch OLG München DNotZ 2008, 199 ff.
[119] Vgl. dazu v. a. *Everts* Rpfleger 2005, 180.

höchstrichterlich entschieden ist, sollte nach dem Grundsatz des sichersten Weges verfahren werden und vorsichtshalber im Falle einer Schenkung unter Pflichtteilsanrechnung ein Ergänzungspfleger bestellt und die familiengerichtliche Genehmigung eingeholt werden.

86 Auch eine **stillschweigende** Anrechnungsbestimmung soll möglich sein, sofern sie dem Empfänger zum Bewusstsein gebracht wurde und dieser um die sein Pflichtteilsrecht beeinflussende Beschaffenheit der Zuwendung wusste.[120] Um spätere Streitigkeiten über die Höhe des Pflichtteils zu vermeiden, sollte jeder notariell beurkundete Zuwendungsvertrag (z.B. Übergabevertrag) an eine pflichtteilsberechtigte Person eine **ausdrückliche** (positive oder negative) **Regelung der Pflichtteilsanrechnung** enthalten. In der Praxis wird in notariell beurkundeten Zuwendungsverträgen in der Regel eine positive Pflichtteilsanrechnungsbestimmung getroffen, da diese Bestimmung für den Erblasser im Hinblick auf die Belastung seines Nachlasses mit Pflichtteilsansprüchen nur vorteilhaft ist.

Formulierungsvorschlag: (Schenkung mit Pflichtteilsanrechnungsbestimmung)

87 Die Schenkung nach § 1 der Urkunde mit einem Wert von € ...... erfolgt gem. § 2315 BGB unter Anrechnung auf den Pflichtteils- und Pflichtteilsergänzungsanspruch des Beschenkten.

Im Fall der Rückabwicklung der Schenkung nach § ...... der Urkunde entfällt die Anrechnung rückwirkend.

Alternativ: (Unterlassen der Pflichtteilsanrechnung)

88 Der Beschenkte hat sich die Zuwendung nach § 1 der Urkunde nicht auf seinen Pflichtteil anrechnen zu lassen.

89 Wird eine positive Anrechnungsbestimmung getroffen, ist es sinnvoll, festzulegen, dass die Anrechnungspflicht im Falle einer etwaigen **Rückgewähr** des Schenkungsgegenstandes (beispielsweise aufgrund eines in der Urkunde vorbehaltenen Rückforderungsrechts) entfallen soll (vgl. obiger Formulierungsvorschlag). Außerdem empfiehlt es sich regelmäßig, den **Anrechnungsbetrag** festzulegen, da sich der Wert nach dem Gesetz (§ 2315 Abs. 2 S. 2 BGB) zu der Zeit bestimmt, zu der die Zuwendung erfolgt ist, und die rückwirkende Wertbestimmung oftmals Schwierigkeiten verursacht. Als Anrechnungsbetrag kann dabei der Verkehrswert oder ein davon abweichender niedrigerer Anrechnungsbetrag festgelegt werden. Die Festlegung eines gegenüber dem Verkehrswert höheren Anrechnungsbetrages ist nur wirksam, wenn sie mit einem beschränkten Pflichtteilsverzichtsvertrag verbunden wird[121] (vgl. dazu oben Rn. 67). Alternativ kommt auch die Anordnung der Anrechnung mit dem Wert **zum Zeitpunkt des Erbfalls** in Betracht, wobei dann zusätzlich klarzustellen ist, dass die Bestimmung nur gilt, sofern dadurch nicht der gesetzliche Anrechnungswert des § 2315 Abs. 2 S. 2 BGB überschritten wird.[122]

90 *cc) Zeitpunkt.* Die Anrechnungsbestimmung muss **vor oder bei der Zuwendung** erfolgen. Nach der Zuwendung kann sie einseitig nur erfolgen, wenn sich der Erblasser vor oder bei der Zuwendung eine spätere Anrechnungsbestimmung vorbehalten hat oder die Voraussetzungen der Pflichtteilsentziehung vorliegen. Wurde bei Vornahme der Zuwendung eine Anrechnungsbestimmung verpasst, ist dies – im Gegensatz zur Ausgleichung – **irreversibel**. Nachträglich kann eine Pflichtteilsanrechnung nur unter Mitwirkung des Pflichtteilsberechtigten im Rahmen eines (notariell beurkundungsbedürftigen) beschränkten Pflichtteilsverzichtsvertrages (vgl. dazu oben Rn. 67) erfolgen. Ist der Pflichtteilsberechtigte nicht zu einer Mitwirkung bereit, bleibt als äußerstes Mittel die „Flucht in die Pflichtteilsergänzung" durch weitere Schenkungen an Dritte. Denn auf einen eigenen Pflichtteilsergänzungsan-

---

[120] OLG Düsseldorf ZEV 1994, 173; vgl. dazu auch OLG Köln ZEV 2008, 244.
[121] Vgl. *Keim* MittBayNot 2008, 8, 10.
[122] *Keim* MittBayNot 2008, 8, 11.

spruch wegen Zuwendungen an einen Dritten muss sich der Pflichtteilsberechtigte Schenkungen (nicht: Ausstattungen), die er selbst vom Erblasser erhalten hat, gem. § 2327 BGB – auch ohne Anrechnungsbestimmung des Erblassers – immer anrechnen lassen. Dies gilt selbst für Zuwendungen außerhalb der Zehn-Jahres-Frist des § 2325 Abs. 3 BGB.

Hat der Erblasser dagegen bei Vornahme der Zuwendung eine Anrechnungsbestimmung 91 getroffen, dann kann er diese nachträglich **einseitig widerrufen**. Dem stehen weder die Interessen des Zuwendungsempfängers entgegen (der durch den Widerruf nur begünstigt wird) noch die sonstiger Dritter, da sich die Pflichtteilsanrechnung anders als die Pflichtteilsausgleichung nicht auf die Pflichtteile anderer Pflichtteilsberechtigter auswirkt.[123] Nach h. A.[124] ist der Widerruf formfrei möglich. Eine neuere Ansicht in der Lit.[125] vertritt allerdings im Hinblick darauf, dass es sich um ein Vermächtnis zugunsten des Zuwendungsempfängers handle, dass die Formvorschriften für letztwillige Verfügungen zu beachten seien.

dd) Geplante Änderungen im Rahmen der Erbrechtsreform. Im Zusammenhang mit der 92 **Erbrechtsreform**,[126] die am 1. 1. 2010 in Kraft getreten ist, war zunächst vorgesehen, durch eine Erweiterung des § 2315 Abs. 1 BGB die Möglichkeit einer nachträglichen Pflichtteilsanrechnung durch Verfügung von Todes wegen zu schaffen.[127] Damit sollte v. a. dem Umstand Rechnung getragen werden, dass sich der Erblasser (außer bei den beurkundungsbedürftigen Rechtsgeschäften, bei denen der Notar bei der Beurkundung über die Rechtslage belehrt) über die Anrechnungspflicht regelmäßig keine Gedanken mache.[128] Dabei hätte die nachträgliche Anrechnungsmöglichkeit nach der maßgeblichen **Übergangsbestimmung** auch für Sachverhalte gegolten, die vor dem 1. 1. 2010 verwirklicht wurden, sofern nur der Erbfall erst nach dem Inkrafttreten der Reform eingetreten wäre (vgl. Art. 229 § 17 Abs. 5 EGBGB-E).[129] Obwohl dies eine erhebliche Einschränkung des Vertrauensschutzes des Pflichtteilsberechtigten bedeutet hätte, wurde die Regelung in ihren Grundgedanken in der Reformliteratur nahezu lückenlos positiv gewürdigt,[130] ja ihr sogar der eigentliche Kerngehalt der Reform zugemessen.[131] In der Reformliteratur gab es auch schon die ersten Empfehlungen, zukünftig im Testament generalklauselartig zu bestimmen, dass sämtliche lebzeitigen Zuwendungen an den Pflichtteilsberechtigten anzurechnen sind, unabhängig davon, ob die Zuwendung vor oder nach Errichtung des Testaments erfolgt ist.[132]

Bei der Verabschiedung des Gesetzes am 2. 7. 2009 hat der Bundestag allerdings – für viele 93 überraschend – die vorgesehene Änderung hinsichtlich der nachträglichen Pflichtteilsanrechnung (und Ausgleichung; vgl. dazu noch unten Rn. 113) **ersatzlos gestrichen**. Zur Begründung verweist der Rechtsausschuss auf den Vertrauensschutz des Erwerbers, der nur so gewährleistet werden könne.[133] Man kann sich dabei nicht so Recht des Eindrucks erwehren, dass der Gesetzgeber hier zuletzt noch Angst vor der eigenen Courage bekommen hat, nachdem die nachträgliche Pflichtteilsanrechnungsmöglichkeit in der Reformliteratur als „das" neue Mittel der Pflichtteilsreduzierung gehandelt wurde.

---

[123] Nieder/Kössinger/*Nieder* § 2 Rn. 295.
[124] *J. Mayer* ZEV 1996, 441, 446; *Sostmann* MittRhNotK 1976, 479, 484; *Thubauville* MittRhNotK 1992, 289, 298.
[125] Lange/*Kuchinke* § 37 VII 9 a Fn. 326; *Keim* MittBayNot 2008, 8, 11; *Herrler/Schmied* ZNotP 2008, 178, 180.
[126] Gesetz zur Änderung des Erb- und Verjährungsrechts vom 24. 9. 2009, BGBl. I, 3942; vgl. dazu auch BT-Drucks. 16/8954; BT-Drucks. 16/13 543.
[127] Vgl. BT-Drucks. 16/8954, S. 6, 20 f. Vorgesehen war auch eine Ergänzung des § 2278 Abs. 2 BGB, wonach es dem Pflichtteilsberechtigten möglich gewesen wäre, die nachträgliche Änderung von Anrechnungen zusammen mit dem Erblasser bindend in einem Erbvertrag auszuschließen.
[128] BT-Drucks. 16/8954, S. 20.
[129] Vgl. BT-Drucks. 16/8954, S. 26.
[130] Vgl. *Herrler/Schmied* ZNotP 2008, 178; *Muscheler* ZEV 2008, 105, 108; *Bonefeld/Lange/Tanck* ZErb 2007, 292, 294.
[131] Vgl. *Röthel* ZEV 2008, 112, 114: „Die Änderung des § 2315 BGB dürfte sich damit als für das Pflichtteilsrecht wohl folgenschwerste Neuerung erweisen"; vgl. auch *Spall* ZErb 2007, 272, 274; *Progl* ZErb 2008, 10 ff.
[132] Vgl. *Slabon* ErbBstg 2008, 229, 230; ähnlich weitgehend der Formulierungsvorschlag von *Spall* ZErb 2007, 272, 276.
[133] Vgl. BT-Drucks. 16/13 543, S. 19 f.

94 *ee) Durchführung und Wirkung der Anrechnung.* Die **Durchführung** der Anrechnung erfolgt nicht dadurch, dass von einem berechneten Pflichtteil der Zuwendungswert abgezogen wird. Vielmehr wird dem Nachlass fiktiv der Zuwendungswert hinzugerechnet (d. h. ein fiktiver Zuwendungsnachlass gebildet), davon der Pflichtteil berechnet, und anschließend erst der Wert der Zuwendung bei dem Pflichtteilsanspruch des Zuwendungsempfängers in Abzug gebracht. Dabei wird nicht wie bei der Ausgleichung kollektiv gerechnet, sondern es wird bei der Pflichtteilsanrechnung für jeden einzelnen Pflichtteilsberechtigten eine **gesonderte Berechnung** aufgestellt.[134]

95 Maßgebend für die Anrechnungshöhe ist zunächst die Wertbestimmung des Erblassers. Fehlt eine Wertbestimmung, ist der Wert zum Zeitpunkt der Zuwendung maßgebend, § 2315 Abs. 2 S. 2 BGB. Dabei ist nach h. A. eine Inflationsbereinigung des Wertes (nach der Formel: Wert zum Zuwendungszeitpunkt × Lebenshaltungskostenindex zum Zeitpunkt des Erbfalls: Lebenshaltungskostenindex zum Zeitpunkt der Zuwendung) vorzunehmen.[135] Die Anrechnung kann nie dazu führen, dass der Empfänger nach dem Erbfall Zuwendungsvorteile herausgeben oder wertmäßig erstatten muss. Sie vermindert nur den Pflichtteil des anrechnungspflichtigen Zuwendungsempfängers um den erhaltenen Vorempfang. Auf die Pflichtteilsansprüche der anderen Pflichtteilsberechtigten wirkt sich die Anrechnung – anders als die Ausgleichung – nicht aus.

Beispiel:
Der Erblasser E hinterlässt neben seiner Ehefrau F, mit der er in Zugewinngemeinschaft lebte, seinen Sohn S und seine Tochter T. Alleinerbin wird seine Frau. Der Nachlasswert beträgt € 150.000,–. Sein Sohn S hatte zu Lebzeiten eine anrechnungspflichtige Zuwendung von € 10.000,–, seine Tochter in Höhe von € 50.000,– erhalten. Die Pflichtteilsquoten der Kinder betragen nach § 1931 Abs. 1, 3 i. V. mit § 1371 Abs. 1 BGB je 1/8.
Der Pflichtteilsanspruch des Sohnes S errechnet sich wie folgt: (150.000 + 10.000) : 8 – 10.000 = 10.000.
Der Pflichtteilsanspruch der Tochter T errechnet sich wie folgt: (150.000 + 50.000) : 8 – 50.000 = 0.

96 b) **Ausgleichungspflicht.** *aa) Ausgleichung und pflichtteilsrechtliche Fernwirkung.* Eine unentgeltliche Zuwendung an eigene Abkömmlinge oder Leistungen der in § 2057a BGB bezeichneten Art können bei Eintritt des Erbfalls und Durchführung der Erbauseinandersetzung Ausgleichungspflichten des Zuwendungsempfängers oder Ausgleichungsansprüche des Leistenden gegenüber den anderen Abkömmlingen des Erblassers auslösen (§§ 2050, 2057a BGB; vgl. dazu bereits ausführlich § 3 Rn. 153ff.). Dies gilt nicht nur im Falle der gesetzlichen Erbfolge, sondern eine Ausgleichung k. U. auch unter gewillkürten Erben in Betracht. Voraussetzung dafür ist aber nach § 2052 BGB, dass die Abkömmlinge entweder genau auf die gesetzlichen Erbteile gesetzt oder zumindest ihre (höheren oder niedrigeren) Erbteile in demselben Verhältnis wie die gesetzlichen Erbquoten zueinander bestimmt wurden.

97 Ausgleichungspflichten zeitigen aber gem. § 2316 BGB auch **Fernwirkungen auf den Pflichtteil.** So bestimmt § 2316 Abs. 1 BGB, dass sich der Pflichtteil eines Abkömmlings – wo mehrere Abkömmlinge vorhanden sind und unter ihnen im Falle der gesetzlichen Erbfolge eine Zuwendung des Erblassers oder Leistungen der in § 2057a BGB bezeichneten Art zur Ausgleichung zu bringen sein würden – nach demjenigen bestimmt, was auf den gesetzlichen Erbteil unter Berücksichtigung der Ausgleichungspflichten bei der Teilung entfallen würde. Nach § 2316 Abs. 1 BGB ist der **Ausgleichungspflichtteil** auf der Basis eines fiktiven Ausgleichungserbteils zu ermitteln (es wird in diesem Zusammenhang also von einer hypothetischen Ausgleichung ausgegangen, da diese – infolge Enterbung des Pflichtteilsberechtigten – gerade nicht stattfindet). Im Ergebnis wird hierdurch nicht die Pflichtteilslast des Erben in ihrer Gesamtsumme, wohl aber die Höhe der Pflichtteilsansprüche der einzelnen Abkömmlinge, verändert. Dabei stellt es eine oft ungewollte Nebenfolge der Ausgleichungspflicht dar, dass über § 2316 BGB die Pflichtteilsansprüche aller zu Lebzeiten des Erblassers nicht beschenkten Abkömmlinge **erhöht** werden.

---

[134] Vgl. Nieder/Kössinger/*Nieder* § 2 Rn. 296.
[135] BGHZ 65, 75 = NJW 1975, 1831; krit. hierzu *Werner* DNotZ 1978, 66; *Pentz* ZEV 1999, 167.

II. Rechtsgeschäfte unter Lebenden

bb) Ausgleichungspflichtige Zuwendungen und Leistungen. Von den lebzeitigen Zuwendungen des Erblassers bzw. an den Erblasser werden **zwingend** zur Berechnung der Pflichtteilsansprüche einbezogen: 98
- Ausstattungen (§ 2050 Abs. 1 BGB) und zwar auch dann, wenn der Erblasser die Ausgleichungspflicht abbedungen hat (vgl. § 2316 Abs. 3 BGB);
- übermäßige Zuschüsse und Ausbildungskosten (§ 2050 Abs. 2 BGB), wobei diese nach h. A. ebenfalls unter § 2316 Abs. 3 BGB fallen, da sie nur eine unselbständige Ergänzung des § 2050 Abs. 1 BGB darstellen;[136]
- alle sonstigen Zuwendungen, bei denen der Erblasser die Ausgleichungspflicht **angeordnet** hat (§ 2050 Abs. 3 BGB);
- Leistungen nach § 2057a BGB, wenn der Erblasser Ausgleichungsansprüche nicht ausgeschlossen hat.

Der Erblasser hat es aus pflichtteilsrechtlicher Sicht damit zwar nicht in der Hand, die Ausgleichungspflicht in den Fällen des § 2050 Abs. 1 und 2 BGB (sog. **geborene Ausgleichungspflichten**) abzubedingen. Er kann aber zumindest in den praktisch wichtigen Fällen des § 2050 Abs. 3 BGB (sog. **gekorene Ausgleichungspflicht**) durch Unterlassen der Anordnung eine Ausgleichungspflicht – und damit eine Berücksichtigung der Zuwendung auch im Rahmen der Pflichtteilsberechnung – vermeiden. 99

Praxistipp:
Um den praxishäufigen Streit, ob eine kraft Gesetzes – zwingend – ausgleichungspflichtige Ausstattung oder eine unter § 2050 Abs. 3 BGB fallende sonstige unentgeltliche Zuwendung vorliegt, zu vermeiden, empfiehlt es sich im Rahmen der Beurkundung von Zuwendungsverträgen an Abkömmlinge klarzustellen, um welche Art der Zuwendung es sich handelt und ob diese ausgleichungspflichtig ist oder nicht. 100

Wie im Falle der Anrechnung (vgl. oben Rn. 89) ist es im Falle einer positiven Ausgleichungsanordnung zwecks späterer Streitvermeidung stets sinnvoll, den Ausgleichungsbetrag konkret festzulegen. 101

Formulierungsvorschlag: (Ausgleichungsanordnung)
Der Beschenkte hat die heutige Zuwendung mit einem Wert von EUR ... im Verhältnis zu den übrigen Abkömmlingen des Schenkers auszugleichen. 102

Alternativer Formulierungsvorschlag: (Nichtausgleichungsanordnung)
Die heutige Zuwendung ist im Verhältnis zu den übrigen Abkömmlingen des Schenkers nicht ausgleichungspflichtig. 103

Um die pflichtteilsrechtliche Fernwirkung bei unter § 2050 Abs. 3 BGB fallenden Zuwendungen auszuschließen, kann die Ausgleichung ausdrücklich auf den Fall beschränkt werden, dass die (übrigen) Abkömmlinge auch wirklich gesetzliche Erben werden und nicht enterbt sind. 104

Formulierungsvorschlag: (Ausgleichungsanordnung für Eintritt der gesetzlichen Erbfolge)
Der Beschenkte hat die heutige Zuwendung mit einem Wert von € ...... im Verhältnis zu den übrigen Abkömmlingen des Schenkers auszugleichen, falls die Abkömmlinge gesetzliche Erben werden oder ein Fall des § 2052 BGB gegeben ist. 105

---

[136] Vgl. Nieder/Kössinger/*Nieder* § 2 Rn. 279 m. w. N.

106 Der **Zuwendungsbegriff** in §§ 2316, 2050 ff. BGB ist nach h. A. weiter als bei § 2315 BGB (vgl. dazu oben Rn. 81 ff.), da darunter auch solche Zuwendungen fallen, die in Erfüllung einer gesetzlichen Pflicht, etwa der Unterhaltspflicht, erbracht werden.[137] Obwohl auch hier – wie bei der Pflichtteilsanrechnung – die Zuwendung grundsätzlich vom Erblasser stammen muss, vertritt die noch h. A., dass bei einem **Berliner Testament** als Erblasser im Sinne des § 2050 BGB auch der **zuerst verstorbene Ehegatte** anzusehen ist, obwohl die zu Schlusserben eingesetzten Abkömmlinge aus rechtlicher Sicht nur Erben des zuletzt versterbenden Ehegatten sind.[138] Diese Ansicht wird in der neueren Literatur[139] zunehmend abgelehnt, da sie sich über die rechtliche Selbständigkeit der beiden Erbfälle hinwegsetzt. Zumindest für den Ausgleichungspflichtteil i. S. des § 2316 BGB dürfte der Standpunkt der h. A. abzulehnen sein, da dies einen Widerspruch zur Anrechnung nach § 2315 BGB darstellt, wo die h. A. (vgl. oben Rn. 82) eine einheitliche Betrachtung des Nachlasses der Ehegatten ablehnt.[140] Der Empfehlung der Literatur, die praxiswichtige, bislang umstrittene Frage nach der Ausgleichung beim Berliner Testament im Zusammenhang mit der Erbrechtsreform zu klären,[141] ist der Gesetzgeber leider nicht nachgekommen.

107 *cc) Ausgleichung von Pflegeleistungen.* Nach § 2057a Abs. 1 S. 2 BGB kann ein Abkömmling bei der Auseinandersetzung einer Miterbengemeinschaft Ausgleichung verlangen, wenn er den Erblasser unter Verzicht auf berufliches Einkommen während längerer Zeit gepflegt hat. Der praktische Anwendungsbereich der Norm ist gering und erfasst viele Pflegefälle nicht (beispielsweise weil der Abkömmling trotz Pflege berufstätig geblieben ist oder nicht der Abkömmling, sondern die zweite Ehefrau die Pflegeleistungen erbracht hat). Im Zuge der **Erbrechtsreform** sollte daher die Vergütung von Pflegeleistungen durch **Einfügung eines neuen § 2057b BGB** neu geregelt werden.[142] Insoweit war vorgesehen, das Erfordernis des Verzichts auf berufliches Einkommen zu streichen und den Kreis der Ausgleichungsberechtigten auf **alle gesetzlichen Erben** auszudehnen. Außerdem sollte in § 2057b Abs. 2 BGB-E eine Berechnungsgrundlage für die Ausgleichung aufgenommen werden, die an das Leistungssystem der sozialen Pflegeversicherung anknüpft. Vom Ansatz her wurden die Reformvorschläge in der Literatur begrüßt, zumal die Erhaltung und Mehrung des Vermögens des Erblassers nicht nur den anderen Abkömmlingen, sondern auch den anderen gesetzlichen Erben, insbesondere dem überlebenden Ehegatten, der nicht in die Erbausgleichung einbezogen ist, zugute kommt.[143] In der Literatur wurde aber auch hinsichtlich des in die Ausgleichung einbezogenen Personenkreises wie hinsichtlich der vorgesehenen Form des Ausgleichs Kritik geübt. So wurde moniert, dass Schwiegerkinder und Lebenspartner nicht zu den gesetzlichen Erben gehörten und man diese nicht auf die Möglichkeit des Ausgleichs durch letztwillige Verfügung verweisen dürfe.[144] Da aber eine Erweiterung des ausgleichungsberechtigten Personenkreises über die Erben hinaus nicht mehr innerhalb der Erbauseinandersetzung zu bewerkstelligen sei, wurde als Ausgleichsinstrument entweder ein gesetzliches Vermächtnis oder die Begründung einer sonstigen Nachlassverbindlichkeit i. S. einer Erblasserschuld vorgeschlagen.[145] Auch diese Lösungen wären im Ergebnis aber nicht ganz unproblematisch gewesen, so dass die vom Reformgesetzgeber erwogene Neuregelung der Ausgleichung von Pflegeleistungen bald zum umstrittensten Punkt der Reform wurde und den Hauptgrund dafür darstellte, dass soviel Zeit verging, bis der Rechtsausschuss, nach-

---

[137] RGZ 73, 372, 377 zu § 2050 BGB; Bamberger/Roth/*J. Mayer* § 2315 Rn. 5 m. w. N.
[138] RG WarnR 1938, 51, 52; KG NJW 1974, 2131, 2132; MünchKommBGB/*Heldrich* § 2052 Rn. 2 m. w. N.
[139] *Thubauville* MittRhNotK 1992, 294 f.; *Mohr* ZEV 1999, 257, 258. Der BGH hat die Rechtsfrage im Rahmen einer Entscheidung zu § 2327 Abs. 1 S. 1 BGB (BGHZ 88, 102, 105 = NJW 1983, 2875 = DNotZ 1984, 497) ausdrücklich dahin stehen lassen.
[140] So zu Recht Bamberger/Roth/*J. Mayer* § 2316 Rn. 5 m. w. N.
[141] *Herrler/Schmied* ZNotP 2008, 178, 182, 184.
[142] BT-Drucks. 16/8954, S. 6, 17 f.
[143] Vgl. *Krug* ZFE 2008, 324, 327.
[144] *Keim* ZEV 2008, 161, 166; *Windel* ZEV 2008, 305.
[145] Vgl. *Köbl*, FS Frank (2008), S. 159, 173; vgl. auch *Otte* ZEV 2008, 260 ff.; Stellungnahme des Deutschen Notarvereins vom 31. 8. 2007, S. 30 ff.; *Windel* ZEV 2008, 305, 306.

II. Rechtsgeschäfte unter Lebenden

dem ihm der Regierungsentwurf zur Beratung überwiesen wurde, seine abschließenden Empfehlungen vorlegte.

Als der **Bundestag** dann am 2. 7. 2009 auf Basis der Empfehlungen des Rechtsausschusses die **Erbrechtsreform**[146] verabschiedete, die zum 1. 1. 2010 in Kraft getreten ist, war überraschenderweise kein Alternativmodell (Vermächtnislösung, Nachlassverbindlichkeitslösung) gewählt, sondern es waren die Reformvorschläge zu §§ 2057a, b BGB nahezu ersatzlos gestrichen. Als einzige Änderung im Bereich des Ausgleichs von Pflegeleistungen ist nunmehr vorgesehen, dass in § 2057a BGB – der ansonsten unverändert bleibt – das **Erfordernis des Verzichts auf berufliches Einkommen gestrichen** wird. Diese Änderung wird sicher dazu führen, dass künftig mehr Abkömmlinge (v. a. Frauen) wegen ihrer Pflegeleistungen für den Erblasser Ausgleichung verlangen können und sich dadurch ihre Erb- bzw. Pflichtteilsansprüche erhöhen. Die Neuregelung bringt aber keine Lösung für die Fälle, in denen es beim Erbfall nicht zur Ausgleichung kommt (weil der Erblasser abweichend von den gesetzlichen Erbquoten der Abkömmlinge verfügt hat) oder andere Personen als Abkömmlinge (z. B. die zweite Ehefrau, Lebensgefährtin, Schwiegertochter) die Pflegeleistungen erbracht haben.

Praxistipp:
Da das Gesetz – auch nach der Erbrechtsreform – hinsichtlich der für den Erblasser erbrachten Pflegeleistungen nicht in allen Fällen einen Ausgleich vorsieht, sollte stets darauf hingewirkt werden, dass die Erbringung von (nach Umfang und Dauer erheblichen) Pflegeleistungen nur auf Basis einer mit dem Erblasser abgeschlossenen Vergütungsvereinbarung (mit bindender Zusage einer Vergütung zu Lebzeiten oder nach dem Todesfall) erfolgt. Ist der Erblasser selbst nicht mehr testier- oder geschäftsfähig, kann für ihn ein (General-)Bevollmächtigter oder Betreuer handeln, der aber auf den Abschluss lebzeitiger Rechtsgeschäfte beschränkt ist (vgl. §§ 2064, 2274 BGB).

dd) Ausgleichungsanordnung und Zeitpunkt. Die Ausgleichungsanordnung ist eine einseitige empfangsbedürftige Willenserklärung, die **vor oder spätestens bei der Zuwendung** dem Empfänger zugehen muss.[147] Eine nachträgliche Anordnung ist damit grundsätzlich nicht möglich, sofern sich der Erblasser dies nicht ausdrücklich vorbehalten hat. Ansonsten kann der Erblasser zwar eine „Ausgleichung" gegenüber anderen Beteiligten und damit eine Gleichbehandlung von Abkömmlingen z. B. durch eine entsprechende Anpassung der Erbquoten oder die Aussetzung eines Vermächtnisses zugunsten der anderen Abkömmlinge, durch das der „Vermögensvorteil" des Zuwendungsempfängers ausgeglichen wird, vornehmen. Begrenzt wird diese Gestaltung aber durch das Pflichtteilsrecht des erbenden Zuwendungsempfängers,[148] in das nicht einseitig, sondern nur eingegriffen werden darf, wenn der Zuwendungsempfänger hiermit in Form eines Pflichtteilsverzichtsvertrages einverstanden ist.

Im Zuge der **Erbrechtsreform** war zunächst vorgesehen, das Problem dadurch zu beseitigen, dass man den § 2050 BGB um einen neuen Abs. 4 ergänzt, wonach der Erblasser nachträglich (einseitig) durch Verfügung von Todes wegen Anordnungen über die Ausgleichung oder den Ausschluss der Ausgleichung von Zuwendungen treffen kann.[149] Damit wollte man – wie bei der Ermöglichung der nachträglichen Pflichtteilsanrechnung (vgl. oben Rn. 92) – die Testierfreiheit des Erblassers erweitern und ihm eine nachträgliche Korrektur ermöglichen (beispielsweise wenn eine Anordnung der Ausgleichung versehentlich wegen Rechtsunkenntnis unterblieben ist). Auf Empfehlung des Rechtsausschusses hat nun der Bundestag bei der Verabschiedung des Gesetzes zur Änderung des Erb- und Verjährungsrechts am 2. 7. 2009[150] die vorgesehene Änderung hinsichtlich der nachträglichen Anordnung der Ausgleichung aus Vertrauensschutzgründen **ersatzlos gestrichen**.

---

[146] Gesetz zur Änderung des Erb- und Verjährungsrechts vom 24. 9. 2009, BGBl. I, 3142; vgl. auch BT-Drucks. 16/13 543; Pressemitteilung des BMJ vom 2. 7. 2009.
[147] *J. Mayer* ZErb 2007, 130, 137.
[148] Bamberger/Roth/*J. Mayer* § 2316 Rn. 5 m. w. N.
[149] Vgl. BT-Drucks. 16/8954, S. 5, 16 f.
[150] Vgl. BT-Drucks. 16/13 543, S. 19 f.; Pressemitteilung des BMJ vom 2. 7. 2009.

112   *ee) Nachträgliche Aufhebung der Ausgleichungsverpflichtung.* Es ist anerkannt, dass die Ausgleichungsverpflichtung hinsichtlich lebzeitiger Zuwendungen nach § 2050 Abs. 1 oder § 2050 Abs. 3 BGB **nachträglich** durch den Erblasser **beseitigt** werden kann. Wegen der erbrechtlichen Wirkungen der Ausgleichungsanordnung geht die h. A. dabei davon aus, dass die Ausgleichungsanordnung nur durch Verfügung von Todes wegen aufgehoben werden kann, nicht aber durch Vertrag unter Lebenden.[151] Die Rechtsnatur dieser nachträglichen Aufhebung der Ausgleichungsanordnung ist nicht ganz unumstritten. Nach der wohl h. A.[152] handelt es sich hierbei um ein **Vorausvermächtnis zugunsten des Zuwendungsempfängers** und zu Lasten der anderen ausgleichungsberechtigten Miterben (mit dem Inhalt, dass sie den miterbenden Zuwendungsempfänger von der Ausgleichungspflicht freizustellen haben). Allerdings kann durch die nachträgliche Aufhebung oder Abänderung von bereits entstandenen Ausgleichungspflichten nach h. A.[153] weder der Pflichtteil des Zuwendungsempfängers noch der Pflichtteil der anderen Abkömmlinge beeinträchtigt werden; dies gilt nach herrschender Ansicht nicht nur für die Fälle des § 2050 Abs. 1 BGB (vgl. § 2316 Abs. 3 BGB), sondern auch für die Fälle des § 2050 Abs. 3 BGB. Die Auswirkungen auf den Pflichtteil der nicht beschenkten Abkömmlinge sind folglich **irreversibel**, sofern nicht ebenfalls ein (ggf. gegenständlich auf die Zuwendung beschränkter) Pflichtteilsverzicht der nicht mit der Zuwendung bedachten Abkömmlinge eingeholt wird.[154]

113   Die Problematik, dass nach derzeitigem Recht eine einmal getroffene Ausgleichungsanordnung nicht mehr ohne Auswirkung auf die Pflichtteilsansprüche der nicht Bedachten rückgängig gemacht werden kann, wäre durch die im Rahmen der **Erbrechtsreform** geplante Neuregelung des § 2050 BGB, wonach eine nachträgliche Anordnung der Ausgleichung oder Änderung der Ausgleichungsanordnung möglich sein sollte (vgl. dazu oben Rn. 111), nur im Anwendungsbereich des § 2050 Abs. 3 BGB, nicht aber im Anwendungsbereich des § 2050 Abs. 1 BGB, beseitigt worden, da § 2316 Abs. 3 BGB unverändert bestehen bleiben sollte.[155] Dies wäre problematisch gewesen, da die Abgrenzung zwischen einer Ausstattung und einer sonstigen Zuwendung i. S. des § 2050 Abs. 3 BGB in der Regel schon schwierig genug ist. Da auf Empfehlung des Rechtsausschusses die vorgesehenen Reformvorschläge hinsichtlich der nachträglichen Anordnung der Ausgleichung oder Änderung ersatzlos gestrichen wurden, ist die Problematik nachträglicher Änderungen von Ausgleichungspflichten für alle Fälle gleich geblieben.

114   *ff) Durchführung der Ausgleichung.* Die Durchführung der Ausgleichung (vgl. dazu ausf. § 3 Rn. 202 ff.) ist in den §§ 2055, 2056 BGB festgelegt. Die Berechnung erfolgt in vier Rechenschritten:

(1) vom Nachlass werden alle Verbindlichkeiten (§ 2046 Abs. 1 S. 1 BGB) sowie alle Erbteile der nicht an der Ausgleichung beteiligten Miterben (insbes. Ehegattenerbteil) abgezogen;

(2) zu dem sich hierdurch ergebenden tatsächlichen Nachlassteil der Abkömmlinge werden fiktiv die auszugleichenden Zuwendungen hinzugerechnet (die 10-Jahresfrist nach § 2325 Abs. 3 BGB gilt dabei nicht);

(3) der fiktive Nachlassteil der Abkömmlinge wird unter ihnen anhand ihrer Erbquoten aufgeteilt;

(4) die auszugleichenden Zuwendungen werden bei ihren Empfängern abgezogen und so die konkreten Pflichtteilsansprüche der Abkömmlinge bestimmt.

---

[151] Vgl. RGZ 90, 419, 422; KG OLGE 21, 318; OLG Hamburg OLGZ 1934, 260, 261; MünchKommBGB/*Heldrich* § 2050 Rn. 32; Bamberger/Roth/*Lohmann* § 2050 Rn. 10; *J. Mayer* ZEV 1996, 441, 443 m. w. N.

[152] Vgl. *J. Mayer* ZEV 1996, 441, 443 m. w. N.

[153] Vgl. *Schmid* BWNotZ 1971, 29, 34; *J. Mayer* ZEV 1996, 441, 443; Bamberger/Roth/*Lohmann* § 2050 Rn. 10.

[154] Vgl. *Herrler/Schmied* ZNotP 2008, 178, 179.

[155] *Herrler/Schmied* ZNotP 2008, 178, 181.

II. Rechtsgeschäfte unter Lebenden

Beispiel:
Der Erblasser hinterlässt einen Sohn S und eine Tochter T. Erbe wird der familienfremde X. Der Nachlasswert beträgt € 40.000,–. S hat zu Lebzeiten eine ausgleichungspflichtige Zuwendung von € 10.000,– erhalten. Die Pflichtteilsquoten von S und T betragen je $1/4$.
Der Pflichtteilsanspruch des Sohnes S errechnet sich wie folgt: [(40.000 + 10.000) : 2] – 10.000 = 15.000; davon $1/2$ = 7.500.
Der Pflichtteilsanspruch der Tochter T errechnet sich wie folgt: [(40.000 + 10.000) : 2] – 0 = 25.000; davon $1/2$ = 12.500.

Ergibt sich bei der Berechnung, dass einzelne Abkömmlinge bereits **vorab mehr empfangen** haben, als ihrem Erbanteil entspricht, so sind sie gem. § 2056 S. 1 BGB nicht zur Rückzahlung verpflichtet. Außerdem scheidet der Abkömmling aus der Berechnung aus. Wer einen **Erbverzicht** erklärt hat, scheidet gem. § 2316 Abs. 1 S. 2 BGB aus.

Sind **Leistungen nach § 2057a BGB** auszugleichen, dann erfolgt die Berechnung des Ausgleichungspflichtteils nach § 2057a Abs. 4 i. V. mit § 2316 BGB. Die Leistungen werden daher zunächst von dem auf die Abkömmlinge entfallenden ausgleichungspflichtigen Restnachlass abgezogen. Aus diesem fiktiven reduzierten Ausgleichungsnachlass wird der Ausgleichungserbteil entsprechend der Erbquote des Abkömmlings gebildet. Diesem wird dann die Summe seiner Leistungen i. S. von § 2057a BGB hinzugerechnet und durch Halbierung sein Ausgleichungspflichtteil bestimmt.[156]

c) Zusammentreffen von Anrechnungs- und Ausgleichungspflicht. Treffen für eine Zuwendung Anrechnungs- und Ausgleichungspflicht zusammen, ist nach § 2316 Abs. 4 BGB zunächst die Ausgleichung vorzunehmen und anschließend für den konkreten Pflichtteilsanspruch die Anrechnung mit dem **hälftigen** Zuwendungswert durchzuführen (§ 2316 Abs. 4 BGB).

Beispiel:
Der Erblasser E hinterlässt einen Sohn S und eine Tochter T. Erbe wird der familienfremde X. Der Nachlass beträgt € 100.000,–. Der Sohn S hat eine lebzeitige Zuwendung in Höhe von € 20.000,– erhalten, die anrechnungs- und ausgleichungspflichtig ist. Die Pflichtteilsquoten von S und T betragen je $1/4$, der ausgleichungspflichtige Nachlass beträgt € 120.000.
Der Ausgleichungspflichtteil des Sohnes S beträgt: (120.000 : 2–20.000) : 2 = 20.000.
Unter Berücksichtigung der Anrechnung berechnet sich der Pflichtteil: 20.000 – (20.000 : 2) = 10.000.
Bei bloßer Pflichtteilsanrechnung hätte der Pflichtteilsanspruch betragen: 120.000 : 4–20.000 = 10.000.

Wegen der nur hälftigen Anrechnung der Zuwendung auf den Pflichtteil nach § 2316 Abs. 4 BGB kann sich, wenn noch ein Ehepartner vorhanden ist, der Pflichtteilsanspruch des Beschenkten gegenüber der alleinigen Pflichtteilsanrechnung vergrößern, wenn zusätzlich die Erbausgleichung angeordnet wird.[157] Da es regelmäßig Ziel des Zuwendenden ist, mit der Anordnung der Pflichtteilsanrechnung eine möglichst weitgehende Reduzierung des Pflichtteilsanspruchs des Zuwendungsempfängers zu erreichen, kann bei der Anordnung der Pflichtteilsanrechnung vorgesehen werden, dass die zusätzliche Erbausgleichung nicht erfolgen soll, wenn dies den Pflichtteilsanspruch erhöht.

> **Formulierungsvorschlag: (Anordnung der Anrechnung und Ausgleichung)**
> Der Beschenkte hat sich die heutige Zuwendung mit einem Wert von € . . . . . . auf seinen Pflichtteil nach dem Schenker anrechnen zu lassen. Er hat außerdem deren Wert im Verhältnis zu den übrigen Abkömmlingen des Schenkers auszugleichen, falls sich nicht hierdurch sein Pflichtteil im Gegensatz zur bloßen Pflichtteilsanrechnung erhöht.

---

[156] Vgl. Bamberger/Roth/*J. Mayer* § 2316 Rn. 15; *Krug* ZFE 2008, 324, 326, jeweils mit Berechnungsbeispiel.
[157] Vgl. *Tanck* ZErb 2003, 41, 42 (mit Berechnungsbeispielen); vgl. dazu auch § 3 Rn. 223.

> **Zusammenfassender Praxistipp:**
>
> 120 Nur die bloße Pflichtteilsanrechnung nach § 2315 BGB führt zu einer Pflichtteilsentlastung für den Nachlass in voller Höhe der Vorempfänge. Keine Pflichtteilsreduzierung bewirkt dagegen die Pflichtteilsausgleichung, die nur zu einer Umverteilung des Pflichtteils führt zugunsten der Pflichtteilsberechtigten, die keine oder weniger Vorempfänge erhalten haben. Da die Pflichtteilsausgleichung aber nur beim Empfänger den Pflichtteilsanspruch vermindert, während sie den Pflichtteilsanspruch der übrigen Abkömmlinge irreparabel erhöht, sollte die Anordnung der Ausgleichung in der Regel vermieden werden.[158]

4. Ehe- und Lebenspartnerschaftsverträge und Güterstandswahl

Schrifttum: *Jülicher/Klinger*, Der Pflichtteil des Ehegatten, NJW-Spezial 2008, 647; *J. Mayer*, Abhängigkeiten von Ehegüter- und Ehegattenerbrecht und Gestaltungsüberlegungen, FPR 2006, 129; *Winkler*, Die „güterrechtliche Lösung" als Störfaktor bei der Unternehmensnachfolge, ZErb 2005, 360; *ders.*, Eheverträge von Unternehmern – Gestaltungsmöglichkeiten zum Schutz des Unternehmens, FPR 2006, 217.

121 **a) Faktoren für die Bemessung der Pflichtteilsquote.** Die Pflichtteilsquote des Ehegatten hängt von dessen Erbquote ab. Deren Höhe richtet sich nach der Erbordnung der neben dem Ehegatten vorhandenen Verwandten (vgl. § 1931 Abs. 1 BGB) und dem Güterstand der Ehegatten, § 1931 Abs. 3 und 4 BGB (Entsprechendes gilt für eingetragene Lebenspartner; vgl. dazu unten Rn. 128). Zur Ermittlung der Erb- bzw. Pflichtteilsquote des Ehegatten muss daher geklärt werden, welche Verwandte in welcher Ordnung neben dem Ehegatten als gesetzliche Erben in Frage kommen. Außerdem ist der Güterstand der Ehegatten beim Tod des Erblassers festzustellen. Für den Notar, der die Beteiligten bei der Gestaltung ihres Ehevertrages berät, ist es wichtig, die Auswirkungen einer etwaigen Güterstandswahl auf das Erb- und Pflichtteilsrecht im Auge zu behalten. Im Hinblick auf die Güterstandsabhängigkeit des gesetzlichen Erb- und Pflichtteilsrechts ergeben sich auch Gestaltungsmöglichkeiten zur Pflichtteilsreduzierung (vgl. dazu noch § 11 Rn. 85).

122 **b) Pflichtteilsquote bei Zugewinngemeinschaft.** Lebten die Ehegatten im Zeitpunkt des Erbfalls im gesetzlichen Güterstand, erhöht sich der gesetzliche Erbteil des Ehegatten um ¼ (§ 1931 Abs. 3 BGB i. V. mit § 1371 Abs. 1 BGB). Dies wirkt sich je nach Ordnung der Verwandten des Erblassers wie folgt aus:

- Neben Abkömmlingen beträgt die Ehegattenerbquote ¼ + ¼ = ½ (§ 1931 Abs. 1, Abs. 3 BGB i. V. mit § 1371 Abs. 1 BGB). Der Pflichtteil des Ehegatten beträgt damit ¼.
- Neben Eltern des Erblassers und deren Abkömmlingen erhält der Ehegatte ½ + ¼ = ¾ (§ 1931 Abs. 1, Abs. 3 BGB i. V. mit § 1371 Abs. 1 BGB). Der Pflichtteil des Ehegatten beträgt damit ⅜.
- Sonderfall § 1931 Abs. 1 S. 2 BGB: Der Ehegatte erhält, wenn beim Wegfall einzelner Großeltern gem. § 1926 Abs. 3 bis 5 BGB deren Abkömmlinge an ihre Stelle treten würden, zusätzlich auch deren Erbteile.
- Sind lediglich Verwandte der 4. oder fernerer Ordnungen vorhanden, erhält der Ehegatte die volle Erbschaft (§ 1931 Abs. 2 BGB). Der Pflichtteil beträgt somit ½.

123 Dabei ist für die Berechnung zu beachten, dass die pauschale Erhöhung des Erbteils des Ehegatten um ¼ (die unabhängig davon ist, ob der Erstverstorbene überhaupt einen Zugewinn erzielt hatte) nur dann eintritt, wenn es zur sog. **erbrechtlichen Lösung** kommt, d. h. der überlebende Ehegatte Erbe oder Vermächtnisnehmer wird. Er kann in diesem Fall wählen, ob er den **großen Pflichtteil** als Hälfte des um ¼ erhöhten gesetzlichen Erbteils geltend macht (sog. erbrechtliche Lösung) oder ob er die Erbschaft gem. § 1371 Abs. 3 BGB ausschlägt und als Pflichtteilsberechtigter den **kleinen Pflichtteil** nebst dem rechnerischen Zugewinnausgleich nach den §§ 1373 ff. BGB verlangt (sog. güterrechtliche Lösung). Bei § 1371 Abs. 3 BGB handelt es sich um eine Abweichung von dem allgemeinen Grundsatz des Pflichtteilsrechts, dass eine Ausschlagung grundsätzlich zum Verlust des Pflichtteilsanspruchs führt. Da die Gesamtbeteiligung des Ehegatten am Nachlass bei Zugewinngemein-

---

[158] Vgl. *J. Mayer* ZErb 2007, 130, 132.

schaft neben Abkömmlingen ½ beträgt, ist die Wahl der güterrechtlichen Lösung nur wirtschaftlich sinnvoll, wenn sich hieraus eine Gesamtbeteiligung ergibt, die diese Quote übersteigt. Neben Verwandten der 1. Ordnung ist dies nach *Kössinger*[159] nur der Fall, wenn der überlebende Ehegatte selbst keinen Zugewinn erzielt hat und der Zugewinn des Erblassers am Gesamtnachlass mindestens 85,71% oder $6/7$ beträgt. Neben Verwandten aller anderen Ordnungen bringt daher die erbrechtliche Lösung stets eine höhere Nachlassbeteiligung.[160]

Ist der überlebende Ehegatte **enterbt** und ist ihm auch kein Vermächtnis zugewandt (§ 1371 Abs. 2 BGB) oder hat er die Erbschaft oder das Vermächtnis ausgeschlagen (§ 1371 Abs. 3 BGB), hat er jedoch nicht die Wahl, statt des güterrechtlichen Ausgleichs und des kleinen Pflichtteils den auf Grund des erhöhten Erbteils berechneten Pflichtteil (sog. großer Pflichtteil) zu verlangen.[161] 124

Der große Pflichtteil des Ehegatten kommt daher nur zum Ansatz, wenn der überlebende Ehegatte zum Erben eingesetzt oder mit einem Vermächtnis bedacht ist und er trotzdem Pflichtteilsansprüche geltend machen kann (beispielsweise nach den §§ 2305 ff. oder §§ 2325 ff. BGB). Außerdem hat dies **Auswirkungen auf die Pflichtteile der übrigen Pflichtteilsberechtigten**, die unter Berücksichtigung des erhöhten gesetzlichen Ehegattenerbteils zu berechnen sind, falls nicht die Fälle des § 1371 Abs. 2 und 3 BGB vorliegen.[162] Kommt es zur güterrechtlichen Lösung (§ 1371 Abs. 2 BGB), bestimmt sich der Pflichtteil der übrigen Pflichtteilsberechtigten nach dem nicht erhöhten Ehegattenerbteil; allerdings wird der Nachlasswert um die als Nachlassverbindlichkeit abzusetzende Zugewinnausgleichsforderung vorab (u. U. erheblich) vermindert.[163] 125

c) **Pflichtteilsquote bei Gütergemeinschaft.** Bei Gütergemeinschaft beträgt die Pflichtteilsquote des überlebenden Ehegatten neben Verwandten der ersten Ordnung grundsätzlich ⅛, neben Verwandten der zweiten Ordnung oder neben Großeltern grundsätzlich ¼, § 1931 Abs. 1 BGB. Sind weder Verwandte der ersten noch der zweiten Ordnung bzw. Großeltern vorhanden, beträgt die Pflichtteilsquote des überlebenden Ehegatten stets ½, § 1931 Abs. 2 BGB. 126

d) **Pflichtteilsquote bei Gütertrennung.** Bei Gütertrennung gilt für die Ehegattenerbquote die Sonderregel des § 1931 Abs. 4 BGB. Danach erben, wenn neben dem Ehegatten ein oder zwei Kinder des Erblassers als dessen gesetzliche Erben berufen sind, der Ehegatte und die Kinder zu gleichen Teilen. Neben einem Kind beträgt die Pflichtteilsquote des Ehegatten daher ¼ und neben zwei Kindern ⅙. Bei mehr als zwei Kindern beträgt die Pflichtteilsquote des Ehegatten stets ⅛, da nach § 1931 Abs. 1 BGB der gesetzliche Erbteil immer ¼ beträgt. 127

e) **Erb- und Pflichtteilsquote des eingetragenen Lebenspartners.** Auch der i. S. des LPartG eingetragene Lebenspartner ist seit Inkrafttreten des Gesetzes zur Beendigung zur Diskriminierung gleichgeschlechtlicher Gemeinschaften vom 16. 2. 2001 (BGBl I S. 266) seit zum 1. 8. 2001 **pflichtteilsberechtigt**, wenn die eingetragene Lebenspartnerschaft zum Zeitpunkt des Eintritts des Erbfalls noch bestand und er von der Erbfolge durch Verfügung von Todes wegen ausgeschlossen ist (§ 10 Abs. 6 S. 1 LPartG). Für die Bemessung der Pflichtteilsquote des eingetragenen Lebenspartners (und die sich hieraus errechnenden Quoten der übrigen Pflichtteilsberechtigten) gelten die obigen Ausführungen entsprechend, nachdem das LPartÜbG das gesetzliche Erbrecht des eingetragenen Lebenspartners dem des Ehegatten (weitgehend) angeglichen hat (vgl. § 10, § 6 Abs. 2 LPartG, wonach für Lebenspartner bei Zugewinngemeinschaft § 1371 BGB entsprechend gilt). Auch durch Gestaltung des Güterstands im Rahmen des sog. **Lebenspartnerschaftsvertrages** können daher die Erb- und Pflichtteilsquoten des eingetragenen Lebenspartners und der sonstigen Pflichtteilsberechtigten (im Falle der Kinderlosigkeit des Erblassers v. a. diejenigen der Eltern) beeinflusst werden. 128

---

[159] Nieder/Kössinger/*Kössinger* § 1 Rn. 29 f.
[160] Nieder/Kössinger/*Kössinger* § 1 Rn. 31.
[161] BGHZ 42, 182, 185 ff. = NJW 1964, 2404; NJW 1982, 2497.
[162] Staudinger/*Haas* § 2303 Rn. 91 m. w. N.
[163] Bamberger/Roth/*J. Mayer* § 2303 Rn. 25.

5. Unternehmensnachfolge und Pflichtteilsrecht

Schrifttum: *v. Dickhuth-Harrach*, Ärgernis Pflichtteil? Möglichkeiten der Pflichtteilsreduzierung im Überblick, FS des Rheinischen Notariats (1998), S. 185; *Horn*, Verbesserungen der Pflichtteilsreform in der Unternehmensnachfolge, ZErb 2008, 411; *Mayer, U.*, Der Abfindungsausschluss im Gesellschaftsrecht: pflichtteilsfester Vermögenstransfer am Nachlass vorbei?, ZEV 2003, 355; *Sudhoff*, Unternehmensnachfolge, 5. Aufl. 2005, S. 172 ff.; *Tanck*, Pflichtteil bei unternehmerisch gebundenem Vermögen, BB-Special 5/2004, 19; *Winkler*, Unternehmensnachfolge und Pflichtteilsrecht – Wege zur Minimierung des Störfaktors „Pflichtteilsansprüche", ZEV 2005, 89.

129 **a) Pflichtteil als Störfaktor der Unternehmensnachfolge.** Pflichtteilsansprüche übergangener Pflichtteilsberechtigter stellen im Rahmen der Regelung der Unternehmensnachfolge einen erheblichen Störfaktor dar. Denn ist es dem Unternehmer nicht gelungen, das „Pflichtteilsproblem" durch Pflichtteilsverzichtsverträge (vgl. dazu noch unten Rn. 131) oder Vornahme lebzeitiger Zuwendungen mit Anrechnungsbestimmung in Höhe des zu erwartenden Pflichtteils zu lösen, besteht mit Eintritt des Erbfalls die Gefahr eines **erheblichen Liquiditätsverlustes** infolge Geltendmachung von Pflichtteilsansprüchen. Mit Eintritt des Erbfalls entsteht der Geldzahlungsanspruch, dessen sofortige Fälligkeit der Einflussnahme des Erblassers entzogen ist und der nach dem Gesetz gem. § 2331a BGB nur unter engen Voraussetzungen vom Gericht **gestundet** werden kann (vgl. dazu § 8 Rn. 66). Durch die **Erbrechtsreform**, die zum 1. 1. 2010 in Kraft getreten ist, ist zwar insoweit eine Verbesserung vorgesehen, als künftig jeder Erbe, nicht nur der selbst pflichtteilsberechtigte, Stundung verlangen kann, und es für die Erfüllung des Tatbestands genügt, wenn die sofortige Erfüllung des gesamten Anspruchs für ihn wegen der Art der Nachlassgegenstände eine **unbillige Härte** wäre (was insbesondere der Fall sein kann, wenn sie ihn zur Aufgabe des Familienheims oder zur Veräußerung eines Wirtschaftsgutes wie z. B. eines Unternehmens zwingen würde, das für den Erben und seine Familie die wirtschaftliche Lebensgrundlage bildet).[164] Es steht jedoch zu erwarten, dass die Norm auch nach der Reform nur die absoluten Härtefälle erfassen wird.

130 Der Erbe wird daher zur Erfüllung der Pflichtteilsansprüche u. U. gezwungen sein, Vermögensgegenstände zu veräußern oder Gewinne zu entnehmen bzw. im Extremfall auch das Unternehmen selbst zu liquidieren. Außer dem **Liquiditätsverlust** bereitet auch die im Unternehmensbereich **schwierige Bewertung** Probleme, da der Unternehmensnachfolger im Rahmen der Wertermittlung verpflichtet ist, alle für die Unternehmensbewertung erforderlichen, auch vertraulichen betrieblichen Unterlagen und Informationen offen zu legen.[165]

131 **b) Pflichtteilsverzicht.** Den sichersten Schutz vor Pflichtteilsansprüchen und den damit einhergehenden Problemen bietet auch im Bereich der Unternehmensnachfolge der notariell beurkundungsbedürftige Pflichtteilsverzichtsvertrag nach § 2346 Abs. 2 BGB. Dieser kann ggf. auch **gegenständlich beschränkt** auf das unternehmerische Vermögen abgeschlossen werden.[166] Der Abschluss eines Pflichtteilsverzichtsvertrages setzt jedoch die Mitwirkung des Pflichtteilsberechtigten voraus, dessen Bereitschaft ggf. durch Leistung einer Abfindung erkauft werden muss. In diesem Zusammenhang dürfte die Leistung einer Abfindung die Regel sein. Die Abfindung sollte auch nicht zu knapp bemessen werden, da sonst nach Eintritt des Erbfalls die Wirksamkeit des Verzichts ggf. mit dem Argument der Sittenwidrigkeit wegen Übervorteilung des Pflichtteilsberechtigten angegriffen wird.[167]

132 Häufig findet sich im unternehmerischen Bereich auch die Kombination zwischen einem Pflichtteilsverzicht des Ehegatten und einem ehevertraglichen **Ausschluss der güterrechtlichen Lösung** nach § 1371 Abs. 2 BGB.[168] Dadurch soll verhindert werden, dass der überlebende Ehegatte die vorgesehene Erbfolge durch Ausschlagung des zugewandten Erbes bzw. Vermächtnisses und Geltendmachung des kleinen Pflichtteils nebst rechnerischem Zugewinnausgleich (verbunden mit entsprechenden Bewertungsproblemen) durchkreuzen kann.

---

[164] Vgl. BT-Drucks. 16/13 543, S. 11; Pressemitteilung des BMJ vom 2. 7. 2009, S. 3.
[165] *Winkler* ZEV 2005, 89.
[166] Muster: Beck'sches Formularbuch Erbrecht/*Mutter*, G III. 10; *Winkler* ZEV 2005, 89, 91.
[167] OLG München ZEV 2006, 313 f. = MittBayNot 2006, 428 (*Wildmoser*-Fall); vgl. dazu bereits oben Rn. 36.
[168] Vgl. dazu *Cypionka* MittRhNotK 1986, 157, 165.

II. Rechtsgeschäfte unter Lebenden 133–136 § 10

c) Bewertung von Unternehmen. *aa) Maßgeblichkeit des Verkehrswerts.* Nach § 2311 **133** Abs. 1 S. 1 BGB ist für die Berechnung des Pflichtteils der Bestand und der Wert des Nachlasses zur Zeit des Erbfalls zu Grunde zu legen. Für die Wertermittlung sind Wertbestimmungen des Erblassers unerheblich, § 2311 Abs. 2 S. 2 BGB. Maßgebend ist vielmehr der **Verkehrswert** der Nachlassgegenstände. Bei nachlasszugehörigen Unternehmen oder Unternehmensbeteiligungen ist ebenfalls grundsätzlich der Verkehrswert zu ermitteln. Unproblematisch ist dies für Anteile an börsennotierten Aktiengesellschaften, bei denen der Kurswert zum Todestag maßgeblich ist.[169] Bei Anteilen an nicht börsennotierten Aktiengesellschaften oder Personengesellschaften (oder Beteiligungen hieran) ist die Wertermittlung dagegen schwierig, zumal das Gesetz keine bestimmte Bewertungsmethode vorgibt und es mangels freier Verfügbarkeit an einem Verkehrswert fehlt. Nicht maßgeblich ist jedenfalls der in der Handels- oder Steuerbilanz ausgewiesene Wert des Unternehmens, da dieser nicht den wahren Wert des Unternehmens widerspiegelt.[170]

bb) Bewertungsmethoden. Es gibt für die Ermittlung des Verkehrswerts keine einhellig **134** gebilligte Bewertungsmethode. Überwiegend wird (v. a. bei gewerblichen Unternehmen, die nach dem Tod des Unternehmers fortgeführt werden), zur Wertermittlung auf die **Ertragswertmethode** zurückgegriffen.[171] Dabei wird auf Basis der Erträge der letzten drei bis sieben Jahre der Wert des Unternehmens auf Grund der in drei bis fünf Jahren zu erwartenden Erträge des Unternehmens geschätzt.[172] Handelt es sich um ein stark inhaberausgerichtetes und inhaberdominiertes Unternehmen, kann stattdessen die **Substanzwertmethode** zur Anwendung gelangen, bei der eine Einzelbewertung aller selbständig veräußerungsfähigen Vermögensgegenstände des Unternehmens vorgenommen wird.[173] Schließlich kommt noch eine Bewertung nach dem **Liquidationswert** in Betracht, etwa wenn das Unternehmen in Folge der Erfüllung des Pflichtteilsanspruchs liquidiert wird oder es keinen positiven Ertragswert aufweist.[174]

cc) Berücksichtigung hypothetischer Veräußerungskosten. Es ist anerkannt, dass die **135** hypothetischen Veräußerungskosten stets und unabhängig von der Bewertungsmethode zu berücksichtigen sind.[175] Dies lässt sich damit begründen, dass es Ziel der Bewertung im Rahmen des Pflichtteilsrechts ist, den Pflichtteilsberechtigten so zu stellen, als sei der Gegenstand zum Zeitpunkt des Erbfalls veräußert worden. Umstritten ist allerdings, ob vom Unternehmenswert auch die auf den stillen Reserven des Unternehmens ruhenden **latenten Steuern nach § 16 EStG** abzuziehen sind. Nach wohl h. A. werden die latenten Ertragsteuern bei der Bewertung berücksichtigt, wenn das Unternehmen nach seinem Liquidations- oder Substanzwert bewertet wird, wenn es also zu einer Aufdeckung der stillen Reserven kommt.[176] Die latenten Ertragsteuern sollen dagegen unberücksichtigt bleiben, wenn der Erbe das Unternehmen fortführt und der Bewertung die Ertragswertmethode zugrunde liegt, da hier nicht abzusehen sei, ob und wann die stillen Reserven zur Auflösung kommen.[177] Da es sich aber auch bei latenten Ertragsteuern letztlich um unvermeidbare Veräußerungskosten handle, nimmt eine weit verbreitete Ansicht in der Literatur an, dass latente Steuerlasten **generell** zu berücksichtigen sind, und zwar unabhängig davon, ob eine Veräußerung bevorsteht oder nicht oder welche Bewertungsmethode zur Anwendung gelangt.[178]

d) Anteile an Personengesellschaften. *aa) Gesetzliche Regelung für den Todesfall.* Ob der **136** Anteil des Erblassers an einer Personengesellschaft (GbR, OHG, KG) in den Nachlass fällt und bei der Berechnung des ordentlichen Pflichtteilsanspruches zu berücksichtigen ist, hängt

---
[169] *Schlichting* ZEV 2006, 197, 198; Staudinger/*Haas* § 2311 Rn. 111 m. w. N.
[170] *Winkler* ZEV 2005, 89, 90.
[171] Sudhoff/*Scherer* § 17 Rn. 70 f.; Staudinger/*Haas* § 2311 Rn. 80 m. w. N.
[172] *Winkler* ZEV 2005, 89, 90; *Tanck* BB-Special 5/2004, 19; vgl. auch Staudinger/*Haas* § 2311 Rn. 80.
[173] *Winkler* ZEV 2005, 89, 90; Staudinger/*Haas* § 2311 Rn. 83; Sudhoff/*Scherer* § 17 Rn. 72.
[174] BGH FamRZ 1986, 776, 779 = NJW-RR 1986, 1066 = DNotZ 1986, 633; NJW 1973, 509, 510; *Winkler* ZEV 2005, 89, 90.
[175] Staudinger/*Haas* § 2311 Rn. 82.
[176] BGH FamRZ 1991, 43, 48; NJW 1972, 1269, 1270; Staudinger/*Haas* § 2311 Rn. 82 m. w. N.
[177] BGH NJW 1972, 1269; NJW 1973, 509, 510.
[178] *Winkler* ZEV 2005, 89, 91; Sudhoff/*Scherer* § 17 Rn. 76; Staudinger/*Haas* § 2311 Rn. 82 m. w. N.

von der Gesellschaftsform und davon ab, welche gesellschaftsvertragliche Regelung vorliegt.[179] Bei der **GbR** wird die Gesellschaft durch den Tod eines Gesellschafters aufgelöst, § 727 Abs. 1 BGB. Bei **OHG** und **KG** führt der Tod eines persönlich haftenden Gesellschafters nicht mehr zur Auflösung der Gesellschaft, sondern zu dessen Ausscheiden (§§ 131 Abs. 2 Nr. 1, 161 Abs. 2 HGB). Für den **Kommanditisten** sieht § 171 HGB vor, dass die Gesellschaft mit den Erben fortgesetzt wird, der Anteil also vererblich ist.

137 bb) *Gesellschaftsvertragliche Regelung/erbrechtliche Nachfolgeklauseln.* Eine etwaige Regelung im Gesellschaftsvertrag geht grundsätzlich den gesetzlichen Regeln vor. Hinsichtlich der erbrechtlichen Nachfolgeklauseln wird wie folgt unterschieden:
- **Fortsetzungsklausel,** bei der die Gesellschaft mit den übrigen Gesellschaftern fortgesetzt wird und der Verstorbene mit oder ohne Abfindung ausscheidet;
- **einfache oder qualifizierte Nachfolgeklausel,** bei der die Gesellschaft mit den Erben oder einem der Erben (qualifiziert) fortgesetzt wird;
- **Eintrittsklausel,** bei der die Gesellschaft zunächst mit den übrigen Gesellschaftern fortgesetzt wird, der oder die Erben aber die Möglichkeit haben, in die Gesellschaft einzutreten (Vertrag zugunsten Dritter gem. §§ 328 ff. BGB).

138 cc) *Pflichtteil bei Auflösung der Gesellschaft.* Wird die Gesellschaft mit dem Tod eines Gesellschafters aufgelöst, befindet sich im Nachlass der Anteil an der Liquidationsgesellschaft. Da die Gesellschaft nicht fortgesetzt wird, ist dieser ist bei der Berechnung des ordentlichen Pflichtteils mit dem Liquidationswert anzusetzen.[180]

139 dd) *Pflichtteil bei Fortsetzungsklausel.* Ist nach dem Gesellschaftsvertrag die Fortsetzung der Gesellschaft mit den übrigen Gesellschaftern vorgesehen, dann scheidet der Gesellschafter mit seinem Tod aus der Gesellschaft aus, seine Mitgliedschaft erlischt,[181] seine Mitberechtigung am Gesamthandsvermögen entfällt und wächst den Mitgesellschaftern ohne weiteren Übertragungsakt an (§ 738 Abs. 1 BGB, § 105 Abs. 3 HGB). Es entsteht gem. § 738 Abs. 1 S. 2 BGB, §§ 105 Abs. 3, 161 HGB ein **Abfindungsanspruch,** der in den Nachlass fällt. Da bei einer Fortsetzungsklausel von der Fortführung der Gesellschaft ausgegangen wird, ist der **Ertragswert,** nicht der Liquidationswert maßgebend.

140 Nach h.A. kann ein Abfindungsanspruch für den Fall des **Todes** des Gesellschafters gesellschaftsvertraglich ausgeschlossen werden.[182] Fraglich ist nur, ob die Modifizierung oder der Ausschluss des Anspruchs eine unentgeltliche Zuwendung an die anderen Gesellschafter darstellt und somit ggf. **Pflichtteilsergänzungsansprüche** entstehen. Gilt der Abfindungsausschluss für alle Gesellschafter, liegt nach Ansicht der Rspr. keine unentgeltliche Zuwendung an die übrigen Gesellschafter vor. Begründet wird dies regelmäßig damit, dass jeder Gesellschafter das gleiche Risiko auf sich nehme und um der Möglichkeit willen, die Gesellschaftsanteile der anderen für den Fall ihres Ausscheidens zu erwerben, seinerseits das Risiko eingehe, seinen Anteil ohne Abfindung zu verlieren. Besteht aber für jeden Gesellschafter gleichermaßen ein Gewinn- und Verlustrisiko, liegt ein sog. **aleatorisches Geschäft** (Geschäft mit Wagnischarakter vor), das keine unentgeltliche Zuwendung darstellt.

Praxistipp:

141 Der Abfindungsausschluss stellt nach der Rspr. nur dann eine (pflichtteilsergänzungserhebliche) Schenkung dar, wenn der Abfindungsausschluss nur für einzelne Gesellschafter vereinbart wird[183] oder kein ausgeglichenes Risikoverhältnis unter den Gesellschaftern besteht, weil etwa aufgrund größeren Altersunterschieds oder schwerer Krankheit eine große Wahrscheinlichkeit besteht, dass ein Gesellschafter eher verstirbt.[184] Die Literatur hat sich dem überwiegend angeschlossen.[185]

---

[179] *Tanck* BB-Special 5/2004, 19, 20.
[180] Staudinger/*Haas* § 2311 Rn. 90.
[181] Vgl. BGH BB 1987, 1555 = WM 1987, 981.
[182] BGHZ 22, 186, 194 f.; BGH WM 1971, 1338.
[183] BGH NJW 1981, 1956, 1957; DNotZ 1966, 620, 622.
[184] BGH NJW 1981, 1956, 1957; KG DNotZ 1978, 109, 111 f.; vgl. auch OLG Düsseldorf MDR 1977, 932.
[185] Vgl. Staudinger/*Haas* § 2325 Rn. 32 ff.

ee) Pflichtteil bei einfacher und qualifizierter Nachfolgeklausel. In beiden Fällen kommt 142
es zum Übergang des Gesellschaftsanteils im Wege des Erbrechts. Bei der einfachen Nachfolgeklausel treten alle Erben in die Gesellschafterstellung des Erblassers ein, wobei jeder Miterbe einen seiner Erbquote entsprechenden Anteil erhält (Sondererbfolge). Bei der qualifizierten Nachfolgeklausel rückt nur derjenige Erbe oder Vermächtnisnehmer in die Gesellschaft ein, der die entsprechenden Qualifikationsmerkmale erfüllt, und zwar unabhängig von der Höhe der ihm zugeteilten Erbquote. In beiden Fällen fällt der Gesellschaftsanteil in den Nachlass[186] und wird bei der Berechnung des ordentlichen Pflichtteils berücksichtigt.

Dabei ergibt sich auch hier ein Problem bei der Bewertung des Gesellschaftsanteils, wenn 143
der Gesellschaftsvertrag eine **abfindungsbeschränkende Klausel** enthält. Die Frage, ob solche gesellschaftsvertraglichen Beschränkungen auch maßgeblich sind für die Wertberechnung zum Zwecke der Ermittlung eines Pflichtteilsanspruchs, ist umstritten und lässt sich nicht ohne Weiteres mit der Interessenlage in dem Fall vergleichen, wo ein Gesellschafter bereits zu Lebzeiten im Gesellschaftsvertrag auf seinen Abfindungsanspruch für den Fall seines Todes verzichtet hat (vgl. oben).

Im Allgemeinen wird die abfindungsbeschränkende Klausel für die Pflichtteilsberechnung 144
als maßgeblich erachtet, wenn die Kündigung der Gesellschaftsbeteiligung am Todestag des Erblassers bereits erfolgt oder zumindest eingeleitet ist und sich die Abfindungsklausel dadurch konkretisierte.[187] Ansonsten ist die Rechtslage sehr str. und höchstrichterlich noch nicht geklärt.[188] Tendenziell ist anzunehmen, dass Abfindungsklauseln grundsätzlich keinen Einfluss auf die Wertermittlung von Unternehmensbeteiligungen haben können, da sonst dem Pflichtteilsberechtigten durch entsprechende gesellschaftsvertragliche Abfindungsklauseln effektiv vorhandene Nachlasswerte entzogen und dadurch der gesetzlich geschützte Pflichtteilsanspruch ausgehöhlt werden könnte.[189]

ff) Pflichtteil bei Eintrittsklausel. Im Falle der Eintrittsklausel geht der Gesellschaftsanteil 145
zunächst auf die übrigen Gesellschafter über und dem oder den Begünstigten steht ein Übertragungsanspruch zu. Es ergibt sich hier für die Frage der Berechnung des Pflichtteils- und Pflichtteilsergänzungsanspruchs die gleiche Problematik wie bei der Fortsetzungsklausel. Besteht ein Abfindungsanspruch und wird dieser vom Erblasser einem Begünstigten zugewandt, fällt dieser vorerst in den Nachlass und wird bei Berechnung des ordentlichen Pflichtteils berücksichtigt. Wird dagegen der Abfindungsanspruch eingeschränkt oder ausgeschlossen, gilt das oben Gesagte.

e) Anteile an Kapitalgesellschaften. Anteile an Kapitalgesellschaften sind – zwingend – 146
vererblich (vgl. § 15 Abs. 1 GmbHG). Der Wert ist grundsätzlich nach den o. a. Bewertungsmethoden zu ermitteln, sofern nicht – wie beispielsweise bei börsennotierten Aktiengesellschaften – ein Marktwert existiert (vgl. dazu oben Rn. 133).[190] Bei der Bewertung von GmbH-Geschäftsanteilen stellt sich jedoch – ähnlich wie bei Personengesellschaftsanteilen – die Frage, ob und in welcher Weise sich bestimmte Statutenregelungen auf die Bewertung auswirken. So kann der Gesellschaftsvertrag z. B. vorsehen, dass vererbte Geschäftsanteile durch die Gesellschaft eingezogen werden können oder dass eine Abtretung des Anteils an bestimmte Gesellschafter zu erfolgen hat.[191] Hinsichtlich solcher Klauseln gilt das vorstehende, zur Beteiligung an einer Personengesellschaft Gesagte entsprechend (vgl. Rn. 143 f.), wobei man insgesamt eher zur Zulässigkeit eines Abschlags vom Vollwert gelangt.[192] Bei Vinkulierungsklauseln, bei denen die Abtretung des Geschäftsanteils an weitere Voraussetzungen geknüpft ist, wie insbesondere die Genehmigung der Gesellschaft (vgl. § 15 Abs. 5

---

[186] Rückt bei der qualifizierten Nachfolgeklausel nur einer der Miterben in die Gesellschafterstellung ein und dies beschränkt auf seine Erbquote, fällt zum einen der auf den Gesellschaftererben übergegangene Gesellschaftsanteil und zum anderen der Abfindungsanspruch in Höhe des den übrigen Gesellschaftern anwachsenden Anteils in den Nachlass; vgl. Soergel/*Dieckmann* § 2311 Rn. 27.
[187] Winkler ZEV 2005, 89, 93.
[188] Übersicht zum Streitstand bei Sudhoff/*Scherer* § 17 Rn. 75; Staudinger/*Haas* § 2311 Rn. 99 ff.
[189] Winkler ZEV 2005, 89, 93.
[190] Sudhoff/*Scherer* § 17 Rn. 77.
[191] BGH BB 1977, 563; BayObLG WM 1989, 138, 142; *Tanck* BB-Special 5/2004, 19, 23.
[192] Vgl. Scherer/*Kasper* § 46 Rn. 32; Sudhoff/*Scherer* § 17 Rn. 78.

GmbHG), ist im Hinblick auf die schlechtere Veräußerlichkeit evtl. ein Abschlag vom gemeinen Wert vorzunehmen.[193]

147 f) **Lebzeitige Übertragung von Gesellschaftsbeteiligungen (und Schenkung).** *aa) Pflichtteilsrelevanz.* Die lebzeitige Übertragung von Gesellschaftsbeteiligungen des Erblassers kann insoweit pflichtteilsrelevant werden, als hierdurch evtl. Pflichtteilsergänzungsansprüche ausgelöst werden können.

148 *bb) Aufnahme eines persönlich haftenden Gesellschafters.* Der Aufnahme eines **persönlich haftenden Gesellschafters** in eine OHG oder eine GbR kommt nach Ansicht des BGH[194] kein Schenkungscharakter i.S. von § 516 BGB zu und zwar selbst dann nicht, wenn die Aufnahme unter besonders günstigen Bedingungen – insbesondere ohne Kapitaleinsatz – für den neuen Gesellschafter erfolgte und für ihn wirtschaftlich vorteilhaft ist. Dies wird damit begründet, dass in der Übernahme der Pflichten eines Gesellschafters, insbesondere in der Übernahme des Haftungsrisikos und dem regelmäßig geschuldeten Einsatz seiner vollen Arbeitskraft eine entsprechende Gegenleistung liege, die grundsätzlich die Annahme einer – sei es auch nur gemischten – Schenkung verbiete. Dies hat zur Folge, dass die Aufnahme eines persönlich haftenden Gesellschafters regelmäßig keine Schenkung darstellen wird. Eine Ausnahme wird allerdings z.B. für rein vermögensverwaltende Gesellschaften gemacht, bei denen kein Haftungsrisiko besteht und die Gesichtspunkte der persönlichen Haftung und des Einsatzes der Arbeitskraft so sehr in den Hintergrund treten, dass die Ausführungen zur Aufnahme eines Kommanditisten (dazu sogleich Rn. 149) auch auf diesen Fall angewendet werden können.[195]

149 *cc) Aufnahme eines Kommanditisten/Innengesellschaft/Stille Beteiligung.* Ein Kommanditanteil kann nach Auffassung des BGH[196] Gegenstand einer **Schenkung** sein, da den Kommanditist anders als einen Komplementär nach Erbringung seiner Einlage keine persönliche Haftung treffe und er regelmäßig nicht zur Geschäftsführung verpflichtet sei. Eine Schenkung ist dann anzunehmen, wenn der Kommanditist nichts für seinen Erwerb aufzuwenden, insbesondere keine Gegenleistung zu erbringen hat und die Parteien über die Unentgeltlichkeit einig sind. Gleiches gilt für die Beteiligung an einer **Innengesellschaft** oder für eine **stille Beteiligung**.[197]

6. Aufnahme eines notariellen Nachlassverzeichnisses

Schrifttum: *Braun,* Form, Inhalt und Verfahren beim Nachlassverzeichnis gemäß § 2314 Abs. 1 Satz 3 BGB, MittBayNot 2008, 351; *Edenfeld,* Auskunftsansprüche des Pflichtteilsberechtigten, ZErb 2005, 346; *Klinger,* Notarielles Nachlassverzeichnis – sinnvolles Mittel zur Feststellung des pflichtteilsrelevanten Nachlasses?, NJW-Spezial 2/2004, 61; *Nieder,* Das notarielle Nachlassverzeichnis im Pflichtteilsrecht, ZErb 2004, 60; *Roth,* Ausgewählte Einzelfragen zum notariellen Nachlassverzeichnis gemäß § 2314 Absatz 1 Satz 3 BGB, ZErb 2007, 402; *Schindler,* Eidesstattliche Versicherung im notariellen Nachlassbestandsverzeichnis? – zugleich einige allgemeine Bemerkungen zum Verzeichnis nach § 2314 BGB, BWNotZ 2004, 73; *Schreinert,* Das notarielle Nachlassverzeichnis, RNotZ 2008, 61; *van der Auwera,* Die Rechte des Pflichtteilsberechtigten im Rahmen seines Auskunftsanspruchs nach § 2314 BGB, ZEV 2008, 359; *Zimmer,* Die Aufnahme des Nachlassverzeichnisses durch den Notar, NotBZ 2005, 208; *ders.,* Der Notar als Detektiv? – Zu den Anforderungen an das notarielle Nachlassverzeichnis, ZEV 2008, 365.

150 a) **Bedeutung des notariellen Nachlassverzeichnisses im Pflichtteilsrecht.** Gem. § 2314 Abs. 1 S. 1 und 2 BGB hat der Pflichtteilsberechtigte sowohl einen Auskunfts- als auch einen Wertermittlungsanspruch gegenüber dem Erben (vgl. dazu bereits ausführlich oben § 2). Diese Ansprüche sollen dem pflichtteilsberechtigten Nichterben die für die Berechnung seines Geldanspruchs notwendige Kenntnis von Bestand und Wert des Gesamtnachlasses verschaffen. Dabei kann der Pflichtteilsberechtigte nach § 2314 Abs. 1 S. 3 BGB neben einem

---

[193] Sudhoff/*Scherer* § 17 Rn. 77.
[194] BGH NJW 1959, 1433; NJW 1981, 1956; WM 1977, 862, 864; so im Anschluss an den BGH auch KG DNotZ 1978, 109, 111.
[195] Vgl. *U. Mayer* ZEV 2003, 355, 356; Sudhoff/*Scherer* § 17 Rn. 69.
[196] BGHZ 112, 40, 45 ff.; NJW 1990, 2616, 2617.
[197] *Tanck* BB-Special 5/2004, 19, 23.

privat erstellten Verzeichnis auch verlangen, dass das Verzeichnis durch die zuständige Behörde oder einen zuständigen Beamten oder den **Notar** aufgenommen wird.

Die **Zuständigkeit** der Notare für die Aufnahme von Vermögensverzeichnissen ergibt sich aus § 20 Abs. 1 BNotO. 151

Praxistipp:
Es besteht eine gesetzliche Verpflichtung des Notars zur – häufig ungeliebten – angetragenen Aufnahme des Nachlassverzeichnisses. Denn auch bei der in § 20 Abs. 1 S. 1 BNotO aufgeführten Aufnahme von Vermögensverzeichnissen handelt es sich nach § 10a Abs. 2 BNotO um Urkundstätigkeiten, hinsichtlich derer der Notar nach § 15 Abs. 1 BNotO seine Urkundstätigkeit nicht ohne ausreichenden Grund verweigern darf.[198] Ein Ablehnungsrecht ist aber denkbar, wenn der Auskunftsverpflichtete, der den Auftrag erteilt hat, zu keinerlei Mitwirkung bereit ist.[199] 152

In der Praxis lässt sich in diesem Zusammenhang beobachten, dass sich Pflichtteilsberechtigte immer häufiger nicht mit der Erteilung eines privaten Nachlassverzeichnisses begnügen, sondern die Erstellung eines notariellen Verzeichnisses verlangen. Oft ist den Beteiligten dabei nicht klar, worin die Unterschiede zwischen den verschiedenen im Gesetz vorgesehenen Verzeichnissen liegen und welche Aufgaben dem Notar im Falle seiner Hinzuziehung zufallen. Fraglich ist insbesondere, ob und inwieweit den Notar im Falle der notariellen Aufnahme des Verzeichnisses Ermittlungspflichten treffen oder er beispielsweise Auskünfte des Auskunftsverpflichteten oder ein von diesem bereits erstelltes privates Verzeichnis ohne weitere eigene Prüfung des Nachlassbestandes zugrunde legen darf. 153

Das Recht auf ein amtliches Verzeichnis wird nach st. Rspr.[200] nicht durch die bereits erfolgte Vorlage eines **privaten Nachlassverzeichnisses** ausgeschlossen. Dies wird damit begründet, dass das notarielle Nachlassverzeichnis für den Pflichtteilsberechtigten grundsätzlich eine höhere Richtigkeitsgewähr habe, da damit zu rechnen sei, dass sich ein Erbe bei einer Befragung durch den Notar um zutreffende und vollständige Auskünfte bemühe.[201] Sinn und Zweck des notariell aufgenommenen Nachlassverzeichnisses liegt also in einer über eine einfache privatschriftliche Auskunftserteilung hinausgehenden, überprüfenden Richtigkeitskontrolle durch den Notar.[202] 154

b) Formen der notariellen Mitwirkung bei der Erstellung von Nachlassverzeichnissen. Was die notarielle Mitwirkung bei der Aufnahme von Nachlassverzeichnissen anbelangt, so ist zwischen der Hinzuziehung eines Notars, etwa bei der Inventarerrichtung nach den §§ 1993, 2002f. BGB, und der **Aufnahme des Vermögensverzeichnisses** oder Inventars **durch den Notar** wie bei §§ 2121 Abs. 3, 2215 Abs. 4 BGB oder eben im Falle des § 2314 Abs. 1 S. 3 BGB zu unterscheiden. Bei der „Hinzuziehung" eines Notars zur Aufnahme des Nachlassverzeichnisses hat der Notar das Inventar nicht selbst festzustellen und aufzunehmen. Vielmehr ist er nur Helfer und Berater[203] und hat – anders ausgedrückt – nur „Beistand zu leisten und zu belehren".[204] Den Notar trifft in diesem Zusammenhang im Hinblick auf die Vollständigkeit und Richtigkeit des Verzeichnisses keine Prüfungspflicht.[205] Das Verzeichnis ist in diesen Fällen eine **Privaturkunde**. Eine öffentliche Urkunde errichtet der Notar nur über seine Mitwirkung und über die von ihm gegebenen Belehrungen und 155

---

[198] Vgl. OLG Düsseldorf RNotZ 2008, 105, 107; OLG Karlsruhe MittBayNot 2007, 412, 413 = ZEV 2007, 329; *Schreinert* RNotZ 2008, 61, 67.
[199] *Braun* MittBayNot 2008, 351, 353.
[200] BGHZ 33, 373ff. = NJW 1961, 602; OLG Oldenburg NJW-RR 1993, 782f.; OLG Karlsruhe MittBayNot 2007, 412, 413 = ZEV 2007, 329; OLG Düsseldorf RNotZ 2008, 105, 106; vgl. aber OLG Köln NJW-RR 1992, 8f.
[201] OLG Karlsruhe MittBayNot 2007, 412, 413 = ZEV 2007, 329.
[202] Vgl. *Schreinert* RNotZ 2008, 61, 62 m.w.N.
[203] Vgl. Eylmann/Vaasen/*Limmer* § 20 BNotO Rn. 25.
[204] Palandt/*Edenhofer* § 2002 Rn. 1.
[205] Palandt/*Edenhofer* a.a.O.; *Zimmer* NotBZ 2005, 208, 209.

fügt entweder seiner Niederschrift das privatschriftlich erstellte Verzeichnis nach § 37 Abs. 1 BeurkG als Anlage bei oder vermerkt lediglich auf der Privaturkunde seine Mitwirkung nach § 39 BeurkG.[206]

156 Soll der Notar aber nicht nur zur Errichtung des Nachlassverzeichnisses hinzugezogen, sondern dieses **durch den Notar** selbst i. S. von § 2314 Abs. 1 S. 3 BGB **aufgenommen** werden, ist das Verzeichnis nicht lediglich eine Privaturkunde. Der Notar muss bei dieser Variante vielmehr den Nachlassbestand selbst ermitteln und für den Inhalt des Verzeichnisses Verantwortung übernehmen.[207] So hat beispielsweise das OLG Celle in seiner Entscheidung vom 21. 1. 2002[208] betont, dass die Amtstätigkeit des Notars bei Aufnahme eines Vermögensverzeichnisses über die bloße Beurkundung einer Erklärung des Erben hinausgehe. Der Notar müsse vielmehr den **Nachlassbestand ermitteln** und durch Unterzeichnung des Bestandsverzeichnisses als von ihm aufgenommen **zum Ausdruck bringen, dass er für dessen Inhalt verantwortlich ist**; darin liege die höhere Richtigkeitsgewähr eines durch den Notar selbst aufgenommenen Nachlassverzeichnisses.[209] Nach Auffassung des OLG Celle liegt damit kein notarielles Nachlassverzeichnis vor, wenn der Notar – wie bei der Niederschrift einer Willenserklärung – lediglich die Erklärungen des Auskunftspflichtigen über den Bestand beurkundet.[210]

157 **c) Inhalt des Verzeichnisses.** Form und Umfang der Auskunftserteilung folgen aus § 260 Abs. 1 BGB. Nach dieser Vorschrift hat derjenige, der verpflichtet ist, über den Bestand eines Inbegriffs von Gegenständen Auskunft zu erteilen, dem Berechtigten ein Verzeichnis des Bestands vorzulegen. In dem Bestandverzeichnis sind sämtliche Aktiva und Passiva des Nachlasses übersichtlich zusammen zu stellen und die Gegenstände nach Anzahl, Art und wertbildenden Faktoren zu bezeichnen.[211] Weniger wertvolle Gegenstände, wie z. B. persönliche Gebrauchsgegenstände und Hausrat, können zu Sachgruppen zusammengefasst werden.[212]

158 Bei der Auskunftspflicht nach § 2314 BGB ist zu berücksichtigen, dass diese dem Pflichtteilsberechtigten ermöglichen soll, seinen Pflichtteilsanspruch gegen den Erben spezifiziert geltend zu machen. Durch die Erstellung des Nachlassverzeichnisses wird der Auskunftsanspruch des Pflichtteilsberechtigten erfüllt.[213] Der Inhalt des Nachlassverzeichnisses orientiert sich demgemäß am **Auskunftsanspruch**. Das Nachlassverzeichnis muss daher neben sämtlichen Aktiva und Passiva des Nachlasses (Nachlassverbindlichkeiten) grundsätzlich auch die **fiktiven Nachlassaktiva**, d. h. ausgleichungspflichtige Zuwendungen i. S. der §§ 2316, 2050 ff. BGB (ohne zeitliche Begrenzung) sowie ergänzungspflichtige Schenkungen (und ehebedingte Zuwendungen) i. S. von § 2325 BGB enthalten.[214] Dabei erstreckt sich die Auskunftspflicht auch auf sog. Anstands- und Pflichtschenkungen i. S. von § 2330 BGB und auch auf solche Schenkungen, die außerhalb der Zehnjahresfrist des § 2325 Abs. 3 BGB erfolgt sind, sofern die Frist etwa infolge Nutzungsrechtsrechtsvorbehalts oder Eigenschaft als Ehegattenschenkung oder ehebedingte Zuwendung noch nicht abgelaufen ist. Auch über Lebensversicherungen und sonstige Verträge zugunsten Dritter des Erblassers ist Auskunft zu erteilen, unabhängig davon, zu welchem Zeitpunkt sie abgeschlossen wurden.[215] Geschenke, die der Pflichtteilsberechtigte selbst erhalten hat, können wegen ihrer pflichtteilsrechtlichen Relevanz (vgl. §§ 2315, 2316, 2327 BGB) aufzuführen sein. Berücksichtigt man weiter, dass der zur Erstellung des notariellen Nachlassverzeichnisses verpflichtete Erbe grundsätzlich ein **vollständiges Verzeichnis** vorzulegen hat und es nicht Aufgabe des Notars ist, tatsächlich

---

[206] *Nieder* ZErb 2004, 60, 62.
[207] Vgl. nur *Nieder* ZErb 2004, 60, 63.
[208] DNotZ 2003, 62 ff. m. Anm. *Nieder*.
[209] So bereits OLG Celle OLGR 1997, 160; a. A. *Zimmer* ZEV 2008, 365, 367 ff.
[210] So auch LG Aurich NJW-RR 2005, 1464.
[211] *Nieder* ZErb 2004, 60, 61; vgl. auch OLG Düsseldorf RNotZ 2008, 105, 106 f. hinsichtlich der Auflistung von Haushaltsgegenständen und Erblasserschenkungen.
[212] Gutachten DNotI-Report 2003, 137, 139.
[213] *Nieder* ZErb 2004, 60, 61.
[214] Vgl. Gutachten DNotI-Report 2003, 137, 138 m. w. N.
[215] *Nieder* ZErb 2004, 60, 66.

oder rechtlich umstrittene Punkte v. a. im rechtlichen Sinne endgültig für die Beteiligten zu klären, sind grundsätzlich auch **unklare oder strittige Positionen** in das Verzeichnis aufzunehmen.[216]

Praxistipp:
Im Nachlassverzeichnis sind alle tatsächlichen und fiktiven Nachlassgegenstände, die sich auf etwaige Pflichtteils- und Pflichtteilsergänzungsansprüche des Pflichtteilsberechtigten auswirken **können,** einzeln und übersichtlich aufzuführen.

159

Anders als im Falle der Rechnungslegung (§ 259 BGB) müssen im Falle der Auskunftserteilung (§ 260 BGB) **keine Belege** (wie z. B. Kontoauszüge, Quittungen, usw.) vorgelegt werden. Ggf. sollte die Belegvorlage aber auf freiwilliger Basis erfolgen, um die Glaubwürdigkeit der Angaben zu verstärken und Streit zwischen den Beteiligten zu vermeiden.[217] Eine Pflicht besteht nach der Rspr.[218] nur ausnahmsweise hinsichtlich der Vorlage von Geschäftsunterlagen, wenn sich im Nachlass ein Unternehmen oder eine Unternehmensbeteiligung befindet und die Unterlagen zur Wertermittlung benötigt werden.[219] Als Beweismittel hat der Gesetzgeber nur die **eidesstattliche Versicherung** vorgesehen. Ein Anspruch auf Angabe einer eidesstattlichen Versicherung über die Richtigkeit der Angaben besteht nach § 260 Abs. 2 BGB allerdings nur, wenn Grund zur Annahme besteht, dass das Verzeichnis nicht mit der erforderlichen Sorgfalt aufgestellt worden ist und es sich nicht um eine Angelegenheit von geringer Bedeutung handelt. Die **Zuständigkeit** für die Abgabe (Abnahme oder Aufnahme) der eidesstattlichen Versicherung liegt nach h. A.[220] beim Amtsgericht oder beim Vollstreckungsgericht (vgl. § 261 Abs. 1 BGB), nicht beim Notar. Daher sollte der Notar eine solche Versicherung nicht aufnehmen, da hierdurch eine Strafbarkeit gem. §§ 156, 163 Abs. 1 StGB nicht begründet würde.[221]

160

Dabei ist zu beachten, dass der **Wertermittlungsanspruch** nach § 2314 Abs. 1 S. 2 BGB ein selbstständiger Anspruch ist, der neben dem Auskunftsanspruch des § 2314 Abs. 1 S. 1 BGB steht. Der Notar hat daher die einzelnen Gegenstände lediglich aufzunehmen, nicht auch eine **Bewertung** vorzunehmen.[222]

161

d) Verfahren. Der Notar ist in der **Ausgestaltung des Verfahrens** zur Ermittlung der Vermögensmasse und zur Niederlegung des Ergebnisses dieser Ermittlungen in der Urkunde in seinem Ermessen weitgehend frei.[223] Er trägt die Verantwortung für die Durchführung und sachgerechte Gestaltung des Aufnahmeverfahrens.[224] Der Notar entscheidet bei der Aufnahme nach seinem Ermessen, auf welche Weise er die Vollständigkeit des Verzeichnisses feststellt. Der Notar ist auch beim Einschalten von Hilfspersonen frei und muss nicht selbst die Ermittlungen vornehmen.[225] Man wird daher nicht zwangsläufig erwarten können, dass der Notar beispielsweise die Erblasserwohnung selbst durchsucht und die dort vorgefundenen Gegenstände verzeichnet, sondern in der Praxis wird sich der Notar häufig auf die Aus-

162

---

[216] Gutachten DNotI-Report 2007, 105, 106 f.; *Braun* MittBayNot 2008, 351, 352.
[217] *Nieder* ZErb 2004, 60, 62.
[218] Vgl. BGHZ 33, 373, 378 = NJW 1961, 602; OLG Düsseldorf NJW-RR 1997, 454, 455; OLG Köln ZEV 1999, 110; *Nieder* ZErb 2004, 60, 62; *Klinger/Mohr* NJW-Spezial 2008, 71 f.
[219] Die Literatur lässt z. T. Ausnahmen auch für andere, schwer einzuschätzende Vermögensobjekte wie Kunstgegenstände, Schmuck, Urheber- oder Patentrechte zu; *Bartsch* ZEV 2004, 176; *Bamberger/Roth/J. Mayer* § 2314 Rn. 13 m. w. N. Zur Vorlage von Kontoauszügen vgl. auch *van der Auwera* ZEV 2008, 359, 362 ff.
[220] LG Oldenburg ZErb 2009, 1, 2 m. Anm. *Wirich*; *Nieder* ZErb 2004, 60, 65; *Schindler* BWNotZ 2004, 73, 77 f.; *Schreinert* RNotZ 2008, 61, 77; a. A. Eylmann/Vaasen/*Limmer* § 20 BNotO Rn. 26 und § 22 BNotO Rn. 4 für die Aufnahme – nicht Abnahme – der eidesstattlichen Versicherung.
[221] Vgl. *Schindler* BWNotZ 2004, 73, 76; *Braun* MittBayNot 2008, 351, 353 m. w. N.
[222] Vgl. Gutachten DNotI-Report 2003, 137, 138; *Braun* MittBayNot 2008, 351, 352.
[223] Vgl. dazu Gutachten DNotI-Report 2003, 137, 138.
[224] Eine praxistaugliche Zusammenstellung möglicher Verfahrensschritte findet sich bei *Braun* MittBayNot 2008, 351, 352 f.
[225] *Nieder* ZErb 2004, 60, 63.

künfte des Auskunftsverpflichteten stützen können (bzw. müssen, etwa dann, wenn die Erblasserwohnung bereits vor Jahren aufgelöst worden ist oder sich die Nachlassgegenstände im Ausland befinden).[226]

163 Der Notar ist aber im Hinblick darauf, dass er die Verantwortung für den Inhalt des Verzeichnisses trägt, über die Entgegennahme von Auskünften und Angaben der Beteiligten hinaus zur Vornahme von Ermittlungen **berechtigt**.[227] Er kann beispielsweise die örtlichen Kreditinstitute und Grundbuchämter anschreiben und nach Vermögensgegenständen des Erblassers fragen[228] oder die schriftlichen Unterlagen des Erblassers nach dem Vorhandensein von Guthaben, Forderungen und Verbindlichkeiten durchsehen. Tatsächlich sind die **Ermittlungsmöglichkeiten aber sehr eingeschränkt**, weshalb z. T. die besondere Bedeutung, die der Gesetzgeber dem amtlich aufgenommenen Verzeichnis zugemessen hat, in Zweifel gezogen und de lege ferenda eine Beseitigung der Mitwirkungsart „Aufnahme durch den Notar" verlangt wird.[229]

164 Gem. § 2314 Abs. 1 S. 2 BGB kann der Pflichtteilsberechtigte – auch im Rahmen eines notariellen Verzeichnisses[230] – verlangen, dass er **bei der Aufnahme** des Nachlassverzeichnisses **hinzugezogen** wird. Nach Ansicht des OLG Koblenz[231] setzt die Aufnahme eines Nachlassverzeichnisses durch einen Notar im Regelfall voraus, dass der Verpflichtete persönlich anwesend ist und für Belehrungen, Nachfragen und Erläuterungen zur Verfügung steht; eine Vertretung (z. B. durch den Prozessbevollmächtigten) sei grundsätzlich nicht möglich. Diese Entscheidung ist jedoch abzulehnen, denn das Gesetz sieht keine Verpflichtung (und anders als beim Auskunftsberechtigten schon kein Recht) des Auskunftsverpflichteten zur Anwesenheit bei Aufnahme des Verzeichnisses vor. Es liegt daher allein im pflichtgemäßen Ermessen des Notars, wen er im Einzelfall als Auskunftsperson zuzieht.[232] Dies wird zwar regelmäßig der Auskunftsverpflichtete sein, kann aber im Einzelfall eine andere Person – anders als nach OLG Koblenz – durchaus auch der Vertreter des Auskunftsverpflichteten sein, wie z. B. der Betreuer oder Vorsorgebevollmächtigte eines dementen und zwischenzeitlich geschäftsunfähigen Erben.[233]

165 Die Hinzuziehung des Auskunftsberechtigten kann sich in der notariellen Praxis empfehlen. Denn dann kann im Rahmen der Aufnahme des Verzeichnisses geklärt werden, auf welche Feststellungen der Berechtigte besonderen Wert legt und welche für ihn entbehrlich sind.[234] In diesem Zusammenhang ist zu berücksichtigen, dass der Inhalt des Nachlassverzeichnisses auch der Disposition des Auskunftsberechtigten unterliegt und er daher auch darauf verzichten kann, bestimmte Gegenstände oder Gruppen von Gegenständen in das Verzeichnis aufzunehmen oder einzeln aufzuführen. Im Einverständnis mit dem Auskunftsberechtigten ist demzufolge ausnahmsweise auch die Vorlage eines Teilverzeichnisses zulässig.[235]

166 e) **Fassung der Urkunde.** Bei der notariellen Aufnahme des Nachlassverzeichnisses handelt es sich nicht um die Beurkundung einer Willenserklärung (etwa des Erben) i. S. der §§ 8 ff. BeurkG, sondern um eine sog. **Tatsachenbeurkundung** der Wahrnehmungen des Notars i. S. der §§ 36 ff. BeurkG. Daraus folgt:
- Der Notar hat in die Niederschrift nach § 37 Abs. 1 Nr. 2 BeurkG seine Wahrnehmungen aufzunehmen.
- Die Beteiligten müssen in der Urkunde nicht aufgeführt werden (zweckmäßig ist aber die Nennung der bei Aufnahme des Verzeichnisses anwesenden Beteiligten und ihrer Vertreter).[236]

---

[226] Vgl. Gutachten DNotI-Report 2003, 137; OLG Karlsruhe MittBayNot 2007, 412, 414 = ZEV 2007, 329.
[227] *Nieder* ZErb 2004, 60, 63.
[228] *Nieder* ZErb 2004, 60, 63.
[229] Vgl. *Nieder* ZErb 2004, 60, 66.
[230] KG NJW 1996, 2312, 2313; Gutachten DNotI-Report 2003, 137.
[231] DNotZ 2007, 773 = RNotZ 2007, 414 (LS) m. Anm. *Sandkühler* RNotZ 2008, 33 ff.
[232] *Sandkühler* RNotZ 2008, 33.
[233] So auch *Sandkühler* RNotZ 2008, 33.
[234] *Schreinert* RNotZ 2008, 61, 69.
[235] Vgl. auch *Schreinert* RNotZ 2008, 61, 69.
[236] *Nieder* ZErb 2004, 60, 63.

- Die Urkunde muss (nur) vom Notar und nicht wie bei § 8 BeurkG von den Beteiligten unterschrieben werden.
- Die Urkunde muss nicht vorgelesen werden.[237]

Da es im Rahmen des § 2314 Abs. 1 S. 3 BGB maßgeblich auf die Feststellungen des Notars ankommt, sollte er in der Urkunde auch klarstellen, auf welcher Grundlage er zu diesen gelangt ist bzw. worüber er keine Feststellungen zu treffen vermochte.[238]

Praxistipp:
Wird das notarielle Nachlassverzeichnis fehlerhaft errichtet, indem der Notar beispielsweise das Verzeichnis ausdrücklich nur aufgrund der Erklärungen des Erben errichtet, ohne eigene Ermittlungen vorgenommen zu haben und ohne in der Urkunde zum Ausdruck zu bringen, dass er für den Inhalt verantwortlich sein will, liegt nach der Rspr.[239] **kein** notarielles Nachlassverzeichnis nach § 2314 Abs. 1 S. 3 BGB und damit keine Erfüllung des Auskunftsanspruchs des Pflichtteilsberechtigten vor.

167

Auch wenn der Notar bezüglich des Nachlassbestands hauptsächlich auf die Angaben des Erben zurückgreifen muss, sollte er die Angaben des Erben zum Nachlassbestand gem. § 37 Abs. 1 S. 1 Nr. 2 BeurkG in der Urkunde wiedergeben und nicht nur gem. § 37 Abs. 1 S. 2 BeurkG auf das zur Anlage genommene Privatverzeichnis des Erben verweisen.[240]

168

Aufnehmen sollte der Notar auch alle Einwendungen, die ein Beteiligter bezüglich einzelner Nachlassgegenstände und des Aufnahmeverfahrens vorgebracht hat, ohne dazu selbst Stellung zu nehmen.[241]

169

Formulierungsvorschlag:[242] **(Vom Notar aufgenommenes Nachlassverzeichnis)**
Aufgrund der Angaben von Herrn ......, der übergebenen Schriftstücke (ggf. einer Eigentümerrecherche im Grundbuch des AG ...... und entsprechender Grundbucheinsicht) sowie meiner, des Notars, Wahrnehmungen vor Ort, verzeichne ich, der Notar, den Bestand des Nachlasses von ...... wie folgt: ......

[Es folgen Ausführungen zu Grundstücken/grundstücksgleichen Rechten, beweglichen Sachen, Konten/Forderungen, unentgeltlichen Verfügungen des Erblassers unter Lebenden, Erblasserschulden/Erbfallverbindlichkeiten, usw.]

170

III. Verfügungen von Todes wegen

1. Zwingendes Pflichtteilsrecht als Gestaltungsgrenze

Art. 14 Abs. 1 S. 1 GG gewährleistet dem Erblasser das Recht, durch Verfügung von Todes wegen frei über sein Vermögen zu verfügen (Testierfreiheit). Er kann daher kraft der ihm eingeräumten Testierfreiheit von der gesetzlichen Erbfolge abweichen und über seinen Nachlass frei bestimmen. Dabei ist er insbesondere nicht verpflichtet, seinen nächsten Angehörigen etwas zuzuwenden.[243]

171

Eine zulässige Begrenzung findet die Testierfreiheit allerdings im Pflichtteilsrecht der nächsten Angehörigen nach §§ 2303 ff. BGB. Dieses ist Ausdruck der Familienbindung des Vermögens des Erblassers. Das Pflichtteilsrecht unterliegt zwar der Dispositionsfreiheit der

172

---

[237] Nach h. A. darf der Notar aber nach den §§ 8 ff. BeurkG, d. h. mit Vorlesen und Unterschriften der Beteiligten, beurkunden, da diese Form nach h. A. mehr Garantien für die Beteiligten bringt als die nach § 37 BeurkG; vgl. *Nieder* ZErb 2004, 60, 64; *Braun* MittBayNot 2008, 351, 354.
[238] *Braun* MittBayNot 2008, 351.
[239] OLG Celle DNotZ 2003, 62 ff. m. Anm. *Nieder* = ZErb 2003, 166; OLG Celle OLGR 1997, 160; OLG Düsseldorf RNotZ 2008, 105, 106.
[240] *Nieder* ZErb 2004, 60, 63.
[241] *Nieder* ZErb 2004, 60, 63.
[242] Nach *Braun* MittBayNot 2008, 351, 355.
[243] Staudinger/*Haas* Einl zu §§ 2303 ff. Rn. 1.

Beteiligten (vgl. dazu Rn. 49 ff.), kann aber dem Berechtigten nicht einseitig auf Basis nur des Erblasserwillens entzogen werden. Dass es sich beim Pflichtteilsrecht um eine **grundsätzlich unentziehbare Rechtsposition** des Pflichtteilsberechtigten handelt, hat auch das BVerfG in seinem grundlegenden Beschluss vom 19. 4. 2005[244] zur Verfassungsmäßigkeit des Pflichtteilsrechts betont und diese Position über Art. 14 Abs. 1 S. 2 GG i. V. mit Art. 6 Abs. 1 GG sogar dem Schutz der Verfassung unterstellt.

173   Bei der Gestaltung von Testamenten und Erbverträgen ist daher darauf zu achten, dass der Erblasser nicht einseitig die Rechtsposition des Pflichtteilsberechtigten, wie sie sich aus den §§ 2303 ff. BGB ergibt, verschlechtern darf. So wäre beispielsweise eine Herabsetzung der Pflichtteilsquote, eine Herabsetzung des pflichtteilsrelevanten Wertes der Nachlassgegenstände oder ein Aufschieben der Fälligkeit des Pflichtteilsanspruchs mit der zwingenden Natur des Pflichtteilsrechts nicht vereinbar und unwirksam. Soll der Pflichtteilsberechtigte gegenüber der ihm kraft Gesetzes zukommenden Rechtsposition schlechter gestellt werden, bedarf es hierzu vielmehr eines (ggf. eingeschränkten) Pflichtteilsverzichtsvertrages (vgl. dazu oben Rn. 67 zwischen Erblasser und Pflichtteilsberechtigtem.

2. Pflichtteilsentziehung

Schrifttum: *Brüggemann,* Entziehung des Pflichtteils – Änderungen durch die geplante Erbrechtsreform, ErbBstg 2008, 241; *Herzog,* Die Pflichtteilsentziehung – ein vernachlässigtes Institut, 2003; *Keim,* Testamentsgestaltung bei „missratenen" Kindern, NJW 2008, 2072; *Lange,* Die Pflichtteilsentziehung im Spiegel der neueren Rechtsprechung, ZErb 2008, 59; *Langenfeld,* Das Gesetz zur Änderung des Erb- und Verjährungsrechts – Inhalt und Praxisfolgen, NJW 2009, 3121; *Muscheler,* Die geplanten Änderungen im Erbrecht, Verjährungsrecht und Nachlassverfahrensrecht, ZEV 2008, 105; *Thoma,* Maßnahmen zur Reduzierung des Pflichtteils, ZEV 2003, 278.

174   **a) Bedeutung in der Praxis.** Die Entziehung des Pflichtteils nach den §§ 2333 ff. BGB (vgl. dazu bereits ausführlich § 7 Rn. 3 ff.) ist der schwerste Eingriff in die verfassungsrechtlich geschützte Position des Pflichtteilsberechtigten. Von daher können nur besonders schwerwiegende Verfehlungen einen damit verbundenen kompletten Verlust des Pflichtteilsrechts rechtfertigen. Schon bislang hatte der Gesetzgeber deswegen in den §§ 2333 ff. BGB – tatbestandlich für die einzelnen Pflichtteilsberechtigten getrennt – enge Kataloge normiert, unter denen eine Pflichtteilsentziehung möglich sein sollte.

175   In der notariellen Praxis spielte die Pflichtteilsentziehung bislang **keine große Rolle.** Dies lag v. a. daran, dass die eindeutigen Pflichtteilsentziehungsfälle der tätlichen Handlungen oder sonstiger Verbrechen gegenüber dem Erblasser oder den anderen geschützten Personen[245] (zum Glück für den Erblasser!) eher selten waren, während alle sonstigen Fälle, die aus Sicht des Erblassers eine Pflichtteilsentziehung rechtfertigen sollten (wie z. B. seelische Grausamkeiten, Drogenabhängigkeit, Straffälligkeit), kaum unter den allgemein gefassten Tatbestand des § 2333 Nr. 5 BGB (Führen eines ehrlosen oder unsittlichen Lebenswandels wider den Willen des Erblassers) zu subsumieren waren (insoweit Pech für die Erblasser). Daran hatte auch die Rspr. ihren Anteil, da sie die ohnehin schon engen (und etwas antiquierten) Tatbestandsvoraussetzungen qua Richterrecht noch weiter verschärfte.[246] In vielen Fällen musste daher dem Erblasser die Idee, den – aus welchen Gründen auch immer – bei ihm in Ungnade gefallenen Pflichtteilsberechtigten nicht nur zu enterben, sondern ihm auch noch seine verfassungsrechtlich garantierte Mindestteilhabe am Nachlass zu entziehen, wieder ausgeredet werden.

176   Aber auch in den Fällen, in denen ein Pflichtteilsentziehungsgrund vorlag, konnte eine wirksame Pflichtteilsentziehung im Ergebnis noch scheitern, und zwar infolge der Möglichkeit der **Verzeihung** gem. § 2337 BGB (die das Recht zur Pflichtteilsentziehung erlöschen lässt) oder infolge der sehr strengen **formellen Voraussetzungen** einer Pflichtteilsentziehung. Denn die Pflichtteilsentziehung ist eine formbedürftige Erklärung, deren Wirksamkeit voraussetzt, dass sowohl die Erklärung als auch ihr Grund im Testament (oder Erbvertrag) des

---

[244] BVerfGE 112, 332 = NJW 2005, 1561 = ZEV 2005, 301 = DNotZ 2006, 60.
[245] Vgl. § 2333 Nr. 1 bis 3 BGB.
[246] Vgl. zur jüngeren Rspr. *Lange* ZErb 2008, 59 ff.

Erblassers niedergelegt werden (vgl. § 2336 Abs. 1, Abs. 2 BGB; vgl. dazu ausführlich § 7 Rn. 54 ff.). Die Angabe des Entziehungsgrundes muss dabei zwar nicht in allen Einzelheiten geschehen, der Erblasser muss aber fassbar und unverwechselbar die Tatsachen festlegen. Formgerecht ist der Grund folglich nur erklärt, wenn in der Verfügung von Todes wegen zumindest ein zutreffender **Kernsachverhalt** angegeben ist,[247] wie beispielsweise im nachstehenden Formulierungsvorschlag.

> **Formulierungsvorschlag: (Pflichtteilsentziehung gegenüber Abkömmling)**
> Ich ...... entziehe hiermit meinem Sohn ......, geb. am ...... in ...... den Pflichtteil aus folgendem Grund:
> Am ...... um ...... Uhr abends hat er mich im Anschluss an einen Streit über seine Lebensgefährtin Frau Y mit mehreren Faustschlägen niedergeschlagen und dabei am Körper so schwer verletzt, dass ich vom ...... bis zum ...... im X-Krankenhaus liegen und dort wegen diverser Prellungen und wegen eines gebrochenen Arms ärztlich behandelt werden musste. Der Vorgang kann von meiner Tochter T und den behandelnden Ärzten Dr. ...... und Dr. ...... bezeugt werden. Es wurde wegen des Vorgangs auch ein Strafverfahren von der Staatsanwaltschaft ...... (Aktenzeichen ......) eingeleitet, das gegen Zahlung einer Geldbuße eingestellt worden ist.

Fehlt die Angabe des Grundes oder ist der angegebene Grund falsch, irrtümlich genannt oder nicht nachweisbar, ist die Entziehung **unwirksam**.[248] Dies stellt den Testamentsgestalter vor besondere Schwierigkeiten, zumal die wenigsten Beteiligten die geltend gemachten Verfehlungen nach Art, Häufigkeit, Zeit und Ort konkretisieren oder sogar beweisen werden können. Auch dies ist einer der Gründe, warum die Pflichtteilsentziehung bislang zur faktischen Bedeutungslosigkeit verurteilt war.

b) **Erbrechtsreform.** *aa) Änderungen im materiellen Recht.* Im Zuge der Reform des Erb- und Verjährungsrechts, die der Bundestag am 2. 7. 2009 auf Basis des Regierungsentwurfs[249] mit den vom Rechtsausschuss vorgeschlagenen Änderungen[250] verabschiedet hat und die am 1. 1. 2010 in Kraft getreten ist,[251] sind folgende wesentliche Änderungen vorgesehen:

- Die **Pflichtteilsentziehungsgründe**, die bislang für die verschiedenen Pflichtteilsberechtigten unterschiedlich geregelt waren (vgl. §§ 2333 ff. BGB), sollen (entsprechend der wechselseitig bestehenden Familiensolidarität) **vereinheitlicht** werden und für alle gleichermaßen Anwendung finden.
- Künftig sollen ferner alle Personen geschützt werden, die dem Erblasser einem Ehegatten oder Kindern vergleichbar nahe stehen (z. B. auch Stief- und Pflegekinder). Der **Kreis der vom Fehlverhalten betroffenen Personen** (geschützter Personenkreis) bei Nr. 1 und Nr. 2 (nach dem Leben Trachten bzw. Verbrechen oder schweres vorsätzliches Vergehen) wird daher **erweitert**.
- Der umstrittene, da nicht mehr zeitgemäße Entziehungsgrund des ehrlosen und unsittlichen Lebenswandels (§ 2333 Nr. 5 BGB) wird gestrichen. Stattdessen soll künftig eine **rechtskräftige Verurteilung zu einer Freiheitsstrafe von mindestens einem Jahr ohne Bewährung** zur Entziehung des Pflichtteils berechtigen (dabei muss es sich bei dem Delikt nicht notwendigerweise um ein Verbrechen handeln, es genügt z. B. auch ein Sexualvergehen). Zusätzlich muss es dem Erblasser **unzumutbar** sein, dem Verurteilten seinen Pflichtteil zu belassen. Dabei sind auch im Zustand der **Schuldunfähigkeit** begangene vergleichbare vorsätzliche Taten ausdrücklich für eine Entziehung zugelassen. Diese Ergänzung geht maßgeblich auf die Entscheidung des BVerfG[252] zurück, der zufolge der Pflichtteils-

---

[247] Vgl. Palandt/*Edenhofer* § 2336 Rn. 3.
[248] Palandt/*Edenhofer* § 2336 Rn. 2.
[249] BT-Drucks. 16/8954.
[250] BT-Drucks. 16/13543.
[251] Gesetz zur Änderung des Erb- und Verjährungsrechts vom 24. 9. 2009, BGBl. I, 3942.
[252] BVerfGE 112, 332 = NJW 2005, 1561 = ZEV 2005, 301 = DNotZ 2006, 60.

entziehungsgrund in Nr. 1 nicht erfordert, dass bei der Tat ein Verschulden im strafrechtlichen Sinne (also insbesondere Handeln im Zustand der Schuldfähigkeit) vorlag. Denn auch dann ist dem Erblasser letztlich eine Nachlassteilhabe nicht zumutbar, wenn die Verurteilung zu einer Freiheitsstrafe von mindestens einem Jahr deshalb nicht möglich war, weil der Betroffene schuldunfähig war und daher seine Unterbringung in einem psychiatrischen Krankenhaus oder in einer Entziehungsanstalt angeordnet wurde.
- Die vorsätzliche körperliche Misshandlung wird nicht mehr gesondert genannt (da ihr kein eigenständiger Anwendungsbereich gegenüber § 2333 Nr. 3 BGB a. F. zukommt).

180 Eine Pflichtteilsentziehung wird daher auch nach der Reform nur bei schweren Verfehlungen des Pflichtteilsberechtigten gegenüber dem Erblasser oder ihm nahestehenden Personen in Betracht kommen. Damit wird es auch zukünftig nicht möglich sein, einem Kind allein wegen **völliger Entfremdung** den Pflichtteil zu entziehen.[253]

181 *bb) Änderungen hinsichtlich der formellen Anforderungen.* Die Reform lässt die strengen **formellen Anforderungen** an die Anordnung der Pflichtteilsentziehung gem. § 2336 Abs. 1 bis 3 BGB, an denen Pflichtteilsentziehungen in der Praxis immer wieder scheitern, **bestehen**. Der gesetzgeberische Grund für diese strengen Vorschriften liegt darin, dass die Tat später bewiesen werden kann und aufgrund der unverwechselbaren Beschreibung der Tat ein Nachschieben von Gründen durch die Erben verhindert werden soll.[254] An dieser Zwecksetzung wird sich durch die Reform nichts ändern.

182 Die im Rahmen der Erbrechtsreform vorgesehenen Änderungen der Pflichtteilsentziehungsgründe wirken sich dennoch auch auf die **formellen** Anforderungen an eine wirksame Pflichtteilsentziehung aus. Denn nach der Erbrechtsreform muss bei Entziehung des Pflichtteils wegen einer Straftat, die sich nicht gegen den Erblasser selbst oder einen seiner nächsten Abkömmlinge richtet i. S. von § 2333 Abs. 1 Nr. 4 BGB n. F. künftig in der Verfügung von Todes wegen auch noch der **Grund angegeben** werden, weshalb dadurch die Beteiligung des Pflichtteilsberechtigten am Nachlass **unzumutbar** ist (vgl. § 2336 Abs. 2 S. 2 BGB n. F.). Insoweit tritt folglich eine Verschärfung der bisherigen Rechtslage ein. Man wird allerdings davon ausgehen können, dass die Anforderungen an die Darlegung der Gründe der Unzumutbarkeit mit der Schwere der begangenen Tat geringer werden.[255]

Beispiel:[256]
Wird der Pflichtteilsberechtigte wegen Mordes an einem Kind zu lebenslanger Freiheitsstrafe rechtskräftig verurteilt und die besondere Schwere der Schuld festgestellt, so liegt die Vermutung der Unzumutbarkeit der Nachlassteilhabe für den Erblasser nahe. Hier wird es regelmäßig ausreichen, wenn der Erblasser in der letztwilligen Verfügung den Pflichtteil entzieht und dies mit der Begehung der Straftat begründet.

183 *cc) Zeitlicher Anwendungsbereich der Neuregelung.* Nach der maßgeblichen Übergangsvorschrift in Art. 229 § 23 Abs. 4 EGBGB gelten für Erbfälle ab dem Inkrafttreten der Reform (1. 1. 2010) die neuen Vorschriften, und damit auch die geänderten Pflichtteilsentziehungsvorschriften. Dies gilt unabhängig davon, ob an Ereignisse aus der Zeit vor dem Inkrafttreten der Reform angeknüpft wird. Das alte Recht findet nach Inkrafttreten der Reform folglich nur noch Anwendung, wenn der Erbfall noch vor Inkrafttreten der Reform eingetreten ist.

Praxistipp:

184 Es empfiehlt sich, die geänderten Voraussetzungen für die Pflichtteilsentziehung (v. a. auch die Möglichkeit der Pflichtteilsentziehung bei einem sonstigen schweren Fehlverhalten) ab sofort bei der Testamentsgestaltung zu beachten und zwar nicht nur bei der erstmaligen Abfassung einer Verfügung von Todes wegen, sondern auch bei einer Anpassung derselben.[257]

---

[253] *Muscheler* ZEV 2008, 105; *Keim* NJW 2008, 2072, 2073.
[254] Vgl. BGHZ 94, 36, 40; Bamberger/Roth/*J. Mayer* § 2336 Rn. 6.
[255] Vgl. *Brüggemann* ErbBstg 2008, 241, 244.
[256] Entnommen aus BT-Drucks. 16/8954, S. 24.
[257] *Brüggemann* ErbBstg 2008, 241.

3. Pflichtteilsbeschränkung in guter Absicht

Schrifttum: *Baumann*, Die Pflichtteilsbeschränkung „in guter Absicht", ZEV 1996, 121; *v. Dickhuth-Harrach*, Ärgernis Pflichtteil? Möglichkeiten der Pflichtteilsreduzierung im Überblick, in: FS des Rheinischen Notariats, 1998, S. 185; *Keim*, Testamentsgestaltung bei „missratenen" Kindern, NJW 2008, 2072; *Keller*, Die Beschränkung des Pflichtteils in guter Absicht, § 2338 BGB, NotBZ 2000, 253; *Nieder/Kössinger*, Handbuch der Testamentsgestaltung, § 8 Rn. 126 ff.

a) Praktische Bedeutung des § 2338 BGB. Zur Vorschrift des § 2338 BGB sind bislang 185 kaum Gerichtsurteile ergangen. Auch literarische Äußerungen liegen hierzu wenige vor. Dies zeigt, dass die praktische Bedeutung der Pflichtteilsbeschränkung in guter Absicht (vgl. dazu auch § 7 Rn. 94 ff.) eher gering ist. Zurückführen lässt sich dies darauf, dass der Tatbestand des § 2338 BGB aufgrund des seltenen Zusammentreffens der verschiedenen Tatbestandselemente nicht häufig erfüllt sein wird. Außerdem gewährt § 2338 BGB nur eine Möglichkeit zur **Beschränkung** des Pflichtteils, nicht aber zur Entziehung oder Kürzung des Pflichtteils. Die Pflichtteilslast kann der Erblasser hierdurch also nicht reduzieren (was gerade häufig Gestaltungsziel des Erblassers ist).

b) Wesen der Pflichtteilsbeschränkung. Die Pflichtteilsbeschränkung in guter Absicht ist 186 nach ihrem Charakter von der Entziehung des Pflichtteils nach den §§ 2333 ff. BGB ganz verschieden, da es sich bei ihr um eine **fürsorgerische Maßnahme**, nicht um eine Art Strafe handelt. Im Vordergrund der Vorschrift des § 2338 BGB steht daher das Interesse des verschuldeten oder verschwenderischen Abkömmlings selbst (hinsichtlich der übrigen Pflichtteilsberechtigten – Eltern, Ehegatten und eingetragene Lebenspartner – ist § 2338 BGB nicht einschlägig). Die Anordnungen nach § 2338 BGB sind nicht Entziehung, sondern im Gegenteil **Zuwendung des Pflichtteils**, die mit fürsorglichen Maßnahmen für den Abkömmling und seine Familie verbunden ist.[258] Unmittelbarer Zweck der Pflichtteilsbeschränkung in guter Absicht ist es also nicht, den verschwenderischen oder überschuldeten pflichtteilsberechtigten Abkömmling für sein Verhalten zu bestrafen, sondern, ihm seinen Unterhalt zu sichern und das ihm Zugewandte seinen gesetzlichen Erben zu erhalten.[259]

c) Tatbestandsvoraussetzungen. Notwendiger Pflichtteilsbeschränkungsgrund ist gem. 187 § 2338 Abs. 1 S. 1 BGB, dass sich der Abkömmling in solchem Maße der **Verschwendung ergeben** hat oder er in solchem Maße **überschuldet** ist, dass sein **späterer Erwerb erheblich gefährdet** ist (vgl. zur Auslegung der Tatbestandsmerkmale ausführlich § 7 Rn. 99 ff.). Dabei ist problematisch, dass die Gefährdung des Erwerbs auf Verschwendung und Überschuldung zurückzuführen sein muss. Andere Gefährdungsgründe, wie beispielsweise Drogenabhängigkeit oder Sektenzugehörigkeit des Kindes, genügen nicht.[260] In den zuletzt genannten Fällen können „wohlmeinende Beschränkungen" des Pflichtteilsberechtigten i.S. der Anordnung von Nacherbfolge oder von aufschiebend bedingten Herausgabevermächtnissen – jeweils in Verbindung mit Dauer-Testamentsvollstreckung – daher nur nach allgemeinen pflichtteilsrechtlichen Grundsätzen angeordnet werden (Stichwort: „überschuldeter" bzw. „bedürftiger Erbe").[261] Für letztere Fälle gilt damit auch – anders als im Rahmen des § 2338 BGB – § 2306 Abs. 1 BGB.[262] Der Pflichtteilsberechtigte hat daher in den zuletzt genannten Fällen – nach Streichung von § 2306 Abs. 1 S. 1 BGB durch die **Erbrechtsreform** – immer die Möglichkeit, die beschränkte Erbschaft auszuschlagen und den **ungekürzten Pflichtteil** geltend zu machen. Soll dies verhindert werden, muss die Gestaltung durch einen (eingeschränkten) Pflichtteilsverzichtsvertrag abgesichert werden (vgl. dazu Rn. 67). Im Anwendungsbereich des § 2338 BGB kann sich der Abkömmling dagegen nicht den wirksam angeordneten Beschränkungen durch Ausschlagung des ihm zugewandten Erbteils entziehen.[263]

---

[258] Staudinger/*Olshausen* § 2338 Rn. 2 f.
[259] Vgl. Lange/*Kuchinke* § 37 XIV 1.
[260] Vgl. *Baumann* ZEV 1996, 121, 127; *v. Dickhuth-Harrach*, FS Rheinisches Notariat (1998), S. 185, 201.
[261] Vgl. dazu *Kornexl*, Nachlassplanung bei Problemkindern, 2006; *Limmer* ZEV 2004, 133 ff.; *Everts* ZErb 2005, 353 ff.; *Hartmann* ZNotP 2005, 82 ff.
[262] Vgl. Staudinger/*Olshausen* § 2338 Rn. 3 m. w. N.
[263] Staudinger/*Olshausen* § 2338 Rn. 33.

188 **d) Beschränkungsmöglichkeiten.** *aa) Nacherbfolge/Nachvermächtnis/Verwaltungsvollstreckung.* Liegen die engen Tatbestandsvoraussetzungen des § 2338 Abs. 1 S. 1 BGB vor, kann der Erblasser das Pflichtteilsrecht des Abkömmlings durch die Einsetzung der gesetzlichen Erben des Abkömmlings als **Nacherben** oder als **Nachvermächtnisnehmer** bzw. durch die **Anordnung der Testamentsvollstreckung** zur Verwaltung des Zugewandten beschränken (vgl. zu den Beschränkungsmöglichkeiten ausführlich § 7 Rn. 114 ff.). Andere als die in § 2338 BGB zugelassenen Pflichtteilsbeschränkungen kann der Erblasser nur anordnen, wenn gleichzeitig die Voraussetzungen der Pflichtteilsentziehung vorliegen.

189 *bb) Kombinierte Anordnungen.* Die o. g. Beschränkungsmöglichkeiten können jeweils einzeln angeordnet werden. Die Anordnung der Nacherbschaft oder des Nachvermächtnisses kann jedoch auch mit der Testamentsvollstreckung **kombiniert** werden (was in der Regel der Fall ist). Dies empfiehlt sich, um über die Kombination von §§ 2115 und 2214 BGB einen umfassenden Vollstreckungsschutz gegen die Eigengläubiger des so Bedachten zu erreichen.[264] Eine Ausnahme gilt hinsichtlich des jährlichen Reinertrags des Zugewandten, der nach § 2338 Abs. 1 S. 2, Hs. 2 BGB nicht der Verwaltungstestamentsvollstreckung unterworfen ist, so dass die Gläubiger auf ihn zugreifen können, soweit er den gem. § 863 Abs. 1 S. 1 ZPO nicht pfändbaren Betrag übersteigt.

190 Eine **Kombination** der Beschränkungsmöglichkeiten ist besonders bei Anordnung eines Nachvermächtnisses wichtig, da sonst die Eigengläubiger des Abkömmlings wegen der Nichtgeltung der §§ 2113 ff. BGB und des § 863 Abs. 1 ZPO ohne weiteres Zugriff auf das Hinterlassene hätten.[265] Die Testamentsvollstreckung allein schließt dagegen eine Weitervererbung an dem Erblasser unangenehme Personen nicht aus[266] und wird daher regelmäßig mit der Nacherbfolge oder dem Nachvermächtnis kombiniert.

191 *cc) Nachbegünstigter Personenkreis.* Zu berücksichtigen ist, dass die Beschränkungsmöglichkeiten durch Nacherbfolge oder Nachvermächtnis nur zugunsten der **gesetzlichen Erben des Abkömmlings** (vgl. zu diesem Begriff § 2066 BGB), nicht zugunsten von sonstigen Dritten bestehen. Die Anordnung der Nacherbfolge nur zugunsten eines Teils der gesetzlichen Erben, wie beispielsweise der Abkömmlinge des beschränkten Pflichtteilsberechtigten (unter Ausschluss von Schwiegerkindern), wäre daher unzulässig. Dies wird bei der Testamentsgestaltung häufig übersehen.

> **Praxistipp:**
> 192 Um die Unzulässigkeit der angeordneten Beschränkungen zu vermeiden, sollten als Nachbedachte pauschal „die gesetzlichen Erben des Abkömmlings gem. § 2066 BGB" eingesetzt werden.

193 Die gesetzlichen Erben können außerdem auch nur zu den sie nach der gesetzlichen Erbfolge treffenden Anteilen berufen werden.

> **Formulierungsvorschlag: (Pflichtteilsbeschränkung in guter Absicht)**
> **(Notarieller Eingang)**
> **1. Vorbemerkung**
> 194 Meine Tochter T ist infolge wirtschaftlichen Niedergangs ihres als Einzelfirma betriebenen Geschäfts stark überschuldet. Es bestehen insbesondere Kreditverbindlichkeiten in Höhe von ca. € 150.000,–, während aktives Vermögen quasi nicht mehr vorhanden ist. Ein Antrag auf Eröffnung des Insolvenzverfahrens über ihr Vermögen ist mangels Masse abgelehnt worden. Durch diese Überschuldung ist ihr künftiger Vermögenserwerb erheblich gefährdet. Daher ordne ich nachstehend hinsichtlich meiner Tochter T wohlmeinende Pflichtteilsbeschränkungen i. S. des § 2338 BGB an.

---

[264] *Baumann* ZEV 1996, 121, 126; *Keim* NJW 2008, 2072, 2074.
[265] *Keller* NotBZ 2000, 253, 255.
[266] *v. Dickhuth-Harrach*, FS Rheinisches Notariat (1998), S. 185, 202.

2. Erbeinsetzung

Ich setze meine Tochter T bezüglich ihres Erbteils zur – nicht befreiten – Vorerbin ein.

Nacherben auf ihren Tod sind ihre gesetzlichen Erben i.S. des § 2066 BGB. Das Anwartschaftsrecht der Nacherben ist weder vererblich noch übertragbar, mit Ausnahme der Übertragung auf die Vorerbin.

Ersatzerben meiner Tochter sind deren Abkömmlinge. Sind keine vorhanden, tritt Anwachsung zugunsten der übrigen Miterben ein. Sollten die Ersatzerben zur Erbfolge gelangen, unterliegen sie nicht den durch dieses Testament angeordneten Beschränkungen durch Nacherbfolge und Testamentsvollstreckung.

3. Testamentsvollstreckung

Die Vorerbin wird i.S. des § 2338 BGB für die Dauer der Vorerbschaft durch eine Verwaltungstestamentsvollstreckung mit der Maßgabe beschränkt, dass ihr der Anspruch auf den jährlichen Reinertrag des Erbteils verbleibt. Der Testamentsvollstrecker hat zugleich die Aufgabe, bis zum Eintritt des Nacherbfalls die Rechte der Nacherben auszuüben und deren Pflichten zu erfüllen.

Zum Testamentsvollstrecker ernenne ich ......, wohnhaft ......, ersatzweise ...... Hilfsweise wird das Nachlassgericht i.S. von § 2200 BGB ersucht, einen geeigneten Testamentsvollstrecker zu ernennen.

Der Testamentsvollstrecker erhält für seine Tätigkeit eine jährliche Vergütung nach den Empfehlungen des Deutschen Notarvereins und Ersatz seiner Auslagen.

4. Sonstige Bestimmungen

Sollte meine Tochter T die Erbschaft ausschlagen und ihren Pflichtteil verlangen, so soll die vorstehende Verwaltungstestamentsvollstreckung hinsichtlich ihres Pflichtteils entsprechend gelten. Der geltend gemachte Pflichtteil wird ferner auf den Tod meiner Tochter im Wege des Nachvermächtnisses ihren gesetzlichen Erben zugewandt.

5. Hinweise und Belehrungen

Der Notar hat die Funktionsweise der Vor- und Nacherbschaft und der Testamentsvollstreckung und die damit verbundenen Beschränkungen erläutert. Er hat darauf hingewiesen, dass die in diesem Testament angeordneten Pflichtteilsbeschränkungen kraft Gesetzes unwirksam werden, wenn die Überschuldung der T vor Eintritt des Erbfalls wegfällt.

(Schlussvermerk und Unterschriften)

4. Pflichtteilsklauseln

Schrifttum: *Keim*, Haftungsfallen bei Pflichtteilsstrafklauseln – Pflicht des Rechtsanwalts zum „taktischen Foul"?, NJW 2007, 974; *ders.*, Testamentsgestaltung bei „missratenen" Kindern, NJW 2008, 2072; *Lübbert*, Verwirkung der Schlusserbfolge durch Geltendmachung des Pflichtteils, NJW 1988, 2706; *Mayer, J.,* Ja zu „Jastrow"? – Pflichtteilsklausel auf dem Prüfstand, ZEV 1995, 136; *Müller, G./Grund*, Pflichtteilsklausel und einvernehmliche Geltendmachung des Pflichtteils aus erbschaftsteuerlichen Gründen: zivilrechtliche Risiken – steuerliche Alternativen, ZErb 2007, 205; *Radke*, Verlangen, Erhalten oder Durchsetzen: Gestaltungsalternativen bei der Pflichtteilsklausel, ZEV 2001, 136; *Seubert*, Die Jastrow'sche Klausel, 1999; *Weiss*, Pflichtteilsstrafklausel im Ehegattentestament, MDR 1979, 812; *Worm*, Pflichtteilserschwerungen und Pflichtteilsstrafklauseln, RNotZ 2003, 535.

a) Problem. Im Rahmen der Errichtung von gemeinschaftlichen Testamenten oder Ehegattenerbverträgen ist es regelmäßig der Wunsch der Eltern, sich auf den Tod des Erstversterbenden zunächst wechselseitig erbrechtlich abzusichern, während die Kinder erst nach dem Tod des Letztversterbenden vom Nachlass der Eltern profitieren sollen. Demgemäß werden die Kinder unter Berufung als Schlusserben nach dem Tod des Längstlebenden **auf den Tod des Erstversterbenden** enterbt (bei Wahl der sog. Einheitslösung) oder nur zu Nacherben eingesetzt (bei Wahl der sog. Trennungslösung), so dass sie im ersten Fall ohne Weiteres, im zweiten Fall zumindest nach Ausschlagung der Nacherbschaft gegenüber dem überlebenden Elternteil (als Alleinerben des Erstverstorbenen) Pflichtteilsansprüche geltend machen können. Dieses potentielle Pflichtteilsverlangen der Abkömmlinge nach dem ersten Fall stellt einen erheblichen **Störfaktor** in der von den Eltern einvernehmlich geplanten Erbfolge dar:

zum einen wird der längerlebende Ehegatte durch einen geltend gemachten Pflichtteil mit erheblichen Zahlungspflichten belastet, was die vorgesehene ungeteilte Nachlassteilhabe des Überlebenden stört. Zum anderen wird das den Pflichtteil verlangende Kind gegenüber seinen **Geschwistern bevorzugt**, wenn es später noch den – ungekürzten – Schlusserbteil erhält (Doppelbegünstigung eines Stamms). Da der überlebende Ehegatte bei lediglich einseitiger Erbeinsetzung der Kinder neu verfügen und auf ein Pflichtteilsverlangen durch Enterbung oder Zurücksetzung des Abkömmlings reagieren kann, stellt sich das Problem v. a. dann, wenn die Kinder erbrechtlich bindend als Schlussbedachte eingesetzt wurden.

196 Das geschilderte Problem mit dem Pflichtteil der Abkömmlinge kann am effektivsten dadurch verhindert werden, dass jeder Abkömmling in einem notariell beurkundeten **Pflichtteilsverzichtsvertrag** mit den Eltern gegenüber jedem Elternteil für den Fall, dass jener der Erstversterbende ist, auf sein gesetzliches Pflichtteilsrecht verzichtet (vgl. dazu bereits oben Rn. 71 mit Formulierungsvorschlag). Denn dann gelangt beim Tod des Erstversterbenden kein Pflichtteilsanspruch des Abkömmlings zur Entstehung.

197 Ist aber mit dem Pflichtteilsberechtigten keine einvernehmliche Lösung zu erzielen, dann bleibt nur die Möglichkeit, durch die Aufnahme einer sog. **Pflichtteilsstrafklausel** (oder kurz: Pflichtteilsklausel) in die Ehegattenverfügung die Geltendmachung des Pflichtteils nach Eintritt des ersten Erbfalls für den Abkömmling unattraktiv zu machen. Dabei sind verschiedene Varianten von Pflichtteilsklauseln denkbar, je nachdem, welche erbrechtlichen Regelungen die Ehegatten für den ersten und zweiten Erbfall[267] vorgesehen haben (Einheitslösung, Trennungslösung oder Herausgabevermächtnislösung). Im Ergebnis „funktionieren" alle Pflichtteilsklauseln nach demselben Prinzip, dass man dem Pflichtteilsberechtigten nach Art einer Verwirkungsklausel für den Fall des Pflichtteilsverlangens bestimmte Nachteile androht. Solche Pflichtteilsklauseln werden allgemein für wirksam erachtet, selbst wenn hiervon einseitige Abkömmlinge betroffen sind und nur ein Ehepartner vermögend ist.[268]

198 **b) Pflichtteilsklauseln bei Wahl der Einheitslösung.** *aa) Automatische Verwirkungsklausel.* Die häufigste Pflichtteilsstrafklausel ist die Verwirkungsklausel des Inhalts, dass der Abkömmling, der nach dem Tod des Erstversterbenden (gegen dessen Willen) seinen Pflichtteil verlangt, von der Schlusserbfolge automatisch ausgeschlossen wird (bzw. nur seinen Pflichtteil erhalten soll).[269, 270] Eine derartige Regelung ist sinnvoll sowohl im Falle der Einheitslösung (Voll- und Schlusserbfolge) als auch dann, wenn nach dem Tode des Letztversterbenden der Eintritt der gesetzlichen Erbfolge vorgesehen ist. Im letzteren Fall kommt der Pflichtteilsklausel die Bedeutung einer bloßen Enterbung zu. Im ersten Fall bedeutet die Pflichtteilsklausel eine auflösende Bedingung für die vorgesehene (in der Regel bindende) Schlusserbenposition.[271] In Verbindung mit einer Anwachsungsregelung bzw. einer Ersatzerbenbestimmung kann die auflösend bedingte Schlusserbeneinsetzung dabei (im Gegensatz zu einer bloßen Enterbung) auch erbrechtlich bindend sein.[272] In jedem Fall ist der Eintritt der auflösenden Bedingung selbst irreparabel.[273]

199 Obwohl Pflichtteilsklauseln schon lange Zeit fester Bestandteil von Ehegattenverfügungen sind, lässt sich immer wieder feststellen, dass viele Klauseln hinsichtlich wesentlicher Fragen unvollständig oder nicht eindeutig formuliert sind. So ist häufig nicht klar geregelt, **welches**

---

[267] Beschränken sich die Ehegatten in ihrem gemeinschaftlichen Testament oder Erbvertrag dagegen auf die gegenseitige Erbeinsetzung, ist die Aufnahme einer Pflichtteilsklausel (wonach der Abkömmling im Falle des Pflichtteilsverlangens auf den zweiten Erbfall enterbt wird) nicht unbedingt erforderlich. Denn der Überlebende kann auf ein Pflichtteilsverlangen dadurch reagieren, dass er den Abkömmling auf seinen Tod nicht mehr berücksichtigt; vgl. *Langenfeld* Rn. 319.
[268] Vgl. BayObLGZ 1994, 164 = ZEV 1995, 191 m. Anm. *Hofstetter*.
[269] Zur Auslegung einer solchen Klausel bei Stiefkindern vgl. BayObLG NJW-RR 1991, 706.
[270] Eine gegenüber dem Verlust der Schlusserbenposition mildere Variante besteht darin zu bestimmen, dass sich derjenige, der beim Ableben des Erstversterbenden einen Pflichtteilsanspruch geltend macht, den Wert des erhaltenen Pflichtteils bei der Erbteilung nach dem letztversterbenden Elternteil anrechnen lassen muss (Anordnung der Ausgleichung beim Schlusserbfall). Hierin liegt ein Vorausvermächtnis für die Miterben; vgl. *Weirich* Rn. 918.
[271] Vgl. *Lübbert* NJW 1988, 2706, 2708.
[272] *Lübbert* NJW 1988, 2706, 2708; *G. Müller/Grund* ZErb 2007, 205, 207; *Ivo* ZEV 2004, 205.
[273] Vgl. BayObLGZ 2004, 5, 9 = ZEV 2004, 202 ff. m. Anm. *Ivo*.

Verhalten des Pflichtteilsberechtigten eine Verwirkung auslösen soll[274] oder ob die Klausel auch eingreifen soll, wenn der Pflichtteil mit Willen oder sogar auf Veranlassung des überlebenden Ehegatten erfüllt wird.[275] Fraglich kann auch sein, ob der Schlusserbteil auch dann verwirkt sein soll, wenn die Geltendmachung des Pflichtteils nicht durch den Pflichtteilsberechtigten selbst, sondern durch den Sozialhilfeträger nach Überleitung des Anspruchs[276] oder nach dem Tod des Pflichtteilsberechtigten durch seine Erben[277] erfolgt. Klärungsbedarf besteht auch hinsichtlich der Frage, was mit dem frei werdenden Erbteil geschehen soll (andernfalls muss im Wege der Auslegung ermittelt werden, ob der Pflichtteilsklausel ein Änderungsvorbehalt für den überlebenden Ehegatten entnommen werden kann).[278] Bei der Festlegung der Rechtsfolgen ist dabei zu berücksichtigen, dass eine (bindende) Anwachsung des frei gewordenen Erbteils bei den Miterben nicht immer sachgerecht sein wird und es oft dem Erblasserinteresse besser entsprechen wird, völlig frei darüber verfügen zu können, evtl. sogar zugunsten des den Pflichtteil geltend machenden Abkömmlings.

Checkliste zu klärungs- und regelungsbedürftigen Fragen im Rahmen der Formulierung einer Pflichtteilsstrafklausel 200

I. Welches Verhalten soll die Verwirkung auslösen? (Verlangen bzw. außergerichtliche Geltendmachung, gerichtliche Geltendmachung, Erhalten, usw.)[279]

II. Durch wen muss die Geltendmachung des Pflichtteils erfolgen? (nur durch den Pflichtteilsberechtigten oder auch durch Dritte, wie z. B. den Erben oder den Sozialhilfeträger?)

III. Soll der Pflichtteil nur bei Geltendmachung gegen den Willen des überlebenden Ehegatten verwirkt sein?

IV. Welche Rechtsfolgen sollen in Bezug auf den Pflichtteilsberechtigten und dessen Abkömmlinge im Falle der Verwirkung eintreten? (Ausschluss von der gesetzlichen Erbfolge, Entfallen der Schlusserbfolge, Ausschluss des ganzen Stammes?)

V. Was wird mit dem verwirkten Erbteil? (Ersatzberufung oder Anwachsung bei den Miterben? Mit Bindungswirkung? Oder Wiedererlangung der Testierfreiheit des Erblassers?)

Formulierungsvorschlag: (automatische Pflichtteilsstrafklausel)
Verlangt ein Abkömmling nach dem Tod des Erstversterbenden gegen den Willen des Längerlebenden den Pflichtteil, so ist er samt seinen Abkömmlingen von der Schlusserbfolge nach dem Längerlebenden ausgeschlossen. Die dadurch frei werdende Erbquote wächst den übrigen Miterben entsprechend ihrer Erbteile an. Der Längerlebende ist jedoch berechtigt, über die frei gewordene Erbquote beliebig zu verfügen. 201

bb) Fakultative Ausschlussklausel. Eine automatisch wirkende Pflichtteilsstrafklausel ist 202 nicht unproblematisch: aufgrund der Automatik ist dem überlebenden Ehegatten keine situationsbedingte Verfügung möglich. Die Enterbung bzw. der Verlust des Erbteils tritt unab-

---

[274] Vgl. *Lübbert* NJW 1988, 2706, 2710; BayObLG DNotZ 2004, 804; MünchKommBGB/*Leipold* § 2074 Rn. 40, wonach ein bewusstes Geltendmachen des Pflichtteils in Kenntnis der Klausel genügt. Zum Pflichtteilsverlangen durch Auskunftsverlangen vgl. BayObLG FamRZ 1991, 495; *Sarres* ZEV 2004, 407. Zum Pflichtteilsverlangen nach Erlass des Anspruchs vgl. OLG München ZErb 2008, 113 ff. Zum Pflichtteilsverlangen nach Eintritt des Schlusserbfalls und Eintritt der Verjährung BGH NJW 2006, 3064 ff.
[275] Vgl. *G. Müller/Grund* ZErb 2007, 205, 207.
[276] Verneint von BGH NJW-RR 2005, 369 = ZEV 2005, 117 ff. m. Anm. *Muscheler*; vgl. auch BGH ZEV 2006, 76 = NJW-RR 2006, 223.
[277] Vgl. BayObLG NJW-RR 1996, 262 = DNotZ 1996, 312 (Schwiegertochter).
[278] Vgl. BayObLGZ 1990, 58 ff. = FamRZ 1990, 1158.
[279] Vgl. dazu *Radke* ZEV 2001, 136 ff.

hängig von der konkreten Situation und dem aktuellen Willen des überlebenden Elternteils ein. Außerdem kann eine automatisch wirkende Pflichtteilsstrafklausel die Tauglichkeit des öffentlichen Ehegattentestaments als Erbnachweis i. S. von § 35 Abs. 1 S. 2 GBO beeinträchtigen, weil das Grundbuchamt nicht prüfen kann, ob ein Pflichtteilsanspruch geltend gemacht worden ist.[280] Zum Teil wird daher bei Vorhandensein einer Pflichtteilsklausel in der Ehegattenverfügung zum Erbnachweis ein Erbschein verlangt und die Vorlage einer eidesstattlichen Versicherung, die die Nichtgeltendmachung des Pflichtteils bestätigt, nicht für ausreichend erachtet.[281]

Praxistipp:

203 Die Problematik des Nachweises der Nichtverwirkung der Schlusserbenposition im Grundbuchverfahren kann dadurch umgangen werden, dass statt einer automatischen Verwirkungsklausel eine sog. **fakultative Pflichtteilsklausel** gewählt wird. Diese besteht aus einem Änderungsvorbehalt, der durch – im Erbfall ablieferungs- und eröffnungspflichtiges – Testament auszuüben ist. Ist aber bei Eintritt des zweiten Erbfalls kein abweichendes Testament des längerlebenden Ehegatten vorhanden, dann können bei einer fakultativen Ausschlussklausel keine Zweifel an der Schlusserbeneinsetzung aufkommen.

Formulierungsvorschlag: (fakultative Ausschlussklausel)

204 Falls einer unserer Abkömmlinge nach dem Tod des Erstversterbenden von uns gegen den Willen des Überlebenden seinen Pflichtteilsanspruch geltend machen sollte, so ist der Überlebende von uns berechtigt, den betreffenden Abkömmling samt seinen Abkömmlingen von der Schlusserbfolge auszuschließen.

205   Vorstehende Klausel erübrigt sich dann, wenn die Schlusserbeneinsetzung der Abkömmlinge nicht erbrechtlich bindend erfolgt ist (was zunehmend in notariellen Ehegattenverfügungen der Fall ist, in denen sich häufig ein Änderungsvorbehalt zumindest innerhalb der Abkömmlinge findet). Die fakultative Ausschlussklausel hat außerdem den Nachteil, dass der längerlebende Ehegatte aktiv werden muss, dies aber u. U. nicht mehr kann, z. B. weil er zwischenzeitlich testierunfähig ist. Schließlich eröffnet die Klausel die Möglichkeit der einseitigen Bevorzugung eines Abkömmlings und damit eine Ungleichbehandlung der Schlusserben.

206   *cc) Jastrow'sche Klausel.* Handelt es sich bei den eingesetzten Schlusserben um gemeinsame Abkömmlinge der Ehegatten, schließt deren Pflichtteilsverlangen auf den ersten Erbfall nicht eine Geltendmachung des Pflichtteils auch nach dem Längerlebenden aus (wobei zum Nachlass des Längerlebenden im Falle der Wahl der sog. Einheitslösung auch der noch vorhandene Nachlass des Erstverstorbenen gehört). Um zu vermeiden, dass die betreffenden Abkömmlinge wirtschaftlich betrachtet den Pflichtteil aus dem Nachlass des Erstverstorbenen doppelt erhalten, kann die Pflichtteilsklausel verschärft werden i. S. der sog. *Jastrow'schen Klausel,*[282] indem aufschiebend befristete oder betagte Geldvermächtnisse (z. B. in Höhe der gesetzlichen Erbteile) zugunsten der den Pflichtteil nicht verlangenden Kinder ausgesetzt werden. Die Geldvermächtnisse können entweder mit Eintritt des zweiten Erbfalls anfallen oder mit Eintritt des ersten Erbfalls anfallen und erst bis zum Ableben des Längerlebenden fällig gestellt werden. Die Geldvermächtnisse können zudem zinslos oder mit Zinsen gestundet werden. Durch diese Vermächtnisse wird der Nachlass des letztversterbenden Ehegatten und damit auch der Pflichtteilsanspruch des für den zweiten Erbfall enterbten Abkömmlings vermindert.[283] Bei der Trennungslösung ist eine solche Regelung

---

[280] Vgl. Gutachten DNotI-Report 2002, 129.
[281] LG Kassel Rpfleger 1993, 397; OLG Frankfurt Rpfleger 1994, 296 f.
[282] Nach *Jastrow* DNotV 1904, 425.
[283] *Weirich* Rn. 922.

nicht erforderlich, da die beiden Nachlässe der Ehegatten ohnehin über den Eintritt des ersten Erbfalls hinaus getrennt bleiben. Im Falle der Einheitslösung lässt sich die Jastrow'sche Klausel allerdings nicht nur mit einer automatisch wirkenden Pflichtteilsstrafklausel, sondern auch mit einer fakultativen Ausschlussklausel verbinden (vgl. bereits oben Rn. 202).[284]

> **Formulierungsvorschlag: (Jastrow'sche Klausel)**
> Für den Fall, dass ein Abkömmling beim Tod des Erstversterbenden gegen dessen Willen den Pflichtteil verlangen sollte, bestimmen wir folgendes: Der Abkömmling wird samt seines Stammes von der Schlusserbfolge ausgeschlossen. Außerdem erhalten die den Pflichtteil nicht fordernden Abkömmlinge ein bereits mit dem ersten Todesfall anfallendes, bis zum Tod des Längerlebenden von uns ohne Sicherstellung gestundetes Geldvermächtnis in Höhe des Wertes ihres gesetzlichen Erbteiles nach dem Erstversterbenden. Die Vermächtnisforderung ist nur an die Abkömmlinge des Vermächtnisnehmers vererblich und übertragbar; sie ist ab dem Tod des Erstversterbenden von uns mit 3,5% jährlich zu verzinsen, wobei die Zinsen jeweils am Ende des Kalenderjahres zahlbar sind.

207

Die *Jastrow'sche Klausel* war lange Zeit sehr verbreitet. In den letzten Jahren wird sie aufgrund ihrer **zahlreichen Nachteile** nur noch selten verwendet. So bedarf es z.B. zur Berechnung der Höhe des Vermächtnisses einer Aufstellung und Unterscheidbarkeit der beiden Vermögensmassen der Ehegatten. Außerdem kann der Längstlebende das verteilte Vermögen aufgrund des Vorausvermächtnisses nicht mehr anders verteilen.[285] Schließlich kann das Vermächtnis an Familienfremde oder andere unerwünschte Personen weitervererbt werden, so dass die Vererblichkeit und Übertragbarkeit ausgeschlossen oder eingeschränkt werden sollte.[286] Die Nachteile sind aber v.a. steuerlicher Art: Erbschaftsteuerlich wird ein bereits angefallenes, aber bis zum Tod des Längerlebenden gestundetes Vermächtnis nach § 6 Abs. 4 ErbStG in der gleichen Weise behandelt wie eine Nacherbschaft, es unterliegt damit zweimal der Erbschaftsteuer.[287] Ob dem dadurch begegnet werden kann, dass man das Vermächtnis erst mit dem Tod des Längerlebenden anfallen lässt, ist umstritten.[288] Schließlich hindert im Falle des betagten Vermächtnisses eine unverzinsliche Gestaltung nicht, dass die Finanzverwaltung bei längerer Stundung als einem Jahr nach § 12 Abs. 2 EStG eine Aufteilung in einen Kapital- und einen Zinsanteil fingiert mit der Folge der Verzinsung von 5,5%, zu versteuern insgesamt im Jahr des Zuflusses. Daher wurde im Anschluss an *J. Mayer*[289] die o.a. Gestaltung gewählt, um diesen Effekt wenigstens abzumildern.

208

Im Ergebnis eignet sich die *Jastrow'sche Klausel* daher wohl in erster Linie für Ehegatten mit größerem Vermögen, wenn sich der beiderseitige Besitz relativ leicht unterscheiden lässt, wegen der Diskrepanz in der Größe ein einseitiges Pflichtteilsverlangen besonders wahrscheinlich ist und dies besonders krasse Auswirkungen auf die Nachlassverteilung unter den Kindern haben wird.[290] Bei solchen Vermögensverhältnissen ist die Wahl der sog. Einheitslösung aber ohnehin problematisch, da es wegen der unvorteilhaften Steuerfolgen sinnvoll erscheint, den Abkömmlingen bereits auf den ersten Erbfall einen Anteil am Nachlass zukommen zu lassen.

209

c) Pflichtteilsstrafklausel im Falle der Trennungslösung. Eine Pflichtteilsklausel ist nicht nur sinnvoll im Falle der sog. Einheitslösung oder wenn bei Eintritt des zweiten Erbfalls gesetzliche Erbfolge eintreten soll. Eine Pflichtteilsklausel kommt auch im Falle der sog. Tren-

210

---

[284] *Weirich* Rn. 1466.
[285] *Weirich* Rn. 922.
[286] Vgl. *Weiss* MDR 1979, 812 f.; Reimann/Bengel/*J. Mayer/J. Mayer* A Rn. 430.
[287] Reimann/Bengel/*J. Mayer/J. Mayer* A Rn. 430.
[288] Bejahend: MünchVertragshdb/*Nieder* VI/2 Form. XVI 28 unter § 5; kritisch dagegen Reimann/Bengel/ *J. Mayer/J. Mayer* A Rn. 431.
[289] ZEV 1995, 136 ff.
[290] *J. Mayer* ZEV 1995, 136, 139; Reimann/Bengel/*J. Mayer/J. Mayer* A Rn. 433.

nungslösung (der überlebende Ehegatte wird zum Vorerben, der Dritte zum Nacherben und gleichzeitig Ersatzerben für den erstverstorbenen Ehegatten eingesetzt) in Betracht. Dabei steht die Einsetzung eines Pflichtteilsberechtigten zum Nacherben gem. § 2306 Abs. 2 BGB einer Beschränkung gleich. Nach der **Erbrechtsreform** steht dem unter Belastungen zum Erben eingesetzten Pflichtteilsberechtigten unabhängig von der Größe des ihm hinterlassenen Erbteils gem. § 2306 Abs. 1 BGB n. F. das Recht zu, seinen ungekürzten Pflichtteil zu verlangen, wenn er den ihm zugedachten Erbteil **ausschlägt**. Obwohl die Pflichtteilsgeltendmachung (jenseits eines Pflichtteilsrestanspruchs) eine Ausschlagung erforderlich macht, wird empfohlen, den Abkömmling, der seinen Pflichtteil geltend macht, samt seines Stammes ausdrücklich als Nacherben auszuschließen.[291] Zusätzlich kann der betreffende Abkömmling auch als Erbe des Letztversterbenden ausgeschlossen werden, so dass er dann nur den Pflichtteil aus dem Eigennachlass des Letztversterbenden verlangen kann. Alternativ kann auch eine Änderungsklausel im Hinblick auf die Beerbung des längerlebenden Ehegatten (nicht hinsichtlich der vom Erstverstorbenen angeordneten Nacherbfolge, da der Überlebende insoweit nicht als Erblasser anzusehen ist) aufgenommen werden.

> **Formulierungsvorschlag: Pflichtteilsklausel bei Trennungslösung**
>
> 211 Derjenige unserer Abkömmlinge, der beim Tod des Erstversterbenden den Pflichtteil verlangt, wird samt seinen Abkömmlingen nicht Nacherbe und nicht Erbe des Letztversterbenden. Die dadurch frei werdenden Erbquoten wachsen den übrigen Miterben entsprechend ihrer Erbteile an. Der Längerlebende ist jedoch berechtigt, hinsichtlich seines Nachlasses über die frei gewordene Erbquote beliebig zu verfügen.

212 **d) Pflichtteilsstrafklausel bei Herausgabevermächtnislösung.** Bei dieser Lösung setzen sich die Ehegatten gegenseitig zu unbeschränkten Erben ein und beschweren den Letztversterbenden zugunsten der Endbedachten (regelmäßig die Abkömmlinge) mit einem auf den Tod des Letztversterbenden aufschiebend befristeten Vermächtnis hinsichtlich des Nachlassüberrestes des Erstverstorbenen.[292] Dies führt eine **schuldrechtliche Trennung der Nachlässe** herbei und stellt eine rein schuldrechtlich wirkende Alternative zur Vor- und Nacherbfolge (Trennungslösung) dar. Der Vorteil der Gestaltung liegt in einer möglichst starken Rechtsstellung des Überlebenden, die noch freier als im Falle der befreiten Vorerbschaft gestaltet werden kann, da hierfür die Grenzen des § 2136 Abs. 2 BGB nicht gelten.[293] Damit korrespondiert eine sehr schwache Stellung der Endbedachten.[294]

213 Im Falle der Wahl der sog. Herausgabevermächtnislösung ist die Störfallvorsorge für den Fall der Geltendmachung von Pflichtteilsansprüchen sehr einfach: Es muss nur angeordnet werden, dass das Herausgabevermächtnis zugunsten des Abkömmlings, der den Pflichtteil geltend macht, entfällt.

> **Formulierungsvorschlag: Pflichtteilsklausel bei Herausgabevermächtnislösung**
>
> Verlangt ein Abkömmling beim Tod des Erstversterbenden den Pflichtteil, so entfällt für ihn und seine Abkömmlinge das Vermächtnis auf den Tod des Erstversterbenden.

214 Im Falle der Zuwendung eines Vermächtnisses kann der Pflichtteilsberechtigte zwar ohnehin nur dann den (vollen) Pflichtteil verlangen, wenn das Vermächtnis **ausgeschlagen** wird, § 2307 Abs. 1 S. 1 BGB (womit das Vermächtnis unwirksam wird). Dennoch hat die o.a. Pflichtteilsklausel im Falle der Herausgabevermächtnislösung ihre Berechtigung im Hinblick auf den Ausschluss der Abkömmlinge des pflichtteilsverlangenden Abkömmlings.

---

[291] Vgl. *Langenfeld* Rn. 371.
[292] Vgl. *Langenfeld* Rn. 377; Nieder/Kössinger/*Nieder* § 14 Rn. 99, jeweils mit Formulierungsbeispiel.
[293] Vgl. G. *Müller* ZEV 1996, 179 ff.; Nieder/Kössinger/*Nieder* § 14 Rn. 100.
[294] *Langenfeld* Rn. 379.

Außerdem ist die Anwendung des § 2307 BGB zumindest auf aufschiebend bedingte Vermächtnisse fraglich,[295] so dass mit einer entsprechenden Regelung das Entfallen des Vermächtnisses klargestellt werden kann.

e) **Socinische Klausel.** Nach der sog. Socinischen Klausel (cautela Socini) wird der Pflichtteilsberechtigte vor die Wahl gestellt, entweder seinen wie auch immer belasteten, die Pflichtteilsquote nicht übersteigenden Erbteil anzunehmen oder auszuschlagen und den Pflichtteil zu verlangen und dadurch zu erreichen, dass durch § 2306 Abs. 1 S. 1 BGB a. F. die Beschränkung oder Beschwerung wegfällt und der Bedachte trotzdem **Erbe** bleibt.[296] Im Anwendungsbereich des bisherigen § 2306 Abs. 1 S. 1 BGB hielten BGH und die überwiegende Auffassung in der Literatur derartige Verwirkungsklauseln für **unzulässig,** da sie schützenswerte Interessen des pflichtteilsberechtigten Erben beeinträchtigten.[297] Denn dem Pflichtteilsberechtigten, dem nicht mehr als die Hälfte seines gesetzlichen Erbteils hinterlassen werde, müsse nach § 2306 Abs. 1 S. 1 BGB die Hälfte des gesetzlichen Erbteils in jedem Fall unbeschränkt zugute kommen.[298]

Nach *Keim*[299] stellt sich im Rahmen der Abschaffung des § 2306 Abs. 1 S. 1 BGB im Zusammenhang mit der **Erbrechtsreform** die Frage der Zulässigkeit der cautela Socini neu: Wie im Falle des bisherigen § 2306 Abs. 1 S. 2 BGB erhält der Pflichtteilsberechtigte im Falle seiner Ausschlagung nicht seinen Pflichtteilsanspruch, sondern die Stellung eines Erben, so dass weiterhin ein Unterschied zur gesetzlichen Lage besteht. Gleichwohl sei die socinische Klausel – wie im Rahmen des alten § 2306 Abs. 1 S. 2 BGB – jetzt wohl zulässig,[300] da § 2305 BGB zeige, dass ein Erbteil in Höhe des Pflichtteils gegenüber dem Pflichtteil kein Minus darstelle und das maßgebliche Argument des BGH, dem Pflichtteilsberechtigten müsse ohne sein Zutun sein unbeschränkter Erbteil erhalten bleiben, mit der Reform wegfalle.

5. Vor- und Nacherbfolge

Schrifttum: *Bergermann,* Vor- und Nacherbschaft im Grundbuch, MittRhNotK 1972, 743; *Dillmann,* Verfügungen während der Vorerbschaft, RNotZ 2002, 1; *Frank,* Die Nacherbeneinsetzung unter Vorbehalt anderweitiger Verfügung des Vorerben, MittBayNot 1987, 231; *Friederich,* Rechtsgeschäfte zwischen Vor- und Nacherben, 1999; *Hartmann,* Die Beseitigung der Nacherbschaftsbeschränkung durch Geschäft zwischen Vor- und Nacherben, ZEV 2009, 107; *Heider,* Die Befugnis des Vorerben zu unentgeltlichen Verfügungen über Nachlassgegenstände, ZEV 1995, 1; *Kanzleiter,* Der „unbekannte" Nacherbe, DNotZ 1970, 326; *Keim,* Erbauseinandersetzung zwischen Vor- und Nacherben durch Freigabe aus der Nacherbbindung, DNotZ 2003, 822; *ders.,* Befugnisse des Nacherbentestamentsvollstreckers bei Verfügungen über Nachlassgegenstände, ZErb 2008, 5; *Mayer, J.,* Der superbefreite Vorerbe? – Möglichkeiten und Grenzen der Befreiung des Vorerben, ZEV 2000, 1; *Müller, G.,* Möglichkeiten der Befreiung des Vorerben über § 2136 BGB hinaus, ZEV 1996, 179; *Reimann,* De vorweggenommene Nacherbfolge, DNotZ 2007, 579; *Wübben,* Zur Zulässigkeit unentgeltlicher Verfügungen durch den Vorerben, ZEV 2000, 30.

a) **Wesen und Anwendungsbereich.** Nach § 2100 BGB kann der Erblasser einen Erben in der Weise einsetzen, dass dieser erst Erbe wird, nachdem zunächst ein anderer Erbe geworden ist. Sowohl der zunächst berufene Vorerbe als auch der danach berufene Nacherbe sind – zeitlich nacheinander – **Erben des Erblassers.** Der Nacherbe beerbt nicht den Vorerben, so dass nur die Erbschaft des Erblassers, nicht dagegen das sonstige Vermögen des Vorerben auf ihn übergeht. Die Nacherbfolge tritt mit dem Tode des Vorerben ein (§ 2106 Abs. 1 BGB), sofern der Erblasser nichts anderes bestimmt hat (z. B. Eintritt mit Wiederverheiratung des Vorerben).

---

[295] Bejahend OLG Oldenburg NJW 1991, 988; Staudinger/*Haas* § 2307 Rn. 6; MünchKommBGB/*Lange* § 2307 Rn. 6; a. A. *Schlitt* NJW 1992, 28, 29; *Strecker* ZEV 1996, 327, 328; Bamberger/Roth/*J. Mayer* § 2307 Rn. 7.
[296] Vgl. Nieder/Kössinger/*R. Kössinger* § 15 Rn. 193.
[297] BGHZ 120, 96, 99 ff. = NJW 1993, 1005; Staudinger/*Haas* § 2306 Rn. 49 m. w. N.; a. A. *Kanzleiter* DNotZ 1993, 780.
[298] BGHZ 120, 96, 99 = NJW 1993, 1005.
[299] NJW 2008, 2072, 2075.
[300] Für Zulässigkeit der cautela Socini im Anwendungsbereich des § 2306 Abs. 1 S. 2 BGB schon bisher Bamberger/Roth/*J. Mayer* § 2306 Rn. 19.

218 Die Vor- und Nacherbfolge und die dadurch bewirkte Schaffung eines Sondervermögens ist juristisch sehr kompliziert und von daher schon für Juristen, erst recht aber für Laien sehr schwer verständlich und praktisch schwierig handhabbar (wer weiß bei Eintritt des Nacherbfalls noch wirklich, welche Gegenstände aus dem Erblasservermögen stammten?). Daher sollte die Vor- und Nacherbfolge nur bei **Vorliegen von besonderen Gründen** zum Einsatz kommen. Die Vor- und Nacherbfolge eignet sich daher beispielsweise nicht als Regelfallgestaltung von Ehegattenverfügungen. Auch sollte die Anordnung einer Vor- und Nacherbschaft besonders kritisch geprüft werden, wenn zum Nachlass ein **Unternehmen** oder eine Gesellschaftsbeteiligung gehört.[301] Auch praktisch konfliktträchtige Kombinationen wie Einsetzung der Lebensgefährtin oder zweiten Ehefrau zur Vorerbin und der erstehelichen Kinder zu Nacherben sollten nur in Ausnahmefällen kreiert werden. Diesbezüglich bleibt zu bedenken, dass eine Vorerbschaft gut und gerne über mehrere Jahre oder Jahrzehnte andauern kann und ein gewisses Zusammenwirken der Beteiligten (beispielsweise im Rahmen von notwendigen Veräußerungen von Gegenständen) erforderlich werden kann.

219 Neben dem durch die Anordnung der Nacherbfolge bewirkten **Vollstreckungsschutz** (vgl. §§ 2115 BGB, 773 ZPO, 83 InsO), der v. a. im Rahmen von Behinderten- und Überschuldetentestamenten – regelmäßig in Kombination mit der Anordnung von Dauervollstreckung – von Bedeutung ist (vgl. dazu unten Rn. 266 ff.), liegt der Hauptgrund für die Anordnung einer Vor- und Nacherbfolge in der **Ausschaltung der Pflichtteilsberechtigten des Vorerben:** Da der Nacherbe nicht Erbe des Vorerben ist, erhält der Pflichtteilsberechtigte des Vorerben seinen Pflichtteil lediglich aus dem Eigenvermögen des Vorerben, nicht auch aus dem ererbten Vermögen. Durch die Anordnung der Nacherbfolge wird damit im Sinne einer **Trennungslösung** vermieden, dass sich durch den erbrechtlichen Zuerwerb der pflichtteilserhebliche Nachlass des Vorerben vergrößert. Von Bedeutung ist dies beispielsweise im Rahmen von Ehegattenverfügungen, wenn einseitige Abkömmlinge eines Ehegatten vorhanden sind, deren Ansprüche am Nachlass der Ehegatten möglichst gering gehalten werden sollen[302] oder im Rahmen von sog. Geschiedenentestamenten, wo eine Nachlassbeteiligung des geschiedenen Ehegatten über das gemeinsame Kind vermieden werden soll (vgl. dazu noch unten Rn. 299 ff.).

220 Durch die Anordnung der Nacherbfolge können daher nicht Pflichtteilsansprüche der eigenen Pflichtteilsberechtigten des Erblassers vermieden oder verringert werden, wohl aber Pflichtteilsansprüche der Pflichtteilsberechtigten des vorgesehenen Erben. Denn der Nachlass bleibt in der Hand des Vorerben über den Eintritt des Erbfalls hinaus ein vom Eigenvermögen des Vorerben getrenntes **Sondervermögen**, das mit Eintritt des Nacherbfalls ohne weiteres dem bzw. den vorgesehenen Nacherben zufällt (vgl. § 2139 BGB).

> **Formulierungsvorschlag: (für Nacherbfolge in Einzeltestament)**
>
> **221**
> 1. Ich berufe ...... zu meinem alleinigen Erben. Dieser wird jedoch nur Vorerbe. Er ist von den Beschränkungen der §§ 2113 ff. BGB befreit. (alt.: nicht befreit)
> 2. Nacherben sind dessen Kinder. Dies sind zur Zeit .... Ersatzerben sind deren Abkömmlinge einschließlich adoptierter und nichtehelicher Abkömmlinge gemäß der gesetzlichen Erbfolge erster Ordnung zum Zeitpunkt des Nacherbfalls.
> 3. Der Nacherbfall tritt mit dem Tod des Vorerben ein. Die Nacherben sind gleichzeitig Ersatzerben.
> 4. Die Nacherbenanwartschaft ist zwischen Erbfall und Nacherbfall nicht übertragbar, nicht verpfändbar und nicht vererblich, ausgenommen eine Veräußerung an den Vorerben. In diesem Fall entfällt auch jede ausdrückliche oder stillschweigende Ersatznacherbeneinsetzung.

222 **b) Ausgestaltung der Vor- und Nacherbfolge.** *aa) Bedingungen/Befristungen.* Die Nacherbfolge kann zulässigerweise unter **Bedingungen** angeordnet werden (z. B. Wiederverheira-

---

[301] Zur Vor- und Nacherbschaft im Unternehmensbereich vgl. ausführlich Scherer/*Hennicke* § 17 Rn. 135 ff.; Nieder/Kössinger/*Nieder* § 10 Rn. 112 ff.
[302] Vgl. Formulierungsmuster für Vorerbeneinsetzung im Ehegattenerbvertrag bei Beck'sches Formularbuch Erbrecht/*Keim* C. II. 6, für Vorerbeneinsetzung im gemeinschaftlichen Ehegattentestament bei MünchVertrhdb/ *Nieder* Form. XVI. 11.

tung, Versterben ohne eigene Abkömmlinge). Zulässig ist nach h. A. auch die auflösend bedingte Vorerbeneinsetzung gekoppelt mit einer aufschiebend bedingten Vollerbenstellung (z. B. wenn die Nacherbfolge für den Fall des kinderlosen Versterbens des Vorerben angeordnet wurde). Nach h. A. kann die Nacherbfolge sogar davon abhängig gemacht werden, dass der Vorerbe keine anderweitige Verfügung von Todes wegen trifft.[303] Eine solche Gestaltung bietet sich v. a. dann an, wenn der Vorerbe eine besonders freie Rechtsstellung haben soll und entscheiden können soll, wem der Nachlass des Erblassers letztlich zufällt. Denn eine direkte Einräumung eines Bestimmungsrechts wäre wegen § 2065 Abs. 2 BGB (Gebot der materiellen Höchstpersönlichkeit der Testamentserrichtung) nicht zulässig, während der Vorerbe hier durch Errichtung einer abweichenden Verfügung über seinen Nachlass die auflösende Bedingung für die Nacherbfolge herbeiführen kann. Macht der Vorerbe allerdings im Falle einer derartigen auflösend bedingt angeordneten Nacherbfolge von der Befugnis Gebrauch und liegt beim Tod des Vorerben eine entsprechende abweichende Verfügung vor, so steht fest, dass der Vorerbe von Anfang an Vollerbe war. Damit entfallen auch rückwirkend die Vorteile, wegen derer die Anordnung einer Nacherbschaft erfolgte, insbesondere die Bildung eines Sondervermögens zur Pflichtteilsreduzierung.[304] Denn bei der Berechnung des Pflichtteils nach dem nunmehr zum Vollerben gewordenen Erben wird das ererbte Vermögen mitberücksichtigt. Daher ist Vorsicht geboten bei einer derartigen auflösend bedingten Anordnung der Nacherbfolge.

bb) Anordnung mehrfacher Nacherbfolgen. Eine Nacherbfolge kann vom Erblasser zulässigerweise auch **mehrfach hintereinander** angeordnet werden (sog. weitere Nacherbfolge oder Nach-Nacherbfolge).[305] Dies führt dazu, dass der eingesetzte Nacherbe seinerseits wieder durch Einsetzung eines weiteren Nacherben beschränkt ist und ihm insoweit die Rechtsstellung eines Vorerben zukommt. Bei Verfügungen i. S. des § 2113 BGB bedarf der erste Vorerbe daher nicht nur der Zustimmung des ersten, sondern auch aller weiterer Nacherben. Die Anordnung einer weiteren Nacherbfolge ist auch sowohl im Erbschein (vgl. § 2363 BGB) als auch im Grundbuch (vgl. § 51 GBO) zu vermerken.

Zulässig ist auch eine Anordnung mehrfacher Nacherbfolgen über Generationen hinweg. Dabei muss allerdings die **zeitliche Grenze** des § 2109 BGB berücksichtigt werden, wonach die Nacherbfolge 30 Jahre nach Eintritt des Erbfalls unwirksam wird. Diese Befristung soll verhindern, dass der Nachlass zu lange dem freien Verfügungsrecht seiner Vermögensträger entzogen wird.

Allerdings wird die Begrenzung der Nacherbfolge auf die 30 Jahre in der Praxis häufig durch ein Eingreifen der Ausnahmebestimmung des § 2109 Abs. 1 S. 2 Nr. 1 BGB außer Kraft gesetzt. Denn das in der Person des Vorerben vorausgesetzte Ereignis kann auch der **Tod des Vorerben** sein.[306] Tritt die Nacherbfolge, wie dies normalerweise der Fall ist, mit dem Tod des Vorerben ein und war der **Vorerbe zur Zeit des Erbfalls bereits am Leben**, bleibt die Nacherbeneinsetzung nach § 2109 Abs. 1 S. 2 Nr. 1 BGB folglich auch dann noch wirksam, wenn der Vorerbe den Erblasser um mehr als 30 Jahre überlebt hat.

cc) Anwartschaftsrecht des Nacherben. Mit Eintritt des Erbfalls erlangt der Nacherbe ein **Anwartschaftsrecht**, das grundsätzlich übertragbar (in der Form des § 2033 BGB), pfändbar und vererblich (vgl. § 2108 Abs. 2 BGB) ist. Nach h. A. kann der Erblasser die Übertragbarkeit ausschließen oder einschränken (indem er beispielsweise nur eine Übertragung auf den Vorerben gestattet; vgl. dazu obiges Formulierungsbeispiel).[307]

Auch die **Vererblichkeit** kann ausgeschlossen werden (vgl. § 2108 Abs. 2 S. 1 BGB), beispielsweise dadurch, dass der Erblasser weitere Nacherben oder Ersatznacherben einsetzt.[308] Die (praxishäufige) Einsetzung eines Ersatznacherben genügt für sich allein allerdings nicht

---

[303] BGHZ 59, 220 ff. = NJW 1972, 1987; *J. Mayer* ZEV 2000, 1, 6; Formulierungsmuster bei Beck'sches Formularbuch Erbrecht/*Keim* C. II. 4.
[304] Vgl. *J. Mayer* ZEV 2000, 1, 6; *Frank* MittBayNot 1987, 231, 235 m. w. N.
[305] Formulierungsmuster bei MünchVertragshdb/*Nieder* Form. XVI. 13.
[306] Staudinger/*Avenarius* § 2109 Rn. 8.
[307] Bamberger/Roth/*Litzenburger* § 2100 Rn. 40 m. w. N.
[308] Zur Frage der Beweislast vgl. OLG Karlsruhe ZEV 2009, 34 ff.

für die Annahme einer konkludenten Ausschließung der Vererblichkeit der Nacherbenanwartschaft, da der Ersatznacherbe nicht nur im Falle des Todes des eingesetzten Nacherben an dessen Stelle tritt, sondern auch bei jedem anderen Ereignis, das wie die Ausschlagung oder die Feststellung der Erbunwürdigkeit zu dessen Wegfall führt. Daher muss bei Einsetzung von Ersatznacherben in jedem Einzelfall im Wege der **individuellen Auslegung** geklärt werden, ob dadurch die Vererblichkeit des Nacherbenanwartschaftsrechts ausgeschlossen werden sollte. Gegen die Annahme der Vererblichkeit spricht, wenn es dem Erblasser in erster Linie darum ging, das Vermögen in der Familie zu halten, während für die Annahme der Vererblichkeit spricht, wenn der Erblasser dem Nacherben bereits zu dessen Lebzeiten eine verwertbare Rechtsstellung einräumen wollte.[309]

228 *dd) Ersatznacherben.* Allgemein betrachtet wird ein **Ersatznacherbe** für den Fall eingesetzt, dass der Nacherbe vor oder nach Eintritt des Nacherbfalls wegfällt (vgl. § 2096 BGB). Ist der eingesetzte Nacherbe ein Abkömmling des Erblassers, kann sich eine Ersatznacherbenberufung seiner Abkömmlinge auch aus § 2069 BGB ergeben. Der Ersatznacherbe hat nur eine schwache, aber in der Regel auch übertragbare Anwartschaft. Letztlich ist die Übertragbarkeit seiner Rechtsstellung aus praktischen Gründen anerkannt, um es dem Vorerben hierdurch zu ermöglichen, durch rechtsgeschäftliche Übertragung aller Nacherbenanwartschaftsrechte und Anwartschaften der Ersatznacherben Vollerbe zu werden.[310]

> **Praxistipp:**
> 229 Zu Verfügungen des Vorerben, die entgegen § 2113 BGB vorgenommen werden, müssen die Ersatznacherben im Gegensatz zu (auch nur bedingt eingesetzten) Nacherben sowie etwaigen weiteren Nacherben (Nach-Nacherben) nach h.A.[311] **nicht zustimmen**. Dies lässt sich damit begründen, dass der Ersatznacherbe „hinter" dem Nacherben steht, dessen Zustimmung ihn bindet und ihm während der Zeit der Vorerbschaft kein aktives Mitwirkungs- und Kontrollrecht eingeräumt ist, wie sich beispielsweise auch im Hinblick auf § 2120 BGB zeigt.

230 Zur Sicherung seiner Anwartschaft ist der Ersatznacherbe aber im Erbschein des Vorerben anzugeben (vgl. § 2363 BGB) sowie im Grundbuch im Nacherbenvermerk einzutragen. Entsprechend seiner Schutzfunktion bleibt der Ersatznacherbenvermerk auch bei Veräußerung des Anwartschaftsrechts des Nacherben an den Vorerben oder einen Dritten bestehen und kann nicht ohne Zustimmung des Ersatznacherben gelöscht werden.[312]

> **Praxistipp:**
> 231 Wegen der weitgehenden Sicherung der Rechte der Ersatznacherben ist eine **klare Regelung** der Ersatznacherbfolge wichtig, da andernfalls gerade im Hinblick auf die Löschung eines im Grundbuch eingetragenen Nacherbenvermerks große Schwierigkeiten entstehen können. Dies betrifft v.a. die Fälle, in denen die Nacherbfolge durch Übertragung des Nacherbenanwartschaftsrechts auf den Vorerben beseitigt werden soll. Soll dies ohne Mitwirkung der Ersatznacherben erreicht werden, kann angeordnet werden, dass deren Anwartschaft im Falle der Übertragung des Anwartschaftsrechts durch den Nacherben auf den Vorerben entfällt (vgl. Formulierungsvorschlag Rn. 221).

232 *ee) Umfang der Nacherbfolge.* Das Recht des Nacherben erstreckt sich auf alle nachlasszugehörigen Gegenstände sowie jene, die bis zum Eintritt des Nacherbfalls im Wege der dinglichen Surrogation gem. § 2111 BGB hinzukommen. Einzelne Gegenstände kann der

---

[309] Palandt/*Edenhofer* § 2108 Rn. 5.
[310] Vgl. BayObLGZ 1970, 137 ff. = NJW 1970, 1794.
[311] BGHZ 40, 115, 119 = NJW 1963, 2320; BayObLG NJW-RR 2005, 956 = DNotZ 2005, 790; *Heider* ZEV 1995, 3 f.; *Bergermann* MittRhNotK 1972, 743, 762 ff.
[312] OLG Hamm NJW 1970, 1606 m. Anm. *Lehmann* NJW 1970, 2028.

Erblasser dadurch der Nacherbfolge entziehen, dass er sie im Wege des **Vorausvermächtnisses** dem Vorerben zuweist, § 2150 i. V. mit § 2110 Abs. 2 BGB. Diese Gegenstände unterliegen dann nicht der Nacherbenbindung, so dass im Erbschein diese Gegenstände mit dem Hinweis aufzuführen sind, dass sich das Nacherbenrecht nicht darauf bezieht.[313] Ist dem Vorerben ein Grundstück oder grundstücksgleiches Recht im Voraus vermacht, darf im Grundbuch auch kein Nacherbenvermerk eingetragen werden.[314]

Sollen nicht einzelne Gegenstände aus der Nacherbenbindung herausgenommen werden, sondern umgekehrt nur **einzelne Gegenstände der Nacherbenbindung unterliegen,** so ist zu berücksichtigen, dass eine Nacherbeneinsetzung auf einzelne Nachlassgegenstände ebenso unzulässig ist wie eine gegenständliche Erbeinsetzung. Zulässig wäre nur eine Beschränkung auf einen Erbteil oder den Bruchteil eines Erbteils.[315] Es bleibt daher nur die Möglichkeit, die einzelnen Gegenstände im Wege eines auf den Tod des Erstbedachten aufschiebend befristeten Vermächtnisses dem Endbedachten zuzuwenden, wobei dieses Vermächtnis anders als die Nacherbfolge nur schuldrechtlich wirkt und nach dem Tod des Erstbedachten von dessen Erben gegenüber den Endbedachten erfüllt werden müsste. Mit unmittelbarer erbrechtlich-dinglicher Wirkung kann eine „**gegenständlich beschränkte**" Nacherbfolge im Ergebnis nur dadurch erreicht werden, dass bei allgemeiner Anordnung der Nacherbfolge dem Vorerben alle Nachlassgegenstände im Wege des Vorausvermächtnisses zugewandt werden (vgl. §§ 2150, 2110 Abs. 2 BGB) mit Ausnahme derjenigen, die mit Eintritt des Nacherbfalls dem Nacherben zufallen sollen (z. B. Unternehmen, Grundbesitz).[316]

> **Formulierungsvorschlag: (für „gegenständlich beschränkte" Nacherbfolge)**
> Der Vorerbe erhält im Wege eines nicht der Nacherbfolge unterliegenden Vorausvermächtnisses sämtliche Nachlassgegenstände mit Ausnahme sämtlicher Grundstücke und grundstücksgleicher Rechte, die zum Zeitpunkt des Eintritts des Erbfalls zu meinem Nachlass gehören.

Im Falle einer solchen „gegenständlich beschränkten Nacherbfolge" wäre im Erbschein anzugeben, dass die Nacherbfolge generell angeordnet ist, sich das Recht des Nacherben aber nicht auf das bewegliche Vermögen des Erblassers (bzw. die anderen zum Nachlass gehörigen Gegenstände bis auf die der Nacherbfolge unterliegenden) erstreckt.[317]

c) Rechtsstellung des Vorerben während der Vorerbschaft. Der Vorerbe ist echter Erbe, wenn auch nur auf Zeit. Er kann daher während der Zeit der Vorerbschaft prinzipiell gem. § 2112 BGB über die Nachlassgegenstände verfügen. Zum Schutz des Nacherben ist er dabei allerdings gem. §§ 2113 ff. BGB gewissen gesetzlichen Beschränkungen unterworfen.

Was die lebzeitigen Verfügungsbefugnisse anbelangt, so ist der Regelfall die **nicht befreite Vorerbschaft,** für die die §§ 2113 ff. BGB ohne Einschränkungen gelten. Der Vorerbe kann dann beispielsweise nicht über nachlasszugehörigen Grundbesitz (vgl. § 2113 Abs. 1 BGB) oder Hypothekenforderungen und Grund- und Rentenschulden (§ 2114 BGB) ohne Zustimmung des Nacherben verfügen. Das Gleiche gilt für unentgeltliche Verfügungen über alle Nachlassgegenstände (vgl. § 2113 Abs. 2 BGB). Er ist bezüglich der Anlegung von Geld auf eine mündelsichere Anlage beschränkt (§§ 2119, 1806 f. BGB), hat auf Verlangen des Nacherben Wertpapiere zu hinterlegen (§ 2116 BGB) und ein Verzeichnis der Erbschaftsgegenstände zu errichten (§ 2121 BGB). Schließlich muss er über den Bestand der Erbschaft Auskunft geben (§ 2127 BGB). Im Ergebnis gebühren dem nicht befreiten Vorerben nur die Erträge der Erbschaft (vgl. § 2111 BGB), so dass er wirtschaftlich betrachtet nicht wesentlich besser als ein bloßer Nutzungsberechtigter steht.[318]

---

[313] Bamberger/Roth/*Litzenburger* § 2110 Rn. 5 m. w. N.
[314] Bamberger/Roth/*Litzenburger* § 2110 Rn. 5 m. w. N.
[315] Bamberger/Roth/*Litzenburger* § 2100 Rn. 24.
[316] Vgl. *Rossak* ZEV 2005, 14 ff.
[317] A. A. *Ember* NJW 1982, 87 f. der dies unter Berufung auf § 2087 Abs. 2 BGB für unzulässig hält, dabei aber übersieht, dass es sich bei § 2087 BGB um eine Auslegungsregel handelt, die nicht zwingend ist.
[318] Reimann/Bengel/J. Mayer/*Reimann* A Rn. 94.

238   Der Erblasser kann den Vorerben aber gem. § 2136 BGB von einigen der Beschränkungen und Verpflichtungen der §§ 2113 ff. BGB **befreien,** wie z. B. von dem Verbot, über ein zur Erbschaft gehörendes Grundstück zu verfügen (vgl. §§ 2136, 2113 Abs. 1 BGB),[319] womit die Wirksamkeit einer solchen Verfügung (Entgeltlichkeit unterstellt) über den Eintritt der Nacherbfolge hinaus gesichert wäre. Eine umfassende Befreiung ist gem. § 2137 Abs. 1 BGB anzunehmen, wenn der Erblasser den Nacherben auf dasjenige eingesetzt hat, was von der Erbschaft beim Eintritt der Nacherbfolge übrig sein wird (sog. Einsetzung auf den Überrest).

Formulierungsvorschlag: (für Befreiung des Vorerben)

239   Der Vorerbe ist von allen gesetzlichen Beschränkungen und Verpflichtungen befreit, soweit dies gesetzlich zulässig ist.

240   Der Erblasser darf im Rahmen der Befreiung des Vorerben aber nicht weitergehen, als es § 2136 BGB erlaubt. Diese Vorschrift zieht die **äußerste Grenze,** über die hinaus eine (unmittelbare) **Befreiung** des Vorerben durch den Erblasser nicht möglich ist.[320] Der Erblasser kann den Vorerben danach nicht befreien von der Beschränkung in Hinsicht auf unentgeltliche Verfügungen (§ 2113 Abs. 2 BGB), Vollstreckungen (§ 2115 BGB) und die Surrogation (§ 2111 BGB). Ferner ist eine Befreiung ausgeschlossen in Bezug auf die Pflicht, auf Verlangen ein Verzeichnis der Nachlassgegenstände vorzulegen (§ 2121 BGB), in Bezug auf die Pflicht zur Zuziehung von Sachverständigen auf Verlangen des Nacherben (§ 2122 BGB) und schließlich auch bezüglich der Verpflichtung zur Schadensersatzleistung gem. § 2138 Abs. 2 BGB bei Verstoß gegen das Verfügungsverbot nach § 2113 Abs. 2 BGB und bei Minderung der Erbschaft in Benachteiligungsabsicht.[321] Dies lässt sich damit begründen, dass der Nacherbe nach dem Grundgedanken der Vor- und Nacherbfolge zumindest gegen „willkürliches, nachlässiges oder bösliches Handeln des Vorerben"[322] geschützt sein soll.

Praxistipp:

241   Soll eine über § 2136 BGB hinaus gehende Befreiung erzielt werden, dann muss entweder eine Gestaltung außerhalb der Nacherbfolge im Rahmen des Vermächtnisrechts (vgl. zum Herausgabevermächtnis auf den Überrest unten Rn. 257 ff.) gewählt werden oder es wird innerhalb der Nacherbfolge eine mittelbare Befreiung bewirkt, beispielsweise dadurch, dass dem Vorerben bestimmte Gegenstände im Wege eines – nicht der Nacherbfolge unterliegenden – Vorausvermächtnisses (vgl. §§ 2150, 2110 Abs. 2 BGB) zugewandt werden (worüber er dann beispielsweise auch im Wege der Schenkung verfügen könnte).[323]

Formulierungsvorschlag: (für bedingtes Vorausvermächtnis)[324]

242   Der Vorerbe ist berechtigt, vor Eintritt des Nacherbfalls den zur Vorerbschaft gehörenden Grundbesitz und grundstücksgleiche Rechte samt Inventar und Mobiliar an einen oder mehrere unserer gemeinschaftlichen Abkömmlinge zu übertragen, und zwar auch unentgeltlich. Macht der Vorerbe von dieser Befugnis Gebrauch, so gilt das ihm überlassene Vertragsobjekt als durch Vorausvermächtnis auf Eintritt des Erbfalls frei von der Vor- und Nacherbschaft zugewendet.

---

[319] Nach h. A. kann die Befreiung auch auf einzelne Gegenstände beschränkt oder nach Art der Verfügung differenziert werden; vgl. MünchKommBGB/*Grunsky* § 2136 Rn. 8.
[320] BGHZ 7, 274, 276 = NJW 1953, 219; G. *Müller* ZEV 1996, 179, 180.
[321] Vgl. Lange/*Kuchinke* § 28 VI 2 a.
[322] So RGZ 77, 177, 178.
[323] Vgl. dazu G. *Müller* ZEV 1996, 179, 180; J. *Mayer* ZEV 2000, 1, 4 f.
[324] Nach Beck'sches Formularbuch Erbrecht/*Keim* C. II. 4 § 3.

d) Verlautbarung der Nacherbfolge. Gem. § 2363 Abs. 1 S. 1 BGB ist im Erbschein des 243
Vorerben anzugeben, dass eine Nacherbfolge angeordnet ist, unter welchen Voraussetzungen sie eintritt und wer der Nacherbe ist. Diese Angaben dienen dem Schutz des Nacherben vor gem. §§ 2112 ff. BGB unzulässigen Verfügungen des Vorerben, da hierdurch die Verfügungsbeschränkung des Vorerben dokumentiert wird.

Gem. § 2113 Abs. 3 BGB finden die Vorschriften über den gutgläubigen Erwerb vom 244
Nichtberechtigten auf Verfügungen des Vorerben entsprechende Anwendung. Daher ist bei Grundbesitz der Nacherbe vor einem gutgläubigen Erwerb Dritter durch den gem. § 51 GBO in Abteilung II des **Grundbuchs** von Amts wegen gleichzeitig mit der Eintragung des Vorerben einzutragenden **Nacherbenvermerk** zu schützen.[325] Im Nacherbenvermerk sind der Nacherbfall, die Nacherben, Ersatznacherben und ggf. weitere Nacherben (und zwar mit möglichst genauer Bezeichnung) anzugeben. Dabei ist zu berücksichtigen, dass Verfügungen des Vorerben, die unter den Anwendungsbereich der Nacherbenschutzbestimmungen der §§ 2113 ff. BGB fallen, **bis zum Eintritt des Nacherbfalls grundsätzlich wirksam** sind. Verfügungen über Grundbesitz werden daher bei eingetragenem Nacherbenvermerk auch im Grundbuch vollzogen, der Nacherbenvermerk bewirkt keine Grundbuchsperre.[326] Der Schutz des Nacherben wird dadurch gewährleistet, dass der im Grundbuch eingetragene Nacherbenvermerk unverändert im Grundbuch eingetragen bleibt. Nur dann, wenn im Zusammenhang mit einem Eigentumswechsel der eingetragene Nacherbenvermerk gelöscht (oder im Zusammenhang mit einer Belastung ein sog. Wirksamkeitsvermerk eingetragen) werden soll, ist die Einholung einer Löschungsbewilligung aller eingetragenen Nacherben und Ersatznacherben (ggf. vertreten durch einen Pfleger mit betreuungsgerichtlicher Genehmigung) erforderlich oder es muss in der Form der §§ 22, 29 GBO der Nachweis erbracht werden, dass das Grundstück nicht mehr der Nacherbenbindung unterliegt (z. B. infolge entgeltlicher Veräußerung des befreiten Vorerben oder unentgeltlicher Veräußerung mit Zustimmung aller Nacherben).

Im **Handelsregister** wird dagegen nur der Vorerbe eingetragen, wenn zum Nachlass ein 245
Handelsgeschäft oder ein Gesellschaftsanteil gehört. Die Eintragung eines Nacherbenvermerks scheidet aus, da die Eintragung keinen gutgläubigen Erwerb ermöglicht.[327]

6. Vor- und Nachvermächtnis, Herausgabevermächtnis

Schrifttum: *Baltzer*, Das Vor- und Nachvermächtnis in der Kautelarjurisprudenz, 2007; *Bengel*, Rechtsfragen zum Vor- und Nachvermächtnis, NJW 1990, 1826; *Bühler*, Zum Inhalt der Vermächtnisanwartschaft im Vergleich zur Anwartschaft des Nacherben, BWNotZ 1967, 174; *Hartmann*, Das Vorvermächtnis mit Vorerbschaftswirkung, ZEV 2007, 458; *Hölscher*, Das aufschiebend bedingte Universalausgabevermächtnis – Ausschluss bestimmter Personen von einer erbrechtlichen Partizipation am Nachlass, ZEV 2009, 213; *Muscheler*, Das Vor- und Nachvermächtnis, AcP 208 (2008), S. 69; *Randt*, Das Vor- und Nachvermächtnis, BWNotZ 2001, 73; *Reimann*, Das Herausgabevermächtnis als Alternative zur Nacherbfolgeanordnung, MittBayNot 2002, 4; *Schlichting*, Der Verwendungsersatzanspruch des Vorvermächtnisnehmers gegen den Nachvermächtnisnehmer, ZEV 2000, 385; *Spall*, Vollzug eines Vermächtnisses durch den Testamentsvollstrecker, ZEV 2002, 5; *Watzek*, Vor- und Nachvermächtnis, MittRhNotK 1999, 37; *Werkmüller*, Gestaltungsmöglichkeiten des Erblassers im Rahmen der Anordnung von Vor- und Nachvermächtnissen, ZEV 1999, 343; *Wübben*, Anwartschaftsrechte im Erbrecht, 2001; *Zawar*, Der bedingte oder befristete Erwerb von Todes wegen, DNotZ 1986, 515; *ders.*, Gedanken zum bedingten oder befristeten Rechtserwerb im Erbrecht, NJW 2007, 2353.

a) Vor- und Nachvermächtnis. **aa)** *Gegenstand und praktische Bedeutung.* Ein Nachver- 246
mächtnis ist gegeben, wenn der Erblasser denselben Gegenstand zeitlich nacheinander verschiedenen Personen dergestalt zuwendet, dass bei Eintritt eines Termins oder einer Bedingung der erste Vermächtnisnehmer den Gegenstand an den zweiten herauszugeben hat, § 2191 BGB. Der Gegenstand des Nachvermächtnisses muss dabei ganz oder teilweise der gleiche sein wie der des Vorvermächtnisses (**Identität des Gegenstandes**). Ausdrückliche Erwähnung findet das Nachvermächtnis im Gesetz als Gestaltungsmittel nur im Rahmen des

---
[325] Entsprechendes gilt für Schiffe (§ 54 SchiffsRegO) und Luftfahrzeuge (§ 86 Abs. 1 LuftRG).
[326] Vgl. RGZ 102, 332, 334; 148, 385, 392.
[327] Bamberger/Roth/*Litzenburger* § 2100 Rn. 46.

§ 2338 Abs. 1 S. 1 BGB. Die Fälle der Pflichtteilsbeschränkung in guter Absicht sind zwar insgesamt gesehen selten, als Gestaltungslösung außerhalb dessen (beispielsweise im Rahmen von sog. Behindertentestamenten, vgl. unten Rn. 293 ff.) scheint die praktische Bedeutung von Vor- und Nachvermächtnissen aber zuzunehmen, was durch die große Anzahl neuerer Veröffentlichungen zum Vor- und Nachvermächtnis belegt wird.

247 *bb) Anwendbare gesetzliche Bestimmungen.* Beim Nachvermächtnis handelt es sich um ein aufschiebend bedingtes bzw. befristetes Vermächtnis i. S. von § 2177 BGB, auf das gem. § 2191 Abs. 2 BGB die folgenden Vorschriften aus der Nacherbfolge Anwendung finden:
- Die Berufung als Nachvermächtnisnehmer enthält im Zweifel auch die Berufung als Ersatzvermächtnisnehmer (§ 2102 BGB).
- Hat der Erblasser keinen Zeitpunkt des Anfalls bestimmt, fällt das Nachvermächtnis mit dem Tod des Vorvermächtnisnehmers an (§ 2106 Abs. 1 BGB).
- Hat der Erblasser einen kinderlosen Abkömmling zum Vermächtnisnehmer berufen und mit einem Nachvermächtnis beschwert, so ist das Nachvermächtnis im Zweifel nur für den Fall bestimmt, dass der Vorvermächtnisnehmer ohne Abkömmlinge stirbt (§ 2107 BGB).
- Das Recht des Nachvermächtnisnehmers erstreckt sich im Zweifel auch auf einen Vermächtnisanteil, der dem Vorvermächtnisnehmer infolge Wegfalls eines Mitvermächtnisnehmers angefallen ist (§ 2110 Abs. 1 BGB).

Alle übrigen Vorschriften über die Nacherbfolge sind auf das Nachvermächtnis nicht – auch nicht entsprechend – anwendbar.

248 *cc) Unterschiede zur Nacherbfolge.* Von der Nacherbschaft unterscheidet sich das Nachvermächtnis in folgenden wesentlichen Punkten:
- Nicht der Erbe, sondern ein Vermächtnisnehmer ist damit beschwert (so dass es sich bei einem Nachvermächtnis immer um ein **Untervermächtnis** handelt und die §§ 2186 bis 2188 BGB Anwendung finden).
- Es erfolgt kein automatischer Anfall des Gegenstandes an den Nachvermächtnisnehmer (vgl. § 2139 BGB), sondern der Nachvermächtnisnehmer hat lediglich einen **schuldrechtlichen** Anspruch (vgl. § 2174 BGB) gegen den Vorvermächtnisnehmer, der nach Eintritt des Termins oder der Bedingung erfüllt werden muss.
- Außer den in der Verweisungsvorschrift des § 2191 Abs. 2 BGB genannten Vorschriften sind sonstige Regelungen über die Nacherbschaft nicht anwendbar, insbesondere bestehen für den Vorvermächtnisnehmer keine dinglichen Verfügungsbeschränkungen (d. h. § 161 BGB gilt nicht). Der Nachvermächtnisnehmer hat aber zumindest gem. §§ 2177, 2179, 160 Abs. 1 BGB eine **rechtlich geschützte Anwartschaft** auf den späteren Erwerbsanspruch, d. h. ist im Falle der Vereitelung oder Beeinträchtigung des Eintritts der Bedingung durch Schadensersatzansprüche gesichert.

Praxistipp:
249 Die Verbindlichkeit aus dem Nachvermächtnis ist eine Erblasserschuld, nicht eine bloße Erbfallschuld und kann nach h. A.[328] im Rahmen der Berechnung von Pflichtteilsansprüchen von Pflichtteilsberechtigten des Vorvermächtnisnehmers i. S. von § 2311 BGB in Abzug gebracht werden. Diese rein schuldrechtliche Form der Trennungslösung eignet sich daher ebenfalls zur Vermeidung der Erhöhung von Pflichtteilsansprüchen pflichtteilsberechtigter Personen des Erstbedachten. Das Nachvermächtnis stellt damit eine Alternative zur Nacherbfolge dar. Zur Anwendung des Nachvermächtnisses im Rahmen des Behindertentestaments vgl. unten Rn. 293.

250 *dd) Regelungsbedarf.* Das Vor- und Nachvermächtnis ist – wie oben bereits ausgeführt wurde – im Gesetz nur dürftig gesetzlich geregelt. Daher besteht für das Vor- und Nachver-

---

[328] Vgl. nur *Watzek* MittRhNotK 1999, 37, 42; Gutachten DNotI-Report 18/1999, 149 ff.; *Muscheler* AcP 208 (2009), S. 69, 94; *Baltzer*, Das Vor- und Nachvermächtnis in der Kautelarjurisprudenz, Rn. 322 ff.; AnwK-BGB/*J. Mayer* § 2191 Rn. 19; Bamberger/Roth/*J. Mayer* § 2311 Rn. 8.

mächtnis im Vergleich zur Vor- und Nacherbfolge ein **größeres Regelungsbedürfnis** in der Verfügung.

(1) Zu klären ist insbesondere, ob eine **Verstärkung der Rechtsposition** des Nachvermächtnisnehmers erforderlich ist. Im Falle eines Grundstücksvermächtnisses kommt nach Eintritt des Erbfalls die Sicherung der Position des Nachvermächtnisnehmers durch Eintragung einer **Vormerkung** in Betracht, sobald der Vorvermächtnisnehmer im Grundbuch als Eigentümer eingetragen ist.³²⁹ Daher sollte überlegt werden, ob dem Nachvermächtnisnehmer ein Anspruch auf Sicherung seines Eigentumsübertragungsanspruchs durch **Vormerkung** zusätzlich vermacht werden soll.³³⁰ Eine zusätzliche Absicherung des Nachvermächtnisnehmers kann dadurch erreicht werden, dass die Erfüllung und Verwaltung des Vermächtnisgegenstands einer Testamentsvollstreckung unterstellt wird.³³¹ Dabei kann die Testamentsvollstreckung über das Vorvermächtnis hinaus auch auf das Nachvermächtnis (und dessen Erfüllung) ausgedehnt werden.³³²

251

(2) Andererseits kann die Rechtsposition des Nachvermächtnisnehmers zulässigerweise auch dadurch verschlechtert werden, dass das **Nachvermächtnis „auf den Überrest"** angeordnet wird.³³³ In diesem Fall beschränkt sich der Nachvermächtnisanspruch auf dasjenige, was im Zeitpunkt des Nachvermächtnisanfalls beim zunächst frei verfügungsberechtigten Vorvermächtnisnehmer vom Vermächtnisobjekt noch vorhanden ist.³³⁴

252

(3) Hinsichtlich der **Vererblichkeit** ist bei aufschiebend bedingten Nachvermächtnissen auf § 2074 BGB zu achten, wonach im Zweifel die Zuwendung nur gelten soll, wenn der Bedachte die Bedingung erlebt. Für das aufschiebend befristete Nachvermächtnis (das im Zweifel auch dann vorliegt, wenn der Anfall mit dem Ableben des Vorvermächtnisnehmers eintritt) gibt es keine Auslegungsregel, so dass die freie Auslegung über die Vererblichkeit entscheidet, wenn eine Erblasseranordnung hierüber fehlt.³³⁵ Daher empfiehlt sich in jedem Fall eine klare Regelung der Frage der Vererblichkeit³³⁶ (ersatzloser Wegfall, Vererblichkeit, Anwachsung oder Bestimmung eines Ersatzvermächtnisnehmers?).

253

(4) Schließlich kann geregelt werden, inwieweit dem Vorvermächtnisnehmer die **Nutzungen und Verwendungsersatzansprüche** gegen den Nachvermächtnisnehmer zustehen sollen. Grundsätzlich zieht der Vorvermächtnisnehmer bis zum Anfall des Nachvermächtnisses die Nutzungen und darf sie auch behalten, sofern der Erblasser nichts anderes bestimmt hat. Hinsichtlich der Verwendungen kommen über § 2191 Abs. 2 BGB die §§ 2124 bis 2126 BGB gerade nicht zur Anwendung, so dass sich der Aufwendungsersatzanspruch des Vorvermächtnisnehmers ausschließlich über § 2185 BGB regelt und damit nach den Vorschriften über das Eigentümer-Besitzer-Verhältnis.³³⁷ Stattdessen kommt beispielsweise die Anordnung einer entsprechenden Anwendung der §§ 2124, 2125 BGB³³⁸ oder ein Ausschluss des Verwendungsersatzanspruchs³³⁹ in Betracht.

254

(5) Der Erblasser kann auch **mehrere Nachvermächtnisse** hintereinander anordnen. Wie im Falle der Nacherbfolge besteht auch hierfür eine zeitliche Grenze von grundsätzlich 30 Jahren ab Eintritt des Erbfalls (vgl. § 2162 BGB). In der Praxis wird die 30-jährige-Frist aber regelmäßig durch eine der in § 2163 BGB genannten Ausnahmen aufgehoben.

255

---

³²⁹ BayObLG Rpfleger 1981, 190; LG Stuttgart BWNotZ 1999, 22 ff.; OLG Frankfurt OLGR 1999, 112 ff.
³³⁰ *Bengel* NJW 1990, 1826, 1828; *Watzek*, MittRhNotK 1999, 37, 43; *Muscheler* AcP 208 (2008), S. 69, 88.
³³¹ Vgl. *Scherer/Schlitt* § 13 Rn. 204; *Hartmann* ZEV 2007, 458, 459; *Baltzer*, Das Vor- und Nachvermächtnis in der Kautelarjurisprudenz, Rn. 446 ff.
³³² *Hartmann* ZEV 2001, 89, 91; *ders.* ZEV 2007, 458; *Spall*, ZEV 2002, 5; AnwK-BGB/*J. Mayer* § 2191 Rn. 25; a. A. *Damrau*, FS Kraft (1998), S. 37, 39 ff.; *Damrau/J. Mayer* ZEV 2001, 293 f.
³³³ *Bengel* NJW 1990, 1826, 1829; *Bühler* BWNotZ 1967, 174, 180 f.; *Watzek* MittRhNotK 1999, 37, 47; *Wübben*, Anwartschaftsrechte im Erbrecht, S. 283 ff.
³³⁴ Vgl. zur dogmatischen Begründung AnwK-BGB/*J. Mayer* § 2191 Rn. 21 ff.
³³⁵ AnwK-BGB/*J. Mayer* § 2191 Rn. 12.
³³⁶ *Bengel* NJW 1990, 1826, 1828.
³³⁷ BGHZ 114, 16 = NJW 1991, 1736; *Schlichting* ZEV 2000, 385, 386.
³³⁸ Vgl. *Baltzer*, Das Vor- und Nachvermächtnis in der Kautelarjurisprudenz, Rn. 799.
³³⁹ Vgl. *Bühler* BWNotZ 1967, 174, 181.

Formulierungsvorschlag: (Nachvermächtnis hinsichtlich Hausgrundstück)

256
1. Meinem Sohn S vermache ich mein Hausgrundstück ......, eingetragen im Grundbuch ...... Ersatzvermächtnisnehmer sind die Abkömmlinge meines Sohnes, einschließlich adoptierter und nichtehelicher Abkömmlinge, unter sich entsprechend der gesetzlichen Erbfolge erster Ordnung zum Zeitpunkt des Erbfalls.
2. Für den Fall, dass mein Sohn ohne Hinterlassung von Abkömmlingen verstirbt, vermache ich im Wege des Nachvermächtnisses das o. a. Hausgrundstück auf seinen Tod meiner Tochter T. Ersatznachvermächtnisnehmer für den Fall, dass meine Tochter zwischen dem Erbfall und dem Tod des S wegfällt, sind deren Abkömmlinge gemäß den Regeln der gesetzlichen Erbfolge erster Ordnung zum Zeitpunkt des Erbfalls meines Sohnes.
3. Die Nutzungen des Hausgrundstücks stehen dem Vermächtnisnehmer bis zu seinem Tod zu. Sämtliche Verwendungsersatzansprüche gegen die Nachvermächtnisnehmer sind ausgeschlossen. Die Anwartschaften der Nachvermächtnisnehmer sind zwischen Erbfall und Nachvermächtnisanfall weder vererblich noch übertragbar mit Ausnahme der Übertragung auf den Vorvermächtnisnehmer. In diesem Fall entfallen alle Ersatznachvermächtnisse.
4. Nach Eintritt des Erbfalls ist der bedingte Übereignungsanspruch des Nachvermächtnisnehmers durch Eintragung einer Vormerkung im Grundbuch zu sichern.

257 b) **Herausgabevermächtnis**. *aa) Bedeutung und Anwendungsbereich.* Das auf den Tod des Beschwerten aufschiebend bedingte bzw. befristete Herausgabevermächtnis ist zweckmäßiger Weise überall dort anwendbar, wo auch die Anordnung der Nacherbfolge zweckmäßig wäre, es dem Erblasser aber darauf ankommt, die Weitervererbung an bestimmte Verwandte oder die Erhöhung von Pflichtteilsansprüchen am Nachlass des Bedachten auszuschließen, gleichzeitig aber der Erwerber nicht den Beschränkungen der Nacherbfolge unterliegen soll.[340] Vom Nachvermächtnis unterscheidet sich das Herausgabevermächtnis dadurch, dass nicht ein Vermächtnisnehmer, sondern der **Erbe** damit **beschwert** ist.

258 *bb) Pflichtteilsfestigkeit.* Wie bei dem o. g. Nachvermächtnis (vgl. Rn. 246 ff.) ist auch für das Herausgabevermächtnis dessen **Pflichtteilsfestigkeit** anerkannt.[341] Die Pflichtteile der eigenen Erben des Erben berechnen sich nur aus dem Nachlass des Erben abzüglich des Vermächtnisgegenstandes. Als Erblasserschuld ist das Herausgabevermächtnis bei der Berechnung von Pflichtteilsansprüchen i. S. von § 2311 BGB vorweg vom Nachlass abzuziehen.

259 *cc) Aufschiebend bedingtes bzw. befristetes Vermächtnis.* Im Falle der Anordnung eines Herausgabevermächtnisses ist der Erbe mit einem auf seinen Tod aufschiebend bedingten, bzw. befristeten Vermächtnis beschwert, der Anfall des Vermächtnisses also in Abweichung von der allgemeinen Regel des § 2176 BGB gem. § 2177 BGB auf den Tod des Beschwerten aufgeschoben. Der Unterschied zwischen dem aufschiebend bedingten und dem befristeten Vermächtnis liegt darin, dass nur im Falle der aufschiebenden Bedingung der Bedachte gem. § 2074 BGB im Zweifel den Bedingungseintritt erlebt haben muss. Ist beim Anfall des Vermächtnisses auf ein künftiges gewisses Ereignis abgestellt, wie z. B. den Tod des Beschwerten, handelt es sich um ein **aufschiebend befristetes** Vermächtnis. Dass ein Vermächtnis erst im Zeitpunkt des Todes des damit beschwerten Erben **anfallen** kann, wird von der h. M. im Übrigen für zulässig erachtet.[342]

260 *dd) Rechtsstellung des Vermächtnisnehmers.* Der durch ein (aufschiebend befristetes) Herausgabevermächtnis Begünstigte hat bereits zwischen dem ersten Erbfall und dem Eintritt der Bedingung oder des Termins eine **geschützte Rechtsposition** (Anwartschaft), die grundsätzlich vererblich, übertragbar und verpfändbar ist. Dies ergibt sich daraus, dass der Bedachte über die gem. § 2179 BGB anwendbaren §§ 160 Abs. 1, 162, 281 BGB (nicht aber

---

[340] Vgl. Nieder/Kössinger/*Nieder* § 10 Rn. 148; *Reimann* MittBayNot 2002, 4 ff.; *Steiner* ErbStB 2004, 164 ff.
[341] *Langenfeld* Rn. 271; *Reimann* MittBayNot 2002, 4, 7 f.; *Hölscher* ZEV 2009, 213, 215.
[342] Vgl. BGH Urt. v. 24. 4. 1972 n. v., zitiert bei *Johannsen*, WM 1972, 871; OLG Bremen DNotZ 1956, 149, 151; OLG Oldenburg DNotZ 1958, 95 f. m. zust. Anm. *Eder*; *v. Olshausen* DNotZ 1979, 716; Nieder/Kössinger/*Nieder* § 10 Rn. 132.

durch § 161 BGB) geschützt wird.³⁴³ Im Vergleich zur Stellung des Nacherben ist die **Rechtstellung des aufschiebend bedingt oder befristet eingesetzten Vermächtnisnehmers** zwischen Eintritt des Erbfalls und Anfall des Vermächtnisses also eher schwach ausgestaltet, da er gegen beeinträchtigende Verfügungen des Beschwerten oder seiner Gläubiger **nicht dinglich geschützt** wird. Dies bedeutet mit anderen Worten, dass Zwischenverfügungen nicht gem. § 161 BGB unwirksam sind, sondern der Begünstigte lediglich nach Anfall des Vermächtnisses Schadensersatz verlangen kann, wenn sein Recht während der Schwebezeit zwischen Erbfall und Anfall durch Verschulden des Beschwerten (§ 276 BGB) vereitelt oder beeinträchtigt worden ist.³⁴⁴

Der Erblasser kann aber auch die Rechtsposition des Vermächtnisnehmers verschlechtern und damit erreichen, dass der **Erbe frei** über das zum Nachlass gehörende Vermögen **verfügen** kann. Dazu ist erforderlich, dass er das auf den Tod des beschwerten Erben aufschiebend befristete Vermächtnis zusätzlich mit der aufschiebenden Bedingung verknüpft, dass der Vermächtnisgegenstand beim Ableben des Erben noch vorhanden ist.³⁴⁵ Dabei ist anerkannt, dass auch **alle Nachlassgegenstände** unter der aufschiebenden Bedingung vermacht werden können, dass die einzelnen Gegenstände beim Tode des Erben noch vorhanden sind.³⁴⁶ Das Herausgabevermächtnis kann sich also zulässigerweise auf die beim Tod des Erben etwa noch vorhandenen, vom Erblasser ererbten Gegenstände beschränken, sog. **Herausgabevermächtnis auf den Überrest**.³⁴⁷ 261

ee) Weitere Gestaltungspunkte: (1) Beim Vermächtnis gibt es keine Surrogation wie bei der Nacherbschaft (vgl. § 2111 BGB). Die vom Erben angeschafften **Ersatzgegenstände** gehören daher nicht zum Nachlass. Die Ersatzgegenstände können aber vom Erblasser mitvermacht werden. 262

(2) Bei der Gestaltung ist auch zu denken an den **Ausschluss der Vererblichkeit und Übertragbarkeit** der Vermächtnisanwartschaft: Grundsätzlich hat der mit dem aufschiebend befristeten Vermächtnis Bedachte zwischen dem Erbfall und dem Vermächtnisanfall eine Anwartschaft, die bereits vererblich, übertragbar, pfändbar und verpfändbar ist. Eine freie Verfügbarkeit der Anwartschaft wird oftmals nicht gewünscht sein, so dass die Übertragbarkeit ggf. ausgeschlossen werden sollte. Gleiches gilt für die Vererblichkeit, da der Erblasser in der Regel selbst bestimmen möchte, wer bei Ausfall des Vermächtnisnehmers dessen „Nachfolger" sein soll. Daher sollte der Ausschluss der Vererblichkeit, ggf. in Verbindung mit der Benennung von **Ersatzvermächtnisnehmern** oder einer Anwachsungsbestimmung, geregelt werden.³⁴⁸ 263

(3) Hinsichtlich der Regelung von **Nutzungen und Verwendungsersatz** bzw. die **Sicherung des Vermächtnisanspruchs** bis zum Anfall (auch durch Vormerkung) kann auf die obigen Ausführungen zum Nachvermächtnis (vgl. dazu oben Rn. 254) verwiesen werden, die hier entsprechend gelten. 264

> **Formulierungsvorschlag:** (aufschiebend befristetes Herausgabevermächtnis)
>
> **§ 1 Erbeinsetzung**
> Ich setze hiermit meinen Sohn S zu meinem alleinigen Erben ein. Ersatzerben sind seine Abkömmlinge einschließlich adoptierter und nichtehelicher Abkömmlinge gemäß der gesetzlichen Erbfolge erster Ordnung.
>
> **§ 2 Vermächtnis**
> Ich belaste meinen Sohn S mit folgendem aufschiebend befristeten, mit seinem Tod anfallenden Herausgabevermächtnis zu Gunsten seiner vorgenannten Abkömmlinge unter sich im oben genannten Beteiligungsverhältnis zum Zeitpunkt des Anfalls des Vermächtnisses:

265

---

³⁴³ Palandt/*Edenhofer* § 2179 Rn. 2.
³⁴⁴ Nieder/Kössinger/*Nieder* § 10 Rn. 137 m. w. N.
³⁴⁵ Vgl. *v. Olshausen* DNotZ 1979, 716.
³⁴⁶ Vgl. OLG Oldenburg DNotZ 1958, 95 f. m. zust. Anm. *Eder*.
³⁴⁷ Vgl. OLG Bremen DNotZ 1956, 149 f.; *v. Olshausen* DNotZ 1979, 716.
³⁴⁸ Vgl. auch Beck'sches Formularbuch Erbrecht/*Keim* C. II. 2 Anm. 4; *Langenfeld* Rn. 269.

1. Nach dem Tod meines Sohnes geht alles, was dann noch von meinem Nachlass übrig ist, auf seine Abkömmlinge über. Die Anwartschaft der Vermächtnisbedachten ist weder übertragbar noch vererblich.
2. Mein Sohn kann und darf als unbeschränkter Erbe in jeder rechtlich möglichen Weise auch unentgeltlich über meinen Nachlass verfügen. Die Vermächtnisbedachten können ein Nachlassverzeichnis nicht verlangen, ebenso keine Sicherheiten für die Erfüllung des Vermächtnisses, beispielsweise die Bewilligung von Eigentumsvormerkungen an Grundstücken. Als Nachlassgegenstand von mir gilt auch, was i. S. von § 2111 BGB als Ersatz oder Erlös für nicht mehr vorhandene Nachlassgegenstände erlangt wird.
3. Die Nutzungen des Nachlasses gebühren dem Erben bis zum Vermächtnisanfall. Der Erbe hat keinen Anspruch auf Verwendungsersatz gegen die Vermächtnisnehmer.

7. Behindertentestament

Schrifttum: *Baltzer,* Die Vermächtnislösung lebt!, ZEV 2008, 116; *Bengel,* Gestaltung letztwilliger Verfügungen bei Vorhandensein behinderter Abkömmlinge, ZEV 1994, 29; *Damrau,* Das Behindertentestament mit Vermächtnislösung, ZEV 1998, 1; *Damrau/J. Mayer,* Zur Vor- und Nachvermächtnislösung beim sog. Behindertentestament, ZEV 2001, 293; *Eichenhofer,* Das Behindertentestament oder: Sozialhilfe für Vermögende?, JZ 1999, 226; *Engelmann,* Das sogenannte Behindertentestament, MittBayNot 1999, 509; *dies.,* Testamentsgestaltung zugunsten Verschuldeter oder Sozialhilfebedürftiger, MDR 1999, 968; *Grziwotz,* Die umgekehrte Vermächtnislösung beim Behindertentestament: der Königsweg?, ZEV 2002, 409; *Hartmann,* Das sog. Behindertentestament: Vor- und Nacherbschaftskonstruktion oder Vermächtnisvariante?, ZEV 2001, 89; *ders.,* Das Vorvermächtnis mit Vorerbschaftswirkung, ZEV 2007, 458; *Ivo,* Wie sich das Grundsicherungsgesetz auf das „Behindertentestament" auswirkt, EE 2004, 42; *Joussen,* Das Testament zu Gunsten behinderter Kinder, NJW 2003, 1851; *Kornexl,* Nachlassplanung bei Problemkindern, 2006; *Limmer,* „Behindertentestament", ZFE 2002, 156; *Litzenburger,* Die interessengerechte Gestaltung des gemeinschaftlichen Testaments von Eltern zu Gunsten behinderter Kinder, RNotZ 2004, 138; *J. Mayer,* Das Behinderten-Testament als empfehlenswerte Gestaltung?, DNotZ 1994, 347; *G. Müller,* Zur Anwendung des § 14 HeimG im Rahmen des sog. Behindertentestaments, in: DNotI (Hrsg.), 10 Jahre Deutsches Notarinstitut, 2003, S. 153; *Nieder,* Das Behindertentestament, NJW 1994, 1264; *Ruby,* Behindertentestament: Häufige Fehler und praktischer Vollzug, ZEV 2006, 66; *Spall,* Zur so genannten Vermächtnislösung beim Behindertentestament, MittBayNot 2001, 249; *ders.,* Das Behinderten-Testament – ein Überblick über die notarielle Praxis, in: FS 200 Jahre Notarkammer Pfalz, 2003, S. 121; *ders.,* Pflichtteilsstrafklausel beim gemeinschaftlichen Behindertentestament: Kolumbus-Ei oder trojanisches Pferd?, MittBayNot 2003, 356; *ders.,* Geplante Erbrechtsreform und Behindertentestament – ein Update, ZErb 2007, 272; *Tersteegen,* Sozialhilferechtliche Verwertbarkeit von Vermögen bei Anordnung von Verwaltungsvollstreckung, ZEV 2008, 121; *Weidlich,* Vorweggenommene Erbfolge und Behindertentestament, ZEV 2001, 94.

a) Problemstellung. Bei der Gestaltung letztwilliger Verfügungen von Eltern (oder sonstigen Verwandten) behinderter Kinder ist es häufig ein Anliegen des Erblassers, nach dem Erbfall den **Zugriff des Sozialhilfeträgers** auf das dem Behinderten Zugewandte zu **verhindern,** gleichzeitig ihm aber Vorteile zu verschaffen, die seine **Lebensqualität verbessern,** ohne vom Sozialhilfeträger auf sich übergeleitet oder auf die Sozialhilfeleistungen angerechnet werden zu können. Außerdem soll erreicht werden, dass alles, was von den Zuwendungen beim Tode des behinderten Kindes noch vorhanden ist, entweder an die eigene Familie zurückfällt oder an Organisationen Behinderter[349] geht. Diese Gestaltungsziele kollidieren mit dem sozialhilferechtlichen Nachranggrundsatz nach § 2 Abs. 1 SGB XII (vormals BSHG), der den Sozialhilfeempfänger grundsätzlich verpflichtet, vorrangig eigenes Vermögen und Einkommen einzusetzen (vgl. §§ 82 ff., 90 f. SGB XII).[350]

Aus **pflichtteilsrechtlicher Sicht** ist das Behindertentestament dann von Bedeutung, wenn das behinderte Kind nach dem Erblasser (Vater, Mutter, Großeltern) pflichtteilsberechtigt ist, wie dies beispielsweise im Falle eines ehelichen Kindes in Bezug auf jeden Elternteil der Fall ist. Denn dann steht dem behinderten Abkömmling bei Eintritt des Erbfalls ein **unentziehbarer Pflichtteilsanspruch** zu, der ggf. auf den Sozialhilfeträger übergeleitet und von die-

---

[349] Zur Anwendung des § 14 HeimG im Rahmen des Behindertentestaments vgl. ausführlich G. *Müller,* in: DNotI (Hrsg.), Zehn Jahre Deutsches Notarinstitut, 2003, S. 153 ff.
[350] Gleiches gilt für andere, nachrangig gewährte Sozialleistungen, wie beispielsweise die Grundsicherung.

III. Verfügungen von Todes wegen

sem anschließend geltend gemacht werden kann. Anders als im Falle des sog. Überschuldetentestaments lässt sich hier eine einvernehmliche „Lösung"' des Pflichtteilsproblems durch Abschluss eines Pflichtteilsverzichtsvertrages häufig nicht realisieren, da der Behinderte in der Regel nicht voll geschäftsfähig sein wird. Bei Beteiligung (s)eines gesetzlichen Vertreters müsste der Vertrag aber familien- bzw. betreuungsgerichtlich genehmigt werden (vgl. § 2347 Abs. 1 BGB). Dies kommt nur in Betracht, wenn die Vereinbarung dem Wohl und Interesse des Behinderten (und nicht dem des Erblassers!) dient. In der Regel wird dies nur dann der Fall sein, wenn für den Verzicht eine volle Gegenleistung (Abfindung) gewährt wird.

b) **Nicht geeignete Gestaltungen.** *aa) Enterbung.* Nicht geeignet zur Vermeidung einer Haftung gegenüber dem Sozialhilfeträger ist die Enterbung des behinderten Abkömmlings, da hierdurch ein nach dem Erbfall ohne weiteres auf den Sozialhilfeträger **überleitbarer Pflichtteilsanspruch**[351] entstünde (vgl. § 93 Abs. 1 S. 4 SGB XII, wonach auch unpfändbare Ansprüche übergeleitet werden können). Demgegenüber bestimmt § 851 Abs. 2 ZPO, dass ein Pflichtteilsanspruch der Pfändung nur unterworfen ist, wenn er durch Vertrag anerkannt oder rechtshängig geworden ist. Dies zeigt, dass der Gesetzgeber den Sozialhilfeträger anders (und zwar besser) behandelt als andere Gläubiger des Pflichtteilsberechtigten.

bb) Schlusserbeneinsetzung mit Pflichtteilsklausel. Wird der Behinderte im gemeinschaftlichen Testament oder Erbvertrag seiner Eltern lediglich als Schluss(mit)erbe eingesetzt, ist er im ersten Erbfall enterbt und kann seinen Pflichtteilsanspruch verlangen (der – wie bereits ausgeführt – auf den Sozialhilfeträger übergeleitet werden kann). Der Überleitung und Geltendmachung des Pflichtteilsanspruchs durch den Sozialhilfeträger steht dabei nicht entgegen, dass der Behinderte zum Schluss(mit)erben eingesetzt ist und das Berliner Testament für den Fall der Geltendmachung des Pflichtteils eine automatische Verwirkung der Schlusserbenposition vorsieht. Denn eine solche **Pflichtteilsklausel** hindert den Sozialhilfeträger nicht daran, den Pflichtteil im Anschluss an das Ableben des Erstverstorbenen einzufordern, zumal die Geltendmachung des Pflichtteils durch den Sozialhilfeträger bei gebotener restriktiver Auslegung der Klausel keine Verwirkung auslöst.[352]

Daher sollte das behinderte Kind bei einem Ehegattentestament oder einem Ehegattenerbvertrag bereits auf den ersten Erbfall als beschränkter Miterbe oder Vermächtnisnehmer eingesetzt werden,[353] sofern nicht ohnehin erst mit dem Tod des Letztversterbenden nachrangige Sozialleistungen bezogen werden sollen (z. B. weil das Kind bis dahin zu Hause leben und dort versorgt werden soll).

cc) Zuwendung unterhalb des Pflichtteils. Auch eine Erbeinsetzung oder (Vor-)Vermächtniszuwendung unterhalb der Pflichtteilsquote sollte vermieden werden. Denn diese ließe einen **überleitbaren Pflichtteilsrestanspruch gem. § 2305 BGB** entstehen. Außerdem hatte die unterhalb des Pflichtteils bleibende Erbquote bislang gem. **§ 2306 Abs. 1 S. 1 BGB** die Unwirksamkeit der angeordneten Nacherbfolge und Dauer-Testamentsvollstreckung zur Folge (sog. Super-GAU des Behindertentestaments), so dass der nicht mehr belastete Erbteil vom Sozialhilfeträger frei verwertet werden konnte. Ein besonderes Problem stellten hierbei ausgleichungspflichtige Zuwendungen (insbesondere Ausstattungen) an Geschwister dar, die nach § 2316 Abs. 3 BGB zwingend bei der Pflichtteilsberechnung zu berücksichtigen sind. In diesen Fällen galt nach h. A. nicht die sog. Quotentheorie, sondern die sog. Werttheorie,[354] was die Bemessung des Erbteils des Behinderten zusätzlich erschwerte.

Im Rahmen der am 2. 7. 2009 vom Bundestag beschlossenen **Reform des Erb- und Verjährungsrechts,** die zum 1. 1. 2010 in Kraft getreten ist, wurde die bislang schwierig einzuschätzende Rechtslage im Rahmen des § 2306 Abs. 1 BGB (überstieg der hinterlassene Erb-

---

[351] Vgl. BGH NJW-RR 2005, 369 = ZEV 2005, 117 ff. m. Anm. *Muscheler* = DNotZ 2005, 296 ff. m. Anm. *Spall;* BGH NJW-RR 2006, 223 = ZEV 2006, 76 = MittBayNot 2006, 340; a. A. wohl BayObLG DNotI-Report 2003, 189, das eine vorherige Geltendmachung durch den Pflichtteilsberechtigten oder dessen Betreuer i. S. v. § 852 Abs. 2 ZPO erforderte.
[352] BGH NJW-RR 2006, 223 = ZEV 2006, 76 = MittBayNot 2006, 340.
[353] Vgl. auch *Nieder* NJW 1994, 1264, 1265; OLG Karlsruhe OLGR 2003, 512 ff. = DNotI-Report 2004, 37 = ZEV 2004, 26; vgl. dazu auch *Litzenburger* RNotZ 2004, 138 ff.
[354] Vgl. Bamberger/Roth/*J. Mayer* § 2306 Rn. 9 ff.

teil den Pflichtteil nicht, waren die angeordneten Beschränkungen und Beschwerungen unwirksam; war der hinterlassene Erbteil größer, konnte der Pflichtteilsberechtigte den Pflichtteil verlangen, wenn er den beschränkten oder beschwerten Erbteil ausschlug) durch Streichung des § 2306 Abs. 1 S. 1 BGB vereinfacht. Demnach hat der Pflichtteilsberechtigte, der unter Beschränkungen oder Beschwerungen i. S. d. § 2306 Abs. 1 BGB als Erbe eingesetzt ist, nunmehr immer die Wahl, den Erbteil mit sämtlichen Beschränkungen und Beschwerungen anzunehmen oder die Erbschaft auszuschlagen und den (vollen) Pflichtteil zu verlangen. Damit kann der bislang gefürchtete Super-GAU, dass alle Beschränkungen und Beschwerungen wegen der zu niedrigen Quote unwirksam werden und damit der Sozialhilfeträger auf den Erbteil zugreifen kann, nicht mehr eintreten. Wegen des Wegfalls der bisherigen Unterscheidung in Satz 1 und in Satz 2 des § 2306 Abs. 1 BGB wird sich auch die sog. Werttheorie weitgehend erledigen.

> **Praxistipp:**
>
> 273 Aufgrund der Erbrechtsreform wird es bei der Testamentsgestaltung im Rahmen des Behindertentestaments zur Vermeidung der Unwirksamkeit der angeordneten Beschränkungen und Beschwerungen nicht mehr zwingend erforderlich sein, dem Pflichtteilsberechtigten mehr als die Hälfte seines gesetzlichen Erbteils zuzuwenden.
>
> Gleichwohl ist es empfehlenswert, dem Behinderten auch künftig eine Erbquote zuzuwenden, die (deutlich) **den Pflichtteilsanspruch übersteigt**.[355] Zum einen bleibt das Problem, dass ansonsten ein – unbeschränkter und unbeschwerter – Pflichtteilsrestanspruch gem. § 2305 BGB zur Entstehung gelangen würde. Zum anderen vergrößert die Verringerung des Erbteils das Risiko einer Ausschlagung (zwecks Pflichtteilsverlangen) durch den Behinderten bzw. seinen gesetzlichen Vertreter.

274 *dd) Begünstigung durch Auflage.* Nicht geeignet ist ferner eine Begünstigung des Behinderten im Wege der Auflage, da der Wert der Auflage nicht auf den Pflichtteil angerechnet werden kann (§ 2307 BGB gilt nur für das Vermächtnis).[356] Es entstünde ansonsten ebenfalls ein sofort überleitbarer Pflichtteilsanspruch.

275 *c) Erblösung. aa) Gestaltungselemente.* Das sog. Behindertentestament wird üblicherweise so ausgestaltet, dass der behinderte Abkömmling zu einer knapp oberhalb seines Pflichtteils liegenden Quote (vgl. zur Bemessung der Erbquote Rn. 287) zum **nicht befreiten Vorerben** eingesetzt wird. Zusätzlich werden zu Nacherben auf dessen Tod dessen Abkömmlinge (sofern vorhanden), ersatzweise (regelmäßig) gesunde Geschwister oder andere Verwandte bestimmt. Für den Erbteil des behinderten Abkömmlings wird ferner **Dauervollstreckung nach § 2209 BGB** angeordnet und der Testamentsvollstrecker nach § 2216 Abs. 2 BGB **bindend angewiesen**, dem Behinderten zur Verbesserung seiner Lebensqualität aus den Erträgnissen des Erbteils zu bestimmten Anlässen oder für bestimmte Zwecke solche Zuwendungen zu machen, die nach § 90 SGB XII geschützt sind.[357]

276 *bb) Sittenwidrigkeit des Behindertentestaments?* Die zunächst umstrittene Frage, inwieweit das Behindertentestament in der eben geschilderten Ausgestaltung eine nach § 138 BGB sittenwidrige und daher nichtige Gestaltung zu Lasten der Sozialhilfe darstellt, weil dadurch das sozialhilferechtliche Nachrangprinzip in sein Gegenteil verkehrt wird, hat der BGH in zwei Entscheidungen[358] (im Grundsatz) **verneint**. Er hat dies maßgeblich mit der **Testierfreiheit** der Eltern begründet, die unterhalb der Schwelle des Pflichtteilsrechts nur in besonderen Ausnahmefällen eine Beschränkung durch § 138 BGB erfahre. Auch hielt der BGH die höchstrichterliche Rspr. über die Sittenwidrigkeit von Unterhaltsverzichten zu Lasten des Sozialhilfeträgers[359] nicht für übertragbar auf das Behindertentestament, da der Be-

---
[355] Vgl. *Spall* ZErb 2007, 272, 274; *Keim* ZEV 2008, 161.
[356] Vgl. *Nieder* NJW 1994, 1264, 1265; *Bengel* ZEV 1994, 29, 30.
[357] Vgl. DNotI-Report 1996, 48 f.; *Bengel* ZEV 1994, 30 f.; *Nieder* NJW 1994, 1264 ff.
[358] BGHZ 111, 36 = NJW 1990, 2055 = DNotZ 1992, 241 m. Anm. *Reimann*; BGHZ 123, 368 = NJW 1994, 248 = DNotZ 1994, 380 = ZEV 1994, 35.
[359] BGHZ 86, 82, 86 = NJW 1983, 1851 = MittBayNot 1983, 129.

hinderte nicht – wie in jenen Fällen der verzichtende Ehegatte – eigene Unterhaltsquellen aufgabe. Die verwaltungs- und sozialgerichtliche Rspr. ist der Einschätzung des BGH gefolgt.[360]

In seiner ersten Entscheidung hat der BGH allerdings ausdrücklich offen gelassen, ob die Frage der Sittenwidrigkeit anders zu entscheiden sei, wenn bei **sehr großen Nachlässen** die Versorgung des Behinderten allein aus seinem Pflichtteil oder sogar nur aus dessen Früchten auf Lebenszeit sichergestellt sei.[361] Diesen Gesichtspunkt hat auch das OVG Saarland[362] in seiner wohl begründeten Entscheidung erörtert. **277**

Obwohl dieser Gesichtspunkt in der zweiten Entscheidung des BGH nicht mehr ausdrücklich hervorgehoben worden ist, besteht wohl bei größeren Nachlässen für das Behindertentestament die Gefahr einer Unwirksamkeit. Bei sehr großen Nachlässen (bzw. einem sehr großen Pflichtteil!) sollte daher ggf. vom klassischen Behindertentestament abgeraten oder zumindest die Aufnahme einer Ersatzregelung für den Fall der Unwirksamkeit der Gestaltung empfohlen werden. **278**

cc) Anordnung der Nacherbfolge. Durch die **Anordnung der Nacherbfolge** wird der dem behinderten Abkömmling zugeteilte Nachlass zu seinen Lebzeiten vor der Verwertung durch seine Eigengläubiger, zu denen auch der Sozialhilfeträger zählt, geschützt (vgl. § 2115 BGB, § 773 ZPO, § 83 Abs. 2 InsO). Außerdem wird durch Bildung eines Sondervermögens, das mit Eintritt des Nacherbfalls (regelmäßig der Tod des Vorerben) auf die vorgesehenen Nacherben übergeht, verhindert, dass der ererbte Nachlass vom Behinderten als Bestandteil seines Nachlasses weitervererbt wird und damit dem Kostenersatzanspruch des Sozialhilfeträgers nach § 102 SGB XII unterliegt.[363] **279**

Als Nacherben kommen sonstige Angehörige des Erblassers, wie die etwaigen **Abkömmlinge** des Behinderten oder dessen **Geschwister** infrage. Dabei ist zu berücksichtigen, dass bei (unmittelbarer) Nacherbeneinsetzung der übrigen Abkömmlinge des Erblassers nach der bis zum 1. 1. 2010 geltenden Rechtslage die Beschränkung der Nacherben durch die Vorerbschaft gem. § 2306 Abs. 2 BGB i. V. mit § 2306 Abs. 1 S. 1 BGB als nicht angeordnet gilt, wenn der zugedachte Erbteil nicht die Pflichtteilsquote übersteigt.[364] Werden die anderen Abkömmlinge jedoch (wie im Formulierungsmuster unten Rn. 292) nur ersatzweise (also z. B. nach dem überlebenden Ehegatten oder etwaigen eigenen Abkömmlingen des Behinderten) zu Nacherben berufen, stellt sich das Problem nach wohl h. A. nicht, da § 2306 Abs. 2 BGB auf den Ersatznacherben keine Anwendung findet.[365] **280**

Sind außer dem Behinderten keine sonstigen Familienangehörigen oder nahestehenden Personen vorhanden, ist es häufig der Wunsch des Erblassers, eine gemeinnützige Institution oder den **Heimträger**, in dessen Heim der Behinderte untergebracht ist, zum Nacherben einzusetzen. Letzteres ist jedoch im Hinblick auf § 14 HeimG (bzw. die entsprechenden Begünstigungsverbote in den Landesheimgesetzen) problematisch,[366] v. a. dann, wenn der Heimträger noch zu Lebzeiten des Erblassers von der Zuwendung Kenntnis erlangt, und sollte daher besser vermieden werden. **281**

dd) Anordnung der Dauervollstreckung. Das OVG des Saarlandes[367] hat im Fall eines Behindertentestaments einer Großmutter, in dem zwar keine Vor- und Nacherbfolge, wohl aber eine Verwaltungsvollstreckung mit üblicher Verwaltungsanweisung für die Erträge enthalten war, entschieden, dass es sich beim Nachlass mangels Verfügungsbefugnis der behin- **282**

---

[360] Vgl. OVG Bautzen NJW 1997, 2898 ff. = MittBayNot 1998, 127 ff. m. Anm. *Krauß*; VG Lüneburg NJW 2000, 1885 f. (zu ebenfalls nachrangigen Sozialleistungen nach LAG); OVG Saarland ZErb 2006, 275 ff. = MittBayNot 2007, 65; LSG Baden-Württemberg ZEV 2008, 147 m. Anm. *Tersteegen* ZEV 2008, 121.
[361] BGHZ 111, 36, 41 = FamRZ 1990, 730 = NJW 1990, 2055 = DNotZ 1992, 241 m. Anm. *Reimann*.
[362] ZErb 2006, 275, 281 = MittBayNot 2007, 65.
[363] Vgl. BGHZ 123, 368, 374 = NJW 1994, 248 = DNotZ 1994, 380 = ZEV 1994, 35; *Engelmann* Mitt-BayNot 1999, 509, 510.
[364] Vgl. *Mundanjohl/Tanck* ZErb 2006, 177, 178; *Spall* ZEV 2006, 344 ff.
[365] Vgl. *Schindler*, ZErb 2007, 381 ff.
[366] Vgl. dazu G. *Müller*, in: FS 10 Jahre DNotI, S. 153 ff.
[367] ZErb 2006, 275 = MittBayNot 2007, 65.

derten Erbin **nicht um verwertbares Vermögen** i. S. der sozialhilferechtlichen Vorschriften handelt. Auch das LSG Baden-Württemberg ging in seinem Beschluss vom 9. 10. 2007[368] davon aus, dass kein vom Leistungsbezieher vorrangig einzusetzendes verwertbares Vermögen i. S. von § 12 Abs. 1 SGB II vorliegt, wenn ein Vermächtnis einer Verwaltungsvollstreckung unterliegt. Damit ist die Wirksamkeit (und „Funktionsfähigkeit") des Behindertentestaments auch aus verwaltungs- und sozialgerichtlicher Perspektive anerkannt.

> **Praxistipp:**
> 283 Das zentrale Gestaltungselement des Behindertentestaments ist die Anordnung der **Dauervollstreckung**.[369] Denn hierdurch wird überhaupt der Zugriff auf die der Verwaltung des Testamentsvollstreckers unterliegenden Gegenstände ausgeschlossen (vgl. § 2214 BGB) und sozialhilferechtlich nicht verwertbares Vermögen (vgl. § 90 Abs. 1 SGB XII) geschaffen. Damit wird der Nachlass zu Lebzeiten des Behinderten vor einem Zugriff des Sozialhilfeträgers geschützt.

284   Wird nicht zusätzlich Nacherbfolge angeordnet, führt dies allerdings dazu, dass der Nachlass beim Tod des Erben gem. § 102 SGB XII vom Sozialhilfeträger zumindest hinsichtlich der in den letzten zehn Jahren vor Eintritt des Erbfalls aufgewandten Sozialhilfeleistungen zum Kostenersatz herangezogen werden kann.

285   *ee) Einschränkende Verwaltungsanordnungen.* Der durch die Kombination von Nacherbfolge und Dauervollstreckung erzielte Vollstreckungsschutz hinsichtlich der **Substanz** der Vorerbschaft wird hinsichtlich der **Reinerträge (Nutzungen)** der Vorerbschaft (die grundsätzlich in das Eigenvermögen des Vorerben fallen, vgl. § 2111 BGB) dadurch erreicht, dass der Testamentsvollstrecker vom Erblasser im Wege der **Verwaltungsanordnung nach § 2216 Abs. 2 BGB** ausdrücklich angewiesen wird, die jährlichen Reinerträge der Vorerbschaft an den Behinderten lediglich so auszukehren, dass der Sozialhilfeträger hierauf nach den Bestimmungen des Sozialhilferechts **nicht zugreifen** kann. Zum Teil werden diese Leistungen in den Formulierungsmustern zum Behindertentestament im Einzelnen aufgeführt.[370] Eine derartige – ausführliche und abschließende – Nennung hat allerdings den Nachteil, dass hierdurch nicht auf aktuelle Änderungen des Sozialhilferechts reagiert werden kann. Eine offene Formulierung wie im nachfolgenden Formulierungsmuster[371] vermeidet diesen Nachteil, setzt die Gestaltung u. U. aber eher dem Vorwurf einer sittenwidrigen Umgehung des sozialhilferechtlichen Nachranggrundsatzes aus.[372]

286   Noch nicht abschließend geklärt ist allerdings, inwieweit kraft Erblasseranordnung eine **Thesaurierung der Erträge** zulässig ist oder diese ggf. trotz abweichender Erblasseranordnung an den Erben zur Sicherung seines Unterhalts ausgekehrt werden müssen.[373] Schließlich wird eine zusätzliche Beschwerung des Vorerben mit einem Vermächtnis zugunsten des Nacherben über die beim Tod des Vorerben in dessen Nachlass fallenden nicht „verbrauchten" Erträgnisse als möglicherweise sittenwidrig angesehen.[374]

287   *ff) Gestaltung der Erbenstellung des Behinderten.* Bei der Wahl der Erblösung musste der Erblasser den Behinderten bislang zu einer Erbquote einsetzen, die über dessen Pflichtteilsquote (d. h. der Hälfte seines gesetzlichen Erbteils) liegt. Denn bei einer Erbeinsetzung unter oder gleich seiner Pflichtteilsquote wären die Beschränkungen des Erbteils durch Nacherbfolge und Testamentsvollstreckung gem. § 2306 Abs. 1 S. 1 BGB automatisch unwirksam gewesen und es wäre ein überleitungsfähiger Rest-Pflichtteilsanspruch entstanden.[375] Dabei wurde der zugewandte Erbteil in Prozenten oder als Bruchzahl ausgedrückt, wobei in letzte-

---

[368] ZEV 2008, 147 m. Anm. *Tersteegen* ZEV 2008, 121 ff.
[369] Vgl. dazu ausführlich *Tersteegen* ZEV 2008, 121 ff.
[370] Vgl. Reimann/Bengel/J. Mayer/*Bengel*, Testament und Erbvertrag, Formulare Rn. 79.
[371] Vgl. auch Münchener Vertragshandbuch/*Nieder*, Bd. 6, Bürgerliches Recht II, Formulierungsmuster XVI 19.
[372] Vgl. dazu Gutachten DNotI-Report 2004, 65 ff.; *Ivo* EE 2004, 42 ff.
[373] Vgl. Gutachten DNotI-Report 1996, 48, 49; *Engelmann* MittBayNot 1999, 509, 511 f. m. w. N.
[374] Reimann/Bengel/J. Mayer/*Bengel*, Testament und Erbvertrag, A Rn. 544.
[375] Vgl. zu den untauglichen Gestaltungen oben Rn. 268 ff.

rem Fall die Bemessung des knapp oberhalb des Pflichtteils liegenden Erbteils häufig dadurch erfolgte, dass der Nenner des Pflichtteilsbruchteils des Behinderten um 1 erniedrigt wurde (Beispiel: Pflichtteil $^1/_8$, dann Zuweisung eines Erbteils von $^1/_7$). Wie oben (Rn. 272) bereits ausgeführt wurde, wurde im Zusammenhang mit der **Erbrechtsreform** § 2306 Abs. 1 S. 1 BGB gestrichen und dem pflichtteilsberechtigten Erben in allen Fällen (unabhängig von der Größe des hinterlassenen Erbteils) die Wahlmöglichkeit des bisherigen Satzes 2 eingeräumt. Es ist damit nicht mehr zwingend erforderlich, dem Pflichtteilsberechtigten mehr als die Hälfte seines Erbteils zuzuwenden. Empfehlenswert ist dies allerdings nach wie vor, da ansonsten ein – unbeschränkter und unbeschwerter – Restpflichtteilsanspruch gem. § 2305 BGB zur Entstehung gelangen würde und die Höhe der zugewandten Erbquote auch Bedeutung hat für die Entscheidung des Behinderten bzw. seines Betreuers[376] über die Ausschlagung des zugewandten Erbteils gem. § 2306 Abs. 1 BGB n. F.

Außerdem können Schenkungen an die nicht behinderten Kinder zur Entstehung von **Pflichtteilsergänzungsansprüchen** nach den §§ 2325 ff. BGB für das behinderte Kind führen, die durch den Sozialhilfeträger übergeleitet werden können.[377] Hier hilft ggf. die zusätzliche Anordnung eines **Geldvermächtnisses** zugunsten des behinderten Kindes, das ebenfalls der Testamentsvollstreckung zu unterwerfen ist.[378] Solche bedingten Vermächtnisse behalten auch nach der Erbrechtsreform ihre Rechtfertigung.[379]

Schließlich sollte der Behinderte nur zum **nicht befreiten** Vorerben eingesetzt werden, um zu verhindern, dass die Nachlassfrüchte und evtl. sogar die Nachlasssubstanz als im Rahmen der Sozialhilfe einzusetzendes Einkommen/Vermögen angesehen werden.[380] Z.T. wird allerdings zumindest eine Befreiung von den Beschränkungen des § 2119 BGB (Anlegung von Geld) empfohlen, damit der Vorerbe bzw. sein Testamentsvollstrecker etwaige ihm zugewiesene Geldbeträge auch anderweitig anlegen kann.[381]

gg) Person des Testamentsvollstreckers. Als Testamentsvollstrecker sollte eine dem Behinderten besonders verbundene Person bestellt werden. Dies kann auch der Nacherbe (oder einer der vorgesehenen Nacherben) sein. Allerdings sollte es sich beim Testamentsvollstrecker **nicht** auch gleichzeitig um den **voraussichtlichen Betreuer** des Behinderten i. S. d. §§ 1896 ff. BGB handeln, da eine derartige Ämterhäufung wegen der damit einhergehenden Interessenkollision nach der Rechtsprechung in Bezug auf die Wahrnehmung der Rechte gegenüber dem Testamentsvollstrecker die Bestellung eines Ergänzungsbetreuers erforderlich machen kann.[382] Der BGH[383] hat zwar unlängst für die Kombination Testamentsvollstrecker/Eltern etwas anderes entschieden. Nachdem die Begründung des BGH aber sehr auf die Besonderheiten des Eltern-Kind-Verhältnisses abstellt, ist die Entscheidung wohl nicht o.w. auf andere gesetzliche Vertreter (wie Vormund, Betreuer, Pfleger) übertragbar.

hh) Erbrechtliche Bindung. Die Verfügungen können erbrechtlich bindend getroffen werden, sei es im Rahmen des gemeinschaftlichen Testaments als wechselbezügliche oder im Rahmen des Ehegattenerbvertrages als vertragsmäßige Verfügungen. Zulässig ist dies allerdings nur hinsichtlich Erbeinsetzungen, Vermächtnissen und Auflagen (vgl. §§ 2270 Abs. 3, 2278 Abs. 2 BGB), nicht also z. B. in Bezug auf die Anordnung der Testamentsvollstreckung. Wird von den Ehegatten die Begründung einer erbrechtlichen Bindung gewollt, kann es aber

---

[376] Nach h. M. kann aber nicht der Sozialhilfeträger die Entscheidung über die Ausschlagung des zugewandten Erbteils treffen; vgl. OLG Stuttgart NJW 2001, 3484, 3486; OLG Frankfurt am Main ZErb 2004, 201; *Joussen* ZErb 2003, 134, 138 ff.; *Nieder* NJW 1994, 1264, 1266; *Karpen* MittRhNotK 1988, 131, 149; tendenziell wohl auch BGH DNotZ 2005, 296; a. A. *van de Loo* NJW 1990, 2852, 2864.
[377] Vgl. dazu ausführlich *Weidlich* ZEV 2001, 94, 95.
[378] Formulierungsbeispiel s. unten Rn. 292; vgl. auch *Langenfeld*, Testamentsgestaltung, Rn. 426, Formulierungsmuster 144; *Kornexl*, Nachlassplanung bei Problemkindern, Rn. 389.
[379] *Spall* ZErb 2007, 272, 274.
[380] Vgl. *Otte* JZ 1990, 1027; Gutachten DNotI-Report 1996, 48; *Reimann/Bengel/J. Mayer/Bengel* A Rn. 534.
[381] *Reimann/Bengel/J. Mayer/Bengel*, Formulare Rn. 79 Fn. 54.
[382] Vgl. OLG Nürnberg ZEV 2002, 158 m. Anm. *Schlüter* = MittBayNot 2002, 403 m. Anm. *Kirchner*, 368; OLG Hamm OLGZ 1993, 392 = MittBayNot 1994, 53; Gutachten DNotI-Report 2003, 145, 146 m. w. N.; a. A. *Damrau* ZEV 1994, 1 ff.
[383] FamRZ 2008, 1156 m. abl. Anm. *Zimmermann* = DNotZ 2008, 782.

zweckmäßig sein, diese für den überlebenden Ehegatten durch **Aufnahme eines Änderungsvorbehalts** (z. B. innerhalb der gemeinsamen Abkömmlinge) abzumildern.[384]

Muster: Notariell beurkundetes Behindertentestament mit Erblösung

292 (Urkundseingang)

Vorbemerkung:

Die Erschienenen sind deutsche Staatsangehörige. Sie sind voll geschäfts- und testierfähig. Sie sind seit ...... miteinander verheiratet. Aus der Ehe sind der Sohn ......, sowie die beiden Töchter ...... und ...... hervorgegangen. Der Sohn ...... ist körperlich und geistig behindert.

Die Erschienenen erklären:

Wir wollen vor dem Notar ein gemeinschaftliches Testament errichten und sind hieran nicht durch eine frühere bindende Verfügung von Todes wegen gehindert. Rein vorsorglich heben wir alle bisher errichteten Verfügungen von Todes wegen auf.

§ 1 Erster Erbfall

1. Der Erstversterbende von uns, den Ehegatten ...... und ......, setzt den Überlebenden zu $^{10}/_{11}$ und unseren behinderten gemeinsamen Sohn ...... zu $^{1}/_{11}$ zu seinen Erben ein.
2. Der als Miterbe eingesetzte behinderte Sohn ...... wird jedoch nur nicht befreiter Vorerbe. Nacherbe auf den Tod des Vorerben wird der Überlebende von uns beiden. Ersatznacherben sind die Abkömmlinge des Vorerben unter sich entsprechend den Regeln der gesetzlichen Erbfolge. Weitere Ersatznacherben sind die unter § 2 eingesetzten Schlusserben des Längstlebenden von uns.
3. Die Nacherbenanwartschaft ist weder vererblich noch übertragbar, ausgenommen auf den Vorerben. Im Falle der Übertragung der Nacherbenanwartschaft entfällt jede ausdrückliche oder stillschweigende Ersatznacherbeneinsetzung.

§ 2 Zweiter Erbfall

1. Der Längstlebende von uns setzt auf seinen Tod unsere Kinder ...... und ...... zu je $^{2}/_{5}$ und unseren behinderten Sohn ...... zu $^{1}/_{5}$ zu seinen Schlusserben ein. Diese Erbeinsetzung gilt auch für den Fall unseres gleichzeitigen Versterbens. Ersatzschlusserben sind jeweils die Abkömmlinge der Schlusserben unter sich entsprechend den Regeln der gesetzlichen Erbfolge. Sind keine vorhanden, tritt bei den übrigen Schlusserben Anwachsung nach § 2094 BGB ein.
2. Der als Schlussmiterbe eingesetzte behinderte Sohn ...... wird nur nicht befreiter Vorerbe. Nacherben auf seinen Tod werden seine Abkömmlinge, ersatzweise die anderen Schlusserben nach Maßgabe der gesetzlichen Erbfolge.
3. Die Nacherbenanwartschaft ist weder vererblich noch übertragbar, ausgenommen auf den Vorerben. Im Falle der Übertragung der Nacherbenanwartschaft entfällt jede ausdrückliche oder stillschweigende Ersatznacherbeneinsetzung.

§ 3 Testamentsvollstreckung für beide Erbfälle

1. Mit Rücksicht auf die Behinderung unseres Sohnes ...... und die dadurch bewirkte Unfähigkeit zur Verwaltung seines Erbes ordnen wir sowohl für den Erbfall nach dem Erstversterbenden von uns als auch für den Schlusserbfall hinsichtlich seines Erbteils Dauertestamentsvollstreckung bis zu seinem Ableben an.
2. Zum Testamentsvollstrecker ernennen wir beim Tod des Erstversterbenden den Überlebenden von uns, beim Tod des Längstlebenden unser Kind ......, ersatzweise ...... Die Testamentsvollstrecker haben jeweils das Recht, für sich einen Ersatztestamentsvollstrecker zu ernennen. Sollte keiner der Testamentsvollstrecker das Amt annehmen oder sollten sie alle vor oder nach dem Erbfall wegfallen, ohne einen Ersatztestamentsvollstrecker bestimmt zu haben, ersuchen wir das Nachlassgericht, eine geeignete Person als Testamentsvollstrecker zu ernennen.
3. Der Testamentsvollstrecker ist in der Eingehung von Verbindlichkeiten für den Nachlass nicht beschränkt und vom Verbot des § 181 BGB befreit. Nach einer Erbauseinandersetzung setzt sich die Testamentsvollstreckung an den dem Vorerben zugeteilten Vermögensgegenständen fort.

---

[384] So z. B. bei Reimann/Bengel/J. Mayer/*Bengel* Testament und Erbvertrag, Formulare Rn. 79.

4. Im Wege der Verwaltungsanordnung nach § 2216 Abs. 2 BGB wird der jeweilige Testamentsvollstrecker verbindlich angewiesen, unserem Sohn ...... aus den ihm gebührenden anteiligen jährlichen Reinerträgen des Nachlasses bzw. der ihm bei einer Erbauseinandersetzung zugeteilten Vermögensgegenstände nach billigem Ermessen solche Geld- oder Sachleistungen nach Art und Höhe zukommen zu lassen, die zur Verbesserung seiner Lebensqualität beitragen, auf die der Sozialhilfeträger aber nach den sozialhilferechtlichen Vorschriften nicht zugreifen kann und die auch nicht auf die dem Behinderten gewährten Sozialhilfeleistungen anrechenbar sind. Dies sind nach derzeitiger Rechtslage insbesondere:
- Geschenke zum Geburtstag des ...... und zu den üblichen Festtagen,
- Aufwendungen zur Befriedigung seiner individuellen Bedürfnisse geistiger und künstlerischer Art sowie in Bezug auf Freizeitgestaltung und Hobbies,
- Aufwendungen für ärztliche Behandlungen, Heilbehandlungen, Medikamente oder Hilfsmittel, die von der Krankenkasse oder Pflegekasse nicht (vollständig) übernommen werden,
- Aufwendungen für eine Teilnahme an Ferien- und Kuraufenthalten.
5. Soweit die jährlichen Reinerträge nicht in voller Höhe in der obigen Weise verwendet werden, sind sie entsprechend der obigen Zielsetzungen für größere Anschaffungen oder Unternehmungen zugunsten des ...... anzulegen.
6. Einem durch das Nachlassgericht ausgewählten Testamentsvollstrecker, der nicht zum Kreis der vorbezeichneten Erben oder Ersatzerben gehört, ist eine Vergütung in Höhe von ...... zu gewähren. Andere Personen haben nur Anspruch auf Aufwendungsersatz gem. § 2218 BGB. Die Kosten des Testamentsvollstreckers gehen zulasten des Erbteils meines behinderten Sohnes ......

§ 4 Vorausvermächtnis

1. Jeder Ehegatte beschwert auf seinen Tod die jeweiligen Miterben unseres behinderten Sohnes ...... mit folgendem bedingten Vorausvermächtnis: Soweit unserem behinderten Sohn ...... beim jeweiligen Erbfall wegen lebzeitiger Zuwendungen des Erblassers an andere Personen Pflichtteilsergänzungsansprüche gegen den Nachlass oder den Beschenkten zustehen, haben die Miterben dem Sohn ...... einen baren Geldbetrag zu zahlen. Die Höhe dieses Geldvermächtnisses bestimmt sich nach der Höhe des Pflichtteilsergänzungsanspruchs.
2. Unser behinderter Sohn ...... ist für dieses Geldvermächtnis jedoch nur Vorvermächtnisnehmer. Nachvermächtnisnehmer sind seine etwa vorhandenen Abkömmlinge, ersatzweise die oben durch einen jeden von uns als Nacherben benannten Personen gemäß den dort bestimmten Anteilen. Die Anwartschaft des Nachvermächtnisnehmers ist weder vererblich noch übertragbar.
3. Das Nachvermächtnis fällt mit dem Tod des behinderten Kindes an. Die bis dahin zu ziehenden Nutzungen stehen dem Vorvermächtnisnehmer zu. Sie dürfen jedoch nur in derselben Weise verwendet werden wie die Erträge seines Miterbenanteils.
4. Zur Sicherung der vorstehend angeordneten Verwendung der Nutzungen ordnet jeder von uns Vermächtnisvollstreckung an, für welche die vorstehend getroffenen Bestimmungen über die Testamentsvollstreckung am Miterbenanteil des behinderten Kindes, auch hinsichtlich der Person des Vermächtnisvollstreckers, gelten.
5. Das vorstehend angeordnete Vorausvermächtnis ist einschließlich Nachvermächtnis dadurch auflösend bedingt, dass der behinderte Sohn seinen ihm zugewandten Miterbenanteil ausschlägt oder ihm zustehende Pflichtteilsergänzungsansprüche geltend macht.

§ 5 Bindung

Die vorstehenden Verfügungen sind – soweit gesetzlich zulässig – wechselbezüglich und damit erbrechtlich bindend. Dies gilt v. a. für die vorstehend verfügten Erbeinsetzungen und Vermächtnisse. Der Überlebende von uns behält sich jedoch ausdrücklich das Recht vor, die auf seinen Tod getroffene Erbregelung innerhalb unserer gemeinsamen Abkömmlinge einseitig beliebig abzuändern.

§ 6 Schlussbestimmungen

Der Urkundsnotar hat den Inhalt der vorstehenden erbrechtlichen Regelungen eingehend mit den Beteiligten erörtert und in diesem Zusammenhang insbesondere darauf hingewiesen, dass die bezüglich des behinderten Kindes getroffenen Regelungen möglicherweise unwirksam sind. Für diesen Fall wünschen die Erblasser, dass das behinderte Kind in beiden Erbfällen jeweils nur seinen Pflichtteil erhalten soll.
......

293 **d) Vermächtnislösung.** *aa) Gestaltungselemente.* Bei der Vermächtnislösung wird dem Behinderten im Wege des Vermächtnisses ein Bruchteil des Nachlasswerts (sog. **Quotenvermächtnis**) zugewandt, der zumindest dem Pflichtteil des Behinderten entspricht.[385] Alternativ kommt auch die vermächtnisweise Zuwendung eines Wohnungsrechts oder einer Leibrente in Frage.[386] Der Wert des Vermächtnisses kann gem. § 2307 Abs. 1 S. 2 BGB auf den Pflichtteil angerechnet werden. Hinsichtlich der Verwaltung des Vermächtnisses wird **Dauervollstreckung** angeordnet und der einzusetzende Testamentsvollstrecker (§ 2223 BGB) im Wege der Verwaltungsanordnung angewiesen, mit den Mitteln des Vermächtnisses dem Behinderten Leistungen zu erbringen, die sich auf Schonvermögen i. S. v. § 90 Abs. 2 SGB XII beziehen (oder auch sonst auf Sozialhilfeleistungen nicht anrechenbar sind). Außerdem wird der beim Tod des Behinderten verbliebene Rest des Vermächtnisses gem. § 2191 BGB einem oder mehreren **Nachvermächtnisnehmer(n)** zugewandt, um zu vermeiden, dass der Sozialhilfeträger beim Tod des Behinderten gem. § 102 SGB XII aus dem Nachlass des Behinderten, zu dem der „Rest" des Vermächtnisses gehört, Kostenersatz verlangen kann. Schließlich wird zum Vollzug des Vermächtnisses Dauervollstreckung angeordnet.[387]

294 *bb) Vor- und Nachteile der Vermächtnislösung.* Gegenüber der „klassischen" Erblösung hat die Vermächtnislösung den **Vorteil**, dass sie die **gesamthänderische Bindung** des Nachlasses wie im Falle der Vor- und Nacherbschaft bzw. eine Erbauseinandersetzung unter Beteiligung des Behinderten bzw. dessen Testamentsvollstrecker **vermeidet**.[388] Dies ist v. a. auf den Tod des Erstversterbenden von Vorteil, da das Entstehen einer Erbengemeinschaft zwischen dem überlebenden Ehegatten und dem behinderten Kind selten den Vorstellungen der Erblasser entsprechen wird.

295 Der **Hauptnachteil** der Vermächtnislösung ist darin zu sehen, dass hierzu bislang keine höchstrichterliche Rspr. vorliegt. Zwar ist anerkannt, dass das Vermächtnis durch die Anordnung der Dauervollstreckung weder einzusetzendes Einkommen i. S. d. §§ 82 ff. SGB XII noch verwertbares Vermögen i. S. d. § 90 Abs. 1 SGB XII des Behinderten darstellt. Umstritten ist allerdings, inwieweit der Erbe des behinderten Vorvermächtnisnehmers (der regelmäßig mit dem Nachvermächtnisnehmer identisch sein wird) dem Sozialhilfeträger gegenüber **aus § 102 SGB XII auf Kostenersatz haftet**. Ein Teil der Lit. bejaht dies im Hinblick darauf, dass das Nachvermächtnis nur schuldrechtlich wirkt, der Vermächtnisgegenstand also bei Ableben des Vorvermächtnisnehmers in dessen Nachlass fällt.[389] Berücksichtigt man, dass der Kostenersatzanspruch des Sozialhilfeträgers nach § 102 Abs. 2 SGB XII auf den Wert des Nachlasses beschränkt ist und die bisher vorliegende Rspr. diese Norm wie im Rahmen des § 2311 BGB ausgelegt hat, so dass der Erbe des Vorvermächtnisnehmers nur mit dem angefallenen Aktivvermögen **abzüglich berücksichtigungsfähiger Nachlassverbindlichkeiten** einzustehen hat, ist ein Kostenersatz nicht zu befürchten.[390] Denn zu den berücksichtigungsfähigen Nachlassverbindlichkeiten gehört – wie bei § 2311 BGB – auch die Verpflichtung aus einem Nachvermächtnis, die bereits in der Person des Vorvermächtnisnehmers entstanden ist und damit eine **Erblasserschuld** und nicht eine Erbfallschuld darstellt.

296 Außerdem wurde bezweifelt, dass die zur Sicherung des Vor- und Nachvermächtnisses anzuordnende **Verwaltungsvollstreckung** auch zur Erfüllung des Nachvermächtnisses berechtige, da das Verfügungsrecht des Testamentsvollstreckers zwingend beim Nachver-

---

[385] Vgl. umfassendes Formulierungsmuster in Beck'sches Formularbuch Erbrecht/*Tersteegen* F I 3.
[386] Vgl. dazu ausführlich *Spall* MittBayNot 2001, 249, 253 ff.
[387] Vgl. *Spall*, in: FS 200 Jahre Notarkammer Pfalz, S. 121, 134 m. w. N.
[388] Das Problem kann jedoch auch im Rahmen der Erblösung dadurch gemildert werden, dass eine Auseinandersetzung des Nachlasses unter Beteiligung des Testamentsvollstreckers zugelassen wird und hierfür klare Teilungsanordnungen durch den Erblasser getroffen werden (z. B. dahin gehend, dass dem Behinderten nur Geld- oder Wertpapiervermögen, nicht aber der Grundbesitz zugeteilt wird). Allerdings ist dies abhängig von Art und Zusammensetzung des Nachlasses; vgl. *Spall* MittBayNot 2001, 249, 251.
[389] *Damrau* ZEV 1998, 1 ff.; *Damrau/J. Mayer* ZEV 2001, 293 ff.
[390] Vgl. dazu bereits ausführlich Gutachten DNotI-Report 1999, 149 ff. m. w. N. sowie VGH Bayern, FEVS 55, 166 ff. = FamRZ 2004, 489; so im Ergebnis auch *Baltzer* ZEV 2008, 116 ff.; *Hartmann* ZEV 2001, 89, 92 ff.; *ders.* ZEV 2007, 458 ff.; *Weidlich* ZEV 2001, 94, 96 f.; *Spall* MittBayNot 2001, 249; *ders.*, in: FS 200 Jahre Notarkammer Pfalz, S. 121, 134; *Joussen* NJW 2003, 1851, 1852 f.; *Muscheler* AcP 208 (2008), S. 69 ff.; *Scherer/Bengel* § 41 Rn. 28; Beck'sches Formularbuch Erbrecht/*Tersteegen* F. I. 3 Anm. 2.

mächtnisfall ende.[391] Dem lässt sich aber mit Recht entgegengehalten, dass der Erblasser die Verwaltungsvollstreckung über den Gegenstand des Vorvermächtnisses zulässigerweise über den Nachvermächtnisfall hinaus bis zur Erfüllung des Nachvermächtnisses i.S. einer Abwicklungsvollstreckung verlängern kann (vgl. auch § 2223 BGB, der allgemein die Ausführung der einem Vermächtnisnehmer auferlegten Beschwerungen nennt, wozu auch Nachvermächtnisse gehören).[392] Um Auslegungsschwierigkeiten zu vermeiden, dürfte es sich aber in jedem Fall empfehlen, dem Testamentsvollstrecker ausdrücklich die Erfüllung des Nachvermächtnisses als Aufgabe zu übertragen.[393]

> **Formulierungsvorschlag: (Dauervollstreckung mit Abwicklungsvollstreckung hinsichtlich des Nachvermächtnisses bei Vermächtnislösung)**
> Mit Rücksicht auf die Behinderung meines Sohnes ...... und die dadurch bewirkte Unfähigkeit, die ihm zugewandten Vermögenswerte selbst zu verwalten, ordne ich bezüglich der ihm zugewandten Vermächtnisgegenstände Dauertestamentsvollstreckung an. Die Testamentsvollstreckung endet nach dem Ableben des Vorvermächtnisnehmers erst mit Erfüllung der angeordneten Nachvermächtnisse, die ausdrücklich zu den Aufgaben des Vermächtnisvollstreckers gehört. (Es folgen die üblichen weiteren Anordnungen, insbesondere eine ausführliche Verwaltungsanordnung nach § 2216 Abs. 2 BGB).

297

cc) Umgekehrte Vermächtnislösung. Um die gerichtlich noch nicht geklärte Problematik der Kostenersatzhaftung gegenüber dem Sozialhilfeträger zu umgehen, schlägt *Grziwotz* als Gestaltungsalternative die Anordnung einer **„gegenständlich beschränkten"** Vor- und Nacherbschaft mit Dauer-Testamentsvollstreckung und **Vermächtnissen zugunsten der nicht behinderten Abkömmlinge** vor (sog. „umgekehrte Vermächtnislösung"). Dabei wird die Nacherbfolge letztlich gegenständlich beschränkt auf die dem Behinderten zugedachten Sparguthaben, indem die nicht behinderten Abkömmlinge (und Nacherben) vermächtnisweise sämtliche beim Todesfall vorhandenen Gegenstände mit Ausnahme eines näher bezeichneten Sparguthabens erhalten. Die Gestaltung, die im Hinblick auf den Zugriff des Sozialhilfeträgers unproblematisch ist, hat den Nachteil, dass das Gesamtvermögen dem behinderten Abkömmling zufällt und von dort bzgl. der angeordneten Vermächtnisse – ggf. unter Anfall erheblicher Erfüllungskosten – erst wieder an die nicht behinderten Abkömmlinge weiterübertragen werden muss.[394] Außerdem besteht wegen der fixen Bemessung der dem Behinderten letztlich zugedachten Vermögenswerte die Gefahr, dass Änderungen in Wert und Zusammensetzung des Nachlasses bis zum Eintritt des Erbfalls dessen Erbenposition so stark entwerten, dass eine Ausschlagung nach § 2306 Abs. 1 BGB n.F. im Interesse des Behinderten erforderlich ist. Vorzuziehen sind daher Quotenvermächtnisse zugunsten der anderen Bedachten.[395]

298

8. Geschiedenentestament

Schrifttum: Beck'sches Formularbuch Erbrecht/*Kössinger*, 2. Aufl. 2009, E. I. 3; *Busse*, Verfügungen von Todes wegen Geschiedener, MittRhNotK 1998, 225; *Damrau*, Minderjährige Kinder aus geschiedenen Ehen als Erben, ZEV 1998, 90; *Dieterle*, Das Geschiedenen-Testament, BWNotZ 1970, 170 (Teil 1) und BWNotZ 1971, 14 (Teil 2); *Frohnmayer*, Geschiedenentestament, 2004; *Kornexl*, Nachlassplanung bei Problemkindern, 2006, Rn. 482 ff.; *Limmer*, Das Geschiedenentestament, ZFE 2002, 19; *Nieder*, Das Geschiedenentestament und seine Ausgestaltung, ZEV 1994, 156; *Reimann*, Erbrechtliche Überlegungen aus Anlass der Ehescheidung, ZEV 1995, 329; *Schnabel*, Das Geschiedenentestament, 2001; *Wagner*, Das Geschiedenentestament – eine sinnvolle erbrechtliche Gestaltungsform, ZEV 1997, 369; Würzburger Notarhandbuch/*Limmer*, 2. Aufl. 2009, Teil 4 Kap. 1 Rn. 374 ff.

a) **Problemstellung.** Bei der Testamentsgestaltung eines geschiedenen Ehegatten mit ehegemeinschaftlichen Kindern ist es dem Erblasser häufig ein Anliegen sicherzustellen, dass

299

---
[391] *Damrau/J. Mayer* ZEV 2001, 293, 294.
[392] *Hartmann* ZEV 2007, 458, 460; vgl. auch *Spall* ZEV 2002, 5, 7.
[393] *Hartmann* ZEV 2007, 458, 463; so auch *Odersky* notar 2008, 123, 126.
[394] Krit. hierzu auch *Spall* in: FS 200 Jahre Notarkammer Pfalz, S. 121, 136 f.; *Litzenburger* RNotZ 2004, 138, 143.
[395] Vgl. Beck'sches Formularbuch Erbrecht/*Tersteegen* F. I. 4.

der geschiedene – zwischenzeitlich oftmals verhasste – frühere Ehegatte nicht vom Nachlass des Erblassers profitieren oder über das Sorgerecht für die Kinder auf dessen Verwaltung Einfluss nehmen kann. Der geschiedene Ehegatte ist zwar nach dem Erblasser nicht mehr kraft Gesetzes erb- oder pflichtteilsberechtigt, so dass der Erblasser – wenn er nicht aufgrund gemeinschaftlichen Testaments oder Erbvertrages erbrechtlich gebunden ist – ohne Weiteres die Kinder zu seinen Erben einsetzen kann, ohne dabei auf Pflichtteilsansprüche des (geschiedenen) Ehegatten Rücksicht nehmen zu müssen. Es besteht aber das Risiko, dass im Falle eines Nachversterbens der gemeinsamen Kinder der geschiedene Ehegatte als gesetzlicher Erbe des Kindes am Nachlass partizipiert bzw. im Falle seiner Enterbung durch das Kind Pflichtteilsansprüche geltend machen kann, die sich wertmäßig auch aus dem erbrechtlichen Zuerwerb der Kinder errechnen. Sind die Kinder bei Eintritt des Erbfalls noch minderjährig, steht außerdem zu befürchten, dass der geschiedene Ehegatte als Sorgerechtsinhaber (vgl. § 1680 BGB) Einfluss auf den Nachlass nehmen kann. Gestaltungen, die die vorstehend geschilderten Gefahren verhindern sollen, werden in der kautelarjuristischen Literatur unter dem Stichwort „Geschiedenentestament" erörtert. In der Praxis geht es hierbei fast ausschließlich um die Testamentserrichtung **geschiedener Ehefrauen**, die für die ehegemeinschaftlichen Kinder sorgeberechtigt sind.

300 b) **Gestaltungslösungen.** Will man vermeiden, dass Vermögenswerte des einen Ehegatten beim Tod des zum Erben eingesetzten Kindes an den geschiedenen Ehegatten fallen können, muss der Eigennachlass des Kindes vom hinzuerworbenen Nachlass rechtlich getrennt gehalten werden. Es bedarf daher der Wahl einer sog. **Trennungslösung** (vgl. oben Rn. 217 ff.). Insoweit kommt die Einsetzung der Kinder zu **Erben** beschränkt durch die Anordnung der Nacherbfolge (sog. erbrechtliche Lösung) oder beschwert mit einem aufschiebend bedingten oder befristeten Herausgabevermächtnis oder die Einsetzung der Kinder zu **Vorvermächtnisnehmern** unter Anordnung von Nachvermächtnissen in Betracht (die letzten beiden Varianten lassen sich als „Vermächtnislösungen" bezeichnen).

301 c) **Vor- und Nacherbfolge. aa)** *Schaffung eines Sondervermögens.* Die Anordnung der Vor- und Nacherbfolge hat den Effekt, dass das vom Erblasser auf die gemeinschaftlichen Kinder von Todes wegen übergegangene Vermögen nicht in den (Eigen-)Nachlass der Kinder fällt, so dass es von dort weder im Erbrechtswege auf den geschiedenen Ehegatten übergehen kann noch von diesem – im Falle seiner Enterbung – zur Berechnung seines ordentlichen Pflichtteilsanspruchs im Rahmen des § 2311 BGB herangezogen werden kann. Denn das der Nacherbfolge unterliegende Vermögen ist rechtlich betrachtet ein **Sondervermögen**, das mit Eintritt des Nacherbfalls (das ist regelmäßig der Tod des Vorerben; vgl. auch § 2106 Abs. 1 BGB) nicht auf die Erben des Vorerben gem. § 1922 BGB übergeht, sondern den vom Erblasser bestimmten Nacherben anfällt (vgl. § 2139 BGB). Durch die Schaffung des – nacherbengebundenen – Sondervermögens kann der Erblasser damit seinen Nachlass auch für die Zeit nach dem Tod der Erben an dem (verhassten) geschiedenen Ehegatten „vorbeisteuern".

302 Dabei wird es regelmäßig dem Wunsch des Erblassers entsprechen, die Erben nicht übermäßig in ihrer lebzeitigen Verfügungsfreiheit zu beschränken, so dass der Erblasser in der Regel eine **befreite Vorerbschaft** (vgl. § 2136 BGB) anordnen wird. Dies mag u. U. auch die Erben eher davon abhalten, die beschränkte Erbschaft gem. § 2306 Abs. 1 S. 2 BGB (entspricht § 2306 Abs. 1 BGB n. F.) auszuschlagen und den Pflichtteil zu verlangen.

303 *bb) Bestimmung der Nacherben und Begrenzung der Nacherbfolge.* Als Nacherben kann der Erblasser die **zukünftigen Abkömmlinge** seiner Kinder oder deren **gesetzliche Erben** einsetzen, wobei allerdings – entsprechend der Zielsetzung des Geschiedenentestaments – der andere Elternteil, dessen Abkömmlinge, die nicht aus der Ehe mit dem Erblasser stammen und ggf. dessen Verwandte aufsteigender Linie als Nacherben auszuschließen sind. Wichtig ist in diesem Zusammenhang auch, die Vererblichkeit der Nacherbenanwartschaftsrechte (vgl. § 2108 Abs. 2 BGB) auszuschließen, da sonst das Nacherbenanwartschaftsrecht im Wege der Erbfolge auf den anderen (geschiedenen) Ehegatten übergehen könnte.[396]

---

[396] Vgl. Beck'sches Formularbuch Erbrecht/*Kössinger* E. I. 3 Anm. 4.

Abzuwägen bleibt, ob nach den Nacherben noch eine **weitere Nacherbfolge** angeordnet 304
werden soll (für den Fall, dass auch ein etwaiger Nacherbe noch zu Lebzeiten des geschiedenen Ehegatten verstirbt). Das Risiko hierfür wird in der Regel relativ gering sein, so dass die einmalige Anordnung der Nacherbfolge aus meiner Sicht im Regelfall genügt.

Das Hauptproblem des Geschiedenentestaments besteht darin, dass einerseits die Weiter- 305
vererbung des Nachlasses an den geschiedenen Ehegatten (und deren einseitige Abkömmlinge bzw. Verwandte aufsteigender Linie) verhindert werden soll, andererseits aber dem bedachten Kind **weitest möglicher Gestaltungsspielraum hinsichtlich des ererbten Nachlasses** eingeräumt werden soll. Eine unmittelbare Änderungsmöglichkeit der Nacherbfolge durch den bzw. die Vorerben scheidet aus, da dies gegen § 2065 Abs. 2 BGB verstoßen würde. Auch eine Anordnung der Nacherbfolge lediglich unter der auflösenden Bedingung, dass der Vorerbe anderweitig über den Nachlass verfügt, würde hinsichtlich der erforderlichen Trennung der Vermögensmassen nicht weiterhelfen, da sich der Vorerbe durch Errichtung des (abweichenden) Testaments nach h. A. zum Vollerben „aufschwingen" würde[397] und somit das o. a. Gestaltungsziel nicht erreicht würde.

Um die Beschränkungen durch die angeordnete Nacherbfolge möglichst gering zu halten, 306
kann man aber beispielsweise die angeordnete **Nacherbfolge** ab einem bestimmten Zeitpunkt, z. B. dem Vorhandensein eigener Abkömmlinge der Vorerben oder dem Erreichen eines bestimmten Lebensalters der Vorerben, **entfallen lassen**, indem man die Nacherbfolge unter einer entsprechenden auflösenden Bedingung oder einem Endtermin anordnet.[398] Damit eröffnet man dem bedachten Abkömmling zwar die Möglichkeit, als Vollerbe auch den geschiedenen Ehegatten bedenken zu können. Dieses Risiko sollte man aber ab einem bestimmten Zeitpunkt eingehen, um dem Abkömmling Testiermöglichkeiten über den Nachlass (beispielsweise auch zugunsten eines Ehegatten oder eigener Abkömmlinge) zu verschaffen. Außerdem verhindert auch eine angeordnete Nacherbschaft letztlich nicht lückenlos, dass der Abkömmling – wenn er dies tatsächlich will – den geschiedenen Ehegatten wirtschaftlich vom Nachlass profitieren lässt.

Im Übrigen wird hinsichtlich der Gestaltung von Geschiedenentestamenten diskutiert, ob 307
dem Vorerben bei Beibehaltung der Nacherbfolge ein **Bestimmungsrecht hinsichtlich der Nacherben** dadurch zulässigerweise indirekt eingeräumt werden kann, dass der Erblasser diejenigen zu **Nacherben** einsetzt, die der Vorerbe **zu seinen gewillkürten Erben** bestimmt. Diese Gestaltung wurde von einem Notar namens *Dieterle* in seinem grundlegenden Aufsatz zum Geschiedenentestament empfohlen[399] und wird daher „*Dieterle-Klausel*" genannt.

> **Formulierungsvorschlag: (*Dieterle*-Klausel)**
> Nacherbe eines jeden Vorerben sind dessen gewillkürte Erben und zwar in dem Verhältnis, in dem 308
> sie vom Vorerben zur Erbfolge berufen werden. Mein geschiedener Ehemann, dessen einseitige Abkömmlinge und Verwandte aufsteigender Linie sind jedoch als Nacherben ausgeschlossen. Wenn und soweit diese zum Zuge kommen würden oder der Vorerbe von seiner Testierfreiheit keinen Gebrauch gemacht hat, gelten die nachfolgenden Nacherbfolgebestimmungen: ......

Die h. M.[400] hält diese Regelung trotz § 2065 Abs. 2 BGB für **zulässig**, da die Person des 309
Bedachten nicht notwendigerweise namentlich bezeichnet sein muss, sondern es genüge, dass sie umschrieben und daraus erkennbar ist. Außerdem hat der Erblasser dabei die Entscheidung darüber, wer Erbe werden soll (nämlich diejenigen, die auch Erben des Vorerben werden) selbst getroffen, so dass der bedachte Vorerbe mit der Festlegung seiner Erbfolge

---

[397] Vgl. AnwK-BGB/*Beck* § 2065 Rn. 22 m. w. N.
[398] Vgl. Beck'sches Formularbuch Erbrecht/*Kössinger* E. I. 3 § 2 und Anm. 3; Würzburger Notarhandbuch/*Limmer* Teil 4 Kap. 1 Rn. 377.
[399] BWNotZ 1971, 14, 17.
[400] Palandt/*Edenhofer* § 2065 Rn. 7; Staudinger/*Otte* § 2065 Rn. 16; MünchKomm-*Leipold* § 2065 Rn. 19; AnwK-BGB/*Beck* § 2065 Rn. 19; *Schnabel*, Das Geschiedenentestament, S. 128; Nieder/Kössinger/*Nieder* § 10 Rn. 75 m. w. N.; a. A. Reimann/Bengel/Mayer/*Voit* vor § 2229 Rn. 24; Soergel/*Loritz* § 2065 Rn. 14.

unmittelbar nur über seinen Nachlass und damit nur mittelbar über den des Erblassers Bestimmungen trifft.

310 Höchstrichterliche Rspr. liegt zur Zulässigkeit der Klausel nach wie vor nicht vor. Das OLG Frankfurt hat allerdings mit Beschluss vom 10. 12. 1999[401] eine testamentarische Bestimmung i. S. der *Dieterle-Klausel* ohne weitere Begründung und ohne Auseinandersetzung mit der vorstehend zitierten Literatur wegen Verstoßes gegen § 2065 Abs. 2 BGB für unwirksam gehalten.

> **Praxistipp:**
>
> 311 Die Entscheidung des OLG Frankfurt, in der die *Dieterle-Klausel* mit der zweifelsfrei unzulässigen Einräumung des (direkten) Rechts an den Vorerben, die Person des Nacherben (nach seinem Ermessen) zu bestimmen, verwechselt wurde,[402] überzeugt nicht. Gleichwohl sollte bis zur abschließenden Klärung der Problematik von einer derartigen Gestaltung besser abgesehen werden,[403] da es sich im Hinblick auf § 2065 Abs. 2 BGB jedenfalls um eine **echte Grenzgestaltung** handelt.
>
> Stattdessen empfiehlt es sich, die Nacherben explizit zu bestimmen oder zumindest nur die **gesetzlichen Erben** des Vorerben (mit Ausnahme des geschiedenen Ehegatten und seiner Angehörigen) zu Nacherben einzusetzen (was unzweifelhaft zulässig ist) und ggf. die Nacherbfolge ab einem bestimmten Zeitpunkt entfallen zu lassen.

312 *cc) Einflussnahme auf das elterliche Vermögensverwaltungsrecht des geschiedenen Ehegatten.* Stirbt der sorgeberechtigte Elternteil, steht die elterliche Sorge gem. § 1680 Abs. 1 BGB automatisch dem anderen Elternteil zu, wenn die Eltern gemeinsam sorgeberechtigt waren. Stand die elterliche Sorge dem verstorbenen Elternteil gem. § 1671 oder § 1672 Abs. 1 BGB alleine zu, dann hat das Familiengericht gem. § 1680 Abs. 2 S. 1 BGB die elterliche Sorge dem überlebenden Elternteil zu übertragen, wenn dies dem **Wohl des Kindes nicht widerspricht** (negative Kindeswohlprüfung).

313 In den vorstehend genannten Fällen erhält der geschiedene Ehegatte als Sorgeberechtigter Einfluss auf das Vermögen der Kinder, da das Vermögenssorgerecht Bestandteil der elterlichen Sorge ist. Soll dies vermieden werden, so kann zum einen an die Anordnung einer **Dauervollstreckung** (vgl. § 2209 S. 1 Hs. 2 BGB) gedacht werden, da dann der Nachlass bzw. der Erbteil des Erben der Verwaltung des Testamentsvollstreckers (vgl. § 2205 BGB) untersteht und nur der Testamentsvollstrecker über die seiner Verwaltung unterfallenden Nachlassgegenstände verfügen kann (vgl. § 2211 BGB). Die Dauervollstreckung wird regelmäßig nicht auf Lebzeiten des Erben erforderlich sein, sondern kann z. B. mit dem Erreichen eines bestimmten Lebensalters des Erben (z. B. ab dem 21. oder 25. Geburtstag) entfallen.[404] Um die Fortdauer der Testamentsvollstreckung bis zu ihrem Erlöschen zu sichern, ist es regelmäßig sinnvoll, **Ersatztestamentsvollstrecker** zu benennen bzw. dem Testamentsvollstrecker das Recht zur Ernennung eines Nachfolgers einzuräumen (vgl. § 2199 Abs. 2 BGB) und hilfsweise noch das Nachlassgericht gem. § 2200 BGB um die Ernennung eines Testamentsvollstreckers zu ersuchen.

314 Alternativ kommt eine **Ausschließung der elterlichen Vermögensverwaltung gem. § 1638 BGB** in Frage. Dieser Ausschluss muss ebenfalls durch letztwillige Verfügung erfolgen und führt dazu, dass dem Minderjährigen für die Verwaltung der Erbschaft ein Pfleger zu bestellen ist (§ 1909 Abs. 1 S. 2, Abs. 2 BGB). Die Person des Pflegers kann vom Erblasser selbst durch Verfügung von Todes wegen benannt werden (§ 1917 Abs. 1 BGB). Der Pfleger kann von bestimmten Pflichten befreit werden (vgl. § 1917 Abs. 2 BGB). Von der Testamentsvollstreckung unterscheidet sich der Ausschluss des Vermögensverwaltungsrechts nach § 1638

---

[401] DNotZ 2001, 142 ff. m. Anm. *Kanzleiter* = ZEV 2001, 316 ff. m. Anm. *Otte*.
[402] So auch *Ivo* DNotZ 2002, 260 ff. m. w. N.
[403] Vgl. *Kanzleiter* DNotZ 2001, 149, 150; *J. Mayer* ZErb 2001, 205.
[404] In Betracht kommt auch eine stufenweise Freigabe des Nachlasses durch den Testamentsvollstrecker; vgl. *Kornexl*, Nachlassplanung bei Problemkindern, Rn. 494 f. (mit Formulierungsbaustein).

III. Verfügungen von Todes wegen

BGB v. a. dadurch, dass die Maßnahme auf die Zeit der Minderjährigkeit des Erben beschränkt ist und der Pfleger der fortlaufenden Kontrolle des Gerichts untersteht (vgl. § 1915 Abs. 1 BGB).

Möglich ist es auch, die **Testamentsvollstreckung** und die **Ausschließung** nach § 1638 Abs. 1 BGB **kumulativ anzuordnen**.[405] Dies führt dazu, dass das an die Stelle des Verwaltungsrechts der Eltern getretene Verwaltungsrecht des Pflegers hinsichtlich des ererbten Vermögens wiederum ausgeschlossen wird, soweit das Verwaltungsrecht des Testamentsvollstreckers (das im übrigen eingeschränkt sein kann, vgl. § 2208 BGB) besteht.[406] Hat der Testamentsvollstrecker aber (wie regelmäßig) ein umfassendes Verwaltungsrecht hinsichtlich des Nachlasses, führt dies dazu, dass dem Pfleger allein die Aufgabe verbleibt, die Rechte des Kindes gegenüber dem Testamentsvollstrecker (vgl. §§ 2215 ff. BGB) wahrzunehmen.[407] Insbesondere ist es in diesen Fällen Aufgabe des Pflegers (an Stelle der Eltern), namens des Kindes ggf. den Antrag auf Entlassung des Testamentsvollstreckers gem. § 2227 BGB zu stellen.

dd) Vormundbenennung. Fällt der geschiedene Ehegatte bei Tod des Erblassers als Sorgeberechtigter aus (etwa weil er selbst sorgerechtsunfähig ist oder die Übertragung des Sorgerechts auf ihn dem Kindeswohl widerspräche; vgl. oben), dann muss dem noch minderjährigen Erben gem. §§ 1773 ff. BGB ein Vormund bestellt werden. Ist ein derartiger Ausfall des geschiedenen Ehegatten als Sorgerechtsinhaber denkbar, etwa weil dieser sich bislang nicht um das Kind gekümmert hat, er alkoholkrank ist o. ä., macht es daher Sinn, im Geschiedenentestament auch eine **Vormundbenennung i. S. des § 1777 Abs. 3 BGB** vorzunehmen. In der Regel wird als geeigneter Vormund der aktuelle Lebensgefährte des Erblassers oder eine dem Kind nahestehende Person (etwa Tante, Onkel oder Pateneltern) in Betracht kommen. Dabei wird bei der rechtlichen Beratung des Erblassers im Zusammenhang mit der Testamentserrichtung bisweilen übersehen, dass eine Vormundbenennung des sorgeberechtigten Elternteils nur dann zum Tragen kommen kann, wenn auch wirklich ein Vormund zu bestellen ist (weil auch der geschiedene Ehegatte als Sorgerechtsinhaber ausfällt). Der „Vorrang" des § 1680 Abs. 2 BGB gegenüber dem Vormundbenennungsrecht des sorgeberechtigten verstorbenen Elternteils gilt schon allein deswegen, weil nach Art. 6 Abs. 2 GG die Pflege und Erziehung der Kinder das natürliche Recht der Eltern und die zuvörderst ihnen obliegende Pflicht ist. Eine staatliche Fürsorge im Sinne der Vormundbestellung kann daher nur dann in Betracht kommen, wenn Eltern fehlen, die das Sorgerecht ausüben können.

Formulierungsvorschlag: (Geschiedenentestament mit Nacherbfolge)

Ich, ..., war in erster Ehe verheiratet mit X. Aus dieser Ehe sind zwei Kinder, eine Tochter namens ......, geb. ...... und ein Sohn namens ......, geb. ...... hervorgegangen. Weitere Abkömmlinge habe ich nicht, auch keine nichtehelichen oder adoptierte. Von meinem Ehemann bin ich rechtskräftig geschieden.

In der Verfügung über meinen späteren Nachlass bin ich weder durch Erbvertrag noch durch gemeinschaftliches Testament gebunden. Rein vorsorglich hebe ich alle bisher errichteten Verfügungen von Todes wegen auf.

§ 1 Erbeinsetzung

Hiermit setze ich meine beiden Kinder
  1) Tochter ......
  2) Sohn ......
zu Miterben zu je ½ ein.

Sollten zum Zeitpunkt meines Todes weitere Kinder von mir vorhanden sein, so sind alle Kinder zu gleichen Teilen zu Erben berufen.

---

[405] Vgl. *Damrau* ZEV 1998, 90, 91 m. w. N.
[406] Vgl. Soergel/*Strätz*, BGB, 12. Aufl. 1987, § 1638 Rn. 7.
[407] *Damrau* ZEV 1998, 90, 91; *Frenz* DNotZ 1995, 908, 915.

§ 2 Nacherbfolge

1. Die Erben sind jedoch nur Vorerben. Sie sind von allen gesetzlichen Beschränkungen und Verpflichtungen befreit, von denen Befreiung erteilt werden kann.
2. Zu Nacherben eines jeden Vorerben berufe ich
   a) in erster Linie dessen Abkömmlinge einschließlich nichtehelicher und adoptierter Abkömmlinge nach den Regeln der gesetzlichen Erbfolge erster Ordnung zum Zeitpunkt des Eintritts des Nacherbfalls,
   b) in zweiter Linie meine Kinder gegenseitig, wiederum ersatzweise deren Abkömmlinge,
   c) in dritter Linie die sonstigen gesetzlichen Erben jedes Vorerben nach den Regeln der gesetzlichen Erbfolge mit Ausnahme meines geschiedenen Ehegatten und dessen (einseitigen) Abkömmlingen.
   Die Nacherben sind auch Ersatzerben.
3. Die Nacherbfolge tritt mit dem Tod des jeweiligen Vorerben ein. Die Vererblichkeit und Veräußerlichkeit des Nacherbenanwartschaftsrechts ist ausgeschlossen, mit Ausnahme der Veräußerung an den Vorerben. In diesem Fall entfällt jede ausdrückliche oder stillschweigende Ersatznacherbeneinsetzung. Die Anordnung der Nacherbfolge ist auflösend bedingt. Sie entfällt
   a) im Zeitpunkt des Ablebens meines geschiedenen Ehegatten X oder
   b) sobald mein jüngstes Kind das 21. Lebensjahr vollendet hat.
   Es tritt dann Vollerbschaft ein.
4. Für die Zeit bis zur Vollendung des 21. Lebensjahres meines jüngsten Kindes schließe ich die Auseinandersetzung meines Nachlasses aus und ordne Dauervollstreckung an. Der Testamentsvollstrecker ist gleichzeitig Nacherbenvollstrecker gem. § 2222 BGB bezüglich aller Nacherben. Zum Testamentsvollstrecker ernenne ich Herrn ......, ersatzweise Frau ...... Hilfsweise wird das Nachlassgericht um Ernennung eines geeigneten Testamentsvollstreckers ersucht.
5. Soweit Kinder von mir zur Zeit meines Todes noch minderjährig sind, entziehe ich meinem geschiedenen Ehemann X gem. § 1638 BGB das Recht, den Erwerb von Todes wegen zu verwalten. Zum Pfleger berufe ich Frau ......, ersatzweise Herrn ......
6. Für den Fall, dass für meine Kinder eine Vormundschaft eingerichtet wird, benenne ich zum Vormund meine Schwester ......

318   d) **Vermächtnislösung(en). aa)** *Herausgabevermächtnis.* Ist es Gestaltungsziel, sicherzustellen, dass im Erbrechtswege unter keinen Umständen Vermögenswerte an den geschiedenen Ehegatten (und dessen Verwandte) geraten können und sollen die gemeinsamen Abkömmlinge, die zu Erben eingesetzt werden sollen, gleichzeitig möglichst geringen Einschränkungen unterliegen, dann bietet sich als Alternative zur Anordnung von Nacherbfolge die Anordnung eines auf den Tod des Abkömmlings **aufschiebend befristeten Herausgabevermächtnisses** an die Endbedachten an (vgl. dazu oben Rn. 257 ff.). Dabei werden die Kinder also nicht nur zu Vorerben, sondern zu Vollerben eingesetzt, allerdings belastet mit einem bei ihrem Tod anfallenden Vermächtnis, das auf Herausgabe der Vermögensgegenstände (einschließlich Surrogaten) gerichtet ist, die aus dem Nachlass des Erblassers noch vorhanden sind.[408] Dadurch wird eine nur schuldrechtliche Beschränkung des Erben erreicht, die weder im Erbschein noch im Grundbuch zu vermerken ist. Um dem Erben möglichst freie Verfügungsmacht einzuräumen, kann das Herausgabevermächtnis auf den Überrest beschränkt werden (vgl. Rn. 261).

319   Die **Vererb- und Veräußerlichkeit der Anwartschaft** aus dem Vermächtnis zwischen Eintritt des Erbfalls und dem Vermächtnisanfall sollte ausgeschlossen werden, um einen Anfall an den geschiedenen Ehegatten oder dessen Verwandte auszuschließen. Dabei kann die Übertragung auf den Erben ausgenommen werden.

320   Anders als im Falle der Anordnung der Vor- und Nacherbfolge lässt sich bei Wahl der Vermächtnislösung die Offenhaltung der **Person der Vermächtnisnehmer als Endbedachter** einfacher bewerkstelligen. Denn in Ausnahme zu § 2065 Abs. 2 BGB lässt das Vermächtnis-

---

[408] Formulierungsbeispiele bei *Busse* MittRhNotK 1998, 225, 237 ff.; Beck'sches Formularbuch Erbrecht/ *Kössinger* E. I. 3 Anm. 9; *Kornexl,* Nachlassplanung bei Problemkindern, Rn. 532, 539.

recht hinsichtlich der Person des Bedachten ein Bestimmungsrecht des Beschwerten bzw. eines Dritten zu, allerdings unter der Voraussetzung, dass der Personenkreis, aus dem der Bedachte kommen soll, vom Erblasser hinreichend genau bestimmt wurde. *Nieder*[409] empfiehlt in diesem Zusammenhang, einem Testamentsvollstrecker gem. § 2151 BGB das Recht einzuräumen, aus einem vom Erblasser bestimmten Personenkreis (z. B. Verwandte mit Ausnahme des geschiedenen Ehegatten und seiner einseitigen Abkömmlinge) den oder die Vermächtnisnehmer zu bestimmen. Allerdings wird es regelmäßig nicht gewünscht sein, einem Dritten ein derartiges Bestimmungsrecht einzuräumen, zumal der Dritte die Wünsche der beschwerten Abkömmlinge nicht immer genau kennen wird.

In der Regel wird daher eher gewünscht sein, das Bestimmungsrecht dem Beschwerten selbst einzuräumen. Dies ist aber ähnlich problematisch wie im o. a. Fall der Erblösung. Denn zum einen muss der Erblasser dafür sorgen, dass der Kreis der Bedachten bestimmbar ist, da sonst die Voraussetzungen des § 2151 BGB nicht vorliegen. Zum anderen hat die Ausübung des Bestimmungsrechts nach h. A. durch eine empfangsbedürftige Willenserklärung unter Lebenden zu erfolgen und soll durch Verfügung von Todes wegen ausgeschlossen sein.[410] Es dürfte sich daher empfehlen, den Kreis der Vermächtnisnehmer zu bestimmen (z. B. die gesetzlichen Erben der Abkömmlinge mit Ausnahme des geschiedenen Ehegatten und dessen Angehörigen) oder zumindest i. S. des § 2151 BGB einen überschaubaren Kreis von Personen zu bezeichnen, aus denen der Beschwerte den Vermächtnisnehmer auswählen soll. 321

Die Vermächtnislösung lässt sich im Übrigen auch kombinieren mit der Nacherbfolgelösung dergestalt, dass nur für die Lebenszeit des geschiedenen Ehegatten die Nacherbfolgelösung gewählt wird, während hinsichtlich der Abwanderungsmöglichkeit an Halbgeschwister und einseitige Verwandte aufsteigender Linie die Vermächtnislösung verwendet wird (sog. **Kombinationslösung**).[411] Allerdings entsteht hierdurch eine äußerst komplexe Regelung, die den Beteiligten wohl nicht mehr zu vermitteln ist. 322

bb) Vor- und Nachvermächtnis. Soll das gemeinsame Kind nicht als Erbe, sondern lediglich als Vermächtnisnehmer eingesetzt werden, lässt sich eine schuldrechtliche Trennung der Nachlässe durch die Anordnung eines **Nachvermächtnisses** (§ 2191 BGB) erreichen (vgl. dazu oben Rn. 246 ff.). Da es sich hierbei ebenfalls um ein aufschiebend bedingtes bzw. befristetes Vermächtnis i. S. des § 2177 BGB handelt, gelten für die Gestaltung die vorstehenden Ausführungen zum Herausgabevermächtnis entsprechend. 323

9. Gestaltung der Pflichtteilslasten

Schrifttum: *Kornexl*, Geld-, Immobilien- und Hausratsvermächtnisse: Risiken für den Verteilungsplan des Erblassers und gestalterische Vorsorge, ZEV 2002, 142; *Schlitt*, Aufteilung der Pflichtteilslast zwischen Erbe und Vermächtnisnehmer, ZEV 1998, 91; *Tanck*, § 2318 Abs. 3 BGB schützt nur den „Pflichtteilskern", ZEV 1998, 132; *von Olshausen*, Die Verteilung der Pflichtteilslast zwischen Erbe und Vermächtnisnehmer, MDR 1986, 89.

a) Problemstellung. Im **Außenverhältnis** ist Pflichtteilsschuldner nur der Erbe,[412] nicht sonstige durch die Verfügung von Todes wegen Begünstigte, wie etwa Vermächtnisnehmer. Eine andere Frage ist, wer von den Bedachten des Erblassers letztlich (im Innenverhältnis) die wirtschaftliche Belastung zu tragen hat, die mit dem Pflichtteilsanspruch übergangener Erben verbunden ist (sog. **Pflichtteilslast**). Da die Tragung der Pflichtteilslast den Wert des Hinterlassenen maßgeblich beeinflussen kann und somit hierdurch der Verteilungsplan des Erblassers tangiert und ggf. auch durchkreuzt werden kann, sollten bei der Gestaltung von Verfügungen von Todes wegen die gesetzlichen Regelungen zur Verteilung der Pflichtteilslast berücksichtigt und ggf. – soweit zulässig – abweichende Anordnungen getroffen werden. Eine Minimierung des Pflichtteils kann hierdurch allerdings nicht erreicht werden, da die Höhe der bestehenden Pflichtteilsansprüche hierdurch nicht beeinflusst wird. 324

---

[409] MünchVertrhdb/*Nieder* XVI. 16 Anm. 2; vgl. auch *Dieterle* BWNotZ 1971, 18, 19.
[410] MünchVertrhdb/*Nieder* XVI. 16 Anm. 2.
[411] Vgl. *Nieder* ZEV 1994, 156, 159 f. m. entspr. Formulierungsvorschlag.
[412] Mehrere Erben haften als Gesamtschuldner, § 2058 BGB.

325   b) **Überblick über die gesetzliche Regelung der Pflichtteilslast.** aa) *Grundsatz.* Nach dem Gesetz haben Miterben die Pflichtteilslast nach dem Verhältnis ihrer Erbanteile zu tragen (§§ 2038 Abs. 2 S. 1, 748, 2047 Abs. 1 BGB).

326   bb) *Vermächtniskürzungsrecht des § 2318 BGB.* Ist neben dem Pflichtteilsanspruch auch ein Vermächtnis (oder eine Auflage) zu erfüllen, ist § 2318 BGB zu berücksichtigen. Nach Maßgabe dieser Vorschrift können **Vermächtnisse** beim Zusammentreffen mit Pflichtteilslasten **gekürzt** werden: So kann der Erbe nach § **2318 Abs. 1 BGB** die Erfüllung eines ihm auferlegten Vermächtnisses soweit verweigern, dass die Pflichtteilslast von ihm und dem Vermächtnisnehmer **verhältnismäßig** getragen wird.[413] Der Erbe als alleiniger Pflichtteilsschuldner im Außenverhältnis kann folglich im Innenverhältnis auf den Vermächtnisnehmer einen Teil der Pflichtteilslast abwälzen als Ausgleich dafür, dass er bei der Pflichtteilsberechnung (§ 2311 BGB) nicht die im Range nachgehenden Vermächtnisse und Auflagen absetzen kann.[414] Dies führt im Ergebnis zu einer gleichmäßigen Belastung aller am Nachlass beteiligten Zuwendungsempfänger.

Beispiel:
Der Nachlass des Erblassers beträgt € 300.000,–. Der Sohn S des Erblassers wurde enterbt, Alleinerbin des Erblassers ist seine nichteheliche Lebensgefährtin L. Außerdem wurde zugunsten des Vereins V ein Vermächtnis über € 100.000,– ausgesetzt. – Hat der Erblasser nichts Abweichendes angeordnet, dann haben die Erbin und der Vermächtnisnehmer im Innenverhältnis den Pflichtteilsanspruch des Sohnes in Höhe von € 150.000 ,– im Verhältnis € 200.000,– zu € 100.000,– (d. h. 2 : 1) zu tragen; die Erbin kann daher das Vermächtnis zugunsten des Vereins um € 50.000,– kürzen.

327   Ist das Vermächtnis auf einen **unteilbaren** Gegenstand gerichtet, kann der Erbe bei Erfüllung des Vermächtnisses verlangen, dass ihm Zug um Zug gegen Vermächtniserfüllung der nach den vorstehenden Grundsätzen ermittelte Kürzungsbetrag bezahlt wird.[415] Verweigert dies der Vermächtnisnehmer, verbleibt der Vermächtnisgegenstand dem Erben und der Erbe kann dem Vermächtnisnehmer den Wert seines Vermächtnisses unter Abzug des Kürzungsbetrages auszahlen.[416]

328   Nach § **2318 Abs. 2 BGB** ist einem pflichtteilsberechtigten Vermächtnisnehmer gegenüber die Kürzung nur in dem Maße zulässig, dass diesem sein Pflichtteil verbleibt (**Einschränkung des Kürzungsrechts**).

Beispiel:
Der Nachlass des Erblassers beträgt € 360.000,–. Alleinerbe ist sein Sohn S, die Tochter T1 ist enterbt, der Tochter T2 wurde ein Geldvermächtnis in Höhe von € 60.000,– ausgesetzt. Verlangt T1 jetzt vom Erben ihren Pflichtteil in Höhe von € 60.000,–, könnte S von T2 nach § 2318 Abs. 1 BGB verlangen, dass die Pflichtteilslast von ihr anteilig (im Verhältnis 5 : 1) getragen wird, d. h. das Vermächtnis könnte um $^1/_6$ von € 60.000,–, d. h. € 10.000,– gekürzt werden. Da T2 aber selbst pflichtteilsberechtigt ist und die Kürzung gem. § 2318 Abs. 2 BGB nur soweit zulässig ist, dass dem Vermächtnisnehmer sein Pflichtteil verbleibt, scheidet eine Kürzung des Vermächtnisses aus. Der T2 verbleibt also das Vermächtnis, das gerade ihren Pflichtteil deckt, ungekürzt.

329   Eine **Erweiterung des Kürzungsrechts** nach § 2318 Abs. 1 BGB enthält dagegen § **2318 Abs. 3 BGB:** Ist der Erbe selbst pflichtteilsberechtigt, kann er wegen der Pflichtteilslast das Vermächtnis soweit kürzen, dass ihm sein eigener Pflichtteil verbleibt.

Beispiel:
Der Nachlass des Erblassers beträgt € 300.000,–. Alleinerbe ist sein Sohn S, die Tochter T ist enterbt. Zugunsten der Lebensgefährtin L ist ein Vermächtnis in Höhe von € 240.000,– ausgesetzt. – Nach § 2318 Abs. 1 BGB hätten der Erbe S und die Vermächtnisnehmerin L die Pflichtteilslast hinsichtlich der Schwester in Höhe von € 75.000,– anteilig zu tragen im Verhältnis € 60.000,– zu € 240.000,– (d. h. 1 : 4). Nach § 2318 Abs. 3 BGB kann S, nachdem ihm nach Erfüllung des Vermächtnisses nur € 60.000,– vom Nachlass verbleiben, seinen Pflichtteil in Höhe von € 75.000,– insoweit verteidigen, als er das

---
[413] Vgl. dazu *Tanck* ZEV 1998, 132 f.; *Schlitt* ZEV 1998, 91.
[414] Vgl. *Schlitt* ZEV 1998, 91.
[415] BGHZ 19, 309, 311 = JZ 1956, 283.
[416] Vgl. BGHZ 19, 309, 311 = JZ 1956, 283; *Kerscher/Riedel/Lenz* § 6 Rn. 102.

Vermächtnis um die (gesamte) Pflichtteilslast in Höhe von € 75.000,- kürzen darf. Der Erbe darf aber nicht das Vermächtnis soweit kürzen, dass ihm sein eigener Pflichtteilsanspruch in Höhe von € 75.000,- verbleibt. Dies hätte er nur durch Ausschlagung nach § 2306 Abs. 1 S. 2 BGB erreichen können, da § 2318 Abs. 3 BGB nicht die dort vorgesehenen Belastungsgrenzen verschiebt.[417]

Treffen die Anwendungsbereiche von § 2318 Abs. 2 BGB und Abs. 3 BGB zusammen, weil sowohl Erbe als auch Vermächtnisnehmer pflichtteilsberechtigt sind, setzt sich nach h. M. das Kürzungsrecht des Erben durch.[418]

Abschließend bleibt noch auf folgendes hinzuweisen: Nach **§ 2323 BGB** kann der Erbe die ihn belastenden Vermächtnisse und Auflagen insoweit nicht gem. § 2318 Abs. 1 BGB verhältnismäßig kürzen, als er sie auf Grund der Vorschriften der §§ 2320 bis 2322 BGB auf Miterben oder Vermächtnisnehmer abwälzen oder mindern kann. Daraus folgt, dass der Erbe gegenüber dem Vermächtnisnehmer oder Auflagebegünstigten das Kürzungsrecht nach § 2318 Abs. 1 BGB nur hat, wenn er endgültig die Pflichtteilslast zu tragen hat. Kann er im Innenverhältnis jedoch diese Belastung nach den §§ 2320 bis 2322 BGB an einen anderen weitergeben, so entfällt die innere Rechtfertigung für die Kürzung.[419] Dabei soll § 2323 BGB entsprechend seinem Normzweck auch für das erweiterte Kürzungsrecht des pflichtteilsberechtigten Erben nach § 2318 Abs. 3 BGB gelten, soweit dieser die Pflichtteilslast nach den §§ 2320 bis 2322 BGB nicht zu tragen hat.[420]

cc) Pflichtteilsberechtigter Miterbe. Nach **§ 2319 S. 1 BGB** kann ein pflichtteilsberechtigter Miterbe nach der Teilung die Befriedigung eines anderen Pflichtteilsberechtigten insoweit verweigern, dass ihm sein eigener Pflichtteil verbleibt (Leistungsverweigerungsrecht). Die Vorschrift will den pflichtteilsberechtigten Miterben davor schützen, dass er nach der Teilung des Nachlasses den Wert seines eigenen Pflichtteils dadurch verliert, dass er fremde Pflichtteilsansprüche befriedigen muss.[421] Die Vorschrift betrifft primär das Außenverhältnis. Das Leistungsverweigerungsrecht kann sich nach S. 2 der Vorschrift, wonach für den Ausfall die übrigen Erben haften, auch auf das Innenverhältnis auswirken, da es hierdurch zu einer Verschiebung der Pflichtteilslast unter den Miterben kommen kann.[422]

dd) Pflichtteilslast des an die Stelle des Pflichtteilsberechtigten getretenen Erben. Nach § 2320 Abs. 1 BGB hat derjenige im Verhältnis zu Miterben die Pflichtteilslast in Höhe des erlangten Vorteils zu tragen, der an Stelle des Pflichtteilsberechtigten gesetzlicher Erbe wird (sog. **Pflichtteilslast des Ersatzmannes**). Gleiches gilt gem. § 2320 Abs. 2 BGB im Zweifel von demjenigen, welchem der Erblasser den Erbteil des Pflichtteilsberechtigten durch Verfügung von Todes wegen zugewendet hat. Bei § 2320 BGB handelt es sich folglich um eine Ausnahme vom Grundsatz, dass mehrere Miterben die Pflichtteilslast nach dem Verhältnis ihrer Erbteile zu tragen haben.

§ 2320 Abs. 1 BGB setzt voraus, dass jemand kraft Gesetzes Miterbe wurde, und zwar **an Stelle eines Pflichtteilsberechtigten**. Dies ist dann der Fall, wenn der Pflichtteilsberechtigte gem. § 1938 BGB enterbt wurde, wenn er in der Falllage des § 2306 Abs. 1 S. 2 BGB (entspricht § 2306 Abs. 1 BGB n. F.) ausschlägt oder wenn der Pflichtteilsberechtigte auf seinen gesetzlichen Erbteil unter Vorbehalt des Pflichtteils verzichtet hat.[423] § 2320 Abs. 2 BGB greift ein, wenn der Erblasser den Erbteil des Pflichtteilsberechtigten **einem Dritten zugewandt** hat. Dabei wird überwiegend verlangt, dass der Erblasser bewusst und gewollt den Ersatzmann anstelle des Pflichtteilsberechtigten einsetzen wollte, ohne dass dies in der letztwilligen Verfügung ausdrücklich angeordnet worden sein müsste.[424] Anzunehmen ist dies beispielsweise, wenn an Stelle des zunächst berufenen Kindes gleich die Enkel bedacht werden (sog. Generationensprung).

---

[417] Vgl. KG OLGE 14, 308, 309; *Schlitt* ZEV 1998, 91 f.
[418] Vgl. Prot. V, S. 547; Bamberger/Roth/*J. Mayer* § 2318 Rn. 12 m. w. N.
[419] Bamberger/Roth/*J. Mayer* § 2323 Rn. 1.
[420] Staudinger/*Haas* § 2323 Rn. 3 m. w. N.
[421] Bamberger/Roth/*J. Mayer* § 2319 Rn. 1.
[422] BGHZ 95, 222, 226 = NJW 1985, 2828; MünchKommBGB/*Lange* § 2319 Rn. 2.
[423] Vgl. AnwK-BGB/*Bock* § 2320 Rn. 7.
[424] Vgl. Bamberger/Roth/*J. Mayer* § 2320 Rn. 4 m. w. N.

334 ee) *Pflichtteilslast bei Vermächtnisausschlagung.* § 2321 BGB regelt die Frage, wer die Pflichtteilslast bei Ausschlagung eines Vermächtnisses im Innenverhältnis zu tragen hat, dahingehend, dass dies im Verhältnis der Erben und Vermächtnisnehmer zueinander derjenige ist, welchem die Ausschlagung zustatten kommt (und zwar in Höhe des erlangten Vorteils). Wurde der Erblasser also beispielsweise von mehreren Erben beerbt und war nur ein Miterbe mit einem Vermächtnis zugunsten eines Pflichtteilsberechtigten beschwert, dann hat im Falle der Ausschlagung des Vermächtnisses nebst Pflichtteilsverlangen (vgl. § 2307 Abs. 1 S. 1 BGB) nach § 2321 BGB der betreffende Miterbe die Pflichtteilslast in Höhe des erzielten Vorteils zu tragen. Gleiches gilt für einen Vermächtnisnehmer, der mit einem Untervermächtnis zugunsten eines Pflichtteilsberechtigten beschwert war, das dann ausgeschlagen wurde, oder für einen Ersatzvermächtnisnehmer i.S. von § 2190 BGB nach Ausschlagung des Vermächtnisses gem. § 2307 Abs. 1 S. 1 BGB.

335 Eine weitere Ergänzung zu §§ 2320, 2321 BGB enthält schließlich **§ 2322 BGB** für den Fall, dass eine vom Pflichtteilsberechtigten ausgeschlagene Erbschaft oder ein von ihm ausgeschlagenes Vermächtnis mit einem Vermächtnis oder einer Auflage beschwert war.

336 **c) Gestaltungsmöglichkeiten durch den Erblasser.** Gemäß **§ 2324 BGB** kann der Erblasser durch Verfügung von Todes wegen (d.h. Testament oder Erbvertrag) die Pflichtteilslast im Verhältnis der Erben zueinander einzelnen Erben auferlegen und von den Vorschriften des § 2318 Abs. 1 und der §§ 2320 bis 2323 BGB abweichende Anordnungen treffen. Daraus folgt, dass der Erblasser die Pflichtteilslast weitgehend abweichend unter den Miterben verteilen kann, beispielsweise auch die Pflichtteilslast einem Miterben alleine aufbürden kann.

Formulierungsvorschlag:

337 Die Pflichtteilslast ist allein vom Miterben A zu tragen.

338 Zulässig wäre es aber auch, die Pflichtteilslast alleine den Vermächtnisnehmern aufzuerlegen.

Formulierungsvorschlag:

339 Die Pflichtteilslast ist im Verhältnis zwischen den Erben und den Vermächtnisnehmern allein von den Vermächtnisnehmern zu tragen, und zwar von Vermächtnisnehmer A und von Vermächtnisnehmer B je zu ½ Anteil.

340 Zulässig ist es ferner, das Kürzungsrecht des § 2318 Abs. 1 BGB zu erweitern, zu beschränken oder auszuschließen. Soll z.B. erreicht werden, dass dem Vermächtnisnehmer sein Vermächtnis ungeschmälert zukommt, beispielsweise weil es der Versorgung und Absicherung der Person dient und der Vermächtniswert nach diesem Zweck exakt bemessen wurde, so sollte eine abweichende Erblasseranordnung i.S. von § 2324 BGB getroffen werden.[425] Gleiches gilt beispielsweise, wenn ein unteilbarer Gegenstand vermächtnisweise zugewandt wurde und eine „Aufzahlung" des Vermächtnisnehmers vermieden werden soll. Sonst ist eine Störung des Verteilungsplans des Erblassers möglich.[426]

Formulierungsvorschlag:

341 Die Pflichtteilslast ist im Verhältnis zwischen dem Erben und den Vermächtnisnehmern allein vom Erben zu tragen.

---

[425] Vgl. Würzburger Notarhandbuch/*Keim* Teil 4 Rn. 237 f.
[426] Vgl. *Kornexl* ZEV 2002, 143, 144.

d) Grenzen der Gestaltung. Hinsichtlich einer abweichenden Verteilung der Pflichtteilslast 342
durch den Erblasser bleibt noch zu berücksichtigen, dass der Erblasser durch abweichende
Anordnungen weder die Pflichtteilsansprüche nach §§ 2303, 2325 ff. BGB ändern, noch in
die eigenen Pflichtteilsrechte der Erben oder Vermächtnisnehmer eingreifen kann (§§ 2318
Abs. 2, 2319 S. 1 BGB).[427] Denn aus einem Umkehrschluss aus § 2324 BGB folgt, dass die
Schutzvorschriften des § 2318 Abs. 2 und 3 BGB für selbst pflichtteilsberechtigte Erben und
Vermächtnisnehmer ebenso wenig zur Disposition gestellt sind wie § 2319 S. 1 BGB (wohl
aber § 2319 S. 2 BGB).

Nicht möglich ist es dem Erblasser auch, durch Anordnung das Außenverhältnis zwischen 343
Pflichtteilsschuldner und Pflichtteilsberechtigtem abweichend von den §§ 2058 ff. BGB zu
regeln. Eine Außenhaftung beispielsweise des Vermächtnisnehmers kann aber dadurch zulässigerweise begründet werden, dass dem Vermächtnisnehmer die Tragung der Pflichtteilslast als Untervermächtnis auferlegt wird.[428]

Nicht ändern kann der Erblasser schließlich den Rangvorzug des Pflichtteilsberechtigten 344
gegenüber dem Vermächtnisnehmer und dem Auflagenbegünstigten gem. §§ 1991 Abs. 4,
327 Abs. 1 Nr. 1, 2 InsO.[429]

---

[427] Nieder/Kössinger/*Nieder* § 2 Rn. 91.
[428] Staudinger/*Haas* § 2324 Rn. 6.
[429] BGH WM 1981, 335; MünchKommBGB/*Lange* § 2324 Rn. 1; Staudinger/*Haas* § 2324 Rn. 6.

§ 11 Strategien zur Minimierung des Pflichtteils

Übersicht

	Rn.
I. Problemstellung	2–7
II. Gestaltungsmöglichkeiten im Rahmen lebzeitiger Rechtsgeschäfte und Handlungen	8–159
1. Erb-, Pflichtteilsverzicht	8–21
a) Pflichtteilsverzicht und Erbverzicht	8–10
b) Folgen des Pflichtteilsverzichts	11, 12
c) Entgeltlicher Pflichtteilsverzicht und Bemessung der Abfindung	13, 14
d) Wirksamkeitsvoraussetzungen	15
e) Erstreckung der Verzichtswirkung/Ausschaltung des „lästigen Enkels"	16–21
2. Reduzierung des Pflichtteils mittels lebzeitiger Handlungen und Verfügungen	22–73
a) Lebzeitiger Verbrauch/Verkauf gegen Leibrente	22–25
b) Entgeltliche Veräußerung	26–39
c) Lebzeitige Zuwendungen des Erblassers	40–54
d) Unentgeltliche Zuwendungen an den Ehegatten	55–60
e) Zuwendungen an Stiftungen	61–70
f) Zuwendungen aufgrund von Verträgen zugunsten Dritter auf den Todesfall	71–73
3. Ehevertragliche Gestaltungen	74–107
a) Ausgangssituation	74–77
b) Berechnung des Pflichtteils nach dem Gesetz	78–84
c) Beeinflussung der Pflichtteilsquoten durch Güterstandswahl	85–89
d) Ausgleich des Zugewinns nach Güterstandswechsel zur Gütertrennung	90–98
e) Begründung der Gütergemeinschaft	99–101
f) Fortgesetzte Gütergemeinschaft	102–105
g) Modifizierung des § 1371 BGB	106, 107
4. Erweiterung des Kreises der Pflichtteilsberechtigten	108–147
a) Ausgangsüberlegung	108–111
b) Eheschließung bzw. Begründung einer eingetragenen Lebenspartnerschaft	112–114
c) Vaterschaftsanerkennung	115–123
d) Adoption	124–141
e) Erbrechtliche Gleichstellungserklärung nach Art. 12 § 10 a NEhelG	142–146
f) Aufhebung vorhandener Erbverzichte	147, 148
5. Gesellschaftsrechtliche Gestaltungen	149–152
a) Gesellschaftsgründung und Zuwendung von Gesellschaftsanteilen	149, 150
b) Beschränkung von Abfindungsansprüchen beim Tod des Gesellschafters	151, 152
6. Gestaltungsmöglichkeiten im Hinblick auf das IPR	153–161
a) Übertragung auf ausländische Rechtsperson	153
b) Herstellung einer Nachlassspaltung	154–159
c) Austausch des Erbstatuts durch Wechsel der Staatsangehörigkeit	160, 161
III. Gestaltungsmöglichkeiten im Rahmen von Verfügungen von Todes wegen	162–212
1. Pflichtteilsrecht als Schranke der Testierfreiheit	162
2. Pflichtteilsentziehung/Pflichtteilsunwürdigkeit	163–170
a) Pflichtteilsentziehung	163–167
b) Pflichtteilsunwürdigkeit	168–170
3. Nachträgliche Pflichtteilsanrechnung	171, 172
4. Pflichtteilsbeschränkung in guter Absicht	173–175
a) Rechtsnatur der Pflichtteilsbeschränkung gem. § 2338 BGB	173
b) Rechtsfolgenseite	174
c) Tatbestandsvoraussetzungen	175
5. Trennungslösungen und Beeinflussung des pflichtteilserheblichen Nachlasses	176–182
a) Vor- und Nacherbfolge	176–178
b) Aufschiebend bedingte/befristete Vermächtnisse	179–182

	Rn.
6. Pflichtteilsklauseln und sonstige bedingte Zuwendungen an Abkömmlinge	183–194
a) Pflichtteilsklauseln	183–185
b) Problem: Das „böse" Kind	186–194
7. Ertragswertanordnung nach § 2312 BGB und Höferecht	195–212
a) Ertragswertanordnung bei Landgütern nach § 2312 BGB	195, 206
b) Höferecht	207–212

Checkliste zur Pflichtteilsgestaltung (insbesondere -reduzierung)

I. Gestaltungsmöglichkeiten im Rahmen lebzeitiger Rechtsgeschäfte und Handlungen

1. Erb- und Pflichtteilsverzichtsvertrag
   - Beseitigt sicher Pflichtteilsrecht des Verzichtenden
   - Reiner Pflichtteilsverzichtsvertrag (ggf. auch beschränkt) regelmäßig vorzugswürdig (vgl. § 2310 S. 2 BGB)
2. Lebzeitige Handlungen und Verfügungen
   - Lebzeitiger Verbrauch/lebzeitige Verrentung des Vermögens: insbesondere Leibrentenverträge
   - Entgeltliche Veräußerung/Begründung von Verbindlichkeiten
   - Lebzeitige Zuwendungen, die nicht Schenkung sind, z. B. Ausstattung
   - Lebzeitige Zuwendung an den Pflichtteilsberechtigten unter Bestimmung der Anrechnung auf den Pflichtteil
   - Lebzeitige Übertragung unter Ausnutzung der Zehn-Jahres-Frist des § 2325 Abs. 3 BGB (nach Reform: mit Abschmelzung)
   - Verträge zugunsten Dritter auf den Todesfall
3. Ehevertragliche Gestaltungen
   - bei Vereinbarung der Gütertrennung erhöhen sich die Pflichtteile der Kinder (anders, wenn nur ein Kind vorhanden ist, § 1931 Abs. 4 BGB)
   - die Zugewinngemeinschaft reduziert die Pflichtteile zugunsten des Ehegatten (und sichert diesem den Freibetrag nach § 5 ErbStG)
   - die Gütergemeinschaft erhöht zwar die Kinderpflichtteilsquote, kann aber bei einseitiger Vermögensverteilung eine pflichtteilsmindernde Vermögensverteilung bewirken, die nur ausnahmsweise eine Schenkung ist,[1] jedoch der Besteuerung unterliegt, § 7 Abs. 1 Nr. 4 ErbStG
4. Erweiterung des Kreises der Pflichtteilsberechtigten durch familienrechtliche Akte (wie Heirat, Geburt von Kindern, Adoption, usw.) bzw. erbrechtliche Akte (wie Gleichstellungserklärung hinsichtlich nichtehelichen Kind oder Aufhebung von Erbverzichten)
5. Gesellschaftsvertragliche Gestaltungsmöglichkeiten (Personengesellschaften: Fortsetzungsklausel im Gesellschaftsvertrag mit allseitigem Ausschluss des Abfindungsrechts)
6. Ausweichen des Erblassers auf eine pflichtteilsunfreundliche ausländische *lex rei sitae*
7. Wechsel der Staatsangehörigkeit

II. Gestaltungsmittel im Rahmen von Verfügungen von Todes wegen

1. Pflichtteilsentziehung (§§ 2333 ff. BGB) und Pflichtteilsunwürdigkeit
2. Pflichtteilsbeschränkung in guter Absicht (§ 2338 BGB)
3. Pflichtteilsklauseln
4. Trennungslösungen (Vor- und Nacherbfolge, Vor- und Nachvermächtnisse)
5. Reduzierung des Wertansatzes bei Landgut oder Eingreifen von landesrechtlichem Anerbenrecht (HöfeO)

---

[1] BGHZ 116, 178 = NJW 1992, 558 = DNotZ 1992, 503.

I. Problemstellung

Nach der grundlegenden Entscheidung des BVerfG vom 19. 4. 2005[2] gewährt das Pflichtteilsrecht den Abkömmlingen eine **grundsätzlich unentziehbare** und **bedarfsunabhängige** wirtschaftliche Mindestbeteiligung am Nachlass des Erblassers und ist durch Art. 14 Abs. 1 S. 1 i. V. m. Art. 6 Abs. 1 GG verfassungsrechtlich gewährleistet. Das BVerfG hat in seiner viel beachteten Entscheidung nicht nur wie in früheren Entscheidungen die Regelung des BGB als verfassungskonform gebilligt, sondern dem Pflichtteilsrecht (als Einschränkung der grundgesetzlich gewährleisteten Testierfreiheit des Erblassers!) sogar Verfassungsrang zugebilligt (vgl. dazu bereits § 1 Rn. 2).

Dieses zwingende Pflichtteilsrecht ist vielen Erblassern ein „Dorn" im Auge. Daher wird relativ häufig in der erbrechtlichen Beratung nach (legalen) Wegen gesucht, Pflichtteilsansprüche **möglichst gering zu halten** oder sogar ganz auszuschließen. Dieses dem Rechtsanwalt oder Notar vertraute Anliegen des Erblassers (zum Pflichtteilsrecht in der notariellen Kautelarpraxis vgl. bereits § 10) bezieht sich oft auf den **Ehegatten**, z. B. nach der Trennung der Beteiligten oder im Rahmen einer Eheschließung im vorgerückten Alter. Bisweilen wird auch der **Elternpflichtteil** problematisiert, beispielsweise wenn der Vater der kinderlosen Erblasserin sich nie nennenswert persönlich und finanziell um die Erblasserin gekümmert und damit fortlaufend seine elterlichen Pflichten vernachlässigt hat.

Überwiegend stellt sich die Frage nach der Vermeidung oder Reduzierung von Pflichtteilsansprüchen aber in Bezug auf **Abkömmlinge**, die gegenüber anderen Pflichtteilsberechtigten, insbesondere anderen Abkömmlingen des Erblassers, zurückgesetzt werden sollen (z. B. im Rahmen der Planung der Unternehmensnachfolge) bzw. zu denen kein intaktes Verhältnis (mehr) vorliegt. Dabei besteht nach meinen bisherigen praktischen Erfahrungen kein großer Unterschied zwischen nichtehelichen, erstehelichen oder ehegemeinschaftlichen Abkömmlingen. Insgesamt betrachtet resultiert das Ansinnen, Pflichtteilsansprüche zu reduzieren, daher weniger aus einer grundsätzlichen Ablehnung des Pflichtteilsrechts als aus Zweifeln an seiner Legitimation im familiären Einzelfall.[3]

Zunehmend erlangt auch das Problem der **Vermeidung des Zugriffs Dritter** (Gläubiger, Sozialhilfeträger) auf den mit Eintritt des Erbfalls entstehenden Pflichtteilsanspruch im Falle der Behinderung, Überschuldung oder Sozialhilfebedürftigkeit des Angehörigen Bedeutung (vgl. zum Behindertentestament ausf. § 10 Rn. 292 ff.).

Da Strategien zur Vermeidung oder Reduzierung von Pflichtteilsansprüchen im Rahmen der erbrechtlichen Beratung und Gestaltung von zentraler Bedeutung sind, soll das Thema in einem eigenen Kapitel behandelt werden. In Betracht kommen dabei Gestaltungsmöglichkeiten durch **lebzeitige Rechtsgeschäfte und Handlungen** wie auch im Rahmen von **Verfügungen von Todes wegen**. Diese sollen nachfolgend überblicksmäßig dargestellt werden. Eine systematische Darstellung der verschiedenen Gestaltungsmöglichkeiten ist in diesem „Querschnittskapitel" nicht beabsichtigt und kann aus Platzgründen auch nicht erfolgen. Hinsichtlich der Detailfragen wird deswegen jeweils – soweit vorhanden – auf die ausführliche Darstellung des jeweiligen Themas in den betreffenden Kapiteln dieses Werkes verwiesen.

In diesem Zusammenhang noch ein aktueller Hinweis im Hinblick auf die am 2. 7. 2009 vom Bundestag verabschiedete **Erbrechtsreform**, die zum 1. 1. 2010 in Kraft getreten ist: Der Gesetzgeber hat im Rahmen der Reform den trotz verfassungsrechtlicher Gewährleistung des Pflichtteilsrechts (vgl. oben Rn. 2) gegebenen **Gestaltungsspielraum** nicht voll ausgeschöpft. Dieser bezog sich nicht nur auf die Ausgestaltung des Pflichtteilsanspruchs, sondern auch auf dessen Höhe. Denkbar und wohl auch verfassungsrechtlich zulässig wäre grundsätzlich auch ein Absenken der Quoten des einzelnen Pflichtteilsberechtigten oder eine Beschränkung aller Pflichtteilsansprüche auf eine bestimmte, unterhalb von $1/2$ liegende Quote des Nachlasses gewesen. Der Gesetzgeber hat sich allerdings auf **moderate Änderungen** in Bezug auf die konkrete **Pflichtteilsausgestaltung** beschränkt. Dabei gibt es durchaus Neuerungen, die auch in Bezug auf eine Reduzierung von Pflichtteilsansprüchen von Bedeu-

---

[2] NJW 2005, 1561 ff.
[3] v. *Dickhuth-Harrach*, FS Rheinisches Notariat (1998), S. 185, 187.

tung sind, wie z. B. die Einführung der pro-rata-Regelung im Rahmen der Pflichtteilsergänzung. Im Zusammenhang mit der zunächst ebenfalls geplanten Einführung der Möglichkeit einer nachträglichen Pflichtteilsanrechnung lebzeitiger Zuwendungen durch Verfügung von Todes wegen war in der Literatur sogar erwartet worden, dass Verfügungen von Todes wegen in puncto Pflichtteilsreduzierung künftig stärker an Bedeutung gewinnen könnten.[4] Nachdem der Gesetzgeber aber zuletzt doch von der Schaffung einer nachträglichen Pflichtteilsanrechnungsmöglichkeit abgesehen hat (vgl. dazu § 10 Rn. 92 f.), werden wegen der zwingenden Natur des Pflichtteilsrechts in der Zukunft weiterhin vorrangig **lebzeitige Vermögensminderungen** zur Pflichtteilsreduzierung eingesetzt werden.

II. Gestaltungsmöglichkeiten im Rahmen lebzeitiger Rechtsgeschäfte und Handlungen

1. Erb-, Pflichtteilsverzicht

Schrifttum: *v. Dickhuth-Harrach*, Ärgernis Pflichtteil? Möglichkeiten der Pflichtteilsreduzierung im Überblick, in: FS 100 Jahre Rheinisches Notariat (1998), S. 185; *J. Mayer*, Der beschränkte Pflichtteilsverzicht, ZEV 2000, 263; *Thoma*, Maßnahmen zur Reduzierung des Pflichtteils, ZEV 2003, 278.

8 a) **Pflichtteilsverzicht und Erbverzicht.** Sollen Pflichtteilsansprüche weichender Erben minimiert oder ausgeschlossen werden, so ist das effektivste Instrument hierfür der **Pflichtteilsverzicht** (vgl. dazu § 10 Rn. 49 ff.). Der Pflichtteilsverzichtsvertrag ist der auf das Pflichtteilsrecht beschränkte Erbverzichtsvertrag (vgl. § 2346 Abs. 2 BGB). Er bewirkt, dass mit Eintritt des Erbfalls keine Pflichtteilsansprüche des Verzichtenden mehr entstehen. Dabei bezieht sich ein uneingeschränkter Pflichtteilsverzicht auch auf den Pflichtteilsrestanspruch nach §§ 2305 und 2307 BGB, den Pflichtteil nach Ausschlagung gem. § 2306 Abs. 1 BGB, Pflichtteilsergänzungsansprüche nach den §§ 2325 ff. BGB sowie die Berufungsmöglichkeiten nach den §§ 2318 Abs. 2, 2319 und 2328 BGB.

9 Der Pflichtteilsverzichtsvertrag wird durch **notariell beurkundeten Vertrag** zwischen dem Erblasser und dem Pflichtteilsberechtigten geschlossen (vgl. zur Form und den sonstigen Wirksamkeitsvoraussetzungen ausführlich § 10 Rn. 6 ff.). Dabei ist es nicht erforderlich, dass die **Pflichtteilsberechtigung** bereits zum Zeitpunkt des Vertragsabschlusses besteht. Es kann vielmehr auch auf ein ungewisses und künftig erst entstehendes Pflichtteilsrecht zulässigerweise verzichtet werden, z. B. durch den zukünftigen Ehegatten (vgl. § 2347 Abs. 1 BGB) oder ein Adoptivkind vor Ausspruch der Adoption. Inhalt des Pflichtteilsverzichtsvertrages ist das Pflichtteilsrecht nach dem vertragschließenden Erblasser (nicht nach Dritten). Der Pflichtteilsverzichtsvertrag lässt aber auch vielfältige **Einschränkungen** zu. Dies beruht darauf, dass sich der Pflichtteilsverzicht – anders als ein Erbverzicht – auf einen reinen Geldanspruch bezieht und von daher allen Modifikationen eines Verzichts auf einen solchen Anspruch zugänglich ist. Zu den praxishäufigen beschränkten Pflichtteilsverzichten zählt z. B. der sog. gegenständlich beschränkte Pflichtteilsverzicht im Zusammenhang mit der Grundstücksübergabe (vgl. dazu § 10 Rn. 178 f. mit Formulierungsbeispiel).

10 Der **Erbverzicht** stellt demgegenüber keine sinnvolle Gestaltungslösung dar, weil er zur Erhöhung der Pflichtteilsansprüche der übrigen Pflichtteilsberechtigten führt (vgl. § 2310 S. 2 BGB). Durch einen Erbverzicht kann damit im Ergebnis die Pflichtteilslast nicht eingeschränkt werden. In der Praxis dominiert daher der isolierte Pflichtteilsverzicht nach § 2346 Abs. 2 BGB, der regelmäßig mit der positiven Erbeinsetzung einer anderen Person durch Testament oder Erbvertrag kombiniert wird.

11 b) **Folgen des Pflichtteilsverzichts.** Beim Pflichtteilsverzichtsvertrag werden diejenigen Pflichtteilsberechtigten, die auf ihren Pflichtteil verzichtet haben, bei der Ermittlung des Pflichtteils der übrigen Pflichtteilsberechtigten mitgezählt. Damit kann es durch Vertragsschluss nicht – wie beim Erbverzicht – zur ungewollten Begünstigung von anderen Pflichtteilsberechtigten kommen. Der Pflichtteilsverzicht verschafft dem Erblasser damit die unein-

---

[4] *Keim* NJW 2008, 2072, 2077.

geschränkte Dispositionsfreiheit über seinen Nachlass, indem er – fehlende erbrechtliche Bindung unterstellt – nicht nur die Erbfolge frei gestalten, sondern wirtschaftlich betrachtet auch seinen Nachlass frei verteilen kann (ohne dass die letztwillig Begünstigten Pflichtteilslasten anderer Pflichtteilsberechtigter tragen müssten). Allerdings bedarf der Pflichtteilsverzicht noch der **Ergänzung** durch eine (positive) Verfügung von Todes wegen, wenn der Verzichtende nicht gesetzlicher Erbe werden soll. Umstritten ist, ob eine zusätzliche Enterbung zur Entstehung von Pflichtteilsansprüchen der weiter entfernten Pflichtteilsberechtigten führt.[5]

Auch der Pflichtteilsverzicht hat aber möglicherweise **unerwünschte Nebenwirkungen**: Verzichtet der Ehegatte auf sein Pflichtteilsrecht, so schließt dies nach einer Scheidung und dem darauffolgenden Tod des unterhaltsverpflichteten Ehegatten ggf. den **Unterhaltsanspruch gegen die Erben** gem. § 1586b Abs. 1 S. 3 BGB aus.[6] Es empfiehlt sich daher eine ausdrückliche Klarstellung, dass der Pflichtteilsverzicht den nachehelichen Unterhaltsanspruch gem. § 1586b unberührt lassen soll.[7] Außerdem ist zu berücksichtigen, dass die Beseitigung des Pflichtteilsanspruchs durch Pflichtteilsverzicht nicht nur einen Störfaktor aus dem Weg schafft, sondern man sich damit auch der Möglichkeit begibt, im Falle des Berliner Testaments dessen erbschaftsteuerliche Nachteile nach Tod des ersten Elternteils durch **freiwillige Erfüllung** des Pflichtteilsanspruchs durch den Überlebenden zu mildern.[8]

c) **Entgeltlicher Pflichtteilsverzicht und Bemessung der Abfindung.** Ein Pflichtteilsverzicht wird häufig nur zu erreichen sein, wenn der Verzichtende hierfür eine **Abfindung** erhält (vgl. zum sog. entgeltlichen Erb- und Pflichtteilsverzicht auch § 10 Rn. 11). Dies gilt namentlich dann, wenn er im Zuge einer lebzeitigen Vermögenszuwendung an eine andere Person (beispielsweise Ehefrau, Lebensgefährtin, Abkömmling) von einer hierdurch benachteiligten, pflichtteilsberechtigten Person (Ehegatte, weichendes Geschwister) erklärt wird. Dabei bereitet die **Bemessung** einer „angemessenen" Abfindung regelmäßig Probleme, da es hierfür keine zwingenden Vorgaben aus dem Gesetz oder der Rspr. gibt. Darüber hinaus kann und will der Erblasser oft den Umfang und Wert seines gesamten Vermögens nicht umfassend darlegen. Schließlich kann häufig die weitere Entwicklung des Vermögens bis zum Eintritt des Erbfalls (und die konkrete Höhe des dereinstigen Pflichtteilsanspruchs) nur mit Schwierigkeiten prognostiziert werden. Es gibt daher in der Regel nicht „die" angemessene Abfindung, sondern deren konkrete Höhe muss im Einzelfall unter Berücksichtigung der voraussichtlichen Pflichtteilsquote (Eheschließung oder weitere Abkömmlinge unterwegs oder geplant?), des aktuellen Vermögenswertes des künftigen Nachlasses und seiner voraussichtlichen Weiterentwicklung bis zum Eintritt des Erbfalls (wobei diese etwa bei Grundbesitz konstanter verlaufen wird als bei Wertpapieren oder unternehmerischem Vermögen) ausgehandelt werden. Selbstverständlich spielt in diesem Zusammenhang auch der voraussichtliche Zeitpunkt des Eintritts des Erbfalls eine bedeutende Rolle, da man bei einem Pflichtteilsverzicht auf dem Sterbebett des Erblassers die Abfindungssumme eher am konkret zu erwartenden Pflichtteil bemessen kann als bei einem Pflichtteilsverzicht in relativ jungen Jahren des Erblassers, wo angesichts des Risikos von Vermögensverlusten große Wertabschläge vorzunehmen sein werden.

Die vorstehenden Ausführungen dürfen übrigens nicht dahingehend interpretiert werden, dass es stets erforderlich ist, für einen Pflichtteilsverzicht eine Abfindung zu gewähren. Das Gesetz ist insoweit neutral, in der Praxis überwiegt eindeutig der **unentgeltliche Pflichtteilsverzicht**. Problematisch können (unentgeltliche) Pflichtteilsverzichtsvereinbarungen aber namentlich sein, wenn sie im Zusammenhang mit Eheverträgen abgeschlossen werden. Denn derzeit wird in der Literatur kontrovers diskutiert – und ist in der Rspr. noch nicht entschieden – inwieweit auch Pflichtteilsverzichtsverträge einer Inhaltskontrolle unterliegen (vgl. dazu § 10 Rn. 59 ff.).

---

[5] Vgl. MünchKommBGB/*Lange* § 2309 Rn. 9 Fn. 21.
[6] Die Rechtsfrage ist nach wie vor umstritten; vgl. dazu *Münch* ZEV 2008, 571, 574 f.; *Keim* FPR 2006, 145, 146 m. w. N.
[7] Vgl. *J. Mayer* ZEV 2007, 556, 557; Formulierungsvorschlag in § 10 Rn. 57.
[8] Vgl. dazu *Hartmann* DNotZ 2007, 812, 813 ff., der empfiehlt, stattdessen einen qualitativen Teilverzicht auf den Pflichtteil zu vereinbaren, wonach der Erbe nach Eintritt des Erbfalls zwar zur Leistung verpflichtet ist, der Anspruch aber nicht gegen den Willen des Erben durchgesetzt werden kann (unvollkommene Verbindlichkeit, Naturalobligation kraft Vereinbarung).

15 d) **Wirksamkeitsvoraussetzungen.** Nach der Rspr. kann sowohl der Erbverzicht als auch der Pflichtteilsverzicht nur zu Lebzeiten des Erblassers wirksam geschlossen werden (vgl. dazu bereits § 10 Rn. 25 f.). Auch bei der Beurkundung eines Pflichtteilsverzichtsvertrages im Wege von **Angebot und Annahme**[9] ist erforderlich, dass die Annahme noch zu Lebzeiten des Erblassers erfolgt. Wird der Pflichtteilsverzicht auf Seiten des Verzichtenden durch einen Vertreter ohne Vertretungsmacht geschlossen (auf Seiten des Erblassers ist grundsätzlich keine Vertretung zulässig, vgl. § 2347 Abs. 2 BGB), muss die Genehmigung noch zu Lebzeiten des Erblassers erfolgen und damit der Verzicht wirksam werden.[10]

16 e) **Erstreckung der Verzichtswirkung/Ausschaltung des „lästigen Enkels".** *aa) Erstreckung der Verzichtswirkung.* Gem. § 2349 BGB erstreckt sich ein Erb- oder Pflichtteilsverzicht eines Abkömmlings oder Seitenverwandten grundsätzlich auf den ganzen Stamm des Verzichtenden. Er schließt also auch vorhandene und künftige Abkömmlinge des Verzichtenden von der Erbfolge bzw. vom Pflichtteilsrecht aus, ohne dass diese am Vertrag mitwirken müssten oder der Vertrag in deren Namen geschlossen werden müsste. Als eng zu interpretierende – und dispositive – Ausnahmevorschrift ermöglicht § 2349 BGB damit einen echten **Vertrag zu Lasten Dritter.**

17 *bb) Ausschaltung des „lästigen Enkels".* Die durch § 2349 BGB in die nächste Generation reichende Wirkung des Pflichtteilsverzichts kann man sich zunutze machen, wenn es in der Familie einen „missratenen" Enkel gibt, dessen Pflichtteil der Erblasser für den Fall ausschließen will, dass der Abkömmling vor dem Erblasser stirbt. In der Gestaltungsliteratur wird die Problematik erörtert unter dem Stichwort **„Ausschaltung des lästigen Enkels".** Hier besteht mittels Kombination von Pflichtteilsverzicht nebst Verfügung von Todes wegen mit Anordnung der Nacherbfolge die Möglichkeit, ein Kind des Erblassers zu bedenken, den dem Erblasser nicht angenehmen Abkömmling aber von jeglicher Nachlassteilhabe auszuschließen.

18 Dieser Lösungsvorschlag zur Ausschaltung des „lästigen Enkels" geht auf *Stanovsky*[11] zurück. Nach dessen Gestaltungsvorschlag verzichtet das Kind gegenüber dem Erblasser gem. § 2346 Abs. 2 BGB auf sein Pflichtteilsrecht. Dabei wird bestimmt, dass sich die Wirkung des Verzichts in Übereinstimmung mit der dispositiven Vorschrift des § 2349 BGB **auf die Abkömmlinge** des Verzichtenden **erstrecken** soll. Um das Kind des Erblassers ferner erbrechtlich abzusichern, wird regelmäßig damit ein **Erbvertrag** zwischen dem Erblasser und dem Kind verbunden, worin das Kind zum Erben (allein oder neben anderen Erben) eingesetzt wird. Damit der Nachlass nicht an den unerwünschten Enkel weitervererbt werden kann, muss gleichzeitig bestimmt werden, dass das Kind nur (in der Regel befreiter) **Vorerbe** wird. Zu Nacherben werden – ebenfalls mit erbvertraglicher Bindungswirkung gegenüber dem Kind – dessen Kinder (mit Ausnahme des sog. lästigen Enkels) eingesetzt. Die Nacherben werden ferner – entsprechend der Auslegungsregel des § 2102 Abs. 1 BGB – zugleich zu Ersatzerben bestimmt. Die Gestaltung hängt allerdings ab von der Bereitschaft des Kindes, mit dem Erblasser einen Pflichtteilsverzichtsvertrag mit Wirkung auf seine Abkömmlinge zu vereinbaren.

Formulierungsvorschlag: (Ausschaltung des lästigen Enkels)

19 Wir schließen den nachstehenden

Erbvertrag mit Pflichtteilsverzichtsvertrag

§ 1 Erbeinsetzung
1. Hiermit setze ich, Vater V, meinen Sohn S erbvertraglich zum Alleinerben ein.
2. Sohn S wird jedoch nur Vorerbe. Er ist von den gesetzlichen Beschränkungen und Verpflichtungen befreit.

---

[9] Das Zustandekommen eines Pflichtteilsverzichtsvertrages setzt nicht die gleichzeitige Anwesenheit der Vertragsbeteiligten voraus; vgl. § 10 Rn. 21 f.
[10] BGH NJW 1997, 521 = DNotZ 1997, 422.
[11] Zur erbrechtlichen Ausschaltung lästiger Enkel, BWNotZ 1974, 102 ff.; vgl. auch MünchVertragshdb/ *Nieder* Form. XVI 15.

II. Gestaltungsmöglichkeiten im Rahmen lebzeitiger Rechtsgeschäfte 20–23 § 11

3. Zu Nacherben und zugleich Ersatzerben meines Sohnes setze ich dessen Abkömmlinge gemäß der gesetzlichen Erbfolge erster Ordnung zum Zeitpunkt des Nacherbfalls ein, jedoch mit Ausnahme meines Enkels E und seines Stammes. Die Nacherbenanwartschaftsrechte sind weder vererblich noch veräußerlich, ausgenommen die Veräußerung an den Vorerben. Im Falle der Veräußerung entfällt jede ausdrückliche oder stillschweigende Ersatznacherbeinsetzung.
4. Der Sohn S nimmt die vorstehenden Erklärungen mit erbvertraglicher Bindung an. Ein Rücktrittsrecht will sich der Erblasser nicht vorbehalten.

§ 2 Pflichtteilsverzicht

Ich, Sohn S, verzichte hiermit mit Wirkung auch für meine Abkömmlinge auf mein Pflichtteilsrecht auf Ableben meines Vaters V. Dieser nimmt den Verzicht mit vertraglicher Wirkung an.

Durch diese Gestaltung kann der Ausschluss des Pflichtteilsrechts eines entfernteren Abkömmlings ohne dessen Mitwirkung erreicht werden. Dagegen besteht aber wohl keine Möglichkeit, den Pflichtteilsverzicht des Kindes in der Weise zu bedingen, dass im Ergebnis **nur die Erstreckungswirkung des § 2349 BGB** übrig bleibt, beispielsweise dadurch, dass vereinbart wird, dass der Pflichtteilsverzicht nur zu Lasten der Abkömmlinge wirken soll oder dadurch, dass der Pflichtteilsverzicht ausdrücklich unter die Bedingung gestellt wird, dass der Verzichtende vor dem Erblasser verstirbt. 20

Die erste Variante ist wohl schon unzulässig, weil das entsprechende Rechtsgeschäft fehlt, an das das Gesetz die Erstreckungswirkung anknüpft. Bei der zweiten Variante dürfte es sich um eine missbräuchliche Anwendung des § 2349 BGB handeln. Dies ergibt sich zum einen aus dem Wortlaut des § 2349 BGB, der von einer „Erstreckung" der Verzichtswirkung spricht. Von einer solchen „Erstreckung" kann aber nicht die Rede sein, wenn die Verzichtswirkung in der Person des Verzichtenden gerade nicht eintreten soll. Zum anderen ähnelt die Konstellation dem Fall, dass ein todkranker Verzichtender in der sicheren Erwartung seines baldigen Todes allein deshalb einen Erbverzicht vereinbart, um das selbständige gesetzliche Erbrecht seiner Abkömmlinge auszuschalten; dies wird aber als i.S.d. § 138 BGB missbräuchliche und damit sittenwidrige Konstellation angesehen.[12] 21

2. Reduzierung des Pflichtteils mittels lebzeitiger Handlungen und Verfügungen

Schrifttum: *v. Dickhuth-Harrach*, Ärgernis Pflichtteil? Möglichkeiten der Pflichtteilsreduzierung im Überblick, in: FS 100 Jahre Rheinisches Notariat, 1998, S. 185.

a) **Lebzeitiger Verbrauch/Verkauf gegen Leibrente.** Der Berechnung des (ordentlichen) Pflichtteils wird der Bestand und Wert des Nachlasses **zum Zeitpunkt des Erbfalls** zugrunde gelegt (§ 2311 Abs. 1 S. 1 BGB). Von daher kann Vermögen, das vom Erblasser lebzeitig **verbraucht** wurde, nicht mehr zur Berechnung des ordentlichen Pflichtteils herangezogen werden. Mangels Schenkung scheidet auch eine Berücksichtigung im Rahmen der Pflichtteilsergänzung (vgl. §§ 2325 ff. BGB) aus. Allerdings ist ein lebzeitiger Verbrauch des Vermögens im Interesse des Erblassers nicht ohne Weiteres empfehlenswert. Denn wer sein Vermögen verringert oder gar verschleudert, um Pflichtteilsansprüche zu reduzieren, läuft Gefahr, dabei seine eigene Bedürftigkeit herbeizuführen und schadet sich durch sein Handeln am Ende möglicherweise am meisten selbst. 22

Die „gehobenere Variante" des Nachlassverbrauchs, die im Einzelfall durchaus erwägenswert ist, stellt der **Verkauf gegen Leibrente** (vgl. § 759 BGB) dar. Denn wer beispielsweise sein Hausgrundstück gegen eine regelmäßig wiederkehrende und gleichmäßige lebenslange Geldleistung verkauft und letztere nicht anspart, sondern konsumiert, kann seine Erben und Pflichtteilsberechtigten wirtschaftlich zurücksetzen, ohne die notwendige Eigenvorsorge zu gefährden.[13] Dabei stellt die h.A.[14] **Verträge** mit sog. **aleatorischem Charakter** (Wagnisgeschäfte) wie z.B. einen Verkauf gegen Leibrente nicht zwangsläufig einer Schen- 23

---

[12] Staudinger/*Schotten* § 2349 Rn. 4.
[13] *v. Dickhuth-Harrach*, FS Rheinisches Notariat (1998), S. 185, 196.
[14] Vgl. nur MünchKommBGB/*Lange* § 2325 Rn. 2.

G. Müller

kung gleich, auch wenn sie sich aus nachträglicher Sicht als schädlich für den Nachlass darstellen.

24 **Beispiel:**
Der Erblasser E verkauft im Alter von 67 Jahren sein Hausgrundstück gegen eine lebenslange monatliche Rente in Höhe von € 1.200,–. Bei Berechnung der Monatsrente wurde eine statistische Restlebenserwartung von 14,84 Jahren (Sterbetafel 2002/2004) zugrundegelegt. Erkenntnisse über eine von der statistischen Restlebenserwartung abweichende konkrete Restlebenserwartung, beispielsweise aufgrund einer schweren Erkrankung, lagen nicht vor. Stirbt der Erblasser wenige Wochen nach Vertragsschluss (z. B. aufgrund eines Schlaganfalls), dann bestehen hinsichtlich des veräußerten Hausgrundstücks keine Pflichtteilsergänzungsansprüche. Denn ist die monatliche Leibrente am Verkehrswert des Grundbesitzes ausgerichtet, liegt eine entgeltliche Veräußerung und keine Schenkung oder gemischte Schenkung vor. Es hat sich nur der Charakter des Rechtsgeschäfts als Wagnisgeschäft verwirklicht.

25 **Anderes Beispiel:**
Im Fall oben überlebt der Erblasser seine statistische Restlebenserwartung um 10 Jahre. Obwohl der Erwerber jetzt wesentlich mehr als den errechneten Kaufpreis erbracht hat, liegt nicht etwa hinsichtlich der überschießenden Beträge eine Schenkung von Seiten des Erwerbers vor. Es bleibt vielmehr eine entgeltliche Veräußerung. Die Pflichtteilsberechtigten können hiervon allerdings profitieren, wenn die monatliche Leibrente von Erblasser nicht verbraucht, sondern zum Teil aufgespart worden ist.

26 **b) Entgeltliche Veräußerung.** *aa) Ausschluss einer ergänzungspflichtigen Schenkung.* Ansprüche der Pflichtteilsberechtigten wegen lebzeitiger Veräußerung von Vermögensgegenständen (oder Begründung von Verbindlichkeiten) scheiden aus, wenn es sich bei der Veräußerung nicht um eine Schenkung handelte, sondern um ein **entgeltliches Rechtsgeschäft**. Denn nur Schenkungen des Erblassers, die dieser zu Lebzeiten an Dritte getätigt hat, werden im Rahmen der Pflichtteilsergänzung gem. § 2325 BGB auf die Dauer von 10 Jahren dem Nachlass für Zwecke der Pflichtteilsberechnung hinzugerechnet.

27 Voraussetzung für das Eingreifen eines Pflichtteilsergänzungsanspruchs ist das Vorliegen einer **Schenkung** i. S. v. §§ 516 f. BGB. Damit muss zum einen durch den Vermögenstransfer eine Verminderung des gegenwärtigen Vermögens bewirkt worden sein. Dies ergibt sich aus dem in der Praxis wenig bekannten **§ 517 BGB**, wonach keine Schenkung vorliegt, wenn jemand zum Vorteil eines anderen einen Vermögenserwerb unterlässt oder auf ein angefallenes, noch nicht endgültig erworbenes Recht verzichtet oder eine Erbschaft oder ein Vermächtnis ausschlägt. Zum anderen setzt das Vorliegen einer Schenkung objektiv die Bereicherung des Empfängers aus dem Vermögen des Schenkers und subjektiv die Einigung der Beteiligten über die Unentgeltlichkeit der Zuwendung voraus.

28 Eine Schenkung liegt – infolge Fehlens der objektiven Unentgeltlichkeit des Geschäfts – nach h. A.[15] nicht vor, wenn
- Leistung und Gegenleistung durch gegenseitigen Vertrag im wechselseitigen Abhängigkeitsverhältnis versprochen werden (**synallagmatische Verknüpfung**),
- die Verpflichtung zur Leistung an die Bedingung der Gegenleistung geknüpft ist (sog. **konditionale Verknüpfung**) oder
- wenn die Zuwendung rechtlich auf der Geschäftsgrundlage beruht, dass dafür eine Verpflichtung eingegangen oder eine Leistung bewirkt werde (sog. **kausale Verknüpfung**). Hierher gehören v. a. die sog. Veranlassungs- oder Vorleistungsfälle, in denen ohne rechtliche Verpflichtung oder rechtlich vereinbarte Bedingung eine Zuwendung erbracht wird, um den Empfänger mit seinem tatsächlich vereinbarten Einverständnis zu einem nicht erzwingbaren Verhalten zu veranlassen.[16] Bei den Leistungen handelt es sich dann um vorweggenommene Erfüllungshandlungen in Bezug auf einen abzuschließenden entgeltlichen Vertrag.[17]

---

[15] Vgl. hierzu BGH NJW 1992, 2566 m. w. N. = DNotZ 1993, 521; MünchKommBGB/*Kollhosser* § 516 Rn. 18 f.; *J. Mayer*, Der Übergabevertrag, 2. Aufl. 2001, S. 57 ff.; *Krauß*, Überlassungsverträge in der Praxis, 2006, Rn. 32 ff.
[16] Vgl. MünchKommBGB/*Kollhosser* § 516 Rn. 17.
[17] Vgl. OLG Düsseldorf NJW-RR 2001, 1518 (der Übernehmer hatte den Eltern absprachegemäß jahrzehntelang eine Wohnung kostenlos in der Erwartung der Abgeltung durch Übertragung eines Grundstücks zur Verfügung gestellt).

II. Gestaltungsmöglichkeiten im Rahmen lebzeitiger Rechtsgeschäfte

Lebzeitige Veräußerungen von Vermögensgegenständen können daher ebenso wie die Begründung von Verbindlichkeiten Pflichtteilsansprüche reduzieren, sofern es sich nicht um Schenkungen handelt und der Gegenwert nur dem Erblasser persönlich zugute kommt oder von ihm lebzeitig verbraucht wird (vgl. dazu auch oben Rn. 22). In diesem Zusammenhang spielt es keine Rolle, ob die entgeltliche Veräußerung an einen außenstehenden Dritten oder einen Familienangehörigen (wie z.B. Ehegatten oder Abkömmling) erfolgt. Leistung und Gegenleistung müssen nur in etwa angemessen und der Vertrag nach Abschluss auch ernsthaft durchgeführt worden sein (vgl. § 117 BGB). 29

Praxistipp:
Sollen im Rahmen lebzeitiger Verfügungen des Erblassers Pflichtteilsergänzungsansprüche möglichst gering gehalten oder sogar ausgeschlossen werden, empfiehlt es sich, den (pflichtteilsergänzungspflichtigen) Schenkungsteil der Zuwendung durch die Vereinbarung von Gegenleistungen des Übernehmers oder den Vorbehalt von Nutzungsrechten zu reduzieren.

Ein gewisser Spielraum der Beteiligten besteht im Übrigen im Hinblick auf das **subjektive Tatbestandsmerkmal** der Schenkung: Angesichts des zusätzlichen Erfordernisses der Einigung der Beteiligten über die Unentgeltlichkeit der Zuwendung müssen Leistung und Gegenleistung nicht hundertprozentig ausgewogen sein. Die Bewertungsfreiheit der Beteiligten geht aber nicht so weit, dass die Beteiligten Leistung und Gegenleistung völlig willkürlich bemessen oder – bewusst – unangemessen festsetzen („frisieren") dürfen, um einen äußerlichen Gleichstand zu erreichen. Denn lässt sich ein **auffallendes, grobes Missverhältnis** zwischen den wirklichen Werten von Leistung und Gegenleistung feststellen, dann erfordert es nach Ansicht des BGH[18] der Schutzzweck des § 2325 BGB, im Einklang mit der Lebenserfahrung davon auszugehen, dass auch die Vertragsparteien dies erkannt haben und dass sie sich in Wahrheit über die unentgeltliche Zuwendung derjenigen Bereicherung einig waren, die sich bei einer verständigen und nach den Umständen vertretbaren Bewertung der beiderseitigen Leistungen ergeben hätte. Die subjektive Seite der Schenkung wird in diesen Fällen daher tatsächlich **vermutet** (Beweiserleichterung). 30

bb) Problem der nachträglichen Entgeltlichkeit/Auswechslung des Schuldgrunds. War die Entgeltlichkeit, die dem Vermögenstransfer den Schenkungscharakter nimmt, nicht von vornherein vereinbart, ist fraglich, ob eine bereits erbrachte Leistung oder ein später gezahltes Entgelt noch als die Schenkung ausschließende Gegenleistung angesehen werden kann. Dabei tritt das Problem zumeist in den beiden nachfolgenden Konstellationen auf: 31
- Der Erwerber hat bereits in der Vergangenheit ohne Vergütungserwartung bzw. -abrede (insoweit liegt ein Unterschied zu den o.g. Vorleistungsfällen vor) Leistungen erbracht, die bei der Schenkung von den Parteien (z.T.) als Entgelt für die Vermögensübertragung angesehen werden (hier Problem der Abgrenzung zur sog. belohnenden, remuneratorischen Schenkung).
- Für den Vermögenstransfer des Erblassers, der zunächst unentgeltlich vonstatten ging, werden nachträglich Gegenleistungen vereinbart (**nachträgliche Auswechslung des Schuldgrunds** oder „Umwidmung" des Rechtsgeschäfts).

Die Rspr. schwankte in der rechtlichen Würdigung dieser Fälle. Das RG[19] erachtete in mehreren Entscheidungen die nachträgliche Begründung oder Erhöhung einer Gegenleistung für zulässig. Diese Einschätzung wurde vom BGH[20] bestätigt, während sich verschiedene Obergerichte[21] ausdrücklich gegen die Möglichkeit aussprachen, Leistungen, die in der Vergangenheit – abgeschlossen – unentgeltlich vorgenommen worden sind, durch nachträg- 32

---
[18] Seit BGHZ 59, 132, 136 = NJW 1972, 1709 st. Rspr.
[19] RGZ 72, 188, 191; 75, 325, 327; 94, 157.
[20] FamRZ 1989, 732; ihm folgend OLG Köln JMBl NW 1997, 126 ff.; tendenziell auch BayObLGZ 1995, 186 ff.
[21] OLG Frankfurt FamRZ 1981, 778, 779; OLG Hamm NJW-RR 1995, 567, 568; OLG Oldenburg NJW-RR 1997, 263, 264; OLG Düsseldorf NJW-RR 2001, 1518.

liche Vereinbarung zu entgeltlichen zu machen. Auch der BGH[22] stand in einer neueren Entscheidung nachträglichen Vergütungsvereinbarungen skeptisch gegenüber. In dem Fall hatte der Übergeber dem Erwerber im Überlassungsvertrag eine Vergütung für bereits erbrachte Pflegeleistungen versprochen, diese Schuld aber in der gleichen Urkunde im Hinblick auf die Grundstückszuwendung erlassen. Diese Vereinbarung der Beteiligten behandelte der BGH in Übereinstimmung mit der Würdigung des Instanzgerichts als **nichtiges Scheingeschäft** nach § 117 BGB und wies auf die Gefahr der Umgehung des § 2325 BGB durch nachträglich zu „Gegenleistungen erklärten" Leistungen hin. Die Bedeutung und Tragweite dieser BGH-Entscheidung ist sehr umstritten.[23]

33 In der **Literatur** hat sich eine Meinung[24] der dargelegten höchstrichterlichen Rspr. angeschlossen und vertritt, dass es zulässig ist, nachträglich eine zunächst schenkweise erbrachte Leistung in eine ganz oder teilweise entgeltliche umzuwandeln oder eine vereinbarte Gegenleistung nachträglich noch zu erhöhen. *J. Koch*[25] schränkt diese Ansicht allerdings dahin gehend ein, dass ein Recht zur Umwandlung nur bestehe, soweit nicht im Einzelfall zwingende Normen und schutzwerte Interessen Dritter entgegen stünden. Letzteres könnte man im Hinblick auf Pflichtteilsberechtigte annehmen.

34 Der **BGH** hat allerdings durch Urteil vom 14. 2. 2007[26] die **bisherige höchstrichterliche Rspr. bestätigt**, wonach die Pflichtteilsberechtigten auch nachträgliche Vereinbarungen über die Entgeltlichkeit von lebzeitigen Rechtsgeschäften des Erblassers hinnehmen müssten, solange zwischen Leistung und Gegenleistung kein auffallendes, grobes Missverhältnis bestehe. Im konkreten Fall hatte der Erblasser zunächst sein mit einem Mehrfamilienhaus bebautes Grundstück schenkweise an seine Ehefrau (unter Vorbehalt eines Nießbrauchs- und Rückforderungsrechts) übertragen. Im Jahr darauf schloss er mit seiner Ehefrau (wohl in der Erkenntnis, dass die gewählte Konstruktion mangels Fristlaufs nicht zur Reduzierung von Pflichtteilsansprüchen geeignet war) einen notariellen Änderungsvertrag, wonach die vorbehaltenen Rechte des Erblassers entfielen. Dafür, sowie für die bereits vollzogene Eigentumsübertragung wurden Gegenleistungen der Beklagten (welche, ist nach dem mitgeteilten Sachverhalt unklar) vereinbart. Nach dem Tod des Erblassers nahm der nichteheliche Sohn des Erblassers die Ehefrau als Beschenkte gem. § 2329 BGB auf Pflichtteilsergänzung in Anspruch, da der Nachlass überschuldet war. Der Sohn machte geltend, dass die nachträgliche Umwandlung der Schenkung in ein entgeltliches Geschäft jedenfalls ihm gegenüber unwirksam sei bzw. es sich um ein Scheingeschäft handle. Obwohl dieser Fall auf der Linie der Entscheidung des BGH aus dem Jahre 1996 lag und man eher damit rechnen konnte, dass der BGH dem nichtehelichen Sohn über die Pflichtteilsergänzung zu seinem Pflichtteilsanspruch verhelfen würde, wies der BGH den Pflichtteilsergänzungsanspruch des nichtehelichen Sohnes wegen der ursprünglichen Schenkung zurück. Der BGH schloss sich in seiner Urteilsbegründung ausdrücklich der bisherigen höchstrichterlichen Rspr. an. Zusätzlich führte er aber auch als Argument die Vertragsfreiheit auf und verglich die Problematik mit den gleichfalls in der Literatur erörterten Fällen des Rückerwerbs des Schenkungsgegenstandes, bei dem ein Pflichtteilsergänzungsanspruch ebenfalls ausgeschlossen sei.[27]

35 Die **Rechtsfolgenseite** ließ der BGH allerdings weitgehend unerörtert. Erkennt man eine nachträgliche Entgeltlichkeit an, fragt sich aber beispielsweise, wie sich diese steuerrechtlich auswirkt, ob diese beispielsweise bei der Schenkungsteuer zurückwirkt? Der BGH hat sich mit dieser Frage nicht beschäftigt. Im Anfechtungsrecht würde eine nachträgliche Entgeltlichkeit jedenfalls nicht zielführend sein. Denn nach einer Entscheidung des BFH[28] kann die einmal aufgrund Unentgeltlichkeit gegebene Anfechtbarkeit einer Verfügung nicht nachträglich geheilt werden.

---

[22] NJW-RR 1996, 705 = ZEV 1996, 186.
[23] Vgl. *Schindler* ZErb 2004, 46, 51.
[24] Nieder/Kössinger/*Nieder* § 2 Rn. 118 f.; Soergel/*Dieckmann* § 2325 Rn. 7; MünchKommBGB/*J. Koch* § 516 Rn. 30.
[25] MünchKommBGB/*J. Koch* § 516 Rn. 30.
[26] NJW-RR 2007, 803 = ZEV 2007, 326 ff. m. Anm. *Kornexl.*
[27] Vgl. *Kornexl* ZEV 2003, 196, 197.
[28] BFHE 109, 207 ff. = NJW 1988, 3174.

II. Gestaltungsmöglichkeiten im Rahmen lebzeitiger Rechtsgeschäfte 36–38 § 11

Auch sonst überzeugt die Begründung des BGH nicht restlos. In den reichsgerichtlichen 36
Fällen ging es stets darum, durch Anerkennung eines nachträglichen Entgelts die **Formnichtigkeit** eines Vergütungsversprechens nach § 518 BGB zu vermeiden, um dem Vorleistenden zu seinem gerechten Lohn zu verhelfen. Dort waren also nicht – wie bei § 2325 BGB – Drittinteressen betroffen. Auch der Vergleich zu den „Rückabwicklungsfällen" ist ein eher schwaches Argument, da auch dort keine Kompensation eintritt, wenn der auf den Erblasser zurückübertragene Gegenstand im Zeitpunkt des Erbfalls nicht im Nachlass vorhanden ist und nicht nach § 2311 BGB zur Pflichtteilsberechnung herangezogen werden kann. Genauso wenig tritt eine Kompensation ein, wenn für unentgeltlich erbrachte Leistungen nachträglich von Seiten des Erblassers ein „Entgelt" erbracht wird. Denn mit dem Vermögenstransfer wird dann nicht eine Verbindlichkeit erfüllt, sondern aus Sicht des Pflichtteilsberechtigten ein nicht geschuldeter Wert erbracht, was sich eher als sog. belohnende Schenkung darstellt. Um auch in diesen Fällen ein gerechtes Ergebnis erzielen zu können, sollte der BGH vielmehr seine – verfehlte – restriktive Rspr. zur **Pflichtschenkung** aufgeben.[29] Im Falle von Pflegeleistungen wird eine solche nur angenommen, wenn die Pflegeperson schwerwiegende persönliche Opfer bringt und deswegen in eine Notlage gerät.[30] Würde der BGH seine restriktive Linie aber aufgeben, dann wäre es möglich, für solche außerordentlichen Leistungen nachträglich pflichtteilsergänzungsfest eine Pflichtschenkung gem. § 2330 BGB vorzunehmen, ohne dass es der fraglichen Konstruktion der nachträglichen Entgeltlichkeit bedürfte.

Praxistipp:
Für den Praktiker ergibt sich aus der o. g. Entscheidung des BGH jedenfalls zivilrechtlich Gestaltungsspielraum. Denn der BGH hat hierin für nachträgliche Entgeltvereinbarungen (auch in sog. Reparaturfällen) selbst im Pflichtteilsrecht „grünes Licht" gegeben, sofern es sich um angemessene Gegenleistungen handelt und diese tatsächlich erbracht werden. Angesicht der bisher nicht ganz einheitlichen Linie der Rspr. und der dogmatischen Bedenken hinsichtlich der Richtigkeit der BGH-Entscheidung dürfte es sich dennoch empfehlen, von der gewährten Gestaltungsfreiheit eher zurückhaltend Gebrauch zu machen.

cc) Wechselseitige Zuwendungen auf den Todesfall. In der Literatur wird diskutiert, in- 37
wieweit **wechselseitige Zuwendungen auf den Todesfall** (z. B. von Miteigentumsanteilen oder Nießbrauchsrechten) als voll entgeltlicher Vermögenstransfer im Rahmen des § 2325 BGB gewertet werden können. So liegt nach Auffassung von *Egerland*[31] und *Krauß*[32] Entgeltlichkeit i. d. R. dann vor, wenn sich zwei Leistungspflichten „spiegelbildlich" in dem Sinne bedingen, dass sie vom erstverstorbenen Beteiligten auf dessen Ableben hin zu erfüllen sind. Sind also beispielsweise zwei Ehepartner oder Lebensgefährten etwa gleich alt und gleich gesund (so dass die Restlebenserwartung sich in etwa entspricht), soll nach dieser Ansicht beispielsweise die wechselseitige Übertragung von Miteigentumsanteilen an Immobilien auf den Todesfall ähnlich wie das abfindungslose Ausscheiden eines verstorbenen Gesellschafters aus einer Personengesellschaft bei etwa gleich hoher Sterbewahrscheinlichkeit[33] zur Annahme der **Entgeltlichkeit des Rechtsgeschäfts** führen, die auch im Hinblick auf § 2325 BGB anzuerkennen sei.

Diese Gestaltungsvariante beruht auf der bekannten gesellschaftsrechtlichen Strategie der 38
Vereinbarung eines **abfindungslosen Ausscheidens eines verstorbenen Gesellschafters aus einer Personengesellschaft**. Bei dieser „gesellschaftsrechtlichen Lösung" nimmt die h. M.[34] die

---
[29] So auch *Keim* FamRZ 2004, 1081, 1085 f.
[30] BGH NJW 1986, 1926, 1927.
[31] NotBZ 2002, 233 ff.
[32] In: DAI-Skript „Zweite Jahresarbeitstagung des Notariats", 2004, S. 30 ff.
[33] Vgl. dazu bereits § 10 Rn. 140 f.
[34] Vgl. nur BGH NJW 1981, 1956, 1957; KG DNotZ 1978, 109, 111; Gutachten DNotI-Report 2002, 43; DNotI-Report 1996, 87; *Reimann* ZEV 1994, 7 ff.; *Worm* RNotZ 2003, 535 ff.; *Haibt* MittRhNotK 1998, 261 ff.

Entgeltlichkeit der Vereinbarung an, sofern der Abfindungsausschluss allseitig gilt und kein Missbrauchsfall gegeben ist (etwa im Hinblick auf die Übertragung eines Zwerganteils an einer Gesellschaft oder eine erheblich abweichende Lebenserwartung der Gesellschafter). Die Entgeltlichkeit wird dabei im Wesentlichen mit dem **aleatorischen Charakter** des Rechtsgeschäfts (sog. Wagnisgeschäft) begründet, da jeder Gesellschafter die Chance habe, am Anteil verstorbener Gesellschafter beteiligt zu werden.

39 Da sich die Rspr. mit wechselseitigen Zuwendungen auf den Todesfall im Bereich des § 2325 BGB bislang noch nicht befasst hat, ist die Zulässigkeit der Gestaltung nicht definitiv gesichert. Für die Zulässigkeit spricht außer dem Vergleich mit dem abfindungslosen Ausscheiden aus einer Personengesellschaft bei gleichhoher Sterbewahrscheinlichkeit, dass auch andere **Verträge** mit **aleatorischem Charakter** wie z. B. ein Leibrentenkauf (vgl. dazu bereits oben Rn. 23 f.) nicht zwangsläufig einer Schenkung gleichzustellen sind, wenn sie sich auch aus nachträglicher Beurteilung als schädlich für den Nachlass darstellen.[35]

40 c) *Lebzeitige Zuwendungen des Erblassers. aa) Zuwendungen an den Pflichtteilsberechtigten und Reduzierung seines Pflichtteils.* Lebzeitige Zuwendungen des Erblassers an den Pflichtteilsberechtigten führen nicht automatisch zur Reduzierung von dessen Pflichtteilsanspruch. Dies ist nur dann der Fall, wenn der Erblasser gem. § 2315 Abs. 1 BGB **vor oder spätestens bei der Zuwendung angeordnet** hat, dass die Zuwendung auf den Pflichtteil des Empfängers **angerechnet** werden soll (vgl. dazu § 10 Rn. 80 ff. und § 3 Rn. 92 ff.).[36]

> **Praxistipp:**
> 41 Eine derartige (positive) Anrechnungsbestimmung empfiehlt sich bei lebzeitigen Zuwendungen (insbesondere Übergabeverträgen) regelmäßig: Dem Erblasser erhält sie in weitestmöglichen Umfang seine Dispositionsfreiheit für den Fall, dass er den Zuwendungsempfänger später auf den Pflichtteil beschränken will. Dem Pflichtteilsberechtigten nimmt die Anrechnungsbestimmung – wirtschaftlich gesehen – nichts von seinem Pflichtteil, sondern er erhält diesen vielmehr im Ausmaß der Zuwendung bereits vorzeitig.[37] Zugleich gibt die Anrechnungsbestimmung dem Erblasser die Möglichkeit, einer Bevorzugung des Zuwendungsempfängers gegenüber anderen Pflichtteilsberechtigten entgegenzuwirken.

42 **Erbschaftsteuerlich** betrachtet kann die Anrechnung lebzeitiger Zuwendungen – wie auch der Pflichtteilsverzicht – allerdings ein „Eigentor" bedeuten. Denn wird beispielsweise im Falle des Berliner Testaments (vgl. § 2269 Abs. 1 BGB) nach Eintritt des Erbfalls festgestellt, dass der Nachlass für den zum Alleinerben eingesetzten überlebenden Ehegatten mehr als ausreicht, während andererseits die erbschaftsteuerlichen Freibeträge der Abkömmlinge auf den ersten Erbfall verloren gehen, dann kann es sich empfehlen, aus erbschaftsteuerlichen Gründen dem oder den Abkömmlingen ihren Pflichtteil im Einvernehmen mit dem Erblasser zukommen zu lassen. Diese Option besteht aber nur dann, wenn und soweit mit dem ersten Erbfall ein Pflichtteilsanspruch zur Entstehung gelangt ist. Dies ist nicht der Fall, wenn zu Lebzeiten mit dem Abkömmling ein Pflichtteilsverzicht i. S. d. § 2346 Abs. 2 BGB abgeschlossen worden ist oder soweit eine wirksame Pflichtteilsanrechnungsbestimmung den mit dem Erbfall entstandenen Pflichtteilsanspruch reduziert.

43 Die Anrechnungsbestimmung muss **vor oder bei der Zuwendung** erfolgen. Nach der Zuwendung kann sie durch einseitige Bestimmung des Erblassers nur erfolgen, wenn sich dieser vor oder bei der Zuwendung eine spätere Anrechnungsbestimmung vorbehalten hat oder die Voraussetzungen der Pflichtteilsentziehung vorliegen. Eine verpasste Anrechnung kann nachträglich daher nicht einseitig, sondern nur unter Mitwirkung des Pflichtteilsberechtigten im Rahmen eines (notariell beurkundungsbedürftigen) **beschränkten Pflichtteilsverzichtsvertrages** (vgl. dazu § 10 Rn. 67) erfolgen.

---

[35] Vgl. nur MünchKommBGB/*Lange* § 2325 Rn. 2.
[36] Formulierungsvorschlag unter § 10 Rn. 87.
[37] *v. Dickhuth-Harrach*, FS Rheinisches Notariat (1998), S. 185, 192.

II. Gestaltungsmöglichkeiten im Rahmen lebzeitiger Rechtsgeschäfte 44–48 § 11

Die Unkenntnis v. a. der juristisch nicht beratenen Erblasser führt häufig dazu, dass Anrechnungsbestimmungen infolge Rechtsunkenntnis unterbleiben. Da auch nachträgliche (einseitige) Korrekturmöglichkeiten des Erblassers fehlen, wurde im Hinblick auf die unbefriedigende Rechtslage im Rahmen der aktuellen **Erbrechtsreform** diskutiert, inwieweit Zuwendungen des Erblassers an einen Pflichtteilsberechtigten bereits **kraft Gesetzes** anrechnungspflichtig sein sollten. Dies wurde vom Gesetzgeber zwar abgelehnt, im Zusammenhang mit der Reform im Regierungsentwurf eine Erweiterung der Anrechnungsmöglichkeiten aber zumindest insoweit vorgesehen, als der Erblasser künftig auch **nach der Zuwendung** noch die Anrechnung auf den Pflichtteil (einseitig) **durch Verfügung von Todes wegen** anordnen können sollte, § 2315 Abs. 1 S. 2, 4 BGB-E.[38] 44

Bei der Verabschiedung des Gesetzes zur Änderung des Erb- und Verjährungsrechts am 2. 7. 2009 war aber auf Empfehlung des Rechtsausschusses – für viele überraschend – die vorgesehene Änderung hinsichtlich der nachträglichen Pflichtteilsanrechnung aus Vertrauensschutzgründen doch wieder **ersatzlos gestrichen**.[39] Es bleibt daher auch in Zukunft dabei, dass der Erblasser nicht durch einseitige Bestimmung nachträglich die Anrechnung der Zuwendung auf den Pflichtteil des Empfängers anordnen kann. Ist der Pflichtteilsempfänger daher im Falle einer verpassten Anrechnung nicht bereit, im Wege eines (ggf. beschränkten) Pflichtteilsverzichtsvertrages mit dem Erblasser sich mit der nachträglichen Pflichtteilsanrechnung einverstanden zu erklären, dann bleibt als „ultima ratio" nur noch die „**Flucht in die Pflichtteilsergänzung**" durch Vornahme weiterer Schenkungen an Dritte.[40] Denn nach § 2327 BGB hat sich ein Zuwendungsempfänger sog. Eigengeschenke im Rahmen des Pflichtteilsergänzungsanspruchs stets und zeitlich unbefristet anrechnen zu lassen. Für viele Erblasser dürfte allerdings die Empfehlung, ihr restliches Vermögen an die übrigen Pflichtteilsberechtigten zu verschenken, nur um eine Reduzierung des Pflichtteils des ursprünglich Beschenkten zu erreichen, kaum nachvollziehbar und im Hinblick auf die Sicherung der eigenen Altersvorsorge kaum empfehlenswert sein. 45

Neben der Pflichtteilsanrechnung wirkt sich bei Abkömmlingen auch die **Anordnung der Ausgleichung** nach § 2050 Abs. 3 BGB (die ebenfalls vor oder spätestens bei der Zuwendung erfolgen muss) wegen § 2316 Abs. 1 BGB auf die Höhe des Pflichtteils des Zuwendungsempfängers aus. Durch die Anordnung der Ausgleichung erhöht sich aber der Pflichtteil der übrigen Abkömmlinge, was in der Regel nicht gewünscht sein wird. Außerdem bewirkt die Ausgleichung im Ergebnis nur eine Verschiebung der Pflichtteilsquoten, **nicht aber eine Verminderung der Pflichtteilslast** in der Gesamtsumme, so dass sie keine geeignete Maßnahme zur Pflichtteilsreduzierung darstellt. 46

Praxistipp:
Während die pflichtteilsrechtliche Fernwirkung einer Ausgleichungspflicht gem. § 2316 Abs. 1 BGB bei Zuwendungen i. S. v. § 2050 Abs. 3 BGB durch Unterlassen einer Ausgleichungsanordnung vermieden werden kann, ist es bei – kraft Gesetzes ausgleichspflichtigen – Ausstattungen (vgl. § 2050 Abs. 1 BGB) nicht möglich, deren Ausgleichungspflicht abzubedingen, § 2316 Abs. 3 BGB. Daher sind Ausstattungen an Geschwister des möglichst gering zu bedenkenden Abkömmlings wegen ihrer irreversiblen pflichtteilsrechtlichen Konsequenzen möglichst zu vermeiden. 47

bb) Reduzierung des Pflichtteils sonstiger Pflichtteilsberechtigter. Veräußert der Erblasser zu Lebzeiten Vermögensgegenstände, dann können hierdurch die regulären Pflichtteilsansprüche der Pflichtteilsberechtigten, die sich gem. § 2311 BGB nach dem Bestand und Wert des Nachlasses zum Zeitpunkt des Eintritts des Erbfalls berechnen, reduziert werden, wenn dem Erblasser die Gegenleistung wie z.B. im Falle einer vereinbarten Pflegeverpflichtung persönlich zugeflossen ist bzw. diese z.B. durch Luxusreisen oder sonstigen aufwändigen 48

---

[38] Vgl. BT-Drucks. 16/8954, S. 6, 20 f. Außerdem sollte § 2278 Abs. 2 BGB dahingehend ergänzt werden, dass es dem Pflichtteilsberechtigten auch möglich gewesen wäre, die nachträgliche Änderung von Anrechnungen zusammen mit dem Erblasser bindend in einem Erbvertrag auszuschließen.
[39] Vgl. BT-Drucks. 16/13 543, S. 19 f.
[40] Vgl. *Tanck* ZErb 2000, 3 ff.

Lebensstil lebzeitig verbraucht worden ist. Dabei spielt es keine Rolle, ob die Veräußerung an einen Dritten oder an einen Pflichtteilsberechtigten des Erblassers (Abkömmling, Ehegatten, eingetragenen Lebenspartner, Eltern) erfolgt ist. Erfolgt die lebzeitige Veräußerung aber im Wege einer Schenkung, gemischten Schenkung oder einer sog. ehebedingten Zuwendung, dann können hierdurch **Pflichtteilsergänzungsansprüche** ausgelöst werden, sofern es sich nicht um eine – nur unter engen Voraussetzungen anzunehmende – Pflichtschenkung i. S. v. § 2330 BGB handelt.

49 Im Hinblick auf die weitest mögliche Reduzierung von Pflichtteilsansprüchen der (übrigen) Pflichtteilsberechtigten ist auch die **Wahl des Zeitpunkts** von Bedeutung, zu dem die unentgeltliche Zuwendung erfolgt. Soll die Schenkung keine oder möglichst geringe Pflichtteilsergänzungsansprüche auslösen, dann sollte die Schenkung zum einen vor einem absehbaren Wertzuwachs erfolgen, also z. B. bevor das Ackergrundstück Baulandqualität erwirbt. Zum anderen sollte die Schenkung – wenn möglich – noch vor der Begründung der Pflichtteilsberechtigung (z. B. durch Eheschließung oder Verpartnerung) erfolgen. Denn nach höchstrichterlicher (allerdings umstrittener) Rspr.[41] ist nur derjenige pflichtteilsergänzungsberechtigt, der zum Zeitpunkt der Schenkung bereits pflichtteilsberechtigt war.

Beispiel:
Der verwitwete Erblasser beabsichtigt, seine Lebensgefährtin L, die 30 Jahre jünger ist als er, zu heiraten. Noch vor der Hochzeit sucht er mit seinen erstehelichen Kindern K1 und K2 den Notar N auf und überträgt diesen dort zu notarieller Urkunde unentgeltlich sein Hauptvermögen in Form von Immobilien. – Nach dem Tod des Erblassers kann L nach der Rspr. des BGH wegen der lebzeitigen Schenkungen an die Kinder keine Pflichtteilsergänzungsansprüche (gegen die Erben bzw. Beschenkten) geltend machen, da sie zur Zeit der Schenkung (abzustellen ist dabei auf die rechtswirksame Begründung des Leistungsanspruchs oder zumindest den Leistungsvollzug) noch nicht pflichtteilsberechtigt war. Ob dies der BGH allerdings auch hinsichtlich der nachgeborenen Abkömmlinge so sehen würde, ist aus meiner Sicht nicht ganz zweifelsfrei.

50 Auch die voraussichtliche **Restlebensdauer des Erblassers** spielt bei den Überlegungen zur Pflichtteilsreduzierung durch lebzeitige Schenkungen eine Rolle. Denn nach § 2325 Abs. 3 BGB sind Pflichtteilsergänzungsansprüche ausgeschlossen, wenn zwischen der „Leistung" des Schenkungsgegenstandes und dem Eintritt des Erbfalls **mehr als zehn Jahre vergangen** sind. Bislang wurde also v. a. in den Fällen, in denen der Erblasser noch relativ jung war und dieser aller Voraussicht nach die nächsten zehn Jahre überleben würde, aus Gründen der Pflichtteilsreduzierung zur lebzeitigen Übergabe geraten.

51 Dies gilt im Hinblick auf die zum 1. 1. 2010 in Kraft tretende **Erbrechtsreform** auch darüber hinaus. Denn im Rahmen der Erbrechtsreform wird in § 2325 Abs. 3 BGB eine **Pro-rata-Regelung** (Abschmelzungsregelung) dahin gehend aufgenommen, dass nur noch Schenkungen innerhalb des ersten Jahres vor dem Erbfall zu 100% berücksichtigt werden, während sich danach der pflichtteilsergänzungserhebliche Wert jedes Jahr um jeweils 10% reduziert. Ist die Schenkung im zweiten Jahr vor dem Erbfall erfolgt, ist der Wert daher nur noch zu 90%, im dritten Jahr nur noch zu 80% ergänzungspflichtig, usw. Nach zehn Jahren bleiben Schenkungen dann schließlich – wie bislang – vollständig unberücksichtigt. Eine Schenkung wird also künftig graduell immer weniger Berücksichtigung finden, je länger sie zurückliegt. Dies bedeutet im Ergebnis, dass auch in den Fällen, in denen der Erblasser schon ein relativ hohes Lebensalter erreicht hat oder eine tödlich verlaufende Erkrankung vorliegt und über kurz oder lang mit dem Ableben des Erblassers gerechnet werden muss, eine lebzeitige Übergabe aus Gründen der Pflichtteilsreduzierung sinnvoll sein kann. Denn nach der Neuregelung gilt: „Es zählt jedes Jahr". Allerdings ist zu berücksichtigen, dass die neue Abschmelzungsregelung nur eingreift, wenn auch eine „Leistung" i. S. d. § 2325 Abs. 3 BGB vorliegt. Damit ist die umstr., einschränkende Rspr. des BGH[42] zur notwendigen wirtschaftlichen Ausgliederung des Geschenks weiterhin von Bedeutung und es ergibt sich auch keine Änderung für die – ebenfalls umstr. – Ehegattenfälle (vgl. § 2325 Abs. 3 S. 3 BGB).

---

[41] BGH ZEV 1997, 373 = DNotZ 1998, 135.
[42] BGHZ 125, 395, 398 f. = NJW 1994, 1791.

II. Gestaltungsmöglichkeiten im Rahmen lebzeitiger Rechtsgeschäfte 52–55 § 11

Beispiel: 52
Der Erblasser verstirbt am 1. 1. 2010 ohne nennenswerten Nachlass. Sein Grundstück im Wert von € 500.000,– hat er zu Lebzeiten seinem Sohn S geschenkt, den er auch zum Alleinerben einsetzte. Seine Tochter T macht wegen der lebzeitigen Schenkung an den Bruder Pflichtteilsergänzungsansprüche geltend.
a) Die Schenkung erfolgte kurz vor dem Ableben des Erblassers. →Tochter T kann hinsichtlich der vollen € 500.000,– Pflichtteilsergänzung verlangen. Da kein aktiver Nachlass vorhanden ist, erhält T folglich ¼ von € 500.000,–, d. h. € 125.000,–.
b) Die Schenkung erfolgte im Dezember 2006, also über drei Jahre vor dem Ableben des Erblassers. → Tochter T kann € 350.000,– Pflichtteilsergänzung verlangen (³/₁₀ des Schenkungswertes sind abzuziehen, diese sind gegenüber der bisherigen Rechtslage ergänzungsfest).
c) Die Schenkung erfolgte am 31. 12. 1999. → Tochter T kann hinsichtlich der lebzeitigen Schenkung keine Pflichtteilsergänzungsansprüche mehr geltend machen, da zehn Jahre seit Leistung des Schenkungsgegenstandes (Ablauf am 31. 12. 2009) vergangen sind (hier keine Änderung zur bisherigen Rechtslage).
d) Die Schenkung erfolgte im Dezember 2006 (wie in Fall b), allerdings unter Vorbehalt eines Nießbrauchsrechts im Wert von € 100.000,–. → aa) Lag eine Leistung i. S. d. § 2325 Abs. 3 BGB vor (d. h. wirtschaftliche Ausgliederung des Schenkungsgegenstandes trotz Vorbehalt des Nutzungsrechts), dann sind von dem ergänzungspflichtigen Wert der Schenkung (Wert des geschenkten Grundstücks abzüglich kapitalisierter Wert des Nutzungsrechts) ³/₁₀ und damit € 120.000,– abzuziehen, so dass T nur hinsichtlich € 280.000,– Pflichtteilsergänzungsansprüche in Höhe von ¼ geltend machen kann. bb) Lag dagegen im Hinblick auf das vorbehaltene Nutzungsrecht i. S. d. § 2325 Abs. 3 BGB keine Leistung vor, greift die neue Abschmelzungsregelung nicht ein. Unabhängig vom Zeitpunkt des Eintritts des Erbfalls bleibt der volle Schenkungswert von € 400.000,– ergänzungspflichtig.

Zur Verdeutlichung der Systematik des neuen § 2325 Abs. 3 BGB dient die nachfolgende 53
Tabelle:

Ergänzungspflichtiger Wert (in Tausend) unter Anwendung der neuen Pro-rata-Regelung

Erbfall 1. 1. 2010	2009	2008	2007	2006	2005	2004	2003	2002	2001	2000	1999 (Vollzug)
Schenkung	500	450	400	350	300	250	200	150	100	50	0
Schenkung unter NV (Wert 100) mit Leistung	400	360	320	280	240	200	160	120	80	40	0
Schenkung unter NV (Wert 100) ohne Leistung	400	400	400	400	400	400	400	400	400	400	400
Ehegattenschenkung	500	500	500	500	500	500	500	500	500	500	500

NV = Nutzungsrechtsvorbehalt

Wegen der positiven Aussicht, einen erheblichen Teil des Schenkungswertes durch Fristlauf aus der Pflichtteilsergänzung ausscheiden zu können, besteht in Zukunft eine fast noch größere Notwendigkeit, auf die Wahl einer fristunschädlichen Gestaltung zu achten (durch Weglassen von umfangreichen Nutzungsrechtsvorbehalten oder Rückforderungsrechten). Dabei ist aber zu berücksichtigen, dass die notwendige wirtschaftliche Absicherung des Übergebers in jedem Fall Vorrang hat vor der Pflichtteilsreduzierung. 54

d) Unentgeltliche Zuwendungen an den Ehegatten.[43] *aa) Fehlende Eignung zur Pflicht-* 55
teilsreduzierung. Schenkungen an den Ehegatten führen o. w. zu Pflichtteilsergänzungsansprüchen der übrigen Pflichtteilsberechtigten. Gleiches gilt im Regelfall auch für die sog.

---

[43] Die nachfolgenden Ausführungen gelten für eingetragene Lebenspartner entsprechend; vgl. § 10 Abs. 6 S. 2 LPartG.

unbenannten bzw. **ehebedingten Zuwendungen** (insbesondere in Gestalt der Zuwendung von Miteigentumsanteilen, Sachen oder der Finanzierung eines gemeinsamen Erwerbs), die um der Ehe willen an den Ehegatten erbracht werden. Solche ehebedingten Zuwendungen sind nach höchstrichterlicher Rspr.[44] trotz Fehlens der Einigung der Parteien über die Unentgeltlichkeit der Zuwendung im Erbrecht grundsätzlich[45] wie Schenkungen zu behandeln. Das Hauptproblem von unentgeltlichen Zuwendungen an den Ehegatten liegt darin, dass gem. § 2325 Abs. 3 S. 3 BGB bei solchen Zuwendungen die **Zehn-Jahres-Frist** nicht vor Auflösung der Ehe (durch Tod oder Scheidung) beginnt. Während der Ehe ist der Fristlauf für eine solche Ehegattenzuwendung daher gehemmt. Dies hat zur Folge, dass durch Schenkungen oder ehebedingte Zuwendungen an den Ehegatten Pflichtteilsansprüche der übrigen Pflichtteilsberechtigten **grds. nicht reduziert** werden können (allerdings führen etwaige bei der Zuwendung vorbehaltene Nutzungen des Erblassers oder vereinbarte Gegenleistungen des Zuwendungsempfängers ggf. zu einer Reduzierung des pflichtteilsergänzungserheblichen Werts der Zuwendung).

> **Praxistipp:**
>
> 56 Sollen die Pflichtteilsansprüche von Abkömmlingen oder Eltern reduziert werden, sind Ehegattenschenkungen oder ehebedingte Zuwendungen wegen des fehlenden Fristlaufs zu vermeiden. Zur Pflichtteilsreduzierung geeignet sind allenfalls entgeltliche Rechtsgeschäfte mit dem Ehegatten, wie beispielsweise die Erfüllung der Zugewinnausgleichsforderung nach ehevertraglicher Beendigung der Zugewinngemeinschaft.[46]

57 *bb) Nachträgliche „Reparatur" fristschädlicher Ehegattenzuwendungen.* Wurde eine fristschädliche Ehegattenschenkung oder ehebedingte Zuwendung **in der Vergangenheit bereits getätigt** und sollen die dadurch ausgelösten Pflichtteilsergänzungsansprüche beseitigt werden, ist fraglich, ob dies dadurch bewirkt werden kann, dass der Schenkungsgegenstand an den Schenker **zurückübertragen** wird bzw. zumindest für die bereits vollzogene Schenkung der Fristlauf dadurch ausgelöst werden kann, dass der Beschenkte den Schenkungsgegenstand an einen Dritten (wie beispielsweise an einen gemeinsamen Abkömmling) **weiter überträgt**. Da die Problematik bislang in der Rechtsprechung noch nicht entschieden und in der Literatur wenig erörtert worden ist, ist die Rechtslage unsicher.

58 Im Hinblick auf eine **Rückübertragung** auf den Schenker sind Pflichtteilsergänzungsansprüche wegen der ursprünglichen Schenkung oder unbenannten Zuwendung wohl nur dann sicher ausgeschlossen, wenn der Schenkungsgegenstand infolge der Rückübertragung zum Zeitpunkt des Erbfalls im Vermögen des Erblassers vorhanden ist und damit **zur Berechnung des ordentlichen Pflichtteils nach § 2311 BGB herangezogen** werden kann. Denn der Schenkungsgegenstand würde sonst wertmäßig doppelt berücksichtigt, was dem Sinn und Zweck der §§ 2325 ff. BGB, die eine Art Wiedereinsetzung in den vorigen Stand bewirken sollen, widerspräche.[47] Wird der Gegenstand aber nach der Rückübertragung vom Erblasser unentgeltlich weiterübertragen, z.B. an einen gemeinsamen Abkömmling, kann dies wohl nicht dazu führen, dass die ursprüngliche Schenkung[48] nicht mehr ergänzungspflichtig ist, da es sich um eine rechtsgültige, wenn auch nicht bestandskräftige Zuwendung handelte

---

[44] BGHZ 116, 167 ff. = NJW 1992, 564 = DNotZ 1992, 513.
[45] Nach dem BGH, a.a.O., kann ausnahmsweise etwas anderes gelten, wenn die Leistung unterhaltsrechtlich geschuldet ist oder sie im Rahmen des Angemessenen langjährige Dienste und Leistungen eines Ehegatten als konkrete Gegenleistung ausgleicht.
[46] Vgl. dazu noch Rn. 92 ff.
[47] So auch *Kornexl* ZEV 2003, 196, 198.
[48] Eine weitere Frage ist, ob die zweite Schenkung (ebenfalls) Ergänzungsansprüche auslöst. Auch diese Frage ist bislang nicht gerichtlich nicht geklärt und kann wohl nicht o. w. verneint werden. Denn aus meiner Sicht kann es im Rahmen der Pflichtteilsergänzung keinen Unterschied machen, ob der Erblasser zwei in seinem Vermögen vorhandene identische Gegenstände (gleichzeitig oder hintereinander) verschenkt oder ob er einen einzelnen, bereits verschenkten Gegenstand – nach freiwilliger Rückabwicklung – erneut verschenkt. In beiden Fällen wurde das Erblasservermögen um den zweimaligen Wert des Gegenstandes reduziert, ohne dass ein entsprechender Gegenwert in den Nachlass gelangt ist.

und das Argument der Doppelberücksichtigung des Schenkungsgegenstandes bzw. der nachträglichen Kompensation der Vermögensweggabe nicht eingreift.

Die alternativ zur Rückübertragung in Frage kommende **Weiterübertragung des Schenkungsgegenstandes durch den Beschenkten** an einen Dritten, wie z.B. an einen gemeinsamen Abkömmling, kann dagegen evtl. zumindest den Fristlauf im Rahmen des § 2325 Abs. 3 S. 3 BGB in Gang setzen. Zwar stellt der Wortlaut des § 2325 Abs. 3 S. 3 BGB nicht auf das weitere Schicksal des Schenkungsgegenstandes ab. Dafür, dass dieses dennoch von Bedeutung ist, spricht aber die hinter § 2325 Abs. 3 S. 3 BGB stehende Vorstellung des Gesetzgebers, dass bei Schenkungen unter Ehegatten der verschenkte Gegenstand tatsächlich gemeinschaftliches Vermögen der Ehegatten bleibt und der Schenker deshalb während der Ehe auch nach der Schenkung den Genuss der verschenkten Sache nicht zu entbehren habe.[49] Bei Schenkungen an den Ehegatten war folglich die Aufrechterhaltung der wirtschaftlichen Zugriffsmöglichkeit auf den verschenkten Gegenstand der ausschlaggebende Punkt für die Ausnahmeregelung. Da infolge der Weiterveräußerung durch den beschenkten Ehegatten die wirtschaftliche Zugriffsmöglichkeit und Nutzungsmöglichkeit hinsichtlich des Grundbesitzes aufgegeben wird, lässt sich daher eine teleologische Reduktion des § 2325 Abs. 3 S. 3 BGB auf die Fälle, in denen der beschenkte Ehegatte noch im Besitz des Schenkungsgegenstandes ist, befürworten.[50]

Schließlich lässt sich im Anschluss an die o.g. Entscheidung des BGH vom 14.2.2007 zur nachträglichen Entgeltlichkeit[51] (vgl. dazu ausführlich oben Rn. 31 ff.) an die Vereinbarung einer **nachträglichen Gegenleistung** für den zunächst unentgeltlich vorgenommenen Vermögenstransfer denken. Voraussetzung für die Anerkennung dieser – nach wie vor nicht ganz unzweifelhaften – Gestaltung wäre dann aber, dass eine dem Schenkungswert angemessene Gegenleistung vereinbart wird und diese auch tatsächlich erbracht wird.

e) Zuwendungen an Stiftungen

Schrifttum: *Lange*, Zur Pflichtteilsfestigkeit von Zuwendungen an Stiftungen, FS Spiegelberger (2009), S. 1321 ff.; *Röthel*, Was bringt die Pflichtteilsreform für Stiftungen?, ZEV 2008, 112; *Werner*, Stiftungen als Instrument der Pflichtteilsvermeidung, ZEV 2007, 560.

Obwohl man gelegentlich auf die Ansicht trifft, Stiftungen seien ein ideales Instrument zur Umgehung des Pflichtteilsrechts, gelten die einschlägigen Bestimmungen zum Schutz der Pflichtteilsberechtigten grundsätzlich auch bei der Übertragung von Vermögen auf Stiftungen.[52] Nur im Einzelfall können die Normen des Pflichtteilsrechts aufgrund der besonderen durch das Stiftungsrecht verfolgten Zwecke einzuschränken sein. Ansonsten stehen Stiftungen – auch gemeinnützige – grundsätzlich wie sonstige Vermögenserwerber.

Wird die Stiftung durch **Verfügung von Todes wegen** errichtet oder eine bestehende Stiftung durch Verfügung von Todes wegen begünstigt, dann findet nach h.A. § 2303 BGB auf den Vermögensübergang auf die Stiftung Anwendung.[53] Durch Errichtung einer Stiftung im Wege der Verfügung von Todes wegen mit entsprechender Vermögensausstattung oder durch Zuwendungen an eine bereits existierende Stiftung (sei es in Form von Zustiftungen oder sei es in Form von Spenden) im Wege der Erbeinsetzung oder des Vermächtnisses kann die Rechtsposition von Pflichtteilsberechtigten folglich nicht beeinträchtigt werden. Vielmehr ist der ganze beim Erbfall vorhandene Nachlass zur Pflichtteilsberechnung gem. § 2311 BGB heranzuziehen.

Dies gilt auch für **Familienstiftungen**.[54] Eine Anrechnung der Leistungen der Stiftung an die pflichtteilsberechtigten Destinatäre ist gesetzlich nicht vorgesehen[55] und kann allenfalls

---

[49] Protokoll V, S. 588 bei *Mugdan*, Die gesamten Materialien zum BGB für das deutsche Reich, Bd. 5, 1979, S. 791 f.
[50] Vgl. *Kornexl* ZEV 2003, 196, 198.
[51] ZEV 2007, 326 ff. m. Anm. *Kornexl*.
[52] *Werner* ZEV 2007, 560.
[53] Vgl. *Werner* ZEV 2007, 560 m.w.N.
[54] Vgl. *Röthel* ZEV 2006, 8 f. m.w.N.
[55] Vgl. zur Frage der analogen Anwendbarkeit des § 2327 BGB *Lange*, FS Spiegelberger (2009), S. 1321, 1328.

dann auf den Pflichtteil erfolgen, wenn den Destinatären vermächtnisweise Ansprüche zugewandt werden (vgl. § 2307 BGB). Es droht daher, dass die pflichtteilsberechtigten Destinatäre im Ergebnis doppelt bedacht werden, was zum Teil in der Literatur als reformbedürftig angesehen wird.[56] Ansonsten kann eine Doppelbegünstigung sicher dadurch verhindert werden, dass die Pflichtteilsberechtigten mit dem Erblasser einen Pflichtteilsverzichtsvertrag i. S. d. § 2346 BGB abschließen. Dies hängt allerdings von deren Mitwirkungsbereitschaft ab.

64 Da Vermögenstransfers zugunsten einer Stiftung mittels Verfügung von Todes wegen nicht funktionieren, kann sich nur die Frage der Pflichtteilsvermeidung bzw. -reduzierung durch **lebzeitige Zuwendungen** an Stiftungen stellen. Insoweit kommen dann nur Pflichtteilsergänzungsansprüche nach den §§ 2325 ff. BGB in Betracht, die allerdings das Vorliegen einer Schenkung i. S. d. §§ 516, 517 BGB erfordern. Die Anwendung der §§ 2325 ff. BGB auf diese Vermögenstransfers zugunsten der Stiftung war lange Zeit umstritten, da **lebzeitigen Zustiftungen** des Erblassers keine vertragliche Abrede über die Unentgeltlichkeit, sondern lediglich ein **einseitiges Rechtsgeschäft** zugrunde liegt. Die wohl h. M. bejaht in diesem Zusammenhang die Anwendung der §§ 2325 ff. BGB.[57]

65 Das **OLG Dresden**[58] hat allerdings in dem viel beachteten Spendenfall zugunsten der „Dresdner Frauenkirche" das Gegenteil vertreten, da es seiner Ansicht nach an einer (dauerhaften) Bereicherung der Stiftung fehlte. Der Entscheidung des OLG Dresden wurde viel Aufmerksamkeit zuteil, weil sie z. T. als neue, legale Möglichkeit zur Umgehung von Pflichtteilsergänzungsansprüchen gehandelt wurde. In der Fachliteratur ist sie allerdings schon bald schlichtweg als „falsch" eingestuft worden.[59] Schließlich hat auch der **BGH** als Revisionsinstanz in seinem Urt. v. 10. 12. 2003[60] die Vorinstanz aufgehoben und entschieden, dass endgültige unentgeltliche Zuwendungen an – auch gemeinnützige – Stiftungen in Form von Zustiftungen oder freien oder gebundenen Spenden pflichtteilsergänzungspflichtige Schenkungen i. S. d. §§ 2325, 2329 BGB darstellen. Dies gilt auch für Zustiftungen und freie Spenden im Rahmen von Familienstiftungen.[61]

> **Praxistipp:**
> Seit der Entscheidung des BGH zur Stiftung Frauenkirche ist höchstrichterlich geklärt, dass auch Zuwendungen an gemeinnützige Stiftungen – sei es zu Lebzeiten, sei es infolge Stiftungserrichtung von Todes wegen – Pflichtteils- und Pflichtteilsergänzungsansprüche auslösen können. Selbst die Gemeinnützigkeit schützt daher nicht vor Pflichtteilsansprüchen.[62] Unentgeltliche Zuwendungen an Stiftungen sind damit grundsätzlich nicht zur Pflichtteilsvermeidung oder -minimierung geeignet!

66 Durch die zum 1. 1. 2010 in Kraft getretene **Erbrechtsreform** hat sich hieran nichts geändert. Denn alle im Zusammenhang mit der geplanten Reform unterbreiteten Vorschläge zu einer pflichtteilsrechtlichen Privilegierung von Stiftungen wurden abgelehnt. So hatten beispielsweise *Hüttemann/Rawert*[63] den Vorschlag unterbreitet, den Wert des Pflichtteils eines weiteren, hypothetischen Kindes zugunsten gemeinnütziger Zwecke als pflichtteilsfrei gelten zu lassen.

67 Der Gesetzgeber hat sich jedoch bewusst gegen ein Stiftungsprivileg entschieden, da der Kreis der Begünstigten nicht sinnvoll eingrenzbar und die durch ein Stiftungsprivileg erfolgende Schwächung der Familie ungerecht sei.[64] Für die Beurteilung und Bemessung von

---

[56] Vgl. *Röthel* ZEV 2006, 8, 12.
[57] Vgl. LG Baden-Baden FamRZ 1999, 1465; *Rawert/Katschinski* ZEV 1996, 161 ff.; *Lange*, FS Spiegelberger (2009), S. 1321, 1324.
[58] OLG Dresden NJW 2002, 3181 = ZEV 2002, 415.
[59] Vgl. *Muscheler* ZEV 2002, 417; *Rawert* NJW 2002, 3151; vgl. dazu bereits DNotI-Report 2002, 173 f.
[60] NJW 2004, 1382 = DNotZ 2004, 475.
[61] *Lange*, FS Spiegelberger (2009), S. 1321, 1325.
[62] Vgl. *Röthel* ZEV 2008, 112, 113.
[63] ZEV 2007, 107, 112 f.; zu den weiteren Reformvorschlägen vgl. *Röthel* ZEV 2008, 112, 113.
[64] *Zypries*, Rede zur Eröffnung des 2. Deutschen Erbrechtstages am 16. 3. 2007 in Berlin.

Pflichtteilsansprüchen übergangener Familienangehöriger soll es also keinen Unterschied machen, ob der Erblasser Vermögen zu gemeinnützigen Zwecken aus der Hand gibt oder ob es zur Errichtung einer Familienstiftung oder zur Begünstigung ihm nahestehender Dritter verwendet wird.[65]

Durch die mit der Reform beabsichtigte allgemeine Stärkung der Testierfreiheit des Erblassers wird aber im Ergebnis auch die **Stifterfreiheit gestärkt**. Eine Regelung, die von Erblassern gestalterisch genutzt werden kann, ist beispielsweise die **Abschmelzungsregelung** des § 2325 Abs. 3 S. 1 BGB n. F. (vgl. dazu Rn. 51 ff.), die Stiftungen erhöhte Planungssicherheit gewährt. Außerdem besteht aufgrund der Neuregelung ein verstärkter Anreiz, Vermögenswidmungen zugunsten von Stiftungen so früh als möglich und auch bei unsicherer Lebenserwartung noch zu Lebzeiten zu bewirken.[66] Die Abschmelzungsregelung bietet also weitere Anreize für die Stiftungserrichtung und Stiftungsbegünstigung **noch zu Lebzeiten** des Erblassers. 68

Außerdem können Stiftungen ggf. von den erweiterten **Stundungsmöglichkeiten** nach § 2331a BGB n. F. profitieren. Dies ist eine echte Neuerung. Denn bislang kam das Stundungsrecht Stiftungen nicht zugute, da diese nicht zugleich pflichtteilsberechtigt sind. Allerdings sind die Voraussetzungen für eine Pflichtteilsstundung auch nach der Neuregelung sehr eng: Nach § 2331a BGB n. F. muss die sofortige Erfüllung des Pflichtteilsanspruchs für den Erben wegen der Art der Nachlassgegenstände eine „unbillige Härte" darstellen. Die dafür genannten Beispiele (Aufgabe des Familienheims, Verlust der wirtschaftlichen Lebensgrundlage) sind ersichtlich auf natürliche Personen zugeschnitten. Gleichwohl ist eine Anwendung der Vorschrift auch auf juristische Personen wie Stiftungen denkbar, wenn beispielsweise die wirtschaftliche und damit rechtliche Existenz der Stiftung auf dem Spiel steht.[67] 69

Schließlich hätten Stiftungen auch von der geplanten Schaffung der Möglichkeit einer **nachträglichen Pflichtteilsanrechung** nach § 2315 Abs. 3 BGB-E profitieren können. In der Literatur wurde dies z. T. sogar als folgenschwerste Neuerung der **Erbrechtsreform** aus Stiftungssicht angesehen.[68] Aufgrund der Neuregelung hätte der Erblasser nachträglich durch Verfügung von Todes wegen freigiebige Zuwendungen an pflichtteilsberechtigte Personen anrechnungspflichtig machen und dadurch die Pflichtteilslasten verringern können. Gleichzeitig wäre dadurch der Nachlassanteil erhöht worden, der Stiftungen ohne Auslösung von Pflichtteilsansprüchen zugewandt werden kann. Der Bundestag hat allerdings am 2. 7. 2009 auf Empfehlung des Rechtsausschusses das Gesetz zur Änderung des Erb- und Verjährungsrechts ohne die vorgesehene Änderung hinsichtlich der nachträglichen Pflichtteilsanrechnung verabschiedet. Die ersatzlose Streichung dieses Teils der Reform wurde mit dem notwendigen Vertrauensschutz des Erwerbers begründet.[69] Auch nach der Reform bleibt es folglich für Stiftungen im Großen und Ganzen bei der bisherigen Rechtslage. Eine nennenswerte Verbesserung der Situation wird lediglich durch die Einführung der Abschmelzungsregelung in § 2325 Abs. 3 S. 1 BGB n. F. bewirkt. 70

f) Zuwendungen aufgrund von Verträgen zugunsten Dritter auf den Todesfall. Zur Reduzierung von Pflichtteilsansprüchen wird häufig auch empfohlen, durch Abschluss von Verträgen zu Gunsten Dritter auf den Todesfall, insbesondere von Bankverträgen oder Lebensversicherungsverträgen, Vermögenswerte „am Nachlass vorbei" zu übertragen. Ist im Vertrag mit der Bank bzw. dem Versicherungsunternehmen ein Bezugsberechtigter benannt, fällt die Forderung gegen die Bank bzw. der Anspruch auf Auszahlung der Versicherungssumme nicht in den Nachlass. Daher ist dieser Vermögensposten auch nicht bei der Berechnung des ordentlichen Pflichtteils i. S. v. § 2311 BGB zu berücksichtigen. Liegt allerdings der Leistung im Valutaverhältnis (zwischen Erblasser und begünstigtem Dritten) eine Schenkung zugrunde, dann können insoweit Pflichtteilsergänzungsansprüche nach den §§ 2325 ff. BGB bestehen. 71

---

[65] *Röthel* ZEV 2008, 112, 113.
[66] *Röthel* ZEV 2008, 112, 114.
[67] *Röthel* ZEV 2008, 112, 115.
[68] Vgl. *Röthel* ZEV 2008, 112, 114.
[69] Vgl. BT-Drucks. 16/13 543, S. 19 f.

72 Dabei ist bei **Lebensversicherungen** nach wie vor äußerst umstritten, mit welchem Wert diese zur Pflichtteilsergänzung herangezogen werden können. Die bislang herrschende Ansicht[70] vertritt, dass im Rahmen der §§ 2325 ff. BGB lediglich auf die Entreicherung des Erblassers abzustellen ist, sodass nur die vom Erblasser gezahlten Prämien (bis maximal zur Höhe der ausgezahlten Versicherungssumme) – nicht aber die ausgezahlte Lebensversicherungssumme selbst – den Gegenstand der Pflichtteilsergänzung bildet. Dem tritt die Rechtsprechung und Literatur zunehmend entgegen.[71] Die Frage, ob auch die ausgezahlte Lebensversicherungssumme selbst von der Pflichtteilsergänzung umfasst wird, ist nunmehr beim BGH anhängig.

73 Der Lauf der Zehn-Jahres-Frist nach § 2325 Abs. 3 BGB setzt die **Leistung des Schenkungsgegenstandes** voraus. Dieser erfordert nach Ansicht der Rspr. nicht nur den Eintritt des Leistungserfolges, sondern sogar die wirtschaftliche Ausgliederung des Schenkungsgegenstandes aus dem Vermögen des Erblassers.[72] Da sich der Zuwendungsakt bei Lebensversicherungen i. d. R. erst nach dem Tod des Erblassers vollzieht, führt dies dazu, dass in diesen Fällen die Zehn-Jahres-Frist nicht abgelaufen ist. Wurde dagegen das Bezugsrecht unwiderruflich zugewandt und damit der Leistungsanspruch vom Dritten noch zu Lebzeiten des Erblassers erworben, dann dürften auch nur die innerhalb der letzten zehn Jahre vor dem Erbfall geleisteten Prämien ergänzungspflichtig sein.[73]

3. Ehevertragliche Gestaltungen

Schrifttum: *v. Dickhuth-Harrach*, Ärgernis Pflichtteil? Möglichkeiten der Pflichtteilsreduzierung im Überblick, in: FS 100 Jahre Rheinisches Notariat (1998), S. 185; *Jülicher/Klinger*, Der Pflichtteil des Ehegatten, NJW-Spezial 2008, 647; *J. Mayer*, Abhängigkeiten von Ehegüter- und Ehegattenerbrecht und Gestaltungsüberlegungen, FPR 2006, 129; *Thoma*, Maßnahmen zur Reduzierung des Pflichtteils, ZEV 2003, 278; *Wälzholz*, Reduzierung von Pflichtteilsansprüchen durch familienrechtliche Gestaltungen, FamRB 2006, 157; *Wegmann*, Ehevertragliche Gestaltungen zur Pflichtteilsreduzierung, ZEV 1996, 201.

74 a) **Ausgangssituation.** Das gesetzliche Erb- und Pflichtteilsrecht des Ehegatten (das mittelbar auch für die Bemessung der Pflichtteilsquoten der übrigen Pflichtteilsberechtigten von Bedeutung ist), ist abhängig vom **Güterstand der Ehegatten** (vgl. dazu bereits § 10 Rn. 121 ff.). Aufgrund Wahl des Güterstands ergeben sich daher Möglichkeiten zur Beeinflussung der Pflichtteilsquoten und damit auch Gestaltungsmöglichkeiten zur Pflichtteilsreduzierung. Außerdem kann durch Wahl des Güterstands auch Einfluss auf die Höhe des zur Berechnung des ordentlichen Pflichtteils maßgeblichen Nachlasses genommen werden.

75 Gestaltungsziel von Ehegatten ist es dabei häufig, den **Pflichtteil der Abkömmlinge** bzw. eines bestimmten Abkömmlings so weit als möglich **zu reduzieren**. Dies gilt beispielsweise, wenn die Ehegatten beabsichtigen, in Gestalt der sog. Einheitslösung (vgl. § 2269 Abs. 1 BGB) zu testieren und der zum Alleinerben eingesetzte überlebende Ehegatte vor Pflichtteilsansprüchen der Abkömmlinge des erstverstorbenen Ehegatten weitgehend verschont bleiben soll. Besonders problematisch sind dabei die Fälle, in denen der Abkömmling (auch) auf den zweiten Erbfall nicht bedacht werden soll (weil es sich um einen einseitigen oder erstehelichen Abkömmling des erstverstorbenen Ehegatten handelt oder um ein gemeinsames Kind, zu dem keine gute Beziehung besteht), weil dann mit dem ersten Erbfall ohne Weiteres mit der Geltendmachung von Pflichtteilsansprüchen am Nachlass des Erstverstorbenen gerechnet werden muss.

76 Manchmal ist es auch Anliegen des Erblassers, den überlebenden **Ehegatten erbrechtlich möglichst gering zu bedenken**, beispielsweise im Falle der Planung einer Unternehmensnachfolge von Todes wegen, in der vorgesehen ist, das wesentliche Vermögen auf die Abkömmlinge übergehen zu lassen. Hier können ebenfalls ehevertragliche Gestaltungen zur Absicherung der vorgesehenen erbrechtlichen Nachfolge Anwendung finden.

---

[70] Vgl. BGH FamRZ 1976, 616; NJW 1995, 3113; OLG Stuttgart ZEV 2008, 145 ff. m. zust. Anm. *Blum* = NJW-RR 2008, 389 = RNotZ 2008, 168.
[71] Vgl. OLG Düsseldorf ZEV 2008, 292 f.; LG Göttingen ZEV 2007, 386 f. = NJW-RR 2008, 19; LG Paderborn FamRZ 2008, 1292 f.; *Schindler* ZErb 2008, 331 ff.
[72] BGHZ 125, 395 ff. = NJW 1994, 1791 = DNotZ 1994, 784.
[73] Vgl. MünchKommBGB/*Gottwald* § 330 Rn. 34; Mayer/Süß/Tanck/Bittler/Wälzholz/*J. Mayer* § 8 Rn. 34.

II. Gestaltungsmöglichkeiten im Rahmen lebzeitiger Rechtsgeschäfte

Für die Bemessung der Pflichtteilsquote eines **eingetragenen Lebenspartners** (und die sich hieraus errechnenden Quoten der übrigen Pflichtteilsberechtigten) gelten die gleichen Grundsätze wie für Ehegatten, nachdem das LPartÜbG das gesetzliche Erbrecht des eingetragenen Lebenspartners dem des Ehegatten (weitgehend) angeglichen hat (vgl. §§ 10, 6 Abs. 2 LPartG, wonach für Lebenspartner bei Zugewinngemeinschaft § 1371 BGB entsprechend gilt). Auch durch Gestaltung des Güterstands im Rahmen eines sog. Lebenspartnerschaftsvertrages können daher die Erb- und Pflichtteilsquoten des eingetragenen Lebenspartners und der sonstigen Pflichtteilsberechtigten sowie der zur Berechnung von Pflichtteilsansprüchen heranzuziehende Nachlass beeinflusst werden. Die nachstehenden, auf Ehegatten bezogenen Ausführungen **gelten** daher für eingetragene Lebenspartner **entsprechend**.

b) Berechnung des Pflichtteils nach dem Gesetz. aa) Grundsätze der Berechnung. Die Pflichtteilsquote des Ehegatten (die mittelbar auch für diejenigen der übrigen Pflichtteilsberechtigten maßgeblich ist), ist abhängig von dessen Erbquote. Diese ist nicht starr festgelegt, sondern ist abhängig von den beiden Fragen, welche Verwandte in welcher Ordnung neben dem Ehegatten als gesetzliche Erben in Betracht kommen und in welchem Güterstand der Verstorbene im Zeitpunkt seines Todes gelebt hat (vgl. dazu bereits § 10 Rn. 121 ff.).

bb) Zugewinngemeinschaft. Lebten die Ehegatten im Zeitpunkt des Erbfalls im gesetzlichen Güterstand der Zugewinngemeinschaft,[74] erhöht sich der gesetzliche Erbteil des Ehegatten um $\frac{1}{4}$ (§ 1931 Abs. 3 BGB i. V. m. § 1371 Abs. 1 BGB). **Neben Abkömmlingen** beträgt die Ehegattenerbquote $\frac{1}{4} + \frac{1}{4} = \frac{1}{2}$ (gem. § 1931 Abs. 1, 3 i. V. m. § 1371 Abs. 1 BGB), so dass der Pflichtteil des Ehegatten (wie auch aller Abkömmlinge zusammen) $\frac{1}{4}$ beträgt. Neben **Eltern des Erblassers und deren Abkömmlingen** erhält der Ehegatte als gesetzlichen Erbteil $\frac{1}{2} + \frac{1}{4} = \frac{3}{4}$ (gem. § 1931 Abs. 1, 3 i. V. m. § 1371 Abs. 1 BGB). Der Pflichtteil des Ehegatten beträgt damit $\frac{3}{8}$, derjenige der Verwandten insgesamt $\frac{1}{8}$ (sofern diese überhaupt pflichtteilsberechtigt sind). Dabei berechnet sich der Pflichtteil aus dem gesamten Vermögen des Erblassers.

Die vorstehende Berechnung gilt aber nur, wenn der Überlebende Erbe wird oder ihm ein Vermächtnis zusteht und er die Erbschaft nicht ausschlägt (sog. erbrechtliche Lösung), so dass § 1371 Abs. 2 und 3 BGB nicht zur Anwendung gelangen. Wird der Überlebende dagegen **übergangen**, kommt es nicht zur Erhöhung des gesetzlichen Erbteils gem. § 1371 Abs. 1 BGB. Dem überlebenden Ehegatten steht als Pflichtteil dann lediglich $\frac{1}{8}$ **des Nachlasses** zu (die Hälfte des gesetzlichen Erbteils von $\frac{1}{4}$ gem. § 1931 Abs. 1 BGB). Die Pflichtteilsquote der Abkömmlinge beträgt in diesem Fall $\frac{3}{8}$ (die Hälfte des gesetzlichen Erbteils von $\frac{3}{4}$). Allerdings ändert sich dann auch das der Berechnung des Pflichtteils maßgebliche Vermögen: der Zugewinnausgleichsanspruch des überlebenden Ehegatten gem. § 1371 Abs. 2 BGB stellt eine Nachlassverbindlichkeit dar, die vor Berechnung der Pflichtteilsansprüche abgezogen werden muss.[75]

cc) Gütertrennung. Bei der Gütertrennung ist nach der Sonderregel des § 1931 Abs. 4 BGB die gesetzliche Erbquote des überlebenden Ehegatten von der Anzahl der Kinder abhängig: Bei einem Kind ist der überlebende Ehegatte wie das Kind zur Hälfte erbberechtigt; bei zwei Kindern sind der überlebende Ehegatte und die beiden Kinder jeweils zu einem Drittel gesetzlich erbberechtigt. Bei drei oder mehr Kindern steht dem überlebenden Ehegatten die gesetzliche Erbquote von $\frac{1}{4}$ zu, während sich die Kinder $\frac{3}{4}$ teilen. Bei der Gütertrennung ist daher die Pflichtteilsquote des Kindes identisch, wenn nur ein Kind vorhanden ist (je $\frac{1}{4}$). Hinterlässt der Erblasser aber zwei oder mehr Kinder, ist die **Pflichtteilsquote der Kinder höher** als im gesetzlichen Güterstand ($\frac{2}{6}$ bzw. $\frac{3}{8}$ gegenüber $\frac{1}{4}$ im gesetzlichen Güterstand). Der Pflichtteilsberechnung zugrunde zu legen ist ebenfalls der gesamte Nachlass.

dd) Gütergemeinschaft. Bei Gütergemeinschaft steht dem überlebenden Ehegatten nach § 1931 Abs. 1 S. 1 BGB neben Abkömmlingen ein gesetzlicher Erbteil von $\frac{1}{4}$ und damit ein Pflichtteil von $\frac{1}{8}$ zu. Neben Verwandten der zweiten Ordnung oder neben Großeltern be-

---

[74] Dies ist auch der Fall, wenn der gesetzliche Güterstand der Zugewinngemeinschaft **ehevertraglich modifiziert** ist, vorausgesetzt, dass der Ausschluss des Zugewinnausgleichs nur für den Fall vereinbart wird, dass die Ehe anders endet als durch den Tod eines Ehegatten.
[75] BGH NJW 1988, 136, 137.

trägt der Pflichtteil grundsätzlich ¼ (vgl. § 1931 Abs. 1 BGB). Sind weder Verwandte der ersten noch der zweiten Ordnung bzw. Großeltern vorhanden, beträgt die Pflichtteilsquote des überlebenden Ehegatten stets ½ (vgl. § 1931 Abs. 2 BGB).

83   Für die Abkömmlinge ergibt sich im Falle der Gütergemeinschaft damit eine Pflichtteilsquote von (zusammen) ⅜ (die Hälfte von ¾). Die Quote für die Abkömmlinge ist damit in jedem Fall höher als im gesetzlichen Güterstand und – wenn der Erblasser ein oder zwei Kinder hinterlässt – auch höher als bei der Gütertrennung.

84   Zum Nachlass, aus dem die Pflichtteile errechnet werden, gehören bei der Gütergemeinschaft neben dem Sonder- und Vorbehaltsgut des Erblassers auch sein Anteil am Gesamtgut (§ 1482 BGB). Dieser Anteil beträgt nach § 1476 Abs. 1 BGB die Hälfte des (um Gesamtgutverbindlichkeiten reduzierten) Gesamtguts der Gütergemeinschaft, unabhängig davon, was der verstorbene und was der überlebende Ehegatte in die Ehe eingebracht hat.

85   c) **Beeinflussung der Pflichtteilsquoten durch Güterstandswahl.** Der gesetzliche Pflichtteil der Abkömmlinge kann dadurch verringert werden, dass der Güterstand der Gütertrennung vermieden und der **gesetzliche Güterstand der Zugewinngemeinschaft** zumindest für den Fall des Todes vereinbart wird. Der gesetzliche Güterstand führt dazu, dass sich das Ehegattenerbrecht kraft Gesetzes um ¼ gem. § 1371 Abs. 1 BGB erhöht und dadurch die gesetzlichen Erbteile und damit auch die Pflichtteilsquoten der Kinder entsprechend vermindert werden. Handelt es sich um ausländische oder deutsch-ausländische Ehegatten mit ausländischem Güterrecht kann zur Pflichtteilsminderung von Kindern (beim Tod des deutschen Elternteils) auch eine güterrechtliche **Rechtswahl** der deutschen Zugewinngemeinschaft sinnvoll sein, da die Erhöhung des Ehegattenerbrechts um ¼ nach h. A. güterrechtlich qualifiziert wird.

86   Ist es das Ziel der Ehegatten, die Pflichtteilsquoten der Abkömmlinge[76] möglichst gering zu halten, ist damit in der Beratungssituation **vor der Eheschließung** grundsätzlich keine ehevertragliche Änderung des gesetzlichen Güterstands erforderlich. Denn bei den Wahlgüterständen Gütertrennung und Gütergemeinschaft würden sich regelmäßig höhere Quoten der Abkömmlinge ergeben. Hatten die Ehegatten aber ehevertraglich Gütertrennung oder Gütergemeinschaft vereinbart, dann kann **während bestehender Ehe** eine Quotenreduzierung durch ehevertragliche Rückkehr zum gesetzlichen Güterstand erreicht werden. Sinnvoll ist dies im Falle der Gütergemeinschaft (Reduktion der Gesamt-Pflichtteilsquote aller Abkömmlinge von ⅜ auf ¼) oder im Falle der Gütertrennung, wenn mehr als 1 Kind vorhanden ist (Reduktion der Gesamt-Pflichtteilsquote der Abkömmlinge von ²⁄₆ bzw. ⅜ auf ¼).

87   Ist es dagegen umgekehrt das Gestaltungsziel des Erblassers, die Nachlassbeteiligung des **Ehegatten möglichst gering** zu halten, empfiehlt sich entsprechend den vorstehenden Überlegungen die Vereinbarung der **Gütertrennung**. Dies gilt v. a. dann, wenn mehr als ein Abkömmling vorhanden ist, da dann der Pflichtteil des Ehegatten statt ¼ (im Falle des gesetzlichen Güterstands) nur ⅙ (neben zwei Abkömmlingen) bzw. ⅛ (neben drei und mehr Abkömmlingen) beträgt. Alternativ lässt sich auch an ehevertragliche Modifizierungen des § 1371 BGB denken (vgl. dazu noch unten Rn. 106).

Praxistipp:

88   Will sich der Erblasser gegenüber anderen Pflichtteilsberechtigten als dem Ehepartner weitest möglich erbrechtliche Dispositionsfreiheit bewahren, empfiehlt sich der **gesetzliche Güterstand** wegen der durch § 1371 Abs. 1 BGB bewirkten Erhöhung der Erbquote des Ehepartners. Die Wahl der Zugewinngemeinschaft hat außerdem den Vorteil des zusätzlichen Erbschaftsteuerfreibetrages nach § 5 ErbStG. Soll der Ehepartner dagegen eine möglichst geringe Nachlassbeteiligung erhalten, kommt die ehevertragliche Vereinbarung der **Gütertrennung** in Betracht.

89   Wollen die Ehegatten die Vorteile der Zugewinngemeinschaft im Todesfall nutzen, aber den lebzeitigen Zugewinnausgleich (insbesondere im Falle einer Scheidung) ausschließen oder beschränken, kann dies durch eine entsprechende ehevertragliche Modifikation der Zugewinn-

---

[76] Die Überlegungen gelten entsprechend, wenn – im Falle des Fehlens eigener Abkömmlinge – die Pflichtteilsquoten der Eltern des Erblassers möglichst gering gehalten werden sollen.

gemeinschaft durch Ausschluss des Zugewinnausgleichs für den Fall der Beendigung der Ehe aus anderen Gründen als durch Tod erreicht werden.[77] Dadurch können die pflichtteilsrechtlichen und erbschaftsteuerlichen Vorteile der Zugewinngemeinschaft erhalten werden.

d) Ausgleich des Zugewinns nach Güterstandswechsel zur Gütertrennung. *aa) Behandlung unentgeltlicher Zuwendungen an den Ehegatten.* Durch lebzeitige, unentgeltliche Zuwendungen an den Ehegatten (sei es in Gestalt echter Schenkungen oder sog. ehebedingter oder unbenannter Zuwendungen) lassen sich Pflichtteilsansprüche der Abkömmlinge oder Eltern des Erblassers regelmäßig nicht reduzieren. Denn nicht nur Schenkungen an den Ehegatten führen o. W. zu Pflichtteilsergänzungsansprüchen der übrigen Pflichtteilsberechtigten, sondern auch die sog. **unbenannten oder ehebedingten Zuwendungen**.[78]

90

Praxistipp:
Im allgemeinen sind lebzeitige Schenkungen mit Ablauf der Zehn-Jahres-Frist seit Leistung des Schenkungsgegenstandes zwar ergänzungsfrei (vgl. § 2325 Abs. 3 S. 2 BGB n. F.) bzw. kann nach der durch die Erbrechtsreform neu eingefügten Abschmelzungsregelung des § 2325 Abs. 3 S. 1 BGB n. F. für jedes Jahr nach Leistung des Schenkungsgegenstandes $1/10$ des ergänzungspflichtigen Wertes ausgeschieden werden. Dies gilt aber **nicht für Schenkungen oder ehebedingte Zuwendungen an den Ehegatten**. Bei diesen läuft die Frist erst mit Auflösung der Ehe an (§ 2325 Abs. 3 S. 3 BGB n. F.). Lebzeitige Schenkungen oder unbenannte Zuwendungen an den Ehegatten führen daher nicht zu einer Minderung von Pflichtteilsansprüchen der übrigen Pflichtteilsberechtigten, sondern sind – sofern die Ehe nicht aufgelöst wird – zeitlich unbegrenzt pflichtteilsergänzungspflichtig (vgl. dazu bereits oben Rn. 55 ff.). Zur Pflichtteilsreduzierung geeignet sind daher allenfalls entgeltliche Rechtsgeschäfte mit dem Ehegatten.

91

bb) Begründung einer Ausgleichsforderung durch ehevertragliche Beendigung des gesetzlichen Güterstands. Wechseln die Ehegatten, die bisher im gesetzlichen Güterstand der Zugewinngemeinschaft lebten, durch Ehevertrag zum Güterstand der **Gütertrennung**, wird dadurch der gesetzliche Güterstand auf andere Weise als durch den Tod eines Ehegatten beendet. Dies löst nach den §§ 1372 ff. BGB auf Seiten des weniger begüterten Ehegatten einen Anspruch auf Ausgleich des zwischenzeitlich entstandenen Zugewinns (Zugewinnausgleichsanspruch) aus. Durch ehevertragliche Beendigung der Zugewinngemeinschaft wird damit eine Forderung zur Entstehung gebracht, die den Nachlass des begüterten Ehegatten reduzierend erfüllt werden kann. Da es sich bei der Erfüllung der entstandenen Zugewinnausgleichsverbindlichkeit um einen **entgeltlichen Vorgang** handelt und nicht um eine Schenkung, werden hierdurch keine Pflichtteilsergänzungsansprüche der übrigen Pflichtteilsberechtigten nach den §§ 2325 ff. BGB ausgelöst[79] (unter der weiteren Voraussetzung, dass die Forderung tatsächlich erfüllt wird – vgl. § 117 BGB – und die Leistung nicht über die nach dem Gesetz sich errechnende Zugewinnausgleichsforderung hinausgeht).

92

Praxistipp:
„Pflichtteilsfest" ist die Erfüllung der Zugewinnausgleichsforderung aber nur, wenn die Zugewinngemeinschaft durch Ehevertrag beendet wird. Nach h. A. ist **kein sog. „fliegender" Zugewinnausgleich** möglich, bei dem der bisher entstandene Zugewinn ausgeglichen wird unter Aufrechterhaltung des Güterstandes der Zugewinngemeinschaft, da es hier an einer rechtsgültig entstandenen Forderung fehlt.[80] Außerdem sind die schenkungsteuerlichen Folgen eines Zugewinnausgleichs ohne Vereinbarung der Gütertrennung zu beachten: Aus Sicht des BFH[81] stellt dieser eine schenkungsteuerbare freigebige Zuwendung dar, da auf einen solchen Zugewinnausgleich kein Rechtsanspruch bestehe.

93

---

[77] Vgl. dazu nur *Münch*, Ehebezogene Rechtsgeschäfte, 2. Aufl. 2007, Rn. 848 ff.; *Langenfeld*, Handbuch der Eheverträge und Scheidungsvereinbarungen, 5. Aufl. 2005, Rn. 428 ff.
[78] BGHZ 116, 167 ff. = NJW 1992, 564 = DNotZ 1992, 513; vgl. dazu bereits oben Rn. 55.
[79] Vgl. dazu *Brambring* ZEV 1996, 248, 252 ff.; *Wegmann* ZEV 1996, 201, 203 ff.; *v. Dickhuth-Harrach*, FS Rheinisches Notariat (1998), S. 233; *Münch*, Ehebezogene Rechtsgeschäfte, 2. Aufl. 2007, Rn. 1467; *Hayler* DNotZ 2000, 681 ff.; *Worm* RNotZ 2003, 535, 539; MünchKommBGB/*Lange* § 2325 Rn. 26; kritisch demgegenüber Bamberger/Roth/*J. Mayer* § 2325 Rn. 12.
[80] Vgl. *Worm* RNotZ 2003, 535, 540; a. A. *Hüttemann* DB 1999, 248; *Hayler* MittBayNot 2000, 290, 293.
[81] ZEV 2006, 41 m. Anm. *Münch* = DStR 2006, 178.

94　Im Falle des Todes des begüterten Ehegatten würde die Zugewinnausgleichsforderung dagegen nur dann nachlassreduzierend wirken, wenn § 1371 Abs. 2 und 3 BGB eingreifen, es also zur sog. **güterrechtlichen Lösung** käme. Im Falle des Eingreifens der sog. erbrechtlichen Lösung (§ 1371 Abs. 1 BGB) kommt es dagegen nur zur Erhöhung des gesetzlichen Erbteils (und Pflichtteils) des überlebenden Ehegatten, unabhängig davon, ob und in welcher Höhe dieser ausgleichsberechtigt gewesen wäre. Durch die ehevertragliche Beendigung des gesetzlichen Güterstandes kann folglich der Zugewinnausgleich vorab nachlassreduzierend durchgeführt werden, auch wenn der andere Ehegatte später Erbe werden soll. Die Gestaltung ist daher besonders dann zur Pflichtteilsreduzierung geeignet, wenn einer der Ehegatten erheblichen Zugewinn erwirtschaftet hat und die Nachlassbeteiligung der Kinder möglichst gering gehalten werden soll.

95　Die Gestaltung hat jedoch auch ihre Nachteile und Risiken. Zum einen besteht das **Risiko der falschen Reihenfolge der Todesfälle:** Stirbt der Zuwendungsempfänger zuerst und sind gemeinschaftliche Abkömmlinge vorhanden, erhöht sich durch den lebzeitigen Ausgleich des Zugewinns sein Nachlasswert und damit der Pflichtteilsanspruch der Abkömmlinge. Zum anderen hat die Vereinbarung der Gütertrennung aus pflichtteilsrechtlicher Sicht den Nachteil, dass sich hierdurch die **Pflichtteilsquoten der Abkömmlinge erhöhen** können (vgl. dazu oben Rn. 81). Um dies zu vermeiden, bietet es sich ggf. an, unmittelbar nach Vereinbarung der Gütertrennung und Durchführung des Zugewinnausgleiches in einem zweiten Ehevertrag zum gesetzlichen Güterstand der Zugewinngemeinschaft zurückzukehren (sog. **Güterstandschaukel**).[82]

96　Ob das sog. „Schaukelmodell" **pflichtteilsfest** ist oder es sich hierbei um eine rechtsmissbräuchliche Gestaltung handelt, ist in der Lit. äußerst umstritten.[83] In der Rspr. ist die Frage noch nicht restlos geklärt. Zwar hat der **BFH** in seinem viel beachteten Urteil v. 12. 7. 2005[84] entschieden, dass eine Ausgleichsforderung, die durch ehevertragliche Beendigung des Güterstands der Zugewinngemeinschaft entsteht, nicht als freigiebige Zuwendung schenkungsteuerbar sei, wenn es tatsächlich zu einer güterrechtlichen Abwicklung der Zugewinngemeinschaft komme, und zwar auch dann nicht, wenn der Güterstand der Zugewinngemeinschaft im Anschluss an die Beendigung erneut begründet wird. Jedoch betrifft diese Entscheidung ausschließlich die steuerliche Seite der Problematik, so dass im Anschluss an die vorbezeichnete Entscheidung zu Recht davor gewarnt worden ist, die vom BFH zur Schenkungsteuer angestellten Erwägungen auf das Recht der Pflichtteilsergänzung ohne Weiteres zu übertragen.[85]

97　Denn der BGH hat die Rechtsfrage für den Wechsel von der Zugewinngemeinschaft zur Gütertrennung und zurück bislang **noch nicht entschieden.** Es existiert zur Thematik „Schaukelmodelle" lediglich eine Entscheidung des BGH zur Gütergemeinschaft aus dem Jahr 1991.[86] Dort hatte der BGH einen Fall zu beurteilen, in dem die Ehegatten zunächst die Gütergemeinschaft vereinbart hatten und sodann fünf Tage später in die Gütertrennung gewechselt waren. Hierdurch sollte zur Vermeidung ergänzungspflichtiger Ehegattenschenkungen ein Teil des Vermögens der Eheleute vom einen auf den anderen Ehegatten verlagert werden. Der BGH versagte im konkreten Fall dem Schaukelmodell die pflichtteilsrechtliche Anerkennung und sah die Zuwendung letztlich als ergänzungspflichtige Schenkung i. S. v. § 2325 BGB an (wobei der BGH zuvor die grundsätzliche Ehevertragsfreiheit betont hatte). Die Entscheidung des BGH zum Gütergemeinschaftsmodell lässt sich allerdings wohl nicht ohne Weiteres auf den Wechsel zwischen Zugewinngemeinschaft und Gütertrennung übertragen, da im Hinblick auf die unterschiedlichen vermögensrechtlichen Wirkungen der Güterstände auf den Güterstandswechsel zur Gütertrennung kein so strenger Maßstab wie auf den zur Gütergemeinschaft anzulegen sein dürfte. Außerdem spricht für die pflichtteilsrecht-

---

[82] Vgl. *Wegmann* ZEV 1996, 201, 206; *Worm* RNotZ 2003, 535, 539
[83] Vgl. nur *Brambring* ZEV 1996, 248, 252 f.; *Wegmann* ZEV 1996, 201, 206; *Hayler* MittBayNot 2000, 290, 293; *Worm* RNotZ 2003, 535, 539; *Wälzholz* FamRB 2006, 157, 160; Mayer/Süß/Tanck/Bittler/Wälzholz/*J. Mayer* § 8 Rn. 52 ff.
[84] ZEV 2005, 490 m. Anm. *Münch* = DStR 2005, 1772.
[85] *Everts* ZErb 2005, 421, 422.
[86] BGHZ 116, 178, 182 = NJW 1992, 558; vgl. dazu *Brambring* ZEV 1996, 248, 253.

liche Wirksamkeit der hier diskutierten Güterstandsschaukel neben der Ehevertragsfreiheit die Grundidee der Zugewinngemeinschaft, die gemeinschaftliche Teilhabe am ehelichen Vermögen zu verwirklichen und der Umstand, dass der ausgleichsberechtigte Ehegatte ein durchaus anerkennenswertes Interesse daran haben kann, nicht erst bei Scheidung oder Tod des anderen (und dann nur vielleicht) am Zugewinn zu partizipieren.

> **Praxistipp:**
> Ob und unter welchen Voraussetzungen die **Güterstandsschaukel** zur Gütertrennung und anschließend zurück zur Zugewinngemeinschaft pflichtteilsfest ist, ist im Hinblick auf das Fehlen einschlägiger höchstrichterlicher Rspr. fraglich. Auch wenn die Ehegatten eine **Schamfrist** einhalten, kann dies ggf. problematisch sein, falls das Vorgehen der Ehegatten auf einem vorgefassten Gesamtplan beruht. Soweit es den Beteiligten auf die Pflichtteilsfestigkeit ankommt, empfiehlt *Münch*[87] daher die Vereinbarung in zwei Urkunden, da hier die zweite Urkunde immer eines neuen Entschlusses bedürfe und deshalb kein Gesamtplan anzunehmen sei.

e) **Begründung der Gütergemeinschaft.** Neben der Quotenreduzierung durch ehevertragliche Wahl des „richtigen" Güterstands kann eine Pflichtteilsreduzierung im Hinblick auf die übrigen Pflichtteilsberechtigten (im Sinne einer Nachlass-, nicht Quotenreduzierung) auch ggf. durch Abschluss eines **Ehevertrages mit vermögensübertragender Wirkung** erreicht werden. Möglich ist dies jedoch nur mit Bezug auf die Gütergemeinschaft, da mit der Zugewinngemeinschaft oder Gütertrennung keine Änderung der Eigentumsverhältnisse der Ehegatten verbunden ist. Die Vereinbarung der Gütergemeinschaft hat zur Folge, dass das gesamte (derzeitige und zukünftige) Vermögen der Ehegatten – sofern es sich nicht um Sonder- oder Vorbehaltsgut eines Ehegatten handelt – Gesamtgut wird, an dem beide Ehegatten gesamthänderisch beteiligt sind. Beim Tod des einen Ehegatten wird die Gütergemeinschaft beendet und das Gesamtgut durch Halbteilung auseinandergesetzt. Der Pflichtteilsberechnung unterliegt nur der Nachlass, damit auch nur die eine Hälfte des Gesamtguts. Auf diese Weise lässt sich ein Vermögenstransfer von dem einen auf den anderen Ehegatten und eine gleichmäßige Verteilung des Vermögens der Ehegatten bewirken, so dass sich hierdurch beispielsweise Pflichtteilsansprüche der Abkömmlinge des vermögenderen Ehegatten reduzieren lassen.

Fraglich ist jedoch, ob und inwieweit die Vermögensmehrung auf Seiten des anderen Ehegatten durch ehevertragliche Vereinbarung der Gütergemeinschaft und Erwerb des Anteils am Gesamtgut eine **pflichtteilsergänzungserhebliche Schenkung i. S. v. § 2325 BGB** darstellt. Wäre dies anzunehmen, würde sich durch die Gestaltung kein pflichtteilsrechtlicher Vorteil bewirken lassen. Der BGH geht in seiner grundlegenden Entscheidung zur Thematik[88] davon aus, dass die Vereinbarung der Gütergemeinschaft keine Schenkung i. S. d. § 2325 BGB darstellt und damit keine Pflichtteilsergänzungsansprüche auslöst, wenn nicht besondere Umstände vorliegen. Letzteres sei dann der Fall, wenn die Geschäftsabsichten der Ehegatten nicht auf die Verwirklichung der Ehe und auf eine Ordnung des beiderseitigen Vermögens gerichtet waren. Anzeichen für die **Verfolgung solcher ehefremder Zwecke** sieht der BGH,

- wenn die Gütergemeinschaft kurz vor dem Tod eines Ehegatten vereinbart wird,
- wenn für die Auseinandersetzung dem zunächst weniger begüterten Teil eine höhere Quote eingeräumt wird, als § 1476 BGB vorsieht oder
- wenn der Ehevertrag nur geschlossen wird, um pflichtteilsberechtigte Angehörige zu benachteiligen.

Ein Indiz für die Verfolgung ehefremder Zwecke liegt aus Sicht des BGH auch vor, wenn

- nach einem **einheitlichen Plan** zunächst die Gütergemeinschaft und dann nach einiger Zeit ein anderer Güterstand vereinbart wird („Schaukelmodell") oder

---

[87] *Münch*, Ehebezogene Rechtsgeschäfte, 2. Aufl. 2007, Rn. 467.
[88] BGHZ 116, 178, 182 = NJW 1992, 558.

- wenn nachträglich wertvolle Gegenstände aus dem Vorbehaltsgut eines Ehegatten in das des anderen oder in das Gesamtgut oder aus dem Gesamtgut in das Vorbehaltsgut verschoben werden.

101 Auch wenn die vorstehenden Ausnahmesituationen im konkreten Fall nicht gegeben sind und der Vermögenstransfer grundsätzlich pflichtteilsfest vorgenommen werden kann, bestehen auch Nachteile und Risiken. Ein gewisses Risiko für den Fall des Vorhandenseins gemeinschaftlicher Abkömmlinge besteht in der **Gefahr der „falschen" Reihenfolge der Todesfälle**, weil sich dann beim Tod des weniger begüterten Ehegatten durch die Transaktion die Pflichtteilsansprüche der Abkömmlinge erhöht haben. Von daher eignet sich das Modell v. a. für die Fälle des Vorhandenseins einseitiger Abkömmlinge des begüterten Ehegatten, da das Risiko des Vorversterbens dann keine Rolle spielt. Außerdem ist die durch die Vereinbarung der Gütergemeinschaft bewirkte Quotenerhöhung der Abkömmlinge (von gesamt $1/4$ bei Zugewinngemeinschaft auf gesamt $3/8$ im Falle der Gütergemeinschaft) im Auge zu behalten und ggf. im Wege der Aufstellung einer Kontrollrechnung zu prüfen, ob die pflichtteilsfeste Bereicherung des anderen Ehegatten den Nachteil der Quotenerhöhung übertrifft. Letztlich sprechen gegen die Vereinbarung der Gütergemeinschaft aber auch zahlreiche andere Punkte, u. a. die Schwerfälligkeit der Gesamthandsgemeinschaft, die Kompliziertheit der verschiedenen Rechtsverhältnisse und Vermögensmassen und z. B. der Umstand der umfangreichen wechselseitigen Haftung, selbst für unerlaubte Handlungen des anderen.[89]

102 **f) Fortgesetzte Gütergemeinschaft.** Bei Vereinbarung der (normalen) Gütergemeinschaft gehört der Anteil des verstorbenen Ehegatten am Gesamtgut zu dessen Nachlass (neben seinem Sonder- und Vorbehaltsgut). Sind die Abkömmlinge von der Erbfolge ausgeschlossen (beispielsweise infolge der Alleinerbeneinsetzung des überlebenden Ehegatten), können sie mit Eintritt des Erbfalls ihren **Pflichtteil** gem. § 2303 BGB hinsichtlich des Nachlasses des Erstversterbenden (vgl. § 2311 BGB) **verlangen**. Aus pflichtteilsrechtlicher Perspektive bietet die Vereinbarung der (normalen) Gütergemeinschaft daher keinen Vorteil. Sie ist in Bezug auf Abkömmlinge vielmehr pflichtteilsrechtlich nachteilig, da sich die Gesamtpflichtteilsquote der Kinder hierdurch von $1/4$ im Falle der Zugewinngemeinschaft auf $3/8$ erhöht.

103 Bestimmte pflichtteilsrechtliche Vorteile bietet aber die **Vereinbarung einer fortgesetzten Gütergemeinschaft nach den §§ 1483 ff. BGB**. Denn vereinbaren die Ehegatten durch Ehevertrag die Fortsetzung der Gütergemeinschaft, so wird die Gütergemeinschaft gem. § 1483 Abs. 1 S. 2 BGB beim Tod des Erstversterbenden mit den gemeinschaftlichen, erbberechtigten Abkömmlingen fortgesetzt, wobei die Abkömmlinge kraft Gesetzes ohne besonderen Übertragungsakt an die Stelle des verstorbenen Ehegatten treten.[90] Insoweit findet weder eine Auseinandersetzung noch nach h. M. eine Erbfolge statt, sondern es tritt lediglich unter Wahrung der Identität der Gesamthandsgemeinschaft ein Mitgliederwechsel ein (h. M.).[91]

104 Die Vereinbarung der Fortsetzung der Gütergemeinschaft führt dazu, dass der **Anteil** des verstorbenen Ehegatten **am Gesamtgut** gem. § 1483 Abs. 1 S. 3 BGB **nicht zum Nachlass gehört**. Eine Beerbung des verstorbenen Ehegatten findet vielmehr nur hinsichtlich seines bisherigen Sonder- und Vorbehaltsguts statt. Dies bedeutet, dass sich auch Pflichtteilsansprüche, wie auch Pflichtteilsergänzungsansprüche und Ausgleichspflichten nur hierauf beziehen.[92] Bei der Vereinbarung der fortgesetzten Gütergemeinschaft ergibt sich folglich pflichtteilsrechtlich ein Vorteil, indem die Abkömmlinge auf den ersten Erbfall ihrer Eltern **hinsichtlich des Gesamtguts keine Pflichtteilsansprüche** geltend machen können.

105 Abgesehen von den allgemeinen **Nachteilen** der Gütergemeinschaft hat das Modell aber folgende Haken:[93]

- Das Modell wirkt nur für gemeinschaftliche Abkömmlinge, nicht für nichteheliche oder einseitige Abkömmlinge.

---

[89] Vgl. *Mai* BWNotZ 2003, 55, 69 f.; *Langenfeld*, Handbuch der Eheverträge und Scheidungsvereinbarungen, 5. Aufl. 2005, Rn. 597 ff.
[90] Bamberger/Roth/*J. Mayer* § 1483 Rn. 9.
[91] MünchKommBGB/*Kanzleiter* § 1483 Rn. 9 m. w. N.
[92] Bamberger/Roth/*J. Mayer* § 1483 Rn. 9.
[93] Vgl. *Wälzholz* FamRB 2006, 157, 160.

- Der länger lebende Ehegatte verwaltet zwar grds. das Vermögen der Gütergemeinschaft allein. Zu bestimmten Verfügungen, z. B. jeglichen Verfügungen über Grundbesitz, bedarf er aber der Zustimmung der gemeinschaftlichen Abkömmlinge, § 1487 i.V. m. § 1424 BGB;
- Die erbrechtliche Gestaltungsfreiheit ist hinsichtlich des Hälfteanteils des vorverstorbenen Ehegatten nicht mehr gegeben. Nach dem Ableben des Längerlebenden geht dieses Vermögen auf die gemeinschaftlichen Abkömmlinge über, die nicht mehr enterbt werden können.

Insgesamt wird das Modell der fortgesetzten Gütergemeinschaft heute als eine auf Dauer unzumutbare Vermögensgemeinschaft angesehen, die eigentlich nicht mehr empfohlen werden kann.[94]

g) Modifizierung des § 1371 BGB. An eine ehevertragliche Modifizierung des § 1371 BGB ist v. a. dann zu denken, wenn nicht die Pflichtteilsansprüche der Abkömmlinge, sondern die Ansprüche der Ehefrau im Todesfall möglichst gering gehalten werden sollen (Beispiel: der Ehefrau soll nur ein geringfügiges Geldvermächtnis zugewandt werden). Hier besteht die Gefahr, dass der Ehegatte das Vermächtnis ausschlägt und nach § 1371 Abs. 3 BGB den **kleinen Pflichtteil** und den **rechnerischen Zugewinnausgleich** verlangt (sog. güterrechtliche Lösung). Dies kann sicher dadurch verhindert werden, dass ein Pflichtteilsverzichtsvertrag abgeschlossen und ehevertraglich die Zugewinngemeinschaft ausgeschlossen wird (mit der Folge des Eintritts der Gütertrennung). Da dies jedoch die bekannten erbschaftsteuerlichen Nachteile der Gütertrennung mit sich bringt und es im Hinblick auf die Pflichtteilsansprüche der übrigen Pflichtteilsberechtigten Sinn macht, § 1371 Abs. 1, Abs. 4 BGB unangetastet zu lassen, falls die Ehefrau später doch einmal Erbin sein sollte, kann der ehevertragliche Ausschluss des Zugewinnausgleichs auf § 1371 Abs. 3 BGB (sowie ggf. § 1371 Abs. 2 BGB) beschränkt werden. 106

Für die Zulässigkeit dieser Gestaltung spricht, dass anerkanntermaßen nicht nur der Zugewinnausgleich unter Lebenden modifiziert und ausgeschlossen werden kann, sondern auch der Zugewinnausgleich nach der güterrechtlichen Lösung des § 1371 Abs. 2 BGB im Todesfall voll zur **ehevertraglichen Disposition** steht. Es kann deshalb nach h. M. auch der Ausgleich nach § 1371 Abs. 1 BGB belassen, der **Ausgleich nach § 1371 Abs. 2 BGB** aber **ausgeschlossen** werden.[95] Demnach dürfte es auch zulässig sein, ehevertraglich den rechnerischen Zugewinnausgleich nur für den Fall der Ausschlagung der zugewandten Erbschaft oder des zugewandten Vermächtnisses (Fall des § 1371 Abs. 3 BGB) auszuschließen. 107

4. Erweiterung des Kreises der Pflichtteilsberechtigten

Schrifttum: *v. Dickhuth-Harrach*, Ärgernis Pflichtteil? Möglichkeiten der Pflichtteilsreduzierung im Überblick, in: FS 100 Jahre Rheinisches Notariat (1998), S. 185; *Grziwotz*, Praktische Probleme der Hinzuadoption Volljähriger, FamRZ 2005, 2038; *Müller/Sieghörtner/Emmerling de Oliveira*, Adoptionsrecht in der Praxis, 2007; *Thoma*, Maßnahmen zur Reduzierung des Pflichtteils, ZEV 2003, 278; *Wälzholz*, Reduzierung von Pflichtteilsansprüchen durch familienrechtliche Gestaltungen, FamRB 2006, 157; *Wegmann*, Auswirkungen des Kindschaftsrechtsreformgesetzes und des Erbrechtsgleichstellungsgesetzes auf die notarielle Tätigkeit, MittBayNot 1998, 308.

a) Ausgangsüberlegung. Maßgeblich für die Berechnung des Pflichtteilsanspruchs ist zum einen der **Wert** des Nachlasses (vgl. § 2311 BGB), zum anderen die **Pflichtteilsquote**. Diese Quote hängt von den verwandtschaftlichen Verhältnissen des Erblassers ab. Soll der Pflichtteilsanspruch eines bereits vorhandenen Pflichtteilsberechtigten möglichst gering gehalten bzw. sogar reduziert werden, ist daher daran zu denken, den Kreis der Pflichtteilsberechtigten durch **erbrechtliche** (wie z. B. die Aufhebung bestehender Erbverzichtsverträge) **oder familienrechtliche Akte** (wie z. B. Eheschließung, Adoption oder Vaterschaftsanerkennung) zu erweitern. Dabei lässt sich feststellen, dass durch diese erbrechtlichen oder familienrechtli- 108

---
[94] Vgl. *Behmer* FamRZ 1988, 339, 342; Bamberger/Roth/*J. Mayer* § 1483 Rn. 5.
[95] Vgl. *Cypionka* MittRhNotK 1986, 157, 165; vgl. auch MünchKommBGB/*Kanzleiter* § 1408 Rn. 14, wonach der Zugewinnausgleich – auch der des § 1371 – jeder möglichen Modifikation zugänglich sei.

chen Akte regelmäßig ein wesentlich **größerer Pflichtteilseffekt** erzielt werden kann als beispielsweise durch Vornahme von Schenkungen oder anderen Vermögenstransfers.

109 Im Zusammenhang mit der Erweiterung des Kreises der Pflichtteilsberechtigten durch familienrechtliche Akte ist zu berücksichtigen, dass für die Begründung eines gesetzlichen Erb- und Pflichtteilsrechts nicht die biologische Verwandtschaft entscheidend ist, sondern die **rechtliche**. Daher hat beispielsweise ein außerehelich gezeugtes Kind des Erblassers nur dann ein gesetzliches Erb- und Pflichtteilsrecht, wenn die Vaterschaft auch wirksam anerkannt oder gerichtlich festgestellt worden ist. Außerdem muss bedacht werden, dass die neu hinzutretende Person **ebenfalls pflichtteilsberechtigt** wird. Um die hierdurch entstehenden Probleme gering zu halten, wird auf die Möglichkeit des Erblassers verwiesen, mit dem neuen Pflichtteilsberechtigten einen Pflichtteilsverzichtsvertrag abzuschließen, § 2346 Abs. 2 BGB.[96] Dieser schließt Pflichtteilsansprüche des neuen Pflichtteilsberechtigten sicher aus, ohne dass dieser – wie ein Erbverzichtsvertrag – zu einer Erhöhung der Pflichtteilsquoten der übrigen Pflichtteilsberechtigten führen würde. Der Abschluss eines solchen Pflichtteilsverzichtsvertrages ist zwar im Falle der Eheschließung weitgehend unproblematisch (sofern der neue Ehegatte nur mitwirkungsbereit ist). Zur „Lösung" der Pflichtteilsproblematik wird er aber bei hinzutretenden Abkömmlingen regelmäßig ausscheiden. Im Falle der Minderjährigkeit des hinzutretenden Abkömmlings wäre hierzu nämlich die Genehmigung des Familiengerichts erforderlich (§ 2347 Abs. 1 S. 1 BGB). Im Falle der Volljährigkeit kann der Pflichtteilsverzicht beispielsweise im Rahmen der durchzuführenden Adoption ggf. als Indiz gegen die Annahme eines Eltern-Kind-Verhältnisses (vgl. § 1767 Abs. 1 S. 1 BGB) angesehen werden.

110 Außerdem werden durch die neue verwandtschaftliche Beziehung **Unterhaltsansprüche** begründet, die gegenüber Abkömmlingen nicht (vgl. § 1614 Abs. 1 BGB), gegenüber dem Ehegatten oder eingetragenen Lebenspartner nach der geltenden höchstrichterlichen Rspr. zur Inhaltskontrolle[97] nicht uneingeschränkt ausgeschlossen werden können.

> **Praxistipp:**
> 111 Bei allen familienrechtlichen Akten zur Erweiterung des Kreises der Pflichtteilsberechtigten ist zu bedenken, dass die erb- und unterhaltsrechtlichen Verpflichtungen gegenüber dem neuen Pflichtteilsberechtigten nur eingeschränkt abbedungen werden können.

112 **b) Eheschließung bzw. Begründung einer eingetragenen Lebenspartnerschaft.** Durch Eheschließung kann der Pflichtteilsanspruch anderer Pflichtteilsberechtigter (v. a. der Abkömmlinge) angesichts der hohen Erb- und Pflichtteilsquote des überlebenden Ehegatten[98] am effektivsten reduziert werden. Gleiches gilt im Hinblick auf die Begründung einer eingetragenen Lebenspartnerschaft, da der eingetragene Lebenspartner (nicht: der nicht eingetragene nichteheliche Lebensgefährte) erbrechtlich weitgehend wie ein Ehegatte steht (vgl. §§ 10, 6 S. 2 LPartG i. V. m. § 1371 BGB).

113 Die Reduzierung von Pflichtteilsansprüchen der Abkömmlinge oder Eltern taugt natürlich nicht als ausschließliches Motiv für eine Eheschließung bzw. Begründung einer eingetragenen Lebenspartnerschaft. Dies gilt nicht nur emotional, sondern auch wirtschaftlich betrachtet. Schließlich wird der Ehegatte/eingetragene Lebenspartner infolge der Herstellung der Statusbeziehung nicht nur selbst erb- und pflichtteilsberechtigt, sondern hiermit sind z. B. auch Unterhaltspflichten verbunden, die selbst für den Fall der Scheidung der Ehe bzw. Aufhebung der Lebenspartnerschaft bestehen und die nicht o. w. durch Ehevertrag oder Lebenspartnerschaftsvertrag ganz abbedungen werden können.[99] Ist aber von Seiten der Partner ohnehin an eine Eheschließung (bzw. Verpartnerung) gedacht, kann beides auch als

---

[96] Vgl. *Wälzholz* FamRB 2006, 157, 158.
[97] Grundlegend hierzu BGHZ 158, 81 = NJW 2004, 930.
[98] Dies gilt v. a. im gesetzlichen Güterstand; vgl. dazu Rn. 78 ff.
[99] Vgl. zur Inhaltskontrolle von Eheverträgen z. B. Bamberger/Roth/*J. Mayer* § 1408 Rn. 13 ff.

II. Gestaltungsmöglichkeiten im Rahmen lebzeitiger Rechtsgeschäfte 114–118 § 11

taugliches Mittel zur Pflichtteilsminderung eines missliebigen Abkömmlings (bzw. bei eingetragenen Lebenspartnern zur Minderung des Pflichtteils der Eltern) eingesetzt werden.[100]

Beispiel 1:
Der äußerst wohlhabende, verwitwete Unternehmer hat nur einen Abkömmling, den – aus seiner Sicht missratenen – Sohn S. Der Nachlasswert beträgt € 20 Mio. Der Pflichtteilsanspruch des Sohnes beläuft sich auf ½ des Nachlasses, also € 10 Mio. Heiratet der Unternehmer seine Lebensgefährtin L und verbleibt er mit dieser im gesetzlichen Güterstand, halbiert sich der Pflichtteilsanspruch des Sohnes auf ¼ des Nachlasswertes, d. h. € 5 Mio.

Der Effekt kann noch dadurch gesteigert werden, dass die Eheschließung mit weiteren familienrechtlichen Akten, namentlich der Adoption der Abkömmlinge des neuen Ehegatten (oder eingetragenen Lebenspartners, vgl. § 9 Abs. 7 LPartG) oder der Zeugung von gemeinsamen Abkömmlingen, einhergeht. 114

Beispiel 2:
Der Unternehmer aus dem Beispielsfall 1 heiratet nicht nur seine nichteheliche Lebensgefährtin, sondern adoptiert in der Folge auch deren zwei Abkömmlinge aus erster Ehe. Damit reduziert sich der Pflichtteilsanspruch des missratenen Sohnes auf ¹/₁₂ (statt ½) und damit 1,88 Mio. € (gegenüber € 10 Mio. im Ausgangsfall).

c) **Vaterschaftsanerkennung.** aa) *Bedeutung.* Ist der Erblasser ein Mann, besteht eine Möglichkeit der Erweiterung des Kreises der Pflichtteilsberechtigten auch durch Vaterschaftsanerkennung nach den §§ 1592 Nr. 2, 1594 ff. BGB. Dies gilt insbesondere im Hinblick auf ein nichteheliches Kind des Erblassers. Denn durch die Vaterschaftsanerkennung wird mit Wirkung für und gegen alle die Vaterschaft festgestellt und damit auch ein rechtliches Verwandtschaftsverhältnis begründet, das ein gesetzliches Erb- und Pflichtteilsrecht vermittelt. 115

bb) *Wirksamkeitsvoraussetzungen.* Die Anerkennung ist eine einseitige (nicht empfangsbedürftige) Willenserklärung. Sie kann schon vor der Geburt des Kindes abgegeben werden (§ 1594 Abs. 4 BGB). Eine Frist für die Anerkennung besteht nicht. Sie kann auch noch nach Eintritt der Volljährigkeit des Kindes erfolgen oder nach dessen Tod.[101] Die Anerkennung darf nicht unter einer Bedingung oder Zeitbestimmung erfolgen (vgl. § 1594 Abs. 3 BGB). Erfolgt die Anerkennung allerdings unter der Bedingung, dass eine beabsichtigte oder bereits erhobene Vaterschaftsanfechtungsklage Erfolg haben wird, liegt nach h. A. keine echte Bedingung, sondern eine bloße Rechtsbedingung vor.[102] Die Anerkennung kann nicht durch einen Bevollmächtigten erklärt werden, § 1596 Abs. 4 BGB. Zur Anerkennung durch den beschränkt Geschäftsfähigen, Betreuten oder Geschäftsunfähigen vgl. § 1596 Abs. 1 bis 3 BGB. 116

Unwirksam ist die Anerkennung gem. § 1594 Abs. 2 BGB, solange die Vaterschaft eines anderen Mannes besteht (unabhängig davon, ob aufgrund Ehe mit der Mutter, wirksamer Anerkennung oder gerichtlicher Feststellung). Anders als nach früherem Recht ist die Erklärung aber nicht nichtig, sondern nur **schwebend unwirksam** bis zur Beseitigung der Vaterschaft des anderen Mannes durch rechtskräftiges Urteil im Anfechtungsverfahren. 117

Zur Wirksamkeit der Anerkennung ist nicht erforderlich, dass die Erklärung vom biologischen Vater abgegeben wird. Auch das **bewusst unrichtige Vaterschaftsanerkenntnis** entfaltet (bei Vorliegen aller erforderlichen Zustimmungserklärungen) Wirksamkeit.[103] Das ergibt sich aus § 1600c Abs. 2 BGB, wonach die Vaterschaftsvermutung des Anerkennenden nur dann nicht gilt, wenn der Anerkennende die Vaterschaft anficht und seine Anerkennung unter einem Willensmangel leidet. Auch das bewusst wahrheitswidrige Vaterschaftsanerkennt- 118

---

[100] Vgl. *Wälzholz*, Der Fachanwalt für Erbrecht, 2005, 21, 23.
[101] BayObLGZ 2000, 205 = NJW-RR 2000, 369.
[102] BGHZ 99, 236 = NJW 1987, 899; KG FamRZ 1995, 631; MünchKommBGB/*Wellenhofer* § 1594 Rn. 38 m. w. N.
[103] OLG Köln NJW 2002, 901 ff.

nis kann allerdings nach den §§ 1600 bis 1600b BGB angefochten werden (und zwar auch vom anerkennenden Vater).[104]

119 Die Anerkennung bedarf nach § 1595 Abs. 1 BGB der **Zustimmung der Mutter**, und zwar nicht als gesetzliche Vertreterin des Kindes, sondern aus eigenem Recht. Die Erklärung ist – nach h. M.[105] – nicht empfangsbedürftig und höchstpersönlich. Sie kann auch schon vor der Geburt des Kindes abgegeben werden (§ 1595 Abs. 3 BGB) und ist – wie das Anerkenntnis – bedingungs- und befristungsfeindlich. Ausnahmsweise kann auch die **Zustimmung des Kindes** erforderlich sein, wenn der Mutter nicht die elterliche Sorge zusteht (vgl. § 1595 Abs. 2 BGB). Ist dies der Fall, muss der gesetzliche Vertreter des Kindes die Zustimmungserklärung abgeben, wenn das Kind geschäftsunfähig oder noch nicht 14 Jahre alt ist. Im Übrigen kann das beschränkt geschäftsfähige Kind nur selbst zustimmen, bedarf hierzu aber nach § 1596 Abs. 2 BGB der Zustimmung seines gesetzlichen Vertreters.

120 *cc) Form.* Sowohl die Anerkennungs- als auch die Zustimmungserklärung(en) müssen gem. § 1597 Abs. 1 BGB **öffentlich beurkundet** werden. Zuständig sind hierfür neben dem Notar auch der Standesbeamte (§ 44 Abs. 1 PStG), die Urkundsperson beim Jugendamt (§ 59 Abs. 1 S. 1 Nr. 1 SGB VIII), das AG (§ 62 BeurkG), sowie das Gericht, bei dem die Vaterschaftsklage anhängig ist, § 180 FamFG; für Beurkundungen im Ausland vgl. § 10 KonsularG.

121 *dd) Widerruf.* Die Anerkennungserklärung kann vom Mann **widerrufen** werden, wenn sie ein Jahr nach der Beurkundung noch nicht wirksam geworden ist, weil eine erforderliche Zustimmung nicht erteilt ist, § 1597 Abs. 3 BGB. Der Widerruf muss ebenfalls öffentlich beurkundet werden.

122 *ee) Mitteilungspflicht.* Von der Anerkennung und allen Erklärungen, die für die Wirksamkeit der Anerkennung von Bedeutung sind, sind beglaubigte Abschriften dem Vater, der Mutter, dem Kind sowie dem Standesbeamten, der die Geburt des Kindes beurkundet hat, zu übersenden (§ 1597 Abs. 2 BGB, § 44 Abs. 3 PStG). Eine Anerkennung der Vaterschaft in geheimer Urkunde („Inkognito-Anerkennung") unter Ausschluss der notariellen **Mitteilungspflicht** ist nicht (mehr) möglich.[106]

123 *ff) Anerkennung im Scheidungskontext.* Einen **Sonderfall** der Vaterschaftsanerkennung regelt § 1599 Abs. 2 BGB, der in **Scheidungsfällen** die Notwendigkeit einer Vaterschaftsanfechtung vermeiden will, wenn das Kind aus einer neuen Beziehung der Mutter stammt und alle Beteiligten insoweit übereinstimmen. Die Vorschrift sieht vor, dass die gesetzliche Vaterschaft des Ehemannes der Mutter trotz Geburt des Kindes in der Ehe (d.h. bis zur Rechtskraft des Scheidungsurteils) nicht besteht, wenn das Kind nach Anhängigkeit des Scheidungsantrags geboren wird und ein Dritter spätestens bis zum Ablauf eines Jahres nach Rechtskraft des dem Scheidungsantrag stattgebenden Urteils mit Zustimmung der Mutter und des Ehemannes die Vaterschaft anerkennt. Allerdings wird die Anerkennung frühestens mit der Rechtskraft des Scheidungsurteils rückwirkend wirksam, mit der Folge, dass rückwirkend auf den Zeitpunkt der Geburt des Kindes die Vaterschaft des Ehemannes der Kindesmutter entfällt.[107]

124 **d) Adoption.** *aa) Bedeutung und Zuständigkeit.* Eine Erweiterung des Kreises der Pflichtteilsberechtigten ist v.a. auch möglich durch Adoption eines (fremden) Kindes (oder Erwachsenen) oder durch die Adoption des Kindes des Ehegatten bzw. des eingetragenen Lebenspartners (Stiefkindadoption). Die Annahme eines Kindes (unabhängig davon, ob minderjährig oder volljährig) erfolgt nach derzeitiger Rechtslage aber nicht – wie beispielsweise die Vaterschaftsanerkennung – durch privatautonomen Akt, sondern entsprechend dem sog. Dekretprinzip durch **gerichtlichen Beschluss** auf Antrag der Beteiligten, § 1752 BGB. Zuständig ist hierfür nach der zum 1. 9. 2009 in Kraft getretenen Reform durch das

---

[104] OLG Köln NJW 2002, 901 ff.; FamRZ 2006, 1280.
[105] Vgl. MünchKommBGB/*Wellenhofer* § 1595 Rn. 6.
[106] BayObLGZ 1978, 235 ff. = DNotZ 1979, 37; OLG Hamm NJW-RR 1986, 76 = DNotZ 1986, 428.
[107] BGH NJW 2004, 1595.

FamFG das **Familiengericht**. Die örtliche Zuständigkeit richtet sich nach § 187 FamFG (regelmäßig Gericht, in dessen Bezirk die Annehmenden oder einer der Annehmenden seinen gewöhnlichen Aufenthalt hat). Funktionell zuständig ist für die Entscheidung der Richter, § 14 Abs. 1 Nr. 15 RPflG.

bb) Erbrechtliche Wirkungen der Adoption. Nach dem geltenden Recht ist zu unterscheiden zwischen der Minderjährigenadoption (§§ 1741 ff. BGB) und der Volljährigenadoption (§§ 1767 ff. BGB). Bei der **Minderjährigenadoption** handelt es sich um eine Adoption mit starken Wirkungen. Das Kind wird nach dem Grundsatz der **Volladoption**

- vollständig aus den bisherigen Bindungen gelöst (denn gem. § 1755 Abs. 1 BGB erlischt das Verwandtschaftsverhältnis des Kindes und seiner Abkömmlinge zu den bisherigen – leiblichen – Verwandten) und
- vollständig in die neue Familie integriert, indem ein umfassendes Verwandtschaftsverhältnis des Kindes nicht nur zum Annehmenden, sondern auch zu den Verwandten des Annehmenden entsteht (vgl. § 1754 Abs. 1, 2 BGB).

Eine **Volljährigenadoption** zeitigt demgegenüber – wenn sie nicht ausnahmsweise gem. § 1772 BGB mit den Wirkungen der Minderjährigenadoption erfolgt – nur **schwache** Wirkungen. Der Angenommene wird zwar Kind des bzw. der Annehmenden und auch seine Abkömmlinge werden von der Annahme erfasst. Zwischen dem Angenommenen und den Verwandten des Annehmenden entsteht aber kein Verwandtschaftsverhältnis, § 1770 Abs. 1 BGB. Andererseits bleiben gem. § 1770 Abs. 2 BGB die Rechtsbeziehungen des Angenommenen und seiner Abkömmlinge zu den leiblichen Verwandten in vollem Umfang bestehen.

Sowohl im Falle der Minderjährigenadoption als auch im Falle der Volljährigenadoption wird durch die Adoption zwischen dem Angenommenen und dem Annehmenden ein **wechselseitiges Erb- und Pflichtteilsrecht** begründet. Beide Formen eignen sich daher zur Erweiterung des Kreises der Pflichtteilsberechtigten nach dem Annehmenden. Die Unterschiede liegen nur darin, dass infolge einer Minderjährigenadoption gegenüber den bisherigen leiblichen Verwandten kein wechselseitiges gesetzliches Erb- und Pflichtteilsrecht mehr besteht und eine Erbposition nicht nur gegenüber dem Annehmenden, sondern auch gegenüber dessen Verwandten begründet wird (so dass beispielsweise auch ein gesetzliches Erb- und Pflichtteilsrecht gegenüber den Adoptivgroßeltern begründet wird). Bei der Volljährigenadoption ist dagegen das gegenseitige Erb- und Pflichtteilsrecht auf das Verhältnis zwischen dem Angenommenen und dem Annehmenden beschränkt. Der Angenommene hat also beispielsweise kein gesetzliches Erbrecht (oder Pflichtteilsrecht) gegenüber den Eltern des Annehmenden oder dessen Abkömmlingen, wie er auch umgekehrt nach dem Versterben Verwandter des Annehmenden nicht zu deren Beerbung im Rahmen der gesetzlichen Erbfolge berufen ist. Außerdem bleiben bei der Volljährigenadoption gem. § 1770 Abs. 2 BGB die Rechte und Pflichten aus dem Verwandtschaftsverhältnis des Angenommenen und seiner Abkömmlinge zu ihren leiblichen Verwandten durch die Annahme unberührt. Damit besteht ein gesetzliches Erb- und Pflichtteilsrecht sowohl gegenüber den Adoptiveltern als auch gegenüber den leiblichen Eltern wie auch umgekehrt Erb- und Pflichtteilsansprüche beider Elternpaare gegenüber dem Nachlass des Angenommenen bestehen (beide Elternpaare sind gesetzliche Erben 2. Ordnung i. S. v. § 1925 BGB).[108] Durch diese **Verdoppelung der Elternverhältnisse** eignet sich die Volljährigenadoption nicht nur auf Seiten des Annehmenden, sondern auch auf der des Angenommenen zur Pflichtteilsreduzierung, da sie eine Reduzierung des Elternpflichtteils bewirkt.

Beispiel:
Das Kind K von M und V wurde als Volljähriger von A adoptiert. Stirbt K, ohne eigene Abkömmlinge und eine letztwillige Verfügung zu hinterlassen, wird er in gesetzlicher Erbfolge zu ½ von M und V, zur anderen Hälfte von A beerbt.

---

[108] Vgl. Müller/Sieghörtner/Emmerling de Oliveira/*Müller*, Adoptionsrecht in der Praxis, Rn. 372.

Abwandlung:

K hinterlässt eine letztwillige Verfügung zugunsten eines Dritten. Dann sind sowohl die leiblichen, als auch die Adoptiveltern pflichtteilsberechtigt gem. § 2303 Abs. 2 BGB. Entsprechend dem geminderten gesetzlichen Erbteil steht ihnen aber nur ein halbierter Pflichtteilsanspruch zu.

129 Der Umstand, dass bei der Volljährigenadoption das Verwandtschaftsverhältnis zu den leiblichen Verwandten bestehen bleibt, bedeutet auch die Gefahr, dass das Vermögen der Annehmenden beim Tod des Angenommenen in dessen leibliche Verwandtschaft abwandert.[109] Dies lässt sich kautelarjuristisch beispielsweise durch die Einsetzung des Adoptierten zum Vorerben oder durch die Anordnung eines auf den Tod des Angenommenen aufschiebend bedingten Herausgabevermächtnisses auf den Überrest des Nachlasses verhindern.[110]

130 cc) *Adoptionsbeteiligte.* Gesetzlicher Regelfall ist die **gemeinschaftliche Adoption durch Ehegatten**, § 1741 Abs. 2 S. 2 BGB. Eine Einzeladoption durch eine verheiratete Person ist nur möglich im Hinblick auf die Annahme des Kindes des Ehegatten (**Stiefkindadoption**; vgl. § 1741 Abs. 2 S. 3 BGB)[111] oder wenn der andere Ehegatte das Kind nicht annehmen kann, weil er geschäftsunfähig ist oder das 21. Lebensjahr noch nicht vollendet hat (§ 1741 Abs. 2 S. 4 BGB).

> **Praxistipp:**
>
> Die Adoption durch eine verheiratete Einzelperson ist folglich nicht zulässig, wenn der andere Ehegatte das Kind zwar adoptieren könnte, dies aber – beispielsweise infolge Trennung der Beteiligten – nicht will.[112] Dies gilt selbst dann, wenn der andere Ehegatte der Einzeladoption ausdrücklich zustimmt.

131 Wer **nicht verheiratet** ist, kann ein Kind nur allein annehmen, § 1741 Abs. 2 S. 1 BGB. Daraus ergibt sich, dass eine gemeinschaftliche Adoption durch eine unverheiratete Person mit einer anderen (z. B. mit dem nichtehelichen Lebensgefährten, mit dem Bruder oder der Schwester) ausscheidet.[113]

132 dd) *Voraussetzungen der Adoption.* Hinsichtlich der Adoptionsvoraussetzungen ist zwischen Minderjährigen- und Volljährigenadoption zu unterscheiden: (1) Grundvoraussetzung jeder **Minderjährigenadoption** ist gem. § 1741 Abs. 1 S. 1 BGB, dass sie dem **Wohl des Kindes** dient. Dies ist dann der Fall, wenn die Adoption zu einer nachhaltigen Verbesserung der persönlichen Verhältnisse und/oder der Rechtsstellung des Kindes führt.[114] Ferner muss nach dem Gesetz die Entstehung eines **Eltern-Kind-Verhältnisses** zu erwarten sein, § 1741 Abs. 1 S. 1 BGB. Zur Beurteilung dieser Frage wird im Adoptionsverfahren gem. § 189 FamFG eine fachliche Äußerung der Adoptionsvermittlungsstelle (hilfsweise des Jugendamts) eingeholt.

133 Die Adoption erfolgt nur auf notariell beurkundeten **Antrag** des Annehmenden, der nicht unter einer Bedingung oder einer Zeitbestimmung oder durch einen Vertreter gestellt werden darf, § 1752 BGB. Erforderlich sind ferner die notariell beurkundeten Einwilligungen des Kindes, der Eltern des Kindes und der Ehegatten des Annehmenden und des anzunehmenden Kindes (vgl. §§ 1746, 1747 Abs. 1 S. 1, 1749 Abs. 1, 2 BGB).

Nach § 1742 BGB kann ein angenommenes Kind, solange das Annahmeverhältnis besteht und der Annehmende lebt, von niemand anderem als dem Ehegatten des Annehmenden

---

[109] *Muscheler*, FS Schwab (2005), S. 843, 847.
[110] Müller/Sieghörtner/Emmerling de Oliveira/*Müller*, Adoptionsrecht in der Praxis, Rn. 373.
[111] Durch das Gesetz zur Überarbeitung des Lebenspartnerschaftsrechts vom 15. 12. 2004 (BGBl I, S. 3396) wurde auch eingetragenen Lebenspartnern gem. § 9 Abs. 7 LPartG die Möglichkeit der Stiefkindadoption eröffnet, unabhängig davon, ob es sich dabei um ein leibliches oder bereits adoptiertes Kind des Lebenspartners handelt.
[112] Vgl. OLG Hamm FamRZ 2003, 1039 ff.
[113] Vgl. Gutachten DNotI-Report 2001, 62 ff.; Müller/Sieghörtner/Emmerling de Oliveira/*Müller*, Adoptionsrecht in der Praxis, Rn. 31 ff.
[114] Palandt/*Diederichsen* § 1741 Rn. 3.

adoptiert werden. Dadurch soll im Interesse des Kindeswohls verhindert werden, dass die Kinder von Adoptiveltern zu Adoptiveltern weitergereicht werden (Ausschluss der sog. Kettenadoption).

(2) Auch eine **Volljährigenadoption** steht nicht im freien Belieben der Beteiligten. Das Gesetz setzt vielmehr voraus, dass die Annahme **sittlich gerechtfertigt** ist (§ 1767 Abs. 1 BGB). Dies ist insbesondere anzunehmen, wenn zwischen dem Annehmenden und dem Anzunehmenden bereits ein Eltern-Kind-Verhältnis entstanden ist. Aber auch dann, wenn im Wege einer Prognoseentscheidung für die Zukunft die Entstehung eines Eltern-Kind-Verhältnisses zu erwarten steht, kann eine sittliche Rechtfertigung der Adoption anzunehmen sein. Eine Eltern-Kind-Beziehung drückt sich nach der Rspr.[115] aus in einer dauernden inneren (seelisch-geistigen) Verbundenheit, wie sie zwischen Eltern und Kind auch nach dessen Volljährigkeit geprägt bleibt. Indizien für das Vorliegen einer solchen engen Beziehung sind z.B. das Vorliegen eines der natürlichen Generationenfolge entsprechenden Altersabstands, ein persönlicher Umgang der Beteiligten (wie beispielsweise Besuche an größeren Festen oder Geburtstagen) und die gegenseitige Unterstützung bei Krankheit und wirtschaftlichen Schwierigkeiten.[116] Das Bestehen einer häuslichen Gemeinschaft ist nicht erforderlich, da eine solche enge Lebensgemeinschaft auch bei leiblichen Kindern nach Eintritt der Volljährigkeit nicht üblich ist. Im Falle des Antrags auf Ausspruch einer **Volljährigenadoption mit den Wirkungen der Minderjährigenadoption** muss außerdem einer der in § 1772 BGB geregelten Ausnahmetatbestände vorliegen.

Praxistipp:
Die Adoption muss aus **familienbezogenen Motiven** angestrebt werden. Lediglich als Nebenzwecke dürfen auch andere Vorteile verfolgt werden, wie z.B. die Verringerung der Steuerlast im Erbfall[117] oder der Namenserwerb. Sollte die Adoption daher nur aus Gründen der Pflichtteilsminimierung erfolgen und wird dies dem Familiengericht bekannt, würde die Adoption mit an Sicherheit grenzender Wahrscheinlichkeit als rechtsmissbräuchlich (bzw. sittlich nicht gerechtfertigt) abgelehnt.

Erforderlich sind notariell beurkundete **Anträge des Annehmenden und des Anzunehmenden**, § 1768 BGB. Für die Einwilligungen gilt das oben unter Rn. 133 Ausgeführte entsprechend mit der Besonderheit, dass die Einwilligung der Eltern des Anzunehmenden nicht erforderlich ist (§ 1768 Abs. 1 S. 2 BGB i.V.m. § 1747 BGB). Im Falle der Volljährigenadoption mit den Wirkungen der Minderjährigenadoption (§ 1772 BGB) dürfen der Annahme aber nicht die überwiegenden Interessen der Eltern des Anzunehmenden entgegenstehen, § 1772 Abs. 1 S. 2 BGB.

Die Annahme darf gem. § 1769 BGB ferner nicht ausgesprochen werden, wenn ihr überwiegende Interessen der Kinder des Annehmenden oder des Anzunehmenden entgegenstehen. Dabei stehen regelmäßig vermögensrechtliche Interessen im Vordergrund, wie z.B. die erbrechtlichen Interessen der anderen Abkömmlinge der Annehmenden. Bei einer Adoption, die erfolgt, um dadurch den Kreis der Pflichtteilsberechtigten zu vergrößern (und die Pflichtteilsansprüche der bisherigen Pflichtteilsberechtigten zu reduzieren), gibt es im Hinblick auf § 1769 BGB damit regelmäßig Probleme, zumal die Berücksichtigung der Interessen der Kinder des Annehmenden (und des Anzunehmenden) zwingend deren Anhörung im Adoptionsverfahren erfordert. Es steht zu erwarten, dass sich diese selten für die geplante Adoption – und damit das Hinzutreten eines weiteren „Erbrechtskonkurrenten" aussprechen werden.

---

[115] BayObLG NJW-RR 1995, 1287, 1288; OLG Zweibrücken FamRZ 1989, 537, 538; OLG Frankfurt FamRZ 1997, 638; OLG Karlsruhe OLGR 2006, 142, 143.
[116] Vgl. dazu Müller/Sieghörtner/Emmerling de Oliveira/*Müller*, Adoptionsrecht in der Praxis, Rn. 87 ff. m.w.N.
[117] Vgl. zur steuermotivierten Adoption zuletzt OLG Karlsruhe OLGR 2006, 142, 143; OLG München NJW-RR 2009, 591 = ZEV 2009, 83; LG Saarbrücken, Beschl. v. 26. 9. 2008 – 5 T 187/08 (juris).

138 *ee) Namensrechtliche Folgen der Adoption.* Die Adoption führt – selbst im Falle der Volljährigenadoption – nach § 1757 Abs. 1 BGB **zwingend** dazu, dass der Angenommene mit dem Ausspruch der Annahme als Geburtsnamen den Familiennamen des bzw. der Annehmenden erwirbt.

> **Praxistipp:**
> 139 Regelmäßig führt die Adoption damit – selbst im Falle der Volljährigenadoption – zu einer **Änderung des aktuell geführten Nachnamens des Adoptierten.** Dies wird von den Beteiligten häufig übersehen oder als unbefriedigend empfunden.

140 Eine Ausnahme von der Namensänderung tritt gem. § 1757 Abs. 3 BGB nur ein, wenn der Angenommene **verheiratet** ist, sein Name zum Ehenamen bestimmt wurde und sich der Ehegatte der Namensänderung vor dem Ausspruch der Annahme nicht angeschlossen hat. In diesem Fall behalten die Ehegatten trotz Änderung des Geburtsnamens, von dem der Ehename abgeleitet wurde, ihren Ehenamen.

141 Außerhalb dieses Sonderfalls besteht nach § 1757 Abs. 4 S. 1 Nr. 2 BGB nur die Möglichkeit, dem neuen Familiennamen des Anzunehmenden den **bisherigen Familiennamen voranzustellen oder anzufügen.** Diese Namensänderung muss bis zum Ausspruch der Adoption beantragt werden und setzt zudem voraus, dass sie aus schwerwiegenden Gründen zum Wohl des Kindes erforderlich ist. Dabei trägt die Rspr. dem Umstand, dass ein Volljähriger regelmäßig vielfältige Beziehungen unter seinem bisherigen Namen aufgebaut hat, dadurch Rechnung, dass die geforderten schwerwiegenden Gründe eher als bei Minderjährigen bejaht werden.[118]

142 e) **Erbrechtliche Gleichstellungserklärung nach Art. 12 § 10 a NEhelG.** Bei den vor dem 1. 7. 1949 geborenen nichtehelichen Kindern besteht aufgrund Art. 12 § 10 a NEhelG eine besondere Möglichkeit, mit Wirkung auch gegenüber den anderen Pflichtteilsberechtigten ein gegenseitiges Erb- und Pflichtteilsrecht zu schaffen. Diese Regelung hat folgenden Hintergrund:

143 Nach der ursprünglichen Regelung in § 1589 Abs. 2 BGB a. F. galten der Vater und sein nichteheliches Kind als **nicht miteinander verwandt,** auch wenn die Vaterschaft anerkannt oder festgestellt war. Das nichteheliche Kind war daher beim Tod des Vaters (oder väterlicher Verwandter) weder erb- noch pflichtteilsberechtigt, wie auch der Vater sein nichteheliches Kind kraft Gesetzes nicht beerben konnte. Mit dem Inkrafttreten des **Nichtehelichengesetzes** (NEhelG) vom 19. 8. 1969 (BGBl. I S. 1243) wurde für die nichtehelichen Kinder, die vor dem Inkrafttreten dieses Gesetzes geboren waren, ein Erbrecht geschaffen (vgl. Art. 12 § 1 NEhelG). Dies galt allerdings nur für die nach Inkrafttreten des NEhelG am 1. 7. 1970 eintretenden Erbfälle (vgl. Art. 12 § 10 Abs. 1 NEhelG). Außerdem richtete sich das Erbrecht nach den für nichteheliche Kinder neu eingeführten Sonderbestimmungen im Erbrecht (§§ 1934a ff. BGB a.F.), so dass das nichteheliche Kind beim Tode des Vaters regelmäßig nicht dinglich am Nachlass beteiligt wurde, sondern nur einen Erbersatzanspruch erwarb. Ausgenommen von der gesetzlichen Neuregelung waren zudem gem. Art. 12 § 10 Abs. 2 NEhelG die **vor dem 1. 7. 1949 geborenen nichtehelichen Kinder,** für die die bisher geltenden Vorschriften auch dann maßgebend bleiben sollten, wenn der Erblasser nach dem Inkrafttreten des Gesetzes sterben würde. Dies bedeutet, dass die vor dem 1. 7. 1949 geborenen nichtehelichen Kinder gem. § 1589 Abs. 2 BGB a. F. weiterhin mit ihrem nichtehelichen Vater als nicht verwandt gelten, so dass diese Kinder **auch bei Erbfällen nach 1970 weder erb- noch pflichtteilsberechtigt** sind.[119]

144 Durch das am 1. 4. 1998 in Kraft getretene **Erbrechtsgleichstellungsgesetz** (ErbGleichG) wurden die für nichteheliche Kinder geltenden Sondervorschriften im Erbrecht (d. h. die

---

[118] Vgl. LG Bonn FamRZ 1985, 109; LG Köln FamRZ 1998, 506, 507.
[119] Anders ist dies nur in Fällen mit Bezug zum Beitrittsgebiet, wenn über die Anwendung des Art. 235 § 1 Abs. 2 EGBGB das „bessere" Erbrecht des ZGB-DDR Anwendung findet; vgl. dazu ausführlich *Egerland,* FS Zehn Jahre DNotI (2003), S. 175 ff.

§§ 1934a ff. BGB a. F.) beseitigt, so dass ein nichteheliches Kind bei Eintritt des Erbfalls nach dem 1. 4. 1998 nunmehr grundsätzlich wie ein eheliches Kind erbt und gegenüber seinem Vater ebenfalls pflichtteilsberechtigt ist. Durch die Neuregelung im ErbGleichG sollten aber nur die bestehenden Unterschiede im Erbrecht des **erbberechtigten** nichtehelichen Kindes zu dem von ehelichen Kindern beseitigt werden, es sollten aber nicht neue Erbberechtigungen geschaffen werden für Kinder, die bislang überhaupt nicht erbberechtigt waren. Die Regelung des **Art. 12 § 10 Abs. 2 NEhelG** wurde daher nicht gestrichen, sondern **beibehalten** (was im Gesetzgebungsverfahren bis zuletzt umstritten war). Daraus folgt, dass die **vor dem 1. 7. 1949 geborenen nichtehelichen Kinder** weiterhin gegenüber ihrem nichtehelichen Vater bzw. gegenüber den väterlichen Verwandten (sowie umgekehrt) **nicht erb- und pflichtteilsberechtigt** sind.[120] Die einzige Ausnahme gilt für die Fälle mit Bezug zum Recht der ehemaligen DDR, in denen der Anwendungsbereich der Norm durch Art. 235 § 1 Abs. 2 EGBGB eingeschränkt ist.[121]

Durch Art. 14 § 14 KindRG[122] wurde allerdings zum 1. 7. 1998 ein neuer **Art. 12 § 10a NEhelG** in das bis dahin geltende NEhelG eingefügt. Diese Norm gibt den von Art. 12 § 10 Abs. 2 NEhelG betroffenen Vätern und Kindern die Möglichkeit, eine **notariell beurkundete Vereinbarung** zu treffen, die für künftige Erbfälle die Wirkung des Art. 12 § 10 Abs. 2 NEhelG ausschließt und dadurch **gegenseitige Erb- und Pflichtteilsrechte** begründet. Die Vereinbarung kann gem. Art. 12 § 10a Abs. 2 NEhelG nur von dem Vater und dem Kind persönlich[123] geschlossen werden und bedarf gem. Abs. 3 dann, wenn der Vaters oder das Kind verheiratet sind, der (notariell beurkundeten) Einwilligung seines Ehegatten. Eine Einwilligung der anderen Pflichtteilsberechtigten, namentlich der anderen Abkömmlinge des Erblassers, ist nicht erforderlich. Will ein Vater seinem nichtehelichen Kind ein Erbrecht verschaffen, kann er dies im allgemeinen auch über testamentarische oder erbvertragliche Verfügungen erreichen. Der Unterschied zur Vereinbarung gem. Art. 12 § 10 Abs. 2 NEhelG besteht allerdings darin, dass mit der Gleichstellungsvereinbarung **Pflichtteilsansprüche anderer Pflichtteilsberechtigter reduziert** werden können. Außerdem sind die Wirkungen der Vereinbarung nicht auf die Vertragschließenden begrenzt, sondern treten auch zwischen den väterlichen Verwandten und dem Kind ein, indem auch insoweit wechselseitige Erb- und Pflichtteilsansprüche begründet werden.

Abschließend bleibt noch auf Folgendes hinzuweisen: Der oben dargelegte Grundsatz, dass die vor dem 1. 7. 1949 geborenen nichtehelichen Kinder gem. § 1589 Abs. 2 BGB a. F. weiterhin mit ihrem nichtehelichen Vater als nicht verwandt gelten, so dass diese Kinder **auch bei Erbfällen nach 1970 weder erb- noch pflichtteilsberechtigt** sind, hat neuerdings zwei Einschränkungen erfahren: Zum einen hat das **BVerfG** mit Beschl. v. 8. 1. 2009 (1 BvR 755/08)[124] entschieden, dass eine Benachteiligung nichtehelicher Kinder, deren Eltern die Ehe nach dem 1. 7. 1998 geschlossen haben, gegenüber denjenigen, deren Eltern vor diesem Tag geheiratet haben (so dass die Kinder legitimiert wurden), mit Art. 6 Abs. 5 GG nicht vereinbar ist. Zum anderen hat der EGMR am 28. 5. 2009 (Az. 3545/04)[125] entschieden, dass Art. 12 § 10 Abs. 2 NEhelG gegen Art. 14 i. V. m. Art. 8 der Konvention verstößt. Der deutsche Gesetzgeber plant nun eine rückwirkende Aufhebung der Sonderbestimmung für Erbfälle nach dem 28. 5. 2009.

f) Aufhebung vorhandener Erbverzichte. Eine weitere Möglichkeit, aufgrund eines erbrechtlichen Aktes den Kreis der Pflichtteilsberechtigten zu erweitern, besteht in der Möglichkeit der Aufhebung etwaiger vorhandener Erbverzichte. Denn während der nur auf sein Pflichtteilsrecht Verzichtende weiterhin als vorhanden gilt und damit bei der Bemessung der

---

[120] Vgl. dazu ausführlich DNotI-Report 1998, 39 f.
[121] Vgl. DNotI-Report 1998, 39 f.; BT-Drucks. 13/8511, S. 83.
[122] Gesetz zur Reform des Kindschaftsrechts (Kindschaftsrechtsreformgesetz) vom 16. 12. 1997, BGBl. I S. 2942 ff.
[123] Zur Frage, ob die Vereinbarung nach dem Tod des nichtehelichen Kindes auch mit dessen Abkömmlingen wirksam zustande kommen kann vgl. *Bestelmeyer* FamRZ 1999, 970 ff.; ablehnend *Wegmann* MittBayNot 1998, 308, 313 f.
[124] ZEV 2009, 134 = DNotZ 2009, 548.
[125] FamRZ 2009, 1293 f.

Pflichtteilsquoten mitzählt (vgl. § 2310 S. 2 BGB), zählt der auf sein Erbrecht Verzichtende bei der Berechnung der Pflichtteilsquote nicht mit. Sein Verzicht wirkt sich – mit anderen Worten – pflichtteilserhöhend bei den sonstigen Pflichtteilsberechtigten aus. Dieser Effekt kann durch Abschluss eines (notariell beurkundungsbedürftigen) **Aufhebungsvertrages gem. § 2351 BGB** wieder aus der Welt geschafft werden, ohne dass hierzu die übrigen Pflichtteilsberechtigten mitwirken müssten.

148 Dafür spricht auch eine Gerichtsentscheidung des BGH zu § 2287 BGB,[126] in der der BGH betont hat, dass der Erbverzichtsvertrag grundsätzlich nach § 2351 BGB jederzeit durch notariell beurkundeten Vertrag zwischen dem Erblasser und dem Verzichtenden wieder aufgehoben werden kann und hierfür die Zustimmung **des durch den Verzicht Begünstigten** grundsätzlich **nicht erforderlich** ist. Aus Sicht des BGH[127] wäre der Erblasser selbst durch den Abschluss eines **Erbvertrages** nicht gehindert, einen Erbverzichtsvertrag aufzuheben. Dies müssten die Vertragserben sogar bei Unentgeltlichkeit des Verzichts hinnehmen.[128]

5. Gesellschaftsrechtliche Gestaltungen

Schrifttum: *v. Dickhuth-Harrach*, Ärgernis Pflichtteil? Möglichkeiten der Pflichtteilsreduzierung im Überblick, in: FS 100 Jahre Rheinisches Notariat (1998), S. 185; *Mayer, U.*, Der Abfindungsausschluss im Gesellschaftsrecht: pflichtteilsfester Vermögenstransfer am Nachlass vorbei?, ZEV 2003, 355; *Sudhoff*, Unternehmensnachfolge, 5. Aufl. 2005, § 17 Rn. 52 ff.; *Thoma*, Maßnahmen zur Reduzierung des Pflichtteils, ZEV 2003, 278 ff.; *Wegmann*, Gesellschaftsvertragliche Gestaltungen zur Pflichtteilsreduzierung, ZEV 1998, 135; *Winkler*, Unternehmensnachfolge und Pflichtteilsrecht – Wege zur Minimierung des Störfaktors „Pflichtteilsansprüche", ZEV 2005, 89.

149 a) **Gesellschaftsgründung und Zuwendung von Gesellschaftsanteilen.** Pflichtteilsansprüche können u. U. dadurch vermieden werden, dass der Erblasser mit denjenigen Personen, die einen Vermögenswert erhalten sollen, eine **Personengesellschaft** (OHG, KG, GbR) gründet und **Vermögen** in die Gesellschaft **einbringt**.[129] Dabei ist anerkannt, dass die unentgeltliche Mitbeteiligung wie die unentgeltliche Übertragung von Personengesellschaftsanteilen, die mit unbeschränkter persönlicher Haftung verbunden sind (also insbesondere Aufnahme eines persönlich haftenden Gesellschafters in eine OHG) keine Schenkung darstellt und zwar selbst dann nicht, wenn die Aufnahme unter besonders günstigen Bedingungen – insbesondere ohne Kapitaleinsatz – erfolgt und für ihn wirtschaftlich vorteilhaft ist.[130] Bei einer GbR ist dies nicht ganz so eindeutig, zumal dann, wenn es sich um eine lediglich vermögensverwaltende Familiengesellschaft bürgerlichen Rechts mit geringem Haftungsrisiko handelt. Hier sei vielmehr regelmäßig eine ergänzungspflichtige Zuwendung anzunehmen.[131]

150 Hinsichtlich der Beteiligung an einer KG (als Kommanditist), an einer Innengesellschaft oder für eine stille Beteiligung gilt dies allerdings nicht (vgl. dazu schon § 10 Rn. 149). Denn der BGH[132] hat wiederholt entschieden, dass ein Kommanditanteil als geschenkt anzusehen sei, wenn der Kommanditist nichts für seinen Erwerb aufzuwenden, insbesondere keine Gegenleistung zu erbringen habe, und die Parteien über die Unentgeltlichkeit einig seien, da den Kommanditist anders als einen Komplementär nach Erbringung seiner Einlage keine

---

[126] BGHZ 77, 264, 269 = NJW 1980, 2307.
[127] A. a. O.
[128] Eine andere Ansicht vertritt *Schindler* DNotZ 2004, 824 ff., der die Problematik der Sicherung der Beteiligten vor einer Aufhebung des Pflichtteilsverzichts dadurch lösen will, dass er den Aufhebungsvertrag als Verfügung von Todes wegen qualifiziert mit der Folge, dass er – bei bestehender Bindung durch Erbvertrag oder gemeinschaftliches Testament – gem. § 2289 Abs. 1 S. 2 BGB unwirksam wäre. Dem lässt sich aber entgegenhalten, dass der Erbverzichtsvertrag bzw. Pflichtteilsverzichtsvertrag nach allg. Meinung keine Verfügung von Todes wegen, sondern ein Rechtsgeschäft unter Lebenden darstellen, so dass nicht nachvollziehbar ist, wieso der Aufhebungsvertrag als actus contrarius rechtlich anders zu qualifizieren sein soll; so auch Kritik von *J. Mayer* ZEV 2004, 176 f. mit erneuter Erwiderung von *Schindler* ZEV 2005, 299 f.
[129] Sudhoff/*Scherer* § 17 Rn. 58.
[130] BGH NJW 1959, 1433; NJW 1981, 1956; WM 1977, 862, 864; so im Anschluss an den BGH auch KG DNotZ 1978, 109, 111.
[131] Mayer/Süß/Tanck/Wälzholz/*J. Mayer* § 8 Rn. 59 m. w. N.
[132] BGHZ 112, 40, 45 ff.; NJW 1990, 2616, 2617.

persönliche Haftung treffe und er regelmäßig nicht zur Geschäftsführung verpflichtet sei. Im Falle der unentgeltlichen Beteiligung als Kommanditist (oder als stiller Gesellschafter oder als Gesellschafter an einer Innengesellschaft) können hierdurch also ggf. Pflichtteilsergänzungsansprüche nach den §§ 2325 ff. BGB ausgelöst werden. Sofern aber eine Leistung i. S. d. § 2325 Abs. 3 BGB vorliegt (und sich der Erblasser nicht beispielsweise durch Vorbehalt von Nutzungsrechten die wesentlichen Nutzungen vorbehalten hat)[133] wären nach der Einführung der Pro-rata-Regelung in § 2325 Abs. 3 S. 2 BGB mit jedem Jahr nach Vollzug der Schenkung 1/10 des Schenkungswertes ergänzungsfrei ausgeschieden. Mit dem Ablauf von Zehn Jahren wären Pflichtteilsergänzungsansprüche ganz ausgeschlossen.

b) **Beschränkung von Abfindungsansprüchen beim Tod des Gesellschafters.** Eine weitere Pflichtteilsreduzierung könnte dann erreicht werden, wenn der Gesellschaftsanteil des Erblassers bei seinem Tod nicht zur Pflichtteilsberechnung (vgl. § 2311 BGB) herangezogen werden kann. Dies lässt sich ggf. dadurch bewirken, dass beim Tod des Erblassers die Gesellschaft (nur) mit den übrigen Gesellschaftern fortgesetzt wird (Ausschluss der Vererblichkeit des Gesellschaftsanteils). Allerdings muss zusätzlich der Abfindungsanspruch, der den Erben des ausgeschiedenen Gesellschafters gem. § 738 Abs. 1 S. 2 BGB zusteht und zum pflichtteilsrelevanten Nachlass gehören würde, im Gesellschaftsvertrag ausgeschlossen werden (vgl. dazu § 10 Rn. 140 ff.). Denn während str. ist, ob Abfindungsklauseln Einfluss auf die Wertermittlung von – nachlasszugehörigen – Unternehmensbeteiligungen (im Pflichtteilsrecht) haben können, wird dies im Falle der Vereinbarung der Fortsetzung der Gesellschaft mit den übrigen Gesellschaftern unter Ausschluss der Vererblichkeit und den Verzicht auf eine – in den Nachlass fallende und zur Pflichtteilsberechnung heranzuziehende – Abfindungszahlung überwiegend angenommen.[134] Die Gestaltung stellt auch keine pflichtteilsergänzungspflichtige Schenkung dar, wenn die Abfindungsbeschränkung bzw. der Abfindungsausschluss für alle Gesellschafter gilt (sog. allseitiger Abfindungsausschluss) und bei Abschluss der gesellschaftsvertraglichen Vereinbarung keine Anhaltspunkte dafür vorlagen, dass ein bestimmter Gesellschafter zuerst versterben wird.[135] Im Übrigen ist hinsichtlich des Gestaltungsbedarfs je nach Gesellschaftsform zu unterscheiden.

- Bei der **OHG** ist die Fortsetzung unter den Gesellschaftern beim Tod eines Gesellschafters die gesetzliche Regel (vgl. § 131 Abs. 2 HGB), so dass gesellschaftsvertraglich nur ein Ausschluss der Abfindungsansprüche der Erben des verstorbenen Gesellschafters vereinbart werden muss. In diesem Fall fällt nach h. M. das Vermögen letztlich den Mitgesellschaftern an, ohne dass sie Pflichtteilsansprüchen ausgesetzt sind.[136]
- Die **GbR** wird nach dem Gesetz beim Tode eines Gesellschafters aufgelöst, so dass eine Liquidationsgesellschaft zur Entstehung gelangt. Dies ist jedoch nicht zwingend. Die Nachfolge in den Gesellschaftsanteil kann auch gesellschaftsvertraglich geregelt werden. Durch die Vereinbarung von bloßen Fortsetzungsklauseln kann erreicht werden, dass nach dem Tod eines Gesellschafters einerseits die Gesellschaft unter den verbleibenden Gesellschaftern fortgesetzt wird und andererseits die Erben nicht in die Gesellschaft einrücken. Im Übrigen sind auch hier gesellschaftsvertraglich Abfindungsansprüche auszuschließen.
- Der Tod eines **Kommanditisten** führt ebenfalls nicht zur Auflösung der KG, sondern hat die Fortsetzung der KG zur Folge. Anders als der Gesellschaftsanteil des Komplementärs ist derjenige des Kommanditisten aber vererblich. Wird gesellschaftsvertraglich also nichts Abweichendes vereinbart, geht der Kommanditanteil auf die Erben über (allerdings nicht gesamthänderisch, sondern nach gefestigter höchstrichterlicher Rspr. im Wege der Sondererbfolge).[137] Soll dies vermieden werden, muss § 177 HGB, der den Kommanditanteil vererblich stellt, abbedungen werden.

---

[133] *Winkler* ZEV 2005, 89, 94.
[134] *Winkler* ZEV 2005, 89, 93; Nieder/Kössinger/W. *Kössinger* § 20 Rn. 16; kritisch dagegen Mayer/Süß/Tanck/Bittler/Wälzholz/J. *Mayer* § 8 Rn. 65 f.
[135] *Winkler* ZEV 2005, 89, 93.
[136] Sudhoff/*Scherer* § 17 Rn. 58.
[137] BGHZ 22, 186 = NJW 1957, 180; BGHZ 68, 225, 237 = NJW 1977, 1333; BGHZ 98, 48, 51 = NJW 1986, 2431.

6. Gestaltungsmöglichkeiten im Hinblick auf das IPR

Schrifttum: *Fetsch*, Auslandsvermögen im Internationalen Erbrecht, RNotZ 2006, 1 und 77; *Klingelhöffer*, Kollisionsrechtliche Probleme des Pflichtteils, ZEV 1996, 258; *Osterloh-Konrad*, Pflichtteilsergänzung bei Nachlassspaltung, ErbR 2008, 49; *Sudhoff*, Unternehmensnachfolge, 5. Aufl. 2005.

153 **a) Übertragung auf ausländische Rechtsperson.** Im Hinblick auf eine etwaige Vermeidung oder Reduzierung von Pflichtteilsansprüchen werden auch verschiedene Gestaltungsmodelle erörtert, die sich die Regeln des Internationales Privatrechts zunutze machen. Man kann diese Überlegungen auch bezeichnen als „internationale Pflichtteilsvermeidungsstrategien". Allerdings muss man sehen, dass es insoweit noch kaum einschlägige Rspr. gibt oder ausführliche Literatur, so dass nach wie vor viele Fragen offen sind. Einige Gestaltungen sind allerdings von vornherein als untauglich einzustufen, wie z. B. die Bildung von Trusts. Denn durch die Übertragung von Vermögenswerten auf andere (ausländische) Rechtspersonen lassen sich Pflichtteilsergänzungsansprüche nach den §§ 2325 ff. BGB regelmäßig nicht umgehen. Ist deutsches materielles Erbrecht anwendbar, würde daher, unabhängig davon, ob auf eine inländische oder eine ausländische Rechtsperson Vermögen übertragen wird, beispielsweise auch die Zehn-Jahres-Frist des § 2325 Abs. 3 BGB gelten inkl. der einschränkenden Rspr. des BGH zum fehlenden Fristlauf bei Vorbehalt der wesentlichen Nutzungen.[138]

154 **b) Herstellung einer Nachlassspaltung.** Zielführend kann hingegen die Vermögensverlagerung in das Ausland sein derart, dass es nicht zur Berechnung des Pflichtteils nach einem deutschen Erblasser herangezogen wird. Dies lässt sich über die Herstellung einer Nachlassspaltung gem. Art. 3 a Abs. 3 EGBGB (entspricht Art. 3 Abs. 3 EGBGB a. F.) erreichen. Denn für dieses Vermögen kommt es dann nicht mehr zur Anwendung des deutschen Erb- und Pflichtteilsrechts, sondern zur Anwendung des Rechts am Belegenheitsort *(lex rei sitae)* der Sache. Weitere Voraussetzung ist, dass das Belegenheitsrecht so ausgestaltet ist, dass es keine dem deutschen Pflichtteilsrecht entsprechende bzw. ebenso hohe zwingende Nachlassbeteiligung der nächsten Angehörigen kennt.

Beispiel:

155 Der deutsche Erblasser hinterlässt Immobilien in Frankreich. Bekanntermaßen tritt hinsichtlich der dort belegenen Immobilien Nachlassspaltung ein. Das französische Erbrecht kennt aber eine dem deutschen Pflichtteilsrecht entsprechende zwingende Nachlassteilhabe der nächsten Angehörigen und zwar sogar in Form eines echten Noterbrechts. Daher lässt sich auf diese Weise keine Reduzierung der Pflichtteilsansprüche, z. B. von Abkömmlingen, erreichen.

156 In Betracht kommen hierfür v. a. die Staaten des *common law* (England, USA), die traditionsgemäß keine bedarfsunabhängige zwingende Nachlassbeteiligung der Abkömmlinge des Erblassers kennen (vgl. dazu auch § 14 Rn. 157). Die h. M. in Deutschland geht davon aus, dass im Falle der Nachlassspaltung für den Immobiliarnachlass, der im Ausland (z. B. in den USA) liegt, ausschließlich dortiges Recht gilt und daher keine Pflichtteilsansprüche nach deutschem Recht bestehen.[139] Es wird daher in der Literatur für erwägenswert gehalten, Vermögen in solche Wirtschaftsgüter umzustrukturieren, die sich in Spaltnachlässen nach Art. 3 a Abs. 3 EGBGB befinden, so dass der Erblasser z. B. überlegen könnte, sein deutsches Wertpapiervermögen dazu zu verwenden, Grundstücke in Florida zu erwerben.[140]

157 Diese Pflichtteilsvermeidungsstrategie wird aber z. T. in der Literatur für **bedenklich** gehalten, zumal dann, wenn die Gestaltung das ausschließliche Ziel verfolgt, Pflichtteilsansprüche zu reduzieren. *Klingelhöffer*[141] will auf diesen Versuch der Aushöhlung der Pflichtteilsansprüche erbrechtliche Vorschriften, insbesondere § 2325 BGB, zur Anwendung bringen. Dies ist aber dogmatisch gesehen wenig überzeugend, da dessen Tatbestandsvor-

---

[138] *Scherer/v. Oertzen/Pawlytta* § 33 Rn. 149.
[139] BGH NJW 1993, 1920, 1921; OLG Celle ZEV 2003, 509, 511; *Henrich* FF 2000, 85, 87; *Scherer/v. Oertzen/Pawlytta* § 33 Rn. 150.
[140] *Scherer/v. Oertzen/Pawlytta* § 33 Rn. 150.
[141] ZEV 1996, 258, 259 f.

aussetzungen nicht vorliegen und eine analoge Anwendung der Vorschrift auf alle Vorgänge, die sich im Ergebnis nachlass- oder pflichtteilsreduzierend auswirken, ausscheidet.[142]

Auch *Süß*[143] rät zur Vorsicht mit der Gestaltung. Denn es könne evtl. doch zu einer Rückverweisung auf das deutsche Recht kommen, da das Kollisionsrecht einiger Bundesstaaten in der Frage der Gewährung einer *family allowance* oder anderer zwingender Rechte am Nachlass eines Verstorbenen nicht an das Belegenheitsrecht, sondern an das Recht des Erblasserdomizils anknüpfen (Bsp.: Florida). Von daher könne es sich beim Recht des Belegenheitsorts um eine lediglich partielle Verdrängung des deutschen Erbrechts (**ohne das Pflichtteilsrecht**) handeln (vgl. dazu auch § 14 Rn. 159). Wie oben bereits ausgeführt, hat die deutsche Rspr.[144] dies zumindest bislang aber anders gesehen und ging davon aus, dass das dem deutschen Erbrecht unterliegende Gesamtstatut vom vorrangigen Einzelstatut des Belegenheitsrechts verdrängt werde und zwar umfassend.

Zu prüfen bleibt aber in jedem Fall noch, ob das geplante Vorgehen mit der gezielten Herbeiführung der Nachlassspaltung auch **wirtschaftlich tragfähig** ist. Denn es können hohe Grunderwerbskosten und -steuern sowie Erbschaftsteuern im Belegenheitsstaat anfallen, die den beabsichtigten Effekt zunichte machen können, so dass das hinsichtlich des Pflichtteils „ersparte" Geld dann dem ausländischen Staat zufiele.[145] Für den Fall, dass die im Ausland erworbenen Grundstücke noch zu Lebzeiten übertragen werden sollen, bleibt ferner zu berücksichtigen, dass die Übertragungen Pflichtteilsergänzungsansprüche nach deutschem Recht auslösen können, da später tatsächlich keine Nachlassspaltung eintritt.[146]

c) **Austausch des Erbstatuts durch Wechsel der Staatsangehörigkeit.** Erwogen werden kann ferner, das Erbstatut als solches auszutauschen. Voraussetzung ist dafür (vgl. Art. 25 Abs. 1 EGBGB) ein Wechsel der Staatsangehörigkeit des Erblassers. Dieser müsste statt der deutschen Staatsangehörigkeit eine solche annehmen, deren Rechtsordnung kein Pflichtteilsrecht kennt (und die auch hinsichtlich des Erbrechts keine Rückverweisung in das deutsche Recht vorsieht). Ein Staatsangehörigkeitswechsel ist allerdings sehr schwierig zu erreichen, da nicht ohne weiteres die deutsche Staatsangehörigkeit aufgegeben werden kann und das Erlangen einer neuen Staatsangehörigkeit ebenfalls nicht ohne weiteres möglich ist,[147] sondern z. B. die Wohnsitzverlegung voraussetzt.

Da das Erbstatut also nicht einfach der Wahl des Erblassers offen steht, sondern hierfür der erbrechtliche Anknüpfungspunkt selbst, der über das Erbstatut entscheidet, geändert werden muss, ist dieser aufwändige und schwerfällige Weg regelmäßig nicht begehbar.[148] Es dürfte allerdings ohnehin selten nur aus pflichtteilsrechtlichen Gründen gewünscht sein, beispielsweise die Staatsangehörigkeit zu wechseln. Man kann diese Möglichkeit aber in die Nachfolgeberatung miteinbeziehen, wenn im Einzelfall ohnehin ein Bezug zu einer anderen (nicht so pflichtteilsfreundlichen) Rechtsordnung vorhanden ist, wie beispielsweise ein ausländischer Wohnsitz des Erblassers.

III. Gestaltungsmöglichkeiten im Rahmen von Verfügungen von Todes wegen

1. Pflichtteilsrecht als Schranke der Testierfreiheit

Die dem Erblasser durch Art. 14 Abs. 1 S. 1 GG gewährte Testierfreiheit findet ihre (zulässige) Grenze im Pflichtteilsrecht der nächsten Angehörigen gem. §§ 2303 ff. BGB. Der Erblasser kann damit zwar frei über sein Vermögen testieren, darf dabei aber nicht in das „zwingende" Pflichtteilsrecht hineinregieren. Mit dieser „zwingenden" Natur des Pflichtteilsrechts wäre es beispielsweise unvereinbar, die Pflichtteilsquote eines Berechtigten zu re-

---

[142] Im Ergebnis auch kritisch Scherer/*v. Oertzen/Pawlytta* § 33 Rn. 151.
[143] Mayer/Süß/Tanck/Bittler/Wälzholz/*Süß* § 15 Rn. 131 ff.
[144] BGH NJW 1993, 1920, 1921; OLG Celle ZEV 2003, 509, 511.
[145] Scherer/*v. Oertzen/Pawlytta* § 33 Rn. 152; vgl. § 14 Rn. 58.
[146] Vgl. *Osterloh-Konrad* ErbR 2008, 49.
[147] Scherer/*v. Oertzen/Pawlytta* § 33 Rn. 169.
[148] Vgl. Scherer/*v. Oertzen/Pawlytta* § 33 Rn. 169.

duzieren oder den Wert des zur Pflichtteilsberechnung heranzuziehenden Vermögens herabzusetzen (vgl. dazu schon § 10 Rn. 171 ff.). Bei der Beratung und Gestaltung ist daher darauf zu achten, dass der Erblasser nicht einseitig die Rechtsposition des Pflichtteilsberechtigten, wie sie sich aus den §§ 2303 ff. BGB ergibt, verschlechtern darf.

2. Pflichtteilsentziehung/Pflichtteilsunwürdigkeit

Schrifttum: *Brüggemann*, Entziehung des Pflichtteils – Änderungen durch die geplante Erbrechtsreform, Erbfolgebesteuerung 2008, 241; *Herzog*, Die Pflichtteilsentziehung – ein vernachlässigtes Institut, 2003; *dies.*, Die Erbrechtsreform – vorgesehene Änderungen durch den Regierungsentwurf eines Gesetzes zur Änderung des Erb- und Verjährungsrechts, ErbR 2008, 206; *Keim*, Testamentsgestaltung bei „missratenen" Kindern, NJW 2008, 2072; *Lange*, Die Pflichtteilsentziehung im Spiegel der neueren Rechtsprechung, ZErb 2008, 59; *Muscheler*, Die geplanten Änderungen im Erbrecht, Verjährungsrecht und Nachlassverfahrensrecht, ZEV 2008, 105; *Thoma*, Maßnahmen zur Reduzierung des Pflichtteils, ZEV 2003, 278 ff.

163 a) **Pflichtteilsentziehung.** Die Pflichtteilsentziehung gem. §§ 2333 ff. BGB ist der schwerste Eingriff in die verfassungsrechtlich geschützte Position[149] des Pflichtteilsberechtigten. Denn diese führt zum **Erlöschen sämtlicher Pflichtteilsrechte**, die dem Pflichtteilsberechtigten zustehen können und zwar selbst dann, wenn sich der Erblasser durch gemeinschaftliches Testament oder Erbvertrag zugunsten des Pflichtteilsberechtigten erbrechtlich gebunden hatte (vgl. §§ 2271 Abs. 2 S. 2, 2294 BGB). Von daher muss eine wirksame Pflichtteilsentziehung besonders schwerwiegende Verfehlungen des Pflichtteilsberechtigten voraussetzen und strengen formellen Anforderungen unterliegen.

164 Dies war schon nach der bisherigen gesetzlichen Regelung so und wird auch nach Inkrafttreten der **Erbrechtsreform**[150] so bleiben (vgl. zu den Voraussetzungen der Pflichtteilsentziehung nach altem und neuem Recht ausführlich § 7 Rn. 3 ff.; § 10 Rn. 174 ff.). Zusammenfassend betrachtet ist nach neuem Recht eine Pflichtteilsentziehung nur möglich
- bei einem schweren Fehlverhalten gegenüber dem Erblasser oder ihm nahestehenden Personen (vgl. § 2333 Abs. 1 Nr. 1 bis 3 BGB n. F.);
- bei allgemeinem schweren sozialwidrigen Fehlverhalten (§ 2333 Abs. 1 Nr. 4 BGB n. F.).

165 Die Modernisierung[151] und vorsichtige Erweiterung der Pflichtteilsentziehungsgründe[152] im Rahmen der Reform wird neben der weitgehenden Beibehaltung der strengen formellen Voraussetzungen an eine wirksame Pflichtteilsentziehung (vgl. § 2336 Abs. 1 bis 3 BGB) nicht bewirken können, dass die Pflichtteilsentziehung in Zukunft in nennenswert größerer Anzahl praktische Bedeutung erlangen kann. Dies gilt namentlich im Hinblick darauf, dass der Gesetzgeber von der Einführung eines **allgemeinen Zerrüttungs- oder Entfremdungstatbestandes** abgesehen hat und eine wirksame Pflichtteilsentziehung weiterhin nur bei Eingreifen eines der speziellen Tatbestände des § 2333 Abs. 1 BGB zulässig sein lässt. Es wird damit zukünftig in vielen Fällen gerade Eltern unverständlich bleiben, warum dem Abkömmling trotz totaler Zerrüttung bzw. Zerstörung ihrer Beziehungen zu ihm der Pflichtteil nicht wirksam entzogen werden kann. Da nach Inkrafttreten der **Erbrechtsreform** im Anschluss an die Entscheidung des BVerfG[153] auch im Zustand der Schuldunfähigkeit begangene, vorsätzliche Taten aus-

---

[149] BVerfGE 112, 332 = ZEV 2005, 301.
[150] Vgl. BT-Drucks. 16/13 543.
[151] So wird beispielsweise der bislang sehr umstrittene Entziehungsgrund des ehrlosen oder unsittlichen Lebenswandels gestrichen (vgl. § 2333 Nr. 5 BGB a. F.).
[152] So wird beispielsweise der Kreis der vom Fehlverhalten betroffenen Personen (geschützter Personenkreis) bei Nr. 1 und 2 erweitert auf Personen, die dem Erblasser ähnlich einem Ehegatten oder Abkömmling nahe stehen (so dass beispielsweise auch der nichteheliche Lebensgefährte oder das Stiefkind erfasst sind).
[153] BVerfGE 112, 332 = NJW 2005, 1561 = ZEV 2005, 301 = DNotZ 2006, 60. In dem einen, der Entscheidung zugrunde liegenden Fall, war der an der schizophrenen Psychose leidende Sohn, der seine Mutter wiederholt schwer tätlich angegriffen und schließlich getötet hatte, im strafrechtlichen Sinne schuldunfähig, weshalb nach der bisherigen Auffassung der Zivilgerichte eine Pflichtteilsentziehung nicht möglich war. Das BVerfG entschied jedoch, dass das strafrechtliche Verschulden nicht geeignet sei, einen angemessenen Ausgleich zwischen den unterschiedlichen Grundrechtspositionen zu schaffen. Vielmehr genüge es selbst bei Vorliegen von strafrechtlicher Schuldunfähigkeit für die Pflichtteilsentziehung, wenn der Pflichtteilsberechtigte den objektiven Unrechtstatbestand „wissentlich und willentlich" verwirkliche, wozu natürlicher Vorsatz genüge, der auch bei einem psychisch Kranken vorliegen könne.

drücklich für eine Entziehung zugelassen sind, hat sich eine Erleichterung der Pflichtteilsentziehung aber zumindest in den Fällen ergeben, in denen bislang – wie beispielsweise bei drogen- oder alkoholabhängigen Abkömmlingen – strafrechtlich betrachtet Schuldunfähigkeit oder verminderte Schuldfähigkeit bei Begehung der Delikte vorlag.

Hinsichtlich des **zeitlichen Anwendungsbereichs der Neuregelung** der Pflichtteilsentziehungsvorschriften ist zu berücksichtigen, dass nach der einschlägigen Übergangsbestimmung des Art. 229 § 21 Abs. 4 EGBGB die neuen Vorschriften für alle **Erbfälle** zur Anwendung gelangen sollen, die **nach Inkrafttreten des Reformgesetzes eintreten**. Dies gilt unabhängig davon, ob an Ereignisse aus der Zeit vor Inkrafttreten der Reform angeknüpft wird. Eine Pflichtteilsentziehung nach neuem Recht ist also auch wegen Sachverhalten möglich, die sich vor Inkrafttreten der Reform ereignet haben und für die während Zeit der Begehung keine Pflichtteilsentziehung möglich gewesen wäre.[154]

Beispiel:
Der Sohn begeht am 14. 2. 2009 an der langjährigen Lebensgefährtin des Vaters eine vorsätzliche schwere Körperverletzung. Obwohl diese Tat zur Zeit ihrer Vornahme die Entziehung des Pflichtteils nicht rechtfertigt hätte (es waren von § 2333 Nr. 2 BGB a. F. nur vorsätzliche körperliche Misshandlungen des Erblassers oder seines Ehegatten erfasst), kann der Erblasser dem Abkömmling nach § 2333 Abs. 1 Nr. 2 BGB n. F. den Pflichtteil wirksam entziehen, wenn der Erbfall nach dem 1. 1. 2010 (Inkrafttreten der Erbrechtsreform) eintritt.

b) Pflichtteilsunwürdigkeit. *aa) Tatbestand.* Neben der Erbunwürdigkeit (vgl. §§ 2339 ff. BGB) kennt das Gesetz auch die Vermächtnisunwürdigkeit (§ 2345 Abs. 1 BGB) sowie die Pflichtteilsunwürdigkeit (§ 2345 Abs. 2 BGB; vgl. dazu bereits ausführlich § 7 Rn. 138 ff.). Die Vermächtnis- und Pflichtteilsunwürdigkeit tritt aus denselben Gründen ein wie die Erbunwürdigkeit und erfasst die Fälle, in denen ein lediglich obligatorischer Berechtigter – ein Vermächtnisnehmer oder Pflichtteilsberechtigter – eine Verfehlung begangen hat, die bei einem Erben Unwürdigkeit begründen würde.[155] Dies sind u. a. die vollendete oder versuchte vorsätzliche Tötung des Erblassers oder die Fälschung oder Verfälschung einer Verfügung des Erblassers. In seiner bereits erwähnten Entscheidung vom April 2005 hat das BVerfG[156] die Regelung über die Pflichtteilsunwürdigkeit in § 2345 Abs. 2 BGB für **verfassungsgemäß** erklärt.

bb) Geltendmachung der Pflichtteilsunwürdigkeit. Die Pflichtteilsunwürdigkeit muss wie die Erbunwürdigkeit durch **Anfechtung** geltend gemacht werden. Die Anfechtung erfolgt hier allerdings nicht durch Klage (§ 2345 Abs. 1 S. 2 BGB verweist nicht auf die §§ 2342, 2344 BGB), sondern durch einfache, **formlose Anfechtungserklärung** innerhalb der Jahresfrist des § 2082 BGB. Die Frist beginnt mit der zuverlässigen Kenntnis vom Anfechtungsgrund. **Anfechtungsberechtigt** ist jeder, dem der Wegfall des Pflichtteilsunwürdigen – sei es auch nur bei dem Wegfall eines anderen – zustatten kommen würde (§ 2345 Abs. 1 S. 2 i. V. m. § 2341 BGB). **Anfechtungsgegner** ist der Pflichtteilsberechtigte, der sich der Verfehlung schuldig gemacht hat. Dem Anfechtungsberechtigten steht ein Leistungsverweigerungsrecht zu, wobei die Einrede auch noch nach Fristablauf geltend gemacht werden kann (§ 2345 i. V. m. § 2083 BGB).

cc) Wirkung der Anfechtung. Durch die Anfechtung wird der Pflichtteilsanspruch nach § 142 Abs. 1 BGB **rückwirkend beseitigt**. Aufgrund einer wirksamen Anfechtung können die in § 2309 BGB genannten entfernteren Pflichtteilsberechtigten ihrerseits den Pflichtteil verlangen. Wie die Pflichtteilsbeschränkung in guter Absicht bewirkt auch die Pflichtteilsunwürdigkeit damit grundsätzlich keine Reduzierung der Pflichtteilslast.

3. Nachträgliche Pflichtteilsanrechnung

Die Pläne für die **Erbrechtsreform** sahen ursprünglich in § 2315 Abs. 1 S. 4 BGB-E vor, dass der Erblasser nachträglich durch Verfügung von Todes wegen (Testament, Erbvertrag)

---

[154] Vgl. *Brüggemann*, Erbfolgebesteuerung 2008, 241, 246.
[155] Bamberger/Roth/*Müller-Christmann* § 2345 Rn. 1.
[156] BVerfGE 112, 332 = ZEV 2005, 301.

die Bestimmung treffen kann, dass eine lebzeitige Zuwendung von ihm auf den Pflichtteilsanspruch des Empfängers angerechnet werden soll (vgl. dazu bereits § 10 Rn. 80). Damit sollte v. a. dem Umstand Rechnung getragen werden, dass bei Vornahme der Zuwendung häufig aus Rechtsunkenntnis eine Anrechnungsbestimmung unterbleibt, beispielsweise bei nicht beurkundungsbedürftigen Geldzuwendungen.[157] In der verabschiedeten Fassung des Gesetzes wurde jedoch die Idee einer nachträglichen Pflichtteilsanrechnung aus Vertrauensschutzgründen[158] wieder fallengelassen. Es bleibt daher bei der bisherigen Rechtslage, wonach eine nachträgliche Pflichtteilsanrechnung nur unter Mitwirkung des Pflichtteilsberechtigten im Rahmen eines (notariell beurkundungsbedürftigen) **beschränkten Pflichtteilsverzichtsvertrages** erfolgen kann (vgl. dazu § 10 Rn. 67), wenn nicht ausnahmsweise die Voraussetzungen einer Pflichtteilsentziehung nach den §§ 2333 ff. BGB vorliegen.

Formulierungsvorschlag: (Nachträgliche Pflichtteilsanrechnung)

172
1. Der Erschienene zu 1) hat der Erschienenen zu 2) am 31. 12. 2008 einen Geldbetrag in Höhe von € 100.000,– schenkweise überwiesen. Eine Pflichtteilsanrechnungsbestimmung wurde dabei nicht getroffen. Dies soll heute im Einvernehmen zwischen den Beteiligten nachgeholt werden.
2. Der Erschienene zu 1) und die Erschienene zu 2) vereinbaren hiermit im Wege eines (gegenständlich beschränkten) Pflichtteilsverzichtsvertrages, dass sich die Erschienene zu 2) den unter 1. genannten Geldbetrag auf ihren Pflichtteilsanspruch am Nachlass des Erschienenen zu 1) mit dem Wert zum Zeitpunkt der Zuwendung auf ihren Pflichtteilsanspruch anrechnen lassen muss.
3. Der Urkundsnotar hat die Beteiligten darüber belehrt, dass der gegenständlich beschränkte Pflichtteilsverzicht die gesetzliche Erbfolge und den Pflichtteil der Erschienenen zu 2) am Nachlass des Erschienenen zu 1) unberührt lässt, soweit er den vertragsgegenständlichen Anrechnungsbetrag übersteigt.

4. Pflichtteilsbeschränkung in guter Absicht

Schrifttum: *Baumann*, Die Pflichtteilsbeschränkung „in guter Absicht", ZEV 1996, 121; *v. Dickhuth-Harrach*, Ärgernis Pflichtteil? Möglichkeiten der Pflichtteilsreduzierung im Überblick, in: FS 100 Jahre Rheinisches Notariat (1998), S. 185; *Keller*, Die Beschränkung des Pflichtteils in guter Absicht, § 2338 BGB, NotBZ 2000, 253; *Thoma*, Maßnahmen zur Reduzierung des Pflichtteils, ZEV 2003, 278.

173 **a) Rechtsnatur der Pflichtteilsbeschränkung gem. § 2338 BGB.** Sind die engen Voraussetzungen für eine Pflichtteilsentziehung nicht gegeben, wird bei Abkömmlingen häufig alternativ die Anordnung einer Pflichtteilsbeschränkung gem. § 2338 BGB erwogen. § 2338 BGB stellt allerdings nur eine Möglichkeit zur **Beschränkung** des Pflichtteils, nicht aber zu seiner Entziehung oder Kürzung dar. Die Vorschrift eröffnet bei Vorliegen der Tatbestandsvoraussetzungen lediglich die Möglichkeit, das Pflichtteilsrecht des Abkömmlings durch die Einsetzung der gesetzlichen Erben des Abkömmlings als Nacherben oder als Nachvermächtnisnehmer und/oder durch die Anordnung der Testamentsvollstreckung zur Verwaltung des Zugewandten zu beschränken (wobei die Anordnung der Nacherbschaft oder des Nachvermächtnisses regelmäßig mit der Anordnung der Testamentsvollstreckung verbunden werden; vgl. dazu § 10 Rn. 189f.). Es handelt sich hierbei also nicht um eine Bestrafung, sondern um eine **fürsorgerische Maßnahme im Interesse des betreffenden Abkömmlings** (daher auch „in guter Absicht"). Die Anordnungen sind Zuwendung und nicht Entziehung des Pflichtteils und erweitern damit nicht die wirtschaftliche Dispositionsfreiheit des Erblassers. Letztlich wird durch die Beschränkung daher nur eine Umverteilung innerhalb der Familie des Pflichtteilsberechtigten bewirkt: Der Familie wird gegeben, was dem Berechtigten genommen wird.[159]

174 **b) Rechtsfolgenseite.** Dabei mag es in vielen Fällen angesichts der allgemein bekannten Vorbehalte gegenüber Schwiegerkindern auch als störend empfunden werden, dass zu Nacherben oder Nachvermächtnisnehmern **zwingend die gesetzlichen Erben** des Pflicht-

---

[157] Vgl. BT-Drucks. 16/8954, S. 20.
[158] Vgl. BT-Drucks. 16/13 543, S. 19 f.
[159] Vgl. Motive V, 438, 440; *v. Dickhuth-Harrach*, FS Rheinisches Notariat (1996), S. 185, 201.

teilsberechtigten (und zwar zu den sie nach der gesetzlichen Erbfolge treffenden Anteilen) eingesetzt werden müssen (vgl. zu den Beschränkungsmöglichkeiten ausführlich § 10 Rn. 188 ff.). Eine Beschränkung nur auf die Abkömmlinge des Pflichtteilsberechtigten (d. h. ohne Berücksichtigung des Ehegatten des Pflichtteilsberechtigten) ist damit nicht möglich. Dies lässt sich allenfalls dadurch im Ergebnis bewerkstelligen, dass der Ehegatte mit dem Pflichtteilsberechtigten einen Erbverzichtsvertrag gem. § 2346 BGB abschließt, womit dieser als gesetzlicher Erbe nach dem Pflichtteilsberechtigten ausfällt. Der Erbverzicht kann sich in diesem Fall aber nicht auf das vom Erblasser als Nacherbe oder Nachvermächtnisnehmer erwartete Vermögen beschränkt werden, da ein solcher gegenständlich beschränkter Erbverzicht dem Grundsatz der Universalsukzession widerspräche (vgl. dazu § 10 Rn. 34 f.).

c) **Tatbestandsvoraussetzungen.** Die geringe praktische Bedeutung der Pflichtteilsbeschränkung in guter Absicht ist auch darauf zurückzuführen, dass die Tatbestandsvoraussetzungen des § 2338 BGB sehr eng sind (Verschwendung, Überschuldung, Gefährdung des späteren Erwerbs). Nur selten wird daher der Anwendungsbereich der Norm eröffnet sein (vgl. zu den Tatbestandsvoraussetzungen bereits ausführlich § 7 Rn. 99 ff.). Problematisch ist dabei v. a., dass die Gefährdung des Erwerbs auf die beiden Tatbestandselemente Verschwendung oder Überschuldung zurückzuführen sein muss, so dass andere Gefährdungsgründe wie beispielsweise eine **Drogenabhängigkeit** oder **Sektenzugehörigkeit** des Kindes, keine Maßnahmen i. S. d. § 2338 BGB rechtfertigen können.[160] Gerade in solchen Fällen werden jedoch in der Praxis häufig wohlmeinende Pflichtteilsbeschränkungsmaßnahmen gewünscht. Liegen die Voraussetzungen des § 2338 BGB aber nicht vor, so kann der Erblasser lediglich eine Enterbung aussprechen (mit der Folge, dass dem Pflichtteilsberechtigten gem. § 2303 BGB ein Pflichtteilsanspruch zusteht) oder den Pflichtteilsberechtigten unter Beschränkungen und Beschwerungen einsetzen, wobei dieser – außerhalb des Anwendungsbereiches des § 2338 BGB – dann gem. § 2306 Abs. 1 BGB n. F. die Möglichkeit hätte, den beschränkten und beschwerten Erbteil auszuschlagen und seinen Pflichtteil geltend zu machen.

5. Trennungslösungen und Beeinflussung des pflichtteilserheblichen Nachlasses

Schrifttum: Beck'sches Formularbuch Erbrecht/*Keim*, 2. Aufl. 2009, C.II. 1 bis 7; *J. Mayer*, Der superbefreite Vorerbe? – Möglichkeiten und Grenzen der Befreiung des Vorerben, ZEV 2000, 1; *G. Müller*, Möglichkeiten der Befreiung des Vorerben über § 2136 hinaus, ZEV 1996, 197; *Nieder/Kössinger*, Handbuch der Testamentsgestaltung, 3. Aufl. 2008, § 10; *Reimann*, Das Herausgabevermächtnis als Alternative zur Nacherbfolgeanordnung, MittBayNot 2002, 4; *Scherer/Hennicke*, Münchener Anwaltshandbuch Erbrecht, 2. Aufl. 2007, § 17.

a) **Vor- und Nacherbfolge.** Fällt einer Person durch Erbgang oder Vermächtnis Vermögen zu, vermischt es sich mit ihrem Eigenvermögen und wird nach ihrem Tod zur Berechnung von Pflichtteilsansprüchen am Nachlass dieser Person herangezogen (vgl. § 2311 BGB). Im Falle einer Bedenkung als Erbe kann durch die Anordnung einer **Nacherbfolge** i. S. v. § 2100 BGB vermieden werden, dass sich durch den erbrechtlichen Zuerwerb der pflichtteilserhebliche Nachlass des Vorerben vergrößert (vgl. dazu bereits ausführlich § 10 Rn. 217 ff.). Denn dadurch bleibt der Nachlass ein über den Eintritt des Erbfalls hinaus vom Eigenvermögen des Vorerben getrenntes **Sondervermögen** (Trennungslösung), das mit Eintritt des Nacherbfalls nicht auf die Erben des Vorerben übergeht, sondern ohne Weiteres dem bzw. den vorgesehenen Nacherben zufällt (vgl. § 2139 BGB).

Durch die Anordnung der Nacherbfolge können daher nicht Pflichtteilsansprüche der eigenen Pflichtteilsberechtigten des Erblassers vermieden oder verringert werden, wohl aber Pflichtteilsansprüche der Pflichtteilsberechtigten des vorgesehenen Erben. Von Bedeutung ist dies beispielsweise im Rahmen von **Ehegattenverfügungen**, wenn **einseitige Abkömmlinge** eines Ehegatten vorhanden sind, deren Ansprüche am Nachlass der Ehegatten möglichst gering gehalten werden sollen,[161] oder im Rahmen von sog. **Geschiedenentestamenten**, wo eine

---

[160] Vgl. dazu auch *v. Dickhuth-Harrach*, FS Rheinisches Notariat (1996), S. 185, 201; *Baumann* ZEV 1996, 121, 127; *Keim* NJW 2008, 2072, 2074.
[161] Vgl. Formulierungsmuster für Vorerbeneinsetzung im Ehegattenerbvertrag bei Beck'sches Formularbuch Erbrecht/*Keim* C. II. 6, für Vorerbeneinsetzung im gemeinschaftlichen Ehegattentestament bei MünchVertragshdb/*Nieder* Form. XVI. 11.

Nachlassbeteiligung des geschiedenen Ehegatten über das gemeinsame Kind vermieden werden soll (vgl. dazu § 10 Rn. 299 ff.). Die Anordnung einer Vor- und Nacherbfolge stellt daher ein probates Mittel zur Pflichtteilsreduzierung auf Seiten des vorgesehenen Erben dar.

178 Die Vor- und Nacherbfolge hat aber auch zahlreiche **Nachteile**, wie z. B. die doppelte Erbschaftsteuerbelastung (vgl. § 6 Abs. 2 S. 1 ErbStG), die Verfügungsbeschränkungen der §§ 2113 ff. BGB sowie die komplizierte Lastenverteilung zwischen Vor- und Nacherben.[162] Außerdem kann der Vorerbe nicht letztwillig über das nacherbengebundene Vermögen verfügen oder – wegen § 2065 Abs. 1 BGB – von der Erblasseranordnung abweichende Nacherben bestimmen. Nach h. A. kann dem Vorerben zwar insoweit Testierfreiheit verschafft werden, als die Nacherbfolge unter der auflösenden Bedingung (vgl. § 2075 BGB) einer anderweitigen Verfügung des Vorerben angeordnet werden kann. Macht der Vorerbe hiervon Gebrauch, geht mit Wegfall der Nacherbenbeschränkung aber auch die pflichtteilsreduzierende Wirkung verloren, da er damit Vollerbe wird. Soll die pflichtteilsreduzierende Wirkung der Nacherbfolge beibehalten werden, sollte daher von einer derartigen „Freistellung" des Vorerben abgesehen werden.[163]

179 b) **Aufschiebend bedingte/befristete Vermächtnisse.** *aa) Nachvermächtnisse bzw. Herausgabevermächtnisse.* Als Alternative zur Anordnung von Vor- und Nacherbfolge bietet sich als rein schuldrechtlich wirkende „Trennungslösung" die Anordnung von Vor- und Nachvermächtnissen (vgl. dazu bereits § 10 Rn. 246 ff.) bzw. von aufschiebend bedingten oder befristeten Herausgabevermächtnissen (vgl. dazu ausführlich § 10 Rn. 257 ff.) an.

180 *bb) Ausgestaltung der Stellung des Vermächtnisnehmers.* Hauptvorteil der Vermächtnislösungen ist, dass die zunächst bedachte Person hierbei freier gestellt werden kann als ein Vorerbe, dessen Befreiungsmöglichkeiten sich (nur) innerhalb der Grenzen des § 2136 BGB bewegen (so besteht z. B. keine Möglichkeit der Befreiung vom Verbot unentgeltlicher Verfügungen über Nachlassgegenstände i. S. v. § 2113 Abs. 2 BGB).[164] Dabei kann entweder zu Gunsten des Erstbedachten ein Vorvermächtnis und zugunsten gefälliger Endbedachter ein Nachvermächtnis i. S. v. § 2191 BGB „auf den Überrest" angeordnet werden[165] (**Vor- und Nachvermächtnisvariante**) oder es wird der zunächst Bedachte zum unbeschränkten Erben und der gefällige Endbedachte zum aufschiebend bedingten bzw. befristeten Vermächtnisnehmer auf dasjenige eingesetzt, was beim Tod des Erstbedachten noch vom Nachlass übrig geblieben ist (**Herausgabevermächtnisvariante**).[166]

181 *cc) Pflichtteilsreduzierende Wirkung der aufschiebend bedingten bzw. befristeten Vermächtnisse.* Das Nachvermächtnis und das aufschiebend bedingte bzw. befristete Herausgabevermächtnis stellen nicht wie herkömmliche, durch den Erblasser selbst ausgesetzte Vermächtnisse **bloße Erbfallschulden** dar, die nach unumstr. Ansicht bei der Berechnung von Pflichtteilsansprüchen i. S. d. § 2311 BGB nicht in Abzug gebracht werden könnten (da es sonst der Erblasser in der Hand hätte, durch Aussetzung von Vermächtnissen Pflichtteilsansprüche an seinem Nachlass beliebig zu reduzieren).[167] Es handelt sich hierbei vielmehr um **Erblasserschulden**, da bereits der Erblasser auf Grund des erbrechtlichen Erwerbs als Vorvermächtnisnehmer oder Erbe hiermit belastet war. Daher ist die Verbindlichkeit aus einem Nachvermächtnis oder einem aufschiebend bedingten bzw. befristeten Herausgabevermächtnis nach h. A.[168] im Rahmen der Berechnung des ordentlichen Pflichtteils gem. § 2311 BGB **vorab abziehbar** (d. h. „pflichtteilsfest").

182 Dies wurde zwar in der Literatur eine Zeit lang bestritten, da das aufschiebend bedingte/befristete Vermächtnis ebenso wie das Nachvermächtnis abweichend von § 2176 BGB mit

---

[162] *Keim* NJW 2008, 2072, 2076; Mayer/Süß/Tanck/Bittler/Wälzholz/*J. Mayer* § 12 Rn. 22.
[163] Zur Frage, inwieweit die sog. Dieterle-Klausel als zulässig anzusehen ist, vgl. § 10 Rn. 307 ff.
[164] Vgl. *G. Müller* ZEV 1996, 197.
[165] Vgl. dazu § 10 Rn. 252.
[166] Vgl. *Reimann* MittBayNot 2002, 4.
[167] Vgl. AnwKommBGB/*Bock* § 2311 Rn. 11 f.
[168] Vgl. nur *Watzek* MittRhNotK 1999, 37, 42; *Reimann* MittBayNot 2002, 4, 7 f.; *Muscheler* AcP 208 (2009), S. 69, 94; *Baltzer*, Das Vor- und Nachvermächtnis in der Kautelarjurisprudenz, 2007, Rn. 322 ff.; AnwKommBGB/*J. Mayer* § 2191 Rn. 19; Bamberger/Roth/*J. Mayer* § 2311 Rn. 8.

dem Tod des Beschwerten anfiele und zu diesem Zeitpunkt erst zur Entstehung gelange.[169] Allerdings begründet das Nachvermächtnis wie das auf den Tod aufschiebend bedingte bzw. befristete Vermächtnis schon vor seinem Anfall eine **rechtlich geschützte Anwartschaft**, deren Verletzung Schadensersatzansprüche auslösen kann (vgl. § 2179 BGB). Von daher kann man die künftige Forderung bzw. Verbindlichkeit, die dem Bedachten schon eine Anwartschaft bietet, schlecht im Hinblick auf den damit Beschwerten als nichtexistent behandeln. Auch *J. Mayer* hat seine abweichende Rechtsansicht zwischenzeitlich aufgegeben.[170]

6. Pflichtteilsklauseln und sonstige bedingte Zuwendungen an Abkömmlinge

Schrifttum: *v. Dickhuth-Harrach*, Ärgernis Pflichtteil? Möglichkeiten der Pflichtteilsreduzierung im Überblick, in: FS 100 Jahre Rheinisches Notariat (1998), S. 185 ff.; *Keim*, Testamentsgestaltung bei „missratenen" Kindern, NJW 2008, 2072; *Lübbert*, Verwirkung der Schlusserbfolge durch Geltendmachung des Pflichtteils, NJW 1988, 2706; *Mayer, J.*, Ja zu „Jastrow"? – Pflichtteilsklausel auf dem Prüfstand, ZEV 1995, 136; *Müller G./Grund*, Pflichtteilsklausel und einvernehmliche Geltendmachung des Pflichtteils aus erbschaftsteuerlichen Gründen, ZErb 2007, 205; *Radke*, Verlangen, Erhalten oder Durchsetzen: Gestaltungsalternativen bei der Pflichtteilsklausel, ZEV 2001, 136; *Thoma*, Maßnahmen zur Reduzierung des Pflichtteils, ZEV 2003, 278 ff.; *Worm*, Pflichtteilserschwerungen und Pflichtteilsstrafklauseln, RNotZ 2003, 535.

a) **Pflichtteilsklauseln.** Im Rahmen der Errichtung von **Ehegattenverfügungen**, in denen sich die Ehegatten zunächst gegenseitig bedenken wollen, während die Kinder erst nach Eintritt des zweiten Erbfalls zum Zuge kommen sollen, droht ein Pflichtteilsverlangen der Abkömmlinge nach dem ersten Erbfall (bei Wahl der sog. Einheitslösung unmittelbar, bei Wahl der sog. Trennungslösung nach Ausschlagung der Nacherbschaft gem. § 2306 Abs. 2 i. V. m. Abs. 1 BGB). Diese Gefahr stellt einen erheblichen Störfaktor in der gemeinsamen Erbfolgeplanung dar, da sich der Überlebende u. U. erheblichen Zahlungspflichten gegenüber sieht. Außerdem kann das Pflichtteilsverlangen eines Abkömmlings zu dessen Bevorzugung führen, wenn er später noch Erbe des überlebenden Ehegatten wird. Diesen Nachteilen versuchen sog. **Pflichtteilsstrafklauseln** (auch kurz Pflichtteilsklauseln genannt) entgegen zu wirken (vgl. dazu bereits ausführlich § 10 Rn. 195 ff.). Dies gilt v. a. dann, wenn eine einvernehmliche Lösung des „Pflichtteilsproblems" durch Abschluss eines notariell zu beurkundenden Pflichtteilsverzichtsvertrages – die stets vorzugswürdig ist – nicht zu erzielen ist.

Die Pflichtteilsklausel, die abhängig von der von den Ehegatten vorgesehenen Erbfolge unterschiedlich ausgestaltet sein kann (vgl. zu den verschiedenen Varianten bei Wahl der Einheitslösung/Trennungslösung oder Herausgabevermächtnislösung bereits ausführlich § 10 Rn. 198 ff.) versucht, durch Androhung eines Nachteils – in der Regel Verlust der Erbposition nach dem Letztversterbenden – den Abkömmling von einer Geltendmachung seines Pflichtteils nach Eintritt des ersten Erbfalls abzuhalten. Pflichtteilsklauseln **vermeiden und mindern daher keine Pflichtteilsansprüche**, sondern sollen nur deren Geltendmachung oder Durchsetzung unattraktiv machen (Abschreckungswirkung).

Angesichts dessen, dass in vielen Ehegattenverfügungen keine erbrechtlich bindende Schlusserbeneinsetzung der Abkömmlinge mehr erfolgt und der überlebende Ehegatte auf das Pflichtteilsverlangen eines Abkömmlings mit einer Änderung der nach ihm verfügten Erbfolge reagieren kann, haben Pflichtteilsklauseln in der Praxis stark an Bedeutung verloren. Ist aber im Einzelfall die Aufnahme einer Pflichtteilsklausel in die Ehegattenverfügung gewünscht, sollte auf eine exakte und vollständige Regelung geachtet werden (vgl. die Checkliste der klärungs- und regelungsbedürftigen Fragen im Rahmen der Formulierung einer Pflichtteilsstrafklausel unter § 10 Rn. 200).

b) **Problem: Das „böse" Kind.** *aa) Erbeinsetzung des Abkömmlings.* Für „missratene" Abkömmlinge, die ohnehin nichts von ihren Eltern zu erwarten haben, sind Pflichtteilsklauseln nutzlos.[171] Für diese kommen andere Verwirkungsklauseln, insbesondere die cautela Socini in Frage, wonach der Pflichtteilsberechtigte vor die Wahl gestellt wird, entweder einen wie auch immer belasteten **Erbteil** anzunehmen oder andernfalls nur einen unbe-

---

[169] *Damrau/J. Mayer* ZEV 2000, 1, 9; *Mayer/Süß/Tanck/Bittler/Wälzholz/J. Mayer* § 12 Rn. 25.
[170] AnwKommBGB § 2191 Rn. 19; *Bamberger/Roth/J. Mayer* § 2311 Rn. 8.
[171] *Keim* NJW 2008, 2072, 2075.

schränkten Erbteil in Höhe des Pflichtteils zu erhalten (vgl. dazu bereits § 10 Rn. 215 f.). Im Zusammenhang mit der Abschaffung des § 2306 Abs. 1 S. 1 BGB könnten Klauseln, die bislang in dessen Anwendungsbereich fielen, künftig zulässig werden.[172]

187 bb) *Vermächtniszuwendung*. Durch Zuwendung von Vermächtnissen an das missratene Kind kann dessen Pflichtteilsverlangen nicht verhindert werden: Nach § 2307 Abs. 1 BGB hat der Pflichtteilsberechtigte stets die Wahl, ob er das Vermächtnis ausschlägt und den Pflichtteil verlangt oder ob er das Vermächtnis annimmt und – soweit es den Pflichtteil nicht deckt – einen Pflichtteilsrestanspruch geltend macht (vgl. § 2307 Abs. 1 S. 2 BGB). Die durch § 2307 Abs. 1 BGB geschaffene Situation kann sich der Erblasser aber zunutze machen, indem er dem Pflichtteilsberechtigten einen Gegenstand zuwendet, an dem dieser etwa ein besonderes **Affektions- oder berufliches Interesse** hat und diese Vermächtnisaussetzung mit besonderen Belastungen kombiniert.[173]

188 Außerdem ist es nach h. A. zulässig, dass der Erblasser dem Pflichtteilsberechtigten das Vermächtnis **an Stelle des Pflichtteils** hinterlässt: Der Pflichtteilsberechtigte kann dann zwar ausschlagen und den ungeschmälerten Pflichtteil verlangen. Nimmt er das Vermächtnis aber an, so steht ihm kein Pflichtteilsrestanspruch zu.[174] Schließlich kann der Erblasser nach h. A. zulässigerweise anordnen, dass das Vermächtnis hinfällig wird, wenn der Pflichtteilsberechtigte seinen Pflichtteilsrestanspruch geltend machen sollte.[175]

189 *cc) Gesetzliche Erbfolge*. Zur Pflichtteilsreduzierung können ggf. auch die **Vorteile der gesetzlichen Erbfolge genutzt** werden. Dies gilt z. B. in Bezug auf den **Ehegattenvoraus** nach § 1932 BGB, der gem. § 2311 Abs. 1 S. 2 BGB bei der Berechnung des Pflichtteils außer Betracht bleibt. Pflichtteilsrechtlich interessant ist dabei, dass es auf den Wert der Gegenstände in diesem Zusammenhang nicht ankommt, so dass auch wertvolle Gegenstände wie Teppiche, Geschirr, Kunstgegenstände und der privat benutzte Pkw zu den Haushaltsgegenständen gehören. Da der Voraus dem Ehegatten nur zusteht, wenn er gesetzlicher Erbe ist, kann es bei einem erheblichen Wert des Voraus pflichtteilsrechtlich vorteilhaft sein, dem Ehegatten nur den gesetzlichen Erbteil zuzuwenden.[176]

190 *dd) Bedingte Zuwendungen an dem Pflichtteilsberechtigten nahestehende Personen.* Ist ein „missratenes" Kind vorhanden, das möglichst wenig aus dem Nachlass erhalten soll (ohne dass die Voraussetzungen der Pflichtteilsentziehung vorliegen), während zu dessen Abkömmlingen (Enkel und ggf. Urenkel) eine gute Beziehung besteht, kann ggf. überlegt werden, ein Pflichtteilsverlangen des Kindes durch das In-Aussichtstellen von erbrechtlichen Vorteilen für die Angehörigen des Pflichtteilsberechtigten zu verhindern.

191 Beispiel:
Der Erblasser beabsichtigt, ein Testament zu errichten. Darin soll sein einziger Sohn S mit einer Quote von 52% und dessen Abkömmlinge, die Enkel E1 und E2, mit einer Quote von je 24% als Erben eingesetzt werden. Der Sohn wird außerdem mit umfangreichen (Voraus-)Vermächtnissen zugunsten von E1 und E2 beschwert, so dass er im Ergebnis – wirtschaftlich betrachtet – weniger erhalten wird als seinen Pflichtteil. Um den Sohn von einer Ausschlagung des ihm zugewandten Erbteils abzuhalten, die mit dem Ziel erfolgen könnte, gem. § 2306 Abs. 1 BGB den ungekürzten Pflichtteil geltend zu machen, werden die beiden Enkel unter der auflösenden Bedingung eingesetzt, dass der Sohn ausschlägt bzw. seinen nach Ausschlagung entstehenden Pflichtteilsanspruch geltend macht.

192 Es fragt sich, ob die Erbeinsetzung mit dieser Bedingung wirksam ist, oder ob man befürchten muss, dass die hinter der Bedingung stehende Motivation die Verfügung sittenwidrig macht. Dagegen spricht, dass durch die Bedingung die Pflichtteilsgeltendmachung nach Ausschlagung nicht unmittelbar untersagt werden soll (was ohnehin nicht ginge, da es sich insoweit um zwingendes Pflichtteilsrecht handelt). Durch die auflösend bedingte Erbeinsetzung der Abkömmlinge soll nur **mittelbar Druck auf die Entschließungsfreiheit** des Pflicht-

---

[172] So zumindest *Keim* NJW 2008, 2072, 2075.
[173] *Keim* NJW 2008, 2072, 2075; MünchKommBGB/*Lange* § 2307 Rn. 9.
[174] BayObLG NJW-RR 2004, 1085 = ZEV 2004, 464; MünchKommBGB/*Lange* § 2307 Rn. 2; *Keim* NJW 2008, 2072, 2075.
[175] *Keim* NJW 2008, 2072, 2075 m. w. N.
[176] Vgl. Nieder/Kössinger/*R. Kössinger* § 21 Rn. 163; *Keim* NJW 2008, 2072, 2077.

teilsberechtigten ausgeübt werden, was nicht per se sittlich anstößig ist. Gleichwohl hält Otte[177] Klauseln, die im Falle des Pflichtteilsverlangens nicht beim Pflichtteilsberechtigten, sondern bei einer ihm nahe stehenden Person den Verlust des erbrechtlichen Erwerbs eintreten lassen wollen, wegen Schikane des Pflichtteilsberechtigten angesichts der in §§ 226, 1618a BGB zum Ausdruck kommenden Wertungen für „zweifellos sittenwidrig".

Dem kann nicht ohne Weiteres beigepflichtet werden. Denn die Einflussnahme erfolgt nicht unter Androhung eines unmittelbaren Nachteils für die Enkel, sondern es wird lediglich das Entfallen eines „gesetzlich nicht geschuldeten" Vorteils in Aussicht gestellt. Außerdem ist es im Rahmen von Verwirkungsklauseln – schon im Hinblick auf die gleichmäßige Vermögensverteilung zwischen den Abkömmlingen – üblich, die Rechtsfolgen der Verwirkung auf die Abkömmlinge des den Pflichtteil verlangenden Abkömmlings zu erstrecken. Wenn es aber in diesem Zusammenhang nicht als sittlich anstößig erachtet wird, dass der den Pflichtteil verlangende Abkömmling hiermit zugleich eine etwaige Ersatzberufung seiner Abkömmlinge hinfällig macht und damit den ganzen Stamm von der Erbfolge ausschließt, so ist es wohl auch nicht ohne weiteres als sittlich verwerflich anzusehen, wenn eine testamentarische Zuwendung an die Abkömmlinge unter die auflösende Bedingung des Pflichtteilsverlangens des Kindes des Erblassers gestellt wird. 193

Im Ergebnis ähnlich argumentiert das **OLG Hamm** in seinem Beschluss vom 11.1.2005.[178] Zu einem vergleichbaren Sachverhalt (der Adoptivsohn war enterbt, die Enkel zu Vorerben eingesetzt und der Eintritt der Nacherbfolge an die Bedingung geknüpft worden, dass der Sohn der Erblasser keine Pflichtteilsansprüche geltend macht) entschied das Gericht, dass diese Bestimmung des Testaments nicht i.S.d. § 138 Abs. 1 BGB sittenwidrig sei. Die Begründung dafür ist m.E. einleuchtend: Wenn die alternativ in Betracht kommende Übergehung des Adoptivsohns und seiner Abkömmlinge gemessen am Maßstab des § 138 Abs. 1 BGB nicht beanstandet werden kann, kann auch die Schaffung einer daneben bestehenden, sonst nicht gegebenen Wahlmöglichkeit nicht dazu führen, dass die Bedingung nunmehr als sittenwidrig und daher als nichtig anzusehen wäre. 194

7. Ertragswertanordnung nach § 2312 BGB und Höferecht

Schrifttum: Faßbender/Hötzel/von Jeinsen/Pikalo, Höfeordnung, 3. Aufl. 1994; *Hausmann,* Die Vererbung von Landgütern nach dem BGB, De lege lata et ferenda, 2000; *Lange/Wulff/Lüdtke-Handjery,* Höfeordnung, 10. Aufl. 2001; *Mayer, J.,* Pflichtteil und Ertragswertprivileg, MittBayNot 2004, 334; *Müller-Feldhammer,* Das Ertragswertverfahren bei der Hofübergabe, ZEV 1995, 161; *Ruby,* Das Landgut im BGB, ZEV 2007, 260; *Weber,* Gedanken zum Ertragswertprinzip des § 2312 BGB, BWNotZ 1992, 14; *Weidlich,* Ertragswertanordnung und Ehegattenbeteiligung an einem Landgut, ZEV 1996, 380; *Wöhrmann/Stöcker,* Das Landwirtschaftserbrecht, 9. Aufl. 2008; *Zechiel,* Die „Ertragswertklausel" in der bayerischen Notariatspraxis und ihr Bedeutungswandel bei verfassungsgemäßer Auslegung des § 2312, Diss. Würzburg 1993.

a) **Ertragswertanordnung bei Landgütern nach § 2312 BGB. aa)** Normzweck. Für die Berechnung des regulären Pflichtteilsanspruchs nach § 2311 BGB ist der Bestand und Wert des Nachlasses zum Zeitpunkt des Erbfalls maßgeblich. Hinsichtlich der Wertermittlung ist dabei grundsätzlich der **Verkehrswert** anzusetzen, da der Pflichtteilsberechtigte im Rahmen des § 2311 BGB wirtschaftlich so gestellt werden soll, als ob der Nachlass beim Tod des Erblassers in Geld umgesetzt worden ist. Ausnahmsweise kann aber für die Bewertung von Grundbesitz der (in der Regel wesentlich niedrigere) Ertragswert angesetzt werden, wenn die **Voraussetzungen des § 2312 BGB** erfüllt sind. 195

§ 2312 BGB gestattet dem Erblasser, Pflichtteilsansprüche[179] etwa der weichenden Geschwister durch die Anordnung zu reduzieren, dass sich diese nicht nach dem Verkehrswert, sondern nach dem regelmäßig (wesentlich) niedrigeren **Ertragswert** bemessen sollen. Bei der Vorschrift handelt es sich um eine **agrarpolitische Schutzvorschrift**, deren Gesetzeszweck darin liegt, einen leistungsfähigen landwirtschaftlichen Betrieb in der Hand einer der vom 196

---

[177] Staudinger/*Otte* § 2074 Rn. 64a.
[178] ZEV 2006, 167f.
[179] Die Vorschrift ist entsprechend anwendbar, wenn ein Landgut zum Nachlass gehört und der Erblasser ein Geldvermächtnis zum Ausgleich des gesetzlichen Pflichtteils ausgesprochen hat; OLG München ZEV 2007, 276 f. m. w. N.

Gesetz begünstigten Personen zu erhalten.[180] Will ein Landwirt also erreichen, dass eine nach ihm pflichtteilsberechtigte Person den landwirtschaftlichen Betrieb fortführen kann ohne durch das Pflichtteilsrecht der weichenden Erben übermäßig belastet zu werden, bietet sich bei Vorliegen der entsprechenden Voraussetzungen zum Zwecke der Pflichtteilsreduzierung eine Ertragswertanordnung an.

197 *bb) Landguteigenschaft.* Der Begriff „Landgut" ist gesetzlich nicht definiert. Nach st. Rspr. ist hierunter eine Besitzung zu verstehen, die eine zum **selbständigen und dauernden Betrieb der Landwirtschaft** geeignete und bestimmte **Wirtschaftseinheit** darstellt und mit den nötigen Wohn- und Wirtschaftsgebäuden versehen ist. Die Besitzung muss eine gewisse Größe erreichen und für den Inhaber eine selbständige Nahrungsquelle darstellen, ohne dass eine sog. Ackernahrung vorliegen muss. Dabei kann der Betrieb auch nebenberuflich geführt werden, wenn er nur zu einem erheblichen Teil zum Lebensunterhalt seines Inhabers beiträgt.[181] Für die Beurteilung der Landguteigenschaft kommt es auf den **Zeitpunkt des Erbfalls** an.[182] War der Betrieb zu diesem Zeitpunkt bereits stillgelegt, genügt es aber, wenn noch eine für den landwirtschaftlichen Betrieb geeignete Besitzung vorhanden ist und die begründete Erwartung besteht, dass der Betrieb durch den Eigentümer oder einen Abkömmling künftig wieder aufgenommen wird.[183] Fällt die Landguteigenschaft nach dem privilegierten Erwerb des Pflichtteilsberechtigten weg oder wird der Grundbesitz später vom Erwerber **veräußert oder zweckentfremdet,** dann löst dies keine (den §§ 13 HöfeO, 17 GrdstVG vergleichbaren) weiteren Ansprüche der weichenden Erben aus.[184] Die Rspr. begegnet dem Problem damit, dass von vornherein dem Hoferben die wertmäßige Privilegierung für solche Grundstücke der Besitzung verwehrt wird, die sich beim Erbfall ohne Gefahr für die dauernde Leistungsfähigkeit des Hofes herauslösen lassen.[185]

198 § 2312 BGB ist nur anwendbar, wenn das Landgut als **zusammengehörige Wirtschaftseinheit** auf den Erben bzw. Übernehmer übergeht. Daher ist keine Ertragswertbewertung möglich, wenn das Landgut nicht im Alleineigentum des Erblassers steht, sondern dem Erblasser bzw. Übergeber nur ein **Bruchteil** des Landgutes gehört.[186] Die Vorschrift findet ebenfalls keine Anwendung, wenn das Landgut nicht auf einen, sondern auf **mehrere Erben oder Übernehmer** gemeinschaftlich übergeht, da in diesen Fällen der Schutzzweck der Vorschrift nicht erfüllt ist, das Landgut in seinem Bestand zu erhalten und mittels Anpassung der Pflichtteilsansprüche an den Ertragswert zu vermeiden, dass seine Wirtschaftlichkeit durch die Belastung mit diesen Ansprüchen gefährdet wird.[187]

199 Nach h.M. soll § 2312 BGB aber Anwendung finden können, wenn das Landgut zum Gesamtgut einer Gütergemeinschaft gehörte und der **gütergemeinschaftliche Anteil** an den anderen Ehegatten (Gesamthänder) übergeht.[188] Nach einer neueren Ansicht in der Lit. soll dies sogar dann gelten, wenn das Landgut nicht im gesamthänderischen Eigentum der Ehegatten steht, sondern die Ehegatten Bruchteilseigentümer sind und das Landgut in der Hand des Überlebenden als Einheit fortgeführt wird.[189]

200 *cc) Erwerber.* Der Erbe, der das Landgut erwirbt, muss gem. § 2312 Abs. 3 BGB zu den nach § 2303 BGB bezeichneten **pflichtteilsberechtigten Personen** gehören. § 2312 BGB greift also nicht ein, wenn eine nicht pflichtteilsberechtigte Person Erwerber des Landgutes

---

[180] BGHZ 98, 375 = NJW 1987, 951; BGHZ 98, 382 = DNotZ 1987, 764.
[181] BGHZ 98, 375, 377 f. = NJW 1987, 951; BGH NJW-RR 1992, 770 f.
[182] BGHZ 98, 375, 381 = NJW 1987, 951; BGH NJW 1995, 1352 = DNotZ 1995, 708.
[183] BGH NJW-RR 1992, 770; NJW 1995, 1352 = DNotZ 1995, 708; OLG Oldenburg NJW-RR 1992, 464.
[184] BGHZ 98, 382 = DNotZ 1987, 764.
[185] Vgl. BGHZ 98, 382 = DNotZ 1987, 764 (praktisch baureife Grundstücke); BGH NJW-RR 1992, 66 = FamRZ 1992, 172 (für Auskiesung geeignete Flächen, für die bereits Abbaugenehmigung erteilt ist); vgl. auch *Müller-Feldhammer* ZEV 1995, 161.
[186] BGH NJW 1973, 995; vgl. auch *Weber* BWNotZ 1992, 14, 15.
[187] BGH FamRZ 1977, 195 ff.; *Weber* BWNotZ 1992, 14, 15.
[188] Vgl. OLG Oldenburg Rd L 1957, 220; BayObLG FamRZ 1989, 540, 541; Staudinger/*Haas* § 2312 Rn. 13; *Weber* BWNotZ 1992, 14, 15; a. A. allerdings *Faßbender* AgrarR 1986, 131 f.
[189] Staudinger/*Haas* § 2312 Rn. 13; *Weidlich* ZEV 1996, 380; vgl. auch *Zechiel* S. 100 ff.; *Hausmann* S. 261 f.

ist. Eine privilegierte Weitergabe des Landgutes ist damit z. B. nicht an den nichtehelichen Lebensgefährten, Geschwister oder Geschwisterkinder des Erblassers möglich. Im Rahmen des § 2312 BGB spielt es aber keine Rolle, ob der Übernehmer im Einzelfall tatsächlich einen Pflichtteilsanspruch hat oder durch Näherstehende nach § 2309 BGB ausgeschlossen wird.

dd) Übernahme eines Landgutes. Es muss sich beim Erwerber – abgesehen von den Fällen des lebzeitigen Erwerbs – um einen „**Erben**" des Erblassers handeln. Nach h. A. in der Literatur genügt es zur Anwendung des § 2312 BGB nicht, wenn das Landgut einer pflichtteilsberechtigten Person, die nicht Alleinerbe oder Miterbe geworden ist, (lediglich) per **Vermächtnis** zugewandt wurde.[190] Dies wird damit begründet, dass der Landgutübernehmer unmittelbar vom Erblasser und mit dinglicher Wirkung Eigentümer des Landguts werden müsse. Dies sei aber beim Erwerb im Wege des Vermächtnisses nicht der Fall, da er den ihm zugewendeten Vermögenswert nicht mit dinglicher Wirkung erwerbe, sondern ihm nur ein Erfüllungsanspruch zustehe.[191] Für die Richtigkeit dieser Auffassung spricht neben dem Wortlaut des § 2312 BGB (der den Vermächtnisnehmer nicht unmittelbar erfasst), auch der nicht tangierte Schutzzweck des § 2312 BGB: denn Schuldner des Pflichtteilsanspruchs ist der Erbe, nicht der Vermächtnisnehmer, sodass die Ertragswertprivilegierung ihren Zweck verfehlen würde. Umstritten ist, ob zumindest ein Erwerb im Wege des **Vorausvermächtnisses** genügt.[192] Dies ist aus meiner Sicht eher zu bejahen, da hier der Schutzzweck erfüllt wäre. 201

§ 2312 BGB gilt entsprechend, wenn der Hof nicht im Erbrechtswege, sondern durch **lebzeitige Übergabe** auf den Betriebsnachfolger übergehen soll und Pflichtteilsergänzungsansprüche gegen den Übernehmer in Frage stehen.[193] Auch dann kommt es auf die Landgutseigenschaft zum Zeitpunkt des Erbfalls, nicht etwa der Übergabe, an.[194] 202

ee) Anordnung durch den Erblasser. Hinterlässt der Erblasser **mehrere pflichtteilsberechtigte Erben**, so kann er ausdrücklich bestimmen, dass einer von ihnen das Recht haben soll, das Landgut zum Ertragswert zu übernehmen. Gleiches gilt nach § 2312 Abs. 1 BGB aber auch, wenn sich in Anwendung der Auslegungsregel des § 2049 BGB anlässlich der Erbauseinandersetzung ein solches Übernahmerecht ergibt. 203

Hinterlässt der Erblasser allerdings nur **einen Erben**, so muss er gem. § 2312 Abs. 2 BGB **anordnen**, dass der Berechnung des Pflichtteils der Ertragswert zugrunde gelegt werden soll. Nach h. A. kann sich die Ertragswertanordnung aber auch durch eine (erläuternde oder ergänzende) Auslegung ergeben.[195] Dies setzt nach der herrschenden Andeutungstheorie einen entsprechenden Anhalt in der Verfügung von Todes wegen voraus.[196] Die Ertragswertklausel kann also nicht nachträglich ergänzend in das Testament hineininterpretiert werden, auch nicht im Wege der Umdeutung einer unwirksamen Pflichtteilsentziehung.[197] Empfehlenswert ist daher in jedem Fall eine ausdrückliche Anordnung in der Verfügung von Todes wegen. 204

> **Formulierungsvorschlag: Ertragswertanordnung bei Landgut im Nachlass**
> Für das in meinen Nachlass fallende landwirtschaftliche Anwesen ... wird gemäß § 2312 BGB bestimmt, dass der Berechnung des Pflichtteils und der Pflichtteilsergänzungsansprüche der Ertragswert zugrunde zu legen ist, soweit dieser zum maßgeblichen Berechnungszeitpunkt niedriger ist als der Verkehrswert.

205

---

[190] *Zechiel* S. 11, 15; Bamberger/Roth/*J. Mayer* § 2312 Rn. 5 m. w. N.
[191] *Zechiel* S. 11, 15.
[192] Verneinend *Haegele* BWNotZ 1973, 49, 50; Staudinger/*Haas* § 2312 Rn. 5; a. A. *Röll* MittBayNot 1962, 2; Bamberger/Roth/*J. Mayer* § 2312 Rn. 5 Fn. 14; *Zechiel* S. 11.
[193] Vgl. RG Recht 11, 2169; BGH NJW 1964, 1414, 1415.
[194] BGH NJW 1995, 1352 = DNotZ 1995, 708.
[195] OLG Jena NJW-RR 2006, 951 ff. = ZEV 2007, 531; OLG München ZEV 2007, 276 f.
[196] Bamberger/Roth/*J. Mayer* § 2312 Rn. 6 m. w. N.
[197] OLG Stuttgart NJW 1967, 2410, 2411; Bamberger/Roth/*J. Mayer* § 2312 Rn. 6; Staudinger/*Haas* § 2312 Rn. 8.

206 Wie oben bereits ausgeführt wurde, kann die Ertragswertprivilegierung auch im Rahmen der Berechnung von Pflichtteilsergänzungsansprüchen, die aus **lebzeitiger Übergabe** resultieren können, eine Rolle spielen. Auch in diesen Fällen bedarf es nach h. A. einer Anordnung des Erblassers, die sich aus dem Übergabevertrag oder Testament (auch im Wege der Auslegung) ergeben kann.[198]

207 b) **Höferecht.** *aa) Bundesländer mit vorrangig zu beachtendem Anerbenrecht.* Das BGB-Landgutrecht gilt nur, soweit keine **landesrechtlichen Anerbengesetze** (Höferecht) einschlägig sind, die auf Basis des Art. 64 EGBGB fortbestehen. Dies ist der Fall in den Ländern der ehemals britischen Zone, d. h. Hamburg, Niedersachsen, Schleswig-Holstein und Nordrhein-Westfalen (Nordwestdeutsche HöfeO), in Rheinland-Pfalz (HöfeO-RhPf), Hessen (Hessische Landgüterordnung) und Bremen (Bremisches Höfegesetz),[199] wobei das Bremische Höfegesetz am 31. 12. 2009 außer Kraft getreten ist.[200] In den neuen Bundesländern ist derzeit kein landwirtschaftliches Sondererbrecht zu beachten.[201]

208 *bb) Beschränkung der Abfindungs- bzw. Pflichtteilsansprüche.* Auch die Anerbengesetze bieten Möglichkeiten zur Reduzierung von Pflichtteilsansprüchen. Dies gilt für alle höferechtlichen Spezialgesetze, wie z. B. die nordwestdeutsche HöfeO, die in der Praxis am verbreitetsten ist. Die Höfeordnung will die Zersplitterung land- und forstwirtschaftlicher Betriebe im Erbwege – z. B. durch Erbteilung oder Erbauseinandersetzung – verhindern. Der Hof soll geschlossen auf einen Erben übergehen, der allerdings grundsätzlich in der Lage sein muss, den Hof zu bewirtschaften (Wirtschaftsfähigkeit). Die übrigen, nicht zur Hoferbfolge gelangenden Erben (weichende Erben) erhalten Abfindungen, die ebenso wie die Ansprüche von Pflichtteilsberechtigten nicht nach dem Verkehrswert des Hofes, sondern nach dem sog. Hofeswert, der sich nach dem Ertragswert bemisst, berechnet werden.

209 Die **Abfindungsansprüche der weichenden Erben** entstehen gem. § 12 HöfeO mit Eintritt des Erbfalls und Übergang des Hofes auf den Hoferben (vgl. § 4 S. 2, § 12 HöfeO). Dem steht unter den Voraussetzungen des § 17 Abs. 2 HöfeO die Hofübergabe gleich. Grds. orientieren sich diese Abfindungsansprüche am Erbteil des Betroffenen. Als Berechnungsgrundlage dient allerdings anstelle des Verkehrswerts der sog. **Hofeswert zum Zeitpunkt des Erbfalls** (oder der Übergabe), der auf das 1½-fache des zuletzt festgesetzten steuerlichen Einheitswertes festgelegt ist (§ 12 Abs. 2 S. 2 HöfeO). Sofern sich aber bei einem Vergleich des auf der Basis des 1964 festgestellten Einheitswerts mit dessen aktuellem Wert gravierende Abweichungen ergeben, kommt ein Zuschlag zum Hofeswert analog § 12 Abs. 2 S. 3 HöfeO in Betracht.[202]

210 **Abfindungsansprüche** können vom Erblasser (bzw. Hofübergeber) auch **ausgeschlossen** werden. Die Grenze liegt allerdings im Pflichtteilsrecht des Betroffenen, vgl. §§ 12 Abs. 10, 16 Abs. 2 HöfeO (d. h. eine Reduzierung der Abfindungsansprüche ist nur bis zur Hälfte des gesetzlichen Erbteils möglich).

211 In der Reduzierung des Abfindungsanspruchs liegt eine erhebliche wertmäßige Privilegierung des Hoferben, die ausgeglichen werden muss, wenn zeitnah nach dem Erbfall bzw. der Übergabe der **höferechtliche Zweck** (Ermöglichung der Fortführung eines existenzfähigen Betriebes) **entfällt.** Daher gewährt § 13 HöfeO den Abfindungsberechtigten **Ergänzungsabfindungsansprüche** (Nachabfindungsansprüche), u. a. dann, wenn z. B. binnen eines Zeitraums von 20 Jahren nach dem Erbfall der Hof oder erhebliche Grundstücksflächen hieraus veräußert werden. Hierauf ist bei Grundstücksveräußerungen ggf. Rücksicht zu nehmen, wenn beim betreffenden Grundbesitz im Grundbuch ein Hofvermerk eingetragen ist.[203]

---

[198] So ausdrücklich Soergel/*Dieckmann* § 2312 Rn. 6; im Anschluss daran auch OLG Jena NJW-RR 2006, 951 ff. = ZEV 2007, 531; a. A. Röll MittBayNot 1962, 1, 3, der davon ausgeht, dass die Ertragswertprivilegierung bei lebzeitiger Übergabe auch ohne Anordnung des Erblassers Anwendung findet.
[199] Abdruck der Landesanerbengesetze in *Wöhrmann/Stöcker*, Das Landwirtschaftserbrecht, Teil D sowie in Lange/Wulff/Lüdtke-Handjery, HöfeO, Anhang.
[200] Vgl. Art. 1 Nr. 20 des Gesetzes zur Bereinigung des bremischen Rechts vom 20. 5. 2005, Brem. GBl. S. 91.
[201] Vgl. *Schäfer* NotBZ 1998, 139 ff.; Palandt/*Edenhofer* Art. 64 EGBGB Rn. 3.
[202] BGHZ 146, 74 ff. = DNotI-Report 2001, 58 = AgrarR 2001, 52 m. Anm. *Rinck*; AgrarR 2001, 111 f.; Köhne AgrarR 2001, 165 ff. = NJW 2001, 1726 = RNotZ 2001, 167 = JR 2002, 18 ff. m. Anm. *Gluth*.
[203] Vgl. BGH NJW-RR 2004, 1434 f. = ZEV 2004, 334.

Auf Abfindungsansprüche oder Ergänzungsabfindungsansprüche können die weichenden 212
Erben bereits vor dem Erbfall (bzw. Übergabe) durch notariell beurkundeten Vertrag mit
dem Erblasser **verzichten** und zwar auch in Gestalt eines **auf das Hofesvermögen beschränkten Verzichts**.[204] Abfindungs- und Ergänzungsabfindungsansprüche sind ferner ausgeschlossen, wenn der weichende Erbe gegenüber dem Erblasser formgerecht auf sämtliche Erb- und Pflichtteilsansprüche verzichtet hat.[205] Es können aber auch nach Eintritt des Erbfalls oder Vollzug der Hofübergabe die Abfindungs- oder Nachabfindungsansprüche **durch den Hoferben und die Abfindungsberechtigten** im Rahmen der allgemeinen Vertragsfreiheit geregelt werden. Dabei bedürfen solche Vereinbarungen, die sich mit der inhaltlichen Ausgestaltung der Ansprüche oder mit dem Verzicht auf solche Ansprüche befassen (vgl. § 397 BGB) nach herrschender Meinung nicht der notariellen Beurkundung gem. § 2348 BGB, da es sich hierbei nicht um Erbverzichtsverträge handelt.[206]

---

[204] Vgl. OLG Schleswig RdL 1965, 206; OLG Hamm AgrarR 1988, 197; *Ivo* ZEV 2004, 316.
[205] Vgl. BGHZ 134, 152 = NJW 1997, 653 = ZEV 1997, 69 ff. m. Anm. *Edenfeld* = DNotZ 1997, 806 = JZ 1998, 141 m. Anm. *Kuchinke*.
[206] OLG Hamm AgrarR 1988, 197; Faßbender/Hötzel/von Jeinsen/Pikalo/*Hötzel*, HöfeO, § 13 Rn. 59; a. A. Wöhrmann/*Stöcker* § 13 HöfeO Rn. 158.

§ 12 Das Pflichtteilsrecht im Steuerrecht[1]

Übersicht

	Rn.
I. Erbschaftsteuer	1–75
1. Besteuerung des Pflichtteilsberechtigten	1–59
a) Entstehung des Pflichtteilsanspruchs	1–7
b) Geltendmachung des Pflichtteilsanspruchs	8–14
c) Übertragbarkeit de Pflichtteilsanspruchs	15
d) Verjährung des Pflichtteilsanspruchs	16–19
e) Besteuerung des geltend gemachten Pflichtteils	20–29
f) Aufschiebend bedingter Pflichtteilsanspruch	30–32
g) Stundung des Pflichtteils	33–39
h) Verzichtshandlungen des Pflichtteilsberechtigten	40–59
2. Abzug der Pflichtteilslast beim Verpflichteten	60–64
3. Besonderheiten	65–74
a) Pflichtteil und Vergünstigungen nach §§ 13 a, 19 a ErbStG	65–69
b) Pflichtteilslast und steuerbefreite Vermögensgegenstände	70–74
4. Gestaltungsmöglichkeiten	75, 76
5. Schematische Darstellung der Besteuerung von Pflichtteilsansprüchen	77
II. Einkommensteuer	78–112
1. Allgemeine Grundsätze	78–82
2. Pflichtteilsberechtigter	83–101
a) Grundsatz	83
b) Pflichtteilsrente	84–89
c) Abgeltung durch Sachleistung an Erfüllungs statt (§ 364 BGB)	90–93
d) Pflichtteilsverzicht	94–101
3. Pflichtteilsbelastung	102–109
a) Grundsatz	102, 103
b) Finanzierungskosten	104
c) Zahlungen für den Verzicht auf den Pflichtteil	105
d) Verrechnung des Pflichtteilsanspruchs	106
e) Sonderausgaben	107
f) Außergewöhnliche Belastung	108, 109
III. Grunderwerbsteuer	110–112

Schrifttum: *Berresheim*, Steuerliche Gestaltungsmöglichkeiten nach dem Tode des Erblassers, RNotZ 2007, 511; *ders.*, Die erbschaftsteuerliche Abzugsfähigkeit von Pflichtteilsforderungen bei fehlender wirtschaftlicher Belastung zu Lebzeiten des Schuldners – zugleich Anmerkung zum Urteil des BFH vom 27. 6. 2007, II R 30/05, ZErb 2007, 436; *Bordewin*, Besteuerung der Künstlerwitwe – Tantiemen, Pflichtteil und Vermächtnis, FR 1996, 582; *Bühler*, Übersicht und Vorschläge zur Verminderung der Steuernachteile bei Berliner Testament, BB 1997, 551; *Burwitz*, Erbschaftsteuerreform, NZG 2008, 16; *Crezelius*, Der Entwurf eines Gesetzes zur Reform des Erbschaftsteuer- und Bewertungsrechts (Erbschaftsteuerreformgesetz – ErbStRG), DStR 2007, 2277; *ders.*, Pflichtteilsabfindung und Erbschaftsteuer, BB 2000, 2333; *Daragan*, Die Auflage als erbschaftsteuerliches Gestaltungsmittel, DStR 1999, 393; *Dressler*, Vereinbarungen über Pflichtteilsansprüche – Gestaltungsmittel zur Verringerung der Erbschaftsteuerbelastung, NJW 1997, 2848; *Everts*, Berliner Testament und Rettung erbschaftsteuerlicher Freibeträge – Ist der Gestaltungsspielraum wirklich enger geworden?, NJW 2008, 557; *Gebel*, Erbschaftsteuer und Wertermittlung, ZEV 1999, 85; *Geck*, Gestaltungen im Rahmen des Güterstands der Zugewinngemeinschaft – Chancen und Risiken, ZErb 2004, 21; *ders.*, Aktuelle Entwicklungen im Bereich der Erbschaft- und Schenkungsteuer, DNotZ 2007, 263; *Geck/Messner*, ZEV-Report Steuerrecht, ZEV 2007, 240; *dies.*, ZEV-Report Steuerrecht, ZEV 2008, 379; *Groll/Rösler*, Handbuch der Erbrechtsberatung 2001; *Hartmann*, Der Pflichtteilsverzicht des Erwerbers im Übertragungsvertrag, DNotZ 2007, 812; *Ivo*, Die Teilausschlagung einer Erbschaft, ZEV 2002, 145; *Kapp/Ebeling*, Handbuch der Erbengemeinschaft 2008; *Kessler/Thonet*, Berliner Testament und Rettung erbschaftsteuerlicher Freibeträge – Der Gestaltungsspielraum ist enger geworden, NJW 2008, 125; *Klingelhöffer*, Lebensversicherung und Pflichtteilsrecht, ZEV 1995, 180; *ders.*, Pflichtteilsrecht, 3. Aufl.2009; *Klinger/Mörtl*, Die Erbrechtsreform 2010, NJW-Spezial 2009, 503; *Kuchinke*, Der Pflichtteilsanspruch als Gegenstand des Gläubigerzugriffs, NJW 1994, 1769; *Lange*, Das Gesetz zur Reform des Erb- und Verjährungsrechts, DNotZ 2009, 732; *Langenfeld*, Testamentsgestaltung, 3. Aufl. 2002; *Litzenburger*, Anmerkungen zum Urteil des FG Nürnberg vom 16. 5. 2007 – IV 240/2004 –,

---

[1] Bearbeitet unter Mitarbeit von Frau Rechtsanwältin, Fachanwältin für Steuerrecht *Alexandra Görges*.

FD-ErbR 2007, Nr. 231.564; *Mayer,* Berliner Testament ade? – Ein Auslaufmodell wegen zu hoher Erbschaftsteuerbelastung?, ZEV 1998, 50; *ders.,* Der superbefreite Vorerbe? – Möglichkeiten und Grenzen der Befreiung des Vorerben, ZEV 2000, 209; *ders.,* Der beschränkte Pflichtteilsverzicht, ZEV 2000, 263; *ders.,* Wenn das Kind bereits in den Brunnen fiel – Möglichkeiten der Erbschaftsteuerreduzierung nach Eintritt des Erbfalls, DStR 2004, 1541; *ders./Süß/Tanck/Bittler/Wälzholz,* Handbuch Pflichtteilsrecht, 2. Aufl. 2009; *Meincke,* Der II. Senat des Bundesfinanzhofs im Spiegel seines Vorlagebeschlusses vom 22. 5. 2002 – II R 61/99, ZEV 2002, 493; *Moench,* Erbschaftsteuerbelastung und Erbschaftsteuerersparnis in der Otto-Normal-Familie, DStR 1987, 139; *Müller/Grund,* Pflichtteilsklausel und einvernehmliche Geltendmachung des Pflichtteils aus erbschaftsteuerlichen Gründen: zivilrechtliche Risiken – steuerliche Alternativen, ZErb 2007, 205; *Muscheler,* Kindespflichtteil und Erbschaftsteuer im Berliner Testament, ZEV 2001, 377; *Nieder,* Handbuch der Testamentsgestaltung, 3. Aufl. 2003; *Noll,* Aktuelles Beratungs-Know-how Erbschaftsteuerrecht, DStR 2002, 1699; *ders.,* Aktuelles Beratungs-know-how Erbschaftsteuerrecht, DStR 2004, 257; *Paus,* Vermögensübertragung gegen wiederkehrende Bezüge, INF 1997, 193; *Reimann,* Die qualifizierte Nachfolgeklausel – Gestaltungsmittel und Störfaktor, ZEV 2002, 487; *Reith/Gehweiler,* Das neue System von Steuervergünstigungen für die Übertragung von Betriebsvermögen nach dem geplanten Erbschaftsteuerreformgesetz, BWNotZ 2008, 26; *Riedel,* Die Bewertung von Gesellschaftsanteilen im Pflichtteilsrecht, 2006; *Schuhmann,* Der Pflichtteil und seine Besteuerung, UVR 2004, 298; *Tiedke/Langenheim,* Übertragung von Kommanditanteilen zur Abgeltung von Pflichtteilsansprüchen als Veräußerungsgeschäft bei Einbringung eines Einzelunternehmens in eine Personengesellschaft – zugleich Anmerkungen zu BFH v. 6. 12. 2004 – III R 38/00, BStBl. II 2005, 554, FR 2007, 368; *Wälzholz,* Die Reform des Erb-Pflichtteilsrechts zum 1. 1. 2010 – Überblick mit Gestaltungsempfehlungen, DStR 2009, 2104; *ders.,* Die (zeitliche) Geltendmachung von Pflichtteilsansprüchen – Zivil- und steuerrechtliche Überlegungen aus Anlass aktueller Rechtsprechung, ZEV 2007, 162; *Weitnauer,* Festschrift für Hefermehl 1976; *Wien,* Das unglückselige Berliner Testament – Tendenzen, Risiken, Gestaltung, DStZ 2001, 29.

I. Erbschaftsteuer

1. Besteuerung des Pflichtteilsberechtigten

1 a) **Entstehung des Pflichtteilsanspruchs.** Gem. § 1 Abs. 1 Nr. 1 des Erbschaftsteuergesetzes (ErbStG) unterliegt der **Erwerb von Todes wegen** der Erbschaftsteuer. Welche Tatbestände als Erwerb von Todes wegen bzw. als Zuwendungen des Erblassers gelten, bestimmt § 3 Abs. 1 und Abs. 2 ErbStG. Nach § 3 Abs. 1 Nr. 1 ErbStG gilt u. a. der **Erwerb auf Grund eines geltend gemachten Pflichtteilsanspruchs** (§§ 2303 ff. des Bürgerlichen Gesetzbuches) als Erwerb von Todes wegen. Damit nimmt das Erbschaftsteuerrecht unmittelbar Bezug auf das Zivilrecht.

2 **Zivilrechtlich** entsteht gem. § 2317 Abs. 1 BGB der Anspruch auf den Pflichtteil mit **Eintritt des Erbfalles.** Der Erbfall tritt gem. § 1922 Abs. 1 BGB mit dem Tod einer natürlichen Person ein. Vor dem Erbfall besteht allein eine abstrakte Pflichtteilsberechtigung, welche sich erst mit Eintritt des Erbfalls zu einem Anspruch realisiert.

3 **Pflichtteilsberechtigte** sind gem. § 2303 Abs. 1 und Abs. 2 BGB Abkömmlinge, Eltern oder der Ehegatte des Erblassers und gem. § 10 Abs. 6 LPartG der überlebende Lebenspartner, sofern sie durch Verfügung von Todes wegen von der Erbfolge ausgeschlossen sind. Voraussetzung jeder Pflichtteilsberechtigung ist, dass der Berechtigte im Falle des Eintritts der gesetzlichen Erbfolge gem. §§ 1922 ff. BGB (Mit-)Erbe wäre und sein gesetzliches Erbrecht nur deshalb nicht zum Zuge kommt, weil der Erblasser es im Rahmen seiner Testierfreiheit durch Verfügung von Todes wegen ausgeschlossen hat. Der Ausschluss von der gesetzlichen Erbfolge in der Verfügung von Todes wegen kann ausdrücklich oder stillschweigend durch eine Enterbung gem. § 1938 BGB, durch die Einsetzung als Ersatzerbe gem. §§ 2096 ff. BGB oder durch ausdrückliche Zuwendung nur des Pflichtteils erfolgen.

4 Der Pflichtteilsanspruch entsteht nicht, wenn der Pflichtteilsberechtigte gem. § 2346 BGB einen **Erb- oder Pflichtteilsverzicht** erklärt hat oder wenn der Erblasser dem Pflichtteilsberechtigten nach §§ 2333 ff. BGB seinen Pflichtteilsanspruch wirksam entzogen hat.

Ob der Pflichtteilsberechtigte den mit Eintritt des Erbfalles entstandenen Anspruch gegen den Pflichtteilsschuldner, d. h. den Erben, tatsächlich geltend macht oder darauf verzichtet, ist seiner freien Entscheidung überlassen.

Entscheidet sich der Pflichtteilsberechtigte gegen die Geltendmachung des Pflichtteilsanspruchs, können Gläubiger des Pflichtteilsberechtigten nicht in den Pflichtteilsanspruch gem.

§ 852 Abs. 1 ZPO vollstrecken. Denn gem. § 852 Abs. 1 ZPO ist der **Pflichtteilsanspruch** der Pfändung nur unterworfen, wenn er durch Vertrag anerkannt oder rechtshängig geworden ist. Ohne Anerkennung oder Rechtshängigkeit kann der Pflichtteilsanspruch nur als in seiner zwangsweisen Verwertbarkeit aufschiebend bedingter Anspruch gepfändet werden.[2]

Die Höhe des Pflichtteilsanspruchs richtet sich nach den zivilrechtlichen Vorschriften und umfasst nach überwiegender Ansicht auch Pflichtteilsrest- (§§ 2305, 2307 BGB) sowie Pflichtteilsergänzungsansprüche (§ 2325 BGB).[3] Wird dem Pflichtteilsgläubiger vom Pflichtteilsschuldner ein höherer Betrag ausgezahlt, kann der Pflichtteilsanspruch beim Pflichtteilsschuldner gem. § 10 Abs. 5 Nr. 2 ErbStG nur in seiner tatsächlich bestehenden Höhe abgezogen werden.[4] In der darüber hinaus gehenden Zahlung liegt eine freigebige Zuwendung vor, die gem. § 7 Abs. 1 Nr. 1 ErbStG steuerpflichtig ist.[5] Anders ist der Sachverhalt zu beurteilen, wenn über die tatsächliche Höhe des Pflichtteilsanspruchs Ungewissheit bestand und die Parteien diese durch Vergleich ausgeräumt haben. Da sich die Höhe des Pflichtteilsanspruchs nach dem Zivilrecht ermittelt, ist das Ergebnis des Vergleichs auch für das Steuerrecht maßgeblich.[6]

Das **Steuerrecht** folgt anders als das Zivilrecht nicht dem Anfallsprinzip, d. h. es stellt entgegen § 2317 BGB nicht auf den Eintritt des Erbfalls ab, sondern verlangt in §§ 3 Abs. 1 Nr. 1, 9 Abs. 1 Nr. 1 b ErbStG für die Entstehung der Erbschaftsteuerschuld des Pflichtteilsberechtigten die **Geltendmachung des Pflichtteilsanspruchs.**[7]

Hintergrund der unterschiedlichen Ansätze im Zivilrecht und Steuerrecht ist, dass der zivilrechtliche Pflichtteilsanspruch ein schuldrechtlicher Anspruch ist, welcher erst nach eindeutiger Willensäußerung des Berechtigten den Charakter eines materiellen Vermögenswerts erhält.[8] Die Realisierung des schuldrechtlichen Anspruchs erfolgt erst mit seiner Geltendmachung und beinhaltet erst ab diesem Zeitpunkt eine erbschaftsteuerlich zu erfassende Bereicherung.[9] Der Pflichtteilsanspruch wird somit mit dessen Geltendmachung als steuerpflichtiger Erwerb besteuert, nicht erst der in der Regel nachfolgende Gelderwerb, der dem Pflichtteilsgläubiger auf Grund seines Anspruchs zufließt.[10] Damit wird nach der Rechtsprechung des Bundesfinanzhofs zum Einen die Entschließungsfreiheit des Pflichtteilsberechtigten geschützt und zum Anderen berücksichtigt, dass der Pflichtteilsberechtigte – anders als der Erbe gem. §§ 1942 ff. BGB hinsichtlich der Erbschaft –, den geltend gemachten Pflichtteil nicht ausschlagen und so den Anfall des Pflichtteils in seiner Person nicht mehr rückwirkend beseitigen kann.[11] Dieses zeitliche Hinausschieben der erbschaftsteuerlichen Folgen eines Pflichtteilsanspruchs geschieht im Interesse des Pflichtteilsberechtigten und soll ausschließen, dass bei ihm auch dann Erbschaftsteuer anfällt, wenn er seinen Anspruch zunächst oder dauerhaft nicht erhebt.[12] Der Pflichtteilsberechtigte kann bis zur Geltendmachung des Pflichtteilsanspruchs steuerfrei einen Verzicht auf den Pflichtteilsanspruch gem. § 13 Nr. 11 ErbStG erklären und auch schon vor Geltendmachung des Pflichtteilsanspruchs Abfindungsvereinbarungen treffen, die nach §§ 7 Abs. 1 Nr. 5 bzw. 3 Abs. 2 Nr. 4 ErbStG zu besteuern sind.

Mithilfe der Wahl des richtigen Zeitpunktes der Geltendmachung des Pflichtteils kann der Pflichtteilsberechtigte eine Zusammenrechnung mit früheren Erwerben gem. § 14 ErbStG verhindern, indem er für die Geltendmachung seines Pflichtteilsanspruchs den Ablauf der Zehnjahresfrist des § 14 ErbStG abwartet.

---

[2] BGH NJW 1993, 2876.
[3] Troll/Gebel/Jülicher/*Gebel* § 3 ErbStG Rn. 22; a. A. im Hinblick auf Pflichtteilsergänzungsansprüche: *Crezelius* ZErb 2002, 142.
[4] *Berresheim* RNotZ 2007, 501.
[5] Kapp/*Ebeling* § 3 ErbStG Rn. 213.2.
[6] BFH ZEV 2008, 549; BFH BStBl. II 2006, 718.
[7] *Noll* DStR 2004, 257.
[8] BGH NJW 2004, 1874; *Crezelius* BB 2000, 2333.
[9] *Weitnauer* FS Hefermehl, 467 ff.
[10] FG München EFG 2005, 1887.
[11] BFH BStBl. II 2006, 718.
[12] BFH BStBl. II 1999, 23.

7 **Beispiel: Ausnutzung von Freibeträgen**
Die verwitwete Mutter M hatte ihren Sohn S als Alleinerben eingesetzt. Ihre Tochter T hatte M enterbt. Weitere Verwandte sind nicht vorhanden. Am 1. 1. 2009 verstirbt M. Sie hinterlässt ein Vermögen von € 1,6 Mio. M hatte T am 1. 1. 2000 einen Geldbetrag von € 205.000,– geschenkt.
Würde T unmittelbar nach dem Erbfall ihren Pflichtteilsanspruch i. H. v. € 400.000,– geltend machen, greift § 14 ErbStG mit der Folge, dass die Schenkung und der Pflichtteil für die Steuerberechnung zusammengerechnet werden müssen (€ 605.000,–). Macht T erst im Laufe des Jahres 2010 ihren Pflichtteilsanspruch geltend, entfällt die Zusammenrechnung.
Im Fall der sofortigen Geltendmachung des Pflichtteils beträgt die Erbschaftsteuer 11% von € 205.000,– (€ 605.000,– ./. € 400.000,– Freibetrag), somit € 22.550,–. Im Fall der Geltendmachung erst im Laufe des Jahres 2010 fällt keine Erbschaftsteuer an, da gem. § 14 ErbStG die Zusammenrechnung bei der Schenkung nicht erfolgt und insoweit der Freibetrag gem. § 16 Abs. 1 Nr. 2 ErbStG in Höhe von € 400.000,– genutzt werden kann.

8 b) **Geltendmachung des Pflichtteilsanspruchs.** Der Reichsfinanzhof[13] hatte erstmals den **Begriff der Geltendmachung** definiert. Darunter verstand er das ernstliche Verlangen und die nach außen gerichtete Kundgabe des Pflichtteilsberechtigten, seinen Pflichtteilsanspruch durchsetzen zu wollen.
Die Rechtsprechung des Bundesfinanzhofs[14] hat diese Definition konkretisiert und verlangt für die Geltendmachung des Pflichtteilsanspruchs, dass der Berechtigte seinen Entschluss, die Erfüllung zu verlangen, in geeigneter Weise gegenüber dem Erben ernstlich bekundet. Bei der Auslegung von Willenserklärungen ist gem. § 133 BGB der wirkliche Wille zu erforschen. Die Geltendmachung bedarf keiner besonderen Form, d. h. sie kann durch schriftliche oder mündliche Erklärung, aber auch durch schlüssiges Verhalten erfolgen.[15]

9 Für die **außergerichtliche Geltendmachung des Pflichtteilsanspruchs** wird die Aufnahme von Verhandlungen zwischen dem Pflichtteilsberechtigten und dem Erben über die Höhe und die Art der Erfüllung des Pflichtteils für eine Geltendmachung in der Regel nicht als ausreichend angesehen.[16] Geltend gemacht ist ein Pflichtteilsanspruch auch dann noch nicht, wenn der Berechtigte gegenüber dem Erben unter Verweis auf sein Auskunftsrecht nach § 2314 Abs. 1 BGB außergerichtlich Auskunft über den Bestand des Nachlasses verlangt.[17] Denn Voraussetzung für den Anspruch auf Auskunft gem. § 2314 Abs. 1 BGB ist allein die abstrakte Pflichtteilsberechtigung.[18] Die Auskunftsberechtigung entfällt nur dann, wenn von vornherein feststeht, dass der Pflichtteilsberechtigte auf seinen Anspruch verzichtet.[19] Der Pflichtteilsberechtigte kann von dem Erben nicht nur Auskunft über den Nachlassbestand verlangen, sondern hat darüber hinaus das Recht, bei der Aufnahme des Nachlassverzeichnisses zugezogen zu werden und eine Wertermittlung durch einen unparteiischen Sachverständigen zu beauftragen.[20] Der Pflichtteilsberechtigte kann demnach die Entstehung der Erbschaftsteuer gem. §§ 3 Abs. 1 Nr. 1 und 9 Abs. 1 Nr. 1b ErbStG zunächst dadurch vermeiden, dass er vom Erben im ersten Schritt nur Auskunft gem. § 2314 BGB verlangt und sich die Geltendmachung des Pflichtteils vorbehält.
Für die Geltendmachung des Pflichtteilsanspruchs ist es ausreichend, wenn der Erbe die Zahlung des Pflichtteilsanspruches dem Pflichtteilsberechtigten anbietet und dieser das Angebot annimmt.[21]

10 Hinsichtlich der **gerichtlichen Geltendmachung des Pflichtteilsanspruchs** ist zu differenzieren. Die Einreichung einer **Auskunftsklage** stellt keine Geltendmachung des Pflichtteils-

---

[13] RFH RStBl. 1929, 515.
[14] BFH BFH/NV 2004, 341.
[15] BFH BFH/NV 2008, 983; BFH BFH/NV 2004, 341; FG München EFG 2003, 248; *Wälzholz* ZEV 2007, 162; *Müller/Grund* ZErb 2007, 205.
[16] FG Köln EFG 2001, 765; *Meinke* § 9 ErbStG Rn. 33.
[17] BFH BStBl. II 2006, 718; FG Rheinland-Pfalz DStRE 2002, 459; FG München EFG 2003, 248; *Geck* DNotZ 2007, 263.
[18] BGH NJW 2002, 2469.
[19] BGH NJW 1985, 384.
[20] BGH NJW 1989, 2887.
[21] *Muscheler* ZEV 2001, 377.

anspruchs dar.²² Denn die Auskunftsklage hat für die spätere Bezifferung des Zahlungsantrages lediglich vorbereitenden Charakter und entfaltet im Fall einer Verurteilung zur Auskunft keine Bindungswirkung für den Grund des Zahlungsanspruchs.²³

Eine Geltendmachung liegt hingegen vor, wenn der Pflichtteilsberechtigte eine **Leistungsklage oder Stufenklage** gem. § 254 ZPO erhebt.²⁴ Eine Stufenklage gem. § 254 ZPO bezeichnet den Fall, dass ein der Höhe oder dem Gegenstand nach noch unbekannter, d. h. noch nicht bezifferter Leistungsanspruch zugleich mit den zu seiner Konkretisierung erforderlichen Hilfsansprüchen auf Auskunft und Richtigkeitsversicherung erhoben wird. Bei der Stufenklage ist das Klagebegehren – anders als bei der reinen Auskunftsklage – bereits auf einen später noch zu beziffernden Zahlungsanspruch gerichtet. Die Erhebung einer Stufenklage gem. § 254 ZPO wird somit für die Geltendmachung des Pflichtteilsanspruchs als ausreichend angesehen, obwohl der Leistungsanspruch bei Klageerhebung noch nicht beziffert wird.²⁵

Beispiel: Geltendmachung des Pflichtteilsanspruchs ohne Bezifferung (Fall nach BFH, Urteil vom 19. 7. 2006, II R 1/05, BStBl. II 2006, 718).

Sachverhalt: Der Pflichtteilsberechtigte K konnte sich mit der Alleinerbin E seines im Juni 1995 verstorbenen Vaters nicht über den ihm zustehenden Pflichtteilsanspruch einigen. Er beauftragte deshalb Rechtsanwälte mit der Verfolgung seiner Interessen. Diese führten in einem an E gerichteten Schreiben vom 13. 12. 1995 aus, sie hätten namens und im Auftrag ihres Mandanten hiermit dessen Pflichtteilsanspruch hinsichtlich des Nachlasses des Verstorbenen geltend zu machen und erläuterten das Wesen sowie die Berechnung dieses Anspruchs. Um den dem K zustehenden Geldbetrag ermitteln zu können, forderten die Anwälte E in dem o. a. Schreiben unter Fristsetzung auf, nach § 2314 BGB im Einzelnen bezeichnete Auskünfte zu erteilen und kündigten für den Fall des fruchtlosen Verstreichens der Frist weitere Schritte einschließlich der Erhebung einer Klage an. Erst im Jahr 1998 einigten sich K und E über das Bestehen eines Pflichtteilsanspruchs in Höhe von DM 400.000,–.
Das Finanzamt nahm an, K habe den Pflichtteilsanspruch bereits im Jahr 1995 i. S. v. § 3 Abs. 1 Nr. 1 ErbStG geltend gemacht. Deshalb sei die Erbschaftsteuer nach § 9 Abs. 1 Nr. 1 b ErbStG im Jahr 1995 entstanden und es sei lediglich der zu diesem Zeitpunkt gem. § 16 Abs. 1 Nr. 2 ErbStG a. F. geltende persönliche Freibetrag von DM 90.000,– zu berücksichtigen.

Lösung des BFH: Als Erwerb von Todes wegen gilt gem. § 3 Abs. 1 Nr. 1 ErbStG u. a. der Erwerb aufgrund eines geltend gemachten Pflichtteilsanspruchs (§§ 2303 ff. BGB). Die Steuer dafür entsteht nach § 9 Abs. 1 Nr. 1 b ErbStG mit dem Zeitpunkt der Geltendmachung des Anspruchs. Dem bloßen Entstehen des Anspruchs mit dem Erbfall (§ 2317 Abs. 1 BGB) kommt erbschaftsteuerrechtlich noch keine Bedeutung zu. Dieses zeitliche Hinausschieben der erbschaftsteuerlichen Folgen eines Pflichtteilsanspruchs geschieht im Interesse des Berechtigten und soll ausschließen, dass bei ihm auch dann die Erbschaftsteuer anfällt, wenn er seinen Anspruch zunächst oder dauerhaft nicht erhebt (BFH BStBl. II 1999, 23). Die Geltendmachung des Pflichtteilsanspruchs besteht in dem ernstlichen Verlangen auf Erfüllung des Anspruchs gegenüber dem Erben. Der Berechtigte muss seinen Entschluss, die Erfüllung des Anspruchs zu verlangen, in geeigneter Weise bekunden (BFH BFH/NV 2004, 341), die Höhe des Anspruchs aber nicht beziffern (FG Rheinland-Pfalz DStRE 2002, 459 und FG München EFG 2003, 248). Eine solche Bezifferung ist dem Pflichtteilsberechtigten, der nicht Erbe ist, regelmäßig erst nach Erteilung der in § 2314 Abs. 1 Satz 1 BGB vorgesehenen Auskunft durch den Erben möglich. Damit steht im vorliegenden Fall die fehlende Bezifferung des Pflichtteilsanspruchs in dem Schreiben der Rechtsanwälte des K an E vom 13. 12. 1995 der Entstehung der Erbschaftsteuer nicht entgegen. Im Ergebnis ist die Erbschaftsteuer durch das Schreiben der Rechtsanwälte des K an E, in welchem sich die Rechtsanwälte auf die Beanspruchung des Pflichtteils beriefen und Auskünfte von E verlangten, noch im Jahr 1995 entstanden. K steht gem. § 16 Abs. 1 Nr. 2 ErbStG a. F. nur der persönliche Freibetrag in Höhe von DM 90.000,– zu.

Die fehlende Bezifferung steht somit der Annahme eines steuerwirksam geltend gemachten Pflichtteilsanspruchs nach §§ 3 Abs. 1 Nr. 1, 9 Abs. 1 Nr. 1 b ErbStG nicht entgegen.²⁶ Denn das Entstehen der Erbschaftsteuer für den Pflichtteil setzt die Bezifferung des darauf gerichte-

---

²² FG Rheinland-Pfalz DStRE 2002, 459; FG München EFG 2003, 248.
²³ BGH NJW 1969, 880; BGH WM 1999, 746.
²⁴ BFH BStBl. II 2006, 718.
²⁵ BFH BStBl. II 2006, 718; FG Rheinland-Pfalz DStRE 2002, 459.
²⁶ BFH BStBl. II 2006, 718; *Geck* DNotZ 2007, 263.

ten Anspruchs auch nicht im Hinblick darauf voraus, dass eine Steuer nicht entstehen könne, solange der Umfang des Anspruchs und der Steuer offen sei.[27] Gem. § 38 AO entsteht eine Steuer, sobald der Tatbestand verwirklicht ist, an den das Gesetz die Leistungspflicht anknüpft. Die Bemessungsgrundlage und somit auch die Höhe der festzusetzenden Steuer sind zu diesem Zeitpunkt häufig noch offen. Dies gilt insbesondere für die Erbschaftsteuer, die für den Erben regelmäßig mit dem Tod des Erblassers entsteht (§ 9 Abs. 1 Nr. 1 ErbStG) und deren Höhe u. a. von den nach § 10 Abs. 5 Nr. 3 ErbStG abziehbaren Bestattungskosten und den Kosten der Nachlassabwicklung sowie der etwaigen Geltendmachung von Pflichtteilen und Erbersatzansprüchen (§ 10 Abs. 5 Nr. 2 ErbStG) abhängt.[28]

Die Höhe eines ohne Einschränkung geltend gemachten Pflichtteils ergibt sich – auch wenn dieser noch nicht bezifferbar ist – aus § 2303 Abs. 1 Satz 2 BGB, wonach der Pflichtteil in der Hälfte des Wertes des gesetzlichen Erbteils besteht, sowie aus den Regelungen der §§ 2311 ff. BGB und steht auch ohne endgültige Bezifferung als Bemessungsgrundlage für die Erbschaftsteuer im Grundsatz fest.[29]

12 Ein **Sonderfall der Steuerentstehung** gem. §§ 3 Abs. 1 Nr. 1, 9 Abs. 1 Nr. 1 b ErbStG ist gegeben, wenn der Pflichtteilsanspruch erst nach Ausschlagung eines Erbes oder Vermächtnisses entsteht. Fällt gem. § 1922 Abs. 1 BGB die Erbschaft an oder wird durch letztwillige Verfügung ein Vermächtnis gem. § 1939 BGB zugewandt, entsteht die Steuerschuld gem. § 9 Abs. 1 Nr. 1 ErbStG beim Erben bzw. Vermächtnisnehmer bereits mit dem Erbfall bzw. Vermächtnisanfall. Schlägt der Erbe gem. §§ 1942 ff. BGB die Erbschaft bzw. der Vermächtnisnehmer gem. § 2370 BGB das Vermächtnis aus und verlangt er den Pflichtteil, so entfällt die mit dem Erbfall bzw. Vermächtnisanfall entstandene Erbschaftsteuer rückwirkend und entsteht mit der Geltendmachung des Pflichtteilsanspruchs gem. § 9 Abs. 1 Nr. 1 b ErbStG neu.[30]

13 Die **Geltendmachung** des Pflichtteilsanspruchs erfolgt gem. § 2303 Abs. 1 Satz 1 BGB **gegenüber dem Erben.** Schuldner des Pflichtteilsanspruchs ist der Erbe oder sind gem. § 2058 BGB die Miterben als Gesamtschuldner. Gegen sie richtet sich der mit dem Erbfall entstandene Pflichtteilsanspruch.

Adressat des Pflichtteilsanspruchs ist **nicht der Testamentsvollstrecker,** sofern Testamentsvollstreckung seitens des Erblassers testamentarisch angeordnet wurde. Denn nach § 2213 Abs. 1 Satz 3 BGB kann ein Pflichtteilsanspruch auch dann, wenn die Verwaltung des Nachlasses einem Testamentsvollstrecker zusteht, nur gegenüber dem Erben geltend gemacht werden. Nach der Rechtsprechung[31] ist es für die Geltendmachung des Pflichtteilsanspruchs gegenüber dem Erben erforderlich, aber auch ausreichend, wenn der Erbe die Erfüllung des Pflichtteilsanspruchs anbietet und der Pflichtteilsberechtigte dieses Angebot annimmt.

14 Fordert der Pflichtteilsberechtigte von dem Erben nur eine **Teilleistung,** so ist hinsichtlich der Frage, ob eine Geltendmachung des Pflichtteilsanspruchs vorliegt, wie folgt zu differenzieren:

Begehrt der Pflichtteilsberechtigte von dem Erben unter dem Vorbehalt, den gesamten Pflichtteilsanspruch später noch geltend zu machen, zunächst nur eine Teilleistung, so wird dies für eine Geltendmachung des gesamten Pflichtteils für rechtlich ausreichend erachtet.[32] Behält sich der Pflichtteilsberechtigte demnach ausdrücklich oder konkludent vor, nach Beanspruchung der Teilleistung auch den Restbetrag zu verlangen, steht dies der Annahme eines steuerwirksam gem. § 9 Abs. 1 Nr. 1 b ErbStG geltend gemachten Pflichtteilsanspruchs nicht entgegen.[33] Die Erbschaftsteuer entsteht in diesem Fall bereits in voller Höhe mit der Geltendmachung des ersten Teilbetrags.[34]

---

[27] BFH BStBl. II 2006, 718, FG Rheinland-Pfalz DStRE 2002, 459.
[28] BFH BStBl. II 2006, 718; *Geck* DNotZ 2007, 263.
[29] BFH BStBl. II 2006, 718.
[30] Troll/Gebel/Jülicher/*Gebel* § 3 ErbStG Rn. 225.
[31] RFH RStBl. 1936, 1131.
[32] RFH RStBl. 1940, 3.
[33] BFH BStBl. II 2006, 718.
[34] FG Hamburg EFG 1978, 555; Troll/Gebel/Jülicher/*Gebel* § 3 ErbStG Rn. 227.

Fordert der Pflichtteilsberechtigte hingegen lediglich einen Teilbetrag seines Pflichtteilsanspruchs, ohne die Restzahlung ebenfalls beanspruchen zu wollen und gibt er dies auch gegenüber dem Erben ausdrücklich oder konkludent zu erkennen, so ist die Bemessungsgrundlage für die mit der Geltendmachung gem. § 9 Abs. 1 Nr. 1 b ErbStG entstandene Erbschaftsteuer nur der Teilbetrag, auf welchen sich der Pflichtteilsberechtigte beschränkt.[35]

c) Übertragbarkeit des Pflichtteilsanspruchs. Gem. § 2317 Abs. 2 BGB ist der **Pflichtteilsanspruch vererblich und übertragbar**, d. h. er kann abgetreten werden. Die Abtretung ist ein Vertrag zwischen dem bisherigen Gläubiger (Zedent) und dem neuen Gläubiger (Zessionar), durch den der Zedent die Forderung auf den Zessionar überträgt (§§ 398 ff. BGB).

Umstritten ist in diesem Zusammenhang, ob die **Abtretung des Pflichtteilsanspruchs** gem. § 2317 Abs. 2 BGB durch den Pflichtteilsberechtigten eine **Geltendmachung i. S. v. § 9 Abs. 1 Nr. 1 b ErbStG darstellt.**[36] Die weit überwiegende Ansicht[37] sieht in der Abtretung des Pflichtteilsanspruchs dessen konkludente Geltendmachung, und zwar vor dem Hintergrund einer erweiternden Auslegung des § 852 Abs. 1 ZPO, welcher für die Pfändbarkeit des Pflichtteilsanspruchs dessen vertragliche Anerkennung durch den Erben oder dessen Rechtshängigkeit voraussetzt. Die weit überwiegende Meinung[38] geht deshalb davon aus, dass – wie das Anerkenntnis – auch eine Abtretung als Vertrag des Pflichtteilsberechtigten mit einem Dritten für sich genommen die unbeschränkte Pfändbarkeit des Pflichtteilsanspruchs begründet und der Pflichtteilsberechtigte seine Entscheidungsfreiheit hinsichtlich der Verwirklichung des Pflichtteilsanspruchs dergestalt zum Ausdruck bringt, dass darin eine konkludente Geltendmachung des Pflichtteilsanspruchs zu sehen sei.[39] Somit ist im Regelfall in der Abtretung des Pflichtteilsanspruchs durch den Pflichtteilsberechtigten eine konkludente Geltendmachung des Pflichtteilsanspruchs gegeben, mit der Folge, dass mit dem Abschluss des Abtretungsvertrages gem. § 9 Abs. 1 Nr. 1 b ErbStG die Erbschaftsteuer entsteht.

Für diejenigen Stimmen im Schrifttum,[40] welche in der Abtretung des Pflichtteilsanspruchs noch keine konkludente Geltendmachung sehen, entsteht der Steueranspruch gem. § 9 Abs. 1 Nr. 1 b ErbStG spätestens durch die Leistung an den Zessionar, d. h. mit Erfüllung des Verfügungsgeschäftes.[41]

d) Verjährung des Pflichtteilsanspruchs. Der Pflichtteilsanspruch unterliegt gem. § 194 BGB der Verjährung. Nach dem mit Wirkung zum 1. 1. 2010 in Kraft getretenen Gesetz zur Änderung des Erb- und Verjährungsrechts[42] unterliegt auch **der Pflichtteilsanspruch gem. § 2332 Abs. 1 BGB der Regelverjährungsfrist von 3 Jahren.** Die Verjährungsfrist beginnt erst mit dem Schluss des Jahres, in dem der Pflichtteilsanspruch entstanden ist und der Pflichtteilsberechtigte von seinem Pflichtteilsanspruch Kenntnis erlangt hat. Ohne Rücksicht auf die Kenntnis oder grob fahrlässige Unkenntnis des Pflichtteilsberechtigten von seinem Anspruch beträgt die Verjährungshöchstfrist gem. § 2332 Abs. 1 BGB 30 Jahre seit Entstehung des Pflichtteilsanspruchs. Die Verjährungsfrist kann aber auch durch Rechtsgeschäft, d. h. auch durch Verfügung von Todes wegen, gem. § 202 Abs. 2 BGB bis zu der Obergrenze von 30 Jahren verlängert werden. Diese Verjährungsvorschriften sind grds. auf die am 1. 1. 2010 bestehenden und noch nicht verjährten Ansprüche anzuwenden, wobei im Zweifel ein etwaiger früherer Fristablauf nach altem Recht maßgebend ist.[43]

Fraglich ist, ob die Erbschaftsteuer gem. § 3 Abs. 1 Nr. 1 ErbStG i. V. m. § 9 Abs. 1 Nr. 1 b ErbStG entsteht, wenn der Pflichtteilsberechtigte seinen Pflichtteilsanspruch erst **nach dem**

---

[35] BFH BStBl. II 1973, 798; *Dressler* NJW 1997, 2848.
[36] BGH NJW 1993, 2876; *Kuchinke* NJW 1994, 1769; a. A. *Meinke* § 9 ErbStG Rn. 33.
[37] BGH NJW 1993, 2876; Baumbach/*Hartmann* § 852 ZPO Rn. 7; Palandt/*Dieckmann* § 2317 BGB Rn. 15.
[38] BGH NJW 1993, 2876; Baumbach/*Hartmann* § 852 ZPO Rn. 7; Palandt/*Dieckmann* § 2317 BGB Rn. 15.
[39] BGH NJW 1993, 2876.
[40] Vgl. *Meincke* § 9 ErbStG Rn. 33.
[41] BFH BStBl. II 1973, 798.
[42] Gesetz v. 24. 9. 2009 (BGBl. I 2009, 3142).
[43] *Klinger/Mörtl* NJW-Spezial 2009, 503; *Wälzholz* DStR 2009, 2104.

Eintritt der Verjährung geltend macht. Denn gem. § 214 Abs. 1 BGB ist der Schuldner, d. h. der Erbe, nach dem Eintritt der Verjährung berechtigt, die Leistung zu verweigern. Der Eintritt der Verjährung beseitigt den Anspruch nicht, sondern ist als materiell-rechtliche Einrede ausgestaltet, auf deren Erhebung der Schuldner verzichten kann.[44] Macht der Pflichtteilsberechtigte demnach seinen Pflichtteilsanspruch erst nach dem Eintritt der Verjährung geltend, so hängt die Anspruchsrealisierung und damit die Entstehung des Steueranspruchs gem. § 3 Abs. 1 Nr. 1 ErbStG i. V. m. § 9 Abs. 1 Nr. 1 b ErbStG davon ab, ob der Erbe als Schuldner des Pflichtteilsanspruchs auf die Einrede der Verjährung verzichtet.[45] Erklärt sich der Erbe unter Verzicht auf die Einrede der Verjährung zur Erfüllung des Pflichtteilsanspruchs bereit, so entsteht die Erbschaftsteuer gem. § 3 Abs. 1 Nr. 1 ErbStG i. V. m. § 9 Abs. 1 Nr. 1 b ErbStG in der Person des Pflichtteilsberechtigten zum Zeitpunkt der Geltendmachung des Pflichtteilsanspruchs.

17 War der Pflichtteilsanspruch bei Tod der Pflichtteilsverpflichteten, d. h. des Erben, noch nicht geltend gemacht, so ist fraglich, ob der Pflichtteilsberechtigte auch dann noch seinen Pflichtteilsanspruch gem. § 3 Abs. 1 Nr. 1 ErbStG i. V. m. § 9 Abs. 1 Nr. 1 b ErbStG geltend machen kann, wenn er den Verpflichteten beerbt.

§ 10 Abs. 3 ErbStG bestimmt, dass die infolge des Erbfalls durch Vereinigung von Recht und Verbindlichkeit erloschenen Rechtsverhältnisse erbschaftsteuerlich nicht als erloschen gelten. Das heißt, dass **im Fall einer Konfusion** erbschaftsteuerlich **kein Untergang des Rechtsverhältnisses** eintritt. Somit kann der Pflichtteilsberechtigte nach dem Tod des Verpflichteten als dessen Erbe sein Bestimmungsrecht ausüben und entscheiden, ob er den Pflichtteilsanspruch geltend macht.[46]

Dies wird i. d. R. vorteilhaft sein, da für den Pflichtteilsanspruch das Verhältnis des Pflichtteilsberechtigten zum ursprünglichen Erblasser zugrundegelegt wird. Insoweit ergeben sich Vorteile bei der Ausnutzung von Freibeträgen, bei dem Steuersatz aufgrund des getrennten Erwerbs und ggf. bei der Steuerklasse.

18 **Beispiel: Steuerberechnung**
V verstirbt am 1. 6. 2006 und hinterlässt ein Barvermögen von € 1.000.000,–. Als Alleinerbe setzt er seine Frau M ein. Sohn S erhält nichts. Am 1. 3. 2009 verstirbt M und hinterlässt ihrem Alleinerben S das erebte Barvermögen von € 1.000.000,–.

I. Steuerberechnung ohne Geltendmachung des Pflichtteils:
1. Erbfall V an M
Bereicherung der Erwerberin M	€ 1.000.000,–
./. Freibetrag	€ 307.000,–
Steuerpflichtiger Erwerb	€ 693.000,–
Steuersatz	19%
Steuer	€ 131.670,–
2. Erbfall M an S
Bereicherung des Erwerbers S	€ 1.000.000,–
./. Freibetrag	€ 400.000,–
Steuerpflichtiger Erwerb	€ 600.000,–
Steuersatz	15%
Steuer	€ 90.000,–
3. Steuer aus 1. und 2.   € 221.670,–

II. Steuerberechnung mit Geltendmachung des Pflichtteils
(€ 250.000,–) durch S bei Tod der M:
1. Erbfall V an M
Bereicherung der Erwerberin M	€ 750.000,–
./. Freibetrag	€ 307.000,–
Steuerpflichtiger Erwerb	€ 443.000,–
Steuersatz	15%
Steuer	€ 66.450,–

---

[44] BGH NJW-RR 2005, 241.
[45] FG München EFG 2002, 1625; FG München UVR 1993, 55; *Muscheler* ZEV 2001, 377.
[46] Troll/Gebel/*Jülicher*/*Gebel* § 10 ErbStG Rn. 98; a. A. FG München EFG 1991, 199.

2. Erbfall M an S
 Bereicherung des Erwerbers S € 750.000,-
 ./. Freibetrag € 400.000,-
 Steuerpflichtiger Erwerb € 350.000,-
 Steuersatz 15%
 Steuer € 52.500,-
3. Geltendmachung des Pflichtteilsanspruchs
 Bereicherung des Erwerbers S € 250.000,-
 ./. Freibetrag (im Verhältnis zu V max. € 400.000,-) € 250.000,-
 Steuer 0,-
4. Steuer aus 1. bis 3. € 118.950,-
5. Vorteil gegenüber I. € 102.720,-

Voraussetzung ist aber ungeachtet von § 10 Abs. 3 ErbStG, dass der Pflichtteilsanspruch den Erblasser im Todeszeitpunkt gem. § 10 Abs. 5 Nr. 1 ErbStG wirtschaftlich belastet.[47] Hieran fehlt es, wenn der Erbe als Pflichtteilsschuldner davon ausgehen kann, dass er die Verpflichtung unter normalen Umständen nicht selbst erfüllen muss. Korrespondierend dazu führen in diesen Fällen die Abfindungsansprüche nicht zu einer Bereicherung des Pflichtteilsberechtigten, wenn ihm das Vermögen des Pflichtteilsschuldners bereits aus anderem Grund zufällt.[48]

Beispiel: Abfindungsanspruch ohne wirtschaftliche Belastung (Fall nach BFH, Urteil vom 27. 6. 2007, II R 30/05, DStR 2007, 1436)   19

Sachverhalt: Die Eheleute M und V haben ihre Kinder S und T im Wege eines Berliner Testaments zu Schlusserben eingesetzt. S und T vereinbaren mit dem überlebenden Ehegatten M jeweils gegen Zahlung einer erst mit dessen Tod fälligen Abfindung auf die Geltendmachung des Pflichtteils nach dem erstverstorbenen Ehegatten zu verzichten.

Lösung des BFH: Der BFH entschied, dass in diesem Fall die Kinder bei Tod des überlebenden Ehegatten keine Nachlassverbindlichkeiten i. S. d. § 10 Abs. 5 Nr. 1 ErbStG abziehen können, da die Abfindungsverpflichtungen für den überlebenden Ehegatten keine wirtschaftliche Verpflichtung darstellen.

e) Besteuerung des geltend gemachten Pflichtteils. Hat der Berechtigte den Pflichtteilsanspruch geltend gemacht und ist dadurch gem. § 3 Abs. 1 Nr. 1 ErbStG i. V. m. § 9 Abs. 1 Nr. 1 b ErbStG die Erbschaftsteuer entstanden, ist der Erwerb aus erbschaftsteuerlicher Sicht vollendet.   20

Die Steuerpflicht entfällt nicht, wenn der Pflichtteilsanspruch nach seiner Geltendmachung nicht mehr realisiert werden kann, z. B. aufgrund einer Insolvenz des Erben.[49] Der Pflichtteilsanspruch fällt gem. § 852 Abs. 1 ZPO in das der Insolvenz unterliegende Vermögen.[50] Der Pflichtteilsberechtigte muss zur Wahrung seiner Rechte nach Eröffnung des Insolvenzverfahrens über das Vermögen des Erben seinen Pflichtteilsanspruch zur Insolvenztabelle anmelden.[51]

Gegenstand des steuerpflichtigen Erwerbs ist somit gem. § 10 Abs. 1 Satz 1 ErbStG die dem Pflichtteilsberechtigten gegen den Erben zustehende **Kapitalforderung**, die auf eine Geldleistung gerichtet ist.[52] Diese Kapitalforderung ist grundsätzlich gem. § 12 Abs. 1 ErbStG i. V. m. § 12 Abs. 1 Satz 1 BewG mit dem Nennwert anzusetzen. Der **Nennwert** ist der Betrag, den der Schuldner bei Fälligkeit an den Gläubiger zu leisten hat.   21

Die Höhe des Pflichtteilsanspruchs wird zunächst durch die **Pflichtteilsquote** bestimmt. Diese ergibt sich nach § 2303 Abs. 1 Satz 2 BGB als Bruchteil durch Halbierung des gesetzlichen Erbteils.[53] Die gesetzliche Erbfolge richtet sich nach §§ 1924 ff. BGB.   22

Der Pflichtteilsanspruch ist damit eine **Kapitalforderung in Höhe der Hälfte des gesetzlichen Erbteils.** Aus der zivilrechtlichen Ausgestaltung des Pflichtteilsanspruchs als Geldan-

---

[47] Geck/Messner ZEV 2007, 240; Everts NJW 2008, 557.
[48] BFH DStR 2007, 143.
[49] Troll/Gebel/Jülicher/Gebel § 3 ErbStG Rn. 30.
[50] BGH NJW 1993, 2876; Lange § 2317 BGB Rn. 17.
[51] BGH ZEV 2006, 405.
[52] BFH BStBl. II 1999, 23; BGH NJW 1958, 1964.
[53] Palandt/Edenhofer § 2303 BGB Rn. 7 ff.

spruch ergibt sich, dass der Pflichtteilsberechtigte in keiner Rechtsbeziehung zu den einzelnen Nachlassgegenständen steht, aufgrund derer er die Eigentumsübertragung an einzelnen Gegenständen verlangen könnte. Sowohl zivilrechtlich als auch erbschaftsteuerrechtlich bleibt der Geldanspruch unabhängig davon Erwerbsgegenstand, wie und durch welche Leistung der Anspruch auf den Pflichtteil zum Erlöschen gebracht worden ist.[54]

23 **Beispiel: Bestimmung der Pflichtteilsquote**
Der verwitwete Erblasser hinterlässt als Abkömmlinge seine zwei Kinder. Durch letztwillige Verfügung hatte er nur seine Lebensgefährtin als testamentarische Erbin eingesetzt, ohne seine zwei Kinder zu bedenken. Der Wert des Nachlasses beträgt € 100.000,–.
Gem. § 1924 Abs. 1, Abs. 4 BGB erben die Kinder als gesetzliche Erben erster Ordnung zu je $1/2$. Diese fiktive gesetzliche Erbquote wird der Berechnung der Pflichtteilsquote nach § 2303 Abs. 1 Satz 2 BGB zugrundegelegt und halbiert. Der Pflichtteilsanspruch der beiden Kindern beträgt damit je $1/4$, d. h. je € 25.000,–.

Für jeden Pflichtteilsberechtigten ist sein Erbteil gesondert zu bestimmen, wobei die Erbfolge abstrakt unter Beachtung von § 2310 BGB zu ermitteln ist. Gem. § 2310 BGB werden bei der Feststellung des für die Berechnung des Pflichtteils maßgebenden Erbteils auch diejenigen Personen mitgezählt, welche durch letztwillige Verfügung von der Erbfolge ausgeschlossen sind oder die die Erbschaft ausgeschlagen haben oder für erbunwürdig erklärt wurden. Wer durch Erbverzicht von der gesetzlichen Erbfolge ausgeschlossen ist, wird nicht mitgezählt.

24 Sonderregelungen zur **Höhe der Pflichtteilsquote** sind im **Ehegattenerbrecht** zu beachten, wenn die Eheleute im gesetzlichen Güterstand der Zugewinngemeinschaft gem. §§ 1363 ff. BGB gelebt haben.[55] Die Vorschriften des ehelichen Güterrechts gelten gem. § 6 LPartG auch für die Lebenspartnerschaft. Wird der gesetzliche Güterstand der Zugewinngemeinschaft durch den Tod eines Ehegatten beendet, so kommen für den nachträglichen Vermögensausgleich mehrere Alternativen in Betracht: Der überlebende Ehegatte kann, sofern er Erbe oder Vermächtnisnehmer wird, grundsätzlich zwischen einem Vermögensausgleich im Erbwege (§ 1371 Abs. 1 BGB) oder dem rein güterrechtlichen Ausgleich (§ 1371 Abs. 2 BGB) wählen. Die Entscheidung für den güterrechtlichen Ausgleich setzt voraus, dass der überlebende Ehegatte die Erbschaft oder das Vermächtnis ausschlägt.

Tritt die **gesetzliche Erbfolge** ein, weil der Erblasser keine testamentarische Erbeinsetzung vorgenommen hat, so erhöht sich nach §§ 1931, 1371 Abs. 1 BGB bei Beendigung des gesetzlichen Güterstands der Zugewinngemeinschaft der gesetzliche Erbteil des überlebenden Ehegatten um $1/4$ der Erbschaft. D. h., der steuerbare Erwerb des überlebenden Ehegatten erhöht sich neben Abkömmlingen auf $1/2$ sowie neben Eltern und deren Abkömmlingen bzw. neben Großeltern auf $3/4$. Gem. § 5 Abs. 1 ErbStG gilt in diesem Fall beim überlebenden Ehegatten der Betrag, den er nach Maßgabe des § 1371 Abs. 2 BGB als Ausgleichsforderung geltend machen könnte, nicht als Erwerb i. S. d. § 3 ErbStG. Bei der Berechnung der fiktiven Ausgleichsforderung bleiben von den Vorschriften der §§ 1373 bis 1383 und 1390 BGB abweichende güterrechtliche Vorschriften unberücksichtigt.

Schlägt der überlebende **Ehegatte** hingegen **die Erbschaft aus**, kann er den güterrechtlichen Ausgleich des Zugewinns nach §§ 1373 bis 1383, 1390 BGB verlangen. Zudem kann er den **kleinen Pflichtteil** geltend machen. Der kleine Pflichtteil beträgt $1/2$ des nicht erhöhten gesetzlichen Erbteils (§§ 1931 Abs. 3, 1371 Abs. 2 BGB). Zu beachten ist, dass der **Zugewinnausgleichsanspruch** gem. § 5 Abs. 2 ErbStG **nicht steuerbar** ist. § 5 Abs. 2 ErbStG bestimmt, dass der unmittelbar in der Person des überlebenden Ehegatten entstehende Ausgleichsanspruch nicht zum Erwerb im Sinne von §§ 3 und 7 ErbStG zählt. Ob und inwieweit die Berechnung des Zugewinnausgleichs durch güterrechtliche Vereinbarungen modifiziert worden ist, die von den Vorschriften der §§ 1373 bis 1383 sowie 1390 BGB abweichen, ist für den Umfang der Steuerfreiheit der Ausgleichsforderung ohne Belang.[56] Selbst wenn die güterrechtlichen Vereinbarungen als Schenkungen zu qualifizieren sind, wo-

---

[54] BFH BStBl. II 1999, 23.
[55] Palandt/*Edenhofer* § 2303 BGB Rn. 18 ff.
[56] BFH BFH/NV 2006, 948.

I. Erbschaftsteuer § 12

von die Finanzverwaltung[57] ausgeht, begründet dies nach der Rechtsprechung[58] lediglich einen selbständigen Erwerbsvorgang, dessen Gegenstand die erworbene Rechtsposition ist. Die in § 5 Abs. 2 ErbStG angeordnete Steuerfreiheit der Ausgleichsforderung kann dadurch jedenfalls dann nicht entfallen, wenn die Güterstandsregelung wie vereinbart durchgeführt wird.[59] In dieser Fallgestaltung fällt damit Erbschaftsteuer für den überlebenden Ehegatten nur durch die Geltendmachung des kleinen Pflichtteils an.

Hat der verstorbene Ehegatte als Erblasser den Ehepartner nach § 1938 BGB **von der gesetzlichen Erbfolge ausgeschlossen,** so kann der überlebende Ehegatte, falls er auch kein Vermächtnisnehmer ist, ebenfalls den güterrechtlichen Ausgleich gem. §§ 1931, 1371 Abs. 2 BGB und den **kleinen Pflichtteil** verlangen. Hat der Erblasser seinem Ehegatten nur den kleinen Pflichtteil zugewiesen, so ist dies als Enterbung zu werten.[60] Auch in diesem Fall kann der überlebende Ehegatte den Zugewinnausgleich und den kleinen Pflichtteil verlangen. Die Erbschaftsteuer entsteht für den überlebenden Ehegatten auch in diesem Fall gem. § 3 Abs. 1 Nr. 1 ErbStG i.V.m. § 9 Abs. 1 Nr. 1b ErbStG nur durch die Geltendmachung des kleinen Pflichtteils, denn der Zugewinnausgleichsanspruch ist gem. § 5 Abs. 2 ErbStG nicht steuerbar.

Hat der Erblasser den **überlebenden Ehepartner durch letztwillige Verfügung zum Erben oder Vermächtnisnehmer eingesetzt,** kann der überlebende Ehepartner, wenn der hinterlassene Erbteil geringer ist als die Hälfte des um ¼ der Erbschaft gem. § 1371 Abs. 1 BGB erhöhten gesetzlichen Erbteils (**sog. großer Pflichtteil**), nach der Vorschrift in § 2305 BGB von den Miterben als **Zusatzpflichtteil** den Wert des an dieser Hälfte fehlenden Teiles verlangen. Der große Pflichtteil wird gem. §§ 1931 Abs. 1, 1371 Abs. 1 BGB aus dem pauschal um ¼ erhöhten gesetzlichen Erbteil errechnet, der dem Ehegatten bei der Einsetzung als Erbe ohne Zugewinnausgleich zusteht, so dass seine Pflichtteilsquote z.B. neben Abkömmlingen ¼ und neben Eltern ⅜ beträgt. Alternativ kann der überlebende Ehegatte die Erbschaft oder das Vermächtnis ausschlagen und nach den Vorschriften der §§ 1931, 1371 Abs. 2 BGB den güterrechtlichen Ausgleich zuzüglich des kleinen Pflichtteils verlangen.[61] Macht der hinterbliebene Ehegatte von seinem Ausschlagungsrecht Gebrauch, gilt der Erwerb durch Erbanfall oder Vermächtnis als nicht erfolgt (§§ 1953 Abs. 1, 2180 Abs. 3 BGB). Die gem. § 3 Abs. 1 Nr. 1 ErbStG entstandene Erbschaftsteuer entfällt rückwirkend, so dass ein bereits erlassener Erbschaftsteuerbescheid gem. § 175 Abs. 1 Satz 1 Nr. 2 AO aufzuheben ist. Die Erbschaftsteuerschuld fällt beim neuen Erwerber bzw. Ersatzerwerber gem. § 3 Abs. 1 Nr. 1 ErbStG neu an. In der Person des überlebenden Ehegatten entsteht gem. § 3 Abs. 1 Nr. 1 ErbStG i.V.m. § 9 Abs. 1 Nr. 1b ErbStG die Erbschaftsteuer erst mit Geltendmachung des kleinen Pflichtteils.

Für die Berechnung der Höhe des Pflichtteilsanspruchs ist gem. § 2311 BGB der **Wert des Nachlasses** zur Zeit des Erbfalls maßgeblich.[62] Der Nachlassbestand ergibt sich durch Vergleich der im Zeitpunkt des Erbfalles vorhandenen Aktiva und Passiva. Stichtag der Wertermittlung des Nachlasses ist gem. § 11 ErbStG ebenfalls der Zeitpunkt des Erbfalles. Durch dieses Stichtagsprinzip bleiben nachträgliche Wertsteigerungen oder Wertminderungen grundsätzlich außer Betracht.[63] Gem. § 2313 BGB bleiben bei der Feststellung des Nachlasswertes ungewisse oder unsichere Rechte, zweifelhafte Verbindlichkeiten sowie Rechte und Verbindlichkeiten, die von einer aufschiebenden Bedingung abhängig sind, außer Ansatz.

Vom Erblasser getroffene Wertbestimmungen sind nach § 2311 Abs. 2 Satz 2 BGB grundsätzlich unbeachtlich. Eine Ausnahme gilt für den Wert eines Landgutes, wenn der Erblasser einen Übernahmepreis bestimmt hat. Dann ist gem. § 2312 Abs. 1 Satz 2 BGB dieser Übernahmepreis maßgebend. Hat der Erblasser keinen Übernahmepreis bestimmt und soll nur

---

[57] R 12 Abs. 2 Sätze 2 bis 6 ErbStR.
[58] BFH BFH/NV 2006, 948; FG Düsseldorf EFG 2006, 1447.
[59] BFH BFH/NV 2006, 948; FG Düsseldorf EFG 2006, 1447.
[60] Palandt/*Brudermüller* § 1371 BGB Rn. 2.
[61] BGH NJW 1973, 995; OLG Hamm OLGZ 1982, 41.
[62] Zur Bewertung des Nachlasses vgl. oben § 4.
[63] BGH NJW 2001, 2713.

einer von mehreren Erben ein zum Nachlass gehörendes Landgut übernehmen, ist gem. § 2312 Abs. 1 Satz 1 BGB der Ertragswert des Landguts für die Berechnung des Pflichtteils maßgeblich. Hat der Erblasser einen anderen Übernahmepreis bestimmt, so ist nach § 2312 Abs. 1 Satz 2 BGB dieser Übernahmepreis maßgebend, wenn er den Ertragswert erreicht und den Schätzwert nicht übersteigt. Hinterlässt der Erblasser nur einen Erben, so kann er gem. § 2312 Abs. 2 BGB anordnen, dass der Berechnung des Pflichtteils der Ertragswert oder ein nach § 2312 Abs. 1 Satz 2 BGB bestimmter Wert zugrunde gelegt werden soll. Der Ertragswert bestimmt sich gem. § 2049 Abs. 2 BGB nach dem Reinertrag, den das Landgut nach seiner bisherigen wirtschaftlichen Bestimmung bei ordnungsgemäßer Bewirtschaftung nachhaltig gewähren kann.[64] Die Berechnung des Ertragswerts erfolgt durch Kapitalisierung des jährlichen Reinertrags mit einem in der Regel nach Landesrecht (Art. 137 EGBGB) festgesetzten Faktor.[65]

26

Checkliste: Ermittlung der Höhe des Pflichtteils

- Ermittlung der Pflichtteilsquote
  Ermittlung des fiktiven gesetzlichen Erbteils des Pflichtteilsberechtigten
  (§ 2310 BGB: abstrakte Erbquote)
  Pflichtteilsquote = ½ des fiktiven gesetzlichen Erbteils
- Feststellung des Nachlassbestands zum Stichtag (Tod des Erblassers)
  Feststellung des Aktivnachlasses
  Feststellung des Passivnachlasses
- Feststellung des Nachlasswertes (Verkehrswert bzw. gemeiner Wert, § 9 Abs. 2 BewG)
  Wert des Aktivnachlasses
  Wert des Passivnachlasses
  Nettonachlass = Aktivnachlass ./. Passivnachlass
  Pflichtteil = Quote des Nettonachlasses

Nach §§ 2050 Abs. 3, 2315 Abs. 1 BGB reduziert sich der Erb- bzw. Pflichtteilsanspruch des Berechtigten, wenn der Erblasser zu Lebzeiten an den Pflichtteilsberechtigten etwas geschenkt hat und vor oder gleichzeitig mit der Schenkung erklärt, dass der Wert der Schenkung auf den Erbteil auszugleichen bzw. auf den Pflichtteil anzurechnen ist.

27 Lange Zeit strittig war die **Bewertung des Pflichtteilserwerbs** dann, wenn der Pflichtteilsberechtigte und der Erbe eine **Leistung an Erfüllungs statt** gem. § 364 BGB vereinbaren. Eine Leistung an Erfüllungs statt bezeichnet den Fall, dass die Parteien eines Schuldverhältnisses dem Schuldner die Möglichkeit einräumen, das Schuldverhältnis durch eine andere als die geschuldete Leistung zum Erlöschen zu bringen.[66] Wird beispielsweise der Pflichtteilsanspruch seitens des Erben mit einem Grundstück befriedigt, stellt sich die Frage, ob diese Leistung an Erfüllungs statt gem. § 364 BGB auch der Bewertung des Pflichtteilsanspruchs zugrunde gelegt werden kann.

Nach der früheren Rechtsprechung[67] war bei der Bewertung des Pflichtteilsanspruchs der damalige Einheits- oder Grundbesitzwert eines an Erfüllungs statt übertragenen Grundstücks zugrunde zu legen. Übereignete der Erbe dem Pflichtteilsberechtigten ein Grundstück an Erfüllungs statt, dann war ursprünglich für die Besteuerung des Pflichtteilsberechtigten nicht der Nennwert der Pflichtteilsforderung, sondern der Steuerwert des Grundstücks maßgebend.

Nach der neueren Rechtsprechung[68] ist bei der Bewertung des Pflichtteilsanspruchs stets der Nennwert der Kapitalforderung maßgeblich. Obwohl das Erbschaftsteuerrecht an die

---

[64] Palandt/*Edenhofer* § 2049 BGB Rn. 2.
[65] *Ruby* ZEV 2007, 263.
[66] BGH NJW 1984, 429.
[67] BFH BStBl. II 1982, 350; BFH BStBl. II 1989, 731.
[68] BFH BStBl. II 1999, 23.

Geltendmachung des Pflichtteils anknüpft, ändert dies nichts an der Eigenschaft des Pflichtteilsanspruchs und der Pflichtteilsverbindlichkeit als Kapitalforderung bzw. -verbindlichkeit. Aus der zivilrechtlichen Ausgestaltung des Pflichtteilsanspruchs als Kapitalforderung ergibt sich, dass der Pflichtteilsberechtigte in keiner Rechtsbeziehung zu den einzelnen Nachlassgegenständen steht.

Die **Höhe der Erbschaftsteuer** bestimmt sich nach den Vorschriften der §§ 14 ff. ErbStG. In Abhängigkeit zum Verwandtschaftsverhältnis des Pflichtteilsberechtigten zum Erblasser gem. §§ 16 Abs. 1, 17 Abs. 1 und Abs. 2 ErbStG sind **Freibeträge** je nach Verwandtschaftsgrad zu berücksichtigen. 28

Im Zuge der Erbschaftsteuerreform[69] wurden die **persönlichen Freibeträge** für das unmittelbare und engere familiäre Umfeld des Erblassers/Schenkers deutlich angehoben. So wurde der Freibetrag für Ehepartner von € 307.000,– auf € 500.000,–, für Kinder von € 205.000,– auf € 400.000,– und für Enkel von € 51.200,– auf € 200.000,– angehoben. Für den Lebenspartner sieht § 16 Abs. 1 Nr. 6 ErbStG einen Freibetrag von € 500.000,– vor.

Nach dem Verwandtschaftsgrad des Pflichtteilsberechtigten zum Erblasser werden gem. § 15 ErbStG drei **Steuerklassen** unterschieden, welche in Abhängigkeit vom Wert des steuerpflichtigen Erwerbs gem. § 19 ErbStG den persönlichen prozentualen Steuersatz bestimmen. Dabei liegt der Spitzensteuersatz bei einem steuerpflichtigen Erwerb über € 6.000.000,– in den Steuerklassen II und III bei 50%. 29

f) Aufschiebend bedingter Pflichtteilsanspruch. Die **aufschiebende Bedingung** ist in § 158 Abs. 1 BGB legal definiert. Wird demgemäß ein Rechtsgeschäft unter einer aufschiebenden Bedingung vorgenommen, so tritt die von der Bedingung abhängig gemachte Wirkung erst mit dem Eintritt der Bedingung ein. Das bedeutet, dass dem Erwerber im Fall der aufschiebenden Bedingung vor Bedingungseintritt lediglich ein Anwartschaftsrecht zusteht, welches erst mit Eintritt der Bedingung zum Vollrecht erstarkt.[70] Mit dem Eintritt der aufschiebenden Bedingung wird der Schwebezustand beendet und das Rechtsgeschäft wird ipso iure wirksam.[71] Fällt die Bedingung aus, so wird das Rechtsgeschäft endgültig wirkungslos.[72] 30

Gem. § 2313 Abs. 1 Satz 1 BGB bleiben bei der Feststellung des Nachlasswertes und der Berechnung des Pflichtteilsanspruchs nach § 2311 Abs. 1 BGB **Rechte und Verbindlichkeiten**, die von einer **aufschiebenden Bedingung** abhängig sind, **außer Ansatz**. Tritt die Bedingung ein, so hat gem. § 2313 Abs. 1 Satz 3 BGB eine der veränderten Rechtslage entsprechende Ausgleichung zu erfolgen. § 2313 BGB durchbricht das in § 2311 Abs. 1 BGB hinsichtlich der Feststellung des Nachlasswerts normierte Stichtagsprinzip, in dem Gegenstände, deren Zugehörigkeit zum Nachlass vor Eintritt der aufschiebenden Bedingung ungewiss ist, zunächst unberücksichtigt bleiben. Erhalten sie nach Eintritt der aufschiebenden Bedingung einen wirtschaftlichen Wert, erfolgt nachträglich eine der veränderten Rechtslage entsprechende Ausgleichung. 31

Die Ausgleichung hat den Pflichtteilsberechtigten so zu stellen, als wenn das Recht schon im Zeitpunkt des Erbfalles verlässlich zum Nachlass gehört hätte.[73] Die Vermögensposition ist folglich zu bewerten. Maßgeblich für die Bewertung ist der Wert im Zeitpunkt des Erbfalles; Wertänderungen nach dem Erbfall bleiben auch bei Vorliegen einer aufschiebenden Bedingung außer Betracht.[74]

§ 2313 BGB stellt somit auf zwei verschiedene Zeitpunkte ab: hinsichtlich der Frage des Vorliegens einer aufschiebenden Bedingung auf den Zeitpunkt der Geltendmachung des Pflichtteilsanspruchs und hinsichtlich der Frage der Bewertung des Ausgleichsanspruchs nach Bedingungseintritt auf den Zeitpunkt des Erbfalls. Der Wert der Vermögensposition, sofern die aufschiebende Bedingung eintritt, wird auf der Aktiv- oder der Passivseite dem ursprünglich festgestellten Nachlasswert hinzugerechnet bzw. abgezogen. Bei der Ausglei-

---

[69] ErbStG vom 24. 12. 2008 (BGBl. I 2008, 3018).
[70] BGH NJW 1996, 1741.
[71] BGHZ 127, 134.
[72] BGH WM 2003, 1066.
[73] BGH NJW 1993, 2176.
[74] BGH NJW 1993, 2176.

chung wird, je nachdem, ob sich der Nachlass erhöht oder verringert, der Pflichtteilsanspruch korrigiert. Aus dem infolge der Ausgleichung neu errechneten Pflichtteilsanspruch kann entweder dem Pflichtteilsberechtigten ein Nachzahlungsanspruch zustehen oder der Erbe kann sich auf eine Rückzahlung berufen.

32   Gem. § 9 Abs. 1 Nr. 1 a ErbStG entsteht die Steuerschuld im Falle der nachträglichen Erhöhung des Pflichtteilsanspruchs erst, wenn die Bedingung eingetreten ist bzw. der hierauf gerichtete Anspruch vom Pflichtteilsberechtigten geltend gemacht wird. Soweit sich bei Eintritt der aufschiebenden Bedingung der Pflichtteilsanspruch nachträglich verringert, kommt eine **Korrektur der Steuerveranlagung** in Betracht.[75] Bei Eintritt der Bedingung ist insoweit selbst eine bestandskräftige Steuerfestsetzung mit Wirkung für die Vergangenheit gem. § 175 Abs. 1 Satz 1 Nr. 2 AO auf Antrag gem. § 5 Abs. 2 BewG zu ändern.[76] Eine bereits entrichtete Erbschaftsteuer ist auf Grundlage dieser Vorschrift bei Verringerung des Pflichtteilsanspruchs nach Eintritt der aufschiebenden Bedingung zu erstatten.[77] Der Erstattungsbetrag ist nicht zu verzinsen, da die Erbschaftsteuer nicht der Vollverzinsung gem. § 233 a AO unterliegt. Steuerliche Nebenleistungen wie z. B. Verspätungszuschläge entfallen durch Eintritt der Bedingung nicht rückwirkend. Insoweit wären gesonderte Erlassanträge zu stellen.

33   **g) Stundung des Pflichtteils.** Da der Pflichtteilsanspruch sofort mit Eintritt des Erbfalls gem. § 2317 BGB entsteht und gem. §§ 195, 199 BGB innerhalb relativ kurzer Zeit von 3 Jahren ab dem Schluss des Jahres, in dem der Pflichtteilsanspruch entstanden ist und der Pflichtteilsberechtigte von seinem Pflichtteilsanspruch Kenntnis erlangt, verjährt, kann dieser Problematik durch eine **vertragliche Stundungsvereinbarung gem. § 311 b BGB** begegnet werden.[78] Denn gem. § 205 BGB hindert die Stundung die Verjährung des Pflichtteilsanspruchs.

Stundung bedeutet das Hinausschieben der Fälligkeit einer Forderung bei Bestehen ihrer Erfüllbarkeit.[79] Sie beruht in der Regel auf einer vertraglichen Abrede zwischen dem Gläubiger und dem Schuldner über die Fälligkeit der vereinbarten Leistung.[80] Der Begriff der Stundung steht einer Betagung des Anspruchs gleich.[81] Zivilrechtlich liegt eine Betagung vor, wenn eine Forderung bereits entstanden ist und lediglich ihre Fälligkeit hinausgeschoben wird.[82] Unerheblich ist, auf welcher Rechtsgrundlage die Stundung beruht.[83]

34   Ein Sonderfall der **Stundung des Pflichtteils** ist in § 2331 a Abs. 1 BGB geregelt. Ist der Erbe danach selbst pflichtteilsberechtigt, so kann er Stundung des Pflichtteilsanspruchs verlangen, wenn die sofortige Erfüllung des gesamten Anspruchs den Erben wegen der Art der Nachlassgegenstände ungewöhnlich hart treffen, insbesondere wenn sie ihn zur Aufgabe seiner Familienwohnung oder zur Veräußerung eines Wirtschaftsguts zwingen würde, das für den Erben und seine Familie die wirtschaftliche Lebensgrundlage bildet. Stundung kann nur verlangt werden, wenn sie dem Pflichtteilsberechtigten bei Abwägung der Interessen beider Teile zugemutet werden kann.

Nach dem mit Wirkung zum 1. 1. 2010 in Kraft getretenen **Gesetz zur Änderung des Erb- und Verjährungsrechts**[84] wurde die gesetzliche Stundungsmöglichkeit des Pflichtteilsanspruchs erweitert. Nach dem geänderten § 2331 a Abs. 1 BGB kann jeder Erbe die Stundung verlangen können – nicht nur der selbst pflichtteilsberechtigte Erbe – wenn die sofortige Anspruchserfüllung für ihn eine unbillige Härte bedeuten würde. Dies ist insbesondere dann der Fall, wenn der Erbe das Familienheim oder ein Wirtschaftsgut veräußern müsste, dass für den Erben und seine Familie die wirtschaftliche Lebensgrundlage bietet.[85]

---

[75] Troll/Gebel/Jülicher § 3 ErbStG Rn. 239.
[76] Kreutzinger/Lindberg/Schaffner § 5 BewG Rn. 6.
[77] Troll/Gebel/Jülicher/Jülicher § 12 ErbStG Rn. 39.
[78] Klingelhöffer ZEV 1995, 180.
[79] BGH NJW 2000, 2580; BGH NJW 1998, 2060.
[80] BGH NJW 2000, 2580.
[81] Palandt/Heinrichs § 163 BGB, Rn. 3.
[82] MünchKomm-Westermann § 163 BGB Rn. 3.
[83] Meincke § 9 ErbStG, Rn. 33.
[84] Gesetz v. 24. 9. 2009 (BGBl. I 2009, 3142).
[85] Lange DNotZ 2009, 732; Wälzholz DStR 2009, 2104; Horn NWB Nr. 44 vom 27. 10. 2008.

Zuständig für die Entscheidung über die Gewährung der Stundung ist nach § 2331a Abs. 2 BGB das Nachlassgericht. Durch § 2331a BGB soll verhindert werden, dass der Nachlass durch rücksichtslose Geltendmachung oder Durchsetzung des Pflichtteilsanspruchs im Wege der Zwangsvollstreckung gefährdet wird.

Fraglich ist, **wann im Fall der Stundung** des Pflichtteilsanspruchs die **Erbschaftsteuer entsteht**. 35

Gem. § 9 Abs. 1 Nr. 1a ErbStG entsteht die Steuer bei Erwerben von Todes wegen für den Erwerb von betagten Ansprüchen mit dem Eintritt des Ereignisses. Nach der Rechtsprechung[86] betrifft die Regelung in § 9 Abs. 1 Nr. 1a ErbStG aber nicht alle Ansprüche, die zivilrechtlich als gestundet anzusehen sind. Nach § 9 Abs. 1 Nr. 1a ErbStG sind vielmehr nur diejenigen betagten Ansprüche zu behandeln, bei denen der Zeitpunkt des Eintrittes des zur Fälligkeit führenden Ereignisses noch ungewiss ist.[87] Das ist z. B. der Fall, wenn der Pflichtteilsberechtigte seinen **gesamten Pflichtteilsanspruch** auf unbestimmte Zeit **stundet**.[88] In diesen Fällen entsteht die Steuer gem. § 9 Abs. 1 Nr. 1a ErbStG erst mit dem **Eintritt des Ereignisses**, d. h. dem Ablauf der Stundungsfrist, ab welchem der Pflichtteilsberechtigte den gestundeten Pflichtteil beanspruchen kann.

Sofern sich die Stundung auf einen bestimmten Zeitpunkt bezieht – was der Regelfall sein dürfte – verzögert die Betagung die Entstehung des Steueranspruchs gem. § 9 Abs. 1 Nr. 1a ErbStG nicht.[89]

Dies gilt auch dann, wenn der Pflichtteilsanspruch nur **teilweise gestundet** wird und der 36 Pflichtteilsberechtigte bereits einen Teilbetrag geltend macht. Dann entsteht bei Geltendmachung des nicht gestundeten Teilbetrages die Erbschaftsteuer nach § 9 Abs. 1 Nr. 1b ErbStG bereits in voller Höhe, sofern sich die Stundung des Teilbetrags auf einen bestimmten Zeitpunkt bezieht.[90]

Die Stundung des Pflichtteils durch den Pflichtteilsberechtigten ist von einer testamenta- 37 risch angeordneten **Stundung des Pflichtteils durch den Erblasser** zu unterscheiden.[91] Ist die Stundung durch den Erblasser testamentarisch angeordnet, so entsteht gem. § 9 Abs. 1 Nr. 1a ErbStG der Steueranspruch nicht vor Fälligkeit des Pflichtteilsanspruchs. Der Pflichtteilsanspruch wird erst fällig, wenn der Pflichtteilsberechtigte den Pflichtteilsanspruch geltend machen kann und geltend macht. Dies ist ihm erst nach Ablauf der Stundungsfrist mit Erfolg möglich.

Der Pflichtteilsanspruch kann vom Berechtigten auch **zinslos gestundet werden**.

Grundsätzlich stellt auch der Verzicht auf einen Anspruch eine freigebige Zuwendung im 38 Sinne des § 7 Abs. 1 Nr. 1 ErbStG dar.[92] Somit würde die zinslose Stundung des Pflichtteils eine freigebige Zuwendung i. S. d. § 7 Abs. 1 Nr. 1 ErbStG darstellen[93] Allerdings liegt nach der Auffassung von *Gebel*[94] im Fall des Verzichts auf die Stundungszinsen die Annahme näher, dass die Stundungszinsen in der später fällig werdenden Pflichtteilsforderung verdeckt mit enthalten sind. Dies hat zur Folge, dass der Pflichtteilsanspruch nur teilweise gem. § 9 Abs. 1 Nr. 1b ErbStG geltend gemacht wird, und zwar in Höhe des um den Abzinsungsfaktor verminderten Anspruchs.[95] Diese Betrachtung vermeidet eine Doppelbelastung mit Erbschaft- und Einkommensteuer. Denn in entsprechender Anwendung des § 12 Abs. 3 BewG ist der gestundete Pflichtteilsanspruch mit 5,5% p. a. abzuzinsen.[96] Der Pflichtteilsanspruch gliedert sich in einen Kapital- und einen Zinsanteil, wobei der Zinsanteil als Kapitalertrag

---

[86] BFH BStBl. II 2003, 921; BFH BFH/NV 1988, 489.
[87] Troll/Gebel/Jülicher/*Gebel* § 9 ErbStG Rn. 42.
[88] BFH BStBl. II 2003, 921.
[89] BFH BStBl. II 2003, 921.
[90] BFH BStBl. II 2003, 921; BFH BFH/NV 1988, 489; RFH RStBl. 1931, 895.
[91] Troll/*Gebel*/Jülicher § 3 ErbStG Rn. 229.
[92] BFH BStBl. II 1979, 631; *Muscheler* ZEV 2001, 377.
[93] FG München EFG 2009, 1042.
[94] Troll/Gebel/Jülicher/*Gebel* § 3 ErbStG Rn. 224.
[95] *Mayer* DStR 2004, 1541.
[96] A. A. FG Münster EFG 2009, 1220. Hiernach ist es zweifelhaft, ob unverzinsliche Forderungen gem. § 12 Abs. 3 BewG für Zwecke der Einkommensteuer abzuzinsen sind und der Zinsanteil bei Zahlung zu Einkünften aus Kapitalvermögen führt.

gem. § 20 Abs. 1 Nr. 7 EStG der Einkommensteuer unterliegt.[97] Die Steuerpflicht bezüglich der Zinsen entsteht in Höhe des gesamten Betrages mit der Auszahlung des Pflichtteilsanspruchs.

39 **Beispiel: Steuerbelastung bei Stundung des Pflichtteilsanspruchs**
Pflichtteilsberechtigter P hat dem Erben E seinen Pflichtteilsanspruch in Höhe von € 400.000,- für 2 Jahre zinslos gestundet. Hierdurch entsteht gem. § 12 Abs. 3 BewG ein verdeckt enthaltener Zins von € 45.210,-, den der Pflichtteilsberechtigte im Jahr der Zahlung gem. § 20 Abs. 1 Nr. 7 EStG zum Abgeltungsteuersatz zu versteuern hat. Der erbschaftsteuerliche Erwerb beträgt € 354.790,- (€ 400.000,- ./. € 45.210,-).

40 h) **Verzichtshandlungen des Pflichtteilsberechtigten.** aa) *Verzicht auf das Pflichtteilsrecht.* Der **Pflichtteilsverzicht** ist zivilrechtlich gem. § 2346 Abs. 2 BGB eine **spezielle Form des Erbverzichts.** Der Erbverzicht umfasst grundsätzlich gem. § 2346 Abs. 1 BGB das gesetzliche Erbrecht einschließlich des Pflichtteilsrechts. Der Pflichtteilsverzicht bezeichnet deshalb den auf den Pflichtteil beschränkten Erbverzicht.

Der Pflichtteilsverzicht ist ein **Vertrag** zwischen dem Erblasser und dem Pflichtteilsberechtigten über den **Verzicht auf die abstrakte Pflichtteilsberechtigung.** Deshalb ist der Pflichtteilsverzicht zivilrechtlich auf den Pflichtteil und nicht auf den Pflichtteilsanspruch gerichtet.[98]

Sofern nichts anderes geregelt ist, umfasst der Pflichtteilsverzicht:[99]
- den Pflichtteilsrechtsanspruch gem. §§ 2305, 2307 BGB;
- den Pflichtteilsergänzungsanspruch gem. §§ 2325 ff. BGB;
- den Ausschluss der Berufung auf die Rechte nach §§ 2306, 2318 Abs. 2, 2319 und 2328 BGB.

Der Pflichtteilsverzicht bedarf als **spezielle Form** des Erbverzichts gem. § 2348 BGB der notariellen Beurkundung.

41 § 2346 Abs. 2 BGB regelt lediglich den Pflichtteilsverzicht **vor** Eintritt des Erbfalles, d. h. den Verzicht auf die abstrakte Pflichtteilsberechtigung.[100]

Der Pflichtteilsverzicht kann **beschränkt** werden. So kann der Pflichtteilsberechtigte z. B. einen Verzicht in Höhe eines bestimmten Betrages erklären oder nur auf seinen Pflichtteilsergänzungsanspruch gem. § 2325 BGB verzichten.[101] Anders als beim Erbverzicht kann der Pflichtteilsberechtigte seinen Pflichtteilsverzicht dergestalt beschränken, dass bestimmte Gegenstände bei der Nachlassbewertung zum Zwecke der Anspruchsberechnung gem. § 2311 BGB außer Ansatz bleiben.[102] Ein Pflichtteilsverzicht ist auch in der Gestattung der Anordnung von Beschwerungen und Beschränkungen, wie z. B. der Anordnung einer Testamentsvollstreckung zu sehen, welche der Erblasser gegenüber dem Pflichtteilsberechtigten mit dessen Zustimmung anordnet.[103]

42 *(1) Ohne Abfindungszahlung.* Der unentgeltliche Pflichtteilsverzicht löst keine Schenkungsteuer aus, da der Verzicht beim Erblasser keinen Vermögensanfall bewirkt.[104] Es handelt sich für den ehemals Pflichtteilsberechtigten um einen Verlust einer bloßen Erwerbsaussicht, der kein Vermögenswert beigemessen wird.[105]

43 *(2) Gegen Abfindungszahlung.* Der **Begriff Abfindung** bezeichnet allgemein eine einmalige Leistung zur Abgeltung von Rechtsansprüchen meist in Form einer Geldzahlung oder der Überlassung von Vermögensgegenständen.[106]

---

[97] *Groll* § 14 ErbStG Rn. 6.
[98] BGHZ 22, 364; BGH NJW 1977, 1728.
[99] *Mayer* ZEV 2000, 263.
[100] BGH NJW 1997, 521.
[101] *Mayer* ZEV 2000, 209; Palandt/*Edenhofer* § 2346 BGB Rn. 15.
[102] *Mayer* ZEV 2000, 209.
[103] Palandt/*Edenhofer* § 2346 BGB Rn. 15.
[104] BFH BStBl. II 1977, 733.
[105] BGHZ 113, 393.
[106] BFH DStR 1993, 832; BayObLG DB 1995, 2590.

I. Erbschaftsteuer

Die erbrechtliche Abfindung tritt an die Stelle der erbrechtlichen Ansprüche. Ob sie steuerlich wie ein Erwerb behandelt wird, der aus dem Nachlass des Erblassers stammt, hängt davon ab, ob der Berechtigte auf sein Erbe, seinen Pflichtteil oder aber auf Ansprüche aus einem Erbschaftsvertrag verzichtet.

(a) Abfindung für einen Erbverzicht. Der **Erbverzicht** ist gem. § 2346 Abs. 1 BGB ein vom Erblasser zu seinen Lebzeiten mit seinem Ehegatten oder mit einem Verwandten abgeschlossener erbrechtlicher Vertrag, in welchem der Vertragspartner des Erblassers auf den Anfall seines zukünftigen gesetzlichen Erbrechts verzichtet. Da nur die gesetzlichen Erben der ersten bis dritten Ordnung und der Ehegatte bzw. der eingetragene Lebenspartner ein gesetzliches Erbrecht haben, auf das sie verzichten können, kommen andere Personen nicht als Vertragspartner des Erblassers in Betracht. Gegenstand des Verzichtsvertrages kann das gesetzliche Erbrecht einschließlich des Pflichtteilsrechts sein oder nur das gesetzliche Erbrecht bzw. nur das Pflichtteilsrecht. Der Regelfall des Erbverzichtes umfasst gem. § 2346 Abs. 1 BGB das gesetzliche Erbrecht einschließlich des Pflichtteilsrechts. Denn § 2346 Abs. 1 BGB stellt klar, dass der Erbverzicht auch das Pflichtteilsrecht umfasst. Der Erbverzicht kann auf einen Bruchteil des gesetzlichen Erbrechts, auf dessen Verminderung oder auf dessen Ausschluss gerichtet sein.[107]

Der Erbverzicht bedarf gem. § 2348 BGB der **notariellen Beurkundung**. Denn der formgültig erklärte uneingeschränkte **Erbverzicht ändert** als Verfügungsgeschäft **unmittelbar die gesetzliche Erbfolge**.[108] Der Verzichtende wird von der gesetzlichen Erbfolge ausgeschlossen, als wenn er bei Eintritt des Erbfalles nicht mehr lebte und nicht pflichtteilsberechtigt wäre.[109]

Der Erbverzicht kann gegen die **Gewährung einer Abfindung** erfolgen. Die Abfindung stellt jedoch keine synallagmatische Gegenleistung für den Erbverzicht im Sinne des § 320 BGB dar, sondern nur eine kausale Gegenleistung.[110] D.h., der Erbverzicht einerseits und der Abfindungsanspruch andererseits stehen sich nicht in einem Abhängigkeitsverhältnis gegenüber, bei welchem unter enger Zweckbindung die Leistung der einen Person Entgelt für die Leistung der anderen Person ist.[111]

Steuerlich wird trotz der kausalen Verknüpfung zwischen Erbverzicht und Abfindungsanspruch die Abfindung gem. § 7 Abs. 1 Nr. 5 ErbStG als unentgeltliche Zuwendung an den Verzichtenden behandelt. Denn nach dieser Vorschrift gilt als Schenkung unter Lebenden u. a. auch das, was als Abfindung für einen Erbverzicht gewährt wird. § 7 Abs. 1 Nr. 5 ErbStG behandelt den Verlust des gesetzlichen Erbrechts aufgrund Verzichtserklärung entsprechend als **Verlust einer Erwerbsaussicht** gegen Abfindungsleistung.[112]

Da Erbverzicht und Abfindungsanspruch nicht im synallagmatischen Verhältnis zueinander stehen, wird die Gewährung der Abfindung auch lediglich als **Zuwendungsmotiv** und nicht als Gegenleistung für den Verzicht angesehen.[113] Der Wille zur Unentgeltlichkeit der Zuwendung wird selbst dann angenommen, wenn die Beteiligten dem Verzicht einen Wert beimessen. Die Vorschrift des § 7 Abs. 1 Nr. 5 ErbStG ist im Zusammenhang mit den Regelungen in §§ 3 Abs. 2 Nr. 5, 7 Abs. 1 Nr. 10, 9 Abs. 1 Nr. 1a und g ErbStG und § 10 Abs. 4 ErbStG zu sehen. Diese Vorschriften verdeutlichen, dass Anwartschaftsrechte bzw. Erwerbsaussichten generell keine Erwerbs- und Zuwendungsgegenstände i. S. d. Erbschaftsteuergesetzes sind, da sie in ihrem Bestand noch nicht hinreichend gesichert ist.[114]

Für die **Besteuerung der Abfindung** nach § 7 Abs. 1 Nr. 5 ErbStG ist das **Verhältnis zwischen dem Verzichtenden und dem künftigen Erblasser** entscheidend.[115] Dieses Verhältnis wird meist der Steuerklasse I zuzuordnen sein. Problematisch hinsichtlich dieser Zuordnung

---
[107] OLG Oldenburg FamRZ 1998, 645.
[108] OLG Frankfurt NJW-RR 1996, 838.
[109] Palandt/*Edenhofer* § 2346 BGB Rn. 5.
[110] BayObLG ZEV 1995, 228.
[111] BGH NJW 2006, 2773.
[112] BGHZ 113, 393; BFH BStBl. II 2000, 82; BFH, BFH/NV 2001, 1113.
[113] BFH BFH/NV 2004, 340.
[114] BFH BFH/ NV 2001, 1265.
[115] BFH BStBl. II 1977, 733.

des Besteuerungsverhältnisses sind die Fälle, in denen der Verzichtende die Zahlung für den Erbverzicht nicht vom künftigen Erblasser erhält.

48 **Beispiel: Abfindung durch einen Dritten für einen vertraglichen Erbverzicht**
Sachverhalt: Der Erblasser E hatte seine Ehefrau M als Vorerbin und seine beiden Kinder S und T zu Nacherben eingesetzt. Noch zu Lebzeiten der M erklärte T zugunsten von S einen Verzicht auf ihr gesetzliches Erb- und Pflichtteilsrecht aus dem Nachlass der M. M erklärte sich mit dem Erbverzicht der T einverstanden und setzte S zu ihrem alleinigen Erben ein. S zahlte an T als Gegenleistung für den Erbverzicht eine Abfindung. Das Finanzamt setzte Schenkungsteuer nach Maßgabe der Steuerklasse II zwischen Geschwistern fest.

Lösung des BFH: Nach BFH BStBl. II 1977, 733 ist der Erbverzicht ein Vertrag zwischen dem künftigen Erblasser und dem Verzichtenden. Im Verhältnis zwischen dem künftigen Erblasser und dem Verzichtenden wird die Abfindung für den Erbverzicht stets von dem künftigen Erblasser gewährt, unabhängig davon, ob sie von dem künftigen Erblasser selbst oder von demjenigen geleistet wird, der durch den Verzicht begünstigt wird. Ob der künftige Erblasser dem Verzichtenden die Abfindung aus seinem Vermögen gewährt, sich den Abfindungsbetrag von dem durch den Verzicht im Ergebnis später Begünstigten geben lässt und an den Verzichtenden weiterleitet oder letzterer unmittelbar dem Verzichtenden die Abfindung gewährt, ist letztlich aus der Sicht des Empfängers wie für den gesetzgeberischen Rechtsgrund, die Abfindung für den Erbverzicht steuerlich zu erfassen, gleichgültig. Deshalb ist der Anknüpfungspunkt für die Bestimmung der Steuerklasse das Verhältnis des künftigen Erblassers zu dem Verzichtenden. Somit ist hier das Verhältnis M zu T maßgeblich, sodass die Schenkungsteuer nach Maßgabe der Steuerklasse I festzusetzen ist.

49 Übersteigt die Abfindung den Wert der in Aussicht stehenden Erbschaft, an welcher der Verzichtende aufgrund seiner Erbverzichtserklärung nicht mehr partizipiert, so ist der überdotierte Teil der Abfindung als freigebige Leistung im Sinne des § 7 Abs. 1 Nr. 1 ErbStG zu werten und entsprechend zu versteuern; der angemessene Teil ist gem. § 7 Abs. 1 Nr. 5 ErbStG steuerpflichtig.[116]

50 Wird der **Erbverzichtsvertrag** gem. § 2351 BGB aufgehoben, kann die Abfindung zurückgefordert werden.[117] Das Rückforderungsrecht folgt insoweit aus der Rückabwicklung des Erbverzichtsvertrages, welcher Verzichtserklärung und Abfindung kausal miteinander verbindet. Wird die Abfindung vom Berechtigten tatsächlich zurückgezahlt, entfällt die Schenkungsteuer gem. § 29 Abs. 1 Nr. 1 ErbStG rückwirkend.[118] Sofern die Abfindung nachträglich erhöht wird, z. B. im Wege der Anpassung nach den Grundsätzen über die Störung der Geschäftsgrundlage, stellt die Zuwendung eine weitere Zuwendung i. S. d. § 7 Abs. 1 Nr. 5 ErbStG dar.[119]

51 *(b) Abfindung für einen Pflichtteilsverzicht.* Der (alleinige) Verzicht auf das Pflichtteilsrecht (§ 2346 Abs. 2 BGB) ist dem vertraglichen Verzicht auf das Erbrecht gleichgestellt. Die Besteuerung der Abfindung gem. § 7 Abs. 1 Nr. 5 ErbStG richtet sich nach dem Verhältnis des Verzichtenden zum Erblasser, unabhängig davon, wer die Abfindung leistet. Insoweit ist auf die vorstehenden Ausführungen zum Erbverzicht zu verweisen.

52 *(c) Abfindung für einen Erbschaftsvertrag.* Der **Erbschaftsvertrag** bezeichnet gem. § 311 b Abs. 5 Satz 1 BGB einen Vertrag, der unter künftigen Erben über den **gesetzlichen Erbteil oder den Pflichtteil** geschlossen wird. Mit diesem Vertrag soll eine vorgezogene Auseinandersetzung zwischen gesetzlichen Erben ermöglicht werden.[120] Dazu müssen alle Vertragschließenden künftige Erben sein. Verträge, welche über testamentarische Erbteile oder Vermächtnisse geschlossen werden, entfalten nur bis zur Höhe des gesetzlichen Erbteils Wirkung, da Gegenstand eines Erbschaftsvertrags nur gesetzliche Erbteile sind.[121] Der Erbschaftsvertrag bleibt aber wirksam, wenn die Vertragsschließenden zwar nicht gesetzliche,

---

[116] Troll/Gebel/Jülicher/*Gebel* § 7 ErbStG Rn. 317.
[117] Palandt/*Edenhofer* § 2351 BGB Rn. 3.
[118] Troll/Gebel/Jülicher/*Gebel* § 7 ErbStG Rn. 323.
[119] Troll/Gebel/Jülicher/*Gebel* § 7 ErbStG Rn. 323.
[120] BGHZ 104, 279.
[121] BGH NJW 1956, 1151.

I. Erbschaftsteuer 53–56 § 12

aber testamentarische Erben werden.[122] Wird einer der Vertragsschließenden kein Erbe, kommen die Regelungen des Wegfalls bzw. der Störung der Geschäftsgrundlage gem. § 313 BGB mit der Folge einer Anpassung des Vertrages zum Zuge. Der Erbschaftsvertrag nach § 311b Abs. 5 BGB hat zunächst lediglich schuldrechtliche Wirkung. Er wird erst nach dem Eintritt des Erbfalles durch die Aufteilung des Erbes zwischen den Vertragsschließenden in Vollzug gesetzt.

Formell bedarf der Erbschaftsvertrag gem. § 311b Abs. 5 Satz 2 BGB der **notariellen Beurkundung**.

Steuerlich ist nach der Rechtsprechung des BFH[123] eine Abfindung, die ein künftiger gesetzlicher Erbe aufgrund eines Erbschaftsvertrages nach § 311b Abs. 5 BGB an einen anderen Erbstreitenden für den Verzicht auf die Geltendmachung eines künftigen Erb-, Pflichtteils- oder Pflichtteilsergänzungsanspruchs leistet, mangels Gegenleistung im schenkungsteuerlichen Sinne als freigebige Zuwendung nach § 7 Abs. 1 Nr. 1 ErbStG zu beurteilen. Auch zivilrechtlich stellt der Erbschaftsvertrag kein synallagmatisches Schuldverhältnis dar, sondern begründet zwischen den vertraglichen Leistungen lediglich eine Kausalität.[124] 53

Beispiel: Abfindung für einen Erbschaftsvertrag (Fall nach BFH, Urteil vom 25.1.2001, II R 22/98, BStBl. II 2001, 456). 54

Sachverhalt: Die Mutter M zweier Brüder A und B hatte zu ihren Lebzeiten ihr aus Grundbesitz bestehendes gesamtes Vermögen auf A übertragen. A und B schlossen noch zu Lebzeiten der M einen notariell beurkundeten Vertrag, wonach der B gegenüber A auf sämtliche etwaige Pflichtteils- und Pflichtteilsergänzungsansprüche verzichtete. A seinerseits verpflichtete sich, innerhalb dreier Wochen ab Vertragsschluss DM 130.000,– und innerhalb von sechs Wochen nach dem Tod der M weitere DM 130.000,– an den B zu zahlen. Ist die Zahlung als freigebige Zuwendung gem. § 7 Abs. 1 Nr. 1 ErbStG zu beurteilen?

Lösung des BFH: Der BFH entschied, dass dann, wenn künftige gesetzliche Erben A und B einen sog. Erbschaftsvertrag gem. § 311b Abs. 5 BGB schließen, wonach der B gegenüber dem A bezüglich des Nachlasses eines noch lebenden Dritten (M), gegen Abfindung auf etwaige künftige Pflichtteils(ergänzungs-)ansprüche verzichtet, die Abfindung eine freigebige Zuwendung i.S.d. § 7 Abs. 1 Nr. 1 ErbStG darstellt. Denn durch die Zahlung der DM 260.000,– wurde B aus dem Vermögen des A bereichert. Die Bereicherung erfolgte auch endgültig, da B unabhängig davon, ob und in welcher Höhe ein Pflichtteils(ergänzungs-)anspruch einmal entstehen würde, den Betrag behalten durfte. Die Zahlung erfolgte auch freigebig, da A dem B gegenüber rechtlich nicht zu einer Zahlung verpflichtet war. Denn dem B stand am maßgeblichen Stichtag ein Anspruch auf den Pflichtteil(ergänzungs-)anspruch gegen A nicht zu. Die Zahlung des A erfolgte somit nicht auf eine Forderung des B. Der Verzicht stellt im Zeitpunkt des Vertragsschlusses keinen in Geld bewertbaren Vermögenswert dar, sondern verkörpert allenfalls eine Erwerbschance, die als solche nicht geeignet ist, Gegenstand einer die Freigebigkeit ausschließenden Gegenleistung zu sein. Auch der subjektive Tatbestand einer freigebigen Zuwendung i.S.d. § 7 Abs. 1 Nr. 1 ErbStG ist erfüllt. Der hierfür erforderliche und ausreichende Wille zur Freigebigkeit ist nach der Rechtsprechung des Senats anzunehmen, wenn sich der Zuwendende bewusst ist, dass er seine Leistung ohne rechtlichen Zusammenhang mit einer Gegenleistung bzw. ohne rechtliche Verpflichtung erbringt. A war im Zeitpunkt des Vertragsschlusses bekannt, dass er zur Leistung an B nicht verpflichtet war, weil ein Pflichtteils(ergänzungs-)anspruch des B noch nicht entstanden war, als M noch lebte.

Für die Besteuerung der Abfindung für einen Erbschaftsvertrag ist nicht das Verhältnis zwischen dem Verzichtenden und dem Leistenden, sondern zwischen dem Verzichtenden und dem Erblasser maßgeblich.[125] Denn der Verzicht auf Pflichtteils(ergänzungs-)ansprüche gegenüber einem anderen gesetzlichen Erben kann vor Eintritt des Erbfalles nicht anders behandelt werden als nach Eintritt des Erbfalles. Beide Male geht es um die wertmäßige Teilhabe des Verzichtenden am Vermögen des Erblassers. 55

bb) Verzicht auf einen entstandenen Pflichtteilsanspruch. (1) Ohne Abfindungszahlung. Zivilrechtlich entsteht der Pflichtteilsanspruch gem. § 2317 Abs. 1 BGB mit Eintritt des Erbfalls. Die Erbschaftsteuer entsteht gem. § 3 Abs. 1 Nr. 1 ErbStG i.V.m. § 9 Abs. 1 Nr. 1b 56

---

[122] BGHZ 104, 279.
[123] BFH BStBl. II 2001, 456.
[124] BGH NJW 2006, 2773.
[125] BFH BStBl. II 2001, 456.

ErbStG, wenn der Pflichtteilsanspruch geltend gemacht wird. Unterlässt es der Pflichtteilsberechtigte, seinen Anspruch geltend zu machen, kommt es zu keiner Entstehung der Steuer. Klarstellend regelt § 13 Abs. 1 Nr. 11 ErbStG, dass auch der unentgeltliche Verzicht auf die Geltendmachung des Pflichtteils steuerfrei ist.

57 *(2) Gegen Abfindungszahlung.* Erhält der Pflichtteilsberechtigte für seinen Pflichtteilsverzicht von dem Erben oder einem Dritten vor Geltendmachung eine Abfindung, realisiert er die bereits mit dem Eintritt des Erbfalls erlangte Pflichtteilsberechtigung.[126] Die mit der Abfindung eintretende Vermögensmehrung auf Seiten des Pflichtteilsberechtigten wird daher als Erwerb aus dem Nachlass vom Ersatztatbestand des § 3 Abs. 2 Nr. 4 ErbStG erfasst.[127] Für die Besteuerung, d. h. die Steuerklasse, die Freibeträge und den Steuersatz ist das Verhältnis des Erwerbers zum Erblasser maßgebend.[128]

Die Vorschrift des § 3 Abs. 2 Nr. 4 ErbStG bezweckt die erbschaftsteuerliche Erfassung der Vermögenserwerbe von Todes wegen, bei denen aufgrund des Eintritts eines Vermögenszuwachses, und zwar hier in Form der Abfindung, die Erbschaftsteuer mangels Geltendmachung des Anspruchs noch nicht entstanden ist.[129]

Nach § 9 Abs. 1 Nr. 1f ErbStG **entsteht die Steuerschuld** für die Abfindung im **Zeitpunkt des Verzichts**. Auf den Zeitpunkt der Zahlung der Abfindung kommt es selbst dann nicht an, wenn bereits in dem Verzichtsvertrag Ratenzahlungen vereinbart waren.[130]

Während der geltend gemachte Pflichtteilsanspruch steuerlich als Kapitalforderung anzusetzen ist, ist bei der Abfindung für den Verzicht auf die Geltendmachung des Pflichtteilsanspruchs nach § 3 Abs. 2 Nr. 4 ErbStG der **als Abfindung geleistete Gegenstand steuerpflichtig**.[131] Wird demnach beispielsweise ein Grundstück als Abfindung geleistet, ist dieses zu bewerten und mit dem gemeinen Wert anzusetzen, welcher sich nach §§ 176 ff. BewG bestimmt.

58 *cc) Verzicht auf den geltend gemachten Pflichtteilsanspruch. (1) Ohne Abfindungszahlung.* Erfolgt der **Pflichtteilsverzicht erst nach dessen Geltendmachung**, ist der Erwerbsvorgang nach §§ 3 Abs. 1 Nr. 1, 9 Abs. 1 Nr. 1b ErbStG aus steuerlicher Sicht vollendet, d. h. ein nach der Geltendmachung erklärter Verzicht auf den Pflichtteilsanspruch kann die mit der Geltendmachung entstandene Erbschaftsteuer nicht mehr beseitigen.[132] Verzichtet der Pflichtteilsberechtigte gegenüber dem Erben dennoch auf seinen Pflichtteilsanspruch, ist dieser Verzicht – sofern keine Gegenleistung wie z. B. eine Abfindungszahlung vereinbart wurde – als freigebige Zuwendung gem. § 7 Abs. 1 Nr. 1 ErbStG steuerpflichtig.

59 *(2) Gegen Abfindungszahlung.* Sieht ein Pflichtteilsverzicht hingegen nach dessen Geltendmachung eine gleichwertige Gegenleistung – etwa in Form einer Abfindungszahlung – vor, so verwirklicht dieser Vorgang keinen erbschaft- oder schenkungsteuerlichen Tatbestand.[133]

2. Abzug der Pflichtteilslast beim Verpflichteten

60 Gem. § 10 Abs. 1 Satz 1 ErbStG gilt als steuerpflichtiger Erwerb die Bereicherung des Erwerbers, soweit sie nicht nach §§ 5, 13, 13a, 13c, 16, 17 und 18 ErbStG steuerfrei ist. § 10 Abs. 1 Satz 2 ErbStG bestimmt, dass in den Fällen des § 3 ErbStG (Erwerbe von Todes wegen) als Bereicherung der Betrag gilt, der sich ergibt, wenn von dem nach § 12 BewG zu ermittelnden Wert des gesamten Vermögensanfalls, soweit er der Besteuerung nach dem ErbStG unterliegt, die nach § 10 Abs. 5 bis 9 ErbStG abzugsfähigen **Nachlassverbindlichkei-**

---

[126] *Crezelius* BB 2000, 2333.
[127] BFH BFH/NV 2008, 983; BFH BFH/NV 1997, 657; BFH BStBl. II 1982, 350; BFH BStBl. II 1982, 76.
[128] Troll/Gebel/Jülicher/*Gebel* § 3 ErbStG Rn. 316.
[129] *Müller/Grund*, ZErb 2007, 205; a.A. *Moench* § 3 ErbStG Rn. 211, der die Auffassung vertritt, dass in dem Aushandeln der Abfindung gleichzeitig eine Geltendmachung liege.
[130] RFH RStBl. 1935, 205.
[131] BFH BStBl. II 1982, 350.
[132] FG München EFG 2005, 1887.
[133] Troll/Gebel/Jülicher/*Gebel* § 3 ErbStG Rn. 333.

ten mit ihren nach § 12 ErbStG ermittelten Wert abgezogen werden. Geltend gemachte Pflichtteile sind beim Pflichtteilsverpflichteten gem. § 10 Abs. 5 Nr. 2 ErbStG als Nachlassverbindlichkeiten abzugsfähig.

Beim Pflichtteilserwerb nach §§ 2303 ff. BGB besteht der Vermögenszugang in einer mit ihrem Nennwert gem. §§ 12 Abs. 1 ErbStG, 12 Abs. 1 BewG zu bewertenden **Geldforderung**.[134] Da die Steuerentstehung nach §§ 3 Abs. 1 Nr. 1, 9 Abs. 1 Nr. 1 b ErbStG von der Geltendmachung des Pflichtteilsanspruches abhängt, unterliegt der Berechtigte nur insoweit der Erbschaftsteuer, als er den Pflichtteil geltend macht. Auch für den Verpflichteten, d. h. den Erben, ist die Geltendmachung des Pflichtteilsanspruchs maßgeblich. Der Verpflichtete kann ebenfalls erst im Fall der Geltendmachung des Pflichtteilsanspruchs die Pflichtteilslast als Nachlassverbindlichkeit gem. § 10 Abs. 5 Nr. 2 ErbStG abziehen. Bis zur Geltendmachung des Pflichtteilsanspruchs durch den Berechtigten besteht eine aufschiebend bedingte Verbindlichkeit, die erst bei Eintritt der Bedingung auf Antrag zu berücksichtigen ist (§ 6 Abs. 2 BewG i. V. m. § 175 Abs. 1 Satz 1 Nr. 2 AO). D. h., das bloße Bestehen von Pflichtteilsverbindlichkeiten ist ohne deren Geltendmachung erbschaftsteuerlich ohne Bedeutung.[135] Voraussetzung für die erbschaftsteuerliche Abzugsfähigkeit von Pflichtteilsforderungen ist die wirtschaftliche Belastung des Schuldners.[136]

Kein Fall des § 175 Abs. 1 Satz 1 Nr. 2 AO liegt vor, wenn der bereits geltend gemachte Pflichtteilsanspruch bei der Festsetzung der Erbschaftsteuer gegenüber dem Erben zunächst nicht gem. § 10 Abs. 5 Satz 1 Nr. 2 ErbStG berücksichtigt worden ist und später eine Entscheidung in einem Zivilprozess über diesen Pflichtteilsanspruch ergeht.[137]

Der Pflichtteilsanspruch unterliegt gem. §§ 194, 2232 BGB der dreijährigen Verjährungsfrist. Macht der Pflichtteilsberechtigte seinen Anspruch erst nach dem Ablauf der Verjährungsfrist geltend, kann der Verpflichtete entweder die Einrede der Verjährung gem. § 222 BGB erheben oder auf die Erhebung der Einrede der Verjährung verzichten. Verzichtet er auf die Erhebung der Einrede, kann er die Pflichtteilslast als Nachlassverbindlichkeit abziehen.[138] Für die Abzugsfähigkeit der Pflichtteilslast ist es unerheblich, ob der Verpflichtete den Pflichtteilsanspruch bereits erfüllt hat.[139] Für die Abzugsfähigkeit der Pflichtteilslast ist allein die Geltendmachung des Pflichtteilsanspruchs entscheidend.

Ein besonderer Fall liegt vor, wenn der Pflichtteilsanspruch beim Tod des Verpflichteten noch nicht geltend gemacht worden war, der Berechtigte den Verpflichteten aber beerbt. Hier ist umstritten, ob der Pflichtteilsberechtigte noch **nach dem Tod des Verpflichteten** seinen **Pflichtteilsanspruch geltend machen kann**.[140]

§ 10 Abs. 3 ErbStG bestimmt, dass die infolge des Anfalls durch Vereinigung von Recht und Verbindlichkeit erloschenen Rechtsverhältnisse nicht als erloschen gelten. D. h., dass **im Fall einer Konfusion erbschaftsteuerlich kein Untergang des Rechtsverhältnisses** eintritt. Wird demnach der Verpflichtete von Berechtigten beerbt, vereinigen sich Recht und Verbindlichkeit in der Person des Berechtigten. Somit kann der Pflichtteilsberechtigte nach dem Tod des Verpflichteten als dessen Erbe sein Bestimmungsrecht ausüben und entscheiden, ob er den Pflichtteilsanspruch geltend macht.[141] Durch die **Fortbestandsfiktion** des § 10 Abs. 3 ErbStG ist dann auch die Pflichtteilslast bei der Nachlasswertberechnung gem. § 10 Abs. 5 Nr. 2 ErbStG zu berücksichtigen. Anders liegt der Fall nur dann, wenn der Pflichtteilsanspruch bereits verjährt war. Denn nach dem Tod des Pflichtteilsverpflichteten kann nicht mehr geklärt werden, ob er auch auf die Einrede der Verjährung verzichtet hätte oder ob dem Pflichtteilsanspruch ein dauerndes Leistungsverweigerungsrecht entgegen gestanden hätte.[142]

---

[134] BFH BStBl. II 1999, 23.
[135] BFH BStBl. II 1999, 23.
[136] BFH DStR 2007, 1436.
[137] BFH BFH/NV 2007, 1456.
[138] *Mönch* DStR 1987, 139.
[139] BFH BFH/NV 2004, 341.
[140] Troll/Gebel/Jülicher/*Gebel* § 10 ErbStG Rn. 98.
[141] A. A. FG München, EFG 1991, 199.
[142] FG Rheinland-Pfalz vom 27. 4. 2007 – 4 K 2164/04 n. v.; FG München EFG 2002, 1625; FG München UVR 1993, 55.

62 Die Pflichtteilslast ist wie der Pflichtteilsanspruch gem. §§ 12 Abs. 1 ErbStG, 12 Abs. 1 BewG stets mit dem **Nennwert der Kapitalforderung** zu bewerten. Dies gilt auch dann, wenn der Pflichtteilsanspruch durch eine Sachleistung erfüllt werden soll.[143] Denn eine Leistung an Erfüllungs statt ist erbschaftsteuerlich ohne Relevanz. Die Vereinbarung einer Leistung an Erfüllungs statt ändert nichts an der Eigenschaft des Pflichtteilsanspruchs als Kapitalforderung und der Pflichtteilsverbindlichkeit als Kapitalverbindlichkeit.[144]

63 Abzugsfähig als **Pflichtteilslast** gem. § 10 Abs. 5 Nr. 2 ErbStG ist auch die Verpflichtung des Erben, die aus einem geltend gemachten **Pflichtteilsergänzungsanspruch** resultiert.

Ein Pflichtteilsergänzungsanspruch liegt gem. § 2325 Abs. 1 bis 3 BGB als rechtlich selbständiger außerordentlicher Pflichtteilsanspruch dann vor, wenn der Erblasser innerhalb der letzten 10 Jahre vor Eintritt des Erbfalles einem Dritten eine Schenkung zugewendet hat und sich hierdurch der Pflichtteilsanspruch verringern würde. Der Pflichtteilsberechtigte erhält insoweit einen Ergänzungsanspruch, der gem. § 2329 BGB auch gegen den Beschenkten gerichtet sein kann. Ist die Schenkung allerdings an den Ehegatten erfolgt, so beginnt die Zehnjahresfrist nicht vor Auflösung der Ehe.

Zur Ermittlung des Pflichtteilsergänzungsanspruches wird das Geschenk bei Eintritt des Erbfalles dem Nachlass hinzugerechnet und aus dem so erhöhten Wert des Pflichtteils berechnet. Aus der Differenz entsteht der Anspruch des Pflichtteilsberechtigten auf Ergänzung.[145] Im Zuge des am 1. 1. 2010 in Kraft getretenen Gesetzes zur Änderung des Erb- und Verjährungsrechts[146] wurde in § 2325 Abs. 3 BGB eine Wertregelung eingefügt. Danach wird die Schenkung innerhalb eines Jahres vor dem Erbfall in vollem Umfang und innerhalb jedes weiteren Jahres vor dem Erbfall um jeweils $1/10$ geringer berücksichtigt. Die Schenkung verliert damit wertmäßig an Bedeutung, je länger sie beim Erbfall zurückliegt: pro rata temporis werden Schenkungen mit jedem seit der Schenkung vergangen Jahr um $1/10$ weniger berücksichtigt. Nur, wenn der Erblasser innerhalb des ersten Jahres nach Schenkungsvollzug verstirbt, wird sie mit ihrem vollen Wert in die Berechnung einbezogen. Sind zehn Jahre seit der Leistung des verschenkten Gegenstandes verstrichen, bleibt die Schenkung unberücksichtigt. Ist die Schenkung an den Ehegatten erfolgt, so beginnt die Frist nicht vor Auflösung der Ehe.[147]

Die Verpflichtung des Beschenkten zur Herausgabe des Geschenkes an den Pflichtteilsberechtigten gemäß § 2329 BGB ist keine Schuld i. S. d. § 10 Abs. 5 Nr. 2 ErbStG.[148] Wird das Geschenk herausgegeben, erlischt die mit der Schenkung entstandene Schenkungsteuer gem. § 29 Abs. 1 Nr. 1 ErbStG mit Wirkung für die Vergangenheit. Hat der Beschenkte nicht das Erlangte herauszugeben, sondern eine Abfindung an den Pflichtteilsberechtigten zu zahlen, weil er gem. § 2329 BGB die Herausgabe durch Zahlung abwenden möchte, so kann der Beschenkte diese Zahlung wie eine Erbfallschuld erwerbsmindernd vom Steuerwert des Zuwendungsgegenstandes abziehen.[149]

64 Zahlt der Verpflichtete für den **Verzicht auf den Pflichtteil, den Pflichtteilsergänzungsanspruch oder aufgrund eines Erbschaftsvertrags** gem. § 311b Abs. 5 BGB an den Berechtigten eine **Abfindung**, so kann er gem. § 10 Abs. 5 Nr. 3 ErbStG den steuerlichen Wert der Abfindung bei der Ermittlung seines Erwerbs als Nachlassverbindlichkeit abziehen.[150] Die Abfindung ist jedoch nur dann als eine abzugsfähige Nachlassverbindlichkeit zu berücksichtigen, wenn sie zur Zahlung fällig ist. Ist die Zahlung der Abfindung aufgrund des Erbschaftsvertrages oder einer anderen Vereinbarung aufschiebend bedingt, kann der Abzug der Abfindung als Nachlassverbindlichkeit erst beim Eintritt der Bedingung stattfinden.[151] Die Besteuerung des Erwerbs ist dann auf Antrag des Erben gem. §§ 6 Abs. 2 BewG, 175 Abs. 1 Satz 1 Nr. 2 AO zu berichtigen.

---

[143] BFH BStBl. II 1999, 23.
[144] BFH BStBl. II 1999, 23.
[145] Palandt/*Edenhofer* § 2325 BGB Rn. 1.
[146] Gesetz v. 24. 9. 2009, BGBl. I 2009, 3142.
[147] *Klinger/Mörtl* NJW-Spezial 2009, 503; *Wälzholz* DStR 2009, 2104.
[148] BFH BStBl. II 2004, 124; BFH BFH/NV 2005, 2011.
[149] BFH BStBl. II 2004, 124; BFH BFH/NV 2005, 2011.
[150] BFH BStBl. II 1981, 473.
[151] Troll/Gebel/Jülicher/*Gebel* § 3 ErbStG Rn. 332.

Anders liegt hingegen der Fall, wenn Eheleute ihre Kinder im Wege eines Berliner Testaments zu Schlusserben eingesetzt haben und diese mit dem überlebenden Ehegatten vereinbart haben, jeweils gegen Zahlung einer erst mit dessen Tod fälligen Abfindung auf die Geltendmachung der Pflichtteile nach dem erstverstorbenen Ehegatten zu verzichten. Dann können die Kinder beim Tod des überlebenden Ehegatten keine Nachlassverbindlichkeit i. S. des § 10 Abs. 5 Nr. 1 ErbStG aus dieser Vereinbarung abziehen, da die Abfindungsverpflichtungen für den überlebenden Ehegatten keine wirtschaftliche Belastung darstellen.[152]

3. Besonderheiten

a) **Pflichtteil und Vergünstigungen nach §§ 13a, 19a ErbStG.**[153] § 13a ErbStG sieht eine Steuerbefreiung für Betriebsvermögen, Betriebe der Land- und Forstwirtschaft und Anteile an Kapitalgesellschaften vor. So bleibt gem. § 13a Abs. 1 ErbStG der Wert von Betriebsvermögen, land- und forstwirtschaftlichem Vermögen und Anteilen an Kapitalgesellschaften im Sinne des § 13b Abs. 4 ErbStG,[154] d. h. 85 v. H. des genannten Vermögens, insgesamt außer Ansatz (Verschonungsabschlag). Voraussetzung für die Gewährung dieses Verschonungsabschlags ist, dass die Summe der maßgeblichen jährlichen Lohnsummen nach § 13a Abs. 4 ErbStG des Betriebs, bei Beteiligungen an einer Personengesellschaft oder Anteilen an einer Kapitalgesellschaft des Betriebs der jeweiligen Gesellschaft innerhalb von 7 Jahren nach dem Erwerb (Lohnsummenfrist) insgesamt 650 v. H. der Ausgangslohnsumme nicht unterschreitet (Mindestlohnsumme). Unmittelbare oder mittelbare Beteiligungen des Betriebs werden bei Vorliegen der Voraussetzungen des § 13a Abs. 4 Satz 5 ErbStG bei der Lohnsummenberechnung berücksichtigt. Ausgangslohnsumme ist die durchschnittliche Lohnsumme der letzten 5 vor dem Zeitpunkt der Entstehung der Steuer endenden Wirtschaftsjahre. Unterschreitet die Summe der maßgeblichen jährlichen Lohnsummen die Mindestlohnsumme, vermindert sich der Verschonungsabschlag mit Wirkung für die Vergangenheit in demselben prozentualen Umfang, wie die Mindestlohnsumme unterschritten wird.

§ 13a Abs. 2 ErbStG sieht zudem einen sog. Abzugsbetrag vor. Der nicht unter § 13b Abs. 4 ErbStG fallende Teil, d. h. der über den Verschonungsabschlag von 85 v. H. des genannten Vermögens hinausgehende Teil des Vermögens bleibt außer Ansatz, soweit der Wert des Vermögens insgesamt € 150.000,– nicht übersteigt. Der Abzugsbetrag verringert sich, wenn der Wert dieses Vermögens insgesamt die Wertgrenze von € 150.000,– übersteigt, um 50 v. H. des diese Wertgrenze übersteigenden Betrags. Der Abzugsbetrag kann innerhalb von 10 Jahren für von derselben Person anfallende Erwerbe nur einmal berücksichtigt werden. Der Abzugsbetrag soll eine Wertermittlung und aufwendige Überwachung von Klein- und Kleinstbetrieben ersparen.[155]

§ 13b Abs. 1 und Abs. 2 ErbStG[156] definieren den Begriff des begünstigten Vermögens i. S. d. § 13a Abs. 1 ErbStG. Dazu gehört im Grundsatz der inländische Wirtschaftsteil eines land- und forstwirtschaftlichen Vermögens, inländisches Betriebsvermögen und entsprechendes land- und forstwirtschaftliches Vermögen bzw. Betriebsvermögen, das einer Betriebsstätte in einem Mitgliedstaat der EU/des EWR dient sowie Anteile an Kapitalgesellschaften, wenn die Kapitalgesellschaft ihren Sitz oder ihre Geschäftsleitung im Inland, einem Mitgliedstaat der EU/des EWR hat und der Erblasser/Schenker am Nennkapital der Gesellschaft zu mehr als 25 v. H. beteiligt war. Die Neuregelung nimmt damit auch in der EU/dem EWR belegenes land- und forstwirtschaftliches Vermögen, Betriebsvermögen und Anteile an Kapitalgesellschaften in die Begünstigung auf, da eine Ungleichbehandlung dieses Vermögens gegenüber inländischem Vermögen gegen die EG-Grundfreiheiten verstoßen würde.[157]

---

[152] BFH DStR 2007, 1436; *Berresheim* ZErb 2007, 436.
[153] ErbStG vom 24. 12. 2008 (BGBl. I 2008, 3018).
[154] ErbStG vom 24. 12. 2008 (BGBl. I 2008, 3018).
[155] Begründung zum Entwurf eines Gesetzes zur Reform des Erbschaftsteuer- und Bewertungsrechts (ErbStRG) vom 11. 12. 2007, BR-Drucksache 4/2008.
[156] ErbStG vom 24. 12. 2008 (BGBl. I 2008, 3018).
[157] EuGH DStRE 2008, 174.

Von der Begünstigung ausgenommen bleibt gem. § 13 b Abs. 2 ErbStG Vermögen, wenn das land- und forstwirtschaftliche Vermögen oder das Betriebsvermögen des Betriebs oder der Gesellschaften jeweils zu mehr als 50 v. H. aus Verwaltungsvermögen besteht. D. h., das Verwaltungsvermögen darf einen Anteil von 50 v. H. des Betriebsvermögens nicht überschreiten, da ansonsten das gesamte Betriebsvermögen als nicht begünstigt gilt. Als Verwaltungsvermögen gelten u. a. Dritten zur Nutzung überlassene Grundstücke, Anteile an Kapitalgesellschaften, wenn die Beteiligung am Nennkapital dieser Gesellschaften 25 v. H. oder weniger beträgt und sie nicht dem Hauptzweck des Gewerbebetriebs eines Kreditinstituts, eines Finanzdienstleistungsinstituts i. S. d. § 1 Abs. 1 und § 1 a KWG oder eines Versicherungsunternehmens zuzurechnen ist. Wertpapiere, vergleichbare Forderungen sowie Kunstgegenstände, Münzen und Edelmetalle zählen ebenfalls zum Verwaltungsvermögen, wenn der Handel mit diesen Gegenständen oder deren Verarbeitung nicht der Hauptzweck des Gewerbebetriebes ist. Der Anteil des Verwaltungsvermögens am gesamten Betriebsvermögen bestimmt sich nach dem Verhältnis des gemeinen Werts der Gegenstände des Verwaltungsvermögens als Einzelwirtschaftsgüter zum gemeinen Wert des Betriebs. Verwaltungsvermögen bei einem Anteil von maximal 50 v. H. des Betriebsvermögens ist nur dann begünstigt, wenn es zum Besteuerungszeitpunkt bereits 2 Jahre dem Betrieb zuzurechnen war.

§ 13 a Abs. 5 ErbStG sieht für die Begünstigung eine Haltefrist vor. Bis zum 31. 12. 2009 waren diese Haltefristen auf 7 Jahre und 10 Jahre festgelegt. Mit dem zum 1. 1. 2010 in Kraft getretenen **Wachstumsbescheunigungsgesetz** (BGBl. I 2009, 3950) wurden die Haltefristen auf 5 Jahre und auf 7 Jahre und auch die Lohnsummen reduziert. Danach muss das im Besteuerungszeitraum vorhandene Betriebsvermögen nur noch über 5 Jahre im Betrieb gehalten werden. Verstöße gegen die Haltefrist lösen eine zeitanteilige Nachversteuerung gem. § 13 a Abs. 5 Satz 2 ErbStG aus.

Gem. § 13 a Abs. 8 ErbStG kann der Erwerber des begünstigten Betriebsvermögens unwiderruflich erklären, dass

- an die Stelle der Lohnsummenfrist von 5 Jahren eine Lohnsummenfrist von 7 Jahren;
- an die Stelle der Lohnsumme von 400 v. H. eine Lohnsumme von 700 v. H.;
- an die Stelle der Behaltensfrist von 5 Jahren eine Behaltensfrist von 7 Jahren;
- an die Stelle des Verwaltungsvermögens von maximal 50 v. H. ein Prozentsatz von maximal 10 v. H.

tritt.

In diesem Fall erhöht sich die Begünstigung des Betriebsvermögens von 85 v. H. auf 100 v. H.

66 Fraglich ist, wer als Erwerber des begünstigten Vermögens in Betracht kommt und ob dies auch der Pflichtteilsberechtigte sein kann. Da auch die Neufassung des § 13 a ErbStG mit Ausnahme der Regelung in § 13 a Abs. 3 ErbStG, die bereits in der Vorfassung[158] enthalten war und nach welcher die Begünstigung nicht in Anspruch genommen werden kann, soweit der Erwerber des begünstigten Vermögens dieses auf Grund einer letztwilligen oder rechtsgeschäftlichen Verfügung des Erblassers auf einen Dritten überträgt, keine Aussage zum begünstigten Erwerberkreis trifft, ist die Frage, ob der Pflichtteilsberechtigte zum begünstigten Erwerberkreis des § 13 a ErbStG gehört, gesetzlich weiterhin nicht geregelt.

Die Finanzverwaltung[159] hat die Vorgängervorschrift des § 13 a ErbStG[160] dahingehend ausgelegt, dass begünstigte Erwerber von Todes wegen alle Personen sind, deren unmittelbarer **Erwerb vom Erblasser aus begünstigtem Vermögen** besteht. Dazu zählt u. a. der Erwerb durch Vermächtnis, der Erwerb durch Schenkung auf den Todesfall, der Erwerb durch Vertrag zugunsten Dritter und der Erwerb infolge Vollziehung einer vom Erblasser angeordneten Auflage oder infolge Erteilung einer vom Erblasser gesetzten Bedingung. Voraussetzung

---

[158] ErbStG in der Fassung der Bekanntmachung vom 27. 2. 1997 (BGBl. I 1997, 378), zuletzt geändert durch Gesetz vom 10. 10. 2007 (BGBl. I 2007, 2332).
[159] R 55 Abs. 1 ErbStR.
[160] ErbStG in der Fassung der Bekanntmachung vom 27. 2. 1997 (BGBl. I 1997, 378), zuletzt geändert durch Gesetz vom 10. 10. 2007 (BGBl. I 2007, 2332).

I. Erbschaftsteuer

für die Anwendbarkeit des § 13 a ErbStG ist nach Ansicht der Finanzverwaltung,[161] dass der **Erblasser selbst dem Erwerber von ihm stammendes begünstigtes Vermögen zugewiesen** hat. Deshalb sind nach Auffassung der Finanzverwaltung die Erwerbe nicht begünstigt, die ursprünglich – z. B. wie im Fall des Pflichtteilsanspruchs – auf eine Geldleistung gerichtet sind.

Nach Ansicht der Finanzverwaltung[162] sollen auch die Fälle ausgeschlossen sein, bei denen der Pflichtteilsanspruch durch Übertragung von nach § 13 a ErbStG begünstigtem Vermögen erfüllt wird. Vereinbaren also der Pflichtteilsberechtigte und der Erbe, dass **statt einer Geldleistung an Erfüllungs statt begünstigtes Vermögen** i. S. d. § 13 a ErbStG (z. B. ein Betrieb oder ein Mitunternehmeranteil) übertragen wird, dann sind die Vergünstigungen des § 13 a ErbStG nach Auffassung der Finanzverwaltung dem Pflichtteilsberechtigten nicht zu gewähren. Die Finanzverwaltung begründet ihre Auffassung damit, dass der Erblasser das begünstigte Vermögen in eigener Person dem Erwerber zugewiesen haben muss, was nicht der Fall ist, wenn der Pflichtteilsanspruch seitens des Erben durch begünstigtes Vermögen aus dem Nachlass erfüllt wird.

Die Ansicht der Finanzverwaltung ist auf **Kritik** aus dem Schrifttum[163] gestoßen. So wird vertreten, dass die Einschränkung des § 13 a ErbStG auf Zuwendungen durch den Erblasser keine Stütze im Wortlaut des § 13 a ErbStG finde und zudem der Zweck der Vorschrift – die Fortführung betrieblich gebundenen Vermögens über die Generationen – durch die Einschränkung verfehlt werde. So könne auch der Pflichtteilsberechtigte, welcher den Betrieb aufgrund einer Vereinbarung mit dem Erben zur Abgeltung seines Pflichtteilsanspruchs erhält, ohne weiteres den Betrieb fortführen. Zumindest in den Fällen, in denen die Befriedigung des Pflichtteilsberechtigten durch den restlichen Nachlass nicht möglich oder nicht zumutbar ist, sollte auch bei einer Unternehmensübertragung an Erfüllungs statt die Vergünstigung des § 13 a ErbStG zu gewähren sein.[164]

Der Pflichtteilsberechtigte kann alternativ anstatt der Geltendmachung des Pflichtteilsanspruchs auch auf den entstandenen Pflichtteilsanspruch gegen Leistung einer **Abfindung** gem. § 3 Abs. 2 Nr. 4 ErbStG **in Form von** nach § 13 a ErbStG **begünstigtem Vermögen** verzichten. In diesem Fall gilt die Abfindung als vom Erblasser zugewendet. Auch hier ist sowohl nach Ansicht der Finanzverwaltung[165] als auch nach der Rechtsprechung[166] die Begünstigung des § 13 a ErbStG a. F. nicht anwendbar, weil der Erblasser tatsächlich nicht selbst das begünstigte Vermögen zugewiesen hat. Die gesetzliche Fiktion des § 3 Abs. 2 Nr. 4 ErbStG reicht insoweit nicht aus. Begründet wird diese Auffassung mit dem Willen des Gesetzgebers. Nach dessen Willen soll die Steuerbegünstigung des § 13 a ErbStG a. F. dem vom Erblasser bestimmten Übergang des Betriebsvermögens auf den Letzterwerber folgen (BT-Drucksache 13/4839). Entscheidend sei die Testierfreiheit des Erblassers. Diese ist im Fall der Leistung einer Abfindung für den entstandenen Pflichtteil nicht gegeben. Die Begünstigung steht allein dem Erben und nicht dem Pflichtteilsberechtigten zu. *Jülicher*[167] ist der Auffassung, dass die frühere Bedingung der Finanzverwaltung für die Begünstigung des § 13 a ErbStG, dass der Erblasser selbst von ihm stammendes begünstigtes Vermögen dem Erwerber zugewiesen haben müsse, ab 1. 1. 2009 nicht mehr aufrechterhalten werden kann. Anders als in § 13 a ErbStG a. F. enthält § 13 a ErbStG n. F. keine Nennung von Tatbeständen mehr, bei denen in Abweichung von den steuerbaren Tatbeständen der §§ 3 bis 7 ErbStG die Begünstigungen eingeschränkt, nur einem bestimmten Erwerber oder gar nicht gewährt werden. Dies betrifft insbesondere Abfindungserwerbe nach § 3 Abs. 2 Nr. 4 ErbStG, bei denen z. B. der Pflichtteilsberechtigte als Abfindung für den Verzicht auf den entstandenen Pflichtteilsanspruch nach § 13 a ErbStG begünstigtes Vermögen erhält.

---

[161] R 55 Abs. 4 Satz 1 ErbStR.
[162] R 55 Abs. 4 Satz 2 ErbStR.
[163] Troll/Gebel/Jülicher/*Jülicher* § 13 a ErbStG Rn. 25.
[164] *Litzenburger* FD-ErbR 2007, Nr. 231 564.
[165] R 55 Abs. 4 Satz 4 ErbStR.
[166] FG Nürnberg DStRE 2007, 1029.
[167] Troll/Gebel/Jülicher/*Jülicher* § 13 a ErbStG Rn. 76 ff.

68 **Beispiel: Leistung einer Abfindung in Form von begünstigtem Betriebsvermögen** nach § 13a ErbStG a. F. (Fall nach FG Nürnberg, Urteil vom 7. 12. 2006, IV 240/2004, DStRE 2007, 1029).
Sachverhalt: Testamentarische Alleinerbin des verstorbenen E war seine Ehefrau A. Nach dem gemeinsamen Testament von E und A sollten die beiden Kinder B und C nur ihre Pflichtteile erhalten. Zum Vermögen des Erblassers gehörten im Todeszeitpunkt auch zwei Stammeinlagen an der in Deutschland ansässigen A-GmbH i. H. v. DM 780.000,– und DM 1.300.000,–. Der Erblasser E war an der GmbH zu mehr als 25% beteiligt. Nach dem Tod des E entwarf der steuerliche Berater Vergleichsvorschläge, nach welchen die testamentarische Alleinerbin A diese Gesellschaftsanteile auf B und C zur Abgeltung aller gegenseitigen Ansprüche aus dem Erbteil E – unabhängig davon, ob diese schon geltend gemacht wurden – übertragen sollte. Nachdem die Gesellschaftsanteile notariell auf B übertragen worden waren, war zwischen B und dem Finanzamt u. a. streitig, ob für die erworbenen GmbH-Anteile der Freibetrag und der Bewertungsabschlag nach § 13a ErbStG zu gewähren sei.

Lösung des FG: Nach Auffassung der Finanzverwaltung in R 55 Abs. 4 Satz 4 ErbStG ist § 13a ErbStG nicht anzuwenden, wenn als Abfindung für den Verzicht auf den entstandenen Pflichtteilsanspruch begünstigtes Vermögen übertragen wird. Hier habe nicht der Erblasser selbst dem Verzichtenden das begünstigte Vermögen zugewiesen, sondern erst die Vereinbarung mit den Erben (hier: A) den Vermögensübergang begründet. Der Senat folgt dieser Auffassung. Nach dem Willen des Gesetzgebers sollen Steuerentlastungen grundsätzlich dem – vom Erblasser bestimmten – Übergang des Betriebsvermögens auf den Letzterwerber folgen. Beim Erwerb von Todes wegen soll immer derjenige entlastet werden, dem nach dem Willen des Unternehmers das Vermögen letztendlich zugewendet wird. Da E im Streitfall keine letztwillige Verfügung getroffen hat, dass B die GmbH-Anteile erhalten solle, sondern nur A als Alleinerbin einsetzte und diese rechtsgeschäftlich mit B die Abtretung der Kapitalanteile vereinbarte, beruht der Übergang dieser Anteile nicht auf dem Willen des Erblassers. Der BFH hat mit Beschluss vom 4. 3. 2008 – II B 28/07 – die Nichtzulassungsbeschwerde gegen das Urteil des FG Nürnberg als unbegründet abgewiesen.

Muss der Pflichtteilsberechtigte durch Vermögen i. S. d. § 13a ErbStG aus dem Nachlass des Erblassers bedient werden, weil kein sonstiges Vermögen vorhanden ist, sollte von den Beteiligten auf jeden Fall der Weg der Abfindung gegen Verzicht auf den entstandenen Pflichtteilsanspruch gem. § 3 Abs. 2 Nr. 4 ErbStG gewählt werden. In diesem Fall behält zumindest der Erbe die Begünstigungen des § 13a ErbStG, da nach Auffassung der Finanzverwaltung[168] kein Verstoß gegen die Behaltensregelungen vorliegt, wenn begünstigtes Vermögen als Abfindung nach § 3 Abs. 2 Nr. 4 ErbStG übertragen wird.[169]

69 § 19a ErbStG[170] sieht für den steuerpflichtigen Erwerb von Betriebsvermögen, land- und forstwirtschaftlichem Vermögen und Anteilen an Kapitalgesellschaften durch eine natürliche Person der Steuerklasse II und III eine Tarifbegrenzung bei der Erbschaftsteuer vor (Entlastungsbetrag). Nach Ansicht der Finanzverwaltung[171] gelten für § 19a ErbStG dieselben Grundsätze wie für § 13a ErbStG, d. h. die Tarifbegrenzung steht dem Pflichtteilsberechtigten nicht zu.

70 **b) Pflichtteilslast und steuerbefreite Vermögensgegenstände.** Befinden sich im Nachlass Vermögensgegenstände, die nicht der Besteuerung durch das ErbStG unterliegen – weil sie **nicht steuerbar** oder **steuerbefreit** sind – und stehen mit diesen Vermögensgegenständen **Schulden oder Lasten** in wirtschaftlichem Zusammenhang, können gem. § 10 Abs. 6 Satz 1 ErbStG diese Schulden und Lasten nicht abgezogen werden.

Gehören zum Nachlass Vermögensgegenstände, die **teilweise steuerbefreit** sind, können damit im wirtschaftlichen Zusammenhang stehende Schulden und Lasten gem. § 10 Abs. 6 Satz 3 ErbStG nur insoweit abgezogen werden, wie sie dem steuerpflichtigen Teil entsprechen.

71 Das Abzugsverbot des § 10 Abs. 6 ErbStG setzt voraus, dass zwischen einem nicht steuerbaren oder steuerbefreiten Vermögensgegenstand und einzelnen in den Erwerbsvorgang einbezogenen oder durch ihn ausgelösten Schulden und Lasten ein **wirtschaftlicher Zusammenhang** besteht. Ein wirtschaftlicher Zusammenhang liegt nach der Rechtsprechung[172] vor, wenn die Entstehung der Schuld ursächlich und unmittelbar auf Vorgängen beruht, die

---

[168] R 62 Abs. 2 Satz 1 Nr. 4 ErbStR.
[169] Troll/Gebel/*Jülicher* § 13a ErbStG Rn. 26.
[170] ErbStG vom 24. 12. 2008 (BGBl. I 2008, 3018).
[171] R 76 Abs. 1 ErbStR.
[172] BFH BStBl. II 1973, 3; BFH BStBl. II 1972, 416.

den Vermögensgegenstand betreffen und die Schuld den Vermögensgegenstand auch wirtschaftlich belastet. Davon ist insbesondere auszugehen, wenn die Schuld nach Entstehung und Zweckbestimmung mit dem erworbenen Vermögensgegenstand verknüpft ist,[173] d. h. ohne diesen nicht angefallen wäre[174] und sie den erworbenen Vermögensgegenstand wirtschaftlich belastet.[175]

So muss beispielsweise für die Annahme eines wirtschaftlichen Zusammenhangs bei der Belastung eines Grundstücks die Schuldaufnahme dem Erwerb (z. B. Belegung des Restkaufpreises durch Aufnahme einer Hypothek), der Herstellung, der Erhaltung oder Verbesserung des belasteten Grundstücks gedient haben.[176] Die hypothekarische Sicherung der Schuld an einem Grundstück reicht deshalb für sich allein noch nicht aus, um den wirtschaftlichen Zusammenhang mit dem Grundstück herbeizuführen.[177]

Entsprechendes gilt für die **Schuld zur Leistung des Pflichtteils**, die im wirtschaftlichen Zusammenhang mit der Erbschaft, durch deren Anfall der Pflichtteilsanspruch ausgelöst wird, steht.[178] Dass die Pflichtteilsschuld mit der Erbschaft in ihrer Gesamtheit verknüpft ist, folgt aus dem Charakter des Pflichtteilsrechts.[179] Der Pflichtteil ist wirtschaftlich ein Ersatz für den Vermögensentzug, der dadurch eintritt, dass ein gesetzlicher Erbe von der Erbfolge durch letztwillige Verfügung des Erblassers ausgeschlossen ist. Infolge dessen wird zwischen der Schuld zur Leistung des Pflichtteils und der Erbschaft ein wirtschaftlicher Zusammenhang begründet,[180] denn der durch letztwillige Verfügung eingesetzte Erbe kann nicht Erbe werden, ohne dass der Pflichtteilsanspruch entsteht. Daraus folgt zugleich, dass bei der Berechnung der abzugsfähigen Pflichtteilslast die steuerfreien Nachlassgegenstände auszuklammern sind; damit wirkt sich nur der Teil des geltend gemachten Pflichtteils bereicherungsmindernd aus, der auf den steuerpflichtigen Nachlass entfällt.[181] Demzufolge muss die Pflichtteilslast aufgeteilt werden. Abzugsfähig ist somit gem. § 10 Abs. 6 Satz 3 ErbStG nur der Teil der Pflichtteilsverbindlichkeit, der dem steuerpflichtigen Teil des Nachlasses entspricht.

Schulden und Lasten, die mit dem nach § 13a ErbStG begünstigten Vermögen in wirtschaftlichem Zusammenhang stehen, sind gem. § 10 Abs. 6 Sätze 4 und 5 ErbStG[182] nur mit dem Betrag abzugsfähig, der dem Verhältnis des nach Anwendung des § 13a ErbStG anzusetzenden Werts dieses Vermögens zu dem Wert vor Anwendung des § 13a ErbStG entspricht.

Nach § 13a ErbStG bleibt Betriebsvermögen, land- und forstwirtschaftliches Vermögen und Anteile an Kapitalgesellschaften i. S. d. § 13b Abs. 4 ErbStG unter bestimmten Voraussetzungen zu 85 v. H. bzw. zu 100 v. H. außer Ansatz. Darüber hinausgehendes Vermögen bleibt außer Ansatz, soweit der Wert des Vermögens € 150.000 nicht übersteigt (mit Abschmelzregelung).

Nach § 13c ErbStG werden bebaute Grundstücke oder Grundstücksteile, die im Inland oder einem Mitgliedstaat der EU/des EWR liegen und nicht zu begünstigtem Betriebsvermögen oder begünstigtem Vermögen eines Betriebs der Land- und Forstwirtschaft i. S. d. § 13a ErbStG gehören und zu Wohnzwecken vermietet werden, nur zu 90 v. H. ihres Wertes angesetzt. Sowohl im Fall des § 13a ErbStG als auch des § 13c ErbStG belastet die Pflichtteilsschuld die (teilweise) befreiten Vermögensgegenstände wirtschaftlich. Unbeachtlich ist dabei, dass bei mehreren Erben der Miterbe einen Erbanteil (§ 2032 BGB) und damit lediglich eine ideelle quotale Berechtigung am Gesamthandvermögen erwirbt. Für die Frage des wirtschaftlichen Zusammenhangs kommt es nicht entscheidend darauf an, ob eine unmit-

---

[173] BFH BStBl. II 1996, 11.
[174] BFH BStBl. II 2002, 823.
[175] BFH BStBl. II 1992, 635.
[176] BFH BStBl. III 1962, 535; H 31 ErbStR.
[177] BFH BStBl. III 1962, 535; H 31 ErbStR.
[178] BFH BStBl. II 1973, 3; BFH BStBl. II 1972, 416.
[179] FG Rheinland-Pfalz EFG 2004, 1467.
[180] BFH BStBl. II 1973, 3.
[181] FG Rheinland-Pfalz EFG 2004, 1467.
[182] ErbStG vom 24. 12. 2008 (BGBl. I 2008, 3018).

telbare rechtliche Beziehung besteht. Maßgeblich ist vielmehr, mit welchem Sachverhalt der Pflichtteilsanspruch verbunden ist. Wirtschaftlich gesehen ist der Pflichtteilsanspruch mit jedem einzelnen aktiven und passiven Vermögensgegenstand des Nachlasses unmittelbar und nicht bloß mittelbar verknüpft.[183] Das folgt daraus, dass Bemessungsgrundlage für den Pflichtteilsanspruch gem. § 2311 Abs. 1 BGB der Bestand und der Wert des Nachlasses zur Zeit des Erbfalls ist.

74   Beispiel: Steuerwert des Nachlasses

Alleinerbe des Erblassers E ist sein Sohn S. Tochter T macht den Pflichtteil i. H. v. € 750.000 geltend.

a) Wert des Nachlasses
Gewerbliches Einzelunternehmen
(40 % Verwaltungsvermögen):   € 1.500.000,–
Vermietetes Wohnhaus in Düsseldorf: € 2.000.000,–
Liquide Mittel: €   500.000,–
                                      € 4.000.000,–

Erblasserschulden (Hypothek Wohnhaus): € 1.000.000,–
Nettowert des Nachlasses: € 3.000.000,–

b) Steuerwerte
Gewerbliches Einzelunternehmen: € 1.500.000,–
./. Verschonungsabschlag 85 v. H. (§ 13 a Abs. 1 ErbStG):   € 1.275.000,–
                                               €   225.000,–

./. Abzugsbetrag (Kürzung € 225.000,– ./. € 150.000,– =
€ 75.000,–, davon 50% = € 37.500,– (§ 13 a Abs. 2 ErbStG): €   112.500,–
Steuerwert: €   112.500,–
Vermietetes Wohnhaus: € 2.000.000,–
./. Freibetrag gem. § 13 c Abs. 1 ErbStG: €   200.000,–
                                               € 1.800.000,–
Liquide Mittel: €   500.000,–
                                               € 2.412.500,–

Erblasserschulden: € 1.000.000
Ansatz gem. § 10 Abs. 5 Satz 5 ErbStG: €   900.000,–
                                               € 1.512.500,–

Aufteilung des Pflichtteilsanspruchs
Der Pflichtteilsanspruch entfällt auf:
• das nach § 13 a ErbStG begünstigte Vermögen
  € 750.000,– × € 1.500.000,– : € 3.000.000,– =   € 375.000,–
• das nach § 13 c ErbStG begünstigte Vermögen
  € 750.000,– × € 1.000.000,– : € 3.000.000,– =   € 250.000,–
• das nicht begünstigte Vermögen
  € 750.000,– × € 500.000,– : € 3.000.000,– =   € 125.000,–

Kürzung des anteiligen Pflichtteilsanspruchs
• begünstigtes Vermögen gem. § 13 a ErbStG
  € 375.000,– × € 112.500,– : € 1.500.000,–   € 28.125,–
• begünstigtes Vermögen gem. § 13 c ErbStG
  € 250.000,– × € 1.800.000,– : € 2.000.000,–   € 225.000,–
• nicht begünstigtes Vermögen   € 125.000,–
  Berücksichtigung des Pflichtteilsanspruchs
  d. h. der Steuerwert des Nachlasses beträgt   € 378.125,–
  (€ 1.512.500,– ./. € 378.125,–)   € 1.134.375,–

---

[183] FG Rheinland-Pfalz EFG 2004, 1467.

4. Gestaltungsmöglichkeiten

Gestaltungsmöglichkeiten.[184] Ein wichtiges Gestaltungsmittel zur Reduzierung der Erbschaftsteuerbelastung liegt in der einvernehmlichen Geltendmachung von Pflichtteilsansprüchen im Fall eines Berliner Testaments.[185] Im Rahmen des Berliner Testaments wünschen die letztwillig verfügenden Ehegatten häufig, dass dem überlebenden Ehegatten das gemeinsame Ehevermögen zu seinen Lebzeiten uneingeschränkt zustehen soll und den gemeinsamen Kindern das restliche Ehevermögen erst nach dem Tod des letztversterbenden Ehegatten zukommen soll. Um die Geltendmachung von Pflichtteilsansprüchen nach dem Tod des Erstversterbenden auszuschließen, wird häufig die Schlusserbeneinsetzung der Kinder gewählt. Dabei wird jedoch oft übersehen, dass gerade bei größeren Vermögen eine erhebliche Erbschaftsteuermehrbelastung entsteht, denn auf dem Weg zu den Schlusserben wird das Vermögen zweimal mit Erbschaftsteuer belastet. Abgesehen von der stetigen Progressionsbelastung werden beim ersten Erbfall die Freibeträge der Kinder nicht genutzt und beim zweiten Erbfall überschritten. Zur Ausnutzung der Freibeträge empfehlen sich hier eine Pflichtteilsgeltendmachung oder ein Verzicht auf den Pflichtteil gegen Abfindung bereits nach dem Tod des Erstversterbenden, und zwar ohne dass der überlebende Ehegatte den Pflichtteil oder die Abfindungsleistung erfüllen muss. Dies kann dadurch geschehen, dass der geltend gemachte Pflichtteil auf die Lebenszeit des überlebenden Ehegatten gestundet wird. Allerdings ist hier zu beachten, dass die Schlusserben nach Ansicht des BFH[186] die vereinbarte Abfindung nicht als Nachlassverbindlichkeit von ihrem Erwerb von Todes wegen nach dem längstlebenden Ehegatten nach § 10 Abs. 5 Nr. 1 ErbStG abziehen können, da die Abfindung den längstlebenden Ehegatten im Zeitpunkt seines Todes nicht wirtschaftlich belastet. Deshalb kommt alternativ eine sofortige Erfüllung des Pflichtteilsanspruchs durch Übertragung von Vermögensgegenständen unter Nießbrauchsvorbehalt am geleisteten Gegenstand in Betracht. Zur Absicherung des Nießbrauchers gegen Beeinträchtigungen sind schuldrechtliche Vereinbarungen gegen Veräußerungen und Belastungen des Nießbrauchsgegenstands zu treffen. Allerdings kann es auch hier zu steuerlichen Risiken kommen. Wird zur Abgeltung des Pflichtteilsanspruchs Betriebsvermögen oder steuerverstricktes Privatvermögen übertragen, beurteilen dies Rechtsprechung[187] und Finanzverwaltung[188] als entgeltlichen Vorgang. Als weitere steuerorientierte Gestaltungsmöglichkeit kann die Ausschlagung der Erbschaft durch den länger lebenden Ehegatten gegen Einräumung einer Abfindung in Betracht kommen. Dabei geht der Nachlass auf die Abkömmlinge über; in der Abfindungsvereinbarung können wiederum wesentliche Bestandteile des Nachlassvermögens auf den länger lebenden Ehegatten übertragen werden. Der überlebende Ehegatte kann in dieser Fallgestaltung infolge seiner Ausschlagung nun nach § 1371 Abs. 3 BGB den Zugewinnausgleich und das kleinere Pflichtteil verlangen. Zudem ist der Zugewinnausgleich nach § 5 Abs. 2 ErbStG von der Erbschaftsteuer befreit.[189]

Soll zwischen den Eltern und ihren Kindern ein Übertragungsvertrag über Grundbesitz geschlossen werden, wünschen die Eltern häufig, dass die Kinder als Gegenleistung nach dem Tod des erstversterbenden Elternteils nicht ihren Pflichtteil geltend machen. Insoweit bietet sich im Übertragungsvertrag die Aufnahme einer Klausel an, nach welcher die Kinder auf ihren Pflichtteil nach dem Tod des erstversterbenden Elternteils insoweit verzichten, als der Pflichtteilsanspruch zwar mit dem Erbfall entsteht, gegen den Willen des überlebenden Elternteils als Erben jedoch nicht durchsetzbar sein soll.[190] Die Erfüllung des Pflichtteilsanspruchs ist dann als Naturalobligation vom Willen des überlebenden Elternteils abhängig.[191] Vor Erfüllung des Pflichtteilsanspruchs durch den überlebenden Elternteil liegt mangels erb-

---
[184] Vgl. dazu auch *Paus* INF 1997, 193; *Daragan* DStR 1999, 393; *Berresheim* RNotZ 2007, 501.
[185] *Berresheim* ZErb 2007, 436; *Dressler* NJW 1997, 2948.
[186] BFH, DStR 2007, 1436.
[187] BFH BStBl. II 2005, 554.
[188] BMF, ZEV 2006, 154.
[189] *Bühler* BB 1997, 551; Mayer/Süß/Tanck/Bittler/Wälzholz/*Wälzholz*, § 17 Rn. 121.
[190] *Hartmann* DNotZ 2007, 812.
[191] *Hartmann* DNotZ 2007, 812.

schaftsteuerlicher Bereicherung kein Erwerb i. S. des § 3 Abs. 1 Nr. 1 ErbStG vor, sodass keine Erbschaftsteuer entsteht. Mit Erfüllung des geltend gemachten Pflichtteilsanspruchs durch den überlebenden Ehegatten kann der Pflichtteilsberechtigte den Freibetrag ausnutzen und der überlebende Ehegatte kann als Erbe korrespondierend zum geltend gemachten Pflichtteilsanspruch die Pflichtteilsforderung als Nachlassverbindlichkeit gem. § 10 Abs. 5 Nr. 2 ErbStG abziehen. In Rechtsprechung[192] und Lehre[193] ist anerkannt, dass die Erfüllung einer Naturalobligation keine unentgeltliche Zuwendung i. S. des § 7 Abs. 1 Nr. 1 ErbStG darstellt. Denn die freigebige Zuwendung i. S. des § 7 Abs. 1 Nr. 1 ErbStG verlangt den Willen zur Unentgeltlichkeit. Dieser liegt jedoch nur dann vor, wenn sich der Zuwendende bewusst ist, dass er seine Leistung ohne Verpflichtung und ohne rechtlichen Zusammenhang mit einer Gegenleistung erbringt.[194] Da die Naturalobligation eine unvollkommene Verbindlichkeit ist, leistet der überlebende Ehegatte bei Erfüllung des geltend gemachten Pflichtteils an seine Kinder nicht ohne Verpflichtung und damit nicht mit dem Willen zur Unentgeltlichkeit.

5. Schematische Darstellung zur Besteuerung von Pflichtteilsansprüchen

Zeitschiene	Pflichtteilsberechtigter	Pflichtteilsverpflichteter
1. Zu Lebzeiten des Erblassers • Verzicht auf das Pflichtteilsrecht	a) ohne Abfindung: nicht steuerbar b) gegen Abfindung: steuerpflichtig gem. § 7 Abs. 1 Nr. 5 ErbStG bzw. bei einem Erbschaftsvertrag gem. § 7 Abs. 1 Nr. 1 ErbStG	• nicht relevant
2. Nach dem Tod des Erblassers • Todeszeitpunkt (Entstehung des Pflichtteilsanspruchs gem. § 2317 Abs. 2 BGB)	• nicht steuerbar	• nicht abzugsfähig
• Unterlassung der Geltendmachung des Pflichtteilsanspruchs	a) ohne Abfindung: nicht steuerbar (§ 13 Abs. 1 Nr. 11 ErbStG) b) gegen Abfindung: steuerpflichtig gem. § 3 Abs. 2 Nr. 4 ErbStG	a) ohne Abfindung: nicht abzugsfähig b) gegen Abfindung: abzugsfähig gem. § 10 Abs. 5 Nr. 3 ErbStG
• Geltendmachung des Pflichtteilsanspruchs	• steuerpflichtig gem. § 3 Abs. 1 Nr. 1 i. V. m. § 9 Abs. 1 Nr. 1 b ErbStG	• abzugsfähig gem. § 10 Abs. 5 Nr. 2 ErbStG
• Verzicht auf den Pflichtteilsanspruch nach Geltendmachung	• Steuerpflicht bleibt bestehen, ggf. zusätzlich freigebige Zuwendung i. S. d. § 7 Abs. 1 Nr. 1 ErbStG, sofern Verzicht unentgeltlich erfolgt	• nicht abzugsfähig

---

[192] BFH BStBl. II 1994, 366.
[193] Troll/Gebel/Jülicher/*Gebel* § 3 ErbStG Rn. 232.
[194] BFH BStBl. II 1994, 366; BFH BStBl. II 1992, 921.

II. Einkommensteuer

1. Allgemeine Grundsätze

Gem. § 2 Abs. 1 Ziffer 1 bis 7 des Einkommensteuergesetzes (EStG) unterliegen der Einkommensteuer: 78

- Einkünfte aus Land- und Forstwirtschaft;
- Einkünfte aus Gewerbebetrieb;
- Einkünfte aus selbständiger Tätigkeit;
- Einkünfte aus nichtselbständiger Arbeit;
- Einkünfte aus Kapitalvermögen;
- Einkünfte aus Vermietung und Verpachtung und
- sonstige Einkünfte im Sinne des § 22 EStG,

die der Steuerpflichtige während seiner unbeschränkten Einkommensteuerpflicht oder als inländische Einkünfte während seiner beschränkten Einkommensteuerpflicht erzielt.

Nachfolgend wird dargestellt, ob und inwieweit Bezüge, die der Pflichtteilsberechtigte erhält, für ihn steuerpflichtige Einnahmen i.S.d. EStG sind und ob der Pflichtteilsverpflichtete seinerseits die für ihn entstehenden Belastungen als Betriebsausgaben, als Werbungskosten, als Sonderausgaben oder als außergewöhnliche Belastungen abziehen kann.

Mit dem Tod des Erblassers geht sein Vermögen als Ganzes gem. § 1922 Abs. 1 BGB auf den Erben über. Gehört zum Nachlass ein **Betrieb oder Teilbetrieb**, tritt der Erbe – bei mehreren Erben die Erbengemeinschaft – als Gesamtrechtsnachfolger materiell-rechtlich in die Stellung des Erblassers ein.[195] Der Übergang eines Betriebs oder Teilbetriebs durch Erbfall ist als eine unentgeltliche Übertragung i.S.d. § 6 Abs. 3 EStG zu beurteilen,[196] d.h. der Erbe hat die Buchwerte des Erblassers fortzuführen. Gehört zum Nachlass ein **Mitunternehmeranteil** des Erblassers, tritt der Erbe gem. § 6 Abs. 3 EStG steuerrechtlich in die Rechtsstellung des Erblassers ein. Voraussetzung bei einer GbR ist, dass der Gesellschaftsvertrag eine entsprechende Nachfolge- bzw. Eintrittsklausel enthält. Daneben kann aber auch eine gesetzliche Fortsetzungsvorschrift wie § 177 HGB bei der KG bzw. § 131 HGB bei der OHG greifen. Der Erbe hat dann die anteiligen Buchwerte sowohl des Gesamthands- als auch des Sonderbetriebsvermögens fortzuführen. Wird der Erblasser von mehreren Erben beerbt und enthält der Gesellschaftsvertrag oder das Testament eine sog. qualifizierte Nachfolge- oder Eintrittsklausel, wird nur der dadurch bestimmte Erbe Rechtsnachfolger des Erblassers.[197] Die ihm auferlegte Wertausgleichsschuld gegenüber den weichenden Miterben stellt keine Anschaffungskosten des begünstigten Erben dar, da es an einem entgeltlichen Erwerbsvorgang fehlt.[198] 79

Gehören zum Nachlass Wirtschaftsgüter, die Privatvermögen des Erblassers waren, handelt es sich bei einer Erbschaft ebenfalls um einen unentgeltlichen Vorgang. Der Erbe tritt hinsichtlich der AfA-Bemessungsgrundlage bei abnutzbaren Wirtschaftsgütern in die Rechtsstellung des Erblassers ein (§ 11 d EStDV). 80

Von dem Erbfall zu unterscheiden ist eine ggf. später folgende Erbauseinandersetzung. Nach der früheren Rechtsprechung[199] waren der Erbfall und die zeitnahe Erbauseinandersetzung einkommensteuerlich als Einheit zu beurteilen. Diese Einheitsthese hat der BFH zwischenzeitlich aufgegeben. Der Große Senat des BFH[200] hat entschieden, dass die Erbauseinandersetzung nicht nur zivilrechtlich, sondern auch steuerrechtlich dem Erbfall als selbständiger Rechtsvorgang nachfolgt und mit diesem keine Einheit bildet. Die Finanzverwal- 81

---

[195] BFH BStBl. II 1997, 802.
[196] BFH GrS 2/89 BStBl. II 1990, 837.
[197] Zur steuerlichen Problematik qualifizierter Nachfolgeklauseln bei erbrechtlicher Übertragung des im Mitunternehmeranteil enthaltenen Sonderbetriebsvermögens vgl. *Reimann* ZEV 2002, 487.
[198] BFH BStBl. II 1994, 625, BFH BStBl. II 1990, 837.
[199] BFH BStBl. II 1987, 423.
[200] BFH GrS 2/89 BStBl. II 1990, 837.

tung hat sich der Auffassung des BFH angeschlossen.²⁰¹ Sofern im Zuge des Erbfalls Erbfallschulden, wie z. B. Pflichtteilsrechte entstehen, stellen diese keine Anschaffungskosten des Erben für die zum Nachlass gehörenden Wirtschaftsgüter dar.²⁰² Ebenso wie die Entstehung der Erbfallschulden führt deren Erfüllung nicht zu Anschaffungskosten des Erben für die zum Nachlass gehörenden Wirtschaftsgüter.²⁰³

82 Der Pflichtteilsanspruch entsteht gem. § 2317 Abs. 1 BGB mit Eintritt des Erbfalles. Er bedeutet eine **Umschichtung des Vermögens** und stellt **kein erzieltes Einkommen** dar, welches einer der sieben Einkunftsarten des § 2 Abs. 1 EStG unterfällt.²⁰⁴

Die Erfüllung eines Pflichtteilsanspruchs wird daher grundsätzlich – wie ein sonstiger Vermögensübergang im Erbwege – als einkommensteuerlich unbeachtlicher Vorgang der Privatsphäre behandelt. Er unterliegt nicht der Einkommensteuer, sondern der Erbschaftsteuer. Die Erfüllung eines Pflichtteilsanspruchs ist daher beim Pflichtteilsberechtigten **nicht einkommensteuerpflichtig** und bei dem Erben als Pflichtteilsverpflichteten **nicht abzugsfähig**.²⁰⁵

2. Pflichtteilsberechtigter

83 a) **Grundsatz.** Der Pflichtteilsanspruch ist eine Kapitalforderung, die auf eine **Geldleistung** gerichtet ist.²⁰⁶ Der Pflichtteilsanspruch ist deshalb grundsätzlich durch Geldleistung seitens des Erben gegenüber dem Pflichtteilsberechtigten zu erfüllen. Wird der geltend gemachte Pflichtteilsanspruch in Form einer **Geldleistung** erfüllt, unterliegt dieser Erwerb beim Pflichtteilsberechtigten nicht der Einkommensteuer, sondern gem. §§ 3 Abs. 1 Nr. 1, 9 Abs. 1 Nr. 1 b ErbStG der Erbschaftsteuer.²⁰⁷

Der Pflichtteilsanspruch des Berechtigten kann allerdings auf unterschiedliche Weise durch den verpflichteten Erben erfüllt werden. So kommt für die Erfüllung des Pflichtteilsanspruchs neben der Geldleistung auch eine Sachleistung an Erfüllungs statt (§ 364 BGB) oder eine Verrentung in Betracht.

84 b) **Pflichtteilsrente.** Der Pflichtteilsanspruch als Geldleistungsanspruch kann auch durch wiederkehrende Bezüge, insbesondere durch Rentenzahlungen, erfüllt werden. Diese Umwandlung des Geldleistungsanspruchs in eine Rente ist von der Fallgestaltung zu unterscheiden, in welcher der Pflichtteilsberechtigte auf seinen Pflichtteilsanspruch gegen Rentenleistungen verzichtet.

Im Zusammenhang mit der **Umwandlung des Geldleistungsanspruchs in wiederkehrende Bezüge** ist zu differenzieren, ob es sich um eine lebenslange unveränderliche Rente, um lebenslange veränderliche wiederkehrende Leistungen oder aber um eine zeitlich befristete Zahlung handelt.

85 Eine **Rente** wird regelmäßig auf die Lebenszeit des Berechtigten gezahlt.²⁰⁸ Renten sind wiederkehrende gleichmäßige aleatorische Leistungen, die Geld oder vertretbare Sachen zum Gegenstand haben und die sich auf einen besonderen Verpflichtungsgrund bzw. auf ein Rentenrecht zurückführen lassen.²⁰⁹ Bei Renten steht – im Unterschied zu Raten – der insgesamt zu zahlende Betrag nicht fest. Unterschieden wird zwischen Leibrenten, die sich nach der Lebensdauer des Berechtigten richten, abgekürzten Leibrenten, die neben der Lebensdauer des Berechtigten auf eine bestimmte Zeit begrenzt sind, verlängerten Leibrenten, die eine Mindestlaufzeit vorsehen und Zeitrenten, die stets auf eine bestimmte Zeit zu entrichten sind. Die Mindestdauer von Zeitrenten beträgt 10 Jahre, ansonsten liegt eine Ratenzahlung vor.²¹⁰

---

²⁰¹ BMF BStBl. I 1993, 62.
²⁰² BFH BStBl. II 1987, 621.
²⁰³ BFH BStBl. II 1994, 625; BMF BStBl. I 2006, 253 Rn. 35.
²⁰⁴ BFH BStBl. II 1995, 413.
²⁰⁵ BFH BStBl. II 1995, 413.
²⁰⁶ FG Rheinland-Pfalz vom 27. 4. 2007 – 4 K 2164/04 n.v.; FG München EFG 2002, 1625.
²⁰⁷ BFH BStBl. II 1993, 298.
²⁰⁸ Blümich/*Stuhrmann* § 22 EStG Rn. 35.
²⁰⁹ Schmidt/*Weber-Grellet* § 22 EStG Rn. 20.
²¹⁰ BFH BStBl. III 1963, 563.

Wiederkehrende Leistungen lassen sich ebenfalls auf einen besonderen Verpflichtungsgrund zurückführen; sie sind aber im Gegensatz zu Renten ungleichmäßig oder abänderbar.[211]

Werden die wiederkehrenden Bezüge (Renten oder wiederkehrende Leistungen) freiwillig oder aufgrund freiwillig begründeter Rechtspflicht oder einer gesetzlich unterhaltsberechtigten Person gewährt, so sind sie gem. § 22 Nr. 1 Satz 2 EStG einkommensteuerlich nicht dem Empfänger als steuerpflichtige Einnahmen zuzurechnen, wenn der Geber unbeschränkt einkommensteuerpflichtig oder unbeschränkt körperschaftsteuerpflichtig ist.[212]

Zuwendungen, die der Erbschaft- und Schenkungsteuer unterliegen, sind kein erzieltes Einkommen i. S. d. § 2 Abs. 1 EStG; sie unterliegen grundsätzlich nicht der Einkommensteuer.[213] Gleiches gilt für den Vermögensanfall durch Erbgang und die Auszahlung eines durch den Erbgang erworbenen Vermögensrechts, wie z. B. den Pflichtteil.[214] Wird ein solcher Anspruch in wiederkehrenden Bezügen – Renten oder wiederkehrende Leistungen – ausgezahlt, so ist die darin liegende Vermögensumschichtung nicht steuerbar.[215] Steuerbar ist lediglich der in den einzelnen Zahlungen enthaltene Zinsanteil gem. § 20 Abs. 1 Nr. 7 EStG, da es sich wirtschaftlich um einen darlehensähnlichen Vorgang handelt.[216]

Wiederkehrende Bezüge, mit denen ein Vermögensanspruch – wie der Pflichtteilsanspruch – erfüllt werden, enthalten regelmäßig einen Zinsanteil.[217] Die Forderung (das Stammrecht) besitzt einen bestimmten Kapitalwert, der sich durch die Abzinsung der Summe aller noch ausstehenden Teilbeträge ergibt, wobei jeder einzelne Teilbetrag aus einem Zins- und Tilgungsanteil besteht.[218] Der Zinsanteil bemisst sich nach der Höhe des jeweiligen allmählich geringer werdenden Barwerts der Forderung. Daraus folgt, dass wirtschaftlich gesehen in jedem Teilbetrag auch ein Zinsanteil enthalten ist.[219] Einer besonderen Vereinbarung über das Entgelt zur Nutzung bedarf es nicht. Sofern die Parteien vertraglich nicht einen anderen angemessenen Zinssatz vereinbart haben, erfolgt die Abzinsung mit einem Rechnungszinsfuß von 5,5 %.[220]

Beispiel: Steuerbarkeit von wiederkehrenden Leistungen zur Abgeltung des Pflichtteils (Fall nach BFH, Urteil vom 26. 11. 1992, X R 187/87, BStBl. II 1993, 298).

Sachverhalt: Die Klägerinnen A und B waren die gesetzlichen Erben des verstorbenen Vaters V. Aufgrund Testaments des verstorbenen Vaters P des V hatte V als Nacherbe von Seiten seines Bruders B, welcher einen Mitunternehmeranteil an einer OHG des P erhalten hatte, zur Abgeltung seines Pflichtteils auf die Dauer von 15 Jahren Zahlungen erhalten. Nach dem Tod der Nacherben V und B erhielten nunmehr die Klägerinnen A und B diese Zahlungen vom nacherbberechtigten Sohn S des B. Das Finanzamt sah in diesen Zahlungen wiederkehrende Bezüge i. S. d. § 22 Nr. 1 Satz 1 EStG.

Lösung des BFH: Die Bezüge der Klägerinnen A und B sind nicht nach § 22 Nr. 1 EStG mit ihrem vollen Betrag, sondern nur mit einem Zinsanteil – Zinsen als sonstige Kapitalforderungen nach § 20 Abs. 1 Nr. 7 EStG – steuerbar. Wird eine Forderung des Privatvermögens durch wiederkehrende Zahlungen beglichen, ist der Tilgungsanteil steuerlich unbeachtlich, unabhängig davon, ob die Zahlungen gleichmäßig oder in schwankender Höhe geleistet werden. Denn die Rentenzahlungen hatten die Funktion eines erbrechtlichen Wertausgleichs. Die Begleichung von erbrechtlichen Ansprüchen berührt jedoch nur die Vermögensebene des Berechtigten und ist insofern einkommensteuerrechtlich unbeachtlich. Wird die Auszahlung gestreckt, liegt ein darlehensähnlicher Vorgang vor. Dann sind nur die Einkünfte steuerbar, die durch Überlassung von Kapital zur Nutzung erzielt werden. Dies gilt auch dann, wenn die Vertragsparteien Zinsen nicht vereinbart oder sogar ausdrücklich ausgeschlossen haben

---

[211] BFH BStBl. II 1995, 169.
[212] BFH BStBl. II 1992, 612.
[213] BFH BStBl. II 1991, 350.
[214] BFH BStBl. II 1993, 298.
[215] BFH BStBl. II 1993, 298.
[216] BFH BStBl. II 1993, 298; Schmidt/*Weber-Grellet* § 20 EStG Rn. 15.
[217] A. A. FG Münster EFG 2009, 1220. Hiernach ist es zweifelhaft, ob unverzinsliche Forderungen gem. § 12 Abs. 3 BewG für Zwecke der Einkommensteuer abzuzinsen sind und der Zinsanteil bei Zahlung zu Einkünften aus Kapitalvermögen führt.
[218] FG Düsseldorf EFG 2008, 849 – Rev. eingelegt BFH VIII R 35/07 –.
[219] BFH BStBl. II 1970, 807.
[220] BFH BStBl. II 1981, 160.

(BFH BStBl. II 1987, 553). Bei der Bestimmung des Zinsanteils ist grundsätzlich von einem Rechnungszinsfuß von 5,5 v. H. auszugehen (BGH BStBl. II 1981, 160), sofern die Vertragspartner nicht einen höheren Zinssatz vereinbart haben.

90 c) **Abgeltung durch eine Sachleistung an Erfüllungs statt (§ 364 BGB).** Der Pflichtteilsberechtigte kann zur Abgeltung seines Pflichtteilsanspruchs anstelle der Geldleistung auch ein Ersatzwirtschaftsgut, wie z. B. ein Grundstück, an Erfüllungs statt erhalten. Das Ersatzwirtschaftsgut ist Surrogat für die Geldleistung. Es erfolgt zivilrechtlich insoweit kein Leistungsaustausch Geldleistung gegen Sachwert.[221]

91 Steuerlich ist zu differenzieren, ob das Wirtschaftsgut zum Privatvermögen oder zum Betriebsvermögen zählt.[222]

Die frühere Rechtsprechung[223] behandelte den Fall der Erfüllung des Pflichtteilsanspruchs durch Übertragung eines zum **Privatvermögen** gehörenden Wirtschaftsguts als unentgeltlichen Erwerb des Pflichtteilsberechtigten. Zur Begründung führte sie an, dass auch die Erfüllung des geltend gemachten Pflichtteilsanspruchs durch Übertragung eines Ersatzwirtschaftsguts aus dem Privatvermögen als Erwerb von Todes wegen anzusehen sei und deshalb allein der Erbschaftbesteuerung unterliege.

Nach der neueren Rechtsprechung[224] handelt es sich bei Leistungen an Erfüllungs statt des Erben an den Pflichtteilsberechtigten zur Erfüllung des Pflichtteilsanspruchs aus dem Privatvermögen, unabhängig von der zivilrechtlichen Beurteilung einer Leistung an Erfüllungs statt, einkommensteuerlich um einen entgeltlichen Anschaffungsvorgang.[225] Ein solcher entgeltlicher Anschaffungsvorgang liegt auch dann vor, wenn im abgekürzten Zahlungsweg der Erbe zur Erfüllung seiner Verpflichtung gegenüber dem Pflichtteilsberechtigten aufgrund einer gesonderten schuldrechtlichen Vereinbarung ein zum Privatvermögen gehörendes Wirtschaftsgut aus der Erbmasse an Erfüllungs statt (§ 364 Abs. 1 BGB) überträgt.[226]

Die insoweit von der früheren Rechtsprechung[227] vertretene entgegenstehende Ansicht, wonach der Pflichtteilsberechtigte, der zum Ausgleich seines Pflichtteilsanspruchs ein zum Privatvermögen gehörendes Wirtschaftsgut aus dem Nachlass erhält, dieses unmittelbar und unentgeltlich durch den Erbfall erhalte, ist vor dem Hintergrund der geänderten Rechtsprechung[228] überholt. Denn der Pflichtteilsberechtigte ist nicht am Nachlass beteiligt, sondern erhält gemäß § 2303 BGB lediglich einen schuldrechtlichen Anspruch auf Wertersatz in Geld gegenüber dem Erben. Die Übertragung des Eigentums an einem zum Privatvermögen gehörenden Nachlassgegenstand auf den Pflichtteilsberechtigten erfordert eine vom Erwerb des Pflichtteilsanspruchs durch Erbfall (§§ 2303, 2317 BGB) zu trennende weitere schuldrechtliche Vereinbarung zwischen dem Erben und dem Pflichtteilsberechtigten. Diese Vereinbarung, durch die das Eigentum an dem zum Privatvermögen gehörenden Gegenstand vom Erben auf den Pflichtteilsberechtigten übertragen wird, dient der Befreiung des Erben von seiner Nachlassverbindlichkeit gegenüber dem Pflichtteilsberechtigten und stellt somit ein entgeltliches Rechtsgeschäft dar, welches der Erfüllung des gesetzlich erworbenen Pflichtteilsanspruchs dient.[229]

Die **Finanzverwaltung**[230] hat sich der geänderten Rechtsprechung angeschlossen und behandelt die Erfüllung des Pflichtteilsanspruchs durch Übertragung eines zum Privatvermögen gehörenden Wirtschaftsguts mittlerweile ebenfalls als **entgeltlichen Vorgang**, d. h. beim Pflichtteilsberechtigten entstehen Anschaffungskosten für das übertragene Wirtschaftsgut in Höhe seines Pflichtteilsanspruchs. Beim Erben kann insoweit ein steuerpflichtiger Vorgang

---

[221] Blümich/*Ehmcke* § 6 EStG Rn. 237.
[222] BFH BStBl. II 1990, 847.
[223] BFH BFH/NV 2001, 1113; BFH BStBl. II 1982, 350; FG Köln EFG 1994, 94.
[224] BFH BStBl. II 2002, 775 (zur Grunderwerbsteuer); FG Berlin-Brandenburg EFG 2008, 1563.
[225] FG Berlin-Brandenburg EFG 2008, 1563.
[226] FG Berlin-Brandenburg EFG 2008, 1563.
[227] BFH BFH/NV 2001, 1113; BFH BStBl. II 1982, 350; FG Köln EFG 1994, 94.
[228] FG Berlin-Brandenburg EFG 2008, 1563; BFH BStBl. II 2002, 775.
[229] FG Berlin-Brandenburg EFG 2008, 1563; BFH BStBl. II 2002, 775.
[230] OFD Münster DStR 2006, 1415.

II. Einkommensteuer **92, 93 § 12**

entstehen, sofern das an Erfüllungs statt übertragene Wirtschaftsgut gem. §§ 17, 20 Abs. 2 EStG oder gem. § 23 EStG der Besteuerung unterliegt.

Wird der Pflichtteilsanspruch durch Übertragung eines Wirtschaftsgutes aus dem Betriebsvermögen erfüllt, liegt nach Ansicht der Rechtsprechung[231] und der Finanzverwaltung[232] ebenfalls ein entgeltliches Rechtsgeschäft vor. Das gilt auch dann, wenn zur Abgeltung von Pflichtteilsansprüchen der Pflichtteilsberechtigte an einem Unternehmen des Erben beteiligt wird, weil der Erbe im Gegenzug für die Beteiligung von einer Verbindlichkeit befreit wird. Eine analoge Anwendung des § 6 Abs. 3 EStG kommt nicht in Betracht, da der Pflichtteilsanspruch kraft Gesetzes mit dem Eintritt des Erbfalls entsteht und die Übertragung des Betriebsvermögens zur Befriedigung dieses Anspruchs auf einer hiervon zu trennenden Vereinbarung der Beteiligten beruht.[233] Dies hat zur Folge, dass der Pflichtteilsberechtigte Anschaffungskosten für das erhaltende Betriebsvermögen bzw. die Beteiligung am Betriebsvermögen in Höhe seines Pflichtteilsanspruchs hat und der Erbe insoweit einen steuerpflichtigen Veräußerungsgewinn erzielt. **92**

Beispiel: Abgeltung des Pflichtteilsanspruchs durch Übertragung von Kommanditanteilen (Fall nach BFH, Urteil vom 16. 12. 2004, III R 38/00, BStBl. II 2005, 554). **93**

Sachverhalt: Der Kläger K war aufgrund Erbvertrages aus dem Jahr 1981 Alleinerbe seiner 1989 verstorbenen Ehefrau E. Die beiden gemeinsamen Kinder A und B waren als Erben des überlebenden Ehegatten K zu gleichen Teilen eingesetzt. Die verstorbene Ehefrau E war Komplementärin, K war Kommanditist der A-KG. Der feste Kapitalanteil des Klägers betrug DM 50.000, der seiner Ehefrau DM 800.000,-. Nach dem Gesellschaftsvertrag aus dem Jahr 1984 sollte die KG durch den Tod eines Gesellschafters nicht aufgelöst, sondern zwischen den verbleibenden Gesellschaftern und den Erben fortgesetzt werden. K sollte in diesem Fall phG (Komplementär) werden. Nach dem Tod der E machten A und B ihre Pflichtteilsansprüche geltend. Die Beteiligten hielten mit Vertrag aus dem Jahr 1990 fest, dass K als alleiniger Erbe die Pflichtteilsansprüche von A und B an Erfüllungs statt durch Abtretung je eines Mitunternehmeranteils von ⅛ (DM 100.000,-) des von den Beteiligten als fortbestehend angenommenen Gesellschaftsanteils der E an der KG tilge. Die Abtretung der Mitunternehmeranteile sollte dadurch vollzogen werden, dass K aus dem übernommenen Kapitalanteil der E den Kindern einen Betrag von je DM 100.000,- zahlt, die ihrerseits mit unverzüglicher Einzahlung dieses Betrages als Kommanditisten in die KG eintraten. Nach dem daraufhin geschlossenen Kommanditgesellschaftsvertrag haben die Kinder zur Abgeltung ihrer Pflichtteilsansprüche an Erfüllungs statt je 12,5 % der Festkapitals der verstorbenen Mutter von DM 800.000,- (je DM 100.000,-) erhalten. Mit der Abtretung an Erfüllungs statt erklärten A und B ihre Pflichtteilsansprüche als befriedigt. Das Finanzamt vertrat die Ansicht, die Übertragung der Kommanditanteile sei ein entgeltlicher Vorgang. In Höhe der Differenz zwischen den Pflichtteilsansprüchen und den Buchwerten der übertragenen Anteile am Betriebsvermögen sei für K ein zu berücksichtigender Veräußerungsgewinn entstanden.

Lösung des BFH: Mit dem Tod eines Gesellschafters ist die Gesellschaft zivilrechtlich und steuerrechtlich beendet. Rechtlich hat K das Unternehmen mithin nicht als KG, sondern als Einzelunternehmen fortgeführt. Durch die Vereinbarung aus dem Jahr 1990 mit A und B zur Abgeltung des Pflichtteils wurde eine KG neu gegründet, in welche K sein Einzelunternehmen eingebracht und seine Kinder A und B beteiligt hat. Die Aufnahme der Kinder A und B in die neu gegründete KG gemäß Vereinbarung zwischen K, A und B aus dem Jahr 1990 zur Abgeltung der Pflichtteilsansprüche führt zu einer Gewinnrealisierung, weil die Kinder A und B gegen ihre Beteiligung an der KG auf Pflichtteilsansprüche verzichtet und damit K von privaten Verbindlichkeiten befreit haben.

Die nach dem Tod der E geltend gemachten Pflichtteilsansprüche sind eine private Schuld. Mit Zahlung von je DM 100.000,- an A und B hat K deren auf Geld gerichtete Pflichtteilsansprüche teilweise getilgt. Insoweit handelt es sich um einen unentgeltlichen, außerbetrieblichen Vorgang. Mit diesen Mitteln haben A und B ihre Kommanditeinlage erbracht. Mit dem dadurch bewirkten Erwerb von Kommanditanteilen in Höhe von jeweils DM 100.000,- wurden sie jedoch an wesentlich höheren Verkehrswerten beteiligt, nämlich zu je 100/850 am Gesamthandsvermögen der KG. Diese wertmäßig über die Einlage hinausgehende Beteiligung der Kinder an der KG beruht auf einem entgeltlichen Vorgang. Der Nachlass der Mutter bestand aus dem Mitunternehmeranteil von 800/850. Die Kinder haben jeweils auf die Geldansprüche, soweit sie die gezahlten Barbeträge in Höhe von DM 100.000,- überstiegen, verzichtet. K wurde damit von privaten Verbindlichkeiten, nämlich den DM 100.000,- übersteigenden Geldansprü-

---

[231] BFH BStBl. II 2005, 554.
[232] BMF BStBl. I 2006, 253.
[233] BFH BStBl. II 2005, 554.

chen der Kinder A und B befreit. Da die Befreiung von privaten Verbindlichkeiten einer Zuzahlung in das Privatvermögen gleichsteht, hat der Kläger seine Kinder gegen Entgelt an der KG beteiligt. Der Anspruch auf die Beteiligung an der Gesellschaft ist anders als der auf Geld gerichtete Pflichtteilsanspruch nicht mit dem Erbfall entstanden; er beruht vielmehr auf der hiervon zu trennenden besonderen Vereinbarung zwischen dem K und den Kindern A und B. Eine Gewinnrealisierung ist in diesen Fällen gerechtfertigt, weil die stillen Reserven nicht mehr demselben Steuersubjekt zugeordnet werden.

94 d) **Pflichtteilsverzicht.** Der Pflichtteilsberechtigte kann grundsätzlich gem. § 2346 BGB auf seinen Pflichtteil vor Eintritt des Erbfalls verzichten; er kann aber auch nach Eintritt des Erbfalls auf einen entstandenen bzw. einen geltend gemachten Pflichtteilsanspruch verzichten. Dieser Verzicht kann unentgeltlich, teilentgeltlich oder entgeltlich erfolgen.

95 Verzichtet der Pflichtteilsberechtigte **unentgeltlich**, ist dieser Vorgang weder erbschaftsteuerbar (Ausnahme: unentgeltlicher Verzicht auf den geltend gemachten Pflichtteilsanspruch) noch einkommensteuerbar.

96 Verzichtet der Pflichtteilsberechtigte **entgeltlich** auf seinen **zukünftigen Pflichtteil** und erhält er somit hierfür eine Geldleistung oder treten an die Stelle der Geldleistung wiederkehrende Bezüge, gilt Folgendes:

Einkommensteuerlich wird bei **Privatvermögen** mit Ausnahme von §§ 17, 20 Abs. 2 und § 23 EStG nur erwirtschaftetes Einkommen und nicht dessen Umschichtung erfasst. Der Erb- und Pflichtteilsverzicht ist ein erbrechtlicher Verfügungsvertrag, der zum endgültigen Verlust erbrechtlicher Ansprüche des Pflichtteilsberechtigten gegenüber den Erben führt. Die h. M.[234] sieht die Ausgleichszahlung als unentgeltliche Zuwendung an. Aufgrund dessen ist sie nicht steuerbar, da Zuwendungen, die der Erbschaft- und Schenkungsteuer unterliegen, kein erzieltes Einkommen i. S. d. EStG darstellen.[235] Für die Frage der Unentgeltlichkeit ist es ohne Relevanz, ob die Abfindung vom Erblasser oder vom zukünftigen Erben gezahlt wird.[236]

97 Erhält der Pflichtteilsberechtigte als Gegenleistung für seinen Pflichtteilsverzicht **wiederkehrende Bezüge** z. B. in Form einer auf die Lebensdauer des Pflichtteilsberechtigten bemessenen monatlichen Zahlung, die seinem Unterhalt dienen soll, könnte es sich um Einkünfte i. S. d. § 22 Nr. 1 EStG handeln. Werden diese Zahlungen jedoch von einem unbeschränkt Einkommensteuerpflichtigen freiwillig oder aufgrund einer freiwilligen Rechtspflicht oder an einen gesetzlichen Unterhaltsberechtigten bewirkt, sind diese beim Bezieher gem. § 22 Nr. 1 Satz 2 EStG nicht als wiederkehrende Bezüge steuerbar.[237] Ein in den wiederkehrenden Bezügen enthaltener Zinsanteil ist gem. § 20 Abs. 1 Nr. 7 EStG steuerpflichtig.[238]

98 Wiederkehrende Bezüge zur Abgeltung von Pflichtteilsansprüchen sind im Übrigen abzugrenzen von **Versorgungsleistungen,** d. h. wiederkehrenden Leistungen aus einer Vermögensübergabe im Wege der vorweggenommenen Erbfolge bzw. aufgrund letztwilliger Verfügung, welche beim Bezieher der wiederkehrenden Leistungen zu gem. § 22 Nr. 1 EStG steuerbaren Einkünften führen.[239] Bei dieser Fallgestaltung handelt es sich um zivilrechtliche Vermögensübergabeverträge, bei denen sich der Übergeber des Vermögens in Form von Versorgungsleistungen einen Teil der Erträge des übergebenen Vermögens zurückbehält.[240] Der Rechtsbegriff Versorgungsleistungen umfasst grundsätzlich solche Zuwendungen zur Existenzsicherung, durch welche die Grundbedürfnisse des Bezugsberechtigten wie Wohnen und Ernährung und der sonstige Lebensbedarf lebenslänglich abgedeckt werden.[241] Begünstigte von Versorgungsleistungen können nur Personen sein, die zum Generationennachfolge-Verbund gehören. Hierzu zählen grundsätzlich nur Personen, die gegenüber dem Erben bzw. den sonstigen letztwillig bedachten Vermögensübernehmern Pflichtteils- oder ähnliche Ansprüche (Zugewinnausgleich, §§ 1363 ff. BGB) hätten geltend machen können.[242] Nicht zum

---

[234] BFH DStRE 2001, 1075.
[235] BFH BStBl. II 1991, 350; BFH BStBl. II 1993, 298.
[236] BFH DStRE 2001, 1075.
[237] FG Nürnberg EFG 2007, 410.
[238] BFH BStBl. II 1993, 298; a. A. FG Nürnberg EFG 2007, 410; FG Münster EFG 2009, 1220.
[239] BFH BStBl. II 2000, 82.
[240] BFH BStBl. II 2000, 82; BFH BStBl. II 1997, 813.
[241] BFH BStBl. II 2002, 650.
[242] BFH BStBl. II 2004, 820.

II. Einkommensteuer

Generationennachfolge-Verbund gehören allerdings Personen, die zu einem früheren Zeitpunkt auf ihr Pflichtteilsrecht verzichtet haben.[243]

Eine Zuordnung des Pflichtteilsverzichts gegen Zusage von Rentenzahlungen zu dem steuerlichen Typus der Vermögensübergabe gegen Versorgungsleistungen scheidet aus.[244]

Da die h. M. die Ausgleichszahlung für den Verzicht auf das Pflichtteilsrecht als unentgeltliche Zuwendung ansieht,[245] hat dies für eine **Sachleistung**, die an Erfüllungs statt geleistet wird, folgende steuerliche Konsequenzen. 99

Handelt es sich um ein Wirtschaftsgut des Privatvermögens, entstehen mangels Entgeltlichkeit der Sachleistung keine Anschaffungskosten. Ausnahmsweise liegen Anschaffungskosten vor, sofern ein mit Grundpfandrechten belastetes Grundstück übertragen wird. Die Übernahme der Grundpfandrechte führt insoweit zu Anschaffungskosten.[246]

Werden betriebliche Wirtschaftsgüter übertragen, führt dies zu einer Entnahme.[247] Sofern ein Betrieb, ein Teilbetrieb oder der Anteil eines Mitunternehmers an einem Betrieb für den Verzicht auf Pflichtteilsansprüche übertragen wird, greift § 6 Abs. 3 EStG, wonach unter bestimmten Voraussetzungen zwingend die Buchwertverknüpfung vorgeschrieben ist. Eine Gewinnrealisierung tritt in diesen Fällen nicht ein.

Verzichtet der Pflichtteilsberechtigte auf den **bereits entstandenen Pflichtteilsanspruch**, so handelt es sich auch hier um einen Vorgang, der gem. § 3 Abs. 2 Nr. 4 ErbStG erbschaftsteuerbar ist, sofern hierfür eine Abfindung gezahlt wird. 100

Ertragsteuerlich findet die Abfindungszahlung auf der steuerlich unbeachtlichen Vermögensebene statt, d.h. die Abfindungszahlung ist für den Pflichtteilsberechtigten nicht einkommensteuerpflichtig.

Wird statt einer Abfindungszahlung die Abfindung für den Verzicht auf den entstandenen Pflichtteilsanspruch verrentet, sind lediglich die in den wiederkehrenden Bezügen enthaltenen Zinsanteile gem. § 20 Abs. 1 Nr. 7 EStG steuerpflichtig. Sofern anstatt der Abfindungszahlung ein Ersatzwirtschaftsgut an Erfüllungs statt gem. § 364 BGB übertragen wird, ist dies als entgeltlicher Anschaffungsvorgang zu würdigen. Steuerlich kann die Abfindung für den Verzicht auf den entstandenen Pflichtteilsanspruch nicht anders behandelt werden als die Abgeltung des Pflichtteilsanspruchs.

Verzichtet der Pflichtteilsberechtigte gegen Abfindung auf den **bereits geltend gemachten Pflichtteilsanspruch**, handelt es sich insgesamt um einen entgeltlichen Vorgang. 101

3. Pflichtteilsbelastung

a) Grundsatz. Für den Erben stellt die Belastung mit einer **Pflichtteilsschuld eine sog. Erbfallschuld** und damit eine Nachlassverbindlichkeit dar. Der Erbanfall ist ein **unentgeltlicher Vorgang** im Sinne des EStG. Dem Erben entstehen durch die Tilgung des Pflichtteilsanspruchs keine Anschaffungskosten.[248] Dies gilt ebenso für die Zahlung des Pflichtteils in Form von wiederkehrenden Bezügen.[249] 102

Auch in dem Fall, dass die Zahlungen zur Abgeltung des Pflichtteilsanspruchs kraft Vereinbarung aus laufenden Betriebseinnahmen erfolgen, sind sie steuerlich nicht abziehbar.[250] 103

Wird der Pflichtteilsanspruch durch **Übertragung einer Sachleistung an Erfüllungs statt** erfüllt, handelt es sich sowohl bei der Übertragung von Vermögensgegenständen des Privatvermögens als auch von Vermögensgegenständen des Betriebsvermögens um ein entgeltliches Rechtsgeschäft.[251] Dies hat zur Konsequenz, dass der Erbe insoweit ggfs. einen steuerpflichtigen **Veräußerungserlös** erzielt.[252]

---

[243] BFH BStBl. II 2006, 797.
[244] BFH BFH/NV 2002, 1575; BFH BStBl. II 2000, 82; BFH BStBl. II 1996, 676.
[245] Schmidt/*Glanegger* § 6 EStG Rn. 157.
[246] Schmidt/*Glanegger* § 6 EStG Rn. 157.
[247] Schmidt/*Glanegger* § 6 EStG Rn. 157.
[248] BMF BStBl. I 2006, 253 Rn. 1.
[249] BFH BFH/NV 2000, 414.
[250] BFH BStBl. II 1995, 413.
[251] BFH BStBl. II 2005, 554; BMF BStBl. I 2006, 253 Rn. 14 ff.; FG Berlin-Brandenburg EFG 2008, 1563.
[252] BFH BStBl. II 2005, 554; BMF BStBl. I 2006, 253 Rn. 14 ff.; FG Berlin-Brandenburg EFG 2008, 1563.

104 **b) Finanzierungskosten.** Nimmt der pflichtteilsbelastete Erbe zur Tilgung der Pflichtteilsschuld ein **Darlehen** auf, sind die **Darlehenszinsen** bzw. die **entstehenden Finanzierungskosten** nach übereinstimmender Ansicht von Rechtsprechung[253] und Finanzverwaltung[254] nicht als Betriebsausgaben oder Werbungskosten abzugsfähig. Auch in dem Fall, dass der Pflichtteilsberechtigte seinen Pflichtteilsanspruch verzinslich stundet, sind die Stundungszinsen ebenfalls nicht als Betriebsausgabe oder Werbungskosten abzugsfähig.[255] Dasselbe gilt für Verzugszinsen.[256]

105 **c) Zahlungen für den Verzicht auf den Pflichtteil.** Nach der h. M. handelt es sich hierbei um ein unentgeltliches Rechtsgeschäft, das der Erb- und Schenkungsteuer, aber nicht der Einkommensteuer unterliegt.[257] D. h. die Zahlung für den Verzicht auf den Pflichtteil ist einkommensteuerlich unbeachtlich. Dies gilt auch dann, wenn der Anspruch verrentet wird.[258] Sofern ein Wirtschaftsgut an Erfüllungs statt geleistet wird, ist dies im Privatbereich grundsätzlich unbeachtlich und im betrieblichen Bereich mit Ausnahme der Fälle des § 6 Abs. 3 EStG eine steuerpflichtige Entnahme.

106 **d) Verrechnung des Pflichtteilsanspruchs.** Wird der Pflichtteilsanspruch durch den Pflichtteilsberechtigten abgetreten bzw. wird der Pflichtteilsanspruch bei einem Kaufvertrag mit dem Erben mit dem Kaufpreis verrechnet, so führt die Abtretung bzw. die Verrechnung insoweit zu Anschaffungskosten des Pflichtteilsberechtigten und ggf. zu einem steuerpflichtigen Veräußerungserlös des Erben.[259]

107 **e) Sonderausgaben.** Die Zahlung des Pflichtteils oder Zahlungen für den Verzicht auf einen Pflichtteil stellen keine Sonderausgaben i. S. d. § 10 EStG dar. Wird die Pflichtteilszahlung oder die Zahlung für den Verzicht auf den Pflichtteil verrentet, stellen diese Zahlungen keine Versorgungsleistungen i. S. d. § 10 Abs. 1 Nr. 1a EStG dar.[260]

108 **f) Außergewöhnliche Belastung.** Die Erfüllung von **Nachlassverbindlichkeiten** stellt in der Regel keine **außergewöhnliche Belastung im Sinne der §§ 33, 33a EStG** dar.[261] Deshalb ist auch die Erfüllung des Pflichtteilsanspruchs und sind die dadurch verursachten Nebenkosten nicht als außergewöhnliche Belastung abzugsfähig.[262]
Nach der Rechtsprechung[263] erfordert der Abzug von Aufwendungen als außergewöhnliche Belastung die Zwangsläufigkeit der Aufwendungen (§ 33 Abs. 1 i. V. m. Abs. 2 Satz 1 EStG). **Zwangsläufig** erwachsen einem Steuerpflichtigen Aufwendungen, wenn er sich ihnen aus **rechtlichen, tatsächlichen oder sittlichen Gründen** nicht entziehen kann. Diese Voraussetzung ist nur erfüllt, wenn die Gründe der Zwangsläufigkeit von außen auf die Entscheidung des Steuerpflichtigen in einer Weise einwirken, dass er ihnen nicht ausweichen kann.[264] Aufwendungen in Erfüllung von Nachlassverbindlichkeiten – wie die Erfüllung des Pflichtteilsanspruchs – erwachsen deshalb nicht zwangläufig, weil der Erbe zur Annahme der Erbschaft nicht gezwungen ist. Der Erbe hat vielmehr regelmäßig die Möglichkeit, den Nachlassverbindlichkeiten durch die **Ausschlagung der Erbschaft** auszuweichen.

109 Gestaltungsmöglichkeiten ergeben sich dadurch, dass nach der h. M. Zahlungen für die Ablösung des Pflichtteilsanspruchs entgeltlich, während Zahlungen für den Verzicht auf das Pflichtteilsrecht oder den Pflichtteilsanspruch unentgeltlich sind.

---

[253] BFH BStBl. II 1994, 619; BFH BStBl. II 1993, 275; aA. *Paus* INF 1997, 193.
[254] BMF BStBl. I 1994, 603 Rn.
[255] BFH BStBl. II 1994, 619.
[256] BFH BStBl. II 1993, 275.
[257] BFH DStRE 2001, 1075; BFH BStBl. II 1993, 275; BFH BStBl. II 1991, 350; ausdrücklich offenlassend: BFH DStR 2000, 196.
[258] Blümich/*Stuhrmann* § 22 EStG Rn. 66.
[259] FG Hamburg BeckRS 2004, 26 016 622.
[260] BFH BFH/NV 2002, 1575; BFH BFH/NV 2000, 414; BFH BStBl. II 1997, 284.
[261] BFH BStBl. II 1987, 715.
[262] BFH BStBl. II 1994, 240.
[263] BFH BStBl. II 1994, 240; BFH BStBl. II 1987, 715.
[264] BFH BStBl. II 1986, 745.

III. Grunderwerbsteuer

Befindet sich beispielsweise ein Grundstück, dass zur Befreiung des Nachlasses durch Pflichtteilsverzicht hingegeben werden soll, noch in der 10-jährigen Frist für private Veräußerungsgeschäfte, würde die Hingabe des Grundstücks an Erfüllungs statt für die Ablösung des Pflichtteilsanspruchs nach dem Erbfall zu einem steuerpflichtigen Veräußerungsgeschäft führen, dass zudem der Grunderwerbsteuer gem. § 1 GrEStG unterliegt. Würde das Grundstück für den Verzicht auf das Pflichtteilsrecht hingegen vor dem Erbfall hingegeben, wäre dieser Vorgang mangels Entgeltlichkeit nicht steuerbar. Während im ersten Fall die 10-jährige Frist von Neuem zu laufen beginnen würde, tritt im zweiten Fall der Pflichtteilsberechtigte in die Rechtsstellung seines Rechtsvorgängers ein.[265]

III. Grunderwerbsteuer

Soll der Pflichtteilsberechtigte vom Erblasser oder vom Erben ein Grundstück erhalten, sind die Vorschriften des Grunderwerbsteuergesetzes zu beachten.

Der Grunderwerbsteuer unterliegen bestimmte, in § 1 Abs. 1 bis Abs. 3 GrEStG abschließend aufgezählte Rechtsvorgänge, die auf den unmittelbaren oder mittelbaren Erwerb eines inländischen Grundstückes i.S. des § 2 GrEStG gerichtet sind. Der Erwerbsvorgang muss dabei auf den Erwerb eines bisher einem anderen Rechtsträger gehörenden Grundstücks gerichtet sein.[266] § 3 GrEStG zählt Erwerbsvorgänge auf, die von der Besteuerung ausgenommen sind. Insbesondere ist gem. § 3 Nr. 2 Satz 1 Alt. 1 GrEStG der Grundstückserwerb von Todes wegen i.S. des Erbschaftsteuergesetzes von der Besteuerung nach dem Grunderwerbsteuergesetz ausgenommen. Erhält der Pflichtteilsberechtigte entweder zur Erfüllung seines Pflichtteilsanspruchs oder als Abfindung für seinen Verzicht auf den Pflichtteil ein Grundstück übereignet, stellt sich die Frage, ob ein Erwerbsvorgang i.S. des Grunderwerbsteuergesetzes oder des Erbschaftsteuergesetzes vorliegt.[267]

Wird der Pflichtteilsanspruch vom Erben durch Übertragung eines Grundstücks an Erfüllungs statt gem. § 364 BGB erfüllt, unterliegt dieser Vorgang gem. § 1 GrEStG der Grunderwerbsteuer. Der Pflichtteilsberechtigte erwirbt das Grundstück in diesem Fall nicht von Todes wegen i.S. des Ausnahmetatbestandes des § 3 Nr. 2 Satz 1 Alt. 1 GrEStG, da in diesem Fall der Grundbesitz nicht mehr unmittelbarer Gegenstand des Erwerbs von Todes wegen ist.[268]

Anders liegt der Fall, wenn das Grundstück vom Erblasser auf den Pflichtteilsberechtigten als Abfindung für einen Verzicht auf den entstandenen Pflichtteilsanspruch übertragen wird. Die Abfindungsgewährung des Erblassers gilt als erbschaftsteuerlicher Erwerb.[269] Dieser Vorgang unterliegt nicht der Grunderwerbsteuer, sondern gilt gem. § 3 Abs. 2 Nr. 4 ErbStG, § 3 Nr. 2 Satz 1 Alt. 1 GrEStG als vom Erblasser zugewendet und unterliegt daher der Erbschaftsteuer.[270] Dasselbe gilt in den Fällen des § 7 Abs. 1 Nr. 5 ErbStG. Die Grundsteuerfreiheit gilt auch dann, wenn die Abfindung im Rahmen eines Erbschaftsteuervertrages gem. § 311 Abs. 4, 5 BGB vereinbart wird. Dies unterfällt dem Schenkungsteuertatbestand i.S.d. § 7 Abs. 1 Nr. 1 ErbStG und erfüllt § 2 Nr. 2 GrEStG.[271]

---

[265] *Berresheim* RNotZ 2007, 501.
[266] BFH BStBl. II 2000, 357.
[267] *Berresheim* RNotZ 2007, 501.
[268] BFH BStBl. II 2002, 775; OFD Chemnitz vom 11.11.2004 – S-3802–1/1-St23, HaufeIndex 1255221.
[269] BFH BStBl. II 2002, 775; OFD Chemnitz vom 11.11.2004 – S-3802–1/1-St23, HaufeIndex 1255221.
[270] *Berresheim* RNotZ 2007, 501; *Noll* DStR 2004, 257.
[271] Mayer/Süß/Tanck/Bittler/Wälzholz/*Wälzholz* § 17 Rn. 238.

§ 13 Der Pflichtteilsanspruch in den neuen Bundesländern

Übersicht

	Rn.
I. Pflichtteilsrecht in der DDR	1–30
1. Erbfall zwischen dem 7.10.1949 (Gründung DDR) und dem 31.12.1956	1, 2
2. Erbfall zwischen dem 1.1.1957 (Adoptions-VO) und dem 1.4.1969	3
3. Erbfall zwischen dem 1.4.1969 (FGB) und dem 31.12.1975	4–8
4. Erbfall zwischen dem 1.1.1976 (ZGB) und dem 2.10.1990	9–22
5. Erbfall zwischen dem 3.10.1990 (Deutsche Einheit) und dem 31.3.1998	23–29
6. Erbfall ab dem 1.4.1998 (Erbrechtsgleichstellungsgesetz)	30, 31
II. Internationales Erbrecht der DDR	32–34
1. Erbfall zwischen dem 7.10.1949 (bis RAG) und dem 31.12.1975	32
2. Erbfall zwischen dem 31.12.1975 (ab RAG) und dem 2.10.1990	32–34
III. Behandlung innerdeutscher Erbfälle	35–38
1. Aus Sicht der DDR	35
2. Aus westdeutscher Sicht	36–38
IV. Problemfälle im deutsch-deutschen Pflichtteilsrecht	39–89
1. Das Erbrechtsgleichstellungsgesetz	39–53
2. Pflichtteilsergänzungsansprüche	54–61
3. Behandlung von Altadoptionen	62–75
4. Das geheimgehaltene Kind	76–78
5. Restitutionsansprüche	79–86
6. Der alte DDR-Güterstand	87–89
7. Der Pflichtteilsverzicht vor dem 3.10.1990	90–95

Schrifttum: Das Familienrecht der DDR – Kommentar zum Familiengesetzbuch der Deutschen Demokratischen Republik, 4. Aufl. 1973; Das Familienrecht der DDR – Kommentar zum Familiengesetzbuch der Deutschen Demokratischen Republik, 5. Aufl. 1982; *Dieckmann*, Teilhabe des Pflichtteilsberechtigten an Vorteilen des Erben nach dem Vermögensgesetz, ZEV 1994, 198; *Dressler*, Grundbesitz in der ehemaligen DDR als Grundlage für nachträgliche Pflichtteilsansprüche aus BGB-Erbfällen, DtZ 1993, 229; *Fassbender*, Das Pflichtteilsrecht nach der Vereinigung, DNotZ 1994, 359; *Finke/Garbe*, Familienrecht in der anwaltlichen Praxis, 5. Aufl. 2003; *Göhring/Posch*, Lehrbuch, Zivilrecht Teil 2, 1. Aufl. 1981; *Graf*, Handbuch der Rechtspraxis, Bd. 6, Nachlassrecht, 9. Aufl. 2008; *Grandke*, Familienrecht Lehrbuch, 3. Aufl. 1981; *Groll*, Praxis-Handbuch Erbrechtsberatung, 2. Aufl. 2005; *Janke* NJ 1998, 393 ff.; Kommentar zum Zivilgesetzbuch der Deutschen Demokratischen Republik, 1. Aufl. 1983; *Leipold*, EGMR contra BVerfG: Die erbrechtliche Diskriminierung der „alten" nichtehelichen Kinder ist nicht länger hinnehmbar, ZEV 2009, 488 ff.; *Limmer* ZEV 1994, 290 ff.; *Lübchen*, Internationales Privatrecht – Kommentar zum Rechtsanwendungsgesetz, 1989; *Pentz*, Pflichtteilsergänzung bei Schenkungen in der DDR, JZ 1999, 295; *Sasse*, Pflichtteilsergänzungsansprüche für Schenkungen unter Geltung des ZGB der DDR, ZErb 2000, 151; *Sorgenicht/Weichelt/Semler*, Verfassung der Deutschen Demokratischen Republik, Dokumente, Kommentar, Bd. 2, 1. Aufl. 1969; *Staudinger/Haas*, BGB Einl. zu §§ 2303 ff. Rn 73–92; *Stübe*, Die gesetzliche Erbfolge nach BGB und ZGB, 1. Aufl. 1994; *Trilsch-Eckardt*, Sonderfall zur Bindungswirkung von in der DDR errichteten gemeinschaftlichen Testamenten, ZEV 1995, 217; *Wasmuth*, Zur Korrektur abgeschlossener erbrechtlicher Sachverhalte im Bereich der ehemaligen DDR, DNotZ 1992, 3; *Wassermann*, Die güterrechtlichen Beziehungen von Übersiedlern aus der DDR, FamRZ 1990, 333; *Westen*, Das neue Zivilrecht in der DDR nach dem Zivilgesetzbuch von 1975, 1. Aufl. 1977.

I. Pflichtteilsrecht in der DDR

1. Erbfall zwischen dem 7. 10. 1949 (Gründung DDR) und dem 31. 12. 1956

Zunächst galt mit Staatsgründung der DDR das BGB in der damaligen Fassung unverändert weiter fort. **1**

Streng genommen wurde damit die Verfassung der DDR in Bezug auf Erb- und Pflichtteilsrechte nichtehelicher Kinder nicht umgesetzt. Die **Verfassung der DDR** garantierte allen Bürgern die gleichen Rechte, unabhängig von ihrer sozialen Herkunft und Stellung. Weiterhin verbot die Verfassung im Zusammenhang mit dem Schutz von Mutter und Kind, dass Kinder diskriminiert werden dürfen, deren Eltern nicht miteinander verheiratet sind.[1]

---

[1] Verfassung der DDR, Präambel, Art. 20 Abs. 1, Art. 38 Abs. 2; Verfassung der DDR, Dokumente/Kommentar zu Art. 20 und Art. 38, 1969.

2 In diesem Widerspruch zwischen dem Verfassungsrecht einerseits und dem einfachen Gesetzesrecht in Bezug auf das nichteheliche Kind andererseits wurde in der DDR offensichtlich kein Konflikt gesehen und dieses Thema nie problematisiert. Damit galt das BGB in der damaligen Fassung unverändert weiter mit den entsprechenden altbekannten Pflichtteilsregelungen.

2. Erbfall zwischen dem 1. 1. 1957 (Adoptions-VO) und dem 1. 4. 1969

3 Mit der **Verordnung über die Annahme an Kindes statt** vom 29. 11. 1956 (DDR-GBl. I S. 1326) wurden mit deren Inkrafttreten am 1. 1. 1957 Neuregelungen für die Adoption eingeführt, die Auswirkungen auf das Erbrecht hatten. So führte diese Verordnung die bis dahin unbekannte **Adoption mit starker Wirkung** ein. Dies hatte zur Folge, dass durch Adoptionen die Verwandtschaftsverhältnisse zu den bisherigen leiblichen Verwandten des Angenommenen erloschen. Das wiederum bewirkte, dass das Adoptivkind das Erbrecht zu seinen leiblichen Verwandten verlor. Diese Neuregelung erstreckte sich auch auf bereits zum Zeitpunkt des Inkrafttretens der Adoptions-VO erfolgte alte Adoptionen, wobei Übergangsregelungen galten. Auf die Details dieser Regelungen und Fragen der Rückwirkung auf Alt-Adoptionen wird ausführlich in Kap. IV 3. eingegangen.

Mit Ausnahme dieser kleinen Änderung galt das Erbrecht des BGB ansonsten in der damaligen Fassung weiter.

3. Erbfall zwischen dem 1. 4. 1969 (FGB) und dem 31. 12. 1975

4 Eine weitaus einschneidendere Veränderung erfuhr das Erbrecht mit der **Einführung des FGB** (Familiengesetzbuch), welches am 1. 4. 1966 in Kraft trat.[2]

§ 10 EGFGB änderte das **Ehegattenerbrecht**. Danach erbte der Ehegatte gleichberechtigt als Erbe erster Ordnung neben den sonstigen Erben erster Ordnung. Neben Kindern oder sonstigen Abkömmlingen erbte er jedoch mindestens ¼. Waren keine Abkömmlinge vorhanden, wurde der überlebende Ehegatte gesetzlicher Alleinerbe. Ein Erbrecht für Eltern neben dem Ehegatten als gesetzliche Erben wurde nur gesehen, sofern der Erblasser seinen Eltern unterhaltspflichtig war. Eine derartige Unterhaltsbedürftigkeit der Eltern wurde jedoch grundsätzlich bei Bezug einer Vollrente verneint und kam nur in Ausnahmefällen zum Tragen.[3]

5 Damit war – bis auf wenige Ausnahmefälle – bei einem kinderlosen Ehepaar der überlebende Ehegatte gesetzlicher Alleinerbe. Auch dann, wenn der erstversterbende Ehegatte keine Abkömmlinge hatte und Abkömmlinge lediglich vom überlebenden Ehegatten abstammten, erbte der überlebende Ehegatte in der Regel allein.

6 Entsprechend dem Güterstand der **ehelichen Eigentums- und Vermögensgemeinschaft** hatte der Ehegatte in Folge der Auflösung der Ehe durch Tod einen Anspruch auf die Teilung des gemeinschaftlichen Eigentums und Vermögens gemäß § 39 FGB und – soweit die Voraussetzungen vorlagen – auf Ausgleich am persönlichen Vermögen des Erblassers gemäß § 40 Abs. 1 und 3 FGB. Bevor also eine Aufteilung des Erbes zwischen dem Ehegatten und eventuell vorhandenen Miterben erfolgen konnte, mussten der überlebende Ehegatte und die übrigen Miterben zunächst diese Vermögensaufteilung nach FGB vornehmen. Diese Aufteilung des Vermögens wurde ähnlich wie bei einer Scheidung nach FGB gehandhabt. Erst dann herrschte Klarheit, welche Gegenstände zum Nachlass gehörten und es konnte mit der eigentlichen Erbauseinandersetzung begonnen werden.[4]

7 Weiterhin änderte das FGB das Erbrecht des nichtehelichen Kindes grundsätzlich. Danach erbte gem. § 9 Abs. 1 EGFGB ein nichtehelich geborenes Kind nach seinem Vater oder dessen Eltern wie ein eheliches Kind, so lange es minderjährig war. Damit hatten diese Kinder

---

[2] EGFGB § 1 vom 20. 12. 1965.
[3] Das Familienrecht der DDR – Kommentar zum FGB, 4. Aufl. 1973, EGFGB, § 10, 2.2., § 82 FGB Anm. 2.1.
[4] Das Familienrecht der DDR – Kommentar zum FGB, 4. Aufl. 1973, EGFGB, § 10, Anm. 1.2.

ein Erbrecht als Erben erster Ordnung erhalten. Gem. § 9 Abs. 2 EGFGB erhielten nichtehelich geborene Kinder nach Eintritt der Volljährigkeit auch dann ein Erbrecht, wenn:
- das volljährige Kind zum Zeitpunkt des Erbfalls noch unterhaltsbedürftig war,
- der Vater bis zur Volljährigkeit das Erziehungsrecht hatte oder
- es während der Minderjährigkeit überwiegend im Haushalt des Vaters gelebt hat und mit ihm im Zeitpunkt des Erbfalls in einem gemeinsamen Haushalt gelebt hat.

Dieses Erbrecht galt jedoch nur für das nichteheliche Kind persönlich. Seine Abkömmlinge wiederum hatten kein Eintrittsrecht.[5]

Mit den bis dahin getroffenen Änderungen galt im übrigen das Erbrecht des BGB weiter.

4. Erbfall zwischen dem 1. 1. 1976 (ZGB) und dem 2. 10. 1990

Mit Inkrafttreten des ZGB (Zivilgesetzbuch) am 1. 1. 1976 wurde die bereits mit der Einführung des FGB begonnene Reform des Familien- und Erbrechtes fortgesetzt. Die erbrechtlichen Regelungen des BGB wurden durch das ZGB außer Kraft gesetzt. Die Stellung des Ehegatten und des nichtehelichen Kindes wurden weiterhin gestärkt und verbessert. Im Einzelnen enthielt das ZGB im Erbrecht dabei folgende pflichtteilsrelevante Regelungen:

Das ZGB hat mit seinem Inkrafttreten am 1. 1. 1976 das Pflichtteilsrecht deutlich eingeschränkt. Dabei konnte die Pflichtteilsberechtigung nunmehr nur in drei Fällen entstehen[6]
a) durch testamentarischen Ausschluss von der Erbfolge
b) gemäß § 392 Abs. 4 ZGB
c) Der überlebende Ehegatte hatte das Recht, nach dem Ableben des Erstversterbenden seine im gemeinschaftlichen Testament getroffenen Verfügungen durch Erklärung gegenüber dem Staatlichen Notariat zu widerrufen, bei gleichzeitiger Erbausschlagung. Dies berechtigte den überlebenden Ehegatten zur Geltendmachung des Pflichtteils.
d) gemäß § 397 Abs. 2 ZGB

Diese Regelung entspricht im Wesentlichen den Bestimmungen des § 2306 BGB.

Zum Kreis der Pflichtteilsberechtigten nach ZGB gehörte in jedem Fall immer der **Ehegatte. Kinder, Enkel und Eltern des Erblassers** waren gem. § 396 Abs. 1 ZGB nur dann pflichtteilsberechtigt, wenn sie im Zeitpunkt des Erbfalls gegenüber dem Erblasser **unterhaltsberechtigt** waren. Die Frage der Unterhaltsbedürftigkeit wurde nach dem FGB beurteilt.[7]

Kinder und Enkel des Erblassers waren grundsätzlich bis zum 18. Lebensjahr unterhaltsbedürftig. Weitergehende Unterhaltsansprüche entstanden bestenfalls bei einer Lehre, die nicht mit dem 18. Lebensjahr abgeschlossen war bzw. für die Dauer eines Studiums. Dabei ist zu beachten, dass ein Student mit Studienabschluss in aller Regel mit einem Alter von ca. 20 Jahren die wirtschaftliche Selbständigkeit erlangte. Volljährige Kinder oder die Eltern des Erblassers waren nicht pflichtteilsberechtigt, wenn sie bei Eintritt des Erbfalls wirtschaftlich selbständig waren. Ob eine Unterhaltsberechtigung vorlag, richtete sich nach den Bestimmungen des §§ 81 ff. FGB, in denen Einzelheiten zum Verwandtenunterhalt geregelt waren.

Weiter entferntere Abkömmlinge, wie beispielsweise Urenkel, waren nicht pflichtteilsberechtigt, da § 396 Abs. 1 ZGB diese in seiner abschließenden Aufzählung ausdrücklich nicht erwähnt.

Der **Elternpflichtteil** spielte in der DDR keine Rolle, da Eltern in aller Regel entweder über ein Arbeitseinkommen oder eine Rente verfügten. So schloss der Bezug einer Vollrente, wozu auch die einfache Mindestrente gehörte, grundsätzlich den Unterhaltsanspruch aus.[8]

War die Mutter beispielsweise Hausfrau, bestand deren Unterhaltsanspruch gegenüber dem Ehegatten und richtete sich nicht gegen das Kind. Der Unterhaltsanspruch konnte dar-

---

[5] Das Familienrecht der DDR – Kommentar zum FGB, 4. Aufl. 1973, EGFGB, § 9, Anm. 1.3.
[6] Kommentar zum Zivilgesetzbuch der Deutschen Demokratischen Republik, 5. Aufl. 1982, § 396 ZGB Anm. 1.
[7] Kommentar zum Zivilgesetzbuch der Deutschen Demokratischen Republik, 5. Aufl. 1982, § 396 ZGB Anm. 1.; Staudinger/*Haas*, Einl. Zu §§ 2303 ff. Rn. 85–92.
[8] Familienrecht – Kommentar, 5. Aufl. 1982.

über hinaus verwirkt sein auf Grund einer „selbstverschuldeten Bedürftigkeit" oder wegen Verfehlungen gegen den Verpflichteten. Der Elternpflichtteil beschränkte sich damit im Wesentlichen auf seltene Ausnahmefälle.[9]

15 Darüber hinaus war die wirtschaftliche Bedeutung des Elternpflichtteils dadurch eingeschränkt, dass bei einem kinderlosen Ehepaar der überlebende Ehegatte gemäß § 366 ZGB gesetzlicher Alleinerbe wurde. Der überlebende Ehegatte wurde unmittelbar zum Erben der 1. Ordnung bestimmt. Damit kam das Erb- und zugleich das Pflichtteilsrecht der Eltern erst dann zum Tragen, wenn keine Erben der 1. Ordnung vorhanden waren, also bei einem kinderlosen und nicht verheirateten bzw. verwitweten Erblasser.

16 Diese Stellung als gesetzlicher Alleinerbe eines kinderlos verstorbenen Ehegatten konnte jedoch auch überraschende Auswirkungen auf ein gemeinschaftliches Testament von Ehegatten haben. Der überlebende Ehegatte war nach dem Tod des erstversterbenden Ehegatten berechtigt, das gemeinschaftliche Testament gem. § 393 ZGB aufzuheben. Nach Annahme der Erbschaft konnte der überlebende Ehegatte durch Erklärung gegenüber dem Staatlichen Notariat seine im gemeinschaftlichen Testament getroffenen Verfügungen wieder aufheben, wenn er alles herausgab, was seinen gesetzlichen Erbteil überstieg. Anschließend war der überlebende Ehegatte nicht mehr an das gemeinschaftliche Testament gebunden. Dies konnte im Einzelfall zu überraschenden Ergebnissen führen.

17 Fallbeispiel:

Ehegatten haben sich im Geltungsbereich des ZGB in einem Berliner Testament gegenseitig zu Alleinerben eingesetzt. Der Ehemann hat keine Abkömmlinge, die Ehefrau hat eine Tochter mit in die Ehe gebracht. Zum Schlusserben haben sie die alleinige Tochter der Ehefrau bestimmt. Nach dem Tode des Ehemannes nimmt die Ehefrau die Erbschaft als testamentarische Alleinerbin an. Jahre später hat sie Streit mit ihrer Tochter, die sich mit dem neuen Lebensgefährten der Mutter nicht versteht. Die Ehefrau gibt gegenüber dem Staatlichen Notariat die Erklärung zur Aufhebung ihrer Verfügungen im gemeinsamen Ehegattentestament gem. § 393 ZGB ab. Da der Ehemann keine Abkömmlinge besaß, wird sie gesetzliche Alleinerbin. Das Staatliche Notariat war nicht verpflichtet, die Tochter von der Aufhebung zu informieren, da sie kein Abkömmling des Erblassers und damit keine Erbin war. Erst beim Tod der Mutter erfährt sie, dass diese das Testament aufgehoben und die Tochter enterbt hat. Je nach dem am Todestag der Mutter geltenden Erbrecht kann die Tochter prüfen, ob sie zumindest pflichtteilsberechtigt nach ihrer Mutter ist.

18 Eine entsprechende **Aufhebungserklärung** kann ein Ehegatte bei einem gemeinschaftlichen Ehegattentestament aus dem Geltungsbereich des ZGB auch heute noch abgeben. Gem. Art. 235 § 2 Abs. 2 EGBGB richtet sie sie Aufhebung eines gemeinschaftlichen Testamentes weiterhin nach § 393 ZGB.[10] Heute ist diese Erklärung gegenüber dem Nachlassgericht abzugeben.

19 Bei der Wertberechnung des pflichtteilsrelevanten Nachlasses war der „effektive Nachlasswert" zu Grunde zu legen.[11] Bei diesem zu bildenden Nettonachlass waren die den Pflichtteilsansprüchen im Rang vorgehenden Nachlassverbindlichkeiten gemäß § 410 Abs. 1 ZGB abzuziehen. Dazu gehörten Bestattungskosten, Kosten des Nachlassverfahrens, Zahlungsverpflichtungen des Erblassers einschließlich der Erstattung von Aufwendungen für die Betreuung des Erblassers und familienrechtliche Ausgleichsansprüche. Dies bedeutete vor allem, dass – ähnlich wie bei einer Erbauseinandersetzung – zuvor erst durch Berechnung der familienrechtlichen Ausgleichsansprüche geklärt werden musste, welche Teile des Familienvermögens dem Erblasser zustehen. Daraus folgt, dass zunächst nach den Bestimmungen des FGB – ähnlich wie bei einer Scheidung – aufzuteilen war, welche Vermögenswerte in den Nachlass fallen bzw. welche Ausgleichsansprüche gemäß § 40 FGB dem überlebenden Ehegatten vorab zustanden.[12]

20 Es stellt sich die Frage, wie das ZGB in diesem Zusammenhang mit dem **Hausrat** umgangen ist. Beim gesetzlichen Erbrecht des Ehegatten erhielt dieser den Hausrat gem. § 365

---

[9] Familienrecht Kommentar, § 81 Anm. 1.2.; § 82 Anm. 2.
[10] *Trilsch-Eckardt* ZEV 1995, 217; Kommentar zum Zivilgesetzbuch der DDR, 5. Aufl. 1982, § 393; *Göhring/Posch*, Lehrbuch, Zivilrecht Teil 2, S. 264; *Limmer* ZEV 1994, 290 ff.; *Janke* NJ 1998, 393 ff.
[11] Kommentar zum Zivilgesetzbuch der DDR, 5. Aufl. 1982, § 396 Anm. 2 ZGB.
[12] Kommentar zum Zivilgesetzbuch der DDR, 5. Aufl. 1982, § 410 Anm. 1.4. ZGB.

Abs. 1 ZGB als gesetzliches Vorausvermächtnis, ähnlich wie im BGB. Ob und wie Hausratsgegenstände bei der Berechnung der Höhe des Pflichtteils eingerechnet werden sollten, war jedoch umstritten. Der Kommentar zum ZGB traf dazu die Aussage, dass der dem Erblasser anteilig zustehende Hausrat in den Nachlass hineingerechnet werden muss, da bei testamentarischer Erbfolge der Anspruch des Ehegatten gem. § 365 Abs. 1 S. 3 ZGB nicht besteht. Veröffentlichte Rechtsprechung zu dieser Frage existierte nicht. In der Literatur war die Auffassung des Kommentars jedoch umstritten und es wurden unterschiedliche Meinungen dazu geäußert.[13]

Auch gem. § 396 Abs. 2 S. 1 ZGB war der Pflichtteilsanspruch in der DDR ein **Geldanspruch**, der sich gegen den Erben richtete. Die Höhe dieses Anspruches betrug 2/3 **vom Wert des gesetzlichen Erbteils** des entsprechenden Pflichtteilsberechtigten. Diese Quote war höher als der hälftige Anteil nach BGB. Dabei ist jedoch zu beachten, dass Auszahlungen des Pflichtteils im Geltungsbereich des ZGB ohnehin die Ausnahme darstellten. Außerdem wurden beispielsweise beim Wert für Einfamilienhäuser oder Pkw in der DDR lediglich die niedrigen offiziellen Schätzwerte angesetzt.

Im ZGB wurde der **Pflichtteilsergänzungsanspruch** des BGB nicht übernommen. Der Pflichtteilsanspruch war damit auf den am Todestag vorhandenen Nettonachlass beschränkt. Schenkungen des Erblassers wirkten sich nicht auf die Berechnung der Höhe des Pflichtteils aus, selbst dann nicht, wenn der Erblasser kurz vor seinem Tode jegliche Vermögenswerte verschenkte. Anrechnung und Ausgleichung bzw. vertragliche Regelungen zum Pflichtteilsverzicht sah das ZGB ebenfalls nicht vor. Der Pflichtteil wurde unabhängig vom Güterstand berechnet, da es in der DDR nur den gesetzlichen Güterstand der ehelichen Eigentums- und Vermögensgemeinschaft gab. Ein Abweichen mittels Ehevertrags war nicht zulässig.

Der Pflichtteilsanspruch verjährte gem. § 396 Abs. 4 ZGB bereits nach zwei Jahren, gerechnet ab Kenntnis vom Erbfall und der Enterbung, spätestens jedoch 10 Jahre nach dem Erbfall gem. § 396 Abs. 3 ZGB (höchstmögliche Verjährungsfrist des ZGB).

5. Erbfall zwischen dem 3. 10. 1990 (Deutsche Einheit) und dem 31. 3. 1998

Mit dem **Einigungsvertrag** Art. 8 wurde ab dem 3. 10. 1990 das BGB in den neuen Bundesländern wieder eingeführt. Das ZGB trat am 2. 10. 1990 um 24 Uhr außer Kraft. Dabei regelt **Art. 235 EGBGB** das Übergangsrecht.

Danach gilt gem. Art 235 § 1 Abs. 1 EGBGB das in den neuen Bundesländern bisher geltende Recht weiter, wenn der Erbfall bis zum Tag des Beitritts eingetreten war. Diese Regelung ist dem Vertrauensschutz geschuldet. Ist der Erblasser dagegen nach dem Beitritt verstorben, gilt gem. Art 235 § 1 Abs. 1 EGBGB das BGB mit entsprechenden Übergangsregelungen.

Dieses relativ schnelle Inkrafttreten der erbrechtlichen Regelungen des BGB führte in der Praxis häufig zu erheblichen Problemen, insbesondere bei Erbfällen, die kurz nach dem Beitritt eintraten. Die anders gearteten Pflichtteilsregelungen des BGB waren weiten Teilen der Bevölkerung in den neuen Bundesländern nicht bekannt. Nach den Regelungen des ZGB konnte z.B. ein Vater eines volljährigen und wirtschaftlich selbständigen Kindes aus seiner ersten geschiedenen Ehe darauf vertrauen, dass dieses Kind keine Pflichtteilsansprüche gegenüber seinen Erben geltend machen konnte. Nach Inkrafttreten des BGB waren dem Erblasser in der Kürze der Zeit entsprechende pflichtteilsmindernde Dispositionen kaum möglich bzw. der Erblasser hat das Problem nicht erkannt. Verstarb dieser Erblasser kurz nach dem Beitritt, konnte dies schwerwiegende finanzielle Probleme für die Erben verursachen, die sich plötzlich mit Pflichtteilsansprüchen konfrontiert sahen. Besonders schwierig war die Lage dann, wenn – wie in den meisten Fällen – kurz nach der Währungsunion und dem 3. 10. 1990 wenig Geld im Nachlass vorhanden war und nach dem Beitritt die Immobilienpreise erheblich gestiegen waren.

---

[13] Kommentar zum Zivilgesetzbuch der DDR, 5. Aufl. 1982, § 396 Anm. 2 ZGB mit Verweis auf *Halgasch*, NJ 1980, 19 und *Eberhardt*, NJ 1981, 269; ausführlich dargestellt in MünchKommBGB/*Frank* § 2303 Rn. 35.

25 Art 235 § 2 EGBGB legt fest, dass Fragen der Errichtung oder Aufhebung einer Verfügung von Todes wegen, die vor dem 3. 10. 1990 errichtet wurde, **nach dem bisherigen Recht** beurteilt werden. Die Existenz eines alten Testaments aus der Zeit vor dem 3. 10. 1990 bedeutete entgegen der Auffassung vieler Laien nicht, dass auf den Erbfall nach dem Beitritt das ZGB anzuwenden sei. Lediglich formelle Fragen der Errichtung des Testamentes richten sich nach ZGB. Auch die Beurteilung der **Bindungswirkung** eines gemeinschaftlichen Testamentes, welches vorher errichtet wurde, richtet sich nach altem Recht, wenn das Testament vor dem 3. 10. 1990 errichtet wurde.[14]

26 Eine weitere Ausnahme für Erbfälle ab dem 3. 10. 1990 regelte der Einigungsvertrag im Hinblick auf **nichtehelich geborene Kinder,** die vor dem 3. 10. 1990 geboren wurden. Für diese Kinder hätte sich mit der Anwendung des BGB die Rechtslage verschlechtert, da sie nach dem ZGB erbrechtlich ehelichen Kindern völlig gleichgestellt waren. Das BGB hätte die nichtehelich geborenen Kinder im Verhältnis zu ihrem Vater schlechter gestellt. Um zu vermeiden, dass diese Kinder ihre bis zum 3. 10. 1990 gesicherte Rechtsposition verlieren, wurde aus Gründen des Vertrauensschutzes diese Ausnahme gemacht, wonach diese Kinder ihren erbrechtlichen Status behielten. Sie wurden auch nach dem 3. 10. 1990 weiterhin wie eheliche Kinder behandelt.

Voraussetzung für diese Gleichstellung mit ehelich geborenen Kindern war allerdings, dass die Geburt des nichtehelichen Kindes vor dem 3. 10. 1990 erfolgte. Auf den Tag der Zeugung kam es nicht an. Zusätzlich musste die Vaterschaft förmlich festgestellt sein, d. h. entweder vom Vater anerkannt oder durch rechtskräftiges Urteil festgestellt, wobei eine Feststellung der Vaterschaft auch nach dem Erbfall mit Rückwirkung auf die Geburt möglich war.[15]

27 Für alle ab dem 3. 10. 1990 geborenen nichtehelichen Kinder galt ausschließlich das BGB mit allen erbrechtlichen Einschränkungen in Bezug auf Erb- und Pflichtteilsrechte nach dem Vater. Aus diesem Grund muss bei Erbfällen zwischen dem 3. 10. 1990 und dem 31. 3. 1998 im Hinblick auf das Erbrecht von nichtehelichen Kindern geprüft werden, wann diese geboren waren. Das Erbrecht für nichteheliche Kinder nach ihrem nach dem 3. 10. 1990 verstorbenen Vater wird aufgespalten und danach unterschieden, wann das betreffende nichteheliche Kind geboren war.

28 Maßgeblich für die Frage, ob ein nichtehelich vor dem 3. 10. 1990 geborenes Kind unter die Ausnahmeregelung von EGBGB Art. 235 § 1 Abs. II fällt, ist das **fiktive Erbstatut des Vaters.** Anknüpfungspunkt ist der ständige Aufenthalt des Vaters am 2. 10. 1990. Eine spätere Verlegung des Wohnsitzes ist nicht maßgeblich. Auf den Aufenthalt oder Geburtsort des Kindes kommt es nicht an.[16]

29 In der einigermaßen überschaubaren Zeitspanne bis zum Inkrafttreten des Erbrechtsgleichstellungsgesetzes dürften vermutlich nur wenige Väter von nichtehelichen Kindern verstorben sein, die in der Zeit zwischen dem 3. 10. 1990 und dem 31. 3. 1998 geboren wurden. Die zunächst eingetretene Verschlechterung der Rechtsposition der nach dem 3. 10. 1990 nichtehelich geborenen Kinder bis zum Inkrafttreten des Erbrechtsgleichstellungsgesetz am 1. 4. 1998 hat auf Grund der geringen Zahl der entsprechenden Sterbefälle kaum nachteilige Folgen hinterlassen und ist nicht problematisiert worden.

Die noch heute aus dieser Regelung resultierenden Probleme werden ausführlich in Punkt IV.1. dargestellt.[17]

6. Erbfall ab dem 1. 4. 1998 (Erbrechtsgleichstellungsgesetz)

30 Mit Inkrafttreten des **Erbrechtsgleichstellungsgesetzes** am 1. 4. 1998 wurde die Rechtslage für das nichtehelich geborene Kind für das gesamte Bundesgebiet vereinheitlicht und dem ehelichen Kind gleichgestellt. Alle nichtehelichen Kinder, deren Vater nach dem 1. 4. 1998 verstorben ist, haben ein volles Erb- und Pflichtteilsrecht nach ihrem Vater.

---

[14] Ausführlich in Palandt-Archiv II unter www.palandt.beck.de.
[15] Palandt-Archiv/*Heinrichs* EGBGB Art 235, § 1, Rn. 3; Palandt/*Edenhofer* § 1924, Rn. 8.
[16] Palandt-Archiv/*Heinrichs* EGBGB Art 235, § 1, Rn. 3.
[17] Vgl. Rn. 39 ff.

Ausnahmen bestehen jedoch weiter für nichtehelich geborene Kinder, die **vor dem 1. 7.** 31
1949 geboren wurden und auf die das fiktive Erbstatut nach dem Vater auf die Geltung des
BGB verweist. Es handelt sich dabei also um nichtehelich vor dem 1. 7. 1949 geborene Kinder, deren Vater am 2. 10. 1990 seinen ständigen Aufenthalt im alten Bundesgebiet hatte.
Für diese Kinder verbleibt es beim Ausschluss von Erb- und Pflichtteilsrecht. Hatte dagegen
der Vater am 2. 10. 1990 seinen ständigen Aufenthalt in der DDR, erbt das nichteheliche
Kind, wenn der Vater nach dem 3. 10. 1990 verstirbt, unabhängig davon, dann es geboren
wurde.

Die noch heute aus dieser Regelung resultierenden Probleme werden ausführlich unten
unter Rn. 39 ff. dargestellt.

II. Internationales Erbrecht der DDR

1. Erbfall zwischen dem 7. 10. 1949 (bis RAG) und dem 31. 12. 1975

Bis zum Inkrafttreten des RAG der DDR (**Rechtsanwendungsgesetz**) wurden Erbfälle mit 32
Auslandsberührung ausschließlich nach Art. 24 und 25 EGBGB beurteilt. Auf die Besonderheiten bei deutsch-deutschen Erbfällen wird in Punkt III. näher eingegangen.

2. Erbfall zwischen dem 31. 12. 1975 (ab RAG) und dem 2. 10. 1990

Das RAG (Rechtsanwendungsgesetz) ist zeitgleich mit dem ZGB am 1. 1. 1976 in Kraft 33
getreten. Mit dem RAG wurde vom Grundsatz der bisherigen Nachlasseinheit abgewichen
und die Statutenspaltung für Grundbesitz und grundstücksgleiche Rechte eingeführt nach
der **lex rei sitae**. Das RAG regelte in § 25 Abs. 2: *„Die erbrechtlichen Verhältnisse in Bezug
auf das Eigentum und andere Rechte an Grundstücken und Gebäuden, die sich in der
Deutschen Demokratischen Republik befinden, bestimmen sich nach dem Recht in der Deutschen Demokratischen Republik."* Damit konnten quasi zwei verschiedene Nachlässe eines
ausländischen Erblassers entstehen, die zum einen sein beweglicher Nachlass im Ausland
und in der DDR sowie Grundstücke im Ausland und andererseits Grundstücke und grundstücksgleiche Rechte in der DDR umfassten.

Der Begriff grundstücksgleiche Rechte wurde nach dem Recht der DDR qualifiziert. Dazu
gehörten beispielsweise auch mit dem Grundstück verbundene Forderungen wie Steuern,
Abgaben, Versicherungen und Mietkonten.[18]

Unter erbrechtlichen Verhältnissen verstand das RAG vor allem Fragen der Erbfähigkeit,
der Erbfolge und der Erbanteile, der Annahme und Ausschlagung der Erbschaft, der Pflichtteilsberechtigung und der Höhe des Pflichtteils sowie der Haftung für Nachlassverbindlichkeiten.[19]

Die Auswirkung in Bezug auf den Pflichtteil wird an folgendem Fall verdeutlicht: 34

Fallbeispiel:

Ein Ausländer verstarb 1980 in seinem Heimatland und hinterließ ein Grundstück und Antiquitäten in
Dresden und Konten in seiner Heimat. Er hat seine Ehefrau testamentarisch zur Alleinerbin bestimmt.
Wenn nach seinem Heimatrecht seine Kinder pflichtteilsberechtigt waren, galt dies nicht automatisch
für den Grundbesitz in der DDR. Grundsätzlich ging die DDR davon aus, dass für das Erbrecht nach
dem Ausländer gem. § 25 Abs. 1 RAG dessen Heimatrecht zur Anwendung kommt. Nach der lex rei
sitae gem. § 25 Abs. 2 RAG war auf das Erbrecht in Bezug auf das Grundstück jedoch das Erbrecht der
DDR anzuwenden. Waren die Kinder des ausländischen Erblassers volljährig und wirtschaftlich selbständig, waren sie nach dem ZGB nicht pflichtteilsberechtigt und sind in Bezug auf das Grundstück leer
ausgegangen. Von den Konten im Ausland und den Antiquitäten in der DDR konnten diese Kinder jedoch den Pflichtteil erhalten, wenn das Heimatrecht des ausländischen Erblassers dies vorsah. Auch
dann, wenn die Kinder des Erblassers nach dem ZGB nicht pflichtteilsberechtigt gewesen wären, wurde

---

[18] *Lübchen*, Internationales Privatrecht – Kommentar zum Rechtsanwendungsgesetz, 1989, § 25 Anm. 2.2.
[19] *Lübchen*, Internationales Privatrecht – Kommentar zum Rechtsanwendungsgesetz, 1989, § 25 Anm. 1.1.

dieser auf ausländischem Zivilrecht beruhende Pflichtteil anerkannt und nicht der Einwand des ordre public geltend gemacht.[20]

War dagegen der Ausländer nicht Alleineigentümer des Grundstückes, sondern nur im Rahmen einer Erbengemeinschaft am Grundstück beteiligt, so wurde sein Anspruch in der Erbengemeinschaft als bewegliches Vermögen angesehen. Ebenso führte das Bestehen eines Restitutionsanspruchs nicht zur Statutenspaltung.[21]

III. Behandlung innerdeutscher Erbfälle

1. Aus Sicht der DDR

35   Zunächst bereiteten innerdeutsche Erbfälle in der Rechtspraxis offensichtlich keine Probleme, da in beiden deutschen Staaten das Erbrecht des BGB unverändert weiter galt. Erst mit der getrennten Entwicklung des Erbrechtes ab 1957 traten neue Rechtsfragen auf.

Bis zum Inkrafttreten des **Staatsbürgerschaftsgesetzes** vom 20. 2. 1967 am 22. 2. 1967 ging auch die DDR von einer einheitlichen deutschen Staatsangehörigkeit aus. Um das Problem der Kollision der beiden unterschiedlichen deutschen Erbrechte praktisch zu lösen, stellte sich die DDR zunächst auf den Standpunkt, dass bei deutsch-deutschen Erbfällen die Regelungen des EGBGB für **Mehrstaater** analog anzuwenden seien.[22]

Nach Inkrafttreten des Staatsbürgerschaftsgesetzes war dieser Umweg nicht mehr nötig. Mit der Einführung der DDR-Staatsbürgerschaft wurde jeder, der nicht DDR-Bürger war, automatisch Ausländer. Dies galt auch für Staatsangehörige der BRD. Damit war aus Sicht der DDR Art. 24 EGBGB a. F. unmittelbar anzuwenden. Danach wurde als Anknüpfungspunkt für das Erbstatut die Staatsbürgerschaft bestimmt.[23]

2. Aus westdeutscher Sicht

36   Auch aus der Sicht der BRD bereiteten deutsch-deutsche Erbfälle zunächst keine Probleme, da das Erbrecht in beiden Teilen Deutschlands weitgehend übereinstimmte. Die 1967 eingeführte DDR-Staatsbürgerschaft wurde von der BRD nicht anerkannt. Aus der Sicht der BRD konnte deshalb kein internationales Privatrecht angewendet werden. Man behalf sich mit **interlokalem Recht,** welches an den letzten gewöhnlichen Aufenthalt des Erblassers anknüpfte. Das interlokale Recht wurde letztlich analog dem internationalen Recht angewendet.[24]

37   Die Anwendung der erbrechtlichen Bestimmungen der DDR, insbesondere auch die **Statutenspaltung** nach dem RAG ab dem 1. 1. 1976 für Immobilien im Gebiet der DDR wurde aus der Sicht der BRD akzeptiert. Eine andere praktikable Lösung hätte sich ohnehin nicht angeboten. Auch wenn die DDR als eigenständiger Staat von der BRD nicht anerkannt wurde, ging man davon aus, dass gem. Art. 4 Abs. 1 EGBGB das Recht der DDR entsprechend anzuwenden war. Dies galt gem. Art. 3 Abs. 3 EGBGB auch für die Statutenspaltung des RAG.[25]

38   Probleme hatten sich allenfalls ergeben können, wenn ein DDR-Bürger aus der Sicht der DDR illegal in die BRD geflüchtet war. Dieser besaß aus der Sicht der DDR zunächst noch die DDR-Staatsbürgerschaft. Aus der Sicht der BRD hatte er jedoch seinen ständigen Aufenthalt in der BRD gewählt, so dass von der Anwendung des Erbrechts des BGB ausgegangen wurde. In der Praxis dürften derartige Erbfälle eher die Ausnahme gewesen sein. Dieses Thema ist zumindest nicht problematisiert worden. Das für das DDR-Recht bestehende Problem in Bezug auf die Staatsbürgerschaft löste sich in der Praxis meist dadurch, dass die DDR den Flüchtlingen die DDR-Staatsbürgerschaft zumeist aberkannte.

---

[20] *Lübchen,* Internationales Privatrecht – Kommentar zum Rechtsanwendungsgesetz, 1989, § 25 Anm. 1.13.
[21] BGH ZEV 2001, 235; BGH NJW 1996, 932; BGH ZEV 2000, 498.
[22] *Mayer/Süß*/Tanck/Bittler/Wälzholz, § 6 Rn 16.
[23] Groll/*Beil,* Praxishandbuch Erbrechtsberatung, E Rn. 73 ff.
[24] Ausführlich dargestellt in *Mayer/Süß*/Tanck/Bittler/Wälzholz, § 6 Rn. 18 ff.
[25] *Mayer/Süß*/Tanck/Bittler/Wälzholz, § 6 Rn 20.

IV. Problemfälle im deutsch-deutschen Pflichtteilsrecht

1. Das Erbrechtsgleichstellungsgesetz

Im Zusammenhang mit dem **Erbrechtsgleichstellungsgesetz** treten in der Praxis zwei Probleme auf. Zum einen handelt es sich um die Frage der Beurteilung von Erbfällen nach nichtehelichen Vätern zwischen dem Tag der Einheit und dem Inkrafttreten des Erbrechtsgleichstellungsgesetzes. Zum anderen geht es um Altfälle mit außerehelichen Kindern, die vor dem 1. 7. 1949 geboren wurden.

Bei Erbfällen von nichtehelichen Vätern in der Zeitspanne zwischen dem Tag der Einheit und dem Inkrafttreten des Erbrechtsgleichstellungsgesetzes (3. 10. 1990 bis 1. 4. 1998) sind in den neuen Bundesländern in Bezug auf die daraus resultierenden Pflichtteilsstreite einige Besonderheiten zu beachten, die aus der Frage der Erbenstellung des nichtehelichen Kindes herrühren. Diese Besonderheiten kommen immer dann zum Zuge, wenn der nichteheliche Vater am Tag der Einheit seinen ständigen Aufenthalt in den neuen Bundesländern hatte. Gem. Art. 235 § 1 Abs. 2 EGBGB ist das fiktive Erbstatut des Vaters maßgeblich. Anknüpfungspunkt ist der ständige Aufenthalt des Vaters am 2. 10. 1990, nicht jedoch der Wohnsitz des nichtehelichen Kindes oder ein späterer Umzug des Vaters.[26]

Starb der nichteheliche Vater eines Kindes in dieser Zeitspanne, ist zu unterscheiden, ob das nichteheliche Kind bereits **vor dem 3. 10. 1990** geboren war oder danach. War das Kind davor geboren worden, kam es in den Genuss des Bestandsschutzes Art. 235 § 1 Abs. 2 EGBGB und wurde wie ein ehelich geborenes Kind behandelt. Dieses Kind behielt sein gesetzliches Erbrecht nach dem ZGB der DDR. War das Kind dagegen nach dem 3. 10. 1990 geboren, wurden die normalen Regelungen für die Erb- und Pflichtteilsansprüche des nichtehelichen Kindes des BGB zum Zeitpunkt des Erbfalls angewendet. Maßgeblich war dabei der Tag der Geburt und nicht der Tag der Zeugung des Kindes.[27]

Diese Rechtslage wurde in den neuen Bundesländern in den Medien nicht problematisiert. Das führte zum Teil zu Irritationen bei den Betroffenen, die damit nicht gerechnet hatten. Vermutlich gab es nur eine geringe Zahl von Erbfällen, in denen dies zu Problemen führte, bis das Erbrechtsgleichstellungsgesetz Abhilfe geschaffen hat. Fälle des vorzeitigen Erbausgleichs gem. § 1934 d BGB (alt) sind in diesen Fällen nicht zum Tragen gekommen, da die ab dem 3. 10. 1990 geborenen Kinder nicht das für diese Ansprüche erforderliche Alter von 21 Jahren erreichten, bevor das Erbrechtsgleichstellungsgesetz in Kraft getreten ist.

Die Probleme werden an folgendem Fall deutlich:

Fallbeispiel:
Ein Mann hat aus seiner ersten geschiedenen Ehe ein eheliches Kind 1. In der Folge lebt er mit einer Lebensgefährtin zusammen, die von ihm 1988 nichtehelich das Kind 2 bekommt. Am 2. 10. 1990 hat der Mann seinen ständigen Aufenthalt im Gebiet der DDR. Ein weiteres nichteheliches Kind 3 des Paares wird 1991 geboren. Der Mann kauft sich ein Grundstück. Er verstirbt 1992 bei einem Motorradunfall. Eine letztwillige Verfügung hat er nicht hinterlassen, so dass die gesetzliche Erbfolge eintritt. Erbberechtigt sind bei seinem Tod nur die Kinder 1 und 2. Das Kind 3 dagegen wird auf den Erbersatzanspruch verwiesen.

Das zweite Problem im Zusammenhang mit dem Erbrechtsgleichstellungsgesetz ist in der Praxis gravierender. In der Beratungspraxis wird häufig die Frage gestellt, ob ein **vor dem 1. 7. 1949 außerehelich geborenes Kind** erb- und pflichtteilsberechtigt ist. Bei der Beantwortung dieser Frage ist wiederum zu unterscheiden, wo der nichteheliche Vater am Tag der Einheit seinen ständigen Wohnsitz hatte.

Wie in § 13 I.3. und 4. dargestellt, hat das FGB der DDR mit seinem Inkrafttreten am 1. 4. 1969 das Erbrecht des nichtehelichen Kindes grundlegend geändert.[28] Die Verbesserung der erbrechtlichen Stellung des nichtehelichen Kindes wurde mit dem Inkrafttreten des ZGB am 1. 1. 1976 verstärkt und ausgebaut. Kraft Gesetzes hatten damit alle nichtehelich

---

[26] Palandt-Archiv/*Heinrich* EGBGB Art. 235 § 1 Rn. 3.
[27] Palandt/*Edenhofer* § 194 Rn. 8.
[28] Vgl. oben Rn. 4 bis 21.

geborenen Kinder ein gesetzliches Erbrecht nach dem nichtehelichen Vater erhalten. Dies erstreckte sich auch auf alle bereits nichtehelich geborenen Kinder im Geltungsbereich des FGB. Die bereits nichtehelich geborenen Kinder erhielten erbrechtlich gesehen **rückwirkend** den Status eines ehelichen Kindes, sofern der Erbfall nach dem 1. 4. 1969 (Inkrafttreten des FGB) bzw. 1. 1. 1976 (Inkrafttreten des ZGB) eintrat.[29] Eine zeitliche Begrenzung dieser rückwirkenden Statusänderung sah die gesetzliche Regelung nicht vor, so dass diese Besserstellung für alle nichtehelich geborenen Kinder im Geltungsbereich des FGB galt, unabhängig davon, wann diese geboren waren.[30]

46 In der BRD kam es zu einer Verbesserung der Stellung des nichtehelich geborenen Kindes mit dem **Nichtehelichengesetz,** welches am 1. 7. 1970 in Kraft getreten ist. Dabei erfolgte jedoch keine vollständige Gleichstellung mit ehelichen Kindern. Dieses Gesetz galt für alle ab dem 1. 7. 1949 geborenen nichtehelichen Kinder im Geltungsbereich des Nichtehelichengesetzes. Für die vor dem 1. 7. 1949 geborenen nichtehelichen Kinder änderte sich nichts. Diese Kinder waren ausdrücklich von der Neuregelung des Nichtehelichengesetzes aus Gründen des Bestandsschutzes ausgenommen. Sie galten nach wie vor als nicht verwandt mit ihrem nichtehelichen Vater und hatten kein Erb- bzw. Pflichtteilsrecht nach diesem.[31]

47 Im Zuge des Inkrafttretens des Erbrechtsgleichstellungsgesetzes am 1. 4. 1998 wurden für alle Erbfälle ab Inkrafttreten des Gesetzes jegliche Beschränkungen des Nichtehelichengesetzes aufgehoben und eine völlige Gleichstellung des nichtehelichen mit dem ehelichen Kindes in der gesamten Bundesrepublik eingeführt. Von diesem Grundsatz macht das Gesetz jedoch eine **Ausnahme.** Wiederum aus Gründen des Bestandsschutzes wurde die zeitliche Grenze für vor dem 1. 7. 1949 nichtehelich geborene Kinder aus dem alten Geltungsbereich des Nichtehelichengesetzes beibehalten.

48 In der heutigen Praxis muss also bei Erbfällen nach dem 1. 4. 1998 mit Beteiligung von vor dem 1. 7. 1949 nichtehelich geborenen Kindern unterschieden werden, ob diese Kinder in den alten Geltungsbereich des FGB der DDR oder den alten Geltungsbereich des Nichtehelichengesetzes fallen. Maßgeblich für die Beantwortung dieser Frage ist der **gewöhnliche Aufenthalt des nichtehelichen Vaters am 2. 10. 1990.**[32]

49 Hielt sich der nichteheliche Vater am 2. 10. 1990 gewöhnlich in der DDR auf, fällt das Kind unter die Regelungen des FGB und ist ohne jegliche zeitliche Beschränkung seiner Geburt erb- und pflichtteilsberechtigt. Hatte dagegen der Vater am 2. 10. 1990 seinen gewöhnlichen Aufenthalt in den alten Bundesländern, ist das nichteheliche Kind nach ihm nicht erb- und pflichtteilsberechtigt, sofern es vor dem 1. 7. 1949 geboren wurde.

50 Fallbeispiel:
Die nichtehelich am 9. 4. 1947 geborene Mandantin möchte wissen, ob sie nach ihrem nichtehelichen Vater pflichtteilsberechtigt ist, der hochbetagt am 30. 12. 2008 verstorben ist. Die Mandantin hat ihr ganzes Leben lang in Dresden gewohnt. Ihr Vater lebte stets in Hamburg und besaß dort mehrere Grundstücke. Mit letztwilliger Verfügung hat er seine Ehefrau und seine aus dieser Ehe stammenden beiden ehelichen Kinder zu Erben eingesetzt.
Die Mandantin geht leer aus. Der ständige Aufenthalt des nichtehelichen Vaters war am 3. 10. 1990 in den Altbundesländern. Aus diesem Grunde fällt die Mandantin unter die Ausnahmeregelung des Erbrechtsgleichstellungsgesetzes i. V. m. Art. 12 § 10 Abs. 2 NEhelG und gilt als nicht verwandt mit ihrem Vater. Sie ist nicht pflichtteilsberechtigt.

51 Abgewandeltes Fallbeispiel:
Die nichtehelich am 9. 4. 1947 geborene Mandantin möchte wissen, ob sie nach ihrem nichtehelichen Vater pflichtteilsberechtigt ist, der hochbetagt am 30. 12. 2008 verstorben ist. Die Mandantin hat ihr ganzes Leben lang in Dresden gewohnt. Ihr Vater lebte bis 1989 in Hamburg und besaß in Dresden mehrere Grundstücke, die in der DDR enteignet wurden. Unmittelbar nach dem Mauerfall übersiedelte er für immer nach Dresden und erhielt in der Folgezeit im Wege der Restitution seine wertvollen

---

[29] Vgl. oben Rn. 4 bis 21.
[30] Das Familienrecht der DDR – Kommentar zum FGB, 4. Aufl.1973, EGFGB, § 9.
[31] Art. 12 § 10 Abs. 2 NEhelG.
[32] Art. 235 § 1 Abs. 1 und 2.

IV. Problemfälle im deutsch-deutschen Pflichtteilsrecht

Grundstücke in Dresden zurück. Mit letztwilliger Verfügung hat er seine Ehefrau und seine aus dieser Ehe stammenden beiden ehelichen Kinder zu Erben eingesetzt.
Die Mandantin ist in diesem Fall pflichtteilsberechtigt, weil der nichteheliche Vater vor dem Tag der Einheit umgezogen war und damit am Tag der Einheit seinen ständigen Wohnsitz in der DDR hatte. Aus diesem Grund gilt für sie die Regelung des FGB, welches allen Kindern ohne zeitliche Schranke gleichberechtigt wie einem ehelichen Kind ein Erb- bzw. Pflichtteilsrecht einräumt.

Diese Problematik ist auch um umgekehrten Fall zu berücksichtigen, wenn es um das Erbrecht des nichtehelichen Vaters nach seinem nichtehelichen Kind geht. Pflichtteilsansprüche spielen in diesem Zusammenhang jedoch in Folge des Zeitablaufs und der damit eingetretenen Verjährung keine Rolle mehr.

Der EGMR hat in der Entscheidung vom 28. 5. 2009 festgestellt, dass eine Verweigerung des Erbrechtes für ein vor dem 1. 7. 1949 nichtehelich geborenes Kind, welches eine familiäre Beziehung zum leiblichen Vater hatte, gegen die EMRK verstößt.[33] Nach dieser Entscheidung bleibt abzuwarten, ob und wie sich die dargestellte Rechtslage für die vor dem 1. 7. 1949 nichtehelich geborenen Kinder, deren Vater am 2. 10. 1990 einen ständigen Wohnsitz in den alten Bundesländern hatte, verändern wird. Der deutsche Gesetzgeber ist gehalten, weitere Konventionsverletzungen durch die Anwendung deutscher Normen zu vermeiden und die Rechtslage zu ändern. Eine entsprechende Änderung ist denkbar für alle einschlägigen Erbfälle ab dem 28. 5. 2009. Für bisher nicht entschiedene Altfälle aus der jüngeren Vergangenheit, d. h. Erbfälle ab dem Inkrafttreten des Erbrechtsgleichstellungsgesetzes am 1. 4. 1998, ist eine Nichtanwendung der diskriminierenden Vorschriften durch die deutschen Gerichte möglich.[34]

2. Pflichtteilsergänzungsansprüche

Auf einen Erbfall und insbesondere auf Pflichtteilsansprüche ist das zum Zeitpunkt des Erbfalls geltende Recht anzuwenden. Dies gilt grundsätzlich auch für **Pflichtteilsergänzungsansprüche**.

Bis zum 3. 10. 1990 waren in den neuen Bundesländern Pflichtteilsergänzungsansprüche unbekannt. Es stand dem Erblasser frei, zu Lebzeiten über sein Eigentum zu verfügen. Pflichtteilsansprüche konnten allenfalls aus dem zum Zeitpunkt des Ablebens der Erblassers vorhandenen Vermögen gefordert werden. Frühere Schenkungen des Erblassers blieben unberücksichtigt, selbst dann, wenn der Erblasser kurz vor seinem Tode sein gesamtes Vermögen verschenkte.[35]

Es stellt sich jedoch bei Erbfällen ab dem 3. 10. 1990 die Frage, ob und wie ggf. **Schenkungen in der DDR aus der Zeit vor dem 3. 10. 1990** in die Berechnung von Pflichtteilsergänzungsansprüchen einzustellen sind. Grundsätzlich ist auf den Erbfall nach dem 3. 10. 1990 das BGB anzuwenden. Bei Anwendung des BGB mit der entsprechenden Einbeziehung von Schenkungen für Pflichtteilsergänzungsansprüche gem. §§ 2325, 2329 BGB, die 10 Jahre oder länger vor dem Erbfall gelegen haben, reicht diese Frist jedoch häufig bei Erbfällen bis in die Zeit der DDR zurück.[36]

Zunächst war strittig, ob Schenkungen aus der DDR-Zeit überhaupt einbezogen werden sollten oder ob Bestandsschutz gewährt werden sollte. Zum Zeitpunkt der Schenkung konnten weder Schenker noch Beschenkter damit rechnen, dass diese Schenkung jemals erbrechtlich relevant sein könnte, da dem ZGB der Pflichtteilsergänzungsanspruch unbekannt war. Eine rückwirkende Änderung der bereits getroffenen Vermögensdisposition war zum Zeitpunkt des Erbfalls nicht mehr möglich. Gerade bei Überlassungsverträgen über Grundstücke waren vereinbarte Gegenleistungen häufig nur knapp im Vertragstext formuliert, da diese erbrechtlich keine Rolle spielten. Ein Bestands- und Vertrauensschutz wäre durchaus gerechtfertigt gewesen. Nach längerem Meinungsstreit hat jedoch der BGH entschie-

---

[33] EGMR, Urt. v. 28. 5. 2009 in ZEV 2009, 510 ff.
[34] *Leipold* ZEV 2009, 488 ff.
[35] Vgl. Rn. 23.
[36] Staudinger/*Haas*, Einl. zu §§ 2303 ff. Rn. 80 bis 82.

den, dass derartige Schenkungen in die Berechnung gem. §§ 2325, 2329 BGB einzubeziehen sind.³⁷

56 Der BGH hat in seinem Urteil vom 7. 3. 2001 im Rahmen einer Interessensabwägung zwischen den Interessen des Pflichtteilsberechtigten und denen des Erben bzw. beschenkten Dritten eine unechte Rückwirkung der Pflichtteilsregelungen des BGB auf Grund des Einigungsvertrages zugelassen. Er begründet dies u. a. damit, dass Art. 235 § 1 EGBGB Einschränkungen der Anwendbarkeit der §§ 2325, 2329 BGB nicht vorsieht und den Interessen des Pflichtteilsberechtigten größeres Gewicht beizumessen sei. Im Rahmen dieser Interessenabwägung hat der BGH der Rechtseinheit den Vorrang gegeben und dies auch mit der geringeren Schutzwürdigkeit des unentgeltlichen Erwerbs begründet. Als weitere Begründung wird angeführt, dass bei Schenkungen kurz vor dem 3. 10. 1990 nicht mehr auf den Fortbestand des DDR-Rechtes vertraut werden konnte.³⁸ Dabei übersieht der BGH jedoch, dass die **unechte Rückwirkung** nicht nur Schenkungen kurz vor dem 3. 10. 1990 einbezieht, sondern auch Schenkungen aus weit davor liegenden Zeiträumen, in denen eine Änderung der politischen Lage wirklich nicht abzusehen war.

Da nun feststeht, dass diese Schenkungen grundsätzlich einzubeziehen sind, stellt sich die Frage, zu welchem Wert dies erfolgen soll. Bei Geldschenkungen ist die Umrechnung weitgehend unproblematisch. Der Nennwert des Betrages wird entsprechend in DM bzw. € umgerechnet. Eine Berücksichtigung des Kaufkraftschwundes kann erfolgen.³⁹

57 Schwieriger ist dagegen die **Bewertung von Grundstücksschenkungen**. Generell gilt auch hier das Niederstwertprinzip, wonach der Wert am Tag der Schenkung und der Wert am Todestag verglichen werden. Der jeweils niedrigere Wert ist maßgeblich für die Pflichtteilsberechnung. Auch der so ermittelte Wert kann um den Kaufkraftschwund erhöht werden.⁴⁰

Für die Ermittlung des Wertes eines zu DDR-Zeiten verschenkten Grundstückes sind die offiziellen Schätzwerte zu verwenden, auch wenn die oft üblichen Schwarzmarktpreise für Einfamilienhäuser teilweise darüber lagen. Ob möglicherweise ein höherer „innerer Wert" bei erkennbarer vorübergehender Preisbegrenzung maßgeblich sein kann, hat der BGH ausdrücklich für Fälle offen gelassen, in denen eine Wertsteigerung bereits absehbar war. Gleichzeitig hat der BGH festgestellt, dass dies bei einer Schenkung im Jahr 1983 nicht der Fall ist.⁴¹ Eine Berücksichtigung derartiger „innerer Werte" für Schenkungen vor 1989 führt jedoch zu erheblicher Rechtsunsicherheit und ist nicht gerechtfertigt.⁴²

58 Die Beurteilung der Frage, ob es sich überhaupt um eine Schenkung gehandelt hat oder ob ein entgeltlicher Übertragungsvertrag vorliegt, richtet sich ausschließlich nach den **Wertverhältnissen zum Zeitpunkt des Vollzuges der Schenkung**. Haben sich anschließend wendebedingt die Wertverhältnisse geändert, weil der Grundstückswert gestiegen ist, ändert dies rückwirkend nicht die Beurteilung der Frage, ob eine Schenkung vorliegt oder nicht.

59 **Fallbeispiel:**
1985 übertrug die Mutter ihr Grundstück auf ihre Tochter. Sie behielt sich ein Wohnrecht vor. Weiterhin wurde der Tochter eine Pflegeverpflichtung aufgegeben. Im Jahr 1985 entsprachen der Wert der Pflegeverpflichtung und des Wohnrechtes dem Verkehrswert des übertragenen Grundstückes. In diesem Fall liegt keine Schenkung vor, da es für die Frage, ob eine Schenkung vorliegt oder nicht, auf den Zeitpunkt der Übertragung im Jahr 1985 ankommt. Wenn das Grundstück aus heutiger Betrachtung einen deutlich höheren Wert besitzt, ändert dies nichts an der Beurteilung, dass keine Schenkung vorliegt.⁴³

60 Härten können jedoch im Einzelfall entstehen, wenn die Schenkung mit Notarvertrag beispielsweise im Sommer/Herbst 1989 erfolgte, bevor die politische Wende absehbar war und die Eintragung im Grundbuch wendebedingt erst Jahre später erfolgte. Im Zuge des Ansturms auf die Grundbuchämter kurz nach der Wende konnte es im Einzelfall vorkom-

---

³⁷ Zum Meinungsstreit *Mayer/Süß*/Tanck/Bittler/Wälzholz, § 6 Rn 11; BGH ZEV 2001, 238 ff. mit Anmerkung von *Klinghöffer*; Staudinger/*Olshausen* § 2325 Rn. 112.
³⁸ BGH ZEV 2001, 238 ff. mit Anmerkung von *Klinghöffer*.
³⁹ Staudinger/*Olshausen* § 2325 Rn. 107.
⁴⁰ Staudinger/*Olshausen* § 2325 Rn. 107.
⁴¹ BGH FamRZ 1995, 420; BGH FamRZ 1993, 1048.
⁴² Staudinger/*Olshausen* § 2325 Rn. 112.
⁴³ BGH NJW 2002, 2469.

IV. Problemfälle im deutsch-deutschen Pflichtteilsrecht

men, dass der neue Eigentümer der Immobilie erst viele Monate später in das Grundbuch eingetragen wurde. Stichtage für die Wertberechnung des Pflichtteilsergänzungsanspruchs sind jedoch entweder der Tag der Grundbucheintragung oder der Todestag des Erblassers. Eine Vorverlegung des Stichtages auf den Zeitpunkt, der bei normalem Geschäftsbetrieb des Grundbuchamtes wahrscheinlich gewesen wäre, scheidet aus, da der Gesetzestext von § 2325 Abs. 2 BGB eindeutig ist.[44]

In derartigen Fällen kann durch die verspätete Grundbucheintragung der Wert der Immobilie zwischen dem Tag der Beurkundung und der Grundbucheintragung erheblich gestiegen sein. Mit diesem Ergebnis der Wertsteigerung des Verkehrswertes rechnete der Beschenkte meist nicht, da er meinte, ihm kann eine übermäßig lange Bearbeitungszeit beim Grundbuchamt nicht zu seinem Nachteil angerechnet werden.

Obwohl der Zeitablauf seit dem 3. 10. 1990 vermuten ließ, dass die 10-Jahres-Frist gem. §§ 2325, 2329 BGB abgelaufen ist, können die Probleme im Zusammenhang mit Pflichtteilsergänzungsansprüchen auch heute noch in zwei Fällen eine Rolle spielen. Dies ist zum einen dann der Fall, wenn die fragliche **Grundstücksschenkung an den Ehegatten** erfolgte und alle Schenkungen gem. § 2325 Abs. 3 BGB zeitlich unbefristet in die Berechnung von Pflichtteilsergänzungsansprüchen einbezogen werden. Der zweite Fall ist die Vereinbarung eines **vollumfänglichen Nießbrauchs** oder vollumfänglichen Wohnrechtes am gesamten Objekt bei Schenkung. In diesen Fällen hat die Schenkung für den Schenker kein wirtschaftliches Opfer bedeutet.[45] Hatte sich der Schenker bei der Schenkung zu DDR-Zeiten beispielsweise einen lebenslangen Nießbrauch am gesamten Grundstück vorbehalten, kann auch bei einem heutigen Sterbefall die Schenkung in die Berechnung einbezogen werden, da die 10-Jahres-Frist nicht begonnen hat.

3. Behandlung von Altadoptionen

Noch heute wirken sich die unterschiedlichen Sichtweisen auf Adoptionen in Ost und West zum Teil auf das Erb- und Pflichtteilsrecht von adoptierten Kindern aus. Zunächst werden zum besseren Verständnis der Problematik die unterschiedlichen Entwicklungen in der DDR und der BRD dargestellt.

Zunächst galt in beiden deutschen Staaten nach dem Krieg das alte Adoptionsrecht des BGB unverändert weiter. Danach entstand durch die Adoption gem. § 1763 BGB a. F. ein Verwandtschaftsverhältnis zwischen dem Adoptivkind und dem Annehmenden. Das Adoptivkind galt als eheliches Kind des Annehmenden. Zu den sonstigen Verwandten des Annehmenden entstand jedoch kein Verwandtschaftsverhältnis. Das Verwandtschaftsverhältnis zu den leiblichen Verwandten des Adoptivkindes blieb dagegen gem. § 1764 BGB a. F. erhalten.

In der DDR wurde das Adoptionsrecht bereits vergleichsweise früh reformiert. Mit der Verordnung vom 29. 11. 1956 (Gesetzblatt der DDR I, 1326), in Kraft getreten am 1. 1. 1957, wurde für alle Adoptionen die Adoption mit **starker Wirkung** eingeführt. Das bedeutet das Erlöschen des Verwandtschaftsverhältnisses zu den bisherigen leiblichen Verwandten des Angenommenen. Die schwachen Annahmeverhältnisse aus der Zeit davor wurden kraft Gesetzes automatisch in Annahmeverhältnisse neuen Rechts, d. h. mit starker Wirkung überführt. Diese Rückwirkung erstreckte sich ausnahmslos auf alle Adoptionen, die vor dem 1. 1. 1957 stattfanden, unabhängig davon, wie lange die Adoption zurücklag. Kraft Gesetzes wurden die Verwandtschaftsverhältnisse zu den leiblichen Verwandten mit rechtlicher Wirkung aufgehoben. Vertrauensschutzerwägungen spielten dabei keine Rolle.[46]

Mit Inkrafttreten des FGB am 1. 4. 1966 wurde diese Änderung des Adoptionsrechts übernommen. Von dieser strikten Regelung des Erlöschens des Verwandtschaftsverhältnisses zu den leiblichen Verwandten des Adoptivkindes wurde im FGB jedoch eine einzige Ausnahme gemacht: Waren die Adoptiveltern bei einer Adoption, die vor dem 1. 1. 1957 durchgeführt wurde, am 1. 4. 1966 (Inkrafttreten des FGB) bereits verstorben, blieben die nach früherem Recht bestehenden familienrechtlichen Beziehungen sowohl zu den Ver-

---
[44] A. A. OLG Jena OLG-NL 1999, 108.
[45] Palandt/*Edenhofer* § 2325 Rn. 20.
[46] *Grandke*, Familienrecht Lehrbuch 4.5.1., S. 193.

wandten der Adoptiveltern als zu den leiblichen Verwandten gem. §§ 1757, 1762, 1763 und 1764 BGB bestehen. War dagegen die Adoption aus dem Zeitraum nach dem 1. 1. 1957 und die Adoptiveltern waren vor dem 1. 4. 1966 verstorben, galt das neue Adoptionsrecht.[47]

66 Das Adoptionsrecht in der BRD ist dagegen einen anderen Weg gegangen. Das **Adoptionsgesetz** vom 2. 7. 1976 (Bundesgesetzblatt I, 1749) ist am 1. 1. 1977 in Kraft getreten. Es regelt die Adoption von Minderjährigen und Volljährigen. Dabei hat die Volljährigenadoption in der Regel eine schwache Wirkung, bei der die erbrechtlichen Verhältnisse zwischen dem Adoptivkind und seinen leiblichen Verwandten bestehen bleiben. Die Minderjährigenadoption hat immer eine starke Wirkung, die das Erbrecht zwischen Adoptivkind und leiblichen Verwandten aufhebt.

67 Adoptionen vor dem 1. 1. 1977 wurden übergeleitet, wobei unterschieden wurde, ob zu diesem Zeitpunkt das Adoptivkind volljährig war oder noch nicht. War das Adoptivkind am 1. 1. 1977 bereits volljährig, bleibt es bei der schwachen Wirkung. War es dagegen minderjährig, wurde das Verhältnis ab dem 1. 1. 1978 überführt in eine Adoption mit starker Wirkung. Damit entfiel das Verwandtschaftsverhältnis zu den leiblichen Eltern und das entsprechende Erb- und Pflichtteilsrecht nach diesen.[48]

Es ist festzustellen, das die DDR und die BRD bei Altadoptionen mit **unterschiedlichen Stichtagen** und unterschiedlichem räumlichen Geltungsbereich zu jeweils anderen Auffassungen über die Wirkung der Adoption und daraus abgeleitet zu unterschiedlichen Beurteilungen von Erb- und Pflichtteilsrecht kommen.

68 Bei einem Erbfall mit einer Adoption ist zunächst zu prüfen, ob sich die Verwandtschaftsverhältnisse nach den Regelungen der DDR oder der BRD richten. Grundsätzlich richten sich gem. Art. 234 § 13 EGBGB alle Annahmeverhältnisse nach §§ 1741 ff. BGB. Die in der DDR vor dem 3. 10. 1990 begründeten Adoptionen werden grundsätzlich in das Adoptionsrecht des BGB übergeleitet.[49]

Davon werden jedoch **Ausnahmen** gemacht. Bereits erloschene Rechtsverhältnisse sollen nicht wieder aufleben.[50] Dies stellt jedoch bei der Frage nach dem anzuwendenden Recht auf Altadoptionen nicht das Problem dar. Art. 234 § 13 EGBGB regelt nicht die Frage der interlokalen Abgrenzung der deutsch-deutschen Problematik. Dafür ist das interlokale Kollisionsrecht heranzuziehen.

69 Die Frage, nach welchem Recht Altadoptionen zu beurteilen sind, ist vielmehr gemäß dem **deutsch-deutschen Kollisionsrecht** zu beantworten. Art. 22 EGBGB regelt sinnentsprechend ebenso wie § 20 EGFGB, dass auf die Annahme als Kind das Recht des Staates des Annehmenden anzuwenden ist. Angewendet bedeutet dies, dass bei der Anknüpfung auf den gewöhnlichen Aufenthalt des Annehmenden zum Zeitpunkt der Annahme abgestellt wird.[51] Der Wohnsitz des Kindes ist nicht maßgeblich.

70 Es ist also festzustellen, dass der **Wohnsitz des Annehmenden** zum Zeitpunkt der Annahme maßgeblich für die Frage des anzuwendenden Rechts bei Altadoptionen ist. Wohnte der Annehmende zum Zeitpunkt der Annahme innerhalb des Territoriums der DDR, ist auf die Adoption und insbesondere auf die Frage des Erlöschens des Verwandtschaftsverhältnisses zu den leiblichen Eltern und zu den leiblichen Verwandten das Recht der DDR, also das FGB anzuwenden. Das führt dazu, dass diese Verwandtschaftsverhältnisse als erloschen angesehen werden. Das FGB fasste alle Adoptionen als Adoptionen mit starker Wirkung auf. Es geht davon aus, dass die Verwandtschaftsverhältnisse des adoptierten Kindes zu dessen leiblichen Eltern erloschen sind. Das Kind ist deshalb nicht erb- und pflichtteilsberechtigt nach den leiblichen Eltern.[52]

---

[47] Kommentar FGB, § 2 EGFGB, 4. Aufl., Anm. 5.
[48] Ausführliche Darstellung der Altadoption und deren Überleitung in Nieder/Kössinger/*Kössinger* § 1 Rn. 74 ff; *Graf*, Handbuch der Rechtspraxis, Bd. 6, Nachlassrecht, III. Rn. 1.38 ff., Staudinger/*Frank* Vorbem. zu §§ 1741 ff. Rn. 55 ff.
[49] Palandt-Archiv Teil II/*Heinrichs* Art. 234 § 13, Rn. 2.
[50] Ausführliche Darstellung des Problems in Palandt-Archiv Teil II/*Heinrichs* Art. 234 § 13, Rn. 2 ff.; MünchKommBGB/*Maurer* Art. 234 § 13.
[51] N. v. Gutachten des DNotI, Nr. 78 750; Nr. 81 526 sowie Nr.: 83 689.
[52] N. v. Gutachten des DNotI, Nr. 78 750; Nr. 81 526 sowie Nr.: 83 689.

IV. Problemfälle im deutsch-deutschen Pflichtteilsrecht

Hatte der Annehmende dagegen seinen ständigen Wohnsitz zum Zeitpunkt der Annahme im Gebiet der alten BRD, ist auf diese Adoption das BGB anzuwenden, welches bei der Altadoption das Verwandtschaftsverhältnis zu den leiblichen Eltern als erhalten ansieht. Dieses Kind wird demzufolge erben oder den Pflichtteil erhalten.

Fallbeispiel:
Der Mandant möchte wissen, ob er nach seiner kürzlich verstorbenen leiblichen Mutter den Pflichtteil erhält. Er wurde am 15. 10. 1946 nichtehelich geboren. Die leibliche Mutter wohnte mit dem Kind bei Leipzig. Da der neue Partner der Mutter kein fremdes Kind aufziehen wollte, hat die leibliche Mutter vor ihrer späteren Eheschließung mit dem neuen Partner das Kind zur Adoption freigegeben. Ein Ehepaar aus Leipzig adoptierte den Mandanten im Dezember 1949. Die leibliche Mutter hat in einer letztwilligen Verfügung ihren Ehemann zum Alleinerben bestimmt.

Nach den interlokalen Kollisionsregeln ist das Recht der DDR, also das FGB maßgeblich. Dieses hat mit seinem Inkrafttreten alle Altadoptionen überführt in Adoptionen mit starker Wirkung und damit die verwandtschaftlichen Verhältnisse zur leiblichen Mutter aufgehoben. Deshalb ist der Mandant nicht erb- bzw. pflichtteilsberechtigt.

Fallbeispiel:
Gleicher Sachverhalt wie oben, aber die Adoptiveltern stammten aus München, wo das Adoptionsverfahren durchgeführt wurde.

Nach den interlokalen Kollisionsregeln ist das Recht der BRD, also das BGB mit den entsprechenden Übergangsbestimmungen für Altadoptionen anzuwenden. Das bestehende verwandtschaftliche Verhältnis zur leiblichen Mutter blieb erhalten. Der Mandant kann den Pflichtteil fordern.

Häufig ist in diesen Altfällen unklar, wo der Annehmende seinen ständigen Wohnsitz hatte. Die alte Adoptionsurkunde ist jedoch meist noch vorhanden oder auf der Geburtsurkunde wurde vermerkt, vor welcher Behörde die Adoption erfolgte. Der ständige Wohnsitz des Annehmenden ist zugleich der Gerichtsstand der damaligen Annahmeentscheidung, so dass sich meist daraus der Wohnsitz ergibt.

Da das FGB der DDR keine zeitliche Befristung für seine Rückwirkung auf bereits erfolgte Adoptionen enthielt (mit Ausnahme der bereits erwähnten hier nicht relevanten Fälle), kann auch nichts anderes für **Uraltadoptionen** aus der Zeit vor DDR-Gründung gelten. Das FGB hat mit einem Schlag komplett alle in seinem territorialen Geltungsbereich liegenden Adoptionen umgestellt in Adoptionen mit starker Wirkung. Ausnahmen für Uraltadoptionen waren nicht gewollt, auch wenn diese vor der Gründung der DDR lagen.[53]

4. Das geheimgehaltene Kind

In den neuen Bundesländern existieren deutlich mehr Kinder als in den alten Bundesländern, die nichtehelich geboren wurden. In einigen Fällen haben die Väter dieser Kinder der neuen Partnerin und den später geborenen weiteren Kindern die Existenz des nichtehelichen Kindes verschwiegen. Ein Verschweigen dieses Kindes hatte im Geltungsbereich des ZGB keine erbrechtlichen Konsequenzen. Ein volljähriges wirtschaftlich selbständiges Kind konnte problemlos mittels Testament enterbt werden und hatte auch keinen Pflichtteilsanspruch. Die Unterhaltszahlungen bis zur wirtschaftlichen Selbständigkeit des Kindes wurden in derartigen Fällen häufig diskret abgewickelt.

Auf Grund der ab dem 3. 10. 1990 geänderten Rechtslage beim Pflichtteil für Abkömmlinge in den neuen Bundesländern ist in Fällen eines geheimgehaltenen Kindes für den nichtehelichen Vater ein Handlungsbedarf gegeben. Mit geeigneter Testamentsgestaltung bzw. Vermögensübertragungen könnten Pflichtteilsansprüche minimiert werden, wenn der nichteheliche Vater aktiv würde. Zumindest könnten die Erben die spätere Geltendmachung des Pflichtteils in ihre finanzielle Planung einbeziehen, wenn ihnen die Existenz des nichtehelich-

---

[53] Das Familienrecht der DDR, Kommentar zum Familiengesetzbuch, 4. Auflage 1973 § 2 u. § 20 EGFGB; Nieder/Kössinger/*Kössinger*, Handbuch Testamentsgestaltung, § 1 Rn. 74 ff.; *Finke/Garbe*, Familienrecht in der anwaltlichen Praxis, S. 794 ff.; *Grandke*, Familienrecht Lehrbuch, 4.5.1.

chen Kindes bekannt wäre. Offensichtlich fällt es aber den betreffenden Vätern schwer, nach jahrelangem Schweigen dem Ehegatten und weiteren Kindern gegenüber die Existenz eines nichtehelichen Kindes zu offenbaren.

78 In den neuen Bundesländern treten jetzt vermehrt Fälle auf, in denen die Erben mit Pflichtteilsansprüchen bis dahin **nicht bekannter Abkömmlinge** des Erblassers konfrontiert werden. Dies ist bislang wohl nur die Spitze des Eisberges. Die Väter, die nichteheliche Kinder verschwiegen haben, sind derzeit noch vergleichsweise jung. Derartige Erbfälle mit bösen Überraschungen für die Erben werden in den kommenden Jahren vermutlich weiter zunehmen.

5. Restitutionsansprüche

79 Gem. § 2313 BGB hat eine Ausgleichung von Pflichtteilsansprüchen zu erfolgen, wenn sich beispielsweise durch den späteren Eintritt einer Bedingung herausstellt, dass weitere Nachlassaktiva zum ursprünglichen Nachlass hinzukommen.

Im Gebiet der DDR sind eine Vielzahl von Grundstücken enteignet worden bzw. die Eigentümer wurden zum Eigentumsverzicht genötigt. Mit dem Vermögensgesetz vom 20. 9. 1990, in Kraft getreten am 29. 9. 1990, wurde eine gesetzliche Grundlage für die **Rückübertragung bzw. Entschädigung** geschaffen. Mit diesem Gesetz sollte die Wiedergutmachung des unrechtmäßigen Entzugs der Vermögenswerte gegenüber den Betroffenen bzw. deren Rechtsnachfolgern umgesetzt werden. Es stellte sich nun die Frage, ob sich die Restitution nachträglich auch auf Pflichtteilsansprüche auswirkt. Nach dem Urteil des BGH vom 23. 6. 1993 steht fest, dass auf diese Ansprüche nach dem Vermögensgesetz die §§ 2313 II 1 i. V. m. I 3 BGB analog angewendet werden.[54]

80 Bei der Beurteilung der Auswirkung auf Pflichtteilsansprüche bei Erbfällen vor dem 3. 10. 1990 ist jedoch zu unterscheiden, ob auf den Erbfall das Recht der BRD oder das Recht der DDR anzuwenden ist. War der Erblasser **DDR-Bürger**, ist auf den Erbfall das Recht der DDR der entsprechenden Zeit anzuwenden. Je nachdem, zu welchem konkreten Zeitpunkt der Erblasser verstarb, ist zu prüfen, ob pflichtteilsberechtigte Personen vorhanden waren.[55]

War der Erblasser im Geltungsbereich des ZGB verstorben, stand seinem volljährigen und wirtschaftlich selbständigen Kind von vornherein kein Pflichtteilsanspruch zu. Daran ändert auch das Vermögensgesetz nichts. Lediglich bei Sterbefällen eines DDR-Bürgers aus der Zeit vor Inkrafttreten des ZGB, also vor dem 1. 1. 1976, kann nach den Regelungen des BGB ein Pflichtteilsanspruch gegeben sein.

81 War dagegen ein **BRD-Bürger** verstorben, ist auf den Sterbefall das BGB anzuwenden. Danach waren seine Kinder grundsätzlich pflichtteilsberechtigt. Zum Zeitpunkt des Ablebens des Erblassers hat dieser jedoch kein Grundstück in der DDR hinterlassen. War das Grundstück beispielsweise bereits zu Lebzeiten des Erblassers enteignet worden, gehörte es nicht zum Nachlass. Wäre das Grundstück dagegen nicht enteignet und noch im Nachlass vorhanden gewesen, hätte das Recht der DDR in Bezug auf das Grundstück angewendet werden müssen. Nach dem RAG, welches zeitgleich mit den ZGB in Kraft trat, wäre gem. § 25 II RAG Nachlassspaltung eingetreten und auf das Grundstück das Erbrecht der DDR anzuwenden gewesen.

Diese Frage hat der BGH jedoch zu Gunsten der Pflichtteilsberechtigten anders entschieden. Mit seinem Urteil vom 23. 6. 1993 schließt er die Anwendung der Statutenspaltung, welche zur Anwendung des Rechtes der DDR geführt hätte, insofern aus. Das DDR-Recht soll insofern nicht zur Anwendung kommen, sondern ausschließlich das BGB, so dass Pflichtteilsansprüche gerechtfertigt sind.[56]

82 Weiterhin gibt der BGH in dem genannten Urteil vor, mit welchem Wert der Anspruch nach dem Vermögensgesetz in die Pflichtteilsberechnung einzustellen ist. Maßgeblich ist der geschätzte Wert des Grundstücks zum Zeitpunkt der Wiedererlangung, umgerechnet unter

---

[54] BGH NJW 1993, 2176; kritische Anmerkungen dazu *Dieckmann* ZEV 1994, 198 ff.
[55] Es wird auf die Ausführungen in § 13 I verwiesen.
[56] BGH NJW 1993, 2176; BGH NJW 1996, 932.

IV. Problemfälle im deutsch-deutschen Pflichtteilsrecht

Berücksichtigung des Kaufkraftschwundes auf den Zeitpunkt des Erbfalles. Bei Entschädigungsleistungen in Geld ist dieser Betrag ebenfalls entsprechend umzurechnen.[57]

War dagegen das Grundstück des BRD-Erblassers nicht enteignet, aber im Zuge der Pflichtteilsberechnung als weitgehend wertlos eingeschätzt worden, ergeben sich für den Pflichtteilsberechtigten keine Erhöhungen seines Pflichtteils auf Grund des Vermögensgesetzes.[58] Diese **Ungleichbehandlung** von Pflichtteilsberechtigten bei einem enteigneten und einem wirtschaftlich wertlosen Grundstück in der DDR ist nicht überzeugend.

Die durch die veränderte Rechtslage des Vermögensgesetzes entstandenen Pflichtteilsansprüche gem. § 2313 BGB **verjähren innerhalb von drei Jahren**. Diese Frist begann abweichend von § 2332 I BGB erst mit dem Inkrafttreten des Vermögensgesetzes.[59] Wie bei allen Pflichtteilsansprüchen ist Voraussetzung für den Fristbeginn außerdem zusätzlich die Kenntnis der beeinträchtigenden Verfügung des Erblassers. Diese Kenntnis kann in aller Regel bei länger zurückliegenden Erbfällen vorausgesetzt werden. Da das Vermögensgesetz am 29. 9. 1990 in Kraft trat, verjährten alle dadurch entstandenen Pflichtteilsansprüche (Kenntnis der beeinträchtigenden Verfügung vorausgesetzt) am 29. 9. 1993. Auf Grund des Zeitablaufs sind diese Pflichtteilsansprüche auf Grund des Vermögensgesetzes kaum noch praxisrelevant.

Es stellt sich die Frage, ob **Ausgleichsansprüche gem. § 2313 BGB** auch auf DDR-Erbfälle insbesondere im Geltungsbereich des ZGB anzuwenden sind. Da in der DDR im Zeitraum bis zum 31. 12. 1975 das Erbrecht des BGB mit Modifikationen weiter galt, kann davon ausgegangen werden, dass die zum damaligen Zeitpunkt Pflichtteilsberechtigten ebenfalls Pflichtteilsansprüche geltend machen können, die auf Grund des Vermögensgesetzes nachträglich entstanden sind. Auch hier sind diese Ansprüche auf Grund des Zeitablaufs im Grunde nicht mehr praxisrelevant.

Gehörte dagegen bei einem Erbfall unter Anwendung des Rechtes der DDR eine Person zu dem nach dem ZGB kleinen Kreis der Pflichtteilsberechtigten, hat sie keinen Anspruch auf **Ausgleichung gem. § 2313 BGB**. Das ZGB kannte keine vergleichbare Norm, so dass dieser Personenkreis leer ausgeht. Fand der Erbfall in der kleinen Zeitspanne zwischen dem Inkrafttreten des Vermögensgesetzes und der Deutschen Einheit, also zwischen dem 29. 9. 1990 und dem 2. 10. 1990 statt, fiel der Rückübertragungsanspruch direkt in den Nachlass und wurde bei der Pflichtteilsberechnung berücksichtigt.

6. Der alte DDR-Güterstand

Bis zum Tag der Einheit war der gesetzliche Güterstand in der DDR die **eheliche Eigentums- und Vermögensgemeinschaft**. Es handelte sich dabei um eine Art Gütergemeinschaft. Der Einigungsvertrag sah in Art. 234 § 4 II EGBGB vor, dass die Ehegatten einer DDR-Ehe die Weitergeltung des DDR-Güterstandes vereinbaren konnten oder einer oder beide Ehegatten innerhalb der Zweijahresfrist des § 4 II der Regelung die Fortgeltungserklärung zugunsten des alten Güterstandes abgeben konnten. In diesen Fällen galt die Überleitung als nicht erfolgt (§ 4 II 3 der Regelung).[60]

Diese automatische Überführung in einen neuen Güterstand einschließlich einer Optionsmöglichkeit für den alten Güterstand entspricht der früheren Regelung in Art. 8 I Nr. 3 des vom 1. 7. 1958 an geltenden Gleichberechtigungsgesetzes.[61]

Die **Option zum alten DDR-Güterstand** brachte in den seltensten Fällen Vorteile. Gleichwohl haben einige Ehepaare diese Option gewählt. In der anwaltlichen und notariellen Praxis wird bei Testamentsgestaltung bzw. Pflichtteilsstreiten in aller Regel nur nach notariellen Eheverträgen gefragt und nicht nach einer Option zum alten DDR-Güterstand. Fehlt jedoch

---

[57] BGH NJW 1993, 2176.
[58] OLG Köln NJW 1998, 240; *Dressler* DtZ 1993, 229 ff.
[59] OLG Köln NJW 1998, 240.
[60] Palandt/*Heinrichs* EGBGB Art. 15; NJW 1999, 2521.
[61] Palandt/*Brudermüller* BGB, Einf. § 1363 Rn. 3; Palandt-Archiv/*Heinrichs* Teil II, Art. 234, § 4, Rn. 1–12; *Wassermann*, FamRZ 1990, 333; Gesetz über den ehelichen Güterstand von Vertriebenen und Flüchtlingen vom 4. 8. 1969, BGBl I, 1067.

dem Berater diese Information, kann die gesamte Nachfolgeplanung bzw. Pflichtteilszahlung in die falsche Richtung gehen. Bei alten DDR-Ehen aus der Zeit vor dem 3. 10. 1990 muss unbedingt konkret nach einer etwaigen Option zum alten DDR-Güterstand nachgefragt werden.

89 Bei Weiterbestehen des alten DDR-Güterstandes ist zu beachten, dass die Erbquote für den überlebenden Ehegatten ohne die Erhöhung des § 1371 BGB berechnet wird. Dies führt zu einer Vergrößerung der Erb- und Pflichtteilsquote für Abkömmlinge.

7. Der Pflichtteilsverzicht vor dem 3. 10. 1990

90 Es stellt sich die Frage, wie mit alten Fällen von **Pflichtteilsverzichten** vor dem 3. 10. 1990 umgegangen werden soll, wenn zum Nachlass eine Immobilie in der DDR gehörte. Inwiefern waren diese überhaupt wirksam und können alte Pflichtteilsverzichte auf Grund der heutigen Verfügbarkeit der Grundstücke in den neuen Bundesländern angegriffen werden?

91 Das ZGB kannte den Pflichtteilsverzicht nicht. Auf Grund der ohnehin geringen Werte der Vermögen und des kleinen Kreises der Pflichtteilsberechtigten bestand für dieses Rechtsinstitut kein vordergründiger Bedarf. Lediglich Pflichtteilsverzichte in der DDR aus der Zeit vor dem 1. 1. 1976 könnten hier relevant sein.[62] Für die Pflichtteilsberechtigten nach einen DDR-Erblasser stellt sich diese Frage damit nur selten.

92 Gem. § 2346 Abs. 2 BGB konnte ein Pflichtteilsberechtigter gegenüber einem in den Altbundesländern lebenden Erblasser auf seinen Pflichtteil verzichten. Meist wurde dafür eine finanzielle Gegenleistung des Erblassers vereinbart. Zum Zeitpunkt des Abschlusses des Verzichtsvertrages ging man allgemein davon aus, dass im Vermögen des Erblassers befindliche Grundstücke in der DDR faktisch wertlos waren. Diese standen häufig unter Zwangsverwaltung und konnten nicht kostendeckend gehalten werden.

93 Fanden der Pflichtteilsverzicht und der Erbfall nach einem in den alten Bundesländern lebenden Erblasser nach dem 1. 1. 1976 statt, war auf Grund der Statutenspaltung des RAG auf Grundstücke in der DDR immer das Recht der DDR, also das ZGB anzuwenden. Da das ZGB den Pflichtteilsverzicht nicht kannte, waren vor dem Erbfall abgeschlossene Pflichtteilsverzichtsverträge in Bezug auf Grundstücke in der DDR ohnehin **nichtig**.[63] Das bedeutet, dass der Pflichtteilsberechtigte im Hinblick auf das DDR-Grundstück grundsätzlich pflichtteilsberechtigt blieb. Es musste jedoch geprüft werden, ob der Pflichtteilsberechtigte nach ZGB im konkreten Fall überhaupt einen Pflichtteilsanspruch hatte. War der Abkömmling beispielsweise volljährig und wirtschaftlich selbständig, erhielt er ohnehin keinen Pflichtteil.

94 Fand dagegen der Pflichtteilsverzicht bzw. der Erbfall nach einem in den alten Bundesländern lebenden Erblasser vor dem 1. 1. 1976 statt, war der Pflichtteilsverzicht auch in Bezug auf Grundstücke in der DDR zunächst wirksam.

95 Die Nichtigkeit des Pflichtteilsverzichtes im Geltungsbereich des ZGB und RAG erfasst jedoch nicht den damit verbundenen **kausalen schuldrechtlichen Abfindungsvertrag**.[64] Dieser unterliegt nach Auffassung des OLG Hamm nicht dem Erbstatut und damit nicht dem ZGB. Vielmehr kann im Hinblick auf den kausalen schuldrechtlichen Abfindungsvertrag geprüft werden, ob ein Wegfall der Geschäftsgrundlage gem. § 313 BGB vorliegen kann. In den neuen Bundesländern sind auf Grund der Wiederverfügbarkeit, der Rückgabe oder einer finanziellen Entschädigung die früher wertlosen bzw. enteigneten Grundstücke wieder als werthaltig zu betrachten. Diese Entwicklung war bei Abschluss eines diesbezüglichen Pflichtteilsverzichtsvertrages von keinem der Beteiligten absehbar. Obwohl bei einem Erb- bzw. Pflichtteilsverzichtsvertrag grundsätzlich immer damit gerechnet werden muss, dass sich die Verhältnisse der Beteiligten ändern, sollen derartige extreme Veränderungen zu einer Anpassung der Höhe der Abfindungssumme führen können.[65]

---

[62] *Wasmuth* DNotZ 1992, 3.
[63] MünchKommBGB/*Leipold* Art. 235 § 1 EGBGB Rn. 15.
[64] MünchKommBGB/*Leipold* Art. 235 § 1 EGBGB Rn. 14.
[65] OLG Hamm, ZEV 2000, 507 mit Anm. von *Kuchinke*.

§ 14 Das Internationale Pflichtteilsrecht

Übersicht

	Rn.
I. Einführung	1–16
1. Zum Begriff des Internationalen Pflichtteilsrechts	1
2. Wesensmerkmale des Internationalen Pflichtteilsrechts	2–8
a) Unterschiede zwischen den nationalen Sachrechten im Pflichtteilsrecht	3
b) Internationales Pflichtteilsrecht als nationales Recht	4, 5
c) Die Internationale Zuständigkeit als nationales Recht	6–8
3. Beratungs- und Belehrungspflichten bei Erbfällen mit Auslandsbezug	9–20
a) Notarielle Belehrungspflichten	9–13
b) Anwaltliche Beratungspflichten	14–20
II. Kompendium für die pflichtteilsrechtliche Beratung bei Auslandsberührung	21–94
1. Die Rolle der Staatsangehörigkeit	21–29
a) Grundfragen der Bestimmung des Erbstatuts	22–27
b) Gestaltungsmöglichkeiten	28, 29
2. Rück- und Weiterverweisung *(Renvoi)*	30
3. Kollisionsrechtliche Nachlassspaltung	31–68
a) Ursachen	33
b) Folgen	34–57
c) Gestaltungsmöglichkeiten	58–68
4. Kontrollüberlegung zur faktischen Nachlassspaltung und zum *forum shopping*	69
a) Ursachen	70, 71
b) Übliche Anknüpfungsmerkmale zur Bestimmung des Erbstatuts	72–87
c) Gestaltungsmöglichkeiten	88
5. Die Wahl der Gestaltungsmittel	89–94
a) Die Form letztwilliger Verfügungen	89/90
b) Problematische Gestaltungsmittel	91–94
III. Bestimmung des einschlägigen Erbstatuts und Umfang des Nachlasses aus deutscher Sicht	95–211
1. Überblick	95–97
2. Vorrangige Staatsverträge	98–113
a) Niederlassungsabkommen mit dem Kaiserreich Persien vom 17. 2. 1929	99/100
b) Deutsch-Türkischer Konsularvertrag vom 28. 5. 1929	101–103
c) Deutsch-Sowjetischer Konsularvertrag vom 25. 4. 1958	104, 105
d) Haager Übereinkommen über das auf die Form letztwilliger Verfügungen anwendbare Recht vom 5. 10. 1961	106–109
e) Haager Übereinkommen über das auf die Erbfolge anzuwendende Recht vom 1. 8. 1989	110
f) Planungen auf EU-Ebene (sog. „Brüssel-IV-Verordnung")	111–113
3. Deutsche Staatsangehörigkeit sowie Behandlung eines nicht-deutschen Staatsangehörigen wie ein deutscher Staatsangehöriger	114–122
a) Die deutsche Staatsangehörigkeit	115–118
b) Flüchtlinge und anerkannte Asylbewerber	119–121
c) Staatenlose mit gewöhnlichem Aufenthalt in Deutschland	122
4. Die Erbfolge nach einem deutschen oder einem wie ein Deutscher zu behandelnden Erblasser	123–170
a) Überblick	123
b) Vorrangige Staatsverträge	124
c) Vorrangiges Sachrecht	125–138
d) Vorrangiges Güterrecht	139–146
e) Besondere Vorschriften des Belegenheitsrechts (Vorrangiges Einzelstatut)	147–170
5. Die Erbfolge nach einem ausländischen Erblasser	171–211
a) Feststellung des Personalstatuts	173
b) Mehrstaater, Staatenlose	174–176
c) Gesamtnormverweisung, Rück- und Weiterverweisung (sog. *Renvoi*)	177–191

	Rn.
d) Verweisung bei Teilrechtsordnungen (insbesondere interlokales und interpersonales Recht)	192–197
e) Innerdeutsches Kollisionsrecht (Altfälle)	198
f) Rechtswahl nach Art. 25 Abs. 2 EGBGB	199–209
g) Rechtswahl nach dem Heimatrecht des Erblassers	210, 211
IV. Wirkungsumfang des Erbstatuts aus deutscher Sicht	212–256
1. Grundlagen	212–222
a) Umfang des Nachlasses	213
b) Bestimmung der Nachlassbegünstigten	214
c) Auslegung, verfügbare Gestaltungsmittel, Erbfähigkeit und Pflichtteilsrecht	215
d) Pflichtteilsergänzung	216, 217
e) Annahme und Ausschlagung der Erbschaft	218
f) Eigentumserwerb der Nachlassbegünstigten	219
g) Nachlassverbindlichkeiten	220
h) Unterhaltsansprüche	221, 222
2. Vorfragen	223–231
a) Eintritt des Todes	224
b) Kindschaft	225
c) Adoption	226, 227
d) Ehe	228/229
e) Nichteheliche Lebenspartnerschaft	230
f) Eingetragene gleichgeschlechtliche Lebenspartnerschaft	231
3. Wirksamkeit letztwilliger Verfügungen	232–241
a) Formgültigkeit	234
b) Statthaftigkeit der Verfügung	235
c) Behandlung von Verboten gemeinschaftlicher Verfügungen von Todes wegen	236, 237
d) Materielle Wirksamkeit und Testierfähigkeit	238–241
4. Wirksamkeit von Erb- und Pflichtteilsverzichten	242–250
a) Materielle Wirksamkeit des Verzichts	243, 244
b) Zusammentreffen mehrerer hypothetischer Erbstatute	245–247
c) Formgültigkeit	248
d) Wirkungen des Erb- und Pflichtteilsverzichts	249/250
5. Auseinanderfallen von Erbstatut und Sachenrechtsstatut	251–256
a) Vindikationslegat	252, 253
b) Pflichtteilsrecht und Noterbrechte	254–256
V. Ergebniskorrekturen nach dem Erbfall	257–278
1. Ordre Public	258–270
a) Grundzüge der Prüfung	259–263
b) Einzelfälle	264–269
c) Rechtsfolgen	270
2. Anpassung (Angleichung)	271–274
3. Gesetzesumgehung	275–278
VI. Grundzüge des deutschen Internationalen Erbverfahrensrechts	279–309
1. Internationale Zuständigkeit	279–284
2. Fassung des Erbscheins	285–297
a) Eigenrechtserbschein	285–288
b) Fremdrechtserbschein	289–297
3. Anerkennung ausländischer Gerichtsentscheidungen und Erbnachweise	298–309
a) Multilaterale Abkommen und EU-Verordnungen	298
b) Bilaterale Abkommen	299–304
c) Autonomes Recht	305–309

Schrifttum: *Bauer,* Neues europäisches Kollisions- und Verfahrensrecht auf dem Weg: Stellungnahme der Europäischen Gruppe für Internationales Privatrecht in Chania (Kreta), IPRax 2006, 202; Bengel/Reimann/*Bearbeiter,* Handbuch der Testamentsvollstreckung, 3. Aufl. 2001; *Borgmann,* Probleme mit der Auslandsdeckung der Berufshaftpflichtversicherung von Prozessbevollmächtigten, AnwBl 2005, 732; *Derstadt,* Die Notwendigkeit der Anpassung bei Nachlassspaltung im internationalen Erbrecht 1998; *Dörner,* Probleme des neuen Internationalen Erbrechts, DNotZ 1988, 67; *ders.,* Nachlaßspaltung – und die Folgen, IPRax 1994, 362; *ders.,* Das deutsch-türkisches Nachlaßabkommen, ZEV 1996, 90; *ders.,* Das Grünbuch „Erb- und Testamentsrecht" der Europäischen Kommission, ZEV 2005, 137; *Dörner/Hertel/Lagarde/Riering,* Auf dem Weg zu einem europäischen Internationalen Erb- und Erbverfahrensrecht, IPRax 2005, 1; *Dutta,* Die Abgrenzung von

Schrifttum § 14

Gesellschaftsstatut und Erbstatut beim Tod des Gesellschafters, RabelsZ 73 (2009), 727; *Ebenroth,* Erbrecht 1992; *Elfring,* Die Lebensversicherung im Erbrecht, ZEV 2004, 305; *Fetsch,* Auslandsvermögen im Internationalen Erbrecht – Testamente und Erbverträge, Erbschein und Ausschlagung bei Auslandsvermögen – RNotZ 2006, 1; *Frank,* Grundlagen zum Immobilienerwerb in Frankreich, MittBayNot 2001, 39; *Fröhler,* Das Verfahren in Nachlass- und Teilungssachen nach dem neu geschaffenen FamFG – Eine Bestandsaufnahme unter ergänzender Berücksichtigung des Personenstandsrechtsreformgesetzes, BWNotZ 2008, 183; *Gruber,* Pflichtteilsrecht und Nachlassspaltung, ZEV 2001, 463; *Haas,* Der europäische Justizraum in „Erbsachen", in: Gottwald (Hrsg.), Perspektiven der justiziellen Zusammenarbeit in Zivilsachen in der Europäischen Union, 2004, S. 43; *ders.,* Letztwillige Schiedsverfügungen i. S. des § 1066 ZPO, ZEV 2007, 49; *Heldrich* Probleme der Ermittlung des ausländischen Rechts in der gerichtlichen Praxis, FS Nakamura 1996, S. 243; *Henrich,* Ehegattenerbrecht und IPR, FF 2000, 85; *Henrich,* Internationale Zuständigkeit bei Tod eines niederländischen Erblassers mit deutschem Wohnsitz, ZEV 2001, 487; *Henrich,* Anordnungen für den Todesfall in Eheverträgen und das Internationale Privatrecht, FS Schippel 1996, S. 905; *Hilbig,* Der Umfang des § 2325 BGB bei Lebensversicherungen, ZEV 2008, 262; *v. Hoffmann/Thorn,* Internationales Privatrecht, 8. Auflage 2005; *Jayme,* Das neue IPR-Gesetz – Brennpunkte der Reform, IPRax 1986, 265; *Jayme/Kohler,* Europäisches Kollisionsrecht 2007: Windstille im Erntefeld der Integration, IPRax 2007, 493; *Jülicher,* Die Joint Tenacy, ZEV 2001, 469; *Kegel,* Was ist gewöhnlicher Aufenthalt? FS Rehbinder 2002, S. 699; *Kegel/Schurig,* Internationales Privatrecht, 9. Auflage 2004; *Klingelhöffer,* Lebensversicherung und Pflichtteilsrecht, ZEV 1995, 180; *ders.,* Kollisionsrechtliche Probleme des Pflichtteils, ZEV 1996, 258; *Kopp,* Probleme der Nachlassabwicklung bei kollisionsrechtlicher Nachlassspaltung, 1997; *ders.,* Internationales Privatrecht, 6. Aufl. 2006; *Krüger,* Das Kollisionsrecht der Republik Kirgistan, IPRax 2004, 270; *Leible/Sommer,* Nachlassspaltung und Testamentsform: Probleme der Testamentsabwicklung bei Nachlassspaltung wegen Grundbesitzes im Ausland, ZEV 2006, 93; *Lehmann,* Die Reform des internationalen Erb- und Erbprozessrechts im Rahmen der geplanten Brüssel-IV Verordnung, 2006; *ders.,* Internationale Reaktionen auf das Grünbuch zum Erb- und Testamentsrecht, IPRax 2006, 204; *ders.,* Die Zukunft des deutschen gemeinschaftlichen Testaments in Europa, ZEV 2007, 193; *ders.,* Ernüchternde Entwicklung beim Europäischen Erbrecht?, FPR 2008, 203; *Lehmann/Scherer,* Von der Flucht in die erbrechtliche Formwirksamkeit, FS Spiegelberger (2009), S. 1045; *Lichtenberger,* Einige Anmerkungen zur praktischen Behandlung des Grundstückserwerbs bei Auslandsberührung, MittBayNot 1986, 111; *Lichtenberger,* Zum Gesetz zur Neuregelung des Internationalen Privatrechts, DNotZ 1986, 665; *Looschelders,* Auslegung und Anpassung von Testamenten bei rechtlicher und faktischer Nachlassspaltung, IPRax 2005, 232; *ders.,* Grundrechtliche Diskriminierungsverbote, Pflichtteilsrecht und Testierfreiheit im internationalen Erbrecht, IPRax 2006, 462; *S. Lorenz,* Islamisches Ehegattenerbrecht und deutscher ordre public: Vergleichsmaßstab für die Ergebniskontrolle, IPRax 1993, 148; *ders.,* Internationale und interlokale Zuständigkeit deutscher Nachlaßgerichte zur Entgegennahme von Erbausschlagungserklärungen, ZEV 1994, 146; *ders.,* „RGZ 106, 82 ff. revisided": Zur Lückenfüllungsproblematik beim ordre public in „Ja/Nein-Konflikten", IPRax 1999, 429; *Lüderitz,* Internationales Privatrecht, 2. Auflage 1992; *Mansel,* Personalstatut, Staatsangehörigkeit und Effektivität, 1988; Mayer/Süß/Tanck/Bittler/Wälzholz, Handbuch Pflichtteilsrecht, 2003; *Michaels,* Der Abbruch der Weiterverweisung im deutschen Internationalen Privatrecht, RabelsZ 61 (1997), S. 685; *Muscheler,* Universalsukzession und Vonselbsterwerb 2002; *Nieder/Kössinger,* Handbuch der Testamentsgestaltung, 3. Auflage 2007; *v. Oertzen,* Pflichtteilsrecht bei Vererbung von deutschen Personengesellschaftsanteilen und ausländischem Erbstatut, RIW 1994, 818; *ders.,* Personengesellschaftsanteile im Internationalen Erbrecht, IPRax 1994, 74; *Pawlytta,* Erbrechtliches Schiedsgericht und Pflichtteilsrecht, ZEV 2003, 89; *Pawlytta/Perscha/Stöger,* Zuwendungen am Nachlass vorbei – Erfahrungen aus Österreich unter deutschem Blickwinkel, ZEV 2008, 412; *Pfeiffer,* Das gemeinschaftliche Ehegattentestament – Konzept, Bindungsgrund und Bindungswirkungen, FamRZ 1993, 1266; *Progl,* Die Reichweite des Pflichtteilsergänzungsanspruchs gemäß § 2325 BGB bei Lebensversicherungen und die Rechtsfiguren der mittelbaren Schenkung und der ehebedingten Zuwendung, ZErb 2008, 288; *Raiser,* Die Haftung des deutschen Rechtsanwalts bei grenzüberschreitender Tätigkeit, NJW 1991, 2049; *Riering,* Das gemeinschaftliche Testament deutsch-französischer Ehegatten, ZEV 1994, 225; *ders.,* Die Rechtswahl im internationalen Erbrecht, ZEV 1995, 404; *ders.,* Der Erb- und Pflichtteilsverzicht im islamischen Rechtskreis, ZEV 1998, 455; *ders.,* Internationales Nachlassverfahrensrecht, MittBayNot 1999, 519; *ders.,* Güterrechtsspaltung und die Erteilung eines gespaltenen Erbscheins, FS Schwab 2005, 1246; *Riering/Bachler,* Erbvertrag und gemeinschaftliches Testament im deutschösterreichischen Rechtsverkehr, DNotZ 1999, 580; *Riering/Marck,* Das gemeinschaftliche Testament deutsch-niederländischer Ehegatten – unter besonderer Berücksichtigung des Haager Erbrechtsübereinkommens vom 1. 8. 1989, ZEV 1995, 90; *Rugullis,* Nachlassverwaltung und Nachlassinsolvenzverfahren: ein Rechtsfolgenvergleich, ZEV 2007, 156; *Rutkowsky,* Aktuelle Rechtsprobleme des internationalen Erbrechts, FS Simon 2001, 87; *Prinz. v. Sachsen-Gessaphe,* Neues Internationales Privatrecht in Mexiko, IPRax 1989, 111; *Schack,* Internationales Zivilverfahrensrecht, 4. Aufl. 2006; *Scherer/Bearbeiter* Münchener Anwaltshandbuch Erbrecht, 2. Aufl. 2007; *Scherer/Kirchhain,* Der vorzeitige Zugewinnausgleich – wirksames Instrument zum Vermögensschutz vor Gläubigerforderungen?, ZErb 2006, 106; *Schotten,* Probleme des Internationalen Privatrechts im Erbscheinsverfahren, Rpfleger 1991, 181; *Schotten/Schmellenkamp,* Das Internationale Privatrecht in der notariellen Praxis, 2. Auflage 2007; *Schotten/Wittkowski,* Das deutsch-iranische Niederlassungsabkommen im Familien- und Erbrecht, FamRZ 1995, 264; *Schütze,* Internationales Notarverfahrensrecht, DNotZ 1992, 66; Scoles/Hay, Conflict of Laws, 3. Aufl. 2000; *Sonnenberger,* Die question anglaise als Problem deutsch-französischer Nachlaßspaltung: Das Appartement des deutschen Erblassers an der Côte d'Azur, IPRax 2002, 169; *Spickhoff*, Grenzpendler als Grenzfälle: Zum „gewöhnlichen Aufenthalt" im IPR, IPRax 1995, 185; *Steiner*, Testamentsgestaltung bei kollisionsrechtlicher Nachlassspaltung; *Stöger/ Perscha*, Das Verlassenschaftsverfahren 2004; *V. Stoll*, Die Rechtswahl im Namens-, Ehe- und Erbrecht 1991; *Stumpf*, Europäisierung des Erbrechts: Das Grünbuch zum Erb- und Testamentsrecht, EuZW 2006, 587; *Süß*, Das Vindikationslegat im Internationalen Privatrecht, RabelsZ 2001, 245; *ders.*, Das Verbot gemeinschaftlicher Testamente im Internationalen Erbrecht, IPRax 2002, 27; *Süß/Bearbeiter*, Erbrecht in Europa 2. Aufl. 2008; *Tiedemann*, Die Rechtswahl im deutschen Internationalen Erbrecht, RabelsZ 1991, 17; *Wachter*, Besonderheiten bei der Vererbung von Wohnungseigentum in Österreich, ZErb 2003, 306; *Witthoff*, Die Vererbung von Anteilen deutscher Personengesellschaften im internationalen Privatrecht, 1993; *Zillmann*, Die Haftung der Erben im internationalen Erbrecht, 1998; *Zimmermann*, Das neue Nachlassverfahren nach dem FamFG, ZEV 2009, 53.

I. Einführung

1. Zum Begriff des Internationalen Pflichtteilsrechts

1 Die Kapitelüberschrift „Internationales Pflichtteilsrecht" mag Erwartungen wecken, die der Text nicht halten kann: So gibt es kein internationales Recht, das einen Pflichtteilsanspruch standardisierte und etwa in Deutschland, Frankreich oder Australien gleichermaßen anerkannt wird. Pflichtteilsrecht ist nationales Recht und der Begriff „Internationales Pflichtteilsrecht" ist eine Analogie zum Begriff des „Internationalen Privatrechts" (IPR). Dieses beschreibt seinerseits kein internationales, sondern nationales Recht, das sich lediglich mit internationalen Sachverhalten befasst. Schon für die Bezeichnung des IPR wird verschiedentlich vorgebracht, dass der Begriff des Kollisionsrechts treffender sei – er ist nur weniger gebräuchlich. Dementsprechend könnte dieses Kapitel mit „Pflichtteilskollisionsrecht" überschrieben werden. Dieser Begriff ist indes gänzlich ungebräuchlich und zudem etwas zu eng. Im englischen Sprachgebrauch werden die Regeln des IPR dem *conflict of laws* zugeordnet, was präziser noch als der Begriff des Kollisionsrechts bezeichnet, worum es geht: Um (nationale) Regelung für den (internationalen) Konflikt zwischen (nationalen) Rechtsordnungen. Das Internationale Pflichtteilsrecht ist dabei ein **Teilbereich des Internationalen Erbrechts** und teilt mit diesem einen Gutteil der relevanten Abgrenzungsregeln. Anders gewendet: Ebenso wie das Internationale Erbrecht die Erbfälle mit Auslandsbezug begleitet und beschreibt, welcher Auslandsbezug rechtlich irrelevant, welcher relevant und welcher unter den relevanten für eine konkrete Fragestellung maßgeblich ist, erfüllt das Internationale Pflichtteilsrecht für Fragen der zwingenden Nachlassbeteiligung – etwa im Rahmen eines Pflichtteilsanspruchs nach deutschem Muster – den gleichen Zweck: Es definiert, nach welchem nationalen Sachrecht ein naher Angehöriger beanspruchen kann, am Nachlass – gegebenenfalls gegen den Willen des Erblassers – beteiligt zu werden.

2. Wesensmerkmale des Internationalen Pflichtteilsrechts

2 Die in diesem Kapitel behandelten Regeln sind also stets dann von Interesse, wenn mehrere Rechtsordnungen darum konkurrieren, ein und denselben Sachverhalt zu regeln.

Dies mag folgendes **Fallbeispiel** verdeutlichen: Ein Deutsch-Italiener, der mit einer Engländerin verheiratet war und mit ihr gemeinsam bis zu seinem Tod in Belgien gelebt hat, hat in Österreich ein maschinenschriftliches Dreizeugentestament errichtet, mit dem er sein gesamtes Vermögen seiner Geliebten vererbt. Seine Witwe steht vor der Frage, ob das Dreizeugentestament eine wirksame Nachfolgeregelung darstellt und ob sie – gegebenenfalls entgegen den Inhalt des Testaments – Nachlassgegenstände für sich beanspruchen kann.

3 a) **Unterschiede zwischen den nationalen Sachrechten im Pflichtteilsrecht.** Das Problem wird nicht durch die Feststellung gelöst, dass das
- deutsche BGB einem überlebenden Ehepartner einen auf **bloße Geldzahlung** gerichteten Pflichtteilsanspruch in Höhe der Hälfte seines gesetzlichen Erbteils zuspricht,[1] wohingegen nach

---

[1] § 2303 Abs. 1 S. 2, Abs. 2 BGB.

I. Einführung

- italienischem Erbrecht der überlebende Ehegatte **zwingend zum Miterben** wird,[2] er nach
- belgischem Erbrecht ein **zwingendes Nießbrauchsrecht** an wesentlichen Nachlassteilen erhält[3] und ihm nach
- englischem Recht das **Familienwohnheim und ein bestimmter Geldbetrag** zustehen kann und seine weitergehenden Ansprüche von seiner **Bedürftigkeit** abhängen.[4]

Diese Feststellungen entstammen dem in- und dem ausländischen materiellen Pflichtteilsrecht, also dem jeweiligen Sachrecht, und lassen die Frage offen, welche dieser – im Ergebnis durchaus unterschiedlichen – Regeln im Beispielsfall überhaupt zur Anwendung kommen. Diese Frage beantwortet das (nationale) Internationale Privatrecht, das für sich genommen mithin keine inhaltliche Falllösung vornimmt, sondern auf die Sachnormen des (nationalen) materiellen Rechts verweist, die dann die eigentliche Falllösung übernehmen.

b) Internationales Privatrecht als nationales Recht. Prüft man nun die Vorschriften des Internationalen Privatrechts auf die Frage hin, welches nationale materielle Pflichtteilsrecht im Beispielsfall zur Anwendung kommen soll, kommt die Eingangsfeststellung ins Spiel, dass das Internationale Privatrecht nationales Recht ist: Daher kann und muss man in der Gestaltungs- und Beratungspraxis das deutsche IPR ebenso wie das italienische, das belgische und das englische IPR prüfen.

Die Unterschiede sind hier ähnlich groß wie zwischen den materiell-rechtlichen Regelungen zur zwingenden Nachlassteilhabe des überlebenden Ehegatten in den verschiedenen nationalen Rechtsordnungen: Nach deutschem Erbkollisionsrecht ist im Fallbeispiel deutsches materielles Erbrecht anzuwenden, weil der Erblasser (auch) Deutscher war.[5] Dass er auch italienischer Staatsangehöriger war, spielt wegen der Regel des Art. 5 Abs. 1 S. 2 EGBGB keine Rolle. Aus italienischer Sicht ist demgegenüber die italienische Staatsangehörigkeit maßgebend, die deutsche unbeachtlich.[6] Nach belgischem IPR ist belgisches Erbrecht anzuwenden, weil der Erblasser in Belgien ansässig war. Seine Staatsangehörigkeiten spielen aus belgischer Sicht keine Rolle.[7] Aus Sicht des englischen IPR kommt sowohl belgisches, als auch deutsches oder italienisches Erbrecht in Betracht. Das englische Erbkollisionsrecht bestimmt das anwendbare materielle Recht anhand des *domicile* des Erblassers, das sich grundsätzlich von seiner Herkunft ableitet *(domicile of origin)*, aber durch eine dauerhafte und bewusste Verlegung des Lebensmittelpunkts überlagert werden kann *(domicile of choice)*.[8] Aus englischer Sicht genügen die Sachverhaltsangaben im Beispielsfall[9] nicht, das anwendbare nationale Sachrecht zu bestimmen, weil unklar ist, ob der Erblasser ein *domicile of choice* begründet hat.

Es zeigt sich hier das Grunddilemma des IPR: Die nationalen Gesetzgeber gestalten – jeder für sich und untereinander häufig in sich widersprechender Weise – jeweils ihr eigenes IPR. In der Folge ziehen sie die Grenze, bis zu der ihre nationalen Sachrechte anzuwenden sind, an jeweils unterschiedlichen Stellen. Das Problem mag folgender Vergleich veranschaulichen: Größe und Grenzen eines Gartens werden durch Gartenzäune meistens zuverlässig definiert. Entsprechende Abgrenzungen fehlen zwischen den nationalen Rechtsordnungen. Während nämlich Gartenzäune, von beiden Seiten aus betrachtet, stets dieselbe Grenzlinie markieren, ist jede Rechtsordnung frei, ihren Anwendungsbereich selbst zu definieren und hierbei in den Bereich vorzustoßen, den die benachbarte Rechtsordnung für sich selbst reklamiert.[10] Daher sind **Überschneidungen** zwischen nationalen Rechtsordnungen bei Erbfällen mit Auslandsbezug eher die Regel als die Ausnahme und die Prüfung des eigenen IPR genügt in der Gestaltungs- und Beratungspraxis nicht, um einen Fall, der erkennbare Verbindungen zu einem anderen Staat aufweist, zu lösen.

---

[2] Süß/*Wiedemann/Wiedemann*, Erbrecht in Europa, Italien, Rn. 31.
[3] Süß/*Hustedt*, Erbrecht in Europa, Belgien, Rn. 78 ff.
[4] Süß/*Odersky*, Erbrecht in Europa, England Rn. 2.
[5] Art. 25 Abs. 1 EGBGB.
[6] Art. 19 Abs. 2 S. 2 IPRG, vgl. Länderbericht Italien, § 15 Rn. 166, 168.
[7] Art. 78 § 1 IPRG (2004), vgl. Staudinger/*Dörner*, Anh. zu Art. 25 f. EGBGB Rn. 90.
[8] Staudinger/*Dörner*, Anh. zu Art. 25 f. EGBGB Rn. 282.
[9] Vgl. Rn. 2.
[10] Der Vergleich zwischen den Regeln des IPR und Gartenzäunen geht auf *Richard Frimston*, Rechtsanwalt in London, zurück.

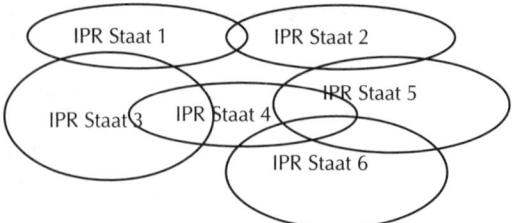

6 **c) Die Internationale Zuständigkeit als nationales Recht.** Nicht nur der Geltungsbereich der nationalen Sachrechte ist unterschiedlich, je nach dem, von welchem Standpunkt aus man die Sache betrachtet, auch die Regeln der Internationalen Zuständigkeit gehören dem nationalen Recht an. Daher bestimmt jeder Staat selbst, für welche Sachverhalte er seine staatlichen Stellen zur Verfügung stellt. Dabei zeigt sich in der Praxis, dass Erbfälle mit Auslandsbezug häufig vor den Stellen verschiedener Staaten aufgegriffen werden können, also konkurrierende Internationale Zuständigkeiten bestehen. Die nationalen Regeln zur Internationalen Zuständigkeit sind dabei keineswegs deckungsgleich mit den Regeln zum IPR. Vielfach – nicht immer! – reicht die Internationale Zuständigkeit über den Bereich hinaus, den die Rechtsordnungen im Rahmen ihres IPR für sich reklamieren. Im deutschen Recht bestätigt etwa § 27 ZPO diese Erfahrungsregel. Nach § 27 Abs. 1 ZPO ist die deutsche Gerichtsbarkeit stets eröffnet, wenn der Erblasser in Deutschland gelebt hat, und zwar ohne Rücksicht darauf, ob er Deutscher oder Ausländer war und ob deutsches oder fremdes Sachrecht zur Anwendung kommt. Aus § 27 Abs. 2 ZPO ergibt sich zudem, dass deutsche Gerichte auch dann stets international zuständig sind, wenn der Erblasser Deutscher war, in diesem Fall ohne Rücksicht auf einen Inlandswohnsitz. Damit zieht allein § 27 ZPO die Grenzen der Internationale Zuständigkeit der deutschen streitigen Gerichtsbarkeit weiter als § 25 EGBGB die Grenzen des deutschen Erbrechts definiert.

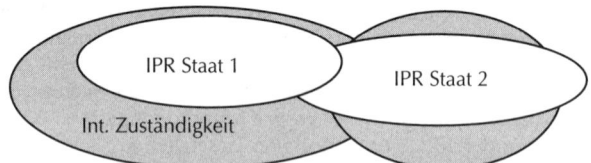

7 Auch im Beispielsfall[11] wäre die Internationale Zuständigkeit der deutschen Prozessgerichte eröffnet. Sie folgt aus §§ 27 Abs. 2, 15 Abs. 1 S. 2 ZPO, wonach stets ein Inlandsgerichtsstand für Erbstreitigkeiten nach einem deutschen Staatsangehörigen besteht. Eine entsprechende Regelung sieht auch das italienische Recht in Art. 50 IPRG vor. Daher könnte die Witwe des Deutsch-Italieners auch vor italienischen Gerichten Klage erheben. Sie könnte sich aber auch an die belgischen Gerichte wenden; diese betrachten sich international ebenfalls für zuständig, weil der Erblasser seinen letzten gewöhnlichen Aufenthalt in Belgien hatte.[12] Die jeweiligen nationalen Gerichte und sonstigen staatlichen Stellen wenden jeweils die **Regeln ihres eigenen Erbkollisionsrechts** an, um das anwendbare Sachrecht zu bestimmen. Aus der Unterschiedlichkeit dieser Kollisionsnormen ergibt sich für die Beteiligten, dass sie über die Auswahl des nationalen Gerichts *(forum)* mittelbar das nationale Sachrecht auswählen können, das auf einen Erbfall angewandt wird. Hinreichend beraten, wird die Witwe im Beispielsfall die Vor- und Nachteile der ihr von den in Frage kommenden nationalen Erbrechtsordnungen zugedachten Nachlassbeteiligung abwägen gegen die Unbilden, die sie gegebenenfalls in Kauf nehmen muss, um das ihr günstigste Rechtsanwendungsergebnis notfalls im Ausland gerichtlich durchzusetzen. Für ein derartiges Verhalten hat sich die Bezeichnung des *forum shopping* durchgesetzt.[13]

---

[11] Vgl. Rn. 2.
[12] Art. 77 Nr. 1 IPRG; vgl. Staudinger/*Dörner*, Anh. zu Art. 25 f. EGBGB Rn. 90.
[13] Vgl. unten Rn. 69 ff.

I. Einführung

Praxishinweis:
Der anwaltliche Praktiker, gleich ob er in der Phase der Nachlassplanung, oder der Nachlassabwicklung berät, sollte sich einen Pendelblick angewöhnen, mit dem er stets hinterfragt, ob eine andere, im konkreten Fall betroffene ausländische Rechtsordnung ein abweichendes Sachrecht für anwendbar halten könnte und dieses das von ihm gefundene Ergebnis teilt, eine Gestaltung mithin auch im Ausland Bestand hat.

3. Beratungs- und Belehrungspflichten bei Erbfällen mit Auslandsbezug

a) Notarielle Belehrungspflichten. Der Notar ist nach § 17 Abs. 3 BeurkG nicht verpflichtet, über den Inhalt ausländischen Rechts zu belehren. Dies gilt für ausländisches materielles Recht ebenso wie für ausländisches IPR. Erteilt der Notar gleichwohl einen Hinweis, muss dieser auch dann richtig und vollständig sein, wenn er sich auf ausländisches Recht bezieht. Er soll die erteilten Hinweise in der Urkunde vermerken, da er anderenfalls in einem Amtshaftungsprozess beweisen muss, dass er seine Belehrungspflicht erfüllt hat.[14]

Der Notar muss darüber belehren, wenn aus Sicht des deutschen IPR ausländisches Recht zur Anwendung kommt. Ist dies der Fall, soll er zudem auf die (abstrakte) Möglichkeit hinweisen, dass das ausländische Recht auf deutsches Recht **zurückverweisen** könnte.[15] Unterliegt ein Nachlass aus deutscher Sicht vollständig ausländischem Recht und ist er ausschließlich im Ausland belegen, sollte von einer Beurkundung in Deutschland grundsätzlich Abstand genommen werden.

Kommt deutsches Sachrecht nur aufgrund einer Rechtswahl nach Art. 25 Abs. 2 EGBGB zur Anwendung, soll der Notar über die (abstrakte) Möglichkeit belehren, dass das ausländische Recht die **Rechtswahl** nicht oder nicht uneingeschränkt anerkennt, so dass aus Sicht des fremden Rechts die Erbfolge oder auch das Pflichtteilsrecht sich nach ausländischem Recht bestimmt.[16]

Die (abstrakte) Möglichkeit, dass eine ausländische Rechtsordnung die Anwendbarkeit des deutschen Sachrechts in Frage stellt, besteht jedoch auch außerhalb des Anwendungsbereichs des Art. 25 Abs. 2 EGBGB. So wird eine fremde Rechtsordnung, die für die Bestimmung des Erbstatuts nicht dem Staatsangehörigkeitsprinzip folgt, sondern etwa auf den letzten gewöhnlichen Aufenthalt des Erblassers abstellt, bei einem Deutschen mit letztem Wohnsitz im Ausland die Anwendung des deutschen Erbrechts in Zweifel ziehen. Im Fall eines Doppelstaaters kann sich Entsprechendes auch gegenüber einer Rechtsordnung ergeben, die – wie in Deutschland – dem Staatsangehörigkeitsprinzip folgt. Der **Hinweis** auf die (abstrakte) Möglichkeit, dass eine ausländische Rechtsordnung die Anwendbarkeit des deutschen materiellen Erbrechts in Frage stellen könnte, ist also stets angezeigt, wenn hinreichende Hinweise auf eine relevante Auslandsverbindung bestehen. Nur wenn Anhaltspunkte für eine Auslandsberührung objektiv erkennbar sind, muss der Notar diesen nachgehen.[17] Als objektive Anhaltspunkte für eine Auslandsberührung sollen

- Sprache,
- Ausweispapiere,
- Vorname oder Nachname,
- Ort der Eheschließung,
- Wohnort oder
- die Belegenheit von Grundbesitz

bereits genügen.[18] In diesem Fall muss der Notar dann gezielt nachfragen. Als erbkollisionsrechtlich bedeutsam für das inländische oder ausländische IPR erweisen sich dabei häufig die folgenden Gesichtspunkte:

---

[14] OLG Düsseldorf NJW-RR 1995, 1147.
[15] Bamberger/Roth/*Litzenburger*, § 17 BeurkG Rn. 8; *Schütze* DNotZ 1992, 66, 76.
[16] Mayer/Süß/Tanck/Bittler/Wälzholz/*Süß* § 15 Rn. 101.
[17] BGH DNotZ 1963, 315, 316.
[18] *Zimmermann*, Beck'sches Notarhandbuch, 4. Aufl. H Rn. 14; *Lichtenberger* MittBayNot 1986, 111.

12 | **Checkliste
zu typischen erbkollisionsrechtlichen Anknüpfungsmerkmalen**

I. Bestehen einer ausländischen Staatsangehörigkeit (ggf. Mehrstaater)
   - Vater oder Mutter des Erblassers war ausländischer Staatsangehöriger
   - Geburt des Erblassers im Ausland (Flugzeug, Schiff)
   - Einbürgerung nach längerem Auslandsaufenthalt
   - Einbürgerung durch Heirat mit einem Ausländer

II. Gewöhnlicher Aufenthalt oder Wohnsitz im Ausland
   - Anknüpfungsvoraussetzungen sind uneinheitlich, daher kann jeder längerer Auslandsaufenthalt von Bedeutung sein
   - Besonderheiten beim anglo-amerikanischen *domicile* beachten

III. Nachlassgegenstände im Ausland
   - Insbesondere Grundstücke, aber auch andere Vermögensgegenstände im Ausland können ausländischem Erbrecht und ausländischem Nachlassabwicklungsrecht (abweichende Erbenhaftung, gegebenenfalls Unwirksamkeit der Testamentsvollstreckung u. ä.) unterliegen

IV. Erben oder nahe Angehörige leben im Ausland
   - Nach ausländischem Recht können Gebietsansässige beim Pflichtteilsrecht privilegiert sein (im Fall der erbrechtlichen Rechtswahl z. B. Italien)

13 Die mit Blick auf die Belehrungspflichten großzügige Regelung des § 17 Abs. 3 BeurkG hindert den Notar nicht, sich im Interesse der Parteien um eine Aufklärung der Regelungen des ausländischen Rechts zu bemühen. Hervorragende Unterstützung erfährt der Notar hierbei durch das **Deutsche Notarinstitut** in Würzburg.[19]

Während der Verhandlungen über die Verordnung über das auf außervertragliche Schuldverhältnisse anzuwendende Recht („Rom-II-Verordnung")[20] war die Frage aufgekommen, ob die Verordnung die subsidiäre Haftung des Notars gemäß § 19 BNotO i. V. m. § 839 BGB durch eine Haftung nach dem im Ausland geltenden Recht ablösen solle.[21] Dies ist durch die Aufnahme der Ausschlussklausel in Art. 1 Abs. 1 der Verordnung, wonach diese nicht für die Haftung des Staates im Rahmen sog. *acta iure imperii* gilt, aber nicht der Fall, so dass es bei der bisherigen **Amtshaftung** nach deutschem Recht bleibt.

14 b) **Anwaltliche Beratungspflichten.** Die anwaltlichen Beratungspflichten lassen sich nicht grundsätzlich auf inländisches Recht beschränken, sondern richten sich stets nach dem **konkreten Beratungsauftrag** im Einzelfall. Weist eine Erbsache aber erkennbar Verbindungen zum Ausland auf, wird der Mandant im Normalfall erwarten dürfen, dass ihn sein Anwalt gezielt nach den rechtlich relevanten Verbindungen befragt und ihn darauf hinweist, wenn ausländisches Recht zur Anwendung kommen könnte. Es bedarf auch eines ausdrücklichen Hinweises, wenn der Anwalt seinen Mandanten hierzu nicht beraten will. Anderenfalls hat er es richtig und vollständig, d. h. auch über ausländisches Recht, zu beraten.

15 Immerhin wird die Beratung zum europäischen ausländischen Recht und die Tätigkeit vor den entsprechenden Auslandsgerichten grundsätzlich vom Mindestversicherungsschutz im Rahmen der **anwaltlichen Berufshaftpflichtversicherung** gedeckt, § 51 Abs. 3 Nrn. 3 und 4 BRAO.[22] Der grundsätzliche Versicherungsschutz sollte gleichwohl nicht zur leichtfertigen Beratung zum unbekannten fremden Recht verleiten. Der Anwalt muss erkennen, wenn aus deutscher IPR-Sicht fremdes Sachrecht zur Anwendung kommt, etwa weil der Erblasser Ausländer ist (Art. 25 Abs. 1 EGBGB) oder Auslandsvermögen besonderen Vorschriften nach Belegenheitsrecht unterliegt, deren Anerkennung nach Art. 3a Abs. 2 EGBGB zur kol-

---

[19] www.dnoti.de.
[20] VO (EG) Nr. 864/2007 vom 11. 7. 2007, ABl. L 199 vom 31. 7. 2007, S. 40.
[21] *Schippel/Bracker/Schramm*, § 19 BNotO 8. Aufl. Rn. 100.
[22] Zu den teilweise unübersichtlichen Ausnahmeregelungen vgl. *Borgmann* AnwBl 2005, 732.

lisionsrechtlichen Nachlassspaltung und damit zur Anwendung fremden Erbrechts auf einen Spaltnachlass führt. Hier sollte er gezielt die entsprechenden Tatsachen abfragen und (idealerweise) einen ausländischen Kollegen hinzuziehen oder sich die fremden Rechtssätze notfalls selbst aneignen.[23]

Man wird von einer guten anwaltlichen Beratung im Regelfall auch erwarten dürfen, dass sie den Hinweis enthält, wenn sich eine fremde Rechtsordnung **nach ihrem eigenen IPR** für anwendbar erklärt. Dies gilt nicht zuletzt dann, wenn sich das fremde IPR hiermit in Widerspruch zum deutschen IPR setzt. Der Anwalt sollte auch darauf hinweisen, wenn insoweit eine Unsicherheit besteht, die er nicht ausräumen kann. Zumindest muss ein Anwalt auf die nach ausländischem Recht üblichen Anknüpfungsmerkmale eines Sachverhalts achten, auf die Rechtsordnungen häufig die Anwendbarkeit ihres Sachrechts stützen.[24]

Wenn der Rechtsanwalt Hinweise darauf hat, dass sich eine fremde Rechtsordnung für anwendbar halten könnte, und er diesen Hinweisen nicht selbst mit hinreichender Zuverlässigkeit nachgehen kann, ist er verpflichtet, seinen Mandanten auf diesen Umstand hinzuweisen und die **Hinzuziehung eines ausländischen Kollegen** zu empfehlen.

Praxistipp:
Dem Mandanten ist mit der bloßen Empfehlung, sich im Ausland an einen Kollegen zu wenden, nur selten nachhaltig gedient. Der Anwalt sollte daher anbieten, sich selbst und unmittelbar mit einem ausländischen Kollegen über die relevanten Fachfragen auszutauschen. Über Praktikernetzwerke, etwa in- oder ausländische, auch europäische Anwaltsvereine oder berufsgruppenüberschreitende Vereinigungen, die zum Teil auch auf die Nachfolgeberatung spezialisiert sind, kann vielfach schnell und unkompliziert der Kontakt zu kompetenten Ansprechpartnern im Ausland hergestellt werden.

Einen ersten Zugang zumindest zu den Grundlagenfragen des ausländischen Rechts im Ehe-, Ehegüter- und Erbrecht einschließlich des dazugehörigen IPR liefern verschiedene Kommentare, Bücher und Loseblattsammlungen. Hier sind insbesondere zu nennen:
Bamberger/Roth/*S. Lorenz*, BGB 2. Aufl., Art. 25 EGBGB Rn. 83;
Bergmann/Ferid/Henrich (Loseblatt), Internationales Ehe- und Kindschaftsrecht;
Dauner-Lieb/Heidel/Ring, BGB 2. Aufl., Anhang zu Band 5;
Ferid/Firsching/Dörner/Hausmann (Loseblatt), Internationales Erbrecht;
Schotten/Schmellenkamp, IPR 2. Aufl., insb. Anhang II;
Staudinger/*Dörner*, BGB Neubearbeitung 2007, Anh. zu Art. 25 f. EGBGB;
Süß, Erbrecht in Europa, 2. Aufl.;
Süß/Ring, Eherecht in Europa.

Zu einigen exotischen Rechtsordnungen ist die Kontaktaufnahme zu lokalen Anwälten nicht möglich und in europäischen Sprachen verfügbare Quellenlage[25] spärlich. In diesen Fällen empfiehlt sich die Nachfrage bei **IPR-Instituten an deutschen wissenschaftlichen Einrichtungen**.

Beispiele:
- Das Institut für internationales und ausländisches Privatrecht an der Universität Köln,[26]
- das Institut für ausländisches und internationales Privat- und Wirtschaftsrecht der Universität Heidelberg[27] oder
- das Max-Planck-Institut für ausländisches und internationales Privatrecht in Hamburg.[28]

---

[23] *Raiser* NJW 1991, 2049, 2050.
[24] Vgl. Rn. 10, 72 ff.
[25] Vgl. die Sammlung an IPR-Texten des Deutschen Notarinstituts unter www.dnoti.de/Links/sicher/notarlinks_international.htm
[26] www.ipr.uni-koeln.de.
[27] www.ipr.uni-heidelberg.de.
[28] www.mpipriv.de.

Praxistipp:

20 Das Europäische Übereinkommen betreffend Auskünfte über ausländisches Recht vom 7. 6. 1968 ermöglicht die Einholung von Auskünften über ausländisches Zivilrecht (darunter auch Erbrecht), Handels- und Verfahrensrecht im Rahmen eines gerichtlichen Verfahrens.[29]

Die Auskunft ist von staatlichen Stellen des Staates zu erstatten, auf dessen Recht sich die Rechtsfrage bezieht. Für die Auskunft fallen grundsätzlich keine Kosten an.[30] Das Auskunftsersuchen, das eine konkrete Rechtsfrage enthalten muss, ist in einer Amtssprache des ersuchten Staates zu stellen und wird in einer Amtssprache erstattet.[31]

Das Übereinkommen haben neben der Bundesrepublik Deutschland ratifiziert:[32]

- Belgien,
- Bulgarien,
- Costa Rica,
- Dänemark,
- Frankreich,
- Griechenland,
- Großbritannien,
- Island,
- Italien,
- Liechtenstein,
- Luxemburg,
- Malta,
- Moldau,
- Niederlande,
- Norwegen,
- Österreich,
- Polen,
- Portugal,
- Rumänien,
- Russische Föderation (ehemalige Sowjetunion),
- Schweden,
- Schweiz,
- Spanien,
- Türkei,
- Ungarn,
- Ukraine,
- Zypern.

Bei der Beratung von Testaments- oder Erbvertragsgestaltungen, die später notariell beurkundet werden sollen, kann sich schließlich die frühzeitige **Zusammenarbeit mit dem beurkundenden Notar** anbieten, dem über das Deutsche Notarinstitut in Würzburg hervorragende Ressourcen zum ausländischen Recht zur Verfügung stehen.[33]

II. Kompendium für die pflichtteilsrechtliche Beratung bei Auslandsberührung

1. Die Rolle der Staatsangehörigkeit

21 Den meisten im Erbrecht tätigen Praktikern ist sehr bewusst, dass das deutsche Erbkollisionsrecht auf dem Staatsangehörigkeitsprinzip beruht. Es hat zur Folge, dass ein Deutscher

---

[29] BGBl. 1974 II S. 937 mit Zusatzprotokoll vom 15. 3. 1978 BGBl. 1987 II S. 60, 593 sowie dem Ausführungsgesetz vom 5. 7. 1974, BGBl. 1974 Bd. I S. 1433, geändert durch Gesetz vom 21. 1. 1987 BGBl. 1987 II S. 58.
[30] Art. 15 des Übereinkommens.
[31] Art. 14 des Übereinkommens.
[32] *Heldrich* FS Nakamura 1996, S. 243, 245 Fn. 11; BGBl. 2002 II 1581.
[33] www.dnoti.de.

stets nach deutschem Erbrecht beerbt wird, ein Ausländer üblicherweise nach dem Recht des fremden Staates, dem er angehört.[34] Die gesetzgeberische Intention, die Rechtsanwendung derart zu erleichtern, dass ein „Blick in den Pass" genügt, um das anwendbare Recht zu bestimmen, hat ihre Tücken. Sie verstellt nämlich den Blick auf die Ausnahmen und Problemfälle.

a) **Grundfragen der Bestimmung des Erbstatuts.** Der „Blick in den Pass" genügt bestenfalls bei Deutschen, und auch dort nur, soweit sie überhaupt einen Pass besitzen.[35] Auch hier sind vorrangige Staatsverträge zu beachten.[36] Zudem kann es zur kollisionsrechtlichen Nachlassspaltung und damit zur Anwendbarkeit eines fremden Erbrechts für einen Spaltnachlass kommen.[37] Noch zahlreicher sind die Probleme der Bestimmung des Erbstatuts nach Personen, die nicht die deutsche Staatsangehörigkeit besitzen: Einige – Flüchtlinge im weiteren Sinne – werden vom deutschen Recht wie Deutsche behandelt,[38] bei anderen – Mehrstaatern und Staatenlosen – ist eine weitergehende Untersuchung ihrer Lebensumstände erforderlich.[39]

aa) *Der Vorrang von Staatsverträgen.* Gemäß Art. 3 Nr. 2 EGBGB sind völkerrechtliche Verträge gegenüber dem allgemeinen Staatsangehörigkeitsprinzip nach Art. 25 Abs. 1 EGBGB vorrangig. Auf dem Gebiet des Erbkollisionsrechts unterhält Deutschland nur wenige Staatsverträge. Sie finden Anwendung, wenn der Erblasser **ausschließlich** Staatsangehöriger war von[40]

- Armenien,
- Aserbaidschan,
- Georgien,
- Iran,
- Kasachstan,
- Kirgisistan,
- Moldawien,
- Russland,
- Tadschikistan,
- Türkei,
- Ukraine,
- Usbekistan,
- Weißrussland.

Für Erbfälle, die vor der Wiedervereinigung am 3. Oktober 1990 eingetreten und für Testamente, die vor diesem Datum errichtet worden sind, sind eine Reihe von bilateralen Rechtshilfeverträgen der **DDR mit verschiedenen Ostblockstaaten** zu beachten.[41] Daneben bestanden früher weitere Staatsverträge, etwa der Staatsvertrag zwischen der Schweizerischen Eidgnossenschaft und dem Königreich Baden (Kündigung am 28. 2. 1979), die auf Ereignisse, die bis zu ihrer Kündigung eingetreten sind, noch heute anwendbar sind.[42]

bb) *„Flüchtlinge".* Vorsicht ist bei der Bestimmung des Erbstatuts von Personen geboten, die im weiteren Sinne als „Flüchtlinge" angesehen werden könnten. In diesem Bereich existieren mehrere vorrangige Sonderanknüpfungen für anerkannte Asylbewerber und Flüchtlinge.[43]

cc) *Ausländische Mehrstaater und Staatenlose.* Verfügt ein Erblasser neben der deutschen noch über weitere Staatsangehörigkeiten, sind diese gemäß Art. 5 Abs. 1 S. 2 EGBGB unbe-

---

[34] Art. 25 Abs. 1 EGBGB.
[35] Vgl. unten Rn. 114 ff.
[36] Vgl. unten Rn. 98 ff.
[37] Vgl. unten Rn. 31 ff.
[38] Vgl. unten Rn. 119 ff.
[39] Vgl. unten Rn. 175 ff.
[40] Vgl. zu den einzelnen Staatsverträgen unten Rn. 87 ff.
[41] Staudinger/*Dörner*, Art. 25 EGBGB Rn. 630 ff.
[42] Staudinger/*Dörner*, Vorbem. zu Art. 25 f. EGBGB Rn. 23.
[43] Vgl. unten Rn. 119 ff.

achtlich: Maßgeblich ist allein die deutsche Staatsangehörigkeit. Gehörte der Erblasser aber mehreren ausländischen Staaten an, ohne auch Deutscher zu sein, bringt die Anknüpfung an seine Staatsangehörigkeit kein eindeutiges Ergebnis. Ähnlich verhält es sich bei Staatenlosen, bei denen der Verweis ins Leere geht. In beiden Fällen muss eine nähere Prüfung angestellt werden, welchem Staat der Erblasser so eng verbunden war, dass dies das Erbstatut bestimmen kann.[44] Wenn der Erblasser staatenlos war und seinen gewöhnlichen Aufenthalt in Deutschland hatte, ist deutsches Recht Erbstatut.[45]

27 *dd) Die Bedeutung der Rechtswahl.* Ausländern steht nach Art. 25 Abs. 2 EGBGB für deutsche Immobilien eine Rechtswahlmöglichkeit zugunsten des deutschen Erbrechts offen.[46] Daneben kann auch das ausländische Heimatrecht eine erbrechtliche Rechtswahl vorsehen.[47] In beiden Fällen kann es trotz ausländischer Staatsangehörigkeit zur Anwendung des deutschen erbrechtlichen Sachrechts kommen.

28 **b) Gestaltungsmöglichkeiten.** Der Erblasser kann auf die grundlegende Anknüpfung dadurch Einfluss nehmen, dass er

- seine Staatsangehörigkeit wechselt oder
- eine Rechtswahl trifft.

> **Praxistipp:**
> 29 Der Wechsel oder die Aufgabe einer Staatsangehörigkeit bringt vielfach unerwünschte Nebenfolgen mit sich, die vor einem solchen Schritt gründlich geprüft werden sollten. Die Aufgabe einer Staatsangehörigkeit wird teilweise nur zulässig sein, wenn im betroffenen Staat keine Wohnsitze aufrecht erhalten bleiben. Die Aufgabe kann zur Folge haben, dass der Betroffene Grundeigentum nicht mehr halten darf und ihm – in einigen exotischen Staaten – kein Erbrecht mehr zukommt. Ein Neubürger kann mit der neuen Staatsangehörigkeit Steuer- und Wahlpflichten erwerben.

Nach dem Erbfall stehen in diesem Zusammenhang keine Gestaltungsmöglichkeiten zur Verfügung.

2. Rück- und Weiterverweisungen (*Renvoi*)

30 Es ist ein ebenso schwerer wie verbreiteter Fehler, von der fremden Staatsangehörigkeit eines Erblassers unmittelbar auf die Anwendbarkeit des fremden materiellen Erbrechts zu schließen. Art. 25 Abs. 1 EGBGB verweist nicht direkt auf das fremde Erbrecht, sondern auf die fremde Rechtsordnung insgesamt. Daher ist zunächst zu prüfen, ob die fremde Rechtsordnung auf den jeweiligen Einzelfall überhaupt angewandt werden will oder ihrerseits eine andere Rechtsordnung beruft. Die vor diesem Hintergrund erforderliche Prüfung von Rück- und Weiterverweisungen (sog. *Renvoi*) kann zur Anwendbarkeit sowohl des Heimatrechts des Erblassers, des Rechts eines Drittstaats oder auch des deutschen Erbrechts führen.[48]

3. Kollisionsrechtliche Nachlassspaltung

31 Von dem Prinzip der **Nachlasseinheit**, wonach der weltweite bewegliche und unbewegliche Nachlass des Erblassers einem einheitlichen Erbstatut unterliegt, gibt es Ausnahmen, die zur kollisionsrechtlichen Nachlassspaltung führen. Die kollisionsrechtliche Nachlassspaltung hat zur Folge, dass Nachlassgegenstände einzeln oder als Gruppe nicht dem einheitlichen, sondern einem abweichenden Erbstatut unterliegen. Die kollisionsrechtliche Nachlassspaltung ist bei Erbfällen mit Auslandsbezug ein häufiges Phänomen.

---

[44] Vgl. unten Rn. 175 ff.
[45] Vgl. unten Rn. 122 ff.
[46] Vgl. unten Rn. 199 ff.
[47] Vgl. unten Rn. 210 ff.
[48] Vgl. unten Rn. 177 ff.

II. Kompendium für die pflichtteilsrechtliche Beratung bei Auslandsberührung   32–37 § 14

Fallbeispiel: 32

Erwirbt ein Deutscher ein Haus in London, so unterliegt diese Immobilie im Todesfall nicht dem deutschen, sondern dem englischen Erbrecht. Das englische Recht folgt in der Tradition des *common law* dem vom deutschen IPR nach Art. 3a Abs. 2 EGBGB akzeptierten Prinzip der Nachlassspaltung, wonach Immobilien grundsätzlich nach Belegenheitsrecht vererbt werden. Der Sohn des Grundstückseigentümers könnte im Rahmen des deutschen Erbrechts nach h.M.[49] Pflichtteilsansprüche geltend machen, die sich indes nicht auf das Haus in London erstrecken, weil dieses in einen gesonderten Spaltnachlass fällt, der nicht dem deutschen Erbrecht unterliegt. In England könnte der Sohn übrigens keine Pflichtteilsansprüche anmelden, weil das englische Erbrecht den Abkömmlingen keine von ihrer Bedürftigkeit unabhängige zwingende Nachlassbeteiligung zubilligt.[50]

a) Ursachen. Zur kollisionsrechtlichen Nachlassspaltung kann es aufgrund 33
- einer gespaltenen Anknüpfung in Staatsverträgen,[51]
- einer Rechtswahl nach Art. 25 Abs. 2 EGBGB,[52]
- einer gespaltenen Rück- oder Weiterverweisung im Rahmen des *Renvoi*[53] sowie
- eines nach Art. 3a Abs. 2 EGBGB vorrangigen Einzelstatuts, etwa bezüglich **Immobilien**[54]

kommen.

Fallbeispiel:

Ein Deutscher hinterlässt ein Grundstück in Frankreich. Das deutsche Recht anerkennt im Rahmen des Art. 3a Abs. 2 EGBGB das französische Prinzip der Nachlassspaltung, wonach sich Immobilien stets nach Belegenheitsrecht vererben.

b) Folgen. Die kollisionsrechtliche Nachlassspaltung hat zur Folge, dass getrennte Spalt- 34
nachlässe entstehen, die materiellrechtlich grundsätzlich voneinander unabhängig sind.

aa) Grundsatz der rechtlichen Trennung der Spaltnachlässe. Möglich ist eine getrennte 35
Ausschlagung des einen Spaltnachlasses bei gleichzeitiger Annahme des anderen.[55] Dies bedeutet aber auch, dass gegebenenfalls sämtliche Spaltnachlässe gesondert ausgeschlagen werden müssen.[56] Die Ausschlagung des einen Spaltnachlasses genügt nicht!

Auch eine einheitliche letztwillige Verfügung kann hinsichtlich ihrer Wirksamkeit und 36
ihrer Auslegung für den einen Spaltnachlass anders als für den anderen zu behandeln sein.[57] Grundsätzlich beurteilen sich mit dem unterschiedlichen Erbstatut auch Fragen des **Pflichtteils**[58] einschließlich der Frage des Bestehens oder Nichtbestehens und der Art der Nachlassbeteiligung (Zahlungsanspruch oder unmittelbare Nachlassbeteiligung, sog. Noterbrecht)[59] **sowie der Beteiligungshöhe** und der Haftung der Erben für **Nachlassverbindlichkeiten**[60] für jeden Spaltnachlass isoliert.[61] Auch eine **Testamentsvollstreckung** ist für jeden Spaltnachlass gesondert zu beurteilen.[62] Entsprechendes gilt für Wirksamkeit und Wirkungen möglicher **Erb- und Pflichtteilsverzichte**.[63]

bb) Korrektur durch ergänzende Testamentsauslegung. Unter dem deutschen Erbstatut ist 37
in der deutschen Praxis eine gewisse Neigung zu beobachten, als ungewollt angesehene Rechtsanwendungsergebnisse bei Erbfällen mit Auslandsbezug durch das Mittel der ergänzenden Testamentsauslegung abzuhelfen. Vor dem Hintergrund der sog. **Andeutungstheorie**

---

[49] Vgl. Rn. 148 ff.
[50] Vgl. Süß/*Odersky*, Erbrecht in Europa, Großbritannien: England und Wales, Rn. 49 ff.
[51] Vgl. Rn. 98 ff.
[52] Vgl. Rn. 199 ff.
[53] Vgl. Rn. 30 ff.
[54] Vgl. Rn. 148 ff.
[55] BGH NJW 1998, 227; S. Lorenz ZEV 1994, 146, 148.
[56] Staudinger/*Dörner*, Art. 25 EGBGB Rn. 772; Soergel/*Schurig*, Art. 25 EGBGB Rn. 97.
[57] Bamberger/Roth/*S. Lorenz*, Art. 25 EGBGB Rn. 50.
[58] Vgl. Rn. 42 ff.
[59] Vgl. Rn. 254 ff.
[60] Vgl. Rn. 48 ff.
[61] BGH NJW 1993, 1920, 1921; OLG Hamburg DtZ 1993, 28; *Dörner* FamRZ 2003, 1880, 1881; Bamberger/Roth/*S. Lorenz*, Art. 25 EGBGB Rn. 50.
[62] BGH NJW-RR 2000, 298.
[63] Vgl. Rn. 242 f.

des Bundesgerichtshofs, nach der auch außerhalb der letztwilligen Verfügung liegende Umstände berücksichtigt werden können, solange sich nur in der Verfügung zumindest eine entsprechende Andeutung findet,[64] sind auf diesem Weg sehr weitreichende Eingriffe möglich. Auf einer jüngeren Entscheidung des BGH[65] beruht folgendes

38 **Fallbeispiel:**
Ein Deutscher verfügte in einem handschriftlichen Testament, dass seine Kinder nur Pflichtteile erhalten sollten. Zu Erben setzte der Erblasser seine Freundinnen ein. In seinen Nachlass fiel auch eine Immobilie in Florida, die aufgrund des im *common law* üblichen Prinzips der Nachlassspaltung auch aus deutscher Sicht,[66] einen eigenen Spaltnachlass bildete. Nach dem Recht des Staates Florida sind handschriftliche Testamente unwirksam, weshalb aus dortiger Sicht gesetzliche Erbfolge eingetreten ist.

Der BGH nahm zur Kenntnis, dass die Kinder als gesetzliche Erben nach dem Recht des Staates Florida das dortige Grundstück erhalten haben. Er sah sich aber trotz der Geltung des Erbrechts von Florida nicht darin gehindert, das dort als unwirksam betrachtete Testament dahingehend ergänzend auszulegen, dass die Kinder des Erblassers als gesetzliche Erben nach dem Recht des Staates Florida mit einem Herausgabevermächtnis zugunsten der testamentarischen Erben belastet worden seien.[67]

39 **Weiteres Fallbeispiel:**
Ein Deutscher hinterlässt Vermögen in Deutschland und eine Immobilie in der Bretagne. Das deutsche Vermögen im Wert von 1 Mio. Euro wendet er seinem Sohn zu, wohingegen er seine Immobilie in Frankreich im Wert von ebenfalls 1 Mio. Euro seiner Tochter hinterlässt. Die französische Immobilie bildet gegenüber dem übrigen Nachlassvermögen einen kollisionsrechtlich selbständigen Spaltnachlass. Aus diesem Spaltnachlass fällt sämtliches Vermögen an die Tochter des Erblassers. Der Sohn geht nach dem Testament in Frankreich leer aus und kann als Pflichtteilsberechtigter Herabsetzungsklage verlangen mit der Folge, dass er zum Miterben der Immobilie in der Bretagne wird. Dieses Ergebnis wurde vom Erblasser ersichtlich nicht gewollt, und seine Möglichkeit von ihm offenbar aufgrund mangelnder Rechtskenntnis oder unzureichender Beratung übersehen.

40 Für diesen Fall will die wohl herrschende Meinung in der Literatur das Testament ergänzend dahingehend auslegen, dass sich der Sohn die im Ausland erstrittene Nachlassbeteiligung im Inland anrechnen lassen müsse.[68] Hierfür spricht, dass am Ende das vom Erblasser gewollte gleichmäßige Verteilungsergebnis erzielt wird. Andererseits kann gegen eine solche nachträgliche rechtliche Zusammenführung getrennter Spaltnachlässe der in Art. 3a Abs. 2 EGBGB zum Ausdruck gekommene Wille des Gesetzgebers angeführt werden, die Nachlassspaltung in bestimmten Fällen zu respektieren.[69] Im Beispielsfall bliebe es der Tochter etwa unbenommen, ihrerseits Pflichtteilsansprüche nach deutschem Recht hinsichtlich des deutschen Spaltnachlasses anzumelden. Auch hierdurch würde das vom Erblasser gewollte wirtschaftliche Gesamtergebnis unter Respektierung der kollisionsrechtlichen Nachlassspaltung erreicht.

41 **Praxistipp:**
Für die Gestaltungspraxis empfiehlt sich im Fall uneinheitlicher Verteilung des Vermögens in Spaltnachlässen die Anordnung entsprechender Strafklauseln: So kann die Erbeinsetzung im einen Spaltnachlass unter die auflösende Bedingung gestellt werden, dass der Bedachte Pflichtteilsansprüche hinsichtlich eines anderen Spaltnachlasses erhebt. Denkbar ist auch eine ausdrückliche Anrechnungsanordnung oder ein Herausgabevermächtnis, das zum Tragen kommt, wenn hinsichtlich eines anderen Spaltnachlasses eine ungewollte Nachlassbeteiligung erstritten wird.

---

[64] BGH NJW 1983, 672, 673.
[65] BGH NJW 2004, 3558 m. Anm. *Leible/Sommer* ZEV 2006, 93; vgl. bereits BGHZ 134, 60, 62 f.; *Lehmann/Scherer*, FS Spiegelberger (2009), S. 1045, 1060 f.
[66] Art. 3a Abs. 2 EGBGB.
[67] BGH NJW 2004, 3558, 3559 f.
[68] Staudinger/*Dörner*, Art. 25 EGBGB Rn. 776 ff; Soergel/*Schurig*, Art. 25 EGBGB Rn. 101; Mayer/Süß/Tanck/Bittler/Wälzholz/*Süß* § 15 Rn. 271 a. E.
[69] MünchKommBGB/*Birk*, Art. 25 EGBGB Rn. 134.

cc) Behandlung von Pflichtteilsansprüchen. Es entspricht heute wohl allgemeiner Ansicht, 42
dass Pflichtteilsansprüche für jeden Spaltnachlass isoliert geprüft werden müssen und ein
Ausgleich grundsätzlich nicht stattfindet.[70]

Eine Ausnahme von diesem Grundsatz wird für den Fall vorgeschlagen, dass ein an einem 43
Spaltnachlass Pflichtteilsberechtigter – wie im obigen Beispielsfall – an einem anderen Spaltnachlass letztwillig begünstigt wurde. Diesem Problem will ein Teil der Literatur mit der **Lehre vom Gesamtpflichtteil** begegnen. Danach soll ein deutscher Pflichtteilsanspruch um den Wert der Zuwendung gekürzt werden, den der Begünstigte über seinen Pflichtteil hinaus im Rahmen eines anderen Spaltnachlasses erhalten hat.[71] Anderenfalls würde der erklärte Erblasserwille verfälscht. Im obigen Fallbeispiel hätte dies zur Folge, dass die in Frankreich als Erbin eingesetzte Tochter sich den dortigen, über ihr Noterbrecht hinausgehenden Mehrerwerb im Wert von 666.667,– € auf ihren Pflichtteil in Deutschland anzurechnen hätte.

Klingelhöffer vertritt insoweit die Ansicht, dass § 2325 BGB analog angewandt werden 44
könne, wenn Pflichtteilsansprüche wegen Nachlassgegenständen deswegen nicht bestehen,
weil die Vermögenswerte in einen Spaltnachlass fallen, für den kein Pflichtteilsanspruch bestehe.[72] Hiergegen spricht indes die bewusste Entscheidung des deutschen Gesetzgebers, die
kollisionsrechtliche Nachlassspaltung etwa im Rahmen des Art. 3a Abs. 2 EGBGB anzuerkennen.[73]

dd) Pflichtteilsergänzung. Im Fall der Nachlassspaltung stellt sich im Rahmen der Pflicht- 45
teilsergänzung die Frage, welchem Spaltnachlass eine frühere Zuwendung, die der Pflichtteilsergänzung unterliegen könnte, zugeordnet werden muss.

Fallbeispiel:
Ein deutscher Erblasser hinterlässt neben deutschem Vermögen eine Immobilie in England. Kurz vor
seinem Tod verschenkt er seinen englischen PKW. Vorher hatte er bereits eine zweite Immobilie in England verschenkt. Da die englische Immobilie einen eigenen Spaltnachlass bildet, stellt sich die Frage, ob die Zuwendungen dem englischen oder dem deutschen Spaltnachlass zuzuordnen sind.

Soweit ersichtlich, liegen hierzu keine Gerichtsentscheidungen vor. In der Literatur wird 46
die Zuordnung anhand der hypothetischen Prüfung vorschlagen, in welchen Spaltnachlass
der verschenkte Gegenstand gefallen wäre, wäre er nicht verschenkt worden.[74] Hiernach
unterläge die Pflichtteilsergänzung im Beispielsfall hinsichtlich des PKW dem deutschen und
hinsichtlich der Immobilie dem englischen Recht. Da das englische Recht keine Pflichtteilsergänzung vorsieht, bestünde insoweit kein Anspruch. Zwingend ist diese hypothetische
Zuordnung nicht. Sie erscheint auch zu schematisch.

Für die Zuordnung sollte vielmehr danach differenziert werden, worauf die Nachlassspal- 47
tung beruht:
- Handelt es sich um ein vorrangiges Einzelstatut nach Art. 3a Abs. 2 EGBGB, ist zu prüfen,
  ob das fremde Recht einen Vorrang auch für Fragen der Pflichtteilsergänzung beansprucht.
  Beim englischen Recht, das eine Pflichtteilsergänzung insgesamt nicht kennt, ist dies nicht
  der Fall. Anders ist dies etwa beim belgischen Recht, das vorrangige Pflichtteilsergänzungsansprüche für den Fall der Verschenkung einer belgischen Immobilie vorsieht.
- Beruht die Nachlassspaltung auf einer Rechtswahl nach Art. 25 Abs. 2 EGBGB, wird man
  Pflichtteilsergänzungsansprüche nach deutschem Erbrecht hinsichtlich einer verschenkten
  deutschen Immobilie ebenfalls annehmen können.
- Rührt die Nachlassspaltung aus einer gespaltenen Rück- oder Weiterverweisung her, sollte es demgegenüber dem verweisenden fremden Recht überlassen werden, ob es die Rückoder Weiterverweisung auch für die Frage der Pflichtteilsergänzung vorsieht.

---

[70] BGHZ 134, 63; MünchKommBGB/*Birk* Art. 25 Rn. 138; Staudinger/*Dörner*, Art. 25 EGBGB Rn. 779;
Kopp, Probleme der Nachlassabwicklung bei kollisionsrechtlicher Nachlassspaltung, 1997, S. 143 ff.
[71] Staudinger/*Dörner*, Art. 25 EGBGB Rn. 779; Mayer/Süß/Tanck/Bittler/Wälzholz/*Süß* § 15 Rn. 277; *Gruber* ZEV 2001, 467.
[72] *Klingelhöffer* ZEV 1996, 259 f.
[73] Mayer/Süß/Tanck/Bittler/Wälzholz/*Süß* § 15 Rn. 273.
[74] *Derstadt*, Nachlassspaltung, S 158 ff.; *Steiner*, Testamentsgestaltung, S. 153 ff.; Mayer/Süß/Tanck/Bittler/Wälzholz/*Süß* § 15 Rn. 288.

48 **ee) Nachlassverbindlichkeiten.** Nachlassverbindlichkeiten lassen sich bei Nachlassspaltung nur in Ausnahmefällen bestimmten Spaltnachlässen eindeutig zuordnen. Auf die Frage der Zuordnung kommt es indes durchaus an. So stellt sich etwa die Frage, ob ein Erblasser Verbindlichkeiten in einem Spaltnachlass, positive Vermögenswerte im anderen Spaltnachlass konzentrieren kann. Aufgrund der (anerkannten) Möglichkeit der getrennten Ausschlagung des einen und Annahme des anderen Spaltnachlasses könnte dies Gläubiger erheblich benachteiligen. Aber auch im Verhältnis zu Pflichtteilsberechtigten, die bei unterschiedlichen Spaltnachlässen verschiedene Pflichtteilsquoten fordern oder bei einzelnen Spaltnachlässen überhaupt nicht berechtigt sein können, stellt sich dieselbe Frage: Der Erbe wird bestrebt sein, die Verbindlichkeiten dem Nachlass mit der höchsten Pflichtteilsquote zuzuschreiben, so dass die Pflichtteilsberechtigten wirtschaftlich am stärksten an den Lasten beteiligt werden.

49 Anerkannt ist eine eindeutige Zuordnung ausnahmsweise dann, wenn die Verbindlichkeit ausschließlich aus einem bestimmten Nachlass erfüllt werden kann (sog. **fixierte Nachlass- oder Teilnachlassverbindlichkeiten**). Dies ist etwa bei Stückvermächtnissen, dinglichen Schulden (Grundschuld, Hypothek, nicht aber den zugrundeliegenden Darlehensverbindlichkeiten!) oder bei Erbschaftsverwaltungsschulden, die aus der Verwaltung und Abwicklung der jeweiligen Spaltnachlässe herrühren, der Fall.[75]

50 Für die **Haftung im Außenverhältnis** im Übrigen wird überwiegend angenommen, dass sich Gläubiger sonstiger Erblasser- und Erbfallschulden wie im Fall einer Gesamtschuldnerschaft aussuchen können, aus welchem Spaltnachlass sie sich befriedigen möchten, also sämtliche Spaltnachlässe wahlweise voll für sämtliche Verbindlichkeiten haften, sofern diese nicht ausnahmsweise einem bestimmten Spaltnachlass eindeutig zugeordnet werden müssen.[76]

51 Problematisch ist dies insbesondere dann, wenn einzelne Erbstatute keine oder nur eine beschränkte Erbenhaftung vorsehen.

Fallbeispiel:
Ein Deutscher hinterlässt Immobilienvermögen in England sowie erhebliche Verbindlichkeiten bei englischen Banken. In Deutschland verfügte der Erblasser über einige Bankguthaben. Er setzt in einem englischen Testament einen Londoner Anwalt zum executor und seinen Sohn zum Erben ein. In einem deutschen Testament setzt er seinen Sohn auf den Pflichtteil und eine Freundin zur Erbin ein.

Nach deutschem Erbrecht haftet die Freundin für Nachlassverbindlichkeiten unbeschränkt, aber beschränkbar, §§ 1967, 1975 BGB. Um eine Haftungsbeschränkung auf den (deutschen Spalt-)Nachlass herbeizuführen, muss sie Nachlassverwaltung oder -insolvenz beantragen, § 1975 BGB. Diese Möglichkeit besteht nur, solange sie das Nachlassvermögen nicht ihrem eigenen Vermögen einverleibt hat. Nach englischem Recht kann es nicht zur persönlichen Haftung der Erben kommen, vielmehr werden die Nachlassverbindlichkeiten im Rahmen einer institutionalisierten Nachlassabwicklung unter Aufsicht des Nachlassgerichts von dem *executor* oder *administrator* aus dem Nachlass heraus beglichen. Reicht der Nachlass nicht aus, gehen die Verbindlichkeiten unter. Ob der *executor* oder *administrator* Rückgriff auf einen ausländischen Spaltnachlass – im Beispielsfall die Freundin des Erblassers, die gegebenenfalls unbeschränkt mit ihrem Eigenvermögen zu haften hätte – nehmen darf, ist nicht endgültig geklärt:

52 Zu der Frage nach einem **Rückgriff** zwischen den Spaltnachlässen im **Innenverhältnis** werden in der Literatur mehrere Meinungen vertreten: *Zillmann* will diese Frage nach dem Heimatrecht des Erblassers beantworten.[77] *Heldrich* geht generell von einer anteiligen Lastentragung im Innenverhältnis aus.[78] *Dörner* will die Antwort nach einer Rückgriffsmöglichkeit der Rechtsordnung überlassen, deren Kollisionsrecht die Nachlassspaltung verursacht hat.[79] Dies ist im Fall des Art. 3a Abs. 2 EGBGB das ausländische Belegenheitsrecht, das Heimatrecht des Erblassers, wenn er nach diesem Recht eine Rechtswahl getroffen hat

---

[75] MünchKommBGB/*Birk*, Art. 25 EGBGB Rn. 147; *Dörner* DNotZ 1988, 108.
[76] MünchKommBGB/Birk, Art. 25 EGBGB Rn. 147; *Dörner* DNotZ 1988, 108; Palandt/*Heldrich*, Art. 25 EGBGB Rn. 9; *Ivo* NJW 2003, 186.
[77] *Zillmann*, Die Haftung der Erben im internationalen Erbrecht, 1998 S. 146.
[78] Palandt/*Heldrich*, Art. 25 EGBGB Rn. 9.
[79] Staudinger/*Dörner*, Art. 25 EGBGB Rn. 797.

und das deutsche Recht, wenn eine Rechtswahl nach Art. 25 Abs. 2 EGBGB getroffen wurde. Im letzteren Fall will *Dörner* die Frage einer Rückgriffsmöglichkeit nach der Rechtsordnung beantworten, der der Spaltnachlass untersteht, der in Anspruch genommen wird. Den Hintergrund bilden Vertrauensschutzerwägungen zugunsten des Erben. Der Erbe habe die Erbschaft nämlich nach dieser Rechtsordnung angenommen und habe sich auf diese Regeln hinsichtlich der Gefahr eines Rückgriffs aus einem anderen Spaltnachlass einzustellen. Wird Rückgriff auf einen Teilnachlass genommen, der dem deutschen Erbstatut unterliegt, schlägt *Dörner* eine analoge Anwendung des § 426 Abs. 1 S. 1 BGB, mithin eine (vom Erblasser abdingbare) quotale Lastentragung entsprechend dem Wertverhältnis zwischen den Spaltnachlässen vor.[80] Nur in diesem Fall kommt er zu demselben Ergebnis wie *Heldrich*.

Die **Nachlassinsolvenz** unterliegt bei Erbfällen mit Auslandsbezug dem Anwendungsbereich der Verordnung Nr. 1346/2000 (EuInsVO) vom 29. 5. 2000,[81] die im deutschen Recht flankiert wird durch die Regelungen der §§ 315, 335 und 343 bis 358 InsO. Bei grenzüberschreitenden Nachlässen kommen 53

- ein einheitliches Nachlassinsolvenzverfahren (sog. **Hauptinsolvenzverfahren**) über den EU-weiten Nachlass des Erblassers nach Art. 3 Abs. 1 EuInsVO,
- ein **Sekundärinsolvenzverfahren** im Inland, das nach Artt. 3 Abs. 3, 27 EuInsVO neben ein im Ausland begründetes Hauptinsolvenzverfahren treten kann,
- ein auf das Inlandsvermögen beschränktes **Partikularinsolvenzverfahren** in jedem EU-Mitgliedstaat nach Art. 3 Abs. 4 EuInsVO, sofern kein Hauptinsolvenzverfahren eröffnet wurde,
- ein Insolvenzverfahren **nach den autonomen deutschen Vorschriften** der §§ 354, 315 InsO in Betracht. Die Zulässigkeit eines Nachlassinsolvenzverfahrens ist hiernach gänzlich von der Frage abgekoppelt, ob deutsches Erbrecht Erbstatut ist oder nicht. International sind die Gerichte am letzten gewöhnlichen Aufenthalt des Erblassers für ein Hauptinsolvenzverfahren zuständig. Will ein Gläubiger sich nicht an ein hiernach zuständiges ausländisches Gericht wenden, stehen ihm beschränkte Sekundär- und Partikularverfahren zur Verfügung.[82]

ff) Erbausgleichung. Ebenso wie das deutsche Recht in § 2050 BGB sehen auch einige 54 ausländische Rechtsordnungen eine Ausgleichung von Vorempfängen unter Miterben vor. Die Ausgleichung soll dem auf eine gleichmäßige Nachlassverteilung gerichteten Willen des Erblassers zur Geltung verhelfen.[83]

Nach einer älteren Ansicht ist für die kollisionsrechtliche Behandlung eine hypothetische 55 Prüfung anzustellen. So habe über die Anrechnung die Erbrechtsordnung zu entscheiden, die den Spaltnachlass beherrscht, in den der verschenkte Vermögensgegenstand gefallen wäre, wenn er nicht verschenkt worden wäre.[84]

Eine andere Ansicht will demgegenüber jedem anwendbaren Erbstatut die Entscheidung 56 über die Ausgleichung unabhängig von der hypothetischen Zugehörigkeit des verschenkten Vermögensgegenstands selbst überlassen.[85] Die Zuordnung zu dem Erbstatut, das den Spaltnachlass beherrscht, der durch die Zuwendung geschmälert wird, verursache zufällige Ergebnisse, je nach dem, ob der Erblasser eine Immobilie oder Barvermögen verschenkt habe.

Eine dritte Ansicht schließlich will – wie die zweite Ansicht – die Entscheidung über die 57 Ausgleichung ebenfalls jedem anwendbaren Erbstatut selbst überlassen, den Ausgleich jedoch seiner Höhe nach anteilig entsprechend dem Wertanteil des betreffenden Spaltnachlasses am Gesamtwert des weltweiten Erblasservermögens kürzen.[86] Hierfür wird angeführt, dass die von der zweiten Ansicht vertretenen volle Ausgleichung im Ergebnis ausgleichungs-

---

[80] Staudinger/*Dörner*, Art. 25 EGBGB Rn. 797.
[81] ABl. EG Nr. L 160 S. 1.
[82] Vgl. näher Scherer/v. Oertzen/Pawlytta, MAH Erbrecht § 33 Rn. 130 ff.; *Rugullis* ZEV 2007, 156; MünchKommBGB/*Birk*, Art. 25 EGBGB Rn. 371 f.
[83] BGHZ 65, 75.
[84] Staudinger/*Firsching*, 12. Aufl. 1992, Vorbem. Art. 24–26 EGBGB Rn. 368 ff.; Tribunal de la Seine, Clunet 1907, 770 m. Anm. *Kegel/Schurig*, IPR § 21 I S. 1000 f.
[85] *Dörner* DNotZ 1988, 105; Staudinger/*Dörner*, Art. 25 EGBGB Rn. 784 ff.; *Gruber* ZEV 2001, 463, 466; MünchKommBGB/*Birk*, Art. 25 EGBGB Rn. 144.
[86] *Kegel/Schurig*, IPR § 21 I S. 1001; Mayer/Süß/Tanck/Bittler/Wälzholz/*Süß* § 15 Rn. 294.

freundlich wirke, weil sich ein ausgleichendes Erbstatut wirtschaftlich durchsetze. Dies widerspreche dem wertneutralen Wesen des IPR.[87]

58 **c) Gestaltungsmöglichkeiten.** Dem **Erblasser** eröffnet die kollisionsrechtliche Nachlassspaltung zahlreiche Gestaltungsmöglichkeiten:
- Durch Erwerb von Vermögen, insbesondere Immobilien, in einem ausländischen Staat (z. B. Frankreich, USA, Vereinigtes Königreich von Großbritannien und Nordirland, Australien usw.),[88] der für die betreffenden Vermögensgegenstände besondere Vorschriften im Sinne des Art. 3a Abs. 2 EGBGB vorsieht, kann der Erblasser gezielt die Nachlassspaltung herbeiführen.
- Zu diesem Zweck können auch entsprechende Auslandsimmobilien, die bislang über eine Holdinggesellschaft gehalten wurden, aus der Gesellschaftsstruktur herausgelöst und direkt gehalten werden.

Praxistipp:

59 Der Erwerb von Auslandsvermögen kann sich als Mittel zur **Pflichtteilsvermeidung** (genauer: -reduzierung) eignen, sofern hierdurch kollisionsrechtliche Nachlassspaltung herbeigeführt wird und das Erbrecht im Belegenheitsstaat für den betroffenen Angehörigen niedrigere Pflichtteils- oder Noterbquoten als das deutsche Erbrecht vorsieht (vgl. dazu auch § 11 Rn. 154 ff.).
Ob dieses Vorgehen indes wirtschaftlich tragfähig ist, sollte genau geprüft werden. So können Grunderwerbskosten und -steuern sowie Erbschaftsteuern im Belegenheitsstaat, die teilweise deutlich höher als in Deutschland liegen, den erhofften Erfolg zunichte machen: Die Zahlungspflicht an den Angehörigen im Rahmen seines Pflichtteilsanspruchs würde lediglich ersetzt durch eine Zahlungspflicht an den ausländischen Staat.[89]

60
- Soll umgekehrt die Nachlassspaltung beseitigt werden, kommt nicht nur ein Verkauf der betreffenden Auslandsvermögensgegenstände, sondern auch die Zwischenschaltung einer Holdinggesellschaft in Betracht. Der Gesellschaftsanteil, der als bewegliches Vermögen in der Regel dem erbrechtlichen Gesamtstatut untersteht, träte dann an die Stelle des Grundeigentums, das eine Nachlassspaltung auslösen kann.[90]
- Die Nachlassspaltung lässt sich auch durch Gestaltungsmittel des Belegenheitsrechts vermeiden: So kann etwa die Vereinbarung einer *joint tenancy* verhindern, dass der betreffende Vermögensgegenstand überhaupt in den Nachlass fällt und eine Nachlassspaltung herbeiführt.[91]
- Soweit eine kollisionsrechtliche Nachlassspaltung vorliegt, kann der Erblasser **getrennte Verfügungen** errichten, die sich jeweils nur auf einen einzelnen Spaltnachlass beziehen. Dies kann bereits deswegen sinnvoll sein, um **Übersetzungskosten** zu vermeiden. Die getrennte Verfügung über Spaltnachlässe kann auch dazu nutzbar gemacht werden, unterschiedliche Gruppen von Angehörigen (z. B. aus erster und aus zweiter Ehe) vollständig voneinander zu trennen.

Praxistipp:

61 Es ist umstritten, in welchem Umfang Pflichtteilsberechtigte, die im einen Spaltnachlass über ihre Pflichtteilsquote hinaus begünstigt werden, Pflichtteilsansprüche hinsichtlich des anderen Spaltnachlasses erheben können. Um zu vermeiden, dass die getrennten Verfügungen aufeinander wechselseitige Folgewirkungen entfalten, muss der Erblasser eine **Trennungsklausel** treffen. Will er vermeiden, dass Begünstigte des einen Spaltnachlasses im anderen Pflichtteilsansprüche erheben, muss er letztwillig durch **Strafklauseln** vorbeugen.

---

[87] Mayer/Süß/Tanck/Bittler/Wälzholz/*Süß* § 15 Rn. 294.
[88] Vgl. die Übersicht unter Rn. 153.
[89] Scherer/*v. Oertzen/Pawlytta*, MAH Erbrecht § 33 Rn. 152.
[90] Vgl. dazu Rn. 153 ff.
[91] Vgl. dazu Rn. 138.

II. Kompendium für die pflichtteilsrechtliche Beratung bei Auslandsberührung

Durch eine Trennungsklausel kann erreicht werden, dass getrennte Verfügungen, mit denen ein Erblasser über Spaltnachlässe verfügt, voneinander unabhängig bleiben. 62

Formulierungsvorschlag: Trennungsklausel[92]
Ich habe am ...... eine gesonderte Verfügung über mein unbewegliches Vermögen in ...... errichtet. Sollte diese Verfügung unwirksam sein, soll dies die Wirksamkeit der vorliegenden Verfügung von Todes wegen unberührt lassen und umgekehrt. Sollte aus deutscher Sicht auch das unbewegliche Vermögen in ...... dem deutschen Erbrecht unterliegen, so sollen sämtliche Verfügungen in der Verfügung vom ...... als Vorausvermächtnisse ausgelegt werden. 63

Durch die Strafklausel kann der Erblasser wirtschaftlich von unerwünschten Rechtshandlungen eines Beteiligten, der im einen Spaltnachlass begünstigt wird, im anderen Spaltnachlass abschrecken. Gegenüber Pflichtteilsberechtigten, deren Nachlassbeteiligung möglichst gering gehalten werden soll, wird eine solche Klausel mangels wirtschaftlichem Anreiz ins Leere laufen. 64

Formulierungsvorschlag: Strafklausel[93]
Ein Beteiligter, der im Staat ...... ohne vorherige Zustimmung des Testamentsvollstreckers die ordentlichen Gerichte anruft, Verfahren der freiwilligen Gerichtsbarkeit anstrengt, einstweilige Verfügungen oder Arreste beantragt oder vergleichbare Verfahren des dortigen Rechts einleitet, hat alles, was er aus diesen Verfahren erlangt und was er aufgrund letztwilliger Verfügung von mir erlangt hat oder erlangen wird – unabhängig davon, in welchem Land die betroffenen Vermögensgegenstände belegen sind – als Vermächtnis an ...... herauszugeben. Dies gilt nicht, sofern sich der Beteiligte mit seinen Verfahrenshandlungen lediglich gegen Handlungen des Testamentsvollstreckers oder einen Nachlassschuldner wendet. 65

- Die Nachlassabwicklung kann durch postmortale Vollmachten erleichtert, in einzelnen Staaten sogar vollständig ersetzt werden: Gelingt es dem Bevollmächtigten nach dem Tod des Erblassers, aufgrund der Vollmacht in einem Staat sämtliches Nachlassvermögen unter Lebenden zu übertragen, kann eine klassische Nachlassabwicklung vermieden werden. 66

Praxistipps:
Bei der Verwendung postmortaler Vollmachten handelt es sich um eine Praktikerlösung mit **erheblichen rechtlichen Risiken**. Gefahren lauern nicht nur in Gestalt eines Missbrauchs der Vollmachten. Vielmehr lässt sich die Widerruflichkeit der Vollmachten nicht ausschließen. Wegen der Gefahr des Vollmachtswiderrufs durch die Erben ist eine ordnungsgemäße erbrechtliche Nachfolgeplanung stets erforderlich. Eine Vollmacht kann bestenfalls die Abwicklung erleichtern. Dies ergibt sich bereits daraus, dass der wahre Erbe vom Bevollmächtigten oder dem Empfänger, dem der Bevollmächtigte Nachlassgegenstände erhalten hat, regelmäßig Schadensersatz oder Herausgabe wird verlangen können, wenn nicht schuld- oder erbrechtlich ein Rechtsgrund für die Vermögenstransfers vorliegt. 67

Schließlich ist zu beachten, dass **postmortale Vollmachten** von zahlreichen ausländischen Rechtsordnungen **überhaupt nicht anerkannt** werden. Die Vertreterhandlung wird in diesen Fällen vom Geschäftspartner nicht anerkannt oder von der fremden Rechtsordnung als unwirksam angesehen. Ein Verschweigen des Todes des Erblassers kann als arglistige Täuschung oder gar Betrug anzusehen sein. Schadensersatzansprüche werden in der Regel aber ausscheiden, wenn der Vertreter ohne Vertretungsmacht durch den Rechtsschein der Vollmacht lediglich eine Nachlassverteilung herbeiführt, die von der materiellen Erbrechtslage gedeckt ist.

---

[92] Nach Scherer/ v. Oertzen/Pawlytta, MAH Erbrecht, § 33 Rn. 99.
[93] Nach Scherer/ v. Oertzen/Pawlytta, MAH Erbrecht, § 33 Rn. 157.

- Grundsätzlich können sich Nachlassgläubiger, wie dargestellt,[94] aussuchen, welchen Spaltnachlass sie für ihre Nachlassforderung in Haftung nehmen. Will der Erblasser vermeiden, dass hierdurch unkalkulierbare Wertverschiebungen und Zweifel über Ausgleichsansprüche zwischen Spaltnachlässen entstehen, sollte er letztwillig festlegen, welcher Spaltnachlass die betreffenden Verbindlichkeiten zu tragen hat. Diese Regelungen gelten indes nur im Innenverhältnis, wirken also nicht auch gegenüber dem Nachlassgläubiger.
- Der Erblasser kann die Anrufung unterschiedlicher Gerichte durch eine Schiedsklausel vermeiden, denen die wohl herrschende Meinung allerdings keine Bindungswirkung gegenüber Pflichtteilsberechtigten zubilligt.[95]

68 Handlungshinweis für die Angehörigen des Erblassers:
- Die Nachlassbeteiligten müssen für jeden Spaltnachlass gesondert über eine Ausschlagung oder Erbschaftsannahme nachdenken. Eine Erklärung für den einen Spaltnachlass hat keine Wirkungen auf den anderen Spaltnachlass. Sollte dies übersehen werden, ist an eine **Irrtumsanfechtung** der betreffenden konkludenten Erbschaftsannahme oder Versäumung der Erbschaftsannahme (nach einigen ausländischen Rechtsordnungen) zu denken.

4. Kontrollüberlegung zur faktischen Nachlassspaltung und zum *forum shopping*

69 Es ist für den Gestaltungsberater von entscheidender Bedeutung, dass er sich einen Pendelblick angewöhnt, mit dem er auch die Sicht der betroffenen ausländischen Rechtsordnungen in seine Gestaltungen einbezieht. Nur so kann er Gefahren und Chancen erkennen, die sich mit Fällen der faktischen Nachlassspaltung ergeben. Diese Fälle bieten in besonderer Weise Anlass zum sog. *forum shopping*:

70 a) **Ursachen.** Von der kollisionsrechtlichen Nachlassspaltung ist die faktische Nachlassspaltung zu unterscheiden. Die Nachlassgegenstände fallen hier nicht in rechtlich getrennte Spaltnachlässe, vielmehr wird der einheitliche Lebenssachverhalt der Erbfolge von unterschiedlichen beteiligten Rechtsordnungen unterschiedlich beurteilt (sog. **Internationaler Entscheidungsdissens**). In der Folge wird es regelmäßig nicht möglich sein, die aus Sicht eines deutschen Gerichts eingetretene Erbfolge auch im Ausland für sämtliche Nachlassgegenstände durchzusetzen. Zur faktischen Nachlassspaltung kommt es,
- wenn ein Deutscher mit letztem Wohnsitz (oder gewöhnlichen Aufenthalt oder *domicile*) in einem Staat verstorben ist, der erbkollisionsrechtlich nicht an die Staatsangehörigkeit, sondern an den Wohnsitz, gewöhnlichen Aufenthalt oder *domicile* anknüpft. Aus deutscher Sicht ist dann deutsches Erbrecht Erbstatut, aus Sicht des Wohnsitz- (bzw. Aufenthalts- oder domicile-)Staats ist das dortige Recht Erbstatut.
- wenn der Erblasser mehreren Staaten angehört hat, die jeweils dem Staatsangehörigkeitsprinzip folgen und – wie meist – ihre eigene Staatsangehörigkeit als vorrangig ansehen. Danach sieht jeder der Heimatstaaten sein eigenes Erbrecht für das Erbstatut.
- wenn Anknüpfungsmerkmale unterschiedlich ausgelegt werden, etwa der letzte Wohnsitz des Erblassers aus Sicht der einen Rechtsordnung in Staat X, aus Sicht der anderen Rechtsordnung in Staat Y gesehen wird, oder weil kollisionsrechtlich abweichende Qualifikationen vorgenommen oder *ordre public*-Vorbehalte in Anspruch genommen werden.

Fallbeispiel:

Ein Deutsch-Italiener hinterlässt Nachlassvermögen in Deutschland und Italien. Sein einziger Sohn hat gegen Abfindung vor einem deutschen Notar auf seinen Pflichtteil verzichtet. Der Erblasser hat seine Geliebte zur Alleinerbin eingesetzt. In Italien macht der Sohn Pflichtteilsansprüche geltend. Aus Sicht des deutschen Rechts steht dem der wirksame Pflichtteilsverzicht entgegen. Dieser gilt aufgrund des Prinzips der Nachlasseinheit aus deutscher Sicht auch für das in Italien belegene Vermögen. Aus italienischer Sicht ist für den weltweiten Nachlass italienisches Recht Erbstatut, weil der Erblasser auch Italiener war. Das italienische Erbrecht lässt Pflichtteilsverzichte indes nicht zu. Dies hat zur Folge, dass

---

[94] Vgl. Rn. 50 f.
[95] *Haas* ZEV 2007, 49, 51; Nieder/Kössinger/*Kössinger*, Testamentsgestaltung § 15 Rn. 330; *Lange/Kuchinke*, Erbrecht § 32 II 4; *Wegmann*, ZEV 2003, 20; a. A. *Pawlytta* ZEV 2003, 89 ff.; Zöller/*Geimer*, § 1066 Rn. 18.

der aus deutscher Sicht bewirkte Ausschluss von Pflichtteilsansprüchen in Italien nicht durchgesetzt werden kann.

Der mit der faktischen Nachlassspaltung verbundene Entscheidungsdissens kann von den Beteiligten auch zum *forum shopping* ausgenutzt werden. Hiermit wird die gezielte Entscheidung eines Beteiligten bezeichnet, die Gerichte des Staates einzuschalten, dessen Recht ihm die günstigsten Rechtsfolgen verspricht. Ein solches Verhalten mag unerwünscht sein, ist aber grundsätzlich zulässig.[96] Häufig wird die Lästigkeit der Rechtsverfolgung im Ausland (fremde Sprache bei Gericht und im Austausch mit dem eigenen Prozessvertreter, Kosten der Übersetzung von Schriftsätzen, geographische Entfernung zum Gerichts- und Kanzleiort, unbekanntes Recht und unbekannte Verfahrensabläufe) der Anrufung entfernter Gerichte entgegenstehen. Jedoch sinken diese praktischen Hürden aufgrund des Zusammenwachsens der Staaten Europas und ihrer Rechtsordnungen, der modernen Kommunikationstechniken, der Zunahme der persönlichen Auslandsbeziehungen und fallender Transportkosten. In der Nachlassplanung sollte in Fällen mit relevantem Auslandsbezug daher die Prüfung einer Gestaltung auf ihre Krisenfestigkeit nach ausländischem Recht zum Standard einer sorgfältigen Beratung gehören. Hierzu ist gegebenenfalls auch die Vorsorge für den Fall des *forum shoppings* erforderlich. Der Erblasser kann grundsätzlich nicht vorhersehen, in welchem Staat seine Nachlassregelung nach seinem Tod einer gerichtlichen Prüfung unterzogen werden wird. Ebenso sollte der nach dem Todesfall hinzugezogene Berater prüfen, ob die Anrufung eines ausländischen Gerichts aufgrund der Geltung anderer Rechtsnormen für den Mandanten einen wesentlichen Vorteil verspricht. Bei der Nachfolgeplanung sollte der Erblasser die Wirksamkeit seiner Verfügungen vor allen in Betracht kommenden Rechtsordnungen prüfen lassen.

b) Übliche Anknüpfungsmerkmale zur Bestimmung des Erbstatuts. Sowohl bei der Nachlassplanung, als auch bei der Abwicklungsberatung genügt es bei Erbfällen mit Auslandsbezug nicht, die Rechtslage allein aus deutscher Sicht zu beurteilen. Den Blick auf das deutsche Nachlass- oder Prozessgericht zu verengen, hieße Risiken und Möglichkeiten der Anrufung ausländischer Stellen zu übersehen.

Fallbeispiel:
Ein Franzose lebte in Leipzig und hinterließ zwei Kinder. Seine Tochter wohnte in Berlin, sein Sohn, mit dem sich die Familie zerstritten hatte, in Straßburg. Der Nachlass bestand im Wesentlichen aus einem Bankkonto in der Schweiz. Der Erblasser hatte seine Tochter als Alleinerbin eingesetzt. Er hatte sich von einem Bankmitarbeiter beraten lassen, dass die Schweizerische Bank der Tochter das Bankguthaben ohne Weiteres zugänglich machen wird, sobald sie einen Erbschein vorlegt.[97] Aus deutscher Sicht regelt sich die Erbfolge einheitlich nach deutschem Erbrecht. Auf die Verweisung auf französisches Recht gemäß Art. 25 Abs. 1 EGBGB folgt aufgrund des deutschen Wohnsitzes des Erblassers die Rückverweisung nach französischem auf das deutsche Recht, die hier angenommen wird.[98] Der Erbschein wird zugunsten der Tochter erteilt, an die der Sohn mit Pflichtteilsforderungen (in Höhe von 2/8) herantreten kann. Aus französischer Sicht ist auf den Nachlass demgegenüber französisches Erbrecht anwendbar, denn Art. 25 Abs. 1 EGBGB wird als Rückverweisung auf französisches Recht aufgefasst und angenommen. Der Sohn kann seinen Pflichtteil in Frankreich im Wege der Herabsetzungsklage durchsetzen, die ihn zum Miterben zu 3/8 macht. Er kann sodann einen Erbschein nach Elsass-Lothringischem Recht erhalten, der die gleichen Wirkungen wie der deutsche Erbschein hat und mit dem er ebenfalls an die schweizerische Bank herantreten kann.[99]

Eine sorgfältige Nachlassplanung muss sicherstellen, dass die gewählte Gestaltung auch bei einem Auslandsbezug vor allen staatlichen Stellen, die mit dem Nachlass möglicherweise befasst werden, Bestand haben wird. Wie das Beispiel zeigt, muss sich eine Nachfolgegestaltung unter Umständen an mehr als einer Rechtsordnung messen lassen. Dabei steht nicht nur die Sicherheit des Verteilungsergebnisses in Rede, sondern in der Praxis insbesondere

---
[96] *Schack*, Internationales Zivilverfahrensrecht, Rn. 222.
[97] Tatsächlich sieht Art. 96 schw. IPRG eine großzügige Anerkennung vor, die auch deutschen Erbscheinen zugute kommt.
[98] Art. 4 Abs. 1 S. 2 EGBGB.
[99] Aufgrund Art. 74 des Gesetzes vom 1. 6. 1924 gelten die §§ 2353 bis 2368 BGB in Elsass-Lothringen als lokales Recht weiter, Bengel/Reimann/*Haas*, Handbuch Testamentsvollstreckung, Kap. 9 Rn. 470.

einzelne Gestaltungsmittel des deutschen Erbrechts wie zum Beispiel die Dauertestamentsvollstreckung oder der Erbvertrag. Für die Beratung der Hinterbliebenen ist der Blick ins Ausland ebenfalls hilfreich. Im obigen Beispiel würde der Sohn ein Drittel des Werts seines Pflichtteilsanspruchs (nach französischem Recht) und eine unmittelbare Nachlassbeteiligung einschließlich der hiermit verbundenen Einflussmöglichkeiten verlieren, wenn er sich nach deutschem Recht ausbezahlen ließe. Dies setzt indes voraus, dass er sich informieren lässt über die Vor- und Nachteile, die sich unter den verschiedenen Rechtsordnungen für ihn ergeben.

74 Das damit verbundene Risiko für die anderen Beteiligten einschließlich des Erblassers, dessen Nachfolgeplanung in Frage gestellt werden könnte, dürfte aufgrund des weiteren Zusammenwachsens der Staaten – nicht nur innerhalb der EU – in Zukunft zunehmen. Das Phänomen des *forum shoppings* sollte andererseits auch nicht überschätzt werden. Vielfach scheitert ein solches Vorgehen bereits an sprachlichen Barrieren. Zudem begibt man sich durch die Anrufung eines ausländischen Gerichts unter fremdes Verfahrensrecht und fremde Rechtstraditionen, die die Rechtsdurchsetzung für den mit den örtlichen Gepflogenheiten nicht Vertrauten erschweren. Häufig verhindern auch große geografische Entfernungen die Anrufung ausländischer Stellen. Hinzu kommt, dass auch die gerichtliche Anwendung fremden Rechts fehlerträchtig ist und etwa nach deutschem Recht nicht reversibel ist.[100] Daher sollte der Erblasser das Risiko und sollten die Hinterbliebenen zunächst die Chancen abschätzen, die sich aus der möglichen, aus ausländischer Sicht gegebenen Anwendbarkeit eines fremden Recht ergeben, bevor sie entscheiden, ob die praktischen Hürden und Unwägbarkeiten, die mit der Anrufung ausländischer Stellen verbunden wären, mit Chancen bzw. Risiken im Verhältnis stehen.

75 Vor dem Hintergrund dieser Überlegungen empfiehlt sich daher stets die Kontrollüberlegung in Form eines „Pendelblicks" auf die mögliche Perspektive der beteiligten ausländischen Staaten, um über eingehende Nachforschungen und/oder die Hinzuziehung eines Kollegen im betreffenden ausländischen Staat entscheiden zu können. Die Kontrollüberlegung hat dabei von der Frage auszugehen, welche Rechtsordnungen überhaupt ihre Anwendbarkeit auf den konkreten Erbfall beanspruchen können. Dabei sind zwei Grundüberlegungen zu unterscheiden: Erstens kann sich die Anwendbarkeit eines fremden Erbrechts dadurch ergeben, dass das fremde Kollisionsrecht für das Erbstatut ein anderes Anknüpfungsmerkmal als das deutsche Recht vorsieht oder bei gleichem Anknüpfungsmerkmal (i.d.R. Staatsangehörigkeit) zu einem anderen Ergebnis kommt.

Praxistipp:

76 Im Beispielsfall hätte der Erblasser seiner Tochter Bankvollmacht erteilen und ihr anraten können, nach seinem Tod das Bankguthaben möglichst rasch abzuheben. Der rechtlichen Frage, ob die postmortale Vollmacht im Ausland überhaupt gültig ist,[101] begegnet die Praxis häufig mit dem Rat, den Tod des Vertretenen nicht zu erwähnen. Deckt sich die materielle Erbrechtslage mit dem durch Vollmacht geschaffenen Zustand, wird ein solches Vorgehen Schadensersatzansprüche nicht begründen. Dem Sohn würde hiermit die Möglichkeit genommen, allein ein solches mit einem französischen Erbschein eine erhöhte Nachlassteilhabe gegenüber der Bank direkt durchzusetzen. Er wäre darauf verwiesen, seine Schwester notfalls zu verklagen, wofür er sich an deutsche Gerichte hätte wenden müssen. Diese werden ihm nur die geringeren Pflichtteilsquoten nach deutschem Recht zusprechen.

77 *aa) Staatsangehörigkeitsprinzip.* Dem deutschen Praktiker ist es selbstverständlich, dass Erblasser nach dem Erbrecht ihres Heimatstaats beerbt werden (sog. Staatsangehörigkeitsprinzip). Dem Staatsangehörigkeitsprinzip folgen u.a.:[102]

---

[100] BGH WM 1981, 190; NJW 1994, 1409.
[101] Vgl. oben Rn. 67.
[102] Vgl. die Länderübersicht bei Bamberger/Roth/*S. Lorenz*, Art. 25 EGBGB Rn. 83; sowie die Länderberichte bei Staudinger/*Dörner*, Anh zu Art. 25 f. EGBGB und *Ferid/Firsching/Dörner/Hausmann*, Internationales Erbrecht.

II. Kompendium für die pflichtteilsrechtliche Beratung bei Auslandsberührung   77   § 14

- Afghanistan,
- Ägypten,
- Albanien,
- Algerien,
- Andorra,
- Angola,
- Äquatorialguinea,
- Bahrain,
- Benin,
- Bolivien,
- Bosnien-Herzegowina,
- Burkina Faso,
- Republik China (Taiwan),
- Dominikanische Republik,
- Dschibuti (?),
- Georgien,
- Griechenland,
- Guinea-Bissau,
- Honduras (?),
- Indonesien,
- Irak,
- Iran,
- Italien,
- Japan,
- Jordanien,
- Kapverdische Republik,
- Katar,
- Demokratische Republik Kongo (ehem. Belgisch-Kongo, Zaire),
- Republik Kongo (ehem. Französisch-Kongo, Brazzaville),
- Südkorea,
- Kroatien,
- Kuba,
- Kuwait,
- Laos,
- Libanon,
- Libyen,
- Liechtenstein,
- Marokko,
- Mauretanien,
- Mazedonien,
- Moldawien,
- Montenegro,
- Mosambik,
- Österreich,
- Philippinen,
- Polen,
- Portugal,
- Ruanda,
- Rumänien,
- San Marino,
- São Tomé und Principé,
- Schweden,
- Senegal,
- Serbien,
- Slowakische Republik,

- Slowenien,
- Somalia,
- Spanien,
- Sudan,
- Syrien,
- Thailand,
- Togo,
- Tschad,
- Tschechische Republik,
- Tunesien,
- Türkei,
- Ungarn,
- Vatikanstaat,
- Vereinigte Arabische Emirate.

78 Ein vom deutschen Recht abweichendes Anknüpfungsergebnis kommt in der Praxis am häufigsten vor in den Fällen von **Mehrstaatern** aufgrund des häufigen Vorrangs der jeweils eigenen Staatsangehörigkeit[103] sowie aufgrund unterschiedlicher sonstiger Hilfsanknüpfung („effektive Staatsangehörigkeit",[104] Wohnsitz, gewöhnlicher Aufenthalt, engste Verbindung usw.). Bei **Staatenlosen** ergeben sich vergleichbare Anknüpfungsdifferenzen wie bei Mehrstaatern. Problematisch ist vielfach auch die Behandlung von **Flüchtlingen**. Einzelne Rechtsordnungen kombinieren auch das Prinzip der Staatsangehörigkeit mit dem Prinzip der Nachlassspaltung.[105]

79 bb) *Letzter Wohnsitz*. Sehr verbreitet ist auch die Anknüpfung an den letzten Wohnsitz, wobei die Wohnsitzdefinitionen der jeweiligen Kollisionsrechte z. T. erheblich voneinander abweichen. Nicht maßgeblich sind Wohnsitzbegriffe des deutschen Rechts.

An den Wohnsitz knüpfen insbesondere an:[106]
- Argentinien,
- Armenien,
- Äthiopien,
- Brasilien,
- Chile,
- Volksrepublik China,
- Costa Rica,
- Dänemark,
- Ecuador,
- Elfenbeinküste,
- El Salvador,
- Eritrea,
- Estland,
- Finnland,
- Frankreich,
- Gabun,
- Guatemala,
- Guinea,
- Island,
- Israel,
- Ost-Kamerun,
- Kasachstan,

---

[103] Vgl. Art. 5 Abs. 1 S. 2 EGBGB.
[104] Art. 5 Abs. 1 S. 1 EGBGB.
[105] Vgl. Rn. 72, 148.
[106] Vgl. die Länderübersicht bei Bamberger/Roth/*S. Lorenz*, Art. 25 EGBGB Rn. 83; sowie die Länderberichte bei Staudinger/*Dörner*, Anh zu Art. 25 f. EGBGB und *Ferid/Firsching/Dörner/Hausmann*, Internationales Erbrecht.

- Kirgisistan,
- Kolumbien,
- Luxemburg,
- Madagaskar,
- Mali,
- Mauritius,
- Monaco,
- Mongolei,
- Nicaragua,
- Niger,
- Norwegen,
- Paraguay,
- Peru,
- Russland,
- Schweiz,
- Tadschikistan,
- Turkmenistan,
- Ukraine,
- Usbekistan,
- Venezuela,
- Weißrussland,
- Zentralafrikanische Republik.

Abweichende Anknüpfungsergebnisse sind im Verhältnis zu Deutschland nicht nur dann zu erwarten, wenn der Erblasser zuletzt nicht in dem Staat gewohnt hat, dem er angehörte. Abweichungen sind auch beim Zusammenfallen von Staatsangehörigkeit und Wohnsitz aufgrund eines *Renvoi* sowie aufgrund des Vorrangs der deutschen Staatsangehörigkeit, Art. 5 Abs. 1 S. 2 EGBGB, denkbar. Viele Staaten, die dem Wohnsitzprinzip folgen, wenden zudem auf unbeweglichen Nachlass das Belegenheitsrecht an (Prinzip der Nachlassspaltung).[107]

cc) Letzter gewöhnlicher Aufenthalt. Der gewöhnliche Aufenthalt ist als Anknüpfungsmerkmal dem Wohnsitz verwandt. Es mangelt auch hier an einer einheitlichen Definition. In der Tradition der Haager Konferenz wird er vielfach als „faktischer Wohnsitz" aufgefasst und unterscheidet sich vom Wohnsitz insbesondere dadurch, dass kein auf die Wohnsitznahme gerichteter Wille zur Begründung des gewöhnlichen Aufenthalts erforderlich ist. Vielmehr soll der gewöhnliche Aufenthalt den Mittelpunkt der Interessen des Betroffenen aufgrund seiner tatsächlichen Lebensumstände bilden.

An den gewöhnlichen Aufenthalt knüpfen an:[108]
- Aserbaidschan,
- Belgien,
- Bulgarien,
- Litauen,
- Niederlande.

Zu den möglichen Abweichungen zum deutschen Recht vgl. die Ausführungen zum Wohnsitz.

dd) Domicile (common law). In der Tradition des *common law* folgen noch heute zahlreiche Staaten aufgrund ihrer historischen Verbundenheit zu Großbritannien dem *domicile* als Anknüpfungsmerkmal. Die Auslegung des Begriffs des *domicile* wird fast ausschließlich durch Richterrecht bestimmt. Es ergeben sich erhebliche Unterschiede insbesondere zwischen dem traditionell britischen Verständnis des domicile und der modernen US-amerikanischen Auslegung. Das *domicile of origin* wird durch Abstammung vom *domicile* der Eltern

---

[107] Vgl. oben Rn. 152, 154.
[108] Vgl. die Länderübersicht bei Bamberger/Roth/*S. Lorenz*, Art. 25 EGBGB Rn. 83; sowie die Länderberichte bei Staudinger/*Dörner*, Anh zu Art. 25 f. EGBGB und *Ferid/Firsching/Dörner/Hausmann*, Internationales Erbrecht.

hergeleitet. Es kann überlagert werden durch ein *domicile of choice*, das einen bewussten Willen voraussetzt, den neuen Aufenthaltsort dauerhaft beizubehalten sowie – nach britischen Verständnis – im neuen Rechtsgebiet den Rest des Lebens verbringen zu wollen. Wird ein *domicile of choice* aufgegeben, lebt nach traditionellem *common law*-Verständnis das *domicile of origin* wieder auf.

Fallbeispiel:
Ein Engländer zieht von London nach Paris und bricht alle Brücken hinter sich ab. Er will nie wieder nach England zurückkehren. Nach zwanzig Jahren lernt er eine Deutsche kennen und lieben und zieht mit ihr nach Deutschland. Ob sie auf Dauer in Deutschland oder in England leben wollen, will das Paar im Laufe der Zeit entscheiden. Sein englisches *domicile of origin* leitet sich im Beispielsfall des Engländers von dem englischen *domicile* seiner Eltern her. Mit dem Umzug nach Paris kann er ein französisches *domicile of choice* begründet haben. Nach traditionellem (insbesondere britischen) Verständnis kommt es hierauf aber nicht an, weil das *domicile of choice* mit dem Wegzug nach Deutschland untergegangen ist. Mangels dauerhafter Bleibeabsicht wurde kein deutsches *domicile of choice* begründet. Das englische *domicile of origin* lebt wieder auf.

84 In der Praxis ist die Begründung eines *domicile of choice* nach traditionellem *common law*-Verständnis äußerst selten. Die Einzelstaaten der USA verfolgen ein weicheres *domicile*-Konzept. Zur Begründung eines *domicile of choice* genügt die Absicht, am neuen Ort auf unbestimmte Zeit bleiben zu wollen. Nach der Beendigung eines *domicile of choice* lebt auch nicht das *domicile of origin* wieder auf.[109] Auch dann, wenn sich Staaten des *common law*-Rechtsraums den Prinzipien des *common law* verbunden fühlen, ist eine unveränderte Anwendung der englischen Auslegungsgrundsätze mithin nicht sichergestellt.

85 **Dem *domicile* des *common law* sind verbunden:**[110]
- alle Staaten und Territorien Australiens,
- Bahamas,
- Bangladesch,
- Barbados,
- Bermudas,
- Birma,
- Botswana,
- Burma,
- Cayman Islands,
- Fidschi-Inseln,
- Gambia,
- Ghana,
- Gibraltar,
- alle Teile Großbritanniens sowie Nordirland,
- Guyana,
- Indien,
- Irland,
- Jamaika,
- West-Kamerun,
- alle Territorien Kanadas,
- Kenia,
- Lesotho,
- Liberia,
- Malawi,
- Malaysia,
- Malta,
- Mikronesien,

---
[109] *Scoles/Hay*, Conflict of Laws, 181, 185.
[110] Vgl. die Länderübersicht bei Bamberger/Roth/*S. Lorenz*, Art. 25 EGBGB Rn. 83; sowie die Länderberichte bei Staudinger/*Dörner*, Anh. zu Art. 25 f. EGBGB und *Ferid/Firsching/Dörner/Hausmann*, Internationales Erbrecht.

- Namibia,
- Neuseeland,
- Nigeria,
- Papua-Neuguinea,
- Pakistan,
- Sambia,
- Seychellen,
- Sierra-Leone,
- Simbabwe,
- Singapur,
- Sri Lanka,
- Südafrika,
- Swaziland,
- Tansania,
- Trinidad und Tobago,
- Uganda,
- alle Einzelstaaten der USA,
- Zypern.

Abweichungen des Anknüpfungsergebnisses zum deutschen Recht sind häufig. Dies gilt 86 indes nicht nur für die grundsätzliche Anknüpfung des Erbstatuts. Hinzu kommt, dass auch das Prinzip der Nachlassspaltung[111] zu den Grundsätzen des *common law* zählt.

ee) Sonstige Anknüpfungen. Einige wenige Rechtsordnungen lassen sich – trotz aller ohnehin vorhandenen Auslegungsdifferenzen – keinem der üblichen Anknüpfungsprinzipien zuordnen. 87

Andere Anknüpfungssysteme verfolgen:[112]
- Jemen (Belegenheitsrecht),
- Bundesstaaten von Mexiko (unterschiedliche Anknüpfungen),
- Lettland (unklar),
- Panama (Belegenheitsrecht),
- Saudi Arabien (grundsätzlich saudisches Recht),
- Uruguay (Belegenheitsrecht).

c) **Gestaltungsmöglichkeiten.** Für den Erblasser lassen sich folgende Gestaltungsempfehlungen geben: 88
- Der Erblasser kann versuchen, den Internationalen Entscheidungsdissens dadurch aufzulösen, dass er den zugrunde liegenden kollisionsrechtlichen Anknüpfungspunkt zu einer der beteiligten Rechtsordnungen abbaut, indem er die dortige Staatsangehörigkeit oder den dortigen Wohnsitz aufgibt.
- Führt dies nicht zum Ziel, kann er vom *forum shopping* abschrecken, indem er eine Strafklausel[113] verhängt, die den Beteiligten die unerwünschte Anrufung ausländischer Stellen unattraktiv macht.
- Von getrennten Verfügungen über die unterschiedlichen Nachlassmassen sollte der Erblasser – anders als im Fall der kollisionsrechtlichen Nachlassspaltung – Abstand nehmen. Die faktische Nachlassspaltung berührt das Prinzip der kollisionsrechtlichen Nachlasseinheit nicht. Eine auf ausländisches Vermögen bezogene Verfügung von Todes wegen kann vom hiesigen Nachlassgericht daher auch auf das Inlandsvermögen bezogen werden und umgekehrt. Damit wird insbesondere die Bestimmung der Erbquoten häufig unsicher.

---

[111] Vgl. Rn. 152.
[112] Vgl. die Länderübersicht bei Bamberger/Roth/*S. Lorenz*, Art. 25 EGBGB Rn. 83; sowie die Länderberichte bei Staudinger/*Dörner*, Anh zu Art. 25 f. EGBGB und *Ferid/Firsching/Dörner/Hausmann*, Internationales Erbrecht.
[113] Vgl. oben Rn. 65.

- Abhilfe kann in Ausnahmefällen die Errichtung kreuzweise formunwirksamer Verfügungen schaffen. Diese Gestaltung setzt voraus, dass die eine Verfügung im einen Staat formwirksam, im anderen aber formunwirksam ist und die andere Verfügung genau umgekehrt im ersten Staat formunwirksam, im zweiten jedoch formwirksam. Diese Gestaltung ist nicht zuletzt mit Blick auf die ergänzende Testamentsauslegung unter der Andeutungstheorie mit erheblichen Gestaltungsschwierigkeiten verbunden und wird daher allenfalls in extrem gelagerten Fällen in Betracht kommen.[114]
- Denkbar ist schließlich, die Pflichtteilsberechtigten durch gezielte Erhöhung der Komplexität eines Nachlasses von der Rechtsdurchsetzung abzuschrecken. Dies kann u. a. durch die Bildung von Spaltnachlässen, Einbringung von Vermögen in Gesellschaften, Stiftungen und Trusts, die Aufnahme einer testamentarischen Schiedsklausel[115] und die Errichtung mehrerer Teiltestamente geschehen.

5. Die Wahl der Gestaltungsmittel

89 a) **Die Form letztwilliger Verfügungen.** Bei Erbfällen mit Auslandsbezug werden letztwillige Verfügungen, die unter Einhaltung der Formvorschriften auch nur einer der von dem Fall betroffenen Rechtsordnungen errichtet wurden, in Deutschland regelmäßig als formgültig behandelt.[116] Insbesondere im außereuropäischen Ausland, aber auch in Portugal oder der Slowakei, die – anders als die meisten EU-Staaten einschließlich Deutschlands – das Haager Übereinkommen über die Form letztwilliger Verfügungen vom 5. 10. 1961 nicht ratifiziert haben,[117] kommen die Fälle ungewollt formunwirksamer letztwilliger Verfügungen deutlich häufiger vor. Im anglo-amerikanischen Rechtsraum werden etwa **handgeschriebene Testamente** nicht selten als formwirksam angesehen.[118]

Praxistipps:

90 Bei der Gestaltungsberatung sollte stets geprüft werden, welche Formvoraussetzungen die beteiligten ausländischen Rechtsordnungen bei Verfügungen von Todes wegen fordern.

Häufig bietet sich die kumulative Einhaltung der Vorschriften mehrerer Rechtsordnungen an: So schadet es aus deutscher Sicht nicht, wenn zu einem handschriftlichen oder notariell beurkundeten Testament drei Zeugen hinzugezogen werden, wie dies etwa das Recht des Staates Florida fordert. Zu prüfen ist aber, ob sämtliche beteiligte Rechtsordnungen die Hinzuziehung von Zeugen zulassen oder hierin etwa eine sittenwidrige Beeinträchtigung der Testierfreiheit des Erblassers sehen, die das Testament unwirksam machen könnte.

---

91 b) **Problematische Gestaltungsmittel. Gemeinschaftliche Testamente und Erbverträge** werden von zahlreichen ausländischen Rechtsordnungen nicht anerkannt. Manche sehen sie insgesamt als unwirksam an, andere knüpfen an sie andere Rechtsfolgen, als dies vom deutschen Praktiker erwartet wird. Dies gilt insbesondere für Fragen der Bindungswirkung. Nach umstrittener Ansicht kann dies sogar nach deutschem Recht die Bindungswirkung in Frage stellen.[119] Regelmäßig wird es sich daher anbieten, bei Erbfällen mit Auslandsbezug auf die Errichtung eines gemeinschaftlichen Testaments oder Erbvertrags zu verzichten.

92 Auch **Eheverträge** einschließlich güterrechtlicher Vereinbarungen werden von ausländischen Rechtsordnungen zum Teil kritisch beurteilt. Dies gilt nicht zuletzt für viele Rechtsordnungen, die dem *common law* verbunden sind. Verbreitet sind auch erhöhte Wirksam-

---

[114] Ausführlich *Lehmann/Scherer*, FS Spiegelberger 2009, S. 1045 ff.
[115] Die Geltung gegenüber Pflichtteilsberechtigten ist umstritten, vgl. Rn. 67.
[116] Vgl. unten Rn. 234.
[117] Zu den Zeichnerstaaten vgl. http://www.hcch.net.
[118] Vgl. etwa BGH NJW 2004, 3558.
[119] Vgl. Rn. 237 ff.

keitsanforderungen. So werden teilweise **ausschließlich voreheliche Vereinbarungen** zugelassen und Verträge nach der Hochzeit generell als nichtig angesehen. Nicht selten wird die Wirksamkeit von Güterstandsvereinbarungen auch davon abhängig gemacht, ob sich beide Eheleute vollständig und wahrheitsgemäß über ihre jeweilige Vermögenssituation **aufgeklärt** haben.

Die Dauertestamentsvollstreckung zählt etwa in Fällen minderjähriger Erben zum Kernbestand der Gestaltungsmittel des deutschen Erbrechts. Zahlreiche ausländische Rechtsordnungen sehen für die **Testamentsvollstreckung** indes kurze zeitliche Fristen vor, im luxemburgischen Recht z. B. ein Jahr.[120] Zudem hat er vielfach lediglich Überwachungsfunktion, kann aber nicht selbst über Nachlassgegenstände verfügen.[121] Die Rechtsordnungen des *common law* schließlich schreiben die Befugnisse und Aufgaben des Testamentsvollstreckers als Verfahrensrecht zwingend vor, so dass dem Erblasser in der Regel nur beschränkte ergänzende Gestaltungsmöglichkeiten verbleiben. Diese Einschränkungen erfassen nicht nur Fälle, in denen das ausländisches Erbrecht Erbstatut ist (z. B. bei einem ausländischen Erblasser oder im Fall der kollisionsrechtlichen Nachlassspaltung bezüglich des betreffenden Spaltnachlasses). Sie greifen auch dann ein, wenn die Nachlassabwicklung – wie etwa in Österreich oder den Staaten des *common law* – verfahrensrechtlich qualifiziert wird.

Schließlich werden **Erb- und Pflichtteilsverzichte** von vielen ausländischen Rechtsordnungen nicht anerkannt.[122] Diese Einschränkung greift ein, wenn ausländisches Recht Erbstatut für den Gesamtnachlass oder einen Spaltnachlass (bei kollisionsrechtlicher Nachlassspaltung) ist. Auch wenn deutsches Erbrecht Erbstatut ist, kann nicht ausgeschlossen werden, dass Erb- und Pflichtteilsverzichte von einem fremden Gericht als ordre public-widrig verworfen werden.

III. Bestimmung des einschlägigen Erbstatuts und Umfang des Nachlasses aus deutscher Sicht

1. Überblick

Bei Erb- und Pflichtteilsfällen mit Auslandsberührung kommt der Feststellung des einschlägigen Erbstatuts nach Art. 25 EGBGB zentrale Bedeutung zu, denn nur wenn feststeht, ob die Erbfolge deutschem oder ausländischem Erbrecht untersteht, kann der Erblasser seine Nachlassplanung aufnehmen oder ein Angehöriger seine Berechtigung an dem Nachlass prüfen. Weist ein Erbfall relevante Verbindungen[123] zu einer ausländischen Rechtsordnung auf, muss sich nach der Feststellung des aus deutscher Sicht einschlägigen Erbstatuts die Überprüfung anschließen, ob die übrigen Rechtsordnungen, zu denen der Nachlass relevante Verbindungen aufweist, ein anderes nationales Sachrecht für einschlägig halten. Ist dies der Fall, sollte der Erblasser bei seiner Nachlassplanung hierauf Rücksicht nehmen und gegebenenfalls entsprechende Vorkehrungen treffen. Die Hinterbliebenen können nämlich durch sog. *forum shopping*, also die gezielte Anrufung des u. U. ausländischen Gerichts, das die Anwendung der ihnen günstigsten Rechtsordnung verspricht, wesentlichen Einfluss auf die Nachlassverteilung nehmen.[124]

Aus deutscher Sicht lässt sich das anwendbare Erbstatut (ohne nachfolgende Prüfung eines vorrangigen Einzelstatuts)[125] durch eine sechsstufige Prüfung bestimmen:

---

[120] Art. 1026 Cciv.
[121] Z. B. Luxemburg: Art. 1031 Cciv; Österreich: §§ 816 ABGB, 95, 164 AußStrG.
[122] Vgl. unten Rn. 242 ff.
[123] Zu typischen Anknüpfungspunkten vgl. oben Rn. 11.
[124] Vgl. oben Rn. 69 ff.
[125] Art. 3 a Abs. 2 EGBGB.

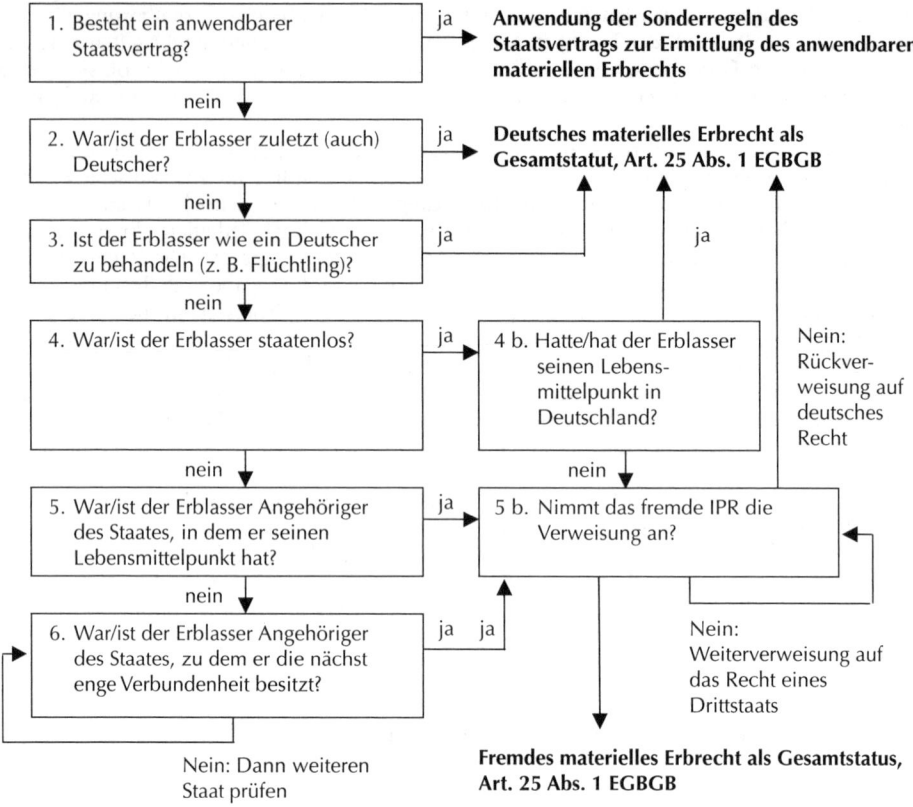

97 Diese auf den ersten Blick komplex wirkende Prüfungsabfolge lässt sich auf drei Grundfälle herunter brechen, nämlich:
- Erstens die (seltenen) Fälle, in denen ein **Staatsvertrag** einschlägig ist. Dessen Regeln bestimmen sodann die Erbfolge, ohne dass es auf die oben dargestellten weiteren Fragen ankommt.[126]
- Zweitens sind die Erbfälle nach einem **deutschen Erblasser** oder nach einem Erblasser, der wie ein deutscher Staatsangehöriger zu behandeln ist, zu nennen. Hier gilt (aus deutscher Sicht) das deutsche Erbstatut, ohne dass insoweit ausländisches Recht zu prüfen ist.[127]
- Die übrigen Fälle fallen in die dritte Kategorie, die durch die Prüfung ausländischen Rechts geprägt ist und zur Anwendung eines ausländischen oder auch des deutschen Erbstatuts führen kann.[128]

98 **2. Vorrangige Staatsverträge**

Gegenüber dem allgemeinen Staatsangehörigkeitsprinzip nach Art. 25 EGBGB sind Staatsverträge[129] gemäß Art. 3 Nr. 2 EGBGB vorrangig.

---

[126] Vgl. Rn. 98 ff.
[127] Vgl. Rn. 114 ff.
[128] Vgl. Rn. 172 ff.
[129] Ein Überblick über die Staaten, mit denen auf dem Gebiet des Erbrechts vorrangige Staatsverträgen bestehen, vgl. oben Rn. 23.

III. Bestimmung des einschlägigen Erbstatuts und Umfang des Nachlasses

a) Niederlassungsabkommen mit dem Kaiserreich Persien vom 17. 2. 1929.[130] Das Niederlassungsabkommen regelt die Bestimmung des Erbstatuts im Verhältnis zum **Iran**[131] und enthält nach seinem Art. 8 Abs. 3 in Verbindung mit dem Schlussprotokoll zum Niederlassungsabkommen die Festlegung, dass die Ehe, die testamentarische und gesetzliche Erbfolge sowie die Nachlassabwicklung und die Erbauseinandersetzung dem jeweiligen Heimatrecht des Erblassers unterliegen. Der Nachlass eines Iraners unterliegt somit zwingend dem iranischen Erbrecht, der Nachlass eines Deutschen zwingend dem deutschen Erbrecht. Gegenüber Art. 25 EGBGB, der in Abs. 1 die gleiche Regel vorsieht, ergibt sich nach h. M. lediglich die eine Besonderheit, dass Iraner hinsichtlich eines in der Bundesrepublik Deutschland belegenen Grundstücks **keine Rechtswahl** nach Art. 25 Abs. 2 EGBGB treffen können.[132]

Der **persönliche Anwendungsbereich** des Niederlassungsabkommens umfasst Erblasser, die zum Zeitpunkt ihres Todes entweder die deutsche oder die iranische Staatsangehörigkeit besitzen,[133] nicht aber für deutsch-iranische **Doppelstaater**[134] und nicht für Flüchtlinge im Sinne der Genfer Flüchtlingskonvention vom 28. 7. 1951[135] oder für Asylberechtigte,[136] und dies auch dann, wenn sie einem der Vertragsstaaten angehören.[137] Ob sonstige Doppelstaater unter den Anwendungsbereich fallen, wird teilweise bezweifelt.[138]

b) Deutsch-Türkischer Konsularvertrag vom 28. 5. 1929.[139] Obgleich der deutsch-türkische Konsularvertrag nur wenige Monate nach dem Deutsch-Persischen Niederlassungsabkommen abgeschlossen wurde, sieht er eine deutliche und in der Praxis häufig bedeutsame Abweichung vom Prinzip der Nachlasseinheit vor. Anwendbar ist der Vertrag auf Erbfälle nach einem deutschen oder türkischen Staatsangehörigen.[140] Nach § 14 dieses Konsularvertrages bestimmt die Staatsangehörigkeit des Erblassers nur das Erbstatut für den beweglichen Nachlass, wohingegen der unbewegliche Nachlass dem Belegenheitsrecht unterliegt. Es tritt damit kollisionsrechtliche Nachlassspaltung[141] ein, wenn Grundstücke in den Nachlass fallen. Zugleich ist für eine Rechtswahl nach Art. 25 Abs. 2 EGBGB kein Raum, da ohnehin für belegene Immobilien deutsches Erbrecht Anwendung findet. Lediglich der bewegliche Nachlass eines Türken und seine in der Türkei belegenen Immobilien unterliegen somit dem türkischen Erbrecht. Hinterlässt er Immobilien in Deutschland, findet auf sie das deutsche Erbrecht Anwendung. Immobilien eines Deutschen in der Türkei unterliegen umgekehrt dem türkischen Erbrecht mit seinen für Abkömmlinge höheren Pflichtteilsquoten.[142]

Der **persönliche Anwendungsbereich** des Konsularvertrages erfasst Erblasser, die zum Zeitpunkt ihres Todes entweder die deutsche oder die türkische Staatsangehörigkeit besitzen

---

[130] RGBl. 1930 II S. 1006; für die Bundesrepublik Deutschland anwendbar gemäß Protokoll vom 4. 11. 1954, BGBl. 1955 II, S. 829.
[131] Dies gilt auch gegenüber der seit 1979 Islamischen Republik Iran, Süß/*Haas*, Erbrecht in Europa, 2. Aufl. § 1 Rn. 28.
[132] Schotten/Wittkowski FamRZ 1995, 264, 269; Bamberger/Roth/*S. Lorenz*, Art. 25 EGBGB Rn. 11; Mayer/Süß/Tanck/Bittler/Wälzholz/*Süß* § 15 Rn. 22; a. A. Staudinger/*Dörner*, Vorbem. Art. 25 EGBGB Rn. 151: Dem dogmatischen Entwicklungsstand von 1929 entsprechend regele das Abkommen nur die objektive Anknüpfung und stehe einer Rechtswahl nicht entgegen.
[133] Schotten/Wittkowski FamRZ 1995, 264, 268 f.; Bamberger/Roth/*S. Lorenz*, Art. 25 EGBGB Rn. 11.
[134] Bamberger/Roth/*S. Lorenz*, Art. 25 EGBGB Rn. 11; Süß/*Haas*, Erbrecht in Europa, 2. Aufl. § 1 Rn. 32; a. A. MünchKommBGB/*Birk*, Art. 25 EGBGB Rn. 295 (effektive Staatsangehörigkeit).
[135] Bamberger/Roth/*S. Lorenz*, Art. 25 EGBGB Rn. 11; zum Begriff der Flüchtlinge vgl. Rn. 119.
[136] OLG Hamm FamRZ 1993, 111, 113; Süß/*Haas*, Erbrecht in Europa, 2. Aufl. § 1 Rn. 32; zu Asylberechtigten vgl. Rn. 121.
[137] OLG Hamm FamRZ 1993, 111, 113; Süß/*Haas,* Erbrecht in Europa, 2. Aufl. § 1 Rn. 32.
[138] Süß/*Haas*, Erbrecht in Europa, 2. Aufl. § 1 Rn. 32; für die Anwendbarkeit des Abkommens Bamberger/Roth/*S. Lorenz*, Art. 25 EGBGB Rn. 11.
[139] RGBl. 1930 II S. 747; für die Bundesrepublik Deutschland anwendbar gemäß Protokoll vom 26. 2. 1952, BGBl. 1959 II, S. 1016.
[140] Süß/*Haas*, Erbrecht in Europa, 2. Aufl. § 1 Rn. 20.
[141] Vgl. Rn. 31 ff.
[142] Vgl. Länderbericht Türkei § 15 Rn. 642, 657.

oder wie Staatsangehörige dieser Staaten zu behandeln sind, nicht aber Flüchtlinge im Sinne der Genfer Flüchtlingskonvention vom 28. 7. 1951[143] oder Asylberechtigte,[144] und dies auch dann nicht, wenn diese einem der Vertragsstaaten angehören.[145] Auf deutsch-türkische Doppelstaater soll der Konsularvertrag nach dem Wortlaut des § 14 Abs. 1 nicht anwendbar sein, mit der Folge, dass autonomes Recht eingreift.[146] Die Anwendbarkeit auf sonstige Doppelstaater wird bezweifelt.[147]

103 Hinsichtlich des auf die **Form letztwilliger Verfügungen** anzuwendenden Rechts enthält der Konsularvertrag in § 16 die Regelung, dass Verfügungen, die unter Einhaltung der Ortsform errichtet wurden, wirksam sind. Gegenüber dem Haager Testamentsformübereinkommen vom 5. 10. 1961,[148] das weitere Alternativanknüpfungen vorsieht und daher der Formgültigkeit zusätzliche Grundlagen liefert, ergibt sich insoweit ein Spannungsverhältnis. Es ist offen, ob der Konsularvertrag oder das Haager Übereinkommen vorrangig sind. In der Literatur wird überwiegend ein Vorrang des Haager Übereinkommens angenommen.[149] Nach ihrem Wortlaut („sind (…) gültig") ist aber weder dem Haager Übereinkommen, noch dem deutsch-türkischen Konsularvertrag zu entnehmen, dass eine Verfügung, die nach Übereinkommen oder Vertrag nicht gültig sind, nicht auch aus anderen Regelungen ihre Formgültigkeit herleiten können. Dies spricht dafür, Übereinkommen und Konsularvertrag nebeneinander anzuwenden. Hinsichtlich der Formgültigkeit von Erbverträgen, die nicht dem Haager Übereinkommen unterfallen, bleibt es ohnehin bei den Regelungen des Konsularvertrages.[150]

104 c) **Deutsch-Sowjetischer Konsularvertrag vom 25. 4. 1958.**[151] Der Konsularvertrag enthält in Art. 28 Abs. 3 die nur auf unbewegliches Nachlassvermögen beschränkte Erbkollisionsregelung, wonach sich unbewegliche Nachlassgegenstände, die sich in einem der Vertragsstaaten befinden, nach Belegenheitsrecht vererben. Für eine Rechtswahl gemäß Art. 25 Abs. 2 EGBGB ist dann kein Raum. Die Abgrenzung zwischen beweglichem und unbeweglichem Vermögen erfolgt nach Belegenheitsrecht.[152] Für die Bestimmung des Erbstatuts für bewegliches Vermögen bleibt es bei den Regeln des autonomen Rechts.[153]

105 Der **persönliche Anwendungsbereich** des Konsularvertrages ist eröffnet, sofern der Erblasser ausschließlich die Staatsangehörigkeit eines der Vertragsstaaten besaß. Nach der Auflösung der Sowjetunion hat die Mehrzahl der **Nachfolgestaaten** die Fortgeltung des Konsularvertrages vereinbart. Dies ist der Fall für

- Armenien,[154]
- Aserbaidschan,[155]
- Georgien,[156]
- Kasachstan,[157]
- Kirgisistan,[158]

---

[143] Vgl. 119.
[144] Vgl. 121.
[145] Süß/*Haas*, Erbrecht in Europa, 2. Aufl. § 1 Rn. 20.
[146] *Dörner* ZEV 1996, 90, 92 f.; Staudinger/*Dörner*, Vorbem. zu Art. 25 f. EGBGB Rn. 173; Süß/*Haas*, Erbrecht in Europa, 2. Aufl. § 1 Rn. 20.
[147] AG Bad Homburg IPRspr 1977, Nr. 103; *Dörner* ZEV 1996, 90, 91.
[148] Vgl. Rn. 106 ff.
[149] *Dörner* ZEV 1996, 90, 95; Staudinger/*Dörner*, Vorbem. zu Art. 25 f. EGBGB Rn. 36; Bamberger/Roth/ *S. Lorenz*, Art. 25 EGBGB Rn. 7; offen: Süß/*Haas*, Erbrecht in Europa, 2. Aufl. § 1 Rn. 20.
[150] Auch das türkische Recht lässt den Abschluss von Erbverträgen zu, vgl. Süß/*Haas*, Erbrecht in Europa, 2. Aufl. § 1 Rn. 20.
[151] BGBl. 1959 II S. 33.
[152] Staudinger/*Dörner*, Vorbem. zu Art. 25 f. EGBGB Rn. 196; Süß/*Haas*, Erbrecht in Europa, 2. Aufl. § 1 Rn. 28.
[153] Süß/*Haas*, Erbrecht in Europa, 2. Aufl. § 1 Rn. 28.
[154] BGBl. 1993 II S. 169.
[155] BGBl. 1996 II S. 2471.
[156] BGBl. 1992 II S. 1128.
[157] BGBl. 1992 II S. 1120.
[158] BGBl. 1992 II S. 1015.

III. Bestimmung des einschlägigen Erbstatuts und Umfang des Nachlasses § 14

- Moldawien,[159]
- Russland,[160]
- Tadschikistan,[161]
- Ukraine,[162]
- Usbekistan[163] und
- Weißrussland.[164]

Die Anwendung des Konsularvertrages ist im Verhältnis zu den übrigen Staaten auf dem Gebiet der ehemaligen Sowjetunion unsicher.[165] Dies gilt insbesondere für **Turkmenistan**. Die drei baltischen Staaten **Estland, Lettland** und **Litauen** betrachten sich selbst nicht als Nachfolgestaaten der Sowjetunion, weshalb nicht mit einer Fortgeltung des Konsularvertrages zu rechnen ist. Die Behandlung von Doppel- oder Mehrstaatern ist ungeklärt.[166] Nicht anwendbar ist der Konsularvertrag auf Flüchtlinge im Sinne der Genfer Flüchtlingskonvention vom 28. 7. 1951[167] und auf Asylberechtigte,[168] und dies auch dann nicht, wenn diese einem der Vertragsstaaten angehören.

d) **Haager Übereinkommen über das auf die Form letztwilliger Verfügungen anwendbare Recht vom 5. 10. 1961.** Das Haager Testamentsformübereinkommen ist für die Bundesrepublik Deutschland zum 1. 1. 1966 in Kraft getreten.[169] Es regelt ausschließlich die Anwendbarkeit des über die **Form letztwilliger Verfügungen** bestimmenden Rechts und ist auf Einzeltestamente und gemeinschaftliche Testamente, auch Widerrufstestamente,[170] nicht aber auf Erbverträge anwendbar.[171] Der Begriff der Form ist in Art. 5 des Übereinkommens definiert. Danach fallen hierunter alle Beschränkungen und Verbote in Bezug auf persönliche Eigenschaften des Erblassers und möglicher Testamentszeugen. Auch das Verbot der eigenhändigen Testamentserrichtung für Minderjährige gemäß § 2247 Abs. 4 BGB zählt hiernach zu den Formvorschriften.[172]

Das Übereinkommen verfolgt das Ziel, letztwillige Verfügungen durch eine Vielzahl alternativer Anknüpfungen zur Formgültigkeit zu verhelfen, soweit die Formvorschriften nur irgendeiner in Betracht kommenden Rechtsordnung eingehalten sind.[173] Im Einzelnen genügt somit die Einhaltung der Formvorschriften entweder

- eines Staates, dem der Erblasser zur Zeit der Verfügung angehörte oder
- eines Staates, dem der Erblasser zur Zeit seines Todes angehörte oder
- des Staates, in dem er die fragliche letztwillige Verfügung errichtet hat oder
- des Staates, in dem der Erblasser zur Zeit der fraglichen letztwilligen Verfügung seinen gewöhnlichen Aufenthalt hatte oder
- des Staates, in dem sich unbewegliches Nachlassvermögen befindet (allerdings beschränkt auf dieses unbewegliche Vermögen) oder
- des Staates, dessen materielles Erbrecht auf die Erbfolge anzuwenden ist oder
- des Staates, dessen materielles Erbrecht auf die Erbfolge anzuwenden wäre, wenn der Erblasser unmittelbar nach Errichtung der letztwilligen Verfügung verstorben wäre.

---

[159] BGBl. 1996 II S. 768.
[160] BGBl. 1992 II S. 1016.
[161] BGBl. 1995 II S. 255.
[162] BGBl. 1993 II S. 1189.
[163] BGBl. 1993 II S. 2038 und BGBl. 1995 II S. 205.
[164] BGBl. 1994 II S. 2533.
[165] Staudinger/*Dörner*, Vorbem. zu Art. 25 f. EGBGB Rn. 194; Süß/*Haas*, Erbrecht in Europa, 2. Aufl. § 1 Rn. 25.
[166] Für eine Anwendung auch auf Doppelstaater: *Schotten/Schmellenkamp*, Rn. 265; offengelassen: Süß/ *Haas*, Erbrecht in Europa, 2. Aufl. § 1 Rn. 28.
[167] Vgl. Rn. 119.
[168] Vgl. Rn. 121.
[169] BGBl. 1965 II, S. 1145.
[170] Vgl. Art. 2 des Übereinkommens.
[171] Süß/*Haas*, Erbrecht in Europa, 2. Aufl. § 1 Rn. 36; MünchKommBGB//*Birk*, Art. 26 EGBGB Rn. 45.
[172] Süß/*Haas*, Erbrecht in Europa, 2. Aufl. § 1 Rn. 36.
[173] Staudinger/*Dörner*, Vorbem zu Art. 25 f. EGBGB Rn. 33.

Im Anwendungsbereich des Übereinkommens werden Testamente wegen der Einhaltung der „falschen" Formvorschriften daher nur selten formungültig sein.[174] Darüber hinaus sind Art. 26 Abs. 4 und 5 EGBGB zu beachten, wonach die alternativen Anknüpfungen für das Formstatut auch für Erbverträge gilt und sich die Bindungswirkung einer letztwilligen Verfügung nach dem Errichtungsstatut richtet.[175]

108 Der **persönliche Anwendungsbereich** ist nicht auf Angehörige der Vertragsstaaten beschränkt, vielmehr beansprucht das Übereinkommen, der Tradition der Haager Konferenz folgend, als *loi uniforme* universelle Geltung.[176]

109 Das **Verhältnis zu Art. 26 Abs. 1 bis 3 EGBGB** ist umstritten. Der deutsche Gesetzgeber hat in Art. 26 EGBGB die Regeln des Haager Testamentsformübereinkommens gezielt nachgebildet, um die Rechtsanwendung zu erleichtern.[177] Dabei genießt das Haager Übereinkommen als völkerrechtlicher Vertrag gemäß Art. 3 Nr. 2 EGBGB Vorrang vor Art. 26 Abs. 1 bis 3 EGBGB.[178] Dies wird teilweise übersehen[179] und – angesichts der inhaltsgleichen Ausgestaltung der Art. 26 Abs. 1 bis 3 EGBGB – vereinzelt auch als übertrieben angesehen.[180] Einigkeit besteht aber darin, dass Art. 26 Abs. 1 bis 3 EGBGB jedenfalls übereinkommenskonform auszulegen sind. Für die Praxis ist bedeutsam, dass im Anwendungsbereich des Übereinkommens ein *Renvoi* unbeachtlich[181] und der *ordre public*-Vorbehalt eingeschränkt ist.[182]

110 e) **Haager Übereinkommen über das auf die Erbfolge anzuwendende Recht vom 1. 8. 1989.** Das Haager Erbrechtsübereinkommen von 1989 wurde allein von den Niederlanden ratifiziert und einseitig in Kraft gesetzt. Nach dessen Art. 3 ist der gewöhnliche Aufenthalt die primäre kollisionsrechtliche Anknüpfung, die durch einen fünfjährigen Aufenthalt oder die Staatsangehörigkeit des Erblassers ergänzt werden muss. Das Übereinkommen lässt eine abweichende erbrechtliche Rechtswahl zu. Die Bundesrepublik Deutschland ist dem Abkommen nicht beigetreten. Ein Beitritt ist auch nicht geplant.

111 f) **Planungen auf EU-Ebene (sog. „Brüssel-IV-Verordnung").** Auf EU-Ebene existieren bislang keine Vereinheitlichungsmaßnahmen mit unmittelbarer Wirkung auf das Erb- und Pflichtteilsrecht. Insbesondere erfasst die Verordnung Nr. 44/2001 vom 22. Dezember 2000 über die gerichtliche Zuständigkeit und die Anerkennung und Vollstreckung von Entscheidungen in Zivil- und Handelssachen (sog. Brüssel-I VO)[183] gemäß ihrem Art. 1 erbrechtliche Sachverhalte nicht. Im Auftrag der EU-Kommission hat hat das Deutsche Notarinstitut gemeinsam mit den *Professoren Heinrich Dörner* und *Paul Lagarde* eine rechtsvergleichende Studie erstattet, die die Möglichkeiten einer vereinheitlichenden Maßnahme auf dem Gebiet des Erbrechts für die Erbrechtsordnungen der seinerzeitigen EU-15-Staaten untersucht hat.[184] Die Kommission hat sich im März 2005 auch mit einem Grünbuch mit zahlreichen Fragen an die interessierte Öffentlichkeit gewandt[185] und hat am 14. 10. 2009 schließlich einen **Vorschlag für eine Verordnung** über die **Zuständigkeit, das anzuwendende Recht,** die Anerkennung und Vollstreckung von Entscheidungen und öffentlichen Urkunden **in Erbsachen** sowie zur Einführung eines Europäischen Nachlasszeugnisses (nachfolgend „ErbVO-E") veröffentlicht.[186]

---

[174] Zur gezielten Herbeiführung der Formungültigkeit zum Zweck der Nachlassgestaltung *Lehmann/Scherer*, FS Spiegelberger (2009), S. 1045 ff.
[175] Vgl. unten Rn. 238.
[176] *Riering/Bachler* DNotZ 1995, 580, 581; *Süß/Haas*, Erbrecht in Europa, 2. Aufl. § 1 Rn. 34.
[177] Staudinger/*Dörner*, Art. 26 EGBGB Rn. 13.
[178] BGH NJW 1995, 58; NJW 2004, 3558; Palandt/*Heldrich*, Art. 26 EGBGB Rn. 1; *Jayme* IPRax 1986, 265 f.; *Kropholler*, IPR § 51 V 4 S. 446.
[179] OLG Zweibrücken FamRZ 2003, 1697, 1699; BayObLGZ 1995, 366, 373; DNotZ 1994, 393, 394.
[180] Mayer/Süß/Tanck/Bittler/Wälzholz/*Süß* § 15 Rn. 16; Kegel/*Schurig*, IPR § 1 IV S. 12 f.
[181] Palandt/*Heldrich*, Art. 26 EGBGB Rn. 1.
[182] *Süß/Haas*, Erbrecht in Europa, 2. Aufl. § 1 Rn. 35.
[183] Abl. EG 2001, Nr. L 12, S. 1.
[184] http://www.dnoti.de/eu_studie/031_Schlussbericht_deutsch.pdf; dazu ausführlich *Lehmann*, Die Reform des internationalen Erbrechts 2006; *Dörner/Hertel/Lagarde/Riering* IPRax 2005, 1.
[185] KOM (2005) 65 endg.; *Dörner* ZEV 2005, 137; *Stumpf* EuZW 2006, 587; *Bauer* IPRax 2006, 202; *Blum* ZErb 2005, 170; *Lehmann* IPRax 2006, 204; *Mansel* RabelsZ 70 (2006) 654, 729 ff.
[186] KOM (2009) 154 endg. = SEK (2009) 410 = SEK (2009) 411.

III. Bestimmung des einschlägigen Erbstatuts und Umfang des Nachlasses 112, 113 § 14

Der Verordnungsentwurf vom 14. 10. 2009 weist folgende Kernelemente auf: 112
- Die nationalen materiellrechtlichen Vorschriften zum Erbrecht (Sachrecht) bleiben bestehen.
- Es werden keine Regelungen zur Form letztwilliger Verfügungen entsprechend dem Haager Übereinkommen vom 5.10.1961[187] getroffen.
- Das anwendbare Erbrecht wird grundsätzlich durch den letzten gewöhnlichen Aufenthalt des Erblassers bestimmt (Art. 16 ErbVO-E).
- Der Erblasser kann durch ausdrückliche Erklärung in einer Verfügung von Todes wegen eine Rechtswahl zugunsten seines Heimatrechts treffen (Art. 17 ErbVO-E).
- Es herrscht der Grundsatz der Nachlasseinheit, d.h. das gesamte weltweite Nachlassvermögen unterliegt einem einheitlichen Sachrecht (Art. 16 i.V.m. Erläuterung 4.3 ErbVO-E).
- Die Verordnung beansprucht universelle Geltung, d.h. auch gegenüber Drittstaaten außerhalb der EU (Art. 25 ErbVO-E).
- Die Anwendung der Lehre der Rück- und Weiterverweisungen (sog. *Renvoi*)[188] wird ausgeschlossen (Art. 26 ErbVO-E).
- Die Internationale Zuständigkeit in Erbsachen wird ausschließlich den staatlichen Stellen des Staates des letzten gewöhnlichen Aufenthalts des Erblassers zugewiesen (Art. 4 ErbVO-E).
- Ausländische Dokumente in Erbsachen sollen im Inland anerkannt und vollstreckt werden können (Art. 29 ErbVO-E).
- Ein einheitliches europäisches Nachlasszeugnis mit Legitimations- und Nachweiswirkung sowie Gutglaubensschutz soll eingeführt werden (Art. 36 ErbVO-E).
- Der Entwurf sieht die Anwendbarkeit der künftigen Verordnung auf sämtliche Erbfolgen nach den Erblassern vor, die nach einem Jahr nach Inkrafttreten der Verordnung verstorben sind (Artt. 50 Abs. 1, 51 ErbVO-E).

Die z.T. hitzigen Diskussionen während der zurückliegenden Ausarbeitungsphase des 113 Verordnungsentwurfs lassen erwarten, dass das weitere Gesetzgebungsverfahren mindestens zwei Jahre in Anspruch nehmen wird. Damit erscheint die **Anwendbarkeit auf Erbfälle ab 2013** nicht unrealistisch. Die vorgesehene Regelung zum Übergangsrecht zwingt dazu, den Verordnungsentwurf schon heute in der Nachfolgeberatung zu berücksichtigen. Betroffen sind vor allem drei Fallgruppen:

- **Erblasser, die nicht ihrem Wohnsitzstaat angehören.** Beispiel: Ein Deutscher lebt in Italien. Nach dem geltenden Art. 25 Abs. 1 EGBGB unterliegt die Erbfolge dem deutschen Sachrecht als dem Heimatrecht des Erblassers. Errichtet der Erblasser nun eine Verfügung von Todes wegen auf dieser Grundlage und stirbt er nach Inkrafttreten der EU-Verordnung, besteht das Risiko, dass aufgrund seines gewöhnlichen Aufenthalts in Italien italienisches Erbrecht zur Anwendung kommt: Der Erblasser hätte **unter falschem Recht gehandelt** mit erheblichen Folgeproblemen, etwa der weitgehenden Unwirksamkeit der Testamentsvollstreckung oder bindender Verfügungen. Diesem Problem sollte durch die Aufnahme einer ausdrücklichen Rechtswahl zugunsten des Heimatrechts des Erblassers vorgebeugt werden. Diese ist nach geltendem Recht unwirksam, aber unschädlich und wird nach Artt. 17, 50 Abs. 2 ErbVO-E wirksam werden. Die Alternativgestaltung eines „Vorsorgetestaments" nach italienischem Recht, das das deutsche Testament mit Anwendbarkeit der Verordnung ablöst, dürfte demgegenüber unverhältnismäßig aufwendig sein.
- **Unsichere Bindungswirkung aus gemeinschaftlichen Testamenten und Erbverträgen.** Im ErbVO-E fehlt es an einer dem Art. 26 Abs. 5 S. 1 2. Alt. EGBGB vergleichbaren Regelung. Dadurch ist sogar für (anfänglich) reine Inlandsfälle zweifelhaft, ob deutsche Gerichte die Bindungswirkung aus gemeinschaftlichen Testamenten und Erbverträgen nach Anwendbarkeit der ErbVO-E werden schützen können. Beispiel: Zwei Deutsche, die mit ihren beiden Kindern in Deutschland leben, errichten ein Berliner Testament. Die Kinder

---
[187] Vgl. Rn. 106 ff.
[188] Vgl. Rn. 30, 178 ff.

sind mit ihrer Enterbung nach dem Erstversterbenden einverstanden, wissen sie ihre Schlusserbenstellung doch erbrechtlich gesichert. Nach dem Tod des Vaters machen sie daher ihren Pflichtteil nicht geltend. Etwas später tritt die Verordnung in Kraft. Die Mutter verzieht später nach Italien, wo sie ein neues Testament errichtet und ihren neuen Lebenspartner zum Alleinerben einsetzt. §§ 2270, 2271 BGB schützen die Kinder in ihrer Erberwartung nicht, da italienisches Erbrecht anwendbar ist. In der Nachfolgegestaltung kann es sich anbieten, künftige Erblasser auf diese mögliche Lücke der Bindungswirkung **hinzuweisen.** In geeigneten Fällen kann ein Schutz der Pflichtteilsberechtigten durch **aufschiebend bedingte Pflichtteilsvermächtnisse** („verzieht der Überlebende ins Ausland, vermache ich den Pflichtteilsberechtigten...") erreicht werden. **Pflichtteilsberechtigten** ist zudem zu raten, sich auf den Schutz bindender Verfügungen nicht zu verlassen.

- **Vorsicht bei der Wahl der Form letztwilliger Verfügungen.** Der ErbVO-E könnte den Schutzumfang des Haager Übereinkommens über das auf die Form letztwilliger Verfügungen anwendbare Recht vom 5. 10. 1961[189] aushöhlen. In der Nachfolgegestaltung ist daher davor zu warnen, sich auf die vom Haager Übereinkommen vermittelte formelle Zulässigkeit der ausländischen Ortsform, etwa ein von einem Deutschen in den USA errichtetes Dreizeugentestament oder eine Testamentsbeurkundung vor einem ausländischen Notar, zu verlassen. Anders als vorangegangene interne Entwürfe wiederholt der ErbVO-E nicht die Regelungen des Haager Übereinkommens von 1961. Zugleich schließt er den Renvoi gemäß Art. 26 ErbVO-E aus. Dies könnte dahin ausgelegt werden, dass sich auch die Form letztwilliger Verfügungen nur nach den Regeln des anwendbaren internen Rechts (§§ 2231 ff. BGB) bestimmt.

3. Deutsche Staatsangehörigkeit sowie Behandlung eines nicht-deutschen Staatsangehörigen wie ein deutscher Staatsangehöriger

114 Sind keine vorrangigen Staatsverträge zu beachten, stellt die Feststellung der Staatsangehörigkeit des Erblassers die zentrale Weichenstellung für die Bestimmung des Erbstatuts dar. Gemäß Art. 25 Abs. 1 EGBGB bestimmt das sog. **Heimatrecht,** also das Recht des Staates, dem der Erblasser zum Zeitpunkt seines Todes angehörte, die Erbfolge grundsätzlich in seinen gesamten, weltweiten Nachlass (**Prinzip der Nachlasseinheit**). Die Staatsangehörigkeit ist eine **Vorfrage,** die abweichend von dem in Rechtsprechung und Literatur vorherrschenden Grundsatz der selbständigen Vorfragenanknüpfung[190] nicht unter Rückgriff auf das IPR des Forums, sondern **unselbständig angeknüpft** wird.[191] Die Staatsangehörigkeit ist also nach den öffentlich-rechtlichen Bestimmungen des Staates zu prüfen, dessen Staatsangehörigkeit in Frage steht. Die unselbständige Anknüpfung wird damit gerechtfertigt, dass kein Staat für einen anderen Staat entscheiden könne, welche Personen seine Staatsangehörigen seien.[192]

115 a) **Die deutsche Staatsangehörigkeit.** Der Erwerb und Verlust der deutschen Staatsangehörigkeit ist im Staatsangehörigkeitsgesetz (StAG) geregelt.[193] Der Erwerb vollzieht sich nach § 4 **durch Geburt** nach dem 1. 7. 1993 als Kind eines deutschen Elternteils, vorher als Kind eines deutschen Vaters unter den weiteren Voraussetzungen des § 5 StAG, und seit dem 1. 1. 2000 auch durch Geburt im Inland, und zwar auch als Kind ausländischer Eltern. Nach § 6 erwirbt ein Minderjähriger, der von einem Deutschen **adoptiert** wird, durch die Adoption die deutschte Staatsangehörigkeit. Die **Heirat** mit einem Deutschen vermittelt nicht mehr automatisch, sondern nur durch Einbürgerung auf Antrag unter den Voraussetzungen des § 9 StAG die deutsche Staatsangehörigkeit. Die **Einbürgerung** ausländischer

---

[189] Vgl. Rn. 106 ff.
[190] BGHZ 42, 213, 218 ff.; BGHZ 78, 288, 289; BayObLG ZEV 2003, 1595, 1597; OLG Zweibrücken FamRZ 2003, 1697, 1699; BGH NJW 1981, 1900, 1901; Palandt/*Heldrich,* Einl. vor Art. 3 EGBGB Rn. 29; Kegel/*Schurig,* IPR § 9 II, S. 381 ff.; Bamberger/Roth/*S. Lorenz,* Art. 25 EGBGB Rn. 45 f.
[191] Kegel/*Schurig,* IPR § 9 II 2 a, S. 382 f; Mayer/Süß/Tanck/Bittler/Wälzholz/*Süß* § 15 Rn. 33.
[192] *Haas,* Erbrecht in Europa, 2. Aufl. § 1 Rn. 55; Mayer/Süß/Tanck/Bittler/Wälzholz/*Süß* § 15 Rn. 33.
[193] BGBl. 1999 I S. 1618; BGBl. 2005 I, 721, 727.

III. Bestimmung des einschlägigen Erbstatuts und Umfang des Nachlasses

Staatsangehöriger im Übrigen ist in §§ 8, 9 bis 16 sowie 40b und 40c StAG geregelt. Die Einbürgerung wird durch abschließenden Einbürgerungsbescheid vollzogen.

Keiner Einbürgerung bedürfen volksdeutsche Vertriebene und Spätaussiedler, die die Voraussetzungen der §§ 1 bis 4 des Gesetzes über die Angelegenheiten der Vertriebenen und Flüchtlinge (BVFG)[194] erfüllen, sich also zu ihrem Deutschtum bekennen, von Deutschen abstammen, dies durch Sprache, Erziehung und Kultur zum Ausdruck bringen[195] und zudem in der Bundesrepublik Deutschland Aufnahme gefunden haben[196] sowie einen **Vertriebenenausweis** nach § 40a S. 2 StAG erhalten haben.

> **Praxistipp:**
> Durch die Regelungen der Art. 25 Abs. 1, Art. 4 Abs. 1 S. 2 EGBGB soll das Erbstatut nach einem Deutschen „durch einen Blick in den Pass" ermittelt werden können. Liegt ein deutscher Pass oder Personalausweis des Erblassers vor, kann von seiner deutschen Staatsangehörigkeit ausgegangen werden. Der **Umkehrschluss ist nicht zulässig,** denn die deutsche Staatsangehörigkeit ist nicht davon abhängig, ob der Erblasser je ein deutsches Ausweisdokument beantragt hat. Auch durch den Einbürgerungsbescheid oder durch den Vertriebenenausweis kann der Nachweis der deutschen Staatsangehörigkeit geführt werden.

Wie Deutsche zu behandeln, aber nicht Deutsche im Sinne des StAG sind sog. **Statusdeutsche** i. S. d. Art. 116 Abs. 1 GG. Nach Art. 9 Abschnitt II Nr. 5 S. 1 FamRÄndG vom 11. 8. 1961 sind diese Personen auch ohne Einbürgerung oder Ausstellung eines Vertriebenenausweises den Deutschen gleichgestellt. Diese Gleichstellung gilt auch für das IPR.[197]

b) **Flüchtlinge und anerkannte Asylbewerber.** Für die Frage des Erbstatuts wie Deutsche zu behandeln sind zudem sich gewöhnlich in Deutschland aufhaltende Flüchtlinge im Sinne der **Genfer Flüchtlingskonvention** vom 28. 7. 1951.[198] Die Konvention ist für Deutschland am 24. 12. 1953 in Kraft getreten.[199] Gemäß Art. 12 Abs. 1 der Konvention bestimmt sich das Personalstatut und mithin auch das Erbstatut von Flüchtlingen nach ihrem Wohnsitz oder gewöhnlichen Aufenthalt. Sich gewöhnlich in Deutschland aufhaltende Flüchtlinge sind daher bei der Bestimmung ihres Erbstatuts wie deutsche Staatsangehörige zu behandeln.

Auf die Feststellung der Flüchtlingseigenschaft nach den Regeln der Flüchtlingskonvention kommt es nicht an bei sog. **Kontingentflüchtlingen,** also bei Personen, die aufgrund des **Gesetzes über Maßnahmen für im Rahmen humanitärer Hilfsaktionen** aufgenommene Flüchtlinge vom 22. 7. 1980[200] aufgenommen wurden. Nach § 1 Abs. 1 dieses Gesetzes sind Kontingentflüchtlinge den Flüchtlingen im Sinne der Genfer Flüchtlingskonvention gleichgestellt. Kontingentflüchtlinge erhalten regelmäßig einen Sichtvermerk in ihren Reisepass.

Ebenfalls den Flüchtlingen im Sinne der Genfer Flüchtlingskonvention gleichgestellt sind nach § 2 Asylverfahrensgesetz (AsylVfG)[201] anerkannte **Asylberechtigte** sowie Personen, für die nach § 3 AsylVfG unanfechtbar ein **Abschiebeverbot** festgestellt worden ist. In beiden Fällen können erforderliche Nachweise durch Vorlage der entsprechenden Bescheide geführt werden. Die Ablehnung als Asylberechtigter durch das Bundesamt für Migration und Flüchtlinge hindert die Zivil- und Nachlassgerichte nicht, eine Person gleichwohl als Flüchtling im Sinne der Genfer Flüchtlingskonvention anzusehen.[202]

c) **Staatenlose mit gewöhnlichem Aufenthalt in Deutschland.** Für die Bestimmung des Erbstatuts sind schließlich gemäß Art. 5 Abs. 2 EGBGB auch Staatenlose, die sich gewöhn-

---

[194] BGBl. 2007 I S. 1902, 2840.
[195] BVerwGE 9, 231, 232.
[196] BayObLG IPRspr 1975 Nr. 184.
[197] Mayer/Süß/Tanck/Bittler/Wälzholz/*Süß* § 15 Rn. 43.
[198] Konventionstext bei Palandt/*Heldrich*, Art. 5 EGBGB Anh. Rn. 19 ff.
[199] BGBl. 1953 I S. 559.
[200] BGBl. 1980 I, S. 1057.
[201] BGBl. 2008 I, S. 1798.
[202] *Haas*, Erbrecht in Europa, 2. Aufl. § 3 Rn. 14.

lich in Deutschland aufhalten, wie Deutsche zu behandeln; ebenso Staatenlose, die sich in Deutschland aufhalten,[203] ohne überhaupt einen gewöhnlichen Aufenthalt zu haben.[204]

4. Die Erbfolge nach einem deutschen oder einem wie ein Deutscher zu behandelnden Erblasser

123 a) **Überblick.** Besitzt ein Erblasser die deutsche Staatsangehörigkeit oder ist er als Flüchtling oder Asylberechtigter wie ein Deutscher zu behandeln,[205] unterliegt sein weltweiter Nachlass aus Sicht des deutschen Rechts grundsätzlich dem deutschen Erbrecht.[206] Damit bildet er zugleich den Bezugspunkt für das deutsche Pflichtteilsrecht. Es kommt hierbei nicht darauf an, ob der Erblasser auch in Deutschland gelebt hat und ob er überhaupt bei seinem Tod zu Deutschland noch eine enge Verbundenheit unterhielt; ebenso ist wegen Art. 5 Abs. 1 S. 2 EGBGB unbeachtlich, ob er neben der deutschen noch weitere Staatsangehörigkeiten besaß. Ein solcher Fall der **Doppel- oder Mehrstaatigkeit** kann allerdings zum internationalen Entscheidungsdissens führen, der die Nachlassplanung und -abwicklung erschwert.[207] Für deutsche Erblasser hält das deutsche Erbkollisionsrecht auch **keine Möglichkeit der Rechtswahl** bereit, denn Art. 25 Abs. 2 EGBGB gestattet es nur nicht-deutschen Erblassern, ihren inländischen Grundbesitz dem deutschen Erbrecht zu unterstellen.

124 b) **Vorrangige Staatsverträge.** Sowohl der Deutsch-Türkische,[208] als auch der Deutsch-Sowjetische Konsularvertrag[209] sehen vor, dass Immobilien, die in einem der Vertragsstaaten belegen sind, nach Belegenheitsrecht vererbt werden. Letzterer gilt mit Ausnahme von Turkmenistan für die Staaten, die sich als Nachfolgestaaten der Sowjetunion betrachten, fort. Damit tritt Nachlassspaltung hinsichtlich der Grundstücke eines Deutschen ein, die in

- Armenien,
- Aserbaidschan,
- Georgien,
- Kasachstan,
- Kirgisistan,
- Moldavien,
- Russland,
- Tadschikistan,
- Türkei,
- Ukraine,
- Usbekistan oder
- Weißrussland

belegen sind.

125 c) **Vorrangiges Sachrecht.** Nicht der grundsätzlich einheitlichen Erbfolge in das gesamte weltweite Vermögen des Erblassers nach Art. 25 EGBGB unterstehen Vermögensgegenstände, für die die vorrangigen Vorschriften des Belegenheitsrechts eine Sonderrechtsnachfolge außerhalb des Erbrechts vorsehen. Hiermit ist nicht Art. 3a Abs. 2 EGBGB, also das Prinzip des Vorrangs eines Einzel- vor dem Gesamtstatut, angesprochen. Vielmehr ist zu beachten, dass der Erbfolge grundsätzlich nur die Vermögensgegenstände unterliegen, die dem Erblasser bei seinem Tod zustehen, also nicht vorher oder mit diesem Moment nach dem auf den jeweiligen Gegenstand anwendbaren Sachrecht aus dem Vermögen des Erblassers ausgeschieden sind.[210] Dabei vollzieht sich die Rechtsnachfolge beim Tod des Rechtsinhabers nicht bei allen Vermögensgegenständen erbrechtlich. Vorrangig sind **Sonderrechtsnachfolgen**

---

[203] Zum Begriff: Staudinger/*Dörner*, BGB Art. 25 EGBGB Rn. 472.
[204] Staudinger/*Dörner*, BGB Art. 25 EGBGB Rn. 482.
[205] Vgl. Rn. 114 ff.
[206] Art. 25 Abs. 1 EGBGB.
[207] Vgl. Rn. 70 ff.
[208] Vgl. Rn. 101 ff.
[209] Vgl. Rn. 104 f.
[210] Vgl. näher Rn. 213.

von Todes wegen außerhalb des Erbrechts zu beachten. Sie sind dem Anwendungsbereich des Erbstatuts entzogen.[211]

aa) Deutsches Recht. Sonderrechtsnachfolgen außerhalb des Erbrechts sind – anders als nach vielen ausländischen Rechtsordnungen – dem nach Art. 43 Abs. 1 EGBGB dem Belegenheitsrecht unterstehenden deutschem Sachenrecht unbekannt. Sie können sich aber aus dem Gesellschafts-, dem Sozial- oder dem Schuldrecht ergeben: 126

Das deutsche **Sozialrecht** ordnet eine Sonderrechtsnachfolge von Todes wegen außerhalb des Erbrechts für bereits festgestellte (fällige) Ansprüche auf Geldleistungen in § 56 SGB I zugunsten Ehegatten, Lebenspartnern, Kindern, Eltern und Haushaltsführern an. 127

Im Schuldrecht, das dem Schuldstatut gemäß Art. 27 EGBGB unterliegt, sieht § 563 BGB für Wohnraum-Mietverhältnisse eine Sonderrechtsnachfolge von Todes wegen außerhalb des Erbrechts vor zugunsten des überlebenden Ehe- oder Lebenspartners oder den im gemeinsamen Haushalt lebenden Kindern des Mieters. Pflichtteilsrechtlich bedeutsam könnte dies indes allenfalls dann werden, wenn die Miete deutlich unter Marktniveau liegt und der Vermieter längerfristig gebunden ist. In diesem Fall könnten Pflichtteilsergänzungsansprüche in Betracht kommen. 128

Wirtschaftlich bedeutsamer sind Verträge zugunsten Dritter auf den Todesfall nach § 331 BGB. Bekannt sind insbesondere die **Sparbuch- oder Lebensversicherungsfälle,** auch wenn der Anwendungsbereich des § 331 BGB hierauf nicht beschränkt ist:[212] Der Erblasser kann durch Erklärung gegenüber der Lebensversicherungsgesellschaft einen Bezugsberechtigten benennen, der nach dem Tod der versicherten Person die Versicherungsleistung beanspruchen kann. Der Rechtserwerb des Bezugsberechtigten vollzieht sich mit dem Tod des Versicherungsnehmers von selbst und formfrei nach §§ 328, 331 BGB; die Einräumung der Bezugsberechtigung durch Vereinbarung zwischen Versicherungsgesellschaft und Versicherungsnehmer ist ein echter Vertrag zugunsten Dritter auf den Todesfall.[213] Kollisionsrechtlich werden diese Gestaltungen allgemein schuldrechtlich qualifiziert.[214] 129

In der Praxis hängen die Probleme dieser Fälle regelmäßig mit der schuldrechtlichen *causa* des Vermögenserwerbs des Bezugsberechtigten zusammen. Materiell-rechtlich gilt nach deutschem Recht: Hat der Versicherungsnehmer nicht zu Lebzeiten selbst wirksam (§ 518 BGB) ein empfangsbedürftiges Schenkungsangebot gemacht, wird ein Bote, in der Regel die Versicherungsgesellschaft oder das Kreditinstitut, das Schenkungsangebot des Versicherungsnehmers an den Bezugsberechtigten zu überbringen haben, das dieser nur annehmen kann, wenn die Erben des Versicherungsnehmers oder Bankkunden nicht das Schenkungsangebot gegenüber dem Bezugsberechtigten widerrufen haben, bevor es ihm übermittelt worden ist.[215] Es kommt also zum **Wettlauf** zwischen Bank bzw. Versicherungsgesellschaft und widerrufswilligen Erben. Kann der Bezugsberechtigte die Versicherungsleistung oder das Bankkonto beanspruchen, so fällt dieser Anspruch nicht in den Nachlass.[216] Ein Pflichtteilsberechtigter kann insoweit allenfalls Pflichtteilsergänzungsansprüche geltend machen.[217] Bei den Versicherungsfällen ist umstritten, ob der Auszahlungsbetrag[218] oder die Summe der Versicherungsbeiträge bis zur Grenze der Versicherungssumme der **Pflichtteilsergänzung** unterliegen.[219] Für die Maßgeblichkeit der Versicherungsbeiträge wird argumentiert, dass nur diese vom Erblasser 130

---

[211] Eingehend: *Muscheler,* Universalsukzession und Vonselbsterwerb 2002.
[212] Beispiele: Bausparvertrag zugunsten Dritter (BGH NJW 1965, 1913); gesellschaftsrechtliche Nachfolge- oder Eintrittsklauseln (Palandt/*Grüneberg,* BGB 68. Auflage § 331 Rn. 2); Wertpapier-Depotübertragungsvereinbarung (BGHZ 41, 96).
[213] Bamberger/Roth/*Litzenburger,* § 2301 Rn. 2.
[214] OLG Düsseldorf FamRZ 2001, 1103; Staudinger/*Dörner,* Art. 25 EGBGB Rn. 421.
[215] § 130 Abs. 1 S. 2 BGB.
[216] BGH FamRZ 1976, 616, 617 m. Anm. *Harder;* NJW 2004, 767; *Elfring* ZEV 2004, 305; *Progl* ZErb 2008, 288.
[217] BGH FamRZ 1976, 616, 617 m. Anm. *Harder;* OLG Stuttgart ZEV 2008, 145 m. Anm. *Blum;* OLG Düsseldorf ZEV 2008, 292; *Klingelhöffer* ZEV 1995, 180.
[218] OLG Düsseldorf ZEV 2008, 292; LG Paderborn ZErb 2007, 429; LG Göttingen ZEV 2007, 386 m. Anm. *Hartmann*.
[219] RGZ 128, 187, 190; BGH FamRZ 1976, 616, 617 m. Anm. *Harder;* OLG Stuttgart, ZEV 2008, 145 m. Anm. *Blum; Klingelhöffer* ZEV 1995, 180; MünchKommBGB/*Lange* § 2325 Rn. 22; *Hilbig* ZEV 2008, 262.

stammten und daher der Pflichtteilsergänzung unterlägen. Insolvenzrechtlich wird übrigens differenziert: Richtet sich die Anfechtung gegen die Einräumung eines widerruflichen Bezugsrechts, erfasst die Anfechtung den Auszahlungsbetrag, weil die widerrufliche Bezugsrechtseinräumung erst mit dem Versicherungsfall ihre Wirkung entfaltet und ihr Wert zu diesem Zeitpunkt zu bestimmen ist.[220] Richtet sich die Anfechtung gegen die Entrichtung der Prämien oder den Vertragsschluss, wird man die Prämien als Gegenstand der Anfechtung ansehen müssen. Gestritten wird im Zusammenhang mit der pflichtteilsrechtlichen Behandlung auch darüber, ob die 10-Jahresfrist des § 2325 Abs. 3 BGB schon mit Entrichtung der Versicherungsprämie durch den Erblasser oder erst mit Annahme des Schenkungsangebots zu laufen beginnt.[221] Interessanterweise wird bei Sparbüchern ein entsprechender Streit nicht geführt: Hier soll stets das Kontoguthaben am Todestag der Pflichtteilsergänzung unterliegen, selbst wenn es teilweise oder überwiegend auf Zinserträgen, nicht aber unmittelbar auf Einzahlungen des Erblassers beruht.

131 Von den Verträgen zugunsten Dritter auf den Todesfall zu unterscheiden sind Schenkungen von Todes wegen, also Schenkungsversprechen, die mit Blick auf den Tod des Zuwendenden abgegeben werden und ihren wirtschaftlichen Erfolg erst mit dem Tod des Schenkers erzielen. Nach h. M. hängt die kollisionsrechtliche Behandlung – entsprechend der Differenzierung im deutschen Sachrecht – davon ab, ob der Schenker lebzeitig vollständig erfüllt hat (dann Schuldstatut nach Art. 27 ff. EGBGB) oder nicht (dann Erbstatut). Die Frage, ob wirksam erfüllt wurde, also versprochenes Eigentum übertragen oder eine Forderung abgetreten wurde, beurteilt sich nach dem jeweiligen Sachstatut.[222] Ob eine auf diese Weise wirksame Zuwendung pflichtteilsrechtliche Folgen hat, beurteilt sich indes in jedem Fall nach dem Erbstatut.

132 Im deutschen **Personengesellschaftsrecht** ist eine Sonderrechtsnachfolge von Todes wegen außerhalb des Erbrechts bekannt in dem Fall der Anwachsung des Gesellschaftsanteils eines verstorbenen Gesellschafters im Rahmen einer **Fortsetzungsklausel**[223] und im Rahmen einer schuldrechtlichen (nicht: erbrechtlichen) Nachfolgeklausel. Wird die Gesellschaft beim Tod eines Gesellschafters von den übrigen Gesellschaftern fortgesetzt, wächst ihnen der Anteil des Verstorbenen an. Sie erben ihn jedoch nicht, vielmehr erfolgt der Rechtsübergang gesellschaftsrechtlich. Ähnlich verhält es sich bei der ebenfalls im Gesellschaftsvertrag zu vereinbarenden **gesellschaftsvertraglichen Nachfolgeklausel:** Sie bewirkt, dass der Gesellschaftsanteil eines Gesellschafters – etwa des Vaters – bei dessen Tod auf einen Mitgesellschafter – etwa den Sohn – übergeht. Auch in diesem Fall vollzieht sich die Nachfolge **außerhalb des Nachlasses:**[224] Die gesellschaftsrechtliche Abtretung des Gesellschaftsanteils ist aufschiebend auf das Vorversterben des Vaters bedingt. Da es sich um eine Verfügung handelt, kann sie nur zugunsten einer an dem Vertrag beteiligten Person, nicht zugunsten eines Dritten vorgenommen werden.[225] Die schuldrechtliche *causa* ergibt sich aus der betreffenden Regelung des Gesellschaftsvertrages. Da der betreffende Gesellschaftsanteil in der Folge nicht in den Nachlass fällt, kommen keine Pflichtteilsansprüche, sondern allenfalls **Pflichtteilsergänzungsansprüche** nach den allgemeinen Regeln in Betracht.[226] Die 10-Jahresfrist des § 2325 Abs. 3 BGB beginnt erst mit dem Erbfall.[227] Hat der Nachfolger den Erben eine Abfindung zu zahlen, schließt dies den Pflichtteilsergänzungsanspruch aus.[228]

133 Diese Fälle der Sonderrechtsnachfolge von Todes wegen außerhalb des Erbrechts sind nicht zu verwechseln mit der **Sondererbfolge in Personengesellschaftsanteile:**[229] Die Nach-

---

[220] BGHZ 156, 350 = NJW 2004, 214 m. Anm. *Gerhardt* LMK 2004, 34; *Ponath* ZEV 2006, 242, 246.
[221] Annahme der Schenkung: MünchKommBGB/*Lange*, § 2325 Rn. 22; a. A. (Prämienzahlung) Staudinger/*Olshausen* § 2325 Rn. 38.
[222] BGH NJW 1959, 1317; OLG Düsseldorf FamRZ 2001, 1104 m. krit. Anm. *Henrich* ZEV 2001, 487; Palandt/*Heldrich*, Art. 25 EGBGB Rn. 15; a. A. Staudinger/*Dörner*, Art. 25 EGBGB Rn. 375 ff.
[223] § 131 Abs. 3 Nr. 1 HGB i. V. m. § 738 Abs. 1 S. 1 BGB, dazu *Nieder/Kössinger*, Testamentsgestaltung, § 20 Rn. 17.
[224] Vgl. *Nieder/Kössinger*, Testamentsgestaltung, § 20 Rn. 55.
[225] BGHZ 41, 95; BGHZ 78, 374.
[226] *Nieder/Kössinger*, Testamentsgestaltung § 20 Rn. 54; MünchHbGesR I/*Klein* § 81 Rn. 28.
[227] Vgl. *Nieder/Kössinger*, Testamentsgestaltung, § 20 Rn. 54.
[228] BGH NJW 1959, 1433.
[229] Vgl. dazu BGHZ 22, 186 = NJW 1957, 180; Sudhoff/*Scherer*, Unternehmensnachfolge § 1 Rn. 19.

III. Bestimmung des einschlägigen Erbstatuts und Umfang des Nachlasses 134–136 § 14

folger erwerben den betroffenen Gesellschaftsanteil nicht als Erbengemeinschaft, vielmehr erhält jeder Gesellschafter-Nachfolger unmittelbar einen geteilten und seiner Erbquote entsprechenden Teil-Gesellschaftsanteil.[230] Im Rahm einer qualifizierten Nachfolgeklausel kann zudem der Kreis der zugelassenen Nachfolger gesellschaftsvertraglich beschränkt werden mit der Folge, dass sich die Beteiligung an der Gesellschaft unmittelbar auf einzelne Miterben vererbt, die ihre Beteiligung sodann nach erbrechtlichen Regeln erwerben.[231] Problematisch ist jedoch, dass das deutsche Gesellschaftsrecht das erbrechtliche Institut des Vonselbsterwerbs voraussetzt und bei der Sondererbfolge in Personengesellschaftsanteile das Gesellschaftsrecht das Erbrecht verdrängt. Dem deutschen Gesellschaftsrecht kann weder ein Anteilserwerb durch Erbenmehrheit – gleich ob als Bruchteils- oder als Gesamthandsgemeinschaft – noch eine Schwebephase bis zum Rechtsübergang auf die Erben etwa bis zur Einantwortung nach ausländischem, z. B. österreichischem Recht aufgedrängt werden.[232] Für die Auflösung dieses Konflikts werden unterschiedliche Meinungen vertreten:

Nach einer älteren Ansicht ist der Konflikt zwischen Gesellschaftsrechts- und Erbstatut durch Rückgriff auf Art. 3a Abs. 2 EGBGB zu lösen. Die Sondererbfolge im Personengesellschaftsrecht stelle einen Fall des vor dem Gesamtstatut vorrangigen Einzelstatuts dar.[233] Dies hätte eine kollisionsrechtliche Nachlassspaltung zur Folge mit der Konsequenz, dass die Gesellschaftsanteile im Fall eines ausländischen Erbstatuts aus der Berechnung des Pflichtteils für den übrigen Nachlass heraus fallen. Hierzu ein **Fallbeispiel:** Verstirbt ein Spanier, der einen Kommanditanteil an einer deutschen KG hielt, führt diese Ansicht dazu, dass sich der KG-Anteil entgegen Art. 25 Abs. 1 EGBGB nach deutschem Erbrecht vererbt. In der Folge unterlägen Anteile an Personengesellschaften mit Sitz in Deutschland stets dem deutschen Pflichtteilsrecht, und zwar auch dann, wenn ein ausländisches Erbstatut zur Anwendung kommt.[234] 134

Eine andere Ansicht qualifiziert die Nachfolge in Gesellschaftsanteile grundsätzlich gesellschaftsrechtlich: Die Personengesellschaftsanteile bildeten keinen Bestandteil des Nachlasses und ihr Übergang auf den Gesellschafter-Nachfolger vollziehe sich nicht erbrechtlich, sondern gesellschaftsrechtlich. Gleichwohl unterliegen sie nach dieser Ansicht den allgemeinen pflichtteilsrechtlichen Vorschriften. Bei Anwendbarkeit eines ausländischen Erbstatuts könnten **Pflichtteilsansprüche** auch hinsichtlich der deutschen Personengesellschaftsanteile mithin nach ausländischem Pflichtteilsrecht erhoben werden.[235] Diese Ansicht ist mit der Rechtsprechung des BGH, wonach Personengesellschaftsanteile zum Nachlass gehören,[236] nur schwer zu vereinbaren. Die erbrechtlichen Nachfolgeklauseln in Gesellschaftsverträgen (einfache und qualifizierte Nachfolgeklauseln) bewirken auch nicht unmittelbar die Nachfolge außerhalb des Erbrechts, vielmehr bestimmt das Gesellschaftsrecht lediglich Art und Umfang der Vererblichkeit, schafft mithin eine Nachfolgemöglichkeit, die sodann durch das anwendbare Erbrecht ausgefüllt werden muss. Das Gesellschaftsrecht bestimmt, wer als Nachfolger in die Gesellschaftsanteile in Betracht kommt; zu einer Nachfolge kommt es indes nur, wenn der zugelassene Nachfolger auch Erbe wird, die gesellschaftsrechtliche Nachfolgemöglichkeit also erbrechtlich ausgefüllt wird. Ob dies der Fall ist, entscheidet das anwendbare deutsche oder ausländische Erbrecht. Demgemäß will namentlich *Dutta* diese Frage sowohl gesellschafts-, als auch erbrechtlich qualifizieren und verbleibende Konflikte durch Anpassung des Erbrechts lösen.[237] Dies würde insbesondere die Sonderrechtsnachfolge in Personengesellschaftsanteile erklären. 135

Eine dritte Ansicht will den Konflikt zwischen Erb- und Gesellschaftsstatut dadurch auflösen, dass Gesellschaftsanteile, die in den Nachlass fallen – also nicht solche, die durch 136

---
[230] St.Rspr. RGZ 16, 40, 56; BGHZ 22. 186, 192 = NJW 1957, 180; NJW 1999, 571; *Hueck*, OHG § 28 II 2 a.
[231] MünchKommBGB/*Ulmer*, 5. Aufl. § 727 Rn. 31.
[232] Bengel/Reimann/*Haas*, Testamentsvollstreckung Kap. 9 Rn. 67 ff.
[233] Palandt/*Heldrich*, Art. 3 EGBGB Rn. 13; *von Oertzen* RIW 1994, 818, 819.
[234] *Schotten* IPR Rn. 335.
[235] MünchKommBGB/*Sonnenberger*, Art. 3 EGBGB Rn. 35.
[236] BGHZ 98, 48; NJW 1996, 1284; BGHZ 108, 187.
[237] *Dutta* RabelsZ 73 (2009), 727, 736 ff.

Lehmann 663

Anwachsung (Fortsetzung der Gesellschaft unter den verbliebenen Gesellschaftern) oder durch gesellschaftsrechtliche Nachfolgeklausel (Fortführung der Beteiligung des Erblasser-Gesellschafters durch einen gesellschaftsvertraglich bestimmten Mitgesellschafter)[238] – grundsätzlich dem Erbstatut unterliegen. Das Gesellschaftsstatut entscheidet, ob der Anteil oder ein ihn ersetzender Abfindungsanspruch überhaupt vererblich ist oder ob die Gesellschaft mit dem Tod eines Gesellschafters aufgelöst wird. Das Erbstatut entscheidet demgegenüber darüber, wer erbrechtlich begünstigt werde. Damit entscheidet das Gesellschaftsstatut über die Zulässigkeit von Klauseln über die Nachfolge in Gesellschaftsanteilen, während das Erbstatut bestimme, ob die Nachfolge erbrechtlich wirksam geworden, die gesellschaftsrechtliche Möglichkeit also erbrechtlich genutzt worden ist.[239] Für Fragen des **Erbschaftserwerbs** kommt ein Vorrang des Gesellschaftsstatuts in Betracht, wenn das anwendbare Erbrecht keinen Vonselbsterwerb des Erben kennt.[240] Führt die Anwendbarkeit ausländischen Erbrechts zum Fehlen des Vonselbsterwerbs, könne die Nachfolgeklausel in eine Eintrittsklausel zugunsten des Gesellschafter-Erben umgedeutet werden.[241] Hinsichtlich der die Regeln der Erbengemeinschaft verdrängenden Sondererbfolge geht diese Ansicht davon aus, dass das Gesellschaftsstatut das Erbstatut verdängt.[242] **Pflichtteilsrechtlich** unterfallen die betroffenen Gesellschaftsanteile, sofern sie in den Nachlass fallen und nicht etwa durch schuldrechtliche Nachfolgeklausel unter Lebenden übergegangen sind,[243] indes nach dieser Ansicht weiterhin dem einheitlichen Erbstatut mit der Folge, dass sie nach allgemeinen Regeln in die Berechnung eines Pflichtteilsanspruchs einzubeziehen sind.

137   *bb) Ausländisches Recht.* Beispiele für eine Sonderrechtsnachfolge außerhalb des Erbrechts lassen sich nach ausländischen Rechtsordnungen in fast unbegrenzter Zahl finden. Besonders bekannt sind die *joint tenancy* und die mittlerweile weitgehend ungebräuchliche *clause tonine*. Gemäß Art. 43 Abs. 1 EGBGB gilt insoweit vorrangig das Recht des Belegenheitsorts der betroffenen Sache, das darüber entscheidet, ob eine Sache überhaupt in den Nachlass fällt.

Vermögensgegenstände, die in einem Staat des anglo-amerikanischen Rechtsraums belegen sind, können in *joint tenancy* gehalten werden. Dieses Rechtsinstitut erlaubt es mehreren Personen, einen Vermögensgegenstand gemeinsam in der Weise als Eigentümer zu halten, dass das Eigentum von selbst und unmittelbar außerhalb des Nachlasses auf den Überlebenden übergeht, wenn ein Mitglied der *joint tenancy* verstirbt.[244] Die *joint tenancy* ist nicht auf Ehepartner beschränkt und kann zwei oder mehr Beteiligte umfassen.

138   Die *clause tontine* des französischen Rechts erlaubt beim Erwerb einer Immobilie die Festlegung, dass das Eigentum beim Tod eines Miteigentümers auf den anderen Miteigentümer allein übergeht. Sie ist insoweit der *joint tenancy* vergleichbar. Aufgrund ihrer weitergehenden steuerrechtlichen Wirksamkeit werden Eheleute in Frankreich regelmäßig einen Erwerb unter dem güterrechtlichen Gestaltungsmittel der *clause d'attribution de la communauté au survivant* gemäß Art. 1524 CC, also den Erwerb als Gesamtgut der Eheleute, vorziehen. Der Gesamtgutsanteil des Erstversterbenden wächst hiernach dem Längerlebenden von Gesetzes wegen an, ohne nach französischem Recht erbrechtliche Folgen wie Noterbrechte auszulösen. Der Übergang unterliegt auch nicht der französischen Erbschaftsteuer.[245] Aus deutscher Sicht kann der Vermögensübergang nach Art. 15 Abs. 2 Nr. 3 EGBGB anzuerkennen sein. Bezieht sich die Vereinbarung auf ein französisches Grundstück, kommen aufgrund der kollisionsrechtlichen Nachlassspaltung nach Art. 3a Abs. 2 EGBGB keine deutschen Pflichtteilsansprüche, wohl aber Pflichtteilsergänzungsansprüche innerhalb der

---

[238] Dazu *Nieder/Kössinger*, Testamentsgestaltung, § 20 Rn. 55.
[239] *Kropholler*, IPR § 51 IV 2 c) S. 443.
[240] Bengel/Reimann/*Haas*, Testamentsvollstreckung Kap. 9 Rn. 67.
[241] *Witthoff*, Die Vererbung von Anteilen deutscher Personengesellschaften im internationalen Privatrecht, S. 110 f.
[242] Staudinger/*Dörner*, Art. 25 EGBGB Rn. 65; *v. Oertzen* IPRax 1994, 74, 75; Soergel/*Schurig*, Art. 25 EGBGB Rn. 76.
[243] Vgl. oben Rn. 133.
[244] *Jülicher* ZEV 2001, 469.
[245] *Frank* MittBayNot 2001, 39, 48 f.

III. Bestimmung des einschlägigen Erbstatuts und Umfang des Nachlasses

Frist des § 2325 Abs. 3 BGB (die bei Eheleuten erst mit dem Tod eines Partners oder Scheidung zu laufen beginnt)[246] in Betracht.[247]

d) **Vorrangiges Güterrecht.** Das soeben erwähnte Beispiel der *clause d'attribution de la communauté au suivant* des französischen Rechts folgt dem allgemeinen Prinzip, dass das Güterrecht vor dem Erbrecht in dem Sinne **Vorrang** genießt, dass zunächst der Güterstand abzuwickeln ist und erst danach das Erbrecht zur Anwendung kommt und bestimmt, wie die nach Abwicklung des Güterstands verbliebenen Vermögensgegenstände des Erblassers zu verteilen sind.[248] Im Gegensatz zum deutschen Recht, das beim Tod eines Partners den Güterstand allenfalls mittels Ausgleichs-, also Zahlungsansprüchen[249] oder die pauschale Erhöhung der Erbquote,[250] nicht aber durch Eigentumsübergang an einzelnen Vermögensgegenständen abwickelt, ist die erwähnte *clause d'attribution de la communauté au suivant* ein Beispiel dafür, dass in ausländischen Rechtsordnungen auch Eigentumsverschiebungen Folge der güterrechtlichen Abwicklung sein können.

> **Praxistipp:**
> Kurze Länderberichte über das güterrechtliche Kollisionsrecht ausländischer Staaten findet sich bei *Schotten/Schmellenkamp*, IPR, Anhang II.

aa) Abgrenzung zwischen Ehe- bzw. Lebenspartnergüter- und Erbstatut. Sie bereitet häufig Schwierigkeiten. Dies hat seine Ursache darin, dass die Versorgung des überlebenden Ehepartners sowohl erbrechtlich, als auch güterrechtlich verwirklicht werden kann. Trifft das Güterrecht des einen auf das Erbrecht des anderen Staates, kann dies zu einer Überversorgung des Ehepartners führen – sowohl anwendbares Güterrecht, als auch anwendbares Erbrecht sehen seine Versorgung vor. Mögliche Folge kann auch ein Versorgungsmangel sein – weder Güterrecht, noch Erbrecht verschaffen ihm entsprechende Ansprüche.

Das deutsche Recht veranschaulicht die Nähe zwischen Güter- und Erbrecht in der pauschalen Erbteilserhöhung gemäß § 1371 Abs. 1 BGB. Ob eine bestimmte Regelung – z.B. § 1371 Abs. 1 BGB – anzuwenden ist, wenn etwa deutsches Güterrecht und fremdes Erbrecht aufeinandertreffen, ist im Wege der Qualifikation der betreffenden Norm zu beantworten.

> **Praxistipp:**
> Die **Abgrenzung zwischen Güter- und Erbstatut** wird üblicherweise danach vorgenommen, ob eine Bestimmung eher regeln soll, was aus dem Vermögen der Eheleute in den Nachlass fällt (dann: güterrechtliche Qualifikation) oder wie der Nachlass verteilt wird (dann: erbrechtliche Qualifikation).[251] Soweit dieses Kriterium die Abgrenzung im Einzelfall nicht deutlicher macht, bietet sich die Unterscheidung danach an, ob eine Regelung dem überlebenden Partner einen Anspruch gerade mit Blick auf sein gemeinsames Wirtschaften mit dem Verstorbenen (dann: güterrechtliche Qualifikation) oder wegen seiner persönlichen Nähe wie einem Verwandten (dann: erbrechtliche Qualifikation) zubilligt.[252]

Ganz überwiegend wird die Erbteilserhöhung des überlebenden Ehegatten nach § 1371 Abs. 1 BGB güterrechtlich qualifiziert – sie steht nicht jedem Ehegatten, sondern nur den im Güterstand der Zugewinngemeinschaft Verheirateten, also gemeinsam Wirtschaftenden zu.[253]

---

[246] § 2325 Abs. 3 2. Hs. BGB.
[247] Zu den beschränkten Möglichkeiten der nachträglichen Ergebniskorrektur, insbesondere der Gesetzesumgehung, Vgl. Rn. 257 ff., 275 ff., dazu *Fetsch* RNotZ 2006, 1, 20 f.
[248] *Schotten* IPR Rn. 212; Mayer/Süß/Tanck/Bittler/Wälzholz/*Süß* § 15 Rn. 195.
[249] § 1371 Abs. 2 ff. BGB.
[250] § 1371 Abs. 1 BGB.
[251] *Kropholler*, IPR § 45 IV 2 S. 343; Staudinger/*Mankowski*, Art. 15 EGBGB Rn. 370.
[252] Bamberger/Roth/*S. Lorenz*, Art. 25 EGBGB Rn. 54.
[253] BayObLG FamRZ 1975, 416; *Dörner* ZEV 2005, 137, 144.

Die Erbteilserhöhung kommt mithin nur in Betracht, wenn deutsches Güterrecht Anwendung findet. Ob die pauschale Erbteilserhöhung auch bei Anwendbarkeit eines ausländischen Erbstatuts vorzunehmen ist, ist umstritten. Eine Ansicht will § 1371 Abs. 1 BGB nur anwenden, wenn sowohl Güterstatut als auch Erbstatut auf deutsches Recht verweisen.[254] Anderenfalls könne der Ehepartner nur einen konkreten Zugewinnausgleich gemäß § 1371 Abs. 2 und 3 BGB verlangen.[255] Eine einschränkende Ansicht lässt die pauschale Erbteilserhöhung auch bei ausländischem Erbstatut zu, sofern dieses dem überlebenden Ehepartner eine dem deutschen Recht entsprechende Erbquote zubilligt.[256] Nach wohl h. M. ist eine Überbegünstigung des überlebenden Ehepartners im Wege der Anpassung[257] zu korrigieren.[258]

145 **Praxistipp:**
Der engen erbrechtlichen Rechtswahlregelung des Art. 25 Abs. 2 EGBGB steht die großzügige Regelung zur güterrechtlichen Rechtswahl nach Art. 15 Abs. 2 EGBGB gegenüber. Auch viele ausländische Rechtsordnungen lassen die güterrechtliche Rechtswahl in sehr weitem Umfang zu. Vielfach lässt sich ein Konflikt zwischen Güterrecht und Erbrecht daher durch eine güterrechtliche Rechtswahl beseitigen.

146 *bb) Pflichtteilsrechtliche Folgen.* Die vorrangige Abwicklung des Güterstands hat zur Folge, dass die Vermögensgegenstände, die das Güterrecht dem überlebenden Ehepartner zuweist, nicht in den Nachlass fallen und demzufolge nicht in die Pflichtteilsberechnung einzubeziehen sind. Gleichwohl ist anerkannt, dass die Ansprüche der Pflichtteilsberechtigten durch güterrechtliche Vereinbarungen nicht ausgehöhlt werden können. Dies ergibt sich daraus, dass Vereinbarungen, die einem Ehepartner einen höheren als einen hälftigen Anteil am beiderseitigen Vermögen zuweist, pflichtteilsrechtlich als unentgeltliche Zuwendungen zu behandeln sind, wenn nicht ausnahmsweise ein besonderer Grund – etwa ein höherer finanzieller Beitrag des begünstigten Ehepartners[259] – die getroffene Vereinbarung rechtfertigt. Etwas anderes gilt lediglich dann, wenn die getroffene Vereinbarung der Ordnung der ehelichen Vermögensverhältnisse dient, also nicht anzunehmen ist, dass sie etwa Pflichtteilsberechtigten gerade schaden soll.[260]

147 *e) Besondere Vorschriften des Belegenheitsrechts (vorrangiges Einzelstatut).* Gegenüber dem Gesamtstatut des Art. 25 EGBGB, der grundsätzlich die Erbfolge in den gesamten weltweiten Nachlass eines Erblassers einheitlich seinem Heimatrecht unterstellt, sind abweichende Einzelstatute vorrangig.[261] Die grundsätzliche Anknüpfung an das Heimatrecht des Erblassers wird als **Staatsangehörigkeitsprinzip** bezeichnet, die einheitliche Behandlung des weltweiten Nachlasses als **Prinzip der Nachlasseinheit**. Für die Anwendung des Staatsangehörigkeitsprinzips spielt es aus deutscher Sicht keine Rolle, ob sämtliche anderen Rechtsordnungen, die von einem Erbfall betroffen sind, ebenfalls dem Staatsangehörigkeitsprinzip folgen oder nicht. Das deutsche Erbkollisionsrecht folgt dem Staatsangehörigkeitsprinzip etwa auch gegenüber einem Franzosen, dessen Heimatrecht dem sog. Aufenthaltsprinzip folgt, also die Erbfolge dem Recht des Staates unterstellt, in dem sich der Erblasser zuletzt gewöhnlich aufgehalten hat.[262] Auch das Prinzip der Nachlasseinheit gilt grundsätzlich un-

---

[254] OLG Düsseldorf, MittRhNotK 1988, 68.
[255] OLG Stuttgart ZEV 2005, 443; dazu auch *Scherer/Lehmann* ZEV 2006, 48; LG Mosbach ZEV 1998, 489 mit Anm. *Hohloch* JuS 1999, 296.
[256] MünchKommBGB/*Birk,* Art. 25 EGBGB Rn. 158; einschränkend in Richtung der Anpassung: MünchKommBGB/*Siehr,* Art. 15 EGBGB Rn. 114 ff.
[257] Vgl. Rn. 271 ff.
[258] OLG Hamm IPRax 1994, 49; Staudinger/*Mankowski,* Art. 15 EGBGB Rn. 378; Palandt/*Heldrich,* Art. 15 EGBGB Rn. 26.
[259] *Henrich,* Festschrift Schippel S. 905, 914.
[260] BGH NJW 1992, 558, 559; *Scherer/Kirchhain* ZErb 2006, 106, 108.
[261] Art. 3 a Abs. 2 EGBGB.
[262] Zu der konkreten Prüfungsfolge in einem solchen Fall vgl. 114 ff.

abhängig davon, ob ein ausländischer Staat dieses Prinzip ebenfalls anwendet oder nicht. Von diesem Grundsatz macht Art. 3a Abs. 2 EGBGB jedoch eine in der Praxis bedeutsame Ausnahme: Er anerkennt, wenn ein ausländischer Staat Nachlassgegenstände, die auf seinem Territorium belegen sind, „besonderen Vorschriften" unterwirft. Um die Auslegung des Begriffs „besondere Vorschriften" wurde in der Vergangenheit in der Literatur heftig gestritten. Mittlerweile ist es ganz herrschende Meinung in Literatur und Rechtsprechung, dass hierunter nicht nur, wie vom historischen Gesetzgeber des EGBGB wohl vorgesehen, Vorschriften des ausländischen Sachrechts zu fassen sind. Insoweit bestand seit jeher Einigkeit.[263] Eine in der Praxis größere Rolle spielen jedoch Vorschriften des ausländischen Kollisionsrechts, die im Rahmen des Art. 3a Abs. 2 EGBGB zu einer Durchbrechung des Gesamtstatuts nach Art. 25 Abs. 1 EGBGB führen. Beiden Fallgruppen ist gemeinsam, dass ein Nachlassgegenstand im Ausland belegen sein muss und nach dortigem Belegenheitsrecht Vorschriften (des materiellen oder des Kollisionsrechts) gelten, die im Ergebnis dem Rechtsanwendungsergebnis widersprechen würden, das sich aus der uneingeschränkten Anwendung des Art. 25 EGBGB ergeben würde. Da die strikte Anwendung des Art. 25 EGBGB im Ausland ohnehin nicht durchgesetzt werden könnte, führt die durch Art. 3a Abs. 2 EGBGB vermittelte Anerkennung der ausländischen Rechtsvorschriften zur rechtspolitisch gewollten Förderung des internationalen Entscheidungseinklangs.

aa) Besondere Vorschriften des Sachrechts. Hierzu ein **Fallbeispiel:** Das österreichische Recht sieht für Eigentumswohnungen eine Sondererbfolge vor, die von der Erbfolge in sonstige Nachlassgegenstände abweicht und etwa die Vererbung an den überlebenden Ehegatten oder an maximal zwei Erben vorsieht.[264] Hinterlässt ein deutscher Erblasser eine Eigentumswohnung in Österreich, so unterliegt diese Eigentumswohnung nicht dem einheitlichen deutschen Erbstatut als Gesamtstatut, vielmehr gelten für die Eigentumswohnung „besondere Vorschriften" i.S.d. Art. 3a Abs. 2 EGBGB, weshalb sie nach diesen Vorschriften des österreichischen Belegenheitsrechts vererbt wird. Es kommt insoweit zur kollisionsrechtlichen Nachlassspaltung, denn das ausländische Sachrecht enthält nach Art. 3a Abs. 2 EGBGB anzuerkennende besondere Vorschriften.

In der Folge wird nach allgemeiner Auffassung hinsichtlich der Erbfolge in die betroffenen Vermögenswerte das deutsche Erbrecht und damit auch das deutsche **Pflichtteilsrecht** verdrängt. Mögliche Pflichtteilsansprüche richten sich nach dem vorrangigen Belegenheitsrecht.[265]

Das **deutsche Sachrecht** sieht besondere Vorschriften, deren Beachtung es von ausländischen Erbrechtsordnungen erwartet, nur noch in drei Randbereichen vor. Es handelt sich erstens um die landesrechtlichen **Anerbenrechte bzw. Höfeordnungen** in
- Baden-Württemberg,
- Bremen,
- Hamburg,
- Hessen,
- Niedersachsen,
- Nordrhein-Westfalen und
- Rheinland-Pfalz,[266]

zweitens um die nicht abdingbare **Sondererbfolge im Mietrecht** gemäß §§ 569a und 569b BGB[267] und drittens um die wenigen **Fideikommisse,** wie sie noch nach Art. 59 EGBGB zugelassen sind.[268] Nach umstrittener Ansicht soll auch die Sondererbfolge in deutsche Personengesellschaftsanteile nach Art. 3a Abs. 2 EGBGB zu behandeln sein.[269]

---

[263] Bamberger/Roth/*S. Lorenz,* Art. 3 EGBGB Rn. 12.
[264] §§ 12, 14 öWEG, dazu *Wachter* ZErb 2003, 306.
[265] BGH NJW 1993, 1920, 1921; OLG Hamburg DtZ 1993, 28; *Dörner* FamRZ 2003, 1880, 1881; a.A. BGHZ 134, 60, 63 *(obiter dictum).*
[266] BGH MDR 1965, 818; Staudinger/*Dörner,* Art. 25 EGBGB Rn. 582f; Palandt/*Heldrich,* Art. 3 EGBGB Rn. 17.
[267] Staudinger/*Dörner,* BGB Art. 25 EGBGB Rn. 585.
[268] Soergel/*Kegel,* Art. 3 EGBGB Rn. 12; MünchKommBGB/*Säcker* Art. 59 Rn. 2.
[269] Vgl. Rn. 135.

151 bb) *Besondere Vorschriften des Kollisionsrechts.* Häufiger Anwendungsfall des Art. 3a Abs. 2 EGBGB liegt in besonderen Vorschriften des ausländischen Kollisionsrechts.[270] Solche besonderen Vorschriften sind stets dann gegeben, wenn nach dem Kollisionsrecht am Belegenheitsort des jeweiligen Nachlassgegenstands bestimmte nachlasszugehörige Vermögenswerte nicht dem einheitlichen Erbstatut unterliegen. Typisches Beispiel für diese Fallgruppe sind **Immobilien** in Frankreich (oder dem vom französischen Recht geprägten Ausland) oder in Staaten des *common law*. Beide Rechtskreise haben gemeinsam, dass ihre Erb-Kollisionsrechte dem Prinzip der Nachlassspaltung folgen, also Immobilien – gleich, ob im In- oder im Ausland belegen – dem jeweiligen Belegenheitsrecht unterstellen. Das französische Recht etwa geht also von der Annahme aus, dass Immobilien in England, in Deutschland und in Italien, wenn sie von einem Franzosen vererbt werden, nicht dem französischen materiellen Erbrecht, sondern dem englischen, deutschen oder italienischen Erbrecht unterstehen. Umgekehrt beansprucht das französische Recht die Anwendung des französischen materiellen Erbrechts, wenn eine französische Immobilie vererbt wird, und dies unabhängig von Staatsangehörigkeit oder Wohnsitz des Eigentümers. Nach Art. 3a Abs. 2 EGBGB anerkennt das deutsche Recht in diesem Fall den Vorrang des französischen Einzelstatuts. Es kommt zur kollisionsrechtlichen Nachlassspaltung[271] – etwas anderes könnte das deutsche Recht ohnehin nicht durchsetzen.

152 Entsprechende Regelungen können auch für andere Vermögensgegenstände als Immobilien, etwa **Gesellschaftsanteile** oder sonstige, in **öffentliche Register** eingetragene Gegenstände gelten.[272]

Einige Rechtsordnungen unterstellen zudem **sämtliches Vermögen** – ohne Rücksicht auf seine Qualifikation als unbeweglich oder seine Eintragung in öffentliche Register – dem Belegenheitsrecht. Die kollisionsrechtliche Nachlassspaltung tritt hier also für sämtliche Vermögenswerte, die auf dem Territorium dieser Staaten belegen sind, ein. Dies gilt insbesondere für:[273]

- Argentinien (für in Argentinien belegenes Vermögen),[274]
- Costa Rica (weitgehend),[275]
- Guatemala,
- Mexiko (meiste Bundesstaaten),[276]
- Panama,
- Uruguay.

153 Eine kollisionsrechtliche Nachlassspaltung allein hinsichtlich des **Immobiliarvermögens** tritt in folgenden Staaten ein:[277]

- Albanien,
- Australien,
- Bahamas,
- Barbados,
- Belgien,
- Bermudas,

---

[270] St. Rspr. BGHZ 50, 63; BGH NJW 2004, 3558, 3560 m. Anm. *Looschelders* IPRax 2005, 232.
[271] Vgl. unten Rn. 31 ff.
[272] In Rumänien ist dies für Gesellschaftsanteile („Betriebsvermögen") der Fall, vgl. Art. 66 Abs. 2 des Gesetzes Nr. 105 vom 22. 9. 1992, vgl. Staudinger/*Dörner*, Anh. Zu Art. 25 f. EGBGB Rn. 692 f; in Togo ist dies für ebenfalls für Gesellschaftsanteile der Fall, vgl. Art. 714, 716 FamGB, in Kirgisistan hinsichtlich sämtlichen, in öffentliche Register eingetragene Vermögenswerte, vgl. Art. 1206–1208 ZGB, Gesetzestext *Krüger* IPRax 2004, 270.
[273] Vgl. die Auflistungen bei Bamberger/Roth/*S. Lorenz*, Art. 25 EGBGB Rn. 83; Staudinger/*Dörner*, Anh. zu Art. 25 f EGBGB.
[274] Nach der argentinischen Rechtsprechung unterliegen auch bewegliche Vermögensgegenstände mit festem Lageort in Argentinien dem Belegenheitsrecht, vgl. Bamberger/Roth/*S. Lorenz*, Art. 25 EGBGB Rn. 83 Fn. 258; Staudinger/*Dörner*, Anh. zu Art. 25 f. EGBGB Rn. 42.
[275] Art. 24 CC unterstellt das Inlandsvermögen weitgehend dem Belegenheitsrecht.
[276] *v. Sachsen-Gessaphe* IPRax 1989, 111.
[277] Vgl. die Auflistungen bei Bamberger/Roth/*S. Lorenz*, Art. 25 EGBGB Rn. 83; Staudinger/*Dörner* Anh. zu Art. 25 f EGBGB.

- Birma,
- Bolivien,
- Botswana,
- Bulgarien,
- Cayman Islands,
- Volksrepublik China, auch: Hong Kong, nicht: Macao,
- Estland,
- Fidschi-Inseln,
- Frankreich,
- Gabun,
- Gambia,
- Ghana,
- Gibraltar,
- Guinea,
- Guyana,
- Indien,
- Indonesien,
- Irland,
- Jamaika,
- Kanada,
- Kasachstan,
- Kenia,
- Kirgisistan,
- Lesotho,
- Lettland,
- Litauen,
- Luxemburg,
- Madagaskar,
- Malawi,
- Malaysia,
- Malta,
- Moldawien,
- Monaco,
- Mongolei,
- Myanmar (früher: Birma),
- Namibia,
- Neuseeland,
- Nigeria,
- Pakistan,
- Papua-Neuguinea,
- Paraguay,
- Rumänien,
- Russland,
- Sambia,
- San Marino,
- Seychellen,
- Sierra Leone,
- Singapur,
- Sri-Lanka,
- Südafrika,
- Tadschikistan,
- Tansania,
- Thailand,
- Togo,
- Trinidad und Tobago,

- Türkei,
- Turkmenistan,
- Uganda,
- Ukraine,
- Usbekistan,
- Venezuela,
- Vereinigte Staaten von Amerika,
- Vereinigtes Königreich von Großbritannien und Nordirland,
- Weißrussland,
- Zentralafrikanische Republik,
- Zypern.

154 Dabei obliegt es auch dem jeweiligen **Belegenheitsrecht** festzulegen, welche Vermögensgegenstände es als **unbeweglich qualifiziert** und damit der Anwendung seines eigenen Erbrechts unterstellt.[278] Es handelt sich hierbei um eine ernstzunehmende Frage, die von ausländischen Rechtsordnungen mitunter überraschend (z. B. zur Frage von Zubehör, Hausrat, Gesellschaftsanteilen oder Schulden)[279] beantwortet wird.

> **Praxistipp:**
> 155 Die Details der Qualifikation von Vermögensgegenständen als unbeweglich durch ausländische Rechtsordnungen werden in Sammlungen mit Länderberichten zum ausländischen Recht regelmäßig bestenfalls knapp behandelt. Umfassende Darstellungen zu bestimmten Rechtsordnungen sind so selten, dass es sich anbietet, im Zweifel sogleich einen Kollegen im jeweiligen Belegenheitsstaat oder ein IPR-Institut im Inland hinzuzuziehen.

156 Nach herrschender Ansicht soll die nach Art. 3a Abs. 2 EGBGB anerkannte, durch Kollisionsnormen des ausländischen Rechts vermittelte kollisionsrechtliche Nachlassspaltung ebenso wie im Fall der Anwendung besonderer Vorschriften des Sachrechts das deutsche **Pflichtteilsrecht** zugunsten desjenigen des insoweit anwendbaren ausländischen Rechts verdrängen: Das dem deutschen Erbrecht unterliegende Gesamtstatut werde vom vorrangigen Einzelstatut des Belegenheitsrechts verdrängt. Mit dem deutschen Erbrecht müsse in der Folge auch das deutsche Pflichtteilsrecht weichen.[280] Von diesem Standpunkt aus betrachtet, muss der Erwerb von Immobilien in Staaten des *common law*, die traditionsgemäß keine bedarfsunabhängige zwingende Nachlassbeteiligung der Abkömmlinge des Erblassers kennen, für diejenigen Erblasser besonders attraktiv erscheinen, die das deutsche Pflichtteilsrecht vermeiden wollen: Die Immobilien unterliegen einem gemäß Art. 3a Abs. 2 EGBGB vorrangigen Einzelstatut, das gegenüber Erblassern, deren domicile im Ausland ist, keine zwingende Nachlassbeteiligung vorsehen. Der Erwerb von Immobilien in England oder den USA zählt demgemäß zu den mehr oder weniger offen empfohlenen **Pflichtteilsvermeidungsstrategien.**[281]

157 *Süß* zieht die Wirksamkeit dieser Strategie in **Zweifel:**[282] Soweit die Rechtsordnungen des *common law* den nächsten Angehörigen des Erblassers zwingende Ansprüche gegen die Erben zusprechen, seien diese davon abhängig, dass der Erblasser bei seinem Tod im Inland über ein *domicile* verfügt hat. Daher gehörten diese Ansprüche weder dem auf die Vererbung der Immobilie anwendbaren Einzelstatut, noch dem lokal stets zu beachtenden Belegenheitsstatut an.

158 Hierzu ein **Fallbeispiel:** Hinterlässt ein deutscher und in Deutschland lebender Erblasser ein Grundstück in England, unterliegt das Grundstück aufgrund seiner Belegenheit dem englischen Erbrecht. Die *family provisions* des englischen Rechts greifen indes aufgrund des

---

[278] *Tiedemann* RabelsZ 1991, 17, 34; Staudinger/*Dörner*, Art. 25 EGBGB Rn. 511.
[279] Vgl. zum deutschen Recht Rn. 161 ff.
[280] BGH NJW 1993, 1920, 1921; OLG Celle, ZEV 2003, 509, 511; *Henrich* FF 2000, 85, 87.
[281] *Scherer*, MAH/Erbrecht, § 3 Rn. 57; *Henrich* FF 2000, 85, 87.
[282] Mayer/Süß/Tanck/Bittler/Wälzholz/*Süß* § 15 Rn. 131.

III. Bestimmung des einschlägigen Erbstatuts und Umfang des Nachlasses

im Beispiel zu unterstellenden deutschen *domicile* des Erblassers nicht.[283] Dieser Umstand macht diese Immobilien von dem Blickpunkt der Pflichtteilsvermeidung auf den ersten Blick auch so attraktiv. Mit *Süß* ist indes zu fragen, ob das *common law* mit dem deutschen Erbstatut tatsächlich auch das deutsche Pflichtteilsrecht verdrängt? Hiergegen spricht, dass Art. 3a Abs. 2 EGBGB den Vorrang des Belegenheitsrechts nur *soweit* anerkennt, als es besondere Vorschriften enthält: Die dem deutschen Pflichtteilsrecht funktionsverwandten Vorschriften der *family provisions* des englischen Rechts etwa zählen nicht dazu, da sie nicht stets und insbesondere nicht gegenüber Erblassern, die im Ausland über ein *domicile* verfügt haben, anzuwenden sind. Dementsprechend ist es konsequent, in diesen Fällen das deutsche Pflichtteilsrecht weiter anzuwenden. Hiergegen spricht auch nicht der Gedanke, dass das Pflichtteilsrecht nach deutschen Maßstäben, mithin erbrechtlich zu qualifizieren und seine Anwendung ausgeschlossen ist, wenn das deutsche Erbrecht an sich nicht anwendbar ist. Auf die Frage der Qualifikation des Pflichtteilsrechts aus deutscher Sicht kommt es bei der Anwendung des Art. 3a Abs. 2 EGBGB nämlich nicht an: Diese Vorschrift lässt das Gesamtstatut unabhängig von der Qualifikation einzelner Normen und Rechtsfragen gegenüber besonderen Vorschriften des Belegenheitsrechts zurücktreten, soweit diese reichen. Dies kann – etwa im Fall von Grundstücken, die in Frankreich belegen sind – das gesamte Erbrecht umfassen. Es kann sich aber auch auf einzelne Fragen beschränken, die das deutsche Recht erbrechtlich fasst. Einen solchen nur partiellen Vorrang des Belegenheitsrechts für bestimmte Fragen des Erbrechts anerkennt die herrschende Meinung etwa im Verhältnis zum *common law* im Fall der funktionellen Nachlassspaltung,[284] die nur die Nachlassabwicklung betrifft und unstreitig die Geltung des deutschen Pflichtteilsrechts unberührt lässt.[285] In der Rechtsprechung wurde dieser Punkt großzügiger im Sinne einer Verdrängung des deutschen Pflichtteilsrechts behandelt.[286]

Praxistipp:
Zur Pflichtteilsvermeidung sind Immobilien im Rechtskreis des *common law* auch weiterhin durchaus geeignet. Solange die ganz herrschende Ansicht von einer Verdrängung des deutschen Pflichtteilsrechts ausgeht, wird die Durchsetzung deutscher Pflichtteilsansprüche hinsichtlich dieses Vermögens nicht nur im betroffenen Ausland, sondern auch im Inland scheitern.

In diesem Zusammenhang ist Aufmerksamkeit auch für die Frage geboten, welche **Vermögensbestandteile** im Einzelnen nach dem einschlägigen Belegenheitsrecht von einem möglichen Vorrang des Einzelstatuts für Immobilien erfasst werden. Hierbei geht es etwa um die Frage, ob mit einer Immobilie auch die dazugehörigen Kredite als unbewegliches Vermögen qualifiziert werden oder nicht.

Die erheblichen Qualifikationsschwierigkeiten, die mit der kollisionsrechtlichen Abgrenzung des unbeweglichen vom beweglichen Vermögen verbunden sind, zeigt ein Blick auf das **deutsche Recht**. Dort bieten die Rechtsprechung und Kommentierung zu Art. 15 Abs. 2 Nr. 3 sowie zu Art. 25 Abs. 2 EGBGB, die seit der IPR-Reform des Jahres 1986 eine Rechtswahl bezüglich „unbeweglichen Vermögens" gestatten, bei verschiedenen Einzelfragen erheblichen Argumentationsaufwand zur Begründung des jeweiligen Ergebnisses auf. Weitgehende Einigkeit besteht dahin, dass nicht nur das Eigentum (auch: Miteigentum)[287] an Grundstücken und Wohnungen, sondern auch an Gebäuden auf fremdem Grund und beschränkt dingliche Rechte wie Fischerei- und Jagdrechte, Wohnrechte sowie Reallasten als „unbewegliches Vermögen" anzusehen sind.[288]

---

[283] Mayer/Süß/Tanck/Bittler/Wälzholz/*Süß* § 15 Rn. 131.
[284] Vgl. unten Rn. 170.
[285] Bengel/Reimann/*Haas*, Handbuch Testamentsvollstreckung Kap. 9 Rn. 179 ff.
[286] BGH NJW 1993, 1920 f.; OLG Celle ZEV 2003, 509, 511.
[287] Palandt/*Heldrich*, Art. 25 Rn. 7; MünchKommBGB/*Birk*, Art. 25 EGBGB Rn. 66; Dörner DNotZ 1988, 67, 94.
[288] Staudinger/*Dörner*, Art. 25 EGBGB Rn. 517; Soergel/*Schurig*, Art. 25 EGBGB Rn. 4.

162 Eine Vormerkung sichert lediglich den schuldrechtlichen Anspruch auf Eigentumsübertragung und wird daher überwiegend als bewegliches Vermögen qualifiziert.[289] Ein Nießbrauch und eine beschränkt persönliche Dienstbarkeit sind unvererblich und bedürfen keiner erbkollisionsrechtlichen Qualifikation.[290] Umgekehrt werden schuldrechtliche Ansprüche auch dann ganz überwiegend nicht als unbewegliches Vermögen qualifiziert, wenn sie auf die Eigentumsverschaffung an einem Grundstück gerichtet sind.[291]

163 Umstritten sind demgegenüber sowohl die kollisionsrechtliche Behandlung von Grundstückszubehör, Grundpfandrechten und Gesamthandsanteilen:
- **Grundstückszubehör**, nicht allein wesentliche Bestandteile im Sinne der §§ 93, 94 BGB, wird nach herrschender Ansicht als unbewegliches Vermögen qualifiziert. Eine zwingende Stütze findet diese Ansicht indes weder im Gesetz, noch in der Gesetzesbegründung. Ebenso wenig wie § 97 BGB, der Grundstückszubehör für Zwecke des innerstaatlichen Sachrechts als bewegliche Sache bezeichnet, ist § 2164 BGB für kollisionsrechtliche Zwecke eine gesetzgeberische Aussage zu entnehmen. Nach dieser Regelung ist im Zweifel anzunehmen, dass ein Grundstücksvermächtnis auch das (gemäß § 97 BGB bewegliche) Zubehör umfasst. Der nur als schwache Vermutungsregel ausgestaltete § 2164 BGB bringt allenfalls die gesetzgeberische Wertung zum Ausdruck, zusammengehörige Vermögenswerte im Erbgang möglichst zusammen zu halten.[292] Diese Wertung deckt sich mit dem Verkehrsschutzinteresse, den inländischen Rechtsverkehr möglichst in der Annahme zu schützen, dass ein Grundstückserbe auch über das jeweilige Zubehör verfügen kann.[293] Für den Erblasser soll sich hieraus die Möglichkeit einer **indirekten Rechtswahl** ergeben. Er kann nämlich, so wird in der Literatur vertreten, die Zubehöreigenschaft durch Verfügung zugunsten einer anderen Person als der des Grundstückserben oder -vermächtnisnehmers aufheben, was zur Folge habe, dass das bisherige Grundstückszubehör aus der Qualifikation als unbewegliches Vermögen heraus- und in das Gesamtstatut zurückfällt.[294]

164 - **Grundpfandrechte** sollen nach einer Ansicht differenziert betrachtet werden. So soll die abstrakte Grundschuld als unbewegliches Vermögen, die akzessorische Hypothek aber mit der gesicherten Forderung als bewegliches Vermögen qualifiziert werden.[295] Hierfür spricht, dass anderenfalls Forderung und Hypothek unter Durchbrechung der Akzessorietät im Erbgang getrennt werden könnten. Nach wohl herrschender Ansicht sind Grundpfandrechte gleichwohl generell als unbewegliches Vermögen zu qualifizieren.[296] Dies wird damit begründet, dass der inländische Rechtsverkehr durch eine Verwertung dieser Rechte besonders betroffen und daher eine Qualifikation entsprechend dem betroffenen Grundstück angezeigt sei.[297] Zwingend ist dies nicht; hiergegen spricht auch die gegenteilige Qualifikation der Vormerkung, die gleichfalls eine schuldrechtliche Forderung sichert, aber von der ganz herrschenden Meinung als bewegliches Vermögen qualifiziert wird.[298] Diese Inkonsequenz allein vermag die Schlussfolgerung der Mindermeinung indes ebenfalls nicht zu tragen, denn man könnte auch an die Qualifikation der Vormerkung als unbewegliches Vermögen und damit an die Gleichbehandlung mit den Grundpfandrechten denken.

---

[289] MünchKommBGB/*Birk*, Art. 25 EGBGB Rn. 67; a. A. Staudinger/*Dörner*, BGB Art. 25 EGBGB Rn. 520; V. *Stoll*, Die Rechtswahl im Namens-, Ehe- und Erbrecht (1991), 121.
[290] Staudinger/*Dörner*, Art. 25 EGBGB Rn. 517.
[291] BGHZ 144, 251 = ZEV 2000, 498 = NJW 2000, 2421; a. A. BGHZ 24, 361 f.; Staudinger/*Dörner*, Art. 25 EGBGB Rn. 520; differenzierend danach, ob Forderung dinglich gesichert ist: v. *Stoll*, Die Rechtswahl im Namens-, Ehe- und Erbrecht (1991), S. 125.
[292] *Ebenroth*, Erbrecht Rn. 1256; Mayer/Süß/Tanck/Bittler/Wälzholz/*Süß* § 15 Rn. 87; Soergel/*Schurig*, Art. 25 EGBGB Rn. 4.
[293] Staudinger/*Dörner*, BGB Art. 25 EGBGB Rn. 516.
[294] Staudinger/*Dörner*, BGB Art. 25 EGBGB Rn. 516.
[295] Mayer/Süß/Tanck/Bittler/Wälzholz/*Süß* § 15 Rn. 86.
[296] Palandt/*Heinrichs*, BGB Art. 15 EGBGB Rn. 22; MünchKommBGB/*Siehr*, Art. 15 EGBGB Rn. 33; *Kropholler*, IPR S. 346; Bamberger/Roth/*S. Lorenz*, Art. 25 EGBGB Rn. 20; Staudinger/*Dörner*, Art. 25 EGBGB Rn. 516 ff.;
[297] LG Saarbrücken, 4. 5. 2000 IPRspr 2000 Nr. 96; Staudinger/*Dörner*, Art. 25 EGBGB Rn. 518. v. *Hoffmann/Thorn*, IPR § 9 Rn. 19.
[298] Mayer/Süß/Tanck/Bittler/Wälzholz/*Süß* § 15 Rn. 86.

- **Gesamthands- und Gesamtgutsanteile** vermitteln ihrem Inhaber schuldrechtliche Ansprüche, weshalb die herrschende Meinung Gesamthandsanteile auch dann als bewegliches Vermögen qualifiziert, wenn die gesamte Hand ausschließlich Immobilien hält.[299] Dies soll insbesondere für Personenhandelsgesellschaften gelten. Mittlerweile spricht auch die Teilrechtsfähigkeit der GbR dafür, diese nicht anders zu behandeln.[300] Selbst ein Miterbenanteil an einer Erbengemeinschaft, die ausschließlich noch Immobilienvermögen hält, wird kollisionsrechtlich als bewegliches Vermögen qualifiziert.[301] Ein ausländischer Staatsangehöriger kann somit für ein Grundstück, das in seinem Allein- oder Miteigentum steht, eine Rechtswahl nach Art. 15 Abs. 2 Nr. 3 EGBGB oder nach Art. 25 Abs. 2 EGBGB treffen. Wird er von seiner Frau und ihren gemeinsamen Kindern beerbt, steht der Witwe eine entsprechende Rechtswahl erst nach (Teil-)Auseinandersetzung der Erbengemeinschaft hinsichtlich des Grundstücks offen. 165

Eine Gegenansicht will Art. 25 Abs. 2 EGBGB im Interesse des Zusammenhalts von Vermögenswerten möglichst extensiv auslegen und qualifiziert auch schuldrechtliche Ansprüche und Gesamthandsanteile als unbewegliches Vermögen, solange sie im Inland mit Wirkung auf Immobiliarvermögen durchgesetzt werden müssen.[302] Hierfür spricht bereits der geringe wirtschaftliche Unterschied, der etwa zwischen einer Miteigentumsgemeinschaft und einer reinen Grundstücks-GbR besteht. Andererseits bliebe der Ausnahmecharakter von Art. 25 Abs. 2 EGBGB, der für eine restriktive Auslegung zum möglichst weitgehenden Schutz des Prinzips der Nachlasseinheit spricht, unbeachtet.[303] Hinzu kommt, dass der Gesetzgeber mit der Rechtswahl des Art. 25 Abs. 2 EGBGB lediglich den Grundstücksverkehr erleichtern, nicht aber weitergehende Ausnahmen zulassen wollte.[304] 166

Praxistipp:

Die Gesamthandsgemeinschaft bietet sich in der Praxis an, um unbewegliches Vermögen zu „mobilisieren". Wer umgekehrt eine Rechtswahl nach Art. 25 Abs. 2 oder nach Art. 15 Abs. 2 Nr. 3 EGBGB treffen will, muss Immobilien aus Gesamthandsgemeinschaften etwa zugunsten einer Miteigentumsgemeinschaft herauslösen. 167

cc) Inländerprivilegien. Es ist umstritten, ob auch Inländerprivilegien, die einige Rechtsordnungen im Fall der Geltung ausländischen Erbstatuts zugunsten der Angehörigen des eigenen Staates vorsehen, als besondere Vorschriften des Belegenheitsrechts nach Art. 3a Abs. 2 EGBGB anzuerkennen sind.[305] Derartige Regelungen begünstigen die Angehörigen des eigenen Staates dadurch, dass ihnen stets Pflichtteils- oder Noterbrechte nach ihrem eigenen Erbrecht auch dann zugesprochen werden, wenn der Nachlass einem ausländischen Gesamtstatut unterliegt und dieses für sie ungünstigere Regelungen vorsieht. Es handelt sich hierbei um eine Rechtsfigur, die fast ausschließlich in Mittelamerika verbreitet ist. *Süß* sieht in derartigen Inländerprivilegien zu Recht eine nicht zu rechtfertigende Diskriminierung von Ausländern, die im Rahmen des *ordre public*-Vorbehalts des Art. 6 EGBGB aufzufangen sind.[306] Derartige Regelungen sind daher nicht nach Art. 3a Abs. 2 EGBGB anzuerkennen, vielmehr ist das *ordre public*-widrige Rechtsanwendungsergebnis aus dem Ausland im Inland gerichtlich zu kompensieren.[307] Die Rechtsordnungen folgender Staaten sehen Inländerprivilegien vor:[308] 168
- Brasilien,
- Ecuador,

---

[299] *Kropholler* IPR § 45 IV 4c) S. 357; *Riering* ZEV 1995, 404; a. A. Staudinger/*Dörner* Art. 25 EGBGB Rn. 519 (extensive Auslegung des Art. 25 Abs. 2 EGBGB).
[300] BGHZ 146, 341 = NJW 2001, 1056.
[301] BGHZ 146, 310 = NJW 2001, 2396 zu Art. 25 Abs. 2 RAG der DDR.
[302] Staudinger/*Dörner,* Art. 25 EGBGB Rn. 515 ff.
[303] MünchKommBGB/*Birk,* Art. 25 EGBGB Rn. 65; Bamberger/Roth/*S. Lorenz,* Art. 25 EGBGB Rn. 20.
[304] BT Drucks. 10/5632 S. 44.
[305] Für eine Anerkennung: Staudinger/*Dörner,* Art. 25 EGBGB Rn. 572.
[306] Vgl. dazu Rn. 258 ff.
[307] Mayer/Süß/Tanck/Bittler/Wälzholz/*Süß* § 15 Rn. 133.
[308] Bamberger/Roth/*S. Lorenz,* Art. 25 EGBGB Rn. 83.

- El Salvador,
- Kolumbien,
- Nicaragua,
- Republik China (Taiwan).

169 Nicht hierher gehören die faktischen Privilegierungen, die Inländer dadurch erfahren, dass eine Rechtsordnung die **Rechtswahl** zugunsten einer ausländischen Erbrechtsordnung nur unter Vorbehalt des inländischen Pflichtteilsrechts zulässt. Jedem Staat steht es frei, eine Rechtswahl zuzulassen oder sie insgesamt auszuschließen. Lässt er eine Rechtswahl zu, kann er auch festlegen, in welchem Umfang die Rechtswahl gestattet ist. Solange eine derartige Einschränkung der Rechtswahl nicht gezielt nur zugunsten der Angehörigen des eigenen Staates vorgesehen ist (z. B. dergestalt, dass sich die eigenen Staatsangehörigen auch im Fall der Rechtswahl eines fremden Erbrechts stets auf das inländische Pflichtteilsrecht berufen können), ist hierin ein Verstoß gegen den *ordre public* grundsätzlich auch dann nicht zu sehen, wenn sich die Einschränkung der Rechtswahlfreiheit im konkreten Einzelfall zugunsten der Angehörigen des eigenen Staates auswirkt. Eine derart anzuerkennende beschränkte Rechtswahl unter dem Vorbehalt des inländischen Pflichtteilsrechts sehen die Rechtsordnungen der folgenden Staaten vor:[309]

- Belgien,
- Benin,
- Bulgarien,
- Italien.

170 *dd) Funktionelle Nachlassspaltung.* Auch die funktionelle Nachlassspaltung wird aus deutscher Sicht nach Art. 3a Abs. 2 EGBGB anerkannt. Zur funktionellen Nachlassspaltung kommt es, weil einige Rechtsordnungen, unter anderem Österreich und die vom *common law* geprägten Rechtsordnungen, die **Nachlassabwicklung,** also die Inbesitznahme des Nachlasses durch den Erben, den Übergang des Eigentums vom Erblasser auf den Erben, die Erbenhaftung und die Erfüllung der Verbindlichkeiten des Erblassers und seiner letztwilligen Anordnungen nicht erbrechtlich, sondern (im Fall des *common law*) verfahrensrechtlich oder (im Fall Österreichs) sachenrechtlich qualifizieren und damit in beiden Fällen dem Belegenheitsrecht zuordnen.[310]

Fallbeispiel:

Die Person des Erben oder Vermächtnisnehmers eines Grundstücks eines Deutschen in Österreich wird auch aus österreichischer Sicht nach deutschem Erbrecht bestimmt. Das Eigentum an dem Grundbesitz erwirbt der Erbe aber nicht aufgrund Universalsukzession nach dem deutschen § 1922 BGB, sondern durch staatliche Einantwortung gemäß § 797 ABGB. Der Modus der Einantwortung bestimmt zugleich auch über die Haftung des Erben für Nachlassverbindlichkeiten. Die funktionelle Nachlassspaltung hat auf das Pflichtteilsrecht keine Auswirkungen; die Ansprüche richten sich nach den Regeln des Erbstatuts, im Beispiel also nach deutschem Recht.

5. Die Erbfolge nach einem ausländischen Erblasser

171 Die Erbfolge nach einem Erblasser, der zum Zeitpunkt seines Todes nicht die deutsche Staatsangehörigkeit besaß und rechtlich auch nicht wie ein deutscher Staatsangehöriger zu behandeln ist,[311] bestimmt sich gemäß Art. 25 Abs. 1 EGBGB nach den Vorschriften des ausländischen Heimatrechts des Erblassers. Besaß der Erblasser zumindest **auch die deutsche Staatsangehörigkeit,** ist gemäß Art. 5 Abs. 1 S. 2 EGBGB allein diese maßgeblich und eine Prüfung des ausländischen Rechts aus deutscher Sicht nicht angezeigt: Es ist allein deutsches Recht anzuwenden, und dies auch dann, wenn der Erblasser zuletzt im Ausland ansässig war und dorthin engere Verbindungen als nach Deutschland unterhielt.

172 In der Praxis wird im Zusammenhang mit (ausschließlich) ausländischen Staatsangehörigen häufig übersehen, dass **nicht unmittelbar das betreffende ausländische Erbrecht** ange-

---

[309] Bamberger/Roth/*S. Lorenz*, Art. 25 EGBGB Rn. 83.
[310] Art. 43 Abs. 1 EGBGB.
[311] Vgl. Rn. 115 ff.

III. Bestimmung des einschlägigen Erbstatuts und Umfang des Nachlasses

wandt werden darf. Vielmehr verweist Art. 25 Abs. 1 EGBGB, wie Art. 4 Abs. 1 S. 1 EGBGB festlegt, bei einem ausländischen Erblasser nicht unmittelbar auf das ausländische materielle Erbrecht, sondern auf das ausländische Recht insgesamt, also einschließlich seines IPR (sog. **Gesamtnormverweisung**).

a) Feststellung des Personalstatuts. Bevor jedoch die im Rahmen der Gesamtnormverweisung auf fremdes Recht angezeigte Prüfung angestellt werden darf, ist zunächst zu untersuchen, ob der Erblasser überhaupt die betreffende fremde Staatsangehörigkeit besaß. Hierbei sind die Vorschriften des fremden Staats maßgebend.[312] In der Praxis wird diese Rechtsfrage meist wie eine Tatsachenfrage behandelt und insbesondere die Vorlage eines ausländischen Ausweispapiers als ausreichender Nachweis der fremden Staatsangehörigkeit des Erblassers angesehen.

b) Mehrstaater, Staatenlose. Hatte der Erblasser mehr als eine fremde oder gar keine Staatsangehörigkeit, ist gemäß Art. 5 Abs. 1 S. 1, Abs. 2 EGBGB das Recht des Staates (im Fall der Mehrstaatigkeit: unter denjenigen Staaten, denen er angehörte) anzuwenden, in dem der Erblasser seinen letzten gewöhnlichen oder einfachen Aufenthalt hatte oder dem er am engsten verbunden war. Das Gesetz schreibt für beide Fälle – Staatenlose bzw. Mehrstaater – unterschiedliche Maßstäbe vor:

Bei nicht-deutschen **Mehrstaatern** ist die Staatsangehörigkeit maßgeblich, die als sog. effektive Staatsangehörigkeit anzusehen ist. Maßgeblich ist, welchem Staat unter denjenigen, denen er angehörte, der Erblasser etwa aufgrund seines gewöhnlichen Aufenthalts oder seines früheren Lebens am engsten verbunden war. Als Kriterien kommen insbesondere berufliche, familiäre und kulturelle Bindungen in Betracht, daneben Sprache und Sprachkenntnisse, Religion, Teilnahme am öffentlichen Leben, z. B. an öffentlichen Wahlen, Erfüllung des Militärdienstes oder der Ort des Schulbesuchs der eigenen Kinder.[313] Aufgrund der Offenheit des gesetzlichen Maßstabs wird darüber gestritten, ob aus Rechtssicherheitsgründen stets dem letzten gewöhnlichen Aufenthalt in einem Heimatstaat der Vorrang einzuräumen sei.[314] Bei auch-deutschen Mehrstaatern kommt es auf diese Prüfung wie erwähnt nicht an. Gemäß Art. 5 Abs. 1 S. 2 EGBGB hat die deutsche Staatsangehörigkeit stets Vorrang.[315]

Bei **Staatenlosen** oder Personen, deren Staatsangehörigkeit nicht ermittelt werden kann, stellt das Gesetz schematisch auf den letzten gewöhnlichen Aufenthalt des Erblassers, hilfsweise auf seinen schlichten Aufenthaltsort ab. Die Regelung kommt nur zur Anwendung, wenn keine vorrangigen staatsvertraglichen oder spezialgesetzlichen Sonderregelungen eingreifen, nach denen der Betroffene wie ein Deutscher zu behandeln ist.[316] Der gewöhnliche Aufenthalt ist nicht nach steuerlichen Kriterien des § 9 AO, insbesondere der sog. 180-Tage-Regel, sondern nach wertenden Gesichtspunkten zu bestimmen. Maßgeblich ist, wo der Daseinsmittelpunkt des Erblassers war. Bei Grenzgängern, die ständig zwischen Wohn- und Arbeitsstätte pendeln, kommt es maßgeblich darauf an, wo der Erblasser zur Ruhe kommt, also seine Freizeit, insbesondere an Wochenenden verbringt.[317] Der kollisionsrechtliche Begriff des gewöhnlichen Aufenthalts ist von Besonderheiten der nationalstaatlichen Auslegungen geprägt. Dies gilt auch im Verhältnis zu anderen EU-Staaten. Der EuGH hat im Bereich des Kollisionsrechts bislang keine Entscheidung zum Begriff des gewöhnlichen Aufenthalts gefällt. Die bisherigen Entscheidungen sind zu steuer- und abgabenrechtlichen Bestimmungen ergangen und dürften kaum übertragbar sein.[318]

---

[312] Vgl. die Zusammenstellung ausländischer Staatsangehörigkeitsgesetze bei *Bergmann/Ferid/Henrich*, Internationales Ehe- und Kindschaftsrecht (Loseblatt).
[313] Bamberger/Roth/*S. Lorenz,* Art. 5 EGBGB Rn. 6.
[314] Dafür: Soergel/*Kegel,* Art. 5 Rn. 9; *Mansel,* Staatsangehörigkeit und Effektivität, § 7 Rn. 380; kritisch: Bamberger/Roth/*S. Lorenz,* Art. 5 EGBGB Rn. 7.
[315] Vgl. auch Rn. 173.
[316] Vgl. Rn. 119 ff.
[317] *Kegel* FS Rehbinder 2002, 699, 702 f; *Spickhoff* IPRax 1995, 185, 187; MünchKommZPO/*Bernreuther,* § 606 ZPO Rn. 17; differenzierend: Staudinger/*Spellenberg* §§ 606 ff ZPO Rn. 185 (je nach Zweck der Anknüpfung); vgl. auch KG FamRZ 1987, 603 (mehrere gewöhnliche Aufenthalte nebeneinander).
[318] *Lehmann,* Reform des internationalen Erbrechts 2006, S. 47 ff., 107 ff.

177 c) **Gesamtnormverweisung, Rück- und Weiterverweisung (sog. Renvoi).** Steht die (ausschließlich) ausländische Staatsangehörigkeit des Erblassers auf diese Weise fest, verweist Art. 25 Abs. 1 EGBGB auf das ausländische Heimatrecht des Erblassers. Diese Verweisung bezieht als sog. **Gesamtverweisung** das dortige (fremde) Kollisionsrecht mit ein.[319] Es darf also nicht unmittelbar das fremde Sachrecht angewandt werden. Vielmehr ist zunächst zu prüfen, ob das fremde Recht selbst das eigene Sachrecht auf den fraglichen Sachverhalt anwendet oder seinerseits auf eine dritte Rechtsordnung weiter- bzw. auf das deutsche Recht zurückverweist (sog. *Renvoi*). Diese Prüfung des fremden IPR zu übersehen und unmittelbar das fremde Sachrecht anzuwenden ist eine in der Praxis **häufige Fehlerquelle.**

178 Nur ausnahmsweise verweist das deutsche Kollisionsrecht unmittelbar auf fremdes Sachrecht (sog. Sachnormverweisung). Dies ist

- im Zweifel bei **staatsvertraglichen Kollisionsnormen,**[320]
- bei Verweisungen des deutschen Kollisionsrechts auf fremde Sachvorschriften,[321]
- bei einer **Rechtswahl** durch die beteiligten Parteien, Art. 4 Abs. 2 EGBGB,
- bei verweisungsimmanenten Gründen, wenn ein *Renvoi* dem Sinn der Verweisung widersprechen würde,[322]

der Fall.

Praxistipp:

179 Verweisungsimmanente Gründe sollen nach einer in der Literatur vertretenen Ansicht dafür sprechen, Verweisungen auf die „engste Verbindung" grundsätzlich als Sachnormverweisungen aufzufassen.[323] Es sei sinnwidrig, den Richter erst zu einer umfassenden Prüfung der engsten Verbindung aufzurufen, nur um das gefundene Einzelfallergebnis anschließend durch einen *Renvoi* des Staats der engsten Verbindung zunichte machen zu lassen.

180 Die Lehre von **Rück- und Weiterverweisungen** (sog. *Renvoi*) sollte dazu dienen, den **Entscheidungsdissens** zwischen verschiedenen Rechtsordnungen, die denselben Fall unterschiedlichen nationalen Rechten unterstellen, zu reduzieren,[324] was indes insbesondere dann nicht gelingt, wenn auch das fremde Recht der Lehre vom *Renvoi* folgt.

Fallbeispiel:
Die Erbfolge nach einem Franzosen unterliegt gemäß Art. 25 EGBGB nicht zwangsläufig dem französischen materiellen Erbrecht. Vielmehr ist nach Art. 4 Abs. 1 S. 1 EGBGB zunächst zu untersuchen, welches Recht nach französischen Maßstäben zur Anwendung kommt. Das dortige Recht folgt dem sog. Aufenthaltsprinzip, d.h. dass ein Erblasser aus französischer Sicht nach dem Recht des Staates beerbt wird, in dem er zuletzt ansässig war.[325] Lebte der französische Erblasser etwa in Deutschland, führt diese Regel zum deutschen Recht zurück. Aus **deutscher Sicht** kommt es somit trotz der französischen Staatsangehörigkeit des Erblassers zur Anwendung des deutschen materiellen Erbrechts. Allerdings würden **französische Stellen** nicht deutsches, sondern französisches materielles Erbrecht anwenden. Da der französische Erblasser, so die französische Sichtweise, zuletzt in Deutschland ansässig war, sei zunächst das deutsche Recht im Rahmen des *Renvoi* danach zu befragen, ob es auf den Erbfall angewandt werden wolle. Das deutsche Staatsangehörigkeitsprinzip des Art. 25 Abs. 1 EGBGB ist aufgrund der französischen Staatsangehörigkeit des Erblassers aus französischer Sicht als Rückverweisung aufzufassen, die angenommen wird.[326]

---

[319] Art. 4 Abs. 1 S. 1 EGBGB.
[320] BayObLGZ 1967, 418 ff.; Staudinger/*Dörner*, Art. 25 EGBGB Rn. 654.
[321] Nach Art. 3a Abs. 1 EGBGB, z.B. Art. 25 Abs. 2, Art. 26 Abs. 1 sowie 4 EGBGB, vgl. Staudinger/*Dörner*, Art. 25 EGBGB Rn. 655.
[322] Art. 4 Abs. 1 S. 1 EGBGB , vgl. Staudinger/*Dörner*, Art. 25 EGBGB Rn. 656.
[323] MünchKommBGB/*Sonnenberger*, Art. 4 Rn. 29; *Siehr*, FS Sonnenberger (2004), S. 671; Erman/*Hohloch*, Art. 41 Rn. 4; nach *Kropholler*, IPR § 22 II S. 169 f. soll dies allerdings nicht bei der Prüfung der engsten Verbindung gemäß Art. 4 III S. 2 EGBGB im Fall interlokal gespaltenen Rechts gelten.
[324] *Michaels* RabelsZ 61 (1997), 685, 689, 693.
[325] Vgl. Länderbericht Frankreich § 15 Rn. 105.
[326] Art. 4 Abs. 1 S. 2 EGBGB.

III. Bestimmung des einschlägigen Erbstatuts und Umfang des Nachlasses

Im Rahmen der *Renvoi*-Prüfung ist das ausländische Kollisionsrecht grundsätzlich so anzuwenden, wie es ein Richter des fremden Staates auch tun würde, d. h. insbesondere einschließlich der dortigen Auslegung von Tatbestandsmerkmalen.[327]

Praxistipp:
Länderberichte zum *Renvoi* finden sich bei Staudinger/*Hausmann*, BGB Art. 4 EGBGB Rdnr. 665 ff. sowie bei *Schotten/Schmellenkamp*, IPR, Anhang II.

Die Anwendung des fremden Kollisionsrechts kann zu vier unterschiedlichen Ergebnissen führen:
- Ist auch aus Sicht der fremden Rechtsordnung, auf die das deutsche Recht verwiesen hat, das dortige Recht anwendbar, nimmt das fremde Recht die Verweisung an (**Annahme der Verweisung**). Es verbleibt dann bei der Anwendung des dortigen Rechts.

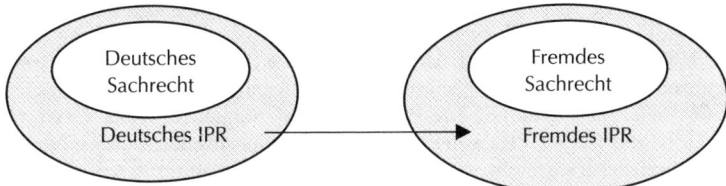

- Verweist das fremde Kollisionsrecht, auf das das deutsche Recht verwiesen hat, auf das deutsche Recht zurück (**Rückverweisung**),[328] kommt deutsches materielles Recht zur Anwendung, weil die deutsche Rechtsordnung diese direkte Rückverweisung annimmt.[329]

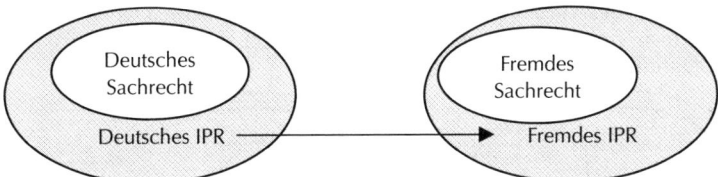

- Das fremde Kollisionsrecht kann auch auf das Recht eines dritten Staates verweisen (**Weiterverweisung**). Es kommt dann zu einer Verweisungskette, in deren Verlauf mit dem Recht des Drittstaats ebenso zu verfahren ist wie zuvor beim zunächst berufenen Heimatrecht des Erblassers. Diese Prüfung unter dem Recht des Drittstaats kann zu einer erneuten Weiterverweisung oder auch zu einer Rückverweisung, z. B. auf deutsches Recht führen.

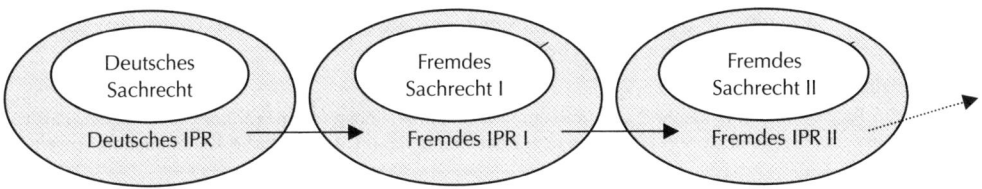

---

[327] Staudinger/*Dörner*, Art. 25 EGBGB Rn. 658.
[328] Vgl. dazu den Beispielsfall oben.
[329] Art. 4 Abs. 1 S. 2 EGBGB.

Fallbeispiel:

Verstirbt ein Franzose mit letztem Wohnsitz in Belgien und wird der Fall, z. B. wegen eines Erbscheins, in Deutschland verhandelt, verweist das deutsche auf französisches Recht, das seinerseits auf belgisches Recht weiterverweist. Das dortige Recht nimmt die Weiterverweisung an. Unterscheiden sich – je nach Lage des Falls – die Auslegungskriterien der betroffenen Staaten, ist denkbar, dass der Erblasser aus Sicht des französischen Rechts seinen Wohnsitz in einem dritten Staat hatte, aus Sicht dieses dritten Staates aber in Deutschland oder einem weiteren Staat.

Praxistipp:

186 Es ist umstritten, ob das Kollisionsrecht des Drittstaats überhaupt geprüft oder die Verweisungskette aus Praktikabilitätsgründen in entsprechender Anwendung des Art. 4 Abs. 1 S. 2 EGBGB nicht stets abgebrochen werden soll.[330]

187 Verweist das Recht eines Staates, der im Rahmen der Weiterverweisung angerufen wurde, auf das Recht eines vorangegangenen Staates der Verweisungskette zurück, kommt es zu einem **Verweisungszirkel**, der bei konsequenter Anwendung der Kollisionsregeln nicht endet. Wie ein solcher Verweisungszirkel unterbrochen werden soll, ist umstritten. Nach der Auffassung, nach der die Verweisung stets aus Praktikabilitätsgründung entsprechend Art. 4 Abs. 1 S. 2 EGBGB nach der Anwendung des Kollisionsrechts des ersten fremden Staats abgebrochen werden soll, kommt es nicht zu einem Verweisungszirkel, weil das Sachrecht des ersten Drittstaats ohne Prüfung einer möglichen Weiterverweisung angewandt wird.[331] Eine Gegenauffassung will in die Verweisungskette nur eingreifen, wenn ein Verweisungszirkel festgestellt wird. In diesem Fall sei im Interesse des **internationalen Entscheidungseinklangs** das Kollisionsrecht des Staates anzuwenden, auf das das deutsche Recht zunächst verwiesen hat.[332] Diese Ansicht führt insbesondere im Fall einer Rückverweisung auf das Heimatrecht des Erblassers zu einem abweichenden Ergebnis, sofern das Heimatrecht des Erblassers die Rückverweisung annimmt.

188 • Das fremde Recht kann die Verweisung schließlich auch nur teilweise annehmen, zum Teil aber weiter- oder zurückverweisen (sog. **gespaltene Rück- oder Weiterverweisung**). Möglich ist auch eine gespaltene Verweisung auf zwei weitere Rechtsordnungen ohne teilweise Annahme der Verweisung.

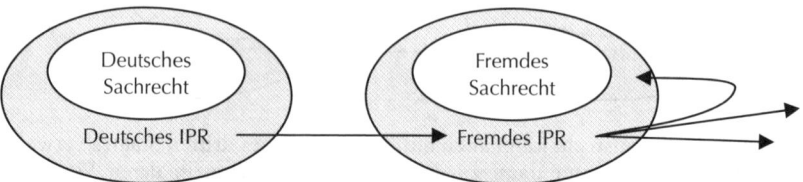

189 Jede Rechtsordnung bestimmt für sich, welchen Regelungsumfang sie dem Bereich des Erbrechts beimisst. Hat die fremde Rechtsordnung, auf die das deutsche Recht verwiesen hat, einen engeren Systembegriff des Erbrechts oder unterstellt es bestimmte Nachlassgegenstände gesonderten Anknüpfungsmerkmalen, kann es zur gespaltenen Weiter- oder Rückverweisung kommen. Die Folge einer gespaltenen Rück- und Weiterverweisung ist regelmäßig eine kollisionsrechtliche **Nachlassspaltung**.[333]

Fallbeispiel:

Ein Engländer mit deutschem *domicile* hinterlässt ein Grundstück in Frankreich. In diesem Fall verweist das englische Recht wegen des deutschen *domicile* auf das deutsche Recht zurück, soweit der

---

[330] *Kropholler*, IPR § 24 II S. 169 f.; Staudinger/*Dörner*, Art. 25 EGBGB Rn. 677; a. A. LG Frankfurt a. M. IPRspr. 1997, 234.
[331] *Kropholler*, IPR § 24 II S. 175;
[332] Staudinger/*Hausmann*, EGBGB Art. 4 Rn. 253; Kegel/*Schurig*, IPR § 10 IV, S. 403.
[333] Zum in der Praxis häufigen Fall der Nachlassspaltung hinsichtlich Immobilienvermögen vgl. oben Rn. 31 ff.

bewegliche Nachlass des Erblassers betroffen ist. Insoweit kommt deutsches Erbrecht zur Anwendung. Der unbewegliche Nachlass unterliegt nach englischem Recht indes dem Belegenheitsrecht; insoweit verweist das englische somit auf das französische Recht, das diese Verweisung annimmt.[334]

> **Praxishinweis:**
> Deutsche Grundstücke eines Ausländers können eine Teilrückverweisung auf deutsches Erbrecht mit den entsprechenden Pflichtteilsfolgen auslösen, die nach Art. 4 Abs. 1 S. 2 EGBGB vom deutschen Recht angenommen wird. Dieses Ergebnis kann vermieden werden, indem die deutsche Immobilie in eine Gesellschaft (z. B. GbR, KG, OHG, GmbH oder eine ausländische Rechtsform) eingelegt wird. Der Gesellschaftsanteil wird vom deutschen Recht nicht als unbewegliches Vermögen qualifiziert und löst daher grundsätzlich keine Rückverweisung aus.
> Ob diese Gestaltung bei ausländischen Grundstücken auch möglich ist, muss anhand der Qualifikationsregeln des dortigen Belegenheitsrechts geprüft werden.[335]

190

Die gespaltene Rück- und Weiterverweisung kann sich auch auf den betroffenen Regelungsbereich beziehen, muss also nicht unterschiedliche Nachlassgegenstände betreffen. Nach deutschem Verständnis etwa umfasst der **Systembegriff des Erbrechts** neben der Bestimmung der Erbfolge auch die Fragen der Haftung für Nachlassverbindlichkeiten, des Rechtsverhältnisses mehrerer Erben untereinander sowie der Pflichtteilsergänzung, und damit lebzeitige Schenkungen des Erblassers. Nach englischem Verständnis regelt das Erbrecht ausschließlich die Verteilung des beim Tod des Erblassers noch vorhandenen Nachlasses[336] – weshalb Ansprüche der Pflichtteilsberechtigten gegen Beschenkte schon aus systematischen Gründen erbrechtlich nicht begründet werden können. Auch die Fragen der Nachlassabwicklung und der Haftung für Erblasserverbindlichkeiten unterliegen nach englischem Verständnis nicht dem Erbstatut. Im obigen Beispiel verweist das englische Recht also aufgrund des deutschen *domicile* des britischen Erblassers auf deutsches Recht zurück. Diese Rückverweisung umfasst indes nicht die Fragen der Pflichtteilsergänzung und der Nachlassabwicklung (sog. **funktionell beschränkte Rückverweisung**). Hinsichtlich der Nachlassabwicklung ist nach englischem Recht grundsätzlich Belegenheitsrecht anzuwenden, hinsichtlich des französischen Grundstücks also beispielsweise französisches Recht.

191

d) **Verweisung bei Teilrechtsordnungen (insbesondere interlokales und interpersonales Recht).** Mehrere ausländische Staaten unterhalten auf ihrem Staatsgebiet mehrere Rechtsordnungen. Zu unterscheiden sind Staaten mit territorial konkurrierenden Rechtsordnungen (**interlokale Rechtsspaltung**), wie z. B.

192

- Australien,
- Volksrepublik China,
- Frankreich (bzgl. Insel Mayotte),
- Kamerun,
- Kanada,
- Nigeria,
- Spanien,
- Vereinigtes Königreich von Großbritannien und Nordirland und
- Vereinigte Staaten von Amerika

sowie Staaten, die mehrere Rechtsordnungen für ihre Bürger, z. B. in Abhängigkeit von deren Religionszugehörigkeit oder Ethnie vorsehen (**interpersonale Rechtsspaltung**), wie z. B.

- Ägypten,
- Iran,

---

[334] Vgl. Länderbericht Frankreich, § 15 Rn. 105 ff. Zu England vgl. *Süß/Odersky*, Erbrecht in Europa, Großbritannien: England und Wales, Rn. 2, 4 f., 8.
[335] Vgl. dazu oben Rn. 154.
[336] Es kann auch eine Beschränkung auf den schon vorhandenen Nachlass geben, vgl. Rn. 294 ff.

- Israel (hinsichtlich des Eherechts),
- Griechenland (bzgl. Muslime in Thrakien),
- Mali,
- Mexiko,
- Niger,
- Pakistan,
- Sri Lanka,
- Sudan,
- Swaziland,
- Tschad,
- Uganda,
- Zentralafrikanische Republik.

Praxistipp:

193 Länderberichte zur Unteranknüpfung bei Mehrrechtsstaaten finden sich bei Staudinger/*Hausmann*, BGB Art. 4 EGBGB Rdnr. 665 ff.

194 Art. 4 Abs. 3 EGBGB hält für diese Fälle nur eine unvollständige Regelung bereit. In jedem Fall einer Verweisung auf das Recht eines fremden Staats, der mehrere Teilrechtsordnungen bereithält, ist vorrangig – soweit vorhanden – das fremde gesamtstaatliche Kollisionsrecht daraufhin zu prüfen, ob das fremde IPR die Verweisung annimmt. Nur wenn es nicht weiter oder zurückverweist ist weiter zu unterscheiden:

195 *aa) Konkreter Verweis auf einen Ort innerhalb eines Mehrrechtsstaats bei interlokaler Rechtsspaltung.* Verweist das deutsche Recht – etwa aufgrund der Anknüpfung an den (letzten) gewöhnlichen Aufenthalt oder Wohnsitz – auf einen Ort innerhalb des Mehrrechtsstaats, ist dies bei interlokal gespaltenem Recht als unmittelbarer Verweis auf die betreffende Teilrechtsordnung aufzufassen.[337] In diesem Fall muss nicht das Kriterium der engsten Verbindung nach Art. 4 Abs. 3 S. 2 EGBGB geprüft werden.[338] Zu prüfen sind aber – soweit vorhanden – neben dem erwähnten fremden Kollisionsrecht auf gesamtstaatlicher Ebene auch das fremde interlokale Kollisionsrecht.

Fallbeispiel:[339]

Heiratet ein Spanier eine Deutsche in Barcelona, wo beide zunächst leben, verweisen Artt. 15 I, 14 I Nr. 2 EGBGB, wenn beide sich später in Deutschland niederlassen und scheiden lassen möchten, auf das Recht am gewöhnlichen Aufenthalt bei Eheschließung, hier also das in Barcelona geltende Recht. Das gesamtspanische Kollisionsrecht nimmt die Verweisung an, Art. 9 Nr. 2 C.C. Das spanische interlokale Kollisionsrecht stimmt hiermit überein, Art. 16 Nr. 1 C.C., so dass es bei der Anwendung des katalanischen Partikularrechts bleibt.

196 *bb) Verweis auf Gesamtstaat bei einheitlichem interlokalem oder interpersonalem Privatrecht.* Verweist das deutsche Recht, insbesondere aufgrund der Anknüpfung an die Staatsangehörigkeit, auf einen fremden Gesamtstaat mit mehreren Teilrechtsordnungen, so ist nach der vorrangigen Prüfung auf einen *Renvoi* zu untersuchen, ob der fremde Staat eigene Vorschriften für die Bestimmung der anwendbaren Teilrechtsordnung bereithält.[340] Dies ist bei interpersonal gespaltenem Recht regelmäßig, bei interlokaler Rechtsspaltung teilweise der Fall. Die anwendbare Teilrechtsordnung bestimmt sich dann nach den Vorschriften des fremden Staates.

197 *cc) Verweis auf Gesamtstaat bei fehlendem interlokalem oder interpersonalem Privatrecht.* Führt der Verweis auf einen Gesamtstaat zu einer fremden Rechtsordnung, die mehre-

---

[337] *Kropholler*, IPR § 29 II 2, S. 203; *von Bar/Mankowski* I § 4 Rn. 155 f.; BT-Drucks. 10/504, 40.
[338] *Kropholler*, IPR § 29 II 2, S. 204.
[339] Nach *Kropholler*, IPR § 29 II 2, S. 204.
[340] Art. 4 Abs. 3 S. 1 EGBGB.

III. Bestimmung des einschlägigen Erbstatuts und Umfang des Nachlasses 198–200 § 14

re Teilrechtsordnungen, aber keine gesamtstaatliche Regelung für die Bestimmung der anwendbaren Teilrechtsordnung besitzt, so ist gemäß Art. 4 Abs. 3 S. 2 EGBGB nach dem Maßstab der engsten Verbindung zu entscheiden.

Fallbeispiel:
In den USA existiert weder ein bundeseinheitliches Kollisionsrecht, noch bundeseinheitliche Bestimmungen zum interlokalen Recht. Verstirbt daher ein US-Amerikaner nach 20jährigem, ununterbrochenem gewöhnlichen Aufenthalt in Hamburg, so bedarf es weiterer Informationen, um das Kollisionsrecht des Bundesstaates ermitteln zu können, das zur Lösung dieses Falls heranzuziehen ist. Bestand die engste Verbindung des Erblassers zum Bundesstaat New York, etwa weil seine Eltern dort gelebt haben, er dort aufgewachsen und von dort nach Deutschland gezogen ist, so ist das IPR des Bundesstaates New York auf einen *Renvoi* auf einen anderen Bundesstaat innerhalb der USA oder einen Staat außerhalb der USA zu befragen. Im Fallbeispiel kommt es bezüglich des beweglichen Nachlasses zur Rückverweisung zum deutschen Recht, wenn der Erblasser in Deutschland nach den Maßstäben des New Yorker Rechts ein *domicile of choice* begründet hat. Das deutsche Recht nimmt die Rückverweisung an.[341]

e) Innerdeutsches Kollisionsrecht (Altfälle). Eine Besonderheit stellte bis zur Wiedervereinigung Deutschlands zum 3. 10. 1990 das innerdeutsche Kollisionsrecht dar. Nach westdeutscher Auffassung gab es nämlich auch nach Erlass des DDR-Staatsbürgerschaftsgesetzes von 1967, das eine eigene DDR-Staatsangehörigkeit schaffen sollte, keine getrennte bundesrepublikanische und DDR-Staatsangehörigkeiten, sondern nur eine einheitliche Staatsangehörigkeit aller Deutschen.[342] Die Anwendung des Art. 25 EGBGB, der nur auf die Staatsangehörigkeit allgemein abstellte, war daher nicht geeignet, die Frage der Anwendbarkeit des ZGB der DDR oder des BGB der Bundesrepublik zu beantworten. Nach der Rechtsprechung wurde diese Frage daher in Abweichung vom EGBGB anhand des gewöhnlichen Aufenthalts des Erblassers beantwortet.[343] Dieses Problem stellt sich nur noch im Zusammenhang mit Altfällen, in denen der Erblasser vor dem 3. 10. 1990 verstorben ist.[344] **198**

f) Rechtswahl nach Art. 25 Abs. 2 EGBGB. Die Rechtswahl ist kein Ausfluss der materiellrechtlichen Testierfreiheit. Sie steht daher nur dort zur Verfügung, wo sie vom Gesetz ausdrücklich zugelassen wurde.[345] Das deutsche Erbkollisionsrecht sieht nur in Art. 25 Abs. 2 EGBGB eine eng begrenzte Möglichkeit der Rechtswahl vor. Sie steht nur Ausländern, nur beschränkt auf deutsche Immobilien und nur zugunsten des deutschen Rechts offen. Für Inländer ergibt sich die Anwendbarkeit des deutschen Rechts bereits aus ihrer deutschen Staatsangehörigkeit.[346] Die Rechtswahl nach Art. 25 Abs. 2 EGBGB hat vergleichbare Wirkungen wie eine auf Immobilien beschränkte Teilrückverweisung auf deutsches Recht. Zu einer solchen Teilrückverweisung kommt es etwa, wenn ein Franzose mit gewöhnlichem Aufenthalt in Frankreich eine deutsche Immobilie hinterlässt. Neben der Rechtswahl nach dem deutschen Art. 25 Abs. 2 EGBGB ist auch eine Rechtswahl nach einer fremden Rechtsordnung zu beachten, wenn das deutsche Recht auf die betreffende fremde Rechtsordnung verweist.[347] Die ist z. B. der Fall, wenn ein Italiener mit gewöhnlichem Aufenthalt in Deutschland nach dem italienischen Art. 46 Abs. 2 IPRG deutsches Erbrecht wählt. **199**

Die Rechtswahl nach Art. 25 Abs. 2 EGBGB muss in der **Form** einer letztwilligen Verfügung getroffen werden,[348] kann hierin jedoch auch konkludent erfolgen.[349] Die Verfügung von Todes wegen muss keine weiteren Verfügungen enthalten.[350] Darüber hinaus unterliegt die Rechtswahl analog Artt. 27 Abs. 4, 31 Abs. 1 EGBGB deutschem materiellen Recht und **200**

---
[341] Art. 4 Abs. 1 S. 2 EGBGB.
[342] *Kropholler*, IPR § 29 III 2, S. 206.
[343] BGHZ 40, 32; 91, 186; Palandt/*Heldrich*, Anh. zu Art. 3 Rn. 4.
[344] Vgl. dazu ausführlich § 13.
[345] BGH NJW 1972, 1001, 1002; Palandt/*Heldrich*, Art. 25 EGBGB Rn. 7; *Nieder/Kössinger*, Handbuch Testamentsgestaltung, § 5 Rn. 21.
[346] Art. 25 Abs. 1 EGBGB.
[347] Vgl. unten Rn. 210 f.
[348] Formulierungsvorschläge bei MünchKommBGB/*Birk*, Art. 25 EGBGB Rn. 41
[349] BayObLGZ 1995, 366, 372; OLG Zweibrücken ZEV 2003, 162.
[350] Bamberger/Roth/*S. Lorenz*, Art. 25 Rn. 21.

setzt insbesondere Testierfähigkeit nach deutschem Recht voraus.[351] Die Rechtswahl setzt ein notfalls im Rahmen des mutmaßlichen Erblasserwillens gemäß §§ 139, 2085 BGB zu ermittelndes Rechtswahlbewusstsein voraus.[352] Keine Rechtswahl liegt daher in einem bloß versehentlichen Handeln unter falschem Recht.[353] Gleichwohl kann es ein Indiz für einen Rechtswahlwillen darstellen, wenn der Erblasser typische Rechtsbegriffe einer fremden Rechtordnung verwendet.[354]

Praxistipp:

201 Um die Auslegung möglichst offen zu halten und die Anwendung einer ausländischen Rechtswahlvorschrift zu erleichtern, sollte eine ausdrückliche Bezugnahme auf Art. 25 Abs. 2 EGBGB vermieden werden. Vorzugswürdig ist eine offene Formulierung:
„Die Erbfolge in meinen gesamten inländischen unbeweglichen Nachlass soll deutschem Recht unterliegen."[355]

202 Nach ganz herrschender Ansicht kann die Rechtswahl auf einzelne Objekte beschränkt werden, muss also nicht zum Schutz des Prinzips der Nachlasseinheit sämtliche Inlandsimmobilien umfassen.[356] Der Eindämmung der Nachlassspaltung würde eine restriktivere Handhabung nicht dienen. Die Anzahl der Spaltnachlässe ist nämlich davon unabhängig, wie viele Inlandsimmobilien in den deutschen Spaltnachlass fallen.

Praxistipp:

203 Die Rechtswahl nach Art. 25 Abs. 2 EGBGB steht nicht im Fall vorrangiger Staatsverträge zur Verfügung. Armenier, Aserbaidschaner, Georgier, Iraner, Kasachen, Kirgisen, Moldavier, Russen, Tadschiken, Türken, Ukrainer, Usbeken und Weißrussen können daher keine Rechtswahl nach Art. 25 Abs. 2 EGBGB treffen.[357]

Weiterer Praxistipp:

204 Zubehör, für das die Rechtswahl nach h.M. auch gilt, kann nach umstrittener Ansicht aus der Rechtswahlwirkung herausgelöst werden, indem es letztwillig einem anderen Begünstigten als dem Grundstückserben oder -vermächtnisnehmer zugewandt wird.[358]

205 Der **Widerruf der Rechtswahl** unterliegt denselben Voraussetzungen wie die Rechtswahl. Der Widerruf durch einen Erblasser ist grundsätzlich auch möglich, wenn die Rechtswahl in einem gemeinschaftlichen Testament oder Erbvertrag getroffen wurde.[359] Umstritten ist lediglich, ob eine einmal eingetretene Bindungswirkung des gemeinschaftlichen Testaments oder Erbvertrags von einem späteren Widerruf der Rechtswahl unberührt bleibt,[360] oder ob die Rechtswahl selbst bindend werden kann und ein Widerruf dann insgesamt ausgeschlos-

---

[351] OLG Hamburg IPRspr 2003, Nr. 98 S. 281; Palandt/*Heldrich* Art. 25 EGBGB Rn. 8.
[352] OLG Hamburg IPRspr 2003, Nr. 98 S. 281; Bamberger/Roth/*S. Lorenz*, Art. 25 Rn. 21.
[353] Bamberger/Roth/*S. Lorenz*, Art. 25 Rn. 21; fragwürdig OLG Zweibrücken ZEV 2003, 162.
[354] MünchKommBGB/*Sonnenberger*, Einl. IPR Rn. 648.
[355] Vgl. die Vorschläge bei Mayer/Süß/Tanck/Bittler/Wälzholz/*Süß* § 15 Rn. 98 S. 664.
[356] LG Mainz, RPfleger 1993, 280; MünchKommBGB/*Birk*, Art. 25 EGBGB Rn. 47; Palandt/*Heldrich*, Art. 25 EGBGB Rn. 8; a. A. *Schotten*, IPR Rn. 292.
[357] Vgl. zu den einschlägigen Staatsverträgen oben Rn. 23 ff.
[358] Vgl. Rn. 163.
[359] Bamberger/Roth/*S. Lorenz*, Art. 25 Rn. 22.
[360] Art. 26 Abs. 5 S. 1 EGBGB.

III. Bestimmung des einschlägigen Erbstatuts und Umfang des Nachlasses

sen ist.[361] Vor einem **isolierten Widerruf** der Rechtswahl ohne inhaltliche Überprüfung und ggf. Überarbeitung der sonstigen letztwilligen Verfügung ist **zu warnen**: Der Widerruf der Rechtswahl lässt die übrigen Verfügungen unberührt. Sind diese auf das deutsche Erbrecht abgestimmt, besteht das Risiko, dass sie nach Wegfall der Rechtswahl mit Mitteln des dann anwendbaren ausländischen Erbrechts nicht dargestellt werden können.

Die wirksame Rechtswahl führt zur kollisionsrechtlichen Nachlassspaltung. Das von der Rechtswahl umfasste deutsche Immobilienvermögen bildet einen eigenen Spaltnachlass, der kollisionsrechtlich ein von dem übrigen Nachlass getrenntes Schicksal hat.[362] Die Wirksamkeit der Rechtswahl aus deutscher Sicht bringt nicht stets auch ihre Anerkennung im Ausland mit sich. Es besteht das Risiko des **internationalen Entscheidungsdissenses**.[363] Denkbar ist auch, dass die Wirkungen der Rechtswahl vom ausländischen Recht durch Ausgleichsmaßnahmen bezüglich des Auslandsvermögens revidiert wird.[364] Umgekehrt kann sich die Rechtswahl nach Art. 25 Abs. 2 EGBGB insbesondere anbieten, um einen internationalen Entscheidungsdissens, der ohne Rechtswahl bestehen würde, zu vermeiden. **206**

Fallbeispiel:
Hinterlässt ein Franzose ein Grundstück in Deutschland, vererbt sich die Immobilie aus deutscher Sicht nach deutschem Erbrecht. Art. 25 Abs. 1 EGBGB verweist zwar aufgrund der französischen Staatsangehörigkeit des Erblassers auf französisches Recht. Dieses folgt aber dem Prinzip der Nachlassspaltung, wonach Immobilien stets nach ihrem Belegenheitsrecht, hier: deutschem Recht, vererbt werden.[365] Diese Rückverweisung nimmt das deutsche Recht an.[366] Aus französischem Verständnis ist in Art. 25 Abs. 1 EGBGB eine Rückverweisung zu Art. 3 Abs. 2 C. C. zu sehen, das französische Recht annimmt. Es kommt also zum internationalen Entscheidungsdissens, weil die deutsche Immobilie aus französischer Sicht dem französischen und aus deutscher Sicht dem deutschen Erbrecht unterliegt. Wählt der Erblasser gemäß Art. 25 Abs. 2 EGBGB insoweit deutsches Recht, entfällt aus französischer Sicht die Rückverweisung des Art. 25 Abs. 1 EGBGB, so dass ein internationaler Entscheidungseinklang hinsichtlich der Immobilie zugunsten des deutschen Erbrechts hergestellt wird.

Der beurkundende Notar, der grundsätzlich gesetzlich nicht verpflichtet ist, über Inhalt und Wirkungen des ausländischen Rechts zu belehren,[367] sollte über seine gesetzlichen Pflichten hinaus ihm verfügbare Quellen über das ausländische IPR nutzen oder zumindest über das Risiko belehren, das sich aus dem unbekannten ausländischen Recht ergibt.[368] **207**

Der **Wirkungsumfang der Rechtswahl** ist umstritten. Der Begriff des unbeweglichen Vermögens i. S. d. Art. 25 Abs. 2 EGBGB ist gesetzlich nicht definiert. In zeitlicher Hinsicht stellt sich bereits die Frage, ob auch Grundstücke von der Rechtswahl umfasst sein können, die aufgrund einer Schenkung nicht in den Nachlass fallen, aber noch im Rahmen der Pflichtteilsergänzung zu berücksichtigen sind.[369] In gegenständlicher Hinsicht besteht Einigkeit[370] lediglich dahingehend, dass **208**

- **Eigentum** einschließlich Bruchteilseigentum an Grundstücken und den wesentlichen Bestandteilen i. S. d. §§ 93, 94 BGB,
- grundstücksgleiche Rechte (**Wohnungseigentum, Erbbaurecht**),
- beschränkt dingliche Rechte (**Nießbrauch, Reallasten** usf. an Grundstücken),
- **Grundschulden**,[371]
- **Fischerei-, Jagd-** und **Bergrechte** aufgrund Bergwerkseigentum.[372]

---

[361] Für einen Schutz nur im Rahmen des Art. 26 Abs. 5 EGBGB: Staudinger/*Dörner*, Art. 25 EGBGB Rn. 548; Palandt/*Heldrich*, Art. 25 Rn. 8; a. A. *Lichtenberger* DNotZ 1986, 665; MünchKommBGB/*Birk* Art. 25 Rn. 57 ff.
[362] Vgl. oben Rn. 48 ff.
[363] *Riering* ZEV 1995, 406.
[364] *Nieder/Kössinger*, Handbuch Testamentsvollstreckung, § 5 Rn. 29.
[365] Art. 3 Abs. 2 C. C.
[366] Art. 4 Abs. 1 S. 2 EGBGB.
[367] *Dörner* DNotZ 1988, 67, 86.
[368] Vgl. den Formulierungsvorschlag bei *Nieder/Kössinger*, § 5 Rn. 31.
[369] In diesem Sinne: Mayer/Süß/Tanck/Bittler/Wälzholz/*Süß* § 15 Rn. 229 S. 717.
[370] Soergel/*Schurig*, Art. 25 EGBGB Rn. 4 Fn. 15;
[371] LG Saarbrücken, DNotI-Report 2000, 115; hierdurch fallen Grundschuld und Forderung in unterschiedliche Teilnachlässe, vgl. Mayer/Süß/Tanck/Bittler/Wälzholz/*Süß* § 15 Rn. 86 S. 658.
[372] § 9 BBergG.

209   Daneben gelten die im Rahmen der Qualifikation nach Art. 25 Abs. 2 EGBGB ausführlich dargestellten Grundsätze.³⁷³ Gerafft ergibt sich folgendes Bild: Umstritten ist die Anwendung des Art. 25 Abs. 2 EGBGB auf

- **Hypotheken**, die teils aufgrund ihrer Qualität als Grundpfandrechte dem unbeweglichen Vermögen zugeordnet (Rechtswahl ist möglich), teils aufgrund ihrer Akzessorietät zur gesicherten Forderung dem beweglichen Vermögen zugeschlagen (Rechtswahl scheidet aus) werden. Zum Teil wird umgekehrt sogar die Forderung mit der Hypothek zusammen dem unbeweglichen Vermögen zugeordnet (Rechtswahl ist möglich).³⁷⁴
- **Unwesentliche Bestandteile und Zubehör**, das nicht als wesentlich i. S. d. §§ 93, 94 BGB anzusehen ist. Diese werden teils unter Verweis auf § 97 BGB dem beweglichen Vermögen zugeordnet (Rechtswahl scheidet aus), wohingegen andere im Interesse des Zusammenhalts wirtschaftlicher Einheiten eine Zuordnung zum unbeweglichen Vermögen favourisieren (Rechtswahl ist möglich).³⁷⁵
- **Gesamthandsanteile** (insb. Personengesellschaften, nicht auseinandergesetzte Erbengemeinschaften). Diese werden von der herrschenden Ansicht – anders als Bruchteilseigentum – als bewegliches Vermögen angesehen (Rechtswahl scheidet aus), wohingegen ein Teil der Literatur sie als unbewegliches Vermögen qualifiziert, sofern das Gesamthandsvermögen ganz überwiegend aus inländischem Grundbesitz besteht (Rechtswahl ist möglich).³⁷⁶

210   **g) Rechtswahl nach dem Heimatrecht des Erblassers.** Über die beschränkte Rechtswahlmöglichkeit des deutschen Art. 25 Abs. 2 EGBGB hinaus kann sich eine weitergehende Rechtswahlbefugnis aus dem Heimatrecht des Erblassers ergeben. Diese Rechtswahl des fremden Rechts ist, da Art. 25 Abs. 1 EGBGB eine Gesamtverweisung i. S. d. Art. 4 Abs. 1 EGBGB darstellt, auch vor dem deutschen Recht wirksam. Ob die Rechtswahl zugunsten des deutschen oder dem Recht eines Drittstaats getroffen wird, spielt für ihre Wirksamkeit vor dem deutschen Recht keine Rolle.³⁷⁷ Voraussetzungen und Wirkungen richten sich nach dem Heimatrecht des Erblassers.

Die Zulassung der erbrechtlichen Rechtswahl ist international noch immer eine seltene Ausnahme, ist aber im Zunehmen begriffen. Zugelassen wird die Rechtswahl³⁷⁸ u. a. im

- belgischen,
- brasilianischen,
- finnischen,
- italienischen,
- liechtensteinischen,
- niederländischen,
- rumänischen
- schweizerischen und
- usbekischen Recht.

Fallbeispiel:
Ein Italiener kann gemäß dem italienischen Art. 46 Abs. 2 IPRG das Erbrecht des Staates wählen, in dem er sich zuletzt gewöhnlich aufgehalten hat. Lebte er beispielsweise in Düsseldorf, steht ihm die Wahl des deutschen Erbrechts mit Wirkung für seinen gesamten weltweiten Nachlass offen. Die

---

³⁷³ Vgl. Rn. 151 ff.
³⁷⁴ Beides beweglich: Soergel/*Schurig*, Art. 25 EGBGB Rn. 4; *Ebenroth*, Erbrecht Rn. 1256; beides unbeweglich: MünchKommBGB/*Siehr*, Art. 15 EGBGB Rn. 33; Palandt/*Heldrich*, Art. 15 EGBGB Rn. 22; beides – wie Grundschuld – in getrennten Teilnachlässen: MünchKommBGB/*Birk* Art. 25 EGBGB Rn. 66 f.
³⁷⁵ Beweglich: Soergel/*Schurig*, Art. 25 EGBGB Rn. 4; unbeweglich: Bamberger/Roth/*S. Lorenz*, Art. 25 EGBGB Rn. 20; Mayer/Süß/Tanck/Bittler/Wälzholz/*Süß* § 15 Rn. 87 S. 659.
³⁷⁶ Stets beweglich: Für ererbten Anteil an Erbengemeinschaft BGH 24. 1. 2001 IV ZB 24/00 ZErb 2001, 93 m. Anm. *Süß*; MünchKommBGB/*Birk* Art. 25 EGBGB Rn. 67; *v. Oertzen* IPRax 1994, 73, 79; *Rutkowsky*, FS Simon (2001), 87, 100; teils unbeweglich: *Dörner* DNotZ 1988, 67, 97; Staudinger/*Dörner*, Art. 25 Rn. 519; Erman/*Hohloch*, Art. 25 EGBGB Rn. 18.
³⁷⁷ BayObLG FamRZ 1996, 694, 696; Bamberger/Roth/*S. Lorenz*, Art. 25 EGBGB Rn. 19.
³⁷⁸ Vgl. die Länderberichte bei Staudinger/*Dörner*, Anh. zu Art. 25 f EGBGB; *Ferid/Firsching/Dörner/Hausmann*, Internationales Erbrecht.

Rechtswahl wäre auch aus deutscher Sicht wirksam. Nach der Verweisung auf das italienische Recht gemäß Art. 25 Abs. 1 EGBGB liegt in der wirksamen Rechtswahl nach italienischem Recht eine Rückverweisung, die das deutsche Recht gemäß Art. 4 Abs. 1 S. 2 EGBGB annimmt.

Das italienische Recht sieht allerdings **Schutzvorschriften** zugunsten von Pflichtteilsberechtigten vor, die in Italien leben. Diesen steht trotz der wirksamen Rechtswahl ihr Pflichtteilsanspruch nach italienischem Erbrecht zu.[379] Sind also in Italien lebende Pflichtteilsberechtigte vorhanden, spricht Art. 46 Abs 2 IPRG nur eine **Teilrückverweisung** auf das deutsche Recht aus mit der Folge, dass insoweit das italienische Pflichtteilsrecht neben die Geltung des deutschen Erbrechts im Übrigen tritt. Eine ähnliche Regelung zum Schutz des eigenen Pflichtteilsrechts enthält auch das belgische Erbkollisionsrecht.[380]

211

IV. Wirkungsumfang des Erbstatuts aus deutscher Sicht

1. Grundlagen

Der Regelungsumfang des nach Art. 25 EGBGB zu ermittelnden Erbstatuts stimmt nicht in allen Details, aber durchaus im Grundsatz mit den materiell-rechtlichen Grenzen des Erbrechts als den im 5. Buch des BGB geregelten Fragen überein.[381] Es besteht im In- und Ausland Einigkeit, dass unter das Erbstatut insbesondere die Frage fällt, wem Nachlassgegenstände zufallen. In den Details ergeben sich jedoch hoch umstrittene Punkte.

212

a) **Umfang des Nachlasses.** Über den Umfang des Nachlasses entscheidet ein Zusammenwirken von Einzelstatuten und Erbstatut:

213

- **Bis zum Tod des Erblassers** entscheiden die Einzelstatute (insb. Sachenrechts- bzw. Gesellschaftsstatut) darüber, ob ein Vermögensgegenstand entstanden ist und im Eigentum des Erblassers stand oder ob er ihn wirksam weiter übertragen hat. Das Einzelstatut entscheidet auch darüber, ob an einem Vermögensgegenstand die vom Erbrecht vorgesehenen Wirkungen eintreten können, also und wie er vererblich ist.[382] Die Einzelstatute bestimmen somit über die Aktiva und Passiva, die dem Erblasser bei seinem Tod zustanden und hiernach in den Nachlass fallen. Vom Erbstatut wird sodann die Frage beherrscht, welche Vermögensgegenstände, die dem Erblasser bei seinem Tod nicht mehr zustanden, gleichwohl in den (ggf. fiktiven) Nachlass fallen. Im deutschen Recht trifft dies etwa für Schenkungen zu, die nach §§ 2325 ff. BGB den fiktiven Nachlass erhöhen können.
- **Nach dem Tod des Erblassers** beherrschen zwar ebenfalls die Einzelstatute die Modalitäten eines Eigentumsübergangs von Nachlassgegenständen. Dem Erbstatut unterliegt – nach deutschem Verständnis – jedoch die Frage, wem die Verfügungsmacht über die Nachlassgegenstände zusteht (Beispiel: Testamentsvollstrecker oder Erbe) und welche Bedingungen insoweit gelten. Das Erbstatut entscheidet zudem darüber, welche nach dem Tod des Erblassers erworbenen Vermögensgegenstände dem Nachlass zuzurechnen sind. Dies gilt für Fälle der **dinglichen Surrogation**,[383] Handlungen des **Testamentsvollstreckers** oder der **Erben**[384] oder den seltenen Fällen nachträglich durch **Hoheitsakt**[385] entstehender Vermögenswerte.

b) **Bestimmung der Nachlassbegünstigten.** Unstreitig unterliegen auch die gesetzliche Erbfolge einschließlich des Kreises der Begünstigten und ihrer Erbquoten dem Erbstatut.[386]

214

---

[379] Art. 46 Abs. 2 IPRG.
[380] Vgl. Art. 79 bel. IPRG.
[381] Bamberger/Roth/*S. Lorenz*, Art. 25 EGBGB Rn. 23; Mayer/Süß/Tanck/Bittler/Wälzholz/*Süß* § 15 Rn. 139.
[382] MünchKommBGB/*Birk*, Art. 25 EGBGB Rn. 197.
[383] Staudinger/*Dörner*, Art. 25 EGBGB Rn. 141, 142; Kegel/*Schurig*, IPR § 21 II; Schotten/Schmellenkamp, IPR, § 7 Rn. 311; zur Surrogation im deutschen Erbrecht vgl. MünchKommBGB/*Helms*, § 2019 Rn. 4; Staudinger/*Gursky*, § 2019 BGB Rn. 3 ff.
[384] Staudinger/*Dörner*, Art. 25 EGBGB Rn. 141, 142; Kegel/*Schurig*, IPR § 21 II; Schotten/Schmellenkamp, IPR, § 7 Rn. 311.
[385] Vgl. dazu das Beispiel bei Rn. 295.
[386] Bamberger/Roth/*S. Lorenz*, Art. 25 EGBGB Rn. 25 f.

Auch das Erbrecht des Fiskus fällt nach ganz herrschender Meinung unter das Erbstatut,[387] indes ist das staatliche Recht auf Nachlassbeteiligung im Ausland zum Teil als Hoheitsrecht des Belegenheitsstaats ausgestaltet, das nach dortigem Verständnis dem Sachenrechtsstatut unterliegt.[388]

215 c) **Auslegung, verfügbare Gestaltungsmittel, Erbfähigkeit und Pflichtteilsrecht.** Das Erbstatut bestimmt auch die gewillkürte Erbfolge, die Auslegung der Verfügung von Todes wegen,[389] die zugelassenen erbrechtlichen Gestaltungsmittel wie Erbeinsetzung, Testamentsvollstreckung, Vermächtnis oder Auflage, die Begünstigungsfähigkeit möglicher Empfänger (Beispiel: Erbverbot nach § 14 HeimG) sowie die Grenzen der Testierfreiheit, das Pflichtteilsrecht einschließlich der Folgen eines Verstoßes (Erfordernis der Geltendmachung in Form einer Herabsetzungsklage oder automatische (Teil-)Unwirksamkeit).[390]

216 d) **Pflichtteilsergänzung.** Ob auch die Pflichtteilsergänzung dem Erbstatut unterliegt, ist nicht ganz zweifelsfrei.

Fallbeispiel:
Ein Engländer macht der Stiftung Dresdner Frauenkirche eine Spende. Er lebt bereits in Deutschland und nimmt zwei Jahre später die deutsche Staatsangehörigkeit an. Als er kurz darauf verstirbt, stellt seine Tochter, die ihn allein beerbt, fest, dass ihr Vater im Wesentlichen sein gesamtes Vermögen der Stiftung zugewandt hat. Sie tritt mit Pflichtteilsergänzungsansprüchen nach § 2329 Abs. 1 BGB an die Stiftung heran. Diese hat das gespendete Vermögen bereits verplant und beruft sich darauf, aufgrund der englischen Staatsangehörigkeit des Spenders nicht mit Pflichtteilsergänzungsansprüchen nach deutschem Recht gerechnet zu haben. Das englische Recht kennt keine Pflichtteilsergänzungsansprüche der Abkömmlinge.

217 Eine ältere Literaturansicht wollte Pflichtteilsergänzungsansprüche noch schuldrechtlich qualifizieren. Sie unterlägen daher dem Recht, das die Schenkung nach Art. 27 ff. EGBGB beherrscht.[391] Dies hätte einen Vertrauensschutz für den Beschenkten ermöglicht. Es ist indes heute wohl allgemeine Literaturansicht, dass hierfür kein Bedürfnis besteht.[392] Eine obergerichtliche Bestätigung fehlt bislang. *Süß* weist zu Recht darauf hin, dass die verschiedentlich in diesem Zusammenhang angeführte Entscheidung des BGH vom 7. 3. 2001, die das für eine unter DDR-ZGB vereinbarte Schenkung Pflichtteilsergänzungsansprüche nach § 2325 BGB anerkannt hat,[393] für die hier interessierende Frage nicht fruchtbar gemacht werden kann, weil die Schenkung erst nach der Wiedervereinigung vollzogen wurde und der BGH zudem ausdrücklich auf Besonderheiten im deutsch-deutschen Verhältnis abstellte.[394]

218 e) **Annahme und Ausschlagung der Erbschaft.** Die Annahme und Ausschlagung der Erbschaft unterliegen dem Erbstatut ebenso wie die rechtliche Stellung der Erben einschließlich der Fragen des Erbschaftserwerbs und die Regeln zum Verhältnis der Erben untereinander.[395]

219 f) **Eigentumserwerb der Nachlassbegünstigten.** Allerdings unterliegt der Eigentumsübergang auf den Erben nicht dem Erb-, sondern dem jeweiligen Einzelstatut. Nach deutschem Verständnis vollzieht sich auch der **Eigentumsübergang** vom Erblasser auf den Erben aufgrund Vonselbsterwerbs[396] erbrechtlich. Nach österreichischem Verständnis bedarf es hierfür des Staatsakts, der sog. Einantwortung. Nach dem *common law* ist der Nachlass eine juristische Person, deren Vertreter, der *administrator* oder *executor* die Nachlassgegenstände

---

[387] Staudinger/*Dörner*, Art. 25 EGBGB Rn. 203.
[388] Staudinger/*Dörner*, Art. 25 EGBGB Rn. 205.
[389] Die Auslegung wird vom *common law* dem Ortsrecht bei Errichtung der Verfügung zugeordnet.
[390] Vgl. Rn. 253 f.; Staudinger/*Dörner*, Art. 25 EGBGB Rn. 200, 885 f.
[391] *Scheuermann*, Statutenwechsel im internationalen Erbrecht, 1969, S. 116 f.; zweifelnd auch *Klingelhöffer* ZEV 2001, 239.
[392] BGH ZEV 2001, 238; Staudinger/*Dörner*, Art. 25 EGBGB Rn. 199; MünchKommBGB/*Birk*, Art. 25 EGBGB Rn. 229; Erman/*Hohloch*, Art. 25 EGBGB Rn. 24.
[393] BGHZ 147, 95 = ZEV 2001, 238 m. Anm. *Klingelhöffer* = JZ 2001, 1088 m. krit. Anm. *Kuchinke*.
[394] Mayer/*Süß*/Tanck/Bittler/Wälzholz/*Süß* § 15 Rn. 227.
[395] Bamberger/Roth/*S. Lorenz*, Art. 25 EGBGB Rn. 32, 37.
[396] § 1922 BGB.

auf die Begünstigten (Erben) überträgt. Im *common law* und im österreichischen Recht handelt es sich zwingend um Verfahrensrecht, das aus dem Erbstatut herausfällt und der *lex fori* unterliegt.

g) **Nachlassverbindlichkeiten.** Die Haftung der Erben für Nachlassverbindlichkeiten unterliegt nach deutschem Verständnis unzweifelhaft dem Erbstatut. Hier ergeben sich allerdings international erhebliche Unterschiede. Während nach deutschem Verständnis die Erben für Verbindlichkeiten des Erblassers mit ihrem Eigenvermögen persönlich unbeschränkt, aber beschränkbar haften, scheidet eine Haftung der Begünstigten aus Sicht des *common law* generell aus. Der *administrator* oder *executor* darf ihnen erst dann Nachlassvermögen übergeben, wenn sämtliche Nachlassverbindlichkeiten beglichen sind. Nach dortigem Verständnis ist die Frage der Nachlasshaftung verfahrensrechtlich zu qualifizieren. Entsprechendes gilt für Österreich. Die Haftung für Nachlassverbindlichkeiten hängt davon ab, ob bei der Einantwortung Erbantrittserklärung bedingt oder unbedingt ausgesprochen wurde und untersteht damit ebenfalls der *lex fori*.[397] 220

h) **Unterhaltsansprüche.** Ob auch Unterhaltsansprüche, die erst mit dem Tod des Erblassers entstehen, dem Erbstatut unterliegen, ist umstritten. In Rede stehen hierbei nicht bereits vor dem Tod des Erblassers entstandene Unterhaltsansprüche, über deren Entstehen und Fortbestand beim Tod des Verpflichteten das Unterhaltsstatut[398] entscheidet. Bestehen sie fort, bestimmt unzweifelhaft das Erbstatut darüber, welcher Nachlassbegünstigte für sie aufzukommen hat.[399] Entstehen Unterhaltsansprüche aber erst mit dem Tod des Erblassers, kommt ihre unterhaltsrechtliche oder ihre erbrechtliche Qualifikation in Betracht. Die englischen *family provisions* etwa gewähren bedürftigen oder minderjährigen nahen Angehörigen eine Teilhabe am Nachlass.[400] In der Abhängigkeit dieser Ansprüche von der Bedürftigkeit der Berechtigten sieht eine Ansicht einen Grund, die Ansprüche unterhaltsrechtlich zu qualifizieren.[401] Treffen sie mit einem abweichenden Erbstatut zusammen, kann es zu Fällen von Normenmangel oder Normenüberfluss kommen, weil andere Rechtsordnungen die Versorgung naher Angehöriger vielfach im Rahmen des Pflichtteilsrechts ausgestalten. So würde etwa beim Zusammentreffen des deutschen Erbstatuts und des englischen Unterhaltsstatuts ein Kind des Erblassers doppelt versorgt durch unterhaltsrechtliche und erbrechtliche Ansprüche. Treffen englisches Erbstatut auf deutsches Unterhaltsstatut, bliebe das Kind auch dann unversorgt, wenn seine Bedürftigkeit unzweifelhaft wäre. Diese Schwierigkeit soll im Wege der kollisionsrechtlichen Angleichung[402] korrigiert werden. 221

Eine starke Gegenansicht spricht sich demgegenüber für eine erbrechtliche Qualifikation aus, wofür insbesondere angeführt wird, dass die entsprechenden Ansprüche mit dem Erbfall entstehen.[403] Ob die Versorgung wie im Fall des Pflichtteils durch Einmalzahlung oder durch laufende Rentenzahlung ausgestaltet sind, sei letztlich eine Frage der Rechtstechnik und für die kollisionsrechtliche Qualifikation ohne Bedeutung. Im Fall der *family provisions* kommt hinzu, dass diese sowohl verrentet oder durch Einmalzahlung gewährt werden können.[404] 222

2. Vorfragen

Besonders problematisch ist, welche Fragen als Vorfragen vom Erbstatut getrennt selbständig anzuknüpfen sind, sowie die Anknüpfung der Wirksamkeit letztwilliger Verfügun- 223

---

[397] Vgl. ausführlich: *Stöger/Perscha*, Das Verlassenschaftsverfahren 2004, S. 128; *Pawlytta/Perscha/Stöger*, ZEV 2008, 412.
[398] Art. 18 EGBGB.
[399] Mayer/Süß/Tanck/Bittler/Wälzholz/*Süß* § 15 Rn. 202.
[400] Vgl. *Süß/Odersky*, Erbrecht in Europa, Großbritannien: England und Wales, Rn. 50 ff.
[401] Bamberger/Roth/*S. Lorenz*, Art. 25 EGBGB Rn. 30; Palandt/*Heldrich*, Art. 25 EGBGB Rn. 10; MünchKommBGB/*Siehr*, Art. 18 EGBGB Anh. I Rn. 53.
[402] Vgl. Rn. 271 ff.
[403] Staudinger/*Haas*, Vor §§ 2303 ff. BGB Rn. 60; Mayer/Süß/Tanck/Bittler/Wälzholz/*Süß* § 15 Rn. 204 f.
[404] Vgl. *Süß/Odersky*, Erbrecht in Europa, Großbritannien: England und Wales, Rn. 54.

gen[405] und die Qualifikation von Pflichtteilsverzichten.[406] Nicht unter das Erbstatut fallen diverse Vorfragen.

224 a) **Eintritt des Todes.** Die Feststellung des Todes des Erblassers (ob, wie und wann) einschließlich möglicher Todesvermutungen unterliegt seinem **Personalstatut** gemäß Art. 9 EGBGB. Für Familienangehörige unterschiedlicher Staatsangehörigkeit ist umstritten, ob ein einheitliches Familienstatut maßgeblich ist.[407]

225 b) **Kindschaft.** Vor der Frage nach der erbrechtlichen Nachlassbeteiligung eines Kindes, die dem Erbstatut unterfällt, kann sich die Frage stellen, ob ein Kindschaftsverhältnis bestanden hat. Die Vorfrage nach der Abstammung wird gemäß dem die **Abstammung** begünstigenden Anknüpfungskatalog des Art. 19 EGBGB selbstständig, also unabhängig vom Erbstatut, angeknüpft.[408] Differenziert das anwendbare ausländische Erbstatut jedoch zwischen **ehelicher** und unehelicher Abstammung, fehlt es dem deutschen Kollisionsrecht seit der Reform des Kindschaftsrechts 1998 an einer entsprechenden Kollisionsnorm. Dementsprechend soll die Frage der Ehelichkeit für Zwecke der Erbfolge nunmehr als unselbständig anzuknüpfende Vorfrage dem Erbstatut unterliegen.[409] Die weitere Vorfrage nach dem **Bestehen einer Ehe** zwischen den Eltern des Kindes ist demgegenüber eine aus dem Erbstatut herausfallende, selbständig gemäß Artt. 11, 13 EGBGB anzuknüpfende Vorfrage.

226 c) **Adoption.** Auch die Vorfrage nach dem Bestehen eines Angehörigenverhältnisses aufgrund einer Adoption unterliegt nicht dem Erbstatut, sondern ist selbständig gemäß Artt. 22, 23 EGBGB anzuknüpfen. Maßgeblich ist gemäß Art. 22 Abs. 1 EGBGB bei Ledigen das Heimatrecht des Annehmenden, bei Verheirateten ihr Ehewirkungsstatut gemäß Art. 14 Abs. 1 EGBGB. Die **Wirksamkeit der Adoption** hängt gemäß Art. 23 EGBGB zusätzlich von möglichen Zustimmungserfordernissen nach dem Heimatrecht des Angenommenen ab. Dass die Adoption hiernach vom deutschen Recht als wirksam betrachtet wird, bedeutet noch nicht zwangsläufig, dass sie auch die Voraussetzungen für eine Adoption im Sinne der Sachnormen des anwendbaren Erbstatuts erfüllt. Angesprochen ist das **Substitutionsproblem**, das sich aus der im internationalen Vergleich sehr unterschiedlichen Ausgestaltung von Adoptionen ergibt, die sehr weitreichende oder auch sehr schwache Rechtsfolgen haben können. Mit *Hepting*[410] ist nach der Vorfrage der Adoption die weitere Frage zu prüfen, ob die wirksame Adoption die Stärke aufweist, die das anwendbare Erbrecht im Fall einer Nachlassbeteiligung des Adoptivkinds voraussetzt. Ob das Adoptivkind erbt, ist nämlich nach h. M. nach den Regeln des Erbstatuts zu beurteilen.[411]

227 **Praxistipp:**
Die Adoption wird man regelmäßig dann als ausreichend stark im Sinne des anwendbaren Erbrechts ansehen dürfen, wenn das Adoptivkind nach den erbrechtlichen Vorschriften des Adoptionsstatuts einen Anspruch auf Nachlassbeteiligung hätte.[412]

Vorschläge für die einzuhaltende Prüfungsfolge für die Nachlassbeteiligung bei Adoptionsfällen, differenziert nach dem Tod eines Adoptivelternteils, eines leiblichen Verwandten des Adoptivkinds und des Adoptivkinds selbst finden sich bei Staudinger/*Dörner*, Art. 25 EGBGB Rn. 194 ff.

228 d) **Ehe.** Die Vorfrage nach der wirksamen **Eheschließung** zwischen verschiedengeschlechtlichen Partnern ist selbständig nach dem Eheschließungsstatut des Art. 13 Abs. 1 EGBGB

---

[405] Vgl. Rn. 232 ff.
[406] Vgl. Rn. 242 ff.
[407] Dafür: Palandt/*Heldrich*, Art. 25 EGBGB Rn. 10; dagegen: Bamberger/Roth/*S. Lorenz*, Art. 25 EGBGB Rn. 23; *Dörner* IPRax 1994, 365.
[408] BayObLGZ 2003, 68, 73; Palandt/*Heldrich*, Art. 19 EGBGB Rn. 8.
[409] Palandt/*Heldrich*, Art. 19 EGBGB Rn. 8.
[410] StAZ 1986, 310.
[411] BGH FamRZ 1989, 379; Staudinger/*Dörner*, Art. 25 EGBGB Rn. 179; a. A. Soergel/*Schurig*, Art. 25 EGBGB Rn. 28 (Adoptionsstatut).
[412] BGH FamRZ 1989, 379.

IV. Wirkungsumfang des Erbstatuts aus deutscher Sicht

anzuknüpfen.[413] Maßgeblich sind die Heimatrechte der Verlobten. Die Rechtsfolgen eines Verstoßes gegen die Eheschließungsvoraussetzungen bestimmen sich nach den Vorschriften der Rechtsordnung, gegen deren Vorschriften verstoßen wurde. In der Praxis spielen Fälle der Mehrehen von Deutschen mit Partnern, deren Heimatrecht die **Mehrehe** zulässt und Eheschließungen vor Geistlichen im Inland, denen die Ermächtigung nach Art. 13 Abs. 3 S. 2 EGBGB mangelt, eine Rolle. Im Fall der Mehrehe liegt ein Verstoß gegen § 1306 BGB vor, der die Ehe wirksam, aber aufhebbar macht. In der Folge teilen sich mehrere Ehepartner bis zur Aufhebung der Mehrehe bei einem Erbfall nach dem gemeinsamen Ehepartner die für einen überlebenden Partner vorgesehene Erbquote.[414] Die **Eheschließung vor einem nicht ermächtigten Geistlichen** im Inland ist demgegenüber nichtig und begründet keinerlei gesetzliche Teilhaberechte am Nachlass des Schein-Partners.[415]

Die **Scheidung** unterliegt nicht der nach Art. 13 EGBGB maßgeblichen Rechtsordnung, sondern dem Scheidungsstatut nach Art. 17 EGBGB.[416] Liegt ein Scheidungsurteil vor, so entfallen mit der Scheidung der Ehe im Inland oder einem Mitgliedsstaat der Europäischen Union mit Ausnahme Dänemarks – unabhängig von den Voraussetzungen des Art. 17 EGBGB – unmittelbar auch die erbrechtlichen Ehewirkungen. Für EU-Scheidungsurteile ergibt sich dies aus der Verordnung (EG) Nr. 2201/2003 (sog. Brüssel-II a),[417] die seit dem 1. 3. 2005 in Kraft ist und die Brüssel-II-Verordnung vom 29. 5. 2000 abgelöst hat. Beide Verordnungen sehen die unmittelbare Wirksamkeit von Scheidungsurteilen in anderen EU-Mitgliedsstaaten ohne förmliches Anerkennungsverfahren vor. Scheidungsurteile eines Nicht-EU-Staats oder Dänemarks sind nur unter den Voraussetzungen des § 328 ZPO anzuerkennen. 229

e) **Nichteheliche Lebenspartnerschaft.** Das Bestehen einer formlosen, verschiedengeschlechtlichen nichtehelichen Lebenspartnerschaft ist, da es sich um ein faktisches, kein rechtliches Verhältnis handelt, nicht als Vorfrage zu behandeln, sondern nach den Kriterien zu beurteilen, die das als Erbstatut berufene Recht an ein solches Verhältnis möglicherweise anlegt,[418] weil es an das Bestehen einer solchen nichtehelichen Lebenspartnerschaft erbrechtliche Ansprüche knüpft.[419] Eine analoge Anwendung des Art. 17 b Abs. 1 S. 2 1. Halbsatz EGBGB, der auf homosexuelle und registrierte Partnerschaften beschränkt ist, scheidet aus.[420] 230

f) **Eingetragene gleichgeschlechtliche Lebenspartnerschaft.** Das Bestehen einer eingetragenen Lebenspartnerschaft ist als Vorfrage im Rahmen des Art. 17 b Abs. 1 S. 2 1. Halbsatz EGBGB selbständig anzuknüpfen. Es ist umstritten, ob unter diese Regelung nur eingetragene Lebenspartnerschaften, die vom maßgeblichen ausländischen Recht eheähnlich ausgestaltet wurden (so in Skandinavien oder der Schweiz),[421] oder auch die schuldrechtlich konzipierten Partnerschaften der südwesteuropäischen Prägung (Frankreich, Belgien,[422] Niederlande, Spanien) gefasst werden können.[423] Die erbrechtlichen Folgen bestimmen sich grundsätzlich nach dem Erbstatut. Sieht dies keine erbrechtliche Nachlassbeteiligung des eingetragenen Partners vor, ist insoweit ergänzend das Erbrecht des Registrierungsstaats anzuwenden.[424] 231

---

[413] OLG Frankfurt ZEV 2001, 493.
[414] KG OLGZ 1977, 386.
[415] BGH NJW 1991, 3088, 3090; OLG Frankfurt ZEV 2001, 493.
[416] BGH NJW 1981, 1900, 1901; OLG Hamm NJW-RR 1993, 838 = FamRZ 1993, 607 m. Anm. *Haas*.
[417] EheGVO, ABl. EG
[418] BayObLGZ 1976, 163; Staudinger/*Dörner*, Art. 25 EGBGB Rn. 145; Mayer/Süß/Tanck/Bittler/Wälzholz/ *Süß* § 15 Rn. 154.
[419] Die ist z. B. in Kroatien und Slowenien der Fall, vgl. *Süß*, Erbrecht in Europa, Kroatien Rn. 11, Slowenien, Rn. 8.
[420] Staudinger/*Dörner*, Art. 25 EGBGB Rn. 157.
[421] MünchKommBGB/*Coester*, Art. 17 b Rn. 145 ff.
[422] Zur Qualifikation der deutschen eingetragenen Lebenspartnerschaft aus belgischer Sicht vgl. *Sieberichs* IPRax 2008, 277.
[423] Staudinger/*Dörner*, Art. 25 EGBGB Rn. 157; *Wagner* IPRax 2001, 288;
[424] Art. 17 b Abs. 1 S. 2 EGBGB.

3. Wirksamkeit letztwilliger Verfügungen

Die Wirksamkeit letztwilliger Verfügungen beurteilt sich nicht nach dem Erbstatut, vielmehr ist wie nachfolgend dargestellt zu differenzieren. Anderenfalls würde ein Wechsel der Staatsangehörigkeit des Erblassers oder sein Umzug in ein anderes Land aufgrund eines möglichen *Renvoi* die Gültigkeit seiner Nachfolgeplanung übermäßig in Frage stellen.

> **Praxistipp:**
> Der Umzug ins Ausland oder der Wechsel der Staatsangehörigkeit kann einen Wechsel des Erbstatuts zumindest aus Sicht einer der betroffenen Rechtsordnungen bewirken. Selbst wenn frühere letztwillige Verfügungen hiernach wirksam bleiben, hat der Erblasser in diesen Fällen in der Regel „unter dem falschen Recht" gehandelt. Wenn der Erblasser vom späteren Statutenwechsel bei Testamentserrichtung nichts wusste, scheidet eine konkludente Rechtswahl in der Regel aus. Ob eine Verfügung, die beispielsweise auf deutsche Rechtsinstitute und Rechtsbegriffe abgestimmt ist, unter rumänischem Recht aber die erhofften Wirkungen entfaltet, ist durchaus fraglich. Mit einem Staatsangehörigkeitswechsel oder einem grenzüberschreitenden Umzug sollten frühere letztwillige Verfügungen daher stets überprüft werden.

a) **Formgültigkeit.** Die Formwirksamkeit von Einzel- und gemeinschaftlichen Testamenten beurteilt sich nach den zahlreichen, die Formgültigkeit begünstigenden Alternativanknüpfungen des Haager Testamentsformübereinkommens vom 5. 10. 1961,[425] das in Art. 26 EGBGB abgebildet und ergänzt wurde. Es genügt, wenn eine Verfügung die Voraussetzungen einer Alternativanknüpfung erfüllt, wobei das Recht des Errichtungsorts[426] in der deutschen Praxis die wohl größte Bedeutung hat. Als Staatsvertrag geht das Haager Übereinkommen im Rahmen seines Anwendungsbereichs den Regelungen des Art. 26 EGBGB vor. Man mag aus Praktikabilitätsgründen den gleichlautenden Art. 26 Abs. 1 bis 3 EGBGB anwenden. Hierbei ist aber zu beachten, dass Rück- und Weiterverweisungen (*Renvoi*) entgegen Art. 4 EGBGB nicht zu beachten sind.[427] Art. 26 Abs. 4 EGBGB unterstellt – insoweit über den Inhalt des Haager Übereinkommens hinausgehend – auch Erbverträge den wirksamkeitsfreundlichen Regeln der Absätze 1 bis 3.

b) **Statthaftigkeit der Verfügung.** Die Frage, ob eine bestimmte Art von Verfügungen von Todes wegen überhaupt statthaft ist, wird nicht als Formfrage behandelt, sondern dem **hypothetischen Erbstatut** (gebräuchlich ist auch der Begriff des **Errichtungsstatuts**) gemäß Art. 26 Abs. 5 S. 1 EGBGB zugeordnet, also dem Erbstatut, das gelten würde, wäre der Erblasser unmittelbar nach Errichtung der Verfügung verstorben.[428] Durch Verfügung über Vermögensgegenstände, die in mehrere Spaltnachlässe fallen oder bei gemeinschaftlichen Testamenten oder Erbverträgen können mehrere hypothetische Erbstatute zusammenfallen. Ist dies der Fall, will eine Ansicht die Verfügung insgesamt als unwirksam behandeln, wenn sie das hypothetische Erbstatut eines Verfügenden nicht zulässt (kumulative Prüfung).[429] Nach der h.M. ist demgegenüber für jeden Verfügenden zunächst gesondert die Zulässigkeit nach seinem hypothetischen Erbstatut zu prüfen. Ist hiernach die Verfügung des einen Verfügenden unwirksam, so ergibt es sich aus dem hypothetischen Erbstatut des anderen, ob auch seine Verfügung hierdurch unwirksam wird oder nicht.[430]

---

[425] Vgl. zum Vertragstext und den Zeichnerstaaten http://www.hcch.net; BGBl. 1965 II, 1145; 1966 II, 11.
[426] Art. 1 lit. a), entspricht Art. 26 Abs. 1 Nr. 2 EGBGB.
[427] Palandt/*Heldrich*, Art. 26 Rn. 2 hält die Beachtung des Renvoi sogar im Rahmen des vom Haager Übereinkommen abweichenden Abs. 4 für unzulässig.
[428] Palandt/*Heldrich*, Art. 25 Rn. 13; Staudinger/*Dörner*, Art. 25 EGBGB Rn. 317ff.
[429] Erman/*Hohloch*, Art. 25 EGBGB Rn. 31; *Looschelders*, Art. 26 Rn. 17.
[430] OLG Zweibrücken NJW-RR 1992, 587; Staudinger/*Dörner*, Art. 25 EGBGB Rn. 317; Palandt/*Heldrich*, Art. 25 Rn. 13; offen gelassen: BayObLGZ 1967, 429 f.

Praxistipp:
Von gemeinschaftlichen Testamenten oder Erbverträgen sollte man in der Nachfolgegestaltung grundsätzlich Abstand nehmen, wenn der künftige Nachlass einen relevanten Auslandsbezug aufweist.[431] Diese Rechtsinstitute haben im deutschen Erbrecht eine sehr spezielle Ausprägung erhalten. Selbst wenn die Verfügung nicht insgesamt als nichtig angesehen wird, werden ausländische Rechtsordnungen mit ihr in der Regel keine dem deutschen Recht vergleichbaren Rechtsfolgen beimessen. Versuche, dies mit gestalterischen Mitteln aufzufangen, führen nur selten zu hinreichend vorhersehbaren Ergebnissen.

236

c) **Behandlung von Verboten gemeinschaftlicher Verfügungen von Todes wegen.** Heftig umstritten ist die Frage, wie die etwa in romanischen und den südamerikanischen Rechtsordnungen[432] verbreiteten Verbote gemeinschaftlicher Testamente und Erbverträge zu qualifizieren sind. Nach französischem Verständnis handelt es sich hierbei um eine **Formvorschrift**, so dass in Frankreich ein von dort lebenden Franzosen in Deutschland errichtetes gemeinschaftliches Testament als wirksam angesehen würde.[433] Auch das italienische Recht untersagt die gemeinsame Verfügung zweier Personen in einer Urkunde. Dort wird das Verbot aber als **materieller Nichtigkeitsgrund** angesehen, der auch durch eine Errichtung in Deutschland nicht auszuschalten ist. Die herrschende Ansicht will die Verbote der ausländischen Rechtsordnungen dann erbrechtlich qualifizieren und dem hypothetischen Erbstatut unterstellen, wenn sie die Testierfreiheit schützen sollen.[434] Eine andere Ansicht verlässt sich auf die Qualifikation, die das fremde Recht, das das Verbot ausspricht, selbst vornimmt.[435] *Von Bar* vertritt demgegenüber die These, dass derartige Verbote stets materiell-rechtlich zu qualifizieren seien.[436] Nur die letztere Ansicht dürfte in der Praxis zu abweichenden Ergebnissen führen. Demgegenüber geht die h. M. für Italien[437] und die Nachfolgestaaten Jugoslawiens[438] von dem materiell-rechtlichen Charakter des Verbots aus und stuft das Verbot im niederländischen,[439] französischen[440] und schweizerischen Recht[441] als bloße Formvorschrift ein.

237

d) **Materielle Wirksamkeit und Testierfähigkeit.** Die materielle Wirksamkeit einer Verfügung von Todes wegen, also das Vorliegen und die Folgen von Willensmängeln, des Widerrufs, einer möglichen Bindungswirkung und die Frage der Testierfähigkeit unterliegen dem hypothetischen Erbstatut.[442] Dies gilt auch für die nach deutschem Recht bei Abschluss von Erbverträgen geforderte Geschäftsfähigkeit des Erblassers.[443]

238

Die Behandlung des Zusammentreffens mehrerer fiktiver Erbstatute in einer Verfügung von Todes wegen ist umstritten. Hierzu kann es kommen, wenn der Erblasser in einer Verfügung Anordnung zu mehreren Spaltnachlässen trifft oder mehrere Erblasser in einem Erbvertrag oder einem gemeinschaftlichen Testament verfügen. Ebenso wie bei der Frage der Statthaftigkeit einer gemeinschaftlichen Verfügung will eine Ansicht die betroffenen hypothetischen Erbstatute kumulativ anwenden, wohingegen die h. M. einen distributiven Ansatz vertritt.[444]

239

---

[431] Ausführlich Münchener Vertragshandbuch/*Nieder*, 5. Aufl. Bd. 6, XVI 30; vgl. auch *Lehmann* ZEV 2007, 193, 197.
[432] Staudinger/*Dörner*, Art. 25 EGBGB Rn. 322.
[433] Ortsform, Art. 1 lit. a) des Haager Testamentsformübereinkommens.
[434] Staudinger/*Dörner*, Art. 25 EGBGB Rn. 324 ff.
[435] OLG Frankfurt IPRax 1986, 111; *Kegel*/Schurig § 21 III 2 a; Palandt/*Heldrich*, Art. 25 Rn. 14; *Jayme* IPRax 1982, 210.
[436] Internationales Privatrecht II Rn. 381.
[437] BayObLGZ 1957, 381; OLG Frankfurt a. M. IPRax 1986, 122; Staudinger/*Dörner*, Art. 25 EGBGB Rn. 328; a. A. *Süß* IPRax 2002, 27.
[438] OLG Zweibrücken FamRZ 1992, 609.
[439] KG FamRZ 2001, 795; OLG Düsseldorf NJW 1963, 2228; *Riering*/Marck ZEV 1995, 90, 92.
[440] *Riering* ZEV 1994, 225, 228.
[441] *Kropholler* DNotZ 1967, 739.
[442] Art. 26 Abs. 5 S. 1 EGBGB.
[443] § 2275 Abs. 1 BGB; vgl. Staudinger/*Dörner*, Art. 25 EGBGB Rn. 346.
[444] Vgl. Rn. 235.

240 Folgt man der h.M., dass die materielle Wirksamkeit einer Verfügung und ihre Bindungswirkung für jeden Erblasser gesondert zu prüfen sind und sich die Folgen eines Wirksamkeitsmangels oder Fehlschlags der Bindung beim einen Beteiligten für den anderen Beteiligten aus dem Sachrecht seines eigenen Erbstatuts ergeben, ist fraglich, welche Folgen bei deutschem Erbstatut aus dem Fehlschlag der Bindungswirkung gegenüber dem anderen Beteiligten herzuleiten sind.

Fallbeispiel:
Ein Deutscher errichtet mit seiner österreichischen Ehefrau ein gemeinschaftliches Testament, in dem sie ihre beiden Kinder zu ihren Schlusserben einsetzen. Sie gehen von der Wechselbezüglichkeit der Erbeinsetzung aus, ordnen sie aber nicht ausdrücklich an. Nach einiger Zeit errichtet der Mann heimlich ein neues Testament, in dem er seine Geliebte zur Alleinerbin einsetzt. Die beiden Kinder wollen sich nach seinem Tod nicht auf den Pflichtteil verweisen lassen. Sie halten die Erbeinsetzung der Geliebten für unwirksam, weil ihre Erbeinsetzung wechselbezüglich sei[445] und der Erblasser den Widerruf dieser wechselbezüglichen Verfügung nicht durch notarielle Erklärung nach § 2271 Abs. 1 BGB der Ehefrau gegenüber erklärt habe.

241 Mit der h.M. bestimmt sich für jeden Testierenden gesondert, welche Bindungswirkung das Sachrecht seines Erbstatuts vorsieht. Da für die Ehefrau österreichisches Recht Erbstatut ist, hätte sie die Verfügungen jederzeit frei widerrufen können.[446] Da für den Ehemann deutsches Recht Erbstatut ist, unterliegt er grundsätzlich der Bindungswirkung nach § 2271 Abs. 1 BGB. Es ist aber nach h.M. das deutsche Erbrecht zu befragen, welche Folgerungen es aus der fehlenden Bindungswirkung gegenüber der österreichischen Ehefrau des Erblassers zieht. Hierzu wird in der Literatur die Ansicht vertreten, dass es dem Sinn und Zweck der §§ 2270 Abs. 1, 2271 Abs. 1 BGB entspreche, die Waffengleichheit der Ehepartner zu bewahren, nicht sie zu untergraben. Daher müsse die Bindung des deutschen Ehegatten auf das vom fremden Recht vorgesehene Maß beschränkt werden.[447] Damit wäre die heimliche Erbeinsetzung der Geliebten wirksam.

242 **4. Wirksamkeit von Erb- und Pflichtteilsverzichten**

Die Erb- und Pflichtteilsverzichte zählen zu den im grenzüberschreitenden Erbrechtsverkehr problemträchtigen Rechtsinstituten. Dies liegt bereits daran, dass nur eine Minderheit der ausländischen materiellen Erbrechtsordnungen dieses aus dem deutschen Rechtskreis stammende[448] Instrument anerkennt.

243 **a) Materielle Wirksamkeit des Verzichts.** Der Erbverzicht ist zwar ein abstraktes Verfügungsgeschäft unter Lebenden, wird aber gleichwohl **erbrechtlich qualifiziert,** da er unmittelbar auf die Erbfolge einwirkt.[449] Die ganz herrschende Ansicht unterstellt die materielle Wirksamkeit des Erb- und Pflichtteilsverzichts entsprechend Art. 26 Abs. 5 S. 1 EGBGB dem hypothetischen Erbstatut des künftigen Erblassers zum Zeitpunkt des Verzichts.[450] Der Erbverzicht wird materiell-rechtlich anerkannt von den Rechtsordnungen[451] u.a. von
- Deutschland,
- Österreich,
- Polen,
- Schweiz,
- Ungarn.

244 Er wird abgelehnt im materiellen Recht u.a. von
- Frankreich,
- Griechenland,

---

[445] § 2270 Abs. 2 BGB.
[446] *Riering/Bachler* DNotZ 1995, 580, 587.
[447] Staudinger/*Dörner,* Art. 25 EGBGB Rn. 340; *Pfeiffer* FamRZ 1993, 1266, 1277; a.A.: OLG Zweibrücken NJW-RR 1992, 587 (Fortbestand der einseitigen Bindung).
[448] *Lange/Kuchinke,* Erbrecht 5. Aufl. § 7 I 2.
[449] *v. Hoffmann/Thorn,* IPR § 9 Rn. 49–50; Staudinger/*Dörner,* Art. 25 EGBGB Rn. 389.
[450] Staudinger/*Dörner,* Art. 25 EGBGB Rn. 390; *Kropholler,* IPR § 51 V 6a; Palandt/*Heldrich,* Art. 26 EGBGB Rn. 7; a.A. MünchKommBGB/*Birk,* Art. 26 Rn. 148 (ohne Begründung).
[451] Zusammenstellung nach *Lange/Kuchinke,* Erbrecht 5. Aufl. § 7 I 2 mit weiteren Hinweisen.

- Italien,
- Niederlande,
- Spanien.

Fallbeispiel:
Verzichtet ein gesetzlicher Erbe gegenüber einem Deutschen oder Österreicher auf sein gesetzliches Erbrecht, ist dieser Verzicht wirksam. Er behält seine Wirksamkeit auch dann, wenn der künftige Erblasser nach dem Verzicht etwa die französische Staatsangehörigkeit oder ein Grundstück in Frankreich erwirbt, das gemäß Art. 3a Abs. 2 EGBGB der kollisionsrechtlichen Nachlassspaltung zugunsten des französischen Erbrechts unterliegt.

b) Zusammentreffen mehrerer hypothetischer Erbstatute. Zu einem Zusammentreffen mehrerer Erbstatute kann es z. B. im Fall des wechselseitigen Erbverzichts und bei kollisionsrechtlicher Nachlassspaltung aufgrund Auslandsvermögens kommen.[452] Der Erb- oder Pflichtteilsverzicht kann hier entweder hinsichtlich eines Spaltnachlasses oder gegenüber einem künftigen Erblasser unwirksam sein.

Fallbeispiel:
Der künftige Erblasser verfügt über ein Grundstück in Frankreich. Dieses unterliegt dem französischen Erbrecht,[453] das den Erb- und Pflichtteilsverzicht nicht kennt.

Weiteres Fallbeispiel:
Ein Deutscher und eine Französin schließen wechselseitige Pflichtteilsverzichte. Der Verzicht der Französin ist aufgrund der deutschen Staatsangehörigkeit des Verzichtsempfängers wirksam, der Verzicht des Deutschen ist unwirksam.

Es besteht Einigkeit, dass die Wirksamkeit eines Verzichts für jedes hypothetische Erbstatut isoliert zu prüfen ist. Ist der Verzicht nach einem hypothetischen Erbstatut unwirksam, ist nach § 139 BGB zu prüfen, welche Folgen dies für den an sich wirksamen übrigen Verzicht hat.

Praxistipp:
Soll eine Teilnichtigkeit den Verzicht nicht insgesamt unwirksam machen oder der Verzicht des einen Verzichtenden nicht mit dem Verzicht des anderen stehen und fallen, sollte dies ausdrücklich in der Verzichtsurkunde klargestellt werden. Dies kann entweder durch eine salvatorische Klausel oder durch die Klarstellung geschehen, dass jeder Verzicht nur vereinbart wird, soweit er von dem hypothetischen Erbstatut überhaupt zugelassen wird.[454]

c) Formgültigkeit. Gleichwohl bleibt der Erbverzicht eine Verfügung unter Lebenden, deren Formgültigkeit sich nach ganz herrschender Auffassung nach Art. 11 Abs. 1 EGBGB richtet.[455] Danach ist der Verzicht formgültig, wenn er die **Ortsform** oder Geschäftsform einhält, letztere bezeichnet die vom **hypothetischen Erbstatut** zum Zeitpunkt des Verzichts vorgegebene Form.[456]

d) Wirkungen des Erb- und Pflichtteilsverzichts. Von der materiellen Wirksamkeit des Verzichts und seiner Formgültigkeit sind seine Wirkungen zu unterscheiden, die dem tatsächlichen Erbstatut unterliegen.[457]

---

[452] Art. 3a Abs. 2 EGBGB.
[453] Art. 3a Abs. 2 EGBGB.
[454] Mayer/Süß/Tanck/Bittler/Wälzholz/*Süß* § 15 Rn. 233.
[455] Palandt/*Heldrich*, Art. 26 EGBGB Rn. 5; MünchKommBGB/*Schotten*, Einl. zu §§ 2346–2352 BGB Rn. 43; Staudinger/*Dörner*, Art. 25 EGBGB Rn. 398; a. A. *Kegel*/*Schurig*, IPR § 21 III 2 (ohne Begründung).
[456] Mayer/Süß/Tanck/Bittler/Wälzholz/*Süß* § 15 Rn. 234.
[457] OLG Hamm NJW-RR 1996, 906; Staudinger/*Dörner*, Art. 25 EGBGB Rn. 402; Soergel/*Schurig*, Art. 26 EGBGB Rn. 42).

Fallbeispiel:
Ein Sohn verzichtet gegenüber seinem deutschen Vater auf seinen Pflichtteil. Der Verzicht wird formgültig nach den Vorschriften des deutschen hypothetischen Erbstatuts vereinbart und ist hiernach auch materiell wirksam. Erwirbt der Vater jedoch nach dem Verzicht ein Grundstück in Frankreich, entfaltet der (wirksame) Verzicht insoweit keine Wirkungen. Zu einem entsprechenden Ergebnis käme es, wenn der Vater seine deutsche Staatsangehörigkeit zugunsten der französischen aufgäbe.

250 Zu Recht weist *Süß* darauf hin, dass für eine Anwendung des hypothetischen Erbstatuts entsprechend Art. 26 Abs. 5 S. 1 EGBGB auch auf die Frage der Wirkungen des Erb- und Pflichtteilsverzichts kein Bedarf besteht:[458] Durch den Verzicht wird ausschließlich der künftige Erblasser begünstigt. Dieser hat es aber selbst in der Hand, nach dem Zustandekommen des Verzichts einen vollständigen oder teilweisen Statutenwechsel, der die Wirkungen des Verzichts in Frage stellen könnte, zu vermeiden.

5. Auseinanderfallen von Erbstatut und Sachenrechtsstatut

251 Erbrecht und Sachenrecht treffen sowohl bei der Frage nach der Zusammensetzung des Nachlasses,[459] als auch bei seiner Aufteilung zusammen. Die Frage, wie der Gesamtnachlass aufzuteilen ist, unterliegt dem Erbstatut.[460] Dies heißt aber nicht, dass das Erbstatut auch über die Art und Weise der Aufteilung entscheiden könnte.

252 **a) Vindikationslegat.** Nach dem Erbrecht verschiedener Staaten hat ein Vermächtnis – anders als nach deutschem Erbrecht – einen unmittelbaren Eigentumsübergang an dem vermachten einzelnen Nachlassgegenstand im Rahmen des Vonselbsterwerbs zur Folge (sog. Vindikationslegat). Ein erbrechtlich vorgesehener unmittelbarer Eigentumsübergang ist indes nach h. M. nur möglich, wenn auch das anwendbare Sachenrechtsstatut dies zulässt.[461]

Fallbeispiel:[462]
Ein Kolumbianer wird von seiner Frau beerbt. Seiner Tochter vermacht er sein Grundstück in Deutschland. Das kolumbianische Erbrecht hat das Vermächtnis als Vindikationslegat ausgestaltet. Diese Wirkung kann es an deutschen Sachen nicht entfalten, weil das deutsche Sachenrecht keinen Vonselbsterwerb im Wege der erbrechtlichen Einzelrechtsnachfolge kennt. Die Mutter muss das Grundstück daher an die Tochter auflassen.

253 Erbstatut und Sachenrechtsstatut sind daher kumulativ daraufhin zu prüfen, ob sie einen unmittelbaren Eigentumsübergang zulassen. Ist dies nicht der Fall, kann der Begünstigte die Verschaffung des vermachten Nachlassgegenstands auf dem vom anwendbaren Sachenrecht vorgesehenen Wegen verlangen.

254 **b) Pflichtteilsrecht und Noterbrechte.** Die materiellen Erbrechtsordnungen unterscheiden sich auch darin, ob sie einem enterbten Pflichtteilsberechtigten – wie etwa in Deutschland und Österreich – lediglich einen Zahlungsanspruch gegen den Nachlass oder – wie etwa in Frankreich, Italien oder der Schweiz – ein echtes Erbrecht in Form einer unmittelbaren Nachlassbeteiligung (sog. Noterbrecht) zubilligen.

255 Hieraus ergibt sich ein prozessrechtliches Problem: Ein Noterbe wird nach den Rechtsordnungen von Frankreich, Italien und der Schweiz nicht unmittelbar und automatisch Miterbe, sondern muss seine Nachlassbeteiligung erst durch sog. **Herabsetzungsklage** gerichtlich geltend machen. Auch wenn das deutsche Prozessrecht eine solche Klage nicht vorsieht, sind deutsche Gerichte aufgefordert, die vom fremden Recht vorausgesetzten prozessualen Mittel zur Verfügung zu stellen, wenn aus deutscher Sicht ausländisches Erbrecht Erbstatut ist. Sie können ihr Tätigwerden nicht unter Berufung auf eine vermeintlich „wesensfremde Tätigkeit" ablehnen.[463]

---

[458] Mayer/Süß/Tanck/Bittler/Wälzholz/*Süß* § 15 Rn. 239.
[459] Vgl. Rn. 125 ff., 137 ff., 213.
[460] Vgl. Rn. 214.
[461] Staudinger/*Dörner*, Art. 25 EGBGB Rn. 284 ff.; Palandt/*Heldrich*, Art. 25 EGBGB Rn. 11; MünchKomm-BGB/*Birk*, Art. 25 EGBGB Rn. 170; krit. *Süß* RabelsZ 2001, 245; a. A. OLG Köln NJW 1983, 525.
[462] Nach BGH NJW 1995, 58.
[463] MünchKommBGB/*Birk*, Art. 25 EGBGB Rn. 227; Staudinger/*Dörner*, Art. 25 EGBGB Rn. 200; 817; *Heldrich*, Internationale Zuständigkeit und anwendbares Recht, 1969, S. 260 ff.

> **Praxistipp:**
> Gleichwohl ist bei der Erhebung einer Herabsetzungsklage vor deutschen Gerichten Vorsicht geboten. Dies gilt insbesondere dann, wenn ausländische Nachlassgegenstände betroffen sind. In diesen Fällen wird regelmäßig die Anrufung der Gerichte am Belegenheitsort vorzugswürdig sein. Nach französischem Recht etwa werden die Belgenheitsgerichte als ausschließlich zuständig angesehen. Ein deutsches Herabsetzungsurteil wäre daher in Frankreich nicht anerkennungsfähig und bliebe wirkungslos.[464]

V. Ergebniskorrekturen nach dem Erbfall

Die Behandlung von Fällen mit Auslandsbezug nach dem gängigen System des Kollisionsrechts, wonach ein Lebenssachverhalt nach typisierenden inhaltlichen, örtlichen und zeitlichen Elementen zerlegt, die Einzelteile unterschiedlichen Rechtsordnungen zugewiesen und das Gesamtergebnis aus Wertungselementen verschiedener Bestimmungen zusammengesetzt wird, bringt die Notwendigkeit mit sich, das Ergebnis im Ganzen auf seinen Sinngehalt und seine Übereinstimmung mit den Grundprinzipien der beteiligten Rechtsordnungen zu überprüfen.[465] Mit *Wengler* kann man die Tätigkeit des Richters im IPR mit der Montage eines PKW aus Bestandteilen unterschiedlicher Hersteller vergleichen:[466] Hier wie dort sind Korrekturen erforderlich, um ein funktionierendes Ganzes zu erreichen. Es treten auch Fälle auf, in denen eine vom ausländischen Recht vorgesehene Rechtsfolge vom deutschen Recht schlicht nicht akzeptiert werden kann, weil sie die Grundprinzipien unserer Rechtsordnung in Frage stellen würden. Das Kollisionsrecht stellt als Korrekturmaßnahmen den *ordre public*-Vorbehalt des Art. 6 EGBGB, die Anpassung (Angleichung) und die umstrittene Rechtsfigur der Gesetzesumgehung zur Verfügung.

1. *Ordre Public*

Die Verweisungen auf ausländische Rechtsordnungen, die das deutsche EGBGB vornimmt, stehen unter dem Vorbehalt des *ordre public* gemäß Art. 6 EGBGB. Dieser Vorbehalt gilt nicht für Staatsverträge. Dort ist eine *ordre public*-Prüfung grundsätzlich[467] nur dann vorzunehmen, wenn der Staatsvertrag eine *ordre public*-Klausel enthält.[468]

a) **Grundzüge der Prüfung.** Der *ordre public*-Vorbehalt des Art. 6 EGBGB ist eine eng auszulegende Ausnahmevorschrift,[469] die nur beim Vorliegen dreier Voraussetzungen eingreift:

Erstens muss das Ergebnis der Anwendung einer ausländischen Rechtsnorm des Sach- oder Kollisionsrechts **mit wesentlichen Grundsätzen des deutschen Rechts offensichtlich unvereinbar** sein.[470] Der Widerspruch zu deutschen Rechtsprinzipien muss dabei schlechterdings untragbar sein.[471] Zu prüfen ist das Rechtsanwendungsergebnis im konkreten Einzelfall; eine abstrakte Kontrolle des ausländischen Rechts ist unzulässig.[472]

Untragbar ist der Verstoß nicht bereits dann, wenn das Ergebnis bei einem entsprechenden Inlandssachverhalt nur unter Verletzung einer zwingenden Sachnorm des deutschen Rechts einschließlich der Grundrechte zustande käme.[473]

---

[464] MünchKommBGB/*Birk*, Art. 25 EGBGB Rn. 227.
[465] *Kropholler*, IPR § 34 II 1, S. 235.
[466] *Wengler*, Rev. Crit. 43 (1954) 682 f.
[467] Eine Ausnahme bildet das Deutsch-Iranische Abkommen, dazu oben Rn. 99 f., das den *ordre public*-Vorbehalt stillschweigend voraussetzen soll, BGH NJW 1993, 848, 849; Bamberger/Roth/*S. Lorenz*, Art. 6 EGBGB Rn. 7; Art. 25 EGBGB Rn. 11.
[468] OLG Hamm FamRZ 1993, 111, 113.
[469] *Süß/Haas*, Erbrecht in Europa, § 5 Rn. 6.
[470] OLG Hamm FamRZ 1993, 111, 113.
[471] BGH NJW 1992, 3096, 3101.
[472] BGHZ 39, 173, 177; NJW 1993, 848 f; OLG Hamm FamRZ 1993, 111, 114; Palandt/*Heldrich*, Art. 6 EGBGB Rn. 5; *S. Lorenz* IPRax 1999, 429 f.
[473] BGH NJW 1992, 3096, 3101.

> **Praxistipp:**
>
> 261 Ein Verstoß gegen den deutschen *ordre public* scheidet umgekehrt in der Regel aus, wenn das deutsche dispositive Recht im Einzelfall ein entsprechendes Ergebnis wie die zu untersuchende Norm des ausländischen Rechts zulässt.[474]

262 Zweitens ist der Verstoß auch dann nicht untragbar, wenn das ausländische Recht ein an sich fragwürdiges Ergebnis im einen Bereich (beispielsweise eine erbrechtliche Diskriminierung des Ehepartners) im anderen durch besondere Vorteile (etwa einen güterrechtlichen Anspruch) ausgleicht.[475]

263 Schließlich und drittens kann ein Verstoß gegen die deutsche öffentliche Ordnung nur vorliegen, wenn der zu beurteilende Sachverhalt einen hinreichenden Inlandsbezug aufweist.[476] Das Maß des Inlandsbezugs bestimmt im Übrigen auch die Strenge, mit der eine mögliche Abweichung von den Grundsätzen des deutschen Rechts, wie sie in zwingenden Vorschriften des materiellen Rechts und des Verfassungsrechts zum Ausdruck kommen, zu prüfen ist. Ist der Inlandsbezug gering, beanspruchen selbst die deutschen Grundrechte nur eingeschränkte Geltung.

264 **b) Einzelfälle.** Unter dem Gesichtspunkt des deutschen *ordre public* ist es unbedenklich, wenn eine ausländische Rechtsordnung den **Kreis der Pflichtteilsberechtigten** anders als das deutsche Erbrecht zieht, den Berechtigten andere **Pflichtteilsquoten** zubilligt oder ihre Nachlassbeteiligung in anderer **Art und Weise** als durch Zahlungsansprüche – etwa durch eine unmittelbare Nachlassbeteiligung (sog. Noterbrecht) – oder durch Nießbrauch ausgestaltet.[477]

265 Fraglich ist allerdings, ob es einen Verstoß gegen den deutschen *ordre public* darstellen kann, wenn eine fremde Rechtsordnung **überhaupt keine Pflichtteilsansprüche** für den Ehepartner und den nächsten Angehörigen vorsieht. Die bisherigen Gerichtsentscheidungen haben einen *ordre public*-Verstoß auch in diesem Fall verneint.[478] Dieser restriktiven Auffassung haben sich auch Teile der Literatur angeschlossen.[479] Allerdings hat das BVerfG erst mit seinem Beschluss vom 19. 4. 2005 den Grundrechtsschutz der bedarfsunabhängigen Pflichtteilsansprüche von Abkömmlingen des Erblassers festgestellt.[480] Die Entscheidung könnte man für die Frage von Pflichtteilsansprüchen bei Auslandssachverhalten auch als Konkretisierung des *ordre public*-Vorbehalts interpretieren, wogegen indes spricht, dass das Gericht seine Entscheidung ausdrücklich mit spezifisch historischen Besonderheiten des deutschen Rechts begründet hat.[481]

266 In der Literatur wurden bislang zwei von der Rechtsprechungslinie abweichende Meinungen vertreten: Nach der einen Ansicht sollte dann, wenn eine ausländische Rechtsordnung den nächsten Angehörigen insgesamt eine zwingende Nachlassbeteiligung verweigerte, unter den allgemeinen weiteren Voraussetzungen stets ein Verstoß gegen den deutschen *ordre public* vorliegen.[482] Konkret bedeutet dies, dass nach den allgemeinen Voraussetzungen ein *ordre public*-Verstoß mangels Untragbarkeit auch nach dieser Ansicht ausscheidet, wenn im konkreten Einzelfall nach deutschem Recht eine Pflichtteilsentziehung möglich wäre. Dann ließe nämlich das dispositive deutsche Recht eine entsprechende Regelung zu, wie sie das ausländische Recht anordnet. Ein Verstoß läge zudem auch dann nicht vor, wenn die Betroffenen im ausländischen Recht eine anderweitige Kompensation erhalten.[483] Schließlich

---

[474] *Dörner* IPRax 1994, 362, 364; *Riering* ZEV 1998, 455, 457.
[475] *Dörner* IPRax 1994, 33, 36; Süß/*Haas*, Erbrecht in Europa, § 5 Rn. 6; MünchKommBGB/*Birk*, Art. 25 EGBGB Rn. 112.
[476] BVerfGE 21, 58, 77; BGH NJW 1993, 848, 849; OLG Hamm ZEV 2005, 436, 439 m. Anm. *S. Lorenz*.
[477] LG Hamburg IPRspr 1991,
[478] OLG Köln FamRZ 1976, 170, 172; OLG Hamm ZEV 2005, 436, 439; BGH NJW 1993, 1920, 1921 (nicht einmal angesprochen); RG JW 1912, 22.
[479] *Kegel*/Schurig IPR § 21 II S. 1006.
[480] BVerfG ZEV 2005, 301.
[481] Süß/*Haas*, Erbrecht in Europa, § 5 Rn. 10.
[482] Staudinger/*Dörner*, Art. 25 EGBGB Rn. 731; Palandt/*Heldrich*, Art. 6 EGBGB Rn. 30.
[483] Vgl. Rn. 262.

V. Ergebniskorrekturen nach dem Erbfall

wird man eine *ordre public*-Widrigkeit nicht annehmen können, wenn der Erblasser erkennbar die vom ausländischen Recht vorgesehene, z. B. diskriminierende Erbteilung gewollt hat. Im Rahmen der Testierfreiheit darf der Erblasser nämlich diskriminieren, das Gesetz grundsätzlich nicht.[484]

Nach einer vermittelnden Ansicht soll ein *ordre public*-Verstoß im Fall der gänzlichen Versagung von Pflichtteilsansprüchen nur unter der weiteren Voraussetzung in Betracht kommen, dass der Betroffene der **deutschen Sozialhilfe** zur Last fällt.[485]

Der Beschluss des BVerfG aus dem Jahr 2005 könnte eine Wende in der bisherigen Diskussion zur Frage der *ordre public*-Widrigkeit des vollständigen Ausschlusses von Pflichtteilsansprüchen durch ausländische Rechtsordnungen veranlassen. Jedenfalls dürfte die Differenzierung danach, ob ein Betroffener aufgrund der Verweigerung von Pflichtteilsansprüchen der deutschen Sozialhilfe bedarf oder nicht, überholt sein.[486] Das BVerfG hatte ausdrücklich dem bedarfsunabhängigen Pflichtteilsanspruch Grundrechtsschutz zugesprochen.[487] Dies ändert indes nichts daran, dass die Prüfung des *ordre public* stets nur die Folgen der Anwendung ausländischen Rechts auf einen konkreten Einzelfall zu untersuchen hat. Für den jeweiligen Einzelfall spielt es hingegen keine Rolle, ob einem Betroffenen von einer ausländischen Rechtsordnung deswegen keine Pflichtteilsansprüche zuerkannt werden, weil der Kreis der Berechtigten anders als vom deutschen Recht definiert wird oder deswegen, weil das ausländische Recht insgesamt keine Pflichtteilsansprüche vorsieht. Diese, in der Literatur zum Teil vorgeschlagene, Differenzierung führt zu einer bei der *ordre public*-Prüfung unzulässigen abstrakten Kontrolle der ausländischen Normen. Man wird damit in der Verweigerung von Pflichtteilsansprüchen durch eine ausländische Rechtsordnung allenfalls unter dem Gesichtspunkt des Grundrechtsschutzes einen *ordre public*-Verstoß sehen können. Danach kommen allenfalls Fälle von Abkömmlingen (insbesondere Kindern) in Betracht. Neben den allgemeinen Voraussetzungen der Art. 6 EGBGB[488] wird man zudem einen sehr starken Inlandsbezug auf Seiten des Erblassers fordern müssen, wie er insbesondere durch einen letzten gewöhnlichen Aufenthalt des Erblassers im Inland hergestellt wird.

Wird die **Testierfreiheit** des Erblassers beschränkt, kann dies bei Vorliegen der allgemeinen Voraussetzungen des Art. 6 EGBGB einen Verstoß gegen den deutschen *ordre public* begründen, etwa wenn der Erblasser insgesamt nicht über seinen Nachlass verfügen kann[489] oder die zugelassenen Erben auf Angehörige einer Religion,[490] eines Geschlechts,[491] einer Rasse, eines Staates oder einer Partei[492] beschränkt wird. Bloße Abweichungen der (disponiblen) gesetzlichen Erbfolge[493] oder eine Beschränkung der disponiblen Quote auf ein Drittel[494] sind nicht zu beanstanden.

c) **Rechtsfolgen.** Im Fall eines Verstoßes gegen den deutschen *ordre public* ist die ausländische Norm nur soweit nicht anzuwenden, wie der Verstoß reicht. Es gilt der Grundsatz des geringst möglichen Eingriffs.[495] Lässt sich die ausländische Norm also auf ein verträgliches Maß reduzieren, ist sie teilweise aufrecht zu erhalten. Ist dies nicht möglich und verbleibt eine Lücke, ist diese nach Vorschriften des anwendbaren ausländischen Rechts zu schließen.[496] Erst wenn auch dies nicht möglich ist, kommt eine Anwendung von Vorschriften des deutschen Rechts in Betracht. Konkret bedeutet dies, dass etwa in Diskriminierungsfällen aufgrund des

---

[484] OLG Hamm ZEV 2005, 436, 439; S. *Lorenz* ZEV 2005, 440; Süß/*Haas*, Erbrecht in Europa, § 5 Rn. 11.
[485] MünchKommBGB/*Birk*, Art. 25 EGBGB Rn. 113; *Lüderitz*, IPR Rn. 208; *Klingelhöffer* ZEV 1996, 258, 259.
[486] Staudinger/*Dörner*, Art. 25 EGBGB Rn. 731.
[487] BVerfG ZEV 2005, 301 Tz. 65.
[488] Vgl. oben Rn. 260.
[489] Staudinger/*Dörner*, Art. 25 EGBGB Rn. 726; Süß/*Haas*, Erbrecht in Europa, § 5 Rn. 12.
[490] OLG Hamm ZEV 2005, 436; *Looschelders* IPRax 2006, 462.
[491] S. *Lorenz* IPRax 1993, 148, 150; MünchKommBGB/*Sonnenberger*, Art. 26 EGBGB Rn. 54; a. A. Palandt/*Heldrich*, Art. 6 EGBGB Rn. 30.
[492] Süß/*Haas*, Erbrecht in Europa, § 5 Rn. 12.
[493] BayObLG NJW 1976, 2076.
[494] LG Hamburg IPRspr 1991, Nr. 142; Süß/*Haas*, Erbrecht in Europa, § 5 Rn. 12.
[495] OLG Hamm ZEV 2005, 436, 439; Bamberger/Roth/S. *Lorenz*, Art. 6 EGBGB Rn. 16.
[496] BGH NJW 1993, 848, 850.

Geschlechts unter Abkömmlingen die den Abkömmlingen nach dem ausländischen Recht tatsächlich zugedachte Gesamtnachlassbeteiligung gleichmäßig unter sämtlichen Abkömmlingen zu verteilen ist, so als wären alle Kinder Söhne oder alle Töchter.[497]

271 **2. Anpassung (Angleichung)**

Die Anpassung ist ein kollisionsrechtliches Hilfsmittel insbesondere zur Lösung von Wertungswidersprüchen, wie sie insbesondere in Fällen der Normenhäufung oder des Normenmangels durch das unkoordinierte Zusammentreffen verschiedener Rechtsordnungen entstehen.

Fallbeispiel (Normenhäufung):[498]
Der österreichische Erblasser hinterließ seine deutsche Frau und zwei gemeinsame Kinder. Seit der Heirat hatten die Eheleute in Deutschland gelebt. Güterstatut war deutsches Recht. Der Erblasser verstarb ohne Testament.
Aufgrund der österreichischen Staatsangehörigkeit des Erblassers findet österreichisches Erbrecht Anwendung, Art. 25 Abs. 1 EGBGB, § 28 Abs. 1 öIPRG. Nach § 757 Abs. 1 ABGB beträgt die gesetzliche Erbquote der Witwe $1/3$. Erhöht man diese Quote um den pauschalen Zugewinnausgleich gemäß § 1371 Abs. 1 BGB, erhält sie eine Erbquote von $7/12$. Dies ist $1/12$ mehr, als ihr deutsches Güter- und Erbrecht zubilligen würden; nach rein österreichischem materiellen Recht kann der Güterstand nur güterrechtlich, nicht erbrechtlich durch Erhöhung der Erbquote abgewickelt werden. Daher bliebe es bei einer Erbquote von $1/3$.

272 Fallbeispiel (Normenmangel):[499]
War der Erblasser Deutscher und hinterließ er seine österreichische Frau, mit der und ihrem gemeinsamen Kind er in Österreich gelebt hatte, kann sich der Fall umgekehrt darstellen.

Auf deutsches Erbrecht trifft österreichisches Güterrecht. Nach österreichischem Güterrecht erhält die Ehefrau nichts. Es gilt Gütertrennung mit Ausgleich nur im Fall der Scheidung. Sie erbt nach § 1931 Abs. 1 BGB ¼. Es ist umstritten, ob die pauschale Anhebung ihrer Erbquote bei Gütertrennung nach § 1931 Abs. 4 BGB erb- oder güterrechtlich zu qualifizieren ist.[500] Qualifiziert man ihn mit der Mindermeinung[501] güterrechtlich, scheidet die Erbquotenerhöhung auf $1/3$ aus. Nach österreichischem Recht allein hätte die Frau $1/3$ geerbt, ebenso bei rein deutscher Falllösung.

273 Eine durchgängige Methode zur Anpassung hat sich bisher nicht durchgesetzt.[502] Dementsprechend leidet die Anpassung als kollisionsrechtliche Methode an einem Mangel an Vorhersehbarkeit. Fälle des Normenmangels oder der Normenhäufung werden üblicherweise dadurch gelöst, dass einer der beteiligten Rechtsordnungen die Lösung entnommen wird.[503] Haben die Normenhäufung oder der Normenmangel, wie in den Beispielsfällen oben, **rein quantitative** Folgen, kann die Anpassung in der Weise erfolgen, dass ein überschießender Anspruch auf das Maß gekürzt wird, das dem Betroffenen die günstigere Rechtsordnung bei einem reinen Inlandsfall zuspräche. Im ersten Beispiel wäre die Erbquote der Witwe im Wege der kollisionsrechtlichen Anpassung von $7/12$ auf $6/12$, also das vom deutschem Recht vorgesehene Maß, zu kürzen. Im Fall des Normenmangels ist umgekehrt vorzugehen. Im zweiten Beispiel wäre die Erbquote auf $1/3$ anzuheben. Diese Quote sehen beide beteiligte Rechtsordnungen für reine Inlandsfälle vor.

274 Wirken sich die Wertungswidersprüche nicht rein quantitativ aus, handelt es sich also um qualitative Wertungswidersprüche, scheidet eine bloße Anhebung oder Absenkung eines Anspruchs aus. Dies ist der in Rechtsanwendungsmethode und -ergebnis unsicherste Bereich der kollisionsrechtlichen Anpassung.

---

[497] Süß/*Haas*, Erbrecht in Europa, § 5 Rn. 13.
[498] Nach OLG Stuttgart ZEV 2005, 443 m. Anm. *Dörner*; vgl. krit. *Süß* ZErb 2005, 208, 211; LG Mosbach ZEV 1998, 489 mit Anm. *Hohloch* JuS 1999, 296.
[499] Nach Soergel/*Schurig*, Art. 15 EGBGB Rn. 41.
[500] Staudinger/*Mankowski*, Art. 15 EGBGB Rn. 370.
[501] Soergel/*Schurig*, Art. 14 EGBGB Rn. 41.
[502] Vgl. etwa die verschiedenen Lösungsvorschläge bei *Clausnitzer* IPRax 1987, 104 f.
[503] *Kropholler*, IPR § 34 IV 2 a) und b), S. 238 f.

Fallbeispiel:[504]

Ein englischer Erblasser mit Wohnsitz in London errichtet in seinem Testament einen Trust, dem er sein gesamtes Vermögen, darunter auch ein Grundstück in Spanien, zuwendet. Nach spanischem Sachenrecht ist – ebenso wie übrigens nach deutschem Sachenrecht – die Begründung eines *trust*-Verhältnisses an einem spanischen Grundstück unzulässig. Auf sachenrechtlicher Ebene scheidet eine Anpassung aufgrund des sachenrechtlichen *numerus clausus* aus. Eine Lösung kann daher nur durch Eingriff in das englische Erbrecht gesucht werden; in trust-Fällen wird man den *trustee* für Zwecke derjenigen kontinentaleuropäischen Rechtsordnungen, die den *trust* nicht anerkennen, als Volleigentümer mit einer schuldrechtlichen Beschränkung seiner Verfügungsbefugnisse entsprechend dem englischen *trust*-Recht ansehen müssen.

3. Gesetzesumgehung

Die Gesetzesumgehung ist eine in Deutschland bislang ausschließlich von Teilen der Literatur vertretene Theorie, die man als kollisionsrechtliche Variante des Rechtsmissbrauchs beschreiben kann. Sie wurde von deutschen Gerichten bislang nicht bestätigt. Sie hat allenfalls Auffangcharakter zur Bewältigung von Extremfällen, die weder durch Auslegung der in- und ausländischen Kollisionsnormen, noch durch den *ordre public*-Vorbehalt oder kollisionsrechtliche Anpassung beantwortet werden können.[505]

Ein Fall „echter" Umgehung soll vorliegen, wenn der Betroffene gezielt die Regelungen der einen Rechtsordnung zur Anwendung bringt, um das Eingreifen der Regelungen der anderen zu vermeiden und er hierdurch ein unangemessenes Rechtsanwendungsergebnis provoziert. Als Rechtsfolge soll der Betroffene so behandelt werden, als hätte die Gesetzesumgehung nicht stattgefunden.[506] Diskutiert wird die Gesetzesumgehung im erbrechtlichen Zusammenhang etwa in Fällen der Manipulation des Anknüpfungsmerkmals des Erbstatuts. So könnte ein Deutscher seine Staatsangehörigkeit wechseln, um das unerwünschte Eingreifen des deutschen Pflichtteilsrechts zu vermeiden. In diesem Punkt hätte es ein Franzose sogar noch leichter. Er könnte das Erbstatut bereits durch den dauerhaften Wegzug ins Ausland wechseln.

Als „unechte" Umgehung wird der Fall der Ausnutzung der Regelungen der Internationalen Zuständigkeit der Gerichte und der Unzulänglichkeiten im System der internationalen Anerkennung und Vollstreckung ausländischer Entscheidungen bezeichnet. Ein Deutscher könnte ins Ausland, etwa die USA verziehen, wo er nicht mit einer Anerkennung und Vollstreckung deutscher Gerichtsentscheidungen zu rechnen braucht. Seinen in Deutschland verbliebenen Pflichtteilsberechtigten wird selbst eine ihnen günstige Entscheidung eines deutschen Gerichts gegenüber den Erben in den USA wenig nützen, sofern nicht auch Nachlassvermögen in Deutschland verblieben ist.

Die letztgenannte Rechtsfigur der „unechten" Umgehung ist für die Praxis ohne Bedeutung. Selbst wenn man sie im Inland anerkennen wollte, würde dies die Vollstreckbarkeit von Inlandsentscheidungen im Ausland nicht stärken. Demgegenüber ist nicht völlig auszuschließen, dass die „echte" Umgehung von deutschen Gerichten in einem geeigneten Fall, wenn nämlich deutsches Recht zugunsten eines ausländischen Rechts „umgangen" wurde, anerkannt werden könnte.[507] Hiergegen spricht, dass die Umgehungshandlung die Ausnutzung einer vom deutschen Gesetzgeber gerade vorgesehenen zulässigen Handlung – etwa Wechsel der Staatsangehörigkeit nach den Regeln des StAG (mit den Folgen der Art. 25 Abs. 1 EGBGB) – voraussetzt. Verwerflich im Sinne einer angreifbaren Gesetzesumgehung kann also nicht jeder – als solcher ja zulässige – Staatsangehörigkeitswechsel von der deutschen zu einer fremden Staatsangehörigkeit sein. Vielmehr ist mindestens zu fordern, dass es dem Erblasser gerade auf die Vermeidung deutscher Pflichtteilsansprüche ankam und weitere Gründe für den Staatsangehörigkeitswechsel nicht vorliegen.[508]

---

[504] Duke of Wellington, Glentanar v Wellington RabelsZ 15 (1949–50), 149, 159 f.
[505] Süß/*Haas*, Erbrecht in Europa, § 5 Rn. 17.
[506] *v. Hoffman/Thorn*, IPR § 6 Rn. 124.
[507] Vgl. aber BGH NJW 1971, 2124: Umgehung des italienischen Rechts offenbar allein, um zur Anwendung des deutschen zu gelangen (keine Gesetzesumgehung) sowie BGH NJW 1988, 1139: Ausnutzung des Rechtsinstituts der Adoption zur Erreichung gesetzesfremder Zwecke unter Vorspiegelung eines Eltern-Kind-Verhältnisses (sanktionslos).
[508] Süß/*Haas*, Erbrecht in Europa, § 5 Rn. 17.

VI. Grundzüge des deutschen Internationalen Erbverfahrensrechts

1. Internationale Zuständigkeit

279 In Erb- und Pflichtteilssachen sieht allein § 15 des **deutsch-türkischen Nachlassabkommens von 1929**[509] eine Regelung zur Internationalen Zuständigkeit vor. Danach sind für Erbstreitigkeiten über bewegliche Nachlassgegenstände ausschließlich die Gerichte im Heimatstaat des Erblassers, für Streitigkeiten über unbewegliche Nachlassgegenstände ausschließlich diejenigen im Belegenheitsstaat international zuständig.

280 Unter den EU-Verordnungen erfasst bislang keine den Bereich der Erbsachen. Die Europäische Gerichtsstands- und Vollstreckungsverordnung vom 22. Dezember 2000 (EuGVVO, sog. **Brüssel-I-VO**),[510] die das im Verhältnis zu Dänemark fortgeltende EuGVÜ vom 27. September 1968[511] weitgehend abgelöst hat, nimmt das „Erb- und Testamentsrecht" aus seinem Anwendungsbereich ausdrücklich aus.[512] Auch die EheGVO (sog. **Brüssel-II a-VO**) vom 27. November 2003[513] nimmt „Trusts und Erbschaften" aus seinem Anwendungsbereich aus.[514]

281 Danach bestimmt sich in Erb- und Pflichtteilssachen die Internationale Zuständigkeit in der Regel nach Maßgabe des autonomen nationalen Rechts.[515] Seit Inkrafttreten des FamFG zum 1. September 2009 gilt für die streitige[516] und die freiwillige Gerichtsbarkeit[517] der einheitliche Grundsatz, dass sich die Internationale Zuständigkeit der deutschen Zivil- und Nachlassgerichte aus ihrer örtlichen Zuständigkeit ergibt.

282 Im Bereich der **streitigen Gerichtsbarkeit** können gem. § 27 ZPO Klagen insbesondere auf Feststellung des Erbrechts einschließlich der Feststellung seines Nichtbestehens,[518] Ansprüche des Erben gegen den Erbschaftsbesitzer, Ansprüche aus Vermächtnissen und Pflichtteilsansprüche erhoben werden, außerdem Klagen wegen anderer Nachlassverbindlichkeiten.[519] Hierher gehört in entsprechender Anwendung des § 27 ZPO auch die Herabsetzungsklage eines nach einer ausländischen Rechtsordnung Noterbberechtigten.[520] Daneben stehen wahlweise auch der allgemeine Gerichtsstand, der sich grundsätzlich am Wohnsitz des Beklagten befindet,[521] sowie der allgemeine Vermögensgerichtsstand nach § 23 ZPO zur Verfügung.

283 Im Bereich der **freiwilligen Gerichtsbarkeit** besteht eine örtliche Zuständigkeit am letzten Wohnsitz,[522] hilfsweise dem letzten (gewöhnlichen) Aufenthalt[523] des Erblassers im Inland. Hilfsweise begründet die Belegenheit von Nachlassgegenständen im Inland die örtliche und damit auch Internationale Zuständigkeit.[524] Für Deutsche ohne Wohnsitz oder Aufenthalt im Inland besteht weiterhin eine Sonderzuständigkeit des AG Schöneberg in Berlin.[525] § 2369 Abs. 1 BGB zeigt, dass sich die Internationale Zuständigkeit in sämtlichen dieser Fälle nicht auf das Inlandsvermögen beschränkt.[526]

284 Nachdem der umstrittene sog. Gleichlaufgrundsatz, wonach deutsche staatliche Stellen im Bereich der freiwilligen Gerichtsbarkeit eine Internationale Zuständigkeit nur im Fall der

---

[509] Siehe hierzu oben Rn. 99 f.; RGBl. 1931 II 538; BGBl. 1952, II 608.
[510] VO Nr. 44/2001, ABl. EG 2001 Nr. L 12, 1; Text bei Baumbach/Lauterbach/Albers/*Hartmann*, EuGVVO.
[511] BGBl. 1972 II, 774; Auslegungsprotokoll BGBl. 1971 II, 846.
[512] Vgl. Art. 1 Abs. 2.
[513] VO Nr. 2201/2003, ABl. EG 2003 Nr. L 338, 1.
[514] Vgl. Art. 1 Abs. 3 lit. f).
[515] Vgl. zum Überblick oben Rn. 6 f.
[516] *Haas*, Der europäische Justizraum in „Erbsachen", 43, 55; *Heldrich*, Internationale Zuständigkeit und anwendbares Recht, 1969, 167 ff; *Kropholler*, IPR § 58 II S. 593.
[517] § 105 FamFG; Überblick bei *Fröhler* BWNotZ 2008, 183, 186.
[518] Mayer/Süß/Tanck/Wälzholz/*Süß* § 15 Rn. 303.
[519] § 28 ZPO.
[520] Heute wohl allg. Ansicht: Staudinger/*Dörner*, Art. 25 EGBGB Rn. 200, 817; Staudinger/*Haas*, Einleitung zu §§ 2303 ff Rn. 71; MünchKommBGB/*Birk*, Art 25 EGBGB Rn. 308; *Klingelhöffer* ZEV 1996, 260.
[521] §§ 12 ff. ZPO.
[522] § 343 Abs. 1 1. Alt. FamFG.
[523] § 343 Abs. 1 2. Alt. FamFG.
[524] § 343 Abs. 3 FamFG.
[525] § 343 Abs. 2 FamFG.
[526] *Zimmermann* ZEV 2009, 53, 54

Anwendbarkeit des deutschen materiellen Erbrechts besitzen, durch das FamFG zum 1. September 2009 abgelöst wurde, können deutsche Nachlassgerichte künftig auch Verfahrenshandlungen vornehmen, die ausländische Erbrechtsordnungen vorsehen,[527] etwa eine **Einantwortung** nach österreichischem Recht,[528] die Bestellung eines *administrators* nach israelischem Recht[529] oder bei Geltung ausländischen Erbrechts einen Testamentsvollstrecker berufen oder abbestellen.[530]

2. Fassung des Erbscheins

a) **Eigenrechtserbschein.** Ist deutsches Recht Erbstatut, ist der Erbschein auch dann in der gewohnten Weise zu formulieren, wenn Auslandsvermögen vorhanden ist. Ist kollisionsrechtliche Nachlassspaltung eingetreten, weil bestimmte Vermögensgegenstände im Ausland besonderen Vorschriften unterliegen,[531] ein ausländischer Erblasser gemäß Art. 25 Abs. 2 EGBGB nur für unbewegliches Inlandsvermögen deutsches Recht gewählt hat oder eine gespaltene Weiter- oder Rückverweisung stattgefunden hat, besteht die einzige Besonderheit darin, dass die dem deutschen Erbrecht unterliegenden Nachlassgegenstände bestimmbar beschrieben werden müssen. Es ist anerkannt, dass sich die Beschreibung auf Vermögensgegenstände in einem bestimmten Gebiet und bei Bedarf eines bestimmten Typs beschränken kann.[532] **285**

Formulierungsvorschlag: Eigenrechtserbschein bei kollisionsrechtlicher Nachlassspaltung
Unter Beschränkung auf den im Inland befindlichen unbeweglichen Nachlass wird bezeugt, dass der am ...... in ...... geborene und am ...... in ......, seinem letzten Wohnsitz, verstorbene ...... von seinem Sohn ...... allein beerbt worden ist. **286**

Hat der Erblasser von der güterrechtlichen Rechtswahlmöglichkeit des Art. 15 Abs. 2 Nr. 3 EGBGB Gebrauch gemacht und für sein inländisches Immobiliarvermögen ein abweichendes Güterstatut gewählt, kann es aufgrund der **Güterrechtsspaltung** wegen der Regelungen der §§ 1931, 1371 Abs. 1 BGB auch bei einheitlichem Erbstatut zu unterschiedlichen Erbquoten hinsichtlich der verschiedenen Vermögensgegenstände kommen. In diesem Fall muss ein gegenständlich gespaltener Erbschein erteilt werden.[533] Entsprechendes gilt, wenn der Erblasser eine von der h. M. zugelassene[534] Rechtswahl lediglich für einzelne von mehreren Inlandsgrundstücken getroffen hat.[535] **287**

Formulierungsvorschlag: Eigenrechtserbschein bei Güterrechts- und Nachlassspaltung
Unter Beschränkung auf den beweglichen Nachlass wird bezeugt, dass der am ...... in ...... geborene und am ...... in ......, seinem letzten Wohnsitz, verstorbene ...... von seiner Frau ...... zu ½ und seinen Kindern ...... und ...... zu je ¼ beerbt worden ist.
Unter Beschränkung auf den im Inland befindlichen unbeweglichen Nachlass wird bezeugt, dass der am ...... in ...... geborene und am ...... in ......, seinem letzten Wohnsitz, verstorbene ...... von seiner Frau ...... und seinen Kindern ...... und ...... zu je ⅓ beerbt worden ist. **288**

b) **Fremdrechtserbschein.** Nach § 2369 Abs. 1 BGB ist ein Fremdrechtserbschein nicht mehr zwingend auf Inlandsvermögen beschränkt, vielmehr erfolgt die Beschränkung nur noch auf Antrag. Der Fremdrechtserbschein nach § 2369 BGB muss die nach ausländischem **289**

---

[527] Vgl. die Zusammenstellung bei Staudinger/*Dörner*, Art 25 EGBGB Rn. 838.
[528] Anders nach altem Recht noch BayObLGZ 1967, 201; 1971, 44.
[529] BayObLGZ 1976, 156 f.
[530] BayObLG ZEV 2005, 168.
[531] Art. 3 a Abs. 2 EGBGB.
[532] *Rauscher* JR 1996, 283; zur problematischen zeitlichen Abgrenzung vgl. Rn. 256 ff.
[533] *Riering*, FS Schwab 2005, 1246, 1251; *Schotten/Schmellenkamp*, § 7 Rn. 348 a.
[534] Vgl. Rn. 203.
[535] *Riering*, FS Schwab 2005, 1246, 1252; im Ergebnis wohl ebenso: MünchKommBGB/*J. Mayer* § 2369 Rn. 23.

Erbrecht eingetretene Erbfolge möglichst treffend und dem inländischen Rechtsverkehr verständlich mit Rechtsbegriffen des deutschen Rechts beschreiben (sog. **Transkriptionsproblem**). Den notwendigen Zielkonflikt zwischen Exaktheit und Verständlichkeit für den deutschen Rechtsverkehr löst die h. M. zugunsten der Verständlichkeit und Verkehrstauglichkeit auf und nimmt die Gefahr der Verfälschung bei der Übertragung ausländischer Begriffe insbesondere im Zusammenhang mit ausländischen Rechtsinstituten, die im deutschen Recht keine Entsprechung haben, in Kauf. In den Erbschein sollen nach h. M. daher ausschließlich Begriffe des deutschen Rechts aufgenommen werden.[536]

290 Über die gewöhnlichen Inhalte eines Erbscheins hinaus sind beim Fremdrechtserbschein folgende weitere Angaben zu machen:
- Angabe zum Berufungsgrund (gesetzliche oder gewillkürte Erbfolge),[537]
- Bezeichnung des anwendbaren ausländischen Erbrechts (Erbstatut),[538] wobei mit *Süß* bei Mehrrechtsstaaten eine Präzisierung hinsichtlich der einschlägigen Teilrechtsordnung zu fordern ist,[539]
- abstrakter Hinweis auf die Beschränkung auf den im Inland befindlichen Nachlass, sofern einschlägig,[540]
- Hinweis, soweit eine Korrektur aufgrund des *ordre public*-Vorbehalts[541] oder einer kollisionsrechtlichen Anpassung vorgenommen wurde,
- Hinweis auf eine Erbteilserhöhung nach § 1371 Abs. 1 BGB,[542]
- Verfügungsbeschränkungen des ausländischen Erbrechts, soweit sie mit aufnahmepflichtigen Verfügungsbeschränkungen des inländischen Rechts vergleichbar sind,[543]
- Vorbehalt hinsichtlich eines noch geltend zu machenden Noterbrechts (h. M.).[544]

291 Umstritten ist die Behandlung von **Noterbrechten** im Fremdrechtserbschein. Hierbei handelt es sich um zwingende Nachlassbeteiligungen naher Angehöriger, die nicht in Form eines Zahlungsanspruchs, sondern einer unmittelbaren Erbberechtigung am Nachlass ausgestaltet sind und in der Regel eine Durchsetzung durch Herabsetzungsklage erfordern.[545] Unstreitig ist insoweit lediglich, dass der Noterbe dann im Erbschein auszuweisen ist, wenn er bereits Miterbe geworden ist, sei es, weil das Verfahren einer erforderlichen Herabsetzungsklage bereits erfolgreich abgeschlossen wurde,[546] sei es, dass es einer Klage gar nicht bedarf und er seine Miterbenstellung – wie im griechischen Recht – von Gesetzes wegen automatisch erlangt hat oder die Erben die Nachlassbeteiligung des Noterben bereits anerkannt haben.[547]

Formulierungsvorschlag: Fremdrechtserbschein bei bereits bestehender Miterbenstellung des Noterben

292 [Unter Beschränkung auf den im Inland befindlichen Nachlass] [Es] wird bezeugt, dass der am ...... in ...... geborene und am ...... in ......, seinem letzten Wohnsitz, verstorbene französische Staatsangehörige ...... in Anwendung des französischen Erbrechts aufgrund notarieller Testamente vom ...... und ...... in Höhe von ½ von Frau ...... und zu ½ aufgrund gesetzlichen Noterbrechts, in Kraft gesetzt durch Urteil des Amtsgerichts Nancy vom 22. Mai 2009, Az. ...... von seinem Sohn ...... beerbt worden ist.

---

[536] OLG Köln NJW 1983, 525 f; LG Düsseldorf JZ 1961, 745; Bengel/Reimann/*Haas*, Kap. 9 Rn. 436; *Schotten*, Rpfleger 1991, 181, 189; MünchKommBGB/*J. Mayer*, § 2369 BGB Rn. 24; vermittelnd: Staudinger/ *Dörner*, Art. 25 EGBGB Rn. 883; a. A. *Kegel*/Schurig, IPR § 21 IV 4 S. 1021 ff.; Palandt/*Edenhofer* § 2369 Rn. 8.
[537] KG Rpfleger 1977, 307; MünchKommBGB/*J. Mayer* § 2369 Rn. 23.
[538] BayObLGZ 1961, 21, 22; KG Rpfleger 1977, 307; zweifelhaft die Ansicht des OLG Düsseldorf NJW 1963, 2230, wonach die Angabe der ausländischen Staatsangehörigkeit des Erblassers genüge.
[539] Mayer/Süß/Tanck/Bittler/Wälzholz/*Süß* § 15 Rn. 309.
[540] MünchKommBGB/*J. Mayer*, § 2369 Rn. 23.
[541] MünchKommBGB/*Mayer*, § 2369 Rn. 23; Staudinger/*Dörner*, Art. 25 EGBGB Rn. 881 schlägt vor, den Hinweis dahingehend zu formulieren, der Erblasser sei „unter Berücksichtigung von Art. 6 EGBGB" beerbt worden.
[542] Mayer/Süß/Tanck/Bittler/Wälzholz/*Süß* § 15 Rn. 309.
[543] MünchKommBGB/*J. Mayer*, § 2369 Rn. 23.
[544] MünchKommBGB/*J. Mayer*, § 2369 Rn. 23.
[545] Vgl. oben Rn. 254 f.
[546] Mayer/Süß/Tanck/Bittler/Wälzholz/*Süß* § 15 Rn. 309.
[547] BayObLGZ 1995, 366, 378.

Problematisch ist demgegenüber die Handhabung im Fall **drohender Noterbrechte**, die 293
mangels Fristablaufs (die nach ausländischem Recht zwischen einigen Monaten und dreißig
Jahren liegen kann) noch durch erforderliche Herabsetzungsklage durchgesetzt werden
können. Es werden verschiedene Meinungen vertreten, die von der grundsätzlichen Aufnahme der Noterbberechtigten sogar vor gerichtlicher Geltendmachung reichen[548] über die
Forderung nach einer Beschränkung auf einen Teilerbschein in Höhe der disponiblen Quote[549] bis hin zu der von der h. M. vertretenen Ansicht, dass den testamentarischen Erben ein
Erbschein zu erteilen ist, der nach einer möglichen Herabsetzung eingezogen werden kann.
Wurde die Herabsetzung bereits eingeklagt, soll nach h. M. ein entsprechender ausdrücklicher Vorbehalt in den Erbschein aufgenommen werden.[550]

Problematisch ist darüber hinaus die Darstellung einer zeitlichen Spaltung der Erbfolge. 294
Eine solche Spaltung ergibt sich etwa aus dem im *common law* verbreiteten Prinzip, dass
der Erblasser im Rahmen der gewillkürten Erbfolge nur über die Vermögenswerte verfügen
kann, die **bei seinem Tod bereits vorhanden** waren. Später entstehende Vermögenswerte fallen grundsätzlich den gesetzlichen Erben zu.[551] Dieses Prinzip wird regelmäßig nur im Fall
von Gesetzesänderungen oder -neuschaffungen zum Tragen kommen, weil in den übrigen
Fällen der betreffende Vermögenswert beim Tod des Erblassers bereits im Keim vorhanden,
wenn auch nicht fällig gewesen sein wird.

Beispielsfall: 295

Marilyn Monroe setzte unter Umgehung ihrer gesetzlichen Erben einem *trust* zum Alleinerben ihres
Vermögens ein. In ihren Nachlass fielen bei ihrem Tod im Jahr 1962 unter anderem zahlreiche Fotos
des Stars. Aus ihrer Vervielfältigung entsprangen indes erst nach dem Tod von *Marilyn Monroe* Lizenzeinnahmen. Das entsprechende Gesetz, das derartige Ansprüche begründete, wurde nämlich erst 1984
erlassen. Erst in jenem Jahr entstanden nach dortigem Recht Lizenzansprüche. Da die Lizenzeinnahmen
auf Ansprüchen beruhten, die erst Jahre nach dem Tod der Erblasserin entstanden, kamen sie nach New
Yorker Recht nicht dem *trust* als testamentarischen Alleinerben, sondern den testamentarisch enterbten
gesetzlichen Erben zugute. *Marilyn Monore* konnte in ihrem Testament über diese erst nach ihrem Tod
begründeten Ansprüche letztwillig nicht verfügen.[552]

Es stellt sich das Problem, ob die Rechtslage exakt dahingehend im Erbschein abgebildet 296
werden soll, dass – an sich korrekt – zwischen Nachlassgegenständen unterschieden wird,
die im Todeszeitpunkt bereits vorhanden waren und solchen, die erst später entstanden sind.
Dies würde den Erbschein für den praktischen Gebrauch für die Erben weitgehend entwerten. Häufig wird ein Nachweis über die Nachlasszugehörigkeit im Todeszeitpunkt kaum zu
führen sein. Alternativ ist daran zu denken, die später entstandenen Ansprüche etwa durch
Bezugnahme auf das betreffende Gesetz (von 1962) konkret zu bezeichnen, was rechtlich
nicht ganz korrekt ist, weil das zugrunde liegende Rechtsprinzip des *common law* nicht
vom Erlass des einen Gesetzes abhängt, sondern allein vom Zeitpunkt der Anspruchsentstehung. Anders gewendet: Es ist rechtlich nicht auszuschließen, dass durch ein weiteres Gesetz
zusätzliche Ansprüche nach dem Todestag entstanden sind, die ebenfalls den gesetzlichen
Erben zufallen. Dementsprechend werden in Erbscheinen grundsätzlich abstrakte Beschreibungen der betroffenen Nachlassgegenstände vorgenommen und nicht einzelne Nachlassgegenstände konkret aufgeführt. Auf der anderen Seite ist es richtig und üblich, gegebenenfalls

---

[548] MünchKommBGB/*Birk*, Art. 25 EGBGB Rn. 345; differenzierend (formelle Ausweisung wie bedingter Nacherbe): *Schotten/Schmellenkamp*, § 7 Rn. 346.
[549] BayObLGZ 1995, 366, 378; *Riering* MittBayNot 1999, 519, 523 f.
[550] Staudinger/*Haas*, Vorbemerkung zu §§ 2302 ff. BGB Rn. 72; *Sonnenberger* IPRax 2002, 169, 174.
[551] Fragen der Veränderung der Nachlasszusammensetzung nach dem Tod des Erblassers sind aus deutscher Sicht durchaus erbrechtlich zu qualifizieren, vgl. Rn. 213.
[552] United States District Court fort he Southern District of New York, Shaw Family Archives, Lts. V. CMG Worldwide, Inc., 486 F. Supp. 2d 309 (2007); vgl. dazu auch New York Estates, Powers and Trusts Law, §§ 3–3.1 und 4–1.1; vgl. aber die Entscheidung des BVerwG VIZ 1999, 215 = ZOV 1999, 57; KG, NJW-RR 2000, 1608, in denen dieses Argument von Klägerseite vorgebracht, von den Gerichten aber offenbar nicht ernst genommen und nicht weiter verfolgt wurde. Rechtsvergleichend fällt auf, dass auch nach deutschem Recht testamentarische Erbfolge eingreift, wenn nämlich die (ergänzende) Testamentsauslegung insoweit eine Lücke der Erbfolgeanordnung des Erblassers offenlegt. Das deutsche Recht erweist sich hier hypothetischen Vermutungen aufgeschlossener als das New Yorker Erbrecht, das mit zwingenden Regeln arbeitet.

klarstellende Hinweise zur Reichweite eines Fremdrechtserbscheins aufzunehmen. Aufgrund der Seltenheit der betroffenen Fälle – es werden in der Praxis kaum zwei derartige Gesetzesänderungen zusammenkommen, die sich auf einen Nachlass auswirken – erscheint es sachgerecht, in einem solchen klarstellenden Hinweis die betroffenen Ansprüche konkret zu benennen und die insoweit eingetretene Erbfolge auszuweisen. Die Verkehrstauglichkeit wird hierdurch ebenso berücksichtigt wie die Notwendigkeit, die Rechtsfolgen des ausländischen Erbrechts möglichst korrekt wiederzugeben.

Formulierungsvorschlag: Fremdrechtserbschein bei zeitlicher Spaltung

297 [Unter Beschränkung auf den im Inland befindlichen Nachlass] [Es] wird bezeugt, dass der am ...... in ...... geborene und am ...... in ......, seinem letzten Wohnsitz, verstorbene US-Staatsangehörige ...... in Anwendung des Erbrechts des US-Bundesstaates New York aufgrund notariellen Testaments vom ...... von Frau ...... allein beerbt worden ist.

Es wird klargestellt, dass dies nicht für nach seinem Tod aufgrund des ......-Gesetzes vom ...... entstandene Ansprüche gilt, hinsichtlich derer er in Anwendung des Erbrechts des US-Bundesstaates New York aufgrund gesetzlicher Erbfolge von seinen Kindern ......, ... und ...... zu je 1/3 beerbt worden ist.

3. Anerkennung ausländischer Gerichtsentscheidungen und Erbnachweise

298 **a) Multilaterale Abkommen und EU-Verordnungen.** Ausländische Entscheidungen in Erbsachen können nicht nach den bestehenden EU-Verordnungen oder dem EuGVÜ anerkannt werden, weil diese Erbsachen aus ihren Anwendungsbereichen ausnehmen.[553]

299 **b) Bilaterale Abkommen.** Demgegenüber unterhält die Bundesrepublik Deutschland elf bilaterale Abkommen, die eine Anerkennung ausländischer Entscheidungen in Erbsachen vorsehen. Dies betrifft
- Belgien,[554]
- Griechenland,[555]
- Italien,[556]
- Niederlande,[557]
- Norwegen,[558]
- Österreich,[559]
- Schweiz,[560]
- Spanien,[561]
- Tunesien,[562]
- Türkei,[563]
- Vereinigtes Königreich von Großbritannien und Nordirland.[564]

300 Der deutsch-israelische Vertrag über die Anerkennung und Vollstreckung gerichtlicher Entscheidungen in Zivil- und Handelssachen[565] gilt gemäß seinem Art. 4 Abs. 1 Nr. 2 nicht für Erbsachen.

---

[553] Vgl. Rn. 280.
[554] BGBl. 1959 II 766.
[555] BGBl. 1963 II 109.
[556] RGBl. 1937 II 145.
[557] BGBl. 1965 II 27.
[558] BGBl. 1981 II 342.
[559] BGBl. 1960 II 1246.
[560] RGBl. 1930 II 1066.
[561] BGBl. 1987 II 35.
[562] BGBl. 1969 II 889.
[563] Anlage zu Art. 20 des Konsularvertrages vom 28. 5. 1929, RGBl. 1930 II 748.
[564] BGBl. 1961 II 301.
[565] BGBl. 1980 II 926.

VI. Grundzüge des deutschen Internationalen Erbverfahrensrechts

> **Praxistipp:**
> Der Wortlaut der Anerkennungs- und Vollstreckungsabkommen ist bei Baumbach/Lauterbach/Albers/*Hartmann*, ZPO, im Schlussanhang V B in wesentlichen Auszügen wiedergegeben.
> Der Wortlaut des deutsch-türkischen Nachlassabkommens findet sich bei Bamberger/Roth/ *S. Lorenz*, Art. 25 Rn. 10.

301

Die Anerkennung kann verweigert werden, wenn die anzuerkennende Entscheidung nicht von einem Gericht oder einer staatlichen Stelle gefällt wurde, das die Zuständigkeitsvorgaben (sog. **Anerkennungszuständigkeit**) des betreffenden Abkommens erfüllt. Regelungen zur Anerkennungszuständigkeit finden sich in den Abkommen mit

302

- Belgien,[566]
- Italien,[567]
- Niederlande,[568]
- Norwegen,[569]
- Spanien,[570]
- Tunesien,[571]
- Vereinigtes Königreich von Großbritannien und Nordirland.[572]

Darüber hinaus kann die Anerkennung verweigert werden, wenn einer Entscheidung die Gesetze eines anderen Staates als desjenigen zugrunde gelegt wurden, die der Anerkennungsstaat anwenden würde und die Entscheidung deswegen anders ausgefallen ist (sog. **IPR-Vorbehalt**). In Erbsachen kommt der IPR-Vorbehalt regelmäßig vor allem dann zum Tragen, wenn der ausländische Staat das Erbstatut nicht an die Staatsangehörigkeit des Erblassers anknüpft. Folgt der Ausgangsstaat ebenfalls dem Staatsangehörigkeitsprinzip, werden sich Abweichungen auf die selteneren Fälle von Mehrstaatern oder Staatenlosen, auf Unterschiede im Umgang mit dem *Renvoi* sowie Fälle der Rechtswahl konzentrieren. Dies gilt für

303

- Belgien,[573]
- Griechenland (Staatsangehörigkeitsprinzip),[574]
- Italien (Staatsangehörigkeitsprinzip),[575]
- Niederlande,[576]
- Norwegen,[577]
- Österreich (Staatsangehörigkeitsprinzip),[578]
- Schweiz,[579]
- Spanien (Staatsangehörigkeitsprinzip),[580]
- Tunesien (Staatsangehörigkeitsprinzip).[581]

---

[566] Art. 3 Abs. 1 Nr. 8.
[567] Art. 2 Abs. 6.
[568] Art. 4 Abs. 1 lit. c).
[569] Art. 8 Abs. 1 Nr. 11.
[570] Art. 7 Abs. 1 Nr. 13.
[571] Art. 31 Abs. 1 Nr. 7.
[572] Art. IV Abs. 1 lit. g).
[573] Art. 2 Abs. 2 S. 2.
[574] Art. 4 Abs. 2.
[575] Art. 4 Abs. 2.
[576] Art. 3 Abs. 2.
[577] Art. 7 Abs. 2.
[578] Art. 3 Abs. 2.
[579] Art. 4 Abs. 2.
[580] Art. 6 Abs. 2 S. 1.
[581] Art. 30 Abs. 2.

> **Praxistipp:**
>
> 304 Scheitert die Anerkennung einer ausländischen Entscheidung aufgrund des IPR-Vorbehalts des betreffenden Abkommens, kann eine Anerkennung auch auf § 328 ZPO gestützt werden, für den der IPR-Vorbehalt nicht mehr gilt (sog. **Günstigkeitsprinzip**).[582]

305 c) **Autonomes Recht.** Nach dem autonomen deutschen Recht richtet sich die Anerkennung ausländischer erbrechtlicher Entscheidungen nach §§ 328 ZPO oder 108 FamFG. An der für den alten § 16a FGG, der durch § 108 FamFG abgelöst wurde, umstrittenen Abgrenzung zu § 328 ZPO dürfte sich nichts Wesentliches geändert haben.[583] Sie richtet sich danach, ob die anzuerkennende ausländische Entscheidung dem Bereich der freiwilligen Gerichtsbarkeit zuzuordnen ist oder nicht. § 108 Abs. 2 S. 1 FamFG sieht ein neues Anerkennungsfeststellungsverfahren vor, das nach dem alten § 16a FGG noch nicht bestand. Nach § 108 FamFG können ausländische gerichtliche oder (analog) behördliche Entscheidungen außerhalb der streitigen Gerichtsbarkeit anerkannt werden, sofern sie bestimmt und geeignet ist, Rechtswirkungen für die Beteiligten zu entfalten,[584] während der enger angelegte § 328 ZPO nur der Rechtskraft fähige endgültige Entscheidungen eines ausländischen Zivilgerichts erfasst.[585]

306 Für die Praxis ist die Anerkennung **ausländischer Erbfolgebescheinigungen** weitgehend unfruchtbar, was sich zum einen bereits daraus erklärt, dass ausländische Bescheinigungen über die Erbfolge nicht den Gutglaubensschutz nach §§ 2365 ff. BGB, sondern allenfalls nach den Regeln des ausländischen Rechts vermitteln, wo vergleichbare Verkehrsschutzvorschriften in der Regel fehlen. Auch für eine Grundbuchänderung kann eine ausländische Erbfolgebescheinigung nicht die Vorlage eines deutschen Erbscheins nach § 35 GBO ersetzen.[586] Allerdings wird eine Erbfolgebescheinigung aus dem Staat, dessen Erbrecht Erbstatut ist, in der Regel die Beauftragung eines gerichtlichen **Sachverständigengutachtens zum ausländischen Recht** im Rahmen eines deutschen streitigen Gerichtsverfahrens oder eines Erbscheinsverfahrens entbehrlich machen.[587]

> **Praxistipp:**
>
> 307 Im Ausland, etwa in der Schweiz, werden deutsche Erbscheine zum Teil deutlich großzügiger anerkannt.[588]

308 §§ 328 ZPO und 108 FamFG sehen weitgehend gleichlautende Anerkennungshindernisse auf:
- Die Anerkennung ist ausgeschlossen, wenn die Entscheidung von einer nach dem sog. **Spiegelbildprinzip**, d.h. bei unterstellter Geltung deutschen internationalen Verfahrensrechts,[589] unzuständigen Stelle gefällt wurde.[590]
- Die Anerkennung ist weiter bei **mangelnden rechtlichen Gehörs** zu versagen, also dann, wenn einem Beteiligten bzw. dem Beklagten das verfahrenseinleitende Schriftstück nicht oder nicht ordnungsgemäß zugestellt wurde, er sich auf das Verfahren nicht eingelassen hat und er sich auf diesen Mangel beruft.[591]

---

[582] Staudinger/*Dörner*, Art. 25 EGBGB Rn. 824.
[583] Keidel/Kuntze/Winkler/*Zimmermann*, § 16a FGG Rn. 2a; Bengel/Reimann/*Haas*, Handbuch der Testamentsvollstreckung § 9 Rn. 458.
[584] Keidel/Kuntze/Winkler/*Zimmermann*, § 16a FGG Rn. 2.
[585] Thomas/Putzo/*Hüßtege*, § 328 ZPO Rn. 2 ff; Haas IPRax 2001, 195.
[586] KG DNotZ 1998, 303.
[587] Mayer/Süß/Tanck/Bittler/Wälzholz/*Süß* § 15 Rn. 323.
[588] Vgl. Fallbeispiel Rn. 72.
[589] BayObLG NJW 1976, 1037; Keidel/Kuntze/Winkler/*Zimmermann*, § 16a FGG Rn. 5; Thomas/Putzo/*Hüßtege*, § 328 ZPO Rn. 8 f.
[590] § 328 Abs. 1 Nr. 1 ZPO; § 109 Abs. 1 Nr. 1 FamFG.
[591] § 328 Abs. 1 Nr. 2 ZPO, § 109 Abs. 1 Nr. 2 FamFG. In streitigen Verfahren entspricht dies Art. 34 EuGVVO, vgl. Thomas/Putzo/*Hüßtege*, § 328 ZPO Rn. 9.

VI. Grundzüge des deutschen Internationalen Erbverfahrensrechts — 309 — § 14

- Die Anerkennung scheidet auch aus, wenn die anzuerkennende Entscheidung im Widerspruch steht zu einer hiesigen oder einer früher erlassenen ausländischen Entscheidung.[592]
- Viertens ist die Anerkennung zu versagen, wenn sie gegen den deutschen *ordre public* verstößt (**verfahrens- und materiell-rechtlicher** *ordre public*).[593]
- Allein für Entscheidungen, die dem Bereich der streitigen Gerichtsbarkeit zuzuordnen sind, gilt nach § 328 Abs. 1 Nr. 5 ZPO zusätzlich das Erfordernis der **Verbürgung der Gegenseitigkeit**. Danach können ausländische Urteile im Inland nur dann anerkannt werden, wenn ein entsprechendes Anerkennungsverfahren unter im Wesentlichen gleichen Bedingungen für deutsche Entscheidungen auch im Urteilsstaat besteht.[594]

Praxistipp:
Ein Staatenverzeichnis über die Verbürgung der Gegenseitigkeit mit unterschiedlicher Aktualität findet sich bei *Gottwald*, Münchener Kommentar zur ZPO, 3. Auflage 2008, § 328 Rn. 119–141.

---

[592] § 328 Abs. 1 Nr. 3 ZPO, § 109 Abs. 1 Nr. 3 FamFG. Das Erfordernis der Anerkennungsfähigkeit der entgegenstehenden ausländischen Entscheidung nach § 16 a Nr. 3 FGG wurde fallen gelassen.
[593] § 328 Abs. 1 Nr. 4 ZPO, § 109 Abs. 1 Nr. 4 FamFG.
[594] BGH NJW 2001, 524.

§ 15 Länderübersichten

Übersicht

	Rn.
I. Vorbemerkung	1
II. Belgien	2–33
1. Vorbemerkung	2–4
2. Internationales Erbrecht	5–13
a) Erbstatut	5–8
b) Rück- und Weiterverweisung	9
c) Regelungsumfang des Erbstatuts	10
d) Wirksamkeit einer Verfügung von Todes wegen	11, 12
e) Besonderheiten der Nachlassabwicklung	13
3. Gesetzliche Erbfolge	14–21
4. Pflichtteilsrecht	22–33
a) Pflichtteilsberechtigte Personen und Quoten	22–26
b) Gegenstand der Pflichtteilsberechnung	27
c) Art des Pflichtteils	28, 29
d) Pflichtteilsentziehung	30, 31
e) Zulässigkeit eines Pflichtteilsverzichts	32, 33
III. Bosnien-Herzegovina	34–101
1. Internationales Erbrecht	34–53
a) Erbstatut	34–41
b) Rück- und Weiterverweisung	42
c) Regelungsumfang des Erbstatuts	43, 44
d) Wirksamkeit der Verfügung von Todes wegen	45–53
2. Gesetzliche Erbfolge	54–70
3. Pflichtteilsrecht	71–101
a) Pflichtteilsberechtigte Personen und Quoten	71–75
b) Gegenstand für Pflichtteilsberechnung	76–81
c) Art des Pflichtteils	82–88
d) Pflichtteilsergänzung	89
e) Pflichtteilsanrechnung	90
f) Pflichtteilsentziehung	91–100
g) Zulässigkeit eines Pflichtteilsverzichts	101
IV. Frankreich	102–139
1. Vorbemerkung	102, 103
2. Internationales Erbrecht	104–112
a) Erbstatut	104–106
b) Rück- und Weiterverweisung	107, 108
c) Regelungsumfang des Erbstatuts	109
d) Wirksamkeit einer Verfügung von Todes wegen	110, 111
e) Besonderheiten der Nachlassabwicklung	112
3. Gesetzliche Erbfolge	113–122
4. Pflichtteilsrecht	123–139
a) Pflichtteilsberechtigte Personen und Quoten	123–128
b) Gegenstand der Pflichtteilsberechnung	129
c) Art des Pflichtteils	130–132
d) Pflichtteilsanrechnung	133
e) Pflichtteilsentziehung	134
f) Zulässigkeit eines Pflichtteilsverzichts?	135–139
V. Griechenland	140–165
1. Internationales Erbrecht	140–147
a) Erbstatut	140, 141
b) Rück- und Weiterverweisung	142
c) Regelungsumfang des Erbstatuts	143
d) Wirksamkeit einer Verfügung von Todes wegen	144, 145
e) Besonderheit für das Pflichtteilsrecht	146, 147
2. Gesetzliche Erbfolge	148–153
3. Pflichtteilsrecht	154–165
a) Pflichtteilsberechtigte Personen und Quoten	154–156

		Rn.
b) Gegenstand der Pflichtteilsberechnung		157
c) Art des Pflichtteils		158, 159
d) Pflichtteilsanrechnung und -ausgleichung		160, 161
e) Pflichtteilsentziehung		162, 163
f) Zulässigkeit eines Pflichtteilsverzichts?		164, 165
VI. Italien		166–189
1. Internationales Erbrecht		166–173
a) Erbstatut		166–169
b) Rück- und Weiterverweisung		170
c) Regelungsumfang des Erbstatuts		171
d) Wirksamkeit der Verfügung von Todes wegen		172
e) Praktische Probleme der Nachlassabwicklung		173
2. Gesetzliche Erbfolge		174–178
3. Pflichtteilsrecht		179–189
a) Pflichtteilsberechtigte Personen und Quoten		179–181
b) Gegenstand für Pflichtteilsberechnung		182
c) Art des Pflichtteils		183, 184
d) Pflichtteilsanrechnung		185
e) Pflichtteilsergänzung		186
f) Pflichtteilsentziehung und Pflichtteilsminderung		187
g) Zulässigkeit eines Pflichtteilsverzichts		188
h) Erleichterung der Unternehmensnachfolge		189
VII. Kosovo (Serbische Provinz Kosovo)		190–257
1. Internationales Erbrecht		190–213
a) Erbstatut		190–201
b) Rück- und Weiterverweisung		202
c) Regelungsumfang des Erbstatuts		203, 204
d) Wirksamkeit der Verfügung von Todes wegen		205–213
2. Gesetzliche Erbfolge		214–227
3. Pflichtteilsrecht		228–257
a) Pflichtteilsberechtigte Personen und Quoten		228–233
b) Gegenstand für Pflichtteilsberechnung		234–239
c) Art des Pflichtteils		240–244
d) Pflichtteilsergänzung		245
e) Pflichtteilsanrechnung		246, 247
f) Pflichtteilsentziehung		248–256
g) Zulässigkeit eines Pflichtteilsverzichts		257
VIII. Kroatien		258–323
1. Internationales Erbrecht		258–275
a) Erbstatut		258–264
b) Rück- und Weiterverweisung		265
c) Regelungsumfang des Erbstatuts		266, 267
d) Wirksamkeit der Verfügung von Todes wegen		268–275
2. Gesetzliche Erbfolge		276–290
3. Pflichtteilsrecht		291–323
a) Pflichtteilsberechtigte Personen und Quoten		291–296
b) Gegenstand für Pflichtteilsberechnung		297–302
c) Art des Pflichtteils		303–308
d) Pflichtteilsergänzung		309
e) Pflichtteilsanrechnung		310
f) Pflichtteilsentziehung		311–320
g) Zulässigkeit eines Pflichtteilsverzichts		321–323
IX. Liechtenstein (Fürstentum Liechtenstein)		324–340
1. Vorbemerkung		324, 325
2. Internationales Erbrecht		326–337
a) Vorbemerkung		326–328
b) Erbstatut		329–332
c) Rück- und Weiterverweisung		333
d) Regelungsumfang des Erbstatuts		334
e) Wirksamkeit der Verfügung von Todes wegen		335
f) Besonderheit für das Pflichtteilsrecht		336, 337
3. Materielles Erbrecht und Pflichtteilsrecht		338–340

	Rn.
X. Niederlande	341–366
1. Vorbemerkung	341–343
2. Internationales Erbrecht	344–350
a) Erbstatut	344–346
b) Rück- und Weiterverweisung	347
c) Regelungsumfang des Erbstatuts	348
d) Wirksamkeit der Verfügung von Todes wegen	349, 350
3. Gesetzliche Erbfolge	351–354
4. Pflichtteilsrecht	355–366
a) Pflichtteilsberechtigte Personen und Quoten	355–359
b) Gegenstand der Pflichtteilsberechnung	360
c) Art des Pflichtteils	361
d) Pflichtteilsanrechnung	362
e) Pflichtteilsergänzung	363
f) Pflichtteilsentziehung	364
g) Zulässigkeit eines Pflichtteilsverzichts?	365, 366
XI. Österreich	367–387
1. Internationales Erbrecht	367–373
a) Erbstatut	367
b) Rück- und Weiterverweisung	368
c) Regelungsumfang des Erbstatuts	369
d) Wirksamkeit der Verfügung von Todes wegen	370
e) Praktische Besonderheiten der Nachlassabwicklung	371–373
2. Gesetzliche Erbfolge	374–377
3. Pflichtteilsrecht	378–387
a) Pflichtteilsberechtigte Personen und Quoten	378
b) Gegenstand der Pflichtteilsberechnung	379
c) Art des Pflichtteils	380
d) Pflichtteilsanrechnung	381, 382
e) Pflichtteilsergänzung	383, 384
f) Pflichtteilsentziehung und Pflichtteilsminderung	385, 386
g) Zulässigkeit eines Pflichtteilsverzichts	387
XII. Polen	388–440
1. Internationales Erbrecht	388–403
a) Erbstatut	388–393
b) Rück- und Weiterverweisung	394
c) Regelungsumfang des Erbstatuts	395, 396
d) Wirksamkeit der Verfügung von Todes wegen	397–403
2. Gesetzliche Erbfolge	404–416
3. Pflichtteilsrecht	417–440
a) Pflichtteilsberechtigte Personen und Quoten	417–423
b) Gegenstand für Pflichtteilsberechnung	424–428
c) Art des Pflichtteils	429
d) Pflichtteilsergänzung	430
e) Pflichtteilsanrechnung	431
f) Pflichtteilsentziehung	432–438
g) Zulässigkeit eines Pflichtteilsverzichts	439, 440
XIII. Portugal	441–461
1. Internationales Erbrecht	441–446
a) Erbstatut	441, 442
b) Rück- und Weiterverweisung	443
c) Regelungsumfang des Erbstatuts	444
d) Wirksamkeit der Verfügung von Todes wegen	445, 446
2. Gesetzliche Erbfolge	447–449
3. Pflichtteilsrecht	450–461
a) Pflichtteilsberechtigte Personen und Quoten	450, 451
b) Gegenstand für Pflichtteilsberechnung	452
c) Art des Pflichtteils	453, 454
d) Pflichtteilsanrechnung	455
e) Pflichtteilsergänzung	456
f) Herabsetzung der Zuwendungen	457, 458
g) Pflichtteilsentziehung und Pflichtteilsminderung	459, 460
h) Zulässigkeit eines Pflichtteilsverzichts	461

		Rn.
XIV. Schweiz		462–484
1. Internationales Erbrecht		462–470
	a) Erbstatut	462–466
	b) Rück- und Weiterverweisung	467
	c) Regelungsumfang des Erbstatuts	468
	d) Wirksamkeit der Verfügung von Todes wegen	469
	e) Praktische Besonderheiten der Nachlassabwicklung	470
2. Gesetzliche Erbfolge		471–475
3. Pflichtteilsrecht		476–484
	a) Pflichtteilsberechtigte Personen und Quoten	476
	b) Gegenstand für Pflichtteilsberechnung	477
	c) Art des Pflichtteils	478
	d) Pflichtteilsanrechnung	479
	e) Pflichtteilsergänzung	480
	f) Pflichtteilsentziehung und Pflichtteilsminderung	481–483
	g) Zulässigkeit eines Pflichtteilsverzichts	484
XV. Serbien (Republik Serbien)		485–556
1. Internationales Erbrecht		485–506
	a) Erbstatut	485–494
	b) Rück- und Weiterverweisung	495
	c) Regelungsumfang des Erbstatuts	496, 497
	d) Wirksamkeit der Verfügung von Todes wegen	498–506
2. Gesetzliche Erbfolge		507–524
3. Pflichtteilsrecht		525–556
	a) Pflichtteilsberechtigte Personen und Quoten	525–532
	b) Gegenstand für Pflichtteilsberechnung	533–538
	c) Art des Pflichtteils	539–542
	d) Pflichtteilsergänzung	543
	e) Pflichtteilsanrechnung	544
	f) Pflichtteilsentziehung	545–555
	g) Zulässigkeit eines Pflichtteilsverzichts	556
XVI. Spanien		557–590
1. Internationales Erbrecht		557–566
	a) Erbstatut	557–561
	b) Rück- und Weiterverweisung	562
	c) Regelungsumfang des Erbstatuts	563, 564
	d) Wirksamkeit der Verfügung von Todes wegen	565, 566
2. Gesetzliche Erbfolge		567–570
3. Pflichtteilsrecht		571–582
	a) Pflichtteilsberechtigte Personen und Quoten	571–573
	b) Gegenstand für Pflichtteilsberechnung	574
	c) Art des Pflichtteils	575
	d) Pflichtteilsanrechnung	576
	e) Pflichtteilsergänzung	577
	f) Herabsetzung der Zuwendungen	578, 579
	g) Pflichtteilsentziehung und Pflichtteilsminderung	580, 581
	h) Zulässigkeit eines Noterbverzichts	582
4. Floralrechtliche Regelungen		583–596
	a) Aragonien	584, 585
	b) Balearen	586, 587
	c) Baskenland (Biskya)	588–590
	d) Galizien	591, 592
	e) Katalonien	593, 594
	f) Navarra	595, 596
XVII. Tschechische Republik		597–641
1. Internationales Erbrecht		597–609
	a) Erbstatut	597–602
	b) Rück- und Weiterverweisung	603
	c) Regelungsumfang des Erbstatuts	604
	d) Wirksamkeit der Verfügung von Todes wegen	605–609
2. Gesetzliche Erbfolge		610–619
3. Pflichtteilsrecht		620–621
	a) Pflichtteilsberechtigte Personen und Quoten	620–622

	Rn.
b) Gegenstand für Pflichtteilsberechnung	623–625
c) Art des Pflichtteils	626, 627
d) Pflichtteilsergänzung	628
e) Pflichtteilsanrechnung	629
f) Pflichtteilsentziehung	630–637
g) Zulässigkeit eines Pflichtteilsverzichts	638
4. Neues Zivilgesetzbuch	639–641
XVIII. Türkei	642–665
1. Internationales Erbrecht	642–650
a) Erbstatut	642–645
b) Rück- und Weiterverweisung	646
c) Regelungsumfang des Erbstatuts	647
d) Wirksamkeit der Verfügung von Todes wegen	648–650
2. Gesetzliche Erbfolge	651–655
3. Pflichtteilsrecht	656–665
a) Pflichtteilsberechtigte Personen und Quoten	656, 657
b) Gegenstand für Pflichtteilsberechnung	658
c) Art des Pflichtteils	659
d) Pflichtteilsanrechnung	660
e) Pflichtteilsergänzung	661
f) Herabsetzung der Zuwendungen	662
g) Pflichtteilsentziehung und Pflichtteilsminderung	663, 642
h) Zulässigkeit eines Noterbverzichts	665

I. Vorbemerkung

Die nachfolgenden Länderberichte geben einen orientierenden Überblick über das Pflichtteilsrecht in wichtigen europäischen Nachbarstaaten. Alle Darstellungen sind einheitlich gegliedert. Einer Darstellung des jeweiligen internationalen Erbrechts folgt jeweils ein Kurzüberblick über die gesetzliche Erbfolge. Da den Schwerpunkt die folgende Darstellung des Pflichtteilsrechts bilden soll, haben wir auf eine Darstellung der gewillkürten Erbfolge verzichtet und uns bei der gesetzlichen Erbfolge auf die ersten Erbordnungen beschränkt. Die Beiträge sollen nur eine Orientierung bieten. Dies gilt auch für die in den Länderberichten enthaltenen tabellarischen Übersichten, die für bestimmte Standardkonstellationen Pflichtteilsquoten nennen. Hier muss stets eine genaue Prüfung des jeweiligen Einzelfalls anhand des Gesetzes erfolgen. Auch kann bei der Darstellung ausländischen Rechts stets nicht ausgeschlossen werden, dass Gesetzesänderungen erfolgt sind bzw. dass sich Teilaspekte im jeweiligen Land anders darstellen, als sich dies nach dem Verständnis eines deutschen Autors ergibt. Eine Haftung für die inhaltliche Richtigkeit kann folglich nicht übernommen werden. Bei der Bearbeitung praktischer Fälle ist die Heranziehung vertiefender Literatur zum jeweiligen Recht unerlässlich. Daher sind jeweils Literaturübersichten vorangestellt. Auch finden Sie regelmäßig Gesetzestexte mit Fundstellen (auch im Internet) nachgewiesen, so dass eine Überprüfung und das Nachvollziehen von Gesetzesänderungen möglich ist.

II. Belgien

Gesetzestexte: Belgische Gesetzestexte im Internet: http://www.ejustice.just.fgov.be/loi/loi.htm (abrufbar in französischer und niederländischer [flämischer] Sprache); in deutscher Sprache etliche Gesetze abrufbar unter http://www.ca.mdy.be/DE/gesetzestexte.asp (allerdings nur Teile des Code Civil, insbesondere **nicht** die erbrechtlichen Bestimmungen); IPRG in deutscher Sprache, abrufbar über das Gesetzblatt unter http://www.ejustice.just.fgov.be/mopdf/2005/11/10_1.pdf (dort beginnend ab S. 26); französische Textausgabe des IPRG und weiterer IPR-Vorschriften: *Carlier/Fallon/Martin-Bosly*, Code de droit international privé, 3. Aufl. 2008.

Schrifttum:
Belgische Literatur: zum IPR: *Erauw/Fallon/Guldix/Meeusen/Pertegás Sender/van Houtte/Watté/Wautelet* (Hrsg.), Het Wetboek Internationaal Privatrecht becommentarieerd – Le Code de droit international privé commenté, 2006 (teils in französischer, teils in niederländischer Sprache); zum materiellen belgischen Erbrecht: *Barnich/Geelhand/Jacobs/Mahieu*, Länderbericht Belgien, in: UINL (Hrsg.), Régimes matrimoniaux – Succes-

sions et Libéralités dans les relations internationales et internes, 2003, Band I, S. 731 ff. (Section II und Section IV § 2 sowie § 3); *Delnoy*, Les libéralités et les successions, 2. Aufl. 2006.

Deutsche Literatur: Ferid/Firsching/Dörner/Hausmann/*Hustedt*, Internationales Erbrecht, Loseblatt, Länderbericht Belgien (Stand: Dezember 2007); Flick/Piltz/*Cornelius*, Der internationale Erbfall, 2. Aufl. 2008, 2. Teil Abschnitt B., Länderteil Belgien; Frank/Wachter/*Kocks*, Handbuch Immobilienrecht in Europa, 2004, Länderbericht Belgien, Rn. 520 ff.; Mayer/Süß/Tanck/Bittler/Wälzholz/*Süß*, Handbuch Pflichtteilsrecht, 2003, § 16 Rn. 1 ff.; Süß/*Hustedt*, Erbrecht in Europa, 2. Aufl. 2008, Erbrecht in Belgien, S. 305 ff.; *Becker*, Das Gesetz über die gesetzliche Lebensgemeinschaft in Belgien, MittRhNotK 2000, 155; *Erauw*, Da neue privilegium Belgicum – eine Überraschung im belgischen internationalen Erbrecht, IPRax 1982, 260; *Francq*, Das belgische IPR-Gesetzbuch, RabelZ 2006, 235; *Hustedt*, Grundzüge des belgischen Ehegüter- und Erbrechts, MittRhNotK 1996, 337; *Kuhn*, BWNotZ 2007, 27; *Pintens*, Entwicklungen im belgischen Familien- und Erbrecht, FamRZ 2004, 1420; *Süß*, Neues internationales Erbrecht in Belgien, ZErb 2006, 289.

1. Vorbemerkung

2 Das internationale Privatrecht war in Belgien lange Zeit in wesentlichen Teilen unkodifiziert. Es beruhte zumindest im Bereich des internationalen Erbrechts auf den Vorschriften in Art. 3 Abs. 2 und 3 C. C., die dem französischen Mutterrecht entsprachen.

3 Mit Gesetz vom 16. 7. 2004, das am 1. 10. 2004 in Kraft getreten ist, hat der belgische Gesetzgeber dann aber mit einer großen neuen Kodifikation ein IPR-Gesetz erlassen, das – insoweit ähnlich dem ebenso jüngeren schweizerischen IPRG – als Vollregelung konzipiert ist, die nicht nur für alle Bereiche des Zivilrechts die einschlägigen Kollisionsregeln enthält, sondern darüber hinaus auch die entsprechenden Regeln der internationalen Zuständigkeit und ggf. der Anerkennung ausländischer Entscheidungen. Das neue belgische IPRG gilt im internationalen Erbrecht nach Art. 127 § 1 IPRG nur für Sachverhalte, die sich nach dem Inkrafttreten des IPRG zum 1. 10. 2004 ereignet haben, insbesondere also für alle Erbfälle nach diesem Zeitpunkt. Für sämtliche Erbfälle, bei denen der Erblasser bis zum 30. 9. 2004 verstorben ist, bleibt es demgegenüber bei der Anwendbarkeit des bisherigen (unkodifizierten) IPR.

4 Die nachfolgende Darstellung wird nur das aktuell in Belgien nach dem IPRG geltende internationale Erbrecht darstellen. Ist also ein Erbfall zu begutachten, der bereits vor dem 1. 10. 2004 stattgefunden hat, so greift aber noch das bis dahin geltende und hier nicht näher dargestellte belgische IPR alter Fassung ein.[1]

2. Internationales Erbrecht

5 a) Erbstatut. Das neu kodifizierte belgische IPR kennt nun neben der sog. objektiven Anknüpfung des Erbstatuts auch die Möglichkeit einer in weitem Umfang zugelassenen Rechtswahl des anwendbaren Erbrechts durch den Erblasser.

6 Bei der objektiven Anknüpfung hat der belgische Gesetzgeber die gespaltene Anknüpfung für bewegliches und unbewegliches Nachlassvermögen auch in das IPRG übernommen. Wie bisher gemäß Art. 3 Abs. 2 C.C.[2] erklärt Art. 78 § 2 IPRG für die Rechtsnachfolge von Todes wegen hinsichtlich des unbeweglichen Vermögens das Recht des Lageortes der Immobilie für anwendbar (sog. *lex rei sitae*). Demgegenüber wird die Rechtsnachfolge von Todes wegen hinsichtlich des beweglichen Vermögens in Art. 78 § 1 IPRG dem Recht am gewöhnlichen Wohnort[3] des Erblassers unterstellt. Diesen Begriff definiert Art. 4 § 2 IPRG dahin, dass darunter bei einer natürlichen Person der Ort zu verstehen ist, an dem sie sich hauptsächlich niedergelassen hat, auch wenn sie dort nicht (öffentlich-rechtlich) gemeldet ist und für diesen Ort keine Aufenthalts- oder Niederlassungserlaubnis hat. Ferner wird in Art. 4

---

[1] Hierfür kann auf die Darstellung bei Süß/Haas/*Hustedt*, Erbrecht in Europa, 1. Aufl. 2004, Länderbericht Belgien, S. 362 ff. oder bei Mayer/Süß/Tanck/Bittler/Wälzholz/*Süß*, § 16 Rn. 1–4 verwiesen werden.

[2] Der zeitgleich mit der IPR aufgehoben wurde.

[3] Diesen Begriff verwendet die offizielle deutsche Übersetzung des belgischen IPRG; dem im französischen Text verwendeten Begriff der *résidence habituelle* (niederländisch: *gewone verblijfplaats*) entspricht jedoch in deutscher Terminologie üblicherweise der Begriff des gewöhnlichen Aufenthalts (vgl. auch den niederländischen Begriff!).

§ 2 Nr. 1 IPR angegeben, dass zur Ermittlung dieses Ortes Umstände persönlicher und beruflicher Art zu berücksichtigen sind, die auf dauerhafte Verbindungen zu diesem Ort schließen lassen oder den Willen, solche Verbindungen noch aufzubauen. Die Literatur zum IPRG im Belgien geht davon aus, dass damit im Großen und Ganzen die bisherigen Auffassungen zur Anknüpfung des Erbstatuts für den beweglichen Nachlass an das sog. *domicile* i. S. v. Art. 102 C. C. übernommen werden können, auch wenn der neue Begriff im IPRG etwas stärker auf die tatsächlichen Umstände abzustellen scheint.[4]

Die Vorschriften für die mit dem IPRG neu geschaffene Möglichkeit zur Vornahme einer Rechtswahl in Nachlasssachen findet sich in Art. 79 IPRG. Sie scheint an die Regel in Art. 5 Abs. 1 des Haager Erbrechtsübereinkommens von 1989[5] angelehnt zu sein. Hiernach kann der Erblasser mittels der Rechtswahl seinen gesamten Nachlass[6] einem (gewählten) Recht unterstellen. Zur Wahl offen stehen das Recht der Staatsangehörigkeit des Erblassers[7] oder das Recht seines gewöhnlichen Aufenthalts,[8] und zwar entweder zum Zeitpunkt der Vornahme der Rechtswahl oder zum Todeszeitpunkt. Eine zum Zeitpunkt der Vornahme der Rechtswahl noch nicht zulässige Rechtswahl kann folglich noch bis zum Eintritt des Todes des Erblassers noch „geheilt" werden. Bei Doppel- oder Mehrstaatern dürfte nicht nur das Recht ihrer effektiven Staatsangehörigkeit i. S. v. Art. 3 IPRG, sondern – zur Begünstigung der Gültigkeit der Rechtswahl – jede ihrer Staatsangehörigkeiten gewählt werden können.[9] Eine Grenze der Rechtswahl findet Art. 79 Abs. 1 S. 3 IPRG: Das gewählte Recht dispensiert nicht von den Pflichtteilsrechten, die einer Person nach dem aufgrund objektiver Anknüpfung, also dem aus Art. 78 IPRG anwendbaren Recht, zustehen. Diese Vorschrift dürfte in der Anwendung Probleme bereiten, da dann infolge einer Rechtswahl eventuell eine Kumulierung von Pflichtteilsrechten nach dem gemäß Art. 79 IPRG gewählten Recht mit den gemäß Art. 79 Abs. 1 S. 3 IPRG weiterhin durchgreifenden Pflichtteilsansprüchen nach dem gemäß objektiver Anknüpfung anwendbaren Recht ergeben können.[10] Aus Art. 79 Abs. 2 IPRG ergibt sich, dass die Rechtswahl jederzeit widerruflich ist. Eine bindende Rechtswahl ist somit auf Grundlage dieser Vorschrift nicht möglich.[11] Rechtswahl und Widerruf müssen nach Art. 79 Abs. 2 IPRG zudem in Form einer letztwilligen Verfügung vorgenommen werden. Sollte ein Erblasser eine Rechtswahl bereits vor Inkrafttreten des IPRG vorgenommen haben, so ist diese nach Art. 127 § 2 IPRG gültig, wenn sie den Vorgaben des Art. 79 IPRG aus heutiger Sicht genügt und ungeachtet der Tatsache, dass bisher eine Rechtswahl als unzulässig angesehen wurde.

Nur hingewiesen sei auf Art. 15 § 2 IPRG: Dass wegen Nicht-Ermittelbarkeit des eigentlich anwendbaren Rechts hilfsweise belgisches Recht angewandt werden muss, dürfte für nur sehr wenige Rechtsordnungen zutreffen. Wurde das anwendbare Recht kraft objektiver Anknüpfung ermittelt, so gilt nach Art. 19 § 1 IPRG eine Ausweichklausel: Bei nur schwacher Verbindung zum eigentlich anwendbaren Recht und starker Verbindung zu einem anderen Recht gilt ausnahmsweise[12] dann doch Letzteres.

b) Rück- und Weiterverweisung. In diesem Punkt bringt das neue IPRG in Belgien eine wesentliche Neuerung: War bisher anerkannt, dass Rück- und Weiterverweisungen vom belgischen IPR beachtet wurden,[13] so ordnet gemäß Art. 16 IPRG das belgische IPRG nunmehr nur noch Sachnormverweisungen an, es sei denn das Gesetz regelte Abweichendes. Eine solche abweichende Bestimmung findet sich in Art. 78 § 2 Abs. 2 IPRG: Wenn das für die

---

[4] Vgl. hierzu: Ferid/Firsching/*Hustedt*, Rn. 13.
[5] S. hierzu den Länderbericht Niederlande, Rn. 345 und folgende.
[6] Im Gegensatz zu Art. 6 des Haager Erbrechtsübereinkommens von 1989 ist also nach belgischem IPR eine teilweise Rechtswahl ausdrücklich ausgeschlossen.
[7] Bei Flüchtlingen und Staatenlosen gemäß Art. 3 § 3 bzw. § 4 IPRG ersetzt durch das Recht ihres gewöhnlichen Aufenthalts.
[8] In der deutschen Gesetzesfassung steht hier wiederum gewöhnlicher Wohnsitz.
[9] So schon: *Süß* ZErb 2006, 289, 291.
[10] So auch: *Süß/Hustedt*, Rn. 24 m. w. N.; vgl. auch: *Kuhn* BWNotZ 2007, 27, 28.
[11] *Süß* ZErb 2006, 289, 291.
[12] Was zu einer sehr zurückhaltenden Anwendung dieser Norm drängt; vgl. auch *Pintens* FamRZ 2004, 1420, 1421.
[13] Mayer/Süß/Tanck/Bittler/Wälzholz/*Süß*, § 16 Rn. 2.

objektive Anknüpfung der Erbfolge in das unbewegliche Vermögen geltende Recht *(lex rei sitae)* zur Anwendung des Rechts des Staates des letzten gewöhnlichen Aufenthalts des Erblassers führt, so soll das Recht dieses Staates (also des letzten gewöhnlichen Aufenthalts des Erblassers) Anwendung finden. Hierbei ist aber umstritten und noch ungeklärt, ob eine enge oder eine weite Auslegung gilt, d. h. also, ob das als *lex rei sitae* berufene Recht seinerseits ausdrücklich das Recht des letzten gewöhnlichen Aufenthalts des Erblassers für anwendbar erklären muss oder es ausreicht, dass z. B. auf das Recht der Staatsangehörigkeit des Erblassers weiterverwiesen wird, wenn nur der Erblassers in seinem Heimatstaat (zufällig) auch seinen letzten Wohnsitz hatte.[14]

10 c) **Regelungsumfang des Erbstatuts.** Der Anwendungsbereich des Erbstatuts ist nunmehr im IPRG in Art. 80–82 IPRG niedergelegt. Hiernach gilt das Erbstatut u. a. für die Fragen der Berufung von Erben bzw. Vermächtnisnehmern, Fragen der Enterbung und Erbunwürdigkeit, für die materielle Gültigkeit letztwilliger Verfügungen,[15] für das Pflichtteilsrecht, die Bestimmung des frei verfügbaren Teils des Nachlasses und die Möglichkeit, Herabsetzungsklage zu erheben, sowie für Fragen von Annahme und Ausschlagung der Erbschaft. Auch die Nachlassverwaltung und die Übertragung des Nachlasses werden vom Erbstatut beherrscht, es sei denn das Belegenheitsrecht schreibt die Einschaltung staatlicher Organe ausdrücklich vor (Art. 82 IPRG). Die Testierfähigkeit wird hingegen nach Art. 34 IPRG prinzipiell nach dem Recht der Staatsangehörigkeit des Erblassers bestimmt, es sei denn, dieses verweise auf das belgische Recht zurück.[16] Die Art und Weise der Erbschaftsannahme bzw. -ausschlagung und der Teilung unterliegen hingegen für die jeweiligen Nachlassgegenstände dem Recht ihrer Belegenheit (Art. 80 § 2 und Art. 81 IPRG). Für die Auslegung einer letztwilligen Verfügung und eines ggf. erfolgten Widerrufs verweist Art. 84 IPRG schließlich auf das nach Art. 79 IPRG gewählte Recht, hilfsweise auf das Recht des Staates mit dem die letztwillige Verfügung oder ihr Widerruf die engsten Verbindungen hat.[17]

11 d) **Wirksamkeit einer Verfügung von Todes wegen.** Hinsichtlich der Formgültigkeit einer letztwilligen Verfügung ist zu beachten, dass Belgien ebenso wie Deutschland Vertragsstaat des Haager Testamentsformübereinkommens vom 5. 10. 1961[18] ist (auch erwähnt in Art. 83 Abs. 1 IPRG). Danach ist ein Testament insbesondere formgültig, wenn die Ortsform eingehalten wurde. Das in Deutschland errichtete Testament eines Belgiers ist also folglich formwirksam, wenn die Anforderungen des deutschen Rechts beachtet wurden. Zudem ist Belgien noch Vertragsstaat des Washingtoner UN-Übereinkommens über ein einheitliches Recht der Form des internationalen Testaments vom 26. 10. 1973.[19]

12 Da nun Art. 83 Abs. 2 IPRG die Regeln des Haager Testamentsformübereinkommens auch für andere letztwillige Verfügungen für anwendbar erklärt, sollten unter diese Vorschrift insbesondere die vom Haager Abkommen nicht erfassten Erb- und Erbverzichts- bzw. Pflichtteilsverzichtsverträge gefasst werden können.[20] Hier wäre nun also – entgegen der bisherigen Praxis – zu erwarten, dass in Belgien z. B. Erbverträge anerkannt werden, wenn sie in Deutschland errichtet sind und die Rechtsnachfolge von Todes wegen (ausschließlich) deutschem materiellen Erbrecht unterliegt. Dann dürfte die Verfügung nämlich auch aus belgischer Sicht nach Art. 80 § 1 Nr. 5 IPRG materiell und nach Art. 83 Abs. 2 IPRG formell gültig sein; ein *ordre public*-Verstoß sollte aufgrund dieser neuen Regeln des IPRG nicht mehr – wie bisher angenommen – vorliegen können. Dennoch dürfte *Hustedt*[21] zuzustimmen sein, die bis zur

---

[14] Ausführlich und mit Beispielen Ferid/Firsching/*Hustedt*, Rn. 39 und *Süß*/*Hustedt*, Rn. 10–12.
[15] Und zwar jeder Art letztwilliger Verfügungen, also auch gemeinschaftlicher letztwilliger Verfügungen und Erbverträge, Ferid/Firsching/*Hustedt*, Rn. 29 bei Fn. 32.
[16] S. hierzu Ferid/Firsching/*Hustedt*, Rn. 31.
[17] Hier wird nach Art. 84 Abs. 2 S. 2 IPRG – widerleglich – vermutet, dass dies das Recht des Staates des gewöhnlichen Aufenthalts des Testators im Zeitpunkt der Errichtung der Verfügung oder des Widerrufs war.
[18] BGBl. 1966 II, S. 11 ff.; umgesetzt in Art. 26 Abs. 1 S. 2 EGBGB.
[19] Text mit kurzen Erläuterungen bei Staudinger/*Dörner*, BGB-Kommentar, Neubearb. März 2007, Vorbem. zu Art. 25 f. EGBGB Rn. 136 ff.; Deutschland ist diesem Abkommen nicht beigetreten.
[20] So auch *Süß* ZErb 2006, 289, 291 f.
[21] In Ferid/Firsching, Rn. 29 am Ende.

Etablierung einer verlässlichen Rechtsprechung zu dieser Frage weiterhin empfehlen, vorsichtshalber auf Einzeltestament zurückzugreifen, wenn ein Nachverfahren aufgrund der letztwilligen Verfügung in Belgien durchgeführt werden muss.

e) **Besonderheiten der Nachlassabwicklung.** In Belgien existierte noch bis zum 1.10. 2004 eine Sondernorm, die als sog. *privilegium Belgicum* ein *droit de prélèvement* für belgische Staatsangehörige schuf (Art. 912 C.C.).[22] Diese – bis dahin schon vielfach kritisierte – Norm wurde im Zuge der Einführung des IPRG ersatzlos aufgehoben.[23]

3. Gesetzliche Erbfolge

Das belgische Erbrecht unterscheidet – auch nach der Besserstellung des Ehegatten, die schon in eine Reform im Jahre 1981 durchgeführt wurde[24] – immer noch das Erbrecht des Ehegatten vom (reinen) Verwandtenerbrecht.

Hierbei geht das belgische Recht für die Erbfolge unter Verwandten[25] ähnlich wie deutsche Recht von verschiedenen Erbordnungen aus (sog. *ordres*); die Erbfolge des überlebenden Ehegatten steht relativ selbständig daneben. Hierbei schließt jede frühere Ordnung die nächstfolgende aus, was sich aus Konzeption der Art. 745 ff. C.C. ergibt.

Gesetzliche Erben der ersten Ordnung werden die Kinder des Erblassers (Art. 745 C.C.). Sie erben prinzipiell nach Köpfen und zu gleichen Teilen (Art. 745 Abs. 2 C.C.). Hierbei greift aber auch nach belgischem Recht das Eintrittsrecht, also die Erbfolge nach Stämmen ein, wonach eine Person, die den Erbfall nicht mehr erlebt hat, erbunwürdig oder aus anderen Gründen aus der Erbfolge ausgeschieden ist, durch ihre Abkömmlinge vertreten wird, und zwar insgesamt mit dem Erbteil, den die Person erhalten hätte, die sie vertreten (Art. 739–Art. 744 C.C.). Allerdings gibt es keine Repräsentation für einen Erben, der die Erbschaft ausgeschlagen hat, es sei den die Repräsentanten wären die einzigen nächstberufenen Erben (Art. 787 C.C.). Zunächst unterschied das belgische Erbrecht zwischen ehelichen und nicht-ehelichen Kindern. Im Jahre 1979 erklärte der EGMR in Straßburg dies aber für einen Verstoß gegen die EMRK.[26] Eine Gesetzesnovelle im Jahre 1981 beseitigte dann diese – ab dem Urteil des EGMR auch schon nicht mehr angewandte – Differenzierung.[27] Das belgische Recht kennt aber noch eine gewisse Schlechterstellung des Ehebruchskindes (vgl. Art. 745^{quater} § 1 Abs. 2 C.C.). Bei der Adoption kennt das belgische Recht die Unterscheidung zwischen einfacher und Volladoption. Während die einfache Adoption (*adoption simple*) die Beziehungen zu den bisherigen Verwandten unberührt lässt (also auch das Erbrecht), erhält der Adoptierte insoweit das gesetzliche Erbrecht und Noterbrecht nur nach dem Annehmenden, nicht aber nach dessen Verwandten.[28] Für die Erbfolge nach einer durch *adoption simple* adoptierten Person sieht Art. 353–16 Abs. 1 Nr. 3 C.C. vor, dass – mangels Nachkommen oder Ehegatten des Adoptierten – sein Erbe im Prinzip je zur Hälfte an seine frühere und seine Adoptions-Familie fällt. Die Volladoption (*adoption plénière*) hingegen beendet die bisherigen Verwandtschaftsbeziehungen des Adoptierten und integriert ihn völlig in die Familie des Annehmenden (s. Art. 356–1 C.C.), und zwar auch in erbrechtlicher Hinsicht.

In der zweiten Ordnung erben die Eltern des Erblassers zusammen mit dessen Brüdern und Schwestern bzw. deren Repräsentanten (also Nichten und Neffen des Erblassers etc.),[29] wobei ein Elternteil mindestens eine Erbquote von (jeweils) einem Viertel erhält (Art. 746,

---

[22] Zur Parallelvorschrift in Frankreich s. den Länderbericht Frankreich, Rn. 112.
[23] Dieses übersieht leider Flick/Piltz/*Cornelius*, Rn. 455.
[24] Insoweit hatte sich das belgische Erbrecht also zunächst vom französischen Mutterrecht entfernt; die Reform des Jahres 2001 in Frankreich hat dann aber wieder eine Angleichung gebracht.
[25] Ausführlich hierzu Ferid/Firsching/*Hustedt*, Rn. 82 ff. und Süß/*Hustedt*, Rn. 40 ff.
[26] S. hierzu *Sturm*, Das Straßburger Marckx-Urteil zum Recht des nichtehelichen Kindes und seine Folgen, FamRZ 1982, 1150.
[27] Hierzu Ferid/Firsching/*Hustedt*, Rn. 89 m.w.N., auch zur Fortgeltung des bisherigen Rechts für Altfälle.
[28] Art. 353–15 C.C.
[29] Also keine Repräsentation der Eltern durch die Geschwister des Erblassers, sondern beide Gruppen erben immer nebeneinander, wenn Geschwister des Erblassers neben Eltern vorhanden sind.

748 und 749 C.C.). Erben der dritten Ordnung werden sodann die gradlinigen Verwandten in aufsteigender Linie außer Vater und Mutter (also die Großeltern, Urgroßeltern etc.; Art. 746 C.C.). Hierbei wird das Erbe in zwei Teile für die väterliche und die mütterliche Linie geteilt. Es erben in jeder Linie dann die gradnächsten Aszendenten, bei gleichem Grad untereinander zu gleichen Teilen. Jede der beiden Linien ist also für die Erbfolge selbständig zu untersuchen. Fehlen in einer Linie Aszendenten, so fällt die für diese Linie reservierte Hälfte an die dortigen nächsten Seitenverwandten.[30] Auch in der vierten Ordnung, in der die übrigen Seitenverwandten des Erblassers außer dessen Geschwistern und deren Nachkommen erben, kommt es zur Aufteilung des Nachlasses in eine mütterliche und ein väterliche Linie (Art. 733 C.C.). Innerhalb der Linien wird dann nach Graden, innerhalb der Grade nach Köpfen geerbt (vgl. Art. 753 Abs. 2 C.C.). Entferntere Verwandte über den vierten Grad (zum Erblasser) in der Seitenlinie hinaus haben kein gesetzliches Erbrecht mehr, es sei denn, sie sind durch Repräsentation der Geschwister, Onkel oder Tanten des Erblassers berufen (Art. 755 C.C.).

18 Wie oben geschildert, war das Erbrecht des überlebenden Ehegatten[31] der Gegenstand der einer Erbrechtsreform im Jahre 1981. Zu unterscheiden ist nunmehr, ob der Ehegatte mit gemeinsamen oder einseitigen Abkömmlingen des Erblassers zusammentrifft, mit dessen Eltern oder gar mit entfernteren Verwandten.

19 Das Erbrecht des überlebenden Ehegatten wird in Belgien immer noch sowohl durch eine Scheidung als auch durch die gerichtliche Trennung von Tisch und Bett *(séparation de corps)* ausgeschlossen.[32]

20 Sind neben dem überlebenden Ehegatten nur Erben der ersten Ordnung zur Erbfolge berufen, so „erbt" der überlebende Ehegatte den Nießbrauch am gesamten Nachlass (Art. 745bis § 1 Abs. 1 C.C.). Dies gilt auch, wenn der Erblasser nicht nur gemeinsame Kinder mit dem Ehegatten, sondern auch einseitige Abkömmlinge oder Abkömmlinge aus früheren Ehen oder Adoptivkinder hinterlässt. Hinterlässt der Erblasser hingegen neben seinem überlebenden Ehegatten nur Erben der zweiten bis einschließlich vierten Ordnung (also Eltern, Geschwister, Aszendenten und gewisse Seitenverwandten, s.o.), so erbt der überlebende Ehegatte den Anteil des Erblassers an der Gütergemeinschaft, wenn die Ehegatten im gesetzlichen Güterstand des belgischen Rechts gelebt haben oder ansonsten ehevertraglich eine Gütergemeinschaft vereinbart hatten, und zusätzlich den Nießbrauch am gesamten Eigengut des Erblassers[33] (Art. 745bis § 1 Abs. 2 C.C.). Galt für die Ehe des Erblasser der Güterstand der Gütertrennung, so „erbt" der überlebende Ehegatte neben anderen gesetzlichen Erben als Abkömmlingen des Erblassers den Nießbrauch am gesamten Nachlass.[34] Neben Personen, die nicht zu den gesetzlich erbberechtigten Verwandten des belgischen Rechts gehören, erbt der überlebende Ehegatte allein (Art. 745bis § 1 Abs. 3 C.C.). Zu beachten ist noch, dass aus Art. 724 C.C. gefolgert wird, dass der überlebende Ehegatte mit dem Tod des Erblassers *de jure* den Nachlass als Rechtsnachfolger des Erblasser erhält, auch wenn ihm nur ein Nießbrauchsrecht zusteht.[35] Schließlich ist darauf hinzuweisen, dass der belgische Gesetzgeber zur endgültigen Vermögenstrennung zwischen dem überlebenden Ehegatten und den Kindern bzw. weiteren Verwandten des Erblassers die Möglichkeit geschaffen hat, das Nießbrauchsrecht des überlebenden Ehegatten in Volleigentum an gewissen Nachlassgegenständen, in eine (einmalige) Abfindung in Geld oder in eine Rente umzuwandeln (Art. 745^{quater} ff. C.C.).[36] Diese Möglichkeit kann der Erblasser testamentarisch einschränken oder gar ganz ausschließen, sofern es nicht um die gemeinsam genutzte Ehewohnung und den Hausrat oder eine Auseinandersetzung mit den Kindern aus einer früheren Ehe des Erblassers geht (Art. 745^{quinquies} § 2 C.C.).

---

[30] S. hierzu Süß/*Hustedt*, Rn. 46.
[31] Zum Nachfolgende s. Ferid/Firsching/*Hustedt*, Rn. 94 ff., Süß/*Hustedt*, Rn. 48 ff. und Flick/Piltz/*Cornelius*, Rn. 429.
[32] Art. 731 C.C; s. hierzu Ferid/Firsching/*Hustedt*, Rn. 110.
[33] Das heißt also am gesamten restlichen Nachlass.
[34] Flick/Piltz/*Cornelius*, Rn. 429.
[35] Süß/*Hustedt*, Rn. 52.
[36] Ausführliche Darstellung bei Ferid/Firsching/*Hustedt*, Rn. 106 ff.

Belgien hat zum 1. 6. 2003 die Ehe auch für gleichgeschlechtliche Personen geöffnet.[37] **21**
Die obigen Ausführungen gelten insoweit uneingeschränkt. Schon seit Ende 1998 kennt das
belgische Recht eine Form der eingetragenen Lebenspartnerschaft. Wie der französische sog.
PACS *(pacte civil de solidarité)* gewährte dieses Institut zunächst aber keine gegenseitige erbrechtliche Beteiligung. Ab dem 18. 5. 2007 gilt jedoch ein – wenn auch nur eingeschränktes
– gesetzliches Erbrecht zwischen sog. gesetzlich Zusammenwohnenden (also eingetragenen
Lebenspartnern) nach Art. 745^{octies} C. C. Unabhängig von der Art und Zahl der (sonstigen)
gesetzlichen Erben erhält der überlebende Lebenspartner den Nießbrauch an der gemeinsam
genutzten Ehewohnung, wenn diese im Eigentum beider Ehegatten oder des Erblassers
stand, sowie am gesamten Hausrat. Dieser Nießbrauch kann nach den Regeln über den
Nießbrauch des überlebenden Ehegatten umgewandelt bzw. abgelöst werden.[38]

4. Pflichtteilsrecht

a) **Pflichtteilsberechtigte Personen und Quoten.** Seit der Reform des Jahres 1981 sind in **22**
Belgien die Abkömmlinge des Erblassers, seine Aszendenten und sein überlebender Ehegatte
pflichtteilsberechtigt.[39] Aufgrund der Konzeption – entsprechend dem (bisherigen) französischen Vorbild – als echtes Noterbrecht, legen die gesetzlichen Bestimmungen nicht die
Pflichtteile der Berechtigten fest, sondern die Quote, über die der Erblasser ohne Einschränkung verfügen darf (sog. *libéralités*). Der übrige Teil, der den Noterben zu reservieren ist
(sog. *reserve*), bildet dann die Summe, aus der sich die bestehenden Noterbrechte speisen.

Die *reserve* zugunsten der Abkömmlinge bemisst sich danach, wie viele Kinder (oder diese **23**
repräsentierende Enkel etc., Art. 914 C. C.) der Erblasser hinterlässt: Hinterlässt er nur ein
Kind,[40] so betragen *reserve* und *libéralités* jeweils die Hälfte des Nachlasses; hinterlässt er
zwei Kinder, so kann er nur über ein Drittel des Nachlasses frei verfügen, bei drei Kindern
oder mehr nur über ein Viertel (Art. 913 C. C.).

Der nicht vom Erblasser geschiedene und nicht von Tisch und Bett getrennte überlebende **24**
Ehegatte hat zunächst ein sog. abstraktes Noterbrecht in Höhe des Nießbrauchs an der Hälfte des Nachlasses (Art. 915bis § 1 C. C.). Trifft er hierbei mit weiteren pflichtteilsberechtigten
Verwandten des Erblassers zusammen, so lastet der Nießbrauch anteilig auf dem Teil, der als
reserve für die Verwandten geschützt ist, und auf dem freien Nachlassteil (Art. 915bis § 4
C. C.).[41] Der überlebende Ehegatte kann aber immer verlangen, dass ihm ein sog. konkreter
Noterbteil gewährt wird, der im Nießbrauch an der zusammen mit dem Erblasser genutzten
Ehewohnung besteht und an dem dort befindlichen Hausrat (Art. 915bis § 2 C. C.). Dieser
konkrete Noterbteil wird auf die abstrakte Quote angerechnet, kann diese aber auch (entschädigungslos) übersteigen; somit kann der überlebende Ehegatte tatsächlich einen Nießbrauch an praktisch dem gesamten Nachlass als Pflichtteil erhalten, wenn der Nachlass nur
aus Ehewohnung und Hausrat besteht.[42] Ferner kann dem Ehegatten noch auf ehevertraglichem Weg durch Zuwendung eines höheren Anteils am Gesamtgut pflichtteilsfest Vermögen
zugewandt werden, sofern hierdurch nicht das Pflichtteilsrecht von Stiefkindern des überlebenden Ehegatten beeinträchtigt wird (Art. 1465 C. C.).[43]

Hinsichtlich der Aszendenten des Erblassers[44] ist zunächst darauf hinzuweisen, dass diese **25**
nur pflichtteilsberechtigt sein können, wenn der Erblasser ohne Abkömmlinge verstorben
ist. Dieses ergibt sich bereits aus den Regeln der gesetzlichen Erbfolge, die auch für das
Pflichtteilsrecht in Belgien als echtes Noterbrecht gelten. Dann ist grundsätzlich vorgesehen,
dass sowohl für die väterliche als auch für die mütterliche Linie jeweils ein Viertel des

---

[37] Nach dem Vorbild der Niederlande; s. den diesbezüglichen Länderbericht, Rn. 354.
[38] Vgl. zum Erbrecht der gesetzlich Zusammenwohnenden Süß/*Hustedt*, Rn. 56 f.
[39] Flick/Piltz/*Cornelius*, Rn. 449.
[40] Gleich, ob ehelich oder unehelich, adoptiert oder ein Ehebruchskind.
[41] Beispiele mit Berechnungsmustern bei Flick/Piltz/*Cornelius*, Rn. 449 und Ferid/Firsching/*Hustedt*, Rn. 174 f.
[42] Süß/*Hustedt*, Rn. 80.
[43] Zu dieser Möglichkeit s. Wachter/Süß/Tanck/Bittler/Wälzholz/*Süß*, § 16 Rn. 12 und Ferid/Firsching/
Hustedt, Rn. 214 ff.
[44] Nicht aber für Aszendenten in der Familie des Annehmenden einer mit *adoption simple* adoptierten Person: Art. 353–16 Abs. 1 Nr. 1 C. C.

Nachlasses als *reserve* zurückzuhalten sind. Gibt es keine Aszendenten in einer dieser Linien, entfällt der dementsprechende Anteil (Art. 915 C.C.). Gegenüber dem überlebenden Ehegatten und dem eingetragenen Lebenspartner können die Aszendenten ihr Pflichtteilsrecht allerdings nicht wirksam durchsetzen (Art. 915 Abs. 2 C.C.). Als Ausgleich gewährt das Gesetz insoweit aber einen Unterhaltsanspruch gegen den Nachlass, wenn der Erblasser kinderlos verstorben ist und der Aszendent zum Zeitpunkt des Erbfalls unterhaltsbedürftig war.[45]

26   Zusammenfassend ergibt sich also folgende tabellarische Übersicht:

Pflichtteilsberechtigte[46]	neben ...	Erbquote	Pflichtteilsquote
1 Kind	Allein oder Ehegatte	$1/1$	$1/2$
2 Kinder	Allein oder Ehegatte	$1/2$	$1/3$
3 oder mehr Kinder	Allein oder Ehegatte	$1/3$, $1/4$ usw.	insgesamt $3/4$, nach Kopfteilen bzw. Stämmen
Ehegatte	Abkömmlinge	Nießbrauch am ganzen Nachlass	Nießbrauch am halben Nachlass,[47] mindestens aber Nießbrauch an der Ehewohnung und dem Hausrat
Ehegatte	Andere Verwandte als Abkömmlinge	Anteil des Erblassers am Gesamtgut und Nießbrauch am Eigengut[48] bzw. Nießbrauch am gesamten Nachlass[49]	Nießbrauch am halben Nachlass,[50] mindestens aber Nießbrauch an der Ehewohnung und dem Hausrat
Aszendenten	Allein	insgesamt $1/1$	je $1/4$ für die väterliche und die mütterliche Linie
Aszendenten	Ehegatte	Eigengut des Erblassers oder gesamter Nachlass, allerdings belastet mit Nießbrauch des Ehegatten	je $1/4$ für die väterliche und die mütterliche Linie; bei Verletzung der *reserve* kann aber eine Herabsetzung der Verfügungen an den Ehegatten oder den Lebenspartner nicht verlangt werden

27   **b) Gegenstand der Pflichtteilsberechnung.** Nach Art. 922 Abs. 1 S. 1 C.C. bildet der Nachlass zum Zeitpunkt des Todes des Erblassers den Ausgangspunkt der Berechnung. Hierzu dürfte entsprechend der Auffassung im französischen Recht positiv alles im Nachlass Vorhandene mit dem Wert zum Todeszeitpunkt und auf der Passivseite die Beerdigungskosten, die Kosten für die Nachlassbereinigung und die Nachlassteilung sowie weitere Schulden des Erblassers zählen. Sodann werden – fiktiv – alle Geschenke des Erblassers hinzugerechnet, und zwar prinzipiell unter Berücksichtigung ihres Zustands zum Zeitpunkt der Schenkung und ihrem Wert bei Eröffnung der Erbschaft (Art. 922 Abs. 1 S. 2 C.C.).

28   **c) Art des Pflichtteils.** Wie bereits angesprochen, gewährt das belgische Recht das Pflichtteilsrecht als echtes Noterbrecht. Dies bedeutet allerdings nicht, dass Verletzungen der *re-*

---

[45] Mayer/Süß/Tanck/Bittler/Wälzholz/*Süß*, § 16 Rn. 10 am Ende.
[46] Oder Abkömmlinge, die eine entsprechende Anzahl Kinder repräsentieren.
[47] Verhältnismäßige Aufteilung des Nießbrauchs auf die *reserve* der anderen Pflichtteilsberechtigten und den freien Nachlass nach Art. 915bis § 4 C.C.
[48] Im Güterstand der Gütergemeinschaft.
[49] Im Güterstand der Gütertrennung.
[50] S. oben in Fn. 47.

serve bereits von Gesetzes wegen unwirksam wären. Vielmehr muss der Pflichtteilsberechtigte, dessen Pflichtteil verletzt wurde, eine Klage auf Herabsetzung (*action en réduction*, Art. 920 ff. C. C.) erheben, ganz gleich, ob die Verletzung seines Pflichtteilsrechts durch eine letztwillige Verfügung oder durch eine Zuwendung des Erblassers unter Lebenden erfolgte.[51] Erhebt er diese Klage nicht oder verzichtet er ausdrücklich hierauf,[52] so behalten die pflichtteilswidrigen Verfügungen ihre Wirksamkeit.

Nach Art. 923 C. C. haften bei pflichtteilswidrigen Verfügungen zunächst die letztwillig Bedachten, dann die vom Erblasser zu Lebzeiten freigebig Bedachten, hierbei der erst jüngst Beschenkte vor dem früher Beschenkten. Auch dritte Personen, die eine vom Erblasser verschenkte Immobilie von einem Beschenkten (entgeltlich) erworben haben, werden nach Art. 930 C. C. nicht als schutzwürdig eingestuft; sie haften für die Herabsetzungsklage ebenso wie ihre Rechtsvorgänger, also die vom Erblasser selbst beschenkten Personen. **29**

d) **Pflichtteilsentziehung.** Eine Pflichtteilsentziehung ist dem belgischen Recht als allgemeine Gestaltungsmöglichkeit unbekannt. Allein Personen, die erbunwürdig sind, verlieren auch ihr Pflichtteilsrecht, da sie als Noterben die Qualität, Erbe sein zu können, besitzen müssen. Erbunwürdigkeit besteht *de lege* aber nur in den in Art. 727 C. C. genannten außergewöhnlichen Fällen.[53] **30**

Daneben kennt das belgische Recht aber noch eine einseitige Pflichtteilsentziehung gegenüber dem Ehegatten. Nach Art. 915bis § 3 C. C. kann der Erblasser dem überlebenden Ehegatten den Pflichtteil entziehen, wenn die Ehegatten beim Tod des Erblassers schon seit 6 Monaten nicht mehr zusammengelebt hatten, gerichtlich das Zusammenleben beendet worden war und die Ehegatten nach der Gerichtentscheidung auch tatsächlich nicht mehr zusammen gelebt hatten. Des weiteren können die Abkömmlinge die Einräumung des Nießbrauchs an der Ehewohnung und dem gemeinsamen Hausrat verweigern, wenn die Ehegatten sich zuvor getrennt hatten und zudem der überlebende Ehegatte entweder freiwillig aus diesem Haus ausgezogen war oder ansonsten die Einräumung des Nießbrauchs unbillig erscheint (Art. 915bis § 2 Abs. 2 C. C.).[54] **31**

e) **Zulässigkeit eines Pflichtteilsverzichts.** Das belgische Recht kennt im Prinzip keinen Pflichtteilsverzicht, da es in ihm ein unzulässiges Rechtsgeschäft über den Nachlass einer noch lebenden Person sieht, das unheilbar nichtig ist (Art. 791 und 1130 Abs. 2 C. C.). **32**

Allerdings kennt das belgische Recht von dieser Grundregel mittlerweile drei Ausnahmen: Zum ersten ist im Scheidungsverfahrensrecht (Art. 1287 Abs. 2 des Gerichtsgesetzes [*Code judiciaire*]) vorgesehen, dass die Ehegatten bereits bei Einreichung eines einvernehmlichen Scheidungsantrags oder eines Antrags auf Trennung von Tisch und Bett Regelungen über das gegenseitige gesetzliche Erb- und Pflichtteilsrecht treffen **müssen**, die auch einen Verzicht beinhalten können. Damit können die Ehegatten schon für die Dauer des Verfahrens den späteren Zustand vorwegnehmen.[55] Zum anderen kann in einem Ehevertrag nach Art. 1388 Abs. 2 C. C.[56] eine Regelung über die Rechte am Nachlass des jeweils anderen getroffen werden, wenn Stiefkinder aus einer früheren Ehe[57] eines der Beteiligten vorhanden sind. Diese Regelung lässt aber das Noterbrecht hinsichtlich des Nießbrauchs an Ehewohnung und Hausrat nach Art. 915bis §§ 2–4 C. C. stets unberührt. Schließlich sieht Art. 918, S. 2 C. C. vor, dass bei lebzeitiger Veräußerung oder (gemischter) Schenkung von Vermögen des Erblassers gegen Leibrente, gegen Einmalzahlung oder unter Nießbrauchsvorbehalt derjenige die Zuwendung nicht mit der Herabsetzungsklage angreifen kann, der ihr ausdrücklich zugestimmt hat.[58] **33**

---

[51] Ferid/Firsching/*Hustedt*, Rn. 182.
[52] Was nach Eintritt des Erbfalls formlos möglich ist, vgl. Ferid/Firsching/*Hustedt*, Rn. 181.
[53] Willentliche Tötung des Erblassers, falsche Verdächtigung des Erblassers hinsichtlich einer mit lebenslanger Freiheitsstrafe bedrohten Tat, Nichtaufklärung der Tötung des Erblassers durch einen Dritten.
[54] S. hierzu noch Ferid/Firsching/*Hustedt*, Rn. 178.
[55] Vgl. Mayer/Süß/Tanck/Bittler/Wälzholz/*Süß*, § 16 Rn. 7.
[56] Der 2003 neu eingefügt wurde, s. hierzu Ferid/Firsching/*Hustedt*, Rn. 114.
[57] Oder vor der Eheschließung mit diesem Ehegatten noch adoptierte Kinder.
[58] S. hierzu noch Ferid/Firsching/*Hustedt*, Rn. 180 am Ende.

III. Bosnien-Herzegovina

Schrifttum: *Jessel-Holst,* Bosnien-Hezegovina (Stand 1. 1. 2007), in: Bergmann/Ferid, Internationales Ehe- und Kindschaftsrecht; *Povlakić/Süß,* Erbrecht in Bosnien-Heregovina, in Süß, Erbrecht in Europa, S. 367.

1. Internationales Erbrecht

34 a) **Erbstatut.** Seit der Abspaltung Bosnien-Herzegovinas von der damaligen SFR Jugoslawien stellt Bosnien-Herzegowina einen eigenständigen Staat dar, der aus zwei weitgehend autonomen Teilstaaten, der Föderation Bosnien und Herzegowina und der Republik Serbien, sowie dem Sonderverwaltungsgebiet Brčko-Distrikt besteht.

35 Ungeachtet des komplizierten Staatsaufbaus Bosnien-Herzegovinas ist das materielle Erbrecht einheitlich geregelt. Lediglich für das Nachlassverfahren gelten unterschiedliche Außerstreitgesetzte,[59] die jedoch weitgehend inhaltsgleich sind.

36 Für die Bestimmung des Erbstatutes aus bosnischer Perspektive sind die Bestimmungen des bosnischen internationalen Privatrechts heranzuziehen. Das bosnische internationale Privatrecht ist im Gesetz zur Lösung von Gesetzeskollisionen mit den Vorschriften anderer Staaten für bestimmte Verhältnisse (IPRG) geregelt.[60] Dabei handelt es sich um ein Gesetzeswerk, welches bereits vor der staatlichen Souveränität Bosnien-Herzegovinas im Gebiet des ehemaligen Jugoslawiens galt und vom souveränen Bosnien-Herzegovina übernommen worden ist.[61]

37 Dieses bestimmt in Art. 30 IPRG, dass die erbrechtlichen Rechtsbeziehungen der Rechtsordnung unterliegen, deren Staatsangehöriger der Erblasser zum Zeitpunkt seines Todes war. Das bosnische Recht knüpft somit für das Erbstatut an die **Staatsangehörigkeit** des Erblassers an und bestimmt dessen **Heimatrecht** als Erbstatut.

38 Eine Rechtswahl im Bereich des Erbrechts kennt das bosnische IPR nicht. Demgemäß wird eine Rechtswahl vom bosnischen Recht nicht anerkannt und ist unter Zugrundelegung bosnischen Sachrechts unwirksam.

39 Bei mehrfacher Staatsangehörigkeit gibt Art. 11 Abs. 1 IPRG der bosnischen Staatsangehörigkeit den Vorzug.

40 Den allgemeinen Kollisionsnormen gehen gem. Art. 3 IPRG internationale Verträge und bilaterale Abkommen vor. Ein bilaterales Abkommen zwischen Deutschland und Bosnien-Herzegovina existiert nicht.

41 Sonderanknüpfungen hinsichtlich von bestimmten Vermögensgegenständen bestehen nicht.

42 b) **Rück- und Weiterverweisung.** Verweisen die Vorschriften des bosnischen IPRG auf das Recht eines anderen Staates ist gem. Art. 6 Abs. 1 IPRG auch das internationale Privatrecht des anderen Staates zu berücksichtigen. Rück- und Weiterverweisungen des ausländischen Rechts werden gem. Art. 6 Abs. 2 IPRG beachtet. Nach einer Rückverweisung auf bosnisches Recht findet unmittelbar das bosnische Sachrecht Anwendung (Art. 6 Abs. 2 IPRG).

43 c) **Regelungsumfang des Erbstatuts.** Das Erbstatut regelt umfassend die Voraussetzungen und Folgen des Erbfalls, insbesondere also den Eintritt des Erbfalls, den Umfang des Nachlasses, die Annahme und Ausschlagung der Erbschaft, das gesetzliche Erbrecht, das Pflichtteilsrecht, die Rechtsstellung des Erben und die Erbenhaftung. Eine Differenzierung nach bestimmten Vermögensgegenständen und deren Belegenheit wird nicht vorgenommen.

44 Bezüglich des Regelungsumfangs des Formstatutes vgl. Rn. 46.

45 d) **Wirksamkeit der Verfügung von Todes wegen.** Hinsichtlich der **Testierfähigkeit** ist die Sonderanknüpfung des Art. 30 Abs. 2 IPRG zu beachten, der diesbezüglich auf das Recht

---

[59] Bei den Außerstreitgesetzten handelt es sich um Verfahrensregeln, die dem deutschen FGG vergleichbar sind; vgl. hierzu Süß/*Povlakić/Süß,* Erbrecht in Europa, Rn. 53 ff.
[60] Službeni list SFRJ (Amtsblatt der SFRJ) 43/82, 72/82.
[61] Službeni list R BiH (Amtsblatt der R BiH) 2/92, 13/94.

des Staates verweist, dem der Testator zum Zeitpunkt der Errichtung des Testamentes angehörte.

Hinsichtlich der **Form** letztwilliger Verfügungen ist das Haager Testamentformübereinkommen als Sonderanknüpfung zu beachten, welches für Bosnien-Herzegovina am 6. 3. 1992 in Kraft getreten ist. Das Haager Übereinkommen ist in Art. 31 IPRG inkorporiert.

Das Haager Übereinkommen geht dabei nach allgemeinen völkerrechtlichen Grundsetzten den nationalen bosnischen Bestimmungen vor. Da die Anwendung beider Normkomplexe jedoch zu keinen widersprüchlichen Ergebnissen führt, ist solange dies gewährleistet bleibt, kein Rückgriff auf das Übereinkommen notwendig.

Somit ist aus Perspektive des bosnischen IPR ein Testament hinsichtlich der Form unter folgenden Voraussetzungen wirksam:
- es ist nach dem Recht des Ortes formgültig, an dem es errichtet wurde,
- es ist nach dem Recht des Staates formgültig, dessen Staatsangehörigkeit der Erblasser zum Zeitpunkt der Errichtung des Testamentes oder zum Zeitpunkt seines Todes besaß,
- es ist nach dem Recht des Staates formgültig, in dem der Erblasser zum Zeitpunkt der Errichtung des Testamentes oder zum Zeitpunkt des Todes seinen Wohnsitz besaß,
- es ist nach dem Recht des Staates formgültig, in dem der Erblasser zum Zeitpunkt der Errichtung des Testamentes oder zum Zeitpunkt des Todes seinen gewöhnlichen Aufenthalt besaß,
- es ist nach dem Recht Bosniens formwirksam,
- es ist bezüglich unbeweglicher Sachen nach dem Recht des Lageortes der unbeweglichen Sache wirksam.

In Art. 31 Abs. 2 IPRG wurde Art. 2 des Haager Übereinkommens inhaltsgleich inkorporiert. Demnach ist auch bezüglich der Form des Widerrufs einer letztwilligen Verfügung Art. 31 Abs. 1 IPRG maßgeblich.

Zu beachten ist, dass das Formstatut lediglich darüber bestimmt, ob ein Testament formgültig errichtet wurde. Die inhaltliche Wirksamkeit richtet sich nach den Maßgaben des zur Anwendung kommenden Sachrechts.

Weiter gilt in Bosnien auch das Washingtoner Abkommen über ein einheitliches Recht der Form eines internationalen Testamentes vom 26. 10. 1973, welches in Art. 201 ff. ErbG inkorporiert ist.

Zu den Problemfällen Erbvertrag und gemeinschaftliches Testament gilt unter Zugrundelegung bosnischen Sachrechts folgendes: Erbverträge sind gem. Art. 106 ErbG nichtig. Die Nichtigkeitsfolge gilt auch für die Verpflichtung in einer bestimmten Art und Weise zu verfügen (Art. 108 ErbG). Für das gemeinschaftliche Testament hat das bosnische Recht keine ausdrückliche Regelung.

Die Bestimmung des Art. 106 ErbG stellt ein materielles Verbot bindender letztwilliger Verfügungen und keine zwingende Formvorschrift dar. Demgemäß sind frei widerrufliche Verfügungen, deren Wirksamkeit nach bosnischem Sachrecht beurteilt wird, gleich ob diese der Form nach in einem Erbvertrag oder in einem gemeinschaftlichen Testament zusammengefasst worden sind, wirksam.[62]

2. Gesetzliche Erbfolge

Das materielle bosnische Erbrecht ist im Erbschaftsgesetz vom 19. 7. 1973 geregelt.[63] Das bosnische Erbrecht ist vom Grundsatz des Familienerbrechts geprägt (Art. 9 Abs. 1 ErbG). Wenn der Erblasser nicht abweichend testamentarisch verfügt, sieht die gesetzliche Regelung vor, dass der Nachlass entsprechend den Regeln der gesetzlichen Erbfolge auf die Verwandten übergeht.

---

[62] Siehe zur vergleichbaren serbischen Situation *Süß*, Erbrecht in Serbien, in: Süß, Erbrecht in Europa, Rn. 22.
[63] Bei diesem Gesetz handelt es sich um ein Republikgesetz der ehemaligen jugoslawischen Republik Bosnien und Hezegovina (Službeni List SR BiH (Amtsblatt der SR BiH) 7/80, 15/80). Eine deutsche Übersetzung findet sich unter: http://www.zkk.ba/slike/dokumenti/ger/zakoni/Erbrecht.pdf.

55 Die gesetzliche Erbfolge bestimmt sich nach Ordnungen, wobei die jeweils vorgehende Ordnung die Nachfolgende ausschließt (Art. 9 Abs. 2 ErbG).

56 Erben **erster Ordnung** sind die Kinder des Erblassers und sein Ehegatte. Die Kinder des Erblassers und sein Ehegatte erben dabei zu gleichen Teilen (Art. 10 ErbG). Nichteheliche Kinder und adoptierte Kinder sowie deren Abkömmlinge sind den ehelichen Kindern und deren Abkömmlingen gleichgestellt (Art. 5 und 19 ErbG).[64] Bosnien kennt das Institut der nichtehelichen Gemeinschaft mit Rechtswirkungen im Eherecht. Der nichteheliche Partner hat jedoch keinerlei Erbrecht (Art. 230 und 263 ff. FamG).

57 An die Stelle vorverstorbener Kinder treten deren Abkömmlinge nach dem Prinzip der Erbfolge nach Stämmen und nach dem Repräsentations- und Eintrittsprinzip (Art. 11 ErbG).

58 Falls der Erblasser keine Abkömmlinge hat, kommen die Erben zweiter Ordnung zum Zuge (Art. 11 ErbG).

59 An die Stelle vorverstorbener Kinder treten deren Abkömmlinge nach dem Prinzip der Erbfolge nach Stämmen und nach dem Repräsentations- und Eintrittsprinzip (Art. 11 ErbG).

60 Falls der Erblasser keine Abkömmlinge hinterlassen hat, kommen die Erben zweiter Ordnung zum Zuge (Art. 12 ErbG).

61 Erben **zweiter Ordnung** sind die Eltern des Erblassers und sein Ehegatte (Art. 12 ErbG). Der Ehegatte erbt neben den Eltern des Erblassers zu ½, wobei auf jeden Elternteil ein ¼ Erbanteil entfällt (Art. 11 Abs. 2 ErbG).

62 Ist kein Ehegatte vorhanden so erben die Eltern jeweils zu ½ (Art. 12 Abs. 3 ErbG).

63 Für den Fall, dass ein Elternteil vorverstorben ist, tritt Erbfolge nach Linien ein und an die Stelle des weggefallenen Elternteils treten dessen Abkömmlinge nach den Regeln der Erbfolge in der ersten Ordnung (Art. 13 Abs. 1 ErbG). Dabei bilden Vater und Mutter jeweils eine Linie. Diese Linien erben wiederum zu untereinander gleichen Teilen. Auch hier gilt wiederum das Repräsentations- und Eintrittsprinzip. Dabei ist zu beachten, dass die Linien voneinander getrennt sind. Insoweit erben die Halbgeschwister des Erblassers und deren Abkömmlinge nur über die Linie, der sie entsprungen sind.

64 Fällt ein Elternteil aus der Erbfolge raus ohne dass Abkömmlinge an ihre Stelle treten, findet Anwachsung an die Linie des anderen Elternteils statt (Art. 14 ErbG). Fallen beide Elternteile weg ohne dass Abkömmlinge zum Zuge kommen, erbt der überlebende Ehegatte allein (Art. 15 ErbG).

65 Die **dritte Erbordnung** greift, wenn weder der überlebende Ehegatte noch die Eltern des Erblassers bzw. deren Abkömmlinge zum Zuge kommen (Art. 16 ErbG).

66 Erben der **dritten Ordnung** sind die Großeltern des Erblassers und deren Kinder, jedoch nicht die weiteren Abkömmlinge der Großeltern (Art. 16 ErbG). Jedes der zwei Großelternpaare erbt zu ½ (Art. 16 Abs. 2 ErbG) und jeder Großelternteil zu ¼ (Art. 17 Abs. 1 ErbG). Für den Fall, dass ein Großelternteil nicht als Erbe zum Zuge kommt, treten an dessen Stelle seine Kinder nach den Regeln der gesetzlichen Erbfolge in der ersten Ordnung (Art. 17 ErbG). Sind keine Kinder vorhanden, wächst dieses Viertel dem anderen Großelternteil dieses Großelternpaares zu. Fällt ein komplettes Großelternpaar ohne Hinterlassung von Abkömmlingen weg, findet Anwachsung statt und das andere Großelternpaar bzw. dessen Kinder erben jeweils zu ½ oder der verbleibende Großelternteil wird Alleinerbe (Art. 18 ErbG).

67 Weitere Erbordnungen kennt das bosnische Recht nicht.

68 Für Kinder, die neben dem überlebenden Ehegatten als Erbe zum Zuge kommen, bestehen Sonderregelungen, die zu einer **wirtschaftlichen Erhöhung oder Verringerung** ihrer Beteiligung am Nachlass führen können.

69 Die Kinder, die ihren Lebensunterhalt nicht aus eigenen Mitteln bestreiten können, können im Nachlassverfahren die Übertragung eines Teils des Erbanteils des überlebenden Ehegatten beantragen (Art. 21 ErbG). Für den Fall, dass der Nachlass von so geringem Wert ist,

---

[64] Bei den Adoptivkindern und deren Abkömmlingen und Adoptiveltern wird im Hinblick auf deren jeweiliges Erbrecht in der ersten und zweiten Ordnung grds. nicht zwischen starker und schwacher Adoption unterschieden. In den weiteren Ordnungen kann es gem. Art. 19 Abs. 4, 5 ErbG zu einer unterschiedlichen Behandlung kommen.

dass der oder die Bedürftigen bei dessen Teilung in Not geraten würden, können diese auch die Zuweisung des gesamten Nachlasses in ihr Eigentum verlangen (Art. 21 Abs. 1 ErbG). Falls nur ein Kind bedürftig ist gelten die vorstehenden Ausführungen auch zu Lasten der übrigen Kinder.

Vorstehende Regelungen gelten entsprechend für einen überlebenden Ehegatten, der in der ersten oder zweiten Erbordnung zum Zuge kommt (Art. 23 ErbG) und für die Eltern des Erblassers, die in der zweiten Erbordnung zum Zuge kommen (Art. 24 ErbG). In diesen Fällen findet eine Erhöhung des Erbanteils des Bedürftigen zu Lasten der Kinder (nur zu Gunsten des überlebenden Ehegatten), des überlebenden Ehegatten oder der Eltern des Erblassers statt. 70

3. Pflichtteilsrecht

a) **Pflichtteilsberechtigte Personen und Quoten.** Pflichtteilsberechtigt sind gem. Art. 28 Abs. 3 ErbG grundsätzlich nur die Personen, die auf Grund der gesetzlichen Erbfolge zum Zuge gekommen wären. 71

In den Kreis der **absolut Pflichtteilsberechtigten** fallen die Kinder des Verstorbenen, seine in starker Form angenommenen Adoptivkinder und sein Ehegatte (Art. 28 Abs. 1 ErbG). Weitere Abkömmlinge des Erblassers, die in schwacher Form angenommenen Adoptivkinder, die Eltern des Erblassers und deren Kinder[65] (Geschwister des Erblassers) sind nur **relativ pflichtteilsberechtigt**, also nur wenn sie dauerhaft erwerbsunfähig und bedürftig sind (Art. 28 Abs. 2 ErbG). 72

Die **Pflichtteilsquote** wird durch den gesetzlichen Erbteil bestimmt (Art. 29 ErbG), wobei hierbei wiederum die Unterscheidung zwischen absolut Pflichtteilsberechtigten und relativ Pflichtteilsberechtigten aufgegriffen wird. 73

Demgemäß beläuft sich die Pflichtteilsquote der absolut Pflichtteilsberechtigten auf die Hälfte des gesetzlichen Erbteils während sich die Pflichtteilsquote der relativ Pflichtteilsberechtigten auf $1/3$ des gesetzlichen Erbteils beläuft (Art. 29 Abs. 1 ErbG). 74

Demgemäß ergibt sich bzgl. der Erb- und Pflichtteilsquoten folgende tabellarische Übersicht: 75

Pflichtteilsberechtigte	neben ...	Erbquote		Pflichtteilsquote
Kinder	Allein	$1/1$		$1/2$
Kinder	Ehegatte	1 Kind	$1/2$	$1/4$
		2 Kinder	$1/3$	$1/6$ je Kind
		3 Kinder	$1/4$	$1/8$ je Kind
Ehegatte	Allein	$1/1$		$1/2$
Ehegatte	Eltern	$1/1$		$1/4$
Ehegatte	Kinder	Neben 1 Kind	$1/2$	$1/4$
		Neben 2 Kinder	$1/3$	$1/6$
		Neben 3 Kinder	$1/4$	$1/8$
Elternteil (nur relatives Pflichtteilsrecht)	Allein	$1/1$		$1/3$
Elternteil (nur relatives Pflichtteilsrecht)	Anderer Elternteil	$1/2$		$1/6$
Elternteil (nur relatives Pflichtteilsrecht)	Ehegatte	$1/4$		$1/12$
Elternteil	Kinder	0		0

---

[65] Weitere Abkömmlinge der Eltern des Erblassers haben kein Pflichtteilsrecht.

76 **b) Gegenstand für Pflichtteilsberechnung.** Der Pflichtteil bezieht sich in erster Linie auf den Nachlass, d. h. auf die zum Zeitpunkt des Todes des Erblassers in dessen Vermögen vorhandenen Gegenstände abzüglich aller Nachlassverbindlichkeiten (Art. 31 ErbG).

77 Es sind die **güterrechtlichen Auswirkungen** einer Ehe des Erblassers zu beachten. Der gesetzliche Güterstand in Bosnien ist eine Art der Errungenschaftsgemeinschaft, bei der zwischen vorehelichem Sondervermögen und während der Ehezeit erworbenem gemeinsamen Vermögen unterschieden wird. Der Anteil des überlebenden Ehegatten am gemeinsamen Vermögen fällt nicht in den Nachlass.

78 Dem eigentlichen Nachlass werden zur Berechnung des Pflichtteils grundsätzlich lebzeitige Schenkungen des Erblassers an gesetzliche Erben ohne jede zeitliche Begrenzung und Schenkungen an Dritte, die nicht gesetzliche Erben sind, die im letzten Lebensjahr des Erblassers stattgefunden haben, hinzugerechnet (Art. 31 Abs. 1 ErbG).

79 Die zugewendeten Gegenstände werden dem Nachlass mit ihrem Wert zum Zeitpunkt der Bestimmung des Nachlasswertes **hinzugerechnet,** wobei jedoch dabei auf ihren tatsächlichen Zustand zum Zeitpunkt der Schenkung abzustellen ist (Art. 33 ErbG). Die Pflichtteilsquote bezieht sich demgemäß auf den um den Wert der anrechnungspflichtigen Zuwendungen erhöhten Nachlass.

80 Weiter werden dem Nachlass gem. Art. 35 ErbG solche Teile des Vermögens des Erblassers im Wege der Aussonderung abgezogen, die ein Abkömmling, der in Gemeinschaft mit dem Erblasser gelebt hat, mit dem Erblasser gemeinsam erwirtschaftet hat. Die Aussonderung erfolgt anteilsmäßig entsprechend dem Wert des Beitrags des Aussonderungsberechtigten.

81 Haushaltsgegenstände kleineren Wertes, die der Befriedigung alltäglicher Bedürfnisse der Abkömmlinge und des Ehegatten dienen, fallen, soweit ein gemeinsamer Hausstand dieser Personen mit dem Erblasser zu dessen Todeszeitpunkt bestand, ebenfalls nicht in den Nachlass und stehen diesen Personen zu gemeinschaftlichen Eigentum zu (Art. 36 ErbG).

82 **c) Art des Pflichtteils.** Das bosnische Pflichtteilsrecht ist als echtes Noterbrecht und nicht lediglich als schuldrechtlicher Anspruch ausgestaltet (Art. 37 Abs. 1 ErbG).

83 Jedoch kann der Erblasser gem. Art. 30 ErbG bestimmen, dass der Pflichtteil durch Zuwendung von durch ihn bestimmten Gegenständen (Geld, Rechte oder Sachen) erfüllt wird.

84 Der Pflichtteil ist verletzt, wenn der kombinierte Wert der testamentarischen Verfügungen und der nach Art. 31 ErbG dem Nachlass hinzuzurechnenden lebzeitige Geschenke, den verfügbaren Teil übersteigt (Art. 37 Abs. 2 ErbG).

85 Konsequenz einer Verletzung des Pflichtteils ist, dass testamentarische Verfügungen verringert werden und zwar in dem Umfang, wie das zur Herstellung des Pflichtteils notwendig ist (Art. 37 Abs. 1 und Abs. 4 ErbG).

86 Reicht der Wert des Nachlasses nicht aus um den Pflichtteilsberechtigten zu bedienen haftet subsidiär der Beschenkte (Art. 38 ErbG). Dabei erfolgt die Rückabwicklung von Geschenken in umgekehrter zeitlicher Reihenfolge und nur insoweit, als die Rückabwicklung notwendig ist um die Pflichtteile zu bedienen (Art. 41 Abs. 1 ErbG). Bei gleichzeitigen Schenkungen erfolgt eine verhältnismäßige Rückforderung dieser gleichzeitig getätigten Schenkungen (Art. 41 Abs. 2 ErbG).

87 Der Beschenkte haftet dabei lediglich nach bereicherungsrechtlichen Grundsätzen und wird bis zur Kenntnis des Antrages auf Rückgewähr als gutgläubig behandelt (Art. 42 ErbG).

88 Der Pflichtteil wird durch eine besondere Pflichtteilsklage geltend macht, die auf Minderung der testamentarischen Verfügung gerichtet ist.

89 **d) Pflichtteilsergänzung.** Pflichtteilsergänzungsansprüche im technischen Sinne sieht das ErbG nicht vor. Den Pflichtteil beeinträchtigende lebzeitige Verfügungen werden im Rahmen dessen, was Gegenstand der Pflichtteilsberechnung ist (vgl. Rn. 78 ff.) und im Rahmen der Haftung für den Pflichtteil (vgl. Rn. 86 f.) berücksichtigt.

Rechtspflichtteilsansprüche im technischen Sinne sieht das ErbG ebenfalls nicht vor, da das Pflichtteilsrecht als echtes Noterbrecht ausgestaltet ist und demgemäß pflichtteilsverletzende testamentarische Verfügungen unwirksam sind soweit sie das Pflichtteilsrecht verletzten.

90 **e) Pflichtteilsanrechnung.** Gem. Art. 49 Abs. 1 ErbG hat sich jeder gesetzliche Erbe das, was er auf irgendeine Weise vom Erblasser als Geschenk erhalten hat, auf seinen Erbteil an-

rechnen zu lassen. Sämtliche Geschenke, die auf den Erbteil anzurechnen sind, werden auch auf den Pflichtteil angerechnet. Eine Anrechnung findet nicht statt, wenn der Erblasser dies lebzeitig oder durch letztwillige Verfügung bestimmt hat (Art. 49 Abs. 3 ErbG).

f) **Pflichtteilsentziehung.** Zu unterscheiden sind die **Erbunwürdigkeit**, die **schlichte Enterbung**, die **qualifizierte Enterbung** und die **Pflichtteilsentziehung**. 91

Die **Erbunwürdigkeit** wirkt ipso iure und ist vom Nachlassgericht, außer im Falle der Erbunwürdigkeit wegen Verletzung von Unterhaltspflichten, von Amts wegen zu beachten (Art. 130 Abs. 4 ErbG). 92

Ein gesetzlicher oder testamentarischer Erbe kann gem. Art. 129 ErbG durch das Gericht für erbunwürdig erklärt werden, 93
- bei versuchter oder vollendeter vorsätzliche Tötung des Erblassers;
- bei unredlichem Einwirken (Zwang, Betrug) auf den Testator in Hinblick auf Errichtung oder Widerruf eines Testamentes;
- bei Unterdrückung oder Fälschung eines Testamentes;
- bei einer schwerwiegende Verletzung von Unterhaltspflichten;
- bei der Flucht vor Strafverfolgung.[66]

Die Erbunwürdigkeit führt dazu, dass der Betroffene in keiner Weise am Nachlass beteiligt wird und seinen Pflichtanteil verliert. Die Erbunwürdigkeit wirkt nicht zu Lasten der Abkömmlinge, die nach den Regeln der gesetzlichen Erbfolge an die Stelle des Erbunwürdigen treten (Art. 130 Abs. 1 ErbG). 94

Die **schlichte Enterbung,** die ausdrücklich oder konkludent erfolgen kann, stellt eine testamentarische Verfügung des Erblassers dar, die dazu führt, dass der gesetzliche Erbe von der Erbfolge ganz oder teilweise ausgeschlossen wird. Diese schlichte Enterbung berührt eventuelle Pflichtteilsansprüche des Enterbten nicht. 95

Die **qualifizierte Enterbung** erfolgt durch ausdrückliche testamentarische Anordnung des Erblassers, die möglichst die Gründe für die Enterbung aufführen soll (Art. 46 ErbG). Dabei kann die Enterbung auch nur teilweise ausgesprochen werden (Art. 45 Abs. 2 ErbG). 96

Die qualifizierte Enterbung führt dazu, dass der Betroffene in keiner Weise am Nachlass beteiligt wird bzw. im Falle der teilweisen qualifizierten Enterbung insoweit nicht am Nachlass beteiligt ist. Pflichtteilsansprüche des qualifiziert Enterbten bestehen ebenfalls nicht mehr. Die qualifizierte Enterbung wirkt ebenfalls nicht zu Lasten der Abkömmlinge, die nach den Regeln der gesetzlichen Erbfolge an die Stelle des qualifiziert Enterbten treten (Art. 46 Abs. 3 ErbG). 97

Eine qualifizierte Enterbung ist nach bosnischem Recht möglich, wenn der Pflichtteilsberechtigte eine gesetzliche oder moralische Verpflichtung gegenüber dem Erblasser verletzt hat, falls er eine vorsätzliche schwere Straftat gegenüber dem Erblasser oder seinem Ehegatten, seinen Kindern oder Eltern verübt hat und falls er ein arbeitsunwilliges und unehrliches Leben führt[67] (Art. 45 ErbG). 98

Weiter kennt das bosnische Recht das Institut der **Pflichtteilsentziehung** zu Gunsten der Abkömmlinge eines Pflichtteilsberechtigten für den Fall, dass es sich bei dem Pflichtteilsberechtigten um einen Abkömmling des Erblasers handelt und dieser überschuldet oder verschwenderisch ist (Art. 48 ErbG). 99

Die Entziehung muss testamentarisch angeordnet werden und ist nur wirksam, wenn derjenige, dem der Pflichtteil entzogen wurde minderjährige Abkömmlinge oder volljährige Abkömmlinge, die erwerbsunfähig sind, hinterlässt und die Pflichtteilsentziehung zu deren Gunsten wirkt (Art. 48 ErbG). 100

g) **Zulässigkeit eines Pflichtteilsverzichts.** Einen Erb- oder Pflichtteilsverzicht im engen technischen Sinne kennt das bosnische Recht nicht. Dementsprechend sind solche Verträge 101

---

[66] Art. 129 Nr. 5 ErbG nennt auch noch feindliche Tätigkeiten gegen den Staat. Es ist davon auszugehen, dass diese Bestimmung nicht mehr zur Anwendung kommt.
[67] Art. 54 Nr. 3 ErbG nennt als Enterbungsgrund auch das Begehen einer kriminellen Handlung gegen die sozialistische Regierung, die Staatsunabhängigkeit und die Streitkräfte. Es ist davon auszugehen, dass diese Bestimmungen de facto nicht mehr zur Anwendung kommen oder einschränkend dahingehend auszulegen sind, dass nur Straftaten gegen die Verfassungsordnung des Staates relevant sind.

nach bosnischem Recht unwirksam. Erbausschlagungen zu Lebzeiten des Erblassers sind grds. unwirksam (Art. 138 Abs. 1 ErbG). Der Abkömmling des Erblassers kann jedoch schon zu Lebzeiten die Erbschaft ausschlagen (Art. 138 Abs. 2 ErbG). So eine Regelung kommt von den Wirkungen her einem Erbverzicht gleich. Die Vereinbarung ist vor einem Richter abzuschließen. Die Ausschlagung wirkt im Zweifel auch für die Abkömmlinge des Ausschlagenden (Art. 138 Abs. 3 ErbG).

IV. Frankreich

Gesetzestexte: Französische Gesetzestexte im Internet: http://www.legifrance.gouv.fr (meistenteils nur französischer Gesetzestext; Code civil allerdings auch in englischer und spanischer Fassung); Code Civil, éd. Dalloz (erscheint jährlich).

Schrifttum:

Französische Literatur: zum IPR: *Boulanger*, Droit International des Successions, 2004, *Revillard*, Droit International Privé et Communautaire: Pratique Notariale, 6. Aufl. 2006; *Vignal*, Droit international privé, 2005; zum materiellen französischen Erbrecht: *Delfosse/Peniguel*, La réforme des successions et des libéralités: Pratique notariale, 2006; *Duranton*, Länderbericht Frankreich, in: UINL (Hrsg.), Régimes matrimoniaux – Successions et Libéralités dans les relations internationales et internes, 2003, Band II, S. 1229 ff. (Section II und Section IV § 2); *Grimaldi* (Hrsg.), Droit patrimonial de la famille, 2008; *Éditions Francis Lefebvre*, Les successions et les libéralités après la réforme, 2006; *Malaurie*, Les successions – les libéralités, 3. Aufl. 2008.

Deutsche Literatur: AnwK-BGB/*Frank*, Band 5: Erbrecht, 2. Aufl. 2007, Anhang, Länderbericht Frankreich; Ferid/Firsching/(Dörner/Hausmann)/*Ferid*, Internationales Erbrecht, Loseblatt, Länderbericht Frankreich (Stand: 1. 12. 1987; mit Kurz-Nachtrag *Dostel*, Stand: Dez. 2001); Ferid/*Sonnenberger*, Das Französische Zivilrecht, Band 3: Familienrecht – Erbrecht, 2. Aufl. 1987; Flick/Piltz/*Cornelius*, Der internationale Erbfall, 2. Aufl. 2008, 2. Teil Abschnitt B., Länderteil Frankreich; Frank/Wachter/*Frank*, Handbuch Immobilienrecht in Europa, 2004, Länderbericht Frankreich, Rn. 407 ff.; Mayer/Süß/Tanck/Bittler/Wälzholz/*Süß*, Handbuch Pflichtteilsrecht, 2003, § 16 Rn. 26 ff.; *Schömmer/Steinhauer/Haydu*, Internationales Erbrecht – Frankreich, 2005; *Süß/Döbereiner*, Erbrecht in Europa, 2. Aufl. 2008, Erbrecht in Frankreich, S. 611 ff.; *Frank*, Reform des Erbrechts in Frankreich, RNotZ 2002, 270 ff.; *Gresser*, Grundzüge der geänderten französischen Erbrechts, ZErb 2006, 407; *Klima*, Reform des Erbrechts und der Vermögensübertragungen in Frankreich, ZEV 2006, 440; *Klingelhöffer*, Ein lohnender Blick über die Grenze: Änderung des französischen Ehegattenerbrechts, ZEV 2003, 148; *Rombach*, Reform des französischen Erbrechts, ZEV 2002, 271; *Süß*, Reform des Erbrechts in Frankreich, ZErb 2002, 62; *Wachter*, Deutsch-Französische Erbfälle – eine Fallstudie, in: Jubiläumsschrift 10 Jahre DVEV, 2005, S. 203.

1. Vorbemerkung

102 Das materielle Erbrecht in Frankreich ist in den vergangenen Jahren Gegenstand einer sukzessiven Überarbeitung gewesen.[68] Zu nennen ist hier zunächst das Gesetz Nr. 2001-1135 vom 3. 12. 2001, das zum 1. 7. 2002 in Kraft getreten ist und u. a. große Änderungen im Bereich des Ehegattenerbrechts gebracht hat.[69] Sodann ist ein zweites Reformpaket mit Gesetz Nr. 2006-728 vom 23. 6. 2006 erlassen worden. Diese Novelle betraf für den hier einschlägigen Bereich insbesondere das Pflichtteilsrecht und ist zum 1. 1. 2007 in Kraft getreten.[70]

103 Die nachfolgende Darstellung wird nur das aktuell in Frankreich geltende Erb- und Pflichtteilsrecht darstellen. Ist also ein Erbfall zu begutachten, der bereits vor dem 1. 1. 2007 oder gar vor dem 1. 7. 2002 stattgefunden hat, so greift aber noch das bis dahin geltende und hier nicht näher dargestellte französische Erbrecht alter Fassung ein.[71]

---

[68] Zur Gesetzeshistorie s. zusammenfassend Süß/*Döbereiner*, Rn. 41.
[69] Zu diesem Reformgesetz s. die Überblicksaufsätze von *Frank* RNotZ 2002, 270, *Rombach* ZEV 2002, 271 und *Süß* ZErb 2002, 62.
[70] Diese Novelle beleuchten näher *Gresser* ZErb 2006, 407 und *Klima* ZEV 2006, 440.
[71] Bitte beachten Sie, dass die vorgenannte deutsche Literatur je nach Erscheinungsjahr eventuell nur die erste oder gar keine der beiden großen Erbrechtsreformen in Frankreich berücksichtigen konnte. Vor 2007 erschienene Darstellungen können insoweit also eine veraltete Gesetzeslage wiedergeben.

2. Internationales Erbrecht

a) Erbstatut. In Frankreich ist das Internationale Erbrecht praktisch immer noch nicht kodifiziert. Ausgenommen einige (zum Teil auch nur für bereits vergangene Erbfälle noch anwendbare) bilaterale Staatsverträge, die Frankreich insbesondere mit einigen ehemaligen Kolonien geschlossen hat,[72] sind Grundlage der gewohnheitsrechtlich anerkannten Anknüpfung des Erbstatuts in Frankreich immer noch die Regeln in Art. 3 C. C.[73]

Hiernach wird in Frankreich – ohne Möglichkeit einer abweichenden Rechtswahl[74] – gespalten für den beweglichen und den unbeweglichen Nachlass des Erblassers angeknüpft. Der bewegliche Nachlass wird hierbei dem Recht des letzten Wohnsitzes *(domicile)*[75] des Erblassers unterstellt. Demgegenüber gilt – in allseitiger Erweiterung von Art. 3 Abs. 2 C. C. – für Immobilien das Recht des Lageortes.[76]

Ob ein Nachlassgegenstand als beweglich oder unbeweglich zu qualifizieren ist, entscheidet aus französischer Sicht das französische Rechts als *lex fori*.[77] Kommt wegen der unterschiedlichen Anknüpfung für Mobilien und Immobilien die Anwendung verschiedener Rechtsordnungen für einen Nachlass in Betracht, so geht das französische Recht von verschiedenen Nachlassmassen aus, die jeweils ihr eigenes Schicksal haben können.[78]

b) Rück- und Weiterverweisung. Da französische Recht erkennt Rück- und Weiterverweisungen durch das berufene Recht an, auch wenn es sich um Rück- bzw. Weiterverweisungen aufgrund abweichender Qualifikation handelt.[79]

Hierdurch kann es für den beweglichen Nachlass zu einem Entscheidungsdissens in deutsch-französischen Erbfällen kommen, je nachdem, in welcher Rechtsordnung mit der Ermittlung des anwendbaren Rechts begonnen wird.[80] Hinsichtlich des unbeweglichen Vermögens besteht für den Grundbesitz in Frankreich (auch bei deutschen Erblassern) kein Problem, da insoweit auch aus deutscher Sicht französisches materielles Erbrecht gilt, da die Anknüpfung im französischen IPR aus deutscher Sicht ein vorrangiges Sonderstatut i. S. v. Art. 3a Abs. 2 EGBGB schafft.[81] Um für Grundstücke in Deutschland, die französischen Staatsangehörigen gehören, eine aus französischer Sicht eintretende Rückverweisung auf das französische Recht zu vermeiden, bietet sich eine vorsichtshalber erklärte Rechtswahl nach Art. 25 Abs. 2 EGBGB an.[82]

c) Regelungsumfang des Erbstatuts. Aus französischer Sicht erfasst der Regelungsumfang des Erbstatuts alle Fragen, die mit der Erbfolge – sei sie gesetzlich oder testamentarisch – zu tun haben. Hierunter fällt die Bestimmung der berufenen Personen, die Fragen von Annahme und Ausschlagung der Erbschaft, Erbschaftserwerb, Erbenhaftung und – hier besonders interessierend – Pflichtteils- bzw. Noterbrechte. Ausgenommen vom Anwendungsbereich des Erbstatuts sind hingegen Fragen der inneren Organisation der Erbengemeinschaft und des Eigentumserwerbs in der Erbauseinandersetzung. Diese Fragen soll die *lex rei sitae* am Ort der Belegenheit des fraglichen Nachlassgegenstandes entscheiden. Zudem unterliegt die Frage der Testierfähigkeit und die Frage, in welcher Verwandtschaftsbeziehung Personen stehen, die eventuell erbberechtigt sind, dem Recht der Staatsangehörigkeit des Erblassers, also seinem Personalstatut im Sinne von Art. 3 Abs. 3 C. C.[83]

---

[72] S. die Darstellung bei *Revillard*, Tz. 589 ff.
[73] Süß/*Döbereiner*, Rn. 1.
[74] AnwK-BGB/*Frank*, Rn. 8.
[75] Hierfür wird die Definition in Art. 102 C. C. auch im IPR herangezogen: Wohnsitz ist die hauptsächliche Niederlassung einer Person; im Gegensatz zum deutschen Wohnsitz kann jede Person nach französischem Verständnis nur ein *domicile* haben (Weiteres bei AnwK-BGB/*Frank*, Rn. 7).
[76] AnwK-BGB/*Frank*, Rn. 5 und Süß/*Döbereiner*, Rn. 2.
[77] AnwK-BGB/*Frank*, Rn. 6 mit Beispielen.
[78] Süß/*Döbereiner*, Rn. 2 am Ende.
[79] Süß/*Döbereiner*, Rn. 2; abweichend – mit unklaren Folgen – nun C. cass. arrêt n° 126 v. 11. 2. 2009.
[80] Beispiele für solche Dissens-Situationen finden sich bei Süß/*Döbereiner*, Rn. 14 ff. bzw. Rn. 35 ff.
[81] Statt aller vgl. Palandt/*Thorn*, BGB-Kommentar, 68. Aufl. 2009, Art. 3 a EGBGB Rn. 6
[82] Näheres bei Süß/*Döbereiner*, Rn. 16 bei Fn. 14.
[83] Zum Vorstehenden s. Süß/*Döbereiner*, Rn. 3 und AnwK-BGB/*Frank*, Rn. 13–16.

110 **d) Wirksamkeit einer Verfügung von Todes wegen.** Hinsichtlich der Formgültigkeit einer letztwilligen Verfügung ist zu beachten, dass Frankreich ebenso wie Deutschland Vertragsstaat des Haager Testamentsformübereinkommens vom 5. 10. 1961[84] ist. Danach ist ein Testament insbesondere formgültig, wenn die Ortsform eingehalten wurde. Das in Deutschland errichtete Testament eines Franzosen ist also folglich formwirksam, wenn die Anforderungen des deutschen Rechts beachtet wurden. Das Haager Testamentsformabkommen ist allerdings nicht für Erbverträge und Erbverzichtsverträge anwendbar. Zudem ist Frankreich noch Vertragsstaat des Washingtoner UN-Übereinkommens über ein einheitliches Recht der Form des internationalen Testaments vom 26. 10. 1973.[85]

111 Bezüglich der gerade erwähnten, vom Haager Testamentsformabkommen nicht umfassten Erb- und Erbverzichtsverträge, aber auch bezüglich gemeinschaftlicher Testamente besteht im deutsch-französischen Verhältnis Unklarheit, ob diese Arten letztwilliger Verfügungen nur Formfragen aufwerfen oder auch Fragen der materiellen Wirksamkeit betreffen. Während eine – wenn auch nicht unbestrittene – Mehrheit im französischen Schrifttum bei gemeinschaftlichen Testamenten eher eine Formfrage im Raume stehen sieht und daher ein gemeinschaftliches Testament – wenn es in Deutschland errichtet wurde – in Frankreich anerkennen will (allerdings ohne jegliche Bindungswirkung), sollen Erbverträge aus französischer Sicht materiell unzulässig und damit unwirksam sein, sofern aus französischer Sicht zumindest für einen Beteiligten französisches materielles Erbrecht gilt. Da aber insoweit eine abschließende Klärung wohl derzeit noch nicht erreicht ist,[86] muss wohl in deutsch-französischen Fällen von gemeinschaftlichen letztwilligen Verfügungen und Erbverträgen abgeraten werden.[87]

112 **e) Besonderheiten der Nachlassabwicklung.** In Frankreich existiert noch eine aus dem Jahr 1819 überkommene Sondernorm für Erbfälle, in denen Franzosen und Ausländer gemeinsam Miterben sind und Vermögen sowohl in Frankreich als auch im Ausland belegen ist.[88] In diesem Fall dürfen die französischen Miterben vor den ausländischen Miterben dem in Frankreich belegenen Nachlass den Wert des Vermögens im Ausland entnehmen, wenn sie dort vom Erbe ausgeschlossen sind.[89] Diese Norm dürfte aber vor dem europäischen Verbot der Diskriminierung allein aufgrund der Staatsangehörigkeit (Art. 12 EG) nicht Stand halten.[90]

3. Gesetzliche Erbfolge

113 Das französische Erbrecht unterscheidet – auch nach der Besserstellung des Ehegatten in der Reform von 2001 – immer noch das Erbrecht des Ehegatten vom (reinen) Verwandtenerbrecht.

114 Ist kein erbberechtigter Ehegatte vorhanden,[91] so geht das französische Recht für die Erbfolge ähnlich wie deutsche Recht von verschiedenen Erbordnungen aus (sog. *ordres*). Hierbei schließt nach Art. 734 Abs. 2 C.C. jede frühere Ordnung die nächstfolgende aus.

115 Gesetzliche Erben der ersten Ordnung werden die Kinder des Erblassers (Art. 734 Abs. 1 Nr. 1 C.C.). Mehrere Personen in einer Ordnung erben prinzipiell nach Köpfen zu gleichen Teilen, wenn sie im selben Verwandtschaftsgrad zum Erblasser stehen (Art. 744 Abs. 2

---

[84] BGBl. 1966 II, S. 11 ff.; umgesetzt in Art. 26 Abs. 1 S. 2 EGBGB.
[85] Text mit kurzen Erläuterungen bei Staudinger/*Dörner*, BGB-Kommentar, Neubearb. März 2007, Vorbem. zu Art. 25 f. EGBGB Rn. 136 ff; Deutschland ist diesem Abkommen nicht beigetreten.
[86] Vgl. die ausführliche Darstellung bei Süß/*Döbereiner*, Rn. 6–13; s. auch AnwK-BGB/*Frank*, Rn. 20 f.
[87] Zum – neuen – Sonderproblem des Pflichtteilsverzichts unter Geltung französischen materiellen Rechts s. nachstehend unter Rn. 139.
[88] Art. 2 des Gesetzes vom 14. 7. 1819, abgedruckt mit deutscher Übersetzung bei Ferid/Firsching/*Ferid*, Texte A. I. 2.
[89] Dies soll schon vorliegen, wenn die Gesetze im Ausland eine schlechtere Beteiligung auswerfen als die französischen Erben bei Geltung französischen Rechts erhalten hätten (so: *Cour d'appel Caen* im Jahre 1999, D. 2000 Somm. 431).
[90] So auch Staudinger/*Dörner*, BGB-Kommentar, Neubearb. März 2007, Anh. zu Art. 25 f. EGBGB Rn. 243 am Ende; Süß/*Döbereiner*, Rn. 5 und AnwK-BGB/*Frank*, Rn. 17; der französische Gesetzgeber hat die Norm allerdings in keiner der Erbrechtsnovellen der letzten Jahre aufgehoben.
[91] Vgl. die einleitenden Wörter in Art. 734 Abs. 1 C.C.

IV. Frankreich

C.C.). Hierbei greift aber auch nach französischem Recht das Eintrittsrecht, also die Erbfolge nach Stämmen, ein, wonach eine Person, die den Erbfall nicht mehr erlebt hat, erbunwürdig oder aus anderen Gründen aus der Erbfolge ausgeschieden ist, durch ihre Abkömmlinge vertreten wird, und zwar insgesamt mit dem Erbteil, den die Person erhalten hätte, die sie vertreten (Art. 751–Art. 755 C.C.). Bereits seit dem Jahre 1972 hatte das französische gesetzliche Erbrecht nicht mehr zwischen ehelichen und nicht-ehelichen Abkömmlingen unterschieden. Allerdings galt – im Interesse der Familie im engeren Sinne – bis zum Jahre 2000 eine Benachteiligung von Ehebruchskindern im Erbrecht. Nachdem aber im Jahre 2000 der EGMR in Straßburg diese Vorschriften als Verstoß gegen die EMRK gewertet hatte, wurden sie nicht mehr angewandt und in der Reform des Jahres 2001 beseitigt.[92] Bei der Adoption kennt das französische Recht die Unterscheidung zwischen einfacher und Volladoption. Die einfache Adoption lässt *(adoption simple)* die Beziehungen zu den bisherigen Verwandten unberührt (also auch das Erbrecht),[93] andererseits erhält der Adoptierte insoweit das gesetzliche Erbrecht nach dem Annehmenden und dessen Familie.[94] Demgegenüber ist er kein Noterbe nach den Verwandten des Annehmenden in dessen aufsteigender Linie (Art. 368 Abs. 2 C.C.). Für die Erbfolge nach einer durch *adoption simple* adoptierten Person sieht Art. 368-1 C.C. vor, dass – mangels Nachkommen oder Ehegatten des Adoptierten – sein Erbe im Prinzip je zur Hälfte an seine frühere und seine Adoptions-Familie fällt.[95] Die Volladoption *(adoption plénière)* hingegen beendet die bisherigen Verwandtschaftsbeziehungen des Adoptierten und integriert ihn völlig in die Familie des Annehmenden (s. Art. 356 Abs. 1 und Art. 358 C.C.) mit den entsprechenden erbrechtlichen Wirkungen.

In der zweiten Ordnung erben die Eltern des Erblassers zusammen mit dessen Brüdern und Schwestern bzw. deren Repräsentanten (also Nichten und Neffen des Erblassers etc.),[96] wobei ein Elternteil mindestens eine Erbquote von (jeweils) einem Viertel erhält (Art. 734 Abs. 1 Nr. 2 und Art. 736–738 C.C.). Als Ausnahme vom allgemeinen Prinzip der Erbordnungen kennt Art. 738-1 C.C. noch die Möglichkeit der Linearteilung, wenn der Erblasser nur einen Elternteil, demgegenüber wohl gradlinige Aszendenten der anderen elterlichen Linie, nicht aber Geschwister oder deren Nachkommen hinterlassen hat.[97] Erben der dritten Ordnung werden sodann die gradlinigen Verwandten in aufsteigender Linie außer Vater und Mutter (also die Großeltern, Urgroßeltern etc.; Art. 734 Abs. 1 Nr. 3 und Art. 739 C.C.), sodann in der vierten Ordnung die übrigen Seitenverwandten des Erblassers außer dessen Geschwistern und deren Nachkommen (Art. 734 Abs. 1 Nr. 4 und Art. 740 C.C.). Charakteristisch ist hierbei, dass nach französischem Recht eine Teilung nach Linien erfolgt und jede der beiden Linien selbständig untersucht wird.[98] Innerhalb der Linien wird dann nach Graden, innerhalb der Grade nach Köpfen geerbt (Art. 741–744 C.C.).[99] Entferntere Verwandte über den sechsten Grad (zum Erblasser) in der Seitenlinie hinaus haben kein gesetzliches Erbrecht mehr (Art. 745 C.C.).

Wie oben geschildert, war das Erbrecht des überlebenden Ehegatten[100] der Gegenstand der ersten großen Erbrechtsreform von 2001. Immer noch ist er aber gegenüber den Blutsverwandten – im Vergleich zum deutschen Recht – schlechter gestellt.[101] Zu unterscheiden ist nunmehr, ob der Ehegatte mit gemeinsamen oder einseitigen Abkömmlingen des Erblassers zusammentrifft, mit dessen Eltern oder gar mit entfernteren Verwandten.

---

[92] S. hierzu Süß/*Frank*, Rn. 45.
[93] S. insoweit Art. 364 Abs. 1 C.C.
[94] Art. 368 Abs. 1 C.C.
[95] Ungenau insoweit Süß/*Döbereiner*, Rn. 55.
[96] Also keine Repräsentation der Eltern durch die Geschwister des Erblassers, sondern beide Gruppen erben immer nebeneinander, wenn Geschwister des Erblassers vorhanden sind.
[97] Ausführlich zu den – etwas verwirrenden – Kombinationsmöglichkeiten in der zweiten Ordnung: Süß/*Döbereiner*, Rn. 57–60 (die Darstellung bei AnwK-BGB/*Frank*, Rn. 49 konnte noch nicht die Reform von 2006 berücksichtigen).
[98] Art. 746–750 C.C.
[99] S. die Darstellung bei Süß/*Döbereiner*, Rn. 61 f.
[100] Zum Nachfolgenden s. Flick/Piltz/*Cornelius*, Rn. 515 und Süß/*Döbereiner*, Rn. 64 ff.
[101] So: AnwK-BGB/*Frank*, Rn. 52.

118 Das Erbrecht des überlebenden Ehegatten wird seit dem 1. 1. 2007 nur noch durch eine Scheidung ausgeschlossen.[102] Seit der zum 1. 1. 2007 erfolgten Änderung sowohl von Art. 731 C. C. als auch von Art. 301 C. C. reicht nunmehr ein rechtskräftiges Urteil über die Trennung von Tisch und Bett *(séparation de corps)* nicht mehr aus.

119 Sind neben dem überlebenden Ehegatten nur gemeinsame Kinder des Ehepaares oder deren Abkömmlinge zur Erbfolge berufen, so „erbt" der überlebende Ehegatte nach seiner Wahl entweder den Nießbrauch am gesamten Nachlass oder ein Viertel des Nachlasses zu vollem Eigentum (Art. 757, 1. Alt. C. C.). Sind hingegen – auch neben gemeinsamen Kindern des Ehepaares – auch ein oder mehrere einseitige Kinder des Erblassers oder deren Abkömmlinge zur Erbfolge berufen, so besteht kein Wahlrecht und der überlebende Ehegatte erhält zwingend ein Viertel des Nachlasses zu vollem Eigentum. Das vorgenannte Wahlrecht kann allein der überlebende Ehegatte ausüben; es kann formlos ausgeübt werden (Art. 758–1 und Art. 758–2 C. C.).[103] Jedes der gemeinsamen Kinder kann ihn aber zur Wahl auffordern; übt er diese innerhalb nicht dreier Monate nach Aufforderung aus, so wird fingiert, dass er den Nießbrauch gewählt habe; gleiches gilt, wenn der überlebende Ehegatte vor Ausübung des Wahlrechts verstirbt (Art. 758–3 bzw. Art. 758–4 C. C.).

120 Hat der Erblasser keine Nachkommen, aber noch beide Eltern hinterlassen, so ist der überlebende Ehegatte neben diesen zur Hälfte zu Volleigentum zum Erben berufen, die Eltern je zu ¼-Anteil; ist ein Elternteil vorverstorben, so fällt auch dessen Viertel an den überlebenden Ehegatten (Art. 757–1 C. C.). Sofern der überlebende Ehegatte mit anderen Verwandten als Nachkommen oder Eltern des Erblassers zusammentrifft, erhält er als Alleinerbe den gesamten Nachlass (Art. 757–2 C. C.). Als Ausgleich für diese Besserstellung des überlebenden Ehegatten gegenüber den Geschwistern des Erblassers erhalten diese aber nach Art. 757–3 C. C. die Hälfte der Güter, die der Erblasser von seinen Verwandten in gerader aufsteigender Linie im Erbwege oder als Schenkung zu Lebzeiten erhalten hatte und die noch in Natur im Nachlass vorhanden sind. Zudem kann eine Unterhaltspflicht des überlebenden Ehegatten gegenüber Verwandten des Erblassers in aufsteigender gerader Linie eintreten (Art. 758 C. C.).

121 Zusätzlich erhält der Ehegatte nach französischem materiellen Recht weitere Vorteile, die zum Teil eher güterrechtlich qualifiziert werden dürften.[104] So erhält er ein unentgeltliches einjähriges Wohnrecht in der Ehewohnung samt Nutzung des Mobiliars, wenn diese im Eigentum des Erblassers stand bzw. die Erstattung der Mietzinsen für ein Jahr aus dem Nachlass (Art. 763 C. C.).[105] Im Anschluss daran kann der überlebende Ehegatte – unter Anrechnung auf seinen Erbteil – ein lebenslanges unentgeltliches Wohnrecht an der gemeinsam genutzten Ehewohnung, die dem Erblasser allein oder beiden Ehegatten gemeinsam gehörte, beanspruchen.[106] Auch einen Unterhaltsanspruch des überlebenden Ehegatten gegen den Nachlass in Notzeiten sieht Art. 767 C. C. noch vor.

122 Das französische Recht kennt seit Ende 1999 mit dem sog. PACS *(pacte civil de solidarité)* zwar eine eingetragener Lebenspartnerschaft; ein Erbrecht oder Noterbrecht wurde dem Lebenspartner hiernach aber nicht gewährt.[107]

4. Pflichtteilsrecht

123 **a) Pflichtteilsberechtigte Personen und Quoten.** Seit der Reform des Jahres 2006 sind in Frankreich nur noch die Abkömmlinge des Erblassers pflichtteilsberechtigt und ggf. der überlebende Ehegatte, nicht mehr aber Verwandte in aufsteigender Linie. Aufgrund der (ursprünglichen) Konzeption als echtes Noterbrecht, legen die gesetzlichen Bestimmungen nicht die Pflichtteile der Berechtigten fest, sondern die Quote, über die der Erblasser ohne Einschränkung verfügen darf (sog. *libéralités*). Der übrige Teil, der den Noterben zu reser-

---

[102] Ein Scheidungsantrag allein reicht nicht.
[103] Aus Nachweisgründen sollte allerdings eine Form für die Ausübung der Wahl beachtet werden.
[104] S. hierzu AnwK-BGB/*Frank*, Rn. 63 und Flick/Piltz/*Cornelius*, Rn. 515.
[105] Diese Regelung ist nach Art. 763 Abs. 4 C. C. nicht abdingbar.
[106] Näheres bei AnwK-BGB/*Frank*, Rn. 64.
[107] AnwK-BGB/*Frank*, Rn. 67.

vieren ist (sog. *reserve*) bildet dann die Summe, aus der sich die bestehenden Noterbrechte speisen.

Die *reserve* zugunsten der Abkömmlinge bemisst sich danach, wie viele Kinder (oder diese repräsentierende Enkel etc., Art. 913–1 C. C.) der Erblasser hinterlässt: Hinterlässt er nur ein Kind,[108] so betragen *reserve* und *libéralités* jeweils die Hälfte des Nachlasses; hinterlässt er zwei Kinder, so kann er nur über ein Drittel des Nachlasses frei verfügen, bei drei Kindern oder mehr über ein Viertel (Art. 913 C. C.). Ein Kind, das die Erbschaft ausgeschlagen hat, wird nicht mitgezählt, es sei denn, es würde durch seine Abkömmlinge repräsentiert (Art. 913 Abs. 2 C. C.).[109]

Der nicht vom Erblasser geschiedene[110] überlebende Ehegatte hat ein Noterbrecht nur, wenn der Erblasser keine Abkömmlinge hinterlassen hat. Dann beträgt seine *reserve* ein Viertel des Nachlasses (Art. 914–1 C. C.). Zusätzlich ist zu berücksichtigen, dass die Art. 1094 ff. C. C. besondere Regeln für die ehevertragliche, gleichwohl auf den Todesfall bezogene Begünstigung des überlebenden Ehegatten aufstellen: Nach Art. 1094–1 C. C. kann der Erblasser, wenn er neben dem Ehegatten noch Abkömmlinge hinterlässt, dem überlebenden Ehegatten entweder den freien Erbteil nach Art. 913 C. C. zuwenden oder ein Viertel des Nachlasses zu freiem Eigentum und drei Viertel als Nießbrauch oder den gesamten Nachlass als Nießbrauch; eine solche Regel verletzt nicht die Noterbrechte der Kinder.[111]

Zusammenfassend ergibt sich also folgende tabellarische Übersicht:

Pflichtteilsberechtigte	neben …	Erbquote	Pflichtteilsquote
1 Kind[112]	Allein	$1/1$	$1/2$
2 Kinder	Allein	$1/2$	$1/3$
3 oder mehr Kinder	Allein	$1/3$, $1/4$ usw.	insgesamt $3/4$, nach Kopfteilen bzw. Stämmen
Ehegatte	Abkömmlinge	(verschieden)[113]	Quote nach Art. 913 C. C. *oder* $1/4$ zu Eigentum und $3/4$ als Nießbrauch *oder* $1/1$ zu Nießbrauch
Ehegatte	andere Verwandte als Abkömmlinge	$1/2$ bis $1/1$	$1/4$

Als Ausgleich für das weggefallene Pflichtteilsrecht der Aszendenten gewährt das neue französische Erbrecht nun aber ein sog. Rückfallrecht (*droit de retour*) nach Art. 738–2 C. C.: Hiernach können die Eltern oder einer von ihnen (nicht aber andere Verwandte) Geschenke an den Erblasser bis zur Höhe ihrer Erbquote zurückfordern, wenn der Beschenkte vor ihnen verstirbt.[114]

Der Pflichtteilsanspruch (Anspruch auf Herabsetzung wegen Verletzung des Pflichtteils) verjährt jetzt nach französischem Recht in 5 Jahren seit Eröffnung der Erbschaft oder in

---

[108] Gleich, ob ehelich oder unehelich oder ein Ehebruchskind.
[109] Gemäß Art. 754 Abs. 1 C. C. (in der Fassung seit 1. 1. 2007) tritt nun aber eine Repräsentation in gerader Linie bei Ausschlagung durch den eigentlich Berufenen ein.
[110] Auch hier hat die Reform beseitigt, dass der von Tisch und Bett rechtskräftig getrennte Ehegatte bereits sein Noterbrecht verloren.
[111] Näheres bei *Süß/Döbereiner*, Rn. 103 f.; das Wahlrecht kann auch dem begünstigten überlebenden Ehegatten überlassen bleiben (so: *Cour de cass.*, 10. 1. 1990, D. 1991. 372).
[112] Oder Abkömmlinge, die eine entsprechende Anzahl Kinder repräsentieren.
[113] S. oben unter Rn. 119.
[114] *Süß/Döbereiner*, Rn. 102 in Fn. 81 weist aber zu Recht darauf hin, dass zumindest in notariellen Schenkungsverträgen auch in Frankreich regelmäßig ein vertragliches Rückforderungsrecht bei Vorversterben des Beschenkten vereinbart wird, so dass in der Regel für das gesetzliche Rückfallrecht kein Bedarf sein wird.

2 Jahren ab Kenntnis der Pflichtteilsberechtigten, dass ihre *reserve* verletzt wurde, spätestens aber 10 Jahre nach dem Tod des Erblassers (Art. 921 Abs. 2 C.C. in des Fassung seit 1. 1. 2007).[115]

129 **b) Gegenstand der Pflichtteilsberechnung.** Nach Art. 922 Abs. 1 C.C. bildet der Nachlass zum Zeitpunkt des Todes des Erblassers den Ausgangspunkt der Berechnung. Hierzu zählt positiv alles im Nachlass Vorhandene mit dem Wert zum Todeszeitpunkt und auf der Passivseite die Beerdigungskosten, die Kosten für die Nachlassbereinigung und die Nachlassteilung[116] sowie weitere Schulden des Erblassers, allerdings maximal bis zur Höhe des Aktivnachlasses.[117] Sodann werden – fiktiv – alle Geschenke des Erblassers hinzugerechnet, und zwar prinzipiell unter Berücksichtigung ihres Zustands zum Zeitpunkt der Schenkung und ihrem Wert bei Eröffnung der Erbschaft (Art. 922 Abs. 2 C.C.).[118] Hat der Erblasser an Abkömmlinge in gerader Linie Gegenstände gegen Leibrente, Einmalzahlung oder unter Nießbrauchsvorbehalt veräußert, so fallen diese Geschäfte prinzipiell in den freien Erbteil. Überschreiten sie diesen aber, so können (nur) die erbberechtigten Abkömmlinge, die diesen Geschäften nicht zugestimmt haben, für den überschießenden Teil eine *action en réduction* durchführen lassen.

130 **c) Art des Pflichtteils.** Bislang folgte das französische Erbrecht dem Prinzip des Noterbrechts: Eine Verletzung der *reserve* gewährte den Übergangenen eine tatsächliche Nachlassbeteiligung, die *action en réduction* zielte also auf die Einräumung einer Miterbenstellung.[119]

131 Mit der Reform von 2006 hat der französische Gesetzgeber dies aber geändert: Nun hat der aufgrund der *action en réduction* in Anspruch Genommene die Noterben[120] prinzipiell nur noch in Geld zu entschädigen (Art. 924 C.C.). Nur wenn der Gegenstand noch unbelastet und unverändert beim in Anspruch Genommenen erhalten geblieben ist, kann der Bedachte nach seiner Wahl[121] den Gegenstand auch in Natur herausgeben (Art. 924–1 Abs. 1 C.C.).[122] Ist er seit drei Monaten mit der Rückerstattung in Verzug, so verbleibt es bei der Ersatzpflicht in Geld (Art. 924–1 Abs. 2 C.C.).

132 Damit erscheint es mehr als fraglich, ob Frankreich nunmehr wirklich noch ein echtes Noterbrecht kennt; während die Terminologie noch darauf hindeutet (*action en réduction* und *héritier réservataire*), spricht die neu gestaltete Fassung eher für einen reinen Pflichtteil in Geld wie im deutschen Recht.

133 **d) Pflichtteilsanrechnung.** Nach Art. 919 ff. C.C. kann der Erblasser bei einer Zuwendung an einen Pflichtteilsberechtigten ausdrücklich anordnen, ob die Zuwendung auf dessen Erbteil anzurechnen ist oder nicht *(hors part successorale)*. Ist sie ausdrücklich unter Anrechnung auf den Erbteil *(en avancement de part successorale)* gemacht, so ist sie auch auf den Noterbteil anzurechnen (Art. 919–1 C.C.). Sollte die Zuwendung nicht angerechnet werden, so fällt sie in den freien Erbteil; ist dieser überschritten, so können die (übrigen) Noterben für den überschießenden Teil eine *action en réduction* erheben (Art. 919–2 C.C).

134 **e) Pflichtteilsentziehung.** Eine Pflichtteilsentziehung ist dem französischen Recht unbekannt. Allein Personen, die erbunwürdig sind, verlieren auch ihr Pflichtteilsrecht, da sie als Noterben die Qualität, Erbe sein zu können, besitzen müssen. Erbunwürdigkeit besteht *de lege* in den Art. 726 C.C. genannten außergewöhnlichen Fällen,[123] in weiteren Fällen[124] kann die Erbunwürdigkeit gerichtlich festgestellt werden (Art. 727 ff. C.C.).

---

[115] Vorher galt eine Verjährungsfrist von 30 Jahren.
[116] *Cour de cass.*, 10. 12. 1968, D. 1968. 133 (allerdings noch zum bisherigen Recht).
[117] *Cour de cass.*, 1. 12. 1964, Bull. civ. I, n° 536 (ebenso zum bisherigen Recht).
[118] Weitere Regeln für zwischenzeitlich veräußerte Geschenke oder verbrauchbare Sachen in Art. 922 Abs. 2 C.C. und bei Süß/*Döbereiner*, Rn. 105.
[119] S. hierzu noch AnwK-BGB/*Frank*, Rn. 106.
[120] Interessanterweise hat der französische Gesetzgeber an dieser Stelle die Terminologie nicht geändert.
[121] Nicht nach Wahl des Noterben, wie bei Süß/*Döbereiner*, Rn. 106 versehentlich dargestellt.
[122] Vgl. Süß/*Döbereiner*, Rn. 98 sowie 106 f.
[123] Willentliche Tötung des Erblassers, fahrlässige Tötung des Erblassers infolge willentlicher Misshandlung.
[124] Z.B. Meineid zu Lasten des Erblassers in einem Strafverfahren, schwere Verleumdung des Erblassers.

f) Zulässigkeit eines Pflichtteilsverzichts. Bisher kannte das französische Recht einen Pflichtteilsverzicht nicht, da es in ihm ein unzulässiges Rechtsgeschäft über den Nachlass einer noch lebenden Person sah, das unheilbar nichtig ist. 135

Mit der Reform des Jahres 2006 ist aber in den Art. 929 ff. C. C. die Möglichkeit geschaffen worden, vorab auf ein mögliches Pflichtteilsrecht nach einem Erblasser zu verzichten (sog. *renonciation anticipée à l'action en réduction*).[125] Dieser Verzicht muss aber ausdrücklich zugunsten einer oder mehrerer bestimmter Personen erklärt werden (Art. 929 Abs. 1 S. 2 C. C.). Er kann sich auf die gesamte *reserve*, einen Teil davon oder auf die Zuwendung bestimmter Gegenstände beziehen (Art. 929 Abs. 2 C. C.). Der Verzicht ist vom Erblasser ausdrücklich anzunehmen, damit er wirksam wird (Art. 929 Abs. 1 S. 3 C. C.). Erfolgt er allerdings unter einer Bedingung oder wird eine Gegenleistung des Erblassers vereinbart, ist er unwirksam (Art. 929 Abs. 3 C. C.). 136

Für die Vereinbarung eines derartigen Pflichtteilsverzichts hat der französische Gesetzgeber ein ganz neues Verfahren geschaffen (Art. 930 C. C.): Er erfolgt zu notarieller Urkunde, die zwei Notare zugleich aufnehmen. Die Folgen des Verzichts sind dort präzise aufzuführen. Zwar können mehrere Verzichte gegenüber einem Erblasser in einer Urkunde aufgenommen werden, aber jeder Verzichtende hat die Urkunde allein, nur in Gegenwart der beiden Notare, zu unterzeichnen. Eine Verletzung dieser Regeln macht die Urkunde unwirksam. 137

Der Verzicht wirkt automatisch gegenüber den Abkömmlingen des Verzichtenden, die ihn repräsentieren (Art. 930–5 C. C.). Auch wenn der Verzicht wirksam geworden ist, kann der Verzichtende ihn widerrufen, wenn der Erblasser ihm gegenüber seine (gesetzlichen) Unterhaltspflichten nicht erfüllt hat, wenn nach den Tod des Erblassers der Verzichtende bedürftig geworden ist und ohne Verzicht dies nicht geworden wäre oder wenn der Begünstigte des Verzichts eine Straftat gegen den Verzichtenden begangen hat (Art. 930–3 C. C.). In diesen Fällen hat der Verzichtende den Widerruf binnen Ausschlussfristen geltend zu machen (Näheres in Art. 930–4 C. C.). 138

Ob ein solcher Pflichtteilsverzicht nach französischem Recht auch wirksam in Deutschland abgegeben werden kann, hängt von der Qualifikation der Regeln in Art. 930 C. C. ab. Handelt es sich hierbei um reine Formvorschriften, so können diese durch die deutsche Ortsform wohl überwunden werden. Nach der Auffassung des *Autors* dürfte aber mehr dafür sprechen, dass diese Vorschriften solche des materiellen Rechts sind und daher auch bei Beurkundung in Deutschland zu beachten wären. Dafür dürfte zumindest sprechen, dass Art. 930 Abs. 2 C. C. die Nichtigkeit nicht nur bei Verletzung der Förmlichkeiten vorschreibt, sondern (im gleichen Satz) auch dann, wenn der Verzicht durch Zwang oder List hervorgerufen wurde, also sicherlich ein materieller Fehler des Verzichts vorliegt. Da das deutsche Beurkundungsverfahren aber keine wirkliche Beurkundung mit zwei Notaren gleichzeitig kennt, kann die Förmlichkeit des Art. 930 C. C. in Deutschland nicht eingehalten werden, weshalb ein solcher Pflichtteilsverzicht nach französischen Recht vorsichtshalber nicht in Deutschland beurkundet werden sollte. 139

V. Griechenland

Gesetzestexte: Griechische Gesetzestexte im Internet: http://www.lawnet.gr (nur griechischer Gesetzestext); erbrechtlich relevante Texte in deutscher Fassung bei *Georgiades/Papadimitropoulos*, in: Ferid/Firsching/Dörner/Hausmann (s. nachstehend); IPR-Vorschriften zweisprachig bei *Riering*, IPR-Gesetze in Europa, 1997, S. 18 ff.

Schrifttum:

Griechische Literatur: s. die Zusammenstellung der (von Bearbeiter aus sprachlichen Gründen nicht verwertbaren) griechischen Literatur bei *Georgiades/Papadimitropoulos*, in: Ferid/Firsching/Dörner/Hausmann, Internationales Erbrecht, Loseblatt, Länderbericht Griechenland (Stand: 1. 3. 2002), S. 3–6.

In französischer Sprache: *Moustaira/Tscouca*, Länderbericht Griechenland, in: UINL (Hrsg.), Régimes matrimoniaux – Successions et Libéralités dans les relations internationales et internes, 2003, Band II, S. 1319 ff. (Section II und Section IV § 2 sowie § 3).

---

[125] Hierzu s. *Süß/Döbereiner*, Rn. 108.

Deutsche Literatur: AnwK-BGB/*Galanulis*, Band 5: Erbrecht, 2. Aufl. 2007, Anhang, Länderbericht Griechenland; Ferid/Firsching(/Dörner/Hausmann)/*Georgiades/Papadimitropoulos*, Internationales Erbrecht, Loseblatt, Länderbericht Griechenland (Stand: 1. 3. 2002); Frank/Wachter/*Ziouvas*, Handbuch Immobilienrecht in Europa, 2004, Länderbericht Griechenland, Rn. 263 ff; Mayer/Süß/Tanck/Bittler/Wälzholz/*Süß*, Handbuch Pflichtteilsrecht, 2003, § 16 Rn. 83 ff.; *Schömmer/Kosmidis*, Internationales Erbrecht – Griechenland, 2007; Süß/*Stamatiadis/Tsantinis*, Erbrecht in Europa, 2. Aufl. 2008, Erbrecht in Griechenland, S. 685 ff.; *Mouratidou*, Länderbericht Griechenland, Notarius International 6 [2001], S. 94; *Süß*, Einige praktische Hinweise für deutsch-griechische Erbfälle, ZErb 2002, 341.

1. Internationales Erbrecht

140   a) **Erbstatut.** Nach Art. 28 des griechischen ZGB[126] unterliegt die Rechtsnachfolge von Todes wegen dem Recht des Staates, dem der Erblasser im Todeszeitpunkt angehört hatte. Damit verweist das griechische IPR auf das Heimatrecht des Erblassers, unwandelbar bezogen auf den Todeszeitpunkt. Besaß der Erblasser mehrere Staatsangehörigkeiten bei seinem Tod, von denen eine die griechische war, so geht diese stets vor (Art. 31, S. 1 ZGB), auch wenn sie nicht die sog. effektive Staatsangehörigkeit war. Bei mehreren nicht-griechischen Staatsangehörigkeiten entscheidet hingegen die effektive, also diejenige Staatsangehörigkeit, mit der der Erblasser am engsten verbunden war (Art. 31, S. 2 ZGB). Bei staatenlosen Erblassern greift nach Art. 30 ZGB hilfsweise das Recht ihres Wohnsitzes im Todeszeitpunkt ein, höchsthilfsweise das Recht ihres letzten gewöhnlichen Aufenthalts.

141   Ausgenommen von der Anknüpfung an die Staatsangehörigkeit sind infolge verschiedener Staatsverträge zwischen Griechenland und dem Osmanischen Reich bzw. der Türkei aber Personen muslimischen Glaubens, für die muslimisches Erbrecht als religiöses Erbrecht gilt.[127]

142   b) **Rück- und Weiterverweisung.** Das griechische Recht spricht nach Art. 32 ZGB nur Sachnorm-Verweisungen aus, verweist also nicht auf ausländisches Kollisionsrecht. Insoweit kann es nicht zu Rück- oder Weiterverweisungen aus griechischer Sicht kommen.

143   c) **Regelungsumfang des Erbstatuts.** Im griechischen IPR gilt – ungeschrieben – der Grundsatz der Nachlasseinheit. Daher unterfallen der Anknüpfung nach Art. 28 ZGB praktisch alle mit dem Erbfall zusammenhängenden Fragen, insbesondere die Bestimmung der berufenen Personen, die Fragen von Annahme und Ausschlagung der Erbschaft, Erbschaftserwerb, Erbenhaftung und – hier besonders interessierend – das Pflichtteils- bzw. Noterbrecht.[128] Dies gilt sowohl bei gesetzlicher als auch bei testamentarischer Erbfolge.[129] Ausgenommen vom Anwendungsbereich des Erbstatuts ist hingegen die Frage der Testierfähigkeit; sie unterliegt dem Recht der Staatsangehörigkeit des Erblassers, also seinem Personalstatut.[130]

144   d) **Wirksamkeit einer Verfügung von Todes wegen.** Hinsichtlich der Formgültigkeit einer letztwilligen Verfügung ist zu beachten, dass Griechenland seit dem 2. 8. 1983 ebenso wie Deutschland Vertragsstaat des Haager Testamentsformübereinkommens vom 5. 10. 1961[131] ist. Danach ist ein Testament insbesondere formgültig, wenn die Ortsform eingehalten wurde. Das in Deutschland errichtete Testament eines Griechen ist also folglich formwirksam, wenn die Anforderungen des deutschen Rechts beachtet wurden. Das Haager Testamentsformabkommen ist allerdings nicht für Erbverträge und Erbverzichtsverträge anwendbar.

145   Außerhalb des sachlichen Anwendungsbereichs des Haager Testamentsformabkommens greift die Regel des Art. 11 ZGB ein, wonach ein Rechtsgeschäft formgültig ist, wenn es entweder den Erfordernissen der *lex causae* entspricht oder der Ortsform oder dem Heimatrecht aller am Rechtsgeschäft Beteiligten.[132] Besonders problematisch im deutsch-griechi-

---

[126] Alle international-privatrechtlich relevanten Normen des griechischen ZGB in deutscher Fassung wiedergegeben bei *Ferid/Firsching*, Texte A. I.
[127] Zu den Staatsverträgen s. Ferid/Firsching/*Georgiades/Papadimitropoulos*, Rn. 17; zum materiellen Erbrecht der griechischen Muslime s. *Demetriou/Gottwald*, Das Intestaterbrecht nach griechischen Muslimen, IPRax 1995, 193.
[128] Süß/*Stamatiadis/Tsantinis*, Rn. 5 ff. und Ferid/Firsching/*Georgiades/Papadimitropoulos*, Rn. 11 ff.
[129] AnwK-BGB/*Galanulis*, Rn. 3.
[130] Süß/*Stamatiadis/Tsantinis*, Rn. 7.
[131] BGBl. 1966 II, S. 11 ff.; umgesetzt in Art. 26 Abs. 1 S. 2 EGBGB.
[132] AnwK-BGB/*Galanulis*, Rn. 4.

schen Rechtsverkehr in Nachlassangelegenheiten ist aber insoweit die Behandlung gemeinschaftlicher Testamente und Erbverträge. Hier stellt sich die Frage, ob das im derzeitigen materiellen griechischen Erbrecht enthaltene Verbot gemeinschaftlicher letztwilliger Verfügungen nur eine Formfrage betrifft oder ein materielles Verbot beinhaltet. Hierbei ist zudem noch zu berücksichtigen, dass früher im griechischen Erbrecht gemeinschaftliche Testamente durchaus gewohnheitsrechtlich anerkannt waren.[133] Dennoch vertritt eine starke Auffassung in Griechenland – darunter auch das oberste griechische Zivilgericht – der *Areopag* –, dass gemeinschaftliche Testamente selbst dann in Griechenland als unwirksam anzusehen sind, wenn für die Beteiligten ausländisches materielles Erbrecht gilt, das gemeinschaftliche Testamente zulässt. Insoweit sei nämlich immer ein Verstoß gegen den griechischen internationalen *ordre public* (Art. 33 ZGB) anzunehmen.[134] Demgegenüber scheint eher unstrittig, dass Erbverträge aus griechischer Sicht stets gegen den griechischen internationalen *ordre public* verstoßen.[135]

e) **Besonderheit für das Pflichtteilsrecht.** In Griechenland existiert noch eine besondere, auch kollisionsrechtlich relevante Vorschrift für das Pflichtteilsrecht der sog. Auslandsgriechen: Nach Art. 21 des Gesetzes Nr. 1738/1987[136] gelten die Vorschriften des griechischen Pflichtteilsrechts nicht für das im Ausland belegene Vermögen von griechischen Staatsangehörigen, wenn diese für mehr als 25 aufeinander folgende Jahre vor ihrem Tod ihren Wohnsitz im Ausland hatten. Diese Vorschrift durchbricht also den eigentlich im griechischen internationalen Erbrecht geltenden Grundsatz der Nachlasseinheit und verhindert eine aus griechischer Sicht eintretende Unwirksamkeit einer letztwilligen Verfügung über Nachlasswerte im Ausland wegen Verletzung des griechischen Pflichtteilsrechts.

Zudem ist die Gesetzes-Verordnung Nr. 472/1974 (sog. *lex Onassis*)[137] zu erwähnen, die anlässlich der Heirat zwischen Aristoteles Onassis und Jacqueline Kennedy erlassen wurde. Sie erlaubt den Abschluss eines erbrechtlichen Vertrages zwischen einem griechischen und einem ausländischen Ehegatten, allerdings nur im Ausland. Gegenstand dieses Vertrages darf ferner nur der Verzicht des ausländischen Ehegatten auf die Erbschaft nach seinem griechischen Ehegatten sein, sei es zur Gänze oder nur teilweise, sei es auch nur bezüglich des Pflichtteilsrechts. Ein gegenläufiger Verzicht des griechischen Ehegatten ist unzulässig.[138]

2. Gesetzliche Erbfolge[139]

Das griechische materielle Erbrecht geht bei der gesetzlichen Erbfolge von vier im Gesetz vorgesehenen Erbordnungen nach dem Parentelensystem aus. Hierbei schließt ein Angehöriger einer früheren Ordnung die Berufung eines Angehörigen einer späteren Ordnung zum Erben aus (Art. 1819 ZGB). Hinzu treten das Erbrecht des überlebenden Ehegatten[140] und das Fiskuserbrecht (als echtes Erbrecht).

Gesetzliche Erben der ersten Ordnung werden die Abkömmlinge des Erblassers (Art. 1813 ZGB). Mehrere Kinder erben prinzipiell nach Köpfen zu gleichen Teilen (Art. 1813 Abs. 3 ZGB). Hierbei greift aber auch nach griechischem Recht das Eintrittsrecht, also die Erbfolge

---

[133] Hierauf weisen Ferid/Firsching/*Georgiades/Papadimitropoulos*, Rn. 23 hin.
[134] Nachweise bei Süß/*Stamatiadis/Tsantinis*, Rn. 8 f. mit kritischer Würdigung; kritisch auch – unter Verweis auf die oben genannte frühere Rechtslage in Griechenland – Ferid/Firsching/*Georgiades/Papadimitropoulos*, Rn. 23; mit der wohl h. M. allerdings: AnwK-BGB/*Galanulis*, Rn. 6 m. vielen w. N.
[135] Hierfür auch Ferid/Firsching/*Georgiades/Papadimitropoulos*, Rn. 23 bei Fn. 2 unter Verweis auf Art. 368 des griech. ZGB, der Verträge über den Nachlass einer noch lebenden Person verbietet; ebenso Süß/*Stamatiadis/Tsantinis*, Rn. 12 und 27.
[136] Text in deutscher Fassung bei Süß/*Stamatiadis/Tsantinis*, Rn. 5.
[137] Hierzu ausführlich: *Georgiades*, DNotZ 1975, 354.
[138] S. hierzu auch Süß/*Stamatiadis/Tsantinis*, Rn. 53.
[139] Ausführliche Darstellungen bei Ferid/Firsching/*Georgiades/Papadimitropoulos*, Rn. 48 ff. (auch mit vielen anschaulichen Berechnungsbeispielen) und bei AnwK-BGB/*Galanulis*, Rn. 15 ff.
[140] Eine gesetzlich anerkannte Partnerschaft oder gar Ehe gleichgeschlechtlicher Partner ist dem griechischen Recht unbekannt und wird auch nicht anerkannt, falls sie – wirksam – im Ausland geschlossen wurde; allerdings hat Griechenland Ende 2008 eine heterosexuelle Partnerschaft zugelassen (Näheres bei *Tosouidis* ZEV 2009, 503).

nach Stämmen ein, wonach eine Person, die den Erbfall nicht mehr erlebt hat, erbunwürdig oder enterbt ist oder die Erbschaft ausgeschlagen hat,[141] durch ihre Abkömmlinge vertreten wird, und zwar insgesamt mit dem Erbteil, den die Person erhalten hätte, die diese Abkömmlinge vertreten (Art. 1813 Abs. 2 ZGB). Hinsichtlich der Erbberechtigung sind ehelichen Kindern des Erblassers diejenigen Kinder gleichgestellt, die vom (männlichen) Erblasser freiwillig oder nach gerichtlicher Entscheidung anerkannt worden sind.[142] Gleiches gilt – zum Schutz der Kinder – für Kinder aus einer nichtigen oder anfechtbaren Ehe in Bezug auf beide Elternteile.[143] Bei der Adoption kennt das griechische Recht nur die Volladoption, die den Adoptierten – solange die Adoption nicht wieder aufgehoben wird – aus seiner bisherigen Familie herausnimmt und ihm die Stellung eines ehelichen Kindes des Annehmenden zuspricht. Die Erbberechtigung nach den bisherigen Verwandten erlischt also,[144] während sie gegenüber dem Annehmenden und dessen Verwandten neu entsteht.

150 In der zweiten Ordnung erben die Eltern des Erblassers[145] zusammen mit dessen Brüdern und Schwestern bzw. deren Repräsentanten (also Nichten und Neffen des Erblassers; vgl. Art. 1814 ZGB).[146] Eltern und Geschwister erben prinzipiell nach Köpfen (Art. 1814 S. 2, 1. Hs. ZGB), die Repräsentanten der Geschwister des Erblassers wieder nach Stämmen (Art. 1814 S. 2, 2. Hs. ZGB). Halbbürtige Geschwister des Erblassers und ihre Repräsentanten erben aber nur die Hälfte des Erbteils eines vollbürtigen Geschwisterkindes, wenn sie in der Erbfolge mit den Eltern, mit vollbürtigen Geschwistern oder deren Abkömmlingen zusammentreffen (Art. 1815 ZGB).[147] Erben der dritten Ordnung werden sodann nach Art. 1816 ZGB die Großeltern des Erblassers und ggf. deren Kinder oder Enkel.[148] In der vierten Ordnung erben schließlich allein eventuell noch lebende Urgroßelternteile zu gleichen Teilen, die dann aber nicht mehr weiter durch ihre Abkömmlinge repräsentiert werden (Art. 1817 ZGB). Entferntere Verwandte über die genannten vier Erbordnungen hinaus besitzen dann nach griechischem Recht kein gesetzliches Erbrecht mehr.[149]

151 Das Erbrecht des überlebenden Ehegatten wird im griechischen Recht nicht nur durch eine (rechtskräftige) Scheidung ausgeschlossen, sondern nach Art. 1822 ZGB auch dann, wenn der Erblasser eine begründete Scheidungsklage gegen seinen Ehegatten erheben konnte und die Scheidungsklage auch bereits beantragt war.[150]

152 Hinsichtlich der Höhe hängt das gesetzliche Erbrecht des überlebenden Ehegatten nach griechischem Recht (Art. 1820 f. ZGB) davon ab, welche anderen gesetzlichen Erben neben dem Ehegatten zur Erbfolge berufen sind. Neben Abkömmlingen des Erblassers (also Erben der ersten Ordnung) erbt er ein Viertel des Nachlasses, neben Angehörigen der zweiten bis vierten Ordnung erbt er die Hälfte der Erbschaft. Sind keine Verwandten aus den vier oben genannten Ordnungen, die nach griechischem Recht zur Erbfolge berufen sind, vorhanden, so erbt der überlebende Ehegatte vor den übrigen Verwandten des Erblassers allein (Art. 1821 ZGB); er bildet insoweit also eine – im Gesetz allerdings nicht ausdrücklich so benannte – fünfte Erbordnung.[151]

---

[141] Zu diesen Möglichkeiten s. AnwK-BGB/*Galanulis*, Rn. 16 in Fn. 29.
[142] Bei einer Erblasserin folgt auch das griechische Recht dem Grundsatz *mater semper certa est*, also der automatischen Verwandtschaft des Kindes mit seiner leiblichen Mutter; vgl. auch die ausführliche Darstellung bei Ferid/Firsching/*Georgiades/Papadimitropoulos*, Rn. 55.
[143] AnwK-BGB/*Galanulis*, Rn. 16.
[144] Mit Ausnahme natürlich der Stiefkindadoption.
[145] Seit 1996 auch die Adoptiveltern; s. AnwK-BGB/*Galanulis*, Rn. 17 in Fn. 30.
[146] Also keine Repräsentation der Eltern durch die Geschwister des Erblassers, sondern beide Gruppen erben immer nebeneinander, wenn Geschwister des Erblassers vorhanden sind.
[147] Allerdings ist stark umstritten, ob der halbe Erbteil insoweit konkret oder abstrakt zu berechnen ist; Näheres bei Ferid/Firsching/*Georgiades/Papadimitropoulos*, Rn. 59.
[148] Allerdings nicht weitere Abkömmlinge der Großeltern, wie deren Urenkel etc.
[149] Anders als die theoretisch unbegrenzte Erbfolge in der fünften Ordnung nach § 1929 des dt. BGB.
[150] Auch ein Antrag auf einverständliche Scheidung soll ausreichen, insbesondere dann – wie nach griechischem Familienrecht erforderlich – auch im zweiten Gerichtstermin bereits beide der Scheidung zugestimmt hatten.
[151] So: Ferid/Firsching/*Georgiades/Papadimitropoulos*, Rn. 62; folgerichtig erbt nach Ferid/Firsching/*Georgiades/Papadimitropoulos*, Rn. 66 der Staat als Erbe sechster Ordnung, wenn der Erblasser nicht nur keinen Verwandten aus den Ordnungen 1–4, sondern auch keinen Ehegatten hinterlassen hat.

Zusätzlich erhält der Ehegatte nach griechischem materiellen Recht aber noch als Vorausvermächtnis die Möbel, Kleider und weiteren Haushaltsgegenstände aus dem mit dem Erblasser geführten Haushalt, die entweder vom Erblasser allein oder von beiden Ehegatten bisher genutzt wurden, und zwar unabhängig davon, neben welchen anderen Personen der überlebende Ehegatten zum Erbe berufen ist. Lediglich auf berechtigte (Versorgungs-)Interessen der Kinder des Erblassers ist Bedacht zu nehmen (Art. 1820, S. 2 und 3 ZGB).

3. Pflichtteilsrecht

a) **Pflichtteilsberechtigte Personen und Quoten.** Das griechische Pflichtteilsrecht ist dem deutschen Pflichtteilsrecht in Bezug auf die pflichtteilsberechtigten Personen, die Pflichtteilsberechnung, nicht aber auf die Art der Pflichtteilsgewährung sehr ähnlich. Ebenso wie nach deutschem materiellen Erbrecht sind nach Art. 1825 Abs. 1 ZGB in Griechenland auch die Abkömmlinge, der überlebende Ehegatte und die Eltern prinzipiell pflichtteilsberechtigt, konkret erhalten sie den Pflichtteil aber nur, wenn sie im vorliegenden Erbfall überhaupt zur gesetzlichen Erbfolge berufen gewesen wären.[152] Zudem darf dem Pflichtteilsberechtigten nicht wirksam sein Pflichtteil entzogen worden sein, er darf nicht erbunwürdig sein oder seinen Pflichtteil ausgeschlagen haben, da ansonsten nach Art. 1826 ZGB eine Repräsentation dieses Pflichtteilsberechtigten eintritt, sofern die Repräsentanten zu den prinzipiell noch pflichtteilsberechtigten Personen zählen.[153] Eine Anwachsung findet hingegen nach Art. 1830 ZGB im Pflichtteilsrecht nicht statt.[154]

Die Höhe des Pflichtteils beträgt nach Art. 1825 Abs. 1 S. 2 ZGB – wie im deutschen Recht – stets die Hälfte des gesetzlichen Erbteils.

Zusammenfassend ergibt sich also folgende tabellarische Übersicht:

Pflichtteilsberechtigte	neben …	Erbquote	Pflichtteilsquote
Kinder	Allein	$1/1$	$1/2$
Kinder	Ehegatte	$3/4$	$3/8$
Ehegatte	Allein	$1/1$	$1/2$
Ehegatte	Kinder	$1/4$	$1/8$
Ehegatte	Eltern	$1/2$	$1/4$
Elternteil	Allein	$1/1$	$1/2$
Elternteil	Anderes Elternteil	$1/2$	$1/4$
Elternteil	Geschwister des Erblassers, ev. noch anderes Elternteil	$1/2, 1/3, 1/4, \ldots$[155]	$1/4, 1/6, 1/8, \ldots$
Elternteil	Ehegatte	$1/2$	$1/4$
Elternteil	Ehegatte sowie Geschwister des Erblassers und anderes Elternteil	$1/4, 1/6, 1/8, \ldots$[156]	$1/8, 1/12, 1/16, \ldots$
Elternteil	Kinder	0	0

---

[152] Ferid/Firsching/*Georgiades/Papadimitropoulos*, Rn. 198 und Süß/*Stamatiadis/Tsantinis*, Rn. 47.
[153] Zum missverständlichen Gesetzestext von Art. 1826 ZGB, der von Enterbung und Pflichtteilsverzicht spricht, aber damit die Pflichtteilsentziehung und die Ausschlagung des Pflichtteils meint, s. Ferid/Firsching/*Georgiades/Papadimitropoulos*, Rn. 198 am Ende.
[154] Näheres bei Ferid/Firsching/*Georgiades/Papadimitropoulos*, Rn. 198 am Ende; vgl. auch Süß/*Stamatiadis/Tsantinis*, Rn. 48.
[155] Da in der zweiten Ordnung nach Köpfen geerbt wird (s. oben unter Rn. 150), kommt es auf die gesamte Anzahl der erbberechtigten bzw. repräsentierten Personen in der zweiten Ordnung an.
[156] Näheres mit Beispiel bei Ferid/Firsching/*Georgiades/Papadimitropoulos*, Rn. 198 am Ende; vgl. auch Süß/*Stamatiadis/Tsantinis*, Rn. 48.

157 **b) Gegenstand der Pflichtteilsberechnung.** Nach Art. 1831 Abs. 1 ZGB bildet der Nachlass zum Zeitpunkt des Todes des Erblassers den Ausgangspunkt der Berechnung. Hierzu zählt positiv alles im Nachlass Vorhandene mit dem Wert zum Todeszeitpunkt und auf der Passivseite die Beerdigungskosten, die Nachlassschulden und eventuell die Kosten für eine Inventaraufnahme über den Nachlass, allerdings nicht Vermächtnisse und Auflagen, die den Nachlass treffen.[157] Zusätzlich werden gemäß Art. 1831 Abs. 2 ZGB dem Nachlass fiktiv alle freigebigen Zuwendungen an einen der Pflichtteilsberechtigten hinzugerechnet, die der Erblasser während seiner gesamten Lebenszeit gemacht hat, sowie alle weiteren Schenkungen, die der Erblasser in einem Zeitraum von 10 Jahren vor seinem Tod gemacht hat und die nicht einer sittlichen Pflicht oder einer auf den Anstand zu nehmenden Rücksicht entsprachen.[158] Ist der Pflichtteil für die Eltern (neben einem überlebenden Ehegatten) zu berechnen, so sieht Art. 1831 Abs. 3 ZGB schließlich noch vor, dass das Vorausvermächtnis hinsichtlich der Haushaltsgegenstände an den Ehegatten nach Art. 1820, S. 2 ZGB aus dem Nachlass herausgerechnet werden muss.

158 **c) Art des Pflichtteils.** Wie bereits erwähnt,[159] unterscheidet sich das griechische Pflichtteilsrecht vom deutschen in der Art der Pflichtteilsgewährung. Es billigt nämlich dem Pflichtteilsberechtigten in der Regel nicht nur einen schuldrechtlichen Anspruch auf Wertersatz zu, sondern eine Mitberechtigung als Erbe, wie Art. 1825 Abs. 2 ZGB an der Spitze der Vorschriften zum Pflichtteilsrecht feststellt. Das griechische Pflichtteilsrecht ist also ein echtes Noterbrecht. Folglich gelten im Prinzip die allgemeinen Vorschriften für Erben auch für den Noterben, wie Erbfähigkeit, Erbwürdigkeit, die Grundsätze der Annahme und Ausschlagung der Erbschaft; zudem ist damit das Pflichtteilsrecht selbst wiederum vererblich.[160] Als Erbe haftet der Pflichtteilsberechtigte auch *de jure* für die Erfüllung der Nachlassschulden, nicht aber von Vermächtnissen, wenn durch deren Erfüllung sein Noterbteil unterschritten wird, da nach Art. 1829 ZGB jede testamentarische Beschränkung des Noterbteils unwirksam ist.[161] Als derartige Beschränkung des Noterbrechts wird es im Übrigen auch angesehen, wenn dem Notereben nur der Nießbrauch an einer Sache oder umgekehrt das nackte, weil umfassend belastete Eigentum an einer (an sich wertvollen) Sache hinterlassen wird.[162]

159 Ist dem Pflichtteilsberechtigten vom Erblasser etwas hinterlassen worden, aber weniger als sein Pflichtteil, so ist der Pflichtteilsberechtigte zunächst nach Art. 1827 ZGB auch in Höhe des fehlenden Differenzbetrages (Not-)Erbe des Erblassers. Als solcher kann er von den übrigen Erben und von jedem Erbschaftsbesitzer nach Art. 1871 ZGB Erbschaftsgegenstände zur Deckung seines Differenzanspruchs heraus verlangen.[163] Reicht der tatsächlich zum Zeitpunkt des Erbfalls vorhandene Nachlass zur Deckung der Pflichtteilsansprüche der Noterben nicht aus, so kann jeder Noterbe gegen jede Person Klage wegen pflichtteilswidriger Schenkung erheben, bei der die Schenkung nach Art. 1831 Abs. 2 ZGB[164] zum (fiktiven) Nachlass für die Pflichtteilsberechnung hinzugerechnet wurde. Diese Klage (die sog. *quaerela inoffiziosae donationis*)[165] ist zunächst nach Art. 1835 ZGB gegen die zeitlich zuletzt vom Erblasser getätigten Schenkungen zu richten, da die zuletzt Beschenkten vor den früheren haften. Gerichtet ist die Klage auf Herausgabe des Geschenkes nach den Vorschriften über die ungerechtfertigte Bereicherung,[166] und zwar in der zur Erfüllung des Pflichtteils jeweils noch fehlenden Höhe

---

[157] Ferid/Firsching/*Georgiades/Papadimitropoulos*, Rn. 207.
[158] Fraglich ist allerdings, ob die 10-Jahresfrist für Schenkungen an Dritte die Vereinbarung der unentgeltlichen Zuwendung oder ihre Ausführung im Auge hat; s. hierzu Ferid/Firsching/*Georgiades/Papadimitropoulos*, Rn. 206.
[159] Oben unter Rn. 154.
[160] Zum Vorstehenden s.: Ferid/Firsching/*Georgiades/Papadimitropoulos*, Rn. 197 und Süß/*Stamatiadis/Tsantinis*, Rn. 46.
[161] S. auch AnwK-BGB/*Galanulis*, Rn. 41.
[162] So die wohl h.M. in der griechischen Rechtsprechung und im Schrifttum; vgl. hierzu AnwK-BGB/*Galanulis*, Rn. 41 in Fn. 61 m. w. N. und Ferid/Firsching/*Georgiades/Papadimitropoulos*, Rn. 213.
[163] Ferid/Firsching/*Georgiades/Papadimitropoulos*, Rn. 214.
[164] Hierzu s. oben unter Rn. 157.
[165] Ausführlich hierzu: Ferid/Firsching/*Georgiades/Papadimitropoulos*, Rn. 215–217.
[166] AnwK-BGB/*Galanulis*, Rn. 45.

(Art. 1836 ZGB). Der Verpflichtete kann die Herausgabe nach Art. 1836 Abs. 1, S. 2 ZGB aber durch die Zahlung der entsprechenden Geldsumme abwenden. Ist der Beschenkte selbst wieder pflichtteilsberechtigt, so kann er die Herausgabe insoweit verweigern, als durch die Herausgabe sein eigener Pflichtteil unterschritten würde (Art. 1837 ZGB). Der Anspruch auf Herausgabe pflichtteilswidriger Schenkungen verjährt nach griechischem Recht in – der vergleichsweise kurzen – Frist von 2 Jahren seit dem Tod des Erblassers (Art. 1836 Abs. 2 ZGB).

d) Pflichtteilsanrechnung und -ausgleichung. Nach Art. 1833 ZGB sind auf den Pflichtteilsanspruch eines Noterben alle freigebigen Zuwendungen des Erblassers mit dem Wert zum Zeitpunkt der Zuwendung anzurechnen, die dem Nachlass nach Art. 1831 Abs. 2 ZGB fiktiv zuzurechnen sind. Der Erblasser kann die Anrechnung aber durch ausdrückliche Anordnung bei der Zuwendung[167] ausschließen. 160

Das griechische Recht kennt auch eine – dem deutschen materiellen Erbrecht sehr ähnliche – Ausgleichung im Pflichtteilsrecht (Art. 1834 ZGB), die eintritt, wenn bei gesetzlicher Erbfolge unter mehreren Abkömmlingen des Erblassers eine Ausgleichungspflicht nach Art. 1895 f. ZGB bestehen würde (also bei Schenkungen, Aufwendungen für eine Berufausbildung o. ä., die der Erblasser über seine üblichen Vermögensverhältnisse hinaus an einen Abkömmling erbracht hat). Für Einzelheiten sei auf die Darstellung bei *Georgiades/Papadimitropoulos*[168] verwiesen. 161

e) Pflichtteilsentziehung. Auch in den Vorschriften zur Pflichtteilsentziehung ähnelt das griechische Recht stark dem deutschen (vor der Erbrechtsreform 2010). So kann der Erblasser einem Abkömmling den Pflichtteil entziehen,[169] wenn er dem Erblasser nach dem Leben getrachtet oder ihn körperlich misshandelt oder gegen ihn ein Verbrechen oder ein schweres vorsätzliches Vergehen begangen hat. Zudem kommen die Tatbestände der Verletzung der Unterhaltspflicht gegen den Erblasser und der Führung eines ehrlosen oder unsittlichen Lebenswandels (Art. 1840 Nr. 1–5 ZGB) sowie die Pflichtteilsentziehung in guter Absicht (Art. 1845 ZGB) hinzu. Ähnliche Gründe berechtigen den Erblasser nach Art. 1841 ZGB zur Pflichtteilsentziehung gegenüber den Eltern. Gegenüber dem Ehegatten liegt ein berechtigter Grund zur Pflichtteilsentziehung vor, wenn der Erblasser zur Zeit seines Todes erfolgreich gegen seinen Ehegatten auf Scheidung wegen Verschuldens des Ehegatten klagen könnte. Der Entziehungsgrund muss zur Zeit der Pflichtteilsentziehung vorliegen und ausdrücklich im Testament benannt sein (Art. 1843 ZGB).[170] Bei späterer Verzeihung wird die Pflichtteilsentziehung automatisch unwirksam (Art. 1844 ZGB). 162

Zudem ist darauf zu verweisen, dass nach griechischem Recht der Pflichtteilsberechtigte als echter Noterbe nicht erbunwürdig sein darf. Wird nach Art. 1862 ZGB durch gerichtliches Urteil die Erbunwürdigkeit festgestellt, so verliert diese Person auch ihr Pflichtteilsrecht (dies ergibt sich ausdrücklich aus Art. 1864 ZGB).[171] 163

f) Zulässigkeit eines Pflichtteilsverzichts? Nach Art. 368 ZGB ist jeder Vertrag über den Nachlass einer noch lebenden Person (unheilbar) nichtig. Daher kennt das griechische Recht keinen vor dem Erbfall möglichen Pflichtteilsverzicht. Nach Eintritt des Erbfalls kann der Pflichtteilsberechtigte allerdings – da der Noterbe ein echter Erbe ist – den Pflichtteil ausschlagen (Art. 1848 ZGB)[172] oder aber darauf verzichten, mehr als das ihm durch den Erblasser Zugewandte einzufordern, auch wenn es seine Pflichtteilsquote verletzt. Dieser letztgenannte Verzicht ist nach ganz h. M. ohne Frist möglich und bedarf keiner Form, insbesondere nicht der für die Ausschlagung angeordneten Form.[173] 164

---

[167] Nach dem eindeutigen Gesetzestext ist der nachträgliche Ausschluss der Anrechnung nicht vorgesehen; hier kann der Erblasser aber ggf. noch korrigierend durch spätere testamentarische Anordnungen eingreifen, also mit einem Vermächtnis einen ähnlichen Effekt erzielen.
[168] In Ferid/Firsching, Rn. 210 f. mit Berechnungsbeispielen.
[169] Das griechische ZGB spricht insoweit von Enterbung (im engeren Sinne).
[170] Vgl. hierzu AnwK-BGB/*Galanulis*, Rn. 46.
[171] Die Erbunwürdigkeitsgründe sind in Art. 1860 ZGB abschließend aufgezählt und ähneln stark den Pflichtteilsentziehungsgründen; Näheres bei Ferid/Firsching/*Georgiades/Papadimitropoulos*, Rn. 36.
[172] S. hierzu Ferid/Firsching/*Georgiades/Papadimitropoulos*, Rn. 198 in Fn. 5.
[173] AnwK-BGB/*Galanulis*, Rn. 40 am Ende.

165 Hingewiesen sei aber nochmals auf die sog. *lex Onassis*,[174] nach der ein mit einem griechischen Staatsangehörigen verheirateter Ausländer in einem im Ausland errichteten Vertrag wirksam ganz oder teilweise auf die Erbschaft oder den Pflichtteil nach dem Ehegatten verzichten kann (aber nicht umgekehrt).

VI. Italien

Gesetzestexte: *Bauer/Eccher/König/Kreuzer/Zanon,* Italienisches Zivilgesetzbuch, Codice civile, zweisprachige Ausgabe, 4. Aufl. 2004, Bozen; *Patti,* Italienisches Zivilgesetzbuch, zweisprachig, 2007 (Text offenbar nicht vollständig auf dem Stand von 2007); *IPRG,* in: Ferid/Firsching/Dörner/Hausmann, Länderbericht Italien; Riering/De Meo, IPR-Gesetzes in Europa, 1997, S. 42.

Schrifttum:

Deutsche Literatur:
Engbers, Deutsch-Italienische Erbfälle, 2002; Ferid/Firsching/Dörner/Hausmann/*Stadler,* Internationales Erbrecht, Bd. 4, Länderbericht Italien, Stand: 1. 1. 1994; AnwK/*Frank,* Länderbericht Italien, 2. Aufl. 2007; *Gabrielli,* Die Schwächung der Rechte der Pflichtteilsberechtigten durch eine aktuelle Reform im italienischen Recht, FamRZ 2005, 1626; *Kruis,* Das italienische internationale Erbrecht, Münchener Universitätsschriften, Bd. 185, 2005; *Priemer,* Das italienische Internationale Privatrecht nach seiner Reform – Insbesondere zum Recht der Allgemeinen Ehewirkungen, Güterrecht, Erbrecht – MittRhNotK 2000, 45; *Salaris,* Grundzüge und Besonderheiten des italienischen Erbrechts, ZEV 1995, 240; *Schömmer/Reiss,* Internationales Erbrecht, Italien, 2. Aufl. 2005; *Süß/Wiedemann/Wiedemann,* Erbrecht in Europa, Erbrecht in Italien, 2. Aufl. 2008. **Zum Patto di Famiglia:** *Castelli/Molinari,* Die familieneinvernehmliche Unternehmensübertragung an Abkömmlinge als Entziehung der Ansprüche der Pflichtteilsberechtigten: Der Patto di Familia im italienischen Recht, ZErb 2007, 367; *Dörner/Ferrante,* Der neue italienische Patto di Famiglia, ZEV 2008, 53; *Padovini,* Der Familienvertrag (Patto di Famiglia), ZfRV 2008, 42; *Kindler,* Neue Gestaltungsmöglichkeiten im italienischen Unternehmenserbrecht: Der Familienvertrag (Patto di Famiglia), FamRZ 2007, 954; *Osterloh-Konrad,* Unternehmensnachfolge auf Italienisch: Der Patto di Famiglia, ErbR 2008, 157; *Süß/Wiedemann/Wiedemann,* Länderbericht Italien, Rn. 115 ff.

1. Internationales Erbrecht

166 a) **Erbstatut.** Nach Art. 46 Abs. 1 IPRG[175] knüpft das Erbstatut an die Staatsangehörigkeit des Erblassers an. Diese Anknüpfung gilt für den gesamten Nachlass (Grundsatz der Nachlasseinheit). Verstirbt also ein Italiener in Deutschland, so findet sowohl aus deutscher als auch aus italienischer Sicht italienisches Erbrecht Anwendung. Ebenso wird beim Tod eines Deutschen in Italien deutsches Erbrecht aus der Sicht beider beteiligter Rechtsordnungen angewandt.

167 Art. 46 Abs. 2 IPRG erlaubt es dem Erblasser durch Rechtswahl in Testamentsform[176] den Nachlass dem Recht des Staates zu unterstellen, in dem er seinen gewöhnlichen Aufenthalt hat.[177] Die Rechtswahl ist allerdings gem. Art. 46 Abs. 2 S. 2 IPRG dann unwirksam, wenn der Erblasser im Zeitpunkt seines Todes seinen gewöhnlichen Aufenthalt nicht mehr in diesem Staat hat.[178] Grundsätzlich kann damit ein italienischer Staatsangehöriger, der seinen gewöhnlichen Aufenthalt in Deutschland hat, für seinen Nachlass deutsches Recht

---

[174] Hierzu bereits oben unter Rn. 147.
[175] Abgedruckt in deutscher Sprache bei Riering/De Meo, IPR-Gesetzes in Europa, 1997, S. 42; sowie bei Ferid/Firsching/Dörner/Hausmann, Texte A I; das IPRG ist am 31. 5. 1995 neu gefasst worden.
[176] In Teilen der Literatur wird problematisiert, ob die Rechtswahl auch in einem Erbvertrag oder einem gemeinschaftlichen Testament enthalten sein kann. Dazu: Süß/*Wiedemann/Wiedemann,* Länderbericht Italien, Rn. 10 m. w. N. – In der Praxis kann die Streitfrage wohl umgangen werden, indem zunächst die Rechtswahl in Einzeltestamenten erfolgt und dann ein Erbvertrag oder ein gemeinschaftliches Testament errichtet wird. Dazu: *Priemer* MittRhNotK 2000, 45, 58; Süß/*Wiedemann/Wiedemann,* Länderbericht Italien, Rn. 10 (in Rn. 15 auch zur Frage, inwieweit die Errichtung eines Erbvertrages oder gemeinschaftlichen Testaments ordre public-widrig ist.).
[177] Zur Rechtswahl nach Art. 46 Abs. 2 IPRG: Süß/*Wiedemann/Wiedemann,* Länderbericht Italien, Rn. 9; AnwK/*Frank,* Länderbericht Italien, Rn. 12.
[178] Ausführlich: Süß/*Wiedemann/Wiedemann,* Länderbericht Italien, Rn. 9 und 11; AnwK/*Frank,* Länderbericht Italien, Rn. 12.

wählen. Für das Pflichtteilsrecht ist allerdings von Bedeutung, dass gem. Art. 46 Abs. 2 S. 3 IPRG durch eine derartige Rechtswahl eines italienischen Staatsangehörigen nicht die Rechte der nach italienischem Recht Pflichtteilsberechtigten beeinträchtigt werden, sofern diese im Zeitpunkt des Todes des Erblassers ihren gewöhnlichen Aufenthalt in Italien haben.[179]

Bei Mehrstaatern wird gem. Art. 19 Abs. 2 IPRG das Recht des Staates angewandt, mit dem die engste Verbindung besteht. Ist der Erblasser allerdings auch Italiener, so hat die italienische Staatsangehörigkeit gem. Art. 19 Abs. 2 S. 2 IPRG den Vorrang. In den Fällen deutsch-italienischer Doppelstaatler kommt es damit zu einem Entscheidungsdissens. Aus deutscher Sicht würde gem. Art. 25 Abs. 1, 5 Abs. 1 S. 2 EGBGB deutsches Recht angewandt, während aus italienischer Sicht italienisches Recht zur Anwendung gelangen würde. Dies kann durch eine Rechtswahl zugunsten des deutschen Rechts nach Art. 46 Abs. 2 IPRG vermieden werden, soweit die Voraussetzungen dafür vorliegen (vgl. Rn. 167). **168**

Neben der Möglichkeit einer Rechtswahl nach Art. 46 Abs. 2 IPRG besteht für einen italienischen Staatsangehörigen die Möglichkeit einer Rechtswahl nach Art. 25 Abs. 2 EGBGB. Danach kann der italienische Staatsangehörige für in Deutschland belegenes unbewegliches Vermögen deutsches Recht wählen. Aus deutscher Sicht führt dies dann zu einer Nachlassspaltung. Hinsichtlich des in Deutschland belegenen unbeweglichen Vermögens gelangt deutsches Recht zur Anwendung. Hinsichtlich des restlichen Nachlasses gelangt das italienische Recht zur Anwendung. Aus italienischer Sicht ist die Beschränkung der Rechtswahl auf das unbewegliche Vermögen unzulässig, da der Grundsatz der Nachlasseinheit verletzt wird. Ein italienischer Richter würde den Erbfall folglich gem. Art. 46 Abs. 1 IPRG ausschließlich dem italienischen Recht unterstellen.[180] **169**

b) Rück- und Weiterverweisung. Das neue italienische IPRG[181] berücksichtigt in Art. 13 Rück- und Weiterverweisungen.[182] Art. 13 Abs. 1 lit. b IPRG regelt dabei die Rückverweisung auf italienisches Recht. Diese wird grundsätzlich angenommen, um die *lex fori* möglichst weitgehend zur Anwendung zu bringen. Besonderheiten sind hinsichtlich der in Art. 13 Abs. 1 lit. a IPRG geregelten Weiterverweisung zu berücksichtigen. Nach dem Wortlaut des Art. 13 Abs. 1 lit. a IPRG wird die Weiterverweisung nur dann beachtet, wenn das Kollisionsrecht des dritten Staates, auf das verwiesen wird, die Verweisung annimmt.[183] Der renvoi ist ferner in den Fällen des Art. 13 Abs. 2 IPRG ausgeschlossen (insbesondere: in den Fällen der Rechtswahl; bei Verweisung auf Kollisionsregeln, welche die Form von Rechtsgeschäften betreffen).[184] Für deutsch-italienische Erbfälle hat Art. 13 IPRG meist keine Bedeutung, da sowohl aus deutscher als auch aus italienischer Sicht das Erbstatut an die Staatsangehörigkeit angeknüpft wird, so dass es in deutsch-italienischen Erbfällen nicht zu Rück- und Weiterverweisungen kommt. **170**

c) Regelungsumfang des Erbstatuts. Dem Erbstatut unterfallen umfassend alle Fragen der gesetzlichen und gewillkürten Erbfolge sowie das Pflichtteils- bzw. Noterbrecht. Auch die Annahme und Ausschlagung, der Übergang des Nachlasses auf die Erben, die Erbfähigkeit und Erbwürdigkeit, die Erbenhaftung und die Sicherung des Nachlasses werden vom Erbstatut geregelt.[185] Auch die Zulässigkeit eines Erbverzichts, den das italienische materielle **171**

---
[179] Süß/*Wiedemann*/*Wiedemann*, Länderbericht Italien, Rn. 12; AnwK/*Frank*, Länderbericht Italien, Rn. 12; *Priemer* MittRhNotK 200, 45, 59 f.
[180] *Engbers*, Deutsch-Italienische Erbfälle, S. 105; *Riering*, ZEV 1995, 404; Süß/*Wiedemann*/*Wiedemann*, Erbrecht in Europa, Länderbericht Italien, Rn. 7.
[181] Das IPRG wurde zum 31. 5. 1995 neu gefasst – siehe Fn. 172.
[182] In der italienischen Terminologie zusammenfassend als *rinvio* bezeichnet.
[183] Staudinger/*Hausmann*, Anh. zu Art. 4 EGBGB Rn. 235. Wie es zu behandeln ist, wenn das Kollisionsrecht des dritten Staates, auf das verwiesen wird, die Verweisung nicht annimmt, sondern selbst weiterverweist, ist wohl im italienischen Recht umstritten. Dazu: *Kruis*, Das italienische internationale Erbrecht, S. 32 ff.
[184] Einzelheiten bei: Süß/*Wiedemann*/*Wiedemann*, Länderbericht Italien, Rn. 2; Staudinger/*Hausmann*, Anh. zu Art. 4 EGBGB Rn. 235.
[185] Ausführlich zum Regelungsumfang des Erbstatuts: *Kruis*, Das italienische internationale Erbrecht, S. 115 ff.; Überblick bei: Süß/*Wiedemann*/*Wiedemann*, Länderbericht Italien, Rn. 3; AnwK/*Frank*, Länderbericht Italien, Rn. 17.

Erbrecht in Art. 458 c.c. verbietet, wird nach dem Erbstatut beurteilt.[186] Eine besondere Regelung gibt es für die Erbauseinandersetzung (Art. 46 Abs. 3 IPRG). Grundsätzlich ist auch hierfür das Erbstatut maßgeblich. Etwas anderes gilt nur dann, wenn die an der Erbauseinandersetzung beteiligten Personen übereinstimmend das Recht des Staates für anwendbar erklären, in dem das Verfahren über die Erbfolge stattfindet oder in dem sich Nachlassgegenstände befinden. Eine derartige übereinstimmende Rechtswahl durch alle an der Erbauseinandersetzung Beteiligten erfasst dann die gesamte Nachlassabwicklung.[187] Aus der Sicht des italienischen IPR können die Teilungsberechtigten in deutsch-italienischen Erbfällen also italienisches oder deutsches Recht für die Auseinandersetzung wählen. Aus deutscher Sicht ist die Wahl deutschen Rechts für die Auseinandersetzung freilich nur möglich, wenn Art. 25 Abs. 1 EGBGB auf italienisches Recht verweist.[188] Trotz des scheinbar entgegenstehenden Wortlauts des Art. 51 Abs. 2 IPRG[189] wird in der italienischen Rechtspraxis weiterhin zwischen dem Titulus und dem Modus unterschieden. Für den Titulus gilt das Erbstatut. Damit entscheidet über die Fragen, wer und mit welcher Quote Erbe geworden ist und welche Voraussetzungen für die Erlangung der Erbenstellung bestehen (insbesondere die Erbschaftsannahme),[190] das Erbstatut. Der dingliche Vollzug, d.h. der Erwerb der Erbschaftsgegenstände (der sog. Modus) unterliegt dagegen dem Sachenrechtsstatut. Insofern wird die lex rei sitae angewandt, so dass das Recht des Belegenheitsstaates gilt. Im Einzelnen ist allerdings die Abgrenzung zwischen Modus und Titulus im italienischen Recht (sehr) umstritten.[191]

172 d) **Wirksamkeit der Verfügung von Todes wegen.** Italien ist nicht dem Haager Testamentsformübereinkommen beigetreten. Jedoch übernimmt Art. 48 IPRG die wichtigsten Anknüpfungspunkte dieses Übereinkommens. Insbesondere wird ein Testament als formgültig angesehen, wenn es der Ortsform entspricht oder wenn es dem Recht des Staates entspricht, dessen Staatsangehörigkeit der Testierende im Augenblick der Errichtung des Testaments oder seines Todes besaß. Ausreichend ist auch die Beachtung des Rechts des Staates, in dem der Erblasser seinen gewöhnlichen Aufenthalt hat.[192]

Zu berücksichtigen ist, dass das italienische materielle Recht gem. Art. 458 c.c. weder Erbverträge, noch gem. Art. 589 bzw. 635 c.c. gemeinschaftliche Testamente oder wechselbezügliche Verfügungen zulässt. All diese Formen werden in Italien als unwirksam angesehen. Das Verbot wird nach der h. M. als „Sachverbot" und nicht als Formvorschrift qualifiziert.[193] Soweit italienisches Recht Erbstatut ist, sind also gemeinschaftliche Testamente und Erbverträge nicht möglich. Inwieweit der ordre public der Wirksamkeit einer vertragsmäßigen (oder gemeinschaftlichen) Verfügung entgegensteht, die von Deutschen über in Italien belegene Immobilien errichtet wurden bzw. inwieweit der ordre public der Errichtung eines Erbvertrages durch Italiener nach Wahl des deutschen Rechts gem. Art. 46 Abs. 2 IPRG entgegensteht, ist umstritten bzw. ungeklärt.[194] Zumindest sofern einer der Beteiligten Italiener ist, sollte vor-

---

[186] *Kruis*, Das italienische internationale Erbrecht, S. 143 (dort auch zur Behandlung eines Erbverzichts nach deutschem Recht – § 2346 BGB).

[187] *Süß/Wiedemann/Wiedemann*, Länderbericht Italien, Rn. 19; Ausführlich zu Voraussetzungen, Bedeutung und Rechtsfolgen einer Rechtswahl nach Art. 46 Abs. 3 IPRG und den diesbezüglichen zahlreichen Streitfragen: *Kruis*, Das italienische internationale Erbrecht, S. 167 ff. – zur Behandlung deutsch-italienischer Erbfälle: S. 181.

[188] Umfassend zur Behandlung deutsch-italienischer Erbfälle: *Kruis*, Das italienische Internationale Erbrecht, S. 181 ff.

[189] Zum Streitstand umfassend: *Kruis*, Das italienische internationale Erbrecht, S. 153 ff.; *Süß/Wiedemann/Wiedemann*, Länderbericht Italien, Rn. 23 ff.

[190] Siehe dazu noch unten Rn. 173.

[191] Zum Streitstand: *Kruis*, Das italienische internationale Erbrecht, S. 153 ff.; *Süß/Wiedemann/Wiedemann*, Länderbericht Italien, Rn. 23 ff.; Staudinger/*Dörner*, Anh. zu Art. 25 f. EGBGB Rn. 353; Staudinger/*Hausmann*, Anh. zu Art. 4 EGBGB Rn. 240; Zu den sich daraus ergebenden Praxisproblemen sogleich: vgl. Rn. 173.

[192] Dazu auch: *Süß/Wiedemann/Wiedemann*, Länderbericht Italien, Rn. 21 ff.; AnwK/*Frank*, Länderbericht Italien, Rn. 22.

[193] AnwK/*Frank*, Länderbericht Italien, Rn. 60; *Süß/Wiedemann/Wiedemann*, Länderbericht Italien, Rn. 22; Staudinger/*Dörner*, Anh. zu Art. 25 f EGBGB Rn. 353.

[194] *Süß/Wiedemann/Wiedemann*, Länderbericht Italien, Rn. 22; Mayer/Süß/Tanck/Bittler/Wälzholz/*Süß*, Länderübersicht Italien, Rn. 167; AnwK/*Frank*, Länderbericht Italien, Rn. 60; *Priemer*, MittRhNotK 2000, 45, 58.

sorglich auf die Errichtung von Erbverträgen bzw. gemeinschaftlichen Testamenten verzichtet werden.[195]

e) **Praktische Probleme der Nachlassabwicklung.** Wie bereits dargestellt,[196] wird hinsichtlich des Rechtserwerbs im italienischen Recht zwischen dem Titulus und dem Modus unterschieden. Auch wenn Einzelheiten im italienischen Recht wohl umstritten sind, richtet sich nach dem Titulus grundsätzlich, wer Erbe geworden ist. Insofern ist das Erbstatut maßgeblich. Der dingliche Vollzug des Rechtserwerbs (Modus) unterliegt dagegen dem Sachenrechtsstatut und damit in Italien der lex rei sitae (Art. 51 Abs. 1 IPRG). Dies gilt in Italien trotz des scheinbar entgegenstehenden Wortlauts des Art. 51 Abs. 2 IPRG.[197] Die Abgrenzung zwischen den beiden Rechtsinstituten ist aber in Italien nach wie vor umstritten. So geht die herrschende italienische Lehre davon aus, dass die Frage, ob und in welcher Form die Erbschaft angenommen wurde, zum einen zum Titulus zählt, zum anderen aber auch zum Modus gehört, so dass nach italienischem Recht sachenrechtlich zum Erwerb auch die Erbschaftsannahme erforderlich ist.[198] Daraus folgt, dass, sofern der Erblasser Italiener ist und italienisches Recht zur Anwendung gelangt, eine Erbschaftsannahme als Teil des Titulus erforderlich ist.[199] Die Literatur geht aber überwiegend davon aus, dass auch für den Fall, dass ausländisches Recht Erbstatut ist, eine Erbschaftsannahme erforderlich ist, soweit es um den Erwerb des Eigentums an in Italien belegenen Nachlassgegenständen geht. Das Eigentum an in Italien belegenen Nachlassgegenständen könne nur in Übereinstimmung mit dem italienischen Recht erworben werden.[200]

Problematisch ist auch, dass das italienische Recht ein sog. Vindikationslegat kennt, d. h. ein dinglich wirkendes Vermächtnis. Nach italienischem Recht erwirbt der Vermächtnisnehmer insofern ipso iure Eigentum an dem Vermächtnisgegenstand. Findet nun italienisches Erbrecht Anwendung, handelt es sich aber um eine in Deutschland belegene Sache, so wird überwiegend angenommen, dass trotz des Vindikationslegats des italienischen Rechts ein Rechtserwerb in Deutschland nicht automatisch stattfindet. Das Vindikationslegat wird im Wege der Anpassung in eine schuldrechtliche Verpflichtung zur Übertragung umgedeutet.[201]

2. Gesetzliche Erbfolge

Das italienische Recht nennt als Erbfolgeberechtigte (Art. 565 c.c.) den Ehegatten, eheliche und nichteheliche Kinder und sonstige Abkömmlinge, Eltern und Geschwister, andere Verwandte bis zum sechsten Grad, den Staat. Die Erben sind in Gruppen eingeteilt. Dabei gilt zunächst, dass die nähere Gruppe die fernere ausschließt. Allerdings sind die Erbfolge und auch das Verhältnis der Gruppen insgesamt im Gesetz sehr kasuistisch geregelt. Hier kann daher nur ein Überblick gegeben werden. Im Einzelfall muss die gesetzliche Erbfolge nach der jeweiligen gesetzlichen Regelung ermittelt werden.

Erben der ersten Ordnung sind die Abkömmlinge des Erblassers. Kinder beerben den Erblasser zu gleichen Teilen (Art. 566 c.c.). Im italienischen Recht sind eheliche, nichteheliche, adoptierte und legitimierte Kinder gleichgestellt.[202] Für nichteheliche Kinder bestehen aber

---

[195] Zur Möglichkeit der Rechtswahl zugunsten deutschen Rechts oben Rn. 167; Süß/Wiedemann/Wiedemann, Länderbericht Italien, Rn. 10 m.w.N. und Priemer MittRhNotK 2000, 45, 58 schlagen zunächst die Errichtung von Einzeltestamenten mit Rechtswahl und dann die Errichtung eines Erbvertrages oder gemeinschaftlichen Testaments vor.
[196] Vgl. oben Rn. 171.
[197] Zu diesen Fragen: Kruis, Das italienische internationale Erbrecht, S. 153 ff.; Süß/Wiedemann/Wiedemann, Länderbericht Italien, Rn. 23; Staudinger/Hausmann, Anh. zu Art. 4 EGBGB Rn. 240.
[198] Süß/Wiedemann/Wiedemann, Länderbericht Italien, Rn. 24; Kruis, Das italienische internationale Erbrecht, S. 157; MünchKommBGB/J. Mayer, § 2369 Rn. 35; MünchKommBGB/Birk, Art. 25 EGBGB Rn. 230.
[199] Süß/Wiedemann/Wiedemann, Länderbericht Italien, Rn. 26.
[200] Süß/Wiedemann/Wiedemann, Länderbericht Italien, Rn. 26; ausführliche Darstellung des Streitstands und Kritik bei: Kruis, Das italienische internationale Erbrecht, S. 157.
[201] BGH ZEV 1995, 298, 300 = DNotZ 1995, 704; Birk ZEV 1995, 283; Dörner IPRax 1996, 96; Palandt/Heldrich, Art. 25 EGBGB Rn. 11; zum Streitstand auch: Kruis, Das italienische internationale Erbrecht, S. 159, 160; Süß/Wiedemann/Wiedemann, Länderbericht Italien, Rn. 28; für sachenrechtliche Qualifikation eines Vindikationslegats: Süß, RabelsZ 2001, 245.
[202] Süß/Wiedemann/Wiedemann, Länderbericht Italien, Rn. 38.

zum Teil noch Besonderheiten (Anerkennung bzw. gerichtliche Feststellung der Abstammung erforderlich; bestimmten nicht anerkennungsfähigen Kindern steht lediglich ein Geldanspruch zu).[203] An die Stelle vorverstorbener oder sonst nicht zur Erbfolge gelangender Kinder treten deren Abkömmlinge (Eintrittsrecht, Art. 467 c.c.).[204] I.Ü. schließen Kinder, die zur Erbfolge gelangen, ihre Abkömmlinge aus (Repräsentationsprinzip).[205]

176 Sind keine Erben der ersten Ordnung vorhanden, so gelangen in der zweiten Ordnung die Eltern und die Geschwister des Erblassers nebeneinander zur Erbfolge. Geschwister erben also auch dann, wenn noch lebende Eltern vorhanden sind (Art. 568 ff. c.c.). Treffen Eltern und Geschwister des Erblassers zusammen, so erben sie nach Köpfen mit der Maßgabe, dass der Anteil der Eltern nicht geringer als die Hälfte sein darf (Art. 571 c.c.). Halbbürtige Geschwister erhalten die Hälfte des den vollbürtigen Geschwistern oder den Eltern zukommenden Anteils (Art. 571 Abs. 2 c.c.). Hinterlässt der Erblasser keine Geschwister, so erben die Eltern zu gleichen Teilen allein (Art. 568 c.c.). Sind keine Eltern (oder andere Vorfahren) vorhanden, so wird der Erblasser zu gleichen Teilen von den Geschwistern beerbt (Art. 570 Abs. 1 c.c.). Halbbürtige Geschwister erhalten aber auch hier nur die Hälfte (Art. 570 Abs. 2 c.c.). An die Stelle weggefallener Geschwister treten die Abkömmlinge (Art. 467, 468 c.c.).[206]

177 Hinterlässt der Erblasser weder Abkömmlinge, noch Eltern oder Geschwister bzw. deren Abkömmlinge, so gelangen die entfernteren Vorfahren gem. Art. 569 c.c. zur Erbfolge. Sind auch Vorfahren nicht vorhanden, so gelangen andere Verwandte gem. Art. 572 c.c. zur Erbfolge. Das Erbrecht der übrigen Verwandten gilt allerdings nur bis zum sechsten Grad.[207]

178 Das Erbrecht des Ehegatten ist in Art. 581 ff. c.c. geregelt. Der Ehegatte gelangt dann allein zur Erbfolge, wenn keine Kinder, Vorfahren oder Geschwister des Erblassers vorhanden sind (Art. 583 c.c.). Neben einem Kind erhält der Ehegatte die Hälfte der Erbschaft. In allen übrigen Fällen erhält der Ehegatte neben Kindern 1/3 der Erbschaft (Art. 581 c.c.). Treffen mit dem Ehegatten eheliche Aszendenten (Eltern, Großeltern etc.) oder Geschwister bzw. die jeweiligen Abkömmlinge zusammen, so erhält der Ehegatte 2/3 der Erbschaft (Art. 582 c.c.). Neben der Erbquote erhält der Ehegatte in allen Ordnungen als gesetzliches Vorausvermächtnis ein Nutzungsrecht an der Wohnung und dem Hausrat (Art. 540 Abs. 2 c.c.).[208] Gesetzlicher Güterstand des italienischen Rechts ist die Errungenschaftsgemeinschaft (*communione legale*). Der überlebende Ehegatte erhält also in jedem Fall außerhalb des Erbrechts seinen Anteil am Gesamtgut. I.Ü. hat das italienische Güterrecht keinen Einfluss auf die Erbquote.[209] Das italienische Recht kennt offenbar keine gleichgeschlechtliche Lebenspartnerschaft mit erbrechtlicher Wirkung.

3. Pflichtteilsrecht

179 **a) Pflichtteilsberechtigte Personen und Quoten.** Das italienische Recht gewährt dem Pflichtteilsberechtigten ein echtes Noterbrecht, d.h. eine quotale Beteiligung am Nachlass (Art. 536 ff. c.c.). Die sog. *quota di riserva*, d.h. der Pflichtteil, ist der Verfügungsbefugnis des Erblassers entzogen. Er kann nur über die sog. *quota disponibile* verfügen.[210]

---

[203] Vgl. im Einzelnen: Süß/*Wiedemann/Wiedemann*, Erbrecht in Europa, Länderbericht Italien, Rn. 38.
[204] Süß/*Wiedemann/Wiedemann*, Länderbericht Italien, Rn. 36; AnwK/*Frank*, Länderbericht Italien, Rn. 44.
[205] Oftmals werden Eintrittsrecht und Repräsentationsprinzip zusammenfassend als Repräsentationsprinzip bezeichnet, so: Süß/*Wiedemann/Wiedemann*, Länderbericht Italien, Rn. 35 f; AnwK/*Frank*, Länderbericht Italien, Rn. 44.
[206] Zu den Einzelheiten der Erbquoten in der zweiten Ordnung: AnwK/*Frank*, Länderbericht Italien, Rn. 45; Süß/*Wiedemann/Wiedemann*, Länderbericht Italien, Rn. 41.
[207] Einzelheiten zu den Erbquoten bei: AnwK/*Frank*, Länderbericht Italien, Rn. 46; Süß/*Wiedemann/Wiedemann*, Länderbericht Italien, Rn. 43 ff.
[208] Details zum Erbrecht des Ehegatten: AnwK/*Frank*, Länderbericht Italien, Rn. 48.
[209] AnwK/*Frank*, Länderbericht Italien, Rn. 51 ff.; Süß/*Wiedemann/Wiedemann*, Länderbericht Italien, Rn. 48.
[210] Zur Rechtsnatur des Pflichtteils: AnwK/*Frank*, Länderbericht Italien, Rn. 82; Süß/*Wiedemann/Wiedemann*, Länderbericht Italien, Rn. 83.

V. Griechenland

Pflichtteilsberechtigt sind gem. Art. 536 Abs. 1 c.c. der Ehegatte, die Kinder und die ehelichen Vorfahren. Eheliche, nichteheliche und adoptierte Kinder werden gleich behandelt. Allerdings können die ehelichen Kinder die nichtehelichen Kinder mit Geld oder unbeweglichen Sachen aus dem Nachlass abfinden, wenn die nichtehelichen Kinder dagegen keinen Widerspruch erheben. Bei Widerspruch entscheidet der Richter unter Berücksichtigung der persönlichen und vermögensbezogenen Umstände (Art. 537 Abs. 3 c.c.).[211] Ein Noterbrecht der ehelichen Vorfahren besteht nur dann, wenn keine Kinder vorhanden sind (Art. 538 c.c.). Allerdings besteht das Noterbrecht der ehelichen Vorfahren (also insbesondere der Eltern, Großeltern etc.) auch neben dem Ehegatten des Erblassers.[212] Der Ehegatte des Erblassers gehört stets zu den Noterbberechtigten. Dies gilt auch dann, wenn die gerichtliche Trennung von Tisch und Bett erfolgt ist, sofern dem Ehegatten die Trennung nicht als schuldhaft angelastet wurde (Art. 548 Abs. 1 c.c.). Derjenige Ehegatte, dem die Trennung von Tisch und Bett als schuldhaft angelastet wurde, hat allerdings eventuell unter den Voraussetzungen des Art. 548 Abs. 2 c.c. einen Anspruch auf Unterhaltsrente.[213]

Die Pflichtteilsquoten der einzelnen Noterbberechtigten variieren je danach, mit welchem Grad und welcher Anzahl von Verwandten der jeweilige Noterbberechtigte zusammentrifft (vgl. Art. 536 ff. c.c.). Dies macht die Ermittlung der Noterbquote nach italienischem Recht sehr kompliziert. Es muss stets anhand der gesetzlichen Regelung im Einzelfall geprüft werden, welcher Fall vorliegt und welche konkrete Quote sich daraus ergibt. Im Grundsatz gilt: Sind neben dem Ehegatten keine pflichtteilsberechtigten Abkömmlinge vorhanden, so erhält der Ehegatte als Noterbrecht einen $1/2$-Anteil am Nachlass (Art. 540 c.c.). Trifft der Ehegatte mit einem Kind des Erblassers zusammen, so erhalten er und das Kind jeweils $1/3$ (Art. 542 Abs. 1 c.c.). Mehrere Kinder erhalten insgesamt die Hälfte und daneben der überlebende Ehegatte $1/4$ des Vermögens (Art. 542 Abs. 2 c.c.). Der überlebende Ehegatte erhält neben der Noterbquote ein gesetzliches Vorausvermächtnis (Art. 540 Abs. 2 c.c. – Nutzungsrecht an Wohnung und Einrichtungsgegenständen).[214] Sind lediglich Kinder als Noterben vorhanden, so erhält ein Kind die Hälfte des Nachlasses, mehrere Kinder zusammen erhalten $2/3$ des Nachlasses (Art. 537 c.c.). Die ehelichen Vorfahren haben neben Abkömmlingen keinen Pflichtteilsanspruch. Neben dem überlebenden Ehegatten, dessen Noterbquote in diesem Fall $1/2$ beträgt, erhalten sie insgesamt $1/4$ des Vermögens des Erblassers (Art. 544 Abs. 1 c.c.). Gibt es keinen überlebenden Ehegatten, so beträgt ihre Noterbquote insgesamt $1/3$ (Art. 538 c.c.).[215]

Pflichtteilsberechtigter	neben …	Erbquote	Pflichtteilsquote
1 Kind	Allein	$1/1$	$1/2$
>1 Kinder	Allein	Zusammen $1/1$	Zusammen $2/3$
1 Kind	Ehegatte	$1/2$	$1/3$
>1 Kinder	Ehegatte	zusammen $2/3$	zusammen $1/2$
Ehegatte	Allein	$1/1$	$1/2$ + Voraus
Ehegatte	Eltern	$2/3$	$1/2$ + Voraus
Ehegatte	1 Kind	$1/2$	$1/3$ + Voraus
Ehegatte	>1 Kinder	$1/3$	$1/4$ + Voraus

---

[211] AnwK/*Frank*, Länderbericht Italien, Rn. 86; Süß/*Wiedemann*/*Wiedemann*, Länderbericht Italien, Rn. 86.
[212] AnwK/*Frank*, Länderbericht Italien, Rn. 86; Süß/*Wiedemann*/*Wiedemann*, Länderbericht Italien, Rn. 87.
[213] AnwK/*Frank*, Länderbericht Italien, Rn. 86; Süß/*Wiedemann*/*Wiedemann*, Länderbericht Italien, Rn. 84.
[214] Dazu: AnwK/*Frank*, Länderbericht Italien, Rn. 88; zum Inhalt des Vorausvermächtnisses im Einzelnen: Mayer/Süß/Tanck/Bittler/Wälzholz/*Süß*, Länderbericht Italien, Rn. 176.
[215] Details, und Übersichten zu den Noterbquoten: Mayer/Süß/Tanck/Bittler/Wälzholz/*Süß*, Länderbericht Italien, Rn. 175 ff.; AnwK/*Frank*, Länderbericht Italien, Rn. 85 ff.; Süß/*Wiedemann*/*Wiedemann*, Länderbericht Italien, Rn. 84 ff.

Pflichtteilsberechtigter	neben ...	Erbquote	Pflichtteilsquote
Eltern (insgesamt)	Allein	1/1	1/3 (insgesamt)
Eltern (insgesamt)	Ehegatte	1/3	1/4 (insgesamt)
Eltern (insgesamt)	Kinder	0	0

Übersichtsdarstellung – Im Hinblick auf die kasuistische Ausgestaltung des Gesetzes muss jeder Einzelfall anhand des Gesetzes überprüft werden.

182 b) **Gegenstand für Pflichtteilsberechnung.** Der konkreten Pflichtteilsberechnung wird das nach Art. 556 c.c. ermittelte Reinvermögen des Erblassers im Todeszeitpunkt zugrunde gelegt.[216] Hierzu werden vom Nachlass zunächst die Nachlassverbindlichkeiten und Erbfallschulden abgezogen.[217] Hinzugerechnet werden sodann vom Erblasser gemachte Schenkungen (offenbar ohne zeitliche Beschränkung).[218] Dabei werden auch gemischte Schenkungen und solche Schenkungen, die unter Auflage oder als Pflichtschenkungen erfolgten, erfasst. Bei derartigen Schenkungen erfolgt eine Hinzurechnung allerdings nur insoweit, als sie den Wert der Gegenleistung bzw. den Wert einer durch eine Auflage verursachten Beschwerung übersteigen. Bei Pflichtschenkungen erfolgt eine Hinzurechnung nur insoweit, als die Pflichtschenkung das übliche Maß übersteigt.[219] Auch eine vom Erblasser gegebene Mitgift wird hinzugerechnet.[220] Ausgehend von dieser Berechnungsmasse wird dann unter Berücksichtigung der Noterbquoten die Höhe des frei verfügbaren Teiles, über die der Erblasser testamentarisch verfügen konnte, bestimmt.[221] Die testamentarischen Verfügungen und Schenkungen, die über den so berechneten frei verfügbaren Anteil hinausgehen, unterliegen sodann der Kürzung.[222]

183 c) **Art des Pflichtteils.** Im italienischen Recht ist der Pflichtteil als echtes Noterbrecht ausgestaltet. Im Unterschied zum frei verfügbaren Teil ist dies der Teil des Nachlasses, über den nicht verfügt werden kann. Das Noterbrecht vermittelt den Noterbberechtigten eine echte dinglich wirkende Beteiligung am Nachlass.[223] Ein Testament, das Verfügungen über den frei verfügbaren Teil hinaus enthält, ist aber nicht automatisch unwirksam. Ebenso werden die Noterben nicht automatisch mit dem Erbfall zu Erben. Sie müssen vielmehr eine sog. Herabsetzungsklage *(azione di riduzione)* erheben.[224] Der Herabsetzung unterliegen zunächst die testamentarischen Zuwendungen (Erbeinsetzungen oder Vermächtnisse) gem. Art. 554, 558 Abs. 1 c.c. Dabei erfolgt die Herabsetzung verhältnismäßig, es sei denn, der Erblasser hat in der Verfügung von Todes wegen gem. Art. 558 Abs. 2 c.c. erklärt, dass einer bestimmten Verfügung Vorzug vor den anderen gegeben werden solle. In diesem Fall wird die bevorrechtigte Verfügung nur dann gekürzt, wenn der Wert der anderen Verfügungen

---

[216] Süß/*Wiedemann/Wiedemann*, Länderbericht Italien, Rn. 88; Mayer/Süß/Tanck/Bittler/Wälzholz/*Süß*, Länderbericht Italien, Rn. 179.
[217] Zum Abzug auch der Erbfallschulden: Ferid/Fisching/Dörner/Hausmann/*Stadler*, Internationales Erbrecht, Italien, Rn. 191; Süß/*Wiedemann/Wiedemann*, Länderbericht Italien, Rn. 88. Wiedemann/Wiedemann weisen darauf hin, dass Vermächtnisse nicht abzugsfähige Schulden darstellen – dazu Süß/*Wiedemann/Wiedemann*, a. a. O., dort Fn. 111.
[218] Süß/*Wiedemann/Wiedemann*, Länderbericht Italien, Rn. 88.
[219] Mayer/Süß/Tanck/Bittler/Wälzholz/*Süß*, Länderbericht Italien, Rn. 179; Süß/*Wiedemann/Wiedemann*, Länderbericht Italien, Rn. 88; Ferid/Firsching/Dörner/Hausmann/*Stadler*, Länderbericht Italien, Rn. 191.
[220] Ferid/Firsching/Dörner/Hausmann/*Stadler*, Länderbericht Italien, Rn. 191; Mayer/Süß/Tanck/Bittler/Wälzholz/*Süß*, Länderbericht Italien, Rn. 179.
[221] *Salaris*, ZEV 1995, 240, 242; Süß/*Wiedemann/Wiedemann*, Länderbericht Italien, Rn. 88.
[222] *Salaris*, a. a. O.; *Wiedemann/Wiedemann*, a. a. O.; zur Herabsetzung Rn. 183 ff.
[223] Süß/*Wiedemann/Wiedemann*, Länderbericht Italien, Rn. 83; Ferid/Firsching/Dörner/Hausmann/*Stadler*, Länderbericht Italien, Rn. 182; AnwK/*Frank*, Länderbericht Italien, Rn. 82.
[224] Die nachfolgende Darstellung beschränkt sich auf die Grundzüge und die grundsätzliche Systematik der Herabsetzungsklage. Dazu auch: Süß/*Wiedemann/Wiedemann*, Länderbericht Italien, Rn. 90 ff.; Ferid/Firsching/Dörner/Hausmann/*Stadler*, Länderbericht Italien, Rn. 193. Bei der praktischen Fallbearbeitung wird man entsprechende italienische Literatur und Rechtsprechung heranziehen bzw. den Rat italienischer Fachleute einholen müssen.

nicht ausreicht, um die Noterbrechte zu decken (Art. 558 Abs. 2 c. c.).[225] Die Herabsetzung kann auch dazu führen, dass die Noterben den gesamten Nachlass erhalten, da die Pflichtteile nach den um Schenkungen etc. erhöhten Nachlass (vgl. Rn. 182) berechnet werden.[226] Kann durch die Kürzung der testamentarischen Verfügungen das Noterbrecht nicht vollständig gedeckt werden, so erfolgt als nächstes die Herabsetzung lebzeitiger Schenkungen gem. Art. 555 c. c. Hierbei wird in chronologischer Reihenfolge ausgehend von der letzten Schenkung die Herabsetzung vorgenommen (Art. 559 c. c.).[227] Eine zeitliche Grenze für die Herabsetzung der Schenkungen gibt es nicht. Bei der pflichtteilswidrigen Zuwendung von Grundstücken gelten für die Herabsetzung die Sonderregeln der Art. 560 ff.[228]

Der Noterbe hält den Pflichtteil grundsätzlich lastenfrei und ohne weitere Bedingungen (Art. 549 c. c.). Eine Ausnahme bildet die sog. *cautela sociniana* (Art. 550 c. c.): Hinterlässt der Erblasser dem Pflichtteilsberechtigten einen mit einem Nießbrauch oder einer Rente belasteten Erbteil, so kann der Pflichtteilsberechtigte in diesen Fällen entscheiden, ob er entweder die Verfügung bzw. Schenkung mit der Belastung annimmt oder ob er seinen unbelasteten Pflichtteil verlangt und alles, was ihm darüber hinausgehend zugewendet wurde, aufgibt.[229] Ferner besteht noch die Möglichkeit, zugunsten des Pflichtteilsberechtigten bestimmte in besonderer Weise ausgestaltete Vermächtnisse auszusetzen.[230]

184

d) **Pflichtteilsanrechnung.** Art. 564 Abs. 2 c. c. regelt, dass der Pflichtteilsberechtigte[231], der die Kürzung von Schenkungen oder von testamentarischen Verfügungen verlangt, sich auf seinen Pflichtteil die ihm gemachten Schenkungen und ihm ausgesetzten Vermächtnisse anrechnen zu lassen hat, es sei denn, dass er davon ausdrücklich befreit worden ist.[232]

185

e) **Pflichtteilsergänzung.** Wie bereits gezeigt, werden bei der Berechnung des Noterbteils Schenkungen dem Nachlass hinzugerechnet.[233] Schenkungen unterliegen gem. Art. 555 c. c. subsidiär zu den testamentarischen Verfügungen der Herabsetzung.[234] Insoweit findet im italienischen Recht in gewisser Weise eine Pflichtteilsergänzung statt, wobei dies allerdings im System der Berechnung des Noterbteils stattfindet.

186

f) **Pflichtteilsentziehung und Pflichtteilsminderung.** Das italienische Recht kennt kein besonderes Recht der Pflichtteilsentziehung. Der Pflichtteil wird vielmehr nur in den Fällen der Erbunwürdigkeit (Art. 463 c. c.) nicht gewährt.[235]

187

g) **Zulässigkeit eines Pflichtteilsverzichts.** Im italienischen Recht ist ein Erb- und Pflichtteilsverzicht zu Lebzeiten des Erblassers grundsätzlich nicht zulässig.[236] Auch durch Zu-

188

---

[225] Dazu Mayer/Süß/Tanck/Bittler/Wälzholz/*Süß*, Länderbericht Italien, Rn. 186.
[226] Dazu Mayer/Süß/Tanck/Bittler/Wälzholz/*Süß*, Länderbericht Italien, Rn. 186.
[227] Einzelheiten zur Herabsetzung von Schenkungen und insbesondere auch zur Herausgabe der geschenkten Gegenstände an den Nachlass: Süß/*Wiedemann/Wiedemann*, Länderbericht Italien, Rn. 94 ff., zur Herausgabeklage unten Rn. 96 ff. – dort auch zum Herausgabeklage gegen den Dritterwerber; Ferid/Firsching/Dörner/Hausmann/*Stadler*, Länderbericht Italien, Rn. 163; Mayer/Süß/Tanck/Bittler/Wälzholz/*Süß*, Länderbericht Italien, Rn. 188; AnwK/*Frank*, Länderbericht Italien, Rn. 84 – dort auch zu den Besonderheiten der Herabsetzung von Schenkungen über Immobiliarvermögen Rn. 84.
[228] Süß/*Wiedemann/Wiedemann*, Länderbericht Italien, Rn. 98 ff., insbesondere zu den in Art. 561, 563 c. c. neu eingeführten Verfallsfristen: Rn. 99; zu den in Art. 561, 563 c. c. neu eingeführten Verfallsfristen auch *Gabrielli* FamRZ 2005, S. 1626 ff.; zu den Verfallsfristen auch AnwK/*Frank*, Länderbericht Italien, Rn. 84; Hinweis: bei *Patti*, Codice Civile Italiano, 2007, wiedergegebene Text der Art. 561, 563 c. c. stimmt nicht mit der Neufassung überein. Die Neufassung findet sich bei *Gabrielli* FamRZ 2005, 1626, 1627. Auch bei Bauer/Eccher/König/Kreuzer/Zanon, Italienisches Zivilgesetzbuch, ist nicht der neue Text der Art. 561, 563 c. c. wiedergegeben.
[229] Zur cautela socinia ausführlich: Süß/*Wiedemann/Wiedemann*, Länderbericht Italien, Rn. 104 (dort auch zur Anwendung im Falle der Zuwendung eines Nießbrauchs an den Pflichtteilsberechtigten); Mayer/Süß/Tanck/Bittler/Wälzholz/*Süß*, Länderbericht Italien, Rn. 180.
[230] Dazu ausführlich: Süß/*Wiedemann/Wiedemann*, Länderbericht Italien, Rn. 101 ff.; Mayer/Süß/Tanck/Bittler/Wälzholz/*Süß*, Länderbericht Italien, Rn. 181 ff.
[231] In der Übersetzung bei *Patti*, Italienisches Zivilgesetzbuch, wird vom „Pflichtteilserben" gesprochen. Dieser Begriff ist aber offenbar nie gewählt. So sprechen auch Bauer/Eccher/König/Kreuzer/Zanon, Italienisches Zivilgesetzbuch, vom „Pflichtteilsberechtigten".
[232] Zu den Einzelheiten vgl.: Süß/*Wiedemann/Wiedemann*, Länderbericht Italien, Rn. 89.
[233] Vgl. oben Rn. 182 und 183.
[234] Vgl. oben Rn. 183.
[235] Dazu: Süß/*Wiedemann/Wiedemann*, Länderbericht Italien, Rn. 107.

stimmung zu einer Schenkung kann nicht darauf verzichtet werden, nachträglich eine Herabsetzungsklage zu erheben (Art. 557 Abs. 2 c.c.). Nach dem Tod des Erblassers ist allerdings der Verzicht auf die Herabsetzungsklage formlos möglich.[237]

189 h) **Erleichterung der Unternehmensnachfolge.** Hinzuweisen ist noch darauf, dass der in den Art. 768bis ff. c. c. neu eingeführte *patto di famiglia,* der einen Vertrag unter Lebenden darstellt, die lebzeitige Unternehmensnachfolge erleichtert und dabei auch Auswirkungen auf das Pflichtteilsrecht hat.[238] Vereinfacht gesagt überträgt durch den Vertrag der spätere Erblasser ganz oder teilweise seinen Betrieb bzw. seine Gesellschaftsanteile auf einen oder mehrere Abkömmlinge. Den anderen am Vertrag beteiligten Personen (Ehegatte, Abkömmlinge) werden Abfindungen geleistet, auf die auch verzichtet werden kann. Die Zuwendung von Betrieb oder Gesellschaftsanteilen und die geleistete Abfindung unterliegen gem. Art. 768[quater] Abs. 4 c. c. weder einer Herabsetzungsklage noch müssen die Empfänger diese Werte bei der Nachlassverteilung zur Ausgleichung bringen.[239]

VII. Kosovo (Serbische Provinz Kosovo)

Schrifttum: *Pürner,* Republik Serbien (Stand 30. 6. 2006); in: Ferid/Firsching/Dörner/Hausmann, Internationales Erbrecht; *Pürner;* Neues Erbrechtsgesetz im Kosovo, Zerb 2007, 159; *Schwarz,* Das anwendbare Recht des Kosovo, IPRax 2002, 238; *Süß,* Erbrecht in Serbien: Provinz Kosovo, in: Süß, Erbrecht in Europa, S. 1393; *Tersteegen,* Länderbericht Kosovo, in: Kroiß/Ann/Mayer, AnwaltKommentar BGB, Band 5, Erbrecht, 2. Aufl. 2007.

1. Internationales Erbrecht

190 a) **Erbstatut.** Seit der Auflösung des Staatenbundes „Serbien-Montenegro", die durch die formale Erklärung der Unabhängigkeit Serbiens durch dessen Parlament am 5. Juni 2006 endgültig besiegelt worden ist, stellt Serbien einen eigenständigen Staat dar.

191 Weiterhin unklar ist das völkerrechtliche Schicksal des Kosovo. Am 17. Februar 2008 erklärte das Parlament des Kosovo in der Hauptstadt Priština mit der Proklamierung der Republik Kosovo die Unabhängigkeit des Kosovo von Serbien. Zum heutigen Stand erkennen 54 der 192 UN-Mitgliedstaaten, darunter Deutschland, den Kosovo als unabhängigen Staat an.

192 Serbien, die UN und die Mehrheit der Staatengemeinschaft sieht den Kosovo jedoch weiterhin als zum serbischen Staat angehörige autonome Provinz an. Der Kosovo wurde nach dem Kosovokrieg -bei formeller Wahrung der Zugehörigkeit zu Serbien- durch die UN-Resolution 1244 unter die Verwaltung der Vereinten Nationen gestellt.

193 Aus serbischer Perspektive und bei der Annahme, dass der Kosovo weiterhin zum serbischen Staat gehört, gelten also die Vorschriften des serbischen IPR unter Einbeziehung der Regelungen zur interlokalen Rechtskollision.

194 Aus der Perspektive des Kosovo kommen weder das serbische IPR noch das serbische materielle Sachrecht zur Anwendung.

195 Das Erbgesetz des Kosovo von 2005[240] enthält in seinen Art. 146 und 147 IPR-Regelungen.

196 Dieses bestimmt in Art. 146 Abs. 1 und 2, dass das materielle Erbrecht des Kosovo für alle Kosovaren gilt. Weiter bestimmt Art. 147 Abs. 1 ErbG, dass ausländische Staatsangehörige nach den Gesetzen des Landes beerbt werden, dessen Staatsangehöriger sie waren. Das

---

[236] Mayer/Süß/Tanck/Bittler/Wälzholz/*Süß,* Länderbericht Italien, Rn. 189; Süß/*Wiedemann/Wiedemann,* Länderbericht Italien, Rn. 106.

[237] Süß/*Wiedemann/Wiedemann,* Länderbericht Italien, Rn. 106; Mayer/Süß/Tanck/Bittler/Wälzholz/*Süß,* Länderbericht Italien, Rn. 189.

[238] Zum patto di famiglia (dort auch zu den zu beteiligenden Personen und Formerfordernissen): Süß/*Wiedemann/Wiedemann,* Länderbericht Italien, Rn. 115 ff.; *Dörner/Ferrante* ZEV 2008, 53; *Padovini* ZfRV 2008, 42; *Osterloh-Konrad* ErbR 2008, 157; *Kindler,* FamRZ 2007, 954; *Castelli/Molinar,* ZErb 2007, 367.

[239] Zu den Einzelheiten: *Dörner/Ferrante* ZEV 2008, 53; Süß/*Wiedemann/Wiedemann,* Länderbericht Italien, Rn. 115 ff.

[240] Deutsche Übersetzung von *Pürner,* Serbien Texte C Nr. 1, in: Ferid/Firsching/Dörner/Hausmann, Internationales Erbrecht.

VII. Kosovo (Serbische Provinz Kosovo)

Recht des Kosovo knüpft somit für das Erbstatut grundsätzlich an die **Staatsangehörigkeit** des Erblassers an und bestimmt dessen **Heimatrecht** als Erbstatut.

Eine Rechtswahl im Bereich des Erbrechts sieht das kosovarische IPR in Art. 146 Abs. 2 ErbG für Kosovaren vor, die ihren gewöhnlichen Aufenthalt nicht im Kosovo haben. Diese können testamentarisch als Erbstatut das Recht des Landes ihres Wohnsitzes wählen. Unter diesen Voraussetzungen wird eine Rechtswahl vom kosovarischen Recht anerkannt. Im Übrigen ist eine Rechtswahl unter Zugrundelegung des Rechts des Kosovos unwirksam.

Im Hinblick auf das Staatsangehörigkeitsprinzip ergeben sich für Kosovaren Schwierigkeiten. Einerseits geht das ErbG unter Zugrundelegung der staatlichen Souveränität des Kosovo davon aus, dass es eine kosovarische Staatsangehörigkeit gibt und unterscheidet zwischen Kosovaren und ausländischen Staatsangehörigen. Andererseits ist der Kosovo von der UN nicht als selbständiger Staat anerkannt und kann demgemäß unter Zugrundelegung dieses Standpunktes keine eigene Staatsbürgerschaft haben. De facto wird man davon ausgehen können, dass die kosovarischen Behörden für alle sich im Territorium des Kosovo befindlichen Personen, die einen kosovarischen Ausweis besitzen, das Recht Kosovos anwenden werden. Für im Ausland lebende Kosovaren dürfte dasselbe gelten.

Das zur Anwendung kommende Recht bei mehrfacher Staatsangehörigkeit ist im kosovarischen ErbG nicht geregelt. Es ist aber davon auszugehen, dass de facto dem kosovarischen Recht der Vorzug gegeben wird, da die Regelungen zur Rechtswahl nur unter besonderen Bedingungen eine Rechtswahl zulassen.

Internationale Verträge und bilaterale Abkommen gehen nach allgemeinen völkerrechtlichen Grundsätzen dem nationalen Recht vor. Ein bilaterales Abkommen zwischen Deutschland und dem Kosovo existiert nicht.

Sonderanknüpfungen hinsichtlich bestimmter Vermögensgegenständen bestehen nicht.

b) Rück- und Weiterverweisung. Das kosovarische IPR regelt nicht den Fall der Verweisung auf das Recht eines anderen Staates. Es ist aber davon auszugehen, dass de facto auch das internationale Privatrecht des anderen Staates verwiesen wird. Rück- und Weiterverweisungen des ausländischen Rechts sind nicht ausdrücklich geregelt, werden wohl aber de facto unter unmittelbar Anwendung des kosovarischen Sachrechts angenommen.

c) Regelungsumfang des Erbstatuts. Das Erbstatut regelt umfassend die Voraussetzungen und Folgen des Erbfalls, insbesondere also den Eintritt des Erbfalls, den Umfang des Nachlasses, die Annahme und Ausschlagung der Erbschaft, das gesetzliche Erbrecht, das Pflichtteilsrecht, die Rechtsstellung des Erben und die Erbenhaftung. Eine Differenzierung nach bestimmten Vermögensgegenständen und deren Belegenheit wird nicht vorgenommen.

Bezüglich des Regelungsumfang des Formstatutes vgl. Rn. 207.

d) Wirksamkeit der Verfügung von Todes wegen. Hinsichtlich der **Testierfähigkeit** ist die Sonderanknüpfung des Art. 148 Abs. 3 ErbG zu beachten, der Anforderungen bezüglich des Alters oder anderer persönlicher Eigenschaften als formelle Anforderungen definiert und somit diesbezüglich auf das Recht des Staates verweist, dem der Testator zum Zeitpunkt der Errichtung des Testamentes angehörte.

Das Haager Testamentformübereinkommen vom 5. 10. 1961 sowie das Washingtoner Abkommen über ein einheitliches Recht der Form eines Internationalen Testamentes vom 5. 10. 1961 kommen im Kosovo wohl nicht mehr zur Anwendung.

Hinsichtlich der **Form** letztwilliger Verfügungen ist somit lediglich Art. 148 Abs. 1 ErbG als Sonderanknüpfung zu beachten, welcher zahlreiche Anknüpfungsmöglichkeiten vorsieht und im Ergebnis eine dem Haager Testamentsformübereinkommen vergleichbare Anknüpfungsvielfalt bietet.

Somit ist aus Perspektive des IPR des Kosovo ein Testament hinsichtlich der Form unter folgenden Voraussetzungen wirksam:

- es ist nach dem Recht des Staates formgültig, dessen Staatsangehörigkeit der Erblasser zum Zeitpunkt der Errichtung des Testamentes oder zum Zeitpunkt seines Todes besaß,
- es ist nach dem Recht des Ortes formgültig, an dem es errichtet wurde,

- es ist nach dem Recht des Staates formgültig, in dem der Erblasser zum Zeitpunkt der Errichtung des Testamentes oder zum Zeitpunkt des Todes seinen Wohnsitz oder Aufenthalt besaß,
- es ist bezüglich unbeweglicher Sachen nach dem Recht des Lageortes der unbeweglichen Sache wirksam,
- es ist nach dem Recht des Staates formgültig, das als Sachrecht auf den Erbfall zur Anwendung kommt oder zum Zeitpunkt der Errichtung zur Anwendung gekommen wäre.

209 Weiter stellt Art. 75 ErbG klar, dass ein im Kosovo in Übereinstimmung mit dem kosovarischen Recht errichtetes Testament stets wirksam ist.

210 Auf die Form des Widerrufs einer letztwilligen Verfügung ist Art. 148 Abs. 1 ErbG ebenfalls anwendbar (Art. 148 Abs. 2 ErbG).

211 Zu beachten ist, dass das Formstatut lediglich darüber bestimmt, ob ein Testament formgültig errichtet wurde. Die inhaltliche Wirksamkeit richtet sich nach den Maßgaben des zur Anwendung kommenden Sachrechts.

212 Zu den Problemfällen **Erbvertrag** und **gemeinschaftliches Testament** gilt unter Zugrundelegung kosovarischen Sachrechts folgendes:

213 Erbverträge sind gem. Art. 69 Abs. 2 ErbG nichtig. Für das gemeinschaftliche Testament kennt das kosovarische Recht keine Regelungen. Fraglich ist, ob die Bestimmung des Art. 69 Abs. 2 ErbG lediglich ein materielles Verbot bindender letztwilliger Verfügungen oder zusätzlich eine zwingende Formvorschrift darstellt. Davon abhängig ist, ob frei widerruflich Verfügungen wirksam sind, gleich ob diese in einem Erbvertrag oder in einem gemeinschaftlichen Testament enthalten sind. Der Wortlaut des Art. 69 Abs. 2 ErbG zielt auf die Errichtung in ein und demselben Akt ab und stellt klar, dass dies auch für wechselbezügliche Verfügungen gilt. Somit ist davon auszugehen, dass diese Bestimmung nicht lediglich ein materielles Verbot bindender letztwilliger Verfügungen, sondern zusätzlich eine zwingende Formvorschrift darstellt. Demgemäß sind frei widerrufliche Verfügungen, deren Wirksamkeit nach kosovarischem Sachrecht beurteilt wird, unwirksam.[241]

2. Gesetzliche Erbfolge

214 Das materielle kosovarische Erbrecht ist im Gesetz Nr. 2004/26 der Kosovo-Versammlung welches am 4. 2. 2005 in Kraft getreten ist, geregelt. Das kosovarische Erbrecht ist vom Grundsatz des Familienerbrechts geprägt. Wenn der Erblasser nicht abweichend testamentarisch verfügt, sieht die gesetzliche Regelung vor, dass der Nachlass auf die Verwandten übergeht.

215 Gesetzliche Erben gem. Art. 11 Abs. 1 ErbG sind demgemäß die Kinder des Erblassers, seine Adoptivkinder und deren Abkömmlinge, der Ehegatte, die Eltern, Geschwister und deren Abkömmlinge, Großvater und Großmutter und deren Abkömmlinge.

216 Dem Ehepartner gleichgestellt ist gem. Art. 11 Abs. 2 ErbG der **nichteheliche Lebenspartner**. Eine nichteheliche Lebenspartnerschaft ist gegeben, wenn zwischen einem unverheirateten Mann und einer unverheirateten Frau eine länger andauernde Lebensgemeinschaft bestanden hat, die durch den Tod eines der Partner beendet wurde, und diese Lebenspartner auch die Ehe miteinander hätten eingehen können (Art. 11 Abs. 2 ErbG). Weiter müssen die Voraussetzungen des Art. 28 Abs. 1 ErbG gegeben sein: Ihre Lebensgemeinschaft muss mindestens 10 oder beim Hervorgehen von gemeinsamen Kindern aus dieser Partnerschaft mindestens 5 Jahre angedauert haben und die Partner dürfen zum Zeitpunkt des Todes des Erblassers nicht anderweitig verheiratet gewesen sein bzw. der Erblasser muss einen Scheidung- bzw. Annullierungsantrag gestellt haben, der nach seinem Tod als begründet anerkannt wird.

217 Die Erbfolge bestimmt sich nach Ordnungen, wobei die jeweils vorgehende Ordnung die nachfolgende ausschließt (Art. 11 Abs. 3 und Abs. 4 ErbG). Innerhalb der Ordnungen gelten das Repräsentationsprinzip und das Prinzip der Erbfolge nach Stämmen.

---

[241] Zur abweichenden Situation in Serbien siehe *Süß*, Erbrecht in Serbien, in Süß, Erbrecht in Europa, Rn. 22.

Erben **erster Ordnung** sind die Abkömmlinge des Erblassers und sein Ehegatte (Art. 12 Abs. 1 ErbG). Die Kinder des Erblassers und sein Ehegatte erben dabei zu gleichen Teilen (Art. 12 Abs. 2 ErbG). Nichteheliche Kinder und adoptierte Kinder sowie deren Abkömmlinge sind den ehelichen Kindern und deren Abkömmlingen gleichgestellt (Art. 22 ErbG).

An die Stelle vorverstorbener Kinder treten deren Abkömmlinge nach dem Prinzip der Erbfolge nach Stämmen und nach dem Repräsentations- und Eintrittsprinzip (Art. 13 ErbG).

Falls der Erblasser keine Abkömmlinge hat, kommen die Erben zweiter Ordnung zum Zuge. Erben **zweiter Ordnung** sind der Ehegatte des Erblassers und die Eltern des Erblassers mit ihren Abkömmlingen (Art. 14 ErbG). Der Ehegatte erbt die Hälfte des Nachlasses, die andere Hälfte erben die Eltern des Erblassers zu gleichen Teilen (Art. 14 Abs. 2 ErbG).

Kann oder will der Ehegatte nicht Erbe werden, so erben die Eltern jeweils zu $^1/_2$ (Art. 14 Abs. 3 ErbG).

Für den Fall, dass ein Elternteil nicht Erbe werden kann oder will, tritt Erbfolge nach Linien ein und an die Stelle des weggefallenen Elternteils treten dessen Abkömmlinge nach den Regeln der Erbfolge in der ersten Ordnung (Art. 15 Abs. 1 ErbG). Dabei bilden Vater und Mutter jeweils eine Linie. Diese Linien erben wiederum zu untereinander gleichen Teilen. Auch hier gilt wiederum das Repräsentations- und Eintrittsprinzip. Dabei ist zu beachten, dass die Linien voneinander getrennt sind. Insoweit erben die Halbgeschwister des Erblassers und deren Abkömmlinge nur über die Linie, der sie entsprungen sind. Fällt ein Elternteil aus der Erbfolge raus ohne dass Abkömmlinge an ihre Stelle treten, findet Anwachsung an die Linie des anderen Elternteils statt (Art. 16 ErbG). Fallen beide Elternteile weg ohne dass Abkömmlinge zum Zuge kommen, erbt der überlebende Ehegatte als Erbe der dritten Erbordnung allein (Art. 17 ErbG).

Erben der **dritten Ordnung** sind der Ehegatte des Erblassers sowie die Großeltern des Erblassers und deren Abkömmlinge (Art. 18 ErbG). Dabei kommen die Großeltern jedoch nur dann zum Zuge, wenn der Erblasser keinen Ehegatten hinterlassen hat.

Jedes der zwei Großelternpaare erbt zu $^1/_2$ und jeder Großelternteil zu $^1/_4$ (Art. 18 ErbG).

Für den Fall, dass ein Großelternteil nicht als Erbe zum Zuge kommt treten an dessen Stelle seine Abkömmlinge nach dem Prinzip der Erbfolge nach Stämmen und nach dem Repräsentations- und Eintrittsprinzip (Art. 19 ErbG). Fällt ein komplettes Großelternpaar ohne Hinterlassung von Abkömmlingen weg, findet Anwachsung statt und das andere Großelternpaar erbt jeweils zu $^1/_2$ oder der verbleibende Großelternteil wird Alleinerbe (Art. 20 ErbG).

Für Kinder besteht die Sonderregelung des Art. 23 ErbG, die zu einer **Erhöhung ihrer Beteiligung** am Nachlass führen kann.

Die Regelung betrifft Konstellationen in der auch Kinder des Erblasser vorhanden sind, die nicht auch gleichzeitig Kinder des überlebenden Ehegatten sind.

Ist das Vermögen des überlebenden Ehegatten in diesen Fällen größer als der Wert des Erbteils, der dem einseitigen Kind zustehen würde, kann der Erbteil eines jeden Kindes – also auch die Erbteile von gemeinschaftlichen Kindern – erhöht werden. Die Anpassung erfolgt nicht automatisch sondern durch Entscheidung des Nachlassgerichts und unter Berücksichtigung aller Umstände des Einzelfalls. Maximal kann der Erbteil eines jeden Kindes – also nicht nur der der einseitigen Kinder – doppelt so groß ausfallen wie der Erbteil des überlebenden Ehegatten.

3. Pflichtteilsrecht

a) **Pflichtteilsberechtigte Personen und Quoten. Pflichtteilsberechtigt** sind gem. Art. 30 Abs. 3 ErbG grundsätzlich nur die Personen, die beim Greifen der gesetzlichen Erbfolge zum Zuge gekommen wären.

In den Kreis der Pflichtteilsberechtigten fallen die Abkömmlinge, Adoptivkinder und ihre Abkömmlinge, die Eltern und der Ehegatte (Art. 30 Abs. 1 ErbG).

Der nichteheliche Lebenspartner hat kein Pflichtteilsrecht (Art. 28 Abs. 2 ErbG).

Die Großeltern des Erblassers und dessen Geschwister sind nur dann pflichtteilsberechtigt, wenn sie dauernd und vollkommen arbeitsunfähig sind und ihren Lebensunterhalt nicht aus eigenen Mitteln bestreiten können (Art. 30 Abs. 2 ErbG).

232 Die **Pflichtteilsquote** wird durch den gesetzlichen Erbteil bestimmt.
233 Demgemäß beläuft sich die Pflichtteilsquote der Abkömmlinge und des Ehegatten auf die Hälfte des gesetzlichen Erbteils, während sich die Pflichtteilsquote der übrigen Pflichtteilsberechtigten auf $1/3$ des gesetzlichen Erbteils beläuft (Art. 31 Abs. 2 ErbG).

Pflichtteilsberechtigte	neben …	Erbquote		Pflichtteilsquote
Kinder	Allein	$1/1$		$1/2$
Kinder	Ehegatte	1 Kind	$1/2$	$1/4$
		2 Kinder	$1/3$	$1/6$ je Kind
		3 Kinder	$1/4$	$1/8$ je Kind
Ehegatte	Allein	$1/1$		$1/2$
Ehegatte	Eltern	$1/2$		$1/4$
Ehegatte	Kinder	Neben 1 Kind	$1/2$	$1/4$
		Neben 2 Kindern	$1/3$	$1/6$
		Neben 3 Kindern	$1/4$	$1/8$
Elternteil	Allein	$1/1$		$1/3$
Elternteil	Anderer Elternteil	$1/2$		$1/6$
Elternteil	Ehegatte	$1/4$		$1/12$
Elternteil	Kinder	0		0

234 b) **Gegenstand für Pflichtteilsberechnung.** Der Pflichtteil bezieht sich in erster Linie auf den Nachlass, d.h. auf die zum Zeitpunkt des Todes des Erblassers in dessen Vermögen vorhandenen Gegenstände abzüglich aller Nachlassverbindlichkeiten (Art. 32 Abs. 1 und Abs. 2 ErbG).
235 Es sind die güterrechtlichen Auswirkungen einer Ehe des Erblassers zu beachten. Der gesetzliche Güterstand im Kosovo ist eine Art der Errungenschaftsgemeinschaft, bei der zwischen vorehelichem Sondervermögen und während der Ehezeit erworbenen gemeinsamen Vermögen unterschieden wird. Der Anteil des überlebenden Ehegatten am gemeinsamen Vermögen und sein Sondervermögen fallen nicht in den Nachlass. (Art. 26 Abs. 1, 2 ErbG).
236 Dem eigentlichen Nachlass werden jedoch zur Berechnung des Pflichtteils grundsätzlich lebzeitige Schenkungen des Erblassers an gesetzliche Erben ohne jede zeitliche Begrenzung und Schenkungen an Dritte, die im letzten Lebensjahr des Erblassers stattgefunden haben, hinzugerechnet (Art. 32 ErbG Abs. 4 und 5 ErbG).
237 Die zugewendeten Gegenstände werden dem Nachlass mit ihrem Wert zum Zeitpunkt der Bestimmung des Nachlasswertes hinzugerechnet, wobei jedoch dabei auf ihren tatsächlichen Zustand zum Zeitpunkt der Schenkung abzustellen ist (Art. 34 ErbG). Die Pflichtteilsquote bezieht sich demgemäß auf den um den Wert der anrechnungspflichtigen Zuwendungen erhöhten Nachlass.
238 Weiter werden dem Nachlass gem. Art. 36 ErbG solche Gegenstände im Wege der Aussonderung abgezogen, die ein Erbe mit dem Erblasser gemeinsam erwirtschaftet hat. Die Aussonderung erfolgt anteilsmäßig entsprechend dem Wert des Beitrags des Aussonderungsberechtigten.
239 Gleiches gilt für geringwertige Haushaltsgegenstände zu Gunsten von Ehegatten und Abkömmlingen des Erblassers (Art. 37 ErbG).
240 c) **Art des Pflichtteils.** Das kosovarische Pflichtteilsrecht ist als echtes Noterbrecht und nicht lediglich als ein schuldrechtlicher Anspruch ausgestaltet (Art. 38 Abs. 1 ErbG).
241 Der Pflichtteil ist verletzt, wenn der kombinierte Wert der testamentarischen Verfügungen und Geschenke, die dem Nachlass hinzuzurechnen sind, den verfügbaren Teil übersteigt (Art. 38 Abs. 2 ErbG).

Konsequenz einer Verletzung des Pflichtteils ist, dass testamentarische Verfügungen verringert werden und zwar in dem Umfang, wie das zur Herstellung des Pflichtteils notwendig ist (Art. 38 Abs. 1 ErbG, 40 ErbG). Die Herabsetzung wird im Nachlassverfahren geltend gemacht.

Reicht der Wert des Nachlasses nicht aus um den Pflichtteilsberechtigten zu bedienen, haftet subsidiär der Beschenkte. Dabei erfolgt die Rückabwicklung in umgekehrter zeitlicher Reihenfolge und nur insoweit, als die Rückabwicklung notwendig ist um die Pflichtteile zu bedienen (Art. 43 Abs. 1 ErbG). Bei gleichzeitigen Schenkungen erfolgt eine verhältnismäßige Rückforderung dieser gleichzeitig getätigten Schenkungen (Art. 43 Abs. 2 ErbG).

Der Beschenkte haftet dabei lediglich nach bereicherungsrechtlichen Grundsätzen und wird bis zur Kenntnis des Antrages auf Rückgewähr als gutgläubig behandelt (Art. 39 Abs. 2 ErbG i. V. m Art. 44 ErbG).

d) **Pflichtteilsergänzung.** Pflichtteilsergänzungsansprüche im technischen Sinne sieht das ErbG nicht vor. Den Pflichtteil beeinträchtigende lebzeitige Verfügungen werden im Rahmen dessen, was Gegenstand der Pflichtteilsberechnung ist (vgl. Rn. 236 ff.) und im Rahmen der Haftung für den Pflichtteil (vgl. Rn. 243 f.) berücksichtigt.

Restpflichtteilsansprüche im technischen Sinne sieht das ErbG ebenfalls nicht vor, da das Pflichtteilsrecht als echtes Noterbrecht ausgestaltet ist und demgemäß pflichtteilsverletzende testamentarische Verfügungen unwirksam sind soweit sie das Pflichtteilsrecht verletzen.

e) **Pflichtteilsanrechnung.** Art 47 ErbG sieht eine Anrechnung von lebzeitigen Geschenken an den Erben auf dessen Erbteil vor. Ein Anrechnung findet nicht statt, wenn der Erblasser dies bei der Zuwendung oder durch letztwillige Verfügung bestimmt hat (Art. 47 Abs. 3 ErbG). Eine Anrechnung findet demgemäß auch auf den Pflichtteil statt.

Art. 47 Abs. 4 ErbG bestimmt, dass sich die Vorschriften der Art. 47 Abs. 1 bis Abs. 3 ErbG nicht auf den Pflichtteil auswirken sollen. Damit wird nicht die Anrechnung von lebzeitigen Geschenken auf den Pflichtteil ausgeschlossen, sondern nur klargestellt, dass diese Geschenke bei der Berechnung des Pflichtteils zu berücksichtigen sind, gleich ob vom Erblasser eine Anrechnung bestimmt wurde oder nicht.

f) **Pflichtteilsentziehung.** Zu unterscheiden sind die **Erbunwürdigkeit**, die **schlichte Enterbung**, die **qualifizierte Enterbung** und die **Pflichtteilsentziehung**.

Die Erbunwürdigkeit wirkt ipso iure und ist vom Nachlassgericht außer in den Fällen der Erbunwürdigkeit wegen der Verletzung von Unterhaltspflichten von Amts wegen zu beachten (Art. 112 ErbG).

Ein gesetzlicher oder testamentarischer Erbe kann durch das Gericht für erbunwürdig erklärt werden,
- bei versuchter oder vollendeter vorsätzliche Tötung des Erblassers, dessen Ehegatten oder dessen Kinder;
- falscher Bezichtigung des oder falsches Zeugnis über den Erblasser, die zu einer Freiheitsstrafe für den Erblasser führen;
- bei erniedrigendem Verhalten oder Betrug gegenüber dem Erblasser;
- bei schwerwiegenden Verletzungen von Unterhaltspflichten gegenüber dem Erblasser.

Die **schlichte Enterbung,** die ausdrücklich oder konkludent erfolgen kann, stellt eine testamentarische Verfügung des Erblassers dar, die dazu führt, dass der gesetzliche Erbe von der Erbfolge ganz oder teilweise ausgeschlossen wird. Diese schlichte Enterbung berührt eventuelle Pflichtteilsansprüche des Enterbten nicht.

Die **qualifizierte Enterbung** erfolgt durch ausdrückliche testamentarische Anordnung des Erblassers, die die Gründe für die Enterbung aufführen muss (Art. 116 Abs. 1 ErbG). Dabei kann die Enterbung auch nur teilweise ausgesprochen werden (Art. 115 ErbG).

Die qualifizierte Enterbung führt dazu, dass der Betroffene in keiner Weise am Nachlass beteiligt wird bzw. im Falle der teilweisen qualifizierten Enterbung insoweit nicht am Nachlass beteiligt ist. Pflichtteilsansprüche des qualifiziert Enterbten bestehen ebenfalls nicht mehr. Die qualifizierte Enterbung wirkt ebenfalls nicht zu Lasten der Abkömmlinge, die nach den Regeln der gesetzlichen Erbfolge an die Stelle des qualifiziert Enterbten treten (Art. 117 ErbG).

254 Als qualifizierte Enterbungsgründe nennt das Gesetz die schwerwiegende Verletzung einer gesetzlichen oder moralischen Verpflichtung gegenüber dem Erblasser; das Begehen einer vorsätzlichen Straftat gegen den Erblasser, dessen Ehegatten, Kinder oder Eltern sowie einen verschwenderischen, unmoralischen oder müßigtuerischen Lebenswandel (Art. 114 ErbG).

255 Weiter kennt das Recht des Kosovo das Institut der **Pflichtteilsentziehung** zu Gunsten der Abkömmlinge eines Pflichtteilsberechtigten für den Fall, dass dieser überschuldet oder verschwenderisch ist (Art. 117 ErbG). Die Entziehung kann ganz oder teilweise erfolgen und muss zu Gunsten der Abkömmlinge des Pflichtteilsberechtigten angeordnet werden.

256 Die Entziehung muss testamentarisch angeordnet werden und ist nur wirksam, wenn derjenige, dem der Pflichtteil entzogen wurde, minderjährige Abkömmlinge oder volljährige Abkömmlinge, die erwerbsunfähig sind, hinterlässt (Art. 118 ErbG).

257 g) **Zulässigkeit eines Pflichtteilsverzichts.** Einen Erb- oder Pflichtteilsverzicht kennt das kosovarische Recht nicht und bestimmt in Art. 134 ErbG, dass eine Ausschlagung die vor dem Anfall der Erbschaft abgegeben wurde, unwirksam ist. Dementsprechend sind solche Rechtsgeschäfte nach dem Recht des Kosovo unwirksam.

VIII. Kroatien

Schrifttum: *Feketija/Pokrovac*, Kroatien, in: Frank/Wachter, Handbuch Immobilienrecht in Europa, 2004, S. 567; *Kristic*, Länderbericht Kroatien, in Kroiß/Ann/Mayer, AnwaltKommentar BGB, Band 5, Erbrecht, 2. Aufl. 2007, S. 1556; *Pintarić*, Kroatien (Stand: 1. 6. 2002), in; Ferid/Firsching/Dörner/Hausmann, Internationales Erbrecht; *Hrabar/Korac*, Kroatien (Stand 14. 2. 2006); in: Bergmann/Ferid, Internationales Ehe- und Kindschaftsrecht; *Süß*, Erbrecht in Kroatien, in Süß, Erbrecht in Europa, S. 935.

1. Internationales Erbrecht

258 a) **Erbstatut.** Seit der Abspaltung Kroatiens von der damaligen SFR Jugoslawien stellt Kroatien einen eigenständigen Staat dar.

259 Für die Bestimmung des Erbstatutes aus kroatischer Perspektive sind die Bestimmungen des kroatischen internationalen Privatrechts heranzuziehen. Das kroatische internationale Privatrecht ist im Gesetz zur Lösung von Gesetzeskollisionen mit den Vorschriften anderer Staaten für bestimmte Verhältnisse (IPRG) geregelt. Dabei handelt es sich um ein Gesetzeswerk, welches bereits vor der staatlichen Souveränität Kroatiens im Gebiet des ehemaligen Jugoslawiens galt und mit wenigen redaktionellen Änderungen durch das Gesetz vom 8. 10. 1991 in kroatisches Recht transformiert wurde.[242]

260 Dieses bestimmt in Art. 30, dass die erbrechtlichen Rechtsbeziehungen der Rechtsordnung unterliegen, deren Staatsangehöriger der Erblasser zum Zeitpunkt seines Todes war. Das kroatische Recht knüpft somit für das Erbstatut an die **Staatsangehörigkeit** des Erblassers an und bestimmt das **Heimatrecht** als Erbstatut.

261 Eine Rechtswahl im Bereich des Erbrechts kennt das kroatische IPR nicht. Demgemäß wird eine Rechtswahl vom kroatischen Recht nicht anerkannt und ist unter Zugrundelegung kroatischen Sachrechts unwirksam.

262 Bei mehrfacher Staatsangehörigkeit gibt Art. 11 Abs. 1 IPRG der kroatischen Staatsangehörigkeit den Vorzug.

263 Der allgemeinen Kollisionsnorm des Art. 30 IPRG gehen internationale Verträge und bilaterale Abkommen vor. Ein bilaterales Abkommen zwischen Deutschland und Kroatien existiert nicht.

264 Sonderanknüpfungen hinsichtlich bestimmter Vermögensgegenstände bestehen nicht.

265 b) **Rück- und Weiterverweisung.** Verweisen die Vorschriften des kroatischen IPRGs auf das Recht eines anderen Staates, ist gem. Art. 6 Abs. 1 IPRG auch das internationale Privatrecht

---

[242] Narodne Novine (Amtsblatt Kroatiens) 53/91.

des anderen Staates zu berücksichtigen. Rück- und Weiterverweisungen des ausländischen Rechts werden gem. Art. 6 Abs. 2 IPRG beachtet. Nach einer Rückverweisung auf kroatisches Recht findet unmittelbar kroatisches Sachrecht Anwendung (Art. 6 Abs. 2 IPRG).

c) **Regelungsumfang des Erbstatuts.** Das Erbstatut regelt umfassend die Voraussetzungen und Folgen des Erbfalls, insbesondere also den Eintritt des Erbfalls, den Umfang des Nachlasses, die Annahme und Ausschlagung der Erbschaft, das gesetzliche Erbrecht, das Pflichtteilsrecht, die Rechtsstellung des Erben und die Erbenhaftung. Eine Differenzierung nach bestimmten Vermögensgegenständen und deren Belegenheit wird nicht vorgenommen.

Bezüglich des Regelungsumfang des Formstatutes vgl. Rn. 269.

d) **Wirksamkeit der Verfügung von Todes wegen.** Hinsichtlich der **Testierfähigkeit** ist die Sonderanknüpfung des Art. 30 Abs. 2 IPRG zu beachten, der diesbezüglich auf das Recht des Staates verweist, dem der Testator zum Zeitpunkt der Errichtung des Testamentes angehörte.

Hinsichtlich der **Form** letztwilliger Verfügungen ist das Haager Testamentformübereinkommen als Sonderanknüpfung zu beachten, welches für Kroatien am 8. 10. 1991 in Kraft getreten ist und in Art. 31 IPRG inkorporiert worden ist. In aller Regel wird der Art. 31 IPRG zu denselben Ergebnissen wie das Haager Übereinkommen führen, so dass die Anwendung des vorrangigen Übereinkommens äußerst selten notwendig sein wird.

Das Haager Übereinkommen geht dabei nach allgemeinen völkerrechtlichen Grundsetzten den nationalen kroatischen Bestimmungen vor.

Somit ist aus Perspektive des kroatischen IPR ein Testament hinsichtlich der Form unter folgenden Voraussetzungen wirksam:
- es ist nach dem Recht des Ortes formgültig, an dem es errichtet wurde,
- es ist nach dem Recht des Staates formgültig, dessen Staatsangehörigkeit der Erblasser zum Zeitpunkt der Errichtung des Testamentes oder zum Zeitpunkt seines Todes besaß,
- es ist nach dem Recht des Staates formgültig, in dem der Erblasser zum Zeitpunkt der Errichtung des Testamentes oder zum Zeitpunkt dessen Todes seinen Wohnsitz besaß,
- es ist nach dem Recht des Staates formgültig, in dem der Erblasser zum Zeitpunkt der Errichtung des Testamentes oder zum Zeitpunkt des Todes seinen gewöhnlichen Aufenthalt besaß,
- es ist nach dem Recht Kroatiens formwirksam,
- es ist bezüglich unbeweglicher Sachen nach dem Recht des Lageortes der unbeweglichen Sache wirksam.

In Art. 31 Abs. 2 IPRG wurde Art. 2 des Haager Übereinkommens inhaltsgleich inkorporiert. Demnach ist auch bezüglich der Form des Widerrufs einer letztwilligen Verfügung Art. 31 Abs. 1 IPRG maßgeblich.

Zu beachten ist, dass das Formstatut lediglich darüber bestimmt, ob ein Testament formgültig errichtet wurde. Die inhaltliche Wirksamkeit richtet sich nach den Maßgaben des zur Anwendung kommenden Sachrechts.

Weiter gilt in Kroatien auch das Washingtoner Abkommen über ein einheitliches Recht der Form eines internationalen Testamentes vom 26. 10. 1973, welches in den Art. 151 ff ErbG inkorporiert wurde.

Zu den Problemfällen Erbvertrag und gemeinschaftliches Testament gilt unter Zugrundelegung kroatischen Sachrechts folgendes: **Erbverträge** sind gem. Art. 102 ErbG nichtig. Das **gemeinschaftliche Testament** ist im kroatischen Recht nicht geregelt. Die Nichtigkeitsfolge gilt auch für die Verpflichtung in einer bestimmten Art und Weise zu verfügen (Art. 103 Abs. 1 ErbG). Die Bestimmung des Art. 102 ErbG stellt ein materielles Verbot bindender letztwilliger Verfügungen und keine zwingende Formvorschrift dar. Demgemäß sind frei widerrufliche Verfügungen, deren Wirksamkeit nach kroatischem Sachrecht beurteilt wird, wirksam, gleich ob diese der Form nach in einem Dokument zusammengefasst worden sind.[243]

---

[243] Zur vergleichbaren Situation in Serbien vgl. *Süß*, Erbrecht in Serbien, in *Süß*, Erbrecht in Europa, Rn. 22.

2. Gesetzliche Erbfolge

276 Das materielle kroatische Erbrecht ist im Gesetz über die Erbschaft, welches am 3. 10. 2003 in Kraft getreten ist, geregelt.[244] Das kroatische Erbrecht ist vom Grundsatz des Familienerbrechts geprägt. Wenn der Erblasser nicht abweichend testamentarisch verfügt, sieht die gesetzliche Regelung vor, dass der Nachlass auf die Verwandten übergeht.

277 Gesetzliche Erben sind gem. Art. 8 Abs. 1 ErbG die Abkömmlinge des Erblassers, seine Adoptivkinder und deren Abkömmlinge, der Ehegatte, die Eltern und die Adoptiveltern, die Geschwister und deren Abkömmlinge sowie die Großeltern und deren Abkömmlinge.

278 Dem Ehepartner gleichgestellt ist gem. Art. 8 Abs. 2 ErbG der **außereheliche Partner**. Eine außereheliche Partnerschaft ist gegeben, wenn zwischen einem unverheirateten Mann und einer unverheirateten Frau eine länger andauernde Lebensgemeinschaft bestanden hat, die durch den Tod eines der Partner beendet wurde, und diese Lebenspartner auch die Ehe miteinander eingehen hätten können (Art. 8 Abs. 2 ErbG). Bei der Frage, ob die Lebensgemeinschaft einen längeren Zeitraum angedauert hat, ist für die Auslegung Art. 3 des Familiengesetzbuches zu berücksichtigen. Danach muss die Lebensgemeinschaft mindestens drei Jahre bestanden haben oder aus ihr muss ein gemeinsames Kind hervorgegangen sein.

279 Der Partner einer **gleichgeschlechtlichen Lebenspartnerschaft** i. S. d. Lebenspartnerschaftsgesetztes von 2006 hat kein gesetzliches Erbrecht.

280 Die Erbfolge bestimmt sich nach Ordnungen, wobei die jeweils vorgehende Ordnung die nachfolgende ausschließt (Art. 8 Abs. 3, Abs. 4 ErbG). Innerhalb der Ordnungen gelten das Repräsentationsprinzip und das Prinzip der Erbfolge nach Stämmen (Art. 10 ErbG).

281 Erben **erster Ordnung** sind die Kinder des Erblassers und sein Ehegatte (Art. 9 Abs. 1 ErbG). Die Kinder des Erblassers und sein Ehegatte erben zu gleichen Teilen (Art. 9 Abs. 2 ErbG). Nichteheliche Kinder und adoptierte Kinder sowie deren Abkömmlinge sind den ehelichen Kindern und deren Abkömmlingen gleichgestellt (Art. 21 bzw. Art. 143 Familiengesetzbuch).[245]

282 An die Stelle vorverstorbener Kinder treten deren Abkömmlinge nach dem Prinzip der Erbfolge nach Stämmen und nach dem Repräsentations- und Eintrittsprinzip (Art. 10 ErbG).

283 Falls der Erblasser keine Abkömmlinge hat, kommen die Erben zweiter Ordnung zum Zuge. Erben **zweiter Ordnung** sind der Ehegatte des Erblassers und die Eltern des Erblassers jedoch unter Ausschluss ihrer Abkömmlinge (Art. 11 Abs. 1 ErbG). Der Ehegatte erbt die Hälfte des Nachlasses, die andere Hälfte erben die Eltern des Erblassers zu gleichen Teilen (Art. 11 Abs. 2 ErbG).

284 Kann oder will der Ehegatte nicht Erbe werden, so erben die Eltern jeweils zu ½ (Art. 11 Abs. 4 ErbG).

285 Für den Fall, dass ein Elternteil nicht Erbe werden kann oder will, tritt an seine Stelle der überlebende Elternteil (Art. 11 Abs. 2 und Abs. 5 ErbG). Fallen beide Elternteile weg, erbt der überlebende Ehegatte allein (Art. 11 Abs. 3 ErbG).

286 Die Geschwister des Erblassers kommen also in der zweiten Ordnung **neben** dem überlebenden Ehegatten nicht zum Zuge.

287 Für den Fall, dass kein Ehepartner in der zweiten Ordnung Erbe werden will oder kann gilt gem. Art. 12 ErbG folgendes:

288 Die Eltern des Erblassers erben zu je ½. Für den Fall, dass ein Elternteil nicht Erbe werden kann oder will, tritt Erbfolge nach Linien ein und an die Stelle des weggefallenen Elternteils treten dessen Abkömmlinge, nach den Regeln der Erbfolge in der ersten Ordnung (Art. 12 Abs. 1 ErbG). Dabei bilden Vater und Mutter jeweils eine Linie. Diese Linien erben wiederum zu untereinander gleichen Teilen. Auch hier gilt wiederum das Repräsentations- und Eintrittsprinzip. Dabei ist zu beachten, dass die Linien voneinander getrennt sind. Insoweit erben die Halbgeschwister des Erblassers und deren Abkömmlinge nur über die Li-

---

[244] Zakon od nasljedđivanju, NN Nr. 48/03, 103/03 und 35/05; eine deutsche Übersetzung ist zur Zeit noch nicht verfügbar.

[245] Die Art. 22 bis 24 ErbG sind durch Art. 143 des Familiengesetzbuches überholt. Die frühere Unterscheidung zwischen schwacher und starker Adoption wurde aufgegeben. Eine Adoption ist nur noch als Volladoption möglich.

nie, der sie entsprungen sind. Fällt ein Elternteil aus der Erbfolge raus ohne dass Abkömmlinge an ihre Stelle treten, findet Anwachsung an die Linie des anderen Elternteils statt (Art. 13 ErbG).

Erben der **dritten Ordnung** sind die Großeltern des Erblassers (Art. 14 ErbG). Die dritte Erbordnung greift nur, wenn weder ein Abkömmling, noch Eltern bzw. deren Abkömmlinge, noch ein überlebender Ehegatte Erbe werden will oder kann. Jedes der zwei Großelternpaare erbt zu $1/2$ und jeder Großelternteil zu $1/4$ (Art. 14 ErbG). Für den Fall, dass ein Großelternteil nicht als Erbe zum Zuge kommt treten an dessen Stelle seine Abkömmlinge nach dem Prinzip der Erbfolge nach Stämmen und nach dem Repräsentations- und Eintrittsprinzip (Art. 15 Abs. 2 ErbG). Fällt ein komplettes Großelternpaar ohne Hinterlassung von Abkömmlingen weg, findet Anwachsung statt und das andere Großelternpaar erbt jeweils zu $1/2$ oder der verbleibende Großelternteil wird Alleinerbe (Art. 16 ErbG).

Erben der **vierten Ordnung** sind die Urgroßeltern des Erblassers, aber nicht deren Abkömmlinge (Art. 17 ErbG).

3. Pflichtteilsrecht

a) **Pflichtteilsberechtigte Personen und Quoten. Pflichtteilsberechtigt** sind gem. Art. 69 Abs. 3 ErbG grundsätzlich nur die Personen, die beim Greifen der gesetzlichen Erbfolge zum Zuge gekommen wären.

In den Kreis der Pflichtteilsberechtigten fallen die Abkömmlinge des Erblassers, dessen Ehegatte und die Eltern und die sonstigen Vorfahren des Erblassers (Art. 69 Abs. 1 ErbG).

Die Eltern des Erblassers und die sonstigen Vorfahren sind nur dann pflichtteilsberechtigt, wenn sie dauernd arbeitsunfähig sind und nicht die nötigen Mitteln zum Lebensunterhalt haben (Art. 69 Abs. 2 ErbG).

Die **Pflichtteilsquote** wird durch den gesetzlichen Erbteil bestimmt.

Demgemäß beläuft sich die Pflichtteilsquote der Abkömmlinge und des Ehegatten auf die Hälfte des gesetzlichen Erbteils, während sich die Pflichtteilsquote der übrigen Pflichtteilsberechtigten auf $1/3$ des gesetzlichen Erbteils beläuft (Art. 70 Abs. 3 ErbG).

Demgemäß ergibt sich bzgl. der Erb- und Pflichtteilsquoten folgende tabellarische Übersicht:

Pflichtteilsberechtigte	neben …	Erbquote		Pflichtteilsquote
Kinder	Allein	$1/1$		$1/2$
Kinder	Ehegatte	1 Kind	$1/2$	$1/4$
		2 Kinder	$1/3$	$1/6$ je Kind
		3 Kinder	$1/4$	$1/8$ je Kind
Ehegatte	Allein	$1/1$		$1/2$
Ehegatte	Eltern	$1/2$		$1/4$
Ehegatte	Kinder	Neben 1 Kind	$1/2$	$1/4$
		Neben 2 Kindern	$1/3$	$1/6$
		Neben 3 Kindern	$1/4$	$1/8$
Elternteil (nur relatives Pflichtteilsrecht)	Allein	$1/1$		$1/3$
Elternteil (nur relatives Pflichtteilsrecht)	Anderer Elternteil	$1/2$		$1/6$
Elternteil (nur relatives Pflichtteilsrecht)	Ehegatte	$1/4$		$1/12$
Elternteil (nur relatives Pflichtteilsrecht)	Kinder	0		0

Kristic

297 b) **Gegenstand für Pflichtteilsberechnung.** Der Pflichtteil bezieht sich in erster Linie auf den Nachlass, d.h. auf die zum Zeitpunkt des Todes des Erblassers in dessen Vermögen vorhandenen Gegenstände abzüglich aller Nachlassverbindlichkeiten (Art. 71 ErbG).

298 Es sind die **güterrechtlichen Auswirkungen einer Ehe** des Erblassers zu beachten. Der gesetzliche Güterstand in Kroatien ist eine Art der **Errungenschaftsgemeinschaft**, bei der zwischen vorehelichem Sondervermögen und während der Ehezeit erworbenem gemeinsamen Vermögen unterschieden wird. Der Anteil des überlebenden Ehegatten am gemeinsamen Vermögen und sein Sondervermögen fallen nicht in den Nachlass. Der Anteil des verstorbenen Ehegatten am gemeinschaftlichen Vermögen fällt in den Nachlass.

299 Dem eigentlichen Nachlass werden jedoch zur Berechnung des Pflichtteils grundsätzlich lebzeitige Schenkungen des Erblassers an gesetzliche Erben ohne jede zeitliche Begrenzung und Schenkungen an Dritte, die im letzten Lebensjahr des Erblassers stattgefunden haben, **hinzugerechnet** (Art. 71 Abs. 3 und 4 ErbG).

300 Die zugewendeten Gegenstände werden dem Nachlass mit ihrem Wert zum Zeitpunkt der Bestimmung des Nachlasswertes hinzugerechnet, wobei jedoch dabei auf ihren tatsächlichen Zustand zum Zeitpunkt der Schenkung abzustellen ist (Art. 73 ErbG). Die Pflichtteilsquote bezieht sich demgemäß auf den um den Wert der anrechnungspflichtigen Zuwendungen erhöhten Nachlass.

301 Weiter werden dem Nachlass auf Antrag des Berechtigten gem. Art. 75 ErbG solche Gegenstände im Wege der Aussonderung abgezogen, die ein Abkömmling mit dem Erblasser gemeinsam erwirtschaftet hat. Die Aussonderung erfolgt anteilsmäßig entsprechend dem Wert des Beitrags des Aussonderungsberechtigten.

302 Gleiches gilt für Haushaltsgegenstände zu Gunsten von Ehegatten und Abkömmlingen des Erblasser, die mit dem Erblasser im selben Hausstand gewohnt haben (Art. 75 ErbG).

303 c) **Art des Pflichtteils.** Das kroatische Pflichtteilsrecht ist als **echtes Noterbrecht** und nicht lediglich als ein schuldrechtlicher Anspruch ausgestaltet (Art. 70 Abs. 1 ErbG).

304 Jedoch kann der Erblasser gem. Art. 70 Abs. 3 ErbG bestimmen, dass der Pflichtteil durch Zuwendung von durch ihn bestimmten Gegenständen (Geld, Rechte oder Sachen) erfüllt wird.

305 Der Pflichtteil ist verletzt, wenn der kombinierte Wert der testamentarischen Verfügungen und der dem Nachlass hinzuzurechnenden Geschenke den frei verfügbaren Teil übersteigt (Art. 77 Abs. 1 ErbG).

306 Konsequenz einer Verletzung des Pflichtteils ist, dass testamentarische Verfügungen verringert werden und zwar in dem Umfang, wie das zur Herstellung des Pflichtteils notwendig ist (Art. 78 ErbG). Die Herabsetzung wird im Nachlassverfahren geltend gemacht.

307 Reicht der Wert des Nachlasses nicht aus um den Pflichtteilsberechtigten zu bedienen, haftet subsidiär der lebzeitig Beschenkte. Dabei erfolgt die Rückabwicklung in umgekehrter zeitlicher Reihenfolge und nur insoweit, als die Rückabwicklung notwendig ist um die Pflichtteile zu bedienen (Art. 81 Abs. 1 ErbG). Bei gleichzeitigen Schenkungen erfolgt eine verhältnismäßige Rückforderung dieser gleichzeitig getätigten Schenkungen (Art. 81 Abs. 2 ErbG).

308 Der Beschenkte haftet dabei lediglich nach bereicherungsrechtlichen Grundsätzen und wird bis zur Kenntnis des Antrages auf Rückgewähr als gutgläubig behandelt (Art. 82 ErbG).

309 d) **Pflichtteilsergänzung.** Pflichtteilsergänzungsansprüche im technischen Sinne sieht das ErbG nicht vor. Den Pflichtteil beeinträchtigende lebzeitige Verfügungen werden im Rahmen dessen, was Gegenstand der Pflichtteilsberechnung ist (vgl. Rn. 299 ff.) und im Rahmen der Haftung für den Pflichtteil (vgl. Rn. 307 f.) berücksichtigt.

Restpflichtteilsansprüche im technischen Sinne sieht das ErbG ebenfalls nicht vor, da das Pflichtteilsrecht als echtes Noterbrecht ausgestaltet ist und demgemäß pflichtteilsverletzende testamentarische Verfügungen unwirksam sind soweit sie das Pflichtteilsrecht verletzten.

310 e) **Pflichtteilsanrechnung.** Gem. Art. 89 Abs. 1 ErbG hat sich jeder gesetzliche Erbe das, was er auf irgendeine Weise vom Erblasser als Geschenk erhalten hat, auf seinen Erbteil anrechnen zu lassen, wenn der Erblasser nicht gem. Art. 89 Abs. 3 ErbG zum Zeitpunkt der

Schenkung oder letztwillig etwas anderes angeordnet hat. In Abweichung davon, werden sämtliche Geschenke, die ein Pflichtteilsberechtigter erhalten hat, immer auf den Pflichtteil angerechnet (Art. 89 Abs. 4 ErbG).

f) **Pflichtteilsentziehung.** Zu unterscheiden sind die **Erbunwürdigkeit**, die **schlichte Enterbung**, die **qualifizierte Enterbung** und die **Pflichtteilsentziehung**.

Die **Erbunwürdigkeit** wirkt ipso iure und ist vom Nachlassgericht von Amts wegen zu beachten (Art. 126 Abs. 3 ErbG).

Ein gesetzlicher oder testamentarischer Erbe kann durch das Gericht für erbunwürdig erklärt werden,
- bei versuchter oder vollendeter vorsätzlicher Tötung des Erblassers;
- bei unredlichem Einwirken (Gewalt, Drohung, Täuschung) auf den Testator in Hinblick auf Errichtung oder Widerruf eines Testamentes;
- bei Unterdrückung oder Vernichtung eines Testamentes;
- bei schwerwiegender Verletzung von Unterhaltspflichten;
- bei Nichtgewährung von wirtschaftlicher Hilfe, wenn der Erbe ohne Gefährdung seines angemessenen Lebensunterhalts dazu in der Lage gewesen wäre;
- bei unterlassenen Hilfeleistung des Erben in einer Situation der Gesundheits- oder Lebensgefahr für den Erblasser.

Die Erbunwürdigkeit führt dazu, dass der Betroffene in keiner Weise am Nachlass beteiligt wird und seinen Pflichtteil verliert. Die Erbunwürdigkeit wirkt nicht zu Lasten der Abkömmlinge, die nach den Regeln der gesetzlichen Erbfolge an die Stelle des Erbunwürdigen treten (Art. 126 ErbG).

Die **schlichte Enterbung,** die ausdrücklich oder konkludent erfolgen kann, stellt eine testamentarische Verfügung des Erblassers dar, die dazu führt, dass der gesetzliche Erbe von der Erbfolge ganz oder teilweise ausgeschlossen wird. Diese schlichte Enterbung berührt eventuelle Pflichtteilsansprüche des Enterbten nicht.

Die **qualifizierte Enterbung** erfolgt durch ausdrückliche testamentarische Anordnung des Erblassers, die die Gründe für die Enterbung aufführen muss (Art. 86 ErbG). Dabei kann die Enterbung auch nur teilweise ausgesprochen werden (Art. 85 Abs. 2 ErbG).

Die qualifizierte Enterbung führt dazu, dass der Betroffene in keiner Weise am Nachlass beteiligt wird bzw. im Falle der teilweisen qualifizierten Enterbung insoweit nicht am Nachlass beteiligt ist. Pflichtteilsansprüche des qualifiziert Enterbten bestehen ebenfalls nicht mehr. Die qualifizierte Enterbung wirkt ebenfalls nicht zu Lasten der Abkömmlinge, die nach den Regeln der gesetzlichen Erbfolge an die Stelle des qualifiziert Enterbten treten (Art. 87 ErbG).

Eine qualifizierte Enterbung ist nach kroatischem Recht möglich, wenn der Pflichtteilsberechtigte sich unter Verletzung einer gesetzlichen und moralischen Pflicht schwerwiegend an ihm vergangen hat, wenn er vorsätzlich eine schwere Straftat gegen den Erblasser, dessen Ehegatten, Kindern oder Eltern begangen hat; wenn er eine Straftat gegen die Republik Kroatien oder gegen geltendes Völkerrecht begangen hat oder einen ehrlosen Lebenswandel führt bzw. sich dem Müßiggang hingibt.

Weiter kennt das kroatische Recht das Institut der **Pflichtteilsentziehung** zu Gunsten der Abkömmlinge eines Pflichtteilsberechtigten für den Fall, dass es sich bei dem Pflichtteilsberechtigten um einen Abkömmling des Erblassers handelt und dieser überschuldet oder verschwenderisch ist (Art. 88 ErbG).

Die Entziehung muss testamentarisch angeordnet werden und ist nur wirksam, wenn derjenige, dem der Pflichtteil entzogen wurde, minderjährige Abkömmlinge oder volljährige Abkömmlinge, die erwerbsunfähig sind, hinterlässt (Art. 88 ErbG).

g) **Zulässigkeit eines Pflichtteilsverzichts.** Das kroatische Recht konstruiert den Erbverzicht als eine Form der Ausschlagung, die ausnahmsweise zu Lebzeiten des Erblassers möglich ist. Von den Rechtsfolgen her ist diese lebzeitige Ausschlagung mit der postmortalen identisch. Sie umfasst also den ganzen Erbteil und kann nicht auf den Pflichtteil beschränkt werden.

322 Ein wirksamer Erbverzicht kann nur von Abkömmlingen des Erblassers oder dessen Ehegatten bzw. Lebenspartner erklärt werden. Der Erbverzicht gilt grds. auch zu Lasten von Abkömmlingen des Verzichtenden, außer im Verzichtsvertrag oder in einem nachfolgendem Vertrag ist etwas Anderes geregelt worden (Art. 134 Abs. 5 ErbG).

323 Der Erbverzicht setzt einen schriftlichen Vertrag zwischen Erblasser und Verzichtendem voraus, der nur unter Mitwirkung des Nachlassgerichts oder eines Notars geschlossen werden kann.

IX. Liechtenstein (Fürstentum Liechtenstein)

Gesetzestexte: Liechtensteinische Gesetzestexte im Internet: http://www.gesetze.li; liechtensteinisches ABGB abrufbar als pdf-Dokument unter http://www.gesetze.li/get_pdf.jsp?PDF=1003001.pdf; liechtensteinisches IPRG als pdf-Dokument abrufbar unter: http://www.gesetze.li/get_pdf.jsp?PDF=1996194.pdf; gebundene Textausgabe des ABGB des GMG Juris Verlags, Schaan (FL); die wichtigsten Vorschriften sind zudem zusammengestellt im Textteil von *Caspers/Hausmann*, in: Ferid/Firsching/Dörner/Hausmann, Internationales Erbrecht, Loseblatt, Länderbericht Liechtenstein (Stand: 30. 9. 2007).

Schrifttum:

Liechtensteinische Literatur: *Appel*, Reform und Kodifikation des Liechtensteinischen Internationalen Privatrechts, RabelsZ 61 (1997), 510; *Carl/Klos*, Standort Liechtenstein, 1993 (S. 122–125); *Frick*, Die Anerkennung und Vollstreckung ausländischer Entscheidungen in Zivilsachen im Fürstentum Liechtenstein, Diss., 1992; *Jehle*, Vergleich des liechtensteinischen Erbrechts mit dem österreichischen Erbrecht unter besonderer Berücksichtigung des Pflichtteils und der Enterbung, Dipl.-Arbeit (Univ. Innsbruck), 2005; *Marxer*, Das internationale Erbrecht Liechtensteins, Diss., 2002.

Deutsche Literatur: Ferid/Firsching/Dörner/Hausmann/*Caspers*, Internationales Erbrecht, Loseblatt, Länderbericht Liechtenstein (Stand: 30. September 2007); Süß/*Süß*, Erbrecht in Europa, 2. Aufl. 2008, Erbrecht in Liechtenstein, S. 965 ff.; *Kohler*, Kodifikation und Reform des Internationalen Privatrechts in Liechtenstein, IPRax 1997, 309.

1. Vorbemerkung

324 Prägend für das Erbrecht in Liechtenstein war die bis zum 1. Weltkrieg andauernde starke Anlehnung Liechtensteins an Österreich.[246] Zwar war das Fürstentum 1806 durch Eintritt in den von Napoléon initiierten Rheinbund unabhängig geworden und aus dem Heiligen Römischen Reich ausgeschieden, es blieben aber starke Beziehungen zum Nachbarn Österreich zunächst erhalten.[247] Nachdem dann in Österreich am 1. 1. 1812 das am 1. 6. 1811 erlassene ABGB in Kraft getreten war, wurde dieses Gesetzbuch mit Fürstlicher Verordnung vom 18. 2. 1812 auch in Liechtenstein unverändert in Kraft gesetzt. Von dieser Rezeption des ABGB blieb allerdings das Erbrecht (§§ 531–824 ABGB) zunächst ausgespart, da nämlich schon 1809 in Liechtenstein ein Sondergesetz für das Erbrecht in Kraft gesetzt worden war. Allerdings hob im Jahre 1846 der damals regierende Fürst dann das liechtensteinische Sondererbrecht auf und ordnete statt dessen an, dass nunmehr auch die erbrechtlichen Paragraphen des österreichischen ABGB für Liechtenstein Geltung beanspruchen sollten.

325 Obwohl Liechtenstein nach dem 1. Weltkrieg die starke Hinwendung zu Österreich gelöst und statt dessen enge Beziehungen zur Schweiz aufgebaut hat, blieb das liechtensteinische ABGB (und damit das Erbrecht österreichischer Prägung) weiter in Kraft. Der liechtensteinische Gesetzgeber hat vielmehr in der Folgezeit einige Reformen, die in Österreich bezüglich des Erbrechts vorgenommen wurden, auch für das liechtensteinische Recht übernommen. Damit ist das Erbrecht auch heute noch in Liechtenstein und Österreich weitgehend identisch, so dass beispielsweise liechtensteinische Gerichte und Literatur auch für das eigene Recht oftmals auf österreichische Präjudizien und Kommentare verweisen.

---

[246] Zur Rechtsgeschichte Liechtensteins vgl. die Einführung bei Ferid/Firsching/*Caspers*, Rn. 1 ff.

[247] Hierfür war sicher auch entscheidend, dass die liechtensteinischen Fürsten, die noch über große Gebiete innerhalb des Kaiserreichs Österreichs verfügten, zunächst in Wien residierten, wodurch ihre Beamten auch sämtlich durch das österreichische Recht geprägt waren.

2. Internationales Erbrecht

a) Vorbemerkung. Das internationale Erbrecht war in Liechtenstein – wie praktisch sämtliches IPR – bis in die neunziger Jahre des vorigen Jahrhunderts nicht kodifiziert. Vielmehr wurden aus einigen wenigen Grundsatznormen des ABGB allgemeine Anknüpfungskriterien entwickelt, die dann von der Rechtsprechung zu Kollisionsnormen ausgebaut wurden. Das internationale Erbrecht war hierbei von einem Gleichlauf von *forum* und *ius* geprägt; waren liechtensteinische Gerichte für die Behandlung eines Nachlasses zuständig, wandten sie stets ihr eigenes Erbrecht als *lex fori* an.[248]

Anfang der 1990er Jahre fasste dann die liechtensteinische Regierung den Beschluss, Experten[249] mit dem Entwurf eines IPR-Gesetzes für Liechtenstein zu beauftragen, da aufgrund des hohen Bevölkerungsanteils mit ausländischer Staatsangehörigkeit in Liechtenstein ein immenses Bedürfnis an gesicherter Bestimmung des anwendbaren Rechts bestand. Aus diesen Vorarbeiten[250] entstand dann das liechtensteinische IPRG vom 19. 9. 1996, das am 1. 1. 1997 in Kraft getreten ist. Das neue liechtensteinische IPRG gilt nur für Sachverhalte, die sich nach dem Inkrafttreten des IPRG zum 1. 1. 1997 ereignet haben, insbesondere also für alle Erbfälle nach diesem Zeitpunkt. Für sämtliche Erbfälle, bei denen der Erblasser bis zum 31. 12. 1996 verstorben ist, bleibt es demgegenüber bei der Anwendbarkeit des bisherigen (unkodifizierten) IPR.

Die nachfolgende Darstellung wird nur das aktuell in Liechtenstein nach dem IPRG geltende internationale Erbrecht darstellen. Ist also ein Erbfall zu begutachten, der bereits vor dem 1. 1. 1997 stattgefunden hat, so greift aber noch das bis dahin geltende und hier nicht näher dargestellte liechtensteinische IPR alter Fassung ein.

b) Erbstatut. Grundregel ist nach Art. 29 Abs. 1 IPRG die Anknüpfung an das Personalstatut des Erblassers im Todeszeitpunkt. Hierunter ist nach Art. 10 Abs. 1 S. 1 IPRG bei einer natürlichen Person das Recht ihrer Staatsangehörigkeit zu verstehen. Bei Mehrstaatern mit auch liechtensteinischer Staatsangehörigkeit geht diese stets anderen Staatsangehörigkeiten vor, ansonsten entscheidet bei Mehrstaatern die effektive Staatsangehörigkeit (Art. 10 Abs. 1 S. 2 und 3 IPRG). Bei Staatenlosen tritt an die Stelle der Staatsangehörigkeit das Recht ihres gewöhnlichen Aufenthalts, bei Flüchtlingen das Recht ihres Wohnsitzes, hilfsweise des gewöhnlichen Aufenthalts ungeachtet ihrer eigentlichen Staatsangehörigkeit (Art. 10 Abs. 2 und 3 IPRG).

Diese Grundregel der Anknüpfung wird aber in den meisten Fällen[251] von der gegenüber der Grundregel spezielleren[252] Anknüpfung nach Art. 29 Abs. 2 IPRG aus liechtensteinischer Sicht verdrängt: Hiernach unterliegt die Rechtsnachfolge von Todes wegen liechtensteinischem Recht, wenn eine Verlassenschaftsabhandlung (d.h. ein Nachlassverfahren) vor einem liechtensteinischen Gericht durchgeführt wird. Diese Regel ist eine klare Abwendung vom österreichischen Vorbild des § 28 öIPRG und führt die oben angesprochene, speziell liechtensteinische Tradition des Gleichlaufs von *forum* und *ius* fort.[253] Daher ist Art. 29 Abs. 2 IPRG nur im Zusammenhang mit den Vorschriften zur internationalen Zuständigkeit in Nachlasssachen in Liechtenstein verständlich, die sich in den §§ 54–56a JN[254] finden.

---

[248] Zu dieser früher geltenden Anknüpfung s. *Marxer*, S. 37 ff., insbesondere S. 42 f. und die Dissertation des – späteren liechtensteinischen Regierungschefs – *Frick*, S. 318 ff. (unter dessen Ägide dann das IPRG in Liechtenstein auch beschlossen wurde).
[249] Hierzu wurden insbesondere Juristen berufen, die schon das österreichische IPRG von 1978 mit entworfen hatten, s. auch Ferid/Firsching/*Caspers*, Rn. 13.
[250] Für den Bereich des Erbrechts zu den Vor- und Diskussionsentwürfen ausführlich: *Marxer*, S. 45 ff.
[251] Darauf wies schon *Kohler* IPRax 1997, 309, 310 hin.
[252] S. hierzu *Marxer*, S. 69 f.
[253] Diese Norm wurde aufgrund starker Interventionen des Rechtsanwalts- und des Bankenverbandes in Liechtenstein ins IPRG eingefügt, die ansonsten aufgrund der Vielzahl ausländischer Personen in Liechtenstein eine unerträgliche Verkomplizierung der Rechtsabwicklung befürchtet hatten (wiedergeben bei *Marxer*, S. 71 und bei *Kohler* IPRax 1997, 309, 310).
[254] Jurisdiktionsnorm (eigentlich: Gesetz über die Ausübung der Gerichtsbarkeit und die Zuständigkeit der Gerichte in bürgerlichen Rechtssachen vom 10. 12. 1912); diese Vorschriften in der revidierten Fassung von 1997.

Hiernach ist das Landgericht in Liechtenstein stets umfassend zuständig, wenn der Erblasser seinen allgemeinen Gerichtsstand in Streitsachen, d. h. seinen Wohnsitz, im Todeszeitpunkt in Liechtenstein hatte (§ 54 i. V. m. § 31 JN). Zudem ist das Landgericht stets – und aus liechtensteinischer Sicht sogar ausschließlich – zuständig für Immobilien in Liechtenstein, auch wenn der Erblasser Ausländer war und auch wenn der Erblasser[255] seinen letzten Wohnsitz im Ausland hatte (§ 56 JN). Für den beweglichen Nachlass einer Person – sei sie Liechtensteiner oder ausländischer Staatsangehöriger – mit letzten Wohnsitz im Ausland besteht hingegen eine Zuständigkeit liechtensteinischer Gerichte nur den Nachlass im Inland und unter der Bedingung, dass sich ausländische Gerichte nicht mit dem Nachlass befassen (§ 55 JN). Eine erhebliche Ausweitung der internationalen Zuständigkeit liechtensteinischer Gerichte enthält dann aber wieder § 56 a JN: Im Wege einer Art Annexkompetenz erklärt er das liechtensteinische Landgericht für zuständig, den gesamten Nachlass abzuhandeln, auf den es Zugriff hat, wenn es aufgrund einer anderen Vorschrift für Teile des Nachlasses zuständig ist. Hiervon ausgenommen ist nur der im Ausland belegene unbewegliche Nachlass, für den liechtensteinische Gerichte in keinem Fall zuständig sein sollen.

331   Damit führt Art. 29 Abs. 2 IPRG i. V. m. §§ 54–56 a JN also dazu, dass bei einem Nachlass mit Bezug zu Liechtenstein das Landgericht fast immer zuständig sein wird.[256] Dann wird es aber versuchen, den gesamten Nachlass abzuhandeln, bis auf im Ausland belegene Grundstücke. Für das Nachlassverfahren wendet das Landgericht dann liechtensteinisches Recht als *lex fori* an.

332   Eine wirkliche Neuerung im liechtensteinischen internationalen Erbrecht stellt hingegen die Möglichkeit dar, das anwendbare Erbrecht mittels Rechtswahl zu bestimmen. Art. 29 Abs. 3 IPRG sieht vor, dass ein ausländischer Erblasser durch letztwillige Verfügung oder Erbvertrag seine Rechtsnachfolge von Todes wegen einem seiner Heimatrechte oder dem Recht des Staates seines letzten gewöhnlichen Aufenthalts unterstellen kann.[257] Die selbe Rechtswahlmöglichkeit wird zudem einem liechtensteinischen Staatsangehörigen gewährt, wenn dieser seinen Wohnsitz im Ausland hat (Art. 29 Abs. 4 IPRG). In beiden Fällen ist ausdrücklich die Wahl eines der Heimatrechte gestattet, die einschränkenden Vorschriften von Art. 10 Abs. 1 S. 2 und 3 IPRG[258] gelten also nicht. Die Rechtswahl ist nur zulässig für den gesamten Nachlass, nicht nur für Nachlassteile.[259] Materielle Voraussetzungen der wirksamen Rechtswahl dürften wohl dem gewählten Recht unterliegen, die Form bestimmt sich nach Art. 30 IPRG.[260] Allerdings soll auch eine stillschweigende Rechtswahl möglich sein.[261] Nach dem eindeutigen Gesetzeswortlaut hat eine Rechtswahl nach Art. 29 Abs. 3 und 4 IPRG Vorrang vor Art. 29 Abs. 2 IPRG; aus systematischen Gründen dürfte aber auch ein Vorrang des wirksam gewählten Rechts vor der Anknüpfung nach Art. 29 Abs. 1 IPRG bestehen.[262]

333   c) **Rück- und Weiterverweisung.** Das liechtensteinische IPR spricht gemäß Art. 5 Abs. 1 S. 1 IPRG nur Sachnormverweisungen aus. Auch bei einer Rechtswahl wird konsequenterweise – wenn auch nur als Zweifelsregelung – nur eine Sachnormverweisung angenommen (Art. 11 Abs. 1 IPRG).[263] Allerdings wird eine Ausnahme für den *renvoi* im engeren Sinne gemacht: Verweist das nach dem IPRG anwendbare Recht auf das liechtensteinische Recht zurück, so wird diese Rückverweisung abweichend doch angenommen. Infolge des weit reichenden Art. 29 Abs. 2 IPRG wird aber wohl ohnehin wenig Anwendungsbereich für eine Rück- und Weiterverweisung im liechtensteinischen IPR bestehen.[264]

---

[255] Sei er liechtensteinischer Staatsangehöriger oder Ausländer.
[256] Vgl. die Aufstellung bei *Marxer*, S. 72 f.
[257] Nicht wählbar hingegen ist das Rechts des Staates des gewöhnlichen Aufenthalts zum Zeitpunkt der Vornahme der Rechtswahl (wie häufig in erbrechtlichen Rechtswahlklauseln zugelassen).
[258] D. h. absoluter Vorrang der liechtensteinischen, ansonsten der effektiven Staatsangehörigkeit bei Mehrstaatern.
[259] Ferid/Firsching/*Caspers*, Rn. 37.
[260] S. hierzu unten unter Rn. 335.
[261] So: Ferid/Firsching/*Caspers*, Rn. 38 am Ende.
[262] Überzeugend: *Marxer*, S. 78 ff.; ebenso Ferid/Firsching/*Caspers*, Rn. 40.
[263] Der – wohl versehentlich – zwar Art. 29 Abs. 3 IPRG, nicht aber Art. 29 Abs. 4 IPRG ausdrücklich zitiert (vgl. auch *Marxer*, S. 73 in Fn. 275).
[264] So auch: *Marxer*, S. 73.

d) Regelungsumfang des Erbstatuts. Eine besondere Vorschrift für die Reichweite des Erbstatuts im liechtensteinischen IPR besteht nicht. Mangels anderer Vorschriften erfasst Art. 29 IPRG damit aber alle Fragen des Erbfalls, wie gesetzliche und testamentarische Erbfolge, Erbschaftsannahme und -ausschlagung, Erbfähigkeit, Pflichtteilsrecht etc.[265] Problematisch ist hingegen, ob das Erbstatut auch die Fragen des Erbschaftserwerbs und der Haftung für Nachlassverbindlichkeiten erfasst. Hintergrund hierfür ist, dass – in Entsprechung zum österreichischen Recht[266] – die Erbschaft nicht mit dem Tod des Erblassers *de jure* an die Erben übergeht (sog. Vonselbsterwerb), sondern eine zunächst herrenlose Vermögensmasse mit eigener Rechtspersönlichkeit bildet, die den Erben zum Eigentumserwerb an den Nachlassgegenständen erst „eingeantwortet" werden muss. Daher sollen die mit dem Erwerb des Nachlasses und der Haftung für Nachlassverbindlichkeiten zusammenhängenden Fragen der liechtensteinischen *lex fori* unterliegen.[267]

334

e) Wirksamkeit der Verfügung von Todes wegen. Liechtenstein ist kein Vertragsstaat des Haager Testamentsformabkommens von 1961. Für Liechtenstein finden sich vielmehr die Vorgaben für die Gültigkeit einer letztwilligen Verfügung in Art. 30 IPRG. Diese Vorschrift erfasst jede Art letztwilliger Verfügungen, nach dem ausdrücklichen Gesetzeswortlaut insbesondere auch Erbverträge und Erbverzichtsverträge.[268] Hiernach ist eine letztwillige Verfügung gültig, und zwar auch hinsichtlich der Testierfähigkeit des Testierenden, wenn entweder die Vorgaben eines der Heimatrechte des Testierenden im Zeitpunkt der Rechtshandlung oder seines Todes[269] gewahrt werden, die Vorgaben des Rechts desjenigen Staates, in dem der Erblasser im Errichtungszeitpunkt oder im Todeszeitpunkt seinen gewöhnlichen Aufenthalt hatte oder nach den Vorgaben des liechtensteinischen Rechts, wenn das Nachlassverfahren vor einem liechtensteinischen Gericht durchgeführt wird.[270] Die selben alternativen Anknüpfungen gelten auch für die Gültigkeit des Widerrufs oder der Aufhebung einer letztwilligen Verfügung (Art. 30 Abs. 2 IPRG).

335

f) Besonderheit für das Pflichtteilsrecht. In der liechtensteinischen Rechtsliteratur zum IPRG war lange Zeit streitig, ob Pflichtteilsrechte nach liechtensteinischem materiellen Erbrecht eventuell zum *ordre public international* zu zählen sind, wenn nach Art. 29 Abs. 1 oder 2 IPRG liechtensteinisches Recht gilt, der Erblasser aber nach Art. 29 Abs. 3 IPRG eine andere Rechtsordnung als für die Rechtsnachfolge von Todes wegen anwendbar bestimmt hat.[271] Dies hat insbesondere Bedeutung für Zuwendungen an liechtensteinische Zweckvermögen, die dem ausländischen Pflichtteilsberechtigten entzogen sein sollen. Insoweit ist erheblich, dass nach § 1487 des liecht. ABGB[272] Schenkungen, die den Pflichtteil beeinträchtigen, nur für den (rechtsvergleichend) kurzen Zeitraum von 2 Jahren vor dem Tod des Erblassers zurückgefordert werden können.[273]

336

Im Jahre 2008 hat der Gesetzgeber diesen Streit durch Einfügung eines Abs. 5 in Art. 29 IPRG geklärt.[274] Nunmehr unterliegt die Frage, ob ein Noterbe wegen Verkürzung seiner Rechte Ansprüche gegenüber (bedachten) Dritten geltend machen kann, die vom Erblasser

337

---

[265] Vgl. Ferid/Firsching/*Caspers*, Rn. 41 in Fn. 112.
[266] Vgl. den Länderbericht Österreich, Rn. 371.
[267] Ferid/Firsching/*Caspers*, Rn. 41–43 und *Marxer*, S. 88 ff.; jeweils auch mit Nachweisen zur Gegenauffassung, die diese Fragen doch dem Erbstatut unterstellen will; vgl. auch Süß/*Süß*, Rn. 3.
[268] Vgl. auch Ferid/Firsching/*Caspers*, Rn. 49 am Ende.
[269] Danach kann also eine ursprünglich bei Errichtung unwirksame letztwillige Verfügung z. B. durch Staatsangehörigkeitswechsel des Testators noch wirksam werden, vgl. Ferid/Firsching/*Caspers*, Rn. 48 am Ende.
[270] Als wohl wichtigster Unterschied zu den Vorgaben des Haager Testamentsformabkommens ist daher festzuhalten, dass die Einhaltung der bloßen Ortsform (also des Rechts des Ortes, an dem der Erblasser letztwillig verfügt hat, ohne dort seinen gewöhnlichen Aufenthalt zu haben oder ihn bis zu seinem Tode dort noch zu begründen) nach Art. 30 Abs. 1 IPRG nicht ausreichend ist; a. A. wohl *Marxer*, S. 95 und ihm folgend Süß/*Süß*, Rn. 5 am Ende, die insoweit ergänzend zu Art. 30 IPRG noch Art. 8 IPRG anwenden wollen (demgegenüber dürfte nach Auffassung des *Autors* Art. 30 IPRG abschließend sein, da er auch alle sonstigen Erfordernisse der Gültigkeit regeln will, also auch Fragen der formellen Gültigkeit).
[271] So auch *Marxer*, S. 81 ff.
[272] Wortgleich mit der österreichischen Parallelnorm.
[273] S. die ausführliche Darstellung der Problemlage bei Ferid/Firsching/*Caspers*, Rn. 52.
[274] S. zu dieser Norm – dort noch als Gesetzentwurf geführt – schon Ferid/Firsching/*Caspers*, Rn. 11 und 52.

zu seinen Lebzeiten bedacht wurden, zwar prinzipiell dem Erbstatut; eine Geltendmachung dieser Rechte ist aber nur zulässig, wenn dieses Recht auch nach den Vorschriften des Staates besteht, dessen Recht für den Erwerbsvorgang maßgeblich ist. Handelt es sich also um Zuwendungen an liechtensteinische Stiftungen etc., ist diese lebzeitige, pflichtteilswidrige Zuwendung nur rückforderbar, wenn auch liechtensteinisches Recht die Rückforderung in den Nachlass (noch) zulässt. Damit ist de facto das liechtensteinische Pflichtteilsrecht *ordre public*, wenn die Zuwendung an einen liechtensteinischen Empfänger ging.[275]

3. Materielles Erbrecht und Pflichtteilsrecht

338 Wie bereits mehrfach betont, sind das materielle liechtensteinische und das materielle österreichische Erbrecht nicht nur ursprünglich identisch gewesen; der liechtensteinische Gesetzgeber ist vielmehr bestrebt, diese Übereinstimmung zu erhalten und vollzieht daher – zum Teil in einem gewissen zeitlichen Abstand – die im österreichischen Erbrecht eintretenden Reformen nach. Daher ist das liechtensteinische ABGB mit dem österreichischen ABGB praktisch durchgehend wortgleich.

339 Momentan bestehen in den Vorschriften des gesetzlichen Erbrechts und des Pflichtteilsrecht zwischen österreichischem und liechtensteinischem ABGB nur zwei Unterschiede, die darin begründet sind, dass der liechtensteinische Gesetzgeber das sog. Familien- und Erbrechtsänderungsgesetz 2004 (kurz: FamErbRÄG 2004) in Österreich (noch) nicht nachvollzogen hat. Insoweit gibt es eine kleine Abweichung im Ehegattenerbrecht.[276]

340 Da im Übrigen die Vorschriften jedoch völlig wortgleich sind, kann für das liechtensteinische gesetzliche Erb- und das Pflichtteilsrecht auf die entsprechenden Ausführungen zu Österreich vollumfänglich verwiesen werden.[277] Im übrigen findet sich eine Kurzdarstellung bei *Süß*[278] und eine sehr ausführliche Darstellung bei *Caspers*.[279]

X. Niederlande

Gesetzestexte: Niederländische Gesetzestexte im Internet: http://wetten.overheid.nl/zoeken/ (nur niederländischer Gesetzestext); *Nieper/Westerdijk* (Hrsg.), Niederländisches Bürgerliches Gesetzbuch (in deutscher und niederländischer Sprache), Buch 1: Personen- und Familienrecht, 1996; Bücher 3, 4 und 5: Allgemeiner Teil des Vermögensrechts, Erbrecht und Sachenrecht, 1996 (teilweise aber veraltete Gesetzeslage).

Schrifttum:
Niederländische Literatur: *Mellema-Kranenburg*, in: Kluwer-Kurzkommentar zum Burgerlijk Wetboek, Bücher 1–4, 8. Aufl. 2009; *Strikwerda*, Inleiding tot het Nederlandse Internationaal Privatrecht, 8. Aufl. 2005, *van Mourik* (Hrsg.), Handboek Nieuw Erfrecht, 2. Aufl. 2000; *van Mourik*, Studienbuch Nieuw Erfrecht, 3. Aufl. 2002.

In französischer Sprache: *ten Wolde/Meijer*, Länderbericht Belgien, in: UINL (Hrsg.), Régimes matrimoniaux – Successions et Libéralités dans les relations internationales et internes, 2003, Band II, S. 1865 ff. (Section II und Section IV § 2 sowie § 3).

Deutsche Literatur: AnwK-BGB/*Süß*, Band 5: Erbrecht, 2. Aufl. 2007, Anhang, Länderbericht Niederlande; *Charisius*, Das niederländische Internationale Privatrecht, Diss., 2001; Ferid/Firsching/(Dörner/Hausmann)/ *Weber*, Internationales Erbrecht, Loseblatt, Länderbericht Niederlande (Stand 1. 5. 2004); Flick/Piltz/*Piltz*, Der internationale Erbfall, 2. Auflage 2008, 2. Teil Abschnitt B., Länderteil Niederlande; Frank/Wachter/*Eule*, Handbuch Immobilienrecht in Europa, 2004, Länderbericht Niederlande, Rn. 213 ff.; Mayer/Süß/Tanck/ Bittler/Wälzholz/*Süß*, Handbuch Pflichtteilsrecht, 2003, § 16 Rn. 224 ff.; *Schömmer/Eule*, Internationales Erbrecht – Niederlande, 2. Aufl. im Erscheinen; Süß/*van Maas de Bie*, Erbrecht in Europa, 2. Aufl. 2008, Erbrecht in den Niederlanden, S. 1049 ff.; *Eule*, Probleme der gesetzlichen Verteilung im neuen niederländischen Partnerschaftserbrecht in der deutschen notariellen Praxis, RNotZ 2003, 434; *Eule*, Versterben nieder-

---

[275] So auch das Fazit bei Ferid/Firsching/*Caspers*, Rn. 52.
[276] Nach österreichischem Recht erhält der Ehegatte als gesetzlicher Erbe seit dem 1. 1. 2005 auch die Erbteile, die in der gesetzlichen Erbfolge zweiter Ordnung an Nachkommen bereits verstorbener Geschwister des Erblassers fallen würden (§ 757 Abs. 1 S. 3 neu öABGB); in Liechtenstein erben diese Nachkommen der Geschwister noch neben dem überlebenden Ehegatten.
[277] S. also den Länderbericht Österreich, Rn. 374 und folgende.
[278] In: Süß, Rn. 7–11.
[279] In: Ferid/Firsching, Rn. 102–117 (gesetzliche Erbfolge) und 171–186 (Pflichtteilsrecht).

ländischer Staatsangehöriger mit deutschem Wohnsitz, ZEV 2007, 219; *Luijten,* Die Reform des Erbrechts in den Niederlanden, RNotZ 2003, 119; *Riering,* Grundzüge des neuen niederländischen Erbrechts, in DNotI (Hrsg.), Zehn Jahre Deutsches Notarinstitut, 2003, S. 359; *Riering/Marck,* Das gemeinschaftliche Testament deutsch-niederländischer Ehegatten- unter besonderer Berücksichtigung des Haager Erbrechtsübereinkommen vom 1. 8. 1989, ZEV 1995, 90; *Schimansky,* Reform des niederländischen Erbrechts, ZEV 2003, 149; *Schmellenkamp/Wittkowski,* Neue Entwicklungen des Internationalen Erbrechts im Verhältnis Deutschland/Niederlande, in: FS des Rheinischen Notariats, 1998, S. 505; *Weber,* Internationales Erbrecht in den Niederlanden, IPRax 2000, 41.

1. Vorbemerkung

Das materielle Zivilrecht in den Niederlanden ist Gegenstand einer sukzessiven Überarbeitung, bei der einzelne Bücher des Bürgerlichen Gesetzbuches getrennt überarbeitet und – in zum Teil länger auseinander liegenden Zeitabständen – nach und nach in Kraft gesetzt werden. 341

Das materielle Erbrecht ist im Zuge dieser Revision des Bürgerlichen Rechts zum 1. 1. 2003 vollständig neu gestaltet worden und löste das noch auf dem Modell des *Code Napoléon* beruhende Erbrecht alter Fassung ab (das in den Grundzügen noch von 1838 herrührte).[280] Das neue niederländische Bürgerliche Gesetzbuch (Nieuw Burgerlijk Wetboek – kurz N.B.W.) wird nach Buch und Artikel zitiert, bei erbrechtlichen Vorschriften – die immer noch das 4. Buch bilden – bedeutet also die Angabe Art. 4:10 N.B.W., dass sich die genannte Vorschrift in Art. 10 des 4. Buches des überarbeiteten Bürgerlichen Gesetzbuches der Niederlande findet. 342

Die nachfolgende Darstellung wird nur das aktuell in den Niederlanden geltende Erb- und Pflichtteilsrecht darstellen. Ist also ein Erbfall zu begutachten, der bereits vor dem 1. 1. 2003 stattgefunden hat, so greift aber noch das bis dahin geltende und hier nicht näher dargestellte niederländische Erbrecht alter Fassung ein.[281] 343

2. Internationales Erbrecht

a) **Erbstatut.** Die Niederlande haben zum 1. 10. 1996 zum ersten Mal das internationale Erbrecht kodifiziert. Hierbei haben die Niederlande für alle Erbfälle nach dem 31. 9. 1986[282] einseitig das Haager Erbrechtsabkommen von 1989[283] als nationales Kollisionsrecht in Kraft gesetzt. Dieses Übereinkommen ist aber völkerrechtlich verbindlich noch nicht in Kraft getreten, da es außer durch die Niederlande von keinem anderen Staat bisher ratifiziert wurde; es gilt daher als ein nationales IPR der Niederlande.[284] Das Abkommen räumt der Privatautonomie einen großen Stellenwert ein, da es in weitem Umfang die Wahl des auf die Rechtsnachfolge von Todes wegen anwendbaren Rechtes zulässt, hält aber auch Kollisionsregeln für die sog. objektive Anknüpfung (also mangels einer Rechtswahl) bereit. 344

Zur Zeit wird in den Niederlanden geplant, das in Einzelgesetzen verstreute IPR als Buch 10 des N.B.W. zu bündeln. Bezüglich des Internationalen Erbrechts soll die Kodifikation allerdings weitgehend ohne inhaltliche Änderungen von statten gehen (s. Art. 10: 145 ff. des Entwurfs).[285]

---

[280] Zur Gesetzeshistorie s. ausführlich: *Luijten,* RNotZ 2003, 119.
[281] S. hierzu aber die umfassende Darstellung bei *Koenigs,* Grundzüge des niederländischen Erbrecht, MittRhNotK 1987, 237; eine kurze Einführung findet sich bei Ferid/Firsching/*Weber,* Vorbem. Rn. 4 ff.; zum Sonderproblem der sog. elterlichen Nachlassverteilung nach früherem niederländischen materiellen Recht vgl. noch: *Luijten,* MittRhNotK 1986, 109.
[282] S. Art. 7 Abs. 1 des Einführungsgesetzes (Wet conflictenrecht erfopvolging) vom 4. September 1996, wiedergegeben mit deutscher Übersetzung bei Ferid/Firsching, Texte A.I. 5.
[283] Haager Übereinkommen über das auf die Erbfolge anwendbare Recht vom 1. 8. 1989, authentischer englischer bzw. französischer Text auf der Webseite der Haager Konferenz (http://www.hcch.net), deutsche Übersetzung in *Ferid/Firsching,* Texte A.II. 9 und bei Staudinger/*Dörner,* BGB-Kommentar, Neubearb. März 2007, Vorbem. zu Art. 25 f. EGBGB Rn. 111 ff.
[284] Argentinien, Luxemburg und die Schweiz haben das Abkommen – allerdings zum Teil schon vor sehr langer Zeit – immerhin gezeichnet.
[285] Entwurf abrufbar bei der 2. Kammer des niederländischen Parlaments unter: http://www.tweedekamer.nl/kamerstukken/anhangige_wetgering/, dort unter Nr. 32137.

345 Grundlegend bestimmt Art. 5 Abs. 1 ErbRÜbk, dass der Erblasser in einer (einseitigen) letztwilligen Verfügung das auf die Rechtsnachfolge von Todes wegen anwendbare Recht wählen kann und das gewählte Recht für den gesamten Nachlass gilt (Grundsatz der Nachlasseinheit). Allerdings ist der Kreis der wählbaren Rechte beschränkt auf das Recht der Staatsangehörigkeit des Erblassers oder das Recht seines gewöhnlichen Aufenthalts. Maßgeblicher Zeitpunkt ist hierbei zunächst der Zeitpunkt der Errichtung der letztwilligen Verfügung, es reicht aber auch aus, wenn der Erblasser erst im Todeszeitpunkt Angehöriger des Staates ist, dessen Recht er gewählt hat, oder wenn er zum Todeszeitpunkt dort seinen letzten gewöhnlichen Aufenthalt hatte. Darüber hinaus kann der Erblasser für die Erbfolge in bestimmte Vermögensgegenstände das Recht eines oder mehrerer Staaten wählen, wobei insbesondere an die Möglichkeit gedacht war, für unbewegliche Nachlassgegenstände das Recht des jeweiligen Lageortes zu wählen (Art. 6 ErbRÜbk).[286] Diese Rechtswahl (als partielle Rechtswahl) soll aber nach dem ausdrücklichen Wortlaut von Art. 6 ErbRÜbk nicht die zwingenden Vorschriften des Erbstatuts beseitigen können, das sich entweder aus der ansonsten umfassenden Rechtswahl nach Art. 5 Abs. 1 ErbRÜbk ergibt oder (mangels einer solchen Rechtswahl) aus dem objektiven Erbstatut.

346 Mangels einer Rechtswahl knüpft das Haager Erbrechtsabkommen nicht mehr – wie bisher gewohnheitsrechtlich im niederländischen IPR anerkannt – an das Staatsangehörigkeitsrecht an, sondern an eine Art verfestigten gewöhnlichen Aufenthalt. Auf der ersten Stufe greift hierbei die Anknüpfung an den gewöhnlichen Aufenthalt zum Todeszeitpunkt ein, wenn der Erblasser auch die Staatsangehörigkeit des Aufenthaltsstaats besaß (Art. 3 Abs. 1 ErbRÜbk).[287] Auf der zweiten Stufe (Art. 3 Abs. 2, 1. Hs. ErbRÜbk) reicht als verstärkter gewöhnlicher Aufenthalt, dass der Erblasser für einen Zeitraum von mehr als fünf Jahren unmittelbar vor seinem Tod dort seinen Aufenthalt hatte, es sei denn, der Erblasser wäre in diesem Zeitpunkt mit dem Staat, dessen Angehöriger er ist, enger verbunden. Im letzteren Fall soll dann wieder das Recht der Staatsangehörigkeit das Erbstatut bilden (Art. 3 Abs. 2, 2. Hs. ErbRÜbk).[288] Schließlich ist als letzte Auffangvorschrift Art. 3 Abs. 3 ErbRÜbk zu prüfen, nach der an das Recht der Staatsangehörigkeit des Erblassers im Todeszeitpunkt angeknüpft wird, wenn nicht der Erblasser in diesem Zeitpunkt ersichtlich mit dem Recht eines anderen Staates stärker verbunden ist. Hinzuweisen bleibt aber noch darauf, dass die alle Anknüpfungen nach Art. 3 ErbRÜbk an die Sachlage zum Todeszeitpunkt des Erblassers anknüpfen, also ein Errichtungsstatut (wie nach Art. 26 Abs. 5 EGBGB) dem Haager Erbrechtsübereinkommen bei Anknüpfung mangels einer Rechtswahl nicht bekannt ist. Dieses macht die objektive Anknüpfung nach dem Haager Erbrechtsübereinkommen aber in manchen Fällen schwer vorhersehbar.[289] Unter anderem wohl aus diesem Grunde hat Deutschland auch darauf verzichtet, sich an diesem Haager Abkommen zu beteiligen.[290]

347 **b) Rück- und Weiterverweisung.** Bei der Verweisung durch ErbRÜbk handelt es sich nach Art. 17 ErbRÜbk um Sachnormverweisungen. Dies ist insbesondere einsichtig, wenn der Erblasser das anwendbare Erbrecht mittels einer Rechtswahl bestimmt hat. Zur Förderung des internationalen Entscheidungseinklangs sieht aber Art. 4 ErbRÜbk vor, dass eine Weiterverweisung beachtlich sein soll, wenn die objektive Anknüpfung nach Art. 3 ErbRÜbk

---

[286] Vgl. AnwK-BGB/*Süß*, Rn. 5.
[287] Bei mehrfacher Staatsangehörigkeit des Erblassers dürfte hierbei wohl auch ein nicht-effektive Staatsangehörigkeit ausreichen.
[288] Gedacht ist wohl an Fälle nur beruflicher Aufenthalt in einem fremden Staat, ohne sich dort tatsächlich zu integrieren, z. B. also den Ölarbeiter auf der norwegischen Ölplattform, der alle sechs Wochen längeren Heimaturlaub erhält, oder den niederländischen Botschafter in Washington; fraglich erscheint aber, ob der Rentner mit Lebensabend im Ausland unter diese Ausnahmeklausel zu fassen ist (so wohl aber AnwK-BGB/*Süß*, Rn. 8).
[289] Man denke an einen Fall, in dem ein Niederländer nach 20 Jahren Aufenthalt in Deutschland (deutsches Recht galt nach Art. 3 Abs. 2 ErbRÜbk) zu seiner Tochter nach Belgien zieht, dort knapp 4½ Jahre wohnt und dann verstirbt. Soll für diesen Erblasser niederländisches Erbrecht gelten (nach Art. 3 Abs. 3 ErbRÜbk, da die vorgehenden Anknüpfungen versagen) oder hat er engere Verbindungen zu einem anderen Recht (Art. 3 Abs. 3 S. 2 ErbRÜbk; welches dann: deutsches oder belgisches Recht)?
[290] Vgl. die Kritik bei MünchKommBGB/*Birk*, Art. 25 EGBGB Rn. 290 und demgegenüber die Würdigung bei AnwK-BGB/*Süß*, Rn. 8.

X. Niederlande

auf das Recht eines Nichtvertragsstaates verweist,²⁹¹ dessen IPR aber eine Weiterverweisung auf das Recht eines weiteren Nichtvertragsstaates ausspricht und dieser letzte Staat auch selbst sein eigenes Recht anwenden würde.²⁹²

c) Regelungsumfang des Erbstatuts. Der Regelungsumfang des Erbstatuts nach dem Haager Erbrechtsabkommen ist negativ in Art. 1 Abs. 2 ErbRÜbk und positiv in Art. 7 Abs. 2 ErbRÜbk festgeschrieben. Hiernach regelt das nach dem Haager Erbrechtsübereinkommen anwendbare Recht zwar die Berufung zum Erben oder Vermächtnisnehmer und seine Rechtsstellung, Fragen der Enterbung oder Erbunwürdigkeit, Fragen des Pflichtteilsrechts einschließlich der Herabsetzung von Schenkungen aufgrund eines Pflichtteilsrechts und die materielle Gültigkeit einer letztwilligen Verfügung, nicht aber die formelle Wirksamkeit einer letztwilligen Verfügung, die Testierfähigkeit oder Einflüsse des Ehegüterrechts. Zu beachten ist ferner, dass die Niederlande in Art. 4 des Einführungsgesetzes zum Haager Erbrechtsübereinkommen²⁹³ festgelegt haben, dass alle Fragen, die die Nachlassabwicklung und die Verteilung des Nachlasses betreffen, stets niederländischem Recht unterliegen, wenn der Erblasser seinen letzten gewöhnlichen Aufenthalt in den Niederlanden hatte. Für die Erbauseinandersetzung können die Nachlassbeteiligten aber übereinstimmend ein anderes Recht wählen. 348

d) Wirksamkeit der Verfügung von Todes wegen. Die materiell-rechtliche Gültigkeit einer letztwilligen Verfügung ist im Haager Erbrechtsabkommen geregelt. Für einseitige letztwillige Verfügungen ist es nach Art. 5 Abs. 2 ErbRÜbk ausreichend, wenn die Rechtswahl des anwendbaren Erbrechts in der Form einer Verfügung von Todes wegen erfolgt. Im weiteren bestimmt sich die materielle Gültigkeit der Verfügung aber nach dem gewählten Recht (Art 5. Abs. 2 S. 2 ErbRÜbk). Das Haager Erbrechtsabkommen enthält darüber hinaus eine ganze Reihe von Vorschriften für Verträge in Erbangelegenheiten, also gegenseitige letztwillige Verfügungen (auch wenn sie nicht gemeinschaftlich abgeschlossen werden),²⁹⁴ Erb- und Pflichtteilsverzichtsverträge und Erbverträge im engeren Sinne. Hiernach unterliegt ein solcher Vertrag dem nach Art. 3 ErbRÜbk anwendbaren oder nach Art. 5 ErbRÜbk gewählten Recht. Ein Errichtungsstatut kennt das Haager Erbrechtsabkommen bei dieser Anknüpfung,²⁹⁵ es reicht aber auch, wenn die erbrechtliche Regelung der Anknüpfung nach Art. 3 bzw. Art. 5 Abs. 1 ErbRÜbk zum Todestag des Erblassers entspricht. Wenn die letztwillige Verfügung den Nachlass mehrerer Personen betrifft, ist sie nach Art. 10 ErbRÜbk nur gültig, wenn der Vertrag nach dem Erbstatut aller Personen gültig ist, deren Nachlass betroffen wird. Da dieses nicht häufig zutreffen wird, gewährt Art. 11 ErbRÜbk aber das Recht, für einen solchen Erbvertrag über mehrere Nachlässe das Recht der Staatsangehörigkeit oder des gewöhnlichen Aufenthalts im Zeitpunkt des Vertragsschlusses allein eines der Vertragsbeteiligten ausdrücklich für den gesamten Vertrag zu wählen. Durch eine solche Rechtswahl kann aber nicht das Pflichtteilsrecht einer Person verkürzt werden, das sich nach Art. 3 bzw. Art. 5 Abs. 1 ErbRÜbk ergibt, wenn diese pflichtteilsberechtigte Person nicht selbst Vertragspartei ist. 349

Hinsichtlich der Formgültigkeit einer letztwilligen Verfügung ist zu beachten, dass die Niederlande ebenso wie Deutschland Vertragsstaat des Haager Testamentsformübereinkommens vom 5. 10. 1961²⁹⁶ sind. Danach ist ein Testament insbesondere formgültig, wenn die Ortsform eingehalten wurde. Das in Deutschland errichtete Testament eines Niederländers ist also folglich formwirksam, wenn die Anforderungen des deutschen Rechts beachtet wurden. Das Haager Testamentsformabkommen ist allerdings nicht für Erbverträge und 350

---

²⁹¹ Was bei jeder Verweisung auf ein anderes als das niederländische Recht der Fall ist, da das Abkommen nur für die Niederlande gilt; vgl. oben Rn. 344.
²⁹² Beispiel: Ermittlung des anwendbaren Erbrechts aus niederländischer Sicht nach einem österreichischen Staatsangehörigen, der seit über 5 Jahren in Deutschland seinen gewöhnlichen Aufenthalt hat: aus Sicht aller Rechtsordnungen (niederländisches, deutsches und österreichisches IPR): österreichisches materielles Erbrecht.
²⁹³ Sog. Wet conflictenrecht erfopvolging vom 4. 9. 1996, mit deutscher Übersetzung wiedergegeben bei *Ferid/Firsching*, Texte A. I. 5.
²⁹⁴ AnwK-BGB/*Süß*, Rn. 15.
²⁹⁵ Abweichend von oben unter Rn. 345.
²⁹⁶ BGBl. 1966 II, S. 11 ff.; umgesetzt in Art. 26 Abs. 1 S. 2 EGBGB.

Erbverzichtsverträge anwendbar. Diese sind wirksam, sofern die Formvorschriften nach dem Recht des Errichtungsorts beachtet wurden (Art. 10 AB);[297] nach der Rechtsprechung reicht aber auch die Beachtung der *lex causae*.[298] Die Testierfähigkeit (die ja auch nicht durch das Haager Erbrechtsübereinkommen geregelt ist)[299] wird traditionell entsprechend Art. 6 AB nach dem Heimatrecht des Erblassers bestimmt.[300]

3. Gesetzliche Erbfolge

351 Ähnlich wie das deutsche Recht geht das niederländische Recht für die Erbfolge nunmehr vom sog. Parentelsystem aus. Die Verwandten werden in Ordnungen eingeteilt. Indem Art. 4:10 Abs. 1 N. B. W. vier Ordnungen ausdrücklich *nacheinander* zur Erbfolge beruft, schließt also eine frühere Ordnung Angehörige einer erst späteren Ordnung eindeutig aus.

352 Gesetzliche Erben der ersten Ordnung werden die Kinder des Erblassers zusammen mit dem Ehegatten des Erblassers, sofern dieser nicht mit dem Erblasser von Tisch und Bett getrennt ist (Art. 10 Abs. 1 litt. a) N. B. W.). Mehrere Personen in einer Ordnung erben prinzipiell nach Köpfen zu gleichen Teilen (Art. 11 Abs. 1 N. B. W.). Hierbei greift aber auch nach niederländischem Recht das Eintrittsrecht, also die Erbfolge nach Stämmen, wonach eine Person, die den Erbfall nicht mehr erlebt ist, erbunwürdig oder aus anderen Gründen (z. B. bedingte Erbeinsetzung) aus der Erbfolge ausgeschieden ist, durch ihre Abkömmlinge vertreten wird, und zwar insgesamt mit dem Erbteil, den die Person erhalten hätte, die sie vertreten (sog. *plaatsvervulling*, also Stellvertretung).[301] Bereits seit dem 13. 6. 1979 hatte das niederländische gesetzliche Erbrecht nicht mehr zwischen ehelichen und nicht-ehelichen Abkömmlingen unterschieden. Bei der Adoption kennt das niederländische Recht nur die Minderjährigenadoption, die die verwandtschaftlichen Bindungen zu den bisherigen Verwandten beendet und das Adoptivkind zum ehelichen Kind des/der Adoptierenden macht (Art. 1:229 Abs. 1 und 2 N. B. W.).

In der zweiten Ordnung erben die Eltern des Erblassers zusammen mit dessen Brüdern und Schwestern bzw. deren Repräsentanten (also Nichten und Neffen des Erblassers),[302] wobei ein Elternteil mindestens eine Erbquote von (jeweils) einem Viertel erhält, gegebenenfalls werden die anderen Quoten anteilig gekürzt (Art. 4:10 Abs. 1 litt. b) und Art. 4:11 N. B. W.). Erben der dritten Ordnung werden sodann die Großeltern und ihre Nachkommen (Art. 4:10 litt. c) N. B. W.); in der vierten Linie erben noch die Urgroßeltern und deren Nachkommen (Art. 4:10 litt. d) N. B. W.). Entferntere Verwandte über die vierte Ordnung und auch über den sechsten Grad (zum Erblasser) hinaus haben kein gesetzliches Erbrecht mehr (Art. 4:12 Abs. 3 N. B. W.).

353 Wie oben gerade geschildert, erbt der überlebende Ehegatte, sofern er noch nicht von Tisch und Bett getrennt war, als Erbe der ersten Ordnung gleichanteilig neben den Kindern des Erblassers. War die Ehe kinderlos, so wird er sogar vor den Eltern und Geschwistern des Erblassers Alleinerbe. Zusätzlich ist zu beachten, dass die niederländische Rechtspraxis schon vor der Reform des Jahres 2003 eine weitere Besserstellung des überlebenden Ehegatten durch das Institut der sog. elterlichen Nachverteilung ermöglicht hatte.[303] Hiernach konnte ein Ehegatte in einer letztwilligen Verfügung dem überlebenden Ehegatten über seine Erbquote hinaus zur Erhaltung seines Lebensstandards den Nießbrauch des ganzen Nachlasses zuwenden und bestimmen, dass die (gemeinsamen) Kinder ihren Erbteil erst nach dem Tod des überlebenden Ehegatten erhalten sollten. In Fortführung dieser Grundidee hat der niederländische Gesetzgeber im neuen niederländischen Erbrecht die Figur des Besonderen

---

[297] Wet houdende allgemene bepalingen der wetgeving van het Koningrijk – Gesetz über die allgemeinen Bestimmungen der Gesetzgebung des Königreiches vom 18. 5. 1829; wiedergegeben mit deutscher Übersetzung bei *Ferid/Firsching*, Texte A. I. 1.
[298] *Charisius*, S. 70 m. w. N.
[299] S. oben unter Rn. 348.
[300] AnwK-BGB/*Süß*, Rn. 14 am Ende.
[301] Art. 4:10 Abs. 2 und Art. 4:12 Abs. 1 und 2 N. B. W.
[302] Also keine Repräsentation der Eltern durch die Geschwister des Erblassers, sondern beide Gruppen erben immer nebeneinander.
[303] Vgl. hierzu insbesondere *Luijten* MittRhNotK 1986, 109 und *Koenigs* MittRhNotK 1987, 237, 251 ff.

Gesetzlichen Erbrechts des überlebenden Ehegatten geschaffen (Art. 4:13 ff. N.B.W.). Hiernach erhält ohne nähere Anordnung des Erblassers der überlebende Ehegatte sämtliche Nachlassgegenstände, übernimmt aber zur Entlastung der Erben[304] sämtliche Nachlassschulden (Art. 4:13 Abs. 2 N.B.W.). Die Kinder erhalten als Ausgleich eine Geldforderung zu Lasten des überlebenden Ehegatten in Höhe ihres jeweiligen Erbteils (Art. 4:13 Abs. 3 N.B.W.). Zusätzlich erhalten sie – sofern der Erblasser oder der Ehegatte gemeinsam mit den Kindern nichts anderes festlegen – eine Verzinsung in Höhe des gesetzlichen Zinssatzes, mindestens aber 6%. Dafür wird die Forderung gegen den überlebenden Ehegatten erst mit dessen Tod fällig oder aber bei dessen Insolvenz (Art. 4:13 Abs. 3 und 4 N.B.W.). Auch bei Wiederverheiratung des Ehegatten wird diese Forderung prinzipiell fällig, hier erfolgt die Begleichung regelmäßig aber in Nachlassgegenständen, an denen sich der überlebende, sich wieder verheiratende Ehegatte noch einen Nießbrauch bestellen kann (Art. 4:19 N.B.W.). Gleiches wie bei Wiederverheiratung gilt, wenn der überlebende Ehegatte nicht mit einem der Kinder verwandt, sondern nur ein Stiefelternteil ist (Art. 4:21 N.B.W.). Hinsichtlich der Regelungen für Sondersituationen (Wiederverheiratung, Stiefkinder etc.) lässt das Gesetz dem Erblasser aber sogar die Freiheit, die gesetzlichen Vorschriften zu verschärfen, zu ändern oder gar völlig außer Kraft zu setzen (Art. 4:25 Abs. 5 N.B.W.).[305]

Das niederländische Recht kennt ein gesetzliches Erbrecht auch für den Partner einer eingetragenen Lebenspartnerschaft, da Art. 4:8 Abs. 1 N.B.W. den registrierten Partner mit dem Ehegatten völlig gleichstellt. Zusätzlich ist zu beachten, dass sowohl die registrierte Partnerschaft (nach Art. 1:80 a Abs. 1 N.B.W.) also auch die Ehe (nach Art. 1:30 Abs. 1 N.B.W.) seit dem Jahre 1998 bzw. 2001 sowohl gleich- als auch verschiedengeschlechtlichen Partnern offen stehen und sowohl eine registrierte Partnerschaft in eine Ehe wie auch eine Ehe in eine registrierte Partnerschaft recht formlos umgewandelt werden kann (Art. 1:77 a bzw. Art. 1:80 g N.B.W.).[306]

4. Pflichtteilsrecht

a) **Pflichtteilsberechtigte Personen und Quoten.** In der Reform des Jahres 2003 haben die Niederlande ihr Pflichtteilsrecht erheblich verändert. Pflichtteilsberechtigt sind nunmehr allein noch Abkömmlinge des Erblassers, die seine gesetzlichen Erben sein würden, sei es aus eigenem Recht, sei es kraft Repräsentation (Art. 4:63 Abs. 2 N.B.W.). Sie erhalten die Hälfte ihres gesetzlichen Erbteils (Art. 4:64 Abs. 1 N.B.W.). Bei der Berechnung des Pflichtteils werden alle vom Erblasser hinterlassenen Kinder im Sinne von Art. 4.10 Abs. 1 litt. a) N.W.B. berücksichtigt, allerdings nicht erbunwürdige Kinder oder solche, die die Erbschaft ausgeschlagen haben.[307]

Zu beachten ist aber, dass *de facto* die Niederlande das Pflichtteilsrecht der Kinder weitgehend zurückgedrängt haben, wenn die Kinder neben dem überlebenden Ehegatten oder Partner einer registrierten Partnerschaft des Erblassers erben. Greift hier das Besondere Gesetzliche Erbrecht des Ehegatten ein, so erhalten die Kinder zunächst nur einen im Zweifel bis auf den Tod des überlebenden Ehegatten aufgeschobenen, allerdings im Zweifel verzinsten Anspruch; die Nachlassgegenstände erhält hingegen allesamt der überlebende Ehegatte.[308] Dennoch gelten die Kinder in dieser Situation aus niederländischer Sicht nicht als enterbt, sie können also gegen das Besondere Gesetzliche Erbrecht des überlebenden Ehegatten kein Pflichtteilsrecht geltend machen. Aber auch außerhalb des Besonderen Gesetzlichen

---

[304] Denn Ehegatte und Kinder bilden immer noch fiktiv eine Erbengemeinschaft, s. hierzu auch unten Rn. 356.
[305] Weiteres zum komplizierten Institut des Besonderen Gesetzlichen Erbrechts des überlebenden Ehegatten s. bei AnwK-BGB/*Süß*, Rn. 28 ff. und bei *Süß/van Maas de Bie*, Rn. 67 ff.
[306] Ob und ggf. als welches Institut die (homosexuelle) Ehe und die (heterosexuelle) Lebenspartnerschaft niederländischen Rechts in Deutschland anerkannt werden können, ist Gegenstand einer lebhaften Diskussion, die hier nicht weiter vertieft werden kann (vgl. aber Staudinger/*Mankowski*, BGB-Kommentar, Neubarb. September 2003, Art. 17b EGBGB Rn. 19 ff. und *Eule*, RNotZ 2003, 434, 440 ff.)
[307] *Mellema-Kranenburg*, in: Kluwer-Kurzkommentar zum N.B.W., Art. 4.64 Anm. 2 am Ende unter Hinweis auf die Gesetzesbegründung.
[308] S. hierzu schon oben unter Rn. 353.

Erbrechts des überlebenden Ehegatten kann der Erblassers zusammen mit einer letztwilligen Zuwendung an seinen nicht von Tisch und Bett getrennten Ehegatten anordnen, dass seine Pflichtteilsberechtigten die Pflichtteile erst nach dem Tod des überlebenden Ehegatten geltend machen dürfen (Art. 4:82 N.B.W.) oder zu einem andern vom Erblasser letztwillig festgelegten Zeitpunkt (Art. 4:83 N.B.W.). Für diesen Fall sieht das Gesetz als Ausgleich wiederum eine Verzinsung des – gestundeten – Pflichtteils vor (Art. 4:84 N.B.W.).[309] Darüber hinaus kann der Erblasser eine Stundung des Pflichtteils der Kinder nach Art. 4:82, S. 2 N.B.W. sogar dann wirksam anordnen, wenn er eine Verfügung zugunsten eines (nichtehelichen) Lebensgefährten trifft, der mit ihm einen gemeinsamen Haushalt führt und mit dem er in notarieller Form einen Zusammenlebens-Vertrag[310] geschlossen hat.

357 Folglich hat der niederländische Gesetzgeber ein Pflichtteilsrecht der Kinder de facto außer Kraft gesetzt, wenn sie neben dem überlebenden Ehegatten oder einem im Haushalt mit dem Erblasser wohnenden Lebensgefährten erben. Daher ergibt sich folgende tabellarische Übersicht:

Pflichtteilsberechtigter	neben …	Erbquote	Pflichtteilsquote
Kinder	Allein	$1/1$	$1/2$
Kinder	Ehegatte[311]	$1/2, 1/3, 1/4, \ldots$	$1/4, 1/6, 1/8, \ldots$ [312]
Kinder	Ehegatte[313]/n.-e. Lebensgefährte	0	0 [314]

358 Als Ausgleich sieht das niederländische Gesetz aber noch zwei pflichtteilsähnliche Ansprüche für Kinder des Erblassers vor, nämlich zum ersten einen Anspruch auf Unterhalt für minderjährige Kinder und auch auf Unterhalt für eine Ausbildung oder ein Studium bis zum 21. Lebensjahr und einen finanziellen Ausgleich für früher dem Erblasser unentgeltlich geleistete Mitarbeit (Art. 4:35 und Art. 4:36 N.B.W.). Ähnliches kann auch der überlebende Ehegatte beanspruchen (der selbst kein Pflichtteilsrecht mehr hat): Er hat ein gesetzliches Nießbrauchsrecht an der Ehewohnung und am Hausrat; erfordert es seine angemessene Versorgung unter Berücksichtigung seiner eigenen Einkünfte, so kann ihm gerichtlich zusätzlich ein Nießbrauch an weiteren Nachlassgegenständen eingeräumt werden (Art. 4:28 – Art. 4:34 N.B.W.).[315]

359 Der Pflichtteilsanspruch verjährt nach niederländischem Recht, sofern ihn der Berechtigte nicht innerhalb einer angemessenen, vom Verpflichteten gesetzten Frist geltend gemacht hat, spätestens aber 5 Jahre nach dem Tod des Erblassers (Art. 4:85 Abs. 1 N.B.W.).

360 **b) Gegenstand der Pflichtteilsberechnung.** Nach Art. 4:65 N.B.W. bildet der reine Nachlasswert die Grundlage der Pflichtteilsberechnung. Hierzu werden die Nachlassaktiva mit ihrem Wert zum Todeszeitpunkt des Erblassers angesetzt (Art. 4:6 N.B.W.). Hinzugerechnet werden dem Nachlass (fiktiv) bestimmte Schenkungen des Erblassers, insbesondere solche an einen pflichtteilsberechtigten Abkömmling,[316] Schenkungen unter (freiem) Widerrufsvorbehalt oder solche, die weniger als 5 Jahre vor dem Tod des Erblassers erfolgt sind (s. im Einzelnen: Art. 4:67 N.B.W.). Schenkungen an den Ehegatten bleiben hingegen u.a. unberücksichtigt, sofern die Ehegatten im (gesetzlichen Güterstand der) allgemeinen Gütergemeinschaft gelebt hatten und durch die Schenkung beim Erblasser keine Vermögensminde-

---

[309] Diese Verzinsungspflicht ist – anders als in Art. 4:13 Abs. 4 N.B.W. – wohl nicht durch den Erblasser abdingbar.
[310] Dieser wird bei längerfristigem nicht-ehelichen Zusammenleben von den Lebenspartnern in den Niederlanden regelmäßig abgeschlossen.
[311] Erfasst auch den Partner einer registrierten Partnerschaft.
[312] Von Gesetzes wegen; abhängig von Anzahl der Kinder, da Ehegatte und Kinder insgesamt nach Köpfen erben (Art. 4:10 Abs. 1 litt. a), Art. 4:11 Abs. 1 N.W.B.).
[313] S. Fn. 311.
[314] Real bei Durchführung des Besonderen Gesetzlichen Erbrechts des überlebenden Ehegatten oder besonderer Anordnung durch den Erblasser; s. oben Rn. 356 f.
[315] Näheres bei Süß/van Maas de Bie, Rn. 92 f. und AnwK-BGB/Süß, Rn. 58 f.
[316] Und zwar ohne zeitliche Grenze.

rung eingetreten ist (Art. 4:68 N.B.W.). Anrechenbare Schenkungen werden – abweichend vom allgemeinen Grundsatz – mit dem Wert zum Schenkungszeitpunkt angesetzt, außer der Erblasser hat sich den lebzeitigen Nießbrauch vorbehalten; dann zählt der Schenkungswert zum Todeszeitpunkt des Erblassers. Nachfolgend werden dann vom so errechneten fiktiven Brutto-Nachlass die in Art. 4:7 N.B.w. beschriebenen Nachlasspassiva abgezogen,[317] allerdings nicht die Kosten einer eventuellen Testamentsvollstreckung, die Erbschaftsteuer und Vermächtnisse sowie Schenkungen auf den Todesfall, die als Vermächtnisse zu behandeln sind.

c) **Art des Pflichtteils.** Im niederländischen Erbrecht alter Fassung wurde den Pflichtteilsberechtigten – nach französischem Vorbild – noch ein echter Noterbteil, also eine dingliche Beteiligung am Nachlass gewährt. Demgegenüber hat sich der Gesetzgeber des neuen niederländischen Bürgerlichen Gesetzbuches dafür entschieden, den Pflichtteil nur noch als bloßen Geldanspruch zu gewähren (s. Art. 4:79f. N.B.W.). Dieser Anspruch richtet sich gegen die Erben(gemeinschaft) bzw. – bei Eingreifen des Besonderen Gesetzlichen Erbrechtes des Ehegatten – gegen diesen allein (Art. 4:79 Abs. 1 N.B.W.). 361

d) **Pflichtteilsanrechnung.** Gemäß Art. 4:71 N.B.W. müssen sich die Pflichtteilsberechtigten auf ihren Pflichtteil anrechnen lassen, was sie vom Erblasser tatsächlich erhalten haben, sei es als Erbe oder Vermächtnisnehmer. Angerechnet wird nach Art. 4:70 N.B.W. auch dasjenige, was ein Pflichtteilsberechtigter als Schenkung oder aus einer vom Erblasser abgeschlossenen Lebensversicherung, bei der der Pflichtteilsberechtigte nur Begünstigter war, erhalten hat, ohne dass das niederländische Recht insoweit eine ausdrückliche Festlegung der Schenkungsanrechnung durch den Erblasser erfordern würde.[318] Im Falle der Repräsentation haben sich die Enkel etc. auch selbst das anrechnen zu lassen, was ihr Elternteil vom Erblasser als Schenkung erhalten hatte (Art. 4:70 Abs. 2 N.B.W.). Art. 4:72 und Art. 4:73 N.B.W. erklären dann sogar alles dasjenige als anrechenbar, was der Pflichtteilsberechtigte als Erbe oder Vermächtnisnehmer vom Erblasser erhalten hätte, wenn er die Erbschaft oder Vermächtnis nicht ausgeschlagen hätte; er erhält insoweit also nur die Differenz.[319] 362

e) **Pflichtteilsergänzung.** Wie bereits oben dargestellt, findet eine Hinzurechnung bestimmter Schenkungen zum eigentlich hinterlassenen Nachlass gemäß Art. 4:67 N.B.W. statt. Da diese Hinzurechnung nur fiktiv erfolgt, kann dann durchaus der tatsächlich vorhandene Nachlass nicht zur Erfüllung aller Pflichtteilsansprüche ausreichen. Die Erben haften nämlich nur mit dem nach Begleichung der Nachlassverbindlichkeiten tatsächlich vorhandenen Nachlass (Art. 4:80 Abs. 2 N.B.W.). Sodann können die Pflichtteilsberechtigten gemäß Art. 4:89 N.B.W. auch auf die Empfänger von Schenkungen zurückgreifen, deren Schenkungen nach Art. 4:67 N.B.W. nicht beständig sind. Hierbei haften jüngere Schenkungen vor älteren, also zunächst die auf den Todesfall gemachten Zuwendungen (Art. 4:89 Abs. 3 N.B.W.). 363

f) **Pflichtteilsentziehung.** Eine Pflichtteilsentziehung ist dem niederländischen Recht unbekannt. Allein die Person, die erbunwürdig ist, verliert auch ihr Pflichtteilsrecht (Art. 4:63 Abs. 2 N.B.W.). Erbunwürdigkeit besteht *de lege* in den in Art. 4:3 N.B.W. genannten außergewöhnlichen Fällen,[320] einer Erbunwürdig-Erklärung im Testament bedarf es also nicht. 364

g) **Zulässigkeit eines Pflichtteilsverzichts?** Auch einen Pflichtteilsverzicht kennt das niederländische materielle Erbrecht nicht. Entsprechend der (früheren) französischen Tradition versteht es den Erb- oder Pflichtteilsverzicht als unzulässiges Rechtsgeschäft über den Nachlass einer noch lebenden Person, das unheilbar nichtig ist (Art. 4:4 Abs. 2 N.B.W.). 365

---

[317] Insbesondere die Begräbniskosten, die Erblasserschulden, die Kosten der Nachlassabwicklung gewisse Vorausrechte der Kinder und des überlebenden Ehegatten (s. hierzu bei Rn. 358).
[318] So auch: AnwK-BGB/*Süß*, Rn. 56 am Ende.
[319] Kurzes Berechnungsbeispiel bei *Mellema-Kranenburg*, in: Kluwer-Kurzkommentar zum N.B.W., Art. 4:72 Anm. 1.
[320] Tötung des Erblassers, Verurteilung wegen einer vorsätzlichen, gegen den Erblasser gerichteten Tat mit einer Strafandrohung von mindestens 4 Jahren, falsche Beschuldigung des Erblassers, er habe eine schwere Straftat begangen, Ausübung von Zwang oder Drohung gegen den Erblasser bei der Testamentserrichtung und Unterdrückung der letztwilligen Verfügung.

men zu (§ 737 ABGB).³⁵⁵ Erben der dritten Linie werden sodann die Großeltern und ihre Nachkommen. In der vierten Linie erben ausschließlich noch die Urgroßeltern. Entferntere Verwandte (insbesondere Nachkommen der Urgroßeltern) haben kein gesetzliches Erbrecht.³⁵⁶

376 Das gesetzliche Erbrecht des Ehegatten ist in § 757 ABGB geregelt. Neben Kindern des Erblassers und deren Nachkommen ist der Ehegatte zu $^1/_3$ zur Erbfolge berufen. Neben Eltern und Geschwistern des Erblassers erhält der Ehegatte $^2/_3$ des Nachlasses. Sind die Geschwister des Erblassers vorverstorben, so erhält der Ehegatte auch denjenigen Erbteil, der auf die Abkömmlinge der Geschwister (Nichten und Neffen) entfallen würde (§ 757 Abs. 1 S. 3 ABGB). Neben Großeltern ist der Ehegatte ebenfalls zu $^2/_3$ zur Erbfolge berufen. Auch hier erhält der Ehegatte die Erbteile, die auf Nachkommen verstorbener Großeltern entfallen würden. In allen anderen Fällen erhält der Ehegatte den gesamten Nachlass.³⁵⁷ Als gesetzliches Vorausvermächtnis erhält der Ehegatte darüber hinaus gem. § 758 ABGB ein Wohnrecht an der Ehewohnung und alle zum ehelichen Haushalt gehörenden beweglichen Sachen, die zur Fortführung der bisherigen Lebensverhältnisse erforderlich sind.³⁵⁸ Österreich hat zum 1. 1. 2010 gleichgeschlechtliche eingetragene Partner erbrechtlich gleichgestellt (§ 537 a ABGB).

377 Eine Besonderheit des österreichischen Rechts besteht noch darin, dass, sofern weder gesetzliche noch testamentarische Erben zur Erbfolge gelangen, den vom Erblasser bedachten Vermächtnisnehmern ein gesetzliches außerordentliches Erbrecht gem. § 726 ABGB zusteht. In diesem Fall werden also Vermächtnisnehmer außerordentliche gesetzliche Erben.³⁵⁹ Ist der Nachlass erbenlos, erbt der Staat gem. § 760 ABGB.

3. Pflichtteilsrecht

378 **a) Pflichtteilsberechtigte Personen und Quoten.** Das Pflichtteilsrecht ist in den §§ 762 ff. ABGB geregelt. Potentiell pflichtteilsberechtigt sind die Abkömmlinge (Kinder, Enkel etc.) und die Vorfahren (Eltern, Großeltern, Urgroßeltern etc.) des Erblassers sowie sein Ehegatte/Lebenspartner.³⁶⁰ Im konkreten Fall pflichtteilsberechtigt sind aber nur die Personen, die beim konkreten Erbfall gesetzliche Erben geworden wären, wenn kein Testament vorhanden gewesen wäre. Zu den pflichtteilsberechtigten Kindern gehören sowohl eheliche als auch uneheliche. Adoptierte Kinder sind pflichtteilsberechtigt, soweit sie zur gesetzlichen Erbfolge berufen wären.³⁶¹ Die Kinder und der Ehegatte/Lebenspartner erhalten gem. § 765 BGB als Pflichtteil die Hälfte ihres gesetzlichen Erbteils. Eltern erhalten $^1/_3$ ihres gesetzlichen Erbteils.³⁶² Bei der Berechnung des Pflichtteils werden gem. § 767 Abs. 1 ABGB diejenigen Personen nicht berücksichtigt, die durch Erbverzicht i. S. d. § 551 ABGB, infolge Erbunwürdigkeit oder Erbunfähigkeit (§ 538 ff. ABGB) oder infolge rechtmäßiger Enterbung (§ 768 ff. ABGB) vom Pflichtteilsrecht ausgeschlossen sind.³⁶³ Vorbehaltlich einer Prüfung des jeweiligen Einzelfalls nachfolgende einige Beispiele:

Pflichtteilsberechtigter	neben …	Erbquote	Pflichtteilsquote
Kinder	Allein	$^1/_1$	$^1/_2$
Kinder	Ehegatte	$^2/_3$	$^1/_3$

---

³⁵⁵ Süß/*Haunschmidt*, Länderbericht Österreich, Rn. 18; *Ferrari/Likar-Peer*, IV. B 1 b bb = S. 60 f.
³⁵⁶ Zur 3. und 4. Linie: Süß/*Haunschmidt*, Länderbericht Österreich, Rn. 19 und 20; *Ferrari/Likar-Peer*, IV. B 1 b cc und dd = S. 62 f.
³⁵⁷ Berechnungsbeispiele bei: *Ferrari/Likar-Peer*, IV. B 2 b = S. 68 ff; Süß/*Haunschmidt*, Länderbericht Österreich, Rn. 22.
³⁵⁸ Zu den weiteren Rechten des überlebenden Ehegatten im Detail: *Ferrari/Likar-Peer*, IV. B 2 c und d = S. 71–94; Süß/*Haunschmidt*, Länderbericht Österreich, Rn. 23.
³⁵⁹ Süß/*Haunschmidt*, Länderbericht Österreich, Rn. 24.
³⁶⁰ Zum Kreis der Pflichtteilsberechtigten: Anwk/*Süß*, Länderbericht Österreich, Rn. 81; *Koziol/Welser*, Band II S. 546; *Ferrari/Likar-Peer*, X B 1 = S. 337.
³⁶¹ *Koziol/Welser*, Band II S. 546; *Ferrari/Likar-Peer*, X B 1 = S. 337.
³⁶² *Ferrari/Likar-Peer*, X C = S. 341 mit Beispielen.
³⁶³ *Ferrari/Likar-Peer* X C = S. 342.

Pflichtteilsberechtigter	neben ...	Erbquote	Pflichtteilsquote
Ehegatte	Allein	$1/1$	$1/2$
Ehegatte	Eltern	$2/3$	$1/3$
Ehegatte	Kinder	$1/3$	$1/6$
Eltern	Allein	$1/1$	$1/3$
Eltern	Ehegatte	$1/3$	$1/9$
Eltern	Kinder	0	0

b) **Gegenstand der Pflichtteilsberechnung.** Der Pflichtteilsberechnung wird, wie sich aus § 784 ABGB ergibt, der Wert des reinen Nachlasses zugrunde gelegt. Hierfür sind von den Nachlassaktiva die Passiva abzuziehen. Zu den Aktiva gehört das gesamte vererbliche Vermögen des Erblassers.[364] Besonderheiten bestehen für die Berechnung des reinen Nachlasses, wenn der Erblasser Eigentümerpartner einer Eigentumswohnung war.[365] Als Passiva abzuziehen sind die Erblasserschulden und die Erbfallschulden (Begräbniskosten, Kosten der Inventarisierung, Kosten der Verlassenschaftsabhandlung, Kosten der Nachlassverwaltung).[366] Nicht abzuziehen sind allerdings solche Lasten, die auf dem letzten Willen des Erblassers beruhen. Insbesondere Vermächtnisse, Vorausvermächtnisse und die Kosten für die Erfüllung von Auflagen sind nicht abzuziehen.[367] Schenkungen auf den Todesfall werden offenbar wie Vermächtnisse behandelt.[368] Bewertungszeitpunkt ist gem. § 784 ABGB grundsätzlich der Todestag des Erblassers. Allerdings ergibt sich aus § 786 S. 2 ABGB, dass die Pflichtteilsberechtigten bis zur tatsächlichen Zuteilung des Pflichtteils an Wertveränderungen des Nachlasses durch Gewinn und Verlust teilnehmen. Insofern kommt es auf den Zeitpunkt an, zu dem der Pflichtteil tatsächlich feststeht.[369]

379

c) **Art des Pflichtteils.** Obwohl im österreichischen Recht vom „Noterben" gesprochen wird, gewährt das österreichische Recht dem „Noterben" nur einen Geldanspruch. Bei dem Pflichtteilsanspruch handelt es sich also um einen schuldrechtlichen Anspruch in Geld. Der Anspruch richtet sich bis zur Einantwortung gegen den ruhenden Nachlass und danach gegen die Erben.[370] Ein Vermächtnisnehmer ist nicht Pflichtteilsschuldner. Allerdings folgt aus § 783 ABGB, dass auch der Vermächtnisnehmer (Legatar) beitragspflichtig ist.[371] Ein selbst pflichtteilsberechtigter Vermächtnisnehmer muss sich nur mit dem seinen Pflichtteil übersteigenden Teil verhältnismäßig beteiligen.[372]

380

d) **Pflichtteilsanrechnung.** Die Pflichtteilsanrechnung ist in §§ 787 ff. ABGB geregelt. Gem. § 787 Abs. 1 ABGB müssen sich die Pflichtteilsberechtigten auf ihren Pflichtteil anrechnen lassen, was sie aus der Verlassenschaft tatsächlich erhalten haben.[373] Insofern werden insbesondere Vermächtnisse und sonstige Erwerbe von Todes wegen angerechnet.[374] Angerechnet wird nach § 788 ABGB auch dasjenige, was einem Kind oder Enkel als Ausstattung (Heiratsgut),

381

---

[364] Rummel/*Welser*, § 784 ABGB Rn. 3; ausführlich zur Berechnungsbasis für den Pflichtteil: *Ferrari/Likar-Peer* X D = S. 343 ff. m. zahlr. w. N.; *Süß/Haunschmidt*, Länderbericht Österreich, Rn. 43.
[365] *Ferrari/Likar-Peer*, Erbrecht, X D = S. 346.
[366] Rummel/*Welser*, § 784 ABGB Rn. 7; Koziol/*Welser*, Bd. II, 13. Kap., VI A = S. 551.
[367] Rummel/*Welser*, § 784 ABGB Rn. 8.
[368] OGH SZ 70/107; SZ 69/108; SZ 68/201; *Ferrari/Likar-Peer*, X D = S. 345; in der österreichischen Literatur offenbar umstritten.
[369] *Ferrari/Likar-Peer*, X D = S. 347 ff.
[370] *Ferrari/Likar-Peer*, X F 2 und 3 = S. 360; *Süß/Haunschmidt*, Länderbericht Österreich, Rn. 42; AnwK/*Süß*, Länderbericht Österreich, Rn. 83.
[371] Zu den Einzelheiten: *Ferrari/Likar-Peer*, X F 6 = S. 365 ff. – mit zahlr. Nachweisen und Berechnungsbeispielen.
[372] Im Detail mit Berechnungsbeispielen: *Ferrari/Likar-Peer* X F 6 = S. 367.
[373] *Süß/Haunschmidt*, Länderbericht Österreich, Rn. 45 ff.; AnwK/*Süß*, Länderbericht Österreich Rn. 44; zur Anrechnung im Detail mit zahlr. Berechnungsbeispielen: *Ferrari/Likar-Peer*, XI B = S. 404–439.
[374] *Süß/Haunschmidt*, Länderbericht Österreich, Rn. 46; Mayer/*Süß*/Tanck/Bittler/Wälzholz/*Süß*, Länderbericht Österreich, Rn. 264.

zum Berufsstart oder zur Bezahlung von Schulden eines volljährigen Kindes gegeben wurde. Nach § 787 ABGB anzurechnen ist auch der Voraus des Ehegatten. Anzurechnen sind schließlich auch sog. Vorschüsse auf den Pflichtteil gem. § 789 ABGB. Ein derartiger Vorschuss auf den Pflichtteil setzt aber voraus, dass eine Einigung über die Anrechnung auf den Pflichtteil erfolgt ist. Eine einseitige nachträgliche Anordnung des Erblassers ist hier nicht möglich.[375] Die Schenkungsanrechnung erfolgt nach § 787 Abs. 2 ABGB (vgl. Rn. 383).

382 Die Anrechnung findet in der Weise statt, dass die anrechnungspflichtigen Werte zunächst dem reinen Nachlass hinzugerechnet werden. Aus diesem fiktiven Nachlass wird dann für jeden Pflichtteilsberechtigten der Pflichtteil berechnet. Bei den einzelnen Pflichtteilsberechtigten werden sodann die anrechnungspflichtigen Zuwendungen wieder abgezogen.[376] Hat einer der Pflichtteilsberechtigten anrechnungspflichtige Zuwendungen erhalten, die seinen Pflichtteilsanspruch übersteigen, so ist er wohl nicht verpflichtet, in den Nachlass etwas hinauszuzahlen. Dies geht nach wohl h. M. vielmehr zu Lasten des Testamentserben, der gleichwohl die Pflichtteilsansprüche der übrigen Pflichtteilsberechtigten erfüllen muss. Insofern kann es dazu kommen, dass der Testamentserbe nichts mehr aus dem Nachlass erhält.[377]

383 e) **Pflichtteilsergänzung.** Auch das österreichische Recht kennt ein Recht der Pflichtteilsergänzung. So regelt § 785 ABGB, dass bestimmte Schenkungen an pflichtteilsberechtigte Personen oder Dritte rechnerisch dem aktiven Nachlassvermögen hinzugerechnet werden, so als wäre die Schenkung nicht vorgenommen worden.[378] Ausgehend von diesem erhöhten Nachlass wird sodann die Pflichtteile des Pflichtteilsberechtigten neu berechnet.[379] Reicht der Nachlass zur Deckung des Pflichtteilsanspruchs nicht aus, so kann der Pflichtteilsberechtigte auch von dem Beschenkten die Erstattung des Rests fordern (§ 951 ABGB). Bei mehreren Beschenkten haftet der zuletzt Beschenkte. Gleichzeitig Beschenkte haften anteilsmäßig (§ 951 Abs. 3 ABGB).[380] Ein Pflichtteilsberechtigter, der den Schenkungspflichtteil geltend macht, muss sich Schenkungen, die an ihn selbst erfolgt sind, gem. § 787 Abs. 2 ABGB anrechnen lassen.[381]

384 Schenkungen i. S. d. § 785 ABGB sind reine und gemischte Schenkungen. Bei gemischten Schenkungen ist nur der Wert des geschenkten Teils zu berücksichtigen.[382] Auch Schenkungen auf den Todesfall und Zuwendungen an Stiftungen werden berücksichtigt.[383] Unberücksichtigt bleiben gem. § 785 Abs. 3 ABGB solche Schenkungen, die der Erblasser nur aus Erträgen des Vermögens gemacht hat und die nicht zur Schmälerung seines Stammvermögens geführt haben.[384] Vorausempfänge, die der Anrechnung gem. § 788 ABGB unterliegen, bleiben wohl beim Schenkungspflichtteil unberücksichtigt.[385] Gem. § 785 Abs. 3 S. 2 ABGB unberücksichtigt bleiben alle Schenkungen, die früher als zwei Jahre vor dem Tod des Erblassers an nicht pflichtteilsberechtigte Personen (Lebensgefährten, Schwiegerkinder, Dritte) gemacht wurden. Im Umkehrschluss ergibt sich hieraus, dass Schenkungen an pflichtteilsberechtigte Personen unbefristet zu berücksichtigen sind.[386]

---

[375] *Ferrari/Likar-Peer*, XI B 1. b bb = S. 408.
[376] Zur Berechnung im Detail: *Ferrari/Likar-Peer*, XI B 1 d = S. 410 ff.
[377] *Ferrari/Likar-Peer*, XI B 1. d = S. 410 ff.; *Koziol/Welser*, Bd. II, Kap. 13 VI B b = S. 554.
[378] Zur Schenkungsanrechnung: *Süß/Haunschmidt*, Länderbericht Österreich, Rn. 48 ff; Mayer/Süß/Tanck/Bittler/Wälzholz/*Süß*, Länderbericht Österreich, Rn. 266; *Ferrari/Likar-Peer*, XI B 2 = S. 414 ff. – mit Berechnungsbeispielen.
[379] Zur Anrechnungsmethode: *Ferrari/Likar-Peer*, XI B 2 e = S. 423 ff. – mit Berechnungsbeispiel – dort auch Details zur Berechnung.
[380] Zum subsidiären Anspruch gegen den Beschenkten: *Ferrari/Likar-Peer*, XI B 2 f = S. 424 f – mit Berechnungsbeispielen.
[381] Zur Schenkungsanrechnung: *Süß/Haunschmidt*, Länderbericht Österreich, Rn. 48 ff.; zur Anrechnung auch: *Ferrari/Likar-Peer*, XI B = S. 404 ff.
[382] *Ferrari/Likar-Peer*, XI B 2 b = S. 415; *Süß/Haunschmidt*, Länderbericht Österreich, Rn. 49.
[383] *Süß/Haunschmidt*, Länderbericht Österreich, Rn. 50.
[384] *Ferrari/Likar-Peer*, XI B 2 d bb = S. 417 f.
[385] AnwK/*Süß*, Länderbericht Österreich, Rn. 85; allenfalls Übermaßausstattungen sind ergänzungspflichtig; so wohl auch: Rummel/*Welser*, § 785 ABGB Rn. 28 – offenbar aber in der österreichischen Literatur str. – vgl. Nachweise bei Rummel/*Welser*, a. a. O.
[386] *Süß/Haunschmidt*, Länderbericht Österreich, Rn. 51; *Ferrari/Likar-Peer*, XI B 2. d Ziff. 3 = S. 418.

f) **Pflichtteilsentziehung und Pflichtteilsminderung.** Die Pflichtteilsentziehung (Enterbung) ist in den § 768 ff. ABGB geregelt, erfolgt regelmäßig durch Testament und kann auch in einer bloßen Nichterwähnung liegen (§ 782 ABGB). Die Gründe für die Enterbung/Pflichtteilsentziehung sind in §§ 768–770, 773 ABGB geregelt. § 773 ABGB ermöglicht auch eine Enterbung in guter Absicht.[387] 385

Daneben sieht das österreichische Recht die Möglichkeit einer Pflichtteilsminderung vor. Sofern der Erblasser und der Pflichtteilsberechtigte zu keiner Zeit in einem dem Verwandtschaftsverhältnis entsprechenden Näheverhältnis standen, kann der Erblasser anordnen, dass sich der Pflichtteil auf die Hälfte mindert (§ 773 a Abs. 1 ABGB). Insofern besteht beispielsweise die Möglichkeit, den Pflichtteil eines Kindes auf ¼ des gesetzlichen Erbteils zu mindern. Das Näheverhältnis wird nicht allein dadurch begründet, dass beispielsweise ein Vater Unterhalt für sein Kind zahlt. Erforderlich ist im Verhältnis zu Kindern vielmehr, dass das Elternteil zumindest zeitweise am Wohlergehen und Werden des Kindes Anteil genommen hat.[388] Ein derartiges Näheverhältnis besteht aber beispielsweise, wenn der Vater zunächst mit dem Kind in der Familiengemeinschaft zusammen gelebt hat und sich später hat scheiden lassen. Es ist nämlich nicht erforderlich, dass das Näheverhältnis im Zeitpunkt des Todes noch fortbesteht.[389] 386

g) **Zulässigkeit eines Pflichtteilsverzichts.** Der Erbverzicht ist in § 551 ABGB geregelt und kann nach h. M. auch auf den bloßen Pflichtteil beschränkt werden.[390] Ob der Pflichtteilsverzicht dazu führt, dass der Erblasser insoweit frei verfügen kann oder ob die Quote der anderen Pflichtteilsberechtigten sich entsprechend erhöht, ist umstritten.[391] Der Pflichtteilsverzicht bedarf gem. § 551 ABGB der notariellen Beurkundung (Notariatsakt) oder einer Beurkundung durch gerichtliches Protokoll.[392] 387

XII. Polen

Schrifttum: *de Vries,* Polen (Stand 20. 4. 2007), in: Ferid/Firsching/Dörner/Hausmann, Internationales Erbrecht; *Gralla,* Das polnische Erbrecht, ZNotP 1997, 47; *Lakomy,* Erbrecht in Polen, in: Süß, Erbrecht in Europa, S. 1145; *Ludwig,* Länderbericht Polen, in: Kroiß/Ann/Mayer, AnwaltKommentar BGB, Band 5, Erbrecht, 2. Aufl. 2007, S. 1616; *Martiny/Gutzeit,* Fragen des anwendbaren Erbrechts mit deutschen und polnischen Beteiligten, NotBZ 2001, 5; *Süß,* Länderbericht Polen, in: Mayer/Süß/Tanck/Bittler/Wälzholz, Handbuch Pflichtteilsrecht, § 16 Rn. 280 ff.

1. Internationales Erbrecht

a) **Erbstatut.** Für die Bestimmung des Erbstatutes aus polnischer Perspektive sind die Bestimmungen des polnischen internationalen Privatrechts heranzuziehen. Das polnische internationale Privatrecht ist u. a. im Gesetz über das internationale Privatrecht von 1965 geregelt.[393] 388

Dieses bestimmt in Art. 34, dass die erbrechtlichen Rechtsbeziehungen der Rechtsordnung unterliegen, deren Staatsangehöriger der Erblasser zum Zeitpunkt seines Todes war. Das polnische Recht knüpft demgemäß für das Erbstatut somit an die **Staatsangehörigkeit** des Erblassers an und bestimmt dessen **Heimatrecht** als Erbstatut. 389

Eine Rechtswahl im Bereich des Erbrechts kennt das polnische IPR nicht. Demgemäß wird eine Rechtswahl vom polnischen Recht nicht anerkannt und ist unter Zugrundelegung polnischen Sachrechts unwirksam. 390

---

[387] Süß/*Haunschmidt,* Länderbericht Österreich, Rn. 73 ff.; *Ferrari/Likar-Peer,* X. H S. 379–400 – zur Enterbung/Pflichtteilsentziehung in guter Absicht, X. H 2 c ff. = S. 388 mit Beispielen; *Koziol/Welser,* Band II S. 560 ff.
[388] Rummel/*Welser,* § 773 a ABGB Rn. 3; allgemein zur Pflichtteilsminderung: Süß/*Haunschmidt,* Länderbericht Österreich, Rn. 71 f; *Koziol/Welser,* Band II S 547 f.; *Ferrari/Likar-Peer,* X. G = S. 369 ff.
[389] Rummel/*Welser,* § 773 a ABGB Rn. 3.
[390] Rummel/*Welser,* § 551 ABGB Rn. 1; *Ferrari/Likar-Peer,* VIII. B 1 = S. 299 (dort auch ausführlich zum Erbverzicht S. 298–307).
[391] AnwK/*Süß,* Länderbericht Österreich, Rn. 92; Rummel/*Welser,* § 767 ABGB Rn. 3 (für freie Verfügungsmöglichkeit); für Erhöhung der Testierfreiheit auch: *Ferrari/Likar-Peer,* VIII. B 4 = S. 304.
[392] *Ferrari/Likar-Peer,* VIII. B. 3 = S. 303.
[393] Dziennik Ustav (Amtsblatt) Nr. 46, Pos. 290.

391 Bei mehrfacher Staatsangehörigkeit gibt Art. 2 § 1 IPRG der polnischen Staatsangehörigkeit den Vorzug.

392 Der allgemeinen Kollisionsnorm des Art. 34 IPRG gehen gem. Art. 1 § 2 IPRG internationale Verträge und bilaterale Abkommen vor. Ein bilaterales Abkommen zwischen Deutschland und Polen existiert nicht.

393 Für **landwirtschaftliche genutzte Grundstücke**, die in Polen belegen sind, galt für bis vor dem 14. 2. 2001 eröffnete Nachlässe ein **Sonderstatut**.[394] Insoweit richtete sich die Rechtsnachfolge von Todes wegen stets nach polnischem materiellem Recht, insbesondere nach Art. 10 58 ZGB.[395]

394 b) **Rück- und Weiterverweisung.** Rück- und Weiterverweisungen des ausländischen Rechts werden gem. Art. 4 § 1 IPRG beachtet. Nach einer Rückverweisung auf polnisches Recht findet unmittelbar polnisches Sachrecht Anwendung.

395 c) **Regelungsumfang des Erbstatuts.** Das Erbstatut regelt umfassend die Voraussetzungen und Folgen des Erbfalls, insbesondere also den Eintritt des Erbfalls, den Umfang des Nachlasses, die Annahme und Ausschlagung der Erbschaft, das gesetzliche Erbrecht, das Pflichtteilsrecht, die Rechtsstellung des Erben und die Erbenhaftung.

396 Bezüglich des Regelungsumfang des Formstatutes vgl. Rn. 397.

397 d) **Wirksamkeit der Verfügung von Todes wegen.** Hinsichtlich der **Form** letztwilliger Verfügungen ist das Haager Testamentformübereinkommen als Sonderanknüpfung zu beachten, welches in Polen am 2. 11. 1969 in Kraft getreten ist.

398 Somit ist aus Perspektive des polnischen IPR gem. Art. 1 Abs. 1 Haager Übereinkommen ein Testament hinsichtlich der Form unter folgenden Voraussetzungen wirksam:
- es ist nach dem Recht des Ortes formgültig, an dem es errichtet wurde,
- es ist nach dem Recht des Staates formgültig, dessen Staatsangehörigkeit der Erblasser zum Zeitpunkt der Errichtung des Testamentes oder zum Zeitpunkt seines Todes besaß,
- es ist nach dem Recht des Staates formgültig, in dem der Erblasser zum Zeitpunkt der Errichtung des Testamentes oder zum Zeitpunkt des Todes seinen Wohnsitz besaß,
- es ist nach dem Recht des Staates formgültig, in dem der Erblasser zum Zeitpunkt der Errichtung des Testamentes oder zum Zeitpunkt des Todes seinen gewöhnlichen Aufenthalt besaß,
- es ist bezüglich unbeweglicher Sachen nach dem Recht des Lageortes der unbeweglichen Sache wirksam.

399 Gemäß Art. 2 Haager Übereinkommen ist auch bezüglich der Form des Widerrufs einer letztwilligen Verfügung Art. 1 Haager Übereinkommen maßgeblich.

400 Dem Washingtoner Abkommen über ein einheitliches Recht der Form eines internationalen Testamentes vom 26. 10. 1973 ist Polen nicht beigetreten.

401 Zu beachten ist, dass das Formstatut lediglich darüber bestimmt, ob ein Testament formgültig errichtet wurde. Die **inhaltliche Wirksamkeit** richtet sich nach den Maßgaben des zur Anwendung kommenden Sachrechts.

402 Als weitere Sonderanknüpfung ist **nachrangig** Art. 35 S. 2 IPRG zu beachten, welcher die Frage der Gültigkeit eines Testamentes dem Heimatrecht des Erblassers unterstellt und klarstellt, dass bezüglich der Form die Einhaltung der Vorschriften des Staates ausreicht, in dem das Rechtsgeschäft vorgenommen wurde. Fragen der Gültigkeit eines Testamentes betreffen vor allem die **Testierfähigkeit** und den **materiellen Inhalt** des Testamentes.

403 Zu den Problemfällen Erbvertrag und gemeinschaftliches Testament gilt unter Zugrundelegung polnischen Sachrechts folgendes: **Erbverträge** und **gemeinschaftliche Testamente** sind gem. Art. 942 ZGB unwirksam. Die Bestimmung des Art. 942 ZGB stellt wohl ein materielles Verbot bindender letztwilliger Verfügungen **und** eine zwingende Formvorschrift dar.[396] Demgemäß sind alle letztwilligen Verfügungen deren Wirksamkeit nach polnischem Sach-

---

[394] Vgl. hierzu *Ludwig*, Länderbericht Polen, in: Kroiß/Ann/Mayer, AnwaltKommentar BGB, Rn. 14.

[395] *Martiny/Guttzeit*, Fragen des anwendbaren Erbrechts mit deutschen und polnischen Beteiligten, NotBZ 2001, 8.

[396] *de Vries*, Polen (Stand 20. 4. 2007), in: Ferid/Firsching/Dörner/Hausmann, Internationales Erbrecht, Rn. 165; a. A. *Ludwig*, Länderbericht Polen, in: Kroiß/Ann/Mayer, AnwaltKommentar BGB, Rn. 19.

2. Gesetzliche Erbfolge

Das materielle polnische Erbrecht ist in §§ 922 bis 1086 ZGB geregelt.

Das polnische Erbrecht ist vom Grundsatz des Familienerbrechts geprägt. Wenn der Erblasser nicht abweichend testamentarisch verfügt, sieht die gesetzliche Regelung vor, dass der Nachlass auf die Verwandten übergeht (Art. 926 § 1 ZGB).

Die Erbfolge bestimmt sich nach Ordnungen, wobei die jeweils vorgehende Ordnung die nachfolgende ausschließt.

Erben **erster Ordnung** sind die Kinder des Erblassers und sein Ehegatte (Art. 931 § 1 ZGB). Die Kinder des Erblassers und sein Ehegatte erben grundsätzlich zu gleichen Teilen, wobei jedoch der Erbanteil des Ehegatten nicht unter ¼ liegen darf.

Nichteheliche Kinder und adoptierte Kinder sowie deren Abkömmlinge sind den ehelichen Kindern und deren Abkömmlingen gleichgestellt (vgl. Art. 936 § 1 ZGB für Adoptierte).

An die Stelle vorverstorbener Kinder treten deren Abkömmlinge nach dem Prinzip der Erbfolge nach Stämmen und nach dem Repräsentations- und Eintrittsprinzip (Art. 931 § 2 ZGB).

Falls der Erblasser keine Abkömmlinge hat, kommen die Erben zweiter Ordnung zum Zuge.

Erben **zweiter Ordnung** sind der Ehegatte des Erblassers, die Eltern des Erblassers sowie seine Geschwister (Art. 932 § 1 ZGB).

Der Erbteil des Ehegatten beträgt in der zweiten Ordnung ½ (Art. 932 § 2 ZGB). Die verbleibende Hälfte erben die Elternteile zu je ¼ und die Geschwister den verbleibenden Rest zu untereinander gleichen Teilen (Art. 933 § 1 ZGB). Ist ein Elternteil vorverstorben wird sein Viertel zur Hälfte auf den anderen Elternteil und zur Hälfte auf die Geschwister verteilt (Art. 933 § 2 ZGB).

An die Stelle von vorverstorbenen Geschwistern treten deren Abkömmlinge nach den Regeln der ersten Ordnung (Art. 934 ZGB).

Sind neben den Ehegatten nur die Eltern oder nur die Geschwister zur Erbschaft berufen, so erben sie die nicht auf den Ehegatten entfallende Hälfte zu untereinander gleichen Teilen (Art. 933 § 3 ZGB).

Wenn weder Eltern, Geschwister noch Abkömmlinge von Geschwistern vorhanden sind, erbt der überlebende Ehegatte allein (Art. 935 § 1 ZGB).

Wenn kein Ehegatte vorhanden ist, erben die Eltern und die Geschwister alleine (Art. 935 § 2 ZGB). Die Eltern erben dann zu je ¼ und die Geschwister den verbleibenden Rest zu untereinander gleichen Teilen (Art. 933 § 1 ZGB)

3. Pflichtteilsrecht

a) **Pflichtteilsberechtigte Personen und Quoten. Pflichtteilsberechtigt** sind gem. Art. 991 § 1 ZGB grundsätzlich nur die Personen, die beim Greifen der gesetzlichen Erbfolge zum Zuge gekommen wären.

In der Kreis der Pflichtteilsberechtigten fallen gem. Art. 991 ZGB die **Abkömmlinge**, der **Ehegatte** und die **Eltern** des Erblasses.

Großeltern haben grundsätzlich kein Pflichtteilsrecht. Jedoch kommt eine gegenüber den Verwandten subsidiäre Haftung des testamentarischen Erben für Unterhalt gegenüber den Großeltern in Betracht, wenn die Großeltern gesetzliche Erben wären und der testamentarische Erbe den Großeltern nicht selber zum Unterhalt verpflichtet ist. Gem. Art. 966 ZGB kann sich der testamentarische Erbe durch Zahlung eines Viertels seines Erbteils befreien.

Die **Pflichtteilsquote** wird durch den gesetzlichen Erbteil bestimmt.

Die **Pflichtteilsquote** beläuft sich grundsätzlich auf die Hälfte des gesetzlichen Erbteils. Bei dauernd arbeitsunfähigen Pflichtteilsberechtigten und bei minderjährigen Pflichtteilsberechtigten beläuft sich die Pflichtteilsquote auf ⅔ des gesetzlichen Erbteils (Art. 991 § 1 ZGB).

422 Bei der Berechnung des Pflichtteils sind auch erbunwürdige Erben (Art. 928 ZGB) und solche, die die Erbschaft ausgeschlagen haben (Art. 992 ZGB) zu berücksichtigen. In diesen Fällen kommt es also zu keiner Quotenerhöhung. Der Pflichtteilsberechtigte, der einen Erbverzicht erklärt hat bleibt gem. Art. 992 ZGB bei der Ermittlung des Pflichtteils unberücksichtigt, was zu einer Quotenerhöhung der übrigen Pflichtteilsberechtigten führt.

423 Demgemäß ergibt sich bzgl. der Erb- und Pflichtteilsquoten folgende tabellarische Übersicht:

Pflichtteilsberechtigte	neben …	Erbquote		Pflichtteilsquote
Kinder	Allein	1/1		1/2
Kinder (minderjährig oder dauernd arbeitsunfähig)		1/1		2/3
Kinder	Ehegatte	1 Kind	1/2	1/4
		2 Kinder	1/3	1/6 je Kind
		3 Kinder	1/4	1/8 je Kind
Kinder (minderjährig oder dauernd arbeitsunfähig)	Ehegatte	1 Kind	1/2	2/6
		2 Kinder	1/3	2/9 je Kind
		3 Kinder	1/4	2/16 je Kind
Ehegatte	Allein	1/1		1/2
Ehegatte (dauernd arbeitsunfähig)	Allein	1/1		1/2
Ehegatte	Ehegatte	Neben 1 Kind	1/2	1/4
		Neben 2 Kinder	1/3	1/6
		Neben 3 Kinder	1/4	1/8
Ehegatte (dauernd arbeitsunfähig)	Kindern	1 Kind	1/2	2/6
		2 Kinder	1/3	2/9
		3 Kinder	1/4	2/16
Elternteil	Allein	1/1		1/2
Elternteil	Anderer Elternteil	1/2		1/4
Elternteil	Ehegatte	1/4		1/8

424 b) **Gegenstand für Pflichtteilsberechnung.** Der Pflichtteil bezieht sich in erster Linie auf den Nachlass, d. h. auf die zum Zeitpunkt des Todes des Erblassers in dessen Vermögen vorhandenen Gegenstände.

425 Bei Ehegatten die im Güterstand der Errungenschaftsgemeinschaft verheiratet waren ist jedoch zu berücksichtigen, dass mit dem Tod des anderen Ehegatten die Errungenschaftsgemeinschaft ipso jure in eine Bruchteilsgemeinschaft umgewandelt wird und somit nur 1/2 vom Gesamtgut in den Nachlass fällt.

426 Dem eigentlichen Nachlass werden jedoch zur Berechnung des Pflichtteils grundsätzlich lebzeitige Schenkungen des Erblassers hinzugerechnet. Die zugewendeten Gegenstände werden dem Nachlass mit ihrem Wert zum Zeitpunkt der Feststellung des Pflichtteils hinzugerechnet, jedoch unter Zugrundelegung ihres Zustands zum Zeitpunkt der Schenkung (Art. 995 ZGB). Die Pflichtteilsquote bezieht sich demgemäß auf den um den Wert der anrechnungspflichtigen Zuwendungen erhöhten Nachlass.

427 Reicht der Wert des Nachlasses nicht aus um den Pflichtteilsberechtigten zu bedienen oder ist die Haftung der Erben im Hinblick auf die Zurechnungen wegen eigener Pflicht-

teilsansprüche beschränkt, haftet subsidiär der Beschenkte nach bereicherungsrechtlichen Grundsätzen (Art. 100 ZGB).

Ausgenommen von der Zurechnung sind gem. Art. 994 ZGB folgende Zuwendungen: 428
- Kleinere Geschenke, die zu den jeweiligen Gelegenheiten üblich sind;
- Schenkungen, die mehr als zehn Jahre vor dem Erbfall gemacht wurden;
- Schenkungen an nicht erb- bzw. pflichtteilsberechtigte Personen;
- Schenkungen zu einer Zeit, als der pflichtteilsberechtigte Abkömmling noch nicht gezeugt, bzw. der Ehegatte noch nicht mit dem Erblasser verheiratet war.

c) **Art des Pflichtteils.** Das polnische Pflichtteilsrecht ist nicht als Noterbrecht ausgestaltet 429 und gewährt demgemäß keine dingliche Beteiligung am Nachlass, sondern lediglich einen schuldrechtlichen Anspruch auf Auszahlung eines Geldbetrages in Höhe des dem Pflichtteil entsprechenden Anteils am Nachlass.

d) **Pflichtteilsergänzung.** Pflichtteilsergänzungsansprüche im technischen Sinne sieht das 430 ErbG nicht vor. Den Pflichtteil beeinträchtigende lebzeitige Verfügungen werden im Rahmen dessen, was Gegenstand der Pflichtteilsberechnung ist (vgl. Rn. 426) und im Rahmen der Haftung für den Pflichtteil (vgl. Rn. 427) berücksichtigt.

e) **Pflichtteilsanrechnung.** Vermächtnisse, testamentarische Zuwendungen und lebzeitige 431 Schenkungen des Erblasser an den Pflichtteilsberechtigten sind gem. Art. 991 § 2 und Art. 996 ZGB unmittelbar auf den Pflichtteil anzurechen.

f) **Pflichtteilsentziehung.** Zu unterscheiden sind die **Erbunwürdigkeit**, die **schlichte Enter-** 432 **bung** und die **qualifizierte Enterbung.**

Die **Erbunwürdigkeit** wirkt nicht ipso iure, sondern ist gem. Art. 929 ZGB vom Aktivlegi- 433 timierten innerhalb eines Jahres ab seiner Kenntnis vom Grund der Erbunwürdigkeit geltend zu machen, jedoch nicht später als drei Jahre ab Eintritt des Erbfalls. Aktivlegitimiert ist jeder, der ein rechtliches Interesse an der Feststellung der Erbunwürdigkeit hat.

Ein gesetzlicher oder testamentarischer Erbe kann durch das Gericht für erbunwürdig erklärt (Art. 928 ZGB) werden
- beim Begehen einer vorsätzlichen schweren Straftat gegen den Erblasser;
- bei unredlichem Einwirken (Drohung, Täuschung) auf den Testator in Hinblick auf Errichtung oder Widerruf eines Testamentes;
- bei Unterdrückung, Vernichtung oder Fälschung eines Testamentes;
- bei bewusster Vorteilsziehung aus einem von jemand anderem gefälschten oder abgeändertem Testament.

Die Erbunwürdigkeit führt dazu, dass der Betroffene von der Erbfolge so ausgeschlossen 434 ist, als ob er den Erbfall nicht erlebt hätte (Art. 928 § 2 ErbG). Die Erbunwürdigkeit wirkt also nicht zu Lasten von Abkömmlingen.

Die **schlichte Enterbung** stellt eine testamentarische Verfügung des Erblassers dar, die dazu 435 führt, dass der gesetzliche Erbe von der Erbfolge ganz oder teilweise ausgeschlossen wird. Diese schlichte Enterbung berührt eventuelle Pflichtteilsansprüche des Enterbten nicht.

Die **qualifizierte Enterbung,** die zu einem Verlust des Pflichtteils führt, erfolgt durch 436 testamentarische Anordnung des Erblassers (Art. 1008 ZGB), die zwingend die Gründe für die Entziehung aufführen muss (Art. 1009 ZGB). Dabei kann die Entziehung nur im Ganzen ausgesprochen werden. Eine teilweise Enterbung wird aber als Enterbung in Verbindung mit der Aussetzung eines Vermächtnisses auszulegen sein.

Ein Pflichtteilsberechtigter kann durch Testament qualifiziert enterbt werden, 437
- wenn sich der Pflichtteilsberechtigte entgegen den Willen des Erblassers hartnäckig asozial verhält;
- bei Begehen einer vorsätzlichen Straftat gegen Leben, Gesundheit oder Freiheit gegenüber dem Erblasser oder einem seiner nächsten Angehörigen oder grobe Ehrverletzung gegenüber dem Erblasser;
- bei hartnäckiger Nichterfüllung der familienrechtlichen Verpflichtungen gegenüber dem Erblasser.

438 Die qualifizierte Enterbung führt dazu, dass der Betroffene in keiner Weise am Nachlass beteiligt ist und auch keine Pflichtteilsansprüche hat. Die qualifizierte Enterbung wirkt nicht zu Lasten der Abkömmlinge, die nach den Regeln der gesetzlichen Erbfolge an die Stelle des Enterbten treten (Art. 1011 ZGB).

439 g) **Zulässigkeit eines Pflichtteilsverzichts.** Ein **Erbverzicht** kann vertraglich zu notarieller Urkunde vereinbart werden (Art. 1048 ZGB). Der Verzicht kann auch auf **Pflichtteilsansprüche** beschränkt werden.

440 Die Verzichte wirken mangels abweichender Vereinbarungen auch **zu Lasten der Abkömmlinge** des Verzichtenden (Art. 1049 § 1 ZGB).

XIII. Portugal

Gesetzestexte in deutscher Übersetzung: *Jayme/Malheiros*, in: Ferid/Firsching/Dörner/Hausmann, Internationales Erbrecht, Portugal Texte, Lfg. LXVI und www.portolegal.com/CodigoCivil.html.

Schrifttum:

Deutsche Literatur: (*Emmerling de Oliveira*, in: Brambring/Mutter, Beck'sches Formularbuch Erbrecht, 2. Auflage 2009, L. XIX.9); *Huzel/Löber/Wollmann*, Erben und Vererben in Portugal, 2009; *Huzel/Löber/Wollmann*, in: *Süß*, Erbrecht in Europa, 2. Aufl. 2008, Länderbericht Portugal; *Jayme*, Das Recht der lusophonen Länder, 2000, S. 179 ff. (Gutachten); *Neuhaus/Rau*, Das internationale Privatrecht im portugiesischen Zivilgesetzbuch, RabelsZ 32 (1968), 500 ff.; *Rau*, Letztwillige Verfügungen portugiesischer Staatsangehöriger in Deutschland, ZVglRWiss 80 (1981), 241 ff.; *Staudinger/Dörner*, BGB, Neubearb. 2007, Anh. zu Art. 25 f. EGBGB Rn. 677 ff.; *Süß*, in: Mayer/Süß/Tanck/Bittler/Wälzholz, Handbuch Pflichtteilsrecht, 2003, § 16 Rn. 294 ff.

Ausländische Literatur: *Ferreira Pinto*, in: Hayton, European Succession Laws, 2nd ed. Edition 2002, Chapter 16 Portugal; *Freire Falcão de Oliveira*, in: International Encyclopedia of Laws, Family and Succession Law, Vol. 4, Portugal, December 2005; *Gonçalves de Proença*, Direito das Sucessões, 2. Edição, Lisboa 2005.

1. Internationales Erbrecht

441 a) **Erbstatut.** Das auf die Rechtsnachfolge von Todes wegen anwendbare Recht ist im portugiesischen Código Civil (CC)[397] in den Art. 62 ff. geregelt. Portugal folgt dem Prinzip der Nachlasseinheit und unterstellt gem. Art. 62 CC die Erbfolge dem Personalstatut des Erblassers zum Zeitpunkt seines Todes. Personalstatut ist gem. Art. 31 CC das **Recht der Staatsangehörigkeit**. Hat eine Person mehrere Staatsangehörigkeiten, von denen eine die portugiesische ist, findet gem. Art. 27 port. StaatsangehörigkeitsG (*Lei Orgânica*) das portugiesische Recht Anwendung; i. Ü. ist bei einem Mehrstaater das Recht des Landes berufen, in welchem er seinen gewöhnlichen Aufenthalt hat, hilfsweise, zu welchem er eine engere Bindung hat (Art. 28 port. StaatsangehörigkeitsG).

442 Die Möglichkeit einer **Rechtswahl** sieht das portugiesische Kollisionsrecht nicht vor.

443 b) **Rück- und Weiterverweisung.** Grundsätzlich handelt es sich bei den vom portugiesischen Kollisionsrecht ausgesprochenen Verweisungen um **Sachnormverweisungen** (Art. 16 CC), d. h. um Verweisungen auf das materielle Recht ohne Beachtung der Kollisionsnormen der berufenen Rechtsordnung. Allerdings wird eine Rückverweisung auf das portugiesische Recht aus portugiesischer Sicht dann angenommen, wenn der Erblasser seinen gewöhnlichen Aufenthalt in Portugal hat bzw. hatte oder wenn das Recht des Staates, in dem er sich gewöhnlich aufhält, ebenfalls auf das portugiesische Recht verweist (Art. 18 CC).[398]

444 c) **Regelungsumfang des Erbstatuts.** Das Erbstatut hat im portugiesischen Recht einen weiten Anwendungsbereich. Es erfasst sämtliche Fragen im Hinblick auf den Erbanfall, die Auskehrung des Nachlasses, die Übertragung und Teilung der Erbschaft.[399] Im Einzelnen regelt das Erbstatut die Erbfähigkeit, den Kreis der gesetzlichen Erben, die Erbannahme bzw. -ausschlagung, das Pflichtteilsrecht, den Umfang des Nachlasses, die Haftung für Nachlass-

---

[397] Código Civil Português v. 25. 11. 1966 (letzte Aktualisierung: Lei No. 61/2008 v. 31. 10. 2008).
[398] Staudinger/*Dörner*, BGB, Anh. zu Art. 25 f. EGBGB Rn. 683.
[399] Baptista Machado, Lições de Direito Internacional Privado, 3. Edição, Coimbra 1995, S. 435 f.

verbindlichkeiten, die Rechte und Pflichten der Miterben untereinander, die Erbauseinandersetzung, die Testamentsvollstreckung sowie die Schenkung von Todes wegen.[400] Der Anwendungsbereich des Erbstatuts bezieht sich nicht auf Fragen, die dem Errichtungsstatut unterliegen,[401] also die Testierfähigkeit, die Zulässigkeit und die Auslegung einer Verfügung von Todes wegen sowie die Wirksamkeit des Errichtungsaktes. Auch Fragen der Form einer letztwilligen Verfügung werden nicht vom Erbstatut erfasst.[402]

d) **Wirksamkeit der Verfügung von Todes wegen.** Die Testierfähigkeit, die Zulässigkeit und die Auslegung einer Verfügung von Todes wegen sowie die Wirksamkeit des Errichtungsaktes (das Fehlen und die Mängel des Willens) folgen gem. Art. 63 Abs. 1, 64 CC dem **Heimatrecht des Testators zum Zeitpunkt der Errichtung** der Verfügung von Todes wegen.

Portugal ist dem Haager Testamentsformübereinkommen vom 5. 10. 1961 nicht beigetreten. Das auf die Form einer Verfügung von Todes wegen anwendbare Recht ist daher dem autonomen portugiesischen Kollisionsrecht zu entnehmen. Insoweit bestimmt Art. 65 Abs. 1 CC, dass eine Verfügung von Todes wegen (sowie ihr Widerruf und ihre Änderungen) hinsichtlich ihrer Form entweder dem Recht des Errichtungsortes, dem Heimatrecht des Erblassers zum Zeitpunkt der Errichtung bzw. des Todes oder dem Recht des Staates zu entsprechen hat, auf welches die Kollisionsnormen des Rechts des Errichtungsortes verweisen. Allerdings schreibt Art. 65 Abs. 2 CC vor, dass, sofern das Errichtungsstatut des Erblassers zwingend eine bestimmte Form vorschreibt, diese einzuhalten ist. Für portugiesische Staatsangehörige ist in diesem Zusammenhang Art. 2223 CC zu beachten. Danach ist das von einem portugiesischen Staatsangehörigen im Ausland unter Beachtung des zuständigen ausländischen Gesetzes errichtete Testament in Portugal nur dann wirksam, wenn bei seiner Errichtung eine **feierliche Form** eingehalten worden ist oder eine entsprechende Genehmigung erfolgt ist.[403] Die feierliche Form *(forma solene)* ist auch dann gewahrt, wenn das Testament vor einem **deutschen Notar** errichtet worden ist.[404]

2. Gesetzliche Erbfolge

Die gesetzliche Erbfolge ist in den Art. 2131 ff. Código Civil geregelt. Gesetzliche Erbfolge tritt gem. Art. 2131 CC stets dann ein, wenn eine gültige und wirksame letztwillige Verfügung nicht vorliegt. Als gesetzliche Erben sind der überlebende Ehegatte, die Verwandten und der Staat berufen, Art. 2132 CC, wobei diese wiederum in **fünf Ordnungen** eingeteilt sind, nämlich

- den überlebenden Ehegatten und die Abkömmlinge;
- den überlebenden Ehegatten und die Aszendenten;
- die Geschwister und deren Abkömmlinge;
- andere Seitenverwandte bis zum 4. Grad;
- den Staat.

Dabei geht eine jede der Ordnungen der unmittelbar nächsten Ordnung vor (Art. 2134 CC). Innerhalb der einzelnen Ordnung gehen die Verwandten des **nächsten Grades** denen der entfernteren Grade vor und erben (vorbehaltlich gesetzlicher Ausnahmen) untereinander nach Köpfen *(por cabeça)*, also zu gleichen Teilen, Art. 2135 f. CC. Nach Art. 2137 Abs. 1 CC sind, sofern sämtliche Erbberechtigte der zunächst berufenen Ordnung nicht annehmen können oder wollen, die unmittelbar nachfolgenden Erben berufen. Kann oder will allerdings der einer der in der zunächst berufenen Ordnung Erbberechtigten die Erbschaft nicht annehmen, so wächst der auf ihn entfallende Erbteil zu gleichen Teilen den verbleibenden Erben der gleichen Ordnung an (Art. 2137 Abs. 2 CC). I. Ü. gilt gem. Art. 2138 CC das in

---

[400] Süß/*Huzel/Löber/Wollmann*, Erbrecht in Europa, Portugal, Rn. 7.
[401] Vgl. unten Rn. 445.
[402] Vgl. unten Rn. 446.
[403] *Neuhaus/Rau* RabelsZ 32 (1968), 524.
[404] Auskunft der portugiesischen Generaldirektion der Register und des Notariats – *Direcção-Geral dos Registos e do Notariado* – gegenüber dem Deutschen Notarinstitut; so auch *Rau* ZVglRWiss 80 (1981), 249 f.

Art. 2042 CC geregelte **Repräsentationsrecht:** Danach werden in der direkten Linie die Abkömmlinge des Erblassers stets durch ihre Kinder repräsentiert und in der Seitenlinie die Geschwister durch ihre Abkömmlinge.

449 Bestimmungen zu den einzelnen Erbordnungen enthalten die Art. 2139 ff. CC.:
- Die **erste Ordnung** bilden der überlebende Ehegatte und die Abkömmlinge, wobei den ehelichen Abkömmlingen die nichtehelichen gleichstehen.[405] Innerhalb dieser Ordnung erben alle Berechtigten grundsätzlich zu gleichen Teilen *(por cabeça)*, wobei allerdings die Quote des Ehegatten nicht weniger als ein Viertel der Erbschaft betragen darf. Sind also etwa neben dem Ehegatten vier Abkömmlinge hinterblieben, so erbt der Ehegatte $1/4$ und jeder der Abkömmlinge $3/16$. Ist ein überlebender Ehegatte nicht vorhanden, so erben die Abkömmlinge zu gleichen Teilen (Art. 2139 Abs. 2 CC). Kann oder will ein Abkömmling die Erbschaft nicht antreten, so gilt das Repräsentationsprinzip des Art. 2142 CC: anstelle des Abkömmlings erben dessen Kinder (Art. 2140 CC).
- Sind Abkömmlinge nicht vorhanden, so sind die Erben der **zweiten Ordnung** berufen. Dies sind der Ehegatte und die Aszendenten (Art. 2142 Abs. 1 CC). Im Rahmen dieser Erbordnung erbt der überlebende Ehegatte zu $2/3$ und die zur Erbschaft berufenen Aszendenten, also zunächst die Eltern des Erblassers, danach die Großeltern usw. erben zu $1/3$. Sofern einer der gradnächsten Aszendenten die Erbschaft nicht annehmen kann oder will, wächst diese dem anderen Aszendenten des gleichen Grades an (Art. 2143 CC). I.Ü. erfolgt die Aufteilung unter den Aszendenten des gleichen Grades nach Köpfen, also zu gleichen Teilen (Art. 2142 Abs. 3 CC). Sind weder Abkömmlinge noch ein überlebender Ehegatte vorhanden, geht der gesamte Nachlass gem. Art. 2142 Abs. 2 CC auf die Aszendenten über. Sind weder Abkömmlinge noch Aszendenten vorhanden, erbt der überlebende Ehegatte den gesamten Nachlass, Art. 2144 CC.
- Die gesetzlichen Erben der **dritten Ordnung** sind die Geschwister des Erblassers und ihre Abkömmlinge im Wege der Repräsentation, Art. 2145 CC.
- Sollte der Erblasser auch keine Geschwister hinterlassen, so sind zur Erbfolge die weiteren Seitenverwandten bis zum vierten Grad (**vierte Ordnung**) berufen, wobei stets die Gradnäheren vorgehen. Innerhalb der Seitenverwandten des gleichen Grades erfolgt die Aufteilung nach Köpfen.
- Nur wenn keiner der genannten Verwandten oder ein überlebender Ehegatte vorhanden sind, erbt – in **fünfter Ordnung** – der Staat (Art. 2152 ff. CC).

3. Pflichtteilsrecht

450 **a) Pflichtteilsberechtigte Personen und Quoten.** Bestimmungen über das Pflichterbrecht finden sich in den Art. 2156 ff. CC. Art. 2156 CC enthält eine Legaldefinition des Pflichterbteils als denjenigen Teil der Güter, über welchen der Erblasser nicht verfügen kann, da er von Gesetzes wegen für die Pflichterben bestimmt ist. Diese Formulierung lässt den Schluss zu, dass es sich beim portugiesischen Pflichtteilsrecht um ein dinglich wirkendes **Noterbrecht** handelt und nicht lediglich um ein schuldrechtliches Forderungsrecht.[406] **Pflichterben** sind der Ehegatte, die Vorfahren und die Nachkommen, Art. 2157 CC. Es gelten insoweit die Regeln für die gesetzliche Erbfolge. Die einzelnen **Pflichtteilsquoten** ergeben sich aus den Art. 2158 ff. CC: Ist als möglicher Pflichterbe nur der überlebende Ehegatte vorhanden, so beträgt der für ihn reservierte Pflichtteil die Hälfte des Nachlasses (Art. 2158 CC). Sind neben dem überlebenden Ehegatten Abkömmlinge vorhanden, so beträgt der Pflichterbteil für alle zusammen $2/3$ des Nachlasses, Art. 2159 Abs. 1 CC. Die Verteilung unter den Pflichterben erfolgt – wie bei der gesetzlichen Erbfolge – nach Köpfen. Insoweit gilt also Art. 2139 Abs. 1 CC.[407] Gibt es keinen überlebenden Ehegatten, so beträgt der Pflichterbteil der Ab-

---

[405] Süß/*Huzel/Löber/Wollmann*, Erbrecht in Europa, Portugal, Rn. 37; Hayton/*Ferreira Pinto*, European Succession Laws, Portugal, 16.60.

[406] Diese Frage wird allerdings in der portugiesischen Literatur kontrovers diskutiert; wie hier: *Gonçalves de Proença*, Direito das Sucessoēs, S. 109 ff.

[407] Vgl. Rn. 448.

kömmlinge entweder die Hälfte des Nachlasses (falls nur ein Kind vorhanden ist) oder ²/₃ des Nachlasses (falls zwei oder mehr Kinder vorhanden sind, Art. 2159 Abs. 2 CC). Gem. Art. 2160 CC werden die Abkömmlinge wiederum durch ihre Nachkommen repräsentiert. Art. 2161 CC regelt schließlich den Pflichterbteil bei Zusammentreffen des überlebenden Ehegatten mit Aszendenten, also im Fall des Fehlens von Abkömmlingen. Der für den überlebenden Ehegatten und die Aszendenten reservierte Anteil beträgt insgesamt ²/₃ des Nachlasses (Art. 2161 Abs. 1 CC). Sind weder Abkömmlinge noch ein überlebender Ehegatte vorhanden, sondern nur Aszendenten, so beläuft sich der Pflichtteil insgesamt auf die Hälfte des Nachlasses, sofern es sich bei den Aszendenten um die Eltern des Erblassers handelt, und auf ¹/₃ der Erbschaft bei Aszendenten des zweiten oder nachfolgender Grade (Art. 2161 Abs. 2 CC).

Pflichterben	neben ..	Erbquote	Pflichtteilsquote
Kinder	allein	zus. ¹/₁	ein Kind: ¹/₂ mehr Kinder: zus. ²/₃
Kinder	Ehegatte	alle zu gl. Teilen, Ehegatte mind. ¹/₄	alle zus. ²/₃
Ehegatte	allein	¹/₁	¹/₂
Ehegatte	Aszendenten	²/₃	alle zus. ²/₃
Ehegatte	Kindern	alle zu gl. Teilen, Ehegatte mind. ¹/₄	alle zus. ²/₃
Elternteil	allein	¹/₁	¹/₂
Elternteil	anderem Elternteil	¹/₂	¹/₄
Eltern	Ehegatte	¹/₃	alle zus. ²/₃
Eltern	Kindern	–	–
Aszendenten ab 2. Grad	allein	zus. ¹/₁	zus. ¹/₃

b) Gegenstand für Pflichtteilsberechnung. Grundlage der Pflichtteilsberechnung ist Art. 2162 CC. Danach ist für die Berechnung des Pflichterbteils der Wert des Erblasservermögens zum Todeszeitpunkt zugrunde zu legen sowie der Wert der vom Erblasser vorgenommenen Schenkungen, wobei von den für seine Abkömmlinge getätigten Aufwendungen diejenigen ausgenommen sind, die in einem angemessenen Umfang für Eheschließung, Unterhalt, Existenzgründung und Unterbringung geleistet worden sind (Art. 2110 Abs. 2 CC). Nicht zu den Nachlassaktiva zählen auch solche geschenkten Gegenstände, die zu Lebzeiten des Erblassers durch einen nicht von dem Beschenkten verschuldeten Umstand untergegangen sind (Art. 2162 Abs. 2 i.V.m. Art. 2112 CC). Von den so errechneten Nachlassaktiva sind die Nachlasspassiva, also die Nachlassschulden abzuziehen (Art. 2162 Abs. 1 CC).[408]

c) Art des Pflichtteils. Art. 2156 CC bezeichnet den Pflichtteil als denjenigen Teil der Güter, der gesetzlich für die Pflichterben bestimmt ist und über den der Erblasser daher nicht frei verfügen kann. Dies spricht dafür, den vom portugiesischen Recht vorgesehenen Pflichtteil als ein echtes Noterbrecht zu qualifizieren, also als *pars hereditatis*.[409] Für den dinglichen Charakter des portugiesischen Pflichtteilsrechts spricht auch die Bestimmung des Art. 2164 CC, wonach der Pflichterbteil nicht (etwa mit einem Nießbrauchsrecht oder einer Leibrente) belastet werden darf.[410]

Obwohl der Erblasser über den für die Pflichterben bestimmten Nachlassteil nicht frei verfügen kann, sieht das Gesetz (Art. 2165 CC) jedoch die Möglichkeit vor, dem Pflichter-

---

[408] Hayton/*Ferreira Pinto*, European Succession Laws, Portugal, 16. 55.
[409] Süß/*Huzel/Löber/Wollmann*, Erbrecht in Europa, Portugal, Rn. 77.
[410] *Gonçalves de Proença*, Direito das Sucessoẽs, S. 133.

Emmerling de Oliveira

ben als Ersatz für den Pflichterbteil ein Vermächtnis auszusetzen. Nimmt der Pflichterbe das Vermächtnis an, so verliert er seinen Pflichterbteil und umgekehrt (Art. 2165 Abs. 2 CC). Das Vermächtnis gilt als angenommen, sofern der nach Art. 2049 Abs. 1 CC benachrichtigte Erbe keine Erklärung abgibt (vgl. Art. 2165 Nr. 3 CC).

455 d) **Pflichtteilsanrechnung.** Den Ausgleich von Schenkungen regeln Art. 2104 ff. CC. Grundsätzlich müssen geschenkte Güter und Werte von den mutmaßlich pflichtteilsberechtigten Abkömmlingen (Art. 2105 CC) zurückerstattet werden (Kollation, Art. 2104 Abs. 1 CC). Sofern der Ausgleich nicht stattfindet, wird die Schenkung auf die verfügbare Quote angerechnet, Art. 2114 Abs. 1 CC.

456 e) **Pflichtteilsergänzung.** Es wird insoweit auf die unter Rn. 452 gemachten Ausführungen Bezug genommen.

457 f) **Herabsetzung der Zuwendungen.** Die Herabsetzung der pflichtteilswidrigen Zuwendungen ist in den Art. 2168 ff. CC geregelt. Pflichtteilswidrig sind nach Art. 2168 CC sowohl die Zuwendungen unter Lebenden als auch solche von Todes wegen, die den Pflichterbteil der Pflichterben verletzen. Der Pflichterbe oder sein Rechtsnachfolger kann verlangen, dass diese Zuwendungen in Höhe seines Pflichtteils herabgesetzt werden (Art. 2169 CC). Dabei sind regelmäßig zunächst die testamentarischen Verfügungen zu kürzen. Sofern dies nicht ausreicht, sind an zweiter Stelle die Vermächtnisse herabzusetzen und schließlich die vom Erblasser zu seinen Lebzeiten gemachten Zuwendungen, wobei zunächst die zuletzt erfolgte Zuwendung betroffen ist und erst dann die weiter zurückliegenden, Art. 2172 f. CC. Einzelheiten zur Durchführung der Herabsetzung sind in den Art. 2174–2177 CC geregelt.

458 Um sein Pflichterbrecht durchzusetzen, muss der Pflichterbe die Erbschaft gem. Art. 2050 ff. CC annehmen und kann dann, erforderlichenfalls, binnen zwei Jahren ab Annahme der Erbschaft Klage auf Herabsetzung erheben, Art. 2178 CC.

459 g) **Pflichtteilsentziehung und Pflichtteilsminderung.** Eine Enterbung des Pflichterben ist nur unter engen begrenzten Umständen möglich: Nach Art. 2166 Abs. 1 CC kann der Erblasser dem Pflichterben den Pflichterbteil entziehen,

- wenn dieser wegen einer vorsätzlichen Straftat gegen die Person, das Vermögen oder die Ehre des Erblassers oder seiner Verwandten verurteilt worden ist und diese Straftat mit Strafe von mehr als sechs Monaten Gefängnis bewährt ist (lit. a),
- wenn der Pflichtteilsberechtigte wegen verleumderischer Anzeige oder falschen Zeugnisses gegen den Erblasser oder seiner Verwandten verurteilt worden ist (lit. b),
- wenn der Pflichtteilsberechtigte dem Erblasser oder seinem Ehegatten ohne rechtfertigenden Grund den geschuldeten Unterhalt verweigert hat (lit. c).

460 Der so Enterbte hat die Möglichkeit, binnen zwei Jahren nach Eröffnung des Testaments die Enterbung anzufechten, Art. 2167 CC. I. Ü. wird der nach Art. 2166 CC Enterbte einem Erbunwürdigen i. S. d. Art. 2034 CC gleichgestellt.

461 h) **Zulässigkeit eines Pflichtteilsverzichts.** Art. 2170 CC bestimmt, dass der Pflichtteilsberechtigte auf sein Recht, die Zuwendungen herabzusetzen, zu Lebzeiten des Erblassers nicht verzichten kann. Ein solcher Verzicht entfaltet also nach portugiesischem Recht **keine Rechtswirkungen.**

XIV. Schweiz

Gesetzestexte: *Rehbinder/Zäch,* Schweizerische Gesetze, Loseblattsammlung, 40. Erg.-Lfg. März 2008, Bern, Basel, München; schweizerische Gesetzestexte im Internet: www.admin.ch/dokumentation/gesetz/ (dort systematische Sammlung und schweizerisches Bundesblatt).

Schrifttum:

Schweizer Literatur: *Druey,* Grundriss des Erbrechts, 5. Aufl. Bern 2002; *Giersberger/Heini/Keller/Kostkiewicz/Siehr/Fischer/Volken,* Zürcher Kommentar zum IPRG, Zürich, Basel, Genf, 2. Aufl. 2004; *Honsell/Vogt/Geiser* (Basler Kommentar), Zivilgesetzbuch, Kommentar, 3. Aufl. Basel 2006 und 2007; *Honsell/Vogt/Schnyder/Berti* (Basler Kommentar), Internationales Privatrecht, Kommentar, 2. Aufl. Basel 2007; *Tuor/Schnyder/Schmid/Rumo-Jungo,* Das Schweizerische Zivilgesetzbuch, 12. Auflage, Zürich, Basel, Genf 2002.

XIV. Schweiz

Deutsche Literatur: AnwK/*Süß*, Länderbericht Schweiz, 2. Aufl. 2007; Ferid/Firsching/Dörner/Hausmann/*Lorenz*, Internationales Erbrecht, Bd. 5, Schweiz (Stand: 1. 12. 2004); *Lorenz*, Disharmonie im deutsch-schweizerischen internationalen Erbrecht, DNotZ 1993, 184; Mayer/Süß/Tanck/Bittler/Wälzholz/*Süß*, Handbuch Pflichtteilsrecht, 2003, § 16 Rn. 319 ff.; *Süß/Wolf/Berger-Steiner*, Erbrecht in Europa, Erbrecht in der Schweiz, 2. Aufl. 2008.

1. Internationales Erbrecht

a) **Erbstatut.** Das schweizerische Recht geht für die Anknüpfung des Erbstatuts grundsätzlich vom Wohnsitz des Erblassers aus. So untersteht der Nachlass einer Person mit letztem Wohnsitz in der Schweiz gem. Art. 90 Abs. 1 IPRG grundsätzlich dem schweizerischen Recht. Hat der Erblasser seinen Wohnsitz[411] im Ausland, so wird aus schweizerischer Sicht gem. Art. 91 Abs. 1 IPRG das Recht angewandt, auf das das Kollisionsrecht des Wohnsitzstaates verweist. Es kommt also nicht in erster Linie das Sachrecht des Wohnsitzstaates, sondern zunächst das Kollisionsrecht des Wohnsitzstaates zur Anwendung. Schweizerisches Recht berücksichtigt insofern Rück- und Weiterverweisungen.[412]

Schweizerisches Recht erlaubt in begrenztem Umfang eine **Rechtswahl**. So kann ein Schweizer Bürger mit letztem Wohnsitz im Ausland sein in der Schweiz belegenes Vermögen oder seinen gesamten Nachlass durch letztwillige Verfügung oder Erbvertrag gem. Art. 87 Abs. 2 IPRG der schweizerischen Zuständigkeit oder dem schweizerischen Recht unterstellen. Ein Ausländer mit Wohnsitz in der Schweiz hat die Möglichkeit, durch letztwillige Verfügung oder Erbvertrag den Nachlass einem seiner Heimatrechte zu unterstellen (Art. 90 Abs. 2 IPRG). Allerdings wird diese Rechtswahl nachträglich unwirksam, wenn der Ausländer im Zeitpunkt des Todes dem Staat nicht mehr angehört oder wenn er Schweizer Bürger geworden ist.

Schweizerisches Recht geht vom **Grundsatz der Nachlasseinheit** aus. Sofern also schweizerisches Recht zur Anwendung gelangt, gilt dieses für den kompletten Nachlass. Allerdings sieht Art. 86 Abs. 2 IPRG vor, dass die Zuständigkeit der schweizerischen Wohnsitzgerichte dann zurücktritt, wenn ein Staat für die auf seinem Gebiet belegenen Grundstücke eine ausschließliche Zuständigkeit vorsieht *(lex rei sitae)*. Dadurch kann es zu einer Nachlassspaltung kommen. Allerdings soll eine „Koordinierung" der Pflichtteilsrechte erfolgen.[413]

Verstirbt ein **Deutscher mit Wohnsitz in der Schweiz**, so findet aus schweizerischer Sicht gem. Art. 90 Abs. 1 IPRG schweizerisches Recht Anwendung. Aus deutscher Sicht findet dagegen gem. Art. 25 Abs. 1 EGBGB deutsches Recht Anwendung. Es kommt also zu einem internationalen Entscheidungsdissens,[414] es sei denn, der deutsche Erblasser hat gem. Art. 90 Abs. 2 IPRG das deutsche Recht gewählt.

Stirbt ein **Schweizer mit Wohnsitz in Deutschland**, so kommt aus deutscher Sicht gem. Art. 25 Abs. 1 EGBGB schweizerisches Recht zur Anwendung. Schweizerisches Recht verweist allerdings gem. Art. 91 Abs. 1 IPRG auf das deutsche Recht zurück, das diese Rückverweisung gem. Art. 4 Abs. 1 S. 2 EGBGB annimmt und beim deutschen Sachrecht abbricht. Aus deutscher Sicht käme also deutsches Recht zur Anwendung. Betrachtet man den Fall aus schweizerischer Sicht, so verweist dieses zunächst gem. Art. 91 Abs. 1 IPRG auf das deutsche Recht. Diese Verweisung beinhaltet aber eine Verweisung auf das Kollisionsrecht, so dass sich eigentlich eine Rückverweisung auf schweizerisches Recht ergibt. Überwiegend wird aber darauf hingewiesen, dass eine derartige Rückverweisung nach der sog. *foreign court theory* behandelt wird. Es wird das Recht angewandt, welches aus der Sicht des ausländischen Wohnsitzstaates angewandt würde.[415] Damit würden die schweizerischen Behörden

---

[411] Für den Wohnsitz kommt es auf den Lebensmittelpunkt an: Basler Kommentar/*Westenberg*, Art. 20 IPRG Rn. 12; AnwK/*Süß*, Länderbericht Schweiz, Rn. 1.
[412] Es handelt sich insofern um einen der wenigen Fälle, in denen Schweizer Recht ausdrücklich eine Rückverweisung zulässt. Dazu: Basler Kommentar/*Schnyder/Liatowitsch*, Art. 91 Rn. 5; Einzelheiten zur Bestimmung des Erbstatuts: *Süß/Wolf/Berger-Steiner*, Länderbericht Schweiz, Rn. 1 ff.; AnwK/*Süß*, Länderbericht Schweiz, Rn. 1 ff.
[413] Mayer/Süß/Tanck/Bittler/Wälzholz/*Süß*, § 16 Rn. 322; AnwK/*Süß*, Länderbericht Schweiz, Rn. 2; Zürcher Kommentar/*Heini*, vor Art. 86–96 IPRG Rn. 13 ff. – dort auch mit Beispielen.
[414] AnwK/*Süß*, Länderbericht Schweiz, Rn. 5; OLG Frankfurt, ZEV 2000, 513 m. Anm. *Küpper*.
[415] Str; AnwK/*Süß*, Länderbericht Schweiz, Rn. 6; *Süß*, ZEV 2000, 487; Mayer/Süß/Tanck/Bittler/Wälzholz/*Süß*, § 16 Rn. 326; implizit auch: *Süß/Wolf/Berger-Steiner*, Länderbericht Schweiz, Rn. 14.

letztlich deutsches Recht anwenden. Insofern kommt es zu einem Gleichklang zwischen der deutschen und der schweizerischen Sicht. Soweit der schweizerische Staatsangehörige allerdings eine Rechtswahl nach Art. 87 Abs. 2 IPRG zugunsten seines schweizerischen Heimatrechts getroffen hat, verbleibt es bei der Geltung des schweizerischen Rechts. Der Auslandsschweizer kann nach Art. 87 Abs. 2 IPRG auch nur die schweizerische Zuständigkeit wählen. In diesem Fall findet zwar grundsätzlich ebenfalls gemäß Art. 91 Abs. 2 IPRG schweizerisches Recht Anwendung, dies gilt allerdings gemäß Art. 91 Abs. 2 IPRG dann nicht, wenn der Erblasser ausdrücklich das Recht an seinem letzten Wohnsitz vorbehalten hat.[416]

467 **b) Rück- und Weiterverweisung.** Das schweizerische Recht regelt die Rück- und Weiterverweisung in Art. 14 IPRG. Die dort vom schweizerischen Gesetzgeber getroffene Lösung lässt sich als grundsätzlicher Ausschluss der Rück- und Weiterverweisung mit Ausnahmen charakterisieren. Eine Rück- und Weiterverweisung wird grundsätzlich nur bei ausdrücklicher gesetzlicher Anordnung beachtet.[417] Wie bereits erwähnt, stellt Art. 91 Abs. 1 IPRG (Anwendung des Wohnsitzrechtes für Personen mit letztem Wohnsitz im Ausland) einen Fall dar, in dem Rück- und Weiterverweisung ausdrücklich beachtet werden. Insofern wird wohl die sog. *foreign court theory* angewandt.[418] Das ausländische Recht mit seinen Regelungen zur Rück- und Weiterverweisung wird also so angewandt, wie es der ausländische Richter auslegen würde.[419]

468 **c) Regelungsumfang des Erbstatuts.** Ein Unterschied zwischen dem deutschen und dem schweizerischen Recht besteht darin, dass aus deutscher Sicht das Erbstatut sowohl für das materielle Erbrecht als auch für die Nachlassabwicklung maßgeblich ist. Dagegen unterscheidet das schweizerische IPR zwischen der Erbfolge und dem Erbgang.[420] Das nach Art. 90 ff. IPRG bestimmte Erbstatut regelt nach Art. 92 Abs. 1 IPRG alle materiellen erbrechtlichen Fragen, d.h. insbesondere die gesetzliche Erbfolge, den Umfang des Nachlasses, das Pflichtteilsrecht und die Haftung für Nachlassschulden. Außerdem unterfällt dem Erbstatut auch die Frage, welche Rechtsbehelfe und Maßnahmen zulässig sind und welche Voraussetzungen insofern für die einzelnen Rechtsbehelfe und Maßnahmen bestehen. Demgegenüber wird für das sog. Eröffnungsstatut die *lex fori* angewandt (Art. 92 Abs. 2 IPRG). Das Eröffnungsstatut ist für die verfahrensrechtlichen Aspekte der Klagen und Maßnahmen maßgeblich, ebenso für die Testamentseröffnung, die Ausstellung des Erbscheins, die Form der Ausschlagung, für das Verfahren zur Errichtung eines öffentlichen Inventars oder einer Nachlassverwaltung und für das Verfahren zur amtlichen Liquidation. Auch die formelle Stellung des Testamentsvollstreckers richtet sich nach dem Eröffnungsstatut.[421] Die unterschiedliche Beurteilung von Fragen des materiellen Rechts nach dem Erbstatut und Fragen des Verfahrensrechts nach dem Eröffnungsstatut, kann in der Praxis zu Konflikten führen, weil das materielle Recht ein Verfahren voraussetzt, das im vom Eröffnungsstatut vorgegebenen Verfahrensrecht so nicht zur Verfügung steht. In der schweizerischen Literatur ist offenbar nicht geklärt, ob in derartigen Fällen dem Eröffnungsstatut oder dem Erbstatut der Vorrang zu geben ist.[422]

469 **d) Wirksamkeit der Verfügung von Todes wegen.** Die materiell-rechtliche Wirksamkeit eines Testaments unterliegt keinem besonderen Errichtungsstatut, sondern dem Erbstatut. Lediglich die Frage der Testierfähigkeit ist in Art. 94 IPRG besonders geregelt. Sie liegt vor, wenn sie im Zeitpunkt der Errichtung der Verfügung entweder alternativ nach dem Recht

---

[416] Zürcher Kommentar/*Heini*, Art. 87 IPRG Rn. 10, dort auch zur Beschränkung einer derartigen Rechtswahl auf das in der Schweiz belegene Vermögen Rn. 12.
[417] Basler Kommentar/*Mächler-Erne/Wolf-Mettier*, Art. 14 IPRG Rn. 9.
[418] Vgl. oben Rn. 466.
[419] Basler Kommentar/*Mächler-Erne/Wolf-Mettier*, Art. 14 IPRG Rn. 14.
[420] Zur Unterscheidung zwischen Erbstatut und Eröffnungsstatut: AnwK/*Süß*, Länderbericht Schweiz, Rn. 8.
[421] Statt aller *Süß/Wolf/Berger-Steiner*, Länderbericht Schweiz, Rn. 4; AnwK/*Süß*, Länderbericht Schweiz, Rn. 8; Basler Kommentar/*Schnyder/Liatowitsch*, Art. 92 IPRG Rn. 5 ff.
[422] Für einen Vorrang des Eröffnungsstatuts: *Süß/Wolf/Berger-Steiner*, Länderbericht Schweiz, Rn. 5; Zürcher Kommentar zum IPRG/*Heini*, Art. 92 Rn. 5; eher zugunsten eines Vorrangs des Erbrechts: Basler Kommentar/*Schnyder/Liatowitsch*, Art. 92 Rn. 9.

des Wohnsitzstaates, nach dem Recht des Staates, in dem sich die Person gewöhnlich aufhält, oder nach dem Recht des Heimatstaates gegeben ist. Für Erbverträge und gemeinschaftliche Testamente findet sich eine Sonderregelung in Art. 95 Abs. 1 IPRG. Die Frage der Gültigkeit und der Wirkungen eines Erbvertrages untersteht gem. Art. 95 Abs. 1 IPRG dem Recht am Wohnsitz des Erblassers zur Zeit des Vertragsschlusses. Für den Erbvertrag gilt insofern also ein unwandelbares Errichtungsstatut. Eine spätere Wohnsitzverlegung lässt die Wirksamkeit oder Unwirksamkeit des Erbvertrages unberührt. Art. 95 Abs. 2 IPRG sieht außerdem vor, dass der Erblasser im Vertrag den gesamten Nachlass seinem Heimatrecht unterstellen kann. Dieses tritt sodann an die Stelle des Wohnsitzrechtes. Für den Fall, dass mehrere Personen entweder in einem mehrseitigen Erbvertrag oder in einem wechselbezüglichen gemeinschaftlichen Testament verfügen, regelt Art. 95 Abs. 3 IPRG, dass diese Verfügung dem jeweiligen Wohnsitzrecht bzw. einem gemeinsamen gewählten Heimatrecht entsprechen müssen. Eine Bindungswirkung ergibt sich nur dann, wenn die Bindungswirkung von allen anwendbaren Rechtsordnungen bejaht wird.[423] Für die Form der letztwilligen Verfügung verweist Art. 93 Abs. 1 IPRG auf das Haager Übereinkommen vom 5. Oktober 1961, dessen Vertragsstaat auch Deutschland ist. Die dortigen Regelungen gelten gem. Art. 93 Abs. 2 IPRG auch für andere Formen der Verfügung von Todes wegen, d. h. insbesondere auch für den Erbvertrag. Testamente und Erbverträge sind danach insbesondere wirksam, wenn die Ortsform eingehalten wurde. Aus Art. 93 Abs. 2 schweiz. IPRG ergibt sich, dass auch die Formwirksamkeit von Erb- und Pflichtteilsverzichten nach dem Haager Testamentsformübereinkommen beurteilt wird.

e) **Praktische Besonderheiten der Nachlassabwicklung.** Art. 96 Abs. 1 lit. a IPRG bestimmt, dass ausländische Entscheidungen, Maßnahmen und Urkunden, die den Nachlass betreffen, sowie Rechte aus einem im Ausland eröffneten Nachlass in der Schweiz anerkannt werden, wenn sie im Staat des letzten Wohnsitzes des Erblassers oder im Staat, dessen Recht er gewählt hat, getroffen, ausgestellt oder festgestellt worden sind oder wenn sie in einem dieser Staaten anerkannt werden. Folglich wird in der Schweiz wohl auch ein in Deutschland erteilter Erbschein anerkannt. Dies gilt auch dann, wenn der Erblasser Schweizer war oder einem Drittstaat angehörte.[424]

2. Gesetzliche Erbfolge

Ähnlich wie das deutsche Recht geht das schweizerische Recht für die Erbfolge vom sog. Parentelsystem aus.[425] Die Verwandten werden in Parentelen (Ordnungen) eingeteilt. Die nähere Parentel (Ordnung) schließt die ferneren Parentelen von der Erbfolge aus.

Gesetzliche Erben der ersten Parentel (Ordnung) sind die Kinder des Erblassers zu gleichen Teilen (Art. 457 ZGB). Die Nachkommen (Enkel, Urenkel des Erblassers) eines nicht zur Erbfolge gelangenden Kindes treten an dessen Stelle (Eintrittsrecht), und zwar nach Stämmen (Art. 457 Abs. 3 ZGB). Uneheliche Kinder sind den ehelichen Kindern gleichgestellt (soweit nach 1. 4. 1973 adoptiert).[426] Ein Adoptivkind erhält die Rechtsstellung eines Kindes der Adoptiveltern (Art. 267 Abs. 1 und 2 ZGB) und ist folglich ebenfalls erbberechtigt.

In der zweiten Ordnung erben die Eltern des Erblassers und, sofern ein Elternteil verstorben ist, deren Abkömmlinge (also die Geschwister, Nichten und Neffen des Erblassers). Hinterlässt ein verstorbener Elternteil keine Abkömmlinge, so fällt die ganze Erbschaft dem anderen noch lebenden Elternteil bzw. dessen Nachkommen zu (Art. 458 ZGB).

Erben der dritten Ordnung werden sodann die Großeltern und ihre Nachkommen. Entferntere Verwandte (Urgroßeltern und deren Nachkommen etc.) haben kein gesetzliches Erbrecht nach dem Erblasser (Art. 460 ZGB).

---

[423] Zur Behandlung des Erbvertrages: AnwK/*Süß*, Länderbericht Schweiz, Rn. 10 f.; Süß/*Wolf/Berger-Steiner*, Länderbericht Schweiz, Rn. 19 f.
[424] AnwK/*Süß*, Länderbericht Schweiz, Rn. 14; Süß/*Wolf/Berger-Steiner*, Länderbericht Schweiz, Rn. 161.
[425] Zur gesetzlichen Erbfolge im Detail: Süß/*Wolf/Berger-Steiner*, Länderbericht Schweiz, Rn. 43 ff.; AnwK/*Süß*, Länderbericht Schweiz, Rn. 18 ff.
[426] Süß/*Wolf/Berger-Steiner*, Länderbericht Schweiz, Rn. 51; AnwK/*Süß*, Länderbericht Schweiz, Rn. 18.

475 Das gesetzliche Erbrecht der Ehegatten und eingetragenen Lebenspartner[427] ist in Art. 462 ZGB geregelt. Neben Kindern des Erblassers und deren Nachkommen ist der Ehegatte bzw. eingetragene Partner zu ½ zur Erbfolge berufen. Neben Erben der zweiten Ordnung erhält der Ehegatte bzw. eingetragene Partner ¾ der Erbschaft. I. Ü. erhält er die gesamte Erbschaft. Vor der Erbauseinandersetzung findet eine Auseinandersetzung des Güterstandes statt, wobei der gesetzliche Güterstand die Errungenschaftsbeteiligung ist (Art. 196 ff. ZGB). Die Errungenschaftsbeteiligung ist in etwa der deutschen Zugewinngemeinschaft vergleichbar.[428]

3. Pflichtteilsrecht

476 a) **Pflichtteilsberechtigte Personen und Quoten.** Das schweizerische Recht gewährt dem Pflichtteilsberechtigten ein echtes Noterbrecht, d. h. eine quotale Beteiligung am Vermögen des Erblassers, die der Verfügung des Erblassers entzogen ist. Die Summe der Pflichtteile bildet die gebundene Nachlassquote. Diese gebundene Nachlassquote ist vom Freiteil bzw. der freien Quote abzugrenzen. Es handelt sich allerdings nur um abstrakte Berechnungsgrößen, die erst nach der Bestimmung der Berechnungsmasse konkrete Gestalt annehmen.[429] Das Pflichtteilsrecht ist in den Art. 470 ff. ZGB geregelt. Potentiell pflichtteilsberechtigt sind alle Nachkommen (Kinder, Enkel etc.), die Eltern des Erblassers sowie sein Ehegatte. Der Pflichtteil eines Nachkommen beträgt ¾ seines gesetzlichen Erbanspruchs. Die Eltern, der überlebende Ehegatte und ein eingetragener (Lebens-)Partner erhalten jeweils die Hälfte ihres gesetzlichen Erbanspruchs als Pflichtteil (Art. 471 ZGB).[430] Bei der Berechnung des Pflichtteils werden diejenigen Personen, die einen Erbverzicht erklärt haben oder wirksam enterbt wurden, gleichwohl mitgezählt. Die Pflichtteilsquote anderer Pflichtteilsberechtigter erhöht sich durch den Erbverzicht und die Enterbung also nicht.[431] Der Verzicht wirkt sich also zugunsten der freien Quote aus.[432] Das schweizerische Recht erlaubt in Art. 473 ZGB eine besondere Begünstigung des überlebenden Ehegatten gegenüber den gemeinsamen Nachkommen. Dem überlebenden Ehegatten kann der Nießbrauch an dem gesamten Nachlass vermacht werden. Nicht gemeinsame Kinder und die Eltern des Erblassers können ihren Pflichtteilsanspruch allerdings auch gegenüber dem Nießbrauch behaupten. Zusätzlich kann dem Ehegatten ¼ des Nachlasses zu Eigentum zugewiesen werden (Art. 473 Abs. 2 S. 2 ZGB).[433] Vorbehaltlich einer Prüfung des jeweiligen Einzelfalles nachfolgend einige Beispiele:

Pflichtteilsberechtigter	neben …	Erbquote	Pflichtteilsquote
Kinder	Allein	1/1	3/4
Kinder	Ehegatte	1/2	3/8

---

[427] Seit dem 1. 1. 2007 ist das Bundesgesetz über die eingetragene Partnerschaft (PartG, SR 211.231) in Kraft. Dieses regelt die Begründung, die Wirkungen und die Auflösung der eingetragenen Partnerschaft gleichgeschlechtlicher Paare. Zum Erbrecht der eingetragenen Partner: *Wolf/Genna*, in: Zürcher Kommentar zum Partnerschaftsgesetz, Zürich/Basel/Genf 2007, S. 597 ff.

[428] Zur Errungenschaftsbeteiligung im Einzelnen: Süß/Ring/*Wolf/Steiner*, Eherecht in Europa, 1. Aufl. 2006, Länderbericht Schweiz, Rn. 21 ff. und 90 ff.

[429] Zur konkreten Berechnung des Pflichtteils: vgl. unten Rn. 477; zur Differenzierung zwischen Pflichtteilsquoten und freier Quote, sowie zur Berechnung: Süß/*Wolf/Berger-Steiner*, Länderbericht Schweiz, Rn. 79 mit Fn. 137; Tuor/Schnyder/Schmid/Rumo-Jungo/*Tuor/Schnyder*, § 66 II c und d = S. 583 ff. und insbesondere S. 588 ff.; dazu, dass für den Pflichtteil auf eine Berechnungsmasse abzustellen ist, auch: Basler Kommentar/*Staehelin*, § 470 ZGB Rn. 3.

[430] Zu den Pflichtteilsquoten im Einzelnen: AnwK/*Süß*, Länderbericht Schweiz, Rn. 50 f.; Süß/*Wolf/Berger-Steiner*, Länderbericht Schweiz, Rn. 78.

[431] Basler Kommentar/*Staehelin*, Art. 470 ZGB Rn. 17 ff.; BGE 50 II 458; zur Behandlung einer Ausschlagung durch einen Pflichtteilsberechtigten: Basler Kommentar/*Staehelin*, Art. 470 ZGB Rn. 16: Bei der Ausschlagung vererbt sich wohl der Anteil, als ob der Ausschlagende vorverstorben wäre. Dies kann zu unterschiedlichen Auswirkungen auf das Pflichtteilsrecht führen.

[432] Zur Wirkung der Erbunwürdigkeit vgl.: Basler Kommentar/*Staehelin*, Art. 470 Rn. 19.

[433] Dazu im Detail: Süß/*Wolf/Berger-Steiner*, Länderbericht Schweiz, Rn. 80; AnwK/*Süß*, Länderbericht Schweiz, Rn. 51, dort auch zu eheverträglichen Regelungen Rn. 51 und 39 ff.; *Wachter*, ZEV 2002, 268.

XIV. Schweiz

Pflichtteilsberechtigter	neben …	Erbquote	Pflichtteilsquote
Ehegatte	Allein	1/1	1/2
Ehegatte	Eltern	3/4	3/8
Ehegatte	Kinder	1/2	1/4
Eltern	Allein	1/1	1/2
Eltern	Ehegatte	1/4	1/8
Eltern	Kinder	0	0

b) **Gegenstand für Pflichtteilsberechnung.** Der konkrete Betrag, der auf jeden Pflichtteil und die verbleibende Quote entfällt, wird ausgehend von einer nach Art. 474 ff ZGB zu bildenden Berechnungsmasse bestimmt.[434] Vom Nachlass werden zunächst die Schulden und bestimmte weitere Verbindlichkeiten (Art. 474 Abs. 2 ZGB) abgezogen. Von Todes wegen gemachte Zuwendungen (Vermächtnisse) sind nicht abzuziehen.[435] Für die Ermittlung der Berechnungsmasse sind sodann die Zuwendungen unter Lebenden, soweit sie der Herabsetzungsklage unterstellt sind,[436] hinzuzurechnen (Art. 475 ZGB). Ebenso werden bestimmte Versicherungsansprüche mit ihrem Rückkaufwert hinzugerechnet (Art. 476 ZGB). Ebenfalls hinzugerechnet werden wohl, obwohl dies im Gesetz nicht ausdrücklich gesagt ist, auch Werte, die der Erblasser seinen Erben zu Lebzeiten übertragen hat, sofern diese bei der Teilung der Ausgleichung unterliegen (Art. 626 ff ZGB).[437] Die Bildung der Berechnungsmasse ist aber im Einzelnen kompliziert und nicht unumstritten.[438]

c) **Art des Pflichtteils.** Im schweizerischen Recht ist das Pflichtteilsrecht – wie ausgeführt – als echtes Noterbrecht ausgestaltet. Die Noterben erhalten eine quotale Beteiligung am Nachlass, d.h. im Ergebnis eine Erbenstellung. Im schweizerischen Recht geht man davon aus, dass der Erblasser nur über einen bestimmten Teil seines Nachlasses (den verfügbaren Teil, die freie Quote) verfügen kann. Der verfügbare Teil ist derjenige Teil des Nachlasses, welcher nicht als Pflichtteil den Noterben vorbehalten ist. Hat der Erblasser diese Verfügungsbefugnis überschritten, können die Noterben Herabsetzung durch Herabsetzungsklage (Art. 522 ZGB) verlangen.[439] Die Herabsetzungsklage muss innerhalb einer Ausschlussfrist von einem Jahr (Art. 533 ZGB), die ab der Kenntnis des Erben von der Pflichtteilsverletzung zu laufen beginnt, spätestens aber innerhalb von 10 Jahren seit der Eröffnung der Verfügung von Todes wegen bzw. seit dem Tode des Erblassers erhoben werden. Der Herabsetzung unterliegt gem. Art. 532 ZGB zunächst die Verfügung von Todes wegen.[440] Dabei erfolgt die Herabsetzung gem. Art. 525 Abs. 1 ZGB für alle Erben proportional. Verfügungen zugunsten pflichtteilsberechtigter Erben werden nur insofern herabgesetzt, als eine Zuwendung über den Pflichtteil des jeweiligen Erben vorliegt.[441] Reicht die Herabsetzung der Verfügung von Todes wegen nicht aus, um den Pflichtteil zu decken, so werden auch lebzeitige Verfügungen herabgesetzt. Hierbei findet allerdings nicht eine proportionale

---

[434] Basler Kommentar/*Staehelin*, Art. 470 ZGB Rn. 3, Art. 474 ZGB Rn. 1; Tuor/Schnyder/Schmid/Rumo-Jungo/*Tuor/Schnyder*, § 66 II d = S. 588; Süß/*Wolf/Berger-Steiner*, Länderbericht Schweiz, Rn. 79 mit Fn. 137.

[435] Tuor/Schnyder/Schmid/Rumo-Jungo/*Tuor/Schnyder*, § 66 II d = S. 589; Ferid/Firsching/Dörner/Hausmann/*Lorenz*, Länderbericht Schweiz, Rn. 87.

[436] Dazu sogleich unten e) = Rn. 480.

[437] Tuor/Schnyder/Schmid/Rumo-Jungo/*Tuor/Schnyder*, § 66 II d 1 = S. 589; Ferid/Firsching/Dörner/Hausmann/*Lorenz*, Länderbericht Schweiz, Rn. 87.

[438] Zur Bildung der Berechnungsmasse im Detail: Tuor/Schnyder/Schmid/Rumo-Jungo/*Tuor/Schnyder*, § 66 II d = S. 588 ff.; Ferid/Firsching/Dörner/Hausmann/*Lorenz*, Länderbericht Schweiz, Rn. 87 ff.

[439] Tuor/Schnyder/Schmid/Rumo-Jungo/*Tuor/Schnyder*, § 66 III a = S. 595 ff.; Ferid/Firsching/Dörner/Hausmann/*Lorenz*, Länderbericht Schweiz, Rn. 90 ff.; Süß/Wolf/Berger-Steiner, Länderbericht Schweiz, Rn. 81 ff; AnwK/*Süß*, Länderbericht Schweiz, Rn. 55 ff.

[440] Tuor/Schnyder/Schmid/Rumo-Jungo/*Tuor/Schnyder*, § 66 III c = S. 598 (mit Detailbeispielen); Ferid/Firsching/Dörner/Hausmann/*Lorenz*, Länderbericht Schweiz, Rn. 93 (mit Detailbeispielen); Süß/Wolf/Berger-Steiner, Länderbericht Schweiz, Rn. 83.

[441] Details und Beispiele vgl. bei: Tuor/Schnyder/Schmid/Rumo-Jungo/*Tuor/Schnyder*, § 66 IIIc 2 = S. 599; Ferid/Firsching/Dörner/Hausmann/*Lorenz*, Länderbericht Schweiz, Rn. 93.

Herabsetzung statt, sondern es wird vielmehr die spätere vor der früheren Verfügung herabgesetzt.[442] Inwieweit lebzeitige Verfügungen herabgesetzt werden, regeln Art. 527 ff. ZGB.[443]

479 d) **Pflichtteilsanrechnung.** Die Herabsetzungsklage kann nur derjenige Noterbe erheben, der nicht auf andere Weise dem Wert nach seinen Pflichtteil erhalten hat (Art. 522 ZGB). Hat der Noterbe bereits durch Zuwendung unter Lebenden oder durch ein Vermächtnis den Pflichtteil erhalten, so kommt eine Herabsetzungsklage nach wohl überwiegender Ansicht nicht in Betracht.[444]

480 e) **Pflichtteilsergänzung.** Lebzeitige Zuwendungen, die der Herabsetzungsklage unterstellt sind, werden schon bei der Bildung der Berechnungsmasse nach Art. 475 ZGB berücksichtigt.[445] Nach deutschem Verständnis ergänzungspflichtige Schenkungen sind also schon in die Berechnungsmasse mit einbezogen, so dass sie auch bei der Bestimmung der Noterbquote Berücksichtigung finden. Mit einbezogen werden alle Schenkungen, die der Herabsetzung unterliegen.[446] Dies sind zunächst unentgeltliche Zuwendungen auf Anrechnung auf den Erbteil, z. B. das Heiratsgut, die Ausstattung etc., allerdings nur, soweit sie nicht der Ausgleichung unterworfen sind. Art. 527 Ziff. 1 ZGB verzahnt insofern die Ausgleichung nach Art. 626 ff. ZGB mit der Herabsetzung. Die wohl überwiegende Auffassung lässt es ausreichen, wenn die Zuwendung objektiv der Ausgleichung untersteht, im konkreten Fall aber insbesondere wegen einer gegenteiligen Verfügung des Erblassers keine Ausgleichung stattgefunden hat (str.).[447] Ebenfalls der Herabsetzung unterliegen Erbabfindungen und Auskaufsbeträge (Art. 527 Ziff. 2 ZGB), Schenkungen, die der Erblasser frei widerrufen konnte oder die er während der letzten fünf Jahre vor seinem Tod vorgenommen hat (Art. 527 Ziff. 3 ZGB), und solche Verfügungen, die der Erblasser vorgenommen hat, um die Verfügungsbeschränkungen im Hinblick auf die verfügbare Quote zu umgehen, d. h. die der Erblasser vorgenommen hat, um die Pflichtteilsberechtigten zu benachteiligen (Art. 527 Ziff. 4 ZGB).[448] Zu berücksichtigen ist aber, dass es gemäß § 532 ZGB zur Herabsetzung all dieser lebzeitigen Verfügungen nur kommt, wenn die Herabsetzung der Verfügungen von Todes wegen nicht ausreicht, um die Pflichtteilsverletzung zu beseitigen.

481 f) **Pflichtteilsentziehung und Pflichtteilsminderung.** Die Pflichtteilsentziehung (genannt Strafenterbung) ist in Art. 477 ff ZGB geregelt. Der Erblasser kann bei schweren Straftaten und schwerer Verletzung der familiären Pflichten den Pflichtteil entziehen. In Betracht kommt hier beispielsweise die Verletzung der Unterstützungspflicht zwischen Verwandten oder auch die Verletzung der Pflicht zum Beistand, Rücksicht und Achtung zwischen Eltern und Kindern.[449]

---

[442] Süß/*Wolf/Berger-Steiner*, Länderbericht Schweiz, Rn. 83; Tuor/Schnyder/Schmid/Rumo-Jungo/*Tuor/Schnyder*, § 66 III c = S. 598 ff; Ferid/Firsching/Dörner/Hausmann/*Lorenz*, Länderbericht Schweiz, Rn. 93.
[443] Dazu noch sogleich Rn. 480.
[444] Basler Kommentar/*Staehelin*, Art. 470 ZGB Rn. 4; Basler Kommentar/*Forni/Piatti*, Art. 522 ZGB Rn. 1 – beide m. zahlr. w. N; dazu, dass derjenige, der bereits zu Lebzeiten seinen Pflichtteil erhalten hat, nicht aktivlegitimiert ist auch: Tuor/Schnyder/Schmid/Rumo-Jungo/*Tuor/Schnyder*, § 66 III b = S. 597; Ferid/Firsching/Dörner/Hausmann/*Lorenz*, Länderbericht Schweiz, Rn. 91.
[445] Vgl. dazu bereits oben Rn. 477.
[446] Dazu im Detail: Tuor/Schnyder/Schmid/Rumo-Jungo/*Tuor/Schnyder*, § 66 II d 3 = S. 590; Ferid/Firsching/Dörner/Hausmann/*Lorenz*, Länderbericht Schweiz, Rn. 88.
[447] Diese Thematik ist im schweizerischen Recht äußerst umstritten: Basler Kommentar/*Forni/Piatti*, Art. 527 ZGB Rn. 4; *Merkle*, Pflichtteilsrechte und Pflichtteilsverzicht im internationalen Erbrecht, S. 187; Mayer/Süß/Tanck/Bittler/Wälzholz/*Süß*, Länderbericht Schweiz, Rn. 336; Tuor/Schnyder/Schmid/Rumo-Jungo/*Tuor/Schnyder*, § 66 II d 3 = S. 591; Ferid/Firsching/Dörner/Hausmann/*Lorenz*, Länderbericht Schweiz, Rn. 88; AnwK/*Süß*, Länderbericht Schweiz, Rn. 53.
[448] Zu den Einzelheiten hinsichtlich der einzelnen der Herabsetzung unterliegenden Verfügungen: Tuor/Schnyder/Schmid/Rumo-Jungo/*Tuor/Schnyder*, § 66 II d = S. 592 ff.; Ferid/Firsching/Dörner/Hausmann/*Lorenz*, Länderbericht Schweiz, Rn. 88.
[449] Basler Kommentar/*Bessenich*, Art. 477 Rn. 13 m. zahlr. w. N; Tuor/Schnyder/Schmid/Rumo-Jungo/*Tuor/Schnyder*, § 66 IV = S. 600 ff.; Ferid/Firsching/Dörner/Hausmann/*Lorenz*, Länderbericht Schweiz, Rn. 97 ff.

Schweizerisches Recht sieht darüber hinaus bei Zahlungsunfähigkeit des Erben mit gewissen Einschränkungen auch die Möglichkeit einer Pflichtteilsbeschränkung in guter Absicht vor (sog. Präventiventerbung – Art. 480 ZGB).[450] 482

Eine Möglichkeit zur Minderung des Pflichtteils der gemeinsamen Kinder ergibt sich – wie bereits gezeigt – aus Art. 473 ZGB. Danach kann der Erblasser dem überlebenden Ehegatten durch Verfügung von Todes wegen den Nießbrauch an dem gesamten den gemeinsamen Nachkommen zustehenden Nachlass zuweisen. Gegenüber vorehelichen Kindern und den Eltern des Erblassers wirkt diese Anordnung allerdings nicht.[451] Eine weitere Möglichkeit zur Pflichtteilsreduzierung zugunsten des überlebenden Ehegatten ergibt durch gewisse güterrechtliche Gestaltungen.[452] 483

g) **Zulässigkeit eines Pflichtteilsverzichts.** Art. 495 ZGB regelt, dass ein Erbe in Form des Erbvertrages auf sein Erbrecht verzichten kann. Der Verzicht kann dabei auch auf den Pflichtteil beschränkt werden.[43] Sofern nicht etwas anderes bestimmt ist, wirkt ein Verzicht auch gegenüber den Abkömmlingen des Verzichtenden. Derjenige, der einen Erbverzicht erklärt hat, bleibt beim Erbgang außer Betracht. Bei der Berechnung der Pflichtteilsquoten der verbleibenden Noterben wird der Pflichtteilsberechtigte aber weiter berücksichtigt, so dass durch den Verzicht die verfügbare Quote erweitert wird.[44] 484

XV. Serbien (Republik Serbien)

Schrifttum: *Kraljić/Kraljić*, Serbien (Stand 30. 6. 2006); in: Bergmann/Ferid, Internationales Ehe- und Kindschaftsrecht; *Pürner*, Republik Serbien (Stand 30.06.2006); in: Ferid/Firsching/Dörner/Hausmann, Internationales Erbrecht; *Süß*, Erbrecht in Serbien, in: Süß, Erbrecht in Europa, S. 1383; *Tersteegen*, Länderbericht Serbien (mit Erläuterungen zu Montenegro), in: Kroiß/Ann/Mayer, AnwaltKommentar BGB, Band 5, Erbrecht, 2. Aufl. 2007.

1. Internationales Erbrecht

a) **Erbstatut.** Seit der Auflösung des Staatenbundes „Serbien-Montenegro", die durch die formale Erklärung der Unabhängigkeit Serbiens durch dessen Parlament am 5. 6. 2006 endgültig besiegelt worden ist, stellt Serbien einen souveränen Staat dar. 485

Weiterhin unklar ist das völkerrechtliche Schicksal des Kosovo. Am 17. 2. 2008 erklärte das Parlament des Kosovo mit der Proklamierung der Republik Kosovo die Unabhängigkeit von Serbien. Zum heutigen Stand erkennen 54 der 192 UN-Mitgliedstaaten den Kosovo als unabhängigen Staat an. 486

Serbien sieht den Kosovo jedoch weiterhin als zum serbischen Staat angehörige autonome Provinz an. Der Kosovo wurde nach dem Kosovokrieg – bei formeller Wahrung der Zugehörigkeit zu Serbien – durch die UN-Resolution 1244 unter die Verwaltung der Vereinten Nationen gestellt. Diese Verwaltung führt de facto zur einer weitgehenden Verselbständigung des Kosovo. 487

Aus serbischer Perspektive besteht im Verhältnis zum Kosovo noch eine interlokale Rechtskollision, die im Gesetz über die Lösung von Gesetztes- und Zuständigkeitskollisionen im Bereich des Statusrechts sowie der familien- und erbrechtlichen Beziehungen vom 488

---

[450] Zu den Voraussetzungen im Detail: Tuor/Schnyder/Schmid/Rumo-Jungo/*Tuor/Schnyder*, § 66 IV c = S. 604; Ferid/Firsching/Dörner/Hausmann/*Lorenz*, Länderbericht Schweiz, Rn. 100.
[451] Vgl. im Einzelnen: Mayer/Süß/Tanck/Bittler/Wälzholz/*Süß*, Länderbericht Schweiz, Rn. 33; AnwK*Süß*, Länderbericht Schweiz, Rn. 51; Süß/Wolf-Berger-Steiner, Länderbericht Schweiz, Rn. 80; vgl. auch oben Rn. 476.
[452] Zum Ganzen auch: AnwK/*Süß*, Länderbericht Schweiz, Rn. 37 ff.; Mayer/Süß/Tanck/Bittler/Wälzholz/ *Süß*, Länderbericht Schweiz, Rn. 339 f.
[43] Basler Kommentar/*Breitschmid*, Art. 495 ZGB Rn. 2; Mayer/Süß/Tanck/Bittler/Wälzholz/*Süß*, Länderbericht Schweiz, Rn. 343; AnwK/Süß, Länderbericht Schweiz, Rn. 57; Süß/*Wolf/Berger-Steiner*, Länderbericht Schweiz, Rn. 84.
[44] Basler Kommentar/*Breitschmid*, Art. 470 ZGB Rn. 17; BGE 50 II 458; und die in der vorstehenden Fn. zit. Lit.; vgl. auch oben Rn. 476.

27. 2. 1979 geregelt ist.⁴⁵³ Hiernach kommt das Recht derjenigen Republik oder Provinz zur Anwendung, in der der Erblasser seinen letzten Wohnsitz hatte. Aus kosovarischer Perspektive ist davon auszugehen, dass dieses Gesetz de facto nicht mehr zur Anwendung kommt.

489 Für die Bestimmung des Erbstatutes aus serbischer Perspektive sind die Bestimmungen des serbischen internationalen Privatrechts heranzuziehen. Das serbische internationale Privatrecht ist im Gesetz zur Lösung von Gesetzeskollisionen mit den Vorschriften anderer Staaten für bestimmte Verhältnisse (IPRG) geregelt.⁴⁵⁴ Dabei handelt es sich um ein Gesetzeswerk, welches bereits vor der staatlichen Souveränität Serbiens im Gebiet des ehemaligen Jugoslawiens galt und in der Republik Serbien als autonomes Recht fortgilt.

490 Dieses bestimmt in Art. 30 Abs. 1, dass die erbrechtlichen Rechtsbeziehungen der Rechtsordnung unterliegen, deren Staatsangehöriger der Erblasser zum Zeitpunkt seines Todes war. Das serbische Recht knüpft somit für das Erbstatut an die **Staatsangehörigkeit** des Erblassers an und bestimmt dessen **Heimatrecht** als Erbstatut.

491 Eine **Rechtswahl** im Bereich des Erbrechts kennt das serbische IPR nicht. Demgemäß wird eine Rechtswahl vom serbischen Recht nicht anerkannt und ist unter Zugrundelegung serbischen Sachrechts unwirksam.

492 Bei **mehrfacher Staatsangehörigkeit** gibt Art. 11 Abs. 1 IPRG der serbischen Staatsangehörigkeit den Vorzug.

493 Den allgemeinen Kollisionsnormen gehen gem. Art. 3 IPRG internationale Verträge und bilaterale Abkommen vor. Ein bilaterales Abkommen zwischen Deutschland und Serbien existiert nicht.

494 Sonderanknüpfungen hinsichtlich bestimmter Vermögensgegenstände bestehen nicht.

495 b) **Rück- und Weiterverweisung.** Verweisen die Vorschriften des serbischen IPR-Gesetztes auf das Recht eines anderen Staates ist gem. Art. 6 Abs. 1 IPRG auch das internationale Privatrecht des anderen Staates zu berücksichtigen. Rück- und Weiterverweisungen des ausländischen Rechts werden gem. Art. 6 Abs. 2 IPRG beachtet. Nach einer Rückverweisung auf serbisches Recht findet unmittelbar das serbische Sachrecht Anwendung (Art. 6 Abs. 2 IPRG).

496 c) **Regelungsumfang des Erbstatuts.** Das Erbstatut regelt umfassend die Voraussetzungen und Folgen des Erbfalls, insbesondere also den Eintritt des Erbfalls, den Umfang des Nachlasses, die Annahme und Ausschlagung der Erbschaft, das gesetzliche Erbrecht, das Pflichtteilsrecht, die Rechtsstellung des Erben und die Erbenhaftung. Eine Differenzierung nach bestimmten Vermögensgegenständen und deren Belegenheit wird nicht vorgenommen.

497 Bezüglich des Regelungsumfang des Formstatutes vgl. Rn. 499.

498 d) **Wirksamkeit der Verfügung von Todes wegen.** Hinsichtlich der **Testierfähigkeit** ist die Sonderanknüpfung des Art. 30 Abs. 2 IPRG zu beachten, der diesbezüglich auf das Recht des Staates verweist, dem der Testator zum Zeitpunkt der Errichtung des Testamentes angehörte.

499 Hinsichtlich der **Form** letztwilliger Verfügungen ist das **Haager Testamentformübereinkommen** als Sonderanknüpfung zu beachten, welches für Serbien als Nachfolgestaat und somit Rechtsnachfolger der Sozialistischen Föderation Jugoslawiens, die dieses Abkommen ratifiziert hatte, fortgilt. Das Haager Übereinkommen ist in Art. 31 IPRG inkorporiert.

500 Das Haager Übereinkommen geht dabei nach allgemeinen völkerrechtlichen Grundsätzten den nationalen serbischen Bestimmungen vor. Da die Anwendung beider Normkomplexe jedoch zu keinen widersprüchlichen Ergebnissen führt, ist solange dies gewährleistet bleibt, kein Rückgriff auf das Übereinkommen notwendig.

501 Somit ist aus Perspektive des serbischen IPR ein Testament hinsichtlich der Form unter folgenden Voraussetzungen wirksam:
- es ist nach dem Recht des Ortes formgültig, an dem es errichtet wurde,

---

⁴⁵³ Službeni list SFRJ (Amtsblatt der SFRJ) 9/79, 20/90.
⁴⁵⁴ Službeni list SFRJ (Amtsblatt der SFRJ) 43/82, 72/82.

- es ist nach dem Recht des Staates formgültig, dessen Staatsangehörigkeit der Erblasser zum Zeitpunkt der Errichtung des Testamentes oder zum Zeitpunkt seines Todes besaß,
- es ist nach dem Recht des Staates formgültig, in dem der Erblasser zum Zeitpunkt der Errichtung des Testamentes oder zum Zeitpunkt des Todes seinen Wohnsitz besaß,
- es ist nach dem Recht des Staates formgültig, in dem der Erblasser zum Zeitpunkt der Errichtung des Testamentes oder zum Zeitpunkt des Todes seinen gewöhnlichen Aufenthalt besaß,
- es ist nach dem Recht Serbiens formwirksam,
- es ist bezüglich unbeweglicher Sachen nach dem Recht des Lageortes der unbeweglichen Sache wirksam.

In Art. 31 Abs. 2 IPRG wurde Art. 2 des Haager Übereinkommens inhaltsgleich inkorporiert. Demnach ist auch bezüglich der Form des Widerrufs einer letztwilligen Verfügung Art. 31 Abs. 1 IPRG maßgeblich.

Zu beachten ist, dass das Formstatut lediglich darüber bestimmt, ob ein Testament formgültig errichtet wurde. Die inhaltliche Wirksamkeit richtet sich nach den Maßgaben des zur Anwendung kommenden Sachrechts.

Weiter gilt in Serbien auch das **Washingtoner Abkommen** über ein einheitliches Recht der Form eines internationalen Testamentes vom 26. 10. 1973, welches für Serbien als Rechtsnachfolger des ehemaligen Jugoslawiens ebenfalls fortgilt. Dieses wurde in Art. 92 ff ErbG inkorporiert.

Zu den Problemfällen Erbvertrag und gemeinschaftliches Testament gilt unter Zugrundelegung serbischen Sachrechts folgendes: **Erbverträge** sind gem. Art. 179 ErbG nichtig. Das **gemeinschaftliche Testament** hat das serbische Recht nicht gesondert geregelt. Nichtig sind auch Verträge mit der Verpflichtung in einer bestimmten Art und Weise zu verfügen (Art. 181 ErbG).

Die Bestimmung des Art. 179 ErbG stellt ein materielles Verbot bindender letztwilliger Verfügungen und keine zwingende Formvorschrift dar. Demgemäß sind frei widerrufliche Verfügungen, deren Wirksamkeit nach serbischem Sachrecht beurteilt wird, wirksam, gleich ob diese der Form nach in einem Dokument zusammengefasst worden sind.[455]

2. Gesetzliche Erbfolge

Das materielle serbische Erbrecht ist im Gesetz über die Beerbung vom 4. 11. 1995, welches am 5. 5. 1996 in Kraft getreten ist, geregelt.[456] Das serbische Erbrecht ist vom Grundsatz des Familienerbrechts geprägt. Wenn der Erblasser nicht abweichend testamentarisch verfügt, sieht die gesetzliche Regelung vor, dass der Nachlass auf die Verwandten übergeht.

Die Erbfolge bestimmt sich nach Ordnungen, wobei die jeweils vorgehende Ordnung die nachfolgende ausschließt (Art. 8 Abs. 3 ErbG). Innerhalb der Ordnungen gelten das Repräsentationsprinzip und das Prinzip der Erbfolge nach Stämmen.

Erben **erster Ordnung** sind die Abkömmlinge des Erblassers und sein Ehegatte (Art. 9 Abs. 1 ErbG). Die Kinder des Erblassers und sein Ehegatte erben dabei zu gleichen Teilen (Art. 9 Abs. 2 ErbG). Nichteheliche Kinder und adoptierte Kinder sowie deren Abkömmlinge sind den ehelichen Kindern und deren Abkömmlingen gleichgestellt (Art. 34 bzw. Art. 35 ErbG).[457]

An die Stelle von Kindern, die nicht erben können oder wollen, treten deren Abkömmlinge nach dem Prinzip der Erbfolge nach Stämmen und nach dem Repräsentations- und Eintrittsprinzip (Art. 10 ErbG).

Falls der Erblasser keine Abkömmlinge hat, kommen die Erben zweiter Ordnung zum Zuge. Der Ehegatte fällt in diesen Fällen in die zweite Ordnung (Art. 11 ErbG).

---

[455] Siehe hierzu auch *Süß*, Erbrecht in Serbien, in Süß, Erbrecht in Europa, Rn. 20 und 22.
[456] Deutsche Übersetzung von *Pürner*, Serbien Texte B Nr. 1, in: Ferid/Firsching/Dörner/Hausmann, Internationales Erbrecht.
[457] Das serbische Recht unterscheidet zwischen einer starken und schwachen Adoption. Der schwach Adoptierte wird nicht vom Adoptierenden beerbt (Art. 35 ErbG).

512 **Erben zweiter Ordnung** sind der Ehegatte des Erblassers und die Eltern des Erblassers mit ihren Abkömmlingen (Art. 12 ErbG). Der Ehegatte erbt die Hälfte des Nachlasses, die andere Hälfte erben die Eltern des Erblassers zu gleichen Teilen (Art. 12 Abs. 2 ErbG).

513 Zu beachten ist, dass der nicht Volladoptierende und seine Verwandten den Erblaser nicht beerben (Art. 38 ErbG).

514 Kann oder will der Ehegatte nicht Erbe werden, so erben die Eltern jeweils zu $1/2$ (Art. 12 Abs. 3 ErbG).

515 Für den Fall, das ein Elternteil nicht Erbe werden kann oder will, tritt bzgl. des wegfallenden Elternteils Erbfolge nach Linien ein und an die Stelle des weggefallenen Elternteils treten dessen Abkömmlinge nach den Regeln der Erbfolge in der ersten Ordnung (Art. 13 ErbG). Dabei bilden Vater und Mutter jeweils eine Linie. Diese Linien erben wiederum zu untereinander gleichen Teilen. Dabei ist zu beachten, dass die Linien voneinander getrennt sind. Insoweit erben die Halbgeschwister des Erblassers und deren Abkömmlinge nur über die Linie, der sie entsprungen sind. Fällt ein Elternteil aus der Erbfolge raus ohne dass Abkömmlinge an ihre Stelle treten findet Anwachsung an die Linie des anderen Elternteils statt (Art. 14 ErbG). Fallen beide Elternteile weg ohne dass Abkömmlinge zum Zuge kommen, erbt der überlebende Ehegatte allein (Art. 15 ErbG).

516 Erben der **dritten Ordnung** sind die Großeltern des Erblassers und deren Abkömmlinge (Art. 16 ErbG). Die Großeltern mütterlicherseits und die Großeltern väterlicherseits erben zu je $1/2$ (Art. 16 Abs. 2 ErbG) und das jeweilige Großelternpaar untereinander zu gleichen Teilen (Art. 17 Abs. 1 ErbG). Für den Fall, dass ein Großelternteil nicht als Erbe zum Zuge kommt treten an dessen Stelle seine Abkömmlinge nach dem Prinzip der Erbfolge nach Stämmen und nach dem Repräsentations- und Eintrittsprinzip (Art. 17 Abs. 2 ErbG). Fällt ein komplettes Großelternpaar ohne Hinterlassung von Abkömmlingen weg, findet Anwachsung statt und die anderen Großeltern bzw. deren Abkömmlinge erben jeweils zu $1/2$ (Art. 18 ErbG).

517 Ab der **vierten Erbordnung** kommen die Urgroßeltern des Erblassers (Art. 19 ErbG) und dann die weiteren Verwandten des Erblassers zum Zuge (Art. 20 ErbG).

518 Für Kinder des Erblassers sieht Art. 9 Abs. 2 ErbG die Möglichkeit einer **Erbteilserhöhung** vor. Voraussetzung hierfür ist, dass mindestens ein einseitiges Kind, also ein Kind, welches nicht vom überlebenden Ehegatten abstammt, vorhanden ist und dass das Vermögen[458] des überlebenden Ehegatten größer als der Teil ist, der dem einseitigen Kind bei Teilung des Nachlasses entsprechend den gesetzlichen Erbquoten zufallen würde. Die Anpassung erfolgt nicht automatisch, sondern durch Entscheidung des Nachlassgerichts und unter Berücksichtigung aller Umstände des Einzelfalls. Dabei wird nicht nur der Erbteil des einseitigen Kindes erhöht, sondern auch die Erbteile der gemeinsamen Kinder. Maximal kann der Erbteil eines jeden Kindes doppelt so groß ausfallen wie der Erbteil des überlebenden Ehegatten.

519 Für den Ehegatten, der in der zweiten Erbordnung als Erbe zum Zuge kommt und für die Eltern des Erblassers bestehen weitere Sonderregelungen, die zu einer **wirtschaftlichen Erhöhung bzw. Verringerung** ihrer Beteiligung am Nachlass führen können.

520 Der Ehegatte, der seinen Lebensunterhalt nicht aus eigenen Mitteln bestreiten kann, kann innerhalb einer Frist von einem Jahr ab den Tod des Erblassers im Nachlassverfahren die Einräumung eines lebenslangen Nießbrauchs an dem gesamten Nachlass, der den übrigen Erben zugefallen ist, oder an einem Teil desselben beantragen (Art. 23 ErbG). Besteht Einvernehmen mit den übrigen Erben kann statt eines Nießbrauchs auch eine lebenslange Rente gewährt werden (Art. 25 ErbG). Für den Fall, dass der Nachlass von so geringem Wert ist, dass der Ehegatte bei dessen Teilung in Not geraten würde, kann er auch die Zuweisung des gesamten Nachlasses in sein Eigentum verlangen (Art. 23 Abs. 1 ErbG).

521 Andererseits kann es für den Ehegatten, der in der zweiten Erbordnung als Erbe zum Zuge kommt, zu einer Verringerung seines Erbteils auf bis zu $1/4$ zu Gunsten der übrigen Erben kommen, wenn die geerbten Güter mehr als die Hälfte seines besonderen Vermögens[459] darstellen und die Lebensgemeinschaft nicht eine längere Zeit gedauert hat (Art. 26 ErbG).

---

[458] Sein Sondervermögen zuzüglich seines Anteils am gemeinsamen Vermögen.
[459] Vgl. hierzu Rn. 534.

Die Verringerung erfolgt nur auf besonderen Antrag hin und nur zu Gunsten der Erben, die eine solche beantragt haben (Art. 26 Abs. 3. ErbG).

Die Eltern, die ihren Lebensunterhalt nicht aus eigenen Mitteln bestreiten können, können innerhalb einer Frist von einem Jahr ab den Tod des Erblassers im Nachlassverfahren die Einräumung eines **lebenslangen Nießbrauchs** an dem gesamten Nachlass, der dem Ehegatten zugefallen ist, verlangen.

Ist die Lebensgemeinschaft der Eltern dauerhaft beendet, so kann der Elternteil, der seinen Lebensunterhalt nicht selber bestreiten kann die Einräumung eines lebenslangen Nießbrauchs an dem gesamten Nachlass, der dem anderen Ehegatten bzw. dessen Ersatzerben zugefallen ist, oder an einem Teil desselben beantragen (Art. 31 Abs. 2 u. 3 ErbG).

Für den Fall, dass der Nachlass von so geringem Wert ist, dass die Eltern bei dessen Teilung in Not geraten würde, können sie auch die Zuweisung des gesamten Nachlasses in ihr Eigentum verlangen (Art. 31 Abs. 4 ErbG).

3. Pflichtteilsrecht

a) **Pflichtteilsberechtigte Personen und Quoten. Pflichtteilsberechtigt** sind gem. Art. 39 Abs. 3 ErbG grundsätzlich nur die Personen, die beim Greifen der gesetzlichen Erbfolge zum Zuge gekommen wären.

In den Kreis der Pflichtteilsberechtigten fallen die Abkömmlinge, Adoptivkinder und ihre Abkömmlinge, der Ehegatte, die Eltern, der voll Adoptierende, Geschwister, Großeltern und weitere Vorfahren des Erblassers (Art. 39 Abs. 1 ErbG).

Der nicht voll Adoptierte, die Geschwister, die Großeltern und die weiteren Verwandten des Erblassers sind jedoch nur dann pflichtteilsberechtigt, wenn sie auf Dauer erwerbsunfähig sind und ihren Lebensunterhalt nicht aus eigenen Mitteln bestreiten können (Art. 39 Abs. 2 ErbG).

Der Pflichtteil ist nur dann verletzt, wenn der kumulierte Wert von testamentarischen Verfügungen und Geschenken bzgl. des jeweiligen Pflichtteilsberechtigten wertmäßig unter dem Pflichtteil liegt.

Die **Pflichtteilsquote** wird durch den gesetzlichen Erbteil bestimmt. Dabei werden Vergrößerungen und Verkleinerungen der Erbquote berücksichtigt (Art. 9 Abs. 3, 23, 26 ErbG).

Demgemäß beläuft sich die Pflichtteilsquote der Abkömmlinge und des überlebenden Ehegatten auf die Hälfte des gesetzlichen Erbteils während sich die Pflichtteilsquote der übrigen Pflichtteilsberechtigten auf 1/3 des gesetzlichen Erbteils beläuft (Art. 40 Abs. 2 ErbG).

Der Pflichtteilsberechtigte, der nicht Erbe werden will oder kann, wird gem. Art. 40 Abs. 3 ErbG bei der Ermittlung des Pflichtteils weiter berücksichtigt. Dies bedeutet, dass es zu keiner Quotenerhöhung bei den übrigen Pflichtteilsberechtigten kommt.

Demgemäß ergibt sich bzgl. der Erb- und Pflichtteilsquoten folgende tabellarische Übersicht:

Pflichtteilsberechtigter	neben …	Erbquote		Pflichtteilsquote
Kinder	Allein	1/1		1/2
Kinder	Ehegatte	1 Kind	1/2	1/4
		2 Kinder	1/3	1/6 je Kind
		3 Kinder	1/4	1/8 je Kind
Ehegatte	Allein	1/1		1/2
Ehegatte	Eltern	1/2		1/4
Ehegatte	Kinder	Neben 1 Kind	1/2	1/4
		Neben 2 Kinder	1/3	1/6
		Neben 3 Kinder	1/4	1/8
Elternteil	Allein	1/1		1/3

Pflichtteilsberechtigter	neben ...	Erbquote	Pflichtteilsquote
Elternteil	Anderer Elternteil	1/2	1/6
Elternteil	Ehegatte	1/4	1/12
Elternteil	Kinder	0	0

533 **b) Gegenstand für Pflichtteilsberechnung.** Der Pflichtteil bezieht sich in erster Linie auf den Nachlass, d.h. auf die zum Zeitpunkt des Todes des Erblassers in dessen Vermögen vorhandenen Gegenstände abzüglich aller Nachlassverbindlichkeiten (Art. 48 Abs. 1 und Abs. 2 ErbG).

534 Es sind die güterrechtlichen Auswirkungen einer Ehe des Erblassers zu beachten. Der gesetzliche Güterstand in Serbien ist eine Art der Errungenschaftsgemeinschaft, bei der zwischen vorehelichem Sondervermögen und während der Ehezeit erworbenen gemeinsamen Vermögen unterschieden wird. Der Anteil des überlebenden Ehegatten am gemeinsamen Vermögen fällt nicht in den Nachlass.

535 Dem eigentlichen Nachlass werden zur Berechnung des Pflichtteils grundsätzlich lebzeitige Schenkungen des Erblassers an gesetzliche Erben ohne jede zeitliche Begrenzung und Schenkungen an Dritte, die im letzten Lebensjahr des Erblassers stattgefunden haben, hinzugerechnet (Art. 48 ErbG Abs. 3 und 4 ErbG).

536 Die zugewendeten Gegenstände werden dem Nachlass mit ihrem Wert zum Zeitpunkt der Bestimmung des Nachlasswertes hinzugerechnet, wobei jedoch dabei auf ihren tatsächlichen Zustand zum Zeitpunkt der Schenkung abzustellen ist (Art. 51 ErbG). Die Pflichtteilsquote bezieht sich demgemäß auf den um den Wert der anrechnungspflichtigen Zuwendungen erhöhten Nachlass.

537 Weiter werden vom Nachlass gem. Art. 1 Abs. 3 ErbG solche Teile des Vermögens des Erblassers im Wege der Aussonderung abgezogen, die ein Abkömmling, der in Gemeinschaft mit dem Erblasser gelebt hat, mit dem Erblasser gemeinsam erwirtschaftet hat. Die Aussonderung erfolgt anteilsmäßig entsprechend dem Wert des Beitrags des Aussonderungsberechtigten.

538 Haushaltsgegenstände kleineren Wertes, die der Befriedigung alltäglicher Bedürfnisse der Abkömmlinge, des Ehegatten und der Eltern des Erblassers dienen, fallen, soweit ein gemeinsamer Hausstand dieser Personen mit dem Erblasser zum Zeitpunkt dessen Todes bestand, ebenfalls nicht in den Nachlass und stehen nach Aussonderung diesen Personen zu gemeinschaftlichem Eigentum zu (Art. 1 Abs. 2 ErbG).

539 **c) Art des Pflichtteils.** Das serbische Pflichtteilsrecht ist **nicht als echtes Noterbrecht**, sondern lediglich als ein auf Geld gerichteter **schuldrechtlicher Anspruch** ausgestaltet (Art. 43 Abs. 1 ErbG). Auf Antrag des Pflichtteilsberechtigten kann das Gericht Art. 43 Abs. 2 ErbG dem Pflichtteilsberechtigten in Erfüllung des Pflichtteilsanspruchs bestimmte Gegenstände dinglich zuweisen.

540 Schuldner des Anspruchs sind die testamentarischen Erben und Vermächtnisnehmer, die dem Pflichtteilsberechtigten gesamtschuldnerisch und untereinander entsprechend dem Wert des ihnen zugefallenen Nachlasses haften, soweit die Pflichtteilslast durch letztwillige Verfügung nicht anderweitig geregelt wurde (Art. 44 ErbG).

541 Reicht der Wert des Nachlasses nicht aus um den Pflichtteilsberechtigten zu bedienen, haftet subsidiär der Beschenkte. Dabei erfolgt die Rückabwicklung von Geschenken in umgekehrter zeitlicher Reihenfolge und nur insoweit, als die Rückabwicklung notwendig ist um die Pflichtteile zu bedienen (Art. 44 Abs. 2 ErbG i.V.m. Art. 56 ErbG). Bei gleichzeitigen Schenkungen erfolgt eine verhältnismäßige Rückforderung dieser gleichzeitig getätigten Schenkungen (Art. 44 Abs. 2 ErbG i.V.m. Art. 56 Abs. 2 ErbG).

542 Der Beschenkte haftet dabei lediglich nach bereicherungsrechtlichen Grundsätzen und wird bis zur Kenntnis des Antrages auf Rückgewähr als gutgläubig behandelt (Art. 44 Abs. 2 ErbG i.V.m. Art. 57 ErbG).

543 **d) Pflichtteilsergänzung.** Pflichtteilsergänzungsansprüche im technischen Sinne sieht das ErbG nicht vor. Den Pflichtteil beeinträchtigende lebzeitige Verfügungen werden im Rahmen

dessen, was Gegenstand der Pflichtteilsberechnung ist (vgl. Rn. 535) und im Rahmen der Haftung für den Pflichtteil (vgl. Rn. 540f.) berücksichtigt.

Restpflichtteilsansprüche werden im serbischen Recht wie folgt behandelt: Testamentarische Erben, die wertmäßig unter ihrem Pflichtteil bedacht worden sind, können **Ergänzung** verlangen (Art. 42 ErbG). Letztwillig angeordnete Belastungen (Vermächtnis, Auflage, Bedingung oder Frist) gelten als nicht angeordnet, soweit der Pflichtteilsberechtigte lediglich seinen Pflichtteil erhält (Art. 47 Abs. 1 ErbG). Ist ihm mehr als der Pflichtteil zugewendet worden, kann der Pflichtteilsberechtigte zwischen dem unbelasteten Pflichtteil und der belastenden Zuwendung wählen (Art. 47 Abs. 2 ErbG).

e) **Pflichtteilsanrechnung.** Gem. Art. 66 ErbG hat sich jeder gesetzliche Erbe das, was er auf irgendeine Weise vom Erblasser als Geschenk erhalten hat, auf seinen Erbteil anrechnen zu lassen. Da Art. 42 ErbG bestimmt, dass der Pflichtteil nur dann verletzt ist, wenn der kumulierte Wert von testamentarischen Verfügungen und Geschenken unter dem Pflichtteil liegt, führt dies dazu, dass sämtliche Geschenke, die auf den Erbteil anzurechnen sind, auch auf den Pflichtteil angerechnet werden.

f) **Pflichtteilsentziehung.** Zu unterscheiden sind die Erbunwürdigkeit, die schlichte Enterbung, die qualifizierte Enterbung und die Pflichtteilsentziehung.

Die Erbunwürdigkeit wirkt ipso iure und ist vom Nachlassgericht von Amts wegen zu beachten (Art. 4 Abs. 2 ErbG).

Ein gesetzlicher oder testamentarischer Erbe kann durch das Gericht für erbunwürdig erklärt werden,
- bei versuchter oder vollendeter vorsätzliche Tötung des Erblassers;
- bei unredlichem Einwirken (Gewalt, Drohung, Täuschung) auf den Testator in Hinblick auf Errichtung oder Widerruf eines Testamentes;
- bei Unterdrückung, Vernichtung oder Fälschung eines Testamentes;
- bei schwerwiegender Verletzung von Unterhaltspflichten.

Fahnenflucht zählt nach einer Entscheidung des Serbischen Verfassungsgerichts nicht mehr zu den Erbunwürdigkeitsgründen.[460]

Die Erbunwürdigkeit führt dazu, dass der Betroffene in keiner Weise am Nachlass beteiligt wird und seinen Pflichtanteil verliert. Die Erbunwürdigkeit wirkt nicht zu Lasten der Abkömmlinge, die nach den Regeln der gesetzlichen Erbfolge an die Stelle des Erbunwürdigen treten (Art. 6 ErbG).

Die schlichte Enterbung, die ausdrücklich oder konkludent erfolgen kann, stellt eine testamentarische Verfügung des Erblassers dar, die dazu führt, dass der gesetzliche Erbe von der Erbfolge ganz oder teilweise ausgeschlossen wird. Diese schlichte Enterbung berührt eventuelle Pflichtteilsansprüche des Enterbten nicht.

Die qualifizierte Enterbung erfolgt durch **ausdrückliche** testamentarische Anordnung des Erblassers (Art. 62 ErbG), die möglichst die Gründe für die Enterbung aufführen soll. Dabei kann die Enterbung auch nur teilweise ausgesprochen werden (Art. 61 Abs. 2 ErbG).

Die qualifizierte Enterbung führt dazu, dass der Betroffene in keiner Weise am Nachlass beteiligt wird bzw. im Falle der teilweisen qualifizierten Enterbung insoweit nicht am Nachlass beteiligt ist. Pflichtteilsansprüche des qualifiziert Enterbten bestehen ebenfalls nicht mehr. Die qualifizierte Enterbung wirkt ebenfalls nicht zu Lasten der Abkömmlinge, die nach den Regeln der gesetzlichen Erbfolge an die Stelle des qualifiziert Enterbten treten (Art. 63 Abs. 2 ErbG).

Eine qualifizierte Enterbung ist nach serbischem Recht möglich, wenn der Pflichtteilsberechtigte sich unter Verletzung einer gesetzlichen und moralischen Pflicht schwerwiegend an ihm vergangen hat, wozu das Gesetz beispielhaft und nicht abschließend die Beleidigung und das Begehen einer vorsätzlichen Straftat gegen den Erblasser, seine Kinder, seine Adoptivkinder, seinen Ehegatten oder seiner Eltern sowie den ehrlosen Lebenswandel und den Müßiggang aufführt.

---

[460] *Pürner*, Republik Serbien (Stand 30. 6. 2006); in: Ferid/Firsching/Dörner/Hausmann, Internationales Erbrecht, Rn. 102 mit Verweis auf die Entscheidung US RS-101/2003-18.

554 Weiter kennt das serbische Recht das Institut der Pflichtteilsentziehung zu Gunsten der Abkömmlinge eines Pflichtteilsberechtigten für den Fall, dass es sich bei dem Pflichtteilsberechtigten um einen Abkömmling des Erblasers handelt und dieser überschuldet oder verschwenderisch ist (Art. 64 ErbG).

555 Die Entziehung muss testamentarisch angeordnet werden und ist nur wirksam, wenn derjenige, dem der Pflichtteil entzogen wurde, minderjährige Abkömmlinge oder volljährige Abkömmlinge, die erwerbsunfähig sind, hinterlässt (Art. 65 ErbG).

556 g) **Zulässigkeit eines Pflichtteilsverzichts.** Ein **Erb- oder Pflichtteilsverzicht** ist nach serbischem Recht nicht möglich (Art. 180 Abs. 1 ErbG). Dementsprechend sind solche Verträge nach serbischem Recht unwirksam. Auch sind **Erbausschlagungen** zu Lebzeiten des Erblassers unwirksam (Art. 218 ErbG).

XVI. Spanien

Gesetzestexte: *Hierneis,* in: Ferid/Firsching/Dörner/Hausmann, Internationales Erbrecht, Spanien, Texte, Stand: 1. 8. 2008; *Peuster,* Código Civil/Das spanische Zivilgesetzbuch, Spanisch-deutsche Textausgabe, 2002 und www.ucm.es/info/civil/jgstorch/leyes/ccivil.htm.

Schrifttum:

Deutsche Literatur: *Casals/Feliu,* Testierfreiheit im innerspanischen Vergleich, in: Henrich/Schwab, Familienerbrecht und Testierfreiheit im europäischen Vergleich, 2001, S. 295 ff.; *Emmerling de Oliveira,* in: Brambring/Mutter, Beck'sches Formularbuch Erbrecht, 2. Aufl. 2009, L. XIX. 11; *Löber/Huzel,* Erben und Vererben in Spanien, 4. Aufl. 2004; *Löber/Huzel,* in: Süß, Erbrecht in Europa, 2. Aufl. 2008, Länderbericht Spanien; *Piske,* Ehegattentestament und Spaniennachlass, Erbrechtspraxis 2004, 214 ff.; *Reckhorn-Hengemühle,* in: AnwK-BGB, Bd. 5: Erbrecht, 2. Aufl. 2007, Länderbericht Spanien; *Schömmer/Gebel,* Internationales Erbrecht, Spanien, 2003; *Stadler,* Das interregionale Recht in Spanien, 2008; *Staudinger/Dörner,* BGB, Neubearb. 2007, Anh. zu Art. 25 f. EGBGB Rn. 792 ff.; *Steinmetz,* Deutsch-Spanisches Ehepaar: Erbrechtliche Probleme nach Tod des spanischen Ehepartners, ZErb 2008, 64 ff.; *Süß,* in: Mayer/Süß/Tanck/Bittler/Wälzholz, Handbuch Pflichtteilsrecht, 2003, § 16 Rn. 347 ff.

Ausländische Literatur: *González Campos,* in: Hayton, European Succession Laws, 2nd ed. 2002, Chapter 17 Spain; *García Cantero/Rams Albesa,* in: International Encyclopedia of Laws, Family and Succession Law, Vol. 5, Spain, August 1999; *Pérez/González,* Herencias, Madrid 2002.

1. Internationales Erbrecht

557 a) **Erbstatut.** Die Rechtsnachfolge von Todes wegen richtet sich gem. Art. 9 Nr. 8 S. 1 Código Civil, c. c.,[461] nach dem **Heimatrecht des Erblassers im Zeitpunkt seines Todes.**

558 Abweichend hiervon unterstellt Art. 9 Nr. 8 S. 3 c.c. das **Erbrecht der Ehegatten** dem Recht, welches gem. Art. 9 Nr. 2 S. 1 c.c. für die Wirkungen ihrer Ehe berufen ist, allerdings vorbehaltlich der Noterbteile der Abkömmlinge. Das Recht der Ehewirkungen ist nach Art. 9 Nr. 2 c.c. das gemeinsame Heimatrecht der Ehegatten bzw., in Ermangelung eines solchen und bei Fehlen einer Rechtswahl, das Recht des gemeinsamen gewöhnlichen Aufenthalts unmittelbar nach Eheschließung bzw., bei Fehlen des besagten gewöhnlichen Aufenthalts, das Recht des Eheschließungsortes. Obwohl der Wortlaut des Art. 9 Nr. 8 S. 3 c.c. vermuten lässt, dass die erbrechtliche Beteiligung des Ehegatten insgesamt an das Ehewirkungsstatut angeknüpft wird,[462] sind nach der Rechtsprechung der spanischen *Dirección Geral de los Registos y del Notariado*[463] unter den „Rechten des Ehegatten" i. S. d. Art. 9 Nr. 8 S. 3 c.c. nur die Rechte auf Hausrat und Ähnliches, also nur Rechte familienrechtlichen Ursprungs zu verstehen. Auch wenn die Auffassung der *Dirección Geral de los Registos y del Notariado* aufgrund des Wortlauts der Vorschrift und der gesetzgeberischen Intention (Harmonisierung des Erbrechts des Ehegatten mit dem Recht der Ehewirkungen

---

[461] Código Civil Español v. 24. 7. 1889.
[462] So auch mehrheitlich die spanische Literatur, vgl. die Nachweise bei Staudinger/*Dörner,* BGB, Anh. zu Art. 25 f. EGBGB Rn. 796 und bei *Steinmetz* ZErb 2008, 64 Fn. 12 ff.
[463] BOE 2003 Nr. 8633S 16 298 und Nr. 15306S 29585.

und Vermeidung von Anpassungsproblemen)⁴⁶⁴ zu Recht kritisiert wird,⁴⁶⁵ wird der deutsche Rechtsanwender, wenn es um das gesetzliche Erbrecht oder das Pflichtteilsrecht eines spanischen Ehegatten geht, der spanischen Praxis folgen und auch insoweit gem. Art. 9 Nr. 8 S. 1 c.c. an das Heimatrecht des Erblassers anknüpfen müssen.

Im Fall einer **doppelten Staatsangehörigkeit** des Erblassers geht gem. Art. 9 Nr. 9 S. 2 c.c. in jedem Fall die spanische Staatsangehörigkeit vor. Hat der Erblasser mehrere Staatsangehörigkeiten, von denen keine die spanische ist, so erhält diejenige Staatsangehörigkeit den Vorzug, die mit dem letzten gewöhnlichen Aufenthalt zusammenfällt bzw., bei deren Fehlen, die zuletzt erworbene Staatsangehörigkeit (Art. 9 Nr. 9 S. 1 c.c.). Bei **Staatenlosen** oder Personen mit unbestimmter Staatsangehörigkeit wird zur Bestimmung des Personalstatuts statt auf die Staatsangehörigkeit auf das Recht des Ortes abgestellt, an dem der Erblasser seinen gewöhnlichen Aufenthalt hat bzw. hatte (Art. 9 Nr. 10 c.c.).

Die Möglichkeit einer **Rechtswahl** sieht das spanische Recht nicht vor.

Eine Besonderheit des spanischen Rechts ist die dort noch bestehende **regionale Rechtsspaltung**. Einige autonome Gemeinschaften weisen in zivilrechtlicher Hinsicht noch heute regionale Besonderheiten auf. Die entsprechenden Vorschriften werden, je nach Gebiet, als **Foralrecht** *(derecho foral)* oder als besonderes Recht *(derecho especial)* bezeichnet.⁴⁶⁶ Es handelt sich dabei um folgende autonome Gemeinschaften: Aragonien, Baskenland, Balearische Inseln, Galizien, Katalonien und Navarra.⁴⁶⁷ Welches Recht **interregional** zur Anwendung gelangt, regeln die Art. 13–16 c.c. Regelmäßig tritt im interregionalen Recht an die Stelle der Staatsangehörigkeit die zivilrechtliche Gebietszugehörigkeit *(vecindad civil,* Art. 14 Nr. 1, 16 Nr. 1 S. 1 c.c.). Der Erwerb der zivilrechtlichen Gebietszugehörigkeit beruht im Wesentlichen auf dem Abstammungsprinzip (Art. 14 Nr. 2 ff. c.c.), kann aber auch durch fortgesetzten Aufenthalt in einem Foralrechtsgebiet erfolgen (Art. 14 Nr. 5 c.c.). Nur ein spanischer Staatsangehöriger kann die *vecindad civil* besitzen⁴⁶⁸ und sie bleibt auch bei Verlegung des Wohnsitzes ins Ausland erhalten.⁴⁶⁹

b) Rück- und Weiterverweisung. Grundsätzlich spricht das spanische Kollisionsrecht Sachnormverweisungen aus (Art. 12 Nr. 2 c.c.). Sollte allerdings das berufene ausländische Recht eine Rückverweisung auf das spanische Recht aussprechen, so wird diese angenommen. Nach einer Entscheidung des *Tribunal Supremo*⁴⁷⁰ wird allerdings eine Rückverweisung auf das spanische Recht dann nicht befolgt, wenn das ausländische Recht nicht dem Grundsatz der Nachlasseinheit folgt und eine Rückverweisung nur für das in Spanien belegene (unbewegliche) Vermögen ausspricht.

c) Regelungsumfang des Erbstatuts. In den weiten Regelungsbereich des Erbstatuts fallen insbesondere die Erbfähigkeit, die Annahme und Ausschlagung der Erbschaft, die gesetzliche Erbfolge, die Erbunwürdigkeit, der Testamentsinhalt, das Pflichterbrecht, der Umfang des Nachlasses, die Erbengemeinschaft, die Erbenhaftung und interner Ausgleich, die Erbauseinandersetzung sowie die Testamentsvollstreckung.⁴⁷¹

Nicht vom Erbstatut geregelt werden Fragen der **Testierfähigkeit** (Art. 9 Nr. 1 c.c., Personalstatut zum Zeitpunkt der Errichtung), die **Zulässigkeit letztwilliger Verfügungen** (Art. 9 Nr. 8 S. 2 c.c.: Personalstatut zum Zeitpunkt der Errichtung, wobei sich das Pflichterbrecht weiterhin nach dem Erbstatut, also nach dem Heimatrecht des Erblassers zum Zeitpunkt seines Todes richtet, Art. 9 Nr. 8 S. 2 Hs. 2 c.c.) und die **Form letztwilliger Verfügungen.**

---

⁴⁶⁴ *Steinmetz* ZErb 2008, 64 Fn. 12.
⁴⁶⁵ *Steinmetz* ZErb 2008, 65.
⁴⁶⁶ Ferid/Firsching/Dörner/Hausmann/*Hierneis*, Internationales Erbrecht, Spanien, Grdz. Rn. 1.
⁴⁶⁷ *Stadler*, Das interregionale Recht in Spanien, S. 1.
⁴⁶⁸ Hayton/*Gonzalez Campos*, European Succession Laws, 17.115.
⁴⁶⁹ Mayer/Süß/Tanck/Bittler/Wälzholz/*Süß*, § 16 Rn. 355.
⁴⁷⁰ Tribunal Supremo, Informaciones 2000, 28; *Süß* IPRax 2001, 488.
⁴⁷¹ Hierzu auch Ferid/Firsching/Dörner/Hausmann/*Hierneis*, Internationales Erbrecht, Spanien, Grdz. Rn. 35 ff.; Süß/*Löber/Huzel*, Erbrecht in Europa, Spanien Rn. 6.

565 **d) Wirksamkeit der Verfügung von Todes wegen.** Fragen der **Gültigkeit einer letztwilligen Verfügung** (einschließlich Erbverträgen) beurteilen sich nach dem Heimatrecht des Erblassers zum Zeitpunkt ihrer Errichtung bzw. Abfassung (Art. 9 Nr. 8 S. 2 c. c.). Dies gilt allerdings nicht für die Pflichtteile; diese folgen dem Erbstatut des Art. 9 Nr. 8 S. 1 c. c.[472]

566 Spanien ist dem **Haager Testamentsformübereinkommen** vom 5. 10. 1961 mit Wirkung vom 10. 6. 1988 beigetreten.[473] Die Vorschriften des Haager Testamentsformübereinkommens gelten gemäß seinem Art. 4 auch für gemeinschaftliche Testamente, nicht jedoch für Erbverträge. Insoweit ist auf das autonome spanische Recht zurückzugreifen. Nach Art. 11 Nr. 1 S. 1 c. c. ist ein Vertrag, Testament oder sonstiges Rechtsgeschäft, das unter Beachtung des Ortrechts errichtet worden ist, formwirksam. Daneben werden Verträge, Testamente und sonstige Rechtshandlungen auch dann hinsichtlich ihrer Form anerkannt, wenn sie entweder dem Geschäftsrechtsstatut oder dem Personalstatut des Verfügenden entsprechen (Art. 11 Nr. 1 S. 2 c. c.). Rechtshandlungen, die sich auf unbewegliches Vermögen beziehen sind auch dann formgültig, wenn sie der lex rei sitae entsprechen (Art. 11 Nr. 1 S. 3 c. c.). Ein von deutschen Eheleuten in Deutschland errichteter Erbvertrag wird mithin in Spanien gem. Art. 11 Abs. 1 c. c. als formwirksam anerkannt.

2. Gesetzliche Erbfolge

567 Das gesetzliche Erbrecht ist im **gemein-spanischen Recht**[474] in den Art. 912–958 c. c. sowie in Art. 834–840 c. c. (Rechte des verwitweten Ehegatten) geregelt. Grundsätzlich unterscheidet das gemein-spanische Recht zwischen **vier Erbordnungen:**
- den Erben der absteigenden geraden Linie (Art. 930 ff. c. c.),
- den Erben der aufsteigenden geraden Linie (Art. 935 ff. c. c.),
- dem Ehegatten und den Seitenverwandten (Art. 943 ff. c. c.) und
- dem Staat (Art. 956 ff. c. c.).

568 Dabei schließt die frühere Ordnung die spätere von der Erbfolge aus. Innerhalb der einzelnen Ordnung gehen die Verwandten des nächsten Grades denen der entfernteren Grade vor. Verwandte des gleichen Grades erben zu gleichen Teilen (Art. 921 c. c.). Sofern ein Verwandter desselben Grades die Erbschaft nicht antreten kann oder will, gilt – vorbehaltlich des Repräsentationsrechts – das **Anwachsungsprinzip** (Art. 922 c. c.: der Anteil des weggefallenen Verwandten wächst den anderen desselben Grades an). Das **Repräsentationsrecht,** welches in den Art. 924 ff. c. c. geregelt ist, besteht nur in der geraden absteigenden Linie, nicht jedoch in der aufsteigenden Linie. In der Seitenlinie besteht es zugunsten der Geschwisterkinder (Art. 925 c. c.). In den übrigen Fällen, also in den Fällen, in denen eine Repräsentation nicht erfolgt, erben, sofern die nächsten Verwandten die Erbschaft ausgeschlagen haben, diejenigen des folgenden Grades aus eigenem Recht (Art. 923 c. c.).

569 Im Einzelnen gilt hinsichtlich der Reihenfolge der Beerbung nach Art. 930 ff. c. c.:
- Erben der **ersten Erbordnung** sind die Erben der absteigenden geraden Linie. Dies sind gem. Art. 931 c. c. die Kinder des Erblassers und deren Abkömmlinge. Nach Art. 108 Abs. 2 c. c. stehen eheliche und nichteheliche Abkömmlinge sowie Adoptivkinder einander gleich. Dabei erben die Kinder des Erblassers aus eigenem Recht und zu gleichen Teilen, Art. 932 c. c. Die Enkel und die nachfolgenden Abkömmlinge erben kraft Repräsentationsrechts (Art. 933 c. c.), was zur Folge hat, dass, sofern Kinder des Erblasser und Abkömmlinge anderer (vorverstorbener) Kinder des Erblassers gemeinsam zur Erbfolge berufen sind, erstere aus eigenem Recht erben und letztere kraft Repräsentationsrechts untereinander bezüglich des im Wege der Repräsentation zugefallenen Anteils zu gleichen Teilen (Art. 933 f. c. c.).
- Sind keine Kinder und Abkömmlinge des Verstorbenen vorhanden, so sind die Aszendenten zur Erbfolge berufen (**zweite Erbordnung,** Art. 935 ff. c. c.). Vater und Mutter des Erblassers erben zu gleichen Teilen bzw., sofern nur ein überlebender Elternteil vorhanden ist,

---
[472] Vgl. auch Rn. 564.
[473] BGBl. 1988 II, 971. Zum Haager Testamentsformübereinkommen vgl. auch § 14 Rn. 94 ff.
[474] Zu den Foralrechten s. Rn. 583 ff.

dieser allein (Art. 936 f. c.c.). Sofern beide Elternteile verstorben sind, erben die im Grad folgenden Aszendenten. Innerhalb des gleichen Grades und innerhalb derselben Linie erfolgt die Verteilung nach Köpfen. Zwischen Aszendenten des gleichen Grades, aber verschiedener Linien erfolgt die Aufteilung je zur Hälfte auf die väterlichen und auf die mütterlichen Aszendenten (Art. 939 f. c.c.).

- In **dritter Erbordnung** sind, sofern Abkömmlinge und Aszendenten nicht vorhanden sind, der Ehegatte und die Seitenverwandten zur Erbfolge berufen (Art. 943 ff. c.c.). Dabei erbt der überlebende Ehegatte noch vor den Seitenverwandten, sofern er nicht gerichtlich oder tatsächlich getrennt vom Erblasser gelebt hat (Art. 944 f. c.c.). Ist ein zur Erbfolge berufener Ehegatte nicht vorhanden, so erben die Geschwister und Geschwisterkinder vor den übrigen Seitenverwandten (Art. 946 c.c.). Dabei unterscheidet das Gesetz (Art. 948 ff. c.c.) zwischen vollbürtigen Geschwistern und Halbgeschwistern. Nur wenn kein überlebender Ehegatte und auch keine Geschwister bzw. Geschwisterkinder vorhanden sind, kommen die übrigen Seitenverwandten zum Zuge, allerdings nur bis zum 4. Grad (Art. 954 c.c.).
- In **vierter Ordnung** erbt schließlich der Staat (Art. 956 ff. c.c.).

Eine **besondere Regelung** hat im gemein-spanischen Recht das **gesetzliche Erbrecht des Ehegatten** erfahren. Der überlebende Ehegatte hat neben den Erben der ersten zwei Ordnungen, also neben den Abkömmlingen und den Aszendenten nur ein gesetzliches Nießbrauchsrecht am Nachlass. Beim Zusammentreffen mit Abkömmlingen lastet das Nießbrauchsrecht auf dem Aufbesserungsdrittel, also der *mejora* (Art. 834 c.c.),[475] und beim Zusammentreffen mit Aszendenten auf der Hälfte des Nachlasses (Art. 837 c.c.). Dieses Nießbrauchsrecht können die Erben allerdings ablösen, etwa durch Zahlung einer lebenslangen Rente an den überlebenden Ehegatten (Art. 839 c.c.). Umgekehrt hat der überlebende Ehegatte beim Zusammentreffen mit Kindern nur des Erblassers einen gesetzlich näher ausgestalteten Anspruch auf Ablösung, Art. 840 c.c. Sind Abkömmlinge oder Aszendenten nicht vorhanden, so wird der überlebende Ehegatte Alleinerbe, Art. 944 c.c.[476]

3. Pflichtteilsrecht

a) **Pflichtteilsberechtigte Personen und Quoten.** Art. 763 Abs. 2 des gemein-spanischen Código Civil bestimmt, dass, wer zwingende Erben hat, über sein Vermögen nur in derjenigen Weise und mit denjenigen Beschränkungen verfügen kann, welche in Art. 806 ff. c.c. *(De las legitimas)* festgelegt sind. Eine Legaldefinition des Noterbrechts enthält Art. 806 c.c., wonach ein Testator über den von Gesetzes wegen für die zwingenden Erben *(herederos forzosos)* vorbehaltenen Nachlassteil nicht verfügen kann.

Der **Kreis der Noterben** ist in Art. 807 c.c. bestimmt. Danach sind Noterben die Kinder und Abkömmlinge des Erblassers, bei Fehlen dieser, die Eltern und weiteren Aszendenten des Erblassers und – nach Maßgabe der Art. 834 ff. c.c. – der überlebende Ehegatte:

- Der Noterbteil der **Kinder und Abkömmlinge**, die gem. Art. 807 Nr. 1 c.c. an erster Stelle stehen, beträgt ⅔ des Reinnachlasses (Art. 808 Abs. 1 c.c. – *legítima larga*). Die Hälfte dieses für die Abkömmlinge reservierten Noterbteils muss der Erblasser gleichmäßig auf die Noterben aufteilen *(legitima estricta)*, die andere Hälfte kann er unter den Noterben frei verteilen (sog. *mejora*, Art. 808 Abs. 2 c.c.). Hat der Erblasser also etwa drei Kinder, so erhält jedes dieser Kinder zunächst ⅑ des Reinnachlasses als Noterbteil. Hinsichtlich des verbleibenden, für die Noterben reservierten Erbteils könnte der Erblasser etwa ein Kind in voller Höhe aufbessern und die anderen beiden leer ausgehen lassen. Einzelheiten zu den *mejoras* sind in den Art. 823 ff. c.c. geregelt. Über die *mejora* kann der Erblasser bereits unter Lebenden bindend verfügen. Zu beachten ist allerdings, dass gem. Art. 825 c.c. (regelt den Fall der Schenkungen unter Lebenden) und Art. 828 c.c. (betrifft Vermächtnisse) eine Zuwendung zugunsten von Kindern oder Abkömmlingen nur dann als *mejora* angesehen wird, wenn der Schenkende bzw. der Tes-

---

[475] Vgl. auch *Reckhorn-Hengemühle*, in: AnwK-BGB, Bd. 5: Erbrecht, Spanien, Rn. 53; s. auch Rn. 572.
[476] Vgl. oben Rn. 569.

tator dies ausdrücklich erklärt hat bzw. das Vermächtnis den freien Teil übersteigt. Daneben gibt es nach h.M. in der spanischen Literatur und ständiger Rechtsprechung auch Fälle einer stillschweigenden *mejora*.[477] Ein solcher Fall liegt etwa dann vor, wenn der Testator eines seiner Kinder als Erben einsetzt und den anderen *nur die legítima estricta* hinterlässt. Das als Erbe eingesetzte Kind erhält dann den Freiteil ($^1/_3$ des Nachlasses), seinen Anteil der *legítima estricta* und die *mejora*. Nach der spanischen Rechtsprechung können die *mejora* auch die Enkel (und weiteren Abkömmlinge) des Erblassers erhalten und zwar auch dann, wenn das als Noterbe berufene Kind des Erblassers noch lebt. Das bedeutet, dass also auch Abkömmlinge, die nicht Noterben sind, Begünstigte der *mejora* sein können.[478]

- Sind Abkömmlinge des Erblassers nicht vorhanden, werden seine **Eltern und die weiteren Aszendenten** Noterben, Art. 807 Nr. 2 c.c. Insoweit variiert die Noterbquote, je nachdem, ob die Aszendenten mit einem überlebenden Ehegatten des Erblassers zusammentreffen oder nicht: im ersten Fall beträgt der Noterbteil der Aszendenten ein Drittel des Nachlasses, im zweiten Fall die Hälfte (Art. 809 c.c.). Dabei gehen die gradnäheren Aszendenten stets den entfernteren vor, also die Eltern grundsätzlich den Großeltern. Ist einer der gradnächsten Noterben verstorben, also z.B. ein Elternteil, so erhält den gesamten Noterbteil der andere Elternteil. Sind beide Elternteile vorverstorben, so wird der Noterbteil unter den Aszendenten des nächsten Grades, also unter den Großeltern verteilt und zwar je zur Hälfte zwischen der väterlichen und der mütterlichen Linie (Art. 810 c.c.). Ein Noterbrecht der Seitenverwandten besteht nicht.
- Der **überlebende Ehegatte** erhält neben Abkömmlingen des Erblassers – wie bei gesetzlicher Erbfolge – einen Nießbrauch an dem Aufbesserungsdrittel, also der *mejora* (Art. 807 Nr. 3 i.V.m. 834 c.c.), neben Aszendenten einen Nießbrauch an der Hälfte des Nachlasses (Art. 807 Nr. 3 i.V.m. Art. 837 c.c.). Sind weder Abkömmlinge noch Aszendenten vorhanden, so hat nach Art. 838 c.c. der Ehegatte ein Recht auf den Nießbrauch an $^2/_3$ des Nachlasses.

573

Pflichtteilsberechtigter	neben ...	Erbquote	Pflichtteilsquote
Kinder	allein	$^1/_1$	$^2/_3$
Kinder	Ehegatte	$^1/_1$	$^2/_3$
Ehegatte	allein	$^1/_1$	Nießbrauch an $^2/_3$ des Nachlasses
Ehegatte	Eltern	– (aber Nießbrauch an $^1/_2$ des Nachlasses)	Nießbrauch an $^1/_2$ des Nachlasses
Ehegatte	Kinder	– (aber Nießbrauch am Aufbesserungsdrittel)	Nießbrauch am Aufbesserungsdrittel
Elternteil	allein	$^1/_1$	$^1/_2$
Elternteil	anderem Elternteil	$^1/_2$	$^1/_4$
Elternteil	Ehegatte	$^1/_1$	$^1/_3$
Elternteil	Kinder	–	–

574 b) **Gegenstand für Pflichtteilsberechnung.** Für die Berechnung des Noterbteils werden vom Nachlass zunächst die Erblasser- und Nachlassschulden abgezogen (Reinnachlass bzw. *relictum*, Art. 818 Abs. 1 c.c.). Dem so festgestellten Reinnachlass werden sämtliche vom Erblasser zu Lebzeiten getätigten Schenkungen, unabhängig von ihrer Art und der beschenkten Person hinzugerechnet (*donatum*, Art. 818 Abs. 2 c.c.). Anhand des so festgestellten, maßgebenden Nachlasswertes wird dann im Einzelfall die Noterbquote gebildet und

---

[477] Zu Nachweisen vgl. Ferid/Firsching/Dörner/Hausmann/*Hierneis*, Spanien, Grdz. Rn. 386.
[478] Ferid/Firsching/Dörner/Hausmann/*Hierneis*, Spanien, Grdz. Rn. 385.

nach den gesetzlich festgelegten Regeln auf die einzelnen Noterben verteilt. Dabei muss sich ein Noterbe die vom Erblasser zu Lebzeiten erhaltenen Schenkungen anrechnen lassen *(imputación)*. Schenkungen an die Kinder werden auf die *legítima estricta* nur dann angerechnet, wenn sie nicht Gegenstand der *mejora* sind.[479] Sofern das Zugewendete das für die *mejora* vorgesehene Drittel übersteigt, wird es auf den Freiteil angerechnet.

c) **Art des Pflichtteils.** Eine Legaldefinition des Pflichterbrechts enthalten die Art. 763, 806 c. c.[480] Die sog. *legítima* kann nur bei Vorliegen eines Erbunwürdigkeitsgrundes i. S. d. Art. 852 ff. c. c. entzogen werden und kann nicht beschwert oder mit einer Bedingung belastet werden (Art. 813 c. c.). Zwar wird der Noterbe des gemein-spanischen Rechts unmittelbar am Nachlass in Höhe seiner Quote beteiligt und hat somit, anders als der Pflichtteilsberechtigte im deutschen Recht, nicht nur einen schuldrechtlichen Anspruch gegen den Nachlass, dennoch ist – auch in der spanischen Literatur – streitig, ob er echter Miterbe wird.[481] Dagegen spricht, dass der Noterbe nicht zwingend entsprechend seiner Quote am Nachlass beteiligt wird, sondern auch auf andere Weise (Vermächtnis, Schenkung, in Ausnahmefällen auch durch Geld) abgefunden werden kann und er nicht für die Nachlassverbindlichkeiten haftet.[482]

d) **Pflichtteilsanrechnung.** Nach Art. 819 c. c. werden die den Kindern gemachten Schenkungen, welche nicht den Charakter einer *mejora* haben, auf den Noterbteil angerechnet.[483] Auch wenn dies im Gesetz nicht explizit erwähnt ist, sind nach übereinstimmender Auffassung in der spanischen Rechtssprechung und Lehre Schenkungen an noterbberechtigte Eltern und sonstige Aszendenten bei Berechnung derer Noterbteile ebenfalls anzurechnen.[484]

e) **Pflichtteilsergänzung.** Es wird insoweit auf die unter Rn. 574 gemachten Ausführungen Bezug genommen.

f) **Herabsetzung der Zuwendungen.** Noterbteilswidrige Verfügungen können sowohl in letztwilligen Verfügungen enthalten oder durch Rechtsgeschäft unter Lebenden (Schenkung) erfolgt sein. Um den Noterbteil ungeschmälert zur Verfügung zu haben, müssen solche Verfügungen, die den Noterbteil beeinträchtigen, ggf. herabgesetzt werden. Dies erfolgt in der Weise, dass zunächst die Vermächtnisse (Art. 820 Nr. 1 c. c.) gekürzt werden (soweit erforderlich in voller Höhe), wobei sämtliche Vermächtnisse entsprechend ihren Anteilen betroffen sind (Art. 820 Nr. 2 c. c.). Etwas anderes gilt nur dann, wenn der Testator verfügt hat, dass einem bestimmten Vermächtnis gegenüber den anderen ein Vorrang zukommt (Art. 820 Nr. 2 S. 2 c. c.). Eine besondere Bestimmung für Grundstücke enthält Art. 821 c. c. Ist das Grundstück nicht leicht zu teilen, so verbleibt es dem Vermächtnisnehmer, wenn die Herabsetzung nicht die Hälfte des Grundstückswerts erreicht bzw. fällt es an den Noterben, sofern die Herabsetzung mehr als die Hälfte des Grundstückswertes betrifft. Der jeweils andere wird in Geld befriedigt. Eine weitere Besonderheit besteht dann, wenn das herabzusetzende Vermächtnis in einem Nießbrauch oder einer Leibrente besteht, deren Wert höher als der verfügbare Teil ist: In einem solchen Fall können die Noterben wählen, ob sie den Nießbrauch gewähren bzw. die Leibrente zahlen wollen oder ob sie dem Vermächtnisnehmer den disponiblen Teil des Nachlasses überlassen, Art. 820 Nr. 3 c. c. Reicht die Herabsetzung der Vermächtnisse nicht aus, um den Noterbteil zu gewähren, so werden die vom Erblasser zu Lebzeiten getätigten Schenkungen herabgesetzt, also an den Nachlass zurückgegeben. Dabei sind zunächst die vom Erblasser zuletzt gemachten Schenkungen rückabzuwickeln und erst dann die weiter zurückliegenden (Art. 656 c. c.). Nach Art. 1044 c. c. werden Hochzeitsgeschenke, die aus Schmuck, Kleider und Aussteuer bestehen, nur insoweit herabgesetzt, als sie den disponiblen Erbteil um $1/10$ oder mehr übersteigen.

---

[479] Vgl. Rn. 572.
[480] Vgl. oben Rn. 571.
[481] M. w. N. Ferid/Firsching/Dörner/Hausmann/*Hierneis*, Spanien, Rn. 360; Mayer/Süß/Tanck/Bittler/Wälzholz/*Süß*, § 16 Länderübersicht, Rn. 363.
[482] Ferid/Firsching/Dörner/Hausmann/*Hierneis*, Spanien, Rn. 360.
[483] Vgl. auch Rn. 574.
[484] Ferid/Firsching/Dörner/Hausmann/*Hierneis*, Spanien, Rn. 373.

579 Die Herabsetzung kann notfalls im Klageweg geltend gemacht werden und zwar auch vor einem deutschen Gericht in Form einer Gestaltungsklage.[485]

580 **g) Pflichtteilsentziehung und Pflichtteilsminderung.** Die Entziehung des Noterbteils ist im gemein-spanischen Recht in den Art. 848 ff. c. c. *(desheredación)* geregelt. Die *desheredación* bedeutet – anders als im deutschen Recht – nicht den Ausschluss von der gesetzlichen Erbfolge, sondern die letztwillige Entziehung des Noterbteils.[486] Die Enterbung muss durch Testament erfolgen (Art. 849 c. c.), wobei der gesetzliche Grund genannt werden muss. Das sind zum einen zu einem großen Teil diejenigen Gründe, die zur Erbunwürdigkeit nach Art. 756 c. c. führen, also etwa eine Verurteilung des Noterbprätendenten, weil er dem Erblasser oder dessen Ehegatten, Abkömmlingen oder Aszendenten nach dem Leben getrachtet hat oder wenn der Noterbe durch Drohung, arglistige Täuschung oder Gewalt den Testator zur Errichtung oder zur Abänderung eines Testaments veranlasst hat oder ihn davon abgehalten hat. Daneben sehen die Art. 853 ff. c. c. für die einzelnen Klassen von Noterben noch weitere Gründe für eine Enterbung vor:
- bei Kindern und Abkömmlingen die ungerechtfertigte Unterhaltsverweigerung bzw. körperliche Misshandlung oder schwere verbale Beleidigung des Erblassers, Art. 853 c. c.;
- bei Eltern und Aszendenten den Verlust der elterlichen Gewalt wegen Nichterfüllung der elterlichen Pflichten, die ungerechtfertigte Unterhaltsverweigerung gegenüber ihren Kindern und Abkömmlingen und die Verübung eines Mordanschlags des einen Elternteils gegen den anderen, sofern es nicht anschließend zu einer Versöhnung gekommen ist, Art. 854 c. c.;
- bei Ehegatten die schwerwiegende oder wiederholte Nichterfüllung der ehelichen Pflichten, die Nichterfüllung der elterlichen Pflichten, die Unterhaltsverweigerung gegenüber den Kindern oder dem anderen Ehegatten und die Verübung eines Mordanschlags gegen den anderen Ehegatten, sofern es zu keiner Versöhnung gekommen ist, Art. 855 c. c.

581 Ggf. muss das Vorliegen eines Grundes für die Entziehung des Noterbteils mittels einer Feststellungsklage geklärt werden. Die Beweislast für das Vorliegen des Grundes obliegt den testamentarisch Begünstigten (Art. 850 c. c.).

582 **h) Zulässigkeit eines Noterbverzichts.** Nach Art. 816 c. c. ist jeder Verzicht oder Vergleich über den zukünftigen Noterbteil zwischen dem Erblasser und dem Noterben **nichtig**. Nach Art. 655 Abs. 2 c. c. können die Noterben zu Lebzeiten des Erblasser/Schenkenden auch nicht auf ihr Recht, die Herabsetzung einer Schenkung zu verlangen, verzichten.

4. Foralrechtliche Regelungen

583 Teilweise abweichend von den Bestimmungen des gemein-spanischen Código Civil ist die gesetzliche Erbfolge und das Pflichtteilsrecht in den Foralrechten oder besonderen Rechten der autonomen Gemeinschaften geregelt.

584 **a) Aragonien.** Die **gesetzliche Erbfolge** im Foralrecht Aragoniens ist im *Ley de Sucesiones por Causa de Muerte*, Gesetz 1/1999 v. 24. 2. 1999 (LSuc) geregelt. Im Grundsatz ist die gesetzliche Erbfolge im *Ley de Sucesiones por Causa de Muerte* hinsichtlich der gesetzlichen Erben, der Reihenfolge und der Art und Weise der Berufung derselben wie im gemein-spanischen Recht geregelt. Eine foralrechtliche Besonderheit stellen jedoch das **Rückforderungsrecht** (Art. 209 ff. LSuc) und die **stammesgebundene Erbfolge** *(sucesion troncal,*[487] Art. 211 ff. LSuc) dar. Sofern der Erblasser keine Abkömmlinge hinterlässt, haben die Verwandten der aufsteigenden Linie und die Geschwister des Erblassers an den Vermögensgegenständen, die sie dem Erblasser geschenkt haben und die noch im Nachlass vorhanden sind, ein Rückforderungsrecht. Bei der stammesgebundene Erbfolge gehen – bei Fehlen von Abkömmlingen – stammesgebundene Vermögensgegenstände, also etwa solche, die während der zwei dem Erblasser unmittelbar vorangegangenen Generationen im Besitz der Familie

---

[485] *Schömmer/Gebel,* Internationales Erbrecht, Rn. 369.
[486] Ferid/Firsching/Dörner/Hausmann/*Hierneis,* Spanien, Rn. 437.
[487] Casals/Feliu, Testierfähigkeit im innerspanischen Vergleich, in: Henrich/Schwab, Familienerbrecht und Testierfreiheit im europäischen Vergleich, S. 305.

waren (Art. 212 Abs. 1 LSuc – stammesgebundene Vermögensgegenstände unter Erblosung) oder solche Gegenstände, die der Erblasser unentgeltlich von Verwandten aufsteigender Linie oder Seitenverwandten bis zum 6. Grad erhalten hat (Art. 213 LSuc – einfache stammesgebundene Vermögensgegenstände) an die Stammesverwandten.

Die Rechtsnatur des **Noterbrechts** Aragoniens entspricht der des gemein-spanischen Rechts *(pars bonorum)*.[488] Noterben sind ausschließlich die Abkömmlinge, und zwar in Höhe der Hälfte des Reinnachlasses (Art. 171 Abs. 1 LSuc). Diesen Noterbteil kann der Erblasser frei unter den Abkömmlingen verteilen, wobei unter Abkömmlingen sämtliche Abkömmlinge zu verstehen sind, also etwa auch die Enkel des Erblassers, und zwar auch dann, wenn ihre Eltern noch leben.[489] Ein **Verzicht auf den Noterbteil** ist nach aragonischem Recht gem. Art. 177 LSuc **möglich**; er muss in öffentlicher Urkunde erfolgen (Art. 177 Abs. 3 i. V. m. Art. 62 LSuc). Der Ehegatte hat nach dem Foralrecht Aragoniens kein Noterbrecht. Er erhält jedoch den sog. Verwitwetennießbrauch *(viudedad)* an dem gesamten Nachlassvermögen des vorverstorbenen Ehegatten. Der Verwitwetennießbrauch ist im *Ley de Régimen Económico Matrimonial y Viudedad*, Gesetz 2/2003 v. 12. 2. 2003 (LREMV) geregelt und wird daher güterrechtlich und nicht erbrechtlich qualifiziert.[490] Auch der Ehegatte kann in öffentlicher Urkunde auf seinen Nießbrauch oder sein Anwartschaftsrecht insgesamt oder an einzelnen Nachlassgegenständen verzichten (Art. 92 LREMV). 585

b) **Balearen.** Das Erbrecht der **Balearen** findet sich in der *Compilación del Derecho Civil de Baleares*, Dekret 79/1990 vom 6. 9. 1990 (CDB). Die *Compilación* gilt auf Mallorca und Menorca sowie auf Ibiza und Formentera. Die **gesetzliche Erbfolge** richtet sich im Wesentlichen nach dem gemein-spanischen Código Civil, wobei jedoch der Ehegatte auf Ibiza und Formentera beim Zusammentreffen mit Abkömmlingen ein Nießbrauchsrecht an der Hälfte des Nachlassvermögens hat und beim Zusammentreffen mit den Eltern an 2/3, Art. 84 Abs. 3 CDB. Der überlebende **Lebenspartner** ist dem überlebenden Ehegatten gleichgestellt, Art. 13 *Ley de Parejas Estables* v. 16. 1. 2002 (LPEB). 586

Das **Noterbrecht Mallorcas und Menorcas** entspricht der *legitima* des gemein-spanischen Rechts, auf **Ibiza und Formentera** haben die Pflichtteilsberechtigten ein dinglich wirkendes Forderungsrecht *(pars valoris bonorum)*.[491] Noterben sind nach dem Foralrecht **Mallorcas und Menorcas** die Kinder und Abkömmlinge, die Eltern und der überlebende Ehegatte des Erblassers (Art. 41 CDB). Die Noterbquote beträgt für die Kinder, sofern es weniger als fünf sind, 1/3 des Reinnachlasses und bei fünf und mehr, die Hälfte (Art. 42 Abs. 1 CDB). Für die Eltern beläuft sich der Noterbteil auf 1/4 des Reinnachlasses, Art. 43 Abs. 2 CDB. Der überlebende Ehegatte sowie der – auch gleichgeschlechtliche – Lebenspartner[492] hat neben Abkömmlingen einen Anspruch auf Nießbrauch an der Hälfte des Nachlasses, neben den Eltern auf 2/3 des Nachlasses und in allen übrigen Fällen auf den gesamten Nießbrauch am Nachlass (Art. 45 Abs. 3 CDB). Auf **Ibiza und Formenterra** hat der Ehegatte oder Lebenspartner kein Noterbrecht.[493] Ein **Verzicht auf das (Not-)Erbrecht** ist auf Mallorca (Art. 50 f. CDB), auf Ibiza und auf Formentera (Art. 77 CDB) durch volljährige, noterbberechtigte Abkömmlinge in Anbetracht einer Schenkung oder Zuwendung möglich, nicht jedoch auf Menorca, Art. 65 CDB. 587

c) **Baskenland (Biskaya).** Baskenland ist weiter zwischen den drei baskischen Provinzen – Biskaya, Álava und Gipuzkoa – zu unterscheiden. Die nachfolgenden Ausführungen beziehen sich weitestgehend auf das biskayische Foralrecht, welches z. T. in der Provinz Álava und in der *tierra llana* der Biskaya (teilweise gilt dort auch gemein-spanisches Recht) Anwendung findet. 588

Die **gesetzliche Erbfolge** nach biskayischem Foralrecht ist in den Art. 67 ff. *Ley del Derecho Civil Foral Vasco*, Gesetz 3/1992 v. 1. 7. 1992 (CDPV) enthalten. Auch im Recht der Biskaya sind Erben der ersten Ordnung die Kinder und die weiteren Abkömmlinge des Erb- 589

---

[488] Ferid/Firsching/Dörner/Hausmann/*Hierneis*, Spanien, Grdz. Rn. 361 f.
[489] Ferid/Firsching/Dörner/Hausmann/*Hierneis*, Spanien, Grdz. Rn. 398.
[490] Ferid/Firsching/Dörner/Hausmann/*Hierneis*, Spanien, Grdz. Rn. 415.
[491] Ferid/Fisching/Dörner/Hausmann/*Hierneis*, Spanien, Rn. 363.
[492] S. Rn. 586.
[493] Ferid/Fisching/Dörner/Hausmann/*Hierneis*, Spanien, Rn. 420.

lassers, wobei kein Unterschied zwischen stammesgebundenem und sonstigem Vermögen gemacht wird. Beim Fehlen von Abkömmlingen sind gesetzliche Erben die Aszendenten, wobei zwischen Stammesvermögen (das im *Infanzonado*, dem dem Foralrecht unterliegenden Gebiet der Bisakya,[494] belegene Grundvermögen, Art. 17 ff. CDPV) und nicht stammesgebundenem Vermögen unterschieden wird. Das stammesgebundene Vermögen geht an die Stammesverwandten aufsteigender bzw. seitlicher Linie. Beim Fehlen von Abkömmlingen und Aszendenten erbt das gesamte nicht stammesgebundene Vermögen der überlebende Ehegatte (Art. 69 Abs. 1 CDPV). Sind neben dem überlebenden Ehegatten Abkömmlinge oder Aszendenten vorhanden, so erhält der Ehegatte lediglich seinen Noterbteil, also gem. Art. 58 CDPV den Nießbrauch an der Hälfte des Nachlasses. **Der Lebenspartner (verschieden- und gleichgeschlechtlich)** ist im baskischen Foralrecht dem Ehepartner gleichgestellt, Art. 9 *Ley reguladora de las parejas de hecho* vom 7. 5. 2003 (LPHPV).

590   Die Rechtsnatur des **Noterbrechts der Biskaya** entspricht der der *legitima* des gemeinspanischen Rechts.[495] Nach dem Foralrecht der Biskaya wird die Testierfreiheit des Erblassers zum einen durch die Stammesbindung des Grundeigentums beschränkt und zum anderen durch das Noterbrecht der Kinder und Abkömmlinge (in Höhe von ⁴/₅ des Nachlasses) und – bei Fehlen von Abkömmlingen – der Eltern und Aszendenten (in Höhe der Hälfte des Nachlasses). Den Noterbteil kann der Erblasser jeweils frei auf die Abkömmlinge (bzw., falls diese zum Zuge kommen, die Aszendenten) verteilen und zwar unabhängig vom Verwandtschaftsgrad (kollektives Noterbrecht, Art. 54 CDPV).[496] Der Ehegatte erhält nur ein Nießbrauchsrecht und zwar beim Zusammentreffen mit Abkömmlingen und Aszendenten bezogen auf die Hälfte des Nachlasses und bei deren Fehlen bezogen auf ²/₃ des Nachlasses, Art. 58 Abs. 1, 2 CDPV.

591   d) **Galizien.** Für Galizien ist die Rechtsnachfolge von Todes wegen im *Ley de Derecho Civil de Galicia*, Gesetz 2/2006 v. 14. 6. 2006 (CDG) geregelt. Nach Art. 267 CDG richtet sich die **gesetzliche Erbfolge** nach dem gemein-spanischen Código Civil. **Nichteheliche Partnerschaften** sind – unabhängig vom Geschlecht der Partner – der Ehe gleichgestellt.[497]

592   In Galizien ist das **Pflichtteilsrecht** in den Art. 238 ff. CDG geregelt. Es muss wohl als bloßes Forderungsrecht *(pars valoris)* qualifiziert werden.[498] Noterben sind nach Art. 238 CDG die Kinder und die Abkömmlinge vorverstorbener, enterbter oder erbunwürdiger Kinder sowie der überlebende Ehegatte. Der Noterbteil der Kinder beträgt ein Viertel des Reinnachlasses, Art. 243 CDG, der des Ehegatten (und des – auch gleichgeschlechtlichen – Lebenspartners) besteht in einem Nießbrauch an einem Viertel des Nachlasses beim Zusammentreffen mit Abkömmlingen und bei Nichtvorhandensein von Abkömmlingen an der Hälfte des Nachlasses, Art. 253 f. CDG. Eine Besonderheit des galizischen Rechts ist die Möglichkeit des Abschlusses von Erbverträgen[499] und zwar entweder als Aufbesserungsvertrag oder als **Vertrag über den Verzicht auf den Noterbteil** (Art. 209 CDG). Der Verzichtsvertrag ist in Art. 224 ff. CDG geregelt. Die Vereinbarung kann auch den Verzicht auf die gesetzliche Erbfolge enthalten. Als Gegenleistung für den Noterb- bzw. Erbverzicht ist eine Abfindung zu zahlen.

593   e) **Katalonien.** Das Erbrecht Kataloniens findet sich nunmehr im vierten Buch des Zivilgesetzbuches von Katalonien *(Ley 19/2008, de 10 de julio, del libro cuarto del Código civil de Cataluña, relativo a las sucesiones)*. Das Gesetz ersetzt in vollem Umfang das bisher geltende katalonische Erbrecht, also den *Código de Sucesiones por causa de muerte en el Derecho Civil de Cataluña* vom 30. 12. 1991 (CS C) und ist am 1. 1. 2009 in Kraft getreten. Die wesentlichen Grundsätze des katalanischen Erbrechts sind jedoch unverändert geblieben.[500] Insoweit ist bei **gesetzlicher Erbfolge** die vergleichsweise starke Stellung des Ehegatten hervorzuhe-

---

[494] Ferid/Fisching/Dörner/Hausmann/*Hierneis*, Spanien, Rn. 171 Fn. 69.
[495] Ferid/Fisching/Dörner/Hausmann/*Hierneis*, Spanien, Rn. 364.
[496] Mayer/Süß/Tanck/Bittler/Wälzholz/*Süß*, § 16 Länderübersichten, Rn. 390.
[497] Ferid/Firsching/Dörner/Hausmann/*Hierneis*, Spanien, Grdz. Rn. 9 a, 107 a.
[498] Ferid/Firsching/Dörner/Hausmann/*Hierneis*, Spanien, Grdz. Rn. 365.
[499] Süß/Löber/*Huzel*, Erbrecht in Europa, Spanien Rn. 120 f.
[500] Ferid/Firsching/Dörner/Hausmann/*Hierneis*, Spanien, Hinweise. Die nachfolgenden Ausführungen beziehen sich im wesentlichen auf die Regelungen des CS C a. F.

ben.[501] Zwar erhält auch im katalonischen Recht der überlebende Ehegatte neben Abkömmlingen des Erblassers grundsätzlich nur ein Nießbrauchsrecht, dieses allerdings am gesamten Nachlass. Nach neuem Recht besteht nunmehr zudem die Möglichkeit, den Universalnießbrauch in ein Viertel zu Eigentum und Nießbrauch an der Ehewohnung umzuwandeln.[502] Hinterlässt der Erblasser keine Abkömmlinge, so wird der Ehegatte Alleinerbe (Art. 333 CSC a. F.). Erst in dritter Ordnung erben die Aszendenten. Nach Art. 34 des *Ley de uniones estables de pareja*, Gesetz 10/1998 v. 15. 7. 1998 (LUEP) hatte bereits der gleichgeschlechtliche **Lebenspartner** ein gesetzliches Erbrecht; dies gilt nunmehr auch für den verschiedengeschlechtlichen Lebenspartner.[503]

In Katalonien hat der **Pflichtteilsberechtigte** nur eine schuldrechtliche Forderung gegen den Nachlass.[504] Pflichtteilsberechtigt nach katalanischem Foralrecht sind in erster Linie die Kinder des Erblassers und Abkömmlinge, welche vorverstorbene Kinder repräsentieren (Art. 352 CS C a. F.). Sind keine Kinder und Abkömmlinge vorhanden, so kommen die Eltern zum Zuge, und zwar Vater und Mutter jeweils zur Hälfte, Art. 353 CS C a. F., nicht jedoch die weiteren Aszendenten. Der Pflichtteil beträgt stets ein Viertel des Reinnachlasses und ist unter sämtlichen Pflichtteilsberechtigten aufzuteilen (Art. 356 CS C a. F.). Bei der Bestimmung des auf den einzelnen Pflichtteilsberechtigten entfallenden Anteil werden auch diejenigen Personen hinzugerechnet, die auf ihr Pflichtteilsrecht verzichtet haben, enterbt oder für erbunwürdig erklärt worden sind, Art. 357 Abs. 1 CS C a. F.[505] Deren Anteile erhält dann der Testamentserbe. Ein **Verzicht auf das Pflichtteilsrecht** ist nach katalanischem Recht gem. Art. 377 CS C a. F. regelmäßig – mit eng begrenzten Ausnahmen (Art. 377 Nr. 1 und 2 CS C a. F.) – **unzulässig**. Für den **Ehegatten** ist das sog. Witwenviertel *(cuarta viudal)* vorgesehen, was ihm jedoch nicht die Stellung eines Noterben einräumt (Art. 379 CSC a. F.). Voraussetzung für den Anspruch auf das Witwenviertel, welcher nach Wahl des bzw. der Erben entweder durch Zuweisung des Eigentums an Nachlassgegenständen oder ihres Geldwertes erfüllt werden kann, ist eine zum Zeitpunkt des Todes des Ehegatten bestehende Ehe und, dass der überlebende Ehegatte nicht über ausreichende Mittel für einen standesgemäßen Lebensunterhalt verfügt.[506] Der Anspruch auf das Witwenviertel geht verloren, wenn der überlebende Ehegatte die gemeinsamen minderjährigen Kinder gröblich vernachlässigt (Art. 385 CS C a. F.). Auch der **Lebenspartner** hat unter bestimmten Umständen Anspruch auf die *cuarta viudal* (Art. 34 f. LUEP).

f) **Navarra.** Navarra unterscheidet gem. Art. 304 ff. *Ley, por la que se aprueba la Compilación del Derecho Civil Foral de Navarra*, Gesetz 1/1973 v. 1. 3. 1973 (CDN), geändert durch Foralgesetz 5/1987, zwischen der **gesetzlichen Erbfolge** in Nicht-Stammesvermögen (nach Ley 304 CDN in folgender Reihenfolge: Abkömmlinge, Geschwister, Kinder der Geschwister, Aszendenten, Ehegatte/Lebenspartner)[507] und der Erbfolge in Stammesvermögen (nach Ley 306 CDN Grundstücke, welche der Erblasser unentgeltlich von seinen Verwandten bis zum 4. Grad oder im Tausch gegen anderes Vermögen erworben hat). Auch nach dem Recht von Navarra ist der **Lebenspartner (verschiedenen oder gleichen Geschlechts)** dem Ehegatten gleichgestellt, vgl. *Ley Foral para la igualdad jurídica de las parejas estables*, Gesetz 6/2000 v. 3. 7. 2000.

Das Foralrecht von Navarra kennt ein **Noterbrecht** im eigentlichen Sinne nicht. Es sieht lediglich zugunsten der Kinder des Erblassers und bei deren Fehlen zugunsten der Enkel bzw. Urenkel vor, dass ihnen symbolisch ein in Ley 267 CDN näher bestimmter Wert symbolisch zugewendet werden muss. Diese Zuwendung verleiht den Begünstigten allerdings keine Stellung als Erben. Eine echte Einschränkung der Testierfreiheit enthält jedoch Ley

---

[501] *Casals/Feliu*, Testierfähigkeit im innerspanischen Vergleich, in: Henrich/Schwab, Familienerbrecht und Testierfreiheit im europäischen Vergleich, S. 303.
[502] Ferid/Firsching/Dörner/Hausmann/*Hierneis*, Spanien, Hinweise.
[503] Ferid/Firsching/Dörner/Hausmann/*Hierneis*, Spanien, Hinweise.
[504] Süß/*Lamarca Marquès*, Erbrecht in Europa, Katalonien, Rn. 60.
[505] *Schömmer/Gebel*, Internationales Erbrecht, Rn. 667.
[506] Ferid/Firsching/Dörner/Hausmann/*Hierneis*, Spanien, Grdz. Rn. 432.
[507] *Casals/Feliu*, Testierfähigkeit im innerspanischen Vergleich, in: Henrich/Schwab, Familienerbrecht und Testierfreiheit im europäischen Vergleich, S. 305.

272 CDN, wonach Kinder aus einer früheren Ehe von ihren Eltern nicht weniger erhalten dürfen, als das meistbegünstigte Kind oder der Ehegatte einer späteren Ehe. Dieser Anspruch kann durch die benachteiligten Kinder aus einer früheren Ehe auch klageweise durchgesetzt werden.[508]

XVII. Tschechische Republik

Schrifttum: Tschechische Wirtschaftsgesetze, in deutscher Übersetzung, 4. Aufl., C. H. Beck, Prag 2007; *Bohata*, Tschechische Republik (Stand 20. 5. 2007); in: Bergmann/Ferid, Internationales Ehe- und Kindschaftsrecht; *Bohata*, Tschechische Republik (Stand: 1. 8. 1998), in: Ferid/Firsching/Dörner/Hausmann, Internationales Erbrecht; *Korbel*, Gesetzgebungsvorhaben, in Wabnitz/Holländer, Einführung in das tschechische Recht; *Rombach*, Erbrecht in Tschechien, in Süß, Erbrecht in Europa, S. 1483 ff,; *Süß*, in: Mayer/Süß/Tanck/Bittler/Wälzholz, Handbuch Pflichtteilsrecht, 2003, § 16 Rn. 391 ff.

1. Internationales Erbrecht

597   a) **Erbstatut.** Für die Bestimmung des Erbstatutes aus tschechischer Perspektive sind die Bestimmungen des tschechischen internationalen Privatrechts heranzuziehen. Das tschechische internationale Privatrecht ist u. a. im Gesetz über das internationale Privat- und Prozessrecht von 1963 (MPSaP) geregelt.[509] Dieses gilt in der Tschechischen Republik fort.[510]

598   Dieses bestimmt in § 17 MPSaP, dass die erbrechtlichen Rechtsbeziehungen der Rechtsordnung unterliegen, deren Staatsangehöriger der Erblasser zum Zeitpunkt seines Todes war. Das tschechische Recht knüpft für das Erbstatut somit an die **Staatsangehörigkeit** des Erblassers an und bestimmt dessen **Heimatrecht** als Erbstatut.

599   Bei mehrfacher Staatsangehörigkeit gibt § 33 Abs. 1 MPSaP der tschechischen Staatsangehörigkeit den Vorzug.

600   Der allgemeinen Kollisionsnorm des § 17 MPSaP gehen gem. § 2 MPSaP internationale Verträge und bilaterale Abkommen vor. Ein bilaterales Abkommen zwischen Deutschland und Tschechien existiert nicht.

601   Eine **Rechtswahl** im Bereich des Erbrechts kennt das tschechische IPR nicht. Demgemäß wird eine Rechtswahl vom tschechischen Recht nicht anerkannt und ist unter Zugrundelegung tschechischen Sachrechts unwirksam.

602   Sonderanknüpfungen hinsichtlich bestimmter Vermögensgegenstände bestehen nicht.

603   b) **Rück- und Weiterverweisung.** Verweisen die Vorschriften des tschechischen MpSaP auf das Recht eines anderen Staates ist auch das internationale Privatrecht des anderen Staates zu berücksichtigen. Rück- und Weiterverweisungen des ausländischen Rechts können gem. § 35 MPSaP beachtet werden, wobei es jedoch darauf ankommen soll, welche Rechtordnung die einfachere Lösung bietet.[511] Nach einer vom tschechischen Recht akzeptierten Rückverweisung findet unmittelbar das tschechische Sachrecht Anwendung.

604   c) **Regelungsumfang des Erbstatuts.** Das Erbstatut regelt umfassend die Voraussetzungen und Folgen des Erbfalls, insbesondere also den Eintritt des Erbfalls, den Umfang des Nachlasses, die Annahme und Ausschlagung der Erbschaft, das gesetzliche Erbrecht, das Pflichtteilsrecht, die Rechtsstellung des Erben und die Erbenhaftung. Eine Differenzierung nach bestimmten Vermögensgegenständen und deren Belegenheit wird nicht vorgenommen.

605   d) **Wirksamkeit der Verfügung von Todes wegen.** Hinsichtlich der **Form** ist die Sonderanknüpfung des § 18 Abs. 2 MPSaP zu beachten, der wiederum auf das Heimatrecht des Erblassers verweist. Die Einhaltung der Ortsform ist jedoch ebenfalls ausreichend. Dem Haager Testamentformübereinkommen ist Tschechien nicht beigetreten. Dem Washingtoner Abkommen über ein einheitliches Recht der Form eines internationalen Testamentes vom 26. 10. 1973, ist Tschechien ebenfalls nicht beigetreten.

---

[508] Schömmer/Gebel, Internationales Erbrecht, Rn. 577.
[509] Gesetz Nr. 97/1963 Slg. (= Sammlung), in der Fassung späterer Vorschriften.
[510] Verfassungsgesetz vom 15. 12. 1992 Nr. 4/1993 Sb.
[511] *Rombach*, Erbrecht in Tschechien, in *Süß*, Erbrecht in Europa, Rn. 4.

Zu beachten ist, dass das Formstatut lediglich darüber bestimmt, ob ein Testament form- 606
gültig errichtet wurde. Die inhaltliche Wirksamkeit richtet sich nach den Maßgaben des zur
Anwendung kommenden Sachrechts.

Hinsichtlich der **Testierfähigkeit** und der **Zulässigkeit von anderen Verfügungen von To-** 607
des wegen ist die Sonderanknüpfung des § 18 Abs. 1 MPSaP zu beachten, der diesbezüglich
auf das Recht des Staates verweist, dem der Testator zum Zeitpunkt der Errichtung des Testamentes angehörte. Unter **die Zulässigkeit anderer Verfügungen von Todes wegen,** fällt die
Beurteilung der materiellen Wirksamkeit von letztwilligen Verfügungen die nach tschechischem Recht nicht möglich sind.[512]

Zu den Problemfällen Erbvertrag und gemeinschaftliches Testament gilt unter Zugrunde- 608
legung tschechischen Sachrechts folgendes: **Erbverträge** sind im tschechischen Recht nicht
vorgesehen. Das **gemeinschaftliche Testament** ist gem. § 476 Abs. 3 ZGB unwirksam.

Die Bestimmung des § 476 Abs. 3 ZGB stellt ein materielles Verbot bindender letztwilli- 609
ger Verfügungen **und** eine zwingende Formvorschrift dar. Demgemäß sind alle letztwilligen
Verfügungen, deren Wirksamkeit nach tschechischem Sachrecht beurteilt wird und die in einem Erbvertrag oder gemeinschaftlichem Testament enthalten sind, unwirksam, gleich ob
diese Verfügungen bindend sein sollen oder nicht.[513]

2. Gesetzliche Erbfolge

Das materielle tschechische Erbrecht ist in den §§ 460 bis 487 ZGB geregelt.[514] Das 610
tschechische Erbrecht ist vom Grundsatz des Familienerbrechts geprägt. Wenn der Erblasser
nicht abweichend testamentarisch verfügt, sieht die gesetzliche Regelung vor, dass der Nachlass auf die Verwandten übergeht.

Die Erbfolge bestimmt sich nach Ordnungen, wobei die jeweils vorgehende Ordnung die 611
nachfolgende ausschließt. Innerhalb der Ordnungen gelten das Repräsentationsprinzip und
das Prinzip der Erbfolge nach Stämmen.

Erben **erster Ordnung** sind die Abkömmlinge des Erblassers und sein Ehegatte (§ 473 612
Abs. 1 ZGB). Die Kinder des Erblassers und sein Ehegatte erben dabei zu gleichen Teilen.
Nichteheliche Kinder und adoptierte Kinder sowie deren Abkömmlinge sind den ehelichen
Kindern und deren Abkömmlingen gleichgestellt.

Der gleichgeschlechtliche Lebenspartner einer registrierten Partnerschaft ist dem Ehepart- 613
ner bezüglich des Erbrechts gleichgestellt.[515]

An die Stelle vorverstorbener Kinder treten deren Kinder nach dem Prinzip der Erbfolge 614
nach Stämmen und nach dem Repräsentations- und Eintrittsprinzip. Fallen Enkel weg, so
tritt innerhalb ihres Stammes Anwachsung ein (§ 473 Abs. 2 ZGB).

Falls der Erblasser keine Abkömmlinge hat, kommen die Erben zweiter Ordnung zum 615
Zuge.

Erben **zweiter Ordnung** sind der Ehegatte des Erblassers, die Eltern des Erblassers sowie 616
diejenigen Personen, die mit dem Erblasser mindestens für die Dauer eines Jahres vor seinem Tode im gemeinsamen Haushalt gelebt und diesen versorgt haben oder auf den Unterhalt des Erblassers angewiesen waren (§ 474 Abs. 1 ZGB).[516] Voraussetzung für das Leben
im gemeinsamen Haushalt ist, dass aus einem gemeinsamen Topf gewirtschaftet wurde, also
eine gemeinsame Einkommensverwendung und eine gemeinsame Haushaltsführung statt-
fand.[517] Die Erben der zweiten Ordnung erben zu gleichen Teilen, der überlebende Ehegatte
jedoch mindestens zu ½ (§ 474 Abs. 2 ZGB).

---

[512] Ein nach tschechischem Recht nicht möglicher Erbvertrag wird also anerkannt, wenn über diese Sonderanknüpfung eine Rechtordnung zur Anwendung kommt, die solche Verfügungen zulässt.
[513] *Rombach*, Erbrecht in Tschechien, in Süß, Erbrecht in Europa, Rn. 52.
[514] Deutsche Übersetzung von *Bohata*, Tschechische Republik, Texte A, in: Ferid/Firsching/Dörner/Haus-
mann, Internationales Erbrecht.
[515] *Bohata*, Tschechische Republik (Stand 20. 5. 2007); in: Bergmann/Ferid, Internationales Ehe- und Kindschaftsrecht, S. 39.
[516] Dies können vor allem der nichteheliche Lebenspartner oder Pflege- bzw. Stiefkinder sein.
[517] *Rombach*, Erbrecht in Tschechien, in Süß, Erbrecht in Europa, Rn. 25.

617 Falls weder ein Ehegatte noch die Eltern als Erben der zweiten Ordnung zum Zuge kommen greift die dritte Ordnung.
618 Erben der **dritten Ordnung** sind die Geschwister des Erblassers sowie die Peronen, die mit dem Erblasser mindestens für die Dauer eines Jahres vor seinem Tode im gemeinsamen Haushalt gelebt und diesen versorgt haben oder auf den Unterhalt des Erblasers angewiesen waren (§ 475 Abs. 1 ZGB). Die Erben der dritten Ordnung erben zu je gleichen Teilen. An die Stelle vorverstorbener Geschwister treten deren Kinder (§ 475 Abs. 2 ZGB).
619 Erben vierter Ordnung sind die Großeltern des Erblassers mit ihren Kindern (§ 475 a ZGB).

3. Pflichtteilsrecht

620 a) **Pflichtteilsberechtigte Personen und Quoten.** Pflichtteilsberechtigt sind gem. § 479 ZGB nur die Abkömmlinge des Erblassers.
621 Für die **Pflichtteilsquote** gilt: Minderjährige Abkömmlinge erhalten mindestens ihren gesetzlichen Erbanteil während volljährige Abkömmlinge mindestens die Hälfte ihres gesetzlichen Erbanteils erhalten.
622 Demgemäß ergibt sich bzgl. der Erb- und Pflichtteilsquoten folgende tabellarische Übersicht:

Pflichtteilsberechtigter	neben …	Erbquote		Pflichtteilsquote
Kinder (minderjährige)	Allein	$1/1$		$1/1$
Kinder (volljährige)	Allein	$1/1$		$1/2$
Kinder (minderjährige)	Ehegatte	1 Kind	$1/2$	$1/2$
		2 Kinder	$1/3$	$1/3$ je Kind
		3 Kinder	$1/4$	$1/4$ je Kind
Kinder (volljährige)	Ehegatte	1 Kind	$1/2$	$1/4$ je Kind
		2 Kinder	$1/3$	$1/6$ je Kind
		3 Kinder	$1/4$	$1/8$ je Kind
Ehegatte	Allein	$1/1$		0
Ehegatte	Kindern	1 Kind $1/2$		0
		2 Kinder $1/3$		
		3 Kinder $1/4$		
Ehegatte	Eltern	$1/2$		0
Elternteil	Ehegatte	$1/4$		0

623 b) **Gegenstand für Pflichtteilsberechnung.** Der Pflichtteil bezieht sich in erster Linie auf den Nachlass, d. h. auf die zum Zeitpunkt des Todes des Erblassers in dessen Vermögen vorhandenen Gegenstände abzüglich aller Nachlassverbindlichkeiten.
624 Es sind die **güterrechtlichen Auswirkungen** einer Ehe des Erblassers zu beachten. Der gesetzliche Güterstand in Tschechien ist eine Art der Errungenschaftsgemeinschaft, bei der zwischen vorehelichem Sondervermögen und während der Ehezeit erworbenen gemeinsamen Vermögen unterschieden wird. Der Anteil des überlebenden Ehegatten am gemeinsamen Vermögen und sein Sondervermögen fallen nicht in den Nachlass. Der Anteil des verstorbenen Ehegatten am gemeinschaftlichen Vermögen fällt in den Nachlass.
625 Das tschechische Recht sieht keine Hinzurechnungen von lebzeitigen Geschenken zum Nachlass vor.

626 c) **Art des Pflichtteils.** Das tschechische Pflichtteilsrecht ist als echtes Noterbrecht und nicht lediglich als schuldrechtlicher Anspruch ausgestaltet (§ 479 ZGB).

Konsequenz einer Verletzung des Pflichtteils ist, dass testamentarische Verfügungen verringert werden und zwar in dem Umfang, in dem das zur Herstellung des Pflichtteils notwendig ist. Die Herabsetzung wird im Nachlassverfahren geltend gemacht. 627

d) **Pflichtteilsergänzung.** Pflichtteilsergänzungsansprüche und Restpflichtteilsansprüche im technischen Sinne sieht das ZGB nicht vor. Die unter Rn. 629 nach § 484 ZGB durchzuführende Anrechnung kann sich im Ergebnis pflichtteilserhöhend auswirken. 628

e) **Pflichtteilsanrechnung.** Gem. § 484 ZGB hat sich jeder gesetzliche Erbe das, was vom Erblasser zu Lebzeiten unentgeltlich erhalten hat, auf seinen Erbteil anrechnen zu lassen. Bei testamentarischen Erben erfolgt die Anrechnung nur insoweit als diese vom Erblasser letztwillig verfügt worden ist oder wenn ein Pflichtteilsberechtigter durch die Schenkung grundlos begünstigt wird. Da § 479 ZGB den Schutz des gesetzlichen Erbteils bezweckt, führt dies dazu, dass sämtliche unentgeltlichen Zuwendungen an den Pflichtteilsberechtigten, die auf seinen Erbteil anzurechen sind, auch auf seinen Pflichtteil angerechnet werden. 629

f) **Pflichtteilsentziehung.** Zu unterscheiden sind die Erbunwürdigkeit, die schlichte Enterbung, die qualifizierte Enterbung und die Pflichtteilsentziehung. 630

Die **Erbunwürdigkeit** wirkt ipso iure und ist vom Nachlassgericht von Amts wegen zu beachten. 631

Ein gesetzlicher oder testamentarischer Erbe kann durch das Gericht für erbunwürdig erklärt werden, wenn er gegen den Erblasser, dessen Ehegatten, Kinder oder Eltern eine vorsätzliche strafbare Handlung begangen oder gegen den letzten Willen des Erblasers in einer verabscheuungswürdigen Art verstoßen hat (§ 469 ZGB). 632

Die Erbunwürdigkeit führt dazu, dass der Betroffene in keiner Weise am Nachlass beteiligt wird und seinen Pflichtanteil verliert. Die Erbunwürdigkeit wirkt nicht zu Lasten der Abkömmlinge, die nach den Regeln der gesetzlichen Erbfolge an die Stelle des Erbunwürdigen treten. 633

Die **schlichte Enterbung** stellt eine testamentarische Verfügung des Erblassers dar, die dazu führt, dass der gesetzliche Erbe von der Erbfolge ganz oder teilweise ausgeschlossen wird. Diese schlichte Enterbung berührt eventuelle Pflichtteilsansprüche des Enterbten nicht. 634

Die **qualifizierte Enterbung** von Abkömmlingen[518] erfolgt durch ausdrückliche testamentarische Anordnung des Erblassers, die die Gründe führ die Enterbung aufführen muss (§ 469a Abs. 3 ZGB). 635

Die qualifizierte Enterbung führt dazu, dass der Betroffene in keiner Weise am Nachlass beteiligt ist. Pflichtteilsansprüche des qualifiziert Enterbten bestehen ebenfalls nicht mehr. Die qualifizierte Enterbung wirken nicht zu Lasten der Abkömmlinge; außer der Erblasser hat dies ausdrücklich verfügt (§ 469a Abs. 2 ZGB). 636

Eine qualifizierte Enterbung ist nach tschechischem Recht möglich, wenn der Abkömmling dem Erblasser während einer Krankheit, im Alter oder in einer schwierigen Situation keine Hilfe gewährt hat, dieser für den Erblasser dauerhaft kein wirkliches Interesse zeigt, das er als Abkömmling zeigen sollte; dieser wegen einer vorsätzlichen Straftat zu einer Freiheitsstrafe von mindestens einem Jahr verurteilt worden ist oder dieser dauerhaft einen unsittlichen Lebenswandel führt (§ 469a Abs. 1 ZGB). 637

g) **Zulässigkeit eines Pflichtteilsverzichts.** Ein Erb- oder Pflichtteilsverzicht ist nach tschechischem Recht nicht möglich. Dementsprechend sind solche Verträge nach tschechischem Recht unwirksam. Auch sind Erbausschlagungen zu Lebzeiten des Erblassers nicht möglich (§ 464 ZGB). 638

4. Neues Zivilgesetzbuch

In Tschechien ist ein neues Zivilgesetzbuch geplant, welche zu zahlreichen tiefgreifenden Änderungen im gesamten tschechischen Zivilrecht führen wird und 2011 in Kraft treten soll.[519] 639

---

[518] Nur diese haben gem. § 479 ZGB ein Pflichtteilsrecht.
[519] *Korbel*, Gesetzgebungsvorhaben, in Wabnitz/Holländer, Einführung in das tschechische Recht, Rn. 9.

640 Im Erbrecht soll der Kreis der möglichen letztwilligen Verfügungen deutlich erweitert werden (Vermächtnisse, Auflagen, Vor- und Nacherbschaft, Testamentsvollstreckung). Weiter sollen auch der lebzeitige Erbverzicht und der Erbvertrag geregelt werden.

641 Im Pflichtteilsrecht bleiben die Abkömmlinge allein pflichtteilberechtigt. Die Quoten sollen jedoch bei minderjährigen Abkömmlingen auf ¾ und bei volljährigen Abkömmlingen auf ⅓ abgesenkt werden. Der Pflichtteilsanspruch soll künftig nur noch ein auf Geld gerichteter schuldrechtlicher Anspruch sein.[520]

XVIII. Türkei

Gesetzestext: *Rumpf,* in: Ferid/Firsching/Dörner/Hausmann, Internationales Erbrecht, Türkei, Texte, Stand: 1. 4. 2006 und www.turkei-recht.de/ZGB tuerk Alp.pdf (größtenteils in türkischer Sprache)

Schrifttum:

Deutsche Literatur: *Dörner,* Das deutsch-türkische Nachlassabkommen, ZEV 1996, 90; (*Emmerling de Oliveira,* in: Brambring/Mutter, Beck'sches Formularbuch Erbrecht, 2. Aufl. 2009, L. XIX. 13); *Kesen,* in: AnwK-BGB, Bd. 5: Erbrecht, Länderbericht Türkei, 2. Aufl. 2007; *Kesen,* Erbfall in der Türkei: Rechtliche und steuerliche Aspekte, ZEV 2003, 152; *Kiliç,* in: Süß, Erbrecht in Europa, 2. Aufl. 2008, Länderbericht Türkei; *Krüger,* Studien über Probleme des türkischen Internationalen Privatrechts, in: Festschrift – Liber Amicorum – für Tuğrul Ansay, 2006; *Krüger/Füsun Nomer-Ertan,* Internationales Privatrecht in der Türkei, IPRax 2008, 281; *H. u. V. Laciner,* Türkisches Recht in deutscher Sprache – Eine Auswahlbibliographie, 2006; *Naumann,* Grundzüge des neuen türkischen Ehegüter- und Erbrechts, RNotZ 2003, 343; *Rumpf,* in: Ferid/Firsching/Dörner/Hausmann, Internationales Erbrecht, Türkei, Stand: 1. 4. 2006; *Rumpf,* Einführung in das türkische Recht, 2004; *Rumpf,* Türkisches Erbrecht und gemischt-nationale Ehen, ZFE 2004, 71, 110; *Schömmer/Kesen,* Internationales Erbrecht Türkei, 2004; *Serozan,* Das türkische Erbrecht verglichen mit dem deutschen Erbrecht: mehr Gemeinsamkeiten als Besonderheiten, ZEV 1997, 473; *Süß,* in: Mayer/Süß/Tanck/Bittler/Wälzholz, Handbuch Pflichtteilsrecht, 2003, § 16 Rn. 399 ff.; *Turan-Schnieder/Finger,* Neues türkisches IPRG, Nr. 5718 v. 27. 10. 2007, FamRBInt 2008, 40.

Ausländische Literatur: *Ansay/Wallace (Jr.),* Introduction to Turkish Law, Fifth Edition 2005.

1. Internationales Erbrecht

642 a) **Erbstatut.** Im Verhältnis zwischen Deutschland und der Türkei gilt vorrangig vor dem autonomen Kollisionsrecht § 14 des Nachlassabkommens, welches in Anlage zu Art. 20 des deutsch-türkischen Konsularvertrages vom 28. 5. 1929 geschlossen wurde. Der Vorrang dieses bilateralen Vertrags ist für das deutsche Recht in Art. 3 Nr. 2 EGBGB bestimmt und für das türkische Recht in Art. 1 Abs. 2 des türkischen Gesetzes Nr. 5718 v. 27. 11. 2007 über das internationale Privat- und Verfahrensrecht (IPRG).[521] Nach § 14 Abs. 1 Nachlassabkommen richten sich die erbrechtlichen Verhältnisse hinsichtlich des **beweglichen Nachlasses** nach dem **Heimatrecht des Erblassers** zum Zeitpunkt seines Todes, nach § 14 Abs. 2 Nachlassabkommen gilt für den **unbeweglichen Nachlass** das Recht des Landes, in dem der Nachlass belegen ist, also die **lex rei sitae**. Was als beweglicher und was als unbeweglicher Nachlass anzusehen ist, entscheidet nach § 12 Abs. 3 Nachlassabkommen das Recht des Staates, in dem sich der Nachlass befindet. Infolge dieser kollisionsrechtlichen Regelung kann es zu einer **Nachlassspaltung** kommen, wenn etwa ein türkischer Erblasser sowohl beweglichen als auch unbeweglichen Nachlass in Deutschland hinterlässt oder sich im Nachlass eines deutschen Erblassers eine Immobilie in der Türkei befindet.

643 Ist – im Hinblick auf den beweglichen Nachlass – das Heimatrecht des Erblassers ausschlaggebend und hatte dieser **mehrere Staatsangehörigkeiten,** so ist zur Bestimmung der maßgeblichen, mangels einer entsprechenden Regelung im Abkommen,[522] auf das autonome Kollisionsrecht zurückzugreifen. Nach Art. 4 b) türk. IPRG ist bei Mehrstaatlern in erster Linie die türkische Staatsangehörigkeit maßgeblich und, sofern die betreffende Person die türkische Staatsangehörigkeit nicht besitzt, die Staatsangehörigkeit, zu der der Mehrstaatler

---

[520] Vgl. hierzu *Rombach,* Erbrecht in Tschechien, in *Süß,* Erbrecht in Europa, Rn. 34, mit weiteren Nachweisen.
[521] Gesetzestext in deutscher Übersetzung in: IPrax 2008, 283, 284.
[522] AnwK/*Kesen,* Länderbericht Türkei, Rn. 125.

die engste Beziehung hat (Art. 4c) türk. IPRG). Auf **Staatenlose und Flüchtlinge** findet das Recht des Wohnsitzes bzw. des gewöhnlichen Aufenthalts und, falls ein solcher fehlt, das Recht des Staates Anwendung, in dem sich der Betreffende zur Zeit der Klageerhebung befindet (Art. 4a) türk. IPRG).

Die Möglichkeit einer **Rechtswahl** sieht das Nachlassabkommen nicht vor. Art. 25 Abs. 2 EGBGB findet keine Anwendung, da die Regelungen des Abkommens insoweit abschließend sind.[523]

Allerdings greifen die Kollisionsnormen des Nachlassabkommens stets nur dann ein, wenn sich innerhalb eines Vertragsstaates Vermögenswerte befinden, die zum Nachlass eines Angehörigen des anderen Vertragsstaates gehören.[524] **Andere Erbfälle**, also etwa der jenige, dass ein türkischer Staatsangehöriger mit Nachlass ausschließlich in der Türkei in Deutschland verstirbt, werden von § 14 des Nachlassabkommens nicht erfasst. Es ist dann zur Beurteilung des anwendbaren Rechts aus türkischer Sicht auf Art. 20 Abs. 1 des türkischen **Gesetzes Nr. 5718 v. 27. 11. 2007 über das Internationale Privat- und Zivilverfahrensrecht** zurückzugreifen. Danach unterliegt die Rechtsnachfolge von Todes wegen grundsätzlich dem Heimatrecht des Verstorbenen, allerdings mit Ausnahme des in der Türkei belegenen unbeweglichen Nachlassvermögens: insoweit gilt das türkische Recht. Für Fragen, die den Erbgang, den Erbschaftserwerb sowie die Teilung betreffen, ist das Belegenheitsrecht maßgeblich (Art. 20 Abs. 2 türk. IPRG).

b) **Rück- und Weiterverweisung.** Die in § 14 Nachlassabkommen bestimmten Verweisungen sind als Sachnormverweisungen anzusehen, so dass nicht zu prüfen ist, ob das berufene Recht Rück- oder Weiterverweisungen ausspricht.[525] I. Ü. sieht nunmehr auch Art. 2 Abs. 3 des neuen IPRG vor, dass eine Weiterverweisung nur noch im Bereich des Personen- und Familienrechtes zu beachten ist. Geht man davon aus, dass der Begriff des „Bereichs des Personen- und Familienrechts" als *terminus technicus* gebraucht wird, so würde der Bereich des Erbrechtes nicht hierunter fallen. Für diesen Bereich ist daher nach dem neuen türkischen IPRG – anders als nach dem türkischen IPRG a. F. – davon auszugehen, dass eine Weiter- bzw. Rückverweisung nicht mehr zu beachten ist, dass also im Bereich des Erbrechtes nur noch Sachnormverweisungen ausgesprochen werden.

c) **Regelungsumfang des Erbstatuts.** § 14 des Nachlassabkommens regelt erbrechtliche Verhältnisse. Aus der Denkschrift zum Nachlassabkommen[526] folgt, dass der Begriff *erbrechtliche Verhältnisse* sehr weit auszulegen ist: darunter fallen alle Rechtsfragen, die im autonomen deutschen Kollisionsrecht von Art. 25 Abs. 1, 26 Abs. 5 EGBGB bzw. im autonomen türkischen IPR von Art. 20 Abs. 1 türk. IPRG geregelt werden.[527] Allerdings kennen – anders als das autonome deutsche internationale Privatrecht – weder das Nachlassabkommen noch das autonome türkische Kollisionsrecht ein gesondertes Errichtungsstatut, so dass auch die **Wirksamkeit letztwilliger Verfügungen** unter § 14 Nachlassabkommen bzw. Art. 20 Abs. 1 türk. IPRG fällt. Die **Testierfähigkeit** unterliegt im autonomen türkischen Kollisionsrecht (Art. 20 Abs. 5 türk. IPRG) dem Heimatrecht des Verfügenden zum Zeitpunkt der Errichtung der letztwilligen Verfügung. **Nicht** unter § 14 Nachlassabkommen bzw. Art. 20 Abs. 1 türk. IPRG fällt die **Form der letztwilligen Verfügung**.

d) **Wirksamkeit der Verfügung von Todes wegen.** Im Unterschied zum autonomen deutschen Erbkollisionsrecht sieht das deutsch-türkische Nachlassabkommen kein Errichtungsstatut vor.[528] Für die Beurteilung der Wirksamkeit bzw. Zulässigkeit letztwilliger Verfügungen ist daher auf den Zeitpunkt des Todes des Erblassers abzustellen.

Eine Regelung bezüglich der **Formwirksamkeit** letztwilliger Verfügungen sieht Art. 16 Abs. 1 Nachlassabkommen vor. Danach ist eine letztwillige Verfügung entweder dann

---

[523] *Naumann* RNotZ 2003, 345.
[524] Staudinger/*Dörner*, BGB, Vorbem. zu Art. 25 f. EGBGB, Rn. 171.
[525] *Naumann* RNotZ 2003, 345.
[526] Bd. 439 der Verhandlungen des Reichstags, IV. Wahlperiode 1928, Anlage Nr. 1584, S. 29.
[527] Staudinger/*Dörner*, BGB, Vorbem. zu Art. 25 f. EGBGB, Rn. 171; *Krüger*, in: FS für Ansay, 149.
[528] *Dörner* ZEV 1996, 93 ff.; s. bereits oben Rn. 647.

formwirksam, wenn sie die Form des Ortsrechts *(lex loci actus)* oder die des Heimatrechts des Erblassers zum Zeitpunkt der Errichtung *(lex patriae)* wahrt. Allerdings sind sowohl Deutschland als auch die Türkei dem **Haager Testamentsformübereinkommen** vom 5. 10. 1961 beigetreten. Die Bestimmungen des Testamentsformübereinkommens gehen nach der *lex-posterior*-Regel der Regelung des deutsch-türkischen Nachlassabkommens vor, so dass, soweit das Testamentsübereinkommen reicht, dieses Vorrang hat.[529] Da jedoch das Testamentsformübereinkommen nach seinem Art. 4 zwar auf gemeinschaftliche Testamente Anwendung findet, nicht jedoch auf Erbverträge, bleibt insoweit ein Restanwendungsbereich für die Bestimmung des § 16 Nachlassabkommen.

650 Das Testamentsformübereinkommen verdrängt auch die autonome Kollisionsregel des Art. 20 Abs. 4 türk. IPRG zur Testamentsform.

2. Gesetzliche Erbfolge

651 Die gesetzliche Erbfolge ist in den Art. 495 ff. türk. ZGB, in Kraft getreten am 1. 1. 2002, geregelt. Die dort bestimmte gesetzliche Erbfolge gilt für alle Erbfälle, die nach dem Inkrafttreten des neuen ZGB eingetreten sind.[530]

652 **Gesetzliche Erben** sind die Abkömmlinge des Erblassers, der Ehegatte, die Eltern und Großeltern sowie deren Abkömmlinge und schließlich der Staat.

653 Das **Verwandtenerbrecht** basiert – wie im deutschen Recht – auf dem **Ordnungs- oder Parentelsystem**, d. h. ein näherer Verwandter schließt einen entfernteren Verwandten von der Erbfolge aus.[531] Innerhalb der gleichen Ordnung gilt das **Prinzip der Beerbung nach Stämmen**: Nach den Nachkommen des Erblassers erben die Eltern und deren Stamm bzw. die Großeltern und deren Stamm. Daneben gilt das **Repräsentationsprinzip** (der Erbe schließt seine Abkömmlinge von der Erbfolge aus) und das **Eintrittsrecht** der Abkömmlinge im Falle des Versterbens eines Erbens vor dem Erbfall.[532]

654 Das Verwandtenerbrecht ist im Einzelnen in den Art. 495–498 ZGB geregelt:
- Erben der **ersten Ordnung** sind die Abkömmlinge des Erblassers und deren Nachkommen, Art. 495 Abs. 1 ZGB. Dabei erben die Abkömmlinge grundsätzlich zu gleichen Teilen, Art. 495 Abs. 2 ZGB. Versterben die Abkömmlinge des Erblassers vor dem Erblasser, treten die Nachkommen der Abkömmlinge in die Erbfolge ein (Eintrittsrecht, Art. 495 Abs. 3 ZGB; das Gleiche gilt bei Erbunwürdigkeit der Abkömmlinge, Art. 579 Abs. 2 ZGB, Ausschließung von der Erbfolge, Art. 511 Abs. 2 ZGB und bei Erbausschlagung, Art. 611 ZGB). Den ehelichen Kindern gleichgestellt sind die nichtehelichen Kinder (Art. 498 ZGB) sowie die Adoptivkinder, welche doppelt erben: nach dem Adoptierenden und nach den biologischen Eltern (Art. 500 Abs. 1 ZGB).
- Erben der **zweiten Ordnung** sind die Eltern des Erblassers (Art. 496 ZGB). Dabei erben beide Elternteile zu gleichen Teilen (Art. 496 Abs. 1 S. 2 ZGB). Bei Vorversterben eines Elternteils geht dessen Erbrecht auf seine Abkömmlinge nach den Regeln für die erste Erbordnung über (Art. 496 Abs. 2 ZGB). Das Gleiche gilt, wenn ein Elternteil aus einem anderen Grund (z. B. Erbausschlagung) als Erbe nicht in Betracht kommt.[533] Hatte der verstorbene Elternteil keine Nachkommen, fällt die ganze Erbschaft dem überlebenden Elternteil an (Art. 496 Abs. 3 ZGB). Ein Erbrecht der Adoptiveltern besteht gem. Art. 500 Abs. 2 ZGB nicht.
- In **dritter** und letzter **Ordnung** erben gem. Art. 497 ZGB die Großeltern bzw. deren Abkömmlinge. Insoweit gilt das Gleiche wie beim Erbrecht der Eltern.[534]
- Sind Erben der drei ersten Erbordnungen nicht vorhanden, fällt die Erbschaft an den türkischen Staat (Art. 501 ZGB).[535]

---

[529] Ferid/Firsching/Dörner/Hausmann/*Rumpf*, Türkei, Grdz. Rn. 96.
[530] *Naumann* RNotZ 2003, S. 360.
[531] *Naumann* RNotZ 2003, S. 360.
[532] Süß/*Kiliç*, Erbrecht in Europa, Türkei, Rn. 18.
[533] Süß/*Kiliç*, Erbrecht in Europa, Türkei, Rn. 21.
[534] AnwK-BGB/*Kesen*, Bd. 5: Erbrecht, Türkei, Rn. 6.
[535] *Naumann* RNotZ 2003, S. 361.

655 Der **überlebende Ehegatte** hat neben den Berechtigten der ersten bis dritten Erbordnung ein konkurrierendes Erbrecht. Seine Erbquote hängt davon ab, neben welcher Parentel er zum Erben berufen ist. Nach Art. 499 ZGB erbt der Ehegatte neben den Abkömmlingen, also den Erben erster Ordnung, ein Viertel, neben den Eltern bzw. deren Abkömmlingen, also den Erben der zweiten Ordnung, die Hälfte und neben den Großeltern und deren Abkömmlingen, also den Erben der dritten Ordnung, drei Viertel. Sind die Erben aller drei Erbordnungen weggefallen, so wird er Alleinerbe. Voraussetzung ist allerdings, dass der überlebende Ehegatte wegen Trennung bzw. Scheidung der Ehe vor dem Ableben des Erblassers seines Erbrechtes nicht verlustig gegangen ist (vgl. Art. 181 ZGB).[536]

3. Pflichtteilsrecht

656 a) **Pflichtteilsberechtigte Personen und Quoten.** Das Pflichtteilsrecht ist im türkischen ZGB in den Art. 505 ff. geregelt. Beim türkischen Pflichtteilsrecht handelt es sich nicht nur um einen schuldrechtlichen Anspruch der Pflichtteilsberechtigten gegen den Erben, sondern um ein **echtes Noterbrecht**, also eine dingliche Beteiligung am Nachlass.[537] Wer Noterbe wird, bestimmen Art. 505 f. ZGB: Noterben sind die **Abkömmlinge, die Eltern und der Ehegatte des Erblassers**. Die Geschwister des Erblassers sind seit der Änderung des ZGB durch das Gesetz Nr. 5650 vom 4. 5. 2007 nicht mehr noterbberechtigt. Das Noterbrecht beträgt gem. Art. 506 ZGB für die Nachkommen die Hälfte des gesetzlichen Erbteils, für die Eltern ein Viertel des gesetzlichen Erbteils und für den überlebenden Ehegatten, soweit er mit den Nachkommen oder den Eltern und ihren Abkömmlingen zu teilen hat, den gesetzlichen Erbteil, andernfalls drei Viertel des gesetzlichen Erbteils. Noterbe ist allerdings im Einzelfall nur derjenige, der bei gesetzlicher Erbfolge auch gesetzlicher Erbe wäre.[538]

657

Pflichtteilsberechtigter	neben …	Erbquote	Pflichtteilsquote
Kinder	allein	1/1	1/2
Kinder	Ehegatte	3/4	3/8
Ehegatte	allein	1/1	3/4
Ehegatte	Eltern	1/2	1/2
Ehegatte	Kindern	1/4	1/4
Elternteil	allein	1/1	1/4
Elternteil	anderem Elternteil	1/2	1/8
Eltern	Ehegatte	1/2	1/4
Eltern	Kindern	–	–

658 b) **Gegenstand für Pflichtteilsberechnung.** Gesetzliche Grundlage für die Berechnung des verfügbaren Teils des Nachlasses und damit mittelbar auch des Pflichtteils sind die Art. 507–509 ZGB. Zur **Berechnung des verfügbaren Teils** wird auf den Todestag des Erblassers abgestellt. Von dem Nachlass werden zunächst die Verbindlichkeiten des Erblassers, die Bestattungskosten, die Kosten der Versiegelung und der Aufzeichnung des Nachlasses sowie die Lebenshaltungskosten der im Haushalt des Verstorbenen lebenden und versorgten Personen für einen Zeitraum von drei Monaten abgezogen (Art. 507 ZGB). Nach Art. 508 ZGB sind unentgeltliche Zuwendungen des Erblassers unter Lebenden dem Nachlassvermögen hinzuzurechnen und zwar in dem Maß, in welchem sie der Herabsetzungsklage unterliegen. Welche Zuwendungen unter Lebenden der Herabsetzung unterworfen sind, regelt Art. 565 ZGB. Hierunter fallen vor allem Zuwendungen, die der Erblasser offensichtlich zur Umgehung von Pflichtteilsansprüchen gemacht hat (Art. 565 Ziff. 4 ZGB) sowie frei wider-

---

[536] AnwK-BGB/*Kesen*, Bd. 5: Erbrecht, Türkei, Rn. 9.
[537] Süß/*Kılıç*, Erbrecht in Europa, Türkei, Rn. 67.
[538] *Naumann* RNotZ 2003, S. 367.

rufliche Schenkungen oder Schenkungen während des letzten Lebensjahres des Erblassers, die über das Gewöhnliche hinausgehen (Art. 565 Ziff. 3 ZGB) oder auch Zuwendungen an Abkömmlinge unter Verzicht auf den Rückzahlungs- oder Erstattungsanspruch bzw. die Zuwendung einer über das Gewöhnliche hinausgehenden Aussteuer oder eines über das Gewöhnliche hinausgehenden Startkapitals (Art. 565 Ziff. 1 ZGB) und schließlich Erbabfindungen (Art. 565 Ziff. 2 ZGB). Daneben sind auch Ansprüche aus Lebensversicherungen mit ihrem Rückkaufswert zum Zeitpunkt des Todes des Erblassers dem Nachlassvermögen zuzurechnen (Art. 509 ZGB).

659 c) **Art des Pflichtteils.** Der Pflichtteilsberechtigte ist im türkischen Recht ein Zwangserbe, der mit seiner Quote Teil der Erbengemeinschaft wird.[539] Er hat also einen echten erbrechtlichen Anspruch auf Gesamtnachfolge und nicht lediglich einen auf Geldzahlung gerichteten schuldrechtlichen Anspruch.

660 d) **Pflichtteilsanrechnung.** Hat der Berechtigte wertmäßig bereits den ihm zustehenden Pflichtteil - etwa durch Vermächtnis - erhalten, kann er keine Herabsetzung verlangen.[540] I.Ü. sind die gesetzlichen Erben gegenseitig gem. Art. 669 Abs. 1 ZGB grundsätzlich verpflichtet, alles zur Ausgleichung an den Nachlass zurückzuführen bzw. sich auf ihren Erbteil anrechnen zu lassen (Art. 671 Abs. 1 ZGB), was ihnen der Erblasser zu Lebzeiten in Anrechnung auf ihren Erbteil unentgeltlich zugewendet hat.

661 e) **Pflichtteilsergänzung.** Es wird insoweit auf die unter Rn. 658 gemachten Ausführungen Bezug genommen.

662 f) **Herabsetzung der Zuwendungen.** Das Noterbrecht gewährt dem Berechtigten zwar eine dingliche Beteiligung am Nachlass; diese wird jedoch nicht von Amts wegen berücksichtigt, sondern muss durch **Herabsetzungsklage** geltend gemacht werden (Art. 560 ff. ZGB). Im Wege der Herabsetzung werden sodann primär die Verfügungen von Todes wegen soweit gekürzt, bis die Noterbquote des Berechtigten erreicht ist.[541] Übersteigt ein Vermächtnis den verfügbaren Teil, kann gem. Art. 519 Abs. 1 ZGB die verhältnismäßige Herabsetzung desselben verlangt werden. Sofern die Noterbquote so noch nicht wiederhergestellt werden kann, werden die unentgeltlichen Zuwendungen unter Lebenden in umgekehrter zeitlicher Reihenfolge herabgesetzt. Welche unentgeltlichen Zuwendungen im Einzelnen der Herabsetzung unterliegen, bestimmt Art. 565 ZGB (vgl. insoweit die Ausführungen unter Rn. 658). Klagen kann nach Art. 569 ZGB auch ein Erbe, dessen Pflichtteil durch die Anordnung der Vorerbschaft beeinträchtigt wird. Die Herabsetzungsklage muss nach Art. 571 Abs. 1 ZGB binnen eines Jahres nach Kenntnis des Noterben von der beeinträchtigenden Verfügung erhoben werden, in jedem Fall aber 10 Jahre nach Eröffnung des Testaments oder - bei lebzeitigen Verfügungen - nach Eintritt des Erbfalles.[542]

663 g) **Pflichtteilsentziehung und Pflichtteilsminderung.** Der Ausschluss von der Erbfolge ist in den Art. 510–513 ZGB geregelt. Nach Art. 510 ZGB kann der Erblasser durch letztwillige Verfügung einen gesetzlichen Erben vollständig enterben, ihm also auch sein Pflichtteilsrecht entziehen, wenn der Erbe gegenüber dem Erblasser oder einem seiner nächsten Verwandten eine **schwere Straftat begangen** hat oder wenn der Erbe gegenüber dem Erblasser oder den Mitgliedern seiner Familie **familienrechtliche Verpflichtungen in schwerer Weise verletzt** hat. Der Grund der Enterbung muss in der letztwilligen Verfügung angegeben sein (Art. 512 Abs. 1 ZGB). Der wirksam Enterbte wird so behandelt, als sei er vor dem Erblasser verstorben.[543] Nach Art. 511 Abs. 2 ZGB geht der Erbteil des von der Erbfolge ausgeschlossenen Erben damit an dessen Abkömmlinge über bzw., falls Abkömmlinge nicht vorhanden sind, an die gesetzlichen Erben des Erblassers. Die Abkömmlinge eines von der Erbfolge ausgeschlossenen Erben können nach Art. 511 Abs. 3 ZGB auch den Pflichtteil verlangen.

---

[539] *Serozan* ZEV 1997, S. 479.
[540] *Naumann* RNotZ 2003, S. 368.
[541] Süß/*Kiliç*, Erbrecht in Europa, Türkei, Rn. 67.
[542] Mayer/Süß/Tanck/Bittler/Wälzholz/*Süß*, § 16 Rn. 408.
[543] Ferid/Firsching/Dörner/Hausmann/*Rumpf*, Internationales Erbrecht, Länderbericht Türkei, Rn. 218.

Einen Sonderfall des Ausschlusses regelt Art. 513 ZGB. Ist ein zur gesetzlichen Erbfolge 664 berufener **Erbe insolvent,** liegt also gegen ihn ein Vollstreckungstitel mit Zahlungsunfähigkeitsbescheinigung[544] vor, so kann der Erblasser ihm die Hälfte des Pflichtteils entziehen, muss diese Hälfte jedoch dann den Kindern des so teilweise Enterbten zuwenden. Unter bestimmten Voraussetzungen (Art. 513 Abs. 2 ZGB) kann diese Enterbung wieder aufgehoben werden.

h) Zulässigkeit eines Noterbverzichts. Nach Art. 528 Abs. 1 ZGB kann der Erblasser mit 665 oder ohne Gegenleistung mit einem (gesetzlichen) Erben einen – notariell zu beurkundenden[545] – Erbverzichtsvertrag schließen (negativer Erbvertrag). Der Verzichtende und – soweit es sich um einen entgeltlichen Vertrag handelt und dort nichts anderes vereinbart ist – seine Abkömmlinge scheiden damit aus der Erbfolge aus, Art. 528 Abs. 2 u. 3 ZGB. Ist der Erbverzicht nicht zugunsten einer bestimmten Person erfolgt, so gilt er als zugunsten der Abkömmlinge des nächsten gemeinsamen Vorfahrens erklärt, Art. 529 Abs. 2 ZGB. Ist der Verzicht zugunsten einer bestimmten Person erfolgt und scheidet diese aus irgendwelchen Gründen als Erbe aus, so wird der Verzicht gem. Art. 529 Abs. 1 ZGB unwirksam. Beim entgeltlichen Verzicht sieht Art. 530 ZGB in begrenztem Umfang eine Haftung des Verzichtenden und seiner Erben für Verbindlichkeiten des Erblassers vor.

---

[544] Süß/*Kiliç*, Erbrecht in Europa, Türkei, Rn. 72.
[545] Süß/*Kiliç*, Erbrecht in Europa, Türkei, Rn. 71.

Sachverzeichnis

Fette Zahlen bezeichnen die Paragraphen, magere die Randnummern.

Abfindung
- Abfindungsanspruch des Pflichtteilsberechtigten ohne wirtschaftliche Belastung **12** 19
- Abfindungsbeschränkungen **4** 164
- Abfindungsklausel im Gesellschaftsvertrag und Pflichtteilsergänzungsanspruch **5** 148
- Aktivbestand des Nachlasses **3** 27
- Ausscheiden des Gesellschafters von Todes wegen **3** 28
- Ausschluss als Schenkung **10** 141
- Auswirkung der Abfindungsbeschränkung auf die Unternehmensbewertung **4** 161 ff.
- beschränkende Klauseln **10** 143
- Beschränkungen **4** 156 ff.
- Buchwertabfindung **4** 157
- disquotale Gewinnbezugsrechte **4** 162
- disquotale Stimm- und Herrschaftsrechte **4** 163
- Einkommensteuer **12** 105
- und Enterbung **1** 80
- Erbschaftsteuer bei Erbverzicht **12** 44 ff.
- Erbschaftsteuer bei Pflichtteilsverzicht **12** 43
- Erbschaftsvertrag **12** 52
- Erbverzicht **1** 83
- GmbH-Beteiligung **4** 158
- Grunderwerbsteuer **12** 112
- in Form von begünstigtem Vermögen gem. § 13a ErbStG **12** 67
- Klauseln **10** 139
- Nachabfindung im Vergleich **9** 117
- Pflichtteilsergänzungsanspruch bei Ausschluss **10** 140
- Pflichtteilsverzicht **11** 13
- Sachleistung an Erfüllungs statt **12** 99
- Strategien zur Minimierung des Pflichtteils **11** 151 ff.
- wiederkehrende Bezüge als Abfindung und Einkommensteuer **12** 94 f.

Abgeltungssteuer
- Unternehmensbewertung **4** 80, 102

Abkömmling
- Adoptivkinder **1** 13
- Ausgleichung bei mehreren Abkömmlingen **3** 156 ff.
- Begriff **7** 16
- nichteheliche Kinder **1** 13
- postmortale Vaterschaftsfeststellung **1** 13
- Wirkung des Erbverzichts **10** 28 f.

Abtretung des Pflichtteilsanspruchs
- Auskunftsanspruch **2** 27

Adoption
- angenommenes minderjähriges Kind **1** 15
- Annahme eines Volljährigen **1** 15
- beschränkte Adoptionswirkung § 1924 BGB **1** 16
- Beteiligte **11** 130
- beurkundeter Antrag **11** 133
- Eltern-Kind-Verhältnis **11** 132
- entgegenstehende überwiegende Interessen **11** 137
- erbrechtliche Wirkungen **11** 125 ff.
- Erwachsenenadoption **1** 14
- familienbezogene Motive **11** 135
- Gleichstellungserklärung Art. 12 § 10a NEhelG **11** 142 ff.
- innerdeutsche Erbfälle **13** 62 ff.
- Minderjährigenadoption **1** 14; **11** 125
- namensrechtliche Folgen **11** 138 f.
- sittliche Rechtfertigung **11** 134
- Strategien zur Minimierung des Pflichtteils **11** 114, s. a. dort
- Verwandtenadoption **1** 18
- Volladoption **11** 125
- Volljährigenadoption **11** 126 ff., 134
- Voraussetzungen **11** 132
- Zuständigkeit **11** 124

Agrarbetrieb 4
- siehe landwirtschaftliche Betriebe

Aktien
- Bewertung des Nachlasses **4** 234
- Börsenkurs als Wertermittlungsgrundlage **4** 73
- Einziehungsentgelt **4** 159
- Veräußerungsbeschränkungen **4** 152
- Vorzugsaktien **4** 163

Aktienoptionen
- Aktivbestand des Nachlasses **3** 47

Aktivbestand des Nachlasses 3 4 ff.
- Abfindung bei Gesellschaftsanteilen **3** 27
- Aktienoptionen **3** 47
- Ansprüche aus dem Vermögensgesetz **3** 44
- aufschiebend bedingte Forderungen **3** 47
- Bankvermögen **3** 7 ff.
- Bausparvertrag **3** 48
- Bonus **3** 35
- Bundesschatzbriefe **3** 48
- Domain **3** 42
- Fortsetzung mit den verbleibenden Gesellschaftern **3** 26 ff.
- geistiges Eigentum **3** 36 ff.
- Genussscheine **3** 48
- Geschäftsanteile einer Gesellschaft **3** 33
- Geschmacksmuster **3** 40
- Gesellschaftsbeteiligungen **3** 23
- gesellschaftsrechtliche Nachfolge **3** 29 ff.
- Gütergemeinschaft **3** 13
- Hausrat **3** 12
- Jagdrecht **3** 48
- Kapitalgesellschaftsanteile **3** 24

Sachverzeichnis

Fette Zahlen = §§

- Konfusion **3** 5 ff.
- Leasing **3** 48
- Lebensversicherung **3** 17
- Markenrecht **3** 41
- Mietvertrag **3** 45
- Nacherbenrecht **3** 47
- Namensrecht **3** 48
- nicht berücksichtigungsfähige Vermögenswerte **3** 45 ff.
- nichteheliche Lebensgemeinschaft **3** 14
- Nießbrauch **3** 45
- Patent **3** 39
- Personengesellschaftsanteile **3** 25 ff.
- Persönlichkeitsrechte **3** 34 ff.
- PKW **3** 12
- Schenkungen als fiktive Aktiva **5** 4
- Steuerrückerstattungsansprüche **3** 15
- Übersicht **3** 48
- Verlagsvertrag **3** 38
- Verlustvortrag **3** 16
- Vermögensverhältnisse in der Ehe **3** 12
- Voraus **3** 12
- wiederkehrende Leistungen **3** 43 ff.
- Wohnrecht **3** 45
- Zugewinnausgleichsforderung **3** 12
- Zuschlag bei Versteigerung **3** 48

Anerkenntnis
- Auskunftsklage **9** 57
- Pfändbarkeit des Pflichtteilsanspruchs **9** 109

Anfechtung
- Ausschlagung **1** 115; **3** 90
- Erbverzicht **10** 44 ff.
- Vaterschaftsanfechtung **1** 13

Anordnungen
- Anrechnung **3** 107 ff., s. a. Anrechnungsanordnung, Anrechnung
- Ausgleichung **3**, s. a. dort
- keine Auswirkungen auf das Kürzungsrecht **8** 9
- Kürzungsrecht **8** 18

Anrechnung
- Anrechnungsbetrag **10** 89
- ausgleichungspflichtige Zuwendungen **10** 98 ff.
- Bestimmung **10** 84 ff.
- Durchführung **10** 94
- Erbrechtsreform **10** 92 f.
- Formulierung der Bestimmung **10** 87
- freigiebige lebzeitige Zuwendung **10** 80 ff.
- Funktion **10** 80 ff.
- Höhe der Anrechnung **10** 95
- Inflationsbereinigung **10** 95
- Kautelarpraxis **10** 80 ff.
- Kombination von Anrechnungs- und Ausgleichungspflichten **3** 228 ff.
- Minderjähriger **10** 85
- nachträgliche **11** 171 f.
- Pflichtteilsergänzungsanspruch **6** 66
- Rechtsfolgen **10** 96 f.
- Rückgewähr des Schenkungsgegenstandes **10** 89
- Stichtagsprinzip **3** 69
- stillschweigende Bestimmung **10** 86
- Vertretungsmöglichkeiten **10** 84
- Wert der Zuwendung **10** 89
- Widerruf **10** 91
- Zeitpunkt **10** 90
- Zugang der Anrechnungsbestimmung **10** 85
- Zuordnung der Anrechnung beim gemeinschaftlichen Testament **5** 28
- Zusammentreffen von Anrechnungs- und Ausgleichungspflicht **3** 236 ff.; **10** 117 ff.
- Zuwendung an Pflichtteilsberechtigten selbst **10** 83
- Zuwendung aus Vermögen des Erblassers **10** 82
- Zuwendung vor Anrechnungsbestimmung **10** 90

Anrechnungsanordnung 3 107 ff.
- Änderung **3** 120
- bedingte Anordnung **3** 109
- Form **3** 110 ff.
- Inhalt der Anordnung **3** 107 ff.
- Lebensversicherung **3** 116
- nachträgliche **3** 116
- Verzichtsvertrag **3** 117
- Vorbehalt **3** 113
- Zeitpunkt **3** 110 ff.
- für zukünftige Zuwendungen **3** 119
- Zuwendung an Minderjährige **3** 121 ff.

Anrechnungspflichtteil 3 92 ff.
- Abgrenzung von anderen Rechtsinstituten **3** 94 ff.
- Abgrenzung zum Pflichtteilsergänzungsanspruch **3** 98
- Abgrenzung zum Verzicht **3** 99
- Abgrenzung zur Anrechnung auf den Zugewinn **3** 100
- Abgrenzung zur Ausgleichung **3** 95 ff.
- Anordnung **3** 107 ff., s. a. Anrechnungsanordnung
- Berechnung **3** 125 ff., 138 f.
- Beweislast **3** 124
- Bildung des Anrechnungsnachlasses **3** 128 ff.
- Eintritt eines Abkömmlings an Stelle des Weggefallenen **3** 144 ff.
- Erbrechtsreform **3** 93
- Ermittlung der Pflichtteilsquote **3** 146 f.
- Freiwilligkeit **3** 102
- fremder Vorempfang **3** 142 ff.
- Kreis der Pflichtteilsberechtigten **3** 106
- lebzeitige Zuwendung des Erblassers **3** 101 ff.
- moralische Verpflichtung zur Zuwendung **3** 103
- Normzweck des § 2315 BGB **3** 92 ff.
- Pflegeleistungen **3** 104
- prozessuale Geltendmachung **3** 140 f.
- Verminderung des Nachlasses als Voraussetzung **3** 101
- Wegfall des anrechnungspflichtigen Abkömmlings **3** 143
- Wegfall eines gesetzlichen Erben **3** 148 ff.
- Wertbestimmung der Zuwendung **3** 131 ff., s. a. Bewertung der Zuwendung
- Wertbestimmung durch den Erblasser **3** 135, s. a. Bewertung der Zuwendung

magere Zahlen = Randnummern

Sachverzeichnis

- Wirkung der Anrechnungspflicht **3** 125 ff.
- Zugewinnausgleich **3** 152 ff.
- Zuwendung an Minderjährige **3** 121 ff.
- Zuwendung an Pflichtteilsberechtigten **3** 106

Anwaltskanzlei
- ausstehende Forderungen **4** 172
- Bewertung **4** 169
- Bewertung von Großkanzleien **4** 180
- Bewertung von Sozietätsbeteiligungen **4** 179
- Bewertungsfaktor **4** 177
- kalkulatorischer Anwaltslohn **4** 178
- Kanzleiwert **4** 174
- Mandantenstamm als Parameter der Bewertung **4** 167
- Netto-Umsatz **4** 175
- Sozietätsvertrag **4** 179
- Substanzwert **4** 169
- Tätigkeit als Notar **4** 176
- Umsatzbereinigung **4** 176
- Verbindlichkeiten **4** 173
- werterhöhende Merkmale **4** 177
- wertsenkende Merkmale **4** 177

Anwaltsvergleich 9 47
- s. a. Vergleich

Anwartschaftsrecht
- Nacherbschaft **10** 226 ff.

Aragonien
- Erbrecht und Pflichtteilsrecht **15** 584 f.

Arztpraxis
- Bewertung **4** 188 ff.
- Bewertung nach BÄK-Methode **4** 191, 197
- DCF-Verfahren **4** 202
- Ertragswertmethode **4** 200
- Faustformel zur Wertermittlung **4** 196
- Goodwill **4** 193
- Indexierte Basis-Teilwert-Methode **4** 199
- Indexmethode **4** 192 ff.
- Kassenzulassung **4** 189
- nachhaltig erzielbarer Gewinn **4** 197
- Substanzwert **4** 190
- übertragbare Kosten **4** 197
- übertragbarer Gewinn **4** 197
- übertragbarer Umsatz **4** 197
- Vertragsarztzulassung **4** 190
- wertbildende Faktoren **4** 194
- Wertermittlungsmethoden **4** 195 ff.

Aufbewahrungsfrist
- Bankbelege bei Schenkungen **2** 130

Aufhebungsvertrag
- Aktivbestand des Nachlasses **3** 35

Auflagen
- kein Passivbestand des Nachlasses **3** 62
- und Pflichtteilsergänzungsanspruch **8** 35

Auseinandersetzung
- Einkommensteuer **12** 81

Ausgleichung 3 153 ff.
- Abgrenzung zum Anrechnungspflichtteil **3** 95 ff.
- Abkömmlinge der Erben **3** 225 ff.
- angemessenes Entgelt **8** 39

- Anordnung **3** 182, 227; **10** 102 ff., s. a. Ausgleichungsanordnung
- Anordnungszeitpunkt **10** 110
- anrechnungspflichtige Zuwendung **3** 220 f.
- Ansprüche gegen den Nachlass aus Dienstleistung **8** 40
- Aufwendungen zur Vorbildung zu einem Beruf **3** 177
- Ausbildungsaufwendungen **3** 180
- Ausgleichungsrestpflichtteil **3** 215 ff.
- Ausstattungen gem. § 2050 BGB **3** 166; **10** 100, s. a. Ausstattung
- Begriff der Zuwendung **3** 163
- Beiträge in anderer Weise **8** 47
- Berechnung des Ausgleichsbetrages **8** 50 ff.
- Berechnung des Ausgleichungspflichtteils **3** 202 ff.
- Berechnung gem. § 2050 BGB **3** 207 f.
- Beweislast **8** 44
- Bewertung beim Ausgleichungspflichtteil **3** 204
- Bewertung der Zuwendung **3** 206
- Durchführung **8** 37; **10** 114 ff.
- Ehegatten **3** 209 ff.
- Einkunftszuschüsse **3** 176
- elterliche Landwirtschaft **8** 48
- endgültiger Vermögenstransfer **3** 165
- Erbrechtsreform **10** 111
- erhebliche Geldleistungen **8** 45
- Ermessensantrag **8** 49
- Ermittlung des Ausgleichsbetrags **8** 48 ff.
- Ersatzerbe **3** 197
- fiktiver Ausgleichungsnachlass **3** 202
- geänderte Zuwendungsrichtung **3** 218
- geborene Ausgleichungspflichten **10** 99
- gekorene Ausgleichungspflichten **10** 99
- Geldleistung **3** 189
- gem. § 2316 Abs. 4 BGB **3** 223 ff.
- gem. § 2316 i. V. m. § 2057 a BGB **3** 217 ff.
- Geschäft **8** 41
- gewillkürte Festsetzung durch den Erblasser **3** 206
- Höhe des Ausgleichungsbetrags **3** 194
- hypothetischer Ausgleichungserbteil **3** 202
- keine Ausgleichung bei Ehegatten **8** 38
- Kombination von Ausgleichungs- und Anrechnungspflichten **3** 228 ff.
- Leistungen eines verstorbenen Abkömmlings **3** 198
- Leistungen gem. § 2057 a BGB **10** 116
- Luxusaufwendungen **3** 195
- Mehrempfang gem. § 2056 BGB **3** 211 ff.
- Mitarbeit im Beruf **8** 41, s. a. dort
- Mitarbeit im Geschäftsbetrieb **3** 186 ff.
- Mitarbeit im Haushalt **3** 186; **8** 41 ff., s. a. dort
- mitzuzählende Abkömmlinge **3** 156
- Nachfolgeklausel **3** 161
- Nachlassspaltung **14** 54 ff.
- nachträgliche Aufhebung als Vorausvermächtnis **10** 112
- negativer Ausgleichungspflichtteil **3** 211
- Normzweck des § 2316 BGB **3** 153 ff.; **8** 36 ff.

827

Sachverzeichnis

- Pflegeleistungen 3 190; 8 46; 10 107 ff., s. a. dort
- pflichtteilsberechtigter Ehegatte 3 232 ff.
- Pflichtteilsergänzungsanspruch 5 29; 6 66
- pflichtteilsrechtliche Fernwirkung 11 47
- keine substantiierte Darlegung 8 49
- Übermaß an Zuwendungen 3 178 ff.
- Verjährung 8 40
- Verschiebung der Pflichtteile 3 200
- vier Fälle der Ausgleichungspflicht 3 159
- Vorausempfang 3 196 ff.
- Voraussetzungen 3 156 ff.
- Vorempfang 3 201, 217
- Wirkung 3 200 ff.
- Zeitmoment 8 42
- Zeitpunkt der Zuwendung 3 205
- Zusammentreffen von Anrechnungs- und Ausgleichungspflicht 10 117 ff.
- Zusammentreffen von ausgleichungs- und anrechnungspflichtiger Zuwendung 3 236 ff.
- Zuwendungen 3 158 ff., s. a. dort
- Zuwendungen an Dritte 3 196 ff.
- Zuwendungen auf Kosten der Erblassers 3 161 ff.
- Zuwendungen des Erblassers 3 160
- Zuwendungen gem. § 2050 Abs. 3 BGB 3 181 ff.
- Zuwendungen gem. § 2057a BGB 3 186
- Zuwendungen nach § 2050 Abs. 2 BGB 3 175
- Zuwendungen zu Lebzeiten 3 223 ff.
- Zuwendungsbegriff 10 106

Ausgleichungsanordnung
- empfangsbedürftige Willenserklärung 3 182
- durch Erblasser 3 227
- Form 3 183 ff.

Auskunftsanspruch 2 1 ff.
- Abgrenzung zum Wertermittlungsanspruch 2 5
- Abtretung des Anspruchs 9 31
- anrechenbare Eigenschenke gem. § 2327 BGB 9 37
- Anzeige über Verwaltung fremden Vermögens 2 55 ff.
- Auskunftsansprüche des Erben gegenüber Dritten 2 7
- Auskunftsberechtigte 2 21 ff.
- Auskunftsklage 2 118 ff., s. a. dort
- Auskunftsschreiben 9 36
- Auskunftsverlangen noch nicht steuerbar 12 9
- Auskunftsverpflichtete 2 34 ff.; 9 37
- ausschlagender Erbe 2 25
- Ausschlagung eines Vermächtnisses 2 26
- Ausschluss des Anspruchs 2 15 ff.; 9 34
- außergerichtliche Geltendmachung 2 112
- außergerichtliches Schreiben 2 117
- gegenüber Banken 9 31
- Bankvermögen 2 53 ff., s. a. Bank
- keine Befreiung durch den Erben 2 15
- Berechtigte 9 34
- gegen Beschenkten 2 38
- Beschränkung des Wortlauts des § 2314 BGB 2 3
- Besichtigungsanspruch gem. § 809 BGB 2 74
- Bestandsverzeichnis 2 41 ff., s. a. dort
- gegen Dritte 2 71
- Einreden 2 75 ff.
- Einschränkungen des Anspruchs 2 19
- Einsicht in die Nachlassakte 2 70
- einstweilige Verfügung 2 130
- Einwendungen 2 75 ff.
- Einzelpositionen des Vermögens 2 53 ff.
- Erfüllung 2 75
- ergänzungspflichtige Schenkungen 9 27, 37
- Fälligkeit 2 20, 115
- fehlende Kenntnis des Erben 2 7
- fiktiver Nachlass 2 11 ff.; 9 23
- Form der Auskunftserteilung 2 41 ff., 47
- gegenüber dem Arbeitgeber des Erblassers 2 10
- Geltendmachung 2 112 ff.
- gem. § 2057 BGB 2 72
- geschachtelter Nachlass 2 8
- Geschäftsunternehmen 2 9
- gegenüber Grundbuchamt 2 68
- Grundsatz 9 20 ff.
- Güterstand 9 28
- gegenüber Handelsregister 2 69
- Inhalt 9 21 ff.
- Inhalt des Antrags auf Auskunftserteilung 2 4
- Inventareinrichtung 2 73
- Klage 9 56 ff., s. a. Auskunftsklage
- Lebensversicherungen 2 58
- Mahnung 2 115
- mehrere Auskunftsberechtigte 9 35
- mehrere Pflichtteilsberechtigte 2 30
- der Miterben 9 35
- Miterben als Gesamtschuldner 9 37
- Nacherbschaft 2 29, 37; 9 35
- Nachlassverzeichnis 2 42
- des pflichtteilsberechtigten Erben 2 31 ff.
- Rechtsmissbrauch 2 77
- Rechtsschutzbedürfnis nach Verjährung 2 45
- Schenkungen 2 12 f., 19, 59 ff., s. a. dort
- Sozialhilfeträger 2 28
- Spenden an Stiftungen 2 14
- Stufenklage 2 148 ff., 164; 9 74 ff., s. a. dort
- tatsächlicher Nachlass 2 4
- Testamentsvollstreckung 2 35
- trotz Ausschlagung 9 34
- Übertragung des Pflichtteilsanspruchs 2 27
- Umfang 2 2 ff.; 9 26
- unbenannte Zuwendungen 2 13
- Vereinbarung zwischen Erblasser und Pflichtteilsberechtigten 2 16
- Verjährung 2 78 ff.; 9 41
- bei Vermächtnis 2 26
- Vermögensbegriff 2 5
- Verschaffen von Unterlagen 9 30
- Verzicht 2 18
- Verzugsfolgen 1 31
- Voraus 2 6
- Vorempfänge 2 39 f.
- Vorlage der Geschäftsunterlagen 9 31
- Vorlage von Belegen 2 44
- weitere Auskunftsansprüche 2 68 ff.
- Wert eines Hauses 2 163

magere Zahlen = Randnummern   **Sachverzeichnis**

- Wertermittlungsanspruch 2 84 ff.
- Zurückbehaltungsrecht 2 76
- Zuwendungen 2 11 ff., 72
- Zweck 2 2 f.; 9 20

Auskunftsklage 9 56 ff.
- Aktiva 9 58
- Anordnung der Urkundenvorlegung 9 59
- Auskunftsanspruch 2 122 ff., s. a. dort
- Bestandsverzeichnis 2 122, s. a. dort
- Beweislast 2 119 f., 127
- fiktiver Nachlass 2 123 ff.
- Gebühren 2 131 ff.
- Geheimhaltungsinteresse 9 62
- Gerichtskosten 2 131 ff.
- Gerichtsstand 2 129
- isolierte 9 57
- Klageantrag 9 58 f., 78
- Muster 2 134
- örtliche Zuständigkeit 2 129
- Prozesskosten 9 57
- Prozessstrategie 2 118 ff.
- Rechtsmittel 2 138
- Rechtsschutzbedürfnis 9 60
- Schenkungen 2 125 f.
- sofortiges Anerkenntnis 2 121; 9 57
- Streitwert 2 118, 128; 9 62
- Verjährung 9 61
- Verjährung des Pflichtteilsanspruchs 9 60
- Vollstreckung 2 133 ff.
- Vorlage von Belegen 9 60

Auslandsberührung
- internationales Pflichtteilsrecht 14 1 ff., s. a. dort
- Schenkung von Vermögen im Ausland 5 172 ff.
- Strategien zur Minimierung des Pflichtteils 11 153 ff.

Ausschlagung
- Anfechtung 1 115; 3 90
- Aufforderungsschreiben zur Abgabe einer Erklärung über Annahme eines Vermächtnisses 1 116
- aufschiebende Bedingung 1 116
- Auskunftsanspruch 2 25
- Auskunftsanspruch trotz Ausschlagung 9 34
- Ausschlagungsfrist 1 116, 119 f.
- Behindertentestament 1 106, 114
- Beschränkungen und Beschwerungen 1 111
- des überlebenden Ehegatten bei Zugewinngemeinschaft 1 121 f.
- Erbeinsetzung nebst Vermächtnis 1 117 f.
- Erbrechtsreform 1 103
- Erbschaftsteuer 12 24
- Erbteil wertmäßig hinter dem Pflichtteil 1 107 ff.
- Falllage § 2305 BGB 1 107 ff.
- Falllage § 2306 BGB 1 111 ff.
- Falllage § 2307 BGB 1 116
- Frist 1 113
- großer Pflichtteil 1 123
- Inventarfrist § 1994 BGB 1 116
- keine Überleitung auf Träger der Sozialhilfe 1 114

- Nacherbschaft 1 104 f., 112 f.
- Nachlassspaltung 14 68
- Nachvermächtnis und Ausschlagung 1 116
- Pflichtteilsbeschränkung in guter Absicht 7 134
- Pflichtteilsergänzungsanspruch 5 23, s. a. dort
- Pflichtteilsrestanspruch 3 86 ff.
- als Pflichtteilsvoraussetzung 1 103
- taktische 1 103
- Vermächtnis 1 116

Ausschlagung eines Vermächtnisses
- Auskunftsanspruch 2 26

Außergewöhnliche Belastungen
- Einkommensteuer 12 108, s. a. dort

Ausstattung
- Angemessenheit 3 170
- Anlass 3 168
- Ausgleichung 3 166 ff.; 10 100
- Ausschluss 3 172
- Nutzungsvorbehalt 3 171
- Parteien 3 167
- Rückforderungsrecht 3 171
- Übermaßausstattung 3 170
- Verhältnis zu § 2325 BGB 3 174
- Zweck 3 169

Balearen
- Erbrecht und Pflichtteilsrecht 15 586

Bank
- Aktivbestand des Nachlasses 3 7 ff.
- Anzeige über Verwaltung fremden Vermögens 2 55 ff.
- Aufbewahrungsfrist bei Belegen 2 130
- Auskunftsrechte 9 31
- Bankgeheimnis 9 31
- Bankvermögen 2 53 ff.
- Bewertung von Bankguthaben 4 233
- Einzelkonto 3 11
- Gemeinschaftskonten von Ehegatten 4 233
- Oder-Konto 3 7 ff.
- Und-Konto 3 7 ff.

Bargeld
- Bewertung des Nachlasses 4 232

Baskenland
- Erbrecht und Pflichtteilsrecht 15 588 ff.

Bauerwartungsland
- Bewertung von Immobilien 4 23

Bauliche Anlagen
- Begriff 4 45

Bausparvertrag
- Aktivbestand des Nachlasses 3 48

Bedingung
- Erbschaftsteuer bei bedingtem Pflichtteilsanspruch 12 30 ff.

Beerdigungskosten
- Passivbestand des Nachlasses 3 58

Behindertentestament 10 266 ff.
- Ämterhäufung bei Betreuung und Vollstreckung 10 290
- Änderungsvorbehalt 10 291
- Anordnung der Nacherbfolge 10 279 ff.

829

Sachverzeichnis

Fette Zahlen = §§

- und Ausschlagung **1** 106, 114
- Begünstigung durch Auflage **10** 274
- Dauervollstreckung **10** 275, 282 ff.
- einschränkende Verwaltungsanordnung **10** 285
- Enterbung **10** 268
- Erblösung **10** 275 ff.
- erbrechtliche Bindung **10** 291
- Erbrechtsreform **10** 272, 287
- Fehlen der Anordnung der Nacherbfolge **10** 284
- Formulierung **10** 292
- Geldvermächtnisse zugunsten des behinderten Kindes **10** 288
- Gestaltung der Erbenstellung des Behinderten **10** 287
- Heimträger als Nacherbe **10** 281
- nicht befreiter Vorerbe **10** 275, 289
- nicht geeignete Gestaltungen **10** 268 ff.
- nicht verwertbares Vermögen bei Dauervollstreckung **10** 282
- Person des Testamentsvollstreckers **10** 290
- Quotenvermächtnis **10** 293
- Schenkungen an die nicht behinderten Kinder **10** 288
- Schlusserbeneinsetzung mit Pflichtteilsklausel **10** 269 f.
- Schutz der Reinerträge **10** 285
- sehr große Nachlässe **10** 277
- Sittenwidrigkeit **10** 276 ff.
- sozialhilferechtlicher Nachranggrundsatz **10** 266
- Thesaurierung der Erträge **10** 286
- umgekehrte Vermächtnislösung **10** 298
- Vermächtnislösung **10** 293 ff.
- Zugriff des Sozialhilfeträgers **10** 266
- Zuwendung unterhalb des Pflichtteils **10** 271

Belgien 15 1 ff.
- Adoption **15** 16
- Art des Pflichtteils **15** 28 ff.
- Aszendent des Erblassers **15** 25
- Besonderheiten der Nachlassabwicklung **15** 13
- Entziehung **15** 30 f.
- Erben erster Ordnung **15** 16
- Erben zweiter Ordnung **15** 17
- Erbrecht des überlebenden Ehegatten **15** 18 ff.
- Erbstatut **15** 5 ff.
- gesetzliche Erbfolge **15** 14 ff.
- Haager Testamentsformübereinkommen **15** 12
- internationales Erbrecht **15** 5 ff.
- IPR-Gesetz **15** 3
- Klage auf Herabsetzung **15** 28
- Lebenspartnerschaft **15** 21
- lex rei sitae **15** 6, 9
- Nachlass **15** 27
- Nießbrauch **15** 21
- Pflichtteilsberechnung **15** 27
- Pflichtteilsberechtigte **15** 22 ff.
- Pflichtteilsrecht **15** 22 ff.
- privilegium Belgicum **15** 13
- Quoten **15** 26
- Rechtswahl **15** 7 f.
- Regelungsumfang des Erbstatuts **15** 10

- reserve **15** 22 ff.
- Rückverweisung **15** 9 ff.
- Testierfähigkeit **15** 10
- überlebender Ehegatte **15** 24
- Übersicht **15** 26
- Verfügungen von Todes wegen **15** 11
- Verzicht **15** 32 ff.
- Weiterverweisung **15** 9 ff.

Berechnung des Pflichtteilsanspruchs 3 1 ff.
- Aktivbestand des Nachlasses **3** 4 ff., s. a. dort
- Anrechnungspflichtteil **3** 92 ff., 125 ff., s. a. dort
- Bewertung des Nachlasses **4** 1 ff., s. a. dort
- Ermittlung des Nachlasses **3** 49
- maßgebender Zeitpunkt **3** 67 ff.
- Neuberechnung gem. § 2313 Abs. 1 S. 3 BGB **3** 71
- ordentlicher Pflichtteil **3** 1 ff.
- Passivbestand des Nachlasses **3** 49 ff., s. a. dort
- Pflichtteilsrestanspruch **3** 75 ff., s. a. dort
- Quote **12** 22 ff.
- Stichtagsprinzip **3** 67 ff., s. a. dort

Berliner Testament
- Ausnutzen der Freibeträge **12** 75 f.
- Erbschaftsteuer **12** 75 f.
- Erfüllung einer verjährten Schuld und Pflichtteilsergänzungsanspruch **5** 170
- erweiterter Erblasserbegriff **5** 29
- Gestaltungsmöglichkeiten **12** 75 f.
- Pflichtteilsergänzungsanspruch **5** 29
- Pflichtteilsverzicht **10** 70
- Zuwendungsbegriff **10** 106

Berufung
- Stufenklage **2** 156

Beschränkungen
- Leistungsverweigerungsrecht gem. § 2319 BGB trotz Verlust des Beschränkungsrechts **8** 26
- Pflichtteilsrestanspruch **3** 84, 88 f.

Beschwerungen
- Pflichtteilsrestanspruch **3** 84, 88 f.

Besichtigungsanspruch 2 74

Bestandsverzeichnis
- Abgrenzung der Ergänzung zur eidesstattlichen Versicherung **9** 42
- amtliches **2** 49
- Aufgaben des Notars **2** 50 ff.
- Auskunftsanspruch **2** 41
- Bezugnahme Nachlassinventar **9** 32
- eidesstattliche Versicherung **2** 65
- Einwände gegen Richtigkeit **2** 62
- Hinzuziehung **9** 24
- Kosten **2** 67
- Muster **9** 33
- Nichterfüllung **2** 63
- ohne Wertangaben **9** 22
- privates **2** 43
- Verjährung **2** 64
- Zuziehung des Pflichtteilsberechtigten **2** 61

Besteuerung
- Einkommensteuer **12** 1 ff., s. a. dort
- Erbschaftsteuer **12** 1 ff., s. a. dort
- Grunderwerbsteuer **12** 1 ff., s. a. dort

830

magere Zahlen = Randnummern

Sachverzeichnis

Beta
- Ermittlung **4** 104
- Peer-Group-Beta **4** 104
- unlevered Beta **4** 104
- Unternehmensbewertung **4** 101 ff.

Betreuung
- Erbverzichtsvertrag **10** 16

Betriebsvermögen
- Steuerprivileg § 13 a ErbStG **12** 72

Beweislast
- Auskunftsklage **2** 127
- Erbenverbindlichkeit **3** 49
- Klage auf Wertermittlung **2** 142
- Pflichtteilsbeschränkung in guter Absicht **7** 111 f.
- Pflichtteilsentziehung **7** 78 ff.
- Zuwendungen **2** 127

Bewertung
- Leistung an Erfüllungs statt **12** 27

Bewertung der Zuwendung
- und Anrechnungspflichtteil **3** 131 ff.
- durch Erblasser **3** 135
- fiktiver Gesamtpflichtteil **3** 136 f.
- Immobilien **3** 132
- Indexierung **3** 133 ff.
- Kaufkraftschwund **3** 133 ff.
- Verkehrswert **3** 131

Bewertung des Nachlasses 4 1 ff.
- Arztpraxis **4** 188 ff.
- Bankguthaben **4** 233, s. a. Bank
- Bargeld **4** 232
- Bewirtschaftungskosten **4** 34
- durch den Erblasser **4** 16
- Einkommensteuerpflichtige Vorgänge beim Verkauf **4** 8
- einzelne Gegenstände **4** 18 ff.
- Ermittlung des vollen, wirklichen Werts **4** 10 ff.
- Ertragswertverfahren **4** 14, 21, 30 ff.
- Fahrzeuge **4** 239
- fiktive Erlösschmälerungen **4** 8
- fiktiver Nettoerlös **4** 8
- Forderungen **4** 235 ff., s. a. dort
- Freiberuflerpraxen **4** 166 ff.
- gedachter potentieller Käufer **4** 7
- Gegenstände des persönlichen Gebrauchs **4** 240
- Gesellschaftsanteile, siehe dort
- gewerbliche Schutzrechte **4** 247
- Grundsätze **4** 1 ff.
- Hausrat **4** 241
- höhere Preise als der Materialwert **4** 242
- Immobilien **4** 19 ff., s. a. dort
- individuelle Wertvorstellungen der Beteiligten **4** 7
- Kleidung **4** 240
- Kunstgegenstände **4** 227 ff., s. a. Kunst
- Landgüter und landwirtschaftliche Betriebe **4** 203 ff., s. a. Landwirtschaftliche Betriebe
- Leitungsrecht **4** 65
- Nießbrauch **4** 61
- Normalverkaufspreis **4** 6 ff.
- Persönlichkeitsrechte **4** 247
- Rechte **4** 243 ff.
- Rohertrag **4** 33
- Sachwertverfahren **4** 15, 21, 50
- Schätzung des vollen, wirklichen Werts **4** 12
- Schmuck **4** 242
- Steuerberaterpraxis, siehe dort
- Stichtagsprinzip **4** 3 ff., s. a. dort
- Substanzwertverfahren **4** 15
- tatsächlich erzielter Verkaufspreis **4** 10 f.
- Überprüfung der Methode im Gerichtsverfahren **4** 17
- unbebaute Grundstücke **4** 22 ff.
- unsichere **4** 244
- Unternehmenswert **4** 72 ff., s. a. Unternehmen
- Veränderung der Marktverhältnisse seit dem Erbfall **4** 10
- Verbindlichkeiten **4** 248, s. a. dort
- Vergleichswertverfahren **4** 13, 21, 29
- Verkehrswert **4** 19 ff.
- voller, wirklicher Wert **4** 6 ff.
- wahrer, innerer Wert **4** 9
- Wegerecht **4** 65
- Wertbestimmung eines Landgutes durch den Erblasser **12** 25
- Wertpapiere **4** 234, s. a. dort
- Wertsteigerungen nach dem Tod des Erblassers **4** 21
- Wertveränderungen des Nachlasses nach dem Stichtag **4** 4
- Wirtschaftsprüferpraxis **4** 187
- Wohnungsrecht **4** 60
- Ziel der Bewertung **4** 2
- zur Berechnung der Erbschaftsteuer **12** 25

Bewertung von Immobilien
- siehe Immobilien

Bewertung von Unternehmen 4 72 ff.
- s. a. Unternehmen

Bodenwert
- Bewertung von Immobilien **4** 45
- Ermittlung **4** 67 ff.
- Ertragswertverfahren **4** 68
- Marktanpassungsfaktoren **4** 70
- Sachwertverfahren **4** 70
- Vergleichswertverfahren **4** 68

Bosnien-Herzegovina 15 34 ff.
- Anrechnung **15** 90 ff.
- bedürftige Abkömmlinge **15** 69
- Enterbung **15** 91 ff.
- Entziehung **15** 91 ff., 99 f.
- Erben dritter Ordnung **15** 66 f.
- Erben erster Ordnung **15** 56 ff.
- Erben zweiter Ordnung **15** 61 ff.
- Erbstatut **15** 34 ff.
- gesetzliche Erbfolge **15** 54 ff.
- güterrechtliche Auswirkungen **15** 77 ff.
- internationales Erbrecht **15** 34 ff.
- Kinder neben dem überlebenden Ehegatten **15** 68
- Pflichtteilsberechnung **15** 76 ff.
- pflichtteilsberechtigte Personen **15** 72 ff.

831

Sachverzeichnis

Fette Zahlen = §§

- Pflichtteilsergänzung **15** 89
- Pflichtteilslast **15** 86 ff.
- Pflichtteilsrecht **15** 71 ff.
- qualifizierte Enterbung **15** 96 ff.
- Quote **15** 73 ff.
- Rechtswahl **15** 38 ff.
- Regelungsumfang des Erbstatuts **15** 43 f.
- Rückverweisung **15** 42
- überlebender Ehegatte **15** 70
- Übersicht **15** 75
- Verfügung von Todes wegen **15** 45 ff.
- Verzicht **15** 101
- Washingtoner Abkommen **15** 51
- Weiterverweisung **15** 42
- Zuwendungen **15** 78 ff.

Bundesschatzbriefe
- Aktivbestand des Nachlasses **3** 48

Bürgschaft
- Passivbestand des Nachlasses **3** 54

Capital Asset Pricing Modell
- Unternehmensbewertung **4** 98

Cash Flow
- Diskontierung des Free Cash Flows **4** 124
- Ermittlung des Free Cash Flows **4** 119
- Operating Free Cash Flow **4** 124

Common law
- Immobilien **14** 151, 156 ff.

Dauervollstreckung
- Anordnung bei Sorgerechtsproblematik **10** 313
- Behindertentestament **10** 275, 282 ff.

DCF-Verfahren
- Entity-Verfahren **4** 118
- Equity-Verfahren **4** 118
- Unternehmensbewertung **4** 118 ff.

DDR 13 35
- Abfindungsvertrag für Verzicht **13** 95
- Adoption mit starker Wirkung **13** 64
- Adoptionsrecht **13** 62 ff.
- Änderung des Adoptionsrechts mit dem FGB **13** 65
- Berechnung des Nachlasses **13** 19
- effektiver Nachlasswert **13** 19
- Ehegattenerbrecht **13** 4
- Einführung des FGB **13** 4
- Elternpflichtteil **13** 13
- Enteignung von Grundstücken **13** 79
- Erbfall zwischen dem 1. 1. 1957 und dem 1. 4. 1969 **13** 3
- Erbfall zwischen dem 1. 1. 1976 und dem 2. 10. 1990 **13** 9 ff.
- Erbfall zwischen dem 1. 4. 1969 und dem 31. 12. 1975 **13** 4 ff.
- Erbfall zwischen dem 3. 10. 1990 und dem 13. 3. 1998 **13** 23 ff., s. a. Neue Bundesländer
- Erbfall zwischen dem 7. 10. 1949 und dem 31. 12. 1956 **13** 1 f.
- FGB **13** 65
- gemeinschaftliches Testament **13** 16
- Güterstand **13** 87 ff.
- Güterstand der ehelichen Eigentums- und Vermögensgemeinschaft **13** 6
- Hausrat **13** 20
- Höhe des Pflichtteilsanspruchs **13** 21
- Inkrafttreten des ZGB **13** 9 ff.
- internationales Erbrecht der DDR **13** 32 ff., s. a. dort
- kein Pflichtteilsergänzungsanspruch **13** 54
- Kreis der Pflichtteilsberechtigten **13** 11
- kein Pflichtteilsergänzungsanspruch **13** 22
- Pflichtteilsrecht **13** 1 ff.
- Schenkungen aus der Zeit vor dem 3. 10. 1990 **13** 55
- Staatsbürgerschaftsgesetz **13** 35
- Statutenspaltung **13** 37
- Unterhaltsbedürftigkeit **13** 12
- Verfassung **13** 1
- Verordnung über die Annahme an Kindes statt **13** 3

Dienstleistungen
- angemessenes Entgelt **8** 39
- Ansprüche gegen den Nachlass vor Ausgleichung **8** 40
- Ausgleichung gem. § 2316 BGB **8** 36 ff., s. a. Ausgleichung

Domain
- Aktivbestand des Nachlasses **3** 42

Dreißigster
- Kürzungsrecht **8** 8

Dürftigkeit
- Wertermittlungsanspruch **2** 108

Dürftigkeitseinrede 8 52 ff.
- Abgrenzung zur Überschuldung **8** 53
- kein Ausschluss durch unbeschränkbare Haftung gem. § 2013 Abs. 2 BGB **8** 53
- Bezeichnung einzelner Nachlassgegenstände **8** 59
- Duldung der Zwangsvollstreckung **8** 57 ff.
- Dürftigkeit des Nachlasses **8** 52 ff.
- Erhebung der Einrede **8** 61 ff.
- maßgebender Zeitpunkt **8** 56
- Nachweis der Dürftigkeit **8** 54
- Pfändung **8** 65
- Rechtsfolgen **8** 57 ff.
- Revisionsinstanz **8** 63
- Trennung des Eigenvermögens vom Nachlass **8** 60
- Verteidigung des Gesamtpflichtteils **8** 30
- Vertretenmüssen der Dürftigkeit durch Erben **8** 56
- Vollstreckungsgegenklage **8** 64
- Vorbehalt der Haftung im Rechtsstreit **8** 61 ff.
- Vorbehaltsurteil **8** 64

Ehe
- Aktivbestand des Nachlasses **3** 12
- Ausgleichung **3** 209 ff., s. a. dort
- Ausschlagung der Erbschaft **12** 24
- Ausschluss der güterrechtlichen Lösung **10** 132
- Ausschluss des Ehegatten von der gesetzlichen Erbfolge **12** 24

Sachverzeichnis

magere Zahlen = Randnummern

- ehebedingte Zuwendungen und Pflichtteilsergänzungsanspruch 5 49 ff.
- enterbter Ehegatte 10 123
- erneute Eheschließung 1 100
- Geschiedenentestament 10 299 ff.
- gesetzliche Erbfolge 12 24
- keine Ausgleichung von Leistungen 8 37
- kleiner Pflichtteil 12 24
- Kombination von Ausgleichungs- und Anrechnungspflichten 3 232 ff.
- Leistungsverweigerungsrecht 8 32
- Pflichtteilsentziehung bei Verletzung von Unterhaltsverpflichtungen 7 41
- Pflichtteilsquoten 1 22; 10 121 ff., s. a. Quote
- Pflichtteilsrestanspruch des Ehegatten 3 91
- Pflichtteilsverzicht und Ehegattenunterhalt 10 56 f.
- Quote und Erbschaftsteuer 12 24
- vertragliche Gestaltungen zur Verringerung des Pflichtteils 11 74 ff.
- zur Erweiterung der Pflichtteilsberechtigten 11 112
- Zusatzpflichtteil 12 24
- Zuwendung und Pflichtteilsergänzungsanspruch 5 24
- Zwangsvollstreckung bei Nacherbschaft 10 219

Ehegattenerbvertrag
- Pflichtteilsklauseln 10 195, s. a. dort

Ehevertrag 10 121 ff.
- Auslandsberührung 14 92
- Pflichtteilsergänzungsanspruch 5 38 ff., s. a. dort
- Pflichtteilsquote 10 121 ff.

Eidesstattliche Versicherung
- Abgrenzung zur Ergänzung des Nachlassverzeichnisses 9 42
- bedingter Hilfsantrag 9 81
- Bestandsverzeichnis 2 65
- Beweismittel für Nachlassverzeichnis 10 160
- praktische Handhabung 9 25
- Stufenklage 2 151; 9 80, s. a. dort
- unbedingter Antrag 9 82
- Voraussetzungen 9 42
- zuständiges Gericht 9 43

Einkommensteuer
- Abgrenzung von Abfindung und Versorgungsleistungen 12 98
- AfA-Bemessungsgrundlage 12 80
- allgemeine Grundsätze 12 78 ff.
- Auseinandersetzung 12 81
- außergewöhnliche Belastungen 12 108
- beim Erben nicht abzugsfähig 12 82
- Betrieb als Nachlass 12 79
- Finanzierungskosten der Pflichtteilslasten 12 104
- Generationennachfolgeverbund 12 98
- Pflichtteilsanspruch kein Einkommen 12 82
- Pflichtteilsberechtigter 12 83 ff.
- Pflichtteilslasten 12 102 ff., s. a. dort
- Pflichtteilslasten als Betriebsausgaben 12 78

- Pflichtteilsrente 12 84 ff., s. a. Rente
- Sachleistungen an Erfüllungs statt 12 91 ff., 103
- Sonderausgaben 12 107
- Übertragung eines Wirtschaftsgutes an Erfüllungs statt 12 92 f.
- Verrechnung des Pflichtteilsanspruchs 12 106
- Verzicht 12 94 ff.
- Verzicht auf bereits geltend gemachten Abfindungsanspruch 12 101
- wiederkehrende Bezüge als Abfindung 12 94 f.
- wiederkehrende Bezüge an den Pflichtteilsberechtigten 12 87
- Zahlungen für den Verzicht 12 105
- Zinsanteil wiederkehrender Bezüge 12 87

Einkunftszuschüsse
- Ausgleichung 3 176

Einreden 8 27 ff.
- Ausgleichspflicht 8 36 ff., s. a. Ausgleichung
- beschränkte Erbenhaftung § 1990, 1991 BGB 5 13
- Dürftigkeitseinrede 8 52 ff., s. a. dort
- gegen Wertermittlungsanspruch 2 103 ff.
- Kürzungsrecht gem. § 2318 Abs. 1 BGB 8 1 ff., s. a. Kürzungsrecht
- des Miterben gem. § 2319 BGB 8 20 ff.
- des Pflichtteilsberechtigten 8 20 ff.
- gegen Pflichtteilsergänzungsanspruch gem. 2328 BGB 5 13
- ungeteilter Nachlass gem. § 2059 Abs. 1 S. 1 BGB 9 4
- Verminderung des Pflichtteils der Miterben 8 25

Einstweilige Verfügung
- Ablauf der Aufbewahrungsfrist 2 130
- Auskunftsanspruch 2 130

Einverständnis mit Belastungen gem. § 2306 BGB 10 74 ff.
- Erbrechtsreform 10 74
- Verzicht auf Wahlrecht gem. § 2306 BGB 10 76

England
- family provisions 14 221

Enterbung
- Abänderungsvorbehalt im Erbvertrag 1 75 f.
- ausdrückliche 1 35 ff.
- Beschränkungen 1 38
- Beschwerungen 1 38
- des Ehepartners und Pflichtteilsquote 1 26
- Diskriminierung 1 63 ff.
- Einschränkung der Testierfreiheit durch Gesellschaftsrecht 1 78 ff.
- Erbverzicht 1 82
- Grundsatz 1 35 ff.
- Heimgesetz 1 52 ff., s. a. dort
- Homosexualität 1 67
- konkludente 1 35 ff.
- durch lebzeitige Verfügungen 1 38
- mittelbare Drittwirkung von Grundrechten 1 62
- Pflegeleistungen und § 14 HeimG 1 56
- sittenwidrige 1 61 f.
- Testierfähigkeit 1 41 ff., s. a. dort
- trotz Erbvertrag 1 75 ff.

Sachverzeichnis

Fette Zahlen = §§

- trotz gemeinschaftlichem Testament **1** 75 ff.
- Verletzung von Persönlichkeitsrechten **1** 61 ff.
- Verstoß gegen Verbotsgesetze **1** 50 ff.
- Verzicht **1** 82 ff.
- Zuwendung unter dem Pflichtteil **1** 37

Entziehung
- Erbrechtsreform **10** 4
- Feststellungsklage **9** 51, s. a. dort
- Pflichtteilsergänzungsanspruch **5** 7

Erbbaurecht
- Bewertung des Nachlasses **4** 55 ff.
- Bodenwert **4** 57, 59
- finanzmathematische Methode **4** 57, 59
- Gebäudewertanteil **4** 57
- Wert **4** 56
- Wert des Erbbaugrundstücks **4** 58

Erbersatzfunktion
- Bewertungszweck **4** 74

Erbprätendentenstreit
- Kosten kein Passivbestand des Nachlasses **3** 63

Erbrechtsgleichstellungsgesetz 13 39 ff., 47

Erbrechtsreform
- Anrechnung **10** 92 f.
- Anrechnungspflichtteil **3** 93
- Ausgleichung **10** 111
- Ausschlagung **1** 26, 103
- Behindertentestament **10** 272, 287
- Einverständnis mit Belastungen gem. § 2306 BGB **10** 74
- Enterbung des Ehepartners **1** 26
- Entziehungsgründe **1** 9; **10** 4
- Pflegeleistungen **10** 107 f.
- Pflichtteilsentziehung **7** 4, 8, 11, 12, 13 ff., 18 ff., 20, 25, 26, 26 ff., 29, 34, 36, 41, 42 f., 50, 54 ff., 54, 58 ff., 63 ff., 65, 68, 71 f., 73 ff., 81 ff., 82, 138 f.; **10** 174 ff., 179, 181; **11** 163 ff.
- Pflichtteilsergänzungsanspruch **10** 4
- Pflichtteilsklauseln **10** 210
- pro rata Regelung bei Schenkung **1** 8
- Socinische Klausel **10** 216
- Stiftungen **11** 66 ff.
- Stundung **1** 9; **10** 4
- Unternehmensnachfolge **10** 129
- Vereinfachung der Verjährung **1** 9
- Wert- und Quotentheorie **1** 32
- Ziele **1** 6
- Zugriff Dritter auf den Pflichtteil **11** 7

Erbschaftsteuer 12 1 ff.
- Abfindung für Erbverzicht **12** 44 ff.
- Abfindung in Form von begünstigtem Vermögen § 13 a ErbStG **12** 67
- Abfindungsanspruch ohne wirtschaftliche Belastung **12** 19
- Abtretung des Pflichtteilsanspruchs **12** 15
- Abzug der Pflichtteilslast beim Verpflichteten **12** 60 ff.
- Abzugsverbot § 10 Abs. 6 ErbStG **12** 71
- Anrechnungsbestimmung bei Schenkung **11** 42
- Aufhebung des Erbverzichts **12** 50
- aufschiebend bedingter Pflichtteilsanspruch **12** 30 ff.

- Auskunftsverlangen noch nicht steuerbar **12** 9
- Ausnutzen der Freibeträge **12** 75 f.
- Ausschluss des Ehegatten von der gesetzlichen Erbfolge **12** 24
- Begriff der Geltendmachung **12** 8 ff.
- Begriff des begünstigten Vermögens **12** 65
- Begünstigung für den Erben gem. § 3 Abs. 2 Nr. 4 ErbStG **12** 68
- Beispielsrechnung **12** 18
- Besonderheiten **12** 65 ff.
- Besteuerung des gelten gemachten Pflichtteils **12** 20 ff.
- Besteuerung des Pflichtteilsberechtigten **12** 1 ff.
- Entstehung des Pflichtteilsanspruchs **12** 1 ff.
- Erbschaftsvertrag **12** 52
- Erwerber des begünstigten Vermögens **12** 66
- fehlende Bezifferung des Klageantrags **12** 11
- Forderung nur einer Teilleistung **12** 14
- Freibeträge **12** 28
- freigebige Zuwendung bei Überzahlung **12** 5
- Geltendmachung als maßgeblicher Zeitpunkt **12** 6 ff.
- gerichtliche Geltendmachung des Pflichtteilsanspruchs **12** 10
- Gestaltungsmöglichkeiten **12** 75 f.
- Haltefrist bei Vergünstigung **12** 65
- Höhe **12** 28
- Höhe der festzusetzenden Steuer **12** 11
- Höhe des Pflichtteilsanspruchs **12** 5
- Insolvenz des Erben **12** 20
- Jastrow'sche Klausel **10** 208
- Konfusion **12** 17, 61
- Leistung an Erfüllungs statt **12** 27
- Nennwert **12** 21
- Pflichtteilsergänzungsanspruch **12** 63 ff.
- Pflichtteilslast und steuerbefreite Gegenstände **12** 70
- Pflichtteilsquote **12** 22 ff.
- Pflichtteilsverzicht **12** 40 ff., s. a. dort
- Quote und Ehegattenerbrecht **12** 24
- Schuld zur Leistung des Pflichtteils **12** 72
- Sonderfall der Steuerentstehung gem. §§ 3 Abs. 1 Nr. 1, 9 Abs. 1 Nr. 1 b ErbStG **12** 12
- steuerbefreite Gegenstände **12** 70
- Steuerklassen **12** 29
- Steuerprivileg für Betriebsvermögen **12** 72
- Steuerwert **12** 74
- Stufenklage **12** 10
- Stundung **12** 33 ff.
- Stundung durch Erblasser **12** 37
- Stundung durch Pflichtteilsberechtigten **12** 37
- Tod des Pflichtteilslastverpflichteten **12** 61
- Übertragbarkeit des Pflichtteilsanspruchs **12** 15
- Übertragungsvertrag über Grundbesitz **12** 76
- Vergünstigungen gem. §§ 13 a, 19 a ErbStG **12** 65
- Verhältnis zur Grunderwerbsteuer **12** 110
- Verjährung des Pflichtteilsanspruchs **12** 16, s. a. Verjährung
- Verwaltungsvermögen **12** 65
- Verzicht **12** 40 ff.

834

magere Zahlen = Randnummern **Sachverzeichnis**

- Verzicht auf entstandenen Pflichtteilsanspruch 12 56 ff.
- Verzicht auf gelten gemachten Pflichtteilsanspruch 12 58 f.
- wirtschaftlicher Zusammenhang von Erwerbsvorgang und Schulden 12 71
- Zugewinnausgleich nicht steuerbar 12 24

Erbschaftsvertrag
- Abfindung und Erbschaftsteuer 12 52
- Form 12 52

Erbschein
- Auslandsberührung 14 285 ff., s. a. Internationales Erbverfahrensrecht
- Erteilung kein Passivbestand des Nachlasses 3 63

Erbstatut
- Abgrenzung zum Güterrecht 14 141 ff.
- Anknüpfungsmerkmale 14 72 ff.
- Annahme der Erbschaft 14 218
- Asylbewerber 14 119 ff.
- Ausschlagung 14 218
- Auseinanderfallen von Erbstatut und Sachenrechtsstatut 14 251 ff.
- Bestimmung 14 22 ff.
- Bestimmung des Nachlassbegünstigten 14 214
- Bestimmung des Statuts aus deutscher Sicht 14 95 ff.
- common law 14 83 ff.
- domicile of choice 14 83 ff.
- domicile of origin 14 83 ff.
- Eigentumserwerb der Begünstigten 14 219
- Erbrecht des Fiskus 14 214
- Erbverzicht 14 242 ff.
- Flüchtlinge 14 119 ff.
- Formgültigkeit letztwilliger Verfügungen 14 234
- gemeinschaftliches Testament 14 236
- Gesellschaftsrechts- und Erbstatut 14 134 ff.
- Gestaltungsmöglichkeiten 14 88 ff.
- gewillkürte Erbfolge 14 215
- letzter gewöhnlicher Aufenthalt 14 81 f.
- letzter Wohnsitz 14 79
- mehrere hypothetische Erbstatute 14 239 ff., 245 ff.
- Nachlassverbindlichkeiten 14 220
- Pflichtteilsergänzungsanspruch 14 216
- Pflichtteilsverzicht 14 242 ff.
- Rechtswahl 14 27
- sechsstufige Prüfung 14 96
- sonstige Anknüpfungen 14 87
- Staatenlose 14 122
- Staatsangehörigkeitsprinzip 14 77 ff.
- Staatsverträge vorrangig vor Staatsangehörigkeit 14 23 f.
- Statthaftigkeit der letztwilligen Verfügung 14 235
- Testierfähigkeit 14 238
- Umfang des Nachlasses 14 213
- Unterhaltsansprüche 14 221
- Verbot gemeinschaftlicher Verfügungen 14 237
- Verzicht 14 242 ff.

- Vindikationslegat bei Vermächtnis 14 252 ff.
- vom deutschen Recht abweichende Anknüpfung 14 78
- Vorfragen 14 223 ff.
- vorrangiges Einzelstatut 14 147
- Wirksamkeit letztwilliger Verfügungen 14 232 ff.
- Wirkungsumfang aus deutscher Sicht 14 212 ff.

Erbunwürdigkeit
- und Pflichtteilsunwürdigkeit 7 141
- Voraus 3 61

Erbvertrag
- Enterbung trotz Vertrag 1 75 ff.
- Pflichtteilsklauseln 10 195 ff., s. a. dort

Erbverzicht 10 5 ff.
- Abfindung 1 83; 10 11
- Abfindung und Erbschaftsteuer 12 44 ff.
- Abgrenzung zum Erbvertrag 10 5
- Abgrenzung zur gewillkürten Erbregelung 10 8
- abstraktes Geschäft 10 5
- Anfechtung 10 44 ff.
- Anwendungsbereich 10 8
- Aufhebungsvertrag 10 37 ff.; 12 50
- ausdrückliche Annahme des Vertrages 10 13
- Ausfertigung eines Angebots 10 22
- Auslegung 10 12 f.
- Ausschlusswirkung 10 27
- beachtliche Irrtümer 10 45
- Bedingung 1 82
- Bedingungen 10 26
- Befristung 1 82; 10 26
- Behandlung der Urkunden durch den Notar 10 48
- Beschränkung hinsichtlich einzelner Gegenstände unzulässig 10 35
- Beschränkungsmöglichkeiten 10 34
- Beseitigungsmöglichkeiten 10 37 ff.
- Betreuung 10 2, 16, 20
- Beurkundung 10 9 ff.
- Ehegatten 10 32
- Enterbung 1 82
- Erhöhung der Pflichtteilsquoten 10 27
- Erstreckung der Wirkung auf Abkömmlinge 10 28
- Form 10 9 ff.; 12 45
- gegenständliche Beschränkung 1 86
- Geschäftsunfähigkeit 10 16
- gleichzeitige Anwesenheit 10 21 ff.
- gleichzeitiger Verzicht auf das Pflichtteilsrecht 1 85
- Inhalt 10 6 ff.
- Insolvenzverwalter 10 24
- keine Pflichtteilsvermeidungsstrategie 1 87
- Lebenspartner 10 6
- nur zu Lebzeiten 10 25
- Rechtsfolgen 10 27 ff.
- Rechtsgeschäft unter Lebenden 1 82
- Rechtsnatur 10 5
- relativer 10 33
- Risikocharakter 10 41
- keine Rückabwicklung nach Eintritt des Erbfalls 10 43

835

Sachverzeichnis

Fette Zahlen = §§

- Sittenwidrigkeit **10** 36
- stillschweigender **10** 14
- Strategien zur Minimierung des Pflichtteils **11** 8 ff.
- unbeachtliche Irrtümer **10** 46
- Veränderungen des Vermögens **10** 41
- Verbindung von Verzicht und Abfindung **10** 11
- Verfügungswirkung **10** 5
- Verpflichtungsgeschäft **1** 83
- verschiedene Notare **10** 23
- Vertragsschließende **10** 6 f.
- Vertretungsmöglichkeiten für den Erblasser **10** 15 ff.
- Vertretungsmöglichkeiten für den Verzichtenden **10** 19 f.
- Wegfall der Geschäftsgrundlage **10** 40 ff.
- zeitliche Grenzen **10** 25, 43
- zugunsten eines anderen **10** 33
- zulasten der Sozialhilfe **10** 36
- keine Zustimmung des Ehegatten **10** 24
- Zustimmungserfordernisse **10** 24

Ergänzungspfleger
- siehe Minderjährige

Erledigungserklärung
- Stufenklage **2** 150

Ersatzerbe
- Ausgleichung **3** 197

Ertragswertverfahren
- Berechnung **4** 106 ff.
- Bewertung von Immobilien **4** 21, 30 ff., 44, 66
- Bodenwert **4** 68
- Ermittlung der Ertragsüberschüsse **4** 107
- Kapitalisierungszinssatz **4** 111
- Tax-CAPM-Modell **4** 114
- Terminal Value **4** 115 f.
- Wachstumsabschlag **4** 116
- Werttreiber **4** 108
- Zinsprognose **4** 109

EU-Recht
- EU-Verordnungen **14** 111
- Planungen zur Vereinheitlichung des Erb- und Pflichtteilsrechts **14** 111 ff.

Fahrzeuge
- Bewertung des Nachlasses **4** 239
- Mittelwert aus Händlereinkaufs- und Händlerverkaufspreis **4** 239

Fälligkeit
- Grundsatz **1** 30 ff.
- Pflichtteilsanspruch **8** 66
- Stundung **9** 104

Feststellungsklage 9 49 ff.
- Bestehen des Pflichtteilsrechts **9** 52
- Entziehung des Pflichtteils **9** 49
- Feststellungsinteresse **9** 50
- Klagemuster **9** 55
- Pflichtteilsentziehungsrecht **9** 51
- positive Feststellung des Pflichtteilsrechts **9** 49
- Streitwert **9** 54
- zu Lebzeiten des Erblassers **9** 49 ff.
- zuständiges Gericht **9** 53

Fiktiver Gesamtpflichtteil
- Bewertung der Zuwendung **3** 136 f.

Fiktiver Nachlass
- Ausgleichung **3** 202
- Auskunftsanspruch **9** 23
- Auskunftsklage **2** 123, s. a. dort
- Begriff **5** 5
- Klage auf Wertermittlung **2** 142
- Kosten der Wertermittlung **2** 101
- Nachlassverzeichnis **10** 158
- Wertermittlungsanspruch **2** 111

Forderungen
- bedingte **4** 235
- Bewertung des Nachlasses **4** 235 ff.
- dem Grunde oder der Höhe nach unsichere **4** 235
- Honorarforderungen **4** 236
- Konfusion **4** 237
- Leibrenten **4** 237
- Steuererstattungsansprüche **4** 238
- Verlustvortrag **4** 238
- wiederkehrende **4** 237
- Wohnrechte **4** 237

Fortsetzungsklausel
- Auslandsberührung **14** 132, s. a. Internationales Pflichtteilsrecht

Fortsetzungsklauseln
- Pflichtteil **10** 139 f.

Frankreich 15 102 ff.
- Adoption **15** 115
- Anrechnung **15** 133
- Art des Pflichtteils **15** 130
- Besonderheiten der Nachlassabwicklung **15** 112
- bewegliche und unbewegliche Nachlassgegenstände **15** 106
- clause tontique **14** 138
- droit de retour **15** 127
- Eltern des kinderlosen Erblassers **15** 120
- Entscheidungsdissens **15** 108
- Entziehung **15** 134
- Erben dritter Ordnung **15** 116
- Erben erster Ordnung **15** 115
- Erben zweiter Ordnung **15** 116
- Erbrecht des überlebenden Ehegatten **15** 117, 121
- Erbstatut **15** 104 ff.
- gemeinschaftliche Verfügungen **14** 237
- geschiedener überlebender Ehegatte **15** 125
- Gesetzesänderung **15** 102 f.
- gesetzliche Erbfolge **15** 113 ff.
- Haager Testamentsformabkommen **15** 110
- internationales Erbrecht **15** 104 ff.
- Kinder und Ehegatten **15** 119
- Lebenspartnerschaft **15** 122
- lex fori **15** 106
- lex rei sitae **15** 109
- libéralités **15** 123
- Nachlass **15** 129
- Pflichtteilsberechnung **15** 129
- Pflichtteilsberechtigte **15** 123 ff.
- Pflichtteilsrecht **15** 123 ff.

magere Zahlen = Randnummern **Sachverzeichnis**

- Quote **15** 124
- Rechtswahl **15** 105, 108
- Reform 2006 **15** 123, 131
- Regelungsumfang des Erbstatuts **15** 109
- reserve **15** 123 f.
- Rückfallrecht statt Pflichtteilsrecht **15** 127
- Rückverweisung **15** 107 f.
- Staatsverträge **15** 104
- Übersicht **15** 126
- Verfügungen von Todes wegen **15** 110
- Verjährung **15** 128
- Verzicht **15** 135 ff.
- Weiterverweisung **15** 107 f.

Freibeträge
- Erbschaftsteuer **12** 28, s. a. dort

Galizien
- Erbrecht und Pflichtteilsrecht **15** 591 f.

Gebrauchsmuster
- Aktivbestand des Nachlasses **3** 39

Gebühren
- Auskunftsklage **2** 131 ff.
- Klage auf Wertermittlung **2** 144 f.
- Stufenklage **2** 157 ff.

Gehalt
- Auskunftsanspruch gegenüber dem Arbeitgeber des Erblassers **2** 10
- Bonus als Aktivnachlass **3** 35

Geistiges Eigentum
- Aktivbestand des Nachlasses **3** 36 ff.
- Verlagsvertrag **3** 38

Geltendmachung von Ansprüchen 9 1 ff.
- Anspruchsgegner **9** 1 ff.
- Auskunftsanspruch **9** 20 ff., s. a. dort
- Auskunftsklage **9** 56 f., s. a. dort
- außergerichtliche **9** 20 ff.; **12** 9
- Begriff **12** 8 ff.
- Beschenkter als Anspruchsgegner **9** 6 f.
- Duldungstitel gegen Testamentsvollstrecker gem. § 748 ZPO **9** 8
- Erbe als Anspruchsgegner **9** 1 ff.
- Erbschaftsteuerlicher Anknüpfungspunkt **12** 6 ff., s. a. Erbschaftsteuer
- erster Schritt **9** 3
- Gesamthandsklage **9** 4
- Klagepflegschaft **9** 15 f., s. a. dort
- Miterben als Gesamtschuldner gem. § 2058 BGB **9** 4
- Nachlasspflegschaft **9** 12 ff., s. a. dort
- Pflichtteilsergänzungsklage **9** 84 ff., s. a. dort
- Pflichtteilsrestanspruch **9** 2
- prozessuale Geltendmachung **9** 49 ff.
- Stufenklage **9** 74 ff., s. a. dort
- Stundung **9** 100 ff., s. a. dort
- Testamentsvollstrecker als Anspruchsgegner **9** 8 ff.
- Vergleich **9** 45 ff., s. a. dort
- Verzicht und Verjährung **9** 3
- Wertermittlungsanspruch **9** 38 ff., s. a. dort
- Wertermittlungsklage **9** 63 ff., s. a. dort
- Zahlungsklage **9** 70 ff., s. a. dort
- Zinsen **9** 98 f., s. a. dort

Gemeinschaftliches Testament
- Auslandsberührung **14** 91
- DDR **13** 16
- Enterbung **1** 75 ff.
- Pflichtteilsklauseln **10** 195, s. a. dort
- Zuordnung der Anrechnung bei Schenkung an Kinder **5** 28

Gemischte Schenkungen
- Ausgleichszahlungen an weichende Erben **5** 111
- befreiende Schuldübernahme **5** 104
- Begriff **5** 102
- Belastung mit Verbindlichkeit **5** 104 ff.
- Bewertung von Wohnungsrechten **5** 110
- Kapitalwert des Nießbrauchsrechts **5** 107
- Missverhältnis von Leistung und Gegenleistung **5** 102 ff.
- Sterbetabelle **5** 106
- todkranker Erblasser und Wert der Gegenleistung **5** 109
- unter Auflagen **5** 103
- Vereinbarung der Gegenleistung **5** 105
- Vorbehalt des Nießbrauchs **5** 106

Genussscheine
- Aktivbestand des Nachlasses **3** 48

Gerichtskosten
- Auskunftsklage **2** 131 ff.
- Klage auf Wertermittlung **2** 144 f.
- Stufenklage **2** 157 ff.

Gerichtsstand
- Auskunftsklage **2** 129

Gesamthandsklage
- Geltendmachung gegenüber Erbengemeinschaft **9** 4

Gesamtpflichtteil
- Ermittlung für das Leistungsverweigerungsrecht **8** 29 ff.
- Stichtagsprinzip **8** 30

Geschäftsanteile 10
- Abfindung **4** 158; **10**, siehe dort
- Abfindungsbeschränkungen **4** 156 ff., 164, s. a. Abfindung
- Abfindungsklauseln und Pflichtteilsergänzungsanspruch **5** 148
- Abtretung eines Anteils als pflichtteilsrelevante Schenkung **5** 137 f.
- Anwaltskanzlei, siehe dort
- Auflösung der Gesellschaft **10** 138
- Aufnahme eines Gesellschafters als Schenkung **10** 140
- Aufnahme eines neuen Gesellschafters und Pflichtteilsergänzungsanspruch **5** 131 ff.
- Aufnahme eines persönlich haftenden Gesellschafters **10** 148
- Auswirkung der Abfindungsbeschränkung auf die Unternehmensbewertung **4** 161 ff.
- Bewertung **4** 147 ff.
- Buchwertabfindung **4** 157
- direkte Anteilsbewertung **4** 147
- disquotale Gewinnbezugsrechte **4** 162
- disquotale Stimm- und Herrschaftsrechte **4** 163
- Eintrittsklauseln **10** 145

837

Sachverzeichnis

Fette Zahlen = §§

- Einziehung **4** 153 ff.
- Einziehungsentgelt **4** 159
- Freiberuflerpraxen **4** 166 ff.
- gesellschaftsrechtlich begründete Korrekturfälle **4** 149 ff.
- gesellschaftsvertragliche Bestimmungen zum Ausscheiden eines Gesellschafters **4** 165
- indirekte Anteilsbewertung **4** 147
- Kapitalgesellschaften **10** 146 ff.
- Kautelarpraxis **10** 136 ff.
- Mehrheitszuschläge **4** 147
- Minderheitsabschläge **4** 147
- Nacherbschaft **10** 218, s. a. dort
- negative Kapitalkonten keine Nachlassverbindlichkeit **3** 65
- Sozietätsbeteiligungen **4** 179, s. a. Anwaltskanzlei
- Steuerberaterpraxis **4** 182 ff., s. a. dort
- Strategien zur Minimierung des Pflichtteils **11** 149 ff.
- Stuttgarter Verfahren bei Abfindung **4** 158
- Veräußerungsbeschränkungen **4** 151 ff.
- Verteilungsschlüssel **4** 147
- Zehn-Jahres-Frist § 2325 Abs. 3 BGB bei Übertragung **6** 35
- Zwangseinziehung **4** 155

Geschiedenentestament 10 299 ff.
- auflösende Bedingung **10** 306
- Ausschließung der elterlichen Verwaltung gem. § 1638 BGB **10** 314
- befreite Vorerbschaft **10** 302
- befristetes Herausgabevermächtnis **10** 318
- Bestimmung des Nacherben **10** 303 ff.
- Dauervollstreckung **10** 313
- Dieterle-Klausel **10** 307 ff.
- elterliches Vermögensverwaltungsrecht **10** 312 ff.
- erbrechtliche Lösung **10** 300
- Formulierung **10** 317
- Gesetzeslage **10** 299
- Gestaltungslösungen **10** 300
- gewillkürte Erben des Vorerben als Nacherben **10** 307 ff.
- Nacherbschaft **10** 301 ff.
- Nachvermächtnis **10** 323
- Offenhaltung der Person des Vermächtnisnehmers **10** 320
- Sorgerechtsproblematik **10** 312 ff.
- Trennungslösung **10** 300
- Vermächtnislösung **10** 318
- Vormundbenennung **10** 316
- weitere Nacherbfolge **10** 304

Geschmacksmuster
- Aktivbestand des Nachlasses **3** 40

Gesellschaftsanteile siehe Geschäftsanteile
Gewerbliche Schutzrechte
- Bewertung des Nachlasses **4** 247

Grabpflege
- Passivbestand des Nachlasses **3** 58

Griechenland 15 140 ff.
- Aeropag **15** 145
- Anrechnung **15** 160 f.
- Art des Pflichtteils **15** 158
- Ausgleichung **15** 160 f.
- Auslandsgriechen **15** 146
- Entziehung **15** 162 ff.
- Erben erster Ordnung **15** 149
- Erben zweiter Ordnung **15** 150
- Erbrecht des überlebenden Ehegatten **15** 151
- Erbstatut **15** 140 f.
- fünfte Erbordnung **15** 152
- gesetzliche Erbfolge **15** 148 ff.
- Haager Testamentsformübereinkommen **15** 144
- Höhe des Pflichtteils **15** 155
- internationales Pflichtteilsrecht **15** 140 ff.
- lex causae **15** 145
- lex Onassis **15** 147
- Nachlass **15** 157
- Pflichtteilsberechnung **15** 157
- Pflichtteilsrecht **15** 146 ff., 154 ff.
- Quoten **15** 155
- Regelungsumfang des Erbstatuts **15** 143
- Rückverweisung **15** 142
- Schenkung **15** 159
- Übersicht **15** 156
- Verfügungen von Todes wegen **15** 144 ff.
- Verzicht **15** 164 f.
- Vorausvermächtnis des Ehegatten **15** 153
- Weiterverweisung **15** 142

Großer Pflichtteil 12 24
- s. a. Ehe

Grunddienstbarkeiten
- Bewertung des Nachlasses **4** 63 ff.
- Leitungsrecht **4** 65
- Wegerecht **4** 64

Grunderwerbsteuer 12 110 ff.
- Abfindung für Verzicht **12**
- Hingabe eines Grundstücks an Erfüllungs statt **12** 111
- Verhältnis zur Erbschaftsteuer **12** 110

Grundschuld
- Passivbestand des Nachlasses **3** 54

Grundstück
- Bewertung **4** 19 ff., s. a. Immobilien

Gutachten
- Anforderungen an Wertgutachten **2** 95 ff.
- Kosten des Gutachtens nach § 91 ZPO **2** 154
- Privatgutachten bei Auskunftsanspruch **2** 154
- Sachverständiger, siehe dort
- Zuwendungen **2** 96

Gütergemeinschaft
- Aktivbestand des Nachlasses **3** 13
- Berechnung des Pflichtteils **11** 82 f.
- fortgesetzte gem. §§ 1483 ff. BGB **11** 102
- Pflichtteilsergänzung bei Wechsel zur Gütergemeinschaft **11** 100
- Pflichtteilsquote **1** 24; **10** 126
- Strategien zur Minimierung des Pflichtteils **11** 99 ff., s. a. dort

Güterrecht
- Auslandsberührung **14** 139 ff., s. a. Internationales Pflichtteilsrecht

magere Zahlen = Randnummern **Sachverzeichnis**

- Gütergemeinschaft und Pflichtteilsergänzungsanspruch 5 44
- Güterstandsschaukel 5 41 ff.
- Gütertrennung und Pflichtteilsergänzungsanspruch 5 38
- steuerliche Gründe für Güterstandsschaukel 5 43
- Zugewinngemeinschaft, siehe dort

Güterstand
- Bedeutung für den Pflichtteilsanspruch 11 74 ff.
- Beeinflussung der Quoten durch Güterstandswahl 11 85 ff.
- Berechnung des Pflichtteils 11 78
- DDR 13 6, 87 ff.
- Ehevertrag 10, siehe dort

Güterstandsschaukel
- Strategien zur Minimierung des Pflichtteils 11 95 ff.

Gütertrennung
- Berechnung des Pflichtteils 11 81
- Pflichtteilsquote 1 23; 10 127

Gutgläubiger Erwerb
- Nacherbschaft 10 244

Haftpflicht
- Berufshaftpflicht bei Fällen mit Auslandsberührung 14 15

Handelsregister
- Nacherbschaft 10 245

Haushalt
- Begriff 8 41
- Mitarbeit und Ausgleichung 8 41 ff., s. a. Ausgleichung

Hausrat
- Aktivbestand des Nachlasses 3 12
- Begriff 4 241
- Bewertung des Nachlasses 4 241
- DDR 13 20
- Verkehrswert 4 241

Heimgesetz
- Enterbung unwirksam 1 52

Herausgabevermächtnis
- auf den Überrest 10 261
- Geschiedenentestament 10 318
- Nachvermächtnis 10 257
- Pflichtteilsklauseln 10 212 ff.

Höferecht
- Strategien zur Minimierung des Pflichtteils 11 207 ff.

Hypothek
- Passivbestand des Nachlasses 3 54

Immobilien
- Alterswertminderung 4 46
- Bauerwartungsland 4 23
- bauliche Anlagen 4 45
- baureifes Land 4 25
- bebaute Grundstücke 4 27
- Berechnung des Ertragswerts 4 44
- Betriebskosten 4 35
- Bewertung 4 19 ff.

- Bewertung der Zuwendung 3 132
- Bewirtschaftungskosten 4 34, 69
- Bodenwert 4 40, 45, 67 ff.
- common law 14 151
- DDR Immobilien 13 33, 37, 79 ff.
- Erbbaurecht 4 55 ff., s. a. dort
- Ermittlung des Bodenwertes 4 26
- Ertragswertverfahren 4 21, 66
- Gesamtnutzungsdauer 4 41
- Grundbuchbereinigungsgesetz 4 65
- Grunddienstbarkeiten 4 63 ff., 63
- Grunderwerbsteuer 12 110 ff., s. a. dort
- Herstellungswert von Gebäuden 4 46
- Hingabe des Grundstücks an Erfüllungs statt 12 11, 109
- Instandhaltungskosten 4 37
- Leitungsrecht 4 65
- Liegenschaftszins 4 39, 69
- Liquidationsverfahren 4 52
- Marktwert 4 53
- Mietausfallwagnis 4 38
- Nießbrauch 4 60
- Rechte und Belastungen 4 54
- Rechtswahl bei Auslandsberührung 14 27, s. a. Internationales Pflichtteilsrecht
- Restitutionsansprüche bei DDR Immobilien 13 79 ff.
- Restnutzungsdauer 4 41
- Rohbauland 4 24
- Rohertrag 4 69
- Sachwertverfahren 4 21, 66
- Schenkungen in der DDR 13 57 ff.
- sonstige Anlagen 4 49
- steuerliche Bewertungsverfahren 4 66
- Steuerprivileg § 13 a ErbStG 12 72
- typisiertes Verfahren zur Bewertung 4 66
- Übertragungsvertrag über Grundbesitz 12 76
- unbebaute Grundstücke 4 22 ff.
- Vergleichswertverfahren 4 21, 66
- Verkehrswert 4 19 ff., 53
- Verwaltungskosten 4 36
- Wahl der Wertermittlungsmethode 4 28
- Wegerecht 4 64
- Wert der Außenanlagen 4 47
- Wert der besonderen Betriebseinrichtungen 4 48
- Wertsteigerungen nach dem Tod des Erblassers 4 21
- Wertverhältnisse auf dem Immobilienmarkt 4 20
- Wohnungsrecht 4 60, s. a. dort
- Zu- und Abschläge 4 43
- Zubehör bei Auslandsberührung 14 163

Indexierung
- Bewertung der Zuwendung 3 133 ff.

Inflation
- Anrechnung 10 95
- Teil der Unternehmensbewertung 4 93

Innerdeutsche Erbfälle 13 35
- Abfindungsverzicht für Verzicht 13 95
- Adoptionsrecht in der BRD 13 66
- Altadoptionen 13 62 ff.

839

Sachverzeichnis

Fette Zahlen = §§

- Altadoptionen mit unterschiedlichen Stichtagen **13** 67 ff.
- Altadoptionsfälle und Kollisionsrecht **13** 69 ff.
- alter DDR-Güterstand **13** 87 ff.
- Aufenthalt des nichtehelichen Vaters **13** 48
- aus der Sicht der DDR **13** 35
- aus westdeutscher Sicht **13** 36 ff.
- außereheliche Kinder **13** 39 ff.
- außereheliches Kind vor dem 1. 7. 1949 geboren **13** 44 ff.
- Bestandsschutz Art. 235 § 1 Abs. 2 EGBGB **13** 41
- Bewertung von Grundstücksschenkungen **13** 57 ff.
- Entscheidung des EGMR zu nichtehelichen Kindern **13** 53
- Erbrechtsgleichstellungsgesetz **13** 39 ff., 47
- geheimgehaltenes Kind **13** 76 ff.
- kein internationales Privatrecht in der BRD anwendbar **13** 36
- Kollisionsrecht **14** 198
- nicht bekannte Abkömmlinge **13** 78
- Nichtehelichengesetz **13** 46
- nichteheliches Kind **13** 76 ff.
- Option zum alten DDR-Güterstand **13** 88
- Pflichtteilsergänzungsansprüche **13** 54 ff.
- Pflichtteilsverzicht vor dem 3. 10. 1990 **13** 90 ff.
- Problemfälle **13** 39 ff.
- Recht der DDR **13** 35 ff., s. a. DDR
- Recht für die neuen Bundesländer **13**, siehe Neue Bundesländer
- Restitutionsansprüche bei Immobilien **13** 79 ff.
- rückwirkender Status eines ehelichen Kindes **13** 45
- Staatsbürgerschaftsgesetz **13** 35
- Statutenspaltung nach dem RAG **13** 37
- Urteil des BGH zum Pflichtteilsergänzungsanspruch **13** 56
- Verjährung von Pflichtteilsansprüchen **13** 84

Insolvenz
- des Erben **12** 20
- Nachlassspaltung **14** 53

Instandhaltungskosten
- Bewertung von Immobilien **4** 37

Internationales Erbrecht
- siehe einzelne Länder

Internationales Erbrecht der DDR
- Erbfall zwischen dem 7. 10. 1949 und dem 31. 12. 1975 **13** 32
- Erbfall zwischen dem 31. 12. 1975 und dem 2. 10. 1990 **13** 33 ff.
- grundstücksgleiche Rechte **13** 33
- Rechtsanwendungsgesetz RAG **13** 33

Internationales Pflichtteilsrecht 14 1 ff.
- Abkommen zur Anerkennung ausländischer Entscheidungen **14** 298 ff.
- Abstammung als Vorfrage **14** 225
- Adoption **14** 226
- anerkannte Asylbewerber **14** 119 ff.
- Anerkennung ausländischer Gerichtsentscheidungen **14** 298 ff.
- Anerkennungshindernisse **14** 308 f.
- Anhaltspunkte für Auslandsberührung **14** 11 f.
- anwaltliche Beratungspflichten **14** 14 ff.
- Anwendung des fremden Kollisionsrechts **14** 183 ff.
- Aufgabe und Wechsel der Staatsangehörigkeit **14** 29
- ausländische Erbfolgebescheinigungen **14** 306
- ausländisches Kollisionsrecht **14** 147
- autonomes Recht zur Anerkennung ausländischer Entscheidungen **14** 305
- Bankvollmacht **14** 76
- Begriff **14** 1
- Belegenheitsrecht **14** 147
- Belehrungspflichten des Notars **14** 9 ff.
- Belgien **15** 1 ff., s. a. dort
- Beratungspraxis **14** 21 ff.
- Berufshaftpflicht **14** 15
- besondere Vorschriften des Kollisionsrechts **14** 151 ff.
- besonderes Sachrecht **14** 148 ff.
- Bestimmung des Erbstatuts **14** 22 ff., s. a. Erbstatut
- Bosnien-Herzegovina **15** 34 ff., s. a. dort
- clause tontique im französischem Recht **14** 138
- common law **14** 83 ff.
- Dauertestamentsvollstreckung **14** 93
- Deutsches Notarinstitut Würzburg **14** 13
- Divergenzen der nationalen IPRs **14** 5
- domicile of choice **14** 4, 83 ff.
- domicile of origin **14** 4, 83 ff.
- drohende Noterbrechte **14** 293
- Ehe **14** 228 ff.
- Ehevertrag **14** 92
- Eigenrechtserbschein **14** 285
- Entscheidungsdissens **14** 206
- Erbengemeinschaften **14** 209
- Erbfälle ab 2013 **14** 113
- Erbfälle vor der Wiedervereinigung **14** 24
- Erbfolge nach einem ausländischen Erblasser **14** 171 ff.
- Erbfolge nach einem deutschen Erblasser **14** 123 ff.
- Erbscheinverfahren **14** 285 ff.
- Ergebniskorrekturen, Angleichung **14** 271 ff.
- Ergebniskorrekturen, Anpassung **14** 271 ff.
- Ergebniskorrekturen, Gesetzesumgehung **14** 275 ff.
- Ergebniskorrekturen nach dem Erbfall **14** 257 ff.
- Ergebniskorrekturen, Normenhäufung **14** 271
- Ergebniskorrekturen, Normenmangel **14** 272
- EU-Verordnungen **14** 111
- EU-Verordnungen zur Zuständigkeit **14** 280 ff.
- family provisions **14** 221
- Feststellung des Personalstatuts **14** 173
- Feststellung des Todes **14** 224
- Flüchtlinge **14** 25, 78, 119 ff.
- Form letztwilliger Verfügungen **14** 89 ff.
- forum shopping **14** 7, 69 ff., 71, 88
- Frankreich **15** 102 ff., s. a. dort

Sachverzeichnis

magere Zahlen = Randnummern

- Fremdrechtserbschein **14** 289 ff.
- gemeinschaftliches Testament **14** 91, 236
- Gesamtgutsanteile **14** 165 ff.
- Gesamthandsanteile **14** 165 ff.
- Gesamtnormverweisung **14** 177 ff.
- Gesellschaftsanteile **14** 152
- Gesellschaftsbeteiligungen **14** 133 ff.
- gespaltene Anknüpfung in Staatsverträgen **14** 33
- Gestaltungsmöglichkeiten **14** 88 ff.
- getrennte Verfügungen nach Ländern **14** 88
- Gleichlaufgrundsatz **14** 284
- Griechenland **15** 140 ff., s. a. dort
- Grundpfandrechte **14** 164
- Grundstückszubehör **14** 163
- Güterrecht vorrangig **14** 139 ff.
- güterrechtliche Rechtswahl **14** 145
- Güterrechtsspaltung **14** 287 f.
- Güterstand **14** 146
- Haager Testamentsformübereinkommen **14** 106 ff.
- Haager Übereinkommen über die Erbfolge **14** 110
- handgeschriebene Testamente im anglo-amerikanischen Rechtsraum **14** 89
- Hinzuziehung eines ausländischen Kollegen **14** 17 f.
- Hypotheken **14** 164, 209
- Immobilien im Gebiet des common law **14** 156 ff.
- Inländerprivilegien **14** 168 f.
- innerdeutsches Kollisionsrecht **14** 198
- interlokale Rechtsspaltung **14** 192
- internationale Zuständigkeit als nationales Recht **14** 6
- internationales Privatrecht als nationales Recht **14** 4 ff., s. a. IPR
- interpersonale Rechtsspaltung **14** 192
- IPR-Institute **14** 19
- IPR-Vorbehalt **14** 303
- Iran **14** 99 f.
- joint tenacy **14** 137
- Kindschaft als Vorfrage **14** 225
- Komplexität des Nachlasses **14** 88
- Konkurrenz mehrerer Rechtsordnungen **14** 2
- Kosovo **15** 190 ff.
- Kroatien **15** 258 ff.
- Länderübersichten **15** 1 ff.
- Lebenspartnerschaft **14** 230 f.
- letzter gewöhnlicher Aufenthalt **14** 81 f.
- letzter Wohnsitz **14** 79
- Liechtenstein **15** 324 ff., s. a. dort
- Mehrstaater **14** 26, 174 f.
- Nachfolgeklausel **14** 135
- Nachlassplanung **14** 73 ff.
- Nachlassspaltung **14** 31 ff., s. a. dort
- Niederlande **15** 766 ff., s. a. dort
- Noterbrechte **14** 254 f.
- Ordre Public **14** 257 ff., s. a. dort
- Österreich **15** 367 ff., s. a. dort
- Persien **14** 99 f.
- Pflichtteilsergänzungsanspruch **14** 216
- Planungen auf EU-Ebene **14** 111 ff.
- Praktikernetzwerke zur Suche von ausländischen Kollegen **14** 18
- Prinzip der Nachlasseinheit **14** 114
- problematische Gestaltungsmittel **14** 91 ff.
- Rechtswahl **14** 27, 33, 169, 199
- Rechtswahl, Belehrungspflichten des Notars **14** 207
- Rechtswahl, Beschränkung auf einzelne Nachlassgegenstände **14** 202
- Rechtswahl, Form **14** 200
- Rechtswahl, Formulierung **14** 201
- Rechtswahl, nach Heimatrecht des Erblassers **14** 210
- Rechtswahl, Widerruf **14** 205 ff.
- Rechtswahl, Wirkung **14** 208
- Rechtswahl, Zubehör **14** 204
- Religionszugehörigkeit **14** 192
- Renvoi **14** 30, 177 ff.
- Rom-II–Verordnung **14** 13
- Rückverweisung **14** 30, 177 ff.
- Scheidung **14** 229
- Schenkung von Auslandsvermögen **5** 172 ff.
- Schenkungen **14** 131
- Sonderrechtsnachfolge nach ausländischem Recht **14** 137
- Sowjetunion **14** 104 f.
- Spanien **15** 557 ff., s. a. dort
- Spätaussiedler **14** 116
- Staatenlose **14** 26, 122, 174 f.
- Staatsangehörigkeit **14** 21 ff., 22 ff., s. a. dort
- Staatsangehörigkeitsprinzip **14** 77 ff.
- Staatsverträge vorrangig **14** 23 f., s. a. Staatsverträge
- Strafklausel **14** 88
- Teilrückverweisung bei deutschen Grundstücken **14** 190
- territorial konkurrierende Rechtsordnungen **14** 192
- Transkriptionsproblem **14** 289
- Tschechische Republik **15** 597 ff., s. a. dort
- Türkei **14** 101 ff.
- Umfang des Nachlasses **14** 213
- Unterhaltsansprüche **14** 221
- Unternehmensnachfolge **14** 132
- Verfahrensrecht **14** 279 ff.
- Vermögensgegenstände im anglo-amerikanischem Rechtsraum **14** 137
- Vertriebene **14** 116
- Verweisung **14** 177 ff.
- Verweisung bei Teilrechtsordnungen **14** 192
- Verweisungszirkel **14** 187
- Verzicht **14** 94
- Vorfragen vor dem Erbstatut **14** 223 ff.
- vorrangiges Einzelstatut **14** 147
- Weiterverweisung **14** 30, 177 ff.
- Wesensmerkmale **14** 2 ff.
- zeitliche Spaltung der Erbfolge **14** 294 ff.
- Zubehör **14** 209
- Zuständigkeit bei freiwilliger Gerichtsbarkeit **14** 283
- Zuständigkeit gem. § 27 ZPO **14** 282

Sachverzeichnis

Fette Zahlen = §§

IPR
- Divergenzen der nationalen IPRs **14** 5
- domicile of choice **14** 4
- domicile of origin **14** 4
- forum shopping **14** 7
- Gesamtnormverweisung **14** 172
- Institute an deutschen wissenschaftlichen Einrichtungen **14** 19
- als nationales Recht **14** 4 ff.
- Zuständigkeit **14** 6

Iran
- Niederlassungsabkommen **14** 99 f.

Italien
- Anrechnung **15** 185
- Art des Pflichtteils **15** 183
- communione legale **15** 178
- dinglicher Vollzug des Rechtserwerbs **15** 173
- Entziehung **15** 187
- Erben erster Ordnung **15** 175
- Erben zweiter Ordnung **15** 176
- Erbrecht des Ehegatten **15** 178
- Erbstatut **15** 166 ff.
- Erleichterung der Unternehmensnachfolge **15** 189
- gemeinschaftliche Verfügungen **14** 237
- gesetzliche Erbfolge **15** 174 ff.
- Güterstand **15** 178
- Herabsetzungsklage **15** 183
- Mehrstaater **15** 168
- Noterbrecht **15** 179
- Pflichtteil grundsätzlich lastenfrei **15** 184
- Pflichtteilsberechnung **15** 182
- Pflichtteilsberechtigte **15** 179 ff.
- Pflichtteilsergänzung **15** 186
- Pflichtteilsminderung **15** 187
- Pflichtteilsrecht **15** 179 ff.
- Probleme der Nachlassabwicklung **15** 173
- quota di riserva **15** 179
- Quoten **15** 181
- Rechtswahl **15** 167 ff.
- Regelungsumfang des Erbstatuts **15** 171
- Reinvermögen des Erblassers im Todeszeitpunkt **15** 182
- Rückverweisung **15** 170
- Schutzvorschriften zugunsten des Pflichtteilsberechtigten **14** 211
- Titulus und Modus **15** 173
- Übersicht **15** 181
- Verfügungen von Todes wegen **15** 172
- Verschulden bei Scheidung **15** 180
- Verzicht **15** 188
- Weiterverweisung **15** 170

Jagdrecht
- Aktivbestand des Nachlasses **3** 48

Jastrow'sche Klausel 10 206 ff.
- Formulierung **10** 207
- Nachteile **10** 208
- steuerliche Nachteile **10** 208
- Vermächtnisse **10** 206
- s. a. Pflichtteilsklauseln

Kanzlei
- siehe Anwaltskanzlei, Praxis

Kapitalgesellschaft
- Abfindungsausschluss und Pflichtteilsergänzungsanspruch **5** 154 ff.
- Anteile als Aktivnachlass **3** 24

Katalonien
- Erbrecht und Pflichtteilsrecht **15** 593 f.

Kautelarpraxis 10 1 ff.
- Anrechnung **10** 80 ff.
- Ausgleichung **10** 99 ff., s. a. dort
- Ausschluss von Abkömmlingen **10** 28 f.
- Bedeutung des Pflichtteilsrechts **10** 1 ff.
- Behindertentestament **10** 266 ff., s. a. dort
- Ehevertrag **10** 121 ff., s. a. dort
- Einverständnis mit Belastungen gem. § 2306 BGB **10** 74 ff.
- Erbschaftsteuer **12** 75 f.
- Erbstatut **14** 88 ff.
- Erbverzicht **10** 5 ff., s. a. dort
- Geschiedenentestament **10** 299 ff.
- Gesellschaftsanteile **10** 136 ff.
- Internationales Pflichtteilsrecht **14** 21 ff., 71 ff., s. a. dort
- Nacherbschaft **10** 217 ff.
- Nachlassspaltung **14** 41, 58 ff.
- Nachvermächtnis **10** 245 ff., s. a. dort
- Pflegeleistungen **10** 107 f., s. a. dort
- Pflichtteilsbeschränkung in guter Absicht **10** 185 ff., s. a. dort
- Pflichtteilsentziehung **10** 174 ff., s. a. dort
- Pflichtteilsklauseln **10** 195 ff., s. a. dort
- Pflichtteilslasten **10** 324 ff., s. a. dort
- Pflichtteilsverzicht **10** 49 ff., s. a. dort
- Rechtsgeschäfte unter Lebenden **10** 5 ff.
- Reform des Erb- und Verjährungsrechts **10** 4
- Reform des Pflichtteilsrechts **10** 3 f.
- Stundung des Pflichtteils **10** 72 f.
- Unternehmensnachfolge **10** 129 ff., s. a. dort
- Verfügungen von Todes wegen **10** 171 ff.

Klage
- Auskunftsklage **9** 56 ff., s. a. dort
- Feststellungsklage **9** 49 ff., s. a. dort
- Pflichtteilsergänzungsklage **9** 84 ff., s. a. dort
- Stufenklage **9** 74 ff., s. a. dort
- Stundung **9** 100 f.
- Wertermittlungsklage **9** 63 ff., s. a. dort
- Zahlungsklage **9** 70 ff.
- Zinsen **9** 98 f.

Klage auf Wertermittlung 2 140 ff.
- Beweislast **2** 142
- fiktiver Nachlass **2** 142
- Gebühren **2** 144 f.
- Gerichtskosten **2** 144 f.
- Streitwert **2** 143
- Vollstreckung **2** 145 f.

Klagepflegschaft
- Antrag **9** 19
- Kostenvorschuss **9** 18
- Verhältnis zur Nachlasspflegschaft **9** 15 f.
- zuständiges Gericht **9** 18

magere Zahlen = Randnummern   **Sachverzeichnis**

Kleidung
- Bewertung des Nachlasses 4 240
Kleiner Pflichtteil 12 24
- s. a. Ehe
Konfusion
- Begriff 3 5 ff.
- Erbschaftsteuerlich kein Untergang der Rechtsverhältnisse 12 17
- Forderungen 4 237
Konsolidation
- Begriff 3 5 ff.
Konto
- Bruchteilsgemeinschaft am Konto der Lebenspartnerschaft 5 64
- Inhaberschaft von Ehegatten und Pflichtteilsergänzungsanspruch 5 60 ff.
- Miteigentümergemeinschaft am Einzelkonto 5 60 ff.
Kosovo
- Anrechnung 15 246 f.
- Art des Pflichtteils 15 240 ff.
- Entziehung 15 248 ff.
- Erben dritter Ordnung 15 223 ff.
- Erben erster Ordnung 15 218 f.
- Erben zweiter Ordnung 15 220 ff.
- Erbrecht der Kinder 15 225
- Erbstatut 15 190 ff.
- Erbvertrag 15 212 f.
- gemeinschaftliches Testament 15 212
- geringwertige Haushaltsgegenstände 15 239
- Geschichte 15 190 ff.
- gesetzliche Erbfolge 15 214 ff.
- Großeltern 15 231
- Güterrecht 15 235
- Haftung des Beschenkten 15 243
- Heimatrecht des Erblassers als Erbstatut 15 196
- internationale Verträge 15 200
- internationales Erbrecht 15 190 ff.
- Lebenspartnerschaft 15 216
- Mehrstaater 15 199
- Nachlass 15 234
- Pflichtteilsberechnung 15 234 ff.
- Pflichtteilsberechtigte 15 228 ff.
- Pflichtteilsentziehung zu Gunsten der Abkömmlinge 15 255
- Pflichtteilsergänzung 15 245
- Pflichtteilsrecht 15 228 ff.
- qualifizierte Enterbung 15 252
- Quote 15 232
- Rechtswahl 15 197
- Regelungsumfang des Erbstatuts 15 203
- Rücküberweisung 15 202
- Schenkungen 15 236
- schlichte Enterbung 15 251
- Testierfähigkeit 15 205
- Übersicht 15 233
- Verfügungen von Todes wegen 15 205 ff.
- Verletzung des Pflichtteils 15 241
- Verzicht 15 257
- völkerrechtlicher Status 15 191, 486 ff.
- Vorschriften des serbischen IPR 15 193
- Weiterverweisung 15 202
Kroatien 15 258 ff.
- Anrechnung 15 310
- Art des Pflichtteils 15 303 ff.
- außereheliche Partner 15 278
- Eltern des Erblassers 15 288
- Enterbung 15 315 ff.
- Erben dritter Ordnung 15 289
- Erben erster Ordnung 15 281 f.
- Erben vierter Ordnung 15 290
- Erben zweiter Ordnung 15 283 ff.
- Erbstatut 15 258
- Erbvertrag 15 275
- gemeinschaftliches Testament 15 275
- Geschichte 15 258 ff.
- Geschwister des Erblassers 15 286 f.
- Gesetz zur Lösung von Gesetzeskollisionen IPRG 15 259
- gesetzliche Erbfolge 15 276 ff.
- gleichgeschlechtliche Lebenspartnerschaft 15 279
- Güterrecht 15 298
- Haftung des Beschenkten 15 307 f.
- Haushaltsgegenstände 15 302
- Nachlass 15 297
- Pflichtteilsberechnung 15 297 ff.
- Pflichtteilsberechtigte 15 291 ff.
- Pflichtteilsentziehung 15 311 ff.
- Pflichtteilsergänzung 15 309
- Pflichtteilsrecht 15 291 ff.
- qualifizierte Enterbung 15 316 ff.
- Quote 15 294 ff.
- Regelungsumfang des Erbstatuts 15 266
- Rückverweisung 15 265
- Schenkungen 15 299 ff.
- schlichte Enterbung 15 315
- Übersicht 15 296
- Verfügungen von Todes wegen 15 268 ff.
- Verletzung des Pflichtteils 15 305 f.
- Verzicht 15 321
- Weiterverweisung 15 265
Kunst
- Bewertung durch Auktionshäuser 4 229
- Bewertung von Kunstgegenständen 4 227 ff.
- Bewertungsmethode nach Heuer 4 231
- Bewertungsmethoden 4 229
- BFH-Methode 4 230
- Echtheit 4 228
- Grundsätze der Wertermittlung 4 227
- Marktfrische 4 228
- Signatur 4 228
- wertbildende Faktoren 4 228
Kunstwerke
- Wertermittlung 2 94
Kürzungsrecht
- Anordnungen des Erblassers 8 9, 18
- Ausnahmetatbestand § 2322 BGB 8 9
- Beteiligung von Vermächtnisnehmern und Auflagenbegünstigten 8 2
- Beweislast für Kürzungsrecht 8 4
- Dreißigster 8 8
- Einschränkungen des Kürzungsrechts 10 328

843

Sachverzeichnis

Fette Zahlen = §§

- Einschränkung gem. § 2318 Abs. 2 BGB **8** 10 ff.
- Erbengemeinschaft **8** 4
- Erweiterung des Kürzungsrechts **10** 329 f.
- gem. § 2318 Abs. 3 BGB **8** 15 ff.
- Kürzungsgrenze des Pflichtteils **8** 10 ff.
- Pflichtteilslasten **10** 326 ff.
- Recht des Vermächtnisnehmers bei Untervermächtnis **8** 5
- Rechtskraft eines Urteils im Verhältnis Erbe zum Vermächtnisnehmer **8** 7
- Rückforderung gem. § 813 Abs. 1 BGB **8** 6, 17
- unteilbare Leistung als Gegenstand des Vermächtnisses **8** 4
- Unterhaltsanspruch **8** 8
- Vermächtnis auf unteilbaren Gegenstand **10** 327
- Zusammentreffen von Kürzungsrechten **8** 19
- Zweck von § 2318 Abs. 1 BGB **8** 1 ff.

Landwirtschaftliche Betriebe
- Abfindungsansprüche **4** 209
- Abfindungszahlungen **4** 203
- Abgrenzung des Betriebes **4** 216
- Abschläge bei der Wertermittlung **4** 224
- Anerbengesetz **4** 208
- Anordnungen durch den Erblasser **11** 203 ff.
- Auflösung des Betriebs **4** 226
- Ausgleichung von Mitarbeit **8** 48
- Begriff des Landguts **5** 160; **11** 197
- Begünstigung des fortführenden Erben gem. § 2312 BGB **4** 206
- besonders wertvolle Teile **4** 207
- Bewertung **4** 203 ff.
- Doppelbetrieb **4** 217
- Einheitswert des Hofes **4** 214
- Ertragsprognose **4** 222
- Ertragswert **4** 206, 215, 219 ff.
- Ertragswertanordnung zur Minimierung des Pflichtteils **11** 195 ff.
- Erwerber des Landguts **11** 200
- Forstgut **4** 205
- Fortführungsprognose **4** 204
- Fremdkapitalzinsen **4** 220
- Geflügelzucht **4** 205
- gemischte Betriebe **4** 217
- Höfeordnung **4** 208 ff.
- Höferecht **11** 207 ff.
- hofesfreies Vermögen **4** 218
- Hofeswert **4** 211, 214
- Hofübergabe und Pflichtteilsergänzungsanspruch **5** 158 ff.
- Kapitalisierungsfaktor unterschiedlich je nach Bundesland **4** 219
- Landgütererbrecht **4** 204
- Landwirtschaftserbrecht **4** 203
- Lohnsatz für den Landwirt **4** 221
- Modifikationen bei Ermittlung des Reinertrags **4** 221
- Nachabfindungsrechte gem. § 2312 BGB **4** 208
- Nebenbetriebe **4** 217
- Pachtvertrag **4** 222
- Reinertrag **4** 220 ff.
- staatliche Subventionen **4** 220
- Steuerprivileg § 13 a ErbStG **12** 72
- teleologische Reduktion des § 2312 BGB **5** 162 ff.
- Übernahme eines Landguts **11** 201
- Vergleichswert **4** 224
- Vergünstigungen bei der Erbschaftsteuer gem. §§ 13 a, 19 a ErbStG **12** 65
- Verkehrswert **4** 204, 223
- Viehzucht **4** 205
- Wertbestimmung eines Landgutes durch Erblasser **12** 25
- Wertermittlung **4** 213
- Wohnhaus zugehörig zum Landgut **4** 208
- Zerlegungstaxe **4** 226
- Zusammensetzungstaxe **4** 225
- Zuschläge bei der Wertermittlung **4** 224
- Zuschussbetrieb **4** 204
- Zuweisung nach dem GrdstVG **4** 212

Leasing
- Aktivbestand des Nachlasses **3** 48

Lebenspartnerschaft
- Bruchteilsgemeinschaft am Konto und Pflichtteilsergänzungsanspruch **5** 64
- Erbverzicht **10** 6, s. a. dort
- Freibeträge **12** 28
- Lebenspartnerschaftsvertrag **10** 128
- Pflichtteilsentziehung **7** 12
- Pflichtteilsentziehung bei Verletzung von Unterhaltsverpflichtungen **7** 41
- Pflichtteilsquote **1** 22; **10** 128
- Strategien zur Minimierung des Pflichtteils **11** 77, s. a. dort
- Verminderung des Pflichtteils der Miterben **8** 25

Lebensversicherung
- als Aktivbestand des Nachlasses **3** 17
- Anrechnungsanordnung **3** 116
- Auskunftsanspruch **2** 58
- BGH-Rechtsprechung zum Schenkungsgegenstand **5** 77 f.
- Kaufkraftverlust **5** 74
- keine wirksame Benennung eines Drittbegünstigten **5** 70
- kreditsichernde Lebensversicherung **5** 85 f.
- Pflichtteilsergänzungsanspruch **5** 69 ff.
- Prämienzahlungen innerhalb des 10-Jahreszeitraums **5** 73
- Rentenversicherung **5** 84
- Riester-Rente **5** 69
- Risikolebensversicherung **5** 83
- Strategien zur Minimierung des Pflichtteils **11** 72
- unwiderrufliche Begünstigtenerklärung **5** 80 ff.
- Valutaverhältnis **3** 19
- Versicherungssumme als Schenkungsgegenstand **5** 78
- als Vertrag zugunsten Dritter **3** 18
- Widerruf der Schenkung **3** 20
- widerrufliche Begünstigtenerklärung **5** 73 ff.

magere Zahlen = Randnummern **Sachverzeichnis**

- Zehn-Jahres-Frist § 2325 Abs. 3 BGB bei Pflichtteilsergänzung 6 37
Lebzeitiger Verbrauch
- Strategien zur Minimierung des Pflichtteils 11 22, s. a. dort
Leistungsklage
- Pflichtteilsanspruch 9 70 ff., s. a. Zahlungsklage
Leistungsverweigerungsrecht 8 27 ff.
- Dürftigkeitseinrede § 1990 BGB analog 8 30
- Einfluss des Güterstandes 8 32
- Ermittlung des Gesamtpflichtteils 8 29 ff.
- Inanspruchnahme des Beschenkten 8 33
- des Miterben bei Unterschreitung des Pflichtteils 10 331
- Pflichtteilsergänzungsanspruch in Verbindung mit Vermächtnissen und Auflagen 8 35
- Pflichtteilsschuldner als Pflichtteilsberechtigter 1 28
- Stichtagsprinzip 8 30
- trotz Verlust des Rechts auf Haftungsbeschränkung 8 26
- Voraussetzungen 8 34
- Wertsteigerungen nach dem Erbfall 8 31
Letztwillige Verfügungen 10
- siehe Kautelarpraxis, Verfügungen von Todes wegen, Testament
Liechtenstein 15 324 ff.
- Besonderheiten für das Pflichtteilsrecht 15 336
- Erbrecht 15 338 ff.
- Erbstatut 15 329 ff.
- Geschichte 15 324 f.
- Haftung für Nachlassverbindlichkeiten 15 334
- internationales Erbrecht 15 326 ff.
- IPR 15 326 ff.
- Landgericht Liechtenstein meist umfassend zuständig 15 330
- lex fori 15 334
- Mehrstaater 15 329
- ordre public international 15 336
- Personalstatut des Erblassers im Todeszeitpunkt 15 329
- Rechtswahl 15 332
- Regelungsumfang des Erbstatus 15 334
- Rückverweisung 15 333
- spezielle Anknüpfung für das Erbstatut gem. Art. 29 Abs. 2 IPRG 15 330
- Unterschiede zum österreichischen Recht 15 339
- Weiterverweisung 15 333
- weitgehend wie österreichisches Recht 15 325
Liquidationswert
- Unternehmenswert 4 128
Luxusaufwendungen
- Ausgleichung 3 195

Mahnung
- durch Stufenklage 9 99
Markenrecht
- Aktivbestand des Nachlasses 3 41
Mehrempfang
- nicht ausreichender Nachlass 6 80
- Pflichtteilsergänzungsanspruch 6 78 ff.

Mietvertrag
- kein Aktivbestand des Nachlasses 3 45
Minderjährige
- Anrechnungsanordnung 3 121 ff.
- Anrechnungsbestimmung 10 85
Mitarbeit im Beruf
- Begriff 8 41
Mitarbeit im Geschäftsbetrieb
- Ausgleichung 3 186
Mitarbeit im Haushalt
- Ausgleichung 8 41 ff.
- Begriff des Haushalts 8 41
Miterbe
- Auskunftsanspruch 9 35
- Einrede gem. § 2319 BGB 8 20 ff.
- Gesamtschuldner des Auskunftsanspruchs 9 37
- Gesamtschuldner gem. § 2058 BGB 9 4
- keine notwendige Streitgenossenschaft 9 70
- Stundung 9 103
- Verlust des Rechts auf Beschränkung der Erbenhaftung 8 26
- Verteilung der Pflichtteilslast 10 331

Nacherbschaft
- kein Aktivbestand des Nachlasses 3 47
- Anordnung mehrfacher Nacherbfolgen 10 223 ff.
- Anwartschaftsrecht des Nacherben 10 226 ff.
- Auskunftsanspruch 2 29, 37; 9 35
- Ausschlagung 1 104 f., 112 f.
- Ausschluss der Vererblichkeit 10 227
- Bedingungen 10 222
- befreite Vorerbschaft 10 238
- Befristung 10 222
- Begriff 10 217
- Behindertentestament 10 279 ff.
- Erbschein 10 243
- Ersatznacherbe 10 228 ff.
- Formulierung 10 221
- gegenständlich beschränkte Nacherbfolge 10 233
- Geschiedenentestament 10 301 ff.
- Gesellschaftsanteile 10 218
- Grenze für die Befreiung 10 240
- gutgläubiger Erwerb 10 244
- Handelsregister 10 245
- Kautelarpraxis 10 217 ff.
- Nacherbenbindung für einzelne Gegenstände 10 233
- Nacherbenvermerk 10 244
- Nachteile 11 178
- nicht befreite Vorerbschaft 10 237
- Pflichtteilsbeschränkung in guter Absicht 7 117 ff.; 10 188 ff.
- Pflichtteilsergänzungsanspruch 5 22
- Rechtsstellung des Vorerben 10 236 ff.
- Sondervermögen 10 218, 220
- Strategien zur Minimierung des Pflichtteils 11 176 ff.
- Tod des Vorerben 10 225
- Umfang der Erbfolge 10 232 ff.
- Unternehmensnachfolge 10 218

845

Sachverzeichnis

Fette Zahlen = §§

- Unterschiede zum Nachvermächtnis **10** 248
- Verlautbarung der Nacherbfolge **10** 243
- Vertragsgestaltung **10** 222 ff.
- Vorausvermächtnis **10** 232

Nachfolgeklausel
- Abfindung **3** 27
- und Aktivnachlass **3** 25 ff.
- Ausgleichung **3** 161
- Auslandsberührung **14** 135
- einfache **10** 142 ff.
- einfache erbrechtliche **3** 30
- Einschränkung der Möglichkeit der Enterbung **1** 78
- Eintrittsklausel **3** 25
- erbrechtliche **3** 31
- Fortsetzungsklausel **3** 25
- gesellschaftsrechtliche Nachfolge **3** 29
- Kautelarpraxis **10** 136 ff.
- Pflichtteilsergänzungsanspruch **5** 144
- qualifizierte **3** 30; **10** 142 ff.
- Sonderrechtsnachfolge **3** 30
- als Vertrag zugunsten Dritter **5** 87

Nachlass
- Aktivnachlass **3**, siehe dort
- Bewertung **4** 1 ff., s. a. Bewertung des Nachlasses
- fiktiver **2**; **2** 11 ff., s. a. dort
- geschachtelter **2** 8
- Nettonachlass **3** 49
- Passivbestand, siehe dort
- Steuerwert **12** 74
- tatsächlicher **2** 4
- wertloser Nachlass und Pflichtteilsergänzungsanspruch **5** 14
- Zweitnachlass **2** 8

Nachlassakte
- Einsichtsrecht **2** 70

Nachlasspflegschaft
- Antrag **9** 19
- Antrag auf Anordnung **9** 13
- Auskunftserteilung gem. § 2012 Abs. 1 S. 2 BGB **9** 16
- Klagepflegschaft **9** 15 f., s. a. dort
- Nachlasspfleger als Anspruchsgegner **9** 12 ff.
- Pfleger als Anspruchsgegner **9** 12 ff.
- Sicherungsbedürfnis **9** 14

Nachlassspaltung
- Andeutungstheorie **14** 37
- Ausgleichung **14** 54 ff.
- Auslandsvermögen zur Pflichtteilsvermeidung **14** 59
- Ausschlagung **14** 68
- Behandlung von Pflichtteilsansprüchen **14** 42 ff.
- Belegenheitsrecht für sämtliche Güter **14** 152
- Beseitigung der Spaltung **14** 60
- common law **11** 156; **14** 86
- Eigenrechtserbschein **14** 285
- faktische Nachlassspaltung **14** 70 ff.
- forum shopping **14** 69 ff., 71
- funktionelle Nachlassspaltung **14** 170

- getrennte Verfügungen für verschiedene Länder **14** 60
- Haftung für Verbindlichkeiten im Außenverhältnis **14** 50 ff.
- Insolvenz **14** 53
- Internationaler Entscheidungsdissens **14** 70
- Internationales Pflichtteilsrecht **14** 31 ff.
- Kautelarpraxis **14** 58 ff.
- Korrektur durch ergänzende Testamentsauslegung **14** 37
- Nachlassgläubiger **14** 66
- Nachlassverbindlichkeiten **14** 48 ff.
- Pflichtteilsansprüche für jeden Erben gesondert **5** 173 f.
- Pflichtteilsergänzungsanspruch **14** 45 ff.
- postmortale Vollmachten **14** 66 ff.
- rechtliche Trennung der Spaltnachlässe **14** 35 f.
- Rechtsfolgen **14** 35 f.
- Schiedsklausel **14** 66
- Strafklausel **14** 41, 61, 65
- Strategien zur Minimierung des Pflichtteils **11** 154 ff., s. a. dort
- Testamentsvollstreckung **14** 36
- Trennungsklausel **14** 61 ff.
- Ursachen **14** 33
- Ursachen der Spaltung **14** 70 ff.

Nachlassverbindlichkeit
- Passivbestand des Nachlasses **3**, siehe dort

Nachlassverzeichnis
- Aufnahme des Vermögensverzeichnisses **10** 155
- Aufnahme durch Notar **10** 150 ff.
- Berechtigung des Notars zu Ermittlungen **10** 163
- eidesstattliche Versicherung als Beweismittel **10** 160
- Ermittlungspflichten des Notars **10** 156
- Fassung der Urkunde **10** 166 f.
- fehlende Ermittlungen des Notars **10** 167
- fehlerhafte Urkunde **10** 167
- fiktive Nachlassaktiva **10** 158
- Formulierung **10** 170
- Hinzuziehung des Notars **10** 155
- Hinzuziehung des Pflichtteilsberechtigten **10** 164 f.
- Inhalt des Verzeichnisses **10** 157 ff.
- keine Belege **10** 160
- Mitwirkung des Notars **10** 155
- Muster **2** 42
- Recht auf amtliches N. **10** 154
- Stufenklage **2** 152, 160
- unklare und strittige Positionen **10** 158
- Verfahren **10** 162 ff.
- Zuständigkeit **10** 151

Nachvermächtnis
- alle Nachlassgegenstände **10** 261
- Anwartschaftsrecht **10** 260
- Ausschluss der Vererblichkeit **10** 263
- Bedingungen **10** 259
- Begriff **10** 246
- als Erblasserschuld **10** 249
- Ersatzgegenstände **10** 262
- Formulierung **10** 256, 265

magere Zahlen = Randnummern

Sachverzeichnis

- Geschiedenentestament 10 323
- gesetzliche Bestimmungen 10 247
- Herausgabevermächtnis 10 257
- Herausgabevermächtnis auf den Überrest 10 261
- Kautelarpraxis 10 245 ff.
- mehrere Nachvermächtnisse 10 255
- Nutzungsersatz 10 254, 264
- Pflichtteilsbeschränkung in guter Absicht 10 188 ff., 246
- Pflichtteilsfestigkeit 10 258
- Rechtsstellung des Vermächtnisnehmers 10 260
- Regelungsbedarf 10 250
- Trennungslösung 10 249
- Unterschiede zur Nacherbschaft 10 248
- Vererblichkeit 10 253
- Verschlechterung der Position des Nachvermächtnisnehmers 10 252
- Verschlechterung der Position des Vermächtnisnehmers 10 261
- Verstärkung der Rechtsposition des Nachvermächtnisnehmers 10 251
- Verwendungsersatz 10 264
- Verwendungsersatzansprüche 10 254
- Vormerkung 10 251

Namensrecht
- Aktivbestand des Nachlasses 3 48

Navarra
- Erbrecht und Pflichtteilsrecht 15 595 f.

Neue Bundesländer 13 1 ff.
- außereheliche Kinder 13 39 ff.
- Einigungsvertrag 13 23
- Erbfall ab dem 1. 4. 1998 13 30
- Erbfall zwischen dem 3. 10. 1990 und dem 13. 3. 1998 13 23 ff.
- Erbrechtsgleichstellungsgesetz 13 39 ff.
- Gleichstellungsgesetz 13 30 f.
- Grundsatz 13 23
- innerdeutsche Erbfälle 13 35 ff., s. a. dort
- nichtehelich geborene Kinder 13 26 ff., 31
- Verfügungen von Todes wegen 13 25
- s. a. DDR, Innerdeutsche Erbfälle

Nichteheliche Lebensgemeinschaft
- Aktivbestand des Nachlasses 3 14

Niederlande 15 766 ff.
- Adoption 15 352
- Anrechnung 15 362
- Art des Pflichtteils 15 361
- Ehegattenerbrecht 15 352 f.
- Entziehung 15 364
- Erben erster Ordnung 15 352
- Erben zweiter Ordnung 15 352
- Erbrecht des Ehegatten 15 356
- Erbstatut 15 344 ff.
- Erbvertrag 15 349
- Gesetzesänderungen 15 341 ff.
- gesetzliche Erbfolge 15 351 ff.
- Gütergemeinschaft 15 360
- Haager Erbrechtsabkommen 1989 in Kraft 15 344
- Hinzurechnung von Schenkungen 15 360
- internationales Erbrecht 15 344 ff.
- Lebenspartnerschaft 15 354
- Parentelsystem 15 351
- pflichtteilsähnliche Ansprüche der Kinder 15 358
- Pflichtteilsberechnung 15 360
- Pflichtteilsberechtigte 15 355
- Pflichtteilsergänzung 15 363
- Pflichtteilsrecht 15 355 ff.
- Pflichtteilsrecht der Kinder weitgehend zurückgedrängt 15 356
- Prinzip der Nachlasseinheit 15 345
- Rechtswahl 15 345
- Reform 2003 15 355
- Regelungsumfang des Erbstatuts 15 348
- reiner Nachlasswert als Grundlage der Berechnung 15 360
- Rückverweisung 15 347
- Übersicht 15 357
- verfestigter gewöhnlicher Aufenthalt 15 346
- Verfügungen von Todes wegen 15 349
- Verzicht 15 365
- Verzichtsvertrag 15 349
- Weiterverweisung 15 347
- Zusammenlebensvertrag in notarieller Form 15 357

Niederschlagswassergebühren
- kein Passivbestand des Nachlasses 3 66

Nießbrauch
- kein Aktivnachlass 3 45
- Bewertung des Nachlasses 4 60
- Zehn-Jahres-Frist § 2325 Abs. 3 BGB bei Pflichtteilsergänzung 6 41 ff.

Notar
- Belehrungspflicht bzgl. Pflichtteilsrecht gem. § 17 BeurkG 10 1 ff.
- Belehrungspflichten bei Auslandsbezug 14 9 ff.
- Belehrungspflichten bei internationaler Rechtswahl 14 207
- Kautelarpraxis 10 1 ff., s. a. dort
- Nachlassverzeichnis 10 150 ff., s. a. dort

Notwehr
- Pflichtteilsentziehung 7 34

Oder-Konto
- Aktivbestand des Nachlasses 3 7 ff.

Ordentlicher Pflichtteil
- Aktivbestand des Nachlasses 3 4 ff., s. a. dort
- Berechnung 3 1 ff.
- Grundsatz 3 1 ff.

Ordre Public
- Beschränkung der Testierfreiheit 14 269
- Einzelfälle 14 264
- Grundzüge der Prüfung 14 259 ff.
- hinreichender Inlandsbezug 14 263
- Korrektur von Ergebnissen der Anwendung von Kollisionsrecht 14 257 ff.
- Kreis der Pflichtteilsberechtigten 14 264
- Rechtsfolgen 14 270
- Rechtsordnungen ohne Pflichtteilsansprüche 14 265 f.
- Sozialhilfefälle 14 267

Sachverzeichnis

Fette Zahlen = §§

- Unvereinbarkeit der Anwendung ausländischen Rechts **14** 260

Österreich 15 367 ff.
- Adoption **15** 378
- Anrechnung **15** 381 f.
- Art des Pflichtteils **15** 380
- Besonderheiten der Nachlassabwicklung **15** 371
- Ehegattenerbrecht **15** 376
- Eigentumsübergang auf die Erben **14** 220
- Eigentumswohnung **15** 372
- Eltern **15** 378
- Enterbung **15** 385
- Entziehung **15** 385 f.
- erbenloser Nachlass **15** 377
- gemeinschaftliches Testament **14** 240
- gesetzliche Erbfolge **15** 374 ff.
- Haager Testamentsformabkommen **15** 370
- Haftung des Beschenkten **15** 383
- Immobilien **15** 371
- Lebenspartnerschaft **15** 376
- Parentelsystem **15** 374 ff.
- Pflichtteilsberechnung **15** 379
- Pflichtteilsberechtigte **15** 378
- Pflichtteilsergänzung **15** 383
- Pflichtteilsminderung **15** 385 f.
- Pflichtteilsrecht **15** 378
- Recht des Lageorts für dingliche Rechte **15** 371
- Regelungsumfang des Erbstatuts **15** 369
- Rückverweisung **15** 368
- Schenkungen **15** 384
- Sondererbfolge für Wohnungen **14** 148
- Übersicht **15** 378
- Verfügungen von Todes wegen **15** 370
- Vermächtnisnehmer nicht Pflichtteilsschuldner **15** 380
- Verzicht **15** 387
- Weiterverweisung **15** 368
- Wert des reinen Nachlasses **15** 379

Passivbestand des Nachlasses 3 49 ff.
- Auflagen **3** 62
- Beerdigungskosten **3** 58
- berücksichtigungsfähige Verbindlichkeiten **3** 50 ff.
- Beweislast **3** 49
- Bürgschaft **3** 54
- Erbfallschulden **3** 58 ff., 63
- Erbscheinerteilung **3** 63
- Gerichtskosten **3** 58
- Grabpflege **3** 58
- Grundschuld **3** 54
- Hinterziehungszinsen **3** 55, 66
- Hypothek **3** 54
- Kosten der Erbauseinandersetzung **3** 63
- Kosten eines Erbprätendentenstreits **3** 63
- Kreditsicherheiten **3** 54
- negative Kapitalkonten **3** 65
- nicht berücksichtigungsfähige Passiva **3** 62
- Niederschlagswassergebühren **3** 66
- Schenkungen von Todes wegen **3** 62
- Schulden des Erblassers **3** 50 ff.
- Steuerschulden **3** 55
- Testamentseröffnung **3** 63
- Testamentsvollstreckung **3** 63
- Übersicht **3** 66
- Unterhaltsanspruch der werdenden Mutter **3** 62
- Unterhaltsverpflichtungen **3** 56
- Verbindlichkeiten aus Wirtschafts- und Sacheinheiten **3** 64
- Verbindlichkeiten des Erblassers **3** 64
- Vermächtnis **3** 57, 62
- Verwaltung des Nachlasses **3** 63
- Voraus **3** 60
- Zugewinnausgleichsanspruch **3** 59

Patent
- Aktivbestand des Nachlasses **3** 38

Personengesellschaft
- Abfindung **3** 27
- Anteile als Aktivnachlass **3** 25 ff.
- Auflösung der Gesellschaft **3** 32
- Ausscheiden des Gesellschafters von Todes wegen **3** 28
- Eintrittsrecht des Erben **3** 31
- Fortsetzung mit den verbleibenden Gesellschaftern **3** 26 ff.
- Nachfolgeklausel **3** 25 ff., s. a. dort

Persönliche Dienstbarkeiten
- Bewertung des Nachlasses **4** 63 ff.

Persönlichkeitsrechte
- Aktivbestand des Nachlasses **3** 34 ff.
- Enterbung **1** 61 ff.
- Namensrecht **3** 48
- Zehnjahresfrist des § 22 KunstUrhG **3** 34

Pfändung
- Drittschuldner **9** 114
- Dürftigkeitseinrede **8** 65
- frühester Zeitpunkt der Pfändbarkeit **9** 110
- Pfändbarkeit des Pflichtteilsanspruchs **9** 109 ff.
- Pfändungsantrag **9** 115
- Testamentsvollstreckung **9** 114
- Zeitpunkt der Pfändbarkeit **2** 27
- zuständiges Gericht **9** 113

Pflegeleistungen
- Anrechnungspflichtteil **3** 104
- Ausgleichung **3** 190; **8** 46; **10** 107, s. a. dort
- Ausweitung der Ausgleichungsberechtigten **10** 107
- Bewertung **5** 116 ff.
- Erbrechtsreform **10** 107 f.
- kein Erfordernis des Verzichts auf berufliches Einkommen **10** 108
- neuer § 2057 b Abs. 2 BGB **10** 107
- § 14 HeimG **1** 56
- persönliche Erbringung **8** 46
- Pflichtteilsergänzungsanspruch **5** 34 f.; **6** 22 f.
- Schenkungen unter Auflage **5** 117 ff.
- Sittenwidrigkeit einer Vereinbarung **5** 121
- Vereinbarung einer Pflegeverpflichtung **6** 23
- Vergütungsvereinbarung empfehlenswert **10** 108

magere Zahlen = Randnummern **Sachverzeichnis**

Pflichtteilsanrechnung, siehe Anrechnung
Pflichtteilsanspruch
– aufschiebend bedingter **12** 30 ff.
– Checkliste **1** 1
– Entstehen **9** 1; **12** 1 ff.
– Erfüllung durch Hingabe von Nachlassgegenständen **9** 73
– Fälligkeit **1** 30 ff.; **2** 115, s. a. dort
– Geltendmachung **9** 1 ff., s. a. dort
– ordentlicher Pflichtteil **3**, siehe dort
– Prozesszinsen **9** 98
– Quote **12** 22 ff.
– Sachleistungen an Erfüllungs statt **12** 91 ff.
– Stundung **9** 100, s. a. dort
– Übertragbarkeit **12** 15
– Verfassungsmäßigkeit **1** 2
– Verjährung **1** 30 ff.
– Wegfall durch Scheidung **1** 95 ff., s. a. Scheidung
– Zinsen **2** 115
Pflichtteilsberechtigte 1 11 ff.
– Begriff **12** 3
– Erweiterung des Kreises zur Reduzierung von Pflichtteilsansprüchen **11** 108 ff., s. a. Strategien zur Minimierung des Pflichtteils
– Rangfolge **1** 12
Pflichtteilsbeschränkung in guter Absicht 10 185 ff.
– Akt der Zwangsfürsorge **7** 96
– andere Person als der Abkömmling **7** 110
– Angabe des Beschränkungsgrundes **7** 137
– Anordnung einer Nacherbfolge **7** 122
– Anordnungsgründe **7** 99 f.
– Ausschlagung **7** 134
– Bedeutung in der Praxis **10** 185
– beschränkende Anordnung **7** 136 f.
– Beschränkungsmöglichkeiten **10**; **10** 188 ff.
– Beweislast **7** 111 f.
– Einsetzung als Nacherben **7** 117 ff.
– erhebliche Gefährdung **10** 187
– Formulierung **10** 194
– Gefährdung des späteren Erwerbs **7** 103
– Gefährdungsgründe **10** 187
– Gestaltungsmöglichkeiten des Erblassers **7** 114 ff.
– Grund für die Veränderungen im Leben des Abkömmlings bedeutungslos **7** 106
– Grundsatz **7** 2
– kombinierte Anordnungen **10** 189 f.
– nachbegünstigter Personenkreis **10** 191
– Nacherbschaft **10** 188 ff.
– Nachvermächtnis **7** 120, 123 ff.; **10** 188 ff.
– numerus clausus der Gestaltungsmöglichkeiten **7** 114
– Person des Anordnenden **7** 108
– Person des Pflichtteilsberechtigten **7** 109 ff.
– persönliche Voraussetzungen **7** 108 ff.
– Rechtsfolgen **7** 115; **11** 174
– Rechtsnatur gem. § 2338 BGB **11** 173
– sachliche Voraussetzungen **7** 99 ff.
– selbstständiges Beweisverfahren **7** 112
– kein Strafcharakter **7** 97

– Strategien zur Minimierung des Pflichtteils **11** 173 ff.
– Testamentsvollstreckung **10** 188
– Überschuldung **7** 102
– keine Umgehung mittels taktischer Ausschlagung **7** 98
– unzulässige Anordnungen **7** 116
– Verhältnis zu § 2306 BGB **7** 132 ff.
– Verlust durch Verschwendungssucht **7** 95
– Verschwendung **7** 101; **10** 187
– Verwaltungstestamentsvollstreckung **7** 126 ff.
– Voraussetzungen **7** 99 ff.; **10** 187; **11** 175
– Wegfall des Grundes **7** 107
– Zeitliche Voraussetzungen **7** 104 ff.
– Zugriff der Eigengläubiger des Abkömmlings **10** 190
– Zweck **7** 94 ff.; **10** 186
Pflichtteilsentziehung 7 1 ff.
– Abkömmlinge **7** 16
– Abkömmlingen ähnlich nahe stehende Personen **7** 17
– Angabe der letztwilligen Verfügung **7** 60
– Angabe des Kernsachverhalts **7** 61 ff.; **10** 176
– Auslandsbezug **7** 21
– Auslegung der Gründe **7** 23
– Bedeutung **7** 3 ff.
– Bedeutung in der Praxis **10** 174 ff.
– Bedingungsfeindlichkeit **7** 59
– betroffener Personenkreis **7** 10 ff.
– Beweislast **7** 78 ff.
– Ehegatten **7** 41
– Entfallen sämtlicher Ansprüche **7** 81
– Entfremdung kein Entziehungsgrund **10** 180
– Entziehender **7** 10
– Erbrechtsreform **10** 179
– keine Erhöhung der Pflichtteilsansprüche anderer **7** 82
– Erziehungszweck **7** 4
– Feststellungsklage zu Lebzeiten **7** 73 ff.
– Form der Anordnung **7** 54
– formelle Anforderungen **7** 54 ff.; **10** 181
– gelebte Wertvorstellungen der Familie **7** 50
– gem. § 2333 Abs. 1 BGB **7** 26 ff.
– gem. § 2333 Abs. 1 Nr. 2 BGB **7** 29
– gem. § 2333 Abs. 1 Nr. 3 BGB **7** 36
– gem. § 2333 Abs. 1 Nr. 4 BGB **7** 42 f., 68
– als Gestaltungsrecht **7** 71 f.
– Gründe **7** 18 ff.
– hohe formale Anforderungen **7** 8, 65
– Inhalt der Anordnung **7** 58 ff.
– Kautelarpraxis **10** 174 ff.
– Lebenspartner **7** 12, 41
– lebzeitige Klärung der Entziehungsmöglichkeit **7** 73 ff.
– materielle Anforderungen **7** 26 ff.
– nach dem Leben trachten **7** 26
– Notwehr **7** 34
– numerus clausus der Entziehungsgründe **7** 18 ff.
– Person des Pflichtteilsberechtigten **7** 11
– und Pflichtteilsunwürdigkeit **7** 138 f.
– Praxis **7** 4, 8

849

Sachverzeichnis

Fette Zahlen = §§

- Rechtsfolgen **7** 81 ff.
- Rechtsprechung zu den formalen Anforderungen **7** 63 ff.
- Reform **7** 13 ff., 20
- Reformgesetzgeber **7** 25
- Rücktritt vom Versuch gem. § 24 StGB **7** 27
- Sanktionscharakter **7** 1
- schweres Vergehen **7** 30
- seelische Misshandlungen **7** 32
- Solidargedanke **7** 5
- strafrechtliche Verurteilung **7** 33
- Straftat mit Verurteilung ohne Bewährung **7** 44 ff.
- Strategien zur Minimierung des Pflichtteils **11** 163 ff.
- Übergangsvorschrift Art. 229 § 21 Abs. 4 BGB **10** 183
- Unzumutbarkeit **7** 49 ff.
- Verfassungsmäßigkeit **7** 6 f.
- Verletzung von Unterhaltsverpflichtungen **7** 36 ff.
- Verschulden **7** 52 f.
- Verschuldenserfordernis **7** 24 ff.
- Verzeihung **7** 84 ff., s. a. dort
- Wortlaut der Anordnung **7** 55
- Zeitpunkt der Anordnung **7** 58
- Zugewinnausgleich bleibt unverändert **7** 83

Pflichtteilsergänzungsanspruch
- 10 Jahresfrist § 2325 BGB **9** 1
- Abfindung für Verzicht **5** 128 ff.
- Abfindungsausschluss **10** 140
- Abfindungsausschluss bei Kapitalgesellschaften **5** 154 ff.
- Abfindungsausschluss bei Personengesellschaften **5** 139 ff.
- Abfindungsklauseln im Gesellschaftsvertrag **5** 148
- Abgrenzung zum Anrechnungspflichtteil **3** 98
- Abgrenzungsprobleme **5** 4
- Abschmelzungsmodell **6** 5
- Abtretung einer Gesellschafterstellung **5** 137 f.
- Abtretung von Forderungen **5** 93 ff.
- Abwendung der Herausgabe durch Zahlung **5** 18
- Adoption nach Schenkung **9** 87
- Alterssicherung des Ehegatten **5** 34, 50
- Anspruch des Erben § 2326 BGB **6** 67 ff.
- Anstandsschenkungen **5** 2
- Anwendung des § 2056 BGB bei Null-Nachlass **6** 81
- Anwendung des § 2056 BGB bei werthaltigem Nachlass **6** 82
- Aufnahme eines neuen Gesellschafters **5** 131 ff.
- Auseinanderfallen von Pflichtteilsberechtigung und Ergänzungsberechtigung **9** 87
- Ausgleichszahlungen an weichende Erben **6** 28
- Ausgleichung **5** 29
- Ausschlagung **5** 23
- Bausparverträge mit Begünstigung auf den Todesfall **5** 87
- Begriff **5** 5
- Belastung und Verbindlichkeiten **6** 9
- Berechnung **6** 1 ff.
- Berechnungsbeispiel bei Geldschenkung **6** 61
- Berechnungsbeispiel bei Grundstücksschenkung **6** 64 f.
- Berechnungsbeispiel bei unterschiedlichen Zuwendungszeitpunkten **6** 59
- Berechnungsbeispiel für Anspruch des Erben **6** 71
- Berechnungsbeispiel für Flucht in die Pflichtteilsergänzung **6** 77
- Berechnungsbeispiel für § 2056 BGB bei Ausgleichung und Ergänzung **6** 83
- Berechnungsbeispiel mit Anrechnung und Ausgleichung **6** 66
- Berechtigter **9** 85
- bereicherungsrechtlicher Herausgabeanspruch **9** 6
- Berliner Testament **5** 29
- Beschenkter als Anspruchsgegner **9** 6 f.
- Beschenkter zugleich Erbe **5** 15
- Bewertung des Gegenstandes zum Zeitpunkt der Schenkung **6** 7 ff.
- Bewertung des Schenkungsgegenstandes **6** 2 ff.
- Bruchteilsgemeinschaft am Konto der Lebenspartnerschaft **5** 64
- Checkliste **5** 1
- Checkliste zur Berechnung **6** 1
- ehebedingte Zuwendungen **5** 49 ff.
- Ehegatteninnengesellschaft **5** 58 f.
- Eheverträge **5** 38 ff.
- Eigenschenkungen des Pflichtteilsberechtigten **6** 72 ff.
- Einrede **8** 27 ff., s. a. Leistungsverweigerungsrecht
- Einrede des § 2328 BGB **5** 13
- Eintritt der Rechtshängigkeit **5** 17
- Einzelfragen zu bestimmten Zuwendungen **5** 38 ff.
- Einzelunternehmen **6** 10
- enger Erblasserbegriff **5** 30
- Entlohnung für künftig erwartete Dienste **5** 36
- Entlohnung für vergangene Dienste **5** 36
- und Entziehung **5** 7
- Erbe als Gläubiger **9** 86
- Erbrechtsreform **10** 4
- Erbschaftsteuer **12** 63 ff.
- Erfüllung einer verjährten Schuld **5** 169 ff.
- Erlass von Forderungen **5** 92 ff.
- fiktiver Berechnungsnachlass **6** 60
- Flucht in die Pflichtteilsergänzung **6** 76 f.; **11** 45
- Frist gem. § 2325 BGB für Schenkungen **5** 6, 16
- als Geldzahlungsanspruch **1** 11; **5** 3
- Geltendmachung **9**, s. a. dort
- gemischte Schenkungen **5** 102 ff., s. a. dort
- Gewährung von freiem Wohnraum **5** 124 ff.
- Gläubiger **5** 8 ff.
- Güterstandsschaukel **5** 41 ff.
- Gütertrennung **5** 38
- Haftung des Beschenkten aus bereicherungsrechtlichen Grundsätzen **5** 17

magere Zahlen = Randnummern

Sachverzeichnis

- Herausgabe des Geschenkes gem. § 2329 BGB 5 3
- Hilfsantrag bei Herausgabeantrag 6 87
- Hinzurechnung 6 60
- Hofübergabe 5 158 ff.
- Höhe 5 5
- Index für alle privaten Haushalte 6 8
- Inhalt 9 84
- innerdeutsche Erbfälle 13 54 ff., s. a. dort
- Kaufkraftverlust 6 4
- Klage 9 84 ff., s. a. Pflichtteilsergänzungsklage
- Klage gegen den Beschenkten 9 93 ff.
- Klageschriftsatz 6 85
- Kontoinhaberschaft von Ehegatten 5 60 ff.
- Kreis der Berechtigten 5 9
- Lebensversicherung 5 34, 69 ff.
- lebzeitiger Verzicht auf bestehende Rechte gegenüber dem Pflichtteilsberechtigten 5 122
- Leibrententabelle 6 21
- Mehrempfang gem. § 2056 BGB 5 167; 6 78 ff., s. a. dort
- mehrere Beschenkte 5 16
- Miteigentümergemeinschaft der Ehegatten am Einzelkonto 5 60 ff.
- Nacherbe 5 22
- Nachlassspaltung 14 45 ff.
- nachträgliche Vereinbarung 5 25
- Neufassung des Bewertungsgesetzes 6 17
- nicht ausreichender Nachlass 6 80
- nicht erfülltes Schenkungsversprechen 6 20
- nicht erfülltes Schenkungsversprechen als Nachlassverbindlichkeit 5 27
- nichteheliche Lebensgemeinschaft 5 51
- Niederstwertprinzip 6 4, 12 ff.
- Nießbrauch am Grundstück 5 34
- Nießbrauchrecht 6 17
- Null-Nachlass 6 81
- Nutzungsrechte 6 20
- Pflegeleistungen 5 34 f.; 6 22 f., s. a. dort
- und Pflichtteilsverzicht 5 7
- Pflichtschenkungen 5 33, 56
- pflichtteilsberechtigter Erbe als Schuldner 5 12 ff.
- primär gegen Erbe, sekundär gegen Beschenkten 9 1
- prozessuale Geltendmachung 6 84 ff.
- qualifizierte Nachfolgeklausel 5 144
- Rechtsnatur 5 2
- Reform des Pflichtteilsrechts 6 60
- Regel der Unentgeltlichkeit bei ehebedingten Zuwendungen 5 50
- Riester-Rente 5 69
- Rücktrittsvorbehalt 5 123; 6 26 f.
- Ruhen eines Wohnungsrechts 6 25
- Sachgesamtheiten 6 10
- Schenkung gegen Auflagen 5 122
- Schenkung von Vermögen im Ausland 5 172 ff.
- Schenkungen als fiktive Aktiva 5 4
- Schenkungen an Ehepartner 6 6
- Schenkungen auf den Todesfall 5 26
- Schenkungen unter Auflage 5 114 ff.
- Schenkungsbegriff gem. § 2325 BGB 5 21 ff.
- Schuldner 5 11 ff.; 9 86
- sittlich gebotene Zuwendung 5 35
- Sterbetabelle 6 20
- Stichtagsprinzip 3 69
- Stiftungen 5 96 ff., s. a. dort
- Stufenklage 2 167 ff.
- Stundung 9 101 f.
- Testamentsvollstreckung 5 19
- Theorie der Doppelberechtigung 9 87
- todkranker Schenker 6 20
- Überleitungsvorschrift Art. 229 § 23 EGBGB 5 20
- Übertragung eines Einzelunternehmens 5 137 f.
- Übertragung eines Schuldverhältnisses 5 95
- Untergang der geschenkten Sache vor dem Erbfall 6 29
- Verdacht der ehebedingten Zuwendung 5 40
- vereinbarte Gegenleistungen und Auflagen 6 20
- Vergleich der Werte des Schenkungsgegenstandes 6 12 ff.
- Vergütung langjähriger Dienste des Ehegatten 5 50
- Verjährung 1 34; 5 20
- verjährungshemmende Maßnahmen gegenüber jedem Beschenkten 5 16
- Vertrag zugunsten Dritter 5 87 ff.
- Verzicht auf Rechte 6 17
- Vorgehen gegen Beschenkten 5 11
- Vorkaufsrecht 5 23
- weiterer Schutz über § 138, 826 BGB 5 6
- Weiterveräußerung des Schenkungsgegenstandes 6 86
- Wert in Tausend bei pro-rata-Regelung 11 53
- Wert nicht verbrauchbarer Sachen 6 7 ff.
- Wert verbrauchbarer Sachen 6 3 ff.
- wertloser Nachlass 5 14
- Wertminderungen seit dem Zeitpunkt der Schenkung 6 18
- Wertsteigerungen nach der Schenkung 6 18
- Widerrufsvorbehalt 5 123; 6 26
- zahlungsunfähiger Nachlass 5 14
- Zehn-Jahres-Frist bei Zuwendungen unter Eheleuten 5 48
- Zehn-Jahres-Frist § 2325 Abs. 3 BGB 6 30 ff., s. a. dort
- Zugewinnausgleich 5 39
- Zuordnung der Anrechnung bei gemeinschaftlichem Testament 5 28
- Zweck 5 2

Pflichtteilsergänzungsklage 9 84 ff.
- Ausschlussfrist gem. § 2325 Abs. 3 BGB 9 90
- bereicherungsrechtliche Grundsätze für den Beschenkten 9 94
- gegen den Beschenkten 9 93 ff.
- Beweislast 9 89
- Beweisnot 9 89
- Bewertung eines verschenkten Gegenstandes 9 91
- Bewertungsstichtag 9 91
- Duldung der Zwangsvollstreckung 9 94
- Einrede des § 2328 BGB 9 93
- Fehlbetrag 9 95

851

Sachverzeichnis

Fette Zahlen = §§

- gemischte Schenkung **9** 89
- Klageänderung nach Einrede der Unzulänglichkeit **9** 88
- Klageantrag **9** 92, 97
- mehrere Beschenkte **9** 96
- objektiv grobes Missverhältnis **9** 89
- pro-rata-Regelung § 2325 Abs. 3 S. 1 **9** 90
- substantiiertes Bestreiten der Unentgeltlichkeit **9** 89
- Zahlungsantrag **9** 88

Pflichtteilsklauseln 10 195 ff.
- automatische Verwirkungsklausel **10** 198 ff.
- Bezeichnung des bestraften Verhaltens **10** 199
- Einheitslösung **10** 195, 198 ff.
- Erbrechtsreform **10** 210, 216
- fakultative Ausschlussklausel **10** 202 ff.
- gemeinschaftliches Testament **10** 195
- Grundsatz **11** 183
- Herausgabevermächtnislösung **10** 212 ff.
- Jastrow'sche Klausel **10** 206 ff.
- Pflichtteilsstrafklausel **10** 197
- Problem „missratenes Kind" **11** 186 ff.
- schuldrechtliche Trennung der Nachlässe **10** 212
- Socinische Klausel **10** 215 ff.
- Sozialhilfeträger **10** 199
- Strategien zur Minimierung des Pflichtteils **11** 183 ff.
- Trennungslösung **10** 195, 210 ff.
- Vermächtnisse nach der Jastrow'schen Klausel **10** 206
- Vermächtniszuwendung **11** 187 f.
- Verzichtsvertrag mit den Eltern **10** 196
- Wirkung **11** 184

Pflichtteilslasten 10 324 ff.
- abweichende Anordnungen **10** 326 ff.
- Abzug beim Verpflichteten und Erbschaftsteuer **12** 60 ff.
- Ausschlagung des Vermächtnisses **10** 324 f.
- Einkommensteuer **12** 102 ff., s. a. dort
- Einschränkung des Kürzungsrechts **10** 328
- des Ersatzmanns **10** 332
- Erweiterung des Kürzungsrechts **10** 329 f., 340
- Finanzierungskosten **12** 104
- Gestaltungsmöglichkeiten durch den Erblasser **10** 326 ff.
- Grenzen der Gestaltung **10** 342 ff.
- Grundsatz **1** 28 f.; **12** 102
- Innenverhältnis **1** 28
- Konfusion **12** 61
- Kürzungsrecht **10** 326 ff.
- pflichtteilsberechtigter Miterbe **10** 331
- Sachleistung an Erfüllungs statt **12** 103
- steuerfreie Gegenstände **12** 70
- Tod des Verpflichteten **12** 61

Pflichtteilsquote
- Ermittlung bei Anrechnungsfällen **3** 146 f.

Pflichtteilsrecht
- verfassungsmäßige Verankerung **10** 172

Pflichtteilsrente 12 84 ff.
- s. a. Rente

Pflichtteilsrestanspruch 3 75 ff.
- Ausschlagung der Erbschaft **3** 86 ff.
- Beschränkungen **3** 84, 88 f.
- Beschwerungen **3** 84, 88 f.
- des Ehegatten **3** 91
- Geltendmachung **9** 2
- Normzweck des § 2305 BGB **3** 76
- Rechtsfolgen des § 2305 BGB **3** 82 ff.
- Vermächtnisse **3** 85
- Voraussetzungen des § 2305 BGB **3** 77 ff.

Pflichtteilsschuldner
- Grundsatz **1** 28 f.
- Testamentsvollstreckung **1** 28

Pflichtteilsunwürdigkeit 7 138 ff.
- abschließender Katalog des § 2339 Abs. 1 BGB **7** 143
- Anfechtung durch entfernten Pflichtteilsberechtigten **7** 186
- Anfechtungsberechtigte **7** 176 f.; **11** 169
- Anfechtungserklärung **7** 182 f.
- Anfechtungsfrist **7** 180 f.
- Anfechtungsgegner **7** 178 f.
- arglistige Täuschung **7** 163 ff.
- berechtigtes Motiv des Täters **7** 144 f.
- Beweislast bei Unzurechnungsfähigkeit **7** 150
- keine Bindung des Zivilgerichts an das Strafverfahren **7** 143
- Drohung **7** 163 ff.
- Einflussnahme auf Verfügungen von Todes wegen **7** 157 ff.
- und Erbunwürdigkeit **7** 141
- Fälschung des Testaments **7** 168 ff.
- Geltendmachung **7** 174 ff.; **11** 169
- Geltendmachung durch Anfechtung **7** 174 f.
- keine Geltung für Abkömmlinge **7** 151
- gem. § 2339 Abs. 2 BGB **7** 171 f.
- gem. § 2345 Abs. 2, 2339 Abs. 1 Nr. 1 BGB **7** 152
- gem. §§ 2345 Abs. 2, 2339 Abs. 1 Nr. 2 BGB **7** 157
- gem. § 2345 Abs. 2, 2339 Abs. 1 Nr. 4 BGB **7** 168 ff.
- geschützter Personenkreis **7** 147
- Gründe **7** 142, 151 ff.
- Grundsatz **7** 2, 142
- Herbeiführung der Testierunfähigkeit **7** 156
- nachträgliche Pflichtteilsanrechnung **11** 171 f.
- Normzweck **7** 140 f.
- und Pflichtteilsentziehung **7** 138 f.
- Rechtsprechung des BVerfG **7** 149
- Sanktionscharakter **7** 1 f.
- Schutzobjekt **7** 140 f.
- Strategien zur Minimierung des Pflichtteils **11** 168 ff.
- Tötung des Erblassers **7** 154
- Umfang des betroffenen Anspruchs **7** 146
- Verschulden **7** 148 f.
- versuchte Tötung **7** 155
- Verzeihung **7** 142, 187 f., s. a. dort
- Widerrechtlichkeit der Tat **7** 153
- Wirkung der Anfechtung **7** 184 f.; **11** 170

magere Zahlen = Randnummern

Sachverzeichnis

– keine Wirkung der Anfechtung gegen Abkömmlinge des Pflichtteilsunwürdigen 7 185
Pflichtteilsverzicht 10 49 ff.
– Abfindung 11 13
– Abfindung und Erbschaftsteuer 12 43, s. a. Abfindung
– Abschluss nur zu Lebzeiten 10 51
– keine Änderung der Erbfolge 10 51
– Aufhebbarkeit 10 65
– Ausschaltung des lästigen Enkels 11 17 ff.
– Bedeutung in der Praxis 10 49
– Bedingungen 10 52
– Befristung 10 52
– Begriff 10 49
– Behandlung von Urkunden 10 79
– Berliner Testament 10 70
– Beschränkungen 12 41
– Beschränkungsmöglichkeiten 10 67
– Beseitigung künftiger Pflichtteilsansprüche 10 54
– Einschränkungen im Vertrag 11 9
– entgeltlicher 11 13
– Erbschaftsteuer 12 40 ff., s. a. dort
– Erstreckung auf Abkömmlinge 10 55
– Erstreckung der Verzichtswirkung 11 16
– Form 10 50; 12 40, s. a. Erbverzicht
– Formulierung 11 19
– gegenständlich beschränkter 1 88; 10 77 f.
– gegenüber dem Erstversterbenden der Eltern 10 70
– keine Geltung der Zweifelsregelungen des § 2350 BGB 10 53
– Gläubigerbenachteiligung 10 62
– Grundsatz 1 88 ff.
– Inhaltskontrolle von Erbverträgen 10 59
– innerdeutsche Erbfälle 13 90 ff.
– isolierter 1 89
– Kernbereich des Scheidungsfolgerechts 10 60
– nachehelicher Unterhalt 10 56 f.
– notarielle Beurkundung 11 9
– ohne Abfindung 12 42
– Rechtsfolgen 10 49, 54 ff.; 11 11
– Scheidungsantrag des Erblassers 1 98
– Sittenwidrigkeit 10 36, 58
– Sozialhilfe 10 63 f.
– Strategien zur Minimierung des Pflichtteils 11 8 ff.
– uneingeschränkter Pflichtteilsverzicht nach einem Elternteil 10 68
– unentgeltliche Aufhebung keine Schenkung iSv § 2287 BGB 10 65
– unentgeltlicher 11 14
– Unterhaltsanspruch gegen die Erben gem. § 1586 b Abs. 1 S. 3 BGB als Problem 11 12
– Unternehmensnachfolge 10 68 f., 131 f.
– Vertrag zu Lasten Dritter 11 16
– Voraussetzungen 10 50; 11 15
PKW
– Aktivbestand des Nachlasses 3 12
– Bewertung des Nachlasses 4 239
Polen
– Anrechnung 15 431

– Art des Pflichtteils 15 429
– Entziehung 15 432
– Erben erster Ordnung 15 407 ff.
– Erben zweiter Ordnung 15 411 ff.
– Erbenhaftung 15 427
– Erbstatut 15 388 ff., 395
– Erbunwürdigkeit 15 433 ff.
– Erbverträge 15 403
– gemeinschaftliche Testamente 15 403
– gesetzliche Erbfolge 15 404 ff.
– Großeltern 15 419
– Haager Testamentsformabkommen 15 398
– internationales Erbrecht 15 388 ff.
– Kinder 15 407
– landwirtschaftlich genutzte Grundstücke 15 393
– Pflichtteilsberechnung 15 424 ff.
– Pflichtteilsberechtigte 15 417 f.
– Pflichtteilsergänzung 15 429
– Pflichtteilsrecht 15 417 ff.
– qualifizierte Enterbung 15 436 ff.
– Quote 15 420 ff.
– Rechtswahl 15 390 ff.
– Rückverweisung 15 394
– schlichte Enterbung 15 435
– Sonderanknüpfung für Testamente nachrangig 15 402
– subsidiäre Haftung des Beschenkten 15 427
– Übersicht 15 423
– Verfügungen von Todes wegen 15 397
– Verzicht 15 439 f.
– Weiterverweisung 15 394
Portugal
– Anrechnung 15 455
– Art des Pflichtteils 15 453 f.
– Ehegattenerbrecht 15 449
– Entziehung 15 459 f.
– erben nach Ordnungen 15 448
– Erbstatut 15 441
– gesetzliche Erbfolge 15 447 ff.
– Haager Testamentsformabkommen 15 446
– Heimatrecht des Testators 15 445
– Herabsetzung der Zuwendungen 15 457
– internationales Erbrecht 15 441 ff.
– Klage auf Herabsetzung 15 458
– Pflichterben 15 450
– Pflichtteilsberechnung 15 452
– Pflichtteilsberechtigte 15 450
– Pflichtteilsergänzung 15 456
– Pflichtteilsminderung 15 460
– Pflichtteilsrecht 15 450 ff.
– Quoten 15 450
– Recht der Staatsangehörigkeit 15 441
– keine Rechtswahl 15 442
– Regelungsumfang des Erbstatuts 15 444
– Repräsentationsrecht 15 448
– Rückverweisung 15 443
– Übersicht 15 451
– Verfügungen von Todes wegen 15 445
– Vermächtnis als Ersatz für Pflichtteil 15 545
– Verzicht 15 461
– Weiterverweisung 15 443

853

Sachverzeichnis

Fette Zahlen = §§

Postmortale Vollmacht
- Nachlassspaltung **14** 66 ff.

Praxis
- Arztpraxis **4** 188 ff.
- Bewertung von Freiberuflerpraxen **4** 166 ff.
- Honorarforderungen im Nachlass **4** 236
- Mandantenstamm **4** 167
- Steuerberaterpraxis **4** 182 ff., s. a. dort
- vereinfachtes Preisfindungsverfahren **4** 166
- Wirtschaftsprüferpraxis **4** 187

Prozess
- Auskunftsklage **9** 56 ff., s. a. dort
- Feststellungsklage **9** 49 ff., s. a. dort
- Geltendmachung von Ansprüchen **9** 1 ff., s. a. dort
- Geltendmachung von Pflichtteilsansprüchen **9** 49 ff., s. a. dort
- keine Klärung der Testierfähigkeit zu Lebzeiten **1** 49
- Pflichtteilsergänzungsklage **9** 84 ff., s. a. dort
- Stufenklage **9** 74 ff., s. a. dort
- Stundung **9** 100 ff., s. a. dort
- Wertermittlungsklage **9** 63 ff., s. a. dort
- Zahlungsklage **9** 70 ff.
- Zinsen **9** 98 f., s. a. dort

Prozesskostenhilfe
- Stufenklage **2** 161 ff.

Quote
- Adoption **1** 14 ff., s. a. dort
- Begriff des Abkömmlings **1** 13 ff., s. a. dort
- Ehegatte **1** 22
- Ermittlung **1** 13 ff., 19
- Gütergemeinschaft **1** 24
- Gütertrennung **1** 23
- Verzicht **1** 20
- Zugewinnausgleich **1** 25

Rechte
- bedingte **4** 244
- Bewertung des Nachlasses **4** 243 ff.
- nachträgliche Ausgleichung **4** 246
- sonstige **4** 247
- Stichtagsprinzip **4** 245
- Verbindlichkeiten im Nachlass **4** 244, s. a. Verbindlichkeiten

Rechtsgeschichte
- Verfassungsmäßigkeit des Pflichtteilsrechts **1** 2

Reisekosten
- Stufenklage **2** 160

Rente
- Abgrenzung von Abfindung und Versorgungsleistungen **12** 98
- Einkommensteuer bei Pflichtteilsrente **12** 84 ff.
- Leibrententabelle **6** 21
- Verkauf gegen Leibrente zur Reduzierung des Pflichtteils **11** 23 ff., s. a. Strategien zur Minimierung des Pflichtteils
- Zehn-Jahres-Frist § 2325 Abs. 3 BGB bei Pflichtteilsergänzung **6** 37, 44

Revision
- Dürftigkeitseinrede **8** 63

Rohbauland
- Bewertung von Immobilien **4** 24

Rohertrag
- Bewertung von Immobilien **4** 33

Rückwirkung
- und Stichtagsprinzip **3** 73

Russland
- Staatsverträge **14** 104 f.

Sachverständiger
- amtlich bestellter **2** 93
- keine öffentliche Vereidigung **2** 94
- persönliche Voraussetzungen **2** 93
- Stufenklage **2** 154
- Vergütungsanspruch **2** 99
- Wertermittlungsanspruch **9** 65

Sachwertverfahren
- Bewertung von Immobilien **4** 21, 66
- Bodenwert **4** 70

Scheidung
- Beendigung des Erbrechts gem. § 1933 BGB **1** 99
- Checkliste **1** 97
- dispositive Auslegungsregeln **1** 101
- eigenhändiges Testament **1** 100
- erneute Eheschließung **1** 100
- formlose Zustimmung **1** 99
- Fortgeltungswille im Testament **1** 102
- Geschiedenentestament **10** 299 ff.
- Wegfall des Pflichtteilsanspruchs **1** 95 ff.

Schenkung
- Abfindungsausschluss **10** 141
- Abtretung von Forderungen **5** 93 ff.
- Adoption nach Schenkung **9** 87
- an den Ehegatten **6** 6, 55 ff.
- anrechenbare Eigenschenke gem. § 2327 BGB **9** 37
- Anstands- und Pflichtschenkungen **2** 59 ff.; **5** 32 ff.
- auf den Todesfall **5** 26
- auffallendes, grobes Missverhältnis **11** 30
- Aufnahme eines Gesellschafters **10** 149
- Aufnahme eines persönlich haftenden Gesellschafters **10** 148
- Auskunftsanspruch **2** 12, 59 ff.; **9** 37
- Auskunftsanspruch gegen den Beschenkten **2** 38
- Auskunftsklage **2** 125 f.
- Auslandsvermögen und Pflichtteilsergänzungsanspruch **5** 172 ff.
- Bedeutung der Restlebensdauer des Erblassers **11** 50
- Begriff gem. § 2325 BGB **5** 21 ff.
- Beschenkter als Anspruchsgegner **9** 6 f.
- Bewertung des Schenkungsgegenstandes **6** 2 ff.
- Definition **11** 28
- Eigenschenkungen des Pflichtteilsberechtigten **6** 72 ff.
- ergänzungspflichtige **9** 40
- Erlass von Forderungen **5** 92 ff.
- gemischte **2** 86, 97, 126
- gemischte Schenkung und Beweisnot **9** 89

854

Sachverzeichnis

magere Zahlen = Randnummern

- Gewährung von freiem Wohnraum 5 124 ff.
- Grundstücksschenkungen in der DDR 13 57 ff.
- Inanspruchnahme des Beschenkten bei Leistungsverweigerungsrecht des Erben 8 33
- Internationales Pflichtteilsrecht 14 131, s. a. dort
- Klage gegen den Beschenkten 9 93 ff.
- Klageantrag 2 169
- lebzeitige Übertragung von Gesellschaftsanteilen 10 147 ff.
- mehrere Beschenkte 5 16
- nachträgliche Entgeltlichkeit 11 31 ff.
- nachträgliche Entgeltlichkeit, Rechtsfolgen 11 35 f.
- nicht erfülltes Schenkungsversprechen 6 19 ff.
- nicht erfülltes Schenkungsversprechen als Nachlassverbindlichkeit 5 27
- Nichtausübung des Vorkaufsrechts 5 23
- Niederstwertprinzip 2 96
- Nutzen des § 517 BGB 11 27
- Pflichtschenkungen 5 33
- pro rata Regelung 1 8; 12 63
- Stufenklage gegen den Beschenkten 2 167
- subjektives Tatbestandsmerkmal 11 30
- unter Auflage 5 114 ff.
- Verdachtsmomente 2 19
- Verjährung des Anspruchs aus § 2329 BGB 2 170
- Verkehrswert 6 2
- Verzicht auf Rechte gegenüber dem Pflichtteilsberechtigten 5 122
- Vorerbe 5 22
- Weiterveräußerung des Schenkungsgegenstandes 6 86
- Wert nicht verbrauchbarer Sachen 6 3 ff., 7 ff.
- Wertermittlungsanspruch 2 85
- Wertermittlungsanspruch gegenüber Beschenktem 2 104

Schmuck
- Bewertung des Nachlasses 4 242

Schulden 3 50 ff.
- aufschiebend bedingte 3 51
- Erbfallschulden 3 58 ff.
- gesamtschuldnerische Haftung 3 52
- Kreditsicherheiten 3 54
- s. a. Passivbestand des Nachlasses

Schweiz
- Anrechnung 15 479
- Art des Pflichtteils 15 478
- Berechnungsmasse Art. 474 ff. ZGB 15 477
- Besonderheiten der Nachlassabwicklung 15 470
- Deutscher mit Wohnsitz in der Schweiz 15 465
- Ehegattenerbrecht 15 475
- Entziehung 15 481 ff.
- Erben dritter Ordnung 15 474
- Erben erster Ordnung 15 472
- Erben zweiter Ordnung 15 473
- Erbvertrag 15 469
- Eröffnungsstatut 15 468
- foreign court theory 15 467
- gemeinschaftliches Testament 15 469
- gesetzliche Erbfolge 15 471 ff.
- Grundsatz der Nachlasseinheit 15 464
- Güterstand 15 475
- Herabsetzungsklage 15 478
- internationales Erbrecht 15 462
- Lebenspartnerschaft 15 475
- Parentelsystem 15 472
- Pflichtteilsberechnung 15 477
- Pflichtteilsberechtigte 15 476
- Pflichtteilsergänzung 15 480
- Pflichtteilsminderung 15 481 ff.
- Pflichtteilsrecht 15 476 ff.
- Quote 15 477
- Rechtswahl 15 463
- Regelungsumfang des Erbstatuts 15 468
- Rückverweisung 15 467
- Schenkungen 15 480
- Schweizer mit Wohnsitz in Deutschland 15 466
- Übersicht 15 476
- Unterschied von Erbfolge und Erbgang 15 468
- Verfügung von Todes wegen 15 469
- Versicherungsansprüche 15 477
- Verzicht 15 484

Serbien 15 485 ff.
- Adoption 15 527
- Anrechnung 15 544
- Art des Pflichtteils 15 539 ff.
- Aussonderung 15 537
- Ehegattenerbrecht 15 509 ff.
- Eltern 15 519
- Entziehung 15 545 ff.
- Erben dritter Ordnung 15 516
- Erben erster Ordnung 15 509
- Erben vierter Ordnung 15 517
- Erben zweiter Ordnung 15 512
- Erbstatut 15 485 ff.
- Erbunwürdigkeit 15 549
- Erbvertrag 15 505
- gemeinschaftliches Testament 15 505
- gesetzliche Erbfolge 15 507 ff.
- Grundsatz des Familienerbrechts 15 507
- Güterrecht 15 534
- Haager Testamentsformabkommen 15 499 ff.
- Haushaltsgegenstände 15 538
- internationales Erbrecht 15 485 ff.
- lebenslanger Nießbrauch des Ehegatten 15 520 ff.
- Mehrstaater 15 492
- Pflichtteilsberechnung 15 533
- Pflichtteilsberechtigte 15 525 ff.
- Pflichtteilsentziehung zu Gunsten der Abkömmlinge 15 554
- Pflichtteilsergänzung 15 543
- Pflichtteilsrecht 15 525 ff.
- qualifizierte Enterbung 15 551 ff.
- Quote 15 529
- Rechtswahl 15 491
- Regelungsumfang des Erbstatuts 15 496
- Rückverweisung 15 495
- Schenkungen 15 535 f.
- schlichte Enterbung 15 550
- Status des Kosovo 15 486

Sachverzeichnis

Fette Zahlen = §§

- subsidiäre Haftung des Beschenkten 15 541
- Übersicht 15 532
- Verfügungen von Todes wegen 15 498
- Verzicht 15 556
- Washingtoner Abkommen 15 504
- Weiterverweisung 15 495

Sicherheiten
- als Nachlassverbindlichkeit 3 54

Sittenwidrigkeit
- Behindertentestament 10 276 ff.
- Erbverzicht 10 36
- Schenkungen 5 6

Sonderausgaben
- Einkommensteuer 12 107, s. a. dort

Sorgerecht
- Ausschließung der Verwaltung gem. § 1638 BGB 10 314
- Geschiedenentestament 10 312 ff., s. a. dort

Sozialhilfe
- Behindertentestament 10 266 ff., s. a. dort
- Erbverzicht 10 36
- Pflichtteilsklauseln 10 199
- Pflichtteilsverzicht 10 63 f.
- sozialhilferechtlicher Nachranggrundsatz 10 266

Sozialhilfeträger
- Auskunftsanspruch 2 28

Spaltung
- Nachlassspaltung 14 31 ff., s. a. dort

Spanien 15 557 ff.
- Anrechnung 15 576
- Anwachsungsprinzip 15 568
- Aragonien 15 584 f.
- Art des Pflichtteils 15 575
- Balearen 15 586
- Baskenland 15 588 ff.
- Beeinträchtigungen des Noterbrechts 15 578
- doppelte Staatsangehörigkeit 15 559
- Ehegatte 15 572
- Ehegattenerbrecht 15 558, 570
- Eltern 15 572
- Erben nach Ordnungen 15 569
- Erbstatut 15 557
- Foralrecht 15 561, 583 ff.
- Galizien 15 591 f.
- gemein-spanisches Recht 15 567
- gesetzliche Erbfolge 15 567
- Grundstücke 15 578
- Haager Testamentsformabkommen 15 566
- Heimatrecht des Erblassers 15 557
- Herabsetzung der Zuwendungen 15 578
- Herabsetzungsklage 15 579
- internationales Erbrecht 15 557 ff.
- Katalonien 15 593 f.
- Kinder 15 572
- Kreis der Noterben 15 572
- mejora 15 572
- Navarra 15 595 f.
- Pflichtteilsberechnung 15 574
- Pflichtteilsberechtigte 15 571
- Pflichtteilsentziehung 15 580 f.
- Pflichtteilsergänzung 15 577
- Pflichtteilsminderung 15 580 f.
- Pflichtteilsrecht 15 571
- Quoten 15 573
- Rechtswahl 15 560
- Regelungsumfang des Erbstatuts 15 563 f.
- regionale Rechtsspaltung 15 561
- Reinnachlass 15 574
- Repräsentationsrecht 15 568
- Rückverweisung 15 562
- Schenkungen 15 574, 578
- Testierfähigkeit 15 564
- Übersicht 15 573
- Verfügungen von Todes wegen 15 564
- Verzicht 15 582
- Weiterverweisung 15 562

Staatsangehörigkeit 14 26
- Aufgabe 14 29
- Bedeutung für das Mandat 14 21
- Behandlung von Nicht-Deutschen wie Deutsche 14 114 ff.
- deutsche 14 114 ff.
- Erwerb durch Adoption 14 115
- Heimatrecht 14 114 ff.
- Prinzip der Nachlasseinheit 14 114
- Staatenlose 14 26
- Staatsangehörigkeitsprinzip 14 77 ff.
- Staatsverträge vorrangig 14 23 f.
- Statusdeutsche Art. 116 Abs. 1 GG 14 118
- Wechsel 14 29
- Wechsel des Erbstatuts 11 160 f.

Staatsverträge
- Abkommen zur Anerkennung ausländischer Entscheidungen 14 298 ff.
- Einfluss auf die Erbfolge 14 124
- Frankreich 15 104
- Haager Testamentsformübereinkommen 14 106 ff.
- Haager Übereinkommen über die Erbfolge 14 110
- Niederlassungsabkommen mit Persien 14 99 f.
- Sowjetunion 14 104 f.
- Türkei 14 101 ff.
- Vorrang vor Staatsangehörigkeitsprinzip 14 23 f.
- vorrangige 14 98 ff.

Steuer
- Abgeltungssteuer und Unternehmenswert 4 80, s. a. dort
- AfA-Bemessungsgrundlage 12 80
- Bewertung von Immobilien 4 66
- Einkommensteuer 12 78 ff., s. a. dort
- Einkommensteuer beim Verkauf eines Nachlassgegenstandes 4 8
- Erbschaftsteuer 12 1 ff., s. a. dort
- Erstattungsansprüche im Nachlass 4 238
- Ertragsteuer und Unternehmenswert 4 80
- Grunderwerbsteuer 12 110 ff., s. a. dort
- Güterstandsschaukel 5 43
- Hinterziehungszinsen 3 55
- Rückerstattungsansprüche als Aktivnachlass 3 15
- Schulden als Bestandteil des Nachlasses 3 55

Sachverzeichnis

magere Zahlen = Randnummern

- Verlustvortrag als Aktivnachlass 3 16
- Verlustvortrag im Nachlass 4 238

Steuerberaterpraxis
- Bewertung der Praxis 4 182 ff.
- fünfjährige Umsatzprognose 4 184
- modifiziertes Ertragswertverfahren 4 184 f.
- Umsatzverfahren 4 183

Stichtagsprinzip
- Anrechnungsfälle 3 69
- Ausnahmen 3 69 ff.
- Ausnahmen gem. § 242 BGB 3 74
- Berechnung des Pflichtteilsanspruchs 3 67 ff., 71
- Gesamtpflichtteil 8 30
- Härtefallkorrektur 4 5
- maßgeblicher Zeitpunkt für Bewertung des Nachlasses 4 3
- Pflichtteilsergänzungsanspruch 3 69
- Rechte im Nachlass 4 245
- rückwirkende Rechtsänderungen 3 73
- Unternehmenswert 4 76, 81
- Verbindlichkeiten unter aufschiebender Bedingung 3 70
- Verschollenheitsgesetz 3 68
- Wertveränderungen des Nachlasses nach dem Stichtag 4 4

Stiftungen
- Ausstattungsversprechen kein Vertrag 2 14
- Erbrechtsreform 11 66 ff.
- Errichtung von Todes wegen 11 62
- erweiterte Stundungsmöglichkeiten 11 69
- Familienstiftung 5 98 ff.; 11 63
- Liechtensteiner 2 14
- Pflichtteilsergänzungsanspruch 5 96 ff., s. a. dort
- Spenden des Erblassers 2 14
- Strategien zur Minimierung des Pflichtteils 11 61 ff., s. a. Stiftungen

Stille Reserven
- Belastung für den Unternehmenswert 4 84

Strafklausel 10
- siehe Pflichtteilsklauseln

Strategien zur Minimierung des Pflichtteils 11 1 ff.
- Abfindung im Gesellschaftsvertrag 11 151 ff.
- Adoption 11 114 ff.
- Anrechnungsbestimmung bei Zuwendung 11 41 ff.
- Aufhebung vorhandener Erbverzichte 11 147 f.
- Auslandsbezug 11 153 ff.
- Austausch des Erbstatuts durch Wechsel der Staatsangehörigkeit 11 160 f.
- Bedeutung der Restlebensdauer des Erblassers 11 50
- Bedeutung des Güterstandes 11 74 ff.
- bedingte Zuwendung an dem Pflichtteilsberechtigten nahestehenden Personen 11 190 ff.
- Eheschließung 11 112
- Entscheidung des BVerfG zum unentziehbaren Pflichtteil 11 2
- Erbrechtsreform 11 7, 163 ff.
- Erbverzicht 11 8 ff.
- Ertragswertanordnung 11 195 ff.
- Erweiterung des Kreises der Pflichtteilsberechtigten 11 108 ff.
- Flucht in die Pflichtteilsergänzung 11 45
- Geschiedenentestament 11 177
- Gesellschaftsgründung 11 149 ff.
- gesellschaftsrechtliche Gestaltungen 11 149 ff.
- Gütergemeinschaft 11 99 ff.
- Güterstandsschaukel 11 95 ff., s. a. dort
- Güterstandswahl 11 85 ff.
- Herstellung von Nachlassspaltung 11 154 ff., s. a. dort
- Höferecht 11 207 ff.
- Lebenspartnerschaft 11 77
- Lebensversicherungen 11 72
- lebzeitige Handlungen und Verfügungen 11 8 ff., 22 ff.
- lebzeitige Zuwendungen 11 40 ff.
- lebzeitiger Verbrauch 11 22
- Modifizierung der Zugewinngemeinschaft 11 106 ff.
- Nacherbschaft 11 176 ff.
- nachträgliche Entgeltlichkeit bei Schenkung 11 31 ff.
- Nutzen des § 517 BGB 11 27
- Pflichtteilsbeschränkung in guter Absicht 11 173 ff.
- Pflichtteilsentziehung 11 163 ff.
- Pflichtteilsklauseln 11 183 ff., s. a. dort
- pflichtteilsreduzierende Wirkung der Vermächtnisse 11 181 f.
- Pflichtteilsunwürdigkeit 11 168 ff.
- Pflichtteilsverzicht 11 8 ff.
- Problem „missratenes Kind" 11 186 ff.
- pro-rata-Regelung bei Schenkung 11 53
- Reduzierung des Pflichtteils sonstiger Pflichtteilsberechtigter 11 48 ff.
- Reparatur unentgeltlicher Zuwendungen der Ehegatten 11 57 ff.
- Trennungslösung 11 176 ff.
- Übertragung von Vermögen auf ausländische Rechtsperson 11 153
- unentgeltliche Zuwendung an Ehegatten ungeeignet 11 55
- Vaterschaftsanerkennung 11 115 ff.
- Veräußerung 11 26 ff.
- Verfügungen von Todes wegen 11 162 ff., s. a. dort
- Verkauf gegen Leibrente 11 23 ff.
- Vermächtnislösung 11 179 ff.
- Vermeidung des Zugriffs Dritter 11 5
- Verträge zugunsten Dritter 11 71 ff.
- wechselseitige Zuwendungen auf den Todesfall 11 37 ff.
- Zuwendung von Geschäftsanteilen 11 149 ff.
- Zuwendungen an Stiftungen 11 61 ff.

Streitgenossenschaft
- keine notwendige bei Miterben 9 70

Streitwert
- Auskunftsklage 2 128
- Feststellungsklage 9 54

Sachverzeichnis

Fette Zahlen = §§

- Klage auf Wertermittlung 2 143
- Stufenklage 2 157; 9 83
- Wertermittlungsklage 9 69

Stufenklage 9 74 ff.
- Auskunftsanspruch 2 148 ff.
- Auskunftsantrag 9 77
- bedingter Hilfsantrag auf Abgabe der eidesstattlichen Versicherung 9 81
- Berufung 2 156
- Beweislast 2 154
- dritte Stufe 2 152
- eidesstattliche Versicherung 2 151; 9 80, s. a. dort
- Entscheidung 2 155
- Erbschaftsteuerliche Bedeutung 12 10
- Erledigungserklärung 2 150
- erste Stufe 2 149
- Gebühren 2 157
- Gebührenstreitwert 9 83
- gegen den Beschenkten 2 167
- Gerichtskosten 2 157
- Hemmung der Verjährung 9 75
- Kostenrisiko 9 74
- als Mahnung 9 99
- Nachlassverzeichnis 2 152, 161
- Nachteile 9 74
- objektive Klagehäufung 9 75
- Pflichtteilsergänzungsanspruch 2 167 ff.
- Präzisierung des Antrags im Vollstreckungsverfahren 9 79
- Prozesskostenhilfe 2 161 ff.
- prozessuale Selbstständigkeit der Stufen 9 76
- Rechtsmittel 2 156
- Rechtsschutzbedürfnis 2 148
- Reisekosten des Anwalts 2 160
- sachliche Zuständigkeit 2 153
- Sachverständigenbeweis 2 154
- Schriftsatz Wertermittlungs- und Auskunftsanspruch 2 164
- Stufen 9 75
- unbedingter Antrag auf Abgabe der eidesstattlichen Versicherung 9 82
- Verjährung 9 99
- Vorteile 9 74
- Zuständigkeitsstreitwert 9 83
- Zwangsvollstreckung 2 165
- Zweck 2 148
- zweite Stufe 2 151

Stundung 8 66 f.; 9 100 ff.
- Abwägung der Interessen 8 68
- Antrag bei Gericht 8 70
- Anwendungsbereich von § 2331 a Abs. 1 BGB 8 67
- Aufgabe des Familienheims 9 100
- durch Erblasser 12 37
- Erbrechtsreform 10 4
- Erbschaftsteuer 12 33 ff.
- Fälligkeit 8 66
- Miterbe 9 103
- durch Pflichtteilsberechtigten 12 37
- Pflichtteilsergänzungsanspruch 9 101 f.
- Prozesstaktik 9 100
- Rechtsfolgen 9 104
- Stundungsantrag 9 108
- Taktik 9 107
- taktische Bedeutung 9 100
- teilweise 12 36
- unbillige Härte 8 68; 9 100
- Vereinbarung 9 102; 10 72 f.
- wirtschaftliche Lebensgrundlage 8 68; 9 100
- Zumutbarkeit 8 69
- Zuständigkeit des Nachlassgerichts 8 71

Stuttgarter Verfahren
- Abfindung 4 158

Substanzwert
- Unternehmenswert 4 129

Teileinkünfteverfahren
- Unternehmensbewertung 4 82

Teilung
- Einrede des Miterben gem. § 2319 BGB 8 22
- Einrede des § 2059 BGB 9 4

Testament
- Behindertentestament 10 266 ff., s. a. dort
- Geschiedenentestament 10 299 ff., s. a. dort
- Kautelarpraxis 10 171 ff., s. a. Kautelarpraxis, Verfügungen von Todes wegen

Testamentseröffnung
- keine Nachlassverbindlichkeit 4 248
- kein Passivbestand des Nachlasses 3 63

Testamentsvollstreckung
- Adressat des Pflichtteilsanspruchs 12 13
- Anerkenntnis für den Erben 9 8
- Auskunftsanspruch 2 35
- Auslandsberührung 14 93
- Behindertentestament 10 275
- Duldungstitel gegen Testamentsvollstrecker gem. § 748 ZPO 9 8
- mehrere Testamentsvollstrecker 9 8
- Passivbestand des Nachlasses 3 63
- Pfändung 9 114
- Pflichtteilsbeschränkung in guter Absicht 10 188
- Pflichtteilsergänzungsanspruch 5 19
- Pflichtteilsschuldner 1 28
- Vollstrecker als Anspruchsgegner 9 8 ff.
- Wertermittlungsanspruch 2 102; 9 11

Testierfähigkeit 1 41 ff.
- Beeinflussung durch Dritte 1 48
- Betreuung 1 49
- Depressionen 1 43 f.
- Einwilligungsvorbehalt 1 49
- keine Klärung zu Lebzeiten des Erblassers 1 49
- kognitive Beeinträchtigung 1 47
- Wahnvorstellungen 1 43

Testierfreiheit
- Pflichtteilsrecht als Schranke 11 162 ff.

Top-Down-Ansatz
- Unternehmensbewertung 4 92

Totschlag
- Pflichtteilsunwürdigkeit 7 154

Tschechische Republik 15 597 ff.
- Anrechnung 15 629
- Art des Pflichtteils 15 626

magere Zahlen = Randnummern

– Erben dritter Ordnung 15 618
– Erben erster Ordnung 15 612 ff.
– Erben vierter Ordnung 15 619
– Erben zweiter Ordnung 15 616 ff.
– Erbunwürdigkeit 15 631
– Erbverträge 15 608
– Ergänzung 15 628
– gemeinschaftliches Testament 15 608
– Gesetzesänderungen 15 639 ff.
– gesetzliche Erbfolge 15 610 ff.
– Güterrecht 15 624
– internationales Erbrecht 15 597 ff.
– neues Zivilgesetzbuch 15 639 ff.
– Pflichtteilsberechnung 15 623 ff.
– Pflichtteilsberechtigte 15 620 ff.
– Pflichtteilsentziehung 15 630
– Pflichtteilsrecht 15 620 ff.
– qualifizierte Enterbung 15 635 ff.
– Quote 15 621
– Rechtswahl 15 601 f.
– Regelungsumfang des Erbstatuts 15 604
– schlichte Enterbung 15 634
– Testierfähigkeit 15 607
– Übersicht 15 622
– Verfügungen von Todes wegen 15 605 ff.
– Verzicht 15 638

Türkei 15 642 ff.
– Abkömmlinge 15 656
– Anrechnung 15 660
– Art des Pflichtteils 15 659
– beweglicher Nachlass 15 642 ff.
– deutsch-türkisches Nachlassabkommen zur Zuständigkeit 14 279
– Ehegatte 15 656
– Eltern 15 656
– Erbstatut 15 642 ff.
– Flüchtlinge 15 643
– Gesetz über das Internationale Privat- und Zivilverfahrensrecht 15 645
– gesetzliche Erben 15 652
– gesetzliche Erbfolge 15 651 ff.
– Haager Testamentsformübereinkommen 15 649
– Heimatrecht des Erblassers 15 642
– Herabsetzungsklage 15 662
– insolventer Erbe 15 664
– internationales Erbrecht 15 642 ff.
– letztwillige Verfügungen 15 647 ff.
– lex rei sitae 15 642
– Mehrstaater 15 654
– Nachlassspaltung 15 642
– Parentelsystem 15 653
– Pflichtteilsberechnung 15 658
– Pflichtteilsberechtigte 15 656
– Pflichtteilsentziehung 15 663
– Pflichtteilsergänzung 15 661
– Pflichtteilsminderung 15 663
– Pflichtteilsrecht 15 656 ff.
– Quoten 15 657
– Rechtswahl 15 644
– Regelungsumfang 15 647
– Repräsentationsprinzip 15 653

Sachverzeichnis

– Rückverweisung 15 646
– Staatenlose 15 643
– Staatsverträge 14 101 ff.
– Testierfähigkeit 15 647
– überlebender Ehegatte 15 655
– Übersicht 15 657 ff.
– unbeweglicher Nachlass 15 642
– Verbindlichkeiten des Erblassers 15 658
– Verzicht 15 665
– Weiterverweisung 15 646
– Zuwendungen 15 658, 662

Überschuldung
– Abgrenzung zur Dürftigkeit 8 53
– Begriff 7 102; 8 53

Übertragung des Pflichtteilsanspruchs
– Auskunftsanspruch 2 26, 27

Unbenannte Zuwendungen
– Auskunftsanspruch 2 13

Und-Konto
– Aktivbestand des Nachlasses 3 7 ff.

Unterhalt
– Aktivbestand des Nachlasses 3 43 ff.
– Anspruch der werdenden Mutter 3 62
– nachehelicher Unterhalt 3 43
– nicht kürzbar gem. § 2318 BGB 8 8
– Passivbestand des Nachlasses 3 56
– Pflichtteilsentziehung bei Verletzung 7 36 ff.
– Pflichtteilsverzicht und Ehegattenunterhalt 10 56 f.
– Trennungsunterhalt 3 43
– Verwandtenunterhalt 3 43

Unternehmen
– Abgeltungssteuer 4 82, 102
– Ableitung des steuerlichen Betriebsergebnisses 4 134
– AfA-Bemessungsgrundlage 12 80
– Anwaltskanzlei, siehe dort
– APV-Ansatz 4 124
– Ausschüttungsannahme 4 82
– Ausschüttungsquote 4 82
– Besonderheiten bei der Wertermittlung 4 137 ff.
– Bestimmung der Kapitalkosten 4 102
– Beta 4 101 ff., s. a. dort
– betriebsnotwendiges Vermögen 4 78
– Bewertung 10 133 ff.
– Bewertung der wirtschaftlichen Einheit 4 77
– Bewertung des Nachlasses 4 72 ff.
– Bewertung von Freiberuflerpraxen 4 166 ff.
– Bewertungsmethoden 10 134
– bilanzielles Vorsichtsprinzip und Unternehmensbewertung 4 87
– Börsenkurs als Wertermittlungsgrundlage 4 73
– Capital Asset Pricing Modell (CAPM) 4 98
– Cash Flow 4 119 ff., s. a. dort
– DCF-Verfahren 4 118 ff.
– Eigenkapitalgeberkosten 4 123
– Equity-Verfahren 4 126
– Erbersatzfunktion des Pflichtteils 4 74
– Ermittlung der Kapitalkosten 4 123

859

Sachverzeichnis

Fette Zahlen = §§

- Ermittlung des gemeinen Werts **4** 132
- ertragsschwache Unternehmen **4** 139
- Ertragssteuern der Unternehmenseigner **4** 84
- ertragsteuerliche Einflüsse **4** 80
- Ertragswertverfahren **4** 105 ff.; **10** 134, s. a. dort
- Finanzplanung **4** 109
- Flow to Equity **4** 126
- Fremdkapitalgeberkosten **4** 123
- Gesellschaftsanteile **4** 147 ff., s. a. dort
- gesellschaftsrechtlich begründete Korrekturfälle **4** 149 ff.
- Grundsätze der Wertermittlung **4** 72 ff.
- hypothetische Veräußerungskosten **10** 135
- Inflation **4** 93
- Informationsbeschaffung **4** 88 f.
- Kapitalisierung der künftigen Überschüsse **4** 96
- Kapitalisierungsfaktor **4** 135
- Kapitalisierungszinssatz **4** 96
- kleine und mittlere Unternehmen **4** 140 ff.
- konkrete Verwendungsentscheidung des Erben unmaßgeblich **4** 75
- künftiger Free Cash Flow **4** 120
- latente Steuern **10** 135
- Liquidationswert **4** 72, 128; **10** 134
- Managementfaktoren **4** 83
- Marktportfolio **4** 100
- Marktrisikoprämie nach Steuern **4** 103
- Maßgeblichkeit des Bewertungszwecks **4** 74
- Mischverfahren aus Ertragswert und Substanzwert **4** 130
- Mitunternehmeranteil als Nachlass **12** 79
- nachhaltig erzielbarer Jahresertrag **4** 133
- Nettoeinnahmen **4** 79
- nicht betriebsnotwendiges Vermögen **4** 122
- nicht notwendiges Betriebsvermögen **4** 86
- objektivierter Unternehmenswert **4** 85
- Operating Free Cash Flow **4** 124
- Pflichtteilslasten als Betriebsausgaben **12** 78, 79
- Planung und Prognose **4** 91
- Prognose künftiger Überschüsse **4** 88
- Residualwert **4** 121
- Risikoprognose **4** 97
- Steuerbelastung durch stille Reserven **4** 84
- Steuerprivileg für Betriebsvermögen **12** 72
- Stichtagsprinzip **4** 76, 81
- Substanzwert **4** 72, 129
- Substanzwertmethode **10** 134
- Tax-CAPM **4** 102
- Teileinkünfteverfahren **4** 82
- Thesaurierung **4** 82
- Top-Down-Ansatz **4** 92
- Überschüsse aus nicht betriebsnotwendigem Vermögen **4** 110
- Übertragung des Unternehmens als pflichtteilsergänzungsrelevante Schenkung **5** 137 f.
- Übertragung eines Wirtschaftsgutes an Erfüllungs statt **12** 92 f.
- vereinfachte Preisfindungsmethoden **4** 146
- vereinfachtes Ertragswertverfahren **4** 131
- Vergangenheitsanalyse **4** 90
- Vergünstigungen bei der Erbschaftsteuer gem. §§ 13 a, 19 a ErbStG **12** 65
- Verkehrswert **10** 133
- Verlustvortrag und Unternehmenswert **4** 80
- Verschmelzungsrelation **4** 73
- WACC-Ansatz **4** 119
- wachstumsstarke Unternehmen **4** 138
- Wertermittlungsmethoden **4** 105 ff.
- Werttreiber des Unternehmens **4** 94, 108
- Zahlungsstromorientierung **4** 79
- Zinsprognose **4** 109
- Zugewinnausgleich **4** 75
- Zukunftserfolgswert **4** 72

Unternehmensnachfolge
- Auslandsberührung **14** 132, s. a. Internationales Pflichtteilsrecht
- Erbrechtsreform **10** 129
- Nacherbschaft **10** 218, s. a. dort
- Nachfolgeklausel **3** 25 ff., s. a. dort
- Pflichtteil als Belastung des Unternehmens **10** 129
- Pflichtteilsverzicht **10** 68 f., 131 f.
- Stundung **10** 129

Unzulänglichkeitseinrede
- Wertermittlungsanspruch **2** 163

Vaterschaft
- Adoption **11** 124 ff., s. a. dort
- Anerkennung im Scheidungskontext **11** 123
- Anerkennung zur Erweiterung der Pflichtteilsberechtigten **11** 115 ff.
- bewusst unrichtiges Anerkenntnis **11** 118
- Form des Anerkenntnisses **11** 120
- Mitteilungspflicht **11** 122
- Widerruf des Anerkenntnisses **11** 121
- Zustimmung der Mutter **11** 119

Veräußerung
- Strategien zur Minimierung des Pflichtteils **11** 26 ff.

Verbindlichkeiten
- Bewertung des Nachlasses **4** 244, 248
- Kosten der Testamentseröffnung **4** 248
- Nachlassspaltung **14** 48 ff.
- Passivbestand des Nachlasses **3** 64, s. a. dort
- wirtschaftlicher Zusammenhang von Erwerbsvorgang und Schulden bei der Erbschaftsteuer **12** 71

Vereinbarung
- zwischen Erblasser und Pflichtteilsberechtigten **2** 16

Verfassungsmäßigkeit
- Enterbung **1** 62
- Entscheidung des BVerfG vom 19. 4. 2005 **1** 5; **11** 2
- Geschichte des Pflichtteilsrechts **1** 2

Verfügungen von Todes wegen
- Behindertentestament **10** 266 ff., s. a. dort
- Kautelarpraxis **10** 171 ff., s. a. dort
- Nacherbschaft **10**, siehe Nacherbschaft

magere Zahlen = Randnummern

- Nachvermächtnis **10** 246
- Pflichtteilsbeschränkung in guter Absicht **10** 185 ff., s. a. dort
- Pflichtteilsentziehung **10** 174 ff., s. a. dort
- Pflichtteilsklauseln **10** 195 ff.
- Strategien zur Minimierung des Pflichtteils **11** 162 ff., s. a. dort, Testament
- Testierfreiheit **10** 171
- Verteilung der Pflichtteilslasten **10** 324 ff.
- zwingendes Pflichtteilsrecht als Gestaltungsrecht **10** 171 ff.

Vergleich 9 45 ff.
- Anwaltsvergleich **9** 47, 116
- Inhalt **9** 117
- Muster eines außergerichtlichen Vergleichs **9** 48
- Nachabfindung **9** 117
- Pflichtteilsanspruch **9** 116 ff.
- Schwellenwert bei geänderten Wertverhältnissen **9** 46
- Sicherheiten **9** 119
- Veränderungen des Pflichtteilsbetrages **9** 117
- Vertragsmuster **9** 118
- Zusicherung über richtiges Bestandsverzeichnis **9** 46
- zuständiges Gericht **9** 47
- Zweck **9** 116

Vergleichswertverfahren
- Bewertung von Immobilien **4** 21, 29, 66
- Bodenwert **4** 68

Verjährung
- Ausgleichungsansprüche **8** 40
- Auskunftsanspruch **2** 78 ff.; **9** 41, 61
- Beginn **1** 31; **12** 16
- Erfüllung einer verjährten Schuld und Pflichtteilsergänzungsanspruch **5** 160 ff.
- Grundsatz **1** 30 ff.
- Hemmung **2** 81 f.
- Hemmung durch Stufenklage **2** 148
- innerdeutsche Erbfälle **13** 84
- Kenntnis von Ausgleichungs- und Anrechnungspflichten **1** 32
- Neubeginn **2** 83
- Pflichtteilsergänzungsanspruch **1** 34; **2** 170; **5** 20
- Stufenklage **9** 99
- Überleitungsvorschrift **2** 80
- Vereinfachung durch Erbrechtsreform **1** 9
- verjährungshemmende Maßnahmen gegenüber jedem Beschenkten **5** 16
- Wertermittlungsanspruch **2** 109 f.

Verkauf
- Einkommensteuer beim Verkauf eines Nachlassgegenstandes **4** 8
- Normalverkaufspreis zur Bewertung des Nachlasses **4** 6 ff.

Verkehrswert
- Bewertung der Zuwendung **3** 131

Verlustvortrag
- Aktivbestand des Nachlasses **3** 16, 38
- Unternehmenswert **4** 80

Sachverzeichnis

Vermächtnis
- aufschiebend bedingte zur Minimierung des Pflichtteils **11** 179
- Ausschlagung **1** 116
- Herausgabevermächtnis **11** 179
- Kürzungsrecht bei unteilbarem Gegenstand **8** 4
- Nachvermächtnis **11** 179
- als Passivbestand des Nachlasses **3** 57
- kein Passivbestand des Nachlasses **3** 62
- und Pflichtteilsergänzungsanspruch **8** 35
- Pflichtteilsrestanspruch **3** 85
- Rechte des Vermächtnisnehmers bei Untervermächtnissen **8** 5
- unteilbarer Gegenstand **10** 327
- Untervermächtnis und Ausschlagung **1** 116
- Vermächtnislösung **11** 179 ff.

Vermögen
- Aktivnachlass, siehe dort
- Einzelpositionen **2** 53 ff.

Vermögensgesetz
- Ansprüche als Aktivnachlass **3** 44

Verschollenheitsgesetz
- Stichtagsprinzip **3** 68

Verschwendung
- Pflichtteilsbeschränkung in guter Absicht **7** 101

Versteigerung
- Zuschlag als Vermögenswert des Nachlasses **3** 48

Vertrag zugunsten Dritter
- Bausparverträge mit Begünstigung auf den Todesfall **5** 87
- Nachfolgeklausel **5** 87
- Pflichtteilsergänzungsanspruch **5** 87 ff., s. a. dort

Vertragsgestaltung 10 1 ff.
- s. a. Kautelarpraxis

Verwaltungsvollstreckungsanordnung
- Pflichtteilsbeschränkung in guter Absicht **7** 126 ff.

Verzeihung
- kein Aufleben desselben Pflichtteilsentziehungsgrundes **7** 91
- Begriff **7** 84 f.
- Beweislast **7** 93
- und Enterbung **7** 92
- formlos **7** 89
- keine rechtsgeschäftliche Erklärung **7** 88
- konkludente **7** 90
- Pflichtteilsunwürdigkeit **7** 187 f.
- Rechtsfolgen **7** 91 ff.
- Voraussetzungen **7** 86 ff.

Verzicht
- Abfindung und Pflichtteilsergänzungsanspruch **5** 128 ff.
- Abgrenzung zum Anrechnungspflichtteil **3** 99
- Anrechnungsanordnung **3** 117
- auf bereits geltend gemachten Pflichtteilsanspruch **12** 101
- auf entstandenen Pflichtteilsanspruch **12** 56 ff.
- auf geltend gemachten Pflichtteilsanspruch **12** 58 f.

861

Sachverzeichnis

Fette Zahlen = §§

- Aufhebung **1** 93
- Einkommensteuer **12** 94 ff.
- Einkommensteuer bei Abfindungen **12** 105
- Enterbung **1** 82 f.
- Erbschaftsteuer **12** 40 ff., s. a. dort
- Erbverzicht **10** 5 ff., s. a. dort
- gegenständlicher beschränkter **10** 77 f.
- gleichzeitiger Verzicht auf Pflichtteilsergänzungsansprüche **5** 7
- Grunderwerbsteuer für Abfindung **12** 112
- innerdeutsche Erbfälle **13** 90 ff.
- Pflichtteilsklauseln **10** 196
- Pflichtteilsverzicht **10** 49 ff., s. a. dort
- Strategie **1** 20
- Zuwendungsverzicht **1** 91 f.

Verzug
- durch Auskunftsverlangen **1** 31
- durch Klageerhebung **9** 98
- Mahnung mit Auskunftsbegehren **2** 115
- Pflichtteilsanspruch **2** 115
- Zinsen **2** 115

Vollstreckungsgegenklage
- Dürftigkeitseinrede **8** 64, s. a. dort

Voraus
- Aktivbestand des Nachlasses **3** 12
- Auskunftsanspruch **2** 6
- Erbunwürdigkeit **3** 61
- Passivbestand des Nachlasses **3** 60

Vorausempfang
- Ausgleichung **3** 196 ff.

Vorausvermächtnis
- Nacherbschaft **10** 232
- nachträgliche Aufhebung der Ausgleichungsverpflichtung **10** 112

Vorbehalt
- Dürftigkeitseinrede **8** 61 ff., s. a. dort

Vorbehaltsurteil
- Dürftigkeitseinrede **8** 64

Vorempfang
- Anrechnungspflicht bei fremden Vorempfang **3** 142 ff.
- Ausgleichung **3** 217, 223 ff.
- Auskunftsanspruch **2** 39 f.

Vorerbschaft
- siehe Nacherbschaft

Vorvermächtnis
- siehe Nachvermächtnis

Wechselseitige Zuwendungen auf den Todesfall
- Strategien zur Minimierung des Pflichtteils **11** 37 ff.

Wegerecht
- Bewertung des Nachlasses **4** 64

Wegfall
- eines anrechnungspflichtigen Abkömmlings **3** 143
- Eintritt eines Abkömmlings an Stelle des Weggefallenen **3** 144 f.
- eines gesetzlichen Erben in Anrechnungsfällen **3** 148 ff.

Wegfall der Geschäftsgrundlage
- Erbverzicht **10** 40 ff.

Wert
- Bewertung des Nachlasses, siehe dort

Wertermittlungsanspruch
- Abgrenzung zum Auskunftsanspruch **2** 5
- Anspruch aus § 242 BGB **9** 64
- auf Kosten des Nachlasses **2** 101
- Auskunftsanspruch **2** 84 ff.
- außergerichtliche Geltendmachung **2** 112
- außergerichtliches Schreiben **2** 117
- Begriff **2** 84
- Beweislast **9** 38
- Bewertung eines Unternehmens **9** 65
- Bewertung eines Unternehmens und Gesellschaftsbeteiligungen **2** 87
- Bezugsobjekt **2** 85
- Durchsetzung gegen Testamentsvollstrecker **9** 11
- Dürftigkeit des Nachlasses **2** 108
- eigenmächtiges Privatgutachten des Pflichtteilsberechtigten **2** 111
- Einwendungen **2** 103 ff.
- Erfüllung **2** 103
- ergänzungspflichtige Schenkungen **9** 40
- fiktiver Nachlass **2** 101, 111
- gegenüber Beschenktem **2** 104
- Geltendmachung **2** 112 ff.
- Gläubiger **2** 98 ff.
- Inhalt **2** 84 ff.; **9** 39, 65
- Klage **2** 140 ff.; **9** 63 ff., s. a. dort; s. a. Wertermittlungsklage
- Kosten **2** 111
- Kunstwerke **2** 94
- Nachlassgegenstand veräußert **2** 104
- Nachweis der Nachlasszugehörigkeiten **2** 86
- pflichtteilsberechtigter Erbe **2** 99
- pflichtteilsberechtigter Nichterbe **2** 98
- Rechtsgrundlage **9** 38 ff.
- Rechtsmissbrauch **2** 105
- Sachverständige **9** 39
- Sachverständigengutachten **9** 65
- Schuldner **2** 101 f.
- Stufenklage **2** 164, s. a. dort
- Testamentsvollstreckung **2** 102
- Umfang **2** 84 ff.
- Unzulänglichkeitseinrede **2** 163
- Verjährung **2** 109 f.
- Verkehrswert **2** 94
- Voraussetzungen **2** 85
- Vorlage von Geschäftsunterlagen **2** 106
- Vorlage von Unterlagen und Belegen **2** 87
- Weigerungsrecht des Erben bei Wettbewerbssituation **2** 107
- Wert eines Hauses **2** 163
- Wertgutachten **2** 88 ff., s. a. dort
- Zweck **2** 87, 140 f.

Wertermittlungsklage 9 63 ff.
- Beweislast **9** 66
- Klageantrag **9** 68
- Streitwert **9** 69
- Verjährung **9** 67

Wertgutachten
- keine Bindung für die Parteien **2** 91

Sachverzeichnis

- Recht des Erben zur Auswahl des Gutachters 2 89 f.
- Wertermittlungsanspruch 2 88 ff.

Wertpapiere
- Abgeltungssteuer 4 234
- Bewertung des Nachlasses 4 234
- börsennotierte 4 234
- Kursschwankungen 4 234
- Sachverständigengutachten in Ausnahmefällen 4 234
- Sperrminorität 4 234
- wahrer innerer Wert einer Aktie 4 234

Wertsteigerungen nach dem Erbfall
- Unbeachtlichkeit 8 31

Wiederkehrende Leistungen
- Aktivbestand des Nachlasses 3 43 ff.

Wirtschaftsprüferpraxis
- Bewertung 4 187

Wohnungsrecht
- kein Aktivnachlass 3 45
- an allen Räumen 6 48
- Bewertung des Nachlasses 4 60, 237
- Ruhen und Pflichtteilsergänzungsanspruch 6 25
- Wert 4 61
- Zehn-Jahres-Frist § 2325 Abs. 3 BGB 6 47 ff.

Zahlungsklage
- Erfüllung durch Hingabe von Nachlassgegenständen 9 73
- Klageantrag 9 72
- Miterben 9 70
- keine notwendige Streitgenossenschaft bei Miterben 9 70
- Pflichtteilsanspruch 9 70 ff.
- zuständiges Gericht 9 71

Zehn-Jahres-Frist § 2325 Abs. 3 BGB
- Abschmelzungsmodell 6 53; 11 53
- Adoption nach der Schenkung 6 57
- Aufhebung eines Rechts 6 33
- Aufnahme eines Gesellschafters 6 36
- Bestandteil eines Altenrechts 6 48
- bewegliche Gegenstände 6 33
- dauernde Last 6 43
- Eintrittsklausel 6 36
- enumeratives Rückerwerbsrecht 6 51
- erlassene Forderungen 6 34
- Fortsetzung der Nutzung eines Grundstücks 6 52
- freier Rücktritts- und Widerrufsvorbehalt 6 51
- Grundsatz 6 30
- Lebensversicherungen 6 37
- Leibrenten 6 37, 44
- Nießbrauch 6 33, 41 ff.
- Rechtsprechung 6 38 ff.
- Reform des Pflichtteilsrechts 6 53
- Schenkungen an den Ehegatten 6 55 ff.
- Schenkungen auf den Todesfall 6 34
- Übertragung eines Geschäftsanteils 6 35
- Übertragung eines Grundstücks 6 32
- Übertragung gegen Leihe des Gegenstandes 6 45
- Vereinbarung einer Reallast 6 46
- Verzicht auf Nutzungsvorbehalt 6 40
- Wohnungsrecht 6 47 ff.

Zinsen
- Auskunftsanspruch 2 115
- Basiszinssatz 4 112
- Hinterziehungszinsen 3 55
- Kapitalisierungszinssatz 4 111 f.
- Kapitalisierungszinssatz für künftige Unternehmensgewinne 4 96
- Liegenschaftszins 4 39, 69
- Prozesszinsen 9 98 f.
- Risikozuschlag 4 114
- Zinsanteil wiederkehrender Bezüge an den Pflichtteilsberechtigten 12 87
- Zinsstrukturkurven 4 112

Zugewinngemeinschaft
- Abgrenzung der Anrechnung zum Anrechnungspflichtteil 3 100
- Anrechnungsfälle 3 152 ff.
- Anspruch unberührt durch Pflichtteilsentziehung 7 83
- Aufhebung der Zugewinngemeinschaft als Scheingeschäft 5 42
- Ausgleich nach Wechsel zur Gütertrennung 11 90 f.
- Ausgleichsanspruch als Forderung als Aktivbestand des Nachlasses 3 12
- Ausgleichsanspruch nicht steuerbar 12 24
- Ausgleichsforderung bei vertraglicher Beendigung 11 92
- Ausschlagung 1 121 ff., s. a. dort
- Berechnung des Pflichtteils 11 79 f.
- Einrede gem. § 2319 BGB 8 25
- erbrechtliche Lösung 10 123
- Erbteil oder Vermächtnis 1 25
- güterrechtliche Lösung 8 32; 10 123; 11 94 ff., 106
- Güterstandsschaukel 5 41 ff.
- Modifizierung zur Verringerung von Pflichtteilsansprüchen 11 106 ff.
- Passivbestand des Nachlasses 3 59
- Pflichtteilsergänzungsanspruch 5 39
- Pflichtteilsquote 1 25; 10 122
- Steuerfreiheit gem. § 5 ErbStG 1 122
- Strategie zur Reduzierung der Quote für die Abkömmlinge 1 27
- Unternehmenswert 4 75
- Vorteile 11 89

Zusatzpflichtteil 3 75 ff.
- s. a. Pflichtteilsrestanspruch

Zuständigkeit
- Auskunftsklage 2 129
- internationale, siehe Internationales Pflichtteilsrecht

Zuwendung
- Anrechnung 10 80 ff., s. a. dort
- anrechnungspflichtige gem. § 2316 i. V. m. § 2057 a BGB 3 220 f.

863

Sachverzeichnis

Fette Zahlen = §§

- Anrechnungspflichtteil bei lebzeitiger Zuwendung **3** 101 ff.
- Ausgleichung bei Zuwendungen an Dritte **3** 196 ff.
- ausgleichungspflichtige **3** 158; **10** 98 ff.
- Auskunftsanspruch **2** 11, 72
- Auskunftsklage **2** 123 ff., s. a. dort
- bedingte Zuwendung an dem Pflichtteilsberechtigten nahestehende Personen **11** 190 ff.
- Begriff **10** 106
- Berliner Testament **10** 106
- Beweislast **2** 127
- ehebedingte **5** 24, 49 ff.
- Einzelfragen zum Pflichtteilsergänzungsanspruch **5** 38 ff., s. a. Pflichtteilsergänzungsanspruch
- fiktiver Gesamtpflichtteil **3** 136 f.
- geänderte Zuwendungsrichtung und Ausgleichung **3** 218
- gem. § 2050 Abs. 2 BGB **3** 175
- gem. § 2050 Abs. 3 BGB **3** 181
- gem. § 2057 a BGB **3** 186
- Inflationsbereinigung **10** 95
- Lebensversicherung **5** 69 ff., s. a. dort
- lebzeitige zur Verringerung des Pflichtteils **11** 40 f.
- an Minderjährige **3** 121 ff.
- bei moralischer Verpflichtung **3** 103
- nichteheliche Lebensgemeinschaft **5** 51
- Reparatur unentgeltlicher Zuwendungen an den Ehegatten **11** 57 ff.
- sittlich gebotene **5** 35
- Übermaß und Ausgleichung **3** 178 ff.
- unbenannte **2**, siehe dort
- unentgeltliche an den Ehegatten **11** 55 ff.
- Verkehrswert **3** 131, s. a. dort, Bewertung der Zuwendung
- Verzicht **1** 91 f.
- Vorbildung zu einem Beruf **3** 177 ff.
- Wertbestimmung **3** 131 ff., s. a. Bewertung der Zuwendung
- Wertgutachten **2** 96
- wiederkehrende Bezüge an den Pflichtteilsberechtigten **12** 87
- Zusammentreffen von ausgleichungs- und anrechnungspflichtiger Zuwendung **3** 236 ff.

Zwangsvollstreckung
- Auskunftsanspruch **2** 135 ff.
- und Dürftigkeitseinrede **8** 57 ff., s. a. dort
- Klage auf Wertermittlung **2** 145 f.
- Vollstreckungsschutz bei Nacherbschaft **10** 219